古代文化詞義集類辨考

（新一版）

黄金贵 著

商務印書館
创于1897 The Commercial Press
2016年 · 北京

图书在版编目(CIP)数据

古代文化词义集类辨考(新一版)/黄金贵著. —北京:商务印书馆,2016
ISBN 978-7-100-09767-3

Ⅰ. ①古… Ⅱ. ①黄… Ⅲ. ①古汉语—古词语—同义词—分析 Ⅳ. ①H131

中国版本图书馆CIP数据核字(2013)第007879号

古代文化词义集类辨考
(新一版)
黄金贵 著

商 务 印 书 馆 出 版
(北京王府井大街36号 邮政编码 100710)
商 务 印 书 馆 发 行
北 京 冠 中 印 刷 厂 印 刷
ISBN 978-7-100-09767-3

2016年3月第1版 开本787×1092 1/16
2016年3月北京第1次印刷 印张67¼
定价:198.00元

目　录

第一版自序

传统训诂学如何继承与发展？如何建立科学的现代训诂学？这是众多的语言学者一直在孜孜探索的课题。随着改革开放的发展和社会文化诸学科研究的繁荣，这古老学科的"破旧创新"就更为迫切。现在，蔚为大观的古代口语词、近代汉语词汇的训释与研究，正在日益填补传统训诂的空白；琳琅满目的对传统训诂之专题、专书、专人的理论总结与探讨，正在不断揭开古老"小学"扑朔迷离的面纱。这是当今训诂领域两股可喜的时代浪潮。

然而，探索还要继续。

首先是训释对象问题。古代口语词、近代汉语词汇方面的训释成果表明：这方面是现代训诂的新领域、新路径。但如果以为唯此才是当今训诂的坦途，以为传统训诂从毛、郑至段、王"高峰"，已硕果累累，后人只要用科学语言理论去总结与利用就行，这就不甚妥当了。根据语言反映文化的不平衡性，作为全部词语总和的词汇，可分两类：有不同程度文化意义的文化词语和无特定文化意义的通义词语。前者是语言反映文化的集中体现，其数量远过于后者，二者至少是 2∶1。传统训诂的一个优良传统就是为了通经致用而对两类词语兼训并诂，总体上达到了语言与文化的朴素结合。但是，由于时代局限，恰恰是它对文化词语训释的成绩，远不及通义词语，其中失诂、浑诂、偏诂、误诂者尤多；即便是正诂，也往往语焉不详，知其然而未知其所以然。这可以从古文字、历史、文化史等领域对文化词语不少精彩的训释成果得到证明。而在当今语言训诂的本体领域，虽然曾出现了如姜亮夫《楚辞通故》、王学奇等《元曲释词》之类对包括文化词语在内的词汇全面训诂的精湛力作，但由于"纯语言"研究的影响，较多的训释，往往排除那个"2"(文化词语)，只训那个"1"(通义词语)，即唯训张相所谓的"语辞"；一涉文化，辄视为旁骛。结果出现诸如文化义失训、文化义与通用义互讹、脱离历史变化训文化义、避难就易、强生新解等弊病，也造成方法上的简单化，往往将训诂变成仅是搜集、比较词语文例求其"公约数"的模式。同时，对传统训诂之专题、专书、专人的理论研究，也因常常撇开那个"2"，遂难有新的突破。由此可见，对文化词语的训释，是传统训诂没有解决、当今训诂更为忽视的重要方面，因而也是当今对传统训诂继承与发展的重要途径：无论是文言书面词语，还是口语词、近代汉语词汇的研究，都应当高度重视各种文化词语的训释。如果从文化语言学看，其重要性更为清楚：在语义训诂领域，文化语言学必须以文化词语为研究对象，它的发展与文化词语训释的成绩互为因果。

方法论是对传统训诂继承与发展的又一重大问题。若干年来，不少学者总结了以形训、义训、声训为中心的传统训诂方法以为今用，这是必要的。但现代训诂在方法上也需创新发展。有一个基本的训诂方法——"系统辨考"词义的方法，至今未为人张目。盖训诂的中心任务是训释词义。由实践而知,凡是正确的训释,其义必是独特的"这一个":纵向观,是该词本义引申义网络中的一目;横向观,是该义的同义、类义群体中的一员;整体观,则是纵横两种系统交叉的坐标点。现在,纵向的单体系统已为人熟识,但横向的群体系统却未为人措意,从未有人将同义词辨析列入训诂的基本方法。其实,传统训诂已见此端倪。训诂发轫之典《尔雅》及尔后的雅系之属,将词义分类并按同义、类义聚列,决非偶然,从中正可窥见古人从系统训义的朦影。然而,《尔雅》等长于求同,短于辨异。而影响所及,现在的古汉语同义词辨析多是不顾词义的系统性,人为地将二、三同义词归为一组,以整个词(不以一个义项)为单位,分项述说诸词本义不同、引申义不同、语源不同、语法功能不同、感情色彩不同之类,至于相同义中的不同,则几乎是零;若汇聚一定数量的同义词组,则纯是笔画或音序的数量组合,不能形成义类的网络。这样的辨析,对于语义训诂自然是不急之务。实践证明:同义词,是具有不同"义象"(理性意义或附加意义的同中之异)、共同表示一个义位(词义)系统的词群。每个多义词的每个义位,原则上都可以有自己的同义伙伴;整个词汇,可以构成以义位为基准、横向组合的分类词汇系统。因此,要准确训释某义,一定要为初训义找出其同义词群,将它置于同义词的系统中,予以辨析考察,从而确定"坐标点",获知其准确的"义象",规正义解,训释才最后告成。这一操作过程,无论是文言词的解诂,词典的列义,口语词、近代汉语词汇新义的抉发,均当有之,概莫能外。可以设想,如果坚持运用"系统辨考"的方法,那么,一些大型语文词典、口语词和近代汉语词汇训释中的模糊浑义的问题,也许不会像现在一样严重,而且还可发现、纠正一些误诂、偏诂。毋庸置疑,从纵横两种系统训义,特别是通过同义词系统辨考词义的方法,正是对传统训诂方法论的继承与发展。当然,若训释文化词语,方法更为复杂,必须在方法论上进一步做新的探索。可惜,在这方面,迄今的训诂学研究更未引起重视。

一切真知来源于实践。对传统训诂学的继承与发展、现代训诂学的建立,必须通过训诂实践不断探索。本书,就是个人试图系统辨考文化词语的小小实践。书中每一个同义词组按一个义位列入主要同义词,从 2 个至 16 个不等,平均一组 5 个;先简证其同,然后用文化语言学和系统辨考的方法,从书证、实证着力训释诸词的"同中之异"。训释中,按其难易轻重主次的不同,辨之证之释之考之。若干同义词组(篇)有机联系构成一个文化物类(也即按每一物类文化结构来配组立目)。全书凡 262 组(篇),分系八大物类,辨释 1300 余词(词义),考正词义 400 余条。以其将古代文化词作为训释对象,分类、分组辨析考释文化词义,故名曰《古代文化词义集类辨考》。

本书筚路蓝缕,加之学殖陋薄和其他种种原因,无论辨考词义的力度,发掘文化内涵的深度,组类结构的系统性等方面,自感均未臻完善,只是一块引玉之砖。我希望由此引出一串串璀璨的美玉。

黄金贵

于杭州大学伏雪斋,一九九二年七月

例　言

一、本书在同义词和文化史的系统中辨考词义。全书 1300 余词，构成 264 组同义词（偶及相关词），每组成为一篇辨考文章；若干意义相关的篇章汇成一个物类，全书八大类。

二、本书所收列的同义词，一般以见于上古至汉魏的书面文献为主，也参见同时期的出土文献材料。有些词条出于文化内容和说明词义演变的需要，将同义的时域延伸至南北朝以后，最晚至明代。如高粱一组。

三、每条（组）的同义以一个词义（义位）为基准，选取该词义在一定时域的主要同义词。若辨考中涉及该条相关词，其尤重要者也列入条目，前冠以“○”识之。故“○”后词非该条同义词。所列词，以古代文献常见字为正体，凡文献有见的该词之异体字、通假字、古今字，在该词后加括号列出。

四、每条（组）同义词即是每篇题目，题下文前出全篇提要，归纳本篇辨释结论，清晰、明确表示本组诸词的同义点与同中之异。

五、每篇文首立“【同义】”，征引文献训诂材料证诸词一义之同；如缺乏训诂材料就概括径表其同义点。

六、每篇【同义】后立“【辨释】”，从文化与语言两端辨析考释诸词一义中理性意义或附加意义之异。此为每篇重点。从实际出发，其易者略之，难者辨之，尤难者考之，以说明“是什么”与“为什么”。一篇辨释中，一般不涉一词所辨义之外的他义；少数也有简略涉及，多作为辨释的论证之需。

七、无证不言，证皆有据。辨释中，所引文献证均按今校本、善本逐条检核。文化史证、考古文物证采自文化史、考古文物文献，择要在篇末“参考文献”中列出；其中有引语者，径在引文后括号注明所据书页码或章节。参考语言方面论著、资料，处理方式亦同。“同义”与“辨释”中引录的大量经、史、子、集文献包括注疏材料，自是每篇研究、取证的对象，虽皆经校核，一般不在“参考文献”中列目，以免赘复。

八、引证格式、术语“各从其主”。一般传世书面文献证，一遵大型语文辞书引证例式。出土资料：甲骨文用习见的专书简称；金文用器名；简牍用专书编号，并在“参考文献”中列入所引据论著。

九、为使本书兼有词典之用，将全书辨释词义主要者辑集为附录二《主要辨义与现解参比简表》。

十、本书辨释同义词中较多使用声符求义，特辑集为附录三《形声字声符求义集表》，俾读者当作一本《声符义小字典》之用，也为学界提供一份同源训诂参考资料。

词目表

一、国家

二、经济

三、人体

四、服饰

五、饮食

六、建筑

七、交通

八、什物

一、国　家

1. 方·邦·国·邑·塞

国家，从商代起，随着国家的发展，先后出现通称“方、邦、国”。“方”是商代对国家之称，后世用于追述古事，或作引申、比附之用。“邦”是西周对国家之称，后世用之有古雅庄重色彩。“国”始见于春秋，战国以后使用最广，有泛指与许多专指用法。此外，“邑”在周秦间可称小的侯国或谦称自己国家。“塞”，曾用作华夏对周边方国之称。

【同义】

《说文·口部》：“国，邦也。”《邑部》：“邦，国也。”“邑，国也。”《广雅·释言》：“国，邦也。”“邦、国”均同义互训。《老子》第三十六章：“国之利器，不可以示人。”《韩非子·喻老》作：“邦之利器，不可以示人。”“邦、国”同义互用。《列子·杨朱》：“虽殊方偏国，非齐土之所产育者，无不必致之。”“方”、“国”同义对举。《诗·大雅·烝民》：“邦国若否，仲山甫明之。”《大雅·大明》：“厥德不回，以受方国。”“邦国”、“方国”皆同义连用，指国家。“塞”也可作国家之称。

【辨释】

作为对国家的通称，“方”出现最早。

甲骨文中作国家通称者，不是“或(国)”、“邦”，而是“方”。如《菁二》：“五日丁酉……邛方亦侵我西鄙田。”《库一五四九》：“沚𢦏册从伐土方。”意为方伯沚𢦏持典册随从伐土方。沚𢦏即“西夷之别种”氐(饶宗颐文)，土方犹土国，是常对殷商进行军事掠夺的一个方国。邛方即西夷之邛。沚即徙，为川北一个较大方国。此外，还有井方、召方、鬼方、巴方、亘方、尸方、盂方、龙方、虎方、箕方，等等。成汤时号称诸侯三千，即是三千方国。方国之首领称方白(伯)。甲骨文中有井白、丹白、归白、羌方白、周方白(周原卜辞)等称名。方国不受商之统辖，也没有入贡或从征之义务，只有被征服后，才入贡、从征，或被封赐称“侯”。“方”与“方伯”亦见于文献。《论语·尧曰》载商汤的文告曰：“朕躬有罪，无以万方，万方有罪，罪在朕躬。”此是汤放桀而告诸侯之辞。今伪古文《尚书·汤诰》也有“尔万方百姓”、“其尔万方有罪……无以尔万方”之语。《墨子·兼爱下》则作“万方有罪，即当朕身，朕身有罪，无及万方”。《左传·宣公三年》：“昔夏之方有德也，远方图物，贡金九牧。”“远方”，边远之方国。《书·武成》：“诞膺天命，以抚方夏。”“方夏”，指诸方国、中夏。《礼记·王制》：“千里之外设方伯，五国以为属。”周之方伯显然高于诸侯，是诸侯之长，东汉以比称刺史，唐以比称采访使。韩愈《送许郢州序》：“于公身居方伯之尊。”商代的方国皆远离王畿，故引申为远。《晋书·张寔传》：“羯逆滔天……肃(张肃)宴安方裔，难至不奋，何以为人臣！”“方裔”，边远之地。

由此可见，“方”指国家，主要用于殷商，周秦以后文献偶见，多作述古或其引申、比附之用。

国家是私有制和阶级对立发展到一定阶段的产物。从现有的资料看，唐尧、虞舜、夏禹之时尚处在原始社会。直至禹之子启用暴力夺取政权建立夏朝，变民主推举为世袭君位，才开始由氏族社会向奴隶制国家转化。但有夏四百多年，仍是氏族制向奴隶制的过渡阶段，奴隶制的夏王朝与以“氏”为称的氏族血缘团体的部落，如有穷氏、斟灌氏、豢龙氏、昆吾氏等并存。到了商代，奴隶制国家形式得到了发展、巩固，以血缘团体为基础的部落或部落联盟大都转变为“方”，即地区团体为基础的奴隶制国家。它们一般是自然形成，有相对的独立性，对商王朝不是臣属关系，即便受封赐的服国，也未行西周的五等爵，不同于西周分封的诸侯国。因此，国家之称为“方”，反映了奴隶制形成和发展期的国家特征。

第一个通称的确定，关系到中华文明起源和我国国家起源的问题。有的学者根据甲骨文中“邦”、“封”一字和《尚书》等文献中“万邦”一词的使用，提出中国统一国家出现前当有个国家的过渡即雏形阶段，此是氏族社会发展到一定历史阶段的产物，此阶段可以“万邦”为名（李民文）。即是说，这个阶段的许多准“国家”都可称为“邦”。诚然，在夏、商方国之前，当存在许多保留了氏族社会的氏族、宗族、部落的聚居单位，但称为“邦”、“万邦”并不确当。虽然早期文献“邦”称准“国家”并非偶见，甲骨文中“古封邦为一字”（王国维《古籀疏证》），而且还有“一封方”，“二封方”，“三封方”之语，但诚如论者自己所言，“最初意义上的封并非封国的封，而是指在一定的地域范围内封土作疆，表示一个地域的划分和存在”（李民文）。事实表明，甲骨文中作国家通称的只有“方”，没有“邦”，因而早期文献中的“邦”、“万邦”不可能是跳过夏商时代的准“国家”时期的国家名称的孑遗，而只能是以周代的国家之称述准“国家”的反映（见下）。事实上，最有可能是当时准“国家”通称的还是“方”，如前所举，早期文献中同样有诸多的“方”、“万方”之称。因此，可以说在中华文明和我国国家起源之早期，当有个准“国家”的“万方”时期。

上古文献中对国家的第二个通称是“邦”。

“邦”与“国”最为义近。《周礼·天官·大宰》：“大宰之职，掌建邦之六典，以佐王治邦国。”郑玄注：“大曰邦，小曰国。”但孔颖达疏：“《周礼》凡言邦国者，皆谓诸侯之国。此言‘大曰邦，小曰国’者，止据此文‘邦’在上、‘国’在下，故为此解。案《仪礼·觐礼》云‘同姓大国’、‘异姓小邦’，则邦、国大小通也。”

按，“邦”字，甲骨文作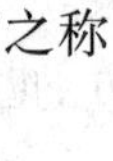（《前一七、三》），象植树木于田界。但辞例不过10，且多前加数词，与“方”连用。如《前二、十、六》：“王来正三邦方。”而无一与国名相连称。故“邦”在商代虽或可浑指国义，却绝非国之通称，此亦可证商代尚未大行封国制。至西周金文“邦”字频见。《静簋》：“……邦君射于大池。”“大池”指镐池。“邦君”，指王畿中的小国国君，其称又见于五祀卫鼎、豆闭簋、梁其钟等器铭。周人常自称“周邦”。《訇簋》：“则乃且奠周邦。”《师克盨盖》:"又(有)勳于周邦。"泛指诸侯则曰"万邦"。《墙盘》:"迨受万邦。"《盠方彝》:"保我万邦。"周代早期传世文献中"邦"亦多见。《书·尧典》云"协和万邦",《皋陶谟》有"万邦作仪"。《诗经》中国家义多用"邦"。《大雅·皇矣》"王此大邦",《小雅·黄鸟》"言旋言归,复我邦族",《小雅·六月》"文武吉甫,万邦为宪",《卫风·伯兮》"伯兮朅兮,邦之桀兮",等等。记载周代典制的重要文献《周礼》中,"邦禁"、"邦赋"、"邦墓"、"邦典"等不一而足。《论语》中"国"字10见,"邦"字却48见,其中除与"封"通用者1见,其余47见全是国家义(据杨伯峻《论语译注·词典》),如"夫子至于是邦也"(《学而》)、"邦有道,危言危行"(《宪问》)等。故由金文和早期文献可证"邦"是周时对国家的通称。从商代甲骨文中的"方"、"万方"到周代的"邦"、"万邦",绝非偶然。从语言看,"邦、封"同为邦母东部,二字同源。《释名·释州国》:"邦,封也,封有功于是也。"段玉裁曰:"邦之言封也,古邦、封通用。"(《说文·邑部》"邦"注)《论语·季氏》:"而谋动干戈于邦内。"陆德明释文:"邦内,郑本作封内。"《书·康诰序》:"(成王)以殷余民封康叔。"孔颖达疏:"古字邦、封同。"又,《洪范》:"武王既胜殷,邦诸侯。"《史记·周本纪》作"封诸侯"。《说文系传》曰:"古谓封诸侯为邦,故《尚书》曰:'乃命诸王邦之蔡。'"所引《尚书》见《蔡仲之命》篇。因此,早期"封、邦"可谓一词,其别不过前者多作动词,后者多作名词。从史实看,正是从西周,特别是成王起,其"封"与甲骨文中即殷商时代的"封方"已不相同,乃缘实行了大规模的分封制,分封对象为王室亲属与功臣。分封的诸侯国,《荀子·儒效》言有七十一,其中姬姓五十三。而《吕氏春秋·观世》则谓所封四百余,服国八百多。诸侯受封,必须举行隆重仪式,由司空授以五色土,司徒授以民,所谓"受民、受疆土"(《大盂鼎》)。受封后,诸侯国君(即邦君)遂立封界,营建国城。所封诸国是"国中之国",国政自理,但又总属于周天子,有藩屏周王朝的义务,如按规定向王朝纳贡、朝觐、出兵助天子征战。周王朝与诸封国构成统一的臣属等级:天子、诸侯、卿、大夫。诸封国成为周王朝的各个组成部分。于是,周天子已由"诸侯之长"变成"诸侯之君"(王国维语,见《殷周制度论》)。唯此,商代之自然形成、地区性部落联盟性质、与商王朝关系疏远之"方"已不合周代国家之实,唯有"邦"之称,最能代表周代通过分封而人为建立、有完整的政治机构、臣属于周王朝的城邦国家。"邦"的出现,反映了奴隶制全盛期的国家特征。

与"方"不同,当进入文献时代后,"邦"仍作为通称沿用。"邦"之称国家,有古雅、庄重的色彩。此分明是"邦"所涵分封古仪的折光。曹植《王仲宣诔》:"爵同齐鲁,邦祀绝亡。"柳宗元《衡州刺史东平吕君诔》:"制用经邦,时维重器。"用"邦"方与铭诔之古雅相协。杜甫《入衡州》诗:"凋弊惜邦本,哀矜存事常。"试比较《辽史·文学传上·萧韩家奴》:"盖民者国之本,兵者国之卫,兵不调则旷军役,调之则损国本。""邦本"显然有庄重色彩,"国本"乃是凡语。欧阳修《相州昼锦堂记》:"其丰功盛烈,所以铭彝鼎而被弦歌者,乃邦家之光,非闾里之荣也。""邦家"也较"国家"庄重。今日常见之"邦交"、"友邦"等词,亦承古而见其古雅、庄重的色彩。

"国"是对国家的第三个通称。

《说文·囗部》:"國,邦也,从囗从或。"今俗皆据此解甲骨文之戓,隶定此字为"或",谓指用武器守卫疆土或保卫人口,故是"國"字。李孝定《甲骨文字集释》"或"下则引孙海波说谓象城形,指国城。日本学岛邦男《殷墟卜辞综类·戈部》亦列此形并解作"国"字。其实,甲骨文中主要用为"沚或"例,陈梦家于此早有辨释,谓"或痟"乃沚方首领之后裔的私名(说见《殷虚卜辞综述》第八章)。金文中,"或"频见,但大都前冠方位词或数词。如《王孙诰编钟》:"闻于四或。"《宾卣》:"殷东或五侯。"《中方鼎》:"王令(命)中先眚(省)南或贯行。"《禹鼎》:"天降大丧于四或。""广伐南或、东或。"《蔡侯编镈》:"定均庶邦……均保大夫,建我邦或。"以上"或"均同"域","或"、"域"古今字,指方域。"东或"、"南或"犹东域、南域,与《书·牧誓》、《大诰》、《康诰》、《洛诰》等文"西土"、"东土"之称相类。然则似可断言:金文中"或"主要作"域",并非"国"。今时贤多将其"或"作"国",似可商酌。但"或(域)"字其用,正有向国家义过渡的趋向:一方之地域实是商之方国,周之邦国,后世之国家。《论语》中,"国"字有10见,虽不及"邦"多,但也已用为国家义。如"道千乘之国"(《学而》),"为国以礼"(《先进》)。《左传》虽成于春秋之后,但所传乃春秋之事,其"国"至夥,当亦可反映春秋时"国"已有国家义。时至战国,"国"终于成为使用最广的国家通称。由"邦"而"国",亦非偶然。春秋是中国奴隶社会的衰落期。由于铁器和牛耕的推广,耕作技术的改进,促进了生产力的提高,使奴隶制的经济基础——井田制逐渐瓦解,土地私有制发展,商品经济繁荣。政治上,西周奴隶制的宗法、礼乐、分封等制度,日渐破坏。宰相制逐渐取代了世卿制,军功授爵制逐渐取代了血统授爵制,郡县制逐渐取代了分封制。各诸侯国纷纷独立,如受周族压迫的南蛮楚国在春秋初就称王。整个春秋,大国称霸,小国破灭。周天子终于失去了诸侯"共主"的地位,而逐渐降为一个小诸侯的格局。反映到国家称名上,带有奴隶制分封特征之"邦"显然已名不副实,于是义近于"邦"之"或"应运而起,并加"囗"成"國(国)",以别于"域"。由此可见,"国"的称名之出现与发展反映了奴隶制衰落、封建制上升期的国家特征。

"国"的称名虽有不同于"方"、"邦"的时代特征,但是,由于传世书面文献都是从春秋开始,并且"国"成了后世国家的主要通称,因而其所表示的国家义就有了泛指与专指的多样用法。其专指用法有五(非国家义不列):一、氏族。《左传·哀公七年》:"禹合诸侯于涂山,执玉帛者万国。"其时尚无国家,唯有氏族。此"国"指氏族部落和部落联盟,即所谓万方时期的准"国家"。二、奴隶制的方国。《史记·殷本纪》:"及西伯伐饥国,灭之。""饥国"是殷时方国。三、奴隶制分封的邦国。《左传·昭公二十八年》:"昔武王克商,光(通'广')有天下,其兄弟之国者,十有五人,姬姓之国者四十人,皆举亲也。"四、战国时的封君食邑。《战国策·齐策四》:"齐王谓孟尝君曰:'寡人不敢以先王之臣为臣!'孟尝君就国于薛。"战国时期的"国"与西周封国不同,它带有封建制色彩,封君在封地,只有"食邑"权,所食是"赋税",即地税,而无对土地和人民的占有权、治民权。五、汉代的诸侯国。《盐铁论·错币》:"山东奸猾咸聚吴国。""吴国",吴王濞封国。《汉书·朱博传》:"(红阳侯)立有罪就国。"西汉的封国保留了西周分封制的一些形式,如举行分封仪式,可向国内人民征收赋税、徭役,有一部分军队等，但对中央的受辖关系远过于西周，实是半独立、半割据状态的封国。东汉的封国则基本上失去了独立性。至于“国”泛指一般的国家，则比比皆是，例不烦举。“国”的专指用法与泛指用法之多而广，表明“国”是从战国以后，国家之称中最重要、最广泛的通称。

早期的国家之称，除了先后出现的方、邦、国三个通称外，还有同用的二称“邑”和“塞”。

“邑”，《说文》部首：“从口，先王之制，尊卑有大小，从卪。”此非其朔构。甲骨文作，示有人守一可劳作、居宿之地。其本义指小的聚居地。《周礼·地官·里宰》：“里宰掌比其邑之众寡与其六畜并起，治其政令。”郑玄注：“邑犹里也。”贾公彦疏：“邑是人之所居之处。”《史记·五帝本纪》曰：“一年而所居成聚，二年成邑，三年成都。”《吕氏春秋·贵因》亦曰：“舜一徙成邑，再徙成都，三徙成国。”皆将邑作为小于都的聚居地。邑的居户数文献中记载多少不一。有十室之邑（《论语》），有三十户为邑（《国语·齐语》），有三百六十户为邑（《尚书大传》卷二），邑中无宗庙。《左传·庄公二十八年》：“凡邑，有宗庙先君之主曰都，无曰邑。”唯此，至周代引申作国家之称，多指小的诸侯国，或谦称自己国家，用于周秦间。《左传·僖公二十六年》：“寡君闻君亲举玉趾，将辱于敝邑，使下臣犒执事。”《说文》部首“邑”段玉裁注：“《左传》凡称人曰大国，凡自称曰敝邑。古国、邑通称。”秦以后，“邑”不再作国家之称。

“塞”，由边塞义引申为国家之称。其源可溯至东周。春秋晋穆侯名[illegible]，字邦父，甲骨文中[illegible]字亦作[illegible]，郭沫若《两周金文辞大系考释》以为其名从臼、从土，再声，当为“塞”字。刘桓进而补充谓再与载、淄古音同，淄通塞（刘桓文）。从名与字的同义对应规律，“塞”、“邦”当同义，故也可作国家之称。然则从东周起即可作国家之称，专指称华夏周边的方国，后多为少数民族居住区。《礼记·明堂位》：“四塞世告至。”郑玄注：“四塞谓夷服、镇服、蕃服在四方为蔽塞者。”即指四方的周边方国。塞鸿，从周边方国飞来的候鸟。南朝宋鲍照《代陈思王京洛篇》：“春吹回白日，霜歌落塞鸿。”《敦煌变文集·李陵变文》：“单于既见李陵降，且责缘何人塞邦。”“塞邦”同义连用，指汉朝周边外的匈奴国。南朝梁简文帝《答张缵谢示集书》：“胡雾连天，征旗拂日。时闻坞笛，遥听塞笳。”远听的塞笳，即是胡地的笳声。唐元稹《黄草峡听柔之琴》诗之一：“胡笳夜奏塞声寒，是我乡音听渐难。”塞声即指胡笳之声，“塞”犹指边外的方国。他如塞裔、塞管、塞角等，诸“塞”皆为方国义。但今辞书凡此类“塞”皆一律释为塞外，于边塞义徒增外意，盖缘不知“塞”还有方国义。当华夏汉族早进入大一统封建集权国家时，一些周边少数民族地区仍然处于奴隶制的方国时期，故可以“塞”称。

参考文献

[1] 陈梦家：《殷虚卜辞综述》，科学出版社，1956 年 7 月。

[2] 唐兰：《西周青铜器铭文分代史征》，中华书局，1986 年 12 月。

[3] 金景芳：《中国奴隶社会史》，上海人民出版社，1983 年 7 月。

[4] 赵光贤：《周代社会辨析》，人民出版社，1980 年 12 月。

[5] 左言东：《中国政治制度史》，浙江古籍出版社，1986 年 7 月。

[6] 金景芳:《古史论集》,齐鲁书社,1981 年 7 月。
[7] 吕振羽:《殷周时代的中国社会》,三联书店,1962 年 6 月。
[8] 赵伯雄:《周代国家形态研究》,湖南教育出版社,1990 年 3 月。
[9] 饶宗颐:《说沚与冒及沚戠——卜辞复合人名研究举例》,《故宫博物院院刊》2000 年第 6 期。
[10] 李民:《中原古代文明进程中的"万邦"时期》,《中原文物》2005 年第 1 期。
[11] 刘桓:《金文偶札(四则)》,《考古与文物》2003 年第 5 期。
[12] 唐嘉弘:《试论夏商周三代帝王的称号及其国家政体》,载《先秦史新探》,河南大学出版社,1988 年 6 月。

2. 邑·国·都·京

国都之称，商代尚无。西周有“邑”。东周有“国”。秦以后用“京”，兼用“都”，前者为专称，后者为俗称，侧重于繁华。

【同义】

《说文》部首：“邑，国也。”《广雅·释诂四》：“都，国也。”《战国策·秦策二》：“王不如因而赂之一名都。”高诱注：“都，邑。”《吕氏春秋·明理》：“有狼入于国。”高诱注：“国，都也。”《左传·桓公十一年》：“且日虞四邑之至也。”杜预注：“（邑）亦国也。”张衡有两“京”赋，班固有两“都”赋，皆赋长安、洛阳。《汉书·外戚传下》：“显祸败及京都。”《史记·春申君列传》：“春申君因城故吴墟，以自为都邑。”《后汉书·窦融传》“自祖及孙，官府邸第，相望京邑。”曹植《王仲宣诔》：“我公实嘉，表扬京国。”“京都”、“京国”、“京邑”、“都邑”皆同义连用，指国都。

【辨释】

甲骨文中“邑”之用有数端。一、指从事农牧活动的村落。《邺三下》：“戊寅贞：来岁大邑受年？”二、指商王朝边地的村落。此由原先氏族公社演变而成的家族或氏族聚居点。《粹八〇一》：“伐鄙廿邑。”三、指商王和商王朝的大庄园。其性质似后世之藉田，依靠王室所拥有的奴隶和农村公社成员来耕种，产品主要供应王室。《前二·二十》：“王乍（作）邑。”辞例甚夥，“邑”有时似乎可称商都。《甲一四一六》：“天邑商。”有称“大邑商”，但无径称“商邑”、“亳邑”者。可见在殷商时期，“邑”主要指有一定农牧地、房屋、界标的聚居村落。大邑商不过是较大的村落，“邑”并非是国都专称。

至西周，“邑”才多专称国都。《王奠新邑鼎》：“癸卯，王来奠新邑。”《卿鼎》：“公……才（在）新邑。”“新邑”即《书·康诰》之“新大邑”，指周公营建东都成周。周族之中心地称“丰邑”。《诗·大雅·文王有声》：“文王受命，有此武功，既伐于崇，作邑于丰。”前代之都亦可称“邑”。《书·盘庚上》：“天其永我命于兹新邑。”《诗·商颂·殷武》：“商邑翼翼。”毛传：“商邑，京师也。”《书·汤誓》：“率割夏邑。”但从春秋起，“国”取代了“邑”（见下）。故唯述古时用“邑”称国都，如称“夏邑”、“商邑”、“洛邑”。或与“京”同义对举，如张衡《东京赋》之“迁邑易京”。而其常义则为：一、指居民编户单位——里。《周礼·地官·里宰》“掌比其邑之众寡”郑玄注：“邑犹里也。”《楚辞·九章·怀沙》：“邑犬之群吠兮，吠所怪也。”“邑犬”，“邑里之犬”（王逸注）。《墨子·非命下》：“中实将欲其国家邑里万民刑政者也。”“邑里”同义连用。二、指大夫、皇后等之采地。《周礼·地官·载师》：“以家邑之田任稍地。”郑玄注：“家邑，大夫之采地。”《汉书·百官公卿表上》：“皇太后、皇后、公主所食曰邑。”《史记·孟尝君列传》：“其食客三千人，邑入不足以奉客。”食邑者，邑之赋税（地税）为食禄，非地租。三、指县。《史记·司马相如列传》：“（杨）得意曰：‘臣邑人司马相如自言为此赋。’”晋潘岳《河阳县作》诗之一：“谁谓邑宰轻，令名患不劭。”宋王安石《伤仲永》：“邑人奇之，稍稍宾客其父。”唯不作国都之称。春秋、战国之时，取代“邑”、遍作国都之称的是“国”。其时“国”已作国家通称，也兼作国都之称。《礼记·礼运》：“国有学。”孔颖达疏：“国谓天子所都。”《左传·隐公元年》：“大都不过参国之一。”“参国之一”，谓国都城墙周长的三分之一。《孟子·万章上》：“（妻）蚤（通‘早’）起，施从良人之所之，遍国中无与立谈者。”《楚辞·九章·哀郢》：“出国门而轸怀兮，甲之鼂（通‘朝’）吾以行。”诸“国”皆指国都。整个东周时期，一国一都，国都尤多，且规模远过于邑，进入了城市发展的新阶段。但秦以后，“国”就不作国都之称，为“都”、“京”取代。

“都”之朔义，并非国都，且古今歧解纷呈。或谓大邑、大城邑。《周礼·地官·小司徒》以“四井为邑，四邑为丘，四丘为甸，四甸为县，四县为都”。《广雅·释地》以“五里为邑，十邑为都”。《管子·度地》以“州十为都”。皆不可为据定其界域。盖所称之邑本也无定制，可大而指千户之国都，如洛邑；小而指十户。《论语·公冶长》：“十室之邑，必有忠信如丘者焉。”“都”更可大而指国都（见下），中而泛指城。《诗·小雅·都人士》：“彼都人士，狐裘黄黄。”郑玄笺：“城郭之域曰都。古明王时，都人之有士行者。”小而指小邑。清顾炎武曰：“《史记》信陵君之谏魏王谓所亡于秦者，大县数十，名都数百，则皆小邑之称也。”（《日知录》卷二二）。或谓“国城曰都，都者，国君所居，人所都会也”（《释名·释州国》）。“凡邑有宗庙先君之主曰都”（《左传·庄公二十八年》）。凡此，皆未周。顾炎武曰：“（都），后人以为人君所居，非也。”（《日知录》卷同上）今按，“都”从邑，者声。者声通宁（贮）声，故有聚多义。“暑”，热气之聚。“陼”，小州，即水中地之累聚。“储”，积聚。“都”者，当为人所聚。《穀梁传·僖公十六年》：“民所聚曰都。”《广雅·释诂三》：“都，聚也。”其朔义实同于邑（非作国都之“邑”），诚如顾炎武所引毛传：“下邑曰都。”即国以下之邑。但二者有异：“邑”无论指里、采地、县，皆为定称；而“都”仅侧重于民众之多聚，是一种俗称，即顾炎武所谓“邑是居处之名，都是众聚之称”。在春秋、战国时，“国”是国都之称，而“都”无论大小必在国之下，即所谓“万室之国”、“千室之都”（《管子·乘马》）。《左传·隐公元年》：“都城过百雉，国之害也。”“先王之制，大都不过参国之一，中五之一，小九之一。”此所言大、中、小之都，皆是“国”下之都，其大小按国都城墙之等差而定。当然，一般所谓“都”者，皆是宗室和卿大夫的封邑。春秋时，子路为季氏宰，将“隳三都”，即指毁郈、费、成三邑。《周礼·地官·大司徒》：“凡造都鄙，制其地域。”孙诒让正义：“所居治之邑曰鄙，其大都百里，小都五十里，家邑二十五里，竞（境）界所包，通曰都也。”战国时，秦王廷见相如时按图“指从此以往十五都予赵”（《史记·廉颇蔺相如列传》），则指一般的城邑。其时“都”前冠以“国”，方合指国都。《战国策·燕策一》：“度（渡）呼沱，涉易水，不至四五日，距国都矣。”《墨子·尚同中》：“上帝鬼神之建设国都，立正长也。”国都者，一国之都城，“都”仍是城邑义。

但是，自秦起，由于封建制中央集权国家的形成，商业经济的发展，原先的“国”（国都）成了大一统国家的大城邑，而“国”已多用为国家义，于是“都”成为大城邑、都会之称。《汉书·食货志上》：“而商贾，大者积贮倍息，小者坐列贩卖，操其奇赢，日游都市。”“都市”，谓都会大邑人所凑聚之地。南朝梁元帝《玄览赋》：“盖六服之都会，方函谷之设险。”左思《三都赋》所指吴、蜀、魏之“都”，即取都会之称。然而封建制的国都与奴隶制国都不同。它不仅是政治中心，也是经济、文化中心，故往往是全国第一大都，于是“都”可引申指称国都，“都”之称国都，是侧重于人多繁华，是对国都的俗称。《汉书·段会宗传》：“若子之材，可优游都城而取卿相。”《三国志·吴志·吕据传》：“又遣从兄虑，以都下兵逆据于江都。”“都下”，国都之下。《文选·潘岳〈藉田赋〉》：“居靡都鄙，民无华裔。”李善注：“都谓京邑也。”（“鄙”，边邑。）还可作动词，谓建立国都。《史记·秦始皇本纪》：“吾闻周文王都丰，武王都镐，丰镐之间，帝王之都也。”

《说文》部首：“京，人所为绝高丘也，从高省，丨象高形。”朱骏声曰：“对文则人力所作者为京，地体自然者为丘。散文则亦通称也。”（《说文通训定声·壮部》“京”字）小篆、甲骨文、金文其字均象高台有屋之形，如（辛巳簋）、（《静卣》）。引申为高。《左传·襄公二十五年》：“辨京陵。”杜预注：“绝高曰京。”《宣公十二年》：“君盍筑武军而收晋尸，以为京观？”杜预注：“积尸封土其上谓之京观。”即垒尸积土似丘，以炫耀武功。《文选·张衡〈西京赋〉》：“整行伍，燎京薪。”薛综注：“积高为京。”又引申为大。《尔雅·释诂》：“京，大也。”《左传·庄公二十二年》：“莫之与京。”杜预注：“京，大也。”在甲骨文、金文及上古书面文献中多用作地名。如《静簋》：“王在奔京。”此即《左传·隐公元年》所记郑庄公予其弟共叔段之封邑，其地在今河南荥阳东南二十里。《左传》又有周地名京楚者（《昭公二十二年》），在伊水之南、洛阳之西南（参杨伯峻《春秋左传注》）。也可称周的发祥地镐京。《诗·大雅·公刘》：“廼（乃）陟南冈，乃觏于京。”盖周先祖所营邑居，地处高冈，故谓之“京”，此“京”犹邑。然则“京”在先秦并不指君王所居的都城。今一些专书、辞书或承汉唐旧注，而谓“京”上古即指天子所居国都，未当。

“京”作为国都之称，起于汉代，乃取“京”的高、大义。《公羊传·桓公九年》：“京师者何？天子之居也。京者何？大也。师者何？众也。天子之居，必以众大之辞言之。”此说可代表汉人对“京”义之诠释。《史记·太史公自序》：“藏之名山，副在京师。”《汉书·梁孝王传》：“珠玉宝器，多于京师。”《文选·马融〈长笛赋〉》：“融去京师逾年。”“京师”又称“京城”。唐白居易《琵琶行》：“自言本是京城女，家在虾蟆陵下住。”又称“京辇”。《晋书·元帝纪》：“凶胡敢帅，犬羊逼迫京辇。”（“辇”，皇帝专用车。）又称“京府”。《宋史·慎从吉传》：“权知开封府……戒之曰：‘京府浩穰。’”作为国都之称，后世“京、都”并用。所异者：“京”是专称，只做名词；“都”是着眼于繁华的俗称，又可做动词。

由上可见，“邑”是最早的国都之称，用于奴隶制全盛期的西周。一变为“国”，用于奴隶制衰落、封建制兴起的东周。再一变为“京”、“都”，分别为专称和俗称，用于整个封建社会。“邑、国、京、都”各有不同的文化特点，各有其继承与变革（参第47、185条）。

参考文献

[1] 唐兰:《西周青铜器铭文分代史征》,中华书局,1986 年 12 月。
[2] 赵光贤:《周代社会辨析》,人民出版社,1980 年 12 月。
[3] [清]顾炎武:《日知录》,上海古籍出版社.1985 年 6 月。
[4] 陈梦家:《殷虚卜辞综述》,科学出版社,1956 年 7 月。
[5] 唐嘉弘:《殷商"作邑"及其源流》,载《先秦史新探》,河南大学出版社,1988 年 6 月。
[6]〔美〕张光直:《说商城》,《中国文物报》,1991 年第 16、21、26、30 期。
[7] 彭邦炯:《卜辞"作邑"蠡测》,载《甲骨探史录》,三联书店,1982 年 9 月。
[8]〔美〕张光直:《中国考古学上的聚落形态——一个青铜时代的例子》,载《中国青铜时代》,三联书店,1983 年 9 月。

3. 乡·里·闾·坊○廛

常见的城邑居民编户单位，周代"乡"最大。"里"在乡之下，本用于乡村，也用于城邑，是封闭型的基层编户单位，大体延用至隋代。"廛"是城市乡村农工商庶民的居住区域，但不是正式的编户单位。"闾"只用作居处的泛称。后世广泛使用的"坊"，源于魏晋，从隋唐起取代"里"而盛行，先是半封闭型的坊里制，至宋代成开放型的坊巷制。

【同义】

《广雅·释宫》："闾，里也。"《吕氏春秋·怀宠》："以里听者，禄之以里。"高诱注："里，闾也。"《后汉书·杨震传》："合两为一，连里竟街。"李贤注："里即坊也。"《孟子·告子上》："出入无时，莫知其乡。"赵岐注："乡犹里也。"《文选·鲍照〈芜城赋〉》："廛闬扑地，歌吹沸天。"张铣注："廛，里也。闬，里门，言闾里之门也。"诸字多同义连用。《史记·袁盎列传》："袁盎病免居家，与闾里浮沉。"《古诗十九首·去者日以疏》："思还故里闾，欲归道无因。""闾里"、"里闾"，泛指民间。《宋书·乐志一》："故諠丑之制，日盛于廛里；风味之韵，独尽于衣冠。""廛里"，泛指百姓居宅。《管子·立政》："行乡里，视宫室。"又《幼官》："修乡闾之什伍。""乡里"、"乡闾"，皆泛指居民聚居之区域。

【辨释】

周代诸侯林立，其政体实为宗法分封的城邦国家，实行国野制，即一个国城管辖周围田地和居邑所构成的野。周代的城，是三级城邑建设体制：第一级为王城，即奴隶制王朝的京城；第二级为诸侯城，即诸侯封国的国城；第三级为都，即宗室和卿大夫的封邑。野的大小与国城大小成正比。国野制，即乡遂制：城廓内与百里内的四郊，称为乡，乡外之野即百里至二百里地，称为遂。周制，一乡凡一万二千五百户。《周礼·地官·大司徒》："五州为乡。"郑玄注："万二千五百家。"《论语·雍也》："以与尔邻里乡党乎？"何晏集解："万二千五百家为乡。"乡之首领为乡大夫，掌一乡之政教。《周礼·地官·叙官》："乡大夫，每乡卿一人。"又称乡长。《国语·齐语》："正月之朝，乡长复事。"又称"乡正"。《左传·襄公九年》："二师令四乡正敬享，祝宗用马于四墉，祀盘庚于西门之外。"杜预注："乡正，乡大夫。"先时二乡设公一人，掌教化。至战国、秦汉每乡设三老一人，掌教化。协助教化之事者有乡先生，此是年老退位的乡大夫，故德高望重。《仪礼·乡饮酒礼》："以告于乡先生君子可也。"郑玄注："乡先生，乡大夫致仕者也。"贾公彦琉："此先生，老人教学者。"具体管理有乡吏。《周礼·地官·乡大夫》："正月之吉，受教法于司徒，退而颁之于乡吏。"乡中所居者，主要是奴隶主贵族。俟三年荐贤选士。《礼记·王制》:“命乡论秀士,升之司徒,曰选士。司徒论选士之秀者而升之学,曰俊士。”选贤举士之乡饮酒礼是周代重要的嘉礼。《仪礼·乡饮酒礼疏》引《郑目录》云:“诸侯之乡大夫三年大比,献贤者、能者于其君,以礼宾之,与之饮酒,于五礼属嘉礼。”乡饮酒礼后还要行乡射礼,询众庶(参《仪礼·乡射礼》),此亦嘉礼。由上可知,上古文献中“乡人”犹言国人,正与野人相对立。一般是指奴隶主贵族。《论语·乡党》:“乡人饮酒,杖者出,斯出矣。”《左传·庄公十年》:“其(指曹刿)乡人曰:‘肉食者谋之,又何间焉?’”曾有文据“乡人”而推断曹刿为乡野之民,劳动人民军事家,大误。“乡”作为城的最大居民编户单位,只用于周代。至汉已作亭以上的行政单位,所谓“十里一亭”,“十亭一乡”(《汉书·百官公卿表上》)。“乡”在上古已引申作地方(与京城相对)的泛称。《诗·商颂·殷武》:“维女荆楚,居国南乡。”《庄子·胠箧》:“阖四境之内,所以立宗庙社稷,治邑屋州闾乡曲者,曷尝不法圣人哉?”此义后世多用于科举语词,如“乡贡”,唐制指凡州县而取者。又《宋史·外国传三·高丽》:“(高丽)贡士三等……郡邑曰乡贡。”“乡试”,《续文献通考·选举考·举士》述明代试士之法:“三年大比,以诸生试之直省曰乡试,中式者为举人,次年以举人试之京师曰会试。”盖后世之地方行政区划,郡县州相当于上古之“国”、“乡”,故诸“乡”均为地方义。

“里”,《说文》部首:“里,居也。从田、土。”段玉裁注:“有田有土而里居也。”其名缘农田的聚落而产生。在周代,本是井田制经济体制的乡村基层编户单位。《周礼·地官·遂人》:“五家为邻,五邻为里,四里为酂,五酂为鄙,五鄙为县,五县为遂,皆有地域沟树之使。”郑玄注:“邻、里、酂、鄙、县、遂犹郊内比、闾、族、党、州、乡也。”孙诒让正义:“此六遂之地在甸,与郊内六乡制同而名异。乡自五家为比,积至五州而为乡,犹自邻积而成遂也。”(“甸”,都城郊外之地。)从郑注可见,由比而乡是城镇建制,由邻而遂为乡村建制。一里二十五家。《诗·郑风·将仲子》:“将仲子兮,无逾我里。”毛传:“二十五家为里。”战国时五百家一里。《战国策·齐策四》:“今夫士之高者,乃称匹夫,徒步而处农亩,下则鄙野、监门、闾里,士之贱也亦甚矣。”鲍彪注:“闾,在乡;里,在野,并五百家,皆有门。”其长称“里宰”、“里人”、“里尉”、“里正”(参《采邑考》第三章)。县以下百家为里,其长称“里魁”(参《后汉书·百官志五·亭里》)。“里”虽本用于乡村,但早在东周,已用于城邑。乡村之“里”,是可有效地管理奴隶、农民,组织生产并适应军制需要的编户组织。今用于城邑亦然。城中之里,亦一里二十五家。周代崇尚车战,一辆兵车配备二十五人,每户服役者一人(《周礼·地官·小司徒》)。一个里则可组成一个车战单位。里也是方正划块,像一个小小城堡。里四周垒土为墙,墙高三雉。四面设里门,里中辟巷道,通各里门。里门内有堂塾,是管理场所。里门专人管理,定时出入。《墨子·号令》篇于城里管理之制言之甚详。据《墨子》所述:“里正与父老皆守宿里门。”“门有吏,主诸门、里。”“门、里”,指城门、里门(从岑仲勉说)。里门每日晨夕开两次,平时锁闭,门钥在城守官署之中。开闭门时,门吏“各入请籥”,必有“太守之节”,“吏、卒民无符节而擅入里巷”,应论罪而严治。里之居民按阶级和职业聚居和分区。《逸周书·作洛》记王城里制云:“凡工贾胥市臣仆州里俾无交为。”谓士大夫官吏、隶仆与工商异居而不相交往。若此,

"以世事教能，则民不失职"（《周礼·地官·大司徒》），即利于做到职业世袭化，使某一职业成为世传家业，又便于组织生产，并且体现不同人等的不同政治待遇。其分布是：近宫地带——宫廷区之正南、正东、正西方位设"国宅区"，即贵族卿大夫之里：一般仕吏则居于距宫廷区较远的东、西城门一带；城北近市（市在城中央偏北、宫廷区后面的中轴线），主要为民间工商业者和工商奴隶之居里。同一个区块，再按其操业之异，分别聚里。《管子·小匡》："处商必就市井。"《论语·子张》："百工居肆以成其事。"城内四隅为其他服官役庶人之居，城外郭中、四郊则是农奴、从事农业劳动之自由民或其他的贱民。

周代城的闾里制也为后世承袭。上古里名，文献中鲜见，但秦以后，城市之里可考者甚多。汉代长安有里一百六十。《三辅黄图》卷二列有宣明、建阳等十里名。晋潘岳《西征赋》也记载其中的八里名。如万石君石奋居戚里，宣帝少时居尚冠里。《列女传》卷五："京师节女者，长安大昌里人之妻也。"《居延汉简释文》有"长安梁陵里田胜"等简。南方的城中也有称里者，如南朝建康城，其著名者有长干里，李白《长干行》"同住长干里，两小无嫌猜"，即指其处。在秦淮河南岸，有小长干、大长干、东长干等处（"干"，江东方言指山陇间平地。）"里"不同于"坊"，它不必是正方或长方形的区域。尤其如建康城依山起伏，不可能是方正的居住区。"里"作为城邑居民编户单位即居民区的正称，一直用到隋代，隋以后仅少数地方承古而用。或以为隋以后里与坊并用，如唐长安城坊中有里，里中有坊，二者职掌与设置原则各有系统。此非确论（见下）。

《说文·广部》："廛，二亩半也。一家之居，从广、里、八、土。"段玉裁注："古者在野曰庐，在邑曰里，各二亩半。……里者居也，八土犹分土也。"按同部"广"，是"因广为屋"，指居屋，故廛者，会其意，指里中所分取可为居屋之地，即一夫所居宅基地。一般一夫之居是百亩之田，五亩之宅，其二亩半于邑里。《孟子·滕文公上》："愿受一廛而为氓。"赵岐注："廛，居也。"与"里"相同，廛也用于城中之闾里制。《周礼·地官·载师》："以廛里任国中之地。"郑玄注："廛，民居之区域也。"孙诒让正义："通言之，廛里皆居宅之称。析言之，则庶人农工商所居，谓之廛；士大夫等所居，谓之里。"可见廛是农工商庶民的居住区。但它不是正式的基层编户单位。

《说文·门部》："闾，里门也。"春秋楚公子闾，字子启，盖门可以启。《书·武成》："式商容之闾。"孔传引《说文》"族居里门也"。"商容"，为殷纣时贤人，被贬退家居。"式"，伏轼，为旌表义。《史记·留侯世家》作"表商容之闾"，即彰表于里门。《周礼·地官·乡大夫》："国有大故，则令民各守其闾，以待政令。"里门并围墙，貌如城堡，自可守卫。引申为里之称。《周礼·地官·大司徒》："令五家为比，使之相保；五比为闾，使之相受。"郑玄注："闾，二十五家。"比、闾、族、乡、党，此是城镇编户制。然而由于周代之城尚是城市的初级阶段，乡村之邑里与城邑差别不大，乡村编户单位又照搬作城邑的里制，故文献中作为城邑闾里之正称的是"里"，而"闾"只以代称用法作居处（不限于里）的泛称，且多与他词连用。实际上并不专用为《周礼》所称的城邑之基层编户单位。《庄子·让王》："颜阖守陋闾，苴布之衣而自饭牛。"《史记·陈涉世家》:"发闾左适(谪)戍渔阳,九百人屯大泽乡。""闾左",居住闾里左边的平民,皆为贫贱者,而豪富者居右(参司马贞索隐)。唐王维《淇上田园即事》诗:"日隐桑柘外,河明闾井间。"以上皆泛指乡里、乡间。汉班固《西都赋》:"内则街衢洞达,闾阎且千。"《后汉书·李通传》:"且居家富逸,为闾里雄。"以上皆泛指城里、里巷。《史记·司马穰苴列传》:"臣素卑贱,君擢之闾伍之中,加之大夫之上。"此泛指民间,更不可坐实为乡里、城里。

"坊"字不见于《说文》,其字当从土方声,声兼义。坊者,城中成棋盘块状的方正居民区。其称可能始起于宫中。晋左思《魏都赋》中有楸梓坊,《元河南志》引《汉宫阁名》曰:"洛阳故北宫有九子坊。"《洛阳伽蓝记》有吴人坊、王子坊。作为城中坊里之制,始创于北魏的平城。之后,洛阳城也行此制。据发掘勘明,其城在洛水之北,东西二十里、南北十五里,有宫城、京城、外郭三重城墙,设二百二十个坊,一般是一里见方为一坊。但坊里制成定制,并作为城中居民编户单位正称而取代"里",则始于隋唐的长安城。据《三辅黄图》卷二记载,汉长安城有一百六十个闾里,而它是在秦咸阳原行宫——兴东宫基础上建立的,未央宫、长乐宫、北宫、桂宫、明光宫,每宫皆围以宫城,长安城内用地大部分为此五宫城所占,且布局杂乱,一百六十个闾里遂只能散布于外郭中。整个城,宫殿、官署、闾里相杂厕。于是,隋唐时,对长安城重新规划,按照方正对称、突出宫城皇城的原则设计,全城为正方形,沿南北中轴线,将宫城、皇城位于城最北的中部,其南设东西二市。南北并设十四条大街,东西并行十一条大街,以此将全城其余部分划为一百零八个块区,称为"坊",或呈正方形,或为长方形。坊四周围筑高厚的坊墙,小坊有两门,大坊四边开门,中辟十字街,街宽 15—20 米。坊内还有小路,称"曲"。坊的外侧和沿街是显贵的府第和寺院,一般民宅处其右。坊门晨开暮闭,居民白天出入自由,不像《墨子》所记的闾门整日关闭,而且三品以上的高官可享有将宅门开向大街的特权,故不受坊的门管制度约束。这种坊里建制无疑比闾里制进步,适应了封建经济的发展。自此,"坊"之称制一直行于我国的都城和其他城市。

但坊里制本质上还是半封闭型的闾里制,因而仍束缚城市经济的发展。直到北宋的东京城和南宋的临安(杭州)城才对闾里制进行了彻底的变革,代之以新型的开放式坊巷制:取消限定的市场而使商业网布满全城;推倒了坊墙,将按行业和等级的聚居方式变为按街巷分地段作为编户单位,在每个坊巷地段内均设置商业网点并从经济功能上规划仓库、码头、行业街市等新的布局。正如有的论者所言:"南宋坊市制度(按,指坊里制)已经破坏,但坊的名称仍旧存在。因此,坊的意义与以前不同,变成街巷的名称了。所以南宋临安城的坊,就是指街巷而言。"(倪士毅文)从此,各城市普遍推行这种坊巷制,逐渐形成后世城市的各种居民区。

参考文献

[1] 贺业钜:《中国古代城市规划史论丛》,中国建筑工业出版社,1986 年 9 月。

[2] 贺业钜:《考工记营国制度研究》,中国建筑工业出版社,1985 年 3 月。
[3] 刘敦桢:《中国古代建筑史》,中国建筑工业出版社,1980 年 10 月。
[4] 同济大学城市规划教研室:《中国城市建设史》,中国建筑工业出版社,1982 年 12 月。
[5] 岑仲勉:《墨子城守各篇简注》,中华书局,1987 年 8 月。
[6] 童书业:《春秋左传研究》,上海人民出版社,1980 年 10 月。
[7] 陈直:《三辅黄图校证》,陕西人民出版社,1981 年 5 月。
[8] 俞伟超:《中国古代公社组织的考察》,文物出版社,1988 年 10 月。
[9] 侯志义:《采邑考》,西北大学出版社,1982 年 12 月。
[10] 赵超:《也说唐代的“坊”》,《文史知识》1991 年第 7 期。
[11] 倪士毅:《繁华的南宋都城——临安》,载《中国古都研究》,中国古都学会编,浙江人民出版社,1985 年 4 月。

4. 界·限·垠(圻)·垓·域·疆(畺、壃)·埸(易)·畔·封·境(竟)

事物的界限,“界”是总称。“限”多用于抽象事物。“垠”指天地大物的极限。“垓”专用于天的界限。“疆”是各种土地界限的通称。“畔”专用于其中耕作田土。“埸”指土地的界限,常要与“疆”连用。着眼于四周的界限为“域”。突出聚土种树的界限是“封”。国家范围的界限专称“境”。

【同义】

《广雅·释诂三上》:“界,竟也。”《广韵·去怪》:“界,境也。”又《上产》:“限,界也。”汉扬雄《太玄经·玄文》:“熿熿出于无垠。”《淮南子·俶真》:“设于无垓坫之宇。”高诱注:“垓坫,垠堮也。”“垓”犹垠。《汉书·礼乐志》:“济之仁寿之域。”颜师古注:“域,界也。”《广雅·释诂三下》:“埸,界也。”《说文新附》:“埸,疆也。”《说文·畕部》:“畺,界也。”《周礼·地官·大司徒》:“制其畿疆而沟封之。”郑玄注:“疆犹界也。”《广雅·释诂三下》:“畔,界也。”《小尔雅·广诂》:“封,界也。”《左传·襄公三十年》:“田有封洫。”杜预注:“封,疆也。”《说文新附》:“境,疆也。”《广韵·上梗》:“境,界也。”《国语·周语上》:“修其疆畔。”韦昭注:“疆,境也。畔,界也。”此实同义连用,泛指疆界。《汉书·郊祀志下》:“海广大无限界。”《管子·小匡》:“正其封界。”汉陆贾《新语·道基》:“于是后稷乃列封疆,画畔界,以分土地之所宜。”“限界、封疆、封界、畔界”等皆同义连用,泛指界限、疆界。

【辨释】

《说文·田部》:“界,竟(境)也,从田介声。”朱骏声曰:“田畔也,从田、介会意,介亦声。”(《说文通训定声·泰部》“界”字)段玉裁注:“界之言介也。介者,畫也,畫者,介也,象田四界,聿(笔)之所以畫之。介、界古今字。”段说甚是。惟“界”本为“介”,其义当为划定的界限(名词义)或划定界限(动词),故文献中用为界限的总称,大小虚实,皆可称之。《战国策·齐策三》:“三国之与秦壤界而患急。”“界”,接界。《汉书·西域传赞》:“皆以为此天地所以界别区域,绝内外也。”“界”,疆界。《后汉书·马融传》:“奢俭之中,以礼为界。”“界”,界限,用于抽象事物。“界”是界限的总称。

《说文·𨸏部》:“限,阻也。”本指险阻。引申为界限之称,多用于抽象事物。《汉书·哀帝纪》:“诸侯王、列侯公主……田宅亡(无)限,与民争利。”此数量范围之界限。三国魏文帝《与吴质书》:“官守有限。”此职权之界限。《北史·魏宣武帝纪》:“严立限级,节其流宕。”“限级”,权益兹之界限。《晋书·傅玄传》:“六年之限,日月浅近。”此时间之界限。常作动词。

《荀子·强国》:“夫义者,所以限禁人之为恶与奸者也。”“限禁”,限制禁止。《南史·刘秀之传》:“先是汉川悉以绢为货,秀之限令用钱,百姓利之。”“限令”,限制使令。多与“界”同义连用,见文首引例。

“垠”或作“圻”,通假字。《说文·土部》:“垠,地垠咢(堮)也。”(从段注)段玉裁注:“古者边界谓之垠咢(堮)。”“垠”之称界限,是指一些大物——天、地、山川之属的极限。《楚辞·远游》:“其小无内兮,其大无垠。”汉刘向《九叹·远逝》:“山峻高以无垠兮。”《淮南子·俶真》:“四达无境,通于无圻。”“圻”,通“垠”。《文选·陆机〈辨亡论〉》:“化协殊裔,风衍遐圻。”李善注:“圻,界也,言风教及远也。”《晋书·皇甫谧传》:“欲芒芒而无垠际。”《文选·张华〈鷦鷯赋〉》:“或托绝垠之外。”李善注:“绝垠,天边之地也。”

《说文·土部》:“垓,兼晐八极地也。”(“晐”,备。)“垓”,专称天的界限。《文选·司马相如〈封禅文〉》:“上畅九垓,下泝八埏。”李善注引孟康曰:“垓,重也。”“埏,若瓮埏地之八际也,言其德上达于九重之天,流于地之八际。”汉扬雄《大鸿胪箴》:“荡荡唐虞,经通垓极。”

《集韵·入屋》:“域,区处也。”本作“或”,指区域、地域(参第1条)。故作界限之称,乃指某个地区周合的范围,即四周的界限。《周礼·地官·大司徒》:“以天下土地之图,周知九州之地域广轮之数。”(“广轮”,广袤,指土地的面积。)“地域”,包围九州之地界。《汉书·邹阳传》:“以其能越挛拘之语,驰域外之议。”“域外”,国界之外。唐骆宾王《为李敬业讨武曌檄》:“请看今日之域中,竟是谁家之天下?”“域中”,国界之中。“域”可用于抽象事物。文首引《汉书·礼乐志》“济之仁寿之域”句,即其例。又《汉书·贾谊传》:“故其在大谴大何(诃)之域者。”颜师古注:“域,界局也。”可作动词。《孟子·公孙丑下》:“域民不以封疆之界。”“域”犹管束意。诸引申义也都含周合的范围之意。

“疆”本作“畺”,或作“壃”。《说文·畕部》:“畺,界也,从畕,三,其介画也。”其本义是丈量而划定田亩的区间。《诗·小雅·信南山》:“我疆我理,南东其亩。”毛传:“疆,画经界也。理,分地理也。”孔颖达疏引《孟子》曰:“夫仁政必自经界始。经界不正,井田不均。”唯此,引申为界限,乃作土地界限的通称。《诗·大雅·江汉》:“式辟四方,彻我疆土。”郑玄笺:“治我疆界于天下。”《左传·昭公四年》:“或多难,以固其国,启其疆土。”《汉书·沟洫志》:“古者立国居民,疆理土地。”《汉书·王子侯表序》:“以诸侯王畺土过制。”颜师古注:“畺,亦壃字也。”《文选·吴质〈在元城与魏太子笺〉》:“重以泜水,渐渍疆宇。”以上或作一般田地界,或作国界,皆从土地而称。国界,犹言国土之界,与“境”之为国家之界,侧重稍异。“疆”可作动词。《诗·大雅·緜》:“迺(乃)疆迺(乃)理。”《左传·宣公八年》:“楚子疆之。”杜预注:“正其界也。”即核正其界限。所规正的,也是土地的界限。

“埸”,或作“易”,指称土地的界限。偶可单用。《易·大壮》:“丧羊于易。”

但通常要与“疆”同义连用。《诗·小雅·信南山》:“疆埸翼翼。”毛传:“埸,畔也。”畔是田土之界。《左传·成公十三年》:“郑人怒君之疆埸。”《荀子·富国》:“至于疆易而端已见矣。”杨倞注:“易与埸同。”《汉书·食货志上》:“瓜瓠果蓏殖于疆易。”

《说文·田部》:"畔,田界也。"段玉裁注:"一夫百亩,则畔为百亩之界也。引申为凡界之称。"故"畔"专指耕作的田土界限。《左传·襄公二十五年》:"行无越思,如农之有畔。"《韩非子·难一》:"历山之农者侵畔,舜往耕作焉,期年,甽亩正。"《史记·周本纪》:"入界,耕者皆让畔,民俗皆让长。"《后汉书·文苑传·杜笃》:"昔在强秦,爰初开畔。"李贤注:"畔,疆界也。"按,此专指田土之界限,即开阡陌。但由于"畔"常假借为"叛",如《史记·淮阴侯列传赞》:"乃谋畔逆,夷灭宗族。"而"疆"是土地界限的通称,已赅"畔"之义,故汉以后,后世常用"疆","畔"之称渐废。

"封",甲骨文作(《甲二九〇二》),象土上植丰盛的树木。金文作(《召伯簋》),右加一手,表示培植。故"封"本义即指聚土种树作为界限;做名词,指聚土种树之界限。古时作一区界,往往于定界内侧挖土而聚于界,为更增阻固,土上植树(参《周礼·地官·封人》注疏)。封可用于田土。《吕氏春秋·孟春纪》:"王布农事,命田舍东郊皆修封疆。"高诱注:"封,界也。"用于坟墓或坟状堆积物。《礼记·檀弓上》:"古也墓而不坟……于是封之,崇四尺。"郑玄注:"聚土曰封。"《管子·形势解》:"所谓平原者,下泽也。虽有小封,不得为高。"常用于国界。《左传·僖公三十年》:"(晋)又欲肆其西封。""封人",管理边境之官员。《左传·隐公元年》:"颍考叔为颍谷封人。"西周天子分封诸侯,受封者到指定的区域封土为界而建国,其封国称为"邦",邦即是封。段玉裁曰:"古邦、封通用。《〈书〉序》云:'邦康叔'、'邦诸侯',《论语》云'在邦域之中',皆封字也。《周礼》故书'乃分他邦而辨其守地',邦谓土界。杜子春改'邦'为'域',非也。"(《说文·邑部》"邦"注)《释名·释州国》:"邦,封也,封有功于是也。"用作国界,主要是在上古。

《说文新附》:"境,经典通用竟。"按"竟"、"境",古今字。《说文·音部》:"竟,乐曲尽为竟。从音儿。"段玉裁注:"曲之所止也。引申之,凡事之所止、土地之所止,皆曰竟。"按,此言其"通",若究其"别",则乐曲有完整性,土地的界限,唯国家最有完整性,故引申指国家的边界。《周礼·夏官·掌固》:"凡国都之竟。"郑玄注:"竟,界也。"《吕氏春秋·赞能》:"至齐境。"高诱注:"境,界也。"《史记·廉颇蔺相如列传》:"臣尝从大王,与燕王会境上。"汉班固《封燕然山铭》:"恢拓境宇。"

5. 险(崄)·阻(沮)·限·隘(阸、阨)·塞·固

险阻种类甚多。“险”是高山之阻，后世成为总称。“阻”是山川之阻。“限”是人难以逾越的自然之阻。“隘”是狭长通道所成之阻。“塞”是自然形成或利用自然地势人工构筑的边境之阻，特指长城。四周都有天然之阻者称“固”。

【同义】

《说文·自部》：“险，阻难也。”“阻，险也。”“限，阻也。”《文选·张衡〈东京赋〉》：“守位以仁，不恃隘害。”薛综注：“隘，险也。”诸词多同义连用。《左传·成公十三年》：“（文公）逾越险阻。”《僖公二十二年》：“古之为军也，不以阻隘也。”《周礼·地官·司险》：“设国之五沟五涂而树之林，以为阻固。”《楚辞·离骚》：“路幽昧以险隘。”《史记·孙子吴起列传》：“马陵道陕（狭），而旁多阻隘。”《淮阴侯列传》：“且彼未见吾大将旗鼓……恐吾至阻险而还。”《礼书》：“固塞不树，机变不张。”《律书》：“后且拥兵阻阸。”汉贾谊《过秦论下》：“秦……得阸塞而守之。”《汉书·蒯通传》：“锐军挫于崄塞，粮食尽于内藏。”《六韬·龙韬·励军》：“出隘塞，犯泥涂。”《列子·杨朱》：“及其游也，虽山川阻崄……无不必之。”以上“险阻、阻隘”等皆同义连用。《荀子·议兵》：“然而秦师至而鄢郢举若振槁然，是岂无固塞隘阻也哉？”《韩诗外传》卷四：“江汉以为池……是岂无固塞限险也哉？”“固塞隘阻”、“固塞限险”是四词并列的同义连用，均泛指险阻、险塞。汉刘向《〈战国策〉书录》：“有设之强，负阻而恃固。”“阻、固”对文同义。

【辨释】

“险”的本义，或云“险要”，或曰“危险”，或谓“地势不平”，或道“自高而下难行”。旧注也纷纭，有“坑堑者为险”（《孙子·军事》曹操注），有“（在）野曰险”（《周礼·夏官·掌固》郑玄注），有“据当不倾谓之平，反平为险”（汉贾谊《新书·道术》），不一而足。按，字从阜佥，佥声通严声。《史记·殷本纪》：“是时说（指傅说）为胥靡，筑于傅险。”此“险”即“岩”。酢浆义之“醶”，或作“酽（釅）”。“嚴（严）”有高峻义（参第6条）。“险”或作“崄”，如文首引《列子·杨朱》例。《方言》第六：“崄，高也。”“险”常径用为高义。古杂技有“险竿”，即爬高竿。唐柳曾《险竿行》：“百尺高竿百度缘，一足参差一家哭。”由此可见，“险”取“严”的高峻义，本义当指高峻的山险，即高山之阻。《六书故·地理二》：“险，高峻危绝之谓险。”《孟子·公孙丑下》：“固国不以山溪之险。”（“溪”，谷。）《列子·汤问》：“吾与汝毕力平险，指通豫南。”“险”，指王屋、太行两座大山。下至宋王安石《游褒禅山记》：“夫夷以近，则游者众；险以远，则至者少。”

“夷、险”对举，“险”也指山高。引申之，才指坎坷不平的障碍，然犹偏于高。《左传·成公二年》：“苟有险，余必下推车。”“险”，显然偏指高兀处。再引申，可赅各种地理险势，后世成为险阻的总称。《资治通鉴·汉献帝建安十三年》：“此为长江之险，已与我共之矣。”

“阻”或作“沮”。二字相互通用。阻止义应是“沮”而用“阻”。《吕氏春秋·知士》：“能自知人，故非之弗为阻。”《左传·闵公二年》：“是服也，狂夫阻之。”孔颖达疏引服虔云：“阻，止也。”险阻义当是“阻”而或用“沮”。如《释名·释丘》：“水出其后曰阻丘，背水以为险也。”《尔雅·释丘》上句作“沮丘”。但以“阻”为常。作险阻之“阻”可视为从阜沮省声，声兼义。阜是山，山水不可分。故“阻”本义指拦止的山川，即山川之成为各种阻碍者。《周礼·夏官·司险》：“司险掌九州之图，以周知其山林川泽之阻。”（“周”，周遍。）郑玄注：“山林之阻，则开凿之；川泽之阻，则桥梁之。”《汉书·东方朔传》：“夫南山，天下之阻也，南有江淮，北有河渭。”《晋书·潘尼传》：“四岳三涂，九州之阻。”《后汉书·南蛮西南夷传》：“绝域荒外，山川阻深。”东汉祢衡《鹦鹉赋》：“流飘万里，崎岖重阻。”南朝宋谢灵运《答范光禄书》：“山涧幽阻，音尘阔绝。”扩大之，泛指行进道上各种险阻。先秦已用。《诗·秦风·蒹葭》：“溯洄从之，道阻且长。”《三国志·蜀志·许靖传》：“州府倾覆，道路阻绝。”唐杜甫《去蜀》诗：“如何关塞阻，转作潇湘游。”

“限”，从阜艮声，艮声有止义。《易·艮》：“彖曰：艮，止也。”拦止程度深于“阻”，指使人难以逾越的自然险阻。《战国策·秦策一》：“南有巫山、黔中之限。”三国魏曹植《燕歌行》：“牵牛织女遥相望，尔独无辜限河梁。”晋郭璞《江赋》：“所以作限于华裔，壮天地之崄介。”“限”之指称险阻，主要用于中古前。

“隘”字或作“阸”、“阨”。“隘”当从阜嗌省声。“嗌”为咽喉，故“隘”之险阻当用于狭长的通道。《广雅·释诂一》：“隘，狭也。”《诗·大雅·生民》：“诞置之隘巷，牛羊腓字之。”孔颖达疏：“置之于狭隘巷中。”“隘”往往是古之兵家据险易守之地。《左传·僖公二十二年》：“子鱼曰：‘君未知战，勍敌之人，隘而不列，天赞我也。’”《淮南子·兵略》：“一人守隘，而千人弗敢过也。”《吴子·应变》：“今有少卒卒起，击金鸣鼓于阨路，虽有大众，莫不惊动。”

“塞”，本义为堵塞。《诗·豳风·七月》：“穹窒熏鼠，塞向墐户。”《左传·哀公十七年》：“阖门塞窦，乃自后逾。”引申为险塞，指自然形成或指利用自然地势人工构筑、有完整障堵作用的边境险阻。《史记·苏秦列传》：“秦四塞之国，被山带渭，东有关河，西有汉中，南有巴蜀，北有代马，此天府也。”《吴子·论将》：“名山大塞，十夫所守，千夫不过。”此指山关。《左传·僖公二十年》：“凡启塞从时。”杜预注：“门户道桥谓之启，城郭墙堑谓之塞。”此指墙、河。《汉书·匈奴传下》：“起塞以来百有余年，非皆以土垣也，或因山巖（岩）石，木柴僵落，谿（溪）谷水门，稍稍平之，卒徒筑治。”近人劳榦释曰：“可见（西汉侯应）所说的塞，是包含几种因素，第一是土垣，第二是因山岩石，第三是木柴僵落（按，指疆上篱落），第四是溪谷水门。这四种显示着四种地形，也就有四种做法。”汉时对秦代的长城称长城，而将汉时建的长城常称“塞”，故“塞”又特指长城。《史记·匈奴列传》：“乃以十万骑入武州塞。”《汉书·匈奴传下》：

“臣闻北边塞至辽东……东西千余里。”《后汉书·窦融传附窦固》：“卢水羌胡万二千骑出酒泉塞……羌胡万骑出居延塞……羌胡及南单于兵万一千骑出高阙塞……鲜卑万一千骑出平城塞。”诸“塞”均指汉长城的一段。“塞”此用义一直延用于后世。南朝宋鲍照《代出自蓟北门行》：“疾风冲塞起，沙砾自飘扬。”杜甫《白帝城楼》诗：“江渡寒山阁，城高绝塞楼。”今人犹谓长城以北的边疆地区为“塞外”。

“固”，今不少辞书均将形容词的坚固义列为首义，盖误。其本义当指四周有天然障蔽的险阻，即四围的天然险阻，为名词义。《说文·囗部》：“固，四塞也。”春秋齐公子固字子城（见《左传·昭公十年》），城是四围的屏障，与固正相应。春秋吴濑渚县有固城，因四面有山可坚守，故得此名（见《太平寰宇记·升州》）。太行井陉关，《元和郡县志·恒州》引《述征记》曰：“其山首自河内有八陉，井陉第五，四面高，中央低，似井，故名之。”此关又名“固关”，盖“四面高，中央低”之故。上古秦汉文献与《说文》义训亦合。《周礼·夏官·掌固》：“掌修城郭沟池树渠之固。”“树渠”，篱落一类。又，“凡造都邑，则治其固”。《礼记·礼运》：“城郭沟池以为固。”诸“固”均名词，谓整修城郭沟池树渠以作都城的险阻，《周礼·夏官·大司马》：“负固不服则侵之。”“负固”，凭恃险阻。《战国策·楚策一》：“秦地半天下，兵致四国，被山带河，四塞以为固。”《齐策三》：“今秦四塞之固。”高诱注：“四面有山关之固。”汉贾谊《过秦论上》之“固”甚多，一类是引申的坚固义，一类即用本义。后者有“秦孝公据殽函之固，拥雍州之地”，“然后践华为城……以为固”，“自以为关中之固”诸句。今许多注本于“固”字随文意译，一无定准。其实，均是四围险阻之称，尤其“据殽函之固”句与下句“拥雍州之地”正对，最为明显。汉张衡《西京赋》：“重门袭固，奸宄是防。”（“宄”，内部作乱者。）“袭”亦重义，“袭固”，厚重的四围险塞。《汉书·匈奴传上》：“复缮故秦时蒙恬所为塞，因河而为固。”汉以后，“固”作为四围险阻之称已属少见。

参考文献

[1] 劳榦：《释汉代之亭障与烽燧》，载《历史语言研究所集刊》第19本。

[2] 黄金贵：《〈过秦论〉中许多“固”字是名词，还是形容词?》，载《文言文疑难解答》，语文出版社，1988年10月。

6. 岳(嶽)·岩(巖、巗)·岑·峦·岭(领)·阿·冈(岗)·丘(邱)·阜·陵

山有各种各样。"岳"专称五大名山，后作高山通称。"岩"特称险峻高山。"岑"指较小高山。山多而相连者为"峦"。顶或坡有通路可翻越者称"岭"。有平坦山脊者称"冈"。有弯曲余脉的大山称"阿"。土山由小而大称"丘"、"阜"、"陵"。

【同义】

《史记·司马相如列传》:"依类托寓，谕以封峦。"裴骃集解引《汉书音义》曰:"峦，山也。"又:"微夫斯之为符也，以登介丘，不亦恧乎!"("恧"，惭愧。)裴骃集解引《汉书音义》曰:"丘，山也。"晋王羲之《兰亭集序》:"此地有崇山峻岭。"对文同义，"岭"即是山。《史记·伯夷列传》:"岩穴之士，趋舍有时若此。"指在山洞隐居之士。唐王勃《滕王阁序》:"访风景于崇阿。""崇阿"，高山。汉王逸《九思·守志》:"览高冈兮峣峣。"("峣峣"，山势高峻貌。)洪兴祖补注:"山岭曰冈。"《汉书·晁错传》:"土山丘陵，曼衍相属。"《淮南子·泰族》:"故丘阜不能生云雨，涔水不能生鱼鳖者，小也。"("涔"，道积水。)唐李白《梦游天姥吟留别》:"列缺霹雳，丘峦崩摧。"("列缺"，闪电。)《汉书·司马相如传上》:"阜陵别隝(坞)。""丘陵、丘阜、丘峦、阜陵"皆同义连用，泛指各种山。"岳"、"岑"亦为山之称。

【辨释】

"岳"，或作"嶽"，山高而尊者，本指古人心目中四方最高的四座山。《诗·大雅·崧高》:"崧高维岳，骏极于天。"毛传:"岳，四岳也，东岳岱，南岳衡，西岳华，北岳恒。"到汉代，已成五岳。《尔雅·释山》:"泰山为东岳，华山为西岳，霍山为南岳，恒山为北岳，嵩高为中岳。"泰山在五岳中虽高度排行第三，但以其优越的地理位置与悠久历史文化胜迹，被誉为"天下名山第一"。华山高度第一，海拔 2154.9 米，素以巍峨峻险著称。嵩山(即"嵩高")地处华夏民族发祥地，夏商之际已有中岳之称，有丰富的华夏历史文物胜景。霍山在今安徽境内，主峰为天柱山。隋开皇九年(589)起才以衡山作为南岳。恒山，明代以前指河北曲阳西北之山，汉避帝讳，改称常山，清顺治中移祀北岳于山西浑源境。今恒山主峰天峰岭，海拔 2016.1 米。"岳"，秦以后引申为高山的通称。《隋书·文学传·虞绰》:"金台银阙，云浮岳峙。"("岳峙"，高峰对峙。)唐贾岛《寄山中王参》诗:"我看岳西云，君看岳北月。"朱庆余《送僧往台岳》诗:"天寒岳寺出，日晚岛泉清。""岳寺"，高山之寺。

"岩"，或作"巖"，累增为"巗"。"嚴"有高峻义，故《广雅·释诂四下》:"巗，高也。"指高而

险峻之山。《后汉书·南蛮西南夷传论》:“蛮夷虽附阻岩谷,而类有土居。”晋陆机《苦寒行》:“阴雪兴岩侧,悲风鸣树端。”南朝宋鲍照《登庐山》诗之一:“千岩盛阻积,万壑势回萦。”《文选·谢灵运〈从斤竹涧越岭溪行〉诗》:“岩下云方合,花上露犹泫。”唐韩愈《双鸟诗》:“一鸟落城市,一鸟集岩幽。”引申为高、险。《左传·隐公元年》:“制,岩邑也。虢叔死焉。”“岩邑”,险峻的城邑。唐李白《蜀道难》诗:“青泥何盘盘,百步九折萦岩峦。”“岩峦”,高峻的山峦。高峻的山多山洞石窟,“岩”亦称之。《史记·魏公子列传》:“然信陵君之接岩穴隐者不耻下交,有以也。”汉东方朔《七谏·哀命》:“穴岩石而窟伏。”王逸注:“岩,穴也。”“岩穴之士”乃隐士代称。

《说文·山部》:“岑,山小而高。”《尔雅》、《释名》同。所谓“小而高”者,指较小高山,盖是一峰突兀。南朝宋谢灵运《登临海峤》诗:“明登天姥岑。”按,“天姥连天向天横,势拔五岳掩赤城”(李白《梦游天姥吟留别》),虽含夸张成分,其高乃不言而喻。《孟子·告子下》:“方寸之木,可使高于岑楼。”赵岐注:“岑楼,山之锐岭者。”按,“岑”,山之高锐者,“楼”,即培塿,堆高貌,均取高义(据宋翔凤说)。《文选·木华〈海赋〉》:“岑岭飞腾而反复,五岳鼓舞而相磓。”李善注:“岑岭五岳,言波涛之形递相触激,故或反复,故或相磓也。”

《说文·山部》:“巒(即峦),山小而锐。”按此训未洽。“峦”从山䜌声,䜌声有多连义。如“挛(攣)”,系连。《易·小畜》:“有孚挛如。”马融注:“挛,连也。”“孪(孿)”一胎连生二子。“鑾”一车四马的八个铃铛。故山之“䜌”,当指山多而相连。多连必显狭长。《尔雅·释山》:“峦,山堕。”郭璞注:“谓山形长狭者,荆州谓之峦。”《正字通·山部》:“峦,联山也,山迂回绵连曰峦。”《楚辞·九章·悲回风》:“登石峦以远望兮。”汉东方朔《七谏·自悲》:“登峦山而远望兮。”《文选·左思〈蜀都赋〉》:“山阜相属,含豁怀谷,岗峦纠纷,触石吐云。”刘渊林注:“峦,山长而狭也。”《文选·何晏〈景福殿赋〉》:“岧峣岑立,崔嵬峦居。”“峦居”,居于山峦。唐元结《登九疑第二峰》诗:“相传羽化时,云鹤满峰峦。”“峰峦”,连绵的山峰。

《正字通·山部》:“岭,山之肩领可通道路者。”此用声符义释。“岭”本作“领”。岭者有“领”,故“岭”指山坡或山顶有路可弯绕翻行之山。《史记·商君列传》:“魏居领阸之西,都安邑。”“岭阸”,山岭狭隘之处。《史记·南越王列传》:“兵不能逾岭。”《汉书·严助传》:“入越地舆轿而隃(逾)岭。”岭必高大,故“岭”可指称高大的山。唐杜牧《秋晚怀茅山石涵村舍》诗:“云暖采茶来岭北,月明沽酒过溪南。”宋苏轼《题西林壁》诗:“横看成岭侧成峰。”《太平御览》卷五四引雷次宗《豫章记》曰:“西山中峰最高顶名鹤岭,即子乔控鹤经过之所,坛在鹤岭之侧。”《晋太康地志》述塞上岭曰:“岭峻阻螺转,上逾九磴二里至顶,下七里平,行十里至亭。”又可指大山的连延,即山脉。特称华南的五岭山脉。五岭指:大庾岭、越城岭、都庞岭、萌渚岭、骑田岭。《史记·货殖列传》:“岭南、沙北,固往往出盐。”岭南,今广东一带。《后汉书·南蛮西南夷传》:“由是岭外复平。”唐刘恂撰《岭表录异》,专记广东物产风俗。

《说文·自部》:“大陵曰阿。”《尔雅·释地》同。“阿”之特点不仅在大,而且在曲,所谓“曲陵曰阿”(参《尔雅·释地》郝懿行义疏)。《诗·大雅·卷阿》:“有卷者阿,飘风自南。”郑玄笺："大陵曰阿。有大陵卷然而曲，回风从长养之方来入之。"《卫风·考槃》："考槃在阿"毛传："曲陵曰阿。"可知"阿"是有弯曲余脉的大山。唯此也得引申指山的边界转角。《穆天子传》卷一："天子猎于钘山之西阿。""西阿"，西山坡。又引申为曲隅。《楚辞·九歌·山鬼》："若有人兮山之阿。"王逸注："阿，曲隅也。"《淮南子·本经》："乔枝菱阿。"高诱注："阿，曲屋。"虚化为曲从、迎合。《孟子·公孙丑上》："污不至阿其所好。"今有成语"阿谀逢迎"。凡此引申，均可见出凡"阿"之为山呈曲形的特点。

"冈"或作"岗"。《释名·释山》："山脊曰冈。冈，亢也，在上之言也。"《说文》、《尔雅》训同。故"冈"是较平坦的山脊，大都指高山的平脊。《诗·周南·卷耳》："陟彼高冈，我马玄黄。"毛传："山脊曰冈。"高山脊平，人马也可陟登。《大雅·皇矣》："陟我高冈。"郑玄笺："登其山脊而望阮(阮国)之兵。"三国魏王粲《七哀诗》之二："山冈有余映，岩阿增重阴。""冈"与"阿"相对，"山"与"岩"互文，则"冈"是高峻的山脊。"冈"也可以指较低的山脊。宋苏轼《江城子·密州出猎》："锦帽貂裘，千骑卷平冈。"冈与岭皆可以翻越，但冈有别于岭：一、冈之山可高可低，岭则必高。二、冈必在山顶，故翻冈必过山顶；越岭则可在山顶，也可在山腰。三、山冈之路必山脊平坦，故人马过冈易于越岭。

"丘"也作"邱"。"邱"本邑名，可用作"丘"。清雍正三年上谕为避孔子讳，除《四书》、《五经》外，凡"丘"或省笔，或作"邱"。《说文》部首："丘，土之高也，非人所为也。"《广雅·释邱》："小陵曰邱。"《荀子·修身》："累土而不辍，丘山崇成。"《诗·王风·丘中有麻》："丘中有麻，彼留子嗟。"《列子·汤问》："以君之力，曾不能损魁父之丘。"指魁父一类小土山。《晋书·潘尼传》："譬犹丘垤之望华岱，恒星之系日月也。""丘垤"也合指小土山。常用指坟墓，可与"墓、冢、坟"诸字同义连用。《史记·吴王濞列传》："烧残民家，掘其丘冢。"汉杨恽《报孙会宗书》："岂意得全其首领，复奉先人之丘墓乎？"汉班昭《东征赋》："蘧氏在城之东南兮，民亦尚其丘坟。""丘"之所以可指坟墓，因二者形似之故。

"阜"指大于丘的土山。实为土山的泛称，故一直是部首字。《说文》部首："𨸏，大陆也。山无石者。"段玉裁注："象土山高大而上平，可层櫐(累)而上，首象其高，下象其三成也。"《尔雅·释地》："大陆曰阜。"邢昺疏："土地高大名曰阜。"《释名·释山》："土山曰阜。阜，厚也，言高厚也。"《诗·小雅·天保》："如山如阜，如冈如陵。"毛传："高平曰陆，大陵[陆]曰阜。"孔颖达疏引李巡曰："土地独高大，名曰阜。"《文选·左思〈蜀都赋〉》："山阜相属。"刘渊林注："阜，大山也。"即是比平地尤高的"大陆"(土山)，故引申为盛大义。《诗·秦风·驷驖》："驷驖孔阜，六辔在手。"毛传："阜，大也。"孔颖达疏："乘驷驖色之马甚肥大也。"《郑风·大叔于田》："叔在薮，火烈具阜。"毛传："阜，盛也。"《小雅·頍弁》："尔殽既阜。"郑玄笺："阜，犹多也。"

"陵"指大于阜的土山。《诗·小雅·天保》毛传："大阜曰陵。"孔颖达疏引李巡曰："(阜)最大名为陵。"《左传·僖公三十二年》："殽有二陵焉：其南陵，夏后皋之墓也。"谓殽山中有两大山。《素问·异法方宜论》："其民陵居而多风。""陵居"，居于高的山丘。引申指帝王陵墓。

唐李白《忆秦娥》词："西风残照，汉家陵阙。"陵大于丘，"陵"遂成了帝王陵墓的专称（参第218条）。

参考文献

[1]《五岳史话》（合订本），中华书局，1984年3月。
[2] 中国科学院自然科学史研究所地学史组：《中国古代地理学史》第二章，科学出版社，1984年6月。

7. 水·渎·江·河·川○黄河、长江

河流的大名先后有5个。“水”要附缀于河流专名后，作共名类称，主要用于上古至魏晋。“渎”本是“江、河、淮、济”四大河的专称，后才泛称大小人工河道，入湖泊的小渠、河。“江”、“河”本是南、北两条大河流专称，都可兼称其支流，并分别作南、北河流通称。“川”是河流总称，相当于今称“河”。

【同义】

南方的长江支流湘、濱、沅、澧等，古皆称“水”。长江以北的泾、渭、漳、淮、淝等河流，本也称“水”。《晋书·隐逸传·夏统》：“孝女曹娥……其父堕江不得尸，娥仰天哀号，中流悲叹，便投水而死。父子丧尸，后乃俱出，国人哀其孝义，为歌《河女》之章。”“江、河”互用。《汉书·贾山传》：“江皋河濒，虽有恶种，无不猥大。”“江、河”对文同义。《庄子·则阳》：“丘山积卑而为高，江河合水而为大。”《后汉书·西域传论》：“川河领障之基源，气节凉暑之通隔。”《三国志·吴志·甘宁传》：“南荆之地，山陵形便，江川流通。”晋郭璞《江赋》：“考川渎而妙观，实莫著于江河。”“江河”、“川河”、“江川”、“川渎”皆同义连用，泛指河流。南朝梁吴均《檄江神责周穆王璧》：“川人勇俊……右睨而河倾，左咤而海覆。”“江、川、河”皆浑称河流。

【辨释】

凡与陆地相对的江河湖海，无论南北东西、大小深浅，均可称“水”。《礼记·月令》：“（季秋之月）爵入大水为蛤。”（“爵”，雀。）郑玄注：“大水，海也。”因大而称海。《国语·越语上》：“陆人居陆，水人居水。”此“水”浑指江河湖海。《史记·淮阴侯列传》：“韩信乃夜令人为万余囊，满盛河，壅水上流。”据文意为壅塞潍水，则指大河。南朝梁吴均《行路难》诗之一：“洞庭水上一株桐，经霜触浪因严风。”此指湖。上古至魏晋，“水”常附缀在河流专名后，作共名类称。后世称“江、河”的一些河流，上古多称“水”，如长江南北的湘、濱、沅、澧、泾、渭、漳、淮、淝等河，本概称“水”。《史记·淮阴侯列传》所见的山东潍水、河北泜水、河南叶水等，也皆以“水”称。《说文·水部》所训河流专名全以“水”称，如：“涑，涑水，出发鸠山，入河”，“涪，涪水，出广汉刚邑道徼外，南入汉”，“泾，泾水”，等等。第一部描述我国水系分布、传为汉桑钦撰的《水经》（包括郦道元《注》），书中所述河流一概后附“水”作通称，即便长江也称“江水”，黄河也称“河水”。大约魏晋以后，因“江、河”等多作南北河流的通称，“水”作共名类称逐渐淘汰，只有少数遗留至后世，如今河北有易水，山东有洙水、泗水，湖北有汉水（战国前称“夏水”）等。

《说文·水部》:“渎,沟也。”沟者,人工河。此是浑言。段玉裁注:“按,渎之言窦也,凡水所行之孔曰渎,小大皆得称渎。”段氏谓“渎”得义于“窦”,不误。《左传·襄公三十年》:“自墓门之渎入。”陆德明释文:“渎,徐(徐邈)音豆。”即“窦”字。然谓“大小皆得称渎”,则非。《释名·释水》:“天下大水四,谓之四渎,江、河、淮、济是也。渎,独也,各独出其所而入海也。”《尔雅·释水》:“江、河、淮、济为四渎。四渎者,发原(源)注海者也。”郝懿行义疏:“四渎者,经流也,挟众枝流而注于海者也。”《书·禹贡》:“奠高山大川。”孔传:“大川四渎。”孔颖达疏:“川之大者,莫大于渎。……大川四渎,谓江、河、淮、济也。”《汉书·沟洫志赞》:“中国川原以百数,莫著于四渎,而河为宗。”可见,“渎”在上古首先是江、河、淮、济四条大河的共称。盖以此四大河流各有源头,从四个“窦”发源而各流入海,故谓之“渎”。秦以后,偶也承古而用。《文选·颜延之〈三月三日曲水诗序〉》:“晷纬昭应,山渎效灵。”(“晷”,日影。“纬”,五大行星。)李周翰注:“山谓五岳,渎谓四渎也。”引申之,“渎”才泛称大小人工河道。小者,田间小水沟。《周礼·秋官·雍氏》:“雍氏掌沟渎浍池之禁。”郑玄注:“沟渎浍,田间通水者也。”《史记·屈原贾生列传》引贾谊《吊屈原赋》:“彼寻常之污渎兮,岂能容吞舟之鱼?”司马贞索隐:“渎,小渠也。”汉杜笃《论都赋》:“畎渎润淤,水泉灌溉。”大者,以称可通航漕运的运河。如三国吴孙权所凿“破冈渎”、“运渎”。以上种种用义主要行于南北朝以前,且使用不广。从南北朝起,“渎”多用以泛称入湖泊的小渠、河。此犹是“渎”古称的引申:众多的小渠、河似是该湖泊之源,故也得称“渎”。北魏郦道元《水经注·济水二》:“湖水引渎东入西郭东,至历城西。”《嘉庆宜兴县志》:“宜兴地形卑下……赖有横塘自北及南以衍其流,然后分下百渎以入湖,方无壅涨之患。”吴越一带,凡所开挖通太湖的小渠多称为“渎”,或称“港”、“溇”(缪启愉书第二章)。

“江”、“河”在上古是我国横贯东西、注于海的两条最大河流的专称。后也可泛指,也可附缀于河流专名后,但并非如今有些辞书所言是“大河流通称”。

《说文·水部》:“河,河水,出焞(敦)煌塞外昆仑山,发原注海。”按“河”即指黄河,又称“河宗”,为四渎之所宗。据 1978 年国家组织大规模实地勘察查明,黄河的正源是卡日曲盆地,其五条泉水又导源于属巴颜喀拉山脉、海拔 4900 米的各姿各雅山(1952 年勘察正源为约古宗列盆地)。值得注意的是,在历史上唐代探寻河源已认识到黄河发源于巴颜喀拉山。元代世祖忽必烈派女真人都实为招讨使,实地探源,发现真正的河源在火敦脑儿西南一百多里,据考,即是卡日曲。所记地貌与今科学考察结果吻合(陈广恩文)。“河”,作为专名,已见于甲骨文。如“涉河”(《铁六〇二·二》),“涉于河东”(《合二三》),其“河”皆指黄河。上古文献中“河”也为此义。《论语·微子》:“鼓方叔入于河,播鼗武入于汉。”杨伯峻译:“打鼓的方叔入居黄河之滨,摇小鼓的武入居汉水之涯。”(《论语译注》)《孟子·滕文公下》:“水由地中行,江、淮、河、汉是也。”四河并举,“河”必为专称。

这条北方的长河,何以专称为“河”?对此,自 20 世纪 70 年代以来,美国的梅祖麟和日本的桥本万太郎等语言学家都作过专门研究,根据汉语“河”的语音形式 gal 和蒙古语“河”

的语言形式 rool 的相近，就认定前者是外来词，来源于蒙古语的“河”。毫无疑问，“‘河’在汉语中具有悠久的历史，是最古老的汉语词之一”(张洪明文)。对于汉语词，同源的研究还是用“中国特色”的方法考察，或能揭其得名之真谛：

“河”从水可声。可声有大义，有些学者以为“河”之可声取大义，我们先时也主此(张洪明、黄金贵文)，未洽。盖若大义用于黄河，所指不明：是河面阔抑或水量大？功用广？古人名物的命名方法一定合乎声的义征，又体现某物的主要特征(多是表征)。按，可声有曲义。“阿”是有弯曲余脉的大山(参第 6 条)。坷，《说文·土部》“坎坷也”，段玉裁注：“坎坷双声，不平貌。”不平即是曲。绮，《说文》谓“文缯也”，即是有花纹的丝织品，其花纹，皆是各种复杂的曲线。《释名·释采帛》更明训：“绮，其文敧邪不顺经纬之纵横也。”《说文·田部》：“畸，残田也”，朱骏声曰：“谓余田制不整齐者”(《说文通训定声·随部》“畸”字)。而黄河最明显的自然形态不是浑然的大，而是水黄和水道多曲折。《尔雅·释水》对黄河记述最详：“河出崐崘虚，色白。所渠并千七百一川，色黄。百里一小曲，千里一曲一直。”故历代均称“九曲黄河”。唐刘禹锡《浪淘沙九首》云：“九曲黄河万里沙，浪淘风簸自天涯。”而色黄，乃由于上游黄土高原农业开发中破坏原始植被，水土不断流失，因泥沙多而水浑浊泛黄，后世因此称为黄河。正因夹带大量泥沙和河道曲折多变，黄河最容易决口、改道，《释名·释水》的声训可谓点睛：“河，下也。随地下处而通流也。”《初学记》卷六引《说文》亦同：“河者，下也，随地下流而通也。”据记载，历史上黄河决口达 1500 次，每百年一次大改道。频繁决口和改道自然更加剧了黄河之多曲。可见，一个“曲”字最可反映黄河最根本、最显著的自然特征。古人称名为“河”，正取可声的曲义，当无疑焉。然则“河”者，合声义言之，是一条曲折多变的河流。“河”的专名含义即此。

那么，“河”后来称为“黄河”，用于今，此始于何时？多以为在汉代。说者皆举证《汉书·高惠高后孝文功臣表》所记高祖刘邦的封爵之誓：“使黄河如带，泰山若厉，国以永存，爰及苗裔。”(“厉”即“砺”。)(李传军文)但此为有疑问的孤证。清代王念孙早就考证《汉书》此《表》中“黄”为后人所加。《史记·高祖功臣侯者年表》作“使河如带，泰山若厉”，可见原无“黄”字。说者又举《汉书·地理志上》记常山郡元氏县之沮水“东之堂阳入黄河”，但此“黄”是“横”或“章”之误(详见王先谦《汉书补注》)。也或以《后汉书》、《三国志》有例而谓东汉已有其名，进而谓“黄河之名始于汉代”，亦不妥。诚然，《后汉书·虞诩传》：“朝歌者……临黄河，去敖仓百里。”《袁绍传》：“大军泛黄河以角其前，荆州下宛、叶而掎其后。”虽然是人物语，但范晔是南朝宋人，不能将所记前代言事作为前代语言的主证。《三国志·吴志·周瑜传》也言及汉高祖封爵之誓，但对照文本，范晔用的明显是《汉书》本而非《史记》本，故也不能表明东汉已有“黄河”之称。较稳妥地说，可定在南北朝。除上举《后汉书》之例，又如梁朝范云有《渡黄河》诗，《水经注》中已多见“黄河”之名。但即便如此，南北朝和后世书面文献中还是常用“河”。南朝梁江淹《被黜为吴兴令辞牋诣建平王》：“濯以河汉之流，曝以秋阳之景。”唐张九龄《奉和圣制早渡蒲津关》诗：“河津会日月，天仗役风雷。”宋文天祥《正气歌》：“天地有正气，杂然赋流形，下则为河岳，上则为日星。”“河岳”，黄河与五岳。乃至今称“河套”、“河西走廊”之类，均是承古而用其专称义。

“河”虽一直可作专称，但其引申用法也早已有之：先秦，已可指称黄河的支流，进而又作为北方河流的通称。于此前人早有所见。方以智《通雅·地舆·方城》曰：“凡水在岭南者，南行，通名曰江；水在岭北者，北行，通名曰河。朱子释河，亦曰北方流水之通名。”其“岭”指秦岭。其实，当以长江分南北。盖古人以为凡是江淮以北之中原（即“中国”）的河流均属于“河”的水系。于是“河”之为河流通称，用称黄河支流与北方的河流。《书·禹贡》：“九河既道（导）。”“九河”为黄河的九条支流。《左传·宣公十二年》：“祀于河，作先君宫，告成事而还。”此“河”，据顾栋高《春秋大事表》当作汴河，古称泌水，为黄河支流。《诗·魏风·伐檀》：“河水清且涟猗。”又《鄘风·柏舟》：“泛彼柏舟，在彼中河。”“河”均指黄河的支流。今所见黄河支流，上游：白河、黑河、大夏河、洮河等。中游：红河、窟野河、无定河、泾河、渭河等。下游：金堤河、大汶河、颍河等。均称“河”（也或用“水”），唯不称“江”。北方的其他河流也多称“河”。《汉书·司马相如传上》：“罢池陂陁，下属江河。”颜师古注引文颖曰：“冀州，凡水大小皆谓之河。”黑龙江、松花江似是例外。前者古称黑水，后者古称粟末水，大约明代后才改为今名。因此，唐代陆德明早就指出：“河亦江也，北人名水皆曰河。”（《庄子·外物》“自制河以东”《释文》）当不诬。从中古起，“河”也可作所有河流的总称。《后汉书·文苑传下·郦炎》：“韩信钓河曲。”唐代李贤注：“河者，水之总名也。”按，原文“河”还是指称长江以北的河流，但李贤注反映了唐代的“河”已有河流总称的用法，此有口语色彩，故异于“川”。

《书·禹贡》：“岷山道（导）江，东别为沱。”《说文·水部》：“江，江水，出蜀湔氐徼外崏山，入海。”“江”，长江。《汉书·地理志》亦同。《说文》所述，同样反映了当时对江源的早期认识。古代一直以为长江发源于岷山，但还不是四川松潘的岷山，而是今甘肃天水西南120里的潘家山（顾颉刚说）。直到明代的徐霞客经实地考察，获知岷江以西还有更长的雅砻江与金沙江，作《江源考》，提出长江正源为金沙江，推翻了流传几千年的以岷江为源的误说。今已勘明，它发源于青藏高原唐古拉山脉主峰6621米的各拉丹冬雪山的西南侧，沱沱河是它的正源。由此而下，全长6300千米。先秦文献中，与“河”一样，也作此大河流的专称。《诗·小雅·四月》：“滔滔江汉，南国之纪。”《墨子·兼爱中》：“南为江、汉、淮、汝，东流之注五湖之处。”四河专名并举，“江”为专名无疑。秦以后，仍有作为专名者。《史记·周本纪》：“昭王南巡狩不返，卒于江上。”南北朝时所谓“江左”、“江右”，分别指长江下游之东、南，西、北。南朝梁江淹《北伐诏》：“某官控江右之锐，络绎继进。”《南齐书·王俭传》：“俭尝谓人曰：‘江左风流宰相，唯有谢安。’”唐王勃《倬彼我系》诗：“粤自太原，播徂江澨。”《宋史·文苑传·梁周翰》：“白起则锡（赐）剑杜邮，伍员则浮尸江澨。”宋苏轼《前赤壁赋》：“惟江上之清风与山间之明月，耳得之而为声，目遇之而成色。”诸“江”均指长江。

这条南方的长河，何以专称为“江”？对此，自20世纪70年代以来，美国的梅祖麟和日本的桥本万太郎等也都作了专门研究。他们也是根据汉语“江”的语音形式与南亚某种民族语言中的“江”的语言形式对比，认定汉语的“江”源于南亚语系的孟—高棉语，“江”同样是一个借入的外来词。对此说有学者已经作了精辟辨答(张洪明文)。盖“江”与“河”一样，也是有悠久的历史的汉语词；对于“江”，可以用与“河”同样的方法考察其得名之由：

“江”从水工声。或以为工声有大义，“江”的命名理据乃取大义，长江是南方的大河(张洪明、黄金贵文)或以为工声有长义，“江”的命名理据取长义，长江最长。皆未洽。工声确有大义，但大义于“江”很模糊：是河面阔抑或水量大？河道长？功用广？工声诚有长义，但早期古人并不知其真源，汉代以来长期奉《书·禹贡》“岷山导江”的江源观，岂会以长为词源？按，长江古今一贯的特点是蓄水量和水流量大。其一，其源头就水系密布，从北面的楚玛尔河下至各拉丹东雪山，水系有四十多条。中古以后古人渐有金沙江为江源说，但后知金沙江也源河甚多。现虽公布以沱沱河为正源，但仍有主通天河、当曲为正源者(孙仲明等文)。江源的扑朔迷离，正表明江源区水系特别丰多，此是长江水量特大之根源。其二，其全程各段支流特别多。它是我国汇集支流与湖泊最多的河流，其支流有3600条，湖泊则汇有鄱阳湖、洞庭湖、洪泽湖与太湖等我国著名的四大淡水湖；而从宜昌开始的近1800千米中下游，支流与湖泊尤为密集，四大淡水湖就处于这一段，古代则还有云梦泽、彭蠡泽等著名大湖泊。唯此，长江的排水量异常丰富，平均每年入海总水量约一万亿立方米，是黄河的20倍。古人虽不知这些现代的调查数据，但河湖汇集之多和水量之盛古今相同，古人必当感知。再考察对“江”的声训。古人对“河”都以“可”作声训，反映了黄河曲折多变的特点(见上)，而对“江”却以“公”作声训，也同样十分精妙。《释名·释水》：“江，公也，诸水流入其中所公共也。”而《水经注》、《资治通鉴·周纪二》引《释名》作：“江，共也，小水流入其中所公共也。”此声训正准确地反映了上所言长江的支流与湖泊汇集盛多的特征，所谓“公共”者，是丰多义，以体现水流量特大。但“江”字，从水工声，工声没有丰多义。不过，可以根据杨树达的声符字通假取义例，从声符通假求之。从上古汉语文献不难发现，工、公二字常相通用。“船”，又作舡、船。《诗·大雅·灵台》：“矇瞍奏公。”《楚辞·九章》王逸注引《诗》“公”作“工”。“觓”，又作“魟”。《说文·角部》：“觓，举角也。”俗作“扛”。《文选·张衡〈西京赋〉》：“乌获扛鼎”，李善注：“扛与觓同。”因此“江”之工声可与公声同源，因而取得丰多义。或疑：若此，“江”何以不径作“沿”？按，汉语文献中㕣、公二符也多相通。“沿”已是“沿”的或体。《书·禹贡》：“沿于江海，达于淮泗。”此“沿”即“沿”。而且凡公声与他声并出者公声多被废，如上举的“船”字后废而用“船”，“觓”废而用“扛”，“沿”废而用“沿”。“江”亦其例，虽以公声取义，但用工为声符。对二者不必互疑。然则“江”者，合声义言之，一条水量丰多的河流。“江”的专名含义即此。

那么，“江”的“长江”之称起于何时？曰：当稍前于“黄河”，在魏晋时期。魏曹植《九愁赋》：“共朋党而妒贤，俾予济乎长江。”晋代尤多。张华《博物志》卷一：“吴左洞庭，右彭蠡，后滨长江，南至豫章。”陈寿《三国志·吴志·孙休传》：“州郡吏民及诸营兵……皆浮船长江，贾作上下，良田渐废。”《刘劭传》：“今欲越长江，涉虏庭，亦向时之喻也。”阮籍《咏怀诗》之十一：

"湛湛长江水，上有枫树林。"王羲之《遗殷浩书》："莫过还保长江，都督将各复旧镇，自长江以外羁縻而已。"陆机《辨亡论下》："长江制其区宇，峻山带其封域。"晋代以后更多。乐府诗《华山畿》："相送劳劳渚，长江不应满，是侬泪成许。"梁沈约《宋书·礼志一》："寇羯饮马于长江，凶狡虎步于万里。"梁萧子显《南齐书》、齐魏收《魏书》等皆非偶见。

与"河"的情况相似，"江"的引申用法亦早见。在先秦，"江"也可指称长江的支流，进而又作为南方河流的通称。《书·禹贡》："九江孔殷。"孔传："江于此州界分为九道。"孔颖达疏："传以江是此水大名，九江谓大江分而为九，犹大河分为九河。……然则江以南水无大小，俗人皆呼为江，或从江分出，或从外合来。"《楚辞·九歌·湘君》："鼂(朝)骋骛兮江皋，夕弭节兮北渚。"此"江"指湘江。唐杜甫《恨别》诗："草木变衰行剑外，兵戈阻绝老江边。"此"江"指锦江。综观南方的河流，大至雅砻江、金沙江、岷江、嘉陵江、乌江、沅江、湘江、赣江等长江主要支流，小至贯绕乡镇的小河浜，一般都称"江"，罕称"河"。唯有湖北中部之郭水(春秋)，今称蛮河；广西桥水，今称死水河；四川沫水，即今大渡河，乃至长江正源的沱沱河等少数特例，盖因后来"河"在口语中词义扩大成为所有河流的总称，而人们习惯又以为江大河小，故以其小于远近江者或称为"河"。

《说文》部首："川，毌(贯)穿通流水也。……言深く、巜(即畎、浍)之水会为川也。"段玉裁注："巛(川)则贯穿通流，又大于巜矣。水有始出谓川者，如《尔雅》'水注川曰溪'，许云'泉出通川为谷'是也。有绝大乃谓川者，如《皋陶谟》'く巜距川'，《考工记》'浍达于川'是也。本小水之名，因以为大水之名。"今或以为甲骨文及古文献的"川"均为大河之称，未当。

段氏所言"始出谓川"、"绝大乃谓川"云云，也未达"川"义指归。按，"川"者，本为流水象形，甲骨文作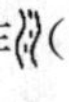(《前四、一三、三》)，或作(《佚七二七》)，其构意均象两岸间有流水之形，故指流通之水，与"水"初为一字，后才分化。《释名·释水》："川，穿也，穿地而流也。"《尔雅·释水》："搂辟流川。"郭璞注："通流。"《国语·周语中》："川不梁。"韦昭注："流曰川。"《管子·度地》："水之出于他水沟，流于大水及海者，命曰川水。"《汉书·刑法志》："除山川沈斥。"("斥"，咸卤之地。)颜师古注："川，谓水之通流者也。"《汉书·地理志上》"川曰三江"颜注同。诸训均突出其"流"。可见，无论大小本末，凡流通之水即为川。故一般不以称湖泽陂池，而最宜称各种河流。甲骨文中"川"已是河流通称。如"丙子贞，不川。"(《宁一·四·八二》)"不川"即"不水"，作动词，谓涨水成河。"川"非偏于指大河流。上古文献中，已作为河流的总称。《论语·子罕》："子在川上曰：'逝者如斯夫，不舍昼夜。'"("川上"，河边。)《国语·周语上》："夫国必依山川，山崩川竭，亡之征也。"《左传·宣公十二年》："众散为弱，川壅为泽。"下句指河水壅塞则聚水为湖泊。《周礼·地官·大司徒》："辨其山林川泽……之名物。"郑玄注："注渎曰川，水钟曰泽。"("注"，流入。)《汉书·李寻传》："今汝、颍、畎、浍，皆川水漂踊。"《文选·范晔〈乐游应诏诗〉》："崇盛归朝阙，虚寂在川岑。"《文选·曹植〈洛神赋〉》："屏翳收风，川后静波。"吕向注："川后，河伯也。"《文选·谢庄〈月赋〉》："川路长兮不可越。"唐高适《酬陆少府》诗："欲济川上舟，相思空伫立。"《宋史·张鉴传》："若待川决而后防，火炽而方戢，则焚溺之患深矣。”文献表明：凡是河流，不论大小，皆可称为“川”，其包容范围远广于“水、渎、江、河”。是古代使用最广泛的对河流的总称，古曰“川”，犹今曰“河”。但“川”一般只作泛指，而不可用于专名后作共名类称，则又与“水、江、河”不同。这正是显示“川”不属于某水、某江、某河，而是河流的总称。

川流所过，两畔多成平原，故“川”常引申为平坦的原野。北朝民歌《敕勒歌》：“敕勒川，阴山下。”唐崔颢《黄鹤楼》诗：“晴川历历汉阳树。”“晴川”，即晴郊、晴野。《新五代史·周德威传》：“平川广野，骑兵之所长也。”宋苏轼《游径山》诗：“势若骏马奔平川。”今语“一马平川”、“八百里秦川”、“米粮川”等，其“川”均指平原。平原是宽广一片，故又引申为片（大块区域）。在唐宋诗词中常有“一川”之语，为一片之意。唐司空图《力疾山下吴村看杏花》诗之一：“春来渐觉一川明，马上繁花作阵迎。”宋张孝祥《六州歌头》词：“看名王宵猎，骑火一川明。”以上均属口语用法，不能混同于川流义，特附及之。

参考文献

[1] 缪启愉：《太湖塘浦圩田史研究》，农业出版社，1985 年 12 月。
[2] 本书编写组：《长江水利史略》，水利电力出版社，1979 年 10 月。
[3] 本书编写组：《黄河水利史述要》，水利出版社，1982 年 6 月。
[4] 祁明荣：《黄河源头考察文集》，青海人民出版社，1982 年 11 月。
[5] 陈广恩：《中国古代何时发现黄河正源》，《文史知识》2004 年第 10 期。
[6] 〔美〕张洪明：《汉语“河”词源考》，颜洽茂、邓凤平译，《浙江大学学报》2004 年第 1 期。
[7] 黄金贵：《古代文化词语图说》（二），《杭州师范学院学报》1996 年第 5 期。
[8] 李传军：《黄河之名始于汉代》，《中国科技史料》2004 年第 4 期。
[9] 〔美〕张洪明：《汉语“江”词源考》，颜洽茂、邓凤平译，《浙江大学学报》2005 年第 1 期。
[10] 邱光华：《释“江”、“河”》，《社会科学》2003 年 7 月增刊。
[11] 王力：《说江河》，载王力《谈谈学习古代汉语》，山东教育出版社，1984 年 5 月。
[12] 孙仲明、赵韦航：《历史上对长江源头的认识》，载《水利史研究会成立大会论文集》，水利电力出版社，1987 年 2 月。

8. 泽·湖·薮·淀(淘)·泊(泺)·海

湖泊,上古通称"泽",较大者泛称"薮"。东汉起,"湖"逐渐取代"泽"成为通称。"淀、泊"为北方对浅水湖之称名,后者也可作湖泊泛称。"海"是始见于汉代的大湖通称,相当于上古的"薮"。

【同义】

《风俗通义·山泽》引《尔雅》曰:"薮者泽也。"(今本佚)《周礼·夏官·职方氏》:"正南曰荆州。……其泽薮曰云梦。""泽薮"同义连用,泛指湖泊。《太平御览》卷六六引《扬州记》曰:"太湖一名震泽,一名笠泽。"刘澄之《荆州记》曰:"华容县东南有云梦泽,一名巴丘湖,荆州之薮也。""湖、泽、薮"同义互称。罗布泊,又称"泑泽"。《山海经·北山经》:"杠水出焉,而西流注于泑泽。"又称蒲昌海。北魏郦道元《水经注·河水三》:"龙城……蒲海(即蒲昌海)溢,荡覆其国。""泊、泽、海"同称一物。

【辨释】

"泽"是对天然湖泊的第一个通称。《书·禹贡》:"九泽既陂。"孔传:"九州之泽已陂障无决溢矣。"谓九州的大湖泊均构筑堤防,不会决溢。又,"嶓冢导漾……南入于江,东汇泽为彭蠡",谓从嶓冢山开始疏导漾水,其水向南流入长江,向东汇成彭蠡泽。《诗·小雅·鸿雁》:"鸿雁于飞,集于中泽。"毛传:"中泽,泽中也。"《管子·九变》:"山林泽谷之利足生也。"《庄子·渔父》:"乃下求之,至于泽畔。"《史记·淮阴侯列传》:"兵法:'右倍(背)山陵,前左水泽。'"《淮南子·齐俗》:"泽皋织网,陵阪耕田。"诸"择"皆指湖泊。汉以后,"泽"也有承古而称湖泊,如"震泽"、"菏泽"等专名,但一般已同今用,作低陷湖沼的泛称。唐岑参《送王大昌龄赴江宁》诗:"泽国从一官,沧波几千里。"

"泽"之称,最能反映湖泊溢涸多变的特点,盖"泽"本非湖泊专称。《说文·水部》:"泽,光润也。"引申指各种水的浸润、汇聚。《国语·周语下》:"泽,水之钟也。"《礼记·月令》:"山林薮泽。"孔颖达疏:"有水之处谓之泽。"若水盛而漫溢,即为湖泽;若水浅而见草,则是沼泽。《风俗通义·山泽》:"传曰:'水草交厝(错),名之为泽。'"唯此,由"泽"构成的相同词语往往可用于二义。《礼记·月令》:"(季夏之月)命泽人纳材苇。"此"泽"指水草交杂之地,非后世之湖。"泽人"是管理沼泽区域之官。而《荀子·王制》:"故泽人足乎木,山人足乎鱼。"此"泽人"乃指湖泊区城之居民。《诗·陈风·泽陂》:"彼泽之陂,有蒲与荷。""泽陂",指沼泽地。而《吕氏春秋·谕大》:"室中之无泽陂也,井中之无大鱼也。"("室中",穴中。)此"泽陂"乃指湖泊。用于具体的湖泊称名,也是如此。由于地理、气候的影响,时而为湖,时而为陆地或沼泽的现象历史上常见，故名为“泽”者，其为湖泊抑或沼泽，往往难分。云梦泽，汉以前所记范围不甚大，而汉以后多以为方圆八九百里。司马相如《子虚赋》：“云梦者，方九百里。”史籍中谓其西起荆门，东达黄冈，北至安陆，南越长江而抵洞庭。今据不少专家研究，以为实指湖北省上述范围的大江南北一片湖沼区域，而非汪洋浩渺的完整大湖。又如《禹贡》中所言大野泽，处今山东巨野北，唐五代后，泽南部淤为陆地，北部成为梁山泊之一域。河南商丘东北的孟潴泽，干涸。郑州西北的荥泽，汉平帝后已渐淤为平地。见于《周礼·夏官·职方氏》的圃田泽，位于河南中牟西，宋后期废。焦获泽、杨纡泽，其故地究竟在陕西抑或山西，待考。也有存其名而失其实者，如山东菏泽东北的雷夏泽，东南的菏泽，其泽于唐以后均废。偶有后世名实俱存者，如江苏的震泽，即是今太湖前身，也已今非昔比。据考，太湖的大部在四千年前尚为低陷的平原，湖区底部常发现有石器时代的遗址。以后为沼泽、湖泽、湖泊，由小而大。北宋时单锷《吴中水利书》曰：“锷于熙宁八年，岁遇大旱，窃观震泽水退数里，清泉乡湖干数里，而其地皆昔日有丘墓、街井、枯木之根在数里之间，信知昔为民田，今为太湖也，太湖即震泽也。以是推之，太湖宽广，逾于昔时。”今于太湖各区之湖底，每见汉井、宋钱或古建筑遗址。当然，历史时期湖泽总体湮废、缩小者居多，而其直接原因不外乎水源断绝，泥沙淤积和围垦诸端。

“湖”，其称名上古已见，但早期与“陂”同类，为南方尤其吴越一带的人工湖之称。汉代亦然，常以称太湖、彭蠡湖、明圣湖、镜湖等(参第70条)。而从东汉起，“湖”遂可用于所有湖泊，成为湖泊的通称。汉桓宽《盐铁论·贫富》：“食湖池，管山海，刍荛者不能与之争泽，商贾不能与之争利。”《艺文类聚》九引《语林》曰：“褚公与孙绰游曲阿后湖，狂风忽起，船倾。”到《水经注》所记载的古代湖泊，“泽有100”，而“湖已有114”(陈桥驿文)。可见“湖”对“泽”有逐渐取代的趋势。

《说文·艸部》：“薮，大泽也。”《周礼·夏官·职方氏》：“其泽薮有具区。”郑玄注：“大泽曰薮。”而《周礼·天官·大宰》“四曰薮牧”句注云：“泽无水曰薮。”又《地官·泽虞·序官》“每大泽大薮”句云：“水希曰薮。”《风俗通义·山泽》引《尔雅》曰：“薮之为言厚也，草木鱼鳖所以厚养人君与百姓也。”(今本无)按，“薮”从艸数声，数从娄声，娄声有空义，又有聚义，相反相成。“楼”，重屋。“瘘”，颈肿，中积虫。“搂”，聚(《尔雅·释诂》)。“薮”者，也含聚义。《国语·周语下》：“薮，物之归也。”朱骏声曰：“谓泽之地多水少，草木所聚者。”(《说文通训定声·需部》“薮”字)段玉裁则曰：“盖薮实兼水钟、水希而言。《尔雅》‘十薮’系《释地》，不系《释水》，正谓地多水少，艸木所聚”(《说文·艸部》“薮”字注)段说精审，与文献俱合。《左传·昭公二十年》：“薮之薪蒸，虞候守之。”(“薪蒸”，粗柴、细柴。)《诗·郑风·大叔于田》：“叔在薮，火烈具举。”毛传：“薮，泽禽之府也。”然则薮者，必是大涨大落：可以钟水为沼泽，故草木生之；也可干涸成陆地、淤田，故禽兽宜之。若此者，多是大湖泊，故《尔雅·释地》将具区、云梦、孟潴等大泽归为“十薮”。由此而观，上引诸家训为大泽、无水、水稀、水厚诸义，各有其是，唯失于偏执一端耳。要之，薮者，是大涨大落时为沼泽时为陆地、动植物生长较多的大湖泊；同时，薮只用于上古，一般只作泛称，较少附用于湖泊专名，故与“泽”有别。

《水经注》中称“泽”者有100，而称“薮”者仅11（陈桥驿文），如祁薮（《汾水注》）。

“淀”，本指泥滓之积淀。《广雅·释器》：“淀谓之滓。”引申为能见泥滓之水渊、水荡，即浅水湖泊。《玉篇·水部》：“淀，浅水也。一曰陂淀、泊属。”《文选·左思〈魏都赋〉》：“掘鲤之淀，盖节之渊。”刘良注：“淀者，如渊而浅也。”“淀”，或作“淘”。《嘉庆一统志七·顺天府·山川》：“后海之西为鲫鱼淘。”《畿辅通志》作“淀”。“淀”多用于北方地区，是方言的称名。《水经注》中称“淀”者仅13见，如蒙淀（《济水注》）、北阳孤淀（《漯余水》），乃至常见的白洋淀、荷花淀，全在北方。

《玉篇·水部》：“泊，止舟也。”本指船的停泊。引申为停留。《水经法·赣水》：“西有鸾冈，洪崖先生乘鸾所憩泊也，”又为水在洼地的贮留，即为湖泊，也是长江以北地区对浅水湖泊的称名。《六书故·地理三》：“北人以止水为泊。”三国魏曹叡《善哉行》四解：“唯塘泊，从如流，不为单。”唐崔令钦《教坊记》：“东京两教坊，俱在明义坊。……其间有顷余水泊，俗谓之月陂，形似偃月，故以名之。”“泊”，亦作“泺”。“梁山泊”，《大宋宣和遗事·亨集》作“梁山泺”。唐慧琳《一切经音义》卷五九云：“鄚东有鸬鹚泺，今关中亦名泺，幽州名淀。”“泊”与“淀”所指实同，但“泊”可泛称一般的湖泊，并越出方言区范围，如新疆塔里木盆地东部有著名的罗布泊（见下）。唯此，“泊”可与“湖”同义连用，今成为“湖泊”一词。

“海”，指百川会聚之处，所谓“百川归海”。《淮南子·氾论》：“百川异源，而皆归于海。”引申之，大的湖泊也得称“海”，因多川所聚汇而大。元赵孟頫《初至都下即事》诗：“海上春深柳色浓”一句自注：“北方谓水泊为海子。”按，“海”之称不囿于北方，也不限于后世。最早汉代已见。《汉书·苏武传》：“匈奴以为神，乃徙武北海上无人处。”王先谦补注引齐召南曰：“按北海为匈奴北界，其外即丁令也。塞外遇大水泽（按，此‘泽’用为湖义）通称为‘海’。《唐书·地理志》：‘骨利干、都播二部落北有小海，冰坚时马行八日可渡。海北多大山。’即此北海也。”按，所引见《新唐书·地理志七下》。此“北海”即今贝加尔湖。《水经注》所载称“海”者凡7见，如雷翥海（《河水二》）、沧海（《溱水》）。我国西部的“罗布泊”，先秦称为“泑泽”（见《山海经·北山经》），汉唐时称“蒲昌海”、“牢兰海”、“辅日海”、“临海”（《水经注》、《新唐书·地理志》），至清乾隆时《河源纪略》称“罗布淖尔”，蒙语意为“汇入多水之湖”。云南大理著名的洱海，古名叶榆泽，主要汇集两洱河之水，且区域大，故称“洱海”。“海”相当于上古的大泽“薮”，是用于很多地区的大湖泊的通称。

参考文献

[1] 曾昭璇、曾宪珊：《历史地貌学浅论》，科学出版社，1985年3月。
[2] 中国科学院自然科学史研究所地学史组：《中国古代地理学史》第二章，科学出版社，1984年6月。
[3] 陈桥驿：《我国古代湖泊的湮废及其经验教训》，载《历史地理》第2期。

9. 波·浪·澜(涟)·涛

水的波浪,“波”最微小,多是水自身的起伏涌动。“浪”、“澜”是较大的波,前者是南北朝以来的口语用法,典雅文言则用“澜”。“涛”是最大的波浪。

【同义】

《说文·水部》:“波,水涌流也。”晋陆机《君子行》:“休咎相乘蹑,翻覆若波澜。”唐李白《赠华州王司士》诗:“淮水不绝涛澜高。”杜甫《秋兴》诗之一:“江间波浪兼天涌,塞上风云接地阴。”“波澜”、“涛澜”、“波浪”皆同义连用,泛指波浪。

【辨释】

“波”,字从水皮声,声兼义。宋时,据说苏轼曾问王安石“何以谓之波”,王答:“波者,水之皮。”苏诘之:“然则滑者,水之骨也?”(罗大经《鹤林玉露》甲编卷三)王解大约是其《字说》中的一条。谓“波”是“水之皮”固非,但皮声非无义可寻。皮声之字多有不正义:“跛”是“行不正”;“颇”是“头偏”;“陂”可指斜坡,后出字为“坡”;“披”是从旁持拿,也有不正之意(以上皆据《说文》)。“波”与诸字同源,指水流之不平。故其本义指流水、聚水的起伏涌动。明陆嘘云《世事通考》卷一:“水生纹曰波。”《楚辞·九歌·湘夫人》:“袅袅兮秋风,洞庭波兮木叶下。”宋苏轼《前赤壁赋》:“清风徐来,水波不兴。”引申可喻指各种物象的起伏动荡。如指眼珠的流转。汉傅毅《舞赋》:“眉连娟以增绕兮,目流睇而横波。”或指书法中捺的折波,所谓“一波三折”。凡此,均显示了“波”本义的基本特点。

“浪”,俗以为本亦波浪义。其实,原本是放散义,并且从上古到后世常用此义系;早期一般不单用,常与他词连用,构成词组或双音词。《广雅·释训》:“浪浪,流也。”《楚辞·离骚》:“霑余襟之浪浪。”王逸注:“浪浪,流貌也。”指泪水不断散落。《诗·邶风·终风》:“谑浪笑敖,中心是悼。”孔颖达疏:“谑,戏谑也。浪,意明也。”“明”当为“萌”(从阮元校)。“谑浪”,谓戏谑之心萌生,即放荡意。合“聊”为“聊浪”,也是放荡貌。汉扬雄《羽猎赋》:“聊浪乎宇内。”“浪莽”、“浪孟”、“浪放”,皆放纵貌。晋陶潜《归园田居》诗之四:“久去山泽游,浪莽林野娱。”晋潘岳《笙赋》:“罔浪孟以惆怅,若欲绝而复肆。”则“浪孟”为放肆意自明。北魏贾思勰《齐民要术·养牛马驴骡》:“唯著𩍐(从缪启愉校)头,浪放不系。”此更是同义连用。汉以后,“浪”可较多独用。晋戴逵《栖林赋》“浪迹颖湄,栖景(影)箕岑。”(《文选·江淹〈杂体诗·孙绰〉》注引)“浪迹”,放迹,放纵漫游。唐杜甫《泛江送魏十八仓曹还京》诗:“见酒须相忆,将诗莫浪传。”“浪传”,随便轻率而传。“浪人”,指行踪无定的人。“浪子”,放荡子弟。“浪士”,放迹于水边的隐士。凡此皆取于“浪”的放散义。《文选·孔稚珪〈北山移文〉》:“今又促装下邑,浪拽上京。”李善注引王逸曰:“浪犹鼓也。”今或据此立“浪”有鼓义,非是。此“浪”正是放义。“浪拽”与“促装”相偶对,指放拽,犹言急行。晋左思《魏都赋》:“温泉毖涌而自浪,华清荡邪而难老。”“自浪”,自放,也是自己荡散、流散之意,与“难老”正相对。或将此“浪”解为波浪,亦误。由上可知,“浪”的本义与常用义皆不是波浪。

作为波浪义,至魏晋始见。《玉篇·水部》:“浪,波浪也。”晋左思《吴都赋》:“长鲸吞航,修鲵吐浪。”《世说新语·雅量》:“风起浪涌……既风转急,浪猛。”南朝梁元帝《鸳鸯赋》:“朝浮兮浪花,夜集兮江沙。”南朝梁刘孝绰《月半夜泊鹊尾》诗:“月光随浪动,山影逐波流。”“浪、波”对文同义。但其用犹不广。唐代起,在语体作品中才渐渐多见。如杜甫《望兜率寺》诗:“霏霏云气重(一作‘动’),闪闪浪花翻。”孟郊《送淡公》诗之三:“侬是拍浪儿,饮则拜浪婆。”“浪婆”,波浪之神。李白《下浔阳城泛彭蠡寄黄判官》诗:“浪动灌婴井,浔阳江上风。”词牌“浪淘沙”,唐教坊曲名,肇自白居易、刘禹锡诸人。白居易《浪淘沙》词有“白浪茫茫与海连,平沙浩浩四无边”之句,刘禹锡词有“春风吹浪正淘沙”之语。“浪”的波浪义当与“波”有别:出现时代有早晚之分,词的义蕴也有微异。其一,“波”本就指水的起伏涌动,可见波是由自身的涌动而产生;而“浪”的本义是放散义,故非常波,而是由诸外力,特别是因风(非微风)而起,上引《世说新语》、李白诗例最明显。唯此,后世乃至今日,有“风浪”、“大风大浪”、“无风不起浪”的俗词、俗语。其二,由于浪非常波,是因风而起,故起伏程度大于波。有此二异,“波”与“浪”不可等用。如上举“浪淘沙”、“浪花”等“浪”不可作“波”。前举“波”字例,“洞庭波兮”、“水波不兴”,其“波”若易作“浪”,则皆言甚而不洽。“袅袅兮秋风”、“清风徐来”,皆不会起“浪”。

《说文·水部》:“大波为澜。”《尔雅·释水》:“河水清且澜漪。大波为澜。”“澜”或作“涟”。《尔雅》所引《诗·魏风·伐檀》此句,今本毛诗作“河水清且涟猗”。《孟子·尽心上》:“观水有术,必观其澜。”赵岐注:“澜,水中大波也。”《文选·宋玉〈神女赋〉》:“望余帷而延视兮,若流波之将澜。”李善注:“流波,目视貌。举目延视,精若水波,将成澜也。”《文选·陆机〈文赋〉》:“或因枝以振叶,或沿波而讨源,……或虎变而兽扰,或龙见而鸟澜。”李善注:“大波曰澜。”

“澜”与“浪”最为义近,均指大波。从重言看。《诗·卫风·氓》:“不见复关,泣涕涟涟。”汉刘向《九叹·忧苦》:“涕流交集兮,泣下涟涟。”王逸注:“涟涟,流貌也。《诗》云:‘泣涕涟涟。’”又作“澜澜”,同义。唐元稹《听庾及之弹乌夜啼引》:“今君为我千万弹,乌啼啄啄泪澜澜。”“浪浪”也是“流也”(见上),“澜澜”、“涟涟”犹“浪浪”。再从复词看。晋左思《娇女诗》:“浓朱衍丹唇,黄吻澜漫赤。”“澜漫”,即“烂漫”,色彩鲜明意。又作“浪漫”,宋张镃《过湖至郭氏庵》诗:“山色棱层出,荷花浪漫开。”由此可见,“浪”、“澜”义同,而用别:“澜”是文言词,“浪”是口语词,并且从唐代起才用作波浪义;作波浪义,典雅文言中多用“澜”,诗词等语体作品中多用“浪”。

“涛”，当是大于“澜、浪”的大波。《文选·枚乘〈七发〉》：“与诸侯远方交游兄弟，并往观涛乎广陵之曲江。至则未见涛之形也，徒观水力之所到，则衂然足以骇矣。”（“衂”同“恤”，惊恐貌。）盖涛之形使人惊骇无比，当非一般的波与浪。宋苏轼《念奴娇·赤壁怀古》：“大江东去，浪淘尽，千古风流人物。……乱石穿空，惊涛拍岸，卷起千堆雪。”词之首句状滚滚东去江水，故用“浪”。然而至赤壁一带，壁、石激水，浪遂更高，词人状为“惊涛拍岸，卷起千堆雪”，足见其浪之高、势之猛。前“浪”不可易“涛”，后“涛”也不可作“浪”。以上诸例，均可表现“浪”与“涛”的程度差别。

由上也可知：浪、澜、涛皆因风、潮、礁阻等客观因素而起，波则是流水、聚水的本态。

10. 洲(州)·渚(陼)·汀·沚(阯)·坻·淤·岛(隝)·屿

水中陆地，泛称“洲”。小洲为“渚”。小渚为“沚”。更小的、露出水面的小礁石沙堆则是“坻”。水中小块平地称“汀”。水中浪沙冲积成的陆地称“淤”。海中陆地，专称“岛”。小岛为“屿”。

【同义】

《说文·川部》:“州，水中可居者曰州。”《诗·大雅·凫鹥》:“凫鹥在渚。”毛传:“渚，沚也。”《召南·采蘩》:“予以采蘩，于沼于沚。”毛传:“沚，渚也。”《山海经·大荒东经》:“东海之渚中有神，人面鸟身。”郭璞注:“渚，岛。”《说文新附》:“屿，岛也。”《文选·张衡〈西京赋〉》:“长风激于别隝。”薛综注:“水中之洲曰隝，音岛。”晋左思《吴都赋》:“岛屿绵邈，洲渚冯隆。”(“冯隆”，高貌。)《文选·谢灵运〈入彭蠡湖口作〉诗》:“洲岛骤回合，圻岸屡崩奔。”南朝宋鲍照《赠傅都曹别》诗:“轻鸿戏江潭，孤雁集洲沚。”《宋书·张兴世传》:“沔水自襄阳以下至于九江二千里中，先无洲屿。”唐高适《自淇涉黄河途中作》诗之二:“清晨泛中流，羽族满汀渚。”以上“岛屿、洲渚、洲岛、洲沚、洲屿、汀渚”皆同义连用，指水中陆地。《说文·水部》与《尔雅·释水》于“沚、坻”训同(见下)，二者均是水中陆地。“淤”也是水中陆地。

【辨释】

“洲”，本作“州”，甲骨文与小篆其字皆象弯曲的川流中有小块陆地，至楷书成中间的小点。后起字为“洲”。《尔雅·释水》:“水中可居者曰洲。”《释名·释水》:“洲，聚也，人及鸟兽所聚息之处也。”《楚辞·九歌·湘君》:“采芳洲兮杜若，将以遗兮下女。”王逸注:“芳洲，香草藂(同‘丛’)生水中之处。”唐王勃《滕王阁序》:“临帝子之长洲。”赵微明《思归》诗:“惟见分手处，白蘋满芳洲。”温庭筠《梦江南》词:“梳洗罢，独倚望江楼。……肠断白蘋洲。”引申之，为大块的陆地，字多作“州”。《淮南子·览冥》:“往古之时，四极废，九州裂。”古九州为:冀、兖、青、徐、扬、荆、豫、梁、雍(据《书·禹贡》)。究其成因，如上引《说文》“州”字说解所云:“昔尧遭洪水，民居水中高土，故曰九州。”可见仍取水中陆地可居之意，不过扩其范围而已。此说亦合今理:地球上水多地少，五大洲广义上均是水中的陆地。要之，“洲”是水中陆地的泛称。

《尔雅·释水》:“小洲曰陼。”“陼”同“渚”。《诗·召南·江有汜》:“江有渚。”毛传:“渚，小洲也。”即指水中的小块陆地。唐李华《寄赵七侍御》诗:“渚烟见晨钓，山月闻夜舂。”“渚烟”，缭绕于小洲上的烟雾。今湖南长沙湘江中的橘子洲，古名“东渚”。浙江绍兴西南漓江中有漓渚，今为镇名。

《释名·释水》："沚，止也，小可以止息其上也。"《尔雅·释水》："小渚曰沚。"《诗·邶风·谷风》："泾以渭浊，湜湜其沚。"（"湜湜"，水清貌。）郑玄笺："小渚曰沚。"《左传·隐公三年》："涧谿沼沚之毛。"（"毛"，草。）杜预注："沚，小渚也。"然则沚是水中小于渚的小块陆地。"沚"或作"阯"。汉张衡《西京赋》："乃有昆明灵沼，黑水玄阯。"

《尔雅·释水》："小沚曰坻。"《说文·土部》："坻，小渚也。从土氐声。《诗》曰：'宛在水中坻。'"段玉裁注："坻者，水中可居之最小者也。"按所引《诗》出《秦风·蒹葭》。《诗·小雅·甫田》："曾孙之庾，如坻如京。"郑玄笺："坻，水中之高地也。"（"庾"，粮仓。）陈奂传疏："如坻者，取蓄聚之义"，"如京者，以高积为喻"。《史记·司马相如列传》引《上林赋》："临坻注壑。"张守节正义："坻，水中沙微起出水者也。"唐柳宗元《愚溪诗序》："峻急多坻石，大舟不可入也。""坻石"，指水中浮石堆。然则坻者，仅是露出水面的小礁石、沙堆而已。

《说文·水部》："汀，平也。"段玉裁注："水平谓之汀，因之洲渚之平谓之汀。"《集韵·平青》："汀，《说文》：'平也'，谓水际平也。"然则"汀"本为水平义，引申指水中或岸边略高于水的小平地。《楚辞·九歌·湘夫人》："搴汀洲兮杜若，将以遗兮远者。"洪兴祖补注："汀，水际平地。"《文选·谢灵运〈登临海峤〉诗》："顾望脰未悁，汀曲舟已隐。隐汀绝望舟，鹜棹逐惊流。"（"脰"，颈。"悁"，通"痟"，疲困，因顾望相思所致。）李善注引《文字集略》曰："汀，水际平也。"唐陈子昂《宿襄河浦》诗："沙浦明如月，汀葭晦若秋。"宋范仲淹《岳阳楼记》："岸芷汀兰，郁郁青青。"

《方言》卷十二："水中可居为洲，三辅谓之淤。"《史记·司马相如列传》引《上林赋》："出乎椒丘之阙，行乎洲淤之浦。"裴骃集解引郭璞曰："淤亦洲名，蜀人云见《方言》。""淤"本指水中沉淀的泥沙，故"淤"作为洲类，是泥沙冲积成的水中陆地。此种水中陆地积久多与陆地相连。如浙江常山天马镇西北有胡家淤，为常山港淤地。江西玉山冰溪镇西北有港口淤。（崔书305页）

《说文·山部》："岛，海中往往有山可依止曰岛。"《释名·释水》："海中可居曰岛。岛，到也，人所奔到也。""岛"者，古今相同，均指海中的可居陆地。《太平御览》卷七四引《魏志》曰："王倾讨句骊……风吹十日，东得一岛，上有人常以七月取童女沉海。"但古之"岛"在中古时还可特称江湖中的可居陆地。唐李绅《涉沅潇》诗："潇湘岛浦无人居，风惊水暗惟鲛鱼。"

《广韵·上语》："屿，海中洲也。"《集韵·上语》："屿，山在水中。"训与"岛"同。但"岛"是通称，"屿"则指小岛。晋郭璞《江赋》："石帆蒙笼以盖屿，蓱（同"萍"）实时出而漂泳。"也可指江湖中的小块陆地。南朝宋谢灵运《登江中孤屿》诗："孤屿媚中川。"唐柳宗元《至小丘西小石潭记》："近岸卷石底以出，为坻，为屿。"此外，"屿"还可指水边的小山。《六书故》："平地小山也，在水为岛，在陆为屿。"《太平御览》卷七四引《临海记》曰："去郡七里，东有樊续屿，屿上空冢里犹余败鼓角，或呼为樊府君墓，今郡公田在此屿下。"

参考文献

[1] 崔恒升：《中国古今地理通名汇释》，黄山书社，2003年6月。

11. 涯(厓)·岸(干、厈)·涘·滣·汭(芮)·濆·澳(隩、奥)·隈·湄(麋)·漘(脣、漘)·浔(潭)·浦·滨(濒)·浒(汻)·皋·溆(漵)

水的边岸各种各样。渺远者"涯"。高耸峻直者"岸",后用作口语中边岸的通称。上古边岸的通称"涘"。"渚"也可代称泛指边岸。河流弯曲的低地所成堆积岸的高岸是"濆"。山丘地带的河曲侵蚀岸为"滣"。较低的河曲堆积岸为"汭"。河曲的曲岸为"澳"。澳外的水区为"隈"。水草交杂的边岸是"湄"。上平坦下水深者"漘"。南方水深者"浔"。合近岸地域与岸前水域的边岸称"浦"。连近岸一些地域的边岸称"滨"。小于滨者"浒"。水草丛生、水与岸难分的沼泽淤地称"皋"。小的湖沼边岸称"溆",南北朝起的口语词。

【同义】

《说文·水部》:"漘,水厓也。""濆,水厓也。""厓"常作"涯"。"汻,水厓也。""汻"同"浒"。"浦,水濒也。"《玉篇·水部》:"滣,又水边地也,涯也。"《说文》部首:"濒,人所宾附也。""濒"同"滨"。《集韵·平真》:"滨,水厓也。"《尔雅·释丘》:"涘为厓。""隩,隈。"《说文新附》:"涯,水边也。"《诗·小雅·北山》"率土之滨"孔颖达疏:"浒、滨、涯、浦,皆水畔之地,同物而异名也。"《广雅·释丘》于"澳、厈(岸)、浦、浔、漘、滨、湄、涘"等均训"厓也"。《诗·大雅·公刘》:"芮鞫之即。"毛传:"芮,水涯也。"《楚辞·九歌·湘君》:"夕弭节兮北渚。"王逸注:"渚,水涯也。"《说文新附》:"漵,水浦也。"《说文·夲(tāo)部》:"皋,气皋白之进也。"朱骏声曰:"此字当训泽边地也。"(《说文通训定声·孚部》"皋"字)《庄子·秋水》:"今尔出于涯涘,观于大海。"三国魏曹植《盘石篇》:"蚌蛤被滨涯,光彩如锦虹。"晋潘岳《秋兴赋》:"泉涌湍于石间兮,菊扬芳于崖滣。"《哀江南赋》:"江淮无涯岸之阻,亭壁无藩篱之固。"南朝宋谢灵运《从斤竹涧越岭溪行》诗:"逶迤傍隈隩。""涯涘、滨涯、崖滣、涯岸、隈隩"均同义连用,泛指水的边岸。

【辨释】

《说文·广部》:"厓,山边也。"实也包含水边。后增"涯、崖"二字,分别表示山、水的边岸。"涯",指渺远的水边。《书·微子》:"若涉大水,其无津涯。"宋范仲淹《岳阳楼记》:"衔远山,吞长江,浩浩汤汤,横无际涯。"唯水涯较远,故常引申称一些宏大之物的边际、极限。《淮南子·天文》:"宇宙生气,气有涯垠。"《古诗十九首·行行重行行》:"相去万余里,各在天一涯。"唐李华《弔古战场文》:"布奠倾觞,哭望天涯。"也用于抽象事物。《庄子·养生主》:"吾生也有涯,而知也无涯。"凡此引申用法也可见出"涯"之称水边有渺远的色彩。

"岸",或作"干"、"圩"。《说文・山部》:"岸,水厓洒而高者。"段玉裁注:"洒即峻之假借。……洒,高峻也。"《尔雅・释丘》:"望厓洒而高,岸。"郭璞注:"视厓峻而水深者曰岸。"又曰:"重厓,岸。"郭璞注:"两厓累者为岸。"故"岸"者,指高耸峻直的水岸。《诗・卫风・氓》:"淇则有岸,隰则有泮。"郑玄笺:"泮读为畔。畔,涯也。"谓低下的沼泽地("隰")有畔涯,而汉水有岸。二者对文则别,正见出"岸"之特点在于边岸的高耸峻直。一般用于大河。淇水是黄河支流。又,《诗・魏风・伐檀》:"置之河之干兮,河水清且涟猗。"毛传:"干,厓也。"此黄河支流也必是大河。可指称山崖,亦是高峻之状。《荀子・宥坐》:"三尺之岸,而虚车不能登也。"此指山崖。秦以后,犹承上古而用。《史记・外戚世家》:"[暮]卧岸下百余人,岸崩,尽压杀卧者。"此是高峻的山崖。《后汉书・董卓传》:"帝步出营,临河欲济,岸高十余丈,乃以绢缒而下,余人或匍匐岸侧,或从上自投,死亡伤残,不复相知。"此是高峻的河岸。《文选・张协〈杂诗〉之九》:"投耒循岸垂,时闻樵采音。"《宋书・胡蕃传》:"江津岸峭,壁立数丈。"分别指山崖、水岸。大约南北朝起,"岸"才用作水之边岸的通称,但有口语色彩,多见于诗歌等语体作品。南朝陈徐陵《新亭送别应令》诗:"野燎村田黑,江秋岸荻黄。"北周庾信《和江中贾客》诗:"悬知岸上人,遥振江中鼓。"唐罗隐《汉江上作》诗:"云生岸谷秋阴合,树接帆樯晚思来。"柳宗元《至小丘西小石潭记》:"其岸势犬牙差互,不可知其源。"

《说文・水部》:"涘,水涯也。从水矣声。《周书》曰:'王出涘。'"引经见于《书・泰誓》。《诗・王风・葛藟》:"绵绵葛藟,在河之涘。"《大雅・大明》:"在渭之涘。"毛传皆训"涘"为"厓也"。《庄子・秋水》:"秋水时至,百川灌河。泾流之大,两涘渚涯之间不辩牛马。"("辩"通"辨"。)陆德明释文:"涘,音俟,涯也。"凡此,皆用于大水流。《诗・秦风・蒹葭》:"所谓伊人,在水之涘。"下句与诗中"水一方"("方"通"旁")、"水之湄"并举,均指"溯洄"寻索的河流之边。此用于小水流。然则"涘"是上古水的边岸的通称。后世偶有承古而用。汉张衡《西京赋》:"汉氏初都,在渭之涘。"

"渚"是水中小块陆地(参第10条),也可代称而泛指水边。文首引《九歌・湘君》:"夕弭节兮北渚。"即其例。又,晋陆机《豫章行》:"泛舟清川渚,遥望高山阴。"《三国志・蜀志・许靖传》:"靖寻循渚岸五千余里,复遇疾疠。"唐王勃《滕王阁》诗:"滕王高阁临江渚。"

"渍(濆)"从水贲(賁)声,贲声有高满义,"愤"为心中积气之满,"坟(墳)"为高于地面的人为土丘,则"渍"也得为高起之名。但旧训多作堤防,盖与"坟"相混同之故。《诗・周南・汝坟》:"遵彼汝坟。"毛传:"坟,大防也。"《尔雅・释丘》:"坟,大防。"郭璞注:"谓堤。"防即是人工所筑岸边的护堤。"坟"又可指称水的边岸。《周礼・地官・大司徒》"坟衍"郑玄注:"水崖曰坟。"此实是"渍"。其实,凡表示高起者有自然地貌和人工筑造之别,古人往往不分。"坟"、"渍"同义可相通用,但"坟"是人为之高堆,而"渍"是自然高堆。《诗・大雅・常武》:"铺敦淮渍。"郑玄笺:"敦,当作屯。……陈屯其兵于淮水大防之上。"孔颖达疏引李巡曰:"渍,涯岸状如坟墓。"郑玄坐实为堤防,未当。李巡作喻指近是。准确而言,此"渍"当是自然土石形成似堤防的高岸。

“澨”多见于《左传》，作地名。楚军曾“次于句澨”(《文公十六年》)、“师于漳澨”(《宣公四年》)，司马薳越“缢于薳澨”(《昭公二十三年》)，吴师追楚师“败诸雍澨”(《定公四年》)。可见上古已是河曲地貌一个普遍的述称。一直用于后世。《水经注·淯水》：“余按淯水左右旧有二澨，所谓南澨北澨者，水侧之渍，聚在淯阳之东北。”唐萧颖士《重阳日陪元鲁山登北城》诗：“何日谢百里，从君汉之澨。”张谓《虞帝庙碑》：“九嶷北麓，三湘南澨，帝之遗庙存焉。”《宋史·文苑传一·梁周翰》：“白起则锡(通‘赐’)剑社(‘杜’之讹)邮，伍员则浮尸江澨。”“澨”做地名共称显然缘其地为澨。澨是临水之岸。《玉篇·水部》：“澨，又水边地也，涯也。”《左传·宣公四年》：“王……师于漳澨。”杜预注：“漳澨，漳水边。”《楚辞·九歌·湘夫人》：“朝驰余马兮江皋，夕济兮西澨。”王逸注：“澨，水涯也。”至于是河中水涯，最早《说文·水部》定性：“澨，埤增水边土，人所止者也。”王筠《说文句读》：“埤增之土，即大防，防大，故人所止也。”即以为筑高堤的河岸。清代胡渭的《禹贡锥指》卷十四也据《说文》和汉魏六朝时人解“澨”为水边有堤防的高地。按，根据河流地貌学，凡是弯曲而行或二河交汇处的河岸可形成侵蚀岸与堆积岸，前者又称凹岸，后者又称凸岸(王克陵等文)。“澨”为筮声，“筮”通“噬”。《易·噬嗑》，出土简帛本《易》“噬”作“筮”。筮有分决义。《广韵·去祭》：“筮，龟曰卜，蓍曰筮，巫威坐筮，筮，决也。”《易·蒙》释文：“筮，决也。”噬即啮，《说文·口部》：“啮，噬也。”为用牙齿分决物，多用于兽。故作为水的边岸，澨当是河曲之水冲刷形成的侵蚀岸，即所谓凹岸，此种涯岸必是天然的较高山地。《书·禹贡》：“嶓冢导漾，东流为汉，又东为沧浪之水，过三澨，入于大别……”三澨，据胡渭考证在襄阳县内淯水入汉水处(《禹贡锥指》卷十四)。上引《水经注·淯水》所云南澨北澨，检《汉书·地理志》南阳郡宛县下原注：“县南有北筮山”，北筮即北澨，可见澨者有山。郦注所言“水侧之渍”，“渍”也是土石形成的高岸。要之，澨并非是人为堤防的高岸，而是山丘带为河流曲行所成的侵蚀岸，当高于渍岸。

与“澨”相对的是“汭”，又作“芮”。《书·禹贡》：“东过洛汭。”孔传：“洛汭，洛入河处。”《说文·水部》：“汭，水相入也，从水从内会意，内亦声。”《诗·大雅·公刘》：“止旅乃密，芮鞫之即。”(“密”，安。“鞫”，究，水穷尽处。)谓周祖先公刘迁都至豳地，在芮鞫之处安顿下来。汉唐经儒多释“汭”为侵蚀型的凹岸，未确。郑玄笺：“芮，本又作汭。”《说文·艸部》：“芮，艸生貌，从艸内声，读若汭。”可见汭必是地势较低、生长茂草之地，于是作为水岸，必指河流弯曲交汇处形成、较低的堆积岸，即凸岸。

“澳”，或作“隩”，亦为凹岸之称，即指弯曲河流的曲岸。《尔雅·释丘》：“厓内为隩。”《说文·水部》：“澳，隈厓也，其内曰澳，其外曰隈。”即径指边岸与水交接之处，一般多弯曲不直。《诗·卫风·淇奥》：“瞻彼淇奥，绿竹猗猗。”《礼记·大学》引此诗作“淇澳”。谓淇水与岸交接之处。《文选·颜延之〈始安郡还都与张湘州登巴陵城楼作〉》：“清氛霁岳阳，曾晖薄澜澳。”吕向注：“澳，水曲也。”本句谓日光迫照弯曲岸际之水波。

“隈”本指山曲处。《管子·形势》：“大山之隈，奚有于深。”尹知章注：“隈，山曲也。”引申指水边，专指澳外的水区。《尔雅·释丘》：“(涯)外为隈。”《说文》训同(上引)。《淮南子·览冥》：“田者不侵畔，渔者不争隈。”高诱注：“隈，曲深处，鱼所聚也。”“隈”，义同“浦”。《尔雅·释丘》：“澳，隈。”郭璞注：“今江东呼为浦隩。”郝懿行义疏：“隩当作隈。《文选》诗注引作‘今江东人呼浦为隈’是也。”然则“隈”盖是长江下游地区对水浦的方言之称。

“湄”指水草交杂的边岸。《尔雅·释水》：“水草交为湄。”《水经注·济水二》引犍为舍人曰：“水中有草木交合也。”《诗·秦风·蒹葭》：“所谓伊人，在水之湄。”孔颖达疏：“（湄）谓水草交际之处，水之岸也。”字或借“麋”。《诗·小雅·巧言》：“彼何人斯，居河之麋。”毛传训同。《左传·僖公二十八年》：“余赐女孟诸之麋。”孔颖达疏引李巡曰：“水中有草木交会曰湄。”

《玉篇·水部》：“漘，河涯也。”“漘”，从水唇声，或作“脣”，也作“滣”。王念孙曰：“唇者，在边之名，口边谓之唇，水厓谓之漘，屋宇谓之宸，声义并相近也。”（《广雅疏证·释邱》）《尔雅·释丘》：“夷上洒下，不漘。”郭璞注：“厓上平坦而下水深者为漘。不，发声。”谓如唇边平内深，即上平坦而下水深的河边之岸。《诗·王风·葛藟》：“绵绵葛藟，在河之漘。”《魏风·伐檀》：“坎坎伐轮兮，置之河之漘兮。”陆德明释文：“漘本亦作脣。”后世偶承古而用，但已为泛称。唐韩愈《送惠师》诗：“前年往罗浮，步戛南海漘。”宋王安石《车螯二首》：“豁然从所如，游荡四海滣。”

《淮南子·原道》：“故虽游于江浔海裔。”高诱注：“浔，厓也。……浔，读《葛覃》之覃也。”《文选·枚乘〈七发〉》：“周驰乎兰泽，弭节乎江浔。”李善注引《字林》曰：“浔，水涯也。”或作“潭”。（与深水之“潭”异音异义，音 xún。）《汉书·扬雄传下》：“或倚夷门而笑，或横江潭而渔。”颜师古注：“潭，音寻。”又《扬雄传上》：“因江潭而𣶏记兮。”（“𣶏”，往。）颜师古注引苏林曰：“潭，水边也。”按，《说文·水部》：“浔，旁深也。”或作“潭”。覃声也有深长义。“潭”，指深水。《楚辞·九章·抽思》：“长濑湍流，泝江潭兮。”王逸注：“潭，渊也。楚人名渊曰潭。”今“潭”有二音：一在侵韵，一在覃韵，但上古音侵、谈合一，故义得相通。因此，“浔”之水边，当指深水之边岸；文献所见一般用于“江”，即南方的河流，或也是楚方言词。

“浦”从水甫声。甫声有附着义。食附口为“哺”，以小块缝铁衣之破绽为“补（補）”，使物物相附着为“缚”，林木丛生交附为“薄”。《广雅·释言》：“薄，附也。”“甫”又有大义。“誧，大也。”“酺，王德布大饮酒也。”“溥，大也。”“博，大通也。”（以上皆据《说文》）作为水边义之“浦”兼取二义：既是水与陆地之相附，故包括边岸与岸前的水域；含大义，故又指大河的边岸。《诗·大雅·常武》：“率彼淮浦，省此徐土。”（“率”，沿循。）淮河是古四渎之一。《吕氏春秋·本味》：“江浦之橘。”指长江的岸边。汉张衡《思玄赋》：“载太华之玉女兮，召洛浦之宓妃。”《世说新语·赏鉴下》：“庾公为护军。”刘孝标注引《徐江州本事》曰：“（桓彝）至广陵寻亲旧，遇风停浦中累日。”又可用于海。唐元稹《酬乐天早春闲游西湖》诗：“浦屿崎岖到，林园次第巡。”“浦屿”，近海边的小岛。唐时今杭州尚处海湾，浦中可泊舟。“浦”者，因用于江海，又合岸与水域而称，故又常指流入江海的宽阔水道、水域。《玉篇·水部》：“浦，水源枝注江海边曰浦。”《战国策·秦策四》：“（吴王）还，为越王禽于三江之浦。”“三江”，一说指古扬州之娄江、东江、松江。南朝梁江淹《别赋》:“送君南浦,伤如之何?”《太平御览》卷七五引《江夏记》曰:“南浦……其源出京首山,流入大江。春冬涸竭,秋夏泛涨。商旅从来,皆于浦停泊,以其在郭之南,故称南浦。”《水经注·沔水中》:“谷水于县(海盐县)出为散浦(澉浦),以通巨海。”太湖下游东北区域通长江的水道,有常熟二十四浦、昆山十二浦,合称三十六浦。其中交汇点在后世往往是重要港口、交通要冲,如乍浦、澉浦,元时即为外贸港口。《嘉庆重修一统志》卷二八七引《嘉兴府》曰:“乍浦……元至正间番舶皆萃于此。”《读史方舆纪要》卷九一引《嘉兴府》曰:“澉浦……宋开禧初置澉浦水军。元时居民渐集,海商往来,遂成聚落。”与南京下关隔江相望的浦口,由吴淞口入海的春申浦(今黄浦江),其“浦”皆指入江入海的港浦。

“滨”也作“濒”。它与“浦”不同:“浦”是向前延伸,包括沿边岸的水域;而“滨”则是向后延伸,只指近边岸的地域。《诗·小雅·北山》:“溥天之下,莫非王土;率土之滨,莫非王臣。”“滨”非狭义的邦土边沿,而是指近邦界的区域。《左传·僖公二十四年》:“余从狄君以田渭滨。”于渭水之滨田猎,自当指紧靠渭水的区域。《书·禹贡》:“厥土白坟,海滨广斥。”孔颖达疏:“海畔回廓地皆斥卤。”今“海滨”犹指沿海的区域。常作动词,靠近、依傍之义。《公羊传·僖公四年》:“于是还师滨海而东,大陷于沛泽之中。”《后汉书·袁安传》:“至于章和之初,降者十余万人,议者欲置之滨塞。”“滨塞”,靠近边塞之地。由其动词义也可知“滨”之名词义必指临近边岸的地域。

“浒”近于滨。《尔雅·释丘》:“岸上浒。”郭璞注:“岸上堤。”郝懿行义疏:“浒犹许也。许与所通,所谓处所,故郭以为岸上地矣。”即“浒”指沿河岸之地域,但范围当小于滨。故古注于“滨”常训作“涯也”;而于“浒”皆是“水涯也”。《大雅·江汉》:“江汉之浒,王命召虎,式辟四方。”郑玄笺:“浒,水涯也。……王于江汉之水上,命召公使以王法征伐,开辟四方。”召公受宣王之命而率众伐淮夷,其所在水边地当能容征战之众。《大雅·緜》:“古公亶父,来朝走马,率西水浒,至于岐下。”(“率”,循。)“水浒”,指沮、漆二水之侧。谓古公亶父避狄之难,率民循此二水由西而向东迁行至达岐山下。《王风·葛藟》:“绵绵葛藟,在河之浒。”毛传:“水厓曰浒。”郑玄笺:“葛也、藟也,生于河之厓,得其润泽以长大而不绝。”此诗三章,层层深入,首章言“在河之浒”,次章言“在河之涘”,末章言“在河之漘”,渐次近临水。“浒”当然离水最远,但仍是沿黄河,因葛藟要得河水之“润泽”而滋长。后世犹承古而用,但有时可扩至岸边水域。汉冯衍《显志赋》:“轫吾车于箕阳兮,秣吾马于颍浒。”晋陆云《晋故豫章刺史夏府君诔》:“奋厥河浒,娇足云霄。”唐高适《自淇涉黄河途中作》诗之九:“朝从北岸来,泊船南河浒。”《宋史·石保兴传》:“夏人知之,以数千骑据险渡河求战,保兴所部不满二千人,乃分短兵伏于河浒,俟其半渡急击之。”

“皋”,字从白。朱骏声谓本义“当训泽边地”,因为“从白,白者日未出时初生微光也,旷野得日光最早,故从白从夲(tāo)”(《说文通训定声·孚部》)。按,朱说牵强。“白”者,白色,“皋”有白义。“蒿”是“葛属也,白华”(《说文·艸部》)。“皡”是洁白光明之貌。《广雅·释训》:“皡皡,白也。”白者,当是水色,日光、白云映照,水面一片银白。故其本义当泛指小块洼地积水，即指小湖泽。《玉篇·夲部》："皋，泽也。"《诗·小雅·鹤鸣》："鹤鸣于九皋，声闻于野。"郑玄笺："皋，泽中水溢出所为坎。""坎"，洼地。《楚辞·九章·涉江》："步余马兮山皋。"《九歌·湘君》："鼂骋骛兮江皋。"王逸注："泽曲曰皋。"均指大湖分溢出的小湖泽。唯此，可称水田。《文选·潘岳〈秋兴赋〉》："耕东皋之沃壤兮。"李善注："水田曰皋。"所谓水边地，是水草丛生、水与岸难分的沼泽淤地。《左传·襄公二十五年》："牧隰皋。"杜预注："隰皋，水岸下隰，为刍牧之地。"《汉书·贾山传》："江皋河濒，虽有恶种，无不猥大。"（"猥"，盛。）颜师古注引李奇曰："皋，水边淤地也。"皋地非常人所宜居，以其远离人烟，故多为隐士垂青，"江皋"、"东皋"之类常用作隐士所居之处。南朝齐孔稚珪《北山移文》："虽假容于江皋，乃缨情于好爵。"上句谓虚作隐士之态，出居水边草泽地。又，"骋西山之逸议，驰东皋之素谒"。"西山"，指伯夷、叔齐隐居的首阳山。"东皋"，指隐士们所居之地。三国魏阮籍《诣蒋公奏记辞辟命》："方将耕于东皋之阳，输黍稷之余税，以避当涂者之路。"晋陶潜《归去来兮辞》："登东皋以舒啸，临清流而赋诗。"有的辞书以陶潜此例有"登"字，遂将"皋"释为"水旁高地"，殊误。"登"可有进义。《吕氏春秋·仲夏纪》："农乃登黍。"高诱注："登，进。植黍熟，先进之。"其"登"非由下而上，而是由此至彼。陶文此"登东皋"句也取进义，谓进入湖泽的边地，与下句"临清流而赋诗"也相协，盖二句一意，"登东皋"即"临清流"之意。

"溆"，亦作"潊"，专指小的河湖池沼之边岸，是南北朝起出现的口语词，多见于语体作品。南朝梁何逊《赠江长史别》诗："长飙落江树，秋月照沙潊。""潊"，或本作"溆"。唐储光羲《同武平一员外游湖》诗："前溪多曲溆，乘兴莫先归。"明高启《松江亭》诗："绵绵洲溆平，莽莽葭菼积。"

参考文献

[1] 缪启愉：《太湖塘浦圩田史研究》，农业出版社，1985 年 12 月。
[2] 王国维校：《水经注校》，上海人民出版社，1984 年 5 月。
[3] 王克陵、潘晟、孙小珂：《释澨——中国先秦时期河曲地貌的述称》，《中国科技史料》2002 年第 1 期。

12. 人·民·氓(萌、甿)

民众。上古,“人”可专称有一定地位者,有时也可专称有一定才能、德行者。“民”专称除统治者和奴隶之外的各种劳力者;至封建社会,成为与统治者相对之民众的通称。“氓”专称客居的农业劳动者;后世也可作民众通称,乃有仿古色彩。

【同义】

《左传·成公十三年》:“民受天地之中而生。”孔颖达疏:“民者,人也。”《方言》第三:“氓,民也。”郭璞注:“民之总名。”《周礼·地官·大司徒》:“掌建邦之土地之图,与其人民之数。”《史记·郦生陆贾列传》:“王者以民人为天,而民人以食为天。”《晏子春秋·问上》:“田野不修,民氓不安。”“人民”、“民人”、“民氓”皆同义连用,泛指民众。

【辨释】

“人”,作为人类的通称,古今同一。《书·泰誓上》:“惟人万物之灵。”《荀子·富国》:“人伦并处,同求而异道,同欲而异知,生也。”(“伦”,类。)但在上古还用作专称义,指有一定地位的人。《诗·大雅·假乐》:“宜民宜人,受禄于天。”朱熹注:“民,庶民也。人,在位者也。”《论语·学而》:“道(导)千乘之国,敬事而信,节用而爱人,使民以时。”杨伯峻《译注》:“狭义的人只指士大夫以上各阶层的人。这里和‘民’(使‘民’以时)对言,用的是狭义。”诚确。历史地看,在甲骨文、金文中“人”还没有此种专称用法,现尚无确证西周已有“人”与“民”的对立。“人”的专称用法始见于《春秋》。《春秋》称“人”,指诸侯、卿大夫、小国之君或大夫,除了个别例外,“所谓人,不是国君,就是卿大夫,决不是一般国人或全国人民”(赵光贤文)。(参赵伯雄书)即春秋以来所称“国人”,虽然可以包括从贵族到各种自由民的各个阶层,但主要指奴隶主贵族,尤其是掌权的贵族。而权力决定一切,唯此,“人”也随之而称有一定才能、德行者。《诗·小雅·都人士》:“彼都人士,狐裘黄黄。”毛传称“其动作容貌既有常,吐口言语又有法度文章”,可知必非凡庸之人。《左传·文公十三年》:“子无谓秦无人。”“无人”,谓无才能之人。秦以后有时也做此用法。《后汉书·许劭传》:“好共核论乡党人物。”“人物”皆指有杰出才能、声望之辈。引申之,径指人品。宋王安石《祭欧阳文忠公文》:“无问乎识与不识,面读其文,则其人可知。”

“民”字,俗谓生产奴隶刺其左目而盲,故本指奴隶,未确。“民”,甲骨文无见,多见于金文。其字上部作有目而无珠状,即以盲之形表示冥昧无知;下部皆作十字,如(孳盨壶)、

（盂鼎）。据考，此与周部族十进制之耕战组织有关，武王伐纣时，统领有“千夫长、百夫长”之称（《书·泰誓》）。《诗·周颂·噫嘻》：“十千维耦。”谓上万名农村公社社员在藉田上耦耕。其时行井田制，执以耒耜，故需耦耕。综上可知，“民”的特点是：无知未化，从事农业生产。故“民”的专称义显指：一、农业生产者。二、无知需教化者。二者皆为被统治之劳力者，与统治人之劳心者相对称。上古文献盖无例外，皆指称这些被统治者。《论语》全书“民”字皆合于此。如：“使民敬忠以劝”（《为政》），“周人以栗，曰使民战栗”（《八佾》），“其养民也惠，其使民也义”（《公冶长》），“民可使由之，不可使知之”（《泰伯》），“君子信而后劳其民”（《子张》）。其他文献亦然。“晋侯始入而教其民”（《左传·僖公二十七年》）。“孟子曰：‘民事不可缓也。’”（《孟子·滕文公上》）“民事”，即农事，农夫之事。然而“民”不指生产奴隶。《论语》48个“民”字，《左传》300余个“民”字，《国语》全部“民”字，均无一处指奴隶。故可以断言，在大量存在生产奴隶时期（战国以前），“民”乃是有人身自由、“无知”而需教化的劳力者专称，社会地位要高于奴隶。自入封建社会，已无奴隶阶级（有阶层），于是“民”自然指全体被统治之人群，即成为民众的通称，而与“人”的通称用法更为接近，但范围仍小于“人”，仅指被统治者。直至今日犹承古而用，“民”专指不当“官”的人众，如“能官能民”、“民意测验”等语。

“氓”，或作“甿”、“萌”。《韩非子·初见秦》：“彼固亡国之形也，而不忧民萌。”《战国策·秦策一》字句同，而“萌”作“氓”。《汉书·刘向传》：“民萌何以劝勉？”颜师古注：“萌与甿同，无知之貌。”“氓”最早见于《诗·卫风·氓》：“氓之蚩蚩，抱布贸丝。”毛传：“氓。民也。”《唐石经》“氓”作“甿”。在上古，与“民”相同，都指从事农业劳动的无知“野人”，但特指其中外来易居之“野人”，即业田之“民”。《说文·民部》：“氓，民也。”段玉裁注：“自他归往之民，则谓之氓，故字从民亡。”盖“亡”有失去、出外等义，故“氓”为亡民。《孟子·滕文公上》：“有为神农之言者许行，自楚之滕，踵门而告文公曰：‘远方之人，闻君行仁政，愿受一廛而为氓。’”（“廛”，一家之居地。）赵岐注：“氓，野人也。”《史记·陈涉世家》“甿隶之人”裴骃集解引徐广曰：“田民曰氓。”按，当是远方来此易居之田民。《周礼·地官·遂人》曰：“凡治野，以下剂致甿，以田里安甿，以乐昏扰甿，以土宜教甿稼穑，以兴耡（锄）利甿。”（从夏纬瑛读）郑玄注：“变民言甿，直是异外内也。”此谓薄赋税（“下剂”）以招致外来农民，为之媒介婚姻而使喜乐柔顺（“乐昏扰甿”）云云。此种“氓”并非后世流离失所之流民，更非道德败坏的流氓，其存在乃是周代井田制三年换田易居制度的表现。《诗·魏风·硕鼠》：“硕鼠硕鼠，无食我黍，三岁贯女，莫我肯顾。逝将去女，适彼乐土。”正反映出此种制度。按此制度，今日是民，三年后即成他处之氓，故“氓”也可用如“民”之通称，指所有被统治之民众。《墨子·尚贤上》：“国中之众，四鄙之萌人闻之，皆竞为义。”《晏子春秋·杂上》：“晏子饮景公酒，令器必新。家老曰：‘财不足请敛于氓。’”南朝齐王融《永明九年策秀才文》：“自萌俗浇弛，法令滋彰。”《文选·刘孝标〈辨命论〉》：“与三皇竞其氓黎。”《徐霞客游记·滇游日记一》：“有村氓数十家，俱网罟为

业。”诸“氓”皆同“民”,但有仿古色彩。乃至今“流氓”一词中,“氓”的词素义虽存其通称用法,又有最初示“流动”的意味,但与“流”结合,已成了新的贬义词。

参考文献

[1] 赵伯雄:《周代国家形态研究》,湖南教育出版社,1990年3月。
[2] 夏纬瑛:《〈周礼〉书中有关农业条文的解释》,农业出版社,1979年10月。
[3] 郭沫若:《奴隶制时代》,人民出版社,1954年4月。
[4] 赵光贤:《〈春秋〉称人释义》,载《中华文史论丛》1984年第4辑。
[5] 戚其章:《民氓新探》,载《中国古代史论丛》总第8辑,福建人民出版社,1983年12月。
[6] 赵光贤:《〈论语〉“民”字为奴隶说辨》,载《周代社会辨析》,人民出版社,1980年12月。
[7] 徐亮工:《“国人”新解》,载唐嘉弘主编《先秦史论集》,中州古籍出版社,1989年4月。

13. 姓·氏

姓主要是母系社会产物，出现早，数量少；周代用于贵族妇女，以区别婚姻关系。氏是同一男姓祖先的后裔，姓的分支，出现迟，数量多；周代主要用于贵族男子，以别族系、明身份和别贵贱、明德功。至战国，姓、氏始合流，庶民也有姓氏。秦以后，上古之姓、氏皆称为“姓”，“氏”则略存表姓氏之附带用法。

【同义】

《后汉书·朱浮传》：“至名子孙，因为氏姓。”宋王应麟有《姓氏急就篇》，将姓氏编纂成章，便于记诵。清张澍有《姓氏寻源》，将历世姓氏分韵排列，考镜源流。“氏姓”、“姓氏”皆同义连用，泛指人的姓称。

【辨释】

姓氏，炎帝、黄帝时代不同于夏商周三代，而三代又不同于秦以后。

“姓”，作姓氏之用，今所见甲骨文尚不可考，金文已有“姓”，但不从女，或从人，春秋齐器铭文有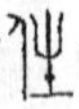（《黏镈》）。至战国文献“姓”才多见。但从人类学而知，姓当出现最早。“姓”，《说文》谓：“人所生也……从女、生，生亦声。”《左传·昭公四年》载叔孙豹见往昔“所宿庚宗之妇人”，“问其姓”，妇人答：“余子长矣。”陆德明释文：“女生曰姓，姓谓子也。”可见，“姓”本义指女子所生的子女。此正是母系社会（包括早期父系社会）遗存的一个映象。彼时，“其民聚生群处，知母不知父”（《吕氏春秋·恃君》）。《淮南子》历述孕育天地万物之伟神女娲，《诗·大雅·生民》所称后稷之母姜嫄履巨人迹而生后稷，“厥初生民，时维姜嫄”，等等，皆反映母系社会中对女性的崇拜。故流传后世最早的姓几乎皆为“女”旁。据文献可考者最早姓有三十四种，其中原生姓有伏羲氏风姓、炎帝姜姓、黄帝姬姓、少皞（昊）己姓、皋陶偃姓。分化姓有黄帝二十五子十二姓（据《国语·晋语》），祝融之后分八姓，加姚、姒、子、妫四姓。另外，有不知源头的曼、归等五姓。其中妫姓是周武王对陈国胡公的赐姓（《左传·昭公八年》），是唯一产生于文明时代之姓称。

姓，主要用于妇女，用于别婚姻。中华民族的族祖炎帝、黄帝是同父异母兄弟。盖同为少典之子，但少典娶有乔氏之二女，其一女登者正妃，所生育于姜水，从母而为姜姓，是为炎帝；其一附宝者次妃，所生育于姬水，从母而为姬姓，是为黄帝（据《帝王世纪》）。至周代有了严格的宗法制度，姓氏为其重要组成部分。姓，主要用于贵族妇女。其时虽已父系制，女子出嫁从夫君，但女子欲标明非出于夫家宗族，便系之以姓。待嫁女子则姓前加排行“孟、伯、仲、叔、季"以别，如孟姜、仲子、伯姬。贵族女子若嫁国君，姓前冠以配偶受封的国名，如秦姬、息妫、芮姜。若嫁卿大夫，则姓前冠以配偶的氏或邑名，如赵姬（赵衰妻）、棠姜（棠公妻）。也有姓前加丈夫或自己的谥号，如武姜（郑武公妻）、文姜（鲁桓公妻），"文"为桓公妻之谥号。女子有姓作标记，"可统其祖考之所自出"（宋吕祖谦《左氏博议》卷二），从而可别婚姻。因为"男女同姓，其生不蕃"（《左传·僖公二十三年》），"同姓不婚，恶不殖也"（《国语·晋语》）。《礼记·大传》曰："虽百世而昏姻不通者，周道然也。"宋郑樵《通志·氏族略序》亦曰："姓所以别婚姻。故有同姓、异姓、庶姓之别。氏同姓不同者，婚姻可通；姓同氏不同者，婚姻不可通。"此并非无据。《左传·哀公十二年》："五月，昭夫人孟子卒。昭公娶于吴，故不书姓。"盖鲁、吴两国皆姬姓，鲁昭公同姓通婚，故《春秋》不书吴女之姓以掩其"丑"。但必须指出，不能据此以为上古之人已知近亲不可通婚，已谙现代优生学。所谓"同姓不婚"，当是汉儒对周代礼制的理想夸张。清赵翼即断言："同姓为婚，莫如春秋时最多。"（《陔余丛考》卷三一《同姓为婚》条）如晋献公姬姓，所娶贾戎、骊戎无不是姬姓氏族。齐崔杼娶棠姜，亦为姜姓（《左传·襄公二十五年》）。盖婚姻在统治者手中从来是一种政治手段。"同姓不婚"者，本就意在联异姓为甥舅，加强同盟关系。《国语·晋语四》："是故娶妻避其同姓，畏乱灾也。"唯此，若为政治斗争需要，自然亦可不拘此禁律。其次，"同姓不婚"与今近亲不婚绝不可等量齐观。《尔雅·释亲》："族罤（昆）弟之子相谓为亲同姓。"而属于姑表亲的不同姓，实是近亲之尤，却不在所禁之内。延至《唐律》才有禁止近亲婚配之律，而实际上又是禁而不能止。再次，从根本上说，周代的同姓集团只是有共同姓族名号，很可能出于各个分布在不同部落中的同姓氏族，而真正的嫡传世系于史前时代已无法追溯，因此，它们都不是纯粹的家族组织，也不可能真正"知祖考之所自出"，如此之"同姓不婚"本就缺乏真正科学和历史的依据。

"氏"，据《说文》当是"阺"的初文，义指附着山陵欲倾落之小丘，为巴蜀方言词。作姓氏义，是假借（段玉裁谓本字为"是"，恐未确）。氏完全是父系社会的产物。与"姓"不同，同氏集团的共同世系可以追溯，同氏者均为可知的某一男性祖先的后裔。此种祖先通常是远古的一些氏族、部落的首领，实是更早的母系宗族所繁衍的诸多分支，如禹为姒姓，其后分封有扈氏、有男氏等许多氏。殷商人祖先为子姓，后子孙分封，分为殷氏、来氏、宋氏、空相氏等（《史记·殷本纪》）。当殷氏成为商王朝宗室后，又再分为时氏、华氏、鱼孙氏等。据丁山研究，"商代的氏族至少有两百个以上"（丁山书）。而至西周金文中，姓不到三十，氏却在三百以上（盛冬铃文）。要之，姓生氏，氏又生氏，姓早氏迟，姓少氏多；姓源难明，氏祖可索。

氏，主要用于男子。其作用有二。一是别族系，明身份。"氏者，别其子孙之所自分者也。数世而一变者也。"（宋吕祖谦《左氏传议》卷二）《左传·昭公三年》："叔向（羊舌肸）曰：'肸之宗十一族，唯羊舌氏在而已。'"谓羊舌氏为其所属宗族的十一支分族之一。《史记·高祖本纪》："高祖，沛丰邑中阳里人，姓刘氏，字季。"司马贞索隐："故姓者，所以统系百代，使不别也。氏者，所以别子孙之所出。"故同氏可不同姓。齐国有栾氏，姜姓；晋国也有栾氏，姬姓。同姓亦可不同氏，甚至父子、兄弟可不同氏，一人而有数氏。《左传》中晋国有大夫达九个称谓：会，季氏，武子，士会，士季，随会，随武子，范会，范武子。其中氏兼三：其祖先任过士，遂以官名为氏，称士会；随、范为其受封之采邑，又以封邑为氏，称随会、范会。余者，“会”是名，“季”是排行，“武”是谥号。商鞅，“商”是封邑，以邑为氏；文称卫鞅，因卫国人，以国为氏；又称公孙鞅，家族公孙氏，以爵为氏。二是别贵贱，明德功。《白虎通·姓名篇》：“所以有氏者何？所以贵功德，贱伎力，……闻其氏即可知其德，所以勉人为善也。”唯此，氏都是君主所赐予。《左传·隐公八年》：“天子建德，……胙之土而命之氏。”要之，氏实质是君主封赐之姓氏、居邑、侯国、职官并表示其父系家族系统之称谓。氏之获取，方式甚多。汉王符《潜夫论·志氏姓》曰：“或氏号[邑]谥，或氏于国，或氏于爵，或氏于官，或氏于字，或氏于事，或氏于居，或氏于志。”（“志”通“职”。）宋郑樵《通志·氏族略》广有三十二类。以谥号为氏者，如文、武、昭、宣等。以国为氏者，商代有程、房、杜、奄等，乃至虞氏、夏氏、周氏。春秋战国时常见的诸侯国齐、鲁、晋、宋、郑等均为氏。以官职为氏者，如司徒、司马、司空、监、仓、库、将军之类。以受封采邑为氏者，上举随、范二氏即此；又如屈原，本为芈姓，但缘王子瑕之后，瑕食采于屈，故氏。常见的钟离、邯郸、刘、白、冯、鲍、费等皆是以邑为氏。以字为氏者，如伯有、孟孙、叔孙等。以事为氏者，如巫氏、匠氏、陶氏等。以居为氏者，如东门、西门、南宫、北郭等。以职为氏者，如五鹿、青牛、白马等（见《潜夫论·志氏姓》）。有氏者皆为贵族、卿大夫，包括贵族女子。贵族女子也可有氏。女子出嫁前与父同氏，嫁后随夫氏为称，也可仍以父氏称。如《辅伯鼎》铭：“作丰孟妘媵鼎”，“丰”是夫氏，“妘”是嫁女之姓。《善夫旅伯鼎》铭称妇为“毛仲姬”，“毛”是妇家氏，“姬”为其姓。但是平民有名而无姓无氏（奴隶更无名）。“庖丁”、“优孟”、“弈秋”、“师旷”，首字为职业标志，后字为名。“鲁班”，即公输班：“班”，名；“公输”，字；“鲁”，国名。由于有“氏”表示尊贵，故“氏”常用在官、爵字后，成了一种表示对某卿大夫或其家族的尊重、亲近的敬词，如师氏（《毛公鼎》），尹氏（《颂鼎》），伯氏、叔氏（《左传·昭公十五年》），舅氏（《左传·僖公十二年》）。对远古部落首领，无论母系制，还是父系制，有姓无姓，一律称“氏”，如轩辕氏、高阳氏、共工氏、燧人氏，等等。

然而，发展至战国时期，有姓氏的贵族势力不断削弱，庶民冲破“人有十等”之藩篱，竞登社会、政治舞台。形势使平民亟须个人之姓氏。于是，姓氏之贵族垄断开始打破，传统姓氏制度开始瓦解。既然姓氏人皆能有。姓、氏之别就无必要。表现在语言上，“姓、氏”可同义互用。清顾炎武《日知录·氏族》曰：“姓氏之称，自太史公始混而为一。”其实，周秦文献中已有混用。《墨子·经说上》：“声出口，俱有名，若姓宇（字）。”《吕氏春秋·顺民》：“变容貌，易姓名。”此“姓”均是姓氏泛称。《左传·昭公十年》：“姜氏、任氏，实守其地。”杜预注：“姜，齐姓；任，薛姓。”此“氏”，实泛称姓。《战国策·赵策一》：“知过……出更其姓为辅氏。”此“姓”，实指氏。《左传·成公八年》：“晋讨赵同、赵括，武从姬氏畜于公宫。”姬氏是赵朔妻赵庄姬，“姬”是古姓，今却明称为“氏”，以姓为氏。至秦之后，“姓”、“氏”更合二而一，以“姓”统之，成为包括上古姓和氏之大名。《史记·秦本纪赞》：“秦之先为嬴姓。其后分封，以国为姓，有徐氏、郯氏、莒氏……”“嬴”是上古之“姓”，而后一“姓”，实是上古之氏。今均称为“姓”。《新唐书·儒学传中·路敬淳》:“尤明姓系,自魏、晋以降,推本其来,皆有条序。”“姓”也作动词。《史记·秦始皇本纪》称秦始皇“名为政,姓赵氏”。《孔子世家》云孔子“字尼,姓孔氏”。孔子六世先祖孔父嘉字“孔”,遂以祖字为“氏”,司马迁却谓之“姓”。而若按“姓”之远古含义,孔父嘉宋人,宋国子姓,当云姓“子”,而非姓“孔”。至于“氏”,后世虽不用作姓氏通称,但常作为已嫁女子姓氏的后缀词,前冠以夫姓,如张黄氏、李钱氏之类。此“氏”成为已婚女子的标志。也可用于男子之姓或姓名后,特称学有专长的学者,表示敬重的色彩。如段玉裁《广雅疏证序》文末曰:“以是质于怀祖氏,并质诸天下后世言小学者。”怀祖是王念孙字。王氏自《序》文末云:“窃放(仿)范氏《穀梁传集解》子弟列名之例。”今用犹然。如称罗振玉氏、郭沫若氏之类。这些敬称用法与上古“氏”的性质都有一定的渊源关系。

参考文献

[1] 丁山:《甲骨文所见氏族及其制度》,上海文艺出版社影印本,1988 年 3 月。
[2] 徐俊元等:《贵姓何来》,河北科技出版社,1985 年 10 月。
[3] [宋]郑樵:《通志》,中华书局影印本,1987 年 1 月。
[4] [清]顾炎武:《日知录》,上海古籍出版社,1985 年 6 月。
[5] 朱凤瀚:《商周家族形态研究》,天津古籍出版社,1990 年 8 月。
[6] 谢维扬:《周代家庭形态》,中国社会科学出版社,1990 年 6 月。
[7] 王樾:《上古中国姓氏名字及神农炎黄关系考》,《中国文物报》2005 年 12 月 23 日。
[8] 盛冬铃:《西周铜器铭文中的人名及其对断代的意义》,《文史》第 17 辑。

14. 名·字·号

名、字、号是对个人的称呼。人皆有名,取名有时代特征。士大夫以上者有字,字为敬名。字与名有密切关系,使用中有礼俗要求。别号,或自取,或人取,均能反映出主人思想、性格、情操的特征。

【同义】

名、字、号均为对个人的称呼。《后汉书·乌桓传》:“乌桓氏姓无常,以大人健者名字为姓。”《史记·鲁仲连邹阳列传》:“砥厉名号者,不以欲伤行。”“名字”、“名号”皆同义连用,泛指称名、名声。

【辨释】

名、字、号作为一个人的称名,传说时代即已有之。据说华夏族先祖炎帝、黄帝已有名、字、号。“炎帝”、“黄帝”即是帝号。黄帝姬姓,氏有熊,名、号为轩辕,字公孙。炎帝还自号神农。《淮南子·时则》称炎帝“号为神农”。神农氏为世传之名号,与炎帝非一人,炎帝乃取以为号而已。然后人往往误二者为一人。可见了解上古人之名字号很重要。但传说时代毕竟“文献不足征”,更无实物证,难于细论。从商周以下,则可详焉。

《礼记·檀弓上》:“幼,名。”孔颖达疏:“生若无名,不可分别,故始生三月而加名,故云‘幼,名’也。”班固《白虎通·姓名》:“名者,幼小卑贱之称也。”上古,一般是出生三月,由父亲命名,它实是男子及冠、女子及笄前取的小名,供长辈呼唤之用。唯此,上古人取名并不讲究,能显示个人特征即可。如盘庚、武丁、白乙丙,皆以干支作名,或与出生时辰有关。曾点(《说文》:“點,小黑也。”)、小白(齐桓公)之类分明与肤色特征相应。春秋郑庄公生时难产,故名“寤生”,当有“记恶”意味。晋成公黑臀、楚公子黑肱,则以隐疾为称。甚至还有以贱、丑义词为名者。晋惠公娶梁嬴,所生男曰圉,女曰妾。鲁文公为子取名恶,齐田桓子名其子为乞。

但是进入封建社会,名的作用增大。历代人的取名,往往与一个时代的政治、风尚有关。如,由于王莽禁用二字为名,故东汉三国盛行单名,《后汉书》、《三国志》人名即此。魏晋南北朝,崇尚清谈,佛教流行,故用“之”、“僧”取名者尤多,如王羲之及子献之,孙桢之、静之。乌丸氏有僧辨、僧智、僧修等。从唐宋起以族谱辈次命名之风渐盛。总之,历代取名,都有新的特点与创造,能反映一个时代的风貌。

“字”,是人的敬名。士大夫以上的人都有字。《礼记·檀弓上》:“冠,字。”《曲礼上》:“男子二十冠而字。”郑玄注:“成人矣,敬其名。”又《冠义》:“已冠而字之。”郑玄注:“字,所以相尊也。”盖男子二十加冠以示成人，即可步入社会、出仕，当须礼尊相待，故必另取对被冠者能显其尊、并供友朋相呼、行于社会之“字”。同理，女子十五行笄礼，示可“于归”而嫁，也当取字。故上古男女一般名取于前，字得于后。屈原述其父“名余曰正则兮，字余曰灵均”（《离骚》），其名、字似生时并取，此盖荆楚有异于中土。即便中土，亦唯周秦为然。“自殷以前为字不在冠时”（孔颖达《礼记·檀弓上》疏）。秦以后，冠笄之礼衰颓，以致唐人发“古者重冠礼……数百年来，人不复行”之叹（见柳宗元《答韦中立论师道书》），则取字时间更不必于二十岁。然无论何朝何代，名而又字之俗，皆承而不变，且字重于名，字以表德，故也谓之“表字”，皆覃思隽妙。字与名有意义联系，二者或成同义词。孔子弟子宰予，字子我。颜回，字渊，“渊”是“回水”（《说文·水部》）。屈平（即“正则”），字原（即“灵均”）。汉张衡，字平子。班固，字孟坚。唐杜甫，字子美，“甫”为男子美称。宋秦观，字少游。陆游，字务观。或作同类词。孔子弟子子夏，字卜商。梁鸿，字伯鸾。“鸿”、“鸾”皆人所羡美之飞禽。西晋陆机，字士衡，“机”、“衡”并属北斗七星。宋郑樵，字渔仲，“樵”、“渔”皆山林隐逸之象。或连贯成语。子路字仲由，路乃人所由，今犹有“必由之路”一语。唐白居易，字乐天，以乐天方能居易。宋晁补之，字无咎，谓补过乃可无咎。苏轼，字子瞻，意车轼可凭而瞻望。清李渔，字笠翁，盖渔翁常蓑笠而渔，竟隐括“孤舟蓑笠翁，独钓寒江雪”（柳宗元《江雪》）诗句。或为反义词。上举曾点，其字皙，《说文·白部》：“皙，人色白也。”“点”，则取污义。唐韩愈字退之，宋朱熹字元晦，元赵孟頫字子昂，皆其例。更有名与字璧合成经典之一成句或多音词者。三国赵云字子龙，源于《易·乾》“云从龙，风从虎”之言。《茶经》作者唐陆羽字鸿渐，盖《易·渐》云：“鸿渐于陆，其羽可用为仪。”唐王维字摩诘，合为梵语词维摩诘。清钱谦益字受之，则取《书·大禹谟》“谦受益”之意。由上可见，古人之字实是对名的巧妙结合与生动补充。唯此，古人每从古人名、字之关系，探索词义与各种学术问题。如从孔子弟子司马耕字子牛而得春秋时牛耕已兴之一证，即为成功之一例。

上古（主要周代）男女通常一字为字；又往往字前加“伯、仲、叔、季”表排行，后附“甫、父”表性别。《礼记·檀弓上》曰“五十以伯仲”，则谓岁至耆艾而有更尊尚于字之称。唯此，男子字全称可多至三，如仲山甫、伯禽父。省其前或后，则为二，如仲尼、伯禽、季路、禽父、尼父。也可加“子”表敬，如郑国大夫公子吕字子封，公孙侨字子产，孔子弟子冉求字子有。上古还可径以排行为字，如齐国管夷吾字仲，鲁公子友字季。然周秦以后，多二字为字，且取实义，乃为常式。如诸葛亮字孔明，孔稚珪字德璋之类。上古之时，贵族待嫁女子一般字前加姓，姓前加排行。若出嫁为妇，则不可称字，只可称姓，且要在自己姓前冠以夫之氏名、封邑名等（参第 13 条）。后世周制不行，女子称字亦同男子，以二字为常，如东汉蔡琰字文姬，鲍宣妻字少君，庞涓母字娥父（皆见《后汉书·列女传》）。但偶也承古以姓系字者，东汉班昭字惠班，荀采字女旬，皆其例。

名与字一般分说。通常以“名”称于世，若以“字”流传，则谓“以字行”。名、字也可连说。上古连称时，先说字，后称名，如百里（氏）孟明（字）视（名），孔父（字）嘉（名），叔梁（字）纥

(名)。《左传·成公二年》鞌之战中晋主帅之御,先称"解张",后称"张侯",后者是字名连称。然汉以后,或先名后字,三国魏曹丕《典论·论文》:"今之文人,鲁国孔融(名)文举(字),广陵陈琳(名)孔璋(字),山阳王粲(名)仲宣(字)……"但较多是先字后名。唐韩愈《柳子厚墓志铭》:"其召至京师而复为刺史也,中山刘梦得(字)禹锡(名)亦在遣中。"明清以来,如称严铁桥可均,王怀祖念孙均先字后名。社交时,对人称名、称字均有讲究。一般说,称字表敬,对平辈、尊辈都称字。编书时,对作者往往称字不称名,如昭明太子编《文选》,于作者只标姓字。此式后代从之。唯尊对卑,才可称名。若自称,必称名表谦。有时"违例",必事出有因。东汉冯异字公孙,《后汉书·冯异传》记某日冯异上豆粥,明旦,光武帝谓诸将曰:"昨得公孙豆粥,饥寒俱解。"帝称臣以字,乃是反常,正见出光武对冯异雪中送炭的极度感激之情。

"号"者,有别号、谥号、庙号、尊号、徽号等,后三者专用于帝王,谥号则卿大夫、大臣以下不能有。通常所称"号",皆指别号,即人之固定别名。最早见于战国。秦惠王时有处士号寒泉子,越国大夫范蠡晚年自号鸱夷子,老子号广成子(《庄子·在宥》),但并不多见。直到唐宋,取号才较为流行,而鼎盛于明清。明清时,上至皇帝,下至村野匹夫,人多有号。如明武宗朱厚照号锦堂老人,清高宗弘历(乾隆)号十全老人。取号二字最多,也有三字、四字者,如晋葛洪号抱朴子,陶潜号五柳先生,杜甫号少陵野老,苏轼号东坡居士。四字以上较少,如明徐渭号水田月老人,清阮元号九十八砚斋。偶有长至数十字者,如明广陵人龚元成,自号"三十六湖云水二十四桥烟月主者"。号,大都是本人步入社会后自为,以此表示自己的理想、情操、性格,取号方法也形形色色。如以居处为号,唐贺知章号四明狂客。宋黄庭坚乐山水之美,号山谷道人。上举陶潜等亦以居处寓情。以室名、斋名为号。杨万里之诚斋,蒲松龄之聊斋,梁启超号饮冰室主人,均著于世。直接以明志为号。宋陆游愤世嫉俗,爱国情深,被权贵们讥为不知礼法,遂自号放翁。明方孝孺,号正学先生。此外,如以表纪念事物为号,以文学意境为号,以生辰年令为号,以时事即兴为号,以祖孙连号,不胜枚举。以上都是自号。另有一种"俗号",又叫诨号、混号、绰号,乃他人所取,最能突出某人特征而广为流传。春秋虞国大夫百里奚,称五羖(黑公羊)大夫,因秦穆公曾以五张羖羊皮从楚国市场赎归授相,遂得此俗号。但还有更早者。据说夏桀力大能推倒牛,遂号移大牺(《吕氏春秋·论威》),"此为混号之始"(《陔余丛考·混号》)。俗号有的褒赞人,如称西汉名将李广为飞将军,清官包拯为包青天。宋代词人张炎,其传诵词中有三个"影"字佳句,颇脍炙人口:"云破月来花弄影","娇柔懒起,帘压卷花影","柳径无人,堕风絮无影",故俗号张三影(宋王明清《玉照新志》卷一)。有的讥贬人。酷吏郅都,人号苍鹰。严延年,人号屠伯。董卓被呼为董磔。李林甫口蜜腹剑,人呼"李猫"。还有不少是幽默、生动地勾勒人物的外貌、嗜癖、擅长、处事、经历等方面的独特性,具有漫画的点睛作用。如干宝撰《搜神记》被号鬼董狐。上举夏桀、百里奚的两个俗号亦其例。无论自号或俗号,均能反映出主人的思想、性格、情操的特征,在知人论世时实比早先家人所取的名、字更为重要。

参考文献

[1] 王泉根:《华夏姓名面面观》,广西人民出版社,1988 年 5 月。
[2] 张孟伦:《汉魏人名考》,兰州大学出版社,1988 年 9 月。
[3] 宁业高、宁耘:《中国姓名文化》,中国华侨出版公司,1991 年 10 月。
[4] [清]顾炎武:《日知录》,卷二三,上海古籍出版社,1985 年 6 月。
[5] [清]赵翼:《陔余丛考》(校点本),栾保群等校点,河北人民出版社,1990 年 1 月。

15. 辅·弼(拂)·相·佐(左)·佑(右)·贰·赞

辅佐。“辅”，通称。“弼”，直谏匡过的辅佐。“相”，位高权大的辅佐。“佐”，具体工作的出力辅佐。“佑”，出于偏私的辅佐，非职官用语。“贰”，以副职辅佐。“赞”，用财物襄助，有礼敬色彩。

【同义】

《广雅·释诂二上》：“辅、佐、佑，助也。”《左传·昭公四年》：“晋楚唯天所相。”杜预注：“相，助也。”《说文·弜部》：“弼，辅也。”《广韵·麌韵》：“辅，弼也。”《集韵·上帮》：“佐，助也。”《左传·襄公二十七年》：“大叔仪不贰，能赞大事。”杜预注：“赞，佐也。”《易·泰》：“辅相天地之宜，以左右民。”“左右”同“佐佑”。《国语·吴语》：“昔吾先王世有辅弼之臣。”《墨子·贵义》：“故周公旦佐相天子，其修至于今。”《淮南子·人间》：“内无辅拂之臣。”“拂”通“弼”。南朝陈江总《为陈六宫谢章》：“何以弼佐王风，克柔阴化？”《旧五代史·唐书·郭崇韬传》：“崇韬服勤尽节，佐佑王家。”“辅相、佐佑”等均同义连用，泛指辅佐。

【辨释】

“辅”从车甫声，甫声有附着义，故本指车轮外旁的两条直木，有加固、夹缚车毂，以增强轮辐支力之用。一轮二木，一车四木。《诗·小雅·五月》：“无弃尔辅，员于尔辐。”朱熹注：“辅，如今人缚杖于辐，以防辅车也。”“员，益也。辅，所以益辐也。”《吕氏春秋·权勋》：“宫之奇谏虞公曰：‘不可许也。虞之与虢也，若车之有辅也；车依辅，辅亦依车，虞虢之势是也。’”引申为附益、辅佐。《说文·車部》“辅”段玉裁注：“辅，引申之义为凡相助之称。”《周礼·地官·乡大夫》：“（乡大夫）以旌节辅令，则达之。”指征令要辅以旌节方可行。《书·汤誓》：“尔尚辅予一人。”《吕氏春秋·慎行》：“齐晋又辅之。”“辅”是辅佐义的通称。

“弼”，从弜从西，西(tiàn)，竹上皮；弜，重弓，后作“彊”，会其意为辅正弓弩之器。其物用竹或木制成弓形，矫弓则缚于内，故字作二弓。字或作“拂”。《荀子·臣道》：“功伐足以成国之大利谓之拂。”杨倞注：“拂读为弼，弼所以辅正弓弩者也。”其物也称“檠”、“柲”。引申为辅佐义，侧重于直谏匡过之辅佐。

《大戴礼记·保傅》：“絜廉而切直，匡过而谏邪者，谓之弼。弼者，拂天子之过者也。”《说苑·臣术》：“有能亢君之命，反君之事，窃君之重，以安国之危，除主之辱，攻伐足以成国之大利谓之弼。”《书·益稷》：“予违汝弼，汝无面从，退有后言。”孔传：“我违道，汝当以义辅正我。”

“相”的本义是细看，《说文·目部》：“相，省视也。”辅助义属本无其字的假借。从相得声者往往有大义，“箱”，车箱，车上载乘之大空间；“厢”，正寝东西之大室。作辅佐义，指位高权大的辅佐。《书·吕刑》：“今天相民，作配在下。”如文首引《左传·昭公四年》“晋楚唯天所相”句亦其例。天之相助，可谓大焉。

“佐”，本作“左”，“佐”是后出专字。辅助是其本义。《说文·左部》：“左，手相左助也，从𠂇、工，会意。”𠂇是手，用以助者。故“佐”者，侧重于具体工作的出力辅佐。故一些做具体事务的官吏多以“佐”称，如佐史、佐吏，乃至泛称佐僚、佐幕等之“佐”，皆此。《国语·周语》：“佐雍（饔，烹饪）者尝焉，佐斗者伤焉。”《左传·昭公七年》：“叔父陟恪，在我先王之左右，以佐事上帝。”“佐事”，具体侍奉。《史记·陈涉世家》：“尉剑挺，（吴）广起，夺而杀尉。陈胜佐之，并杀两尉。”

与“左、佐”一样，“右、佑”也是古今字。《说文·又部》：“右，手口相助也。”其初文，本作“又”，右手之形。“又”又做副词，遂加“口”为“右”，做右手，又别构“佑”字，用作辅佐之称。由于古常多以右为尊位、上位，如支持一方称“袒右”，为人所垂爱，故“佑”专指出于偏私的辅佐，即出于喜好、仰慕而做的辅助。《书·汤诰》：“上天孚佑下民。”《诗·周颂·时迈》：“昊天其子之，实右序有周。”毛传：“天其子爱之，右助次序其事。”谓上天专助周朝，使有贤臣理事。《大雅·大明》：“笃生武王，保右命尔，燮伐大商。”谓天既使武王得美气而生，又“安保而佑助”（孔颖达疏语），命其伐商。《左传·襄公十年》：“王叔陈生与伯舆争政，王右伯舆。”《汉书·王商传》“拥佑太子，颇有力焉”颜师古注：“佑，助也。”以上“佑”的偏私意味都很明显。“佑”做动词，不用为职官之称。

《说文·貝部》：“贰，副也，益也。”段玉裁谓“形声包会意”，朱骏声也作“从贝从式会意，式亦声”（《说文通训定声·履部》“贰”字）。引申为副助、副职。《周礼·天官·大宰》：“乃始发于官府，而建其正，立其贰。”郑玄注：“正谓冢宰、司徒、宗伯……贰谓小宰、小司徒、小宗伯……”此作名词。引申为动词，指以副职辅佐。《诗·大雅·崧高》“王命傅御”郑玄笺：“傅御者，贰王治事，谓冢宰也。”《后汉书·仲长统传》：“秦兼天下，则置丞相，而贰之以御史大夫。”唐权德舆《送别院泛》诗：“偶来贰仪曹，量力何可支。”《元史·百官志一》：“其长则蒙古人为之，而汉人、南人贰焉。”“贰”的辅佐表示以明确的副职旁助、配助，“贰之以御史大夫”即用御史大夫来配助丞相。“贰王治事”即配助王治事。

《说文·貝部》：“赞（贊），貝也。从貝从兟。”徐铉曰：“兟音詵，进也。”徐锴曰：“进，见也，见为礼也。”表现礼敬色彩，常示进以财物襄助。引申为辅佐义。《书·大禹谟》：“益赞于禹曰：‘惟德动天，无远弗届。’”孔传：“赞，佐。居（疑为届），至也，益以此义佐禹，欲其修德致远。”《周礼·天官·膳夫》：“王燕食，则奉膳赞祭。”《文选·任昉〈齐竟陵文宣王行状〉》：“爰及赞契，协升景业。”李周翰注：“赞助天子，令升大业也。契谓王者所执也。”首例见礼敬色彩，后两例是以物佐助。今“赞助”一词表示以钱财襄助，正承古而用。

16. 辅·弼·相·佐·赞

君王需辅臣。"辅",上古泛称国家重要辅臣。"弼",上古泛称能谏诤匡正的诤臣。"相",为君主谋划定策、总领政事的大臣。"佐",下属或助手办事的辅臣。"赞",担当各种具体事务的辅臣。

【同义】

《汉书・苏武传》:"是以表而扬之,明著中兴辅佐。"唐白居易《除张弘靖门下侍郎平章事制》:"乃用登尔于佐辅,授尔以大政。"《新唐书・食货志四》:"主以郎官,其佐贰皆御史。"诸词均为具有辅佐性的官称。

【辨释】

"辅"有附益、辅佐义(见第15条)。用作官名,指君主的信臣,朝廷的柱臣,此是泛称,只用于上古。《尚书大传》卷二:"古者天子必有四邻,前曰疑,后曰丞,左曰辅,右曰弼。"或以"有师保,有疑丞,设四辅"(见《礼记・文王世子》)。作地名,亦用其义。汉武帝将京城长安附近的三郡易名为京兆、(左)冯翊、(右)扶风三郡,称为"三辅",起辅卫京城作用。《说苑・臣术》:"有能比和同力,率群下,相与强矫君,君虽不安,不能不听,遂解国之大患,除国之大害,成于尊君安国,谓之辅。"

"弼",做名词,侧重指能谏诤匡过的辅臣,但此是泛称,不用作职官名。《国语・越语下》:"憎辅远弼。"韦昭注:"矫过为弼。"《孟子・告子下》:"入则无法家拂士,出则无敌国外患者,国恒亡。"《尚书大传》卷二:"古者天子必有四邻,……左曰辅,右曰弼。"正惟是泛称,与"辅"一样,故常"辅弼"连用,指称君主的此种股肱大臣。《国语・吴语》:"昔吾先王,世有辅弼之臣,以能遂疑计恶,以不陷于大难。"《淮南子・人间》:"内无辅弼之臣,外无诸侯之助。"

"相"作辅臣义,亦有其位高权大的特点,指为君主出谋划策、制定方针政策、总领政事的大臣,《吕氏春秋・举难》:"相也者,百官之长也。"《荀子・王霸》:"相者,论列百官之长,要百事之听,以饰朝廷臣下百吏之分,度其功劳,论其庆赏,岁终奉其成功以效于君。"《书・大诰序》"周公相成王"孔传:"相,谓摄政。"《庄子・秋水》:"惠子相梁。"指任梁的国相。上古时除国相外,卿大夫还有家相。《礼记・曲礼下》:"士不名家相长妾。"孔颖达疏:"谓助知家事者也。"《论语・季氏》:"危而不持,颠而不扶,则将焉用彼相矣?"一般多以此"相"为辅助盲人走路的人,其实是指冉有当季氏的家相而言。汉代刘姓封国的国相,即相当于上古卿大夫的家相。《汉官仪》:"帝子为王,王国置太傅、相、中尉各一人,秩二千石,以辅王。"相,则是彼时封国中最高的行政长官,职在辅正诸侯王,总摄行政,统率众官,地位在郡守之上。西汉时曹参曾任齐相，周昌任赵相。“相”，后代俗称“宰相”、“丞相”、“相国”等。“相”还可指称诸侯盟会时司礼仪的礼相。《论语·先进》：“宗庙之事，如会同，端章甫，愿为小相焉。”（“端章甫”，礼服、礼冠，此做动词。）《国语·楚语上》：“问谁相礼，则华元、驷騑。”韦昭注：“相，相导也。”还可指称扶持盲人的瞽相。《荀子·成相》：“如瞽无相，何伥伥。”诸相辅助的作用均甚大。

“佐”，有辅佐义，引申为职官名，多指各级官吏的下属、属吏。《左传·僖公二十八年》：“胥臣以下军之佐当陈、蔡。”《晋书·顾荣传》：“功高元帅，赏卑下佐。”《史记·礼书》：“自天子称号，下至佐僚及宫室官名，少所变改。”《后汉书·光武纪上》：“所到郡县，辄见二千石、长吏、三老官属，下至佐史。”佐史为刺史属官。佐指一些具体助事的副职。《三国志·蜀志·蒋琬传》：“（蒋）琬以州书佐随先主入蜀。”他如“佐幕”、“佐僚”、“佐杂”等，皆此类。

“赞”，也可用作辅佐性职官的类词，成组合官名。此类官职一般都是担当比较具体的事务工作。《国语·齐语》：“升以为上卿之赞。”韦昭注：“赞，佐也。”《汉书·儒林传·张山拊传》：“孝宣皇帝愍册厚赐，赞命之臣靡不激扬。”颜师古注：“赞，佐也。”《萧望之传附子由传》：“元始中……征由为大鸿胪，会病，不及宾赞。”颜师古注：“赞，导九宾之事。”《后汉书·百官志二·太常》：“太常，……及行事，常赞天子。”《大鸿胪》：“其郊庙行礼，赞导，请行事，既可，以命傧司。”又：“皇子拜王，赞授印绶。”《三国志·吴志·鲁肃传》：“以肃为赞军校尉，助画方略。”

参考文献

[1] 柳春藩：《秦汉封国食邑赐爵制》，辽宁人民出版社，1984 年 12 月。
[2] [清]王聘珍：《大戴礼记解诂》，中华书局，1983 年 3 月。

17. 霸(伯)·守·牧

地方上有权势的首领,雄据一个大地域者称“霸”。一郡之长和相当于郡的地方长官为“守”。一州的最高长史是“牧”,起于东汉,唐宋时以称京师或陪都由亲王充任的地方最高长官。

【同义】

《三国志·魏志·魏文帝纪》“黄初六年”裴松之注引《魏略》载诏:“今内有公卿以镇京师,外设牧伯以盟四方。”“伯”即“霸”。《汉书·翟方进传》:“以才能少历牧守列卿,知名当世。”“牧伯”、“牧守”皆同义连用,指州郡地方长官。

【辨释】

《说文·月部》:“霸,月始生魄然也,承大月二日,承小月三日。”段玉裁注:“《乡饮酒义》曰:‘月者三日则成魄。’正义曰:‘前月大则月二日生魄,前月小则三日始生魄。’……后代魄行而霸废矣,俗用为王霸字,实伯之叚借字也。”谓“霸”本指每月初始见之月相,读 pò;而王霸义本字为“伯”,“霸”则是假借字。但是早期文献中,“霸”、“伯”并用,后以“霸”字行。“伯”本指长兄,可以称同辈之兄,也可称父亲之兄。古者长兄能代父理家中之事,故可引申为治理一方之长。《礼记·王制》:“千里以外设方伯……二百一十国以为州,州有伯。”郑玄注:“殷之州长曰伯。”按,殷之地方行政建制待考。周代之霸,则是诸侯之长。《孟子·公孙丑上》:“以力假仁者霸。”孙奭疏:“言……乃能为霸,以把握诸侯之权也。”《左传·成公八年》:“霸主将德是以,而二三之,其何以长有诸侯乎?”《成公二年》:“五伯之霸也,勤而抚之,以役王命。”春秋之五霸,指:秦穆、齐桓、晋文、楚庄、吴王阖闾(据班固《白虎通》)。项羽自称西楚霸王,实也是诸侯之长。南北朝时,以称专制朝政的藩王或大臣的幕府。《北史·崔季舒传》:“虽迹在魏朝,而归心霸府。”指东魏权臣渤海王高欢,仍有一方长帅之意。《太平御览》有“偏霸部”,接“皇王部”后,曾称雄一方、但最后未称帝统一天下者,如三国蜀刘备、刘禅,孙坚至孙皓诸辈,南北朝时诸帝王,均列入此部,也相当于割据称雄于一方之长帅。“霸(伯)”在汉以后,有时与他词连用,也可泛指州郡长官,如文首引《三国志·魏志·魏文帝纪》裴松之注之“牧伯”。又,晋李密《陈情表》:“臣之辛苦,非独蜀之人士及二州牧伯所见明知,皇天后土,实所明鉴。”“牧伯”,指州长官,但仅限于连用。总之,从上古至中古时的霸,是指天子、帝王以下,称雄于一个大的地域的首脑,但不是职官之名,而是以势而称。其中,属春秋时霸之胁裹、统率众诸侯的权势最大。在当时周天子被架空,不能号令九州的情况下,霸者实际上相当于天子的地位与作用。就是像中古所指一方的长帅,其势力、地位也高于今所称之霸，并一般皆有较高的地位与官职。今所称霸者，通常只是一个小区域的地方首脑，也可以是地方上虽无实权与官职，但其势力足以胁迫官长、权倾一时者。

《说文·宀部》："守，守宫也。从宀从寸。从宀，寺府之事也；从寸，法度也。"此训是后起义。其字宀是深屋、寸示法度，会其义当是按法度于屋室治事，即是掌管义。《左传·昭公二十年》："山林之木，衡鹿守之。""鹿"，通"麓"。"衡麓"，山林官。引申为职守、职掌。《孟子·公孙丑下》："有官守者，不得其职则去。"赵岐注："官守，居官守职也。"又引申为守卫、防守。《墨子·公输》："杀臣，宋莫能守，（乃）可攻也。"指称诸侯对天子的守护、述职行为。《书·舜典》："岁二月，东巡守。"孔传："诸侯为天子守土，故称守。"《礼记·玉藻》："诸侯之于天子，曰某土之守臣某。""守臣"，犹言守卫之臣。作为地方长官之义，正由此而引申。至秦时称一郡之长。《史记·秦始皇本纪》："分天下以为三十六郡，郡置守、尉、监。"《秦本纪》："（昭襄王）十三年，……任鄙为汉中守。"裴骃集解引《汉书·百官表》曰："郡守，秦官。"《史记·李斯列传》："斯长男由为三川守。"《汉书·陈胜传》："陈守令皆不在。"颜师古注："守，郡守也。令，县令也。"后代郡守、太守、刺史均可称"守"。《史记·万石张叔列传》："庆自沛守为太子太傅。"《汉书·朱买臣传》："坐中惊骇白守丞。""守丞"，太守官邸的属官。《后汉书·循吏传序》："吏事刻深，亟以谣言单辞，转易守长。""守长"，指郡守和县令。《新唐书·张九龄传》："臣愚谓欲事之本，莫若重守令，守令既重，则能者可行。""守令"，指唐代刺史、县令。扩大之，则可泛指郡守以外的大、小地方官。《后汉书·朱浮传》："而间者守宰数见换易，迎新相代，疲劳道路。"汉《仓颉庙碑》碑阴题名有衙守丞临晋张畤（见《金石萃编》卷十）。衙是左冯翊之属县，故此"守"犹如"令、长"。但它的基本用法是指一郡之长和相当于郡的地方长官。

"牧"，甲骨文"牛"在左右无别，又有作羊旁者，皆象持杖赶牛、羊，以示放牧义。故其本义指放饲牲畜，动词。《周礼·地官·牧人》："牧人掌牧六牲，而阜蕃其物。"《孟子·公孙丑下》："今有受人之牛羊而为之牧之者，则必为求牧与刍矣。""牧"之动词义喻于人，则是养义。《广雅·释诂一》："牧，养也。"若"牧"之于民，则是管理统治义。《管子·牧民》："凡有地牧民者，务在四时，守在仓廪。"《逸周书·命训》："古之明王，奉此六者以牧万民，民用而不失。"引申为官名，指州的长官。古九州之长为牧。《书·舜典》："乃日觐四岳群牧。"孔传："九州牧监。"《礼记·曲礼下》："九州之长，入天子之国，曰牧。"《书·立政》："宅乃牧。"孔颖达疏引郑玄曰："殷之州牧曰伯，虞、夏及周曰牧。"按，殷代有诸方伯，见于甲骨卜辞。虞夏无可考。谓周称"牧"，却与文献不合。用地方之制：州小于乡，乡大夫为卿，州则以中大夫充任，为"州长"。《管子·立政》："分国以为五乡，乡为之师。分乡以为五州，州为之长。"未闻以"牧"称者。正式称一州之长为牧，是在东汉。盖汉武帝时设十三州郡，每郡设一刺史，但此为检察性质。成帝时一度改刺史，不久废。东汉灵帝时为镇压农民起义，再设州牧，使居郡守之上，掌握一州的军政大权，相当于以后的刺史。故自东汉起，"牧"、"州牧"之称孳多，如刘表为荆州牧，袁绍为冀州牧。曹操有《谢领兖州牧表》。自三国魏起至南北朝及隋唐，"牧"也可泛称州之长官。南朝齐孔稚珪《北山移文》："希踪三辅豪，驰声九州牧。"《艺文类聚》卷五〇引南朝梁临川王《解扬州表》曰："臣自驰传斗牛，作牧淮海，政刑两空。……乞解州任，少弭素餐。"（"弭"，止。）至唐宋时，唯京师或陪都的地方最高长官以亲王充任者仍称"牧"，但其权位已小于东汉时。《旧唐书·良吏传上·韦仁寿》："仁寿将兵五百人至西洱河，承制置八州十七县，授其豪帅为牧宰。""牧宰"，指州县长官。要之，"牧"作为一州之长官，主要多用于东汉、隋唐之间。隋唐后，"牧"之称也随着官制的变化而淘汰。

参考文献

[1] 陈茂同：《历代职官沿革史》，华东师范大学出版社，1988年3月。
[2] 左言东：《中国政治制度史》，浙江古籍出版社，1986年7月。

18. 豪·雄·魁·帅

无固定职掌而有影响的人物有四种。“豪”，一地有权势、威势、财势者。“雄”，一地或某方面有突出气力、权力、才力者。“魁”，一伙、一类人中为首者。“帅”，一定数量士兵或民众之统率者，但非专称。

【同义】

皆指无固定职掌而有影响的人物。《玉篇·豕部》：“豪，帅也。”《汉书·东方朔传赞》：“首阳为拙，柱下为工……其滑稽之雄乎！”（“首阳”，伯夷、叔齐；“柱下”，任周柱下史之老聃。）颜师古注：“雄谓为之长帅也。”《礼记·檀弓上》：“不为魁。”郑玄注：“魁犹首也。”《后汉书·虞诩传》：“如使豪雄相聚，席卷而东……”又《光武帝纪下》：“徙其魁帅于它郡。”“豪雄”、“魁帅”皆同义连用。

【辨释】

“豪”，本为猪名。豪猪，即貆猪，全身披白色长毛，其中颈脊毛尤长。《说文》所谓“鬣如笔管者”。平时毛向后，遇敌则竖张以御。引申之，特名其鬣为豪。再引申，喻指人，与“雄、魁”等同义。董仲舒《春秋繁露·爵国》曰：“十人者曰豪。”《淮南子·泰族》：“故智过万人者谓之英……百人者谓之豪。”此种量化式训诂多不足据。按，应从文献使用提炼，“豪”指一处有权势、威势、财势者。《史记·韩长孺列传》：“雁门马邑豪聂翁壹。”《史记·秦始皇本纪》：“愿大王毋受财物，赂其豪臣，以乱其谋。”《三国志·吴志·士燮传》：“燮又诱导益州豪姓雍闿等，率郡人民使遥东附。”《汉书·酷吏传·田延年》：“诛鉏（锄）豪强，奸邪不敢发。”此指一方有权势、威势者。《史记·秦始皇本纪》：“徙天下豪富于咸阳十二万户。”《三国志·吴志·潘璋传》：“居贫，好赊酤，债家至门，辄言后豪富相还。”唐许浑《送从兄归隐蓝溪》诗之一：“渐老故人少，久贫豪客稀。”此指一处有财势者。而权势、威势、财势三者，核心乃“势”，与其本义、引申义相一致。盖“豪”之为豪猪，其特征是有长鬣，善怒张。喻指人事，若豁达不拘执便是豪放。《史记·魏公子列传》：“平原君之游，徒豪举耳。”唐杜甫《壮游》诗：“性豪业嗜酒，嫉恶怀刚肠。”若财物铺张挥霍，便是豪奢、豪华。北周庾信《见游春人》诗：“长安有狭斜，金穴盛豪华。”然则，一处势力盛张者，也得称“豪”，现称“土豪”，正取古义。凡有势者往往才德张放，遂可指称豪杰、英豪。《史记·张耳陈余列传》：“于此时而不成封侯之业者，非人豪也。”然主要称有势者。

“雄”者，重在力，指有突出的气力、权力、才力者。《左传·哀公二十一年》：“齐庄公朝，指殖绰、郭最曰：‘是寡人之雄也。’州绰曰：‘君以为雄，谁敢不雄？’”殖绰、郭最二人是名闻诸侯的有勇力者。此指气力。《荀子·非相》：“听其言则辞辩而无统，用其身则多诈而无功，……夫是之谓奸人之雄。”指混淆是非的辩士中本领最高者。后指乱国之才。如称曹操为“治世之能臣，乱世之奸雄”(《三国志·魏志·武帝纪》裴松之注)。又，《汉书·东方朔传赞》称东方朔是“滑稽之雄”。诸“雄”者，皆指某方面有突出的才能和能量。此指才力。《后汉书·李通传》:“且居家富逸，为闾里雄，以此不乐为吏。”《三国志·吴志·士燮传》:“燮兄弟并为列郡，雄长一州，偏在万里，威尊无上。”此指权力。气力、才力、权力三者，其核心乃“力”。此亦与其本义、引申义相一致。盖“雄”者本指阳性动物，雄者必多力，故引申为壮、强、大诸义，可用于各种事物；而用指人，也必突出多力的特征。

《说文·斗部》:“魁，羹斗也。”指汤勺之身。其柄称“杓”。北斗七星像汤勺之形，其一至四，即天枢、天璇、天玑、天权四星为魁，玉衡、开阳、摇光三星为杓。魁是北斗七星的主体部分，故《广雅·释诂三下》解“魁，主也”，又引申出第一、为首之义。“魁”的特征是“首”。凡是为首皆得称“魁”。可指一事之首。《礼记·檀弓上》:“‘请问居从父昆弟之仇，如之何?’曰：‘不为魁。’”举试五经，每经第一名称“经魁”，殿试第一名为“大魁”。可指一伙之首。《魏书·刑法志》:“其不杀人(指盗)及臧(赃)不满五匹，魁首斩，从者死。”指一类之首。《汉书·游侠传》:“诸公之间陈遵为雄，闾里之侠原涉为魁。”因此，“魁”指人群的首脑，大小不定，其势或力之有无也未可必，即有势者，也非“雄豪”可比。如上例并言陈遵称“雄”，原涉称“魁”，前者在“诸公”间，后者在“闾里”间，当然前者势大于后者。

“帅”的本义是佩巾(见《说文·巾部》)。据《说文》，作为带领义是“逵”之借，“逵，先道也”(见《说文·辵部》)。作为军帅义是“衛”之借，“衛，将衛也”(见《说文·行部》)。但既然经传皆以“帅”为之，今人当可径以将帅义作为“帅”之基本义。《广韵·去至》:“帅，将帅也。”将帅起于春秋战国时期，但帅统领多少，并无明确规定，与今之帅称不同。《左传·宣公十二年》:“命为军帅。”孔颖达疏：“军帅，军之主帅。”《国语·齐语》:“五乡一帅，故万人为一军，五乡之帅帅之。”韦昭注：“乡帅，卿也。万人为军，齐制也。周则万二千五百人为军。帅，长也。”其实“帅”未必是卿，也可以是大夫。周制基于五百人为师，“师帅”为中大夫；五百人为旅，“旅帅”为下大夫(见《周礼·夏官·司马》)。“帅”也可指邑大夫，即地方首领。《左传·文公十六年》:“宋昭公将田孟诸，未至，夫人王姬使帅甸攻而杀之。”孔颖达疏：“帅甸者，甸地之帅，当是公邑之大夫也。”(“公邑”，指诸侯郊外直属的领邑。)《国语·齐语》:“十邑为卒，卒有卒帅；十卒为乡，乡有乡帅；三乡为县，县有县帅。”因此，“帅”者，上古泛称统率一定数量士兵或民众，由卿、大夫充任的首领。后世“帅”也没有发展为军事将领的专称。一般“将”不称“帅”，唐代产生的“元帅”也多作尊称。用指地方上封邑的首领，也是泛称，且多与他词同义连用，如文首举《后汉书·光武帝纪下》句，与“魁”同义连用，指地方首领。

参考文献

[1] 本书编写组:《中国军事史》第三卷《兵制》，解放军出版社，1987年10月。
[2] 周正舒等:《古代军旅常识》，军事科学出版社，1991年2月。

19. 英·俊(儁、隽)·杰(桀)·髦·彦

才智超群之士有多称。“英”者，有绝美的气度、声誉。“俊”者，有超美的才能、内质。“杰”者，有突出的某个方面，无论美恶。“彦”者，才智超众又被人们称扬的美士。四者超凡程度是：英 > 彦 > 俊 > 杰。“髦”者，喻称，一般与他词连用，超凡程度取决于连用词。

【同义】

均指才智超群者。《史记·淮阴侯列传》：“异姓并起，英俊乌集。”《文选·刘孝标〈辨命论〉》：“昔之玉质金相，英髦秀达，皆摈斥于当年。”李善注引毛苌曰：“髦，俊也。”《书·太甲上》：“旁求俊彦，启迪后人。”《孟子·公孙丑上》：“尊贤使能，俊杰在位。”赵岐注：“俊，美才出众者也。”明章懋《谢恩疏》：“宜求硕儒，以造就俊髦。”《礼记·月令》：“（孟秋之月）选士厉兵，简练俊桀。”《汉书·叙传下》：“髦俊并作。”《晋书·温羡传》：“衣冠斯盛，英彦如林。”“英俊”、“英彦”等皆同义连用，指才智超群者。

【辨释】

“英”本义是花。《诗·郑风·有女同车》：“有女同车，颜如舜英。”毛传：“英犹华也。”《楚辞·离骚》：“朝饮木兰之坠露兮，夕餐秋菊之落英。”王逸注：“英，华也。”晋陶潜《桃花源记》：“芳草鲜美，落英缤纷。”引申指超群之人，其特征是有绝美之气度、声誉。《广雅·释诂一上》：“英，美也。”《诗·魏风·汾沮洳》：“彼其之子，美无度……彼其之子，美如英。”“英”是“无度”之美。《礼记·礼运》：“大道之行也，与三代之英，丘未之逮也。”郑玄注：“英，俊选之尤者。”《文选·孔稚珪〈北山移文〉》：“张英风于海甸，驰妙誉于浙右。”张铣注：“英风、妙誉，皆美声也。”唐李白《赠张相镐》诗之二：“英烈遗厥孙，百代神犹王。”“英烈”，有突出才德而功业卓著者之美称。盖“英”本义既然是花，花是草木之美发于内而形于外，必寓于人目而显其美，于是，“英”当可指气度、声誉之最美者。

“俊”从人夋声。夋声有高义。“陖”是高峭，“峻”是高山，“骏”是高的良马。“俊”也有高义。“俊”或作“儁”，一字异体。《左传·庄公十一年》：“得儁曰克。”陆德明释文：“本或作俊。”《汉书·陈汤传》：“枭俊禽敌之臣，独有一陈汤耳。”颜师古注引上《左传》句作“俊”。“儁”从人、隽。《说文·隹部》：“隽，鸟肥也，从弓隹，弓所以射隹。”其字从弓、隹，会意。肥是动物在人的观念中的美态，则“隽”引申指人，也可有美意，多指人的内质之美。因此，“俊”字表现出高、美的特征，多指人的才能、内质超出众人。《礼记·王制》：“司徒论选士之秀者而升之学，曰俊士。”此专称。《荀子·大略》：“天下，国有俊士，世有贤人。”此泛称。《左传·宣

公十五年》："鄐舒有三隽才。"杜预注："隽，绝异也。"以上皆侧重高意。《书・尧典》："克明俊德，以亲九族。""俊德"，美德。《汉书・韦玄成传》："茅土之继，在我俊兄。""俊兄"，美兄。他如"俊道"、"俊俏"、"俊迈"等，皆侧重美意。

"杰(傑)"只重在高。《说文・人部》："傑，傲也，材过万人也。""傑"字从桀，或作桀。"桀"是小木桩。《诗・王风・君子于役》："鸡栖于桀，日之夕矣。"毛传："鸡栖于杙为桀。"引申为高特义。《诗・卫风・伯兮》："伯兮朅兮，邦之桀兮。""朅"，武貌。毛传："桀，特立也。"郑玄笺："桀，英桀，言贤也。"孔颖达疏："朅为武貌，则杰为有德，故云英杰，杰亦特立，与传一也。"此疏语将"桀、傑"为古今字的关系、"杰"的高特义由来明，则可知凡物之特异出众者皆得称"杰、桀"。《水经注・河水二》："河北有层山，……山峰之上立石数百丈，亭亭桀竖，竞势争高。""桀竖"，指山峰的突出、耸立。《诗・周颂・载芟》："驿驿其达，有厌其杰。""厌"，苗长茂盛之貌。"杰"，指早长而特出的禾苗。唐韩愈《记梦》诗："隆楼杰阁磊嵬高。"指建筑物。指人，当也侧重于"高"，指某一方面高于一般人者。《史记・高祖本纪》："此三人者，皆人杰也，吾能用之，此吾所以取天下也。"三杰，指张良、萧何、韩信三人。此指才能出众。《荀子・非相》："古者桀纣长巨姣美，天下之杰也。"此指相貌出众。甚至可指恶劣出众者。《史记・货殖列传》："桀黠奴，人之所患也。"《北史・韩褒传》："乃悉召杰黠少年素为乡里患者，置为主帅。"南朝宋刘义庆《世说新语・任诞》"祖车骑过江时"刘孝标注引《晋阳秋》曰："逖性通济，不拘小节，又宾从多是桀黠勇士。""桀黠"、"杰黠"同，指狡诈出众。

由此可见，"俊"、"杰"之异：一、"俊"侧重高、美意，"杰(桀)"只是高出意；二、"俊"用于人，全是褒义，而"杰"用于人可褒、可贬(如称桀纣为"杰")、可中性。因此，只有在指人、含有褒义且侧重高于众人之意时，二字或可通用。如上举"俊"字之"俊士"、"隽才"，可易为"杰"，而"俊德"、"俊兄"、"俊逸"、"俊俏"等美意者，皆不可易为"杰"，"杰(桀)"字诸例则多不可易作"俊"。而"俊、杰"之褒称才智出众之例，又均不可易作"英"，若作"英"，似肆意"拔高"。显然二字程度皆低于"英"。

"髦"是毛之长者。可指动物鬃毛，指幼儿下垂至眉的头发，又可喻指超凡出众之人。《尔雅・释言》："髦，俊也。"郭璞注："士中之俊，如毛中之髦。"因取喻义，无固定的义界。《后汉书・孝顺帝纪赞》："孝顺初立，时髦允集。""时髦"犹时贤，义较浑泛，一般要与其他同义、近义词连用，其义则随所连用之词而定。如文首举《汉书・叙传下》"髦俊并作"，谓贤俊非凡之人同时涌现。此"髦"义近"俊"，高美意。唐元载《冀国公赠太尉裴冕碑》："帝念髦硕，二登辅冀。"(《文苑英华》卷八八五)指大贤，义近"硕"。

"彦"，《说文・彣部》训"美士有文，人所言也。从彣厂声。"按，"彦、言"声训。《尔雅・释训》："美士为彦。"郝懿行义疏引《诗・郑风・羔裘》正义曰："国有美士，为人所言道。"然则"彦"即为人所称扬的斐斐美士之称。《诗・郑风・羔裘》："彼其之子，邦之彦兮。"毛传："彦，士之美称。"《三国志・魏志・徐胡二王传评》："可谓国之良臣，时之彦士矣。""彦"与"俊"义最近，唯作士之美称，故常与"俊"同义连用，例见文首引。所不同者"俊"较"彦"所指、所用广

（见上）；“彦”之称，侧重于为人们所称扬而显其才德之美，若才智超众有美称而不为人所熟知，也不可称“彦”，如《礼记·王制》的“俊士”、《荀子·大略》的“国之俊士”，因其人未必是人所知而广为称扬之徒，故皆不可称为“彦士”。特别《王制》之“俊士”，更与“彦士”大迥。再者，“彦”只作美士之称，无其他引申义，故一般只可单用，作“彦士”、“时彦”之类，构成偏正词组。总之，“彦”所指、所用范围皆小于“俊”。

20. 女乐·伎(妓、技)·倡(娼)·优·俳·伶(泠)〇伶官

艺人有多种名称。"女乐",乐伎古称。至魏晋称"伎"。伎有家伎、官伎、宫伎、营伎,魏晋后十分盛行。魏晋时别出"倡",歌唱为主的男女艺人,后多是女性。"优",一般是矮小、丑陋的男子,以口、面、体的戏谑活动博取主子欢心,其中也有以戏谑谏君的正直艺人。"俳",优人中尤善戏谑者。"伶",乐师,掌管伶人的乐官称"伶官"。

【同义】

均指歌舞艺人。《史记·滑稽列传》:"优旃者,秦倡朱儒也。"("旃",人名。"朱儒",即侏儒。)《荀子·王霸》:"俳优、侏儒,妇女之请谒以悖之。"杨倞注:"俳忧,倡优。"《史记·范雎蔡泽列传》:"吾闻楚之铁剑利而倡优拙。"《汉书·霍光传》:"击鼓歌吹作俳倡。"《东方朔传》:"作俳优,舞郑女。"《三国志·吴志·孙和传》:"比七日三祭,倡技昼夜娱乐。"段安节《乐府杂录序》:"重翻曲调,全袪淫绮之音;复采优伶,尤尽滑稽之妙。""俳倡"、"俳优"、"倡优"、"倡技"、"优伶"皆同义连用,泛指歌舞艺人。"女乐"也指歌舞艺人(详下)。

【辨释】

"女乐",是乐伎的古称,主要指宫伎。据说始于夏桀时。《管子·轻重甲》:"昔者桀之时,女乐三万人。"春秋时晋献公送虢公"女乐二八以荣(荧)其意,而乱其政"(《韩非子·内储说下》)。郑为保全自己而赂晋侯"女乐"(《左传·襄公十一年》)。《论语·微子》:"齐人归女乐,季桓子受之,三日不朝,孔子行。"("归",馈。)《国语·越语下》:"玩好女乐,尊之以名。"《墨子·节葬下》:"舆马女乐皆具。"《后汉书·马融传》:"常坐高堂,施绛纱帐,前授生徒,后列女乐。"《汉书·礼乐志》:"是时,郑声尤甚……贵戚五侯定陵、富平外戚之家淫侈过度,至与人主争女乐。"汉后或也承古而用此称。《隋书·儒林传·房晖远》:"高祖尝谓群臣曰:'自古天子有女乐乎?'"《旧唐书·顺宗本纪》:"又出掖庭教坊女乐六百人于九仙门。"即指宫伎。女乐,从《楚辞·招魂》可见其能歌善舞、貌美盛饰之一斑:"肴羞未通,女乐罗些。陈钟按鼓,造新歌些。《涉江》《采菱》,发《扬荷》些。……二八齐容,起郑舞些。衽若交竿,抚案下些。竽瑟狂会,搷鸣鼓些。宫庭震惊,发《激楚》些。吴歈蔡讴,奏大吕些。"因此,女乐在古代政治斗争中常作为腐蚀对方的工具。然而其地位十分低下,命运十分悲惨。1976 年在河南安阳武官村发掘商代大墓,清理出杀祭人牲 1200 多具。墓中随葬品有乐磬、舞具小铜戈等,附近有年轻女性尸骨 24 具,可能即是殉葬的女乐。湖北战国曾侯乙墓,有 21 个殉葬者,全是女

性青少年。墓中随葬有一套(64 件)编钟和其他精美的乐器,可见殉葬人中必有女乐。

"伎"或作"妓"、"技"。《说文·女部》:"妓,妇人小物也。"段玉裁注:"今俗用为女伎之字。"按,从《说文》训释看,西汉尚无乐伎之称,故说解与乐伎了不相涉。"伎(妓)"之称,当始于东汉家伎之风。《后汉书·章帝八王传·千乘贞王伉》:"伎女二十四人,皆死狱中。"《梁冀传》:"因行道路,发取妓(伎)女御者,而使人复乘埶(势)横暴,妻略妇女,殴击吏卒。"由上可知,起于东汉的蓄养家伎之风,当从魏晋起日益兴盛,因而流行了"伎"之称。

"伎"的特点,从其异构可见。伎者,技也,以其有歌舞技艺而名,如文首引《三国志·吴志·孙和传》"倡技"句。伎也有男性,如《隋书·音乐志》记天竺曾经四译而献男伎。但大都为女子,故别作"妓"。伎是女乐在汉以后的发展。女乐带有宫廷色彩,而伎多为私蓄;又以伎乃私蓄,故献艺并献身,其地位在婢妾之间,往往"妓妾"连言。《北史·高聪传》:"唯以声色自娱……有妓十余人,有子无子,皆注籍为妾以悦其情。"此为悦其情,将家伎升格为"妾",更为显例。唯此,伎者无论才艺多高,不过是王公贵族、达贵富人的一笔家产,其遭遇与奴婢无异。

至唐五代时,乐伎种类更多,除了豪门贵族私蓄的家伎,还有专为官吏服务的"官伎",为军官服务的"营伎",为宫内服务的"宫伎"。后数种虽前代已发其端,但至唐宋更盛。唐玄宗朝,除在蓬莱宫设"内教坊",还于长安、洛阳设左右教坊。宫中又建"梨园",从"坐部伎"中挑选三百伎人专门训练。此类为"宫伎"。《开元天宝遗事》曰:"明皇与贵妃,每至酒酣,使妃子统宫妓百余人,帝统小中贵百余人……攻击相斗,败者罚之,巨觥以戏笑。"公孙大娘、迎娘、蛮儿等均是有名的梨园弟子,即宫伎。宫伎供皇帝一人享乐。官伎、营伎则专供地方官或武官取乐。营伎,隶属各藩镇,不得外住。唐范摅《云溪友议》言杜慥、韦任符"二公皆长年务求释道,乐营子女,厚给衣粮,任其外住"。可见一般不得外住。若脱籍,必经节度使许可。节度使可随意召部内乐妓以博娱乐。官伎更普遍。唐代重科举,尤重进士。而一旦及第,便于慈恩寺塔题名,举行曲江盛会。此时便挟伎游宴。京中诸伎籍属教坊,而多居平康坊。"京都侠少萃集于此,兼每年新进士以红笺名纸游谒其中。时人谓此坊为风流薮泽"(《开元天宝遗事》)。平时,官吏还可凭重财自由转移乐籍女伎,以博私欢。家伎一般是主人用钱财购得,经训练而成。白居易所养的家伎有名者如善唱的樊素、精舞的小蛮(白居易诗"樱桃樊素口,杨柳小蛮腰"),还有红绡、紫绡等。唐人狎伎、养伎与后世不同:重歌舞乐技,其次才是姿色,故许多伎女不仅能歌善舞,还颇有文化素养,常在贵族文人宴会中表演歌舞、佐酒酬对。不少能写诗解诗,薛涛、关盼盼、王苏苏等均有诗作传世。上述乐伎盛况见于许多诗文作品,也见于陶俑、绘画、敦煌石窟和墓葬壁画。四川成都天迴山东汉墓出土的击鼓陶俑,其手舞足蹈、喜笑颜开、振亢演唱之身姿,塑造得栩栩如生,妙趣横生。陕西三原唐李寿墓出土唐代立部、坐部乐伎图,吹奏、弹拨、打击各类乐器甚多。五代顾闳中《韩熙载夜宴图》,其中有女伎弹琵琶、舞《绿腰》的场面,即为达贵收养家伎的生动写照。唐五代以后各代仍有官伎、营伎、家伎。直到清代康熙年间,才裁革京师教坊女伎,取消了官伎制。但一些开放的大城市,如广州、上海、南京等地以色相卖身为主的私营娼妓日益繁盛，虽然也以歌舞娱人，但其性质已与古代的女伎大相径庭。

东汉击鼓说唱陶俑
（四川天迴山崖墓）

《说文·人部》："倡，乐也。"段玉裁注："以其戏言之，谓之俳；以其乐言之，谓之倡，或谓之优，其实一物也。"虽为一物，但各有侧重。上古秦汉之"乐"一般泛指音乐。"倡"用于音乐，本为"唱"。"唱"，领唱。《荀子·乐论》："唱和有应。"《礼记·乐记》："壹倡而三叹。"郑玄注："倡，发歌句也。"故"倡"者，是以歌唱为主的艺人。其称也始见于汉以后，盖也是女乐所分化而出。《后汉书·梁冀传》："游观第内，多从倡伎，鸣钟吹管，酣讴竟路。"南朝梁元帝《荡妇秋思赋》："荡子之别十年，倡妇之属自怜。"唐卢照邻《长安古意》诗："倡家日暮紫罗裙，清歌一啭啭氛氲。"（"氛氲"，盛貌。）《新唐书·韦坚传》："倡人数百……齐声应和。"但倡人也可兼俳优之戏谑，乐伎之舞术。《三国志·蜀志·许慈传》："慈潜更相克伐……先主愍其若斯，群僚大会，使倡家假为二子之容，效其讼阋之状，酒酣乐作，以为嬉戏。"《新唐书·文艺传中·张旭》："观倡公孙舞《剑器》。"倡者，男女皆有。一般是由战争的俘虏充当或犯罪处罚为倡。前辈为倡，称"故倡"。《史记·赵世家赞》："赵王迁，其母倡也。"《汉书·佞幸传·李延年》："李延年……身及父母兄弟皆故倡也。""倡"后起字作"娼"，唐始多见。白居易《与元九书》："又闻有军使高霞寓者，欲聘娼妓。"赵璘《因话录》："陈娇如京师名娼。"可见唐代之倡都已是女性，遂成为近代娼妓之发端。

"优"繁体"優"（后皆从简），论者颇歧。或以为即倡，如上引段氏说；或以为同俳；或作为杂戏艺人；或作为滑稽善谐的谏臣。之所以不能"定于一"，盖与普遍忽视"优"之训诂有关。今按，《说文·人部》"优"训作："饶也，从人憂声。一曰倡也。"其本义与艺人之称无涉，别义"倡也"则是浑训。而所以有此别义，乃缘假借。盖憂声通柔声。《史记·夏本纪》："扰而毅。"裴骃集解引徐广曰："扰，一作柔。"《国语·楚语下》："民神杂糅。""糅"，《史记·律书》、《汉书·郊祀志》并作"优"。则"优"也可通"柔"。唯此，二字义近。《说文·人部》："儒，柔也。"郑氏《礼记目录》云："儒之言优也，柔也。"杜预《春秋经传集解序》："优而柔之，使自求之。"孔颖达疏："优柔俱训为安。"今成语有"优柔寡断"，"优柔"乃同义连用。而"柔"本是"木曲直也"（《说文·木部》），上古用于诸事物。故秦后移用于人，遂出"优"字。优者，从人憂声，声兼义，犹云柔人，即口柔、面柔、体柔之人。《尔雅·释训》："蘧篨，口柔也。"《诗·邶风·新台》"籧篨不鲜"郑玄笺："籧篨，口柔，常观人颜色而为之辞。"《释训》："戚施，面柔也。"面柔者，"和颜悦色以诱人"（陆德明《尔雅释文》）。《释训》："夸毗，体柔也。"郭璞注："屈己卑身以柔顺人也。""蘧篨"又作"侏儒"。《国语·郑语》："侏儒、戚施，实御在侧。"朱起凤《辞通》卷三"籧篨"按："（蘧篨）《国语》叚作侏儒，音之近也。"戚施、面柔者，俯而不能仰（见郭璞注）。而夸毗、体柔者似之。郝懿行曰："夸，胯也。毗，脐也。体柔之人其足便辟，其躬卑屈前俛为恭，故曰夸毗。"由上可见，"蘧篨"等均指矮小、驼背等形丑之人，一般是男子，其作用是以自己“口、面、体”的戏谑活动悦媚主子，所谓“优以乐人”（王国维《宋元戏曲考》语）。优有几种类型。今人任半塘《唐戏弄》将“优”分为“优谏”、“优笑”、“优戏”三类。“谏”若改为“言”（见下），则更确切。盖“优言”者，即“口柔”，以种种谐趣之话语博取主子欢心。此是“辞佞”，自然大都仅谐趣而已。《三国志·魏志》卷二一注引《吴质别传》记吴质一次酒宴，“酒酣，质欲尽饮。时上将军曹真性肥，中领军朱铄性瘦，质召优，使说肥瘦”，即为一例。今史书中寥少的“优”录以优谏居多，此“无非是为彰扬封建统治阶级的‘圣明贤达，从谏如流’”（《相声溯源》，143 页）而特意选录之故，不可作为优言的主要活动，更不能扩大而论为优的性质。但此类优言活动确乎最可重视。彼之讥讽时弊或规正君主的某些错误。通过优人将错误引申归谬，或双关以推衍，反能使君主幡然省悟。故任半塘曰：“优人以优谏匡正昏暴，乃聪明正直、舍生取义、轰轰烈人！”（《优语集·弁言》）《史记·滑稽列传》载优孟劝说楚庄王葬马之事即为生动一例。楚庄王爱马死，竟令群臣为之服丧，并将以大夫礼行葬。左右诤谏不纳，并令告再谏者死。优孟遂谏，先入门大哭。庄王怪而问。优孟曰：“马者王之所爱也，以楚国堂堂之大，何求不得，而以大夫礼葬之？请以人君礼葬之。”楚庄王遂悟而悔。此可见优人对君主有独特的诤谏作用。“优笑”者，即“面柔”。以面部种种表情变化，尤其笑态，博取主子欢心。《国语·齐语》记管子对齐桓公问而曰：“优笑在前，贤材在后，是以国家不日引，不月长。”上举优孟，“常以谈笑讽谏”（《史记·滑稽列传》），谏而离不开笑。“优戏”者，即是“体柔”，以身体的动作表演博取主子欢心。著名的春秋夹谷之会，“罢会，齐人使优施舞于鲁君之幕下”（《穀梁传·定公十年》）。可见优人之能舞。《左传·襄公二十八年》曰：“陈氏、鲍氏之圉人为优……士皆释甲束马而饮酒，且观优，至于鱼里。”（“鱼里”，里名。）可被“观”者，当包括体态表演。优之所以选取体态丑陋者，本就为有助于表演戏谑之效。以上三优，乃相对侧重，实互相渗透。从中可见，旨在“乐人”之优，类于后世戏曲之丑角，但却是单独的表现；能唱会舞，但以戏谑为手段与目的。一般戏曲史家往往以上古优的活动，作为中国戏剧的源头，而侯宝林等以为优与说唱艺术更有渊源关系，是今相声的源头。后说似更为恰当。

优人起于先秦，一般在宫廷内供君王后妃取乐，后世优人不限于宫内，且有女优，而戏谑为业则同。《旧唐书·王琚传》：“谈谐嘲咏，堪与优人比肩。”《新唐书·郝处俊传》：“俳儿优子，言辞无度，争胜相讥诮，非所以导仁义、示雍和也。”《琅琊代醉编·优人》：“咸通中，优人李可及，滑稽谐戏，独出辈流，虽不能托谕，然巧智敏捷，亦不可多得。”任半塘采历代优语355 条成《优语集》，可一睹历代优人之特点。然优人谑谏不以君主好恶为是，风险最大，故备受迫害，遭遇比其他艺人更惨。自孔丘借口优伎笑语而腰斩齐优人起，迄袁世凯借口优人鼓动革命而砍王钟声头，优人所遭残害，“论其手段，则有杖、鞭、黥、逐、配、流、杀，甚至腰斩；特殊者尚有凿齿、系厕、捺头水底，多人淫污，构陷入狱等”（《优语集·并言》），其境遇惨烈，令人扼腕。

《说文·人部》：“俳，戏也。”《汉书·枚乘传》：“恢笑类俳倡。”颜师古注：“俳，杂戏也。”

《汉书·景十三王传·广川惠王刘越》:“令倡俳赢戏坐中以为乐。”颜师古注:“倡,乐人也。俳,杂戏者也。”《急就篇》卷三:“倡优俳笑观倚庭。”颜师古注:“俳,谓优之亵狎者也。”《史记·黥布列传》:“人有闻者,共俳笑之。”司马贞索隐:“谓众共以俳优辈笑之。”然则俳者是优人中尤善戏谑者。此特点全可包含于“优”,故“俳”较少单用,常与“优”“倡”等连用,如文首引例。

“伶”或作“泠”,出现较早,专指乐师。传说黄帝时有乐师名泠伦。“泠”后作“伶”。《吕氏春秋·古乐》:“昔黄帝令伶伦为律。”后遂以“伶”指称乐师。《左传·成公九年》:“问其族,对曰:‘泠人也。’……使与之琴,操南音。”杜预注:“泠人,乐官。”《国语·周语下》:“问之伶州鸠。”韦昭注:“伶,司乐官。”《诗·邶风·简兮序》:“卫之贤者仕于伶官,皆可以承事王者也。”郑玄笺:“伶氏,世掌乐官而善焉,故后世多号乐官为伶官。”《后汉书·马融传》:“然犹咏歌于伶萧……岂不哀哉!”《晋书·隐逸传·戴逵》:“逵对使者破琴曰:‘戴安道不为王门伶人!’”“伶”后世有时也可指称优人、百戏艺人。宋郑文宝《江表志》:“伶人戏作绿衣大面正立若鬼神状。”《全唐文》卷九八五引阙名《对盗瓜判》,称“伶人”洪厓盗瓜为擒,遂作术,化瓜弥田,因而赦放;而厓去瓜灭。判称:“幻人为幻,幻已去而无瓜。”此伶人竟为百戏之幻术。伶人之掌司者称“伶官”,上引《诗·邶风·简兮序》已有“伶官”一词。在唐代一般所称“伶官”,乃指伶人之见授品级章服者。《旧唐书·文宗纪下》:“(开成三年),改法曲为仙韶曲,仍以伶官所处为仙韶院。”又《宦官传·李辅国》:“肃宗自夹城中起居,上皇时,召伶官奏乐。”

参考文献

[1] 随县擂鼓墩一号墓考古发掘队:《湖北随县曾侯乙墓发掘简报》,《文物》1979 年第 7 期。
[2] 刘志远:《成都天迴山崖墓清理记》,《考古学报》1958 年第 1 期。
[3] 任半塘:《唐戏弄》,上海古籍出版社,1984 年 10 月。
[4] 王书奴:《中国娼妓史》,上海三联书店,1988 年 2 月。
[5] 任半塘:《优语集》,上海文艺出版社,1981 年 1 月。
[6] 董每戡:《说女演员》,载《说剧》,人民文学出版社,1983 年 1 月。
[7] 彭松:《中国舞蹈》(秦汉魏晋南北朝部分),文化艺术出版社,1984 年 6 月。
[8] 侯宝林等:《相声溯源》,人民文学出版社,1982 年 5 月。
[9] 王克芬:《中国舞蹈发展史》,上海人民出版讠,1989 年 10 月。
[10] 倪钟之:《中国曲艺史》,春风文艺出版社,1992 年 3 月。

21. 奴·婢·臧·获·虏·臣·妾·隶·仆·奚(傒)·童(僮)

奴隶。"奴",总称,特指男奴。"婢",女奴通称。"臧",与女奴婚配的男奴,也称其子女。"获",方言中婢女鄙称。"虏",生产奴隶。"臣",本指征来服役的奴隶;周秦文献中多作喻称,或作奴隶泛称。"妾",本指专供奴隶主享乐的女奴,文献中作奴隶泛称。"隶",官府中的差役奴隶。"仆",侍从主子的奴仆。"奚",上古女奴,后也指有才智的小奴。"童",秦以后男性家奴通称。

【同义】

均指奴仆。《说文·毌部》:"虏,获也。"《周礼·春官·叙官》"奚四人"郑玄注:"奚,女奴也。"《汉书·司马迁传》:"且夫臧获婢妾犹能引决。"颜师古注引晋灼曰:"臧获,败敌所获为奴隶者。"《史记·李斯列传》:"故韩子曰'慈母有败子而严家无格虏'者,何也?"司马贞索隐:"虏,奴隶也。"《周礼·秋官·禁暴氏》:"凡奚隶聚而出入者,则司牧之。"汉王充《论衡·幸偶》:"贵至封侯,贱至奴仆,非天禀施有左右也。"《史记·伍子胥列传》:"求委国为臣妾。"《李斯列传》:"臣虏之劳,不烈于此矣。"《书·微子》:"我罔为臣仆。"《汉书·董贤传》:"下至贤家僮仆皆受上赐。""臧获"、"婢妾"、"奚隶"、"奴隶"、"奴仆"、"臣妾"、"臣虏"、"臣仆""僮仆"皆同义连用,泛指奴仆。

【辨释】

古代,尤其是奴隶社会的奴隶有三种:一、家内奴隶,专为奴隶主料理日常生活,直接侍奉主人;二、手工业奴隶;三、农业奴隶。奴隶的来源主要有二:一是作战取胜所获俘虏,二是罪犯及其家属没入官府者。自从战国进入封建社会,随着奴隶制的崩溃,大量的奴隶也为农奴或农民所代替,但奴隶制度的残余——奴婢制度,仍在封建社会中长期存在。皇帝、地主、富商,以及朝廷都占有不同数量的奴婢。奴婢分为官奴婢和私奴婢两种。前者主要为各级官府劳作,后者则相当于奴隶社会的家内奴隶,是为主子料理家务和供他们满足各种奢侈享乐需要。封建社会中奴婢的主要来源是通过籍没罪犯家属和买卖(贫者自卖和富者倚势掠卖)。奴婢在全社会中地位最低下,在历代封建刑律中都有对待奴隶的极不平等的规定,他们动辄得咎,小罪重判,常会惨遭绞、斩、凌迟等极刑。

《说文·女部》:"奴,奴婢,皆古之辠人也。《周礼》曰:'其奴,男子入于辠隶,女子入于舂稾。'"所引见于《周礼·秋官·司厉》。郑玄注:"奴,从坐而没入其县官者,男女同名。"故"奴"是奴隶的总称。其字当从又女声,"又",是手所以执事(《说文通训定声·豫部》"奴"

字)。《史记·卫将军骠骑列传》:"先母之子,皆奴畜之。"《汉书·陈胜传》:"秦令少府章邯免骊山徒,人奴产子。"颜师古注:"奴产子,犹今人云家生奴也。"《史记·季布栾布列传》:"而布(栾布)为人所掠卖,为奴于燕。"

《说文·女部》:"婢,女之卑者也。从女、卑,卑亦声。"以其为奴,故为卑下。"婢"是女奴的通称。《礼记·内则》:"父母有婢子。"郑玄注:"所通贱人之子。"《汉书·刑法志》:"(缇萦)上书,曰:'妾愿没入为官婢,以赎父刑罪,使得自新。'"《北史·后妃传下·冯淑妃》:"冯淑妃,名小伶,大穆后从婢也。""奴、婢"相对,则"奴"指男奴,"婢"指女奴。南朝宋刘义庆《世说新语·德行》:"王平北闻其佳名,以两婢饷之……奴价倍婢。"宋朱翌《猗觉寮杂记》卷下:"男曰奴,女曰婢,故耕当问奴,织当问婢。"二者常同义连用。《汉书·高帝纪下》:"民以饥饿自卖为人奴婢者,皆免为庶人。"《三国志·魏志·毛玠传》:"汉律:罪人妻、子没为奴婢,黥面。"

《说文·臣部》:"臧,善也。从臣戕声。"按,其字甲骨文作"戕"。《菁八》:"王固曰,其隻(获),其隹丙戕,其隹乙戕。"谓应有所获物,丙日与乙日皆善。后来戕字加爿声,遂成"臧"(参《甲骨文字释林·释戕》)。在书面文献中,"臧"指与女奴发生性关系的男奴。《方言》第三:"燕之北鄙,凡民男而婿婢谓之臧。"《汉书·何并传》:"先是林卿杀婢婿埋冢舍。"颜师古注:"婢婿,外人与其婢奸者也。"即任何民男与婢所生之子也称"臧"。《庄子·骈拇》:"臧与穀二人相与牧羊,而俱亡其羊。"陆德明释文引张揖曰:"婿婢之子谓之臧。"《方言》第三钱绎笺疏引韦昭曰:"奴以羌人为妻,生子曰臧。"羌指西北地区一部族,商人常抓获以杀戮、供祭,其生子也必贱。但文献中径称"臧"者十分罕见,一般要与"获"连用。"获"是方言中婢女的鄙称。《方言》第三:"荆、淮、海、岱、杂齐之间……骂婢曰获。""臧获,奴婢贱称也。"《荀子·王霸》:"如是,虽臧获不肯与天子易埶(势)业。"杨倞注:"臧获,奴婢也。……皆谓有罪为奴婢者。"《史记·鲁仲连邹阳列传》:"臧获且羞与之同名矣。""臧获",泛称贱奴婢。

《说文·毌部》:"虏,获也,从毌、从力,虍声。"唐玄应《一切经音义》卷十五:"虏,获取也,服也,战而俘获也,虏掠夺取物也。"盖俘获者必索而系缚之,故从毌("贯"之初文)。《诗·大雅·常武》:"仍执丑虏。"孔颖达疏:"虏者,囚系之名。"奴隶社会中,生产奴隶的主要来源是战俘,故"虏"多指生产奴隶。《韩非子·说难》:"伊尹为宰,百里奚为虏,皆所以干其上也。"《五蠹》:"身执耒臿以为民先,……虽臣虏之劳,不苦于此矣。"《战国策·赵策三》:"权使其士,虏使其民,彼则肆然而为帝。"鲍彪注:"视民如所虏获。"虏整日整年在野外劳作,生活最苦,地位最下。

"臣",在甲骨文中不都指奴隶,凡"小臣、小众人臣"等均作职官之称,指管理各级部门事务的官吏。"臣、多臣、王臣"等才是奴隶之称。今人于省吾曰:"甲骨文臣字的用法有两种:一、臣谓奴隶,如'昊弗其氐(致)王臣'(《藏一、一》),王臣指王室奴隶言之,……二、臣谓臣僚。甲骨文言小臣或小臣某者习见,均指臣僚言之。西周金文以田若干田和臣若干家作为赏赐品者习见,则臣已为有家属的奴隶。……至于西周金文以臣为臣僚也是常见的。"(《甲骨文字释林·释臣》)奴臣的来源,旧说来自战俘。《礼记·少仪》:"臣则左之。"郑玄注:"臣谓囚俘。”孔颖达疏：“（臣）谓征伐所获民虏者也。”今人也多从之。郭沫若谓“‘臣’字象一竖目之形，人俯首则目竖，所以‘象屈服之形’者，殆以此也”（《甲骨文字研究·释臣宰》）。但据近时有些学者认为，甲金文所载录的事实考察，则知臣并非通过战争“隻（获）”来，而是“供”来，犹如“供牛”、“供羊”、“供马”之类。供，征集之意。金文常见“臣十家”、“臣五家”之载录。盖征集的对象是农村中的自由劳动者，即“众”、“众人”。“根据这些情况分析，‘臣’可能是从‘众’中征集而来的。‘众人’，平时种田，战时当兵，被征集为‘臣’以后，则脱离农业生产，专为王室、贵族服役，从事狩猎、征伐或其他家内劳动。受到奴隶主赏识的臣，可提拔为管理奴隶的小头子或下级官吏”（《夏商史稿》504 页）。于是“臣”又产生臣僚义。在周秦以来的书面文献中，“臣”已主要作臣僚之用，故作为奴隶泛称，要与他词连用。《书·费誓》：“臣妾逋逃，勿敢越逐。”孔传：“役人贱者，男曰臣，女曰妾。”谓离开队伍追逐逃出的臣妾、牛马。孔传将臣妾与牛马并提，可见二者地位相当。他如《易·遯·九三》：“畜养臣妾。”《诗·小雅·正月》：“民之无辜，并其臣仆。”孔颖达疏：“‘并其臣仆’谓其私家之臣。”《史记·吴太伯世家》：“（越王）使大夫种因吴太宰嚭而行成，请委国为臣妾。”（“行成”，求和。）均指家内奴隶。另外，其臣奴义还多作喻称之用。《史记·苏秦列传》：“今乃西面交臂而臣事秦。”《汉书·西域传上·康居国》：“合不能相亲信，离不能相臣役。”《汉书·地理志一下》：“夫差立，勾践乘胜复伐吴，吴大破之，栖会稽，臣服请平。”诸“臣”皆做状语，谓“像臣虏”。宋胡铨《戊戌上高宗封事》：“今者无故诱致敌虏使，以诏谕江南为名，是欲臣妾我也，是欲刘豫我也！”后两句谓舍人欲使南宋为其奴虏，欲使我南宋像刘豫一样臣服金人。

“妾”在现有的甲骨卜辞中，既用作配偶的通称，地位同于“妻”、“母”等，又用作祭祀时用的人牺。从其字看，甲金文均是上为刑刀，下是女字，（《前四、二五、七》）、（《克鼎》），本为女俘。女俘除了做祭祀，就做女奴。《左传·僖公十七年》：“男为人臣，女为人妾。”上举“臣妾”连用诸例，也表明妾曾做女奴。但与一般女奴不同，是女奴中选出供奴隶主贵族享乐的工具，有的学者称为“床上奴隶”（姚孝遂《商代的俘虏》）。唯此，后世“妾”均为小妻之称。《说文·辛部》：“妾，有辠女子，给事之得接于君者，从辛、女。”段玉裁注：“辛女者，有罪之女也。”《释名·释亲属》：“妾，接也，以贱见接幸也。”《礼记·内则》：“聘则为妻，奔则为妾。”

“隶（隸）”，《说文·隸部》训“附着也”。按，当是“附着者”，即附着于朝廷、主人之人，也即奴隶。“隶”指有罪之人充当的官隶。隶大都从事朝廷的劳务、贱役。《国语·周语下》：“子孙为隶。”韦昭注：“隶，役也。”《仪礼·既夕礼》：“隶人涅厕。”郑玄注：“隶人，罪人，今人徒役作者也。”《左传·桓公二年》：“士有隶子弟。”杜预注：“士卑，自以其子弟为仆隶。”正唯是官隶，专从事某方面劳动，颇有技能。《左传·襄公二十三年》：“斐豹，隶也，著于丹书。”隶书，相传为秦始皇时隶役程邈在云阳狱中所作。

“仆”，繁体作“僕”。甲骨文作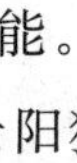（《後下二〇、一〇》），象头有“辛”，示有罪；尾饰毛，作兽状；左手捧畚箕，内有污物，表示有罪为奴者正从事卑贱劳动。其本义指随从、侍候主子的奴

仆，地位略高于一般奴婢。《说文·人部》："仆，给事者也。"《左传·昭公七年》："僚臣仆，仆臣台。""臣"，役使。"僚、仆、台"皆奴隶之级别。清俞正燮《癸巳类稿·仆臣台义》云："仆则三代奴戮，今罪人为奴矣。"《公羊传·襄公二十七年》："则是臣仆庶孽之事也。"何休注："仆，从者也。"特指为主人驾车者。《诗·小雅·正月》："屡顾尔仆。"郑玄笺："仆，将车者也。"《国语·晋语七》："魏绛斩其仆。"韦昭注："仆，御也。"

"奚"，后起字作"傒"、"媄"。其初文左为爪，即是手；上是绳索；下是人，表示用绳索拘系奴隶之形。近人高鸿缙曰："按此奚奴之奚，象爪牵人发而命事之形，字倚大、倚爪而画其发辫，由文夨(人)字生意，故为奚奴，名词，亦用为动词。后世或加人旁作傒，或加女旁作媄，意同。"(《字例》)高说是。故奚本义即为奴隶。而从奚得声之字多有小义。"鼷"，小鼠。"豯"，生三月之豚。"蹊"，小径。"奚"既有小义，故本当指女性奴隶。《周礼·春官·宗伯》："奚四人。"郑玄注："奚，女奴也。"文首引《秋官·禁暴氏》句郑玄解"奚"亦同。又专指有才智的小奴仆。《周礼·天官·冢宰》："酒人……奚三百人。"郑玄注："古者从坐男女没入县官为奴，其少才知以为奚，今之侍史官婢。"看来"奚"是上古女婢之称，地位高于一般的生产奴隶或家内奴隶。后世主要称"婢"，而"奚"或作为东北夷之称，方言作詈骂之词。《南史·胡谐之传》："柏年云胡谐之是何傒狗！"后偶用指小婢女。《新唐书·文艺传下·李贺》："每旦日出，与诸公游，恒从小奚奴，背古锦囊，遇所得，书投囊中。""奚"前冠"小"，更明。

"童"，亦作"僮"，为后起字。《说文·辛部》："童，男有罪曰奴，奴曰童，女曰妾。"甲骨文无"童"字，商周金文亦无。《毛公鼎》有"童"，乃假借作"动"。"童"是秦以后男奴的通称。《史记·货殖列传》："倾滇蜀之民，富至童千人。"《汉书·司马相如传上》："临邛多富人，卓王孙僮客八百人。"颜师古注："僮，谓奴。"《宋书·谢弘微传》称东晋尚书仆射谢混有"僮仆千人"。晋陶潜《归去来辞》："僮仆欢迎，稚子候门。"《隋书·杨素传》称隋宗室杨素"家僮数千，后庭伎妾曳绮罗者以千数"。或以为"僮"常指小奴，以上引陶文为证。按，此非指小奴，两句并非对句，"僮仆"乃同义连用。其他文献中也不见常指"小奴"。由上引例可见，童之为奴，均是私人家奴，范围小于"奴"，且有时地位高于一般奴婢，《汉书·司马相如传上》以"僮客"连称最为明显。

参考文献

[1] 于省吾：《甲骨文字释林》，中华书局，1979 年 6 月。
[2] 金景芳：《中国奴隶社会史》，上海人民出版社，1983 年 7 月。
[3] 赵光贤：《周代社会辨析》，人民出版社，1980 年 12 月。
[4] 孙淼：《夏商史稿》，文物出版社，1987 年 12 月。
[5] 赵锡元：《中国奴隶社会史述要》，吉林文史出版社，1986 年 3 月。
[6] 尚秉和：《历代社会风俗事物考》，上海文艺出版社影印，1989 年 6 月。

22. 俦(畴)·雠·仇(逑)·匹·偶(耦)

偶对义。“俦”，同一辈类二人以上成双的聚合。“雠”，两人相对，特指怨恨的人相对。“仇”，男女合称的配偶。“匹”，男女间紧密的偶合关系。“偶”，常用于事或物，后来口语中才用指人的配偶。

【同义】

《尔雅·释诂上》：“仇、雠，匹也。”郭璞注：“雠犹仇也。”《诗·秦风·无衣》：“脩我戈矛，与子同仇。”毛传：“仇，匹也。”孔颖达疏：“谓脩我戈矛，与子同为仇匹而往征之。”《左传·成公十一年》：“已不能庇其伉俪而亡之。”孔颖达疏：“伉俪者，言是相敌之匹耦。”《文选·曹植〈赠王粲〉诗》：“中有孤鸳鸯，哀鸣求匹俦。”孔疏“仇匹”、“匹偶”、曹诗“匹俦”皆同义连用，泛指偶对。

【辨释】

“俦”，或作“畴”。《荀子·劝学》：“草木畴生，禽兽群焉。”杨倞注：“畴与俦同，类也。”《说文·田部》：“畴，耕治之田也。”朱骏声曰：“耦种并畔，故引申为辈类之意。”（《说文通训定声·孚部》“畴”字）朱说可从。盖古时耕田需两人执耜并行而前，即“耦耕”。其时行井田制，一井为一畴(或云两井为一畴)。《左传·襄公三十年》：“取我田畴而伍之。”杜预注：“并畔为畴。”（“并畔”，二井相并。）由此引申为偶对义，指同一辈类二人以上成双成对的聚合。《管子·枢言》：“十日不食，无俦类尽死矣。”汉王褒《九怀·危俊》：“步余马兮飞柱，览可与兮匹俦。”王逸注：“二人为匹，四人为俦。”《文选·张衡〈思玄赋〉》：“魂惝惘而无俦。”吕延济注：“无俦言无俦匹。”《文选·夏侯湛〈东方朔画赞〉》：“视俦列如草芥。”刘良曰：“俦列，谓同类者。”唐韩愈《酬裴十六功曹府西驿涂中见寄》诗：“遂令河南治，今古无俦伦。”

《说文·言部》：“雠犹应也。”《礼记·表记》：“无言不雠。”郑玄注：“雠，答也。”其本义为应答，字从二鸟相对而言。《汉书·灌夫传》：“于是上使御史簿责(窦)婴所言，灌夫颇不雠。”此“雠”即用为本义。引申为偶对，指两人相对。《汉书·地理志下》：“嫁取(娶)无所雠。”“嫁、取”均系男女双方相对之事。“无所雠”，即谓无可相对者。校勘学术语有“校雠”。《太平御览》卷六一八引刘向《别录》：“雠校，一人读书，校其上下得缪误，为校；一人持本，一人读书，若怨家相对，故曰雠也。”其实，还是取两人偶对之义。特指怨者相对，即仇敌。《诗·邶风·谷风》：“不我能慉，反以我为雠。”（“慉”，爱眷。）孔颖达疏：“雠者，至怨之称。”《墨子·鲁问》：“诸侯报其雠，百姓苦其劳。”《文选·钟会〈檄蜀文〉》：“为国大害，叛主雠贼。”

“仇”或作“逑”。当以“逑”为本，求声兼义，谓所思求之偶。《诗·周南·关雎》：“窈窕淑女，君子好逑。"毛传："逑，匹也。"陆德明释文："逑，音求。毛云'匹也'。本亦作仇。"《秦风·无衣》："修我戈矛，与子同仇。"毛传："仇，匹也。"《礼记·缁衣》："君子好仇。"郑玄注："仇，匹也。"三国魏曹植《浮萍篇》："结发辞严亲，来为君子仇。"《文选·王粲〈登楼赋〉》："览斯宇之所处兮，实显敞而寡仇。"然则"仇"当从求得声义，谓所求之偶即男女相合成的配偶。引申指怨仇。《左传·昭公五年》："晋，吾仇敌也。"《史记·留侯世家》："所诛者，皆生平所仇怨。"此义常与"雠"通用、混用。《左传·庄公二十八年》："今令尹不寻诸仇雠。"《汉书·谷永传》："举善不避仇雠。"故《说文·人部》曰："仇，雠也。"

"匹"，《说文》训为"四丈"，做量词。按，金文作，以崖壁之屈曲不平，象喻布帛褶皱，即示作度量布帛之词，《汉书·食货志下》："布帛广二尺二寸为幅，长四丈为匹。"又用作马的计量单位。《书·文侯之命》："马四匹。"引申为独、一义。《论语·宪问》："岂若匹夫匹妇之为谅也，自经于沟渎而莫之知也？"（"谅"，信。"经"，悬吊。）《公羊传·僖公三十三年》："匹马只轮无反者。"何休注："匹马，一马也。"但"匹"可反义相训为偶对义。《广雅·释诂四上》："匹，二也。"《广韵·入质》："匹，偶也。"《礼记·三年问》："今是大鸟兽，则失丧其群匹。"郑玄注："匹，偶也。"《楚辞·九章·怀沙》："怀质抱情，独无匹兮。"王逸注："匹，双也。"《文选·张华〈鹪鹩赋序〉》："繁兹族类，乘居匹游，翩翩然有以自得。""匹游"，并侣而游。由上可见，"匹"的偶对义似由独、一义引申，故突出合二而一，多用于男女，所示男女关系最为紧密，程度深于"仇"。常与"偶""配"相连用。《诗·齐风·南山》："雄狐绥绥。"郑玄笺："雄狐行求匹偶于南山之上。"《汉书·匡衡传》："匹配之际，生民之始，万福之原。"上引诸"匹"例也正作配偶义。

"偶"，《说文·人部》训"桐人也"，谓像人之物，即俑。作为偶对义本为"耦"。《广雅·释诂三下》："偶，谐也。""偶"的偶对义，多用于事或物。《国语·越语上》："乃必有偶。"韦昭注："偶，对也。"《史记·秦始皇本纪》："有偶语《诗》《书》者弃市。"《汉书·高帝纪上》作"耦语者弃市"。颜师古注引应劭曰："秦法禁民聚语。耦，对也。"《礼记·曲礼上》："御同于长者，虽贰不辞，偶坐不辞。""偶坐"，对坐。由此引申为同辈、双数等义。

23. 要·约·誓(逝、矢)·盟

交往中共同的约束,上古泛称“要”。秦以后多用“约”,要有言辞规定或契券凭证。上古盛行誓盟:“誓”是向神明表示以某种言辞制约自己或别人,程度深于“约”;“盟”最庄重,大盟要具备以歃血为中心的一套仪式。誓、盟在秦以后至南北朝尚存。

【同义】

《国语·鲁语下》:“夫盟,信之要也。”《淮南子·原道》:“而柔弱者,道之要也。”高诱注:“要,约也。”《史记·高祖本纪》:“且我所以还军霸上,待诸侯至而定约束耳。”《汉书·高帝纪上》作“要束”。《吕氏春秋·淫辞》:“秦赵相与约。”高诱注:“约,盟也。”《国语·齐语》:“与诸侯饰牲为载,以约誓于上下庶身。”《鲁语上》:“重之以婚姻,申之以盟誓。”《淮南子·诠言》:“约束誓盟,则约定而反无日。”《管子·小匡》:“与诸侯饰牲为载书,以誓要于上下荐神。”《三国志·魏志·田豫传》:“乃共要誓,皆不得以马与中国市。”《史记·越王勾践世家》:“于是自谓陶朱公,复约要父子,耕畜废居,候时转物,逐十一之利。”《资治通鉴·周纪四·周赧王四十二年》:“王之地一经两海,要约天下。”胡三省注:“要约,犹约束也。”“约誓”、“盟誓”、“誓盟”、“誓要”、“要誓”、“约要”、“要约”皆同义连用,泛指用言辞等约束示信。

【辨释】

“要”即“腰”的初文。《墨子·兼爱中》:“昔者楚灵王好士细要。”“细要”,即细腰。《释名·释形体》:“要,约也,在体之中,约结而小也。”《说文通训定声·小部》:“要,假借为约。”按,此非假借。盖“要”即腰,为人束带处,其义抽象化,遂引申为人际行为的约束,是泛称。可以下约束上。《公羊传·庄公十三年》:“要盟可犯。”何休注:“臣约束(从阮元校)君曰要,彊见要胁而盟尔,故云可犯。”重者为要挟,即强制性约束。《论语·宪问》:“臧武仲以防求为后于路,虽曰不要君,吾不信也。”也可以上约束下。《国语·周语上》:“夷蛮要服。”韦昭注:“要者,要结好信而服从也。”《书·禹贡》:“五百里要服。”孔颖达疏:“要者,约束之义,上言揆文教,知要者要束以文教也。”要服者,西周乃指离王城千五百至贰千里的地区。“要”之约束义主要用于上古。

《说文·糸部》:“约,缠束也。”《诗·小雅·斯干》:“约之阁阁。”孔颖达疏:“谓以绳缠束之。”《史记·鲁仲连邹阳列传》:“鲁连乃为书,约之矢以射城中。”也以绳索而约束之。故引申为人际行为的约束,此必有言辞的规定或契券的凭证。《周礼·秋官·序官》“司约”郑玄注:“约,言语之约束。”《春官·大史》:“凡邦国都鄙,及万民之有约剂者藏焉。”郑玄注:“约剂，要盟之载辞及券书也。"《秋官·司约》："掌邦国及万民之约剂。"孙诒让正义："凡王于邦国及万民为约，或邦国及万民自相为约，此官并掌其约剂之书。"《汉书·高帝纪上》："怀王与诸将约，先入定关中者，王之。"颜师古注："约，要也，谓言契也。"《史记·高祖本纪》："吾与诸侯约……与父老约，法三章耳：杀人者死，伤人及盗抵罪。""约"之约束义，通贯古代，延用于今，今"条约"、"约定"、"契约"等复词甚多，其词素"约"，即承古而用。

《说文·言部》："誓，约束也，从言折声。"按，"折"通"制"，谓以言制人。《释名·释言语》："誓，制也，以拘制之也。"《广雅·释言》："誓，制也。""誓"者，本指征战出发时，君王等告诫激励将士的言辞，《尚书》有《汤誓》《甘誓》《秦誓》《泰誓》等篇，所记即为此种誓言。《书·大禹谟》："禹乃会群后，誓于师。"《周礼·秋官·士师》："以王戒先，后刑法……一曰誓，用之于军旅。"引申为人际行为的约束，指以某种言辞制约自己或他人，其约束的程度深于"约"、"要"，内容通常是对一项心志、谋虑的否定或肯定。字也假借"矢"、"逝"为之。《诗·魏风·硕鼠》："逝将去女(汝)，适彼乐土。"《公羊传》徐彦疏引为"誓"。《论语·雍也》："子见南子，子路不说(悦)。夫子矢之曰：'予所否者，天厌之，天厌之。'"《左传·隐公元年》："遂置姜氏于城颍，而誓之曰：'不及黄泉，无相见也！'"《哀公十四年》："公曰：'所难子者，上有天，下有先君！'"《僖公二十四年》："公子曰：'所不与舅氏同心者，有如白水！'"上二句均无"誓"字，但也是誓词。《左传》中有许多这种誓词，往往有假设连词"所"和分句中"有如"的熟语(参杨伯竣《春秋左传注》)。《墨子·号令》："凡有司不使去('士'之讹)卒吏民闻誓令。"誓也是一种有制约性的令语。秦以后，誓词方式更多样。《太平御览》卷四八〇引《晋中兴书》："(祖逖)乃径北渡江，中流逝曰：'祖逖不清中原而复济者如此江！'"此近于《左传》的誓词。王羲之为会稽内史，因与王述不协，"慨然称疾去郡，于父母墓前自誓曰……"(引同上书)所誓竟是向先人之灵的长篇慷慨陈言。然无论怎么变化，凡是誓，一般均要向有形、无形诸神灵表示，如《左传·哀公十四年》"上有天，下有先君"，主要是对天神；《僖公二十四年》"有如白水"，是对水神起誓，故接着有投璧于河之举；王羲之的"誓墓"，则是对祖宗英灵而发。神，无处不有，故"誓"也随地可发。"誓"之义用，也通贯古代。

《说文·囧部》："盟，杀牲歃血，朱盘玉敦，以立牛耳，从囧从皿。……古文从明。"按，明声兼义。《释名·释言语》："盟，明也，告其事于神明也。"《周礼·秋官·序官》"司盟"郑玄注："盟以约辞告神，杀牲歃血，明著其信也。"故"盟"字，会其意当是"杀牲歃血"告于神明示信，即在神前誓约、结盟。盟，本质上也是誓，但誓可以自誓，而盟必须双方或数方参与；并且常常要具备以歃血为中心的一套仪式。故《礼记·曲礼下》曰："约信曰誓，莅牲曰盟。"《左传·僖公二十五年》："秦晋伐鄀……以围商密，昏而傅焉。宵，坎血加书。"杜预注："掘地为坎，以理盟之，余血加盟书其上。"《僖公二十八年》："王子虎盟诸侯于王庭，要言曰：'……有渝此盟，明神殛之。'"《吕氏春秋·诚廉》："则王(武王)使叔旦就胶鬲于次四内，而与之盟曰：'加富三等，就官一列。'为三书同辞，血之以牲，埋一于四内，皆以一归。""四内"，地名。《战国策·齐策三》："且臣闻齐、卫先君，刑马压羊，盟曰：'齐、卫后世无相攻伐，有相攻伐者令其命如此。’”高诱注：“杀马、羊，啱出其血，以相盟誓也。压，亦杀也。”毛遂与平原君使楚，强楚与赵盟，“毛遂奉铜盘而跪进之”(《史记·平原君虞卿列传》)。铜盘乃歃血之盛器。可见盟异于誓。综观上述引例，结合礼经所述，可知所谓歃血而盟乃有一定仪式。司盟先于祭坛北位设明神，礼经称为“方明”。“方明”是天地山川、先王、先公诸神总称，其物是四尺方木，涂以六色：东方青色，南方赤色，西方白色，北方黑色，上玄下黄。旁设六玉：圭、璧、璋、琥、璜、琮(参《仪礼·觐礼》)。盟时，先祀方明。祀后，撤去方明。然后凿地为方坎，杀牲于坎上，天子、诸侯以牛、猪，大夫以犬。继之，由盟主——召盟人割取牲左耳，盛于玉敦，其上用桃枝与笤帚扫拂以示除秽，请与盟者一一尝口，或将牲血涂口边，以示信诺。此谓“歃血”。此后，司盟职以朱笔或蘸血书写盟辞，谓之“盟书”，或谓之“载书”，由盟主宣读。歃血毕，若有不洽，则再陈方明。司盟率会盟诸侯上坛，立于南位，面北，天子东位面西，再告神以示信(《周礼·秋官·司盟》)。礼毕，盟成，其盟书一本连同杀牲埋于坎，正本藏王府及司盟之府，副本别授六官备检勘，与盟诸侯则各持一本而归。

春秋战国时期，一般的外交称“会”，歃血者称“盟”。《汉书·地理志上》：“五伯迭兴，总其盟会。”凡盟仪，一般均歃盟，但若已信而不疑，也可不歃血而盟。不过，也有以牲作为仪征，而盟仪基本过程亦备。《穀梁传·僖公九年》：“葵丘之会，陈牲而不杀，读书加于牲上。”《庄公二十七年》：“衣裳之会十有一，未尝有歃血之盟也。”在春秋战国时期，盟之用极为广泛，大至用于天子、诸侯、大夫之间的政事，称大盟。小至人与人之间各种关系，也可构盟。鲁庄公曾遇女子孟任，许以娶为夫人，于是孟任“割臂盟公”(《左传·庄公三十二年》)。战国时卫国名将吴起东出卫城郭门，与母别，“齧臂而盟曰：‘起不为卿相，不复入卫。’”(《史记·孙子吴起列传》)此类小盟当然不可与诸侯之大盟相比，且更不必歃血，但仍然有割臂见血之举，类似后代的血誓，写血书表志，故比一般的誓更为庄重，有礼仪色彩。

歃血而盟，秦以后仍行其事，特不及上古广泛。《汉书·王陵传》记惠帝崩时，吕后欲立诸吕为王，问陵，陵曰：“高皇帝刑白马而盟曰：‘非刘氏而王者，天下共击之。’今王吕氏，非约也。”当陈平、周勃不能直言时，王陵又责让曰：“始与高帝啑血而盟，诸君不在邪？”(“啑”，同“歃”。)《太平御览》卷四八〇引《魏志》记臧洪、张邈及诸州郡首领，“乃设坛场，方共盟誓……洪升坛操盘血而盟”。《汉书春秋》曰：“于是帝与人室定谋，齧起臂出血以为盟，乃诛梁冀。”《魏书·儒林传·刁冲》：“又去挽歌、方相并明器杂物。”《南史·沈浚传》：“遣右卫将军柳津对景(侯景)盟歃。”唐杜甫《草堂》诗：“中宵斩白马，盟歃气已粗。”从文献资料看，歃血而盟行至南北朝，从隋唐起，作为一种礼仪制度已不复存在。“盟”逐渐成为国家或政治集团之间联合关系的称呼。杜诗之称“盟歃”，乃是追抒汉事。

作为古代“盟”的遗迹、遗物，长期以来盖阙，但 1965 年 11 月至 1966 年 5 月，在山西侯马的晋国遗址出土了大批的盟誓遗物，是为《侯马盟书》。该遗址有许多“坎牲”之坑，内有羊骨、马首、牛骨共 259 具。在另一些坑内埋有盟书，以朱笔写于玉石片，共五千余片，盟誓内容有共同的誓约，与盟人表示诚心效忠盟主，共阻在外之敌对势力重返家园，对被逐之敌对势力的诛讨，等等。此外，还有河南温县武德镇出土的盟书，全以墨写于青石片。凡此，所反映的盟誓礼仪及内容与文献所载基本相吻合，是春秋时期盟誓活动的重要历史见证，也具体、丰富了文献的记载。

参考文献

[1] [清]孙诒让:《周礼正义》(第八、十一册)，中华书局，1987 年 12 月。

[2] 中国社会科学院考古研究所编:《侯马盟誓遗址的发现与研究》，载《新中国的考古发现和研究》，文物出版社，1984 年 5 月。

[3] 陶正刚等:《侯马东周盟誓遗址》，《文物》1972 年第 4 期。

24. 贶（况、況）·餽·馈（归）·饷（饟）·赠·送·遗·贻（诒）

赠送。“贶”，上古天子诸侯对下诚敬加惠之送。“餽”，敬重而送。“馈”，向尊贵者送，常送食物。“饷”，持食物送人，使用时间不长。“赠”，送物于死人，也用于送别。“送”，专指别时送具体物品。作为赠送的通称，上古秦汉多用“遗”，后多用“贻”。

【同义】

《广雅·释诂三上》：“馈、饷，遗也。”《释诂四上》：“遗，送也。”《说文·食部》：“馈，饷也。”《玉篇·食部》：“饷，馈也。”《集韵·去寘》：“馈，通作餽。”《礼记·檀弓下》：“君有馈焉曰献。”陆德明释文：“餽，本又作馈，遗也。”《说文新附》：“贻，赠遗也。经典通用诒。”《说文·言部》：“诒，一曰遗也。”《尔雅·释言》：“贻，遗也。”《左传·文公十六年》：“年自七十以上，无不馈遗也。”《史记·封禅书》：“人闻其能使物及不死，更馈遗之。”《三国志·吴志·刘基传》：“故吏餽饷，皆无所受。”北齐颜之推《颜氏家训·治家》：“至于饮食饟馈。”“唯以信命赠遗，致殷勤焉。”《宋书·朱修之传》：“凡所赠贶，一无所受。”“馈诒”“馈遗”“餽饷”“饟馈”“赠遗”“赠贶”皆同义连用，泛指赠送。

【辨释】

“贶”，或作“况”，误作“況”。其源即“兄”，滋益之义。《诗·小雅·常棣》：“况也永叹。”陆德明释文：“况或作兄。”《尔雅·释言》：“矧，况也。”郝懿行义疏：“况，兹也。”《尔雅·释诂上》：“贶，赐也。”郝懿行义疏：“贶本作况，按况从兄声，古止作兄。……故《诗·常棣》《出车》篇作‘况’，而《桑柔》《召旻》篇作‘兄’。传、笺释云‘兹者，滋也’，滋、兹皆训益。”“贶”之赠送，带有诚敬而加惠的感情，一般为天子、诸侯对下时用。《诗·小雅·彤弓》：“我有佳宾，中心贶之。”郑玄笺：“贶者，欲加恩惠也。”《礼记·聘义》：“北面拜贶，拜君命之辱，所以致敬也。”言主君在阼阶上北面对宾者再拜天子聘君的“惠赐”。此天子对诸侯。《国语·晋语一》：“且夫间父之爱而嘉其贶，有不忠焉。”（“间”，远离。）父（晋献公）之所赐，申生谓出于其“爱”。此父对子，实也是诸侯对下臣。《楚辞·九章·悲回风》：“惟佳人之永都兮，更统世而自贶。”王逸注：“贶，与也。”“自贶”，指楚怀王、襄王不用贤而父子相与举。《左传·隐公十一年》：“君若辱贶寡人，则愿以滕君为请。”此为鲁隐公对薛侯所言，冀解决滕薛争端。此诸侯同辈间用以表谦。《文选·何晏〈景福殿赋〉》：“总神灵之贶祐，集华夏之至欢。”此神灵对人，亦上对下。“贶”主要用于上古。随着奴隶制的瓦解，秦以后除偶承古而作典雅之用，一般罕用。

《说文·食部》:“餽,吴人谓祭曰餽,从食鬼,会意,鬼亦声。”段玉裁注:“祭鬼者,餽之本义,不同馈也。”(《说文解字·食部》“餽”注)。其本义当为祭享鬼神。《战国策·中山策》:“饮食餔餽。”高诱注:“祭鬼亦为餽。”以食享鬼为餽,以食供人亦自可兼称之。《汉书·贾谊传》:“春秋入学,坐国老,执酱而亲餽之,所以明有孝也。”扩大之,以物予人亦可称之,即为赠送义。《孟子·公孙丑下》:“前日于齐,王餽兼金一百而不受。”指钱财。《汉书·礼乐志》:“齐人餽鲁而孔子行。”指女乐。《史记·高祖本纪》:“镇国家,抚百姓,给餽饟。”指军粮。因此,赠送就是“餽”的引申义,不必视为通“馈”而致。由于事鬼神必十分虔敬,故“餽”之赠送有甚为敬重对方的感情色彩,上述诸例即然。

“馈”,亦是会意兼形声,指赠送食物于尊贵者,字或借“归”。《论语·阳货》:“(阳货)归孔子豚。”“归”即“馈”。陆德明释文:“郑本作馈。”《左传·桓公六年》:“于是诸侯之大夫戍齐。齐人馈之饩。”杜预注:“牲曰馈。”《管子·入国》:“年七十已上,一子无征,三月有馈肉。”《周礼·春官·大宗伯》:“以馈食享先王。”贾公彦疏:“食是黍稷。”此为周代吉礼之一,祭祀而奉献熟食。《孙子·作战》:“带甲十万,千里馈粮。”《后汉书·章帝八王传·清河孝王庆》:“庆母宋贵人……长于人事,供奉长乐宫,身执馈馔,太后怜之。”《晋书·谢玄传》:“丕(苻丕)告饥,玄馈丕米二千斛。”扩大之,也可用于赠送尊贵者以他物。《周礼·天官·膳夫》:“凡王之馈食用六谷。”郑玄注:“进物于尊者曰馈。”《左传·哀公十一年》:“王及列士皆有馈赂。”但作为赠送义,文献中用为前者较多。故“馈”有食义。《淮南子·氾论》:“一馈而十起。”高诱注:“馈者,食也。”今“馈”犹用于食物。一些出售的送人食品外包装常写“馈赠佳品”、“馈膳蛋糕”等。凡此,均可说明古代“馈”的特点。

“餽、馈”非通假关系,也非异体字,但由于词义、声韵、感情色彩十分相近,故后世使用时,通往往多于别。

“饷”亦作“饟”。《汉书》颜师古注:“饟,古饷字。”凡十余见(参《说文通训定声·壮部》“饟”字),后代概作“饷”。可视为古今字。“饷(饟)”从食、襄,襄亦声。襄是解衣耕(《说文》引汉令),有解义,故会其意为赠送义,指持食物予人。《诗·周颂·良耜》:“其饟伊黍。”《孟子·滕文公下》:“有童子以黍肉饷。”《商君书·垦令》:“请于吏而饟食之。”偶尔用为以其他物品赠人。《三国志·魏志·文帝纪》:“凡千余篇,号曰《皇览》。”裴松之注引胡冲《吴历》:“帝以素书所著《典论》及诗赋饷孙权。”与“餽、馈”相比,“饷”的礼敬程度次之,而且用的场合少、时间短。“饷”后代全用指军饷,即军粮。《史记·吴王濞列传》:“使轻兵绝淮泗口,塞吴饟道。”《后汉书·蔡茂传》:“每所饷给,计口取足而已。”“饷给”,军粮供给。

“赠”本指送物于将葬的死者。《说文·贝部》:“赠,玩好相送也。”“玩好”,指墓葬中陪葬的明器。其字当从贝、从曾,曾亦声。贝,财币,此指明器,曾即“增”,加也。明器是加覆于死者之物。《礼记·文王世子》:“至于赗赙承含,皆有正焉。”陆德明释文:“车马曰赗,布帛曰赙,珠玉曰唅,衣服曰襚,总谓之赠。赠犹送也。”《仪礼·既夕礼》:“凡膳币无常。”郑玄注:“玩好曰赠。”《礼记·檀弓下》:“主人赠而祝宿虞尸。”郑玄注:“赠,以币送死者于圹也。”可见，凡“赠”，皆活人与死者告别时用之。扩大之，可用于活人之间的告别。《诗·郑风·女曰鸡鸣》：“知子之来之，杂佩以赠之。”郑玄笺：“赠，送也，我若知子之必来，我则豫储杂佩，去则以送子也。”后世之“赠诗”，多为送行之作。李白《赠别王山人归布山》诗“王子析道论，微言破秋毫。”唐代兴起的赠序，是送别亲友的文字与文体，表希望、劝诫、惜别之情。“赠傩”，为岁末逐鬼之祭。《周礼·春官·男巫》：“冬堂赠。”郑玄注：“赠，谓逐疫也。”《旧唐书·礼仪志四》：“季冬晦，堂赠傩。”由此可见，“赠”之赠送，多用于人与人（或人与鬼）的分别，送物可以是具体物件，也可以是抽象事物，盖缘其本用于活人与死人关系，当可移用泛指人与人；墓中“玩好”是币物，又象意，虚实兼有，遂可用于抽象事物。

“送”为今之常用词，但古有异于今。“送”的赠送，大都用于人与人之分别，且送物一般是具体物品。《仪礼·聘礼》：“宾再拜稽首送币。”《荀子·富国》：“婚姻聘内，送逆（迎）无礼。”《史记·孔子世家》：“老子送之曰：‘吾闻富者送人以财，仁者送人以言。’”《汉书·王嘉传》：“送故迎新，交错道路。”“故、新”，皆指官员。《后汉书·列女传·鲍宣妻》：“装送资贿甚盛。”《南史·隐逸传·陶潜》：“逢弘送酒至，即便就酌。”唐韩愈《送穷文》：“（主人）三揖穷鬼而告之曰：‘闻子行有日矣……我有资送之恩，予等有意于行乎？’”上所举例，多为以具体物品送别，唯“送人以言”之送物是抽象物“言”，此承上“送”相对比而用。“送穷”，“穷”本不可送，此是拟人化。但也都用于分别之际。

“遗”字今有二读：一音仪（yí），亡失义系；一音尉（wèi），给予、赠送义系。后者，或以为是“馈、餽”的通假。朱骏声曰：“遗，叚借为馈。”（《说文通训定声·履部》“遗”字）未是。《广雅·释诂三上》，《礼记·檀弓上》、《坊记》郑玄注，《左传·桓公六年》、《僖公二十二年》杜预注，《庄子·列御寇》、《礼记·檀弓》陆德明释文等，均训“馈”为“遗也”。而且“遗”常与“馈、餽”字同义连用（如文首引）。凡此，足可表明“遗”自有此义。按，“遗”的二音二义实出一源。盖“遗”本义为亡失。《说文·辵部》：“遗，亡也。”《左传·成公十六年》：“君唯不遗德刑。”杜预注：“遗，失也。”失者可以亡失，也可以此失彼得，似由此留存于彼，故引申为留、留存。《孟子·公孙丑上》：“其故家遗俗，流风善政，犹有存者。”《史记·孝文本纪》：“太仆见马遗财足。”司马贞索隐：“遗犹留也。”又引申为留给，赠送，变其音 wèi。其程度很有差异。或为留给。《左传·隐公元年》：“小人有母，皆尝小人之食矣，未尝君之羹，请以遗之。”此不可释为馈赠。诸葛亮《出师表》：“侍中、侍郎郭攸之、费祎、董允等，此皆良实，志虑忠纯，是以先帝简拔以遗陛下。”亦同例。或为给予。《史记·魏公子列传》：“（平原君夫人）数遗魏王及公子书。”明宋濂《送东阳马生序》：“县官日有廪稍之供，父母岁有裘葛之遗。”或为赠送。《书·大诰》：“宁王遗我大宝龟，绍天明即命。”陆德明释文：“遗，唯季反。”《孔子家语·六本》：“晏子送之曰：‘吾闻之，君子遗人以财，不若善言。’”然则“遗”有留结、给予、赠送等不同情况，是早期赠送的通称。唯此，训诂家常以“遗”为通语，训释“馈、餽、贻”等词。“遗”主要使用于上古、秦汉，后世使用趋少。

“贻”或作“诒”，上古二字并见。《诗·邶风·静女》：“贻我彤管。”陆德明释文：“贻本又作诒。”又《小雅·斯干》:“无父母贻罹。”陆氏释文同上。据清郑珍《说文新附考》卷三“贻”所论,古只有“诒”,“贻”为后出字,今所见作“贻”者为汉后所改。郑说是。按,“贻”的本义是遗留、遗传。(其字读 dāi 的是欺骗义,别一系,此不论。)《诗·大雅·文王有声》:“诒厥孙谋,以燕翼子。”郑玄笺:“诒,犹传也。”《书·五子之歌》:“明明我祖,万邦之君,有典有则,贻厥子孙。”引申为赠送。《诗·小雅·天保》:“诒尔多福。”《周颂·思文》:“诒我来牟。”《邶风·静女》:“贻我彤管”、“美人之贻”。《礼记·内则》:“思贻父母令名。”《庄子·逍遥游》:“魏王贻我大瓠之种。”唐韩愈《师说》:“余惠其能行古道,作《师说》以贻之。”综观“贻”,其音义与“遗”十分相近,故上引《诗》数例传、笺、疏,《庄子》成玄英疏、陆德明释文,都将“贻”训为“遗”,作赠送之称,细味上引数例也可有留给、给予、赠送的不同程度。故“贻”也是赠送的通称。文献的使用表明:作赠送之称,上古、秦汉多用“遗”,而后世多用“贻”,今日只用“贻”。

25. 贿·赂·赇·赃(臧)

"贿",暗中按私意赠财物。"赂",为求人或酬谢人而赠财物。如事属贬意,即为贿赂,上古即有此用。"赇",为免罪而赠人财物。"赃"获取或接受不义的财物。

【同义】

《后汉书·刘瑜传》:"周郡官府各自考事,奸情、赇赂,皆为吏饵。"唐韩愈《永贞行》:"公然白日受贿赂。"《宋史·真宗纪三》:"乙丑,著作佐郎高清以赃贿杖脊,配沙门岛。"宋欧阳修《狄栗墓志铭》:"其豪猾习以赇贿污令,而为自恣,至君一切以法绳之。""赇赂""贿赂""赃贿""赇贿"均同义连用,指受送不正当的财物。

【辨释】

今之论者多断言"贿"的贿赂义是唐代始见的后起义;唐以前唯有赠送义和财物义(王力《古代汉语·常用词》)。此非笃论。

所谓"贿"之财物义,乃据《说文·贝部》、《尔雅·释言》之训:"贿,财也。"《周礼·天官·大宰》:"六曰商贾,阜通货贿。"郑玄注:"布帛曰贿。"按,"贿"或作"晦"。《集韵·上贿》:"贿或从每。""贿"当从每声取义,每声有暗义,故其本义非指一般财物,而是指暗藏、私藏之财物(参第46条)。作动词,为暗中、私意赠人财物。有两用:一是指不以常礼之制而逞己之情意加惠以赠。《仪礼·聘礼》:"贿用束纺。"郑玄注:"贿,予人财之言也。"《左传·宣公九年》:"孟献子聘于周,王以为有礼,厚贿之。"周天子以为孟献子有礼,故按私意加重赏赐。《襄公十九年》记晋、鲁等伐齐而盟,其后"晋侯先归,公享晋六卿于蒲圃,赐之三命之服……贿荀偃束锦、加璧、乘马,先吴寿梦之鼎"。此"赐、贿"并出,更为明显。鲁公对于晋国六卿是"赐",杜预注:"如鞌战还之赐。"即按照助鲁、卫的齐、晋鞌之战,败齐后赏酬的成例。而荀偃是中军主帅,对其所赐远过于六卿,极为厚重,不按成例而凭私意,故用"贿"。以上诸"贿"可浑释为赠送(财物),但有私下重金献情的意味。此义用有褒而无贬。二是贿赂。此贬意,侧重于暗中私赠,其赠物不仅厚重,且必有不可告人的目的。《春秋·僖公二年》:"虞师、晋师灭下阳。"《左传·僖公二年》:"先书虞,贿故也。"谓《春秋》将虞列于前,因虞国受贿。杜预注:"虞非倡兵之首而先书之,恶贪贿也。"是指晋荀息"以屈产之乘马与垂棘之璧"私见虞君,"假道于虞以伐虢"(《左传·僖公二年》)。虞君"喜于厚赂"(杜预注)而私自收下。"贿故也",即为受贿赂之故。在上古,"贿"之义用虽成二途,实同大于异,都有私下或暗里赠人财物的特点,故贿赂义已显其端倪。秦以后,"贿"除了有时作一般财物的泛称之外,其作动词、名词,多为贿赂义。《文选·沈约〈恩倖传论〉》:“挟朋树党,政以贿成。”《魏书·献文六王传·北海王详》:“励己公清,赏有常典。风谣赎贿,案为考第。”《隋书·炀帝纪下》:“政刑弛紊,贿货公行,莫敢正言,道路以目。”《新唐书·宋申锡传》:“申锡……凡四方贿谢,一不受。”《宋史·陈宓传》:“近事可寒心,皆士大夫之罪,岂非贿送不绝之故耶?”又,《度宗纪》:“其子大忠挟多资为父行贿,且自希荣进。”诸“贿”或作动词,或作名词,无一不是贿赂义。其中《隋书·炀帝纪下》“贿货公行”句,更表明贿者本宜私行、暗行。此正是“贿”的特点。

“赂”,今之论者也多谓其贿赂义始起唐代;唐以前,多作动词赠送(财物)义。其误盖与论“贿”同。

“赂”,旧训均为“遗(wèi)也”,此是浑训。按“赂”非从各声。各声之字属陌药韵。“赂”,《广韵》洛故切,《集韵》、《韵会》、《正韵》均作鲁故切,皆属遇韵。今方言也不读作入声。因此,“赂”当是路省声。其字从路声得义。《释名·释车》:“谓之路者,言行于道路也。”则“赂”者,以财通路,即为畅行某事而赠物于人。其义用也有两途:

其一,属于酬谢性质,可浑释为赠送财物或赠送的财物。但究其实,并非一般的馈赠,而是包含求人或酬谢人的因素。《诗·鲁颂·泮水》:“憬彼淮夷,来献其琛,元龟象齿,大赂南金。”(“憬”,远行貌。“琛”,玉。“南”,指荆、扬。)毛传:“赂,遗也。”郑玄笺:“大犹广也。广赂者,赂君及卿大夫也。”孔颖达疏:“赂者,以财遗人之名。”按此谓淮夷以其宝物贡我鲁国,盖为取好、有求于鲁而遗财。《左传·成公二年》:“齐侯使宾媚人赂以纪甗、玉磬与地。‘不可,则听客之所为。’宾媚人致赂,晋人不可,曰:‘必以萧同叔子为质,而使齐之封内,尽东其亩。’”萧同叔子,齐顷公母。文中首“不可”句是齐君之授命,叙语中插对话。“赂”前作动词,送献财物;后作名词,送献的财物。此也非一般馈赠,而是有求成取好的目的。《襄公二十三年》:“宣子……赂之以曲沃。”杜预注:“恐不与已同心。”《襄公三十年》:“子产为政,有事伯石,赂与之邑,子大叔曰:‘国皆其国也,奚独赂焉?’子产曰:‘无欲实难,皆得其欲,以从其事。’”此将赂的特点表述得最明:有事对方,故而行赂。秦以后也承其用。《汉书·苏武传》:“(单于)尽归汉使路充国等。武帝嘉其义,因厚赂单于,答其善意。”《汉书·淮南王安传》:“淮南王大喜,厚遗武安侯宝赂。”《后汉书·邓训传》:“于是赏赂诸羌种,使相招诱。”《旧唐书·张仲武传》:“回鹘初遣宣门将军等四十七人诡辞结欢……仲武使密赂其下,尽得阴谋。”以上诸“赂”是属于有褒义者,或作动词,或作名词,均与一般的馈遗不同。

其二,贿赂,有贬义者,上古已习见。《国语·晋语一》:“骊姬赂二五,使言于公。”(“二五”,献公嬖大夫梁五与东关五。)《左传·襄公二十五年》:“庆封……赂晋侯以宗器、乐器……师旅及处守者,皆有赂,晋侯许之。”经“赂”而“有赂”,方才许之,非贿赂而何?秦以后,继其用。《史记·越王勾践世家》:“道路皆言陶之富人朱公之子杀人囚楚,其家多持金钱赂王左右。”其情也与《国语》等例同。《后汉书·皇甫嵩传》:“吏有因事受赂者,嵩更以钱物赐之。吏怀惭或致自杀。”嵩以为吏贫而受贿赂,故更体恤之。晋潘岳《西征赋》:“贪诱赂以卖邻,不及腊而就拘。”《宋史·方技传下·王老志》:“王老志……为转运小吏,不受赂谢。”诸

“赂”也都是贬义的贿赂义。

综观以上二义，其实只别在褒贬与否，而褒贬与否本非据律所判而泾渭分明，只是凭当时者之主观识断而已。如上引《旧唐书·张仲武传》之“密赂其下”，与《国语·晋语一》之“赂二五”、《史记·越王勾践世家》之“赂王左右”，其方式、目的并无二致，但仲武所为是褒行，故宜译为“赠送财物”；而骊姬所为均乃贬事，故宜译为“贿赂”。同一词语更能说明问题。《史记·孝文本纪》：“群臣如张武等受赂遗金钱。”《三国志·魏志·高贵乡公传》：“赂遗吾左右人，令因吾服药，密因酖毒。”此二例，一名一动，因是贬事，为贿赂义。《史记·大宛列传》：“汉之赂遗王财物，不可胜言。”《汉书·杜延年传》：“赏赐赂遗訾(通‘资’)数千万。”此二例一名一动，因是褒事可解为赠送财物和赠送的财物。由此可见，赂者，无论褒或贬都表示为求人或酬谢人而赠送财物，为求人或酬谢人而赠送的财物，因而贿赂义上古已具，亦属理所当然。

“贿”与“赂”既然“异曲同工”，遂连用而文意益彰，表示为求人办事而私下赠送人财物。《左传·昭公六年》：“乱狱滋丰，贿赂并行。”《后汉书·冯绲传》：“绲性烈直，不行贿赂。”《南史·后妃传下·陈张贵妃》：“阉宦便佞之徒，内交外结，转相引进，贿赂公行。”《隋书·刑法志》：“宪章遐弃，贿赂公行。”末二例表明：贿赂本当私暗而行，而今白日公行，越见世风之颓。——贿赂的特点灼然可见。

《说文·貝部》：“赇，以财物枉法相谢也。”段玉裁注：“法当有罪而以财求免，是曰赇。”段释甚确。则“赇”当从贝从求，求亦声。“赇”，浑说也是贿赂，但专指为枉法而送人财物。《韩非子·八经》：“故下明爱施而务赇纹之政，是以法令隳。尊私行以贰主威，行赇纹以疑法[令]。”今人陈奇猷集释从孙诒让曰：“纹当作纳。纳，谓纳货财子女也。”“赇纹”，纳贿。《史记·滑稽列传》：“(优孟)身死家室富，又恐受赇枉法，为奸触大罪，身死而家灭。”《汉书·刑法志》：“吏坐受赇枉法。”颜师古注：“谓曲公法而受赂者也。”《新唐书·宋申锡传》：“申锡以清节进，疾要位者纳赇饷，败风俗。”“纳赇饷”，接受枉法之财。

“赃”，《史》《汉》作“臧”，《玉篇·贝部》：“赃，藏也。”《广韵·平唐》：“赃，纳贿曰赃。”《集韵·平唐》：“赃，受赇曰赃。”“赃”者，可作名词，指一切不义之财；作动词，为获取或接受一切不义之财，范围均广于“贿、赂、赇”。《汉书·酷吏传·尹赏》：“其羞辱甚于贪污坐赃。”《后汉书·桓帝纪》：“赃吏子孙不得察举。”《三国志·魏志·武帝纪》：“长吏多阿附贵戚，赃污狼藉。”“赃污”，纳贿污行。正缘“赃”所指一切不义之财，故今“赃”成为通称。

26. 论·当·报·判

汉代断狱,"论"是定罪定刑的通称;若定极刑,示立行无赦。"当"用于定罪,也可用于定刑;若定极刑,可赎、减或赦。"报",判后上报。汉以后表断狱,"当、报"少用,"论"为泛称,"判"为通称。

【同义】

《后汉书·鲁恭传》:"坐视下狱司寇论。"李贤注:"决罪曰论,言奏而论决之。"《汉书·胡建传》:"辟报故不穷审。"颜师古注引苏林曰:"报,论也。断狱为报。"《汉书·游侠传·郭解》:"当大逆无道。"颜师古注:"当谓处断其罪。"《宋书·孝义传·许昭先》:"叔父肇之,坐视系狱,七年不判。"

【辨释】

"论",本指纂集简册(见第45条),作断狱判决之称始于秦汉。或以为论罪必召集多人共同商议,故由谈论义引申为判决之称。未是。众议案件专称为"谳"。《说文·水部》:"灋,议罪也。"《集韵·上獮》:"谳,评狱也。"即议疑狱。故"论"显然不是取多人谈论之意。按,凡评判一事,必须有所依据,决狱也不例外。《尚书》之《吕刑》等篇,已提出既应有条文依据,谓之"彝"、"要";又当有判例比照,谓之"伦"、"比",以使量刑轻重适当。如《书·康诰》:"罚蔽殷彝,用其义刑、义杀。"意谓:当刑、当杀者,得援引殷商法律有此规定而决之。《书·吕刑》:"惟齐非齐,有伦有要。""齐",指所据之法典。"非齐",定罪量刑轻重不一。又曰:"上下比罪,勿僭乱辞。"清王巨源释:"谓于法无此条,则上下比其轻重,然后定其轻重之法,如今律无明文,则许用例也。"《礼记·王制》亦曰:"必察小大之比以成之。"即谓考察同类案件的裁判标准而成其例。但此只是当时人的理想。西周时只有刑(刑律)、法的概念,尚无后来的法律概念,遂为汉人所讥:"今诸侯不同德,国君异法,折狱无伦,以意为限。"(《孔丛子·刑论》)正式制定的法律作为断狱依据,自秦始。秦时将是否"明法律令"作为区别"良吏"与"恶吏"的重要标准:"凡良吏明法律令","恶吏不明法律令"(《睡虎地秦墓竹简·语书》)。到了汉代,更形成了我国封建社会法律的基本形式。主要是律、令、科、比四种。律是基本法律,汉有《九章律》、《越宫律》二十七篇,《朝律》六篇(详《唐律疏议》)。令是皇帝专为一种事件发布的命令,是律的补充形式。汉有令甲、令乙、令丙,仅令甲即有三百余篇,可见数量之多。科即科条,起于汉,行至南北朝,相当于今之具体法律、条款。比即相比附的条文。如"死罪决事比"、"辞讼比"等,主要行于汉。汉时所谓"三尺法"者,即此四种。《汉书音义》曰:"以三尺竹简书法律也。"(《史记·酷吏列传集解》)正是从秦汉起,开始制定按编次、有条理的各种断狱律条；与此同时，也出现了作为断狱判决专称的“论”。因此，作为判决之称的“论”的出现，在语言上，是由“论”的条理义引申，含“仑”编次、条理的义素；在法律史上，则是我国古代完整的法律体系形成的产物与标志。

“论”在汉代习见。《睡虎地秦墓竹简·法律答问》：“其前谋，当并臧（赃）次论。”“或盗采桑叶，臧（赃）不盈一钱，可（何）论？”至汉代书面文献作判决之称更为惯用，并成为定罪定刑的通称。《汉书·刑法志》：“今犯法者已论。”《后汉书·陈宠传》：“萧何草律，季秋论囚，俱避立春之月。”“论”一直用于后世。《隋书·刑法志》：“又初除复仇之法，犯者以杀论。”《唐律·斗讼律·保辜》：“诸保辜者，手足殴伤人限十日……限内死者，各依杀人论。”《宋刑统》“盗亲属财物”条云：“杀伤者各依本杀伤论。”《明律》：“若辄断决，致罪有出入者，以故失论。”（见《明史·刑法志一》）今犹云“论处”、“论罪”、“格杀勿论”等。值得注意者，“论”在汉代，若其后有“斩”、“杀”等表极刑之称名，则表示立即处死，概无赦。《史记·李斯列传》：“二世二年七月，具斯五刑，论腰斩咸阳市。”《酷吏列传》：“使案边失亡，所论杀甚众。”《魏其武安侯列传》：“故以十二月晦论弃市渭城。”《汉书·天文志》：“钜鹿都尉谢君男诈为神人，论死，父免官。”《王莽传》：“方出军行师，敢有趋讙（欢）犯法者，辄论斩，毋须时。”“毋须时”，谓不要等到秋后行刑时节再行刑。诸“论”皆用于判死刑。“论”的这一用法主要见于汉代。后世注家或不了知。《资治通鉴·汉纪四·太祖高皇帝下》：“今吾三族，皆以论死。”胡三省注：“谓以罪论抵死。”注语甚曲。其实，“论死”，即谓判死刑。

“当”，《说文·田部》训“田相值也”。《广雅·释诂三上》：“当，直也。”本义是对等、对当。引申为刑法专词，谓使罪实与法律相称合，即是治罪。《礼记·月令》：“斩杀必当，毋或枉桡，枉桡不当，反受其殃。”郑玄注：“当谓值其罪。”“当”之用十分灵活：可用于告（自诉）、劾（诉人）、判；一般用于定罪，也可用于定刑，轻重不拘。《史记·廉颇蔺相如列传》：“臣知欺大王之罪当诛，臣请就汤镬。”此是自诉。《魏其武安侯列传》：“乃劾魏其矫先帝诏，罪当弃市。”此为劾语，后文“论弃市渭城”才是真正的弃市。《汉书·李广传》：“吏当广亡失多，为虏所生得，当斩，赎为庶人。”颜师古注：“当谓处其罪也。”前一“当”是定罪，后一“当”是定刑。《史记·张释之冯唐列传》：“廷尉奏当，一人犯跸，当罚金。”前“当”指犯了触犯皇帝巡行车马之罪，后“当”指判了罚金的处分。此是轻罪轻罚。而若定了死罪极刑，称“当”者，或可赎免、减刑，甚至赦免。上举《汉书·李广传》先“当斩”，后“赎为庶人”，即其例。又，《汉书·惠帝纪》：“民年七十以上若不满十岁，有罪当刑者，皆完之。”“刑”通“刭”。“当刑”，判死刑。“完”，去颊毛和鬓。但能否从宽发落，往往取决于皇上或最高执法者的意志。秦时蒙毅“当（赵高）罪死，除其宦籍。”而秦王赏识，赵高遂“赦之，复其官爵”（《史记·蒙恬列传》）。杨恽被廷尉“当”为“大逆不道”，贺良等“当”其为“执左道乱朝政”（《汉书·李寻传》《杨恽传》）。因皇上深恶之，遂即执行，不可赎赦。韩信“坐法当斩”，“其辈十三人皆已斩，次至信”，信气宇轩昂吐一番豪言后，“滕公奇其言，壮其貌，释而不斩”（《史记·淮阴侯列传》）。“当”之作判决之称，主要是汉代用法，故段玉裁曰：“当者，汉人语。”（《说文·夲部》“报”注）但汉以后有时也有承古而用。唐皮日休《赵女传》记山阳之赵氏女，其父贸盐而不纳赋，“官捕得，法当死”。其女纯孝，泣诉于法官，法官感动，“因为减死论”，后又“竟全其父命”。文中“法当死”，即云按法律判死罪、死刑。

《说文·㚔部》：“報，当罪人也。”谓判决罪犯。段玉裁注：“报亦汉人语。”未必。按上古文献用为判决而上闻之义，有时，也可泛指判决。段玉裁曰：“断狱为报，是则处分其罪以上闻曰奏当，亦曰报也。”（同上）《韩非子·五蠹》：“闻死刑之报，君为流涕。”“以为直于君而曲于父，报而罪之。”前句“报”指判决而上闻，后句“报”单指判决。汉代更为常用。《史记·酷吏列传》：“传爰书，讯鞫论报。”朱骏声释：“凡言讯鞫论报，谓处分其罪以上闻也。”（《说文通训定声·孚部》“报”字）《汉书·酷吏传·义纵》：“是日皆报杀四百余人。”颜师古注：“奏请得报而论杀。”又《酷吏传·严延年》：“到洛阳，适见报囚。”颜师古注：“奏报行决也。”《后汉书·鲁恭传》：“其立春在十二月中者，勿以报囚如故事。”李贤注：“报囚谓奏请报决也。”唯此，“报”可与“当”同义连用。《汉书·刑法志》记高皇帝七年制诏：“县道官狱疑者，各谳所属二千石官，二千石官以其罪名当报之。所不能决者，皆移廷尉，廷尉亦当报之。廷尉所不能决，谨具为奏，傅所当比律令以闻。”后一“当”亦判决义。汉以后“报”作为判决之称也不常见。

“判”，汉以后才用为法律专词。《宋书·孔觊传》：“醒时判决，未尝有壅。”《旧唐书·李元纮传》：“元纮大署判后曰：‘南山或可改移，此判终无摇动。’”唐柳宗元《段太尉逸事状》：“太尉判状，辞甚巽。”（“巽”，逊。）唐宋选士要求之一就是察其判，使用四六俪体。陆贽既登进士，又以书判拔萃补渭南尉。从唐代起，“判”成为判决的通称。

参考文献

[1] 辛子牛：《〈汉书·刑法志〉注释》，群众出版社，1984 年 3 月。
[2] 睡虎地秦墓竹简整理小组：《睡虎地秦墓竹简》，文物出版社，1978 年 11 月。
[3] 周密：《中国刑法史》，群众出版社，1985 年 3 月。
[4] 瞿同祖：《中国法律与中国社会》，中华书局，1981 年 12 月。
[5] 蔡枢衡：《中国刑法史》，广西人民出版社，1983 年 2 月。

27. 经·缢·绞·弃市

“经”，悬颈吊死。“缢”，自己或他人勒颈致死。“绞”，亦指勒缢人颈。从北齐、北周起绞列为死刑，除元代外，历朝承而不变。“弃市”，秦汉时是斩刑别称；魏晋起，成绞刑别称。当“绞”列为死刑，“弃市”之名亦废。

【同义】

《广雅·释诂四上》：“缢、经，绞也。”《说文·交部》：“绞，缢也。”《糸部》：“缢，绞也。”《荀子·强国》：“辟（譬）之是犹伏而咶天，救经而引其足也。”（“咶”通“舐”，舔食。）杨倞注：“经，缢也。”《吕氏春秋·慎行》：“崔杼归无归，因而自绞也。”高诱注：“绞，经也。”

【辨释】

“经（經）”之示死，大凡有三说。一、吊死。谓取纺织经线之义引申，指用绳直悬头颈，犹俗说上吊。段玉裁曰：“缢死何言经死也？谓以绳直悬而死，从丝之义之引申也。”（《说文·糸部》“经”段注）二、吊死或勒死。谓“巠”即为颈，以刀横割颈为“刭”，则以绳横、竖加颈均可称“经”。杨树达曰：“夫刭为以刀割颈，则知经之为以绳悬颈也。……段君乃谓为以绳直悬而死，不亦迂乎？”（《积微居小学金石论丛》卷一《释经》）三、勒死。谓用绳横扼其颈。刘赜曰：“上世无真刀之利以为断割，但扼其颈、闭其气以致死而已。”（《刘赜小学著作二种·小学札记·雉经》）。按，段说差近。“经”字最早可溯到甲骨文的𢀖字，上下两横代表两根卷纱棍，中短横是将经纱单双数分开的绞纱棒，中间的多条直线就是经线。到金文成“巠”字，再成后起字“经”。因此《说文·糸部》释为“织从（纵）丝也”。段玉裁注：“经文从丝谓之经，必先有经而后有纬。”正得其朔义。杨氏《释经》举十一事证“经”有直义，不误，但不知直义正从织布的经线义引申而得，遂失之交臂。织布之直线为“经”，以经线加于人身致死亦得为“经”，则此“经”理当如段氏言“以绳直悬而死”。验之文献，无不契合。《国语·晋语二》：“申生乃雉经于新成之庙。”“雉经”者，用牛鼻绳吊死。《史记·田单列传》：“（王蠋）遂经其颈于树枝，自奋绝脰而死。”司马贞索隐：“经犹系也。”即是缚颈系悬于树枝。《公羊传·昭公十三年》：“灵王经而死。”何休注：“自经。”徐彦疏：“经者谓悬缢而死也。”“经”者，通常是自己之所为，故多称“自经”。《论语·宪问》：“岂若匹夫匹妇之为谅也，自经于沟渎而莫之知也？”

“缢”从糸益声。凡以“益”得声之字，或作名词，均有关键、险要义。如“隘”，险要地；“嗌”，人之咽喉；“搤”，掐住险要之处。作动词“缢”者，盖形声兼会意，指用绳带搤其嗌。但细察之，当有二法。其一，横勒喉颈。通常是他勒。《左传·昭公元年》：“公子围至，入问王疾，缢而弑之。”杜预注：“缢，绞也。孙卿曰以冠缨绞之。”冠缨是冠帽带子，细而短，难于将人悬吊，而勒颈则便。然则此种“缢”近于“绞”。故二字也可连言。《左传·哀公二年》：“若其有罪，绞缢以戮……下卿之罚也。”但缢的实质是搤扼，故也可不用绳，而绞必用绳。其二，悬吊喉颈。盖若自缢，横勒殆不能成，将绳固于他物而直勒则易成，遂成为经。故缢也可指经。《左传·桓公十三年》：“莫敖缢于荒谷。”杜预注：“缢，自经也。”见于《左传》者，齐夷姜缢（《桓公十六年》），晋太子申生缢于新城（《僖公四年》），楚成王缢（《文公元年》），诸缢皆为自缢，即自经。《后汉书·吴佑传》记毌丘长最后“乃啮指而吞之……因投缳而死”。李贤注：“谓以绳为缳，投之而缢也。”《艺文类聚》卷三五引《魏志》记冯方女美，为袁术所纳，诸妾妒之，因“共杀而悬之，言其自缢”，均其例。要之，他缢之勒颈，自缢之悬颈，均是加力于颈使气殪而死，故也可谓之“缢”。其实，刘熙《释名·释丧制》早已确诂：“悬绳曰缢。缢，阨也，阨其颈也。”

“绞”本是名词，字从交、糸会意，交亦声。“糸”表示丝麻之绳，“交”原像人两股胫相交，表示相交意，六书属指事，糸、交会其意指多股线编织绞拧而成的绳带。《仪礼·丧服》：“绞带者，绳带也。”贾公彦疏：“以绞麻为绳作带，故云绞带也。”《礼记·杂记上》：“小敛环绖，公大夫、士一也。”（“绖”，丧期缠于头或腰的麻带。）孔颖达疏：“知以一股所谓缠绖者。若是两股相交，则谓之绞。”《左传·哀公二年》：“绞缢以戮。”杜预注：“绞所以缢人物。”盖“绞”本只指绳带，可作敛尸用的束带、丧制斩衰服所系束带，以至缢人之带。引申为施于人颈的勒缢动作。绞者，偶也有自绞，如文首引《吕氏春秋》例，相当于自经，但须冠以“自”字文义乃明。若单曰“绞”，必为他绞。唯此，北周之死刑将悬颈之“磬”与“绞”分为两种（见下）。论者亦以为古之绞刑“但以绳绞颈，气闭则毙，不必悬也”（《历代刑法考·刑法分考四·盘》）。他绞相当于他缢。但作为刑罚，上古只有缢罪而无绞罪，凡称“绞”者，非刑名，且实指他缢。《战国策·秦策五》：“应侯欲伐赵，武安君难之，去咸阳七里，绞而杀之。”《韩非子·奸劫弑臣》：“故厉虽痈肿疕疡，上比于春秋，未至于绞颈射股也。”其“绞”均非刑罪之名，只表示他缢之方式。汉时也无绞罪。《释名·释丧制》列“弃市、斩、轘、烹”等死刑名而未及绞，可见东汉尚无绞刑。绞正式作为死刑之一，始于北齐、北周。据《隋书·刑法志》所载保定三年《大律》北周死刑五：一曰磬，二曰绞，三曰斩，四曰枭，五曰裂。河济三年《齐律》，北齐死刑四等：轘、枭、斩、绞。隋开

绞刑

皇元年定新律："刑名有五：一曰死刑，有绞有斩；二曰流刑……"(《隋书·刑法志》)《唐律》承之："七品以上及皇族若妇人，犯非斩者皆绞于隐处。"唐玄宗贵妃杨玉环在马嵬坡即受绞而死。以后，除元代废绞刑，历朝均定死刑为绞、斩二等。绞轻斩重，因斩刑使首身分离，而绞刑仍能全尸，按"身体发肤，受之父母，不得毁伤"《孝经》的要求，自然绞刑之耻辱轻于斩刑。绞刑施法，后世约有两种：一种是绑囚于行刑柱，再将绳圈套囚颈，行刑者左右将绳两端对拉，人被勒死；一种是行刑者在绑囚之身后将绳绞紧，人也被勒死。

"弃市"，指在闹市区将罪犯处死示众。在秦汉，为斩刑之别称。《礼记·王制》："刑人于市，与众弃之。"《周礼·秋官·掌戮》："掌戮掌斩杀贼谍而搏之。"郑玄注："杀以刀刃，若今弃市也。"《史记·秦始皇本纪》："有敢偶语《诗》《书》，弃市。"秦简《法律答问》有二处言及"弃市"。"士五(伍)甲毋(无)子，其弟子以为后，与同居而擅杀之，当弃市。""同母异父相与奸，可(何)论？弃市。"(《睡虎地秦墓竹简》)《汉书·景帝纪》："改磔曰弃市，勿复磔。"颜师古注："磔谓张其尸也。弃市，杀之于市也。谓之弃市者，取刑人于市与众弃之也。"但从魏晋起，"弃市"为绞刑别称。《晋书·刑法志》载尚书周顗等议肉刑曰："方今圣化草创，人有余奸，习恶之徒，为非未已，截头绞颈，尚不能禁。"据《唐六典》，晋死刑有枭、斩、弃市三种。近人沈家本曰："据周顗等语，是晋时弃市为绞罪，其斩曰截头，亦非要(腰)斩矣。"(《历代刑法考·刑制总考二·晋》)又曰："南朝宋、齐、梁、陈，北朝魏并有弃市之名，皆谓绞刑。"(同上书《刑法分考四·绞》)，但从"绞"正式定为死刑后，"弃市"之名渐弃。

参考文献

[1] 沈家本：《历代刑法考》，中华书局，1985 年 12 月。
[2] 陆心国：《晋书刑法志注释》，群众出版社，1986 年 1 月。
[3] 刘海年：《秦律刑罚考析》，载《云梦秦简研究》，中华书局，1981 年 7 月。
[4] 睡虎地秦墓竹简整理小组：《睡虎地秦墓竹简》，文物出版社，1978 年 11 月。
[5] 金良年：《酷刑与中国社会》，浙江人民出版社，1991 年 6 月。
[6] 杨树达：《积微居小学金石论丛》，中华书局，1983 年 7 月。
[7] 刘赜：《刘赜小学著作二种》，上海古籍出版社，1983 年 7 月。

28. 矢·箭

“矢”、“箭”早期不同义。魏晋起，“矢”是箭的总称；“箭”是口语中箭的总称。二词对举，“矢”作泛指、全指、衮称；“箭”作定指、偏指（箭杆）、语称。

【同义】

《方言》第九：“箭，自关而东谓之矢。”《释名·释兵》：“矢……又谓之箭。”《广雅·释器》：“矢，箭也。”“矢”、“箭”为一物异称。

【辨释】

《说文·矢部》：“矢，弓弩矢也。从入，象镝、栝、羽之形。古者夷牟初作矢。”按，许慎云“从入”，缘小篆而误。甲骨文作（《甲三一一七》）、（《铁一二八、一》）之形：上是镞，箭头；中细者箭杆，又称箭笴；下是羽，箭尾栝，以使箭飞行时保持稳定和方向。箭的产生甚早。蒙昧时代的高级阶段就是“从弓箭的发明开始”（恩格斯语）。盖狩猎是原始社会人们获取食物的主要手段，为了增大投掷的距离，先民们渐渐懂得将树枝弯制成弓，再将削尖的树枝或竹子制成箭身，或者头部加上磨尖的石块、骨、贝，利用绳的弹力将箭射出，此即是原始的弓箭。1963年山西朔县（今朔州）峙峪旧石器晚期遗址发现一枚用薄燧石长石片制成的石镞，石锋锐利。此说明早在两万八千年前，即远在传说中的夷牟、黄帝之前（夷牟是黄帝之臣）就使用了弓箭。弓箭最初是用于狩猎的生产工具，后成为远射兵器。在江苏邳县大墩子、云南元谋大墩子等新石器时代遗址中已发现被箭射穿内骨的死者。以后进入青铜时代、铁器时代，人们制造出越来越精良的金属箭头，增强了杀伤力；不断提高箭杆和箭尾的性能，以提高准确度；改进弦弓的工艺，直至产生弩，以增强发射速度、力量。于是，几乎在整个古代——即使发明了枪炮之后，箭都是主要的远射武器，直到近世在枪炮等火药武器的威逼下，最后才退出战争舞台。

箭或称“箭”，或称“矢”。前人曾探究二者之别。《急就篇》卷三：“弓弩箭矢铠兜鉾。”颜师古注：“以竹曰箭，以木曰矢。”但《艺文类聚》卷六十引《三齐略记》曰：“蒲似水杨而劲，堪为箭也。”《东观汉记》：“伐淇园之竹治矢百余万。”却是以木为“箭”，以竹为“矢”。故二者非竹木之异。而古今一般认为二者从来都等义无别，则更不可从。

“矢”在甲骨文中已是个基本词。整个古代，遍用于书面语和口语，可谓箭的总称。《荀子·劝学》：“质的张而弓矢至焉。”《楚辞·九歌·国殇》：“矢交坠兮士争先。”“矢”均指称全箭。例不烦举。“箭”，本非箭之称。《说文·竹部》：“箭，矢竹也。”指可作箭杆之竹。《太平御览》卷九六三引戴凯之《竹谱》曰：“箭者，高者一丈，节间三尺，坚劲，中为矢。”又卷三四九引《字统》曰：“箭者，竹之别形，大身小叶曰竹，小身大叶曰箭。箭竹主为矢，因谓矢为箭。”据说会稽的箭竹质地最优。《淮南子·墬形》：“东南方之美者，有会稽之竹箭焉。”引申为箭杆。不过，实际上作箭杆的不限于竹。由于箭杆物均易朽烂，故较早的墓葬唯见箭镞。今所见较早的箭杆是甘肃灵台白草坡西周墓，其2号墓中残留苇类箭杆残迹，长18厘米，杆径0.7—0.8厘米，其与镞的连接是：由镞铤缠一些纤维物后插入杆端，外以丝绸缠扎，杆面髹黑漆。《周礼·考工记·弓人》：“凡取干之道七：柘为上，檍次之，檿桑次之，橘次之，木瓜次之，荆次之，竹为下。”故所以制箭杆者，主要并不是竹。在上古文献中，“箭”乃箭杆之称，而不是箭的总称。《韩非子·十过》记赵襄子与张孟谈对话：“君召张孟谈而问之曰：‘吾城郭已治，守备已具，钱粟已足，甲兵有余，吾奈无箭何？’张孟谈曰：‘臣闻董子之治晋阳也，公宫之垣皆以荻蒿楛楚墙之，有楛高至于丈，君发而用之。’于是发而试之，其坚则虽菌簬之劲，弗能过也。君曰：‘吾箭已足矣，奈无金何？’张孟谈曰：‘臣闻董子之治晋阳也，公宫令舍之堂，皆以炼铜为柱质，君发而用之。’于是发而用之，有余金矣。”（“质”，通“锧”，柱下垫石。）按，此节在论制箭之材。既然“城郭已治……甲兵有余”，故“无金”当指锻造箭头的金属材料。上一层则分明是在讨论箭杆之材。荻蒿，草；楛楚，木。菌簬，美竹。意谓用草（藤）木所制的箭杆比菌簬更坚。其“箭”指箭杆。《韩非子·外储说左上》：“秦昭王……以松柏之心为博，箭长八尺。”此指箭杆状博算之具。《管子·地员》：“其种大苗细苗，赨茎黑秀箭长。”尹知章注：“谓若箭竹之长也。”《礼记·丧服小记》：“箭笄终丧三年，齐衰三月。”“箭笄”，以篆竹为笄，“箭”也取杆之义。下至汉代，大体也承上古而用。司马相如《子虚赋》：“左乌号之雕弓，右夏服之劲箭。”“服”通“箙”，箭箙。此与《列子·仲尼》“引乌号之弓，綦、卫之箭”句式同。张湛注：“綦，地名，出美箭。”按，“綦”，淇园，卫地，产美竹。故《史记》之箭，实指箭杆，所谓“劲”者，乃侧重于杆之劲硬，但浑释可以箭杆而代称整枝箭。《汉书·严安传》：“今天下锻甲摩剑，矫箭控弦，转输军粮，未见休时。”矫者是箭杆，浑说则是箭矢。《淮南子·汜论》：“令……讼而不胜者，出一束箭。百姓皆说，乃矫箭为矢。”（“一束”，十二支。“说”，悦。）汉张衡《应间》：“烛武县缒而秦伯退师，鲁连系箭而聊城弛柝。”（“柝”，行夜警戒的梆子。）鲁仲连将书信系于箭杆。而《战国策·齐策六》记其事曰：“鲁连乃书，约之矢，以射城中。”先秦用“矢”，汉时称“箭”，则可认为此“箭”亦箭矢之称。但两汉间，即便上述“箭”浑作“矢”解，文例也较为少见。故可以说，魏晋以前，尤其在上古，“箭”大体是箭杆之称，与“矢”乃有区别。因此“矢”与“箭”从来就不是流俗所谓的等义词。

魏晋起，“箭”仍有箭杆之义。《北齐书·循吏传·郎基》：“军粮且罄，戎仗亦尽，乃至削木为箭，剪纸为羽。”但多作箭矢之称。《晋书·毛宝传》：“宝中箭，贯髀彻鞍，使人蹋鞍拔箭，血流满鞾（靴）。”《宋书·朱超石传》：“超石先以软弓小箭射虏。”乃至上引《说文》训“箭”为“矢竹”，而晋戴凯之《竹谱》称以“箭竹”，诸“箭”皆为箭矢之称。然则可以认为，从魏晋起

“矢”、“箭”皆作箭矢总称，才成为同义词。

成为同义词，其同中之异在何？首先，从词的附加意义看，按照词汇产生、变化的规律，后起的大都是口语词，“箭”之称箭矢，显然也应是魏晋起惯用的口语用法。故“箭”与“矢”有文白之别。其次，从词的理性意义看，也有不同。诚然，文献中二词常常同时并用，通义无别；但是，在不少场合，它们屡屡并见同出，却是同中有别，其别大都不能仅以文白之异解释。下以时代先后为序，选列若干并用之例以审察其异：

1.《太平御览》卷三四九引《魏略》曰：“孙权乘大船，出濡须口来观魏军，曹公使弓弩乱发射之，矢着其船，船乃偏重，箭坠将倾，权因回船，复以一面受矢，矢均，船平，乃放船而走。”

2.《晋书·桓玄传》：“矢下如雨。玄嬖人丁仙期、万盖等以身蔽玄，并中数十箭而死。玄被箭，其子昇辄拔去之。”

3.《北齐书·神武帝纪下》：“兴庆曰：‘王去矣，兴庆腰边百箭，足杀百人。’神武勉之……兴庆斗，矢尽而死。”

4.《南齐书·陈显达传》：“显达……矢中左眼，拔箭而镞不出。”

5.《梁书·长沙嗣王业传》：“巡行贼垒，贼弓乱射，矢下如雨，从者举楯御箭。”

6.《新唐书·刘黑闼传》：“初，秦王建天策府，其弧矢制倍于常。……为突厥所窘，自以大箭射却之。突厥得箭传观，以为神。”

7.《新唐书·忠义传中·张巡》：“城中矢尽。巡缚藁为人千余，被黑衣，夜缒城下，潮兵争射之，久，乃藁人。还，得箭数十万。”

8. 韩愈《〈张中丞传〉后叙》：“(南雾云)将出城，抽矢射佛寺浮图，矢著其上砖半箭。”

9.《新唐书·薛仁贵传》：“仁贵发三矢，辄杀三人，于是虏气慑，皆降。……军中歌曰：‘将军三箭定天山，壮士长歌入汉关。’”

10.《大唐西域记》卷六《劫比罗伐窣堵国》：“弦矢既分，穿鼓过表，至地没羽，因涌清流。时俗相传，谓之箭泉。”

11.《金史·循吏传·张彀》：“(张彀)改同州观察判官，是时出兵备边州，征箭十万，限以雕雁羽为之，其价翔跃不可得。彀曰：‘矢去物也，何羽不可？’……一日之间价减数倍。”

以上11例，“矢、箭”并用，绝非为文者率意而为。细察之，实有几种情况。一、“矢”指全箭，“箭”指箭杆。1、4、8诸例属此。1例“箭坠”应解为“箭杆下落”，唯仅箭杆下落而镞仍在内，故使船重心倾偏。若解为“矢坠”，则是整箭落水，不会使船偏重，显与文意不合。4例末句谓拔箭杆，但箭头留而不出。8例，末句指：箭射进寺塔上砖，陷进半箭杆。二、“矢”作为箭的泛指，“箭”作为箭的定指。2、3、5、7、11诸例属此。“矢下如雨”、“矢尽而死”、“矢尽”、“矢去物也”，其“矢”均浑泛称箭，而此数例之“箭”或连具体数字，或特指某一箭，如“玄被箭”、“御箭”。三、“矢”袭用旧称，“箭”做箭的定指。6例，“弧矢”此为古来专称。“大箭”、“得箭”乃实指所射箭。四、“矢”指全箭，“箭”做口语。9、10例属此。“发三矢”，矢为全箭，而“三箭”为谣歌中称，口语色彩明显。10例亦类此。

综上所析，似可如此归结“矢、箭”之别：

魏晋前，“矢”是箭的总称，“箭”大都用作箭杆之称。魏晋起，“矢”仍用作箭的总称；“箭”是口语中箭的总称。二词常常同义通用。但若对举并用，则“矢”作为泛指、全指、袭称，“箭”作为定指、偏指（箭杆）、语称。

参考文献

[1] 本书编写组：《中国军事史》第一卷《兵器》，解放军出版社，1983年5月。
[2] 杨泓：《弓和弩》，载杨泓《中国古兵器论丛》（增订本），文物出版社，1985年10月。

29. 砮·碆(磻)·镞·镝(鍉)·鍭(猴)

"砮",石镞。"碆",弋射缚缴石;或可称石镞。"镞",铜镞,又作箭镞通称。"镝",铁镞,后为短小锋利之箭镞通称。"鍭",用于弩射之箭镞。

【同义】

《广雅·释器》:"镞,镝也。"《史记·孔子世家》:"石砮,长尺有咫。"裴骃集解引韦昭曰:"砮,镞也,以石为之。"《尔雅·释器》:"金镞翦羽谓之鍭。"《广韵·平戈》:"碆,石可为矢镞也。"《广韵·入锡》:"镝,箭镞。"鍭也是箭镞。

【辨释】

由于箭杆、箭羽易于朽烂,最早的箭,现只能见到箭镞。今所见最早的箭镞是山西朔县(今朔州)峙峪村旧石器晚期遗址的石镞,其长 2.8 厘米,前锋尚利,加工精细,距今近三万年。但受石器加工工艺的限制,其时石镞尚未普及。即使到新石器时代前期,还是以加工较方便的骨(兽骨、人骨)镞为主,如山东宁阳的大汶口遗址出土 60 枚箭镞,全为骨制。西安半坡出土的 288 枚箭镞,除 6 枚石制,余均骨制。到尔后的龙山文化时期,如山东日照两城镇遗址,才有磨制较精细的石镞出土,形制也发展为前部三刃棱,尾部有细于镞身的圆铤。河南陕县庙底沟的龙山文化层遗物中有 36 枚箭镞,石镞 79 枚,骨镞 17 枚。随着由骨镞向石镞的转变,箭镞也由狩猎的生产工具变为杀人的兵器。在距今三千多年的云南元谋大墩子遗址中可以见到许多石镞和被乱箭射死的成批死者。

石镞谓之"砮""碆"。

"砮",本指可做箭镞之石。《说文·石部》:"砮,石可以为矢镞。"《书·禹贡》:"砺砥砮丹。"孔传:"砮,石中矢镞。"引申指石镞。《国语·鲁语下》:"石砮,其长尺有咫。"韦昭注:"砮,镞也,以石为之。"

"碆",或作"磻"。《集韵·去过》:"或作碆,石名,可为矢镞,或作磻。""碆"本为石名,主要指弋射缚缴线之石。石上缠绕缴线,射时连矰箭之线从石上飞速脱出,箭收回复绕于石。《玉篇·石部》:"碆,以石维缴也。"《广韵·平戈》:"碆,缆缴石。"《史记·楚世家》:"碆新缴。"裴骃集解引徐广曰:"以石傅弋缴曰碆。"《文选·张衡〈西京赋〉》:"磻不特絓,往必加双。"("絓",即"挂"。)李善注引《说文》曰:"磻,似石著缴也。"也可指弋射的石镞。《战国策·楚策四》:"不知夫射者方将脩其碆卢,治其缯缴,将加已乎百仞之上。"("卢",通"玈",黑弓。)碆,石镞。但由于石镞沉重,用作弋射,影响速度,故在秦汉的弋射具中,矰箭实际上很少用石镞,故文献中"碆"甚为少见。春秋以降,石镞盛世早已成为历史。

当进入青铜时代，青铜镞就取代了石镞。今所见最早的青铜镞，是河南偃师二里头遗址的遗物，呈扁平的圆叶形，尾部有铤，加工粗陋。后来一般都是扁平双翼脊长铤之形。到商代晚期，两翼夹角较大，翼末倒钩尖锐，两翼侧刃有血槽，大大增强了杀伤力。安阳殷墟西区墓葬438枚铜镞即大都如此。下至西周的青铜镞，也基本承商制。到春秋时，战争的频繁与不断升级，皮甲胄制造水平的提高，需要箭镞具有更强的杀伤力与穿透力，于是产生了一种新箭镞：三棱锥体，两翼侧刃变成三棱凸刃，倒钩很长。这种镞在春秋前期还少见，如陕县上村岭虢国墓出土324枚铜镞，锥体三棱镞只4枚。而到春秋后期，如长沙浏城桥一号墓，出土46枚铜镞中即有29枚是锥体三棱镞。春秋以后，基本也是这种形制。

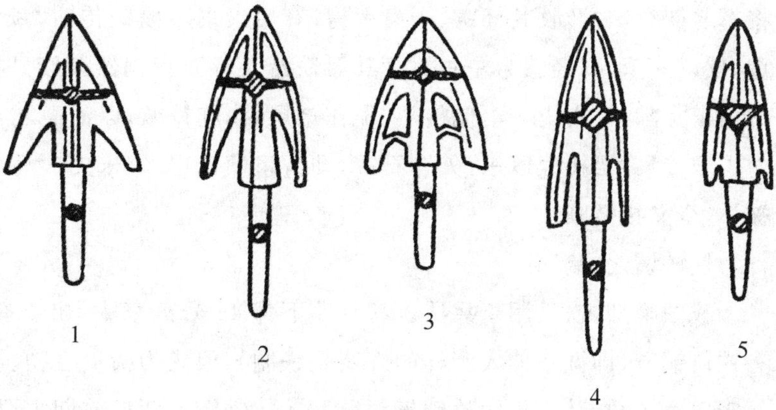

虢国墓出土青铜镞

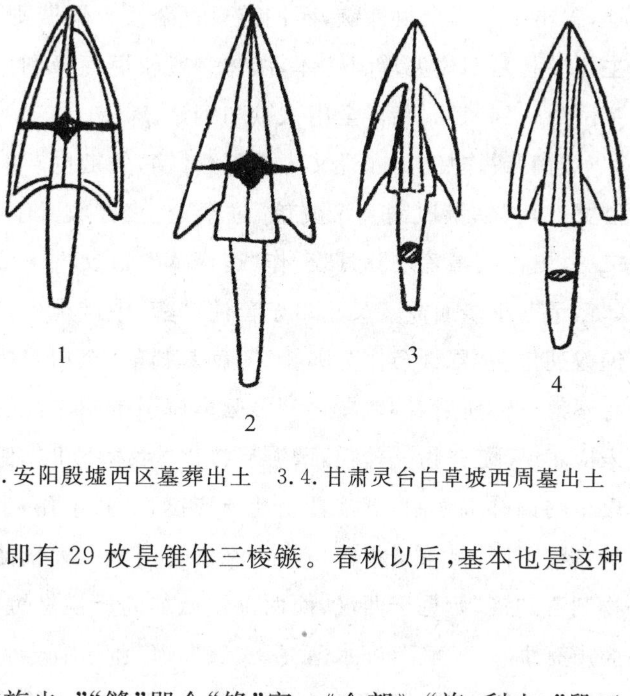

1.2.安阳殷墟西区墓葬出土　3.4.甘肃灵台白草坡西周墓出土

青铜镞谓之“镞”。

《说文·㫃部》：“族，矢鏠也，束之族族也。”“鏠”即今“锋”字。《金部》：“族，利也。”段玉裁等以为“族、镞”是古今字。未是。按，“族”字甲骨文与小篆大同，均作㫃下正矢形。盖㫃是旗游。今人丁山释：“字从㫃从矢，矢所以杀敌，㫃所以标众，其本义应是军旅的组织。清人八旗的制度当是族字从㫃正解。《新唐书·突厥传下》记其沙钵罗咥利失可汗：‘可汗分其国为十部，部以一人统之，人授一箭，号十设，亦曰十箭。’……族字的来源不仅是自家族演来，还是氏族社会军旅组织的遗迹。”（《甲骨文所见氏族及其制度》）丁说可从。盖远古同一家族、氏族为一战斗单位，故字从㫃从矢会意，则“族”的本义当是族类。由《说文》“矢鏠（锋）”之训可见“镞”之本义是箭头。故“族”、“镞”非古今字。更由文献的使用而知，“镞”始见于青铜镞盛行的战国时期，故最早当是青铜箭头的专称。《庄子·天下》：“镞矢之疾而有不行不止之时。”下至汉贾谊《过秦论上》：“秦无亡矢遗镞之费，而天下诸侯已困矣。”班固《窦将军北征颂》:"乃收其锋镞、干卤甲胄。"《后汉书·段颎传》:"颎乃令军中张镞利刃,长矛三重,挟以强弩,列轻骑为左右翼。"其后铁器大行而青铜器渐废,"镞"字常作为箭镞的通称而常用于文献。《南史·羊侃传》:"侃作雉尾炬,施铁镞,以油灌之,掷炉上焚之俄尽。"《北史·勿吉国传》:"自拂涅以东,矢皆石镞,即古肃慎氏也。"《宋史·马全义传》:"为飞矢贯臂,流血被体,全义拔镞临敌。"

铁镞谓之"镝"。

战国晚期,铁已用于兵器。易县燕下都44号燕墓中,出土有铜剑、铁剑、铜矛、铁胄,还有铁铤铜镞(即镞下伸入箭杆的细茎是铁制),但犹为稀贵之物。据统计,秦陵兵马俑坑所见八千四百余枚箭镞,仅四枚铁铤铜镞和一枚铁镞。西汉前期主要仍是用铜镞。而到武帝时,随着对匈奴战争的连绵扩大及冶铸生铁技术的掌握,铁镞占了明显的优势,汉长安武库遗址,曾出土一千余枚铁镞,而铜镞只百余枚。铜镞则大都有铁铤。西汉时期使用的铁镞,其主要形制是四棱尖端圆柱体,镞体一般较短而锋利。晋代的箭镞,进一步发展为用钢,尤重穿甲力。到南北朝后,全用铁镞和钢镞。

"镝"或作"鍉"。《说文·金部》:"镝,矢鏠也。"朱骏声《说文通训定声·解部》"镝"引《通俗文》曰:"铁镞曰镝。"汉贾谊《过秦论上》:"收天下之兵,聚之咸阳,销锋鍉,铸以为金人十二。"《史记·秦楚之际月表》作"销锋镝"。《文选·潘岳〈射雉赋〉》:"彳亍中辍,馥焉中镝。"("彳亍",小步而欲行又止。)李善注:"馥,中镞声也。"镝可以制成响箭,称"鸣镝"。《史记·匈奴列传》:"冒顿乃作为鸣镝,习勒其骑射,令曰:'鸣镝所射而不悉射者,斩之。'行猎鸟兽,有不射鸣镝所射者,辄斩之。"裴骃集解引韦昭曰:"矢镝飞则鸣。"鸣镝,汉代实物未见。据明宋应星《天工开物·佳兵》谓镞后接以"寸木空中锥眼为窍,矢过招风而飞鸣"。今所见辽代出土鸣镝镞端铁制,下接骨制葫芦形铤,上开小孔,飞射发声。"镝"亦常作为箭镞的通称,然与"镞"不同,侧重于指称短小而锋利之箭镞。大量使用的"鸣镝"最为明显。其所以如此,从物制看,"镝"始见于西汉,而西汉铁镞如前所说是短小而锋利。从"镝"的构字看,啇声兼义,啇声有小义。"滴",细水落注。"鏑",《广雅·释器》谓"糒也"。"樀",屋檐雨水所滴处。诸词皆含小义。故"镝"用作铁镞专称,以至扩大为箭头的通称,自然就侧重于指称箭之短小而锋利者。

战国时,列国普遍使用由弓发展来的一种新式远射武器——弩。弩由弩机、弩臂和弓组成。将弓装在弩臂顶端,先使用臂力或足力将弓弦张开,弦挂于类似现代长枪击发装置的弩机的牙钩。放时突然手指扣动悬刀(扳机),牙钩下坠,弓弦猛击箭杆,使箭怒飞而出。由于预先张机,持满待敌,常能造成迅雷不及掩耳、大面积杀伤的威胁。公元前343年,齐魏马陵之战,"齐军万弩齐发",大败魏军,便是弩在我国兵器史上早期的光辉战例。

用于弩的箭镞,专称为"鍭"。"鍭"或作"猴"。鍭可以做远射如战国魏步兵的"十二石之弩"(《荀子·议兵》),但主要用于近射。《周礼·夏官·司弓矢》:"杀矢、鍭矢,用诸近射、田猎。"郑玄注:"鍭矢……弩所用也。""杀矢言中则死,鍭矢象焉。鍭之言候也,二者皆可以司候射敌之近者及禽兽，前尤重中深，而不可远也。”则鍭矢是一种用于近射护卫和田猎之箭，从候物而射之“候”得声义。整箭重心在三分之一处（即三分之一在前，三分之二在后，前后平衡）。尾羽剪断，头较重，力锐而中深，但射程不远。

“鍭”在传世文献中较为少见。最能说明其为弩矢者是汉简。已出土的居延汉简中守御装备登记簿册，凡记明箭镞质料的简，所记的一般都是铜镞。箭均称“矢”，镞则称“鍭”。如“稾矢铜镞三百”（三六七・一四），“第卅五隧稾矢铜镞五十完”（三九三・八），“十二月余郭稾矢铜鍭六十四毋出入”（四一三・四）。汉简中箭镞所以称“鍭”，盖因各烽隧守御武器主要用弩。如汉简奠当隧守御器簿、破城子某部守御器残簿、广地南部永元兵物簿等所记均有弩而无弓可证。尤其广地南部永元兵物簿简所记以羊头铜鍭箭配置最为显例。羊头铜鍭，是锥体三镰（棱）刃铁铤之镞，为汉代青铜镞基本形制，满城刘胜墓出土的铜镞大都属此类。居延各烽燧的弩，其力量在三石至六石，射程在百二十至二百步，如“其弩一今力四石射二百□”（三四一・三）。“三石具弩射百廿步”（五一五・四六）（初师宾文），与十二石射六百步之战国弩相比，显然是用于近射宜创来犯之敌的箭矢。但汉以后，文献中“鍭”仍不多用，一般均赅于“镞”之中。

参考文献

[1] 杨泓：《弓和弩》，载杨泓《中国古兵器论丛》（增订本），文物出版社，1985 年 10 月。

[2] 初师宾：《汉边塞守御器备考略》，载《汉简研究文集》，甘肃人民出版社，1984 年 9 月。

[3] 本书编写组：《中国军事史》第一卷《兵器》，解放军出版社，1983 年 5 月。

[4] [清]孙诒让：《周礼正义》（第十册），中华书局，1987 年 12 月。

[5] 成东、钟少异：《中国古代兵器图集》，解放军出版社，1990 年 9 月。

30. 櫜·韬(弢)·韔·韣(韥)·韇(䪅)·鞬(建)·箙(服)·籣(韊)

在上古，"櫜"，车上可藏弓矢和他物的大口皮袋。"韬"，皮弓袋。"韔"，随身所带轻便弓袋。"韣"，用于祭祀的弓袋，也作弓袋泛称。"韇"矢箙。"鞬"，较大的皮弓袋，常供骑射者负携。"箙"，皮、竹、木所制盛矢器，主要置于战车；也作各种矢箙、矢袋通称。"籣"，上古秦汉时随身负携的竹或皮质盛矢器。

【同义】

皆指盛弓矢器。《广雅·释器》："鞬、韔、櫜、韬、韣，弓藏也。"《说文·革部》："韇，弓矢韇也。"《周礼·夏官·司弓矢》："中秋献矢箙。"郑玄注："箙，盛矢器也。"《汉书·韩延寿传》："抱弩负韇。"颜师古注引如淳曰："盛弩箭箙也。""籣"也指盛弓矢器。

【辨释】

"櫜"，注家持义不一。《左传·昭公元年》："伍举知其有备也，请垂櫜而入。"杜预注："櫜，弓衣也。"《国语·齐语》："诸侯之使垂櫜而入。"韦昭注："櫜，囊也。垂櫜，示无弓也。"《左传·僖公二十三年》："其左执鞭弭，右属櫜鞬。"("弭"，无饰之弓。)杜预注："櫜以受箭。"陆德明释文云："受箭器。"《礼记·乐记》："名之曰建櫜。"郑玄注："兵甲之衣曰櫜。"《檀弓下》："赴车不载櫜韔。"郑玄注："櫜，甲衣。"按，诸注多是随文释义。《说文·㯻部》："櫜，车上大㯻，从㯻省，咎声。"按，实是声兼义。咎声字有大义。"鼛(gāo)"，大鼓。"鰝"，有大鳞而肥美之鱼。"绺"，十缕发并合。故"櫜"当从《说文》训为"车上大㯻"，即是上古时放在车上可藏纳载物的大口皮袋，可以藏弓矢，也可盛兵甲，随需而用。上所举皆其例。

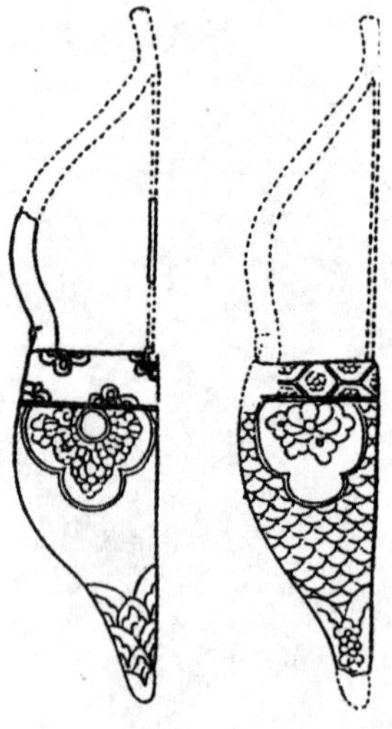

弓韬

"韬"与"弢"是一声之转，二字相通用。《文选·陆机〈汉高祖功臣颂〉》："弢迹匿光。"五臣注作"韬迹"，李善注引《左传》杜预注："韬，藏。弢与韬古字通也。"古兵书《六韬》，也作《六弢》。《诗·小雅·彤弓》："彤弓弨兮，受言櫜之。"毛传："櫜，韬也。"陆德明释文："韬，本又作弢，弓衣也。"《国语·齐语》："诸侯……弢无弓，服无矢。"韦昭注："弢，弓衣也。服，矢衣也。"因此，"韬、弢"都是上古弓袋之称。后世用其引申义掩藏。上举陆机《汉高祖功臣颂》即是。又，汉孔融《离合作郡姓名字》诗："玫璇隐曜，美玉韬光。"唐杜牧《感怀》诗："韬舌辱壮心。"亦其例。

《说文·韦部》："韔，弓衣也。"《诗·秦风·小戎》："虎韔镂膺，交韔二弓。""虎韔"，虎皮制的弓袋。多作动词。《礼记·檀弓下》记工尹商阳与陈弃疾追及吴军，工尹仁而不忍伤人，于是，"陈弃疾谓工尹商阳曰：'王事也，子手弓而可。'手弓。'子射诸！'射之。毙一人，韔弓。又及，谓之。又毙二人"。谓工尹商阳听从陈弃疾指点，将弓从弓袋中取出而手持，毙仆一人后又将弓放进弓袋。《诗·小雅·采绿》："之子于狩，言韔其弓。之子于钓，言纶之绳。""纶"是钓鱼的丝绳，持之随钓；弓是狩猎武器，持之而猎。"射讫，与之弛弓纳于韔中也"(孔颖达疏语)。由此可见，韔是上古随身携带取纳十分方便的轻便弓袋。

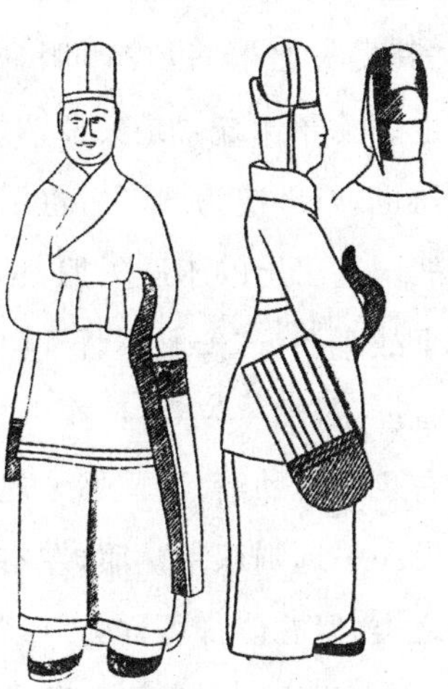

魏背弓韬的武士俑

《说文·韦部》："韣，弓衣也。""韣"或作"韇"。王念孙谓"韇与韣同"，而《说文》训"韇"为"弓矢韇"，王氏调和曰："凡弓藏矢藏之名，各有专属，而皆可以互通。"(《广雅疏证》)按，王说疏失。盖盛弓之器固可盛矢，但盛矢之器殆不可置弓。"韣"与"韇(韇)"虽声近，却各自为词。"韣"当以"弓衣"为其正义。《仪礼·觐礼》："载龙旂，弧韣乃朝。"郑玄注："弧，所以张縿之弓也。弓衣曰韣。"《吕氏春秋·仲春纪》："天子亲往，后妃率九嫔御……带以弓韣，授以弓矢于高禖之前。"高诱注："礼，后妃侍见于天子者皆高禖祠之前。韣，弓韬也。"南朝梁沈约《降死罪诏》："言念弓韣，不能忘怀。"《金史·礼志二》："高禖之祀……前一日未三刻，布神位，省牲器，陈御弓矢、弓韣于上下神位之右。"宋苏轼《李氏园》诗："将军竟何事，虮虱生刀韣。"由上可见，"韣(韇)"是用于祭礼的盛弓袋。偶可作弓袋泛称。

"韇"，或作"韇"。是古代卜筮用的蓍草筒。《仪礼·士冠礼》："筮人执筴(策)抽上韇。"郑玄注："韇，藏筴(策)之器。也可藏箭矢。"《广韵·入屋》："韇，箭筩。"上引《士冠礼》句郑玄又注："今时藏弓矢者谓之韇丸也。"《后汉书·南匈奴传》："今赍杂增五百匹，弓鞬韇丸一，矢四发，遣遗单于。"李贤注："《方言》云：'藏箭为韇。'韇丸即箭箙也。"

"鞬"或作"建"。《礼记·乐记》："倒载干戈，包之以虎皮……名之曰建櫜。"陆德明释文："建依注读为键(鞬)。"《说文·革部》："鞬，所以戢弓矢。"但注家多释为盛弓器。《左传·僖公二十三年》："晋楚治兵，遇于中原……其左执鞭弭，右属櫜鞬，以与君周旋。"杜预注："鞬以受弓。"陆德明释文："鞬，弓衣。"《释名·释兵》："马上曰鞬。鞬，建也，弓矢并建于其中也。"《后汉书·董卓传》："卓膂力过人，双带两鞬，左右驰射。"《隋书·虞庆则传》记述虞庆则"身被重铠，带两鞬，左右驰射，本州豪侠皆敬惮之"。《旧唐书·薛仁贵传》："仁贵……著白衣，握戟，腰鞬张弓，大呼先入。"由上可见，鞬常用于骑者，可见是骑射所负携的大弓袋。其形较大，常与"櫜"连用。唯其大，凡人负持一鞬已重，若能挂两鞬，当属膂力过人。

《说文·竹部》："箙，弩矢箙也"。《方言》第九："所以藏弓弩谓之箙。"郭璞注："盛弩箭器也。"或作"服"。按，准确言之，当是受矢器，不含弓弩。箙本甲金文作[illegible]、[illegible](父乙盉)，是个复体象形字，象矢箭直置器中，小篆变作[illegible]，又假借“服”为之。原本皮革制。《释名·释兵》：“其受矢之器，以皮曰服，柔服之义也。”《诗·小雅·采薇》：“象弭鱼服。”郑玄笺：“服，矢服也。”孔颖达疏：“是矢器谓之服也。”《周礼·夏官·司弓矢》“中歂献矢服”句郑玄注：“服，盛矢器也，以兽皮为之。”后也用竹或木制，故字加竹旁成箙。此种矢箙，不便于携带。如湖北江陵战国墓出土的木质矢箙，长22.6、上宽91、下宽18厘米，显然不宜背负身上。它们主要是放置于战车上。“矢箙系著于舆两侧革或席上，使作战时便于取矢。”(《说箙》)但箙也有可随身携带者。《荀子·议兵》：“操十二石之弩，负服矢五十个。”《汉书·司马相如传上》：“左乌号之雕弓，右夏服之劲箭。”《晋书·刘昭载记》：“(陈)安左手奋七尺大刀，右手执丈八蛇矛，近交则刀矛俱发……远则双带鞬箙，左右驰射而走。”显然，可以背负特别是骑兵背负的箭箙或袋当是韇、鞬之类，但总体都可称为“箙”。由此可见，“箙”又作盛矢器——箭筒、箭袋的通称。

《说文·竹部》：“籣，所以盛弩矢，人所负也。”“籣”是上古秦汉可随身携带的盛矢器，字或作“韊”。《史记·魏公子列传》：“赵王及平原君自迎公子于界，平原君负韊矢，为公子先引。”司马贞索隐：“韊音籣，谓以盛矢，如今之胡簏而短也。”《汉书·韩延寿传》：“被甲鞮鍪居马上，抱弩负籣。”(“鞮鍪”，头盔。)颜师古注：“籣者，盛弩矢者也，其形如木桶。”

古者盛放弓箭的器物今均有实物、图像可见。在殷墟西区M43车马坑中，一车箱内置一圆筒形皮革矢箙，内装十支带铜镞之箭，均镞下羽上倒插箙内。湖南浏城桥1号墓出土的竹矢箙，髹黑漆，上绘红、黄两色云纹图案，“是用两块半边竹块合成，长81厘米”，内盛箭。出土实物正相吻合。1965年湖北江陵望山2号战国墓出土一件木雕矢箙，彩漆绘饰。长22.6、上宽91、下宽18厘米。江苏邗江胡场五号墓出土圆筒形皮矢箙两个。新疆尼雅东汉墓也出土木矢箙，内装四支80厘米长的木箭。东汉肥城孝堂山画像石一骑马奔驰者身后斜出置有一弓的弓鞬，东汉沂南画像石第四十幅则有兵器架，斜挂一个弓鞬。河北磁县东魏茹茹公主墓和河北吴桥北朝墓均有背矢箙俑出土。唐李贤墓壁画东壁之仪卫二人，腰斜挂之箭箙，似为木制，入口作活络盖，颇为精巧。诸出土物之形制、功用，悉如文献所言。

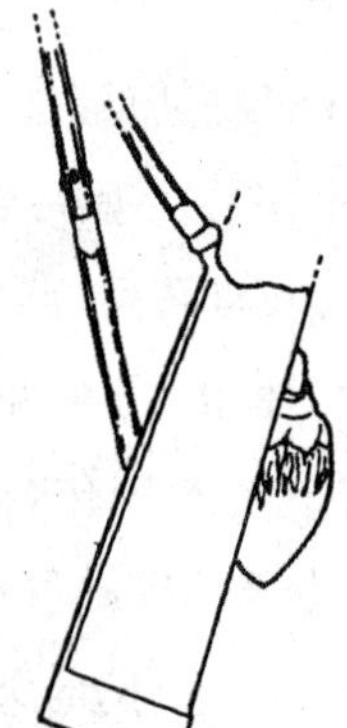

箭箙

唐代仪卫图(腰挂箭箙，唐人谓之胡禄)

参考文献

[1] 刘旭:《中国古代兵器图册》,书目文献出版社,1986 年 11 月。
[2] 湖北省文化局文物工作队:《湖北江陵三座楚墓出土大批重要文物》,《文物》1966 年第 5 期。
[3] 杨泓:《弓和弩》,载杨泓《中国古兵器论丛》(增订本),文物出版社,1985 年 10 月。
[4] 沈文倬:《说䩮》,《浙江大学学报》2006 年第 3 期。
[5] 湖南省博物馆:《长沙浏城桥一号墓》,《考古学报》1972 年第 1 期。
[6] 湖南省文物管理委员会:《长沙左家公山的战国木椁墓》,《文物参考资料》1954 年第 12 期。

31. 侯·鹄·正·臬(槷)·质·的(旳)

射礼的靶子,最外面的正方形称"侯"。往内依次是"鹄"、"正"、"质"。后二名一般不单用。相当于靶心质者,还称"臬",以显示突出点。射礼之外靶子通称"的"。

【同义】

侯、鹄、正、质、臬(槷)、的,均为箭靶之称。

【辨释】

射侯

宋聂崇礼《新定三礼图·射礼图上》曰:"射侯之礼……至周大备,故《礼》有天子、诸侯、卿大夫大射、宾射、燕射之文,各张其侯。"古者尚武,射为六礼之一。大射是天子将祭前所行射礼,射于射宫。宾射是诸侯来朝时所行射礼,射于朝。燕(宴)射是天子与诸侯、群臣宴饮时所行射礼,射于寝。行射礼时所用的箭靶曰"侯"。其形制,据《周礼·考工记·梓人》,是横直相等的正方形,称"侯中"或"侯身",在"侯中"的上下连接两幅张侯的布,称"个"或"舌",上幅长为侯身的两倍,下幅为侯身一倍半;侯的上下都系有绳,称"纲",各伸出"个"外八尺,套在两边称为"植"的长木上。大射,用虎熊豹皮饰侯侧,鹄也用皮缀于中央,似鸟栖于侯。宾射,用五采(赤青白黄黑)饰侯。燕射,用兽侯,侯用布,侯上画兽,兽皮饰侯。侯中的三分之一处立一正方形,为"鹄"。鹄内,又用布为正,不画;正内又画白赤之采以为质。其比例是:方十尺曰侯,四尺曰鹄,二尺曰正,四寸(或六寸)曰质,质也称"臬"(参《诗·小雅·宾之初筵》孔颖达疏),因此整个靶是从侯到质臬的四个大小正方形。但是从今出土文物资料看,并不见正方形之靶。"东周青铜器所绘之侯,或为高度小于宽度之长方形,或为高度达于宽度之长方形"(杨琳《小尔雅今注》206 页),前者如 1973 年山东长岛王沟出土的残鉴刻纹。后者如 1965 年成都百花潭中学出土的嵌错铜壶上的射侯图。

侯,作为箭靶之称,其得名之由说法不一。《礼记·射义》:"射侯者,射为诸侯也。射中得为诸侯,射不中则不得为诸侯。"以为"侯"从诸侯得名。章太炎《文始六》力主此说:"后既专训为君,列后则曰群后,乃知侯固后之声借。……然后象人,射侯亦象人。《考工记》说祭侯之礼曰:'惟若宁侯,无或若女不宁侯,不属于王所,故抗而射女。'然则射侯得名因于诸侯。”此谓射侯得名于诸侯，而诸侯得名于君后。据此，则也可说射侯最终盖得名于君后。如此未免本末倒置。《说文・矢部》曰：“矦，春飨所射侯也。从厂象张布形，矢在其下。”“矦”用于人，故有后起字“侯”，“矦、侯”古今字，射侯之侯，为射礼所张布供射的靶子。射侯犹言射靶子。春秋时齐晋鞌之战中晋军主帅车的御者解张，氏解，字张名侯，正用侯的本义：侯是张布之靶。唯射侯多用于诸侯之事，如上引《礼记・射义》所谓“射侯者，射为诸侯”，故“侯”又有诸侯义。而诸侯义正如章太炎所论，得名于君后之“后”。于是“侯”一名二义：既是侯靶义，又有诸侯义，前者为本义。

礼射之侯，不仅因礼而异，且因人等而别。《仪礼・乡射礼》：“凡侯，天子熊侯白质，诸侯麋侯白质，大夫布侯画以虎豹，士布侯画以皮鹿豕。”天子诸侯之射往往要张三侯，即用虎熊豹皮饰侯侧，称为皮侯。又为大侯。汉张衡《东京赋》：“张大侯，制五正。”“五正”，五采之正。就靶子而言，侯是最大的外环。唯此，当可包括其内的几种内环，故文献中一般都可泛指射礼之靶。《诗・小雅・宾之初筵》：“大侯既抗，弓矢斯张，射夫既同，献尔发功。”(“发功”，发射之功。)毛传：“抗，举也。”郑玄笺：“举者，举鹄而栖之于侯也。”《周礼・考工记・梓人》：“张皮侯而栖鹄。”偶可指称一般射靶。《北史・杨播传》：“帝与中军彭城王勰赌射……而播居帝曹，遥射侯正中。”

“鹄”是在距侯边的三分之一处设一方环。其为箭靶之称，传统谓取名于“小鸟而难中，是以中之为俊也”(《诗・小雅・宾之筵》孔颖达疏)。按，鹄，即是鸿鹄，俗称天鹅，常是古人射猎的飞禽。《孟子・告子上》：“一心以为有鸿鹄将至，思援弓缴而射之。”故将在内环较难射的一环称为鹄，并且天子诸侯的大射张皮侯而栖鹄(见上)。鹄可作靶子之泛称，但也有礼仪色彩。《礼记・射义》：“故射者各射己之鹄。”《战国策・齐策五》：“今夫鹄的非咎罪于人也，便弓引弩而射之，中者则善，不中则愧。”(“便”，巧。)唐罗隐《寄渭北徐从事》诗：“科随鹄箭频曾中，礼向侯弓以重招。”喻指目标、目的。宋黄庭坚《次韵冕仲考进士试卷》诗：“注金无全巧，窃发或中鹄。”此用于科举。

“正”作箭靶之称，不是取方正义，也是取鸟名。《仪礼・大射》：“大侯之崇，见鹄于参。”郑玄注：“齐鲁之间名题肩为正，正、鹄皆是鸟之捷黠者。”《周礼・天官・司裘》“设其鹄”郑玄注引郑司农云：“四尺曰鹄，二尺曰正。”而《夏官・射人》“九节五正”郑玄注引俗说：“四尺曰正。”按，俗说不确。盖正，鸟小而飞疾，比鹄更难执，故画于布侯中鹄以内，作为射之靶的。唯鹄、正都是鸟，用意相同，故常与“鹄”连用作靶子之称。《礼记・中庸》：“射有似乎君子，失诸正鹄，反求诸其身。”郑玄注：“画(布)曰正，栖皮曰鹄。”《大戴礼记・劝学》：“正鹄张而弓矢至焉，林木茂而斧斤至焉。”陆德明释文：“大射则张皮侯而栖鹄，宾射张布侯而设正也。”此“正鹄”则泛称箭靶。由于“正”，无论去声劲韵，或平声清韵，义项尤多，而“鹄”义项较少，故称箭靶。“正”不单用。一般用“鹄”而不用“正”。

“质”从贝斦(zhì)，朱骏声以为斦就是作杀人垫板之“櫍”。按，朱说是。盖“斦”就是“櫍”、“锧”的初文。“质”其义为人质，作为靶子义，正由于靶子与杀人垫板相形似而借称。

“质”一般不单用。《庄子·徐无鬼》:“匠石曰:‘臣则尝能斫之,虽然,臣之质死久矣!’”此“质”由箭靶义引申指(论战)对象。此种用法较为少见。“质”常与“的”连用,泛称靶子。《荀子·劝学》:“是故质的张而弓矢至矣,林木茂而斧斤至焉。”《淮南子·原道》:“先者隤陷,则后者以谋;先者败绩,则后者违之。由此观之,先者则后者之弓矢质的也。”高诱注:“质的,射者之准执(埶)也。”

“臬”或作“槷”,相当于质。《小尔雅·广器》:“鹄中者谓之正,正方二尺;正中者谓之槷,槷方六寸。”其作箭靶之称,由本义引申。《说文·自部》:“臬,射准的也。”朱骏声以为“从自者鼻于面居中特出之形。凡臬似之”(《说文通训定声·泰部》“臬”字)。故礼射中遂将其作为靶心之一名。但“臬”侧重于一物之突出点,与平面居中的靶心不完全相当。唯其如此,引申指表柱、门橛诸物,均是直立的突出物。《尔雅·释宫》:“在地者谓之臬。”郭璞注:“即门橛也。”邢昺疏:“在地及门中者名臬。”引申用于抽象事物、目标、法则,常用为准限、极限之义。靶子既非抽象事物,又与门橛、表柱不类,故文献中作箭靶之称,唯用于礼射之事,一般不用指其他箭靶。

由上可见,“侯、鹄、正、质、臬”虽为上古射礼的箭靶之称,但除了“鹄”,后世文献中都不扩大作箭靶的常称。

能作箭靶的通称者常有“的”。“的”俗字,本作“旳”。《说文·日部》训:“明也。从日勺声。《易》曰:‘为旳颡。’”按,“旳颡”即白额颡。《尔雅·释畜》:“馰颡白颠。”郭璞注:“旳,白也。”段玉裁、朱骏声均谓“馰”是“旳”之后出分别字,专表马白额,则“旳”之从日乃表白、明意。因其白意,俗出从白之“的”字。《说文·日部》引“易”,今本《易·说卦》作“的颡”。故“的”当从原字“旳”稽义。“旳”字勺声,勺声有小义。“玓瓅”,或作“的皪”,皆药部入声,一声之转,是“明珠色”。“箹”,手足指节鸣,是声之小。“豹”,似虎有小圆纹之兽,即以毛色有小圆斑而名(以上据《说文》)。“杯杓”,小容器。“葯”,《急就篇》卷二:“郁金半见缃白葯。”颜师古注:“白素之精者,其光葯葯然也。”“钓”,以小饵取鱼。等等。因此,合形与声而言,“旳”的本义当是小明。战国楚宋玉《神女赋》:“眉联娟以蛾扬兮,朱唇的其若丹。”“的”作状语。用于物,皆指小而鲜之物。为莲之心。《尔雅·释草》:“荷,芙渠……其实莲,其根藕,其中的。”郭璞注:“莲中子也。”后起字为“菂”,为妇女脸上朱点饰。《释名·释首饰》:“以丹注面曰旳。旳,灼也。……故注此丹于面灼然为识。”后起字为“䵶”。盖古代宫中,妃嫔依次进御于君主,若逢月经,则羞于口说,遂用丹点面为标志。女史见知,即不予登记,授以金环退辞(若可进,则授银环)。当然,“的”也可指箭靶中心。《玉篇·白部》:“的,射质也。”《诗·小雅·宾之初筵》:“发彼有的,以祈尔爵。”毛传:“的,质也。”《汉书·晁错传》:“材官驺发,矢道同的。”(“驺”,善矢。)颜师古注:“驺发,发驺矢以射也。手工矢善,故中则同的。”《三国志·吴志·太史慈传》:“(慈)将两骑自随,各作一的持之,开门宜出。……植所持的各一,出射之,射之毕,径入门。”《晋书·谢尚传》:“尚尝与庾翼共射,翼曰:‘卿若破的,当以鼓吹相赏。’尚应声中之。”《北史·尉古真传》:“眷弟地干机悟有才艺,驰马立射五的,时人莫能及。”唐韩愈《国子助教河东薛君墓志铭》:"后九月九日大会射,设标的,高出百数十尺。……的坏不可复射。"《宋史·陈尧咨传》:"尧咨工隶书,善射,尝以钱为的,一发贯其中。"古代之射的,于出土实物、图像亦可见。河南辉县赵固出土战国燕乐射猎图刻纹铜鉴,其上层即画竞射场面,月形物即箭靶,已中三箭。早先误释为鱼网,今既视为竞射,但非射礼,故此靶不当称"侯",而当称"的"。

参考文献

[1] [清]孙诒让:《周礼正义》,中华书局,1987 年 12 月。
[2] [宋]聂崇义:《新定三礼图》,上海古籍出版社,1985 年 6 月。
[3] 王恩田:《辉县赵固刻纹鉴图说》,《文物集刊》第 2 辑,1980 年。
[4] 刘敦愿:《战国铜鉴上的庭院植树与观赏养鹤》,《文物天地》1990 年 3 期。
[5] 杨琳:《小尔雅今注》,汉语大词典出版社,2002 年 9 月。

32. 旗·常·旂·旐·旟·旃(旜)·物·旞(旝)·旌(旍)

先秦时旗帜种类甚多。"旗",战旗。"常",天子用旗。"旂",诸侯用旗。"旐",郊野官吏用旗,后世多用为招魂幡。"旟",在朝百官用旗。"旃",大夫用旗。"物",士大夫用旗。"旞",君王车驾仪仗旗。"旌",征战、田猎将帅指挥旗。

【同义】

汉东方朔《七谏·自悲》:"载雌霓而为旌。"王逸注:"旌,旗也。"《楚辞·离骚》:"凤皇翼其承旂兮。"王逸注:"旂,旗也。"《南史·谢晦传》:"至于破冢,旗旌相照。"《诗·大雅·桑柔》:"四牡骙骙,旟旐有翩。"汉班固《南巡颂》:"运天官之法驾,建日月之旃旌。""旗旌"、"旟旐"、"旃旌"皆同义连用,泛指旗帜。"常、物、旞"也为先秦旗帜之称。

【辨释】

据文献并参证商至战国青铜器可知,先秦的"旗"主要由干、縿、旒、旆四部分组成。旗竿称"干",竿首设叉形器,下部有銎插入竿中。叉形器上安置四小环,系四旄。《诗·鄘风·干旄》:"孑孑干旄。"谓注旄于竿。旄是氂牛尾,后也用鸟羽。竿首下垂直竿而横出者谓之"弧",弧与竿合之撑开旗面。旗面为"縿",呈长方形,縿上缀有短的飘带,谓之"旒"。"旒"又作"斿"。《礼记·明堂位》:"旂十有二旒。"陆德明释文:"本又作斿,力求反。"旒之上端接縿而飘扬的长帛是"旆",或称"大旆"。旆可灵活置收:旗上无旆,休战之式;旗縿佩旆,开战之象。《左传·昭公十三年》记晋以兵车会诸侯:"八月辛未,治兵,建而不旆。壬申,复旆之。"杜预注:"军将战则旆,故曳旆以恐之。"旗之等级差别,用旒之多少以示。天子十二旒,以下诸侯及百官旗旒各有等差。也可不用旒而在旗上画星表示级别高低。四川成都百花潭出土水陆攻战壶旗画四星,山彪镇出土水陆攻战纹铜鉴旗画五星,表示四旒或五旒。

"旗",战旗。先秦的战旗,画熊虎为饰。《周礼·春官·司常》:"熊虎为旗。"《释名·释兵》:"熊虎为旗……将军所建,象其猛如熊虎也。""旗,期也,言与众期于下。"战旗多有专名。《左传·隐公十一年》:"颍考叔取郑伯之旗蝥弧以先登,子都自下射之。"《哀公二年》:"郑人击简子中肩,毙于车中,获其蠭旗。"杜预注:"蠭旗,旗名。"战旗连同战鼓作为军中主要的指挥工具。盖战旗是将帅和军队的标志,军队从战旗而进退。《左传·成公二年》:"张侯曰:'师之耳目,在吾旗鼓,进退从之……'"《东观汉记》卷十:"(耿弇)勒兵入据其城,树下二郡旗鼓,令步兵各以郡人诣旗下。"

“常”，或称“大常”、“太常”，为上古天子所用旗。《周礼·春官·司常》：“日月为常，交龙为旂。”“王建大常，诸侯建旂。”《春官·巾车》：“建大常，十有二斿，以祀。”郑玄注：“太常，九旗之画日月者：正幅为縿，斿则属焉。”即縿上绘以日月之形，缀十二旒。旆上还画升龙、降龙。

“旂”是诸侯所用之旗，竿头系铃，縿画交龙。《说文·㫃部》：“旂，旗有众铃，以令众也。”《尔雅·释天》：“有铃曰旂。”郭璞注：“县(悬)铃于竿头，画交龙于旒。”《释名·释兵》：“交龙为旂。旂，倚也。画作两龙相依倚也，诸侯所建也。”《周礼·春官·司常》：“诸侯建旂。”郑玄注：“诸侯画交龙，一象其升朝，一象其下覆也。”《诗·周颂·载见》：“龙旂阳阳，和铃央央。”其旒为九。《国语·齐语》记周襄王赐齐桓公“龙旗九旒”。但到战国时，诸侯僭越，也用王者十二旒之旗。“旂”亦用作旗帜通称。《左传·桓公二年》：“三辰旂旗，昭其明也。”“三辰”，画日月星于旗。孔颖达疏：“旂旗，是九旗之总名。”

“旐”，郊野官吏之旗，旐上画龟蛇，得名于兆。“龟知气兆之吉凶”(《释名·释兵》)。《诗·小雅·出车》：“设此旐矣。”毛传：“龟蛇曰旐。”古者以龟蛇为北方太阴玄武之象，尚黑，故九旗多用绛(红色)帛，独旐用黑帛，且长八尺独幅(据《尔雅·释天》及郝懿行义疏)。以其黑色，后世用为出丧时给棺柩引路的招魂幡。《礼记·檀弓上》：“孔子之丧……绸练设旐，夏也。”谓从夏制尚黑。《文选·潘岳〈寡妇赋〉》：“飞旐翩以启路。”吕延济曰：“旐，引柩幡幅也。”

縿上画鹰鸟者为“旟”，在朝百官之旗，得名于“與(与)”。“與”，众，“所以进士众”(《说文·㫃部》“旟”)。《诗·鄘风·干旄》：“孑孑干旟，在浚之都。”毛传：“鸟隼曰旟。”后世不用。

《说文·㫃部》：“旃，旗曲柄也，所以旃表士众。”或作“旜”。《周礼·春官·司常》：“通帛为旃。”此为通幅曲柄之旗，大夫所用。《诗·鄘风·干旄》：“孑孑干旄。”毛传：“注旄于干首，大夫之旃也。”《左传·昭公二十年》：“旃以招大夫。”《汉书·田蚡传》：“前堂罗钟鼓，立曲旃。”由于旃是通帛一色，显示位尊，因而可作其他“常、旂”等旗的旗身，上画不同图像而为九旗之别制，以此可作旗的通称。《仪礼·乡射礼》：“于竟(境)，则虎中，龙旃。”“龙旃”，旗身为旃而画物像。秦以后也用。《文选·陆机〈饮马长城窟行〉》：“将遵甘陈迹，收功单于旃。”李善注：“旃，旌旗也。”(“甘”，甘延寿。“陈”，陈遵。)

《周礼·春官·司常》：“杂帛为物。”郑玄注：“杂帛者，以帛素饰其侧。”即以两种以上颜色作縿面。从祖乙卣看，早期縿也是锯齿形重牙为饰，到战国时变为饰于縿末的燕尾式。《释名·释兵》：“杂帛为物，以杂色缀其边为燕尾。”河南山彪镇出土战国水陆攻战纹铜鉴上一旗之縿尾正作燕尾之形。物是建五旒，大夫、士所用。“物”之旗义不用于后世。

“旌”，或作“旍”。“旞”或作“䍁”，一字异体。《周礼·春官·司常》：“全羽为旞，析羽为旌。”“道(导)车载旞，斿车载旌。”《说文·㫃部》：“旞，导车所载。”段注引金榜曰：“道车为象路，斿车为革路、木路。”按，“象路”为王平时国内乘车，得义于顺滑。《释名·释兵》：“旞，犹滑也，顺滑之貌也。”“道车”，象征畅通无阻。“革路”，战车。“木路”，田猎车。然则旞是君王车驾上的仪仗旗。“旌”，得义于精。《说文·㫃部》：“旌，游车载旌，析羽注旄首也，所以精进士卒也。”古代田猎也是一种军事演习。《礼记·哀公问》：“田猎戎事。”故作为战旗之旌，得通用于戎、田之事。旌还有铃。汉东方朔《七谏·自悲》：“载雌霓而为旌。”王逸注：“旌，旗也，有铃为旌也。”上引《周礼·春官·司常》所谓全羽，为一束羽；析羽是分枝或两束羽。战国铜器车马猎纹饰，其一乃两马驾的车尾上载一束长大羽状物，当是“旞”；其一乃四马驾的车尾上载一长大分枝羽状物，当是“旌”。旌是先秦至后世都用作戎阵、田猎中的将帅指挥旗。羽，或洁白，或五彩，精光醒目，斜插于车后。《公羊传·宣公十年》：“庄王亲自手旌，左右撝（挥）军。”《三国志·魏志·夏侯渊传》：“大破遂（韩遂）军，得其旌麾。”旌不仅像一般旗建于战车，而且可用于人与兵器。冲锋的勇士把旌插在肩背上称“被羽”。《国语·晋语一》记晋攻狄，郤叔虎“被羽先升，遂克之”。山彪镇水陆攻战纹铜鉴纹饰壬组第四人，手持长戟，肩插羽毛，正是“被羽”之象。也可用于矛。成都百花潭出土宴乐攻战纹壶交战图像，双方士卒长矛皆系长大分枝的羽毛。旌还用作招贤之旗。《孟子·万章下》：“（招）士以旂，大夫以旌。”谓招大夫用旌。《文选·潘岳〈为贾谧作赠陆机〉诗》：“爰应旌招。”李周翰注：“旌，招贤之饰。”旌的性质与作用如此，故长期用为战旗总称。《楚辞·国殇》：“旌蔽日兮敌若云，矢交坠兮士争先。”汉枚乘《七发》：“旍旗偃蹇，羽毛肃纷。”宋苏轼《前赤壁赋》：“舳舻千里，旌旗蔽空。”他如“旌栅”、“旌钺”、“旌戟”等，不一而足。

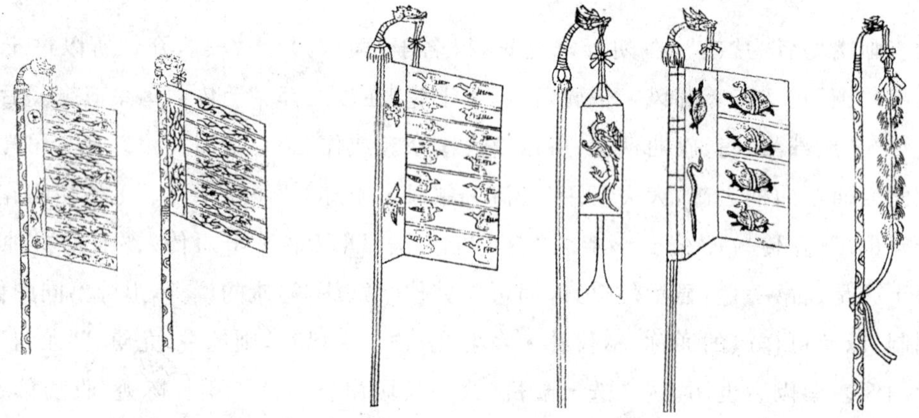

大常　旂　旟　旃　旐　旌

参考文献

[1] 杨英杰：《战车与车战》，东北师范大学出版社，1988 年 10 月。

[2] [宋]聂崇义：《新定三礼图》，上海古籍出版社，1985 年 6 月。

[3] 杨英杰：《先秦旗帜考释》，《文物》1986 年第 2 期。

[4] 杨泓：《战车与车战》，载杨泓《中国古兵器论丛》（增订本），文物出版社，1985 年 10 月。

33. 甲(介)·玄甲·铠·胄·兜鍪(鞮鍪、鞮鞪)

“甲”,皮甲,常作各种护卫衣总称。“铠”,铁甲,有时也作护身衣通称。铁护身衣,西汉曾称“玄甲”。“胄”,护头衣通称。“兜鍪”,专称铁护头衣。

【同义】

《释名·释兵》:“甲……亦曰介,亦曰函,亦曰铠,皆坚重之名也。”《淮南子·说林》:“或射之,则被铠甲,为其不便以得所便。”《书·说命中》:“惟甲胄起戎。”孔传:“甲,铠。胄,兜鍪也。”《太平御览》卷三五六引虞喜《志林》曰:“可以扞御者为械,谓铠甲、兜鍪也。”诸名皆是护卫衣之称。

【辨释】

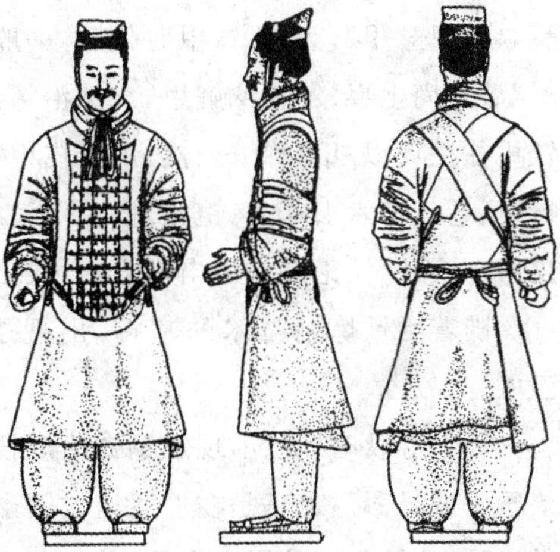

披甲的秦中级军吏俑

甲,作为人体的护身衣,乃从动物的甲壳得到启示。《释名·释兵》:“甲,似物有孚甲以自御也。”传说甲为蚩尤所创。《管子·地数》:“蚩尤受而制之,以为剑铠矛戟。”也有称肇始于少康之子杼。《书·费誓》“乃甲胄”孔颖达引《世本》:“杼作甲。”今所见最早的甲衣为河南安阳侯家庄1004号墓所见皮甲残斑,似乎还是整片皮甲,上有黑、红、白、黄四色图案纹饰。从文献资料可知彼时制甲用料主要是坚韧的犀兕皮、牛皮和鲛鱼皮。《荀子·议兵》:“楚人鲛革、犀兕以为甲。”皮上髹漆。《左传·宣公二年》记筑城役夫讽刺华元弃甲降敌,从乘为主帅辩护:“牛则有皮,犀兕尚多,弃甲则那?”(“那”,奈何。)役夫又反诘:“从(纵)其有皮,丹漆若何?”谓涂甲的丹漆不足。当时有“素甲”、“丹甲”、“黑甲”之名,即涂有丹、黑漆之甲和不涂颜色的本色之甲。甲,通常都分片,呈矩形或正梯形,尺寸较大,每片上下左右开孔,用丝带或皮条,纵横缀连。《左传·襄公三年》:“(楚子)使邓廖帅组甲三百,被练三千,以侵吴。”组、练,皆为丝带。甲片一似书札,故称“甲札”。一般是一层皮革一片,也有两层相合,称“合甲”。《周礼·考工记·函人》:“合甲,五属。……合甲寿三百年。”郑玄注引郑司农曰:“合甲,削革里肉,但取其表,合以为甲。”湖南长沙浏城桥一号墓出土一领春秋晚期皮甲,主要甲片是矩形,四周有芽孔。湖北江陵藤店一号墓出土皮甲,是两层皮革合成的合甲,有些甲孔中还有用以缀连的小皮条,宽2—5毫米。湖北曾侯乙战国大墓则提供了更完整的实例。此墓出土了十二领皮甲，皆涂黑漆。全甲分身甲、甲裙和甲袖三大部分，全部甲衣均用丝带编连。大量的材料表明，殷周时的皮甲采用编连成甲的技术，编成基本合身、下及腰腹的甲衣，又使肩头、手臂、前腹、后腰等关节部位能自由活动。皮甲结合干盾，用于车战中防卫戈矛戟镞的袭击，而自己又可用此类兵器进攻对方。但甲衣制造工艺复杂，成本较高，故唯有战车上的将士才可披甲，而随车的大量徒兵还是肉身赴战。车战中兵车多用四马驾驰。驾马也有甲衣。《诗·秦风·小戎》："俴驷孔群。"笺云："俴，浅也，谓以薄金为介之孔。介，甲也。"此指金属马甲。《左传·成公二年》："齐侯白：'余姑翦灭此而朝食。'不介马而驰之。""介马"，给马披甲。齐侯轻敌而不介马，乃是破例，可见通常马要披甲。曾侯乙墓已揭剥出两件马面帘：黑漆，用整片皮革裁剪成，除双耳、双眼有孔，整个马头均被皮甲蒙裹，帘面还施红漆彩绘。

皮甲，上古称作"甲"，或作"介"。《礼记·曲礼上》："介胄则有不可犯之色。"《表记》作"甲胄"。上引《左传·成公二年》"不介马而驰之"亦其例。唯作动词，"甲"可代称披甲之士。《左传·宣公二年》："晋侯饮赵盾酒，伏甲将攻之。"《战国策·燕策二》："齐军败，燕得甲首二万人。"兵车一乘随披甲之士十人（其他无甲），称"甲首"。先秦之甲，无论披身、戴头、人披马裹，皆可称"甲"。进入铁甲时代后，一般用"铠"称铁甲（见下文），但也可承古而用"甲"。曹操《破袁尚上事》："投戈解甲，翕然沮坏。"（"翕"，急疾。）在《唐六典》、《武经总要》等文献中，铁甲往往仅以"甲"称。当然，由于皮甲在秦以后并用不废，故有时"甲"也可指皮甲。《太平御览》卷三五六引李尤《铠铭》曰："甲铠之施，捍御锋矢。尚其坚刚，或用犀兕。"此"甲"即谓皮甲。因此，无论在铁甲出现之前，或出现之后，"甲"始终是各种护卫衣的总称。

随着冶铁炼钢技术的掌握，出现了铁质武器，也同时出现了铁质防务装备——铁护卫衣。

大约春秋时期已出现了钢铁冶炼技术，至公元前三世纪，钢铁兵器已在燕国、楚国、三晋诸国大放异彩。也正是在上述诸侯国出现了最早的铁甲衣。《战国策·韩策一》记苏秦以合纵说韩王，赞韩国的军事优势，其中即有"铁幕"一名。《史记·苏秦列传》亦有"坚甲铁幕"之语。司马贞索隐引刘云："（铁幕）谓以铁为臂胫之衣。"即是铁的护臂、护胫（腿）。文献中也出现了"铁甲"、"铠甲"之称。《吕氏春秋·贵卒》："赵氏攻中山，中山之人……衣铁甲、操铁杖以战。"《韩非子·五蠹》："共工之战，铁銛矩者及乎敌，铠甲不坚者伤乎体。"（"銛"，箭头。"矩"，通"钜"，长兵器。）"铠"者，《释名·释兵》曰："铠犹垲，垲，坚重之言也。"按，"垲"，坚石。"铠"，即从金从垲省，垲亦声，会其意是：金属制的坚硬之衣，即铁甲衣。今所见最早的铁甲衣是燕下都出土的一些铁甲片和铁头衣（见下）。但是整个战国时期，铁甲衣尚未流行，即使已掌握了先进的钢铁冶炼技术的秦国，也尚未将铁用于制造进攻武器和防卫装备。秦陵兵马俑坑出土物大量是青铜武器，陶俑士卒身上的披甲，大都是皮甲的模拟物。

到了西汉，铁制兵器渐占优势，铁甲衣也渐趋主导地位。在此过渡时期，称名也在"过渡"：或承古而用"甲"，或称"玄甲"。后者如《史记·卫将军骠骑列传》记霍去病死时，"天子悼之,发属国玄甲军,阵自长安至茂陵,为冢象祁连山。"张守节正义:"玄甲,铁甲也。"盖铁为玄黑色,故名。西汉后也或沿用。《太平御览》卷三五五引《东观汉记》:"祭遵薨……遣校尉发骑士四百人被玄甲。"此承西汉丧制。《后汉书·窦宪传》所载班固《封燕然山铭》:"玄甲耀日,朱旗绛矢。"此状军队盛容。西汉的玄甲军,可从咸阳杨家湾出土的2500个以上模拟送葬军阵的彩绘陶俑窥见遗影:陶俑士卒有40%身披黑色铠甲,再用红色和白色勾勒甲片的细部。今西汉的铁甲衣已见较多实物,洛阳西郊3023号西汉晚期墓、内蒙古呼和浩特二十家子古城、河北满城西汉1号墓等均有实物出土。从诸出土物可见,西汉早中期大都还是大型札甲,即以较大的矩形铁甲片用麻绳缀连。汉武帝时期,以细密精致的中、小型鱼鳞状铁甲片编连成鱼鳞状的铁甲衣,进一步增强了防卫能力。与此同时,"铠"也开始成为铁甲衣的正称。汉武帝时期的居延汉简中"铠"、"铁铠"屡见不鲜,而皮甲称"革甲"、"革",二者界域分明。

从东汉、三国起,铁制兵器完全取代了青铜兵器,人体的护卫衣也完全进入铠甲时期。"铠"在文献中遂更为习用、频见。当时,铠的质量大为提高,出现了多次锻炼的钢铠。诸葛亮《作刚(钢)铠教》:"敕作部皆作五折刚(钢)铠、十折矛以给之。"诸葛亮的五锻钢铠到南北朝时犹颇出名,《南史·殷孝祖传》:"御仗先有诸葛亮筒袖铠、铁帽,二十五石弩射之不能入。"铠甲的种类也甚多,曹植《上铠表》:"先帝赐臣铠,黑光、明光各一领,两当铠一领,赤鍊铠一领,马铠一领。今世已平,兵革无事,乞悉以付铠曹自理。"两当铠,像当时武官所衣裲裆衫形,由一片胸甲与一片背甲构成,肩部扣结,腰部束带,其甲片或矩形甲或鱼鳞甲。明光铠,胸前有两金属圆护,像明镜闪光。此二品,是南北朝、隋代时骑兵流行的铠式。马铠又称"马具装"、"具装铠"。《晋书·桓宣传》:"谨奉输马具装百具,步铠五百领。"南北朝时,已为骑兵中普遍的装备。不过,由于制作代价较高,且负重而影响马的速度,到唐代,已不盛行。今所见敦煌壁画,如156窟《张议潮出行图》中的成队骑兵,皆是人披铠甲而马无具装。在唐代,铠甲形制空前丰富。《唐六典》卷十六列出明光甲、细鳞甲、山文甲等十三种,质料也有铁、皮、绢布等,然用于实战的主要仍是坚固的铁甲;施以五彩繁文缛饰的绢布甲与豪华的马具铠一样多用于仪卫卤簿。到宋代,铠甲发展到高峰,各种工序、规格都有定式,工艺更精湛。据宋沈括《梦溪笔谈》记载,他所主持的用冷锻垫锻所造的"瘊子甲",用强弩五十步内也不能射穿。但是毕竟由于铠甲的锻造极费工时、财力,全装铠甲,重达四五十斤;特别由于火药的发明、火器的使用,铠连同甲到南宋而衰。明代的锁子甲、带网腕甲、铁网裙裤等,乃其余波而已。

由上可见,"铠"是铁甲衣的专称。但是,由于铁甲衣是主流,故"铠"自然也可作护身衣的通称。《太平御览》卷三五六引汉孔融《寘刑论》曰:"古圣作犀兕革铠,今盆领铁铠,绝圣甚远。"又卷三五五引王隐《晋书》曰:"(马隆)以磁石累夹道侧,贼铠不得过,隆兵着牛皮铠得过,贼以为神。"

"胄",其字初文本就是头盔的象形,上有缨饰出顶,是护头衣的通称。安阳侯家庄殷墟出土的140多顶虎头形铜盔，皆是范铸，中间合缝处为脊棱，其左右、后部向下伸展，可护耳、颈。其顶部上竖铜管，以安缨饰。胄里凸凹不平，可见戴时内必裹巾。有较多的铜胄正面铸有兽面纹饰，至兽嘴处露出人面，故戴胄后，像戎士头上踞一猛兽，更显威武。也有的胄上部不作兽面而铸出两只大眼，或两个大圆葵纹，也可增加刚勇之态。西周的青铜胄，在北京昌平浮西西周墓以及东北地区一些周代墓葬均有发现，皆素面无饰。铁胄，先秦比较少见，今所见最早的是易县燕下都44号墓的出土物，通高26厘米，属战国后期遗物。与护身衣一样，先秦之胄主要为革制，少量是铜制。胄要与甲衣合用，即头衣与身衣相配，犹如蓑与笠相配，故"甲胄"常连用，泛指护卫之衣。《礼记·表记》："是故君子衰绖则有哀色，端冕则有敬色，甲胄则有不可辱之色。"（"衰绖"，cuī dié）谓将士披甲戴胄，尤显庄重、威严。戎士戴胄，就是戴军帽。若向长者、尊者表礼，就当"免胄"，否则即是不敬。《左传·僖公三十三年》记秦师路经周的北门，"左右免胄而下"，谓皆下车脱胄致敬。交战时遇敌国之君也不例外。《成公十六年》记晋楚鄢陵之战中晋国主帅"郤子三遇楚子（楚共王）之卒，见楚子必下，免胄而趋风"。（"趋风"，疾趋如风。）从汉代起，护头衣与护身衣一样由皮质转变为铁质，而"胄"仍作通称。《史记·绛侯周勃世家》："天子乃按辔徐行。至营，将军亚夫持兵揖曰：'介胄之士不拜，请以军礼见。'"晋陆机《从军行》："朝食不免胄，夕息常负戈。"《隋书·权武传》："袭庆力战，矢尽……刀矟皆折，脱胄掷地，向贼大骂。"《新唐书·冯盎传》："（冯）盎进讨，兵始合，辄释胄大呼。"

"兜鍪"，《说文》以释"胄"，可见二者同义。但"鍪"字从金，当是铁胄之称，始于战国。《战国策·韩策一》："当敌即斩坚。甲、盾、鞮鍪、铁幕。"鲍彪注："鞮，革履。鍪，兜鍪。"按，此当连"鞮"为解。《汉书·韩延寿传》："命骑士兵车四面营陈（阵），被甲鞮鞪居马上。"颜师古注："鞮鞪，即兜鍪也。"《后汉书·袁绍传上》："绍脱兜鍪抵地。"《太平御览》卷三五六引《吴历》曰："（诸葛）恪使丁奉等皆解铠，但著兜鍪。"郭义恭《广志》曰："獠……皆以朱漆皮为兜鍪。"可见，兜鍪本非皮制品。又卷三五六引车频《秦书》曰："苻登……自立，皆刻'兜鍪作死休'字，示士以必死为度。""兜鍪"是联绵词，"头"的缓读，与"髑髅"为头相同，唯"兜鍪"，以头示头形之物，也可单作"鍪"。《淮南子·氾论》："古者有鍪。"高诱注："鍪，头著兜鍪。"《说文·金部》："鍪，鍑属。"朱骏声曰："似釜而反唇，或曰小釜。"（《说文通训定声·孚部》"鍪"字）盖是圆底、敛口、边缘翻卷的头形炊锅。铁头衣似之，遂也喻称之。而"兜鍪"本不同于"鍪"，但因音同，遂也用"鍪"。于是"兜鍪"既为不可分解的联绵词，但又可单用"鍪"；而"鞮"、"兜"乃一声之转，故"鞮（鍪）"即"兜鍪"。鲍彪未明于此，遂于《战国策·韩策一》"兜鍪"一词误分解为二物。

附及：今称兜鍪为头盔。《玉篇·皿部》："盔，钵也。"则以头盔像覆钵而得名。此"盔"文言中少见。

参考文献

[1] 本书编写组:《中国军事史》第一卷《兵器》,解放军出版社,1983 年 5 月。
[2] 刘旭:《中国古代兵器图册》,书目文献出版社,1986 年 11 月。
[3] 成东、钟少异:《中国古代兵器图集》,解放军出版社,1990 年 9 月。
[4] 杨泓:《中国古代的甲胄》,载杨泓《中国古兵器论丛》(增订本),文物出版社,1985 年 10 月第 2 版。
[5] 杨泓:《中国古代甲胄的新发现和有关问题》,同上。

34. 壁(辟)·垒

“垒”,临时择地构筑、用于军事防御、有围墙的营垒。“壁”,有一定高度、较陡峭的垒墙。“壁”之称始见于战国,表明已从车战时代进入壁垒时代。壁垒的出现是战术发展中的一大飞跃。

【同义】

《文选·张衡〈思玄赋〉》:“观壁垒于北落兮。”旧注:“壁,营壁也。”《晋书·庾和传》:“修城池,立垒壁。”“壁垒”“垒壁”皆同义连用,泛指营垒。

【辨释】

《说文·土部》:“垒,军壁也。”又《厽部》:“垒,絫墼也。”“厽,累坺土为墙壁。”分为三字。按,“墼”,未烧的砖坯。坺土,是未成墼者,即一般野土。其实,从实际使用看,三字可视为一词,指累土围成的墙壁;从军事上看,即是野战中用于军事防御的军营、营垒。《左传·文公十二年》:“请深垒固军以待之。”孔颖达疏:“垒,壁也,军营所处,筑土自卫,谓之为垒。”《礼记·曲礼上》:“四郊多垒,此卿大夫之辱也。”郑玄注:“垒,军壁也。数见侵伐,故多垒。”《管子·制分》:“故善用兵者,无沟垒而有耳目。”《史记·淮阴侯列传》:“足下深沟高垒,坚营勿与战。”《宋史·刘子羽传》:“金人已至,距营十数里,子羽据胡床坐于垒口。”“垒口”,营垒出入口。垒,用以休兵,一般是临战时择地构筑。也有筑于边境,比较固定屯兵以戍卫者,盖是少数,如上引《礼记·曲礼上》“四郊多垒”例。此近于“堡”。今有“堡垒”一词。

《说文·土部》:“壁,垣也。”此浑言。“壁”,本指宫室内壁。《史记·司马相如列传》:“家居徒四壁立。”(参第202条)内壁高而陡直,异于外墙。常以称陡峭的山崖。《三国志·吴志·贺齐传》:“林历山四面壁立,高数十丈。”《世说新语·赏誉》:“王公目太尉:岩岩清峙,壁立千仞。”唯此,指称军事防御建筑,也必指有一定高度、较陡峭的垒墙。“壁”,则指达到一定规格的垒,是营垒,此称从战国起出现。《墨子·备城门》:“复使卒急为垒壁,以盖瓦复(覆)之。”《左传·成公二年》:“既而问之,辟司徒之妻也。”杜预注:“辟司徒,主垒壁者。”陆德明释文:“辟,音壁。”即“辟”通“壁”。《史记·高祖本纪》:“(汉王)自称使者,晨驰入张耳、韩信壁,而夺之军。”《黥布列传》:“汉王……深沟壁垒,分卒守徼乘塞。”“沟、垒”,指营垒堑壕,“深、壁”皆使动用法,意为深挖沟,高筑垒。此很可说明壁比垒要求高。《汉书·灌夫传》:“夫(灌夫)身中大创十余……曰:‘吾盖知吴壁曲折,请复往。’”《后汉书·耿弇传》:“钟城人闻祝阿已溃,大恐惧,遂空壁亡去。”《晋书·郗鉴传》:“(鉴)乃遣夏侯长等间行,谓温峤曰:‘宜先立营垒,屯据要害,既防其越逸,又断城粮运,然后静镇京口,清壁以待贼。’”《南史·梁武帝纪》:“魏将王肃、刘昶攻司州……肃倾壁十万阵于水北。”《新唐书·循吏传·韦仁寿》:“(仁寿)将还,酋长泣曰:‘天子藉公镇抚,奈何欲去我?’仁寿以池壁未立为解。诸酋即相率筑城。”即筑城墙以构壁。唐高适《信安王幕府》诗:“夜壁冲高斗,寒空(一作‘江’)驻彩旃。”

“壁”之称始见于战国,表明其时出现了真正的壁垒,开始进入壁垒时代。而壁垒的出现,是我国军事史上历史性的转折,标志着步骑兵时代的到来,也是战术发展中的一大飞跃。

最原始的战争是交战双方各手持石制兵器的搏击和角力,没有战略战术,不分进攻和防御,系一场混乱的厮杀。进入青铜时代,开始车战时期,遂出现了有组织的战斗队形——阵。这是战术史上的第一次飞跃。商代西周的车阵是密集的横排方阵,即以战车为核心,连同附属的徒兵(步兵)构成左、中、右三个方阵。到春秋时期,除了这传统的阵形,还出现了用于夹击的左右角阵形和圆阵,并加强了纵深线,从而能用战车进行正击、侧击(攻两翼)、包围、诱退、伏击等战术。如晋楚城濮之战“集中运用了侧击、诱退、夹击等一系列战法”,“揭开了中国战术史、世界战术史上最光辉的第一页”(卢林书 59 页)。但是,在车战时期的野战,无论施用什么战术,都没有成熟壁垒的运用。有时,野战中将战车与辎重车相环联,构成环形或线式临时屏障,但此仅是初级的垒,更不是壁。到了战国,壁垒才进入征战疆场。这是战术史上的第二次飞跃。壁垒在此时产生,并不偶然。其一,步兵成为主要兵种。强弩、冲车等新式战具的发明使用,使战车失去了往日的威力;井田制的破坏,不规则的道路,战场的扩大,使战车越发不能适应。到战国时,已发展为步、骑、水、车四个兵种,一般均以步兵为主体,骑兵辅翼。如楚国有虎贲之士百余万,车千乘,骑万匹(《战国策·楚策》)。赵国带甲数十万,车千乘,骑万匹(《赵策》)。齐魏马陵之战,魏军被歼十万。秦进攻韩魏的伊阙之战,斩首二十四万。秦赵长平之战,赵国被歼四十五万。被歼者主要是步兵。攻城、野战既以步兵为主,就必须构筑壁垒。其二,战术的多样化。春秋时代的车战,虽已不是单一全正面的攻击战术,但基本上仍是直线运动。到战国时,迂回、包围、伏击、奇袭等已是野战、城邑攻防中的常用方法,尤其是新兴的骑兵,更利于施展灵活机动的战术,故必须设置一定规模、较隐蔽的营垒,以随时按照战术变化的需要,调整兵力,变化阵法,出奇制胜。其三,城邑攻防战术的发展。到战国时,随着生产力的提高,人口集中的城邑更多,许多城邑成为城市(参第 47 条),军事上已有一整套城邑攻防战术。城邑之守,要求“城厚以高,壕池深以广。楼撕楯,守备缮利,薪食足以支三月以上”(《墨子·备城门》)。具体包括城墙主体的高厚度、女墙、门、上下台阶等皆要合于防守;城墙上还要设置望楼、橹、表等。妥善放置各种武器、防火攻烟薰的物具、巢车、苣薪、蒺藜,乃至材木瓦石等各种战备物资;城墙下里外防御设施要完善,如城河必深、宽,吊桥完好,河之内沿必设木栅,堆积柴薪,以备燃薪挡敌。而攻城之法也甚多,有水攻、火攻、穴攻、云梯、冲车攻、围攻等(参《墨子》关于城守各篇)。作为军营的壁垒,正是城邑攻防模式在野战中的延伸。《六韬·龙韬·王翼》:“修沟堑,治壁垒,以备守御。”《龙韬·奇兵》:“深沟高垒,粮多者,所以持久也。”《虎韬·军略》:“设营垒,则有天罗、武落、行马、蒺藜。”“天罗”云云,皆为拒敌之物。《豹韬·突战》:“去城四里而为垒,金鼓旌旗,皆列而张,别队为伏兵,令在垒上多积强弩,百步一突门,门有行马,车骑居外,勇力锐士隐伏而处。"《孙膑兵法·陈忌问垒》中也有对构筑壁垒的论说。合诸家之论可知,所谓壁垒者,先在规定的区界掘土,垒成土墙,并形成墙前的壕沟,故文献中常"沟、垒"并举,此相当于"城、池"。壁墙前设置各种障碍物,壁上树旌旗,安置强弩手守卫,精锐步卒隐蔽于壁中,每隔百步设一供出击的突门,门口有阻敌障物。车骑兵在壁外,以随时迂回、阻击来犯之敌。总之,壁垒的构筑要求,与城邑基本相同。一个壁垒犹如一个小型临时军城、军营。

从战国到西汉的几次著名战役都是使用壁垒的生动战例。公元前260年的秦赵长平大围战,双方均构筑壁垒。赵国被围,先是廉颇"坚壁",抵挡了秦军进攻。但不久代以赵括,秦诱括出壁而战,又佯败而退,"赵军遂胜,追造秦壁,壁坚拒不得入,秦奇兵二万五千人绝赵后,又一军五千骑绝赵壁间,赵军分而为二,粮道绝。而秦出轻兵击之。赵战不利,因筑壁坚守,以待救至"。秦遂增派援军,在赵军四周构筑军垒阵地,将赵军包围,阻赵援军与粮运。赵卒校被围四十六日,互相杀食,突围失败,最终赵壁四十余万士卒,全部束手就擒(见《史记·白起王翦列传》)。项、刘灭秦的关键决战——巨鹿之战,秦军被楚军围于巨鹿,"诸侯军救巨鹿下者十余壁,莫敢纵兵。及楚击秦,诸将皆从壁上观"(《史记·项羽本纪》)。可见,各诸侯援军皆构筑壁垒。韩信统率的井陉破赵之战,更是智取敌方壁垒、战而胜之的范例。赵王、陈余在井陉口"深沟高垒",聚兵号称二十万(实十万),而韩信仅数千,但他探知对方实情后,决定引奇兵入两山间狭长的井陉道。于半夜令轻骑二千,各持一赤帜从小路行近赵壁垒处埋伏、窥伺。拂晓时,信自引大军至井陉口,并诱敌出战,"赵开壁击之"后,又"空壁"追逐韩信等。此时,预伏的二千轻骑按预计,"共候赵空壁逐利,则驰入赵壁,皆拔赵帜,立汉赤帜二千"。赵军见而大惊,"欲还归壁,壁皆汉赤帜",遂乱而遁,结果全军覆灭(见《史记·淮阴侯列传》)。

事实表明,"在野战中出现了'壁垒',进攻同防御才清楚地区分出来"(卢林书63页);同时,又造成了交战双方进攻与防御的复杂运动,给军事家创造各种战术、提高作战水平开辟了坦途。可以说,只有当出现了壁垒,一场场战斗才真正成为军事的艺术。

参考文献

[1] 本书编写组:《中国军事史》第二卷《兵略》(上),解放军出版社,1986年8月。
[2] 本书编写组:《中国军事史》第三卷《兵制》,解放军出版社,1987年10月。
[3] 岑仲勉:《墨子城守各篇简注》,中华书局,1987年8月。
[4] 卢林:《战术史纲要》,解放军出版社,1987年10月。
[5]《中国军事史》编写组:《武经七书注释》,解放军出版社,1986年8月。
[6] 本书编写组:《中国军事史》第六卷《兵垒》,解放军出版社,1991年2月。
[7] [清]孙诒让:《墨子间诂》,中华书局,1985年5月。

35. 烽(熢、㷭、爟、蓬)·燧(隧、燧)

严密、完备的汉代烽火，有五种烽号：草烽、布烽，表(旗帜)，烟，苣火，薪火。前三种称"烽"，施于昼；后二种为"燧"，施于夜。但"燧"不单用。南北朝起，"烽"已可指烟与苣火，且渐成烽燧总称；"燧"也可单用，指亭燧之火，但不广泛。

【同义】

《汉书·韩安国传》："匈奴不敢饮马于河，置㷭燧然后敢牧马。"颜师古注："燧，古燧字。""㷭燧"同"烽燧"。《晋书·隐逸传·范粲》："两域流通，无烽燧之警。"《唐律疏议·禁卫下·烽候下》："即不应举烽隧而举……各徙一年。"(《唐律疏议》卷八)"烽燧"常连用，指报警的烽火。

【辨释】

对于烽与燧之别，历来众说纷纭。《汉书·贾谊传》："斥候望烽燧不得卧。"颜师古注引文颖曰："有寇即火燃举之以相告曰烽。又多积薪。寇至即燃之以望其烟曰燧。"颜注引张晏曰："昼举烽，夜燔燧也。"而颜氏断曰："张说误也。昼则燔燧，夜则举烽也。"有非颜说者。《史记·周本纪》："幽王为烽燧大鼓，有寇至，则举燧火。"张守节正义："昼日燃烽以望火烟，夜举燧以望火光也。熢，土鲁(同'橹')也。燧，炬火也。"今人于"烽"也有燃与不燃之争。一些辞书于"烽"、"燧"往往引旧说而未断。

烽火之制是古代一项重要的军事警备与通讯联络制度。最早如《史记·周本纪》所记，西周幽王时期已具，下至现代科学的警备、通讯手段产生才告结束，历时三千年。历代的烽火制度，数汉代用于边塞防御者最为严密、完备，而烽与燧，即烽号，又是烽火制度的核心。因此，欲明"烽、燧"之别，关键当识汉代的烽号。

烽号，代有所承与变化。西周时的烽号是烽、燧、鼓三种。战国时，《墨子·备城门》诸篇所记，有烽、表、火、蓝(通"篮")、帜、鼓等。帜，一般作城防号令。到汉代，从出土大量汉简与文献材料看，共有以下五种：

一是烽。分草烽、布烽两种。EJT37.1537(代号见谢桂华等文。下同)："草烽一。"草烽又称"胡笼"、"放篓"。311.31："胡笼一破……烽皆白。"217.11："放娄(篓)不鲜明。"此即《汉书·司马相如传下》"夫边郡之士，闻㷭举燧燔"句孟康注所称"㷭如覆米䉛"。《汉书音义》所称"以薪草置其中"的"兜零"(《太平御览》卷三三五)，半圆形的篝笼。草烽要求色彩鲜明。布烽是扁平、方形的"坙"(木框架)上用烽布索蒙缚赤色或白色布幔。517.11："今月余赤蓬一。"596.1:"布蓬三。"王莽时每一亭燧备一枚革烽、三枚布烽。后有所增。烽的设置有三种:在亭台顶上者,称"堠上烽"或"亭上烽";在挑出的橹楼上者,称"坞上旁烽",在坞外地上者,称"地烽"。主要是第一种。汉唐注家大都以为凡烽皆采用桔槔结构上举,今人多从之。但从出土实物看,皆不用桔槔,而是直立烽竿(竹木竿)。沙畹 694:"烽干长三丈。"烽索长于竿。354.4:"下索长四丈三尺。"竿头凿方孔以贯横木,并置鹿栌(滑轮)以挂系烽的烽索。277.31:"累举蓬鹿卢。"若有警,则收拉烽索,能很快将烽升于竿顶。

二是表。即"坞上大表",均在坞中升举,一般大于布烽,175.1913:"阳城坞宽高,表厚上下举。"甲 719:"……日西中时使迹虏坞上表再通。"汉刘歆《遂初赋》:"望亭燧之皦皦兮,飞旗帜之翩翩。""旗帜"即指表。表是长条形大块布帛。不用坙框,但其上下贯有坙木,便于平展升举。EJT23.765:"蓝入表坙单小。"表,一般大于布烽。《墨子·旗帜》:"帜,竿长二丈五,帛长丈五,广半幅者大(当作'六')。"《备城门》:"城上五十步一表,长丈,弃水者操表摇之。"汉表,盖也近之。表的升举与烽同:表系于烽索,上挂于烽竿顶之鹿栌,遇警即拉索举表于竿顶。

三是烟。烟主要是烟灶高囱升的高烟柱。烟灶,汉简中有"壠灶""烟造(通"灶")"等称,"壠灶",即《墨子·备城门》之"聋灶",中空隆起,内设火膛,以蓄火种。EPS4T 2.45:"堠上烟窦,突出埤垸二尺,腰中央三尺……"据此可知,烟灶不同于饮食与取暖用灶,乃露天傍烽台而筑。烟囱高于堠顶女墙二尺;上细下粗,中围三尺。1974 年发掘甲渠塞第四烽燧台,其堠、坞之西南夹角,有一露天灶,灶台高 1.1 米,长宽 70×60 厘米,中有圆形火膛,傍烽台壁凿沟槽为囱,沿壁而上,现残高 1 米。此即为烟灶。遇惊时,灶中投入薪柴,所蓄火种即燃,烟通过长烟囱抽吸,可上冲甚高。烟还可通过煴火燃积薪而生。此在汉唐注家已言及。《太平御览》三三五引《汉书音义》:"高台……下多积薪,寇至则燔之,望其烟曰燧。"上引《汉书·贾谊传》句文颖注:"又多积薪,寇至即燃之,以望其烟曰燧。"

四是苣(炬)火。《说文·艸部》:"苣,束苇烧也。"简文多有关于苣的载录。如 264.32:"毋角火苣五十。"506.1:"小苣三百。"大苣称"桯苣",中苣为"四尺苣"。敦煌不少烽燧遗址获见之苣,一般是苇苣,也有芨芨草苣,确有大、中、小不同规格。大者长 200 多厘米,中者 100 多厘米,短者不到 10 厘米,皆用细麻绳或苇捆扎。一个亭燧配备桯苣数枚,小苣二三百枚。夜间,一旦遇敌情,由小苣四尺苣持续燃至天明。小苣插在楔上,楔大约固定于一种升降装置,苣燃即可升悬烽竿顶。桯苣装一长柄,使用待考。

五是薪火。积薪在诸守御器簿中,也记载甚多。如 EJT37.1537:"大积薪三。""小积薪三。"甲 797:"积薪八,皆毋涂布。"积薪分大小两种,分堆置放,每堆将苇束分层交错垒放,插入削尖的红柳棍以加固;苇束上铺砂砾以防风。堆呈方形,设于离亭燧稍远之处。薪堆,四周有涂泥的短墙垣、框架等以规纳、防护。今所见 PD·21 燧南 50 米的十六堆积薪,南北行每组四堆,间距 20 米,东西行间距 20 米,皆呈方形。PD·23 燧南 70 米,共四堆,底 1.9×2.5 米,高 1.3 米,由 16 层长苣垒叠的方形体。燃积薪,主要生明火,也可生烟。

在汉代，这五种烽号举放有序：白日先举烽，次举表，最后放烟；夜晚先燔积薪，后举苣火。利用烽号种类、数量、举放时间不同，可组合成许多复杂、秘密的信息。烽号的数目多少表示敌情程度，如积薪愈多，表示入侵之敌越多。居延《烽火品》(甲 117)："昼举亭上烽，一烟。"发出烽号，谓之"出"，接受烽号谓之"入"、"受"；接受者依样升举所受烽号谓之"付"。出入受付，均按规定的联络线路，但据敌情程度可灵活安排，定向、单向、多向等均可。并且对于因风雨、敌扰、失职等所造成的特殊情况，均有应变的规定。据考，汉烽传递速度，平均一汉时(一昼夜十八至十六时)行近百里，一昼夜约可行千八百汉里，合今千三四百里。不过，唐《烽式》所记一日夜行二千里，汉尚不及唐。

"烽"，汉简作"熢、蠭、蘴、篷"等。字本当为"蓬"，与火无关，其他皆俗字。《墨子·旗帜》："凡守城之法……蓬艾有积。"今居延、敦煌出土反映汉烽火制度的汉简即称《蓬火品约》，简文全作"蓬"。今有些汉简研究者犹以"蓬号"、"蓬火制度"而称，固当。《说文·艸部》："蓬，蒿也。"蓬蒿风卷而飞，又名飞蓬。《诗·卫风·伯兮》："自伯之东，首如飞蓬。"以声而言，蓬从夆声，与"熢、琫、菶、唪、蠭、锋"诸字同源，皆从丰声。《说文·生部》："丰，艸盛丰丰也。""丰"有盛扬义。故"琫"是"佩刀上饰"，"菶，草盛"，"蠭"是"飞虫"(皆据《说文》)，则"蓬"用于亭燧，也取上扬义。上扬，盖为作标志物以示远。《墨子·旗帜》："亭尉各为帜……鼓三，举一帜……鼓四，举二帜……"《号令》："望见寇，举一垂；入竟(境)，举二垂……"孙诒让《间诂》引俞樾曰："垂者，郵之坏字。郵即表也。"《杂守》："望见寇，举一烽，入境，举二烽……"举烽，犹举表、举帜。《说文·火部》："熢，燧候表也。边有警则举火。"此首句正释其朔义。后句乃从亭燧之整体而言，以明字从火之意。此与𨸏(suì)部之"隧"字，释为"塞上亭，守隧火者也"正互相补足：以"隧"明烽燧之作边塞报警处所义；以"隧"明烽为标志物，燧则指火。故不得泥说解后句而以烽为火。要之，烽者，是以形体、颜色为标志物、白天升举的信号。汉简中的"蓬"(烽)即是指不燃的上举信号，如草烽、布烽，且常称以"举"，如"举一烽"、"举二烽"、"举三烽"、"举烽燔薪"等语在《烽火品约》中频见。传世文献所用亦若此。《史记·司马相如列传》："夫边郡之士，闻烽举燧燔。"司马贞索隐引韦昭曰："熢，束草置之长木之端，如挈皋，见敌则烧举之。"《魏公子列传》："公子与魏王博，而北境传举烽，言'赵寇至，且入界'。"裴骃集解引文颖曰："(烽)常低之，有寇即火然(燃)举之以相告。"文例与汉简同，诸"烽"亦当为不燃之物，注家所释为燃物，并拟为桔槔，盖误。如前所述，白日所举还有烟、表。表与布蓬性质相同。烟也是上扬的信号。《汉书·匈奴传下》："初，北边自宣帝以来，数世不见烟火之警。""烟火"，犹烽火。"烽、燧"若对言，烟、表则属"烽"。《墨子·号令》："比至城者三表，与城上烽燧相望；昼则举烽，夜则举火。"此"烽"，即指烟、表。"火"，指苣火(非积薪)。

"燧"，从遂得声义(参第 251 条)，本指取火具。《淮南子·天文》："故阳燧见日，则燃而为火。"又作"隧"。《太平御览》卷七一七引魏高堂隆奏："隧符一名阳燧，取火于日。"《论语·阳货》："新谷既升，钻燧改火。"谓钻木出火。又指炬火。《左传·定公四年》："王使执燧象以奔吴师。”杜预注：“烧火燧系象尾使赴吴师惊却之。”汉班固《西都赋》：“割鲜野食，举燧命爵。”故用于亭燧烽号，乃专指夜晚施放的火，具体即指薪火、苣火。但无论书面文献或汉简，“燧”之炬火义几乎皆用于“烽燧”对举时，并与“燔”、“燃”、“举”诸词相应；若单用，一般用作亭燧义。

总上所论，在汉代，“白日所举的烽、表、烟，可以总称为烽；夜间所燔的积薪与苣火，可以总称为火或燧。所以烽火、烽燧乃兼日夜而言”（陈梦家文）。

但是汉以后烽号有变异，故“烽、燧”之义用也有变化。

前引《汉书音义》，韦昭、文颖等以桔槔释烽之类，虽属误注，但并非向壁虚造之说，盖已反映汉后之烽制变化。《太平御览》卷三三五引甘氏《天文占》所言更为具体：“边地警备烽候相望，虏至则举烽火十丈，如今之井桔槔，大锤其头。若警急，燃火放之，权重，本低则末仰，人见烽火。”其书，《汉书·艺文志》未录。盖为后人羼入之文字，也可反映汉后之烽制。至《武经总要》引《唐兵部烽式》，烽号仅烟、火两种。《唐六典》曰：“凡烽候，大率相去三十里，其放烽有一炬、二炬、三炬、四炬，以是成多少而为差焉。”《新唐书·东夷传·高丽》：“初，帝自太子所属行在，舍置一烽，约下辽东举烽，是日传燎入塞。”诸“烽”已是燃炬。“烽”为举火，最早可上溯至南北朝。南朝陈徐陵《与杨仆射书》：“铛铛晓漏，的的宵烽，隔溆浦而相闻，临高台而可望。”《南史·崔慧景传》：“（慧景）子觉至，仍使领兵袭京口……于是登北固楼，并千蜡烛为烽火，举以应觉。”南北朝后，更为习见。明戚继光《练兵纪实杂集》：“凡遇敌马所向之处，该数举烽左右分传。……各路兵马，见烽即行收拾器械。”盖南北朝起，汉之草烽、布烽业已废止，唯有烟火。“烽”除称烟，亦可称苣火。“烽”甚至还可称亭燧，汉简以燧隧称诸亭燧，但唐代皆以“烽”。敦煌唐写本《沙州图经》所记如神威烽、白山烽、曲泽烽等全称“烽”。《唐兵部烽式》还规定每烽有烽帅烽副各一人，烽子六人。唐李筌《神机制敌太白阴经·烽燧台》卷五曰：“一烽六人，五人烽子，递知更刻，观望动静，一人烽卒知文书符牒传递。”均以燧称亭燧。故至唐时，烽已包括汉“烽、燧”之义，成为烽燧总称。唯此，颜师古等遂以唐律汉，肇为误说。至于“燧”，汉以后却可单用指亭燧之苣火。南朝梁简文帝《贺洛阳平启》：“每兴燔燧之警，常劳守障之民。”南朝宋谢庄《和元日雪花应诏诗》：“从候昭神世，息燧应颂道。”然其使用远不及“烽”之普遍。

说明：文中所引汉简，编号多据《居延汉简甲乙编》。新发现的居延简，EP指破城子，EJ指金关，EPS4指破城子南甲渠侯官第四燧。可参谢桂华等《合校》之《居延汉简简号、出土地点、图版、页码对照一览表》。

参考文献

［1］岑仲勉：《墨子城守各篇简注》，中华书局，1987年8月。
［2］陈梦家：《汉代烽燧制度》，载《汉简缀述》，中华书局，1980年12月。

[3] 程喜霖:《汉唐烽堠制度研究》,三秦出版社,1990 年 6 月。
[4] 谢桂华、李均明、朱国炤:《居延汉简释文合校》,文物出版社,1987 年 1 月。
[5] 初师宾:《汉边塞守御器备考略》,载《汉简研究文集》,甘肃人民出版社,1984 年 9 月。
[6] 初师宾:《居延烽火考述》,载同上书。
[7] 吴礽骧:《汉代蓬火制度探索》,载同上书。
[8] 徐苹芳:《居延、敦煌发现的〈塞上蓬火品约〉》,《考古》1979 年第 5 期。

36. 隧(燧、㷡)·亭·坞

烽燧，即烽火台，“隧”是常称。“亭”是别称，侧重于放烽火的亭台，一般不单用。“坞”是烽隧的附属建筑，故也可代称烽隧，单用也少。

【同义】

《汉书·匈奴传下》：“建塞徼，起亭隧。”《后汉书·西羌传》：“筑五县，边海亭隧，相望焉。”“亭隧”，指烽燧，即烽火台。同传：“使北军中候朱龙将五营士屯孟津……缮作坞候六百一十六所。”“坞候”，候望报警之坞，也是烽火台。

【辨释】

“隧”，或作“燧”、“㷡”。作名词，称烽火台，文献与汉简多作“隧”。简文中，“隧”“多用于烽隧名，如广地隧、万年隧、如意隧、掳虏隧。汉代，尤其武帝时，为了防御塞外外族的入侵，设置了严密的屯戍机构和行之有效的边塞候望系统。在21个边郡中，太守下设都尉，都尉下辖“候”，候下辖“部”，部下辖“隧”。一个都尉可辖一百个以上的隧。因此，隧是汉代边塞候望系统最基层的哨所。一个隧，少者二人，多者五六人，其中一人为隧长。隧长又称“烽隧长”、“督隧长”。汉简112.29：“吞远部……吞北隧长已取，万年隧长已取。”(破)214.113：“……年四月己亥士吏强付督隧长贵。”(破)285.17：“……烽隧长常以令秋试射。”燧的职责有四项：一、谨候望，窥伺塞外敌情。二、通烽火，明举和。“举”，自举自发报警信号；“和”，接收传来信号并原样发出。三、逐来侵之敌。对小股窜犯的敌人进行小型抵御。燧中配备有若干长斧、长椎、长棓连同梃、枪等防御武器，还有羊头石等，用于居高临下击杀来犯之敌(参初师宾文)。四、邮递(见下)。隧间之距，据《史记·封禅书》“通权火”裴骃集解引张晏曰：“五里一烽火。”《汉书·郊祀志上》“通权火”颜师古注引张晏曰：“权火，烽火也……汉祀五畤于雍，五十里一烽火。”汉简所示隧间之距数十里到三五里不等，如居延简登山隧至要虏隧为五里，而第二十二隧至第十七隧为二十一里，则隧间四里多。故以张晏的前说近是。

“隧(燧)”，汉简中大量用于烽隧专名之后，表示“隧”是共名。文献中常与“烽”连用或单用，泛称烽火台。《汉书·赵充国传》：“自敦煌至辽东万一千五百余里，乘塞到隧，有吏卒数千人。”《魏书·肃宗纪》引正光元年诏：“虔贡虽违，边隧静息。”因此，“隧”就是基层哨所——烽火台的常称。

《说文·𨸏部》以“塞上亭，守㷭火者也”训“㷡”，文献中亦作“燧”。隧又称“亭”。《史记·韩长孺列传》载武帝元光中匈奴寇马邑，“攻烽燧”，而《匈奴列传》作“乃攻亭”，同义互用。汉简中更多“隧、亭”互称。如灭寇隧(114·20)，又称“灭尉亭”(114·20)。“广地破胡隧”(128·1),又称“广地破胡亭”(103·42)。居延汉简之“疆汉隧长”,又称“疆汉亭长”(100·22),居延高亭亭长一月“奉钱六百”(甲 1013),而居延甲渠次吞隧长徐当时“三月奉用钱千八百”(甲 399),月秩相同。至于“亭隧”同义连用者更多。如“凡亭隧卅五所”(甲 1586),“塞外亭隧见匈奴人,举烽燔积薪”(甲 2409)。

“亭”之所以可作隧之称,一是兼邮亭功能。盖亭是汉代邮驿系统的一个基层单位,直接辖于县。虽然它有司盗保卫的职责,本不属于军事系统。但边塞地区的邮路,大致是居延北部的主干邮路和南部肩水塞金关以南的邮路。其中有的邮亭与隧相重,如肩水的金关、骍马既是隧,又是邮亭。一般的隧也可兼行一定的邮务。因隧与隧相距不远,兼行邮务自也方便。汉简中亦可见到隧卒兼司传递公文“以亭行”、“燧次行”的记载。279.11:“甲渠候官以亭行。”16.6:“甲渠官燧次行。”所传递的是都尉府候官、候长通告各烽隧的文书,距离较近,故通常逐亭步递,也可马递(参徐乐尧文)。隧既可兼邮亭之职,则自然也可兼称为“亭”。其因之二,乃隧的主要建筑烽火台,实是个亭。14.11:“举亭上烽。”《流沙坠简》烽燧类二十八:“一人马矢涂亭户前地。”“亭”,即指烽火台。亭的基本结构是高台和望楼。下是高台墩。《释名·释宫室》:“台,持也,筑土坚高能自胜持也。”台上构筑望楼,汉简中称“堠”、“候楼”、“樵”,一般为正方形,高约 1.5 米,无屋顶,墙顶平砌,无女墙或瞭望窗孔,墙一面开门,有台阶上下。有的台旁有挑出的橹,即栈木伸出,上铺木板。台加望楼,故亭的总高度在 8 米以上。今所见汉燧遗址,如属玉门都尉的 T6.c 燧,烽台底基 6.1× 6.1 米,高约 5 米,顶部有小屋,2.3× 2.3 米。属于中部都尉的 T23.c 燧,台基 4.4× 4.4 米,残高 4.6 米,顶部伸出一段胡杨木,可能为橹木遗存。玉门都尉所属 T5 隧,台基 5.79× 5.70 米,高 9 米,台顶有垛墙(女墙)遗存,算是特例。甲渠塞第四隧,台基 7.7×8 米,残高 3.4 米,西南角有一灶膛,上方还见烟囱,可能是发布信号升“烟”的露天烟灶遗迹。

由此二因,使“亭”也可作烽隧之称。一因是以局部职能代其物,二因是以形制代其物。然“亭”指称烽隧,一般多与相类的词连用;若单用,必有特定的语境。《史记·平准书》:“新秦中,或千里无亭徼。”(“徼”,边塞。)《史记·匈奴列传》:“汉使光禄徐自为……筑城障列亭至庐朐。”作为“筑”的对象,又与军营、营垒之“城障”连用,故必指烽火台建筑物,浑称即烽隧。《后汉书·杜茂传》:“因发边卒,筑亭候,修烽火。”“亭候”,候望敌人之亭,当是烽隧。南朝梁元帝《郑众论》:“及还望塞亭,来依候火。”北周庾信《哀江南赋》:“亭壁无藩篱之固。”因连用之“壁”(营垒)、“塞”而使“亭”作烽隧之泛称。单用者,如《汉书·西域传下·车师后城长国》:“胁诸亭令燔积薪,分告诸壁曰:‘匈奴十万骑来入。’”《梁书·武帝纪上》:“文馆盈绅,戎亭息警。”宋王旦《封禅表》:“鼓卧戎亭,燧息烽火。”因“燔积薪”、“戎、警”而知“亭”必为烽隧之称。尤其末例,“亭”与“燧”字并出,皆指称烽隧,但将“烽火”属诸“隧”,将“鼓卧”之处所属诸“亭”,可见,“隧”是烽火台的常称,而“亭”是其别称,侧重于放烽火的亭台。

“坞”也可作隧之称。汉简(破)214.118:“第三隧卒桥建省治万岁坞。”按,万岁坞即“万岁隧”,屡见于汉简,如 174.7、217.22 等简,皆称“万岁燧”。(金)288.11:“望禁奸坞上烽火。”禁奸坞犹禁奸隧。(金)218.3:“……遣中部坞长始昌送诏狱所述。”坞长即隧长。《后汉书·西羌传》:“坞候六百一十六所。”候望之坞,即烽火台。

坞在汉代边塞候望系统中,作为外设的防御围墙,作用有多种(参第37条)。其重要的一种是作隧坞。坞在亭台之侧,多呈方形。坞墙高4米,其出入口设户,户置关牡,由隧卒专管。坞墙上均筑有女墙,女墙内嵌设转射、深目,此是瞭望和承托弓弩发射的装置。坞中有内屋数间,屋中有灶。坞中构筑陛阶(梯子)升到亭台。坞外设虎落等障碍物。坞内外的空地用马矢涂抹。如属玉门都尉的T6c亭址,其附坞内有套房三间,一条靠烽火台的隔道,西南角是坑。T14a隧址,坞与台东壁相连,残存一间小屋,中部都尉的T19也有类似的坞。在坞中发现了大量的汉简和各种用物:封泥匣、漆耳杯、五铢钱、丝织品、木梳,等等。可见,坞内屋室是隧卒的住所。甲渠塞第四隧遗址,则有东西二坞,西坞墙厚2米多,有屋两间(F1、F2),东坞墙厚1.1米,有屋三间(F3—F5),坞外多处发现残毁的木转射和虎落光桩,但升自坞墙上的烽号大表(参第35条),尚未见实物、遗迹。今发掘的许多烽隧遗址表明,坞是烽隧不可以少的附属建筑,作隧卒居住、置用物和防卫之用,当然也可立烽竿升表。据此可知,“坞”作隧之称,是以局部代整体的代称用法。但由于它在烽隧中的地位远不及烽亭,故其用,无论简文与文献均少于“亭”,文献中单用指称隧,更为少见。

参考文献

[1] 陈梦家:《汉简考述》,载《汉简缀述》,中华书局,1980年12月。
[2] 陈梦家:《汉简所见居延边塞与防御组织》,同上书。
[3] 程喜霖:《汉唐烽堠制度研究》,三秦出版社,1990年6月。
[4] 林梅村、李均明:《疏勒河流域出土汉简》,文物出版社,1984年3月。
[5] 徐乐尧:《居延汉简所见的边亭》,载《汉简研究文集》,甘肃人民出版社,1984年9月。
[6] 甘肃省博物馆、敦煌县文化馆:《敦煌马圈湾汉代烽燧遗址发掘简报》,同上书。
[7] 甘肃居延考古队:《居延汉代遗址的发掘和新出土的简册文物》,同上书。
[8] 初师宾:《汉边塞守御器备考略》,同上书。
[9] 谢桂华、李均明、朱国炤:《居延汉简释文合校》,文物出版社,1987年1月。

37．堡（保）·城·障（鄣）·坞·戍·砦（寨、柴）

边防的军营、营垒，通称"堡"。汉代大者称"城"，为都尉治所。小者称"障"，为候官治所。南北朝时，又可称"戍"，后世"戍"有时也用为边营泛称。从东汉至南北朝的"坞"，是非国家政权所建、耕战结合的营垒。"砦"，专称用木、石作栅栏或利用自然山势构筑的营垒。

【同义】

《汉书·匈奴传上》："筑城障列亭至庐朐。"《后汉书·陶谦传》："自是五县城保，无复行迹。""保"同"堡"。《北史·周宗室传·广川公测》："突厥即来寇掠，先是常预遣居人入城堡。"《隋书·北狄传·突厥》："上敕缘边修保鄣、峻长城以备之。"《新唐书·裴识传》："以识帅泾原，……识至，治堡障，整戎器，开屯田。"唐温庭筠《病中书怀呈友人》诗："保戍标枪槊，关河锁舳舻。"《宋史·赵滋传》："建言：'代州、宁化军有地万顷，皆肥美，可募人田作，教战射，为堡砦。'""城障""堡砦"等皆同义连用，泛指各种固定设置的军营、营垒。"坞"也可指军营（见下）。

【辨释】

现代的"堡"，如地堡、暗堡、碉堡，皆是坚固的小型防御建筑物。古代的"堡"却是指有一定范围的土城，作边防常设军营的通称。字从土、保，保亦声，筑土以自保自守。《广韵·上皓》："堡，堡障，小城。""堡"，本作"保"。《礼记·檀弓下》："战于郎。公叔禺人遇负杖入保者息。"郑玄注："保，县邑小城。"按，堡可大可小。《左传·襄公八年》："女（汝）何故称兵于蔡，焚我郊保，冯陵我城郭？"《晋书·苻登载记》："屯骑校尉胡空各聚众五千，据险筑堡以自固。"可聚众五千之堡，其地必不小。《新唐书·张献甫传》："贞元四年，（献甫）代韩游瓌领邠宁节度使……断山浚堑，选岩要地筑烽堡。"《金史·世宗本纪上》："（大定）五年正月……诏泰州、临潢接境设边堡七十，驻兵万三千。"按，今有学者据此记载作实地考查，发现其堡往往设于山口、江边，或交通要冲，接近水源，便于监视敌情、利于御敌屯兵。堡呈正方形，四周筑围墙，墙外是壕，大者边长170—180米，小者边长30—40米。此外，"堡"还常用称宗族豪强、封建地主所建立的庄园组织。《后汉书·郭伋传》："三辅连被兵寇，百姓震骇，强宗右姓各拥众保营，莫肯先附。"《宋书·张畅传》："议欲芟剪麦苗，移民堡聚。"古代的堡，也有一些成为后代的小城镇，陕西、山西、河北、甘肃等省许多地名称"堡"，读为bǔ，即为古"堡"之称的遗存，如柴沟堡（河北）、吴堡（陕西）、瓦窑堡（陕西）。很多堡位于内外长城的附近，原先当为军事防御营地。

"城"，无论都城或一般的城邑，皆以政治、经济为主，城中聚民，大的城还有城郭之制（参

第 185 条)。但汉代边塞地区的城,主要是为屯军防御,实是军营;其城制绝大多数呈边长 100—200 米的正方形,四周筑墙。其一边中央设一门。在汉长城沿线如此之城甚多。如在内蒙古潮格旗(今乌拉特后旗)长城段附近半公里朝鲁库伦石城,东西两墙 126.8 米,南北两墙 124.6 米,城高 2.8 米,门设东墙。据调查者称:"这座石城是为了戍守其北的汉长城而修建的,是日夜守卫长城的戍卒驻扎之所,无疑是军事性质的。"乌力吉高勒城,东西 130 米,南北 128 米,墙宽 6 米。若究其源,此种城,战国时在秦、燕古长城沿线已有。如燕长城沿线的岱尹城,长宽各 200 米,城门设西北。达乌昭盟秦长城 12 号城址长宽各 90 米,南墙开门,宽 8 米,至今四面大墙基本完整。然其称始于汉,且至汉而尤盛。汉之城主要构筑于河西四郡(酒泉、武威、张掖、敦煌),一般在 130×130 米以上,主要是版筑或墼作。墼作是用未烧过的土坯垒砌,层间夹芦苇、胡杨、红柳枝。此外还有石版垒砌。汉代边郡太守以下军事组织,是都尉、候、候长、隧长。凡"城",均为都尉治事之所,如破城子城为居延都尉府,大湾城为肩水都尉府,受降城为受降都尉府。居延简(破)262·26:"居延城司马口以次行都尉事。"《汉书·酷吏传·田广明》:"岁余,以祁连将军将兵击匈奴,出塞至受降城。受降都尉前死,丧柩在堂。"《李陵传》:"李绪本汉塞外都尉,居奚侯城,匈奴攻之,绪降,而单于客遇绪,常坐陵上。"奚侯城亦塞外一城。在从敦煌至乐浪的其余 17 个边郡中,也有如此之"城"。要之,边境上的城,即是都尉治所,用于屯兵,等于一个大军营。

"障",或作"鄣"。其本义是土堤,挡水的土垣。《国语·周语中》:"泽不陂障,川无舟梁。"凡障者,都是横延的壅蔽物。"障"用指军事上的屯兵之处,也起于汉。《史记·酷吏列传》:"居一障间。"张守节正义:"障谓塞上要险之处别筑城,置吏士守之,以捍寇盗也。"《后汉书·班勇传》:"匈奴强盛,兼总百蛮,以逼障塞。"《汉书·李陵传》:"以九月发,出遮虏鄣。"颜师古注:"鄣者,塞上险要之处,往往修筑,别置候望之人,所以自鄣蔽而伺敌也。遮虏,鄣名也。""鄣",同"障"。此障也见于汉简。"障",小城。《文选·班彪〈北征赋〉》:"登障隧而遥望兮,聊须臾以婆娑。"李善注引《苍颉篇》曰:"障,小城也。"所谓"小城",一般是 100×100 米以内的方形围墙。古长城沿线就设有许多障,一般都在长城经过的交通要冲、险要的山沟口,密度很高。如,在宁夏境内古长城,据考察者称:"从吴庄到乔洼相距不到 15 公里,就发现有七八处小城障,这几个小城障建在横贯高平川的一道小山梁上,相邻两处的城障可以互相对望。这些城障一般呈正方形,长宽各约 50 米左右,高于地面 1 米多。"(《宁夏境内战国、秦汉长城遗迹》)当然,也偶有长方形者,如昭乌达盟 8 号障址,东西 46 米,南北 53 米,墙外高 2 米,盖依就山势之故。汉障也同样多见于河西四郡。据陈梦家《汉简缀述》所考,其中小者 15×15 米,厚高 2×4—4.5 米(A8),门南向。大者 86×86 米,门亦南(K789)。今有称名者,如小方盘城,西汉玉门都尉、东汉玉门障尉治所,每边长 26 米,墙高 9 米,墙基厚 4.6 米。障门开西墙中部,门宽 2.4、高 2.7 米。在疏勒河、党河汇流处东南的西碱敦,其汉障面积为 32.6×32.6 米,其中烽台底基 6.4× 6.4 米,小屋为土墼砌成。障是都尉辖下之候的治所,称为"候官",又称"候城"、"塞";以其中居候,故"候"或称"障候"、"塞尉"。就居延汉简所见,张掖郡所属居延、肩水两都尉下辖十个“候”，如殄北、居延、甲渠广址等，诸“候”名亦即障名。宜禾都尉下有鱼泽候官。《汉书·孙宝传》：“上以林(唐林)朋党比周，左迁敦煌鱼泽候。”要之，“障”者，汉代设于边塞小于城的军营、营垒。

“坞”，《说文》作“隖”，是四围之墙。其指称多种。一、指亭隧的附属建筑(参第36条)。二、指城、障。劳榦在《释汉代之亭障与烽燧》中释道：“城是比较厚的墙壁，坞却是一个比较薄的墙壁。在汉代的边塞上，我们已经发现的，凡障或烽台的外面，大都又围了一层较薄的坞。”城障之围墙可代称城、障。故《说文·𨸏部》训为“小障”。《后汉书·马援传》：“缮城郭，起坞候。”李贤注引《字林》亦曰：“坞，小障也，一曰小城。”三、指其他营垒。即代称非城障之营垒。这三种代称用法，前两种未成专称。而第三种，使用广泛，遂成为专称——专指东汉出现的非国家政权所建、耕战结合的营垒。

这是国家分裂、战乱频仍的社会产物，肇始于王莽末期。其时兵荒马乱、盗贼蜂起，北方一些强宗大族为自保而构筑围墙营堡，诸多无业流民大量投靠此类军事化的庄园，成为自卫与生产的重要力量。至东汉时，光武帝曾下令摧毁坞壁。但东汉中期政府为了防止西羌等侵犯，主动于西北边郡大量筑坞，而地方豪右大姓也自动组织自卫武力构筑坞堡，至东汉末、三国时期更为发展。《后汉书·酷吏传·李章》：“清河大姓赵纲遂于县界起坞壁，缮甲兵，为在所害。”又《皇甫规传》：“后先零诸种陆梁，覆没营坞。”《孝献帝纪》：“是日，李傕移帝幸北坞。”李贤注引服虔《通俗文》曰：“营居曰坞。”《三国志·吴志·孙权传》：“权……闻曹公将来侵，作濡须坞。”《晋书·刘波传》：“子畴……曾避乱坞壁，贾胡百数欲害之，畴无惧色。”又《李流载记》：“三蜀百姓并保险结坞，城邑皆空。”又《孝友传·庾衮》：“(庾)衮乃率其同族及庶姓保于禹山……杜蹊径，修壁坞，树藩障。”从汉末至南北朝，几乎遍及全国。据《晋书》记载，当时仅关中一地就有坞壁三千余(《苻坚载记》)。

坞，或称“坞壁”、“壁坞”，非一般的“小障”，即不同于一般称为城、障、堡的军营，更不是一般的都城。综观从汉末至南北朝的坞壁，其一，从性质看，是以民间有宗法血缘或乡邻关系组合的军事和经济组织，大体有两类：一是豪绅为保护和发展自己势力而建，一是流民群众为自己求生而建，二者都以宗法血缘和乡邻关系作为维系的纽带。坞壁耕战结合。无论哪一类，居民均以农民为主体，平时从事农耕；遇犯，坞主率众抵御。其二，从构建形式看，有多种类型。“由于地区、时间以及各坞主势力大小的不同，而有城堡式、楼院式、楼橹式、山间堡垒式等多种不同的形式。”(具圣姬书13页)无论何种建置形式，无论是边塞坞壁或内地坞壁，均有以下的特点：一、建于险峻之地。特选荒僻或山

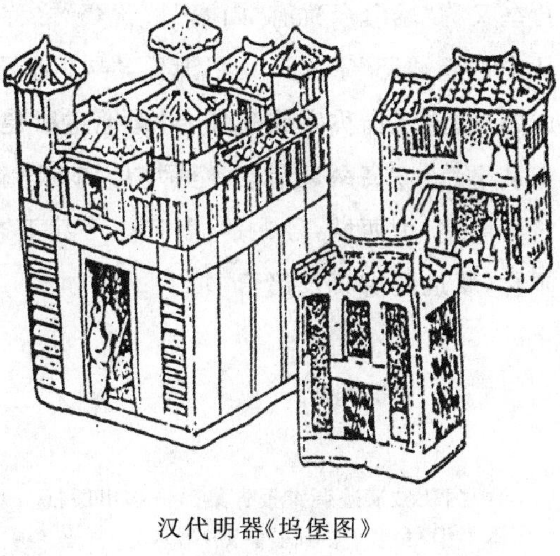

汉代明器《坞堡图》

险之地而建坞，以利于防卫。二、规模小于县城、城障。一坞“多者不下四千家，少者千家百家”（《晋书斠注·元帝纪》）。故一个县往往有诸多坞壁。三、都有角楼、望楼、围墙，内有形式不一的房屋建筑。坞壁的上述种种特点从前引诸文献例也可窥见一斑。但是，由于坞壁的不固定性，凡王朝相对统一稳定之时，坞则趋少；反之，趋多。故其遗迹后世荡然无存，因而今日对它的认识只能主要凭借历史文献，而乏见实物遗存。

“戍”，常用为动词，守边义，通贯古今。《左传·庄公八年》：“齐侯使连称、管至父，戍葵丘。”南朝梁元帝《登堤望水》诗：“旅泊依村树，江槎拥戍楼。”“戍楼”，边防驻军的瞭望楼。唐杜甫《兵车行》：“去时里正与裹头，归来头白还戍边。”引申为防守的营垒，特指边防区的营垒。《晋书·庾亮传》：“其谢尚、王愆朔等，悉令还据本戍。”《魏书·源怀传》：“正始元年……怀旋至桓代，按视诸镇左右要害之地，可以筑城置戍之处……今北镇诸戍东西九城是也。”又《李崇传》：“扬州诸戍，皆被寇逼。”南北朝时，北魏在边塞形胜之地驻兵戍守，大者为“镇”，小者为“戍”。北边，戍辖于镇，如上举《魏书·源怀传》例。南边，辖于州，如上举《李崇传》例。南朝在与北朝交接处也置戍（例略）。南北朝后，也用作边营泛称。《北齐书·武成帝纪》：“（河清二年）诏司空斛律光督五营军士筑戍于轵关。”唐柳宗元《段太尉逸事状》：“过真定，北上马岭，历亭障堡戍。”《金史·地理志上》：“于是东北自达里带石堡子至鹤五河地分，临潢路自鹤五河堡子至撒里乃，皆取直列置堡戍。”

“砦”，《正韵》：“藩落也，山居以木栅。”或作“柴”、“寨”，音义同。按，本源是“柴”。柴，小木散材。用作动词，指用柴围护。《淮南子·道应》：“乃封比干之墓，表商容之间，柴箕子之门。”高诱注：“旧居空，故柴护之也。柴，即俗寨字。”引申指用木、石作栅栏，利用自然山势所构筑的营垒。《六韬·虎韬·军用》：“山林野居，结虎落、柴营。”《三国志·吴志·甘宁传》：“羽（关羽）闻之，住不渡，而结柴营。”木栅栏时或用石相辅，故后出“砦”字。《宋书·柳元景传》：“天祚（程天祚）又于东南据高丘，屯砦栅。”同篇又作“柴栅”。山区由栅栏、藩落构成的营垒又称“寨”，今犹有“山寨”、“营寨”之称。《陈书·熊昙郎传》：“时巴山陈定亦拥兵立寨。”从中古起，“砦”字此义其用渐稀，“柴”则不作此用。至于“寨”，所指甚广，除称栅栏、虎落构成的营垒，还指称宗族豪强、封建地主所建立的庄园组织，或少数民族的村落。唐郑谷《寄边上从事》诗：“高垒观诸寨，全师护大朝。”《新五代史·死节传·王彦章》：“晋已尽有河北……筑河南北，为两城，号夹寨。”《辽史·兵卫志上》：“又于本国州县起汉人乡兵万人，随军专伐园林，填道路御寨及诸营垒。”

参考文献

[1]《中国长城遗迹调查报告集》，文物出版社，1981年2月。
[2] 本书编写组：《中国军事史》第六卷《兵垒》，解放军出版社，1991年2月。
[3] 林梅村、李均明：《疏勒河流域出土汉简》，文物出版社，1984年3月。
[4]〔韩〕具圣姬：《两汉魏晋南北朝的坞壁》，民族出版社，2004年5月。

38. 巫·觋·灵

巫产生于史前期。商代的巫，通晓当时各种知识，参与掌握国家政治权力。周代，巫风犹盛，但已转民间。以后经久不绝，形成巫教。“巫”是巫人、巫事通称，特指女巫。“觋”，特指男巫，使用较少。“灵”是楚方言男女巫师专称，主要见于上古楚歌。

【同义】

《说文·玉部》：“灵，巫也。”《墨子·迎敌祠》：“徙（从孙诒让校）外宅诸名大祠，灵巫或祷矣。”汉王符《潜夫论·巫列》：“巫觋祝请，亦其助也。”“巫觋”、“灵巫”皆同义连用，泛指巫师。

【辨释】

“巫”，《说文》析字为从工、二人，象人张两袖舞形。陈梦家曾考“巫、舞”在甲骨文中同字，王襄则以其字象人两手执牛尾而舞之形。学人大都从之而谓巫是以舞娱神者。其实古文字中巫均作，与“舞”的古字形完全不同，许氏乃以今形析字，殊为不当。今美籍著名人类学家张光直以为工即矩，是巫师象征性道具。《说文》部首：“工，巧饰也，象人有规榘也，与巫同意。”“巨，规巨也，从工象手持之。”工即矩，之所以重要，在于“圆出于方，方出于矩”，“方属地，圆属天，天圆地方”（《周髀算经》）。故“巫”以工具表示能通天地四方之人，即是巫师。张说最得字旨。据考，巫师可能产生于母系氏族社会中期，并且大都是女性。巫是人，又通神，是沟通人与神鬼的“超人”，在史前时期，巫师就是巫术活动的主持者和原始科学文化的传播者。进入奴隶社会，巫的作用更大。商代的巫，其活动主要是：一、占卜释兆。凡生产、征战、生育等活动必先卜知神明，察其态度，以定吉凶。二、主持祭祀天帝鬼神。鬼神包括祖先和各种自然神。三、施行巫术以求雨、避邪、医病等。因此，巫师博学多才，通晓卜筮、医学、历史、星历、舞蹈、宗教，等等，是当时的通人。《史记·天官书》曰：“昔之传天数者……殷商巫咸。”《艺文类聚》卷七引晋郭璞《巫咸山赋》曰：“盖巫咸者，实以鸿术，为帝尧医。”“医”的异体字从巫，《周礼·夏官·巫马》称马医为“巫马”，皆可证医出于巫。巫通神必先娱神，故要善舞。“殷人尊神，率民以事神，先鬼而后礼。”（《礼记·表记》）故商代的巫，职权大，地位高，都是能通天地鬼神的奴隶主统治者，能代表鬼神意志，指导人的行为和国家政治活动。《书·咸有一德》：“伊涉赞于巫咸，巫咸治王家有成。”孔传：“巫咸，臣名。”见于史书的巫贤、巫彭等也都是商臣。陈梦家曰：“王者自己虽为政治领袖，同时仍为群巫之长。”（《商代的神话与巫术》）可见商代巫政合一。到了周代，巫仍为社会所重。春秋时巫也很活跃（陈梦家书）。《左传·僖公十年》记晋国太子申生欲逐害夷吾，自称已“得请于帝炎”，狐突表示异议，申生曰："吾将复请。七日，新城西偏将有巫者而见我焉。"谓通过巫人将再向帝请求，并不日由某巫人为其代言。届时，狐突往见巫，彼巫即代申生道以预卜之言。《襄公十八年》记晋荀偃将率师伐齐前夜，作一梦魇，与为其所杀之晋厉公争讼。路遇梗阳之巫皋，巫皋所梦竟与之同，并预言："今兹主必死，若有事于东方，则可以逞。"荀偃信而行之。其他诸侯国亦然。《庄子·应帝王》："郑有神巫曰季咸。"成玄英疏："郑国有神异之巫，甚有灵验，从齐而至，姓季名咸也。"尤其楚国，巫风大盛。屈原的《九歌》，就是据楚国巫者表演的祠神歌舞加工创作而成。楚墓出土的帛画、缯书不少即表现巫师巫事。如长沙陈家大山帛画《送魂图》，画中女巫师正在祝祷送魂。河南信阳楚墓出土漆绘锦瑟上也绘有两个巫者，一作长袍宽袖，张弓欲射；一扮鸟兽状，似厉声呼号，又像张臂而扑。巫师的威慑力与神化形象由此可见一斑。

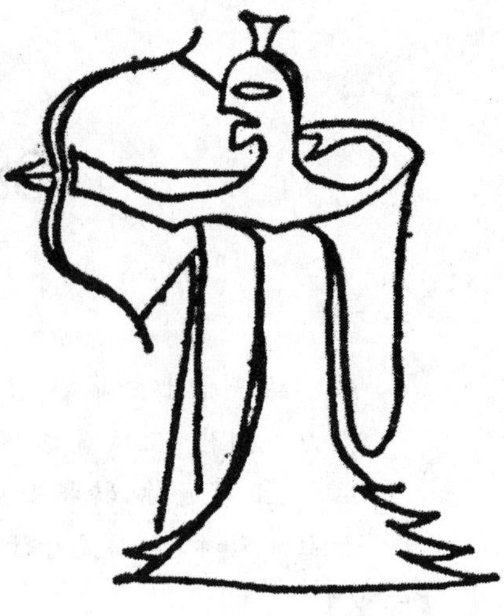

锦瑟上张弓欲射的男巫

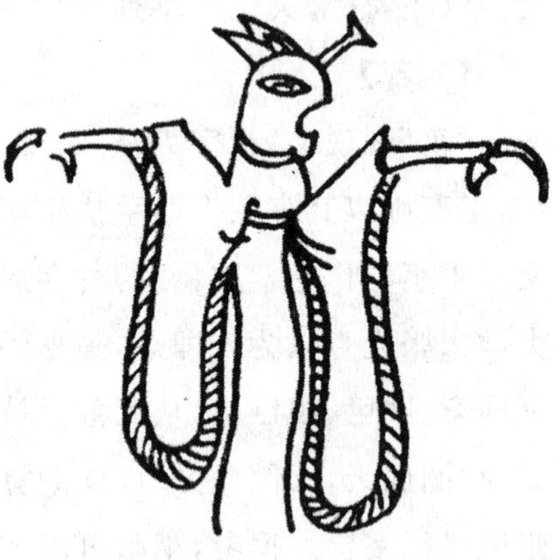

锦瑟上正在呼号的女巫

但是，春秋战国时的巫，与商代已有不同：不仅人数大为减少，且由官府转入民间，不再参与掌握政治权力，充其量是当统治者的助手。与此同时，由于科学和朴素唯物主义思想的发展出现了反巫的倾向。《韩非子·显学》："今巫祝之祝人曰：'使若千秋万岁。'千秋万岁之声聒耳，而一日之寿无征于人，此人所以简巫祝也。"《史记·扁鹊仓公列传》："信巫不信医，六不治也。"著名的西门豹治邺故事即反映具无神论思想的西门豹在任邺令期间，破除迷信，巧妙、无情地与巫婆斗争并取胜的史实。从中也可见其时之巫师本质上已失去原先的科学文化内质，蜕变为装神弄鬼的迷信活动。尽管如此，巫者并未消亡。恰恰相反，由于封建统治者也需要愚弄、欺骗人民，封建社会也是巫者活动的温床。因此，在几千年封建社会中，巫师巫事不仅经久不绝，而且形成一种巫教：持坚定的鬼神信仰，操种种骗人"通"神的巫术，从事占卜、祭祀、祛病、神判等传统"巫业"，上至朝廷的王公大臣，下至闾里匹夫，特别是村野山寨，均有广大信徒。巫师的活动完全合法，而且有时还取得"官籍"，如有几代朝廷太医署下设咒禁师，专理以巫术治病。乃至今日，巫教犹未完全绝迹。

"巫"，是男女巫师巫事的通称。《周礼·春官·司巫》言及司巫"掌群巫之政令"，又分言"男巫掌望祀、望衍、授号……女巫掌岁时拔(祓)除衅浴"。("望祀"，遥望祝祀。"望衍"，祝祭之一种。"衅"，以香料涂身。)但与"觋"相对，特指女巫。"觋"则为男巫专称。《说文》部首:“巫,祝也,女能事无形以舞降神者也。”《巫部》:“觋,能齐(斋)肃事神明者。在男曰觋,在女曰巫。”“觋”从巫、见,见亦声,谓能见神之巫。《左传·僖公二十一年》:“夏大旱,公欲焚巫尪。”杜预注:“巫尪,女巫也。”《公羊传·隐公四年》:“于钟巫之祭焉,弑隐公也。”(“钟”,地名。)何休注:“女曰巫。”以上“巫”均特指女巫。巫、觋之别,古训无异,而段玉裁曰:“统言,则《周礼》男亦曰巫,女非不可曰觋也。”(《说文》“觋”注)其实,不仅《周礼》不见如段氏所谓相反之证,且上古秦汉文献中“觋”很少单用,无论作析言或统言多与“巫”连用,泛指巫师。盖无论史前期(见前)或文明时代的巫,女性居多,如西门豹所镇压之群巫,上至七十岁老妪,下至大小弟子,均为女性。后世亦然。俗语只有“巫婆”、“巫妪”,却无“巫公”、“巫翁”。唯此,“觋”之称在文献中自然少用,以致很快淘汰。即便偶有“巫、觋”互易之例,也不可如段氏据此而生无差别论。

《说文·玉部》:“靈(即灵),巫也。以玉事神,从玉霝声,或从巫。”“灵”之为巫称,主要见于上古,特别是屈原赋。“灵”又称“灵子”、“灵保”。《广雅·释诂四下》:“灵子,巫也。”王念孙疏证:“古者卜筮之事,亦使巫掌之,故灵、筮二字并从巫。《楚辞·离骚》:‘命灵氛为予占之。’灵氛,犹巫氛耳。”王说是。《九歌·云中君》:“灵连蜷兮既留。”王逸注:“灵,巫也,楚人名巫为灵子。”(“连蜷”,柔曲貌。)《东君》:“思灵保兮贤姱。”王逸注:“灵保,神巫也。”《东皇太一》:“灵偃蹇兮姣服,芳菲菲兮满堂。”(“偃蹇”,犹连蜷。)洪兴祖补注:“古者巫以降神。‘灵偃蹇兮姣服’,言神降而托于巫也。”王逸注:“言乃使姣好之巫,被服盛饰,举足奋袂,偃蹇而舞,芳芳菲菲,盈满堂室也。”可见,“灵”在楚方言中专称巫师。在屈原赋中,“灵”同时用为神之泛称。《离骚》:“名余曰正则兮,字余曰灵均。”王逸注:“灵,神也。”同篇之“灵脩”、“灵琐”,《九辩》之“群灵”,《云中君》之“灵皇皇”,《湘夫人》、《少司命》之“灵之来”,《山鬼》之“神灵雨”,《大司命》之“灵衣”,《国殇》之“威灵怒”,王逸皆注“灵”为“神也”。但其中也有喻称国君。《离骚》:“欲少留此灵琐兮,日忽忽其将暮。”王逸注:“灵以喻君。琐,门镂也,文如连琐。楚王之省閤也。”又:“指九天以为正兮,夫唯灵脩之故也。”朱熹注:“灵脩,言其有明智而善修饰,盖妇悦其夫之称,亦托词以寓意于君也。”闻一多曰:“灵脩又见《九歌》、《山鬼》。楚人谓巫曰灵;脩,美也。灵脩盖楚巫歌中女称男之词,时人承用以为相谓故之美称。《离骚》本属巫音,故亦有此语。”(见《离骚解诂》12 页)由此可知,“灵”可指女巫,若《东皇太一》之“灵”。但也可指男巫。唯此,“灵脩”可喻指国君。秦以后,“灵”之巫称用法极少。陆贾《新语·资质》:“退而不用,乃使灵巫求福请命。”《后汉书·马融传》:“导鬼区,径神场,诏灵保,召方相,驱厉疫,走蜮祥。”李贤注:“灵保,神巫也。”上为同义连用,下为承古而称。然则可明:“灵”作楚男女巫师之专称,主要见于上古楚歌,为楚方言词。

参考文献

[1] 金景芳:《中国奴隶社会史》,上海人民出版社,1983 年 7 月。

[2] 孙景琛:《中国舞蹈史·先秦部分》,文化艺术出版社,1983 年 10 月。
[3] 闻一多:《离骚解诂》,上海古籍出版社,1985 年 12 月。
[4] 常任侠:《古代的巫舞与优舞》,载《中国舞蹈史话》,上海文艺出版社,1983 年 10 月。
[5] 宋兆麟:《巫与巫术》,四川民族出版社,1989 年 5 月。
[6] 王克芬:《中国舞蹈发展史》,上海人民出版社,1989 年 10 月。
[7]〔美〕张光直:《商代的巫与巫术》,载《中国青铜时代》二集,三联书店,1990 年 5 月。
[8] 陈梦家:《殷虚卜辞综述》,科学出版社,1956 年 1 月。

39. 庙·寝

“庙”、“寝”，拜祭君王祖先的场所。殷代宗庙无寝，也不用以祭祀。周代庙寝结合。战国时，寝从庙中分出，造于墓顶或侧。汉代起形成新的陵寝制。庙寝关系：西汉，陵侧设寝立庙；东汉，上陵拜祭，扩大寝殿；唐宋，寝殿是朝拜献祭的大殿，其他成为寝宫；明清，取消寝宫，享殿两旁增配殿，完全用于朝拜和祭祀。

【同义】

《诗·小雅·巧言》：“奕奕寝庙，君子作之。”《汉书·外戚传下》：“三月癸未，大风自西摇祖宗寝庙。”“寝庙”连用，皆指拜祭祖先的宗庙。

【辨释】

对祖先崇拜是对鬼神崇拜的一种形式。祖先是与崇拜者有血缘关系的鬼魂。祖先崇拜是维护近亲的血缘关系，加强部落、氏族、宗族结合的重要手段。通常是祭有功绩的远祖和血缘关系密切的近几代祖先。寝庙则是祖先崇拜的产物和场所。殷人尚鬼。《礼记·表记》曰：“殷人尊神，率民以事神。”殷代统治者对先王、先妣的祭祀，是甲骨卜辞最多的一类。殷人采用轮流祭祀的“周祭”法，并且已有了供奉祖先神主的宗庙，称为“宗、升、家、室、亚”等，内所藏先王的神主，称为“示”。示有大小之别：直系先王称“大示”，旁系先王称“小示”。但庙内无寝，且与祭祀往往分开。陈梦家曰：“宗庙建筑有许多名目，如东室、南室、大室、小室等是祭祀之所。宗、家、室、亚等是藏主之所。”（《殷墟卜辞综述》第十九章）殷墟武官村王陵东区曾发现250个“排葬坑”，所埋人殉骨架达1400具以上。此墓是殷商王室杀人以祭祀祖先的公共祭祀场所。它既不属于墓祭，也不属于庙祭。其时尚无庙寝相结合的形式。

周代，金文中有了“庙”字，并有了庙寝结合的宗庙之制。

《说文·广部》：“廟（庙），尊先祖皃也。”段玉裁注：“古者庙以祀先祖。”《玉篇·广部》：“庙，宗庙也。”《释名·释宫室》：“庙，貌也，先祖形貌所在也。”《诗·周颂·清庙序》郑玄笺：“庙之言貌也，死者精神不可得而见，但以生时之居，立宫室象貌为之耳。”周代的庙制：“天子七庙，三昭三穆，与大祖之庙而七。诸侯五庙，二昭二穆，与大祖之庙而五。大夫三庙，一昭一穆，与大祖之庙而三。士一庙。庶人祭于寝。”（《礼记·王制》）所谓七庙，指高祖、曾祖、祖、父四亲庙，合太祖（始祖）为五，加远祖迁主之祖，即有功绩的先公文王、武王庙，皆分昭穆，共七庙。七庙是七个独立的宫室，合为一个宗庙区，按《周礼》的王城规划，设置在国城中宫城区南面前左方，与右面的社稷区相对，即所谓“左祖右社”。（《周礼·考工记·匠人》）从一个宗庙而言，是前庙后寝。汉蔡邕《独断》曰：“宗庙之制，古学（或作‘者’）以为人君之居，前有朝，后有寝，终则前制庙以象朝，后制寝以象寝。庙以藏主，列昭穆；寝有衣冠、几杖、象生（日常生活）之具，总谓之宫。”古人以为死人有灵魂，故仿照宫殿，设前庙后寝。庙是祭祀和王族内施行传统礼仪之地，此外，命官、誓师、献俘、燕射等重大典礼也在庙中进行。庙内设神主，庙就是朝，使祖先一如生前在堂上治政，接受臣下的朝拜。寝则是其饮食起居、宴息之地。寝内陈列祖先生前的各种生活用品，祖先一如生前接受侍妾、仆役的供奉，灵魂在此安然居息。故庙寝一似生前的燕朝路寝。在建筑上，庙是有厅堂、厢房的殿屋，而寝是无堂无厢房的内室。《尔雅·释宫》：“室有东西厢曰庙，无东西厢有室曰寝。”1981—1984 年在陕西凤翔马家庄发掘的春秋秦一号建筑群即秦宗庙遗址，提供了先秦宗庙制度的生动实例。此建筑群最南为都宫门，设门塾，继之中庭；继之左昭庙、右穆庙，中后太祖庙。（秦制三庙，与周制异。）为三座独立的单体建筑，南北中轴线贯其中。三庙结构相同，平面皆呈形，缺口朝南。其缺口是有双楹柱的前堂，两旁是序、夹房。南北有一封闭性建筑，即是寝室；其后还有北堂，北堂左右是东西二堂，凡三堂，此是燕射之地。此庙的结构及祭祀、藏主、燕射等作用与文献完全吻合（参《发掘简报》与韩伟文）。

但到春秋晚期，中原地区开始出现坟丘墓，到战国时期，坟丘墓已十分流行。君主的坟丘更高，楚、秦、赵的君主墓更有了“陵”之称（参第 218 条）。于是，宗庙之制发生了变化，寝从庙中分离出来造于墓顶或侧。汉蔡邕《独断》曰：“至秦始皇出寝，起居于墓侧，汉因而不改，故今陵上称寝殿，有起居、衣冠、象生之备，皆古寝之意也。”《后汉书·祭祀志下》也称：“秦始出寝，起于墓侧。”按，墓上、侧起寝，当肇自战国。《战国策·秦策三》：“白起率数万之师……一战举鄢、郢，再战烧夷陵。”夷陵（今湖北宜昌），是先王之陵墓区，附近又有先王庙。河北平山战国中山王陵出土《兆域图》，所画设于墓顶的“方二百尺”之堂，即是陵寝。秦始皇陵侧之寝，亦承之而起。据今测定，此寝南北长 62 米，东西宽 57 米，总面积是 3524 平方米，东西向，近方形，周以 3—5 米的四围廊，廊前门厅长 15 米、宽 1 米，其墙壁、屋顶、台阶均颇讲究，可与宫殿等埒，实已是秦以后的寝殿（参《西汉十一陵》）。而秦始皇之庙“信宫”（后改称“极庙”）却在咸阳，即后来汉长安城中。至此，庙、寝重又分离，但已开帝王陵寝制的先河。而从汉代起，正式形成了新的陵寝制，庙、寝的关系不断产生新的历史变化。综观之，可分以下数端：

第一阶段，西汉，陵侧设寝殿，陵旁立庙。《后汉书·祭祀志下》曰：“古不墓祭，汉诸陵皆有园寝，承秦所为也。”说明汉承秦制，汉陵皆设陵寝。《汉书·韦玄成传》叙西汉陵寝制曰：“而京师自高祖下至宣帝，与太上皇（高祖父）、悼皇考（宣帝父）各自居陵旁立庙……又园中各有寝、便殿。日祭于寝，月祭于庙，时祭（四季之祭）于便殿。寝，日四上食；庙，岁二十五祠；便殿，岁四祠。又月一游衣冠。”此集中说明西汉寝之规模、作用。盖汉陵之寝，已是像“平生正殿路寝”的“正寝”（《三辅黄图·宗庙》），即是陵主（灵魂）所居最重要的殿堂，陵主灵魂在此日常起居饮食。内设神座、床、几、枕被、衣冠及其他生活用具。宫人按时侍奉,“理被枕,具盥水,陈严(妆)具”(《续汉书·祭祀志下·宗庙》)。每天四次按时进奉食物,供灵魂饮食,主持其事者是食官令(参《汉书·冯奉世传》如淳注)。不仅如此,此寝还是陵主灵魂居堂治事之地,故它已为殿堂建筑,其建筑平面、规模、布局与大朝正殿相仿。以经考古钻探和发掘的宣帝和孝宣皇后陵之寝园为例。据考,天子之殿堂有九雉,折合 53.75 米,长方形。宣帝杜陵寝殿面阔 55.15 米,也为长方形。当时唯大朝正殿四辟门道,设阼宾阶,而宣帝等二陵寝均辟四门,也设阼、宾、中三阶(中为帝阶),二陵之寝殿东西门与东西厢连接,东西厢显然为群臣待诏、朝议等用。堂后之室就成了墓主灵魂的居寝之处,则宫人理被枕等侍寝之事皆应在此。寝殿主要是堂,堂上设神座,置神主,“日祭于寝”、“日四上食”之祭祀活动当在堂进行。总之,西汉之正寝已具上古庙、寝之结构与作用,相当于路寝,实是西汉宫廷正殿的仿构,成为帝陵中墓主治事、居寝,后人祭祀的重要场所。另外,还建便殿。《后汉书·肃宗孝章帝纪》:“遂藏主于光烈皇后更衣别室。”李贤注引《续汉书》曰:“园中有寝,有便殿。寝者,陵上正殿。便殿、寝侧之别殿,即更衣也。”便殿是寝殿的辅殿,它有多组更衣别室和庭院,用以存放皇帝、皇后生前用过的各种衣物,供寝殿举行重大祭祀活动后人们休宴、陵园官吏料理日常事务(包括筹措寝殿频繁的祭祀活动)。还有一年四次的祭祀活动,故便殿也有殿堂,并设有神主。寝殿与便殿初期皆在陵园中,从景帝阳陵起,移至陵园外,处帝陵东南。至于陵庙,本不近陵寝。高祖死后在长安城南建高庙,后惠帝在“衣冠道”修复道,才在长陵附近又营“原庙”(意重建之庙)。惠帝、文帝之庙皆设在长安城内。从景帝为文帝霸陵修庙起,陵旁设帝庙遂为定制,远者数里,近者数百米。陵庙也周以墙垣,四面开门,称司马门,门外或有双阙,故称庙园。庙有宏伟的正殿和其他附属建筑。陵庙的祭祀规模最大。有“月一游衣冠”。贯通寝与庙的是一条供灵魂专用的衣冠道,即每月一次将寝中的衣冠取出,经此通道而游历至庙中。据说衣服上附有灵魂,故可以到庙中接受人们祭祀。有固定的一年二十五次大祭,如五月尝麦,十月尝稻,八月酎(给祖先尝新酿之酒)祭等(见《汉书·韦玄成传》晋灼注)。另外,文武大臣遇重大之事,也必入庙参谒。苏武在匈奴囚禁十九年后返回长安,昭帝即“诏武奉一太牢谒武帝园庙,拜为典属国”(《汉书·苏武传》)。即指苏武至茂陵之寝殿与至东南二三百米处的龙渊庙分别拜祭武帝灵魂。陵庙的祭仪十分隆重。参祭者必乘驷马车,祭时巨钟洪鸣,特制多种舞蹈,舞者严格挑选训练,舞时巨钟伴奏。

第二阶段,东汉,上陵拜祭,扩大寝殿。东汉士庶人上墓、墓祭,各豪强大族在坟墓之前兴建祠堂而祭祀,皆蔚为一代时俗。在此种社会环境中,明帝亲率公卿百官至光武帝原陵举行“元会仪”,首倡上陵之礼。元会仪是每年元旦(正月初一)公卿百官、郡国上计吏、皇室人员聚朝汇报、庆贺的大礼,今移至原陵之寝殿,面对神座举行,使先帝灵魂亲自闻知,别开生面。然后,明帝又将原陵庙每年二十五祭中最重要的酎祭礼也移至寝殿进行。与此同时,取消了一祖一庙、天子七庙的传统庙制,改为祖先共庙(即合立太庙)、同堂异室的供奉之法。

此太庙主要不作祭祀场所。由于宗庙作用大大削弱，上陵礼的推行，寝殿需要更大的容量，也要设置巨大的钟虡（架子），宏伟的寝殿和钟架成为陵寝的主要建筑和设施，而寝殿中的供奉墓主日常起居生活的礼俗，自然也降低了地位。要之，从东汉起，确立了以寝殿的朝拜和祭祀为主的陵寝制度，而分别昭穆的祖庙业已消亡，所存太庙也主要不作拜祭之用。于是原先庙寝的作用都被削弱。

第三阶段，魏晋南北朝，陵寝中衰。魏文帝患于盗墓，首倡废陵寝和上陵礼仪，实行潜葬。《三国志·魏志·文帝纪》："故吾营此丘墟不食之地，欲使易代之后不知其处。"晋、南北朝许多皇帝也多依山为陵，不起坟而潜葬。此阶段帝陵也发现最少。

第四阶段，唐宋明清，寝殿分化，强化拜祭。唐太宗昭陵选取九嵕山之险峰，山腰建陵。昭陵之"寝"分为三舍。一是神游殿，供皇帝灵魂游乐，建于墓室之顶，相当于西汉陵园的便殿。二是下宫，为皇帝灵魂饮食起居之处，也是宫人、管理的官吏之居舍，即将西汉寝殿之一部分（前者）与便殿之一部分（后者）合为一。下宫本在山上，后因饮水供食困难，移至山下瑶台寺边。三是献殿。陵园中主要建筑，相当于汉代寝殿，但并不是东汉那样将"寝殿"扩大，而完全是陵园中独立、专作朝拜献祭的大殿，规模宏伟。唐杜甫《重经昭陵》诗："陵寝盘空曲，熊罴守翠微。再窥松柏路，还见五云飞。"其祭坛面积东西宽 53.5 米、南北长 86.5 米，略呈梯形。献殿遗址出土的屋脊上一鸱尾，高达 1.5 米、底长 7 米，宽 65 厘米，重约 150 公斤，可见献殿气势之一斑。昭陵之陵寝显然更突出了"寝"的拜祭作用，降低了寝宫的地位。唐代其他的陵园皆沿用昭陵前建献殿下建下宫之制。宋承唐制。不过，宋或称献殿为上宫，称下宫为寝宫；行上陵礼，要到献殿和寝宫分别致奠，但前者规格高于后者。元代沿用蒙古族潜葬制。至明代又是一变。主要是明太祖对孝陵的改革。明太祖竟取消寝宫，包括宫人侍奉饮食起居之礼俗，享殿（即献殿）两旁增加配殿。于是将"寝"的朝拜祭祀作用、规模进一步提高。并且还将方形陵墓改为圆形的"宝顶"，将整个陵园仿照宫殿建筑建置为封闭型的三进院落（参第 218 条）。以后，明清的陵园皆准此模式。

至此，基于血缘宗族关系面向往昔、多功能的庙寝，均失去原先的作用、建制，而变为强化封建集权、面向现世、作用单一的祭殿。这是古代统治者祖先崇拜由低级向高级的发展：纯粹的祖先崇拜终于变成彻底的皇权崇拜。

参考文献

[1] 杨宽：《中国古代陵寝制度史研究》，上海古籍出版社，1985 年 2 月。

[2] 罗哲文、罗扬：《中国历代帝王陵寝》，上海文化出版社，1984 年 11 月。

[3] 贺业钜：《考工记营国制度研究》，中国建筑工业出版社，1985 年 3 月。

[4] 刘庆柱、李毓芳：《西汉十一陵》，陕西人民出版社，1987 年 7 月。

[5] 朱天顺：《中国古代宗教初探》，上海人民出版社，1982 年 7 月。

[6] 陈梦家：《殷墟卜辞综述》，科学出版社，1956 年 7 月。

[7] 本书编写组:《中国建筑史》,中国建筑工业出版社,1982 年 7 月。
[8] 韩伟:《马家庄秦宗庙建筑制度研究》,《文物》1985 年第 2 期。
[9] 韩伟等:《凤翔马家庄秦一号建筑群发掘简报》,《文物》1985 年第 2 期。
[10] [宋]徐天麟:《西汉会要》,上海人民出版社,1977 年 8 月。

40. 封·禅(墠、禫)○封禅

“封”，至泰山建坛祭天；“禅”，至泰山下小山祭地。“封禅”是封建皇帝到泰山祭祀天地的盛典，始于战国，汉武帝奠定了帝王封禅的典制。封建皇帝以此利用神威加强其统治。

【同义】

《大戴礼记·保傅》：“封泰山而禅梁父。”《白虎通·封禅》：“王者易姓而起，必升封泰山何？”《后汉书·祭祀志上》：“建武三十年二月，群臣上言，即位三十年，宜封禅泰山。”南朝梁刘勰《文心雕龙·封禅》：“光武巡封于梁父。”则“封”、“禅”皆可用于梁父，也可称于泰山。而一般多连用为一复词。《史记》有《封禅书》，专述君王祭祀之事。

【辨释】

“封”，并非专用于封禅。《后汉书·祭祀志中》：“封者，谓封土为坛，柴祭告天代兴成功也。”东汉窦宪领车骑将军大破匈奴，班固为作《封燕然山铭》，文曰：“乃遂封禅刊石，昭明盛德。”凡封者，必设土坛，燔柴以祭。《说文·土部》：“坛，祭坛场也。”《礼记·祭法》：“燔柴于泰坛。”郑玄注：“坛，折封土为祭处也。”盖“封”的本义就是封土、垒土，因此作为祭祀的“封”，当也可指筑坛而祭的活动。

“禅(禪)”，本作“墠”，或作“禫”，也不专用于封禅。《说文·土部》：“墠，野土也。”段玉裁注：“野者，郊外也；野土者，于野治地除草。”按段说，“野土”之“土”犹“土圭”之“土”，是治理意。段说是。《公羊传·宣公十八年》“墠帷”，何休注：“埽地曰墠。”作为祭祀之墠，必在野外，除草为平地，故不同于“封”。《礼记·祭法》：“是故王立七庙，一坛一墠。”孔颖达疏：“七庙之外又立坛、墠各一也。”《史记·孝文本纪》：“其广增诸祀墠场珪币。”“墠”均指整理洁净的祭神处所，其处所为有屋的宫室。

“封、禅”常连用、合用，指祭祀天地，也不限于帝王，不限于泰山。《汉书·霍去病传》记霍去病伐匈奴“封狼居胥山，禅于姑衍，登临翰海”。颜师古注：“积土增山曰封，为墠祭地曰禅也。”(“翰海”，杭爱山。)故《史记·封禅书》云：“今上封禅，其后十二岁而还，遍于五岳四渎矣。”又《封禅书赞》：“余从巡祭天地诸神名山川而封禅焉。”因此至少在汉代，“封、禅”还作为一般的祭祀天地之称。

然史乘“封禅”连用，主要以称帝王的祭祀盛典，“古今盛典，皇王能事”(《史记·封禅书》司马贞索隐“述赞”)，并多用于泰山封禅。《大戴礼记·保傅》：“是以封泰山而禅梁父，朝诸侯而一天下。”《史记·封禅书》题下张守节正义：“此泰山上筑土为坛以祭天，报天之功，故曰封。此泰山下小山上除地,报地之功,故曰禅。言禅者,神之也。"《太平御览》卷五三六引《五经通义》曰:"太山者,五岳之长,群神之主,故独封于太山,告太平于天,报群神之功也。禅梁父者,太山之支属,能配太山之德也。"是谓禅者,乃筑明堂祭地,为享配泰山;一般禅于泰山附近的梁父山。但他处也有,如高里、凡山、石闾、肃然山等处。封,祭天之谓,行仪一般在泰山上,但偶尔也可在山下。封仪重于禅仪。封禅,一般是又封又禅,也可封而不禅。《天平御览》卷五三六引《尚书中候》曰:"寡人闻古霸王封太山刻石纪号。"也可禅而不封。汉武帝太初元年冬十月,"行幸泰山。十二月,禅高里"(《西汉会要》卷八)。因五年一修封,现适两年,故仅禅祠高里的明堂而不封。

帝王登泰山祭祀天地的大典,现存文献首记其事者,是《管子·封禅》:"桓公既霸,会诸侯于葵丘,而欲封禅。管仲曰:'古者,封泰山禅梁父者七十二家,而夷吾所记者十有二焉。'"《史记·封禅书》亦引录其事,谓远古以来封禅帝王累计已七十二代,今可知者十二代,无怀氏、伏羲氏、火帝(炎帝)、黄帝等,直到最后的周成王。对此,古今学人多持异议。马端临《文献通考》等以为此乃"齐鲁陋儒"的编造:在燧人氏以前,世质民淳,结绳而治,岂能有泥金检玉、刻石载功之事?然这种诽议犹是一种推断。究竟封禅始于何时?为何泰山成五岳之首、封禅之最?尚须一论。

泰山主峰高 1532.7 米,低于华山;面积不如衡山,本非华夏中国群山之最。对山神崇拜,殷商甲骨文有很多记载,殷人祭祀和求卜的山神很多,但没有五岳包括泰山之名。《山海经·五藏山经》记有许多名山,也没有特别推崇泰山(参朱天顺书)。但是泰山北有燕山与河、济二水,南为江淮、伏牛、桐柏,西畔太行,东濒大海、丘陵,处四渎中心,一片沃壤之上唯泰山巍然矗立,故称大山,又作太山、泰山。"大、太"古今字。"太、泰"通假字。又称"岱"、"岱宗"。"岱"也是假借字。《正字通·山部》云:"东岳古但称太山,太代音同,故借代加山。"《说文·山部》:"岱,大山也。"《尔雅·释山》:"河东,岱。"李巡释曰:"岱,东岳泰山也。"值得注意的是"岱"、"岱宗",在战国以前尚无其称。《诗·鲁颂·閟宫》尚称"泰山岩岩,鲁邦所詹"。("詹",至。)谓高高泰山鲁邦境之所至。孔子发"泰山不如林放"之讥(《论语·八佾》),所非者是一个鲁国的大夫(季氏)僭越而祭泰山。泰山仅是鲁境内的最高山。但是到战国时的孟子眼中,泰山已是群山之首,"泰山之于丘垤"(《孟子·公孙丑上》),孔子"登太山而小天下"(《尽心上》)诸语,实均是孟子意。而《书·尧典》:"岁二月东巡守,至于岱宗,柴。""柴",燃柴燎祭天。孔颖达疏引郑玄曰:"岱宗,泰山,为四岳所宗。"《禹贡》:"岱畎丝、枲、铅、松、怪石。"("畎",谷。)孔传:"岱山之谷,出此五物。"此二篇均属战国文献,首次出现"岱"、"岱宗"之称。由"大、太"而"岱",并非任意的通假。汉代文献对此甚多解释。《淮南子·墬形》:"中央之美者,有岱岳,以生五谷桑麻,鱼盐出焉。"汉班固《白虎通·巡狩》:"东方为宗者,言万物更相代于东方也。"《风俗通·山泽》:"岱者,长也。万物之始,阴阳交代,云触石而出,肤寸而合,不崇朝而遍雨天下……故为五岳之长。"《太平御览》卷三九引《五经通义》曰:"一曰岱宗,言王者受命易姓报功告成必于岱宗也,东方万物始交代之处。宗,长也,言于群岳之长。"《白虎通·封禅》更曰："王者易姓而起，必升封泰山何？报告之义也，始受命之日，改制应天；天下太平，功成封禅，以告太平也。所以必于泰山者何？万物之始，交代之处也。"显然，贯穿以上解释的纲是阴阳五行。阴阳统辖天地，五行统辖万物。五行说认为，宇宙万物均可归于木火土金水五种物质，各类事物均是五行的组合。据此，泰山在东方，属于木德，代表孕育万物之春季，青色，遂可象征岁之始，万物之始，乃至朝代之始。于是，泰山当然成为群山乃至五岳之首，并且改朝换代的帝王当然应到泰山祭天祀地，以应天命了。唯此，泰山遂有"岱宗"之称。岱者，从代、山，谓帝王告知改朝换代之山；宗者，谓群山之长、首。汉代的阴阳五行说，导源于战国的稷下齐学，而邹衍是此说的肇创者。然则可以说，"岱"之称是邹衍一派"齐鲁陋儒"，按五行说给泰山所撰的别称，"大、岱"既是同音假借，"岱"，又是会意字，循五行之意构。众所共知，现存的《管子》实是稷下学派的学术论集，属于战国晚期作品，则管子所云远古以来封禅帝王七十二代云云，实也是这一派学者为了证成五行相代之说而施展的托古改制术，纯属无稽之谈。综而言之，泰山之成为五岳之首，当始于战国，主要是齐国稷下学派按阴阳五行说人为"拔高"的结果，而不是由于对高山的传统的崇拜，或者泰山有超乎群山的自然特色。而"拔高"的泰山，集中体现于"岱宗"之称与帝王的封禅说。

第一个接受封禅说并躬身践行的是秦始皇。始皇恪信邹衍等的五行相代说，改制度、易服色，又从"秦文公获黑龙"事已确知自己受命于天，代表水德承运，于是在称帝改制三年后，巡狩东方郡县，带齐鲁儒生博士七十人，去泰山封禅，向天报功告成。由于儒生也不知"古制"，他自定封禅之仪；乘车从泰山南坡上山顶，"立石颂秦始皇帝德，明其得封"。然后从北山坡下，禅于梁父山，共一封一禅(《史记·秦始皇本纪》)。

第二个热衷封禅的是汉武帝。公元前110年，武帝两封两禅，亦自定礼仪：禅梁父祭地，在泰山下东方设坛祭天，坛广一丈二尺，高九尺，坛下埋玉牒(写祭文的简版，以玉为饰)，然后与侍中奉车子侯共上泰山，又封。第二天从山北坡下，在山脚东北的肃然山举行第二次禅礼祭地。武帝封禅，以祭泰一(上帝)之礼进行封礼，杀白氂牛、白鹿、猪为祭品，又以祭后土之礼进行禅礼。祭时献上江淮所产一茅三脊草、各地飞禽走兽和白雉等物，以示祥瑞。在庄严肃穆的乐声中，武帝身穿黄袍，躬身跪拜行礼。封禅结束后，改此年为元封元年(《史记·封禅书》)。

武帝在泰山的封禅影响甚大，自此正式奠定了帝王封禅之制。其后，东汉光武帝、隋文帝、唐高宗、武则天、唐玄宗、宋真宗等都曾去泰山封禅，基本遵行汉制，而又踵事增华。如玉牒，要置于玉质盒内，其外用水银掺金屑所谓"泥金"封存。《旧唐书·礼仪志二》载乾封二年诏："检玉泥金，升中告禅。"唐陈鸿《长恨传》："(玄宗)时省风九州，泥金五岳。"后"泥金"成为帝王封禅的代称。南宋以后，不再到泰山封禅，但仍有祭天祭地之仪，只是集中到京郊进行，实是将封禅与郊祀合二而一。如明成祖迁都北京，在南郊建天地坛，合祭天地。后将圜丘改为祭天之坛，在北郊增设地坛，天地分坛而祭。

历代封建帝王不惜靡费大量资财人力，兴师动众去泰山举行封禅盛典，看去荒唐可笑，其实对封建帝王，确有重大的“效益”。一、告天神易姓改朝，表示君权神授，上应天命，易姓之主可改封，中兴之主可修封。如汉武帝定五年一修封，封禅后，往往改元。二、告天地神以文治武功，炫扬德化善政。封禅必记功刻石，炫耀其牧民业绩，宣扬太平盛世。三、满足求仙长寿之欲。封禅往往与帝王的求仙、长寿动机相联系，秦始皇、汉武帝均如此。道家称泰山为“泰山府君”，《孝经纬·授神契》称泰山是“天孙”，皆为掌管世人寿命之神，故封禅泰山最能满足帝王求仙长寿之欲。要之，封禅具有宗教和政治的双重作用。通过封禅，利用神威，以维护和加强封建皇帝和王朝的权威。

参考文献

[1] 顾颉刚：《秦汉的方士与儒生》，上海古籍出版社，1983 年 8 月。
[2] 朱天顺：《中国古代宗教初探》第三章，上海人民出版社，1982 年 7 月。
[3] 徐北文：《泰山崇拜与封禅大典》，《文史知识》1987 年第 10 期。

41. 尸·主

祭祀时，尸是代替被祭者受供奉的活人，"尸"可喻用为"主"义，使用面狭。"主"，受供奉的祖先神灵牌位；可引申为主祭义，用为名词、动词。

【同义】

《尔雅·释诂上》："尸，主也。"《楚辞·天问》："载尸集战，何所急？"王逸注："尸，主也。"指神主、木主。《诗·召南·采苹》："谁其尸之，有齐季女。"毛传："尸，主。"此作动词。《太平御览》卷五三一引《白虎通》曰："祭所以尸主何？本神无方，孝子以主系心。""尸"、"主"同义连用，均指祭祀时的替代者。

【辨释】

贮贝器上的尸祭图像

《说文·尸部》："尸，陈也，象卧之形。"段玉裁注："此字象首俯而曲背之形。"段说是。金文作(盂鼎)，是双脚垂地同于今人的坐姿。《说文·几部》另有尻字，作，尸正象人垂足端坐于几上的侧视形。尸祭是上古时盛行的祭祀方式，尸是祭祀时临时代替死者亡灵或先祖神灵的活人，通常是用臣下或死者的小辈充当，相当于后世用的神主、画像。文首引《楚辞·天问》"载尸集战"句洪兴祖补注："尸，神象也，以人为之。"《公羊传·宣公八年》："万人去籥。"何休注："祭必有尸者，节神也。礼，天子以卿为尸，诸侯以大夫为尸，卿大夫以下以孙为尸。"上古时代，人皆席地而坐，室地铺筵(竹席)，上设席，人们席地而行跪拜之礼。唯有尸"高人一等"，为之设几而坐。《仪礼·士昏礼》："主人筵于户西，西上右几。"郑玄释曰："席西上右设几，神不统于人。"文献所记设尸而祭之礼俗，今已为出土文物形象所证实。云南晋宁石寨山 12 号墓贮贝器上大型祭祀人物雕像，其中有 56 人跽跪，面朝尸或双手按膝，或捧杯物进献，十分恭敬虔诚(易学钟文)。而尸者与众不同，双手扶膝，垂足安坐圆几之上，神态肃穆，接受祭献，几前筐内则陈有祭献之物。尸祭，夏商周三代皆盛行。《礼记·礼器》曾叙及各代之异，云："周坐尸……夏立尸而卒祭，殷坐尸，周旅酬六尸。"谓夏礼，尸饮食时乃坐，他时皆立而终祭。殷礼，尸则不论有事无事，皆坐。周礼，尸仍坐，但增益"旅酬六尸"，指祫(合祭)时聚群庙之尸于太祖庙而相酌，即周制尸祭或可多尸。周代尸祭与主祭并行，战国起，尸祭之礼趋衰。"尸"作为名词的祭尸义也即罕用。

尸祭中，尸者的身份、作用以及独特的坐姿表明他不是木偶似地受祭，而是主祭者。《仪礼·士虞礼》："祝迎尸。"郑玄注："尸，主也。孝子之祭，不见亲之形象，心无所系，主尸而主意焉。"遂引申为动词主义。文首引《诗·召南·采苹》句即其例。又如《书·五子之歌》："太康尸位以逸豫。"孔传："尸，主也，主以尊位为逸豫不勤。"《周礼·天官·玉府》："若合诸侯，则共珠槃、玉敦。"郑玄注："珠槃以盛牛耳，尸盟者执之。"贾公彦疏："尸，犹主也。"《左传·襄公二十七年》："且诸侯盟，小国固必有尸盟者。"杜预注同。"尸盟"，犹主盟。后世多用于贬义色彩。《汉书·朱云传》："今朝廷大臣，上不能匡主，下亡以益民，皆尸位素餐。"颜师古注："尸，主也。素，空也。尸位者，不举其事，但主其位而已。素餐者，德不称官，空尝食禄。"又《鲍宣传》："以拱默尸禄为智。"颜师古注："尸，主也，不忧其职，但主食禄而已。"《三国志·魏志·杜恕传》："若尸禄以为高，拱默以为智……亦明主所察也。"由上可见，"尸"作"主"之义，无论感情色彩如何，皆是从"尸"的居高与坐享特征比喻而用，但使用不广，常见的即是"尸位"、"尸禄"之类的语词，今犹用"尸位素餐"之语。

"主"，本义是火炷，即灯中燃烧的火炬(见 252 条)，于祭祀之"主"当是假借。祭祀之主，乃是受供奉的祖先神灵牌位，或称"木主"、"神主"。《礼记外传》曰："庙主用木者，木落归根，有始终之义。"(引自《太平御览》卷五三一)《后汉书·光武帝纪上》："大司徒邓禹入长安，遣府掾奉十一帝神主，纳于高庙。"其物用木(一般是栗、桑)或石制成，大小有等差。《穀梁传·文公二年》："作僖公主。"言为僖公庙作主。范宁注："主，盖神之所冯(凭)依，其状正方，穿中央达四方。天子长尺二寸，诸侯长一尺。"在主牌的背面刻上祖先的谥号，放置于固定处所。《后汉书·光武帝纪上》李贤注引卫宏《汉旧仪》曰："已葬，收主为木函，藏庙太室中西壁坎中，去地六尺一寸，祭则立主于坎下。"主其物，周初已见。《史记·周本纪》记武王伐纣至于盟津，曰："为文王木主，载以车中军。武王自称太子发，言奉文王以伐，不敢自专。"载主之车称为"主车"。文王盖表示既尊先祖，又欲先祖显灵保佑。在出征之前，则必于祖庙向神主请示；誓师返回，又要禀告、献俘请功。对此，《左传》中均有不少记载。到战国时，此俗趋衰。秦以后则亡。《太平御览》卷五三一引挚虞《决疑要注》曰："古者帝王出征，于车载迁庙之主及社主以行，秦汉魏不载主也。"但是，以木石之主代替活人扮装的尸以祭，却在整个封建社会久盛不衰。盖其初时，只限于天子、诸侯，故诸注家皆仅称述天子、诸侯主牌之尺寸。至汉时，庶民也已有施行。《太平御览》卷五三一引《五经异义》曰："大夫、士无昭穆，不得有主，今山阳民俗祀有石主。"汉以后神主进入每家每户，一直延用至现代，俗称祖宗牌位、神主牌位。封建家族群居，必有祠堂，祠堂设于正寝东侧，是祭祖之地，堂内一般有四个神龛，龛中置椟，内安神主。神主通常是尺二寸长、三寸宽木牌，削去两角，底有方形木座，牌上写神主之官爵、姓名、字号。

主，实是上古尸的简化形式。不过至少周代，尸祭、主(牌)祭已并举，二者物虽异，功则一。故"主"可作名词，主祭者；作动词，主祭义，多用于对山川之祭。《论语·季氏》："夫颛臾，昔者先王以为东蒙主。"谓颛臾是东蒙山的主祭者。《国语·晋语五》："夫国主山川，故

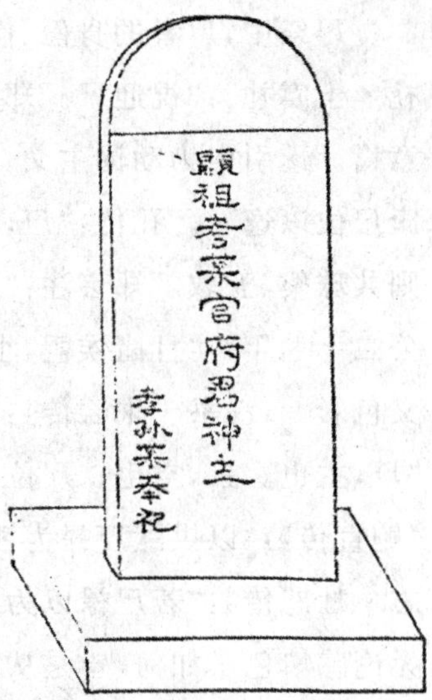

神主牌

川涸山崩，君为之降服、出次。”韦昭注：“（主，）为山川主。”谓当国者应主祭山川。又《郑语》：“主芣、騩而食溱洧，修典刑以守之。”韦昭注：“芣、騩，山名。主，为之神主。”即主祭之义。该山之险峻幽深，藏兽蕴宝，显示其强烈神秘性；山之千姿百态，风云变幻，显示其非凡神奇性。《礼记·祭法》曰：“山林川谷丘陵，能出云，为风雨，见怪物，皆曰‘神’。”甲骨文中已有对山神之祭。到周代，臻于制度化。其法，据说至都城之西门外，将玉石、玉器作供祭物，通过瘗、投、悬（升）等方式而祭，即将祭品瘗埋地中，或投于山谷中，或将祭物高挂，供神享用。礼制规定：“天子祭天下名山大川，五岳视三公，四渎视诸侯。诸侯祭名山大川之在其地者。”（见《礼记·王制》）而“诸侯山川有不在其封内者，则不祭也”（《公羊传·僖公三十一年》）。若“非其所祭而祭之，名曰淫祀，淫祀无福”（《礼记·曲礼下》），且属僭越之举，当不可容。然则，封建立国与山川之祭实为一事，如云颛臾为“东蒙主”，主祭东蒙山，即谓先王将东蒙山一带封赐而建国；云“主芣、騩”，主祭芣、騩，即谓郑国享有芣、騩之山、地。

如前所述，“尸”从表示祭祀代主的对象之特点比喻而用为主之义，使用面狭。而“主”由祭祀代替的对象径引申为主祭义，有动、名之用；其主义，更多而广，而成为使用至今的庞大义系。二者引申之异无疑可表明：至进入文献时代，尸祭之制，盖属余波尾声，而祭主之制业已盛行。后世神主更走进千家万户。

参考文献

［1］李晓东：《中国封建家礼》，陕西人民出版社，1986 年 12 月。
［2］朱天顺：《中国古代宗教初探》第六章，上海人民出版社，1982 年 7 月。
［3］易学钟：《晋宁石寨山 12 号墓贮贝器上人物雕像考释》，《考古学报》1987 年第 4 期。

42. 斋(齐)·戒(诫)

"斋",清心壹志;"戒",防范不当为的言行。儒教的斋,是祭祀或行大典礼前的净身清心活动,戒是指斋期内戒除饮酒、性生活诸事。佛教的斋,实即戒:要在家信徒终身行不杀生、不偷盗等五戒;一月规定斋日,守八戒;对出家僧尼更有严戒。道教的斋,是繁杂的求神、告神法仪活动,戒有成百上千,还有各种清规,大都不能实施。

【同义】

均指清心壹志、防范不当言行的活动。《墨子·尚同中》:"是以率天下之万民,斋戒沐浴。"《吕氏春秋·仲夏纪》:"君子斋戒。"《管子·中匡》:"十日斋戒。"《史记·廉颇蔺相如列传》:"赵王送璧时,斋戒五日。""斋戒"连用不胜枚举,可视为同义复词。《说文·示部》:"斋,戒洁也。"段玉裁注:"此以戒训斋者,统言则不别也。"

【辨释】

"斋戒"有宗教意味,但不始于、不限于佛教,也不单纯指吃素。我国的儒教、佛教、道教均有斋戒,而以儒教的斋戒最早,其常用之词义亦取于此。

"斋",从示齐,齐省声,声兼义。常作"齐"。《易·系辞上》:"圣人以此齐戒,以神明其德夫。"王弼注:"洗心曰齐,防患曰戒。"《说郛》卷七七引李之彦《东谷所见》曰:"世人以茹素为斋戒,岂知圣贤之所谓斋者,齐也,齐其心之所不齐;所谓戒者,戒其非心妄念也。"可知斋者,指清心壹志;戒者,戒除、防范一些不应为之行为。儒教的斋戒,是指在祭祀或举行大典礼前虔敬的净身清心活动,借以壹其心志,诚接鬼神与礼物。其始甚早。《孟子·离娄下》:"虽有恶人,斋戒沐浴,则可以祀上帝。"《滕文公上》:"三代之丧,斋疏之服……三代共之。"《国语·周语上》:"王即斋宫,百官御事,各即其斋三日。"《礼记·曲礼上》:"齐戒以告神明。"文首所引也属儒教范畴。据礼制规定,祀天地要斋戒七日,祀宗庙山川五日,一般小祀三日(《后汉书·礼仪志》)。君主举斋之处称斋宫(但秦后也可用于凡人,见下),凡人则称斋舍、斋庐等,斋戒时独居于此。在斋日内不仅可以食肉,而且往往要有盛馔。君主平时每天杀一次牲,用于朝食,而斋日内要每天"三举",即三次杀牲。其所以如此,正如朱骏声所释:"古人祭祀行礼委曲烦重,非强有力者弗能胜,三日之先杀牲盛馔者,所以增益其精神……凡敬其事则盛其礼,故斋之馔必加于常时也。"(《说文通训定声·履部》"斋"字)凡斋,必同时行戒。要求:斋日内别居斋舍,不与妻妾同房、不饮酒、不食荤。因酒会乱性;性生活耗神损阳,且属不洁行为;不食荤者,即是变食。《论语·乡党》:"齐必变食。"荤指有荤辛气味的蔬菜,如葱、韭、蒜等，以其会污秽人气，故不可食。此外，还要求斋日内，“防其邪物，讫其嗜欲，耳不听乐……心不苟虑，必依于道，手足不苟动”。(《礼记·祭统》)如许戒条连同盛馔，还有沐浴、端衣冕裳之类，就构成了整个斋戒活动。

此种礼仪贯穿整个封建社会，以其能“天人感应”，善政惠民，历朝皇帝、朝臣都很重视。《史记·淮阴侯列传》记萧何要刘邦郑重破格提升韩信为大将，曰：“王必欲拜之，择良日，斋戒，设坛场，具礼，乃可耳。”《汉书·酷吏传·田延年》：“(田延年)即闭閤(阁)独居斋舍，偏袒持刀。”《后汉书·儒林传·周泽》：“(泽)清洁循行，尽敬宗庙，常卧病斋宫。其妻哀泽老病，闚问所苦。泽大怒，以妻干犯斋禁，遂收送诏狱谢罪。当世疑其诡激，时人为之语曰：‘生世不谐作太常妻，一岁三百六十日，三百五十九日斋。’”《太平御览》卷五三〇引《搜神记》曰：“王业，和帝时为荆州刺史，每出行部，沐浴斋洁，以祈于天地……在州七年，惠风大行。”《旧唐书·宪宗纪上》：“(元和)二年春……将及大礼，阴晦浃辰，宰臣请改日，上曰：‘郊庙事重，斋戒有日，不可遽更。’亨献之辰，景物晴霁。”从魏晋起，朝中设“斋郎”，专主祭祀。从唐代起，还设“斋娘”，以公卿女充当，专为皇后操持祭祀事务。后世皇帝大祀致斋，宫内及天地坛等均设斋宫，清代还置斋戒铜人于斋宫中，以示警戒。

佛教的斋戒，形成于佛教传入我国以后。佛教的东渐，很难划定具体的时间。赵朴初认为，“公元前二年，大月支国(原居我国甘肃的一个强盛的少数民族，西迁中亚后建立的国家)国王的使者伊存，到了当时中国的首都长安(即今西安)，他口授佛经给一个名叫景卢的博士弟子，这是中国史书上关于佛教传入中国的最早的记录”(《佛教常识答问》第五章)。此为一说。还有多说。但无论说有多歧，一般都认为：佛教得到统治者支持而初起，是在东汉明帝。从明帝后，传统的“斋戒”也融入了中国佛教。

“斋”，佛教之用不限于斋戒。由于“斋”原先是指净身清心的活动，故最早东渐的佛教小乘以过午不食为“斋”。《法苑珠林》卷八八：“不非时食者是斋。”因过午之食不利于清净身心。唐白居易《同钱员外题绝粮僧巨川》诗：“斋时往往闻钟笑，一食何如不食闲？”中午食为“斋食”，中午为“斋时”。来自西域的沙门不蓄资财，每日托钵乞食，赖俗家供食，遂称施予僧尼的财物饭食为“斋”。《旧唐书·德宗纪下》：“贞元十二年……赐马十匹，令于诸寺斋僧。”“斋僧”，设食供僧。扩大之，供奉佛神之食为“斋”。唐释明槩《决对傅奕废佛僧事》：“昔人一瓢以济馁夫，尚得扶轮相投；今一斋以供大圣，宁无福禄相酬？”当然，“斋”还指特定的净身清心之日，即斋日(详下)。因此佛教之“斋”，与斋戒有关者，一指正午过后不食，二指特定的斋日。然而前者，后来也被列入戒(见下)；后者，并不用于出家的僧尼，而只是对在家的信徒而言。因为俗人一旦出家，投入沙门，即开始进入净身清心之境，故不再有斋与不斋之分。同时，斋日之斋，既不是为某一重要事件而举行的临时活动，又没有一定的礼仪程式，实质内容即是戒。斋日犹戒日。然则可以说：佛教斋戒，实际上只有戒，斋就指戒。

佛教要求在家男女信徒终身持行的戒，基本为按照儒教“五常”、五行说而定的五戒，又作“五诫”。《晋书·简文三子传·会稽王道子》：“臣闻佛者，清远玄虚之神，以五诫为教。”

《大智度论》卷十三曰："白衣居家……不能尽行戒法，是故佛令持五戒。"指：一不杀生，二不偷盗，三不邪淫，四不妄语，五不饮酒（见《提谓波利经》），而末条在《毗尼藏经》作"不饮酒食肉"（《太平御览》卷六五八引），即所谓吃素。此反映了一项重大变化。盖小乘僧尼以乞食为主，不禁肉食。中国初传小乘，行小乘戒（如《十诵律》），可以食肉。南北朝时又传入大乘佛教，如《大般涅槃经》、《楞伽经》等均主张从"大慈大悲"出发，严禁肉食，谓"食肉者断大慈种"（《大般涅槃经》卷四《四相品》）。梁武帝崇行大乘佛教，亲撰《断酒肉文》。故一些学者论定佛徒吃素之风始自梁武帝。其实，梁武帝前已行此戒。《宋书·袁粲传》记袁氏一次被罢官，就因开了荤戒之故："孝建元年，世祖率群臣并于中兴寺八关斋中食，竟，愍孙（即袁粲）别与黄门郎张淹更进鱼肉食，尚书令何尚之奉法素谨，密以白世祖，世祖使御史中丞王谦之纠奏并免官。"《太平御览》卷六五五引《谈薮》曰："北齐高祖多杀戮，有稠禅师者以业行著称，箴之曰……于是乃禁断鹰鹞，造佛寺，断屠杀，不食肉。"但是，可以说经梁武帝力倡，从此不食肉成为定戒。

五戒，必须终身遵行。其上再加三戒，即为八戒。三戒是：一、不娱乐，不打扮；二、不坐不睡华丽大床；三、不食非时食。考虑到在家居士尚处尘俗之中，难以日日守行八戒，遂规定每月固定的六天（八、十四、十五、二十三、二十九、三十日）行戒，称斋日，还有其他两种斋日，一年总共有百余个斋日。在斋日中，必须严守八戒，暂时远离尘俗之羁，以"体验"出家僧尼清苦的宗教生活。此外，还有对十岁至二十岁间出家男子有十戒，出家僧尼奉行具足戒；梁、陈二代盛行菩萨戒。对出家僧尼则实行严戒。以上诸戒，是中国佛教实行的大小乘诸戒。

道教也有斋戒，且也极为重视。《云笈七签》卷三七《说杂斋法》曰："学道不修斋戒，徒劳山林矣。《太真科》曰：'学道以斋戒为本，太上所重，老氏所营，仙真所赖。'"（《太平御览》卷六六七引）道教的斋戒吸取了古代祀神、祈福的巫觋活动与儒教斋戒的内容，形成于南北朝，也自有特色。

道教的斋戒大别为三类。《说杂斋法》曰："一者设供斋，可以积德解愆。二者节食斋，可以和神保寿……三者心斋，谓疏瀹其心，除嗜欲也；澡雪精神，去秽累也；掊击其智，绝思虑也。"此心斋来自儒教。《庄子·人间世》中，庄子借颜回与孔子对语而表明：静心无虑、一尘不染的"心斋"比不饮酒、不茹荤的"祭祀之斋"更为重要。后世道教的各种斋法，也以心斋为本。但道教的心斋门派、方式极多，主要派别早期有上清派、灵宝派。前者斋法有二：绝群离偶法、孤影夷豁法。即离群索居，绝食服气。后者斋法有金箓斋、明春斋等九种。还有其他许多斋法，名目繁多（详见《云笈七签·斋戒》）。到晚唐五代，据《道门定制·斋品》引杜光庭语，称有二十七种斋法。与儒教同，其修斋也"有的放矢"，遇事而行；但又有不同，一般是遇有求于神之事，如祈福、祛灾、谢罪、求仙、延寿、超度亡灵等，即行斋事。而且道斋之修，最重仪式。其仪十分隆重、繁复，大致必先筑八卦阵似之坛，坛上，焚香燃灯，陈各种法器。当斋主——祈神消灾之俗人，慎敬面缚而入斋坛，坛下十二小道士手持幡、鹤羽等法器吟诵，步虚缭绕旋转。此即为斋醮之仪。道士之醮乃助斋主通神致意。仪中，斋主念念有词，告事神祇。此仪昼夜不息，少则三日，多至十日。行斋期间，斋主要行戒（见下）。越到后来，心斋之虔诚越发衰颓，而斋醮法仪日益琐细、繁杂。总之，道教的斋，实际上是一种繁杂的求神、告神法仪活动。

道教的戒，更为复杂。戒律是防止犯罪的警戒条文，但有宽有严，因人而异。总的分上品（人品）戒，中品戒，下品戒。上品不必戒，下品不能戒，故强调中品者，使通过戒而趋善去恶。常见的戒条，也有平时所持的五戒，即不杀生、不茹荤饮酒、不口是心非、不信盗、不邪淫（见《云笈七签·混元皇帝圣纪》）。还有八戒、十戒等，融入不少佛教的戒律。至于斋期戒律更多，最多的太上老君所言一百八十戒。而整个道教戒律之多，达千二百条（参《道教概说》第十章）。但是，道教戒律大都难于付诸实施，故道教行戒远没有佛教严格。就派别言，全真道较重戒律，而正一道较松散。

道教除了戒律，还有清规。这是惩罚违反戒律道士的条例。轻者跪、杖，重则处死。清规由各道观自拟。如北京白云观咸丰六年订的清规："开静贪睡不起者，跪香（跪燃一支香时间）"，"赌博引诱少年者，逐出"，"违犯国法，奸盗邪淫，坏教败宗，顶清规（清规置首而焚），火化示众"。清规为道教所独具。

参考文献

[1] 赵朴初：《佛教常识答问》，江苏古籍出版社，1988 年 4 月。

[2] 任继愈：《中国佛教史》第三卷，中国社会科学出版社，1988 年 4 月。

[3] 方立天：《佛教哲学》，中国人民大学出版社，1986 年 7 月。

[4] 中国佛教协会：《中国佛教》（二），知识出版社，1982 年 8 月。

[5] 傅勤家：《中国道教史》，上海书店，1984 年 3 月复印本。

[6] 葛兆光：《道教与中国文化》，上海人民出版社，1987 年 9 月。

[7] 华颐：《道教的戒律与清规》，《文史知识》1987 年第 5 期。

[8] 李养正：《道教概说》，中华书局，1989 年 2 月。

[9] [清]赵翼：《陔余丛考》（校点本），栾保群等校点，河北人民出版社，1990 年 1 月。

43. 记·纪·志(誌)·载

记载义,"记",总称。"纪",侧重于记的纵贯性与综理性。"誌",集类而记,标识其事。"载",有庄重色彩。

【同义】

《史记·五帝本纪》司马贞索隐解"本纪"曰:"纪者,记也。"《释名·释典艺》:"记,纪也,纪识之也。"《说文新附》:"誌,记誌也。""誌"或作"志"。《左传·成公十四年》:"志而晦。"杜预注:"志,记也。"唐玄应《一切经音义》卷十六引《字诂》曰:"誌,记也。"《书·洛诰》"丕视功载"孔传:"视群臣有功者记载之。""记载"同义连用。

【辨释】

现释古汉语常用词者大都认为,在记载义上,"记、纪几乎没有区别",不过"各有一些习惯用法而已",如《五帝本纪》不作《五帝本记》,《汉纪》不作《汉记》,《史记》也不作《史纪》,均是"习惯用法",云云。此论源出王力主编《古代汉语·常用词》,为当今学界和辞书所奉。其实大不然。

"记"的本义就是记载、记录,也即疏记(参第 94 条),如徐铉所说"一一分别记之也"(见大徐本《说文解字》)。"记"乃表示这一动作、行为。《左传·僖公七年》:"夫诸侯之会,其德刑礼义,无国不记……作而不记,非感德也。""左史记言,右史记事",据实而记是古代史官的职责。《礼记·王制》:"太史典礼执简记。"郑玄注:"国有礼事则豫执简策,记载所当行之礼仪。"周代保存史策文书之处称记府。《史记·蒙恬列传》:"成王观于记府,得周公旦沈(沉)书。"东汉置有记室令史,为三公、大将军掌章表书记文檄。由文学之士充当掌管书牍记录的官员称书记。唐杜甫有《送韦书记赴安西》诗。凡此表明,"记"的记载义使用之广,堪为此义的总称。

"纪"字,或以本义为"丝的头绪",或谓"找出散丝的头绪",作动词,皆缘《说文·糸部》的"纪,别丝也"的说解而生解。其实《说文》说解非其本义。合于"丝的头绪"义者当是"绪"字。"纪"必异于"绪"。朱骏声曰:"按此后出字,己为十干借义所专,因又制此加糸傍也。"(见《说文通训定声·颐部》"纪"字)朱说有理。朱芳圃亦谓"己"字"象绳索诘诎之形"。(《殷周文字释丛·己》)据考证,春秋时齐地的纪国,"国名的纪字,本作己,原为捆绑箭镞的绳索类物的摹画"。(王树明文)足见"纪"当是"己"的后起字,最早无疑为绳索之形。但一般的绳索有"索","己"显然异于"索"。从最早作为记时的天干之用来看,其原本可能就是用作结绳记事的绳索,从记事发展为记时,顺理成章。再后来,加"系"成"纪",由于结绳记事作用是理别诸事，故“纪”有了治理义，但此为其引申义。《诗·大雅·棫朴》：“纲纪四方。”毛传：“张之为纲，理之为纪。”汉扬雄《解嘲》：“吾闻上世之士，人纲人纪。”由于结绳记事是原始的记载，故后出的“纪”自然也有了记载义，此才是“纪”的本义。而其特点也与“己”的本事一脉相承。盖结绳记事之绳是一根纵线，所记事物有先有后；其记事是平日累记、届时综理。因此“纪”的记载义，侧重于纵贯性与综理性。凡是符合并需要突出记载中若此两方面的特点，就用“纪”；不者，用总称“记”。其间至赜而不乱，古今皆然。试举证以明。

凡是纵序年数的单位，从来称“纪”，不称“记”。如古有十二年为一纪，一世为一纪，一千五百年为一纪，“纪年”、“纪元”，它们均为纵序年数，故皆用“纪”，从不用“记”。帝王被作为历史的主宰，故记帝王的事迹者必称“纪”，不可称“记”。《史记·五帝本纪》张守节正义：“纪者，理也，统理众事，系之年月，名之曰纪。”此于“纪”的纵记特点言之甚明。此外，“纪传”、“纪事本末”均是以史事为纵纲的史书文体，故都不作“记”。有许多常被视为二字通用无别之例，多系误解。如以为《史记》《汉纪》并有，故论定“记、纪”通用无别。按，荀悦《汉纪》是省改《汉书》为《左传》体，故刘知几《史通》将它列入《左传》家，称为编年体，乃是以汉代帝王的纪年为编年之纲的纵记，当然称“纪”。而《史记》是以纪、表、书、世家、列传诸体记载历史，非编年体，全书除本纪外，整体并非纵记，故以“记”名之，固当。在《史记》行文中，司马迁对“记、纪”的使用泾渭分明。以《太史公自序》为例，“自获麟以来史记放绝”，“紬史记石室金匮之书”，“录秦汉，上记轩辕，下至于兹，著十二本纪”。上引句中的“史记”，是泛指史官对史事的记录，故称“记”。末例“记、纪”同出，“记”是记录，用“记”，首创的本纪用“纪”，更可见二字之别。又如“记事”与“纪事”亦非一语。“左史记言”，“右史记事”，称“记”者，盖指客观地载录史事，是泛指。“纪事”则不同。南朝梁萧统《文选序》：“若其纪一事，咏一物。”“纪一事”是指经选择、提炼即综理一事而叙的写物赋，确实都有综其事而赋的特色。若此解作“记一事”，变成记载一件事，反而误解了此种赋的特色。故“纪一事”，可以译为“综叙一事”。唐韩愈《进学解》云“纪事者必题其要”，更表明“纪事者”是指对史事综理而叙（即“提其要”）的人。据此可断，韩文今或本作“记”者盖误。“记录”与“纪录”亦类此。北齐颜之推《颜氏家训·风操》：“汝曹生于戎马之间，视听之所不晓，故聊记录，以传示子孙。”此是客观实录，不突出纵、综的特点，故用“记”。明沈节甫编有《纪录汇编》，此丛书收入明初至嘉靖前君臣杂记、诗评、志怪、时事之作，称“纪录”，显然突出可作为纲纪史事材料之意，今人若以为“记”、“纪”无别，理解为“记录丛书”，此书名殆成噱语，书旨荡然。

“记、纪”之别延续至今。以《现代汉语词典》所列而论。“纪年、纪元、纪传”已见上述。“纪念”，是可纪可念之意，可纪，可列入纪年史册；念，怀念。因此多用于已故有德才之人；若用于一般人，是属于对亲近者的表敬用法。故“纪念”绝不可写为“记念”。“纪录”，如“打破纪录”、“创造纪录”，必作“纪”，因为都是随时间推移在纵线上的记载。“纪要”，如“会议纪要”，与“会议记录”不同，它必是经过“综理”的记录，故不可作“记要”。“纪录片”，其“纪”也从不写作“记”，因为新闻纪录片，不是纯客观的有闻必录、事事皆记，而必选择有新闻与史料价值的事件,加以剪辑、整理,故兼具"纵、综"的特点。凡此种种之"纪",若作"记",便是误用。今日"记、纪"使用之别,正是承古而来。故由今亦可证古,古代"记、纪"之别朗然,此绝非内质无别的"习惯用法",而完全出于各自不同的本源和特点。

"志",后作"誌",今简化又作"志"。"志"的本义是心志。《书·舜典》:"诗言志。"人各有志,志是一个人精神思想的集中表现和标志。故"志"有聚标义。如称射之标的,《书·盘庚上》:"予告汝于难,若射之有志。"称旗帜,《史记·刘敬叔孙通列传》:"设兵张旗志。"称标志,《南齐书·孝义传·韩系伯》:"邻居种桑树于界上为誌。"指皮肤上的色斑,《梁书·沈约传》:"约左目重瞳子,腰有紫志。"后出字作"痣"。"誌(志)"之为记载义,也有集类记之、标识其事的特点。《庄子·逍遥游》:"齐谐者,志怪者也。"《列子·杨朱》:"太古之事灭矣,孰誌之哉?"晋陶潜《桃花源记》:"(渔人)得其船,便扶向路,处处志之。"《南齐书·王慈传》:"朝堂榜誌。"唐柳宗元《永州韦使君新堂记》:"宗元请志诸石,措诸屋漏。"宋苏轼《喜雨亭记》:"亭以雨名,志喜也。"上引诸例均反映"志"之记载作标记的特点。如"志怪",是集中记载怪异。陶文之"志之",更明显记而作标志之意。若易为"记",则成浑泛之记载义;易为"纪"、"载",更不可通矣。

"载",本义为乘载车,引申为记载义。车非凡人可乘,乘车亦有一定礼制,故"载"的记载的特点是比较庄重。春秋诸侯歃血会盟时将所订誓约写于简册,谓之"盟书",也称"载书"。《史记·伯夷列传》:"夫学者载籍极博,犹考信于六艺。"南朝梁萧统《文选序》:"推而广之,不可胜载矣。"史书中为曾自立名号、但非正统君主所作之传记,称"载记"。今"载入史册"为常语,正承古而用,显示庄重色彩。

参考文献

[1] 朱芳圃:《殷周文字释丛》,中华书局,1962 年 11 月。
[2] 王树明:《齐地得名推阐》,载《东夷古国史研究》第一辑,三秦出版社,1988 年 10 月。

44. 简·牍·册(策)·策(筴)·版·业·觚·牒·笺·札·椠

“简”，竹简；简牍总称。“牍”，木简。“册”，编连的简牍通称。“策”，长简，汉后不用其称。“版”，大的书写木版。“业”，大版。“觚”，多面可写的木简。“牒”，薄的木简，用作官府文书和谱牒。“札”，薄而狭小的竹木简。“笺”，附加于简牍、小于札牒的竹简。“椠”，供书写的素木版。

【同义】

《说文·竹部》：“简，牒也。”“牒，札也。”“札，牒也。”“牍，书版也。”《正字通》：“册，编简也。”《仪礼·聘礼》：“百名以上书于策。”（“名”，字。）郑玄注：“策，简也。”《管子·宙合》：“是故退身不舍端，修业不息版。”尹知章注：“版，牍也。”《广韵·入帖》：“牒，书板曰牒。”汉王充《论衡·自纪》：“吾文未集于简札之上，藏于胸臆之中，犹玉隐珠匿也。”《超奇》：“岂徒用其才力，游文于牒牍哉？”北齐颜之推《颜氏家训·慕贤》：“简牍湮散。”唐刘禹锡《国学新修五经壁本记》：“其制如版牍而高广。”柳宗元《唐故给事中皇太子侍读陆文通先生墓表》：“秉觚牍，焦思虑，以为论注疏说者百千人矣。”“简札”、“牒牍”、“简牍”、“版牍”、“觚牍”皆同义连用，泛指简牍。

【辨释】

“简”从竹，专指竹简。制竹简，先须杀青，即将新竹之水分烤干，使竹由青变黄，以免蠹蚀，然后劈削为简条。《后汉书·吴祐传》：“（祐父）恢欲杀青简以写经书。”李贤注：“杀青者，以火炙简令汗，取其青易书，复不蠹，谓之杀青，亦谓汗简。”《诗·小雅·出车》：“岂不怀归？畏此简书。”孔颖达疏：“古者无纸，有事书之于简，谓之简书。”亦有木简。《南史·齐高帝纪》：“凿深三尺，得沸井……井中得一木简，长一尺，广二分，上有隐起……简木坚白，字色乃黄。”木简之专称曰“牍”。牍，从片，即半木，剖木。制牍须将木锯成段，剖成片，再刨治刮削，使其平整光滑。《史记·匈奴列传》：“汉遗单于书，牍以尺一寸……中行说令单于遗汉书以尺二寸牍。”《太平御览》卷六〇六引《韩诗》曰：“简子自为二牍，亲自表之。”但木牍也可以“简”称。今出土之居延汉简，大都是木牍。可知“简”为简牍之总称。

简牍，在纸发明和普及之前，是主要的早于缣帛的书写材料。从汉武帝末年起始，两千年来，不断有古简牍出土。《汉书·艺文志》等载，武帝末年，鲁共王坏孔子宅，于孔壁得战国竹简，经孔安国整理而成古文《尚书》等几十种古籍。《晋书·束皙传》载，晋武帝汲郡人不准盗发战国魏襄王墓得竹简数十车，整理出大批古书。今存《穆天子传》即为汲冢书原本。近现代，以科学手段发掘，所得成果为往昔所不可比拟。据统计，20世纪以来，出土简牍已近50000件，其时间跨度将近一千年。其中特别著称者有：1978年湖北曾侯乙墓出土的200余枚竹简，属于公元前5世纪战国时的遗物，是今存时代最早者；1975年于湖北云梦睡虎地出土秦简1155枚（另有残片80枚）；1972—1976年，在甘肃甲渠、第四燧、金关三地共出土汉简19637枚，其年代上起武帝元鼎元年（前128），下迄光武帝建武八年（公元32），其内容涉及政治、军事、经济、交通等许多方面。大量出土的简牍是比传世文献更可靠的研究资料。东汉起，纸逐渐取代简牍成为文字的主要书写材料，至公元4世纪，简牍基本绝迹。

今观出土的汉简，一般长23、宽1、厚0.2—0.3厘米，即汉尺一尺长、五分宽、一分厚，一简上所写不到五十字。此用于一般的文书。后世称书信为"尺牍"，盖源于此。史书上谓写皇帝的诏书用一尺一寸之简，故称"尺一之诏"。写儒家经典之简则超过一尺，臻于二尺四寸。1959年甘肃武威磨嘴子六号东汉墓出土《仪礼》，其简长都在56厘米左右，相当于汉尺二尺四寸，与史书所言正合。记载法律条文的简则更长，有所谓"二尺四寸之律"、"三尺法"、"三尺律令"之称（见《史记·酷吏列传》、《汉书·朱博传》、《盐铁论·贵圣》诸文）。《居延汉简甲编》的2551号简，就是三尺长的简牍。简牍的书写，文献中称有墨写和漆写，但今所见者均用毛笔蘸墨而写。写后修改则用刀削刮，削下的木片称柿（fèi）。在云梦睡虎地第十一号墓中就发现墨、砚、笔和刀削四种文具。

"册"，也作"策"。《战国策》之"策"即"册"。《书·金縢》："史乃册祝。"孔颖达疏："史乃为策书执以祝之。""策书"即册书。"册"指编连的简牍。编连一般用麻线，贵重的用青丝、素丝。睡虎地秦简系以丝绳分三道编。也可用皮条。《史记·孔子世家》谓孔子读《易》"韦编三绝"，韦即熟皮条。但今考古发掘未见。编组处有三角形小缺口，使不易滑动。编连成册后，以最后一枚简为轴，从尾部向前反卷，第一枚简的背面就露在外面，上写篇题，便成一"册"。每简下有编号，相当于今天的页码。成册的简数或多或少。如1930年出土的居延汉简册书，有三简一册的武臣居丧报告书，有七十七简一册的物品账簿。而1981年甘肃武威磨嘴子汉墓出土的《王杖诏书令》，由二十七枚木简构成一册，简均有编号，绳编两道。将若干册连在一起就成"编"，编是基本计算单位，一编即一篇。"册"，是编简之通称，故后来文献中作为书册之通称。

"策"，或作"筴"。《管子·宙合》："是故圣人著之简筴，传以告后进。""筴"同"策"。"策"似指长简。晋杜预《〈春秋左氏传〉序》曰："大事书之于策，小事简牍而已。"显然策有别于一般的简牍。盖，"策"本指马箠（鞭），又可称杖，引申为简牍之称，自然就指较长之简。唯此，杜预方云"大事书之于策"，盖大事必然字句多，所用简就当长于一般的简。但汉以后，"策"随着谋略等义的多用，用作编简之称已基本消失。

"版"指书写用的木板，较牍宽大，上古常用来登记户籍。《论语·乡党》："式负版者。"何晏集解引孔安国曰："负版，持邦国之图籍。"秦后仍有书版义。南朝宋刘义庆《世说新语·方正》："王子敬时为谢公长史，谢送版，使王题之。"

"业"指大版。大版作筑墙的夹板,也用指乐器架上装饰用的大木板,刻以锯齿状,用以挂钟、鼓、磬。《诗·周颂·有瞽》:"设业设虡。"毛传:"业,大版也,所以饰栒为县也。"即是悬钟磬的木板。("虡"架,悬挂编钟编磬的木架;其中横木为"栒"。)故《尔雅·释器》:"大版谓之业。"用指书版,当然也指其宽而大者。《礼记·曲礼上》"请业则起"郑玄注:"业谓篇卷也。"秦以后"业"一般不作书板义。

"觚"指多面可写的木简。《急就篇》卷一:"急就奇觚与众异。"颜师古注:"觚者,学书之牍,或以记事,削木为之,盖简属也……其形或六面,或八面,皆可书。觚者,棱也,以有棱角,故谓之觚。"《文选·陆机〈文赋〉》:"或操觚以率尔,或含毫而邈然。"李善注:"觚,木之方者,古人用之以书,犹今之简也。"其物使用不广。

"牒、札、笺"都指小的简牍。

"牒"从片枼声,犹木之叶片,薄的木板。南朝梁刘勰《文心雕龙·书记》:"牒者,叶也,短简编牒,如葉在枝。"《说文·片部》:"牒,札也。"段玉裁注:"按厚者为牍,薄者为牒。牒之言枼也,葉也。"《左传·昭公二十五年》:"右师不敢对,受牒而退。"《史记·太史公自序》:"维三代尚矣,年纪不可考,盖取之谱、牒旧闻。"《汉书·路温舒传》:"温舒取泽中蒲,截以为牒。"颜师古注:"小简谓牒。"又《薛宣传》:"乃手自牒书,条其奸臧(脏)。"颜师古注:"牒书,谓书于简牒也。"古之牒多记录狱词、谱系和其他授官之令、呈文等,即用作官府文书和谱牒。南朝齐孔稚珪《北山移文》:"敲扑諠嚣犯其虑,牒诉倥偬装其怀。"

《说文·木部》:"札,牒也。"段玉裁注:"薄小者曰札。"《汉书·司马相如传上》:"上令尚书给笔札。"颜师古注:"札,木简之薄小者也。时未多用纸,故给札以书。"《太平御览》卷六〇六引《晋令》曰:"郡国诸户口黄籍,籍皆用一尺二寸札,已在官役者载名。"《汉武故事》曰:"持一尺札赐将作大匠。"故札是薄而狭小的木简。文献中多用指短而杂的文章或书卷。清桂馥有《札朴》十卷,内容琐杂,自比之削木牍所弃的木片。孙诒让有《札迻》,辑录诸书校语,汇集成书。

《说文·竹部》:"笺,表识书也。"戋声有小义。故笺是附加于简牍上比札、牒更小的竹木简,读书时随手注释,系在相应简上备考。《诗·周南·关雎》"郑玄笺"下陆德明释文引郑氏《六艺论文》:"注《诗》,宗毛为主,其义若隐略,则更表明,如有不同,即下己意,使可识别也。"按,即注释古书,以今义表明作者之意,或于隐略不明之处断于己意之谓。郑玄的《毛诗》之笺就是附着在正文简牍上的注语。唯此,"笺"在郑玄后成为对文献注释的一种名称。

《说文·木部》:"椠,牍朴也。"段玉裁注:"椠谓书版之素,未书者也。"朱骏声曰:"牍,长一尺,既书曰牍,未书曰椠。"(《说文通训定声·需部》"牍"字)然则椠即未写过字的木简。汉扬雄《答刘歆书》:"雄常把三寸弱翰,赍油素四尺,以问其异语,归即以铅摘次之于椠。"《西京杂记》亦称扬雄"尝怀铅提椠从诸计吏访殊方绝俗四方之语"。

参考文献

[1] 林剑鸣:《简牍概述》,陕西人民出版社,1984年9月。
[2] 甘肃省文物工作队、甘肃省博物馆:《汉简研究文集》,甘肃人民出版社,1984年9月。
[3] 〔美〕钱存训:《印刷发明前的中国书和文字记录》,印刷工业出版社,1988年1月。
[4] 朱振华:《谱牒浅说》,《文史知识》1988年第3期。

45. 编·纂(撰、篹、纂)·辑(缉)·论

编纂书文。"编",早期指按简次序联结成篇。"纂",汇集,泛称。"辑",经选择、加工而汇集,侧重在有选择、加工。"论",聚集简策以成言论,行于魏晋前。

【同义】

《汉书·艺文志》:"门人相与辑而论篹,故谓之《论语》。"《南史·刘苞传》:"手自编辑,筐箧盈满。"唐白居易《河南元公墓志铭》:"又观其述作编纂之旨,岂止于文章刀笔哉?""论篹"、"编辑"、"编纂"皆同义连用,泛指编纂书、文。

【辨释】

在纸的普遍使用以前,书写多用竹木简和绢帛。"编"者,指用皮筋或绳子串联竹木简成篇,即为编纂义。《汉书·儒林传序》:"(孔子)盖晚而好《易》,读之韦编三绝,而为之传。"颜师古注:"编,所以联次简也。"《说文·糸部》:"编,次简也。"段玉裁注:"以丝次第竹简而排列之曰编。"《后汉书·苏竞传》:"走(谦称)昔以摩研编削之才,与国师公从事出入,校定秘书。"将简编连成篇,便于铺展阅读,卷束收藏。在居延海南一百公里的汉代甲渠侯官遗址,发掘出《塞上烽火品约册》等四十多卷简册,还有编连木简的麻线,此是古代简编的实证。又可以指编成之书籍。《汉书·张良传》:"出一编书。"颜师古注:"编,谓联次之也,联简牍以为书,故云一编。"《旧唐书·唐高宗诸子传·章怀太子贤》:"往圣遗编,咸窥壶奥。"韩愈《进学解》:"手不停披于百家之编。"皆泛称整理编纂之书籍。由其名词义也可知,其常见的动词义,在南北朝以前与后世不同,尚非编纂义的通称,而只表示按简次序联结成篇。侧重在成篇。

《说文·糸部》:"纂,似组而赤。"本为赤色带子。编纂义是假借为"攒"。"攒",聚貌,故可表示汇集文章、书籍,是泛称。汉扬雄有《训纂篇》汇集二千零四十字。唐韩愈《进学解》:"记事者必提其要,纂言者必钩其玄。""纂言",纂集言词。"纂"或作"撰"、"篹"、"篹"。三国魏曹丕《与吴质书》:"顷撰其遗文,都为一集。"("都",总。)"撰"亦汇集义。其字用于今,作为"编纂"、"纂集"等复词的词素,但词义特点与古代稍异:今之"纂、撰",于汇集中重于述作之意。

"辑"本义为车舆(从段玉裁说),其编纂义是"缉"之假借(从朱骏声说),字或作"缉"(见文首引)。《说文·糸部》:"缉,合也。"《国语·周语上》:"和协辑睦于是乎兴。"韦昭注:"辑,聚也。""缉"实亦是"集"。东汉刘歆继其父业,成《七略》,首为《辑略》。《汉书·艺文志》:"歆于是总群书而奏其《七略》,故有《辑略》。"颜师古注:"辑与集同,谓诸书之总要。"宋朱熹《中

庸章句序》:“而凡石氏之所辑录,仅出于其门人之所记。”“辑录”,聚集而著录。要之,“辑”指经选择、加工而汇集,侧重在有选择、加工。盖“纂”仅泛指汇集,而“辑”侧重在经某一标准选择、加工而汇集,今“编辑”、“剪辑”诸词即承其义,唯“辑”作了词素义。可见“辑”的编纂的程度要深于编、纂。

“论”字曾经亦有编纂义,主要行于汉代,今之辞书往往或阙。按,“论”字,《说文》训“议也”,从言侖声。许书说其字与朔义均未达其旨。其字,当依段玉裁解:“从言、侖,侖亦声。”而“侖”是从亼、册,即聚集简册。与“言”字会其意是:聚集简册以成其言论,浑说即编纂义。此乃是“论”的本义。最早见此朔义的正是人们熟知的《论语》此书名。此“论”非论说之意。皇侃、邢昺之疏均解为纂集,谓经时贤集定,故称“论”。《汉书·艺文志》:“当时弟子各有所记,夫子既卒,门人相与辑而论篹,故谓之《论语》。”颜师古注:“辑与集同。篹与撰同。”“语”是交谈。则《论语》者,乃是编录孔子与其弟子的谈话录。《史》《汉》中,“论”的这一义频见。《史记·酷吏列传》:“(赵禹)与张汤论定诸律令。”裴骃集解引徐广曰:“论,一作编。”《汉书·景十三王传·河间献王刘德》:“献王所得书,皆古文先秦旧书……七十子之徒所论。”《史记·太史公自序》:“孔子修旧起废,论《诗》《书》,作《春秋》”,“小子不敏,请悉论先人所次旧闻,不敢阙”,“于是论次其文”。《汉书·艺文志》:“丘明恐弟子各安其意,以失其真,故论本事而作传。”下至《后汉书·李固传》:“弟子赵承等悲叹不已,乃共论固言迹,以为《德行》一篇。”上述诸“论”分明均是编纂之意。

“论”与“编”的编纂义更为接近:二者都是侧重在成果,但“编”仅是指联结成为可读的篇章,而“论”则指聚集简册以成其言论,更重在编纂成果的内容,上引“论”的编纂义之例均表明此特点。如前举《史记·酷吏列传》“与张汤论定诸律令”,《汉书·艺文志》“论本事而作传”,诸“论”均显示编纂成的各种条例似的“言论”。还可进而将“论次”、“编次”二词对比。《史记·孔子世家》:“追迹三代之礼,序《书传》,上纪唐虞之际,下至秦缪,编次其事。”又《儒林列传序》:“故孔子闵王路废而邪道兴,于是论次《诗》《书》,修起《礼》《乐》。”上句只指按一定次序编排其事,下句却见出整理篇章成《诗》《书》经典,即成一定的“言论”。唯此,“论”渐渐引申出评论、言论等义。至南北朝以后,“论”大量作论述、言论之用,其原先的编纂义渐废,而“编”渐渐兼赅了“论”的义用,也使“编”的含义不仅指联结成篇,更反映其成一定“言论”的内容。可以说,汉之“论”相当后世“编”之义,而后世之“编”犹汉之“论”,从“论”而“编”,形成前后替代关系。

二、经　济

46. 财·货·资(貲、訾)·贿·赂

"财",财物总称。"货",流通的财物,即商品与钱币。"资",为一定需要而积聚的财物或其他诸物。"贿",暗藏、私藏的财物。"赂",为求人酬人而赠送的财物。

【同义】

《广雅·释诂四上》:"财,货也。"《说文·貝部》:"贿,财也。""货,财也。""资,货也。"《诗·大雅·板》:"丧乱蔑资。"毛传:"资,财也。"《文选·刘孝标〈广绝交论〉》:"指白水而旌信,是曰贿交。"张铣注:"贿谓货也。"《文选·左思〈吴都赋〉》:"其琛赂则琨瑶之草。"刘良注:"赂,货也。"《左传·隐公十一年》:"凡而器用财贿,无置于许。"《荀子·富国》:"上得天时,下得地利,中得人和,则财货浑浑如泉源。"《韩非子·解老》:"私家必富,故曰资货有余。"《管子·轻重丁》:"功臣之家,皆争发其积藏,出其资财。"《吕氏春秋·仲秋纪》:"入货贿。"高诱注:"货贿,财赂也。"《后汉书·刘陶传》:"时太尉许馘、司空张济承望内官,受取货赂。"《汉书·司马迁传》:"家贫,财赂不足以自赎。"《后汉书·鲍宣妻传》:"故以女妻之,装送资贿甚盛。"又《陈蕃传》:"旬月之间,貲财亿计。""财贿""财货""货贿""财赂""资贿""貲财"等均为同义连用,泛指钱财、财物。

【辨释】

迄今对本组同义词全面的辨析结论是:金玉为"货",布帛为"贿","资"字多指钱财,"财"则多指日常生活必需品,包括米粟在内;"贿"、"赂",前者多作名词,后者多作动词(见王力主编《古代汉语·常用词九》)。今辞书、有关专书皆承此不违。按,上述结论大都酌取旧注而成,而旧注随文释义,未经系统的辨析,故未能见其真谛。

"财"从贝才声,与"才、材"同源。《说文·貝部》:"财,人所宝也。"徐锴系传:"可以入用也。"《六书故·动物四》:"财之为言才也。凡粟米丝麻材木可用者曰财。"其实,当是"财之为言材也","财"犹材,凡是社会和人们需要使用的一切材料都属于"财"。《礼记·坊记》:"先财而后礼,则民利。"郑玄注:"财,币帛也。"又《聘义》:"已聘而还圭璋,此轻财而重礼之义也。"郑玄注:"财谓璧琮享币也。"《荀子·富国》:"垣窌仓廪者,财之末也。"杨倞注:"粟米布帛曰财。"《墨子·尚贤下》:"王公大人之亲其国家也,不若其亲一危弓、罢(疲)马、衣裳、牛羊之财与?"又,《明鬼上》:"是以不共其酒醴、粢盛、牺牲之财。"《三国志·魏志·王基传》:"夫兵动而无功,则威名折于外,财用穷于内。"可见,"财"并非"多指日常生活必需品",也不限于钱财,而是指称各种形态的可用的物质材料,无疑的,它是财物的总称。

“货”,今常以为也是财物总称,与“财”等义无别,或断取旧注一端云“金玉曰货”(文首引),“钱币为货”,皆未中的。按,“货”从贝化声,声兼义。《广韵·去过》:“货者,化也,变化反易之物,故字有化也。”“货”者,侧重在流通变化,指可以流通的财物,即商品和钱币。《汉书·食货志上》:“货谓布帛可衣,及金刀龟贝,所以分财布利通有无者也。”此合字旨。《易·系辞下》:“日中为市,致天下之民,聚天下之货,交易而退。”《书·洪范》:“八政:一曰食,二曰货。”孔颖达疏:“货者,金玉布帛之总名。”此分指商品物资。《荀子·富国》:“等赋府库者,货之流也。”杨倞注:“钱布龟贝曰货也。”《汉书·叙传下》:“商以足用,茂迁有无,货自龟贝,至此五铢。”此分指钱币。惟其指商品,遂有“食货”、“货殖”之语。《论语·先进》:“赐不受命,而货殖焉。”(“赐”,端木赐,即子贡。)此指经营货物以获利。《史记》有《货殖列传》,专记各地出产、商品流通。《三国志·蜀志·麋竺传》:“祖世货殖,僮客万人。”“食货”指商品流通、经济发展。历代史书有《食货志》。惟其指钱币,遂有“货币”、“货布”、“货泉”诸词,指商品交易的媒介物——钱币。《汉书·食货志下》:“天凤元年……罢大小钱,改作货布。”“其文右曰货,左曰布,重二十五铢,直货泉二十五。”钱币也是商品,是商品的特殊形式。最早是物物交换,贝壳、粮食、兽皮、宝玉等均起货币作用,后有金、银、铜、铁所制的金属货币,以后又有纸币。从有金属货币起,商品与货币虽已分家,但二者还时常交杂,至汉代犹然。《后汉书·光武帝纪下》:“初,王莽乱后,货币杂用布帛金粟,是岁始行五铢钱。”故商品与货币均为变化、流通之物,相互也可转化。今“货”犹承古而用。南货、北货、百货、杂货之“货”,皆指商品。“通货膨胀”之“货”,则指货币。“货”之表示流通、变化的特点从其动词义亦可见。一、收买。《孟子·公孙丑下》:“无处而餽之,是货之也,焉有君子而可以货取乎?”二、出售。《晋书·王戎传》:“家有好李,常出货之,恐人得种,恒钻其核。”《世说新语·俭啬》作“卖之”。二义一源:买、卖,均是将对象物当作流通商品。

“资(資)”也作“貲”、“訾”。“资”从贝次声。“次”本是行军帐篷的象形,故有驻扎义。《左传·庄公三年》:“凡师一宿为舍,再宿为信,过信为次。”“茨”,是茅草聚屋上。“垐”,《说文·土部》谓“以土增大道上”,即泥土积聚道上。“佽、贇、穦、濱”等皆有多、聚之义。凡聚积者必有一定目的。行军帐篷聚人为休整,茅草聚屋为盖屋。“资”者,则是为一定需要而积聚者。唯此,资不限于商品、钱币,举凡粮食、土地、人众乃至才能、知识等,只要适合某种需要而积聚之物,包括物质和精神之物,均可成为“资”,即今所谓本钱、资本。《战国策·楚策一》:“地方五千里,带甲百万,车千乘,骑万匹,粟支十年,此霸王之资也。”《国语·周语下》:“于是乎量资币,权轻重,以振救民。”“资币”,货物、钱币。《史记·张释之冯唐列传》:“以訾为骑郎。”司马贞索隐引《字苑》云:“貲,积财也。”《陈书·袁枢传》:“家世显贵,貲产充积。”也可用于抽象事物。汉邹阳《狱中上梁王书》:“何况因万乘之权,假圣王之资乎!”指资质。《汉书·龚胜传》:“嘉(王嘉)资性邪僻,所举多贪残吏。”指地位、声望。晋干宝《晋纪总论》:“而世族贵戚之子弟,陵迈超越,不拘资次。”凡此,均可作人立身之本,故得称“资”。“资”的特点还可以从其引申义稽知。“资”有积蓄义。《史记·魏公子列传》:“嬴闻如姬父为人所杀,如姬资之三年，自王以下欲求报其父仇，莫能得。”司马贞索隐：“资者，蓄也。”“资”又有凭借、依托义。《老子》第二十七章：“故善人者，不善人之师；不善人者，善人之资。”又有供给、资助义。《庄子·大宗师》：“意而子见许由，许由曰：‘尧何以资汝？’”郭象注：“资者，给济之谓也。”二义均有积聚的义素。由其诸动词义也可知：“资”指为一定需要而积聚的财物或其他诸物。

“贿”，或训为“钱财”（文首引），或为布帛。《周礼·天官·大宰》：“六曰商贾，阜通货贿。”郑玄注：“布帛曰贿。”均未见其特点。按，“贿”字从贝有声，但有或体“賄”。《集韵·上贿》：“贿，或从每。”有声与每声可相通。如《仪礼·聘礼》：“贿在聘于贿。”郑玄注：“古文贿皆作悔。”“贿”当从每声取义。每声有暗义。《庄子·胠箧》：“故天下每每大乱。”成玄英疏：“每每，昏昏貌也。”昏即暗。“晦，月尽而暗。”“海，晦也。”（《释名·释水》）故“贿”侧重在暗藏，则指暗藏的财物，即是私财。它不论其有何需要，更与流通的“货”相反。《诗·卫风·氓》：“以尔车来，以我贿迁。”“贿”，正指自己藏有的财物，谓用车将我与私财统统载去。此“贿”若作“资”，不明；作“财”，含浑；作“货”，则变成商品，更不通。《左传·昭公十六年》：“尔有利市宝贿，我勿与知。”此是子产追述先君郑桓公与商人们一起从周朝迁居于此，所订立相互合作的盟誓。句意：你有赚钱的买卖和宝贵的财物，我也不予问知。也是指商人所私藏的货财。明言“勿与知”，则“贿”之私藏特点尤显。唐王勃《广州宝庄严寺舍利塔碑》：“倾家奉贿，破产移琛。”《新唐书·陈儒传》：“敬玫……数杀大将富商，故积贿，每曝衣纨绣不可计。”诸“贿”均见其作为私财、家财的特点。

《说文·貝部》：“赂，遗也。”《诗·鲁颂·泮水》：“大赂南金。”毛传：“赂，遗也。”孔颖达疏：“赂者，以财遗人之名，故赂为遗也。”按，此为浑训。确言之，“赂”者，从贝、路省声，路声兼义，本指以财物铺路，即为求人或酬谢人而送人财物（参第 25 条）。作名词，指为求人、酬人而赠送的财物。《左传·庄公二十八年》：“齐侯伐卫，战，败卫师，数之以王命，取赂而还。”赂指卫侯送齐侯之财物，其目的当然为取媚于胜者。《史记·郦生陆贾列传》：“项王……为人刻印，刓而不能授；攻城得赂，积而不能赏。”晋潘岳《西征赋》：“贪诱赂以卖邻，不及腊而就拘。”作为名词“财物”之称，可分二端：一是赠送的财物，一是贿赂的财物。《西征赋》句即属于后者。但无论哪一种，其为求人酬人而赠送则一。

47. 城·镇○市

"市",集市、市场。城与市结合的城市:殷商有原始城市,西周有奴隶制的城市,从战国起形成封建制的城市,北宋起产生有资本主义因素的城市。城市不称"城市""市",多称"城"。后来产生工商业发达的无城的小城市,可称为"镇"。

【同义】

三国魏曹植《名都篇》:"云散还城邑,清晨复来还。"宋陆游《岁晚尊索然戏书》诗:"经年薄宦客桐庐,市邑萧然一物无。""城邑"犹"市邑",皆指城邑。"镇"实也是城邑。

【辨释】

古代的"城市",非一词,而是指城邑中的市场。但古代也有许多城市,并且历史悠久。一部城市史,就是城与市的结合,从低级向高级发展的历史,最终形成现代城市的雏形。

城是进入阶级社会后的产物。《吕氏春秋·君守》:"夏鲧作城。"若以禹之子启作为我国奴隶制国家的起点,则鲧处于父系社会部落的末期。谓城兴于此时,似乎太早。最新的考古发掘表明:城并非与国家同步产生,其出现迟于国家。虽然有迹象表明我国新石器时代晚期已有了城(参第185条),但尚需进一步探索。现在,暂且只能以商代为我国古代城市的源头。其时,邑或无城。河南偃师二里头遗址,有大片宫殿区,有四布的手工业作坊、居民点,但无城墙。殷墟(安阳小屯),从盘庚迁此为都邑二百七十余年,在绵延一百多公里范围内有数十处王宫遗址,还有庙宇、坟墓、窖穴、居宅等,今又发现一条约750米长的防御性壕沟,却不见城墙。或有城。郑州商城有周长七公里的夯土墙,墙内有大片宫殿遗址。湖北黄陂的盘龙城,是一个方国的都邑,有270×290米的小土城,城东北有成群的宫殿,当为宫城。而无论有否城墙,其贵族或平民的居宅、手工业区,均星星点点散布宫城四周,各点之间多是没有遗存的空白地域。早期的城邑没有城市与农村的鸿沟,在聚居点外都包括大片的农牧地、园圃。在武丁时期的卜辞中,有四五十处记有"乍(作)邑"、"王乍(作)邑"之类的词语,据考证,是商王为王室建立的大庄园,王室农副产品的主要供应地。然则可知,商代诸城邑宫城外的广大空白地域当是为王室服务的农副牧区。如此城乡结合的城邑是早期城市的显著特征。

市的历史也很久远。关于其发源,也有各种传说。《吕氏春秋·勿躬》:"祝融作市。"《易·系辞下》:"神农氏……日中为市,致天下之民,聚天下之货,交易而退,各得其所。"《淮南子·齐俗》:"故尧之治天下也……以所有易所无,以所工易所拙。"将交易市场的发端定在母系社会或父系社会,盖亦过早。其时充其量有氏族公社内部的物物交换性质,但未必产生固定的市场,因为尚无货币,并且还是“大同”世界,“货,恶其弃于地也,不必藏于己;力,恶其不出于身也,不必为己”(《礼记·礼运》)。商业市场的产生上限可断为夏启之时。因其时已“天下为家,各亲其亲,各子其子;货力为己”(引同上文)。汉桓宽《盐铁论·错币》:“夏后氏以玄贝。”贝成了货币。货币,使商品交换变成买卖对立双方的经济行为,使商人有了交换手段和活动的广阔空间,于是才有产生商业市场的可能与需要。若是,市的产生也早于城。但此是野市,无固定地点,在野外便地进行,故非以后的城中之市。

城与市发生关系盖在有了城邑的商代,即上举诸商城遗址当有了市。其一,从商业兴盛之势看,进入青铜器时代,社会分工更加扩大,农业和制陶、纺织、制骨、版筑等各种手工业获得巨大发展。在甲骨文中有“凡(帆)、舟、车”等字,可反映交通运输工具的增多,此乃促进商业发展的有利条件。各种货币贝——骨贝、玉贝、铜贝,大量生产与流通,乙酉父丁彝已见“市”字,皆是商代商品交换发达的明证。其时尚无自由商人,经商的全是奴隶主。大规模的奴隶劳动给奴隶主创造了大量剩余产品,奴隶主除了满足自己的享受,还可以借以换取其他奇珍异宝和各种需求品。奴隶主经商之盛,竟使“商”成为部族的称名,以后被重农的周部族鄙视为“殷人贵富”,后世“商业”之得名亦源于此。其盛如此,城邑中当有商市。其二,从“市”之构意看,《说文·冂(jiōng)部》:“市,买卖所之也。市有桓,从冂。从乁象物相及也。乁,古文及字。之省声。”段玉裁谓形声包会意,不诬。《说文》说解正是作声训,犹言市之为言之也,为买卖所往之地。由此也可知,其时之“市”,必然有固定地域,设有围墙、市门,定时开闭。可能尚无市肆,临时聚货。前引《易·系辞下》诸语当为此时之“市”的写照。要之,商代是奴隶制城与市的原始组合。商代的历朝都城当为古代原始的城市,城市的滥觞。

西周是奴隶制城与市的典型组合。

西周是我国奴隶制全盛期。在灭殷建立周王朝后,为了巩固新的政权,开始大规模分封诸侯,于是出现了第一次建城的高潮。此时从天子到诸侯、卿大夫所营之城,均设有市,但此时的城,是奴隶制政治、军事的城堡(参第185条),市也与此相应。《周礼·考工记·匠人》曰:“匠人营国……左祖右社,面朝后市。”即市必设于宗庙、宫城之北。此乃被视为不“文明”的逐利之区。孔子曰:“小人喻于利。”(《论语·里仁》)《左传·昭公三年》记晏子语:“且小人近市,朝夕得所求。”《管子·大匡》:“凡仕者近宫,不仕与耕者近门,工、贾近市。”为了严加管理,设垣墙,墙设门,称“阛、阓”。晋崔豹《古今注》:“阛,市垣也;阓,市门也。”有市卒守门,定时启闭,欲市者按时“市人”。《周礼·地官·司市》:“凡市入,则胥执鞭度守门,市之群吏平肆,展成奠卖。”郑玄注:“凡市入,谓三时之市,市者入也。”所谓“三市”,指“大市,日昃而市,百族为主;朝市,朝时而市,商贾为主;夕市,夕时而市,贩夫贩妇为主”。可见,贵族、商贾、小生产者和商贩皆参与交易,显然比商代的商人广,有了自由经商者。但设早、中、晚三市,恐专指天子的京邑,一般城邑之市直到以后犹是“日中为市”或二市。《史记·孟尝君列传》:“君独不见夫趣(趋)市朝者乎?明旦,侧肩争门而入;日暮之后,过市朝者掉臂而不顾,非好朝而恶暮，所期物忘其中。”在市中已设有囤货待市的场屋，行政管理的官舍。《周礼·天官·内宰》：“凡建国，佐后立市，设其次，置其叙，正其肆，陈其货贿。”为便于管理征税，市肆分类，入市货物，分肆陈列：肆有门，罢市即关闭。肆有长，管一肆事务。“设次置叙”即置市吏官舍。治市官吏分工甚细。总为司市。下有质人，主平定物价，验证券契；贾师，管理物价；廛人，掌市中邸舍及征税；泉府，掌钱币；载师，管理市场地皮；司稽，稽查物品是否合格；胥师，辨别作伪；司虣（bǎo），管理秩序；司门，掌市门开闭。督治甚严，动辄罚款、鞭笞。上引《周礼·地官·司市》“市人”句郑玄又注：“胥守门，察伪诈也，必执鞭度，以威正人众也。度，谓殳也。”殳是五兵之一，长一丈二尺的长兵器。从西周到春秋城中之市，大率如此。如此之市，完全不利于工商业的发展，市只能是满足城内王室和奴隶主贵族需要的“宫市”，无疑是城的附属物。据此可知，战国前有市之城，是奴隶制的城市。

从战国起，开始了封建制的城与市结合。

铁的广泛使用，生产力的发展，使农业、手工业、交通运输业、商业都出现了空前的繁荣。从而使封建制兴盛，奴隶制逐渐瓦解，于是引起了城邑建设体制的变革，出现了第二次建城的高潮。城的体制，由奴隶制宗法分封政体变为郡县制的中央或地方府治；城内居民剧增，闾里扩展，城郭延伸，使“千丈之城，万家之邑相望”（《战国策·赵策三》）。如燕下都已成横八公里、纵四公里的大城；齐临淄已成横四公里、纵四五公里，人口逾七万（战国初）的大邑。分封时的城成了大城中的一个小宫城。另外，城郭内的田地之“野”减少，而手工业区增加，并且遍布郭内、城（内城）中，如临淄城。更有全设内城中，如燕下都城东集中制陶作坊，城西集中庞大的铸铁作坊。此时，商业经济繁荣，表现为：一、钱币更多，流通更广，列国使用货币大致有四个系统。布币，流行于西北秦晋之地。刀币，流行于齐国。楚币，有爰金（小金块）、蚁鼻钱。圜钱，战国后期列国几乎都采用。二、自由商人增多、地位提高。商人分化为一个重要阶层。《荀子·王霸》：“农分田而耕，贾分货而贩，百工分事而劝。”《商君书·弱民》：“农、商、官三者，国之常食官也。农辟地，商[致]物，官法民。”有的富商还封侯仕朝，如吕不韦封文信侯，食邑十万户。三、富商巨贾涌现，主要是垄断盐铁。如鲁国的猗顿，赵国邯郸的郭纵和卓氏，魏国大梁的孔氏等。四、出现了丰富的经商理论。此是市易实践的经验总结，商业发展的标志。如“长袖善舞，多钱善贾”（《韩非子·五蠹》）。白圭“乐观时变，故人弃我取，人取我与。夫岁孰取谷，予之丝漆；茧出取帛絮，予之食”（《史记·货殖列传》）。类此商人观时之论甚多。商业的发展，使城中之市也焕然一新。虽则仍有围墙，四立市门，设市吏管理（参《韩非子·内储说上》），但已不是奴隶主贵族的“宫市”，而是广大居民可进出的商场，使“天下熙熙，皆为利来；天下攘攘，皆为利往”（《史记·货殖列传》）。在洛阳，“周人之俗，治产业，力工商，逐什二以为务”（《史记·苏秦列传》）。临淄七万户“甚富而实，其民无不吹竽鼓瑟、击筑弹琴、斗鸡走犬、六博蹹鞠者。临淄之途，车毂击，人肩摩，连衽成帷，举袂成幕，挥汗成雨，家敦而富”（《战国策·齐策一》）。市中商店铺肆遍布，如齐人“有欲得金者，清旦被衣冠往鬻金者之所”（《吕氏春秋·去宥》）。有高挂酒旗的酒店（见《韩非子·外储说右上》)。货物品种增多,所卖金银珠宝、酒肉药材、丝缟皮履,等等,不一而足。如此盛势,遂使旧的国城成为经济繁荣的都会。另外,诸侯国地方一级的小城也多有市。《战国策·齐策五》:"通都、小县,置社;有市之邑,莫不止事而奉王。"新的商业城市都会迭出,司马迁在《史记·货殖列传》中对此时的新旧都会曾作过科学的总结,如"临淄亦海岱之间一都会也"。范蠡以"陶(即陶邑)天下之中,诸侯四通,货物所交易也,乃治产积居与时逐",遂为巨富陶朱公。他如咸阳、温、轵、阳翟、宜阳、邯郸、江陵、寿春、番禺等,皆是彼时著名的商业城市。此外,在军队所驻处还有军市。《战国策·齐策五》:"士闻战则输私财而富军市。"事实表明,由于商业经济因素和市的作用增大,战国时,许多城邑成了名副其实的城市。表现在语言上,"城市"二词开始组合。《韩非子·爱臣》:"是故大臣之禄虽大,不得藉威城市;党与虽众,不得臣士卒。"(按:上句"威"衍文。)谓大臣虽位高禄多,但不得去操控城中的市场。以"市"为词素的口语词大量涌现并进入书面语。如"市井"(《管子》等)、"市朝"(《战国策》)、"市贾"(《孟子》)、"市道交"(《史记·廉颇蔺相如列传》)等。总之,从战国起,许多城邑越来越城市化,出现了越来越多的封建制的城市。

下至北宋,开始了有资本主义因素的城与市的融合。

北宋的统一,加强了封建国家的中央集权统治,从而使社会生产稳步发展,城市经济进入新的繁荣期,南方又高于北方,据《文献通考》所列税额统计,北宋城市数在三百以上。就一个城而言,引起了城与市划时代的同步变革。最典型的是京都汴梁。其变革主要有如下表现。一、变封闭式的市制为密布全城的开放式商业网。取消了东西市。旧时封闭式的"市肆"发展为以行业街道集市为基干联系各居民地段,包括各经济特区的全城商业网。商店分类集中布于各街。同类商品的集中交易点称"市",有鱼市、马市、牛市、瓮子市等。居民坊巷也设店铺。买卖不限时间,不仅有日市,还有早市、夜市,通宵达旦(参《东京梦华录》卷二)。二、变封闭式的居民里坊制为开放式的坊巷制。旧的坊墙推倒,门禁取消,居民可临街开门。居民区也不按等级、职业分布,而是自由择居,建立了新的坊巷管理制。三、变严遵礼制尊卑的分区规划为按经济、生产需要的新规划方式。汴梁是西周营国制度模式,宫城在全城中心偏北,南北中轴线穿过宫城,庙社官署分列宫前主轴线两侧。但仅此而已。新的商业网、分区全按经济生产的需要规划。如酒楼、茶馆、瓦子(剧场)等多设于交通枢纽地带。大宗批发的行业街市,多设在江河之畔。四、增设为居民经济服务的新行业、新工商区。为居民服务的行业大量增加。酒楼、染坊、瓦子、浴堂遍布。饮食业不仅有酒店、酒楼,还有包子铺、肉饼铺、馒头铺、茶坊、羹店。药行、药铺种类也甚多,有综合性的,也有专科性的,如大骨传药铺、曹家独胜丸、任家产科等。所增新区有仓库区、码头区、集市区等。五、城的大扩展和市的大繁荣。汴梁定都后,居民剧增,遂在二重郭城基础上,又设置八个城厢。《东京梦华录·序》称汴梁"八荒争凑,万国咸通,集四海之珍奇,皆归市易"。明李东阳《题清明上河图》诗:"城中万屋翚甍起,百货千商集成蚁。"市场商品繁多。宋周邦彦《汴都赋》谓汴京之市"安邑之枣,江陵之橘、陈夏之漆……异域所至,殊形妙状,目不给视,无所不有,不可殚记"。由上可见,宋代的城中之市已是渗透于全城的开放式形态。这为工商业的进一步发展和资本主义经济的产生,创造了良好的条件,因而是具有资本主义因素的城与市的融合。汴梁,还有南宋的临安(杭州)等城市已是含资本主义因素的近代城市雏形。

但是,中国的封建制根深蒂固。历代封建王朝奉行抑商政策,宋以后依然如故。为封建统治者直接服务的官工业(服饰、宫廷用物、军需品等的生产),攫掠各地民财的土贡制度,重要工业生产的官营,对工商业者的各种严制重税,凡此,大大限制了工商业者的独立活动,并使商业长期滞留在贩运性商业阶段,即以供需不平衡为发展的基础,与工业生产严重脱节,故未能促进工业的发展。于是,宋代以后的城市经济仍然是封建制度的重要组成部分,中国终于未能出现资本主义的近代城市。

综观几千年中国的城、市,可见:城,总是统治阶级——先是奴隶主,后是封建地主——权势的代表;市,总是城的附庸、工具。这就使语言上"城、市"的连用只能城前市后,而不能相反;且构成大小名的包容关系,如前举《韩非子·爱臣》"得藉威城市"。又如,宋张俞《蚕妇》诗:"昨日入城市,归来泪满巾。""城市"亦谓城中之市。"城"能单用指城邑、城市。"市"则不能,其常用义只是集市,市场;作买卖。如"市卒"(《汉书·梅福传》)、"市长"(《史记·太史公自序》)、"市政"(《周礼·地官·司市》)、"市区"(苏轼《绝句三首》之一)、"市籍"(《史记·平准书》)之类"市"皆限指(城中)买卖之地,而非指整个城市(今辞书或有误释)。文首引诗谓"城邑"犹"市邑",此盖与"邑"连用之故。用于称名,"城"可用指城邑、城市,如洛阳城、斗城(即长安)、龙城、喀什噶尔城(今喀什),而"市"则不可。要之,我国古代的城市,多称"城",而不称"城市"、"市"。

有城的城市,除了称"城"之外,还有从行政建制而称——其实是无城之称。有些最早按制度有计划建城、后来工商业发达的大城市,往往成为各级行政建制的首府,如府、州、路、县等。于是此类用在某个地名后的建制名称,成为不同级别的城市之称。

还有一种无城的城市,即因工商业发展而自发演变而成的工商城市。按理,无城唯市,是典型的城市,但它们既不称"市"、"城市",也不称"城",却称为"镇"。"镇"始于南北朝,盛于唐,原多以称军事要冲。宋代起专用于工商市镇。《事物纪原·州郡之城部·镇》:"宋朝之制,民众不成县,而有课税者,则为镇。"如以产瓷著称的江西景德镇,以铁器工业著称的广东佛山镇,以丝绸业著称的江苏盛泽镇,诸镇人口、产值均远胜于一些州府,却正因为无城,只能划为县以下的建制,故只能从县以下的行政建制而称"镇"。这无疑表现了工商业、城市经济在一个封建大国的失重地位与封建统治者对它们的压抑政策所造成的结果。于是,有些"镇"就成了古代城市的另类,是无城的小城市。"城"、"镇"成为古代城市的同义词。

参考文献

[1] 傅筑夫:《中国古代经济史概论》,中国社会科学出版社,1985年1月。

[2] 叶晓军:《中国都城发展史》,陕西人民出版社,1988 年 5 月。
[3] 张鸿雁:《春秋战国城市经济发展史论》,辽宁大学出版社,1988 年 7 月。
[4] [宋]孟元老:《东京梦华录》,中国商业出版社,1982 年 3 月。
[5] 傅筑夫:《中国古代城市在国民经济中的地位和作用》,载《中国经济史论丛》,三联书店,1985 年 2 月。
[6] 彭邦炯:《卜辞"作邑"蠡测》,载《甲骨探史录》,三联书店,1982 年 9 月。

48. 帜·表·帘·酒旗·望子○幌子

“帜”，上古时门上挑出的幌竿上悬挂的酒幌。“表”，直立幌竿上的酒幌。“帘”，中古起酒幌的专称，常作“青帘”、“酒帘”。“酒旗”，方形或长方形的酒幌。“望子”，宋元以来酒幌的常称。“幌子”，明清时产生的商店旗帘的通称。

【同义】

“帜、帘、表、酒旗”皆指酒家的幌子。

【辨释】

广告是商业贸易活动的生命线。招幌和招徕市声是古代商业广告的主要方式。前者通过文字、图画、色彩等视觉标识传布商业招徕信息，后者通过有声语言或器乐音响等方式传布商业招徕信息。招幌指招牌和幌子。本篇辨释幌子的一种——酒的旗帘，即酒幌。

幌子是商贾店铺的一种广告性招牌，大都张悬于店铺前醒目招眼的部位，种类很多，常见的有实物幌子和标识幌子。实物幌子是原始形式，一般以所售商品实物作幌子，如笠帽店挂笠帽，棉花店高悬大棉花团。标识幌子则有商品属物幌、模型幌、文字幌、图画幌、旗帘幌等。商品属物幌，是以商品的附属物作幌子，如中药铺门外悬挂壶，酒店门口挂酒葫芦。模型幌是以实物模型作幌子，如蜡烛店挂木制红漆大烛，剪刀店挂一把大剪刀，均是大于所售商品数倍的夸张性模型。文字幌，以代表词作幌子，如旧时当铺高墙上书一大“当”字，酱油店外墙上书一大“酱”字，茶馆、茶坊悬一大“茶”字匾牌。图画幌，以名人字画、灯、花等胜物作幌子，此早在宋代已有之。宋吴自牧《梦粱录》卷十六《茶肆》：“汴京熟食店，张挂名画，所以勾引观者，留连食客。今杭城茶肆亦如之，插四时花，挂名人画，装点店面……今之茶肆，列花架，安顿奇松异桧等物于其上，装饰门面。”近代以来，理发店在门口安装红蓝线条的转灯，各种店铺饰各种灯具，作夜市者饰灯尤甚。

旗帘是最早和最常见的幌子，以旗帘为幌子，如绸缎布庄张旗帘，上书“绸”字；小理发店往往在门口挂白布旗帘。而古代，使用旗帘最多的是酒肆、酒店。酒店所悬挂的旗帘就是酒旗、酒幌，可以作为商店幌子的代表。

酒幌一般有两种。一种是立于店铺前的空地。在地上先设幌座，幌座上插入长长的幌竿，顶部置幌盖。幌盖檐下安置横出的幌挑，幌挑两头连接丝绳或金属杆的幌挂，幌挂上悬挂旗帘。另一种，从酒店的窗或门上伸出幌竿，上挂酒幌。酒幌的形制多样。有方形或正方形，如宋人张择端《清明上河图》中酒楼上斜伸悬挂的彩条酒幌，明代《南都繁会图卷》中悬于酒店楼上的两面酒旗。有狭长条末呈燕尾形，如明刻本《元曲选·岳阳楼》的插图、明刻本《红拂记》插图所示，前者幌竿立于殿门前，后者幌竿从门上斜挑出，所系有字或无字的燕尾细长布幔长度几与竿等。幌面一般是白色或青色布幔，上写大“酒”字，或一二文句。文句无定，只要有广告招徕作用，常见的有“太白遗风”、“太白斗酒诗百篇”之类。人们熟悉的景阳冈山下的酒店则是“三碗不过冈”(《水浒传》第二三回)，表示饮三碗就醉而不能上山翻冈，也是极状其店酒之上佳。山西繁峙岩山寺文殊殿壁画所画酒楼高挑的酒幌上写“野花攒地出，村酒透瓶香”二对句。

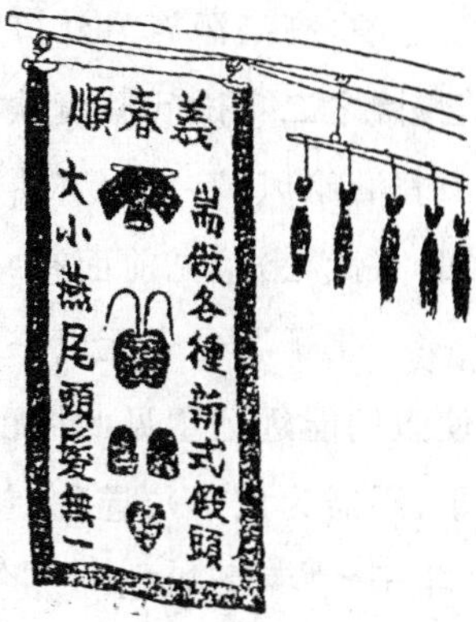

清代义春顺号假发铺招幌

“帜”是最早的酒幌之称。“帜”本作“识(zhì)”，为记住义。《论语·述而》：“默而识之，学而不厌，诲人不倦，何有于我哉？”引申为标记。《左传·宣公十二年》“前茅虑无”杜预注：“时楚以茅为旌识。”后因“识”专作记住义、识别义、知识义(后二义读 shí)，就专制分别字“帜”表示标记，作酒幌，表示酒店售酒的标记。《韩非子·外储说右上》：“宋人有酤酒者，升概甚平，遇客甚谨，为酒甚美，悬帜甚高。”(“升概”，度量器。)称为“悬帜”，当是从门上挑出的幌竿上悬挂的酒幌。后世也或用，但双音化，多作“青帜”或“酒帜”。唐皮日休《酒中十咏·酒旗》：“青帜阔数尺，悬于往来道。”明沈德符《万历野获编·释道·酒帘得子》：“赵亦睹酒帜所署，惊曰：‘天下惟我书独步，今乃胜我，何也？’”清曹寅《雪霁次些山韵》：“花灯杂路迎春色，酒帜排空起暮寒。”

“表”在先秦常用作各种标志性直立物之称。如测日表，即测量日影而树立的标杆。《吕氏春秋·功名》：“犹表之与影，若呼之与响。”道上的标木。《管子·君臣上》：“犹揭表而令之止也。”尹知章注：“表，谓以木为标，有所告示也。”白天举的不燃之烽(见 35 条)等。因此也可作酒幌之称。《晏子春秋·问上》：“人有酤酒者，为器甚洁，置表甚长，而酒酸不售。”此“表”即指酒幌，取“表”标识功能，以招徕顾客。此种酒表显然异于“悬帜”，当是与其他的“表”物一样，是幌竿较长、直立于店前面空地的酒幌。秦以后“表”罕作酒幌之称。

《广韵·平盐》：“帘，青帘，酒家望子。”“帘”用作酒幌之称，不是“簾”的简化，当从巾从穴。巾是布帛，穴指酿酒之处。《抱朴子·酒诫》：“至乃穴地而酿，油囊怀酒，民之好此，可谓笃矣。”古代酒肆往往自酿自售，故“帘”会其意是酿售酒的店铺所挂的布帛，即是酒旗，是中古起酒幌的专称。宋洪迈《容斋随笔·酒肆·旗望》曰：“今都城与郡县酒务及凡鬻酒之肆皆揭大帘于外，以青白布数幅为之，唐人多咏于诗。”唐刘禹锡《鱼复江中》诗：“风樯好住贪程去，斜日青帘背酒家。”李中《江边吟》：“闪闪酒帘招醉客，深深绿树隐啼莺。”郑谷《旅寓洛南村舍》诗：“白鸟窥鱼网，青帘认酒家。”宋蒋捷《一剪梅·舟过吴江》词：“一片春愁待酒浇，江山舟摇，楼上帘招。”《水浒传》第二七回：“只一望时，见远远地土坡下约有数间草屋，傍着溪边柳树上挑出个酒帘儿。”清查慎行《池河驿》诗：“小店青帘疏雨后，遥村红树夕阳间。”

“酒旗”之称始见于唐代，以酒幌为方形或长方形似旗而名。张籍《江南曲》：“长干午日沽春酒，高高酒旗悬江口。”李群玉《江南》诗：“斜雪北风何处宿，江南一路酒旗多。”李贺《酬答》诗之二：“试问酒旗歌板地，今朝谁是拗花人？”杜牧《江南村》诗：“千里莺啼绿映红，水村山郭酒旗风。”白居易《曲江》诗：“细草岸西东，酒旗摇水风。”或作“招旗”。《水浒传》第二三回：“（武松）望见前面有一个酒店，挑着一面招旗在门前，上头写着五个字道‘三碗不过冈’。”

“望子”，是宋元以来酒幌的常称。“望”的本义是远视义，酒幌高悬并作旗帘，就是为了使人们能远远望见此标识，以更好地达到招徕顾客的目的；加“子”表为物的后缀（如镜为照子、溺器为虎子），遂称“望子”。此从酒幌的视觉作用而称。明环中迂叟《俚言解·望子》：“望子，酒家悬帜也……今人呼酒旗为望子。”宋孟元老《东京梦华录·中秋》：“至午未间，家家无酒，拽下望子。”元郑廷玉《看钱奴》第四折：“开开门面，挑起望子，看有甚么人来。”望子有时单作“望”。《水浒传》第二九回：“但遇着一个酒店，便请我吃三碗酒……这个唤做‘无三不过望’。”有时再加“酒”。《水浒传》第二九回：“早见丁字路口一个大酒店，上面挂着一个酒望子。”还作“旗望”、“酒望”等，均指称酒幌。宋洪迈《容斋续笔》卷十六有“酒肆旗望”条。元马致远《吕洞宾三醉岳阳楼》第一折：“将酒望儿挑起来，招过客，招过客。”

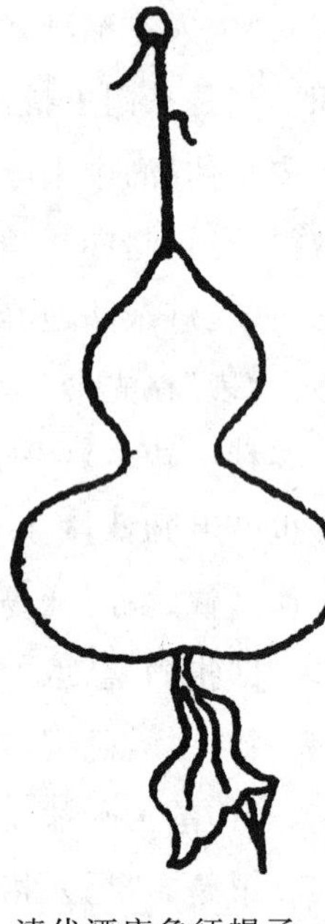

清代酒店象征幌子

“幌子”始见于明清时的文献。《金瓶梅》第十八回：“看见李瓶儿门首开个大生药铺，里边堆着许多生熟药材、朱红小柜、油漆牌匾、吊着幌子，甚是热闹。”第十九回：“李瓶儿……使出冯妈妈，把牌面幌子都收了。”《儿女英雄传》第七回：“走了半日，肚子里饿了，没处打尖，见这庙门上挂着个饭幌子，就在这里歇下。”“幌子”何以作酒旗之称？历来被认为是“望子”的讹音。明周梦旸《常谈考误·酒望》：“买酒家有揭布帘、挂瓶觚、表帚杆、系木牌者，俗并谓之酒幌子，非也。幌，本作望，悬此物欲人望而知之耳。唐人多形于题咏，盖自古由然矣。”清翟灏《通俗编·器用》亦云：“《广韵》：‘青帘，酒家望子。’按今江以北，凡市买所悬标识，悉呼望子。讹其音，乃云幌子。”据此，“幌”当是“望”的借字，且多用于长江以北地域。今辞书和有关专书多承之。其实，此释未洽。首先，词义与用法不同：“望子”是酒幌，而“幌子”用作各种商业幌子，当是幌子的通称，不专用于酒店，上引《金瓶梅》等例即此。其次，不合音讹之理。盖南音（吴越）确实王、黄不分，但北音二者不混。若谓北音的“幌子”到南音讹成“望子”，尚合音理；而谓南音的“望子”到北音讹为“幌子”，诚反音理，何讹之有？且“望子”绝非吴越方言词，上引“望子”文献所及南北皆有，已是南北商铺皆用的酒幌的口语词，而“幌子”是明清出现的口语词，为什么宋元时南北皆“望子”未“讹”出“幌子”，而竟然到明代才“讹”出“幌子”？其三，“幌”用作酒幌早有。远在“望子”还没有出世的唐代，“幌”已用作了酒幌之称。唐陆龟蒙《和初冬偶作》诗：“小垆低幌还遮掩，酒滴灰香似去年。”此“幌”即酒旗，其时更无“望”讹之嫌。可见，“幌子”绝非来自“望子”，与“望子”不为一词，当自有其源。按，“幌”是布帛作的窗帘（参第206条），以其常随风飘拂，形制大小也相似，故当可喻指酒旗。陆龟蒙诗“幌”即可如是解。但此是偶用，单音的“幌”并未通行，故唐代其用也不普遍，宋金元时期也未见其用。而宋代以后“望子”更为普遍；同时因幌子的主要视觉形象是幌面，而幌面从各朝一些绘画可见，有矩形、方形、细长条形、三角形等，因而从幌面喻称之词甚多，如上举的“帘”、“旗”，还有“旆”、“幔”等。如宋周邦彦《诉衷情》词：“风翻酒幔，寒凝茶烟，又是河乡？”明蒋一葵《长安客话·古蓟门》载当朝金幼孜诗：“野色苍苍接蓟门，淡烟疏树碧絪緼。过桥酒幔依稀见，附郭人家远近分。”幔是横拉的幕帐（见205条），盖喻指扁形而大的酒幌。《水浒传》第三九回：“早看见岭脚边一个酒店……前后都是草房。去那树阴之下，跳出一个酒旆儿来。”第三九回：“（宋江）正行到一座酒楼前过，仰面看时，旁边竖着一根望竿悬挂着一个青布酒旆子，上写道‘浔阳江正库’。”旆是旗上如燕尾状的垂旒，盖喻指长条形的酒幌。“幌”与诸词相类，且原先已作过幌子之称；加之“望”“幌”叠韵音近，因此人们就仿“望子”而产生“幌子”一词，是明清时产生的商店旗帘的通称。它不是本组酒幌的同义词。

参考文献

[1] 乌丙安：《中国民俗学》，辽宁大学出版社，1985年8月。
[2] 张紫晨：《中国民俗与民俗学》，浙江人民出版社，1985年10月。
[3] 陶文台：《中国烹饪史略》，江苏科技出版社，1983年2月。
[4] 周光武：《中国烹饪史简编》，科学普及出版社广州分社，1984年5月。
[5] [宋]吴自牧：《梦粱录》，刊《东京梦华录》等五种合本，中国商业出版社，1982年3月。
[6] 曲彦斌：《中国招幌辞典》，上海辞书出版社，2001年8月。

49. 土·瓦·陶·瓷

陶器制造经历了模制法、盘筑法和轮制法三个阶段。文献中，原始陶器称“土”。陶器总称“瓦”。“陶”是烧制陶器，偶用作陶器浑称。瓷器从釉陶变来，汉末已有合乎标准之瓷，唐代普及，故“瓷”之称至唐才较为多见。

【同义】

《史记·太史公自序》：“墨者亦尚尧舜道……食土簋，啜土刑，粝粱之食。”张守节正义引颜师古曰：“土谓烧土为之，即瓦器也。”《吕氏春秋·仲冬》：“陶器必良。”高诱注：“陶器，瓦器也。”《说文新附》：“瓷，瓦器。”

【辨释】

陶器是人类文明的光辉结晶，考古学就将不同类型的陶器作为划分新石器时代文化类型的主要标志。关于陶器的产生，恩格斯曾说：“可以证明，在许多地方，也许是在一切地方，陶器的制造都是由于在编制的或木制的容器涂上黏土使之能够耐火而产生的。在这样做时，人们不久便发现，成型的黏土不要内部的容器，也可以用于这个目的。”（《家庭、私有制和国家的起源》）即是说，陶器最早从饮食器、贮藏器、炊器等生活用具的需要而产生。但若进一步考察则可知，这种需要必须植基于农业为主体的定居生活。苏联学者格拉德舍夫斯基指出：“使用陶器的盛行其必要前提是定居，因为陶器很笨重，并且极易破碎，不适于在游荡生活中广泛使用。另一方面陶器的生产巩固了定居并促使人们从到处驻屯的生活过渡到村庄的生活。向定居过渡开始后，才能够更好地从事农业。”（宋兆麟《原始社会史》65页）按照我国的情况，则很可能导源于原始建筑。《诗·大雅·绵》：“陶复陶穴。”郑玄笺：“复者，复于土上，凿地曰穴，皆如陶然。”（“陶”，yáo，窑。）即谓烧烤居穴及其覆土。西安半坡遗址，无论是晚期或早期，圆形或方形，其穴壁、穴顶及地面，大都涂抹草筋泥，而地面有火塘，涂泥均经烧烤为“红烧土”。火塘燃薪以取暖、防火、防潮，是定居的需要，当比制造容器更为迫切，并更容易使人发现泥土烧烤而质坚的现象；然后联想到生活容器的需要，而萌发了原始的制陶。

早在19世纪，人们已知人类的制陶术是从模制法到泥条盘筑法，再到轮制法而趋于成熟，但是很长一段时期，最原始的模制法在我国的表现几乎空白。20世纪80年代以来，一些学者探知，模制法在我国表现为“泥片贴筑法”（见俞伟超文），即由所构容器的底做起，用泥片自下而上、自内而外一层层地粘贴成坯。可以用模，也可不用。现在，“从黄河的上游经中游至下游，从长江的中游至下游，还有江西、广西至粤北的石灰岩地区，已经发现了仰韶、红山、大汶口、大溪等文化以前的包括河姆渡一期文化在内的一些比泥条盘筑法更原始的制陶术，流行的时间大概是距今七千年左右开始往上推，一直到九千年以前”(同上文)。盘筑法，一类用长泥条盘旋，一类是泥圈相叠，然后经拍打、修整等工序成坯。现在民族文化考古学者从傣族的原始制陶中得到了泥圈相叠法的实证，由实物制造而知盘筑法，必须使用转盘，此是陶轮的先驱，实是用脚拨转的慢速陶轮(见汪宁生文)。再发展，主要是设法加快转盘转速，遂进入陶轮时代。仰韶文化晚期、龙山文化及余杭良渚文化已广泛使用轮制。

用脚踏陶轮制陶坯(《天工开物》插图)

原始制陶的产品在轮制时代人眼中，自然很“土”，并且首先取土为之，故文献中称述此一时期的陶器为“土”。《墨子·节用中》述“古圣王……饭于土熘，啜于土刑”。“熘”，饭器。“刑”，即“铏”，盛羹器。《韩非子·喻老》：“以为象箸，必不加于土铏。”《史记·秦始皇本纪》：“尧舜……饭土熘。”裴骃集解引如淳曰：“土形……瓦器也。”《韩诗外传》卷三：“昔者舜……饭乎土簋，啜乎土型。”“簋”，即熘，饭器。文首引《太史公自序》“食土簋，啜土刑”句亦其例。“土”，后世也用作陶器通称，侧重指粗陋的烧土制品。《吕氏春秋·贵生》：“道之真以持身，其绪余以为国家；其土苴以治天下。”高诱注：“土，瓦砾也。苴，草蒯也。”《周礼·春官·大师》：“金、石、土、革、丝、木、匏、竹。”郑玄注：“土，埙也。”此为烧土而成之乐器。浙江河姆渡出土的一音孔陶埙与西安半坡遗址出土的两个陶埙，是我国迄今发现最早的乐器。《礼记·曾子问》：“下殇，土周葬于园。”郑玄注：“土周，塈周也。”即烧土为棺以葬。《孔子家语·致思》：“盛之土型，以进孔子。”以“土”称陶器，在今语中犹有遗存。据汪宁生调查，云南沧源傣族村寨，原名“俄允”，因善制陶器，现通称“土锅寨”(见汪宁生文)。陆游所记“王小皤(波)之乱”时，蜀父老言“我土锅村民”(《老学庵笔记》卷九)，其称或也与制陶有关。

下至商代，虽以青铜器为其时代标志，但陶器以其利于生活日用，仍有长足的发展。商代陶器多刻纹白陶，器物种类多，且往往有饕餮纹、云雷纹等各种印纹，尤其是郑州、安阳、江西清江吴城等商代遗址出土少量的釉陶，是彼时陶器之精品，也是我国制陶史上的第一个飞跃。周代的釉陶更多，且陶器进一步应用到建筑领域，生产出筒瓦、瓦当、阑干砖、水道管等建筑材料。进入汉代，陶器“无孔不入”地进入社会生活每个角落，并且替代铜器作为殉葬品，创造出独特的陶俑艺术。釉陶种类大为增多，技术成熟，能正确控制烧制时的火候温度。从出土物看，有翠绿釉陶、栗黄色加彩亮釉陶、茶黄色釉陶、浅绿色釉陶，表明陶器进一步“瓷化”。汉以后，陶器在中华文明史上依然绽放出举世瞩目的光彩。

文献中陶器的正称是“瓦”。

《说文》部首：“瓦，土器已烧之总名，象形也。”段玉裁注：“凡土器未烧之素，皆谓之坯，已烧皆谓之瓦。”然段氏及徐灏、王筠等皆谓象屋之盖瓦或窑中瓦坯卷曲相垒之形，则误。《诗·小雅·斯干》：“载弄之瓦。”毛传：“瓦，纺塼也。”其时，尚不知用屋瓦。纺砖是原始陶器之一，现最早的纺砖见于新石器时代的河北磁山、浙江河姆渡等遗址的出土物。“瓦”之名称大量使用是在战国文献，其时已为陶器总称，而非屋瓦之称。《庄子·达生》：“以瓦注者巧。”指用陶器作赌注。《墨子·备城门》：“复使卒急为垒壁，以瓦盖复之。”《礼记·儒行》：“毁方而瓦合。”孔颖达疏：“瓦合，谓瓦器破而相合也。”《丧大记》：“沐用瓦盘。”《楚辞·卜居》：“黄钟毁弃，瓦釜雷鸣。”诸“瓦”皆指陶器。秦以后，一如上古。《说苑·反质》：“鲁有俭者，瓦鬲煮食。”汉王充《论衡·对作》：“朱紫杂厕，瓦玉集糅。”“瓦玉”，反义对比，喻善恶共处。《汉书·鲍宣传》：“以瓦器饮食。”《后汉书·逢萌传》：“首载瓦盎，哭于市。”《三国志·魏志·东沃沮传》：“又有瓦鑩，置米其中。”《南史·武烈世子方等传》：“瓦棺石椁。”唐李商隐《行次西郊作一百韵》：“浊酒盈瓦缶，烂谷堆荆囷。”宋杨万里《压波堂赋》：“壁床茶灶，瓦盆藤尊。”更可注意者，汉唐注家均以“瓦”训“陶”，如文首引诸例，而不见相反之训。毫无疑问，“瓦”是古代陶器总称。古曰“瓦”犹今云“陶”。

“陶”，现辞书多谓本是陶器之称，名词，未确。按，“陶”，从阜匋声。《说文·缶部》：“匋，作瓦器也。”即作动词义。字当从缶、勹，勹亦声。勹即“包”的初文，“缶”代表瓦器，将素坯包裹在内待烧，是为烧制陶器。其物名就是“窑”。“窑”，《说文·穴部》作“窯”，训为“烧瓦窯竈”。朱骏声曰：“烧之曰匋。”并引服虔《通俗文》曰：“陶灶曰窯。字亦作窑。”（《说文通训定声·小部》“窯”字）段玉裁曰：“匋窯盖古今字。”（《说文·穴部》“窯”注）以为一词而二体，诚确。而“陶”字，从阜，阜表示山丘，故《说文·𨸏部》曰：“陶，再成丘也。”《尔雅·释丘》同。《释名·释丘》：“再成曰陶丘，于高山上一重作之，如陶（窑）灶然也。”其意谓：“陶”是窑一般重叠的山丘。盖原始的窑与一般食灶不同，均是利用天然的山洞，或挖洞穴以石垒砌，一窑包括火膛、火道和窑室诸部分层垒构成。唯似丘上叠丘，故《释名》以比之。但是“陶”之“再成丘”义文献罕见，而“窯”在先秦文献中一般不见用，“匋”亦不用其本义，于是“陶”兼用“匋、窯”之义（很可能“陶”兼二义，故“匋、窯”二字废。）一作动词，表示烧制陶器；一作名词，表示烧陶的窑。作名词例，上举《释名》“如陶灶然”之“陶”即是。又，前引《诗·大雅·绵》“陶复陶穴”句郑玄笺：“皆如陶然。”宋朱熹《诗集传》曰：“陶，窑灶也。”《后汉书·杨彪传》：“又杜陵南山下，有武帝故瓦陶灶数千所。”亦其例。故段玉裁曰：“经之陶即窯字之叚借也。”（《说文》“窯”注）清朱琰《陶说》曰：“陶字从阜从匋，即窑字。”但秦以后使用“窯”后，“陶”作名词窑之称，盖已罕用，遂主要做动词，表示烧制陶器。其动词用法有两种。一、径作动词谓语。唐玄应《一切经音义》卷十四引《仓颉篇》曰：“陶，作瓦家也。”《孟子·告子下》：“万室之国，一人陶。”《公孙丑上》：“（舜）自耕稼陶渔，以至为帝。”《墨子·尚贤下》、《吕氏春秋·慎人》、

《史记·五帝本纪》皆述舜“陶于河滨”(《史记》无“于”字)。《墨子·节用中》:“陶冶梓匠,使各从事其所能。”《说苑·反质》:“东夷之陶器窳,而舜陶焉。”(“窳”,质地粗劣。)《汉书·董仲舒传》:“或夭或寿,或仁或鄙,陶冶而成之。”颜师古注:“陶以喻造瓦,冶以喻铸金也。”二、作名词修饰语。《左传·襄公二十五年》:“昔献虞父为周陶正。”“陶正”,掌冶陶之官。《墨子·备穴》:“令陶者为瓦窦。”“令陶者为罂。”罂也是瓦器。“陶者”,制陶的人。《淮南子·精神》:“譬犹陶人之埏埴也。”高诱注:“陶人,作瓦器之官也。”《史记·鲁仲连邹阳列传》:“是以圣王制世御俗,独化于陶钧之上。”司马贞索隐引张晏曰:“陶,冶。”陶钧,制造瓦器的转轮,此喻指君主教化天下。《太平御览》卷八三三引《续汉书》曰:“杜陵南山下有孝武故陶处,作塼瓦,一朝可办。”“陶处”,制作陶器之处。晋傅咸《汙卮赋》:“爰甄陶以成器,逞异域之殊形。”葛洪《抱朴子·塞难》:“譬犹金石之消于炉冶,瓦器之甄于陶灶。”尤可注意者,“陶”单用为名词时,也往往涵其动词义。北周庾信《温汤碑》:“汉武旧陶,即用鱼鳞之瓦。”旧陶,往日制作陶器处。明宋应星《天工开物》有《陶埏》篇,清朱琰有《陶说》,乍看“陶”似是陶器总称,但实是指制造陶器,若以《陶说》为说陶器,则与内容不符矣。正唯“陶”实是“窯(匋)”之义,故无论名词义、动词义,本只 yáo 一音。唯此,“皋陶”、“陶唐”之“陶”皆读 yáo。《荀子·荣辱》:“陶诞突盗。”王先谦集解引郝懿行曰:“陶,古读如谣。”今之音 táo,乃是古今音变(喻四归定)。也正以“陶”主要作动词制造陶器义,故能引申出如育化、造就一类的抽象义。《文选·张华〈答何劭〉诗》:“洪钧陶万类,大块禀群生。”(“大块”,大自然。)《文选·张华〈女史箴〉》:“散气流形,既陶既甄。”《宋书·礼志一》:“则化之所陶者广,而德之所被者大。”

“陶”之本义虽是制造陶器,但有时在一定语境中单用,也可浑称陶器。《礼记·郊特牲》:“于其质也,器用陶匏,以象天地之性也。”“陶匏”,陶器,瓠瓢。南朝梁元帝《金楼子·立言上》:“夫陶犬无守夜之警,瓦鸡无司晨之益。”《新唐书·杨於陵传》:“(於陵)出为岭南节度使……教民陶瓦易蒲屋,以绝火患。”宋王禹偁《黄冈竹楼记》:“刳去其节,用代陶瓦。”但诸例仍蕴涵“制”意,确是“陶制”,非今之称“陶”。且此种“陶”浑言之用,至中古犹少见。

“瓷”字,首见于西汉文献。邹阳《酒赋》:“醪醴既成,绿瓷既启。”其后潘岳《笙赋》:“倾缥瓷以酌醽。”缥瓷即绿瓷,也即青瓷。“瓷”或作“甆”、“磁”、“瓷”。瓷的产生,首先经历了三项重大突破。一、早在五六千年前,古人已知利用和淘洗、精湅瓷土。据实物分析,原始社会陶器含氧化铁在 6%以上,商代降至 3%,周代降到 2%。(若降至 1%以下,便是瓷。)二、商代已发明了玻璃质釉(青色釉)。三、商周时的一些硬陶烧成温度已达一千二百度。凡此,是产生瓷的必要条件。瓷经历了三个阶段的飞跃。从新石器时代至商代,产生釉陶,为第一飞跃。从商代后至唐五代,产生以釉面晶莹为标志的青瓷,为第二飞跃。其瓷,重釉轻胎,釉面可以做到晶莹明澈、光润如玉,但不注重瓷胎质量的提高。若从瓷的基本特点看,我国比较成熟的瓷的出现可断在东汉末。1921 年在河南信阳擂鼓台所得的永元青釉壶是公元一世纪的遗物。近年在浙江上虞小仙坛出土、胎质烧结程度较好的青釉四系罐,是东汉末年的遗物。而绍兴等地出土的大批三国时代青瓷,釉层较厚,釉料中存在铁质,烧成胎质紧密,不吸水。故从三国后进入更为辉煌的发展期。至唐代更为成熟和普及。这一阶段，浙江越窑的青瓷，最享盛名。而从北宋开始到明清，以景德镇所产胎质有一定透明性为代表的优质白瓷，标志着第三飞跃。宋代出现了烧瓷的五大名窑：河北曲阳定窑、河南临汝汝窑、浙江龙泉哥窑、临安官窑、河南禹县（今禹州）钧窑。至于景德镇，虽然唐代已能烧瓷，但并不有名，到宋代始发展。宋以后成为我国最大的产瓷中心。此时期的中国瓷，已掌握了科学的配方，找到了优质原料，成型与烧成技术更为精良，故釉面胎质质量均为世界之冠，真正是“陶成雅器，有素肌肉骨之象焉”（《天工开物·陶埏》）。中国瓷器成为饮誉全球的“实用与观赏相结合、技术与艺术相交融的工艺品”（《中国的瓷器》28页）。

“瓷”字在唐以前的文献中极少见，至唐代才较为多见，反映出唐代瓷器的空前发展。柳宗元《代人进瓷器状》：“瓷器若干事，右件瓷器等，并艺精埏埴，制合规模。”杜甫《又于韦处乞大邑瓷碗》诗：“大邑烧瓷轻且坚，扣如哀玉锦城传，君家白碗胜霜雪，急送茅斋也可怜。”盛赞大邑白瓷质之轻坚，声“如哀玉”，色“胜霜雪”。《集韵·平支》：“瓷，陶器之緻坚者。”但瓷既从陶脱胎而来，故后世“瓷”有时也可浑然以“陶”称，如清朱琰《陶说》将瓷土也称“陶土”，“瓷窑”称为“陶窑”。

参考文献

[1] 轻工业部陶瓷工业科学研究所：《中国的瓷器》（修订版），轻工业出版社，1983年8月。
[2] 孟天雄、章秦娟：《陶瓷漫话》（修订本），湖南科技出版社，1983年6月新一版。
[3] 中国社科院考古研究所：《新中国的考石发现和研究》，文物出版社，1984年5月。
[4] 杨鸿勋：《仰韶文化居住建筑发展问题的探讨》，载《建筑考古学论文集》，文物出版社，1987年4月。
[5] 殷涤非：《商周考古简编》，黄山书社，1986年8月。
[6] 俞伟超：《中国早期的“模制法”制陶术》，载《文物考古论集》，文物出版社，1986年12月。
[7] 汪宁生：《傣族的原始制陶术》，载《民族考古学论集》，文物出版社，1989年1月。

50. 緂(剡)·辟·缉·绩

纺麻之称。"緂",双手捻搓的原始纺麻。"辟",初期用纺坠纺麻。"绩",成熟的纺坠纺麻,纺麻的通称。"缉",要与"绩"字连用,中古起才有单用之例,带口语色彩。

【同义】

《说文·糸部》:"缉,绩也。""绩,缉也。"《诗·陈风·东门之池》:"东门之池,可以沤麻。"陆德明释文:"西州人谓绩为缉。"《管子·事语》:"女勤于缉绩徽织。"《后汉书·逸民传·梁鸿》:"织作筐缉绩之具。""缉绩"皆同义连用,指纺麻。"緂"、"辟"亦可指称纺麻(见下)。

【辨释】

"緂"(tiàn),或作"剡"。《淮南子·人间》:"男子不得脩农亩,妇人不得剡麻索缕。"又《氾论》:"伯余之初作衣也,緂麻索缕,手经指挂,其成犹网罗。"高诱注:"緂,锐索功也。"高注难解。按,《说文·刀部》:"剡,锐利也。"《汉书·艺文志》:"剡木为矢。"颜师古注:"剡谓锐而利之也。"炎声,通阎声、然声。《方言》第一:"擱、撚、未(从钱绎笺疏),续也。"《方言》第六:"擱、剿,续也。秦晋续折谓之擱。"钱绎笺疏:"繝、擱并音剡。繝之或作擱,犹剡之或作緂,剿之或作纅也……擱、繝、緂、剡字异义同。"据《方言》可知,"緂、剡"必是撚意,以撚而续麻。王念孙也谓"緂者续也,缉而续之也",并解高诱之训:"高训緂为锐,则与麻字义不相属……繝、剡并与緂通。索如'宵尔索绹'之索,谓切撚之也。高云'索功也',功即切字之误。颜师古注《急就篇》曰:'索,谓切撚之令紧者也。'《广雅》曰:'紉,索也。'紉与切通。"(《读书杂志·淮南内篇第十三·緂麻》)王说大体得之。但以为"锐义与麻字义不相属"则未是。推其源,当是先有"炎、燄"之声,蕴其锐义;用刀用手削木成锐细之矢箭,则为"掞、剡"。续麻是合多股麻纤维成线,虽与削斫有别,但成为锐细物则一,故也得称"掞、剡",而以其为纺织事,专其义为"緂"。高注于"緂"先训"锐",以明其字,与"剡"同源;又申之"索功",以明其义为撚捻,上下怡然理顺。"緂、剡"之为撚,非唯古用,今犹称两指搓转一物为"撚",即"捻"。在距今六千年前的河姆渡遗址就出土了一些植物茎皮捻成的线和一段草绳,据分析,即是用手捻搓合成。《易·系辞下》称伏羲氏"作结绳而为网罟,以佃以渔"。伏羲氏之世相当于旧石器时代。伯余传说是黄帝时臣,应属于新石器时代,均是使用手捻搓合的原始续麻方法。故"緂麻"、"剡麻"犹捻麻、搓麻。此反映了远古之人的原始纺麻活动。

"辟"也用为续麻、纺麻之称。最习见的是《孟子·滕文公下》:"彼身织屦,妻辟纑,以易之也。"赵岐注:"缉绩其麻曰辟,练其麻曰纑。"朱熹注:"辟,绩也。"段玉裁以为"辟与擘肌分理之擘同，谓始于析麻皮为丝也”。(《说文·糸部》“缉”注)朱骏声主是“𣏟(pà)”的假借，云“𣏟之为言微也，微纤为功……治枲皮细析之。”(《说文通训定声·解部》“𣏟”字)孙奭疏则以为“辟”取“分辟(劈)”。诸说虽有异，然均主麻之分。也有主麻之合者。按，主分、主合并不扞格。可从“辟”之声源求之。《礼记·投壶》：“主人般还(旋)曰辟。”“般、还”均是旋转义。“璧”，是圆的玉环。“辟雍”是四面临水的圆屋。“避”，“回也”(《说文》)，回有转义。凡此，均表明“辟”有旋曲义。用于治麻(纤维)，则是指纺坠的旋转。纺坠肇源于麻纺，并且专用于麻纺，用纺坠加捻比手搓捻迅疾而省力，春秋战国之时早已普及。故赵岐等解为“缉绩”，即将麻纤维捻合。待捻合的麻纤维必经劈分，使之纤细而松散，故解“辟”为分，若从前道工序而言，也不误。然则“辟纑”之“辟”，侧重于旋曲，兼含用纺坠纺麻的两道工序，故可解为“纺麻”。文献中，“辟”仅用于先秦，且使用不广。但其显示的意义甚大：从手工捻搓麻线而变成用纺坠纺麻，此乃纺织史上第一次巨大的变革。不过，与“绩”相比，“辟”盖尚是反映初期纺坠纺麻之一词，《孟子·滕文公下》“妻辟纑”正是记述齐隐士陈仲子追求脱离社会的清高生活之一事。

《说文》于“缉、绩”互训，二者义近(文首引)，俗以为二者等义无别。段玉裁曰：“凡麻枲先分其茎与皮曰朩，因而沤之，取所沤之麻而𣏟之，𣏟之为言微也，微纤为功，析其皮如丝，而撚之、而剶之、而续之，而后为缕，是曰绩，亦曰缉，亦累言缉绩。”(《说文·糸部》“缉”注)朱骏声亦从之。盖麻从大田割下，先浸后剥，谓之剥麻。浸麻是利用水中微生物分泌的果胶酶，分解坚韧的麻皮中的胶质，使麻纤维蓬散柔软。上引《诗·陈风·东门之池》句郑玄笺：“于水中柔麻，使可缉绩作衣服。”凡植物纤维都得脱胶。此为纺纱之前不可少的工序，总体也属于纺的范围。段氏所述缉绩之事不误，所言即是浸麻、剥麻、离析麻纤维、并合麻纤维成线。此乃缉绩的全过程。然段氏将“缉、绩”等同无别，则仍流湎于俗解。

按，“缉”从糸咠声，咠声有小义。“咠”，嗫语，细语。“辑”，有敛小义，《礼记·檀弓下》：“蒙袂辑屦。”郑玄注：“辑，敛也。”《小尔雅·广言》：“戢，敛也。”亦有聚义。《国语·周语上》：“夫兵戢而时动。”韦昭注：“戢，聚也。”“缉”之“咠”，盖也小大兼之。相反相成，故其义得指聚合小为大，合少为多，“缉”之用义，大都有聚合义。《后汉书·陈蕃传赞》：“人谋虽缉，幽远未当。”李贤注：“缉，合也。”《文选·颜延之〈阳给事诔〉》：“以缉华衣之众。”李善注：“缉，会聚也。”其读七入切、清母缉韵入声(qì)之数义实也由聚合义引申。如缝紩义。《仪礼·丧服》：“斩者何？不缉也。”指横缝衣下边。究其实，乃是将外露的织线头聚合不露，故仍是聚合意。唯此，“缉”可用于聚合麻纤维，即作纺麻之称，常与“绩”等同义连用。但是，纺麻过程并非简单浑然的聚合，故“缉”一般不单用表示纺麻。中古起才有单用，见出口语色彩。唐元稹《织妇词》：“缫丝织帛犹努力，变缉撩机苦难织。”宋苏轼《次子由诗相庆》诗：“六子晨耕箪瓢出，众妇夜缉灯火共。”元王冕《江南府》诗：“日间力田随夫郎，夜间缉麻不上床。”

“绩(績)”，从糸责声，声兼义。段玉裁曰：“绩之言积也，积短为长，积少为多。”(《说文·糸部》“绩”注)未确。按，责声有齐等义。“齰”，齿相值，朱骏声曰：“整齐之意。”(《说文通训定声·解部》“䪖”字)“積(即积)”,聚禾谷,此必是有规则地放置,所谓积贮。“帻(幘)”,使发整齐之巾。《左传·定公九年》:“晳帻而衣貍制。”“婧”,整齐(《说文》)。“绩”,亦取齐等义,故用于纺麻,当指麻的整齐捻合。此是纺坠纺麻的准确反映。盖双手直接搓捻,必不均匀、粗糙,而使用纺坠,无论是吊坠或转坠,均已具有现代纺织机上纺锭的部分功能,因而既能用之加捻,也能起牵伸作用,使其纤维捻合均匀、整齐。显然,“绩”较之仅侧重于旋曲的“辟”更能反映纺坠纺麻的特征,也是使用纺坠纺麻发展到较高水平的标志。因此,文献中“绩”成为纺麻的习用通称,通用于古代。它不仅与“缉”等常常连用,而且可灵活单用,作动词谓语、定语。《诗·陈风·东门之枌》:“不绩其麻,市也婆娑。”郑玄笺:“绩麻者,妇人之事也。”又《豳风·七月》:“七月鸣鵙,八月载绩。”(“鵙”,伯劳鸟。)《国语·鲁语下》:“公父文伯退朝,朝其母,其母方绩。”《西京杂记》卷四:“白燕……坠后(元后)绩筐中。”“绩筐”,盛纺织物之筐。《太平御览》卷八二六引晋王嘉《拾遗记》:“至夜每聚邻妇夜绩,以麻蒿自照。”宋陆游《夜意》诗:“凡沉洲渚渔歌远,人语比邻绩火明。”此指纺绩时照明的火光。以上引例可以表明:到周秦时代,纺坠纺麻已达到成熟的水平。纺绩本质上是续麻成线,若用为抽象事物,便引申为继续义。《尔雅·释诂》:“绩,继也。”《左传·昭公元年》:“子盍亦远绩禹功,而大庇民乎?”唐韩愈《蓝田县丞厅壁记》:“博陵崔斯立种学绩文,以蓄其有。”《左传·庄公十年》:“齐师败绩。”“败绩”者,败之继续,一次接一次失败,故是大败。或以为此“绩”通“迹”,“败绩”即翻车,故有大败意,此是曲说。“绩”又引申为功绩。《孟子·万章上》:“谟盖都君,咸我绩。”(“谟”,通“谋”。“都君”,指象之兄舜。)孔传:“绩,功也。”《后汉书·荀彧传》:“原其绩效,足享高爵。”“绩效”,犹言功绩。功绩者,功之继续:一个又一个功劳,故是功绩。“绩”之此引申义,充分显示其本义所指纺麻是续麻成线的特点。毫无疑问,“绩”是古代纺麻最有代表性的称名。

《列女传》中所画脚踏纺车

从纺麻三个称名看,由絘而辟而绩,显示出古代麻纺生产由低级到高级发展的三个阶段:手工搓捻,到使用纺坠的初期,再到使用纺坠的成熟期。

参考文献

[1] 陈维稷:《中国纺织科学技术史·古代部分》,科学出版社,1984年4月。
[2] [清]王念孙:《读书杂志》,江苏古籍出版社,1985年7月。

51. 线(線)·丝·缕·纑

"线",线缕总称。"丝",丝线,最细。"缕",麻线,次之。"纑",经纺练、可供上机织布的麻线,用于上古。

【同义】

《说文·糸部》:"线,缕也。""缕,线也。"《广雅·释器》:"缕,纑也。"成语"一丝一缕"、"千丝万缕","丝、缕"对举,泛指细线。《后汉书·王符传》:"或断截众缕,绕带手腕。"此"缕"泛指线。

【辨释】

"线",或作"線"。"线"从糸、戋会意,戋亦声。从戋得声者多有细小义。如"贱"是贝之少,"浅"是水之少,"残"是物之少,"栈"是架木小道。"线"则是细小的线缕。"线"的诸引申义皆指称诸线状物(包括抽象义),无不具有细长之意。唐温庭筠《杨柳枝》诗之三:"苏小门前柳万条,毵毵金線拂平桥。"指光线。金元好问《题写真》诗:"东涂西抹窃时名,一線微官误半生。"用于量词,示细微。清李玉《清忠谱》十六:"就是里边线索,极便极灵。"用作抽象义"头绪"。从其声符存义和引申用法而观,"线"的特点是表示细,故古今多用为线缕总称。

"丝"本是蚕丝和丝织品的总称。《书·禹贡》:"(兖州)厥贡漆丝。"孔传:"地宜漆林,又宜桑蚕。"汉桓宽《盐铁论·散不足》:"古者庶人耋老而后衣丝。"引申为丝线的专称。成语"千丝万缕"、"一丝一缕"、"丝丝入扣",皆此。("扣",通"筘",织布时每条经线有条不紊地从筘中通过,喻指二者合拍。)由丝线引申指称一切丝状物。唐周彦晖《晦日宴高氏林亭》诗:"云低上天晚,丝雨带风斜。"皮日休《明月湾》诗:"柳弱下丝网,藤深垂花蔓。"也用于抽象事物。《礼记·缁衣》:"王言如丝,其出如纶。"("纶",带。)孔颖达疏:"王言初出微细如丝,及其出行于外,言更渐大如似纶也。"成语"蛛丝马迹"、"藕断丝连",亦其例。诸"丝"若易为"线",似皆嫌粗。可见"丝"的丝线义是指最细的线。

"缕"是麻线的专称。《墨子·尚同上》:"譬若丝缕之有纪、罔(网)罟之有纲。"《孟子·尽心下》:"有布缕之征,粟米之征,力役之征。"赵岐注:"征,赋也。……缕,紩铠甲之缕也。"("紩",缝。)按,上古缀铠甲之线乃麻线。又《滕文公上》:"麻缕丝絮轻重同,则贾(价)相若。""缕"用于麻,与"丝絮"对举。成语"一丝一缕"、"千丝万缕",也皆是丝线、麻线的对举。可引申指称其他细长之物,也比丝线、一般的线粗。汉桓宽《盐铁论·散不足》:"今……中者罽衣金缕。"南朝梁刘孝威《拟古应教》诗:"青铺绿琐琉璃扉,琼筵玉笥金缕衣。""金缕",指黄金加工打成的线。"金缕玉衣",马王堆、中山王遗址皆有其物,人所共见。其所用金线虽细,终究粗于丝，一似麻线之状，故用“缕”，十分贴切。若用“线”，嫌含混；若用“丝”，名实有差。“缕”，之所以粗于丝，乃缘麻所并合的纤维多于丝。其特征也符字之构意。盖“缕”，从糸娄声，声兼义。娄声字有聚多义。“瘘”，颈肿，毒菌所肿聚。《尔雅·释诂上》：“搂，聚也。”又《释地上》“十薮”郝懿行义疏引《说文》云：“薮，大泽也。”“大泽”，水之所聚。“溇”，雨不绝貌。唯此，“缕”又引申为详多义。汉枚乘《七发》：“虽有心略辞给，因未能缕形其所由然也。”晋葛洪《抱朴子·钧世》：“其功业相次十万者，不可复缕举也。”“缕举”，详为列举。《宋史·食货志上一》：“蚕妇治茧、绩麻、纺纬，缕缕而积之，寸寸而成之，其勤极矣。”上述之“缕”，若易作“丝”、“线”，将失去多义。从其引申义也可证“缕”之为线，必粗于丝线。

《说文·糸部》：“纑，布缕也。”段玉裁注：“言布缕者，以别乎丝缕也，绩之而成缕，可以为布，是曰纑。”《左传·昭公十九年》：“纺焉以度而去之。”孔颖达疏：“纺谓纺麻作纑也。”陆德明释文：“纑，麻缕也。”此嫌浑泛。《孟子·滕文公下》：“彼身织屦，妻辟纑，以易之也。”赵岐注：“绩其麻曰辟，练其麻曰纑。”按，当云“练之麻曰纑”，盖麻不练，无可纺；此“纑”乃指已练之麻线，“辟纑”是动宾结构。由此可见，“纑”，指麻线，但非一般的麻线，而是经过纺练、可供上机织布的麻线。“纑”，主要用于上古。

52. 练(湅)·漂·捣(擣)

漂练，总称为“练”，本用于练丝帛，有水练、日练、灰练等法；也可练麻，有椎击、碱煮等法。“漂”专指水练、椎击练。“捣”指汉代产生的练丝新工艺，可捣丝绵与丝纺织品。

【同义】

“练、漂、捣”皆是动词，指漂练纺织原料。

【辨释】

“练”，常作动词、形容词。指练习。《晋书·胡毋辅之传》：“父原，练习兵马。”指熟练。《汉书·薛宣传》：“(翟方进)荐宣(薛宣)明习文法，练国制度。”颜师古注：“练犹熟也，言其详熟。”指精练。南朝宋刘义庆《世说新语·政事》：“陶公性检厉，勤于事。”刘孝标注引《晋阳秋》曰：“侃(陶侃)练核庶事，勤务稼穑。”指白色。《淮南子·说林》：“墨子见练丝而泣之，为其可以黄，可以黑。”高诱注：“练，白也。”指漂练之绢。南朝齐谢朓《晚登三山还望京邑》诗：“余霞散成绮，澄江静如练。”丧祭之制，父母死去十一个月可穿练过的布帛祭于家庙，故称此时之祭为“练”或“小祥”。《礼记·杂记下》：“期之丧，十一月而练，十三月而祥。”上述用义，分别表现出“练”的“白、熟、精”的特点。此是漂练的结果。因此，“练”的初义当是三者总源，即是漂练丝纺织原料。

《华严经音义》引《珠丛》曰：“煮丝令熟曰练。”今一些辞书均释“练”为“把生丝煮熟”云云，而不明言漂练之事，使人易误解为缫丝。其实，练丝不是缫丝，而是缫后脱胶。盖蚕口吐出的原丝，外围包附丝胶，使两根丝纤维并成茧丝的一根丝条，呈黏结状态，此为生丝。缫丝时热水的煮搅，仅使丝胶软化，消去其一小部分，但大部分的胶和杂质必通过继续精练而剔除。丝也可以缫而不练。日本学者布目顺郎检核过我国战国时楚国的丝织品，曾发现帽带、竹器带等未经精练，而丝头巾、剑鞘绸均加以精练，最精的是包裹丝织物(参其书 220—224 页)。后世的琴弦、画绢等为了保持丝纤维的强度，一般均不需脱胶，故全是未练的生丝。但是大多数的丝织物要精练，唯有脱胶和去掉杂质，丝的光滑、柔软、精纯等优美的品性才会显露，才能进而印染。如宋代王昭禹所言：“治丝而熟之为湅，丝帛熟然后可以设饰为用。”(《周礼详解》)“练”的最早记载是《周礼》。《周礼》中有曝练、灰练、水练，“练”或作“湅”。《天官·染人》：“凡染，春暴练、夏纁玄。”郑玄注：“暴练，练其素而暴之。”“暴”，同“曝”，晒。“纁玄”以色石染为绛黑色。此表明已谙识练是染前的准备工序，先练后染成为染色的工艺流程。《周礼·考工记·㡛氏》更总结了练丝的经验：“㡛氏湅丝以涚水，沤其丝七日，去地尺暴之。昼暴诸日，夜宿诸井，七日七夜，是谓水湅。”郑玄注：“涗水，以灰所泲水也。”即和灰的温水。盖草木灰含碳酸钾，浸液呈碱性，灰练是利用丝胶在碱性溶液里容易溶解的性能而精练。曝练是利用丝胶易吸收阳光中紫外线发生氧化作用，遂使部分色素分解的原理而加速脱胶。《考工记·慌氏》所言之法是：先将生丝在溶灰的碱性温水中浸七日，期间日光曝晒与水浸脱胶交替进行，后者为主，故称“湅”。然则“练”字，按本义应作从糸、湅省声。练者，使丝通过水练、灰练、日练，去杂而精，由生而熟，更为洁白柔软。因此，确切地说，“练”的本义是漂练生丝。练还可用于帛，其操作流程也见于《考工记·慌氏》，大体与练丝同，也是“昼暴诸日，夜宿诸井，七日七夜”。所异者：丝是未织而练，帛是先织后练。陕西岐山贺家墓地西周墓出土丝织物，从其放大的截面照片所见，并无结成一团的生丝态，而是呈现均匀分布之状，此表明其时精练脱胶已有较高水平。由练丝再扩大为练麻。练麻，非指为剥取麻皮以沤麻，而是指麻纤维成线缕或织物后的练治，古人专称为“治”。目的也是使麻缕更纤细、洁白、柔软，以臻于“麻衣如雪”(《诗·曹风·蜉蝣》)的效果。与丝帛一样，根据需要，麻也可以练或不练。麻的精练方法是水洗、椎击、日晒、加碱煮练等交替进行。如丧服中的“五服”，就是从服丧者与死者关系的亲疏、远近而分为五种麻布丧服。斩衰、齐衰不练，因而最粗糙，表示哀戚最深。大功、小功、缌麻则练。轻于五服的锡衰，则需加碱精练(详参《仪礼·丧服》)。藁城商墓出土的麻布纤维，据仪器观察，表面有胶质，许多纤维粘连成束，经水煮大都脱落，用碱液煮则全部脱落，纤维表面光滑。可见，此麻布原仅初练，只经水洗、椎击，未经灰练碱煮，相当于大功、小功麻布。而陕西高泉春秋墓出土的苎麻布，据仪器观察，其纤维全是分散成单纤维状态，纤维表面光滑而无杂物，显然经过碱练与煮练。由此可见，在周代，麻的精练已能掌握碱练与煮练，具备了现代练麻工艺的雏形，因而在周代的丧服制中能有五服之分，对不同功用的麻布衣料作不同程度的练制。

“漂”，常用义是浮游义、洗涤义。但还有漂练义。而一般词典都将漂练义误为洗涤义。《汉语大词典》在“漂”的“匹妙切”音下列首义“冲洗，洗涤”就引《淮阴侯列传》“漂母饭信”事为书证，继之又举证李白《溧阳濑水贞义女碑铭》：“手柔荑而不龟，身击漂以自业。”在下面复词“漂母”条下仍引《淮阴侯列传》漂母事为书证，释为“漂洗衣服的老妇”。显然，《汉语大词典》将“漂母”例作为漂洗义的主证，漂洗的动作就是“水击絮”。此释误多。一、韦昭注明言是“击絮”，丝绵怎么变成衣服？二、“以水击”何以是洗涤活动？此种不洽足可怀疑其正确性。按，其实所列另一书证李白诗引《庄子》“不龟手药”之典以及“自业”足以启示“漂”当是一种可以谋生的体力工作，此是古代纺织上的漂练生产活动。专指水练、椎击练，即是水洗、椎击麻絮，除去杂质污物，使纤维分细柔软。《孟子·滕文公上》：“昔者，孔子没……子夏、子张、子游以有若似圣人，欲以所事孔子事之。强曾子，曾子曰：‘不可。江汉以濯之，秋阳以暴之，皜皜乎不可尚已。’”此乃借水濯、日晒之事推崇孔丘之贤德，谓各种漂练的洁白还比不上老师的洁白无瑕。其间反映出水练、日练交替的漂练方法的运用，表明当时漂练工艺十分普遍，并且有洁白纺织原料的作用。《庄子·逍遥游》：“宋人有善为不龟手之药者，世世以洴澼绕为事。”（“洴”，浮；“澼”，漂；“絖”，新丝绵。）此非一般浣洗，而是“春练”。春练正是春寒料峭之时，将生丝绵取放于水中浸拌，手指易于受冻龟裂，不龟手之药是极佳的劳保用品，能使手不龟裂。“漂”不仅可用于练丝，也可用于练麻。《史记·淮阴侯列传》：“信钓于城下，诸母漂，有一母见信饥，饭信，竟漂数十日。”裴骃集解引韦昭曰：“水中击絮曰漂。”按，所谓击絮，并非练丝帛，更非浣洗，而是练麻。所引韦昭注“以水击絮”正是对“漂”的最简要概括，故后世许多韵书都用此释义。如前所析，一般的麻练，只要求曝晒兼水洗、椎击，除去杂质、污物，使纤维分散柔软，漂母在江边数十日，正是作水洗椎击麻絮之事。

“捣”，或作“擣”，是汉代产生的练丝新工艺。它缩短了脱胶时间，又不使丝束紊乱，提高了丝帛脱胶效能，是丝绸精练工艺的新发展。应该说捣在秦汉之际业已出现，但今所见较早的文例是汉班婕妤《捣素赋》：“于是投香杵，叩玟砧，择鸾声，争凤音……任落手之参差，从风飚之远近，或连跃而更投，或暫（暂）舒而长卷。”赋句将捣练的工具（砧杵）、声响、动作写照传神。如果说汉代还兼用“㡛氏水湅”的长流程方法，那么汉以后已皆用捣练法。因此，文献中，“捣练”一词及有关的绘画也甚为习见。北周庾信《夜听捣衣》诗：“秋夜捣衣声，飞度长门城。”南朝宋谢惠连《擣衣》诗：“栏高砧响发，楹长杵声哀。”《乐府诗集·清商曲辞一·子夜四时歌（秋歌）一》：“佳人理寒服，万结砧杵劳。”南朝梁何逊《赠族人秣陵兄弟》诗：“萧索高秋暮，砧杵鸣四邻。”唐李白《子夜吴歌》之三：“长安一片月，万户擣衣声。”杜甫《捣衣》诗：“亦知戍不返，秋至拭清砧。已近苦寒月，况经长别心。”裴羽仙《寄夫征衣》诗：“重重白练如霜雪，独下寒阶转凄切。只知抱杵捣秋砧，不觉高楼已无月。”琴曲《捣衣》又称《捣衣曲》、《秋杵弄》（见于旧传唐潘庭坚《风宣玄品》）。词牌有《捣练子》（一名《捣练子令》）。以上或“捣素”，或“捣衣”，或“砧杵”，或“捣砧”，等等。今有些辞书列上引词条，往往将“砧”含糊解为垫衣石，“杵”为槌棒，遂使人联想到宛如河埠石上槌击、浣洗衣服之情景。也有解为“是裁制衣服的一种劳动”或“制衣之前洗布、染色这道工序”，均未确。其实，可以注意：其反映的时间几乎全是深秋月夜，且大都是女子为远戍之夫准备寒衣。此与浣洗脏衣了不相涉，也不可与染色相混。按，“砧”，为捣臼；“杵”为捣棒，皆为精练丝帛的工具。至于捣练的具体方法，也不难窥知。宋徽宗赵佶临摹唐人张萱《捣练图》画卷，画右侧有一月牙槽石砧，内放细绳捆扎之帛，两个高髻丰腴的女子各持木杵一根，正在专神捣练；另两个女子作辅助状。上引裴羽仙《寄夫征衣》诗“抱杵捣秋砧”正可作此画解说。唐魏璀《捣练赋》也描写了月夜寒露中将浸渍过的丝帛置于石砧，经捣练而缝制衣服极为柔和精美。到元王桢《农书》还记载了对坐捣法，使用卧杵（即平捣），还附《双坐双杵夜捣图》。凡此直接记述或描写捣练的画、赋，与上述“捣衣”“捣素”的诗赋完全一致，皆是反映精练丝帛的新工艺。上引琴曲、词牌也取义于此。此种新工艺就是现代丝织工业的“弯丝光”或“掼经”工序。

参考文献

[1] 陈维稷:《中国纺织科学技术史·古代部分》,科学出版社,1984 年 4 月。
[2] 上海市纺织科学研究所《纺织史话》编写组:《纺织史话》,上海科技出版社,1978 年 1 月。
[3] 陆伟民:《"捣衣"解》,《辞书研究》1990 年第 6 期。
[4] 〔日〕布目顺郎:《养蚕的起源与古代绢》,日本雄山阁,1979 年 1 月。

53. 梱(捆、綑)·杼·梭

"梱",原始梭;发展为"杼",投纬、打纬合一的杼梭;再发展为专司投纬的今梭。但文献中"梭"至南北朝方多见,故此前之"杼",或可指杼梭、梭,甚至专司打纬的筘。

【同义】

《说文·木部》:"杼,机持纬者。"《太平御览》卷八二五引《通俗文》曰:"梭,织具也,所以行纬之莍(即'筣')。"南朝梁江淹《悼室人》诗之六:"流黄夕不织,宁闻梭杼音?"二字同义连用,泛指织梭。"梱"亦梭之称(见下)。

【辨释】

原始投纬工具

"梱"的本义是门限。《说文·木部》:"梱,门橛也。"也作"阃"。朱骏声曰:"横界于门下者为阈,亦曰切,直竖于门中者为梱。"(《说文通训定声·屯部》"梱"字)《史记·循吏列传》:"王必欲高车,臣(孙叔敖)请教闾里使高其梱。"司马贞索隐:"梱,门限也。"引申指箭,箭也是细长的棍状物。《仪礼·大射》:"扬触梱复。"郑玄注:"梱复,谓矢至侯不著而还复。复,反也。"又指梭子,字也作"捆"、"綑"。指称梭子的著名一例便是刘向《列女传·鲁季敬姜传》中鲁季敬姜以织机诸构件喻众官之语:"……持交而不失,出入而不绝者,梱也。梱可以为大行人。推而往、引而来者,综也。综可以为关内之师。"此种引喻当来源于战国前的纺事。"持交而不失,出入而不绝",正是梱缠绕纬线左右穿经的形象写照,其"梱"即指梭子。由名词义梭子引申为动词,织纴义。《类篇》:"綑,织也。"也多见于上古文献。《墨子·非乐上》:"妇人夙兴夜寐,纺绩织袵……綑布縿,此其分事也。"《辞过》:"(圣王)故作诲妇人,治丝麻,梱(从孙诒让校)布绢。"《孟子·滕文公上》:"其徒数十人,皆衣褐,捆屦织席以为食。"赵岐注:"捆,犹叩椓也,织屦欲使坚,故叩之也。"今一般注本皆承此而释为"敲砸",以"捆"为打纬工具、打纬动作,未确。按,此"捆"通"梱",原指梭子,句中引申为投纬,即织纴。

从古代纺织史来看,梱确是原始的梭,原始社会中当已出现。"梱"与"棍"同声源,梱就是棍,其实是一根小木棒,绕缠线缕,横穿于经线织口,横穿一次,就投下一根纬线,再用扁平木刀打纬,即打紧纬线;然后再投梱,如此往复不已即成布。云南晋宁石寨山发掘的汉代贮贝器铜盖上有一组女奴用原始织机织布的塑像,展示了奴隶们织布劳动的过程。图中所见原始的踞织机，与现今一些少数民族还在使用的腰织机十分相似。投纬工具是棍状物，此即是梱。上举《列女传》中存古之“梱”亦然。“梱”是梭子的第一阶段。

第二阶段，由梱发展为杼。《说文·木部》：“杼，机持纬者。”字从木予声，声兼义。予声有舒和义。“予”，推予，是“夺”的反义词。“豫”，和乐。“纾”，缓和。《说文·木部》：“柔，栩也，读若杼。”“栩”有欢畅意。《庄子·齐物论》：“昔者庄周梦为蝴蝶，栩栩然蝴蝶也。”因此，“杼”是能舒畅行纬之木。杼的出现反映了纺织史上的一个重大变革。盖绕缠纬线投纬的小木棒在经线间穿行总是磕磕碰碰，耗力费时，而打纬的扁平木刀却往来滑顺；若将二者合一，即在打纬刀上挖出一条凹槽，将投纬的小木棒（即“梱”）嵌入，岂非相得益彰？于是产生了投纬、打纬合一的新梭子——杼，原先的梱，成了杼中的一个部件——纡，今称纡子者即是。其后杼的形制又改成两头尖，穿行更为方便。江苏泗洪曹庄出土汉画像石《慈母投杼图》，图中有斜织机，也有两头尖中间空的杼，中间空处即放纡。画有斜织机和这种早期梭的画像石已出土多块。“杼”字，上古文献已见。《诗·小雅·大东》：“小东大东，杼柚其空。”“柚”，即“轴”，卷织物的滚筒。朱熹注：“柚，受经者也。”陆德明释文引《说文》云：“（杼，）盛纬器。”《战国策·秦策二》：“其母惧，投杼逾墙而走。”此表明至少春秋战国时已有了投纬、打纬合一的“杼”。

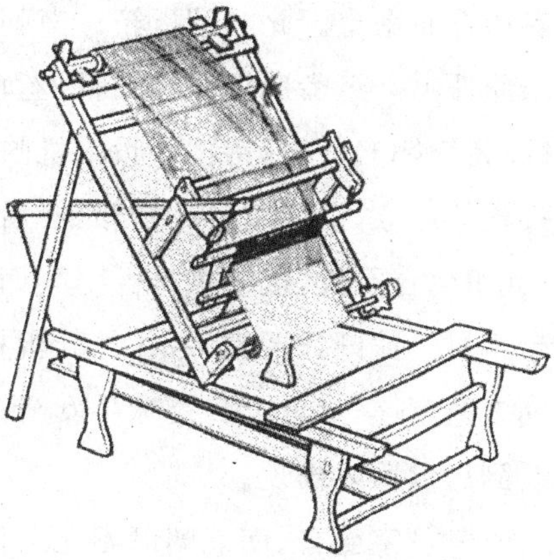

东汉纺织机复原图

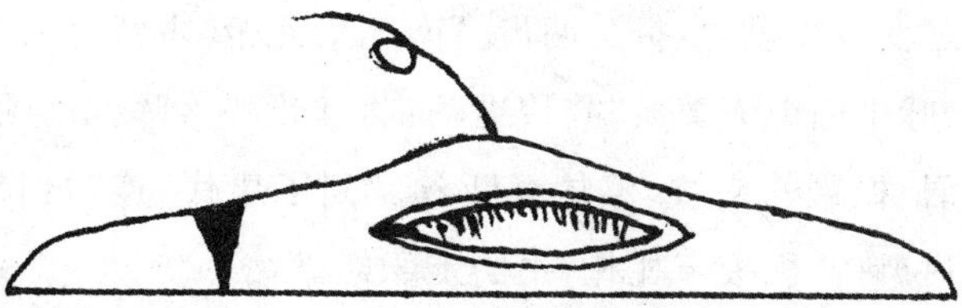

投纬打纬合一的杼

具有双重功能的杼对原始的木刀与梱而言是一大进步，但速度与强度的问题仍不能理想解决。为了进一步提高织速，减轻劳动强度，人们进而想到了织机上的另一个部件——筘。筘是定幅的工具。古代“布帛广二尺二寸为幅”（《汉书·食货志下》），合今 50.3 厘米。筘宛若一把大梳子，布幅的经线依次穿入筘齿。战国时，已使用脚踏提综斜织机，人们发现：如果一手投梭，一手拉筘，配合脚踏提综开口，织者四肢全得其所用，既快速又省力。于是复由合而分，将打纬交付筘，而容放纡子的杼就专司投纬，织梭由此而定型，成今日之梭。此是梭子发展的第三阶段。这一变革在秦汉间已完成。到汉代出现了“梭”字。汉服虔《通俗文》：“梭，织具也。”是其证。今汉魏间织梭实物也有出土。安徽南陵麻桥东吴墓出土织梭与纺锭。梭形似枣核，中有长 12.8、宽 2.6 厘米的槽口，一侧有一小圆孔，用于穿纬线。然而事物之名总落后于实。在新物诞生后，旧名往往还要持续相当一段时间。从文献看，汉魏时“梭”字罕见，而“杼”字仍习见。于是，在汉魏至南北朝，“杼”字有了多种含义：一、指投纬兼打纬的杼。二、指专司打纬的筘。三、指新式的投纬梭。《淮南子·氾论》：“伯余之初作衣也，緂麻索缕，手经指挂，其成犹网罗。后世为之机杼胜复，以便其用。”（“緂”，搓麻。）盖指旧式之“杼”。东汉刘熙《释名·释采帛》：“笭辟，经丝贯杼中，一间并，一间梳，疏者笭笭然，并者历辟而密也。”此“杼”指筘。南朝梁刘孝威《郗县遇见人织率尔寄妇》诗：“度梭环玉动，踏蹑佩珠鸣。经稀疑杼涩，纬断恨丝轻。”第三句意：经线稀疏怀疑筘是否不畅通。南朝陈萧诠《赋得婀娜当轩织》诗：“新妆入机映春牖，弄杼鸣梭挑纤手。”下句正描写织妇纤手挑指推筘投梭的形象，上二“杼”亦指筘。《后汉书·列女传·河南乐羊子妻》：“妻乃引刀趋机而言曰：‘此织生自蚕茧，成于机杼。［丝］而累，以至于寸，累寸不已，遂成丈匹。’”《古诗十九首〈迢迢牵牛星〉》：“纤纤擢素手，札札弄机杼。”晋傅咸《赠郭泰机》诗：“贫寒犹手拙，操杼安能工？”南朝宋谢惠连《七月七日夜咏牛女》诗：“弄杼不成藻，耸辔骛前纵。”皆指新式梭。至于“筘”字，要到唐以后才出现。

“梭”字到晋、南北朝已习见。南朝宋刘敬叔《异苑》卷一：“钓矶山者，陶侃尝钓于此山下水中，得一织梭，还挂壁上。”《太平御览》卷八二五引邓粲《晋书》曰：“谢鲲邻家有美女，鲲挑之女以梭投之，折其两齿。”南朝梁元帝《古意》诗：“停梭还敛色，何时劝使君。”南朝梁简文帝《咏中妇织流黄》：“鸣梭逐动钏，红妆映落晖。”南朝陈徐陵《咏织妇》：“纤纤运玉指，脉脉正蛾眉，振蹑开交缕，停梭续断丝。”到了唐代，连“机杼”一语也往往作“机梭”。唐白居易《朱陈村》诗：“机梭声札札，牛驴走纭纭。”

筘、梭结合的织机

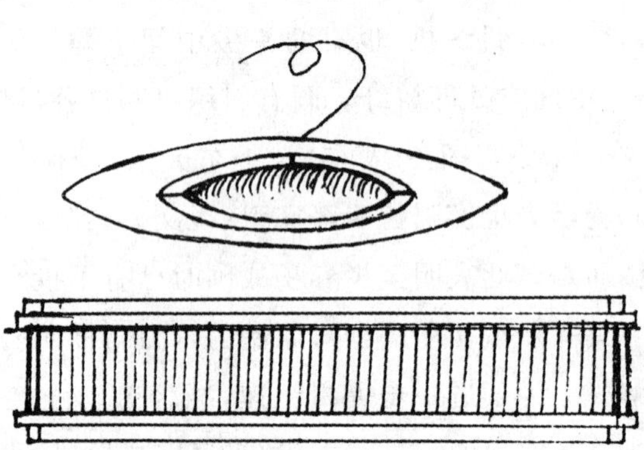

筘与梭子图

参考文献

［1］赵承泽：《中国古代的纺织工具“梱”和“贯”》，《自然科学史研究》1984 年第 1 期。
［2］安徽省文物工作队：《安徽南陵县麻桥东吴墓》，《考古》1984 年第 11 期。
［3］《云南晋宁石寨山出土贮贝器》，《考古》1961 年第 9 期。

54. 编·织·纴(絍)

石器时代先民已知编织。文献中"编"常指编结草苇、竹简之类较简易、粗糙的物品。"织"常指丝织,也可指织细兽毛,或用草苇、竹篾之类编结精细物品。"纴"专指织麻;可指织作,常要与"织"连用。

【同义】

唐玄应《一切经音义》卷二三:"编,织也。"《集韵·平侵》:"纴,织也。"《广韵·平侵》:"纴,织纴。"《庄子·大宗师》:"或编曲。"成玄英疏:"曲,簿也,或编簿织簾。""编、织"同义互用,泛指编结。汉班固《东都赋》:"女修织絍,男务耕耘。""织纴"同义连用,泛指织作。

【辨释】

《汉书·张良传》:"当如是出一编书。"颜师古注:"编,谓联次之也。联简牍以为书,故云一编。"又《贾谊传》:"输之司寇,编之徒官。"颜师古注:"编,次列也。"编者,是将众多的同类物件按一定程序排列、联结一起。社会发展史表明,人类在蒙昧时期的高级阶段,就开始了编结、编织活动。我国,至少旧石器时代晚期已出现了编、织之事。《易·系辞下》称庖牺氏时已"作结绳而为网罟,以佃以渔"。在许多新石器时代遗址出土的陶器上,常有编织物的印痕,表明了编织生产活动的普及。当时,人们用草、苇、竹之类编织日用品和生产用品。如属于新石器时代早期的河姆渡遗址内有一块芦席残片,席纹匀整,结构紧密;在同一时期的昂昂溪和林西遗址出土的陶器上印有竹编器的篮纹、交叉方格纹。半坡、庙底沟等遗址出土的陶器上印有篾席的十字纹、人字纹。属于新石器时代晚期的钱山漾遗址竟出土二百多件竹编器,有人字纹、十字纹与较复杂的菱形纹,器物有竹席、捕鱼器、篓、篮、筐、箕等,更见出技艺之娴熟。该处出土物中,还有一段细长的丝带,由四股合为一条丝缕,捻向为Z,缕丝编织呈人字纹。据纺织史家探究,当时的编织方法,一是平铺式,即将许多待编的线缕,平铺于地,一端固定,按一定纹式要求,将线交叉编织;或用骨针、骨梭,在平铺的线(即经线)中穿行。一是吊挂式,将待编的线缕垂吊于横杆,线缕下端系以重锤,然后按一定纹式要求,甩动相邻或有一定间隔的重锤,使线缕绞结。钱山漾的丝带盖以此法编成。事实表明,原始的杂物编织活动是纺织上织作生产的滥觞。完全用双手而不用织机,按照编草、苇、竹篾之类的方法编麻纻线缕,此是最原始的织作法。《淮南子·氾论》:"伯余之初作衣也,緂麻索缕,手经指挂,其成犹网罗。"("緂",搓麻。)谓黄帝时臣伯余用手搓麻成线缕,又用手编织经纬线,终成网罗似的原始衣料。当然,以手工编织,至多编麻、葛之类粗纤维而成的粗布,却无法编丝成帛。

然而，上古文献中的“编”字不能反映那个时代的编织工艺水平。上古三代，已进入了织机时代，故“编”字都不用于编制纺织品。《说文·糸部》：“编，次简也。”段玉裁注：“以丝次第竹简而排列之曰编。”即以丝绳编连竹简。《左传·昭公二十七年》：“或取一编菅焉。”杜预注：“编菅，苫也。”即将茅菅编为覆屋之苫。《汉书·路温舒传》：“温舒取泽中蒲，截以为牒，编用写书。”《晋书·隐逸传·孙登》：“夏则编草为裳，冬则被发自覆。”《拾遗记》卷三：“佐老子撰《道德经》……写以玉牒，编以金绳，贮以玉函。”《拾遗记》卷六：“任末年十四时，学无常师，……或依林木之下，编茅为庵。”可见，“编”所指对象主要是草苇、竹简之类编织物，而非纺织品。其编织物也非席、网、帘之类较为精细、复杂之物。上述之苫、裳、竹简、书牒，其编织均较为简易、粗糙。

《说文·糸部》：“织，作布帛之总名也。”段玉裁注：“布者，麻缕所成；帛者，丝所成，作之皆谓之织。……经与纬相成曰织。”今俗也以为“织”古今一贯，是制作布帛之总称(《汉语大词典》)。此未得其壶奥。“织”的本义当是制作丝帛，可以说“织”是专为丝的织作而产生的一个专词。其一，从声源看，《说文·糸部》“織(即织)”下出其异体“紅”，盖“式、戠”，音同可通。《说文·木部》：“樴，弋也。”《说文·厂部》：“弋，橜也。”《尔雅·释宫》：“樴谓之杙。”郭璞注：“橜也。”“式”，从弋声，“戠、弋”，上古音同部，故“織、紅”得为一词异体，“織”字当以“紅”取义，于六书为会意。式者，《说文·工部》、《广雅·释诂一》及诸经注，多训为“法”，则会其意指按一定法式将纺线组合。而在各种纺织原料中，丝线的经纬组合最为复杂而高级，最有法式，故其“糸”旁当表示丝线，则可断“织”本义为制作丝帛。其二，从训诂和文献使用看，上古文献中“织”都指制作丝帛。《小尔雅·广服》：“治丝曰织，织缯也。”《诗·大雅·瞻卬》：“妇无公事，休其蚕织。”《礼记·玉藻》：“士不衣织。”郑玄注：“织，染丝织之，士衣染缯也。”《书·禹贡》：“厥篚织贝。”孔传：“织贝，锦绮之属。”(“篚”，筐。)“厥篚织贝”孔颖达疏引郑玄曰：“贝，锦名，《诗》云：‘萋兮斐兮，成是贝锦。’”故织贝是锦名。《孟子·滕文公上》：“(孟子)曰：‘许子必织布然后衣乎？’(陈相)曰：‘否，许子衣褐。’”此历来不得其正解。现一般皆解为“许子一定自己织布才穿衣吗？……许子穿粗麻织成的衣服。”若此实答非所问：问自织否，回答是穿粗麻衣。其实，“布”，一般指麻布，但早期也可指丝纱布。王夫之《四书稗疏·论语》曰：“古之言布者，兼丝、麻、枲、葛而言之。练丝为帛，未练为布，盖今之生丝绢也。《清商曲》有云：‘丝布涩难缝。’则晋宋间犹有丝布之名。”问句谓许子是否自己织丝布(即丝帛)然后穿衣，故下答“衣褐”，即谓不需织丝，(只是)粗麻布披身。唯此，下又就戴素丝冠诘之：“自织之与？”陈相又予否认。上下之“织”，皆指织丝帛，遂文理怡顺，此“织”亦为专指织丝之一例。《说文》训“织”为“作布帛”，可以作为东汉义。盖从东汉起，“织”可用为织作活动泛称。《后汉书·逸民传·梁鸿》：“鸿闻而娉之，女求作布衣麻屦，织作筐缉绩之具。”“织作”，不限于织丝。《张衡传》：“庸织络于四裔兮。”李贤注：“织络，犹经纬往来也。”亦以泛指义喻往来四方。《崔寔传》：“五原土宜麻枲而俗不知织绩。”“绩”，纺麻；“织”，丝织，此泛指编织。但即便东汉以后，“织”仍以指织丝帛为主。汉乐府《上山采蘼芜》：“新人工织缣，故人工织素。”

《孔雀东南飞》："十三教汝织，十四能裁衣。"所织为素："十三能织素。"《晋书·列女传·窦滔妻苏氏》："苏氏思之，织锦为回文旋图诗以赠(窦滔)。"诸"织"者，皆指丝织。

"织"用于职官之称和其他名称。《通典·职官·少府监》："《周礼·天官》典丝掌受文织采组焉。染人掌染线帛。秦置平准令，汉因之，及主物价练染。初，少府属官有东织、西织，成帝省东织，更名西织为织室。北齐中，尚方领泾州、雍州丝局，定州䌷(绸)绫局丞。后周有司织下大夫。隋有司织、司染二署，炀帝合为织染一署，令掌织缨组绶绫锦冠帻并染色等。大唐因之。"按，唐织染署设令一人正八品上，丞二人正九品上。可见从上古至唐，司织之官皆主织丝帛之事。又有织品曰织成(即"绒")者，是汉代从锦分化而成，在经纬交织中加以彩纬挖花的实用装饰织物，主要是丝织品，个别以细毛织之。曹操《遗杨彪书》："并遗足下贵室……织成靴一量。"《后汉书·舆服志下》："衣裳玉佩备章采，乘舆(指天子)、刺史、公侯、九卿以下皆织成，陈留襄邑献之。"魏、晋后此品物更盛。唐杜甫《太子张舍人遗织成缛段》诗："客从西北来，遗我翠织成。"又，古代许多记述纺、织、染、整技术的专书，于织作往往主要述丝帛。璹所撰《耕织图》，是我国关于耕织方面最早以诗配图的一本图册，于织事只述自浴蚕至剪帛的丝织二十四事，并为之图，而不涉棉、毛、麻之纺织事宜。今有的专著不解"织"之义用，往往讥其述之偏。须知，楼氏正谙"织"之本用，其书名实正相副。

"织"虽以织丝帛为主，但扩大之，也可指称织细兽毛。《史记·夏本纪》："熊、罴、狐狸、织皮。"裴骃集解引孔安国曰："织皮，今罽也。"罽是细毛织物。上所举织成，其中也有毛织物。盖织细毛甚精致，类于织丝。再扩大之，可指称编织非纺织品的精细之物。《孟子·滕文公下》："彼身织屦，妻辟纑。"《滕文公上》："其徒数十人，皆衣褐，捆屦织席以为食。"《后汉书·李恂传》："独与诸生织席自给。"《三国志·蜀志·先主传》："先主少孤，与母贩履织席为业。"《南齐书·高逸传·沈驎士》："驎士少好学，家贫，织帘诵书，口手不息。"《拾遗记》卷一："冀州之西二万里，有孝养之国，其俗人年三百岁，而织茅为衣。"此与上引《拾遗记》卷六"编茅为庵"可对比：彼作茅苫盖庵屋，草作短裳，较粗，故用"编"；此作衣较细，故称"织"。至此可悟为何"编席"之类在早期文献无见。要之，"织"本指丝织；相当长时期内，主要指丝织，引申指织细兽毛和编结种种精细物。"织"与"编"，大要在精粗之别。草、苇、竹篾之类的精细编织物称"编"，不称"织"，盖也是中古后之事。

《说文·糸部》："纴，机缕也。"指可上机织布帛的经纬线。《礼记·内则》："织纴组紃。"孔颖达疏："纴为缯帛。"皆未确。按，"纴"，或作"紝"，其初文为"壬"。林义光曰："壬即滕之古文，机持经者也，象形。滕(蒸韵)壬(侵韵)，双声旁转，故《礼记》戴胜(戴首者鸟首，省文似滕，胜即滕借字)，《尔雅》作戴鵀，亦作戴紝(见《释文》)。巠为经之古文，古作坙，正象滕持经形，从壬。"(《文源》卷一)按，林氏谓"壬"原指原始织机中缠卷经线的轴。以此表示整个织机，即为本义，名词。《战国策·秦策一》："(苏秦)资用乏绝，去秦而归……妻不下紝，嫂不为炊。""下紝"，犹下机。引申为动词，织作麻布。盖原始织机甚粗陋，只能用以织麻葛。作动词，遂为织麻之专称。常要附于"织"而连用。《左传·成公二年》："楚侵及阳桥，孟孙请往赂之，以执斫、执针、织纴，皆百人。”杜预注：“织纴，织缯布者。”织制缯帛，纴制麻布。《墨子·非攻下》：“妇人不暇纺绩织纴。”《汉书·严助传》：“男子不得耕稼种树，妇人不得纺绩织紝。”颜师古注：“机缕曰紝。”非是。“纺”指纺丝，“绩”指纺麻，合而泛指纺；“织”指织丝，“纴”指织麻，合而泛指织。四者正可概括妇人纺织之事。下例两句“不得”之后皆为二二同义连用。（上句中“树”亦种植义。）若解“纴”为机缕或缯帛，颇为不词。又可作“纴织”。《北史·萧大圜传》：“侍儿五三，可充紝织；家僮数四，足代耕耘。”“纴织”与“耕耘”对文，二者皆为同义连用：前者，麻织、丝织，泛指织作；后者，耕种、除草，泛指耕作。扩大之，“纴”或也可泛指织事，不专指织麻。《礼记·内则》：“女子十年不出，治丝茧，织纴组紃。”孔颖达疏：“组紃俱为絛也。”按，缯帛之薄阔者为组，圆者为紃，狭者为絛。此句“纴”，泛指织，实指织丝。《列女传·贤明·楚接舆之妻传》：“夫负釜甑，妻戴纴器，变名易姓而远徙，莫知所之。”此也泛称织布帛之具。

“织、纴”之重丝略麻，折射出丝绸之国灿烂的文明之光。在纺织生产中，丝织物的织作技术要求最高。上古时，我国就居世界领先地位，产品最为丰富（见丝织品诸条）。早在周代，已有织锦。可见，其丝织机上已有先进的提花装置。丝织品还出现了经二重、纬二重组织，三重经、纬组织之类复杂组织，绞纱组织（即平行纬纱与扭绞之经纱相织），可见已有了腰机多综挑花、绞经机构。西汉时，在脚踏提综开口斜织机的基础上发展成多综多蹑机，其尤者为一百二十综蹑的绫锦提花织机。三国时，马钧又简化，改进为十二综十二蹑，使工效倍增，所织提花绸，图案花型对称而有变化。经唐、宋几代的进一步提高而定型，南宋楼璹的《耕织图》上即绘有此种大型提花机：有双经轴和十片综，上层有挽花工，下层有织花工，上下配合织造丝绸的复杂绚丽的花纹。这是世界上最早、结构最完整的丝绸提花机。此外，制作丝绸绞经织物的罗织机，制作绅、组、絛等丝带的栏杆机，也是织机中的重要门类。正是历史悠久、不断完善的众多先进丝织机，织作出了誉冠全球的中国丝绸。“织”、“纴”二词重丝略麻的义用特点，正是我国纺织生产中丝织物织作技术的先进水平和伟大成就的一个映象。

参考文献

[1] 陈维稷：《中国纺织科学技术史·古代部分》，科学出版社，1984 年 4 月。
[2] 中国社科院考古研究所：《新中国的考古发现和研究》，文物出版社，1984 年 5 月。
[3] 张保丰：《中国丝绸史稿》，学林出版社，1989 年 9 月。
[4] 李仁溥：《中国古代纺织史稿》，岳麓书社，1983 年 7 月。

55. 表·臬(槷)·中

测日仪，商代称“中”，书面文献中多用指天道、皇帝、京城等义，构成帝王义系。后通称为“表”，即圭表。“臬”则主要用于测地界、定方位。

【同义】

“表、臬、中”皆是测日仪——日表之称。

【辨释】

“表”的本义今多据《说文》作“上衣”。此与测日仪毫无关系。《说文·衣部》：“表，上衣也，从衣毛。古者衣裘，故以毛为表。”此说解前后龃龉：前说“表”是上衣，后却说“表”是毛。并且“从衣毛”怎么会出“上衣”之意呢？惟其难解，故朱骏声遂将末句改作“以毛为里”（《说文通训定声·小部》“表”字），段玉裁干脆将说解“古者衣裘”以下作后人增衍，全删（见《说文解字注》）。段删无据，朱改字也不可通，因为古时衣裘总是毛在外，即今亦然。其实，今本《说文》“上衣”乃是流传中误倒，原本当作“衣上”。简论数端：

一、从小徐本看。二徐是今所见《说文》最早的传人，但二徐本也非他们的原本。徐锴《说文解字系传·衣部》：“表，上衣。古者衣裘，故以毛为表。臣锴曰：古以皮为裘，毛皆在外，故以毛为表会意。”按，小徐所注原本当作“衣上”。盖小徐度宋时读者对许书说解之“上”与下“古者”二句之“裘”有所不解，故“臣锴曰”下特注出“裘”指皮衣，“上”指毛在外，是外之意。若小徐所见是“上衣”，与下“古者”二句风马牛，“臣锴曰”岂得不注？

二、从方位词在说解中的使用看。虽也有在名词前，或作动词，如“顿，下首也”之属；或作修饰语，如“褺，下裳也”，“常，下帬也，常或从衣”，但多数用于名词后。如“跖，足下也”，“臂，手上也”，“胳，亦下也”，“袑，袴上也”。可见“某(之)＋方位词”之类训式并不乏见。故“衣上”之训式亦属习见。

三、从反义词说解看。《说文》中凡反义词的说解一般都采用对称语句，特别是同部相连接的反义词，对称性更强。如“上，高也”，“下，底也”，“呼，外息也”，“吸，内息也”，“姊，女兄也”，“妹，女弟也”。今《说文·衣部》“表”后紧接反义词“裏(里)”，训“衣内也”，则前“表”之“上衣”二字必作“衣上也”。“衣上”犹衣之外，“衣内”与“衣上”遂成反义词相对句式。若是“上衣也”，则与“衣内”构不成相对句式。

四、从说解的整体连贯性看。《说文》说解凡引经、引通人说、引方言等都是为证说解明本义，不会无的放矢，前后不相干。本条“古者”二句正是以古衣俗证明“衣上也”。如作“上衣”，则无法与下二句贯通，故朱、段等《说文》大家苦“通”犹不得通(见前)。而作“衣上”则可与下"古者"二句相协，而为一体。盖先训"衣上"，后以古衣俗分别解"衣"与"上"。

由此可见，今本《说文》"表"的说解原必非"上衣"，而是"衣上"。所谓"衣上"者，即谓裘衣之上，指裘衣上的毛。因此，"表"的本义不是"上衣"，而当是：裘衣上的毛。

"表"之此本义上古文献中偶也有见。但由于一直埋于尘封，故每被人误解。《庄子·让王》："曾子居卫，缊袍无表，颜色肿哙，手足胼胝。"此"表" 郭庆藩集释解为"表里"之表，即外表；今《汉语大词典》"表"字首义："衣服的外层；外衣。"首条书证即是《庄子》此例，此实不可通：用乱麻团做袍芯，若无外层面子，团团乱麻必将散出，已非缊袍。其实，"无表"非指无外层，正是指皮面上无毛，盖手足胼胝每自力作，日久必将外毛磨损殆尽。此"表"是表其本义的极佳书证。

由此"表"的本义，其词义系统豁然可解。盖皮衣上的毛，是衣的外面，又是一根根直立物，于是"表"的词义系统从此二义素引申为"外"系和"直立物"系。《急就篇》卷二："袍襦表裹曲领裹。"颜师古注："衣外曰表，内曰裹。"引申为外义，凡外之称。玄应《一切经音义》卷二引《三苍》曰："表，外也。"用于亲属称谓，是与直系亲属相对的外系亲属，如表哥、表弟、表侄、表叔等。标明义、表述义、仪表义等，皆属此义系，不赘。毛是裘衣上的细小直立物，起标识作用。于是可喻称大地上许多细长的直立物——华表、旌表、碑表、墓表、界表、阡表等，它们都是大地上的一根根"毛"。如《周礼·夏官·大司马》："虞人莱所田之野为表，百步则一，为三表，又五十步为一表。"此谓界表。《汉书·游侠传·原涉》："京兆尹曹氏葬茂陵，民谓其道为京兆仟，涉（原涉）慕之，乃买地开道，立表署曰南阳仟。"此谓仟（阡）表。南朝梁任昉《为卞彬谢脩卞忠贞墓启》："遂使碑表芜灭，丘树荒毁。"《文选·蔡邕〈郭有道碑文〉》："望形表而影附，聆嘉声而响和。"此亦谓碑表。《南史·陈宣帝纪》："太建九年，秋七月……庚辰，大雨，震万安陵华表。"当然，"表"也可喻指测量日影的天文仪器影表，即测日仪。《淮南子·本经》："天地之大，可以矩表识也。"高诱注："表，影表。"《史记·司马穰苴列传》："穰苴先驰至军，立表下漏待贾。"司马贞索隐："立表，谓立木为表以视日景。""下漏"，即通过漏壶水滴下流以计时的仪器。又《平津侯主父偃列传》："未有树直表而得曲影者也。"《淮南子·本经》："天地之大，可以矩表识也。"高诱注："表，影表。""表"，是古代测日仪的通称。利用立表见影的原理，测太阳周日视运动，即一日中的时间和方向，便形成日晷。应当起始最早，但今所见日晷是汉代的遗物。1932 年洛阳金村古墓出土日晷仪，石质，表针高 3 厘米，晷面是 27—28 厘米的正方形，中心有孔，画 69 条辐射线。标杆据研究是秦末汉初之器物，可测方向和一日之时间。1987 年内蒙古呼和浩特托克托出土日晷仪，其形制、用途与金村的遗物相同。都是我国早期日晷的见证。

测日之表，从周代到元代郭守敬之前，常取中人八尺的高度，立铜、石、木之杆，与之成直角平放于地者是圭，以玉、铜、石制，上标刻度以量度影长。《汉书·天文志》："光道。……夏至至于东井，北近极，故晷短，立八尺之表而晷景长尺五寸八分。"《隋书·天文志上》："梁天监中，祖暅造八尺铜表，其下与圭相连。"合称为"圭表"。《宋史·律历志九》曾总结南朝宋何

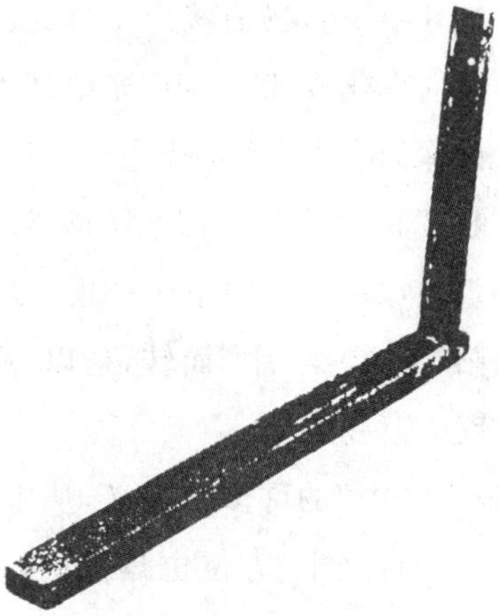
东汉铜圭表

承天至宋皇祐间使用圭表的情况，并断曰："定时考闰，莫近于圭表。"表基正北方向平放，一天中午的表影最直而清楚，故连续观察每天正午的日影，就可得出：最长的表影，即是冬至；最短的表影，即是夏至；长短的中点是春分、秋分。知二分二至（春分、秋分，夏至、冬至），一年的其他节气也从而可分，遂可探知太阳周年视运动。若连续几年观测，便可求得一回归年的精确长度。元初杰出的天文学家郭守敬使用圭表还创造了测日的世界纪录。他首创 40 尺高表，配以 120 尺石圭，又改进读数装置，运用针孔成像的原理，发明影符和窥几，提高日影清晰度，由此测得一回归年长度为 365.2425 日，与今通用的公历格里历相同，而早于它三个世纪，成为世界天文史上的一个奇迹。表还可以观测太阳的周日视运动，据表影的正斜长短，定出白天的时间：将受影之圭扩至一个大平面，以受一日之影，遂成日晷。南宋王应麟《小学绀珠》列为四种计时器之一的日晷就名为"圭表"。总之，表（附圭）是通过日影来观测太阳周年和周日视运动的古老的天文仪器。

《说文·木部》："臬，射准的也。""准的"就是目标、准眼，故引申指表柱，也是一根插到地上可测日影的表杆。但它主要用来测地界、定方位。《周礼·考工记·匠人》："置槷以县，眂（视）以景。"郑玄注："槷，古文臬，假借字。于所平之地中央，树八尺之臬，以县正之。眂（视）之以其景，将以正四方也。"孙诒让正义："臬即《大司徒》测景之表。"句下又曰："为规，识日出之景与日入之景……以正朝夕。"（"朝夕"，东方、西方。）东汉王粲《游海赋》："其深不测，其广无臬。"以臬测向的方法是：平地中立一杆，上挂八索，若绳索皆贴杆，表明柱正直；然后在日出、日入时观看柱子影长，其两端连接线的中点与"臬"的入地点相连，便是正南北方，由南北而可知东西（据贾公彦疏）。臬之此用法，后代也有。南朝梁陆倕《石阙铭》："乃命审曲之官，选明中之士，陈圭置臬，瞻星揆地。"（"揆"，度。）句中所言，也是定方位，而不是定年月。《元史·天文志一》："凡欲正四方，置案平地，注水于渠，眂平，乃植臬于中，自臬景西入外规，即识以墨影，少移，辄识之。每规皆然，至东出外规而止。"由上可知，臬乃是借日光来测定方位的专用工具。

"中"的本义，一直众说纷纭，或谓旌旗，或谓箭靶子，或谓钱贯，或谓建鼓等，五花八门。近年来，有的学者论证了它就是早期古老的天文仪器表杆（参萧良琼文），诚确。今可进而补充：此是商代的测日仪兼测风仪。盖"中"字当中的一竖是表杆，扁口是量影圭；甲骨文"中"字一类同于今字，另一类上下有数条飘带，作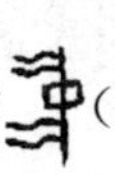（续四、七、一）等形，此飘带即是测风的标志。这一本义在甲骨文中见于不少的"立中"辞例。文献中也有遗迹可寻，为今辞书所未载：《论语·尧曰》："尧曰：'咨！尔舜！天之历数在尔躬，允执其中，四海困穷，天禄永终。'""允执其中”句，杨伯峻译作“诚实保持着那正确吧”(《论语译注》)，未洽。按，“历数”，即规律，天道的变化规律。“中”即用其本义。尧语之意：认真地掌握你的测日之表，天道的变化规律就在你的身上。《大戴礼记·五帝德》：“(颛顼)执中而获天下。日月所照，风雨所至，莫不从顺。”其“中”亦用同。汉扬雄《太玄经·周》：“植中枢，周无隅。测曰：植中枢，立督虑也。”范望注：“正午为中枢……虑，度也；督，正也，运以正度也。”按，“中枢”，以门户绕枢而转，喻太阳(天道)绕“中”而转，是以“中”与“枢”义同。其句意谓：立了中与枢，可使万物无所不同，以度知万物之变。

“中”的许多常用义，从中间义申发，而中间义正是从日中测影而来。盖测影在中午，时值一日之中；方位也是正南，是东西之中。“日中，出南也。”此是《墨子·经上》的一个著名命题。

此外，“中”还有一些为今诸辞书未载的引申义。一、由测日仪引申为天道、日道，再引申为掌握天道的人——君王、帝王，代称帝王。《春秋·成公九年》、《定公六年》两言“城中城”(前一“城”，筑。)，杜预注以“中城”为鲁邑名，清江永《春秋地理考实》则以为指国城的城中之城，即皇城。江说是。此“中”即指君王，“中城”者，君王之城。大量用于官名，侍中、中常侍、中涓、中贵人，等等，均指皇帝身边诸官，“中”指帝王。三国魏曹植《赠丁翼》诗：“嘉宾填城阙，丰膳出中厨。”“中厨”，犹皇厨。唐杜甫《北征》诗：“不闻夏殷衰，中自诛褒(一作妹)妲。”(“褒妲”，周幽王宠妃褒姒，殷纣王宠妃妲己。此也包括夏桀妃妹喜，上下句互文足意。)意谓：由于唐玄宗亲自诛了杨玉环，故唐王朝没有像殷周那样衰亡。此“中”即指皇帝唐玄宗。二、指帝王所居——京城。《史记·淮阴侯列传》：“吾为公从中起，天下可图也。”“从中起”，“中”指京城，指从京城内应。“中都”亦可指京都。三、身体。圭表与人同，高八尺(见前)，故“中”有身义。《国语·楚语上》：“余左执鬼中。”韦昭注：“中，身也。”“中”的所有上举引申义，表明“中”有帝王义系；也可证明“中”的本义必为测日仪。若作靶子、旗鼓等义，则上述引申义系均不可“一以贯之”矣。

由上可见，“中”是商代的测日仪兼测风仪之称。在书面文献中，作为测日仪之称，常用在政治、哲理色彩较浓的场合。

参考文献

[1] 萧良琼：《卜辞中的“立中”与商代的圭表测景》，载《科技史文集》第10辑，上海科技出版社，1983年4月。
[2]《中国天文学史》整理研究小组：《中国天文学史》，科学出版社，1987年6月。
[3] 姜亮夫：《“中”形形体及其语音衍变之研究》，《杭州大学学报》1984年增刊。
[4] 田树生：《释中》，《殷都学刊》1991年第2期。
[5] 郭盛炽：《中国古代的计时科学》，科学出版社，1988年8月。
[6] 黄金贵、李艳：《〈说文〉本字本义考》，载《礼学与中国传统文化》，中华书局，2006年12月。

56. 夙(宿)·晨(辰)·旦·朝(鼌、晁)·早(蚤)

早晨,“夙”最早;又作早的常称。夙后是“晨”。晨后是“旦”,昼之始,常包括日出前后的一段时间。旦后是“朝”。“早”,早晨的浑称;口语中早的常称。

【同义】

《说文·日部》:“早,晨也。”《玉篇·日部》:“旦,朝也。”《楚辞·九章·哀郢》:“甲之鼌吾以行。”王逸注:“鼌,旦也。”《仪礼·士昏礼》“夙兴”郑玄注:“夙,早也。”《尔雅·释诂下》:“朝、旦、夙、晨……早也。”诸词皆可与反义词“夜、夕、暮、晚、昏”反义对举。《战国策·齐策六》:“其母曰:‘女朝出而晚来,则吾倚门而望。’”晋潘岳《怀旧赋》:“晨风凄以激冷,夕雪暠以掩路。”(“暠”,明亮。)北朝乐府民歌《木兰辞》:“旦辞黄河去,暮宿黑山头。”《孔雀东南飞》:“阿母为汝求,便复在旦夕。”唐白居易《宿紫阁山北村》诗:“晨游紫阁峰,暮宿山下村。”皮日休《贱贡士》诗:“到京未晨旦,一一见天子。”杜甫《与任城许主簿游南池》诗:“晨朝降白露,遥忆旧青毡。”末二例“晨旦、晨朝”皆同义连用,泛指早晨。

【辨释】

“夙”,《说文·夕部》作“殂”,训:“早敬也,从丮夕,持事虽夕不休,早敬者也。”“丮”,持,握持。段玉裁注:“抑夕者,夜之通称,未旦而执事有恪,故字从丮夕欤?”按,说解释义不误,解形未允。胡小石析其甲骨文字形曰:“象人执事于月下,侵月而起,故其谊为早。”(胡小石《说文古文考》)至金文作(利簋),与甲骨文同义。胡说是。“夙”,或作“宿”,其最常对举的反义词是“夜”,古籍中,“夙兴夜寐”(《诗·卫风·氓》),“夙夜在公”(《诗·召南·采蘩》),“夙夜基命宥密”(《国语·周语下》),不一而足。“夜”是一天最迟的时区(人定之后即夜半),则“夙”当为早晨之最早时段,先于晨。《汉书·董仲舒传》:“朕夙寤晨兴,惟前帝王之宪。”“兴”,起。先觉寤而后兴起,故夙早于晨。从时段说,一天的最早时段是鸡鸣,鸡鸣有三,三鸣时,东方已吐鱼肚白,故夙大致是鸡初鸣、二鸣之时,即约今凌晨三四点、星光闪烁之际。《诗·鄘风·定之方中》:“星言夙驾,说于桑田。”(“说”,通“税”,止。)唯其最早,故汉代起,引申为早义。《后汉书·郎顗传》:“此诚臣顗区区之愿,夙夜梦寤,尽心所计。”汉张衡《思玄赋》:“戒庶寮以夙会兮。”《后汉书·袁术传》:“又闻幼主明智聪敏,有夙成之德。”李贤注:“夙,早也。”《三国志·吴志·薛综传》:“今日交州虽名初定,尚有高凉宿贼。”“宿贼”,积久恶为贼者。晋李密《陈情表》:“臣以险衅,夙遭闵凶。”唐韩愈《送惠师》诗:“吾闻九嶷好,夙志今欲伸。”宋文天祥《正气歌》:“哲人日已远,典刑在夙昔。”“夙”的此义是文言书面语中早的常称。

“曟”，《说文·晶部》训“房星，为民田时者”。此是东方苍龙七宿之一星。而早晨义作“晨”，为部首，训：“早昧爽也，从臼辰，会意，辰，时也，辰亦声。”段玉裁注：“昧爽，旦明也。《文王世子注》曰：‘早昧爽，击鼓以召众。’亦三字累言之。《左传·僖公五年》正义解《说文》谓夜将旦，鸡鸣时也。”按，“昧”，昏暗；“爽”，明。明暗之交，即俗称天蒙蒙亮；将旦而鸡鸣，即鸡三鸣近旦之时。“晨”，或作“辰”。《诗·齐风·东方未明》：“不能辰夜，不夙则莫。”“晨”，其最常用作对举的反义词为“昏”。《礼记·曲礼上》：“昏定而晨省。”（“省”，问安。）《文选·任昉〈上萧太傅固谢夺礼启〉》：“限役废晨昏之半。”按，天文学上将日出前和日没后天空发亮的现象称为晨昏朦影，皆以地平线下 6°为界。其时，日虽在地平线下 6°，因高层空气的反射作用，光线一部分返照于地面，使地面有辨认人和物的微光，天文学上称为民用晨光或昏影。从晨而言，其时天空已微亮，东方天空还有正在隐没的稀少星点，成语云“寥若晨星”。《书·太甲上》：“先王昧爽丕显，坐以待旦。”可见晨在旦前，又近乎旦。《左传·宣公二年》：“（麑）晨往，寝门闢矣，盛服将朝，尚早，坐而假寐。”上朝在日出之后，则晨必在日出之前。三国魏阮籍《咏怀》诗之十三：“晨鸡鸣高树，命驾起旋归。”晋陶潜《归去来兮辞》：“问征夫以前路，恨晨光之熹微。”南朝齐谢朓《京路夜发》诗：“晓星正寥落，晨光复泱漭。”（“泱漭”，垂云貌。）唐韦应物《酬元伟过洛阳夜燕》诗：“晨装复当行，寥落星已稀。”诸诗皆可反映晨的时间特征。要之，“晨”专指夙之后、旦之前月落星稀、天蒙蒙亮的一段时间。

晨后是旦。“旦”，其字为指事，像太阳出地平线之状，所指为较短的瞬间。但瞬间成不了时段，而且由于大气折射和漫射，在见到太阳出地平线前，已有一些阳光射到地面，故在天文上，以昼夜百刻的刻漏计时，大体是先秦以日出前三刻为旦，汉代起为二刻半，所谓“日未出前二刻半而明”（《隋书·天文志上》），直至明末均如此。日出地平线后一些时间，称“平旦”，又称“旦明”。《孟子·告子上》：“平旦之气。”《淮南子·天文》：“至于曲阿，是谓旦明。”高诱注：“（旦明，）平旦。”日再高一些，谓之“平明”，天大亮。《史记·留侯世家》：“后五日平明，与我会此。”《汉书·灌夫传》：“婴与夫人益市牛酒，夜洒扫张具至旦。平明，令门下候司（伺）。”在文献使用中，“旦”往往合指旦前二刻半左右与旦后的平旦、平明一长时区。《后汉书·齐武王縯传》：“使长安中官署及天下乡亭皆画伯升像于塾，旦起射之。”《南齐书·高帝纪上》：“卿烟玉露，旦夕扬藻。”唐柳宗元《种树郭橐驼传》：“旦视而暮抚，已去而复顾。”再延伸之，可指朝。《管子·小匡》：“旦昔从事于此。”“旦昔”，犹朝夕。《后汉书·坚镡传》：“镡与建义大将军朱祐乘朝而入，与鲔大战武库下，杀伤甚众，至旦食乃罢。”“旦食”，犹朝食。由于旦是昼日之始，故还可扩大指白昼。汉蔡琰《悲愤诗》之一：“旦则号泣行，夜则悲吟生。”日出的特点是明亮。《说文·旦部》：“旦，明也。”《战国策·齐策一》：“旦日，客从外来，与坐谈，问之客曰：‘吾与徐公孰美？’”《汉书·高帝纪上》：“于是飨士，旦日合战。”颜师古注：“旦日，明旦也。”《韩诗外传》卷二：“庄王旦朝，以樊姬之言告沈令尹。”“旦朝”，明朝。由此可见，“旦”之指称时间，最为灵活，但以指称日出地平线前后为常。

旦后是朝，“朝”，或作“鼂”、“晁”。《汉书·严助传》：“边境之民为之早闭晏开，鼂不及夕。”《文选·马融〈长笛赋〉》：“山鸡晨群，野雉朝雊。”（“雊”，雉鸣。）《文选·司马相如〈上林赋〉》：“晁采琬琰。”（五臣作“朝”。）或浑释其义为“早”，或释同“旦”义，皆未确。“朝”之本用，指从太阳出地平线的旦时到食时一段时间（秦汉人“食时”约当今八九点）。《尚书大传》卷二：“日之朝。”郑玄注：“平旦至食时为日之朝。”《诗·鄘风·蝃蝀》：“朝隮于西，崇朝其雨。”（“隮”，升。）毛传：“崇，终也。从旦至食时为终朝。”“朝”与“夕”反义相对。《尔雅·释山》：“山西曰夕阳，山东曰朝阳。”然则“朝”所指时段是朝食前天大亮，太阳在东方而尚未到高空之时。《诗·大雅·卷阿》：“梧桐生矣，于彼朝阳。”毛传：“山东曰朝阳。”孔颖达疏引孙炎曰：“朝，先见日也。”《文选·陆机〈日出东南隅行〉》：“扶桑升朝晖，照此高台端。”《魏书·崔光传》：“节夜饮之忻，强朝御之膳。”唐李白《赠黄山胡公求白鹇》诗：“夜栖寒月静，朝步落花间。”朝之时段正是古人上早朝之时。汉班固《白虎通·朝聘》：“朝者见也……因用（以）朝时见，故谓之朝。”即引申为朝见义。古代朝见很广，诸侯见天子，臣见君，子见父母，甚至同辈的拜见，均可敬称“朝”。

“早”或假借“蚤”，与“晚”、“夜”反义相对，是形容词。《史记·齐悼惠王世家》：“及魏勃少时，欲求见齐相曹参，家贫无以自通，乃常独早夜扫齐相舍人门外。”此“早”指在人们起床之前，当在夙之时。《汉书·韩延寿传》：“今旦明府早驾，久驻未出。”唐李白《扶风豪士歌》：“东方日出啼早鸦，城门人开扫落花。”白居易《长恨歌》：“春宵苦短日高起，从此君王不早朝。”此也谓朝时。《淮南子·天文》：“至于曾泉，是谓蚤食。”“蚤食”，朝食。当然，也可浑泛而指整个从夙至朝结束的时区。《墨子·尚贤中》：“贤者之治邑也，蚤（早）出莫（暮）入。”甚至全然浑指，不能指实为某一时段，为“夙、晨、旦、朝”诸词的通训。唐李白《白云歌送友人》诗：“水上女罗衣白云，早卧早行君早起。”汉王充《论衡·偶会》：“丈夫有短寿之相，娶必得早寡之妻。”其例不胜枚举，与今用同。然则“早”，是早晨的浑称；口语中早（迟晚之反）的常称。

参考文献

[1]《中国天文学史》整理研究小组：《中国天文学史》，科学出版社，1987年6月。
[2] 华同旭：《中国漏刻》，安徽科技出版社，1991年2月。

57. 夕·暮(莫)·昏·晚·夜

夜晚,“夕”是太阳西斜时。夕后是“暮”。暮后是“昏”,即黄昏。“夜”,狭义只指由人定(晚八九点)至翌日鸡鸣前此五六小时。“晚”本迟缓义,汉代起可浑称夜晚。

【同义】

《诗·魏风·陟岵》:“夙夜无已。”郑玄笺:“夜,莫也。”“莫”是“暮”的本字。《广雅·释诂四上》:“暮,夜也。”《释诂五上》:“夜,暮也。”《说文·夕部》:“夕,莫也。”《日部》:“晚,莫也。”汉王充《论衡·明雩》:“暮者晚也。”《礼记·文王世子》“朝夕”陆德明释文:“暮旦夕。”诸词常与其反义词“夙、晨、旦、朝”对举(参第56条),泛指夜晚。《孟子·尽心上》:“昏暮叩人之门户,求水火,无弗与者。”《三国志·魏志·管辂传》:“军尸流血,污染丘山,故因昏夕,多有怪形也。”《汉书·张禹传》:“铿锵极乐,昏夜乃罢。”“昏暮”、“昏夜”、“昏夕”,皆同义连用,泛指夜晚。

【辨释】

“夕”,一般解其朔义为日入、暮、夜晚。《说文·夕部》:“夕,莫也。”段玉裁注:“日且冥而月且生矣,故字从月半见。”皆非确解。甲骨文“夕”与“月”均是半月形,从字形无法别其义;于暮,亦当求同中之异。按,“夕”字有西义。《尔雅·释山》:“山西曰夕阳。”《诗·大雅·公刘》:“度其夕阳。”毛传同。《广雅·释诂二下》:“夕,斜也。”王念孙疏证:“西、斜、夕,一声之转,故日斜日西总谓之夕。”《书·武成》“大告武成”孔颖达疏引李巡曰:“山西暮乃见日,故曰夕阳。”此称“暮”,不洽,当为“晡”。汉晋时有士人饯别之胜处曰夕阳亭,即在洛阳城西。向西也谓之“夕”。《周礼·秋官·司仪》:“凡行人之仪,不朝不夕。不正其主面,亦不背客。”郑玄注:“不正东向,不正西向。”故据其字义和早期文献,可以推断其本义当是日、月见西方,即是初二、初三之时。唐白居易《暮江吟》:“一道残阳铺水中,半江瑟瑟半江红。可怜九月初三夜,露似真珠月似弓。”白诗,按口语用法将“夕”与夜、暮通称,但对“夕”无疑作了真实描写。其时,日、月皆见西方。再引申指一天斜阳西下的一段时间。晋李密《陈情表》:“但以刘日薄西山,气息奄奄,人命危浅,朝不虑夕。”南朝梁元帝《龟兆名》诗:“百枝凝夕焰,却月隐高城。”南朝梁何逊《夕望江桥》诗:“夕鸟已西度,残霞亦半消。”《晋书·慕容德载记》:“三河猛士,奋剑与夕火争光。”凡此,皆是对“山西曰夕阳”的生动表述。用时段概念说,夕是晡时至日入之间,当属于“昼”的范畴。但是,“暮”与“夕”时域相接,故“夕”也可扩指暮时。《左传·成公十二年》:“百官承事,朝而不夕。”孔颖达疏:“莫(暮)见君谓之夕。”南朝梁简文帝《与刘孝绰书》:“夕鸟归林,悬孤帆而未息。”此分明亦在暮色苍茫之时。指夜时。《晏子春秋·杂下》:“夕者吾梦与二日斗,而寡人不胜,我其死乎?”宋苏洵《六国论》:“今日割五城,明日割十城,然后得一夕安寝。”然不能因此误为是“夕”的本用。

“暮”,《说文·茻部》作“莫”,曰:“日且冥也,从日在茻(即莽)中。”《玉篇·日部》:“暮,日入也。”即太阳刚掩落于草丛之中。其时太阳已落山,地面光线暗淡,但天尚不黑,按时段,相当于日入到黄昏时,即天文学上所称的昏时朦影,古代则指日落后三刻或二刻半内(见下)。《管子·弟子职》:“暮食复礼,昏将举火。”南朝梁简文帝《有所伤》诗之二:“寂寂暮檐响,黯黯垂帘色。”唐王勃《秋日别王长史》诗:“野色笼寒雾,山光敛暮烟。”杜甫《石壕吏》诗:“暮投石壕村,有吏夜捉人。”清方苞《狱中杂记》:“每薄暮下管键,矢溺皆闭其中。”“薄暮”,即迫暮。其时“下管键”,正表明狱中的昼夜交替。暮可延伸指夜间。唐刘长卿《代边将有怀》诗:“暮笳吹塞月,晓甲带胡霜。”杜甫《秋兴》诗之一:“寒衣处处催刀尺,白帝城高急暮砧。”凡此,当指黄昏、人定之时。《诗·齐风·东方未明》:“不能辰夜,不夙则莫。”意不分清晨和深夜,不是起早,就是睡晚。“莫”与“夙”相对,指夜晚入寝之时。《毛传》:“夙,早;莫,晚也。”孔颖达疏:“暮与早对,故为晚。”

汉扬雄《太玄经·装》:“装于昏。”谓整装避祸于昏昧之时。《文选·陆倕〈新刻漏铭〉》:“夫自天观象,昏旦之刻未分。”李善注引《五经要义》曰:“昏,闇也,日入后漏三刻为昏。”按,与“旦”相似,先秦以日没后三刻为昏,到汉代改为二刻半,直沿用到明末。而日落三刻或二刻半内属于狭义的暮。日入三刻后至人定(相当于晚八、九点)为昏时,其时暮色更为昏暗,故《说文·日部》曰:“昏,日冥也。”《史记·乐书》:“以昏时夜祠,到明而终。”《文选·谢惠连〈雪赋〉》:“岁将暮,时既昏。”李善注:“昏,冥也。”唐杜甫《野望》诗:“独鹤归何晚,昏鸦已满林。”“昏”或称“黄昏”。《楚辞·离骚》:“曰黄昏以为期兮,羌中道而改路。”乐府诗《孔雀东南飞》:“奄奄黄昏后,寂寂人定初。”“奄奄”,即“晻晻”,昏暗貌。宋林逋《山园小梅》诗之一:“疏影横斜水清浅,暗香浮动月黄昏。”昏、黄昏,可以上赅暮时。唐李商隐《登乐游原》诗:“夕阳无限好,只是近黄昏。”此黄昏接夕之后。也可以下延连人定时段而称,即泛指夜晚。《三国志·吴志·吴主权潘夫人传》:“诸宫人伺其昏卧,共缢杀之。”“昏卧”,夜卧。唐杜甫《九日寄岑参》诗:“沈吟坐西轩,饮食错昏昼。”“昏昼”,夜昼。

《说文·夕部》:“夜,舍也,天下休舍。”《春秋·庄公七年》:“四月辛卯,夜,恒星不见。”孔颖达疏:“夜者,自昏至旦之总名。”即从黄昏至翌日太阳出地平线前的整个黑夜。其实,还包括暮时,故《广雅·释诂四上》以“暮”训“夜”(文首引)。“凡日入以后、日出以前,通谓之夜”(《广雅·释诂四上》疏证)。但从时段划分说,前半夜涉及暮、昏、人定,后半夜有鸡鸣,则狭义的夜,当是从人定后至鸡鸣前仅五六小时。而一般称“夜”,皆就总体而浑言,可以泛指黑夜,或分指其两端暮、昏、鸡鸣等时段。《诗·召南·行露》:“岂不夙夜?谓行多露。”孔颖达疏:“经言夙,即昕也,夜即昏也。”《周礼·春官·鸡人》:“夜嘑旦。”郑玄注:“夜,夜漏未尽,鸡鸣时也。”至于作浑称,则与今同,可不详论。

"晚"，一些辞书将"日落"列为首义，或以为同于"暮"、"夕"，均未确。"晚"是"早"的反义词，与"早"一样，不是名词，而是形容词。先秦时一般还不用作晚暮义，而是用作迟、缓义。《战国策·楚策四》："见兔而顾犬，未为晚也。"《吕氏春秋·不侵》："君从以难之，未晚也。"高诱注："晚，后。"《韩非子·外储说左上》："夫婴儿相与戏也，以尘为饭，以木为胾，然至日晚必归饷者，尘饭涂羹可以戏而不可食也。"（"胾"，大肉。"饷"，粮。）此"晚"也未必指傍晚，仍是迟晏之意。此义一直延用于后世。《汉书·韩信传》："于是汉王大喜，自以为得信晚。"《南史·循吏传论》："降及晚代，情伪繁启。""晚代"，后世。"晚"的晚暮义，始见于汉代，如文首引《论衡·明雩》句。又《吕氏春秋·谨听》："夫自念斯，学德未暮。"（从陈奇猷《校释》本）高诱注："暮，晚。"但与"早"一样，"晚"也没有一定的时间内涵，可以指夕、暮、昏、夜，即浑称傍晚、夜晚。唐钱起《郑崔十三东游》诗："丹凤城头噪晚鸦，行人马首夕阳斜。"元稹《红芍药》诗："晴霞畏欲散，晚日愁将堕。"以上指夕时。陈子昂《岘山怀古》诗："野树苍烟断，津楼晚气孤。"韦应物《秋景诣琅邪精舍》诗："苍茫寒色起，迢递晚钟鸣。"以上指暮昏之时。北周庾信《对烛赋》："晚星没，芳芜歇，还持照夜游，讵灭西园月。"唐杜甫《溪涨》诗："我游都市间，晚憩必村墟。""晚星、晚憩"之晚，犹夜。

参考文献

[1]《中国天文学史》整理研究小组：《中国天文学史》，科学出版社，1987年6月。
[2] 华同旭：《中国漏刻》，安徽科技出版社，1991年2月。

58. 虹·霓（蜺）·螮（蝃）蝀·珥·晕·白虹

"虹"，虹霓总称。早期也称"螮蝀"。虹有主副，副虹称"霓"；单用有时也可指虹霓，但重在显示色彩。"晕"指包围日月的光环。有时光环两旁呈两耳向内形状的光影，称为"珥"。当出现日晕在太阳两旁同时出现几个幻日，且有白色光带穿过或切连，此谓"白虹"，或名"白虹贯日"。

【同义】

《说文·虫部》："螮，螮蝀，虹也。""虹，螮蝀也。"《释名·释天》："虹又曰蝃蝀。"《尔雅·释天》："螮蝀，虹也。"《集韵·去霁》："螮，《说文》'蝃蝀，虹也'。或作蝃。"汉严忌《哀时命》："虹霓纷其朝霞兮，夕淫淫而淋雨。"《汉书·息夫躬传》："虹霓曜兮日微。""虹霓"泛指虹。《后汉书·郎顗传》："凡日傍气色白而纯者名为虹。"《李寻传》："间者日尤不精，光明侵夺失色，邪气珥蜺数作。"《吕氏春秋·明理》："其日有……晕珥。"高诱注："晕珥，皆日旁之危气也。""珥蜺"、"晕珥"皆同义连用，泛指日旁气。

【辨释】

"螮蝀"是虹的古称。"螮"或作"蝃"。《诗·鄘风·蝃蝀》："蝃蝀在东，莫之敢指。"毛传："蝃蝀，虹也。"《礼记·月令》"（季春之月）虹始见"郑玄注："螮蝀谓之虹。"虹的形状弯曲。《说文·虫部》："虹，螮蝀也，状似虫。"段玉裁注："虫者，它也，虹似它，故字从虫（huǐ）。"按，"虫"是"虺"的本字，上古毒蛇之称，盖虹弯曲盘旋似蛇，故段氏云"虫者，它（蛇）也"。析言之，虹还可分出"霓"，字或作"蜺"。《尔雅·释天》："螮蝀，虹也，蜺为挈贰。"邢昺疏引郭璞音义曰："虹双出色鲜盛者为雄，雄曰虹。闇（暗）者为雌，雌曰霓。"朱骏声曰："雨与日相薄而成光，有雌雄，鲜者为雄虹，闇者为雌虹。"（《说文通训定声·解部》"霓"字）旧注又称：虹为内虹、正虹，霓为外虹、副虹。按，虹是阳光射入空中水滴经折射、反射、衍射而在雨幕或雾幕上形成的彩色或白色圆弧，常成两个同心环，由于一部分在地平线下，故所见通常是半环。主虹之"虹"，是内环，经一次内部反射和两次折射而散为各色光线，色彩较浓艳，色带排列与日谱同，外红内紫。副虹之"霓"，是外环，经两次内部反射和两次折射而成，因多一次反射，故色彩不如主虹鲜耀，色带排列与日谱相反，为外紫内红。雾上之虹，则光呈淡白色，不分主副。一般虹、霓同时出现。虹与霓方向总与太阳相对：朝见于西，晚见于东，一般雨后常见。以虹、蜺性质相同，故二字常同义连用，文首引汉严忌《哀时命》、《汉书·息夫躬传》即其例。又三国魏曹植《七启》："慷慨则气成虹蜺。"《列子·天瑞》："虹蜺也，云雾也，风雨也，四时也，此积气之成乎天者也。"例不胜举。"虹"、"霓"均可单用，"虹"单用常作虹霓总称。《礼记·

月令》："（孟冬之月）虹藏不见。"汉王褒《九怀·陶壅》："驾八龙兮连蜷，建虹旌兮威夷。"王逸注："树蝃蝀旗，纷光耀也。"《文选·颜延之〈三月三日曲水诗序〉》："虹旗委旆。"《北史·周高祖纪》："是夜虹见于晋州城上，首向南尾入紫宫。"唐元稹《月三十韵》："白眉惊半隐，虹势讶全微。"也可喻指虹曲形之事物。《文选·班固〈西都赋〉》："因瑰材而究奇，抗应龙之虹梁。"李善注："应龙虹梁，梁形似龙，而曲如虹也。"唐杜牧《怀钟陵旧游》诗之三："斜晖更落西山影，千步虹桥气象兼。""霓"之单用，也可称虹霓，然较虹为少，且侧重于色彩。《说文·虫部》于"虹"训为"状似虫"，但《说文·雨部》训"霓"为"屈虹青赤或白色"，全从色彩着眼。文献之用，与之相合。《文选·司马相如〈上林赋〉》："拖霓旌，靡云旗。"李善注引张揖曰："析羽毛，染以五采，缀以缕为旌，有似虹蜺之气也。"唐杜甫《哀江头》诗："忆昔霓旌下南苑，苑中万物生颜色。"杜牧《长安杂题长句》诗之三："南苑草芳眠锦雉，夹城云暖下霓旌。"此重在彩色。有时重在白色。《楚辞·九歌·东君》："青云衣兮白霓裳，举长矢兮射天狼。"凡霓裳皆称道教仙人所被白色之衣。南朝陈徐陵《天台山馆徐则法师碑》："金绳玉版，受谒帝之符；龙驾霓裳，处仙宫之籙。"唐人《逸史》记罗公远与唐玄宗同游月宫，见"仙女数百，素练宽衣，舞于广庭"。所舞即为《霓裳羽衣曲》。白居易《长恨歌》："渔阳鼙鼓动地来，惊破《霓裳羽衣曲》。"

"晕"，文首举《吕氏春秋·明理》高诱注"晕珥，皆日旁之危气也"，又注："晕，气围绕日周匝，有似军营相围守，故曰晕也。"《尔雅·释天》："弇（掩）日为蔽云。"郭璞注："即晕气，五彩覆日也。"其字见于甲骨文，作日旁有数点之形，正见出日傍气的形象。晕者，是日或月的光，经过云层中冰晶折射而形成的大气光学现象。在一定大气条件下，高空出现乳白色薄幕状卷云层，此种云层是由低温度而致的角锥形冰晶构成。当日光射进这种云块，再折射或反射，地上的人们则会见到太阳外围出现艳美的内红外紫的同心大光环，此谓之日晕。月晕则是环绕月的白色圆形光环，成因原理同。故古代辞书往往并日月气而解"晕"。《玉篇·日部》："晕，日月旁气也。"《释名·释天》："晕，卷也，气在外卷结之也，日月俱然。"

"珥"，也指日月傍气，其形是两旁似耳内向。《释名·释天》："珥，气在日两旁之名也。珥，耳也，言似人耳之在两旁也。"《晋书·天文志中》："日有重晕，左右两珥。"又《艺术传·戴洋》："日晕在角，有赤白珥。""角"，角宿。《隋书·天文志下》描写更具体："青赤气，圆而小，在日左右，为珥。"可见，"珥"多见于日旁。"珥"也是晕，故"晕珥"常并举连言。

文献中常见"白虹"、"白虹贯日"之语。至今多有误解。《礼记·聘义》："气如白虹，天也；精神见于山川，地也。"《战国策·魏策四》："聂政之刺韩傀也，白虹贯日。"汉邹阳《狱中上梁王书》："昔荆轲慕燕丹之义，白虹贯日，太子畏之。"一般注本或释为"一道白气冲上天"，或解为白色的虹。按，白虹不是虹，而是一种奇特的晕。《太平御览》卷十四引《杂兵书》曰："日晕有白虹贯内出外者。"盖在一般情况下，多先形成日晕，即形成包围太阳的圆光环。但当卷云层中含有六角柱形的冰晶体，而太阳光与冰晶构成一定角度时，其反射和折射就会形成奇观：地上的人们不仅可见到日晕，而且还会见到太阳两侧各有几个幻日，一条明亮的白色光带穿连或切连真日与幻日，像一串冰糖葫芦挂于苍穹，此即是白虹贯日。有当今之气象记录为证。据载，1934 年 1 月 22 日西安上空同时见到七个“太阳”。半个世纪后，该地上空又见到幻日。报道说：“19 日上午，西安天空中出现了‘五个太阳’。九时一刻，太阳周围出现了一大一小两个完整套着的光圈和另外四个‘太阳’。距太阳近的小光圈内，有两个对称的圆形光斑，光斑大小光亮与太阳相差无几。太阳上方有两条模糊不清的彩带与两个光圈相切，交点显示出两个耀眼的短光弧。”1979 年 3 月 4 日上午 8 时 15 分，在安徽蚌埠东南方上空太阳两侧各见一个幻日（郭德荣文）。又，1993 年 3 月 10 日上午近 8 时，山东烟台芝罘岛东部天空，南北方向“各有一个与中心太阳相对称的太阳熠熠发光。两个太阳周围弥漫紫红色霓虹般的光晕，景色甚是绚丽”，从出现至消失前后达半小时（见《大众日报》报道）。这些日晕、幻日奇观即是古代的“白虹贯日”。白虹的出现，多在天寒时光，上所举荆轲别燕太子而西刺秦王，正是“风萧萧兮易水寒”之际。聂政刺韩傀，是“韩烈侯三年三月”（《史记·刺客列传》集解）。上所述西安、蚌埠、芝罘岛等地的幻日之景也是春寒之时。就地域说，白虹在南极、北极较为多见，一般地方平时十分罕见，故古代星占家给它添绘了神秘色彩，如说日是君象，白是丧色，故白虹贯日往往是兵刃君主的兆象。对此天象，历朝封建统治者极为重视，故历代史书《天文志》、《历律志》中记载颇详。明代仁宗皇帝还亲自撰写《天元玉历祥异赋》，并画了《白虹贯日图》。在这两幅图中，“对日晕的观测都极为精确……幻日环 22°晕、46°晕和多种正切弧都清晰可辨”（柯林·罗南书，407 页）。白虹，有时也可贯月。《隋书·天文志下》：“月晕有两珥，白虹贯之。”但文献不见“白虹贯月”之称，可知更为罕见。

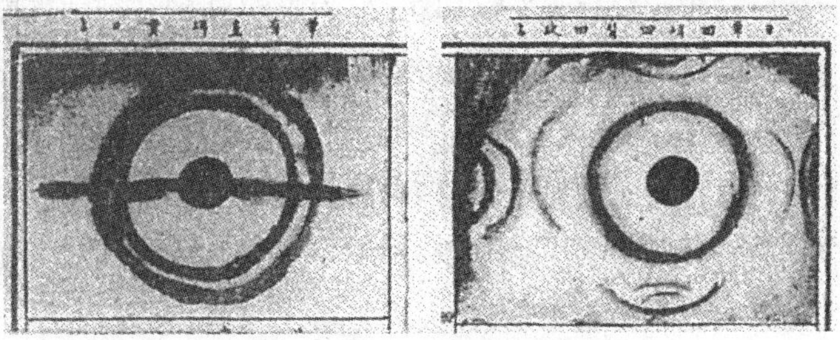

白虹贯日图

参考文献

[1]〔英〕李约瑟：《中国科技史·气象学》，科学出版社，1976 年 10 月。

[2]《中国天文学史》整理研究小组：《中国天文学史》，科学出版社，1987 年 6 月。

[3] 邹德荣：《“后羿射日”神话形成的根据》，《文史知识》1988 年第 3 期。

[4] 黄金贵：《释“彗星袭月”“白虹贯日”》，《学语文》1985 年第 2 期。

[5]《山东出奇景：显现“三日同辉”与“萌山倒影”》，山东《大众日报》1993 年 3 月 17 日。

[6]〔英〕李约瑟原著，柯南·罗林改编：《中华科学文明史》，上海人民出版社，2012 年 12 月。

59. 地·土·田·壤

表示土地，“地”是总称，凡与“天”相对，表地形、地域，强调所在者，常用之。“土”是通称，凡显示生长万物、本乡本土和神异色彩时，常用之。“田”指已耕种者。“壤”则从内质称。

【同义】

《尔雅·释言》：“土，田也。”《太平御览》卷三七引《蜀王本纪》曰：“……蜀王报以礼物，尽化为土。臣下拜贺，曰：‘土，地也，今秦当得蜀矣。’”《离骚》：“苏粪壤以充帏兮。”（“苏”，取。“帏”，香囊。）王逸注：“壤，土也。”《战国策·秦策四》：“齐之右壤可拱手而取也。”鲍彪注：“壤，地。”《诗·大雅·瞻卬》：“人有土田。”《史记·萧相国世家》：“今君胡不多买田地、贱贳贷以自污？”《孟子·滕文公上》：“夫滕壤地褊小。”《尽心下》：“诸侯之宝三：土地、人民、政事。”《战国策·秦策六》：“夫以王壤土之博，人徒之众……”以上“土田”、“田地”、“壤地”等皆同义连用，泛指土地。

【辨释】

《释名·释地》：“地，底也，其体底下载万物也。”“地”是土地的总称，其使用有如下的特点：一、凡与“天”相对者，必用“地”。《列子·汤问》：“折天柱，绝地维。”南朝宋鲍照《从拜陵登京岘》诗：“表里观地险，昇降究天容。”北周庾信《和张侍中述怀》诗：“奔河绝地维，折柱倾天角。”二、凡表地形、地域者，必用“地”。《孟子·公孙丑下》：“天时不如地利，地利不如人和。”《韩非子·初见秦》：“秦国之号令赏罚，地形利害，天下莫如也。”《史记·蒙恬列传》：“起临洮属之辽东，城堑万余里，此其中不能无绝地脉哉！”三、凡强调所在者，多用“地”。《周礼·地官·载师》：“以场圃任园地。”“园”指篱笆所围、树艺果木菜蔬之处；称“园地”，则指植有果木菜蔬的整个区域。《管子·乘马》：“地者，政之本也，辨于土而民可富。”“地、土”同出，后指土地而用“土”，前称所辖范围而用“地”。《史记·李斯列传》：“地广者粟多，国大者人众。”唐柳宗元《捕蛇者说》：“殚其地之出，竭其庐之入。”

“土”是土地的通称。其使用，侧重于以下几个方面。其一，表示孕育植物的自然植被。《左传·昭公七年》：“食土之毛，谁非君臣？”“土之毛”，指土地生长的五谷桑麻果蔬。《荀子·富国》：“今是土之生五谷也，人善治之，则亩数盆，一岁而再获之。”《左传·襄公九年》：“其民人不获享其土利。”“土利”，指土地出产物。唐柳宗元《捕蛇者说》：“退而甘食其土之有，以尽吾齿。”“土之有”同“土之毛”。其二，强调本乡土。《书·禹贡》：“锡土姓。”谓以生地、封地为姓。《论语·里仁》：“君子怀德，小人怀土。”谓怀念乡土。《汉书·西域传下·乌孙国》:“以肉为食兮酪为浆,居常土思兮心内伤。”颜师古注:“土思,谓忧思而怀本土。”《南史·韦鼎传》:“州中有土豪,外修边幅,而内行不轨。”唐韩愈《柳子厚墓志铭》:“因其土俗,为设教禁。”此种用法,通贯古今。但今一些大型辞书未列此用,盖是疏漏。其三,反映神异色彩。土地神称“社”,也称“土”。《左传·昭公二十九年》:“后土为社。”中央土属黄帝,其神为“后土”。《公羊传·僖公三十一年》:“诸侯祭土。”何休注:“土谓社也。”《周礼·春官·大司乐》:“五变而致介物,及土示。”郑玄注:“土祇原隰及平地之神也。”汉王充《论衡·乱龙》:“董仲舒申《春秋》之雩,设土龙以招雨。”凡显示土地神异色彩或与此有关者,每曰“土”。

《说文·田部》:“树谷曰田,象四口。十,阡陌之制也。”朱骏声《说文通训定声·坤部》“田”解同。《释名·释地》:“已耕者曰田。田,填也,五稼填满其中也。”按,“田”的本义是田猎(参第80条),农田义在其后。或以为“田、地”是水田、旱地之分。其实此是现代义用之别,古代水田、旱地皆称“田”。“田”的特点在于指已耕种的土地。《孟子·梁惠王上》:“百亩之田,勿夺其时。”《史记·滑稽列传》:“引河水灌民田,田皆溉。”晋陶潜《桃花源记》:“土地平旷,屋舍俨然,有良田美池桑竹之属。”句中“土地”与“田”同出,后者从属于前者,指已耕之土地。他如“田赋”,指按耕田征收赋税,故不称其为“地赋”。“田主”,指某一区已耕地的占有者。《史记·陈杞世家》:“牵牛径人田,田主夺之牛。”不得称“地主”,更不称“土主”。由耕田引申为耕种农务。《史记·高祖本纪》:“诸故秦苑囿园池,皆令人得田之。”《诗·豳风·七月》:“馌彼南亩,田畯至喜。”(“馌”,yè,给耕作者送食。)毛传:“田畯,田大夫也。”即周代劝农之官。后代也立农官。汉桓宽《盐铁论·复古》:“孝武皇帝攘九夷……故立田官,置钱,入谷射官。”“田官”,农官。要之,“田”者皆从农耕而称。

“壤”,本指土的内质,多指肥质。《释名·释地》:“壤,瀼也,肥瀼意也。”(参第60条),引申指土地,遂也侧重于内质。《管子·八观》:“壤地肥饶,则桑麻易植也。”又《臣乘马》:“一农之量,壤百亩也。”此“壤”也从可生长庄稼的内质而称。《书·康王之诰》:“一二臣卫,敢执壤奠。”孔传:“因见新王,敢执壤地所出而奠贽也。”即贡献土产之物。文首引《楚辞·离骚》“苏粪壤”句亦其例。

60. 土·壤

土壤,"土"是总称,与"壤"相对,指自然土。"壤"从内质称,特指耕土、肥土。

【同义】

《吕氏春秋·辨土》:"于其施土,无使不足。"高诱注:"土,壤也。"《孔丛子·论书》:"作壤室,编蓬户。""壤室",土室。《史记·李斯列传》:"是以太山不让土壤,故能成其大。"《管子·白心》:"壤土而与生。""土壤"、"壤土"皆同义连用。

【辨释】

从地质上推测,中国境内许多地区的土壤,早在大冰川时期之前,即距今一百万年前业已形成。古老中国的文明从来以黄河流域为代表,农业文明亦然。早在仰韶文化时代,在西北黄土高原东南部——陕中、晋南、豫西一带,就升起了东亚农业文明的曙光。此域是降水量少、不长树只长草的干旱、半干旱草原。厚达几十米以上的母质黄土,显出不平整的地块,植物资源贫缺,异常干渴。但是,因为它是风积原生黄土,不易风化,各种矿物质贮存较多,肥力蕴足,结构匀细松散,使木柄石头的原始耒耜镬锄容易破土,又无洪水猛兽之患,因此,反成了创造农业文明的天赐乐土。传说中周族的祖先——农官后稷就诞生于此。通过长期摸索,到春秋战国时,此域已培植出一系列适应黄土高原旱作农业的粮食作物,形成了一整套蓄水保墒、御风抗旱的耕作、经营制度和技术系统。黄土,是孕育中华民族的伟大母亲。

原始农业的发展,使土地献出了日益丰富、让人赖以生存的作物。最初,先民认为必有超人的神主宰着这片神奇的黄土,于是巫术塑造了"社"——土地神,规定"春社"以春祭祈年,"秋社"以秋祭报成。只有当土壤的奥秘被揭示,土地的神威巨功才会得到科学认识,并可进一步为人们利用、发展。由于以黄土高原为代表的旱作农业高度发展,早在春秋战国期间,我国就产生对土壤的系统研究成果。《书·禹贡》记述了冀、兖、青、徐、扬、荆、豫、梁、雍此九州的土壤类别、等级和出产,其分类已注意到土壤的颜色、肥力高下和水文情况。如雍州(陕西渭河流域)"厥土惟黄壤,厥田惟上上",冀州"厥土惟白壤……厥田惟中中",扬州(苏、浙、皖南、赣等地)"厥土惟涂泥,厥田惟下下"。此篇反映了4100年前古人对土壤分析利用的宝贵经验,是世界土壤科学史上的创举。《周礼·夏官·职方氏》则记述了九州各自对适宜的农作物和牲畜饲养的规划。如雍州宜黍稷、牛马,兖州(冀南、鲁西、中部)宜黍稷稻麦、马牛羊鸡犬豕。在同书《地官·司徒》中更总结了"土化之法",即对不同质地土壤施用不同动物粪肥的经验。而成于战国晚期的《管子·地员》篇则第一次全面总结了土壤分类和利用的法则，表现了当时对土壤与植被关系的系统知识，文中主要论述关中黄土高原地区土宜（有利于某些农作物的土质），分其平原的土壤为五类三等，并说明适宜植物、地下水位。如赤垆土（黑而泛红的刚土），其土质“历（疏历）、强、肥”，属最上等，五谷均宜，草宜茅萑，木宜赤棠，地下水位“四施”（二十八汉尺，合今 646.8 厘米）。于丘陵则分十五类述其土宜、地下水位。此外，又泛论九州的土宜。《吕氏春秋·任地》篇则总结了改良土壤性状的五项原则。如指出“棘者欲肥，肥者欲棘”，“棘”通“瘠”，即瘠贫的土壤应增施肥料，过肥的土壤应予冲水淡化。“湿者欲燥，燥者欲湿”，即要求水分适度。西汉《氾胜之书》已掌握了春耕时结合改良土壤的方法。下至北魏贾思勰《齐民要术》介绍了有效提高土壤肥力的绿肥轮作制。宋代陈旉《农书》更提出了改良土壤、提高地力的客土法和施肥法，尤其在肥料科学方面论述尤精。其后，各代农书对当时利用改造土壤的经验都有生动精深的反映、总结。几千年来，我国人民在土壤科学方面的理论与实践成果，是对世界作出伟大贡献的我国农业文明的重要内容。

“土”，甲骨文作“”（前五·一〇·二），上为土块形，下一横表示地，像筑土为坛。或谓“土”是“社”的初文。此朔义可不详论。而从文献时代看，“土”是土壤的总称。其声源为“吐”。《太平御览》卷三七引《春秋元命苞》曰：“土为言吐也。”《说文》部首：“土，地之吐生万物者也。二，象地之上、地之中；丨，物出形也。”按，许说虽非字之夙构，但是可反映周秦以来人们对土壤的解析。盖“二”表示土的两个层次，下“一”是底土层，上“一”是表土层，上短下长，显示表土层与底土层量比之别。“丨”显示植物植土、出土之形，其一部分已冒出土壤（在“二”之上），另一部分在表土层以下扎根（王云森书，第一章）。此为指事字，指出了土壤生吐植物的作用，反映出古人对于土的自然植被特点的认识。《易·离》：“百谷草木丽乎土。”（“丽”，附着。）《荀子·富国》：“今是土之生五谷也，人善治之，则亩数盆，一岁而再获之。”《后汉书·西域传赞》：“逷矣西胡，天之外区。土物琛丽，人性淫虚。”诸“土”皆总称土壤，包括自然土与人为土。其用通贯古今，例不烦举。

“壤”字，解者甚歧，或谓与“镶”同源，或谓蕴“馕”意，或径解为“地面上的泥沙混合物”，均未洽。按，“壤”，从土襄声，声兼义。襄声字有内中之意。如，“襄”是“解衣而耕”，去外存内（《说文·衣部》）。“镶”，《释名·释兵》云：“钩镶，两头曰钩，中央曰镶。”“釀”，作酒，是米麴内质起变化。“囊”，袋以裹藏物，即将物纳于内中。“壤”也属此义源。其本义即为土壤之称，侧重指土的内质。如上引《书·禹贡》“厥土惟白壤”，“厥土惟黄壤”，此“土”指泥土；“壤”，乃指其内质。《周礼·地官·大司徒》：“以土宜之法，辨十有二土之名物，以相民宅，而知其利害，以阜人民，以蕃鸟兽，以毓草木，以任土事。辨十有二壤之物，而知其种，以教稼穑、树艺。”郑玄注：“壤亦土也，变言耳。”按，郑注浑言。“土宜之法”，是辨分土地对于生产之所宜，此“土”为土壤的总称。“十有二土”之“土”，从整个地势言，即分别山林、丘陵、原隰、泽薮、坟衍等来察看人民所居及生产状况之别，此“土”是土地之称。而“十有二壤”之“壤”，从土质言，即从骍（xīng）刚、赤缇（tí）、坟壤、渴泽、咸泻、埴垆等，来察看对于大田作物及园艺生产的不同（《中国农学史》，87—88 页）。可见，“土”是总称，“壤”，则是从泥土之内质而称。

此其一。其次，二者对比，还有自然与人为的不同。盖“土”与“壤”相对，指自然土，而“壤”既指土的内质，内质，则随着人对土壤的利用，通过人为的用土、改土、养土，使土壤的物理性、化学性和生物学性，得到适合于人们需要的改变，提高了土壤肥力，此经过人为改造的土即耕土称为“壤”。上引《周礼·地官·大司徒》“辨十有二壤之物”郑玄又注：“以万物自生焉，则言土，土犹吐也。以人所耕而树艺焉，则言壤。”郑谓自然土为“土”，耕土为“壤”。而耕土必肥。《释名·释地》：“壤，瀼也，肥瀼意也。”（从王先谦《释名疏证补》）《广雅·释训》：“瀼瀼，肥也。”因此，“壤”者，可特指耕土、肥土。《乐府诗集·杂歌谣辞一》收录《击壤歌》，并引《帝王世纪》曰：“帝尧之世，天下大和，百姓无事，有八九十老人击壤而歌。”击“壤”之“壤”，不当浑训为“土地”、“土壤”，而应明训作“耕土”。盖“日出而作，日入而息，凿井而饮，耕田而食”，所击的乃是此种耕田之泥土。（至于《风俗通义》、邯郸淳《艺经》所言“击壤”是抛击木制鞋形物的游戏，此乃汉魏之制，非从古义论。）《管子·八观》：“壤地肥饶。”《吴越春秋·夫差内传》：“今吴内济江淮，逾千里而来我壤土，戮我众庶。”下例有自夸自励之意。“壤土”与偏正结构之“众庶”并举，“众庶”之“众”，有褒义，指众多的百姓，则“壤土”亦当有褒义，故不应作一般土壤之称，而应解为“肥土”。唯此，可引申为肥义。《汉书·邹阳传》：“壤子王梁、代。”“壤子”即肥子。颜师古注引晋灼曰：“扬雄《方言》：‘梁益之间所爱谓其肥盛曰壤。’”今《方言》第二“壤”作“瀼”。瀼是后起的表示肥义之方言词。

参考文献

[1] 中国农业科学院、南京农学院中国农业遗产研究室：《中国农学史》（初稿）第五章，科学出版社，1984 年 5 月。

[2] 华南农学院农业历史遗产研究室：《农史研究》第一辑，农业出版社，1980 年 8 月。

[3] 王云森：《中国古代土壤科学》，科学出版社，1980 年 11 月。

[4] 〔美〕何炳棣：《中国农业的本土起源》，《农业考古》1984 年第 2 期、1985 年第 1—2 期。

[5] 张波：《谁是我们的母亲——是黄河，还是黄土?》，《农业考古》1988 年第 1 期。

[6] 李长年：《农业史话》，上海科技出版社，1981 年 7 月。

[7] 夏纬瑛：《〈周礼〉书中有关农业条文的解释》，农业出版社，1979 年 10 月。

61. 植·殖·种·栽·树·艺(蓺、埶)

"植",种植的总称。派生之"殖",专从滋长、生长而称。"种",将种子撒布入土。"栽",将直立的花木苗株种植入土,一般不带宾语。"树",侧重于草木成株或整株的移栽。"艺",侧重于种植中的精细培育。

【同义】

《广雅·释地》:"植,种也。"《文选·张衡〈东京赋〉》:"植华平于春圃。"薛综注:"植犹种也。"《周礼·夏官·田仆》:"令获者植旌。"郑玄注:"植,树也。"《论语·先进》:"赐不受命而货殖焉。"皇侃疏:"种艺曰殖。"《广韵·平咍》:"栽,种也。"《广雅·释地》:"树,种也。""埶,种也。""埶"即"艺"。《诗·唐风·鸨羽》:"不能蓺黍稷。"郑玄笺:"蓺,树也。"《孟子·滕文公上》:"树艺五谷。"赵岐注:"艺,植也。"《书·禹贡》:"蒙羽其艺。"孔传:"两山已可种艺。""树艺"、"种艺"皆同义连用,泛指种植。

【辨释】

《说文·木部》:"植,户植也。"即室门中间竖立的直木。引申可指许多直立之物,如筑城时两端所立木柱(古代版筑),悬挂饲蚕器具的柱子,均可称"植"。义可虚化,为动词,树立、直立。《左传·定公十年》:"步左右,皆至而立,如植。"杜预注:"如立木不动以示整。"由此动词义再引申为种植义,是种植活动总称,适用范围最广,不论栽种何物、何种方式,均可称之。《周礼·地官·大司徒》谓要根据山林、川泽、丘陵、坟衍、原隰等不同土地环境而辨所宜产的"植物"。"植物"者,所植之物。《战国策·燕策二》:"蓟丘之植,植于汶篁。"前"植"指草木根生物,后"植"为动词,种植。乐府民歌《孔雀东南飞》:"东西植松柏,左右种梧桐。"唐柳宗元《种树郭橐驼传》:"他植者,虽窥伺效慕,莫能如也。"

"殖"是"植"的派生词,其本义是繁殖。《国语·晋语四》:"同姓不婚,恶不殖也。"也可作滋生义。《左传·昭公十八年》:"夫学殖也。"杜预注:"(殖,)生长也。"《襄公三十年》:"我有田畴,子产殖之。"杜预注:"(殖,)生长也。"《国语·郑语》:"周弃能播殖百谷蔬。"韦昭也训"殖"为"长也"。唯其义如此,故不专用于植物,殖货、殖财、殖义等词,其"殖"也全作滋长义。"殖"的种植义,也侧重于滋长、生长的义蕴。《书·吕刑》:"稷降播种,农殖嘉谷。"孔传:"后稷下教民播种,农亩生善谷。"《文选·潘岳〈闲居赋〉》:"周文弱枝之枣,房陵朱仲之李,靡不毕殖。""殖"从滋长、生长而称。

"种",按《说文·禾部》有二字:"种"(種)是"先种后熟也","穜"是"埶也"(即"艺")。其种植义应是"穜"。但文献中二字互用不分。从文献使用看,其一是上声腫韵(音 zhǒng),作名词，有种子、种族、种类等义。此为本义义系。其二是去声用韵（音 zhòng），种植义。盖“种”的本义是指植物的种子；作动词，即指将种子撒布入土，有别于苗栽。因此，种的对象一般是谷物、瓜果之类。《吕氏春秋·用民》：“夫种麦而得麦，种稷而得稷，人不怪也。”唐李白《古风》之九：“青门种瓜人，旧日东陵侯。”宋沈括《梦溪笔谈·药议》：“一丘之禾，则后种者晚实。”由此，也就可以明白为什么文献中许多“种树”之称，均非动宾结构，而是同义并列词组或复词。《史记·李斯列传》：“所不去者，医药、卜筮、种树之书。”《汉书·景帝纪》：“其令郡国务劝农桑，益种树，可得衣、食物。”颜师古注：“树，殖也。”汉枚乘《上书谏吴王》：“夫十围之木……种树畜养，不见其益，有时而大。”唐柳宗元《种树郭橐驼传》：“驼所种树。”“视驼所种树，或移徙，无不活，且硕茂蚤实以蕃。”诸“种树”皆泛指种植，而不是动宾结构。不过，作为“种”的扩大用法，动宾结构的“种树”，魏晋间也已出现。晋潘岳《闲居赋》：“筑室种树，逍遥自得。”从句意、结构及上下文看，此已同于今之“种树”。柳宗元诗有《柳州城西种甘树》。但在整个文言时代，“种”还是指将种子入土为常。

《说文·木部》：“栽，筑墙长版也。”即版筑时置两端的直板。《左传·庄公二十九年》：“凡土功……水昏正而栽。”杜预注：“树版榦。”引申为将苗株直立土中，即种植，东汉后始见。它专指种植花木苗株，正好与“种”互补。一般作不及物动词，不带宾语。《文选·潘岳〈在怀县作〉诗之一》：“稻栽肃芊。”（“芊”，茂。）李善注引《礼记》曰：“故栽者培之，凡莳草谓之栽也。”唐白居易有诗《酬贾鹏山人郡内新栽松寓兴见赠二首》。刘禹锡《戏赠看花诸君子》诗：“玄都观里桃千树，尽是刘郎去后栽。”以其种的是苗株，故得引申作名词，为幼苗。汉王充《论衡·初禀》：“朱草之茎如针，紫芝之栽如豆。”唐杜甫《凭韦少府班觅松树子栽》诗：“为觅霜根数寸栽。”其名词义也表明了“栽”动词义的特点。

《说文·木部》：“树，木生植之总名也，从木尌声。尌，籀文。”即其初文当是“尌”。从上古文献的使用看，“树”本义当为动词，竖立义。《说文·木部》“树”徐锴通释：“树之言竖也。”引申为种植，与“栽”最为相近。唐韩愈《合江亭》诗：“树兰盈九畹，栽竹逾万个。”对文同义。“树”的种植义，侧重指草木成株或整株移栽。《诗·小雅·巧言》：“荏染柔木，君子树之。”（“荏染”，柔意。）《孟子·梁惠王上》：“五亩之宅，树之以桑。”汉王充《论衡·率性》：“肥而沃者性美，树稼丰茂。”南朝宋鲍照《代贫贱苦愁行》：“空庭惭树萱，药饵愧过客。”唯有此特点，“树”可由种植义引申为名词，树木。秦以后，主要用作名词。

《说文》于种植义的“艺”作“埶”，训“种也”。在上古书面文献中或作“埶”、“蓺”。后者，如《诗·大雅·生民》：“蓺之荏菽，荏菽旆旆。”（“旆旆”，长貌。）郑玄笺：“蓺，树也。”通常作“艺”。“艺”从埶声，埶声字有摩擦意（参第 146 条），农具与泥土的反复摩擦即是“艺”。故“艺”的种植义，侧重于种植过程中的精细培育。《诗·小雅·楚茨》：“自昔何为？我蓺黍稷。我黍与与，我稷翼翼。我仓既盈，我庾维亿。”由于“阴阳和，风雨时”，所种黍稷与与翼翼地“蕃茂盛大”，仓庾盈积近亿之多。很清楚，首句“艺”所指种植，是致力于整个培育过程。《诗·唐风·鸨羽》：“王事靡盬，不能蓺稷黍。”谓因尽力于王事，归而倦极，无法效力于农事，则此

“蓺”也不仅仅指种下去而言（参孔颖达疏）。唯此，秦汉以后，“艺”的种植义偏于技艺，常用于园艺。唐王维《寄荆州张丞相》诗：“方将与农圃，艺植老丘园。”明徐光启《甘藷蔬序》：“每闻他方之产可以利济人者，往往欲得而艺之。”“岁戊申，江以南大水，无麦禾。欲以树艺佐其急，且备异日也。”此“艺”和“树”分明是指主粮作物之外，大多宜于园圃中以特殊技艺培植的蔬果什物。今“园艺”、“农艺”等词正承此而来。

魏晋播种图

62. 本·株·根·柢

“本”，地上地下根的合称，多用于抽象事物，喻指根本、原委。“株”，露出地面的残根。“柢”，垂直下伸的主根，即直根。“根”，四旁伸张的须根，即曼根；常作地下直根、曼根的总称。

【同义】

《说文·木部》：“根，木株也。”“株，木根也。”《尔雅·释言》：“柢，本也。”《左传·隐公六年》：“为国家者，见恶如农夫之务去草焉，绝其本根，勿使能殖。”唐魏徵《谏太宗十思疏》：“求木之长者，必固其根本。”汉王充《论衡·超奇》：“有根株于下，有荣叶于上。”邹阳《狱中上梁王书》：“蟠木根柢，轮囷离奇。”“本根、根本、根株、根柢”皆同义连用，泛指植物根部或喻指本源。

【辨释】

《说文·木部》：“本，木下曰本。”盖“本”是与“末”相对的指事字：“木”之上指为“末”，即树的上部；下指为“本”，即树的下部。又有“朱”，俗以为指木之中，即树干，而“本”指树根，殊误。《说文·木部》：“朱，赤心木，松柏属，从木，一在其中。”“朱”即表示朱赤之“絑”的初文。然则，“本”之所指树下部者，实是除顶部之外的树干，故“本”之本义当为树干，而非树根。“本”既是木下部，当也可赅其根。于是，“本”或可指干（参第63条），故可引申指根。其指称根，乃合地下根与地上根部而称。《国语·晋语一》：“伐木不自其本，必复生。”此偏指地下根。《诗·大雅·荡》：“枝叶未有害，本实先拨。”（“拨”，绝。）郑玄笺：“枝叶未有折伤，其根本实先绝。”《左传·昭公九年》：“我在伯父，犹衣服之有冠冕，木水之有本原。”此二例，皆总括地下与地上之根部。“本”多用于抽象事物，喻指根本、原委。《论语·学而》：“君子务本，本立而道生。”《荀子·礼论》：“本末相顺，终始相应。”汉班固《西都赋》：“元元本本，殚见洽闻。”“本”喻指抽象事物，也可各有侧重，若上二例，可谓偏于根。第三例“本本”，则实是连本体与其结果而言，指事物原委。此与“本”指称干部、根部两个实义相拈连的情况相似。

“株”，专指露出地面的残根，即截去了干身的木橛。秦汉时，“株”不作量词，只作木根义，如《说文》之训。《韩非子·五蠹》：“宋人有耕田者，田中有株，兔走触株，折颈而死。”《列子·黄帝》：“吾处也，若橛株驹。”张湛注引李颐云：“株驹，亦枯树本也。”即枯断的树根。汉邹阳《狱中上梁王书》：“故有人先游，则枯木朽株，树功而不忘。”此“株”亦为树根。“株”可引申指整棵草或木。汉焦延寿《易林五·观之巽》：“泽枯无鱼，山童无株。”（“山童”，山无草木。）《释名·释丧制》：“罪及余人曰诛。诛，株也，如株木根，枝叶尽落也。”王先谦疏证补引正义曰："杌木谓之株，然则株木根盖言枯木根耳。"按，不烦曲解。株无枯义，原只指木根，而此正引申为指整棵树，与"木"同义连用。汉以后可引申作量词。《三国志·蜀志·诸葛亮传》："成都有桑八百株。"与"本"的量词义是时代先后不同："本"前"株"后。

"根"、"柢"皆指伸入土中的根。古今通义。对于二者之别，《韩非子·解老》有一节文字辨析至精。文曰："树木有曼根，有直根。（直）根者，书之所谓柢也，柢也者，木之所以建生也；曼根者，木之所以持生也。德也者，人之所以建生也；禄也者，人之所以持生也。今建于理者，其持禄也久，故曰：'深其根。'体其道者，其生日长，故曰：'固其柢。'柢固则生长，根深则视久，故曰：'深其根，固其柢，长生久视之道也。'"按，韩非是阐发《老子》之语，今《老子》第五十九章作"是谓深根固柢，长生久视之道"。其所指直根，即垂直下伸的主根。以其乃"建生"之物，故比之"德"；"根"，是曼根，指四旁伸张的须根，凭以"持生"，故比之"禄"。如此辨异，大致可信。根从木艮声，声兼义。艮声字有横意。"眼"，目之横；"垠"，地域远横的界岸；"限"，门榍（见《说文》）。故"根"可作为下伸于地的横布须根。《魏书·甄琛传》记琛上《表》曰："今河南郡是陛下天山之坚木，盘根错节，乱植其中。""柢"的初文是"氐"。氐声字每有直义。"氐"，"至也"。"氐首"，犹俯首（《汉书·食货志注》）。首自上而下；"阺"（或作"坻"），巴蜀人名山旁堆欲堕落者，亦自上而下。故"柢"亦可作为植物自上而下的直根。上引《老子》第五十九章即其例。又如，唐元载《古相国杜鸿渐神道碑》："公有济世勘难之才，遗物离人之政，自深根以宁柢，每乘流而汩波。"此更显见"柢"指直根：直根是主根，故用连词"以"构成前偏后正结构，根"偏"柢"正"。不过，在后来长期使用中，"根"常成为地下曼根、直根的总称。《后汉书·荀彧传》："昔高祖保关中，光武据河内，皆深根固本以制天下。"乐府长诗《孔雀东南飞》："指如削葱根，口如含珠丹。"《宋史·陈尧叟传》："麻苎所种与桑柘不殊，既成宿根，旋擢新干，俟枝叶裁茂，则刈获之。""柢"则一般不单用，而多与"根"、"株"连用，泛指根部或喻指事物的本源，如文首引汉邹阳《狱中上梁王书》例。又《新唐书·李抱玉传》："抱玉尽得贼株柢蹊隧。"此喻用于人事。

63. 茎·莛(筳)·梃·枚·梗·干(榦)·本

“茎”，连根的植物直干，早期可用于花草树木。断根之茎称“莛”。“干”，连根的树木直干。断根之干称“梃”。较细宜作杖者称“枚”。“梗”，端直的草木枝干。“本”，草木干的通称。

【同义】

《广雅·释诂三下》：“茎，本也。”《玉篇·艸部》引《说文》曰：“茎，草木榦也。”《说文·艸部》：“莛，茎也。”《木部》：“梃，一枚也。”“枚，榦也。”《广雅·释木》：“本，榦也。”

【辨释】

今本《说文·艸部》：“茎(莖)，枝柱也。从艸，巠声。”按，当是巠声兼义。巠原是原始织机经线的象形，即经纬之“经”。(参第53条)引申为直义。巠声者多有直意：“颈”是“头茎”；“胫”是小腿；“桱”是“牛膝下骨”；“径”是“步道”(有引号者为《说文》说解)。故“茎”得称连着根的植物主干。朱骏声曰：“字从艸。艸曰茎，木曰榦，散文则草木枝亦皆曰茎。”(《说文通训定声·鼎部》“茎”字)“茎”，早期可用于花草和树木。《楚辞·九歌·少司命》：“秋兰兮青青，绿叶兮紫茎。”此指草。《荀子·劝学》：“西方有木焉，名曰射干，茎长四寸。”此指木。后多用于花草，不用于树木。无论花草，还是树木，一般皆指植物的中心支撑秆。茎者，下与根相连，上长枝叶、花果。可引申指器物的把柄。《周礼·考工记·桃氏》：“桃氏为剑，腊广二寸有半寸，两从半之。以其腊广为之茎，围长倍之。”郑玄注引郑司农云：“茎谓剑夹，人所握镡以上也。”按，即指剑柄。清戴震《考工记图》卷上：“刃后之铤曰茎，以木傅茎外便持握者曰夹。”以上引句，以今意解析可谓：桃氏制剑，两边刃间阔二寸半，自中央隆起的剑脊至两边相等，各为一又四分之一寸，以两边刃间的阔作为剑柄的围长，剑柄的长为周围的两倍。大约在南北朝以后，“茎”又引申作量词。唐杜甫《乐游园歌》：“数茎白发那抛得，百罚深杯亦不辞。”其时，“茎”一般已专用于花草，不用于树木，故“茎”之为量词，唯量草或类草状之物，如指白发。

“干”，繁体作“榦、幹”，重在指树木，即连根的树木直干。晋左思《蜀都赋》：“擢脩干，竦长条。”明徐宏祖《徐霞客游记·游黄山日记后》：“柏虽大干如臂，无不平贴石上，如苔藓然。”“干”可喻指别的事物的主体，如人体。《楚辞·招魂》：“去君之恒干，何为四方些？”王逸注：“干，体也。”如井梁。《庄子·秋水》：“吾乐与出，跳梁乎井干之上。”汉枚乘《上书谏吴王》：“泰山之霤穿石，单极之绠断干。”(“霤”，水从屋檐流下，此指从山水流下。“极”，井梁。“绠”，通“绠”，汲水绳。)故“干”所用范围大于“茎”。

“莛”,或作“筳”,指人为断根的草茎。汉东方朔《答客难》:“语曰:‘以筦(管)窥天,以蠡测海,以莛(《文选》作“筳”)撞钟。’岂能通其条贯、考其文理、发其音声哉!”

“梃”当与“莛”是分别文,二字无非是草木之异。朱骏声曰:“竹曰竿,草曰莛,木曰梃。”(《说文通训定声·鼎部》“梃”字)盖断根的树干为梃。引申为击杖,武器。《小尔雅·广服》:“杖谓之梃。”《孟子·梁惠王上》:“杀人以梃与刃,有以异乎?”赵岐注:“梃,杖也。”《吕氏春秋·简选》:“锄櫌白梃,可以胜人之长铫利兵。”高诱注:“櫌,椎;梃,杖也。”断根的树干挺直,故“梃”引申为直义。《荀子·劝学》:“木直中绳,輮以为轮,其曲中规,虽有槁暴,不复梃者,輮使之然也。”“梃”还引申为量词,专计木杖状之物。《说文·木部》:“梃,一枚也。”《魏书·李孝伯传》:“骏(刘骏)奉酒二器,甘蔗百梃。”但后世并不习见。

《说文·木部》:“枚,榦也,可为杖,从木从攴。”盖“攴”是小击,杖可以击人,故为会意,指宜于作杖的小树干,其干较细。《诗·周南·汝坟》:“遵彼汝坟,伐其条枚。”毛传:“枝曰条,榦曰枚。”枚可以作薪柴,故虽是干,也不会粗。《诗·大雅·旱麓》:“莫莫葛藟,施于条枚。”(“莫莫”,蔓延貌。)郑玄笺:“延蔓于木之枚(当为‘枝’,见阮元《校勘记》)本而茂盛。”“条枚”犹“枝本”。引申指枝条,与“条”浑言同义。《广雅·释木》:“枚,条也。”《玉篇·木部》、《广韵·平灰》皆云:“枚,枝也。”引申指各种细小之物。清戴震《考工记图》卷上:“十分寸之一谓之枚。”如细马鞭。《左传·襄公十八年》:“以枚数阖。”杜预注:“枚,马檛也。阖,门扇也。”按,粗者为檛,细者为枚。又可指古代行军时衔在口中防喧哗的筷状物具,常称“衔枚”。“枚”,还可作量词,用于各种细小之物,后代称“枝、条、根、个”者,皆可称枚。《墨子·备城门》:“枪十二枚。”《汉书·食货志下》:“(小贝)二枚为一朋直十。”

“梗”,本为树名。常用为强义。《广雅·释诂四上》:“梗,强也。”《楚辞·九章·橘颂》:“淑离不淫,梗其有理兮。”王逸注同。《淮南子·原道》:“锄其强梗。”为同义连用。又有直义。《尔雅·释诂下》:“梗,直也。”《三国志·吴志·陆凯传评》:“潘濬公清割断,陆凯忠壮质直,皆节概梗梗,有大丈夫格业。”唯此,“梗”之称茎干,突出其端直,而不论其为干,抑或为枝;为草,抑或为木。《战国策·齐策三》:“有土偶人与桃梗相与语。”“桃梗”,桃之直枝(或根)刻的木偶。宋沈括《梦溪笔谈·杂志一》:“自后人有为蜂螫者,挼芋梗傅之则愈。”(“挼”,揉搓。)《广雅·释草》:“犁如,桔梗也。”王念孙疏证引《唐本草注》云:“皆一茎直上……桔梗之名,或取义于直。”要之,“梗”指草木端直的枝或干。

“本”,现俗说皆以为与“末”相对,故其本义当为树根。此误。“本”的本义乃指干,是草木干的通称。《广雅·释木》:“本,干也。”《左传·成公二年》:“桀石以投人,禽之。而乘其车,系桑本焉。”(“桀”,担。)《庄子·逍遥游》:“吾有大树,人谓之樗。其大本臃肿而不中绳墨。”《汉书·萧望之传》:“附枝大者贼本心,私家盛者公室危。”颜师古注:“本心,树之本枝也。”唐张九龄《感遇》诗之一:“草木有本心,何求美人折。”各“本”皆指树干。“本”也可作量词,相当于“株”,计量草木。《荀子·富国》:“然后瓜桃枣李,一本数以盆鼓。”杨倞注:“一本,一株也。鼓,量也。”当上古、秦汉“株”尚未作量词时,计草木之量每用“本”。到南北朝已有量词“株”,但中古时,“本”的量词株义犹存。《宋史·黄震传》:“广南岁进异花数千本,至都下枯死者十八九。”可见延续时间之长。此用法显然是从“本”的树干义,而非从根株义引申:一株树可有多根,但唯有一“本”。此也表明“本”主要指干。“本”作量词,今只用计量书籍,宋代已见。宋沈括《活板》:“若止印三、二本,未为简易;若印数十百千本,则极为神速。”此别为一源,不详论。

参考文献

[1] [宋]沈括著、胡道静校证:《梦溪笔谈校证》,上海古籍出版社,1987年9月。
[2] [清]戴震:《考工记图》,阮刻本《皇清经解·考工记图》。

64. 耒·耜(枱)·犁○耒耜

耒是最早的曲柄尖头翻土农具。发展为耜。耜是直柄，扁平宽刃、用于耦耕的翻土农具。犁也从耒发展而成，最早是石犁，至汉代铁犁与牛耕才推广。周秦是耦耕时代，故"耜"是耒、耜总称。"耒"则很少单用。"耒耜"连用，"耒"指柄，"耜"指入土之头，为耜的又称。秦以后，"耜"成耕具泛称。"耒"成耕犁通称。新出现的"犁"则是口语中耕犁通称。

【同义】

《玉篇·牛部》："犁，耕具也。"《庄子·胠箧》："耒耨之所刺。"陆德明释文引李颐云："耒，犁也。"《吕氏春秋·孟春纪》："天子亲载耒耜措之。"高诱注："耒耜，耕器也。"汉韦孟《讽谏》诗："阨此嫚秦，耒耜斯耕。"唐陆龟蒙撰《耒耜经》，于犁制变化，言之尤详。

【辨释】

汉唐注家一致将耒耜作为同一农具的上下部件。《礼记·月令》："(季冬之月)脩耒耜。"郑玄注："耜者，耒之金也。"孔颖达疏："耒者，以木为之……耒下向前曲接耜。"《后汉书·章帝纪》："故古者急耕稼之业，致耒耜之勤。"李贤注："耒耜，农器也，耒其柄，耜其刃。"后人多从兹说。至清徐灏《说文解字注笺》等倡耒耜为不同农具之说，近人多从之。但也有异见。或以为耒—耜—犁，即由耒发展为耜，再由耜发展为犁。据此，犁之出现早不过战国，主要是汉代产物。或以为耒耜并源，耒发展为锸，耜发展为犁。或以为耜与锸为同物。或以为耒即是犁，或以为耜当为犁。自然也有仍奉汉唐注家耒、耜一物说者。如此等等，不一而足。究其分歧，除了由于对耒、耜之为一物抑或二物辨认不清，还由于将二物之辨识与文献使用混为一谈。

应该说，耒、耜是两种不同耕具。

最早的原始农耕，耕作者使用尖头木棒松土、播种。在渔猎时代，农业只是渔猎生产的补充，妇孺即可为之。之后，发展为直尖耒，即在尖头木棒下部尖端之上加扎踏脚横木，手足并用翻土；然后，又改为曲柄，即将柄烧烤而揉曲，所谓"揉木为耒"(《易·系辞下》)，提高了工效。此为斜尖耒。今西藏门巴族有称"庐"者，长 170 厘米的尖端青杠木棒，背部圆凸有脊，距尖端 60 厘米处用竹绳缚一条长 15 厘米的踏脚横木。还有台湾泰雅人用的尖头、弯头掘土杖，皆是古斜尖耒的遗制(马承源书)。斜尖耒均是木质，分单齿耒和双齿耒两种。前者在河北武安磁山、西安半坡新石器时代遗址皆有其遗迹。在陕西临潼姜寨、河南陕县庙底沟、山西襄汾陶寺等新石器时代遗址、二里头文化遗址则有双齿耒遗迹。甲骨文中的𠃌(力)

(乙八八九三)字正是耒的象形:有长斜柄、踏脚横木,端首是几乎与柄成直角的单刃庛,即曲而前伸之刃。它供一人操作,不作垂直开掘,而是用脚为推力,推耒尖入土,然后扳压耒柄,使土翻转。要之,耒是曲柄尖头的翻土农具。

耜则是直尖耒的另一种发展:若将耒尖变成宽刃片就成为耜。论者谓"耜"右之"目"(即今"以"),非宽刃耜头之形,而是声符,得音于刺土之"刺"(王贵民文)。《说文·木部》作"相",训"臿也"。臿即是今之铲,耜非铲而形制类铲:其柄较长,端部之上与耒一样,装踏脚横木,而其端与铲相似是扁平刃,称耜冠,所谓"斫木为耜"(《易·系辞下》),即斫削成扁平之耜冠。今考古发掘所见上古农具中以耜最为丰富。有石耜。扶风出土西周石耜冠,一似桨板,长39厘米,刃部宽约11厘米,有石孔一,以缚耜柄。在裴李岗、仰韶文化遗址中,均有不少原始石耜出土。有骨耜。浙江余姚河姆渡遗址第四层出土53件骨耜,其正面、中间皆有一浅槽,横侧各有一孔,其短柄部位两旁皆有凹槽,用以拴木柄。有木耜。河姆渡遗址第二文化层曾发现木耜冠,残长36厘米、宽16.5厘米,可见形制较大。耜既是从直柄耒发展而来,故木耜当是最早的耜。有蚌耜。福建闽侯石山遗址曾出土多件牡蛎壳制作的耜冠,中间也穿孔。有铜耜。上海博物馆藏有一件商具,长27.6、刃宽11.5厘米,前端三面锋刃,后端有銎纳柄;一件西周物,长11.7、刃宽14.5厘米,也有三面锋刃与銎(王贵民文)。尽管由于木质易朽,今所见大都是耜冠,但可以推知,它必绑扎木柄和踏脚横木。耜与耒一样,也是翻田农具,但不同于耒:耜都是直柄,用法与今铲同;耜冠是扁平宽刃,接触面大,工效高;且一般用于耦耕。《周礼·考工记·匠人》:"匠人为沟洫,耜广五寸,二耜为耦,一耦之伐,广尺深尺谓之甽(畎)。"即谓二人二耜并耕翻掘广一尺、深一尺之土而成畦沟。《国语·吴语》:"譬如农夫作耦。"韦昭注:"二耜为耦。"清程瑶田《耦耕义述》曰:"用以耕,一人之力能任一耜,而不能以一人胜一耜之耕,何也?无佐之者,力不得出也。故必二人并二耜而耦耕之,合力同奋,刺土得势,乃并发以终长亩不难也。"今之学者曾仿制周耜实验,证实了程氏的论断:"二人同时猛力踩耜,具有极大势能,在耜头着地处产生一大的压强。发土时,耦耕把原来一铣搬动变成二铣共'抬',自然省力。……耦耕整套动作极富有节奏,二人步伐进退协调有度,双手变换,踩踏时双脚跳跃,腰股扭动……大概就是所谓的耦耕之'势'吧。"(张波文)要之,耜是直柄、扁平宽刃、用于耦耕的翻土农具。

再来考察文献中的"耒、耜"。

在整个上古文献中,"耜"多单用。最明显的是《诗经》中的周代农事诗。西周初期的《周颂·载芟》:"有略其耜,俶载南亩,播厥百谷。"《良耜》:"畟畟良耜,俶载南亩。"("畟畟",尖利快进貌。)《噫嘻》:"骏发尔私(耜),终三十里。亦服尔耕,十千维耦。"灭商前后的《豳风·七月》:"三之日于耜,四之日举趾。""三之日"、"四之日",指周历三月、四月,即谓夏历正月将耜修理完毕,二月即可"举趾",即踏于耜上横木春耕。西周晚期的《小雅·大田》:"以我覃耜,俶载南亩。"又《国语·周语中》:"其余无非谷土,民无悬耜。"《周礼·地官·山虞》:"凡服耜,斩季材,以时入之。"("服",车箱。"季",迟。)而"耒"极少单用。偶用,也往往指耜之木柄,实是指耜。《礼记·祭义》:"(天子)躬秉耒,诸侯为藉百亩。冕而青纮,躬秉耒,以事天地山川。"此表明:耜是耒的发展,在周代已以耜为主,但耒并没有淘汰,二者常常对举。《易·系辞下》:"神农氏作,斫木为耜,揉木为耒。"《管子·海王》:"耕者必有一耒一耜一铫,若其事立。"("若",然后。)此管仲对桓公语。然则至少春秋时耒、耜犹为两种常用耕具。而《周礼·考工记》于耒、耜的形制、制作言之甚详。耒、耜既为两种,而"耒"又少用,故"耜"自然成了耒、耜的总称,言"耜"可赅耒。上引《诗·豳风·七月》"三之日于耜"句毛传:"于耜,始修耒耜也。"《周礼·地官·山虞》"凡服耜,斩季材"句孙诒让正义:"耜即《车人》所为耒也。耒长六尺六寸,以木为之。耜为耒头之金,则不用木,而云斩季材者,通言之,耒亦得称耜也。"(《车人》,指《周礼·考工记·车人》)

"耒耜"连用始于战国。如前所说,最早的耜是木耜,此是单体农具,但由于原始木耜入土不利,很快衰落,而代之以复合式的耜;以石、蚌、骨、青铜,最后以铁为耜刃部,上凿孔或设銎以缚、插长木柄。其木柄与最早的直柄耒十分相似。于是,"耒"当可指耜柄;而耜的主要部分是耜刃头,则"耜"也可指耜刃头。前引《礼记·月令》句郑玄注、《后汉书·章帝纪》李贤注即作此训。单用也作此义。上举《礼记·祭义》"躬秉耒"正指耜柄。而"耜"作耜刃头更多。上引《国语·周语中》"民无悬耜"句韦昭注:"入土曰耜。"《庄子·天下》:"禹亲自操橐耜。"陆德明释文引《三苍》云:"(耜)耒头铁也。"然则汉唐注家将战国、秦汉文献中的"耒耜"训为一种农具的两个部件,不仅不误,且正反映出战国时耒越趋淘汰、耜越占绝对优势的状况。

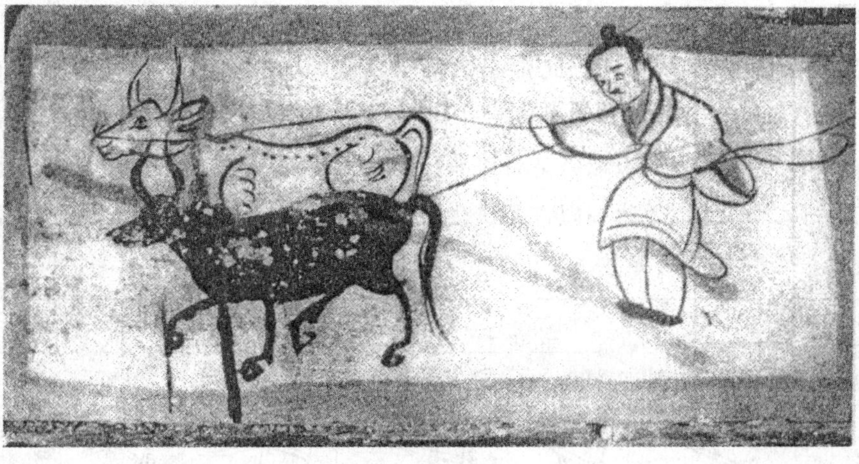

魏晋牛耕图

秦以后,逐渐进入铁犁和牛耕时代,"耒、耜、耒耜"在文献中仍频繁使用。"耜",成为耕具——犁、古耜等的泛称。《梁书·沈约传》:"纬东菑之故耜,浸北亩之新渠。"南朝梁沈约《劝农访民所疾苦诏》:"执耜暂蹇,则如悬比室;秉机或惰,则无褐终年。"又多指犁铧。《魏书·孝感传·赵琰》:"遣人买耜刃,得剩六耜,即令送还刃主。刃主高之,义而不受。"《晋书·潘岳传》:"葱犗服于缥轭兮,绀辕缀于黛耜。"而"耒"的使用却多于"耜",专指耕犁,成为书面语中耕犁的通称，与口语之“犁”文白并行。《史记·淮阴侯列传》：“农夫莫不辍耕释耒，褕衣甘食，倾耳以待命者。”汉桓宽《盐铁论·散不足》：“燕齐之士，释锄耒，争言神仙。”《晋书·怀帝纪论》：“脱耒为兵，裂裳为旗，非战国之器也。”南朝陈徐陵《在北齐与宗室书》：“负耒而耕，公侯靡屈。”唐柳宗元《宥蝮蛇文》：“执耒操鞭，持殳朴以远其害。”宋陆游《视东皋归》诗：“抱耒新湖葑，烧畬古庙壖。”以上诸“耒”均指犁。“耒”在汉代偶也指耜：以耜柄而称耜。《淮南子·主术》：“一人蹠耒而耕，不过十亩。”高诱注：“蹠，蹈。”汉桓宽《盐铁论·未通》记御史言：“内郡……民蹠耒而耕，负担而行，劳罢而寡功。”凡此均从汉时落后生产方式角度述其事，尤其东汉，耜耕已非主流，如上引《盐铁论·未通》例，内郡之所以盛行耜耕，因“地势温湿，不宜牛马”，故不得不尔。可见，一般已非耜耕。至于“耒耜”的连用，更是耕犁的雅称。南朝梁武帝《藉田》诗：“公卿秉耒耜，庶甿荷鉏耰。”唐杜甫《大雨》诗：“四邻有耒耜，何必吾家操。”诸“耒耜”皆不指古耜。此均表明：秦以后犁耕已成为农耕的主要方式，于是语言上由“耜”为主变成“耒”为主。

犁不是耜的演变物——耜发展为铲锸。犁的源头是曲柄耒：如果在耒柄的下部绑一长直木，用人或畜拉曳，即成原始之犁，长木为犁辕，耒头成犁铧，斜木则是犁的把手。犁比之耒，翻土、划沟的功效大为提高。从语言角度观，“耒、犁”皆得名于力义，声韵也十分相近，关系自然较“耜”为近。新中国成立后的考古发现也早已推翻了犁耕起于战国的旧说。最早是石犁，为三角形石，仅江浙两省，至今出土的石犁和犁形破土器有上百件，介于马家浜文化与良渚文化之间，距今约五千年（牟永抗等文）。可见，在原始社会晚期，五千年前的长江下游地区就出现了犁耕。此外，在台湾的龟山、火烧岛、大马璘等遗址也均有石犁出土，而出土石犁的遗址，往往同时有耜具发现。此皆表明耒与犁同源，而与耜异途。对此，早在20世纪50年代初，著名学者王静如就作过推断：“中国的古犁可能由掘土杖演变而来。古代之耒正是掘土杖进步形制的遗留。耒端有庛可以刺土划沟。在殷代前后东方中原已知服牛曳车，所以用牛曳耒随之而起。因此中国古犁产生了。”（王静如文）考古发现证实了他的推断。不过，石犁时代是否有牛曳尚待进一步证实。

原始期	上古	战国汉	东汉	北朝	唐宋	近代
原始耒庛	曳力古代木犁	铁镩犁	铁铧铃镛大犁	犁壁正式犁	铁鐴犁	铁镶犁

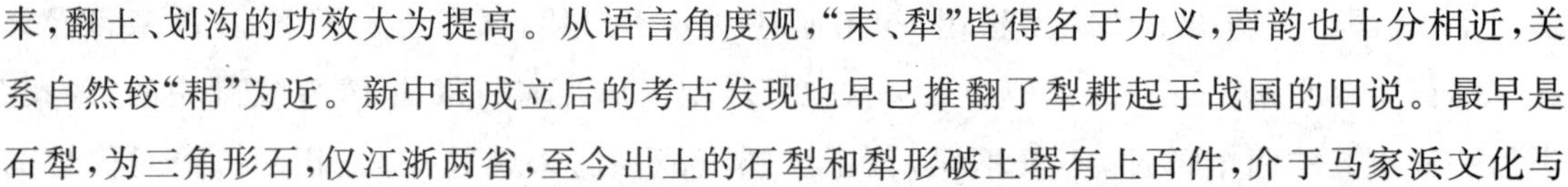

王静如《耕犁演变表》

虽然原始社会后期已有了犁耕，但粗钝的手工工具不能使石犁取得高工效，而且用之不尽的奴隶劳动力使石犁的改革失去了迫切性。故西周、春秋之世，只是出现了木犁，如新疆哈密五堡即发现春秋时期的尖状木犁，但整个黄河流域还是耦耕（即耜耕）时代。到战国时，随着新兴地主阶级的崛起，社会生产力的发展，铁器开始使用，便出现了铁犁。如陕西临潼郑家庄出土“U”形犁铧，铧尖呈双面三角形；临潼始皇陵城北发现“V”形犁铧。但是据统计，至今全国发现的战国铁犁铧仅15件，对比数百件铲、䦆、锄等铁农具，仅是个小数。可见战国时铁犁和牛耕尚未发展。其时文献中，“犁”字仅《管子》有见，《轻重甲》：“今君躬犁垦田，耕发草土，得其谷矣。”《乘马》：“丈夫二犁，童五尺一犁。”但《管子》曾羼入汉代之作，此“犁”之可靠性值得怀疑。到了汉代，尤其是武帝末世，铁犁和牛耕才逐渐推广、普及。于是，“犁”字，在整个汉代文献中也逐渐多见。《汉书·食货志上》：“民或苦少牛，亡以趋泽，故平都令光教过（赵过）以人輓犁。”桓宽《盐铁论·散不足》：“故行则服桅，止则就犁，今富者连车列骑。”《后汉书·循吏传·王景》：“景（王景）乃驱率吏民，修起芜废，教用犁耕。”汉崔寔《政论》：“今辽东耕犁，辕长四尺，回转相妨。既用两牛，两人牵之，一人将耕；一人下种，二人挽耧。凡用二牛六人，一日才种二十五亩。”《太平御览》卷八二三引《陈留耆旧传》曰：“萧令陈弇字叔明，躬自握犁，种五种谷。”至20世纪80年代中期，已发现的东汉的铁犁和牛耕图，全国已有50余处，分布于内蒙古、新疆至广东等15个省区。可见，称犁和牛耕已较为普及。

“犁”，一直用作耕犁的通称，是个后起口语词。

参考文献

[1] 马承源：《中国古代青铜器》，文物出版社，1988年1月。

[2] 胡德平、杜耀西：《从门巴族珞巴族的耕作方法谈耦耕》，《文物》1980年第10期。

[3] 王贵民：《目非耜形新探》，《农业考古》1983年第2期。

[4] 张波：《周畿求耦》，《农业考古》1987年第1期。

[5] 牟永抗等：《江浙的石犁和破土器——试论我国犁耕的起源》，《农业考古》1981年第2期。

[6] 王静如：《论中国古代耕犁和田亩的发展》（连载），《农业考古》1983年第1期、1984年第2期。

[7] 徐中舒：《耒耜考》，《农业考古》1983年第1期。

[8] 孙常叙：《耒耜的起源和发展》，《东北人民大学集刊》1956年第2期。

[9] 宋兆麟：《我国的原始农具》，《农业考古》1986年第1期。

[10] 杨宽：《关于西周农业生产工具和生产技术的讨论》，《历史研究》1957年第10期。

[11] 严汝娴：《藏族的脚犁及其制造》，《农业考古》1981年第2期。

[12] 王宏武：《周耜略议》，《农业考古》1988年第1期。

[13] 杨振红：《两汉时期铁犁和牛耕的推广》，《农业考古》1988年第1期。

[14] 张之恒：《中国原始农业的产生和发展》，《农业考古》1984年第2期。

[15] 李根蟠：《先秦农器名实考辨》，《农业考古》1986年第2期。

65. 锄(鉏)·耨(槈、鎒、薅)·镈·钱·铫·铲·镬·镃(兹)基(镃、其、箕)〇锸

“锄”,上古用途甚多,至汉代才成为长柄除草农具专称。上古的勾曲短柄小锄,西周、春秋为青铜制,称“镈”;战国起变铁制,称“耨”。锄类中最厚重者是“镬”,方言中别称“镃基”。除草农具还有铲一类,西周、春秋青铜制,称“钱”;战国时铁制,别称“铫”;秦后“铲”成为铁铲通称。

【同义】

《易·系辞下》:“耒耨之利。”陆德明释文:“耨,鉏也。”《诗·周颂·臣工》:“庤乃钱镈。”毛传:“镈,鎒;钱,铫也。”《广雅·释器》:“镈,鉏也。”“鉏”,同“锄”。《苍颉篇》卷下:“鉏,兹其也。”“兹其”,即“镃基”。《尔雅·释器》:“斪劚谓之定。”陆德明释文引李巡曰:“斪劚,锄也。”“斪劚”即是镬之别称。《战国策·燕策一》:“鄙人不敏,窃释鉏耨而干大王。”“鉏耨”同义连用,指锄具。

【辨释】

“锄”,本作“鉏”。《国语·齐语》:“恶金以铸鉏、夷、斤、劚,试诸壤土。”(“夷”,削草器。“劚”,镬。)原始的锄,是鹤嘴锄,并不专用于中耕除草的农具,亦用于播种、翻地,其质料是石、骨、蚌等。河北磁山、山东大汶口、江苏江阴夏港等遗址,均发现鹿角鹤嘴锄。到了商代和西周,仍然是石锄、骨锄、蚌锄为主。据有青铜农具出土的商代和西周 29 个遗址统计,总计有 74 件出土物,而锄,只有西周的两件(白云翔文)。到了战国时,才出现了铁锄,形式甚多,如凹字形侈刃式、六角梯形方銎式、空首布式等平口锄。还有多齿锄,如易县燕下都出土五齿锄(残片)。各种形式皆为适应当时的狭垄作业。它是中耕除草的农具,也可兼用于修垄、开沟。到了汉代,才变成专用于中耕除草的农具。《释名·释用器》:“锄,助也,去秽助苗长也。”《说文·金部》:“鉏,立薅斫也。”汉锄,常见有两种:一是半圆刃式,整体为半圆形,刃部伸至斜肩,中央有方孔以按柄;一是方直裤式,上都有方孔置柄,下为平刃。广西贵县、山东枣庄出土的汉代铁锄皆有此二式。锄,无论质料、体式、用途有何不同,其器身较薄,刃部不同程度地宽于镬;有銎按插长柄,人立身操作,由前向后平拉、勾挖。

战国铁锄

“耨”,本作“槈”,或作“鎒”、“薅”,本义为动词。《玉篇·耒部》:“耨,耘也。”《荀子·儒

效》:“人积耨耕而为农夫。”“耨”,耘田,指除去苗间的杂草。《孟子·梁惠王上》:“深耕易耨。”(“易”,治。)《淮南子·氾论》:“古者剡耜而耕,摩蜃而耨。”高诱注:“耨,耨除苗秽也。”作名词,乃指耘锄。此为宽刃短柄锄,即宽刃上部装置短而弯头的木柄。《释名·释用器》:“耨,似锄妪薅禾也。”“似锄”,指耨形像锄。“妪”,通“伛”,俯背、弯腰。“妪耨禾”,是俯身或蹲地除草之意。汉贾谊《新书·春秋》曰:“夫百姓煦牛而耕,曝背而耘。”曝背,正是伛身而耘。此是当时中原地区耘田之常式。如此操作,必手握短柄宽刃之锄。《吕氏春秋·任地》:“耨,柄尺,此其度也。其耨六寸,所以间稼也。”高诱注:“耨,所以耘苗也。刃宽六寸,所以入苗间也。”据注家言,后一“耨”为“博”之误字,指耨宽六寸(从王毓瑚校)。《诗·周颂·臣工》末章孔颖达疏引《字诂》亦曰:“耨头长六寸,柄长一尺。鎒,古字也。”《吕氏春秋·任地》句谓用其耨当量尺,测定行阔行距;因耨锄入土之头宽六寸,可在一尺宽的苗间从容出入。由此可知耨的大致尺度。为减省疲劳,耨者有时还需拄一竹木杆,此为耘杖。《论语·微子》:“(丈人)植其杖而芸。”“植”,倚,谓倚杖而耘(从孔安国说)。《太平御览》卷八二三引《宋书》曰:“于是插杖而耘。”此种耘田法效果甚佳。《齐民要术·耕田》引南朝宋何承天《纂文》曰:“养苗之道,锄不如耨。”耨锄在战国时代,使用十分广泛。《战国策·齐策三》、《秦策四》、《晏子春秋·谏上》、《庄子·外物》、《管子·禁藏》、《轻重己》、《盐铁论·申韩》、《世本》(此秦后文献)等书中均“铫、耨(鎒)”并提,作农具的泛称。如《庄子·外物》:“春雨日时,草木怒生,铫鎒于是乎始脩。”可见其使用之普遍。

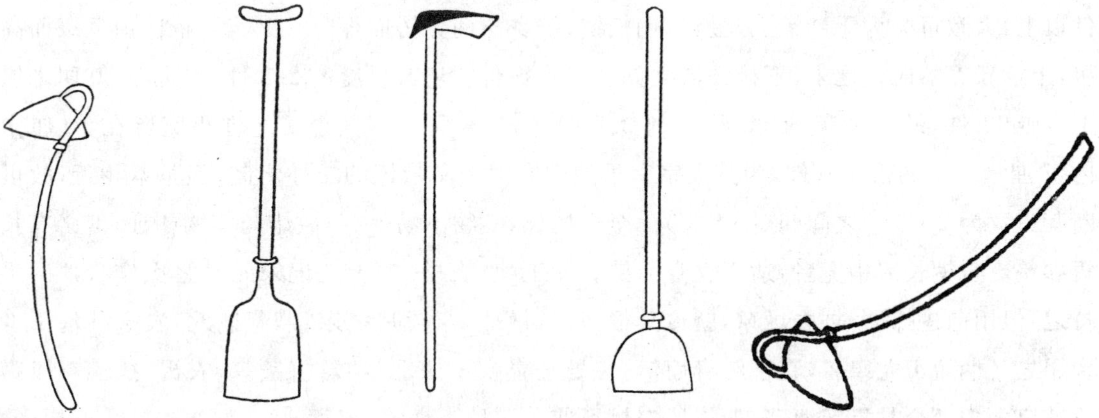

镈　锸　钁　钱　耨

《释名·释用器》:“镈,亦锄田器也。镈,迫也,迫地去草也。”此是西周、春秋时斧状的勾曲青铜短柄锄。周代青铜器“司徒镈”,其铭文“镈”作“甫”。而“甫”与“父”通。《仪礼·士冠礼》:“章甫,殷道也。”郑玄注:“甫,或为父,今文为斧。”父字,甲骨文作手执斧形。斧,利于砍伐,伐木、杀伐、翻土,皆可用。如新石器时代的石斧,通常装纳与斧刃平行的横柄。但若是平刃者,当系纳垂直于斧刃的木柄,遂成了可以中耕除草的短柄锄。当然,也与耨一样是俯身或蹲地操作。《诗·周颂·良耜》:“其镈斯赵,以薅荼蓼。”“赵”,刺地。“荼蓼”,皆水边秽草，耨锄去之。秦以后，“镈”也偶用之，用作短柄锄泛称。唐韩愈《凤翔陇州节度使李公墓志铭》：“益市耕牛，铸镈钐鉏劚，以给农之不能自具者。”（“钐”，镰。）

《说文·金部》：“钱，铫也，古者田器。”段玉裁注：“云古田器者，古谓之钱，今则但谓之铫，谓之臿，不谓之钱，而钱以为货泉之名。”按，钱、铫、铲均为同物异称，锸则又当别论（见下）。《战国策·秦策四》：“无把铫推耨之势。”南朝宋鲍照《石帆铭》：“乃剡乃铲，既剞既斫。”“钱”作田器的文献用例甚少。文首引《诗·周颂·臣工》为最早例。诸例中“铫、铲、钱”均为同物。今以“铲”为中心试明诸物关系。

“铲”，旧或训“大锄”。《管子·轻重乙》：“一农之事，必有一耜、一铫、一镰、一鎒、一椎、一铚。”（“铚”，大镰刀。）尹知章注：“大锄谓之铫。”未洽。由上引文献例可知，其物最早称“钱”。“钱”从金戋声，戋从二戈，为贼害、残灭义，后起字为“残”、“刬”。作为农具，指铲除杂草之具，以其功用而名。此农具由于在商品交换中，成为一般等价物的形态，进而发展为货币，其形制也变小而薄。于是，其本义遂以“刬”表示，以“刬”多作动词，遂又易“钱”之声符，别作“铲”。唐玄应《一切经音义》卷十四：“刬，古文铲。……今方刃施柄者也。”其物特点在于铲削。上引《庄子·外物》句陆德明释文：“铫，削也，能有所穿削也。”《说文·金部》：“铲，一曰平铁。”段玉裁注：“谓以刚铁削平柔铁也。”南朝宋何承天《纂文》曰：“养苗之道，锄不如耨，耨不如铲，铲柄长二尺，刃广二寸，以刬地除草。”（《齐民要术·耕田》引）明徐光启《农政全书·农器·图谱二》用其释文并云：“此铲之体用，即与钱同。”按，刃宽二寸，依周制，合今4.6厘米；依南朝之制，合4.9厘米。据有的学者统计，今考古发掘出土的战国前铜铲约345件以上，大致可分为无銎铲、有銎铲、铜柄铲（铲身与柄分铸而焊合）三大类，依次由低级而高级，上承新石器时代之末，下接铁器之先。考古报告中记有尺度的228件，刃宽在10厘米以上者唯11件，最宽的15厘米，最窄的3.8厘米，均为特例。其余217件刃宽皆在10厘米内，7厘米以下的占140件，为其大宗。虽然刃宽大于文献记的二寸之制，但基本相近，故可断其刃宽为2—3寸之间（陈振中文）。至于柄长，实物不易保存，故难与实物印证，但必有长短参差。盖柄长刃稍宽者，适于立身而铲。元王祯《农书》卷十三记宋元时之操作状：“两手持之，但用前进撺之，刬去垅草，就覆其根，特号敏捷，今营州之东、燕蓟以北，农家种沟田者皆用之。”柄短刃尤窄者，宜于蹲身而铲。《晏子春秋·谏上》：“君将戴笠、衣褐，执铫耨以蹲行畎亩之中。”今甘肃定西、陕西扶风农村还使用一种小铁铲，刃宽6—7厘米、长8—9厘米、柄长10余厘米。人下蹲向前贴地平铲，盖古铲之孑遗。可见，古铲总体上是狭刃，由身向前平推的金属除草农具，有立身或蹲身两种，均用于田地浅层削草松土，而不宜于翻土。铲异于耨，如前所述，耨是刃宽、勾曲短柄，由外向内平拉除草。也别于锸，锸是耜的发展，稍大于铲，刃面较钝厚，有的仅刃部施金。《释名·释用器》：“锸，插也，插地起土也。”它是翻土农具，而不宜于浅土除草。锸发展为后世铁锹。今有论者将铲视作为锸、耨之同物，盖误。从考古资料看，西周前无铁铲，铜铲亦罕见。商代的铜铲1953年在河南安阳大司空村出土一件。1957年也出土一件。铜铲盛行于西周、春秋，其时称“钱”。而战国起，虽全国各地区发展不平衡，但铁铲大体已取代铜铲，其时有“铫”之称。到汉代，皆为铁铲，遂有“铲”之名。因此，可以说，“钱”是周代青铜铲之称，“铫”是战国时铁铲之称，“铲”是秦以后铁铲之通称。

“镬”，或称“斫、鐯、欘(钃、斸)、句欘”。《尔雅·释器》：“斫谓之鐯。”郭璞注：“镬也。”《淮南子·齐俗》：“今之脩干戚而笑镬插。”高诱注：“镬，斫属。”镬为大锄。《说文·金部》：“镬，大鉏也。”《木部》“欘”下段玉裁注：“盖似鉏而健于鉏。似斤而不以斫木，专以斫田，其首如鉏然。句于矩，故谓句欘也。”明徐光启《农政全书·农器·图谱一》曰：“斸，田器也。……盖农家开辟地土，用以斸荒。凡田园山野之间用之者，又有阔狭大小之分，然总名曰镬。”文献的使用与解释甚为一致，即：镬为头较厚重的大锄，用于坚硬田地上连根除草和松土。但是，它的具体形制，旧时的文献却未言其详。今根据大量出土的战国前青铜实物，可将镬大别为三类：第一类为空头条形端刃镬，基本形制是空头(即直銎)狭长条形，刃在下端。它常与斧斤锛锄相纠缠。但可以相对而别：斧之刃纵，即柄向与刃向一致者为斧，用于砍木，非农具；斤之刃横，即柄向与刃向垂直，多为单斜面，又称“锛”，用于平木，也非农具；镬与斤、锛相类，但较长大厚钝，单斜面、双斜面皆可；小部分柄还天然向里弯，今称鹤嘴锄(参《说文·木部》“欘”段玉裁注)。有的学者检核了大量出土物，遂提出更具体的区分标准，即：长度(指高度)超过10厘米、銎部厚度在1.5厘米以下者，为锄；长度在10厘米以下，銎部厚度在1.5厘米以上，单斜面刃者，为锛；长度超过10厘米、銎部厚度在1.5厘米以上者，为镬。具体尺度可以研究，但基本可信。因镬的施用对象是土壤，故其呈狭长条。第二类是凹形镬，一般是刃宽小于8厘米，銎部厚度大于2厘米，窄刃、较厚。第三类是横銎镬。镬身全为铜质，上部有横穿之銎，与现代镬头最为接近。据考，至今仅出土7件(陈振中文)。综此三类，可知镬的形制特点：镬身狭长厚钝，上有銎，下窄刃，便于深掘土。唯此，其柄必长于耨，立身操作。郝懿行曰：“楮(即斫、镬)，立薅所用，其柄长，故云‘镬，大鉏’矣。”(《尔雅·释器》“斫谓之鐯”义疏)

“镃基”，或作“镃錤”、“兹箕”，可能是上古齐鲁方言词。《孟子·公孙丑上》：“虽有智慧，不如乘势；虽有镃基，不如待时。”赵岐注：“镃基，田器耒耜之属。”按，赵注误。《广雅·释器》：“镃錤，鉏也。”《礼记·月令》：“(季冬之月)脩耒耜，具田器。”郑玄注：“田器，镃錤之属。”《说文·木部》：“欘，斫也，齐谓之兹箕。”可见，它就是镬。则“镃基”是上古时镬的方言之称。镬既可翻土，又可锄草，故《孟子·公孙丑上》所引齐俗谚，以镬代表最好的农具，将其与智慧并比，十分恰当。若作耒耜或一般之锄，则与上句不协矣。

参考文献

[1] 白云翔：《殷代西周是否大量使用青铜农具的考古学观察》，《农业考古》1985年第1期。
[2] 蒋廷瑜：《广西汉代农业考古概述》，《农业考古》1981年第2期。
[3] 文光：《山东枣庄出土的古代铁农具》，《农业考古》1987年第2期。
[4] 王毓瑚：《先秦农家言四篇别释》，农业出版社，1981年3月。

[5] 陈振中:《青铜农具钱》,《农业考古》1987 年第 2 期。
[6] 陈振中:《殷周的青铜镬》,《农业考古》1986 年第 1 期。
[7] 郭宝钧:《中国青铜器时代》,三联书店,1963 年 7 月。
[8] 宋兆麟:《我国的原始农具》,《农业考古》1986 年第 1 期。
[9] 郭文韬等:《中国农业科技发展史略》,中国科技出版社,1988 年 8 月。
[10] 王克林:《殷周使用青铜农具之考察》,《农业考古》1985 年第 1 期。

66. 亩(畮)·垄(龙、壠、陇)·畦

上古,当“田”作地积单位时,“亩”指狭长条的田垄,早期行垄作法,战国时发展为甽亩法;同时“亩”逐渐也用作地积单位。田垄义的“垄”,战国时已出现,但至秦汉,“垄”才接替“亩”的田垄义。“畦”指四周有田埂、中间低平、宜种蔬菜的田区,畦中垄较低平而短。

【同义】

《诗·小雅·信南山》:“我疆我理,南东其亩。”朱熹注:“亩,垄也。”《史记·货殖列传》:“千畦姜韭。”裴骃集解引韦昭曰:“畦犹壠。”《三国志·蜀志·诸葛亮传》:“亮躬耕陇亩,好为《梁父吟》。”“陇”通“垄”,“垄亩”同义连用。

【辨释】

“亩”,或作“畮”,简文中或作“畂”(见下篇),最早的田垄之称。何谓田垄?田者,既是每边长百步的正方形大田块,必须切分成条块,才便于耕作、排水。此长条形田垄,即是“亩”,一般是南北向。《左传·成公二年》:“使齐之封内尽东其亩。”杨伯峻注:“‘亩’原是农田间高畦,今谓之‘垄’。古人种田依地势与水势,使亩间道路或东西向,或南北向……古人多用南北行列,故《诗经》屡见‘南亩’。……晋在齐之西,若齐之垄亩多为南北向,则沟渠与道路亦多南北向,于晋之往东向齐进军,地形与道路有所不利,故晋以‘尽东其亩’为媾和条件之一。”杨注极为精辟,阐明了上古田垄“亩”的走向特点。亩的出现,是我国农作方法史上的大事。先是产生垄作法。长期以来,或谓垄作法后于畦种法,实违农史之实。在以《诗经》为代表的早期文献中,“亩”皆不连“甽”而单用(见上引),此表明其时实行垄作法:在垄亩上种植庄稼,垄沟以排水。至战国时发展为畦种法,即甽亩法,在战国文献中,已频见“甽亩”连用(如上引)。畦种法是:高旱田将庄稼种于甽沟(亩沟),以避旱燥,即今之高畦栽培;低洼地将庄稼种于亩上以避涝湿;一般田地,则甽与亩按时轮作互易,以增肥泽和抗旱保墒能力。由此可见,无论是垄作法或是甽亩法,“亩”总是指一长条形耕地。

在上古,“亩”主要用作田垄之称。《诗经》中用“亩”八处,除一作地积单位外,余均作田垄义。《诗·齐风·南山》:“艺麻如之何?衡从其亩。”谓横田要按垄的宽幅播种。《豳风·七月》:“同我妇子,馌彼南亩。”(“馌”,给耕作者送食。)《周颂·载芟》:“有略其耜,俶载南亩。”(“略”,利。“俶载”,始筑。)谓用耜筑成南北向的垄。屡见于古籍的“南亩”,是南北向田垄的省说。《小雅·信南山》:“我疆我理,南东其亩。”谓将垄筑成南北向和东西向。《大雅·绵》:“乃疆乃理,乃宣乃亩。”(“宣”,疏通水道。)有时,一诗中“田”、“亩”并出。如《小雅·甫

田》："倬彼甫田。"（"倬"，高大。）"今适南亩"、"禾易长亩"。《小雅·大田》："大田多稼"、"俶载南亩"。此更可证明："亩"不等于"田"。在其他上古文献中，"亩"也多作此用。《书·大诰》："予曷敢不终朕亩。"《墨子·节葬下》："垄若参耕之亩。"此"垄"指高坟。《国语·周语下》："子孙或在畎亩。"韦昭注："下曰畎，高曰亩。亩，垄也。"《韩非子·外储说右上》："（晋文公）伐卫，东其亩。"《荀子·成相》："举舜甽亩，任之天下。"杨倞注："甽与畎同。"《晏子春秋·谏上》："以蹲行畎亩之中。"《吕氏春秋·简选》："晋文公造五两之士五乘，锐卒千人……东卫之亩。"

亩是长条形田垄，在一般人的观念中固定下来，遂引申为计量面积的单位。以一个长条形来表达田地的计量单位。在国外农业史上也有成例。英国有长度单位孚朗(for Long)，220码，原也是指一条长畦，是公元前75年不列颠南部推广长畦耕作后所逐渐形成(《简明不列颠经济史》28页)。但我国作地积单位的不是"亩"，而是"田"，见于金文。《卫盉》："其舍田十田。"《不期簋》："锡(赐)汝弓一束，臣五家，田十田。"（"臣"，奴隶。）显然，长条形的亩比大块的田作计量单位更为方便。至春秋时，"亩"才取代"田"，作地积单位。《诗·魏风·十亩之间》："十亩之间兮，桑者闲闲兮。""亩"与数字连接，分明是个地积定量单位。《左传·宣公十五年》记鲁国实行"初税亩"，既然按亩收税，"亩"当然也是个地积定量单位。《孟子·万章下》："耕者之所获，一夫百亩。"《周礼·地官·大司徒》："以其室数制之，不易之地，家百亩；一易之地，家二百亩；再易之地，家三百亩。"不易之地，即上田、美田，年年可种；一易之地，休一年复种；再易之地，休二年再种（据郑司农注）。此一夫百亩之田，可径称为"田"。《周礼·考工记·匠人》："田首倍之。"郑玄注："田，一夫所佃百亩，方百步地。"即是每边各百步（六尺一步）的正方形田块。"亩"的量度定制，《说文·田部》曰："畮，六尺为步，步百为畮，秦田二百四十步为畮。"（"畮"同"亩"。）《韩诗外传》卷四亦曰："广一步、长百步为一亩。广百步、长百步为百亩。"此即为长期以来田中一条长垄的通行长宽度。

从春秋而至战国，"亩"主要用为田垄义，但其地积量词用法也在发展，逐渐成为其主要用义。与此同时，"亩"的田垄义开始被"垄"替代。

"垄"，或作"壠"、"陇"、"龙"。"龙"通"隆"（见《说文通训定声·丰部》"龙"字），有高义。"垄"，最早见于战国文献。《说文·土部》："壠，丘壠也。"段玉裁注："高者曰丘壠。"即是土丘。《孟子·公孙丑下》："而独于富贵之中，有私龙断焉！"赵岐注："龙断，谓堁断而高者也。"（"堁"，土。）喻指独占。引申为丘冢。《广雅·释丘》："垄，冢也。"又引申为田垄，也取义于土之高者。战国已见此义，常与"亩"连用。《战国策·齐策三》："使曹沫释其三尺之剑，而操铫鎒与农夫居垄亩之中，则不若农夫。"（铫鎒皆锄具。此泛指田器。）"垄亩"同义连用，泛指大田。《赵策四》："昔者尧见舜于草茅之中，席陇亩而荫庇桑，阴移而授天下传。"秦汉而降，随着"亩"的量词用法增多，田垄义用日少，"垄"的田垄义才普遍见于文献，单用也渐多。《史记·项羽本纪赞》："乘势起陇亩之中，三年，遂将五诸侯灭秦。"《汉书·陈胜传》："尝与人佣耕，辍耕之垄上。"颜师古注："垄上，谓田中之高处。"《后汉书·循吏传·孟尝》："躬耕垄次，匿景藏采。”《三国志·蜀志·秦宓传》：“仆得曝背乎陇亩之中，诵颜氏之箪瓢，咏原宪之蓬户。”文首引《诸葛亮传》亦其例。唐高适《登陇》诗：“登陇远行客，陇上分流水。”杜甫《兵车行》：“纵有健妇把锄犁，禾生垄亩无东西。”宋苏轼《送周正孺知东川》诗：“如君尚出麾，顾我宜耕垄。”

“畦”，浑说也是一种田垄，但对其大小、性质多歧。《说文·田部》：“畦，田五十亩曰畦。”《史记·货殖列传》：“若千亩卮茜，千畦姜韭，此其人皆与千户侯等。”裴骃集解引徐广曰：“千畦，二十五亩。”裴骃集解与司马贞索隐引韦昭曰：“畦犹陇。”“埒中畦犹陇也，谓五十亩也。”索隐引刘熙注《孟子》(按即“病于夏畦”句)曰：“今俗以二十五亩为小畦，五十亩为大畦。”《集韵·平齐》：“畦，田起塍埒也。”“塍埒”即畦埒，田埂。段玉裁曰：“今江东语谓畦埒为埂。”(《说文·土部》“埂”注)《广韵·平齐》：“畦，菜畦。”征之上古文献，《楚辞·离骚》：“畦留夷与揭车兮。”王逸注：“畦，共呼种之名。……五十亩为畦也。”《庄子·天地》：“(子贡)见一丈人，方将为圃畦。”成玄英疏：“埒中曰畦。”《楚辞·招魂》：“倚沼畦瀛兮遥望博。”王逸注：“畦，犹区也。”合文献使用而察以上诸说，对于畦的大小，徐广说与事实相距甚远，下句盖脱一“畦”字，当谓“畦二十五亩”。《集韵·平齐》等田埂说，于文献无证。刘熙指为大畦、小畦的说法，虽或有据，然仅是方言之“俗”，文献并不用为度量单位，且浑称即是田区。韦昭之田壠说实也指五十亩之一田区。然则唯田区说最为合情。但“畦”之田区，必周以田埂，专作菜圃。此与其声义之源相合。畦从圭声，圭声之一源有低凹义。“窐”，汙下(见《吕氏春秋·任地》高诱注)。《广雅·释诂一》：“窐，下也。”《说文新附》：“眭，深目也。”亦外眶高而内中低。“茥”，似莓而小，形似覆盆。则“畦”者，当是四周有埂埒而高、中间低平、宜种蔬菜的田区，即所谓“埒中曰畦”，俗称菜圃。上引《楚辞》等例之“畦”皆是此类菜畦。大的畦区也分条块，但与种粮食作物的田垄不同：因四周是土埂，中间条垄必较低平而短，且长短不一。北魏贾思勰《齐民要术·种葵》：“春必畦种，水浇。畦长二步、广一步。”缪启愉注：“‘埒’的原意是短墙，‘埒中’也意味着四周有较高的土埂，即此书卷二《水稻》篇所称‘畦畤大小无定’的‘畦畤’。现在河南所用改良盐渍土的畦田法，也是用土埂阻止雨水径流的田。所以《要术》以前所谓‘畦’，一般都指低畦而言。”《授时通考》卷六二引《群芳谱》述生姜之种植曰：“清明后三日种。阔一步作畦，长短随地。横作壠。壠相去一尺，深五六寸。壠中安姜。……盖土三寸。……芽出后有草即耘，渐渐以土盖之。已后壠中却令高。”此壠中一再培土，自越高于畦。由上引例可知，战国时期已出现了这种菜畦，并有了“畦”之称，标志着蔬菜的艺植水平已发展到一个新阶段，开始成为一个独立的农艺部门。

“畦”在秦以后一直是菜圃田区之称。《汉书·食货志上》：“还庐树桑，菜茹有畦。”颜师古注：“畦，区也。”唐杜甫《园》诗：“畦蔬绕茅屋，自足媚盘餐。”宋苏辙《种罂粟》诗：“拔棘开畦，以毓嘉疏，畦夫告予，罂粟可储。”畦，可大可小，或不周以田埂，则小者似是一垄。《宋史·食货志上一》：“男女十岁以上，种韭一畦，阔一步、长十步。”或可泛指田间。汉桓宽《盐铁论·论邹》：“诸生守畦亩之虑、闾巷之固，未知天下之义也。”(“固”，俭。)《魏书·杨椿传》:"年常发夫三千、草三百车,修补畦堰。""畦堰",指水田蓄水之土堤。

要之,田垄之称,先"亩"后"垄",二者均种植大田作物。而起于战国之"畦"内有种植蔬菜的特殊田垄。

参考文献

[1]〔英〕约翰·克拉潘:《简明不列颠经济史》,上海译文出版社,1980年10月。
[2] 夏纬瑛:《吕氏春秋上农等四篇校释》,农业出版社,1979年2月。
[3] 缪启愉:《齐民要术校释》,农业出版社,1982年11月。
[4] 中国农科院、南京农学院中国农业遗产研究室:《中国农学史》(初稿)上册,科学出版社,1984年5月。
[5] 李修松:《简析周代的亩与田》,《农业考古》1987年第1期。
[6] 王毓瑚:《先秦农家言四篇别释》,农业出版社,1981年3月。

67. 阡(千)·陌(伯、佰)·畛○阡陌

商鞅变法后，出现了新的亩制与田界，长条形亩的两端是“畛”道；长边是“陌”道；百亩而垂直于陌的是“阡”道。后世“阡陌”、“陌”、“畛”均可代称土地、田亩。

【同义】

《说文·田部》：“畛，井田间陌也。”《广韵·平先》：“阡，阡陌。”《庄子·齐物论》：“请言其畛。”陆德明释文：“畛，谓封域畛陌也。”“阡陌”、“畛陌”同义连用，泛指田地界道。

【辨释】

《尔雅·释言》：“障，畛也。”陆德明释文：“畛，田间道。”《广韵·上轸》于“畛”释同。《诗·周颂·载芟》：“千耦其耘，徂隰徂畛。”（“千耦”，上千的耦耕者。“隰”，新垦田。）郑玄笺：“畛，谓旧田有径路者。”孔颖达疏：“畛，谓地畔之径路也。”《楚辞·大招》：“田邑千畛。”王逸注：“畛，田上道也。”此种径路，或以为是田间小道，或谓可通车马之道。《左传·定公四年》：“封畛土略。”（“略”，界。）孔颖达疏：“畛是路，故为涂所经也。”其畛宽可“容大车”。或以为即是阡陌，如文首引《说文》之训。段玉裁亦曰：“径、畛、涂、道、路，皆可谓之陌阡，故曰‘井田间陌’。”（《说文·田部》“畛”注）分歧最大的是“阡陌”。《汉书·成帝纪》“出入阡陌”颜师古注：“阡陌，田间道也，南北曰阡，东西曰陌。”（《汉书·食货志上》颜注亦有是说。）而《史记·秦本纪》：“初为开阡陌。”司马贞索隐引应劭《风俗通义》曰：“南北曰阡，东西曰陌。河东以东西为阡，南北为陌。”后人多从颜说。何谓“开阡陌”，也众说纷纭。宋朱熹《开阡陌辨》曰：“开者，乃破坏划削之意，而非创置建立之名。所谓阡陌，乃三代井田之旧，而非秦之所置。”（《晦庵先生朱文公文集》卷七二）又谓“陌”取百义，指百亩田之道；“阡”取千义，指千亩田之道。然也有以为“开”乃创置之谓，谓商鞅“开置阡陌”，为古所无。又有谓“开”包括破、立两层：破旧田间道，立新田间道。至今，聚讼未息。

在战国以前的书面文献和铜器铭文中，皆未见“阡陌”之称。只是到战国时，才见其名，字或作“千、伯、佰”。《管子·四时》：“修封疆，正千伯。”尹知章注：“千伯，即阡陌也。”《太平御览》卷十正引为“阡陌”。《墨子·杂守》：“诸距阜，山林沟渎，丘陵阡陌。”《晏子春秋·谏上》：“遂分家粟于氓，致任器于陌。”（“任器”，用器。）《战国策·秦策三》载蔡泽语：“夫商君为孝公平权衡，正度量，调轻重，决裂阡陌，教民耕战。”阡陌就是田界。田界本称“封”、“埒”等，在战国之所以别出“阡陌”，则绝非一般田界，而是显示战国时出现的新田界。此确与商鞅“开阡陌”之事有关。“开阡陌”，即商鞅变法所建立的土地制度，在《史记》、《汉书》等文献中

均有多侧面的反映。《史记·秦本纪》:“(秦孝公)十二年……为田,开阡陌。”又《范雎蔡泽列传》:“商君为秦孝公……决裂阡陌,以静生民之业而一其俗。”《商君列传》称商鞅“为田开阡陌封疆”,“明尊卑爵秩等级,各以差次名田宅,臣妾衣服以家次”。(“家次”,随家爵秩之班次。)《汉书·食货志上》述商鞅“改先王之制”,“坏井田,开阡陌”。《地理志下》:“孝公用商君制辕田,开阡陌,争雄诸侯。”事实表明,破坏井田制而开阡陌,实行辕田制和名田制,是商鞅变法建立新兴地主阶级土地制度的核心内容。按周代井田制,三年换田易居,以使肥瘠平均,此是落后的土地定期轮换制。商鞅则一反古制,推行按人口授田(即辕田。“辕”通“爰”,受。)和按军功爵秩的不同而增加授田(名田)的土地长期占有制度。《汉书·地理志下》颜师古注引孟康曰:“三年爰土易居,古制也……商鞅相秦,复立爰田……爰自在其田,不复易居也。”“爰田”即“辕田”。《史记·秦始皇本纪》所载始皇碣石刻辞曰:“久并来田,莫不安所。”“来田”即“莱田”,是休耕田(见《周礼·地官·遂人》),辞谓很久以前即废弃了土地定期分配和易居制度,使莱田成了长期定居使用的田地。此亦言辕田之事。按基本的辕田制,秦民亦受田一家百亩,似与周制授数无异,但商鞅扩大了亩制。此在文献中多有记载。《说文·田部》:“晦,六尺为步,步百为晦。秦田二百四十步为晦。”段玉裁注:“秦孝公之制也,商鞅开阡陌封疆,则邓展曰‘古百晦,汉时二百四十步为晦’。按,汉因秦制也。”《风俗通义》佚文:“秦孝公以二百四十步为亩,五十步[亩]为畦。”《新唐书·突厥传上》:“杜佑谓:……周制,步百为亩,亩百给一夫。商鞅佐秦,以为地利不尽,更以二百四十步为亩,百亩给一夫。”此法前有所承,后为所继,皆被论为一项富民强国之策。1972 年山东临沂西汉墓出土《孙子兵法·吴问》残简,记孙武与吴王阖庐问对,孙评三晋之范氏、中行氏“以百六十步为畛(亩)”,智氏“以百八十步为畛(亩)”,韩魏“以二百步为畛(亩)”,皆“公家富”,而民贫,故先后败亡,唯赵氏“以二百卌步为畛(亩)”,“民富”而得“王者之道”,政权巩固。汉桓宽在《盐铁论·未通》中则曰:“先帝哀怜百姓之愁苦,衣食不足,制田二百四十步而一亩。”可见,汉承秦制。此制在当时更有富民强国的重大作用。盖秦国地多人少,“田数不满百万,其薮泽、溪谷、名山、大川之材物、货宝,又不尽为用,此人不能称土也”。故商鞅认为强国之本在于重农,刺激民众开垦荒地、提高生产的积极性,在《垦令》篇中一连提出了二十种重农、垦地的政策。扩大亩制也是商鞅重农战略思想的一项根本决策。唯其有实效,故商鞅虽被车裂,但此制(还有其他制度)仍为秦历朝君主奉行。

举国遍授扩大亩制的辕田,加上军功名田,必然不能按旧时的田块分配。必须按新亩制和亩数构筑田埂,建立界标。“畛”和新词“阡、陌”遂成了表达新田界埂的三个称名。四川青川郝家坪出土木牍《田律》对于三者的大小、形制有明确的说明。据于豪亮、杨宽等考证,此是秦武王二年(公元前 309 年)的简牍,其律文曰:“田广一步,袤八,则为畛。亩二畛,一百(陌)道。百亩为顷,一千(阡)道,道广三步。”

由此可知,畛宽一步、长八步,分设于长条亩的两端;可见亩的短边宽度为八步。然则陌道就是亩的长边,按《氾胜之书》区田法的规定折算,当为三十步。其宽与阡同,也可为三步。

百亩为顷，设一垂直于陌道的阡道，其宽为三步，长二百四十步。要之，长条形亩的两端是“畛”道；长边是“陌”道；百亩而垂直于陌的是“阡”道。也就是说，每长条形的亩有两畛道，一垂直于畛的陌道；一百亩修一垂直于陌的阡道。据此，“开阡陌”也可得正解。盖田埂径道皆从田亩划出，二者实为一事，故青川木牍以田广袤计量畛道；反之，当也可以径道代称田亩。文献诸“阡陌”正以田道代称田亩。“开”者，开辟。《商君书·算地》：“地广而民少者，地胜其民。民胜其地务开。”意谓：有的国家土地广大而民众稀少，此是土地超过民众；而民众超过土地，就应力图开辟土地。“开阡陌”，犹言开辟土地，与《算地》此句可互为注解。

“阡陌”作土地的代称用法，不限于“开阡陌”一语，他如“决裂阡陌”、“正阡陌”等皆为其例，也常见于后世文献。《史记·陈涉世家》：“蹑足行伍之间，俯仰阡陌之中。”“阡陌”，指田野。《韩诗外传》卷一：“于是（召伯）出而就蒸庶于阡陌陇亩之间而听断焉。”（“蒸”，通“烝”，众。“蒸庶”，百姓。）“阡陌、陇亩”皆同义连用，犹言田亩。《汉书·成帝纪》：“其令二千石勉劝农桑，出入阡陌，致劳来之。”《食货志上》：“（商贾）亡（无）农夫之苦，有阡陌之得。”“阡陌”皆不得实解为田间路，而宜训为田地。宋陆游《花时遍游诸家园》诗：“看花南陌复东阡，晓露初干日正妍。”“南陌、东阡”犹南田、东田。“陌”字常可单用。乐府相和曲名《陌上桑》，得名于罗敷“采桑于陌上”（晋崔豹《古今注中·音乐》）。唐冯延巳《鹊踏枝》词：“泪眼倚楼频独语：双燕飞来，陌上相逢否？”宋张先《一丛花令》词：“离愁正引千丝乱，更东陌飞絮濛濛。”诸“陌”均当训为田地。“畛”之用亦相类。《文选·左思〈吴都赋〉》：“其四野则畛畷无数，膏腴兼倍。”李善注引《毛诗笺》曰：“畛，旧田有径路也。”“畷”也是田间路，句中连用而指田地。可引申指界域。《庄子·秋水》：“泛泛乎其若四方之无穷，其无所畛域。”“畛域”，畛界限域（成玄英疏）。

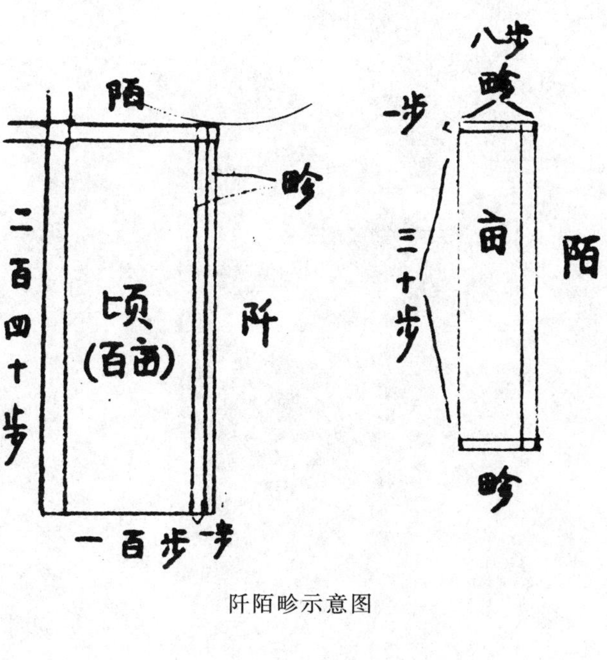

阡陌畛示意图

参考文献

[1] 高亨:《商君书注译》,中华书局,1974 年 11 月。
[2] 朱绍侯:《秦汉土地制度与阶级关系》,中州古籍出版社,1985 年 3 月。
[3] 陈昌远:《商鞅“开阡陌”辨》,《农业考古》1986 年第 1 期。
[4] 李解民:《“开阡陌”辨正》,《文史》第十一辑,中华书局,1981 年。
[5] 于豪亮:《释青川秦墓木牍》,《文物》1982 年第 1 期。
[6] 李学勤:《青川郝家坪木牍研究》,《文物》1982 年第 10 期。

68. 园·圃

早在战国时，园圃业已从大田农业中独立。“圃”是圃田、圃畦的通称，圃中种植蔬菜等草本植物。“园”是果园的通称，园中种植果树等木本植物。但园中常有圃，故“园”又是园圃的总称。

【同义】

《墨子·非攻上》：“今有一人，入人园圃，窃其桃李。”三国魏曹植《蝉赋》：“有翩翩之狡童兮，步容与于园圃。”诸“园圃”皆是同义复词。

【辨释】

园、圃是园艺学中的两个门类，由于性质相近，关系密切，因此在语言上，“园”、“圃”从战国开始经常连用。盖至战国时期，我国的园艺技术日趋成熟，成为农艺中的一个分支；园圃业已从大田农业中独立，成为一种重要的农业综合经营方式。园圃已成为衡量国家贫富、农业成败的一个标尺。《尔雅·释天》：“谷不熟为饥，蔬不熟为馑，果不熟为荒。”《管子·立政》：“瓜瓠荤菜百果不备具，国之贫也。……瓜瓠荤菜百果备具，国之富也。”战国时已出现“还庐树桑，菜茹有畦，瓜瓠果蓏，殖于疆易”的局面（见《汉书·食货志上》。“还”，通“环”。“易”，通“埸”，田界。）秦以后更为发展。《汉书·循吏传·龚遂》：“劝民务农桑，令口种一树榆、百本薤、五十本葱、一畦韭。”《后汉书·循吏传·仇览》：“劝人生业，为制科令，至于果菜为限。”经营园圃，成为社会风尚。“秦汉以来……公侯之尊，莫不殖园圃之田，而收市井之利”（《晋书·江统传》）。“园圃”的连用，是园圃业发展进入新阶段的标志，由同义连用而成为一个同义复词。俗将有些文献中的“园圃”，如文首引《墨子·非攻上》句中之“园圃”，或解作“偏义复词”，实是有违于农业文化之误断。

但是，园、圃出现时间、种艺特点、范围大小等均有不同，因而词义及语言使用上也有其别。

“圃”，指种蔬菜等草本植物的场所。《说文·囗部》：“圃，所以种菜圃。”《诗·齐风·东方未明》：“折柳樊圃。”毛传：“圃，菜园也。”“圃”是圃田、圃畦的通称。今仍有“花圃”、“苗圃”、“菜圃”之称。

在我国农业史上，圃早于园。在新石器时代，先民采集野生植物，取其茎、叶、根掺入粥饭，以供食用，从而导致人工种植蔬菜。在西安半坡遗址与谷粒同时出土的一只小陶罐中留有炭化的芥菜或芜菁类的种子，表明此时已开始蔬菜栽培。古文字中也已有“圃”字。西周金文作（《周早御尊》），下田上草，当是圃的初文，像田中种有草本植物的菜蔬之属。因此，最早的圃是大田中所种的一区菜蔬，并非单独的经济作物区，亦非如后世之园圃。到西周时期，《诗·大雅·生民》："麻麦幪幪，瓜瓞唪唪。"瓜瓞与麻麦等并列，当仍为大田栽培作物。《小雅·采芑》："薄言采芑，于彼新田，于此菑亩。""芑"是一种蔬菜和饲料（见朱熹《诗集传》），应进入园圃经营，但诗中仍作大田作物。春秋时期，两者出现了分工经营。《诗·豳风·七月》："九月筑场圃。"毛传："春夏为圃，秋冬为场。"郑玄笺："场圃同地。自物生之时，耕治之，以种菜茹；至物尽成熟，筑坚以为场。"此表明《七月》之时业已将种菜茹的圃从大田中分治。《论语·子路》："樊迟请学稼。子曰：'吾不如老农。'请学为圃。曰：'吾不如老圃。'""稼"与"圃"对举，已明确成为两种并举的经营方式。由于圃的独立经营，人工栽培蔬菜日趋增多。《诗经》里出现的植物中作蔬菜的已有二十余种。据研究，先秦，特别是春秋之时的菜蔬已有葵、藿、菽、韭、薤等四十余种（伊钦恒文），其中菽作为五谷之一，菰（后变为茭白）为六谷之一。到汉代，在一些大都城的郊区，出现了许多种植、经营蔬菜的专业农户。《史记·货殖列传》曰："及名国万家之城，带郭千亩亩钟之田，若千亩卮、茜，千畦薑、韭：此其人皆与千户侯等。"（六斛四斗为一钟。）在宫禁苑囿和皇室贵族、大地主的庄园中也有大片圃田，大量种植蔬菜。崔寔《四民月令》记述有的大庄园菜圃中经营的蔬类作物有葵、苜蓿、生姜等二十种。当时已能利用温泉热种瓜。《史记·儒林列传》张守节正义引卫宏《诏定古文尚书序》云："诸生……前后七百人，乃密种瓜于骊山陵谷中温处，瓜实成。"更多的是温室菜圃培植蔬菜。《汉书·循吏传·召信臣》："种冬生葱韭菜茹，覆以屋庑，昼夜爇（燃）蕴火，待温气乃生。"据《后汉书·皇后纪·和熹邓皇后》可知，东汉宫廷温室菜圃培植供皇室的蔬菜在二十三种以上。汉代，圃中自西域引进的黄瓜、大蒜、苜蓿等逐渐成为主要的菜类。在技术上，套种、复种、施肥、地宜的经验已趋成熟。到南北朝时，北魏贾思勰《齐民要术》更全面总结了蔬菜栽培中如何充分利用土地和"粪大水勤"的经验。其后，蔬菜栽培更得到长足发展。

"园"，是种植果树等木本植物的场所。《说文·囗部》："园，所以树果也。"先民从采摘野生果逐渐发展为在园中人工栽培。《诗经》中已见许多园艺果树，如桃、李、杏、枣、榛、栗、檖等。《郑风·将仲子》："无逾我园，无折我树檀。"毛传："园所以树木也。""树木"，树果木。《魏风·园有桃》："园有桃。""园有棘。"可知至少公元前八世纪已有了果园。《左传·宣公二年》："赵穿攻灵公于桃园。"此是更明确的果园之称。在春秋战国时，已知园地宜选择在城郊平野之地或水肥充足的原隰地带。著名的《管子·地员》篇，正是主要从果树栽培的实践出发，进行系统分析，总结了土壤问题。汉代，宫禁苑囿，果木遍栽，成为南方和西域佳果的试验地。如上林苑，移植有荔枝、柑橘、枇杷、橄榄、石榴等水果。在大贵族、大地主的庄园中，果木是主要栽培物。梁孝王"方三百余里"之东苑"奇果异树""毕备"（《汉书》本传及《西京杂记》卷一），曹植拥有"园果万株"（《转封东阿王谢表》）。各地都有许多商品性的果树专业经营，如"安邑千树枣，燕秦千树栗，蜀、汉、江陵千树橘"（《史记·货殖列传》）。不少果树已培育出十种以上的优良品种。北魏贾思勰《齐民要术》第四、五两卷全面总结了许多果树和用材树木栽培的经验。据统计，世界各国的果树总计约四十科，而我国栽培的有三十七科，三百余种，品种约万个以上（据《中国果树栽培学》）。“园”是果园的通称。

但是，由于园大于圃，圃或可在园中，故“园”也可包括或径称圃，从而成为园圃的总称。《周礼·地官·载师》：“以场圃任园地。”（任，使。）江永解曰：“谓城外有可为园圃之地授九职中艺园圃者，使贡草木果蓏之属，场人掌之。”（《周礼疑义举要》，见《皇清经解》。）即国人（贵族）众多，宜在城门外、郭门内空间之地树艺蔬菜、桑麻果木以专供彼辈取食之用。句中“园地”即指园圃之地，“园”以赅圃（详孙诒让《周礼正义》）。秦以后亦然。《后汉书·吴祐传》：“（吴祐）躬灌园蔬。”《晋书·天文志上》：“苑南十三星曰天园，植果菜之所也。”唐杜甫《种莴苣》诗：“中园陷萧艾，老圃永为耻。”宋陆游《春晚》诗：“早笋渐上市，青韭初出园。”又《项里观杨梅》诗：“隔岁租园不计钱，杨梅海里过年年。”此同一作者用“园”，一称菜圃，一称果园之例。今“园”犹是园圃的共名总称，如“果园”、“菜园”、“竹园”，皆以“园”称。

参考文献

[1] 林剑鸣等：《秦汉社会文明》，西北大学出版社，1985 年 9 月。
[2] 辛树帜：《中国果树史研究》，农业出版社，1983 年 7 月。
[3] 李长年：《齐民要术研究》，农业出版社，1959 年 5 月。
[4] 中国科学院、南京农学院中国遗产研究室：《中国农学史》（初稿）上册，科学出版社，1984 年 5 月。
[5] 缪启愉：《齐民要术校释》，农业出版社，1982 年 11 月。
[6] 伊钦恒：《先秦常蔬及其演进的探讨》，载《农史研究》第 5 辑，农业出版社，1985 年 10 月。

69. 沟·洫(淢)·畎(涓、甽)·遂·浍·渠

农田水沟，起源早，主要用来排水。上古时，"畎"是夹垄小水沟。"浍"大于畎。更大者"遂"，起分流作用。无论大小，可通称为"洫"。"沟"却是各种人工河通称，至秦以后才可作田间沟渠泛称。真正用于灌溉的沟渠，到战国才出现，而称名"渠"首见于西汉文献；汉代起，"渠"成为农田溉渠的通称。

【同义】

《礼记·曲礼上》："门间沟渠必步。"孔颖达疏："渠，亦沟也。谓勇士遇门间沟渠必下车。"《史记》的《河渠书》，《汉书》称"沟洫志"，"渠"、"沟洫"皆指水渠。《左传·襄公三十年》："田有封洫。"杜预注："洫，沟也。"《荀子·王制》："修隄梁，通沟浍。"《汉书·沟洫志》："用溉田，沟渠甚多。"晋郭璞《江赋》："网络群流，商榷涓浍。""沟浍"、"沟渠"、"涓浍"皆同义连用，泛称各种水沟。

【辨释】

农田水沟，其源甚早。传说早在公元前2000年前后，大禹治水，已创建了沟洫(见《论语·泰伯》)，但彼时开田间水沟的目的是为了排水或防卫，而不是为灌溉(就黄河流域而言)，即为创造一个旱耕的环境，黄土高原大部分地区种植旱地作物，排水抗涝尤为重要。到了周代，实行井田制，据《周礼·地官·稻人》、《地官·遂人》、《考工记·匠人》，农田水沟工程更为完整，由小至大分为畎、遂、沟、洫、浍，此即奴隶社会时期的农田沟洫制。但其功用主要仍是排水，它们不同于以后的灌溉。若是黄河流域，尤其中原一带的农田灌溉，则主要利用陂池和泉水。陂池者，是在天然泽沼四周，构筑堤防，形成小型蓄水库(参第70条)。从东周以来所出现的大型水沟，即人工河，如邗沟、深沟、鸿沟，也都主要为交通、军事运输，而不是为灌溉。

"沟(溝)"，《周礼·考工记·匠人》曰："井间广四尺、深四尺谓之沟。""井"指井田。此按《周礼》之制为说。其实，作为词的实际使用，"沟"在上古却不是农田水沟的常称，而是大的水道——人工河的通称。"沟"从水冓声，冓声有交互义。"冓"是"交积材"(《说文》部首)；"遘"是二者相遇；"构"是架木；"沟"则是交叉沟通的水道。如经界河沟。《周礼·地官·大司徒》："制其畿疆而沟封之。"郑玄注："沟，穿地为阻固也。封，起土界也。"孙诒让正义："定其封疆沟洫，以正其经界也。"护城河。《墨子·七患》："城郭沟池不可守。""沟池"同义连用。壕沟。《管子·制分》："善用兵者无沟垒而有耳目。""沟"还可用于大型人工河，如邗沟。《左

传·哀公元年》:"吴城邗沟通江淮。"春秋时吴王夫差在邗(今江苏扬州东南)筑城、凿沟引江水北流,经射阳湖入淮,长三百八十里。接着,又凿深沟:吴王夫差在商(商丘)鲁(曲阜)之间开凿一条沟通济水与泗水的人工河。又,鸿沟,战国魏开凿,据实勘而知,其最险处在荥阳东北广武山间,宽达800米,沟底至山顶200米。此沟从古黄河南淮阳,将黄河与淮河的丹、睢、濊、颍诸水沟通形成了黄淮平原水道交通运输网。"沟"常与"洫"连用(洫亦人工开凿),或可泛指用于排水的田间水沟。《论语·泰伯》:"卑宫室,而尽力乎沟洫。"但即便"沟洫"连用,也常偏于沟,而泛指护城河。《吕氏春秋·似顺》:"城郭高,沟洫深。"秦以后,"沟"才作用于灌溉的田间大小沟渠的泛称。《释名·释水》:"田间之水亦曰沟。沟,构也,纵横相交构也。"《文选·班固〈西都赋〉》:"沟塍刻镂,原隰龙鳞。"《旧唐书·李愬传》:"雨水自五月至七月不止,沟塍溃溢。"《太平御览》卷七五引《殷氏世传》曰:"君乃穿渠入河四十余里,疏导原隰,用致丰年,民赖其利,号曰殷沟而颂之。"又引《杨子图经》曰:"张纲……劝课农桑,于东陵村东开此沟引湖水灌田,以此号为张纲沟。""沟"皆指溉渠。但仍可作人工河的通称。《史记·齐太公世家》:"禁方城以为城,江汉以为沟。"《太平御览》卷七五引《博物志》曰:"徐偃王治其国,仁义著闻,欲周行上国,乃通沟陈蔡之间。"引《水经注》曰:"高唐县有甘枣沟,水侧多枣,故俗取名沟焉。"秦以后,"沟"亦非沟渠的专称,而只是各种田沟、沟渠的泛称。

"畎"又作"涓",或作"甽",古字作"く"。《说文·く部》训"水小流也"。据《说文·く部》及《周礼·考工记·匠人》,"畎(く)""广一尺、深一尺",是最小的沟。此说不误。其字各体均可见其义。肙声有小义,故"涓"指最细小之水流,今犹言"涓涓流水"。"畎"或作"甽",《说文·く部》释"く"曰:"古文く,从田川。"则以"く"为"田川"的基本单位。"畎(甽)"常与"亩"连言。《国语·周语下》:"天所崇之子孙,或在畎亩。"韦昭注:"下曰畎,高曰亩。亩,垄也。"《孟子·万章上》:"帝使其子……以事舜于畎亩之中。"《吕氏春秋·辩土》:"故晦(亩)欲广以平。甽欲小以深。"亦"亩、甽"对举。可见畎是夹垄亩的水沟,故为最小者。

"浍",古字是"巜",《说文·巜部》训"水流浍浍也"。据《说文·巜部》及《周礼·考工记·匠人》,谓"倍洫曰巜",即广二寻、深二仞。此说却无文献与实物之证。从古字"巜"与"く"比,浍当是大于畎的田间小水沟。《尔雅·释水》:"(水)注沟曰浍。"《释名·释水》:"浍,会也,小沟之所聚会也。"《荀子·解蔽》:"醉者越百步之沟,以为蹞步之浍也。"杨倞注:"浍,小沟也。"唯此,"畎、浍"常同义连用,泛指小水沟。文首引郭璞《江赋》"商榷涓浍"句即其例。又,《书·益稷》:"予决九川,距四海,浚畎浍,距川。"蔡沈传:"畎浍之间有遂,有沟,有洫,皆通田间水道,以小注大。言畎浍而不及遂沟洫者,举小大,包以其余也。"《史记·夏本纪》:"致四海,浚畎浍。"裴骃集解引郑玄曰:"畎浍,田间沟也。"南朝齐谢朓《高松赋奉竟陵王教作》:"夫江海之为大,实涓浍之所归;瞻衡恒之峻极,不让壤于尘微。"

"遂",《周礼·考工记·匠人》曰:"为沟洫田首,广二尺、深二尺谓之遂。"《地官·遂人》:"凡治野夫间有遂,遂上有径。"郑玄注:"遂,所以通水于川也,广深各二尺。"又《地官·稻人》:"以遂均水。"郑玄注:"遂,田首受水小沟也。"遂是田头第一道小沟,稍大于畎、浍。从畎、浍等小田沟之水汇流至遂，并由遂而达大沟以泄；从大沟而来之水，经遂分流配水至畎亩，此谓“均水”。汉代已行均水制度。《汉书·循吏传·召信臣》：“（信臣）开通沟渎，起水门提（堤）阏凡数十处，以广溉灌，岁岁增加，多至三万顷……信臣为民作均水约束。”王先谦补注引沈钦韩曰：“《长安志·泾渠图制》云：‘立三限闸以分水，立斗门以均水。凡用水，先令斗吏入状，官给申帖，方许开斗。自十月一日放水，到六月遇涨水歇渠，七月往罢。每夫一名溉夏秋田二顷六十亩，仍验其工给水。行水之序须自下而上，尽夜相继，不以公田越次霖潦辍功。’此均水之法也。”上古尚无严格的溉渠，也不会有上述的均水制度，但既称“以遂均水”，即“反映着灌溉水通过田头小沟均平地配水到田的一定制度”（《中国农学史》105页）。

“洫”，或作“淢”。《诗·大雅·文王有声》：“筑城伊淢。”陆德明释文：“淢字又作洫。”“淢，从水或，或亦声。”“或”即“域”。故洫者，从盛水有界域的特点而称水沟，是上古田间水沟的通称，相当于今所称“沟”。《左传·襄公三十年》：“田有封洫。”杜预注：“洫，沟也。”《襄公十年》：“初，子驷为田洫。”杜预注：“洫，田畔沟也。”孔颖达疏：“沟洫俱是通水之路，相对大小为异耳，皆于田畔为之，故云田畔沟也。”按，大小之异乃据《周礼》之规划，若依实际使用，沟是人工河之称，当大于洫；“洫”才通称“田畔沟”。秦以后，或也承古而用。《后汉书·鲍昱传》：“后拜汝南太守。郡多陂池，岁岁决坏，年费常三千余万，昱乃上作方梁石洫，水常饶足，溉田倍多。”颜师古注：“洫，渠也，以石为之，犹今之水门也。”按，方梁当是“水门”，即水闸。石洫，即是石砌的水渠，是沟通一些陂池的干渠。唐陆龟蒙《幽居赋》：“室乏崇墙，墉非缩坂，因坎窞以为洫，藉蒙茏而表限。”（“蒙茏”，小渠名。）

以上皆是首先见于上古井田制时代的农田水沟的称名。然则排水田沟、运输沟皆以“沟”等名相称，反映上古人们与水患进行斗争的特点，是水利发展的初级阶段。

战国，是农田水利史上的转折点。井田制瓦解，土地被广泛开发、利用，于是有大小渠系的兴建。当时已知渠系设计必须有合理布局和适中的渠道比降，比降过大与过小，都会造成渠道淤积或冲刷（见《管子·地员》），渠道与道路、河道交叉处需构建渡漕、倒虹吸，穿山还要凿隧洞。为供水田头还要设置闸门。渠系进水口则或通过河中建坝提高水位入渠（即有坝取水），或建分水坝以取水。总之，渠系设计技术之复杂远甚于井田制的大小田沟。据考，战国二百五十年间，大中型水利工程及灌区共有八项，用于灌溉者六、航运二。就沟渠而言，最早是魏西门豹所凿的漳水渠，长二十里。稍后的秦之郑国渠，长三百余里，已具拦堰渠口、导水路和包括干渠、支渠的灌渠网络，有效灌溉面积达今二百八十万亩。明徐光启曰：“考之古，有沟洫畎浍，以治田水。《书》云‘浚畎浍距川’是也。逮夫疏凿已远，井田变古，后世则引川水为渠，以资沃灌。按《史记》秦凿泾为渠，又关西有郑国、白公、六辅之渠，外有龙首渠，河内有史起十二渠（按，即漳水渠）……俱各溉田千百余顷，利泽一方，永无旱暵。”（“暵”，干旱。见《农政全书·水利·灌溉图谱》。）按，所言六辅、白公等渠是汉武帝时所凿（见《汉书·兒宽传》），能引水灌高仰之田。西汉的龙首渠，是引洛之渠，为穿越商颜山，创造了井渠法（在渠线中途打竖井），开凿十余里长的引水隧洞，开创了后代隧洞竖井施工法的先河。此种井渠法直接发展了后世在雨水稀少地区开凿地下水渠引泉溉田的坎儿井，在找到的函水地段，开挖竖井与地下暗渠，下游凿治可通航的明渠。至于一般的渠系，汉以后更是代有发展，数量、类型更多，有机地组合在各种类型的农田水利工程中。凡此，专用于农田灌溉的水沟系列均称为"渠"。

《说文·水部》："渠，水所居也。""渠"字，上古已有，但本是人工开凿河沟、水塘之称。《国语·晋语二》："景霍以为城，而汾、河、涑、浍以为渠。"韦昭注："渠，池也。"池是护城河。《荀子·非相》："与时迁徙……府然若渠匽（堰）檃栝之于己也。"杨倞注："渠匽（堰），所以制水。"堰是塘堤，渠是池塘。"沟渠"常连言，"渠"亦沟，例见文首引。然"渠"不同于"沟"。盖"渠"从巨声，"巨"声有弯曲义。《说文·工部》："巨，规巨（矩）也。"《周髀算经》："员（圆）出于方，方出于矩……故折矩以为句。"《释名·释形体》："鬓曲头曰距。距，矩也，言曲似矩也。"《文选·潘岳〈西征赋〉》："于是弛青鲲于网钜。"李善注："钜，钩也。"唯此，"渠"也可称弯曲物。可指称轮辋，即车轮外圈。《周礼·考工记·车人》："车人为车，柯长三尺……其渠二柯者三。"郑玄注引郑司农曰："渠谓车辋，所谓牙。"可喻称罗圈腿。《山海经·海内经》："韩流擢首……渠股豚止。"郭璞注："渠，车辋，言跰脚也。"唯渠有弯曲义，故可指称护城河、池塘（见上）。二者均是弯曲的水道、水区。但池塘、护城河皆有"池"之正称，故"渠"非其常称，一般在"沟渠"连用时才作其泛称。如前所说，上古周代实行井田制，无论哪一级田间水沟皆是直沟，"沟"本身即重在纵横交叉，其时也无真正的农田灌溉渠系；战国中晚期开始出现溉渠，但称名总落后于实际，因此，整个上古文献中尚无水渠之称。水渠之称，首见于西汉文献。《史记·河渠书》："禹……乃厮二渠以引其河。"（"厮"，分。）"秦欲杀郑国。郑国曰：'始臣为间，然渠成亦秦之利也。'秦以为然，卒使就渠。"以后，"渠"就成为农田溉渠的通称。《太平御览》卷七五引《水经注》曰："（王梁）……将引谷水以溉京师，渠成而水不流，故以坐免。"《隋书·薛胄传》："兖州城东沂、泗二水合而南流……又通转运，利尽淮海，百姓赖之，号为薛公丰兖渠。"《旧唐书·温造传》："造为朗州刺史，在任开后乡渠九十七里，溉田二千顷，郡人获利，乃名为右史渠。"秦以后，农田灌溉的水沟虽然均可称"渠""沟"，但二者有别：渠者，通常不指小沟，故总体上大于"沟"；也不指人工河，尽管渠中有时也可通航，但基本的作用是为灌溉农田。从上述引例可知，此种水渠，均是专为引河水、地下水、泉水等溉田而开凿的人工水沟（还包括其他配套设施）。此种水沟，必不是经纬相交的直沟，而是因地、因需弯绕曲折而导引溉田的曲沟，以其弯曲而引水，故不以"沟"等相称而别以"渠"名之，固宜。因此，"渠"之称名的出现并普及，人工开凿田沟之称由以"洫"等为主转化为以"渠"为主，标志着我国农田水利建设由低级向高级的飞跃，显示了祖先们从被迫与水患斗争到主动开发水资源、利用大自然的历史性转变。而本文于"渠"的正名，所揭上古田沟无有"渠"称之事实，也可以给一些主张上古的沟洫主要用于排水而不用于灌溉的农业史家、水利史家以语言学上的支持。

参考文献

[1] 中国农业科学院、南京农学院中国农业遗产研究室:《中国农学史》(初稿)上册,科学出版社,1984 年 5 月。

[2] 石声汉:《农政全书校注》(上册),上海古籍出版社,1979 年 9 月。

[3] 武汉水利电力学院、水利水电科学研究院本书编写组:《中国水利史稿》(上册),水利电力出版社,1979 年 8 月。

[4] 缪启愉:《齐民要术校释》,农业出版社,1982 年 11 月。

[5] 彭曦:《初论战国、秦汉两次水利建设高潮》,《农业考古》1986 年第 1 期。

[6] 张波:《谁是我们的母亲——是黄河,还是黄土?》,《农业考古》1988 年第 1 期。

[7] 周魁一:《中国古代的农田水利》,《农业考古》1986 年第 1 期。

[8] 王克林:《略论我国沟洫的起源和用途》,《农业考古》1983 年第 2 期。

70. 潴(豬)·池·塘(唐)·陂·湖○陂塘

用于灌溉的池塘、水库，上古泛称“潴”。用作养鱼兼灌溉、小于陂湖的池塘，商代已有，汉代尤盛，称为“池”。北方，利用洼地、坡谷筑堤围成的水库，称“陂”，有时也从围堤而称“塘”；浑称为“陂塘”。“塘”，从唐代起也可指池塘。南方(江浙一带)相当于陂塘的大水库称“湖”。

【同义】

《周礼·地官·稻人》：“以潴蓄水。”夏纬瑛释：“潴……古语亦谓陂塘。”《说文·水部》：“池，陂也。”《𨸏部》：“陂，一曰池也。”《广雅·释地》：“塘，池也。”“湖，池也。”《太平御览》卷六六引黄关《五陵记》：“有湖名为丹陂，周围数百顷。”刘澄之《豫州记》：“陈县地有芍陂湖。”即芍陂。《后汉书·马稜传》：“兴复陂湖，溉田二万余顷。”《南蛮西南夷传》：“造起陂池，开通溉灌，垦田二千余顷。”“陂湖”、“陂池”皆同义连用，泛指水库。

【辨释】

《说文新附》：“潴，水所亭(停)也。”或作“豬”。《书·禹贡》：“大野既豬。”孔传：“水所停曰豬。”孔颖达疏：“水所停曰豬，往前漫溢，今得豬水为泽也。”按，者声有聚义。“渚”为水中小州，“阇”是积土为台(见《尔雅·释宫》“阇谓之台”注)，“都”为人所聚居之邑，故“潴”是水所停聚之地。《左传·襄公二十五年》：“楚蒍掩为司马……数疆潦，规偃豬，町原防，牧隰皋，井衍沃。”孔颖达疏：“偃豬，谓偃水为豬，故为下湿之地，规度其地受水多少，得使田中之水注之。”即谓：选择易潦洼地，筑堤堰，造成水库，将靠近堤岸的季节性浅滩，辟为牧草区，将堤防不成片之零星地辟为小町亩，将成片之下隰平原，辟为可灌溉的肥沃农田。《周礼·地官·稻人》：“掌稼下地，以潴蓄水，以防止水。”郑玄注：“偃潴者，畜流水之陂也。防，潴旁隄也。”夏纬瑛释：“潴，一名偃潴，今大者谓之水库，小者谓之蓄水池，古语亦谓陂塘。作成水库或蓄水池，必须筑堤，以止流水。……‘以潴畜水’和‘以防止水’，二者是相关联的一件事情。”可见，“潴”是利用原先低洼地构筑堤塘而成的水库，是周代水库或池塘的泛称。作为早期的库塘，其规模设施当然不可与后世相比。

“池”，或谓水库之称。《书·泰誓上》：“陂池侈服。”孔颖达疏：“停水不流谓之池。”训与“潴”同。或谓“池”，本即指池塘，且是圆塘，所谓“圆曰池，方曰塘”。按，“池”本指人工河，与水库不同：水库是利用自然洼地，池却主要是人工开挖。《礼记·月令》：“毋漉陂池。”郑玄注：“畜水曰陂，穿地通水曰池。”“穿地通水”即指挖掘地土而成河道。《周礼·秋官·雍氏》：“掌沟渎浍池之禁。”郑玄注：“池谓陂障之水道也。”“水道”，河道。汉刘向《新序·杂事五》：

“周文王作灵台，及为池沼，掘池得死人之骨，吏以闻于文王。”池乃开掘而成。但池不同于“沟”，乃是一种小型人工河。唯此，常指护城河，因上古筑城必挖沟取土，版筑为城墙，其沟称为“池”。故有城必有池（参第185条）。护城河不用于灌溉，但常可用以养鱼，故有“城门失火，殃及池鱼”之语。《太平御览》卷九三五引《百家书》：“宋城门失火，因汲取池中水以沃灌之，池中空竭，鱼悉露死。”此本于《吕氏春秋·必己》：“宋桓司马有宝珠，抵罪出亡，王使人问珠之所在，曰：‘投之池中。’于是竭池而求之无得，鱼死焉，此言祸福之相及也。”又，《上德》：“公子重耳……去齐之曹，曹共公视其骈胁，使袒而捕池鱼。”凡此，皆可证城池中必有鱼。于是，专用以养鱼的圆形、方形池塘，也可称“池”。《孟子·万章上》：“昔者有馈生鱼于郑子产，子产使校人畜之池。”《梁惠王上》：“数罟不入洿池，鱼鳖不可胜食也。”（“数罟”，细网。）《管子·八规》：“江海虽广，池泽虽博，鱼鳖虽多，罔（网）罟必有正。”《艺文类聚》卷九六引《吴越春秋》曰：“越王既栖会稽，范蠡等曰：‘臣窃见会稽之山有鱼池，上下二处，水中有三江四渎之流，九溪六谷之广……畜鱼三年，其利可以致千万。’”《后汉书·樊宏传》：“又池鱼牧畜，有求必给。”《文选·石崇〈思归引序〉》：“有观阁池沼，多养鱼鸟。”唐杜甫《寄三十五高詹事》诗：“天上多鸿雁，池中足鲤鱼。”以上诸“池”，大都指人工开凿的鱼塘，也有利用自然洼地构筑而成。

我国的人工养鱼可溯至殷周的王室园囿养鱼。甲骨卜辞有多处“在圃鱼”的记载。种菜之田为圃，殷商之时圃常在王室园囿。以“圃”称鱼池，大约由于其为圃的附属物，供应圃田的用水。此殆是鱼塘的滥觞。以“池”指称鱼塘，始见于西周时期，金文已多见，如“王渔于寏池”（《井鼎》），“渔于大池”（《遹毁》）。诸池亦凿于莽京的王室园圃之中，故当与殷代“圃”相类，或规模稍胜。到春秋战国时，池塘中养鱼已越出王室园囿，较为普遍，且兼大田灌溉。《诗·小雅·白华》：“滮池北流，浸彼稻田。”滮池是渭水支流，滮水的上源在西周都城丰镐附近。汉代，池塘普遍被综合利用，既养鱼，又有农田灌溉之利。其作用、形制、规模在汉代许多出土图像中均有生动、逼真的反映。1978年陕西勉县老道寺东汉墓出土陶池田长方形模型一件（M_2，库号894），左池右田，中有一堤相隔，池内塑有螺蛳二，蛙鳖、草鱼、鲫鱼各三。间隔池田之堤正中坎下，有一放水孔。水孔两侧各有一立式闸门槽柱，属提升式平板闸门，可上下提动，控制放水量。田中正对放水孔，有一条水沟，沟上为横畦，沟下为直畦。此外，还有一件圆形、一件正方形、两件长方形的鱼池陶质模型，池内均塑有鱼、鳖、蛙、蟮等水生动物，有的还有荸荠、荷莲等水生植物，均有放水孔。1977年四川峨眉双福东汉墓出土一浮雕石池田模型，呈长方形，其三分之二为池，处右；三分之一为田，二区均以长堤相隔。上水田底部可辨见刻有禾苗，下田似为备耕田。池水甚深，水鸭争鱼，蛙、蟹、螺、鱼点缀全池，近中间堤侧泊一单舱小舟，显为池中采摘、捕捞之用。在中堤上有一矩形缺口，是进水、放水口，水口前张一篾编竹笼，是为鱼笱：当进水时可不使池鱼流于水田，放水时反其笱，则可兜捕稻田中顺流而出的游鱼。1979年宜宾真武山蒲草田汉代岩墓出土的陶质池田模型布局更为巧妙：整体矩形，处左占五分之三的是水田三块，中央横贯水渠一条，一端接鱼塘；处右占五

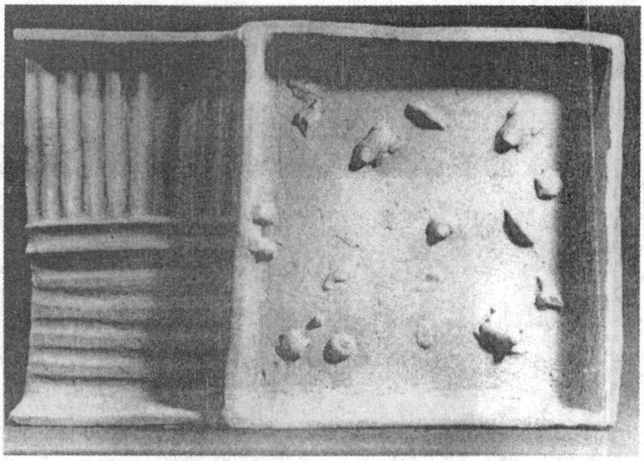
东汉陶池塘水田模型

分之二的是池。池分上下两区,上区占池之五分之三,塑有鱼八九条,而下区占五分之二,二区平行,堤坝高于水田;池堤坝中有两个排水口,一个大排水洞接渠道口,水田也有三个排水口。显然,该池塘已划分养鱼区和蓄水区,使灵活调节水位,控制水量,以提高人工养鱼产量。由上可略为窥见汉代的池塘特点:全由人工凿地而成,以长形、方形居多,养鱼、灌溉并举;有闸门、鱼笱等设施。后世的池塘也大致如此。上举池塘,究其名,当为“池”,以别于“陂塘”,如上举滮池。又,陕西汉中的四大名池:王道池、顺池、南江池、月池,皆以“池”称。当然,也可以据今语浑称为“池塘”。但今有关农业考古、农史专文或称“陂塘”、“库塘”,或据宜宾之池田模型谓池有鱼池、水池两种,盖皆未允当。

“塘”,或作“唐”,是高而厚大的堤坝。一些古汉语学者强调:唐代前均不指池塘。此论大致不误。三国魏刘桢《赠徐幹》诗:“细柳夹道生,方塘含清源。”南朝宋谢灵运《登池上楼》诗:“池塘生春草,园柳变鸣禽。”“方塘”,方正的堤岸。“池塘”,池的堤岸。然须注意者,“塘”若指陂之塘,尤其用于专名时,也可作水库之称。盖“陂塘”连用,二词本非同义,而指陂与堤塘,用于专名,原也是指围陂之堤。如江浙太湖区域伍员筑胥塘,范蠡筑蠡塘,汉刘贾筑荆塘,皋伯通筑皋塘,皆是障太湖之水的大堤,故《永乐大典》卷二二七六引《吴兴志》原注曰:“凡名塘皆以水左右通陆路也。”今人缪启愉释:“太湖低洼地区,两岸堤路夹河,外挡洪涝,中通排灌,也通航行的水陆兼通的‘塘’的特色。”(《太湖塘浦圩田史研究》10 页)释者又曰:“在洼地规度滞涝陂塘,更不能有堰闸设施。”凡此均可说明一般陂塘的特点。然则陂之塘是构成陂的关键,无塘不成陂。唯此,“陂塘”常连用。《国语·周语下》:“陂塘汙庳,以钟其美。”《文选·何晏〈景福殿赋〉》:“苍龙觌于陂塘,龟书出于河源。”《宋史·王济传》:“县有陂塘数百顷……分溉民田。”“陂”也多用于专名(见下),称“陂”乃兼塘;而“塘”用于专名,称“塘”,实也指陂。故上举胥塘、蠡塘等皆应视为陂,即水库之称,其异于陂者,盖是从堤坝而称。有时二者共称一专名,如芍陂又称芍陂塘、安丰塘。又如淮河下游曹魏屯田所筑的白水塘,北邻淮安,西接盱眙,周长二百五十里,设有斗门八座,灌田一万二千顷,更可证“塘”是包括堤坝在内的整个陂。“塘”的这种用法贯穿整个古代。同时,从唐代起,“塘”又可由堤塘引申指池塘。唐王勃《采莲赋》:“枕箕岫之孤石,泛磻溪之小塘。”柳宗元《柳州山水近治可游者记》:“雷山两崖皆东西,雷水出焉,蓄崖中,曰雷塘,能出云气,作雷雨。”宋朱熹《观书有感》诗:“半亩方塘一鉴开,天光云影共徘徊。”此“方塘”乃是方形小池塘。

"陂"，早期或训为"泽障"，即堤塘。《书·泰誓上》："陂池。"孔传："泽障曰陂。"《诗·陈风·泽陂》："彼泽之陂。"毛传："陂，泽障也。"孔颖达疏："泽障，谓泽畔障水之岸。"《国语·周语中》："泽不陂。"韦昭注："陂，障也。"《吴语》："陂汉，以象帝舜。"韦昭注："陂，壅也。"或训为畜水之处，即水库。《礼记·月令》："毋漉陂池。"（"漉"，使干涸。）郑玄注："畜水曰陂。"汉应劭《风俗通·山泽·陂》："陂者繁也，言因下钟水，以繁利万物也。"按，后解差近，前解是随文语释。《说文·𨸏部》："陂，阪也。""阪，坡者曰阪。"朱骏声曰："陂之言颇也，倾倚之处也。"（《说文通训定声·随部》"陂"字）《方言》第六："陂，傜衺（邪）也。陈、楚、荆、扬曰陂。""陂"用作倾斜之训甚夥。但不同于一般之斜坡地，它多作动词，指障壅斜坡地，上举例即其证。再从其名物看，凡称陂者，常是利用低洼之地（低于平地之斜坡地），或四周山丘之坡谷（高于平地之斜坡地），障围成人工湖以蓄水灌田。故陂者，当侧重于障围所成之物，而不是障本身，其本义当指较大的人工湖。大都用于北方。朱骏声曰："古言'鸿隙大陂'，言'汪汪千顷陂'，皆谓大池也。"（《说文通训定声·豫部》"湖"字）而其障物则称为"塘"。"陂"即使浑解为堤塘（语意），也实连水域而称，如上举《诗》"彼泽之陂"似指"障"，但下句作"有蒲与荷"，则指水域。"陂池"，连用甚多。《淮南子·主术》："志专在于宫室台榭，陂池苑囿。"此二句之"宫室"等皆为同义连用，"陂池"不得例外。池是人工开凿小池塘，"陂"断不可训堤障，而只可训为大池，句中为泛指。唯此，"陂"多与"塘"相连用而互补。要之，"陂"是指北方利用洼地、坡谷而筑堤围成的水库。从我国农田水利史看，陂兴起甚早。相传最早用陂塘蓄水溉田是春秋楚国令尹孙叔敖所创芍陂（在今安徽寿县南），见于《淮南子·人间》。至东汉陂塘更盛。淮河流域还有鸿隙陂，由召信臣主持兴建的南阳六门陂，汝南因多陂塘而有富陂县（《水经注·淮水》）。据统计，《水经注》中记载陂湖凡 270 余处，其中明确为陂者 160 个（陈桥驿关于湖泊文）。陂塘在北方抗旱排涝，沃溉千万顷农田，功莫大焉。

"湖"，从水胡声，胡本为牛颈下垂之肉，故有大义，因此，"湖"是大于陂的水库。《说文·水部》："湖，大陂也。"《汉书·元帝纪》："江海陂湖园池。"颜师古注："湖，深水。"朱骏声曰："凡大泽畜水南方名曰湖。"（《说文通训定声·豫部》"湖"字）朱说是。检《水经注》记载的"陂、湖"之名，确实可见"湖"之名唯见于南方各地，而黄河流域大水库多称"陂"。朱氏谓之"畜水"，则是人工所成可赖以灌溉者。湖之称与物，上古已见。最早的湖是"五湖"。《国语·越语下》："（越）果兴师而伐吴，战于五湖。"韦昭注："五湖，今太湖。"《周礼·夏官·职方氏》："东南曰扬州，其山镇曰会稽，其泽薮曰具区，其川三江，其浸五湖。""三江"，指南江、北江、中江，即今长江、吴淞江、浙江。贾公彦疏："浸，可以为陂灌溉者。"孙诒让曰："大川源流緜远，回流无定，浸则潴蓄一方，利资灌溉，小于川者也。"又曰："具区者，太湖旁水希之地，故谓之薮，亦谓之震泽，五湖始为太湖。"汉刘向《九叹·远游》："就申胥于五湖。"王逸注："湖，大池也。"上引诸说，大体得之。今进而申言：具区即震泽，是天然湖泊。"积潦暴至，无以洩之，则溢而害田，所以谓之震，犹言三川皆震者"（宋叶梦得《避暑录话》）。而五湖是其远近特意筑堤蓄水、可资灌溉的大湖泊，相当于北方的大陂，即人工湖。其"五"是虚数，言其多耳。水网地带，湖泊用于灌溉者甚多，本不限于五，故五湖之名，各家说异（参《职方氏》孙诒让《周礼正义》引）。而远近之陂湖又与震泽相通，浑言之，则是大湖，即“太湖”（“大”即“太”古字）。如上引《国语·越语下》句韦昭注。由于太湖的特点是由小而大，不断扩大，故“太湖”之名行于后世（参《历史地貌学浅论》十章四节）。从“五湖”之名，可知“湖”之称最早指陂湖，即带有人工湖性质，“湖”是始于吴越一带的方言词。能说明“湖”之特点、性质的还有绍兴的鉴湖。其地四周为会稽山脉围绕，上古越国已构筑一些小型堤塘，如富中大塘、吴塘等，到东汉，会稽太守马臻主持在诸小湖的北端筑大堤，将分散的小湖泽围成一个大蓄水库，此即为“鉴湖”，又称“镜湖”。《太平御览》卷六六所引刘宋孔灵符《会稽记》最早记其事：“在会稽、山阴两县交界筑塘蓄水，高丈余，田又高海丈余。若水少则泄湖灌田；如水多则开湖，泄田中水入海，所以无凶年。堤塘周回五百一十里，溉田九千余顷。”（《通典·州郡十二》亦引录）此湖《水经注》卷四十《浙江》称为“长湖”，谓其“广五里，东西百三十里，沿湖开水门六十九所，下溉田万顷”。以其东西狭长，故名“长湖”。湖的长塘不仅有水门，按晴雨旱涝以控制灌溉和排水，且有溢洪设备，当山洪突袭，则关闭水门，启开泄洪大门，让水径由泄洪道直泄入海。于是鉴湖成为浙东一个由长塘、水闸、溢洪道等构成的灌溉丘陵平原广大农田的水利枢纽。从东汉至唐代一直可溉良田万顷，至北宋由于泥沙淤积与豪强围垦而废。此外，浙江杭州的西湖、宁波的东钱湖，江苏句容的赤山湖、丹阳的练湖等，都是从汉代以来利用自然洼地围塘而构建可溉田千顷的大水库，是江浙两省著名的水利工程。上古许多出没无定的泽薮，即天然湖泊，人们早就不同程度地筑堤蓄水、养殖种植，防旱涝溉良田，予以改造、利用，故许多泽兼有“湖”名，如太湖原名震泽。彭蠡泽，一名彭蠡湖，今名洞庭湖。云梦泽，一名巴丘湖（参《太平御览》卷六六）。于是，“湖”之称，从东汉起逐渐成了湖泊的通称（参第8条）。

参考文献

[1] 缪启愉：《太湖塘浦圩田史研究》，农业出版社，1985年12月。
[2] 夏纬瑛：《〈周礼〉书中有关农业条文的解释》，农业出版社，1979年10月。
[3] 武汉水利电力学院、水利水电科学研究院本书编写组：《中国水利史稿》（上册），水利电力出版社，1979年8月。
[4] 石声汉：《农政全书校注》（上册），上海古籍出版社，1979年9月。
[5] 曾昭璇、曾宪珊：《历史地貌学浅论》，科学出版社，1985年3月。
[6] 汪家伦、张芳著：《中国农田水利史》，农业出版社，1990年12月。
[7] 周苏平：《先秦时期的渔业》，《农业考古》1985年第2期。
[8] 秦保生：《汉代农田水利的布局及人工养鱼业》，《农业考古》1984年第1期。
[9] 陈桥驿：《我国古代湖泊的湮废及其经验教训》，载《历史地理》第2辑，上海人民出版社，1982年11月。
[10] 郭清华：《浅谈陕西勉县出土的汉代塘库、陂池、水田模型》，《农业考古》1983年第1期。
[11] 沈仲常：《东汉石刻水塘水田图像略说》，《农业考古》1981年第2期。
[12] 陈桥驿：《〈水经注〉记载的水利工程》，载《水经注研究》，天津古籍出版社，1985年5月。

71. 堤(隄)·防(坊)·塘(唐、螗)·堰(隁)·坝

堤坝,"堤"是通称。"防",低陷地四周所筑防水内溢与外侵的护堤。"塘",大堤,可用于池、江、湖、陂、海。"堰",横截江河、抬高水位以蓄水的较低长堤。"坝",横截江河的大堰,短而高,上设分流闸。

【同义】

《说文·自部》:"防,隄也。""隄,唐也。"《广雅·释宫》:"螗、防,隄也。"《集韵·去祃》:"坝,堰也。"《战国策·齐策一》:"左济,右天唐。""济",济水。鲍彪注:"天,大也。唐,防也。""堤"也可称"堰"。洛阳"千金堤"又称"千金堰"。明徐光启《农政全书·水利·灌溉图谱》:"塘,犹堰也。"《汉书·高祖纪》:"于泽陂隄塘之上休息。"《南齐书·明帝纪》:"固修堤防。"《旧五代史·梁胡规传》:"诏脩洛河堤堰。"《农政全书·水利·浙江水利》:"沿江堰坝,又失修理。""堤防"、"隄塘"、"堤堰"、"堰坝"等皆同义连用,泛指堤坝。

【辨释】

"堤"也作"隄","防"或作"坊"。堤防为土石构筑高出地面的防水工事,以蓄水并防止水的横溢泛滥。二者常同义连用。《礼记·月令》:"(季春之月)修利隄防,道达沟渎。"孙诒让曰:"郑意隄防所以障止水使蓄于豬(即'潴')而不外泄。"(《周礼·地官·稻人》正义)《商君书·算地》:"薮泽隄防足以蓄。"《汉书·沟洫志》:"盖隄防之作,近起战国。"二者之别,或以为堤大防小。《管子·度地》:"令甲士作隄大水之旁……大者为之隄,小者为之防。"《文选·左思〈蜀都赋〉》"塍埒长城"句刘良注:"大曰隄,小曰塍。"此未得其实。按,"堤"当为堤坝的通称,贯通古今。《左传·襄公二十六年》:"宋芮司徒生女子,赤而毛,弃诸堤下。"《韩非子·喻老》:"千丈之隄以蝼蚁之穴溃。"《后汉书·陈忠传》:"故隄溃蚁孔,气泄针芒。"《水经注·江水二》:"江陵城地东南倾,故缘以金隄。"唐柳宗元《田家》诗之三:"蓼花被隄岸,陂水寒更渌。"《宋史·张问传》:"赖小吴隄薄,水溢北出,故南隄无患。"可见无论大小厚薄,皆可称"堤"。而"防"从方声,"方"通"当"(见《说文通训定声·壮部》)。《诗·秦风·黄鸟》:"百夫之防。"郑玄笺:"防,犹当也。""当"即挡、障之意。《尔雅·释宫》:"容谓之防。"郭璞注:"形如今床头小曲屏风,唱射者所以自防隐。"此为床头之障物。《后汉书·刘永传》:"杜茂攻佼彊于西防。"此谓关塞、疆土之障防。也用于障水。《国语·周语下》:"不防川。"韦昭注:"防,障也。"《礼记·经解》:"夫礼,禁乱之所由生,犹坊止水之所自来也。"陆德明释文:"坊,音房,本又作防。"孔颖达疏:"坊谓堤坊,人筑堤坊止约水之所从来之处,言若有汙下水来之处则豫防障之。"《周礼·地官·稻人》:"以豬(潴)畜水,以防止水。"郑玄注:"防,豬旁隄也。"此为浑

言。孙诒让正义引江永曰:“凡下地常忧潦田间之水,欲其易出外流之水,欲其不入,以豬(潴)畜(蓄)水,所以分减内水也;以防止水,所以堵截外水也。”《礼记·檀弓下》:“又敢与知防。”郑玄注:“防,禁放溢。”《吕氏春秋·慎小》:“巨防容蝼,而漂邑杀人。”意防水大堤有洞穴容蝼蚁,就会溃决而漂没城邑淹死人,此当是陂池之外堤。《淮南子·修务》:“脩彭蠡之防。”彭蠡即江西鄱阳湖,此大湖泽本是低地,但一旦水满外溢,则必为灾,故必周以防。足见“防”指低陷地四周所筑之堤,有防挡内溢与外侵的两种作用。就其规模而言,则不论其大小:田间之防则小,湖泽之防则大。唯“防”堤的特点如此,故常引申为防止、防备、防御等抽象义,为后世所用(例略)。

“塘”或作“隓”,本作“唐”。“唐”是“大言也”(《说文·口部》),有大义。用于宫室,“庙中路谓之唐”(见《尔雅·释宫》)。汉张衡《东京赋》:“植华平于春圃,丰朱草于中唐。”用于草木,“唐蒙”,是女萝之大者,单呼“唐”或“蒙”,意同(见《说文通训定声·壮部》“唐”字)。用于堤,当指堤之大者,即用于防水与蓄水的大堤。以其用土夯筑,遂加“土”为“塘”。“塘”或泛指大堤。《庄子·达生》:“被发行歌,而游于塘下。”《淮南子·主术》:“唐决水涸,则为蝼蚁所食,有掌修其隄防……则鱼得而利之。”常用指各类堤塘。有陂之塘。《国语·周语下》:“陂塘汙庳,以钟其美。”韦昭注:“畜水曰陂。塘,隄也。”即是大堤。唐韩愈《唐故江西观察使韦公墓志铭》:“灌陂塘五百九十八,得田万二千顷。”有池之塘。南朝宋谢灵运《登池上楼》诗:“池塘生春草,园柳变鸣禽。”有江湖之塘。北周庾信《哀江南赋》:“连茂苑于海陵,跨横塘于江浦。”《水经注·沔水二》:“江水又东逕穴湖塘,湖水沃其一县,并为良畴矣。”最能显示“塘”之特征且能代表古代构筑堤坝水平的是海塘。由于汹涌海水的日夜冲击,海塘的兴筑难于任何堤防。我国最早的海塘发端于浙江钱塘江喇叭口。《水经注·浙江水》引《钱塘记》曰:“防海大塘在县东一里许,郡议曹华信家议立此塘,以防海水。始开募,有能致一斛土者,即与钱一千,旬月之间来者云集,塘未成而不复取,于是载土石者皆弃而去,塘以之成,故改名钱塘焉。”此是历史上有关海塘的最早记载。所成乃土塘。到唐开元年间,仅盐官(今海宁)一处,即有124里长的海塘。五代吴越王钱镠在临安(杭州)海潮门外筑塘,为抗海潮冲击,改用“竹笼木桩”法,即制竹笼实以巨石下沉,再打木桩,木桩有十多行,皆并立水中称“滉柱”。到宋代,进而用巨石垒砌,开后世石塘的先河。《太平御览》卷七四引刘欣期《交州记》曰:“凿南塘者……援积石为塘,以通于海,达于象浦。”此亦石塘。北宋景祐年间张夏始修石塘十二里,高达四丈。初垂直垒石,至王安石采用“坡陀法”,筑成梯形斜坡石塘,更增加了塘的稳固性。南宋还创造兼设“备塘”和“备塘河”的方法,即为御海潮或越塘为灾,遂于海塘侧再修一土塘,此谓“备塘”;取土则就地掘取成河,谓“备塘河”。至元代又发明了石料纵横交叉叠砌石法,塘筑成下阔上缩、内齐外坡的梯形。明代筑塘技术又有发展:先铲去四尺浮土,然后严实打桩,桩上再叠砌形制相同的精打条石(1×1.2×5尺)。明黄光昇还创五纵五横鱼鳞大石塘。至此形成了一套我国特有的兴筑海塘的科学方法。我国古代最著名的海塘是从上海金山卫逶迤西南至杭州,再由萧山东达宁波,即环绕整个杭州湾的大海塘。

“堰”或作“隁”，是横截江河、抬高水位以蓄水的较低长堤。今上海市川沙一带乡间犹称截断河浜的低狭小路为“yī”（“堰”字沪音，低升调）。堰也古已有之。著名的都江堰创建于战国时秦灭西周后，即秦昭王五十一至五十六年。但它在秦以后一直称“都江”、“金堤”、“大堋”（此为蜀方言，堰义）。到东晋永和三年常璩的《华阳国志·蜀志》中用了“湔堰”之名，《水经注·江水》又引述了梁任豫《益州记》（已佚）所记另一异名是“都安堰”。“堰”之称始见于东汉。《后汉书·董卓传》记董卓在望垣硖北，为羌、胡数万人所围，进退维谷，“（卓）乃于所度水中伪立隁，以为捕鱼，而潜从隁下过军，比贼追之，决水已深，不得度”。李贤注引《续汉书》：“‘隁’字作‘堰’。”汉以下习见。北魏杨衒之《洛阳伽蓝记·永明寺》：“长分桥西有千金堰。计其水利，日益千金，因以为名。”南朝梁沈约《三月三日率尔成篇》诗：“东出千金堰，西临雁鹜陂。”按，其堰在洛阳城西三十五里。李善注：“（堰），筑土以壅水。”《梁书·康绚传》所记梁天监十五年有长九里、下阔百四十丈的“淮堰”。而较多出现始于宋代。上举都江堰，首用今名的是《宋史·宗室传四·赵不忌》：“永康军岁治都江堰，笼石蛇绝江遏水，以灌数郡田。”我国古时另一著名灌溉工程是陕西汉中褒水之上的“山河堰”，相传萧何、曹参所创建，但正式称今名，也首见于北宋欧阳修的《许逖行状》一文。见于《宋史·河渠志》的，还有永丰堰、五泻堰、长安堰、捍海堰、三江堰等。凡此，皆是综合型的灌区。“堰”名的大量出现，反映了两宋的农田水利建设的突出成就。如径引河水灌田。《宋史·河渠志六》：“（神宗熙宁）二年三月甲申，先是凌民瞻建议废吕城堰，又即望亭堰置牐而不用。”（“牐”，同“闸”。）《宋史·程师孟传》：“师孟出钱开渠筑堰，淤良田万八千顷。”创建新的引水渠首工程，如湖北长渠武安堰，木渠的灵溪堰等引水渠首工程皆是其著者。

“坝”，唐以后文献始见。坝是横截江河的大堰。《宋史·河渠志七》：“余姚县境内运河浅涩，坝牐隳坏。”明徐光启《农政全书·水利·浙江水利》：“江河之流，自非盈涸无常者，为之牐（闸）与坝，酾而分之为渠……其下流，复为之牐坝，以合于江河。”（“酾”，分流。）“洲渚而可田者，堤以固之，渠以引之，牐坝以节宣之。”“海潮之淡可灌者，迎而车升之。易涸，则池塘以蓄之，闸坝隄堰以留之。”由此可见坝的特点：当分流口，上游、下游江湖洲渚皆可随宜而设；短而高，上必设分流闸，主开合调节。今水库大坝即如此。

参考文献

[1] 郑肇经等：《江浙潮灾与海塘结构技术的演变》，《农业考古》1984年第2期。
[2] 周魁一：《山河堰》，载水利水电科学研究院《科学研究论文集》第12集，水利水电出版社，1982年。
[3] 武汉水利电力学院、水利水电科学研究院本书编写组：《中国水利史稿》（中册），水利电力出版社，1979年8月。
[4] 周魁一：《农田水利史略》，水利电力出版社，1986年9月。
[5] 汪家伦、张芳：《中国农田水利史》，农业出版社，1990年12月。

72. 螟·螣(蟘、蟦、蟥)·螽(蠓)·蝗·蟊·贼·蜮(蟚)·蚜蚄(子方)

农田有三大害虫。蝗专食苗叶，战国前称“螽”，或称“螣”；战国以来，主要称“蝗”。次于蝗灾者是专食稻苗茎节的“螟”。旱田作物的大虫害是“蚜蚄”，即黏虫，《诗经》中称“贼”、“蜮”。“蟊”是蝼蛄、蛴螬等食苗根的地下害虫浑称。

【同义】

《吕氏春秋·任地》：“又无螟蜮。”高诱注：“蜮，或作螣。”《后汉书·显宗纪》：“勒督农桑，去其螟蜮，以及蟊贼。”《晋书·刘聪载记》：“邪佞者，宇宙之螟蟘，王化之蟊贼也。”“蟘”同“螣”。“螟、蜮、蟊、贼”，皆指害虫。三国吴陆玑《毛诗草木鸟兽虫鱼疏》(以下简称陆《疏》)：“旧说云：‘螟螣蟊贼，一种虫也，如言寇贼奸宄，内外言之耳。’故犍为文学曰：‘此四种虫皆蝗也。’”“蝗、螟”常连用。《吕氏春秋·不屈》：“蝗螟，农夫得而杀之，奚故？为其害稼也。”“蝗、螽”互训。《说文·䖵部》：“螽，蝗也。”《虫部》：“蝗，螽也。”“蚜蚄”，元马端临《文献通考》列入螟类之中，《古今图书集成》归入“蝗灾部”，则与蝗、螟也相近。

【辨释】

古人早就注意虫害。《管子·度地》记管仲语：“故善为国者，必先除其五害。”五害是：水、旱、风雾雹霜、厉、虫。最早的大田虫害记录见于《诗经》。《小雅·大田》：“去其螟螣，及其蟊贼，无害我田稺。”(“稺”，同“稚”，幼苗。)毛传：“食心曰螟，食叶曰螣，食根曰蟊，食节曰贼。”《尔雅·释虫》：“食苗心螟，食叶蟘，食节贼，食根蟊。”虽言其别，但皆语焉不详。兹分别析之。

《说文·虫部》：“螟，虫食谷心者，吏冥冥犯法即生螟，从虫冥，冥亦声。”《尔雅》、《毛传》大同。其他汉唐诂训亦皆以螟为食禾苗之心的害虫。按，螟者是螟蛾幼虫，体色淡黄，栖附稻之叶或茎中，蛀食稻茎之节，使禾苗虽华而不结实。一年孵虫二次，之所以谓之“食心曰螟”，乃以其危害之烈，又潜隐冥冥，不为人觉。冥声之义，《说文》以天人感应说曲释，不可从。《尔雅·释虫》：“食苗心螟。”邢昺疏引李巡曰：“言其奸，冥冥难知也。”郝懿行义疏以实例证之：“今食苗心小青虫长仅半寸，与禾同色，寻之不见，故言冥冥难知……又有小白虫，藏在苗心幺麽难辨，俗呼□(音即樵反)虫，有此即禾叶变白色而不能放穗矣。”螟之为害，古今皆然，古代史书及其他文献屡载。《春秋·隐公五年》：“九月，螟。”此是我国历史上第一次螟虫成灾的记载。《庄公八年》：“秋，螟。”《淮南子·天文》：“枉法令则多虫螟。”高诱注：“食心曰螟，谷之灾也。”《汉书·京房传》：“水旱螟虫，民人饥疫。”《后汉书·方术传·公沙穆》：“县界有螟虫食稼，百姓惶惧。”据邹树文《二千六百三十年虫灾史籍记录统计表》(下简称邹《表》)，我国古代大的螟灾有 49 次(《中国昆虫学史》)，据周尧统计有 50 次(《中国昆虫学史》)，仅次于蝗。主要危害于水稻之类水田作物。

“螽”或作“螺”。如《公羊传》“螽”皆作“螺”。“螽”为蝗的古称，遍见于《诗经》和《春秋》等文献。《诗·周南·螽斯》：“螽斯羽，诜诜兮，宜尔子孙，振振兮。”(“诜诜”，众多貌。“振振”，仁厚貌。)下二章亦“螽斯羽”起句，章意同。《春秋》记“螽”最多。《桓公五年》：“螽。”此是我国蝗灾的最早记载。又，《僖公十五年》“八月，螽”等，凡 15 见。发生时间均在秋八月。《春秋》之例，“凡物，不为灾，不书”(《左传·庄公二十九年》)，故所记皆为螽灾。杨伯峻曰：“古者螽、蝗不分，今则螽斯(蜇螽)、草螽属螽斯科，蟲螽(蚱蜢)、蟹螽、土螽(土蝶)属飞蝗科。《春秋》所书之螽，皆飞蝗，成灾甚大，故书之。”(《左传·桓公五年》“螽”注)《艺文类聚》卷一〇〇引《洪范五行传》曰：“《春秋》之螽者，虫灾也。”“介虫有甲能蜚，阳之类，阳气所生，于《春秋》为螽，今谓之蝗。”《尔雅·释虫》“蛗(蟲)螽”郝懿行义疏引陆《疏》云“今人谓蝗子为螽子”。此亦承古而用。据邹《表》，从春秋战国之交起，史籍中蝗灾最多，螟次之。而西周至春秋螽灾最多，凡 11 次；螟为次，凡 3 次(《中国昆虫学史》)。也可见战国前之螽，即相当于后世之蝗。唯此，《说文》将“螽、蝗”互训。从春秋后，书面文献中常将《诗》中的语助词“斯”与“螽”连言，成为“螽斯”一词，以“螽”的多而成群，喻况子孙之蕃盛，作褒义词，常用于对人的颂祝，如祝人四世同堂曰“螽斯衍庆”。近代“螽斯”又用为虫名——昆虫纲直翅目的一个科名。

“螣”或作“蟘”(文首引)，与“蟦”、“蟘”并是一字异体。《说文·虫部》(大徐本)：“蟘，虫食苗叶者，吏乞贷则生蟘，从虫从贷，贷亦声。《诗》曰：‘去其螟蟘。’”今《诗·小雅·大田》作：“去其螟螣。”《尔雅·释虫》：“食叶蟘。”邢昺疏引李巡曰：“食禾叶者，言其假贷无厌，故曰蟘也。”故其字当以“蟦”为正，指食叶不止的害虫，即是蝗虫。陆《疏》卷下之下曰：“螣，蝗也。”《集韵·平蒸》：“螣，《说文》：‘神蛇也。’一曰蝗也，或作蟘。”按，“螣”主要用作神蛇之称。《荀子·劝学》：“螣蛇无足而飞，梧鼠五技而穷。”杨倞注引《尔雅》曰：“螣，螣蛇。”即指传说中的神蛇。也用作蝗之别称，例即上引《诗·大雅·大田》之句。文献出现不多。

“蝗”是“螽”之后蝗虫的正称。《汉书·文帝纪》：“夏四月，大旱，蝗。”颜师古注：“蝗即螽也，食苗为灾。”“蝗”字，有的学者以为甲骨文中已频见，即是被误定为“秋”、“夏”之字(周尧书，第二章，第二节)。上古文献亦有见，如《吕氏春秋》之例(文首引)。又《礼记·月令》：“孟夏……行春令，则蝗虫为灾。”而第一次明确称“蝗虫”的蝗灾记录见于《史记·秦始皇本纪》：“四年十月庚寅，蝗虫从东方来，蔽天，天下疫。”其后，史书中对蝗灾的记载较之其他虫灾更为具体。《汉书·夏侯胜传》：“蝗虫大起，赤地数千里。”《后汉书·桓帝纪》：“蝗灾为害，水变仍至，五谷不登，人无宿储。”《宋史·刘敞传》：“郓州……先是久旱，地多蝗，敞(刘敞)至而雨，蝗出境。”《艺文类聚》卷一〇〇引《吴书》曰：“袁术在寿春……百姓饥穷，以桑椹、蝗虫为干饭。”据邹《表》，战国以来，文献中所记蝗灾有 455 次，占所有虫灾总数 645 次的三分之二(邹树文书)。据周尧统计，从春秋桓公五年(公元前 707 年)至 1911 年，史载大蝗灾 538 次(周尧书)。可见，历代蝗虫成灾最烈，为祸最深。大规模治蝗始于汉代。汉代朝廷指派官吏并悬赏捕蝗者。《汉书·平帝纪》记元始二年(2年)治蝗："郡国大旱、蝗，青州尤甚，民流亡……遣使者捕蝗，民捕蝗诣吏，以石斠受钱。"《王莽传下》记地皇三年(22年)治蝗："夏，蝗从东方来，蜚敝天。至长安，入未央宫缘殿阁。莽发吏民设购赏捕击。"当时治法，一是驱赶。《艺文类聚》卷一〇〇引《东观汉记》曰："司部灾蝗，台召三府驱之。"但此是以邻为壑之举，既无效，又无德。二是掘沟扑打殴埋。汉王充《论衡·顺鼓》："蝗虫时至，或飞或集，所集之地，谷草枯索，吏卒部民，堑道作坎，榜驱内(纳)于堑坎，杷(耙)蝗积聚以千斛数。正攻蝗之身，蝗犹不止。"后《治蝗书》《捕蝗要诀》等书中均有于此之新经验载录。三是以食蝗动物吞灭。《太平御览》卷九五〇引《汉实录》曰："蝗为鹳鸽聚食，敕禁罗弋鹳鸽，以其有吞噬之异也。"汉代的治蝗经验皆为后世承用。至唐代，玄宗宰相姚崇力主治蝗，并创造了火边掘坑、焚瘗结合的新方法："蝗既解飞，夜必赴火，夜中设火，火边掘坑，且焚且瘗，除之可尽。"(《旧唐书·姚崇传》)结果是岁捕蝗数百余万石，"时无饥馑，天下赖焉"(唐郑綮《开天传信记》)。姚崇此举在我国治虫史上有深远的意义。从此，历代王朝皆奉行有蝗必治的方针，进入了治蝗新阶段。至宋代，景祐元年(1034年)起，开始注意掘灭蝗卵，朝廷严督地方官吏治蝗。熙宁八年(1075年)，出现了中国乃至全世界最早的治虫法规《熙宁诏》，淳熙九年(1182年)出现了第二个治虫法规《淳熙敕》，绍熙四年(1193年)出现了治蝗手册《捕蝗法》(皆见宋董煟《救荒活命书》卷二)。宋以后，关于治蝗的诏令、奏疏、论著，各代皆有，对蝗虫危害、特点的认识，捕蝗灭蝗的方法又有不少进展。

"虸蚄"，或作"子方"，黏虫的正称。今鲁、晋、陕等省一些地方农民犹有称黏虫为虸蚄者。《集韵·上止》："虸，虸蚄，虫名，害稼。"其名，最早见于北魏贾思勰《齐民要术·收种》引《汜胜之书》曰："牵马令就谷堆食数口，以马践过为种，无虸蚄，厌虸蚄虫也。"("厌"，损。)意谓：用马踏过的谷做种，就不会有虸蚄之害。汜胜之曾为汉成帝的议郎，其时在公元前50年。可见公元前1世纪虸蚄已为大田作物之一大害。至陆《疏》云"螟似子方而头不赤"，以虸蚄喻螟，则表明当时虸蚄已颇为习见，也可知虸蚄似螟而头赤。虸蚄为灾的记载，首见于《魏书·灵征志上》。据此《志》所记，虸蚄与蝗虫常常并合同时或轮番为灾。如高祖"太和六年七月，青、雍二州虸蚄害稼"，八月有七州四镇"蝗害稼"。八年三月冀等"三州虸蚄害稼"，四月有"七州蝗"。永平五年八月，青等"三州虸蚄害稼，三分食二"。据邹树文统计，从魏太和六年(482年)至元至正二十三年(1363年)正史所载虸蚄虫灾达35起(邹树文书789页)。而据周尧统计，从北魏至1911年，重灾达49起(周尧书)。宋苏轼《东坡志林》曰："子方虫为害甚于蝗。"清蒲松龄《农蚕经》更记述了此虫的生态特征："产卵于寄主叶尖或近叶的叶面上"，将出之虸蚄，"小如蚕蚁"，"一叶内小蚁可藏八九十个"；"虫畏日，半伏土中，夜则俱出"。虸蚄多危害旱田作物，故与食稻之螟不同，更不是"旁不肯"。具体作害过程，可以麦为例："先食害麦之叶片，有时也吃麦穗，亦爱吃柔嫩麦秆，常常把近麦穗的地方咬坏，以致麦秆不堪重负而折断，麦穗倒垂不能灌浆。到虫已成灾，更是直截了当的，把麦秆咬断，麦穗纷纷下落。"(李凤荪《中国经济昆虫学》增订版，中卷608页)古今虸蚄为灾的事实表明：此虫古今都是仅次于蝗、螟的第三大害虫，是小麦等旱田作物的大敌。

此种黏虫《诗经》中称“蜮”、“贼”。

“蜮”字误解颇大。《说文·虫部》：“蜮，短狐也。似鳖三足，以气射害人。”《诗·小雅·何人斯》：“为鬼为蜮，则不可得。”毛传：“蜮，短狐也。”陆德明释文：“蜮，状如鳖，三足，一名射工，俗呼之水弩，在水中含沙射人，一云射人影。”晋张华《博物志》卷三云“异虫……长二寸，口中有弩，形气射人影，随所著处发疮，不治则杀人。”《抱朴子·登涉》：“又有短狐，一名蜮，一名射工，一名射影，其实水虫也。”与张华《博物志》大致相同。至南宋周去非《岭外代答》又指实为蜥蜴。按，凡此皆为曲说。“蜮”在《诗》中虽未明确称为害虫，但同时期的《春秋》所记，分明当作大田的一种害虫。《左传·庄公十八年》：“秋有蜮。”《吕氏春秋·任地》：“其深殖之度，阴土必得。大草不生，又无螟蜮。今兹美禾，来兹美麦。”高诱注：“食叶曰蜮。兖州谓蜮为螣，音相近也。”高注“蜮为螣”，为蝗虫，也许是方言性用法，无所验证，但也明训为大田作物食叶的害虫。《诗·小雅·何人斯》云：“伊谁云从，谁暴之云。”“其为飘风，胡不自北，胡不自南，胡逝我梁，祇搅我心。”以此比“蜮”与“鬼”（《诗》有“为鬼为域”之句）。而黏虫之发，也忽隐忽见，初不易察，一觉而有突如其来之感。故从虫害特征看，当是蚜蚄、黏虫，也就是“贼”。唯后代短狐之说影响颇大，且《诗》也与“鬼”并举，故常作为神鬼式的水中怪物，并造专字“魊”。《文选·张衡〈东京赋〉》：“八灵为之震慴，况魃蜮与毕方。”（“慴”，惧。“魃”，小鬼。）李善注：“《汉书仪》曰：‘魊，鬼也。’魊与蜮，古字通。”以“魊”为古字，“蜮”为后起借字，遂颠倒了本末关系。

“蟊”，或作“蝥”、“蛑”，后者为《说文》所列古文。《尔雅》、毛传谓“食根曰蟊”。陆《疏》则曰：“蝼蛄也，食苗根为人害。”它是蝼蛄、蛴螬、金针虫等食苗根的地下害虫的浑称。“蟊”不单用，《诗经》凡4例，皆与“贼”连用，其中唯《大雅·桑柔》“降此蟊贼，稼穑卒痒”（“痒”，病），与《大雅·大田》同，皆实指大田作物害虫，其余两例，《大雅·瞻卬》“蟊贼蟊疾”（“蟊疾”，害禾稼之状）、《大雅·召旻》“蟊贼内讧”，皆用为喻义，指害人之统治者。后世“蟊”也不单用，用则取喻义，指称贪取民财的恶吏、恶人。《后汉书·岑彭传》：“我有蟊贼，岑君遏之。”至于“贼”，陆《疏》曰：“贼似桃李中蠹，赤头身长而细耳。”至明方以智《通雅》专章辨“贼”即是“旁（傍）不肯”。按，以为“旁（傍）不肯”者，大谬。“傍不肯”正是蚜蚄的天敌，见宋沈括《梦溪笔谈·杂志一》。因蚜蚄有折断禾节的特性，剃枝不食实，有些方言还称之为“剃枝虫”，故《诗经》之“贼”正是“蚜蚄”，俗称“黏虫”。“蚜、贼”上古音之部，职部，阴入对转，故得相通。“贼”后世不用为虫名，而是指害国害民者，或偷盗者。

参考文献

[1] 邹树文：《中国昆虫学史》，科学出版社，1982年12月。
[2] 周尧：《中国昆虫学史》，天则出版社，1988年12月。

73. 蠹·蠡(蝝)·蝼·蚁(蛾、螘)·白蚁

白蚁蛀物最烈，而称名长期未定。早期可用蛀虫的总称“蠹”、蛀虫的泛称“蠡”、蝼蛄之“蝼”。使用甚多的是“蚁”。唐出现“白蚁”之称，宋起成正称。

【同义】

“蠹、蠡、蝼、蚁、白蚁”先后都用作白蚁之称。

【辨释】

白蚁于建筑物为害最烈，民居常见者称“室蟗”，《尔雅·虫部》称“蟗”。明李时珍《本草纲目·虫之二·蚁》：“（白蚁）一名蟗，一名飞蚁。穴地而居，蠹木而食，因湿营土，大为物害。”白蚁，古今都是危害最大的蛀虫。它蛀蚀建筑物，使之坍坏。清吴震方《岭南日记》：“粤中温热、最多白蚁。新构房屋，不数月为其食尽，倾圮者有之。”蛀蚀各种什物，甚至是坚硬的金属品，使之毁败。《岭南日记》曾记二事。一事：某处“库银忽缺数千金，见壁下有蛀末一堆，烂如白银，寻其穴掘之，得白蚁数斛，入炉熔之，仍得精金，但耗其什一耳”。又一事：“一亲识寄银五十金，藏竹箱中。经年，其人来取，封识如故，发其银，纸裹已破，锭体宛然而轻十余两，视之已中空矣。次日，见箱下有银屑，一路入壁孔中，掘之皆白蚁。”其蛀蚀之烈，诚触目惊心。但是，由于文人缺少生产实践知识，不知白蚁之害，我国早期正史中对白蚁危害的事实很少正面载录。汉代起受五行说的影响，在一些史家笔下，许多白蚁蛀蚀木构建筑的事例均被纳入五行灾异之域，变成莫名其妙的“无故自坏”之怪异祲征。《汉书·五行志中之上》：“鲁文公十三年大室屋坏。”又“宣帝时，大司马霍禹所居第门自坏”。《后汉书·五行志一》：“延熹五年，太学门无故自坏。”《晋书·五行志上》：“魏文帝黄初七年正月……许昌城南门无故自崩。”《隋书·五行志上》：“祯明元年六月，宫内水殿若有刀锯斫伐之声，其殿因无故而倒。”《金史·五行志》：“元光二年七月乙卯，丹凤门坏。”凡此类木构物无故自毁者，主要是白蚁蛀蚀，而史书撰者却未能识知。然而，从事生产实践的劳动人民，却不仅早已发现白蚁之害，而且还与之进行了不懈斗争。对于白蚁的防治，早在先秦，已发其端。如堤坝塞穴。《韩非子·喻老》：“白圭之行堤也塞其穴。”按后世实践之法是：以细金属签探明蚁穴，即挖出白蚁，然后以三合土之类填塞蚁穴（清徐端《安澜纪要》）。如房柱设础。我国从殷周以来，宫室立柱下必设础，且础要有一定高度，以防白蚁蚀柱。因为“白蚁必衔水上柱，乃能食木”（明方以智《物理小识》卷十一）。如药物防治。“青栀子实晒黄能消白蚁。为水湿活树，去皮、顶，凿窍，注桐油，竖置一二日，水尽去，以为梁柱，蚁不生。或用青礬煮柱本，惟中柱不可煮，

煮即井水黑。"(同上书)

白蚁,相当长时期并无定称,"白蚁"则是后起之称。

"蠹"是蛀虫的总称。其本义指木中蛀虫。《说文·䖵部》:"蠹,木中虫,从䖵,橐声。蠹或从木(螙),象虫在木中形。"《商君书·脩权》:"谚曰:'蠹众而木折,隙大而墙坏。'"《韩非子·亡征》:"木之折也,必通蠹;墙之坏也,必通隙。"唐元稹《蚁子》诗之二:"敢惮榱欂蠹,深藏柱石倾。""蠡"或作"蝝",《说文·䖵部》训"虫齧木中也",为动词。引申为形容词,器物经久蚀损而欲断貌。《孟子·尽心下》:"以追蠡。"赵岐注:"追,钟钮也,钮磨齧处深矣。蠡,欲绝之貌也。"再引申为名词,泛称蛀虫,一般不单用。《说苑·谈丛》:"蠹蝝仆柱梁,蚊虻走牛羊。"与"蠹"同义连用。以上"蠹"是蛀虫总称,"蠡"是蛀虫泛称,其所指木中蛀虫,主要是白蚁。

"蝼",是蝼蛄之省称,但也兼作白蚁之称,于后义训者常误。《吕氏春秋·慎小》:"巨防容蝼,而漂邑杀人;突泄一熛,而焚宫烧积。"高诱注:"防,隄也。如隄有孔穴容蝼蛄,则溃漏穷决,至于漂没闾邑,溺杀人民也。"但古今从未有因蝼蛄之多而毁坏堤坝之事,蛀蚀堤坝者主要是白蚁,上引俗语是用对句形式对白蚁蛀蚀堤坝的灾害作集中概括。高诱仍以蝼蛄解,盖缘脱离生产实践、不识白蚁坏堤之事而望文生义。"蝼"有时与"蚁"同义连用,指称白蚁。诚然,文献中"蝼蚁"连用甚多,可以认为是一个复词,指蝼蛄和蚍蜉二种小虫。汉贾谊《惜誓》:"神龙失水而陆居兮,为蝼蚁之所裁。"王逸注:"蝼,蝼蛄也。蚁,蚍蜉也。一作螘。"《文选·司马迁〈报任少卿书〉》:"假令仆伏法受诛,若九牛亡一毛,与蝼蚁何以异?"李善注:"蝼,蝼蛄也;蚁,蚍蜉也,皆虫之微者,故以自喻。"《汉书·贾谊传》:"横江湖之鳣鲸兮,固将制于蝼螘。"颜师古注:"(蝼)谓蝼蛄也。"《东观汉记·宗室·北海敬王睦传》:"臣虽蝼蚁,敢不以实?"以上诸例都是从蝼蛄和蚍蜉而泛称微小昆虫。但是,"蝼蚁"还可同义连用,泛指白蚁。《韩非子·喻老》:"千丈之堤,以蝼蚁之穴溃;百尺之室,以突隙之烟焚。"《淮南子·人间》:"千里之堤,以蝼蚁之穴漏;百寻之屋,以突隙之烟焚。"汉王充《论衡·变虚》:"人坐楼台之上,察地之蝼蚁,尚不见其体。……蝼蚁之体细。"以上诸例"蝼蚁"言及陂堤溃决之因,与前引《吕氏春秋》"蝼"例同,当也是指白蚁。特别是《论衡》例,明言蝼蚁之体极其细小,若是蝼蛄,在楼上当可见之,在楼上看不清地上虫体者,只能是蚁类;而与房屋毁损有关者,只能是白蚁。要之,"蝼"也可为白蚁之称。

蝼蛄

"蚁",当然更能作白蚁之称。其本字为"螘",又作"蛾"。《尔雅·释虫》:"蚍蜉大螘。"陆德明释文:"螘,本又作蛾,俗作蚁字。"《文选·扬雄〈长杨赋〉》:"皆稽颡树颔,扶服蛾伏,二十余年矣。"("颔",同"颐",下巴。"扶服",匍匐。)李善注:"蛾,古蚁字。"《礼记·学记》:"蛾子时术之。"郑玄注:"蛾,蚍蜉也。"("蚍蜉",大蚁。)陆德明释文:"本或作蚁。"故此处三字实为一词，用作蚁类的总称。由于古人相当一个时期对各种蚁的生态特点认识不清，又缺乏现代生物学分类的知识，故常将膜翅目的一般蚁与等翅目的白蚁混为一谈，浑称为“蚁”，上所举部分上古、秦汉文献中有些“蝼蚁”例中的“蚁”，当指白蚁。“蚁”也常单用而指称白蚁。《太平御览》卷九四七引葛洪《抱朴子》曰：“百寻之山焚于分寸之飚，千丈之陂溃于一蚁之穴。”南朝宋鲍照《代陆平原君子有所思行》：“蚁壤漏山阿，丝泪毁金骨。”其“蚁”实也指白蚁。晋时已知蚁有多种，隐约而知“蚁”中有白蚁。《太平御览》卷九四七引晋郭义恭《广志》曰：“有飞蚁、有木蚁，古曰玄驹者也。又有黑黄大小数种之蚁。”《古今五行记》中有对黄蚁、赤蚁、黑蚁相斗的记述。到唐代段成式《酉阳杂俎·支诺皋下》中第一次对白蚁穴作了生动的描述。文中记某县吏父死，请堪舆家卜茔地，掘地数丈而察，只见：“遇蚁城，方数丈。外重雉堞皆具，子城谯橹，工若雕刻。城内分径街，小垤相次。每垤有蚁数千，憧憧不绝。径甚净滑。楼中有二蚁，一紫色，长寸余，足作金色；一有羽，细腰，稍小，白翅，翅有经脉，疑是雌者。众蚁约有数斛。城隅小坏，上以坚土为盖，故中楼不损。”所比城堞谯橹，当系夸张；所述长寸余者系蚁后，疑为雌者，实是雄蚁。

行于今的“白蚁”之称唐时始见。唐顾况《谅公洞庭孤橘歌》：“下生白蚁子，上生青雀雏。”元稹《〈蚁子〉诗序》：“巴蚁众而善攻栎栋，往往木容完具，而心节朽坏。”白蚁巴蜀多产，故又称“巴蚁”。第一次作为一个蚁种述其生态特点者是宋罗愿《尔雅翼》，其《释虫四》曰：“螱，飞螘，螘之有翅者，盖蛀中白螘之所化也。……以泥为房，诘曲而上，往往变化生羽，遇天晏温，群队而出。飞亦不能高，寻则脱翼，藉藉在地而死矣。”此解说为后人所取。如明王圻《三才图会·鸟兽》释“螘”全用此节文字。《尔雅翼》还首次揭示出我国宫室建筑柱下设础可防白蚁的奥秘。大约从宋代起，对白蚁的生态特点认识渐趋深化，“白蚁”之称也渐趋明确，使用日多，成为白蚁的正称。

参考文献

[1] 邹树文：《中国昆虫学史》，科学出版社，1982 年 12 月。
[3] [宋]罗愿：《尔雅翼》，中华书局《丛书集成初编》1148(第 4 册)。

74. 雄·牡·特·羝(牴)

“雄”是雄性动物通称。“牡”专称雄性兽畜。“特”专称雄性牛马。“羝”专称雄羊。

【同义】

《广雅·释兽》:“牡,雄也。”《论语·尧曰》:“敢用元牡。”皇侃义疏:“牡,雄也。”《广雅·释兽》于“特”、“羝”皆训“雄也”。

【辨释】

《说文·隹部》:“雄,鸟父也。从隹厷声。”按,当声兼义。厷声有大义。《尔雅·释诂上》:“宏,大也。”《书·酒诰》:“若保宏父。”孔传同。“雄”的诸引申义均含盛大之意。如勇强义。《左传·襄公二十一年》:“齐庄公朝,指殖绰、郭最曰:‘是寡人之雄也。’”《文选·宋玉〈风赋〉》:“清清泠泠,愈病析酲,发明耳目,宁体便人,此所谓大王之雄风也。”吕延济注:“雄风谓雄骏之风也。”指强劲之风。盛壮义。《楚辞·大招》:“雄雄赫赫,天德明只。”《后汉书·班超传》:“是时于寘王广德新攻破莎车,遂雄张南道。”此作为动词,亦含张大、盛大之意。因此,“雄”的指称雄性动物,得名于宏大义。盖动物之雄性者,一般比雌性者体强力大。“雄”从隹,故本用于飞禽。《说文·隹部》训“鸟父”,诚是。《诗·小雅·正月》:“谁知乌之雌雄。”《邶风·雄雉》:“雄雉于飞,泄泄其羽。”(“泄泄”,缓飞貌。)《楚辞·离骚》:“雄鸠之鸣逝兮,余犹恶其佻巧。”《后汉书·赵温传》:“温字子柔,初为京兆丞,叹曰:‘大丈夫当雄飞,安能雌伏!’遂弃官去。”汉焦赣《易林·师之旅》:“张弓祝鸡,雄父飞去。”指公鸡。扩大之,“雄”也可用于虫类。《庄子·天运》:“虫雄鸣于上风,雌应于下风。”《文选·左思〈吴都赋〉》:“虽有雄虺之九首,将抗足以跐之。”吕延济注:“雄虺,毒蛇。”用于走兽。《诗·齐风·南山》:“南山崔崔,雄狐绥绥。”孔颖达疏:“对文则飞曰雌雄,走曰牝牡,散则可以相通。”汉乐府民歌《木兰诗》:“雄兔脚扑朔,雌兔眼迷离。”甚至还可用于人。如《木兰诗》下两句是:“双兔傍地走,安能辨我是雄雌?”又,《墨子·非乐上》:“故唯使雄不耕稼树艺。”“雄”,指男子。唐李白《双燕离》诗:“憔悴一身在,孀雌忆故雄。”(“故雄”,亡夫。)不过,这种用法并不多。用于人主要取“雄”的引申义。由上可见,“雄”专称鸟类的特点甚不明显,它实是一切雄性动物的通称。

雄性动物强壮、盛大,故“雄”有壮盛义,可喻用于人和物之壮盛者。竹、麻、花卉等植物分雌雄之株,雄株不结子而秆壮叶茂。风分雌雄,雄风指强劲之风,见上引《文选·宋玉〈风赋〉》句。剑戟分雌雄。《方言》第九“三刃枝”郭璞注:“今戟有小孑刺者,所谓雄戟也。”则较雌戟更有威力。汉司马相如《子虚赋》:“曳明月之珠旗,建干将之雄戟。”喻用于人,常指称人中之男性豪杰或某方面突出的男性。《荀子·非相》:“听其言则辞辩而无统,用其身则指多诈而无功……夫是之为奸人之雄。”《汉书·司马迁传赞》:“序游侠则退处士而进奸雄。”《汉书·东方朔传赞》:“然朔名过实者,以其诙达多端,不名一行……其滑稽之雄乎!”颜师古注:“雄谓为之长帅也。”

《说文·牛部》:“牡,畜父也。”其初文为“土”(非土地字)。甲骨文、金文同于“且、士”之形,郭沫若曰:“据余所见,土且士实同为牡器之象形。”(《释祖妣》)在甲骨卜辞中,“匕”字可与牛、羊、犬、马、豕五畜结合,显然分别指各种雌性动物,则“牡”字也并不专指牛,可如许慎所释作“畜父”之义,“土”代表了兽畜类哺乳动物生殖器凸而上举的共同特征。因此,与“牝”一样,它一般只用于兽畜类即“走”的动物,而不用于“飞”的动物或虫类。《诗·小雅·信南山》:“祭以清酒,从以骍牡。”(“骍牡”,赤色牡牲。)《邶风·匏有苦叶》:“有浵济盈,有鷕雉鸣。济盈不濡轨,雉鸣求其牡。”此“雉”是雌雉,似乎违例。实不然。毛传:“鷕,雌雉声也。”孔颖达疏:“今雌雉鸣也,乃鸣求其走兽之牡,非其道。”孔疏引郑志答张逸云:“雌雄求牡,非其耦,故喻宣公与夫人。”按,雉鸣应求其同类。《诗·小雅·小弁》:“雉之朝雊,尚求其雌。”(“雊”,雄雉鸣。)雄雉鸣求其雌,则雌雉鸣当求其雄,而今非此。后两句意为:济渡深水必濡湿车轨,今云“不濡轨”,是喻违礼深而不自知;雌雉鸣本应求其同类雄雉,今却求异类之“牡”,乃非其偶,喻不由其道而非所得。全诗刺卫宣公与夷姜淫乱,此两句即刺夷姜。诗句正是巧妙地利用“牡”指走兽类而不用于飞鸟的特点作为比兴,达到强烈的讽刺效果。秦以后,“牡”之用犹此。《史记·大宛列传》:“汉军取其善马数十匹,中马以下牡牝三千余匹。”汉枚乘《七发》:“驾飞軨之舆,乘牡骏之乘。”偶有用于非兽者。明李时珍《本草纲目·兽之三·鼠》集解引陶弘景曰:“入药用牡鼠,即父鼠也。”要之,“牡”一般不用于人,是雄性兽畜的专称。引申之,“牡”可喻指凸形之物。如门闩、门锁之凸出的部件。《礼记·月令》“修键闭”郑玄注:“键,牡;闭,牝也。”孔颖达疏:“凡鏁(锁)器,入者谓之牡。”《汉书·五行志中之上》:“长安章城门,门牡自亡。”颜师古注:“牡,所以下闭者也,亦以铁为之。”

《说文·牛部》:“特,特牛也。”段玉裁注:“铉本云:‘朴特,牛父也。’按,《天问》:‘焉得夫朴牛?’”(“朴”,大。)洪兴祖补注:“《说文》云:‘特牛,牛父也。’言其朴特。”则“特”谓雄牛。也可引申称雄马。《周礼·夏官·校人》:“凡马,特居四之一。”郑玄注引郑司农曰:“四之一者,三牝一特。”孙诒让正义:“盖厩牧之马,大数牝多特少,若驾乘则不拘此数。”则“特”称雄马。无论指雄牛或雄马,所用皆少见。“特”常称四岁之兽。《广雅·释兽》:“兽……四岁为特。”《诗·魏风·伐檀》:“胡瞻尔庭有县特兮。”毛传:“兽三岁曰特。”古“四”作“亖”,此“三”当为“四”。其用亦少。

“羝”,或作“牴”。《说文·羊部》:“羝,牡羊也。”《诗·大雅·生民》:“取羝以軷。”毛传:“羝羊,牡羊也。”《史记·封禅书》:“祠白帝,其牲用骝(骝)驹、黄牛、牴羊各一。”《汉书·苏武传》:“匈奴以为神,乃徙武北海上无人处,使牧羝,羝乳,乃得归。”谓使雄羊生小羊,乃放归,实不使归。又《景十三王传·江都易王非》:“彊令宫人赢而四据,与羝羊及狗交。”颜师古注:“羝羊,牡羊。”

75. 雌·牝·牸

“雌”是雌性动物通称。“牝”专称雌性兽畜。“牸”专称雌性家畜。

【同义】

《广韵·平支》:“雌,牝也。”《广雅·释兽》:“牸、牝,雌也。”汉桓宽《盐铁论·未通》:“戎马不足,牸牝入阵,故驹犊生于战地。”“牸”、“牝”同义连用,指雌性动物。

【辨释】

《诗·邶风·匏有苦叶》:“雉鸣求其牡。”毛传:“飞曰雌雄,走曰牝牡。”此训又见于《诗·齐风·南山》“雄狐绥绥”孔颖达疏。此从形旁立言。《说文·隹部》:“雌,鸟母也。从隹此声。”按,此声兼义。此声多有细小、柔小义。“呰”,语余声,见《尔雅·释诂下》“呰,此也”陆德明释文。“骴”,鸟兽残骨。“柴”,小木散材。“赀”,小罚以自赎。“疵”,小病(以上义解皆见《说文》)。从引申义看,有柔弱义。《淮南子·原道》:“是故圣人守清道而抱雌节。”高诱注:“雌,柔弱也。”有低下义。《史记·项羽本纪》:“项王谓汉王曰:‘天下匈匈数岁者,徒以吾两人耳!愿与汉王挑战决雌雄。’”“雌雄”,指高下,“雌”是下。因此,雌性动物之所以称“雌”,是从形体柔小着眼。盖动物之雌性者,一般比雄性者柔小。雌从隹,故本用于飞禽。《诗·小雅·小弁》:“雉之朝雊,尚求其雌。”(雊,雉鸣;“尚”,犹。)《小雅·正月》:“具曰予圣,谁知乌之雌雄。”《后汉书·赵温传》:“温字子柔,初为京兆丞,叹曰:‘大丈夫当雄飞,安能雌伏!’遂弃官去。”“雌伏”,雌禽孵伏。三国魏曹植《鹖赋》:“若有翻雄骇逝,孤雌惊翔。”此皆指飞禽。但从文献实际使用看,也常用于走兽。《诗·小雅·无羊》:“尔牧来思,以薪以蒸,以雌以雄。”此“雌”指牛羊。有时还可用于人。《墨子·非乐上》:“雌亦不纺绩织紝。”《管子·霸形》:“令其人有丧雌雄。”尹知章注:“失男女之偶。”由此可知,“雌”是一切雌性动物的通称。雌性动物较柔小,故“雌”可喻用于人和物之柔小者。竹、麻、花卉等植物分雌雄之株,雌株结子,较矮小。风分雌雄,雌风是下轻之风。《文选·宋玉〈风赋〉》:“故其风中人,状直憞溷郁邑……此所谓庶人之雌风也。”刘良注:“雌风,卑恶之风。”虹霓,称“雌霓”者,是双虹中色彩较淡的一条,又称副虹。喻用于人,异于“雄”,而喻称男人之似妇女柔弱之声。《晋书·桓温传》记述桓温自感有司马懿、刘琨辈的雄姿,但刘琨之妓女评桓温曰:“面甚似,恨薄;眼甚似,恨小;须甚似,恨赤;形甚似,恨短;声甚似,恨雌。”唐韩愈《病中赠张十八》诗:“雌声吐款要,酒壶缀羊腔。”宋陆游《老学庵笔记》卷七:“韩魏公(韩琦)声雌,文潞公(文彦博)步碎。”

“牝”的初文是“匕”。《说文·匕部》:“匕,相与比叙也。从反人,匕亦所以用比取饭,一名柶。”同部:“匙,匕也。”郭沫若以为《说文》释字误,其第二解才是本义。从甲骨文、金文看,

“匕”者当是凹而尖圆的羹匙象形。郭说诚确。段玉裁注:“匕即今之饭匙也,《少牢馈食礼注》所谓‘饭橾’也。”“苏林注《汉书》曰‘北方人名匕曰匙’,玄应曰‘匕或谓之匙’。今江苏所谓楳匙、汤匙也,亦谓之调羹,实则古人取饭、载牲之具,其首盖锐而薄。”(分见《说文·匕部》“匕”、“匙”字段注)指雌性动物,无疑是一种喻称用法。盖雌性动物的外生殖器似调羹形,故喻用之。其字再加“牛”旁,实不专指牛。在甲骨卜辞中,从“匕”之字有从牛、马、羊、犬、豕五形,可见原先“牛”偏旁只表示畜种小名,但到书面文献中已表示整个兽畜,犹“牢、逐”之类所从之“牛、豕”一样。“牝”一般专用于兽畜类,即“走”的动物,而不用于“飞”的动物或虫类。上所引汉唐旧注“飞曰雌雄,走曰牝牡”,前句未必全是,但后句倒合乎事实。《说文·牛部》:“牝,畜母也。”《易·离》:“畜牝牛,吉。”《管子·轻重甲》:“弛牝虎充市,以观其惊骇。”《荀子·赋篇》:“有父母而无牝牡者与?”此指蚕,似乎违例,但本篇是拟人手法,故也用“牝牡”。《淮南子·道应》:“(秦穆公)使之求马,三月而反……穆公曰:‘何马也?’对曰:‘牡而黄。’使人往取之,牝而骊。”《诗·大雅·灵台》“麀鹿攸伏”郑玄笺:“文王亲至灵囿,视牝鹿所游伏之处。”皆指哺乳动物。“牝”一般不用于人。《荀子·非相》:“有牝牡而无男女之别。”《史记·龟策列传》曰:“禽兽有牝牡,置之山原;鸟有雌雄,布之林泽。”则人不得称牝牡。但唐人称武则天当政为“牝朝”。此典最早见于《书·牧誓》:“牝鸡无晨,牝鸡之晨,惟家之索。今商王受(纣),惟妇言是用。”谓牝鸡无晨鸣之道,若晨鸣,则家殆尽,喻指妇人不可知政。《新唐书·后妃传上·文德长孙皇后》:“与帝言,或及天下事,辞曰:‘牝鸡司晨,家之穷也,可乎?’”一般以为“牝鸡”即雌鸡。但古代却无“牡鸡司晨”之正语。其实,显示“牝鸡”之妙在于:雌鸡已不可司晨,今又作“牝鸡”,鸡不用牝牡而称,故更显其不伦不类;还以此喻人,但人也不称牝牡,故更见所喻人之近于兽畜,嘲讽贬恶色彩溢于辞表。由于“牝”称兽畜侧重于雌性哺乳动物外生殖器之形,故引申之,“牝”也可喻称凹陷形之物。如门闩孔,锁孔。《礼记·月令》:“戒门闾,修键闭。”郑玄注:“键,牡;闭,牝也。”孔颖达疏:“凡鏁(锁)器入者谓之牡,受者谓之牝。若禽兽牝牡然。”如溪谷。《大戴礼记·易本命》:“丘陵为牡,溪谷为牝。”清王聘珍解诂:“阳为牡,吐气者也;阴为牝,含气者也。”

《集韵·去志》:“牸,牛牝也。”实不限于牛,但从牛字声,字为乳育义,故“牸”必指雌性动物。《说苑·政理》:“臣故畜牸牛,生子而大。”《史记·平准书》:“以差出牝马天下亭,亭有畜牸马,岁课息。”北魏贾思勰《齐民要术·养牛羊驴骡》引陶朱公语:“子欲速富,当畜五牸。”注:“牛、马、猪、羊、驴五畜之牸。”“牸”专用于家畜,是雌性家畜的专称。

76. 豕·彘·豨(狶)·猪(豬)

“豕”是猪的通称。上古“彘”是家猪专称；汉晋期间，也可作猪的通称。东汉起，“猪”成为口语中猪的通称，与“豕”文白相对。“豨”是野猪专称，偶也作猪的泛称。

【同义】

《说文·豕部》：“豕，彘也。”《彑部》：“彘，豕也。”《广雅·释兽》：“豨，豕也。”《方言》第八：“猪，北燕、朝鲜之间谓之豭，关东、西或谓之彘，或谓之豕，南楚谓之豨。”《太平御览》卷九〇三引南朝宋何承天《纂文》曰：“梁州以豕为猪，河南谓之彘，吴楚谓之豨。”

【辨释】

猪在我国是仅次于狗而较早被驯养的动物。先民用田网、陷阱、弓箭获取野猪，并渐渐摸索出一套驯育方法，主要是系绳和圈栏。大汶口文化一些遗址出土家猪牙，即有系绳迹象。西安半坡遗址就见家畜圈栏设施。长江、黄河流域许多新石器时代遗址，都出土不少猪遗骨和以猪为题材的陶塑艺术品，如山东宁阳堡头的红陶兽尊、胶县（今胶州）三里河的陶鬶，浙江余姚河姆渡的陶猪等，均展现了原始家猪的体态特征。考古发掘表明，我国在新石器时代前期，已驯化了野猪，出现了原始家猪。到汉代，外形硕壮、肉质肥美的猪种已培育成功。从出土的许多汉代陶猪可见，其体态已与今之家猪无异。从汉代起，我国的家猪良种被引入欧洲，“在改进欧洲品种中，具有高度的价值”（达尔文语）。猪与欧美一些本地土猪杂交，育成许多良种猪。

“豕”，或以为上古是“指无人饲养的野猪”，主要根据其甲骨文字形不带箭，故必早于带箭之彘，必是野猪。按，此种推断较为主观，乖于情实。即从字形看，“豕”见于甲骨文常作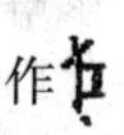（《乙七九八五》）是猪的象形，其大肚短尾，正显示了家猪而非野猪的主要特征。关键是文献的使用。上古文献中，“豕”可称家猪。《国语·晋语四》：“臣闻昔者大任娠文王不变，少溲于豕牢而得文王。”《竹书纪年》（卷下）也记其事，有“溲于豕牢”之语。豕牢，即猪圈，表明农业发达的周部族很早就已圈养家猪。《诗·小雅·渐渐之石》：“有豕白蹢（蹄），烝涉波矣。”其时已察知猪有爱涉水之习性，据此验天时。《礼记·哀公问》：“备其鼎俎，设其腊豕，脩其宗庙。”（“腊”，干肉。）甲骨卜辞中，豕已常作祭祀的牺牲，至周代腌制干肉是宗庙祭祀的必备品物。《孟子·尽心上》：“食而弗爱，豕交之也。爱而不敬，兽畜之也。”与“兽”相对，“豕”乃指家猪，此用为副词，状语。但是，“豕”也可称野猪。《左传·庄公八年》：“齐侯游于姑棼，遂田于贝丘，见大豕……豕人立而啼。”《孟子·尽心上》：“舜之居深山之中，与木石居，与鹿豕游。”《战国策·齐策一》：“太子相不仁，过颐豕视。”文中“豕”皆指野猪。秦以后“豕”犹承上古而用。《汉书·公孙弘传》：“少时为狱吏，有罪，免。家贫，牧豕海上。”《晋书·愍怀太子传》：“尝从帝观豕牢，言于帝曰：‘豕甚肥，何不杀以享士，而使久费五谷？’”隋王通《中说·礼乐》：“遇牧豕者问途焉。”《辽史·地理志三》：“（古）北口，多黄豕。”清方观承《从军杂记》：“北边无豕，军中有畜之者，味甚劣。”皆指家猪。《礼记·郊特牲》：“迎虎，为其食田豕也。”汉张璠《汉纪》：“都末（人名）出城，见野豕，欲搏之。”《艺文类聚》卷九四引晋郭璞《封豕赞》：“有物贪婪，号曰封豕。”共名“豕”前加“野”、“封”修饰，乃指称野猪。由上可见，“豕”本是猪的通称，整个古代皆然，家猪、野猪都称为“豕”。

《说文·彑部》：“彘，豕也，后蹄废谓之彘，从彑，从二匕，矢声，彘足与鹿足同。”此析字全误。甲骨文“彘”字皆作平肚之豕，与肥肚之“豕”异，贯箭状，既无肥奢的肚腹，又靠箭捕获，显为野猪（《铁二一〇．二》）。箭射是彼时捕野猪的主要方式。但捕获为驯养，故至周秦文献中，“彘”已成为家猪的专称，内涵小于“豕”。《韩非子·外储说左上》：“曾子之妻之市，其子随之而泣，其母曰：‘女还，顾反为女杀彘。’……曾子欲捕彘杀之……遂烹彘也。”《孟子·梁惠王上》：“鸡豚狗彘之畜，无失其时，七十者可以食肉矣。”《尽心上》：“五母鸡，二母彘，无失其时。”《孟子》二例最明显，此用于家畜，故皆用“彘”示为家猪。在整个周秦文献中，“彘”只指家猪，不称野猪；而“豕”可兼用于二者，可见称名用法上，“豕”大“彘”小之异。但是秦以后，由于饲养家猪的进一步发展，其物更多更广，故不仅出现了“猪”之新名（见下），而且使“彘”在汉魏晋期间，一度也成为猪的通称。它可以用于家猪。《史记·吕后本纪》：“（吕）太后断戚夫人手足，去眼，煇耳，饮瘖药，使居厕中，命曰‘人彘’。”《货殖列传》：“羊彘千双。”指羊和猪共五百。也可以泛称猪而用于野猪。上引《左传·庄公八年》“豕人立而啼”句，《史记·齐太公世家》表为“彘人立而啼”。《汉书·酷吏传·郅都》：“尝从入上林，贾姬在厕，野彘入厕……上还，彘亦不伤贾姬。”豪猪是野猪的一种，晋郭璞称为“豪彘”，有《豪彘赞》。但是，随着养猪的不断发展，猪的概念其实就指家猪，“豕”、“猪”足以当之，故晋以后，“彘”遂趋汰废矣。

“豨”或作“狶”，为野猪专称。《庄子·知北游》：“正获之问于监市履狶也，每下愈况。”郭象注：“狶，大豕也。”陆德明释文同。野猪一般大于家猪。《左传·定公四年》：“申包胥如秦乞师，曰：‘吴为封豕长蛇，以荐食上国。’”《淮南子·本经》作：“封豨脩蛇，皆为民害。”晋左思《吴都赋》：“封豨䝞。”（“䝞”，同“狗”，猪叫声。）“封豨”，大野猪，突出其大。但偶也作猪的泛称。《后汉书·刘陶传》：“今（指西羌）果已攻河东，恐遂转更豕突上京。”《资治通鉴·唐僖宗乾符二年》：“或曰：‘蛮寇逼近成都，相公尚远，万一豨突，奈何？’”胡三省注：“豨，豕也。豕健於突。”又，“豕膏”也作“豨膏”。《史记·田敬仲完世家》：“淳于髡曰：‘豨膏棘轴，所以为滑也。’”

“猪”，古多作“豬”。今一些辞书据《尔雅·释兽》“豕子，猪”，而以“猪”本义为小猪，未安。一、《尔雅》所训当方言义。郭璞注：“今亦曰彘，江东呼豨，皆通名。”即谓“猪”也是通称，而“豕子”之义即在方言中有，也不通用，且其义无一书证。二、“猪”字从者声，者声有大义，先秦多作“潴”的本字，指聚水之处，即湖泽。古之休屠泽，《禹贡》称为“猪野”，唐时称为“白亭海”，清时称为“鱼海子”，“海”是大湖泽(参第70条)。凡此，均可明“猪”不是指小物。按，“猪(豬)”从豕，可以认为本是猪之称，但最初可能是方言词，故上古文献甚为罕见。《左传·定公十四年》：“卫侯为夫人南子召宋朝……过宋野，野人歌之曰：‘既定尔娄猪，盍归吾艾豭？’”“艾豭”，老公猪。“娄猪”，求子的母猪，此处讽刺好淫的南子。到汉代，尤其东汉起始多见。《太平御览》卷四三〇引《韩诗外传》记孟母不欺子之事：“孟子少时，东家尝杀猪……(母)乃买东家猪肉以食之，明不欺也。”(今本《韩诗外传》卷九“猪”作“豚”。)汉崔寔《四民月令·十二月》：“前期五日杀猪，三日杀羊……去猪盖车骨。”《太平御览》卷九〇三引谢承《后汉书》曰：“朱穆字文元，尝养猪，猪有疾。”今《后汉书》既有“牧豕”又有“牧猪”。如《公孙弘传》：“公孙弘……家贫，牧猪海上。”《逸民传·梁鸿》：“梁鸿……乃牧猪于上林苑中。”而《儒林传·孙期》：“孙期……牧豕于大泽中。”《李林传》：“(杨匡)托疾牧豕云。”袁山松《汉纪》曰：“吴祐放猪于长垣泽中，诵经而行。”而《东观汉记》：“吴祐年二十……常牧豕于长垣泽中。”《东观汉记》卷十四：“承官，字少子……年八岁，人令牧豕。……见诸生讲诵，好之，因弃猪而听经。”此同篇二字并出。“人令牧豕”句，姚本、聚珍本，《艺文类聚》卷九四、《太平御览》卷九〇三又皆作“为人牧猪”。凡此足证“豕、猪”义用相同。从东汉起，“猪”已成为口语中猪的通称。与“豕”文白相配，而且“猪”之使用日广，如明李时珍《本草纲目·兽之一·豕》、明徐光启《农政全书》以及许多笔记、杂志、方志，皆用“猪”，不用“豕”。到现代汉语终于全部以“猪”代“豕”。

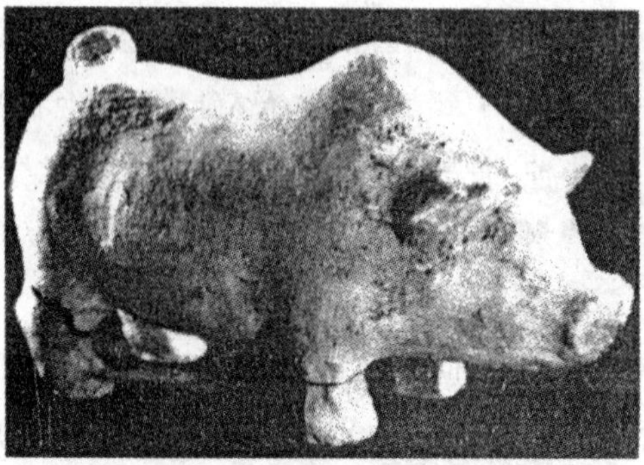

东汉陶猪

新石器时代陶猪

参考文献

[1] 高式武:《我国猪的起源和驯化》,载《中国畜牧史料集》,科学出版社,1986年5月。
[2] 张仲葛:《中国古代人民怎样驯化野猪成为家猪》,载同上书。
[3] 张仲葛:《出土文物所见我国家猪品种的形成和发展》,载同上书。
[4] 马孝劬:《我国养猪业的几个传统特点》,载同上书。
[5] 张仲葛:《我国养猪业的发展与科学技术的成就》,载同上书。

[6] 许肇鼎:《我国历史上养猪情况简介》,载同上书。
[7] 〔日〕板井江所:《中国家畜史概况》,瀛生节译自《东亚物产史》,载同上书。
[8] 李锦钰、李宝澄:《广东猪种对国外著名猪种育成的影响》,《农业考古》1986 年第 1 期。
[9] 程义铭:《"豕"、"彘"辨》,《文史知识》1992 年第 8 期。

77. 豝·豭(娄)·豭(猳)·豵(猔)·豜(豣、肩)

“豝”是野母猪，也称二岁猪。“豭”是急于交配的母猪。“豭”是公猪。“豵”是一岁猪。“豜”是三岁猪。“豵”、“豝”、“豜”也可称兽。

【同义】

“豝、豭、豭、豵、豜”皆是各种猪的称名。

【辨释】

“豝”是野母猪。《说文·豕部》：“豝，牝豕也。”《尔雅·释兽》：“豕……牝豝。”《诗·召南·驺虞》：“彼茁者葭，壹发五豝。”毛传：“豕牝曰豝。”谓葭苗茁始生之时，国君出外田猎，一次发矢(并非发一箭)射中五只母猪。《诗·小雅·吉日》：“既张我弓，既挟我矢，发彼小豝，殪此大兕。”郑玄笺：“豕牝曰豝。”诸“豝”皆指野母猪。也可兼称二岁猪或二岁兽。《说文·豕部》：“豝，牝豕也。一曰，二岁豕，能相杷拏者也。”《周礼·夏官·大司马》：“大兽公之，小禽私之。”郑玄注：“二岁为豝。”

“豭”，或作“娄”，求牡的母猪。《广韵·平侯》：“豭，求子豬也。”《集韵·平侯》：“豭，求子豕，通作娄。”《左传·定公十四年》：“卫侯为夫人南子召宋朝……过宋野，野人歌之曰：‘既定尔娄猪，盍归吾艾豭？’”杜预注：“娄豬，求子豬，以喻南子。”艾豭，指宋公子朝。句意：既然你的母猪已配过种，何不将老公猪归还我？盖牝猪生后三月性已成熟，经常发情，若将其所生未阉小公猪与它同栏，也会主动交配。用正发情的母猪以喻有淫乱败行的卫灵公妃南子，其讽刺巧妙之极。

“豭”，或作“猳”，牡猪，即公猪。《说文·豕部》：“豭，牡豕也。”《广雅·释兽》：“豭，雄也。”古今养猪史表明，母猪、肉猪(阉猪)、公猪之中，最可宝贵者是公猪，因其作供交配的种猪。当私有制取代原始公有制，家长制的父系大家族成为社会主要生产单位时，猪的多少成为贫富的标志，而公猪又是家猪的代表。《说文·宀部》：“家，尻(居)也。从宀，豭省声。”实是会意。谓“家”得声义于“豭”，此正反映出远古之时公猪在家——家族中的突出地位。当时，一些贫困的家族未必能养公猪。因而公猪常被借用。尤其品种优良、健壮有力、年龄较大的公猪更为难得。公猪的优劣关系到交配出的小猪的优劣。上所举《左传·定公十四年》的“艾豭”即是作为被借用的老公猪。此民谣正表现出家猪饲养中公母猪的不同作用。又，《史记·秦始皇本纪》所载秦始皇《会稽刻石》：“夫为寄豭，杀之无罪。”司马贞索隐：“豭，牡猪也，言夫淫他室，若寄豭之猪也。”“寄豭”即可与许多母猪交配、各处被借用的公猪，喻乱入他室行淫的男子。由于公猪在传种接代上的重要作用，受到先民的崇拜。早在新石器时代的一些墓葬中，就有以公猪随葬之例。如山东曲阜西夏侯新石器时代遗址出土猪骨，据鉴定，均属于公猪。其鉴定报告称：“它们都已超过宰食的年岁，因此，很可能是作为种猪饲养的。当主人死了，就拿来作为随葬之用。”（见《考古学报》1964 年第 2 期 104—105 页）三里河出土的残陶鬶所塑的猪形，下部睾丸清晰可见，也是种猪。下至周代，宗庙尊彝之器铸成，则用豭血涂衅。《礼记·杂记下》：“凡宗庙之器其名者（指尊彝之属），成则衅之以豭豚。”《吕氏春秋·本味》：“衅以牺豭。”奴隶主贵族誓盟、神诅也用豭为祭牲，以见敬奉神祇。《左传·隐公十一年》：“郑伯使卒出豭，行出犬、鸡，以诅射颍考叔者。”（“卒”，百人；“行”，二十五人。）郑伯使卒内出豭，又使其中每行或用犬，或用鸡，以加重神诅。孔颖达疏：“豝者是牝，知豭者是牡。祭祀例不用牝。”《哀公十五年》：“孔伯姬杖戈而先，大（太）子与五人介，舆豭从之，迫孔悝于厕，强盟之。”《哀公十六年》：“大（太）子使五人舆豭从己，劫公而强盟之，且请杀良夫。”据说“子路性鄙，好勇力，志伉直，冠雄鸡，佩豭、豚，陵暴孔子”（《史记·仲尼弟子列传》），豭、豚是孔武有力的象征。《管子·戒第》：“东郭有狗嗤嗤，旦暮欲齧我豭而不使也。”“嗤”，当作“啀”（参王念孙《读书杂志·管子》），狗欲咬时吠声，喻指残忍食子的易牙。以“豭”指君。谓其有害君之心，不可使以重任。但到秦汉时，对豭猪的崇拜礼尊色彩已淡化。上举秦会稽刻石“寄豭”以喻淫夫，已是贬义。《汉书·翟方进传》：“长（义渠县长）取其母，与豭猪连系都亭下。”颜师古注：“豭，牡豕也。”盖将其母与公猪同系以深辱之。可见“豭”已带上贬义色彩。

“豵”，或作“猣”，是一岁猪。《说文·豕部》：“豵生六月豚，从豕，從声。一曰，一岁曰豵，尚丛聚也。”《诗·召南·驺虞》：“彼茁者蓬，壹发五豵。”毛传：“一岁曰豵。”《豳风·七月》：“言私其豵，献豜于公。”毛传：“豕，一岁曰豵。”晋张协《七命》：“乃有圆文之豣，班题之猣。”此扩指一岁的他兽。

“豜”或作“肩”，亦作“豣”，是三岁的大猪。《说文·豕部》：“豜，三岁豕，肩相及者也。”《广韵·平先》：“豜，大豕也。”上引《诗·豳风·七月》：“献豜于公。”毛传：“三岁曰豜。”又作“肩”，通假字。《诗·齐风·还》：“并驱从两肩兮。”（“从”，追纵。）毛传：“兽三岁曰肩。”也不唯指猪。如上引晋张协《七命》“乃有圆文之豣”句。《广雅·释兽》：“兽：一岁为豵，二岁为豝，三岁为肩。”此“肩”即为“豜”，所称不限于猪。

由上可见，称一岁、二岁、三岁猪的三个词“豵”、“豝”、“豜”都可扩大而指称其他的同岁兽类。此是其他家畜类词所罕见的现象，无疑显示出猪从野兽脱胎而来的史迹和家畜中最普遍最重要的作为六畜之首的特色。

参考文献

[1] 刘敦愿:《中国古代的养猪业》,载《中国畜牧史料集》,科学出版社,1986 年 5 月。
[2] 高式武:《我国猪的起源和驯化》,载同上书。
[3] 刘敦愿:《漫谈湖南湘潭出土的商代豕尊》,载同上书。
[4] 赵克刚:《也说"家"》,载《词典研究丛刊》第 2 辑,四川辞书出版社,1981 年 5 月。

78. 豮（猪）·骟（扇）·騬（剩）·犍（健）·犗·羠·羯·驐（镦）○豚（豘、腞）

禽畜的阉割技术，早商已出现。首先施于猪，阉猪浑称“豮”。可供祭祀之肥壮者称“豚”，“豚”常作阉猪（肉猪）通称。阉马，早期称“騬”，后称“骟”。阉牛早期称“犗”，后多称“犍”。阉羊，浑称为“羠”，其黑色者称“羯”。阉鸡称“驐”，江南方言词。

【同义】

《说文·豕部》：“豮，羠豕也。”《马部》：“騬，犗马也。”朱骏声谓“犍、犗、騬、羯、豮”诸字，“皆去势之谓”（《说文通训定声·升部》“騬”字）。《牛部》：“犗，騬牛也。”《玉篇·羊部》：“羠，犍羊也。”《正字通·马部》：“骟，割去势也。”《说文新附》：“犍，犗牛也。”《广韵·平魂》：“驐，去畜势。”“豚”也指去势之畜（见下）。

【辨释】

阉割牲畜，是古代劳动人民的重大发明，是畜牧发展史上的一桩大事。它表明，古人在长期豢养家畜过程中，对动物生殖和内分泌机能已有科学认识，进而巧妙地利用动物内分泌的变化，以改变它们的一些生理特征，从而提高家畜的经济利用价值和选优汰劣的功效。但在漫长的封建社会对此长期疏于系统的总结，直到明代李时珍《本草纲目》和喻本元、喻本亨兄弟合著《元亨疗马集》才对各种饲养禽畜的阉割术进行了较集中的论述。其实，阉割术起源甚早。明罗颀《物原》曰：“轩辕始医兽，少昊始阉洁六畜。”少昊是公元前 2600 年左右的传说中人物，其时尚未有金属工具，似难于施行阉割手术，且无实证。现在，有的学者认为，施于人的宫刑乃受阉割牲畜启示而产生，商代已有了宫刑，故阉割动物在商代以前当已发明。有的学者认为，恰恰相反，奴隶社会中奴隶如同牲畜，奴隶主最高首领为了提供不损害其一夫多妻而又可侍奉的男子，故要探索人的阉割技术，然后由人而及动物，故牲畜的阉割当在商周之时产生。还有的认为雄性畜兽在殴斗中会发生睾丸受伤之事，形成天然的阉割现象而予人启发，导致了有意施行的手术。按，在甲骨文中，有字（见朱芳圃《甲骨学文字编》），即后“宫刑”之“宫”，表示用刀阉割男性生殖器。更可注意者，甲骨文中由“豕”所构成的字表现十分丰富。凡牛羊马的栏圈是形，有一开口，内一牲。但猪圈字，今隶定为“圂”字，本却作二形：一是口形，内有一豕；一是形，内有二豕。皆是封闭形。盖表明此时养猪已需长时期圈禁，成双者，示牝牡繁殖其中。甲骨文有“”字，即后出“豵”字，《玉篇·豕部》训为“老母豕”（参唐兰《殷墟文字记》第 35 页）。有“豭”字，作（《佚六二一》，《前八、五、四》），腹下一短画示其势。至于豖字，于豕字腹下出一画，示切割去势，自闻一多考定为豖，即"椓、斀"等的古字(见闻氏《古典新义·释豖》)，已为学人奉为定论。"豕"之构字如此多品，分辨如此精细，无疑表明当时已掌握了家猪圈养的特点，能分清各种猪，以便繁殖，全面利用，特别是"豖"字，更是商代已有阉猪的确证。语词往往落后于现实。然则阉割之始必早于甲骨文时代，至少早商已发轫。从中也可知，六畜的阉割，当肇始于猪。

阉割的猪浑称为"豮"。字或作"獖"。《集韵·平文》："豮，《说文》：'羠豕也。'或从犬。"贲声有大、满之义，阉猪肥壮硕大，称为"豮"，固当。《易·大畜》："豮豕之牙，吉。"陆德明释文引刘表云："豕去势曰豮。""牙"通"互"，即枑，陈肉的木架。引申指交木的畜栏。盖阉割创处甚痛，愈合时又奇痒，故往往疾走，稍不慎触物而创裂致死，故以栏防范，即无虞而吉(高亨《周易古经注》)。或解：阉割之猪，性情驯顺，虽有犀利之牙，也不足为害(张仲葛《畜牧史话》)。似以后解为优，去势之猪，确实驯顺而易于豢养，因而可膘肥长肉。北魏贾思勰《齐民要术·养猪》原注："犍者，骨细肉多；不犍者，骨粗肉少。"豮猪无生育能力。《周书·陆逞传》："除京兆尹。都界有豕生数子，经旬而死。其家又有豮，遂乳养之，诸豚赖之以活。时论以逞(陆逞)仁政所致。"豮猪有乳汁，洵为奇事(实是阉割技术不高所致)。"豮"可作动词，指阉割，可用于人。《韩非子·十过》："公(齐桓公)妒而好内，竖刁自獖，以为治内，其身不爱，又安能爱君？"

"豚"，汉唐注家多训为小猪，或猪子。《小尔雅·广兽》："彘，猪也，其子曰豚。"《方言》第八："猪……其子或谓之豚。"《论语·阳货》："阳货欲见孔子，孔子不见，归孔子豚。"("归"，馈。)邢昺疏："豚，豕之小者。"《文选·东方朔〈答客难〉》："譬犹鼱鼩之袭狗，孤豚之咋虎，至则靡耳，何功之有？"("鼱鼩"，又名奚鼠，一种小鼠。)李善注引《方言》曰："豚，猪子也。今人相骂曰孤豚之子。"今辞书、有关语言专书都承"豚小猪"之训。

其实，作为"豚"的本义，此训未善，今人皆取此训释"豚"，尤为不妥。首先，训为小猪，于"豚"的字形和词源均找不到任何理据。其次，施之文献，常会扞格。《孟子·梁惠王上》："鸡豚狗彘之畜，无失其时。"《墨子·非攻上》："至攘人犬豕鸡豚者，其不义又甚入人园圃窃桃李。"皆四者并列，鸡、狗、彘、豕，乃是育成之家畜，且"彘、豕"作为猪的通称(参76条)，当然已赅小猪，何以另列一小猪？若以豚为猪的泛称或通称，则在四名中与"彘"或"豕"相重，更不合文例。《庄子·人间世》："故解之以牛之白颡者，与豚之亢鼻者，与人有痔病者，不可以适河。"与"牛、人"相并者，也绝非小猪。《史记·滑稽列传》："今者臣从东方来，见道旁有禳田者，操一豚蹄，酒一盂，祝曰。"唐李绅《到宣武三十韵》："泽广豚鱼洽，恩宣岂弟生。"以上诸"豚"，分明为育成之猪，若解小猪，颇为不伦。

今按，"豚"或作"豘"、"肫"。《庄子·德充符》："适见豘子食于其死母者。"陆德明释文："豘，本又作豚。""豚"与屯同源，当从屯声取义。《广雅·释诂三》："屯，聚也。"屯声有聚多义。猪之聚多，在脂肪与肉，故豚即是肥猪。《晋书·谢混传》："每得一豘，以为珍膳。"南朝宋刘义庆《世说新语·汰侈》："武帝尝降王武王子家……食蒸豘，肥美，异于常味。"宋苏轼

《仇池笔记》载某僧《蒸豚》诗:"嘴长毛短浅含膘,久向山中吃药苗。……红鲜雅称金盘饤,香软真堪玉筋挑。若把毡根(即羊)来比并,毡根自合吃藤条。"凡此都是对豚为肥猪而绝非对小猪的描述。但它不是一般的肥猪。盖"豚"与"腯"同音。"遁",《说文·辵部》作"遯","豚"又作"腯"(见《康熙字典·豕部》)。《说文·肉部》:"牛羊曰肥,豕曰腯。"显然,"豚、腯"音义皆同,本为一词,后以"豚"作名词,"腯"作形容词。《礼记·曲礼下》记宗庙祭祀所用诸牲:"牛曰一元大武,豕曰刚鬣,豚曰腯肥,羊曰柔毛。"郑玄注:"腯亦肥也。""腯肥"同义连用。"豚"的古文是"豚"右旁加"又"。《说文》列为部首,训:"小豕也……从又持肉,以给祠祀也。"《说文》谓供祭祀的小猪,虽误言本义是小猪,但又明言"以给祠祀",而祠祀的猪必肥,可见当解为供祠祀的肥猪。礼制表明,祠祀飨神,古人忌讳阴物,故不用牝猪,而又专以肥称,由上引文献诸例可见,豚之肥美,异于"常味",且是珍膳、佳馈,《孟子》、《礼记》等又与"彘"、"豕"相并称,故当是别于一般牡猪、牝猪之另一类猪。若此,非阉猪莫当。唯阉猪膘肥臀圆,无繁殖能力,肉用价值较高,专供食用,其数量多,当为家猪中的一类。今犹俗称"肉猪",以别于公猪、母猪。至若《方言》等训猪之子为豚。此正谓豚猪非牝非牡,又不可繁殖,不可做"父母",故特称以猪之"子"。骂人曰"孤豚之子",盖豚本不会生子,称"孤豚",更突出其脱离父母,又无"夫"或"妻",焉得有子?今语辱骂人为"无爹无娘的野种",亦此类。凡此,均非豚为小猪之据,恰恰相反,正是"豚"必指阉猪之证。至于小猪之古训本身,也"良有以也"。盖从猪之豢养看,猪之阉割必在其幼时。盖牝猪降生三月,性机能即已成熟,随时发情,故为选择良种,饲育食用肉猪,必对小猪大量阉割。北魏贾思勰《齐民要术·养猪》曰:"其(指牝猪)子三日便掐尾,六十日后犍。"清张宗法《三农纪》则曰:"雄者一月去其势,雌者二月剺其蕊。"即小牡猪生下一月阉其睾丸,小牝猪生下二月摘其卵巢。今对小牡猪40天、小牝猪30天即阉割,古今相近。阉猪之手术,甚为简单,即使小母猪摘除卵巢,可用"小挑花术",即用一把挑花手术刀,在小母猪腹下开刀,手术只需一两分钟即成,手术后伤口也不需缝合。有关专家认为,此种手术,商代业已出现,下至周秦更加普遍。因此,一些汉唐诂训将"豚"训为小猪,从中也可窥见其时阉割已普遍施于小猪。但若因阉猪多施于小猪,而训"豚"为小猪,则是训义偏误矣。综上所辨,"豚"者,本为供祭祀的肥壮阉猪(肉猪);常作阉猪(肉猪)的通称。

明于此,则传统训诂之多歧即可了然。盖阉猪的形态可小、可大、肥硕。而随文释义的传统训诂就作一偏之训:因阉猪多肥硕,故训为肥猪;多用于祭祀飨神,就训为祠祀的肥猪;因多数的猪都需阉而成大猪后肉食,于是可作猪的泛称;因阉猪多在幼小时,故自然多训为小猪。在不同的文献文句中,诸训皆可用于随文释义,但求其本,其本义当训为阉,即肉猪。如上举《论语》"归孔子豚","豚"可以解为小猪,但《孟子》之"鸡豚狗彘"、《墨子》之"犬豕鸡豚",其"豚"分明是用为本义,必须解为阉猪或肉猪。

"騬",或作"剩"。"骟"或作"扇"。"騬"、"骟"皆为阉马之称。"乘",《说文·桀部》作从入桀,误。甲骨文是人登不,作椉,"不"是古"欁"字,《说文·木部》训"伐木余",即是木桩,故"乘"本义为人登木桩。引申有陵加义。《国语·周语中》:"晋人知乘,我则强之。"韦昭注:

“乘，陵也。”故“騬”指强力去其势之马，即《说文·马部》所训之“犗马”。“骟”字，汉代尚无，是后出口语词，王念孙以为是“剧”的声转。《广韵·上猕》：“剧，以槌去牛势。”《广雅·释兽》：“剧，犗也。”王念孙疏证：“剧之言鏾也。《说文》：‘鏾，伐击也。’《玉篇》：‘之善切，割也。’今俗语谓去畜势为扇，即剧声之变转矣。”“騬”早“骟”迟：“騬”始见于汉代，“骟”则至中古出现。《周礼·夏官·校人》：“夏祭先牧，颁马攻特。”（先牧，始养马者。颁马，将已受孕的母马分别放牧。）“攻特”，特是牡马。郑玄注引郑司农云：“攻特谓騬之。”孙诒让正义：“谓牡马性悍怒，喜相踶齧，必騬之使驯，而后可乘用也……谓割去马势，犹今之扇马。”《新五代史·郭崇韬传》：“崇韬素嫉宦官，尝谓（魏王）继岌曰：‘……当尽去宦官，至于扇马，亦不可骑。’”而《资治通鉴·五代后唐纪同光三年》作：“郭崇韬素疾宦官，尝密谓魏王继岌曰：‘大王它日得天下，騬马亦不可乘。’”

阉马之事，当迟于猪。大约战国之前，驾车的一般还是牡马。《诗经》所述：“四牡彭彭”（《小雅·北山》），“四牡骙骙”（《小雅·采薇》），“駉駉牡马”（《鲁颂·駉》），却无有牝马、阉马驾车之句。不过，若以为五代后才有阉马（清赵翼《陔余丛考·骟马》），则又太迟。上引《周礼·夏官·校人》句，即使作为战国时作品，则至少战国时已有其术，唯施用不广。马的阉割，据说早期采用火骟法，即用烙铁，一次烙去两个精索，再烙而止血。至汉代有水骟法，不用烙铁而仅反复捻搓精索，使精索细薄处自行断裂，又同时压迫止血，较为先进，可适用于体肥性暴的烈马（见《元亨疗马集》）。

“犍”，或作“健”。“犍”、“犗”皆是阉牛之称。“犗”字，朱骏声曰：“以刀去其阴。”（《说文通训定声·泰部》“犗”字）王念孙曰：“犗之言割也，割去其势，故谓之犗。”（《广雅·释兽》“犗，犗也”条）“犍”字，与“劐”同意，也取割义。《广韵·平元》：“劐，以刀去牛势。”唐玄应《一切经音义》卷十一“犍”引《通俗文》曰：“以刀去阴曰劐。”“劐”之“虔”，有杀义。杀与割义相通，故《一切经音义》卷十四又引《字书》云：“犍，割也。”早期用“犗”，后来“犍”、“犗”并用，但“犍”多作动词。《庄子·外物》：“任公子为大钩巨缁，五十犗以为饵。”郭象注：“犗，犍牛也。”《魏书·天象志二》：“牛大瘦，死者十八九，官车所驭巨犗数百，同日毙于路侧。”《南史·宋文帝诸子传》载始兴王刘浚《与刘劭书》：“天兴先署佞人府位，不审监上当无此簿领，可急宜犍之。”从上述数例看，至少战国已有阉牛。古代的阉牛，文献记载甚少。但 1976 年发现的河南方城汉墓画像石《犍牛图》可见其一斑。图中主体为被阉牛，右一人戴尖顶帽赤臂蹲跪，右手握举利刃，趁牛前跳、抬左后腿之瞬间，左手抓捧牛的大睾丸，操刀欲割，牛则张口而吼，后蹄蹶起踢人。形象极为逼真。此当是一种阉牛法的摹真。今中原一带土法阉牛，也往往候公牛举腿跨门槛或过沟时，乘其不备，迅速举刀阉割，方城一带称为“走骟法”。后世还用此二法：一是夹板法，一块固定，一块活动，用力将睾丸压碎；一是口咬法，用人嘴咬断精索，不损睾丸。想来早期也或用之。

《说文·羊部》：“羠，騬羊也。”段玉裁注：“夏羊犗曰羯，吴羊犗曰羠也。”（“夏羊”，黑羊。）《史记·货殖列传》：“其民羯羠不均。”裴骃集解引徐广曰：“皆健（当为犍）羊名。”《说文·羊

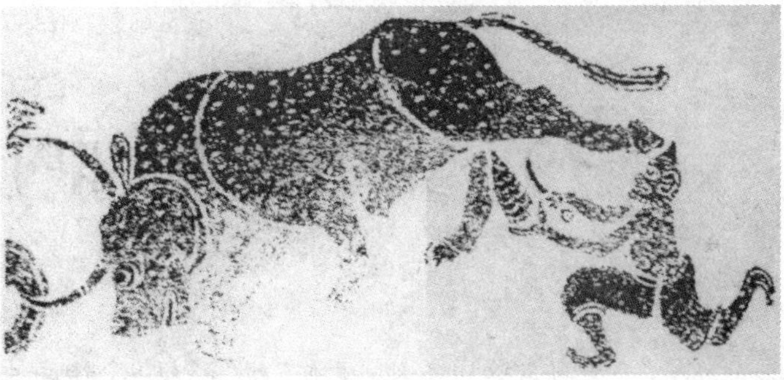
犍牛图

部》:"羯,羊羖犗也。""羯"从羊,褐省声,故羯为黑色牡羊之被阉者。而"羠",夷者夷平,犹灭除意。"羠"是阉羊浑称。羊的阉割也施于幼羊,手术也很简单。北魏贾思勰《齐民要术·养羊》曰:"拟供厨者,宜剩之。"原注:"剩法:生十余日,布裹齿脉碎之。"句意:要为食肉而饲养者,宜予以阉割。古人阉羊的方法是:生下十余日,用布包裹羊睾丸,用牙齿咬断羊的精索。此方法亦用于近世。

"騸"或作"镦"。《篇海类编·珍宝类·金部》:"镦,与騸同。去畜势。"主要称鸡之阉割。晋葛洪《肘后备急方》和以后的《臞仙肘后经》均有"镦鸡"之述。宋梅尧臣《重送袁世弼》诗:"秋蕖出水似君才,騸鸡肥脆聊供膳。"后也可用于其他禽畜。清李玉《清忠谱·书闹》:"童贯这騸狗,作恶异常。"此或是江南方言词。今吴方言不少地区将家禽阉割均称为"镦",亦读平声,为方言中阉割禽畜的通称。

参考文献

[1] 邹介正等:《三农纪校释》,农业出版社,1989 年 10 月。
[2] 缪启愉:《齐民要术校释》,农业出版社,1982 年 11 月。
[3] 谢成侠:《中国养牛羊史》,农业出版社,1985 年 2 月。
[4] 卫斯:《从甲骨文看商代养猪技术》,《农业考古》1985 年第 1 期。
[5] 安岚:《中国古代畜牧业发展简史》,《农业考古》1988 年第 1 期。
[6] 许肇鼎:《我国历史上养猪情况简介》,载《中国畜牧史料集》,科学出版社,1986 年 5 月。
[7] 张仲葛:《我国养猪业的发展与科学技术的成就》,载同上书。
[8] 马孝劬:《我国养猪业的几个传统特点》,载同上书。
[9] 刘敦愿:《中国古代的养猪业》,载同上书。
[10] 耕隐:《我国家畜阉割技术的发展》,载同上书。
[11]《河南方城东关汉画像石墓》,《文物》1980 年第 3 期。
[12] 艾延丁:《关于我国古代家畜的去势术》,《农业考古》1989 年第 2 期。
[13]《河南方城县城关镇汉画像石墓》,《文物》1984 年第 3 期。

79. 翼·翅(翄、䍶)·羽·翮·翎

乌虫收闭之翅,专称"翅";"翅"又作鸟虫之翅通称。张展之翅专称"翼";先秦时也或称以"羽"。"翮"可泛称鸟翅,"翎"可泛称鸟虫之翅。后三词均为代称用法。

【同义】

《说文·羽部》:"翄,翼也。"《飛部》训"翼"为"翄也。从飛異声"。《太平御览》卷九一八引北齐魏收《后魏书》记人献"四足四翼鸡",诏问崔光,崔对:"翅足众多,亦群下相扇动之象。""翼、翅"互用,皆指翅膀。《管子·霸形》:"寡人之有仲父也,犹飞鸿之有羽翼也。"《史记·淮南衡山列传》:"匈奴折翅伤翼,失援不振。"唐元稹《遣病》诗之七:"风高翅羽垂,路远烟波隔。"汉扬雄《解嘲》:"矫翼历翮,恣意所存。""羽翼"等均是同义连用、同义对举,泛指翅膀。"翮"、"翎"也可指鸟虫翅膀。

【辨释】

"翼",指张展的翅膀。

"翼"之此义,可从字源、声源、引申义、今语及文献使用而明。从字形看,"翼"是后起字。唐兰认为,甲骨卜辞中似蝉翼一形之㪅,"当释羽,象羽翼之形,翼之本字也"(李孝定书 1230 页)。所谓"羽翼之形",正是张展的翅膀。从"翼"之形声观,李孝定认为《说文》之解当是"䳖,翄也,从飛从異,異亦声"(同上书 821 页),诚确。"異"字,甲骨文、金文像人伸两手佐助头上戴物(容器之属)的形象。实是戴义。"異"声之字多有戴覆义。"蔖",即连翘,以其子房上出攒聚在杪,如人首戴物而得名。"廙",《说文·广部》训"行屋",即行幄,如今之蒙古包,即是覆盖之物。"戴",覆戴。《小尔雅·广诂》:"戴,覆也。"《释名·释姿容》:"戴,载也,载之于头也。""異、戴"古音同部,甚至可视其为古今字。"翼"字从異声,故也可有覆戴、覆盖的义蕴,而鸟虫之属所以覆盖者必是张展的翅膀。再从引申义观之。"翼"可作动词,覆蔽义。《诗·大雅·生民》:"诞寘之寒冰,鸟覆翼之。"《史记·项羽本纪》:"项伯亦拔剑起舞,常以身翼蔽沛公,庄不得击。"此与"蔽"同义连用,覆蔽义益明。孵育义。《国语·鲁语上》:"兽长麑䴠,鸟翼鷇卵。"韦昭注:"翼,成也,生哺曰鷇,未乳曰卵。"("乳",或本作"孚"。)盖鸟之孵养必张翅遮覆鷇卵。作名物词,称古建筑屋顶四周的飞檐。汉班固《西都赋》:"列棼橑以布翼。""翼"称"布",其如鸟之翅膀张展之势可见。明徐宏祖《徐霞客游记·游黄山日记后》:"既登峰头,一庵翼然,为文殊院。""翼然",指其四檐飞张如鸟之展翅。称战阵两侧。《史记·廉颇蔺相如列传》:"李牧多为奇陈(阵),张左右翼击之。""左右翼",如鸟张展的两翅翼。今语也

承古而用。如飞机左右伸出者称“机翼”,渔船装在拖网网口前方或围网取鱼部两边的网衣称“翼网”,具有飞翔能力、前肢变为展翅的哺乳动物称“翼手目”,等等。更重要的自然是文献中用“翼”的本证。《易·明夷》:“明夷于飞,垂其翼。君子于行,三日不食。”(“明”,通“鸣”。“君子”,指箕子。)“垂翼”,即是翼张而飞。高亨云:“盖箕子南狩,鸣雉垂翼而飞,箕子逐之,入深山大林,迷道不能归,以致三日不得食也。”(高亨书卷三 266 页)《战国策·楚策四》:“王独不见乎蜻蛉乎?六足四翼。”蜻蜓总是张展薄翼,故称“翼”,而不名“翅”。二十八宿南方朱雀的翼宿星座,有二十二星,是二十八宿中含星宿最多者,像鹑鸟张翅腾飞之状,故名。蝙蝠又名“伏翼”,也缘其翅之张布而称。《庄子·逍遥游》所述大鹏之状:“鹏之背,不知其几千里也;怒而飞,其翼若垂天之云。”(“垂”即“陲”,边陲。)唯其怒张,故像张挂至天边的大片云彩。此“翼”绝不可易以“翅”。《太平御览》卷九二七引汉东方朔《神异经》曰:“有一鸟名希有,张左翼覆东王公,右翼覆西王母。”《艺文类聚》卷九七引晋傅选《蚊赋》:“无胎卵而化孕生,搏物翼而能飞。”又卷九九引《宋元嘉起居注》:“元年七月,有白鷰集于齐郡……众鷰翼随,仅有数千。”(“仅”,几乎。)唐白居易《长恨歌》:“在天愿作比翼鸟。”诸“翼”均用于动态,指张展的翅膀。

“翅”,指收闭的翅膀。

“翅”,或作“翄”、“翍”,一字异体。其所以专称收闭的翅膀,一、从声源看,字从羽支声,声兼义。支声字有小义。如“枝”,树上叉生的木条。《史记·项羽本纪》:“诸将皆慴(zhē)服,莫敢枝梧。”裴骃集解引臣瓒曰:“小柱为枝。”“岐山”,以其有二分出之枝山,故名。“妓”是“妇人小物”(皆见《说文》),等等。故“翅”也得有小义。二、从引申的少小义看。南朝宋刘义庆《世说新语·假谲》:“王文度弟阿智,恶乃不翅。”《文选·王粲〈公讌诗〉》:“见眷良不翅,守分岂能违。”张铣注:“不翅,犹过多也,言见眷过多,守分不敢违迕。”按,“翅”为少小义,故“不翅”犹过多。引申为副词,只有。《孟子·告子下》:“取食之重者与礼之轻者而比之,奚翅食重?”末句谓何止只有食重。一般以为此是“翅”通“啻”,故有“只、仅”义。未确。应视为由“翅”的小少义引申而来。由上二端可识,“翅”者为翼之“小”,故常常指收闭的翅膀,与“翼”析言而别。验之文献,可以并见之例说明。《世说新语·言语》记支道林好鹤故事:“有人遗其双鹤,少时翅长欲飞。支意惜之,乃铩其翮,鹤轩翥不复能飞,乃反顾翅,垂头视之,如有懊丧意。”(“翥”,飞举。)《太平御览》卷九一六“鹤”下于“乃反顾翅”句引作“乃舒翼反顾视之”。盖今本《世说新语》用“翅”,见其静态,而《太平御览》引作“舒翼”,见其动态。三国吴陆玑《毛诗鸟兽草木虫鱼疏》曰:“莎鸡如蝗而斑色,毛翅数重,其翅正赤,或谓之天鸡,六月中飞而振羽,索索作声。”(《诗·豳风·七月》“莎鸡振羽”孔颖达疏引)“羽”也是张展的鸟虫翅膀(见下),此“翅、羽”并称,也是一静一动之别。

但是,鸟虫之翅膀,收闭多于张展,故“翅”最有代表性,因而又成为翅膀的通称,即不论其张闭与否,皆可泛称为“翅”。《太平御览》卷九一六引《宋书》记桓荣祖为东海太守云:“登西楼,见翔鹄云中,谓左右曰:‘当生取之。’于是弹其两翅,毛脱尽。”句中此“翅”分明是展开的翅翼。乐府民歌《古诗十九首·西北有高楼》："愿为双鸣鹄，奋翅起高飞。"唐段成式《酉阳杂俎·支诺皋上》："（飞虫）或蹲于炷花上鼓翅。"诸"翅"皆泛称翅膀。唯此，"翅"可与"翼"同义连用。如文首举《史记·淮南衡山列传》"匈奴折翅伤翼"例。又如《史记·楚世家》："奋翼鼓翄，方三千里。"

《说文》部首："羽，鸟长毛也。"《书·禹贡》："齿革羽毛惟木。"孔传："羽，鸟羽。"即鸟的长毛。翅膀上也是长羽荟萃之处，故可引申指禽鸟翅膀，多指张展之翅。《诗·小雅·鸿雁》："鸿雁于飞，肃肃其羽。"《邶风·雄雉》："雄雉于飞，泄泄其羽。""肃肃"、"泄泄"，皆张展的羽翅声。又《唐风·鸨羽》："肃肃鸨羽，集于苞栩……肃肃鸨翼，集于苞棘。"孔颖达疏："是鸨鸟之羽飞而集于苞栩之上。"此"鸨羽"、"鸨翼"并举，更见"羽"为翼义。"羽"也可用于虫。《诗·豳风·七月》："六月莎鸡振羽。""莎鸡"，今云纺织娘。毛传："莎鸡羽成而振讯之。"指虫之翅长成而振鼓作鸣。"羽"之指称展翅，是修辞的代称用法，即从鸟虫之羽而称翅；唯用于先秦，且使用不广。秦以后除了在"羽翼"之类词语承古而用外，一般仍多作羽毛义。

《说文·羽部》："翮，羽茎也。"《尔雅·释器》："羽本谓之翮。"郭璞注："鸟羽根也。"即鸟翅膀上的羽茎骨。扩大之，自可泛称翅膀。《战国策·楚策四》："黄鹄……奋其六翮，而俊清风，飘摇乎高翔。"鸟翅一般有六根大羽毛，故称。晋左思《咏史》诗之八："习习笼中鸟，举翮触四隅。"《太平御览》卷九二六引《幽明录》记楚文王少时，有人所献一鹰，见飞际有一物凝翔，献者曰："鹰便竦翮而升，矗若飞电，须臾，羽堕如雪，血下如雨，有大鸟堕地，度其两翅数十里，众莫能识。""竦翮"，犹竦翅膀。唐段成式《酉阳杂俎·支动》："鸱不饮泉及井水，惟遇雨濡翮，方得水饮。""翮"，只指鸟，不指虫，因为虫类无"翮"。"翮"之指称翅膀，也是修辞以部分代整体的代称用法，即从羽茎而称翅膀。上引《幽明录》例最可玩味：前用"翮"，后用"翅"，虽皆称翅膀，但"翮"是代称，"翅"是本称，故前"翮"可易以"翅"，而后"翅"，却不可作"翮"。代称与本用之别由此可见一斑。

"翎"指鸟的大羽毛。唐白居易《放艰雁》诗："健儿饥饿射汝吃，拔汝翅翎为箭羽。"汉以后，可引申泛称鸟虫翅。唐陆龟蒙《蝉》诗："一腹清何甚，双翎薄更无。"但其用不广，即在汉以后，"翎"常用义还是指鸟之大羽毛。唐段成式《酉阳杂俎·支动》："鹞子两羽各有复翎，左右撩风，左右掠草。"

参考文献

[1] 李孝定：《甲骨文字集释》。
[2] 高亨：《周易古经今注》，中华书局，1984 年 3 月。

80. 田(畋、佃)·狩·猎

"田"是原始的烧荒围猎，后也称辅以火攻的大围猎。"狩"是上古综合性围猎的通称。"猎"是小规模猎兽；秦以后，成为打猎通称。

【同义】

《周礼·夏官·田仆》:"以田以鄙。"郑玄注:"田，田猎也。"《吕氏春秋·直谏》:"以畋于云梦。"高诱注:"畋，猎也。"《诗·魏风·伐檀》:"不狩不猎，胡瞻尔庭有悬貆兮。"此对文同义。《孟子·梁惠王下》:"今王田猎于此。""田猎"同义连用。《国语·齐语》:"田狩罼弋。"韦昭注:"狩，围攻而取禽也。"《公羊传·桓公四年》:"诸侯曷为必田狩?""田狩"亦同义连用。

【辨释】

"田"，耕地，名词，义贯古今。"田"在古代又可指打猎，动词。字或作"畋、佃"，但以"田"为常。"田猎"一词，并不是在田中猎，而是同义连用，"田"亦为猎义。"田"之二义在武丁时期的甲骨卜辞中已并见。作名词，指农田者如"田于某受年"、"作大田"之类。作动词，指田猎者，如"王往于田……允获麑二、雉十"、"王田，不其获"之类(梁家勉文)。有的学者以为二者不相涉，后者源于军事训练中的战阵，"田"即通"阵"。按，战阵未必如田状；商时未有"阵"，何以通之？且农田又何来？其实，二者实为一事，且以田猎义为早。远古之时，"草木畅茂，禽兽繁殖，五谷不登，禽兽偪(逼)人，兽蹄鸟迹之道，交于中国"(《孟子·滕文公上》)，要开发土地，首先就是放火烧荒，林木草丛被焚烧的草木灰是一种很好的有机肥料。接着是翻耕种艺，方成农田。此放火烧荒，古习称"焚林而田"，既是为了开垦农田，又是一种围猎活动。因为焚烧之后，野兽东奔西突，遂可用车逐、网罗、弓箭获之。据统计，在殷商甲骨卜辞中，明确记载焚田的有十条以上(杨升南文)。在先秦文献中，更频频记载。《左传·定公元年》:"而田于大陆，焚焉。"《韩非子·难一》:"焚林而田，偷取多兽，后必无兽。"《吕氏春秋·义赏》:"焚薮而田，岂不获得？而明年无兽。"凡此，均可反映田猎与原始农业的密切关系(孟世凯文)。其后，随着农业的发展，田猎不必是焚林的伴生物，而是一种单独的纯为大规模捕捉野兽的生产活动，君主贵族的一种游逸活动。《易·系辞下》:"作结绳而为网罟，以佃(田)以渔。""田"，以网罟取兽。《书·无逸》:"文王不敢盘於游田。"孔颖达疏:"田，谓畋猎。""畋"，田猎义的后出专字。《左传·宣公二年》:"宣子田于首山。"《楚辞·离骚》:"羿淫游以佚畋兮，又好射夫封狐。"以上诸"田"虽已不是或者大都不是原始的焚林而猎，但性质、方式相近，目的为取兽，方式是合围、火攻。此可引《诗·郑风》的两首诗进一步举证。《叔于田》:"叔于田，巷无居人……叔适野，巷无服马。"毛传:"田，取禽也。"所田处于郊外之原野，牵动众多的人马。《大叔于田》用三章形象地展现了上古"田"的盛举。以第一章为例："大叔于田，乘乘马，执辔如织，两骖如舞。叔在薮，火烈具举。禮（同'袒'）裼暴虎，献于公所。"大意是：叔往打猎，驾着套车的四匹马，拿着缰绳驾驭时有次序像织布，两旁的骖马蹦动合拍像跳舞，叔在湖边草地，猎火一起烧起。赤膊徒手去打虎，献到国君那儿。此章，将"田"的围猎、火攻、车逐、手搏诸特点描绘尽致。秦以后，如汉代帝王的大规模围猎活动也很盛行，但在描述其事的《甘泉赋》、《羽猎赋》、司马相如《子虚赋》、《上林赋》等篇章中，却基本不单用"田"之称，唯《文选·扬雄〈羽猎赋〉》有"帝将惟田于灵之囿"之句，吕延济注："帝，成帝也。惟，思也，言将思田猎之事于灵囿也。"但此是从五帝、三皇事叙来，"灵囿"又是周文王之苑囿，见于《诗·大雅·灵台》："王在灵囿，麀鹿攸伏。"故句中用"田"分明为见其古雅色彩，以与述古之事相顺应。汉时"田"，常与"猎"连用为泛称。可见秦以后即使有围猎活动，其水平亦非昔比，故"田"一般不单用。

《尔雅·释天》："火田为狩。"郭璞注："放火烧草，猎亦为狩。"《说文·犬部》："狩，犬田也。"按，其字以"六书"析之，当为从犬守会意。犬者，田猎所持；守者，犹四面围守。故"狩"者，是指以焚田为主（从守）配合其他逐获方法（从犬，以犬逐为代表）的田猎活动，所指称范围大于"田"。盖殷周之时，对付大兽，乃取车攻、焚山、张大网、矢射、设陷阱等法；捕捉小兽，则以犬逐、布细网之法。《周礼》中诸官，均掌其事。《周礼·天官·兽人》："掌罟田兽，辨其名物。"郑玄注："罟，罔（网）也，以罔（网）搏所当田之兽。"孙诒让正义："谓张罔（网）遮格搏取之。"贾公彦疏："案《夏官》四时田猎，春用火，夏用车，秋用罗，冬用徒，四时各有其一以为主，无妨四时兼有罔（网）取当田之兽。""徒"，雪橇之类。《夏官·罗氏》："掌罗乌鸟，蜡则作罗襦，中春罗春鸟。"《夏官·司弓矢》："杀矢，鍭矢，用诸近射田猎。"《秋官·雍氏》："凡害于国稼者，春令为阱，获沟渎之利于民者，秋令塞阱杜获。"因秋忙，来往人多，塞阱以免害人。《易·井》："旧井（阱）无禽。"《秋官·犬人》："掌犬牲，凡祭祀共（供）犬牲，用牷物……凡相犬、牵犬者属焉。"（"牷"，纯。）贾公彦疏："犬有三种：一者田犬，二者吠犬，三者食犬。若田犬、吠犬，观其善恶。"上古以犬猎取兔类小兽。《战国策·楚策四》所引"鄙语"："见兔而顾犬，未为晚也。"即反映上古犬逐猎兽的特点。"狩"，可赅上述种种田猎活动，故在甲骨卜辞中，称"狩"者，往往猎获数量较多，且多获兕虎一类凶猛之兽，而且还有兵车围歼，狩者有商王及其近臣武将。文献记载的周代之"狩"获亦很可观。《逸周书·世俘》："武王狩，禽虎二十有二，貓二，麋五千二百三十五，犀十有二，氂七百二十有一，熊百五十有一，羆百一十有八……"这里未表明是一次还是数次，即便是数次狩得，若无千万人次的兵力投入，实不可能（孟世凯文）。又《尔雅·释天》："冬猎曰狩。"《左传·隐公五年》："故春蒐夏苗，秋狝冬狩。"孔颖达疏："冬教大阅，遂以狩田。"汉班固《白虎通·田猎》："冬谓之狩何？守地而取之也。"《公羊传·庄公四年》："莫重乎其与雠狩也。"何休注："符[狩]者，上所以共（供）承宗庙，下所以教习兵行义。"众多的文献材料表明，商周时代之狩，绝不是一种无谓的淫佚游逸，而是具有农田除害和军事演习的性质，有经济和军事的重要作用，因而规模大，方式多样，君主和重臣率众多兵车参加,往往在农事竣毕的冬闲之时进行。简言之,“狩”是综合性的田猎活动通称,即一般都指有经济和军事意义的大型田猎活动。唯此,“狩”可引申出(天子)猎取义。《左传·僖公二十八年》记载了一件有名的孔子正名之事:城濮之战后,晋文公率诸侯之师朝京召王,孔子以为:“以臣召君,不可以训,故书曰:‘天王狩于河阳。言非其地也。’”孔颖达疏:“言天王自来狩猎于河阳之地,使若猎失其地,故书之以讥王。”谓“狩”由猎兽引申为天子猎地,即猎取义。又引申为巡察义,衍生“巡狩”一词,指天子外出巡察守地。盖天子出巡必前拥后呼,声势浩大,犹如狩兽。《孟子·梁惠王下》:“天子适诸侯曰巡狩。巡狩者,巡所守也。”不过,即使在上古,“狩”也常与“田、猎”二词“散文则通”,如文首举例。秦以后,“狩”更多与“田”、“猎”同义连用,泛指打猎。如文首引《公羊传》例。汉刘向《列女传》卷二《楚庄樊姬》:“庄王即位,好狩猎。樊姬谏不出,乃不食禽兽之肉,王改过。”此与“猎”同义连用。

“猎(獵)”字甲骨卜辞无见。《说文·犬部》训“放猎逐禽也”。今一般辞书也浑训其本义为“打猎”。按,字当从犬,巤声,声兼义。巤声,有践历意。《荀子·议兵》:“不猎禾稼。”杨倞注:“猎,与‘躐’同,践也。”《礼记·学记》:“幼者听而弗问,学不躐等也。”孔颖达疏:“躐,逾越也。”《楚辞·九歌·国殇》:“凌余阵兮躐余行。”王逸注:“躐,践也。”《文选·宋玉〈风赋〉》:“猎蕙草。”李善注:“猎,历也。”综其义,猎者,指外出践历,而有所取,即是一人或数人外出猎取禽兽,平民亦常可为,故此与大规模围猎的“田、狩”迥然有别。《庄子·秋水》:“陆行不避兕虎者,猎夫之勇也。”《战国策·楚策三》:“今山泽之兽,无黠于麋,麋知猎者张网,前而驱己也。”战国楚宋玉《高唐赋》:“于是乃纵猎者,基趾如星。”《孟子·万章下》:“孔子之仕于鲁也,鲁人猎较,孔子亦猎较。”赵岐注:“猎较者,田猎相较,夺禽兽,得之以祭,时俗所尚,以为吉祥,孔子不违而从之,所以小同于世也。”赵注是。或谓即指“校猎”,不妥。事实表明,在上古,尤其在战国文献中,“猎”专指小型的出猎,所猎多为小兽。此实为打猎的常式,故秦以后,“猎”使用最广。《史记·李将军列传》:“广出猎,见草中石,以为虎而射之,中石没镞,视之,石也。”《汉书·元帝纪》:“永光五年……冬,上幸长杨射熊馆,布车骑,大猎。”《成帝纪》:“冬……从胡客大校猎。”颜师古注:“校猎者,大为阑校,以遮禽兽而猎取也。”《后汉书·马融传》:“猎徒纵,赴榛丛。”《太平御览》卷九二六引崔骃《与窦宪牋》:“今日汉阳太守率吏卒数十人皆臂鹰牵狗。”南朝宋刘义庆《世说新语·言语》:“从猎将其二儿俱行……忽于猎场见齐庄。”《南史·张充传》:“……逢充猎,右臂鹰,左牵狗。”(《梁书》“右”作“左”。)《新唐书·姚崇传》:“崇至,帝(玄宗)猎渭滨,即召见,帝曰:‘公知猎乎?’对曰:‘少所习也。臣年二十,居广成泽,以呼鹰逐兽为乐。然少为猎师,老而犹能。’”宋苏轼《江城子·密州出猎》词:“左牵黄,右擎苍。”“苍”,鹰。以上诸“猎”,大都是指小型的出猎。若用作相当于上古田、狩之称,则必冠修饰词,如“校猎”、“大猎”等(见上),可见“猎”已成获取禽兽的通称。从中还可以注意打猎方式的发展:上古,小规模出猎,多以犬猎(见前),而秦以后,掌握了驯养鹰隼的技术,遂产生了鹰猎。鹰猎,曾流行于世界各地。美国学者沙费尔《唐代的鹰猎术》一文引用法国沙畹《中国两汉石刻》中的孝堂山石刻,以为中国的鹰猎起于公元 2 世纪。从文献考察,《太平御览》卷九二六曾引《史记》:“李斯临刑,思牵黄犬臂苍鹰,出上蔡东门。”但今本《史记·李斯列传》却无“臂苍鹰”之语。故文献最早载录当推上引东汉崔骃《与窦宪牋》。而检四川广汉出土画像砖有《鞲鹰图》,左一人左臂前伸,上伫一大鹰。砖端铭文“永元八年”,即公元96年。此是公元1世纪中国已有鹰猎的实证(闻宥文)。甘肃嘉峪关魏晋墓壁画两幅《猎兽图》,图一骑逐猎者辅以犬,图二猎者辅以鹰,一鹰伫在右臂,二鹰前飞。此更是鹰猎的生动写照(高文文)。后世鹰猎一直盛行不衰,至今在少数民族地区犹可一睹鹰猎壮观。

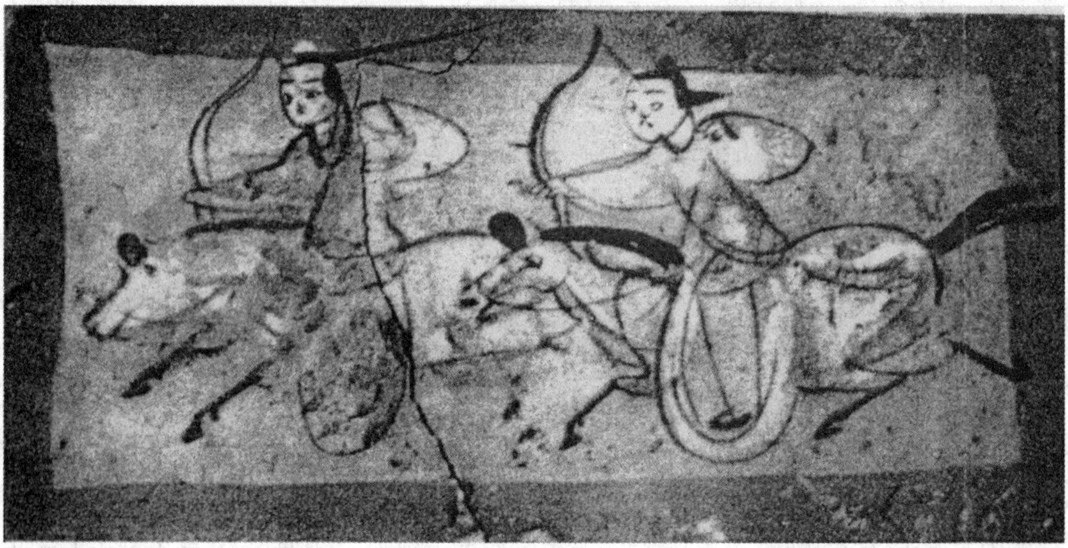

魏晋射猎图

参考文献

[1] 梁家勉:《田诂溯源》,载《农史研究》第1辑,农业出版社,1980年8月。
[2] 杨升南:《殷契卜辞“田”字说》,载《徐中舒先生九十寿辰纪念文集》,巴蜀书社,1990年6月。
[3] 孟世凯:《商代田猎性质初探》,载《甲骨文与殷商史》,上海古籍出版社,1983年3月。
[4] 姚孝遂:《甲骨刻辞狩猎考》,载《古文字研究》第6辑,中华书局,1981年11月。
[5] 闻宥:《关于古代鹰猎的一则札记》,载《先秦史论集》,河南大学出版社,1989年4月。
[6] 高文:《四川汉代画像砖》,上海人民美术出版社,1987年2月。
[7] 朱先煌:《周秦畜牧业》,载《中国畜牧史料集》,科学出版社,1986年5月。
[8] 高文:《汉代画像砖》,上海人民美术出版社,1987年2月。

81. 网(罔、網)·罗·毕(畢)·罘(罟、孚)·罝

“网”,捕鱼鲜和鸟兽网的总称。“罗”,细密的捕鸟网。“毕”,手握的捕鸟兔小网。“罘”,在鸟兽常出没的路径所装设机关的大网。“罝”,小于罘,无机关的捕兔暗网。

【同义】

《说文·華部》:“毕,田网也。”《网部》:“罗,以丝罟鸟也。”“罟,兔罟也。”“罝,兔网也。”“罗、罟、罝”之训相近。《诗·小雅·鸳鸯》:“鸳鸯于飞,毕之罗之。”《易·系辞下》:“作结绳而为罔(网)罟,以佃以渔。”(“作”,创始。)《淮南子·主术》:“鹰隼未挚,罗网不得张于谿谷。”《兵略》:“飞鸟不动,不絓网罗。”《汉书·货殖传序》:“罝网不布于壄(野)泽。”《后汉书·寇荣传》:“陷阱步设,举趾触罘罝。”“罗网”、“网罗”、“网罟”、“罝网”、“罘罝”,均为同义连用;“毕”、“罗”为同义对举,泛指捕鸟兽网。

【辨释】

现简化字“网”正是最早的象形字,见于甲骨文、金文。后出字有“罔”、“網”,加“亡”,示其音;加“糸”,示以结绳制作。网在远古时代即为渔猎之具。我国一些新石器时期的遗址,如河南仰韶、陕西半坡,都发现有骨制的鱼叉、鱼钩和网坠,出土陶盆、钵上饰纹有生动的鱼网和鱼形图案。《说文》部首:“网,庖牺氏所结绳,以田以渔也。”《吕氏春秋·季春纪》:“罝罘罗网。”高诱注:“网,其总名也。”可泛指捕鱼网。《诗·邶风·新台》:“鱼网之设,鸿则离(通“罹”)之。”《晋书·郤诜传》:“兽兕出槛,不知谁可咎者? 网漏吞舟,何以过此!”(“吞舟”,大鱼,句中喻大奸。)也可泛指捕鸟兽网。《史记·殷本纪》:“汤出,见野张网四面,祝曰:‘自天下四方皆入吾网。’汤曰:‘嘻,尽之矣!’乃去其三面,祝曰:‘欲左,左;欲右,右。不用命,乃入吾网。’”因此,“网”不单指鱼网,而是作为捕鱼鲜和鸟兽之网的总称。用作动词,结网义。《楚辞·九歌·湘夫人》:“罔(网)薜荔兮为帷。”王逸注:“罔,结也。”可喻指各种抽象事物,如法网等。

“罗”字,从网维,会意。“维”,指绳子,意为结绳编网所成物。《诗·王风·兔爰》:“有兔爰爰,雉离于罗。”《太平御览》卷八三二引《文子》曰:“有鸟将来,张罗而待之,得鸟者罗之一目。今为一目之罗,无得鸟焉。”又引《阙子》曰:“任公子冬罗鲤于山阿,众人皆以为惑。既而鷃鹗击黄雀,触公子罗者千万数。”下例首句用为动词。文献中未见以罗捕鱼的记载。可见罗者,当是捕鸟网。其特征则可通过引申用法进一步考察。“罗”可喻指法网。《汉书·刑法

志》："于以罗元元之民，夭绝亡(无)辜，岂不哀哉！"有密布义。汉班固《西都赋》："列卒周币(匝)，星罗云布。"今有成语"星罗棋布"。可指细软、经纬组织呈椒眼纹的丝绸，即罗纱。唐陈鸿《长恨传》："(杨玉环)既出水，体弱力微，若不胜罗绮。"可称密孔筛。宋王令《病中》诗："小阁昼闲书帙乱，画堂风静药罗声。""罗"的引申用法均含细密意，故罗网必是孔目细小而密、宜于平张捕鸟之网。

《说文·芈部》："畢，田网也，从田从芈，象畢形。"按，此字"田"乃后加。二十八宿西方白虎七宿中有毕，在金牛座，具八星，正成Y形。字又作"罼"，累增字。《礼记·月令》："田猎罝罘，罗罔(网)毕翳。"郑玄注："罔(网)小而柄长谓之毕。"《诗·小雅·大东》："有捄天毕。"("捄"，毕网曲貌。)毛传："毕，所以掩兔也。"上举《诗·小雅·鸳鸯》句"毕"用为动词。毛传："于其飞乃毕掩而罗之。"孔颖达疏："罗则张以待鸟，毕则执以掩物，故言毕掩。"《太平御览》卷八三二引汉蔡邕《月令章句》："奄飞禽曰罼。"《国语·齐语》："昔我先君襄公筑台以为高位，田狩罼弋，不听国政，卑圣侮士，而唯女是崇。"韦昭注："罼，掩雉兔之网也。"《太平御览》卷八三一引三国魏刘桢《鲁都赋》曰："长罼掩壑，大罗被睪(泽)。"由上可知，"毕"指长柄而呈Y形、手握而自上掩下捕鸟兔的小网；作动词，指用毕网捕鸟兔。

《说文·网部》："罟，兔罟也。""罟"同"罘"。同部："罝，兔网也。"均释为捕兔网。按，"罘"还作"罦"。"不、否、孚"，上古音皆可通。"罘"，从网、不声，声兼义。不声字有小义，又有大义。小义者，"胚"，妇孕一月之胎；"否"，不，无。大义者，"丕"，大；"芣"，华盛；"嚭"，大；"魾"，大鳠鱼；"秠"，一谷内有二米；等等。从文献使用看，"罘"之"不(丕)"，应取大义。《吕氏春秋·季春纪》："田猎毕弋，罝罘罗网。"高诱注："罘，射鹿罟也。"《淮南子·时则》："田猎毕弋，罝罘罗网。"高诱注："罘，麋鹿罟。"汉班固《西都赋》："罘罔(网)连纮，笼山络野。"《汉书·司马相如传上》："列卒满泽，罘罔(网)弥山。"颜师古注："罘，覆车也，即今幡车网也。"《诗·王风·兔爰》："有兔爰爰，雉离于罦。"毛传："罦，覆车也。"孔颖达疏引郭璞曰："今之覆车也，有两辕中施罥以捕鸟。"按，罘是张挂在车两辕间的一种翻车大网，形状或与今用的捕鼠笼夹相似，也相当于陷阱，易为鸟兽足触动；一旦触动，便会自动覆盖，使不得脱。可见，罘不是单捕兔的网，而是既可捕鸟，又可捕兔、麋、鹿等中小兽的大网；又不同于平张的罗，而是隐设在鸟兽出没的径道上装有自动机关的一种"覆车"，动物一触即会覆盖于网中。而"罝"，则指一般的捕兔网。《诗·周南·兔罝》："肃肃兔罝，椓之丁丁。"毛传："兔罝，兔罟也。"《尔雅·释器》："兔罝谓之罝。""椓"是杙橛，"丁丁"是敲击声。此诗又云兔罝"施于中逵"，"施于中林"。"中林"是林中；"逵"是"九达"之路，歧径多出之路。即在兔常出没的歧路或树林中设此罝网。《汉书·货殖传序》："豺、獭未祭，罝网不布于壄(野)泽。"颜师古注："罝，兔网也。""祭"指豺食兽，獭食鱼，谓非孕育之时，则罝可设于原野、泽畔。《太平御览》卷八三二引顾谭《新言》曰："设罝于渊，施网于冈，欲民之慎，亦如此也，终无鱼兔矣。"可见，罝不施于渊，应施于山冈而可得兔。总之，罝也是与罘一样，靠木橛布张设在野兔出没的径道之中，拦遮而捕。故二字也或同义连用。文首引《后汉书·寇荣传》"举趾触罘罝"即其例。但既然只可捕兔之类，当然小于罘。《太平御览》卷八三二引晋杨泉《物理论》曰："夫欲定天下而任小人，犹欲捕麋鹿而张兔罝；不能击麋鹿，犹小人不能任大事。"由此可见："罝"是暗中张设捕兔的小网，没有自动覆盖机关，故不能击麋鹿；击麋鹿者当需罘网。

82. 弋(隿)·缴·矰

“弋”，弋射之称。“缴”，弋射系于箭杆的细生丝线或细麻线。“矰”，系着缴线射鸟的短箭。鸟群掠空，惊鸟或被命中，或兜缠缴线而坠。弋射流行于西周至唐代。

【同义】

《淮南子·脩务》：“衔芦而翔，以备矰弋。”高诱注：“弋，缴。”《文选·班固〈西都赋〉》：“飑飑纷纷，矰缴相缠。”张铣注：“矰缴，箭上加缕而射。”此即弋射。晋陆机《演连珠五十首》之四三：“是以鸟栖云而缴飞。”“缴飞”，犹矢飞、矰飞。

【辨释】

《说文·隹部》：“隿，缴射飞鸟也。”《玉篇·弋部》：“弋，缴射也。”段玉裁曰：“经传多假弋为之。”朱骏声曰：“此谊(义)弋字之转注，经传无作隿者。”(《说文通训定声·颐部》“隿”字)朱氏之“转注”，实指引申。典籍中作“隿”者并非全无。汉严忌《哀时命》：“处迫胁于机臂兮，上牵联于矰隿。”即为一例。不过，确是十分罕见，并且弋之弋射义确非“隿”的假借。朱说可从。按，《说文·厂部》：“弋，橜也，象折木衺锐者形。厂象物挂之也。”“厂，抴也，象抴引之形。”故“弋”者，指可以抴引、维系的短木桩。或为鸡栖的短木。《尔雅·释宫》：“鸡栖于弋为榤。”《诗·王风·君子于役》：“鸡栖于桀。”毛传：“鸡栖于杙为桀。”陆德明释文：“弋本亦作杙。”或为系牲短木。《尚书大传》卷二：“椓杙者有数。”郑玄注：“杙者，系牲者也。”“弋、杙”是古今字。(“椓”，也是杙义。)引申之，得指所系物，即维系着丝线的短箭。“弋、隿”也为古今字。又引申作动词，指射的方式：丝线系箭而射。即弋射之称。《诗·大雅·桑柔》：“如彼飞虫，时亦弋获。”郑玄笺：“犹鸟飞行自恣，东西南北，时亦为弋射者所得。”《郑风·女曰鸡鸣》：“将翱将翔，弋凫与雁。”郑玄笺：“弋，缴射也。”《论语·述而》：“弋不射宿。”何晏集解同。意不射取宿止之鸟。《易·小过》：“公弋取彼在穴。”虞翻注：“弋，矰缴射也。”《吕氏春秋·情欲》：“荆(楚)庄王好周游田猎，驰骋弋射。”《史记·李斯列传》：“于是乃入上林斋戒，日游弋猎。”汉扬雄《法言·问明》：“鸿飞冥冥，弋人何篡焉。”(“篡”，取。)“弋人”，弋射之人。《文选·嵇康〈与山巨源绝交书〉》：“抱琴行吟，弋钓草野。”吕向注：“弋，缴射也。”《晋书·翟庄传》：“语不及俗，惟以弋钓为事。”唐白居易《赠诸少年》诗：“老渐退马䨪刍秣，高喜归鸿脱弋罗。”引申为田猎的泛称。《吕氏春秋·处方》：“韩昭釐侯出弋，靷偏缓。”(“靷”，联结马胸与车的皮带。)高诱注：“弋，猎也。”《晋书·谢安传》：“出则渔弋山水，入则言咏属文。”与“渔”并举，则“弋”也泛指猎事。

《说文·糸部》:“缴,生丝缕也。谓缕系矰矢而以惟(弋)射也。”(从段玉裁校)缕是纠合多股丝线而成的线;用未练的生丝,则比较挺括、硬结,便于挽弓射而曳出。说解谓生丝线系矰矢而用作弋射。之所以名“缴”者,盖其字从系、敫声,声兼义。敫声有遮行义。《淮南子·本经》:“缴大风于青丘之泽。”高诱注:“羿于青丘之泽,缴遮使不为害也。”“檄”,旁击。“激”,行水受遮阻。“徼”,遮止。《汉书·东方朔传》:“徼循长杨以东。”颜师古注:“徼,遮绕也。”故“缴”者,犹言遮行飞鸟的生丝线,即用于弋射飞鸟之线。《孟子·告子上》:“思援弓缴而射之。”《淮南子·说山》:“好弋者先具缴与矰。”高诱注:“缴,大纶……缴,所以系者,缴射,射注飞鸟。”纶也是丝线,本用于渔钓。《文选·张华〈鹪鹩赋〉》:“然皆负矰缨缴,羽毛入贡。”李善注:“缴,系箭线也。”《文选·陆机〈文赋〉》:“若翰鸟缨缴,而坠曾云之峻。”(“曾”,高。)李善注:“《说文》曰:‘缴,生丝缕也。’谓缕系矰矢,而以弋射。”缴之用于弋射,先绕于缴轴,射后可使惊鸟缠绕。《太平御览》卷八三二引《春秋后语》曰:“楚襄王时人,有好以弱弓微缴加归雁之上者。”“微缴”,指矰矢所系微细丝线。文首引晋陆机《演连珠》句亦其例。故可引申为动词义缠绕。《广雅·释诂四上》:“缴,缠也。”《史记·太史公自序》:“名家苛察缴绕,使人不得反其意。”裴骃集解引如淳曰:“缴绕犹缠绕,不通大体也。”

《说文·矢部》:“矰,弋射矢也。”字从矢曾声,声兼义。曾有高义。《淮南子·览冥》:“而燕雀佼之……还至其曾逝万仞之上。”高诱注:“曾,犹高也。”《文选·贾谊〈吊屈原文〉》:“见细德之险征兮,遥曾击而去之。”李善注引如淳曰:“曾,高。高,上飞意也。”《周礼·夏官·司弓矢》:“矰矢、茀矢,用诸弋射。”郑玄注:“结缴于矢谓之矰。矰,高也。”(茀是另一种重心不同之箭。)盖常箭是平射而远,用以射人;而“矰”之为箭宜于高射而远,用以射鸟。唯其高射而远,故必然箭杆较短。上引《淮南子·说山》:“好弋者先具矰与缴。”高诱注:“矰,短矢。”《俶真》:“今矰缴机而在上,罟张而在下。”高诱注:“矰,弋射身短矢也。”《吕氏春秋·直谏》:“荆文王得茹黄之狗,宛路之矰。”高诱注:“矰,弋射短矢。”《文选·张衡〈西京赋〉》:“登豫章,简矰红。蒲且发,弋高鸿。”薛综注:“缴射矢长八寸。”彼时一般箭杆长三尺(见《周礼·考工记》),“矰”长仅八寸,盖是较短者。

“弋、缴、矰”三词常交互连用。或“矰弋”,指弋射的箭。《庄子·应帝王》:“且鸟高飞以避矰弋之害。”《汉书·货殖传序》:“鹰隼未击,矰弋不施于徯隧。”或“缴弋”,指丝缕系矢而射。汉桓宽《盐铁论·刑法》:“缴弋饰而加其上。”或“矰缴”,指两种主要的弋射物件。《战国策·楚策四》:“不知夫射者,方将脩其碆卢,治其矰缴,将加己乎百仞之上。”“碆卢”。石镞和黑弓。《史记·留侯世家》载戚夫人《楚歌》:“鸿雁高飞,一举千里……虽有矰缴,尚安所施!”汉严忌《哀时命》:“鸾凤翔于苍云兮,故矰缴而不能加。”“矰缴”可以用为抽象义,喻指求私利而害人。《韩非子·五蠹》:“事败而弗诛,则游说之士孰不为用矰缴之说而徼倖其后?”文献中以“矰缴”连用最多。此虽不是同义连用,各存其对文之别,但“异曲同工”,均示弋射、弋猎之事。

弋射,在甲骨金文中尚无记载,而在《诗经》和《论语》中已见,则西周奴隶制盛世已见端

战国铜壶上的弋射图

倪；至战国、秦汉而盛，下至唐代尚有余波；唐以后，盖已消失（宋兆麟文）。弋猎流行时间如此之长，但文献记载包括注释家却语焉不详，故一直使人不能了了。幸好现已获见一些宝贵的出土实物和图像，足供揣摩。成都扬子山二号墓出土《弋射、收获》画像砖，下部占三分之一为收获之景，上部占三分之二为弋射图：天上人字形飞雁成行，莲池内盛开荷花，荷叶点缀其间，池水中许多鸭儿、大鱼游弋，池左树荫中二人满弓正欲弋射，射者身旁皆有一半圆形木架，上并置三四个缴轴。著名的成都百花潭战国铜壶上也有《弋射图》：天上大雁两行，凡十五只，已有七只先后下落；地上射者四人，其一人手持射落大雁，一人蹲跪仰天挽弓，二人刚发箭，已弋中大雁，长缴缠着雁身；射者附近共有四只立木支撑、插着缴轴的半圆形架，每轴有一缴系连一雁（高文文）。战国末期的《四耳猎盂》（现存美国），也刻有《弋射图》：天上二飞雁，其一之颈已被矰缴萦绕，缴绳下连地上缴轴；地上二弋者，其一张弓欲射，另一正俯伏注视弋中之飞雁，又有二人正拾取坠雁。今出土箭缴轴甚多，如居延遗址出土一件（《文物》1978 年第 1 期）。江苏邗江胡场五号汉墓出土 17 件，木胎，呈圆柱形，内空，一端插入一小木杆，通长 16.1—17.1 厘米（《文物》1981 年第 11 期）。江苏邗江姚庄 101 号西汉墓出土漆箭缴轴三件，木胎，外圆中空，直径 3.8、长 11 厘米，一头有铜质圆梃插入轴孔。轴外绕数百圈麻线（《文物》1988 年第 2 期）。

汉画像砖上的弋射图

将考古文物资料与文献材料综合分析可知，弋射用的弓与一般无别；其箭是专仰射飞鸟的短箭，是谓“矰”；系于矰箭的细而坚的生丝线，是谓“缴”，缴也可用麻线，它是多股线的纺合。《汉书·苏武传》：“武能〔结〕网纺缴，檠弓弩，於靬王受之，给其衣食。”缴绳之系于箭，从上引诸《弋射图》看得很清楚，均在箭杆中部。但出土文物往往有带穿的箭镞，如 1977 年发掘的安徽阜阳双古堆西汉汝阴侯墓，曾出土九枚形体较大的三刃铜镞，镞上有穿。杨泓断曰：“当是可以收回的弋射用的镞。”（《弓和弩》）然则可以推测其系法：缴端通过镞穿，系于镞铤，缴绳再沿箭杆中过穿通出（杆中当也设一穿），如此系缚确可牢固而不影响弋射方向。缴线之另一端系绕于地上的缴轴。缴轴似擀面筒，外缠绕缴线，筒上端中孔插入细梃，下端固定于地上的半圆形器械内，此器可置一缴轴，或并置数轴。缴轴一般木胎。也可石制，称“磻”，或作“碆”。《广韵·平戈》：“碆，缆缴石。”《史记·楚世家》：“则出宝弓，碆新缴。”裴骃集解：“以石傅弋缴曰碆。”缴轴不能转动，只可缠绕缴线，故射时缴线当从上端顺势曳出。为此，射者必须跪蹲，于距缴轴较近的上方拉弓仰射。弋射图上的弋者射姿即如此。但缴轴会随着弋射目标出现方位的不同，而灵活改变角度，故半圆形器械当有调节的机关装置。上引《淮南子·俶真》"矰缴机而在上"，或指此种调节的机关。但无论什么角度，弓的射向必须与轴向一致，否则缴线将不能顺势引出。矰缴射飞禽，或径直命中而坠，或缴线兜缠使不得脱而致获。汉班固《西都赋》："鸟惊触丝，兽骇直锋。"可见缴线缠身之效。《弋射图》所见，被弋中者，多属于此种，如百花潭铜壶之图，共有七只雁将坠，其中二只不见箭头，盖已直接命中；其余五只均见箭头外垂，而身缠缴线。由此可知，弋猎的独特作用，不仅因射出复可收回而能省箭，更重要的，是可增加猎击面，即便镞矢未中，也可使惊鸟兜缠缴线，不能挣脱而坠落。故弋射在飞鸟群飞而过时尤能奏效。《韩非子·外储说右上》："田子方问唐易鞠曰：'弋者何慎？'对曰：'鸟以数百目视子，子以二目御之……'"今所见弋射图像上出现的均是群飞的大雁，实非偶然。

参考文献

[1] 宋兆麟：《古代的弋射》，《文物》1981年第6期。
[2] 高文：《四川汉代画像砖》，上海人民美术出版社，1987年2月。
[3] 卢兆荫：《战国的弋射及其溯源》，《文物》1980年第6期。
[4] 杨泓：《弓和弩》，载《中国古兵器论丛》(增订本)，文物出版社，1985年10月。

83. 鱼·水虫·虫·鲜(鱻)·鳞

鱼是远古人们最早的食物之一。至春秋战国食鱼种类更多,用途更广。“鱼”是鱼类总称。其别称,较早的是“水虫”。后来也可径称“虫”。“鲜”多指生鱼。从鱼的外部特征则可通称为“鳞”。

【同义】

《说文》部首:“鱼,水虫也。”《鱼部》:“鲜,鲜鱼也。”《文选·颜延之〈车驾幸京口三月三日侍游曲阿后湖作〉》:“民灵骞都野,鳞翰耸渊丘。”李周翰注:“鳞翰,鱼鸟也。”“虫”、“鲜”、“鳞”皆可指鱼。

【辨释】

鱼是远古人们最早的食物之一。今考古所见,旧石器时代遗址已有不少水生动物遗骸。属于旧石器时代早期距今180万年的山西芮城西侯度遗址,动物化石中有鲤鱼鳃盖骨。中期距今七万年的山西襄汾丁村遗址,发现有鲤、鲩、鲶、鲒、青鱼这五种鱼化石和蚌、螺、蜗牛等软体动物甲壳。晚期如距今一万余年的北京周口店山顶洞遗址,也有不少鱼、蚌等水生动物的化石。新石器时代遗址所见水生动物更多。早期如距今7000年的浙江余姚河姆渡遗址出土的大量动物骨骼化石中,水生动物有鲤、鲫、鳢、鲶、鲻、青鱼等类,大都为淡水鱼;还有龟鳖、蚌、扬子鳄等。中期如黑龙江密山新开河遗址,出土有青、鲑、鲤、鲶等鱼骨与鳖甲。晚期如河南汤阴白营遗址,出土的水生动物骨骼有草鱼、鳖、蚌、田螺。新石器时代捕网和渔舟等渔具的使用,使人们可到深水中捕捉鱼类、捞取贝类,故淡水鱼类、滨海河口鱼类、海生鱼类品种空前增多,几乎每一个遗址均有鱼类等水生动物骨骼出土。到了商代后期,更开始了王室园囿中的人工养鱼。春秋战国时人工养鱼已越出园囿,进入整个社会(参第70条)。食鱼的种类更多。据统计,《诗经》中共见鱼名14种,爬行类1种,《山海经》中所记鱼类有58种(吴诗池文)。鱼类等水生动物用途更广,不仅成为人们普遍的食用品,而且成为祭祀的供品。《礼记·月令》:“(季春之月)天子始乘舟,荐鲔于寝庙。”“(季冬之月)命渔师始渔,天子亲往,乃尝鱼,先荐寝庙。”《大戴礼记·礼三本》:“大飨尚玄尊,俎生鱼。”郑玄注:“大飨,祫祭先王。”还用鱼皮做饰物。《左传·闵公二年》:“(齐侯)归夫人鱼轩。”杜预注:“鱼轩,夫人车,以鱼皮为饰。”此或为鲛鱼皮。鲛鱼皮还可饰刀剑柄、制铠甲等。鱼鳔可作鱼胶。《韩诗外传》卷八:“此弓者,太山之南,乌号之柘,燕牛之角,荆麋之筋,河鱼之膠也。”鱼脂可作灯烛。《史记·秦始皇本纪》:“葬始皇郦山……以人鱼膏为烛。”鱼的鱼脂、鱼鳞、鱼子等皆可作各种疗药。凡此,明李时珍《本草纲目·鳞部》言之甚详。

“鱼”是鱼的象形字，鱼类的总称，可指称各个种类、状态的鱼。上引一些文句中的“鱼”即其例。

“水虫”，在上古本是水生动物的总称。《急就篇》卷三：“水虫，科斗鼃（蛙）虾蟆。”颜师古注：“水虫，总言在水之虫也。”《国语・鲁语上》：“鸟兽成，水虫孕，水虞于是禁罝罜罶，设阱鄂。”句中“罝”，当作“罛”，指鱼网。“罜罶”，小网。“鄂”，陷兽之阱格。“水虞”，掌川泽禁令之官。句中与“鸟兽”对举，“水虫”即指以鱼为主的一切水生动物。《管子・形势解》：“蛟龙，水虫之神者也。”《周礼・秋官・壶涿氏》：“掌除水虫。”郑玄注：“水虫，狐蜮之属。”至汉代，“水虫”才成为鱼的别称。但使用不广，多见于一些训释性语句。文首引《说文》说解即作此诂训。

鱼，又可径称“虫”。《易・中孚》：“豚鱼，吉。”孔颖达疏：“鱼者，虫之幽隐。”《尚书大传・洪范五行传》：“时则有鱼孽。”郑玄注：“鱼，虫之生于水而游于水者。”后世偶用。据宋代《江邻几杂志》载录：“范希文（仲淹）戍边，行水中甚乐之，从人前云：‘此水水好，里面有虫。’……答云：‘不妨，我亦食此虫也。’”此“虫”指鱼。则至宋代犹有径称鱼为“虫”者，盖是承古而谑称。

《说文・鱼部》：“鲜，鲜鱼也，出貉国，从鱼，羴省声。”段玉裁注：“按此乃鱼名。鱼部有‘鱻’字，训‘新鱼精也，从三鱼，不变鱼也’。”又谓：“三鱼谓不变其新。二鱼谓连行可观。”（《说文》部首“鱻”段注）即指生鱼。《周礼・天官・䲣（同“渔”）人》：“辨鱼物，为鱻、薨。”（“薨”，干的食物。）郑司农注：“鲜，生也。”但自汉代起，鱻作“鲜”，故“鲜”得冒“鱻”之义，专指生鱼，其称常见。《礼记・内则》：“冬宜鲜、羽。”郑玄注：“鲜，生鱼也。”《老子》第六十章：“治大国若烹小鲜。”《韩非子・解老》：“烹小鲜而数挠之，则贼其泽（当作‘宰’），治大国而数变法，则民苦之。”唐韩愈《送李愿归盘谷序》：“采于山，美可茹；钓于水，鲜可食。”扩大指能食用新宰的野兽。《左传・襄公三十年》：“惟君用鲜，众给而已。”杜预注：“鲜，野兽。”《书・益稷》：“暨益奏庶鲜食。”孔传：“鸟兽新杀曰鲜。”《文选・左思〈蜀都赋〉》：“割芳鲜。”李善注：“鲜，新杀者也。”此是生鱼之称的扩大用法。

《说文・鱼部》：“鳞，鱼甲也。”即“水虫”之甲，指鱼类和爬行动物身体外表的透明角质鳞片，排列如覆瓦之形。战国楚宋玉《高唐赋》：“鼋鼍鳣鲔，交织纵横，振鳞奋翼。”南朝梁江淹《别赋》：“惊驷马之仰秣，耸渊鱼之赤鳞。”因此，“鳞”成为有鳞动物的总称。《周礼・地官・大司徒》：“其动物宜鳞物。”郑玄注：“鳞物，鱼龙之属。”《礼记・月令》：“（孟春之月）其虫鳞。”郑玄注：“龙蛇之属。”缩小之，“鳞”同时成为其中鱼类的通称。凡生鱼、活鱼等，皆可称“鳞”。此是从鱼的外部特征而称鱼。《大戴礼记・曾子天圆》：“毛虫之精者曰麟，羽虫之精者曰凤，介虫之精者曰龟，鳞虫之精者曰龙。”“鳞虫”，指鱼类和爬虫类动物。三国魏曹植《七启》：“飞翮凌高，鳞甲隐深。”“鳞甲”，指鱼类和介甲类动物。《南齐书・高逸传・宗测》：“性同鳞羽，爰止山壑。”“鳞羽”，指鱼类和鸟类。唐杜甫《观打鱼歌》：“渔人漾舟沉大网，截江一拥数百鳞。”白居易《秦中吟・轻肥》：“果擘洞庭橘，脍切天池鳞。”李贺《竹》诗：“织可承香汗，裁堪钓锦鳞。”凡此皆指生鱼、活鱼。

参考文献

[1] 吴诗池:《从考古资料看我国史前的渔业生产》,《农业考古》1987年第1期。
[2] 余汉桂:《从水族掌故窥探我国古代“鱼学”》,《农业考古》1984年第2期。
[3] [明]李时珍:《本草纲目》(校点本,下册),人民卫生出版社,1982年11月。

84. 罟·罨·罾·罛·罝(罱、罽、捻)·罭·罜麗

“罟”是捕鱼网总称。“罨”是从上向下掩覆的鱼网。“罾”是高张的鱼网。“罛”是大鱼网。“罝”是夹捕的鱼网。“罭”，也称“九罭”，是带有囊袋、捕小鱼的小网。“罜麗”是一般小鱼网。

【同义】

《说文·网部》：“罟，网也。”《淮南子·原道》：“因江海以为罟。”高诱注：“罟，鱼网也。”《说文·网部》：“罛，鱼罟也。”《玉篇·网部》：“罨，以网鱼也。”《说文·网部》：“罾，鱼网也。”《广雅·释器》：“罾，罔(网)也。”《说文新附》：“罭，鱼网也。”《广韵·上豏》：“罝，捕鱼网也。”

【辨释】

据文献、考古发掘、民俗学的材料推断，先民们最初捕鱼并非网捕，而是用弓箭猎射和鱼镖叉鱼。在新石器时代一些早期遗址中，与箭镞、倒刺的鱼镖同时出土的还有些石质或陶质小网坠，故此时的捕网必是小型、简陋的，不宜用于深水。到了新石器时代中晚期，捕鱼之法已发展为舟船网鱼。陕西宝鸡北首岭遗址出土一有网纹饰的船形陶壶，西安半坡遗址出土彩陶纹样中的三角形网纹，浙江余姚河姆渡遗址出土的木桨和陶舟，均可证明此时已用舟船网捕鱼类。到了商代，网捕已成为主要的捕鱼法。甲骨文中有专表用网捕鱼的动词“䍐”。《续六·一〇·九》：“叀滴䍐。”谓在滴水中用网捕鱼。到了周秦时代，在掌握鱼类生长活动规律的基础上，对于如何科学网捕都有具体规定。如在“水虫成”即鱼成熟的冬季宜捕，而“水虫孕”的季节即春夏禁捕(参《礼记·月令》)。《逸周书·文传》：“川泽非时不入网罟，以成鱼鳖之长。”禁捕鱼苗。《国语·鲁语上》：“鱼禁鲲鲕。”韦昭注：“鲲，鱼子也；鲕，未成鱼也。”唯此，网眼必合乎规范。《管子·八规》：“江海虽广，池泽虽博，鱼鳖虽多，网罟必有正。”细网，不得入鱼塘。《孟子·梁惠王上》：“数罟不入洿池，鱼鳖不可胜食也。”凡此种种，反映了古人在以网捕鱼中，保护和合理利用鱼类资源的科学思想，为后世所承继。

“罟”是捕鱼网的总称。《国语·鲁语上》：“宣公夏滥于泗渊，里革断其罟而弃之。”(“滥”，沉渍。)韦昭注：“渍罟于泗水之渊以取鱼也。”《礼记·中庸》：“驱而纳诸罟擭陷阱之中。”(“擭”，机槛。)陆德明释文：“罟，罔(网)之总名。”《易·系辞下》：“(庖牺氏)作结绳而为罔(网)罟，以佃以渔。”陆德明释文：“取兽曰罔(网)，取鱼曰罟。”“网罟”并举，皆为总称，“网”以应“佃(畋)”、“罟”以应“渔”。《吕氏春秋·上农》：“罛罟不敢入于渊。”高诱注：“罟，鱼罟也。”引申之，作网的通称。《诗·小雅·小明》：“岂不怀归？畏此罪罟。”毛传：“罟，网也。”常用于上位大名。如《说文·网部》以“兔罟”释“罝”。常与“网”同义连用，泛称捕网。《庄子·

胠箧》："罟罔(网)之所布。"陆德明释文："罟，罔(网)之通名。"《国语·鲁语上》："今鱼方别孕，不教鱼长。又行网罟，贪无艺也。"("艺"，极。)

"罨"，其字从网奄，会意，"奄"即"掩"，故罨是从上向下掩覆而捕的鱼网，俗称撒网。《太平御览》卷八三四引晋周处《风土记》曰："罨如罧而小，敛口，从水上掩而取者也。"("罧"，即罭网。)此网也可捕鸟。《广韵·上琰》："罨，鸟网。"晋左思《蜀都赋》："罨翡翠，钓鰋鲉。"引申为覆盖义。宋苏轼《猪肉颂》："净洗铛，少着水，柴头罨烟焰不起。"

"罾"从网从曾，会意。"曾"是高义，后世作"层"。《淮南子·览冥》："还至其曾逝万仞之上，翱翔于四海之外。"高诱注："曾犹高也。"《文选·贾谊〈吊屈原文〉》："凤凰翔于千仞兮皿……遥曾击而去之。"李善注引如淳曰："曾，高。高，上飞意也。"故"罾"会其意是高张的鱼网。《楚辞·九歌·湘夫人》："鸟萃兮苹中，罾何为兮木上？"三国魏应璩《百一诗》："洛水禁罾罟，鱼鳖不为殖。"其具体形制可从下列材料探赜。《太平御览》卷八三四引《风土记》曰："罾树四植而张网于水，车輓上下之形如蜘蛛之网，方而不圆。"《汉书·陈胜传》："乃丹书帛曰'陈胜王'，置人所罾鱼腹中。"颜师古注："罾，鱼网也，形如仰繖(同'伞')盖，四维而举之。"可见，罾的形制当是：在河两岸，四边打上四根木桩，中张大网，四角系桩，平时高于水面，渔时松维绳沉下，鱼游入网区，即将网拉举。今俗称"板罾"，乡间犹可见。罾网也可在江中布张。晋郭璞《江赋》状芦人渔子在水上打鱼的生活，曰："筒洒连锋，罾罶比船，或挥轮于悬碕，或中濑而横旋。"("筒"，一本作"第"。"第洒"，钓名。"轮"，钓轮。)一、三句写钓，二、四句写张网。此"罾"指在大江中相对有间的两船上系网，网潜水中以待，见鱼鲜入网域，则渐收举，其原理与岸上四维者同，也似今之对船拖网捕鱼，唯罾者不拖耳。

罾网也可用于猎鸟和小兽。三国魏曹植《七启》："动触飞锋，举挂轻罾，搜林索险，探薄穷阻。"唐白居易《马上作》诗："高有罾缴忧，下有陷阱虞。"盖"缴"是弋射高处鸟，"罾"也是高网，故诗称"高有"云云。此也一似鱼网之四角，张之以待鸟兽(小兽)入域，从高下落而蒙覆之。

"罛"是大的鱼网。《尔雅·释器》："鱼罟谓之罛。"郭璞注："最大罟也，今江东云。"《诗·卫风·硕人》："施罛濊濊，鳣鲔发发。""鳣鲔"是两种大鱼。"发发"，盛貌。陆德明释文："濊，呼活反，马(马融)云大鱼网目大豁豁也。"《国语·鲁语上》："水虞于是乎讲罛罶，取名鱼。"("水虞"，掌管川泽禁令的官。"讲"，习。)韦昭注："罛，渔网。罶，笱也。名鱼，大鱼也。"取大鱼必以大网。《淮南子·说山》："好鱼者先具罟与罛。"高诱注："罛，大网。"此种"罛"发展成为后代的纤网。

"罠"，或作"罶"。《集韵·上豏》："罠，鱼网，或从衔。"即是今之"罱"字。字当以"罶"见义，从网、衔。"衔"，夹。"衔"鱼之网，即是捕鱼之夹网，故《玉篇·网部》训为"夹鱼具"。其形制是用交叉的两根长杆，下按置如蚌壳状可相合的网兜：如剪刀之用，先拓开双手以张开网兜插入水中，待有鱼鲜过入，即很快收紧双手以合拢网兜夹取鱼鲜。今江南水乡犹用之。唐陆龟蒙《〈鱼具〉诗序》："挟而升降曰罶。"皮日休《奉和鲁望渔具十五咏·罠》："烟雨晚来好，东塘下罱去。”后仿其形制，尤长其夹杆，小其竹网兜，用作夹取水草、河泥的工具，以捞积壅田的肥料，称“罱”。作动词，用罱夹取，今江南农村称“罱河泥”，“罱紊草”。“罱”俗又作“捻”，“罱”、“捻”实是“罱”的方言异体。但“罱”，《集韵·上敢》音“卢敢切”，来母与今音异。明童冀《罱泥行》诗题注：“吴兴河高田下，雨淋水荡，岸日低薄，每岁农民罱取河泥浇岸，然不能高也。罱音览，吴人读作俨音。”然则，“罱”、“罱”字可读 niǎn、lǎn 二音。

“罭”，或称“九罭”，与“罜”皆是捕鱼小网。《说文·网部》：“罜，罜䍡，小鱼罟也。”汉张衡《西京赋》：“布九罭，设罜。”对文同义，均是捉小鱼之网。《国语·鲁语上》：“鸟兽成，水虫孕，水虞于是禁罝（当作‘罛’）罜䍡，设阱鄂。”韦昭注：“罜罱，设阱鄂，小网也。”谓立夏鸟兽将发育、鱼类将产卵之时，禁施取鱼之网、取兽之具。但“罜罱”是一般的小网，而“罭”稍异。《诗·豳风·九罭》：“九罭之鱼，鳟鲂。”毛传：“九罭、緵罟，小鱼之网也。”陆德明释文：“今江南呼緵罟为百囊网也。”孔颖达疏：“鳟鲂是大鱼，处九罭之小网，非其宜。”则罭是带有囊袋以捕捉小鱼的小网。

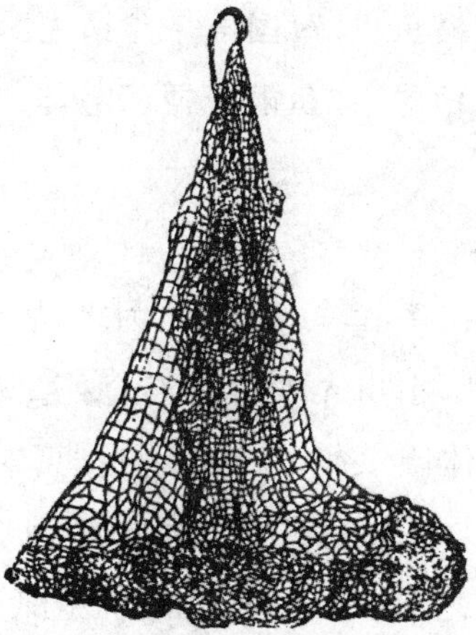

汉代渔网

夹网（罱）捕鱼

参考文献

[1] 吴诗池：《从考古资料看我国史前的渔业生产》，《农业考古》1987 年第 1 期。
[2] 周苏平：《先秦时期的渔业》，《农业考古》1985 年第 2 期。
[3] 曲石：《从考古发现看我国古代捕鱼的起源与发展》，《农业考古》1986 年第 2 期。
[4] 邢湘臣：《我国古代鱼类资源的保护》，《农业考古》1984 年第 1 期。

85. 荃·筌·罩·梁·笱·罶·扈(滬、篪)·箕○罧

“罧”，积柴水中诱聚鱼而捕取之法。“荃”，诱聚鱼的香草，后讹作“筌”。“筌”是汉以后鱼笱的别称，有古雅色彩。“罩”，细竹编制、盖覆捕鱼具。“梁”，截流而有缺口的捕鱼堤堰或竹木苇箔。“笱”，设在缺口拦捕鱼的竹篓。“罶”，无笱配合的捕鱼曲梁。“扈”，江南海边的捕鱼竹簖、竹箔。“箕”，晋代出现的竹编大鱼梁，用于江、湖、海边。

【同义】

《广韵·平仙》：“筌，取鱼竹器。”“筌”或作“荃”，见《庄子·外物》。《说文·网部》：“罩，捕鱼器也。”《诗·邶风·谷风》：“毋发我笱。”毛传：“笱，所以捕鱼也。”《国语·鲁语上》：“水虞于是乎讲罛罶，取名鱼。”韦昭注：“罶，笱也。”《诗·小雅·鱼丽》：“鱼丽于罶。”毛传：“罶，曲梁也。”“罧、扈、箕”，也是捕鱼具。

【辨释】

《庄子·外物》：“荃者所以在鱼，得鱼而忘荃。”成玄英疏：“筌，鱼笱也，以竹为之，故字从竹。亦有从草者。”《文选·郭璞〈江赋〉》：“夹潈罗筌。”（“潈”，小川入大川之汇合处。）李善注：“筌，捕鱼之器，以竹为之，盖鱼笱之属。”《文选·江淹〈杂体诗〉之十九》：“一时排冥筌，泠然空中赏。”李善注：“筌，捕鱼之器。”《文选·左思〈吴都赋〉》：“筌鲑鳣。”刘良注：“筌，所以得鱼也。”此作动词。按，“筌”之义解为语言使用中“积非成是”之显例。“筌”最早所见即上引《庄子·外物》，原文作“荃”。若训鱼笱，则当作“筌”之通假，但上古和后世文献用“荃”颇多，却并无通假之用，何独《庄子·外物》所引例外？再从文意察之，《外物》所引句的下文是：“蹄者所以在兔，得兔而忘蹄。言者所以在意，得意而忘言。”整节盖以“鱼荃”、“兔蹄”二者以喻“意、言”，即谕“元理明而名言绝”（成玄英疏）。陆德明释文：“蹄，兔罝也……系其脚。”“罝”，以绳系取鸟兽。“在”者，“生致之”（王先谦《庄子集解》）。谓兔罝系缠兔脚而获取兔，得兔后弃其兔罝。则“鱼荃”之语，亦当类此。谓荃用来获取鱼，得鱼后弃其荃。若“荃”指鱼笱，而鱼笱必合梁而得鱼（见下），仅一笱绝不可称“所以在鱼”，故以“荃”通“筌”，于文意亦乖戾。其实，成玄英疏与陆德明释文早出又解：“荃，香草也，可以饵鱼，置香于柴木芦苇之中以取鱼也。”“积柴水中，使鱼依而食焉。”卢文弨曰：“案如或所云是‘潜’也。”当以此又解为是。此即是“罧”渔法。《说文·网部》：“罧，积柴水中以聚鱼也。”字当为会意，以双木（柴）网鱼。字又作“潜、涔、糁、椮”（参朱骏声《说文通训定声·临部》“罧”字）。《尔雅·释器》“椮谓之涔”郭

璞注："今之作槮者，聚积柴木于水中，鱼得寒，入其里藏隐，因以薄围捕取之。"《诗·周颂·潜》："潜有多鱼。"朱熹《诗集传》即以郭注语释"潜"。《淮南子·说林》："罧(当为'罧')者扣舟。"高诱注："罧(罧)者以柴积水中以取鱼。扣，击也，鱼闻击舟声，藏柴下，壅而取之。"今许多地区仍流行罧渔法。即是设置人工鱼礁以渔，有生罧与熟罧两种。前者是利用水草稠密的天然地形，设置罧场，周以竹箔，逐渐缩小围圈而捕。后者是人工选择一定部位，如湖、河的深水幽僻处投入若干树丫、茭草、柴棒等物。天每渐严寒，一些温水性鱼类，遂来深水底草丛中群居，越积越多，于是用竹箔圈拦，进行围捕，其产量多者可达千担。故"罧"者，其作用相当于用木柴投入水中捉鱼的捕鱼器。《庄子·外物》的"荃"乃是香草之名。《楚辞·离骚》："荃不察余之中情兮。"王逸注："荃，香草。"盖以香草投入水下木柴中，以诱鱼入彀，此可谓香草诱取法。由此可知，周秦时代的罧渔法，还使用香草诱取。香草既是诱致鱼之物，故文曰"荃者所以在鱼"，怡然理顺。

但"筌"也得为鱼笱之称。盖从汉以后注家误解"荃"为鱼笱，而鱼笱是竹制捕鱼器，从未用草编者，遂又增"筌"字，如上引《文选》中郭璞《江赋》、江淹《杂体诗》之十九、左思《吴都赋》之"筌"，确指鱼笱，李善等注皆不误，然以此训《庄子·外物》之"荃"则误，成玄英谓"筌"，"亦有从草者"，亦误。然则可断言："筌"是汉以后鱼笱的别称；以其误而从古，故又有古雅色彩。

东汉捕鱼画像石(左下罩鱼，左上钓鱼，右下叉鱼)

鱼罩捕鱼

《尔雅·释器》："篧谓之罩。""篧"，"籗"之或体。郭璞注："(罩，)捕鱼笼也。"郝懿行义疏："今鱼罩皆以竹形似鸡罩，渔人以手抑按于水中以取鱼。"《诗·小雅·南有嘉鱼》："烝然罩罩。"孔颖达疏引李巡曰："篧编细竹以为罩捕鱼也。"《淮南子·说林》："罩者抑之。""抑"，自上而下笼盖。《文选·左思〈吴都赋〉》："罩两魪。"李善注："罩，篧也，编竹笼鱼者也。"唐韩愈《崔十六少府摄伊阳以诗及书见投因酬三十韵》诗："况住洛之涯，鲂鳟可罩汕。""汕"，捕鱼网。引申为笼盖义。唐司空图《王官》诗之二："荷塘烟罩以斋虚，景物皆宜入画图。"要之，罩是以细竹编成、放入水中自上而下捕鱼的器具。

“梁”与“笱”指相辅相成的两种捕鱼器具。《说文·木部》:“梁,水桥也。从木、水,刅声。渿,古文。”其古文为会意字。段玉裁注:“水阔者必木与木相接,‘一’,其际也。”盖其字左水旁,右之上下木,中“一”画,即段氏以为木木相接之“际”者。而“梁”的篆文(即今字)乃形声字,声兼义,“刅”与“横”同源,故有横义。如《尔雅·释宫》:“楣谓之梁。”郭璞注:“门户上横梁。”凡横断水者皆可谓之“梁”。《方言》第九:“艁舟谓之浮梁。”即以船搭连的浮桥。《尔雅·释宫》:“隄谓之梁。”郭璞注:“即桥也,或曰石绝水者为梁。”北魏郦道元《水经注·济水一》:“梁,水隄(堤)也。”作为捕鱼具的“梁”,即是用土石筑成横截水流(但可通水)的堰堤,或用竹木、芦苇等编成帘箔插于流水中,均中留缺口以待笱。“笱”,《说文·句部》训“曲竹捕鱼笱也,从竹句,句亦声”。句声有曲义,故笱是弯曲竹篾、竹片而编成的竹篓,呈圆锥形,有底,口大于底,口处装一倒须式漏斗,鱼流入而不得出。浙江吴兴钱山漾遗址曾出土此物,考古学者称之为“倒梢”(《吴兴钱山漾遗址第一、二次发掘报告》)。梁与笱相合方可捕获鱼。《周礼·天官·歔(同“渔”)人》:“歔人掌以时歔为梁。”郑玄注引《月令》:“季冬命渔师为梁。”又引郑司农曰:“梁,水堰也,堰水为关空,以笱承其空。”即以竹、木、苇箔或土石之“隄”横截水流,中留缺口通水而以笱承空,鱼顺水流游入笱中,既入不得出。此捕鱼法《诗》中多见。《邶风·谷风》:“毋逝我梁,毋发我笱。”此二句又见《小雅·小弁》,“毋”作“无”。毛传:“梁,鱼梁,笱所以捕鱼也。”郑玄笺:“之人梁发人笱,此必有盗鱼之罪。”《齐风·敝笱》:“敝笱在梁,其鱼唯唯。”(“唯唯”,鱼相随行貌。)此种笱梁捕鱼法,后世一直承继之,名之曰“扎箔捕鱼”。《太平御览》卷八三四引《魏志》曰:“文帝东征,郭后留谯宫,时后兄表留宿卫,欲遏水取鱼。后曰:‘水当通运漕,又少材木,奴客不在,目前当复私取官竹木作梁遏水,今奉车所不足者,岂鱼乎?’此举梁必含笱。”唐杜甫《秋日夔府咏怀奉寄郑监李宾客一百韵》诗:“儿去看鱼笱,人来坐马鞯。”此举笱必含梁。今乡间犹可见之(参杨昌雄文)。

“罶”训颇歧。《说文·网部》:“罶,曲梁,寡妇之笱,鱼所留也。从网留,留亦声。”段玉裁注:“盖曲梁别于凡梁,寡妇之笱别于凡笱……寡妇之笱,笱之敝者也。”言之仍然难懂。文首引《国语·鲁语上》句韦昭注:“罶,笱也。”则以二者为同物。《诗·小雅·鱼丽》:“鱼丽于罶,鲿鲨。”毛传:“丽,历也。罶,梁也,寡妇之笱也。”《小雅·苕之华》“三星在罶”毛传同。既梁又笱,罶更浑沌。《尔雅·释器》:“嫠妇之笱谓之罶。”郝懿行义疏:“盖寡妇二字合声为笱,嫠妇二字合声为罶,正如不来为貍,终葵为椎,古人反语往往如此……今河上人曲竹为笱,其口可入而不可出,故《淮南·兵略篇》云‘发笱门’,是其制也。”则从反切合音解罶为笱之别称异名。今辞书也多以罶、笱为一物异名,或浑释“罶”为捕鱼器。今按,罶与笱大别。《尔雅·释训》:“凡曲者为罶。”郭璞注:“凡以簿为鱼笱者名为罶。”上引《诗·鱼丽》句孔颖达疏引孙炎曰:“罶,曲梁,其功易,故谓之寡妇之笱。”上引《尔雅·释器》“嫠妇之笱”句陆德明释文:“字书作罶篓。”《广雅·释器》:“曲梁谓之罶。”王念孙疏证:“罶、罶、篓并同。”故“罶”的基本义为曲梁。此别于一般笱梁相合之直梁。对此,朱骏声曾精审辨析:“以土若石堰水为关空曰梁,曲簿为器，其口可入而不可出，以承梁空捕鱼者曰笱。而以曲簿为梁，令鱼可入而不可出谓之罶，罶非笱而其用如笱，故曰嫠妇之笱，如吾苏（江苏）蟹簖之类是也……如此似与《尔雅》、毛传、《广雅》皆合。"（《说文通训定声·孚部》"罶"字）朱说是。苏南方言名"蟹簖"者，不仅捕蟹，也可捕鱼，通常是以竹箔将放养鱼苗的一段水域端口围住，使鱼至此被留挡，不能出外；也可围成一小圈，使鱼多入内，而抽干河水，一举捕取，此近于"扈"渔法（见下）。今更可进而申解"寡妇之笱"。盖梁笱相配合，犹夫妇然：凡梁通常有缺口，如凹形，可暗喻妇；笱为补缺凸于口之器，暗喻夫。今唯置曲箔而无笱，较简陋易设，但鱼依然可留止而获，故注家多简释为"曲梁"，而《说文》又以喻语补解此"曲梁"乃是"寡妇之笱，鱼所留也"。其意为：罶是曲梁，作用像没有笱的捕鱼笱，可以留止鱼。换言之：无笱之曲梁，却具笱之用，鱼至此而留。若此，《说文》说解及毛传等皆可豁然贯通。而郝氏合音说，不只文献羌无印证，且引入《说文》说解似云"笱之笱"、"罶之罶"，殊不成辞。要之，"罶"，非笱，而是弯曲围插水中、不开缺口、无笱配合而单独能捕鱼的曲梁。

《小尔雅·广诂》："扈，止也。"《左传·昭公十七年》："扈民无淫者也。"杜预注："扈，止也。"故可用作捕鱼具之称。字又作"滬"、"㦿"。《舆地志》曰："扈业者，滨海渔捕之名，插竹列于海中，以绳编之，向岸张两翼，潮上即没，潮落即出，鱼随潮碍竹不得出，名之曰扈。"唐陆龟蒙《渔具咏诗序》："网罟之流，列竹于海澨曰滬。"自注："吴人今谓之簖。"陆诗曰："万植御洪波，森然倒林薄，千颀咽云上，过半随潮落。"清郭柏苍《海错百一录》亦曰："砌石海旁而曲折之、而玲珑之曰㦿，亦曰扈。潮退㦿干，发发然拣入篮筐，且旦不竭也。"即以石块在海边垒筑半圆形石扈，涨潮时鱼虾等随水而入，退潮时水从石隙渐渐外渗而尽，鱼虾遂被留阻㦿中。世以竹扈为常。今福建沿海所用竹扈，是用竹竿在海边潮区围成方形，由三四丈至七八丈，凡两层，扈中设数行水道，竹竿内逆流设一水门，随潮水流向自行启闭，潮水退落，渔民即入扈内捡取鱼鲜（邢湘臣文）。要之，"扈"为江南海边捕鱼竹簖、竹箔之称。

扈

"篊"，从洪声，洪声有大义，指竹编的长大鱼梁。其称名始于晋。唐段成式《酉阳杂俎·前集·物异》："篊，晋时钱塘有人作篊，年收鱼亿计，号万匠篊。"（明胡震亨《唐音癸签》引作"万尺篊"，以"尺"是。）唐陆龟蒙《寄吴融》诗："到头江畔从渔事，织作中流万尺篊。"篊也是以竹帘之物，插入水中，潮来淹没，潮落露出，以此捕鱼，一般设于江、湖、海边。它与"扈"性质相关，二字匣母双声，二物盖声稍转，物稍异耳。

参考文献

[1] 邢湘臣:《我国古代几种特殊的渔法》,《农业考古》1986 年第 1 期。
[2] 杭宏秋:《关于我国古代扎箔捕鱼的溯源》,《农业考古》1984 年第 1 期。
[3] 周苏平:《先秦时期的渔业》,《农业考古》1985 年第 2 期。
[4] 吴诗池:《从考古资料看我国史前的渔业生产》,《农业考古》1987 年第 1 期。
[5] 杨昌雄:《苗族稻田养鱼考》,《农业考古》1984 年第 2 期。
[6] 田恩善:《网具的起源与人工渔礁小考》,《农业考古》1982 年第 1 期。

86. 缗·纶

“缗”，粗短、宜钓小鱼鳖的钓鱼绳，其名主要用于上古至汉魏间。“纶”，精致、坚固可负重的丝钓鱼绳，可用于长竿、大钓。汉以后，“纶”遂成钓鱼绳通称。

【同义】

《尔雅·释言》：“缗，纶也。”《说文·糸部》：“缗，钓鱼缴也。”《广韵·平真》：“缗，钓鱼纶也。”《集韵·平魂》引《尔雅》曰：“缗，纶也。”《文选·左思〈吴都赋〉》：“迎潮水而振缗。”刘良注：“缗、纶皆钓缴也。”南朝宋谢灵运《山居赋》：“缗纶不投，罝罗不披。”“缗纶”同义连用，指钓绳。

【辨释】

钓鱼，需竿、线、钩、饵。但最早无钩，线也粗陋。大约到新石器时代，先民们已用鱼钩。据日本学者渡边诚的统计，从新石器时代至汉代，我国已出土鱼钩140件，分布遗址40处（渡边诚文）。其中新石器时代几乎全是骨钩，青铜时代（商、西周）仍以骨钩为主，铁器时代（战国至汉）则以青铜钩为主，还有铁钩；形态上也从无倒挂钩发展到或有倒挂钩。在上古文献中，不乏钓鱼的载录。《诗·卫风·竹竿》：“藋藋竹竿，以钓于淇。”宋玉《钓赋》曰：“夫玄渊之钓也，以三寻之竿，八丝之线，饵若蛆蝢，钩如细针，以出三赤之鱼于数仞之水中。”此对竿之长度、线之品质、饵之取物、钩之形制，均有表述，可见战国时对钓鱼研究已颇精细。历史上，“以鱼钓奸周西伯”的吕尚（《史记·齐太公世家》），“钓于濮水之上”的庄子（《庄子·秋水》），隐于富春江圉的严光……均是有名的钓者。

钓鱼的竿、钩、饵，古今之称大致相同，唯绳子古称为“缗、纶”。

“缗”，本义就是钓鱼绳，见《说文》之训。“缗”与“緜”同声源。《礼记·大学》：“《诗》云：‘缗蛮黄鸟，止于丘隅。’”陆德明释文：“缗蛮，音緜（按，指缗字），一音亡巾反，毛诗作‘緜’。传云：‘緜蛮，小鸟貌。’”今《诗·小雅·緜蛮》：“緜蛮黄鸟，止于丘阿。”孔颖达疏：“言緜蛮然而小者是黄鸟也。”又：“‘緜蛮’文连‘黄鸟’。黄鸟，小鸟，故知緜蛮，小貌。”“缗”之为绳，也有緜小意，故用于短竿、小钓，即是短小、宜钓小鱼鳖的钓鱼绳。《诗·召南·何彼襛矣》：“其钓维何？维丝伊缗。”《太平御览》卷八三四引太公《六韬》曰：“吕尚坐茅以渔，文王劳而问焉。吕尚曰：‘鱼求于饵，乃牵其缗；人食于禄，乃服于君。故以饵取鱼，鱼可杀；以禄取人，人可竭；以小钓钓川而擒其鱼，中钓钓国而擒其万国诸侯。’”称“牵其缗”，又自解为“小钓”。《文选·左思〈吴都赋〉》：“虽复临河而钓鲤，无异射鲋于井谷，结轻舟而竞逐，迎潮水而振缗。”刘良注:“射鲋井谷,此鱼之至小,故以相况。”鲤也非大鱼,故用“缗”。“缗”主要用于上古至汉魏。

“纶”,从糸仑声,声兼义。仑声有条理义。《广雅·释诂三上》:“纶,道也。”《释名·释采帛》:“纶,伦也,作之有伦理也。”故朱骏声曰:“纶,非经纬织成,但合青丝绳辫纠之者,所谓宛转绳也。”(《说文通训定声·屯部》“纶”字)《说文·糸部》也训“纶,纠青丝绶也”(从段注)。“纠”是三合绳。“绶”是丝带、丝绳。既是有色(青色),则必是熟丝、经过精练者。可见,纶是用精练的丝精致地编织成的丝绳,即是精致、坚固、可以负重的丝钓鱼绳。它用于长竿、大钓。《太平御览》卷八三四引《庄子》曰:“任公子好钓巨鱼,为大纶巨钩,以犗牛为饵,蹲会稽,投东海,期年不得鱼。”(“犗”,阉牛。)今本《庄子·外物》作“任公子为大钩巨缁云云”,成玄英疏:“缁,黑绳也。”陆德明释文引司马云:“巨缁,大黑纶也。”《阙子》曰:“鲁人有好钓者,以桂为饵,黄金之钩,错以银碧,垂翡翠之纶。”晋王嘉《拾遗记》:“以香金为钩,霜丝为纶,丹鲤为饵,得白蛟长三丈,大若蛇,无鳞甲。”上引《文选·左思〈吴都赋〉》句,其下是“精卫衔石而遇缴,文鳐应飞而触纶,北山亡其翔翼,西海失其游鳞”。刘良注引《山海经·西山经》说明文鳐鱼是鱼身而鸟翼,常行西海而游于东海,并曰:“言吴之纶缴得此鸟,故西海、北山失其鳞翼也。”此因海而钓,鱼大而神,故用“纶”。同篇上下文,一用“缗”一用“纶”,可见其小大之别。但当“缗”字钓绳义逐渐淘汰,“纶”就成为钓鱼绳的通称。无论精粗、大小之钓鱼绳皆称“纶”。此盖汉以后。三国魏曹植《与司马仲达书》:“盖弋鸟者矫其矢,钓鱼者理其纶。”晋嵇康《酒会》诗:“轻丸毙翔禽,纤纶出鳣鲔。”晋谢玄《与兄书》:“居家大都无所为,正以垂纶为事,足以永日。”“垂纶”,犹垂钓。南朝梁简文帝《雍州曲·南湖》:“银纶翡翠钩,玉轴芙蓉舟。”后世凡钓鱼绳皆用“纶”。从社会整体看,钓鱼绳从“缗”,而“缗、纶”并用,而单用“纶”,即显示出钓鱼水平由低级向高级的发展。

参考文献

[1] 邢湘臣:《我国古代几种特殊的渔法》,《农业考古》1986 年第 1 期。
[2] 曲石:《从考古发现看我国古代捕鱼的起源与发展》,《农业考古》1986 年第 2 期。
[3] 周苏平:《先秦时期的渔业》,《农业考古》1985 年第 2 期。
[4] 邢湘臣:《钓鱼小史》,《农业考古》1987 年第 1 期。
[5]〔日〕渡边诚:《中国古代的鱼钩》,《农业考古》1987 年第 1 期。

三、人　体

87. 身·躬(躳)·体·躯

"身",不包括头和四肢的人身胴体,常用作身体的总称。"躬",弯曲的身体。"体",身子的体态。"躯",人的整个肉体。

【同义】

《史记·司马相如列传》:"躬胝无胈,肤不生毛。"("胝",手脚掌;"胈",细毛。)司马贞索隐:"躬,体也。"《说文》部首:"身,躳也。""躳"同"躬"。《吕部》:"躳,身也。"《尔雅·释诂下》:"躬,身也。"又《释言》:"身,亲也。"《仪礼·士昏礼》:"己躬命之。"郑玄注:"躬犹亲也。""身、躬"同训为"亲"。《广雅·释亲》:"体,身也。"《说文·身部》:"躯,体也。""体、身、躯"辗转相训。

【辨释】

《释名·释形体》:"身,伸也,可屈伸也。"甲金文是人凸肚怀孕的形象(弔向簋),本义是身孕(参第114条),其文献常用义则指除去头和四肢的人身胴体。《素问·奇病论》:"人有身体髀股胻皆肿。"杨上善注:"头以下为身。"《论语·乡党》:"必有寝衣,长一身有半。""一身"即指从颈至两胯间,今所谓上半身,一身半正好从颈至膝盖。《楚辞·九歌·国殇》:"带长剑兮挟秦弓,首身离兮心不惩。"《战国策·秦策四》:"首身分离,骨暴草泽。"皆其例。扩大指整个人体。《孟子·告子下》:"饿其体肤,空乏其身。"《后汉书·光武纪上》:"(光武)身长七尺三寸,美须眉,大口。"也可指称动植物的躯体。《尔雅·释木》:"枞,松叶柏身。"清蒲松龄《聊斋志异·狼》:"身已半入,止露尻尾。""身"引申有自身义。《尔雅·释诂下》:"身,我也。"《韩非子·五蠹》:"宋人有耕田者,田中有株,兔走触株,折颈死……而身为宋国笑。"特指自身的德行。《礼记·大学》:"欲齐其家者,必脩其身。"《后汉书·第五伦传》:"其身不正,虽令不行,以身教者从,以言教者讼。"生命义。《战国策·赵策三》:"遂辞平原君而去,终身不复见。"亲自义。《韩非子·五蠹》:"禹之王天下也,身执耒臿以为民先。"《三国志·蜀志·赵云传》:"亮(诸葛亮)令云(赵云)与邓芝往拒,而身攻岐山。"此义一般作状语。由上可见,"身"可指整个身体,与身体有关的抽象义最多,故无疑是身体的总称。

"躬",指曲身,即弯曲的身体。《说文·吕部》正篆作"躳",或体作"躬"。前者是身曲见吕(脊)骨,后者身曲似弓,均为会意。《周礼·春官·大宗伯》记古代诸侯朝见天子所持瑞玉有"镇圭"、"躬圭"等六种。孙诒让正义:"躬圭,人形微曲。"所谓"鞠躬",即弯身表恭敬或怵惕之态。"躬"常指称抽象的身体,即自身义。由于本指曲身,故此义带有谦下的意味,常谦指君主、帝王的自身。《诗·卫风·氓》:"静言思之,躬自悼矣!"《论语·卫灵公》:"躬自厚而薄责于人。”“躬自”，同义连用，即自身。又《尧曰》：“朕躬有罪，无以万方；万方有罪，罪在朕躬。”《汉书·元帝纪》：“百姓愁苦，靡所错躬。”汉班固《东都赋》：“俯仰乎乾坤，参象乎圣躬。”南朝宋刘义庆《世说新语·假谲》：“庾乃引咎责躬，深相逊谢。”宋吴自牧《梦粱录·车驾诣景灵宫孟飨》：“驾将至……高声喝曰：‘躬身不要拜，喝喏；直身立，奏圣躬万福。’嵩呼而行。”句中“躬身”犹曲身，向帝驾表敬；“圣躬”之“躬”专称帝君，“圣躬”犹圣君；句中不作“直躬立”，而作“直身立”，正表明“躬”一般不指实在的身体。又如成语“反躬自问”之“躬”，也是指自身，含有自谦意味。但现今一些古汉语专书却将浑然的身体义列为“躬”的首义，有的还辨析：“‘躬’专指人身，‘身’又可指物身”，云云，皆未达二者之奥区。

“躬”，可引申为亲义，指亲行，也含谦下意味，故示屈身居下、委身亲劳之意，大都作动词谓语。《论语·宪问》：“禹稷躬稼而有天下。”《礼记·月令》：“（孟春之月）乃择元辰，天子亲载耒耜……躬耕帝籍。”“（季春之月）后妃斋戒，亲东乡躬桑。”“躬桑”，谓亲自采桑。《论语·述而》：“躬行君子，则吾未之有得。”“躬行”，指身体力行。

“体（體）”从骨，豊声。豊声字有文表义。如“礼（禮）”是人行事之文。《韩非子·解老》：“礼者，所以貌情也，群义之文章（彰）也。”《淮南子·齐俗》：“礼者，实之文也……故礼因人情而为之节文。”“鳢”，吴俗称黑鱼，《埤雅·释鱼虫》云其“鳞细有花纹”，《尔雅翼·释鱼一》：“鳢鱼圆长而斑点，有七点，作北斗之象。其取名以其鳞有花斑。”“体”的引申义也多从外形言。如形体义。《易·系辞上》：“故神无方而易无体。”韩康伯注：“方、体者皆系于形器者也。”卜兆义。《诗·卫风·氓》：“尔卜尔筮，体无咎言。”毛传：“体，兆卦之体。”又如法式（文章、书写）、体式、姿态等义的“文体”、“书体”、“体态”等等，皆为可从外表直观者。由此可知，“体”字，会其意当是由骨骼构成的整个形体，即身子的形体、体态。唯其此，《说文·骨部》即训为“总十二属也”。十二属指顶、面、颐，首三属；肩、脊、尻，身三属；肱、臂、手，手三属；股、胫、足，足三属。十二属总和，即为人整个形体。缩小之，形体一部分也称“体”。形体最可分的是四肢，故与“身”相对，“身”指胴体，“体”就指四肢。《论语·微子》：“四体不勤，五谷不分。”《国语·晋语一》：“贰若体焉，上下左右以相心目，用而不倦，身之利也。上贰代举，下贰代履，周旋变动，以役心目。”此谓太子是副贰之君，一似身子“体”，即四肢，起上贰代举、下贰代履之效，助其心目，于是“四体役身，故身之利”（韦昭注），其“身、体”之别，喻说至为明白。要之，“体”作身体之称，着重指外形体态；引申为形体一部分或四肢。

“体”也可引申为亲，乃是亲近义。《礼记·学记》：“就贤体远。”郑玄注：“体犹亲也。”此是亲近、联结之义。

“躯”，从身、区声，声兼义。所指亦为整个身体，此侧重于全身的实区，即整个肉体。《荀子·劝学》：“口耳之间则四寸耳，曷足以美七尺之躯哉！”《孟子·尽心下》：“其为人也，小有才，未闻君子之大道也，则足以杀其躯而已矣。”成语有“为国捐躯”。诸“躯”，若改为“身”，则整个身躯、肉体之意不显；若易作“体”，则专指人的肉体之意不强；若出为“躬”，更扞格不通矣。

88. 脂·膏·肪○脂膏

"脂",凝固的油脂。"膏",液态的油脂。二词连用常泛指人或动物的油脂,还有喻指义。"肪",动物腰部的油脂,即脂肪。

【同义】

《说文·肉部》:"膏,肥也。""肪,肥也。""膏、肪"训同。《国语·越语上》:"勾践载稻与脂于舟以行。"韦昭注:"脂,膏。"《旧五代史·唐书·庄宗纪》:"史臣曰:'征搜舆赋,竭万姓之脂膏。'""脂膏"同义连用。

【辨释】

"脂膏"最为义近,常同义连用,可视作同义复词,其义丰富。一、本指生物体之油脂。《礼记·内则》:"脂膏以膏之。"指用脂膏浇沃,使之香美。《灵枢经·卫气失常》:"众人皮肉脂膏不能相加也。"二、喻指庶民之财物。文首举《旧五代史·唐书·庄宗纪》句即其例。又《后汉书·仲长统传》:"遂至熬天下之脂膏,斫生人之骨髓。"又泛喻一般财物。北魏《元项墓志》:"脂膏不润,贪泉必酌。"(赵万里《汉魏南北朝墓誌集释》图版184)三、喻指富裕的境地。《后汉书·孔奋传》:"或以为身处脂膏,不能以自润,徒益苦辛耳。"

古人对"脂、膏"之辨,大凡有三说:其一,有角与无角,即牛羊与豕之异。《说文·肉部》:"戴角者脂,无角者膏。"无角者谓豕属,有角者谓牛羊。《周礼·考工记》郑玄注:"脂者,牛羊属;膏者,豕属。"其二,人与动物之别。在人曰膏,在禽曰脂。段玉裁曰:"膏谓人脂,在人者可假以名物,如无角者膏是也。脂专谓物,在物者不得假以名人也。"(《说文·肉部》"膏"字注)其三,固体与液体之分。《礼记·内则》:"脂膏以膏之。"孔颖达疏:"凝者为脂,释者为膏,以膏沃之后。"按,郑玄说缺乏文献实际使用的佐证,文献典籍中并非有牛羊称"脂"、豕称"膏"之畛界。段氏之论也无实据。"膏"可"假以名物","脂"也可"假以名人"(见下引《后汉书·董卓传》等例),既可互"假",则何有人物之别?唯孔颖达之说似较合理。

"脂"指凝固的油脂,即油膏。《后汉书·董卓传》记董卓被吕布所杀,陈尸于市,云:"天时始热,卓素充肥,脂流于地,守尸吏然(燃)火置卓脐中,光明达曙。"按,可燃者是液态之"膏",其时因天热,"脂"融流于地,故可燃。《英雄记》正作"膏",曰:"膏流浸地,草为之丹。"(见王先谦《后汉书集解》引)唯是凝固之物,故常与"凝"连用。《诗·卫风·硕人》:"手如柔荑,肤如凝脂。"唐白居易《长恨歌》诗:"春寒赐浴华清池,温泉水滑洗凝脂。"皆以凝固的洁白油膏,喻女子皮肤细白润泽。"凝脂"又比喻细密无孔。汉桓宽《盐铁论·刑德》:"昔秦法繁于秋荼,而网密于凝脂。""脂"可用为物,如豆腐,古亦称"脂酥"(见明方以智《通雅》卷三九)。

豆腐也是凝固物。“脂”是名词，一般不作动词用，只是在上古文献尚少有用例。《诗·小雅·何人斯》：“尔之亟行，遑脂尔车？”郑玄笺：“女（汝）当疾行乎？则又何暇脂女（汝）车乎？”又《邶风·泉水》：“载脂载舝（辖），还车言迈。”毛传：“脂舝其车，以还我行也。”孔颖达疏：“今将行，既脂其车，又设其舝，故云脂舝其车。”后世皆无“脂车”之类用法。此也表明“脂”本指固体物，故作动词的功能宜由“膏”去承担。

“膏”，今以称凝脂，但古指液态的油脂，即人或动物脂肪熔化或熬煎而成之油。《太平御览》卷三七八引《异苑》记晋司隶校尉高平满奋“丰肥，肤肉溃裂，每至暑夏，辄膏汗流溢，其有爱妾夜取以燃照，炎灼发于屋”。《灵枢经·五色》：“有润如膏状，为暴食不洁。”“膏”也用于动物。《周礼》所记古代调味八珍有牛膏，称“膏芗”、“膏香”；羊膏，称“膏羶”；犬膏，称“膏臊”；猪膏、鸡膏称“膏腥”，皆为动物身上脂肪熬的油。又泛指有动物脂膏油厚的食物。《国语·晋语七》：“夫膏粱之性难正也。”韦昭注：“膏，肉之肥者；粱，食之精者。言食肥美者，率多骄放，其性难正。”“膏”，当指像上举调味之八珍，即油脂厚腻的荤菜。“膏”还可指其他油泽之物，如妇女润发的油。《诗·卫风·伯兮》：“自伯之东，首如飞蓬。岂无膏沐，谁适为容？”灯油。《庄子·人间世》：“山木自寇也，膏火自煎也。”（“膏火”，灯的膏油。）唐韩愈《进学解》：“焚膏油以继晷，恒兀兀以穷年。”后演为成语“焚膏继晷”。再扩大之，指肥沃的土壤，常称“膏壤”、“膏腴之地”，指肥而油溢之土壤。可喻称能润物之雨。《左传·襄公十九年》：“小国之仰大国也，如百谷之仰膏雨焉。”“膏雨”也称“膏泽”。三国魏曹植《赠徐幹》诗：“良田无晚岁，膏泽多丰年。”又称“膏露”。《汉书·晁错传》：“风雨时，膏露降，五谷孰（熟）。”用于药，为“膏药”，将药物与油合煎后敷贴于创伤处。今之膏药多指硬膏，但古代所用，原也指油脂。唐赵璘《因话录·商上》：“（韩皋）在夏口尝病小疮，令医傅膏药，药不濡，公问之，医曰：‘天寒膏硬。’”可见，“膏”本是濡而不凝、不硬之物。“膏”常用为动词。一、指涂油膏，如前举《礼记·内则》“脂膏以膏之”。又，唐韩愈《送李愿归盘谷序》：“膏吾车兮秣吾马。”二、滋润。《诗·曹风·下泉》：“芃芃黍苗，阴雨膏之。”二义皆从液体状油脂义引申而来。凡此种种，皆表明膏是液态状的油脂。

“肪”，今作“脂肪”一词的词素。古代可单用。汉扬雄《太玄经·灶》：“脂牛正肪，不濯釜而烹。”《文选·魏文帝〈与钟大理书〉》：“美玉，白如截肪。”李善注引《通俗文》曰：“脂在腰曰肪。”可见，“肪”专指腰部的油脂，即脂肪，当更厚于一般的“脂”。盖“肪”从月（肉）方声，“方”的旁义。《仪礼·大射》：“左右曰方。”郑玄注：“方，出旁也。”《史记·扁鹊仓公列传》：“视见垣一方人。”司马贞索隐：“方犹边也。”“鲂”鱼，或作“鳑”。因此，“肪”可指腰侧的脂肪。但“肪”通常用于动物，故《黄帝内经》无“肪”字。

89. 肥·胖·丰·腴·腯○脓

“肥”，人和动物的肥壮。“胖”，浑然的肥大。“丰”，人面庞和体态的饱满。“腴”，人和动物腹部的肥盛，可扩指全身过甚的肥态。“腯”，鸟兽的肥壮。“脓”，肥厚之状。

【同义】

《太平御览》卷三七八引《异苑》曰：“晋司隶校尉高平满奋字武秋，丰肥。”“丰肥”同义连用，指肥胖。又引古谚云：“尧舜至圣，身如脯腊；桀纣无道，肥肤三尺。”而汉王充《论衡·语增》：“传语曰：‘圣人忧世……故称尧若腊，舜若腒，桀纣之君，垂腴尺余。’”（“腒”，干鸟肉。）“腴、肥”所指实同。同篇又曰：“不甘饮食，则肥腴不得至尺。”“肥腴”同义连用，指肥胖。《礼记·曲礼下》：“豚曰腯肥。”郑玄注：“腯亦肥也。”“胖”、“脓”亦可表示肥（见下）。

【辨释】

“肥”，大致相当于今之“胖”，是“瘦”、“瘠”的反义词。南朝梁刘勰《文心雕龙·风骨》：“若瘠义肥辞……则无骨之征也。”宋李清照《如梦令》词：“知否、知否，应是绿肥红瘦。”可用于动物，也可用于人。前者，古今一致。《庄子·田子方》：“百里奚爵禄不入于心，故饭牛而牛肥。”可不详论。后者古今大异：今“肥”，不可称人，称人即含贬义，而古代可褒称于人。古人所谓肥，实是一种高度的丰实美，仅指肥壮而不包括虚胖。故《说文·肉部》“肥”释为“多肉”，即肌肉丰多。凡肥者，往往是腰粗八围、十围（一围是人两手一合），粗大有力。《史记·陈丞相世家》：“平为人长（大）美色。人或谓陈平曰：‘贫何食而肥者若是？’”《张丞相列传》：“苍（张苍）坐法当斩，解衣伏质，身长大，肥白如瓠，时王陵见而怪其美士，乃言沛公，赦勿斩。”身肥者，为人喜爱一至于此。东汉梁鸿妻孟光乃“肥”女，能力举石臼（《东观汉记》）。杨玉环之美的特点即在其“肥”，白居易《长恨歌》有“温泉水滑洗凝脂”的写真，历来有“环肥燕瘦”之称。（“环”，杨玉环；“燕”，赵飞燕。）同时，古之“肥”往往是外美与内美的表里结合，故为人们所羡爱。《礼记·礼运》：“安之以乐而不达于顺，犹食而弗肥也。四体既正，肤革充盈，人之肥也。”《太平御览》卷三七八引《诸葛恪别传》曰：“孙权常问恪：‘何以自娱而更肥泽？’恪对曰：‘臣闻富润屋，德润身，臣非敢自娱，脩己而已。’”

“胖”，从半月（肉），半亦声，本义是“半体肉”（《说文·半部》），读 pàn，即古代祭祀时用的半边牲肉。《仪礼·少牢馈食礼》：“司马升羊右胖。”指右半边羊肉。作为人体态之“胖”是假借，读 pán，常见的是《礼记》“心广体胖”一语。朱骏声以为此“胖”是“伴”之假借，《说文·人部》：“伴，大貌，从人半声。”宋朱熹《大学注》则训“胖”为安适。今有关注本几全取朱熹说，解为“安泰舒坦”。有的更强调“与现代汉语的‘胖’完全不同”。其实，朱熹说于训诂无据，当以朱骏声说近是。(但谓通“伴”则未必，“胖”或通“般”，“般”有盛大义。)按，《礼记·大学》原文是：“曾子曰：‘十目所视，十手所指，其严乎！富润屋，德润身，心广体胖，故君子必诚其意。’”郑玄注：“胖犹大也，三者言有实于内，显见于外。”若将此与上引《诸葛恪别传》的诸葛恪对孙权语相对照，便很清楚：二是意同，诸葛恪之言可视为对《大学》“胖”字极好的诂解。因此，“胖”犹“肥”，与现代汉语的“胖”并非“完全不同”。“胖”、“肥”之别则在于：“肥”是表示人体态肥壮的专词，用于整个古汉语；而“胖”是浑然的肥大，且使用不广，直到现代才广泛使用，义指肥壮、虚胖两类。

《说文·豆部》：“豐(丰)，豆之丰满者也。从豆，象形。”豆是高脚的食器、礼器，似后世的高脚盘，“丰”象器中盛满其物。文献中则用作盛放酒器的较大短脚托盘。《仪礼·公食大夫礼》：“饮酒，实于觯，加于丰。”郑玄注：“丰，所以承觯者也，如豆而卑。”无论短脚、高脚，均可引申出大、满之义。《方言》第一：“丰，大也。凡物之大貌曰丰。”《方言》第二：“自关而西，秦晋之间，凡大貌谓之朦，或谓之厖，丰其通语也。赵、魏之郊，燕之北鄙，凡大人谓之丰人。……燕、赵之间言围大谓之丰。”郭璞注：“谓度围物也。”“丰衣”、“丰屋”、“丰碑”、“丰狐”等，“丰”均是大义。“丰”又有满义。《广雅·释诂一上》：“丰，满也。”《战国策·秦策一》：“毛羽不丰满者不可以高飞。”“丰、满”同义连用。形容人之“丰”，乃取其饱满的义蕴。汉司马相如《美人赋》：“皓体呈露，弱骨丰肌。”《楚辞·大招》：“丰肉微骨，调以娱只。”皆指饱满的肌肉体态。《诗·郑风·丰》：“子之丰兮，俟我乎巷兮。”毛传：“丰，丰满也。”郑玄笺：“面貌丰丰然，丰满善人也。”战国楚宋玉《神女赋》：“貌丰盈以庄姝兮，苞温润之玉颜。”《左传·文公元年》：“公孙敖闻其(指叔服)能相人也，见其两子焉。叔服曰：‘……谷(文伯)也丰下，必有后于鲁国。’”杜预注：“丰下，盖面方。”“面方”，腮颊丰满。皆是状写面貌。然则“丰”可以形容人面庞和体态的饱满，而其所显示胖大的程度最低，接近于“肥”，远不及“腴”。“丰”不用于动物。

“腴”，指人与动物腹部的肥盛。《说文·肉部》：“腴，腹下肥也。”文首引《论衡·语增》：“桀纣之君，垂腴尺余。”唐杜甫《阌乡姜七少府设鲙戏赠长歌》：“偏劝腹腴愧年少，软炊香饭缘老翁。”均指腹部(脐下)的肥肉。“垂腴尺余”，谓腹下肉肥甚而垂下一尺多。也可指动物的腹下肉。《礼记·少仪》：“冬右腴，夏右鳍。”郑玄注：“(腴)气在下腴腹下也，(鳍)气在上鳍脊也。”孔颖达疏：“腴谓鱼腹，冬时阳气下在鱼腹，故右腴。凡阳气所在之处肥美。”汉枚乘《七发》：“犓牛之腴，菜以笋蒲。”谓以牛腹肥肉与笋蒲，调和做羹。“腴”也可以扩大指整个动物、人体。《南齐书·袁彖传》：“彖形体充腴，有异于众。”指人。《南史·梁武帝纪下》：“日止一食，膳无鲜腴。”指动物。其胖大的程度远过于“丰”，也甚于“肥”。盖“腴”之“腹下肥”，是一种过甚的肥态。唯此，其引申义均有甚盛之意。如《晋书·周顗传》：“伯仁(周顗)凝正，处腴能约。”指厚裕。《战国策·秦策四》：“齐人南面，泗北必举，此皆平原四达，膏腴之地也。”指肥美。因此，若用指人的整体，就相当于今称“臃肿”。句云“有异于众”，正是超乎常人的臃肿，不是一种美态，但并非贬义词。

《说文·肉部》:“腯,牛羊曰肥,豕曰腯。”段玉裁注:“按人曰肥,兽曰腯,此人、物之大辨也。”段说是。“腯”不用于人,唯用于鸟兽,多与“肥”连用。《左传·桓公六年》:“吾牲牷肥腯……何则不信?”《墨子·尚同中》:“牺牲不敢不腯肥。”《文选·左思〈吴都赋〉》:“鸟兽腯肤。”刘良注:“腯,肥也。”后世使用不广。

“脓”,从肉农声。农声有浓义。《释名·释形体》:“脓,酴也,汁酴厚也。”故可指皮肉溃烂的黏液。《史记·扁鹊仓公列传》:“乃八日,则呕脓死。”《三国志·魏志·华佗传》:“当吐二升余脓血讫……一年便健。”作动词,溃烂。北魏贾思勰《齐民要术·水稻》:“稻苗长七八寸,陈草复起,以镰浸水芟之,草悉脓死。”也可形容肥厚之物。汉枚乘《七发》:“甘脆肥脓,命曰腐肠之药。”(五臣本作“酴”。)《文选·曹植〈七启〉》:“玄熊素肤,肥豢脓肌。”李善注引《周礼》郑玄注曰:“脓,肥貌也。”然则“脓”常表肥厚之状,形容词,而非肥胖的常称。

90. 瘦(膄)·臞(癯)·瘠(膌)

“瘦”,人消瘦的通称。“臞”,因心忧而面容消瘦。“瘠”,极度而带病态之消瘦。

【同义】

《说文·疒部》:“瘦,臞也。”《广雅·释诂五上》:“膄,瘠也。”《尔雅·释言》:“臞,瘠也。”《说文·肉部》:“膌,瘦也。”《玉篇·肉部》:“膌,臞也。”《诗·桧风·素冠》:“棘人栾栾兮。”(“栾栾”,瘠貌。)郑玄笺:“急于哀慽之人,形貌栾栾然膄瘠也。”《淮南子·脩务》:“神农憔悴,尧瘦臞。”《史记·司马相如列传》“形容甚臞”司马贞索隐引《文子》云:“尧癯瘦”。《文选·沈约〈齐故安陆昭王碑文〉》:“若此移年,癯瘠改貌。”“膄瘠、瘦臞、癯瘦、癯瘠”均同义连用,泛指人的消瘦。

【辨释】

“瘦”是“肥”的反义词。宋李清照《如梦令》词:“知否、知否,应是绿肥红瘦。”“肥、瘦”反义对文。“瘦”或作“膄”,上引《诗·桧风·素冠》郑玄笺“膄瘠”,陆德明释文:“膄,本亦作瘦。”盖“瘦”是俗字,后以俗字行。“瘦”是人消瘦的通称,见于秦以后。《汉书·叙传上》:“太后泣曰:‘帝间颜色瘦黑。’”《周书·叱罗协传》:“协形貌瘦小,举措褊急。”南朝宋鲍照《拟行路难》诗之八:“床席生尘明镜垢,纤腰瘦削发蓬乱。”腰变细是瘦削的标志。《南史·贺琛传》记梁武帝对贺琛语:“朕……昔腰过于十围,今之瘦削,裁二尺余,旧带犹存。”南朝梁沈约《与徐勉书》:“解衣一卧,支体不复相关……百日数旬,革带常应移孔;以手握臂,率计月小半分。以此推算,岂能支久?”后“沈腰”即为表示人瘦的典故。宋范成大《次韵虞子建见咍赎带作醮》诗之二:“莫嫌憔悴沈腰瘦,且喜间关秦璧归。”“瘦”也可用于动物或其他少数事物,表示其纤细、单薄。《说苑·反质》:“赵简子乘弊车膄马,衣羖羊裘。”唐杜甫《房兵曹胡马》诗:“胡马大宛名,锋稜瘦骨成。”孟郊《秋夕贫居述怀》诗:“浅井不供饮,瘦田长废耕。”此指田单薄缺少肥力。宋杨万里《病后觉衰》诗:“山意凄寒日,秋光染瘦诗。”古有“岛瘦郊寒”之论,“岛、郊”指唐代诗人贾岛、孟郊。诗“瘦”,指诗意境之清淡凄苦。

《说文·肉部》:“臞,少肉也。”亦作“癯”。“臞”从月(肉)瞿声,“瞿”是“左右视”,从瞿声者多有惊恐意。此既是心理活动,又形之于面容,故“臞”之消瘦侧重于显示由心忧而显现的面容。《韩非子·外储说左上》:“心忧之,故臞也。”《淮南子·原道》:“故子夏心战而臞,得道而肥。”又《精神》:“出见富贵之乐而欲之,入见先王之道又说(悦)之,两者心战,故臞。”《史记·司马相如列传》:“相如以为列仙之传居山泽间,形容甚臞,此非帝王之仙意也。”《新唐书·丁公著传》:“父丧,负土作冢,貌力癯惙。”以上诸例均显示“臞”之出于心忧而致脸容消瘦。从南北朝起,“臞”有时也作消瘦的泛称。《文选·谢灵运〈初去郡〉诗》:“战胜臞者肥,止监流归停。”李善注引《尔雅注》曰:“臞,肉之瘦也。”《新唐书·宗室传·永安王涵》:“代宗见其癯毁,许之。”“癯毁”,消瘦衰弱。又《陈子昂传》:“率癯弊之众,兴数万之军。”宋陆游《雪夜作》诗:“君勿轻癯儒,有志事竟成。”“臞”只形容人,不用于物。

“瘠”或作“膌”(《说文》作“膌”),也是“肥”的反义词。《礼记·月令》:“(仲秋之月)案刍豢瞻肥瘠。”“瘠”是从疒从脊,会意兼形声。朱骏声曰:“按脊亦意,瘦则脊见。”(《说文通训定声·解部》“膌”字)段玉裁亦曰:“凡人少肉则脊吕历历然,故其字从脊。”(《说文·肉部》“膌”注)会其意为瘦弱至脊骨暴露。再从引申义看,“瘠”有疫病义。《公羊传·庄公二十年》:“夏,齐大灾。大灾者何?大瘠也;大瘠者何?痢也。”何休注:“痢,病也,齐人语也。”硗薄义。《国语·鲁语下》:“昔圣王之处民也,择瘠土而处之。”韦昭注:“硗确为瘠。”《韩诗外传》卷三:“故丰膏不独乐,硗确不独苦。”“硗确”是“丰膏”之反,本使人苦,可见贫薄之甚。宋陆游《甲申雨》诗:“山阴泆湖二百岁,坐使膏腴成瘠卤。”“卤”,不生谷物的盐碱地。“瘠”与“膏腴”反义对举,可见非一般薄地。总之,“瘠”的引申义皆有甚瘦甚薄、缺肥尤甚之意。故从其文字结构和引申义看,“瘠”当指极度而带病态之消瘦,程度最深。《左传·襄公二十一年》:“(叔豫)遂以疾辞……楚子使医视之,复曰:‘瘠则甚矣,而血气未动。’”《吕氏春秋·听言》:“老弱冻馁夭膌。”《礼记·杂记下》:“毁瘠为病,君子弗为也。”《礼记·曲礼上》:“居丧之礼,毁瘠不形,视听不衰。”“形”,骨露见。“毁”,灭去本性之欲。孔颖达疏:“毁瘠,羸瘦也。”谓居丧之礼,哀之甚,必抑性制欲而致身体消瘦,但勿使“骨露”。孔疏以“羸瘦”解“瘠”,可见不“骨露”,程度也已弥深,则“瘠”原本是可以瘦至骨露。《史记·刘敬孙叔通列传》:“今臣往,徒见羸瘠老弱。”《太平御览》卷三七八引《东观汉记》曰:“庞萌字明,兄为赤眉所得,欲啖之,萌诣贼叩头,言兄年老羸瘠不如萌肥健,愿代兄。贼义而不啖。”“羸瘠”同义连用,正见“瘠”是极度的瘦弱。以上用于人。《左传·昭公十三年》:“牛虽瘠,偾于豚上,其畏不死?”(“偾”,仆。)《尉缭子·武议》:“人有饥色,马有瘠形,何也?”以上用于动物。“瘠”也可以状物,同样显示贫瘠的程度深于“瘦”。只可用于硗薄的土地之类,含有贬义,不如“瘦”之尚可用于褒义的书法、诗文之属。汉张衡《西京赋》:“处沃土则逸,处瘠土则劳。”《三国志·魏志·武帝纪》:“令曰:‘古之葬者,必居瘠薄之地。’”

91. 发·毛·鬓·髾·髲(被)·鬌○髢、鬄(鬎、鬀、剃、鬄、锡)

“发”，人头发通称。“毛”，泛称老人之发。“鬓”，垂挂耳边之发。“髾”，头髻下垂的绺发。“髲”，假发通称。“髢”，加束假发，有时可活用为名词而称假发。“鬄”，剃发。剃下的乱发谓之“鬌”。

【同义】

《广雅·释器》：“发谓之鬌，谓之髲。”《三国志·魏志·陈群传》：“至于伤人，或残毁其体而裁剪毛发。”晋左思《娇女诗》：“鬓发覆广额，双耳似连璧。”“毛发”、“鬓发”皆同义连用，泛指头发。《说文·髟部》：“鬄，髲也，从髟易声。髢，鬄或从也声。”“髾”也指垂发。

【辨释】

《说文·髟部》：“髮(发)，头上毛也。”(从段玉裁注)是人头发的通称。《庄子·逍遥游》：“越人断发文身。”岳飞《满江红》词：“怒发冲冠。”其义古今相同。“发”也可指眉毛。《文选·任昉〈王文宪集序〉》：“至若齿危发秀之老，含经味道之生。”李善注：“发秀，犹秀眉也。”但使用不广。

《说文·毛部》：“毛，眉发之属及兽毛也。”按，主要指动物的毛。《左传·僖公十四年》：“皮之不存，毛将安傅？”《周礼·地官·大司徒》：“其动物宜毛物。”郑玄注：“毛物，貂狐貒貉之属，缛毛者也。”《资治通鉴·唐宪宗元和十二年》：“城上矢如猬毛。”用于人，指人的汗毛。唐卢仝《走笔谢孟谏议寄新茶》诗：“……四椀(碗)发轻汗。平生不平事，尽向毛孔散。”也可泛指人的头发。《礼记·檀弓下》：“古之侵伐者……不获二毛。”郑玄注：“二毛，鬓发斑白。”《左传·僖公二十二年》：“公曰：‘君子不重伤，不禽(擒)二毛。’”“爱其二毛，则如服焉？”杜预注：“二毛，头白有二色。”《国语·楚语上》：“至于手拇毛脉。”韦昭注：“毛，须发也。”唐卢照邻《五悲文·悲穷道》：“毛落鬓秃，无叔子之明眉。”贺知章《回乡偶书》诗之一：“少小离家老大回，乡音无改鬓毛衰。”宋苏轼《八月七日，初入赣，过惶恐滩》诗：“七千里外二毛人，十八滩头一叶身。”由上可见，“毛”指人发，一般皆用于老者，乌黑壮发不得称为“毛”。

《说文·髟部》：“鬓，颊发也。”即垂挂于耳边之发。《国语·晋语九》：“美鬓长大则贤。”韦昭注：“鬓，发颖也。”(“颖”，禾颖。)谓如禾穗般垂挂而下。唐杜牧《群斋独酌》诗：“前年鬓生雪，今年须带霜。”宋王安石《明妃曲》之一：“明妃初出汉宫时，泪湿春风鬓脚垂。”

《广韵·平肴》：“髾，发尾。”《宋史·外国传五·古城国》：“撮发为髻，散垂余髾于其后。”然则髾是发髻边下垂的头发。嘉峪关晋墓壁画有提桶与烫洗家禽者，著左衽衣裙，首髻后皆扬飞二髾。本为发式，遂可喻指妇女衣服的燕尾形边饰。沂南画像石后室南壁戴十二笄之贵妇，上衣下裳，其衣加续衽，下垂如燕尾状。《汉书·司马相如传上》："于是郑女曼姬……蜚（飞）襳垂髾。"颜师古注："髾谓燕尾之属，皆衣上假饰，非髻垂也。"《文选·傅毅〈舞赋〉》："华袿飞髾而杂纤罗。"又可喻指旌旗所垂的羽毛。《后汉书·马融传》："曳长庚之飞髾。"李贤注："髾，即旌旗所垂之羽毛也。"但"髾"字从髟。《说文·髟部》："髟，长发猋猋也，从长从彡。"段玉裁注："猋与髟叠韵，猋猋，当依《玉篇》作'髟髟'，《通俗文》曰'发垂曰髟'。"故当以"发尾"作其本义，俗将燕尾形衣饰作为本义，盖误。

《广雅·释器》："发谓之鬠。"《集韵·上準》："鬠，发乱貌。"《仪礼·士丧礼》："巾柶鬠蚤埋于坎。"陆德明释文："（鬠，）乱发也。"《礼记·丧服大记》："君大夫鬠爪，实于绿中。"（"绿"，通"角"。）郑玄注同。孔颖达疏："其死者乱发及手足之爪，盛于小囊，实于棺角之中。"然则"鬠"专指剪下的乱发。

"髲"，假发的通称。或作"被"，假借。《说文·髟部》："髲，益发也。"（从段玉裁注）《释名·释首饰》："髲，被也，发少者得以被助其发也。"古人以"鬒发如云"即发黑而浓为美，发少者往往在髻上再束别人黑发以示美。贵族妇女尤尚于此。假发多取于髡剔之刑徒，贫贱者也有剔髲出售以求利者。《三国志·吴志·薛综传》："珠崖之废起于长史睹其好发，髡取为髲。"南朝宋刘义庆《世说新语·贤媛》："（陶侃母湛氏）头发委地下，为二髲卖得数斛米。"

《广韵·去霁》曰："髢，髲也。""髲、髢"可同义连用，指假发。唐柳宗元《朗州员外司户薛君妻崔氏墓志》："髲髢峨峨，笾豆维嘉。"按，"髢"本是动物。《诗·鄘风·君子偕老》："鬒发如云，不屑髢也。"（"鬒"，黑发。）孔颖达疏："（髢，）言人发少，聚他人发益之。"《礼记·曲礼上》："敛发毋髢。"郑玄注："髢，髲也，毋垂余如髲也。"谓束发勿使余者如髲发一般垂下。此"髢"亦作动词。又可作名词。《庄子·天地》："有虞氏之药疡也，秃而施髢，病而求医。"（"药"，医治。"疡"，头疮。）陆德明释文引司马云："（髢，）髲也。"《左传·哀公十七年》："初，公自城上见己氏之妻发美，使髡之以为吕姜髢。"杜预注："髢，髲也。"由上可知，注家皆以"髲"训"髢"，鲜有相反者。可见"髲"方是假发的通称，而"髢"本则是动词，加束假发；有时作名词，乃名物化的活用。

文首引《说文·髟部》"鬄，髲也"条说解以"鬄、髢"为异体。段玉裁则云："古易声在十六部，也声在十七部，合韵最近。"（见该字注）今有的辞书亦从之，立"鬄"本义为假发。按，《说文》误。二字虽音近，然不得断为一词。上古文献中，"髢"本义作动词，是加束假发，并非鬄义（见上），而"鬄"，又作"鬅、鬀"（参《仪礼·士丧礼》"四鬄去蹄"胡培翚正义）。《说文·髟部》："鬅，鬀发也。"桂馥义证谓"通作鬄"。又"鬀，鬅发也。大人曰髡，小儿曰鬀，尽及身毛曰鬅"。《集韵·去霁》："鬀，或作剃、剔。"可见，"鬄"与"鬅、鬀"皆一字异体，"剃"又为其俗体，而"剔"为"去肉至骨"（《书·泰誓上》孔颖达疏），即去除义，可视为"鬄"之分别文。"鬄"字今则以俗体"剃"字行。因此，应断"鬄"之义为剃发、除发。多用于髡刑。《汉书·司马迁传》："其次，鬄毛发，婴金铁受辱。"（"婴"，通"缨"，绕。）《后汉书·冯鲂传》："皆自髡剔，负铁锧，将其众请罪。”李贤注：“《声类》曰亦‘鬄’字，谓剃去发也。”“鬄”又作“锡”，假借。《仪礼·少牢馈食礼》：“主妇被锡衣移袂。”郑玄注：“被锡，读为髲鬄，古者或剔贱者、刑者之发以被妇人之紒(髻)为饰，因名髲鬄焉。”假发“髲”也必先剃下而成，故“鬄”或与“髲”连用。

参考文献

[1] 周锡保：《中国古代服饰史》，中国戏剧出版社，1984 年 9 月。
[2] 甘肃省文物队等：《嘉峪关壁画墓发掘报告》，文物出版社，1985 年 10 月。

92. 角·丱·羁·髦(鬏、髳)·髫(龆)·鬌

上古童发，常在头顶两边束成二髻，像头上出角，遂称"角"；像丱形，又称"丱"。女孩童发特称"羁"。髻外所余留而下垂者谓之"髦"，剪剃而留存者是"鬌"。汉代起，童发常称"髫"，并成为幼童、童年的代称。

【同义】

《礼记·内则》："男角女羁。""角、羁"皆指童发。《集韵·平萧》："髫，髫髦，童子垂发。""髫、髦"同义。《后汉书·周燮传》："始在髫鬌，而知廉让。"《新唐书·员半千传》："羁丱通书史。""髫鬌"、"羁丱"皆同义连用，指童发、童年。

【辨释】

"角、丱"是童发的一物异称。"角"是常称。《诗·卫风·氓》："总角之宴，言笑晏晏。"毛传："总角，结发也。"郑玄笺："我为童女未笄，结发宴然之时，女(汝)与我言笑晏晏然而和柔。"此指女童。《齐风·甫田》："婉兮娈兮，总角丱兮，未几见兮，突而弁兮。"毛传："总角，聚两髦也。"谓曾几何时，犹是婉娈之童，今突然加冠成人。此指男童。故《礼记·内则》曰："男女未冠笄者，鸡初鸣……总角。"指未冠之男、未笄之女，清晨起床后应结束头发。然则"角"可用于男女。"丱"也可以称角发。上引《齐风·甫田》"总角丱兮"句，孔颖达疏："总聚其髦以为两角也，丱兮与总角共文，故为幼稚。"盖童发之形制乃是将蓄发平分为左右两股，对称系结成两髻，置于头顶左右两侧，并在两撮结发中，各引出一小绺尾发，使之自然垂下，即所谓髫发，短则至颈，长则至肩。"角"在古文字是兽角象形，上述形制一似头顶出角，故谓之角；又似丱形，故亦得谓之"丱"。可见二者皆据形而名。文献之称与出土实物相吻。商代小玉人，其头两侧上出两弯角髻，是名副其实之"角"。商代透雕玉女人佩之正形，西周玉人之正、侧、背诸形，其头顶两侧丱形之角，灼灼可见。商代透雕玉女还有两绺卷曲下垂之髫发。《诗·小雅·都人士》："彼君子女，卷发如虿。"("虿"，螯虫。)谓女子髫发似虿虫之曲尾卷曲而上。诚然，此种角丱是汉族(以中原为主)儿童的发式。若少数民族，又当别论，如胡人少女可垂长辫。

头生"角"穿襦裙的女子玉人

角丱形童发盛行于上古。后世童发则不限于角丱一式。如南北朝时北齐少女遍留发下垂覆额，遮耳。唐宋以来，童发有留囟发而不髻，或髻成"鹁角"状，有顶两旁数髻，还有头后五六髻。式虽多变，然仍以髻为

主，其髻与成人异：一般是在头两侧上翘似角。故后世出现“头角”一词，专喻称少年得志、年轻成名。唐韩愈《柳子厚墓志铭》：“子厚……逮其父时，虽少年，已自成人，能取进士第，崭然见头角。”时人有语：“三十老明经，五十少进士。”谓三十而明经科及第已迟，五十而进士科及第犹速，喻进士及第之难。

“角”一般兼用于男女，但相对而言，则多指男发，而“羁”则专指女发，故有“男角女羁”之语。何谓“羁”？首引《礼记·内则》“男角女羁”句郑玄注：“夹囟曰角，午达曰羁也。”孔颖达疏：“按《仪礼》云‘度尺而午’。注云：‘一从（纵）一横曰午。’今女剪发留其顶上，纵横各一在顶上，故曰羁。”然此种女式童发至今无出土实物、绘画及文献材料可证明。明方以智谓“盖因夹囟之发为角，偏存为羁”（《通雅·身体》），也无力证。从使用看，“角”可单用，而“羁”每与“角”、“丱”等对举或连用。汉扬雄《法言·五百》：“或问礼难以彊世。曰：难故彊死如夷，俟倨肆羁角之哺果而啗之，奚其彊！”旧注：“羁角，犹总角也。男角、女羁，谓幼子也。言人之箕踞骄慢，及幼子啗果，皆其情所欲，何必彊也！”文首引《新唐书》句即是“羁丱”连用例。

《说文·髟部》：“髦，发也。”此浑言。析言之，乃指古代未成年男女留存囟门两侧未绾束而下垂至眉的短发，似近世女子之留海。商代透雕玉佩女人额上有一横条似粗绞绳者，即髦。髦是角丱之余。字本作“鬏”，或作“髳”。《说文·髟部》：“鬏，发至眉也，从髟敄声，《诗》曰：‘纨彼两鬏。’髳或省，汉令有髳长。”段玉裁注：“髳即鬏字，而羌髳字衹从矛。”今《诗·鄘风·柏舟》作“髧彼两髦，实维我仪”。郑玄注：“髦者，发至眉，子事父母之饰。”盖齐眉髦发者，为未绾束之发，任其自然下垂，不失婴儿之素，遂得以示子之不忘父母。按上古礼制，髦发至成人而除。行冠礼时，先以缁布冠敛括垂髦，次加皮弁冠，后加爵弁冠。三加之后，即舍弃缁布冠，并剃去垂髦，绾束头中间之发，遂作成人之髻。由此，“髦”可喻指无用之物。《左传·昭公九年》：“文武成康之建母弟，以蕃屏周，亦其废队（即‘坠’）是为，岂如弁髦，而因以敝之？”言文武成康诸王封建同母兄弟，旨在护卫周室，就为防周室之毁坠，岂得如缁布冠与剪去之髦发，事成即弃？

“髫”，或作“龆”。也指童发。《后汉书·伏湛传》：“髫发厉（砺）志，白首不衰。”李贤注：“《埤苍》曰：‘髫，髦也。’髫发谓童子垂发。”“髫”引申为幼童、童年。又《董卓传》：“其子孙虽在髫龀（龀），男皆封侯，女为邑君。”晋陶潜《桃花源记》：“黄发垂髫，并怡然自乐。”《北史·柳遐传》：“（柳）遐幼而爽迈……髫岁便有成人之量。”宋王安石《忆昨诗示诸外弟》诗：“当时髫儿戏我侧，于今冠佩何颀颀。”上述“髫”与他词结合者，皆指幼童、童年。然则“髫”别于“髦”者有三：一、“髫”指儿童垂发，不限发式，未必皆是下垂至眉的短发。二、“髫”是汉代出现的词。三、“髫”较少单用，常与义近的字连用，并多用其代称义，泛指幼童、童年。

“鬌”，本指毛发脱落。《说文·髟部》：“鬌，发堕也，从髟，隋省声。”引申为小儿剪发。《广韵·上果》：“鬌，小儿剪发为鬌。”《梁书·武帝纪上》：“挺虐于鬌剪之年，植险于髫丱之日。”“鬌剪”，同义连用，指小儿剃发，句中又喻称童年。又引申为名词，指小儿剪发所留存的头发。《礼记·内则》：“三月之末，择日剪发为鬌。男角女羁。”郑玄注：“鬌，所遗发也。”孔颖达疏:“三月剪发,所留不剪者谓之鬌。……夹囟两旁当角之处留发不剪。”今婴儿囟门处留而不剃,俗称“压惊发”者,即古鬌发之孑遗。“鬌”所指就是髦、角,唯“鬌”是从剃削后留发角度而言,故“鬌”字只用于小儿剃发,不能与“总”、“垂”等字结合。间或可与“髫”等连用,泛指童年,如文首举《后汉书·周燮传》句。

参考文献

[1] 周锡保:《中国古代服饰史》,中国戏剧出版社,1984年9月。
[2] [明]方以智:《通雅》,上海古籍出版社,1988年9月。
[3] 黄辉:《中国古代人物服式与画法》,上海人民美术出版社,1987年2月。

93. 额(頟)·颜·顙·角·题

"颜",眉间之额,秦后多指脸面。"顙",全额,有丧哀色彩。"角"两旁之额。"题",头额。"额",总称,秦后始见。

【同义】

《说文·頁部》:"頟,顙也。"《小尔雅·广服》:"颜,额也。"《史记·高祖本纪》:"高祖为人,隆准而龙颜。"裴骃集解引应劭曰:"颜,頟顙也,齐人谓之顙,汝南、淮、泗之间曰颜。"《方言》第十:"頟、颜,顙也。……中夏谓之頟,东齐谓之顙,汝、颍、淮、泗之间谓之颜。"《说文·頁部》:"顙,頟也。""题,頟也。"《汉书·诸侯王表》:"汉诸侯王厥角稽首。"颜师古注引应劭曰:"角者,頟角也。"

【辨释】

"额(頟)",或作"頟",从各声,或因叩头之声而称,是额头的总称,秦后始见。《六书故》:"发下眉上谓额。"《后汉书·马廖传》引《城中谣》:"城中好高髻,四方高一尺;城中好广眉,四方且半额。"南朝梁简文帝《戏赠丽人》诗:"同安鬟里拨,异作额间黄。"额黄是六朝起女子敷于额上的黄色涂料。清蒲松龄《聊斋志异·瑞云》:"以一指按女额曰:'可惜,可惜!'遂去。""额"字古今义同。

"颜(顏)",《说文·頁部》诸本训作"眉目之间",段玉裁谓当作"眉之间"。诚是。盖眉目之间称"名",也作"顯"、"眳"、"明",见于《尔雅·释训》、《玉篇》、《文选·张衡〈西京赋〉》薛综注等。两眼间是鼻茎,称为"頞"。则"颜"者,为两眉之间,医经上所指"阙",即两眉间上至头发此一区额部。《诗·鄘风·君子偕老》:"子之清扬,扬且之颜也。"毛传:"扬,广扬而颜角丰满。"盖"颜、角",合为全额,则"颜"指额中而言,正用其本义。《诗·秦风·终南》:"颜如渥丹。"("渥",厚。)"颜"亦指两眉之间。《太平御览》卷三六四引汉代纬书《春秋元命苞》曰:"颜之言气畔也,阳立于五,故颜博五寸。"汉之五寸,约合今三寸,正是两眉间之额上部分宽度。《素问·刺热篇》:"脾热病者,先头重颜痛。"("颜"或作"颊",误。据郭霭春《黄帝内经素问校注语译》)脾脉交頞中,颜正在其上,故见痛感。扩大之,指全额。《国语·齐语》:"(桓公)曰:'天威不违颜咫尺。'"八寸曰咫,合今五寸左右。"咫尺"大于"颜",当指全额。《素问·刺热篇》:"心热病者,颜先赤。"王冰注:"颜,额也。"文首举《史记·高祖本纪》句裴骃集解,亦其例。引申为脸面。《楚辞·渔父》:"屈原既放,游于江潭,行吟泽畔。颜色憔悴,形容枯槁。"《孟子·滕文公上》:"及至葬,四方来观之,颜色之戚,哭泣之哀,吊者大悦。"唐杜甫《茅屋为秋风所破歌》:"安得广厦千万间,大庇天下寒士俱欢颜。"秦以后,"颜"多作此用。

“顙”,《说文·頁部》与“额”互训(见文首引)。《孟子·滕文公上》:“其顙有泚,睨而不视。”焦循正义:“其顙有疵,谓头頟病,犹云疾首也。”“顙”主要见于先秦,后代只在一些成语中承用。“顙”本从“丧”得声义。朱骏声曰:“按顙之言丧也,故此字施于凶礼为宜,稽首则通辞也。”(《说文通训定声·壮部》“顙”字)盖吉宾嘉诸礼用“稽首”,凶礼用“稽顙”,即用额急剧叩触于地。故“顙”字在非医学文献中,主要用于“稽顙”之语,带有凶丧或悲戚的感情色彩。《仪礼·士丧礼》:“主人哭拜稽顙。”三国魏文帝《东巡观兵,至广陵于马上作》诗:“古公宅岐邑,实始剪殷商,孟献营虎牢,郑人惧稽顙。”偶可作动词,为稽顙义。《公羊传·昭公二十五年》:“再拜顙。”即再拜稽顙。

“角”本是兽角的象形。《释名·释形体》曰:“角者,生于额角也。”称为额角,一般仅指额的两旁。上引《诗·鄘风·君子偕老》毛传“广扬而颜角丰满”句,段玉裁释:“中谓之颜,旁谓之角。”《国语·郑语》:“今王……恶角犀丰盈,而近顽童穷固。”韦昭注:“角犀,谓颜角有伏犀。丰盈,谓颊辅丰满。皆贤明之相。”下句“顽童穷固”适反,段玉裁释:“亦角谓旁,犀为中,犀牛一角在鼻,一角在顶。”(见《说文·頁部》“颜”字注)此二例皆是对文有别。若额骨一反常态,在中央隆起,形状如日,相家称中庭骨,即成大贵之相,乃喻帝王。王符《潜夫论·五德志》:“大人迹出雷泽,华胥履之生伏羲,其相日角。”由此也可证“角”者以指两旁额角为常。偶尔可扩指全额,如文首引《汉书·诸侯王表》“厥角”句,此盖是以部分代称整体之用。

“题”,俗或以为也是表人额义的专字,盖误。其本义是头、头顶,主要用于动物(牲畜类)。因为:从“题”与“定”的关系看,二者一声之转,声近义通。《小尔雅·广服》:“题,头也。”旧本作:“题,頞也。”《尔雅·释言》:“頞,题也。”“頞”即“定”。皆为“顶”之通假。《诗·周南·麟之趾》:“麟之定,振振公姓。”毛传:“定,题也。”陆德明释文:“本作颠。”“颠”即头顶(参郝懿行《尔雅义疏·释言》)。“题”引申义皆有顶、端之意。“在上居前者皆得称题”(朱骏声语,见《说文通训定声》“题”字)。如头端义。《诗·郑风·清人》“二矛重乔”郑玄笺:“乔矛矜近上及室题。”陆德明释文:“题,头也。”“室”,指矛头受刃处。《淮南子·本经》“撩檐榱题”高诱注、《汉书·扬雄传上》“琁(璇)题玉英”句颜师古注,皆训“题”为“头”。他如标题义、标志义、题记义等,皆为头端义的衍化。故“题”的本义是头,特指头顶,而非额。但由于多用于动物,而动物的头顶与额往往浑然难分,遂可随文而指额,引申为额义。如上举“麟之定”是头义,当包括额。《庄子·马蹄》:“齐之以月题。”成玄英疏:“月题,额上当颅形似月者也。”则偏于额。此类“题”可译作“头额”。用于人,其状相仿。《楚辞·招魂》:“雕题黑齿,得人肉以祀,以其骨为醢些!”王逸注:“题,额也。”《礼记·王制》:“东方曰夷,被发文身,有不火食者矣;南方曰蛮,雕题交趾,有不火食者矣。”“雕题文身”是南蛮文首文身的习俗。而头有发(被发),唯额上有肌可雕画,故此偏指额部,但不得以额义为“题”之解。甚至“雕题”有作点面(文面)者,如有一战国彩画木俑女像即作此状,也不可解“题”为面义,面亦头之一部,总谓之“雕题”可也。然则《礼记·王制》与《楚辞·招魂》的“题”应解为头额义,王逸注的“额”当理解为头额,不应解为狭义之额。“雕题”即雕画头额。今《辞海》正解作“头额”,甚确。

94. 识·志(誌)·记·忆

记忆、记住，早期多用“识”，后世多用“志(誌)”，魏晋后口语常用“记”。记住程度最深者是“忆”。

【同义】

《广雅·释诂二下》：“记，识也。”《广韵·去志》：“识，标识。”“誌，记誌。”《书·益稷》：“挞以记之。”孔传：“笞挞不是者使记识其过。”《北史·杨大眼传》：“悉皆记识，令作露布。”唐韩愈《祭十二郎文》：“汝时尤少，当不复记忆。”“记誌、记识、记忆”皆同义连用，泛指不忘，即记忆、记住。

【辨释】

“识”字，早在20世纪30年代，杨树达已有极好的辨识，却未为时贤留意。杨氏曰：“识字依事之先后分三义，最先为记识，一也；认识次之，二也；最后为知识，三也。记识、认识皆动作也，知识则物名矣。余谓识字当以记识为本义。”杨氏还从语源上揭示其根由，谓“识(識)”从戠声，戠声即直声，此声之字多含黏着义，故“黏箸谓之樴，又谓之膱，黏土谓之埴，由具体推衍为抽象，事之黏箸于心者谓之识，其义一也”。(《积微居小学述林·释识》)

按杨说，“识”应以职吏切、照母、志韵(今读zhì)为正音，本义即为记忆、记住。赏职切、审母、职韵(今读shí)为又音，引申义。《说文·言部》虽训“识”为“常也，一曰知也”，但《心部》却曰：“忘，不识也。”不识，就是不记得。许慎即用“识”字本义解释。《论语·述而》：“多见而识之，知之次也。”“默而识之，学而不厌，诲人不倦。”又《子张》：“贤者识其大者，不贤者识其小者。”《易·大畜》：“君子以多识前言往行，以畜其德。”《礼记·檀弓下》：“孔子曰：‘小子识之，苛政猛于虎也。’”诸“识”皆是记住义，“识之”即记住它。

记住义也常用“志、誌”。“志、誌”为古今字。《史记·屈原列传》：“博闻彊(强)志，明于治乱，娴于辞令。”南朝宋刘义庆《世说新语·夙惠》：“太丘曰：‘尔颇有所识不？’对曰：‘仿佛志之。’”此“识、志”并用。《新唐书·褚亮传》：“博见图史，一经目辄誌于心。”“誌、志”皆是记忆、记住义。“誌(志)”的记住义并非是假借“识”之故，盖“誌(志)”有记载义，侧重于集类记事作为标记，一般是笔载(参第43条)。若记忆于脑子，则是最深刻的标记，故自然可引申为记忆、记住义。然则“识”、“誌(志)”作为此义是“异曲同工”。文献的使用表明：作为记忆、记住义，文言时代“识、誌(志)”均为通称，其别是：早期多用“识”，后世多用“誌(志)”。

“记”，一些辞书往往将记忆、记住列为本义，并谓上古即有此义，恐不可信从。按，《说文·言部》：“记，疋也。”(“疋”，各本作“疏”。)段玉裁注：“谓分疏而识之也。”许、段所解不误。

今可进而申论。盖“记”从言己声，声兼义。“己”字，郭沫若以为是惟缴（转引自李孝定《甲骨文字集释》卷十四），于省吾谓是一般缠绕之绳，如缠绕弋橛之绳（于省吾书 409 页）。两说小异而大同，即必是指绳索。若从人类文化史看，解为结绳记事之绳索，或更恰当。结绳记事，此是文字发明和使用以前中外各民族普遍采用的记事方法，“己”即为结绳记事之绳。而当“己”借为十干（天干），遂又加糸旁成“纪”字。“己、纪”相通之例，如《墨子·节葬下》：“（舜）葬南己之市。”后世或引作“南己”，或引作“南纪”。《吕氏春秋·安死》则云“葬于纪市”。故“己”、“纪”，古今字，其义即是记事之绳索。引申为综理诸事的纲纪。《诗·大雅·棫朴》：“纲纪四方。”郑玄笺：“张之为纲，理之为纪。”作动词，也代表将言事纵贯与综理的载录。又以“言”表示言事，别出“记”字，所指范围更广。故“纪”、“记”虽为二字，本实同源，皆为远古结绳记事在文明时代的发展。由此，“记”的本义无疑是记录、记载，并且是此义的总称。《汉书·艺文志》曰：“古之王者世有史官，君举必书，所以慎言行、昭法式也。左史记言，右史记事。”《左传·僖公七年》：“夫诸侯之会，其德刑礼义，无国不记。”“记”早期较多地用于载录国事、政事、史事（参第 43 条）。

记录、记载是为了不使遗忘，故自可引申为记忆、记住。但是上古、秦汉尚无此引申用法。现有关辞书释“记”的本义为记忆、记住义者，所举上古书证无非三条，细究似均不能成立。一是文首引《书·益稷》句。按，此是伪古文《尚书》，故只可证明魏晋时已有此义，绝不可误作上古已作此用。二是《礼记·学记》：“记问之学，不足以为人师。”按，郑玄注：“记问，谓豫诵杂难杂说，至讲时为学者论之。”豫诵的结果当然有所记忆，但此“记”还是指书籍，作动词义。“记问之学”意为靠诵书本和问人而求学问（此对不假思索者而言）。三是《庄子·山木》：“阳子曰：‘弟子记之：行贤而去自贤之行，安往而不爱哉！’”按，此是阳子从逆旅之二妾“恶者贵而美者贱”之现象所得出的看法。句中“记”确是“记住”意。但此为通假。一、《广雅·释诂二下》：“记，识也。”《礼记·内则》：“记有成。”郑玄注：“记，犹识也。”“记”可训为“识”。二字上古音都属“之”部，可以通假。二、就在《山木》篇文首有如此句式：“悲夫，弟子志之；其唯道德之乡乎！”成玄英疏：“志，记也。”“弟子志之”与“弟子记之”全同。由前所论，文言中表“记住”义，始终以“识”、“誌（志）”为正式，故作为上古文献，“记之”借为“志（誌）之”，最是合理。三、古无“记之”（记住它）之表述。凡表示“记住它”之意都用“识、誌”字，并后附代词“之”。如《论语》中“记住”义有五例，均作“识之”，无一“记”字。总之，上古文献“记”偶有记忆、记住义，实系“识”或“誌”的通假。

“记”用作记忆、记住义者，《史记》尚无，至《后汉书》有见。如《应奉传》：“凡所经履，莫不暗记。”《郎𫖮传》：“记识时日，遣人参候，果如其言。”“记识”同义连用。此二例皆是作者叙语。《后汉书》作者范晔是南朝宋山阴（浙江绍兴）人，故可表明南北朝时已作此用。事实表明，“记”的记忆、记住义正是魏晋以后渐渐多见的口语用法，大都见于语体作品和口语化句式。南朝宋刘义庆《世说新语·任诞》：“（罗友）为人有记功……内外道陌广狭，植种果竹多少，皆默记之。”《南史·沈攸之传》：“攸之晚好读书，手不释卷，《史》、《汉》事多所记忆。”唐白居易《感兴》诗之二:“我有一言君记取,世间自取苦人多。”郑谷《蜀中寓止夏日自贻》诗:“道阻归期晚,年加记性销。”宋辛弃疾《永遇乐·京口北固亭怀古》词:“四十三年,望中犹记,烽火扬州路。”诸“记”均可译为“记住”、“记得”。

“忆”本指思念。《释名·释言语》:“忆,意也,恒在意中也。”《玉篇·心部》:“忆,意不定,往来念也。”南朝梁简文帝《答湘东王书》:“分别以来,每增慨忆。”又指回忆。《晋书·潘岳传》:“岳……谓秀曰:‘孙令(孙秀为中书令)犹忆畴昔周旋不?’答曰:‘中心藏之,何日忘之?’”唐杜甫《忆昔行》诗:“忆昔北寻小有洞,洪河怒涛过轻舸。”又引申为记忆、记住,始见于南北朝。南朝宋范晔《后汉书·列女传·董祀妻》:“操因问曰:‘闻夫人家先多坟籍,犹能忆识之不?’文姬曰:‘昔亡父赐书四千许卷,流离涂炭,罔有存者。今所诵忆,裁四百余篇耳。’”《梁书·昭明太子传》:“读书十行并下,过目皆忆。”《南史·梁宗室传上·梁勱》(从标点本):“(勱)尤好《东观汉记》,略皆诵忆。”“忆”的此义因从思念、回忆引申而来,故表示能完整无误地记住并再现,上述诸例皆此。从记住的程度说,“忆”最深。

参考文献

[1] 杨树达:《积微居小学述林》,中华书局,1983年7月。
[2] 于省吾:《甲骨文字释林》,中华书局,1979年6月。

95. 眼·目

“目”早见于甲骨文,“眼”始见于战国文献。二者均可专指眼珠,泛称眼睛。但“目”是文言词,又可作动词;“眼”是口语词,只作名词。

【同义】

《广雅·释亲》:“目谓之眼。”《说文·目部》:“眼,目也。”《后汉书·董卓传》:“次凿其眼目,以镬煮之。”《北史·周太祖纪上》:“此小儿眼目异。”“眼、目”皆同义连用,指眼睛。

【辨释】

“眼、目”似乎历来是等义词。但王力从20世纪70年代末起至谢世之前,凡强调用历史观点诂释古代词义,一再以“眼、目”为例:“古时讲的‘眼’,比‘目’的范围小,‘眼’是指的眼珠子。”(《谈谈学习古代汉语》)“‘眼’字在先秦指眼珠子,直到晋代阮籍为青白眼,仍是指眼珠子。到了唐代就不同了。‘眼’与‘目’是同义词了。”(《谈谈学习古代汉语·序》)“‘眼’与‘目’在上古不同义。‘目’是今所谓眼睛,‘眼’是今所谓眼珠……大约到唐代以后,‘眼’才变为‘目’的同义词。”(《〈古汉语字典〉序》)影响所及,今各种古汉语词典、专著皆承之不违。

其实,谓“眼、目”等义无别固非,但王说也未中鹄。

“目”字,甲骨文中即是眼睛的象形,有眥眶与眼珠。既单用为词,又构成“相、省”等会意字,还作形声字的形旁。从文献看,作为眼睛义,通贯整个古代,有两种用法。一是泛称眼睛。《易·说卦》:“离为目。”《庄子·天运》:“目知穷乎所欲见。”今成语“目不识丁”、“一叶障目”、“獐头鼠目”,其“目”皆为泛称用法。此乃人所易晓,不容赘叨。二是专称眼珠。《左传·文公十二年》:“使者目动而言肆,惧我也。”目动表示心不安,此当是眼珠转动。《庄子·盗跖》:“盗跖闻之大怒,目如明星。”唯眼珠方可喻以星。《周礼·秋官·小司寇》:“以五声听狱讼,求民情……五曰目听。”郑玄注:“观其牟(即‘眸’)子,视不直则眊然。”则“目听”乃指细察对方眼珠,“目”专指眼珠。秦以后专指之用也习见。《汉书·贡禹传》:“行虽犬彘,家富势足,目指气使,是为贤耳。”颜师古注:“动目以指物,出气以使人。”“动目”,转动眼珠。今成语“目光如炬”、“瞠目咋舌”,其“目”皆为专称用法。

分歧在“眼”。王力力证“眼”在中古前尤其在先秦只指眼珠者,主要是《史记》等三例。一、《史记·刺客列传》:“自皮面决(抉)眼。”谓“这个‘眼’就是眼珠子,眼眶不包括在内”。《史记·伍子胥列传》:“而抉吾眼县(悬)吴东门之上,以观越寇之入灭吴也。”谓此“眼”也是眼珠子,而非目(皆见《龙虫并雕斋文集》第三册407页)。又《庄子·盗跖》“比干剖心,子胥抉眼”,谓“是挖出眼珠子”。按,诸“眼”之诂释虽不误,但大都是《史记》例,即汉代用词,不可径作上古义。且可以比较同类文例。《国语·吴语》记伍员临死之言:“以悬吾目于东门,以见越之入、吴国之亡也。”《新唐书·酷吏传·来俊臣》:“争抉目、擿肝、醢其肉。”两相对比,显然只能说明:“眼、目”皆可指眼珠,而不能断言“目”不可称眼珠,“眼”只可指眼珠。

事实上,“眼”确实如“目”一样可用作眼睛的泛称。盖“眼”字战国文献始见,且使用甚罕,上举《庄子》“抉眼”为一例。又如《韩非子·外储说右下》:“赵王游于圃中,左右以菟与虎而辍,盼然环其眼。王曰:‘可恶哉,虎目也!’左右曰:‘平阳君之目可恶过此……’”句中“盼”,当作“眄(xì)”,怒视。“环”通“圜”,即圆。“圆其眼”,犹言虎瞪眼,即张大眼眶,使眼珠圆突(参陈奇猷《韩非子集释》)。此“眼、目”所指亦一,当以浑言解为眼睛。然则可知,即在上古,“眼”与“目”一样,既可专称眼珠,又可泛称眼睛。秦以后,“眼”字渐多,专称眼珠者,固然常见(今各专书皆有例举,上举《史记》二例亦然),但用作泛称义,与“目”通者更多。《说文》部首:“目,人眼象形,重童子也。”《史记·越王勾践世家》:“齐使者曰:‘吾不贵其用智之如目,见毫毛而不见其睫也。’”《颜氏家训·涉务》:“举世怨梁武帝父子爱小人而疏士大夫,此亦眼不能见其睫耳。”此“眼、目”互用。《尔雅·释训》“目上为名”郭璞注:“眉眼之间。”陆德明释文:“眼,本作目。”此为异文。《搜神后记》卷一:“平乐县有山临水,岩间有两目,如人眼,极大。”此同篇互用。另有论者列出许多文献材料证明“眼”泛称眼睛,在唐代以前已大量存在(参方一新文)。事实表明,“眼”与“目”一样,从上古产生以来,一直既专称眼珠,又泛称眼睛,因而与“目”构成同义词。

“眼、目”虽同义,但并非等义无别。且引一些可资对比的语言材料来考察。《魏书·崔浩传》:“莫不逃隐,避目下之变。”唐白居易《日长》诗:“幸无眼下病,且向樽前醉。”《南史·檀道济传》:“道济见收,愤怒气盛,目光如炬。”宋苏轼《起伏龙行》诗:“眼光作电走金蛇,鼻息为云擢烟缕。”《三国志·吴志·陆瑁传》:“为赴目前之急,除腹心之疾也。”南朝梁沈约《和左丞庾杲之移病诗》:“嚣喧满眼前,簿领纷盈膝。”《史记·项羽本纪》:“头发上指,目眦尽裂。”宋梅尧臣《观画》诗:“日高腹枵眼眥眵,邂逅获见何言疲。”《汉书·李陵传》:“未得私语,即目视陵。”颜师古注:“以目相视而感动之,今俗所谓眼语者也。”南朝梁萧统《拟古诗》之二:“眼语笑靥近来情,心怀心想甚分明。”从以上诸例尤其末一组例不难发现:“目”是文言词,多见于文言书面语;“眼”是口语词,多见于语体作品。二者又一不同是:“眼”只可作名词,而“目”还可作动词,且义项颇多。表注视。《史记·陈丞相世家》:“船人见其美丈夫独行,疑其亡将,要(腰)中当有金玉宝器,目之,欲杀平。”表用眼传意。《楚辞·九歌·少司命》:“满堂兮美人,忽独与余兮目成。”《史记·货殖列传》:“今夫赵女郑姬……目挑,心招。”表言称。《穀梁传·闵公元年》:“其不目而曰仲孙,疏之也。”范宁注:“不目,谓不言公子庆父。”

参 考 文 献

[1] 方一新:《“眼”当“目”讲始于唐代吗?》,《语文研究》1987 年第 3 期。
[2] 王力:《谈谈学习古代汉语·序》,载王力《谈谈学习古代汉语》,山东教育出版社,1984 年 5 月。
[3] 王力:《〈古汉语字典〉序》,《语文研究》1986 年第 2 期。
[4] 王力:《龙虫并雕斋文集》第三册,中华书局,1980 年 1 月。

96. 睛(精)·眸(牟)·瞳(童)〇眹(朕、眲)

“眸”、“瞳”是眼瞳的文白通称。“睛”也是口语用法，但侧重于眼瞳的光泽、明视。“眸、睛”一文一白都可扩指整个眼珠。“眹”指眼缝，不指眼珠。

【同义】

《玉篇·目部》：“睛，目珠子。”“瞳，目珠子也。”《说文新附》：“眸，目童子也。”

【辨释】

“睛”本作“精”，始见于战国文献。按，字从青声，青声有清亮义，水之清亮为“清”，米之清亮（纯）为“精”，天之清亮为“晴”，眼之清亮为“睛”。故“睛”之本义当为精光、视力。《正字通·米部》：“精，目中黑粒有光者亦曰精，今通作睛。”《灵枢经》称“目”为“命门”（《卫气》篇）。“命”通“明”，而明者在于睛之光照。《荀子·解蔽》：“人不以定有无，目精惑也。”杨倞注：“精，目之明也。”宋玉《高唐赋》：“玄木冬荣，煌煌荧荧，夺人目精。”“目精”，指眼的精光。《灵枢经·邪气藏府病形》：“其精阳气上走于目而为睛，其别气走于耳而为听。”（《素问》“睛”作“精”）“睛”亦指视力。汉代始作眼瞳之称，字多作“睛”。《玉篇》之训正为汉义。王充《论衡·书虚》：“今颜渊用目望远，望远目睛不任，宜盲眇。”《淮南子·主术》：“夫据榦而窥井底，虽达视犹不能见其睛。”（“榦”，井栏。）高诱注：“睛，目瞳子也。”其义用于后世。明李梦阳《林良画两角鹰歌》：“一鹰下视睛不转，已知两眼无秋毫。”今有成语“目不转睛”。可见，“睛”之称眼瞳，是古代后起的口语用法，侧重于眼瞳之光泽、明视，即从动态而称。但与此同时，“睛”已可扩指整个眼睛，即眼珠。（今“眼珠”指眼球，而古称眼瞳。凡叙语用今称。）此则不可不别。《三国志·吴志·孙皓传》“或剥人之面，或凿人之眼”句，裴松之注引《逸史》：“又问曰：‘云归命侯乃恶人横睛逆视，皆凿其眼，有诸乎？’”北魏杨衒之《洛阳伽蓝记·城内》：“（景乐寺）井，植枣种瓜，须臾之间皆得食。士女观者，目乱睛迷。”以上同义互用或对举。《南齐书·褚渊传》：“以渊眼多白精，谓之白虹贯日。”“画龙点睛”之类的载录最能见其用法。《历代名画记》：“金陵安乐寺四白龙不点眼睛，每云：‘点睛即飞去。’人以为亡诞，固请点之。须臾雷电破壁，两龙乘云腾去，上天，二龙未点眼者见在。”南朝宋刘义庆《世说新语·巧艺》：“顾长康画人，或数年不点目精。”晋王嘉《拾遗记》卷四：“又画为龙凤，骞翥若飞，皆不可点睛，或点之，必飞走也。始皇嗟曰：‘刻画之形，何得飞走？’使以淳漆各点两玉虎一眼睛，旬日则失之，不知所在。”首例、末例，同一事既作“点睛”，又作“点眼”，同义互用；又皆称为“眼睛”，足见“睛”为眼睛之称。《水浒传》第二三回：

“身横野草锦斑销，紧闭双睛光不闪。”《西游记》第三八回：“那行者睁睛看处，真个的背在身上。”今成语有“火眼金睛”。“睛”之称眼珠，也是口语用法，且也侧重于眼之光泽、明视。“睛”之义用，皆与其本义一脉相承。

“眸”，本作“牟”，汉人加目作“眸”。徐灏《说文解字注笺》：“盖目珠谓之眸子，实周秦间语，而古无是名，故其始假牟为之，后乃增加目旁。”此字先秦已作眼瞳常称。《广雅·释亲》：“珠子谓之眸。”“珠子”，古指眼瞳。《孟子·离娄上》：“存乎人者，莫良于眸子。眸子不能掩其恶。”赵岐注：“眸子，瞳子也。”《荀子·非相》：“尧舜参牟子。”杨倞注：“牟与眸同，参眸子，谓有二瞳之相参也。”秦后承用。《灵枢经·刺节真邪》：“刺其听官，中其眸子。”杨上善注：“眸子，目中瞳子也。”唐白居易《长恨歌》诗：“回眸一笑百媚生，六宫粉黛无颜色。”“眸”是眼瞳的通称。与此同时，“眸”也可扩指整个眼睛，即眼珠。汉张衡《七辩》：“靥辅巧笑，双眸流眄。”（“眄”，斜视。）《淮南子·说山》：“清之为明，杯水见眸子。”汉傅毅《舞赋》：“眄般鼓则腾清眸。”（“般鼓”，以盘舞之鼓为节。）三国魏曹植《洛神赋》：“明眸善睐。”《北史·孝行传·王崇》：“有一小鸟，素质黑眸，形大于雀，栖于崇庐。”晋左思《魏都赋》：“八极可围于寸眸，万物可齐于一朝。”一寸之眸，更非瞳孔。唐杜甫《哀江头》诗：“明眸皓齿今何在？血污游魂归不得。”元徐再思《人月圆·兰亭》：“壮怀感慨，醉眸俯仰，世事浮沉。”诸“眸”皆指眼珠。“眸”之称眼珠，与“睛”正文白相配。

《玉篇·目部》：“瞳，目珠子。”“瞳”是后起字，眼瞳最早只称“童”，因瞳中能映出缩影，大人变小人，若童子然，故称“童”。“瞳”即当于上古的“眸”，是秦以后口语中眼瞳的通称。上引《荀子·非相》“尧舜参牟子”，至《史记·项羽本纪赞》引汉儒周生语曰：“舜目盖重瞳子。”裴骃集解引《尸子》“舜两眸子，是谓重瞳”、《荀子》杨倞注、《孟子》赵岐注，皆以“瞳”释“眸”，即以今释古，以白释文。《灵枢经·大惑论》：“骨之精为瞳子，筋之精为黑眼。”北齐刘昼《新论下·正赏》：“夫玉有定形，而察之不同，非苟相反，瞳睛殊也。”晋葛洪《神仙传》：“又太文说根（李根）两童子皆方。”唐李贺《唐儿歌·杜幽公之子》：“骨重神寒天庙器，一双瞳人剪秋水。”“瞳”专称眼瞳，不可扩指整个眼珠。

眼瞳之称，主要涉及以上三词。此外，有“眹”，今有些辞书解为“眼珠”、“瞳人”。按，其本字作“朕”。盖舟之缝理曰朕，引申为各种缝理。如指征兆。《庄子·应帝王》：“体尽无穷，而游无朕。”成玄英疏：“朕，迹也。”陆德明释文引崔譔云：“（朕），兆也。”兆即是缝。故朱骏声曰：“皆一意之引申：隙，壁缝；兆，龟缝；朕，舟缝，同也。”（《说文通训定声·升部》“朕”字）眼缝当亦同。《说文·目部》：“瞽，目但有朕也。”（从段、朱改，俗作“眹”。）“朕”即是眼缝。字也作“眲”，为异体。《后汉书·卢植传》：“植（卢植）诵先生之书久矣，敢爱其瞽言哉！”李贤注：“无目眲曰瞽。”由此可知，“眹”之朔义不应是眼瞳，而是眼缝。“眹”与“睛、眸、瞳”不同义，为匡正俗误，故附说焉。

兹将上述所辨列为简表：

词义＼词		睛	眸	瞳	眹
眼瞳	文		√		
	白	√		√	
眼珠	文		√		
	白	√			
视力		√			
眼缝					√

参 考 文 献

[1] 郭霭春:《黄帝内经素问校注语译》,天津科技出版社,1981 年 12 月。
[2] 李今庸:《读古医书随笔》,人民卫生出版社,1984 年 6 月。

97. 颊·辅(酺)·靥·权(颧)·腮(顋)

“颊”，脸颊总称。“辅”，从内骨指称颊，一般不单用。“靥”，从外观称颊。“权”，颊上部。“腮”，颊下部。

【同义】

《广雅·释亲》：“辅谓之颊。”《楚辞·大招》：“靥辅奇牙，宜笑嗎只。”（“嗎”，笑貌。）王逸注：“辅，一作酺。”《文选·颜延之〈赭白马赋〉》“两权协月”李善注：“权，颊权也。”宋黄庭坚《次韵时进叔二十六韵》：“大儿胜衣冠，小儿丰颊辅。”“靥辅”、“颊权”、“颊辅”皆同义连用，泛指脸颊。

【辨释】

《释名·释形体》：“颊，夹也，面旁称也。”其字从页夹声，声兼义。“夹（夾）”是从人（大）挟持二人会意，遂有旁义，故“颊”本义为“面旁”，即眼下、耳目间之脸部。《易·咸》：“咸其辅颊舌。”谓多言招祸之象，“辅、颊”同义（参高亨《周易古经今注》卷二）。《晋书·文苑传·顾恺之》：“尝图裴楷象，颊上加三毛，观者觉神明殊胜。”宋黄庭坚《戏答王定国题门两绝句》：“非复三五少年日，把酒偿春颊生红。”其义通贯古今，是脸颊的总称。

“辅”的本义是车辐两旁可系可解以防车倾倒之木，其形制尚未详。《诗·小雅·正月》：“其车既载，乃弃尔辅。”毛传：“大车重载，又弃其辅。”又：“无弃尔辅，员于尔辐。”（“员”，增益。）诸“辅”皆是车辅义，不应训“颊”（参《说文·車部》“辅”字段玉裁注、朱骏声《说文通训定声·豫部》“辅”字）。“辅”也有颊辅义，如上引黄庭坚诗及《易·咸》之连用例，当为“酺”之通假。《说文·面部》训“酺”为“颊”。甫有附着义，引申为旁义，其字也当是从甫、面会意，故也得称脸颊。其用法有二：一、与“颊”、“靥”连用；二、与“车”对举或连用。罕见单用。《左传·僖公五年》：“谚所谓‘辅车相依、唇亡齿寒’者，其虞虢之谓也。”杜预注：“辅，颊辅。车，牙车。”“牙车”，即牙床。“辅、车”不可分离。故《易·艮》“艮其辅”虞翻注：“辅，面颊骨，上颊车也。”“上颊车”，即颊骨在上持牙者。此乃从里骨而言。文首引《楚辞·大招》句，王逸注：“言美女颊有靥酺，口有奇牙，嗎然而笑，尤媚好也。”《淮南子·脩务》：“奇牙出，靥酺摇。”高诱注：“靥酺，颊边文，妇人之媚也。”又《说林》：“靥酺在颊则好，在颡则丑。”高诱注：“靥酺者，颊上窐也。”《文选·曹植〈洛神赋〉》：“明眸善睐，靥辅承权。”凡此皆从外内而言。合内外而观，可知“辅（酺）”是从内骨而称，指权骨下、牙齿上，以“靥”为中心的部位，是颊的主要部分。

“靥”是“辅”的外表，“辅靥”所指为一，故二字连用最多，如文首引《楚辞·大招》句。又如汉张衡《七辩》：“靥辅巧笑，清眸流眄。”王粲《神女赋》：“美姿巧笑，靥辅奇葩。”例不胜举。

靥，是脸颊上的酒涡。如上引《淮南子·说林》、《脩务》句皆其例。女子之颊笑时更显、更美。汉班婕妤《捣素赋》：“面靥如点，双眉如张。”南朝梁萧统《拟古诗》：“念人一去许多时，眼语笑靥近来情。”南朝陈后主《七夕宴乐修殿各赋六韵》：“笑靥人前敛，衣香动处来。”南朝陈徐陵《〈玉台新咏〉序》：“北地燕(胭)脂，偏开两靥。”靥为女子颊之美处，特涂上妆饰品，更显锦上添花。久之，遂引申为妆饰物之称。唐段成式《酉阳杂俎·前集·黥》：“近代妆尚靥，如射月曰黄星靥。靥钿之名，盖自吴孙和邓夫人也。”

“权”，本作“颧”。《集韵·平先》：“辅骨曰颧。”《北齐书·神武帝纪上》：“目有精光，长头高颧。”上引《文选·曹植〈洛神赋〉》“靥辅承权”李善注引王逸曰：“权，两颊。”此乃浑训，实指颊骨，靥辅正上接颧骨，即颧骨处脸颊上部。

“腮”，异体作“顋”，指两颊下部，俗称腮帮子，其域稍大于“靥”。南朝梁萧统《锦带书十二月启·蕤宾五月》：“莲花泛水，艳如越女之顋；苹叶漂风，影乱秦台之镜。”唐李贺《南园》诗之一：“花枝草蔓眼中开，小白长红越女腮。”诸“腮”，若作“颊”，所指范围变大；不可作“辅”，因“辅”一般不可单用；也不可作“靥”，因“靥”范围较小，且部位靠近嘴角。

98. 口·觜(嘴)·喙·噣(咮、啄)·噭(躈)

“口”，嘴的总称，主要用于人，秦后口语或可用于动物。“觜”，尖突的鸟嘴；宋起用于人，侧重口的外突，有口语色彩。“喙”，兽嘴；用于人，有贬义或自谦义。“噣”，鸟嘴。“噭”，偶表鸟兽嘴，仅用于计量。

【同义】

清翟灏《通俗编·言笑·口觜》：“觜即口。”“觜”即“嘴”。《集韵·去侯》：“噣，口也，或作咮。”《说文·口部》：“噭，口也。”“喙，口也。”“噣，喙也。”《诗·曹风·候人》：“不濡其咮。”毛传：“咮，喙也。”

【辨释】

“口”是人口的象形。《说文》部首：“口，人所以言、食也。”义贯古今，是此义的总称。《孟子·梁惠王上》：“为肥甘不足于口与？”唐白居易《卖炭翁》诗：“卖炭得钱何所营？身上衣裳口中食。”韩愈《柳子厚墓志铭》：“其经承子厚口讲指画为文词者，悉有法度可观。”“口”可扩大指整个人。《孟子·梁惠王上》：“百亩之家，勿夺其时，数口之家，可以无饥矣。”可以缩小指舌头。三国魏曹植《善哉行》：“来日大难，口燥唇干。”“口燥”，舌干。可以转指人的言语。《书·盘庚上》：“度乃口。”孔传：“法度汝言也。”

“口”还可指动物之嘴。《史记·叔孙通列传》：“通曰：‘公不知也，我几不脱于虎口！’”又《苏秦列传》：“臣闻鄙谚曰：‘宁为鸡口，无为牛后。’”张守节正义：“鸡口虽小，犹进食；牛后虽大，乃出粪也。”但此种用法不广，并且显然是秦以后的口语用法。如上引的民谚在所记苏秦对韩王的说辞中作“宁为鸡尸，无为牛后”（参北齐颜之推《颜氏家训·书证篇》引延笃《战国策音义》），亦为一证。

“嘴”初作“觜”。“觜”，音 zī，本指猫头鹰头上的毛角。引申为鸟喙，变其音为 zuǐ。晋潘岳《射雉赋》：“裂膆破觜。”（“膆”，同“嗉”，嗉囊。）晋左思《吴都赋》：“羽族以觜距为刀铍，毛群以齿角为矛铗。”“觜距”，鸟的嘴与爪甲。“觜”的特点是“锐如角故曰觜”（朱骏声《说文通训定声·履部》“觜”字），即指尖突的鸟口。“觜”用于人之口，是后起的口语用法，其字或加口旁成“嘴”。《南齐书·刘休传》：“覆背腾其喉唇，武人厉（通‘砺’）其觜吻。”此以鸟的“觜吻”喻称武人，尚非典型的后起用法。“觜”用作人之口，大约起自宋代，宋王明清《挥麈余话》卷二：“子觜尖如此，诚奸人也。”《金史·忠义传四·毕资伦》：“资伦见买住骂曰：‘纳合买住，国家未尝负汝，何所求死不可，乃作如此觜鼻耶？’”元王实甫《西厢记》五本第三折：“净云：‘小孩儿有甚嘴脸来见姑娘！’”清孔尚任《桃花扇·眠香》：“看你这嘴脸，只好脱靴罢了。”皆其例。文献的使用表明：用于人的“嘴”侧重指口的外突，所指范围小于“口”，并有口语色彩。上引“嘴尖”、“嘴脸”等词语之“嘴”均不可易为口。今犹承古而用。“口腔”、“血盆大口”，着眼于整体，故只可用“口”。而“七嘴八舌”、“嘴尖皮厚腹中空”，以言谈必动口，故只可用“嘴”。用于动物亦然，凡口之有尖突者，必称“嘴”，多用于鸟；不者，用“口”，多用于兽。

“喙”，本专指兽嘴。唐玄应《一切经音义》卷七：“兽口曰喙。”《左传·昭公四年》：“深目而豭喙。”谓口如猪。《汉书·匈奴传下》：“是以忍百万之师以摧饿虎之喙。”扩大指鸟嘴。如文首引《诗·曹风·候人》陆德明释文：“喙，鸟口也。”《战国策·燕策二》：“蚌方出曝，而鹬啄其肉，蚌合而拑其喙。”“喙”不用于人。有的专书曾举《庄子》二例而谓也可指人。《秋水》：“今吾无所开吾喙。”《徐无鬼》：“丘愿有喙三尺。”二处成玄英皆疏：“喙，口也。”按，此是带有嘲讽意味之借用。公孙龙、孔丘皆为庄子批判的对象。《秋水》一例，是公孙龙对魏牟所语。公孙龙虽善言辩，但闻庄子之言，竟感茫然，始觉己智薄学浅，遂向魏牟请教，庄子用一“喙”，以形容此君有长大的兽口，嘲弄这位善辩者。《徐无鬼》例，更是明显的夸张。此例成为典故，形容人能言善辩。唐冯贽《云仙杂记》九引张鷟《朝野佥载》：“陆余庆为洛州长史，善论事，而缪于决判。时嘲之曰：‘说事即喙长三尺，判字则手重五斤。’”成语“不容置喙”。“喙”虽也是指人嘴，却是由贬义而变为谦说，与《庄子》中嘲弄意味一脉相承。要之，“喙”以称禽兽为常式，偶用于人，是修辞性的喻用，有贬义或自谦义。

“噣”，亦作“咮”，一字异体。《尔雅·释天》：“咮，谓之柳。”陆德明释文引此作“噣谓之柳”。（参郝懿行《尔雅义疏·释天》“咮谓之柳”条）在中古音有二音二义：一、《广韵》去声宥韵，知母，陟救切，音 zhòu，鸟嘴。《诗·曹风·候人》：“维鹈在梁，不濡其咮。”《史记·赵世家》：“至于后世，且有伉王……龙面而鸟噣。”又《楚世家》：“射噣鸟于东海。”司马贞索隐：“谓大鸟之有钩喙者，以比齐也。”文首引《诗·曹风·候人》“不濡其咮”，“咮”也指鸟嘴。二十八宿中南方朱雀处于鸟口的星是柳星，又称噣。二、入声觉韵，知母，竹角切，音 zhuó，同“啄”。《集韵》：“啄，《说文》‘鸟食也’，或作噣。”《战国策·楚策四》：“蜻蛉其小者也，黄雀因是以。俯噣白粒，仰栖茂树。”按，上古音，前一音在幽侯部，后一音在觉部，属阴入通转，因异其用而稍作声转，至后世遂为二音。从先后言，显然第二音在先，盖由鸟的啮食声而名其义，为鸟啮食，动词。唐韩愈《嗟哉董生行》：“鸡来哺其儿，啄啄庭中拾虫蚁。”又转而指食物器官，鸟嘴，名词。《韩诗外传》卷七：“鸟之美羽勾啄（或作‘喙’）者，鸟畏之。”此义之“啄”也音 zhòu，专指鸟嘴，易其字与音为“噣”。由此可知，“噣（咮）”是鸟嘴的专称，以其啄声而名。

“噭”，或作“躈”，也为状声词。《说文·口部》训为“吼也”，表示人的呼号声。《礼记·曲礼上》：“毋噭应。”孔颖达疏：“噭，谓声响高急，如叫之号呼也。”也表示悲哭声、鸟鸣声。《公羊传·昭公二十五年》：“昭公于是噭然而哭。”三国魏曹植《杂诗》之三：“飞鸟绕树翔，噭噭鸣索群。”从鸟兽鸣叫声引申指鸟兽嘴。《史记·货殖列传》：“马蹄躈（噭）千。”司马贞索隐引小颜云：“噭，口也。蹄与口共千，则为二百匹。”以“噭”作为口义仅用于计量，且甚为少见。

99. 语·言·曰·云·说·谓·白

“言”，主动说，可独说或共说，带指物宾语。“语”，答语，必共说，可带指物、指人宾语。“说”，解说。“谓”，对某人说，所说必要事，求应对。“白”，禀告。“说、谓、白”必加“曰”以接话语。“曰”、“云”犹今之“说”，均可径接话语，但“云”还有约引、概说、代词之用。

【同义】

“语、言、曰、云、说、谓、白”均为述说之称。

【辨释】

“语”与“言”最为相近。《论语·乡党》：“食不语，寝不言。”此同义对举。《易·颐》：“君子以慎言语，节饮食。”清魏禧《大铁椎传》：“与人罕言语。”“言语”，前者作名词，后者作动词，皆同义连用。

“语、言”的区别有数端。其一，主动与被动之别。“言”是主动对人说，“语”则是答人之问，或与人议讨。故《说文·言部》曰：“直言曰言，论难曰语。”《周礼·春官·大司乐》：“以乐语教国子兴、道(导)、讽、诵、言、语。”郑玄注：“发端曰言，答述曰语。”《左传·成公二年》：“张侯曰：‘自始合，而矢贯余手及肘……岂敢言病？吾子忍之。’”“言病”，指主动说出自己受重伤。《后汉书·列女传·乐羊子妻》：“妻乃引刀趋机而言曰。”此是乐羊子妻主动对夫发言。“语”则异之。《左传·隐公元年》：“公语之故，且告之悔。”此是郑庄公回答颍考叔之问，故称“语”。《吕氏春秋·去私》记一亡铁(斧)者因主观怀疑邻人之子，故视其行步、颜色、言语一似窃者。其中“言语，窃铁也”句，应解为：无论(主动)对别人说话或者回答别人的话，都像个偷斧者。此“言语”二字，一主动，一被动，概括所有的说话情景。其二，单言与共言之异。“言”可以指对人言，也可指一人单言；“语”则必是共言。《诗·大雅·公刘》：“于是言言，于是语语。”孔颖达疏：“直言曰言，谓一人自言；答难曰语，谓二人相对。”杨伯峻译作：“在这里说话，在这里共语。”(见《古汉语虚词·于》)诚确。文首举《论语·乡党》“食不语，寝不言”，虽然二词均可浑释为“说话”，而若究其微旨也在于：食时之言语多与人共语，故用“语”；睡时之言语多是独言，遂称“言”。汉蔡琰《悲愤诗》之一：“或有骨肉俱，欲言不敢语。”下句意为自己要想说却不敢对人说。其三，所带宾语不同。“言”一般只能带指物宾语，如“言病”、“言兵事”之类，如果对象指人，只能以介词结构作状语或补语形式出现，成“言于××”“与××言”式。《左传·僖公四年》：“楚子使与师言曰……”《论语·阳货》：“来，予与尔言。”而“语”后均可带指物、指人宾语，成“语×”式。如《孟子·梁惠王上》：“挟太山以超北海，语人曰：‘我不能。’”甚至还可出现双宾语。如上举“公语之故”句。又,《庄子·在宥》“吾语女至道”,亦其例。二者之所以有上述差异,盖与其本源有关。“言”字甲骨文作(京三五六一),上部箫管之类乐器,下部口字谓一人吹乐所发之声音。引申为一人说的话语,故古文字中“音、言”本为同字。作动词当然就指一人直言独语。“语”则从言吾声,吾从五声。五是交午义,从五得声字每有交互、参伍意,如“伍、龉、晤、牾”等。故“语”的本义当为交谈,正与“言”相反。

“语、言”虽有许多不同,但也有共同点:二词之后均不可直接后附述说话语。

《说文》部首:“曰,词也,从口乙声,亦象口气出也。”许氏以小篆立说,盖误。王筠以为与“甘”字同例,为指事字:口中一短画是口而有食,指其味;口上一短画是口而有言,示其声(参王筠《说文释例》)。因此“曰”成了文献中直接表示述说动作的标志,相当于今之“说”,其后可径接所说的话语。“言、语、谓”诸字往往要后附“曰”,成“言于××曰”、“语曰”、“谓××曰”之格式。例不烦举。

“云”本是云气义,用作述说义是假借用法。“云”与“曰”最为相近:均是《切韵》系统喻母三等字(上古归定母),声近义通,故常并举,所谓“子曰诗云”,也可作“诗曰子云”。“云”后也可径接述说的话语。但“云”后却还能约引、出现概说。唐李白《蜀道难》诗:“锦城虽云乐,不如早还家。”此“乐”,可解为快乐,也可解为快乐之境,即作为概约众人所说之意。唯此,可将宾语提前,以示强调。《论语·阳货》:“礼云、礼云,玉帛云乎哉?”杨伯峻译:“我们经常所讲的礼,难道仅仅是指玉帛等等礼物而说的吗?”(见《论语译注》)还可作特殊代词,即以“云”径代表其约说或省说的话语。《史记·汲黯列传》:“天子方招文学儒者,上曰吾欲云云。”“云云”即如此如此。也可单用。《史记·滑稽列传》:“民人俗语曰‘即不为河伯娶妇,水来漂没,溺其人民’云。”

“说”从言兑声,兑兼义。兑有解脱、宣散义,故其本义不是说话,而是解释、解说。《诗·卫风·氓》:“士之耽兮,犹可说也;女之耽兮,不可说也。”引申为游说、劝说(音 shuì)。《孟子·尽心下》:“说大人,则藐之。”“说”后也不接附具体的话语,若要后接,则必须附“曰”字。《国语·越语上》:“勾践说于国人曰:‘寡人不知其力之不足也……’”此非一般告白,而是明显带有以各种方式解说的性质。此句,韦昭注:“说,解也。”诚是。

“谓”字,一些辞书、教材都把“对某人说”或“告诉”列于首义,作为本义。但抽绎其所有义项可知,评论、评说应是本义。《论语·八佾》“孔子谓季氏”邢昺疏:“谓者,评论之称。”清刘淇《助字辨略》卷四“谓”下云:“《论语》:‘子谓子贱。’‘子谓仲弓。’‘子谓’者,称举其人,非必对其人而与之言也。”此是评人。《论语·八佾》:“子谓《韶》,尽美矣,未尽善也。”(《韶》,舜时乐曲名。)此是评事物。如果向对方评说他方(人或事),则成了对(某人)说,或告诉之意,一般要带“曰”字。《左传·僖公三十二年》:“公使谓之曰。”《三国志·蜀志·诸葛亮传》:“徐庶见先主,先主器之,谓先主曰:‘诸葛孔明者,卧龙也。’”有时也可不带“曰”字,在宾语后径接话语。《战国策·赵策》:“太后明谓左右:‘有复言令长安君为质者,老妇必唾其面。’”然非常式。而作为其常式“谓×曰”，虽然可解为对某说之意，但不同于“言于××曰”、“语×”的格式：常常是提出重要问题作“谓”的内容，一般需要对方作出反应。如上举《诸葛亮传》徐庶“谓先主曰”的是：“诸葛孔明者，卧龙也，将军岂愿见之乎？”接着是先主的表态。《战国策·赵策》例，太后说的是一句禁令，并非提问，她要下臣的态度是默从。又如，《孟子·梁惠王下》：“孟子谓齐宣王曰：‘……比其反也，则冻馁其妻子，则如之何？’王曰：‘弃之。’”此是典型的问答式。总之，无论提问与否，均要对方迅速反应。“谓××曰”式之所以有此特点，就因为它是从评说义引申，而凡评说的内容当然不是一般的述说；“谓××曰”虽不一定是评说，但无疑给其内容与对象带来特指性。

“白”本义指白色，假借表示述说义。“白”的此义侧重于下对上、卑对尊的禀告，一般带宾语。《史记·滑稽列传》：“巫妪弟子是女子也，不能白事，烦三老为入白之。”唐柳宗元《段太尉逸事状》：“为白尚书，出听我言。”与“谓、说”一样，“白”后也不能直接附原话。因此可虚化，引申为书信的套语，“××（写信者）白”，表示自谦。或置信首。如唐韩愈《答李翊书》：“六月二十六日，愈白。”或置信尾。唐柳宗元《答韦中立论师道书》：“二十一日，宗元白。”

100. 讽(风)·诵·咏(詠、永)·吟

“讽”是无书背念。“诵”是照书抑扬顿挫地念读，秦汉后，“诵”也可表示背念。“咏”是拖长声音念诵。“吟”是富有感情地念诵。“咏”、“吟”的对象多是合音律的诗歌韵文。

【同义】

《说文·言部》：“讽，诵也。”“诵，讽也。”《广韵·入屋》：“讽，亦诵也。”《正字通·口部》：“咏，詠也。”《汉书·游侠传·陈遵》：“足下讽诵经书，苦身自约。”《三国志·魏志·管宁传》：“吟詠《诗》、《书》，不敢其乐。”《晋书·应詹传》：“故优游讽詠，无所标明。”《南史·袁豹传》：“好学博闻，善谈雅俗。每商较古今，兼以诵詠，听者忘疲。”“讽诵、吟詠、讽詠、诵詠”皆为同义连用，泛指念诵。

【辨释】

“讽”，字或作“风”。《国语·楚语上》：“若是而不从……则文詠物以行之。”韦昭注：“詠，风也。”《周礼·春官·大司乐》：“以乐语教国子兴、道、讽、诵、言、语。”郑玄注：“倍(背)文曰讽，以声节之曰诵。”由郑注可见“讽”、“诵”之别。“讽”乃忆读，无书而背念。《汉书·艺文志》：“太史试学童，能讽书九千字以上，乃得为史。”“讽书”，背诵识字课本。唐白居易《游襄阳怀孟浩然》诗：“今我讽遗文，思人至其乡。”“讽遗文”，忆背诗文。“诵”则是照着书本有节律地念读。《论语·子路》：“诵《诗》三百。”《诗经》本是合乐之歌，其“诵”虽非合乐而歌，然必合于韵律、节奏。《左传·襄公十四年》：“公使歌之，遂诵之。”《国语·晋语三》“舆人诵之。”韦昭注：“不歌曰诵。”“讽”与“诵”之所以有不同的诵读方式，盖与声源有关。“诵”从“甬”得声，“甬”声之字多有跃动义，如“踊”，跳动。《史记·平准书》：“物踊腾粜。”司马贞索隐引如淳云：“踊腾犹低昂也。”“涌”者，水之跳跃。故声之低昂顿挫也可谓之“诵”。“讽”从风得声，朱骏声曰：“风动物而无形，故微言婉辞谓之风。”(《说文通训定声·临部》“讽”字)按，此“风”乃讽谏之“讽”。然就其无“形”而背念，自也可称“讽”。

熟诵的结果能背，故秦汉后“诵”也引申为“背文”。《太平御览》卷六一六引谢承《后汉书》记王充“家贫无书，至京师市读书，一见辄能诵忆”。南宋高似孙《讳略》卷七、《宋史·刘恕传》称昭明太子、刘恕读书都能“过目成诵”。“成诵”者，背诵如流。故“讽诵”常连用，表示背诵义。《梁书·江蒨传》：“蒨幼聪警，读书过目便能讽诵。”《晋书·阮瞻传》：“讽诵遗言，不若亲承音旨。”“诵”既有了“讽”之“背文”义，于是“讽”单用就主要用作讽谏义。

“咏”或作“詠”“永”。《说文·言部》：“詠，歌也。”“詠”从永声，永声有长义，故引申为悠

长念读，对象一般是合音合律的诗歌韵文。《〈诗·周南·关雎〉序》："言之不足，故嗟叹之；嗟叹之不足，故永歌之。"孔颖达疏："长言曰詠。"《论语·先进》："暮春者，春服既成，冠者五六人，童子六七人，浴乎沂，风乎舞雩，詠而归。"《国语·周语下》："歌以詠之。"韦昭注："詠，詠诗也。"

《说文·口部》："吟，呻也。"即呻吟。呻吟之声既悠长且动人，故"吟"之读书义见出富有感情地念读的特点。《〈诗·周南·关雎〉序》："吟詠情性，以风其上。"陆德明释文："动声曰吟。"《楚辞·渔父》："游于江潭，行吟泽畔。"行吟，且走且吟，以显屈原难抑忠而见弃之悲愤。唐韩愈《进学解》："先生口不绝吟于六艺之文。"卢延让《苦吟》诗："吟安一个字，拈断数茎须。"

101. 颔(颌、䪼)·颏·颐○顑颔

“颔”，下巴的常称。“颏”，下巴，有口语色彩。“颐”，常称面颊，有时可缩指下巴。“顑颔”是联绵词，不饱貌。

【同义】

《方言》第十：“颔、颐，颌也。南楚谓之颔，秦晋谓之颌；颐，其通语也。”《说文·頁部》：“䪼，颐也。”“颌，䪼也。”《广雅·释亲》：“䪼，颌也。”《集韵·上海》：“颏，颔也。”

【辨释】

《说文·页部》：“颔，面黄也。”段玉裁注：“今则颔训为颐，古今字之不同也。”按，段说未中肯綮。“颔”的面黄义，必与“顑”连用。《楚辞·离骚》：“长顑颔亦何伤。”王逸注：“顑颔，不饱貌。”《说文》同部训“顑”为“食不饱，面黄起行也”，亦未善。“顑颔”是联绵词。按例当在“顑、颔”二字下皆先出“顑颔”，再予释义。作为下巴义之“颔”乃别一词。《公羊传·宣公六年》：“獒亦躇阶而从之，祁弥明逆而踆之，绝其颔。”何休注引《方言》作“颌、颐，颔也”（与文首所引今本一、三字互易）。“颔”，《玉篇·頁部》引作“颌”，《汉书·王莽传中》又作“䪼”。“颔、䪼、颌”同音，而“颔、䪼”与“颌”是长言与短言之别，实是同一词。（从朱骏声说，见《说文通训定声·临部》“颔”字。）故作下巴义，“䪼、颌、颔”为一词异体，后世以“颔”行。

《释名·释形体》：“颔，含也，口含物之车也。”上引《公羊传·宣公六年》“绝其颔”何休注：“颔，口。”谓祁弥明以足迎踢之。遂使獒之颔不得噬咬。“颔”既以口为中心，则其义也可以从内外而言。从内而言，则“颔”指构成口腔上下部的骨骼和肌肉组织，上部称上颔，下部称下颔。从外而言，其上颔之表即为颊，故《释名·释形体》将“辅车、颊车、颔车”浑通。但析言当可别。“颊车”可作总指，“辅车”应是牙上骨。《易·艮》“艮其辅”孔颖达疏：“辅，颊车也。”虞翻注将“辅”解为“上颊车”，即牙上骨。而“颔车”当指“下颔车”，即牙下骨。其下颔即下颔车之表，上颔已有“颊”之称，故“颔”一般指下颔，即下巴。《汉书·王莽传中》：“莽为人侈口蹷䪼。”《后汉书·班超传》：“相者指曰：‘生燕颔虎颈，飞而食肉，此万里侯相也。’”《文选·扬雄〈长杨赋〉》：“皆稽颡树颔。”李善注引如淳曰：“叩头时顶下向，则颔树上向也。”唐白居易《东南行》诗：“相逢应不识，满颔白髭须。”宋王安石《韩持国从富并州辟》诗：“一从捨之去，霜雪行满颔。”皆指下巴。五、七言律诗有起承转合四联，承为颔联，转为颈联，“颔”之紧接为“颈”，则其必当为下巴。其义可活用作动词：动下巴，即点头。《左传·襄公二十六年》：“逆于门者，颔之而已。”唐韩愈《华山女》诗：“玉皇颔首许归去，乘龙驾鹤去青冥。”由此可见，“颔”是从内骨而称下巴，是表下巴的常称。

“颏”的本义,《说文·页部》训“醜也”,朱骏声以为其义与“颠”略同;而下巴义是“賸”之假借,“賸、颏”双声。按,“賸”字《集韵》又音为己亥切,与“颏”音近,但其义《说文·肉部》是“颊肉也”,并非下巴,故朱说待考。《玉篇·頁部》:“颏,颐下。”即下巴。唐韩愈《记梦》诗:“石坛坡陀可坐卧,我手承颏肘拄座。”柳宗元《游黄溪记》:“石皆巍然,临峻流,若颏颔龂腭。”(“龂”,齿根肉;“腭”,口腔上膛。)“颏、颔”同义连用,均谓下巴。清吴谦《医宗金鉴·正骨心法要旨·头面部》:“地阁骨,即两牙车相交之骨,又名颏,俗名下巴骨,上载齿牙。”“颏”的下巴义有口语色彩。如上引韩、柳诗。后引《齐东野语》记“兜不上下颏”一语,明称其为“俗谚”,更是显例。

“颐”的初文是“𦣝”。《说文》部首:“𦣝,顄也。象形……颐,篆文𦣝。”段玉裁曰:“横视之则口上、口下、口中之形俱见矣。”(《说文》部首“𦣝”字注)以为“𦣝”字横视是人口颊部的象形。“颐”的特点在于“养”。《释名·释形体》:“颐,养也,动于下、止于上,上下咀物以养人也。”(“咀”,嚼。)此以双声为训。“颐”与“养”同声源。盖“颐”(口腔)之内,即上下牙齿活动的空间,为摄物养人之区,《释名》之训诚确。《易·噬嗑》:“颐中有物曰噬嗑。”《太平御览》卷三六八引《春秋元命苞》曰:“后稷岐颐自求,是谓好农。”口颐在面下部,像地,可载土食谷。缘此,“颐”之引申义,唯有一养义。《礼记·曲礼上》:“百年曰期,颐。”郑玄注:“颐,养也。不知衣服食味,孝子要尽养道而已。”《晋书·嵇康传》:“永啸长吟,颐神养寿。”此是同义对文。汉马融《广成颂》:“颐养精神,致之无疆。”此乃同义连用。唯此,口之内为养人之口腔,外则为可动之颐面。《易·颐》:“颐,贞吉,观颐,自求口实。”“贞吉”,筮遇此卦而吉。谓观人之“颐”,不能自饱,故应自求口中食物。按,所观之“颐”,即是彼含食咀嚼口旁之面部,实即是颊。《庄子·渔父》:“有渔父者……左手据膝,右手持颐,以听曲终。”颐是休憩者撑托的最佳部位。《汉书·贾谊传》:“今陛下力制天下,颐指如意。”颜师古注引如淳曰:“但动颐指麾,则所欲皆如意。”《旧五代史·李振传》:“振皆颐指气使,旁若无人。”“颐指”者,谓以面颊表情示意指使人。若小而下之,可指下巴。《礼记·玉藻》:“凡侍于君……颐霤,垂拱,视下而听上。”(“霤”,屋檐。)谓下巴像屋檐下垂(参孔颖达疏)。《汉书·匡衡传》:“无说《诗》,匡鼎来;匡说《诗》,解人颐。”(“鼎”,匡衡小字。)今犹有“解颐”一语。宋周密《齐东野语·解颐》:“‘匡说《诗》,解人颐’,盖言其善于讲诵,能使人喜而至于解颐也。至今俗谚以人喜过甚者,云兜不上下颏,即其意也。”简其意,即谓喜极而下巴松解。同篇还录有趣例一则:“岐山县樊纪登弟,其父亦以喜而颐脱,有声如破甕。按,《医经》云,喜则气缓,能令致脱颐,信非戏语也。”“脱颐”,下巴脱臼。因此,“颐”的下巴义,只是一定语境中的缩指用法。

102. 髯(髥、頿、顃、頓)·髭(頾)·须·而

“而”，曾是胡须的总称。“髯”，面颊耳旁的胡须。“髭”，口上鼻下的胡须。“须”，下巴上的胡须。

【同义】

乐府民歌《陌上桑》：“行者见罗敷，下担捋髭须。”《南史·褚彦回传》：“公主谓曰：‘君须髯如戟，何无丈夫意？’”宋苏轼《游灵隐寺得来诗，复用前韵》：“乔松百尺苍髯须，扰扰下笑柳与蒲。”“髯须”、“须髯”、“髭须”皆泛指胡须。“而”也是胡须之称。

【辨释】

“髯”，本作“頿”，字又作“髥”、“顃”、“頓”，指面颊耳旁下垂的胡须。《说文·须部》：“頿，颊须也，从须冄，冄亦声。”《释名·释形体》：“在颊耳旁曰髯，随口动摇冉冉然也。”（“冉冉”，下垂貌。）今俗谓之络腮胡子。《庄子·田子方》：“昔者寡人梦见良人，黑色而頓。”成玄英疏：“我昨夜梦见贤良之人，黑色而有须髯。”《汉书·高帝纪上》：“高祖……美须髯。”颜师古注：“在颊曰髯。”《朱博传》：“博奋髯抵几。”（“抵”，击。“几”，案几。）古时男子以髯为美。《三国志·蜀志·关羽传》：“羽（关羽）美须髯，故亮（诸葛亮）谓之髯。”《水浒传》一百零八将中有美髯公朱仝，也以髯多而得此绰号。

“髭”，本作“頾”，指口上鼻下的胡须。《说文·须部》：“頾，口上须也。”段玉裁注：“在口上、在颊亦得名须，而正名百物，则曰髭，曰髯。頾或作髭。”《释名·释形体》：“髭，姿也，为姿容之美也。”《左传·昭公二十六年》：“至于灵王，生而有頾，王甚神圣，无恶于诸侯。”周灵王有此特征，秦人称为髭王。宋陶穀《清异录·肢体·髭圣》：“唐文皇虬须壮冠，人号髭圣。”

“须”，本字即作“须”，繁体字作“鬚”，今简化又作“须”，指长于下巴的胡须。《说文》部首：“須，颐下毛也，从頁彡。”段玉裁注：“各本讹作‘面毛也’三字，今正……须在颐下，頾在口上，頿在颊，其名分别有定。《释名》亦曰：‘口上曰髭，口下曰承浆，颐下曰须，在颊耳旁曰髯。’与许说合。”段说可从。上引《汉书·高帝纪上》“美须頿”颜师古注：“在颐曰须。”在頿、髭、须三者之中，最富于男性美表征的是须，其次是髯。有须髯之美者，上举汉高帝、关羽即是。又，《汉书·霍光传》：“白皙，疏眉目，美须頿。”《后汉书·东平宪王苍传》：“苍少好经书，雅有智思，为人美须頿，要（腰）带八围。”唐韩愈《张中丞传后序》：“云巡长七尺余，须髯若神。”还常以“须眉”连称作美男子表征。《左传·昭公二十六年》：“有君子白晰，鬒须眉。”孔颖达疏：“鬒须眉者，言须眉皆稠多也。”《韩非子·观行》：“目失镜则无以正须眉，身失道则无以知迷惑。”《后汉书·光武帝纪上》：“美须眉，大口隆准。”唯此，“须眉”便成男子的代称。清

徐时栋《烟屿楼笔记》卷二："古人称男子为须眉。吾尝问友人：'须为男子所独，而眉则妇女皆有之，何以丈夫曰须眉耶？'佥不能对。按，《释名》云：'黛，代也，灭眉毛去之，以此画代其处也。'然后知古妇人皆灭去眉毛，故须画眉，则虽有如无。而丈夫可专其称矣。"《红楼梦》第一回："我堂堂须眉，诚不若彼裙钗，我实愧则有余，悔又无益。"须眉皆白则是寿老之貌。《庄子·渔父》："有渔父者，下船而来，须眉交白，披发揄袂。"（"揄"，挥。）《史记·留侯世家》状商山四皓，云"年皆八十有余，须眉皓白"。须的这种作用，在后世传统戏曲中得到生动的反映。用牦牛毛、头发或马尾毛制作的假须是传统戏曲人物角色的重要面妆。老生戴黑须、黪（灰黑）须、白须，还可戴红须、紫须。从部位说，一般是五绺长须：人中左右口角须、左右两腮须、下颏须。此种假须今又称"髯口"，现代汉语中，"须"与"髯"已不分，并往往合用为"须髯"一词。

"须"主要用于人。也可用于动物虫兽。《周礼·秋官·冥氏》："若得其兽，则献其皮、革、齿、须备。"清蒲松龄《聊斋志异·促织》："试以猪鬣撩拨虫须，仍不动。"还可用于植物花蕊。《新唐书·西域传下·波斯》："有健达王献佛土菜，茎五叶，赤华紫须。"

"而"，或以为其本义是植物须根，或以为是胡须。按，从周秦文献看，后说为长。《说文》部首："而，颊毛也，象毛之形，象形。"小篆作而，上横画示鼻端，短直画示人中，下外层弯弧象两腮之髯，内层象下巴之须。古人重须髯，故也可赅髭，然则"而"即为胡须之总称。于省吾则谓"而与须初本同文，后来加页为须，遂分化为二"（《甲骨文字释林·释而》）。亦非臆说。《周礼·考工记·梓人》："出其目，作其鳞之而。"（"作"，张。"之"，与。）谓张开其鳞与鳍。此以人之胡须喻称鳞属动物。然在文献中"而"的本义较为罕见，一般假借作连词。盖至周秦时，"而"已本义废借义行，"而"之本义已分别由"髯、髭、须"承当矣。

参考文献

[1] 黄辉：《中国古代人物服式与画法》，上海人民美术出版社，1987 年 2 月。
[2] 于省吾：《甲骨文字释林》，中华书局，1979 年 6 月。

103. 喉·咽·嗌·咙·亢(吭、肮)○嚥

喉咙,“喉”是总称。“咽”指食道与呼吸道分流口,其用关涉呼吸或饮食功能。“嗌”,食道口,表进食之用。“咙”与“胡”、“喉”等连用,均有口语色彩。“亢”,从血脉角度而称。“嚥”是吞食义。

【同义】

《说文·口部》:“喉,咽也。”“咽,嗌也。”“嗌,咽也。”“咙,喉也。”《尔雅·释鸟》:“亢,鸟咙。”郭璞注:“亢即咽。”《玉篇·口部》:“咽,咽喉也。”《汉书·息夫躬传》:“咽已绝。”颜师古注:“咽,喉咙。”

【辨释】

“喉”,从口侯声,侯与“娄、斗、兜”诸字同一声源,皆有圆空义。“喉”以其形圆而名,犹如“緱”为刀剑之缠丝手所握处,以其形可圆握而名。“喉”则是颈内圆空之通道。多用作此喻义。《后汉书·荀彧传》:“画地而守之,搤其喉而不得进,已半年矣。”而与别的词连用更多。如以“喉舌”喻君主身边的机要重臣。《诗·大雅·烝民》:“出纳王命,王之喉舌。”毛传:“喉舌,冢宰也。”(“冢宰”,六卿之首。)以“喉衿(襟)”喻事物的枢要、关键。汉赵岐《孟子题辞解》:“《论语》者,五经之錧鎋,六艺之喉衿(襟)也。”凡此,与“喉”所处的地位有关。喉上通咽,下连气管和声带,兼有通气和发音的功能,是人体的一处关键部位。“喉”是总称。

“咽”,下连食管,前通喉腔,食物经咽入食管,而空气则由咽入喉、气管和肺。咽是食道与呼吸道的分流口。“咽”能作名词和动词,其用皆与呼吸、食饮之功能有关。《汉书·息夫躬传》:“吏就问,云咽已绝,血从鼻耳出。”《后汉书·方术传·华佗》:“陀尝行道,见有病咽塞者。”“咽塞”,指咽喉塞而呼吸被阻。唐杜甫《石壕吏》诗:“夜久语声绝,如闻泣幽咽。”“幽咽”,哽咽,近乎声断气绝。诸“咽”关涉呼吸。《孟子·滕文公下》:“三咽,然后耳有闻,目有见。”《汉书·苏武传》:“天雨雪,武(苏武)卧齧雪与旃毛并咽之,数日不死。”宋苏洵《六国论》:“以赂秦之地,封天下之谋臣;以事秦之心,礼天下之奇才;并力西向,则吾恐秦人食之不得下咽也。”诸“咽”关涉饮食。“咽”作动词,即为吞食,专制其字为“嚥”。《释名·释形体》:“嚥,嚥物也。”《玉篇·口部》:“嚥,吞也,亦作咽。”汉王充《论衡·道虚》:“阴阳之气,不能饱人;人或嚥气,气满腹胀,不能餍饱。”《神仙传·彭祖》:“舐唇嚥唾,服气数十,乃起行言笑。”嚥唾、服气,皆道家气功修炼之法。“咽”与“喉”关系甚密,故多同义连用,喻指重要、险要。《汉书·酷吏传·严延年》:“河南,天下喉咽。”《三国志·蜀志·杨洪传》:“汉中,则益州咽喉……若无汉中则无蜀矣。”今成并列复词“咽喉”。但单用或与别的词连用以喻指事物,远

不及“喉”多，此盖由于咽仅是喉一部分之故。

“嗌”，《说文》既与“咽”互训，最为义近。《释名·释形体》：“咽，又谓之嗌，气所流通，阨要之处也。”按，“嗌”通常指：一、食管上口的咽腔。二、气管上口的喉腔。三、咽喉。从“嗌”声源看：与“噎”是同源字。《方言》第六：“嗌，噎也。秦晋或曰嗌，又曰噎。”“噎”，是吞食时梗噎不适的感觉。《说文·口部》：“噎，饭窒也。”《集韵·入质》：“噎，食塞咽也。”因此，在实际使用中，“嗌”往往偏指第一种，即显示与进食的关系，嗌者，犹言食道口。《山海经·北山经》：“（单张之山）有鸟焉……名曰白鵺，食之已嗌痛。”《穀梁传·昭公十九年》：“哭泣歠飦粥，嗌不容粒。”（“歠”，喝。“飦”，同“饘”，粥。）《史记·扁鹊仓公列传》：“迵风者，饮食下嗌而辄出不留。”（迵，通“洞”，风疾洞彻五脏曰嗌风。）诸“嗌”皆指进食之门户，名词。“嗌”若作动词，则用为“噎”，表示梗噎，与进食作用相反。《庄子·庚桑楚》：“儿子终日嗥而嗌不嗄。”陆德明释文谓“嗌”前脱“不”字，并引李轨说释“嗌”为：“音厄，谓噎也。”

《尔雅·释鸟》：“亢，鸟咙。”郭璞注：“咙，谓喉咙。”上引《汉书·息夫躬传》：“咽已绝。”颜师古注：“咽，喉咙。”此字不单用，常与他词连用。除“喉咙”外，又作“咙喉”。《晋书·五行志中》：“昔年食白饭，今年食麦麲（麸），天公诛谪汝，教汝捻咙喉。”又作“咙胡”。《后汉书·五行志一》：“桓帝之初，天下童谣曰：‘……吏买马，君具车，请为诸君鼓咙胡。’”盖“胡”本牛颔垂肉（《说文·肉部》），泛指诸动物之颈下垂肉。《汉书·郊祀志上》：“鼎既成，有龙垂胡顊下迎黄帝。”颜师古注：“胡谓颈下垂肉也。”引申为颈。又《金日磾传》：“捽胡投何罗殿下。”颜师古注引晋灼曰：“胡，颈也。”故“胡咙”犹言颈咙、颈喉。“咙”、“胡咙”、“喉咙”皆为口语词。

“亢”或作“吭”，《史记》作“肮”。《说文》部首：“亢，人颈也，从大省，象颈脉形。”《汉书·陈余传》：“乃仰绝亢而死。”颜师古注：“亢者，总谓颈耳。”苏林曰：“亢，颈大脉也，俗所谓胡脉也。”喉咙在人颈之中，故亢亦得从人颈引申为喉咙，特征是从血脉而称。“绝亢而死”，即绝断喉咙之血脉。又《后汉书·隗嚣传论》：“士至投死绝亢而不悔者矣。”李贤注：“亢，喉咙也。”按，此亦指断喉咙之血脉。虽可浑解为喉咙，但若将“亢”易为“咽、喉、嗌”诸字，皆不能与“绝”相洽，故文献常见“绝亢”之称。《汉书·娄敬传》：“夫与人斗，不搤其亢，拊其背，未能全胜。”“搤其亢”，搤断喉咙血脉。晋左思《蜀都赋》：“其中则有鸿俦鹄侣……云飞水宿，弄吭清渠。”“弄吭”谓振动喉咙而鸣嘤。盖血脉存而有气流音声。此“吭”，若作“咽、喉”等，则鸣嘤之特色不显。故今有“引吭高歌”之语。

104. 臂·肱·肘·腕

“臂”，臂的总称，可全指或分指上下臂。“腕”，臂与手掌相连部位，延伸可指下臂。“肘”，臂弯；可指腕；也可称臂，仅作量词用。“肱”，弯曲的手臂。

【同义】

《说文·肉部》：“臂，手上也。”《增韵》：“臂，腕也。”《礼记·深衣》：“反诎之及肘。”郑玄注：“肘或为腕。”《广雅·释亲》：“肱谓之臂。”《诗·小雅·无羊》：“麾之以肱。”毛传：“肱，臂也。”

【辨释】

“臂”是人体上肢总称，指从手腕到肩的部分。《孟子·告子下》：“紾兄之臂而夺之食，则得食。”（“紾”，扭戾。）《汉书·贾谊传》：“令海内之势如身之使臂，臂之使指，莫不制从。”唐白居易《新丰折臂翁》诗：“玄孙扶向店前行，左臂凭肩右臂折。”皆指全臂。也可缩指上臂，即肩下的一段。《仪礼·特牲馈食礼》：“尸俎：右肩、臂、臑……”胡培翚正义引《礼经释例·释牲》：“肩下谓之臂，臂下谓之臑。”还可缩指下臂，即肘之下、腕之上一段。唐杜甫《即事（百宝装腰带）》诗：“百宝装腰带，真珠络臂鞲。”臂鞲者，武士利于骑射而套在小臂上的袖套。语法上，“臂”可作名词单用，修饰名词，如“臂鞲”；也可修饰动词。宋陆游《贺薛安抚兼制置启》：“宜得股肱之良，用增臂指之重。”“臂指”，以臂指使，挥动自如。

“腕”，《说文·手部》作“掔”（从段改），段玉裁谓指“手上臂下”，即臂与手掌相接的手腕部。《释名·释形体》：“腕，宛也，言可宛屈也。”《战国策·燕策三》：“樊於期偏袒扼腕而进曰：‘此臣日夜切齿拊心也。’”“扼腕”，握腕，表示奋激之情。晋嵇康《琴赋》：“扬和颜，攘皓腕。”“腕”又可以延伸指下臂。故臂环既称“腕钏”，又称“臂钏”。五代蜀牛峤《女冠子》词之二：“额黄侵腻发，臂钏透红纱。”宋计有功《唐诗纪事·文宗》：“又一日，问宰臣，古诗云‘轻衫衬跳脱’，‘跳脱’是何物？宰臣未对。上曰：‘即今之腕钏也。’”

较为复杂的是“肘、肱”二字之通别。

《说文·肉部》：“肘，臂节也，从肉从寸，寸，手寸口也。”段玉裁注：“谓从寸口至此为一节也。”按，许析字误，段氏也曲为之说。其实，此非会意字。甲骨文中“寸”作，即为“又”（手）之形，并在表示手的曳长部分弯曲处有平行短曲线，表示手臂的弯曲处，此正是“肘”之所在，故是指事字（参日本学者岛邦男《殷墟卜辞综类》94 页）。小篆讹为“寸”，并增形旁“月（肉）”，遂失其真，致许慎误说其形。但许氏释义不误。“肘”指臂节，即上下臂交接可屈伸之处。甲骨文初形正当其义。《礼记·深衣》:“袼之高下,可以运肘;袂之长短,反诎之及肘。”郑玄注:“肘,当臂中为节,臂骨上下各尺二寸。”“袼”,衣袂当腋之缝,今俗称挂肩。“袂”,袖口。谓衣袖大小要使臂肘活动自如。《庄子·至乐》:“俄而柳生其左肘。”(“柳”,瘤。)《左传·成公二年》:“张侯曰:‘自始合,而矢贯余手及肘。’”诸“肘”皆用为本义。“肘”还可作动词,意为以肘触人。《战国策·秦策四》:“魏桓子肘韩康子。”《左传·成公二年》:“綦毋张丧车,从韩厥曰:‘请寓乘。’从左右,皆肘之,使立于后。”其时韩厥聚神追踪齐侯,竟对搭车者无暇回身招呼,遂用肘推触搭车者,示意左、右之位危险而不可站立。

“肘”既是“臂节”,自可引申指臂的一端,用如“腕”。文首引《礼记·深衣》句郑玄注“肘或为腕”。按,上引《礼记·深衣》句当也可指穿脱衣时手腕活动自如。又《左传·成公二年》“而矢贯余手及肘”句,有一箭与二箭两解。若解为一枝箭,“及”就作动词,则“肘”应解为腕,因箭穿过手掌而至于肘关节,实不可能。《急就篇》卷三“系臂琅玕虎魄龙”颜师古注:“取琅玕系著臂肘。”“系臂”,是手镯之类饰物,当戴于手腕,故颜注“臂肘”犹臂腕。“肘”曾作量度单位,用指手臂。古代许多长度的量词皆以人之身与体为度,“肘”亦然。有以“四肘为一弓,三百弓为一里”者,一肘的长度或以为一尺五寸,或以为二尺(见明方以智《通雅》卷四十)。唐玄奘《大唐西域记·印度总述》则以为“分一肘为二十四指”,此说正好是腕至肩,即全臂的长度。前说谓尺五或二尺,其长虽不足全臂,但也远过于肘关节部位之长。可见,“肘”曾经用作量词而指臂。

“肱”,初文为“厷”。《说文·肉部》训为“臂上也”,即上臂。而今辞书有释为“手臂从肘到腕的部分”,则指下臂。《左传·成公二年》所记逢丑父于交战前夜见蛇而“以肱击之”,王力《古代汉语》等皆解为上臂。其实,无论上臂或下臂,皆非信说。一、从字形看。“肱”的最早初文ㄙ字小篆以形,ㄙ—厷—肱,为累增字,众所共识。按其初文,分明是弯曲手臂之形,并无单指上臂或下臂之意。二、从文献使用和注家诂训看。文首引《广雅·释亲》、《诗·小雅·无羊》毛传,皆以“臂”释“肱”。《国语·周语下》“谓其能为禹股肱心膂。”又《齐语》“有拳勇股肱之力秀出于众者”韦昭注、《书·君牙》“作股肱心膂”孔颖达疏、《论语·述而》“曲肱而枕之”何晏集解引孔注、《汉书·元后传》“折其右肱”颜师古注,皆作:“肱,臂也。”《穆天子传》卷二:“天子乃封长肱于黑水之西河。”郭璞注:“长肱,即长臂人也。”“肱”即指臂。《山海经·海外西经》有奇肱之国,国中人“一臂三目”。奇肱即奇臂。三、从古人名字相应看。春秋郑公孙黑肱字子张,唯连上下臂方可伸张。《左传》、《穀梁传》有郝黑肱,《公羊传》作“黑弓”,唯弯臂才会像弓。传《易》者有江东馯臂子弓,氏馯名臂,字子弓(见《汉书·儒林传》)。段玉裁亦曰“肱即弓”。若仅臂之一段,不可谓弓。再者,文献中难见“肱”明确作上臂或下臂的例证。即如上所举《左传·成公二年》“以肱击之”,《论语·述而》“曲肱而枕之”,若单解为上臂或下臂,于文意、情理显然未洽。综上所述,可以确断:“肱”是全臂之称,本义和引申义皆不能指上臂或下臂。但“肱”又异于

“臂”。“臂”通贯古今，是总称；而“肱”作臂义只见于上古文献（后代承用如“股肱”之类除外），“肱”的声源应是“弓”，取其曲义，其作臂义突出臂之曲伸，故实当解为弯曲之臂。上所举“曲肱”、“以肱击之”、“挥之以肱”等乃至人的名字皆合此特征。唯此，若浑言之，“肱”亦当于臂，例见上引文献训诂。

105. 俯(俛、頫)·偻·伛·瘻

身体弯曲,“俯”,常指首曲,即低头;也作曲身通称。“偻”,颈曲。“伛”,背曲。“瘻”,腰曲而背突,即驼背。

【同义】

《说文·人部》:“伛,偻也。”《广雅·释诂一下》:“伛、偻,曲也。”《礼记·乐记》:“进俯退俯。”郑玄注:“俯,犹曲也。”《吕氏春秋·明理》“盲秃伛尫”高诱注:“伛偻,俯者也。”(“尫”,足曲。)“伛偻”同义连用,指身曲者。晋潘尼《赠陆机出为吴王郎中令》诗之四:“俯偻从命,奚恤奚喜。”宋王禹偁《谪居感事》诗:“趁朝空俯伛,退食自逶迤。”“俯偻、俯伛”亦同义连用,与“伛偻”同。

【辨释】

“俯”是曲首,即低头。字或作“俛”、“頫”,一字异体。《说文·頁部》:“頫,低头也,从頁,逃省。”段玉裁注:“逃者多媿而俯,故取以会意。”此可备一说。《文选·司马相如〈上林赋〉》:“俯杳眇而无见。”李善注引《声类》曰:“頫,古文俯字。”《汉书·夏侯胜传》:“其取青紫如俛拾地芥耳。”颜师古注:“俛即俯字也。”《礼记·礼运》:“其余鸟兽之卵胎皆可俯而窥也。”孔颖达疏:“(俯,)下头也。”常与“仰”反义对举,指低头与抬头。《易·系辞上》:“仰以观于天文,俯以察于地理。”汉贾谊《过秦论上》:“百粤之君,俯首系颈,委命下吏。”唐岑参《与高适薛据登慈恩寺浮图》诗:“下窥指高鸟,俯听闻惊风。”由低头可延伸为弯颈。《荀子·修身》:“行而俯项,非击戾也。”曲身。上引《汉书·夏侯胜传》“俛拾地芥”指弯身拾地上芥草。伏身。《汉书·万石君传》:“上时赐食于家,必稽首俯伏而食。”《史记·淮阴侯列传》:“信(韩信)孰视之,俛出袴下,蒲伏。”卧身。《荀子·赋篇·蚕》:“冬伏而夏游,食桑而吐丝……三俯三起。”杨倞注:“俯谓卧而不食。”按,当为曲身而卧。由上可见,“俯”表示的弯曲幅度很大,从低头到卧身皆可称“俯”,头也随之越来越低,但是主要和常用的还是表示一般低头的动作。故“俯”是低头之称,又是曲身的通称,可表示低头、弯颈、曲身、伏身、卧身。

“伛、偻”,《广雅·释诂一下》皆训为“曲”(文首引),且往往连用。或作“痀偻”。《庄子·达生》:“仲尼适楚,出于林中,见痀偻者承蜩,犹掇之也。”成玄英疏:“痀偻,老人曲腰之貌。”通常都作“伛偻”。《淮南子·精神》:“子求行年五十有四,而病伛偻。”《后汉书·张酺传》:“公其伛偻,勿露所敕。”李贤注:“伛偻,言恭敬从命也。”唐韩愈《谒衡岳庙遂宿岳寺题门楼》诗:“升降伛偻荐脯酒,欲以菲薄明其衷。”宋欧阳修《醉翁亭记》:“伛偻提携,往来而不绝者,滁人游也。”文首引《吕氏春秋·明理》高诱注以“伛偻”训“伛”,亦其例。至今一些古汉语专书凡涉及此二字连用，皆以为是联绵词，即作为一个词素的单纯词。其实，此乃缘未对二词细加辨析而致误。“伛偻”充其量是如“佩服”（双声，皆佩义）、“荒唐”（叠韵，皆大义）之类有声韵关系的同义复词，包含两个词素，而在上古，甚至秦以后二字均可单用，或与他词结合，故分明是两个词，而其异均可辨而察识。

“偻”与“瘘”同源，故可义通，指颈椎骨的弯曲。按，“偻、瘘”均从娄声，娄声通卯声。（“偻”，径可通“柳”，参朱骏声《说文通训定声·需部》。）《说文·卯部》：“卯，象开门之形。”凡一物之流通口，往往由此得名，如二十八宿南方朱雀昴宿，为鸟颈。易财之道为“贸”（贸易）。河中所置使鱼可入不可出的曲梁称“罶”，亦作“昴”，其曲主要在罶之凹颈口。人颈则是食物流入的门户，其病为“瘘”。《说文·疒部》：“瘘，颈肿也。”即颈部痈病。小徐本作“头肿”。段玉裁以为“盖浅人恐与颈瘤不别而改之”。段说是。《淮南子·说山》：“鸡头已瘘。”高诱注：“瘘，颈肿疾。”自然，颈之曲病亦得为“偻”。此犹咽喉为“嗌”，勒咽喉为“缢”（参第27条）；曲背而吐为“呕”，曲背为“伛”（见下）。此不乏训诂和文献例证。《说文·人部》“偻”字大徐本训“尪也”，小徐本作“厄也”。段玉裁注先主小徐，甲戌二月重订又非前说，而以“尪”之训为正，释曰：“尪是曲胫之名，引申为曲脊之名……故二疾不妨同名。”大徐本当是，但“尪”绝无二疾同名之用。段既曲解、又曲护许说，殆不可取。按，许氏说解全句是：“偻，尪也，从人娄声。周公韈偻。或言背偻。”“韈”与“末”上古音均是月部明母，故“韈”通“末”。“末”有上义（参蒋礼鸿《敦煌变文字义通释》“末上”条），末偻即上偻。《庄子·外物》：“有人于彼，脩上而趋下，末偻而后耳，视若营四海。”“末偻”句，郭象注：“耳郤近后而上偻。”陆德明释文：“末偻：李云末上谓头前也。”即头向前伸，显出上曲，故云“末偻”。整节述此士人上身长，下身短，头前伸而身退后，但瞻视高远，似在营虑天下。头之前伸前曲，当缘颈曲。《左传·昭公四年》：“顾而见人，黑而上偻。”杜预注：“偻，肩伛。”言“肩伛”尚差一间，然亦近于颈曲。然则“周公韈偻”犹言周公颈曲。而颈连于首，属五体之一，故“偻”引申为曲义，多用于四肢部分。《穀梁传·成公元年》：“曹公子手偻。”《荀子·儒效》：“虽有圣人之知，未能偻指也。”“偻指”，曲指而数。据上所辨，可知《说文》说解正以曲胫之“尪”表示曲义（用于肢体），继之“周公韈偻”之颈曲以证此本义，末又出“或言”背曲义。只是《说文》将曲作为本义，未确，当以颈曲为本义；背曲、曲身为引申义。《后汉书·皇后纪上·和熹邓皇后》：“若并时进见，则不敢正坐离立，行则偻身自卑。”《素问·脉要精微论》：“膝者，筋之府，屈伸不能，行则偻附，筋将惫矣。”张志聪注：“偻，曲身也。”此皆为引申之用。

“伛”专指背曲，即背脊骨的弯曲。《释名·释疾病》：“呕，伛也，将有所吐，脊曲伛也。”此说得其旨，弯腰而曲背倾吐为“呕”，弯腰而曲背为“伛”。《战国策·宋卫策》：“剖伛之背，锲朝涉之胫，而国人大骇。”《礼记·问丧》：“伛者不袒。”陆德明释文：“伛，背曲也。”谓曲背者不脱衣。《素问·刺禁论》：“刺脊间中髓，为伛。”意刺脊骨间隙，若误伤脊髓，即会变成驼背（参郭霭春《语译》）。《吕氏春秋·尽数》：“苦水所多尪与伛人。”高诱注：“伛，伛脊疾也。”《旧唐书·史思明传》：“姿瘦少须发，鸢肩伛背。”当然，伛的程度，也可有所不同。曲背之至，便是弯身而双手近地。《淮南子·齐俗》:“伛者使之涂。”高诱注:“伛人涂地因其俯也。”但是“伛”只可指曲背曲身,却不可指曲肢体。

由此可见,“伛、偻”当是两个同义词。从弯曲的程度看,伛大于偻。《左传·昭公七年》所记有名的正考父《鼎铭》:“一命而偻,再命而伛,三命而俯,循墙而走。”此是孔子十代先祖的一则铭戒。据礼,一命为士,二命为大夫,三命为卿。正考父佐宋君,命为上卿,以位高,故“三命兹(滋)益共(恭)”(同上)。杜预注:“俯共(恭)于伛,伛共(恭)于偻。”杜注诚确。若三者等义,则无疑与礼制及文句皆不合。此分明是表敬姿态的三个等差:一命而曲颈,二命而曲背,三命而大曲身。“偻、伛”正用其本义,而“俯”用其引申义。由于“俯”的弯曲幅度很大,故恭于“伛”,当介于弯身与伏身之间。

《说文·疒部》:“癃,罢病也。”《晏子春秋·问下》:“公所身见癃老者七十人,振赡之,然后归也。”《史记·平原君列传》:“臣不幸有罢癃之病。”司马贞索隐:“罢癃谓背疾,言腰曲而背隆高也。”《汉书·高帝纪下》:“年老癃病勿遣。”颜师古注:“癃,疲病也。”《贾山传》:“民虽老羸癃疾,扶杖而往听之,愿少须臾,毋死。”按,隆声有高义。《小尔雅·广诂》:“隆,高也。”其特点当如上引《史记·平原君列传》索隐所言“腰曲而背隆高”,即俗称驼背。

参考文献

[1] 蒋礼鸿:《敦煌变文字义通释》(第四次增订本),上海古籍出版社,1988年9月。
[2] 郭霭春:《黄帝内经素问校注语译》,天津科技出版社,1981年12月。
[3] 张登本、武长春:《内经词典》,人民卫生出版社,1990年9月。

106. 股·髀(胜、脾)·胯(袴、跨)·胫·胻(骱)·腓

人的下肢谓之腿。"股",大腿。"髀",大腿外侧部。"胯",大腿之间。"胫",小腿。"胻",小腿近膝处。"腓",胻下胫骨后大团肌肉。后二词实际使用多指整个小腿。

【同义】

《说文·骨部》:"股,髀也。"(从段注)"髀,股也。"又《肉部》:"胯,股也。"《广雅·释亲》:"股,胫也。"《说文·肉部》:"胫,胻也。""腓"也可称胫。

【辨释】

"股"是大腿,指从膝盖到胯的一段。《诗·小雅·采菽》:"赤芾在股,邪幅在下。"("芾",官服外的蔽膝。)郑玄笺:"胫本曰股。"汉扬雄《太玄经·元数》:"九体,三为股肱。"《史记·高祖本纪》:"(高祖)左股有七十二黑子。"清蒲松龄《聊斋志异·促织》:"宰严限追比,旬余,杖至百,两股间浓血流离。""股"皆指大腿。"股"的喻称用法在这一组词中最为广泛、丰富。一、与"肱"、"掌"等词连用,喻代辅佐君主的重臣。《左传·昭公九年》:"君之卿佐,是谓股肱。"可作动词,为辅佐义。《左传·僖公二十六年》:"昔周公、大公,股肱周室,夹辅成王。"《战国策·魏策二》:"王曰:'需(田需),寡人之股掌之臣也。'"二、喻指车辐近毂的粗实处。《周礼·考工记·轮人》:"参分其股围,去一以为骹围。"三、喻作事物的一支、一部。唐白居易《长恨歌》:"钗留一股合一扇,钗擘黄金合分钿。"凡此众多喻称用法,无不从其本义大腿之一端申发。

"髀",今《说文》诸本作"股也",而陆德明《尔雅音义》、《文选·七命注》、唐玄应《一切经音义》、《太平御览》卷三七二人事部皆引作"股外也"。当有"外"字。"髀"也作"胜"、"脾"(例见下),指大腿的外侧、外部。髀之为义,除上引文献校勘的例证,还可由声源证之。《释名·释形体》:"髀,卑也,在下称也。"俗多从之。然此非信说。"卑"的卑下义是后起义,且施于"髀"字甚无谓。"卑"之古文字是一个上有头、下突出一直腿站立的形象,(京二六八四)但此只能表示髀的腿义,却未能显示其特征。今按,卑声之字有小义,也有旁、外之义。如"萆",指外披之衣可御雨者。"鼙",大鼓之侧外加小鼓者。"髀"的卑声当也取旁、外之义,故《说文·骨部》训为"股外"。更以文献使用证之。《庄子·在宥》:"鸿蒙方将拊脾雀跃而游。"("拊",拍。)陆德明释文:"脾,本又作髀。"《史记·张释之冯唐列传》:"上既闻廉颇、李牧为人,良说,而搏髀曰:'嗟乎!吾独不得廉颇、李牧时为吾将……吾岂忧匈奴哉!'""搏",拊拍。

拍髀，拍击大腿外侧，表示极度兴奋之情。唐韩愈《陆浑山火和皇甫湜用其韵》："鬃其肉皮通髀臀，颓胸垤腹车掀辕。"臀部在人后，股腿之与臀部相连，当见于外部。《灵枢经·骨度》："季胁以下至髀枢长六寸。""髀枢"，即髀臼，是髀骨外侧的凹陷部分。"髀"，还作为古代测量日影的竿表之异称。《周髀算经》卷上之二："周髀长八尺……髀者，股也；正晷者，勾也。"表测日影犹如一个直角三角形。但是，相当于直角长边的"股"，即测日之竿，却不称"股"，而称"表"、"髀"。此非偶然。盖"表"的本义是皮上之毛，引申为外（参第55条），股无外义，而髀也指股外，故可称"表"、"髀"。要之，"股"是整体的大腿，为大腿的通称；"髀"专从外侧（尤其与髋臀相连处）指大腿，指大腿的外侧部。

"胯"，《说文》训"股"，乃浑言。析言之，实指两股之间。《史记·淮阴侯列传》："信（韩信）能死，刺我；不能死，出我袴下。"裴骃集解引徐广曰："袴，一作胯。"并训"股也"。《汉书》作"跨"。"胯下"，指两腿之下。此义通贯古今（例略）。

"胫（脛）"，指脚踝到膝盖的一段，即小腿。其义取于物之茎。"胫"从坙声，声兼义。《释名·释形体》："胫，茎也，直而长似物茎也。"物茎近地细长而承载上部的重量，人之胫亦然。《书·泰誓下》："（商王）斮朝涉之胫，剖贤人之心。"《史记·魏其武安侯列传》："胫大于股，不折必披。""胫"在古籍中是小腿的通称。

《说文·肉部》："胻，胫耑（端）也。""端"，头。指胫的近膝小段。盖"胻"从肉行声，"行"与"壮"同声源，胫上的粗壮之区，正是近膝小段。"胻"也作"骱"。《素问·刺热论》："肾热病者，先腰痛胻痠。"从其本义说，与"胫"当然有别，"言胫则统胻，言胻不统胫"（见段玉裁"胻"字注）。但实际使用中"胻"往往指整个小腿。《史记·龟策列传》："圣人剖其心，壮士斩其胻。"裴骃集解："胻音衡，脚胫也。"盖所斩者绝不能只是"胻"这一小段。《素问·刺热论》例，"骱"，《病源》作"胫"（参郭霭春《黄帝内经素问校注语译》198页），指的也是整个小腿。

"腓"，在"胻"稍下，指胫骨后的大团肌肉，俗称小腿肚，《说文·肉部》所谓"腓肠"。腓之言肥也，胫肚肉肥壮，故得腓名。《易·艮》："艮其腓。"陆德明释文："腓，本亦作肥。""腓"中有腓骨。人的腓骨上端仅与胫骨连接，而与膝关节不关涉。但实际使用也与"胻"相似，多扩指整个小腿。《庄子·天下》："禹亲自操橐（一作'橐'）耜而九杂天下之川，腓无胈，胫无毛。"（"胈"，小腿上细毛。"橐"，盛土器。"杂"，使诸水汇大川。）《韩非子·扬权》："腓大于股，难以趣（趋）走。"皆用其扩指的本义，指小腿。

107. 趾(止)·足·脚(腳)

“趾”,最早的脚掌之称,文献多用其引申义。“足”,下肢泛称,引申为脚掌通称。“脚”,小腿,汉末起可作口语中脚掌通称。

【同义】

《尔雅·释言》:“趾,足也。”郭璞注:“足,脚。”《诗·周南·麟之趾》:“麟之趾。”毛传:“趾,足也。”晋左思《吴都赋》:“足趾之所不蹈。”“足”、“趾”同义连用。

【辨释】

“趾”本作“止”,甲骨文象脚掌之形(《甲三七四四》),此为本义。《说文·止部》训为“下基也”,为引申义。《汉书·刑法志》:“当斩左止者,笞五百。”颜师古注:“止,足也。”正用本义。后“止”本义昧,遂专出“趾”字表其本义,然“止”亦不废。《易·贲》:“贲其趾。”陆德明释文:“趾,本作止。”《诗·豳风·七月》:“三之日于耜,四之日举趾。”“举趾”,抬脚踩蹠耜上的横木,表示夏历正月开始耕种。“趾(止)”的引申义大致有两系:一指直立物体下端,如山脚、墙脚等,累增字分别为“阯”、“址”。《汉书·郊祀志上》:“禅泰山下阯。”颜师古注:“阯者,山之基足。”汉扬雄《太玄经》卷四:“丰墙峭阯。”范望注:“阯,足也,谓基也。”另一为止息义。《吕氏春秋·下贤》:“万乘之主见布衣之士一日三至而勿得见,亦可以止矣。”高诱注:“止,休也。”宋苏轼《前赤壁赋》:“浩浩乎如冯虚御风,而不知其所止。”诸多引申正从本义生发:或着眼于直立物体下端之亲地者,故称基足;或着眼于最下的脚掌,脚掌之所至皆身之所止,故生义为止息。二者均可明“止”之本义为脚掌。

“趾”虽是脚掌义的最早称名,但由于趾没有手掌那样使用的灵活性与行为的多样性,其动作行为正是足的活动的集中反映,故其义即在上古也使用不广,主要由“足”字承担(见下);“止”主要作为构成部分用在与脚有关的字,如“步、出”等,而其单用则多见其引申义。唯此,文献中有“手足”、“手脚”的反义对举,却无“手趾”之对称。

“足”,是一个合体象形字。其基本部分为“止”,上加“口”形。杨树达谓“足”从〇者,像股胫周围之形(见《积微居小学述林》卷三《释足》)。按,“足”的朔义,不是脚掌,而应指整个下肢。大徐及杨氏说不误。《战国策·赵策四》:“老臣病足,曾不能疾走,不得见久矣。”《淮南子·览冥》:“于是女娲炼五色石以补苍天,断鳌足以立四极。”凡此,皆指整个下肢。有一种残疾称“躄”者,古代字书皆训为“足不能行”,如《礼记·王制》“瘖、聋、跛、躄”,郑玄注及孔颖达疏均释“躄”为“两足不能行”。此“足”,即指整个下肢,谓两下肢麻痹萎缩(参第119条)。

但是由于下肢已有“股、胫”表示大腿、小腿的专称，而足的任何动作行为常常必须由脚掌来完成，因而“足”常指称脚掌，成为脚掌的通称。《左传·庄公八年》：“公惧，队(坠)于车，伤足丧屦。”《韩非子·外储说左上》：“郑人有且置履者，先自度其足，而置之其坐。”《后汉书·酷吏传·黄昌》：“昌惊呼前谓曰：‘何以识黄昌邪？’对曰：‘昌左足心有黑子，常自言当为二千石。’昌乃出足示之。”诸例中“足”皆指脚掌。末例最有启发性。前“足心”指脚掌心，后“出足示之”，实也是出脚以示脚心，但出脚心必须伸出整个下肢，因而此“足”可当作下肢的泛称。由此可见“足”之下肢义与脚掌义的密切关系。有时，竟无法分出是整个足还是最下的脚掌。如《老子》第六十四章：“千里之行，始于足下。”《庄子·胠箧》：“足迹接乎诸侯之境。”《说文·韦部》：“韈，足衣也。”足衣实际是裹脚再延伸胫之半。称“趾”则除胫，称“胫”则排趾，皆名不副实，唯“足”为泛称，最为洽贴。即如今之用，像“足球”、“踏足”，接触面皆在脚掌，而动的是整个下肢。凡此皆可视作整个下肢的泛称，其中自然可赅脚掌。

“脚”，本指小腿部分，是小腿的泛称。《说文·肉部》训“腳”为“胫也”。段玉裁注：“《东方朔传》曰：‘结股腳。’谓跪坐之状。股与腳以膝为中。腳之言却也。凡郤步必先胫。”《墨子·明鬼下》：“羊起而触之，折其脚。”汉司马迁《报任安书》：“孙子膑脚，兵法脩列。”“膑脚”，挖去膝盖骨，“脚”指胫。《淮南子·俶真》：“剖贤人之心，析才士之胫。”高诱注：“胫，脚也。”诸“脚”皆明显指胫。引申之，才是脚掌之称。

“脚”之脚掌义，或谓起于隋唐，或云起于晋代。谓隋唐似太迟。《山海经·西山经》：“马脚人手而四角，名曰玃如。”郭璞注：“前两脚似人手。”句中“脚手”对举，已不指小腿。但《山海经》之成书时代尚有争论，且其文多经汉代人润饰。从目前掌握的材料看，“脚”最早用同今义的文例见于《汉书·申屠嘉传》“以材官蹶张”颜师古注中所引如淳语，如淳曰：“材官之多力，能脚踏强弩张之，故曰蹶张。”(“蹶张”，用脚踩的强弩。)如淳是三国时魏人。然则，“脚”用同今义始见于汉末。同时代吴国人支谦译《撰集百缘经》，其第九卷《罽宾宁王缘》中也有类似用法：“时彼使者……前奉王书。时此化王得彼书已，蹋著脚底。”然而“脚”的脚掌义，其时尚不普遍。大量用为今义，是在唐代，多用于语体作品。杜甫《乾元中寓居同谷县作》诗：“手脚冻皴皮肉死。”李贺《李凭箜篌引》：“吴质不眠倚桂树，露脚斜飞湿寒兔。”凡此，唐诗中屡见不鲜。乐府民歌《木兰诗》“愿驰千里足”句，在唐代段成式《酉阳杂俎》卷十六中引作“明驼千里脚”。可见，“脚”是古代的口语词。然则“脚”的二义分别与“足、胫”构成文白之别：用作脚掌之称，文“足”白“脚”；用作小腿之称，文“胫”白“脚”。

今之“脚”，一如古之“足”：既是脚掌部分的通称，又是整个下肢的泛称。与古代之“脚”也一脉相承。此也可见古代“足、脚”之义用相同，而色彩有文白之异。

参考文献

[1] 杨树达：《积微居小学述林》，中华书局，1983 年 7 月。

108. 践·蹈·蹋(踏、蹹)·蹑·蹴

“践”,踩踏而前。“蹈”,着力踩踏。“蹋”,原地轻快踩踏。“蹑”,紧随一物有意踩踏。“蹴”,顿踢结合踩踏。

【同义】

《礼记·曲礼上》:“毋践屦。”孔颖达疏:“践,蹋也。”《说文·足部》:“蹋,践也。”“蹈,践也。”“蹴,蹑也。”“蹑,蹈也。”《淮南子·原道》:“经纪山川,蹈腾昆仑。”高诱注:“蹈,蹑也。腾,上也。”汉枚乘《七发》:“蹈践麖鹿。”汉张衡《南都赋》:“排楗陷扃,蹩蹈咸阳。”《南史·梁宗室传上·韶德茂》:“酒酣,乃径上韶床,践踏肴馔。”唐杜甫《韦讽录事宅观曹将军画马图歌》:“霜蹄蹴踏长楸间,马官厮养森成列。”“蹈践、蹴踏”等皆为同义连用,泛指踩踏。

【辨释】

“践”字从足戋声。践之踩踏,重在陈列行迹。盖戋声之字有小义,也有陈列义。“衡(後)”,所陈行迹;“饯”,陈食物以送行;“栈”,铺陈编木而成阁道。《诗·小雅·伐木》:“笾豆有践。”郑玄笺:“践,陈列貌。”再以其引申义证之。“践”有到临义,谓足迹所到。《庄子·让王》:“不践其土”,是足沿循而行。足迹印于帝君登基之道,便是“践阼”。阼是东阶,天子接位要步上东阶祭宗庙。《礼记·文王世子》:“周公相,践阼而治。”郑玄注:“践,履也。”虚其义,个人的历史行迹,即履历,称“践更”。实行诺言称“践言”。《仪礼·士相见礼》:“不足以践礼。”郑玄注:“践,行也。”“践”的引申之用甚广,今犹有“实践”、“践踏”诸词,皆可见出与“践”的本义踩出行迹之密切关系。要之,“践”者,重在陈列行迹,即一步一迹踩踏而前。

“蹈”指着力踩踏。《史记·乐书》:“发扬蹈厉之已蚤,何也?”张守节正义:“蹈,顿足蹋地。”《礼记·乐记》:“嗟叹之不足,故不知手之舞之、足之蹈之也。”陆德明释文:“蹈,动足履地也。”《新唐书·文艺传上·杜审言》:“审言蹈舞谢,后(武后)令赋欢喜诗。”今成语有“手舞足蹈”。也可向前而跳,即跳投义。《庄子·达生》:“至人潜行不窒,蹈火不热。”今成语有“赴汤蹈火”,“蹈”与“赴”同义对文。《史记·鲁仲连邹阳列传》记鲁仲连语,谓若秦称帝,“则连有蹈东海而死耳”。“蹈东海”,跳东海。中古起,“蹈”多用于抽象义;遵行。唐韩愈《南阳樊绍述墓志铭》:“不袭蹈前人一言一句。”《金史·李经传》:“(李经)作诗极刻苦,喜出奇语,不蹈袭前人。”蹈袭者,循原状而为。跳投和遵行二义均可见出“蹈”本义为着力踩踏之一端。

“蹋”,或作“踏、蹹”等。从唐代起,“蹋”多作“踏”。《集韵·入合》:“踏或作蹹、蹋。”“沓,语多沓沓也。”(《说文·曰部》)从沓之字多有重合、委积义,“蹋”当从沓声得义。《释名·释姿容》:“蹋,榻也,榻着地也。”故本指原地轻快地踩踏。唯此,大都施于乐舞的场合。伴舞者

用足踏地打节拍为“蹋地”。《后汉书·东夷传》：“群聚歌舞，舞辄数十人相随，蹋地为节。”立于鼓上踏步起舞谓之“蹋鼓”。《三国志·魏志·杨阜传》：“今女倡著罗之衣，蹋鼓，一坐皆笑。”唐李白《赠汪伦》诗：“李白乘舟将欲行，忽闻岸上踏歌声。”《资治通鉴·唐纪二十二·武则天圣历元年》：“尚书位任非轻，乃为虏踏歌。”胡三省注：“踏歌者，连手而歌，蹋地以为节。”宋苏轼《有言郡东北荆山下……二子有诗次其韵》之一：“使君下策真堪笑，隐隐惊雷响踏车。”踏车者，足踩车使之转动。到唐代又有轻快踩行义。春日郊游为“踏青”。《旧唐书·代宗纪》：“永泰二年二月壬午，幸昆明池踏青。”月下闲步为“踏月”。唐刘禹锡《武陵书怀五十韵》：“照山畬火动，踏月俚歌喧。”凡此，均蕴含轻快、逗留之意。此轻快踩行之义也可见出“蹋（踏）”之轻快踩踏的特点。

“躡”，从足聂声。聂声有近附义。“聂”是“附耳私小语”（《说文·耳部》），“摄”是“引持”（《说文·手部》），“嗫”是附耳小语声。“躡”者，当指紧随一物有目的即有意踩踏。《战国策·秦策四》：“康子履魏桓子，躡其踵。”（“踵”，脚跟。）《史记·淮阴侯列传》：“张良、陈平躡汉王足，因附耳语曰……”刘邦听韩信使者告信欲代理齐王，大怒斥骂，张良、陈平顿觉不妙，为提醒汉王，当使者之面，只得踩刘邦脚，此无疑也是有目的地踩踏，一个“躡”字，突出了张、陈的机智、善谋。《史记·孟尝君列传》：“冯驩闻孟尝君好客，躡跻而见之。”《平原君虞卿列传》记虞卿：“躡跻檐簦，说赵孝成王。”“躡跻”，踩着草鞋。“躡”向平面引申，为追义。《汉书·文三王传·梁共王》：“文吏躡寻，不得转移。”此是追寻。《尉缭子·经卒令》：“莫敢当其前，莫敢躡其后。”《文选·潘岳〈藉田赋〉》：“躡跻侧肩。”李善注引《说文》：“躡，追也。”《三国志·魏志·邓艾传》：“欣（杨欣）等追躡于彊川口，大战。”向空间引申，为登义。《方言》第一曰：“躡……登也。自关而西秦晋之间曰躡。”《玉篇·足部》：“躡，登也。”晋左思《咏史》之二：“世胄躡高位，英俊沈下僚。”高位而用“躡”，突出其紧附、追随之态。无论追与登，均是紧随一物而踩踏的扩大、延伸，也反映出“躡”之踩踏义的基本特点。

“蹴”亦作“蹵”。今本《说文》训“躡也”，有误。唐玄应《一切经音义》卷十一引《说文》：“蹴，蹋也。以足逆蹋曰蹴。”可见“蹋、蹴”有别，蹴亦非躡的动作。《说文·糸部》：“缩，一曰蹴也。”《手部》：“摍，蹴引也。”“蹴”与“缩、摍”音近义通。故“蹴”有缩义，当指弯曲足迎物而蹋踢，即是“逆蹋”，顿踢相结合地踩踏。《孟子·告子上》：“蹴尔而与之，乞人不屑也。”赵岐注：“蹴，蹋也。”此乃浑言。“蹴尔”，当理解为原地践踏再踢向乞者，唯此，才能完整表明“与之”的方式。《晋书·祖逖传》：“中夜闻荒鸡鸣，蹴琨觉曰：‘此非恶声也。’”此“蹴”当是先顿足，衡其轻重适中而踢。若用“蹋”，易误为自上而下踏，皆不合上下文意。踢是大幅度挥足，也是跨步，今成语“一蹴而就”，“一蹴”，即指跨一步，有的辞书释为“踏一步”，既不承古，也不合今用。盖缘不知“蹴”本含踢意。

109. 跬(蹞、顷、窥)·武·步

“跬”，半步，合今一步。“武”，亦半步，周秦文献已少用。“步”，合今两步。

【同义】

“跬”、“武”、“步”均是步距量度单位。

【辨释】

“跬”，《说文·走部》作“趌”，训为“半步”。又曰“读若跬”，则许慎时已以“跬”字行。《小尔雅·广度》：“跬，一举足也。”《类篇》引《司马法》：“凡人一举足曰跬。跬，三尺也。”上古之三尺，约合今二市尺左右。“一举足”，即一腿先跨出而另一腿在后未动，今谓之步。因此，“跬”相当于今跨一步。

“跬”，或作“蹞、窥、顷”，是半步的常称。《礼记·祭义》：“故君子顷步而不敢忘孝也。……壹举足而不敢忘父母。”陆德明释文：“顷读为跬。”《荀子·劝学》：“不积蹞步，无以至千里。”《大戴礼记·劝学》作“跬”。汉贾谊《新书·审微》：“故墨子见衢路而哭之，悲一跬而缪(谬)千里也。”《汉书·息夫躬传》“京师虽有武蠭(锋)精兵，未有能窥左足而先应者也”，颜师古注读为“跬”，曰：“跬，半步也，言一举足也。”明马中锡《中山狼传》：“性贪而狠，党豺为虐，君能除之，固当窥左足以效微劳，又肯讳之而不言哉！”清蒲松龄《聊斋志异·促织》：“异史氏曰：‘……故天子一跬步，皆关民命，不可忽也。’”由上诸例可见，“跬”通常要与“步”连用，泛指脚步；大都作名词，有时也可作动词，如上引“窥左足”两例，皆用为名词的使动用法，使左足成跬，即步随之意。此外，又可引申为小义、近义，作状语。《文选·谢瞻〈于安城答灵运〉诗》：“跬行安步武，锻翮周数仞。”“跬”为半步，步履间距最小，故“跬行”犹小行，句谓小行而安于一迹之内。《庄子·骈拇》：“窜句游心于坚白同异之间，而敝跬誉无用之言，非乎?”“跬”为半步，最为近短，“跬誉者，邀一时之近誉也”(郭庆藩《庄子集释》引郭嵩焘说)。

“武”也可指半步。《国语·周语下》：“夫目之察度也，不过步武尺寸之间；其察色也，不过墨丈寻常之间。”韦昭注：“六尺为步，贾君以半步为武。”唐权德舆《书绅诗》：“谨之在事初，动用各有程。千里起步武，彗云自纤茎。”宋陆游《道室杂咏》之一：“岂但烟霄随步武，故应冰雪换形容。”后两例“步武”泛指脚步。“武”何以有半步义?《说文·戈部》谓“止戈为武”，此非本义。或谓足迹，或谓行走，亦未当。于省吾谓其本义为征伐，“征伐者必有行，止即示行也；征伐者必以武器，戈即武器也。”(转引自李孝定《甲骨文字集释》第十二，3783页。)于说信而有据。“武”的引申义盖分二系：一是戈系，衍生军武、刚健、武士等义，用于今；一是止系，有足迹义。《尔雅·释训》："武，迹也。"《诗·大雅·下武》："绳其祖武。"郑玄笺："戒慎其祖考所履践之迹。"《楚辞·离骚》："忽奔走以先后兮，及前王之踵武。"《礼记·曲礼上》："堂上接武，堂下布武。""武"亦步迹义。步迹者相接而继，故又有继承义。《尔雅·释诂上》："武，继也。"《诗·大雅·下武》："下武维周，世有哲王。"毛传："武，继也。"其诗意为：后人能继先祖者，周家最大。"武"的半步义当属止系之引申义。盖"步"为二"止"，"武"仅一"止"；止即"趾"。《释名·释形体》："趾，止也，言一进一止也。""一进一止"，正为半步，故贾君以半步为武。但"武"无论单用或与"步"连用，周秦书面文献中，一般均已不用作实际的步距量词，如《国语·周语下》之例，已属罕见。

"步"，《说文·步部》训为"行也"，其本义是行走，特指慢走，动词。《庄子·田子方》："夫子步亦步，夫子趋亦趋。"引申为名词，脚步。《楚辞·离骚》："夫唯捷径以窘步。"《左传·昭公十一年》："视不登带，言不过步。"引申为步距量词，指两足行进间的距离。《司马法》："两举足曰步。步，六尺也。"（见《类篇》引）《说文·步部》析其字"从止𣥂相背"。段玉裁曰："止𣥂相并者，上登之象；止𣥂相随者，行步之象。相背犹相随也。"（见《说文》部首"步"注）举一止（即足）为跬，相随又举足即成步，故"步"是"两举足"，相当于今两步。前举诸"跬步""步武"之"步"，皆由此义而泛指脚步。而单用作量词亦甚多。《孟子·梁惠王上》："兵刃既接，弃甲曳兵而走，或百步而后止，或五十步而后止。"《庄子·庚桑楚》："步仞之丘陵，巨兽无所隐其躯。"陆德明释文："步仞，六尺为步，七尺曰仞。广一步高一仞也。"由步距量词，又可引申为量地单位：六尺为一步，三百步为一里。《周礼·考工记·匠人》："野度以步。"《荀子·劝学》："骐骥一跃，不能十步。"《三辅黄图·咸阳故城》："咸阳故城自秦孝公至始皇帝胡亥并都此城……横桥南度（渡），以法牵牛。桥广六丈，南北三百八十步，六十八间。""步"的长度标准历来说法不一。《礼记·王制》："古者以周尺八尺为步，今以周尺六尺四寸为步。"一般说，周代以八尺为步，秦代以六尺为步，旧之营造尺，以五尺为步。无论标准如何不一，皆以人两举足距离为度。

110. 便·溺(尿)·溲·遗·私·旋·解

人体有排泄的动作,“溲”,小便专称;受“大、小”等修饰,用作大小便通称。“溺”,口语中小便专称。“私”、“旋”,男子小便,前者产生早。“遗”,大小便失禁。“便”,汉代产生的大小便通称,口语词。“解”,中古以来方言、口语中大小便泛称。

【同义】

《字汇补》:“遗,便旋也。”《左传·襄公十五年》:“师慧过宋朝,将私焉。”杜预注:“私,小便。”均指人体排泄废物。“溺”、“溲”、“解”也是人体排泄废物的动作。

【辨释】

“便”,大小便的通称。始见于汉代,是口语词。《素问·至真要大论》:“少腹坚满而数便泻。”《汉书·韦玄成传》:“(玄成)即阳(佯)为病狂,卧便利,妄笑语昏乱。”颜师古注:“便利,大小便。”又《张安世传》:“郎有醉,小便殿上,主事白行法。安世曰:‘何以知其不反水浆邪?’”(“反”,翻。)特指小便。《西京杂记》卷四:“汉朝以玉为虎子,以为便器。”《晋书·苻登载记·徐嵩》:“(姚)方成怒,三斩嵩,漆其首为便器。”《旧唐书·郭霜传》:“时大夫魏元忠卧疾……请示元忠便液,以验疾之轻重。”大小便称为“便”,或以为是“叟”讹为“更”所致。方以智曰:“叟形与更近,其讹复何待言?”“仓公大小溲,后遂作大小便。”(《通雅一·疑始·专论古篆古音》)不然。“叟、更”形虽近,而音甚远;“溲”、“便”又一直共用,故肯定一词而同中有异,因而不可能是形讹关系。其实,此不必曲探。便者,是不加选择、隐蔽地排泄废物,盖得义于方便耳,上引《汉书》之例即有此特点。

“溺”或作“尿”(参第111条),其常用义是淹渍。《广雅·释诂一下》:“溺,没也。”《释诂二下》:“溺,渍也。”《礼记·缁衣》:“小人溺于水。”作为小便义,正是其引申:小便之“溺”,也似用水“淹没”其溺处。故与随地而便之“便”相反,“溺”是有目标(择地)地小便,隐含浇注之意。《史记·范雎蔡泽列传》:“雎佯死,即卷以箦,置厕中,宾客饮者醉,更溺雎。”即指用小便浇范雎。《旧唐书·西戎传·罽宾国》:“有被蛇螫者,鼠辄嗅而尿之,其疮立愈。”其“溺(尿)”也应译作“用小便浇注”或“对着……小便”。若改用“溲”,则浇注之意遂不显。“溺”有口语色彩,是口语中小便专称,故用于今。

“溲”,小便的专称,不及物动词。《素问·奇病论》:“有癃者一日数十溲。”王冰注:“溲,小便也。”《史记·扁鹊仓公列传》:“石之为药精悍,公服之不得数溲,亟勿服。”《史记·郦生陆贾列传》:“诸客冠儒冠来者,沛公辄解其冠,溲溺其中。”《后汉书·张湛传》:“湛至朝堂,遗失(矢)溲便,因自陈疾笃,不能复任朝事,遂罢之。"李贤注:"溲,小便也。""溲"若前冠"大、小、后、前"以修饰,则成了大小便的通称。《国语·晋语四》:"(文王母)少溲于豕牢而得文王,不加疾焉。"韦昭注:"豕牢,厕也。溲,便也。"言文王母小便时很容易地生下文王。《史记·扁鹊仓公列传》:"涌疝也,令人不得前后溲。"司马贞索隐:"前溲谓小便。后溲,大便也。"又:"难于大小溲,溺赤。""臣意饮以火齐汤,一饮得前溲,再饮大溲,三饮而疾愈。"大小溲,即大小便。但"溲"若是单用,一般单指小便。或举《吴越春秋·勾践入臣外传》"越王因拜请尝大王之溲以决吉凶,即以手取其便与恶而尝之",而认为"溲"在不对言时,也可泛指大小便,实误。此是随文而扩指排泄物,正如下句"便、恶"对举,"便"也随文而指小便,但不得因之而称"便"为小便的专称。"溲"之所以被用以专指小便,乃因其本义是"浸沃"(《说文·水部》)。引申为淘洗。如"析薪溲米"(蒲松龄《聊斋志异·小谢》)。为拌和。如"溲米"、"溲面",皆含水浸润之意。小便之"溲"当亦然。

"遗"字的便义,也首见于汉代,指失去控制地大小便。《史记·廉颇蔺相如列传》:"廉将军虽老,尚善饭,然与臣坐,顷之三遗矢矣。"司马贞索隐:"谓数起便也。矢,一作'屎'。"《汉书·东方朔传》:"朔(东方朔)尝醉入殿中,小遗殿上。"颜师古注:"小遗者,小便也。"特指大小便失禁之疾。《后汉书·张湛传》:"湛至朝堂,遗失(矢)溲便,因自陈疾笃,不能复任朝事,遂罢之。"《素问·刺腰痛》:"解脉令人腰痛,痛引肩……时遗溲。"《灵枢经·九针论》:"膀胱不约为遗溺。"

"私",指男子小便。此《左传》中已多见。《左传·襄公十五年》:"师慧过宋朝,将私焉。"杜预注:"私,小便。"又《定公二年》:"邾庄公与夷射姑饮酒,私出。""私出",出去小便。南朝宋刘义庆《世说新语·德行》:"(王)祥尝在别床眠,母自往闇斫之。值祥私起,空斫得被。""私起",起来小便。"私"必指男人小便,乃缘"私"原本是男性生殖器的象形(参第113条)。旧题汉伶玄《赵飞燕外传》:"且早有私病,不近妇人。"此"私"即径指男性生殖器。男子外生殖器也是排尿器官,故得引申指男人小便。从本义而论,"私"盖是最早的男子小便之称。

"旋"用作男子小便之称,《左传》亦已见。《左传·定公三年》:"阍以瓶水沃廷,邾子望见之,怒。阍曰:'夷射姑旋焉。'"杜预注:"旋,小便。"后世偶有承用。唐韩愈《石鼎联句诗序》:"天且明,道士起出门,若将便旋然。""便旋",同义连用。又《张中丞传后叙》:"巡(张巡)起旋,其众见巡起,或起或泣。""旋"之所以作便之称,盖是"全"或"朘"的假借。《老子》第五十五章:"未知牝牡之合而朘作,精之至也。"(从陈鼓应校)傅奕本及马王堆帛书乙本作"朘",河上公本及多种古本作"峻",陆德明释文引《说文》"朘,赤子阴也",《玉篇》也同。今本《说文》无之,原本当有"朘",段玉裁据补,诚是。《老子》全句意为:孩童不知道男女交合,但生殖器却自动勃起,此是精气充足的缘故。据古本《说文》则"朘"为正字,作"全"、"峻"均是音近假借(参张舜徽《周秦道论发微·老子疏证卷上》)。"朘、峻、全"与"旋"也音近。然则"旋"作便义与"私"性质特点同,也是由男性生殖器引申而指男子小便。

"解"的本义是剖开、顺理分割肢体。《庄子·养生主》:"庖丁为文惠君解牛。"成玄英疏:

“解，宰割之也。”即用此本义。引申出分解、解脱、排泄等义。遂又作大小便泛称，为后起方言口语用法。明戚继光《练兵实纪》卷七：“处夜解……各开厕坑一个于本地方，遇夜即于厕中大小解。”也作“解手”，是“解、溲”二字同义连用之字转（据张惠英说）。《京本通俗小说·错斩崔宁》：“叙了些寒温，魏生起身去解手。”今官话区、吴方言犹用此词，读“jiě”，“gǎ”（亦阴上调）。在吴语区如崇明、川沙方言，单说“解手”指小便，分别大小便则云“大解”、“小解”，与戚继光文用同。但文言中“解”作便义较为罕见。

参考文献

［1］陈鼓应：《老子注释及评介》，中华书局，1984 年 5 月。
［2］张惠英：《吴语劄记·释“污”、“解手”》，《中国语文》1980 年第 6 期。
［3］［明］方以智：《通雅》上册，上海古籍出版社，1988 年 9 月。

111. 溲·溺(尿)·矢(屎)·恶·粪

人体有排泄物。"溲",小便专称。"溺",口语中小便专称。"矢",大便通称。"恶",东汉起方言中大便之称。"粪",南北朝起口语中大便之称。

【同义】

"溲、溺、矢、恶、粪"皆指称人体的排泄物。

【辨释】

"溲",指小便。《广韵·平尤》:"溲,小便。"《集韵》同。《吴越春秋·勾践入臣外传》:"大王以越王归吴为义,以饮溲食恶为慈。""太宰嚭奉溲恶以出。"元徐天祜音注:"溲即便也。"指小便。《韩非子·喻老》:"身死高梁之东,遂卒被分,漆其首以为溲器。""溲器",小便壶。

"溺",只指小便,也是小便的专称。《说文·尾部》:"尿,人小便也,从尾水。"后省作"尿",为今所用。《集韵·去啸》:"尿,《说文》:'人小便也。'或省。亦作溺。"《史记·范雎蔡泽列传》:"更溺雎。"张守节正义:"溺,古'尿'字。"《素问·气厥论》:"胞移热于膀胱则癃,溺血。""溺血",小便带血。《汉书·周仁传》:"仁为人阴重不泄,常衣弊补衣溺袴。"颜师古注:"溺袴,为小袴,以藉其尿。"即为承小便之裤。"溲器"又称"溺器"。《新唐书·文艺传中·宋之问》:"张易之等烝昵宠甚……至为易之奉溺器。""溺"在古代分明有口语色彩,与"溲"是文白之别。

"矢",同"屎",是大便的通称。《左传·文公十八年》:"仲(襄仲)以君命召惠伯……乃入,杀而埋之马矢之中。"《庄子·人间世》:"夫爱马者,以筐盛矢。"陆德明释文:"矢或作屎,同。"又《知北游》:"东郭子问于庄子曰:'所谓道,恶乎在?'庄子曰:'无所不在……在屎溺。'"《史记·廉颇蔺相如列传》:"廉将军虽老,尚善饭,然与臣坐,顷之三遗矢矣。"司马贞索隐:"谓数起便也。矢,一作'屎'。""数起便"谓多次失去控制地拉大便。清方苞《狱中杂记》:"每薄暮下管键,矢溺皆闭其中。"上篇"遗"字,所举《后汉书·张湛传》"遗矢",亦与此同。"矢",只作名词,不作动词。

"恶",《广韵》去声暮韵乌路切。用作大便义,汉代文献已见。为兼辨"粪"字,下面先引录《吴越春秋·勾践入臣外传》和《汉书》两段:

"(越王)因求其粪而尝之……适遇吴王之便,太宰嚭奉溲恶以出……越王曰……今者臣窃尝大王之粪,其恶味苦且楚酸……越王从尝粪恶之后,遂病口臭。""下饮王(指吴王)之溲者,是上食王之心也。下尝王之恶者,是上食王之肝也。"《汉书·武五子传》:"发视之,青蝇矢也,以问遂(龚遂),遂曰:'……阶下左侧谗人众多,如是青蝇恶矣。'"颜师古注:"恶即矢也，越王勾践为吴王尝恶。”

颜师古注将这几例都沟通起来。单是《吴越春秋》“溲恶”或连言，或对举，已可察见“恶”当指矢，即大便。其音读不当为入声遏各切，应是去声乌路切。有人认为，今吴方言区大部分方言点都称大便为“污”，读阴去调，相当于普通话去声音 wù（张惠英说）。《吴越春秋》之“恶”，无论与今吴方言大便“污”有否继承关系，在古语中是个方言词，盖是事实。上所引《吴越春秋》是东汉赵晔之作。再上推形成于秦汉之际的《黄帝内经素问》用“恶”122 次，却无一为大便之称。然则可以认为：“恶”是起于东汉的方言词。

“粪”，《说文·芈部》训“弃除也”，为会意字，表示人用双手持畚箕推除秽物。故其本义指扫除秽物，动词。《荀子·强国》：“堂上不粪，则郊草不瞻旷芸。”“粪”，扫除。意谓堂上犹未扫除，则无暇瞻视郊野之草。《后汉书·第五伦传》：“载盐往来太原上党，所过辄为粪除而去。”李贤注：“粪除，犹扫除也。”“粪除”，同义连用。引申为加壅秽物于田，即施肥。《礼记·月令》：“（季夏之月）可以粪田畴，可以美土彊。”（“土彊”，硗确难耕之土。）可以作名词，指秽物。《论语·公冶长》：“粪土之墙，不可杇也。”“粪土”，秽土。汉王充《论衡·率性》：“深耕细锄，厚加粪壤。”“粪壤”，秽壤，肥土。大便也是可肥土之秽物，则自也可以“粪”称之。今之粪便义，当由此产生。但古代文言中却罕见其用。将“粪土”解为有粪便之土、“粪田”作为以粪便施田，皆误。上所举《吴越春秋·勾践入臣外传》之“粪”，有人也解为大便，并谓粪便义亦古已有之（张惠英文）。未是。此“粪”犹指秽物。盖越王“求其粪而尝之”，即谓要吴王身上的秽物用口尝，此可指下身所排，也可赅上口所呕，而“适遇”吴王大小便，故太宰嚭捧出“溲恶”，唯此，下曰：“今者臣窃尝大王之粪，其恶味苦且楚酸。”意：今我不意私尝您大王身上的秽物，其中的大便（“恶”）味酸苦。此“粪”为大名，“恶”乃粪之一物。若“粪”即指大便，紧接“其恶”又指大便，殊为不伦矣。“粪”指称粪便较早的文例，如《世说新语·规箴》：“……王夷甫妻郭氏贪欲，令婢路上儋粪。”《后汉书·耿弇传》：“吏士渴乏，笮马粪汁而饮之。”此“马粪”即同于上引《左传·文公十八年》之“马矢”，皆指马之大便。《后汉书》之作者范晔与《世说新语》作者刘义庆均为南朝宋人。可见南北朝时“粪”才可指粪便。而此分明是口语用法。后世也见于较口语化的作品，如唐段成式《酉阳杂俎·毛篇》：“北虏之先索国有泥师都……三子因随牛，牛所粪，悉成肉酪。”而正统文言中仍少见。

参考文献

[1] 张登本、武长春：《内经词典》，人民卫生出版社，1990 年 9 月。
[2] 张惠英：《吴语劄记·释“污”、“解手”》，《中国语文》1980 年第 6 期。
[3] 闵家骥等：《简明吴方言词典》，上海辞书出版社，1986 年 5 月。

112. 婚(昏、昬)·姻(婣)○婚姻

"婚",男子昏夜娶女;可泛称男女亲家。"姻",女系亲属;泛称亲属关系。"婚姻"指成婚成妇的嫁娶之礼。

【同义】

"婚、姻"常同义互用。《后汉书·蔡邕传》:"上书自陈曰:'与羊陟姻家,岂敢申助私党?'"《梁书·沈约传》记高祖向沈约道及对张稷之不满,沈约不以为然,"帝以为婚家相为,大怒曰:'卿言如此,是忠臣耶?'""姻家"、"婚家"皆指有婚姻联谊的亲家。《左传·襄公二十五年》:"今陈忘周之大德……弃我姻亲。"《南史·王藻传》:"清官显位,或由才升,一叨婚戚,咸成恩假。""姻亲"、"婚戚"皆指有婚姻关系之亲戚。《国语·晋语四》:"今将婚媾从秦。"韦昭注:"重婚曰媾。""婚媾"即指重婚,亲上加亲。《文选·阮瑀〈为曹公作书与孙权书〉》:"姻媾之义,恩情已深。"李善注引《毛诗笺》曰:"重婚曰媾。""姻媾"亦与"婚媾"意同。

【辨释】

"婚"本作"昬",或作"昏"(唐人避李世民讳故"昬"作"昏")。"姻"或作"婣",为《说文》所列籀文。二词之异同,向有成说。《说文·女部》:"婚,妇家也。""姻壻(即'婿')家也。"《尔雅·释亲》更明断:"婿之父为婣,妇之父为婚……妇之党为婚兄弟,婿之党为婣兄弟。"《左传·定公十三年》:"荀寅,范吉射之姻也。"杜预注:"婿父曰姻,荀寅子娶吉射女。""婚姻"连用,遂成"妇之父母、壻之父母"的相互称谓(《尔雅·释亲》)。但也有持解相反者。《礼记·经解》:"昏姻之礼,所以明男女之别也。"郑玄注:"壻曰昏,妻曰姻。"《左传·昭公九年》:"王有姻丧。"孔颖达疏引服虔曰:"妇之父曰姻。"朱骏声于后解斥曰"非是"(《说文通训定声·坤部》)。

按,上引前解,以妇与妇系为婚,夫与夫系为姻,无文献可证。但后解也未尽善。二解皆未达其本旨。"婚"既本作"昏",则"婚"当是从女、昏。《说文·女部》该字说解:"礼,娶妇以昏时,妇人侌(阴)也,故曰婚,从女、昏,昏亦声。"此说大体得之,但非"妇人阴"之故。盖在早期母系社会,"其民聚生群处,知母不知父,无亲戚、兄弟、夫妻、男女之别"(《吕氏春秋·恃君》)。实行的是群婚制,类于动物的性关系。到了父系社会,出现了同辈男女结合的血缘群婚,非兄弟姊妹结合的普那路亚式群婚和对偶婚。我国原始社会末期即如此。进入奴隶社会,成为完全的父系制,即以父权为中心的个体私有制小家庭,才开始了一夫一妻制即实际上的一夫多妻制。多妻之称有正妻"妃",非正妻"娣"、"嫔"、"妾"、"媵"等。诸妻妾皆受贵族男子的压迫、奴役。此时虽有了聘娶婚,但大量的妻妾来于掠夺,可谓之"掠夺婚"。《易》中

多次记“匪寇、婚媾”之语。梁启超曰：“夫寇与婚媾截然二事，何至相混？得无古代婚媾所取之手段与寇无大异哉？”(《中国文化史·社会组织篇》)梁氏疑其为劫夺婚，诚是。历史上夏桀伐有施以得妹喜，殷纣王取有苏而有妲己，周幽王攻有褒氏而获褒姒(《国语·晋语》)，晋献公克骊戎而妻骊姬(《左传·庄公二十八年》)，皆其例。掠夺之至大为攻伐，小则有权势男子以各种暴力手段劫女，其事往往于昏夜进行。于是至周代形成在昏夜迎娶的礼俗。《礼记·曾子问》载孔子言：“嫁女之家三夜不息烛。”《仪礼·士昏礼》贾公彦题疏引郑《目录》云：“士娶妻之礼以昏为期，因而名焉。”汉班固《白虎通·嫁娶》亦曰：“婚姻者……昏时行礼，故谓之婚也。”(“昏”，指日落天刚黑之时。)《诗·陈风·东门之杨》：“东门之杨，其叶牂牂。昏以为期，明星煌煌。”《楚辞·离骚》：“曰黄昏以为期兮，羌中道而改路。”皆与《说文·女部》“婚”字说解合。“婚”字构意，正透露出原始劫夺婚的消息。然则“婚”者，本指男子(昏时)娶女。《诗·邶风·谷风》：“宴尔新昏，不我屑以。”《列子·杨朱》：“人不婚宦，情欲失半。”《南史·刘瓛传》：“(瓛)年四十余，未有婚对。”《宋史·赵安仁传》：“躬自训导，为毕婚娶。”以上诸例，其“婚”均取本义男子娶女，时当在昏时。

但“婚”可引申指婚姻关系，即指男女亲家。《史记·屈原贾生列传》：“时秦昭王与楚婚，欲与怀王会。”《汉书·霍光传》：“光与左将军桀(上官桀)结婚相亲：光长女为桀子安妻。”《新唐书·王锷传》：“锷初附太原王翃为从子，以婚阀自高。”(“阀”，门第。)以上诸例，“婚”皆泛指双方宗族(主要是父母亲)之婚姻关系，尤其《汉书·霍光传》例表之最明。此引申义乃由古代婚娶特点所决定。盖我国延续几千年的聘娶婚，旨在“合二姓之好，上以事宗庙，下以继后世”(《礼记·昏义》)。故“取(娶)妻如之何？必告父母”(《诗·齐风·南山》)。婚者，不能由青年自主，必从父母之命、媒妁之言。历朝法律皆规定了“从尊长”的原则，如《明律·户律》曰：“凡嫁娶皆由祖父母、父母主婚，祖父母、父母俱无者从余亲主婚。”婚事既决定于双方宗亲，则本指男子娶女之“婚”字，自可指称双方宗亲。

“姻”亦是形声兼会意。《说文·女部》曰：“女之所因，故曰姻，从女、因，因亦声。”汉班固《白虎通·嫁娶》：“妇人因夫而成，故曰姻。”按，“因”者，正反映古代妇女之特点与地位。《仪礼·丧服传》：“妇人有三从之义……故未嫁从父，既嫁从夫，夫死从子。”即一切从属于男子，尤其要从属于丈夫。汉班昭《女诫·事夫》曰：“夫者天也，天固不可逃，夫固不可违也。……故事夫如事天，与孝子事父、忠臣事君同也。”《白虎通·嫁娶》：“妇者服也，服于家事事人者也。”妇女必被“教以妇德、妇言、妇容、妇功”(《礼记·昏义》)，此所谓“四德”。然则“姻”绝不会指婿或婿家。但既然婚娶之女子处从属地位，娶女之“婚”实已包括女子，则“姻”就不得按“婚”之构意类推为指女子出嫁。因此，“姻”之“女”当指女方，会其意当是：凭倚丈夫之女方，即指外亲，女系血统之亲属。只作名词不达意。《左传·襄公二十三年》：“公有姻丧。”孔颖达疏：“姻，是外亲之总名。”此是对“姻”本义的确诂。《左传·昭公九年》：“王有姻丧。”杜预注：“外亲之丧。”《后汉书·窦武传》：“收捕宗亲、宾客姻属，悉诛之。”又《伏皇后纪》：“宿卫兵侍莫非曹氏党旧姻戚。”“姻属、姻戚”与宗亲相对，皆指外亲。

但引申之,“姻”也可不论女系、男系,泛指亲属。《左传·隐公元年》:“外姻至。”杜预注:“姻,犹亲也。”又《哀公十五年》:“孔氏之老栾宁问之,称姻妾以告。”杜预注:“自称昏姻家妾。”《后汉书·张纲传》:“内宠方盛,诸梁姻族满朝。”《南史·隐逸传上·戴颙》:“长史张邵与颙姻通,迎来止黄鹄山。”《晋书·庾亮传》:“今之尽败,更由姻昵。”《北史·郎基传》:“东西分隔,士人仍缘姻旧,私相交易。”《新唐书·李绛传》:“帝又言公等得无有姻故,冗食者当为惜官。”诸“姻”皆为亲义。前引《左传·定公十三年》“荀寅,范吉射之姻也”,此“姻”亦亲义,虽所指婿父,但此是随文而解,按训诂术语应注“姻谓婿父”,杜注作“婿父曰姻”,失当。

由上可见,“姻、婚”的本义并不相同,绝不可通。唯“姻”引申表亲义与“婚”引申表婚姻关系时,二者义较近,故当二词与他词结合,作修饰语,泛指婚姻关系时,二者同义通用,文首引“同义互用”数例即此。但仅此而已,二者仍同中有异。一、词性不同:“婚”可作动词,“姻”只作名词。二、缘各自的本义而致侧重点不同:“婚”重在婚姻结合关系,仅指亲家,范围小;“姻”重在亲属关系,指亲属,范围大。唯此,前举“婚”的引申义之“婚”、“结婚”、“婚阀”诸例与“姻”的引申义作亲属泛称诸例皆对文有别,不可互易。

下文进一步辨释“婚”、“姻”的连用。

“婚姻”一词上古已有,汉唐注家有三解。一、指嫁娶之仪。《〈诗·郑风·丰〉序》:“婚姻之道缺,阳倡而阴不和,男行而女不随。”孔颖达疏:“男以昏时迎女,女因男而来……论其男女之身谓之嫁娶,指其好合之际谓之婚姻。嫁娶婚姻,其事是一。故云婚姻之道,谓嫁娶之礼也。”二、指夫妻之称谓。前引《礼记·经解》郑玄注:“婿曰婚,妻曰姻。”三、指亲家。如前引《说文》等言:婿父、婿党为姻,妇父、妇党为婚,或持相反之解(见上引)。《尔雅》更明言:“妇之父母,壻之父母,相谓为婚姻。”据上所辨可明:后二解无据而不可信,当以一解为是。“婚、姻”的组合,盖取本义:婚姻者,犹娶女成亲,即嫁娶之仪事。

古代的婚姻嫁娶之仪十分郑重、繁杂,大凡包括成婚与成妇两过程。成婚者,周代规定有“六礼”:纳采、问名、纳吉、纳征、请期、亲迎。见于《仪礼·士昏礼》。纳采是通过媒妁向女方求婚,聘礼曰“俪皮”(成对的毛皮)、“莫雁”、“委禽”。大雁朝阳趋暖,飞翔有序,取喻端庄、忠贞、吉利之意。问名,询问聘求女子的家世、身份、出生年月日时等。纳吉,占卜吉利而使媒妁通告女方,至此,可算定婚。纳征,又称“纳成”、“纳币”,男方向女方交聘财,交换婚书(前者为主),算正式成婚,确立夫妇关系。请期,由男方主动与女方定下结婚之吉日。亲迎,新郎亲自去迎娶新娘,举行婚礼,正式结婚。天子至庶人皆亲迎。六礼延用于后世,不过代有省改。至宋朱熹定为纳采、纳币、亲迎三礼,下至清代大体袭朱氏家礼。而无论何代,亲迎之礼最为重要。新郎奉主婚人之命去女家亲迎,并将新娘接来。新娘来后,举行“花烛之典”,都有相当繁琐的细节。其中重要的仪式是“共牢合卺”(“卺”,一瓢分为两瓢)。新郎坐西,新娘坐东,相对食肉,以瓢饮酒,后世称“交杯酒”,并变成“合髻”,即并坐新郎、新娘,将各人的一缕发合结一起。于是,算成了夫妻,可以同居。但至此尚是“妻”而非“妇”。故还须施行成妇之礼,即在洞房花烛夜后翌晨,新娘去拜谒舅姑(公婆),表示终身孝顺、敬奉之心。三月后，去家庙拜见祖宗，称“庙见”（见《仪礼·士昏礼》）。“庙见”，宋朱熹改为成妻后三日，明代将此二礼改在成妻后翌日一并进行。此仪意义重大。《礼记·曾子问》记曾子问孔子：“女未庙见而死，则如之何？”孔子曰：“归葬于女氏之党，示未成妇也。”完成了此二仪式，婚礼完备告成，表明妻已获得祖宗认可，成为本家族成员，可称为能“上以事宗庙，下以继后世”（《礼记·昏义》）之“妇”。

要之，婚姻之仪，为成婚成妇之礼。

参考文献

[1] 史凤仪：《中国古代婚姻与家庭》，湖北人民出版社，1987年7月。
[2] 乌丙安：《中国民俗学》，辽宁大学出版社，1985年8月。
[3] 李晖：《古代婚恋杂谈》，黄山书社，1986年12月。
[4] 马之骕：《中国的婚俗》，岳麓书社，1988年12月。
[5] 张树栋、李秀领：《中国婚姻家庭的嬗变》，浙江人民出版社，1990年5月。

113. 交·构(媾、姤)·御·合·姦(奸)·淫(婬)·通·私·幸·烝(蒸)·报

男女间有性活动、性关系。"交",性交。"构",浑称男女结合。"御",男子主动与女子交合。"合",结婚。"姦",不合礼法的淫行。"淫",纵欲过度。"通",不合礼法而两厢情愿的交合。"私",不合礼法而有情爱的交合。"幸",属封建皇帝与正后以外女子发生性关系。"烝",下辈主动与上辈发生性关系;"报",上辈主动与下辈发生性关系,皆是上古贵族男子在不同辈次亲属间为礼俗许可的交合。

【同义】

《广雅·释诂二下》:"交,合也。"《说文·女部》:"姦,私也。"《广雅·释诂一下》:"蒸、报,婬也。""婬"即"淫"。《方言》第十二:"烝,婬也。"《文选·张衡〈思玄赋〉》:"斥西施而弗御兮。"李善注:"御,幸也。"《史记·楚元王世家》:"坐为薄太后服,私姦,削东海郡。"《左传·桓公十六年》"卫宣公烝于夷姜"句杜预注:"上淫曰烝。"孔颖达疏引《世家》曰:"初宣公爱夫人夷姜,烝淫。"《周易参同契》中篇:"观夫雌雄交姤之时,刚柔相结而不可解。"《汉书·霍光传》:"父中孺……与侍者卫少儿私通而生去病。"《外戚传下·孝成赵皇后》:"掖庭丞吏以下,皆与昭仪合通。"《后汉书·周举传》:"二仪交构,乃生万物。"《独行传·李业》:"永(任永君)妻淫于前……信(冯信)侍婢亦对信姦通。""淫"即"姦通"。《文选·刘孝标〈辨命论〉》:"以蒸报为仁义。"唐李白《草创大还赠柳官迪》诗:"造化合元符,交媾腾精魄。""私姦、烝淫、交姤、私通、合通、交构、姦通、蒸报、交媾",均为同义连用,泛指男女性活动、性关系。

【辨释】

《说文》部首:"交,交胫也。"字象人两胫相交,本义是交叉。《孟子·滕文公上》:"兽蹄鸟迹之道,交于中国。"引申为交往、交接。《后汉书·张衡传》:"常从容淡静,不好交接俗人。"再引申为性器官的交接,即性交,一般用于畜兽,或从生理角度称人的性活动。《礼记·月令》:"(仲冬之月)冰益壮……虎始交。""交",雌雄交配。《汉书·高五王传》:"或白昼使(羸)服,犬马交接。"指顷王遗嗣终日使妾与御婢裸露跪伏,让雄性动物与其交接。《三国志·魏志·华佗传》:"其妻……从百余里来省之,止宿交接。"《晋书·石季龙载记上》:"又内(纳)诸比丘尼有姿色者,与其交亵而杀之,合牛羊肉煮而食之。"以上诸"交",是两性交合赤裸裸的表白。今作词素构成"性交"、"交配"诸词。

"构",也作"媾"、"姤"。用作男女交合,或以为本作"媾"。非是。媾是交互为婚姻,古谓之重婚,今谓之亲上加亲。《易·屯》:"乘马班如,匪寇,婚媾。"孔颖达疏引马融云:"重婚曰

媾。”《左传·隐公十一年》:“唯我郑国之有请谒焉,如旧昏(婚)媾,其能降以相从也?”杜预注:“妇之父曰昏(婚),重昏(婚)曰媾。”故作男女交合之称,本乃“构”。“构(構)”,《说文·木部》作从木、冓会意,冓亦声。“冓”是“交积材”,有交互义,故“构”本义指将木材交互连接,即是架屋。《淮南子·氾论》:“筑土构木。”高诱注:“构,架也。”引申为男女交合的浑称。《易·系辞下》:“男女构精,万物化生。”《后汉书·周举传》:“二仪交构,乃生万物。万物之中,以人为贵。”“构”也可作“媾”,如文首引李白诗“交媾腾精魄”句。也作“交姤”,见文首引。“构”是浑称,指称男女相结合,即建立性关系,一般不指称具体性活动(后世口语用法除外),上述文例即此。

“御”,本义是驾驭车马。《论语·子罕》:“执御乎?执射乎?”也作“驭”。《荀子·王霸》:“王良、造父者,善服驭者也。”引申为治理。《诗·大雅·思齐》:“至于兄弟,以御于家邦。”郑玄笺:“御,治也。”再引申为男子主动与女子交合。此义今一些辞书阙如。《左传·宣公三年》:“既而文公见之(妾燕姞),与之兰而御之。”《三国志·魏志·华佗传》记督邮顿子献病近愈,请华佗视脉,佗曰:“尚虚,未得复,勿为劳事,御内即死。”“御内”即与妻性交。如果男子性功能不良,则称“不能御”。《晋书》记南阳王模世子保体重八百斤,但“素喜睡,瘘疾,不能御妇人”。《宋书》记宋明帝晚年也是“瘘疾,不能御内”(引见《太平御览》卷七四三)。“御”之称男女的性行为,侧重于男子对女子的主动交合,且是婉曲词,近于今称“房事”,但“房事”兼男女而言,而“御”侧重于男子。其婉曲词性质可用上举《三国志·魏志·华佗传》例对比说明之。前所引是华佗对病者的医嘱,因性交之事粗俗不雅,故华佗婉曲而语“御内”。文后接着记实:“其妻闻其病除,从百余里来省之,止宿交接,中间三日发病,一如佗言。”此是记事,可直言其实,故用“交接”。

“合”本指闭拢,“开”的反义词。引申为聚合。《论语·宪问》:“桓公九合诸侯……一匡天下。”再引申为男女之“合”。俗以为是贬义词,与“交”差近。未是。如《史记·孔子世家》:“纥(叔梁纥)与颜氏女野合而生孔子。”俗谓“野合”是指在野外私通,孔子是私生子。此纯系以今律古,对“野、合”二词的误解。《荀子·富国》:“男女之合,夫妇之分……如是,则人有失合之忧,而有争色之祸矣。”杨倞注:“合,配也,分谓人各有偶也。”“失合,谓丧其配偶也。”《诗·大雅·大明》:“文王初载,天作之合。”毛传:“合,配也。”孔颖达疏:“合为妃义也。”《周礼·地官·媒氏》:“媒氏掌万民之判。”郑玄注:“得耦为合。”唯此,结为婚姻也称“合姓”。《国语·晋语四》:“故异德合姓,同德合义。”韦昭注:“合姓,合二姓为婚姻。”夫妇婚后和谐为“好合”。《诗·小雅·常棣》:“妻子好合,如鼓瑟琴。”诸“合”皆褒义,为婚配。《孔子世家》的“野合”之“野”乃是不合礼仪之婚配,如“野哉由也”(《论语·子路》)之“野”。古代的“结婚”指两家结为婚姻关系,从男女之家主言。《史记·樗里子甘茂列传》:“齐使甘茂于楚,楚怀王新与秦合婚而驩(同‘欢’)。”唯古代的“合”,才相当于今天的结婚。故《孔子世家》司马贞索隐曰:“盖谓梁纥老而徵在(孔子母名)少,非当壮室初笄之礼,故云野合,谓不合礼仪。”得其大旨。《孔子家语·本姓解》谓孔子父叔梁纥曾生九女而无子,于是“求婚于颜氏”,颜氏女之最小者名“徵在”，承父之命，其父“遂以妻之”，由于夫妻年龄悬殊，已失“男三十而娶，女二十而嫁”的礼俗，故称“野合”。由此可见，无论何种“合”，古代均指男女正常的结合、婚配，即指男女合礼合法的性活动、性关系。

“姦、奸”原本非一。“姦”，本指通奸，即法律上称和成而奸。“奸”，《说文·女部》训为“犯婬”。（“犯”，干。）朱骏声、段玉裁皆谓是形声兼会意，诚确。然则“奸”者，本指干犯女子搞淫乱之行为，即是强奸。然文献中“姦、奸”二词可通用，故可不予区别。“姦（奸）”是不合礼法的男女性活动、性关系的总称。古今义同。《左传·庄公二年》：“夫人姜氏会齐侯于禚，书姦也。”《艺文类聚》卷三五引《列异传》：“汉桓帝冯夫人病亡。灵帝时，有贼盗发冢，七十余年颜色如故，但小冷；共姦通之，至斗争相杀。”文首引《后汉书·独行传·李业》“姦通”句亦其例，均是同义连用。在历代刑法中，对强奸罪刑罚极严，一般要处绞、斩之刑，而通奸案中，女子或可无罪。《唐律·杂律》有“私姦无妇女罪名”条，《疏议》曰：“和姦，谓彼此和同者。”因此，如何分清通奸还是强奸经常是古之断狱者探求的重要课题。

“淫”本义是浸淫、浸渍。《周礼·考工记·匠人》：“善防者水淫之。”（“防”，堤。）郑玄注引郑司农曰：“渭水淤泥土留著，助之为厚。”唯此，其所有引申义均有失度、过度的内涵，奸淫义亦然。其义有后出专字“婬”，但文献仍常用“淫”。《〈诗·周南·关雎〉序》：“不淫其色。”孔颖达疏：“淫者，过也，过其度量谓之为淫。”《左传·成公二年》：“今纳夏姬，贪其色也；贪色为淫。”《宣公四年》：“（斗伯比）淫于邧子之女，生子文焉。”（“邧”同“郧”，春秋时国名。）《管子·权修》：“士无邪行，女无淫事。”《史记·南越列传》：“太后有淫行。”《孔子家语·五刑解》：“淫乱者，生于男女无别。”唐玄奘《大唐西域记》卷六《室罗伐悉底国》：“乃诱雇淫女。”由上可知，淫者，男女兼有，既有男子的贪色而淫，又有女子的放荡而淫，并且往往成为嗜癖。“淫”者，当指纵欲过度的男女不正当性活动、性关系。

《小尔雅·广义》：“旁淫曰通。”“通”即是指不正当但又是和谐即两厢情愿的男女性活动、性关系。上古可用于君主；秦以后，则不可用于皇帝。《左传·桓公十八年》：“公会齐侯于泺，遂及文姜如齐，齐侯通焉。”《昭公二十年》：“公子朝通于襄夫人宣姜。”《战国策·楚策四》：“齐崔杼之妻美，庄公通之。”《史记·外戚世家》：“薄太后父，吴人，姓薄氏，秦时与故魏王宗家女魏媪通，生薄姬。”《梁孝王世家》：“李太后亦私与食官长及郎中尹霸等士通乱。”《公羊传·庄公二十七年》：“公子庆父、公子牙通乎夫人。”何休注：“通者，淫通。”又常与“私”、“奸”连用（见文首引）。

“私”本作“厶”。据考证，其朔义不是“公”的反面，“厶”就是“士”，最早是男性生殖器象形（参刘伯鉴文）。此义在后世尚见遗迹。旧题汉伶玄《赵飞燕外传》：“且早有私病，不近妇人。”“私病”，即是生殖器病。唐敬宗、宣宗时称各地送进宫中被阉割的男孩为“私白”，“私白”者，男子去势之称。男子小便也称“私”。盖男子外生殖器也是排尿器官，故此称也反映“私”本指男子性器官（参第110条）。遂引申为与女子产生和谐的性活动、性关系。唐玄奘《大唐西域记》卷六《室罗伐悉底国》：“今私此女，杀而灭口。”当然，也可指女子主动与男子有性活动、性关系。《战国策·燕策一》："臣邻家有远为吏者，其妻私人。"《韩非子·内储说下》："燕人其妻有私通于士。"文首引《汉书·霍光传》"与侍者卫少儿私通"句亦其例。凡言"私通"者，均是同义连用，非指私下通奸。《说文·女部》训"姦"作"私也，从三女会意"。从来的注家未谛此说解正义。其实，此"私"正是与女子发生性活动、性关系之意。盖"女三为粲"(《国语·周语上》)，粲有美意，三表示多，会其意是与多女发生性关系。而"私"的活动，在群婚时期，指小范围的男女共同结合，并非是不道德、不合法的行为。当进入一夫一妻制(春秋已奉一夫一妻制为正宗)后，"私"的活动遂为不道德、不合法。而无论合法与否，其实质都是一男子与多女子(也包括一女子与多男子)交合。故《说文》以"私"训"姦"。当然，究其文献使用之别，"私"更近于"通"，故后世发展为"私通"一词，但"私"带有男女情爱的色彩。盖上古时，"私"已由男女交合引申为爱义。《战国策·齐策一》："吾妻之美我者，私我也。"高诱注："私，爱。"《秦策四》："楚王，即王虽有万金，弗得私也。"高诱注："私，爱也。"《仪礼·燕礼》："寡君，君之私也。"郑玄注："谓独爱受恩厚也。"秦以后，此义更为习用。汉辛延年《羽林郎》诗："多谢金吾子，私爱徒区区。""私爱"同义连用，泛指宠爱。《北齐书·王晞传》："人主恩私，何由可保。"唐杜甫《北征》诗："顾渐恩私被，诏许归蓬荜。"《旧唐书·贾耽传》："叨荣非据，鸿私莫答。"其"私"皆指宠爱。然则指称男女性活动、性关系之"私"，亦必带有专偏之情爱色彩，上引诸"私"例皆可见之。

"幸"，有浓重的封建政治色彩。皇帝亲临某地称"幸"。皇帝车驾所至，民臣被其德泽以为殊幸，故称。《汉书·武帝纪》："(元封)二年，冬十二月，行幸雍，祠五畤。"又"(太始)三年春正月……行幸甘泉宫，飨外国客"。帝王对人的喜爱也称幸。所宠幸者可以是男子，也可以是女子。《史记·佞幸列传》："昔以色幸者多矣。至汉兴，高祖至暴抗也，然籍孺以佞幸。"又，《文帝本纪》："上常衣绨衣，所幸慎夫人，令衣不得曳地。"然犹不止此。"幸"还特指帝王的性活动、性关系(今一些辞书尚未列此义)。盖凡人称"奸、通"等的非法行为，在帝王却被视为合礼合法，因能"赐"人以无上的宠幸、殊荣，遂也褒称为"幸"。最早，战国已见。《战国策·楚策四》的《楚考烈王无子》一篇使用最多。文记李园夺权谋反之事。首先，园乃进其女弟于春申君。后知其有身，园乃与其女弟谋。继之，李园女弟向春申君献计，曰"今妾自知有身矣，而人莫知。妾之幸君未久，诚以君之重而进妾于楚王，王必幸妾"云云。获春申君支持，李园女弟遂进于楚王，"楚王召入，幸之。遂生子男，立为太子"。李园最后实现了灭杀春申君一家的阴谋，"而李园女弟，初幸春申君有身，而入之王所生子者，遂立为楚幽王也"。以上诸"幸"显然均非一般的宠幸，而是性活动的婉称。汉代文献也多为此用。《史记·郑世家》："文公幸之，而予之草兰为符。"《外戚世家》："(汉王)怜薄姬，是日召而幸之。薄姬曰：'昨暮夜妾梦苍龙据吾腹。'高帝曰：'此贵征也，吾为女遂成之。'一幸生男，是为代王。"又，"是日，武帝起更衣，子夫侍尚衣轩中，得幸"。后卫子夫又利用某个机会诉苦，"上怜之，复幸，遂有身"。唐陈鸿《长恨传》："自是，六宫无复进幸者。"诸"幸"实都表示皇帝的性行为、性活动。要之，"幸"也作封建皇帝与正后之外女子发生性关系的婉曲词。

“烝”,后作“蒸”。《小尔雅·广义》:“男女不以礼交,上淫曰烝,下淫曰报。”《文选·刘孝标〈辨命论〉》:“以诛杀为道德,以蒸报为仁义。”李善注:“上淫曰蒸,下淫曰报。”按,《尔雅·释诂上》:“烝,进也。”烝者,自进上而与淫。报者,复、返之义,上复返与下淫。王念孙曰:“《墙有茨》云:‘公子顽通于君母。’《左传》曰:‘孔悝之母与其竖浑良夫通。’皆上淫也。齐庄公通于崔杼之妻,蔡景侯为太子般娶于楚,通焉,皆下淫也。”(《广雅·释诂一下》“蒸,婬也”疏证)要言之,所谓“烝”,是子、侄、弟辈与父亲或兄长之妻妾(除生母)发生性关系。《左传·桓公十六年》:“初,宣公烝于夷姜,生急子。”急子后被立为太子。杜预注:“夷姜,宣公之庶母也。上淫曰烝。”《闵公二年》:“初,惠公之即位也少,齐人使昭伯烝于宣姜,不可,强之。生齐子、戴公、文公、宋桓夫人、许穆夫人。”杜预注:“昭伯,惠公庶兄宣公子顽也。”《僖公十五年》:“晋侯烝于贾君。”贾君是晋惠公之嫡长嫂。所谓“报”,是祖、父辈与儿、孙之妻妾,或弟、侄辈与叔之妻妾发生性关系。《左传·宣公三年》:“文公报郑子之妃曰陈妫,生子华、子臧。”杜预注:“郑子,文公叔父子仪也。汉律,淫季父之妻曰报。”必须指出,一、上古文献(如《左传》)中,称“报”远少于“烝”,而事实上长辈淫乱幼辈之妻妾,为家长制家族常有之事。如春秋时秦伯纳子圉妻怀嬴,晋赵婴通于赵庄姬,是叔公通侄妇。蔡景侯通太子之楚妻,是父通子妇。凡此,《左传》多称“通”,不称“报”。二、上古的烝,与后世的乱伦淫行也有不同。由上引诸例也可见,它们并非完全的贪色与通奸现象,往往是出于王室继权的需要,为礼俗所许可,故“其所烝之人,在无正夫人或正夫人无子时,等于夫人之地位,故其所生之子可以立为太子,继承君位,其女可以嫁为大国夫人”(《春秋左传研究》211页)。由此可见,上古的烝、报并非违礼乱法的通奸,而是上古贵族男子在亲属间,由下辈对上辈或由上辈对下辈所产生的礼俗许可的性关系、性活动。今不少辞书以“通奸”“淫行”解释,实乖于史情。其误不始于今。最早汉扬雄《方言》第十二:“烝,婬也。”郭璞注:“上婬为烝。”后《小尔雅》《广雅》等均承此而诂。此是以汉律古之误训。但此正表明:烝报之行,至汉代已被视为违礼乱伦之淫行矣。

参考文献

[1] 童书业:《春秋左传研究》,上海人民出版社,1980 年 10 月。
[2] 刘伯鉴:《关于古汉语中亲属称谓“私”的研究》,《西北大学学报》1983 年第 3 期。
[3] 蔡镜浩:《烝与报》,《辞书研究》1984 年第 6 期。
[4] 朱凤瀚:《商周家族形态研究》,天津古籍出版社,1990 年 8 月。
[5] 吕思勉:《先秦史》,上海古籍出版社,1982 年 9 月。

114. 孕·妊(姙、任)·重·娠(震)·身

“孕”，人和动物母体怀子的泛称。“妊”，妇女怀孕通称。“重”，怀胎六七个月。“娠”，怀胎八九个月。“身”，怀胎八九个月，口语词。

【同义】

《广雅·释诂四下》：“孕、重、妊、娠、身，㑗也。”“㑗”，怀孕。《说文·女部》：“妊，孕也。”《广雅·释诂五上》：“妊，娠也。”《易·渐》：“妇孕不育。”郑玄注：“孕犹娠也。”

【辨释】

祖国医学在胎孕学方面，早有独到的认识与实践。胎孕学基础是解剖实践。《越绝书·吴内传》：“刳姙妇。”《吕氏春秋·过理》：“剖孕妇而观其化。”高诱注：“化，育也，视其胞里。”尽管此为暴君之恶行，但客观上观知了胞里的胎儿化育。表现在文字上，“匕”示“倒人”，即是胞里头位向下的常态。“匕”即后“化”字。古文字中，“育”、“毓”、“棄”等均示“倒子”之态。在解剖观察基础上又早已总结出胞胎化育的全过程。《淮南子·精神》曰：“一月而膏，二月而胅，三月而始，四月而肌，五月而筋，六月而骨，七月而成，八月而动，九月而躁，十月而生，形体以成，五藏乃形。”汉代就据此种变化，提出了孕妇脏腑经脉逐月养胎的理论。北齐创立“逐月养胎方”。至唐代《诸病源候论》载妇科病八卷，后四卷则为妇产诸病。他如《备急千金要方》、《外台秘要》等均有关于妇产的辨证论治。至《金匮要略·妇人妊娠病脉证治》，更奠定了胎孕学的基础，一直指导并发展了胎孕学的临床实践。

《说文·子部》：“孕，怀子也。”《左传·僖公十七年》：“梁嬴孕过期。”杜预注：“过十月不产。怀子曰孕。”《庄子·天运》：“民孕妇十月生子。”《书·泰誓上》：“焚炙忠良，刳剔孕妇。”《吕氏春秋·本味》：“其母居伊水之上，孕。”高诱注：“任身为孕。”《三国志·蜀志·后主传》：“故孕育群生者，君人之道也。”“孕育”，怀胎生育。“孕”通用于动物。《国语·鲁语上》：“鸟兽成，水虫孕……今鱼方别孕，不教鱼长，又行网罟，贪无艺也。”韦昭注：“别，别于雄而怀子也。”《淮南子·原道》：“羽者妪伏，毛者孕育。”“妪伏”，孵育。《礼记·乐记》此语“育”作“鬻”。孔颖达疏：“毛者孕鬻者，言走兽之属，以气孕鬻而繁息也。”宋王十朋《会稽风俗赋》：“输芒之蟹，孕珠之蠃。”（“蠃”，通“螺”，蚌属。）可见，“孕”是人和各种动物母体怀子的泛称。

“妊”或作“姙”、“任”。汉王充《论衡·告验》：“传言黄帝姙二十月而生。”《命义》：“故姙妇食兔，子生缺唇。”《汉书·叙传上》：“初，刘媪任高祖，而梦与神通。”《后汉书·肃宗孝章帝纪》元和二年诏：“今诸怀姙者，赐胎养谷，人三斛。”明归有光《先妣事略》：“又踰（逾）年，生有尚，姙十二月。”“妊”之所以用作母体怀子之称，盖以壬声得义。《广雅·释诂五上》：“南、壬，

任也。”《史记·律书》:“壬之为言任也,言阳气任养万物于下也。”《释名·释天》:“任,妊也,阴阳交,物怀妊也,至子而萌也。”《广雅·释诂五上》此条王念孙疏证:“南、壬、任古并同声。”《艺文类聚》引《尸子》云:“南方为夏。夏,与也;南,任也。万物莫不任与蕃殖充盈……凡言南者,皆任之义也。”可见壬声通南声,上古音皆侵部;而南者,有阳盛蕃殖之意,故“妊”可表示蕃殖怀子,专用于人,是妇女怀孕的通称。

“重”也可用作怀孕之称。上引《诗·大雅·大明》“大任有身”,毛传以“重”训“身”。《素问·奇病论》:“人有重身,九月而瘖。”王冰注:“重身,谓身中有身,则怀任者也。”《汉书·刘屈氂传》:“重马伤耗,武备衰减。”颜师古注:“重谓怀孕者也。”《汉书·匈奴传上》:“汉兵深入穷追二十余年,匈奴孕重堕殰,罢极苦之。”颜师古注:“孕重,怀任者也。堕,落也。殰,败也。”按,重者,腹部隆起,体内有子,即身中有身之谓。据上引《淮南子·精神》“七月而成”,大约怀胎六七月可称“重”。“重”可用于人,也可用于牲畜。

《说文·女部》:“娠,女妊身动也,从女辰声。《春秋传》曰:‘后缗方娠。’”按,辰声兼义。段玉裁曰:“凡从辰之字皆有动意。”(《说文·女部》“娠”字注)《广雅·释言》:“辰,振也。”“震,劈历振物者。”(据《说文·雨部》)《广雅·释诂一下》:“振,动也。”故《尔雅·释诂下》曰:“娠,动也。”郭璞注:“娠,犹震也。”《诗·大雅·生民》:“载震载夙,载生载育,时维后稷。”郑玄笺释“震”为“有身”。孔颖达疏:“即得怀任则震动而有身。”王念孙曰:“震与娠通。”径视为“娠”的通假(《广雅疏证·释诂四下》“娠,傓也”条)。《说文》引经见《左传·哀公元年》:“后缗方娠。”杜预注:“娠,怀身也。”《国语·晋语四》:“臣闻昔者大任娠文王不变。”韦昭注:“娠,有身也。”《汉书·高帝纪上》:“父太公往视,则见交(蛟)龙于上。已而有娠,遂产高祖。”从“娠”的声义与文献使用看,表示怀孕腹有躁动,据上引《淮南子·精神》“八月而动,九月而躁”,盖示怀胎已八九个月,接近临产。段玉裁曰:“妊而身动曰娠,别词也,浑言之,则妊娠不别……盖妊而后重,重而后动,动而后生。”(《说文·女部》“娠”字注)上引《汉书·高帝纪上》句“有娠”之后“遂产高祖”,最可证段说之确。孟康以“身、娠”为古今字,颜师古、王先谦等分别以《史》、《汉》异文而断“妊、娠”二字是古今字,皆不可信从。

“身”,甲骨文作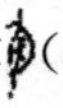(《佚·五八六》),金文作(《弔向簋》),象人鼓其腹。按,古文字表示人的身形如“大、人、女”等,均无鼓腹者,且甲骨正像怀孕包子之形,故“身”的本义即为妇女怀孕。论者甚至以为“身、孕”是一词。甲骨文有其用。如“丙申卜殻贞,妇好身”。此“身”用作动词,即怀孕。《诗·大雅·大明》:“大任有身,生此文王。”毛传:“大任,仲任也。身,重也。”郑玄笺:“重谓怀孕也。”《汉书·外戚传下》:“(班倢伃)见宫(曹宫)腹大,问宫。宫曰:‘御幸有身……’”三国魏左延年《从军行》:“五子远斗去,五妇皆怀身。”至今不少方言还称怀孕为“有身”,作为怀孕的婉曲语,此盖古义之孑遗。从古文字、训诂与今之方言看,“身”与“娠”虽等义,都是怀胎八九个月之称,但二者有文白之别:“身”是口语词,“娠”是文言词。

参考文献

[1] 李今庸:《读古医书随笔》,人民卫生出版社,1984 年 6 月。
[2] 傅维康:《中国医学史》,上海中医学院出版社,1990 年 1 月。
[3] 张登本、武长春:《内经词典》,人民卫生出版社,1990 年 9 月。

115. 婴·孩(咳)·龀(齓)·悼·儿·幼·童·稚(穉)·弱

孩童之称多。"婴",始生之孩。"孩",始笑之孩。"龀",七八岁正换牙之孩。"悼",十岁以下之孩。"儿",囟门未合之男孩。"幼",未成年者通称,特指十岁和始入学之孩。"童",不足二十之男孩,不足十五岁女孩。"稚",孩童泛称,作修饰语。"弱",二十岁男孩。

【同义】

"婴、孩、龀、悼、儿、幼、童、稚、弱"皆为对孩童之称。

【辨释】

"婴"指始生之孩,古今同义。《玉篇·女部》引《苍颉篇》"男曰儿,女曰婴",但无文献佐证。"婴"之为膺也,以常怀抱于胸膺前而名。《释名·释长幼》:"人始生曰婴儿,胸前曰婴,抱之婴(通'膺')前,乳养之也。"《老子》第十章:"专气致柔,能如(王弼本无'如')婴儿乎?"又第二十章:"我独泊兮其未兆,如婴儿之未孩。"引申为稚幼,修饰名词。《孙子·地形》:"视卒如婴儿,故可与之赴深谿;视卒如爱子,故可与之俱死。"《墨子·公孟》:"夫婴儿子之知,独慕父母而已。""婴儿",犹稚儿;"婴儿子",犹稚幼之子。

"孩"本是小儿笑,动词。遂代称始笑之孩。也作"咳"。《老子》第二十章"如婴儿之未孩",陆德明释文引诸本作"咳"。《孟子·尽心上》:"孩提之童,无不知爱其亲者。"赵岐注:"孩提,二三岁之间,在襁褓知孩笑,可提抱者也。"即谓会笑之小孩。故"孩"所指略大于"婴"。引申泛指尚无见识的孩童。或谓兹义起于唐代。未是。《国语·吴语》:"今王播弃黎老,而孩童焉比谋。"韦昭注:"孩,幼也。"谓与儿童见识之辈合谋。北齐颜之推《颜氏家训·音辞》:"吾家儿女,虽在孩稚,便渐督正之。""孩稚"同义连用。可活用。《老子》第四十九章:"圣人皆孩之。"谓圣人都使百姓("之")回复到"孩"之纯真状态。《北齐书·文苑传·樊逊》:"伏惟陛下昧旦坐朝……明罚以纠诸侯,申恩以孩百姓。""孩百姓",即乳养百姓。"孩"指尚无见识的孩童,其年龄当在入学之前。

《说文·齿部》:"龀,毁齿也。男八月生齿,八岁而龀;女七月生齿,七岁而龀。"字从匕(化)齿,会意。俗又作"齓"。《国语·郑语》:"府之童妾,未既齓而遭之,既笄而孕。"韦昭注:"女七岁而毁齿。"("既",尽。)谓毁齿未毕而遇玄鼋,至十五岁而有孕。《管子·小问》:"未龀不入军门。"上述"龀"字单用,皆指毁齿即乳牙脱落之年。然则"龀"特指七八岁正换牙的幼孩。而若连用,就泛指幼孩。《后汉书·皇后纪下·阎皇后》:"显、景诸子年皆童龀,并为黄门侍郎。”

“悼”，通指十岁以下的幼孩。《礼记·曲礼上》：“八十、九十曰耄。七年曰悼。悼与耄，虽有罪，不加刑焉。”之所以称“悼”，取可怜爱之意。一般要与他词连用。唐杜昱《大智禅师义福塔铭》：“爰在悼龀，游不狎群。”

《说文·儿部》：“兒，孺子也。从儿，象小儿头囟未合。”本指头顶囟门未合、较小的男孩。《吕氏春秋·异宝》：“今以百金与抟黍以示儿子，儿子必取抟黍矣。”“儿子”，子中之“儿”，即男孩。引申泛指未成年的少年，但要与他词连用。《三国志·魏志·贾逵传》：“自为儿童，戏弄常设部伍。”唐杜甫《羌村》诗之三：“兵革既未息，儿童尽东征。”“儿、童”同义连用，皆非指幼孩之年，而是少年。“儿”还引申指儿子、妇人自称等，属后世口俗词语用法。

“幼”与“老、长、艾”皆构成反义词，可见其所指范围广，儿童、少年皆可称，是未成年孩童的通称。晋陶潜《归去来辞》：“携幼入室。”指儿童。《战国策·赵策三》：“今为天下之工……而王不以予工，乃与幼艾。”谓赵王男宠建信君，则是指少年。但“幼”可特指十岁和受启蒙教育之孩童。《礼记·曲礼上》：“人生十年曰幼，学。”郑玄注：“名曰幼，时始可学也。”后称十岁为“幼学之年”、“幼学”。宋陆游《社日》诗：“幼学已忘那用忌，微聋自乐不须医。”此“幼学”即指小时入学之年。

“童”，《说文》作“僮”。“童”之得名，盖缘其童秃义。《释名·释长幼》：“牛羊之无角者曰童，山无草木亦曰童，言未巾冠似之也。”凡年幼未成人，即男二十及冠之前、女十五及笄之前，皆未冠而两髦，故均可称“童”。《释名·释长幼》又云：“十五曰童。”此未必。前举《国语·郑语》“府之童妾”句，“童”即指不足十五岁之童女。《后汉书·崔骃传》：“唐且华颠以悟秦，甘罗童牙而报赵。”甘罗使赵年十二。《三国志·魏志·辛毗传》：“十年之中，强壮未老，童龀胜战。”与“龀”连用，则不足十岁。唐官制有童子科专选十岁以下通经者。

“稚”，本作“稺”，《说文·禾部》训为“幼禾”，引申为幼小者之称。晋陶潜《归去来辞》：“僮仆欢迎，稚子候门。”可指幼女。《淮南子·修务》：“蔡之幼女，卫之稚质。”高诱注：“稚质，亦少女也。”也可指年少者。《后汉书·郎顗传》：“昔颜子十八，天下归仁；子奇稺齿，化阿有声。”按，齐人子奇为阿邑宰振贫济困，邑内大化，时年十八。然此种用法有其夸张性，并不多见。“稚”，一般均是泛指孩童。但它只作形容词性的修饰语，必后附名词，故与“幼”有别。

“弱”用于称年，特指二十岁男孩。《礼记·曲礼上》：“二十曰弱，冠。”后以“弱冠”、“弱龄”为二十岁的代称。南朝陈姚最《续画品序》：“或弱龄而价重，或壮齿而声遒。”“弱”、“壮”指二十、三十岁。晋左思《咏史》诗之一：“弱冠弄柔翰，卓荦观群书。”“弱”又可泛指年幼。《左传·文公十二年》：“赵有侧室曰穿……有宠而弱。”杜预注：“弱，年少也。”又《左传·僖公九年》：“夷吾弱不好弄。”谓幼孩时就不好嬉戏之事。此用法似同于“幼”，然“幼”是未成年孩童的通称，而此“弱”仅用为年幼义，非称谓用法。

116. 艾·耆·耄(眊)·耋·期·耇

老人之称多按年龄分。“艾”，五十岁。“耆”，六十岁；泛指时有礼敬色彩。“耄”，七十至九十岁；常贬称衰颓之年迈者。“耋”，义同“耄”，但中性，不单用。“期”，百岁。“耇”，面有垢色者；泛指时有礼敬色彩。

【同义】

《小尔雅·广言》：“艾，老也。”《说文·老部》：“耆，老也。”《尔雅·释言》：“耋，老也。”《诗·小雅·南山有台》：“乐只君子，遐不黄耇。”毛传：“耇，老也。”“耄”也是老义。

【辨释】

“艾”，指五十岁老人。《礼记·曲礼上》：“五十曰艾，服官政。”即谓至五十之艾年，已悟政道，可真正从政。“艾”本草名，又称“冰台”、“艾蒿”，干后制成艾绒。艾草苍白色，遂得喻指半百老人。上引《礼记·曲礼上》句孔颖达疏：“年至五十，气力已衰，发苍白色如艾也。”《艺文类聚》卷十八引《尚书中侯》曰：“齐桓公封禅，谓管仲曰：‘寡人日暮，仲父年艾。’”汉桓宽《盐铁论·未通》：“五十已上曰艾老，杖于家，不从力役。”“五十以上，血脉溢刚，曰艾壮。”引申为对老人的泛称。唐刘禹锡《汝州谢上表》：“伏蒙圣泽……幼艾同感。”“艾”，与“幼”反义连用，泛指老者。

“耆”，指六十岁老人。《礼记·曲礼上》：“六十曰耆，指使。”《释名·释长幼》：“六十曰耆。耆，指也，不从力役指事使人也。”与有关的词连用，有礼敬色彩，多用为泛称。《荀子·致仕》：“耆艾而信，可以为师。”《国语·吴语》：“有父母耆老而无昆弟者，以告。”《礼记·檀弓上》：“鲁哀公诔孔丘曰：‘天不遗耆老，莫相予位焉。’”《汉书·萧育传》：“上以育(萧育)耆旧名臣，乃以三公使车载育入殿中受策。”唐韩愈《为韦相公让官表》：“况今俊乂至多，耆硕咸在，苟以登用，皆逾于臣。”宋苏轼《姚屯田挽词》：“京口年来耆旧衰，高人沦丧路人悲。”“耆艾”、“耆老”、“耆硕”、“耆旧”皆指年高望重之臣。《后汉书·樊鯈传》：“耆宿大贤，多见废弃。”汉扬雄《剧秦美新》：“是以耆儒硕老，抱其书而远逊。”“耆宿”、“耆儒”皆指年高硕学之士。诸“耆”皆有礼敬色彩。

“耄”或作“眊”。其年称有歧。《说文·老部》称“年九十曰薹(耄)”。《礼记·曲礼上》言“八十、九十曰耄”。而《释名·释长幼》解“七十曰耄，头发白耄耄然也”。实际使用也无确指。《书·大禹谟》：“耄期倦于勤。”孔传：“八十、九十曰耄，百年曰期颐。”由此可见，“耄”不必定为确数，谓指七十至九十之间即可。其所以如此，毕沅释道：“盖耄者发白貌，人生七十是尟(少)有不白发者，故七十、八十、九十可通称耄也。”(引自《释名疏证补·释长幼》“耄”下

注）然则“耄”的特点乃突出年高，所示年岁更高于“艾、耆”，故当泛称年迈者。其次，“耄”多用为贬义，常用以指称精神昏乱、体力衰颓的年迈者。《左传·隐公四年》：“老夫耄矣，无能为也。”《书·吕刑》：“惟吕命，王享国百年，耄荒。”《汉书·武帝纪》：“哀夫老眊，孤寡鳏独。”颜师古注：“眊，古耄字。八十曰耄。”此种“耄”也不应泛释为“老”，而宜解作“衰老”、“老朽”、“年老昏乱”之类。

“耋”的年称也未能“定于一”。《说文·老部》：“八十曰耋。从老，至声。”《释名·释长幼》：“八十曰耋。耋，铁也，皮肤变黑，色如铁也。”《左传·僖公九年》：“以伯舅耋老。”杜预注：“七十曰耋。”《易·离》：“不鼓缶而歌，则大耋之嗟，凶。”陆德明释文引马融说也同此。更有称六十者。《公羊传·宣公十二年》：“使帅一二耋老而绥焉。”（“绥”，安。）何休注：“六十称耋，七十称老。”按，“耋、耄”常同义连用，二者几乎等义，皆称年寿高者，则“耋”也指七十至九十之间。如上举《书·大禹谟》“耄期倦于勤”。“耋期”也见于后世。宋苏轼《答范瑞明启》：“耄期称道，直亮多闻。”而其在《乞加张方平恩礼劄子》中又有“耋期称道”句。“耄、耋”完全同义，都指寿高。所不同者，“耄”往往有贬义色彩（见上），而“耋”则是中性词，一般不单用。

“期”专指百岁老人。“期”，期限。百岁，人生极期。引申为百岁老人之称。《礼记·曲礼上》：“百年曰期，颐。”（此句俗常点作“期颐”，误。）“颐”，养。孙希旦集解：“百年者饮食、居处、动作，无所不待于养。人生以百年为期，故百年以期名之。”后代将“期颐”连读成为一词，表示百岁。《南史·褚炤传》：“名德不昌，遂有期颐之寿。”“期”只用作百岁老人的专称；但后世，只见于“期颐”、“期年”诸复词、词组中。

“耇”，朱骏声以为与“伛、偻”同声源，当指老人背伛偻（《说文通训定声·需部》“耇”字）。此说无文献佐证。《说文·老部》：“耇，老人面冻黎若垢。”汉韦孟《谏诗》（《汉书·韦贤传》载）：“岁月其徂，年其逮耇。”颜师古注：“耇者，老人面色如垢也。”谓岁月飞逝，将临耇老之年。“耇”近于“耆”，也很少是专称，而多泛指老年人，有礼敬色彩。《书·微子》：“咈（fú）其耇长，旧有位人。”孔传：“违戾耇老之长、致仕之贤。”《国语·晋语八》：“吾闻国家有大事，必顺于典型，而访咨于耇老，而后行之。”《书·康诰》：“汝丕远惟商耇成人。”孔颖达疏：“此言求商家耇老成人，谓求殷之贤臣。大远者备遍求之。”“耇长”、“耇老”、“耇成人”皆有礼敬色彩，指年老而有德之贤臣。后世罕用。

117. 疾·病〇疾病

战国前,“疾”为疾病通称,“病”本义为困苦义,引申义甚多,但无作名词疾病义,“疾病”非复词,其“病”是危重义,形容词。战国起,“疾、病”皆为疾病之通称,成同义词,其别是:“疾”承古是书面语,偏指具体之病、急性病、重病;“病”有口语色彩,偏指广义之病、慢性病、轻病。“疾病”亦成同义复词。

【同义】

《周礼·天官·冢宰下》:“疾医掌养万民之疾病……兽医掌疗兽病……凡兽之有病者,有疡者,使疗之。”“疾、病、疾病”所指皆为疾病,“疾病”为同义连用。

【辨释】

对“疾、病”之辨异,古来似有病重于疾之说。《说文·疒部》:“疾,病也。”段玉裁注:“析言之,则病为疾加,浑言之,则疾亦病也。”《玉篇·疒部》:“病,疾加甚也。”《论语·子罕》:“子疾病。”何晏集解引包咸曰:“疾甚曰病。”《礼记·丧大记》:“疾病,外内皆埽(扫)。”郑玄注:“疾困曰病。”段玉裁等从之。今一些词典、古汉语专著亦据此而申言古代“轻者为疾,重者为病”,“‘疾’相当于今之‘病’,‘病’相当于今称‘重病’”;或谓上古若此,而秦汉后成为同义词,云云。近几年来,有论者对此提出异议,谓二者无轻重之别,虽在上古二词犹同义云。

“疾、病”轻重说,不符文献使用事实。持此说者,除上述诂训之例,常举《韩非子·喻老》所述扁鹊为蔡桓公医病之文。扁鹊初见桓公时曰:“君有疾在腠理。”“腠理”,皮肤与肌肉间之组织。后扁鹊接连两个十天见桓公,则曰:“君之病在肌肤。”“君之病在肠胃。”说者云:前时病轻,后时病重,故先言“疾”,后称“病”。然而,同篇接着记扁鹊对桓公的释语:“疾在腠理,汤熨之所及也,在肌肤……在肠胃……”按承上省之例,后皆当为“疾”,则岂不违例?下举的文例更可品味。《左传·成公十年》:“医至,曰:‘疾不可为也。在肓之上、膏之下,攻之不可,达之不及。’”(“为”,治。)《论语·泰伯》:“曾子有疾,召门弟子曰:‘启予足,启予手。’”《吕氏春秋·知化》:“越之于吴也,譬若心腹之疾也……夫齐之于吴也,疥癣之病也。”《史记·秦始皇本纪》:“至平原津而病。始皇恶言死,群臣莫敢言死事。上病益甚。”上述诸例,或“疾”用于膏肓之深、临终嘱托之时,或同文“疾”指重患,“病”指轻患,或“病”而至“益甚”,“病”作泛指,皆与俗论相抵牾。此类不胜枚举。凡此,皆足破“疾”轻“病”重之说。

然而,问题远不止于简单的轻重之辨:“疾、病”在上古及此后使用的复杂情况,二者真正的同中之异,乃至其本义特征,等等,均需探究。但于此,无论持何说者,却都未能虑及。

研究表明，考察“疾、病”之别，首先当以战国为界，分两个阶段查证文献使用。结果发现：战国以前，“疾、病”不同义；从战国起，二者方成同义词。并也有同中之异。

甲骨文中，有“疾”无“病”。“疾”是疾病通称，作动词，如“疾齿”、“疾身”、“疾趾（止）”、“疾目”等，“疾”与身体各部构成动宾关系。作名词，如“降疾”、“既疾”等，“疾”居于宾语。在上古书面文献中“疾”也是唯一的疾病通称。如《左传》中，“疾”可作动词。《隐公三年》：“宋穆公疾。”《襄公二十三年》：“季孙之爱我，疾疢也。”“疾疢（chèn）”，泛称病，同义连用。大都作名词。《成公十年》：“晋侯有疾。”《襄公三年》：“楚人以是咎子重，子重病之，遂遇心疾而卒。”《襄公九年》：“居疾于虎牢。”《论语》中，“疾”凡 9 见，均作名词。如《为政》：“父母唯其疾之忧。”《雍也》：“伯牛有疾。”

“病”则大相径庭。战国以前文献中“病”已很常见。我们选了《诗经》《山海经》《易经》《尚书》《论语》《左传》《国语》《仪礼》八部上古早期文献调查，发现“病”有 99 例，其义有忧虑、痛苦、困苦、耻辱等 17 义（黄金贵文），全作形容词，而作名词疾病义的只有《山海经》的 2 例。《山海经》虽然古老，但战国时代成书，经西汉刘歆等编校，又东晋郭璞传注，2“病”字显然是整理者的掺入。充分表明，早期，即战国以前古汉语中疾病义，只用“疾”而不用“病”。而“病”的本义，可据此病的词义系统考定，为困苦义（本书 1995 年初版已论定），其余 15 义都是其形容词性质的引申义，自然没有出现名词性质的重病义或疾病义。至于现经常被作为疾病或重病义的《左传》《论语》等书中的“病”例均系误解。如《论语·卫灵公》：“在陈绝粮，从者病，莫能兴。”《王力古汉语字典》以为此“病”是重病，其实是饥困义。《左传·成公二年》：“郤克伤于矢……曰：‘余病矣。’”此“病”为危重义。“病”常用于“疾”后，貌似后世的“疾病”，俗以为是同义连用，其“病”是疾病义。否。《左传·桓公五年》：“公疾病而乱作。”《论语·子罕》：“子疾病。”都当读为“公疾—病”，“子疾—病”，其“病”也是危重义，形容词，结构中作动词谓语。包咸注语“疾甚曰病”（前引），也是将“病”训为“（疾）甚”，作形容词。在前列的上古早期 8 部文献中“疾病”有 14 例，一无例外，都是如此，作形容词，危重义。由此可顺便指出，战国前的“疾病”连言，与后世的同义复词“疾病”不同，皆非同义连用的名词，而是一种主谓结构的短语。

由上可见，战国前，“疾”是疾病的通称，无论轻重大小皆称“疾”。而“病”用义甚多，但就是没有作名词的疾病义或重病义。故它们不是同义词。

但是到了战国文献，情况有了变化。从战国而下，二者成为同义词。

所谓同义，即“疾”继续作为疾病的通称，而“病”也有了疾病义并作了通称。主要表现在：一、“疾病”连用为复词，与上举“疾病”形同而义异。《孟子·梁惠王下》：“吾王庶几无疾病与？”《荀子·君道》：“人主不能不有游观安燕之时，则不得不有疾病物故之变焉。”《管子·度地》：“人多疾病而不止，民乃恐殆。”其中《管子·度地》例，意为患疾病，作动词，其他皆作名词。诚然，战国文献中，早期主谓结构的“疾病”亦有见。如《吕氏春秋·知接》：“管仲有疾，桓公往问之，曰：‘仲父之疾病矣，将何以教寡人？’”但已少见。二、“疾、病”浑言分用，也主要作名词;有时“疾、病”互用。如文首举《韩非子·喻老》记扁鹊语,《史记·越王勾践世家》与《伍子胥列传》之诸“疾、病”互用。又如,《史记·项羽本纪》有“布称疾不往”句,《史记·黥布列传》作“九江王布称病不往”。上古文献之“疾”字,到《史记》中作“病”字。如《左传·襄公二十五年》:“崔子称疾不视事”。《史记·齐太公世家》作“崔杼称病不视事”。也有作动词者。《孟子·公孙丑下》:“昔者疾,今日愈。”《孟子·滕文公上》:“今吾尚病,病愈,吾且往见。”以上“疾、病”皆取其通义,泛指疾病。

那么,同义的“疾、病”析言之别如何?综观其用,可别为三端:一、“疾”偏于称具体之病,范围小,“病”偏于称广义之病,范围大。二、“疾”偏指急性病、重病,“病”偏指慢性病、轻病。三、“疾”承古而为书面语,而“病”是后起口语词,有口语色彩。此等别异,主要见于同文并用,也有分用而取析言者。下举战国若干例以证之:

1.《吕氏春秋·知化》:“越之于吴也,譬若心腹之疾也。虽无作,其伤深而在内也。夫齐之于吴也,疥癣之病也,不苦(当作‘若’)其已也,且其无伤也。”

按,同类语句可用早期文献对比。《国语·吴语》:“越之在吴,犹人之腹心之疾也……夫齐鲁,譬诸疾,疥癣也。”《国语》于“腹心”与“疥癣”皆作“疾”,盖由于战国前“疾、病”不同义,故唯用通称“疾”。而《吕氏春秋》此篇同一对话中于“心腹”用“疾”,于“疥癣”用“病”,合于第二条。

2.《孟子·离娄下》:“今日我疾作,不可以执弓。”《离娄上》:“今之欲王者,犹七年之病求三年之艾也,苟为不畜,终身不得。”《战国策·赵策四》:“老臣病足,曾不能疾走,不得见久矣。”《周礼·地官·乡大夫》:“老者疾者。”郑玄注:“疾者,谓若今癃,不可事者。”《三国志·魏志·管辂传》:“利漕民郭恩兄弟三人,皆得躄疾。”《世说新语·赏鉴》:“庾子躬有废疾,甚知名。”

按,凡残废之病、重病,称“疾”;各种废病更称“疾”,至今犹然,如曰“残疾”。而慢性病,如“七年之病”,一般不称“七年之疾”。《赵策》中触龙“病足”,是浑称足病,作及物动词,并非是某足病专称。故上述诸例可证第一、二条。

3.《韩非子·备内》:“故《桃左春秋》曰:‘人主之疾死者不能处半。’”《墨子·公孟》:“人之所得于病者多方,有得之寒暑,有得之劳苦。”《后汉书·方术传·华佗》:“又有疾者,诣佗求疗,佗曰:‘君病根深,应当剖破腹。’”

按,“疾死者”,指生各种重病而死的君主,“疾”可译疾病。《墨子》语,说明“病”的广泛性,范围大于“疾”。《后汉书·方术传·华佗》之叙语用“疾者”,华佗对话中却称“病”,口语色彩明显。诸例可明第一、三条。

4.《列子·力命》:“季梁得疾(一作‘病’)七日大渐……终谒三医,一曰矫氏,二曰俞氏,三曰卢氏,诊其所疾。矫氏谓季梁曰:‘汝寒温不节,虚实失度,病由饥饱色欲,精虑烦散……’俞氏曰:‘女始则胎气不足,乳湩有余,病非一朝一夕之故……’卢氏曰:‘汝疾不由天,亦不由人,亦不由鬼……’俄而季梁之疾自瘳。”(“瘳”,chōu,病愈。)

按，季梁得急病，故叙语皆称“疾”（杨伯峻《集释》取俗本作“病”，误）。医者三氏，矫氏、俞氏皆从渐变而解，故称为“病”；而卢氏谓猝然而得，不可知，故以“疾”称。同一事，二字多次互用间出，此必非偶然者，从中颇可品味“疾、病”之异。此例最可证第二条。

“疾、病”上述之别异完全可从其本义求之。《说文·疒部》：“疾，病也，从疒矢声。”此浑言。疒，甲骨文作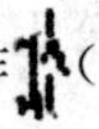（乙七三八），左床右人，系示人躺卧于床，《说文》训“倚也，人有疾痛也，象倚著之形”，未大误，人病而至于倚躺，亦已重矣。“矢”为所射之箭。徐锴释曰：“病来急，故从矢，矢急疾也。”（《说文解字系传》）段玉裁释曰：“矢能伤人，矢之去甚速，故从矢会意。”徐、段说得之。“疾”字当从疒、矢会意，其义当为突发性疾病（与慢性病相对）。扩大之，当可作疾病的通称。“病”字，从疒，丙声，声兼义。《说文》训“丙”为“烖也”，即灾害义（《说文通训定声·壮部》于此有考）。故“怲”是“忧也”，心之害成忧；“更”从丙声，“哽”为塞义，此口之害；“骾”是“食骨留咽中”，此骨之为害于咽喉者。疒者，表示病苦。然则“病”者，合形声而解，当指人因各种灾害而困苦，约其意为困苦，乃形容词。《广雅·释诂四上》：“病，苦也。”《战国策·西周策》：“今围雍氏，五月不能拔，是楚病也。”高诱注：“病，困也。”皆以本义为训。引申之，受创而苦，则是受伤义。心之困苦，为忧患义、怨恨义。“病”之所有引申义皆可从困苦义而解。唯此，早期，即战国以前，不用为疾病义。而也正因“病”乃指广义的各种困苦，故战国而下，用为疾病义后，就自然表现出范围广大等特点，而与“疾”相别。

不过，以上的同中之异乃从唐以前的情况而言。今者唯“病”作为疾病通称，由“疾、病”并用而至作名词单用“病”，其间变化之时期与状况，非一语可了。笔者已作《“病”、“疾病”的疾病义由来考》，刊《汉语史学报》第十一辑，本篇不赘言。

参考文献

[1]〔日〕岛邦男：《殷墟卜辞综类》，日本汲古书院，1970 年 8 月。

[2] 李人鉴：《释“疾”、“病”、“疾病”》，《扬州师院学报》1982 年第 3—4 期。

[3] 黄金贵：《“病”之本义考》，《语言科学》2009 年第 4 期。

118. 盲·瞽·矇·瞍·眇·瞎

上古时,"瞽",有目而闭合。"瞍",无目而闭合。"矇",眼瞳障翳即白内障而失明。"盲",眼瞳失明而不能辨色。秦以后,"盲"成为双目失明的总称。"眇",双目微视或不能视;魏晋前以前义为主,魏晋后以后义为主,后义相当于上古之瞽,因青光眼等而瞎。"瞎",无目而闭合,相当上古之瞍;常用作双目闭合而失明的通称。

【同义】

《广雅·释诂三下》:"矇、瞍、瞽,盲也。"《易·履》:"眇能视。"陆德明释文:"眇,盲也。"《集韵·入辖》:"瞎,目盲也。"

【辨释】

《说文·目部》:"盲,目无牟(眸)子也。""眸子",瞳孔。《释名·释疾病》:"盲,茫也,茫茫无所见也。""盲、茫"当同源。《韩非子·解老》:"目不能决黑白之色则谓之盲。"《庄子·大宗师》:"夫盲者,无以与乎眉目颜色之好。"《老子》第十二章:"五色令人目盲。""五色"指青、赤、黄、白、黑。至汉王充《论衡·别通》犹曰:"人目不见青黄曰盲。"目精以"视万物、别白黑"(《素问·脉要精微论》),故盲者,本指眼瞳衰竭失去光感而不能辨色见物。秦以后,成为双目失明的总称。师旷是瞽者,又自称"盲臣"(《韩诗外传》卷八)。"左丘失明,厥有《国语》"(《史记·太史公自序》),当是矇瞽者,唐柳宗元《与韩愈论史官书》称"左邱明以疾盲"。

"瞽"者,或谓"有目",或主"无目"。其鼓声兼义,鼓是面平旁凸,瞽者双目闭合,中平平一线,一似鼓形。《释名·释疾病》:"瞽,鼓也,瞑瞑然目平合如鼓皮也。"《说文·目部》训为"目但有眹也"。"眹",通"眹",缝。谓有目,但瞑合不开,唯有一缝。《韩非子·说林上》:"瞽,两目瞑。""瞑",谓闭眼睛。舜父称"瞽叟",盖"有目,不能分别好恶,故时人谓之瞽"(《史记·五帝本纪》正义引孔安国语)。春秋时著名乐师师旷,乃"熏(熏)目为瞽人,以绝塞众虑,专心于星算音律之中"(王子年《拾遗记》卷三),即自伤其目使失明专聪。汉蔡递《瞽师赋》描写瞽师"目冥冥而无见兮",也谓有目。秦以后"瞽"多引申之用,"瞽言"、"瞽说"、"瞽议"等,皆取目之闭合而喻。要之,"瞽"指有目而闭合。

《说文·目部》:"矇,童矇也,一曰不明也。"段玉裁注:"谓目童子如蒙覆也。"《诗·大雅·灵台》:"矇瞍奏公。"毛传:"有眸子而无见曰矇。"《释名·释疾病》:"矇,有眸子而失明,蒙蒙无所别也。"盖"童矇"者,眼瞳蒙障翳而失明。《诗·大雅·灵台》"矇瞍奏公"孔颖达疏:"矇,即今之青盲者也。"宋戴侗《六书故·人》曰:"矇,眸子微膜翳无见也,今人所谓内障也。"即白内障而致盲。祖国医学谓眼有"五轮":风、血、气、水、肉。眼瞳是水轮,最为重要。若蒙障便视之"雾气昏昏"(《太平圣惠方》卷三二《眼论》)。而矇者程度有轻重,且也可治。最早所见的治障之事,则是陈仲子匍匐三咽食井上螬虫(金龟子)而"耳有闻,目有见"(《孟子·滕文公下》),此是最早的虫疗。也早有"昭然若发矇"(《礼记·仲尼燕居》)之语。《说文》所出"一曰"之义正是矇者可治、程度不同的表征。"不明"是矇之轻者。但既也属矇,则不必另立一义。今一些辞书据《说文》说解立"朦"有失明与不明二义,亦失当。故"矇"者,宜解为:眼瞳蒙障翳而失明。

"瞍",无目而闭合。"瞍",从目叟声,叟声有空尽义,"廋"、"搜"等词皆见空意。故《释名·释疾病》曰:"瞍,缩坏也。"(从王先谦引吴校)《说文·目部》:"瞍,无目也。"段玉裁注:"无目者,其中空洞无物,故《字林》云:'瞍,目有朕(眹)无珠子也。'瞽者才有朕而中有珠子,瞍者才有朕而中无珠子,此又瞽与瞍之别。"段说精当。可见,"瞍"是有眹而无眼珠,只留一条缝。

"眇",今多解为一眼瞎,偏盲。常有下列诸证。《说文·目部》:"眇,一目小也。"旧题明宋濂《篇海类编·身体类·目部》:"眇,偏盲。"《易·履》:"眇能视。"《三国志·魏志·陈思王植传》裴注引《魏略》:"丁椽(丁仪)好士也,即使其两目盲,尚当与女,何况且眇?"《南齐书·褚炫传》:"兄炤,字颜宣,少秉高节,一目眇。"

按,"眇"从不指一目病。从总体看,本组眼疾诸称乃至目部的所有称名,甚至人体其他器官命名,均从全体而无有从其半体而立者。此符合词义的概约性原则。文献中,若表一目病,均以组合之语,如"一目瞎"、"一目眇"、"偏盲"等。上列诸例,均不得作"眇"为一目瞎之证。盖《篇海类编》后出,殆不足证其本义。《说文》今作"眇,一目小也,从目从少,少亦声",段玉裁校为"小目也",云:"各本作'一目小也',误。今依《易释文》正。"段校确不可易。《释名·释疾病》:"目匡陷急曰眇。眇,小也。"《广雅·释诂二上》、《方言》第十三皆训:"眇,小也。"钱绎笺疏:"眇者皆小之义也。"钱说是。禾芒之小者为秒,木细枝谓杪(《方言》第二),《一切经音义》卷十七引郭注:"言杪者梢微细也。""管小者谓篎"(《尔雅·释乐》)。凡"眇"所构词语,如"眇身"、"微眇"、"眇眇"等,注家皆训为微细义,而无一作少义(参《说文通训定声·小部》)。故"眇"者,诚为形声兼会意,但少声乃取细小义,而非寡少义。"小目"必指双目之细小,而非少一目而小。再从同源词看。《说文·目部》:"眯,艸入目中也。"段玉裁注:"《字林》云:眯,物入眼为病。然则非独艸也。"《庄子·天运》:"播糠眯目。"成玄英疏:"夫播糠眯目,目暗,故不能辩(通辨)东西。"眯目者,眼必微细不可睁。"眯",后作"䁈"。《集韵·上纸》:"䁈,眇目也。"由此,可进而断言:"小目"者,盖指由于眼病而眼睛细小,不能睁大,今江南俗称"眯细眼",眇者,尚有微弱视力。《正字通·目部》曰:"眇,翕目微睇也。"又曰:"目偏小不盲亦曰眇。"后者正得"眇"之本义。证之文献,无不契合。上引《易·履》"眇能视",孔颖达疏谓指两目"能视,无多明"。《淮南子·说山》:"小马大目,不可谓大马。大马之目眇,可谓之眇马。物固有似然而似不然者。"此浑称"目"、"眇",均非单指一眼;马、目以大小对比,则“眇”当指小目,能微视。汉班固《答宾戏》:“离娄眇目于毫分。”颜师古注:“眇,细视也。”其状即两眼眯细聚神而视。王充《论衡·福虚》:“今蛭广有分数,长有寸度,在寒葅中,眇目之人犹将见之。”若一目瞎、一目明者,时时可见物,不足为奇;唯眇者能见度差,故作者比举。上列裴注引《魏略》句,是曹操与丁仪言谈后对其所发赞语。操早有将爱女相许之念,而被人谏阻。所引《魏略》记五官将谏语曰:“女人观貌,而正礼(丁仪字)目不便,诚恐爱女未必悦也。”然则丁仪之“眇”是“目不便”,实是眯细眼。由上所论可知:“眇”本指“小目”,而非一眼瞎。

不过,大约从“晋以后始谓眇目者为瞎”(《释名疏证补》卷八“瞎”引毕沅语)。其实,早期也有引申为瞎,唯非一目瞎。《韩诗外传》卷十:“菑丘䜣……雷神随而击之,十日十夜,眇其左目。”《后汉书·光武帝纪下》:“京师醴泉涌出,饮之者疾皆愈,惟眇蹇者不瘳。”其“眇”皆指瞎。魏晋后更多。如《太平御览》卷七四〇引《梁书》记元帝误吞遗珠,“一目致眇”。而《南史·梁本纪下》谓元帝幼而“盲一目”。可见“眇”是盲瞎。眇瞎,常是急性或慢性的青光眼所致。《北史·魏孝文帝纪》:“路见眇跛,停驾亲问。”与“跛”并称之废疾,“眇”当指瞎。宋苏轼《日喻》:“生而眇者不识日。”此眇者生而不能见日,当是先天性盲瞎者。但是,魏晋后“眇”指“小目”能微视者亦间或有之。如唐牛僧孺《续幽怪录·定婚店》中的“眇妪”,能“鬻蔬以给朝夕”,“抱三岁女”至市,则必是能微视之“眇”者。要之,“眇”本指目能微视,又可引申指目瞎,魏晋前以前义为主,魏晋后以后义为主。

“瞎”字,一般均谓与“盲”同义。但今新出的几本大型辞书将“一目盲”作为首义,则又与俗解之“眇”等义。所据主要有《玉篇·目部》:“瞎,一目合也。”《广韵·入辖》:“瞎,一目盲。”《晋书·苻生载记》:“生无一目。为儿童时,洪戏之,问侍者曰:‘吾闻瞎儿一泪,信乎?’”近又有论者谓《世说新语·排调》“盲人骑瞎马”之“瞎”亦属此例。

古代训诂于“瞎”大都训为盲,即从两目言。如《集韵》(见下)。又,明陆嘘云《世事通考》上卷《人体类》:“双盲,双目皆瞎也。”清高静亭《正音撮要》卷二:“瞎子,盲眼佬。”至于“一目合”说作俑于《玉篇》,但其书同部又有“瞲”,训“同瞎”。而《集韵·入辖》:“瞎,目盲也,或从曷。”已不取《玉篇》说。从声源构意而观,“瞎”从目害声。“害”即“割”。犹“犗”之“害”亦割声兼义,指割去势。“瞎”则是后天被除去眼目(当然也可包括罕见的先天无目)。其异体曷声,曷声也有尽义。“羯”,羖羊去其势;“歇”,气泄;“渴”,涸尽(皆据《说文》)。“瞲”者,乃目之尽。然则“瞎”当指“两目合”,即无目而闭合,犹上古之“瞍”。故《释名·释疾病》于“瞍,缩坏也”后即列“瞎”,训:“迄也,肤幕迄迫也。”“迄”,王先谦校为“迮”。“肤幕”,眼睑。意谓眼睑紧迫,实也是两眼“缩坏”之意。而《玉篇》解“一目合”,则当是目半尽,半“缩坏”,显与文字构意不合。再从文例看。“瞎”的最早文献用例即是《世说新语·排调》,此节原文记殷仲堪等三人互作危语。文曰:“殷有一参军在坐,云:‘盲人骑瞎马,夜半临深池。’殷曰:‘咄咄逼人!’仲堪眇目故也。”刘孝标注引《中兴书》曰:“仲堪……误以药手拭泪,遂眇一目。”注语“眇”可认为瞎义(见上),殷氏确是一眼瞎。但参军的危语中,“盲”是有目而不明,“瞎”是无目(无双目)而不明,连下句,其危可想而知。此本无滞疑。若谓“瞎”是一目瞎,则另一目尚明,“盲人”岂亦半盲?若此,有一目可“救”,则危而不绝。危语本是调侃,故泛用“盲、瞎”以射殷氏“一目瞎”自无不可焉。而“以仲堪眇一目故也,《玉篇》遂以‘一目合也’训‘瞎’,直误会《世说》意矣”(《释名疏证补》转引叶德炯语)。《晋书》例,盖苻生“幼无一目”,故其祖戏称“瞎者一泪”,岂在表明凡瞎者皆一泪?因此,从文字声源构意和文献使用看,训“瞎”为“一目合”,实属误解,且无一例证。

“瞎”本是指无目而闭合,是口语词。扩大之,也可指有目而闭合,即成为双目闭合而失明的通称(例略),用于今。

119. 跛(尳)·蹇·躄(躃、壁)

“跛”,瘸腿。“蹇”,泛称使人行动困难的足病。“躄”,双足痿缩病,不能行走;若单足痿躄,则成跛状。

【同义】

《说文·足部》:“跛,行不正也。”“蹇,跛也。”《广雅·释诂三上》:“尳,蹇也。”《史记·平原君列传》:“民家有躄者。”张守节正义:“躄,跛也。”南朝宋王微《与江湛书》:“弟心病乱度,非但蹇躄而已。”“蹇躄”同义连用。

【辨释】

“跛”,或作“尳”,古今通义,泛称瘸腿,是一种症状,而不是病名。《礼记·问丧》:“跛者不踊。”陆德明释文:“跛,足废也。”《穀梁传·成公元年》:“卫孙良夫跛。”“跛”从足皮声,皮声有不正义,故其特点是一足偏废,但可做常人之行。《易·履》:“跛能履。”引申为偏倚。《礼记·曲礼上》:“游毋倨,立毋跛。”孔颖达疏:“跛,偏也。谓挈举一足,一足塌地。”《礼记·礼器》:“有司跛倚以临祭。”郑玄注:“偏任为跛,依物为倚。”

“蹇”,今一般辞书均解为跛。其实,不单指跛。盖“蹇”从寒省声,寒声字有曲与直二反义。如“搴”,一训为拔举之义,见《说文》、《尔雅·释诂》,此取其直;一训为卷缩之义,《淮南子·兵略》:“搴巨旗。”高诱注:“搴,卷取也。”又《俶真》:“擢德攓(搴)性。”高诱注:“攓,缩也。”此取其曲。“褰”,《说文·衣部》训“绔也”。《小尔雅·广服》:“袴谓之褰。”绔为直衣,也有曲义。《史记·司马相如列传》:“襞积褰绉。”司马贞索隐引苏林曰:“褰绉,缩蹙之。”“蹇”亦同例。汉扬雄《太玄经》卷六:“次五往蹇蹇。”范望注:“蹇蹇,平直也。”即刚直。《吕氏春秋·别类》:“漆淖水淖,合两淖则为蹇。”高诱注:“蹇,强也,言水漆相得则强而坚也。”谓漆在湿处凝固则坚。陈奇猷《校释》谓通“院”(《说文》训“院”为“坚”),方得其义,其实此正取“蹇”的坚直义,引申为坚硬。“蹇”又有曲义。口吃为蹇,此是口言之曲。“蹇产”,物态之曲。《楚辞·九章·哀郢》:“思蹇产而不释。”王逸注:“蹇产,诘屈也。”

足病之“蹇”也正取曲、直二义。一是指足曲而不能伸,若一足如此,其行走之状即为跛。《释名·释姿容》:“蹇,跛蹇也。”“跛蹇”同义连用。跛者脚多曲而不伸。一是指足的直而不曲。《素问·骨空论》:“蹇,膝伸不屈,治其楗。”谓对于膝关节不能自由弯曲的病人,治疗时可取股部经穴。无论何种,皆使行动艰难,故引申为困难义。《广雅·释训》:“蹇蹇,难也。”《易·蹇》:“蹇,难也,险在前也。”此成为“蹇”的常用义。由此引申义更证明“蹇”必指导致行动困难的足病,而不限于一种跛。《战国策·秦策三》:“以秦卒之勇,车骑之多,以当诸侯,譬若驰韩庐而逐蹇兔也。”“韩庐”，韩子庐，狡犬名。与此相对，蹇兔当然指驽钝之兔，故不可径释为跛兔。唐孟浩然《唐城馆中早发寄杨使君》诗：“策蹇赴前程。”人们也无由断为策跛马，而只可谓策驽马、劣马。他如“蹇步、蹇驴、蹇犬”等，其“蹇”皆只可解为驽钝、迟缓，此乃足病所致。故“蹇”并非专为跛义，而应是使人行动困难的足病泛称。

“躄”字，今各种辞书、注本，均释其义为跛，未确。

“躄”，或作“躃”、“壁”，历代注家皆训“足不能行”，不误。《说文·止部》：“壁，人不能行也。”《吕氏春秋·尽数》：“重水所多尰（肿）与躄人。”高诱注：“躄，不能行也。”《礼记·王制》：“瘖、聋、跛、躄、断者、侏儒、百工，各以其器食之。”陆德明释文与孔颖达疏皆训“躄”为“两足不能行”。汉枚乘《七发》：“虽有淹病滞疾，犹将伸伛起躄，发瞽披聋而观望之也。”“起、伸”分明均是使动用法，则知躄者不能起，即不能行者。此是一种痿病。《素问·痿论》：“黄帝问曰：‘五藏（脏）使人痿，何也？’”“五藏（脏）因肺热叶焦发为痿躄，此之谓也。”王冰注：“痿谓痿弱无力以运动。”“躄谓挛躄，足不得伸以行也。”即由于足肢麻痹、肌肉萎缩，使足屈而不伸。三国时吴国留赞在一次作战中足伤，“屈而不伸”，遂自叹“而我屈躄在闾巷之间，存亡无以异”（见《三国志·吴志·孙峻传》裴松之注）。魏之郭恩兄弟三人得其疾三十多年，“脚如棘子”（《三国志·魏志·管辂传》）。又《史记·平原君列传》：“民家有躄者，槃散行汲。”末例，今诸辞书几乎都是从张守节正义，释“躄”为“跛”，以“槃散”为跛行貌。按，从般声之字多有旋曲义。“槃散”亦作“蹣散”。《玉篇·足部》“蹣”训“蹣散，旋行貌”。又作“媻姗”。《文选·司马相如〈子虚赋〉》：“媻姗勃窣，上乎金隄。”李善注引韦昭曰：“媻姗勃窣，匍匐上也。”汉东方朔《七谏·怨世》：“嫫母勃屑而日侍。”王逸注：“勃屑犹媻姗，膝行貌。”隋王劭《舍利感应记》：“虽盲躄老病，莫不匍匐而至焉。”故“槃散”当为曲膝伏身膝行貌。《史记·平原君列传》之躄者盖屈膝伏行而汲水，行时两条废腿必左右甩旋，故称以“槃散”，并使美人感到滑稽可笑。但也有仅一足躄者。人所共知，大禹王即生偏枯之病，“步不相过”（《尸子》），即走时两腿不能交叉。柳宗元《天对》就称为“躄步”。此近于跛。柳宗元《段太尉逸事状》中与太尉持马同赴郭子晞营平乱的“老躄者”，既还在军中服役，看来也是一足躄者。然究其病，犹是痿躄。因此，凡“躄”，皆是足部的痿病，一般是两足不能行，有时一足痿，才近于跛，但不能据一足跛来释义。

120. 肿·瘇(瘴)·瘤(柳)·痈(癕)·疽(雎)·癌(嵒、岩、巖)·瘘·瘿·疡·疕·疮·痤·疖(节)·疔(丁)

“肿”,泛指凸肿。“瘇”,足肿。“瘤”,肿瘤通称。“痈”,较大而外露的脓疮;也有生于体内者。“疽”,深处的恶疮。“癌”,坚硬不平如岩、难除的肿瘤。“瘘”,颈部淋巴结核肿瘤。“瘿”,颈部甲状腺肿瘤。“疡”,溃脓肿疮通称。“疕”,头疮。“疮”,肿疮浑称。“痤”,小恶疮。“疖”,小疮。“疔”,坚硬根深如钉的小恶疮。

【同义】

《孟子·万章上》:“或谓孔子于卫,主痈疽。”“痈、疽”同义连用,此指医治者。《淮南子·说林》:“溃小皰(疱)而发痤疽。”高诱注:“痤疽,痈也。”《广雅·释诂二上》:“痤、痈也。”《说文·疒部》:“痈,肿也。”《广韵·平戈》:“痤,疖也。”《说文·肉部》:“肿,痈也。”“瘤,肿也。”《素问·风论》:“故使肌肉愤䐜而有疡。”王冰注:“疡,疮也。”“疔”“疕”“疖”亦指疡肿。《后汉书·虞诩传》:“诩(虞诩)恐其疽食浸淫,而无限极。”李贤注:“疽,痈疮也。”《后汉书·济北惠王传》:“头不枇沐,体生疮肿。”《太平御览》卷七四〇引《魏略》曰:“臣先有瘤肿,在腰上十数年。”“痈疮”“疮肿”“瘤肿”皆同义连用,泛指肿疮。

【辨释】

《释名·释疾病》:“肿,钟也,寒热气所钟聚也。”汉王充《论衡·状留》:“肉暴长者曰肿。”古今通义。泛指身上的凸肿。可指全身浮肿。《三国志·吴志·朱然传》:“时城中兵多肿病,堪战者裁(才)五千人。”《春秋潜潭巴》曰:“枉矢黑,军士不勇,疾流肿。”(引自《太平御览》卷七四三)谓不义之战无光明,而使军士不勇,有流肿之疾。流肿亦是身肿。也可指某一部位之凸肿。《齐谐记》曰:“范光禄得病,腹脚并肿。”(引同上)《左传·定公十年》:“公闭门而泣之,目尽肿。”《韩非子·说林下》:“此其为马也,踒肩而肿膝。”但足部之肿另有分别文“瘇”。《说文·疒部》:“尰,胫气足肿。”“尰”,俗作“瘇”。《汉书·贾谊传》:“天下之势,方病大瘇,一胫之大几如要(腰),一指之大几如股……失今不治,必为锢疾。”颜师古注引如淳曰:“肿足曰瘇。”可见,肿者未必是膏肓之疾。“肿”与有关词连用,可指痈疮。如《周礼》称“肿疡”,由天官所属之疡医(相当于今外科医师)掌治。《周礼·天官·疡医》:“疡医掌肿疡、溃疡……”郑玄注:“肿疡,痈而上生疮者。”即起肿块,块上生疮(尚未溃烂)。

《释名·释疾病》:“瘤,流也。血流聚所生瘤肿也。”《灵枢经·刺节真邪》:“邪气中之……为昔瘤，以手按之坚。”隋巢元方《诸病源候论·瘤候》：“瘤者，皮肉中忽肿起，初梅李大，渐长大，又……留结不散。”“瘤”指身上长出的大硬肿块，是肿瘤通称。《庄子·至乐》：“俄而柳生其左肘。”郭庆藩集释：“柳，瘤字一声之转。”《太平御览》卷七四〇引《魏略》曰：“晋景帝先苦瘤，自割之。”又引沈约《宋书》曰：“朱龄石舅头有大瘤，龄石伺舅眠，密往割之，舅即死。”《列女传·齐宿瘤女》：“齐宿瘤者，东郭采桑之女，项有大瘤，故以名焉。”到隋唐时，祖国医学对瘤的认识已较深刻。据唐王焘《外台秘要》等文献看，已能提出瘿瘤、骨瘤、脂瘤、石瘤、肉瘤、脓瘤、血瘤等病名，还有各种治瘤专方。

“痈(癰)”或作“瘫”。从邕(雍)声者，多有盛聚义。“邕”即“壅”(古今字)，水之大聚。《左传·宣公十二年》：“川壅为泽。”“罋”，大盛水器。“饔”，早餐，大食，日二餐制时多食之餐。《周礼·天官·外饔》郑玄注：“致礼于客，莫盛于饔。”故痈者必大。《灵枢经》有《痈疽篇》专论二者之别：“岐伯曰：营卫稽留于经脉之中，则血泣而不行，故热。大热不止，热胜则肉腐，肉腐则为脓，然不能陷骨髓，不为焦枯，五藏不为伤，故命曰痈……痈者，其皮上薄以泽。”明李时珍《本草纲目·百病主治药·痈疽》曰：“深为疽，浅为痈；大为痈，小为疖。”可见痈是面浅而大、内脓液黏稠、去脓敛口而不致命的肿疮。治痈必破而去脓。《庄子·列御寇》：“秦王有病召医，破痈溃痤者，得车一乘。”《战国策·秦策二》：“夫齐，罢国也，以天下击之，譬犹以千钧之弩溃痈也。”破痈必出脓以净。除手挤，还可吸吮。《史记·孙子吴起列传》曾记吴起为“病痈者”吮痈。《太平御览》卷七四一引《东观汉记》记樊儵“事后母至孝，母常病痈，樊至吮嗽”。汉以后应用水蛭吸脓法、火罐排脓法等。明方以智《物理小识·鸟兽类·马蝗》：“对口痈：取以向痈，彼即吸取痈血，饱则自坠，而痈亦愈。”痈一般见于外。但也有一种内痈，即因气血壅滞而致。《释名·释疾病》：“痈，壅也，气壅否结裹而溃也。”《灵枢经·脉度》：“五藏不和则七窍不通，六府不和则留为痈。”按，下句今不少辞书作为外痈之证，未洽。《难经·三十七难》载录“留”后有“结”。“痈”为“壅”之假，为壅塞。意：六腑不和则留结壅塞，与上句“不通”相协，正指内痈(参李今庸《读古医书随笔》)。《后汉书·方术传·华佗》：“军吏李成苦咳，昼夜不寐。佗以为肠痈。”

“疽”或作“睢”。《管子·法法》：“毋赦者，痤睢之矿石也。”《北史·乐运传》引作“痤疽”。《说文·疒部》：“疽，久痈也。”《正字通·疒部》：“痈之深者曰疽，疽深而恶，痈浅而大。”《灵枢经·痈疽》述曰：“热气惇盛，下陷肌肤，筋髓枯，内连五脏，血气竭。当其痈下，筋骨良肉皆无余……疽者上之皮夭以坚，上如牛领之皮。”可见，疽是痈的恶变物，深处的恶疮，常附于内骨、发于背。《史记·项羽本纪》：“(范增)疽发背而死。”张守节正义引崔浩云：“疽，附骨痈也。”清蒲松龄《聊斋志异·王十》：“(蒺藜)骨朵击处，皆成巨疽，浑身腐溃，臭不可近。”疽较为难治。至隋陈延之《小品方》第一次将附骨疽分为急缓两种，并提出了辨证用药的方法。至宋李迅《集验背疽方》更指出背疽有内外两类：外发者体热肿大，多痛而易治；内发者不热不肿不痛，为脏腑内骨深患。并提出诊治之法和各种药方。

“癌”，旧读 yán，本作“喦、岩、巖”。盖此种瘤坚硬不平如岩石，难于攻除，故名。早在隋唐时已见对癌肿病状的描述,如《诸病源候论》述翻花疮:“初起如饭粒,头破则出血,生恶肉,如翻花疮。”而至宋佚名的《卫济宝书》将痈疽分为“癌、瘭、疽、痼、痈”五类,并绘图解说。此是“癌”字在传世医学文献中最早的记载。至杨士瀛《仁斋直指方》更形象地描述癌肿:“癌者,上高下深,岩穴之状,颗颗累垂……毒根深藏,穿孔透里。”对于乳癌,研究尤多,《卫济宝书》载有乳痈与乳癌的鉴别诊断。另一部医书《济阴纲目·乳岩》述曰:“妇人以夫为天,失于所天,乃能生此。此谓之岩者,以其如穴之嵌岈空洞而外无所见,故名曰岩。患此者,必经久淹延。”凡此,均表明祖国医学对癌肿的发现、研究,曾领先于世界各国。

《说文·疒部》:“瘘,颈肿也。”《淮南子·说山》:“鸡头已瘘。”高诱注:“瘘,颈肿疾。”按,此乃“瘰疬”病,即淋巴结核。《外科大成·瘰疬》:“结核于颈前项侧之间,小者为瘰,大者为疬,连续如贯珠者为瘰疬。”隋唐时已出现不少治瘘专方,如“疗三十六瘘方”、“赵婆疗瘘方”。柳宗元《捕蛇者说》所载蛇药的诸多功能,其中也包括治瘘。

《说文·疒部》:“瘿,颈瘤也。”《医宗金鉴·外科心法要诀·瘿瘤》注:“瘿瘤二证,发于皮肤血肉筋骨处。瘿者,如缨络之状,故有是名也。”盖“瘿”从疒婴声,婴即缨。故瘿为缨络状肿病。隋巢元方《诸病源候论·瘿候》:“饮沙水成瘿者,有核瘟瘟,浮动在皮中。”按,此俗称大脖子,属地方性甲状腺肿瘤。巢元方所揭瘿病与饮用缺碘的“沙水”有关,是符合现代医学的卓识。《洛阳伽蓝记·景宁寺》:“所谓阳翟之民不知瘿之为丑。”瘿疾,可以药草、海藻疗治。《山海经·西山经》言杜衡“食之已瘿”。《神农本草经·中品》:“海藻,味苦,寒。主(一作‘治’)瘿瘤气、颈下核。”海藻含碘量高,确是治瘿良药。

《说文·疒部》:“疡,头创也。”《素问·五常政大论》:“……咳嚏鼽衄鼻窒曰疡,寒热胕肿。”王冰注:“疡,头疮也。”按“疡”不是头疮专称。《尔雅·释训》:“骭疡为微。”《礼记·内则》:“头有创则沐,身有疡则浴。”“疡”又常表示痈疮溃烂(例略),今称“溃疡”。可见,“疡”实是发于全身溃脓肿疮的通称。

《说文·疒部》:“疕,头疡也。”《周礼·天官·医师》:“凡邦之有疾者、疕疡者造焉,则使医分而治之。”郑玄注:“疕,头疡,亦谓秃也。身伤曰疡。”孙诒让正义:“盖疕为头创专名,它疡不得称疕,而疕得通称疡。”然则“疕”是头疮专称。《韩非子·奸劫弑臣》:“故厉虽痈肿疕疡,上比于春秋,未至于绞颈射股也;下比于近世,未至饿死擢筋也。”

“疮”是各种肿疮的浑称。疮一般比肿瘤小。《西京杂记》记广川王梦中被一丈之人“以杖扣王左脚。王觉,左脚肿痛,因生疮,至死不差(瘥)”。“疮”又通“创”,指外伤。《后汉书·耿恭传》:“传语匈奴曰:‘汉家箭神,其中疮者必有异。’因发强弩射之。虏中矢者,视创皆沸,遂大惊。”前“疮”,即后“创”。《太平御览》卷七四二引《江表传》曰:“孙权……使泰(周泰)脱衣帻,见其疮痍匝体,指疮而问:‘何地战伤?’泰具对。权把其臂流涕。”

《说文·疒部》:“痤,小肿也。”按,字从疒坐声,坐声有小义。“睉”,眼小;“銼”,小锅。“痤”乃是小恶疮。《素问·生气通天论》:“汗出见湿,乃生痤疿。”(“疿”,痱子。)张志聪集注:“痤,小节也。”痤如前引《庄子·列御寇》“破痈溃痤”例。又,《吕氏春秋·尽数》:“辛水多疽与痤人。”高诱注：“疽、痤，皆恶疮也。”还可指痈。《山海经·中山经》谓金星之山多天婴，其状如龙骨，“可以已痤”，袁珂校注引汪绂曰：“（痤）皮上魄磊病。”即指痈。指痈常与“疽”连用。文首引《淮南子·说林》即其例。又如，《韩非子·外储说右上》：“夫痤疽之痛也……则烦心不可支也。”《淮南子·诠言》：“割痤疽，非不痛也。”

“疖”，或作“节”，小疮。《正字通·疒部》：“疖，疡类。疖与痈疽别，疡之小者为疖。”《温病条辨·疹论》：“非若疮疖之发于阳明肌肉也。”隋巢元方《诸病源候论·疖候》：“肿结长一寸至二寸名之曰疖。”

“疔”未见《说文》、《玉篇》，是后起病名。本作“丁”。《集韵·平青》：“疔，病创。”《正字通·疒部》：“疔，恶疮。”隋巢元方《诸病源候论·丁疮候》：“丁疮者，风邪毒气于肌肉所生也。凡有十种……初作时突起如丁盖，故谓之丁疮。”《医宗金鉴·外科心法要诀·疔疮》：“盖疔者，如丁钉之状，其形小，其根深，随处可生。”则疔是坚硬根深如钉的小恶疮。《红楼梦》第二六回：“我再敢说这些话，嘴上就长个疔，烂了舌头。”

121. 仆(踣)·颠(蹎)·踬·毙(獘)·偃·僵(彊、殭)·偾(焚)·跌

“仆”，挺身前倒；物倒通称，多用于大物、硬物。“偃”，仰身后倒；物倒通称，多用于小物、柔物。“颠”，自高向低倒。“踬”，受阻而倒。“毙”，受伤害而倒；魏晋起，称伤害致死。“僵”，硬直而倒；形容僵硬态。“偾”，脱力毁败而倒。“跌”，失足而倒。

【同义】

《说文·足部》：“踣，僵也。”《人部》：“僵，偾也。”（从大徐本）“偾，僵也”，《尔雅·释言》、《广韵·去问》皆同。《玉篇·足部》：“跌，仆也。”《国语·鲁语上》：“纣踣于京。”韦昭注：“踣，毙也。”《礼记·檀弓下》：“射之，毙一人。”郑玄注：“毙，仆也。”《左传·襄公十四年》：“与晋踣之。”杜预注：“踣，僵也。”《隐公三年》：“郑伯之车偾于济。”杜预注：“偾，仆也。”《吕氏春秋·贵卒》：“伶悝僵。”高诱注：“僵，毙也。”《荀子·儒效》：“偃五兵。”杨倞注：“偃，仆也。”《汉书·武五子传赞》：“京师流血，僵尸数万。”颜师古注：“僵，偃也。”《邹阳传》：“卒仆济北。”颜师古注引应劭曰：“仆，僵仆也。”《何并传》：“将有僵仆者。”颜师古注：“仆，颠也。”《贡禹传》：“诚恐一旦蹎(颠)仆气竭。”《荀子·正论》：“蹎跌碎折。”《国语·周语下》：“故亡其氏姓，踣獘不振。”《史记·春申君列传》：“头颅僵仆。”汉赵晔《吴越春秋·勾践伐吴外传》：“兵士僵毙。”王充《论衡·命禄》：“手……举之过一钧，则踬仆矣。”《魏书·韩茂传》：“诸军旌旗皆偃仆。”《北史·杨汪传》：“拳所殴击，无不颠踣。”唐柳宗元《逐毕方文》：“民气不舒兮，僵踣颠顇。”以上“蹎仆、僵仆、蹎跌、踣獘、僵毙、踬仆、偃仆、僵踣”皆同义连用，泛指倒下，或用于人、物，或用于抽象事物。

【辨释】

《集韵·去宥》：“仆，顿也，或作踣。”《广韵·入德》：“踣，斃也，倒也。又作仆。”二字诂训亦同。《文选·枚乘〈七发〉》：“直使人踣焉。”李善注引《尔雅》曰：“踣，覆也。”指前覆。《说文·人部》：“仆，顿也。”段玉裁曰：“顿者，下首也，以首叩地谓之顿首。引申为前覆之辞。”其实，按许书说解例，此当取顿首原意，并取卜声为义。“卜”字象灼龟拆裂的兆纹，音为滂母屋部，正是龟甲拆裂之声。譬之人倒地，当像叩头，亦即顿首之声。故“仆”者，指以头着地向前倒，常表示身体直挺前倒。《庄子·外物》：“申徒狄因以踣河。”“踣河”，倾身投河。《南史·梁宗室传上·梁吴平侯勱》（从标点本）：“或遇风雨，仆卧中路。”《新唐书·薛仁贵传》：“所射皆应弦仆。”扩大之，泛指倒下，不论前后左右。一般用于大物、硬物，也是整物直

挺倒下。《史记·司马穰苴列传》:"日中而贾不至,穰苴则仆表决漏。"司马贞索隐:"仆者,卧其表也。"即因庄贾约时不至,遂放倒竖表。《汉书·王莽传上》:"后至者,欲拨其门,仆其墙。"颜师古注:"仆,倒也。"唐柳宗元《永州韦使君新堂记》:"或立或仆。"宋王安石《游褒禅山记》:"距洞百余步,有碑仆道,其文漫灭。"故"仆"是物体倒下的通称,多用于大物、硬物。

《说文·頁部》:"颠,顶也。"指人头顶。《墨子·修身》:"华友隳颠。"引申为倒下,指自高而低倒下(落差大)。《书·微子》:"今尔无指,告予颠隮。"孔传:"颠,陨。隮,坠。"指从上陨落。《楚辞·离骚》:"厥首用夫颠陨。"王逸注:"自上下曰颠。"字或作"蹎"。《说文·足部》:"蹎,跋也。"段玉裁注:"经传多假借'颠'字为之。"《孔子家语·困誓》:"不观高崖,何以知颠坠之患?"《宋史·王涣之传》:"乘车常以颠堕处之。"是为颠而倒下。但多用作抽象义,也是败亡之意。《史记·吴太伯世家》:"且盘庚之诰,有颠越勿遗。"裴骃集解引服虔曰:"颠,陨也。越,坠也。颠越无道,则割绝无遗也。"《后汉书·隗嚣传》:"妻子颠殒,还自诛刈。"李贤注:"颠,踣也。"《宋书·范泰传》:"契阔戎阵,颠狈艰危。"

"踬"是受阻碍而倒下。《左传·宣公十五年》:"杜回踬而颠。"《列子·说符》:"其行足踬株埳。"《晋书·葛洪传》:"夫僬侥之步,而企及夸父之踪,近才所以踬碍也。"此用于抽象义。"踬碍",谓受障碍跌仆,不能行进。

"毙(斃)",《说文·犬部》作"獘",从犬敝声,声兼义。敝声有蒙覆义。"蔽",隐蔽,缘它物而蒙覆。"幣",取束帛"蒙覆"于人,即赠人之束帛。"獘"字则指犬受害而身覆于地。扩大之,指人之蒙覆于地,即仆倒,故《说文》训为"顿仆"。《左传·僖公四年》记骊姬为立奚齐而献放毒药之祭酒和胙肉给献公,献公"祭之地,地坟;与犬,犬毙;与小臣,小臣亦毙",正用其本义,谓犬与人都倒地。《左传》用"毙"字最多,共 23 次,大都与死无关,其中 5 次是明确的倒义。如《哀公二年》:"郑人击简子,中肩,毙于车中。"下文曰:"既战,简子曰:'吾伏弢呕血,鼓音不衰,今日我上也。'"《定公八年》:"颜高夺人弱弓,籍丘子鉏击之,与人俱毙,偃,且射子鉏,中颊,殪。"因此,上古文献的"毙"字一般不能释以死义。但是,"毙"也不是一般的仆倒,而都表示受重创而仆倒,用于战事、争斗,并且在记述战争最多的《左传》中使用尤多。综此,"毙"的确诂应是:受伤害而倒下。从语法上看,"毙"所指必是完成态,一般不带宾语。若带宾语,便是使动用法。文首引《礼记·檀弓下》"射之,毙一人"。下文:"又毙二人","每毙一人",其"毙"全指使人受创倒下。引申之,为伤害而死之义。大约从魏晋起,死义行,本义渐废。如韦昭(三国吴人)注《国语·晋语》"犬毙"之句,就训解:"毙,死也。"《庄子·说剑》:"于是文王不出宫三月,剑士皆服毙其处也。"司马彪(晋人)注:"忿不见礼,皆自杀也。"此言剑士不得见赵文王,遂困顿而伏身于客舍,并非自杀。二位注家均以今义律古义,未是;但足以表明魏晋时,"毙"已常用为死义。由此也可知,"毙"字本是从"犬",其从"死"者正是为"毙"所滋生的死义造的专字。上古文献中从"死"之"毙"字必是秦以后的人所改易。

"偃"从安得声义。《释名·释姿容》:"偃,安也。"朱骏声曰:"(安)从女在宀中,会意。饮食男女,人之大欲存焉。故盗(寧)从宀、心、皿,安从宀女。"(《说文通训定声·乾部》)按,饮食之事则为“宴”，男女之事则为“偃”，指仰卧于床，即仰卧义。《诗·小雅·北山》：“或息偃在床”，“或栖迟偃仰”。《孙子·九地》：“偃卧者涕交颐。”《论语·乡党》“寝不尸”何晏集解引包咸曰：“寝，偃也。”“偃卧四体，布展手足似死人。”皆其例。延伸为向后仰倒。《说文·人部》：“偃，僵也。”段玉裁注：“凡仰仆曰偃。”《广雅·释言》、《释诂》：“偃，仰也。”上引《左传·定公八年》“与一人俱斃，偃，且射子鉏”句，孔颖达疏：“《吴越春秋》称要离谓吴王夫差曰：‘臣迎风则偃，背风则仆。’”然则仆是前覆，偃是却倒。《左传·定公八年》述颜高先被击倒前覆，转而仰身且负伤而射子鉏，致对方死，可见颜高善射之功。再引申，也用作倒下的通称，一般用于小物、柔物，如草、禾之类。《书·金縢》：“禾尽偃，大木斯拔。”“凡大木所偃，尽起而筑之。”孔颖达疏：“凡大木所偃仆者，尽扶起而筑之。”《论语·颜渊》：“草上之风，必偃。”“偃”的此义是作不及物动词，偶尔带宾语，也是使动用法。东汉魏伯阳《周易参同契·中篇》：“若男生而伏，女偃其躯。”

“僵”字，今有的专书特地辨明：僵硬是晚起义，其朔义是向后倒。此是承旧说而误。《说文·人部》“僵”字段玉裁注：“小徐及《尔雅释文》皆作偃，大徐作偾，非是。元（玄）应引‘僵，却偃也’，‘仆，前覆也’。按僵谓仰倒。”段说误，玄应所引未必是《说文》古训，且无有力的文献例证。按，僵从畺声，畺声字多有强、大、坚之意。“畺”是“疆”初文，“疆”是域之大，“犟”是牛长脊，“橿”是屋上长枋，“鳢”是大鱼，“彊”是有力的弓，不一而足。则“僵”的本义当是硬直而倒。作形容词，倒而硬直。《战国策·燕策一》述与人私通之女子欲害其夫：“后二日，夫至。妻使妾奉卮酒进之。妾知其药酒也，进之则杀主父，言之则逐主母，乃阳僵弃酒。”《吕氏春秋·贵卒》：“管仲扜弓射公子小白，中钩。鲍叔御，公子小白僵。”高诱注：“僵犹偃也。”按“僵”是硬直身而佯死。《史记·齐太公世家》作：“小白详（佯）死，管仲使人驰报鲁。”是其义。佯死者必如尸坚硬不动。同篇记周武君使人刺伶悝，悝佯死以蔽刺者，文曰：“伶悝僵，令其子速哭曰：‘以谁刺我父也？’”（“以”通“已”，此。）亦作“彊”。《吕氏春秋·君守》：“故任天下而不彊。”谓任天下之重而不倒下（参陈奇猷《吕氏春秋校释》）。此义后世一直通用。宋陆游《十一月四日风雨大作》诗：“僵卧孤村不自哀，尚思为国戍轮台。”“僵”也可指立而硬直。在《战国策·燕策一》文末记述上引女子害夫之事，“阳僵”句乃作：“于是因佯僵而仆之。”则此“僵”仅指硬直身体，连下“仆”方是硬直而倒。唐韩愈《月蚀诗效玉川子作》：“森森万木夜僵立。”《宋史·扬存中传》：“余党万人，僵立失措。”引申之，“僵”指硬直的死人，即僵尸。汉代已见。汉张衡《西京赋》：“屍僵路隅。”此义又作“殭”（参第122条）。无论佯死或真死，倒或不倒，指人或指物，其指硬直之态则一。可见，“僵”作动词，指硬直而倒；也可形容僵硬态，其义初即有之，非晚起义。

《说文》“偾”与“僵”互训（文首引），汉唐训诂家也多以“僵”、“仆”训其义。《左传·襄公二十四年》：“象有齿以焚其身。”孔颖达疏引服虔曰：“焚读曰偾。偾，僵也。”《左传·昭公十三年》：“牛虽瘠，偾于豚上，其畏不死？”《吕氏春秋·顺民》：“孤与吴王接颈交臂而偾。”高诱注：“偾，僵也。”《汉书·晁错传》：“戍者死于边，输者偾于道。”颜师古注引服虔曰：“偾，仆也。”也可用于抽象义，指毁败。《礼记·大学》：“此谓一言偾事。”郑玄注：“偾犹覆败也。”此用于事。《汉书·韩王信传》：“此伍子胥所以偾于吴世也。”颜师古注：“偾，谓僵仆而倒也。”此用于人。由以上文例可见，偾者，无论人或物、事，均属毁败而倒。而“偾”从贲声，贲声有盛满义（参第217条），《左传·僖公十五年》：“乱气狡愤，阴血周作，张脉偾兴，外强中干，进退不可，周旋不能。”杜预注：“愤，动也，气狡愤于外，则血脉必周身而作随气张动。”杨伯峻注：“偾即地‘墳’之墳，沸起也。”综此可断：“偾”者，指用力过甚毁败而倒下，可用于人或物，实体或抽象事物。

“跌”应是从失、足，会意，指因失足（不由自主）而倒下。《说文·手部》：“失，纵也，从手，乙声。”纵足失据就会跌。唐玄应《一切经音义》卷八引《通俗文》曰：“失蹶曰跌。”汉陆贾《新语·辅政》：“任杖不固则仆……（秦）以赵高李斯为杖，故有倾仆跌伤之祸。”《汉书·晁错传》：“跌而不振。”颜师古注：“跌，足失据也。”《易林·履之屯》：“后旅失宿，右足跌踒。”“踒”，足骨曲而不能直。《素问·经脉别论》：“度水跌仆。”王冰注：“跌谓足跌。”指失足身倒。《列子·汤问》：“趣（趋）走往还，无跌失也。”

122. 屍（尸、死）·殍（莩、莩）·殣（墐、馑）·僵（殭）尸

“屍”，死人的通称。“殍”，饿倒于路的死人。“殣”，掩埋于路边土冢的死人。“僵尸”，未腐烂的死人。

【同义】

《论语·乡党》：“寝不尸。”何晏集解引包咸曰：“僵卧四体，布展手足似死人。”“尸”即“屍”。唐张廷珪《请河北遭旱涝州准式折免表》：“且天灾所降，年谷莫登，在于贫弱，或至殍殣。”“殍殣”，同义连用，指饿毙之人。

【辨释】

《说文·尸部》：“屍，终主也，从尸死。”段玉裁注：“终主者，方死无所主，以是为主也。”盖以“尸”为主而会意。按，“尸”者，本是坐于几的尸祭者象形，“屍”会其意为人死，死人。此古今通义，用作死人的通称。《国语·齐语》：“杀而以其屍授之。”《后汉书·桓帝纪》：“又诏被水死流失屍骸者，令郡县钩求收葬。”“屍”常作“尸”。《释名·释丧制》：“既定死曰尸。尸，舒也。骨节解舒，不复能自胜敛也。”《左传·隐公元年》：“赠死不及尸。”又《左传·成公二年》：“襄老死于邲，不获其尸。”汉王充《论衡·道虚》：“世学道之人，无少君之寿，年未至百，与众俱死，愚夫无知之人，尚谓之尸解而去，其实不死。”道家以为修道之人死后，留下形骸，而魂魄散而成仙，谓“尸解”。《三国志·吴志·陆逊传》：“尸骸漂流，塞江而下。”诸“尸”字皆为屍义。盖“尸”本乃端坐之人，上古祭祀时，孙辈代死者受祭，象征死者神灵（参第41条）。唯尸者代替已故的先祖，故引申指死人。然则，“尸”是“屍”的初文，“屍”是后出字。“屍”又作“死”。《左传·哀公十六年》：“白公奔山而缢，其徒微之。生拘白乞，而问白公之死焉。”（“微”即“瞰”，暗中察视。）《吕氏春秋·离谓》：“郑之富人有溺者。人得其死者，富人请赎之。”又《期贤》：“扶伤舆死。”毕沅注：“死与尸同。”“舆死”，也作“舆尸”。《易·师》：“六三，师或舆（通‘举’）尸，凶。”指举死者的遗体。《史记·鲁周公世家》：“不如杀，以其屍与之。”司马贞索隐：“（屍）本亦作‘死’字也。”

“殍”，或作“莩、莩”。《说文》部首：“𠬪，物落也，上下相付也，从爪又。”（“爪”表覆手。）谓上下两手相受，示物有所坠落。用为人之落，指由直立而倒，即是“殍”（“𠬪、孚”声同）。《孟子·梁惠王上》：“民有饥色，野有饿莩。”《汉书·食货志赞》引《孟子》作“饿莩”。颜师古注：“诸书或作殍字，音义亦同。”又，“涂有饿莩而不知发。”赵岐注：“莩，零落也，道路之旁有饿死者不知发仓廪以用赈救之也。”汉桓宽《盐铁论·水旱》引作“野有饿殍”。从使用看，“殍”指

因饥饿倒于路而死者。故《玉篇·歹部》:“殍,饿死也。”但后世有时也可指饿而濒死者。《宋史·李光传赞》:“诸路监司,按贪赃,恤流殍。”

“殣”或作“墐”、“馑”。也指饿死。可与“殍”同义连用,见文首引唐张廷珪《请河北遭旱涝州准式折免表》。也可单用。《左传·昭公三年》:“道殣相望。”杜预注:“饿死为殣。”“殣”从堇声。《说文》部首:“堇,黏土也,从黄省、从土。”《土部》:“墐,涂也。”故“殣”字当从歹、堇会意,谓埋在涂冢中的死者,一般是饿死者。《说文·歺部》:“殣,道中死人,人所覆也。”《诗·小雅·小弁》:“行有死人,尚或墐之。”毛传:“墐,路冢也。”郑玄笺:“道中有死人尚有覆掩之成其墐者。”按,此用为动词,指掩埋。上引《左传·昭公三年》“道殣相望”,《国语·楚语下》同句韦昭注:“道冢曰殣。”《荀子·礼论》:“刑余罪人之丧……不得饰棺,不得昼行,以昏殣,凡缘而往埋之。”(“凡”,常;“缘”,因。言如常日所服而埋之。)杨倞注:“殣,道死人也。”《文选·班彪〈王命论〉》:“夫饿馑流隶。”李善注:“馑或为殣。荀悦曰:‘道瘗谓之殣也。’”《后汉书·马融传》:“米谷踊贵,自关以西,道殣相望。”《魏书·高祖纪下》:“路见坏冢露棺,驻辇殣之。”由此可见,“殣”,作名词,指被掩埋在途中的死者;作动词,指随路掩埋。而“殍”是指饿死在道上的人,故二者有微异。

“僵”,或作“殭”。《类篇·歹部》:“殭,死不朽。”常与“尸”、“屍”连言。《史记·淮南衡山列传》:“僵尸千里,流血顷亩。”《后汉书·耿弇传》:“伏兵起,纵击追至钜昧水上,八九十里僵尸相属。”北魏郦道元《水经注·洛水》:“水……泉水侧有重(一作‘童’)人穴,穴中有僵尸。”僵尸,指没有腐烂的死人。

四、服　饰

123．葛·绨·绤·绉

“葛”，我国最早利用的植物纺织原料，也可称葛纺织品，盛于唐以前。

“绤”，粗葛。“绨”，细葛。“绉”，最精细之葛。

【同义】

《论语·乡党》：“当暑，袗绨绤，必表而出之。”“袗（zhěn）”，穿单衣。何晏集解引孔安国曰：“暑则单服。绨绤，葛也。必表而出，加上衣。”《诗·鄘风·君子偕老》：“蒙彼绉绨。”“绉绨”同义连用，泛指葛衣。《礼记·曲礼上》：“为天子削瓜者副之，巾以绨；为国君者华之，巾以绤。”皆指葛巾。亦可径称“葛巾”。《晋书·隐逸传·郭文》：“恒着鹿裘葛巾，不饮酒食肉。”

【辨释】

葛是多年生的蔓草，长于气候湿润的幽峭山区，尤其是南方山区。原是野生，后人工培植。《诗·周南·葛覃》：“葛之覃兮，施于中谷。”（“覃”，tán，蔓延。）谓撒葛种于谷中，及时种植。早在石器时代，先民已知葛根（地茎）可食，其蔓条可捆扎。《墨子·节葬下》言禹“道死葬会稽之山，衣衾三领，桐棺三寸，葛以缄之”。葛之纺织，必先煮沸以脱胶、脱皮，析成缕缕洁白纤维。《诗·周南·葛覃》又云：“是刈是濩，为绨为绤。”毛传：“濩，煮之也。”孔颖达疏：“于是刈取之，于是濩煮之，煮治已讫……乃绩绩之，为绨为绤。”葛是我国先民最早利用的植物纤维之一。《韩非子·五蠹》称尧“冬日麑裘，夏日葛衣”。至今发现的最早葛布是江苏吴县（在今苏州）草鞋山新石器时代遗址出土的三块葛织品，表明早在六千年前我国已利用葛纤维作为纺织原料。周代官府专设掌葛之官，司掌葛的种植与纺绩。《周礼·地官·掌葛》：“掌以时征绨绤之材于山农。”此是征敛之事，意按时向山民征收织葛布的原料。人工栽种葛草最著名一例是春秋时越王勾践为雪耻灭吴而大量种葛。此事见于《左传·成公九年》，云“勾践种葛”，使越女织成葛布，献于夫差。汉袁康等《越绝书·外传记地传》更详其事：“葛山者，勾践罢吴，种葛，使越女织治葛布，献于吴王夫

草鞋山遗址出土葛组织复原图

差。"葛之多,使"葛山之首无草木"。最后得十万匹精细葛布献吴王夫差。在《诗》三百篇中提到葛的竟有四十多处,可见周代种葛、衣葛之盛。葛布挺括、散热,吸湿性好,越王勾践之所以大种其葛,正是投吴王夫差肥胖怕热而喜服葛衣之好。葛不仅可制衣,还可做帽、帐等日用品。但葛的生长慢,要求高,脱胶繁复,故到战国时其盛势已为大麻所取代。要之,"葛"多指此种草本植物与其纤维制的布、日用品。

《说文·糸部》:"绤,粗葛也。""絺,细葛也。"《小尔雅·广服》:"葛之精者曰絺,粗者曰绤。"《诗·周南·葛覃》:"为絺为绤,服之无斁。"("斁",yì,厌弃。)毛传:"精曰絺,粗曰绤。"则二者是精粗之别。唯其精细,服絺者人等较高贵,服绤则相对低下。《礼记·月令》:"(孟夏之月)是月也,天子始絺。"郑玄注:"初服暑服。"文首引《礼记·曲礼上》上句"为天子削瓜者副之,巾以絺"。陆德明释文:"絺,细葛也。"谓为天子削好瓜又四分之,而以细葛巾覆盖。下句"为国君者华之,巾以绤","华",郑玄注:"中裂之不四析也。"陆德明释文:"绤,粗葛。"谓为诸侯削瓜半破并用粗葛覆而进呈。絺之更高级者上绣彩纹,称"絺绣"。《书·益稷》:"予欲观古人之象:日、月、星、辰……黼、黻、絺、绣。"孔传:"葛之精者曰絺,五色备曰绣。"此为天子的服饰。

秦以后,二者仍有别。《汉书·高帝纪下》记高祖八年春三月令:"贾人毋得衣锦绣、绮、縠、絺、纻、罽。""絺"与锦绣等并列,当是葛之精品。颜师古注:"絺,细葛也。"《艺文类聚》卷五七引汉崔骃《七依》曰:"乃导玄山之粱,不周之稻,砻以絺绤,砥以柔韦。"《太平御览》卷八一九引三国魏刘桢《瓜赋》曰:"承之雕盘,幂以纤絺。""絺"或单用,或与"绤"连用,分明还是二物。但到唐代,葛的种植、利用,只限于长江中下游,如淮南道、江南道(据《新唐书·地理志五》)、剑南道(《地理志六》)的一些偏僻山区。《唐六典》对各纺织品的规定中,已无絺绤。李白《黄葛篇》诗:"黄葛生洛溪……采缉作絺绤……此物虽过时,是妾手中迹。""洛溪",今四川珙县一带。唐以后,只有南方个别地区产葛。随着絺绤其物之衰落,从唐代起,"絺、绤"二名已罕见。

《说文·糸部》:"绉,絺之细者也。《诗》曰:'蒙彼绉絺。'一曰戚也。"(从段注)按,毛传:"絺之靡者为绉。"郑玄笺:"绉絺,絺,絺之蹙蹙者。"孔颖达疏:"絺者以葛为之,精曰絺,粗曰绤,其精尤细靡者绉也,言细而缕绉,故笺申之云'绉絺,稀之蹙蹙者'。"毛、郑微异,孔疏调停。段玉裁曰:"按靡谓纹细皃,如水之靡靡也。《米部》曰:'糜,碎也。'凡言靡丽者皆取糜义,谓其极细,此毛说与郑说之不同也。"又曰:"戚戚者,如今绉纱然。"段分"绉"为二物,甚是。与"絺、绤"同义的"绉",当是最精细的葛制品专称,即《说文》说解的正义和毛传之训。《说文》的又义和郑笺之训当指丝织物的一种:用拈丝做经,反方向的两种拈丝做纬,以平纹组织组成,表面呈绉缩现象,即上古称"縠"者。而葛纤维织成品不会有绉缩现象,不能织成丝绉类产品,且《诗》所载是诗经时代,丝绉是汉代才出现的产品。故彼义与本组词异途。

"绉"之名使用不广,盖实无区分之必要,总体也在絺之中,因而在唐以前文献中于葛织品大都用"絺、绤"二名。

参考文献

[1] 陈维稷主编:《中国纺织科学技术史・古代部分》,科学出版社,1984 年 4 月。
[2] 上海市纺织科学研究所《纺织史话》编写组:《纺织史话》,上海科技出版社,1978 年 1 月。
[3] 夏纬瑛:《〈周礼〉书中有关农业条文的解释》,农业出版社,1979 年 10 月。
[4] 李璠:《中国栽培植物发展史》,科学出版社,1984 年 3 月。

124. 麻·枲·芓(荸)·苎(纻)·苘(檾、蘔、顈、絧、褧)·菅·蒯

大麻是我国古老的原产作物之一,可称为"麻";"麻",早期可兼指食麻,汉后成为纤维麻类作物总称。大麻雌株称"芓",雄株称"枲"。"枲"在上古、秦汉,是纤维麻类总称,汉以后成大麻专称。"苎",一种纤维纤细之麻。"苘",纤维粗硬之麻。"菅、蒯",两种野生麻,可做粗硬用物。

【同义】

《说文·林部》:"麻,枲也。"《广韵·平麻》:"麻,麻纻。"《尔雅·释草》:"枲,麻。"郝懿行义疏引孙炎曰:"麻,一名枲。"《说文·木部》:"枲,麻也。"三国吴华覈《上农务禁侈疏》:"妇人为绮靡之饰,不勤麻枲。"《后汉书·循吏传·卫飒》:"教民种植桑柘麻纻之属。""麻枲"、"麻纻"同义连用,泛指麻。《说文·艸部》:"芓……一曰芓,即枲也。"《诗·陈风·东门之池》:"可以沤纻。"孔颖达疏引陆玑《诗疏》云:"纻亦麻也。"《集韵·上迥》:"苘,枲属。""菅、蒯",亦是麻类植物。

【辨释】

作为纤维作物之麻,常见是大麻。大麻,一年生草本植物,对土壤和气候适应性强,是我国古老的原产作物之一。半坡、河姆渡等新石器遗址出土陶器上的麻布印痕和各种原始纺织工具均表明,早在新石器时代晚期,大麻已人工栽培。到商周时期,大麻成为普遍种植的纤维作物。《诗经》和其他上古文献中"麻"字频见。《诗·王风·丘中有麻》:"丘中有麻。"又《齐风·南山》:"蓺(艺)麻如之何?衡从(纵)其亩。"即谓种麻要精耕细作。麻进入纺织工序前,必须收割后脱胶,剥取纤维,此谓"沤麻"。《诗·陈风·东门之池》:"东门之池,可以沤麻。"《吕氏春秋·审时》:"得时之麻……厚枲以均。"《荀子·劝学》:"蓬生麻中,不扶而直。"可见在上古,先民们对大麻的特点及其栽种、管理、加工已有丰富的经验。从战国以来,大麻已成为主要的纺织原料,一般人多穿麻,故从此时出现"布衣"一词,代称庶民,盖庶民常衣大麻布之衣。秦以后,大麻的种植更为广泛。《后汉书·东夷传·挹娄》:"有五谷、麻布……"又《东夷传》:"土宜禾稻、麻纻。"新疆罗布泊曾出土西汉时几块大麻布及衣服(参黄文弼《罗布淖尔考古记》第七章),马王堆一号汉墓出土有大麻布。包头市郊东汉墓出土大麻绳索。汉代,发明造纸术,大麻纤维是造纸主要原料。故《艺文类聚》卷八五引晋郭璞《麻赞》曰:"草皮之良,莫贵于麻;用无不给,服无不加。"据《魏书·食货志》,当时用大麻布充税之州有十八。隋唐时,大麻生产遍及黄河、长江中下游和新疆。早在西汉,大麻已由丝绸之路传入中

亚、欧洲。

大麻可称“麻”(例见上)、“枲”。

《玉篇·麻部》:“麻……无子曰枲。”《说文·艸部》:“芓,麻母也。”“芓”也作“荸”(见《尔雅·释草》)。《说文·木部》“枲”字段玉裁注引程瑶田《九谷考》曰:“以今日北方种麻事目验之,牡麻俗呼花麻,夏至开花,所谓荣而不实谓之英者,花落即拔而沤之,剥取其皮,是为夏麻。夏麻之色白。苴麻俗呼子麻,夏至不作花而放勃,勃即麻实。所谓不荣而实谓之秀者,八九月间子熟则落,摇而取之,子尽乃刈,沤其皮而剥之,是为秋麻,色青而黯,不洁白。”此说若剔去“苴麻”二字,则全确。按,“枲”,大麻的雄株,叶片细长、互生、分枝少;“芓”,大麻的雌株(即上曰“子麻”),叶片短圆、对生、分枝多。若旨在取纤维,当耘去雌株而留存雄株;若旨在取种子,当让雌、雄株并长,而在开花时摇动植株,以辅助授粉。然则作为纺织纤维,皆可取于“枲”与“芓”。唯前者优,后者劣:“芓”在文献中较少使用,盖一般称以“雌株、牡株”。“枲”则常见,除表示特指麻的雄株外,常常兼雌株而言,如段玉裁所言:“然则枲无实,芓乃有实,统言则皆称枲。”(见《说文·艸部》“芓”字注)段说是。《楚辞·天问》:“靡蓱九衢,枲华安居?”(“靡”,蔓。)谓蔓生、多歧之浮萍,赤华之枲今何在?此枲即麻。《墨子·备穴》:“约枲绳以绊其下。”《书·禹贡》:“岱畎丝枲。”孔颖达疏:“枲,麻也。”诸例皆以“枲”称而不以“麻”名。《周礼·天官·典枲》:“典枲掌布缌缕纻之麻草之物。”布缌缕用麻,纻则用菅蒯之类,也是麻(见下)。此句“枲”、“麻”并出,“枲”显然是纤维麻类总称,而“麻”反是小名,此指大麻。下至秦以后。《尔雅·释草》:“黂,枲实。”《说文·𣏟部》:“䔶,枲属。”《史记·夏本纪》:“厥贡……岱畎丝、枲、铅、松、怪石。”可见上古秦汉,“枲”用为纤维麻类的总称。而汉以后,“麻”失去了作食用麻的含义(参第164条),于是“麻”才用为纤维麻类作物总称,“枲”则为大麻作物专称;只在与“麻”连用时,或可泛指麻类。文首引华覈《疏》句即是。又如《晋令》:“田者,枲麻加半亩。”至于后世,“枲”几乎淘汰,在明代宋应星《天工开物》中,有“枲著”一目,乃指棉衣,近乎误用(参钟广言《天工开物注释》)。

“苎”,或作“纻”,指麻属的一种栽培植物或其纺织制品。明李时珍《本草纲目·草四·苎麻》:“苎麻作纻,可以绩纻,故谓之纻。”苎是麻属多年生纤维作物。我国是苎麻的原产地。陕西宝鸡和扶风都发现西周的苎麻布,福建武夷山船棺、长沙战国楚墓也都出土苎麻织品,说明很早在黄河、长江流域都有分布。在周代、苎麻是豫州的重要贡品。《书·禹贡》:“(豫州)厥贡漆、枲、絺、纻。”《左传·襄公二十九年》:“(吴季札)聘于郑,见子产,如旧相识,与之缟带,子产献纻衣焉。”杜预注:“吴地贵缟,郑地贵纻,故各献己所贵。”后以“缟纻”喻友谊之深。苎是纤维纤细较贵重之麻。上引《周礼·天官·典枲》“典枲”句郑玄注:“白而细疏曰纻。”《太平御览》卷八二〇引古乐府《白纻歌》曰:“白纻质如月,轻如云,色如银。”纤维纤细柔和,白亮光滑,可作夏布、夏衣。《淮南子·人间》:“冬日被裘罽,夏日服絺纻。”《战国策·齐策四》:“后宫十妃,皆衣缟纻。”“缟”,白生绢。“纻”、“缟”并列,可见纻的贵重。汉时平民不得衣纻。《汉书·高帝纪下》记高祖八年春三月令:“贾人毋得衣锦、绣、绮、縠、絺、纻、罽。”当然，若粗加工，即为粗品。可作绳索。汉王褒《僮约》："多取蒲纻，益作绳索。"可作笠帽。《管子·小匡》："首戴苎蒲。"尹知章注："编苎与蒲以为笠。"苎麻精粗皆宜，雅俗共用，故经久不衰。《太平御览》卷八二〇引《宋书》记会稽戴法兴"家贫、父子以贩纻为业"。唐杜荀鹤《山中寡妇》诗："夫因兵死守蓬茅，麻苎衣衫鬓发焦。"《宋史·陈尧叟传》："麻苎所种，与桑柘不殊……周岁之间，三收其苎。"至今苎布犹为人们喜爱。

"苘"（一作"茼"字，误），麻，俗称白麻，字又作"檾、蒑、顈、褧、絅"。河姆渡新石器时代遗址，就有苘麻织品。苘也是白色纤维，但甚粗硬，可制粗布衣，为贫贱者常服，也可作丧服；耐水，故又作汲绠、牛索、蓑衣，草鞋等。《诗·卫风·硕人》："硕人其颀，衣锦褧衣。"《说文》引《诗》作"檾"。《礼记·中庸》："《诗》曰：'衣锦尚絅。'恶其文之著也。"作"絅"，"褧衣"，锦彩衣裳的罩衣，以示俭朴。《礼记·杂记下》："如三年之丧，则既顈，其练祥皆行。"（"练祥"，丧祭名。）指苘麻制的丧服。唐张说《阙题》诗："温席开华扇，梁门换褧衣。"

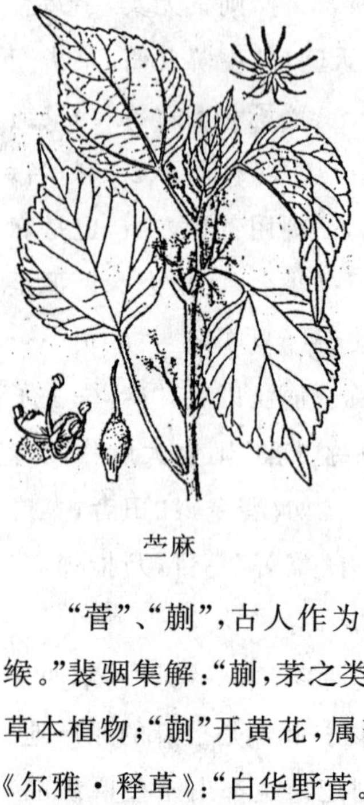

苎麻

大麻

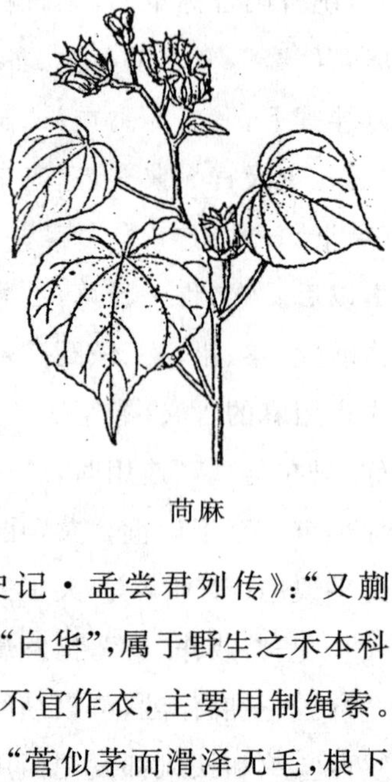

苘麻

"菅"、"蒯"，古人作为茅草。《广雅·释草》："菅，茅也。"《史记·孟尝君列传》："又蒯缑。"裴骃集解："蒯，茅之类。"实是野生的麻类："菅"开白花，又称"白华"，属于野生之禾本科草本植物；"蒯"开黄花，属莎草科草本植物。纤维皆柔韧粗劣，不宜作衣，主要用制绳索。《尔雅·释草》："白华野菅。"郝懿行义疏引三国吴陆玑《诗疏》曰："菅似茅而滑泽无毛，根下五寸中有白粉者柔韧。宜为索，沤乃尤善矣。"《史记·孟尝君列传》："冯先生甚贫，犹有一剑耳，又蒯缑。"司马贞索隐："蒯，草名。……缑，谓把剑之物。言其剑无物可装，但以蒯绳缠之，故云'蒯缑'。"菅、蒯也可作鞋、席。《仪礼·丧服》："冠绳缨、菅屦者。"贾公彦疏："菅屦者，谓以菅草为屦。"《礼记·玉藻》："出杅，履蒯席。"孔颖达疏："蒯，菲草，席涩，出杅而脚践履涩草席上，刮去垢也。"唯皆是有用之物，故《左传·成公九年》引佚《诗》曰："虽有丝麻，无弃菅蒯。"南朝梁任昉《为范尚书让吏部封侯第一表》："陛下不弃菅蒯，爱同丝麻。"菅蒯以自喻，谓不以我材下，垂爱与正品同。今成语"草菅人命"，谓视人命如菅草。菅蒯不如大麻等用途广，故未人工栽培。

125. 毛·毳·毫(豪)·氂(旄、牦、犛)

“毛”，兽毛及其纺织物泛称。“毳”，鸟兽细毛。“氂”，氂牛尾等硬而长的兽毛。“毫”，泛指鸟兽长锐毛。

【同义】

《文选·班固〈答宾戏〉》：“锐思于毫芒之内。”李善注引项岱曰：“毫，毛也。”《广雅·释器》：“氂，毛也。”《汉书·鲍宣传》：“有益毫毛。”“毫毛”连用，喻指细微。《尔雅·释言》：“氂，罽也。”郭璞注：“毛氂所以为罽。”《后汉书·乌桓传》：“以毛毳为衣。”“毛氂”、“毛毳”同义连用，泛指兽毛。

【辨释】

《释名·释形体》：“毛，貌也，冒也，在表所以别形貌，且以自覆冒也。”主要用于走兽，作兽毛的泛称。《礼记·乐记》：“毛者，孕鬻。”孔颖达疏：“‘毛者，孕鬻’者，言走兽之属，以气孕鬻而繁息也。”《周礼·地官·大司徒》：“一曰山林，其动物宜毛物。”郑玄注：“毛物，貂、狐、貒、貉之属，缛毛者也。”晋左思《蜀都赋》：“毛群陆离，羽族纷泊。”也泛称以兽毛为原料的纺织物。《后汉书·舆服志下》：“上古穴居而野处，衣毛而冒皮。”三国魏曹植《杂诗》之二：“毛褐不掩形，薇藿常不充。”唐韩愈《归彭城》诗：“见待颇异礼，未能去毛皮。”白居易《西凉伎》诗：“奋迅毛衣摆双耳，如从流沙来万里。”《新五代史·唐臣传·李严》：“惟得金二百两，地衣、毛布之类。”

作为毛纺织物，只以“毛”称，而不以他词(如“羽、毫”等)名，颇合其理。盖纺织用料主要取兽毛。我国古代毛纺织品所利用的兽毛，最广泛的是羊毛。此为毛纤维原料之大宗。西汉的卜式，是牧羊大户，曾在历代养羊经验基础上总结出“卜氏养羊法”，卜氏以养羊致富，捐财于国，被任为中郎。羊毛之外尚有兔毛。据史载，至唐代，安徽、江苏一带已进行兔毛纺织。有骆驼毛。大约汉代已识剔去驼之粗毛而得驼绒进行纺织。在新疆吐鲁番盆地阿拉沟战国古墓群和蒙古国诺因乌拉东汉匈奴古墓出土的纺织品中，均发现有骆驼毛。还有鸟羽毛，主要是雉羽毛、燕羽毛、孔雀毛。《南齐书·文惠太子传》：“织孔雀毛为裘，光彩金翠过于雉头矣。”

《说文·毛部》：“毳，兽细毛也，从三毛。”段玉裁注：“毛细则丛密，故从三毛，众意也。”朱骏声《说文通训定声·泰部》“毳”下引《字林》曰：“毳，细羊毛也。今苏俗谓之底绒。”盖羊毛为其大宗。扩而大之，还可包括鸟的细毛之属，遂为鸟兽细毛之称。《汉书·晁错传》：“鸟兽毳毛，其性能寒。”颜师古注：“毳，细毛也。”汉刘向《新序·杂事一》：“今夫鸿鹄高飞冲天，然其所恃者六翮耳，夫腹下之毳，背上之毛，增去一把，飞不为高下。”毳，可作各种毛纺织品的原料。制成毡。《周礼·天官·掌皮》：“共其毳毛以毡，以待邦事。”织成毛布。《新唐书·突厥传上》：“牧马之童，乘羊之隶，赍毳毼邀利者，相错于路。”“毳毼”，细毛布。用细毛布制的衣服叫“毳衣”，在上古是一种考究的细毛衣，用五彩绘绣虎、蜼、藻、粉米、黼黻为饰。此为天子祭祀、大夫朝聘和助祭、决讼时穿的礼服。《诗·王风·大车》：“大车槛槛，毳衣如菼。”（“槛槛”，车行声；“菼”，初生之荻，言衣色如荻绿。）“大车啍啍，毳衣如璊。”（“啍啍”，慢貌；“璊”，浅赤色。）但后世的“毳衣”，则泛指毛织衣。《宣和遗事·贞集》：“有小儿三人，自梁栋中循柱而下……皆毳衣跣足。”毳又可作毡帐。《文选·李陵〈答苏武书〉》：“韦鞲毳幕，以御风雨；膻肉酪浆，以充饥渴。”李善注：“毳幕，毡帐也。”汉王褒《圣主得贤人颂》：“夫荷旃被毳者，难与道纯绵之丽密。”（“旃”，同“毡”。）“荷旃”即是“被毳”。

汉东方朔《七谏·沈江》：“秋毫微哉而变容。”王逸注：“锐毛为毫。”《广韵·平豪》：“毫，长毛。”《集韵·平豪》：“毫，长锐毛。”本指鸟兽之长锐毛。《孟子·梁惠王上》：“明足以察秋毫之末，而不见舆薪。”鸟兽之毛至秋更生，其形细长而锐。《庄子·齐物论》：“天下莫大于秋豪之末，而太山为小。”“豪”通“毫”。多用于走兽。《文选·陆机〈文赋〉》：“定去留于毫芒。”李善注引《音义》曰：“芒，稻芒；毫，兔毫。”《山海经·西山经》：“竹山……有兽焉，其状如豚而白毛，大如笄而黑端，名曰豪彘。”郭璞注：“即豪豬，俗称尖豬。”无论是泛指鸟兽长锐毛，或专称某一兽毛，常引喻为细微义。上举例大都若此。又常用为表示轻小的名量词。十丝为毫，十毫为厘，遂有“丝毫”、“毫厘”之词语，用于今。因毛笔是毫（如羊、黄鼠狼毫）所制，后世遂常以“毫”代称笔。晋陆机《文赋》：“唯毫素之所拟。”素，书写材料；毫，书写工具——笔。但“毫”不用于纺织物。

《说文·犛部》：“氂，犛牛尾也，从犛省，从毛。”字也作“旄、牦、犛”。盖字虽多体，但相对各有所司：称兽名多作“牦、旄、犛”，称其尾，多作“氂”。其物产于我国西南部高原。《山海经·北山经》：“有兽焉，其状如牛，而四节生毛，名曰旄牛。”郭璞注：“今旄牛背、膝及胡、尾皆有长毛。”《正字通·牛部》：“牦，牦牛，出甘肃临洮及西南徼外，野牛也。人多畜之，状如水牛，髀、膝、尾、背、胡下，黑毛长尺许，尾长大如斗。”其尾以毛长而硬为特征，故引申可泛指氂牛毛及其他长而硬之兽毛。《汉书·王莽传中》：“好厚履高冠，以氂装衣。”颜师古注：“毛之强曲者曰氂。”《后汉书·岑彭传》：“狗吠不惊，足下生氂。”李贤注：“氂，长毛也。”氂之用于纺织，主要是制作坚硬的毛布。《后汉书·西南夷传》：“冉駹夷者……其人能作旄毡斑罽。”《魏书·宕昌传》：“宕昌羌……居有屋宇，其屋织犛牛尾及羖羊毛覆之。”盖其用类于今之油毛毡。但不可作罽，文首引《尔雅·释言》：“氂，罽也。”郝懿行义疏以为“氂”是“毳”讹字。其说可从。盖罽是细羊毛织物，不得以氂为之。氂更重要的作用是作仪礼之物。如特殊的冠带。汉贾谊《新书·阶级》谓士大夫之罹罪者，“闻谴诃，则白冠氂缨，盘水加剑，造请室而请其罪尔”。此是官员请罪（大罪）时的一项礼仪：“白冠氂缨”，示戴罪之身；“盘水”，示皇帝之公平处理；“加剑”，随时待皇帝赐剑而自刎。《晋书·束皙传》：“主无骄肆之怒，臣无氂缨之请。”

唐陈鸿《长恨传》:“从官郎吏伏上马前,请诛晁错以谢天下。国忠举氂缨盘水,死于道周。”此外,氂常作竿首的礼仪饰物,如旄旄、旄旗。此是竿顶饰以旄牛尾的旗,上古作大夫之旗。《诗·鄘风·干旄》:“孑孑干旄,在浚之郊。”毛传:“注旄于干首,大夫之旃也。”如旄节,为使者所持信物。《汉书·苏武传》记苏武出使匈奴,被囚禁“北海上无人处”,武“杖汉节牧羊,卧起操持,节旄尽落”。又与钺一起,用作代表君王指挥作战的信物。《书·牧誓》:“王左杖黄钺,右秉白旄以麾。”(“黄钺”,黄金作饰之斧钺。)唐李白《闻李太尉大举秦兵百万出征东南……》诗:“太尉仗旄钺,云骑绕彭城。”

参考文献

[1] 陈维稷主编:《中国纺织科学技术史·古代部分》,科学出版社,1984 年 4 月。
[2] 张仲葛、朱先煌主编:《中国畜牧史料集》,科学出版社,1986 年 5 月。

126. 毯·氍毹(毺)·毾(毭、榻)氈·毡(旃)·织皮·罽(纐)·褐(毼)

“毯”，毛毯，其名唐代始见。汉代称“氍毹”，尤细好者称“毾”。细毛布，上古称“织皮”，汉代通称“罽”。粗毛布称“褐”。无纺织布称“毡”，其物其名早于毯。

【同义】

《新五代史·梁臣传·王重师》：“悉取军中毡毯，沃以水，蒙之火上。”“毡、毯”同义连用，泛指毛织物。唐官府织染署，下设毯坊使、毡坊使，五代时合并称毡毯使，可见二物相类。《广韵·去祭》：“纐，毡类，织毛为之。”今本《尔雅·释言》：“氂，罽也。”郝懿行义疏校为：“毳，罽也。”《资治通鉴·晋纪·怀帝永嘉四年》：“毯布三万匹。”胡三省注：“毯布，织毳为布也。”罽、毯皆毳毛所织。《说文新附》：“氍，氍毹，毾氈，皆毡绒(通‘毯’)之属，盖方言也。”《书·禹贡》：“熊罴、狐狸织皮。”孙星衍今古文注疏：“织皮者，纐之属。”《广雅·释器》：“毼，罽也。”

【辨释】

据今人贾应逸等所考，“毯”字唐代始见；而“地毯”连称，要到元代，此大抵合情。至今未见唐以前用“毯”字的材料。按，《晋书·张轨传》：“轨即遣参军杜勋献马五百匹、毯布三万匹。”唐佚名《补江总白猿传》：“扪萝引緪(粗绳索)而陟其上……其下绿芜，丰软如毯。”(《太平广记》卷四四四题为《欧阳纥》)《晋书》成于唐代，后者是唐人传奇。地毯之称，如《元史·后妃传一·世祖昭睿顺圣皇后察必》：“宣徽院羊臑皮置不用，后取之，合缝为地毯。”但此指铺地的羊皮，非今所指的栽绒地毯。记载真正地毯的最早文献是元代《毡罽工物记》一书。“毯”的名称虽然出现较迟，但其物早已有之。汉代始见“氍毹”、“毾氈”之名，即是毯的外来词：“毹”或作“毺”，“毾”或作“毭”、“榻”。其物最早产自大秦(罗马)，后传入天竺(印度)。《后汉书·西域传·天竺国》：“西与大秦通，有大秦珍物，又有细布好毾氈。”《三国志·魏志》乌桓等传裴注引《魏略》曰：“大秦国以野茧织成氍毺。”“大秦国以羊毛、木皮作毾氈。”盖所用原料不限于羊毛。据说所制品有十色，“鸟兽人物千奇万变，作鹦鹉(鹉)鸟轩轩若飞”(《北堂书钞》卷一三四)。又从天竺传入月氏等西域国。《太平御览》卷七〇八引班固《与弟超书》：“月支毾(或作毭)氈，大小相杂，但细好而已。”《北堂书钞》卷一三四《毾氈》条曰：“月支毾氈，五色九色，百种形象。”二物中毾氈较精细，但都作毛褥、毛席。唐玄应《一切经音义》卷二引《通俗文》：“织毛褥曰氍毹，细者谓之毾氈。”《太平御览》卷七〇八引亦大同。《玉篇·毛部》：“毾氈，席也。”上引《后汉书·西域传》句李贤注引《埤苍》曰：“毛席也。”《释名·释床帐》：“榻登，施之承大床前小榻上，登以上床也。”按，此乃望文生义，实是施榻床供坐卧之用。汉杜笃《边论》：“匈奴请降，毾㲪罽褥，帐幔毡裘，积如丘山。”《太平御览》卷三五八引《东观汉记》载景丹将兵诣光武帝，文曰：“上劳勉丹，出至城外兵所，下马坐鞍毡毾㲪上。”《乐府诗集·相和歌辞十二·陇西行》：“请客北堂上，坐客毡氍毹。”此二物至魏晋时犹为珍品。《世说新语·任诞》：“王子猷诣郗雍州，雍州在内，见有毾㲪，云：‘阿乞那得此物？’”（“阿乞”，郗恢小字。）魏晋后渐多。至唐时，又作地毯。岑参《田使君美人舞如莲花北铤歌》：“高堂满地红氍毹，试舞一曲天下无。”

新疆是我国毛毯的故乡。在罗布泊西岸地区、古代楼兰及附近遗址和孔雀河下游三角洲地带的墓葬群中，出土了较多的新疆地毯实物，种类较多，有织毛毯、织花毯、缂（kè）毛毯，拉绒毯和栽绒毯五种，很多是汉代的遗物，已达到较高的工艺水平。如古楼兰遗址几件栽绒地毯标本（现存英国伦敦几所博物馆），其中一件以棕色羊毛作经线，四股羊毛纱合并加捻作纬线，绒头是较柔软的彩色羊毛纱，每一绒头绕一根经线转一二圈，构成一扣，平均每10平方厘米内有40个结扣，在深孔地色上用白棕红等七、八色羊毛纱显出图案纹样（参《新疆地毯史略》25页）。在民丰出土东汉古墓的毛毯残片，其地经密度每厘米7—8根，地纬密度每厘米4根，每5根地纬嵌4根彩色绒纬，绒纬围经打马蹄形结（参陈维稷书394页）。凡毛毯皆经纺与织：将剪下的兽毛净化、弹松，纺捻成线，染色，再经纬编织。新疆的毛毯技艺在魏晋时就东传至中原。其后，汉族人因地制宜，创造出一种运用相同组织法织的丝毯。唐白居易《红线毯》诗：“红线毯，择茧缫丝清水煮，拣丝练线红蓝染。染为红线红于蓝，织作披香殿上毯。……宣城太守知不知？一丈毯，千两丝！”诗中描写了丝毯的织作技艺和唐代织毯的普及。

“毡（氈）”或作“旃”。《说文·毛部》：“氈（毡），捻毛也。”即蹂毛。《释名·释床帐》：“毡，旃也，毛相著旃旃然也。”其训与毡的特征相合。毡的制作方法，据《新疆图志》和《实业志·牧》所载，是将羊毛洗净，开水浇烫，揉搓，使之粘合，然后铺于芨芨草或竹苇编帘之上，用马驴曳拉石滚，反复辗压于上，遂将羊毛压成毛毡。据说四人可日成四毡。简言之，毡者，将羊毛（还可将骆驼毛、牦牛毛）通过湿、热、挤压等物理作用制成无经无纬的块片状厚布，具有特殊的回弹、吸震和保暖性能。因此，毡之性能、制作方法与毯大为不同，是具特殊性能的无纺织厚布。

毡的历史比毯悠久。在毡的主要发源地，毡早于任何一种毯。在蒙古国诺音乌拉东汉匈奴墓曾发掘出毛毡片。在距今已三千多年的哈密鱼儿沟古墓葬中，曾出土很多毡子。在中原地区，周代也早已掌握制毡技艺。《周礼·天官·掌皮》：“共其毳毛为氈，以待邦事。”“掌皮”是监制毡的官吏。“毡”字，先秦早见，而从汉代起，文献多见。毡用途极广。牧区作毡帐，即今谓“蒙古包”。《汉书·苏武传》：“赐武（苏武）马畜、服匿、穹庐。”颜师古注引孟康曰：“穹庐，毡帐也。”隋薛道衡《王昭君》诗：“毛裘易罗绮，毡帐代帷屏。”唐白居易《青毡帐二十韵》：“合聚千羊毳，施张百子拳。……汰风吹不动，御雨湿弥坚。”（“汰”，侈大。）可作衣裳。

《战国策·赵策二》："燕必致毡裘狗马之地。"汉蔡琰《胡笳十八拍》之三："毡裘为裳兮，骨肉震惊。"《太平御览》卷七〇八引《广志》曰："羌女人披大华毡，以为盛服。"做床褥。三国魏曹操《与杨彪书》："今赠足下青毡床褥三具也。"作地毯。《拾遗录》曰："汉武帝以毡绨藉地，恶辖之喧也。"（此两例亦引自《太平御览》卷七〇八）毡还可作鞋袜、帽子、坐褥、地毯等。毡的使用、制作至唐代尤盛，官府织染署下设"毡坊使"专司制毡，创制了各种彩色花毡，品种有十余种。原州（甘肃固原）、夏州（陕西横山）等地的白毡，安西（今龟兹、疏勒等地）绯毡，皆为名产。唐以后各代制毡也久盛不衰。《宋史·食货志下》："西夏自景德四年……以缯帛、罗绮易驼、马、牛、羊、玉、毡、毯。"宋范成大《桂海虞衡志》曰："蛮毡出西南，诸番以大理者为最，蛮人昼披夜卧。"至元代，毛毡品种已有六十多种。今毡的使用与制造仍然遍及全国各地。毡的用途广于毯。

"织皮"与"罽"皆为细毛织物的通称，主要指毛布。上古用"织皮"。《书·禹贡》："织皮，昆仑、析支、渠搜、西戎即叙。"孔传："织皮毛布有此四国，在荒服之外，流沙之内，羌髳之属，皆就次序。"1972年，新疆吐鲁番阿斯塔那古墓出土唐人抄本中亦有此注，引文大同。《史记·夏本纪》："熊罴、狐狸织皮。"裴骃集解引孔安国曰："织皮，今罽也。""织皮"之称，盖缘毛附于皮，故以皮表毛，意为织毛。到北魏贾思勰《齐民要术》已总结了铰毛或剪毛的经验，则在贾书前之汉魏时当已有此技术。而正从汉代起，出现"罽"之称："罽"无疑是从采毛开始的整个毛纺织技术进一步发展的产物。

"罽"，或作"瀱"。《说文·糸部》："瀱，西胡毳布也。"字当从糸、罽会意。罽是一种细的渔网，取喻经纬交织之细密。《汉书·东方朔传》："木土衣绮绣，狗马被缋罽。"（"缋"，五彩。）颜师古注："罽，织毛也，即氍毹之属。"按，罽是细毛布。《汉书·高帝纪下》："贾人毋得衣锦、绣、绮、縠、絺、纻、罽。"唯为细毛布，故与锦等并列。汉班固《与弟超书》："窦侍中前寄人钱八十万，市得杂罽十余张也。"《太平御览》卷八一六引曹植《辩道论》曰："甘始谓王曰：'诸梁时西域胡来献罽，悔不取也。'"按，罽有很多种，以颜色分，有赤金罽、青罽等。以花纹图像分，有豹头罽、鹿子罽、鸥罽等。罽的计量单位是"张"（见上）。罽可用以制帐作衣。地下出土文物表明，新疆地区早在汉代前就生产各种罽。汉魏时，能提花织制更为精致的花罽。据《三国志·吴志·孙坚传》记载，吴国孙坚"常着赤罽帻"，孙皓曾以斑罽、绛罽几十张赐功臣。新疆民丰东汉古墓出土的人兽葡萄纹罽、龟甲四瓣花纹罽，更是重要的实证。据测定，诸罽毛纱细，织物密度大，平纹起花，表面整齐光洁。如前者经密每厘米双股28根，纬密每厘米30根，织有成串的葡萄和人面兽身的怪物，还画缀片片绿叶。后者经密每厘米三股21根，纬密每厘米双股26根，织有龟状图案，中嵌红色四瓣的小花。这可以反映古代罽的一些特色。

"褐"，粗毛布的泛称。《字汇》："毼，毛布，亦作褐。""毼"当是表毛布的后出分别字，然文献多用"褐"字。《急就篇》卷二："鞁鞮卬角褐袜巾。"颜师古注："褐，织毛为衣也。"《诗·豳风·七月》："无衣无褐，何以卒岁？"郑玄笺："褐，毛布也。"《孟子·公孙丑上》："不受于褐宽博，亦不受于万乘之君。"朱熹集注："褐，毛布。宽博，宽大之衣，贱者之服也。"唐白居易

《和微之尝新酒》诗:“醉来拥褐裘,直至斋时睡。”毛褐有平纹、斜纹。新疆民丰东汉古墓出土一块蓝色斜褐,先将毛纱染蓝,再织。其经密每厘米13根,纬密每厘米16根,较粗疏,斜纹一上一下,但表面也平整光滑。新疆巴楚脱库孜萨来遗址出土的唐代的褐布,其经纬密每厘米仅10根,更为粗糙。对比前面提到的同一墓址出土的罽,可见出二者精粗之异。

参考文献

[1] 贾应逸等:《新疆地毯史略》,轻工业出版社,1984年4月。
[2] 陈维稷主编:《中国纺织科学技术史·古代部分》,科学出版社,1984年4月。
[3] 李仁溥:《中国古代纺织史稿》,岳麓书社,1983年7月。

127. 绢(縳)·缯·帛

"帛",丝织物总称:"缯",汉至元代也作丝织物总称。并用时期,"帛"多指纯丝织物,"缯"多称各种各样"杂帛"。"绢"是轻薄丝织物总称。

【同义】

《说文·糸部》:"绢,缯如麦稍色。"(从段注:"稍",麦茎。)《正字通·糸部》:"绢,缯之通称。"《说文·糸部》:"缯,帛也。"《巾部》:"帛,缯也。"《汉书·灌婴传》:"灌婴,睢阳贩缯者也。"颜师古注:"缯者,帛之总名。"

【辨释】

"绢",从糸、肙声,声兼义。肙声有细小义。"蜎",小虫。"涓",细小水流。《说文·金部》:"鋗,小盆也。"小者往往轻薄。故"绢"字得指结构简单的轻薄丝织物,并成为此类丝织物的总称。《广雅·释器》:"縠,绢也。""鲜支、縠,绢也。""鲜支"即"鲜卮"。《说文·糸部》:"縳,白鲜卮也。""縳"同"绢"。《墨子·辞过》:"治丝麻,捆布绢,以为民衣。""布"指麻织物,"绢"为丝织物。南朝梁沈约《谢赐轸调绢等启》:"霜纨雪委,雾縠冰鲜。……恩愈枉道,贲深束帛。""纨、縠"等皆题称为"绢"。《后魏书》:"高允卒,诏给绢一千匹,布二千匹,绵五百斤,锦五十疋……以助丧用也。""绢"与"绮、葛、绵、布"为不同类者。虞预《晋书》:"武帝论平吴功,唯羊祜、王浚、张华三人各赐绢万匹,其余莫得比此。"《后唐史》:"赐宰相李愚绢百疋,钱百缗。"(以上三例皆见《太平御览》卷八一七)可见,绢可作馈遗、征调、交易、赏赐等,其用甚广。至于作衫、裙、扇、书画材料之类,更是古今所同:"绢"一直用为轻薄丝织物总称,直至今日。

"缯"、"帛",皆为一般丝织物的总称。所指广于"绢",可指熟丝织物或生丝织物,轻纤绢类或一般丝织物。至于二者之异,从来持说不一。或以为时代不同:"古谓之帛,汉谓之缯。"(段玉裁语)《说文通训定声·升部》"缯"字下引《三苍》:"杂帛曰缯。"则以为纯杂不同:缯杂帛纯。《汉书·匈奴传上》:"赤绨、绿缯各四十匹。"颜师古注:"缯者,帛之总称。"则以为大小名不同:缯大帛小。《礼记·礼运》"瘗缯"郑玄注:"币帛曰缯。""币",赠财,犹谓"赠帛曰缯"。

今按,"帛"字从巾白声,声兼义。与各种麻类纤维相比,蚕丝最白,故理应为丝织物总称,甲骨文已见,上古文献更广用。《论语·阳货》:"子曰:'礼云礼云,玉帛云乎哉?'"《易·贲》:"贲于丘园,束帛戋戋。"《墨子·尚贤下》:"故书之竹帛,琢之槃盂,传以遗后世子孙。"盖丝帛是上古书画的贵重材料。《周礼·天官·大宰》:"六曰,币帛之式。"郑玄注:"币帛,所以赠劳宾客者。"可见帛在上古也可用作赠人之财。《礼记·礼运》:"后圣有作……治其麻丝,以为布帛。”《孟子·梁惠王上》:“五亩之宅,树之以桑,五十者可以衣帛矣。”《荀子·赋》:“爰有大物,非丝非帛,文理成章。”上古文献皆用“帛”,故可曰“古谓之帛”。但不限于“古”。《汉书·苏武传》:“言天子射上林中,得雁,足有系帛书,言武等在某泽中。”《春秋元命苞》:“须女四星十二度,主布帛。”《魏志》:“张伯英专精于书,凡家之衣帛必书而后练。”(以上皆见《太平御览》卷八一七)唐白居易《琵琶行》:“四弦一声如裂帛。”杜牧《阿房宫赋》:“瓦缝参差,多于周身之帛缕。”皮日休《静箴》:“勿傲于名,要乎聘帛。”《宋史·林大中传》:“江浙四路民苦折帛、和买、重输。”《元史·忠义传三·魏中立》:“无赖子……截绯帛为巾襦。”由上可见,“帛”之用通贯古代,整个古代皆用作一般丝织物的总称。

“缯”字始见于汉代文献。《史记·匈奴列传》:“其得汉絮缯,以驰草棘中。”“絮”,丝绵。《汉书·匈奴传上》载孝文前六年赠单于“绣十匹,锦二十匹,赤绨、绿缯各四十匹”。《后汉书·王符传》:“或刻画好缯,以书祝辞。”《太平御览》卷八一四引《帝王世纪》:“末(妹)喜好闻裂缯之声,桀为发缯裂之。”汉后仍用之。《三国志·吴志·诸葛恪传》:“赐……缯布各万匹。”《晋书·单道开传》:“道开常衣粗褐,或赠以缯服,皆不著。”《宋书·鲜卑吐谷浑传论》:“锦组缯纨,见珍殊俗。”唐李华《吊古战场文》:“缯纩无温,堕指裂肤。”白居易《赠内》诗:“缯絮足御寒,何必锦绣文?”(“内”,同宗亲)下至宋元。《宋史·丰稷传》:“稷言仁宗:‘衾褥用黄纯,服御用缣缯。’”宋苏轼《孙莘老求墨妙亭诗》:“吴兴太守真好古,购买断缺挥缣缯。”《元史·严实传》:“乃载金缯往赎之,且约束诸将毋敢妄有杀掠。”又《礼乐志》:“若旌幢高七尺,杠首刻象牛,首下施朱缯盖。”元后少见。由上可知,“缯”不仅用于汉,也延用至宋元。故不能曰“汉谓之缯”,当曰:“缯”是汉至元间表示一般丝织物的总称。然则出现先后、使用长短之异乃是“缯、帛”的重要区别。

不仅如此,在二字共用期间也有异者:“帛”指纯丝织品,“缯”可多指庞杂的丝织品。即以《说文·糸部》为例,说解中“缯、帛”并用,凡突出纯者用“帛”。如“织,作布帛之总名也”;“红,帛赤白色也”;“缬,帛赤黄色也”;“绫,东齐谓布帛之细者曰绫”。颜色词几全以“帛”称,唯纯帛方可见各色之特征。唯“帛”方可为丝织物之正称,而与“布”相并列。凡属杂帛者,用“缯”。如“绮,文缯也”,绮是提花丝织物;“缣,并丝缯也”,缣较素粗糙;“绨,厚缯也”;“䌷,大丝缯也”;“缦,缯无文也”,此庶民贫者所衣。以上,或有纹饰,或无纹饰而粗,或厚大,皆见“杂”意,故称以“缯”。《左传·闵公二年》:“大帛之冠。”杜预注:“大帛,厚缯。”段玉裁即曰:“大帛谓大丝缯。”(《说文·糸部》“䌷”字注)可见在上古,无论杂帛与否皆以“帛”称。而秦以后,属杂帛者多以“缯”称。例如,汉桑弘羊《奏屯田轮台》:“贵黄金采缯,可以易谷食。”古诗《李陵录别诗二十一首·有鸟西南飞》:“欲寄一言去,托之笺彩缯。”东汉马廖《上明德太后疏》:“今陛下躬服厚缯,斥去华饰。”皆与《说文》用法同,以“厚”、“彩”修饰,更为明显。前引诸缯例,也均可以“杂帛”而观。故《三苍》曰“杂帛曰缯”,《礼记》郑玄注“币帛曰缯”,并非子虚之辞。然则纯杂之异是二者又一别异。究其因,盖“缯”从糸从曾,曾亦声:“曾”者增也。《孟子·告子下》:“所以动心忍性,曾益其所不能。”“曾”即“增”。《楚辞·离骚》:“曾歔欷余郁邑兮。”王逸注:“曾,累也。”“累”亦增义。《尔雅·释训》:“增,众也。”故“缯”字会其意为增帛、众帛,也即杂帛。

参考文献

[1] 陈维稷主编:《中国纺织科学技术史·古代部分》,科学出版社,1984 年 4 月。
[2] 刘柏茂、罗端林:《中国丝绸史话》,纺织工业出版社,1986 年 8 月。

128. 缟·素·练·纨

“素”，细白生丝织物泛称。“缟”，精白、轻薄的生丝织物专称。“练”，白色柔软的丝织物泛称。“纨”，洁白而尤有光泽的丝织物专称。

【同义】

《小尔雅·广诂》：“缟，白也。”《说文·糸部》：“纨，素也。”《玉篇·糸部》：“缟，练也。”汉班婕妤《怨歌行》：“新裂齐纨素，鲜洁如霜雪。”唐杜甫《画鹰》诗：“素练风霜起，苍鹰画作殊。”“纨素”、“素练”均为同义连用，指精白丝织物。

【辨释】

“缟、素”常同义连用。或指白色的丧服。《史记·高祖本纪》：“今项羽放杀义帝于江南，大逆无道。寡人亲为发丧。诸侯皆缟素。”或指白色。汉桓宽《盐铁论·非鞅》：“缟素不能自分于缁墨，贤圣不能自理于乱世。”或喻清白朴素。《史记·留侯世家》：“夫为天下除残贼，宜缟素为资。”裴骃集解引晋灼曰：“资，藉也，欲沛公反秦奢泰，服俭素以为藉也。”

“缟”从糸高声，“高”声与告声音近而通，“告”即“皓”，白义；“缟”从皓得声义。《后汉书·顺帝纪》：“茂陵园寝灾，帝缟素避正殿。”李贤注：“《尔雅》曰：‘缟，皓也。’缯之精白者曰缟。”《小尔雅·广服》：“缯之精者曰缟。”《说文·糸部》：“缟，鲜色也。”按，《广雅·释器》：“鲜支、縠，绢也。”“鲜支”即“鲜卮”。《一切经音义》卷二一引《纂文》曰：“白鲜支，绢也，亦名缟。”盖缟者，实即纱、素、绢之尤“精白”者，“缟”是尤精白、轻薄的丝织物的专称。其物为君王、后宫女妃、达官贵人所服用。《左传·襄公二十九年》：“（季札）聘于郑，见子产，如旧相识，与之缟带，子产献纻衣焉。”《战国策·齐策四》：“后宫十妃，皆衣缟纻。”《礼记·玉藻》：“朝服之以缟也，自季康子始也。”《史记·韩长孺列传》：“且强弩之极，矢不能穿鲁缟；冲风之末，力不能漂鸿毛。”二事并举，鲁缟为最轻之物。颜师古曰：“缟，素也。曲阜之地俗善作之，尤为轻细，故以取喻也。”从出土的缟看，一般经密每厘米 20—45 根，纬密每厘米 20—40 根。

“素”，《说文》部首，字从糸、𠂹（后作“垂”）会意。垂者，取其白而有光泽，所谓“毛润则易下垂”（见《说文》“素”字段注）。此见其生丝织物的特征。《礼记·杂记》：“纯以素。”郑玄注：“素，生帛也。”《论语·八佾》引逸《诗》：“素以为绚兮。”汉班固《与弟超书》：“今赍白素三匹。”《玉台新咏·古诗八首之一》：“新人工织缣，故人工织素。”诗以“素”优于“缣”。素绢常用作书画的材料。古乐府《饮马长城窟行》：“呼儿烹鲤鱼，中有尺素书。”素书为写在素绢上的书信。《抱朴子·遐览》：“又许斩得短书缣素所写者，积年之中，合集所见当出二百许卷，终不可得也。”由此可见，素比缣细白，但逊于缟。《小尔雅·广服》：“缟之粗者曰素。”朱骏声曰：

“素者粗细绢之大名。”(《说文通训定声·乾部》“纨”字)然则“素”是细白生丝织物的泛称。唯此,“缟”训为“素”,大意不变,而“素”不可训为“缟”。上举“缟”例,若易为“素”,精白的程度减小;上举“素”例,则绝不可易为“缟”。二者程度之异,从引申的白义亦可悟知。如《古诗十九首·青青河畔草》:“娥娥红粉妆,纤纤出素手。”素色是本色之白,非经精选,故不可作“缟手”。南朝宋谢惠连《雪赋》“眄隰则万顷同缟,瞻山是千岩俱白”句示雪后原野白如缟,突出程度深。若易“素”,则变成本色之白,非精白之白,则与情景不合。他如丧礼之“素服、素车、素冠”,用“素”,则并不强调精白,故也不作“缟”。

“练”本是动词,指将生丝煮熟脱胶,使之柔软洁白。此是印染前的关键工艺(参第 52 条)。引申指白色柔软的练丝(熟丝)织物,是此种织物的泛称。《淮南子·说林》:“墨子见练丝而泣之,为其可以黄,可以黑。”南朝齐谢朓《晚登三山还望京邑》诗:“余霞散成绮,澄江静如练。”练丝柔软而白,澄江静而柔动,故喻以“练”,甚洽。丝经练而熟、而精、而柔白,故引申为熟练、精练、柔白(例略),熟、精、白皆昭示本义之一端,合之可见练丝织物的性态。

“纨”,今人一般浑解为“白色细绢”,未确。按,《释名·释采帛》:“纨,焕也,细泽有光焕焕然也。”《汉书·地理志下》:“(齐地)故其俗弥侈,织作冰纨绮绣纯丽之物。”冰纨有光泽。《东观汉记》曰:“楚王英奉送……白纨五疋入蜀。”《范子·计然》曰:“白纨素出齐鲁。”(见《太平御览》卷八一九)可以有色,则可练丝为之。《汉书·韩延寿传》:“延寿衣黄纨方领。”《太平御览》卷八一九引《汉旧仪》曰:“飞羽之缨帻,赤丹纨里。”所谓“纨袴子弟”,以有光亮的“纨”来形容奢华不实的富贵少年,最为贴切。综上可知,纨可用生丝而白色,也可用练丝而染色,均以光泽强为显征,故“纨”用作洁白而尤有光泽的丝织物专称。从出土实物看,纨的经纬密度相差较大,经密每厘米 60—100 根,纬密每厘米 30—40 根。殷墟出土铜钺上所附平纹丝织品,经纬密每厘米 72×35 根(据西尔丸《殷商的丝绸》,载远东博物馆馆刊 1937 年第 9 期)。湖北随县(今随州)战国早期墓出土有三块丝织品残片,据北京纺织科学研究所测定,其中有一块为纨,其经纬密度每厘米达 102×33 根,极为精密。

129. 纱(沙)·绡·縠·罗

"纱",最纤轻、透亮的丝织物总称。"绡",生丝织的平纹方孔纱。

"縠",有绉纹的方孔纱,即绉纱。"罗",经丝绞缠的平纹椒孔纱。

【同义】

《玉篇·糸部》:"纱,縠也。"《后汉书·肃宗孝章帝纪》:"诏齐相省冰纨、方空。"李贤注引《释名》曰:"縠,纱也。""縠"又称"纱"。《淮南子·齐俗》:"弱緆罗纨。"高诱注:"罗,縠。"罗织物表面也有纱一样的方孔,故又称"纱罗"。《太平御览》卷八一六引《燕丹子》曰:"罗縠单衣,可掣而绝。"三国魏曹植《迷迭香赋》:"去枝叶而特御兮,入绡縠之雾裳。"又《七启》:"黼黻之服,纱縠之裳。""罗縠"、"绡縠"、"纱縠"皆同义连用,泛指极轻薄的丝织物。

【辨释】

今之"纱",常称棉纱,古代却指丝纱。纱类比绢类更轻薄,它是最纤细、轻薄、透亮的丝织物的总称。其字本作"沙"。《周礼·天官·内司服》:"内司服掌王后之六服……素沙。"此指以素纱作诸服之衣里。其字从糸、沙会意,沙亦声、省声,即指有细孔可通过沙粒的丝织物。按现代标准,透孔率要达到75%。故其孔眼密布均匀,尤其轻软透亮。其不染色者为素纱,如上举《周礼·天官·内司服》句。也可染色。上古、秦、汉,贵人多用纱制夏服和衬衣。1970年辽宁朝阳魏营子西周墓出土有经纬密每厘米20×20根的方孔纱。1972年,长沙马王堆一号、三号汉墓出土丝织物中有一件薄如蝉翼的素纱禅(单)衣,仅重49克,不足一两,经纬密每厘米62根。纱还可作帐。东汉马融"居宇器服,多存侈饰。常坐高堂,施绛纱帐,前授生徒,后列女乐"(见《后汉书·马融传》)。六朝后,纱用更广。公服用皂纱、绛纱,冠用乌漆纱,习称乌纱帽。《北齐书·平秦王归彦传》:"齐制,宫内唯天子纱帽,臣下皆戎帽,特赐归彦纱帽以宠之。"大约到明代"纱帽"成为做官的代称。汤显祖《南柯记·卧辙》:"白头纱帽保平安,职掌批行和带管,有的钱钻。"随着使用的广泛,纱的生产也得到很大发展。唐代,古越州就产花鼓歇纱、吴纱、轻容花纱等几十品。宋代,两浙丝绸甲于天下,纱的品种更多。

"绡",指用生丝织成的纤轻平纹方孔丝织物,纱的一种。《说文·糸部》:"绡,生丝也。"《玉篇·糸部》同。《广韵·平宵》:"绡,生丝缯也。"其经丝纤细,因用生丝织成,故纤轻而挺括。《礼记·玉藻》:"君子狐青裘豹褎(袖),玄绡衣以裼之。"("裼",加外衣而露出裘衣。)三国魏曹植《洛神赋》:"践远游之文履,曳雾绡之轻裾。"《太平御览》卷八一六引晋王嘉《拾遗记》:"燕昭王二年,广延国来献善舞者二人,昭王处以单绡华幄。"但后世没有发展。

“縠”，指表面起绉纹的纤轻方孔丝织物，相当于今绉类织物，亦纱的一种。《释名·释采帛》：“縠(縠)，粟也，其形戚戚，视之如粟也。”《说文·糸部》：“縠，细縳也。”(“縳”，同“绢”。)朱骏声按：“今之绉纱也。不绉者，《周礼》之素纱。”(《说文通训定声·需部》“縠”字)按，虽与纱结构上均为平纹组织，其工艺却比一般的纱复杂，关键是经丝要强捻，通常每米一千捻以上，且相邻的经丝捻向相反，再以煮练定形，最后方使织物见凹凸绉纹。从出土实物看，早在殷时已有。河北藁城出土铜觚上有丝织品残片，经纬丝都加强捻，外观绉折，有稀孔，当是绉纱。马王堆三号汉墓中出土浅绛色绉纱四块，经鉴定，经密稀的为每厘米34—36根，密的每厘米60—64根，纬密稀的每厘米28—30根，密的每厘米58—60根，每米2000—2400捻。由于捻度较大，煮练定形后，皱纹非常明显。到唐宋时工艺水平更高。但唐以后称其为“绉纱”。唯此，“縠”主要见于唐以前文献。《战国策·齐策四》：“王斗曰：‘王之忧国爱民，不若王爱尺縠也。’”战国楚宋玉《神女赋》：“动雾縠以徐步兮，拂墀声之珊珊。”“雾縠”，薄如轻雾之縠。《汉书·江充传》：“充(江充)衣纱縠禅衣。”(“禅”，dān，单层衣)。颜师古注：“纱縠，纺丝而织之，轻者为纱，皱者为縠。纱古通沙。”汉傅毅《舞赋》：“纤縠蛾飞，纷猋若绝。”三国魏曹植《七启》：“被文縠之华袿，振轻绮之飘飖。”唐李贺《河南府试十二月乐词·五月》：“雕玉押帘上，轻縠笼虚门。”唐以后偶有承古而用。宋苏轼《次韵高要令刘湜峡山寺见寄》诗：“故人老犹仕，世味薄如縠。”

“罗”，指经丝互相绞缠后呈椒孔状的纤轻丝织物，亦是一种纱。《释名·释采帛》：“罗，文罗疏也。”苏舆曰：“言文理罗罗而疏也。”(见王先谦《释名疏证补》)盖罗本是捕鸟兽之网。《诗·王风·兔爰》：“有兔爰爰，雉离于罗。”若网罗之丝织物，也得称“罗”。《战国策·齐策四》：“下宫糅罗纨，曳绮縠。”《楚辞·招魂》：“罗帱张些。”(“帱”，chóu，床帐。)汉张衡《南都赋》：“罗袜蹑蹀而容与。”(“蹑蹀”，nièdié，往来小步貌。)《太平御览》卷八一六引《黄庭经》曰：“古者盟以玄云之锦九十尺，金简凤文罗四十尺。”又晋王嘉《拾遗记》曰：“吴主孙权居昭阳宫，赵夫人乃织罗縠，累月而成，裁之为幔……飘飘如烟气轻动。”宋张俞《蚕妇》诗：“遍身罗绮者，不是养蚕人。”罗到唐宋更风靡于世。罗的种类很多。从绞经的不同，可分二经、三经、四经绞罗等品种，二经绞罗是两根经丝相绞而织入一根纬丝，三经、四经也仿此。从有无提花可分素罗与花罗。素罗是不提花的素组织罗，花罗是罗地呈各种花纹图案的罗织物，秦汉已有。从纹饰与绞经的不同，有菱纹罗、平纹花罗、三经绞花罗、二经浮纹罗等。罗织物经纬线不易滑动，孔眼大小固定，轻薄透气，尤宜于作夏天的穿着和帐幔，深得权贵垂爱。唐代官署专设罗作。据《新唐书·地理志五》云，江南东道所贡丝织品最为丰富，仅罗一端，润州有衫罗，越州有宝花罗、花纹罗。宋代在润州(今镇江)也专设罗务，每年要该地“贡御服花罗数千匹”(参《嘉定镇江志》卷十二)。金华府所出之婺罗也品种繁多，如孔雀罗、瓜子罗、菊花罗等(据《康熙金华府志》)。明清的制罗工艺水平更高，品种更多。罗历来是中国丝绸的主要产品。

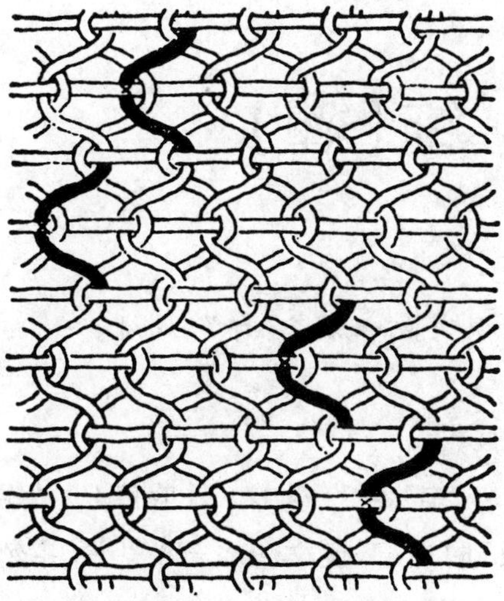

汉罗两经相绞变化组织图

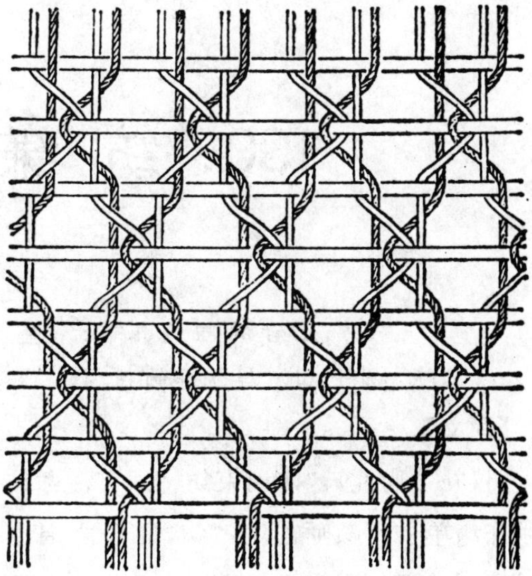

汉罗四经相绞结构图

参考文献

［1］陈维稷主编:《中国纺织科学技术史·古代部分》,科学出版社,1984 年 4 月。
［2］高汉玉:《台西村商代遗址出土的纺织品》,《文物》1979 年第 2 期。

130. 纺·缣·绨·绝(纏)

“纺”，上古的粗绸。“缣”，盛于汉魏的淡黄色粗绸。“绨”，厚缣。“绝”，唐代出现厚于绨的粗绸。

【同义】

《仪礼·聘礼》：“贿用束纺。”郑玄注：“纺……今人縛(绢)也。”《汉书·外戚传上》：“媪为翁须作缣单衣。”颜师古注：“缣，即今之绢也。”“纺、缣”同训。《说文·糸部》：“缣，并丝缯也。”段玉裁注：“谓骈丝为之，双丝缯也。”即为厚缯。又同部：“绨，厚缯也。”“绝”也指粗厚之缯。

【辨释】

《说文·糸部》：“纺，纺丝也。”(从段注)字从糸、方会意，方亦声。“方”的本义指泭筏，并木竹而成的渡具。引申为并合义。纺是通过旋转、抽扯蚕丝使之捻合成纱、线，以供经纬相织。故简言之，是并丝。引申为并麻，即纺麻。《左传·昭公十九年》：“及老，托于纪鄣，纺焉以度而去之。”孔颖达疏：“纺谓纺麻作纑也。”(“纑”，线。)《汉书·食货志上》：“男子力耕，不足粮饷；女子纺绩，不足衣服。”此“纺绩”相对而别，指纺丝纺麻。盖纺丝用柅(nǐ，络子)、籰(yuè，络丝工具)，并有特殊的缫、络、并、捻工艺；纺麻用纺坠，其工具、工艺各异。

由纺丝引申为名词，便是指一种丝织物。文首引《仪礼·聘礼》“贿用束纺”句，郑玄注：“纺，纺丝为之，今之縛(绢)也，所以遗聘君，可以为衣服。”贾公彦疏：“郑注《周礼·内司服》亦云素纱者，今之白縛(绢)也，则此束纺者素纱也，故据汉法况之。”按，同篇又云“束帛”、“束锦”。如：“受享束帛加璧。”郑玄注：“帛，今璧色缯也。”即同玉璧色的丝织物。“宾奉束锦以请覿。”(“覿”，dí，见。)锦是提花彩色丝织物。“纺”不同于“帛、锦”，以其经纬丝较粗，经过并丝工序，因而比一般的纱绢要紧实而粗糙，是上古一种粗绸。

《说文·糸部》：“缣，并丝缯也。从糸兼声。”按，当是形声兼会意。《释名·释采帛》：“缣，兼也，其丝细致，数兼于绢，染兼五色，细致不漏水也。”《急就篇》卷二：“绨络缣练素帛蝉。”颜师古注：“缣之言兼也，并丝而织，甚致密也。”颜注为优。可知所谓“兼”者，是并合多根丝之意，并非只并合两根，故粗于一般绢，不能释为“双丝织的细绢”。缣之经纬丝不染色，要织后再经练、染、印花，因而通常是丝本色。此又近于“素”，故“缣素”常同义连用，指作书画所用绢。《新五代史·一行传·郑遨》：“时时为诗章落人间，人间多写以缣素，相赠遗以为宝。”进而指书册。《北齐书·李稚廉传赞》：“生被雌黄，殁存缣素。”人们常视同一物。今可相比而识缣之特征。其一，缣经纬丝较素密而粗，因而织纴易于素，织物粗于素，价值贱于素。在汉代少数边郡,有时缣稍贵于素。《居延汉简释文》卷一、二:"缣一匹,直(值)千二百。""白素一丈,直(值)二百五十。"此比价是缣每丈贵于素五十文。可能缣素各有不同等级。而在内郡,今所见材料均是素贵于缣。王国维《流沙坠简考释·器物类》记有任城国亢父县所产缣,其题字云:"任城国亢父缣一匹,幅广二尺二寸,长四丈,重二十五两,直线六百一十八。"则素又每丈贵于缣四十六文。《太平御览》卷八一四引《范子·计然》卷下云:"白素出三辅,匹八百。"《九章算术》卷三载汉内郡帛价:"素一匹一丈,价直(值)六百二十五","缣一丈价直(值)一百二十八",则合五百十二文一匹。素比缣每匹均贵二百八十八文、一百十三文。从贵贱之别,可见出二者粗细之异。其二,缣之白不如素。《淮南子·齐俗》:"夫素之质白,染之以涅则黑;缣之性黄,染之以丹则赤。"盖一般缣是淡黄、黄白,色非纯白。此也表明缣不如素。要之,缣是淡黄色、比素粗糙的粗绸。

缘此,缣之用也与一般的细绢不同。一、作春秋夹衣的衣料。《管子·山国轨》:"春缣衣,夏单衣。"二、常用作馈赠品,或实物货币。《魏书·刘芳传》:"芳(刘芳)常为诸僧傭写经论,笔迹称善,卷直(值)以一缣。"《三国志·魏志·董卓传》记汉桓帝末董卓从征并州、淳州有功,"赐缣九千匹,卓悉以分与吏士"。袁山松《后汉书》曰:"赤眉围莒数月……莒中人出缣数千匹以自赎,乃引去。"《隋书》记隋文帝"幸并州,留高颖居守,及上还京,赐缣五千匹"(以上皆据《太平御览》卷八一八)。

缣与上古的"纺"实是同类丝织物:"缣"只盛于汉魏,故常称汉缣。唐代,其物已少,在《唐六典》所载各道贡品中已没有缣。然其物不绝于世。《宋史·丰稷传》:"仁宗……服御用缣缯。"《元史·陈思谦传》:"帝嘉之……赐缣绮旌之。"此外,由纺、缣发展,后世有一种"纺",俗称"纺绸",如杭州的杭纺,江苏吴江盛泽的盛纺,均驰名海内。诸纺也是素地,织而后漂练、印染,通常染浅淡色,作衣里。

"绨"是厚缣,质厚而有彩色、光泽的丝织物。《说文》将"绨"紧列于"缣"字下。《急就篇》卷二:"绨络缣练素帛蝉。"颜师古注:"绨,厚缯之滑泽者也。"之所以厚,因兼合更多的丝成经纬线。同时,其线一般要加工印染成各种彩色,故与多为黄白色的缣又不同。《释名·释采帛》:"绨,似虫之色绿而泽也。"王先谦补注:"后世则绛绀青白绯紫黄绨,不一其色,成国(刘熙)举一状之耳。"唯其厚而有光,又有彩色,故常作衣袍、书套、盒套、地毯、帷幕、几套等。《史记·范雎蔡泽列传》:"(须贾)乃取其一绨袍以赐之。"《汉书·贾谊传》:"且帝之身自衣皂绨。"南朝梁刘孝标《昭明太子集序》:"编绨缃于七阁,弹竹素于九流。"("缃",浅黄色。)"绨缃",本指浅黄色书套,此代称书。《西京杂记》卷一:"汉制:天子玉几,冬则加绨锦其上,谓之绨几。"此指几套。晋王嘉《拾遗记》记汉成帝于太液池旁起宵游宫,"铺黑绨之幕"。又造飞行殿,"以毡绨籍地,恶车辙马迹之喧也"。《邺中记》记尚方御府织成署做锦巧匹,"皆数百人,有青绨或白绨,或绯绨,或黄绨,或绿绨,或紫绨"(以上三例皆见《太平御览》卷八一六)。今犹有绨之称,俗称"线绨",为丝麻交织的混纺织物,常做被面,与古代的丝绨不同,但与"绨"一样也是一种粗绸。

“绝”,本作“纏”。《玉篇·糸部》:“纏,粗细经纬不同者。”此是唐代出现的粗丝织品,似布的粗绸,比缣绨更厚。唐白居易《村居苦寒》诗:“褐裘覆绝被,坐卧有余温。”《唐六典》所释各州道的贡品,绝也是重要一项。《宋史·张观传》:“上曰:‘朕庶事简约,至于所服,多用绝绢,皆经澣濯尔。’”

参考文献

[1] 陈维稷主编:《中国纺织科学技术史·古代部分》,科学出版社,1984 年 4 月。
[2] 李仁溥:《中国古代纺织史稿》第四章,岳麓书社,1983 年 7 月。

131. 绮·绫·锦

“绮”，平纹地上起花纹、织后再染的彩绸。“绫”，斜纹地上织出斜花的彩绸。“锦”，按平纹或斜纹多重组织织成各种花纹图案的最精美彩绸。

【同义】

《说文·糸部》：“绮，文缯也。”《汉书·高帝纪下》：“贾人毋得衣锦、绣、绮、縠、絺、纻、罽。”颜师古注：“绮，文缯也，即今之细绫也。”《玉篇·糸部》：“绫，文缯。”《诗·卫风·硕人》：“衣锦褧衣。”毛传：“锦，文衣也。”《说文通训定声·临部》：“（锦）染丝织之，成文章也。”“绮、绫、锦”皆指有纹彩的丝织物。《北史·隋文帝纪上》：“丈夫不衣绫绮，而无金玉之饰。”“绫绮”，泛指有纹彩的丝织物。

【辨释】

《释名·释采帛》：“绮，攲也，其文攲斜，不顺经纬之纵横也。”则字从糸奇声，声兼义。奇声有斜曲义。“踦”，邪曲（《玉篇·足部》）。“攲”，倾斜。《荀子·宥坐》：“有攲器焉。”杨倞注：“攲器，倾攲易覆之器。”绮，则有不顺经纬的花纹，即是平纹地上起花纹的提花丝织物，所谓“织素为文”，织后再染的小花纹织物。其色初仅一二种，后竟多至七色者。如《太平御览》卷八一六引《晋令》曰：“六品已下得服七綵（彩）绮。”绮早在商代就出现。至今发现最早的是瑞典两家博物馆收藏的我国商代青铜觯和钺上附的丝织品残片，其中有平纹地上显菱形花纹的绮。商周时代的绮是菱形、回纹、云雷纹之类几何花纹。长沙马王堆出土汉绮更有杯形、菱形中嵌织变形对鸟花卉纹者，造型奇特，多种纹样交替，呈现静态与动态互衬的美感。在新疆罗布淖尔（今名罗布泊）汉墓、蒙古国诺因乌拉东汉匈奴墓、叙利亚帕尔米拉——当时丝绸之路西端的贸易城市，均有绮出土，可见汉绮之盛。唐宋时，绮仍盛行。唐少府监织染署专设生产绮的工场（参《唐六典》卷二二）。新疆吐鲁番阿斯塔那有唐绮出土。武进宋墓出土的M6米字纹绮体现了宋绮的特点：以套叠的四方菱形组成小花，菱形内有四瓣风车形图案，在分瓣处嵌进两种椭圆点，看去就像米字。此外，福建武进村前公社宋墓出土的直条绮、江苏金坛南宋

杯形纹绮组织结构图

周瑀墓出土的矩形点小花绮、福州黄州墓出土的各种纹饰的绮，都反映出宋代织绮技术的发展。到了元代，由于锦的空前发展，印花织物的增多，绮开始衰退。但它的织造工艺在织锦中已被继承。

绮从汉始盛，故文献中“绮”字上古虽有见，但至汉代起多见。《楚辞·招魂》：“纂组绮缟。”《史记·匈奴列传》：“服绣袷绮衣。”又《孟尝君列传》：“今君后宫蹈绮縠，而士不得短褐。”汉班固《西都赋》：“红罗飒纚，绮组缤纷。”《后汉书·梁冀传》：“窗牖皆有绮疏青琐。”李贤注：“绮疏，谓镂为绮文。”《玉台新咏·古诗八首之五》：“客从远方来，遗我一端绮……文彩双鸳鸯，裁为合欢被。”（“端”，二丈。）乐府民歌《陌上桑》：“缃绮为下裙，紫绮为上襦。”三国魏徐幹《情诗》：“绮罗失常色，金翠暗无精。”南朝齐谢朓《晚登三山还望京邑》诗：“余霞散成绮，澄江静如练。”南朝梁江淹《恨赋》：“绮罗毕兮池馆。”唐陈鸿《长恨传》：“（杨玉环）既出水，体弱力微，若不任罗绮。”宋张俞《蚕妇》诗：“遍身罗绮者，不是养蚕人。”“绮”引申为藻饰。天花板凸出为覆井形，饰以花纹图案，称“藻井”或“绮井”。藻饰之言语称“绮札”、“绮语”。为华丽。晋陆机《文赋》：“诗缘情而绮靡。”南朝梁江淹《学梁王兔园赋》：“乃有绮云之馆，赪霞之台。”（“赪”，chēng，浅红色。）还有代称义。《汉书·叙传上》：“（班伯）出与王、许子弟为群，在于绮襦纨绔之间，非其好也。”“绮襦”与“纨绔”同意，皆喻代富家子弟。

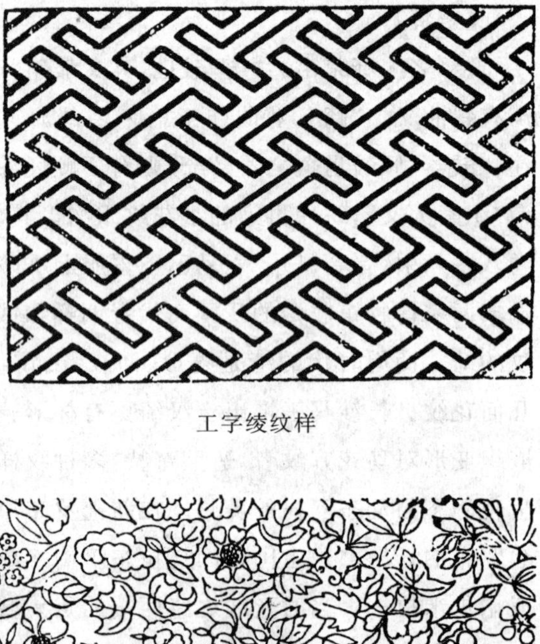

工字绫纹样

“绫”字汉代才见。《释名·释采帛》：“绫，凌也，其文望之如冰凌之理也。”即显出特有的冰绫纹。《正字通·糸部》：“绫，织素为文者曰绮，光如镜面有花卉状者曰绫。”按，绫是绮的发展，是斜纹地上起斜纹花的丝织物。在纺织史上，绫是丝织物中纹理最多者。《艺文类聚》卷八五引《汉官典职仪》曰：“尚书郎直，供青绫白绫被。”《太平御览》卷八一六引《西京杂记》记载霍光妻“遗谆于衍散花绫二十五匹，绫出巨（钜）鹿陈宝光妻……一匹直（值）钱一万，又与绿绫七百端，直钱百万。”但汉绫还限于散花纹、几何纹。绫兴盛的关键是三国时马钧将五六十蹑的旧织绫机改易为十二蹑，其后纹饰遂趋向复杂的人物和动物纹。故晋、南北朝是其初盛期。《晋书·卢志传》：“帝悦，赐志（卢志）……鹤绫袍一领。”《艺文类聚》卷八五引南朝梁庾肩吾《答饷绫绞书》：“洁同雪霜，华逾纻绮。”绫至唐代而大盛。《旧唐书·元稹

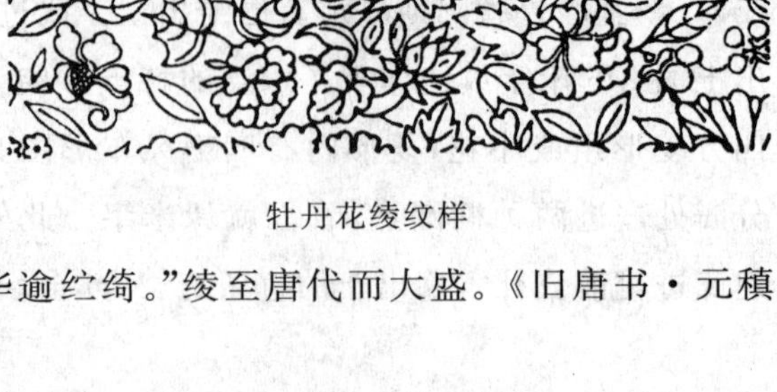

牡丹花绫纹样

传》记朝廷组织"婢使千余人,织绫锦贩卖"。绫,在唐代还根据官吏的不同级别,规定服用不同色彩花纹的绫(见《旧唐书·舆服志》)。朝廷织染署中有数百的织绫巧匠,织出许多奇特的花纹和动物图案,民间也普遍能织出美绫。据《唐六典》,全国贡绫地有二十一州,其中浙江缭绫最著。元稹《阴山道》诗:"越縠缭绫织一端,十匹素缣功未到。"白居易《缭绫》诗:"缭绫缭绫何所似?不似罗绡与纨绮,应似天台山上月明前,四十五尺瀑布泉。……织为云外秋雁行,染作江南春水色。……缭绫织成费功绩,莫比寻常缯与帛。丝细缲(缫)多女手疼,扎扎千声不盈尺。"唯此,绫是唐代主要出口丝织物之一,技术也传至西域和日本。下至宋、元、明,绫一直持续盛势。据明宋应星《天工开物·乃服》,明代已可织出五条经(隔四经线提起一根)斜纹组织。但至明清之际,绫也被锦代替而衰落。

《释名·释采帛》:"锦,金也。作之用功重,其价如金,故其制字从帛与金也。"字从金、帛会意,金亦声。锦是以彩色的经纬线按平纹或斜纹的多重组织织成各种花纹图案的最精美丝织物。要织成一幅彩锦,必先染丝,再按色丝排列配置牵经,色丝多于三色;并据花纹图案的起花要求,穿综上机,然后再编成规律性的提花程序,使织物有较复杂的组织。因此,锦是我国丝织工艺最高水平的代表产品。

锦在商周时就已盛行,且见于文献记载。春秋前,锦就有"贝锦、重锦、束锦、玉锦"等品种,皆为熟丝织品。湖南长沙左家塘战国中期墓出土锦残片,采用经二重、三重组织,经纬丝色彩有棕橘、土黄褐等,纹样与色彩十分和谐。汉代有绒圈锦,即花纹图案表面带大小绒圈,是后世绒类织物的前身。还有织金锦,即把金线织入锦中而形成特殊光泽。其实物皆见于马王堆汉墓。三国时织锦以成都、陈留、临淄、洛阳最为出名,其中蜀锦尤佳。从魏晋六朝到唐代,锦继续发展。唐代织锦地区更广,并由官府设专织锦的作坊。唐锦品种更多,工艺更精,创造了纬起花锦工艺,至今日本的一些地方还保存着唐锦的织造工艺和花饰品种。宋锦进一步发展盛行纬三重起花重纬织锦。宋以后织锦工艺不断完善、发展。直到今日,我国的织锦犹饮誉全球。

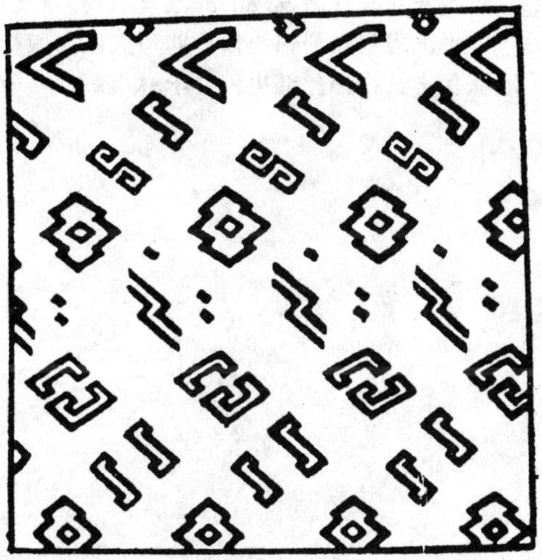

几何纹锦纹样

在历代文献中,"锦"的记载通贯古今。见于先秦文献者,就有几十处。文首引《诗·卫风·硕人》即其例。又《唐风·葛生》:"角枕粲兮,锦衾烂兮。"《左传·闵公二年》:"重锦三十两。"《墨子·辞过》:"暴夺民衣食之财,以为锦乡文采靡曼之衣。"《礼记·玉藻》:"锦衣狐裘,诸侯之服也。"汉时锦为权贵者常服。文献中"锦"字遍见。《太平御览》卷八一五引《汉书》:"项羽在关中怀思东归,曰:'富贵不归故乡,如衣锦夜行。'"又引谢承《后汉书》:"朱宠仲威为太尉,家贫……朝廷赐锦被粱肉,皆不敢当。"其他如"锦帐"(《神仙传》、伶云《飞燕外传》)、

“锦袴”（《汉官仪》）、“锦车”（《汉书·乌孙国传》）等，不一而足。汉时以织锦繁盛的成都，政府设有锦官管理，遂有“锦官城”之名，其江为“锦江”，其居地称“锦里”。汉以后，锦之织造工艺更精，产量、产品更多，故“锦”的用途更广。《晋书·石崇传》：“恺（王恺）作紫丝布步障四十里，崇（石崇）作锦步障五十里以敌之。”“步障”是蔽风尘的行幕。南朝陈阴铿《渡青草湖》诗：“洞庭春溜满，平湖锦帆张。”唐李商隐《李长吉小传》：“恒以小奚奴，骑距驉，背一古破锦囊，遇有所得，即书投囊中。”（“距驉”，像骡子的牲口，此代称骡子。）由于锦的普及，常以“锦”喻称各种美好事物，遂引申为艳美义。李商隐《锦瑟》诗：“锦瑟无端五十弦，一弦一柱思华年。”“锦瑟”，锦文之瑟。柳宗元《乞巧文》：“骈四俪六，锦心绣口。”“绣口”，指措词之丽：“锦心”，喻构思之巧。成语有“锦上添花”、“锦绣前程”、“锦衣玉食”等。“锦”的艳美义反映出事物艳丽的文采，也表明锦是最美的丝织物。

参考文献

[1] 陈维稷主编：《中国纺织科学技术史·古代部分》，科学出版社，1984年4月。
[2] 熊传新：《长沙新发现的战国丝织物》，《文物》1975年第2期。
[3] 本书编写组：《蜀锦史话》，四川人民出版社，1979年8月。
[4] 张保丰：《中国丝绸史稿》，学林出版社，1989年9月。

132. 绵(緜)·纩(絖)·缊·絮

“绵”，蚕丝连接成片或团，丝绵总称。“纩”，新丝绵。“缊”，旧丝绵，也可称乱麻，缊多纳入袍衣。“絮”，纳入袍衣的丝绵，不论新旧。

【同义】

《小尔雅·广服》：“纩，绵也。”《说文·糸部》：“纩，絮也。”《太平御览》卷八一九引谢承《后汉书》曰：“徐稚……及有丧者，万里赴吊，常于家预炙鸡一只，以一两绵絮渍酒中。”《后汉书·张奂传》：“复缠以纩绵。”《南史·孝义传上·庾沙弥》：“及母亡，……冬日不衣绵纩，夏日不解衰绖。”“绵絮”、“纩绵”、“绵纩”皆同义连用。《后汉书·羊续传》：“举缊袍以示之。”李贤注：“缊，故絮也。”

【辨释】

“绵”，本作“緜”、从帛、系会意，系亦声。系，联系；帛，丝，会其意指蚕丝连接成的片或团。《汉书·王褒传》：“夫荷旃（通‘毡’）被毳者，难与道纯緜之丽密。”《晋阳秋》：“有司奏依旧调房子、睢阳绵，武帝不许。”（“房子”，地名。）《英雄记》：“布（吕布）……即以绵缠女身，缚着马上，夜自送女。”《语林》：“谢万就人乞裘，云：‘畏寒。’答曰：‘……若畏寒，无复胜绵者。’以三十斤绵与谢。”《异林》记三国魏钟繇斩鬼妇，曰：“妇人即出，以新绵拭血，竟路。明日使人寻迹，至一大冢木中，有好妇人形体如生人，着白练丹绣两当（即裲裆，下同），伤一脚，以两当中绵拭血。”（以上均见《太平御览》卷八一九）诸例表明：“绵”可以指缫后整包的原绵，也可称寒进衣中的绵絮；可指新绵，也可称旧绵。“绵”引申为连续。汉东方朔《非有先生论》：“绵绵连连，殆哉，世之不绝也！”为微薄。《汉书·严助传》：“且越人緜力薄材，不能陆战。”为细密。南朝梁沈约《愍衰草赋》：“布緜密于寒皋，吐纤疏于危石。”为缠绕。《楚辞·招魂》：“秦篝齐缕，郑緜络些。”王逸注：“绵，缠也。”凡此皆是从丝绵形质特征一个侧面的申发。故从所指范围和诸引申而知，“绵”是丝绵的总称。

“纩”，字或作“絖”，从糸光声，声兼义，指光亮之丝绵。盖新绵比旧绵洁白而有光泽，故名：“纩”是新丝绵的专称。《书·禹贡》：“厥篚纤纩。”（“篚”，细洁圆形竹器。）孔传：“纩，细绵。”《庄子·逍遥遊》：“宋人有善为不龟手之药者，世世以洴澼絖为事。”陆德明释文引《小尔雅》曰：“絮细者谓之絖。”（“洴澼”，水中漂絮。）《礼记·丧大记》：“男女改服，属纩以俟绝气。”郑玄注：“纩，今之新绵。”即将新绵置于濒死者口鼻，视其颤动与否，以验其死活。秦以后犹承古而用。汉班固《白虎通·绋冕》：“纩塞耳，示不听谗也。”即所谓“瑱耳”，用于冕冠。塞耳之纩或称“黈（tóu）”。《汉书·东方朔传》：“黈纩充耳，所以塞聪。”

三国魏刘劭《赵都赋》:“轻绢紫缯,织纩绨纨。”南朝梁张缵《谢皇太子赉果然褥启》:“吹纶愧暖,挟纩惭温。”《旧唐书·刘晏传》:“每云食半菽,又云无挟纩,挽漕所至,船到便留。”唐韩愈《苦寒》诗:“褰旒去耳纩,调和进梅盐。”宋苏轼《陆龙图诜挽词》:“属纩家无十金产,过车巷哭六州民。”《宋史·杨业传》:“代北苦寒,人多服毡罽,业(杨业)但挟纩露坐,理军事。”

“缊”正与“纩”相反。《礼记·玉藻》:“纩为茧,缊为袍。”“茧”即“襺”,指用新绵制的袍。二者对举,“缊”当为旧袍。《论语·子罕》:“衣敝缊袍,与衣狐貉者立而不耻者,其由也与!”(“由”,仲由,即子路。)云“缊袍”,又状以“敝”,与“狐貉者”对举,足见为劣物。何晏集解:“缊,枲著也。”皇侃疏:“碎麻曰缊,故絮亦曰缊。”《韩诗外传》卷九:“士褐衣缊著,未尝完也。”《汉书·东方朔传》:“衣缊无文。”颜师古注:“缊,乱絮也。”又《蒯通传》:“(里母)即束缊,请火于亡肉家。”颜师古注:“缊,乱麻。”《晋书·文苑传·王沈》:“是则衮龙出于缊褐,卿相起于匹夫。”《列子·杨朱》:“昔者宋国有田夫,常衣缊黂(fén),仅以过冬。”张湛注:“缊黂,弊麻絮衣也。”明宋濂《送东阳马生序》:“余则缊袍蔽衣处其间。”由此可见,“缊”之义当指旧丝绵,也可称乱麻,多纳入贫者所服的袍衣。其义与字形也合:“缊”,从糸昷声,声兼义。昷声有败乱义:“殟”是胎败(《说文·歺部》),“辒”是装死人而密封之车,“醖”是醖酿发酵。故“缊”犹败乱之丝麻絮。

《说文·糸部》:“絮,敝绵也。”《急就篇》卷二:“绛缇絓紬丝絮绵。”颜师古注:“今则谓新者为绵,故者为絮。”《广韵·平仙》:“精曰绵,粗曰絮。”今多从之。按,此说实误,且无有力的书证。或举《汉书·文帝纪》:“其九十已上,又赐帛人二匹、絮三斤。”亦难断为粗旧的丝绵。文籍中果然不乏“败絮”、“故絮”之语,“絮”似指粗旧之绵。如南齐卞彬《蚤虱赋序》:“余之多病,起居甚疏,萦寝败絮,不能自释。”《晋中兴书》:“王敦害周顗,籍其家政,见素簏数枚中有故絮也。”但是也有不少“絮”指新绵。司马彪《续汉书》:“光武建武二年,野蚕成茧,民收其絮。”《魏志》:“曹公定邺,临祠袁绍墓,哭之流涕,慰劳绍妻,还其家人宝物,赐杂缯絮,廪食之。”(以上皆见《太平御览》卷八一九)此亦非败絮。《艺文类聚》卷八五引裴氏《广州记》曰:“蛮夷不蚕,采木棉为絮。”唐李白《子夜吴歌》之四:“明朝驿使发,一夜絮征袍。”盖亦新绵絮。今按,“絮”字形声兼会意,“如”者,从随、往适意,会其意指可随适、纳衣的丝绵:不论其新旧、精粗、整残,凡言“絮”者,往往从已经或将要纳衣而称。以此验核上举“絮”字例,无不若合符节。明显的句例不必赘析,即如《文帝纪》的赐老人“絮三斤”,乃谓可供纳衣御寒的丝绵三斤,不涉新旧与否:“野蚕成茧,民收其絮”,“采木棉为絮”,其“絮”也当解为纳衣的丝绵。上述“絮”若改为“绵”,纳衣的特点遂不显。二字同出之例更有说服力。《宋书·隐逸传·朱百年》:“百年家素贫,母以冬月亡(无),衣并无絮,自此不衣绵帛。”虽句中“絮、绵”二词所指同物,但前句从纳衣言,故用“絮”;后句从整体言,故用“绵”。“帛”是丝织物总称,“绵”是丝绵总称,二者相并列,固当。

“絮”字引申可指如絮之柔花,如“柳絮”、“花絮”、“芦絮”。指细碎,如“絮语”、“絮叨”,皆用于今(例略)。其引申义系也正显示出纳衣之绵的甚为细柔(而不论新旧)特点。

要之,从纳衣之用观,“絮、缊”相同,但“缊”必指乱麻旧绵,“絮”则可新可旧。从所称范围观,“絮、绵”均可包括新旧丝绵,但“绵”是总称,无论何用,而“絮”专指纳衣之绵。至于从新旧言,“纩、缊”正相反。

133. 帽·冠

御寒的帽远古就有，但中原汉人戴帽，到晋南北朝才广泛流行。常见有乌纱帽、帢帽等。“帽”是便帽总称。从周秦起，士以上的人戴冠，冠主要有礼仪作用。常见的冠，上古有束髻冠、缁布冠等，后世有通天冠、高山冠等。“冠”是礼冠总称；有时可指称便帽，但仍有一定礼仪色彩。

【同义】

《晋书·舆服志》：“帽名犹冠也。”《晋书·谢万传》：“尝与蔡系送客于征虏亭，与系争言，系推万落床，冠帽倾脱。万徐拂衣就席，神意自若。”“冠帽”同义连用，泛指头衣。《南史·何尚之传》：“尚之在家常著鹿皮帽。及拜开府，天子临轩，百僚陪位，沈庆之于殿庭戏之曰：‘今日何不著鹿皮冠？’”“冠、帽”互用。《太平御览》卷六八七引《梁书》曰：“庾弘远……斩于朱雀航。将刑，索帽着之，曰：‘子路结缨，吾不可以不冠而死。’”“不冠”，不戴冠。此“冠、帽”亦同义互用。

【辨释】

古代头衣包括冠、帽、巾、盔、笠诸类。冠、帽是其主要者。

“帽”，《说文》作冃，是“帽”的初文，其字一如覆钵之状，是冒于人首的头衣象形。帽的产生远在冠之前。《隋书·礼仪志七》：“帽，古野人之服也。董巴云：‘上古穴居野处，衣毛帽皮。’以此而言，不施衣冠明矣。”则远古先民有帽无冠，戴覆缽状帽乃为御寒，所谓“裘温裹我足，帽暖覆我头”（白居易《新沐浴》诗）。但到了周秦时代，进入高度文明的中原汉人，头衣分为二途：士、大夫及其上之阶层服冠，而庶民服巾帻。《释名·释首饰》：“士，冠；庶人，巾。”《太平御览》卷六八五引应劭《汉官仪》曰：“帻，古卑贱执事不冠者之所服也。”（参第138条）戴帽者，唯未成年稚童与四夷之人。故《说文》部首：“冃，小儿及蛮夷头衣也。”段玉裁注：“谓此二种人之头衣也。小儿未冠，夷狄未能冠，故不冠而冃。”唯无戴帽习俗，先秦文献中“帽”字鲜见。但到汉代，帽已开始在庶民中流行。《汉书·佞幸传·邓通》：“（邓通）以濯船为黄头郎。”颜师古注：“濯船，能持濯（櫂）行船也。土胜水，其色黄，故刺船之郎皆著黄帽，因号曰黄头郎也。”汉张衡《西京赋》：“天子乃驾彫轸，六骏駮，戴翠帽，倚金较。”（此喻称翠羽之车盖）汉乐府民歌《陌上桑》：“少年见罗敷，脱帽著帩头。”帩头是束发之巾，帽罩于帩头之外。帽的广泛流行是在魏晋南北朝，盖主要受胡服影响所致。文献中“帽”遂频见。《三国志·魏志·管宁传》：“宁常著皂帽，布襦袴、布裙，随时单复。”《晋书·隐逸传·王濛》：“濛美姿容……居贫，帽败，自入市买之，妪悦其貌，遗以新帽，时人以为达。”《南史·王思远传》：

"思远终日匡坐，不妄言笑，簪帽衣领无不整洁。"北周庾信《小园赋》："簷直倚而妨帽，户平行而碍眉。"由于帽的广为流行，"帽"成为便帽的总称，并与"冠"构成同义词，例见文首所引。南北朝后，帽更司空见惯，男女老少，上下尊卑，皆可服戴。"帽"字也遍见于诗文。唐杜甫《饮中八仙歌》："张旭三杯草圣传，脱帽露顶王公前。"《新五代史·前蜀世家》："王氏晚年俗竞为小帽，仅覆其顶，俛首即堕。谓之危脑帽……而衍好戴大帽，每微服出游民间，民间以大帽识之，因令国中皆戴大帽。"宋苏轼《续丽人行》："杜陵饥客眼长寒，蹇驴破帽随金鞍。"其例不胜枚举。

帽非冠。帽者，较简约、便易，一般是日用便帽，无上下尊卑之别和礼仪色彩。《南史·宋武帝纪》述帝性简易，曰："诸子旦问起居，入閤脱公服，止著裙帽，如家人之礼焉。"《隋书·礼仪志七》叙南北朝以来帽制，云："宋齐之间天子宴私著白高帽，士庶以乌……后周之时咸著突骑帽，如今胡帽。"上举诸多用"帽"文例，皆可见"帽"的特点。唯此，历史上帽的形制、品种远多于冠，可谓千姿百态。常见的有：一、乌纱帽。南北朝时已做帝与士大夫燕居之服。《南史·宋明帝纪》："上失履，跣，犹著乌纱帽，休仁呼主，衣以白纱代之。"唐武德九年太宗下诏天子至士庶百官同服乌纱帽。李白《答友人赠乌纱帽》诗："领得乌纱帽，全胜白接䍦。"（"接䍦"，文儒喜服之白纱帽。）宋范仲淹《依韵酬章推官见赠》诗："山人惊戴乌纱出，溪女笑隈红杏遮。"《宋史·杜衍传》："出入从者十许人，乌帽皂履绨袍革带。""乌帽"、"乌纱"，皆指乌纱帽。乌纱帽由幞头发展而成，用铁丝构成硬壳骨架，前部成圆帽形，后部高突，左右平伸出纺锤形两叶，帽内衬黑纱，外涂黑漆。此帽式从唐代以来深为百官士人所喜服。二、帢帽。《三国志·魏志·武帝纪》文末裴松之注："太祖为人佻易无威重……时或冠帢帽以见宾客。"

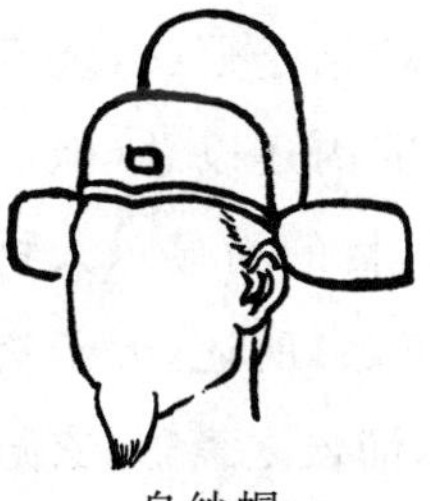
乌纱帽

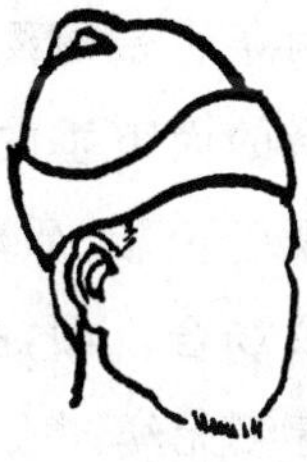
帢帽

帷帽

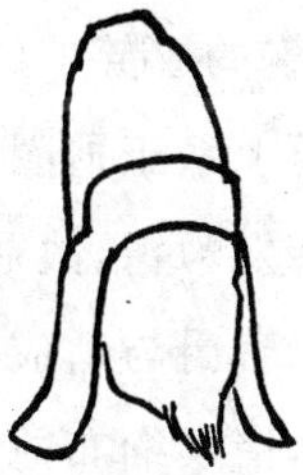
高桶帽

席帽(《清明上河图》)

带风帽的女俑

六合一统帽

据说魏太祖仿古皮弁而裁缣帛制成，为魏晋时军士所服，帝王服白帢，后白帢常于举哀临丧服用（《隋书·礼仪志七》）。三、帷帽。又缘阎立本所画昭君著此帽而误称昭君帽。此帽实创于晋，皂纱做面，帽周有宽檐，檐下四缘垂薄丝绢，以防风沙或作掩面，为女子所服。宋周煇《清波杂志》卷二："妇女步通衢，以方幅紫罗障蔽半身，俗谓之盖头，盖唐帷帽之制也。"四、大檐帽。一似笠帽，顶饰红缨，厚毡制可护首，为将士所喜好，是唐宋以来戎服常式。五、高桶帽。似桶形的高帽，或前有半寸之檐，后置绦带，多以毡制成，文人、雅士习戴。唐顾闳中《韩熙载夜宴图》之韩熙载即头戴此种高桶纱帽。若两侧加掩耳则成风帽。此外，胡人的毡帽，唐代武士的合欢帽，宋代的席帽，元代的盔式折边帽、四楞帽，明清六合一统帽等，皆著于世者。因此，"帽"是各种便帽的总称。

《说文·冖部》："冠，絭（juàn）也，所以絭发，弁冕之总名也，从冖，从元，元亦声，冠有法制，故从寸。"是"以巾覆物"（《玉篇·冖部》）；元，首。则"冠"是据法度而蒙覆于首之巾；作动词，是据法度以巾蒙覆于首。按，"冠"是各种冠的总称。冠之作用有三：固发、示礼、饰首。中原的汉人留发、结发，冠可以固发，即所谓"絭发"，此为其实用性。段玉裁曰："絭者，纕臂绳之名，所以约束褎（袖）者也。冠以约束发，故曰絭发。"（见《说文·冖部》"冠"注）又，《释名·释首饰》："冠，贯也，所以贯韬发也。"汉班固《白虎通·绋冕》："所以有冠者惓也，所以惓持其发也。"所谓饰首，即作头上美饰，此为其装饰性。据说冠是仿自然界鸟兽的头形加以改制而成。《后汉书·舆服志下》："上古穴居而野处，衣毛而冒皮，未有制度，后世圣人……见鸟兽有冠角頓胡之制，遂作冠冕缨蕤，以为首饰。"但冠的主要特征乃是其礼仪性。

礼仪之冠其形制异于御寒之帽。上古冠主要构成是：一、长尺有数寸、穹庐状弯曲的冠梁。二、罩于发髻外周的冠圈，此又谓之"頍（kuì）"、"缺项"、"武"、"委缨"。三、将冠横穿，固于发髻的冠笄。四、结于冠圈、下垂到颔下作结的两条组带冠缨。若一端结于冠圈，绕于颔下，再上系于冠圈者谓纮。五、两条冠缨打结后多余的而下垂的冠緌。冠内还以总（似后世帻）束发为髻，故冠往往缺顶露髻。冠的礼仪性体现于色彩、质料、形制，目的为显示人物的身份、官爵与适应各种礼仪要求，即用于不同的礼仪场合。如《礼记·玉藻》所述，天子玄冠朱缨，诸侯缁布冠缋（赤色）緌，大夫、士则缁布冠、青缨无緌。玄冠丹缨，诸侯之斋冠；玄冠綦缨，士之斋冠。凡丧祭、婚仪、田猎、朝事、宴居、斋戒等，自天子至一般士人，冠皆有制。上古

结发戴小冠的秦俑

母追冠

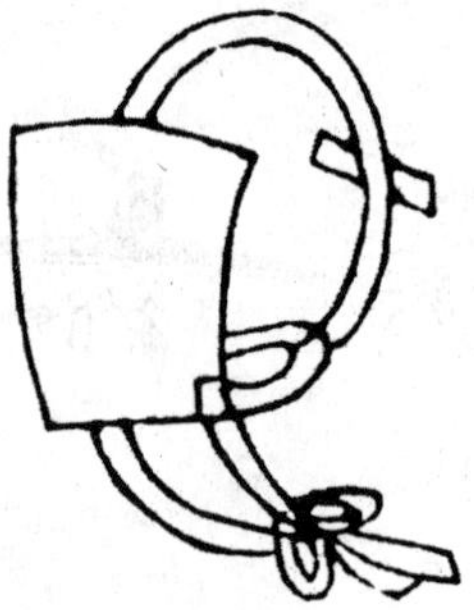
章甫冠

常见之冠，见于文献者，除弁冕（参第137条）外，尚有：一、束髻小冠。多为皮制，如覆手正罩发髻之上，以笄固之，宴居、朝礼宾客时服用，最为便易，从上古至后世皆有。二、缁布冠。始冠之冠，以一幅（二尺二寸）宽六尺长，上有数条直缝之黑色布或帛，置于髻顶，前后披落，两端压"缺项"下。缺项，即有缺口的冠圈，圈中有四缀，系小带固冠，缺口正在后项，口两端有阙（孔）贯以缨绳，从左右耳际下垂至颔下打结。此冠无笄无緌。士以上人冠后即弃，而庶民则久著，谓之"缁撮"，即束发小巾，已非冠。三、毋（或作"牟"）追冠。《仪礼·士冠礼》："毋追，夏后氏之道也。""毋、牟"，即冒覆意；"追"，堆，谓覆杯状前低锐后堆起之冠，盖似后世乌纱帽，无双角而有二缨及緌。四、章甫冠。《礼记·儒行》："孔子曰：'丘少居鲁……昔居宋，冠章甫之冠。'"《论语·先进》："（公西华）曰：'……宗庙之事，如会同，端、章甫，愿为小相焉。'"（"端"，穿礼服。）《庄子·逍遥遊》："宋人资章甫适诸越，越人断发文身，无所用之。"按，章甫为商代的祭冠。章，平；甫，方，平正而四方，对牟堆而言（取明刘绩《新定三礼图》说）。五、委貌冠，即玄冠。《仪礼·士冠礼》："主人玄冠朝服。"郑玄注："玄冠，委貌也。""委"，安定；"貌"，正容。此周代朝冠，或谓近后世进贤冠；或谓如皮弁冠，形似覆杯，前高后低；或图其形似百合花状（参同上书），均未可定。

委貌冠

秦汉统一全国，对前朝冠式也统一其制，尤其汉代，既承秦制，又有创新。后世各代冠制基本承袭汉制，唯日常朝事与公服、便服，逐渐以被巾、幞头、帽代替，而在各种重大礼仪、典祭，仍遵从汉代冠式，仅稍加简化、变通。综观汉代以来常见的冠式除弁冕外，有：一、通天冠。天子之冠，用于祭祀明堂，高九寸，汉时多前倾，后世多后仰；内衬黑介帻，冠外再加冕。也可单用，如武梁祠汉画像石《荆轲刺秦王》图中的秦王所戴。二、高山冠。又曰侧注。形近通天冠：方高而前有山（冠中高起如山），为使者、谒者（掌迎宾事）、仆射（尚书省主管）所服。《太平御览》卷六八五引《会稽先贤像赞》曰："綦毋文后为交阯刺史，诏赐高山冠。"三、委貌冠。承周制而变（据《后汉书·舆服志》），其形圆而倾斜，前高后低，制如覆杯，以皂绢为之，近似皮弁冠，大射辟雍时，公卿、诸侯、大夫即在朝大臣所服。四、獬豸（解廌）冠。又有法冠、柱后、惠文诸称。獬豸为传说中独角神羊，主触不直者，故为执法者所服，其冠方形，两角外展，高五寸，展筒以铁为卷（展筒是冠上围圈），以纚卷裹。《汉书·张敞传》记张敞弟为梁相，敞遣吏问何以治，弟曰："驭黠马者利其衔策，梁国大都吏民凋敝，且当以柱后、惠文弹治之耳！"颜师古注引晋灼曰："秦制执法服，今御史服之。谓之解廌，一角；今冠两角，以解廌为名耳。"《太平御览》卷六八五引《唐书》曰："侍御史朱放请复置朱衣豸冠于内廓，有犯者御史服以弹，后御史张著服之以弹京兆尹严郢。"五、进贤冠。即儒冠，内外文官之服。古三梁冠，前高七寸，缨长八寸，后高三寸，据《太平御览》卷六八五引董巴《汉舆服志》曰："进贤冠……公侯三梁，中二千石已下至博士两梁，千石以下至小吏冠私学弟子皆一梁。"后发展为多梁。《三才图会》称："一品七梁，二品六梁，三品五梁，四品四梁，五品三梁。六品七品二梁，八品九品一梁。”冠呈方形，前低，斜高而后。《隋书·礼仪志七》：“三品已上三梁，五品已上两梁，九品已上一梁。”六、鹖冠。即武冠。鹖为猛劲之鸷鸟，好斗而至死不却，故冠顶插鹖毛以示英武。冠呈方形，有前低后高之外筒，内衬帻，最早赵武灵王以赐武士，秦汉武官常服。七、武弁大冠。又称赵惠文冠。其形如箕，亦武官所服，侍中、中常侍则加黄金珰，貂尾外蝉文。《战国策·齐策六》记田单攻狄三月不克，齐童谣曰：“大冠若箕，修剑拄颐。攻狄不能，下垒枯丘。”《后汉书·光武纪上》：“及见光武，绛衣大冠，皆惊曰：‘谨厚者亦复为之。’乃稍自安。”今出土汉画多见之。八、远游冠。呈方形，后倾，一般三梁，有展筒，王公与在朝高官所服。《太平御览》卷六八五引《魏志》曰：“陈思王植上疏曰：‘臣若得辞远游，戴武弁，解朱组，佩青绂，乃臣之至愿也。’”九、豹蝉冠。亦称笼冠。三公、亲王、一品大官所服，女子亦可服。像进贤冠上加笼巾，笼巾左右以细藤织成两透明翼片覆冠，冠饰以金银、貂尾。此外，唐代皇冠（折上巾）、凤冠（后冠），晋南北朝之步摇冠之类亦著于世者。

通天冠

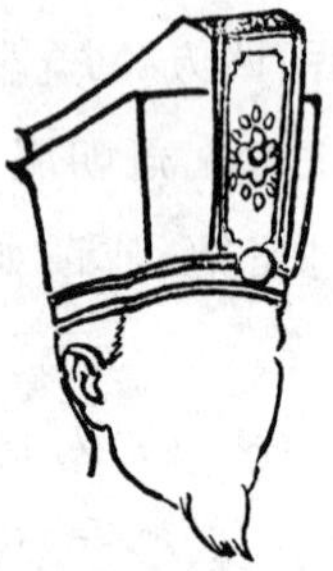
高山冠

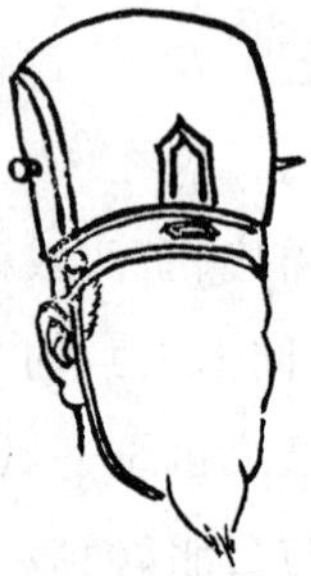
委貌冠

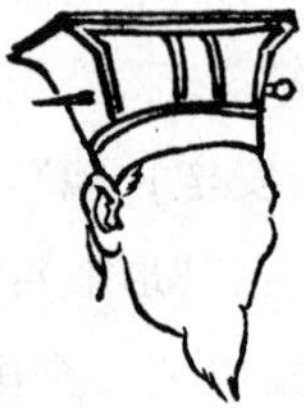
獬豸冠

进贤冠

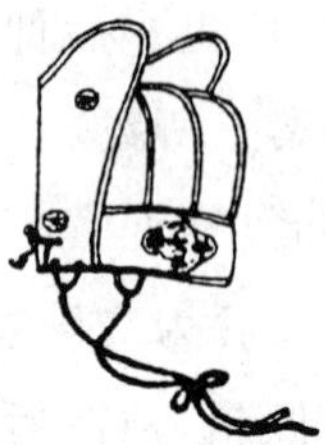
三梁冠

四梁冠

鹖冠

远游冠

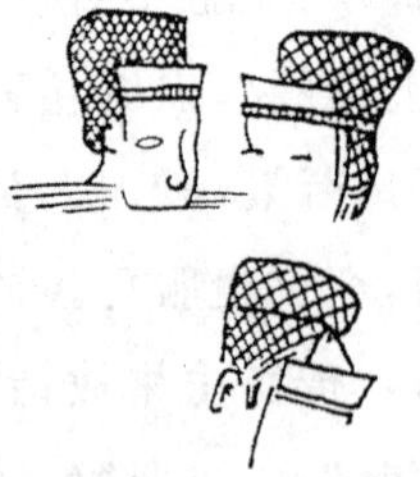
沂南画像石之武弁大冠赤帻

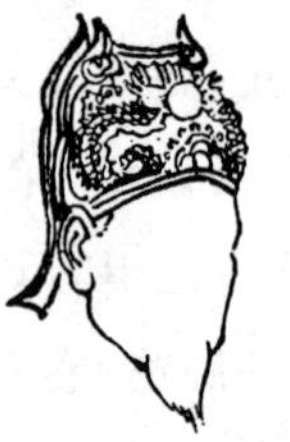
皇冠

由上可见，冠从上古至后世，整个古代经久不衰，是别于帽的另一个系统的头衣。尽管从晋南北朝起，帽广泛流行，“帽”与“冠”构成同义词，但“冠”仍然是一切冠的总称，所指皆为用于各种礼仪场合的礼冠。上述诸冠名皆见于文献，与“帽”之不同灼然可见。由“冠”所构成的成语如“冠盖相望”、“衣冠楚楚”、“衣冠禽兽”、“怒发冲冠”等延用于今，其“冠”皆不指帽，故不可易为“帽”。诚然，“冠”有时也指帽，但仍有一定礼仪色彩。如文首所引“冠、帽”互用二例之“冠”。《南史·何尚之传》句是沈庆之戏谑语，正示鹿皮帽不可作鹿皮冠用于朝服。《梁书》句是庾弘远临刑不得已将帽聊作象征性之礼冠。故二句中“冠”皆不可径译作“帽”，而只宜译为“礼帽”，或不译。其他如宋胡铨《戊午上高宗封事》：“反驱衣冠之俗，而为左衽之乡。”陆游《游山西村》诗：“箫鼓追随春社近，衣冠简朴古风存。”清蒲松龄《聊斋志异·公孙九娘》：“少年急起著冠，揖而坐。”诸“冠”虽可浑解为帽，但若易为“帽”，礼仪之色将泯，若胡铨之文将“衣冠之俗”与“左衽”对举，明称华夏之俗，则绝对不可作“衣帽之俗”。对于中华民族，冠的地位远高于帽，以至成为民族的一个礼俗特征。要之，“帽、冠”皆用作头衣总称后，“冠”仍指礼冠，而非便帽；即使所指为便帽，“冠”仍带有一定礼仪色彩。

参考文献

[1]《后汉书·舆服志》(下)，王先谦《后汉书集解》，中华书局影印本，1984 年 2 月。

[2]《隋书·礼仪志七》，《二十五史》(5)，上海古籍出版社、上海书店影印本，1986 年 12 月。

[3] [明]刘绩：《三礼图》，洒阳卢氏影印文津阁本。

[4] [宋]聂崇义集注：《新定三礼图》，上海古籍出版社，1985 年 6 月。

[5] 周锡保：《中国古代服饰史》，中国戏剧出版社，1984 年 9 月。

[6] 钱玄：《三礼名物通释》，江苏古籍出版社，1987 年 3 月。

[7] 周峰：《中国古代服装参考资料》(隋唐五代部分)，北京燕山出版社，1987 年 12 月。

134. 冠·笄

贵族男子二十岁，举行庄重、繁杂仪式，去童发，作髻戴冠受字，示可出仕，此谓冠礼。女子十五岁也举行相类仪式，作髻插笄，示可出嫁，此谓笄礼。秦后，二礼不行，但“冠”、“笄”常作男二十岁、女十五岁代称。

【同义】

《释名·释首饰》：“冠，贯也，所以贯韬发也。”《公羊传·僖公九年》：“妇人许嫁，字而笄之。”何休注：“笄者，簪也，所以系持发。”二物皆所以固发髻。《荀子·礼论》：“鬠而不冠笄矣。”（“鬠”，kuò，丧髻。）唐杜佑《通典》卷九一：“笄冠有成人之容，婚嫁有成人之事。”“冠笄”、“笄冠”皆指成人之礼。

【辨释】

“冠、笄”本为名词，皆指安固发髻之物，安发之笄男女皆有，冠则唯男子所具，冠上又有固冠之笄。然而“冠、笄”又皆可作动词，指加冠笄，此为上古贵族男女十分重要的成人之礼。

古者，“礼不下庶人”，故冠礼行于士以上的贵族阶层，庶民服巾而无冠。“夫礼始于冠，本于昏（婚），重于丧祭，尊于朝聘，和于射乡，此礼之大体也。”（《礼记·昏义》）“凡人之所以为人者，礼义也。……冠者，礼之始也。是故古者圣王重冠。”（《礼记·冠义》）“《诗》始国风，礼本冠婚。”（《汉书·匡衡传》）冠礼属五礼中的嘉礼。上古，士以上男子二十曰弱，加冠（据考，是十九足岁后一月），表示成人。其中“天子、诸侯子，十九而冠”（《荀子·大略》），先于下臣一年。据说周文王年十二冠，十五生武王（《淮南子·氾论》），此为特例。加冠的礼仪在《仪礼·士冠礼》、《礼记·冠义》、《礼记·郊特牲》等篇章中均有记述，十分庄重、繁杂。下以最有代表性的国君嫡长子之冠礼为例。

行礼前，主人先使人于祖庙之外“筮日”，即选定日期。在行礼日前三日“筮宾”，即选定一位士以上身份者作为主行加冠之宾者。主人要亲自去征得宾者同意，还要选定一位佐宾行礼、操持冠物的赞者。行礼之日，主人及家吏一早起床，在东边庑屋下设洗（承盥洗之水器），在房中西墙下陈放行礼穿的各种衣服和宴请、礼用的器物。然后，主人玄端（黑色朝服）、玄裳立于东序（堂东旁室）之南、阼阶（东阶）之下，面朝西。主人的亲戚亦皆玄衣、玄裳，立于洗之东，在主人之北面朝西。执礼之宾服同主人，赞礼者亦玄端相从，同立于外门外之西侧。待冠者则穿童子服，将锦为总以结发，穿以锦为衣缘的缁（黑色）布衣，束以锦带，立于北面房中，面朝南。各就各位，一切准备就绪，主人遂下阶至于大门外东侧，朝西侧之宾拜两拜，宾答拜；又揖赞者，同至庙门之阶，主人从阼阶登至东序之端，宾从西阶登至西序之端；赞者由西阶上，洗手，进入房中。此时，主人的赞者布筵（席）于东序。冠者，遂出至房外之西，以待宾命。顷刻，与宾者拜揖后，即坐于东序之筵，位在主人之北，示意日后将继代其父。此谓之“适（嫡）子冠于阼以著代也”（《礼记·郊特牲》）。然后，赞者给冠者头上包扎缁纚（黑纱作的包头布），宾者洗手后，亲自端正缁纚（即作成冠状）。此谓一加缁布冠。接着宾者与冠者入房，脱去所穿童子服，换上玄端爵韠（bì，腰际下垂的革制蔽膝）之成人服，又出至原位，宾脱去缁布冠，加上皮弁，以笄固之（连原髻中笄共有二笄），又系以冠之纮带。此谓二加皮弁冠。继之又按同样程式，三加爵弁冠。三加后，剃去髦发。经三加冠，示冠者志益大。之后，在户之西设筵，宾主、冠者等入筵，举行简单醴宴（用醴酒），冠者又到东室见母，母子相拜。拜后，立于两阶，面朝东南，由宾命其字。取字后，冠者去拜见亲戚、姑姊等长辈。最后，冠者以玄冠玄端爵，持雉去见国君、乡大夫与致仕元老，主人则醴宾、酬宾、送宾，冠礼告成。经加冠之洗礼，示此男子已成人，可衣裘帛，可持其名与字步入社会，仕于朝。

男子加冠之礼只见于上古，秦以后已少见。唐柳宗元《答韦中立论师道书》曰：“古者重冠礼，将以责成人之道，是圣人所尤用心者也。数百年来，人不复行。”“言于卿士曰：‘某子冠毕。’”“应之者咸怃然”，以为咄咄怪事。其礼虽不实行，但动词“冠”却成了男子二十岁成人的代称。《汉书·叙传下》：“贾生矫矫，弱冠登朝。”《后汉书·文苑传上·黄香》：“及归京师，时千乘王冠。”李贤注：“冠，谓二十加冠也。”晋左思《咏史》诗之一：“弱冠弄柔翰，卓荦观群书。”唐韩愈《送杨少尹序》：“杨侯始冠，举于其乡。”

“笄”指上古贵族女子的成人之礼。《礼记·内则》：“女子十年不出……十有五年而笄，二十而嫁。有故，二十三年而嫁。”郑玄注：“谓应年许嫁者。女子许嫁，笄而字之。”（“有故”，指父母之丧。）《仪礼·昏礼》：“女子许嫁，笄而醴之称字。”郑玄注：“笄女之礼犹冠男也。”据此可知，女子的笄礼与婚配之事相联系。盖女子至十五岁，提亲者，行过纳采、问名、纳吉、纳征四礼（参第112条），表示女方同意许嫁，此时即行笄礼。其礼大致如男子冠礼的一套仪式，由主妇及女宾执其礼，主妇以醴酒礼之，为女去其两髦童发，而束发作髻著笄，并系以缨带，表示将有系属，最后称字。待此女子到二十岁，则继行请期、亲迎二礼，将女子亲迎来男家，男方摘去此缨带，遂成“于归”之事。若十五岁未许嫁，则至二十岁许嫁行笄礼。若二十岁仍未许嫁，则加笄之礼仍行。《礼记·杂记下》曰：“女虽未许嫁，年二十而笄，礼之，妇人执其礼。燕则鬈首。”盖因未许嫁，此种笄礼无庄重、完整的仪式，而是由一般妇人给女子束发作髻加笄。在家闲居时，仍得去笄将发分开成原先鬌髻（即两髦）的样式，显示少女之态（《礼记·杂记下》）。

女子及笄之礼同样只见于上古，秦以后也已不实行，但与“冠”一样，动词“笄”后世亦成女子十五岁成人的代称。汉末徐幹《中论·修本》：“故君子修德，始乎笄丱，终乎鲐背。”“笄丱”，指初成年时。唐白居易《对酒示行简》诗：“复有双幼妹，笄年未结缡。”唐陈鸿《长恨传》：“得弘农杨玄琰女于寿邸，既笄矣。”谓已过十五岁。明冯梦龙《醒世恒言·勘皮靴单证二郎神》：“单说内中有一位夫人，姓韩，名玉翘，妙选入宫，年方及笄。”整个古代“笄”的此种代称用法比比皆是。

参考文献

[1] 钱玄:《三礼名物通释》,江苏古籍出版社,1987 年 3 月。
[2] 阴法鲁、许树安主编:《中国古代文化史》第二册,北京大学出版社,1991 年 5 月。

135. 髻(结、紒)·鬟·鬂

“髻”，实心发髻，有结鬟、拧旋等式，历代风行高髻、假髻；“髻”也作鬟髻总称。“鬟”，空心环形发髻，汉末出现，唐代大盛。“鬂”，丧髻，即不加饰的露髻。

【同义】

唐董思恭《昭君怨》诗之二：“髻鬟风拂乱，眉黛雪霑残。”“髻鬟”同义连用，泛指发髻。“鬂”也是束发为髻。

【辨释】

“髻”，或作“紒”，本作“结”。《仪礼·士冠礼》：“将冠者，采衣紒。”郑玄注：“紒，结发。古文紒为结。”谓行冠礼者衣采衣（冠者之衣饰），作头髻。《楚辞·招魂》：“《激楚》之结，独秀仙些。”王逸注：“结，头髻也。”洪兴祖补注：“结，束发也。”《汉书·陆贾传》：“贾（陆贾）至，尉佗魋（椎）结箕踞。”颜师古注：“结读曰髻。”发髻字古皆作“结”。“髻”是东汉始见的后起字，当以“结”为义。故“髻”者指聚束头发打结，是鬟髻的总称。

男女束发作髻，是以中原为代表的华夏民族的传统习俗，也是区别于被发左衽的夷狄羌蛮之显著标志。今所见出土实物，商代男女多梳辫而无作髻者，大约从春秋战国起汉族梳髻始盛。到清代满族统治中国，三令五申公布薙发令，只留后脑发编成长辫，在统治者的武力镇压下，才革去了千年束发之俗。

清代以前汉族男女一般在童幼未成人之前，梳两侧角丱的童髻，即将头发分梳两侧，用丝线结扎挽成两髻，余下两股尾髾后垂于肩，两股髦发前垂于眉（参第92条）。成人以后，主要梳顶留一髻式，即将头发上拢扎结，再挽结于顶，以笄簪贯之。人们在战国前期的帛画和玉雕像中已见其髻：发向后平梳，或在发根处，或在发中段束以帛缯，末呈细圆形。如洛阳西八清里出土之汉画（美国波士顿美术馆藏）上有男子以纚裹髻、髻耸头顶的形象。由于男子发髻往往上加冠、巾、帻、盔等物，故其髻式比较简单。而女子的发髻都外露，发髻成为重要的美饰。汉唐之时，最为富丽侈靡，仅段成式的《髻鬟品》所列此阶段的发型竟有百余种。对于髻的编法与发式，研究者分法很多，一般分为如下几种基本类型。一是结鬟式。扎结成鬟，典型的如“高鬟望仙髻”、“凌云髻”（分见《炙毂子》、《中华古今注》）、“分髾结”等。后一种即在髻下垂挂一撮发尾于肩后，又称燕尾，在四川彭县、成都和河南的汉画像砖上皆能见到。二是拧旋式。将发分为几股，盘曲拧转盘结头顶或两侧，有侧拧、交拧、盘拧等方式。三是盘叠式。用丝线将发分股系结，盘叠头顶两侧或后部，若盘叠成螺状，则谓“螺髻”。有单螺、双螺、百合髻等。唐代妇女崇尚之。唐武则天孙女永泰公主墓壁画所见甚多。汉代亦已有，如长沙马王堆汉墓女尸插笄的盘髻，但其华丽程度远不能与唐代螺髻相比。四是结椎式。将发拢结在头的某一部位，再挽结成一椎或多椎，用簪钗贯固，此种发式最为普遍，历代皆有。汉画中有三角髻，著名的如梁冀妻孙寿所梳“堕马髻”。《后汉书·五行志一》：“桓帝元嘉中，京都妇女作愁眉、啼妆、堕马髻……堕马髻者作一边。”即将发拢结后，在头侧或后挽结成大椎，状似马肚。乐府民歌《陌上桑》：“头上倭堕髻，耳中明月珠。”南朝梁萧子显《日出东南隅行》：“逶迤梁家髻。”唐李颀《缓歌行》：“二八蛾眉梳堕马。”所指皆是堕马髻。其形制稍稍侧斜，似刚从马上堕下，配上愁眉娇嗔，能增添妇女妩媚可爱之态。此外，还有汉代梁鸿妻孟光的椎髻、宋代的高椎髻等，皆为名式。五是反绾式。将发先拢结于顶，再分股翻挽出各种式样发髻。如双刀，称“翻刀髻”；似惊鸟，称“惊鹄髻”；像元宝，称“元宝髻”；做三角，称三角髻。六是丱髻式。又称“髻丫”，将顶发平分左右两大股，梳结成对称的髻，此本是童髻，如殷墟妇好墓出土的小玉人经“加工提高”也用于年轻侍婢、少妇。南朝陈后主《三妇艳》词之一：“小妇初两髻，含娇新脸红。”宋苏轼《送笋、勺药与公择》诗之二：“还将一枝春，插向两髻丫。”七是戴冠巾帼式。上梳顶髻，髻上戴花冠、莲花冠、珠冠之类。唐白居易《长恨歌》写进入仙界之杨玉环：“云鬓半偏新睡觉，花冠不整下堂来。”也有花径饰髻上。李白《宫中行乐词》之一：“山花插宝髻。”唐代仕女画家周昉有《簪花仕女图》。若于顶髻之上饰以丝绸巾，称巾帼。宋梁红玉喜此种髻式。除上述诸髻式外，近年陕西出土秦俑之结发与编发相结合的方式，又丰富了文献的记载。其做法是：将额前长发从中分开拉后，与鬓发编成两辫。后脑分三股编成一辫；数辫于头顶相交并插入发卡；然后于头顶右侧作结，周围以带束扎。

综观历代各类髻式，有两个共同特点。其一，无论何代，假髻（即“蔽结”）不绝。从上古起，贵妇即喜髢髲以美饰。其二，无论何式，高髻成风。二者相因：唯其高必补以假发；唯用假发，则易为高。后汉已有童谣：“城中好高髻，四方高一尺。”长沙马王堆汉墓帛画所画丰腴女主人，服袍，头上就戴插有花钿的假髻。汉代皇后施重礼时都戴假髻。到魏晋时更盛行。《太平御览》卷七一五引《晋中兴书·微祥说》：“太元中，公主妇女缓鬓假髻，以为盛饰。”又《晋令》：“士卒百工不得着假髻。”由于假髻发盛，无法直立，往往披垂于额，两鬓垂发也罩住双耳。南京中央门外幕府山、西安草场坡等地三士陶俑即此。南北朝时，高髻特别流行。南朝梁王筠《游望》诗之二：“高髻学城中。”少女则多作双高髻。唐代亦尚高髻。元稹《李娃行》：“髻鬟峨峨高一尺，门前立地看春风。”宋代一般也是高髻，特别是贵者，多上插以珠翠金玉的花、凤为饰的簪钗、梳等。高髻，多掺假发，并有专售假发的店肆，以至常引起朝廷不安。宋太宗端拱二年曾下诏禁止妇人假髻。

《集韵·平删》：“鬟，屈发为髻。”字从髟、睘会意。“睘”即环，鬟是环形之髻。其梳理法：将发拢结于顶，后分股以丝绳绾结，再弯曲成各种环状，托以支柱，饰以珠玉簪钗，使之高耸于头顶某部位。浑言之，鬟亦属髻，髻包括鬟。析言之，髻是实心成诸形，鬟则是空心成环形。鬟最早起于汉末。晋顾恺之《洛神赋图》（故宫博物院藏）中主要女子是甄后化身，头顶无髻，而结为双鬟。酒泉嘉峪关晋墓壁画中女主人、女童、烧火者皆是髻而后鬟。但鬟之初盛要到南北朝。北周庾信《春赋》：“钗朵多而讶重，髻鬟高而畏风。”“钗朵”谓金钗作成花朵之形。唐阎立本所作陈文帝坐像，帝之后有二侍女，双鬟，挂于双耳斜上方。而鬟之大盛，在唐朝。唐时，鬟名目也多，如云鬟、高鬟、双鬟、低鬟、同心鬟等。诸式乃是高低大小、位置形状之异。唐杜甫《月夜》诗：“香雾云鬟湿，清辉玉臂寒。”刘禹锡《赠李司空妓》诗：“高髻云鬟宫样妆，春风一曲杜韦娘。”温庭筠《郭处士击瓯歌》：“宫中近臣抱扇立，侍女低鬟落翠花。”白居易《时世妆》诗：“圆鬟无鬓堆髻样。”曹邺《四怨诗》之三：“短鬟一如螓。”螓是蝉属，则其鬟为扁方者。刘禹锡《同乐天和元微之深春》诗之十六：“双鬟梳顶髻。”此在头顶。元稹《恨妆成》诗：“柔鬟背额垂。”在背额。上举唐代鬟式，可见古代妇女鬟式众多之一斑。其中双鬟式，多为年轻侍女所饰，故常代称婢女、侍女。唐陈鸿《长恨传》：“方士抽簪扣扉，有双鬟童女，出应共门。”宋梅尧臣《听文都知吹箫》诗：“欲买小鬟试教之，教坊供奉谁知者？”此种用法显然是鬟盛行的结果。

髻（对称式）

髻（结鬟式）

髻（盘叠式）

髻（拧旋式）

汉代妇女的堕马髻

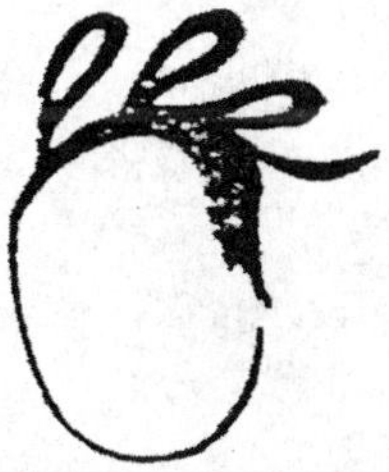
河南打虎亭东汉墓
壁画中的三鬟妇像

戴假髻的女子
（晋顾恺之《女史箴图》）

《说文·髟部》：“髽，丧结也。”乃是妇人服丧时的髻式。去笄纚（“纚”，xǐ，包发之布。）而以麻绳结成大髻。此是一种露髻，上不可加饰，据说起于春秋鲁国。《左传·襄公四年》：“臧纥救鄫，侵邾，败于狐骀。国人逆迎丧者皆髽。鲁于是乎始髽。”《礼记·檀弓上》：“鲁妇人之髽而吊也。”郑玄注：“去纚而紒曰髽。”《仪礼·士丧礼》：“妇人髽于室。”郑玄注：“去笄纚而紒也。”贾公彦疏：“紒即髽也。故《丧服注》亦云：‘髽，露紒也。’”可见髽在形制上同于一般露髻。女子已字（定亲）、未嫁时若父殁服丧，要服“髽衰”三年，即头发要用麻绳作髽结。可引申泛指以麻绳扎结之髻，不限于服丧。《淮南子·齐俗》：“三苗髽首，羌人括领，中国冠笄……其于服一也。"南朝齐王融《三月三日曲水诗序》:"髽首贯胸之长,屈膝厥角。"皆指蛮夷之辈。

参考文献

[1] 黄辉:《中国古代人物服式与画法》,上海人民美术出版社,1987年2月。
[2] 始皇陵秦俑坑考古发掘队:《临潼县秦俑坑试掘第一号简报》,《文物》1975年第11期。
[3] 周锡保:《中国古代服饰史》,中国戏剧出版社,1984年9月。
[4] 孙机:《唐代妇女的服装与化妆》,《文物》1984年第4期。

136. 笄·簪·钗

“笄”是平匀的细长物，固发固冠；上古用作礼仪之物，秦后有了华饰作用。“簪”是一端装华丽饰物的妇女头饰，短于笄；东汉起也可作固冠的簪导，遂可代称仕官等。“钗”是分叉的簪，比簪更为华丽。

【同义】

《说文·竹部》：“笄，簪也。”《公羊传·僖公九年》：“妇人许嫁，字而笄之。”何休注：“笄者，簪也，所以系持发。”《仪礼·士冠礼》：“皮弁笄，爵弁笄。”郑玄注：“笄，今之簪。”《说文新附》：“钗，笄属。”

【辨释】

今一些辞书名括有的服饰专类辞书，多谓“笄”是上古时期的簪(周汛等书 387 页)。可商。上古就簪、笄并见，只是一般皆不称为“笄”，其实其中一端有精美华饰者当称为“簪”。簪并非秦后才有。笄、簪是二物，各有形制与用途。《释名·释首饰》：“笄，系也，所以系冠使不坠也。”此言其一端，上引《公羊传·僖公九年》何休注“所以系持发”，则笄当有固冠与系发两种作用。系发，男女皆用：古代男子一俟成人年龄，都束发作髻于头顶，故要用笄系发髻。女子到十五岁，举行笄礼，由主妇对其束发加笄。男子到二十岁举行加冠礼，有所谓三加冠：先在垂髦的童发上加缁布冠，再加皮弁冠，末加爵弁冠(参第 134 条)。所加的弁冠，横穿有笄，用以系冠，加上原束髻之笄，男子共有二笄。梳发加笄，是子女每天侍奉父母的一件事。《礼记·内则》：“子事父母，鸡初鸣，咸盥漱、栉、縰、笄、总。”“栉”，梳发；“縰”，进束发的缁帛，即谓束发；“笄”，插笄；“总”，束发。按，“笄”从幵声，幵声有平义。《说文》部首：“幵，平也。”贯穿发髻，尤其是礼冠的二纽(孔)。笄的两端须细圆平匀，方可持平，故笄的任何一端当不宜有凹凸的附饰。“笄”从竹，本应是竹制物，据礼经，吉笄方用牙(象牙)、骨，长尺二寸(古尺)；当然，一般的用竹。但由于竹制的难于长久保存，故今出土的古代发笄，多是象牙、兽骨质料。用笄主要盛于上古，汉代笄冠礼虽已不行，但笄物仍用。汉代的出土物与绘画对笄的形制、插法提供了生动的材料。长沙马王堆女尸发为盘髻，髻垂直上插笄三枚，分别为玳瑁、角、竹三种，笄头有朱绘花纹，三笄等长，皆为扁平长条状，长 19.5 厘米，近一汉尺。山东沂南汉画像石(后室南壁)有一穿绕衽、后

沂南画像石上头插笄的贵妇

垂燕尾状圭衣、右手持物的妇人，头上竖插十一笄，旁又横插一长笄。其笄皆一式粗细。另有《击鼓女乐》一图，乐女皆头插多笄，笄端也不缀其他饰物。《初学记》卷十引《汉魏故事》云："后亲蚕礼，皇后著十二笄步摇。"画图正反映了当时笄已是流行的首饰，用于贵妇、乐伎。笄的固冠之用，称为"笄导"。后也用簪固冠，但至南北朝时，犹能识为二物。《北史·何稠传》："魏、晋已来，皮弁有缨而无笄导。稠曰：'此古田猎服也。今服以入朝，宜变其制。'故弁施象牙簪导，自稠始也。"簪用于冠后，笄仍有固冠之用，后世所用冕冠、进贤冠等礼冠仍多用笄。固冠之笄，长度必超过冠圈的直径，但也粗长均匀，笄头无饰物。要之，笄是端部无饰物的平匀细长物，有固发固冠的实用价值，上古用作礼仪之物；在汉代不用作礼仪之物，也有了华饰作用。

簪之形制异于笄之主要特征，一是整体不平匀，粗细不一，头尖而渐粗。二是一端装有华饰物。一般短于笄；主要用作妇女的头饰物。簪在上古就与笄并用，并非秦后才有。今所见最早的实物是西安半坡新石器时代遗址出土的715件簪。安阳殷墟出土的象牙簪、骨簪，其一端有鸡鸟等精美雕饰，长13厘米左右，有的专书称其为"笄"，未当。先秦文献中，"簪"字常见。《韩非子·内储说上》："周主亡(无)玉簪，令吏求之，三日不能得也。"《荀子·箴赋》："簪以为父，管以为母。"杨倞注："簪形似箴而大。"秦爵第三级就叫"簪袅"。秦以后簪更盛行，长短皆有，但一端必有饰物。可为发饰。《史记·滑稽列传》："前有堕珥，后有遗簪。"汉制，皇太后、皇后簪，长一尺，装上玳瑁的小篦，一端饰华胜(花朵形饰物)凤凰雀，垂白珠，横插头上(见《续汉书·舆服志》)。汉乐府《有所思》："有所思，乃在大海南。何用问遗君？双珠玳瑁簪。"可作小篦梳。《太平御览》卷六八八引《西京杂记》曰："武帝过李夫人，就取玉簪搔头。"可作近臣载笔之杆。《史记·滑稽列传》："西门豹簪笔磬折，向河立待良久。"("磬折"，谓曲身而揖象磬之折形。)"簪笔"，在簪头装毛作笔插在冠前，以备记事。张守节正义："谓以毛装簪头，长五寸。"其簪甚短。还可作固冠物——"簪导"。先作帻导。东汉服虔《通俗文》曰："帻导曰簪。"《燕书》曰："(张华)脱所著帻簪，以遗高祖。"(引自《太平御览》卷六八八)盖汉代的仕宦者(下至南北朝都同)结发之外是巾帻，再加冠，帻导实是用簪以固巾帻。以不需通过礼冠的两纽，故比固冠的笄短。汉以后则可以簪固冠，前引《北史·何稠传》亦述其事。至此，簪全面取代了笄。而由于簪能起固冠作用，簪也成了为官的标志，遂可代称仕官、显贵者。南朝梁简文帝《马宝颂序》："羽林中权，分阶列校，簪笏成行，貂缨在席。""簪"，冠簪；"笏"，手版。合指为官者。喻仕途。晋陆机《晋平西将军孝侯周处碑》："簪绂扬名，台阁标著。"("台阁"，称官署。)南朝齐孔稚珪《北山移文》颂疏广弃官事曰："昔闻投簪逸海岸。""投簪"，弃官。"簪"又引申为连缀义。《仪礼·士丧礼》："以

近臣簪笔图(山东沂南汉画像石)

爵弁服簪裳于衣左。"郑玄注:"簪,连也。"为插义。唐杜牧《为人题赠》诗之二:"有恨簪花懒,无聊斗草稀。"从众多的引申义可见秦以后簪之重要作用、价值与盛行不衰之势。

"钗",传统解为有分叉的笄。《释名·释首饰》:"钗,叉也,象叉之形,因名之也。"《玉篇·金部》:"钗,妇人歧笄也。"本作"叉","钗"是后起字。据五代马缟《中华古今注·钗子》,钗本已有之,"至秦穆公以象牙为之,敬王以玳瑁为之,始皇又金银作凤头,以玳瑁为脚,号曰凤钗"。而从文献所见则是汉末始兴。钗的作用完全是装饰。汉伶玄《赵飞燕外传》:"抽紫玉九雏钗为昭仪簪髻。"三国魏曹植《美女篇》:"头上金爵钗,腰佩翠琅玕。"北周庾信《春赋》:"钗朵多而讶重,髻鬟高而畏风。""钗朵",谓金钗做成花朵之形。唐代更盛。白居易《长恨歌》:"钗留一股合一扇,钗擘黄金合分钿。""钗股",钗脚。又《酬思黯戏赠》诗:"钟乳三千两,金钗十二行。"韦应物《长安道》诗:"头上鸳钗双翠翘。"李商隐《蝶》诗之二:"为问翠钗钗上凤,不知香颈为谁迴。"上引曹诗的"金爵钗",在晋顾恺之《女史箴图》可见到,乃是一种花钗,类似步摇,望去似二三朵多蕊小花。

顾恺之《女史箴图》之女子首插花钗

可见,钗不属礼仪的笄类,而当为簪属,是有分叉的簪;由簪华变而成,故华丽程度远过于簪。

参考文献

[1] 周锡保:《中国古代服饰史》,中国戏剧出版社,1984 年 9 月。
[2] 周峰:《中国古代服装参考资料》(隋唐五代部分),北京燕山出版社,1987 年 12 月。
[3] 周汛、高春明:《中国衣冠服饰大辞典》,上海辞书出版社,1996 年 12 月。

137. 冕(絻)·弁○衮

“冕”，最高级礼冠，用于祭祀、飨射等大礼。戴冕冠时要穿绘绣日、月等图像(即“章”)的冕服。冕服，有裘冕、衮冕等多种；同一种，不同等级者，其旒玉、章数有等差。“弁”，次于冕的礼冠，用于朝聘、田猎等常礼。弁有爵弁、皮弁等多种，相配之服也有不同规格。

【同义】

《论语·乡党》：“见冕者与瞽者。”陆德明释文：“(冕)郑(郑玄)作弁。”《左传·昭公元年》：“吾与子弁冕端委，以治民临诸侯。”杜预注：“弁冕，冠也。”

【辨释】

冕服之制，据记载夏商已有。《论语·泰伯》：“禹……恶衣服，而致美乎黻冕。”《书·太甲中》：“伊尹以冕服奉嗣王，归于亳。”东汉武梁祠石刻，有黄帝、舜、禹戴冕像。但此为后人构拟，其详不得而知。到周代，冕服之制才较完备。孔子曾曰：“服周之冕。”(《论语·卫灵公》)“冕”，或作“絻”。《荀子·正名》：“乘轩戴絻。”杨倞注：“絻与冕同。”字从冃，即“帽”的初文，正是冕的象形。免声兼义。“免”即“俛”。《释名·释首饰》：“祭服曰冕。冕犹俛也。”即谓前俯后仰，表示谦恭。冕是冠上之冠，如天子冕通常加在通天冠之上(冠内还衬黑介帻)。纵置于冠顶的是一块长方形冕板，称“綖(yán)”，上覆三十升玄布为表，下以纁(赤黄)色缯为里，意取天地之色。周制，其宽八寸、长尺六寸，冕板前低后高，相差一寸余，冕之示谦恭见于此。綖下是冠卷，两旁有纽，纽中贯穿玉笄，以穿拴发髻。笄端垂以朱丝带纮，纮带一端系于左边笄，顺颐绕于颔下，又从右而上，在右边笄上打结。綖之中端两边各以“紞”(dǎn，丝绳)下垂两个小丸曰“悬瑱”，或曰“黈(tǒu)纩”、“悬纩”、“充耳”，挂至当耳，天子用玉，臣用象牙、石，外包黄色新丝绵，以示不听谗言，戒敕听言谨慎。在綖板前后两端，各并排垂下十二根约尺二寸长的五彩丝绳，曰“藻”，下垂至肩；每隔一寸谓一就，贯一颗五彩玉，合而称“玉藻”，也谓之垂旒、冕旒。汉东方朔《答客难》：“冕而前旒，所以蔽明；黈纩充耳，所以塞聪。”汉班固《白虎通·绋冕》：“垂旒者。示不视(俗本讹作‘现’)邪；纩塞耳，示不听谗也。”如此礼冠，诚是冠中之最，可谓“冠冕堂皇”焉。

冕不仅是冠，更是礼服的一部分，冕冠必配冕服。其服皆染丝织为帛，玄衣纁(赤黄色)裳，取天地(天玄地黄)之色。衣、裳上有文章，总凡十二章。《书·益稷》：“予欲观古人之象，日、月、星辰、山、龙、华虫作会(绘)，宗彝、藻、火、粉米、黼、黻絺(通‘黹’，缝紩)绣，以五彩彰施于五色，作服，汝明。”此是周代史官对前代典制之追述，亦周制之依据。每一种皆富有寓意。日、月、星为三光，像遵天道而临光明。其中星以周部族的族星大火星为主的二十八宿之心宿作为代表。龙，像变化如神，君主治政有方。山，像安镇四方。华虫，乃羽虫，雉类，耿介而有文彩，像有文质之德。宗彝，宗庙樽彝，示君主可持国之重器。藻，水草，像纯洁如玉。火，取其明，黎庶率从上命。粉米，洁白，又可以养人，像有济养之德。黼，斧形，像有杀伐之权。黻，己己形，古“弗”字，通“拂”，辅弼，像群臣辅弼人君。十二章施之冕服，前六章可施于衣，皆绘；后六章可施于裳，皆刺绣。

冕服皆属吉服（吉礼之用）。从用途看，主要是祭服，也兼飨射、戎事、朝会等。据《周礼·春官·司服》，冕服有六种。其一，裘冕，祀昊天上帝、五帝。汉、唐注家或谓无章无旒，盖误。裘、指大裘，黑羔裘。《周礼·天官·司裘》：“司裘掌为大裘，以共（供）王祀天之服。”郑司农曰：“大裘，黑羔裘，服以祀天，示质。”此为冬服。若祀天、先王，裘上得加衮衣，故大裘天子十二章，衣六章，裳六章。冕则十二旒。天子每旒十二玉，前后二十四旒，玉二百八十八。此冕服之最贵者（从孙诒让《周礼正义》说）。其二，衮冕。“衮”，《说文·衣部》从衣公声。按，公声兼义。朱骏声曰：“上公始得服衮，从公衣会意，公衮亦双声。”（《说文通训定声·屯部》“衮”字）则衮是三公以上所用之礼服。衮用于享先王，也可用于祀上帝五帝、朝觐等礼。天子衮服有十二章、九章两种。九章是：衣五章（除日、月、星），裳四章：火、粉米、黼、黻。诸章中，龙最重要。《释名·饰首饰》：“衮，卷也，画卷龙于衣也。”《礼记·玉藻》：“天子龙卷以祭。”天子衮服之龙有升降龙，诸侯只可有降龙。其冕冠也有十二旒、九旒两种。天子之九旒，前后旒共串玉二百十六。其三，鷩冕。《说文·鸟部》：“鷩，赤雉也。”《尔雅·释鸟》“鷩雉”郭璞注：“似山鸡而小，冠背毛黄，腹下赤。”此即华虫，服以文章赤色著者称之。用于飨宾客与诸侯射礼。天子衣三章：华虫、宗彝、藻，裳四章：火、粉米、黼、黻，凡七章。冕九旒，天子前后旒串珠二百十六。其四，毳冕。毳，鸟兽之细毛。代表宗彝之虎蜼并毛虫之属，故以其形之特征称之。用于祀四望山川。天子衣三章：宗彝、藻、粉米，裳二章：黼、黻，凡五章。冕七旒，天子前后旒串玉一百六十八。其五，絺冕。絺乃通“黹”，紩，刺。用于祀社稷、五色之帝（如冬祀黑帝、春祀苍帝之类）。其特点在衣一章：粉米，非绘，乃刺绣于衣，裳二章：

衮冕

鷩冕

毳冕

絺冕

玄冕

黼、黻，凡三章。冕五旒，天子前后旒串玉一百二十。其六，玄冕。用于祀林泽坟衍、四方百物。所谓“群小祀”，也可用于王听朔、耕藉之礼。玄衣无文章，唯裳一章黼（也可在衣）。《晏子春秋·谏上》：“景公衣黼黻之衣，素绣之裳，一衣而五采具焉。”冕三旒，天子前后旒串玉七十二。以上六冕之用于祭礼，一二是大祭，三四是中祭，五六是小祭，按祭礼的轻重而有等差。同时，同一冕服中也有等差。盖祭礼等为天子与诸侯、卿大夫共举（上主祭，下助祭），故六冕必上下同服。其参与者之区别则在于冕的旒数、旒上串玉数及服章的等差，天子、上公、侯伯、子男，以九、七、五、三之数递降。如同服衮冕。《礼记·郊特牲》：“祭之日，王被衮以象天，戴冕璪(藻)十有二旒，则天数也。”《后汉书·蔡茂传》：“赐以三公之服，黼黻冕旒。”颜师古注：“旒谓冕前后所垂玉也，天子十二旒，上公九旒。”故天子服十二章，冕旒十二，每旒彩玉十二；上公、侯视帝服降一等，则服九章，冕旒九，每旒彩玉九。侯以下可类推。从河南汉墓画像石及山西大同出土北朝漆画看，天子、大臣冕前后皆有旒，并非大臣仅有前旒；垂旒的藻绳长短相似，而珠玉数不同。在每一种冕服中，冕旒、玄衣、纁裳是其主要内容。此外还有芾(即黻黼)、革带、大带、佩绶、舄(xì)等物，分见以下诸条，此不赘言。

周代的冕服制影响整个封建社会。后世皆以周制为本，损益折中。冕服制作为一项重要礼制，主要用于各种祭祀，其次是婚礼、朝会、朝贺、册封等，几乎所有吉礼的场合，从皇帝至百官皆依一定等差共服冕服。其中，衮冕规格最高，故“衮”常引申作三公和皇帝的喻称、代称。《文选·王俭〈褚渊碑文〉》：“虽秩轻于衮司，而任隆于百辟。”李善注：“衮司，三公也。”《北史·韦世康传》：“亟登衮命，频莅方岳。”“衮命”也指三公之位。汉蔡邕《胡公碑》：“弘纲既整，衮阙以补。”“衮阙”，犹衮职之阙，指帝王的过失。《后汉书·杨赐传》：“五登衮职，弭难乂宁。”“衮职”，也指三公。从服者言，皇帝身份最高，故“冕旒”成皇帝代称。唐王维《和贾舍人早期大明宫之作》诗：“万国衣冠拜冕旒。”俗称皇帝登基为“加冕”。“衮、冕”连用以喻仕宦。《后汉书·儒林传上·孔僖》：“吾有布衣之心，子有衮冕之志，各从所好，不亦善乎！”

“弁”，周代指次于冕服的一种礼冠、礼服，多用于朝事、朝聘、田猎等常礼。《释名·释首饰》：“弁，如两手相合抃时也。”按，厶像冠其形，下即“拱”字，示两手相合。甲金文中的“弁”(《续五、五三》)、(《亚且乙父已卣》)，正像人两手相合捧冠状。弁服有以下数种，大都用在中古前。其一，爵弁服。似冕而綖平置，綖下作合手状，无垂旒，以丝帛或细葛布制作。爵头色(即雀头色，赤而微黑)，笄贯于髻。其服纯衣(即玄衣)、纁裳，衣裳无章彩，系以缁带，前用茅蒐草所染之红色芾。《礼记·杂记》：“大夫冕而祭于公，弁而祭于己。”郑玄注：“弁，爵弁也。”《诗·周颂·丝衣》：“丝衣其紑，载弁俅俅。”(“紑”，fóu，鲜明貌。“俅俅”，恭顺貌。)郑玄

爵弁

韦弁

皮弁

笺：“弁，爵弁也。爵弁而祭于王，士服也。”《仪礼·士昏礼》：“主人爵弁、纁裳、缁袘。”郑玄注：“主人，婿也。婿为妇主。爵弁而纁裳，玄冕之次。大夫以上亲迎冕服。”《仪礼·士冠礼》：“宾降三等，受爵弁。加之，服纁裳、韎韐。”(“韎韐”，染成赤黄色的蔽膝韨。)可见，爵弁

服用于大夫祭于家庙，士之助祭于王、冠礼之三加、婚礼亲迎诸礼。其二，皮弁服。形如覆杯，高五寸，白鹿皮(后用乌纱)分片缝合，一似后世瓜皮帽。缝合处名“会”，会有结饰，缀以彩玉，名“璂(綦)”。天子五彩玉十二璂，侯伯七璂，子男五璂，皆三彩玉；卿三璂，大夫二璂，皆二彩玉；士无璂。其服是细白布衣，腰中有襞积(打裥)之素裳，前有素韠。《诗·卫风·淇奥》：“有匪君子，充耳琇莹，会弁如星。”“会”，弁缝；“如星”，即指嵌缝的五彩珠五之盛。在唐阎立本所作陈文帝叔宝宴居之像(《历代帝王像》)、宋人所摩晋顾恺之《女史箴图》中均能见到皮弁。不过前者已不用皮而用白纱，称“白纱帽”，后者形制也有少变。明朱檀墓出土了皮弁实物，高21、宽31厘米，前后各九缝，缝压金线缀五彩珠玉九，镶金边，两边有梅花形孔贯弁，与文献合。皮弁主要用于天子、诸侯。《周礼·春官·司服》：“眡(同‘视’)朝则皮弁服。”郑玄注：“视朝，视内外朝之事。”《论语·乡党》：“吉月，必朝服而朝。”何晏集解引孔安国曰：“吉月，月朔也。朝服，皮弁服。”《仪礼·士冠礼》：“主人玄冠朝服。”郑玄注：“诸侯与其臣皮弁以视朔，朝服以日视朝。”《仪礼·聘礼》：“宾皮弁，聘至于朝。”郑玄注：“服皮弁者朝聘主相尊敬也。”可见，皮弁服用于天子视内外朝，诸侯听朔，诸侯相聘问，即主要作天子、诸侯的常礼朝服。此外，又作士及冠之礼二加之冠服(参第134条)。隋唐自皇太子至六品以上官皆戴皮弁。其服制延至明代。其三，韦弁服。形似皮弁，以韦(熟皮革)为之，以草(茅蒐草，即蒨)染成浅红色，又以此为衣和裳。此主要作天子、诸侯、大夫兵事(非必战事)之服。汉时伍伯导引之武士的服色犹此。若战时，外要加甲胄。若非祠兵命将之时，也可韎布(十五升布染为浅红色)为衣而素为裳。《仪礼·聘礼》：“君使卿韦弁，归饔饩五牢。”(“归”，通“馈”，牲杀曰饔，生曰饩。)郑玄注：“变皮弁服韦弁，敬也。韦弁，韎韐韦之弁，兵服也，而服之者，皮韦同类，取相近耳。盖韎布为衣而素裳。”韦弁服行至南北朝。其四，冠弁服。玄冠，即委貌冠，上加皮冠，不可云以冠加冠，故假弁以称，服则缁布衣、素裳、素韠、白屦，用于甸(田猎)事，即习兵之事，后浑称为皮冠。国君田猎，招虞人以此为符信。《左传·襄公十四年》：“不释皮冠而与之言，二子怒。”杜预注：“皮冠，田猎之冠也。”《昭公二十年》：“昔我先君之田也，旃以招大夫，弓以招士，皮冠以招虞人。”在汉画像石的田猎图中可以见此冠式。唯弁冠是常用之礼冠，故上古或可泛称冠。《周礼·夏官·序官》：“弁师。”郑玄注：“弁者，冠之大称。”《诗·齐风·甫田》：“婉兮娈兮，总角丱兮，未几见兮，突而弁兮。”(“总角”，聚两髦。“丱”，两髦状。)毛传：“弁，冠也。”谓本是婉娈童子，与别未经几时，而更见之，突然已加弁冠成人。

“弁”与“冕”皆为重要礼冠，故常连用泛指重要礼冠。《穀梁传·僖公八年》：“朝服虽敝，必加于上；弁冕虽旧，必加于首。”文首引《左传·昭公元年》亦其例。“弁冕”可喻指大官、要职。唐元稹《和乐天赠吴丹》诗：“弁冕徒挂身，身外非所宝。”

参考文献

[1] 周锡保：《中国古代服饰史》，中国戏剧出版社，1984年9月。
[2] [清]孙诒让：《周礼正义》(第二册)，中华书局，1987年12月。
[3] 山东省博物馆：《发掘明朱檀墓纪实》，《文物》1972年第5期。

138. 巾·帻·幞头·帩(绡)头·幧头·帕(帞、陌)头

上古庶民、卒隶只可扎巾。汉末起,束巾成时尚,常见有幅巾、纶巾等。“巾”是包头巾总称。“帻”是讲究的丝巾,按颜色与样式分别人等,如武官戴赤色平上帻,文官戴黑介帻。帻盛于汉至唐。“帩头”、“幧头”、“帕头”是头巾的方言别称。“幞头”是汉帻、帕头的发展,隋唐五代男子常服,也行于后世。

【同义】

《说文·巾部》:“帻,发有巾曰帻。”《方言》第四:“覆结谓之帻巾。”《宋史·隐逸传上·魏野》:“野不喜巾帻,无贵贱,皆纱帽白衣以见。”“巾、帻”同义连用,泛指包头巾。“幞头”、“帩头”、“幧头”、“帕头”皆是包头巾。

【辨释】

《玉篇·巾部》:“巾,佩巾也,本以拭物,后人著之于头。”巾是上古庶民、卒隶的头衣。《释名·释首饰》:“巾,谨也,二十成人,士冠,庶人巾,当自谨修四教也。”周礼,士以上戴冠,士以下庶民、隶卒扎巾。巾色不同。扎青巾者曰“苍头”,为魏俗。《战国策·魏策一》:“今窃闻大王之卒,武力二十余万,苍头二十万……厮徒十万。”亡秦之际,陈胜残部有苍头军。《汉书·陈胜传》:“胜故涓人将军吕臣为苍头军,起新阳,攻陈,下之。”以三尺黑布巾裹首者名“黔首”,为秦俗。《礼记·祭义》:“明命鬼神,以为黔首。”郑玄注:“黔首谓民也。”孔颖达疏:“黔谓黑也。凡人以黑布覆头,故谓之黔首。案,《史记》云:‘秦命民曰黔首。’此纪作在周末秦初,故称黔首。”汉代也有士卒的标志巾。汉末巨鹿张角自称天师弟子,聚众起兵时以黄巾裹头为标志,史称黄巾军。汉末起,束巾成为时尚。袁绍、诸葛亮、关羽等皆戴巾,以后巾久盛不衰,名目繁多,于今尚有孑遗。综观秦以后各代之巾,可大别为软裹、硬裹两类:前者纯以巾结扎,往往有两脚或四脚;后者内衬桐木,外覆纱以漆。常见的有:一、缁撮,即束发小巾。以玄色小巾将发髻裹束,巾之两脚垂于脑后,上古文人辩士喜戴,后世官吏宴居时常戴。二、幅巾。是汉巾。以一幅之巾蒙髻,从额际向后系扎,余幅垂至肩。庶人、隐士以葛、麻所制,称“葛巾”;王公贵族、名士豪杰以缣绢所制,称“缣巾”。《后汉书·鲍永传》:“悉罢兵,但幅巾与诸将及同心客百余人诣河内。”李贤注:“幅巾谓不著冠,但幅巾束首也。”《三国志·魏志·魏武帝纪》“建安二十五年”裴松之注引《傅子》曰:“汉末王公,多委王服,以幅巾为雅,是以袁绍之徒,虽为将帅,皆著缣巾。”《晋书·郭文传》:“桓著鹿裘葛巾,不饮酒食肉。”《太平御

览》卷六八七引张华《博物志》曰："魏文帝弹棊(棋)，能用手巾角，时有一书生又能低头以所冠葛巾角撇棊(棋)。"后世犹有。宋苏轼《武昌九曲序记》："幅巾迎关，相携徜徉而上。"三、纶巾。传说诸葛亮军中尝服之，故又名诸葛巾。中有卷褶，一般以丝带织成。魏晋南北朝时，文官、谋臣、雅士喜服之。《晋书·谢万传》："中郎万(谢万)著白纶巾、鹤氅裘。"宋苏轼《念奴娇·赤壁怀古》词："遥想公瑾当年……雄姿英发，羽扇纶巾。"("羽扇"，麈拂。)四、纯阳巾。又名乐天巾。是一种硬裹巾，顶有寸帛襞积，巾前饰方形、有襞积之帛片，上高下低，斜覆至额，后有两脚垂下，因吕洞宾创用(吕号纯阳子)，故名。为唐代文士、道士的一种头衣。五、巾帼。一种丝织的小套巾、套结于女子发髻并以钗、簪固之，上饰以珠玉、步摇之类。是妇人头衣。宋代梁红玉喜用，故后世称女中英杰为巾帼英雄。但其制不始于宋。《晋书·宣帝纪》："青龙二年，亮(诸葛亮)又帅众十余万出斜谷，垒于郿之渭水南原……数挑战，帝不出，因遗帝巾帼妇人之饰。"唐元稹《酬乐天东南行诗一百韵》："椎髻抛巾帼，镩功代辘轳。"六、儒巾。又称四方平安巾、四角方巾。是方形硬裹巾，上饰一帛，翻下转脑后，状似屋瓦；并有两带下垂。一些书生、举子尤喜服用。宋林景熙《元日得家书喜》诗："爆竹声残事事新，独怜临镜尚儒巾。"此外，雷巾、鹿巾、东坡巾、网巾、仆射巾、縠巾等，不胜枚举。显然，"巾"是包头巾的总称。

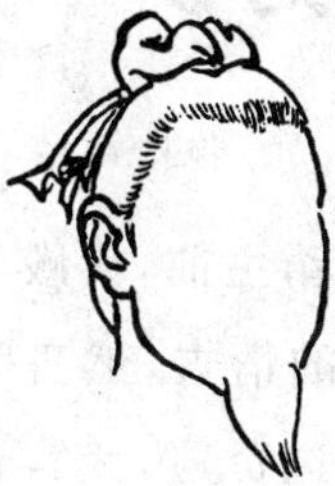
缁撮

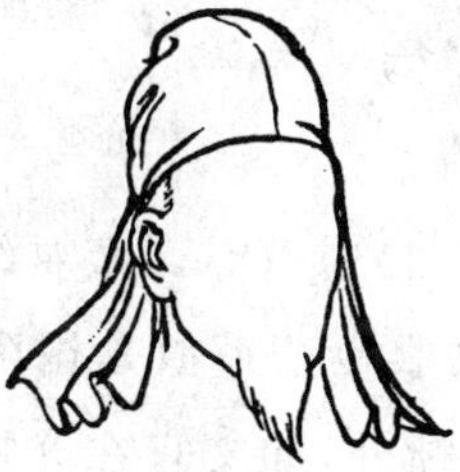
幅巾

纶巾

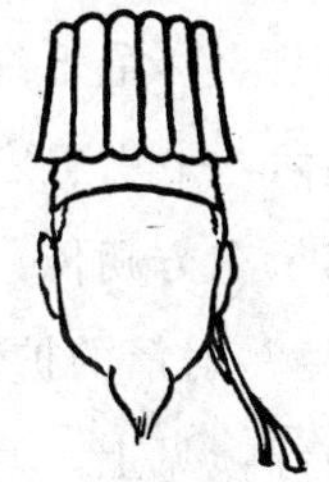
纯阳巾

巾帼

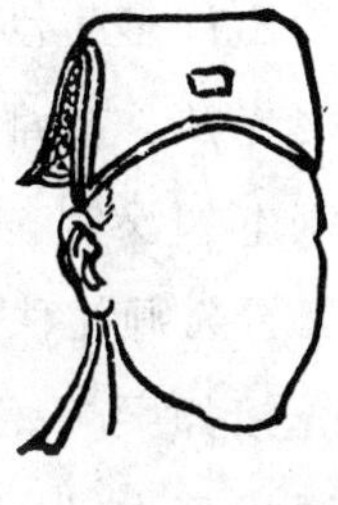
儒巾

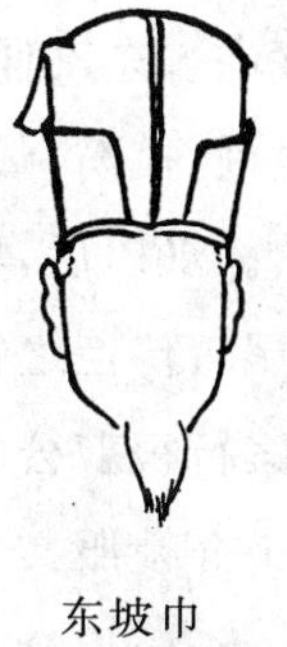
东坡巾

帽巾

唯此，单一"巾"字也可指各种巾饰。《后汉书·赵咨传》："咨少孤，有孝行……太尉杨赐特辟使饰巾出入，请与讲议。"李贤注："以幅巾为首饰，不加冠冕。"南朝齐孔稚珪《北山移文》："偶吹草堂，滥巾北岳。"谓周颙在北山草堂冒充为隐士。"巾"指隐士饰巾。"巾"广义也可包括帻。《资治通鉴·宋元嘉十五年》："帝数幸次宗(雷次宗)学馆，令次宗以巾褠侍讲。"胡三省注："江南人士交际以为盛服，盖次于朝服。""褠"，单衣；"巾"，巾帻。

《玉篇·巾部》："帻，覆髻。"广义也属巾(见上)。或谓先秦之"黔首"、"苍头"所裹头巾是最早之帻，帻先用于民间，而后用于尊者。此据汉蔡邕《独断下》“帻者，古之卑贱执事不冠者之所服也”为说。但蔡说不可据。按，“帻”从巾责声，声兼义。责声有齐等义。“齰”、“积(積)”、“绩”等皆有整齐之意(参第50条)。帻者，是用巾将四周头发整齐向上，并使其束发不乱。《急就篇》卷三：“冠帻簪簧结发纽。”颜师古注：“帻者韬发之巾，所以整嫧发也。”(“嫧”，整饬。)帻是比较讲究的丝巾，当滥觞于秦加于武将头饰绛帕，以表贵贱。至汉，渐于额前作颜题(即冠之山)，文帝时使之增高，并高其巾为帻屋(像屋顶状)，又旁增两耳，遂成帻之基本格局，上下群臣贵贱皆服。据说汉文帝为遮掩额前的壮发，王莽为饰盖自己的秃顶，极力推广巾帻，汉帻以此大盛(参《后汉书·舆服志》)。汉帻有很多种。或帻屋平坦，称“平顶帻”、“平上帻”；或帻屋顶端隆起，似尖角屋顶，称“介帻”；或帻上无屋，称“空顶帻”，童子所戴，示未成人。介帻常为文官服用，多玄黑色，两耳长。平上帻常为武官服用，多赤色，两耳短，故亦名“赤帻”。《太平御览》卷六八七引徐广《舆服杂注》曰：“天子郊庙则黑介帻。”《东观汉记》曰：“光武初起与诸李市弓弩绛衣、赤帻。”汉帻往往以不同颜色区别人的等第、身份，如耕用青色，猎用缃色，武官、习武者用赤色，最下绿帻，是苍头奴仆服用。《太平御览》卷六八七引卫宏《汉旧仪》：“凡斋绀帻，耕青帻。”

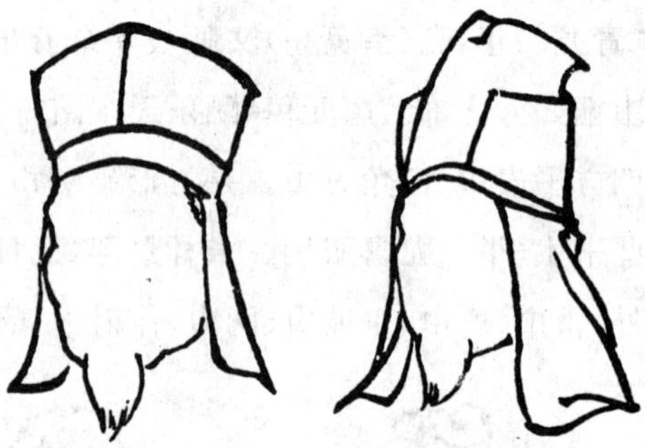

黑介帻　　平上帻

《汉书·东方朔传》：“(馆陶公主)之东箱(通‘厢’)自引董君。董君绿帻傅韝主前，伏殿下。”(“傅韝”，射箭的护臂。)颜师古注：“绿帻，贱人之服也。”董偃是馆陶公主的情夫，然身为厨役，故绿帻见上。帻的戴法：早期先帻后冠，冠在帻外，如文官在介帻外戴进贤冠，武官在平上帻外戴武弁大冠。也可燕居而单戴帻。至于贫贱者无冠，则独以帻为头衣。望都、河南等地汉墓壁画，四川博物馆所藏许多东汉俑，等等，展示出许多生动多姿的汉帻。如望都壁画中的门下游缴(捕盗之官)，佩剑、执笏，戴有两短耳之赤帻。成都曾家包汉画像石武库图中跪坐的戴帻卫士，当亦为赤帻。汉以后，帻仍流行，基本如汉制。《太平御览》卷六八七引刘桢《答魏文帝书》曰：“貂蝉之尾缀侍臣之帻。”晋傅畅《晋公卿礼秩》曰：“中书监令着介帻。”三国吴陆云《与兄书》曰：“一日案行视曹公器物，有一介帻如吴帻。”《晋书·舆服志》：“冠惠文者，宜短耳，今平上帻也。……介帻服文吏，平上帻服武官也。”《新唐书·车服志》：“讲武出征蒐狩……有金附蝉平巾帻。……黑介帻者，拜陵之服也。……平巾帻者，乘马之服也。”下至宋代也有见，但已成帽、幞头的浑称。宋苏轼《岐亭》诗之三：“乐哉无一事，十年不蓄帻。”宋梅尧臣《集英殿秋宴》诗：“楼传红帻唱，帘隐内家妆。”

“峭头”、“幧头”、“帕(陌、陌)头”同，一物音转而异名。《方言》第四：“络头，帕头也……自河以北，赵魏之间曰幧头。”《释名·释首饰》：“绡头，绡，钞也，钞发使上从也，或谓之陌头，言其从后横陌而前也。”“陌”通“帞”。诸名皆是头巾的方言别称，指用一幅之巾从后绕到前额打结，再系绕于发髻。其中或有彩带垂耳两旁，如洛阳西汉墓出土鸿门宴壁画之持剑者，穿短衣大裤，冠之上部虽不清，而耳两旁之垂带灼然可见，当是帩头有垂带之一种。《乐府诗集·相和歌辞三·陌上桑》："少年见罗敷，脱帽著帩头。"（"著"，露出。）《玉台新咏》卷一《日出东南隅行》所录此二句"帩头"作"幧头"。唐韩愈《送郑尚书序》："府帅必戎服……帕首袴韡（靴），迎郊。""帩头"之类是庶民之服，故常喻为不出仕。《后汉书·独行传·向栩》："（向栩）少为书生，性卓诡不伦。……好被发，著绛绡头。"

"幞头"是汉帻和帕头、帩头之类的进一步发展。《新唐书·车服志》："太宗尝以幞头起于后周，便武事者也。"指起于北周武帝。是隋唐五代间男子——自天子官员到庶民百姓的常服。帕头、帩头是在额前打结，幞头也有在额前打结者，称"结式幞头"。进而在脑后将布巾扎成两结，此谓"软脚幞头"。到唐代又取消额前或脑后之结，里用桐木为骨，撑张软巾，

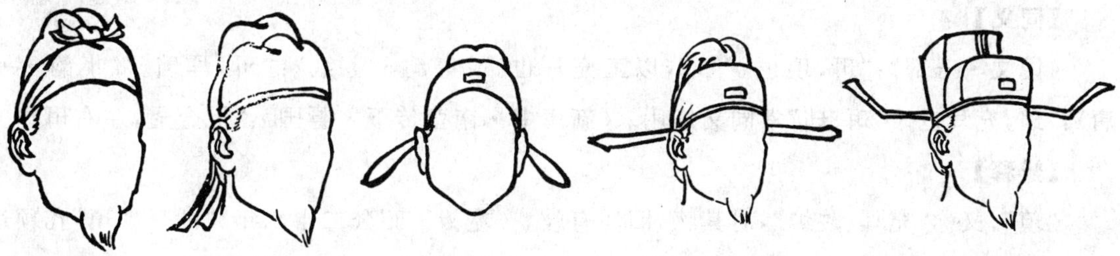

结式幞头　平式幞头　软脚幞头　圆顶直角幞头　方顶硬壳幞头

脑后两脚用铁丝为干，使脚伸开，此谓"硬脚幞头"。皇帝所用硬脚上曲，人臣平或下垂，皆用乌色罗纱代替一般布巾。故俗称幞头为乌纱帽。但应别为二物，即以相似的硬脚幞头而论：幞头展脚或垂或横，皆细，纱帽则平伸纺锤形两叶，较扁阔（参第 133 条）。幞头的形制变化也大，试以唐墓壁画人物和唐俑观之。据傅熹年研究，大约公元七世纪上半叶，巾式低平。八世纪上半叶，巾式高耸前倾，分瓣明显。八世纪下半叶、九世纪上半叶，巾式尖圆，不前倾。晚唐，巾式成前额垫高、两脚平展的硬脚幞头（傅熹年文）。还有圆顶直脚幞头、方顶硬壳幞头、女巾幞头等式。至宋，罗纱外涂漆，而去其硬里，形式更多，如直脚、交脚、朝天、顺风等多种，用于不同等级的人。通常皇帝和大官戴展脚幞头，细长两脚平直，左右伸出；公差仆役则多无脚幞头。幞头也行于后世。宋代中期后多兴长脚幞头。宋人的《中兴祯应图》中一官的幞头两只伸脚有脸宽度的三倍。加长脚，据说可防止臣僚们朝仪时交头接耳。有时幞头上还加簪，戴金银、罗绢之花。凡遇郊祀、明堂等礼毕后，皇帝往往赐予臣僚、扈从此种插戴物。

参考文献

[1]《后汉书·舆服志》，见《后汉书集解》（下册），中华书局，1984 年 2 月。

[2] 周锡保：《中国古代服饰史》，中国戏剧出版社，1984 年 9 月。

[3] 黄辉：《中国古代人物服式与画法》，上海人民美术出版社，1987 年 2 月。

[4] 傅熹年：《关于展子虔〈游春图〉年代的探讨》，《文物》1978 年第 11 期。

139. 瑱·珥·珰

"瑱"，上古以丝带从冕顶垂挂至耳边、蚕豆大小的玉石，一种礼仪性的头饰。"珥"，指挂于耳边、类于瑱的头饰。"珰"，一种是系以珠或耳坠子的玉器耳饰，一种是直接穿贯耳朵而下垂珠或耳坠子的耳饰。

【同义】

《说文·玉部》："珥，瑱也。""瑱，以玉充耳也。"《集韵·上纸》："珥，耳珰。"《集韵·平唐》："珰，充耳也。""珥、珰"常同义连用。《新唐书·南蛮传下·骠国》："冠金冠，左右珥珰。"

【辨释】

"瑱"，又称"充耳、黈纩"，对其物，旧注有歧。《左传·昭公二十六年》"缚一如瑱"孔颖达疏："礼以一絛(绦)五采横冕上，两头下垂，系黄绵，绵下又县(悬)玉为瑱，以塞耳。"而《汉书·东方朔传》"黈纩充耳"颜师古谓当"以黄绵为丸"，"非玉瑱之县(悬)也"。也有以为纩当如橘之大小。按，此为冠冕之一附饰，属于头饰，有礼仪色彩。一条五彩丝带横于冕，带两端下垂至耳边，带之两端系上纩绵，即染黄之新丝绵，其大小当如蚕豆然(从周锡保说，见周书33页)，此即谓之"黈纩"。《后汉书·舆服志下》所谓"旁垂黈纩"。其作用是在两耳边晃动，随时戒敕服者当谨之慎之，不听谗言。但此为汉制。先秦则用玉或石。《诗·鄘风·君子偕老》："玉之瑱也。"毛传："瑱，塞耳也。"《卫风·淇奥》："有匪君子，充耳琇莹。"毛传："充耳，谓之瑱。莹，美石也。天子玉瑱，诸侯以石。"《释名·释首饰》："瑱，镇也，县(悬)当耳傍，不欲使人妄听，自镇重也。"可见，先秦正称是"瑱"，也称"充耳"，是蚕豆般的小玉或石。彼系结瑱之丝带谓之"紞"。《左传·桓公二年》："衡、紞、纮、綖，昭其度也。"孔颖达疏："紞者，县(悬)瑱之绳，垂于冠之两旁。"然则"瑱"、"充耳"与"黈纩"其物之性质无异，唯所称之时代先后和垂物不同有异耳。要之，"瑱"，指上古以丝带从冕顶垂挂至耳边、蚕豆大小的玉石，一种礼仪性的头饰。

"珥"，或据《说文》之训(文首引)将"珥"视同于冠冕附件之"瑱"，未当。"珥"从玉耳，耳亦声(《说文·玉部》)，当指挂于耳边、类于瑱的耳饰。《史记·外戚世家》："帝谴责钩弋夫人，夫人脱簪珥叩头。"《滑稽列传》："前有堕珥，后有遗簪，髡(淳于髡)窃乐此。"《汉书·东方朔传》："乃下殿，去簪珥。"颜师古注："珥，珠玉饰耳者也。"称珠玉饰耳，又常与簪并用，足见是用于耳的一种头饰，非礼仪之物。《后汉书·舆服志下·后夫人服》曰："簪珥，耳珰垂珠，簪以玳瑁。"汉辛延年《羽林郎》诗："头上蓝田玉，耳后大秦珠。"也是对此种珥的形象描写。由上可见，珥是从发髻与簪边垂下，挂于耳旁者，可随时脱戴，近于瑱，故《说文·玉部》

浑解为“瑱”，其实并不是瑱。

“珥”可作动词，则为穿义。三国魏刘桢《鲁都赋》：“插曜日之珍笄，珥明月之珠珰。”晋傅玄《七谋》：“佩昆山之美玉，珥南海之明珰。”（《太平御览》卷七一八引）上述句中，“珰”皆作名词，而“珥”为动词穿义。“珥”有此种动词用法。《山海经·大荒东经》：“东海之渚中，有神，人面鸟身，珥两黄蛇。”郭璞注：“以蛇贯耳。”然则此“珰”径指贯耳下垂之珠或耳坠子，“珥”则作动词穿义。

“珰”，《集韵·平唐》释为“充耳”，其实并不是充耳，它才是完全的耳饰。《释名·释首饰》：“穿耳施珠曰珰，此本出于蛮夷所为也。蛮夷妇女，轻浮好走，故以此珰锤之也。今中国人效之耳。”《广韵·平唐》也释“珰”以“耳珠”。可见此原是少数民族的风俗。不过从出土实物看，汉人早已“效之”。辽宁沈阳新乐新石器时代遗址出土有距今6800年前的似耳珰制品，其形为滑车或绞盘状、蘑菇状，珰上有细孔，可以穿线。北京平谷南独乐河公社刘家河大队1977年发掘的一商代中期墓即出土一只金耳环，一端为扁平喇叭形，宽2.2厘米，另一端弯成径1.5厘米的环钩形，重6.8克，含金量85％。可见已有相当工艺水平。从文献与出土实物合观，珰是用于妇女的耳饰，其物可分为两种：一种是系以珠或耳坠子的玉器耳饰，还有一种是直接穿贯耳朵而下垂珠或耳坠子，固定于耳，如今之耳环、耳珠。珰虽出现甚早，但大量流行乃在秦以后。乐府长诗《孔雀东南飞》：“腰若流纨素，耳着明月珰。”谓挂悬明月之珠。又《陌上桑》：“头上倭堕髻，耳中明月珠。”晋傅玄《有女篇》：“头安金步摇，耳系明月珰。”“明月珰”即“明月珠”。《北史·流求国传》：“缀珰施钏，悬珠于颈。”《诗·周南·卷耳》“采采卷耳”孔颖达疏：“卷耳，如妇人耳中珰，今或谓之耳珰。”“耳中珰”即指女人穿挂在耳朵上的珠或耳坠。以上“珥、珰”的名称主要行于隋唐以前。隋唐后，一般多径称“耳环、耳珠”，鲜称“珰、珥”矣。

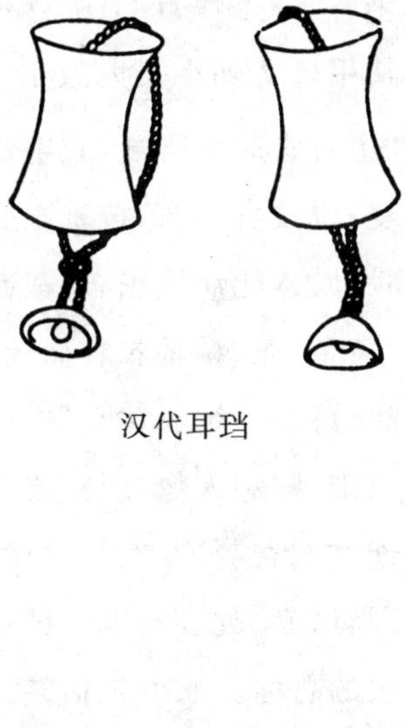

汉代耳珰

参考文献

[1] 栾秉璈：《怎样鉴定古玉器》，文物出版社，1984年10月。
[2] 周锡保：《中国古代服饰史》，中国戏剧出版社，1984年9月。
[3] 朱宇均：《七千年前的煤精工艺品》，《地球》1982年第4期。

140. 衣·襦·衫○服

“衣”，衣裳总称，上衣通称。“襦”，与裤、裙相配的长袖短上衣。“衫”，无袖头而短袖、长于襦、边开胯的上衣，秦时出现，晋、南北朝起成男女老少习惯穿着的便服，唐代起男女款式更趋多样。“服”，衣裳及各种饰物总称，深衣类袍服通称。

【同义】

《广韵·入屋》：“服，亦衣服。”晋束皙《近游赋》：“系明襦以御冬，胁汗衫以当热。”“襦、衫”对举，皆指上衣。明张自烈《正字通·衣部》：“衫，衣之通称。”

【辨释】

今“衣裳”为一复词，古代上穿是衣，下着是裳。《诗·齐风·东方未明》：“东方未明，颠倒衣裳。”《释名·释衣服》：“凡服，上曰衣。衣，依也，人所依以芘（通‘庇’）寒暑也。”“衣”字从甲骨文到小篆大致都象有领衽的上衣之形，（篆文）、（《此鼎》），此合乎人类进化史。“上古穴居而野处，衣毛而冒皮。”（见《后汉书·舆服志下》）最早，人们将捕获的野兽食肉寝皮；也披身御寒，披垂至膝盖上下，成了最早的衣。以后逐渐学会提取植物纤维，发明纺轮、骨针，遂能纺线织布、裁制缝绂，仿其初制，作成贴身的衣，并有了相配的裳。《易·系辞下》：“黄帝、尧、舜垂衣裳而天下治，盖取诸乾坤。”“乾坤”，天地。天在未明时为玄色，地为黄色，故《诗》有“绿衣黄裳”之称。此为对天地崇拜在衣服之形与色的反映。观殷商出土的石刻、玉饰、陶塑人像，所穿之衣几乎都有领、袖、襟，其长至膝盖上下，并有裳相配（也有作衣裳相连的深衣制）。衣与裳相比，显然衣是主要部分，故古人视衣尊于裳。周代则规定衣用正色，即青、赤、黄、白、黑五种；裳用间色，如赭、紫等多次色（见《礼记·玉藻》）。唯此，“衣”成为衣服的总称。衣可包括裳。《诗·秦风·无衣》：“岂曰无衣？与子同裳。”又《豳风·七月》：“无衣无褐，何以卒岁？”皆举“衣”以概裳。甚至还可径指裳。《礼记·曲礼上》：“抠衣趋隅，必慎敬诺。”“抠衣”指抠裳，即两手提裳而行，以示敬谨。“衣”之引申甚多。可指身上局部的蔽护物。如“冠”称“头衣”，“绔”称“胫衣”，“袜”称“足衣”。可指蔽护器物的套袋。《礼记·檀弓下》：“赴车不载櫜。”郑玄注：“櫜，甲衣；韔，弓衣。”可指果实的薄皮。唐李建勋《宿友人山居寄司徒相公》诗：“隔纸烘茶蕊，移铛剥芋衣。”

作为与“裳”相对的“衣”，则是各种上衣的通称。传统的上衣，可分外衣、中衣、内衣三类。内衣，或称“胁衣”，一般袒胸无袖，女子仅遮掩胸肚，谓之“抹胸”、“抹肚”。襗、袙之类也是内衣（详第146条）。中衣，也称“衬衣”、“中单”、“汗衫”。《中华古今注》曰：“汗衫，盖三代之衬衣也。礼曰中单。汉高祖与楚交战,归帐中汗透,遂改名汗衫,至今亦有中单。"外衣,最为讲究,形式变化最多,衫与襦即为主要的两种。

《说文·舟部》:"服,用也。"("月"旁是"舟"的讹变)《庄子·寓言》"直服人之口而已矣"郭象注同。《礼记·内则》:"衣服、裘衾、车马,则必献其上,而后敢服用其次也。""服、用"同义连用。用义即是服的基本义。可作驾驭之用,指驷车夹辕之两马。《诗·郑风·大叔于田》:"两服上襄。"郑玄笺:"两服,中央夹辕者。"作器之用,特指盛箭器。《国语·齐语》:"弢无弓,服无矢。"韦昭注:"服,矢衣也。"此义后起字为"箙"。作动词,指佩带。《吕氏春秋·季春》:"服青玉。""服",佩。《战国策·齐策四》:"文车二驷,服剑一。""服剑",佩剑。指操事。作名词,指职事。《书·旅獒》:"无替厥服。"孔传:"使无废其职。"作动词,指执持。《国语·吴语》:"夜中,乃令服兵擐甲。"韦昭注:"服,执也。"也可用于人之衣服,作衣服之总称,通贯古代。其异于"衣"者,一、称"服",重在各种用途。凡重于用者,用"服",不用"衣"。如"车服"、"朝服"、"儒服"、"春服"、"夏服","丧服"、"天子服"等。二、"衣",既然狭义只用为上衣的通称,则"服"自当多指上下连通的深衣服式(参第 141、147 条)。三、"服"既侧重于用,故所指范围当广于"衣",乃包括衣裳与佩饰、鞶带等饰物。《易·讼》:"以讼受服。"虞翻注:"服,谓鞶带。"《周礼·天官·追师》:"追师掌王后之首服为副编次追衡笄。"其"服",全指头饰。(下句谓为覆盖编列的假发磨打玉笄。)《文选·张协〈七命〉》:"樵夫耻危冠之饰,舆台笑短后之服。"("舆台",隶役。)上下对句,"服、饰"互文,指服饰。他如"服色","服制"、"服装"、"服饰"之称颇多,延用于今。凡此,均表明"服"所指广于"衣"。要之,"服"是衣裳及各种饰物总称,深衣服式通称。

《说文·衣部》:"襦,短衣也。"《急就篇》卷二:"袍襦表里曲领帬。"颜师古注:"短衣曰襦,自膝以上。"襦与袴、裙上下相配。《庄子·外物》:"小儒曰:'未解裙襦,口中有珠。'"《礼记·内则》:"衣不帛襦袴。"乐府民歌《陌上桑》:"缃绮为下裙,紫绮为上襦。"《后汉书·廉范传》记廉范为蜀郡太守,政治修明,百姓颂赞:"廉叔度,来何暮?不禁火,民安作。平生无襦今五绔。"《晋书·韩伯传》:"家贫窭,母方好作襦,令伯捉熨斗,而谓之曰:'且著襦,寻当作复裈。'"由上可见,襦是战国以来与袴裙相配的短上衣,庶民因力作之需,好穿短襦,妇女尤多服襦。妇女的襦式样很多。代有变化。从考古材料看,早期紧身窄袖,如河北平山出土的中山国玉人上襦下裙,其襦即贴身窄袖。汉代则翻出宽袖短身之制,而裙长往往下曳至地。汉辛延年《羽林郎》诗:"长裾连理带,广袖合欢襦。"然其时紧身窄袖之制仍不废。1957 年甘肃武威磨嘴子汉墓及长沙马王堆汉墓发现的襦裙实物复原图,即然。紧身窄袖,至唐尤盛。唐代女襦常见之式有袒胸襦:无领,袒胸,长仅至腰;年轻女子尤崇好圆领襦,从宫妃到民间庶女皆尚之。对领半袖襦,直领对襟,多罩于襦衫外,名流仕女尤好之。交领长袖襦,袖长掩手,有窄袖、宽袖两种,从魏晋至唐五代一直盛行。无论式样如何变化,襦大都是长袖、短身,束在裙内,可单可复。唐代妇女常将裙高束至胸,更显襦之短。不过唐以后,女襦多行长襦,束裙外。从隋唐起,襦为女子所服。直到清代,襦裙相配为妇女的基本服式。但男子衣襦,也未中断。宋陆游《陈氏老传》:“(陈氏老)生三子,有孙数人,皆业农……衣惟布襦裙,取适寒暑之宜。”所述盖为乡间农夫之衣着。

“衫”也指上衣。衫,有内衫,是内穿中衣。一般是外衫。外衫有大衫、小衫之别:大衫,宽衣大袖,交领右衽开襟,长及膝头;小衫,多交领右衽开襟,与大衫无别,但窄衣短袖,左右开胯。共同特点是:长于襦,袖无袪(袖头),短袖,常常开胯,着裤裙外。《释名·释衣服》:“衫,芟也,芟末无袖端也。”毕沅疏证:“盖短袖无袪之衣,故曰芟。”衫是古代男女老少日常生活中通用的便服。据说衫创制于秦。五代马缟《中华古今注》:“古妇人衣裳相连,秦始皇元年,诏宫人及近侍宫人皆服衫子,亦曰半衣,盖取便于侍奉。”即将衣裳分开,上衣开胯改短,便于做事。而从许多文献记载看,衫要到晋、南北朝而盛。《宋书·徐湛之传》:“初,高祖微时,有纳布衫袄等衣,皆敬皇后手自作。”《宋书·柳元景传》:“建武将军薛安都……乃脱兜鍪,解所带铠,唯著绛衲两裆衫。”《太平御览》卷六九三引《魏文帝别传》:“吴选曹令史……梦见一人以白越单衫与之言。”又《晋东宫旧事》:“太子纳妃有白縠、白纱、白绢衫,并紫玉绫。”在江苏南京西善桥南朝砖墓壁画中所摹“竹林七贤”像,发式或梳丫髻或裹巾子,其衣却无一例外均服宽衫,可见当时崇尚宽衫时风之一斑。唐代,衫之服用更广。女子有罗衫。《中华古今注》曰:“秦始皇令妃嫔当暑披浅黄丛罗衫。”虽谓起于秦,但唐代女子尤为尚之。元稹《杂忆》诗:“忆得双文衫子薄,钿头雪映褪红酥。”王建《宫词》之十七:“罗衫叶叶绣重重,金凤银鹅各一丛。”罗衫常罩在襦外。有时衫外再有披肩。至于歌舞女妓还常穿极短小露胸的罩衫,称“缦衫”或“笼衫”。《教坊记》曰:“舞人初出乐次,皆是缦衣,舞至第二叠,相聚场中,即于众中从领上抽出笼衫,各内(纳)怀中,观者忽见众女咸文绣炳焕,莫不惊异。”从一些唐墓女舞俑常可见此种露胸易脱、类于后世小马夹之缦衫。上述罗衫行于后世。至于男子的衫,则有皂衫,多为交领右衽开襟、窄袖紧身的小衫,长至腰,两侧开胯,黑色,为庶民、从侍所服。有缺骻衫,长至膝盖,从两腋处开衩,便于劳作与骑乘,为劳者、侍婢、戎士之常服。此外。还有一种宽袖的襕衫,是唐代男子平日起居的主要外服,又作为官服(参第140条)。唐以后,衫之种类更为繁多,如宋有凉衫、紫衫、白衫,毛衫,葛衫等。发展到现代,“衫”成为各种单衣的通称。

参考文献

[1] 周锡保:《中国古代服饰史》,中国戏剧出版社,1984年9月。
[2] 周汛等:《中国历代服饰》,学林出版社,1984年4月。

141. 服·袍·衫

"服"，上古礼服、官服的通称。东汉起，"袍"成为官服通称。至唐代全面施行品官服色制，并加襴边以别官品；又对五品以上大官赐金、银鱼袋，创"补子"制。后承唐制。"衫"，身袖较宽大的单衣，唐代起官吏、文士的宴居便服，均加襴边，故又称"襴衫"。

【同义】

《管子·立政》："修身则有轩冕服位、谷禄田宅之分。""服位"，官服秩位。唐韩愈《顺宗实录》三："内出衫笏赐登(归登)。"衫是官服。《旧唐书·舆服志》："自永徽以后，宴服、常服，紫衫袍与诸王同。""袍、衫"同义连用，指称官服。

【辨释】

"服"既多指称服饰(参第 140 条)，故自然也最宜指称服上饰物最多的各种礼服、官服。上古礼服、官服可分三类：冕服、弁服、冠服，主要用为朝服、祭服。朝服是朝臣在朝受事时服用。《论语·乡党》："吉月，必朝服而朝。"多是宽衣大袖、交领右衽的弁服、冠服。其时朝服简单，"天子以白布衣、素裳"，"诸侯缁布衣、素裳"。(任大椿《深衣释例》)《周礼·春官·司服》："眡(同'视')朝，则皮弁服。"郑玄注："皮弁之服，十五升白布衣积素以为裳。"祭服是遇祭祀天地、山川、社稷、享祭先公、先王等祭典时服用，主要是冕服。《书·太甲中》："伊尹以冕服奉嗣王归于亳。"(参第 137 条)凡此，皆称"服"。他如戎服、女服，也称"服"。

《周礼·春官·司服》："凡兵事，韦弁服。"贾公彦疏："以韦为冕，又以为服。"即以皮革作弁帽及裳。又《天官·内司服》："内司服掌王后之六服。"六服如鞠衣、袆衣等皆为深衣制、连衣裳不异其色的宽大女袍。由此可见，"服"用为上古礼服、官服的通称，其中包括深衣制的袍服。

袍，据说肇于周代。《后汉书·舆服志下》曰："袍者，或曰周公抱成王宴居，故施袍。"或许更早。盖深衣制是与衣裳制并行之服式，而袍是深衣制的主要表现(参第 147 条)，故袍必然源远流长。但上古的袍，唯绵袍外穿，可称"袍"，一般却指内衣，外要加衣裳。《礼记·丧服大记》："袍必有表，不禅(单)。"郑玄注："袍，亵衣。"即指内衣。《诗·秦风·无衣》："岂曰无衣？与子同袍。""袍"，即指内长衣，与二章之"泽(襗)"相类，而三章"与子同裳"之裳，则是加于袍泽之外者。《周礼·天官·玉府》"掌王之燕衣服"郑玄注："燕衣服者，巾絮寝衣袍襗之属。"孙诒让正义："《诗笺》、《杂记注》及《论语·乡党》皇疏引郑注，并以袍襗为亵衣。盖凡着袍襽者，必内着襗，次着袍，次着中衣，次加礼服为表。"唯此，外穿的礼服、官服，就不称

“袍”，而宜称“服”。

汉代，袍服开始外穿。一般认为到东汉，从皇帝下至百官大臣、小吏皆以袍服作为朝服。《后汉书·舆服志下》：“服衣，深衣制，有袍，随五时色……今下至贱更小吏，皆通制袍、单衣、皂缘领袖中衣为朝服云。”“随五时色”，即春青、夏朱、季夏黄、秋白、冬黑。但《汉书·萧望之传》记张敞语：“敞备皂衣二十余年。”此敞自道为吏之年。如淳曰：“虽有五时服，至朝皆着皂衣。”可见，西汉后期虽也以五时色袍服为朝服，而实际使用，从皇帝到下臣，皆承古而用皂色。《战国策·赵策四》记触龙假托求子为宫廷卫士而谒太后：“愿令得补黑衣之数。”《荀子·富国》称战国时“诸侯玄裷（gǔn，同‘衮’）衣冕”。秦以水德，衣尚黑。汉承秦制，故衣亦尚黑。《汉书·文帝纪赞》言文帝“身衣弋绨”。弋绨为黑色丝织物。汉蔡邕《独断》：“公卿、尚书衣皂而朝者曰朝臣。”要之，汉代已以黑色袍服为朝服。从用词看，西汉时称朝服尚“服”、“袍”兼用（见上），而从东汉起，主要用“袍”，“袍”已是官服的通称（也为御寒冬衣之称，见第 147 条）。《后汉书·袁安传》：“安子京，京子彭，顺帝初，为光禄勋，行至清，为吏，粗袍粝食，终于议郎。”《后汉书·礼仪志上》：“养三老、五更之仪……皆服都纻大袍单衣，皂缘领袖中衣。”《舆服志下》：“宗庙以下，祠祀皆冠长冠，皂缯袍单衣。”（“长冠”，斋冠。）诸“袍”皆为官服通称。

汉代官袍尚不重色彩，如前所说，上下主要用黑色，其区别官品尊卑主要视印章绶带。到了魏晋南北朝，随着丝绸的发展，多色之官袍始盛，南朝除五色朝袍外，又有锦袍、绫袍。《晋书·苻坚载记下》载：“慕容冲进逼长安，苻坚遣使送锦袍一领遗冲。”《太平御览》卷六九三引《晋书》曰：“惠帝自邺还洛阳，赐中书监卢士鹤绫袍一领。”魏武帝《与杨彪书》：“今遗足下贵室错彩罗縠锦袍一领。”北齐君主着绯绫袍，百官庶士同服。始行品官服色的是北周。周宣帝大象二年诏“天台（宣帝之居处）侍卫之官，皆着五色及红紫绿衣，以杂色为缘，名曰‘品色衣’，有大事与公服间服之”。（《周书·宣帝纪》）则品色衣亦可为朝会之礼服，但其制未详。

开创品官服色制者，是隋朝。《旧唐书·舆服志》载隋大业六年诏：“从驾涉远者，文武官等皆戎衣，贵贱异等，杂用五色。五品以上通着紫袍，六品以下，兼用绯绿。”而到唐代，全面定制，官袍不仅有品色之异，且又有鱼袋、补子等服饰。皇帝服黄袍。隋文帝着赭黄文绫袍，唐高祖承之，为赤黄袍。《宋史·舆服志三》：“衫袍，唐因隋制，天子常服赤黄、浅黄袍衫……宋因之有赭黄、淡黄袍衫。”至高宗时定黄色为皇帝专用，赤黄袍服前胸饰有坐龙，取意坐镇江山。下至明代诸朝皇帝皆如此。故后世称皇帝袍服为黄袍、龙袍。《宋史·石守信传》：“守信等顿首曰：‘今天命已定，谁复敢有异心？’帝曰：‘人孰不欲富贵？一旦有以黄袍加汝之身，虽欲不为，其可得乎？’”对于百官臣吏袍色，唐朝各代虽有变异，但大致是四色九品：三品以上紫袍（青紫色），四品、五品绯（红）袍，六品、七品绿袍，八品、九品青袍（据唐肃宗上元元年敕）。后代则一至四品紫袍或绯红袍，五至七品为青袍，八至九品为绿袍。官员宴居时穿襕袍，即在袍之领、袖、下裾加襕边，边上有各种纹饰，并以绯、紫、绿诸色区分品级，庶人则白色无纹。可见袍唯以色别官品与贵贱。

官袍除以色别，还设置各种附饰示官品高低。隋开皇十五年，五品以上高官有佩铜鱼符之制。唐代承之。即赐之鱼符，盛于鱼袋，随身携带，有饰金与银之异。《新唐书·车服志》：“高宗给五品以上随身鱼、银袋，以防召命之诈，出内必合之，三品以上金饰袋。”初时致仕或殁亡，金银鱼袋必收缴，但高宗永徽元年又诏定可终身享有。从此赏赐百官绯紫袍必兼鱼袋，“着紫者金装，着绯者银装”（《旧唐书·睿宗纪》）。《新唐书·李必传》：“（必）入议国事，出陪舆辇。因赐金紫。”“金紫”，指紫袍、金鱼袋。此制宋代犹存：一至四品赐金鱼袋、五、六品赐银鱼袋。此外，在武则天延载元年又创设袍衫前绣加动物纹饰的“补子”制度，规定文武三品以上袍衫饰对狮，左右卫饰麒麟，宰相饰凤池，尚书饰对雁等。此亦成为后世历朝官袍定制。以集大成的清代为例，文官一品鹤，二品锦鸡，三品孔雀，四品雁，五品白鹇，六品鹭鸶，七品鸂鶒，八品鹌鹑，九品练雀，都御史、监察御史獬豸。武官一品麒麟，二品狮，三品豹，四品虎，五品熊，六品彪，七品八品犀牛，九品海马，亲王五爪金龙，从耕农官彩云捧日（《大清会典图》）。要之，从唐代起，袍服之服色与“补子”成为封建社会官服区别官品的重要标志。

“衫”本指长于襦的上衣，但到唐代，“衫”也可指长衣，或称“襕(lán)衫”，也是官吏文士普遍服用的宴居便服，起于唐，盛于后世。其制是：宽身大袖；长过膝而短于袍；或交领，或盘领，皆右衽开襟；领、下裾加施横襕边，襕施雷纹、重环纹、连云纹等纹饰，并以黄、黑、大红、绿、紫、白等不同颜色区分官品与贵贱。《新唐书·车服志》曰：“是时士人以棠苎襕衫为上服，贵女功之始也。一命以黄，再命以黑，三命以纁(浅红色)，四命以绿，五命以紫，士服短褐，庶人以白。”唐白居易《琵琶行》：“座中泣下谁最多？江州司马青衫湿！”诗人其时为江州司马，官阶为最低的文散官将仕郎，从九品，故衣“青衫”。《元史·吕思诚传》：“母冯氏梦一丈夫乌巾白襕衫，红鞓束带，趋而揖曰：‘我文昌星也。’”元王实甫《西厢记》第二本第二折：“乌纱小帽耀人明，白襕净，角带傲黄鞓。”“白襕”两句，正写当时儒服，可见尚未举仕。庶人服色以白，故不经考试而由岁贡进入官场者常称“白布公卿”，或“一品白衫”。

综上所述，襕袍与襕衫皆为加襕边的长衣，同为官吏、文士的便服，但袍一般是夹衣、冬衣，较合身，长近于地，袖口部分收小；而衫一般是单衣，身袖皆宽大于袍，长度则短于袍。浑言之，则均可泛指为官服长衣，如文首引“袍衫”连用例。

参考文献

[1] 周锡保：《中国古代服饰史》，中国戏剧出版社，1984年9月。
[2] 周汛等：《中国历代服饰》，学林出版社，1984年4月。
[3]《后汉书·舆服志》，见《后汉书集解》(下册)，中华书局影印本，1984年2月。
[4] 戴争：《中国古代服饰简史》，轻工业出版社，1988年6月。

142. 襟(衿、衿)·衽(衽)·裾·
褛(缕)○袷、襘

"襟",衣襟通称;可指交领。"衽",示动态,指衣襟掩覆系结的尖角。"裾",宽大的衣襟,又指其宽长下摆。"褛",常与"褴"连用,指露出经纬线头的襟衽。"袷"、"襘"皆交领之称。

【同义】

《说文·衣部》:"衿,交衽也。""衿"同"襟"。同部:"衽,衣衿也。"《后汉书·西南夷传赞》:"往化既孚,改襟输宝。"颜师古注:"襟,衽也。"《文选·潘岳〈秋兴赋〉》:"且敛衽以归来兮。"李善注:"衽,襟也。"《正字通·衣部》:"裾,襟以下皆谓之裾。"《说文·衣部》:"褛,衽也。"《方言》第四:"褛谓之衽。"郭璞注:"衣襟也。"诸词多互训。

【辨释】

"襟",本作"衿",又作"衿"。《尔雅·释器》:"衣皆谓之襟。"孙炎注:"襟,交领。"《方言》第四:"衿谓之交。"郭璞注:"衣交领也。"《诗·郑风·子衿》:"青青子衿,悠悠我心。"毛传:"青衿,青领也,学子之所服。"今一些辞书承此将交领作为本义。段玉裁以为交领义正字为"袷","襟"之本义是衽,指裳际。按,段氏以襟本即衽,未安,而谓交领义正字作"袷",诚是。"袷"字合声兼义。一指夹衣,里外两层相合,"袷衣"者,无絮的夹衣。又指朝服祭服的交领,领之左右相交合(朝服还有盘领)。"袷"是交领的正称。《礼记·玉藻》:"凡侍于君……视下而听上,视带以及袷。"郑玄注:"袷,交领也。"《礼记·深衣》:"曲袷如矩以应方。"郑玄注同。袷又称"襘"。《左传·昭公十一年》:"衣有襘,带有结……视不过结襘之中,所以道容貌也。"杜预注:"襘,领会;结,带结也。"故"襟"的本义确不当混同于"袷"、"襘"。"襟"常用为衣襟义。《楚辞·离骚》:"沾余襟之浪浪。"《史记·滑稽列传·淳于髡》:"罗襦襟解,微闻芗泽。""襟解",解开衣襟。三国魏繁钦《定情诗》:"日暮兮不来,凄风吹我襟。"晋陆云《太尉王公以九锡命大将军……饯赠此诗》之五:"视景秪慕,挥袂沾襟。"("秪"通"祗"。)北齐颜之推《颜氏家训·兄弟》:"兄弟者,分形连气之人也,方其幼也,父母左提右挈,前襟后裾。"唐杜甫《赠李十五丈别》诗:"人生意颇合,相与襟袂连。"盖与袖管相连的是衣之幅,而非领。综此可见,襟者非领袷,乃是上衣之两块前幅。"襟"是衣襟的通称。但古人上衣之领一般是交领、直领、盘领,衣前幅一般要在胸前相并或相交,其交口即为交领"袷",然则"袷"正是襟的构成部分,故"襟"可引申为交领,但不可以交领为襟。

"衽",俗作"衽",指"衣之两傍掩裳际处"(朱骏声《说文通训定声·临部》"衽"字)。《左传·成公十七年》:“抽戈结衽。”杜预注:“衽,裳际。”《礼记·深衣》:“续衽钩边。”郑玄注:“衽,在裳旁者也。”《礼记·玉藻》:“衽当旁。”郑玄所解最为详明:“衽谓裳幅所交裂也。凡衽者或杀而下,或杀而上,是以小要取名焉,衽属衣则垂而放之,属裳则缝之,以合前后、上下相变。”郑氏之意:“衽”者为两旁的布幅,将二尺二寸一幅布截成两个直角梯形,“杀而下”指长边在上,短边在下;“杀而上”则相反。若是衣裳相连的深衣,则“杀而下”,此梯形布属于衣,成为掩覆到身侧的衣襟(曲裾)的末端尖角;若是衣裳分制的祭服之类,则“杀而上”(短边在上,因腰小;长边在下,裳裙下摆大),成为下裳的两侧,与前后幅相缝合,即合为裳。故旧注简解为“裳际”,甚确。

衽之为“裳际”,其实则分属上下。属于衣者,成为襟的一角,故浑言可与“襟”同义。文首所引潘岳《秋兴赋》句李善注即以“襟”训“衽”。又如三国魏王粲《杂诗》:“褰衽欲从之,路险不得征。”晋裴秀《大腊诗》:“掺袂成幕,连衽成帷。”其“衽”皆指襟。汉刘向《新序·节士上》:“衽襟则肘见。”则二者同义连用。但析言则异:“襟”侧重于上衣前部的正幅,此从静态言;“衽”侧重于衣襟之绕到身旁的尖角,此从动态称。盖襟之系结即在衽,在衽处设若干小带,向右掩覆在腰际系结。《后汉书·文苑传·杜笃》:“陒塞要害,关梁之险,多所衿(襟)带。”李贤注:“衿带,衣服之要,故以喻之。”故称“衽”,即包含掩覆系结之意。“衽”的这一特征在“左衽”、“右衽”诸语中灼然可见。《论语·宪问》:“微管仲,吾其被发左衽矣。”《书·毕命》:“四夷左衽,罔不咸赖。”《三国志·蜀志·廖立传》:“闻诸葛亮卒,垂泣叹曰:‘吾终为左衽矣!’”《陈书·宣帝纪》:“虽左衽已戡,干戈载戢……但不教民战,是谓弃之。”(“左衽”,指蛮夷。“戡”,克,杀。)《汉书·终军传》:“大将军秉钺,单于奔幕;票骑抗旌,昆邪右衽。”右衽者,衽角向右边掩盖,是华夏民族的传统服式。左衽者,襟角向左边掩盖,是蛮夷羌狄的服式。上引《论语·宪问》句刘宝楠正义曰:“领右则衣前幅掩向右,领左则衣前幅掩向左,中夏礼服皆右衽,深衣则用对襟,对襟用直领。戎狄无礼服,亦无深衣,止随俗所好服之,而多是左衽。”“左衽”逐成四夷的代称,“右衽”则成华夏民族的代称。上引诸例皆此用法。左、右之“衽”,皆从衣襟的尖角掩向而言,表现动态。于动态,文献唯用“衽”,而不用“襟”或别的词。

“衽”也可属于下裳,成为裳的一部分,故也可指裳。《周礼·考工记·辀人》:“终岁御,衣衽不敝。”郑玄注:“衽谓裳也。”《公羊传·昭公二十五年》:“再拜稽首,以衽受。”何休注:“衽,衣下裳,当前者。”“衽”,又可指衣袖。《广雅·释器》:“衽,袖也。”盖无论上衽下衽,“凡衽皆言两傍衣际裳际正当手下垂之处,故转而名袂焉”(朱骏声语,见《说文通训定声·临部》“衽”字)。汉刘向《列女传·鲁季敬姜》:“文伯引衽攘捲而亲馈之。”引衽犹引袖。连接棺盖与棺木的木榫,两头宽,中间窄,像上下杀的两衽竖合,故也称“衽”。汉人名“小要”,又称“细腰”,实也是今之“销”(销子)。“细腰”是缓读,“销”是急读。由上引申用法也可见,“衽”的本义必不是襟,而只能是上衣襟的一个尖角。

“裾”,今有些辞书释为“衣袖”。《尔雅·释器》、《方言》第四郭璞注、《释名·释衣服》皆以为衣后襟,段玉裁、朱骏声谓应作衣前襟,俗称衣大襟。段氏曰:“从居者,中可居物也,非谓在后常见踞。”(《说文·衣部》“裾”字注)段、朱说较长。盖居声有贮义。《汉书·张汤传》:“信(田信)辄先知之,居物致富与汤(张汤)分之。”“居”犹储蓄。唐柳宗元《愚溪诗序》:“得泉焉,又买居之,为愚泉。”“买居之”,犹买而储之。汉、唐旧注也有“居,储也”之训。段玉裁所言“中可居物”犹中可储物。叠用为衣盛貌。《荀子·子道》:“子路盛服见孔子,孔子曰:‘由是裾裾者何也?’”杨倞注:“裾裾,服盛貌。”然则“裾”必指宽大的衣襟,也即宽长之衣。《淮南子·齐俗》:“楚庄王裾衣博袍,令行乎天下。”此作形容词。“裾衣”,大襟衣。南朝梁简文帝《和湘东王名士悦倾城》诗:“履高疑上砌,裾开特畏风。”常引申泛指宽大之衣的宽长下摆。《正字通》所谓“襟以下皆谓之裾”。汉邹阳《酒赋》:“曳长裾,飞广袖。”杜笃《祓禊赋》:“冠高冕,曳长裾。”三国魏曹植《洛神赋》:“践远游之文履,曳雾绡之轻裾。”又《美女篇》诗:“罗衣何飘飘,轻裾随风还。”(“还”,旋。)南朝梁王僧孺《奉辞南康王府笺》:“取乱长裾,高榻相望。”唐韩愈《送李愿归盘谷序》:“飘轻裾,翳长袖,粉白黛绿者,列屋而闲居。”上引诸例,“裾”多以“长、轻”修饰,而与“长袖”、“广袖”并举,尤其末例又称“飘轻裾”,则裾分明指宽长飘拂的下摆。文献中写舞姿时多作“长裾”、“轻裾”之类,用“裾”而不用“襟”、“衽”,正缘古代舞者所穿皆是轻飘而宽敞(襟也大)之衣,其裾之长大易飘也固宜。

《说文·衣部》:“褛,衽也。”段玉裁注:“衽者,杀而下者也,故引申之衣被丑弊,或谓之褛裂。”朱骏声曰:“褛者在旁开合处,故衣被绽敝为褛裂,亦为褴褛。”(《说文通训定声·需部》“褛”字)按,《方言》第三:“南楚凡人贫,衣被丑敝,谓之须捷,或谓之褛裂,或谓之褴褛。故《左传》曰:‘筚路褴褛,以启山林。’”今本《左传·宣公十二年》作:“荜路蓝缕,以启山林。”“褴”或作“繿”。《梁书·康绚传》:“在省,每寒月见省官繿缕,辄遗以襦衣。”“褴、褛”二词当是同义连用。“褴”义为无饰边的衣服,《方言》第四:“无缘之衣谓之褴。”“褛”或作“缕”,缕是线,则“褛”可视为从衣缕,缕省声,当指露经纬线头的衣衽。“褴”从无缘言,“褛”从露线头言,实是一事:无缘遂露线头,露线头必无缘。“褴”是无缘之衣,“褛”是无缘之衽,二字连用,形容破弊之衣,颇为神妙。二词一般皆不单用。

参考文献

[1] 周锡保:《中国古代服饰史》,中国戏剧出版社,1984年9月。
[2] [明]王圻、王思义:《三才图会》(中册),上海古籍出版社,1988年6月。
[3] 钱玄:《三礼名物通释》,江苏古籍出版社,1987年3月。

143. 袂·袖(褎、褏)·祛

“袂”，衣袖通称。“袖”，宽大的衣袖；口语中也可泛称袖子。“祛”，袖头。

【同义】

《广雅·释器》：“袂·袖也。”《诗·郑风·遵大路》：“掺执子之祛兮。”毛传：“祛，袂也。”《广韵·平鱼》：“祛，袖也。”《仪礼·有司》：“以右袂推拂几三。”郑玄注：“衣袖谓之袂。”

【辨释】

《释名·释衣服》：“袂，掣也。掣，开也，开张之以受臂屈伸也。”按，夬声有孔缺义。”“玦”是有缺的玉环；“眏”，目洼下；“肤”，孔，肛门；“缺”，器有破隙(以上据《说文》)。《广雅·释诂三下》：“窦，空也。”故“袂”者，从衣、夬，夬亦声，犹言衣之洞孔，即指衣袖。《论语·乡党》：“亵裘长，短右袂。”邢昺疏：“袂是裘之袖。”《礼记·深衣》：“袂之长短，反诎之及肘。”《晏子春秋·内篇杂下》：“张袂成阴，挥汗成雨。”《楚辞·九歌·湘夫人》：“捐余袂兮江中，遗余褋(dié)兮醴浦。”(“褋”，单衣。)《公羊传·哀公十四年》：“反袂拭面。”陆德明释文：“袂，衣袖也。”《史记·苏秦列传》：“临菑之涂……连衽成帷，举袂成幕。”三国魏曹丕《见挽船七兄弟辞别》诗：“妻子牵衣袂，抆泪沾怀抱。”晋陆云《太尉王公以九锡命大将军……饯赠此诗》之五：“视景秪(通‘祇’)慕，挥袂沾襟。”“袂”是古代衣袖的通称，只作名词。

“袖”，本作“褎”，俗作“袖”，以俗字行。俗体还有“褏”。其正体及或体之声皆有意可索。段玉裁曰：“衣之有褎犹禾之有采，故曰从衣采。”(《说文·衣部》“褎”字注)按，《说文·禾部》：“采，禾成秀，人所收者也。从爪禾。穗，从禾、惠声。”引申有盛美义。故“褎”字有长义。《诗·大雅·生民》：“实种实褎，实发实秀。”郑玄笺：“褎，枝叶长也。”有盛义。《广韵》、《集韵》去声宥韵皆列此义。《诗·邶风·旄丘》：“褎如充耳。”毛传：“褎，盛服也。”《汉书·董仲舒传》：“今子大夫褎然为举首。”颜师古注：“褎然，盛服貌也。”然则“褎”之从衣采，会其意必是宽长的衣袖。异体“袖”则声兼义。《释名·释衣服》：“袖，由也，手所由出入也。”按，“由”也有盛肥义，即“油油”之义。《广雅·释训》：“油油……流也。”《史记·宋微子世家》：“麦秀渐渐兮，禾黍油油。”司马贞索隐：“油油者，禾黍之苗光悦貌。”晋左思《魏都赋》：“黝黝桑柘，油油麻纻。”李善注引李登《声类》曰：“油油，麻肥也。”则“袖”之构字意与“褎”大同，也突出宽大义。《韩非子·五蠹》：“鄙谚曰：‘长袖善舞，多钱善贾。’”长也见其大。汉邹阳《酒赋》：“曳长裾，飞广袖。”杨恽《报孙会宗书》：“奋袖低昂，顿足起舞。”《后汉书·马廖传》：“城中好大袖，四方全匹帛。”晋左思《蜀都赋》：“歌《江上》之厉，纡长袖而屡舞。”三国魏曹植《七启》：“长袖随风，悲歌入云。”“袖”也可作动词，指将物藏于袖中。《史记·魏公子列传》：“朱亥袖四十斤铁椎，椎杀晋鄙。”《汉书·淮南厉王刘长传》：“辟阳侯出见之，即自褎金椎椎之。”颜师古注：“褎，古袖字也。”《三国志·魏志·庞淯传》：“淯母娥自伤父仇不报，乃帏车袖剑，白日刺寿（李寿）于都亭前。”唐刘禹锡《武夫词》：“探丸害公吏，袖刃妒名倡。”宋苏轼《朝辞赴定州论事状》：“奕棋者胜负之形，虽国工有所不尽，而袖手旁观者常尽之。”他如“袖刺”（“刺”，名片），“袖箭”（一种藏于袖筒中、装有弹簧的暗箭）诸词亦能见“袖”之宽大的特征。浑言之，“袖”也可泛指一般的衣袖，有口语色彩。古乐府《善哉行》：“自惜袖短，内手知寒。”晋左思《魏都赋》：“凭轼捶马，袖幕纷半。”下句用《史记·苏秦列传》状临淄“连衽成帷，举袂成幕”之意。可见，彼“袖”同于此“袂”。但是，在文言中还是“袂”为正用。

“祛”，指袖头，扩大之才为衣袖。朱骏声曰：“析言之，则袖曰袂，袂口曰祛。”（《说文通训定声·豫部》“祛”字）《诗·唐风·羔裘》：“羔裘豹祛。”谓以羔皮为裘，以豹皮为祛。毛传：“祛，袂也。”孔颖达疏：“袂是袖之大名，祛是袖头之小称，其通皆为袂。”《礼记·玉藻》述及深衣之制云“袂可以回肘”诸句，郑玄注谓其尺寸为：袂上下径二尺二寸，祛尺二寸。按当时衣制，略窄小者为袖口。《仪礼·丧服》：“祛尺二寸。”郑玄注：“祛，袖口也。”文首引《诗·郑风·遵大路》“掺执子之祛兮”（“掺”，揽。）孔颖达疏：“袂是祛之本，祛为袂之末。”《诗》谓揽执对方袖口。《礼记·檀弓上》：“鹿裘，衡长祛。”郑玄注：“祛谓褎缘缺口也。”《左传·僖公二十四年》记晋公子重耳诘责寺人披当年效忠惠公企图加害于己，曰：“命女（汝）三宿，女中宿至，虽有君命，何其速也！夫祛犹在。”按，《左传·僖公五年》：“公使寺人披伐蒲。（重耳）逾垣而走，披斩其祛，遂出奔翟。”寺人披割下的正是袖管口一段。“祛”是袖口，是出手之部分，故得引申为撩举。《吕氏春秋·达郁》：“特会朝雨，祛步堂下。”高诱注：“祛步，举衣而步也。”《韩诗外传》卷三：“于是孟尝君……明日祛衣请受业。”后有“祛衣受业”一语，谓撩衣上门，拜师受教。

144. 裳·裙(帬)〇芾(韍、绂、祓)、韠

"裳",短的下衣,围裙。"裙",垂至脚跟的长围裙,汉代起流行,主要用于妇女。后世花式、形制很多。冕服之裳,裙或袍服外有蔽膝:用于祭服者"芾",常服者"韠"。

【同义】

《说文·巾部》:"常,下帬也。常或从衣。""帬,下裳也。或从衣。"《广韵·平阳》、《集韵》引《说文》同。

【辨释】

《释名·释衣服》:"裳,障也,所以自障蔽也。"与"障"同声源,则裳是障蔽身体下部的衣服。当人们发明了骨针与纺织以后,将蔽前和蔽后的片状物连缀缝合,遂形成了原始的裳。现见到最早的裳式是商代的一些玉、石、陶人像。侯家庄西北冈墓的商代奴隶主坐像,交领右衽绣花上衣,中有腰带,下垂芾,跪足缠偪(即行縢),下身是裳。从文献记载看,《仪礼·丧服》:"裳内削幅,幅三袧(kōu)。"郑玄注:"凡裳,前三幅,后四幅也。"幅是指原蔽前蔽后的不折叠部分,整幅为方正美观;"袧"指折叠部分,折叠为便于伸缩举步。然则周代礼制之裳,乃是用若干幅联成一块宽约70—80厘米的布幅,在人腰围绕一周。一般长不过脚踝,在膝盖上下。因此,"裳"专指短的下衣,即围裙。裳与上衣、上襦相配,男女共用。《诗·卫风·有狐》:"心之忧兮,之子无裳。"毛传:"在下曰裳。所以配衣也。"《齐风·东方未明》:"东方未明,颠倒衣裳。"《邶风·绿衣》:"绿兮衣兮,绿衣黄裳。"乐府民歌《陌上桑》:"缃绮为下裳,紫绮为上襦。"《太平御览》卷六九六引晋傅玄《裳铭》:"上衣下裳,天地则也;服从其宜,君子德也。"上衣下裳成了我国最早的衣着制度的基本形式(参第140条)。只是早期作下裳,汉代起,渐渐为裙、裤取代。"裳"之称下裳,主要用于先秦。

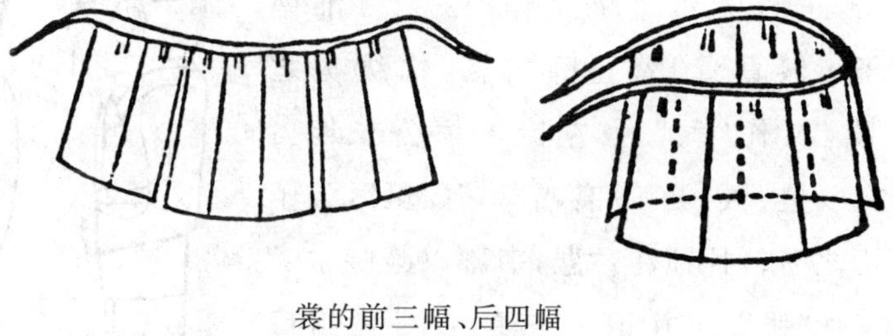

裳的前三幅、后四幅

大约从汉代开始,"裳"也可引申指衣。《东观汉记》:"乃悉归侍御服饰,更着短布之裳。"郭宪《洞冥记》:"朔(东方朔)累月暂归,后复去家万里,见一枯树,脱白布裳挂树,裳化为龙。"(《太平御览》卷六九六)诸"裳"皆为衣服的通称。但有口语色彩,犹异于"衣"的总称用法。

“裙”或作“帬”，是汉代词。其本义并不指下裳，倒似乎指“上裳”。《方言》第四：“帬（裙），陈魏之间谓之帔，自关而东或谓之襬。”《急就篇》卷二：“袍襦表里曲领帬。”按，帔，夏、商、周三代尚无，至秦时才有（据《事林广记》）。帔种类甚多，有披肩绕臂的帔带，单披于肩上的披肩，还有长至膝头的短外帔，长至脚背的长外帔，皆是无领无袖的对襟外衣。尤其是后两种，若不系于颈而围于中腰，自然成裙。故裙帔互称，当可理解。从所服部位看，裙裳相同。《释名·释衣服》：“裙，下裳也。裙，群也，联接群幅也。”谓并连几幅布帛，即为裙。故汉代训诂家每予“裳、裙”互训，如文首所引《说文》。《太平御览》卷六九六引汉繁钦《定情诗》：“何以答欢忻（欣）？纨素三条裙……凯风吹我裳……褰裳蹑茂草。”此则“裙、裳”同篇互用。然严格地说，“裙”，只是“相当”裳，而不等同。虽然战国时偶也有“裙”字，《庄子·外物》：“小儒曰：‘未解裙襦，口中有珠。’”在河北平山三汲出土的中山国玉人身上也见到窄袖短衣、大方格套长裙；但就整体言，裳盛于先秦，男女共用，裙在汉代始盛，主要用于妇女。裳一般在脚踝以上，而裙则崇长。马王堆出土的汉裙用素绢四幅连接拼合，上窄下宽，不施边缘，裙腰用绢条，两端置有系带，其长可曳地。上身配襦，而襦又较短。此种上短衣下长裙的人像在汉代出土物中多见。以后的裙，其花式、形制更是层出不穷。常见的有长裙，曳地数尺，行时两婢前携，至唐代遂规定“妇人裙不过五幅，曳地不过三寸”（《新唐书·车服志》）。百褶裙，有细密的裙褶，长及足部。羊肠裙，以布一匹，挛缩如羊肠，也长没其足。短裙，围在长裙或长裤外，宜于女子劳作。其变化虽多，但基本性质总是较长的下裳，即使是便于劳作的短裙，也长过膝头。“裙”在汉以后文献中频见。《北史·邢峦传》：“萧深藻是裙屐少年，未洽政务。”《晋书·吐谷浑传》：“其男子通服长裙、帽。”唐王建《宫词》之四六：“密奏君王知入月，唤人相伴洗裙裾。”《宋史·列女传·谢枋得妻李氏》：“是夕解裙带，自经狱中死。”直用于今。

“芾”以其垂于膝前，又称蔽膝，用于裳裙之外。《诗·小雅·采菽》：“赤芾在股，邪幅在下。”（“邪幅”，裹腿。）郑玄笺：“芾，太古蔽膝之象也。”《曹风·候人》：“彼其之子，三百赤芾。”字又作“绂”。《淮南子·俶真》：“繁登降之礼，饰绂冕之服。”又作“黻”。《左传·桓公二年》：“衮、冕、黻、珽，带裳幅舄。”（“珽”，天子用之笏。）杜预注：“黻，韦韠以蔽膝也。”又作“韨”。《礼记·玉藻》：“一命组韨幽衡。”此涉及“韠”。此句孔颖达疏：“他服称，祭服称韨。”谓用于祭服之外的称“韠”。《诗·桧风·素冠》：“庶见素韠兮，我心蕴结兮。”则蔽膝以芾为代表，乃广其用。远古渔猎时代，人们将

腰垂韠带的西周玉人

芾（《古今图书集成》）

兽皮作为下身前后的掩蔽物，此即原始的芾。以后用针线缀连，成为原始的裳。当有了布帛之衣裳，为了不忘古，就特创制了“芾”，象征原始的蔽体物，系于前身之腰带，下垂蔽至膝。甘肃灵台白草坡西周墓出土的正面直立玉人像，从束带处垂一大斧形之物遮盖腿裆，按经注，皆可称为“韠”，用于常服。而“芾”则用于冕服，冕服是举行祭祀、朝觐、亲迎（娶妻）、婚仪等重大吉礼所用的最高级礼服，祭祀乃其中的大宗，故注家谓“祭服称韨”。礼之用芾，乃表示后人尊古承祖之意。芾有定制。凡芾，以染帛为之，四周有裥边，芾色要与裳或袍服相同。《礼记·玉藻》：“韠，下广二尺，上广一尺，长三尺；其颈五寸，肩革带，博二寸。”大致是长方形帛巾，垂于腰下部，上有二寸宽的皮带系于腰。此为天子芾。礼制规定：天子用直芾，朱色，文饰绘龙、火、山三章。而公侯、卿大夫上下各减去五寸，成一方巾状，用黄、朱，绘火、山二章；卿大夫只绘山一章。冕服设“芾”之制，一直持续到清代，成为几千年封建王朝冠冕堂皇的礼服上不可缺少的附件。

“芾”不仅用于男服，也用于女服，贵族妇女的礼服也有芾。周代王后六服（《周礼·天官》）中前三种祭服即袆衣、阙翟、鞠衣三种，也都垂“芾”，可参看宋聂崇义《三礼图》、唐吴道子《送子天王图》。后世亦基本承此。

参考文献

[1] 郭宝钧：《中国青铜器时代》，三联书店，1963 年 7 月。
[2] 周汛等：《中国历代服饰》，学林出版社，1984 年 4 月。
[3] 周锡保：《中国古代服饰史》，中国戏剧出版社，1984 年 9 月。
[4] 黄辉：《中国古代人物服式与画法》，上海人民美术出版社，1987 年 2 月。
[5] [宋]聂崇义集注：《新定三礼图》，上海古籍出版社，1985 年 6 月。

145. 绔(袴、裤)·裈(幝)·袑

"绔",上古套裤,外着裳或长服。汉代渐变为外穿的满裆裤。"裈",内衬裤,可长可短。上古已有其物,而汉代始见其名。至南北朝裈裤外穿,渐与绔混合。"袑",大裤。

【同义】

"绔"或作"袴",同"裤"。《汉书·景十三王传》:"短衣、大绔、长剑。"《三国志·魏志·夫余传》:"裤履革鞜。"("鞜",兽皮制的鞋。)《晋书·阮籍传》:"独不见群虱之处裈中?……行不敢离缝际,动不敢出裈裆。""绔"、"裤"、"裈"皆指绔。《广雅·释器》:"袑,幝也。"《北史·斛律光传》:"光又尝谓人曰:'今军人皆无裈绔。'""裈绔"同义连用,泛称绔。

【辨释】

《说文·糸部》:"绔,胫衣也。""胫",小腿。《释名·释衣服》:"绔,跨也,两股各跨别也。"谓取名于跨步,用于跨步之衣曰"绔"。段玉裁曰:"今之套裤,古之绔也。"(《说文·巾部》"幝"注)段说可从。盖今之套裤,是左右各一,分裹两胫(或稍延伸至股),无裆,上有带系于腰。古之绔大体如此,但因跪坐稽拜护膝之需,行事之便,其物多以丝绵或皮革所制,胫筒宽大,长及足踝,膝盖处可用丝带缚扎,或在绔外缠裹"邪偪",又称行縢,相当于后代士兵的裹腿。绔也可下连足掌,则自膝下一统。绔外通常还要着裳或长服。安阳殷墟墓出土玉人立像,交领右衽上衣,下裳及半胫,里即连脚之绔。而侯家庄西北冈墓跪坐人物像亦交领右衽上衣,束带、下裳、前系韠,下着绔,胫绔外之浪纹,即为邪偪。《墨子·非乐上》:"今之禽兽麋鹿蜚鸟贞虫,因其羽毛,以为衣裘;因其蹄蚤,以为绔屦。"以动物之蹄为绔,则犹人连足掌之胫衣。《史记·赵世家》:"朔(赵朔)妇免(娩)身,生男。屠岸贾闻之,索于宫中,夫人置儿绔中。……及索,儿竟无声。"唯绔宽大,故可置儿;唯外有长衣,故索者无见。凡此,皆可说明上古绔之主要特点是套胫而宽大。其所以如此,乃势之必然。盖古上衣下裳之制,裳只及膝盖上下,则下胫易于裸露,虽可穿袜(早期用皮革),但袜必须紧小,以便操事、行走,遂与衣裳不协。人们自会想到:可将两胫也包以裳,为便行走而缝成两股。于是宽大而可系于腰之胫衣应运而生。如此,上中下之衣裳绔浑然一体矣。但此种衣胫内穿之绔甚不便于骑射、劳作,故赵武灵王十九年初实行"胡服骑射",旨在变革上衣下裳的裳制,以绔代裳,绔满裆外穿而不覆以裳,类同于南北朝的"绔褶"制。("褶",xí,骑服;"绔",有裆之骑绔。)然千古习俗,岂得一朝而易?赵武灵王但开风气,并未将胡服全面推行。由上可见,上古之绔是内衣性质,故如同其他内衣一样,文献中出现较少。在《太平御览》卷六九五服章部十二"绔"类目

中，先秦文献连一条材料也不见，虽事实不致如此，但足以见出绔在衣服中确实微不足道，故绔并无定制，无等级差别。这里必须指出，虽然上古的绔仅是“胫衣”，但不能由此以为上古的人“膝盖之上完全赤露”，以致随时会“露出下体”。须知，古人绔内还穿满裆内裤裈（详下），故我们在大量的上古文献中似乎还没有见到因疏忽而随时“露出下体”的古人。

到了汉代，由于兵制的变革，尤其是骑兵的发展，裈绔的流行（见下），使绔的直接外穿势在必行。绔一旦外穿，则必然由胫上升到股、腹、腰，并必前后连裆。当然，承古而来，绔也必大腰、大管、大裆。其时，庶民所服襦与绔相配者，与襦裙、襦裳相配者同样普遍。《后汉书·廉范传》记成都百姓赞颂贤太守廉范为民造福，谣谚之一便是：“平生无襦今五绔。”上海博物馆所藏汉加彩黑陶跪俑，上穿左衽短襦，下着窄绔，绔外穿而有前后裆。在《太平御览》卷六九五服章部十二“绔”类目中，最早的就是汉代的文献材料。汉代还出现一种“穷绔”。《汉书·外戚传上·孝昭上官皇后》：“光（霍光）欲皇后擅宠有子……虽宫人使令皆为穷绔，多其带。”颜师古注：“绔，古袴字也，穷绔即今之绲（浑）裆绔也。”或以为绔之有裆肇始于此。非是。穷绔是宫内流行的有裆绔。称“穷”者，因其简陋不合传统的严格服制。但此乃汉绔有裆之流亚，而非其源。盖绔既然在衣服中无有等级，上下同服，而有裆绔之作用就在于方便劳作、戎事，故理当先从庶民、戎士发其端，继而波及宫中。从语言使用看，“襦绔”相配，分明与“襦裳”、“襦裙”不同，必然是绔外穿而有裆。此战国已见。《礼记·内则》：“衣不帛襦袴。”《吕氏春秋·离谓》：“小狱襦绔。”今所见战国铜武士像，即穿襦绔，绔有裆而低。凡事皆由量变而质变，我们虽然不必据此论断绔之有裆外穿战国普遍已然，但由此也可见将昭帝时“穷绔”作为我国古代满裆裤之开端，未免太迟，谓昭帝前有裆之绔已出现，殆非过甚其词。

“裈”，今俗说或以为是汉之满裆短裤，即犊鼻裈，或以为即汉之穷绔；而先秦无满裆的内裤。此皆谬乖情实。“裈”，《说文·巾部》作“幝”。军声有围义。《说文·车部》：“军，圜围也，四千人为军，从车从包省。”会意字。甲金文中已然。古代中原作战以兵车，将兵车四围，即是驻军。《广雅·释诂四上》：“運（运），转也。”日月之运也是围天而行。“晕”，是围日的光圈。《广雅·释诂三上》：“緷，束也。”“束”即围义。“裈”也属此义系，指围束下身之衣。它与“裳”相类，裈正从裳发展而来，犹如裳之缩构。也与裳有别：裳得声义于障，围缀四散而无裆，裈既别出之物，自当紧收有裆以与裳别。然则裈是能直接围束下身大腿而有裆之衣，即是贴身的内衬裤，可长可短。《释名·释衣服》：“裈，贯也，贯两脚，上系要（腰）中也。”《急就篇》卷二：“襜褕袷复褶绔裈。”颜师古注：“合裆谓之裈，最亲身者也。”《广韵·平魂》：“幝，亵衣。”段玉裁曰：“今之满裆裤，古之裈也。”（《说文·巾部》“幝”注）诸说皆得“裈”之真谛。而裈裤起于何时？或据马王堆女尸未着内裤而证西汉前不穿满裆裤，殊误。尸之衣着与在世人有异，从实物观，河南安阳四盘磨村出土商代石造像，头帽、上衣、下绔，其绔当是套绔，若内无满裆裤，分腿蹲坐时，下体岂不暴露？而今其正面分腿蹲坐之像羌无异常。上海博物馆所藏西周裸身玉人，头帽足履，叉手于胸，其腰部着一横纹短裤，一似今之三角裤衩，最为力证。如前所述，先秦之“绔”乃指无裆之胫衣，则此物非“绔”而当为“裈”者明矣。又如1975年湖北江陵凤凰山秦墓出土木篦漆画《摔跤图》，三人均着护裆短绔，赤脚，赤膊，此亦一例。凡此，足以表明：周秦时人们已着有裆的内衬裤。秦以下更不必说。故今有些书一言及裤，辄谓上古穿的裤皆无裆，易于暴露下体云云，实是主观臆测。诚然，先秦文献中“裈(幝)”其名与字均罕见。但此并不可证明彼时无今之裤，而只能说明中国古代服饰受从奴隶制开始的政治礼制枷锁之严酷，唯禁锢之烈，故内衣几无专称，只有泛称如“亵、裈”之类，而它们既是下部贴身内衣，是最不洁之物，一般且不外露，“非礼勿言”，理当避之。

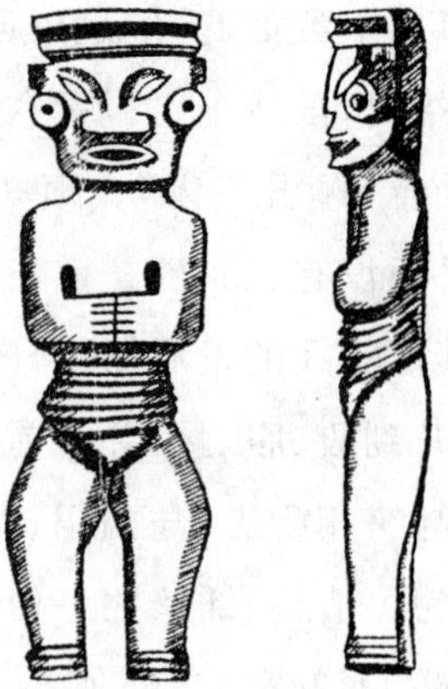

穿满裆内袴的西周玉人

东汉壁画墓中穿满裆短裤的角抵者

“裈”之名与物，秦以后渐渐有见，其物一如上古。《易林・否之小畜》：“载车无裈，裸裎出门。”无裈竟会裸裎(身)，则裈当为衬裤。汉代的“犊鼻裈”也是内裤，即“裈”。《史记・司马相如列传》：“相如身自著犊鼻裈，与庸保杂作涤器于市中。”裴骃集解引韦昭曰：“今三尺布作形如犊鼻矣。称此者，言其无耻也。”《汉书》此句之王先谦补注引刘奉世曰：“犊鼻穴在膝下，为裈财令至膝，故习俗因以为名。”按，《急就篇》所说是在膝上二寸，此即江南水乡常见之牛头裤，可便于蹲跪水田操作。河南荥阳东汉墓出土彩绘陶楼中有一人即着此裤。山东沂南汉墓出土画像石有技艺人上身裸露，下也着犊鼻裤。司马相如所穿正是这种有裆而宽大、长不过膝盖、便于劳作的短裤。到魏晋南北朝。“裈”出现更多，也指长过膝盖的内衬裤。《三国志・魏志・荀彧传》“军国事皆与彧筹焉”句裴松之注引张衡《文士传》曰：“衡(祢衡)乃当太祖前，以次脱衣，裸身而立，徐徐乃著裈、帽毕。”南朝宋刘义庆《世说新语・德行》：“人宁可使妇无裈邪？”又《任诞》：“伶(刘伶)曰：‘我以天地为栋宇，屋宇为裈衣。诸君何为入我裈中？’”文首引《晋书・阮籍传》亦其例。盖魏晋时，由于社会风尚的影响，服装趋于宽博，下至南朝皆以宽形大袖、褒衣博带为尚。江苏南京西善桥出土南朝墓砖壁画，上有竹林七贤之像，其中刘伶、阮籍曲腿而坐，袒胸露脯，袍衫宽大甩地，可隐见其下着宽大满裆裤的形迹。文献既称为“裈”，可见图中之裤实为内裤，而为宽大外裤服用，内无衬裤，诚放荡不羁之至。本来汉代之裈为贴身内穿之裤，而绔是外穿之裤，虽皆有裆，但别为二物。而到南北朝，由于裈之宽大外穿，而绔本也尚肥大，则二者渐渐无别，故正从南北朝后，“裈”渐趋消失。凡裤，无论内外宽窄，概谓之“绔”，一如今称矣。

《说文・衣部》：“袑，绔上也。”朱骏声曰：“按股所居处，苏俗谓之裤当(裆)是也。”盖召声有少小义，也有高大义。“貂，鼠属大而黄黑”。“铝，大铁也。”(见《说文》)“邵，高也。”

(《广雅·释诂四下》)"诏",上告下之词,则也有高大义。"袑"是下衣之高大处,故得称裤裆。据此也可知古之绔即便有裆,也是宽腰大裆(今之中式裤仍如此)。唯含高大义,故引申得指大裤。《汉书·朱博传》:"又敕功曹:'官属多褒衣大袑,不中节度。自今掾史衣,皆令去地三寸。"颜师古注引孟康曰:"袑音绍,谓大绔也。""袑"是汉代大裤之专称。山东望都出土汉代壁画之群吏宴饮图,诸戴进贤冠、服皂袍之门下功曹、主簿等袍内可见皆着大裤,可谓之"袑"。但"袑"使用不广,盖绔本就宽大,古代不行今之紧身裤,故"袑"之专称渐失其用矣。

参考文献

[1] 周锡保:《中国古代服饰史》,中国戏剧出版社,1984 年 9 月。
[2] 黄辉:《中国古代人物服式与画法》,上海人民美术出版社,1987 年 2 月。
[3] 周汛、高春明:《中国古代服饰风俗》,陕西人民出版社,1988 年 12 月。

146. 亵·衵·襗(泽)○衷、袍

"亵",贴身内衣通称。"衵",妇人贴身内衣;有时也可泛称一般内衣。"襗"上古秦汉的长内衣。"衷",穿内衣。"袍",亦内衣,但非贴身者。

【同义】

《汉书音义》引《字林》:"亵,衷衣也。"《广韵·入薛》:"亵,衷衣。"《左传·宣公九年》:"皆衷其衵服。"杜预注:"衵服,近身衣。"《诗·秦风·无衣》:"与子同泽。"郑玄笺:"襗(泽),亵衣。"《说文·衣部》:"衷,里亵衣。"

【辨释】

"亵(褻)",从衣埶声,声兼义。埶声字有摩擦义。"埶"是树艺、种植之"蓺"的初文,蓺者,农具与泥土的反复摩擦,耕耨耰耙,无不如此。"槸(暬)"是"木相摩",指树枝相切磨。"暬"是"日狎习相慢",如侍者与主子的日日亲近接触(皆据《说文》)。男子的性器官称"势(勢)",势者以力摩擦之谓。然则"亵"者,指衣服之与身体经常摩擦者,故其义指贴身、亲身之衣。《荀子·礼论》:"说(设)亵衣,袭三称。"杨倞注:"亵衣,亲身之衣也。"《汉书·叙传上》:"思有短褐之亵。"颜师古注:"亵,谓亲身之衣也。"汉司马相如《美人赋》:"女乃弛其上服,表其亵衣。"即外见内衣。内衣容易脏污,故引申为污衣、旧衣。《仪礼·既夕礼》:"彻亵衣,加新衣。"郑玄注:"故衣垢污,为来人秽恶之。"又引申为宴居即平常起居之衣。《论语·乡党》:"红紫不以为亵服。"何晏集解引王肃曰:"亵服,私居服,非公会之服。"朱熹注:"亵服,私居服也。"又:"亵裘长,短右袂。"此谓家居的裘衣较长,而右袖较短,以便操事。"亵"还引申出一些抽象义。一、由内衣之亲身引出熟悉、亲近义。《论语·乡党》:"见冕者与瞽者,虽亵必以貌。"谓虽多相见而熟,也当有礼貌。《国语·楚语上》:"居寝有亵御之箴。"韦昭注:"亵,近也。"指近侍之御者。《礼记·檀弓下》:"曰:'调也,君之亵臣也。'"郑玄注:"亵,嬖也。"二、由内衣之穿着随便引出随便义。《广雅·释言》:"亵,狎也。"《三国志·魏志·齐王芳传》:"便辟亵狎。"其他如"亵习、亵慢、亵渎、亵玩"等同义连用,颇多。三、由内衣之贴身易污引出污秽义。《周礼·天官·王府》:"掌王之燕衣服、衽席、床笫、凡亵器。"郑玄注引郑司农云:"亵器,清器,虎子之属。"此指溲器。有时也指洗沐用具。《周礼·天官·内竖》:"执亵器,以从遣车。"二器皆为除秽之器,"亵"皆取污秽义。以上引申义进一步表明:"亵"的本义必指贴身内衣,并为通称。

《说文·衣部》:"衵,日日所常衣,从衣从日,日亦声。"按,"衵"之"日"当通"尼",取尼声之义。"䵒"字,《说文·黍部》引《左传·隐公元年》"不义不暱"。《周礼·考工记·弓人》:

“凡昵之类不能方。”郑玄注引杜子春云：“樴读为‘不义不昵’之昵。”（见该条郑司农云：“昵，或作樴。”）“䵒、黏”也或作“昵”。可见“日、尼”二声可互通。尼有黏附义，如亲暱之“暱”或作“昵”。《广雅·释诂三》：“尼，和也。”土与水和而为泥。故“衵”字可指黏附之衣，即贴身内衣，特指女人贴身内衣。《集韵·入质》：“衵，妇人近身衣。”《左传·宣公九年》：“陈灵公与孔宁、仪行父，通于夏姬，皆衷其衵服，以戏于朝。”陆德明释文：“（衵）妇人近身内衣也。”此乃载之史书的一件有名丑闻：君与臣共争与其淫乱的女人之内衣，被加己身，淫谑于朝。南朝宋刘义庆《世说新语·汰侈》：“王君夫尝责一人无服余衵，因直内箸曲閤重闺里，不听人将出。”从后世使用看，妇人内衣有小衣与抹胸两种，后者围裹胸肚，于后背以带结之。“衵”也可泛称一般内衣，使用不广。《后汉书·文苑传下·祢衡》：“于是先解衵衣，次释余服，裸身而立。”

襗”又作“泽”。指长内衣。《广雅·释器》：“襗，长襦也。”《诗·秦风·无衣》：“岂曰无衣？与子同泽。”汉班固《窦将军北征颂》：“劳不御舆，寒不施襗。”襗是内穿之长衣，次穿袍，必要时，外再加礼服（参《周礼·天官·玉府》“掌王之燕衣服”孙诒让正义）。“襗”之义显然取义于泽，故《诗经》作“泽”，泽是湖泊，引申为雨泽、光泽、滑泽，又可引申为汗泽，其衣常为汗所浸润，故谓之“襗”。《诗·秦风·无衣》“与子同泽”句，毛传：“泽，润泽也。”郑玄笺：“泽，亵衣，近污垢。”最易为汗水浸污者当是贴身之内衣。“襗”，主要用于上古、秦汉。

“衷”，《说文·衣部》训为“里亵衣”。段玉裁注：“亵衣有在外者，衷则在内者也。”与“亵”相并举而论。今一些辞书于“衷”之首义皆承《说文》而解作：贴肉的内衣。按，此解或误。观诸书解为内衣者，竟无一条书证，实已可疑。待推其源薮，观其衍流，千古之谜豁然而解。盖“衷”字从衣中，中亦声。“中”的本义是古老测日仪，其众多引申义可分两系：一是抽象义系，中央、中心等；另一是具体义系，从测日仪引申。身体义即属此系（参第55条）。以测日仪竿长八尺，以中人高为度，故“中”也可指身。《国语·楚语上》：“余左执鬼中。”韦昭注：“中，身也。……执，谓把其录籍，制服其身。”《礼记·檀弓下》：“文子，其中退然如不胜衣。”郑玄注：“中，身也。”故“衷”之“中”也取身义，会其意为将衣加身（肉身），即穿内衣。此是及物动词，必带宾语。上举《左传·宣公九年》“衷其衵服，以戏于朝”句即其例。扩大之，为穿一般里衣（非贴身）。《左传·襄公二十七年》：“晋楚各处其偏……将盟于宋西门之外，楚人衷甲。”杜预注：“衷甲，甲在衣中。”将甲衣里穿，即甲衣外加罩衣。《后汉书·董卓传》：“肃以戟刺之，卓衷甲不入，伤臂（堕）车。”唯“衷”之“中”有身义，故又可引申为心中、内心。《左传·僖公二十八年》：“今天诱其衷，使皆降心以相从也。”他如“衷诚”、“衷肠”、“衷曲”、“苦衷”，成语“言不由衷”等，为今所用。出自心中者，以其不虚诈，故有诚善义。《书·汤诰》：“降衷于下民。”孔传：“衷，善也。”穿内衣者，必求相称，故有适中义。《左传·昭公十六年》：“发命之不衷。”杜预注：“衷，当也。”等等。由诸引申义可进一步证明“衷”字之“中”必取身义，“衷”字必为加衣于肉身，即穿内衣。

“衷”本义虽与内衣有关，但从不引申为内衣之名。

除“亵”、“衵”、“襗”，还有“袍”，亦可指内衣，是内衣之泛称。但袍不是贴身内衣。《诗·秦风·无衣》：“岂曰无衣？与子同袍。”“袍”即指内衣，袍外再加甲衣（参第141条）。

147. 裘·袍·袄○深衣

御寒衣有"裘",皮衣。周代穿裘衣有严格的等级规定。"袍",内铺绵麻絮的长衣。袍是深衣制的主要体现,种类很多。"袄",及腰的短袍,北齐起流行。

【同义】

《集韵·上晧》:"袄,袍也。"《说文新附》:"袄,裘属。"《广韵·上晧》:"袄,袍袄。"《新唐书·车服志》:"袍袄之制:三品以上服绫。""袍袄"为近义连用,皆指御寒的袍服。

【辨释】

《说文·裘部》:"裘,皮衣也。"从衣求声。初文是"求",甲骨文作(《京一九七二》),金文作(《衛盉》),是斜领、右衽、毛饰在外的衣制象形。"求、裘"古今字。远古先祖的衣着当始于披兽皮。《韩非子·五蠹》:"尧之王天下也……冬日麑裘,夏日葛衣。"尧舜时代,无上下之等。民当亦冬裘夏葛。《公羊传·桓公八年》:"士不及兹四者,则冬不裘,夏不葛。"何休注:"裘葛者,御寒暑之美服。"但到了周代,有了布帛,衣裘则有一套严格的等级制度。《吕氏春秋·孟冬》:"是月也,天子始裘。"高诱注:"裘,温服,优尊者,故先服之。"裘是天子之盛服,帝王祭天时,必衣大裘,戴冠冕。《周礼·春官·司服》:"王之吉服,祀昊天上帝,则服大裘而冕。祀五帝亦如之。"又《夏官·节服氏》:"郊祀,裘冕二人,执戈。"《天官·司裘》:"掌为大裘,以共(供)王祀天之服。"大裘是黑羔裘服,用以祀天表示从质不华(天是玄色)。《文选·谢朓〈和伏武昌登孙权故城〉诗》:"裘冕类禋郊,卜揆崇离殿。"平时衣裘,亦有等差,并要求罩衣(裼衣)配以相应和谐之色。大致是"天子狐白,诸侯狐黄,大夫苍,士羔裘"(《白虎通·衣裳》),即天子衣狐白裘,外罩锦衣,其右之要臣则衣虎裘,左则衣狼裘。诸侯衣狐黄裘者,对天子而言,若在其国,则是一国之主,亦得衣狐白裘。黄裘者,外罩黄衣。《诗·小雅·都人士》:"彼都人士,狐裘黄黄。"天子、诸侯用全裘,不加袖饰。大夫狐苍裘者,即《礼记·玉藻》之"君子狐青裘豹褎(袖)",外罩玄色绡衣或苍黄色之绞衣。《战国策·秦策一》载苏秦说秦王未遂,曰:"黑貂之裘弊,黄金百斤尽。"其黑貂之裘,亦符合大夫苍裘之制。羔裘者,《礼记·玉藻》曰:"犬羊之裘不裼。"郑玄注:"质略,亦庶人无文饰。"则庶民衣犬羊之裘而不加罩衣。但实际上也有罩衣以保护毛之不脱,因古人衣裘皆是皮内毛外。故《论语·乡党》曰:"缁衣羔裘。""缁衣",玄衣。由此可见,上古之裘,以狐裘,尤其狐白裘最名贵。其次为狐黄裘、狐青裘,再次为麛麑裘、虎裘、貉裘、狼裘,最下是犬羊之裘。但此种严制到东周已不能贯行。后世,裘衣作为御寒良衣而尊卑共服,更无周代之制。《晋书·郗超传》:"且北上早寒，三军裘褐者少，恐不可以涉冬。”明宋濂《送东阳马生序》：“父母岁有裘葛之遗，无冻馁之患矣。”

我国传统的衣服，可大别为两系：一是衣裳制，上衣下裳相配合，襦裤、襦裙亦属此；一是深衣制，即衣裳相连一统。深衣之制，见于《礼记·玉藻》、《深衣》。大致是用布十二幅（古布幅宽古尺二尺二寸，六幅交解裁为二）为裳，裳之左旁上下相连，右旁则以曲裾掩之，其长至足踝（约离地四寸）。深衣为吉凶、上下、男女之通服，适用面广。宋卫湜《礼记集说》曰：“深衣之用，上下不嫌同名，吉凶不嫌同制，男女不嫌同服。诸侯朝朝服，夕深衣。大夫朝玄端，夕深衣。庶人吉服深衣而已。此上下之同也，有虞氏深衣而养老。诸侯、大夫夕深衣。将军文子除丧而受越人吊，练冠深衣，亲迎女在涂婿之。父母死，深衣缟总以趋丧。此吉凶男女之同也。盖深衣者，简便之服……则非朝祭皆可服之。故曰：‘可以为文，可以为武，可以摈相，可以治军旅也。’”（《深衣》）古代深衣制之主要体现在各种袍服。

“袍”字从包衣，会意，包亦声。袍的特点有二：一是长。《广雅·释器》：“袍，长襦也。”《急就篇》卷二：“袍襦表里曲领裠。”颜师古注：“长衣曰袍，下至足跗。”（“跗”，足背。）《释名·释衣服》：“袍，丈夫著下至跗者也。袍，包也，苞内衣也。妇人以绛作衣裳，上下连，四起施缘，亦曰袍，义亦然也。”意是男女长至近地的长衣，属于衣裳相连的深衣之类。二是包物。袍者，包也，有表层，有夹里，中包绵絮。《礼记·玉藻》：“纩为茧，缊为袍。”“茧”即“襺”。相对而言，用新而美的丝绵即纩充内者谓之襺，用旧绵及麻絮等充内者谓之袍，浑言皆谓之“袍”。然则袍本即是古代男女常着的御寒冬服。上古一般袍衣皆内穿，唯冬服之袍外穿。《论语·子罕》：“子曰：‘衣敝缊袍，与衣狐貉者立而不耻者，其由也与！’”狐貉之皮即裘，冬服。“袍”与裘衣并举，则也当为冬服。《太平御览》卷六九三引晋钟岏《良吏传》曰：“（袁彭）政以清洁，粝食缊袍，不改其操。”又刘谧之《与天公笺》曰：“体战身噤，脱衣冻坐，赖詹公借袍，南城送火。”扩大之，也可指单袍、夹袍，因袍内必着贴身内衣，外面长衣犹如“包”外之衣，故也可称袍。袍是汉代起男子常见服式，但女子也可穿袍。其形制一般宽身大袖，袖口部分收小。领子一般袒领，鸡心式，穿时露出里衣；也有大襟斜领，领袖花边为饰，下摆常打一排密裥，由沂南和望都等地汉画像石的人物所服可见。一般庶民日常起居做事的便袍较为简易，男女袍无别。陕西西安、临潼出土的男女陶俑，都是右衽大襟，袖窄，只比今衣袖略圆大，唯男者束以草带，带端有带钩，女的只以丝带系结。河北邯郸彭家寨出土的彩绘陶俑和四川彭山出土的汉代束带、戴帽袍服的陶俑男子，与秦俑袍一样也是窄袖、大襟，袍长及半胫，并不至足跗。至于舞女所穿的舞袍，从广州汉墓出土陶俑和四川成都彭县汉墓画像砖看，都是宽身窄腰，下呈大喇叭形，长曳及地；衣襟左掩，宽袖，且袖端接出细长的假袖，一似后世戏曲服饰上的“水袖”。汉以后，袍经久不衰。综观袍的种类、用途，除了上述用为冬衣的绵袍，庶民日常起居的便袍（一般是单袍），伎女的舞袍，还有用于军戎的战袍，表现官品的官袍。无论何种形式，基本特点还是长和包（单袍是“包”内衣），是上古深衣制在后代的主要表现形式。

“袄”也指厚的寒衣。五代马缟《中华古今注·宫人披袄子》:“盖袍之遗象也。”今犹言“棉袄”。袄是短及腰上下的袍,也是有表有里中充绵絮者。引申之,有表里而中不充物者,即是夹衣、夹袄。袄是后起物,始于北齐。上引《中华古今注》又云:“汉文帝以立冬日赐宫侍承恩者及百官披袄子,多以五色绣罗为之,或以锦为之,始有其名。”恐不足为据。当自北齐起流行。《旧唐书·舆服志》曰:“燕服,盖古之亵服也,今亦谓之常服。江南则以巾、褐、裙、襦,北朝则杂以戎夷之制。爰至北齐有长帽短靴,合袴袄子……若非元正大会,一切通用。”又云:“……朱紫玄黄,各任所好……天子朝服亦如之。”唐韩愈《崔十六少府摄伊阳以诗及书见投因酬三十韵》:“蔬飧要同喫,破袄请来绽。”袄有时也可用于军戎。据说隋文帝征辽,诏武臣服缺胯袄子——一种窄袖前后开衩、便于乘骑的短袄,似乎是一种夹袄。

参考文献

[1] 吕思勉:《中国制度史》,上海教育出版社,1985年5月。

[2] 周汛等:《中国历代服饰》,学林出版社,1984年4月。

[3] 周锡保:《中国古代服饰史》,中国戏剧出版社,1984年9月。

148. 裋(豎、短)·褐

“裋”,较长的粗布上衣,扩大可指粗的短上衣、夹衣。“褐”,粗的葛衣、麻衣、毛衣。“裋”表样式,“褐”见质料,二词常连用。

【同义】

“裋、褐”常同义连用,指贫贱者之服。

【辨释】

《史记·秦始皇本纪论》:“夫寒者利裋褐,而饥者甘糟糠。”裴骃集解引徐广曰:“一作‘短’,小襦也,音豎。”司马贞索隐:“谓褐布豎裁,为劳役之衣,短而且狭,故谓之短褐,亦曰豎褐。”指短小之衣。字也作“豎”。《荀子·大略》:“衣则豎褐不完。”杨倞注:“僮豎之褐,亦短褐也。”《汉书·贡禹传》:“家赀(资)不满万钱,妻子糠豆不赡,裋褐不完。”颜师古注:“裋者,谓僮豎所著布长襦也。”《汉书·货殖传》:“富者木土被文锦,犬马余肉粟,而贫者裋褐不完,唅菽饮水。”颜师古注:“裋,布长襦也……裋音豎。”指长的布上衣。《列子·力命》:“朕衣则裋褐。”张湛注引《方言》曰:“裋,复襦也。”陆德明释文同,则指夹衣。

从以上诸例看,“裋”的释义有歧。一指短小之衣,其来由或以僮豎所穿,或因褐布豎裁。按,僮豎说显然不符:裋从衣,本义绝不会是僮豎。豎裁说也是将“裋”视同僮“豎”,仍不合。二指夹衣。也无据。褐不论其单复,常指单,也可指夹,更可指襦袄之类。如晋陶潜《祭从弟敬远文》:“冬无缊褐,夏渴瓢箪。”则指丝绵袄。故与“褐”连用之“裋”不可能专指其一。三指长上衣。比较而言,此说为长。《说文·衣部》:“裋,豎使布长襦。”从声符看,豆是古食肉器,其特点是高脚,“裋”常作“豎”,豎是竖立,立者显高。衣之高则是长。扩大之,也可指短者,但非通“短”之故。长短本相对而称,犹《说文·衣部》“襦”下训“短衣”,而此“裋”下云“长襦”(参王筠《说文句读·衣部》“裋”)。也可指夹衣,因“裋”字朔义本不论单复。故其他所解,皆随文引申。裋为庶民、贫民之衣,无有例外,故必是粗布(麻织品)而不是帛。然则“裋”字本义当训为较长的粗布上衣。引申之,可指粗的短上衣、夹衣。“裋”不能单用。都要与“褐”连用而出现。上述引例均是显证。

“褐”,指称庶民、贫民之衣,人所共识,但其究竟为何等物,即其本义,至今也未有确诂。今辞书或谓“兽毛或粗麻制成的短衣”,或称“粗毛或粗麻织的短衣”。更有将旧注义释逐一罗列,而旧注本歧。《说文·衣部》即训之为“编枲韤。一曰粗衣。”《孟子·滕文公上》:“许子必织布然后衣乎?曰:‘否。许子衣褐。’”赵岐注:“许子衣褐,以毳织之,若今马衣也。或曰褐,枲衣也。一曰粗布衣也。”此注竟列细毛衣、麻衣、粗布衣三义,游移失度“肇歧”于今。今按,“褐”从衣曷声,“曷”或作“葛”。二字上古音同属月部,前者匣母,后者见母,清浊之别。《集韵·入曷》:“褐,编枲韤也。一曰粗衣。”《穀梁传·昭公八年》:“以葛覆质以为槷。”范宁集解:“葛或为褐。”陆德明释文作“褐”,云“户葛反”。即后世“曷、葛”亦常通用。如“猲”,短喙犬(《说文》),唐释慧能《檀经》作“獦”(第三节)。从我国古代纺织史看,远古祖先最早利用的植物纤维即为葛。葛本乃长于湿润山区的藤本野生植物,取之方便。旧石器时代先民已知用葛(参第123条)。远古之尧舜“冬日麑裘,夏日葛衣”(《韩非子·五蠹》)。《诗经》中涉及葛有四十多处,而“麻”就较少,且几乎全指作五谷之食“麻”,而非纺织用之“枲”。可见,葛是大麻兴盛之前先民主要利用的植物纤维。唯此,可以推断,“褐”之“曷”声即“葛”声,本就是葛,制成布和衣为褐,简其声为“褐”。而早期的葛布,尚不能精,故褐的本义应指:粗制的葛布、葛衣。《墨子·尚贤下》:“傅说……衣褐带索,庸筑于傅岩之城,武丁得而举之,立为三公。”其时大麻未普及,其“褐”盖指粗葛衣,正用本义。

当大麻盛行后,纺织工具和工艺的水平,虽足以织出细麻布,但“褐”本既指粗葛衣,遂承此也指大麻粗布或粗布衣。上举“许子衣褐”之“褐”即此义。《史记·游侠列传序》:“故季次、原宪终身空室蓬户,褐衣疏食不厌。”《汉书·货殖传》:“而贫者裋褐不完。”颜师古注:“褐,编枲衣也。”皆此。动物纤维即兽毛也可织衣,其粗者也得称褐。《诗·豳风·七月》:“无衣无褐,何以卒岁?”毛传:“褐,毛布也。”陆德明释文:“褐,以毛为衣也。”上举《汉书·贡禹传》“裋褐不完”颜师古注:“褐,毛布之衣也。”与此同时,葛并未淘汰,仍可织布、衣。由此,可以论定:褐,最早指葛的粗布、粗衣,后通常指麻、毛或葛的粗布与粗布上衣。

由上可见,“裋”指粗上衣,侧重于样式,较长者、短者、夹者,皆可属之;“褐”指粗衣,侧重于质料,麻、葛、毛均可为之。共同点则是粗制。故“裋褐”互补而紧密结合,乃属必然。但二者相较,显然“褐”更能反映事物本质,故“裋”必与“褐”连用,而“褐”可自由使用,通贯古代,并通过修辞的代称用法,孳生一些常用义。一、指贫贱之人。由衣服而转指服者。《左传·哀公十三年》:“旨酒一盛兮,余与褐之父睨之。”杜预注:“褐,寒贱之人。”《孟子·公孙丑上》:“视刺万乘之君,若刺褐夫。”赵岐注:“独夫被褐者。”焦循正义:“褐为贱者所服,褐夫是衣褐之匹夫。”《淮南子·主术》:“使言之而是,虽在褐夫刍荛,犹不可弃也。”古称举仕为“释褐”,指穿上官服,脱去褐衣。二、指黄黑色。俗称茶褐色。因贫贱者脸色黄黑而衍此义。多作形容词修饰语。唐白居易《三适》诗:“褐绫袍厚暖,卧盖行坐披。”指黄黑色绫。其他如“褐衾”、“褐袍”、“褐几”等,不胜烦举,延用至今。“褐”之义既可赅“裋”,故“裋”渐废矣。

“褐”的上述孳义显示出裋褐与裋褐者的特征:庶民贫者所服,亘古不变。中国古代的服饰可谓千姿百态,严谨与华美并见,传统与创新融合。然严酷的封建制度使庶民与仆役的服式简陋单调,代代相因。服者,脸色黑黄的贫寒之人。服式,男子多是粗麻葛布所制短衫、大衫、缚裤(大口裤在膝处扎带以便劳事),女子多是粗麻葛布所制短衫、短襦,下束围裙;男女多束带结巾,布袜草鞋、单鞋。唯千古不变,遂使“褐”有上述孳义,以至反模糊了“褐”的本来指称物。此种“反客为主”的情况在所有服饰词中十分罕见。

参考文献

[1] 黄金贵:《“褐”指什么衣服》,载《疑难字词辨析集》,上海辞书出版社,1987 年 4 月。
[2] 黄辉:《中国古代人物服式与画法》,上海人民美术出版社,1987 年 2 月。

149. 裸（嬴、臝、倮）·裎·裼·袒（但、襢）·徒

“裸”，赤身露体。“裎”，露内衣；与“裸”连用表露体。“裼”，裘外罩衣露裘毛；敞开正服露裼衣、裘衣；与“袒”连用表部分露体。“袒”，挽外衣袖露里衣；挽臂衣露肩臂肉体。后者是“肉袒”：常礼“袒左”，遇种种变故则“袒右”。有时可表赤身裸体，并作袒露的泛称。“徒”，也作袒露的泛称，常与“跣”、“裸”等词连用，表不同的袒露。

【同义】

《广雅·释诂四上》：“嬴（裸）、裎、徒、裼，袒也。”《说文·衣部》于“裸（嬴）、裎、裼”三词均训“但也”（各本作“袒”，今依段校），而《人部》：“但，裼也。”《孟子·公孙丑上》：“尔为尔，我为我，虽袒裼裸裎于我侧，尔焉能浼我哉？”（“浼”，měi，玷污。）《韩非子·十过》：“昔者晋公子重耳出亡，过于曹，曹君袒裼而观之。”《晋书·儒林传·范宣》：“逮晋之初，竞以裸裎为高。”《后汉书·东夷传》：“夏则裸袒，以尺布蔽其前后。”《宋史·外国传七·流求国》：“旁有毗舍邪国，语言不通，袒裸盱睢，殆非人类。”（“盱睢”，xūhuī，仰目视貌。）“袒裼裸裎”、“袒裼”、“裸裎”、“袒裸”，“裸袒”均为同义连用，表示露体。

【辨释】

“裸”字，《说文·衣部》作“嬴”，而以“裸”为其或体。俗又作“臝”、“倮”。“裸”用于人，指不着衣服，赤身露体。《左传·僖公二十三年》：“曹共公闻其骈胁，欲观其裸。”孔颖达疏：“裸谓赤体无衣也。”《庄子·田子方》：“公使人视之，则解衣般（磐）礴，嬴。”《汉书·杨王孙传》：“（杨王孙）及病且终，先令其子，曰：‘吾欲臝葬，以反吾真。’”颜师古注：“臝者，不为衣衾棺椁者也。”《三国志·吴志·薛综传》：“日南郡男女倮体，不以为羞。”《列子·汤问》：“南国之人，祝发而裸。”（“祝”，断。）张湛注：“裸，谓不以衣蔽之也。”

“裎”本指衣。《方言》第四：“赵魏之间……无袍者，谓之裎衣。”钱绎笺疏曰：“古礼服必有袍，惟亵衣无袍。”裎衣即今之对衿衣，无右外衿者也。”即指单层无里、贴身穿的对襟长衣。穿裎衣而见人，是袒露内衣，自属非礼。段玉裁曰：“裎之言呈也，逞也。”（见《说文·衣部》“裎”字注）即逞意而无礼约束。故可引申指露体，但要与“裸”连用方见义，如文首引《晋书·儒林传·范宣》“裸裎”例。又，汉焦延寿《易林·否之小畜》：“载元无裈，嬴裎出门。”若与他词连用，则未必是露体。《战国策·韩策一》：“秦人捐甲徒裎以趋敌，左挈人头，右挟生虏。”指不披甲胄，则是袒露里衣之意。后世偶有单用表露体。宋岳珂《追感》诗：“众髽常忌冠，同浴不讥裎。”要之，“裎”，表露内衣；与“裸”连用表露体。

“裼”表穿衣法，与裘衣有关。裘是兽皮衣，古人衣裘是毛在外。但到了周代，奴隶主贵族感到裘毛在外，易于磨损，于是规定衣裘时裘外必加罩衣，所加外衣谓之“袭衣”。但为显露裘皮之美，一般是在领、袖等边缘口，使外衣露出少许裘毛，此谓之“裼”，其外衣专称为“裼衣”。裼衣必与裘色协调。《礼记·玉藻》：“君衣狐白裘，锦衣以裼之。……君子狐青裘豹褎（同‘袖’），玄绡衣以裼之。”只有“犬羊之裘不裼”，以其为庶人所服，不入贵族之礼域。通常，裼衣之外还要穿与裼衣同色的正服。于是又有礼制引起的不同穿法。《礼记·玉藻》：“裘之裼也，见美也；服之袭也，充美也。”郑玄注：“裼者，免上衣，见裼衣。”孔颖达疏：“裘之裼者，谓裘上加裼衣，裼衣上虽加他服，犹开露裼衣，见裼衣之美，以为敬也。”朱骏声曰：“非盛礼，则以见美为敬，开其正服之前衿，见裼衣，谓之裼。当盛礼，则又以充美为敬，不露裼衣，谓之袭。”（《说文通训定声·解部》“裼”字）简言之：平时，为了“见美”，裼衣外面的正服襟带袒开，于是可见裼衣及内之裘衣；当重大之礼典，为了“充美”，则正服必须将裼衣连同内裘全部罩住。前者也称“裼”、“裼裘”，后者也称“袭”。上古对“裼、袭”礼制上区别甚严。《礼记·玉藻》：“表裘不入公门，袭裘不入公门。”即不加外衣或穿外衣但将裘衣全盖没，均属不敬，则理当“裼裘而上公门”以示礼敬。当然若遇丧礼等，则当反之。《檀弓上》：“曾子袭裘而吊。子游裼裘而吊。曾子指子游而示人曰：‘夫夫也，为习于礼者，如之何其裼裘而吊也？’”在一种礼仪场合往往也有“裼、袭”之异。《表记》：“裼袭之不相因也，欲民之毋相渎也。”郑玄注：“不相因者，以其或以裼为敬，或以袭为敬。礼盛者以袭为敬，执玉龟之属也；礼不盛者以裼为敬，受享是也。”孔颖达疏：“若始末恒裼、袭，是相因也。其行礼之时，或初袭而后裼，或初裼而后袭，所以然者，欲使人民无相亵渎，使礼相变革也。”要之，“裼”者，指二：一是裘外加罩衣使缘口露出裘毛；二是散开最外的正服襟带而袒露出局部的裼衣及裘衣。裼与袭结合，分别使用表示礼敬。二者皆为穿衣法。

据此可知，“裼”者，皆是衣外有衣，非裸露身体。但以其指解开襟带露出里衣，含由外露内之意，故若与“袒”等词连用，遂引申为袒露义，可表示部分的露体。如文首引《韩非子·十过》，据文意指裸露全体。文首引《孟子》“袒裼裸裎”句，赵岐注：“袒裼，露臂也。”又，《汉书·景十三王传·广川惠王越》：“前画工画望卿舍，望卿袒裼，傅粉其傍。”颜师古注：“袒裼，脱衣露其肩背也。”此实取“袒”之常义。但《礼记·内则》：“不有敬事，不敢袒裼。”仍指开襟带袒露里衣以表敬，此仍取“裼”之常义。其情各异，不可一以裸露全体概之。

“袒”在《说文·衣部》训为“衣缝解也”。段玉裁谓即后之“绽”字。殆是。假借为“但”。《集韵·上旱》：“但，《说文》：‘裼也，或作袒。’”“袒”也作“襢”，为袒露义。其义用有三：第一，指挽捋外衣袖露出里衣。《仪礼·乡射礼》：“大夫与士射，袒薰襦。”郑玄注：“不肉袒。”“袒”即袒露一臂之上襦。第二，脱去或捋起臂上之衣，露出肩臂肉体，又称“肉袒”，此式最常见。依常礼，无论吉凶，均是伸露左臂，称“袒左”、“左袒”。《仪礼·乡射礼》：“司射适堂西，袒决遂。”郑玄注：“袒，左免衣也。”“决”是套在右手大拇指上朱红皮制的钩弦物，“遂”指套在左手臂上的朱红皮制的射，即臂套。左臂使用“遂”以射，宜将左臂袒露。贾公彦疏：“凡事无问吉凶，皆袒左，是以《士丧》'主人左袒'，此及《大射》亦皆袒左，不以吉凶相反。唯有受刑袒右。"故凡是五服之外的远亲（五服：高祖亲兄弟，曾祖堂兄弟，祖父再从兄弟，父亲三从兄弟，自己四从兄弟及三从侄，再从侄孙）或朋友有丧，不穿丧服，仅袒左臂去冠括发表示哀思，称"袒免（wèn）"。"免（绕）"，指用一寸宽的麻布从后颈上交于额，再向后绕于发髻。《仪礼·丧服》："朋友皆在他邦，袒免。"《左传·哀公十四年》："孟懿子卒，成人奔丧，弗内（纳），袒免哭于衢。"若遇种种变故，则"袒右"，即伸露右臂。常用于受刑（见上引贾疏），也用于变相的受刑——降仪。《孔丛子·问军礼》："将帅结草自缚，袒右肩而入。"此指将帅败阵而归，袒右表示有罪甘愿受刑。推至"面缚"自降仪，也当如此。《史记·宋微子世家》："周武王伐纣克殷，微子乃持其祭器造于军门，肉袒面缚。左牵羊，右把茅，膝行而前以告。于是武王乃释微子。"《新五代史·王衍传》记王衍之降，"素衣牵羊，草索系首，肉袒衔璧，舆榇后从"（据《册府元龟》卷四二七引）。凡此，均是将帅、首领自降，诸仪物全表示降者愿受刑而死，故此类"肉袒"也必是如《孔丛子·问军礼》所言"袒右肩"，肉袒谓是袒而见肉，而不是指赤裸全身。扩大之，若遇非常之事有涉生死大举，也取"袒右"，以示不同寻常的庄重。《战国策·齐策六》："王孙贾乃入市中，曰：'淖齿乱齐国，杀闵王，欲与我诛者，袒右！'市人从者四百人。"《汉书·陈胜传》："乃诈称公子扶苏，项燕，从民望也，袒右，称大楚。"颜师古注："袒右者，脱右肩之衣。当时取异于凡众也。"《史记·吕太后本纪》所记最可玩味："太尉将之入军门，行令军中曰：'为吕氏右襢，为刘氏左襢。'军中皆左襢为刘氏。"之所以吕右刘左，还是承上古礼俗：左袒是常式，右袒是变式。太尉以汉者刘氏之汉，故以"左"属之；吕氏乃篡权，故以"右"当之。诸"袒（襢）"也是指伸露手臂。除以上两种义用，还有第三义，指赤身裸体，即袒露手臂可扩大到身体。《礼记·曲礼上》："冠毋免，劳毋袒，暑毋褰裳。"（"褰"，qiān，撩起。）所禁均是不敬的行为。孔颖达疏："袒，露也，虽有疲劳之事，厌患其衣而不得袒露身体。""袒"的袒露以第一、二种为主，第三种极少。引申之，又可作袒露的泛称，《礼记·乐记》："天子袒而割牲，执酱而馈。"唐李华《衢州龙兴寺故律师体公碑》："由是江南律范。端严第一，纳衣袒肩，跣足行乞。"

《广雅·释诂四上》："徒，袒也。"王念孙疏证："徒与袒一声之转也。"按，"徒"，并非"袒"的孳生词，徒之作袒露之义，是由空义引申。《集韵·平模》："徒，一曰空也。"《国语·晋语六》："诸臣之委室而徒退者。"韦昭注："徒，空也。"《左传·襄公二十四年》："齐师徒归。"杜预注同。用于袒露诸词，也是空无之义。《礼记·问丧》："鸡斯徒跣。"郑玄注："徒，犹空也。"孔颖达疏："徒跣者，徒，空也，无履而空跣也。"按，《说文·足部》："跣，足亲地也。"段玉裁注："古者坐必脱屦，燕坐必褫韤，皆谓之跣。"盖有两种，一种是脱屦而有袜，一种是全脱屦、袜，后者较前者礼重。《问丧》"徒跣"为仅脱屦而有袜。又《后汉书·文苑传下·祢衡》："射（黄射）徒跣来救，不及。"亦是不著屦而有袜。《战国策·魏策四》："秦王曰：'布衣之怒，亦免冠徒跣，以头抢地尔。'"《史记·萧相国世家》："相国年老，素恭谨，入，徒跣谢。"《汉书·匡衡传》："衡免冠徒跣待罪。"此皆是无屦无袜，完全是袒露双足。《战国策·秦策一》："闻战顿足徒裼，犯白刃，蹈煨炭。”（“煨”，盆中火。）吴师道注：“顿，踊也。徒，谓空，露袒；裼，露臂也。”《史记·张仪列传》：“秦人捐甲徒裼以趋敌。”解同上。司马贞索隐谓：“徒者，徒跣也。裼，袒也。”前训误，后训也不当。《淮南子·齐俗》：“虽之夷狄徒倮之国。”高诱注：“徒倮，不衣也。”“徒裎”例见上引《战国策·韩策一》句，指不披甲衣。凡此，均表明“徒”在与“跣”、“裼”、“裎”、“裸”诸词分别连用时，浑言可为袒露义，但究竟是露肩、露足、露里衣，还是露身体，均决定于其后连用之词，故是袒露的泛称。

参考文献

[1] 郭宝钧：《中国青铜器时代》，三联书店，1963 年 7 月。
[2] [清]孙希旦：《礼记集解》（中册），中华书局，1989 年 2 月。
[3] 王维堤：《衣冠古国》，上海古籍出版社，1991 年 10 月。
[4] 黄金贵：《“面缚”考》，《文史》第 23 辑，中华书局，1986 年 5 月。

150. 屦·履·舄

战国前，“屦”作鞋子总称，“履”作践踏义等。战国时，二者并作鞋子通称。从汉代起，“履”取代“屦”，作鞋子总称。“舄”则是复底厚鞋的总称。舄多作贵族所用礼鞋；战国后庶民也可穿。

【同义】

《说文·履部》：“屦，履也。”《广韵·入昔》：“舄，履也。”《方言》第四：“屦……自关而西谓之屦。”

【辨释】

《方言》第四：“屦，粗履也。”《玉篇·履部》：“屦，麻履也。”《左传·僖公四年》：“共(供)其资粮、扉屦。”(“扉”，粗草鞋。)孔颖达疏：“粗者谓之屦。”《礼记·曲礼上》：“户外有二屦。”陆德明释文：“单下曰屦。”《孟子·滕文公上》：“其(许行)徒数十人，皆衣褐，捆屦、织席以为食。”“捆”，通“梱”，最原始的梭子，此活用为编织义。追求原始生活的许行之徒所织席、屦当为粗制品。从文意看，其所编是粗麻布鞋，即单底、用粗料葛麻之属粗编之鞋。但“屦”也可指丝帛、皮革所制之鞋。《周礼·天官》有屦人，专“掌王及后之服、屦”。《礼记·少仪》：“国家靡敝……食器不刻镂，君子不履丝屦。”《左传·成公二年》：“郤克伤于矢，流血及屦，未绝鼓音。”郤克是晋中军帅、上卿、主帅，不当穿粗陋之鞋，此显然指皮革之戎鞋。《左传·昭公三年》：“国之诸市，屦贱踊贵，民人痛疾。”“踊”，刖足(断足)者之鞋，此言受刖者多而使市场上众人所穿之鞋跌价，踊鞋涨价。此“屦”用为泛指。统计《诗》、《易》、《左传》三《礼》等六部代表性的上古经书之“履”“屦”使用，可有如下对比：“履”，凡 44 见，用作鞋子义 4 次；“屦”，凡 74 见，用作鞋子义 66 次，作动词 8 次(参张标文)。由此可见，“屦”主要用于战国前，当是上古尤其战国前鞋的总称。段玉裁引晋蔡谟曰：“今时所谓履者，自汉以前皆名屦。”(《说文·履部》“履”下段注)“汉”改为“战国”，乃全确。

双尖翘头丝鞋

上古的屦，今无实物可观，从汉代出土物推知，一般当为翘头的舟形。标准的屦鞋，即用于冕服礼仪之丝鞋，有鞋帮鞋底，还有些附饰。在鞋帮鞋底接缝处嵌饰的丝带称“繶”。《周礼·天官·屦人》：“赤繶黄繶。”郑玄注：“繶，缝中紃。”“紃”，丝带。贾公彦疏：

“繶，是牙底相接之缝，缀絛于其中。”包鞋口者是“纯”，今谓之滚边。鞋头像刀衣鼻之类的装饰为“絇”，上有孔可穿系带。《仪礼・士冠礼》：“青絇繶纯。”胡培翚正义：“絇者屦饰，在屦头上，其状如汉时刀衣鼻，有孔，得穿系于中，其义则取于拘，拘，止足以为行戒也。”鞋带即“綦”。《仪礼・士丧礼》：“组綦系于踵。”郑玄注：“綦，屦系也，所以拘止屦也。”此綦带是旋系，带穿过絇上之孔，再绕于后，在脚踵打结。诸附饰物一般是丝织品，可以饰于各种质料之鞋。凡礼屦，屦及屦饰的颜色应与服色一致、协调。如《仪礼・士冠礼》规定：“玄端、黑屦，青絇、繶、纯。”谓玄端（礼冠、礼服，见第132条）必配上黑色屦，上有青色诸附饰。此种礼履规格在后世冕服制中均被保留。

“屦”字，秦以后仍有用者。统计《史记》、《说苑》、贾谊《新书》西汉三书的“履”“屦”使用，可有如下对比：“履”，凡64见，用作鞋子义30次（其余作动词）；“屦”，凡17见，用作鞋子义15次（参张标文）。考者遂认为“汉以后……（履）并没有完全取代屦。”此论未安。以上对比，不仅绝对数“履”远胜于“屦”，而且考察“屦”之15例，如《新书・喻诚》：“昭王走，屦决眦而行失之。……复旋取屦。”《史记・齐太公世家》：“公惧，坠车伤足，失屦。”《说苑・修文》：“诸侯以屦二两加琮。”都是同节有数见，且是述古而用。在考察总结词义使用规律时，应充分注意崇古、述古以及方言、作者个人风格等因素。由于崇古、述古，后世用“屦”不绝如缕，如唐李华《含元殿赋》：“递攀援而耸仰，齐屦企而冠腾。”此用“屦”，乃缘赋宫殿而显古雅色彩。段成式《酉阳杂俎・壶史》：“及安史平，皎（王皎）忽杖屦至达奚家。”此述一“异人”，天宝时破脑刑死，平安史之乱后竟至故人家。用“屦”更显其古怪。宋陆游《读何斯举黄州秋居杂咏次其韵》：“昔人亦有言，刻足以适屦。”此明显是用先秦之典。故绝不可据此以为“屦”通贯古代。如果仔细检核对比西汉文献“履”“屦”的用例，不难发现：除了极少的是述古之用，西汉“履”已基本取代了“屦”。段玉裁承蔡谟所言“汉人书乃言履”，完全正确。故可以断言：“屦”只是上古鞋子总称。

“履”在上古，特别是战国前的情况正与“屦”相反（见前统计数）。《说文・履部》：“履，足所依也。”朱骏声修正曰：“此字本训践，转注为所以践之具也。”（《说文通训定声・履部》“履”字）朱说是。“履”之本义是踏勘地界，动词，西周金文多见（参裘锡圭文）。文献中引申为践踏义。字从四体会意（此从篆体析，亦可明义）：“彳”“夂（cuī）”皆是行，“舟”象鞋之形（今变成“復”的上部），“尸”，代表人，会其意：人足著舟船形之物而行。《论语・乡党》：“行不履阈。”（“阈”，门槛。）皇侃义疏：“履，践也。”《左传・僖公十五年》：“与女简璧，登台而履薪焉。”《文公十三年》：“履士会之足于朝。”杜预注：“蹑士会足欲使行。”《诗・小雅・小旻》：“如临深渊，如履薄冰。”在《诗经》《左传》中，“屦”作名词，“履”作动词，泾渭分明。可引申为履行义。《礼记・表记》：“处其位而不履其事。”郑玄注：“履，犹行也。”穿鞋义。《庄子・田子方》：“儒者冠圜（圆）冠者知天时，履句屦者知地形。”（“句”，曲。）作名词，所行之地。《左传・僖公四年》：“赐我先君履。”杜预注：“履，所践履之界。”凡此引申皆可表明：“履”本应是动词义，极少的鞋子用例，可认为是“活用”，因而“履”本非鞋之称名。

但是从战国起，“履”字也大量用为名词鞋子义。《庄子·山木》：“衣弊履穿，贫也，非惫也。”《吕氏春秋·恃君》：“无衣服履带宫室畜积之便。”又《分职》：“今民衣弊不补，履决不组。”“履决”，鞋破。《韩非子·外储说左下》：“晋文公与楚战，至黄凤之陵，履系解，因自结之。”“履系”，鞋带。据《秦简》和《墨子》等八部战国诸子统计，“履”凡 73 见，用作鞋子义 40 次，“屦”用作鞋子义 38 次（参张标文），二者呈抗衡之势。故可以认为：战国时期“履”与“屦”都用作鞋子通称。秦以后“履”用作鞋子则更多。西汉几部文献的统计见上。其例不烦举。文献的使用表明：秦以后，“履”是鞋子的总称。“屦”、“履”前后正相承、互补。

“舄”，本为鸟的象形，即“鹊”，其鞋形似鹊，故借以称鞋。“舄”是复底鞋的总称。《左传·桓公二年》：“带、裳、幅、舄。”杜预注：“舄，复履。”《周礼·天官·屦人》：“掌王及后之服、屦。”郑玄注：“复下曰舄，襌下曰屦。”晋崔豹《古今注·舆服》：“舄，以木置履下，乾腊不畏泥湿也。”可见，所谓“复底”，是底下置木块的鞋。舄用于冕服，多在朝觐祭祀时穿。“凡舄，唯冕服及具服著之。履则诸服皆用。”（见《隋书·礼仪志七》。“具服”，朝服。）周代，对舄的色彩、规格都有规定。作为天子的舄有三等，赤舄为上，次为白舄、黑舄。赤舄者，因王的下裳纁朱色，舄必须与衣裳颜色相一致。在服冕服时，天子与诸侯王同用赤舄。王后的“舄”亦有三等，以玄舄为上，次为青舄、赤舄。《诗·小雅·车攻》：“赤芾金舄，会同有绎。”（“金”，黄朱色。）谓诸侯来会同时佩朱韨（即蔽膝）、穿朱黄色舄，按尊卑列位。舄之礼制，后世犹承之。但从战国起，舄也不限于帝后、诸侯，一般人也可穿。《史记·滑稽列传》：“男女同席，履舄交错，杯盘狼藉，堂上烛灭。”三国魏曹植《七启》：“金华之舄，动趾遗光。”唐白居易《对酒吟》：“履舄从相近，讴吟任所须。”

舄

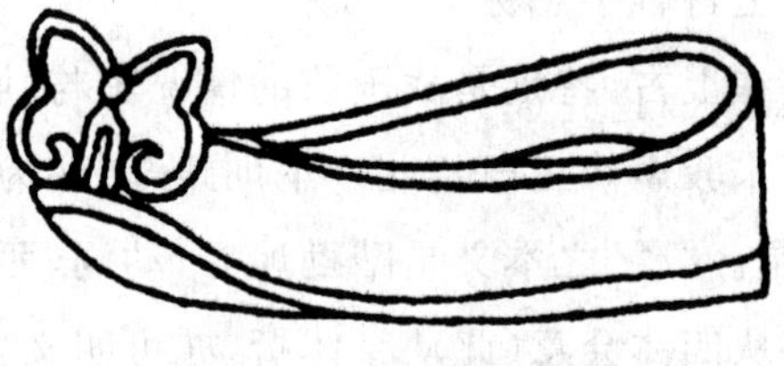

赤舄（《三才图会》）

参考文献

[1]〔日〕原田淑人著、常任侠等译：《中国服装史研究》，黄山书社，1988 年 2 月。
[2] 张标：《屦履考》，《中国语文》1989 年第 5 期。
[3] 裘锡圭：《西周铜器铭文中的“履”》，载《甲骨文与殷商史》第三辑，上海古籍出版社，1991 年 8 月。

151. 扉(菲)·屩(蹻、繑、㽦)·屣(蹝、縰、躧、韡)·靸·屐·鞋(鞵)·靴(鞾)

“扉”，粗草鞋。“屩”，远行时穿的轻便草鞋。“屣”，草拖鞋，用于南北朝前；后可泛称鞋。“靸”，魏晋前指皮拖鞋；后多称草拖鞋。“屐”，有跟有齿的木板鞋；也有平底者。“靴”，长统或半统鞋，汉时传入，唐代百官庶民皆服。“鞋”，鞋口系绳、可伸缩、轻巧的皮革鞋；唐以后，口语中作鞋总称。

【同义】

《方言》第四：“扉，粗履也。徐、兖之郊谓之扉。”《急就篇》卷二：“屐屩……窭贫。”颜师古注：“屩，即今之鞋也。”《广雅·释器》：“屣，屩也。”《说文·履部》：“屩，屐也。”“屐，屩也，然则屐屩古时同类也。”《广雅·释器》：“靸，履也。”《集韵·平佳》：“鞵，或作鞋。”《说文新附》：“鞾，鞮属。”“鞮”，履。“鞾”同“靴”，亦鞋之称。

【辨释】

扉

《说文·尸部》：“扉，履属。”明徐光启《农政全书·农器》引作：“扉，草履也。”上引《方言》第四或作“扉、屦，粗履也”。《释名·释衣服》：“齐人谓草屦曰扉。”《左传·僖公四年》：“共(供)其资粮扉屦。”杜预注：“扉，草屦。”《汉书·刑法志》：“所谓‘象刑惟明’者，言象天道而作刑，安有菲履赭衣者哉?”颜师古注：“菲与扉同。”此指囚徒穿的草鞋。要之，扉指用植物茎皮粗制的草鞋，因此，常供囚徒服用。

“屩”，或作“蹻”、“繑”、“㽦”。《庄子·天下》：“以跂蹻为服。”陆德明释文：“屩与蹻同。”《说文·履部》：“屩，履也。”《足部》：“蹻，举足行高也。”按，“屩”字从履省，乔声，乔声有高义。故屩者，能使人迈步双足高举、坚牢轻便的草鞋，服之便于出门远行。《释名·释衣服》：“屩，草履也。屩，蹻也，出行著之蹻蹻轻便，因以为名也。”《战国策·秦策一》：“(苏秦)说秦王书十上而说不行……去秦而归，羸縢履蹻，负书担橐，形容枯槁，面目犁黑。”《史记·孟尝君列传》：“蹑蹻而见之。”《范雎蔡泽列传》：“夫虞卿蹑蹻檐簦，一见赵王，赐白璧一双，黄金百镒。”《平原君虞卿列传》：“蹑蹻檐簦说赵孝成王。”“簦”，长柄笠，是张而不可阖的伞。鞋、雨伞，皆为远行跋涉的用具。此种草鞋一般用芒草编结。芒草比茅草要高大，其高四五尺，有长茎、短茎，可作绳索、编草鞋(参明李时珍《本草纲目·草·芒》)。《梁书·儒林传·范缜》：“在瓛(刘瓛)门下积年，去来归家，恒芒屩布衣，徒行于路。”《晋书·刘惔传》：“家贫，织芒屩以为荞。”此种草鞋也可以麻编结。唐段成式《酉阳杂俎·贝编》:“寺中多画玄奘蔴屩及匙箸。”屩多为下层劳动人民所穿。《太平御览》卷六九八引《搜神记》曰:“屩者,人之贱服而当劳辱下民之象也。”又《宋书》记李伯对张畅语曰:“君南土膏粱,何为着屩?”

“屣”,或作“蹝”、“縰”、“躧”。《说文·革部》作“鞻”,解为“鞮(dī)属”。《庄子·让王》“原宪华冠屣履”陆德明释文引《通俗文》曰:“履不著跟曰屣。”《孟子·尽心上》:“犹弃敝屣也。”赵岐注:“草履可蹝者也。”朱骏声以为“望文生义”,谓“鞻,无跟之履,所以舞者,故凡履未著跟谓之屣”(《说文通训定声·颐部》)。今一些辞书则浑释为“鞋”。按,徙声通丽声,此词以丽声见义,丽(麗)是二鹿相并,遂有附丽义。“俪”是附着。《文选·左思〈吴都赋〉》:“安可以俪王公而著风烈也?”李善注:“(俪),著也。”“蓖”,草木相附箸土而生(《说文·艸部》)。“纚”,系附。《后汉书·张衡传》“躧朱鸟以承旗”李贤注:“(躧),系也。”“屣”也取附着义。而从其在早期文献之用,从与“靸”的分工看,“屣”当为附着于人足之草鞋,即无系带和后跟、可以拖曳之草鞋,也即草拖鞋,主要用于南北朝前。专其用、专其字为“躧”,则成“舞履”(《说文·足部》)。盖“凡舞不纳履”(朱骏声语,见《说文通训定声·随部》),皆穿无跟之拖鞋。舞者与不舞者,其用一也,故“屣、躧、縰”诸字可互用,泛称拖鞋。草拖鞋,只可家用而不能行路,是鞋中最可轻弃之物,故常用于“脱”、“敝”、“舍”诸字后。《吕氏春秋·观表》:“视舍天下若舍屣。”《孟子·尽心上》:“舜视弃天下犹弃敝蹝也。”《战国策·燕策一》:“则燕赵之弃齐也,犹释敝躧。”《汉书·郊祀志上》:“嗟乎!诚得如黄帝,吾视弃妻子如脱屣耳!”《陈书·高祖纪》:“居之如驭朽索,去之如脱敝屣。”唐段成式《酉阳杂俎·壶史》:“公远(罗公远)极言曰:‘陛下未能脱屣天下,而以道为戏。”作动词,为名词的意动用法,以……为屣,喻将某物看得很轻。南朝齐孔稚珪《北山移文》:“屣万乘其如脱。”“屣万乘”,把万乘大国之君视为草拖鞋而可轻易脱弃。既是拖鞋,其行走特征必是拖曳,故引申为拖曳,状匆遽出迎宾客之动作。《后汉书·崔骃传》:“由此候宪,宪屣履迎王。”李贤注:“屣履,谓纳履曳之而行,言匆遽也。”《郑玄传》:“国相孔融,深敬于玄,屣履造门。”又《王符传》:“有顷,又白王符在门。规(皇甫规)素闻符名,乃惊遽而起,衣不及带,屣履出迎。”诸例皆谓匆促之际,穿鞋未待拔跟、系带,遂拖曳鞋子出迎。又有“倒屣”之语,其“屣”也是拖曳义。盖“倒屣”者并非指倒穿屣:屣既无跟,岂可倒穿?“倒屣”不是动宾结构,而是偏正结构,犹倒拖(鞋)。《魏志》:“王粲字仲宣,蔡邕见而奇之,宾客盈坐。闻王到,倒屣迎之。”《后汉书》:“皇甫规有当世重望,乡人有行贿,为郡守谒规,规卧不起,闻王符至,遂倒屣而迎。”(《太平御览》卷六九八)《北史·宋繇传》:“每闻儒士在门,常倒屣出迎,引谈经籍。”《旧唐书·刘邺传》:“德裕阅其文,倒屣迎之,乃辟为从事管记室。”唐王维《辋川别业》诗:“披衣倒屣且相见,相欢语笑衡门前。”诸“倒屣”均谓倒拖着鞋(一般的鞋)。以上动词用法,都可证明屣本必是指草拖鞋。后世“屣”也可用为鞋的泛称。唐段成式《酉阳杂俎·贝编》:“于此听比丘着函缚屣。函缚,此言靴也。”《广知》:“八月四日勿市履屣。”“履屣”同义连用。明宋濂《送东阳马生序》:“当余之从师也,负箧曳屣,行深山巨谷中。”但“屣”远无“履”之广而久。

“靸”，也称拖鞋。宋戴侗《六书故》：“靸，今人以履无踵直曳之者为靸。”但其物代有变化。魏晋前，主要是一种皮拖鞋。《急就篇》卷二：“靸鞮卬角褐韤巾。”颜师古注：“靸谓韦履，头深而兑（锐），平底者也，今俗呼谓之跣子。”《释名·释衣服》亦曰：“靸，韦履深头者之名也。”又称“靸鞋。”秦始皇二年改用蒲制，从晋代起，除梁武帝用丝制，一般均用草制，说见五代马缟《中华古今注》、元末明初陶宗仪《辍耕录》卷十八引唐王睿《炙毂子杂录》。《谭子化书序》：“杖靸而去。”《景德传灯录·怀恽禅师》：“百丈和尚令一僧来伺候，师上堂次，展坐具，礼拜了，起来拈师一只靸鞋。”元末明初陶宗仪《辍耕录·靸鞵（鞋）》：“西浙之人，以草为履而无跟，名曰靸鞵。妇女非缠足者，通曳之。”此是后事。若晋以前因均用皮制，故其质量比“屣”当然要高，因而有“脱屣”、“敝屣”，却无“脱靸”、“敝靸”之类。拖鞋轻巧，故引申为飘忽貌。《汉书·司马相如传下》引其《哀秦二世赋》：“汩淢靸以永逝兮。”颜师古注：“靸然，轻举意也。”为动词，拖曳义，“靸”读 tā。元方回《秋夜听雨》诗：“质明靸破鞋，满砌落叶温。”

“屐”，常指木屐。古之屐有跟，木板为鞋底，一般搭襻较宽（便于穿皮袜），鞋底下有前后两排齿，犹如今天木屐和钉鞋的混制，常作雨鞋、山鞋，也可燕居家用。“屐”，古已有之，从南北朝起盛行。《急就篇》卷二：“屐屩……窭贫。”颜师古注：“屐者，以木为之而施两齿，可以践泥。”《释名·释衣服》：“屐，榰也，为雨足榰以践泥也。”《汉书·爰盎传》：“屐步行七十里。”汉代妇女出嫁，也穿木屐，屐上施彩画，用五彩丝带系之（参《汉书·五行志》）。《世说新语·简傲》：“王子敬兄弟……及嘉宾死，皆箸高屐，仪容轻慢。”《晋书·王述传》：“尝食鸡子，以箸刺之，不得，便大怒掷地。鸡子圆转不止，便下床以屐齿踏之，又不得。瞋甚，掇内（纳）口中，齧破而吐之。”又《谢安传》记谢安乍接苻坚败北的战报，初很镇静，后“过户限，心喜甚，不觉屐齿之折”。又有一种，在木屐底部装前后两只活络木齿，可调节。《南史·谢灵运传》：“登蹑常著木屐，上山则去其前齿，下山去其后齿。”以保持人体平衡。更有一种无齿平底屐，多用作军鞋。《晋书·宣帝纪》：“关中多蒺藜，帝使军士二千人著软材平底木屐前行。”此乃司马懿举兵征蜀中所设权宜措施，非屐之常制。在形式上还有过变化。《晋书·五行志上》曰：“初作屐者，妇人头圆，男子头方。圆者顺之义，所以别男女也。至太康初，妇人屐乃头方，与男无别。”唐代也为人习穿。李白《浣纱石上女》诗：“一双金齿屐，两足白如霜。”屐较轻便、简易，凡上朝，访友、公宴等讲究礼节的场合，不宜穿着。

“鞋”，本作“鞵”。《旧唐书·舆服志》：“武德来，妇人著履，规制亦重，又有线靴。开元来，妇人例著线鞋，取轻妙便于事，侍儿乃着履。”此于“履、鞋、靴”分别井然。故书面语中“鞋”非鞋子总称。按，“鞋”，汉代已有。《淮南子·齐俗》：“不亟于为文句疏短之鞵。”《说文·革部》：“鞵，革生鞮也。”“鞮”，是薄革鞋。《释名·释衣服》：“鞵，解也，著时缩其上如履然，解其上则舒解也。”可见“鞵”与“解”同声源，其系带与一般履带不同，可松紧收缩。《急就篇》卷二句，颜师古注将“屩”训为“今之鞋”。而“屩”是一种轻便的步行草鞋，则“鞋”亦当类之。又，从上引《旧唐书·舆服志》也可知鞋为轻便之履。革者皮革。综而观之，最早之“鞋”，当是皮制而轻巧、鞋口系绳、可以松紧之鞋。唯其轻巧，又可纹饰，通常是妇人所穿，像唐代妇女鞋常作凤头形。唐温庭筠《锦鞵赋》："碧缱缃钩，鸾尾凤头。"（"缱"，帮鞋底间嵌缝的鞋丝带。）白居易《上阳白发人》诗："小头鞋履窄衣裳，青黛点眉眉细长；外人不见见应笑，天宝末年时世妆。"上引《旧唐书・舆服志》云："开元来，妇人例著线鞋。"也是妇人著鞋之一例。唐以后，"鞋"几乎成了鞋的总称，如上引《辍耕录》条所记。但主要用于口语，正统文言仍用"履"。

"靴"，本作"鞾"，是长统（或半统）鞋。皮制之鞋，古已有之，但均无统，靴则有统。最早来自西域，是便骑马所穿的足衣。赵武灵王最早学胡而服之。《释名・释衣服》："鞾，跨也，两足各以一跨骑也。本胡服，赵武灵王服之。"《隋书・礼仪志七》："唯褶服以靴。靴，胡履也，取便于事，施于戎服。"新疆楼兰即出土过一双距今约四千年的羊皮靴，统高20多厘米，有2厘米宽的皮搭襻。新疆罗布泊出土西汉时的牛皮靴一双。靴虽然汉代已从西域传入，但文献中"靴"字还不多见，可见其物未盛。至魏晋时，南朝犹不是常服，一般人仍穿厚底履，少数人学北人而穿靴。《南史・恩幸传・周石珍》："亶（通'但'）学北人着靴上殿，无肃恭之礼。"而北朝靴则早已是常服。《北齐书・徐之才传》引童谣有"惟得一量紫綖靴"之语。《北齐校书图卷》中男女都有着高靿（yào，靴筒）靴、裹帛巾或穿翻领长袍者。从隋代起，南北合一，靴全面推广。《隋书・礼仪志七》："玉梁带，长靿靴，侍从田狩则服之。"至唐而盛，长靿靴改为短靿靴，文武百官庶民皆服，并可穿以入殿省（以前着履入朝），入朝穿的是厚绵制的皂靴。《新唐书・李白传》："白（李白）常侍帝，醉，使高力士脱鞾。"西安南郊杨思勗墓出土唐开元石刻造像，西安唐李贤墓壁画所见文武官僚、仪卫，皆穿半统靴。唐代妇女、宫人、舞女也行着靴。李白《对酒》诗："胡姬十五细马驮，青黛画眉红锦靴。"舒元舆《赠李翺〈席上有舞柘枝者〉》诗："湘江舞罢忽成悲，便脱蛮靴出降帷。"到宋代，皂靴也被列为从皇帝至百官的朝服，后妃命妇则穿舄，男女有别（参《宋史・舆服志》）。辽、金、元为北方少数民族统治，服靴更盛，靴式更多。元代始有方头靴。明代出现钉靴，文武官员用作雨鞋。清代的靴，在造型、用料、工艺诸方面均超过前代（参骆崇骐书第三章）。

参考文献

[1] 周锡保：《中国古代服饰史》，中国戏剧出版社，1984年9月。
[2] 周汛等：《中国历代服饰》，学林出版社，1984年4月。
[3] 骆崇骐：《中国鞋文化史》，上海科技出版社，1990年9月。

152. 带·鞶·绅·组·绂(韨)·绶

"带",腰带(革带和大带)的泛称。"鞶",仕宦者所束革带;也可泛称大带。"绅",上古大带专称,后多用于"搢绅"之语代称仕宦之士大夫。"组",丝带总称,专指丝织大带。"绂",汉称大带,有典重色彩。"绶",大带最通行的专称。绶带必兼印,为朝廷命官标志,绶色、印质之别可区分官职大小。印绶制至隋而衰。

【同义】

《说文·巾部》:"带,绅也。"《左传·桓公二年》:"鞶厉游缨。"杜预注:"鞶,绅带也。"《尔雅·释草》:"组似组,东海有之。"郭璞注:"组,绶也,海中草生彩理有象之者。"《楚辞·招魂》:"放陈组缨,斑其相纷些。"王逸注:"组,绶。"《广雅·释器》:"绂,绶也。"

【辨释】

《释名·释衣服》:"带,蒂也,著于衣,如物之系蒂也。"《诗·卫风·有狐》:"之子无带。"毛传:"带,所以申束衣。"《礼记·少仪》:"葛绖而麻带。"郑玄注:"带,所以自结束也。"《论语·公冶长》:"束带立于朝,可使与宾客言也。""带"是各种带子的总称,古今实同。又作腰带的泛称。腰带是古人身上最重要的带饰,富有礼仪作用和实用价值,可以约束宽衣大袍,悬挂一些礼仪饰物,显示官品大小、尊卑不同。腰带有大带和革带两类。大带,据《礼记·玉藻》,上古天子、诸侯、大夫皆"素带"(素丝编织),士"练带",居士"锦带",弟子"缟带";士以下之庶人无大带。带的位置:朝服之类,围处要高于心;深衣之类,围处要低于胁。带围而在身前交结,交结处以组带约束,并垂大带之余以为饰。革带,在大带之里,上附革囊,以放纳随身杂物。革带由皮带、带钩、銙(带环)、铊(带尾)构成,带环套入带钩以固结。布衣、庶民束的革带称韦带("韦",熟牛皮),无纹饰。《说苑·奉使》:"大王亦尝见夫布衣韦带之士怒也?"《后汉书·周磐传》:"尝诵《诗》至《汝坟》之卒章,慨然而叹,乃解韦带,就孝廉之举。"李贤注:"以韦皮为带,未仕之服也。"士以上之仕宦者所束的革带较讲究,最讲究的是北齐。北齐人胡服骑射:窄袖绯绿,利于骑射;短衣长靿,便于涉草;腰围蹀躞带,宜于佩带弓剑、算囊、刀砺之类重物。此种革带还有金玉珠宝之饰。因受胡服影响,到唐代此种革带也成为区分官品的重要服饰。《新唐书·车服志》:"至唐高祖,以赭黄袍、巾带为常服。腰带者,搢头垂于下……取顺下之义。一品二品銙(环)以金,六品以上以犀,九品以上以银,庶人以铁。"即在革带上按不同官品、等级作不同带饰。此外,还有玉带。唐高祖赐李靖于阗玉带十三銙,銙皆附连金饰带环。

“鞶”是士以上之仕宦者所用革带的专称。鞶带除了挂革囊，还用以悬佩玉饰。汉班固《白虎通·衣裳》：“必有鞶带者，示有事也。”指金革之事。《说文通训定声·乾部》曰：“革带以佩玉，用韦，字从革，当以革带为正，故马腹带亦曰鞶。”《文选·张衡〈思玄赋〉》：“辮贞亮以为鞶兮。”李善注：“鞶，所以带珮也。”浑言之，也可泛称显示官阶的大带。《说文·革部》：“鞶，大带也。”《易·讼》：“或锡（赐）之鞶带。”孔颖达疏：“鞶带谓大带也。”文首引《左传·桓公二年》“鞶厉游缨”句杜预解“鞶”又曰：“一名大带。”

“绅”，本指大带之垂者，即打结后余伸的丝带。上古士大夫束在衣外的丝腰带，在腹前打结，必留出三尺（周尺）垂下，谓之“绅”。《说文·糸部》：“绅，大带也。”段玉裁注：“古有革带以系佩韨，而后加之大带，绅则大带之垂者也。”《礼记·玉藻》：“绅长，制：士三尺。”郑玄注：“绅，带之垂者也。”扩大代称整个大带。常用为大带的专称。主要用于上古，后世偶有承古而用。《论语·乡党》：“加朝服拖绅。”何晏集解：“绅，大带。”又《卫灵公》：“子曰：‘言忠信，行笃敬……’子张书诸绅。”《后汉书·第五伦传》：“刻著五臧（臟），书诸绅带。”李贤注：“绅谓大带，垂之三尺。”腰系绅带，意在“示敬谨自约整”（《白虎通·衣服》），因其有三尺垂余，可应急而书记文字，但此非常式。通常朝会时执上圆下方之笏（手板），冠插白笔，朝臣启奏受命时，取白笔书写于笏板以备忘，书毕，将笏插于系围的大带，所谓“搢（缙）绅”。“搢”，插，将手板插进绅带。《庄子·天下》：“其在于《诗》《书》《礼》《乐》者，邹鲁之士、搢绅先生，多能明之。”《荀子·礼论》：“说（作‘设’）亵衣、袭三称，缙绅而无钩带矣。”杨倞注：“缙与搢同。”《韩非子·五蠹》：“坚甲厉兵以备难，而美荐绅之饰。”“荐”通“搢”。《史记·封禅书》：“其语不经见，缙绅者不道。”《后汉书·文苑传下·赵壹》：“君学成师范，缙绅归慕。”“搢（缙）绅”，指称仕宦之士大夫。《文选·蔡邕〈郭有道碑文〉》：“缨緌之徒，绅珮之士。”刘良注：“绅，大带也，珮，玉珮也，皆谓在朝而官及儒学诸生所朝服也。”《宋史·刘伯正传》：“绅笏俨然，声色不动。”由此可见，“绅”后世也沿用，多用于“搢绅”之语，以在朝百官、士大夫的服饰特征代称其人。

《说文·糸部》：“组，绶属也，其小者以为冠缨。”段玉裁注：“属，当作织，浅人所改也，组可以为绶，组非绶类也。……织成之绶，材谓之组。……人为组绶，小为组缨，其中之用多矣。”朱骏声亦曰：“织丝有文（纹），以为绶缨之用者也。阔者为组，为带绶；陋者曰絛，为冠缨。”（《说文通训定声·豫部》“组”字）段、朱说得之。“组”之用甚广，用于首，可作冠缨；用于衣，可作衿（襟）带；用于鞋履，为繶（yì）带；用于室，可作系帐带，即絛（tāo）。《文选·嵇康〈赠秀才人军〉诗》：“微风动袿，组帐高褰。”刘良注：“组，所系帐也。”还用于编连铠甲。《管子·五行》：“天子出令，命左右司马衍组甲厉兵。”尹知章注：“组甲，谓小组贯甲也。”可见，“组”为丝带总称。而用指束腰之大带，亦其一端。《后汉书·冯衍传上》：“君长、敬通，揭节垂组，自相署立。”（“君长”，鲍永字；“敬通”，冯衍字。）去官称“解组”。《文苑英华》卷八七三引南朝梁萧纶《隐居贞白先生陶君碑》：“明年遂拜表解职，抽簪东都之外，解组北山之阳。”《汉书·酷吏传·杨仆》：“将军……请乘传行塞，因用归家，怀银、黄，垂三组。”（“银、黄”，银印、金印。)颜师古注:“三印,故三组也。组,印绶也。”盖绶带必以丝为之,故绶带也可称组带。但“组”侧重于带之以丝编织。《资治通鉴·齐武帝永明四年》:“魏给尚书五等爵已上朱衣玉佩、大小组绶。”“组绶”非同义连用。胡三省注:“组绶者,组织以成绶。”即以丝组所制成之绶带。唐白居易《罢府归旧居》诗:“腰间抛组绶,缨上拂尘埃。”亦此。因此,在秦以后,“组”是从丝织物称大带,要之,泛指丝织大带。

“绂”,本指用于祭服的蔽膝,字又作“韨、芾”。《易·困》:“朱绂方来。”孔颖达疏:“绂,祭服也。”指蔽膝(参第144条)。蔽膝亦以从腰带下垂至膝,与大带之结而下垂相似,故也得指称腰部的绶带,即大带,示故陈之物,见典重色彩,主要用于汉代。《汉书·匈奴传下》:“授单于印绶,诏令上故印绂。”新绶带称“绶”,旧带称“绂”,有典重意味。汉张衡《西京赋》:“降尊就卑,怀玺藏绂。”但“绂”主要不用为绶带之称,即汉代也使用不多。

绶本是系佩玉的丝带。《尔雅·释器》:“璲,绶也。”郭璞注:“即佩玉之组,所以连系瑞玉者。”转而作系官印的腰带。此种大带均为君主所授,宦者所受,“绶”之称最能反映其本质,故“绶”成为系官印大带最通行的专称。其制,战国已见端倪。《史记·范雎蔡泽列传》记蔡泽语:“怀黄金之印,结紫绶于要(腰),揖让人主之前,食肉富贵。”但真正成为印绶之制得至汉代。汉代的官服,区别官品的方法:一是文官所戴进贤冠的梁数:公侯三梁,中二千石以下至博士二梁,博士以下至皂吏皆一梁。二是以绶带的稀密与彩色。此更为直观而有效。绶,长一丈二尺,以应十二月;阔三尺,象征天、地、人(据《汉官仪》)。按文献资料与实物分析,汉代皇帝的绶,每厘米有经线271.7根(现代棉布一般每厘米经纱才25.2根),是包含若干层里经的提花织物。在武氏祠画像石的《齐王和钟离春》一图中,齐王所赐钟离氏的绶带上,可以见其多重组织。绶带围于腰,绶(打结后下垂部分)垂于腹前,绶带腰侧处挂以皮革的鞶囊,囊中盛印。一绶一印。前举《汉书·酷吏传·杨仆》所记是杨仆为主爵都尉、楼船将军、将梁侯,故有三印与三条绶带。印章正方,一般不超过2.5厘米见方。绶带之垂绥,一般外露,有时也可放入囊中。《晋书·舆服志》:“汉世着鞶囊者,侧在腰间,或谓之傍囊,或谓之绶囊。然则以紫囊盛绶也。或盛或散,各有其时。”河南汉代画像石中带虎头鞶囊的武士囊边露出小段绶。汉代印绶的品色是:公侯、相公、三公等金印紫绶;九卿(二千石以上)银印青绶;下至六百石铜印墨绶。汉扬雄

齐王与钟离春
齐王正将王后的印绶授予钟离春,
对方恭受(山东武氏祠汉画像石)

《解嘲》:“纡青拕(拖)紫,朱丹其毂。”青紫,指公侯九卿之大官。南朝齐孔稚珪《北山移文》:“至其纽金章,绾墨绶,跨属城之雄,冠百里之首。”“纽”,系佩。“绾”,wǎn,系。谓周颙佩铜印墨绶,当了海盐县令。绶多为皇帝及百官所佩,而诰命夫人、名流仕女亦可佩者,如上举武氏祠画像石中,齐王授绶于钟离春,因主册封钟离氏为后。绶连同印是权力的象征。秦末反秦起义时,项氏叔侄杀了会稽郡守,项梁即“佩其印绶,门下大惊”(《史记·项羽本纪》)。朱买臣拜为会稽太守后“衣故衣,怀其印绶”回乡,郡吏鄙夷不顾,待守邸一见其身上有绶,引绶视印,乃“会稽太守章”,遂大惊失色,群吏齐来中庭拜谒(《汉书·朱买臣传》)。印绶之重要由此可见。

印绶制到北周、隋代已渐趋衰微。盖官印原来用于简牍缄封押印封泥,故印小。而从汉魏起,纸逐渐流行,印一盖于纸,天地广阔,使印越来越大,渐渐不便身带,故《隋书·仪礼志七》言:“今……不佩印”,规定印“归于官府,身不自佩”。印既不佩,绶也失去作用。代之而起的便是品色袍服、绣“补子”、鱼符鱼袋之制(详第 141 条)。其物淘汰,其词也少用。在唐代文献中有时也见。唐刘禹锡《送周使君罢渝州归郢州别墅》诗:“池荷雨后衣香起,庭草春深绶带长。”此绶已不同于汉代印绶,实指袍服,因袍服也有丝腰带,故诗人沿用“绶”之名以代称袍服、官职。

参考文献

[1] 周锡保:《中国古代服饰史》,中国戏剧出版社,1984 年 9 月。
[2] 朱锡禄:《武氏祠汉画像石》,山东人民美术出版社,1986 年 12 月。
[3] 周到、吕品、汤文兴:《河南汉代画像砖》,上海人民美术出版社,1985 年 4 月。
[4] 孙机:《说“金紫”》,载《古代礼制风俗漫谈》(二集),中华书局,1986 年 4 月。

153. 佩(珮)·环·玦·珩(衡)·琚·瑀·璜·冲牙○蠙珠

古人讲究佩饰，尤重玉佩。“佩”，佩玉的泛称。“环”，中心有孔的扁圆玉。“玦”，开缺口的玉环。杂佩，是一组玉：最上磬形横玉“珩”，下垂三带，带缀蠙珠；左右带之中，系方形玉“琚”，末系半圆形玉“璜”，中带之中系圆形玉“瑀”，末系锥角形小玉“冲牙”。走时冲牙击璜，发出有节奏声响。

【同义】

《礼记·经解》：“行步，则有环佩之声；升车，则有鸾和之音。”郑玄注：“环佩，佩环，佩玉也。”“佩”通“珮”。唐杜甫《咏怀古迹》之三：“画图省识春风面，环佩空归月夜魂。”“佩”一作“珮”。《说文·玉部》：“玦，玉佩也。”“珩，佩上玉也。”《文选·张衡〈思玄赋〉》：“辮贞亮以为鞶兮，杂伎艺以为珩。”李善注：“珩，珮也。”《楚辞·招魂》：“结琦璜些。”王逸注：“璜，玉名也。”《诗·卫风·木瓜》：“投我以木瓜，报之以琼琚。”毛传：“琚，佩玉名。”段玉裁曰：“杂佩谓之佩玉，有琚瑀以纳间。”则“珩、璜、琚、瑀”皆为佩玉名。“冲牙”亦属之。

【辨释】

《玉篇·玉部》：“珮，本作佩，或从玉。”“珮”显然为玉佩之后出专字，但与“佩”常混用。《说文·人部》：“佩，大带佩也，从人凡巾。佩必有巾，故从巾，巾谓之饰。”《释名·释衣服》：“佩，倍也，言其非一物，有倍贰也，有珠有玉，有容刀，有帨巾，有觿之属也。”古人甚重佩饰。《论语·乡党》：“去丧，无所不佩。”即除了服丧，平居时自帝王公卿至布衣庶民，皆有佩饰。佩饰，有表示礼仪、修饬自己品德和区分官品、贵贱、职业、身份等多种作用，可分佩物与带饰两大类。带饰以腰带最为重要(参第152条)。此外，曾行方心曲领、假带之饰。《隋书·礼仪志七》：“曲领，案《释名》，在单衣内襟领上，横以雍颈，七品以上有内单者则服之……八品以下皆无。”中单，亦称中衣、衬衣、汗衫，属短衫类，着于外衣与内衣之中(参《中华古今注》)。汉代至隋代，在朝百官七品以上，服用中单者，遇朝会、礼仪大典皆要在颈胸前佩方心曲领与假带，以雍颈压领，显示整饬、端庄。佩物，内容广泛，含义深邃，大别为二：一是德佩，二是事佩。事佩者，所以备劳作和用事。《白虎通·衣裳》曰：“佩即象其事。若农夫佩其耒耜，工匠佩其斧斤，妇人佩其鍼(针)镂。”《礼记·内则》曰：“左右佩用。左佩纷帨(拭物巾)、刀、砺(磨刀石)、小觿、金燧(取火之阳燧)，右佩玦、捍(二者用于射时护指、护臂)、管遰、(刀鞞)、大觿、木燧(钻火具)。”可约举数端以证。《诗·卫风·芄兰》：“童子佩觿。”段玉裁曰：“觿所以解结，成人之佩也。《内则》注曰：'小觿，解小结也。'觿貌如锥，以象骨为之。"(《说文·角部》"觿"注)又，"童子佩韘"毛传："韘，玦也，能射御则佩韘。"即以象骨所制，套在右手大指，用以钩弦之具。《汉书·王尊传》："愿观相君佩刀。"唐杜甫《送陵州路使君之任》诗："佩刀成气象，行盖出风尘。"入朝时佩刀改用木剑。杜甫《人日》诗："佩剑冲星聊暂拔，匣琴流水自须弹。"德佩，乃因佩物以表德示性。《楚辞·离骚》："椴又充夫佩帏。"王逸注："帏，盛香之囊。"此佩香囊以示洁。《史记·仲尼弟子列传》："子路性鄙，好勇力，志伉直，冠雄鸡，佩豭豚。"裴骃集解："二物皆勇，子路好勇，故冠带之。"此佩豭皮以示性。《韩非子·观行》："西门豹之性急，故佩韦以自缓；董安于之心缓，故佩弦以自急。"此佩皮革与弓弦以自饬。在德佩中，最主要是佩玉。《周礼·天官·玉府》："共(供)王之服玉、佩玉、珠玉。"贾公彦疏："佩玉者……谓佩于革带之上者也。"《诗·郑风·有女同车》："将翱将翔，佩玉将将。"《礼记·玉藻》曰："君子无故，玉不去身，君子于玉比德焉。"又言佩玉的等级："天子佩白玉，而玄组绶；公侯佩山玄玉，而朱组绶；大夫佩水苍玉，而纯组绶；世子佩瑜玉，而綦(青而微白)组绶；佩瑜纹，而缊(赤，深红)组绶。"唯佩常用于佩玉，故"佩(珮)"可作佩玉的泛称。《楚辞·九歌·湘君》："遗余佩兮醴浦。"王逸注："佩，琼琚之属也。"《九章·悲回风》："抚佩衽以案志兮。"泛指佩玉与衣衽。晋潘岳《西征赋》："想珮声之遗响，若铿锵之在耳。"指佩玉之声。佩玉名目甚多，下是常见者。

"环"从玉睘声，睘即圜，圆义。环是璧的一种，中心有孔的扁圆玉器。环可以戴，如指环、臂环。三国魏曹植《美女篇》："攘袖见素手，皓腕约金环。"但主要用于佩，故常与"佩"连用。见文首引《礼记·经解》及杜诗例。例不胜举。从文献看，又常与玦佩在一起(见下)。"环"，以与"还"谐音而可暗示归还意，故在上古、秦汉常作为人际交往中的婉曲示信物。《荀子·大略》："绝人以玦，反绝以环。"杨倞注："古者臣有罪，待放于境，三年不敢去，与之环则还。"汉名将李陵降匈奴后，汉朝使陵故友任立政等至匈奴，欲招陵归汉，碍于单于等在场，不得私语，立政等遂"数数自循其刀环，握其足阴谕之，言可还归汉也"(《汉书·李陵传》)。此乃利用刀上的玉环示意。

"玦"指缺环，即开缺口的玉环。商代出土的龙形玉玦，很像一只有缺口的耳朵，战国墓中的小玉玦常成对出现在死者的耳旁，显然作耳饰玉器。但文献中主要作佩玉，并且以"玦、决"谐音而示决绝、决断意。故在上古、秦汉，也常作为婉曲示信物。《说文·玉部》："玦，玉佩也。"段玉裁注："《白虎通》曰：'君子能决断则佩玦。'韦昭曰：'玦，如环而缺。'"《左传·闵公二年》："(卫懿)公与石祁子玦，与宁庄子矢，使守。"杜预注："玦，玉玦。玦示以当决断，矢示以御难。"《史记·项羽本纪》："范增数目项王，举所佩玉玦以示之者三。"示意项王快决断而除沛公。上引《荀子·大略》"绝人以玦"，则谓决绝。"环、玦"作为佩物常并系于腰带，撞击发声；作为词，也常连用。《汉书·隽不疑传》："不疑冠进贤冠，带櫑具剑，佩环玦，褒衣博带，盛服至门上谒。"("櫑具"，古长剑名，柄有蓓蕾形玉饰。"褒"，当作"袌"，大裾。)《后汉书·袁谭传》："审配献书于谭曰：'愿熟详吉凶，以赐环玦。'"环者示还，玦者示绝，谓赐告去留。

《诗·郑风·女曰鸡鸣》:"知子之来之,杂佩以赠之。"毛传:"杂佩者,珩、璜、琚、瑀、冲牙之类。""杂",多。即谓以诸小玉器构合之成组玉佩。杂佩有左右两套,分挂腰带左右侧。《说文·玉部》:"珩,佩上玉也。从玉行,所以节行止也。"即谓节人行止之玉。《国语·晋语二》:"白玉之珩六双。"韦昭注:"珩,佩上饰也。珩形似磬而小。"按,"行"通"衡",故"珩"或作"衡"。《礼记·玉藻》:"一命缊韨幽衡。"郑玄注:"衡,佩玉之衡也。"故"珩"又有横意,为佩组内唯一横置于最上方之玉,其形或如残环,或如小磬,有折角,上方有小孔穿组以系于腰带。下方有三小孔系三组带垂下,带上皆缀连蠙珠,又称"玭珠"。蠙是蚌的别称。因产珠而又为珠名。《书·禹贡》:"淮夷蠙珠暨鱼。"孔传:"珠,珠名。"《大戴礼记·保傅》:"下有双璜、冲牙,玭珠以纳其间。"左右两组带之中点系结琚玉,中间组带之中点系瑀。《说文·玉部》:"琚,佩玉石也。""瑀,石之次玉者。"二者皆为杂玉,琚正方形,瑀圆形。《大戴礼记·保傅》:"琚瑀以杂之。"卢辩注:"赤者曰琚,白者曰瑀。"中间组带末端系冲牙。《礼记·玉藻》:"佩玉有冲牙。"其状是两旁呈锥角形的小块玉。冲牙的两旁,即左右两丝带的末端系璜。《说文·玉部》:"璜,半璧也。"即璧之半,呈牙形。两璜直悬,成相向合抱之形。《正字通》曰:"佩上横曰珩,下有二璜,作牙形,穿孔悬两旁,于其中末悬冲牙,使关而相击也,行则冲牙触璜有声也。"即步履振动使冲牙撞击玉璜而发出铿锵悦耳之声,以此节制步履使富于节奏感。此种杂佩,主要行于上古。但秦以后亦未绝迹。汉刘向《九叹·远游》:"结琼枝以杂佩兮,立长庚以继日。"晋陆机《赠冯文罴一首》诗:"愧无杂佩赠,良讯代兼金。"河南信阳楚墓2号墓出土三个漆绘木俑,其袍服前身,皆悬多层次的杂佩,其玉璜、丝带尤粗大,似有夸张意味,与文献所记上述组合法有不同。传为洛阳金村出土的玉杂佩,是战国玉雕艺术珍品。上部三玉管列成丁形,其一管下悬一对玉雕舞伎。两边又有两短玉管,用金链连成五边形佩饰。下系一玉管与身体蜷曲的双龙玉佩,龙爪下又各悬一虬龙形玉饰。湖北江陵战国中期墓出土彩绘木俑之杂佩则是从胸前左右直挂至小胫。而信阳楚墓漆绘木俑杂佩却一串垂于身前。组合结构也各异。凡此表明:实际使用的杂佩远比文献丰富多彩,其装饰性已超过了礼仪性。

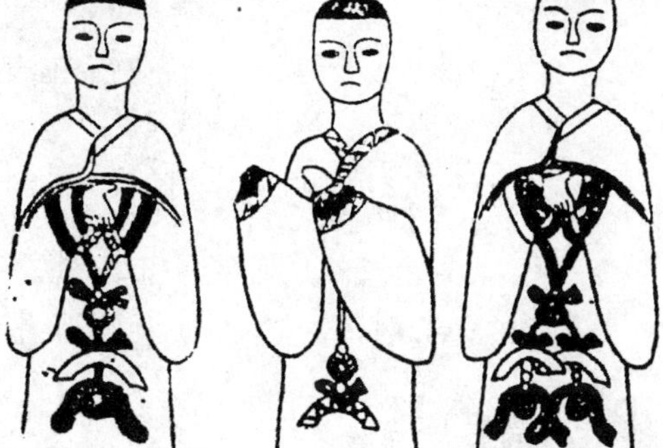

西周杂佩人像

饰杂佩的战国楚木俑

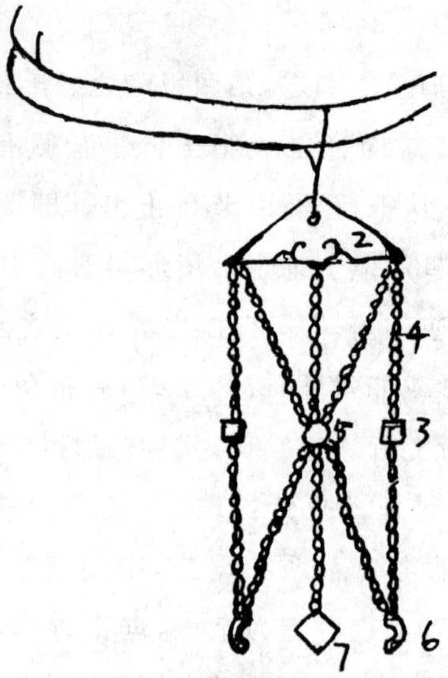

《礼书》杂佩图

1. 腰带 2. 珩 3. 琚 4. 蠙珠 5. 瑀 6. 璜 7. 冲牙

参考文献

[1] 栾秉璈:《怎样鉴定古玉器》,文物出版社,1984 年 10 月。
[2] 周锡保:《中国古代服饰史》,中国戏剧出版社,1984 年 9 月。
[3]《关于河南出土东周玉器的几个问题》,《文物》1983 年第 4 期。

154. 被·衾·裯(䌷)

"衾"，大被；盖被总称。"被"，口语中盖被总称。"裯"，单被；偶可泛指盖被。

【同义】

《玉篇·衣部》："被，衾也。"《孝经·丧亲》："为之棺椁衣衾而举之。"唐玄宗注："衣谓敛衣。衾，被也。"《诗·召南·小星》："抱衾与裯。"陈奂传疏："浑言则衾裯皆被名。"

【辨释】

"被"在古代主要不作盖被之称。"被"从衣皮声，声兼义，皮声有不平义，也有益加义。《说文·彳部》："彼，往有所加也。""帔"，披巾、披肩，加于肩、首之物。"髲"，"聚他人梳堕之发以益己发"(朱骏声《说文通训定声·随部》"髲"字)，即假发。"被"也属此声义，字当从衣、皮，皮亦声。《释名·释衣服》："被，被也，所以被覆人也。"《左传·襄公三年》："被练三千。"孔颖达疏："被是被覆衣著之名。"则其本义是覆盖身，动词。《孟子·尽心下》："被袗衣。""袗衣"，单衣。《老子》第七十章："知我者希，则我者贵，是以圣人被褐而怀玉。"引申为覆盖。《楚辞·招魂》："皋兰被径兮斯路渐。"王逸注："被，覆也。"增益。《史记·高祖本纪》："高祖被酒。"张守节正义："被，加也。"由覆盖义才引申为覆盖人体的衣服，即寝衣，盖被。

《说文·衣部》："被，寝衣，长一身有半。"语取《论语·乡党》"必有寝衣，一身有半"。身指上身，不包括肢体，则一身半大致上至颈，下至膝盖。此实是单被。此乃孔子主张，未必凡被皆以此为度。其字战国以来始多见。《楚辞·招魂》："翡翠珠被，烂齐光些。"《史记·孝武本纪》："文成言曰：'上即欲与神通，宫室被服不象神，神物不至。'"《西京杂记》卷一："体常平，可置之被褥。"《太平御览》卷七〇七引晋傅玄《被铭》曰："被虽温，无忘人之寒。"《北齐书·儒林传·邢峙》："峙方正纯厚，有儒者之风。……显祖闻而嘉之，赐以被褥缣纩。"五代王仁裕《开元天宝遗事·被底鸳鸯》："帝……谓宫嫔曰：'尔等爱水中鸿（同），争(怎)如我被底鸳鸯！'"《西厢记》第二本第一折："姐姐情思不快，我将被儿薰得香香的，睡些儿。"以上诸例，"被"几乎都泛指盖被，而且多见于语体作品或口语化词句，故有口语色彩。然则可知，"被"是战国以来口语中盖被的总称。

"衾"的本义就是被，一般指复被、大被(内实以絮麻)。"衾"从衣今声，声兼义。今声之字"相反相成"，有小少义，也有多大义。"贪"，欲物，所谓"多多益善"。"念"，常思不能忘。"钤"，大犁。"金"，金属总名。"衾"也是寝衣之大。《说文·衣部》："衾，大被。"《释名·释衣服》："衾，广也，其下广大，如广受人也。"其用甚广。《诗·召南·小星》："肃肃宵征，抱衾与裯。”毛传：“衾，被也。裯，襌(单)被也。”入寝时先单被后加衾被，即大被。汉张衡《同声歌》：“愿为罗衾帱(裯)，在上卫风霜。”(《玉台新咏》卷一)南朝宋王僧达《祭颜延年文》：“衾衽长尘，丝竹罢调。”“衾衽”，被、席。唐李白《友人会宿》诗：“醉来卧空山，天地即衾枕。”杜甫《茅屋为秋风所破歌》：“布衾多年冷似铁，娇儿恶卧踏里裂。”“衾”也可指覆盖尸体的单被。《孝经·丧亲》：“为之棺椁衣衾而举之。”唐玄宗注：“衣谓敛衣。衾，被也。”邢昺疏：“衾谓单被，覆尸荐尸所用。”《文选·潘岳〈杨荆州诔〉》：“宠赠衾襚。”吕向注：“衾，单被。襚，衣服也。”由上可见，“衾”本义即指大被、复被，相当今所称被，又可兼赅单被。它是古代盖被的总称。

“裯”有数音。或作“䌷”，通假(音 chóu，粗绸)。作都牢切(音 dāo)，指短衣。作直由切(音 chòu)者，指单被。《广韵·平尤》：“裯，被。”《集韵·平尤》：“裯，被也。”引申之，泛指盖被。宋杨万里《霜夜无睡闻画角孤雁》诗之一：“拥䌷起坐何人伴？只有残灯半晕青。”其用更少。

“裯”也有作床帐义，如上引汉张衡《同声歌》：“愿为罗衾帱(裯)。”又唐杜甫《北征》诗：“粉黛亦解苞，衾裯稍罗列。”此皆“帱”的假借。

155. 蓑·笠·簦·笤(薹、台)·伞(繖、幓)

"蓑",草编雨衣。"笠",竹或草编以遮阳御雨之帽。蓑笠相配御雨。"笤",笤草编的遮阳御雨之帽,有崇古色彩。"簦",手持的长柄笠。"伞",可张散收合的雨具,魏晋已出现,首先用于宫廷卤簿,南北朝起也用于民间,多是油纸圆顶伞。

【同义】

"蓑、笠、簦、笤、伞"都是雨具的称名。

【辨释】

"蓑"指草编的雨衣。本作"衰",《说文·衣部》释为:"艸雨衣,秦谓之萆,从衣,象形。"《诗·小雅·无羊》:"尔牧来思,何蓑何笠,或负其餱。"("何"即"荷",披戴。"餱",干粮。)谓牧人风雨饮食有备。毛传:"蓑,所以备雨。"陆德明释文:"蓑,素戈反,草衣也。"《山海经·西山经》:"(三危之山)其上有兽焉……其豪如披蓑。"郭璞注:"蓑,辟(避)雨草衣也。"《太平御览》卷七六五引汉冯衍《诣邓禹笺》曰:"今日裘与蓑孰急?见雨则裘不用,上堂则蓑不御……今敬通(冯衍字)逢堂蓑之不御也。"唐杜牧《齐安郡晚秋》诗:"可怜赤壁争雄渡,唯有蓑翁坐钓鱼。"宋林逋《秋日湖西晚归舟中书事》诗:"却忆青溪谢太傅,当时未解惜蓑衣。"蓑衣用于今。制蓑衣用茅草,大约唐代起有了棕制品。"蓑"偶可作动词,指用草覆盖。《公羊传·定公元年》:"仲几之罪何?不蓑城也。"何休注:"若今以草衣城是也。"

"笠",笠帽。《说文·竹部》:"笠,簦无柄也。"《急就篇》卷三:"竹器簦笠簟篴篨。"颜师古注:"小而无把,首戴以行谓之笠。"笠可以竹编,也可以草编,后者或称"萌蒲"、"苎蒲"、"茅蒲"。《国语·齐语》:"首戴茅蒲。"韦昭注:"茅蒲,簦笠也。"以竹编为常。笠原是御暑遮阳之具。《诗·小雅·无羊》:"何蓑何笠。"毛传:"笠所以御暑。"又可以御雨。《周颂·良耜》:"其笠伊纠。"("纠",戴笠貌。)毛传:"笠所以御暑雨也。"孔颖达疏:"笠之为器,暑雨皆得御之,故兼言也。"《史记·五帝本纪》记舜父瞽叟欲害舜,使舜修仓库。待舜上仓后,从下纵火,"舜乃以两笠自扞而下,去,得不死"。《太平御览》卷七六五引《风土记》曰:"越人结交约曰:'卿虽乘车我戴笠,后日相逢下车揖。'"唐李白《戏赠杜甫》诗:"饭颗山头逢杜甫,头戴笠子日卓午。"笠的制作,后世大有发展。明文震亨《长物志·衣饰》曾总结明代之笠,曰:"笠,细藤者佳,方广二尺四寸,以皂绢缀檐(即绲边),以行以避风日;又有叶笠、羽笠。"此谓以细藤代替竹篾编扎笠架,再铺衬箬壳;或以竹叶、树叶、鸟羽为铺衬物。

蓑、笠二物相配方为完整雨具。《仪礼·既夕礼》:"稾车载蓑笠。"郑玄注:"蓑笠,备雨服。"上所举《诗·小雅·无羊》"何蓑何笠",又《国语·越语上》:"譬如蓑笠,时雨既至必求之。"皆其例。后世亦然。《列子·力命》:"吾君方将被蓑笠,而立乎畎亩之中。"《太平御览》卷七六五引曹植《九咏》:"被蓑兮戴笠,置露兮践蘿。"(蘿,guàn,草名。)唐柳宗元《江雪》诗:"孤舟蓑笠翁,独钓寒江雪。"张志和《渔父》词之一:"青箬笠,绿蓑衣,斜风细雨不须归。"

笠一变为簦:"簦"字从竹登声。登,陶豆,陶质的高脚菜盘。"簦"取登的喻义,表示像陶豆般的竹笠,即长柄笠,手擎之。上引《急就篇》卷三例,颜师古注:"簦笠,皆所以御雨也。大而有把,手执以行谓之簦。"《国语·吴语》:"遵汶伐博,簦笠相望于艾陵。"韦昭注:"簦笠,备雨器。"《史记·平原君虞卿列传》:"虞卿者,游说之士也。蹑蹻檐(担)簦,说赵孝成王。"("蹻",草鞋,古代也当雨鞋。)裴骃集解引徐广曰:"簦,长柄笠,笠有柄者谓之簦。"簦是伞的滥觞,故从伞源而言,也可谓不可张合之伞。

"笞"本作"薹"、"台"。《诗·小雅·都人士》:"彼都人士,台笠缁撮。"毛传:"台所以御暑,笠所以御雨也。"("缁撮",缁布冠。)郑玄笺:"台,夫须也。"是草名。其实,笞也兼有御暑御雨之用,即是用笞草编、用以御暑御雨的草帽,其名有崇古色彩,即显"古明王之时节且俭也"(郑玄笺)。《文选·谢朓〈在郡卧病呈沈尚书〉诗》:"连阴盛农节,笞笠聚东菑。"宋徐铉《秋江晚照》诗:"罾网鱼梁静,笞簦稻穗收。"

《玉篇·乑部》:"伞(傘),盖也。"《集韵·上缓》:"繖,《说文》:'盖也。'或从巾。亦作伞。"按,此为《说文新附》之训。《正字通·巾部》:"幰,与繖、伞音义同。""幰",《广韵·上旱》训为"丝绫,今作幰盖字。"即本用作伞面,遂用作伞称。字当从糸、散,散亦声。即可张散聚合之具。"伞"则是象形:中有长杆,上有伞顶,里有骨张撑伞面。唐段成式《酉阳杂俎·物异》:"朐腮县盐井,有盐方寸,中央隆起如张伞,名曰伞子盐。"称"张伞",则知可收合。故从字构意可知"伞"必是通过伞骨活动,可使伞面张散收合之雨具,此也正是别于笠簦之主要者。此种伞之问世并不迟,今所见战国人物驭龙帛画,其人首上部即有一顶张开的帛伞,四角系挂垂缨,很可能可以张合。但最有力的证据当是文献中二字的出现。按,上引《史记·五帝本纪》"舜乃以两笠自杆而下"司马贞索隐引皇甫谧云:"'两繖',繖,笠类。"皇甫谧是晋代著名史学家。《晋书·王雅传》:"将拜(少傅),遇雨,请以繖入。"《魏书·裴延儁传》:"服素衣,持白伞白幡。"然则可知伞魏晋已见,南北朝已盛;其称名"幰"早"伞"稍迟。

伞的使用首先用于宫廷卤簿,为皇帝、大臣所用。其伞面均为锦、罗、绫之类,故又称锦伞、罗伞。形制多方形,用四幅帛连缀而成,故也称四幅伞。《晋书·舆服志》:"功曹吏、主簿并骑从,幰扇幢麾各一骑。"《北史·谯国夫人洗氏传》:"夫人亲被甲,乘介马,张锦繖。"唐白居易《黑谭龙乐府》:"神之来兮风飘飘,纸钱动兮锦繖摇。"宋吴自牧《梦粱录》卷四《驾诣景灵宫仪仗》:"张帛避雨谓之繖,赤质紫表,正方四角,有铜螭头。"明代卤簿,据《古今事物考》,有"红方繖,紫方繖,黄绣繖,黄罗绣九龙繖……"几乎有各色绘绣繖,且还以色彩不同、伞檐层次多少区别官品。在北周石刻、唐代名画《步辇图》上均可见到方形仪仗伞。但伞也早有圆形。山东嘉祥英山一号隋墓壁画《徐侍郎夫妇宴享行乐图》(局部),图中四人为仪仗,各举扇、高柄行灯、伞。其伞为圆形，顶突起，一似笠帽，但下有一圈斜撑骨，分明可以开合。今所见大清宫内陈列的仪仗伞也为圆形。卤簿用伞，不仅为仪仗声势，也有遮阳御雨的实用功能。

隋墓壁画仪仗中的伞、扇

(《徐侍郎夫妇宴享行乐图》)

伞用于民间则较卤簿迟，盖起于南北朝。《南史·王弘传附王籍》："有时涂中见相识，辄以笠伞覆面。"王氏为南朝宋琅琊临沂人。南朝梁庾信《谢赵王赉马并繖启》："奉教垂赉紫骝马并银钉乘具紫䌷(绸)繖一张。上天降雨，特垂深泽……"清陈元龙《格致镜原》卷三一引《玉屑》云："前代士[大]夫皆乘车而有盖，至元魏之时，魏人以竹碎分并油纸造成伞，便于步行骑马，伞自此始。"宋陶穀《清异录》载南朝陈时"江南周则少贱，以造雨伞为业……日造二伞"。至唐宋时已很普及，手工制作也很盛。北宋张择端《清明上河图》中张在桥头的大圆伞，高过2米，伞骨多达32条，可见当时制伞手工业发达之一斑。民间私人用伞，其伞或以绸，或以油纸，但主要用油纸伞，且都是圆顶伞。盖历朝封建统治者均不许庶民制造和使用方形伞、绸伞。直到清代法律还规定："庶民不得用罗绢凉伞，许用油纸雨伞。"(清梁章钜《浪迹丛谈·伞盖》)直至20世纪50年代，广大山区农村仍用油纸伞、油布伞为主，盖事久成俗矣。

由上可知，伞具源远流长：最早发端于笠；变为有柄不可张合之伞——簦；再变为有柄可张合之伞。这最后一变，如果从始见"繖"的魏晋算起，已有1700多年；如果从南北朝算起，也有1600多年的历史。

参考文献

[1] [明]文震亨撰、陈植校注：《长物志校注》，江苏科技出版社，1984年3月。
[2] 王世襄：《髹饰录解说》，文物出版社，1983年3月。
[3] [清]陈元龙：《格致镜原》，江苏广陵古籍刻印社，1989年11月。

五、饮　食

156. 食·饭·膳·馔

"食",饭食总称。"饭",汉以后可作口语中饭食通称。"膳",供应的佳美饭食。"馔",丰盛的饭食。

【同义】

《玉篇·食部》:"食,饭食。"《周礼·天官·膳夫》:"膳夫掌王之食饮膳羞。"郑玄注:"食,饭也。"《说文·食部》:"饭,食也。"《玉篇·食部》:"馔,饭食也。"《礼记·文王世子》:"食下。问所膳。"郑玄注:"问所食者。"以"食"训"膳"。

【辨释】

《释名·释饮食》:"食,殖也,所以自生殖也。""食",可指田中殖艺的五谷,即粮食。《战国策·西周策》:"薛公以齐为韩、魏攻楚……而藉兵乞食于西周。"姚宏注:"食,粮也。"《论语·乡党》:"肉虽多,不使胜食气。"朱熹注:"食以谷为主,故不使肉胜食气。"缩小之,若与"粮"相对,则专指居家所食的谷米。《周礼·地官·廪人》:"凡邦有会同师役之事,则治其粮与其食。"郑玄注:"行道曰粮,谓糒也。止居曰食,谓米也。"可指俸禄。盖仕者俸禄也以谷物计算。《廪人》又曰:"赒赐稍食。"("赒",zhōu,救济。)郑玄注:"稍食,禄廪。"《礼记·坊记》:"故君子与其使食浮于食也,宁使人浮于食。"郑玄注:"食,谓禄也。"又引申为饭食总称,不论精粗优劣,皆可称"食"。《论语·为政》:"有酒食,先生馔。"《书·益稷》:"暨稷播,奏庶艰食鲜食。"孔颖达疏:"与稷播种五谷,进于众人,难得食处,乃决水所得鱼鳖鲜肉为食也。"《战国策·楚策三》:"楚国之食贵于玉,薪贵于桂。"后有"食玉炊桂"一语,喻物价昂贵。

"饭"本指熟的谷类食物。《庄子·天下》:"曰(日)请欲固置五升之饭足矣。"(从刘文典《庄子补正》校对作"日")《孔子家语·在厄》:"有埃墨堕饭中,颜回取而食之。"汉以后,"饭"可用为饭食通称。南朝陈沈炯《同庾中庶肩吾周处士弘让游明庆寺》诗:"驯鸟逐饭磬,狎兽绕禅床。""饭磬",僧寺开饭就餐时击磬为号。元末明初陶宗仪《辍耕录·点心》有"早饭前"、"饭后"之语,均有口语色彩,是"饭"的口语用法。

"膳"、"馔"皆指称较佳美的饭食。

《周礼·天官·序官》"膳夫"郑玄注:"膳之言善也,今时美物曰珍膳。"则"膳"从肉、善,善亦声。《广雅·释器》:"膳,肉也。"《周礼·天官·膳夫》:"掌王之食饮膳羞,以养王及后、世子。"郑玄注:"膳,牲肉也;羞,有滋味者。"《左传·闵公二年》:"太子奉冢祀社稷之粢盛,以朝夕视君膳者也。"孔颖达疏:"膳者,美食之名。""粢盛",指盛在祭器内的黍稷。《庄子·至乐》:"具太牢以为膳。"《礼记·内则》言及"膳",列举了二十种用鱼和肉作的菜肴。然则"膳"

者，“善肉”，既有家禽，也有水鲜，以调和牲肉为主的佐食品，饭自然包括在内，《左传·闵公二年》句可见。同时，“膳”还含有具食、供食之意。《说文·肉部》：“膳，具食也。”《汉书·宣帝纪》：“其令太官损膳省宰。”颜师古注：“膳，具食也，食之善者也。”《仪礼·公食大夫礼》：“宰夫膳稻于粱四。”郑玄注：“膳，犹进也。”然则“膳”者，当指供应的佳美饭食。《战国策·赵策四》：“大王以孝治闻于天下，衣服使之便于体，膳啗使之嗛于口，未尝不分于叶阳、泾阳君。”此“膳”指供应王之美食。《后汉书·安帝纪论》：“至乃损彻膳服，克念政道。”亦同。唯此，“膳”字多用为职官名，皆带供应之意。《周礼》的膳夫，掌供应王及后妃等的饮食。《诗·小雅·十月之交》：“家伯维宰，仲允膳夫。”郑玄笺：“膳夫，上士也，掌王之饮食膳羞。”《仪礼·燕礼》：“膳宰具官馔于寝东。”“膳宰”，掌宰割牲畜。膳部是官署名，掌管饮食、祭器、牲豆、酒膳等事，历代皆有。如北齐有膳部郎；隋唐设膳部郎中、员外郎，属礼部；明称精膳司；至清末始废（参《文献通考·职官·礼部尚书》）。今称“膳食”，也非指一般的饭食，而必指在工作、学习或搭伙单位所供应的饭食。“膳食科”指管理饭食、供应饭食的部门。由今察古，也可明古代之“膳”乃指供应的佳美饭食。

《广雅·释诂三上》：“馔，具也。”《仪礼·士冠礼》：“具馔于西塾。”郑玄注：“馔，陈也。”其本义即是陈列食物。所陈者必是盛美之食物。《管子·弟子职》：“先生将食，弟子馔馈。”“馔馈”，具食。《后汉书·明帝纪》：“侯王设酱，公卿馔珍。”然唯陈列、铺摆而已。仅陈列于俎、案、席等物具之上，没有“膳”之具备、供应的特征，因而“馔”不能如“膳”之用作职官名称。既是陈具食物，故引申为食用，为动词，带表敬意味。《论语·为政》：“有事，弟子服其劳；有酒食，先生馔。”皇侃疏：“馔，犹饮食也。”又引申为名词义，指所陈具的食物，其陈具之食物必然丰盛，故“馔”必指丰盛之饭食。上引《仪礼·燕礼》：“膳宰具官馔于寝东。”郑玄注：“具其官之所馔，谓酒也，牲也，脯醢也。”《南齐书·虞悰传》：“豫章王嶷盛馔享宾，谓悰曰：‘今日肴羞，宁所遗不？’”唐李白《将进酒》诗：“钟鼓馔玉不足贵，但愿长醉不用醒。”“馔玉”，珍玉般的食品。清洪昇《长生殿·惊变》：“只几味脆生生蔬和果清肴馔，雅称你仙肌肉骨美人餐。”由上可见，皆指佳美的饭食。“膳”含供应之意；而“馔”则侧重在丰盛，肴（牲肉）、羞（各种美味）、核（水果）、饮（酒为主）皆有，故常说“盛馔”。《论语·乡党》：“有盛馔，必变色而作。”但不说“盛膳”。另外，“膳”重于整体的饭食，而“馔”重于一时一餐的饭食。此盖缘“馔”本指陈列食物，即就一时一餐而言。

157. 餐（粲、湌、飡）·饔·飧（飱）·餔（晡）·中饭○餯

“餐”，定时熟食通称。“饔”，早餐，一天的主餐。“飧”，晚餐。“餔”，食第二餐；汉代指申时的晚餐，以上词周秦已使用。商代至南北朝，都是两餐制。唐代起出现“中饭”等中餐词语，标志三餐制开始产生。唐宋是两餐、三餐交替时期。元代出现了“一日三餐”的观念与词语，标志三餐制正式形成。但以后还有两餐制残存。

【同义】

《诗·郑风·缁衣》：“还，予授子之粲兮。”毛传：“粲，餐也。……我则设餐以授之。”指馔食、熟食。《说文·食部》、《玉篇·食部》皆训“饔”为“熟食也”。《国语·晋语二》：“不飧而寝。”韦昭注：“熟食曰飧。”《说文·食部》：“飧，餔也。”“中饭”也指熟食。

【辨释】

“餐”，或作“粲”、“湌”，讹作“飡”。《说文·食部》：“餐，吞也。湌，餐或从水。”段玉裁曰：“餐训吞，引申之为人食之，又引申之为人所食。”兹说未能揭明“餐”何以只有正食之用。按，“餐”当以“湌”为正字而取义，从水食，会其意为水泡饭。“餐”、“粲”之“奴”通参声（见《说文通训定声》），则其词从食或米，参声，声兼义，指掺水之米食，也是指水泡饭。《战国策·中山策》：“以一壶飡（湌）得士二人。”《列子·说符》：“狐父之盗曰丘，见而下壶餐以餔之。”张湛注：“餐，水浇饭也。”《汉书·韩信传》：“令其裨将传餐，曰：‘今日破赵会食。’”颜师古注引如淳曰：“小饭曰餐。”师古曰：“餐，古湌字。”“小饭”，犹点心，即以随身所带的水泡饭点饥。水泡饭是将蒸熟之饭（上古不食煮饭，只食粥、蒸饭），放进壶中，壶中盛热水，上盖，就成了有水分的熟食，主要用作人们离家外行或田间劳作所携带的简易熟食。故常“壶餐、壶湌”连言。引申之，自也可泛指在家定时的熟食，即每日两次正食之称。上引《诗·郑风·缁衣》句是其例。又，《汉书·高后纪》：“列侯幸得赐餐钱奉邑。”（“奉邑”，自己的封邑。）颜师古注：“餐、湌同一字耳……餐钱，赐厨膳钱也。”皆指一日之正食。又用为动词，吃熟食。《诗·郑风·狡童》：“维子之故，使我不能餐兮。”孔颖达疏：“使我忧之不能餐食兮。”《魏风·伐檀》：“彼君子兮，不素餐兮。”《庄子·逍遥遊》：“三湌而反（返），腹犹果然。”成玄英疏：“往于郊野，来去三食，路既非遥，腹犹充饱。”《楚辞·离骚》：“朝饮木兰之坠露兮，夕餐秋菊之落英。”由上可见，“餐”在上古已出现并用作定时熟食的通称。但是，它不作量词。《庄子》的“三湌”指三次食，“湌”是动词，并非量词。（但此“湌”已无“定时”意味，乃是饮食泛称。）“三餐”作为量词，要到

元代三餐制正式形成时才出现(详下)。

"餐"指称定时熟食的特点在现代汉语中犹见。今凡泛称饮食,即定时熟食者,无论名词、动词,多用"餐"。如餐具、早餐、餐馆、餐厅之类,其"餐"均有一日内定时食用之意,皆不宜作"食"。食品店、饮食店、美食之类,均不可作"餐",必作"食",以显示其所指已超出一日正餐范围。由今观古,也可见古代"餐"必指每日定时的熟食。

"饔、飧"是周秦出现的定时熟食专称,但有泛称用法。《左传·襄公二十八年》、《昭公二十五年》均有"饔人",指主割烹之事者。《诗·小雅·祈父》:"有母之尸饔。"毛传:"尸,陈也。熟食曰饔。"《汉书·杜钦传》:"亲二宫之饔膳,致晨昏之定省。"诸"饔"皆指定时的熟食。《左传·僖公二十三年》:"公子受飧反璧。"《昭公五年》:"飧有陪鼎。"《诗·小雅·大东》:"有饛簋飧。"毛传:"飧,孰(熟)食,谓黍稷也。"《魏风·伐檀》:"彼君子兮,不素飧兮。"孔颖达疏:"飧为饭之别名。"《国语·晋语二》:"里克辟奠,不飧而寝。"诸"飧"皆作熟食的泛称。"饔、飧"也常连用。《孟子·滕文公上》:"贤者与民并耕而食,饔飧而治。"赵岐注:"饔飧,熟食也。"句中作动词,谓贤君亲作两餐饭而治理国家。《告子下》还有"无诸侯币帛饔飧"之语,"饔飧"也泛指饮食。以上"饔、飧"作为熟食的泛称的用法为它们的引申义。其本义则分别是朝食、夕食的专称。上引《孟子·滕文公上》"饔飧而治"句赵岐还注:"朝曰饔,夕曰飧。"它们不仅食用时间不同,而且特点差别甚大。《周礼·天官·内饔》"凡宾客之飧饔飨食之事"贾公彦疏:"饔,和也。熟食曰饔,熟食须调和,故号曰饔。"贾说未确,凡熟食皆须调和,何独饔为然?按,"饔"从食雍声,雍声有聚大义。"壅",水之大聚。《左传·宣公十二年》:"川壅为泽。""罋",大盛水器。"痈(癰)",多脓大肿。"饔"之雍声当取聚大义,故"饔"为朝食,亦较为丰大,指丰大之食。朝食是一日之首餐,殷墟卜辞中一日两餐的首餐称"大食",时间在上午八点多(据董作宾《殷历谱》),前后一脉相承。朝食与今之早餐不同,是一日的主餐,最为盛多。"飧"或作"飱",为形讹字。"飧"从夕、食,会意,指夕食晚餐,正相当殷墟卜辞中一日的次食"小食",时间在下午四点(据同上)。夕食之次、小,不仅指时间迟,属于一天的第二餐,而且所食简单。《释名·释饮食》:"飧,散也,投水中解散也。"《玉篇·食部》:"飧,水和饭也。""古者夕则馂朝膳之余"(戴侗《六书故》)。说明晚餐不是新制者,而是将早上蒸制的干饭加泡以水,相当于外出携带的水泡饭。唯此,盛飧饭也常用壶,文献中"壶飧"也常连言,与"壶餐"语意同。《左传·僖公二十五年》:"昔赵衰以壶飧从径,馁而不食。"《国语·越语》:"谚有之曰:觥饭不入壶飧。"由上可知,"饔、飧"无疑是上古表示朝食、夕食的专称。不过,由于"飧"常讹作"飱",遂与"餐"形近,故《集韵》、《类篇》谓"飧、餐"为一字。如唐杜甫《春陵行》:"朝飧是草根,暮食是树皮。"宋苏轼《夜泊牛口》诗"煮蔬为夜飧",早饭、晚饭均用"飧"。按,以为"飧"有其引申的熟食义而用同"餐"则可,以为二者一词则非。

"餔",《说文·食部》训为"日申时食也",申时相当于今下午三至五时,则与"飧"又差近。唐玄应《一切经音义》卷十四引《三苍》曰:"餔,夕食也。"《说文》又以"餔"训"飧"(文首引)。《庄子·盗跖》:"盗跖……脍人肝而餔之。"陆德明释文引《字林》训 "餔"为"日申时食也"。

按,“餔”从食甫声,甫声有边附义。《说文》录其籀文从皿浦声,皿是食器,与“食”意同;“浦”是水边、水滨,是陆地与水的交界处,此正取其边附义,故“餔”者,犹言补食、辅食,即“吃第二顿饭”(王力《古代汉语·常用词》1351页)。遂相当于“飧”,引申之,为食次食(劣食),苟且而食。《楚辞·渔父》:“众人皆醉,何不餔其糟而啜其醨。”“醨”或作“醨”(《文选》引)。指薄酒。“啜”是喝次食。《荀子·天论》:“君子啜菽饮水,非愚也。”“啜菽”,食豆,示清贫的生活。“啜醨”,饮薄酒。“餔”、“啜”皆为苟食意。全句谓众人皆醉,不妨也苟食酒糟、薄酒,不必自作清高而浪迹江湖。《孟子·离娄上》:“孟子谓乐正子曰:‘子之从于子敖来,徒餔啜也。’”朱熹注:“言其不择所以,但求食耳。”也是苟食意。由此引申之用也可见“餔”本必指次食,即“吃第二顿饭”,其时间则在申时。“餔”与“飧”虽相近,然有其别。一、“飧”为夕食,无明确的时段归属;而“餔”表示着明确的夕食时间,以至到汉代成为一个时段概念,即申时,并出“晡”字,“餔、晡”相通。二、“飧”的夕食义大都用于“饔飧”的并用,若是单用,多引申为熟食义(不特指早、晚),且秦以后少用。而“晡”的单用很广,并用于秦以后。《淮南子·天文》:“(日)至于悲谷,是谓餔时。”《太平御览》引作“晡时”。《后汉书·王符传》:“百姓废农桑而趋府廷者,相续道路,非朝餔不得通。”“朝餔”犹朝夕。唐柳宗元《段太尉逸事状》:“吾未晡食,请假设草具。”“晡食”即餔食,晡时食。

从上述几个表示每天定时熟食的用词,可以看出:古人重视定时而食,《论语·乡党》中有“不时不食”之语,可见定时进食已成为当时饮食礼俗,其中尤重早餐,而将夕食作为补食、辅食。此是先民饮食之道的经验结晶。盖人们白天的消耗能量最大,一日两餐之时,早餐实相当于今日早饭加中饭,白日劳作、生活赖之;而从昨日之晚餐,经一漫漫长夜,腹已枵然,故早餐当然最为重要。晚餐之后人们即进入休息状态,尤其在尚未使用蜡烛的上古时期,睡眠也早,当黑夜来临、黄昏人定之时,人们多已进入梦乡,由于消耗能量较少,故晚餐可以从简。

但是,要彻底认识以上诸词在汉语史上的情况,就必须正确认识我国古代的食制及其演变。所谓食制,是一个民族的人群为了维持生活和工作的体力而自然形成的习惯,包括对饮食时间、次数、结构的种种规定。在“茹毛饮血”之时,尚无食制。当进入熟食阶段后,遂有了每天定时的熟食。历来普遍认为我国早期是日两餐制,但何时变为今日的三餐制,无人探究。而近年一些民俗、饮食史等论著却提出我国早期就实行三餐制;也有的称古代社会同时并存两种食制,即“社会中上层一般一日三餐,下层人民一般一日两餐”(胡新生文)。下面围绕餐食词语以理析出我国食制发展的基本脉络,并对一些误说加以辨正。

商代的食制,今尚无人主一日三餐制。但这不应该是想象与推理的结果,而是有定时食的专称与时段划分的依据。其时,一天的时段最早是旦、旦明、旦日;继之为大食,又称大采;中午为盖日或中日;午后为昃;继之为小食,又称郭兮;继之为小采或莫(暮)、昏、落日;夜为夕。一日两餐为大食、小食,相当于后之饔、飧,朝食、夕食。无中餐之称,“中日”、“盖日”纯是纪时的专称。其制与社会文化环境完全适应:当时奴隶制社会生产力低下,阳燧与灯均未出现,只能利用火塘贮火、钻燧起火,以火炬照明;人们如《击壤歌》中所言“日出而作,日入而息”，故只需上午一顿主餐，下午一顿次餐，而不需中餐。

对周代食制是第一个分歧点。主三餐制者称：“我国三餐制较早，古称‘三食’，和今日相同，分早、午、晚三顿。”（乌丙安书112页）实指周代已三餐制。有的更说：“春秋时人已经像现在一样习惯将整个白天分作早、中、晚三大段，他们分别称之朝、昼、夕。”与此相应，先秦时“已有了日三食的习惯，但似乎还没有给每餐起上特有的专名，而只是在一个表示时间的概念后加一个‘食’字来区别他们。早饭称‘朝食’，晚饭称‘夕食’，《诗经》、《左传》等书中都是如此称述”。（胡新生文）凡此，均是违实之论。

谓一天分为早中晚三大段，古今无之。今白天也只分为上下午两大段。春秋时，则分为十个时段。《左传·昭公五年》：“日之数十，故有十时，亦有十位。”杜预注“十时”为：鸡鸣，平旦，食时，日中，日昳（昃），晡时，日入，黄昏，人定，夜半。显然，其“食时”即如卜辞的“大食”，“晡时”即餔食时，也即如卜辞的“小食”。可见其时段所示的两餐制与商代实同。同时，周秦时期已出现两餐专词“饔”、“飧”、“餔”和定时熟食通称“餐”（见上）。至于“朝食”、“夕食”则是汉代的习见餐食词语（见下）。在《诗经》、《左传》中唯《诗·陈风·株林》有“朝食于株”句，故说者谓《诗经》、《左传》中“都是如此（指‘朝食’、‘夕食’）称述”，诚为无据。其实，之所以“无中生有”如此，无非是为了掩盖上古三餐说最大的破绽——其时只有早、晚餐称而无中餐专称。然则周秦阶段的时段、餐食词与商代同，无中餐词也与商代同，怎么周秦会莫名其妙地从两餐制变为三餐制呢？

正唯对两餐制的事实难以否定，故不少三餐说者常持二制并存论，即谓社会的中上层一日三餐、下层一日两餐，并从古代文献中望文生义地取证，误证使误说流行。综观说者于上层三餐的举证，较“有力”者有以下数条：

1.《周礼·天官·膳夫》：“王日一举……齐（斋）日三举。”贾公彦疏：“（王）一日食有三时，同食一举。”

2.《礼记·玉藻》：“皮弁以日视朝，遂以食，日中而餕。”

3.《论语·乡党》：“不时不食。”郑玄注：“不时，非朝夕、日中时。”

4.《战国策·齐策四》：“士三食不得餍，而君鹅鹜有余食。”

5.《庄子·逍遥游》：“三飡而反（返），腹犹果然。”

二制并存说在理论与实际上本来就不能成立。一个民族的饮食习惯，是一种民俗文化现象。如果食制是按阶级、阶层划分，就等于以阶级性代替民族性。几千年的阶级社会实际，何曾出现过按阶级、阶层划分的食制？若从贫富和统治被统治的对立人群出发，那么富者“朱门酒肉臭”，“食必粱肉”，饮食不节，何必以三为度？贫者“路有冻死骨”，“糟糠不厌”，岂可保证都能日食两餐？现代近如新中国成立前，都有阶级的对立，但谁也不怀疑整个社会均行三餐制。再往前，最富贵者莫如皇帝，而清代皇帝，在整个社会早已实行三餐制的环境中，却独行两餐制（见下）。因此，绝不能简单地以上下贫富来臆定食制。但是上层三餐制说者的上述文献举证却似乎凿凿有据。其实也都系误解，无一条可证。首例，《周礼》所言仅属天子(王后同庖,共二人)之特例:平时每天一次杀牲,供三次食。但贾疏在上引疏证后,紧接引录上所引第2例《玉藻》语,并曰:"餕者,餕朝之余。"《玉藻》之"日中而餕"句孙希旦集解:"日出而朝食,逮日而夕食,此每日之正食也。餕非正食,在朝食、夕食之间,特餕朝食之余而已。"可见即便天子的三食,其中午之食不另烹饮,仅食用现成的朝食之余,作用相当于补食、点心。今浙江诸暨等地方言犹称中饭为"点心"。故其三食显然不等于今之三餐,其中二食才是正餐,故论其正餐犹为两餐。第2、3例,郑玄于《论语》句固然注明包括日中的三食时,但在《仪礼·既夕礼》"燕养馈羞汤沐之馔如他日"句却注:"馈,朝夕食也。"未言日中之食。可见,即便郑氏也未将中午之食作为不可或缺的正餐。末例,明言养士日三食,但在文献中,所见对士以上阶层,还有更多的四食、二食说。《论语·微子》:"亚饭干适楚,三饭缭适蔡,四饭缺适秦。"盖古代以乐侑食,侑食数有尊卑等差。二、三、四饭正是乐师所适对象侑食的等差,故犹言二食、三食、四食。《白虎通·礼乐》以为天子四食,即平旦食、昼食、晡食、暮食;诸侯三食;卿大夫二食。《礼记·内则》谓命士以上"父母在,朝夕恒食",即以日两餐为常制。观《白虎通》的四食,其"昼食"相当于一般的朝食,故无非是在两餐之上再加一早一晚二食,三食是在两餐之上再加中午一食,所加之食均是次食、点心。可见,当时的三食、四食,都是将正餐连次食混计。至于末例《庄子·逍遥游》的"三飡",犹"三食",其"飡"是动词,且是述动物之事,与人间的三食还不可相提并论。由上可知,古之"三食"不同于今之"三餐",故文献中的"三食"绝不能证明当时上层已行三餐制。然则早期日三餐说羌无一证。而与此同时,无论称说日几食,却始终不见中餐的专称。事实表明,周秦上下均行两餐制,且是两餐制的定型阶段。

对周秦之后的汉魏六朝食制,是又一个分歧点。一般含糊其词。而主三餐说者则言:"我们猜测朝食曰饔,昼食曰餹,夕食曰飧之类,都是汉代才有的说法。从这几种专称来看,汉代一日三餐的习惯更为确定和普遍了。"(胡新生文)。至于主二制并存论者更多。或谓汉时"一般都是一日两餐",而"汉代宗室子弟、王公贵族大约是一日三餐"(韩养民书112页)。或断"汉代统治阶级日三食,一般人民两食"(陈直书268页)。事实表明,此类论断确乎都建立在"大约"与"猜测"上。

汉代的时段与上古大同,无论《论衡》的十二段,还是《淮南子》的十五段,均只有上午的"食时"和下午的"餔时"两个餐食时段,而无中饭的时段。此是仍行两餐制的一个显著标志。再从餐食词语看,"饔"主要用于上古,"飧"汉代也少用,常用的是"餔(晡)"、"餐"、"朝食"、"夕食"(或简称"朝夕")之类。《史记·吕太后本纪》:"日餔时,遂击产。"即利用吕产军正餔食之时,周勃、陈平乘机诛诸吕。《后汉书·钟离意传》:"自此诏太官赐尚书以下朝夕餐。"《张禹传》:"(永元)十五年南巡祠园庙,禹以太尉兼卫尉留守。"李贤注引《东观记》曰:"禹留守北宫,太官朝夕送食。"同传记邓太后"欲使重臣居禁内,乃诏禹舍宫中,给帷帐床褥,太官朝夕进食"。《和熹邓皇后纪》:"减太官、导官、尚方、内者服御珍膳靡丽难成之物……朝夕一肉饭而已。"《樊儵传》:"帝早晚送饘粥。"晁错《论贵粟疏》:"人情一日不再食则饥。"魏晋南北朝犹然。《三国志·吴志·贺邵传》:“(孙皓)自登位以来……衣不全短褐,食不赡朝夕。”晋潘岳《闲情赋序》:“灌园鬻疏,供朝夕之膳。”《宋书·刘穆之传》:“尝白高祖曰:‘穆之……朝夕所须,微为过丰。’”《张畅传》:“今军仓虽寡,朝夕犹未窘罄。”《颜氏家训·治家》:“邺下有一领军,食积已甚,家童八百。誓满一千,朝夕每人肴膳以十五钱为率。”上引所见,凡言一日之饭食,如同上古“饔飧”连用,从汉至南北朝,多“朝夕”连称,特别是晁错“人情一日不再食则饥”,充分表明该时期日“二食”即日两餐是人们饭食的常式。

既然如此,当然不会有中餐词。但是日三餐说者提出了一个中餐的“力证”——“餯”。《说文·食部》:“餯,昼食也。”王筠《说文句读》云:“吾乡谓午饭曰餯饭,因谓正午曰正餯。”此是说者以“餯”为汉代中餐词的唯一依据。今按,“餯”作汉代中餐词,文献羌无一例:王筠之注,视为给山东方言找本字则可,以之径训古义则不宜。其实,对此词,陈梦家早有精辟的考订,为学界所首肯。陈氏曰:“(古代)从事农作的,朝夕两餐在家熟食,中午在田上冷食;冬季则两餐而已。……《说文》:‘餯,昼食也’,‘饷,馈也’,‘馈,饷也’,‘周人谓饷曰饟’,‘馌,饷田也’。凡此饷、餯、饟都是同一形声字之声符的替代,其义同于馈、馌,皆指田中的昼食,今日称为‘晌午’‘上午’者,馌是送饭,馌是装饭的盒子,都是冷食。”(《殷墟卜辞综述》231—232页)

原来“餯”乃指田中的昼食,是临时为劳作需要而随带的冷食,可以在白昼下田的任何一段时间食用。当然,常常是在中午进食。但显然不同于今中餐的定时熟食,故谓之“昼食”;其字常作“饷”、“饟”,而一般不作“餯”。总之,“餯”绝不是汉代中餐之称。

一方面多“朝夕”连称、对称,一方面无一中餐之称,因而汉代一日三餐已成为习惯之论,就毫无依据了。

谓汉代统治阶级日食三餐,亦非。说者辗转相袭引用的唯一依据是《汉书·淮南衡山济北王传》记淮南厉王刘长被文帝赦死又受恩遇之例:“有司奏,请处蜀严道邛邮,遣其子、子母从居,县为筑盖家室,皆日三食,给薪菜盐炊食器席蓐。”说者据此推断:淮南王既享受高于凡人生活的优遇而三食,可见汉代统治阶级皆食三餐。其实,此“三食”只能表示官府供给他的食费高于一般的日“再食”,多一次食;与上古的“三食”、“四食”一样,此“三食”不等于今之三餐,即不能证明必有中餐,更不能据此证明上层已行三餐制。能说明行何食制的是餐食词语。如前所说,此时期一方面无中餐词,一方面唯用“朝食”、“夕食”为主表示日两餐的餐食词语;上所举例都是东汉宫内皇后、大臣和魏晋南北朝上层“朝食”、“夕食”的日两餐之例,而同时无中餐之一例,凡此清楚地表明:社会的上层富者,也与下层人民一样,仍行两餐制;即便在中午或他时还有进食,充其量是《说文》所称的“昼食”,仍是一种加食、点心,而不是不可缺少的正餐。前所言今浙江诸暨等地犹称中饭为“点心”,正是古制的孑遗。

此历史时期封建经济尚处于发展的初期,社会生活的节奏尚不很快。汉代照明的灯虽然已非罕见之物,但灯内插的是浇饴蜜的火炬,或用动物膏油灯,皆非庶人所可常具;今日之蜡烛至南北朝才刚刚出现,更为珍物。故人们一般不夜作。至南北朝,全国大小城邑均无一夜市。可见,千古以来“日出而作,日入而息”的生活作息制度基本未变。于是,朝食无需提早,夕食不用推迟,定时的中餐自然也就没有十分的必要了。

唐代起,有了变化。

大唐帝国封建经济的高度发展,城市商业的空前繁荣,中外交流的日益频繁,加速了社会生活的节奏。凡此,都冲击着古老的日两餐制,开始出现三餐制。表现在诗文中,一是出现了“晨炊(爨)”之语。杜甫《石壕吏》诗:“急应河阳役,犹得备晨炊。”刘禹锡《武陵观火诗》:“是时直突烟,发自晨炊徒。”五代齐己《荆渚病中因思匡庐遂成三百字寄梁先辈》诗:“微烟动晨爨,细雨滋园蔬。”试对比《史记·淮阴侯列传》:“亭长妻患之,乃晨炊蓐食。食时信往,不为具食。”亭长妻为逐韩信,故意早炊早食,使朝食时来用膳的韩信无所食。可见汉时晨炊非常式。而唐代晨炊已为常式,故其朝食比往昔要提早。二是出现了许多中餐词语。权德舆《田家即事》诗:“山僧相劝期中饭,渔父同游或夜归。”李频《南游过湘汉即事寄友人》诗:“向野聊中饭,乘凉探暮程。”还有“中餐”。贾岛《送贞空二十人》诗:“林下中餐后,天涯欲去时。”“午饭”。白居易《咏闲》:“朝眠因客起,午饭伴僧斋。”“午餐”。白居易《夏日闲放》诗:“午餐何所有?鱼肉一两味。”“中食”。段成式《酉阳杂俎·玉格》:“忽见一寺,门宇炳焕,遂求中食。”等等。以上均为中餐词语,特点是将“中”、“午”与饮食词相结合。对比唐以前尽管已有包括午时食的“三食”,却始终不出现与“中”、“午”相结合的中餐词语,可知,唐代起午时食已可入正餐之列。

但是,唐代诗文中仍有不少是日两餐者。高适《李云南征蛮诗》:“晡餐兼僰僮。”白居易《答崔侍郎钱舍人书问因继以诗》:“旦暮两蔬食,日中一闲眠。”《访陈二》诗:“两飡聊过日,一榻足容身。”柳宗元《段太尉逸事状》:“(太尉)旦夕自哺农者然后食。”这显然表明,唐代三餐制尚未成为定制,因而朝食可早可迟,中餐可有可无。可见唐代是三餐制的开始期,两餐、三餐制交替的过渡时期。

宋代与唐代同,也是两制并存(例略)。

元代起,早、中、晚三餐有了与今一样并列的称名。除了“早饭”、“朝食”外,“中饭”又称“晌午饭”,还有“晚饭”。元张寿卿《红梨花》第一折:“灯在此,此酒饭齐备了,请相公慢慢的自吃晚饭。”郑廷玉《冤家债主》第二折:“留着一只手上油待吃晌午饭。”不仅如此,还出现了“一日三餐”的观念与词语。“餐”作了量词,与“顿”构成文白之别。郑德辉《倩女离魂》第三折:“这秀才,刚好谒僧堂三顿斋。”无名氏《陈州粜米》第三折:“一日三顿,则吃那落解粥,你便老了吃不得。”无名氏《举案齐眉》第二折:“分付官家的嬷嬷,一日送三餐茶饭去,则与小姐食用。”同剧第三折:“但我三餐粥饭尚不能勾完全,这一路盘缠出在那里?”贾仲名《玉梳记》第一折:“每日家三餐饱饭要腥荤,四季衣换套儿新。”元末明初陶宗仪《辍耕录·点心》:“今以早饭前及饭后、午前、午后晡前小食为点心。”此也表明午时为中饭时,已是正餐,而非点心。

“一日三餐”的观念与词语的出现,无疑是日三餐制成为定制的标志,故可以断言,三餐制至元代正式形成。

然而，即使形成了三餐制，由于我国民族众多、地域广大，故食制并不纯一。以最靠近的清代来看，大体上南方早中晚三餐，中餐为主，菜肴较丰。北方有些地区多日两餐，早餐约十时前后，晚餐在下午六时前后，以朝餐为主。各地又有异。北方的蒙古人日三餐，两乳茶，一燔肉。湖南、湖北多日食两餐。西藏人日必五餐。南方农村如江浙诸地，冬闲日两餐，农忙时则四餐五餐，平时日三餐。至于最高统治集团首领——清代皇帝，虽然十分豪奢，却由其原先民族生活习惯决定仍实行两餐制，卯正二刻（六时半）早膳，午正二刻（十二时半）晚膳。此二膳为御膳房按时定供的正餐。“申酉以后或需饮食，则内宫别有承应之处，其物随意命进，无定供矣。”（章乃炜书 355 页）清圣祖在览九卿奏折时道：“尔汉人，一日三餐，夜又饮酒。朕一日两餐，当年出师塞外，日食一餐。今十四阿哥领兵在外亦然。”（《清稗类钞·饮食篇》6256 页）但不能由此认为清代还是两餐、三餐二制并行。从总体与餐食词语看，清代上下均实行三餐。即便今日，也有些地区，例如辽宁北部农村多于夏冬两季农闲时期实行一日两餐制，传袭已久，至今不变，但不能认为我国现在还是二制并存。

参考文献

[1] [清]孙希旦：《礼记集解》，中华书局，1989 年 2 月。
[2] [清]徐珂：《清稗类钞》，中华书局，1986 年 7 月。
[3] [清]章乃炜：《清宫述闻》，北京古籍出版社，1988 年 7 月。
[4] 陈梦家：《汉简缀述》，中华书局，1980 年 12 月。
[5] 陈梦家：《殷虚卜辞综述》，中华书局，1988 年 1 月。
[6] 韩养民：《秦汉文化史》，陕西人民教育出版社，1986 年 9 月。
[7] 陈直：《汉书新证》，天津人民出版社，1979 年 3 月。
[8] 郭群一：《帝王宫廷生活》，陕西人民出版社，1989 年 12 月。
[9] 乌丙安：《中国民俗学》，辽宁大学出版社，1985 年 8 月。
[10] 王力：《古代汉语》，中华书局，1985 年 3 月。
[11] 胡新生：《谈古代日常生活中的“三食”习惯》，《文史知识》1990 年第 10 期。
[12]〔美〕张光直：《中国古代的饮食与饮食具》，载《中国青铜器时代》，三联书店，1983 年 9 月。
[13] 黄金贵：《从餐食词语看我国古代食制及其演变》，《中国烹饪》1993 年第 1—2 期。

158. 宴(燕)·饫(餀)·飨(享)·筵

"宴",宴饮通称。"飨",具一定规模,富礼仪性的官宴。西周已见;战国起,除表示封建统治者的官宴,常指以酒食盛情款待宾客,有礼敬意。"饫",私宴;堂上站立,重礼不重食的宴礼。"筵",南北朝起口语出现的酒筵、筵宴之称。酒筵重在肴馔的丰美、创新,宋代起进一步社会化。"饯",送行的宴会。

【同义】

《说文通训定声·乾部》朱骏声按:"(宴),此当为宴飨正字。"《后汉书·冯衍传》:"飨椒举于章华。"李贤注:"飨,宴也。"《说文·食部》:"餀,燕食也。"《汉书·游侠传·陈遵》:"遵知饮酒饫宴有节。"《三国志·蜀志·张嶷传》:"嶷杀牛飨宴。"唐韩愈《南海神庙碑》:"燕享有时,赏与以节。""饫宴"、"飨宴"、"燕享"皆同义连用,泛指宴饮。"筵""饯"也可用为宴飨、酒筵之称。

【辨释】

"宴"亦作"燕"。《集韵·去霰》:"宴,通作燕。"《论语·述而》:"子之燕居。"陆德明释文:"燕,郑(郑玄)作宴。"《说文·宀部》:"宴,安也。"《礼记·乐记》:"宋音燕女溺志。"郑玄注同。《后汉书·邓彪等传论》:"古人以宴安为戒。"此与"安"同义连用,皆用为本义。引申为宴饮。《诗·小雅·鹿鸣》:"我有旨酒,嘉宾式燕以敖。"孔颖达疏:"我有旨美之酒,与此嘉宾,用之燕饫以敖游也。"《周礼·春官·乐师》:"燕射,帅射夫以弓矢舞。"上古射礼有三:大射、宾射、燕射。燕射是宴酬宾客,然后射于寝为乐。《后汉书·董卓传》:"数与百官置酒宴会,淫乐纵恣。"《文选·〈古诗十九首〉之四》:"今日良宴会,欢乐难具陈。"《晋书·杜预传》:"因宴集,醉卧斋中。"《北齐书·酷吏传·宋游道》:"时将还邺,会霖雨,行旅拥于河桥,游道于幕下,朝夕宴歌。"《旧唐书·穆宗纪》:"丁公著对(帝)曰:'前代名士,良辰宴聚。'"由上可见,宴可用于君臣、下民、礼宴、便宴,规模或大或小,都是以酒食酬请宾客。"宴"即宴饮的通称。

《尔雅·释言》:"饫,私也。"邢昺疏引孙炎曰:"饫非公朝,私饮酒也。""饫"亦作"餀"。《说文通训定声·小部》"饫"字下朱骏声曰:"凡饮酒之礼成于堂者曰饫。"《诗·小雅·常棣》:"饮酒之饫"毛传:"饫,私也,不脱屦升堂谓之餀。"即指堂上站立进行的家庭私宴。又引申指堂上站立进行的公宴。《国语·周语中》:"夫王公诸侯之有饫也,将以讲事成章,建大德,昭大物也,故立成礼烝而已。……故岁饫不倦,时宴不淫。"韦昭注:"立成,不坐也。烝,升也。升其备物而已也。""王、公立饫,则有房烝。"韦昭注:"王,天子。公,诸侯。礼之立成者为饫。房,大俎也。《诗》云‘笾豆大房’,谓半解其体,升之房也。”《周语下》:“周诗有之曰:‘天之所支,不可坏也。其所坏亦不可支也。’昔武王克殷,而作此诗也,以为饫歌。”韦昭注:“周诗,饫时所歌也。”可见,饫之为宴,受飨者在堂上站立而不席地坐,但宴会之用物包括歌乐依然备列,其用牲为“房烝”,即半体不宰,非体解节折登于俎,故受飨者并不在于食,唯重在君王赐臣之礼意而已。按此即礼飨之一种(见下)。

“飨”,繁体作“饗”,甲骨文象两边左右两人跪坐相对,向中盛满食物之簋,表示两人相对飨食(《拾六八》)此形,隶定为“卿”,俗作“鄉”。甲骨文用作祭名。《文·二九三》:“庚子,王卿(飨)于祖卒。”《粹·二四二》:“大乙史(使),王其卿(飨)。”“飨”,文献中也常作“享”。“享”,甲骨文作(《前四·四二·一》),象宗庙之形,本指祭享,即将祭品献于祖先、神明。《诗·小雅·天保》:“是用孝享。”《鲁颂·閟宫》:“春秋匪解。享祀不忒。”也作“飨祀”。《文选·张衡〈东京赋〉》:“咸用纪宗存主,飨祀不辍。”祖先、神明享受祭品。《左传·僖公二十三年》:“如是则非德,民不和,神不享矣。”“飨”也有享食义,两字又音同,遂“殊途同归”,均可引申为宴饮之称,并通用无别。

《诗·小雅·彤弓》:“一朝飨之。”郑玄笺:“大饮宾曰飨。”《周礼·秋官·大行人》:“飨礼九献。”郑玄注:“飨,设盛礼以饮宾也。”《吕氏春秋·长攻》:“于是与蔡侯以飨礼入于息。”《周礼·春官·司服》:“享先公飨射,则鷩冕。”郑玄注:“飨射,飨食宾客与诸侯射也。”《后汉书·儒林传·刘昆》:“每春秋飨射,常备列典仪。”可见,飨是有一定规模、富有礼仪性的宴饮。今有论者据《礼记·王制》称“有虞氏以燕礼”,而推断筵宴早在尧舜时代已有雏形,未确。在远古的部落中,祭祀、集会之后,进行聚餐群饮,此是聚饮,而非飨宴。礼宴是当社会有了一定的剩余产品,人与人之间有了礼的关系后产生的聚餐方式。即便夏启之后,已逐步进入奴隶制社会,但有夏一代尚未形成奴隶制一套礼制,故也没有飨宴。飨宴当滥觞于商代的祭祀,即飨鬼神。《礼记·表记》曰:“殷人尊神,率民以事神,先鬼而后礼。”前引甲骨卜辞“飨”即作祭名。而飨鬼神,终必为活人所飨,故引申为按一定礼制的宴饮。

正式形成飨宴,是在奴隶制盛世的西周。《礼记·王制》:“凡养老,有虞氏以燕礼,夏后氏以飨礼,殷人以食礼,周人脩而兼用之。”《国语·周语中》记周定王召士季语:“禘郊之事,则有全烝;王公立饫,则有房烝;亲戚宴飨,则有餚烝。”《左传·宣公十六年》记周定王召士季语:“王享有体荐,宴有折俎。公当享,卿当宴,王室之礼也。”(“公”,上公,指诸侯。)《成公十二年》记子反语:“诸侯闻于天子之事,则相朝也,于是乎有享宴之礼,享以训共俭,宴以示慈惠。”《昭公五年》言飨礼云:“设机(几)而不倚,爵盈而不饮,宴有好货,飨有陪鼎,入有郊劳,出有赠贿。”参上而知,飨之为礼,按对象不同,有不同的规格。一、天子祭天而飨神,即“禘郊之事”,则将供祭之牲不煮熟,带腥血,以全牲置于俎,谓之“全烝”。(“烝”,杀牲置于俎。)二、天子飨来朝的诸侯,所谓“公当享”,则将牲之半体置于俎,谓“房烝”亦即饫。“设几而不倚,爵盈而不饮,肴乾而不食”(《左传·成公十二年》“于是乎有享宴之礼”句杜预注),以示“共俭”。三、天子飨朝廷之臣及来聘问的诸侯之臣(卿、大夫),不须隆礼,但示慈惠,故可以宴礼飨之,所谓“宴有折俎”,亦谓“殽烝”。骨带肉为殽,及节解牲体,连肉带骨置于俎,宾主皆可尽食。“卿当宴”,谓对诸侯之卿当设宴礼,故晋景公使士季聘于周定王,“定王享之肴(即‘殽’烝)”(《国语·周语中》)。四、飨“戎狄”之使臣,则以其贱而不知礼。不必使闻馨香嘉味,当使之坐门外,遣人将牲整体与之,称为“委飨”。若戎狄之君亲来,则当与子男类小诸侯同等对待。五、飨宿卫及耆老孤子,当以醉为度,无有酌数。以上仅就天子而言。若诸侯、卿大夫、士也可用飨礼,其中区别主要在用鼎规格之异。鼎有三:镬鼎(或径称镬)是煮牲肉及鱼、腊的炊器;升鼎是正鼎,由镬烹后实于此鼎;羞鼎,即陪鼎,加馔即增加有美味庶羞之鼎。据考,在西周前期,周王室有两套严密的用鼎制:天子九鼎,卿七鼎,大夫五鼎,士三鼎或一鼎;公、侯七鼎,伯五鼎,子男三鼎或一鼎。鼎中实殽。可以九鼎为例。太牢九鼎:牛鼎一、羊鼎一、豕鼎一、鱼鼎一、腊(乾肉)鼎一、肠胃鼎一、肤(切肉)鼎一、鲜鱼鼎一、鲜腊鼎一。配陪鼎三:牛羹、羊羹、豕羹鼎各一。鼎还要与其他礼食器相配。如簋,九鼎配八簋,七鼎配六簋,五鼎配四簋,三鼎配二簋,一鼎无簋。此外,飨宴还有许多繁文缛节。要之,“飨”者,指奴隶主统治集团中所行,具有严格礼节和一定规模的官宴。

从春秋起,周王朝日趋衰颓,诸侯、卿大夫不断僭礼。不仅如此,当战国之时,随着奴隶制的衰亡,封建制的兴起,周礼整个用鼎制度实已被冲垮,飨礼已越出士大夫以上的奴隶主贵族范围,庶民、布衣也可享受,即从奴隶主统治者的官飨变为封建统治者的官飨和民众可受享的民飨。唯此,从战国起,“飨”除了用于祭祀鬼神外,就多指隆重礼敬地以酒食款待宾客,常用于上对下的酒食慰劳、赐赏、犒赏。《墨子·天志下》:“发其徒遽(从孙诒让校),使人飨贺焉。”《汉书·五行志中之上》:“饮食有享献之礼。”颜师古注:“以礼饮食谓之享。”《后汉书·酷吏传·李章》:“章到乃设飨会,而延谒纲。”《臧宫传》:“击牛釃酒飨食,慰纳之。”《鲍昱传》:“尊飨国老,宴会诸儒。”《北史·魏明元帝纪》:“至屋窦城,飨劳将士,大酺二日,班禽以赐之。”“飨”饮重于“宴”饮,礼敬意最重。上举《后汉书·鲍昱传》于国老用“飨”,于诸儒用“宴”,最为明显。而此时已扩大到民间的礼飨比之原先的官飨,较重于肴馔的佳美。《楚辞·招魂》所列菜单:主食二,点心二,菜肴十,多是不见礼经的新品种。马王堆轪侯墓竹简所记食物单子,已列品类百余种。汉张衡《南都赋》中称南阳菜肴有“百种千名”。

从上古到秦汉,飨宴虽有重大变化,但举行方式总体大同。以奴隶制时的官飨为例。飨宴可在庙堂,也可在后寝举行,宾客入门上阶升堂,然后脱屦入席。人们常席地而坐,临时设席,一人一席,天子席五重,诸侯席三重,大夫再重(《礼记·礼器》)。宴饮之首席者坐北向南,来宾坐西向东,主人坐东向西。席上除升载食器、个人餐具外,或为长者设置凭几。壶尊等大型酒器、匜盘等盥器皆置于席间。此外,室内还有各种固定或临时设的土台,称“坫”(duàn),放置空酒杯、宾客所赠礼物、食物。室内还有乐工舞伎班子,宴时乐队奏乐侑食。盛大的飨宴,还张侯皮(靶子)、列“投壶”等娱乐用具。飨宴开始后,由妻妾、仆从进食,进一味,食一味;一味毕,再进一味。食后,或大射、燕射,或投壶、六博。《诗·小雅·宾之初筵》

对上古飨宴有极生动的描写。飨毕而归，主人还要向宾客赠物，所谓“酬币宴货”(《国语·周语中》)。至汉代，室内土台少见，但有屏风、帷幔张设，每人席前，遍设食案，以安放食具。汉画像砖上有许多反映这种飨宴的画面。

《说文·竹部》：“筵，竹席也。”是直接铺在室内地上较宽大的竹席。虽然上古的宴饮通常皆在筵席上进行，但“筵”并不作为宴饮之称。《诗·小雅·宾之初筵》之“筵”，一些专书释为“筵席”、“酒筵”，未确。郑玄笺：“筵，席也。”“宾之初筵”，乃言“宾初入门，登堂即席”(郑玄笺)。“筵”的筵席、筵宴义，或单用，或作“筵席”，始见于南北朝，唐代起频见，是口语用法。北周庾信《三月三日华林园马射赋》：“既而日下泽宫，筵阑相圃。”“筵阑”，筵宴将尽。《南史·孝义传上·刘沨》：“一旦为沨立斋宇，筵席不减侯王。”《南史》为唐李延寿撰。《晋书·宗实传·义阳成王望》：“时魏高贵乡公好才爱士，望与裴秀、王沉、钟会并见亲待，数侍筵宴。”《晋书》亦唐人之作。唐高适《题李别驾壁》诗：“酒筵莫散明月上，枥马长鸣春风起。”刘禹锡《陶源行》：“筵羞石髓劝客餐，灯爇松脂留客宿。”元王实甫《西厢记》第二本第三折：“今日夫人端的为甚么筵席？”

筵宴，是宴饮的新阶段。比之前代，有许多质的飞跃。其一，筵宴由地而升到桌面。从南北朝起，人们开始改变席地而坐的千年习俗，而使用桌椅。于是，桌上铺帏，犹如铺筵，坐椅犹坐席，短而有足的食案变成了无足的献食托盘。虽然还是分食制，但各人桌上可陈馔数种，《韩熙载夜宴图》中的夜宴即此。初是一人一桌一椅，然后三人共一长桌，清代前一些朝廷宴会皆按此式。至清代增至每桌四人、六人，也有三人，均行分食制。今所用圆台，古谓之“团桌”，清初才见。《红楼梦》第七十五回所写贾母在凸碧山庄敞厅中秋赏月的夜宴，就是十二人一桌的圆桌，取一家团圆之意。其二，肴馔唯求丰美、创新。筵宴礼敬之重，主要体现于此。唐韦巨源擢升中书省，宴请中宗皇帝的烧尾宴，用肴五十八品。南宋清河郡王张俊家中宴请宋高宗，共用二百五十种肴馔(《武林旧事》卷九)，每肴之佳美自不必说。至清代的“满汉全席”，是固定的筵席，品种琳琅满目，山珍海味、奇肴异羞，数十上百，清李斗《扬州画舫录》所记有七十种，或云有一百另八种。据考，还有一席菜点一百八十二种，一席要一日三餐，分三天以上才能尽席，此是集中国名菜佳肴之大成，堪称筵席之最。从隋唐起，在每一筵席上，还设“饾饤”，后世称“看菜”，用一些盘陈列一些花色夺目的点心、菜肴，让人“先饱眼福”，席后撤去。其三，筵宴完全社会化。官飨、民飨进一步合流，成为筵宴。隋唐以来的筵宴既多且盛，举其要者有：一、朝廷举行的盛宴。每逢册封、庆捷、祝寿、大节等必设君臣大宴。如唐代殿试后，对新科进士赐“琼林”宴；各地乡试新中举人，赐“鹿鸣”宴。后各朝相仿。清代宫廷筵宴，次数、名目最为繁多，乾嘉时专设招待功臣耆老的千叟宴，其规模为古代宫宴之最。二、大臣贺迁谢恩专宴皇帝。上举韦巨源的烧尾宴，即属此。三、官僚士大夫的社交豪宴。此常于官衙、私第、庄园举行，尽挥霍之能事。四、民间喜庆欢宴。一般平民于婚礼、一年大节等盛事也常设筵宴自乐。民众不仅飨于人，也可自由飨人。而作为筵宴社会化的又一标志是筵宴进入饮食商业网。隋唐前，店肆无有经营筵宴者，至唐代，长安东西市已有承办酒席之例。据李肇《国史补》载，三五百人酒席可立刻办成。不过，唐长安还是里坊制，其东西二市还是宫市性质。到北宋汴梁就出现了不少酒楼。从经营一人独酌小吃到多人聚餐的筵宴，挂出菜单已列数十品，一二十种的菜肴随索随得，甚至还有“筵会假赁”服务项目。从器皿、椅桌到厅馆皆供租用筵宴（《东京梦华录》卷四），已与近代的酒家菜馆无异。

从奴隶主严格礼制的官“飨”，到封建统治者的官“飨”和用酒食款待宾客的民“飨”，再到完全社会化、肴馔丰美的“筵”，是古代宴饮、筵宴发展的三个历史阶段，也是我国源远流长的烹饪技艺发展、提高的三个里程碑。

参考文献

[1] 陶文台：《中国烹饪史略》，江苏科技出版社，1983年2月。
[2] 俞伟超：《周代用鼎制度研究》、《马王堆一号墓用鼎制度考》，载《先秦两汉考古学论集》，文物出版社1985年6月。
[3] 王仁兴：《中国饮食谈古》，轻工业出版社，1985年11月。
[4] 熊四智：《中国烹饪学概论》，四川科技出版社，1988年9月。
[5] 曾纵野：《中国饮馔史》第一卷，中国商业出版社，1988年11月。
[6] 高文：《四川汉画像砖》，上海人民美术出版社，1987年2月。
[7] [宋]孟元老、周密等：《东京梦华录》、《武林旧事》，中国商业出版社，1982年3月。

159. 禾·谷·粟·稷·粢(齍、齐)

我国最古老的栽培粮食作物小米，最早名“禾”，从植株形态而称。上古专称“稷”，有崇古、礼神色彩。“粟”，从粒实而称，是最通行的正称。“粢”，专指用于宗庙祭祀的粟食。后世作为粮食作物总称的“谷”，有时也可缩指“粟”，是方言、地区性用法。

【同义】

“禾、谷、粟、稷、粢”均为粟的各种称名。

【辨释】

“粟”，属禾本科“狗尾草属”，其秆顶端抽穗，籽实较小，皆密集一穗而垂，俗称小米，营养价值甚高，是我国最古老、最重要的粮食栽培作物。我国一直被公认为粟的最早种植地区。今考古发掘出土遗物最多。仅据公开发表的报告，黄河流域新石器时代遗址出土的炭化粟达十余处：西至甘肃临洮、玉门，中有山西万荣，西安半坡、宝鸡，河南陕县，东达郑州、山东胶州。特别是半坡115号地窖，粟有数斗之多。事实表明，我国粟的栽种历史极为悠久，并非春秋战国才大量播种。

“禾”本即粟的植株形态的象形，甲金文中多见，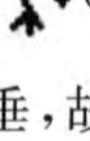(《乙四八六七》)、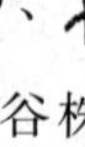(《邾公釛鐘》)，其形下部为叶子和秸秆，上部像成熟的粟穗重而下垂，故可指结了穗的谷株，也自然可从植株的角度称谷。文献使用正是如此。《说文·禾部》：“禾，嘉谷也。”《诗·豳风·七月》：“黍稷重穋，禾麻菽麦。”下句《大雅·生民》作“菽禾麻麦”。《魏风·伐檀》：“不稼不穑，胡取禾三百廛兮”，“胡取禾”凡三。《大雅·生民》：“禾役穟穟，麻麦幪幪。”（“役”，列。“穟穟”，生长壮实貌。“幪幪”，茂盛貌。）《左传·隐公三年》：“秋，又取成周之禾。”诸“禾”皆是粟的专称。《吕氏春秋·审时》：“是以得时之禾”诸句以“禾、黍、稻、菽、麦”并举。《管子·封禅》：“鄗上之黍，北里之禾。”《淮南子·墬形》：“洛水轻利而宜禾，渭水多力而宜黍。”《氾胜之书》曰：“种禾无期，因地为时。”崔寔《四民月令》曰：“二月、三月，可种植禾。”诸“禾”也皆指粟。《吕氏春秋·审时》列六谷是禾、黍、稻、麻、菽、麦，《淮南子·墬形》列五谷也有禾。引申之，“禾”才作为谷类通称。此于《诗经》已见。《七月》：“九月筑场圃，十月纳禾稼。”孔颖达疏：“苗生既秀谓之禾，种植诸谷名为稼禾。……以禾是大名也。”“禾”成为谷类字和谷类作物的器官名词的偏旁，如“黍、稷、稻、秫”等，“秤、稭、穗”等皆从禾。但从总体而观，在《诗经》和其他上古秦汉文献中，“禾”主要用为粟的专称，而非谷类作物通称。而现今一些古代汉语专书、教材往往先将“禾”作为谷类通称，然后又将“禾麻菽麦”之类的“禾”视为临时性的特指用法，并将

《诗经》中的“禾”皆断为通称，实是本末倒置。上古之“禾”，不仅主要指粟，而且是粟的最早专称。

“禾”在秦汉以后，才与上古相反，主要作为谷类作物通称，有时兼作专称，上引《汜胜之书》等即是。后世也指稻。宋张舜民《打麦》诗：“麦秋正急又秧禾，丰岁自少凶岁多。”陆游《戏咏江南风土》诗：“禾舂玉粒送官仓。”

“谷”，先为总称，后可用作专称。谷之繁体作“穀”，从禾，可见也是禾粟类。《诗·豳风·七月》：“其始播百谷。”《易·离》：“象曰：离，丽也。百谷草木丽乎土。”（“丽”，附着。）《周颂·噫嘻》：“率时农夫，播厥百谷。”“百谷”，犹言众谷。《论语·微子》：“四体不勤，五谷不分。”《孟子·滕文公上》：“五谷不登。”“五谷熟而民人育。”更有六谷、八谷、九谷之说。《周礼·天官·大宰》：“一曰三农，生九谷。”郑玄注引郑司农云：“九谷：黍、稷、秫、稻、麻、大小豆、大小麦。”其实，诸词语之数字皆是虚数，故数字不一。而其中“谷”无疑总称各种粮食作物。缩小才专指粟。北魏贾思勰《齐民要术·种谷第三》注曰：“谷……名粟。谷者，五谷之总名，非指谓粟也。然今人专以稷为谷，望俗名之耳。”盖《齐民要术·耕田第一》、《收种第二》是总论，以下是分论。其时“谷”早为粮食作物的总称，但民间口语有称稷为谷，贾氏顺应民俗，故以“种谷”为篇名。可见，“谷”为稷之称是方言性、地区性用法。此种用法继续至今。现北方民间（如陕西）称稷粟仍是“谷”、“谷子”。

“粟”是粟的正称。《说文·卤（tiáo）部》：“粟，嘉谷实也。从卤从米，会意，古文从三卤。”卤象下垂之穗。朱骏声《说文通训定声·需部》“粟”下曰：“粟与谷皆穗之既采分为颗粒者之名，其皮曰康（糠），其中曰米。”汉王充《论衡·量知》：“谷米舂蒸曰粟。”按，粟、禾实一：在田曰禾，禾实曰粟。粟，指离了植株与穗头分为颗粒、但未去糠壳之禾实。其名当晚于“禾”，但迟至《诗经》时代已出现。《小雅·黄鸟》：“无啄我粟。……无啄我粱……无啄我黍。”《小雅·小宛》：“交交桑扈，率场啄粟。……握粟出卜。”由于禾粟是最主要的粮食作物，“粟”又是侧重在粒实，故也可作谷类或粮食的通称。《论语·雍也》：“原思为之宰，与之粟九百，辞。”“冉子为其母请粟……冉子与之粟五秉。”（“秉”，古量词，一百六十斗为一秉。）《左传·僖公十三年》：“秦于是乎输粟于晋。”《韩非子·显学》：“征赋钱粟，以实仓库。”常“菽粟”合言。《孟子·尽心上》：“圣人治天下，使有菽粟如水火。菽粟如水火，而民焉有不仁者乎？”《荀子·王制》：“工、贾不耕田而足菽粟。”《墨子·尚贤中》：“聚菽粟，是以菽粟多而民足乎食。”也常“粟米”连称。《孟子·尽心下》：“有布缕之征、粟米之征、力役之征。”秦以后，亦可作此用。《说苑·至公》：“文绣被台榭，菽粟食凫雁。”《汉书·王莽传中》：“故富者犬马余菽粟，骄而为邪。”但是，主要作为专称，专指栽培粟，即小米。《汉书·昭帝纪》：“今三辅太常谷减贱，其令以叔（菽）、粟当今年赋。”“谷”是总称，“菽、粟”就是专称。《宋书·宗慤传》：“乡人庾业，家甚富豪……而慤至，设以菜菹粟饭。”粟是粗粮，故与“菜菹”并称。

“稷”与“禾”一样，是粟的古名，用于汉以前。在上古文献中，“黍稷”常常通用，然而“稷”究竟是何物？古今中外聚讼不已。大凡三说：或以为稷是不黏之黍，则视二物为同种作物；

或以为稷即高粱；或以为稷即粟。以稷为高粱，肇自程瑶田《九谷考》，是清儒的书斋考据，齐思和《毛诗谷名考》曾全面批驳。唯黍稷同种论，仍为现今中外一些辞书、专书所奉从，少数农学史家也主此说。但多数农学史家摒弃其说而力主稷乃一物异称。按，异称说甚为有理。其一，周祖弃之居有邰，善种稷，封为稷官，后人称"后稷"。"后"即"司"，为主管稷农作物生产之官。如上所述，现所发现的新石器时期炭化粟有十余处，较多的正是周族部落活动区域。其二，稷是百谷之长，《礼记·月令》称稷"首种"，《淮南子·时则》称"首稼"，郑玄注"首种谓稷"。"首"者，首要、重要之谓，非指种时之早。若此，唯有粟可当之。其三，《诗经》中黍稷判为二物，毫不含糊。如《小雅·楚茨》："自昔何为？我艺黍稷。我黍与与，我稷翼翼。"（"与与"、"翼翼"，皆蕃盛貌。）尤其《王风·黍离》中"彼黍离离"重复三句，每句后分别配以"彼稷之苗"、"彼稷之穗"、"彼稷之实"，此不可能是黏与不黏之别；籽实淀粉的黏与不黏在植株形态之苗穗、籽粒外形不可观辨。此诗正从生育期、生态类型、植株形态上观察二物之异。其四，从五谷等的解释看，五谷、六谷、八谷、九谷，如《礼记·月令》郑玄注、《大戴礼记》卢辩注、《荀子》杨倞注等不下十余处，皆将"黍、稷"列入而无其"粟"，有些则有"黍、粟"而无"稷"，则注家必以"稷"、"粟"为同物。其五，早期的训诂家大都解"稷"为粟（见《论黍和稷》列表），躬行实践的农学家也主此说。如前引的贾思勰《齐民要术·种谷第三》。又，明徐光启《农政全书·树艺》亦曰："古所谓稷，通称为谷，或称粟。"其六，现代的作物遗传驯化论示知，野生植物驯化中会有野生型的伴生杂草，此乃栽培种与其野生祖先种渐渗杂交之产物。今所共识，粟之伴生杂草是莠，黍的伴生杂草是稂。《小雅·大田》："不稂不秀（莠）。"《国语·鲁语上》："马饩不过稂莠。"韦昭注："莠，草，似稷而无实也。"《孟子·尽心下》："恶莠，恐其乱苗也。""苗"指"禾苗"，即粟株。此外，河南洛阳金谷园车站11号汉墓出土陶器有二器分别写明"粟"、"黍米"，此也是粟即稷、粟为小米正称之力证，汉人犹不误识。由上可见，古文献中的"稷"当指粟。

"稷"与"粟"不仅异名同实，而且在先秦，粟的主要称名是"稷"（其次是"禾"），少数用"粟"。秦以后，才主要用"粟"，而"稷"作为粟之称，从汉代起已不用。同时，稷有崇古、礼神色彩。文献中，"稷"指周部族祖先，故作图腾以崇拜，又作神物而敬祀。宋罗愿《尔雅翼》曰："稷为五谷之长，故陶唐之世，名农官为后稷，其祀五谷之神，与社相配，亦以稷为名。"社、稷指土地神、谷神。历代王朝建国必先立社稷坛，灭国必变置该国之社稷，故以此代指国家。《左传·僖公四年》："君惠徼福于敝邑之社稷，辱收寡君，寡君之愿也。"《孟子·尽心上》："民为贵，社稷次之，君为轻。"

"粢"或作"齍"、"齐"，是稷的别称。《礼记·曲礼上》："稷曰明粢。"《尔雅·释草》："粢，稷。"《玉篇·禾部》："稷亦作粢。"犍为舍人注："粢，一名稷。稷，粟也。"《左传·桓公六年》："粢盛丰备。"《孟子·滕文公下》："《礼》曰：诸侯助耕，以供粢盛。"赵岐注："粢，稷。""粢盛"，也作"齍盛"、"齐盛"。祭祖示不忘古，故与玄酒（即水）相配，必用粗粮之"稷"。然则"粢"专指用于宗庙祭祀的粟稷之食。引申之，为谷类总称。与"谷"相似。《周礼·春官·小宗伯》：

"辨六齍之名物与其用。"郑玄注:"齍读为粢。六粢,谓六谷;黍、稷、稻、粱、麦、苽。"然后世罕用。

参考文献

[1] 缪启愉:《齐民要术校释》,农业出版社,1982 年 11 月。
[2] 李璠:《中国栽培植物发展史》,科学出版社,1984 年 3 月。
[3] [明]徐光启撰、石声汉校注:《农政全书校注》(中册),上海古籍出版社,1979 年 9 月。
[4] 游修龄:《论黍和稷》,《农业考古》1984 年第 2 期。

160. 黍·穄·糜(䵜)

“黍”，黍类总称；俗称黄米，味美，珍贵于稷，有黏与不黏两类。不黏者称“穄”，方言中或称“糜(méi)”。

【同义】

“黍、穄、糜”皆属黍类。

【辨释】

上古文献中，“黍”与“稷”常常连用。《诗经》中，“黍、稷”共37见，二者并举有8篇，对举有2篇。《诗·小雅·楚茨》：“自昔何为？我艺黍稷。”《唐风·鸨羽》：“王事靡盬，不能艺稷黍。”《左传·僖公五年》引《周书》曰：“黍稷非馨，明德惟馨。”黍稷是二物，稷非黍（参第159条），黍当也非稷。

“黍”，属于禾本科的黍属。黍在禾秆顶端抽穗，穗不像粟的纺锤之形，而是分枝长而下垂，籽粒大于稷籽，甲骨文字形即作此种象形（《铁七二·二》）、（《甲三五三》）；耐干旱，生长期短，适宜暑种。《说文·禾部》：“黍，禾属而黏者也。以大暑而穜（种），故谓之黍。”《诗·大雅·生民》谓收获时要“是获是亩”，即边收割，边脱粒。其秆茎松劣，不宜做马畜的饲料。黍宜作黄酒。其伴生杂草是稂。凡此种种，皆与稷粟很不相同。

黍在我国是仅次于稷粟的主要栽培粮食作物，“黍”是黍类总称。甲骨文中“黍”字有百余见，商代人们已将黍作为主粮。《诗经》中的粮食作物，“黍”出现最多，共19见。《王风·黍离》描写周室东迁后大夫行役至宗周所见满眼的黍稷，可见黍也是周人的主粮。农夫所种的主粮中有黍（《魏风·硕鼠》），在七月所收的谷类中有黍（《豳风·七月》），奴隶主盛满谷类的千仓万箱里有黍（《小雅·甫田》）。黍，有黏与不黏两种，黏性的最宜酿酒。《说文·禾部》“黍”说解引孔子曰：“黍可为酒。”《诗·周颂·丰年》：“丰年多黍多稌……为酒为醴。”（“稌”，稻。）无论黏与不黏，皆可蒸为黍饭，其颗粒大于谷子，色黄，故北方人称为黄米、大黄米，味美于稷，是常食之珍贵者。黍是贵族阶层常食，稷是庶民常食，有贵贱之分。《诗·周颂·良耜》郑玄笺：“丰年之时，虽贱者犹食黍。”孔颖达疏：“贱者当食稷耳。”可见，唯丰年时庶民才能食黍。以其乃美食，也用来招待贵客。《论语·微子》记荷蓧丈人热情接待子路：“止子路宿，杀鸡为黍而食之。”直到后世，北方犹鸡黍相配敬客。唐孟浩然《过故人庄》诗：“故人具鸡黍，邀我至田家。”

从古而来，黍常与稷混淆不分，为此古今不少学者作过“黍稷”辨。但是直至今日，还有农史专著坚持二者同物：“黍稷是同一类作物，黍具有黏性，不黏之黍则为稷。黍稷本一名，因其有黏有穄,遂别之分为二名。"而穄、稷是声音相近的异名同物(《中国农业史》第69页)。对于黍、稷、穄三者,上条与本条已加梳理,这里不再辨说。但是"黍"还常与高粱相混淆。如高粱的一个古名就是"蜀黍",易让人误为高粱是黍的一种,"黍"常用作高粱之称。如宋代朱熹的《诗集传》就持此说。对此,清代学者也已有诘难。陆陇其《黍稷辨》曰:"朱子诗传谓'黍庙似芦高丈余'。按,黍庙无高丈余者,此似指高粱为黍。然高粱虽有蜀黍之名,乃别是一种,非粱,亦非黍也。朱子仍先儒之说而未改欤?"(参第162条)

"穄",历来农学家大都以为是黍,但很多本草学家、植物学家却以穄为稷。唐代苏恭最早发其端:"穄即稷也。今楚人谓之稷,关中谓之糜。"(《唐本草》注)下至明代李时珍,乃至现代有些学者皆主穄稷音近而为一物,并进而谓黍稷同种,唯黏与不黏之别,云云。现代的农学史家多认为历史上苏恭俑始之论实误。明徐光启曰:"古所谓黍,今亦称黍,或称黄米。穄则黍之别种也。今人以音近,误称为稷。……穄之苗叶茎穗与黍不异。经典初不及穄,后世农书辄以黍穄并称。"(《农政全书》卷二五)徐氏此论,为今不少农学史家所奉持。

粱、黍植株对比图

穄非稷,而是黍,但穄是"黍之别种",故黍、穄亦非等称。《说文·禾部》:"穄,縻也。"段注:"此谓黍之不黏者也。"《吕氏春秋·本味》:"饭之美者……阳山之穄,南海之秬。"高诱注:"穄,关西谓之縻,冀州谓之䵚。""䵚"是"縻"的俗字。《穆天子传》卷二:"穄麦百载。"郭璞注:"穄,似黍而不黏。"《后汉书·乌桓传》:"其土地宜穄。"今陕西关中仍称不黏之黍为縻子。此也是美食。可见,穄是不黏之黍的专称,起于秦汉间,"縻"、"䵚"则是"穄"在方言中的变称。

参考文献

[1] 游修龄:《论黍和稷》,《农业考古》1984年第2期。
[2] [明]徐光启撰、石声汉校注:《农政全书校注》(中册),上海古籍出版社,1979年9月。
[3] 齐思和:《毛诗谷名考》,载《中国史探研》,中华书局,1981年4月。
[4] [清]陆陇其:《三鱼堂文集》卷二,四库全书电子本。

161. 粱·秫·穈(虋)·芑·〇高粱

粟的优良品种有“粱”，具不耐肥、畏湿涝等生态特点，可作粉、酿酒；“秫”，黏粟；“穈、芑”是上古粱的两个好品种。高粱，也是我国古老的栽培粮食作物，似粱而高，而其生态特点与粱大异，非贵食细粮，汉以后有“蜀黍”等名，而不称“粱”。

【同义】

“粱、秫、穈、芑”皆指粟的优良品种。

【辨释】

“粱”，其物今已无，但文献中常见。《诗经》中就出现三次。《诗·小雅·甫田》：“黍稷稻粱，农夫之庆。”《唐风·鸨羽》：“不能艺稻粱。”《小雅·黄鸟》：“黄鸟黄鸟，无集于桑，无啄我粱。”其两见皆与“稻”连言。金文《史免簠铭》：“史免作旅匡，从王征行，用盛稻粱。”《仪礼·聘礼》与《公食大夫礼》都将黍稷作为常饭，稻粱为加馔，忌日即使诸侯也不食此。后世也常“稻粱”连言，如“稻粱谋”之语，诗文习见，喻指谋生。稻的主要产地在南方，《周礼·夏官·职方氏》曰：“东南曰扬州……其谷宜稻”，“正南曰荆州……其谷宜稻”。《淮南子·墬形》：“江水肥仁而宜稻。”虽然古代华北地区的冀州、雍州等地也产稻，但毕竟产地小，产量少，故北方以黍稷为主食，若稻乃是很珍贵的食品。“粱”与“稻”并举，当然也是贵食。“粱”也常与“肉”、“膏”连用。《礼记·丧大记》：“不辟粱肉。”《战国策·赵策三》：“富不与粱肉期而粱肉至。”《韩非子·五蠹》：“故糟糠不饱者不务粱肉，短褐不完者不待文绣。”《孟子·告子上》：“言饱乎仁义也，所以不愿人之膏粱之味也。”《国语·晋语七》：“夫膏粱之性难正也。”韦昭注：“膏，肉之肥者；粱，食之精者。言食肥美者，率多骄放，其性难正。”后以“膏粱”喻富贵人家。《宋书·荀伯子传》：“伯子常自矜蔭藉之美，谓弘（王弘）曰：‘天下膏粱，唯使君与下官耳。’”又，《左传·哀公十三年》：“粱则无矣，粗则有之。”“粱”与“粗”对比，综上可知，“粱”当是古代一种精致的细粮。

然此种细粮究为何物？时下流行一说粱即高粱。按此说，可以“发现”《齐民要术》中已有栽培高粱的详尽记载，“可以看到汉代以前高粱广泛种植的历史轨迹”，“这种广泛种植状况与现代的考古发掘相吻合”（《中国农业史》第77－78页）。也就是说，高粱确实“古已有之”，是中国原始粮食栽培作物。

但是，从事物命名而言，此说首先就违背了高粱命名的规律。高粱有许多异名，每一名都显示其生态特征，“高粱”之“高”见出植株高大，而“粱”反映出高粱什么特点？因此在命名上，正如棉花不是花，木鱼不是鱼，高粱断不会是粱（详第162条）。从“实”而论，将“粱”视为高粱则更谬，与程瑶田将稷当作高粱一样乖于物理。就从被误认为总结了高粱培植经验的《齐民要术·粱秫第五》看，粱与高粱对土壤要求不同，粱种于贫瘠之薄地，因不耐肥，故“地良多雉尾”，即穗头细长轻虚；而高粱大都耐肥，其不少品种必植于肥土。播种时间不同，粱“与稙（植）谷同时”，“晚者全不收”，则是宜于春播的早、中熟品种；而高粱早、中、晚熟各种品种皆有，不专于一，全年皆可播种。水分生理不同：粱“燥湿之宜、杷劳之法，一同谷苗”，乃耐旱畏涝；高粱则耐旱耐涝，凡低洼水浸之地，其他作物不可栽，高粱则可。收割要求不同，粱“收刈欲晚”，“早刈损实”；高粱的多数品种一俟成熟，得及早刈获，否则会引起部分脱粒或植株倒伏。由此可知，粱具有不耐肥、春播、早熟、畏湿涝、迟收刈等生态特点，而高粱则相反。再看《齐民要术》中所叙粱的用途。《种红蓝花栀子》篇称精制“英粉”，以粱米最好，英粉是细白光润的精粉，用以制糕点、香粉、胭脂。而高粱皮坚，不易消化，食有涩味，绝不能制“英粉”。《笨麹并酒》篇谓酿酒用“赤粱、白粱者佳”，在酿酒各篇记述了三十多种酒，所用粮食，有粱米、粟米等。其时所酿皆黄酒而非烧酒（烧酒至迟元代多见），现代酿黄酒也还是北用黍米、南用稻米。古今黄酒皆不用高粱。可知粱之精美确实胜于一般小米。前面所举文献中的“粱”都作为珍贵的精品，正与《齐民要术》所叙相当。若是高粱，粗涩不可口，产量亦高，岂能作为珍贵的精品？（缪启愉文）

粱亦非黍类。虽都是饭食精品、礼客佳米，但种属不同。从植株形态看，黍米之穗斜翘如帚形，而粱之穗下垂如纺锭形。它是稷类作物，是“良粟”之米。盖“粱”从米刅声，刅声即良声，会其意为良米。明李时珍《本草纲目·谷二·粱》曰：“粱者，良也，谷之良者也。……粱即粟也。……自汉以后，始以大而毛长者为粱，细而毛短者为粟。”《史记·太史公自序》：“粝粱之食。”司马贞索隐引《三苍》曰：“粱，好粟。”《汉书·食货志上》：“食心粱肉。”颜师古注：“粱，好粟也。即今之粱米。”宋苏颂《图经本草》曰：“大抵人多种粟而少种粱，以其损地力而收获少。”元王祯《农书·粱秫》曰：“春而为米，圆滑如珠，炊之香美胜于粟米，世谓之膏粱，号食饭之上品也。”据《齐民要术》、《唐本草》等农书记载，常见粱有黄、赤、白三色者。成语“黄粱美梦”即指黄色粱米。可见，历来都以为粱是小米中的一个精良品种。中古以后，“大抵人多种粟而少种粱，以其损地力而收获少”（《国经本草》534页）。

“秫”本是黏粟专称。《说文·禾部》：“秫，稷之黏者。”《尔雅·释草》：“众秫。”郭璞注：“谓黏粟也。”郝懿行《尔雅义疏·释草》曰：“孙（孙炎）、郭（郭璞）曰黏粟，许君（许慎）曰黏稷，实一物耳。”唐苏恭《唐本草》：“今大都呼粟糯为秫，稻秫为糯矣。”《本草纲目·谷二·秫》引李时珍集解：“秫即粱米、粟米之黏者。有赤、白、黄三色，皆可酿酒、熬糖、作餈糕食之。”晋陶潜《和郭主簿》诗之一：“舂秫作美酒，酒熟吾自斟。”宋苏轼《超然台记》：“撷园蔬，取池鱼，酿秫酒，瀹脱粟而食之。”但实际使用中，“秫”多引申为黏性义，可用于各种谷物。除粱、粟之外，稻之黏者，也可以称之。《齐民要术》有“秫稻”。宋范成大《冬日田园杂兴》诗：“尘居何似山居乐，秫米新来禁入城。”高粱之黏者，也可称之。朱骏声《说文通训定声·履部》“秫”下曰："今北地谓高粱之黏者为秫，秫亦曰胡秫，盖古语也。"高粱之所以称"薥秫"，就因为"其黏者近秫，故借名为秫"。(《本草纲目》)

《诗·大雅·生民》："诞降嘉种……维糜维芑。"周人以为糜、芑是天为后稷所降的嘉种。"糜"，《尔雅·释草》作"虋"，云："虋，赤苗；芑，白苗。"郭璞注："今之赤粱粟(指'虋')，今之白粱粟，皆好谷。"

"芑"本作野菜之称。《诗·小雅·采芑》："薄言采芑，于彼新田。"此为茎青白色的苦菜，伯夷叔齐所食首阳草即此，与嘉谷之"芑"各为一物。郭璞解此二名大致不误，但尔后苏颂、罗愿、李时珍等皆以为黍。程瑶田曰："知嘉谷之虋芑必非黍者，以黍之苗惟一色，而无赤、白之异。又《说文》解'璊'字云：以毳为䋈，色如虋，故谓之𦆸，'虋'，芑之赤苗也。解'璊'字云：禾之赤苗谓之虋，言璊玉色如之。以《说文》证《说文》，益知糜芑为禾而非黍矣。"(参《齐民要术校释》)程氏此论精确可信。要之，作为嘉种的"糜、芑"当是上古粱的两个品种。后世不见。

参考文献

[1] [明]李时珍：《本草纲目》(校点本)(下册)，人民卫生出版社，1982年11月。
[2] 缪启愉：《齐民要术校释》，农业出版社，1982年11月。
[3] 缪启愉：《"粱"是什么？》，《农业考古》1984年第2期。
[4] [宋]苏颂：《图经本草》，福建科学技术出版社，1991年10月。
[5] 吴存浩：《中国农业史》，警官教育出版社，1996年5月。

162. 秬(𪍿)·秠·木稷·蜀黍·高粱·黑黍

“𪍿”(即“秬”)是西周及其前高粱的古名。“秬”是周秦时高粱的通称,“秠”指其中“一谷双粒”的品种。汉代起高粱有很多异名俗称。“木稷”用于中古时,不流行。“蜀黍”是古代高粱的通称,有书面色彩。“高粱”是明代起流行的新名。汉代出现的“黑黍”是高粱的最早俗称,并且是整个古代使用最多的通称,有口语色彩。

【同义】

“秬、秠、木稷、蜀黍、黑黍、高粱”皆为古代高粱之称。

【辨释】

在我国古代名物中,历来五谷难分,由此造成有些相关农作物的难识。其中最为迷糊的是高粱。高粱是禾本科一年生草本植物,无论在黄河流域旱地区,还是长江流域水田区,都广泛种植,今所常见。但在古代文献中,“高粱”其名却是明代起才多见。此遂产生疑问:高粱是否为我国的原始粮食栽培作物?于是外来说盛行,谓它由原产地非洲,经印度而传入我国,时间最早在东汉。但半个世纪以来,日益丰多的考古发掘成果对此作了否定。如山西万荣荆村新石器晚期遗址发现炭化高粱,河南郑州大河村新石器遗址发现一瓮的炭化高粱状食物,江苏新沂三里墩西周遗址出土高粱秆。可见五千年前的黄河流域已有高粱,它无疑也是我国古老的栽培粮食作物。非洲、我国都是高粱的原产地。然而问题又回到原点:实物的史链如何吻合文献的名链?

从宋元以来,学者们一直在探寻文献中高粱的名链。不见专名,就用“寄生”法。主要有三说。一是以稷为高粱说,二是以黍为高粱说,三是以粱为高粱说。一个古老的本土作物竟长期有物无名,“寄生”他名,殆不可能。有其物必有其名。应当着力探寻高粱的异名链。笔者注意到农史学者的探索成果,按照物名形成规律,初步考定了高粱的异名链,即是本组同义词。

我国高粱的最早古名当为“𪍿”,文献通行作“秬”。

《说文·鬯部》:“𪍿,黑黍也,一稃二米以酿,从鬯矩声。秬,𪍿或从禾。”又,“鬯,以𪍿酿郁艸,芬芳攸服以事神也”,此谓鬯是合郁金草合酿之“黑黍”酒;而𪍿是用作酿制鬯酒之“黑黍”,其字“𪍿”为正体,“秬”为通行的或体。定为高粱最早的专名,有以下四证:

其一,多见于金文。

高粱既是最古老的原产粮食作物,古文字也当有见。“𪍿”即然,且金文中都作正体,但所从“矩”之“矢”，乃后来小篆讹变，金文多作夫，即作矩，字作，毛公鼎、录伯簋、吴方彝、师兑簋、师克盨皆此。“矩”又省作夫，如吕鼎作；又省作巨，如伯舀壶作、伯晨鼎作（《金文编》356页）。金文中“𩞄”之义均作鬯的修饰词，“𩞄鬯”几为熟语，后接数量词。《毛公鼎》：“易（赐）女（汝）𩞄鬯一卣。”又《舀壶》也有此语，唯“𩞄”作“鬯巨”。金文中的用义与《说文》和上古典籍的用法（见下）完全一致。

其二，注家都用一致的高粱俗名训诂。

五谷诸名古代训诂往往有异，遂致后世龃龉不已，但对“秬”的训诂秦汉乃至后世注家唯作一训：黑黍。《诗·大雅·生民》：“诞降嘉种，维秬维秠。”毛传：“秬，黑黍也。”《尔雅·释草》“秬，黑黍”邢昺疏引李巡曰：“黑黍，一名秬黍。秬，即黑黍之大名也。”《书·文侯之命》：“用赉尔秬鬯一卣。”《洛诰》：“予以秬鬯二卣，曰明禋，拜手稽首、休享。”孔颖达疏：“以黑黍为酒，煮郁金之草，筑而和之，使芳香调畅，谓之秬鬯酒。”《白虎通义·封禅》：“秬，黑黍也，一稃二米。”《楚辞·天问》“咸播秬黍”王逸注：“秬黍，黑黍也。”《吕氏春秋·本味》：“饭之美者……南海之秬。”高诱注：“秬，黑黍。”《管子·地员篇》：“其种大秬细秬。”尹知章注：“秬，黑黍。”如此一致的训词，而且一直行于后世（见下），表明“黑黍”是一个作物的俗称专名。

问题在对它的解读。黑黍为何种作物？一般都以为黑黍就是黑色之黍。其实不是。首先察颜色所指：此黑色是指其穗色壳色还是其米色？黍确实有多种，从米色而观，后世文献中有赤（或丹）、白、黄、黑、青等。但文献中无以“白黍”、“赤黍”之类作为一致而习用的训语出现。而上引汉唐注家如此多而一致地将“黑黍”作为训语，因此其“黑”并非从黍米而称，也即此黑黍并不是指黑色米粒之黍，而无疑当从穗色壳色而称。而黍没有黑穗，更没有以黑穗命名者，只有高粱有黑穗黑壳。其次从文献使用看。《诗·鲁颂·閟宫》：“有稷有黍，有稻有秬。”列出四种粮食作物，句中已经有黍，训为“黑黍”的“秬”自然不会是黍，而当是与黍、稷、稻相当的一个粮食作物大名。上引的《诗·大雅·生民》云“诞降嘉种，维秬维秠”。能作为天赐嘉种、蒙上神秘色彩的不可能是黍，唯有高粱：它不惧旱涝和贫瘠下地，从米至秆壳，一无弃物，且用于酿酒祭祀，可称天赐嘉种。第三，从训诂看。唐代陆德明训释《尔雅》“秬”曰：“黑黍也。或云，今蜀黍也，米白穀黑。《说文》作‘𩞄’。或作‘秬’字。”（《经典释文》425页）陆氏以“蜀黍”释“秬”，并云“米白穀黑”，正用当时高粱的通行名称与特征来训释“黑黍”。黑穗壳色确是高粱的一个显著特征。元王祯《农书·谷属·蔔黍》所描述：“蔔黍，春月种，（‘不’，缪校衍）宜用下地。茎高丈余，穗大如帚，其粒黑如漆，如蛤眼。”明李时珍《本草纲目·谷部·蜀黍》亦谓高粱“穗大如帚，粒大如椒，红黑色，米性坚实，黄赤色”。高粱的颗壳或深黑色，或红黑色，集聚成扫帚形的粒穗，耀人眼目。即今所植高粱，据有关方面征集的品种统计，颗壳红色3070份，黑色2988份，合占总数的79%（曹广才等书第四章《高粱》）。由此推知上古时期可能深黑色、散穗型的高粱更多；即如今赤黑二色也会给人以浓密的黑色的物态特征。第四，从“黑黍”的构名法看。“黑黍”者，指黑穗的如黍一样的种植物，此是比喻构词法。此法在汉语名物词中习见：用一个习见的物名作为喻词加上所指物的特征词构成新词，因而所指物非所见物名，如棉花非花、木鱼非鱼、水车非车、蜗牛非牛，等等。高粱的所有异名都用此法（详下），故就本组之名而言，木稷非稷，蜀黍非黍，高粱非粱，则黑黍非黍，又何疑焉？

由上可知，“黑黍”不指黑色之黍，而是指高粱，并且是高粱的专称，也是高粱的第一个俗称，因而被训之秬当然也非黍，而是高粱。

其三，秬的命名符合高粱的生态特征与其命名规律。

古代名物的命名往往根据某一名物的外部特征。高粱的特征有二，一是大多数的黑色颖壳的集聚，“黑黍之名据此”（见上）；一是体态的高大。后者更为突出。在古代的黄河流域，人工栽培植物，最高大的莫过于高粱。上引王祯《农书·穀属·蜀黍》所云高粱“茎高丈余”。李时珍《本草纲目·谷部·稷》亦曰“其茎苗高大如芦”，高粱在历史上有很多名称，先后有蜀（蜀）黍、蜀秫、木稷、藋粱、荻粱、芦穄、芦粟、高粱等，其命名一无例外地体现出表示高大的特点。如“荻粱、芦穄、芦粟”三名均用芦、荻来喻称，芦、荻是禾本科多年生高大草本植物，其高大与顶部帚形花穗一似高粱，李时珍曰：“高大如芦荻者，故俗有诸名。”（《本草纲目·谷部·蜀黍》）“藋粱”一名，“藋”及所从之“翟”有长或高大义。《说文·羽部》：“翟，山雉尾长者。”《太平御览》卷九九八引《淮南子》曰：“藜藋需（引者按，当通‘蠕’）而长，日加四寸，不可以为栌栋。”藜藋虽还不至于硬到可为栌栋，但其高则实为可观，故“藋粱”之称高粱，其“翟”也取其高大义。

“䵻”的命名与其他异称完全一致。“䵻”从鬯、矩声，矩声即矩声，矩声为巨声。如伯晨鼎、舀壶之“䵻”字，其矩声径作巨声（见前）。或体秬也从禾巨声。巨声在上古就有高、大义。《方言》第一：“硕，沈，巨……大也。齐宋之间曰巨，曰硕。”《书·说命上》：“若济巨川，用汝作舟楫。”“巨川”指长宽的大河。《孟子·梁惠王下》：“为巨室，则必使工师求大木。”赵岐注：“巨室，大宫也。”指高广的宫室。䵻（秬）之巨声则示作物的高大。此正反映了高粱植株高长和米粒大的体态特征，也符合后来高粱命名的规律，也可以认为，高粱的第一个名称开了后世高粱以其高大命名的先河。

其四，酿酒、祭祀的功用。

前文已述，䵻即秬用于酿酒祭祀。秬与郁金香草合酿酒，名之曰“秬鬯”。“秬鬯”酒味醇芳香，常用作裸祭（酒洒地而祭）用酒。《书·洛诰》：“予以秬鬯二卣，曰明禋，拜手稽首、休享。”卣是有提手的中型酒樽。孔颖达疏：“以黑黍为酒，煮郁金之草，筑而和之，使芳香调畅，谓之秬鬯酒，二器明洁致敬，告文王、武王以美享，谓以太平之美事享祭也。”即谓周公摄政七年，天下太平，遂以二卣秬鬯酒祀告文王、武王，祈请享用。《诗·大雅·江汉》：“釐尔圭瓒，秬鬯一卣。”（“釐”，赐。）毛传：“秬，黑黍也。鬯，香草也。筑煮合而郁之曰鬯。卣，器也。九命锡（赐）圭瓒、秬鬯。”圭瓒也作“珪瓒”，是用玉为柄勺，裸祭时用以挹鬯酒。凡赐秬鬯，必有圭瓒。郑玄笺：“王赐召伯虎以鬯酒一尊，使以祭其宗庙，告其先祖。”此为天子对诸侯尊隆的赏赐，作为九锡之一。《左传·僖公二十八年》记城濮之战后，周天子策命晋侯为侯伯，又赐其大辂、戎辂之车，彤弓、彤矢、虎贲（勇士）等（即后代九锡的内容），其中就有“秬鬯一卣”。

天子对诸侯秬鬯之赐，在周代铭文中更为多见。如《吴彝》、《牧𣪘》、《毛公鼎》等器皆有载。天子也以秬鬯祀敬上帝。《礼记·表记》："天子亲耕，粢盛秬鬯，以事上帝。"要之，秬是用于享祭先祖、敬祀神明、天子礼赏、规格很高的礼仪之物。其实，"䵼"字本身即反映了"秬"与祭祀的关系：说解作从鬯矩声，矩或从禾作秬，故此䵼可以视为"秬鬯"的合体新字。由此可见，如此神明的秬、秬鬯酒当然异于一般黍、稻等的酿酒，则非高粱莫属。

高粱酿酒，一般以为是度数高的白酒，而白酒是元代以后之事。其实不然。高粱也是古代制作度数低、颜色清红之酒的原料。早在北魏贾思勰的《齐民要术》中对于高粱酿制此类酒已有专章总结。后世记载的高粱不仅可以酿酒，也用于祭祀。宋黄震《黄氏日抄》卷二九："玄酒，水也。水，北方为玄，以黑黍和于水而为之，故曰玄酒。"明李时珍《本草纲目·谷部·蜀黍》曰："蜀黍……黏者可以和糯秫酿酒作饵……其谷壳浸水色红，可以红酒。"又，《谷部·稷》〔正误〕曰："芦穄即蜀黍也，其茎苗高大如芦。而今之祭祀者，不知稷即黍之不粘者，往往以芦穄为稷。"李氏以稷为黍之不黏者，乃误。但李氏此话却反映出一个信息：明代人以蜀黍即高粱来祭祀，并赋予如"稷"一样的地位，此正从侧面表现出高粱与祭祀的密切关系。

因此，从酿酒祭祀的功用看，䵼即秬此种黑黍，必不是黍，而是高粱。

综上所述，"䵼"即"秬"，多见于金文；注家都用一致的高粱之俗名"黑黍"训诂；其命名符合高粱的体态特征与命名规律；还有酿酒高规格祭祀的功用，因而有理由认为"䵼"即"秬"，并不是今学界所说已经消失了的古代稷或黍的一个优良品种，而是学者们一直在探究的我国古代最早的高粱专称，是当时高粱的通称。

"秬"、"秠"二者性质相同。考定了"秬"为高粱，那么"秠"也可明，当是古代高粱的一个品种。上举《诗·大雅·生民》"维秬维秠"句毛传："秬，黑黍也。秠，一稃(fū)二米也。""秠"从丕声，丕声有大义。秠的特点是谷粒大，即《说文》所云"一稃二米"，秠是黑黍之中一稃有二米者。考之于今高粱的品种，确有其事。高粱研究专家乔魁多在《中国大百科全书·农业》中对高粱有如下的描述："大多数品种无柄小穗内的两朵小花中，下位花退化，也有一些品种两朵花均发育，形成双粒。"

能形成"双粒"的品种正可作为许慎所描述的"一稃二米"的"秠"的一个有力的旁证。

《先秦高粱名称考》的作者对"秠"的存在有更具体的现代科学解释，兹迻录如下："有些高粱品种部分小穗确实存在'一稃二米'现象。高粱的穗枝梗可分为主轴和三级分枝，在第三级分枝上生出一对或数对小穗。每对小穗有一个有柄小穗和一个无柄小穗组成。有柄小穗较小，在护颖里包着两朵不完全花，一朵退化，一朵发育。但是发育的花也是只有雄蕊而无雌的单性花，不能授粉结实，所以又叫雌性小穗或不孕小穗。无柄小穗较大，外面有护颖两片(即籽粒外的壳)，里面亦有两朵小花。一朵是能够授粉结实的完全花(上位花)，一朵是不能结实的退化花(下位花)，所以一般品种一个小穗只能结一粒籽实。也有的品种有些下位花也能发育完全而结实，因而在一个小穗中能结两粒籽实，故《尔雅》曰：'秠，一稃二米。'"

如此"一谷双粒"的植株生态没有见于黍，只见于高粱。"秠"作为高粱得到科学解释，反过来更可证明常相合用的“秬”绝不是黑色的黍，而是高粱。

上古的“秬、秠”之后，汉代起不断出现高粱的一些异名俗称。《广群芳谱》卷九“蜀黍”条曰：“蜀黍，一名蜀秫，一名芦穄，一名芦粟，一名高粱，一名木稷，一名荻粱。……茎高丈余似芦荻。”其中“木稷”较早，始见于《广雅·释草》“藋粱，木稷也”王念孙疏证：“今之高粱，古之稷也。秦汉以来，误以粱为稷，而高粱遂别名木稷矣。”“藋粱”即荻粱，也是高粱的一个方言俗称。王氏以为今之高粱是古之稷，乃误；“木稷”之名，也未必是“以粱为稷”之误而生。综观高粱诸名，明显都是以当时常见的粮食作物为喻词，加上一个表现高粱特征之词构成一物名。“木稷”亦然。“木”是树，高大挺拔；“稷”是喻词，将高粱状为如树木一般高大之稷，当然已非植株低矮之稷，而是高粱。“木稷”在汉代文献不多见。扬雄《太玄赋》有“枥嘶梢木稷”之句（见《古文苑》卷四）。至北魏贾思勰《齐民要术》卷四引郭义恭《广志》曰：“杨禾似藋……此中国巴禾、木稷也。”但后世少用。

“蜀黍”，又作“薥黍”、“蜀秫”。最早见于《齐民要术》卷十引晋张华博物志：“地三年种蜀黍。其后七年多蛇。”其得名之由，明代李时珍（《本草纲目·谷部·蜀黍》）〔释名〕曰：“种始自蜀，故谓之蜀黍。”今持高粱外来之学者多据此推衍。如权威性的《中国大百科全书》即说：“因最早栽培于四川，故名‘蜀黍’。似有可能通过印缅陆路传入。最早栽培于西南的云南、四川一带。”（《农业历史卷》第68页）。按，不少学者不认同李解。查检上引高粱诸多异名，无一是从产地而得名者，且也未见文献有蜀地盛产高粱的记载，李氏误。“蜀黍”之“蜀”当为大义。《广雅·释诂》：“蜀，壹、弌也。”王念孙疏证：“凡物之大者，皆有‘独’义。《尔雅》‘鸡大者蜀’，义亦同也。”体现在植物命名中，“蜀葵”之“蜀”即得名于“大”。此作物茎高、粒大，粮食作物中独大，故谓之“蜀黍”，固当。

正唯如此，其名胜于“木稷”，从中古起，整个古代用为高粱的通称，有书面色彩，一些农书、辞书等皆用此名。明李时珍《本草纲目·谷部》设“蜀黍”条言高粱：“蜀黍……米性坚实，黄赤色，有二种，黏者可和糯秫酿酒作饵，不黏者可以作糕煮粥，可以济荒，可以养畜。”明朱橚《普济方》卷二五九：“山药、粟黄、蜀黍、白糯……右皆可煮粥。”元王祯《农书·养鸡类》曰：“其园傍可种蜀黍亩许。”至清吴其濬《植物名实图考》卷一还称“蜀黍”。它也用于一般文献。唐曹邺《田家效陶》诗：“黑黍舂米酿酒饮，青禾刈了驱车载。”《太平广记》卷八十四《梁祖》：“匆遽之间，忽见沟内蜀黍稈积以为道，正在马前。”《资治通鉴长编》卷一四五：“先是，雄州牒，涿州捕，贼并指柴头、草桿、蜀黍为证，王安石言柴头、草桿、蜀黍岂独有之？”宋孔文仲《遇雨》诗：“蜀黍林中气惨淡，黄牛冈头路曲折。”（《清江三孔集》卷二一）清纪昀《阅微草堂笔记·姑妄听之四》：“驴惊逸，入歧路，蜀黍方茂，斯须不见。”《镜花缘》第八十四回：“百谷：蜀黍、黄粱。”

“高粱”，始见于明代文献。明宋应星《天工开物·乃粒》曰：“黏粟可为四种，名高粱者，其身高七八尺，如芦荻也。”方以智《物理小识·饮食类》：“以高粱茎煮酒，色红。”清蒲松龄《聊斋志异·犬灯》：“时秋初，高粱正茂，女携与俱入。”诚如宋应星所解，高粱以植株高大，如粱为粮食作物，故称“高粱”。用“高”乃最清晰、直接、通俗，使其名产生后迅速流行，并成为该作物唯一用于今的古代名称。

“黑黍”，古今一直将它作为一般的注释语，且未明其真谛，故从不视为专名。今查明，它不仅是高粱的最早俗称，而且还通贯古代。下举唐代以来的文献(不包括注释语)示证：

《隋书·礼仪志一》：“九年诏：簠簋之实，以籍田黑黍。”唐曹邺《田家效陶》诗：“黑黍春米酿酒饮，青禾刈了驱车载。”宋陆游《稽山农》诗：“黄粱黑黍身自春，园畦剪韭胜肉美。”《新春》诗：“黄絁五丈裁衫稳，黑黍三升作饭香。”《宋史·哲宗纪一》：“癸酉，忠州言临江涂井镇雨黑黍。”《元史·五行志二》：“至正十一年十月……邵武大雨震电，雨黑黍如芦穄。”《明史·列传·西域四》：“天方于西域为大国……土沃，饶粟、麦、黑黍。”《清史稿·灾异志十六》：“(康熙)二十二年四月，宁都大雨豆，又雨黑黍。”清王士禛《居易录》卷二十：“太湖县雨黑黍。顺至十五年，望江又雨黑黍。”

将上述“黑黍”用例与“蜀黍”比较，不难看出它的口语色彩，有时有神秘色彩。史书中凡是记灾异类天降之高粱必用“黑黍”而不用“蜀黍”，这显然都是其早先用于“诞降嘉种”和口语俗词特点的延续，为“蜀黍”所不具。如此，与“蜀黍”正一文一白相配，它无疑是古代口语中对高粱的通称。还可注意，从文献反映的使用数量看，它远远超过“蜀黍”，也高于明代起用的“高粱”。统计四库全书的“黑黍”出现频率显示：木稷：23；蜀黍：76；高粱：131；黑黍：427。于是，迄今共识高粱主要古名“蜀黍”，当让位于“黑黍”。于是古代高粱的名链也告形成，是：

(西周及其前)䆉——(周秦)秬、秠——(汉至清代)黑黍、蜀黍、木稷——(明清)高粱。

参考文献

[1] 缪启愉译注：《东鲁王氏农书译注》，上海古籍出版社，1994 年 12 月。
[2] [明]李时珍：《本草纲目》(校点本)，人民卫生出版社，1982 年 11 月。
[3] [唐]陆德明：《经典释文》，中华书局，1983 年 10 月。
[4] 吴存浩：《中国农业史》，警官教育出版社，1996 年 5 月。
[5] 曹广才等主编：《北方旱地主要粮食作物栽培》，气象出版社，1996 年。
[6] 中国农业百科全书总编辑委员会：《中国农业百科全书》(农业历史卷)，农业出版社，1995 年 12 月。
[7] 万国鼎：《五谷史话》，载《古代经济专题史话》，中华书局，1983 年 10 月。
[8] 容庚：《金文编》，中华书局影印本，2003 年 12 月。
[9] 李长年：《略述我国谷物源流》，《农史研究》第二辑，农业出版社，1982 年 3 月。
[10] 胡锡文：《古之粱秫即今之高粱》，《中国农史》1981 年第 1 期。
[11] 陈有清：《先秦高粱名称考》，《农业考古》2001 年第 1 期。
[12] 李艳：《高粱古名考》，《宁夏大学学报》2009 年第 4 期。

163. 稻·稌·糯(穤)·稬·秫·籼(秈、稴)·粳(秔、稉)

稻是我国最早的栽培粮食作物之一,总称为"稻";一些方言区曾称"稌"、"稬",一般指粳稻。"籼",不黏之稻,虽早有而不普遍,文献迟见。"粳",有黏性之稻,秦以后见其名。"秫"、"糯",是先后表黏性的形容词,可泛称黏性强的稻米;大约南宋时才有糯稻并以"糯"称。

【同义】

《说文·禾部》:"稻,稌也。""稌,稻也。"《周礼·天官·食医》:"牛宜稌。"郑玄注引郑司农曰:"稌,稉也。"《玉篇·禾部》:"秔,秔稻,秈稻也。"《广雅·释草》:"秈,稉也。""糯、稬、秫"亦可为稻之称。

【辨释】

栽培稻源于野生稻。野生稻后世也有见。《南史·梁本纪中》:"大通三年……是秋,吴兴生野稻,饥者赖焉。"《新唐书·玄宗本纪》:"开元十九年……是岁,扬州穞稻生。"穞者,落也,野生稻比栽培稻早熟并早落粒。据一些农学史家的考察,我国境内,北回归线以南,东自台湾,西达云南,南至海南的广大地带,皆有野生稻生长,但哪一种或哪一些野生稻是我国栽培稻的直接祖先,尚无定论。不过,谁也不怀疑,稻是我国最早的一种栽培粮食作物,我国是栽培稻的发源地之一。传说中的神农氏已知播种稻在内的五谷。最有说服力的实证当然是地下的考古发掘。从20世纪20年代至今,已在数十个新石器时代遗址发现炭化稻粒。浙江河姆渡发现的籼稻谷粒可确凿表明距今七千年前的长江流域下游已培育出优良的水稻品种。大量的考古发掘可知,在距今五千年前,从珠江流域、长江流域到黄河流域的广大地带,栽培稻已在农业中占重要地位。从而可断言:稻的栽培,至少旧石器时代晚期业已开始,下至商周之世,"稻"字已见于古文字和上古文献。有人认为,殷代甲骨文中卜丰年刻辞已有"稻"字(丁颖主编《中国水稻栽培学》),西周金文"稻"字数见。《曾伯簠》:"用盛稻粱。"他如陈公子甗、吊家父匡、史免匡等也有"稻"其名。《诗经》中更习见。《小雅·白华》:"滮池北流,浸彼稻田。"《豳风·七月》:"十月获稻。"《唐风·鸨羽》:"王事靡盬,不能艺稻粱。"他如《国语·越语下》:"今其稻蟹不遗种,其可乎?""稻蟹",食稻之蟹。《论语·阳货》:"食夫稻,衣夫锦,于女(汝)安乎?"与锦并称,视为美衣美食。《荀子·荣辱》:"刍豢稻粱。"《礼记·内则》:"稻米二,肉一,合以为饵,煎之。"从文献可见,稻在上古确已成为人们的常食,故被列为五谷之一,并且是五谷中口味甚为甘美的精粮。

栽培稻，有许多种类。从生长环境言，可分旱稻和水稻；前者是引种到旱地或高山地之稻，后者是引种到低洼的平原水田之稻。从稻种性质看，则有粳稻、籼稻、糯稻等类型，今所共见。但上古文献无"籼、粳、糯"等称，唯有"稻、稌"。于是上古秦汉之"稻、稌"究竟指何种稻，二者异同如何，成为栽培植物史和语言训诂上的一个难题。或谓二者同义无别，《说文》、《尔雅》、《广韵》等主此。徐灏《说文解字注笺》于"稌"字亦曰："稌者，稻之转声。"《诗·周颂·丰年》："丰年多黍多稌。"毛传："稌，稻也。"宋罗愿《尔雅翼·释草一·稻》曰："稻米粒如霜，性尤宜水。……稻，一名稌。"皆主二名同实。或谓"稌"是稻的古称。或谓"稌"是稻的方言别称。或谓"稌"是稻之黏者，即糯稻，"稻"似是不黏者。《集韵·平模》："稌，稬稻也，今俗尚谓稌糜酒。"明宋应星《天工开物·稻》："凡稻种最多。不黏者，禾曰秔，米曰粳。粘者，禾曰稌，米曰糯。"或谓"稌"指粳稻，如《周礼·天官·食医》"牛宜稌"郑玄注引郑司农曰："稌，粳也。"最有趣的是朱骏声，其在《说文通训定声·豫部》"稌"下既曰"古专谓黏者为稌"，又云"或以称不黏者，亦通语耳"，而在《孚部》"稻"下乃曰："今苏俗凡黏者不黏者统谓之稻，古则以黏者曰稻，不黏者曰秔。"论首鼠两端，足见聚讼之复杂难断。其实，诸说皆是非相掺，究其因，盖而不正，无历史实证，故穷窒难通耳。

今按，古无糯稻。从考古发掘看，能确定种类者，浙江吴兴钱山漾遗址所发现的水稻种子，鉴定是粳稻和籼稻，碳 14 测定距今 4700 余年。广东曲江石峡遗址碳化籼稻和粳稻，碳 14 测定距今 4500 多年。上海青浦崧泽遗址炭化粳米和籼米，碳 14 测定距今约 5000 年。可见，早期只有籼稻、粳稻，而无糯稻。下至夏、商、周、秦汉亦然。糯稻，并非与籼、粳稻同时产生，而是由籼稻或粳稻的淀粉变异所形成的栽培类型，故可以有籼糯，也可以有粳糯。糯稻之淀粉糊精程度高于籼、粳，而粳糯又高于籼糯。约至南宋，经过对栽培稻的不断糯化，方培育出今所见的糯稻（详下）。然则可知，上古乃至秦汉之"稻、稌"，不可能指今之糯稻。笔者以为，上古"稻、稌"所指为一，即今之粳稻。盖从物候环境看，今大致是：黄河流域多一熟制，长江流域多二熟制，珠江流域多三熟制。古则南部两熟，他处皆一熟。晋郭义恭《广志》记南方之稻"正月种，五月获……九月复熟"（《太平御览》卷八三九引）。一年一熟者，即为粳稻。古时黄河流域不可能有籼稻（今考古发掘未有发现）。从上古、秦汉文献的记述看，只见《诗经·豳风·七月》有"十月获稻"之说，合于一熟制的粳稻种收时令。从诸家训释看，尽管多歧，但无人明言"稻、稌"是指不黏之籼稻。从词语使用看，"稻"与"粱"常连言，黍、粱皆为黏者，常被北方人作为甘美的精粮。稻当亦如之。从语音看，"稌"从禾余声，余声有黏和义。《广雅·释诂三下》："塗，泥也。"泥是水和土之黏和物。泥路为塗。作动词，以泥、石灰等黏附于墙。汉刘向《九叹·逢纷》："白露纷纷以塗塗兮。"王逸注："厚貌。"唯黏和遂见厚。稌亦与此同源，故得指黏者即粳稻。郑玄等注"稌"为"粳也"，诚确。而稌、稻确如徐灏所言有声转关系：稌、稻上古音皆定母，稌，鱼部；稻，鱼幽可通转，则"稻"也得指粳稻。《养生要集》曰："稻，亦秔之总名也。"（《太平御览》卷八三九引）

"稻、稌"虽皆指粳稻，但二名也有别。《尔雅·释草》："稌。稻也。"郭璞注："沛国今呼稻为稌。”(据北魏贾思勰《齐民要术·水稻》所引)此为保留于古文献中的一条难得的方言材料。沛国,原西汉沛郡,东汉为封国,晋因之,正处在生产粳稻的淮北温度较低地带。凡方言之称皆承古而来,故可知沛国上古亦或作此称。但此称不止于沛地,前引《诗·周颂·丰年》“丰年多黍多稌”,按《左传·僖公十九年》:“昔周饥,克殷而年丰。”此诗正是“周人创国,骤遇丰年,为之狂喜,而祀祖妣,遍及天地群神之诗”(陈子展《诗经直解》卷二七)。则表明西周丰镐之周人亦有“稌”之称。总之,“稌”是一些方言区对稻之称名。而“稻”是通语。“稻”,从禾舀声。林义光曰:“稻象禾入臼中爪取之。”(《文源》)此说牵强,禾何入臼中,又何以手取?皆不可解。按,稻从舀得声义,舀(yǎo)从爪臼(jiù),臼亦声。上古音,臼、舀皆幽部(朱骏声谓从爪声,误),字义为挹彼注兹,挹彼用手,故从爪;挹注之处,必可盛物者,故从臼。然则臼有盛受义。“韬”,剑衣,盛剑之革袋;“滔”,水漫漫大貌,即盛水甚多。“稻”则谓盛水之禾。《孝经·援神契》曰:“汙、泉宜稻。”(《齐民要术·水稻》引)《周礼·地官·稻人》:“稻人,掌稼下地,以潴蓄水,以防止水,以沟荡水……”(“防”,堤防;“荡”,缓流。)《淮南子·墬形》:“江水肥仁而宜稻。”明徐光启曰:“稻田用水……括之以两言,曰蓄与泄而已。”元王祯《稻论》曰:“稻舍(当为‘含’)水,盛其德也。……含水渐洳,乃能化也。”即便旱稻也比其他粮食作物多需要水。王祯《旱稻论》曰:“北方水源颇少,陆地沾湿处,宜种此稻。”故正如杨泉《物理论》所总结:“稻者,溉种之总名。”(《太平御览》卷八三九引)可见,盛灌以水是稻有别于其他粮食作物的显著特征。然则,“稻”的文字构意已表明了其称的通语性质。故在上古文献出现甚多。《论语》中与“锦”并举,作为美食美衣之称(见上),更显其通语性质。秦以后,有了“粳、秈”等专称,稻的品种更多,“稻”遂成了稻类作物总称。《说文》每以“稻属”训稻的各专称。文献中“杭稻”、“穲稻”、“两熟之稻”、“好稻”等(《太平御览》卷八三九引)频见。“稌”仍作稻的别称使用,但多与他词连用。唐韩愈《柳州罗池庙碑》:“杭稌充羡兮,蛇蛟结蟠。”尽管“稻”为总称,“稻、稌”仍常指粳稻,鲜称秈稻,故杜甫在《忆昔》诗之二中会吟出“稻米流脂粟米白”的诗句。

“稻、稌”之异同既明,则其他诸名从而可厘正。

“糯”,糯米,也指糯稻。字或作“稬”。据上所论,糯稻性最黏,从秈、粳中长期培育而成。糯稻始见的上限,有的农学史家称“至明(14世纪以后)始见秈型糯稻”,似乎太迟。据说云南西南部的居民以吃糯米为主,其栽培糯稻的历史应比内地早(李璠《中国栽培植物发展史》)。中国幅员广大,一些边境少数民族地区暂可不论,即就文献记载主要涉及的“内地”言,也早于明代。南宋吴自牧《梦粱录》卷十八《物产》中专列“谷之品”,曰“赤稻:黄秈米;杜糯、光头糯、蛮糯”,此所罗列是俗称,但其中出现几个稻品皆以“糯”称,这无疑表明至少民间已将“糯”作为稻的一个种类。明李时珍《本草纲目·谷一·稻》曰:“糯稻,南方水田多种之。……其类亦多,其谷壳有红、白二色,或有毛,或无毛。其米亦有赤白二色。”《梦粱录》所列“赤稻”之糯,盖即李时珍所述壳、米赤色之二类。当然,至14世纪后的明代糯稻品种更多,如羊脂糯、胭脂糯、虎皮糯、矮糯、秈糯、青秆糯等,不胜枚举。据上,大致可断:糯稻作为稻的一种，始于南宋。但是，“糯”字南宋前已有。《太平御览》卷九六一引《广志》曰：“系迷（弥）树，子赤，如糯粟，可食。”又卷八三九引《云南记》曰：“雅州荣经县土田岁输稻米……炊之甚香滑，微似糯味。”按，需声有柔软意。“懦”，软弱；“嬬”，弱；“孺”，乳子，亦柔弱；“儒，柔也”（《说文·人部》）。“糯”则为柔软亦即有黏性之米，并非稻之一种，而是形容词，表黏性义。上之“糯粟”、“糯味”，即作此用。若据此谓早有糯稻，则误矣。其实，“糯”的形容词用法今犹见，如于壮实的菜、菱、藕等，皆可赞为“很糯”、“糯得很”之类。

“稬”为别一词。俗以“稬”为“糯、穤”的异体，未安。《说文·禾部》：“稬，沛国谓稻曰稬。”可见，最早也是“稻”的方言异称。与“稌”一样，文献中十分罕见。但后世因与“糯”音近而相混。《集韵·去箇》：“稬，稻名，或作穤。”《正字通·禾部》：“穤，俗稬字。”此是后世之音近误用，不得据此而断糯米古已有之。

“秫”用作糯稻之称，亦非。“秫”本是黏粟的专称。明李时珍《本草纲目·谷二·秫》释名：“秫字篆文，象其禾体柔弱之形，俗呼糯粟是矣。北人呼为黄糯，亦曰黄米。酿酒劣于糯也。”引申为黏性义，是形容词，可用来称高粱黍等粮食作物中有黏性的品种，也可称稻。《太平御览》卷八三九引崔豹《古今注》曰：“稻之黏者为秫。”乃是黏性稻的泛称。但既以黏性为称，其黏性当甚于一般的粳稻。《宋书·隐逸传·陶潜》：“公田悉令吏种秫稻，妻子固请种秔，乃使二顷五十亩种秫，五十亩种秔。”元末明初陶宗仪《南村杂诗》：“葵崧浮雨甲，秔秫吐新葩。”亦别为二物。“秫”、“糯”义近，但“秫”主要用于中古前，“糯”用于中古、中古后，前后正相承。

“秈”，又作“籼”，常指其米。《说文·禾部》作“稴”，训为“稻不黏者”。段玉裁注：“今俗通谓不黏者为秈米。……《说文》、《玉篇》皆有稴无秈，盖秈即稴字，音变而字异耳。”秈者，鲜也。李时珍曰：“先熟而鲜明之者，故谓之籼。”李氏又曰：“籼似粳而粒小，始自闽入，得种于古城国。宋真宗遣使就闽取三万斛，分给诸道为种，故今各处皆有之。高仰处俱可种。其熟最早，六、七月可收，品类亦多，有赤、白二色。”（《本草纲目》第1469页）宋罗愿《尔雅翼·释草一·稻》：“又有一种曰秈，比于粳小，而尤不黏。其种甚早，今人号秈为早稻。”按：罗说诚是，李说有误。前已举证，秈稻确古已有之。但以李氏之广博精审，犹谓宋时始有，则也可见中古前文献中之“稻”虽为总称，却多指黏性者。《太平御览·百谷部》有粳无秈。若称秈稻，一般径以“秈”称。宋范成大《钟山阁上望雨》诗：“秔禾未实秈禾瘦，不用廉纤便霈然。”不过在一般文献中“秈”比较少见，足见其物不盛。

“粳”，或作“秔”。《说文·禾部》：“秔，稻属，从禾亢声。粳，俗秔。”《汉书·扬雄传下》载《长杨赋》：“驰骋粳稻之地。”《文选》作“秔稻”。“秔、粳”当为一词，字后多作“粳”。唐杜甫《自瀼西荆扉且移居东屯茅屋》诗之一：“烟霜凄野日，秔稻熟天风。”宋苏轼《吴中田妇叹》诗：“今年粳稻熟苦迟，庶见霜风来几时。”古今注家往往亦以“粳”为不黏之稻。《汉书·东方朔传》：“（武帝）旦明，入山下，驰射鹿豕狐兔，手格熊罴，驰骛禾稼稻秔之地。”颜师古注：“稻，有芒之谷总称也。秔，其不黏者也。”于《沟洫志》“故种禾麦，更为秔稻”下颜氏又曰：“秔，谓稻之不黏者也。"今有的辞书亦承颜氏谓"不黏的稻"。按,黏与不黏本有相对性,若对比"糯、秫"或可称为"不黏",在未有糯稻之汉、晋时代,粳确不如秫稻之黏,上引《宋书·隐逸传·陶潜》以"秫、秔"相比,即可见。但与"籼"相比,无疑又是稻之黏者。故颜说未周。而今日"籼、粳、糯"已井然分明,粳米之为黏者,人所共味之,今犹取颜说为解,实乖于理,又悖于事矣。

参考文献

[1] 石声汉:《农政全书校注》,上海古籍出版社,1979 年 9 月。
[2] [明]宋应星著、钟广言注释:《天工开物》,广东人民出版社,1976 年 10 月。
[3] 缪启愉:《齐民要术校释》,农业出版社,1982 年 11 月。
[4] 李璠:《中国栽培植物发展史》,科学出版社,1984 年 3 月。
[5] [明]李时珍:《本草纲目》(校点本),人民卫生出版社,1982 年 11 月。

164. 麻·苴·黂(蕡)

"麻",脂麻,上古、秦汉主要粮食作物之一。"苴",黑脂麻籽。"黂",大麻雄株放勃;引申指大麻,有时也可指称脂麻。

【同义】

"麻、苴、黂"皆为食用麻之称。

【辨释】

在上古、秦汉,麻是主要粮食作物。《周礼·天官·疾医》"以五味五谷五药养其病"郑玄注、《庄子·逍遥游》"不食五谷"成玄英疏皆以五谷为麻、菽、麦、稷、黍。《周礼·天官·大宰》:"一曰三农生九谷。"郑司农谓"九谷:黍、稷、秫、稻、麻、大小豆、大小麦"。《氾胜之书》也将麻作为九谷之一。《吕氏春秋·月令》和《黄帝内经·素问》竟将"麻"列为五谷之首,即"麻、麦、稷、黍、豆"。《诗·大雅·生民》:"荏菽旆旆,禾役穟穟,麻麦幪幪,瓜瓞唪唪。"("旆旆"等叠音词皆为茂盛貌。)"荏菽"即戎菽,大豆。除瓜之外,全是五谷之属。《豳风·七月》:"禾麻菽麦。"《礼记·月令》:"天子……衣白衣,服白玉,食麻与犬。"秦以后,也有其例。《艺文类聚》卷八五引《东观汉记》曰:"闵仲叔,太原人也,与周党友,尝遗其生麻。仲叔叹曰:'我欲省烦耳。'受而不食。"诸"麻"皆为粮食作物。

今麻,绝不食用,更不是粮食作物。说者云:大麻之雄株称"枲",取其纤维纺织;其雌株称"苴",取其籽而食;今则不食其籽,乃古今异俗云。但大麻之叶、壳、花皆有毒,不可食用;其籽实之仁有滑利作用而可入药,但也不可当粮食,更何及五谷、九谷?古今大麻之性不当有如此巨变。按,作粮食作物之麻乃是脂麻,又称为"巨胜、狗虱、油麻、胡麻"等,见于《本草纲目·谷部》,皆是汉名。今者俗称芝麻。脂麻属胡麻科,一年生草本植物,其苗叶与花均可做菜肴而食,味甘香;其籽实榨油特香,即是麻油。众所周知,人之每日熟食不可无油。油有动物油,即牛羊豕之脂膏;还有植物油。对于多数的庶民,后者更是常食。今之植物油,主要取自大豆、菜籽、花生、芝麻等,均需压榨加工,但上古尚无大磨,榨油技术低下,而其中脂麻最为方便,不需大磨,稍用滚筒挤压即可。故在磨盘未普及的上古,以脂麻取油当最为简便易得,脂麻成为人们食用的主要植物油,遂成为五谷、九谷之一。早在南朝齐陶弘景已曰:"胡麻,八谷之中惟此最良。"(清黄钰辑陶氏《名义别录》)之后,宋陈旉《农书》、元王祯《农书》、明张自烈《正字通》等皆从陶说。明宋应星《天工开物·乃粒·麻》更申言:"火麻(按,即大麻)子粒压油无多……胡麻数龠充肠,移时不馁。"但古今一部分农家、注家未从,究其因主要是碍于"胡麻"之名,以为既是胡麻,当是胡地所产,汉代张骞从大宛传入,岂可作传统的五谷、九谷之麻？连主以“麻”为脂麻的《正字通》亦曰：“（麻）中国有四稜六稜者，张骞从外国得八稜黑麻种，故又曰胡麻。”其实，此种推论全不能成立。一部中国栽培植物史表明，凡是外来品种一物一名，而不会有如此多别称。且《史记·大宛列传》和《汉书·张骞传》及其他有关文献，唯记录张骞从大宛引进汗血马、苜蓿，却未见有胡麻。对外来说的最有力否定是：浙江吴兴钱山漾新石器时代遗址和杭州水田畈史前遗址均发现了古代脂麻种子。盖脂麻本是热带作物，以后经人工栽培，逐渐可生长于亚热带。据中外学者研究，我国的脂麻最早艺植云南，今云南犹有野生脂麻分布。而据竺可桢研究，两千年前的北方中原地区是亚热带气候，更早时气温更高，甲骨卜辞中常见到获象、兕等动物。两千年前，脂麻遍及大江南北，在人民生活中的地位远比今日重要。但由于其物尚无专称，而寓名于“麻”，故先秦文献中，“麻”每每作为脂麻之称。到了汉代，遂出现了许多称名，其中包括“胡麻”。而称为“胡麻”也不费解。“胡麻”之“胡”，盖取喻于戈戟。《广雅·释器》：“胡，戟也。”戟是戈矛相合的长兵器，有横出之胡、援。《周礼·夏官·序官》“司戈盾”贾公彦疏：“汉时见戈有旁出者为句（勾）子，亦名胡子。”指刃旁有曲枝的戈戟。而脂麻茎秆节节结角果，且有稜：四稜、六稜、七稜、八稜不等，状如一支多联戟。综观诸名：“脂麻”，从其性质功用而名；“巨胜”，从其在谷类中味之特别盛美而呼；“胡麻”，从其植株形态而喻称。然则上古、秦汉五谷、九谷之一的麻为脂麻，即胡麻，断无可疑。而正唯汉代起有了“脂麻”、“胡麻”等专称，“麻”遂逐渐不指食用麻，最后取代“枲”，成了纤维麻类作物的总称。

既然食用的“麻”是脂麻，则“苴”理当是脂麻之籽实。《诗·豳风·七月》：“七月食瓜。八月断壶，九月叔苴。”“壶”，瓠。“叔苴”，孔颖达疏：“谓拾取麻实以供食也。”按，脂麻籽主要是黑白二色，另外还有灰黄、红等色。苴是黑脂麻籽。北魏贾思勰《齐民要术·种麻子》引汉崔寔《四民月令》曰：“苴麻子黑，又实而重。”“二、三月，可种苴麻。”种苴麻，为取其实。

“黂”本非脂麻的专称。《尔雅·释草》：“黂，枲实。”《周礼·考工记·弓人》：“牛筋蕡灂。”（“灂”，涂漆。）郑玄注：“蕡，枲实也。”《周礼·天官·笾人》：“朝事之笾，其实麷蕡。”郑玄注同。句意为：笾器中盛的食物是炒麦、脂麻子。《礼记·内则》：“饘、酏、酒、醴、芼羹、菽、麦、蕡、稻、黍、粱、秫，唯所欲。”（“饘”，zhān，厚粥。“酏”，yì，薄粥。“芼羹”，菜杂肉为羹。）所列的均是食物。陆德明释文：“蕡字又作黂，大麻子。”按，“黂”字，《说文》无。从文字演变看，显然，“蕡、黂”是古今字。而无论何体，其初只是“贲”。“墳、愤”诸字初也是“贲”。检贲声之字，“喷”是水涌跳；“膹”是肉羹之多汁；“墳”是土之高满；“愤”是胸气之盛满，等等。故贲声有多满义。“黂”则是麻之大满。《通志·草木略一·稻粱类》云：“大麻亦谓之枲，然有牝牡，其牡者生花曰麻，黂亦曰麻勃，吐出茸茸然。”“贲、勃”并母双声，一声之转，均有大满义。贲者，喷也。所谓麻之“贲”者，指大麻雄花放勃，即在长花期喷放出花粉。然则此字正是我国古代劳动人民能鉴别麻株雄雌的一个明证。

由于是雄株放勃，故可引申为枲，即大麻。《淮南子·说林》：“黂不类布，而可以为布。”《列子·杨朱》：“昔者宋国有田夫，常衣缊黂。”张湛注：“缊黂，谓分弊麻絮衣也。”按，“黂”义指麻，此句乃“缊”而兼附“弊”意。而由于所放花粉均是细小尘粒，故引申指麻之籽。遂假用“蕡”字。“蕡”本是果实之大满。《诗·周南·桃夭》：“桃之夭夭，有蕡其实。”唯同从贲声，故“黂”、“蕡”可兼指大麻和麻籽。所谓麻籽，既可指大麻之籽，即“苧”，也可指脂麻之籽。但脂麻以多籽为其特征，“黂(蕡)遂多指脂麻之籽”，即为脂麻之称。上举诸例，《周礼·天官·笾人》之“麷蕡”，《礼记》之“蕡”，皆指脂麻之籽。至于《考工记》句乃谓弓背涂牛筋之漆像麻籽纹，此之“蕡”实是泛指，唯取其细小如麻籽状而已，乃是其引申之用。

参考文献

[1] [明]李时珍：《本草纲目》(校点本)(下册)，人民卫生出版社，1982年11月。
[2] 缪启愉：《齐民要术校释》，农业出版社，1982年11月。
[3] 李璠：《中国栽培植物发展史》，科学出版社，1984年3月。
[4] 杨维增：《天工开物新注研究》，江西科技出版社，1987年3月。
[5] [宋]沈括著、胡道静校证：《梦溪笔谈校证》(下册)，上海古籍出版社，1987年9月。
[6] [日]篠田统：《中国食物研究》，高桂林等译，中国商业出版社，1987年1月。
[7]《吴兴钱山漾遗址第一、二次发掘报告》，《考古学报》1960年第2期。
[8] 竺可桢：《我国近五千年来气候变迁的初步研究》，《中国科学》1973年第2期。

165. 米·粒·粻·糁(糂)·饩(气)〇饡

米粮总称，上古是“粒”，包括去壳和不去壳者。“米”指有仁粮食作物之仁，秦以后才渐取代“粒”成为米粮总称，专指去壳者。“粻”，储备粮。“糁”，供调羹菜用的米粮碎屑，秦以后用作米粮、米饭泛称。“饩”，赠送人的生牲或粮食。“饡”，则指浇盖羹菜的米饭。

【同义】

《说文·米部》:“米，粟食也。”“粒，糂也。”“糂”同糁。《说文新附》:“粻，食米也。”《晋书·江统传》:“若有穷乏糁粒不继者。”“糁粒”，米粒。“饡”、“饩”也皆指食米。

【辨释】

“米”，上古不是米粮总称。米是谷实。谷实者，即是谷仁。仁(人)是果实去壳之核，米是谷物去壳之仁。并非凡是粮食作物皆有仁。《周礼·地官·舍人》:“掌米粟之出入，辨其物。”孔颖达疏:“黍稷稻粱苽(即‘菰’，茭白)大豆六者皆有米，麻与小豆、小麦三者无米，故云九谷六米。”“米珠薪桂”一语，元侯克中《自警》诗:“米如珠玉薪如桂，犹欲儿孙食肉糜。”而其源盖出于《战国策·楚策三》:“楚国之食贵于玉，薪贵于桂。”乃作“食”。米泔水，先秦时称“潘”，不以“米”修饰。见于《礼记·内则》:“燂潘请靧。”而汉郑玄注:“潘，米澜也。”至《新唐书·南蛮传上》:“产善马……饮以米潘，七年可御。”郑玄注与《新唐书》皆以米粮的总称“米”修饰。事实表明，“米”在秦以后才成为习见的米粮总称。至于特指稻米，乃是中古以后的事。

从上古起的相当一个时期，“粒”相当于今所称“米”，多用作米粮总称。《广韵·入缉》:“粒，米粒。”《小尔雅·广物》:“谷谓之粒。”《战国策·楚策》:“(黄雀)俯噣白粒，仰栖茂树。”“白粒”，白米。《孟子·滕文公上》:“乐岁粒米狼戾，多取之而不为虐。”《礼记·王制》:“北方曰狄，衣羽毛，穴居，有不粒食者矣。”孔颖达疏:“地气寒，少五谷，故有不粒食者。”“粒食”犹米食。乃至晋王嘉《拾遗记·员峤山》:“粟穗高三丈，粒皎如玉。”诸“粒”不能释为颗粒，而应释为米。南朝宋颜延之《陶征士诔》:“织絇纬萧，以充粮粒之费。”“粮粒”，粮米。还可以作动词，指食米。《书·益稷》:“烝民乃粒。”孔传:“米食曰粒。”“粒”之为总称，不仅使用时代早于“米”，而且特点与“米”也有别。其一，“米”必指去壳者，“粒”则可去壳，可不去壳，单从颗粒之形着眼，故上引《小尔雅·广物》称“谷谓之粒”。其二，“米”的总称使用比较广泛，而“粒”蕴含食意，常用在与食有关之处。如晋王嘉《拾遗记·员峤山》“粒皎如玉”，指粟、穗颗粒，未去壳，故称“粒”，而不称“米”。上引孔传“米食曰粒”准确地表述了“粒”与“食”的关系。又，

《太平御览》卷八三八引《吕氏春秋》记孔子穷于陈蔡事，云："藜羹不糁，七日不尝粒，昼寝，颜回索米，得而来，爨之。"前在"尝"字后，与食有关，用"粒"；后是泛指，故用"米"。

《尔雅·释言》："粻，粮也。""粻、粮"析言则别："粮"是总名，且特指外出所持的干粮。而"粻"与"藏"同声源，长声有藏意，故"粻"指为某一用途而准备之粮。简言之，是储备粮。《礼记·王制》："五十异粻，六十宿肉，七十贰膳。"郑玄注："粻，粮也。"首句指五十岁者，用粮当与少壮者异。中句"宿肉"指储肉。末句"贰膳"指常令"善食有储副，不使有阙也"（孔颖达疏），则"异粻"也指为老人专备的细粮。《诗·大雅·崧高》："王命召伯，彻申伯土疆，以峙其粻，式遄其行。"孔颖达疏："……具其粮食，使申伯所舍所宿须则有之，不乏绝也。"意即：王命召伯于申伯一路所过之处，皆具食供给。《楚辞·离骚》："折琼枝以为羞兮，精琼爢（糜）以为粻。"王逸注："言我将行乃折取琼枝，以为脯腊，精凿玉屑以为储粮，饮食香洁，冀以延年也。"上述数例，或作"止居"之粮，或作行粮（《离骚》句），皆是为某一目的而特具者，即储备粮。

"糁"，《说文·米部》作"糂"，训"以米和羹也"，为动词。可用作名词，指米粮碎屑。按，参声，即三声，三示以小聚多，故得指米屑。主要用于上古。《礼记·内则》："析稌犬羹兔羹，和糁不蓼。"郑玄注："凡羹齐宜五味之和，米屑之糁。"作动词，指加米屑于羹中。《庄子·让王》："七日不火食，藜羹不糁。"成玄英疏："藜菜之羹，不加米糁。"《荀子·宥座》："七日不火食，藜羹不糂。"杨倞注："糂与糁同。"糁不仅用于菜羹，也用于肉羹、饵饼。《礼记·内则》："糁，取牛羊豕之肉，三如一，小切之与稻米。稻米二，肉一，合以为饵，煎之。"郑玄注："此《周礼》糁食也。"唯"糁"是调羹的米屑，故秦以后引申可用作米饭、米粮泛称。北魏贾思勰《齐民要术·蒸缹》："用稻米四升……豉汁涑餴，作糁。"（"涑"同"漱"，指液汁溲和。"餴"，蒸饭。）《晋书·江统传》："若有穷乏糁粒不继者，故当倾关中之谷以全其生生之计。"唐韩愈《送无本师归范阳》诗："始见洛阳春，桃枝缀红糁。"

"糁"是以米入羹，而"饡"是以羹浇入的饭，即是盖浇饭。《说文·食部》："饡，以羹浇饭也。"汉王逸《九思·伤时》："将禾折兮碎糜，时混混兮浇饡。"王逸注："饡，餐也；混混，浊也。言如浇餴之乱也。"宋陆游《冬夜与溥庵主说川食戏作》诗："未论索饼与饡饭，最爱红糟并缹粥。""缹粥"，和菜共煮之粥。

"饩"，《说文·米部》以无食旁者为本字，训为"馈客之刍米也"。盖加食旁者是后起累增字。"刍米"，牲与米。其本义是动词，赠人生牲或粮。《左传·僖公十五年》："是岁，晋又饥，秦伯又饩之粟。"《仪礼·聘礼》："过则饩之。"郑玄注："饩之，腥致其牢礼也。""牢"即牲。作名词，为馈人的生牲或粮，《论语·八佾》："子贡欲去告朔之饩羊。"何晏集解引郑玄曰："生牲曰饩。"《国语·周语中》："廪人献饩。"韦昭注："生曰饩，禾米也。"《左传·僖公三十三年》："吾子淹久于敝邑，唯是脯资饩牵竭矣。"孔颖达疏："生曰饩，牛羊豕可牵行，故云牵为牛羊豕也。"可泛指生食。《管子·问》："问死事之寡，其饩廪何如？"尹之章注："饩，生食。""饩"，无论牲与米，皆指未熟者，牲是生牲，米是米粮。作为馈人之米粮，是"饩"之一端。

166. 粮·餱(糇)·糒·糗

"粮"，粮食总称，多指行粮或流通之粮。"餱"，上古至魏晋指干饭、干食。"糒"，干饭，始于汉。"糗"，熬熟捣细的干粮；捣者，即是"糒"。诸物皆是外出所持干粮。

【同义】

《说文·食部》："餱，干食也。"《文选·张衡〈思玄赋〉》："屑瑶蕊以为糇兮。"旧注："糇，糒也。"《书·费誓》："峙乃糗粮。"孔传："糗糒之粮。"三国魏曹植《应诏诗》："虽有糇粮，饥不遑食。"可见，糇、糗、糒均是粮。

【辨释】

《说文·米部》："糧，谷食也。"段玉裁注："许（许慎）云谷食，则兼居者、行者言。粮，本是统名。"按，"粮"与"行"皆阳部同源，"粮"蕴含行之意，故在上古，"粮"常特指外出所带的干粮。《周礼·地官·廪人》："凡邦有会同师役之事，则治其粮与其食。"郑玄注："行道曰粮，谓糒也；止居曰食，谓米也。"《左传·僖公四年》："共（供）其资粮屝屦。"孔颖达疏："粮谓米粟行道之食也。"又《襄公八年》："楚师辽远，粮食将尽，必将速归，何患焉？""粮食"，指食所赖之干粮。《论语·卫灵公》："在陈绝粮，从者病，莫能兴。"也可指平居之粮食。《战国策·秦策一》："不费斗粮，未烦一兵，未战一士……诸侯相亲。"《管子·戒》："夫师行而粮食其民者，谓之亡。""粮食其民"，向其民索取粮为食。秦以后，一如上古。《史记·高祖本纪》："不绝粮道，吾不如萧何。"又《匈奴列传》："私（负）从马凡十四万匹，粮重不与焉。""粮重"，粮食、辎重。《后汉书·来歙传》："帝然之，于是繇转粮运。"诸"粮"均指行粮。《三国志·蜀志·法正传》："事变既成……以为左将军县远之众，粮谷无储。"南朝宋颜延之《陶征士诔》："织絇纬萧，以充粮粒之费。"《宋书·武帝纪》："百姓乏粮种，随宜贷给。"诸"粮"皆谓平居之粮。由此可见，"粮"是平居和外出所具之粮，即粮食的总称，而多指外出所带或转运流通的粮食。今犹承古而用，"粮"多指行粮，"粮行、粮站、粮草、粮饷"等。"粮"之为总称，大都是宜于流通、运输之行粮。

"餱"或作"糇"。《释名·释饮食》："餱，侯也，侯人饥者以食之也。"故从食、侯，"侯"通"候"，会意兼形声，谓候人、行者之食。主要行于上古，下至魏晋，专指外出所持熟的干饭和干食。《说文·食部》："餱，干食也，从食侯声。《周书》曰：'峙乃餱粻。'"（"峙"，通"庤"，储备。）段玉裁注："凡干者曰餱。"《诗·大雅·公刘》："乃裹餱粮，于橐与囊。"郑玄笺："乃裹粮食于囊橐之中。"陆德明释文："餱，音侯，食也。字或作糇。"《小雅·无羊》："何蓑何笠，或负其餱。"郑玄笺："美牧人寒暑饮食有备。"则此"餱"不指饭。也兼括佐食的干脯之类。

《文选·左思〈招隐诗〉》:"秋菊兼糇粮。"刘良曰:"菊可以餐,故云糇粮。"此"糇"指谷食之外的熟干食。文首引张衡《思玄赋》"屑瑶蕊以为糇兮"亦其例。

"糒"从备声,性质也是一种备用粮,范围小于"餱",是多日外出所持干饭的专称,汉代始见。《说文·米部》:"糒,干饭也。"《玉篇》同。《史记·李将军列传》:"大将军使长史持糒醪遗广(李广)。"《后汉书·文苑传下·赵壹》:"然而糒脯出乎车軨。"(軨,车箱木格栏。)汉代居延汉简《守御器簿》记守备军需物资"步纬三,糒九斗",纬是裹缚在身上的军粮袋,一袋三斗,也为三日粮,即干饭。此种干饭很可能有添加剂。《齐民要术》载"粳米枣糒法":"炊饭熟烂,曝令干,细筛,用枣蒸熟搭取膏溲糒。卒一升糒,用枣一斤。"盖红枣维生素含量高,士卒充饥时也补充了一定的维生素。此种糒粮的制法是营养学史上的一大发明。大之,不限于外出,平居亦得食用。《太平御览》卷八六〇引《魏略》曰:"寒贫者本姓石……淮(郭淮)因与脯糒及衣财,取脯一朐,糒一升而止。"

"糗",一般是熬熟捣细的干粮。大都是捣成粉再熬。也有未捣者,也主要用于出外行旅。《说文·米部》:"糗,熬米麦也。"《礼记·内则》:"糗饵粉酏。"郑玄注:"糗,捣熬谷也。"("酏",稻米掺和动物油脂之点心。)《书·费誓》:"峙乃糗粮。"孔颖达疏引郑玄云:"糗,捣熬谷也,谓熬米麦使熟,又捣之以为粉也。"《仪礼·有司》:"入于房,取糗与腶脩。"郑玄注:"糗,糗饵也。"《周礼·天官·笾人》:"糗饵、粉餈。"郑司农曰:"糗,熬大豆与米也。"郑玄注:"(糗饵、粉餈)此二物,皆粉稻米、黍米所为也。"孙诒让正义:"盖凡熬稻、粱、黍、麦、豆诸谷,通谓之糗。先郑(郑众)云熬大豆与米,后郑(郑玄)云熬谷,许云熬米麦,其义一也,惟糗有捣与未捣两种。"按,一般指捣细者。《释名·释饮食》:"糗,龋也,饭而磨散之,使龋碎也。"北魏贾思勰《齐民要术·飧饭》:"作粳米糗糒法":"取粳米汰酒作饭,曝令燥。捣细,磨。粗细作两种折。"("折",磨。)上所举"糗饵"等即是捣细者。唯此,"糗",可指冷粥。《国语·楚语下》:"成王闻子文之朝不及夕也,于是乎每朝设脯一束,糗一筐,以羞子文。"韦昭注:"糗,寒粥也。"粥也是熬煮的糜细食物。若未捣者,为一般的干饭,实即是糒。《广雅·释器》:"糗,糒也。"《孟子·尽心下》:"舜之饭糗茹草也,若将终身焉。"赵岐注:"糗,饭干糒也。"《吕氏春秋·悔过》:"惟恐士卒罢弊,与糗粮匮乏,何其久也。"故"糗糒"互训,连用尤多。如文首引《广韵》与《广雅》、《书·费誓》孔传例。又如,《公羊传·昭公二十五年》:"敢至糗于从者。"何休注:"糗,糒也。"《后汉书·隗嚣传》:"嚣病且饿,出城餐糗糒,恚愤而死。"

糗粮干饭,极度干硬,落肚易发胀,很难消化,故需汤水助咽,杨泉《物理论》曰:"吕子义,清贤之士也。……主人盛为馔食,乃出怀中糒,求冷水一杯而食之。"上引《史记·李将军列传》载大将军卫青派人送李广的是"糒醪"二物。可见,糒是干饭,取来即可食,不包括菜肴,故需汤水或酒醪相配而食。东汉初年,隗嚣就因"饥饿而餐糗糒",而致"腹胀死"。(《东观汉记·始祖光武皇帝》)

以上"粮"为首,都是指称外出所持的干粮,虽然诸物也可以用于内居,也都是饭食,但有不同于"饭、食、米、粒"的特征:侧重于干与外。

167. 餬(糊)·饘(飦、餰)·糜·粥(鬻)·酏(醃)

我国食粥、爱粥有悠久传统。“粥”,通称。“饘”,厚粥。“糜”,烂粥。“餬”,糊黏义,引申可浑指粥,一般不单用。“酏”,薄粥,可酿酒。

【同义】

《尔雅·释言》:“餬,饘也。”郭璞注:“糜也。”邢昺疏:“餬、饘、鬻、糜,相类之物。”《广韵·平模》:“餬,寄食。又糜也,‘使餬其口于四方’,是也。”《左传·昭公七年》:“以餬余口。”杜预注:“饘,鬻,餬属。”《玉篇·食部》:“饘,糜也。”《广雅·释器》:“糜,饘二。”《尔雅·释言》:“鬻,糜也。”《周礼·天官·酒正》:“四曰酏。”郑玄注:“酏,今之粥。”

【辨释】

粥煮于鬲等陶器,食于碗盆。迄今许多新石器时代文化遗址中,陶制鬲、碗等已是常见物,则食粥的历史当与这些陶器一样悠久。在上古至后世的传世文献中,食粥的载录多而广,遍见四部典籍。至唐代孟诜《食疗本草》、孙思邈《千金食治》、元忽思慧《饮膳正要》等饮食专著中,都有对粥的研讨。至明李时珍《本草纲目》已载粥方40多种,明高濂《遵生八笺》有38种,下至清曹庭栋《粥谱》载录100种,黄云鹄《粥谱》载录237种。古代无论上层下层,人们在诸多食物中,对粥尤为重视。周代对君主“仲秋之月,养衰老,授几杖,行糜粥、饮食”。(《礼记·月令》。“行”,赐。)汉文帝、武帝都曾下过对年迈者授粟煮粥的诏令(见《汉书》文、武帝纪)。清道光帝还写过《腊八粥》诗。至于文人颂粥的诗文更多。宋陆游《食粥》诗称长寿之道是“只将食粥致神仙”。明张方贤《煮粥》诗:“煮饭何如煮粥强……淡薄之中滋味长。”粥之所以得到人人垂爱,在于其价廉而易为,有药疗、养生之效。黄氏《粥谱序》赞食粥之利是:“一省费,二味全,三津润,四利膈,五易消化。”如羊肉粥、玉米粥补脾胃,栗子粥补肾气,藕粥可止泄、散瘀血,开胃消食。上引诸书对所收每种粥方的药疗养生之用均有总结、介绍,故年迈者、病弱者食粥尤见养生滋补、祛病疗疾之功。

《说文·食部》:“餬,寄食也。”上引《广韵·平模》首义同。此当是引申义。“餬”或作“糊”。《左传·隐公十一年》:“寡人有弟,不能和协,而使餬其口于四方。”孔颖达疏:“餬,是饘鬻别名,今人以薄粥涂物,谓之餬纸餬帛,则餬者以粥食口之名,故云餬其口也。”又,《昭公七年》载正考父鼎铭:“饘于是,鬻于是,以餬余口。”孔颖达疏:“将糜向口故曰以餬余口,犹今人以粥向帛粘使相著,谓之餬帛。”引申为用技艺谋生。《庄子·人间世》:“挫针治繲,足以餬口。”(“挫针”,缝衣;“治繲”,浣洗。)成玄英注:“餬,饲也,庸役身力,以饲养其口命也。”《商君书·农战》："见言谈游士，事君之可以尊身也，商贾之可以富家也，技艺之足以餬口也。足见此三者之便且利也，则必避农。"由动词糊物转而变名词，指用来粘涂之物，即粥，可厚可薄，是浑指；一般不单用，要与他词连用见义。《北史·孝行传·吴悉达》："昆弟同居，四十余载……虽于俭年，餬饘不继，宾客经过，必倾所有。"上引孔颖达疏谓"餬"是"饘鬻别名"，诚确。

"饘"或作"飦"、"䭇"，是厚粥。《说文·食部》："饘，糜也。从食亶声，周谓之饘，宋谓之餬。"《礼记·檀公上》："饘粥之食。"孔颖达疏："厚曰饘，希曰粥。"又，《内则》："饘酏。"陆德明释文："饘，厚粥也。"《荀子·富国》："冬日则为之饘粥。"又《礼论》："刍豢、稻粱、酒醴、飦鬻……是吉凶忧愉之情发于食饮者也。"《后汉书·臧洪传》："主簿启内厨米三斗，请稍为饘粥。"唐柳宗元《乞巧文》："有设祠者，飦饵馨香，蔬果交罗。"由上可见，"饘"，指厚粥，其作为名词较少单用，一般要与"粥"连用。不作动词，像正考父鼎铭"饘于是"之类表示"煮饘"、"煮粥"义，上古颇为罕见。不过后世有之。如宋黄庭坚《武昌松风阁》："野僧早饥不能饘。"在外的和尚早晨饿了不能用饭。

"糜"是烂粥。《释名·释饮食》："糜，煮米使糜烂也。"毕沅曰："此当云'糜，縻(靡)也，煮米使靡烂也。'"诚确，"糜"与"縻"同声源，"靡"有烂义。《孟子·尽心下》："糜烂其民而战之，大败。"汉王逸《九思·伤时》："将夭折兮碎糜。"汉刘向《九叹·怨世》："芳懿懿而终败兮，各靡散而不彰。"王逸注："靡，一作糜。"又可以炊糜之沸动喻指动乱纷扰。《后汉书·杨彪传》："无故捐宗庙，弃园陵……必有糜沸之乱。"李贤注："如糜粥之沸也。""糜"指称粥，侧重于烂糊，而不论其稀稠。清人曹庭栋《粥谱》云"煮粥以成糜为度"，即谓成糜烂状。故可以是厚粥。《太平御览》卷八五九引《九州春秋》曰："臧洪为青州刺史，为袁绍所围，粮食已尽……厨有米三升，主簿启进内，稍以为糜粥，洪叹曰：'吾独食此何为？'命作薄粥与众共啜之。"与"薄粥"相对比，此"糜粥"当是厚粥。又可以是薄粥。《礼记·问丧》述父母死，服丧者恻怛痛疾，"水浆不入口三日，不举火，故邻里为之糜粥以饮食之"。《后汉书·礼仪志中》："年始七十者，授之以玉杖，餔之糜粥。"此"糜粥"显然是薄粥。"糜"还可以称煮至稀烂的他物，如肉糜、豆糜之类。《太平御览》卷八五九引《俗说》曰："汰公设豆藿糜，自噉一大瓯。"《晋书·惠帝纪》："及天下荒乱，百姓饿死，帝曰：'何不食肉糜？'"无论厚与薄，或以他物为糜，皆是煮沸而烂。今有些辞书释"糜"从厚薄言，失其特点，则于上述诸例扞格难通。

"粥"，本作"鬻"。小篆上米下鬲，两旁有曲线表示融融热气上腾，是个指事字。郭宝钧曰："殷周熟食之法主要的不外蒸、煮二事，煮粥用鬲，蒸饭用甗或甑。……以鬲煮粥，只是把米和水放入鬲中加火漫煮，米熟即得。""水多而米少的粥稀，谓之粥，米多而水少粥稠，谓之饘。"(《中国青铜器时代》第三章)故粥是米在鬲中煮得沸滚的稀饭。其音也与义相吻合。《释名·释饮食》："粥，浊于糜粥粥然也。"王先谦疏证补："《礼·儒行》：'粥粥若无能也。'疏云是柔弱专愚之貌，正取此义。"即谓粥得名于稀柔貌。按，当得名于煮沸声。盖粥的特点是将米水沸滚煮透。曹氏《粥谱》曰："粥须煮不停沸。""粥"字为屋韵，古音屋部，其声为舌头音，正似鬲中煮沸声，今江浙方言犹称锅中米水煮沸曰[do?]，音如“毒”，浊音入声。既是煮沸的稀饭，故文首引《尔雅·释言》曰：“鬻，糜也。”“粥”既仅从煮的沸声得义，且非指稠，也非言薄，无疑是从煮之形态上对粥的通称。上所引“厚曰饘，稀曰粥”之说，是对比饘而言，而若比较稀的酏，何尝不可谓“厚曰粥”？从文献使用看，“饘粥”、“糜粥”、“薄粥”……“粥”皆受他词修饰，而罕见去修饰“饘”等字，特别是上引《九州春秋》例以“糜粥”、“薄粥”相对比，“粥”乃通称尤明。

“酏”或作“䣾”，是用于酿酒的薄粥。《说文·酉部》：“酏，贾侍中说，酏为鬻清。”《集韵·平支》：“酏，饮粥稀之清也。”《周礼·天官·酒正》：“辨四饮之物……四曰酏。”郑玄注：“酏，今之粥。《内则》有‘黍酏、酏饮’，粥稀者之清也。”按，《礼记·内则》：“饘酏。”陆德明释文：“饘，厚粥也。酏，薄粥也。”《周礼·天官·醢人》：“羞豆之实，酏食糁食。”郑玄注：“酏，餈也。”酏可以酿酒。《礼记·内则》：“或以酏为醴。”郑玄注：“酿粥为醴。”《吕氏春秋·重己》：“其为饮食酏醴也，足以适味充虚而已矣。”

参考文献

[1] 郭宝钧：《中国青铜器时代》，三联书店，1963 年 7 月。
[2] 陈光新：《中国烹饪史话》，湖北科技出版社，1990 年 3 月。
[3] [清]曹庭栋、黄云鹄：《〈粥谱〉二种》，中国商业出版社，1986 年 3 月。

168. 粢·盛·糈○粺(稗)

“粢”，宗庙祭祖的稷饭；引申为粗食泛称，谷类总称。“盛”，宗庙祭祀已置于器的稷饭和他物。“糈”，祀神求福用的精米；泛指精米。“粺”，次于糈的精米。

【同义】

“粢、盛、糈”皆指祭祀用的饭、米。

【辨释】

在古代文献中，“粢盛”常常连言。《左传·桓公六年》：“吾牲牷肥腯，粢盛丰备。”（“牲”，牛羊豕。“牷”，毛色纯而体完备之牲。）《孟子·滕文公下》：“诸侯耕助，以供粢盛。”《史记·孝文本纪》：“上曰：‘农，天下之本，其开籍田，朕亲率耕，以给宗庙粢盛。’”南朝陈徐陵《陈公九锡文》：“以公天经地义，贯彻幽明，春露秋霜，允恭粢盛，是用锡公秬鬯一卣，圭瓒副焉。”

商代初期，大约经历过以畜牧为主的时代，所以形成的供献制度，牺牲的地位远远高于粮食。这种制度一旦成为传统，到后来尽管农业经济占主导地位，供献之中粢盛的地位仍不能与牺牲相抗衡，而只能处于第二位。粢盛的来源，天子都由籍田供给，而有专门的“神仓”贮存。甸师职负责安排耕作，廪人职负责贮粮，并按时供给粢盛，庶人也有四时祭祀荐新，但只能用自己的劳动果实。

“粢”字从米次声，声兼义。“次”本是行军篷帐，有屯聚义。会其意“粢”是指屯聚以供宗庙祭祖之饭，通常是稷饭。《左传·桓公二年》：“大羹不致，粢食不凿，昭其俭也。”上句谓供祭祀之羹，仅是肉汁，不调以五味，犹如原始太古之羹；下句谓祭祀之饭不必精。（五斗粟得二斗四升米为精米，一斛即十斗得八斗为粝米。）杜预注：“黍稷曰粢，不精凿。”孔颖达疏：“谓以黍稷为饭不使细也。”按，注疏偏指稷。稷是百谷之长，谷神、农官皆名“稷”，故“粢”也可引申为稷之别称。《尔雅·释草》：“粢，稷。”上引《孟子·滕文公下》“以供粢盛”句赵岐注同。又为谷类的总称。《左传·桓公二年》：“粢食不凿。”孔颖达疏：“粢亦诸谷总名。《周礼·小宗伯》：‘辨六粢之名物。’郑玄云：‘六粢谓黍、稷、稻、粱、麦、苽(菰)。’是诸谷皆名粢也。”由于祭祀之粢是粗饭，故又引申为一般粗食的泛称，变其音为从母脂韵（读 cí）。《史记·李斯列传》：“粢粝之食，藜藿之羹。”《列子·力命》：“食则粢粝，居则蓬室。”张湛注：“粢，稻饼也，味类粃(hé)……盖谓之粗舂粟、麦为粢饼食之。”

“盛”有二义系，一是禅母劲韵去声，兴盛义，读 shèng 与本篇无涉。二是群母庚韵平声，读 chéng，指置于容器的祭祀物品。常与“粢”连用（见上）。“盛”有别于“粢”。一、“盛”

专指已盛于器中者；二、就已盛于器而言，不仅指稷饭，还可指各种祭祀所盛之物。“盛”唯侧重于盛放于器者，故引申为受物之器。《礼记·丧大记》：“食粥于盛，不盥。”郑玄注：“盛，谓今时杯杅也。”作动词，以器受物。《诗·召南·采苹》：“于以盛之，维筐及筥。”

《说文·米部》：“糈，粮也。”段玉裁曰：“凡粮皆曰精。”今有些辞书也据此立粮食义为首义，似未洽。《说文》之释义乃浑言。“糈”从米胥声，声兼义。胥声字有精义。“胥”，蟹醢，去骨的蟹肉，乃其精粹。“湑”，滤酒。《仪礼·士冠礼》：“旨酒既湑。”郑玄注：“湑，清也。”是使酒过滤去滓。“揟”，滤水。朱骏声曰：“取水滓而挹之，今所谓滤水如湑酒然。”（《说文通训定声·豫部》“揟”字）米之“滤”，就是舂。然则“糈”本指舂去谷壳甚多的精米（一斛粟舂得四斗八升成精米），常用于祀神（非祭祖）祈福。糈不同于粢盛；不用于“昭其俭”的宗庙祭祀，而是用于降神祀神祈神占吉凶，故自应恭奉以上精之米。《楚辞·离骚》：“巫咸将夕降兮，怀椒糈而要之。”王逸注：“椒，香物，所以降神；糈，精米，所以享神。言巫咸将夕从天上来下，愿怀椒糈要之，使占兹吉凶也。”《山海经·北山经》：“用一璧一珪，投而不糈。”郭璞注：“擿玉于山中以礼神，不薶之也。”今人袁珂案：“不糈，不以精米祠也。”又《南山经》：“凡鹊山之首……糈用稌米。”郭璞注：“糈，祀神之米名。”《淮南子·说山》：“病者寝席，医之用针石。巫之用糈藉，所救钧也。”高诱注：“糈米，所以享神。藉，菅茅，皆所以疗病求福祚，故曰救钧。”《史记·日者列传》：“大卜而有不审，不见夺糈。”司马贞索隐：“卜求神之米也。”引申为精米的泛称。《货殖列传》：“医方诸食技术之人，焦神极能，为重糈也。”“重糈”，犹厚糈。宋王安石《送张颉仲举知奉新》诗：“老吏闭门无重糈，黄山开陇有新粳。”此两句是反对，“重糈”若为一般粮食，与作为佳品的“新粳”便不能对矣。

精米之称，除了糈，还有“粺”。“粺”或作“稗”，通假，《文选·曹植〈七启〉》“芳菰精稗”李善注：“稗与粺，古字通。”《诗·大雅·召旻》：“彼疏斯粺，胡不自替？”郑玄笺：“疏，粗也，谓粝米也。”“彼、斯（此）”相对。“疏、稗”相反，故“粺”必为精米。意：彼贤者禄薄食粝米，而此不贤者竟食精米，何不自废退而使贤者得进？汉桓宽《盐铁论·国疾》：“匹庶粺饭肉食。”明刻本作“精饭”。《九章算术》二：“今有粟二斗一升，欲为稗米，问得几何？”李籍音义：“粺米精于粝也。凡粟五斗得粺米二斗七升。”然则粺之精尚不及糈，且不用于祀神、祀祖。其字汉以后鲜用。

169. 肴(殽、餚)·羞(馐)·核(覈、槅)·饮

上古正规食宴，佐食食物凡四类："肴"，牛羊猪肉，主菜；"核"，梅、李、桃为主的干果；"羞"，多滋味美肴，有奇珍异兽、四时水鲜、果脯饵饼等；"饮"，各种酒和浆液。

【同义】

《楚辞·招魂》："肴羞未通，女乐罗些。""肴、羞"，皆是甘美的佐食。《文选·班固〈典引〉》："餚覈仁义之林薮。"李善注引蔡邕曰："餚覈，食也。""餚覈"，同"肴核"，此指吸收、消化。"饮"亦指佐食食物。

【辨释】

古人饮食，粗分之，为饮与食两大部类。细分之，"食、饭、膳、馔"是一类，属于饭食。本条是另一类，表示各种佐食之物，今谓之"菜肴"者。

"肴"或作"殽"，又作"餚"，指熟的牛、羊、豕三牲肉。《广雅·释器》："肴，肉也。"《国语·晋语一》："饮而无肴。"韦昭注："肴，俎实也。"谓俎上之肉。《诗·小雅·宾之初筵》："笾豆有楚，殽核维旅。"("楚、旅"，陈列。)毛传："殽，豆实也。"谓豆中之肉。《文选·应璩〈与从弟君苗君胄书〉》："肤寸肴脩，味逾方丈。"张铣注："肴，肉；脩，脯也。"三国魏曹植《七启》："可以和神，可以娱肠，此肴馔之妙也。"指有肉的盛食。《宋书·孝义传·郭原平》："主人设食，原平自以家贫，父母不办有肴味。""肴味"指肉味。凡"殽核"、"肴核"、"餚覈"之"肴"，皆谓肉。肴用于祭祀、享宴，上古置于豆或陈于俎。故朱骏声曰："(殽)凡熟馈可啖之肉、折俎豆实皆是。"(《说文通训定声·小部》"肴"字)但是肴所指"肉"，不包括鱼肉，且也不指所有牲肉，他牲之肉称为"鲜"，制为羞类(见下)，肴只指牛、羊、豕三种古所谓"太牢"者。肴无疑是主菜。

"肴"，引申而有狭义、广义用法。狭义之用，专指带骨之肉。《礼记·曲礼上》："凡进食之礼，左殽右胾(zì)。"郑玄注："殽，骨体也。"陆德明释文："熟肉有骨曰殽。"故与无骨大块肉之"胾"对举。《左传·宣公十六年》："原襄公相礼，殽烝。"孔颖达疏："郑玄《诗笺》云：'凡非谷而食之曰殽。'则殽是可食之名。切肉为殽，乃升于俎，故谓之殽烝。"《楚辞·九歌·东皇太一》："蕙肴蒸兮兰藉，奠桂酒兮椒浆。"上句意：以蕙草蒸肉，以兰席铺垫。其"肴"也指带骨之肉。广义之用，则可总括佐食食物，赅核、羞之属。《诗·魏风·园有桃》："园有桃，其实之殽。"桃果本属于"核"。《周礼·天官·醢人》："羞豆之实，酏食糁食。""酏"是薄粥，"酏食"，以酒酏为饼，糁是用稻米与牛羊豕肉按二比一的比例合为饼而煎之，则原属于"羞"。《诗·大雅·韩奕》："其殽维何？炰鳖鲜鱼。"水鲜也属于"羞"。故孔颖达曰："殽是总名。"即作为

佐食之物的总称。后代多有此种用法。汉枚乘《七发》:"滋味杂陈,肴糅错该。"《后汉书·窦武传》:"及载肴粮于路,匄施贫民。"("匄"同"丐",给予。)其"肴"皆总指佐食之物。今有"菜肴"一词,亦承古而用。

"核",或作"覈"、"槅",指以梅、李、桃为主(非所有之果)的干果。果实都有核仁,故以"核"称果实。《礼记·曲礼上》:"赐果于君前,其有核者怀其核。"《周礼·地官·大司徒》:"其植物宜覈物。"郑玄注:"核物,李梅之属。"上引《诗·小雅·宾之初筵》"殽核维旅"毛传:"核,加笾也。"即加之于笾中。郑玄笺:"笾实有桃梅之属。"《文选·左思〈蜀都赋〉》:"肴核四陈。"李善注:"核,桃梅之属也。"谓之"核"的干果,上古往往放在笾内,上引例已可说明。又《周礼·天官·笾人》:"馈食之笾,其实枣、栗、桃、干穣、榛实。""穣",梅。"榛",似栗而小。"枣、栗、桃"也皆是干者(参《注疏》)。此仅就上古而言。至于后代,当盛于盘。宋苏轼《前赤壁赋》:"肴核既尽,杯盘狼藉。"

"羞",或作"饈",一般辞书列有三义,曰进献,曰美食,曰耻辱。有的论著则称"羞"专指糕饼点心。凡此,均未得其实。按,末义用于今。此是"醜"的假借(朱骏声《说文通训定声·孚部》"羞"字)。首义见于《说文·丑部》:"羞,进献也。从羊,羊所进也;从丑,丑亦声。"又,《尔雅·释诂上》:"羞,进也。"但此非其本义,《说文》之解不知所以,丑声何以会其意?按,"丑、柔"相通。"丑"声当为柔声。地名"狃",《太平御览》等作"猱"。《说文·食部》:"鈕,襍(杂)饭也。"《米部》有"粈",训同。当是一字异体,"粈"亦即"糅"。《仪礼·乡射礼》:"无物,则以白羽与朱羽糅杠。"郑玄注:"糅,杂也。"《楚辞·离骚》:"芳与泽其杂糅兮。"汉服虔《通俗文》曰:"肴杂曰糅。""羞"也属柔声源,字当从羊、丑(柔)会意,丑(柔)亦声。羊为美物,古人以羊为美味,柔是杂和、调和,会其意:杂多味美的佳肴。验之文献,若合符节。《周礼·天官·膳夫》:"掌王之食饮膳羞,以养王及后世子。"郑玄注:"羞,有滋味者。"《北史·后妃传上·魏文成文明皇后冯氏》:"性俭素……宰人上膳,案裁径尺,羞膳滋味,减于故事十分之八。"唯此,"羞"可作动词,非一般的进献,也是指进献有滋味者。《楚辞·招魂》"肴羞未通"句,洪兴祖补注:"致滋味为羞。"《国语·楚语上》:"不羞珍异,不陈庶侈。"综名词、动词义而观:羞者,指各种有滋味之物。故《周礼》有"百羞"、"羞用百有二十品"(《周礼·天官·内饔》)之语。具体而言,"羞"可分三种。一、禽羞。《仪礼·聘礼》:"燕与羞,俶献无常数。"("燕"通"宴"。"俶",始。)郑玄注:"羞谓禽羞雁鹜之属,成孰(熟)、煎和也。"《仪礼·既夕礼》:"燕养馈羞。"("馈",朝夕之食。)郑玄注:"羞,四时之珍异。"二、果羞。《楚辞·离骚》:"折琼枝以为羞兮。"王逸注:"羞,脯。"三、饵羞,即糕饼。《周礼·天官·笾人》:"羞笾之实,糗饵。粉餈。""糗饵",是熬大豆粉、米粉蒸成之糕;"粉餈",为以此数种粉制成之黏饼。此种羞类糕食,《楚辞·招魂》还有"粔籹(jùnǔ)蜜饵"、"餦餭(zhānghuáng)"。"粔籹",即以米粉合糖制成环状后油炸,似今餳糖糕。"蜜饵",豆米粉蜜糕。"餦餭"是饴糖块。无论何种羞,均是极有滋味者。调者,一指调味,即通过作料配合与各种烹制手段,将其香美之味放散出来;二指调制,即以烹制手艺,使食物具色香味形之美。《吕氏春秋·适音》:"口之情欲滋味。"高诱注:"欲,美味也。"古人饮食很注意滋味之美。《荀子·礼论》:"刍豢稻粱,五味调香。"《吕氏春秋》有《本味篇》,专论如何调味。《灵枢经》有《五味篇》,专述五味与身体健康之关系。"羞"的丰富多样性最能体现古人调味\调制的精湛技艺。虽然肴、核也是有味者,但"肴"指牛羊豕三种,用于祭祀享宴的常牲(称太牢),或连骨肉或作酱肉,做法并不多样。"核"指桃、李、梅之类盛于笾中的干果。而"羞",如前所说,乃指奇珍异兽熊鹿麋之类,四时各种水鲜鱼虾鳖之属,还有果羞、饵羞之品,可谓五花八门,制法多样,滋味无穷。

"饮",是液体佐食食物的总称。《周礼·天官·酒正》、《膳夫》与《礼记·内则》、《玉藻》等对"饮"的称名、类别有异。参酌举要,上古的饮料,已有如下几种。一、水,清凉白水。二、酒,一般是醴,甜酒。也可以是醇酒,醴过滤而获之"清",或者其他的酒。三、醇,也作"凉",即《内则》之"滥",以糗饭或桃梅相掺和的浆水。四、医,带糟的醪酒。五、醷,梅浆,即酸梅汤。六、酏,粥清(半流汁粥汤)。七、浆,酿制的微带酸酢味浆水。其实除了酒,均可称浆。故饮料可大别为酒和浆两类。后世饮料种类更为丰富,但大率也不出于种种酒和浆。至今犹然。见于文献者,如,《论语·雍也》所记颜回的"一箪食,一瓢饮",是饮清水。《楚辞·招魂》"挫糟冻饮,酎清凉些",是饮冰镇醇酒。(挫糟,提去酒滓。"酎",三重酿酒,醇酒。)《史记·魏公子列传》:"公子闻赵有处士……薛公藏于卖浆家。"从"饮"的动词义,可引申为饮食的泛称。《史记·高祖本纪》:"吕氏与两子居田中耨,有一老父过,请饮,吕后因餔之。""饮",指食。《汉书·朱买臣传》:"故妻与夫家俱上冢,见买臣饥寒。呼饭饮之。""饭饮",给予饮食。但是其名词义,却不能扩大,不作佐食食物总称,更不作整个饮食总称,只作佐食饮料的总称。

由上可见,肴、羞、核、饮四者,是我国古代正规食宴的主要佐食食物。其中没有蔬菜。这并不是由于古人注重荤食,主要是因为上古人工培植蔬菜较少,而一旦形成传统,便会代代因袭。从南北朝起,素食发展,以至渐渐成为与荤食相抗衡的另一个门类。但后世甚至今日的筵宴,蔬菜仍然基本当作陪衬物。

参考文献

[1] 周光武:《中国烹饪史简编》,科学普及出版社广州分社,1984 年 5 月。
[2] [宋]洪兴祖:《楚辞补注》,中华书局,1983 年 3 月。
[3] 潘知常、林伟:《从中国古代饮食文化到中国古典美学》,《郑州大学学报》1987 年第 5 期。

170. 羹·臛(脽)·膗(脧)〇汤、羹汤

“羹”，熬煮调味的浓汤状或薄糊状主菜，至元代浓汤类归入“汤”（菜汤义）。“羹”是羹类总称，有专称“臛”，纯肉羹；“膗”，浓的肉羹。“汤”经药剂、保健汤、茶汤等义到元代才引申出菜汤义，但所指实是浓汤类羹；明代“汤”才成为菜汤通称；清代上升至与羹并重。

【同义】

《广雅·入沃》：“臛，羹脽。”《说文·肉部》：“膗，脽也。”“脽”即“臛”。《尔雅·释鸟》“枭鸱”邢昺疏：“其肉甚美，可为羹臛。”《齐民要术》有“羹臛法”一篇。元马祖常《息叿传》：“脽膗笔腊。”“羹臛”、“脽膗”皆同义连用。

【辨释】

先时一些词典如《辞源》释“羹”为“和味的汤”，一些古籍今注释“羹”为“汤”，“羹汤”是同义连用。至20世纪80年代初，王力发难：“上古的羹，一般是带汁的肉，而不是汤。到了中古以后，羹和汤就差不多了。王建新嫁娘诗：‘三日入厨下，洗手作羹汤。’”（王力《古代汉语》1500页。）在《王力古汉语字典》“羹”立二义：“㊀带汁的肉食；㊁汤（后起义）。”后者即菜汤义。“汤”也列：“③菜汤（后起义）”。二处“后起义”均引证唐王建《新嫁娘》诗。今古汉语专书、各种词典凡言“羹”，皆一遵王氏说而定为浓汁、浓汤；凡释“汤”的菜汤义，也都以唐代王建《新嫁娘》诗“羹汤”为证，即谓唐代出现菜汤义。近期出版的首本《中国菜肴史》言及上古的羹竟曰：“羹，此时尚为一种制法不一、说法多种的食品，可以指烧肉、带汁肉、纯肉汁，也可以指用荤素原料单独或混合烧制成的浓汤。有时，为了增加汤的黏稠度，还得往汤中加米屑。”（王力《古代汉语》16页）作者将王力多次言羹的不同表述包括其一再排除的“汤”，杂糅一体，作为羹的不同类别，“羹”几乎成了不可名状之物。“羹”“汤”至今模糊不清。

“羹”，《说文·鬲部》作“鬻”，训“五味盉（和）也，从䰜、从羔。《诗》曰：亦有和鬻”。按，引《诗》见《商颂·烈祖》，今作“羹”。此是会意字，其构字从䰜，下鬲表烹制羹的容器，上二曲笔表烹制时或烹熟后的上腾热气；羔示作烹饪物的美味牲肉，会其意表示羹是美味牲肉在鼎鬲类陶器中烹制调味所成食物，解其义为“五味和”，此乃羹的最主要特征（见下）。其字勾勒了我国菜肴早期产生、发展的大势。陶器发明以前，虽有炙、烤、煮之类食物，但没有调味。陶器产生后，在鼎鬲中才使调味菜肴的产生有了可能。盖陶制鼎鬲不漏水、耐酸、耐温，有利于食物发生化学变化，使各种发酵食物、调味品相继产生。首先是有了盐——只有在陶器中才能煮成盐。就有了咸味。接着产生酸味。最初的酸味取于梅。于是产生了调味羹。《书·

说命下》："若作和羹，尔惟盐梅。"此是二味羹。继之，产生了酒、酱等，从酒取得苦味，又从姜、葱、蒜等取得辛味，从饴、蜂蜜取得甜味。于是产生了如《说文》所释的五味羹。可以说，羹是陶器发明后我国最早产生的菜肴。一般认为我国陶器发明距今有 1.2 万年，则羹已有一万多年的历史，远早于传说中的唐尧时代。

羹不仅产生最早，且是古人主要的菜肴。此可从以下二端考察：

其一，从"羹食"、"羹饭"等常语观。

上古有"羹食"。《韩非子·五蠹》述及最早君王的饮食，云"尧之王天下也，粝粢之食，藜藿之羹"，显示传说时代野菜羹已是与粗饭相配的主菜。《礼记·内则》："羹食，自诸侯以下至于庶人无等。"郑玄注："羹食，食之主也，庶羞乃异耳。"（"庶羞"，各种各样时鲜炒菜。）孔颖达疏："食，饭也，言羹之与饭是食之主，故诸侯以下无等差也。"即谓不论贵贱贫富，都将羹作为主菜，与饭相合作为饮食的主体。汉代起有"羹饭"。《楚辞·大招》"魂乎归徕，恣所尝只"王逸注："言羹饭既美，魂宜急徕归，恣意所用。"后世使用不绝。《抱朴子·杂应》："余亦屡见浅薄道士辈……但虚为不啖羹饭。"唐韩愈《山石》诗："铺床拂席置羹饭，疏粝亦足饱我饥。"《宋史·奸臣·蔡确传》："设大盆于前，凡羹饭胾饼投其中。"《明史·礼志五》："定朔日荐新，各庙共羊一、豕一……及常馔鹅羹饭。"《清史稿·礼志六》："岁祭……亚献羹饭肉胾，三献饼饵果蔬。"中古后，"羹饭"又指祭奠死者的饭菜。如《水浒》第二十五回："王婆买了棺材……归来与那妇人做羹饭。"《喻世明言》卷二十九："吴红莲一身重孝，手提羹饭，出清波门。"此词尚留在今吴方言等方言区。可以注意，上述"羹饭"不少已泛指饭食，其"羹"已不限于羹，而是代称整个菜肴，特别是祭奠死者的"羹饭"。此进一步反映了"羹"是古代菜肴的代表。

其二，从羹品的丰富性观。

羹远多于炙、脍、蒸类菜肴，各代都是菜肴大类。商周时期的羹，据三《礼》所载，已用到犬羊牛鸡兔鹑等动物和不少野菜制作的羹数十种。在马王堆出土遣策中的食品，最多的是羹类菜肴，有纯肉羹 10 余种，肉类与稻米等粮食合熬羹 3 种，肉与蔬菜混合羹 8 种，肉与粮食蔬菜混合羹 3 种。《齐民要术》载录肉羹鱼羹菜羹 29 种。以后每代都创制羹类数十新品，羹之所以长盛不衰，乃由于其最能体现五味调和和菜汤合一的综合功能，可助饭菜消化并简省他菜，深浅繁简由之，故适应面最广泛，特别是广大的下层民众，菜羹、各种粗羹始终是他们唯一的餐食。对于羹在菜肴中独领风骚的地位，清代文学家、美食家李渔早有精论："且养生之法，食贵能消，其理易见。故善养生者吃饭不可无羹；善作家者，吃饭亦不可无羹。宴客而为省馔计者，不可无羹；即宴客而欲其果腹始去，一馔不留者，亦不可无羹。何也？羹能下饭，亦能下馔故也。"（《闲情偶寄》，223 页）

要之，古代羹的基本性质是菜肴，不是菜汤；并且始终是主菜，非一般菜肴。

羹的特征有四：

一、调味。

凡羹必须调味，故《说文》释"羹"为"五味和也"（见上）。盖五味调和，是中国烹饪基本原理的核心。制羹,必须在一定的容器——早期是鼎、鬲等陶器,以后扩大至釜、甑等——之中,调和各种原料与水,使用众多单、复调味品,因而最能调出各种自然之味、适口之味。

二、米、面、菜调和。

虽然上古、中古还有不加米面等调和物,仅靠熬、炖烹饪法制作的一类羹,但也有用米、面、菜为调和物,且为主流。主要用米,米碾成米屑,称为糁,《说文·米部》释为"以米和羹也"。《礼记·内则》"犬羹、兔羹,和糁不蓼"郑玄注:"凡羹齐(剂)宜五味之和,米屑之糁。"《庄子·让王》记"孔子穷于陈、蔡之间,七日不火食,藜藿不糁,颜色甚惫",谓无米而七日不曾吃饭,故藜藿之菜羹不加糁。可见菜羹应加糁。有时也用米泔。《急就篇》卷二:"饼饵麦饭甘豆羹。"颜师古注:"甘豆羹,以洮(淘)米泔和小豆而煮之也。"《齐民要术·羹臛法》:"醋菹鹅鸭羹,方寸准,熬之,与豉汁米汁。"《齐民要术》共列 29 种羹臛,其中用米或米汁者 17 种,用面麦粉者 1 种,兼用面米者 1 种,凡 19 种。可见多数羹要加米或面或菜调和,特别是菜羹。

三、成浓汤或薄糊状。

古代羹不是汤,其物态特征有两种:加米、面等调和物烹熟后成薄糊状;仅靠熬煮烹制的多成浓汤状,旧训所谓"多汁"者。《左传·隐公元年》:"未尝君之羹。"《太平御览》卷八六一引此句旧注:"肉有汁曰羹。"《释名·释饮食》:"羹,汪也,汁汪朗也。"《广雅·释器》:"臛谓之脏",即"羹谓之汁"。凡此,均示浓汤状羹。惟是浓汤薄糊,食羹用"啜",与食粥、醢同。《荀子·非相》:"啜其羹,食其胾。"此肉羹不加调和物为浓汤状,加则为薄糊状,食时皆必啜。

四、以熬煮法烹制。

古代制羹比现代"考究",要用熬煮法,无论有否调和物,而且是在沸水中熬煮,《〈诗·大雅·荡〉序》孔疏之所谓"沸汤羹熟"。先将食物置于较多的水中,将水烧沸;然后再用中火或文火在沸水中熬煮多时,直至食物酥烂羹熟。有些羹加调和物,而调和物也是与食物一起熬煮,最后达到食物与汤汁更糅合一体的境界。

明于以上羹的性质与特征,则可知将上古的羹仅解为"带汁的肉"即浓汤类,失于片面;谓到唐代羹与汤"差不多",以为羹只出现于唐代以前,更是失实。事实表明,上述羹的性质与特征几乎见于整个古代。只是到元代,由于出现"菜汤",羹中的浓汤类归入汤;至清代,菜汤与羹并重(见下)。因此,根据以上所考,可对"羹"可作此界说:

羹:熬煮调味的浓汤状或薄糊状主菜。

要真正知羹,必须明汤。但菜肴之"汤"(即菜汤义)更为复杂。

"汤"本是热水。《论语·季氏》:"见善如不及,见不善如探汤。"《孟子·告子上》:"冬日则饮汤,夏日则饮水。"不仅上古,下至两汉、魏晋、南北朝,均不见菜汤义。主唐代有菜汤义者,除王力提出的王建《新嫁娘》诗"洗手作羹汤"句,还有《汉语大词典》"汤 3"义所举唐李绰《尚书故实》:"韦拜而上,命坐,慰劳久之,亦无肴酒汤果之设。"仅有连用之例,不能证明一个词的新义,且二例皆是误证。《尚书故实》"肴酒汤果"例,词典将"汤"释为"带汁水的菜肴",

即菜汤义，乃是误解。此例中“肴酒”指饭食，包括羹菜。“汤果”之用唐时偶见，一般作“茶果”。以茶果待客是接待客人的常礼。《晋书·陆纳传》：“卫将军谢安，尝欲诣纳……安既至，纳所设唯茶果而已。”唐白居易《麦菊生访宿》诗：“村家何所有？茶果迎来客。”《大词典》所引例中“汤果”正表待客之常礼，相当于茶果，而唐代“汤’可指保健饮料和茶，故此“汤”正是泛指饮料或茶，而不可能指菜肴之汤。至于“羹汤”连用，《全唐诗》中仅王建诗一例。全诗是：“三日入厨下，洗手作羹汤，未谙姑食性，先遣小姑尝。”此“羹汤”在其他唐代文献亦未见同例。而此孤例之“羹汤”尚非同义连用或复词，而是临时组合的一个非同义词组，二者是成品与原料的关系。盖羹无沸水不可制。《齐民要术·羹臛法》中言制食脍鱼莼羹，于丝莼和豉汁，均要“于别铛中汤煮一沸”。又鮀臛羹，先要“汤焞”处理，再“煮沸，令变色”。以后诸文献中述羹之制作，亦每每及“汤”。如宋代林洪《山家清供》有碧涧羹，云：“二月三月作羹时，采之洗净，入汤焯过取出。”下至明代《宋氏养生部》言制羹，不少羹要“先作沸汤”，再层层荤素菜料“汤煮”调和、调味。“羹中之胾，牛羊猪鲜肥者为最……用盐水浸，作沸汤微焞者，或煮糜烂者”，均说明古代制羹离不开煮沸之“汤”，汤沸羹熟的烹饪原理可以说明“羹汤”连用的物性依据。然则王诗的“羹汤”，其“羹”还是羹，“汤”是作羹的原料之一，仍指沸水、热水，相合表示汤（沸水）煮的羹。非惟王建诗，就是下至宋代的“羹汤”亦非菜汤义。如《梦粱录·湖船》：“湖中……如撑船买卖羹汤、时果。”同书《面食店》：“又有下饭……更有专卖诸色羹汤、川饭，并诸煎鱼肉下饭。”《武林旧事·酒楼》：“凡下酒羹汤任意索唤，虽十客各欲一味，亦自不妨。”以上诸例记或羹汤配点心与酒，则通常是羹食。面食店所卖菜肴称为“下饭”，今吴方言多地区犹称菜肴为“下饭”，其中“羹汤”属于下饭的自然是羹菜。由此更可说明，唐代王建诗之“羹汤”更非菜汤义。

那么，菜汤何时、又如何形成的？凭一般直觉，汤似乎是从羹发展而来，羹稀薄就变成了菜汤，产生了菜汤义。此是误觉。羹与汤本源于不同的烹饪方法：羹的烹制主要是熬煮法，无论有否调和物，必须将食物用中火或文火煮烂（见前）。而汤的烹制是煎煮法。《方言》第七：“煎，火干也，凡有汁而干谓之煎。”其本义所指即是煎煮法：将食物水用火烧煮，烧而使水干少，就成热水；继续烧煮而水越少，成沸水，《韩非子·备内》所谓“水煎沸竭尽其上”，后世还有“煎汤”之语。由此可知，菜汤只能从“汤”而不是从“羹”发展而来，故菜汤义当然不会归属“羹”而只能归属“汤”。

但菜汤义并非直接从本义简单地引申出来，而是经历了漫长曲折的发展过程。之所以如此，盖羹为主菜的饮食习惯已根深蒂固，非常适合我国保守封闭的封建社会和贫富贵贱各阶层民众的需要，故要产生与羹作用相同（都可下饭）而烹制方法不同的菜汤，就没有急迫性。从餐食必具羹到餐食必具汤，是华夏民族饮食习惯之转化，自然非一朝一夕之事。菜汤的大致演变、产生过程如下：

“汤”的本义热水，沸水，构成要素是水与煎煮。其引申遂分二系：一是从水衍生，温泉、护城河（比喻义）归之；二是从煎煮申发，药剂、茶水、煎汁饮料等义属之，菜汤义则是最后产生者。

“汤”首先大量用于煎煮药物，于是引申出药剂义。汉代已见。《史记·袁盎晁错列传》：“陛下居代时，太后尝病，三年，陛下不交睫，不解衣，汤药非陛下口所尝弗进。”《扁鹊仓公列传》：“臣意即为柔汤使服之，十八日所而病愈。”《抱朴子·杂应》：“或问坚齿之道。抱朴子曰：‘……其次则含地黄煎，或含玄胆汤。’”《世说新语·术解》：“合一剂汤与之，一服即大下。”唐白居易《自咏老身示诸家属》：“书听孙子读，汤看侍儿煎。”也指药剂。药剂的炮制必须煎煮、收干、滤清，目的不是煮烂，而是取其最后的浓汁。直至今日炮制中药犹称“煎药”。

如果不为治病，而是出于强身防病而熬煎汤剂，就成了保健饮料，于是又生此新义。南北朝以来道家所创最多，如茴香汤、甘草汤、杏子汤、解秽汤等，见于《云笈七签》41、64、62、74、45诸卷。均为保健汤。此类饮料也称为“汤”，进入日常生活。唐白居易《七月一日作》诗：“饥闻麻粥香，渴觉云汤美。”麻粥指芝麻粥，云汤即云母汤，一种保健饮料。至宋代，更进一步发展为具有清热解毒功效的草药或果品熬制而成的保健饮品，成为仅次于酒和茶的第三大饮料。宋无名氏《南窗纪谈》载言：“‘客至则设茶，欲去则设汤’，不知起于何时，然上自官府，下至闾里，莫之或废。”沈括《梦溪笔谈·卷一》：“待制以上见，则曰‘请某官’，更不屈揖，临退仍进汤。”可见此种汤还成为送客的礼俗之物。其后，“汤”一直可指称保健饮料，新品层出不穷。元忽思慧《饮膳正要》卷二“诸般汤煎”中有人参汤、杏霜汤、四和汤、木瓜汤、枣姜汤等。清顾实《养小录》卷之上的“饮之属”列有青果汤、暗香汤、茉莉汤、桂花汤等。朱彝尊《食宪鸿秘》上卷“饮之属”也列述橄榄汤、杏仁汤、芝麻汤、凤髓汤等，都称为“汤”，但均为保健饮料，不能误作菜汤。

由南北朝以来保健饮料之“汤”再引用于煎茶。茶的烹制与药剂相同，故称煎茶。唐代而盛。唐封演《封氏闻见记·饮茶》：“自邹、齐、沧、棣，渐至京邑，城市多开店铺，煎茶卖之。”家中自煎茶。“小鼎煎茶面曲池”（李商隐《即日》），“天晚自煎茶”（薛能《寄题巨源禅师》），《全唐诗》中“煎茶”有13例。于是有了茶汤。茶汤是煎煮的茶水。“天子下帘亲考试，宫人手里过茶汤。”（王建《宫词》之七）进而“汤”可径指茶。唐王颤《怀素上人草书歌》：“怀素身长五尺四，嚼汤颂咒吁可畏。”“嚼汤”即是吃茶。煎茶高手称为汤神。宋陶穀《清异录·乳妖》：“吴僧文了善烹茶，游荆南，高保勉白于季兴，延置紫云庵，日试其艺，保勉父子呼为汤神。”“汤神”之“汤”指茶。“汤社”，饮茶之社。《汤社》：“和凝在朝，率同列递日以茶相饮，味劣者有罚，号为汤社。”

药汤、保健汤、茶汤，三者虽非菜汤，但皆为食物在沸水中煎煮的液态食品，均有健身除病的功能，成为菜汤的先导。盖我国饮食的重要特点是医食同源，许多菜肴都有保健祛病的效应，不只是饱口福，羹、粥之类都是范例；而随着此类保健除病的多汁液的汤日益广泛地进入饮食生活，人们自然会想到它们是否也可以进入餐食。到元代，我们终于见到了菜汤。

《琵琶记·书馆悲逢》：“春秋中颍考叔曰：‘小人有母，未尝君之羹，请以遗之。’咳，他有一口汤吃，兀自寻思着娘。”《窦娥冤》第四折：“那一日俺婆婆身子不快，想羊肚儿汤吃，你孩儿安排了汤。适值张驴儿父子两个问病，道：'将汤来我尝一尝。'说：'汤便好，只是少些盐醋。'"《水浒传》第三十七回："宋江因见了这两人，心中欢喜，吃了几杯，忽然心里想要鱼辣汤吃。"第八回："柴进亲自举杯，把了三巡坐下叫道：'且将汤来吃。'吃得一道汤，五七杯酒，只见庄客来报道：'教师来也。'"《元朝秘史》卷十："成吉思汗对索罗兀勒说：'虽有雨的夜里与敌人抗拒时，不曾教缺了汤饭，使我空宿了。'"

上数例的"汤"均是此前很少见的菜汤义，末例则已由菜汤义扩指整个菜肴。但可注意，元代的汤是浓汤。元代忽思慧的《饮膳正要》已将"羹"与"汤"并出，区以别矣。书中载录了荤素羹、葵菜羹、羊肉羹、麻羹等羹类菜肴25种，也列有羊肉萝卜汤、熊汤、炒狼汤等汤类菜肴21种。而诸汤的制作，很少米面调和，多是"熬成汤"，如羊肉、草果、苦豆"一同熬成汤"的"苦豆汤"，将鹿皮、陈皮等"煮令烂熟，取肉，入五味"而成的"鹿蹄汤"。有的径用"清汁"，如"鲤鱼汤"是"清汁内下鱼"，清汁皆熬煮而成。有时也加少量米、面等调和物，但也必熬煮。如"马思答吉汤"，先按一定比例将羊肉、草果、官桂、回回豆子加水一同熬成汤，滤净，再在所得清汤中加"回回豆子二合、香粳米一升、马思答吉一钱"和其他荤素原料及调味品烹调成"马思答吉汤"。还可以用同物所制羹和汤对比。"团鱼羹"，先将去头的甲鱼"入大料物，煮微熟"，处理后再"下酱清汁内煮软"，然后将调和物下锅"滚数沸"最后调味成羹（元无名氏《居家必用事类全集·庚集》）。而"团鱼汤"是将羊肉、草果熬成汤，滤净，再煮熟甲鱼切块，入羊肉汤内再调味制成（《饮膳正要》卷一）。再观上举文学文献之"汤"，虽然有些例难于从文句索知汤之厚薄，但《琵琶记》例最可说明。《左传》之羹，旧注都作"带汁的肉"，典型的浓汤类羹，今则称以"汤"。由此可见，元代所称菜肴的"汤"，主要特点是经过熬煮而成的浓汤。实际上是古代所称"带汁"的浓汤类羹。

作为新的食品门类，一开始竟然未创新，而"挪用"原有的一部分羹易以新名，似乎不可理喻。其实此与烹饪方法的发展有关。盖汤类食品都有煎煮法，而此法从南北朝起发展出油煎。在北魏贾思勰的《齐民要术》中有"鸡鸭子饼"，其制法是鸡鸭卵液下锅用"膏油煎之"。至南宋出现了拖面油煎，利用鱼自身的油脂自裹油煎；元代有七宝卷煎饼等，此与传统的煎煮法很不相同。而原先的煎煮法与熬煮法本也有接近点，故早有"熬煎"连用之词，二者均需在沸水中长时间煮，于是煎煮的药汤、保健汤、茶汤与纯熬煮的羹就可以合流。明于此，则对早期用"汤"来称浓汤类羹，将它作为菜汤，就不足怪矣。至此，菜肴中的羹分化，浓汤的一类别称"汤"，而"羹"就专指加米面勾芡调和的薄糊状羹。故也正是从元代起，完成了古代的羹至今日羹的转变。

汤的完善，要到明代。明代才有了完全的菜汤。"汤"不再囿于于熬煮的浓汁食物，而可以包括一切汤，甚至羹，成为汁类食物的大名。如明人黄一正《事物绀珠》记载明代中叶后皇室的菜肴，其"国朝御汤略"包括：牡丹头汤、鸡脆饼汤、蘑菇灯笼汤、猪肉龙松汤、猪肉竹节汤、玛瑙糕子汤、肉酿金钱汤、金丝糕子汤、珍珠糕子汤、木樨糕子汤、锦绣水龙汤、月儿羹、酸甜汤、葡萄汤、柿饼汤、枣汤、豆汤、蜜汤、炒米汤、浆水、牛奶。其中有菜汤、保健汤、牛奶、食羹等，总称为“汤”。再看以下诸例：

1.《菽园杂记》：“（刘御史）遣人招饮，予戏语云：‘馔有驴板汤，即赴。’”2.《七修类稿》：“……子瞻以为必精洁之物，至则饭一盂，萝卜一碟，白汤一盏。”3.《金瓶梅》第四十二回：“两碗稀烂下饭，一碗炖肉粉汤，两碗白米饭。”4.第七十一回：“吃了粥，又拿上一盏肉员子馄饨鸡蛋头脑汤。”5.第二十二回：“这妇人每日在那边或替他造汤饭，或替他做针指鞋脚。”“一张银汤匙，三双牙箸。”6.《明史·食货志六》：“传添汤饭中官百五十余员。”

以上诸例，或显出汤汁较稀而多。第3例，炖，即“汆”，一种食料在沸水中快速煮熟的烹调方法，置于稀薄菜汤。第4例，馄饨汤也非浓汤。或泛指液汁类。第5例“汤匙”之“汤”。或代称整个菜肴，第5、6例“汤饭”，合指餐食义。前举《蒙古秘史》也已有“汤饭”例。而明代“汤饭”一词尤多，如《金瓶梅》有22例，《西游记》有4例。传统“羹饭”一词，从汉代至清代频见不绝（见前文），显示羹在餐食中的主菜地位。今明代渐多的“汤饭”则显示了菜汤在餐食中地位的上升趋势。第5、6例都显示汤之与饭相配的主菜地位。综此，不难看出，到明代，“汤”已是菜汤的通称，浓的稀的菜汤都称“汤”；又是一切液汁食物的总称；也作整个菜肴的代称。无疑的，汤（菜汤）已开始取得了与羹相近的地位。

到了清代，出自同治年间的《筵款丰馐依样调鼎新录》的各种菜肴类中首次见到“鲜汤类”。在清代后期的烹饪类十卷手抄本《调鼎集》中可以见到更多的菜肴调味汤，如“九丝汤”、“醉鱼汤”、“三丝汤”、“冬笋汤”等。《红楼梦》中描写的菜肴有40余种，其中汤菜6种，计酸笋鸡皮汤（第八回）、野鸡崽子汤（第四十三回）、合欢汤（第五十三回）、火腿鲜笋汤（第五十八回）、虾丸鸡皮汤（第六十二回）、火肉白菜汤（第八十二回）。而羹仅一种：莲叶羹（第三十五回）。可以说，到清代，我国的菜肴中已发展出汤菜类，以上所举都是清代著名的汤菜，大都也进入了现代的菜谱。清代已趋食必有汤。前引的李渔还如此论汤：“饭犹舟也，羹犹水也；舟之在滩，非水不下，与饭之在喉，非汤不下，其势一也。……故善养生者，吃饭不可无羹……宁可食无馔，不可饭无汤。”（《闲情偶寄》223页）

李渔正确总结了羹汤在饮食中的主菜地位，又反映出清代的菜汤逐渐取代羹成为主菜的新趋势。到现代，终于完全取代羹，成为餐食的主菜，完成了中华民族饮食习惯的转变。

“羹”是大名，即是羹类菜肴的总称。从上古起，细分之，羹也有几个专称。

《尔雅·释器》：“肉谓之羹。”郭璞注：“肉臛也。”“臛”同“臛”。“臛”专指纯肉无菜之羹。《楚辞·招魂》：“露鸡臛蠵，厉而不爽兮。”（“蠵”，xī，大龟。“露”栖之鸡。）王逸注：“有菜曰羹，无菜曰臛……臛，字书作臛，呼各切，又音霍，肉羹也。”《楚辞·大招》：“煎鲼（jí），臛雀，遽爽存只。”王逸注：“言乃复煎鲋鱼，臛黄雀，㔜趣（促）宰人，差次众味，持之而前也。”此用为动词，作雀臛，即制作纯雀肉之羹。其用通贯古代。《太平御览》卷八六一引《广志》曰：“晨凫肥而耐寒，宜为臛。”三国魏曹植《七启》：“臛江东之潜鼍。”（“鼍”，tuó，扬子鳄。）宋尹洙《岁晏村居》：“天寒酒脚落，春近臛头香。”（《宋元诗会》卷九）陆游《丰年行》：“长鱼出网健欲飞，新兔卧盘肥可臛。”清代《皇舆西域图志》卷三：“帝嘉其壮，赐之羊臛。”要之，“臛”之义，名词，纯肉羹；动词，烹煮纯肉羹。

"臛"，指少汁的肉羹。《玉篇·肉部》："臛，臛少汁也。"或作"臇"。汉桓宽《盐铁论·散不足》："狗䐑马臇。"（"䐑"，通"牒"，薄切肉。）"臇"，通"臛"。也可用为动词。《楚辞·招魂》："鹄酸臇凫，煎鸿鸧些。"洪兴祖补注："臛，少汁也。"后世亦用。《文选·曹植〈名都篇〉》："脍鲤臇胎鰕，炮鳖炙熊蹯。"李善注引《苍颉解诂》曰："臇，少汁臛也。"唐段成式《酉阳杂俎·饮食》列有"臇鹑蠙臛"。元马祖常《息耽传》："刺绣剪缕，臛臇毛腊，极天下之工。"（《石田文集》卷十五）清施闰章《神船词》："明灯接清晓，臇凫臑鳖陈酒浆。"（《学余堂文集》卷十九），"臇"皆是烹煮少汁即浓的肉羹。

参考文献

[1] 邱庞同：《中国菜肴史》，青岛出版社，2001年9月。
[2] 王力：《古代汉语》，中华书局，1985年3月。
[3] 王力：《王力古汉语字典》，中华书局，2000年。
[4] [清]李渔《闲情偶寄》，单锦珩校点，浙江古籍出版社，1985年2月。
[5] [宋]洪兴祖：《楚辞补注》，中华书局，1983年3月。
[6] [元]施耐庵：《水浒传》，岳麓书社，2008年8月。
[7] 缪启愉：《齐民要术校释》，农业出版社，1982年11月。
[8] [唐]李卓：《尚书故实》，丛书集成初编，中华书局，1983年。
[9] [宋]吴自牧：《梦粱录》，中国商业出版社，1982年3月。
[10] [宋]周密《武林旧事》，中国商业出版社，1982年3月。
[11] 佚名：《元朝秘史》，丛书集成初编，中华书局，1983年。
[12]《金瓶梅》，王汝梅，李照恂等校点，齐鲁书社，1987年。
[13] 黄金贵：《"羹、汤"辨考》，《湖州师范学院学报》2005年第6期。
[14] [明]陆蓉：《菽园杂记》，中国商业出版社，1989年1月。
[15] [宋]郎瑛：《七修类稿》，上海古籍出版社，2001年。
[16] [元]忽思慧：《饮膳正要》，上海古籍出版社，1990年7月。
[17] [宋]陶穀：《清异录》（饮食部分），中国商业出版社，1985年4月。

171. 菹(葅)·齑(韲)·醢·臡(腝)·醓○菹醢

南北朝前,加工、保藏食物有腌制法“菹”,其中切细腌渍者为“齑”。也可腌肉。还有酱制法“醢(hǎi)”,制成酱肉。其中带骨者为“臡(ní)”,多汁者为“醓(tǎi)”,“醢”是通称,又特指纯肉者。“菹醢”可用作上古极刑之称,相当于后世之“凌迟”。

【同义】

《汉书·刑法志》:“枭其首、菹其骨肉于市。”颜师古注:“菹谓醢也。”《诗·大雅·行苇》:“醓醢以荐。”陆德明释文:“醢,肉酱也。”《楚辞·九章·涉江》:“伍子逢殃兮,比干菹醢。”《墨子·迎敌祠》:“敛其骸以为醢腝。”(从孙诒让校读)“腝”即“臡”之正字。“醓醢”、“菹醢”、“醢腝”皆为同义连用。“齏”也是菹。

【辨释】

“菹”或作“葅”。《说文·艸部》:“菹,酢菜也。”此指腌酸菜。《释名·释饮食》:“菹,阻也,生酿之,遂使阻于寒温之间,不得烂也。”此指腌酸菜、咸菜和糟菜。菹是利用乳酸发酵加工保存菜的方法。北魏贾思勰《齐民要术·作菹、藏生菜法》对制菹法进行了全面总结。此章所列菹 29 项,加食盐者 23 种,即咸菜;加醋者 5 种,即酸菜;加米粥发酵者 2 种,即糟菜。主要为此三类。具体做法,第一类,如用葵、芜菁等制咸菹,先用蒲草或茅叶捆札,以极咸的盐水泡洗,洗后置于瓮内,然后将洗过菜的盐水澄清,倒入菜瓮,将菜浸没。此种咸菹色绿,食时与鲜菜同。第二类,如紫菜菹,取紫菜冷水浸泡软,再与葱盛在一起,各置一边,然后加盐和醋,盛满为止。第三类,如醢菹,用热水将干的蔓菁洗浸柔软。稍煮,又洗;盐水稍浸,取出凉于席箔。一夜后,菜色变鲜。筛些麦粉末,放于瓮中,然后取菜铺其上,再以黍米粥汤浇其上。如此,一层复一层,最后泥封瓮头。七天即熟。菹菜一般不切,所谓“全物而酢”。也有细且而腌渍者,专称“齑”,又作“韲”。《楚辞·九章·惜诵》:“惩于羹者而吹韲兮,何不变此志也?”《庄子·列御寇》:“使宋王而寤,子为齑粉夫!”《清稗类钞·冯婉贞》:“设以炮至,吾村不齏乎?”浑言之,则也称“菹”。《齐民要术·作菹、藏生菜法》之“菹”,即兼两种而言。腌渍之法也可用于肉类。《礼记·少仪》:“牛与羊鱼之腥,聂而切之为脍,麋鹿为菹,野豕为轩,皆聂而不切。麕为辟鸡,兔为宛脾,皆聂而切之,切葱若薤实之,醯以柔之。”“聂”,通“牒”,指切成肉片、肉块。郑玄注:“此轩、辟鸡、宛脾皆菹类也,其作之状以醯与荤菜(有辛味菜)醃之,杀肉及腥气也。”

“醢、醓、臡”是一类，皆指“肉酱”，即酱肉之法。我国早期的酱往往利用鱼、肉类蛋白质（肥脂去掉）制成。此是“利用微生物营水解蛋白质作用，产生氨基酸，从而产生鲜味”（《齐民要术校释》427页）。是加工、保藏肉类的一种方法。凡牛、羊、豕、獐、鹿、兔等肉，皆可制醢。《释名·释饮食》：“醢，晦也。晦，冥也，封涂使密冥乃成也。”此已言及制醢之法。毕沅引郑玄注《周礼·醢人》云：“作醢及臡者，必先膊干其肉，乃后剉之，杂以粱麴及盐，渍以美酒，涂置甀中，百日则成矣。”《齐民要术·作酱法》言之更详。大致是：取方宰杀之好肉，剔去脂肪，切成枣子状小块。一斗肉，加五升曲末，二升半白盐，一升黄蒸（一种麦曲）。曲和黄蒸皆需晒干，捣细，以绢筛毕拌匀，捣熟，复置于瓮，瓮口泥封，曝晒十四日，揭开视其酱出，无曲味，即熟而可食。若要速成，只需热处理，一夜即熟。此种肉酱。细分有三：醢是无骨者。《吕氏春秋·本味》：“鱣鲔之醢。”高诱注：“无骨曰醢。”《礼记·内则》：“腶脩蚳（chí）醢，脯羹、兔醢。”（“腶脩”，捣捶加姜桂的干肉。“蚳”，蚁卵。）“臡”，或作“腝”，是有骨者。《说文·肉部》：“腝，有骨醢也。臡，腝或从难。”《尔雅·释器》：“肉谓之醢。有骨者谓之臡。”即纯肉为醢，有骨相杂为臡。《释名·释饮食》：“醢有骨者曰臡。臡，昵也，骨肉相傅昵无汁也。”“醓”是多汁者。《释名·释饮食》：“醢，多汁者曰醓。”《诗·大雅·行苇》：“醓醢以荐，或燔或炙。”陆德明释文：“醓，肉酱也。”孔颖达疏：“盖用肉为醢，特有多汁，故以醓为名。”但浑言之，皆可以“醢”称之。“醢”为通称。

菹、醢可以相配成荤素一体的菜肴。《周礼·天官·醢人》述醢人所掌四豆之实，三种是菹醢，曰：“朝事之豆，其实韭菹醓醢、昌本麋臡，菁菹鹿臡，茆菹麇臡。馈食之豆，其实葵菹蠃醢，脾析蠯醢，蜃蚳醢，豚拍鱼醢。加豆之实，芹菹兔醢，深蒲醓醢，箈菹雁醢，笋菹鱼醢。”依次译释如下：诸侯朝见之礼用的豆（高脚菜盘），设放粗切的韭菜菹配各种纯肉酱、肉酱汁；细切的昌蒲根齑配带骨的麋肉酱；粗切的蔓菁菹配带骨的鹿肉酱，粗切的凫葵菹配带骨的麇肉酱。招待诸侯来宾用的豆，设放粗切的葵菜菹配蜗牛酱，还可配牛百叶（牛肚）、小蛤的纯肉酱、大蛤蚁卵的纯肉酱、猪肩胁纯精肉和鱼肉酱。宴飨时临时增添的豆，设放粗切的楚葵菹配纯兔肉酱；细切的蒲草（蒲始生水中之子实）齑配各种纯肉酱、肉酱汁；粗切的箭竹笋菹配纯雁肉酱；粗切的竹笋配纯鱼肉酱。

“菹醢”本是加工、储存食物之法，却常常用于刑罚，以至成了比食物更常见的刑罚词语。可以单用。文首引《汉书·刑法志》句即其例。又，《庄子·盗跖》：“子路欲杀卫君而事不成，身菹于卫东门之上。”《韩非子·存韩》：“臣斯愿得一见，前进道愚计，退就菹戮，愿陛下有意焉。”《左传·庄公十二年》记力士南宫万之被擒，云：“陈人使妇人饮之酒，而以犀革裹之，比及宋，手足皆见，宋人皆醢之。”杜预注：“醢，肉酱也。”《战国策·赵策三》：“鲁仲连曰：‘然则吾将使秦王烹醢梁王。’”也可连用，如文首引《楚辞·九章·涉江》句。又《战国策·韩策二》：“聂政之所以名施于后世者，其姐不避菹醢之诛。以扬其名也。”汉桓宽《盐铁论·讼贤》：“此其所以身杀死而终菹醢也。”文首引《汉书·刑法志》颜师古注语则是互训。

无论是单用和连用，今所见辞书、专书注解均作“肉酱”二字，无一句补释。此是误将古训作今注之一例。今之“肉酱”是肉糜。而由上可知,“醢”之“肉酱”,乃是枣子大小的小块肉,而“菹”即便是菹肉,也非今之“肉酱”,一般是小片、小块。其细切之齑也仅是肉丁。总之,菹醢皆非肉糜。按:菹(包括齑)、醢本是腌菜、酱肉,作名词。也可作动词,“菹”、“醢”指切削切割。《诗·小雅·信南山》:“田中有庐,疆埸有瓜,是剥是菹,献之皇祖。”第三句谓剥去削去(藤蔓、泥巴等)。《礼记·檀弓上》:“使者曰:‘醢之矣。’”即脔割意,“欲啗食以怖众”(郑玄注)。用于刑罚,并非将人肉加工、储存制美食,而是作为对受刑者一种惨绝人寰的惩罚,故自不必采用如同食物的腌渍或酱制法,而无非是将人肉切割“惩治”而已,充其量切成肉块、肉片,无需剁成肉糜。《淮南子·俶真》:“醢鬼侯之女,菹梅伯之骸。”此对文同义。而《吕氏春秋·行论》:“杀梅伯而醢之。”高诱注:“肉酱为醢。”高注作析言,正句乃取浑言,相同事,一作“菹”,一作“醢”,同义互用,皆指切割人肉,而非作成菜肴。文首引《汉书·刑法志》颜师古注,则是同义相训。“菹醢”也是同义连用,指切割人肉成块、片。总之,无论单用或连用,“菹醢”都作为古代的一种极刑,指将人肉切割成块、片,相当后世所谓凌迟、剐刑,俗所谓“千刀万剐”,“碎尸万段”者。

本篇所论“菹醢”等作为加工、储存食物和刑罚之称,主要用于南北朝之前。南北朝后,其称名渐废。

参考文献

[1] 缪启愉:《齐民要术校释》,农业出版社,1982 年 11 月。
[2] 洪光住:《中国食品科技史稿》(上册),中国商业出版社,1984 年 4 月。
[3] 曾纵野:《中国饮馔史》第一卷,中国商业出版社。1988 年 11 月。

172. 腊·脩·脯

“腊”，整体干缩的大块、段干肉，其法也可用于鱼类、瓜果等。“脩”，切成条状，调味捣坚的干肉，做菜肴，行于上古、秦汉。“脯”，切成薄片、加盐制成的干肉，做酒肴。汉以后，主要称“脯”，脯赅脩。除了猪肉，其他家禽、鱼类、果类均可做脯。

【同义】

《广雅·释器》：“腊，脯也。”《广韵·平尤》：“脩，脯也。”《说文·肉部》：“脯，干肉也。”（按，“脩”与“修”通用，但于干肉义，只作“脩”。）

【辨释】

《说文·日部》：“昔，干肉也。从残肉。日以晞之。与俎同意。”许慎以为“昔、俎”二字皆有肉之纹理，象半肉之形，段玉裁等遂以为“昔、腊”是古今字。其实古文字中“昔”非腊义，也非半肉，而是洪水弥漫之状。甲金遣文上半部为洪水之形，（无可尊）是“灾”之别构。“腊”与“昔”为二字二义。“腊”当是从肉昔，“昔”，假借洪水弥漫之“昔”为错绉义，后起字为“遣”（从朱骏声说，见《说文通训定声·豫部》“昔”字）。《周礼·考工记·弓人》：“老牛之角珍而昔。”（“昔”通“错”，交错。）郑玄注引郑司农云：“牛角，夘觕理错也。”《山海经·西山经》：“钱来之山……有兽焉，其状如羊而马尾，名曰羬羊，其脂可以已腊。”郭璞注：“治体皴腊。”即治皮肤皴裂。《释名·释饮食》：“腊，干昔也。”谓干而皱缩。故从语言而观，“腊”当指干缩发皱之肉。再从饮食史而观，古人制干肉通常方法为：风干、晒干、炙干。《易·噬嗑》：“噬腊肉。”孔颖达疏：“腊是坚刚之肉也。”陆德明释文：“晞于阳而炀于火曰腊肉。”《周礼·天官·腊人》：“腊人掌干肉。凡田兽之脯腊膴胖之事。”郑玄注：“腊，小物全干。”《急就篇》卷三：“肌䐢脯腊鱼臭腥。”颜师古注：“合骨全干谓之腊。”因此，所谓腊之“干缩发绉”，乃指按物之原形，小物不予切割，大物则切成较大的块状，使其整体而干。“腊”从肉，本是干肉，但可以用于鱼类、粮食、瓜果、蔬菜等。《穆天子传》卷六“鱼腊”郭璞注：“干鱼。”北魏贾思勰《齐民要术·脯腊》中总结的“五味腊”、“脆腊”等，更是上古腊肉法的发展。如“五味腊”，腊月初制作，凡鹅、雁、鸡、鸭、鸧、鸨、凫、雉、兔、鸽、鹌鹑、鱼，皆可以作。剔去动物尾部的脂腺及排泄孔，整治干净，然后整个浸于煮熟的牛羊骨肉汁中，四五日后取出置箔上阴干，又火炙，熟搥。此谓“鱼腊”。此种将阴干、炙干相结合，又浸以五味汁，参以制脯的方法，使腊物之味更为香美。元韩奕《易牙遗意》中也曾介绍腊肉、腊鱼法。如，制腊肉：取肉十斤，用盐二十两煎汤，去滓取汁，肉置其中，二十日取出，挂通风处，即成。更简便者，夏天咸肉，用炒盐匀擦，腌一宿，用大石压去水分，干挂风中即成。制腊鱼：腊月中将一斤多重鲤鱼或鲫鱼，不去鳞，只挖去肠杂，拭干，用炒盐一两，擦鳞内外，腌四五日，再剁葱、椒等，良酒拌匀，置鱼腹中，最后用皮纸、麻绳包扎，挂当风处，用时微火炙熟。故由语言和饮食史合观之，从上古到后世，腊法必是肉鱼等整体干缩，主要是风干。

“腊”除了作名词，还可用为动词，是干或使干之意。《灵枢经·寒热病》：“毛发焦鼻槁腊。”唐柳宗元《捕蛇者说》：“然得而腊之以为饵，可以已大风，挛踠、瘘、疠。”（“已”，治愈。）

“脩、脯”，先秦并见，也是干肉，但均是切割为块状、条片而使干，非整体干缩。《论语·乡党》：“沽酒市脯不食。”谓因买来的酒、脯不清洁，故孔子不食。《诗·大雅·凫鹥》：“尔酒既湑，尔殽伊脯。”毛传：“湑，酒之泲(jǐ)者也。”泲，酒过滤使清。孔颖达疏谓“以所泲之酒及干脯”侍尊。《礼记·内则》：“麦食脯羹鸡羹。”郑玄注：“脯，所谓析干牛羊肉也。”《论语·述而》：“自行束脩以上，吾未尝无诲焉。”古代十五岁入学，以“束脩”为学资，故径称入学为“束脩”。也用为上下亲友间相互馈赠的一种礼物。《礼记·少仪》：“其以乘酒壶、束脩、一犬，赐人；若献人，则陈酒执脩以将命，亦曰乘壶酒、束脩、一犬。”“束脩”，十条干肉。“脩”与“脯”有别。《周礼·天官·膳夫》：“凡肉脩之颁赐，皆掌之。”贾公彦疏：“谓加姜桂锻治者谓之脩，不加姜桂以盐干者谓之脯。”上引《周礼·天官·腊人》郑玄注曰：“薄析曰脯，捶之而施姜桂曰锻脩。”据文献使用和注家之析可知，一、脩是条状物可束，较大；脯是片状物，较薄小。盖“脩”从肉攸声，攸声有长义，故“脩”得指条肉。“脯”从肉甫声，甫声有薄义，与“敷”、“薄”、“铺”等同源，故“脯”得指肉薄片。二、脩加姜桂等调味品并捶锻而坚，脯唯加盐，使其干。无论技术要求、质量皆是脩高于脯。三、脩主要用作菜肴，脯主要用于酒肴，故“脩”常与“糗”等连用，而“脯”常与“酒”并举。《周礼·天官·膳夫》：“设荐脯醢。”贾公彦疏：“脯醢者是饮酒肴羞，非是食馔。”

汉以后，“脩”多与“修”通用，故干肉之“脩”名渐废，后世主要用“脯”，于是“脯”兼上古、秦汉之脩于一身，《齐民要术·脯腊》中，就有类上古脩者，但皆概称为“脯”。脯可作酒肴。《史记·封禅书》：“春以脯酒为岁祠。”唐白居易《二年三月五日斋毕开素……》诗：“佐以脯醢味，间之椒薤芳。”也可作菜肴。南朝宋鲍照《谢赐药启》：“恩逾脯糗。”（“糗”，粥。）可作条、块状。元韩奕《易牙遗意·脯鲊类》称千里脯“一斤切作十来条”，清王士雄《随息居饮食谱》称前里脯“取煺（同‘褪’）净猪肋肉，每块约二斤余”。也可加五味，捣坚。《齐民要术》总结的脯有三种类型。一、甜脆脯。如腊月取麞鹿肉，切成如手掌厚薄，不着盐，阴干，脆甜可口。二、白脯。将牛羊等精肉，破片洗净，用白盐淘，阴干，期间不时用木棒轻捶令坚。三、五味脯。将牛羊猪肉等作成条或片，用牛羊骨髓汤煮汁，将制脯的肉浸汁而煮，冷后下盐，加姜椒等香料，待其入味，穿绳阴干。前两种为生脯，后一种是熟脯。历史上还出现许多名脯。如汉代的胃脯。《史记·货殖列传》：“胃脯，简微耳，浊氏连骑。”司马贞索隐引晋灼曰：“太官常以十月作沸汤燖羊胃，以末椒姜粉之讫，暴（曝）使燥，则谓之脯，故易售而致富。”唐代宦官仇士良家所制脯名“赤明香”，据宋陶穀《清异录·羞馔门》说“轻薄、甘香、殷红、浮脆，后世莫及”。

元代有“千里脯”，据元韩奕《易牙遗意·脯鲊类》记载：用精肉一斤，浓酒两盏，淡醋一杯，白盐四钱，调以茴香、花椒末一钱拌和，过一夜，再用文火煮，使汁干再晒即成。可贮存一个月，用于千里远行而不腐，故称。书中还记赞诗一首：“不问猪羊与太牢，一斤切作十来条。一醆(盏)淡腊二醲酒，茴香花椒末分毫。白盐四钱同搅拌，淹(通‘腌’)过一宿慢火熬。酒尽醋干穿晒却，味甘休道孔闻《韶》。”末句极诩其味之甘美，足使孔子再生闻韶乐而仍知肉味。(《论语·述而》曾记：“子在齐闻《韶》，三月不知肉味。”)在《随息居饮食谱》中也有“千里脯”的制作介绍：极冷之冬时，用两斤余猪肋肉一块，去其毛、污液、浮油，用糖、霜擦皮，再风干，至夏煮食，味极香美。两种制法各有千秋。不仅猪肉可制脯，其他家禽、鱼类、果类也可制脯。《史记·封禅书》：“今陛下可为观，如缑城，置脯枣，神人宜可致也。”(“脯枣”，枣脯。)历史上，北京的蜜饯果脯颇为著名。据《辽史·地理志》等载，北京自938年作为辽国南京后，城内即有蜜饯果脯的作坊。北京的果脯融合了我国南、北和满族数派的特色，汇为一体，其中有杏脯、桃脯、苹果脯、蜜饯榅桲、蜜饯杨梅等最享盛名。今家禽、鱼类、果类之脯犹普见，但除了各种蜜饯果脯称“脯”外，一般多以他名而称，如鱼片、牛肉片、肉枣(如枣大小的干肉)之类，按古称实皆是“脯”。

“脯”也可用为动词。《史记·殷本纪》：“九侯有好女，入之纣。九侯女不憙淫，纣怒，杀之，而醢九侯。鄂侯争之彊，辨之疾，并脯鄂侯。”即把鄂侯切成肉片。

参考文献

[1] 王仁兴：《中国饮食谈古》，轻工业出版社，1985年11月。

[2] 陶文台：《中国烹饪史略》，江苏科技出版社，1983年2月。

[3] [清]王士雄：《随息居饮食谱》，中国商业出版社，1985年8月。

[4] [元]韩奕：《易牙遗意》，中国商业出版社，1984年9月。

[5] [元]忽思慧：《食疗方》，中国商业出版社，1985年2月。

[6] [宋]陶穀：《清异录》，中国商业出版社，1985年4月。

173. 菜·蔬(疏、踈)·蔌(蔌)·素

“菜”，本为可食野菜总称，秦以后是蔬菜和可食野菜总称。“蔬”，汉代起为人工培植的蔬菜总称。“蔌”，熟的佐食蔬菜总称。“素”，上古已可指蔬菜。南北朝前的“素食”用法多种，其一是丧制的食蔬菜，断鱼肉。南北朝起，形成后世的“素食”，并列为菜肴之一门。

【同义】

《小尔雅·广物》：“菜谓之蔬。”《南史·何点传》：“点菜食不饮酒，讫于三年，腰带减半。”指蔬菜。《晋书·王湛传》：“湛命取菜蔬，对而食之。”宋梅尧臣《依韵和许待制偶书》诗：“为言楚客甘蔬蔌，白芷香牙(芽)长嫩珊。”“蔬蔌”、“菜蔬”皆同义连用，指蔬菜。“素”亦可指蔬菜。

【辨释】

“菜”本指野菜，为可食野菜的总称。《说文·艸部》：“菜，艸之可食者。”《广雅·释草》：“菜，草也。”字当从艸，采亦声，意为采摘可食用之草。《诗·周南·关雎》：“参差荇菜，左右采之。”《邶风·谷风》：“采葑采菲，无以下体。”上古园圃不发达，蔬菜种类远非今比，食菜大都取自野生。据统计，《诗经》提到 132 种植物，其中可进食的只有 20 多种，如荇、荼、茗、芑等，现皆不食用。上古富家贵族宴飨时“菜”不上席，因此，古代筵宴中有珍肴(牛羊猪肉)、百羞(多滋味的禽鲜等)、佳核(干果)、美酒，而蔬菜至多只作为调料搭配而用。唯下层庶民、贫困者以菜为主要菜肴。《国语·楚语下》：“主食鱼炙，祀以特牲；庶人食菜，祀以鱼。上下有序，则民不慢。”如果士大夫以“菜”为菜就是特别清厉节行或遇忌日。《孟子·万章下》言晋平公造访贤人亥唐时，“虽蔬食菜羹，未尝不饱，盖不敢不饱也，然终于此而已矣”。“蔬食”，粗食(详下)，谓平公实一时的屈尊礼贤而已。《礼记·玉藻》：“子卯，稷食菜羹，夫人与君同庖。”郑玄注：“忌日贬也。”盖纣死甲子日，桀死乙卯日，二君无道被诛，故逢此二日就以稷为饭，以菜为羹。庶人若是单以“菜”充饥，则脸有“菜色”。《荀子·富国》：“故禹十年水，汤七年旱，而天下无菜色者。”杨倞注：“无食菜之色也。”谓其政善。《汉书·元帝纪》初元二年：“岁比灾害，民有菜色。”颜师古注：“五谷不收，人但食菜，故其颜色变恶。”按，注中“食菜”，据其意当是“食野菜”。菜色者，并非以多食蔬菜之故，而是指多食野菜致见饥黄色，表明五谷不熟，百姓唯野菜充饥而营养不良。“菜”字大约到汉代，可兼圃蔬与野菜而言。《诗·齐风·东方未明》“折柳樊圃”郑玄笺：“圃，菜园也。”《南史·柳元景传》：“南岸有数十亩菜园。”文首引《南史·何点传》：“点菜食不饮酒”，亦其例。宋王禹偁《偶图小园因题》诗之二：

“偶营菜圃为盘飧。”诸“菜”皆指园中培植的蔬菜。以至与“蔬”字同义连用。《晋书·王湛传》:“湛命取菜蔬,对而食之。”晋潘岳《藉田赋》:“野有菜蔬之色,朝靡代耕之秩。”“菜”成了包括人工培植蔬菜和可食野菜在内的一切可食菜的总称。

“菜”作为佐食菜肴的泛称,盖在魏晋后。《北史·胡叟传》:“然案其馆宇卑陋……而饭菜精洁。”“菜”指菜肴。此乃口语用法。

“蔬”本作“疏”,亦作“疎”,汉魏间始作“蔬”。此是园圃业发展的产物。“蔬”应是人工艺植的蔬菜总称。盖“疏”,《说文·𠫓部》训“通也”。朱骏声曰:“从㐬从疋,会意,疋亦声。按,㐬者,子生也。疋者,破包足动也。孕则塞,生则通。”(《说文通训定声·豫部》“蔬”字)朱说可从。“㐬”于金文成倒子形,象子生之状。故“蔬”的本义是疏通、梳理。疏通者必有条理,引申为条陈义。《汉书·苏武传》:“数疏光过失予燕王。”颜师古注:“疏谓条录之。”用于圃,也取分理、条陈意。蔬者,菜圃中分畦艺植之菜。《尔雅·释天》:“谷不熟为饥,蔬不熟为馑,果不熟为荒。”此三者并举,正代表古代农业两大部门——大田与园圃(果在园,蔬在圃)。郝懿行曰:“谷为大名,蔬果亦谷之类。故不熟同谓之灾。”如前所说,上古庶民所食,野菜多,蔬菜少,故文献中“疏(蔬)”较为少见,且称“疏(蔬)”者一般不指蔬菜,若作“蔬”字必是后人所改。《诗·大雅·召旻》:“彼疏斯粺,胡不自替?”郑玄笺:“疏,粗也。谓粝米也。”(“粺”,精米。)《礼记·杂记下》:“蔬食不足祭也。”孔颖达疏:“疏粗之食,不足祭也。”《论语·乡党》:“虽蔬食菜羹瓜,祭,必齐如也。”皇侃疏:“蔬食,粗食也。”“粗食”,即稷食,古代的粗粮,表示贫困的生活。今有论者竟将上古文献的“疏(蔬)食”解为食蔬菜,然后以《论语》等例作为我国最早的素食记载,殊误。“疏食”之“疏”作“蔬菜”解只见于秦以后。《淮南子·主术》:“夏取果蓏,秋畜疏食。”高诱注:“菜蔬曰疏,谷食曰食。”《后汉书·安帝纪》:“皆令种宿麦蔬食,务尽地力。”但也有不少是承古仍指粗食。《韩诗外传》卷十第十一章:“臣赖君之赐,疏食恶肉可得而食也。”《后汉书·崔瑗传》:“不问余产,居常蔬食菜羹而已。”《三国志·魏志·毛玠传》:“玠居显位,常布衣蔬食。”故两种“蔬食”,不可不辨。当然,从总体观,秦以后,人工培植的蔬菜获得很大发展,故“蔬”指蔬菜渐多。晋左思《魏都赋》:“右则蔬圃曲池。”北齐颜之推《颜氏家训·治家》:“蔬果之畜,园场之所产。”南朝宋颜延之《陶征士诔》:“灌畦鬻蔬,为供鱼菽之祭。”诸“蔬”皆指人工艺植的蔬菜。“蔬”与“菜”不同,不能指野菜。

“蔌”,亦作“蔌”,是佐食蔬菜的总称,专指熟的蔬菜菜肴。《诗·大雅·韩奕》:“其蔌维何?维笋及蒲。”毛传:“蔌,菜殽也。”孔颖达疏:“(《尔雅》)《释器》云‘菜谓之蔌’,故云蔌。菜殽,对肉殽,故云菜殽。谓为菹也。”宋欧阳修《醉翁亭记》:“山肴野蔌,杂然而前陈者,太守宴也。”清薛宝辰《〈素食说略〉序》:“只此畦蔬园蔌,致餐竟美于珍羞。”

“素”或称“素食”。《汉书·霍光传》:“(昌邑王)居道上不素食。”颜师古注:“素食,菜食无肉也。”或据此谓凡“素食”者,皆指蔬菜类的食物;可见吃素甚早,斋戒之忌酒肉,盖起于汉(《陔余丛考》卷二一)。或谓南北朝前未有荤素之别,其时“荤”指葱韭等荤辛味蔬菜,故“素食”是指不食荤辛味菜,不是断鱼肉(《土风录》卷六)。至于“素”何以指蔬菜,或主由空义引申，或谓因一声之转，“疏转去声”（朱起凤《辞通》卷二四），或称以假借。今按，上古秦汉文献“素食”并有数义。一、不劳而食。《诗·魏风·伐檀》：“彼君子兮，不素食兮。”二、生食。《墨子·辞过》：“古之民未知为饮食时，素食而分处。”三、平时所食。《仪礼·丧服》：“饭素食。”郑玄注谓“复平生时食”。四、食蔬菜，颜注不误。又，《汉书·王莽传上》：“每有水旱，莽辄素食。……左右以白太后，遣使者诏莽曰：‘闻公菜食，忧民深矣，今秋幸孰（熟），公勤于职，以时食肉。’”此“素食”更明谓是“菜食”。颜师古《匡谬正俗》：“素食是无肉之食。”非特汉，“素”之此义先秦已具。《荀子·王制》：“养山林薮泽鱼鳖百素。”“百素”犹百蔬。《管子·禁藏》：“亩取一石则人有三十石，果蓏素食当十石。”指人亩三十，亩收一石粮食，果蓏蔬菜之佐食食物其值相当十石之粮，“素”也指“蔬”。察上引《汉书》句之“素食”，则与居丧习俗有关。按礼制，古人忌日及居丧未“祥”（父母死三月祭为“小祥”，廿五月祭为“大祥”）不得饮酒食肉。《礼记·玉藻》：“子卯日稷食菜羹。”《丧大记》：“期，终丧不食肉，不饮酒。”上所举昌邑王正处“典丧”之中，却“无悲哀之心，废礼谊”，违丧戒而“不素食”。王莽虽非居丧，但莽以哀民水旱而按丧礼处之，故也“素食”。在词义上，“素”的每一义，均有引申之迹。盖“素”本指未练的丝帛。丝绢未经加工即空其饰，遂得上引之一义，“素食”即徒食，不劳而食。未练者生，遂得二义，指食物之生。未练者帛之常态，得三义，指平时。同理，未练者原本之貌，遂引申为本原义。《广雅·释诂三》：“素，本也。”《鹖冠子·学问》：“道德者操行所以为素也。”陆佃注：“道德，操行之本，故曰素也。”而“本”，古代特指农业生产。《管子·国蓄》：“……强本趣耕，而自为铸币而无已。”尹知章注：“本，谓务农。”《史记·孝文本纪》：“农，天下之本。”盖古人以为“地者，万物之本原”（《管子·水地》），于是“素”用于佐食食物，乃得指田地所产者，即蔬菜。与此对立，非田地所产之家禽水鲜之类，后世即谓之“荤”。但当时于后者尚不称“荤”，“荤”古指荤辛之菜。然则“素”、“素食”可指蔬菜，并非由空义引申，也非“素、蔬”一声之转，二字不同源，也与吃素、斋戒无关，而是缘词义上的“相因引申”。我们既不必因佛教的吃素迟在南北朝形成，而怀疑其前之“素食”可训蔬菜义；也不能因有此“素食”之语而谓汉代已有吃素之风，已有后世之荤素对立。须知，就是北魏贾思勰的《齐民要术》，首次列“素食”专章，但其所列十一种素食中，有些还可以放牲肉，并非纯“吃素”。要之，南北朝前“素食”的文化来源、性质与后世“素食”不同。

真正如今所称的“素食”即吃素，当始于南北朝佛教的“五戒”。五戒中有不杀生、不饮酒食肉的规定（参第42条）。正是从佛教（包括居士）的吃素开始，素食渐渐发展。据载，梁武帝时南京建业寺一个僧厨，能用瓜作出几十种菜肴，每种菜又能作出几十种口味。到宋元时，素食逐渐成为我国菜肴中一个门类，素者，不仅指蔬菜，还包括菌类、豆类。从宋孟元老《东京梦华录》和吴自牧《梦粱录》记载可见，宋代素食品种已千姿百态，“色、香、味、形、名”都很讲究，其中以面筋、豆腐和菇类为主要原料烹制出具有牲荤之菜色、形、名的象形菜是我国素菜的精华。

蔬菜、素食从宋元以来，发展为食肴中一个与荤肴相抗衡的一类，受到了许多饮食美学家、医学家的青睐。他们对蔬菜、素食的长处,于人体健康的独特作用,都有很精辟的认识。唐以来的一些饮食专著,大多辟有蔬菜、素食类。在唐孙思邈的《备急千金要方》中已设有菜蔬类。宋陶穀《清异录》共设八门,第二门即蔬菜门。元忽思慧《食疗方》即分“植物类食疗方”、“动物类食疗方”两大类。元韩奕《易牙遗意》也设有蔬菜类。清王士雄《随息居饮食谱》则设有疏食类。清李渔的《闲情偶寄》之“饮馔部”竟将蔬菜列为第一类。李氏曰:“吾为饮食之道,脍不如肉,肉不如蔬,亦以其渐近自然也。”“论蔬食之美者,曰清、曰洁、曰芳馥、曰松脆而已矣。不知其至美所在,能居肉食之上者,忝在一字之‘鲜’。……鲜即甘之所从出也。”(“忝”,tiǎn,仅。)清薛宝辰《素食说略自序》曰,素食能“馥馧溢于齿牙,芳洁清其肠胃”,“适口而无羶荤”。古代医学家、美食家对蔬菜、素食之精辟的认识,很符合今日营养学、饮食保健的科学理论。

参考文献

[1] 王仁兴:《中国饮食谈古》,轻工业出版社,1983年11月。
[2] [清]顾张思:《土风录》,载《明清俗语辞书集成》,上海古籍出版社,1989年11月。
[3] [清]薛宝辰:《素食说略》,中国商业出版社,1984年10月。
[4] [清]赵翼:《陔余丛考》(校点本),栾保群等校点,河北人民出版社,1990年1月。

174. 葵·藿·藜(莱)·韭·薤·葱

菜有“五菜”。“葵”为首，久食久种不衰。“藿”，豆嫩叶。“葵藿”常连用，示蔬菜、野菜等义。“藜”又称“莱”，野草。“藿”与之连用表贱人、贱物、贱食。“韭”、“薤”、“葱”是荤辛类的三种蔬菜。

【同义】

《素问·藏气法时论》：“五谷为养，五果为助，五畜为益，五菜为充。”（“充”，充养。）《灵枢经·五味葵》：“五菜：葵甘、韭酸、藿咸、薤苦、葱辛。”

【辨释】

“葵”有多种：蜀葵、菟葵、黄葵、锦葵。今称向日葵，则是蜀葵，原产北美洲，明时传入，并非蔬菜之葵。“葵”，从艸癸声，声兼义。《尔雅·释言》：“葵，揆也。揆，度也。”《诗·小雅·采薇》：“乐只君子，天子葵之。”毛传：“葵，揆也。”《本草纲目·草五·葵》引宋罗愿《尔雅翼》曰：“葵者，揆也，葵叶倾日，不使照其根，乃智以揆之也。”其得名显示了叶子向日的特点。无论何种葵，其叶皆“倾日”，故元王祯《农书》称为“阳草”。虽然叶瓣向日是绿色开花植物的共性，但葵菜茎直，茎支大叶片，可遮阳而不照其根，故以“葵”称，并引发人对人生处世的种种联想。《左传·成公十七年》：“鲍庄子之知不如葵，葵犹能卫其足。”唐李白《流夜郎题葵叶》诗：“惭君能卫足，叹我远移根。白日如分照，还归守故园。”作菜食之葵，《本草纲目》又称“露葵”，古人采葵，必待露解，故名。又称“冬葵”。盖此菜气温高时易发病，气温低寒冷经霜后质优味美，故春葵、秋葵逊于冬葵。《齐民要术》于葵菜遂主要述种冬葵。冬葵又名滑菜、冬苋菜等。葵菜是百菜之王，《素问》及《急就篇》所列蔬菜皆以葵为首。葵菜处处可植，不拘肥瘠，作菜茹者乃其苗叶，根也可食，味皆甘美。其子、根、茎叶皆可入药。《图经》曰：“苗叶作菜茹，更甘美，大抵性滑利，能宣导积壅，煮汁单饮亦佳，仍利小肠。”唐孙思邈《备急千金要方》曰：“（叶）甘、寒、滑，无毒。宜脾，久食利胃气。”古人很早就食用葵。《诗·豳风·七月》：“七月亨（烹）葵及菽。”《周礼·地官·委人》“凡畜聚之物”郑玄注：“瓜瓠葵芋，御冬之具也。”谓可腌作菹，储而过冬。《古诗十九首·十五从军征》：“中庭生旅谷，井上生旅葵。烹谷持作饭，采葵持作羹。”（“旅”，不因播种而生，野生。）唐皮日休《吴中苦雨因书一百韵寄鲁望》诗：“恶阴潜过午，未及烹葵菽。”宋苏轼《教酿桂酒》诗：“烂煮葵羹斟桂醑，风流可惜在蛮村。”《辽史·张俭传》：“进葵羹干饭，帝食之美。”明徐贲《答杨署令送菜》诗：“隙地知君手自栽，绀芽红甲雨中开。闲居我亦清斋久，肯折新葵为送来。”但元以后，文献已少见。明李时珍曰：“葵菜古人种为常食，今之种者颇鲜。”“古者葵为百菜之主，今不复食之。”并将葵列入草部。此论一出，使“不种葵者不知葵，种葵者亦不敢名葵”(清吴其濬《植物名实图考·冬葵》)。至今不少辞书、论著亦谓葵菜至明代绝种。其实，由于12世纪时北方气候剧寒，其后葵菜确在北方消失，但长江以南却经久不绝。至清代，吴其濬说“江西、湖南皆种之。湖南呼葵菜，亦曰冬寒菜；江西呼蕲菜。葵、蕲一声之转。”(引同上书)至今，“闽、赣、川、湘诸省的葵菜多叶茎清脆欲滴，煮成的菜羹碧绿色”。(罗承晋文)

“藿”是豆的嫩叶。《广雅·释草》:“豆角谓之荚，其叶谓之藿。”藿是一种粗菜，为庶民或在野士人所常食。《战国策·韩策一》:“韩地险恶，山居，五谷所生，非麦而豆，民之所食，大抵豆饭藿羹。”汉刘向《说苑·善说》:“献公使使出告之曰:‘肉食者已虑之矣，藿食者尚无与焉。’”南朝梁江淹《萧骠骑让豫司二州表》:“伏愿天铸广裁。……则藿质蓬性，庶无矫夺。”“葵霍”常连用，其义是:一、指蔬菜。南朝宋鲍照《代东武吟》:“腰镰刈葵藿，倚杖牧鸡豚。”唐储光羲《田家杂兴》诗之二:“满园植葵藿，绕屋树桑榆。”皆指此两种蔬菜。二、指野菜。盖此二物都易生易得，故以泛喻。唐刘义《与孟东野》诗:“寒衣草木皮，饥饭葵藿根。”三、喻称对君王之赤心趋奉。《三国志·魏志·陈思王植传》:“若葵藿之倾叶，太阳虽不为之回光，然终向之者，诚也。”唐杜甫《自京赴奉先县咏怀五百字》诗:“葵藿倾太阳，物性固难夺。”此种用法乃偏取“葵”之义，“藿”是连类而及，不为义。但唐太宗《赋得白日半西山》诗却作同义，“藿叶随光转，葵心逐照倾”。从物性说，亦不为误，盖藿叶也受日照，以此构成并出的正对句。

“藿”也常与“藜”连用。按，“藜”是一种野草，一年生，高五六尺，俗名“红心灰藋”、“鹤顶草”、“胭脂菜”。初生，其叶可蒸而食，为贱者所食。长老后，其茎可作杖，也可燃之照明。《庄子·让王》:“孔子穷于陈蔡之间，七日不火食，藜羹不糁，颜色甚惫，而弦歌于室。”北齐颜之推《颜氏家训·勉学》:“藜羹缊褐，我自欲之。”《梁书·处士传·诸葛璩》:“闻事亲有啜菽之窭，就养寡藜蒸之给。”“藜”又名“莱”。《玉篇·艸部》:“莱，藜草。”《诗·小雅·南山有台》:“南山有台，北山有莱。”引申为田中野草。《诗·小雅·楚茨序》:“田莱多荒，饥馑降丧。”孔颖达疏:“田废生草，谓之莱。”此是有野草之田，即休耕田。《周礼·地官·遂人》:“莱五十畮(亩)。”郑玄注:“莱，谓休不耕者。”除野草也称“莱”(朱骏声以为通“釐”)。《周礼·地官·山虞》:“若大田猎，则莱山田之野。”郑玄注:“莱，除其草莱也。”唯此，“藜藿”连用，常表示贱人、贱物、贱食。《大戴礼记·曾子制言下》:“聚橡栗藜藿而食之，生耕稼以老十室之邑。”《韩非子·外储说左下》:“孟献伯相鲁，堂下生藿藜，门外长荆棘，食不二味，坐不重席。”《文选·曹植〈七启〉》:“余甘藜藿，未暇此食也。”刘良注:“藜藿，贱菜，布衣之所食。”

“韭、薤、葱”为一组，属于荤辛类的蔬菜。是“五辛”中的三种。

“韭”，我国原产。《急就篇》卷二:“葵韭葱薤蓼苏姜。”于蔬菜类“葵”后即举“韭”。“韭”字象叶出地之形。叶细长而扁，夏秋间开小花，叶和花嫩时供蔬食。一年可割三四次，故其声源为“久”，示一种而久生。韭味酸、温、涩、无毒，有特殊的嗅味。韭有祛胃热、补肾壮阳、止血散血等功用。韭之嫩叶曰韭黄，味极美。明李明珍曰:“其叶黄嫩，谓之韭黄，豪贵皆珍之。”(《本草纲目·菜一·韭》)早在汉代，已能将韭菜移植于温室或地窖中培育出韭黄。《汉书·循吏传·召信臣》:“太官园种冬生葱韭菜茹,覆以屋庑。昼夜燃蕴火,待温气乃生。”韭从上古到后世,皆为人们广泛食用。《诗·豳风·七月》:“四之日其蚤,献羔祭韭。”唐杜甫《赠卫八处士》诗:“夜雨剪春韭,新炊间黄粱。”宋陆游《与村邻聚饮》诗:“鸡跖宜菰白,豚肩杂韭黄。”

“薤”属韭类,叶似韭,叶中实而扁,有剑脊,薤叶中空似细葱叶而有棱,气味也如葱,味苦、辛、温、滑。而根如小蒜,一根数颗,相依而生。其茎叶名薤白,可食。根也可用于煮食、浸酒、糟藏等。《太平御览》卷九七七引《魏略》曰:“李孚字子宪,为诸生常种薤,欲以成计,有求索不与一茎,亦不自食。”薤上之露易干,古人见之慨然,遂有《薤露》之歌,为丧歌,有人生如朝露易晞的伤感。《文选·宋玉〈对楚王问〉》中已有其名。《后汉书·周举传》:“及酒阑倡罢,继以《薤露》之歌,坐中闻者,皆为掩涕。”

《礼记·内则》:“脂用葱,膏用薤。”可见二物之相近,自古及今皆作蔬菜食用,也可入药。唐孙思邈《备急千金要方》言葱之子,“味辛、温”,可“明目,补中不足”。其白茎,“平、滑,可作汤,治伤寒骨肉痛”,“治中风,面目浮肿,喉痹不通,安胎”。其青叶,能“利五脏,益目精”。其根须,治伤寒头痛。葱汁可止尿血,解毒。“葱”从其物茎叶之色引申为青与白的间色,即浅青色,称“青葱”。《淮南子·说山》:“君子之于善也,犹采薪者,见一芥掇之,见青葱则拔之。”《后汉书·丁鸿传》:“干云蔽日之木,起于葱青。禁微则易,救末则难。”此喻指初生之物。

参考文献

[1] [唐]孙思邈:《千金食治》,中国商业出版社,1985年2月。
[2] [明]李时珍:《本草纲目》(校点本),人民卫生出版社,1982年11月。
[3] [清]王士雄:《随息居饮食谱》,中国商业出版社,1985年8月。
[4] [清]吴其濬:《植物名实图考》,万有文库本,商务印书馆,1936年3月。
[5] 罗承晋:《葵已退出蔬菜领域了吗?》,《文史知识》1989年第6期。

175. 酒·醴·鬯·醇(酏)·酴(脓)·酎·醨·醪·清酌·白酒

我国酿酒源远流长，品多质优。酒的类称，专名也多。“酒”曾指黄酒；后用作酒的总称。“醴”，甜酒。“鬯”，黑黍合郁金香草酿的祭祀香酒。“酴”，浓酒。“醇”，纯酒。“酎”，三酿醇酒。“醨”，薄酒。“醪”，带糟滓之酒。“清酌”或作“清酒”，滤去糟滓之酒。“白酒”，即“烧酒”，元代始有。

【同义】

《广雅·释器》：“醪，酒也。”《广韵·平谆》：“醇，厚也，醲也。”汉孔融《难曹公表制酒禁书》：“袁盎非醇醪之力，无以脱其命。”《史记·扁鹊仓公列传》：“其在肠胃，酒醪之所及也。”“醇醪”、“酒醪”，泛指酒。《楚辞·招魂》：“酎饮尽欢。”王逸注：“言饮酒作乐，尽己欢欣者。”则“酎”指酒。《素问·汤液醪醴论》：“黄帝问曰：‘为五谷汤液及醪醴奈何？’”王冰注：“醪醴，谓酒之属也。”“醨、鬯、白酒”皆是酒之称。

【辨释】

金元好问《蒲桃酒赋》：“贞祐中，邻里一民家避寇自山中归，见竹器所贮葡萄在空盎上，枝蒂已干而汁流盎中，熏然有酒气，饮之良酒也。”古籍中，类似的记载还有。远古先民最初也从相类的野果自然发酵得到酿酒的启示。我国古代主要是谷物酿酒。属于新石器时代的龙山文化、河姆渡文化已经出现了谷物酿酒。距今七千余年的浙江河姆渡遗址出土的大批晚稻型水稻以及陶制酒罐、酒斝就是明证。我国谷物酒的酿造主要是利用酒曲发酵。这是世界酿酒史上的伟大创造。最早的酒曲是“蘖曲”。《书·说命下》：“若作酒醴，尔惟麴蘖。”（“麴”同“麯”，今作“曲”。）所谓蘖曲，即是由谷物芽和生霉谷物所合成的“散曲”，泡浸于水以发酵成酒。此是将谷物淀粉糖化与酒精发酵同时进行的“复式发酵法”。我国龙山文化、河姆渡文化时期的酒大约就属一次酿造，而欧洲人谙知制曲酿酒，要迟至19世纪末。下至周秦时代，蘖曲发酵酿酒技术更有发展。《周礼·天官·酒正》：“辨五齐之名，一曰泛齐，二曰醴齐，三曰盎齐，四曰缇齐，五曰沉齐。”此是世界上最早的酿酒工艺流程的记载。“泛齐”者，谓初期发酵，谷物膨胀、浮泛，二氧化碳气体上升。“醴齐”者，谓糖化作用势盛，散发甜味。“盎齐”者，继续发酵，气泡增大、增多发出大响声。“缇齐”者，谓酒精成分增多，发酵液颜色由黄变红。“沉齐”者，谓气泡消失，酒糟下沉，发酵完成。在《礼记·月令》中更总结了酿酒技术的几个要素：“秫稻必齐，曲蘖必时，湛炽必洁，水泉必香。陶器必良，火齐必得。”即谓所选黏性稻米须纯净，蘖曲的程度须掌握恰当，浸渍蒸炊须洁净，掺入的泉水须香甜，装贮的陶缸甕须善好，酿造时间须长短合度。到了汉代，糵曲又发展为饼曲（或谓战国已有），即作成块状的酶曲，类于后世的“酒药”。晋嵇含《南方草木状》曾记其事：“酒不用曲糵，但杵米粉，杂以众草叶，治葛汁。滫溲之，大如卵，置蓬蒿中阴蔽之，经月而成，用以合糯为酒。”饼曲使所含之根霉菌和酵母菌更易于繁殖，于是用量也可减少。汉代的饼曲品种甚多。《说文解字》中有“䴹、䵄、䴺”三种。《方言》中则除此三种外，更有“䴻、䵂、䵅、䵆”等。在酒曲中，红曲的制作和运用是利用红曲霉素发酵的技术，又是我们祖先的独特创造。三国魏王粲的《七释》最早记载：“瓜州红曲参糅相半，软骨膏润，入口流散。”可见，东汉时甘肃安西、敦煌一带已谙此术。红曲不仅可以酿酒，而且利用其产生的红曲霉红素，可作食物染色剂。宋陶穀《清异录》已提及“红曲煮肉”。以红曲作染色剂的食物，如腐乳、叉烧等皆不易腐败。对于整个酒曲发酵酿酒的状况，历代文献中都有丰富的载录。其中《齐民要术》专章记述了十多种酿酒方法；北宋朱翼中《北山酒经》也记述了十多种；而李时珍《本草纲目》所记酿酒法和酒名竟有七十多项，标志着明代酿酒的新水平。

由于酿酒的发达，酒的品种明名目繁多，酒的类称，专名也多。

“酒、醴”是最常见的类称，常常对举。《诗·周颂·丰年》：“丰年多黍多稌……为酒为醴，烝畀祖妣。”（“烝”，进。“畀”，予。）孔颖达疏：“丰年多有黍矣，多有稻矣……故以之为酒，以之为醴，而进与先祖。”《荀子·礼论》：“飨尚玄尊而用酒醴。”（“飨”，酒食待客。“尊”，酒器。）上引《书·说命下》“若作酒醴”句亦其例。由孔疏可知，黍以为酒，稻以为醴。郭宝钧曰：“这时，用黍蒸饭酿成叫酒，也就是后世所谓黄酒；用稻蒸饭酿成叫醴，也就是后世所谓甜酒。”（郭书第三章）郭说是。郭氏所言“酒”，乃是“酒”当作类称之用。而若不与“醴”相比较，则“酒”常作酒的总称。泛指酒。如《诗·豳风·七月》：“十月获稻，为此春酒。”乃指春酿秋熟的酎酒。《邶风·柏舟》：“微无我酒，以敖以游。”《墨子·非攻下》：“予既沈渍殷纣于酒德矣。”“酒德”，以酗酒为德。“酒”为总称泛指，与今无异。“醴”是用稻米，也可用麦芽酿制，成“一宿可熟”的甜酒。“醴”者，礼（禮）也。字从酉从礼，礼省声，会其意为行礼的甜酒，故广泛用于社会各种表示礼仪的场合。《楚辞·大招》：“吴醴白糵。”《周礼·天官·酒正》：“二曰醴齐。”郑玄注：“醴犹体也，成而汁滓相将，如今恬（甜）酒矣。”《礼记·丧大记》曰：“始食肉者，先食干肉；始饮酒者，先饮醴酒。”重大的迎宾礼用醴。《左传·庄公十八年》：“虢公、晋侯朝王，王飨醴。”杜预注：“王之觐群后，始则行飨礼，先置醴酒，示不忘故。”此外，冠礼的父礼子，婚礼的傧赞礼妇，甚至一般的聘礼迎宾，概用醴。《诗·小雅·吉日》：“以御宾客，且以酌醴。”《汉书·楚元王传》：“元王每置酒，常为穆生设醴。”颜师古注：“醴，甘酒也。”醴酒甘、香、甜，故“醴”引申为甘美义。《礼记·礼运》：“故天降膏露，地出醴泉。”《庄子·秋水》：“夫鹓雏发于南海，而飞于北海……非醴泉不饮。”“醴泉”，美泉，泉味甘美如醴。

“殷商时期中国有多少种酒现在尚说不清楚。但是可以肯定的有两种，一种是‘鬯’，它主要是用黑小米（按，本书定为高粱，见第162条）酿成的香酒；一种是‘醴’，它主要是用稻、麦芽酿成的甜酒。”（洪光住书136页）则鬯酒出现也早。按，“鬯”，《说文》部首：“以秬酿郁草，芬芳攸服以降神也。”甲骨文和金文之形均象秬郁酿合之形(前四、五四、四)(矢令彝)。故鬯是用郁金香草合黑黍酿成的高级香酒，专用于祭祀敬神。“鬯”与“畅”同声源，谓香味畅达尤盛。朱骏声曰：“酿黑黍为酒曰鬯，筑芳草以煮曰郁，以郁合鬯为郁鬯。因之草曰郁金，亦曰鬯草。郁者，草香蕴积。鬯者，酒香条畅也。”(《说文通训定声·壮部》“鬯”字)“鬯”字甲骨文已多见。如《前一、九、七》：“贞𣪠鬯于祖乙。”金文常有“锡(赐)汝鬯一卣”之语。《易·震》：“震惊百里，不丧匕鬯。”王弼注：“鬯，香酒。”《诗·大雅·江汉》：“秬鬯一卣。”郑玄笺：“秬鬯，黑黍酒也。谓之鬯者，芬香条鬯也。王赐召虎，以鬯酒一罇，使以祭其宗庙，告其先祖。”《礼记·礼器》：“诸侯相朝，灌用郁鬯。”《礼记·表记》：“粢盛秬鬯，以事上帝。”《宋史·乐志九》：“郁鬯之酒，已酌已献。”此种酒如此芬芳畅达，又一直用于宗庙祭祀，看来很神秘。其实，乃当于今天常见的“露酒”，即将一些植物的花、茎、叶、根等掺配而制成独特风味的美酒。除了鬯酒，像《楚辞》中的“桂浆”、“椒浆”，《西京杂记》中的菊花酒，凡此皆是性质相同的露酒。

“醇、醲”最为义近。《广韵·平谆》：“醇，醲也。”《广雅·释诂三下》：“醇，厚也。”“醲，厚也。”《说文·酉部》：“醲，厚酒也。”可见二者都指厚酒。唯其义近，常同义连用。《文选·左思〈魏都赋〉》：“著驯风之醇醲。”李善注：“以酒之醲，以喻政厚也。”其区别是：“醲”重在厚度，“醇”重在纯度，纯者一般也凝厚，但浓厚者未必皆纯。盖醲从农声，声兼义。农声字多有厚义。“襛”，衣厚貌。“㺜”，多毛犬。“浓”，露多，“秾”，植物密集。“醲”唯一的引申义就是浓。《后汉书·马援传》：“夫明主醲于用赏，约于用刑。”唐韩愈《进学解》：“沈浸醲郁，含英咀华。”故“醲”是浓酒的正字。《淮南子·主术》：“肥醲甘脆，非不美也。”汉枚乘《七发》：“甘脆肥脓，命曰腐肠之药。”“脓”通“醲”，五臣本作“醲”。“醇”或作“醕”，当以“醕”为其本形。“醇”有精纯义。《玉篇·酉部》：“醕，美也。”“醇，粹也。”《易·系辞下》：“万物化醇。”孔颖达疏：“万物感之变化而精醇也。”《汉书·食货志上》：“自天子不能具醇驷。”颜师古注：“醇，不杂也。”为淳朴，抽象义。三国魏嵇康《琴赋》：“含天地之醇和兮，吸日月之休光。”也是精纯之意。故“醇(醕)”字当从酉从屯(纯)，会意兼形声，即纯酒为“醇”。《说文·酉部》：“醇，不浇酒也。”段玉裁注：“浇，沃也，凡酒沃之以水则薄，不杂以水则曰醇。”醇酒发酵时间长，产生的酯类、乙醇多，酒性烈，相当于后世的烧酒。古书中常有饮醇酒而病、亡之事。《史记·魏公子列传》：“(公子)与宾客为长夜饮，饮醇酒，多近妇女，日夜为乐饮者四岁，竟病酒而卒。”《宋微子世家》记陈人缚大力士宋万，“使妇人饮之醇酒，以革裹之归宋”。盖使饮醇酒，能使其速醉，醉而缚之。故醇酒烈度甚于一般浓酒。

“酎”，三酿之醇酒，是醇酒之佳者。《说文·酉部》：“酎，三重醇酒也，从酉肘省声。”段玉裁注：“《广韵》作‘三重酿酒’，当从之，谓用酒为主酿之，是再重之酒也，次又用再重之酒为水酿之，是三重之酒也。”《礼记·月令》：“孟夏之月，天子饮酎。”郑玄注：“酎之言醇也，谓重酿之酒也。”酎酒，春时酿，三酿而至八月成。《吕氏春秋·孟夏纪》：“是月也，天子饮酎，用礼乐。”高诱注：“酎，春醖也。”《汉书·景帝纪》：“高庙酎。”颜师古注引张晏曰：“正月旦作酒，八月成，名曰酎。”晋张载《酃酒赋》：“醇酎秋发。”晋陆机《七羡》：“湘阴有酎，其色澄清，秋醪春醞，明酒九成。”皆言酎酒春作而秋成。酎酒，汉代用以荐宗庙。汉文帝时定“酎金律”，规定天子以酎酒荐于宗庙，诸侯王助祭皆须贡黄金，凡封邑、国每千口奉黄金四两奇，不满千口但五百以上亦四两，若金少于规定斤两，金色不纯，王被削县，侯被免国。《史记·平准书》曰：“列侯坐酎金失侯者百余人。”

《说文·酉部》：“醨，薄酒也。”段玉裁注：“薄对厚言，醇谓厚酒，故谓厚薄为醇醨，今人作漓，乃俗字也。”《楚辞·渔父》：“众人皆醉，何不餔其糟而歠其醨?”后世偶作酒的泛称。《新唐书·食货志》：“州县总领醨薄，私酿者论其罪。”

“醪”，指带糟的酒。《说文·酉部》：“醪，汁滓酒也。”“滓”，酒糟。徐灏笺：“醪与醴皆汁滓相将，醴一宿孰，味至薄，醪则醇酒味甜。”按，二者皆甜，但醪因酿制时间长于醴，又多滓汁，因而更甜而厚。《汉书·爰盎传》：“乃悉以其装赍买二百醇醪。”颜师古注：“醪，汁滓合之酒也。”《后汉书·樊儵传》：“又野王岁献甘醪、膏餳。”李贤注：“醪，醇酒，汁滓相将也。”唯其有滓而厚浊，有时可侧重于粗浊。唐杜甫《清明》诗之一：“钟鼎山林各天性，浊醪粗饭任吾年。”醪是从酒之带糟滓而称，故黄酒、醴酒、果酒，凡有糟滓者皆可称“醪”。“醪”字未见于上古文献，始见于汉代文献，此并非表明上古所饮皆过滤无滓之酒；恰恰相反，凡物皆由粗而精，酒亦然。唯上古之人多食有糟滓之酒，故无需特指“醪”以别。而秦以后，酒之过滤去糟者多，遂有“醪”以专称未去糟之酒。此种醪酒因其厚浊，一般皆置于敞口的容器。今所见四川等地汉画像石、砖的宴饮图，常见席间敞口容器边挂一勺，其所盛殆带糟之醪欤？“醪”又引申为酒的泛称。《庄子·盗跖》：“口嗛于刍豢醪醴之味。”(“嗛”，快意。)“醪醴”，同义连用，泛指酒。《后汉书·江革传》：“时有疾不会，辄大官送醪膳。”“醪膳”，酒食。《素问·血气形志论》：“病生于不仁，治之以按摩醪药。”王冰注：“醪药，谓酒药也。”则也作酒的泛称。

过滤而去糟滓的酒，称“清酌”，又称“清酒”。《礼记·曲礼下》：“凡祭宗庙之……酒曰清酌。”孔颖达疏：“酌，斟酌也。言此酒甚清沏，可斟酌。”《诗·小雅·信南山》：“祭以清酒，从以骍牡，享于祖考。”《周礼·天官·酒正》：“辨三酒之物……三曰清酒。”郑玄注：“清酒，今中山冬酿，接夏而成。郑司农云：‘清酒，祭祀之酒。’”按，中山冬酿是汉晋间著名的醇酒。晋左思《魏都赋》赞曰：“醇酎中山，流湎千日。”今中山冬酿已有实物出土：1974 年，河北平山中山王墓发现十多斤陈酒，距今 2200 多年，盛于密闭青铜瓶，一呈翠绿透明色，一呈黛绿色，清澈无滓，为谷物酿造酒。此种过滤之酒，无论祭神或用于一般饮食，上古较多是用菁茅：将带糟的酒倒于捆束的菁茅，渗流而下，酒滓遂分。此种滤酒谓之“莤(suō)酒”，常作“缩酒”，或作“湑”。《礼记·郊特牲》：“缩酌用茅。”郑玄注：“泲之以茅，缩去滓也。”缩酒即莤酒。醴有糟，故缩于茅以清之。《诗·小雅·伐木》：“有酒湑我。”毛传：“湑，莤之也。”陆德明释文：“谓以茅泲之而去其糟也。”菁茅是楚国特产，春秋时，齐桓公伐楚，借口之一即是：“尔贡包茅不入，王祭不共，无以缩酒。”滤酒也可用竹筐。《诗·小雅·伐木》：“酾酒有芎。”毛传：“以筐曰酾。”陆德明释文：“酾谓以筐盝酒。”后世滤酒也用草或筐。(参桂馥《说文解字义证·酉部》)

“清酌”、“清酒”后世文献也用，皆指过滤去糟之酒。唐李白《行路难》诗之一：“金樽清酒斗十千，玉盘珍羞值万钱。”韩愈《祭郴州李使君文》：“谨以清酌庶羞之奠，敬祭于故郴州李使君之灵。”

白酒，又称火酒，阿剌吉酒（《饮膳正要》），俗称烧酒。明李时珍《本草纲目·谷部·烧酒》曰：“烧酒非古法也。自元时始创其法，用浓酒和糟入甑，蒸气令上，用器承取滴露。……近时惟以糯米或粳米或黍或秫或大麦蒸熟，和麴酿瓮中七日，以甑蒸取。其酒如水，味极浓烈，盖酒露也。”可见，白酒是蒸馏酒。但对于李时珍所定的白酒出现在元代，也有异议。或据唐白居易于四川忠州荔枝楼所写《荔枝楼对酒》诗有“荔枝新熟鸡冠色，烧酒初开琥珀香”之句，李白等唐代诗人笔下有“白酒”一词，谓唐代已有白酒。此误。按，“白酒”一词语，南北朝即有。南朝梁武帝《夏歌》之三：“玉盘著朱李，金杯盛白酒。”南朝梁吴均《行路难》诗之五：“白酒甜盐甘如乳，绿觞皎镜华如碧。”细味诗句，皆是言酒之色彩，上下均为对句，色彩词相对，“朱”对“白”，“白”对“绿”。酒有不同颜色，红、碧、黄、白皆有。如上引中山王墓出土的两壶酒有翠绿色、黛绿色。诗人笔下的“白酒”乃是乳白色的谷物发酵酒。至于乐天诗之“烧酒”是指酒烧热而饮，也兼指酒赤色。宋陆游《老学庵笔记》中谓唐人喜好几种酒，其中即引白诗此句作为赤酒之例。可以证明今称之白酒的，只能是关于蒸馏酒的书证、物证，但是元代以前的文献与有力的物证确乎未见。1975年河北青龙发掘出一套铜制蒸馏酒器皿，经鉴定铸造年代相当于南宋高宗绍兴三十一年至孝宗淳熙十六年，即公元12世纪下半叶。或据此谓此是宋代已有蒸馏酒的铁证。有些学者表示否认，谓此蒸馏锅高41.6厘米，上部直径不到26厘米，容积太小，不可能用于作坊生产，并且与明清以来蒸馏器的形制无承接关系，故可能是用以制作马乳酒者（详洪光住书）。又，笔者检得宋苏舜钦《送陈进士游江南》诗：“时有飘梅应得句，若无蒸馏可需中。”蒸酒殆蒸馏酒欤？又，近见马承源《汉代青铜整流器的考古学考察和试验》一文（《上海博物馆集刊》第6期），有馆藏和出土汉代整流器为证，谓汉代已有蒸馏酒。

参考文献

[1] 郭宝钧：《中国青铜器时代》，三联书店，1963年7月。
[2] 洪光住：《中国食品科技史稿》（上册），中国商业出版社，1984年4月。
[5] 万国光：《酒话》，科学普及出版社，1987年3月。
[4] [明]李时珍：《本草纲目》（校点本）（下册），人民卫生出版社，1982年11月。
[5] 李仰松：《对我国酿酒起源的探讨》，《考古》1962年第1期。

176. 餈(糍)·饵·饼(餅)·馒(曼)头·包子·糕(餻)

点心类食品有“餈”，是粒米蒸制的米饼、米团。“饵”，上古以米粉合多种粉或肉蒸制的精美粉糕，有时加油炸、蜜浸。“糕”，米、麦粉蒸制的肥黏食品，是饵在后世的发展。“饼”，汉代起出现的面食总称，有烧饼、蒸饼、汤饼。“蒸饼”，早期是发酵蒸制面食的通称。后分化出“馒头”、“包子”。“馒头”，发面蒸制的圆形实心食品。“包子”，发面蒸制、薄皮包馅的精巧食品。

【同义】

《说文·食部》：“餈，稻饼也。”《玉篇·食部》：“餈，餈糕也。”《方言》第十三：“饵……谓之餈。”《玉篇·食部》：“饵，食也，饼也。”《说文·食部》：“饼，面餈也。”《方言》第十三：“饵谓之餻。”《广雅·释器》：“餻，饵也。”《周礼·天官·笾人》“糗饵粉餈”贾公彦疏：“今之餈糕皆饼之名。”“馒头”、“包子”也属于饼。

【辨释】

用米、麦之粉为主制成的食品就是糕饼、点心。一般要发酵，尤其是面粉。制作不外乎四法：蒸制、煮制、烙制、油炸。于此，古今实同，唯称名与技艺水平有异耳。

“餈”或作“糍”。《周礼·天官·笾人》：“羞笾之实，糗饵粉餈。”郑玄注引郑司农曰：“餈谓干饵，饼之也。”即谓以米粒蒸制。郑玄异之：“谓此二物皆粉稻米、黍米所为也……饼之曰餈。”即用米粉不干蒸，水溲为饼。按，先郑(郑司农)说大体得之。一、从字的构意看。“餈”与“饙、馏”同。古人蒸饭，一蒸为饙(或作餴)，半熟；再蒸为馏。《诗·大雅·泂酌》：“可以餴饎。”(“饎”，xī，酒食。)陆德明释文：“又作饙。《字书》云：‘蒸米也。’”又引郭璞云：“餴孰(熟)为馏。”则“馏”是蒸饭正字。字从留声，声兼义，谓气之上腾而留之，使米熟。“餈”从次声，“次”为行军帐篷，人所屯聚，故次声者也有聚留意，餈也应指蒸制食物。二、从后世所称之物看，如糍糕、糍团是一种糯米蒸制的食品。在宋代文献中，孟元老《东京梦华录》卷三所记南宋杭州马行街夜市有“糍糕”。吴自牧《梦粱录》卷十六记当时杭州点心有“糍团、蒸糍”。洪迈《夷坚志补·湖田陈曾二》记有一女子吃糍糕被噎死之事。朱骏声曰：“(餈)苏俗谓之餈团。”(《说文通训定声·履部》“餈”字)今江、浙一带之餈饭，也是糯米蒸煮。由此可见，餈者，不是用米的屑粉，而是用粒米蒸制成的米饼、米团。《周礼·天官·笾人》的“粉餈”，则是其外面更粘以米粉。朱骏声曰：“不粉者曰餈，餈而傅以他粉曰粉餈。”(《说文通训定声·颐部》“饵”字)此说得之。

“饵”，从食耳声，声兼义。耳声有贰义。《释名·释形体》：“耳，耏也，耳有一体，属著两边耏耏然也。”盖“耳”字为象形，其引申义与“贰”同声源。“珥”，饰耳珠玉，有二。又为日晕。《吕氏春秋·明理》：“有晕珥。”高诱注：“两旁内向为珥。”《释名·释天》：“珥，气在日两旁之名也。”“佴”，即贰义。《尔雅·释言》：“佴，贰也。”“弭”，以骨饰弓之两端。“饵”之耳声也有贰义。故“一体”而“属著两边”，“饵”者，当是以米粉为主，合二种以上粉而干蒸之糕。再从“饵”的主要引申义看。“饵”可指诱鱼上钩的食物。《文选·傅咸〈赠何劭王济诗〉》：“林川靡芳饵。”李善注：“饵，鱼食也。”做动词，利诱义。《汉书·贾谊传赞》：“及欲属国，施五饵三表以系单于。”饵是予人之食，遂有喜食义。《后汉书·马援传》：“常饵薏实。”又有美好义。三国魏曹植《矫志诗》：“芝桂虽芳，难以饵烹。”“饵烹”，烹为美饵。（按，“烹”亦作“鱼”，不合韵，疑非。）“饵”之上述引申义皆有美食义。于情于理亦然：饵若不美，岂可得鱼？何能诱惑？然则作为“饵”的性质，亦当是精美之食。古人制饵的具体细节虽不能详识，但其以几种粉合蒸也已可见其精美于餈。盖上古未能用磨，今发现最早的磨是山东临沂银雀山西汉前期墓的陶磨，而在上古，一般用杵臼捣米，故米粉、面粉皆属高档食品。不仅如此，有时还加肉，油炸。《礼记·内则》：“糁，取牛羊豕之肉，三如一，小切之，与稻米。稻米二，肉一，合以为饵，愈之。”即将三种牲肉调和为一，加倍量之稻米粉合蒸为饵，然后油炸。更可调以蜜糖。《楚辞·招魂》：“粔籹（nǚ）蜜饵，有餦餭些。”“粔籹”，米粉合糖作成环，再予油炸。“餦餭”，饴糖块。“蜜饵”，饵浸蜂蜜。直到汉代，饵犹为上品。《太平御览》卷八六〇引《东观汉记》述东野市史樊毕餽饵一笥，“上德之，建武初拜河东都尉”。总之，饵者，是指两种以上粉（米粉为主）或肉合蒸，制作精美的粉糕，饵有时还加油炸、蜜浸等。

“糕”，或作“餻”，是用米麦粉蒸制的肥黏食品。《十三经》经文无“糕”字，注文中才出现，如文首引《周礼·天官·笾人》“糗饵粉餈”之贾公彦疏中有见。“糕”之名始于汉代。从《方言》、《广雅》等训释看，“糕”即相当于“饵”。二名正前后相承：上古以“饵”称，汉起渐用“糕”名，唯后者的制作水平更高。汉崔寔《四民月令》：“齐人呼寒食为冷节，以麯为蒸饼样，团枣附之，名曰枣糕。”《北史·綦连猛传》载民谣云：“七月刈禾太早，九月啾糕未好。”后世如《东京梦华录》、《梦粱录》等所列宋代千姿百态之“糕”，正是上古饵的生动发展。

“饼”，或作“餅”。《说文·食部》“饼”字段玉裁注：“面，麦米也。面餈者，饼之本义也。”《释名·释饮食》：“饼，并也，溲面使合并也。”面食之风，大约肇于战国。战国文献虽已有“饼”字，如《韩非子·外储说左下》：“孙叔敖相楚，栈车牝马，粝饼菜羹。”《墨子》有“见人作饼即还”之句（《太平御览》卷八六〇引），但尚属罕见，且《墨子》句或为后人羼入。汉代逐渐广泛用磨，如上举银雀山西汉磨。又，河北满城、江苏江都凤凰河等西汉遗址皆已发掘出石磨，可知面食盛行。当时的面食主要是饼。“饼”是面食的总称。故汉代文献“饼”字习见。《三辅旧事》：“太上皇不乐关中，高祖徙丰沛屠儿、沽酒卖饼商人，立为新丰县。”《李固别传》：“质帝……食煮饼，腹中闷，遂崩。”（以上《太平御览》八六〇引）东汉刘熙在上引《释名·释饮食》中已记述了当时一些常见之饼：“胡饼作之大漫沍也；亦言胡麻著上也。蒸饼、汤饼、蝎饼、髓饼、金饼、索饼之属皆随形而名之也。”明王三聘《古今事物考·饮食》引《杂记》曰:“凡以面为食具者,皆谓之饼,故火烧而食者,呼为烧饼;水瀹而食者,呼为汤饼;笼蒸而食者,呼为蒸饼。”此三种是主要的面食。烧饼是锅釜中烙烤制成的面食,外加胡麻(即芝麻)者称胡饼。《续汉书》记:“灵帝好胡饼,京师皆食胡饼。”《太平御览》卷八六〇引《英雄记》曰:“为(李)叔节杀数头肥牛,提数十石酒,作万枚胡饼,先持劳客。”《齐民要术·饼法》曾介绍一种烧饼制法:加羊肉、葱白、豉汁,先熬烧再烤制,可见烧饼技艺之精。汤饼是和水烹煮制成的面食,当时也极为流行,常当御寒之食。晋束皙《饼赋》:“涕冻鼻中,霜成口外,充虚解战,汤饼为最。”汤饼不是面条,而是面片儿汤。《饼赋》状作汤饼之姿势:一手托擎拌和之面团,一手在锅内撕片。故又称“托”。有时不用手托,遂又称“不托”、“馎饦”、“餺飥”。《齐民要术·饼法》中记述:“餺飥:挼(nuó)如大指许,二寸一断,著水盆中浸,宜以手向盆旁挼使极薄,皆急火逐沸熟煮。”大约到北宋才演变成今日的面条,“面”从饼中分化出。《梦粱录》中“饼”“面”别为二物,并有“面食店”一节。

最复杂而富有创造力者为蒸饼。其中有发酵问题。《释名》已有其名(见上引),但未加描述。《晋书·何曾传》:“厨膳滋味过于王者……蒸饼上不拆作十字,不食。”《太平御览》卷八六〇引《赵录》曰:“石虎好食蒸饼,常以干枣、胡桃瓤为心,蒸之使坼裂,方食。”蒸饼与上古的飺不同,是发酵蒸制的面食。此两例谓蒸饼拆作十字,正是面食发酵之明证。今或遂据此而谓我国发酵面食晋代始见。按,也许嫌晚。可上溯至东汉。综观古代面食发酵技法的发展,大率可分五个阶段。一、东汉崔寔《四民月令》:“五月距立秋,毋食煮饼及水溲饼。”其注语:“唯酒溲之,入则烂也。”“酒溲饼”乃是不同于一般煮饼、水溲饼的发酵面饼。具体制法可索于《齐民要术·饼法》:先白米熬粥加进白酒,烧煮使起鱼眼泡,去滓取汁和面,面团发起,即可蒸制。可见至少东汉已知初步的酵发面食技术。二、公元六世纪,酸浆酵发面法。一斗酸浆,煎成七升,和一升粳米,文火熬成粥,即成饼酵;同时,按量和入面中,面发即蒸。《南齐书·礼志上》:“永明九年正月,诏太庙四时祭,荐皇帝面起饼。”《晋书·何曾传》称何“蒸饼上不拆作十字,不食”,或用酸浆酵发成。三、公元十二世纪,酵面(俗称“面肥”)发面法。宋程大昌《演繁露》以当时此发面法释上引《南齐书》“面起饼”曰:“起者,入教(酵)面中令松松然也。”从程之释语可知宋时已行酵面发面法。四、公元十三世纪,盐碱酵子发面法。将酵子、盐、碱、白面加温水掺和成面团,作面饼时按量和入,面发即蒸(参元忽思慧《饮膳正要》)。五、公元十五世纪,酵汁发面法。与今民间流行的酵干发面法大体相同。此法明刘伯温《多能鄙事》有载。以上五个阶段是我国面食从低级到高级的大致发展过程。

蒸饼之形状如何、是否有馅?乃是另一个关注点。于此至今歧说颇多。或谓饼即馒头,而馒头即包子;或谓馒头是方形,包子有馅;等等。今按,因蒸饼用于祭祀,魏缪袭《祭仪》曰“夏祀以蒸饼”,则当如馒头。蒸饼可包馅。《太平御览》卷八六〇引晋束皙《饼赋》:“笼无迸肉,饼无流面,姝媮咧敕,薄而不绽,觿觿和和,䐪色外见,柔如春绵,白若秋练……擎器者呧(舐)唇,立侍者干咽。”内包美馅,皮薄几乎透明,又柔又白,使人馋不可言。如此蒸饼,或可与今之小笼包子比美。但多数是薄片状物(如烧饼,最薄的是春饼)、不规则形(如汤饼)。可见,蒸饼不可一概而论,应是不定型的发酵蒸制面食:可圆可方,可长可短,可有馅可无馅,可咸可甜……唯发酵而蒸制则一。"蒸饼"是早期对包括馒头包子在内的发酵蒸制面食的通称。

馒头,初作"曼头",是蒸饼分化出的专称。但其称与蒸饼共时,则所称物必有其特定的形制、功用。最初用于三春的祭祀。晋束皙《饼赋》:"三春之初……于时享宴,则曼头宜设。"东晋卢谌《祭法》:"四时祠用馒头。"《太平御览》卷八六〇引此,"四时祠"作"春祠"。晋范汪《祠祭》亦曰:"春祠用曼头。"(《初学记》引)宋高承《事物纪原》以为馒头肇于诸葛亮南征孟获时改革当地人头祭神的邪俗,代为用面包裹三牲之肉,像人头以祭。文曰:"……后人由此为馒头。至晋卢谌《祭法》,春祀将馒头始列为祭祀之品。而束皙《饼赋》也有其说,则馒头疑自武侯始也。"是否真从武侯始,似未可必,但从中透露出馒头源于人祭,当合于民俗风情。人头祭是野蛮部落的常见祭俗,以像人头的馒头代替活人而祭,犹如以陪葬俑代替人殉,是从野蛮到文明的必然发展。因而馒头产生之初,自然皆用为春祭。此俗直到明代犹存。明李诩《戒庵老人漫笔·祭庙馒头》曰:"祭功臣庙,用馒头一藏(自注:五千四十八枚)。江宁、上元二县供面二十担,祭毕送工部匠人作饭。"从此礼俗也可见早期馒头内有馅,并且当是圆形。由构字看,曼声有蒙覆义。"幔",帐幕,《广雅·释诂二》:"幔,覆也。""幔",上覆下的车篷。"鏝、槾",圬墙的泥刀。"谩",欺诳,以言语蒙覆真相。然则"馒头"者,蒙包其物如头,故整体浑圆,包馅后不露口子。元忽思慧《饮膳正要》记剪花馒头:"依法入料物盐、酱,拌馅包馒头,用剪子剪诸般花样,蒸,用胭脂染花。"《梦粱录》卷十六记南宋杭州"更有包子酒店,专卖灌浆馒头"。若非整体光圆,就不便于染花;若有口子,灌浆馒头必然漏浆。元倪瓒《云林堂饮食制度集》中记"黄雀馒头法",云:"用黄雀,以脑及翅、葱、椒、盐同剁碎,酿腹中,以发酵面裹之,作小长卷,两头令平圆,上笼蒸之。"此亦封口不露馅。馒头,后世也有实心。《儒林外史》第二回:"厨下捧出汤点来,大盘实心馒头。"今则全为实心,无论西安的馍,山东的高脚馒头,皆为实心馒头,浑圆而高。古之包馅者其形或类兹欤?

"包子",也是从蒸饼分化出来的面食品种,也指包馅发酵的蒸制面食。包子之称与馒头并存,甚至同书同篇共出。宋孟元老《东京梦华录》述及南宋杭州夜市有"鱼肚肺鳝鱼包子"(卷二),"孕妇入月",则父母家"送馒头"(卷五),巷陌杂卖还有"羊肉小馒头"(卷八)。《都城纪胜》记当时杭州酒肆有"包子酒店,谓卖鹅鸭包子"(《酒肆》)。《梦粱录》卷十六记当时杭州店肆有四色馒头、杂色煎花馒头、生馅馒头、糖肉馒头、羊肉馒头等,同时有薄皮春茧包子,虾肉包子等。可见包子必异于馒头。按,包子,大约最早见于北宋陶穀《清异录》,其书有专节记五代后周京城汴梁閶门外有张手美者,"水产陆贩随需而供,每节则专卖一物",如元日供"元阳脔",寒食供"冬凌粥",共列 17 种,皆精美糕点。据罗大经《鹤林玉露·缕从丝》载:"有士人于京师买一妾,自言是蔡太师(蔡京)府包子厨中人。一日令其作包子,辞以不能,曰:'妾乃包子厨中缕葱丝者也。'"分工何其精细!宋仁宗诞生之日,其父真宗喜甚,而命宫厨制包子赐臣(见王栐《燕翼贻谋录》)。由此可见,包子之制作必比馒头更精巧。元代,天花包子、藤花包子、蛋黄包子,皆是宫廷珍馔。其中,已失传的天花包子,是用滚水将天花菜烫热、洗净、切末,再加入羊肉末、羊脂末、羊尾巴油末、葱花陈皮末、鲜姜末、盐和酱,拌匀成馅,用白面作薄皮,包馅蒸熟,确是香美绝伦(见王仁兴书58页)。综观从北宋以来各类典籍杂著所言及的包子,可大致有以下特点:一、包子必包馅,且一般纳肉、菜馅,味道是咸而无甜(现才有"糖包"、"水晶包"之称)。而馒头可无馅、有甜味者。二、包子比馒头精巧,主要应在于皮子及包法。皮子一般宜薄,于是应有叠裥的收口(否则易破绽),收口自然可捏出各式花样。盖包子者,意即包馅子,故精巧就在一个包字:内馅越鲜美,皮子越软薄,包法越多样,就越见其巧,故自然与含有蒙覆意的馒头异其趣矣。

参考文献

[1] 王仁兴:《中国饮食谈古》,轻工业出版社,1985年11月。
[2] 陶文台:《中国烹饪史略》,江苏科技出版社,1983年2月。
[3] 杨文骐:《中国饮食文化和食品工业发展简史》,中国展望出版社,1983年9月。
[4] 洪光住:《中国食品科技史稿》(上册),中国商业出版社,1984年4月。
[5] [宋]孟元老等《东京梦华录》、《梦粱录》等,中国商业出版社,1982年3月。

177. 鼎·鬲·釜(鬴)·鍑·锜·铛(鎗)·镬

“鼎”，陶鼎为烹煮器；青铜鼎为调味盛食器，属礼器；也有熬煮食物和温食的小鼎。“鬲”，三足空心鼎，一般陶制，可煮粥、制羹、烧开水，行于上古。“釜”，无足锅，常与甑配合，置灶上烹煮食物。陶釜早有；战国以后，铁釜久盛不衰。“鍑”，小口平底锅。“锜”，三短足小锅。“铛”，汉代出现的三足有柄小锅，可温酒饭。“镬”，大锅。

【同义】

《方言》第五：“鍑，吴扬之间谓之鬲。”“釜，自关而西，或谓之釜，或谓之鍑。”《说文·鬲部》：“鬴，鍑属也。”《集韵·平庚》：“铛，釜属，通作鎗。”《周礼·天官·亨人》：“掌共(供)鼎镬。”《后汉书·党锢传·李膺》：“剋殄元恶，退就鼎镬，始生之愿也。”“鼎镬”，为烹煮器，用指受烹刑。“锜”也是炊器。

【辨释】

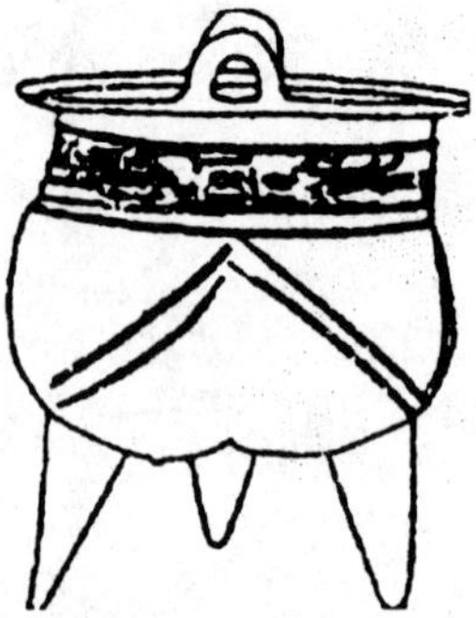

商代兽面纹鼎

鼎多数是三足两耳圆腹。最早是陶鼎，新石器时代的许多遗址都有陶鼎出土。距今八千年的河南新郑裴李岗有斜形三足陶鼎。郑州附近大河村遗址三、四期(属仰韶文化)出土折腹鼎、罐形鼎和盆形鼎。进入商和西周青铜时代，就盛行青铜鼎。青铜鼎大都也是三足两耳圆腹，但也有四足方鼎和无足鼎；一般无盖，也可有盖。鼎的上沿所附两耳，其作用是便于移动，大者可穿杠于耳，小者可用搭钩之类。迄今为止出土最重、最大的青铜器——河南安阳武官村(晚商)的后母戊鼎，就是四足方鼎：鼎足圆柱形，鼎身长方形，口缘上立两耳，带耳高133、横长110、宽78厘米，重875公斤；鼎身雷纹地上绕龙纹，四角为饕餮纹，是青铜鼎的代表作。论其用，陶鼎主要用作烹煮器。青铜鼎，由于鼎壁甚厚，受热慢，且旺火易使鼎足青铜的锡分离，毁伤其物，故主要不用作烹煮器，而是调味盛食器。今有些词典解为烹煮器，未确。《说文》部首：“鼎，三足两耳，和五味之宝器也。”《周礼·天官·内饔》：“陈其鼎俎，以牲体实之。”郑玄注：“取于镬以实鼎，取于鼎以实俎。”《天官·外饔》：“陈其鼎俎，实之牲体鱼腊。”其过程大致是：镬中烹煮鱼肉，熟而以匕戳持盛诸鼎，调以五味。调时，鼎也可以加热，调和后陈于俎切割，再盛于豆而进食。鼎最宜于制五味羹。著名的“染指而食”之事可证：“楚人献鼋于郑灵公……子公之食指动，以示子家，曰：‘他日我如此，必尝异味。’及入，宰夫将解鼋，相视而笑。公问之，子家以告。及食，大夫鼋[羹]，召子公而弗与也。子公怒，染指于鼎,尝之而出。"(《左传·宣公四年》)"解鼋",杨伯峻注:"为已熟而分解之,以便食用。"诚确。则鼋先在镬中烹熟,然后"解"于俎,"解"后将鼋置于鼎调味,或又加热,制成五味羹;灵公召诸大夫食之,独弗与子公,子公遂擅自伸指于鼎以尝羹味。可见,鼎主要用于调味。但今考古发现一种温熬鼎。陕西扶风庄白窖藏曾出土西周青铜圆鼎、方鼎、中腹隔层下有送炭火方口,旁设烟孔,发掘者称为"温鼎"。陕西宝鸡茹家庄还出土下带炭盘之圆鼎,其一自铭为"荧鼎"。诸鼎均体小而低,高度在 13—17 厘米左右。可用以熬煮食物和温食"在爨",临食而取(《仪礼·士昏礼》)。由此也可知,一般中、大型青铜鼎,不宜用作烹煮器。

鼎(青铜鼎)的重要价值并非是一般调味盛食器,而是奴隶主贵族宴饮和祭祀所用的礼器。上古贵族用鼎,按礼制组合而列,谓列鼎(由大而小陈列),天子九鼎,诸侯七鼎,大夫五鼎,元士三鼎,庶民无鼎。鼎食者,必是贵族富家。后世遂以"鼎食"为世家贵族之代称。《文选·沈约〈恩佞传论〉》:"非论公侯之世,鼎食之资。"唐王勃《滕王阁序》:"钟鸣鼎食之家。"鼎还是礼器之首。相传禹收九州之金铸为九鼎。《左传·宣公三年》:"贡金九牧,铸鼎象物。"后遂以鼎为传国的重器。建都立国称"定鼎"。南朝宋颜延之《三月三日曲水诗序》:"高祖以圣武定鼎。"鼎是统治权力的象征,灭国者,所谓毁宗庙,迁重器,鼎是重器之首。历代封建皇帝将鼎视为神物。汉武帝因得"宝鼎",而改年号为"元鼎"。秦以后,鼎渐渐不作宴飨时的盛食器。汉以后,鼎更趋衰落,唯在"鼎业"、"问鼎"、"鼎席"、"鼎司"等词语之中,还留存当年显赫盛势的遗迹。

《说文》部首:"鬲,鼎属也。实五觳,斗二升曰觳(斛),象腹交文,三足。"《尔雅·释器》:"鼎,款足者谓之鬲。"郝懿行义疏:"款足,谓足中空也,足中实者必直,空者必曲。"谓鬲是空足鼎。字见于甲金文相似,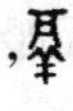(令簋),均象其形。鬲,一般为陶制器,侈口,口沿外倾,无耳,壁薄于鼎,三足中空而粗壮,足间烧火,比鼎容易受热,故是一种古老的烹饪器,常用来煮粥、制羹、烧热水。最初陶制,新石器时期遗址就有许多鬲出土。如河南陕县三里桥出土二鬲,其一有鋬,用灰色陶,使用轮制技术,此是龙山文化庙底沟二期和其他龙山文化点的常见出土物。齐家文化(公元前 2000 年)的鬲则都有鋬。后有青铜鬲。青铜鬲盛行于商至春秋时期。商前期鬲一般无耳,后期口沿上常有两耳,皆无鋬。西周前期,鬲多为高领短足,承商代的鬲制,多有附耳,后期至春秋多为折沿折足,无耳。西周有一种特别的方鬲,全器分两段,上段是圆角长方形器身,下是鬲炉,形制大小与上鬲同,一边开门,可开合,其他三面有孔出烟。但即便有了铜鬲,烹煮常仍用陶鬲。据郭宝钧调查,"晚商时,殷墟范围内皆用陶鬲做粥,无用铜者"。(郭宝钧书 132 页)其他遗址的情况亦类此。鬲主要行于上古。《孔子家语·致思》:"鲁有俭啬者,瓦鬲煮食食之,自谓其美,盛之土型(铏),以进孔子,孔子受之而说,如受

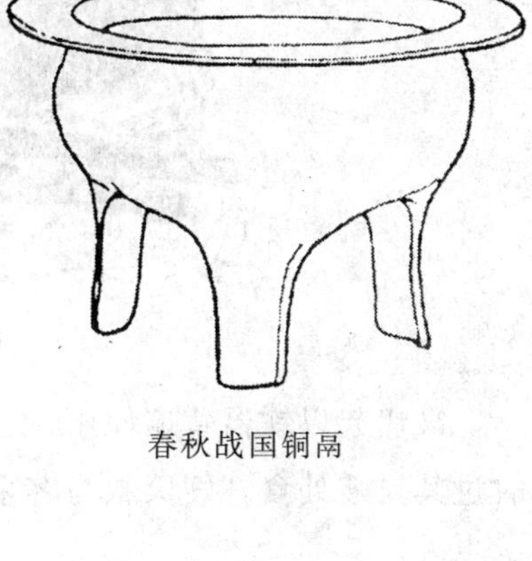

春秋战国铜鬲

大牢之馈。子路曰：'瓦甂，陋器也；煮食，薄膳也，夫子何喜之如此乎？'"（"甂"，阔口食盆。）这虽是后人所记，但可以表明鬲用以煮食；也表明到春秋时虽有铜鬲，烹煮仍行陶鬲。鬲在上古尽管是广泛使用的炊器，但由于鬲与鼎一样，三足间燃薪，不能聚热气，加热慢，且无烟囱，一般宜在室外烹煮，而不能避风雨烈日，秦以后，鬲开始消失。故秦以后的文献"鬲"字少见。唐柳宗元《段太尉逸事状》："椎釜鬲瓮盎盈道上。"此已与"釜"连用成为烹、炊之器的泛称。

"釜"，《说文·鬲部》作"鬴"。釜是无足鬲，必置于灶眼烹煮。有人主汉魏时釜由古时之鬲变来，不确。釜也是古老的烹饪器，属于新石器时代仰韶文化的河南陕县庙底沟遗址，即见少量的釜、灶，其釜卷口、张腹、尖底。大汶口文化的滕县（今滕州）北辛遗址出土釜皆为敞口、深腹、圆底，也有三乳头形短足，一似今日的大灶锅。浙江河姆渡遗址各文化层，釜是主要的出土陶器之一，鼓腹、扁腹、筒腹等，形制多样。进入青铜器的商周时代，陶釜还是习为人们所用。因为：一、在各遗址，时有炊灶发现，而灶必与釜相配。二、"釜"已用为容量名，其量器外圆内方，纵横各一尺。《论语·雍也》："与之釜。"皇侃疏："釜，容六斗四升也。"此唯在釜作为炊器普及后才有可能。三、文献也常见。《诗·召南·采苹》："于以湘之，维锜及釜。"（"湘"，烹。）毛传："有足曰锜，无足曰釜。"按，《方言》第五："鍑……江淮陈楚之间谓之锜。"郭璞注："或曰三脚釜也。"盖是。锜从奇声，其足不双，是有三短足支撑的小釜。使用时，釜与甑常连用。《孟子·滕文公上》："许子以釜甑爨，以铁耕乎？"《诗·桧风·匪风》："谁能亨鱼，溉之釜鬵（xín）。"孔颖达疏："鬵是甑类，非釜类。烹鱼用釜不用甑，双举者，以其俱是食器，故连言耳。"《韩非子·备内》："今夫水之胜火亦明矣，然而釜鬵间之，水煎沸竭尽其上，而火炽盛焚其下，水失其所以胜者矣。"《史记·项羽本纪》："项羽乃悉引兵渡河，皆沉船，破釜甑。"盖甑是蒸器，釜是煮器，灶眼上先置釜，釜上加甑，二者常常配合使用，故文献中遂多二字连用。

汉画像砖《庖厨图》中的大型釜灶

汉代起以铁器普遍使用，铁釜渐多，遂取代鬲而盛行。《汉书·楚元王传》记高祖未发迹时过其兄嫂处食，"嫂厌叔与客来，阳（通'佯'）为羹尽，轑釜，客以故去。已而视釜中有羹，由是怨嫂。”(“轑”,敲击。)服虔曰:“镣,轹也。”颜师古注:“以勺轹釜,令为声也。”釜是铁制,勺击而琅然有声。汉刘向《新序·杂事五》:“骅骝騄骥,天之下骏马也,使之与貍鼬试于釜灶之间,其疾未必能过貍鼬也。”三国魏曹植《七步诗》:“煮豆持作羹,漉豉以为汁。萁在釜下燃,豆在釜中泣。”汉魏间釜形多样,有适于煎炒的小铜釜,三国时有“诸葛行锅”,锅壁复层,烧饭极快。还有一釜调多味的“五熟釜”,似今之共和锅,等等。釜一直行于后世。从汉代起,“釜”成为古代炊锅的通称。

“鍑”,《说文·金部》训“如釜而大口者”。未善。据《宣和博古图》,周代鍑,是小口,平底,腹上有纽环,釜形似今之“汤婆子”。《汉书·匈奴传下》:“胡地秋冬甚寒,春夏甚风,多赍鬴鍑薪炭,重不可胜。”

“铛”,《集韵·平庚》:“铛,釜属,通作鎗。”是一种有三足的小锅,常用以温酒饭。汉代起出现。《太平御览》卷七五七引汉服虔《通俗文》曰:“鬴有足曰铛。”《世说新语·德行》:“吴郡陈遗家至孝,母好食铛底焦饭。”《南齐书·萧颖胄传》:“上慕俭约,欲铸坏太官元日上寿银酒鎗。”《太平御览》卷七五七引《笑林》曰:“太原人夜失火欲出铜鎗,设得熨斗,便大惊怪曰:‘异事。’火未至,已被烧失脚。”可见铛一似熨斗,有柄,容积较小,但有三足。可用于温食物。《新唐书·薛大鼎传》记唐高祖时薛氏迁浩州刺史,郑德本为瀛州刺史,贾敬颐为冀州刺史,皆有治名,故河北远近称“铛脚刺史”,以铛有三足而得名。

汉鍑

“镬”,上古已有,前引《周礼·天官·亨人》“掌共(供)鼎镬”句,郑玄注:“镬,所以煮肉及鱼腊之器。”盖鼎镬相配,主要的烹煮器是镬,鼎则是调味加温之器(一说镬是烹鼎)。《淮南子·说山》:“尝一脔肉,知一镬之味。”高诱注:“有足曰鼎,无足曰镬。”但镬的特点不仅在无足,更主要是庞大。字从金蒦声。从蒦声字多有大义。“矆”,大视。“濩”,雨霤下之大貌。“蠖”,可屈伸,以小伸大者。镬又用在刑具,施烹刑。《汉书·刑法志》:“陵夷至于战国……增加肉刑,大辟,有凿颠,抽胁、镬亨(烹)之刑。”颜师古注:“鼎大而无足曰镬。”《史记·廉颇蔺相如列传》:“臣知欺大王之罪当诛,臣请就汤镬。”既用以烹人,其物必大。可见,镬是金属(先秦主要以铜,后世以铁)制的大釜锅,唯其无足,故也与灶相配,放在灶眼上受热。在汉代画像石,如山东诸城出土的汉墓画像石《庖厨图》中,都能见到其物。图中正在冒烟的一台单眼灶上所置即是一只铁镬。在青铜时代,由于大器制作之难,镬少于鼎、鬲。正是从铁器大量使用的战国起,镬方盛行,文献中,“镬”字渐多见,上举《淮南子》、《史记·廉颇蔺相如列传》句皆其例。《三国志·魏志·董卓传》:“或凿眼,或镬煮之。”《太平御览》卷七五七引《文子》曰:“养鱼于沸镬之中,栖鸟于炎炉之上,虽欲其生,养理失矣。”晋陆机《洛阳记》曰:“宫墙外以大铁镬盛水,以救火。镬受百斛,百步一置。”但是文言书面语中,“镬”字不如“釜”常用,可见有口语色彩。

参考文献

[1] 杜廼松:《中国古代青铜器小辞典》,文物出版社,1980 年 8 月。
[2] 中国社会科学院考古所:《新中国的考古发现和研究》,文物出版社,1984 年 5 月。
[3] 郭宝钧:《商周铜器群综合研究》,文物出版社,1981 年 12 月。
[4] 王明德、王子辉:《中国古代饮食》,陕西人民出版社,1988 年 2 月。
[5] 知仁:《何物"窦鼎"》,《中国文物报》1991 年 8 月 4 日。

178. 俎·锧(质、櫍)·砧(碪、鍖、椹、砧)·几(机)

“俎”，陈放与切割牲肉的几状礼器；也可称厨用砧板。“锧”，腰斩时下垫的金属砧板。“砧”，本指捣练衣帛的砧臼；汉代起常指称刑具砧板；口语中用作各种砧板通称。“几”，喻指砧板，有口语色彩。

【同义】

《史记·项羽本纪》：“此孰与身伏鈇质？”司马贞索隐引崔浩云：“质，斩人椹也。”又，“樊哙曰：‘如今人方为刀俎，我为鱼肉。’”《战国策·秦策三》：“今臣之胸不足以当椹质。”即“砧锧”，同义连用。《类稿》：“机，椹也。”“机”即“几”。《广雅·释器》、《方言》第五皆曰：“俎，几也。”

【辨释】

《说文·且部》：“俎，礼俎也，从半肉在且上。”即谓礼器。故段玉裁注：“谓礼经之俎也。仌为半肉字，如酋、谷有半水字，会意字也。”其形制近于“几”，大致是矩形板，下有四短足，漆饰。俎是祭祀或宴享时陈置牲肉的礼器。《左传·隐公五年》：“鸟兽之肉，不登于俎。”杜预注：“俎，祭宗庙器。”祭祀时，俎与鼎镬、豆配合而用。《周礼·天官·内饔》：“王举，则陈其鼎俎，以牲体实之。”郑玄注：“取于镬以实鼎，取于鼎以实俎……实俎曰载。”《礼记·礼运》：“陈其牺牲，备其鼎俎。”《公羊传·定公十四年》：“脤者何？俎实也。”何休注：“实，俎肉也。”俎上可陈生肉或熟肉。盖供祭用之牺牲，处理洁净先陈于俎，宰割之，然后以匕戳入镬煮，此谓“烹”。烹熟而用匕将牲肉移入鼎，此谓“升”。鼎中调味、加温，制成带浓汤之羹，此谓“调”。继而又以匕将牲肉由鼎复移至俎，此谓“载”（参《仪礼·士冠礼》“若杀，则特豚载合升”胡培翚正义）。俎上予以切割，最后以匕将脔肉放入豆，送上祭坛。唯此，“俎”常与“鼎”连言（参第177条），也常与“豆”并称，泛指祭祀礼仪。《礼记·乐记》：“簠簋俎豆，制度文章，礼之器也。”《论语·卫灵公》：“俎豆之事，则尝闻之矣。”“俎豆”还可作动词，径指祭祀义。《庄子·庚桑楚》：“今以畏垒之细民，而窃窃焉欲俎豆予于贤人之间。”此外，也常与别的礼器名词连用。《左传·襄公二十八年》：“以俎壶投，杀人而后死。”壶也是祭器。《周礼·春

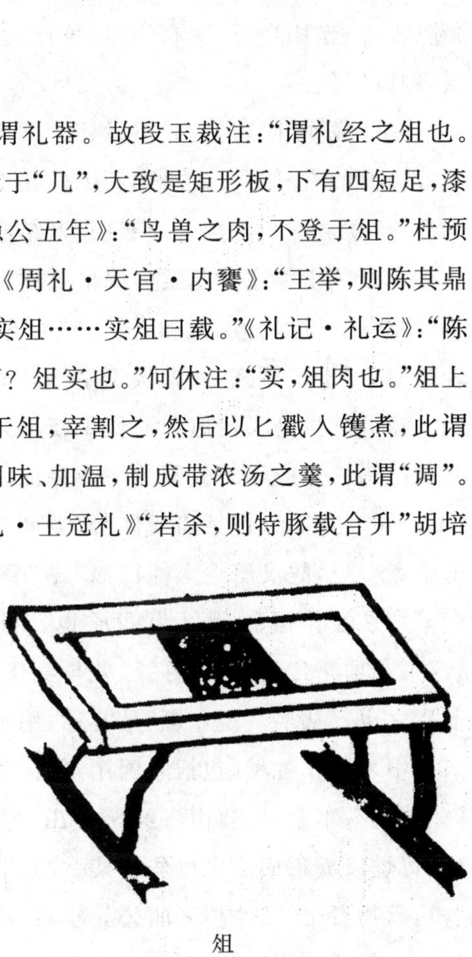

俎

官·小史》:"史以书,叙昭穆之俎簋。"郑玄注:"俎簋,牲与黍稷。"俎以载牲,簋以盛黍稷。俎是祭祀宴享中陈牲、割牲的重要礼器,故常髹漆、雕饰。庖厨的砧板,其形状、作用与之相似,故也得以称"俎"。《韩非子·难言》:"夫至智说至圣,然且七十说而不受,身执鼎俎为庖宰,昵近习亲,而汤乃仅知其贤而用之。"《汉书·项籍传》:"(项王)乃为高俎,置太公其上。"颜师古注:"俎者,所以荐肉。示欲烹之,故置俎上。"此俎实是军中巢橹以代用之,为让刘邦能目见。《世说新语·方正》:"今犹俎上腐肉,任人脍截耳!"晋潘岳《西征赋》:"饔人缕切,鸾刀若飞。应刃落俎,霍霍霏霏。"文首引《史记·项羽本纪》"刀俎"句亦其例。

"锧"是古代刑具,行腰斩刑下垫的砧板。盖古代腰斩,用"鈇"(或作"斧"),即用斧钺下砍,其下垫的砧板曰锧,行刑时死囚先脱衣裸身伏于砧板,再下鈇将伏者腰斩。"锧"本作"质"。"质"本义是抵押之财物,作砧板是假借用法。锧可以是木制,故或作"櫍",多是金属制,故后起字作"锧"。《玉篇·金部》:"锧,铁锧玷。""玷"通"砧"。此就汉代而言,先秦一般用铜。秦以后用铁。《战国策·秦策三》:"今臣之胸不足以当椹质,要(腰)不足以待斧钺,岂敢以疑事尝试于王乎?"《公羊传·昭公二十五年》:"君不忍加之以鈇锧。"何休注:"鈇锧,要(腰)斩之罪。"《史记·项羽本纪》:"此孰与身伏鈇质,妻子为僇(戮)乎?"又《张丞相列传》:"苍(张苍)坐法当斩,解衣伏质,身长大,肥白如瓠。"遂见怜而免斩。汉扬雄《解嘲》:"徽以纠墨,制以锧鈇。"

"砧"或作"碪",又作"椹、鍖"、"玷",从石,本是捣练衣帛之石(实为石臼)。与其相配的是杵。捣练衣帛是汉代出现的练丝新工艺(参第52条)。《乐府诗集·清商曲辞一·子夜四时歌(秋歌之一)》:"佳人理寒服,万结砧杵劳。"《文选·谢惠连〈捣衣诗〉》:"檐高砧响发,楹长杵声哀。"李善注:"此砧为捣帛之质也。"《文字集略》曰:"砧,杵之质也。"引申为腰斩的刑具,即刑砧。唐韩愈《元和圣德诗》:"解脱挛索,夹以玷斧。"宋欧阳修《蔡州再乞致仕第二表》:"将再干于冕旒,宜先伏于砧锧。"文首引《战国策·秦策三》"椹质"句是用"砧"较早的文例。盖捣练虽是汉代出现的纺织新工艺,但秦汉战国时当已局部出现,故得以称斧锧。——此是捣练工艺应始于战国的一个旁证。

"锧"与"砧"(包括诸或体)作为刑砧,是同物异名。二者是时代先后之别。"砧"在秦以前毕竟少见,故汉唐注家往往以"砧"释"质",以今词释古词。《诗·大雅·公刘》:"取厉取锻。"郑玄笺:"锻石所以为锻质也。"孔颖达疏:"质,椹也。言锻金之时须山石为椹质。"《汉书·项籍传》:"南面称孤,孰与身伏斧质?"颜师古注:"质,谓鍖也。古者斩人,加于鍖上而斫之也。"从刑具说,"锧"是古称,用于上古、秦汉,"砧"是后名,多用于汉以后,"砧"在后世口语中才用作各种(包括庖厨用)砧板的通称。

"机",本木名。《山海经·北山经》:"……之首曰单孤之山,多机本。"郭璞注:"机木似榆,可烧以粪稻田。"也可作薪柴。"几"是案几,或作"机"。《易·涣》:"涣奔其机。"王弼注:"机,承物者也。"《左传·昭公元年》:"围布几筵。"《孔子家语·五仪解》:"仰视榱桷,俯察机筵。"二字均可用以称砧俎。《三国志·魏志·吴质传》裴松之注引《(吴)质别传》曰:"质案剑曰:‘曹子丹,汝非屠几上肉,吴质吞尔不摇喉,咀尔不摇牙,何敢恃势骄邪?’”“机”,一本作“几”。《新唐书·桓彦范传》:“会日暮事遽,彦范不欲广杀,因曰:‘三思(武三思)机上肉尔,留为天子藉手。’”作“机”,则是假为“几”,盖砧之形似案几,皆是四足上有板面,唯板面质料、厚薄不同而已。此是“几”的喻称用法,有口语色彩,文言中并不多见。

由上可知,作为庖厨烹饪用的砧板,一似俎、几,而与镢板异形。古代的砧板及其使用,甘肃嘉峪关魏晋壁画墓提供了几幅生动的形象。其《宰猪》图之砧板上陈置一只四脚朝天、刚宰毕的大猪,砧板略长于猪身。在一幅《庖厨》图中烹者不远处有高堆食物的二砧。在另两幅《庖厨》图中二庖者正在砧前跪着操刀剁切食物,一庖者正欠身将切下的食料拨下砧板。诸图之砧皆几形,此殆俎、几之像乎?

179. 甑·甗○箅(箄)

“甑”，置于釜(锅)上的陶制蒸锅。有气孔的底上铺竹席箅。箅上盛烹蒸食物，加热釜中水，蒸气上腾蒸熟食物。从上古至后世不绝。“甗”，由上部无底甑与下部无耳鬲相结合的蒸锅，二者相连处设隔架，即有孔的铜片或竹架。烹蒸原理与釜甑同，主要用于上古。

【同义】

《说文·瓦部》：“甗，甑也。”“甑，甗也。”《文选·司马相如〈上林赋〉》：“岩陁甗锜。”李善注：“甗，甑也。锜，欹也；上大下小，有似欹甑也。”

【辨释】

在长期的饮食生活中，人们逐渐发现了蒸气的威力，于是利用蒸气原理发明了复合炊具“甑”。人们将两只罐相叠，上罐凿孔，下罐盛水而煮，蒸气上腾，此为“釜甑”的雏形。甑在龙山文化时的黄河中游常见，长江流域则更早盛行，河姆渡遗址即出土了迄今最早的甑，距今六千多年。

甑相当于现代的蒸笼或笼屉，多为陶制，也有少数是金属制者。《周礼·考工记·陶人》：“甑实二鬴，厚半寸，脣寸，七穿。”“鬴”同“釜”，六斗四升为釜。段玉裁于《说文·瓦部》“甑”字注：“按甑所以炊烝(蒸)米为饭者，其底七穿，故必箅蔽甑底，而加米于上。”七穿，即七孔。字也是从瓦、曾会意，“曾”犹“層”，合指加有孔底作夹层的瓦器。有孔之底上必置竹席，称“箅(bì)”，讹作“箄”。《说文·竹部》：“箅，蔽也，所以蔽甑底。”箅上置蒸物。《世说新语·夙惠》即记有二人因窃听他人语，致“炊忘箸箄，饭落釜中。”甑外多加箍，称“甑带”，又名“甄”。《淮南子·说山》：“弊箄甑甄。”高诱注：“甄，甑带。”常用坚韧的树皮如桦树皮制成。甑使用时，要与釜、鬲等相配合：将要蒸、焖的米或其他物置于甑内，上加盖，然后将甑加于釜或鬲之上，釜、鬲中盛水，釜下加热，使蒸气上腾，将物蒸熟。故文献中常“釜甑”连用。《史记·项羽本纪》：“破釜甑，烧庐舍。”还有对用。《后汉书·独行传·范冉》以闾里歌状范冉之廉洁清苦，“甑中生尘范史云，釜中生鱼范莱芜”。(“史云”，范冉字，桓帝时为莱芜之长。)谓范氏断炊已久。唐陆龟蒙《茶灶》诗：“盈锅玉泉沸，满甑云芽熟。”“甑”单用亦多。《益都耆旧传》曰：“任文公知有王莽之变，悉卖奇物，唯存铜甑、蓑笠。”《录异传》：“……林家甑用破无可用，鬼乃撞盆底穿以充甑。”(以上皆引自《太平御览》卷七五七)谓将盆底撞成数孔以作甑用。唐李商隐《大卤平后移家到永乐县居书怀十韵寄刘韦二前辈》诗：“甑破宁迴顾，舟沉岂暇看。”今所见出土甑与文献记载相吻合，且形制、种类更加丰富多彩。出土甑一般皆陶器，也有铜器，均侈口，腹略收小，底有孔，但孔数一般超过七。成都百花潭的连釜铜甑，内箅圆形，有条形小孔，边有小环与腹内壁一纽勾连，故上下可分可合，为煮蒸两用的炊器。尤其是汽锅的发现，填补了文献的空白。汽锅是腹底无孔，以汽柱所出不断回旋的蒸气，蒸熟食物。而汽水不流失，故蒸制的食物原味更足。今各地有不少汽锅之名肴，昔日以为均是近世的发明，但今已出土不少汉代以来汽锅，可知有南北两型：北型多浅腹平底无盖，汽柱细；南型多深腹圈足有盖，汽柱粗。现代汽锅承南型。而至 20 世纪 70 年代在河南安阳著名的妇好墓发掘出铜制“汽柱甑锅”，外观为盆形，有精美纹饰，下部装两个上弯的提耳。器高 15.6、口径 31 厘米，敞口方唇，有盖，下腹内收。正中汽柱高 13.1 厘米，柱首呈开放的四瓣花形，柱镂四个瓜子形汽孔。腹内可盛放烹制的食物。其设计之巧、造型之美，堪与现代汽锅相比肩。古代源远流长的汽锅是铜甑精品，烹器奇葩。

蒸锅的进一步发展，到新石器晚期是甑与鬲的固定组合，上面是无底的甑，上加盖；下面是无耳的鬲，中设活动的隔架，此为甗。《周礼·考工记·陶人》：“陶人为甗，实二鬴（同釜），厚半寸，脣寸。”郑玄注引郑司农云：“甗，无底甑。”孙诒让正义引戴震曰：“一穿为甗，七穿为甑，并上大下小。甗上体如甑无底，施箅其中，容十二斗八升；下体如鬲，以承水，陞（升）气于上。古铜甗有存者，大势类此。”按，“甗”之为蒸食器，其字从瓦鬳声，即献省声。从瓦，示其物是陶器；献者进意。《广雅·释诂二上》：“献，进也。”鬲，献气者，其气要进至上部甑。甗也是靠蒸气升腾，使物蒸熟的陶制炊器。

甗最早是陶器，但从商代到战国流行铜甗。无论用何质料，甗由两部分构成。其下半是去掉了两耳的鬲，鬲是空足之鼎，容易受热；上半是甑，但无底，即《说文·瓦部》“甑”所云“一穿”。甑形大于鬲形，所谓“上大下小”者。虽然上甑无底，但使用时在甑的底部可以置有孔的竹架或铜片，上铺竹席“箅”，相当于后世的蒸笼格。隔架大小可根据需要灵活调节。商和西周的甗，上甑下鬲大多铸为一体，于是通体成圆形，侈口，口有两直立之耳，下有胖三足。到春秋战国时期，往往上下可以分合，两耳在甑器外侧，成为附耳。此时期还有可分合的四足、方形甗，有的上甑内再加隔架，则可以同时蒸两种食物。甗的使用如此：所蒸食物置于箅上，鬲中盛水，也可上蒸物下置煮物；鬲下以薪柴加热。所蒸物通常是米。鬲下烧火，鬲中水沸，蒸气上腾，使米蒸熟。今所见出土甗较别致的是 1976 年河南安阳小屯发掘的三联甗，通高 80 厘米，像一狭长形的三眼灶，上并列三甗，形器厚重，灶六足以立，《诗·大雅·生民》：“释之叟叟，烝之浮浮。”（“释”，淅。）上句谓将舂得的米淅渍，其声嗖嗖；下句则言蒸饭时，蒸气上腾，其状若浮。要之，甗是由上部的无底甑与下部的无耳鬲相结合，中间可放置箅格

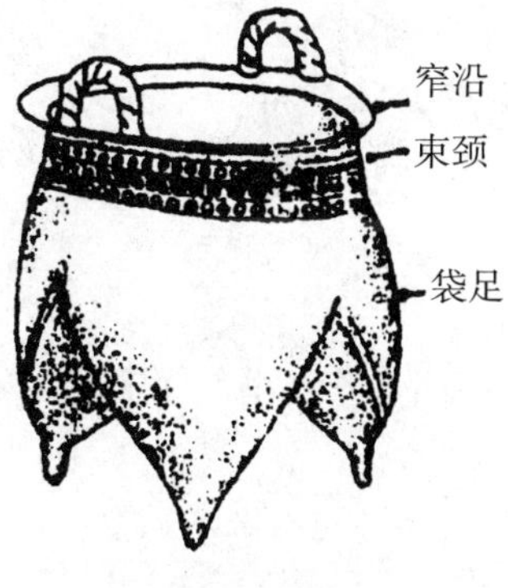

商代兽面纹甗

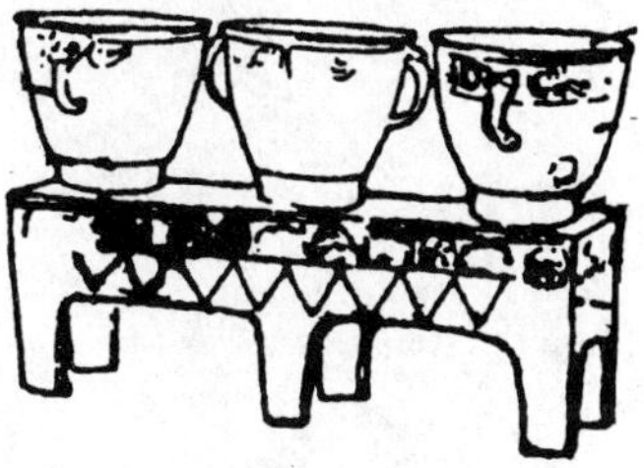
晚商三联甗

的蒸锅。

一定食器的使用与一定的社会生活特点有密切关系。在上古秦汉,甑与甗是两种常用的蒸食器。由于这个时期还不流行可以煮饭的铁釜,故人们习于食蒸饭,不食煮饭,加之酿酒、制糕点,故蒸食器使用远比后世多而广。蒸食器使用的多而广,反映出这一时期人们多食蒸食的习俗。而从汉代起,由于铁釜即铁锅广泛使用,才渐渐变成多以釜煮饭,于是甗渐渐淘汰,汉以后其字少见。但蒸食仍与煮食兼行,简便实用的甑即蒸锅,从上古一直使用到后世,故"甑"字后世亦用。

参考文献

[1] 陶文台:《中国烹饪史略》,江苏科技出版社,1983 年 2 月。
[2]〔美〕张光直:《中国古代的饮食与饮食具》,载《中国青铜时代》,三联书店,1983 年 9 月。
[3] 杜廼松:《中国古代青铜器简说》,书目文献出版社,1984 年 5 月。
[4] 知仁:《青铜汽锅》,《中国文物报》1991 年 7 月 7 日。

180. 铏（刑、钘、形、型）·熘·簠（瑚）·簋（毁、轨）·豆（梪）·登·笾

“铏”，调羹、盛羹器；陶制者称“土铏”，相配“熘”。陶制盛饭器。长方形之“簠”与圆腹之“簋”，西周、春秋间为祭祀、宴享时盛饭的礼器。“豆”，高脚盘，盛肉食礼器；又作豆器总称。其中陶豆称“登”，盛无调味的浓汤；竹豆称“笾”，专盛干物。

【同义】

《玉篇·金部》：“铏，羹器也。”《周礼·地官·舍人》：“凡祭祀共簠簋。”郑玄注谓簠簋皆是“盛黍稷稻粱器”。“簠簋”、“笾豆”、“豆登”常连用。《左传·僖公二十二年》：“加笾豆六品”杜预注：“食物六品，加于笾豆。笾豆，礼食器。”《论语·泰伯》：“笾豆之事，则有司存。”泛指祭祀事。《礼记·礼运》：“实其簠簋，笾豆铏羹。”陆德明释文：“钘，本又作铏。”唐韩愈《陆浑山火和皇甫湜用其韵》：“豆登五山瀛四尊（罇）。”“五百家”集注：“豆登五山者，以五岳为豆登，瀛四罇者，以四海为酒罇也。”“豆、登”，泛指盛食的宗庙祭器。“熘”也是盛食器。

【辨释】

“铏”或作“钘、形、型”。初文为“刑”，通常是青铜制调羹、盛羹之器，与鼎之用同。据《三礼图》，似鼎而小，仅受一斗，两耳三足，有高盖。聂崇义曰：“铏是羹器，即铏鼎也。”（《新定三礼图》二）《仪礼·公食大夫礼》：“宰夫设铏四于豆西。”郑玄注：“铏，菜和羹之器。”贾公彦疏：“据羹在铏言之，谓之铏羹；据器言之，谓之铏鼎。”《周礼·天官·亨人》：“祭祀，共（供）大羹铏羹，宾客亦如之。”郑玄注引郑司农云：“大羹，不致五味也；铏羹，加盐菜矣。”“调以五味者谓之铏羹（五味是酸、甘、苦、辛、咸）。”唐柳宗元《岭南节度使飨军堂记》：“铏鼎体节，燔炰胾炙。”“体节”，指将牲体分为七体二十一档，如肩臂、臑膊等（见《礼记·礼运》）。最早的铏是陶制品，文献中常称“土铏”，实是小陶鼎。《韩非子·喻老》：“（箕子）以为象箸不必加于土铏。”《史记·太史公自序》：“墨者亦尚尧舜道，言其德行曰：‘……食土簋，啜土刑，粝粱之食，藜藿之羹。’”张守节正义引颜师古曰：“簋，所以盛饭也。刑，所以盛羹也。土谓烧土为之，即瓦器也。”《墨子·节用中》：“啜于土形。”

“熘”，文献中以称古老的盛饭陶器，即是今考古发掘所常见的圆形陶碗。《史记·秦始皇本纪》记二世语：“吾闻之韩子曰：‘尧舜采椽不刮，茅茨不翦，饭土熘，啜土形。’”而《太史公自序》作“食土簋”。裴骃集解引徐广曰：“一作熘。”引服虔曰：“土簋，用土作此器。”故“熘”就是簋。熘是簋的初型，唯“熘”指称远古传说时代之粗陋陶制盛饭器，故没有青铜制器。

“簠、簋”皆是青铜时代的盛饭器，即祭祀、宴享用来盛黍稷稻粱的青铜器皿，相当于今之大碗。旧说受一升或二升，实际当然有大小不同。对于二器的形制孰圆孰方，汉唐注家持说舛歧。《周礼·地官·舍人》：“凡祭祀共(供)簠簋。”郑玄注：“方曰簠，圆曰簋，盛黍稷稻粱器。”今据出土实物验证，诚确。“簠”，或作“瑚”，今所见实物簠最早是西周后期器，皆为长方形，一般有盖，盖与器大小同，相合为一器，打开为两器，器盖各有四短足，整体似两只矩形扁饭盒。“簋”，青铜器铭文称“𣪘”、“轨”，如1950年洛阳西工区秦墓出土秦代簋，簋盖和器身皆以小篆自铭为“轨”。文献中也或称“琏”。今所见簋，一般是圆腹侈口、圈口，商代的多无盖，有二耳，西周、春秋的常带盖，有二耳、四耳。簠簋主要行于西周、春秋。

商代兽面纹簋

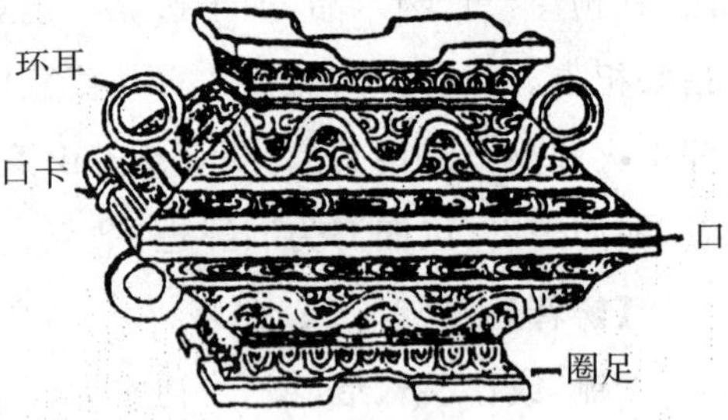

西周晚期伯公父簠

簠簋，最早当是竹木或陶制，如上引称尧舜“食土簋”。及至青铜时代，青铜器的簠簋不是一般的食器，而是作为重要的礼器。其形饰铸造十分考究。有兽面纹、云雷纹。卷体夔纹等。如上举“轨、𣪘”，整形如敦，椭圆球盖上有三个卧兽形纽，腹部有对称的两铺首，器盖都饰蟠螭纹。许多簠簋(主要是簋)器上时有长篇铭文。如西周武王时利𣪘，器内底有铭文三十二字。大丰𣪘腹内壁有铭文七十六字，其铭文记载武王灭商后为文王举行的祭典，此器成为西周铜器断代的标准器。簠簋与鼎一样分等级。在考古发现中，簋往往偶数出现，并与鼎的级数相应，如四簋配五鼎，六簋配七鼎，八簋配九鼎。《太平御览》卷七五八记有人问孔子甲兵之事，孔子曰：“簠簋之事，则尝闻之矣，甲兵之事，未之学也。”以此二名代表祭祀之事。唯二器之贵重，常以喻人有大才。《论语·公冶长》：“子贡问曰：‘赐也何如？’子曰：‘女(汝)器也。’曰：‘何器也？’曰：‘瑚琏也。’”“瑚琏”，犹“簠簋”，大器也。宋苏轼《送程之邵签判赴阙》诗：“念君瑚琏质，当今台阁宜。”而“簠簋不饬”，常喻指为官(大官)不成器。汉贾谊《上政事疏》：“古者大臣有坐不廉而废者，不谓不廉，曰‘簠簋不饰(饬)’。”“簠簋”用以代称大官。

“笾、豆、登”，形制相似，皆是祭祀、宴享的盛食器，旧说容四升。

《说文》部首：“豆，古食肉器也。”甲文作(《甲一三》)，金文差近，皆象形字。《诗·大雅·生民》：“卬盛于豆，于豆于登。”毛传：“木曰豆……豆，荐菹醢也。”《尔雅·释器》：“木豆谓之豆。”即是木制的盛肉食器。故“豆”或作“梪”。也可盛其他物。汉董仲舒《春秋繁露·祭义》：“宗庙之祭，物之厚无上也，春上豆实……豆实，韭也，春之始所生也。”豆之上端像只大碗，一般是浅腹，中束腰，长握，称“校”；下圈足，称“镫”。周代起见青铜豆。西周豆多无盖，无耳。春秋以后，豆侧有两环，足更高，战国时，腹加深，长握更为细长，或有盖。除了木豆、铜豆,还有陶豆、竹豆。陶豆称为“登”。《诗·大雅·生民》:“于豆于登。”毛传:“瓦曰登。……祭盛大羹也。”大羹是没有五味的肉汁。故“登”是盛不具五味肉汁的陶豆。“笾”,《说文·竹部》释为“竹豆也”。竹豆,盛干果、干肉、干粮等干物。《尔雅·释器》:“竹豆谓之笾。”郭璞注:“笾,礼器。”邢昺疏:“笾以竹为之,只有籐缘,形制如豆,亦受四升,盛枣栗桃梅菱芡脯脩朊鲍糗饵之属,祭祀燕享所用。”《周礼·天官·笾人》:“笾人掌四笾之实。”郑玄注:“笾,竹器如豆者,其容实皆四升。”孙诒让正义:“祭祀以笾实干物,分四次荐之。”以上三者,“豆”是总名。诸豆皆是祭祀宴享的礼器。前引孔子语“簠簋之事”,在《论语·泰伯》作“笾豆之事”,句中“豆”即用为豆器总名,并泛指祭祀。上古文献常常“笾豆”连用,与“簠簋”一样,可以代称祭祀。《汉书·楚元王传·刘歆》:“弃笾豆之礼,理军旅之陈。”颜师古注:“笾豆,礼食之器也。”

参考文献

[1] [宋]聂崇义:《新定三礼图》,上海古籍出版社,1985 年 6 月。
[2] 杜廼松:《中国古代青铜器简说》,书目文献出版社,1984 年 5 月。

181. 壶·钟·鈁·椑(錍、鈚)·榼(柙、钾、匣)·椑榼

“壶”，盛酒礼器；有盖有耳、大口圈足的中型储食器总称。“钟”、“鈁”，汉代圆形、方形壶专称。“椑”，战国以来，扁圆形酒壶。“榼”，木制饮酒器，后常用作盛酒器；上古至中古种种杂壶的通称。“椑榼”，榼类横壶。

【同义】

《周礼·秋官·掌客》：“壶四十。”郑玄注：“壶，酒器也。”《正字通·金部》：“钟，壶属。”《说文·金部》：“鈁，方钟也。”又，《木部》：“榼，酒器也。”《太平御览》卷七六一引谢承《后汉书》曰：“陈茂为豫州别驾，与刺史周敞行部到颖……传车有美酒一椑，敞敕载酒以行。茂取椑击柱，破之，曰：‘使君传车，榼载酒非宜！’”“榼、椑”同称一酒器。

【辨释】

《说文》部首：“壶，昆吾，圆器也，象形，从大象其盖也。”古文字皆作整体象形（前五、五、五）。李孝定曰：“契文诸壶字上象盖旁有两耳。从○者，盖象腹上环纹，下象其圈足或象旁有提梁之形。”（李孝定《甲骨文字集释》第3221页）即谓壶是有盖、有耳、大口圈足容器的象形。壶仿形并得声于艺植之瓠瓜。《诗·豳风·七月》：“七月断壶。”毛传：“壶，瓠也。”今乡间仍有将成熟之瓠瓜去瓤而干之，做盛流质之容器。最早仿瓠而制的陶壶，如二里头文化遗址出土者，圆腹，无盖。晚商出现青铜壶，加两贯耳及圈足，便于提挈。西周早期壶修长贯耳，仍无盖，壶外或有田字形宽带饰颈腹，像瓠瓜绳缚之形。到西周中期始口上加盖。西周后期又改贯耳为纽耳套环，由此青铜壶均以壶顶大口加盖有环纽供穿绳提挈为重要特征。从战国时期开始，环纽又常设于壶颈下，并成铺首式纽耳衔环，甚至还改为提梁。从壶身之形观，有圆、方、扁、横四形。最早是圆壶，后是方壶，今所见方壶实物可考定年代的大抵皆是春秋、战国器物。方壶之后才出现扁壶，今所见皆为战国末期器物。秦汉时又出现横形壶。至此，圆、方、扁、横四形皆具，“壶”是总称。不论何种形制、质料、用途，凡具壶基本特征者概可谓之“壶”。

春秋蟠蛇纹扁壶

壶主要盛酒。《诗·大雅·韩奕》：“显父饯之，清酒百壶。”《韩非子·外储说右上》：“壶酒不清，生肉不布。”《孟子·梁惠王下》：“箪食壶浆，以迎王师。”《公羊传·昭公二十五年》：“国子执壶浆。”南朝梁陆倕《石阙铭》：“壶浆塞野，箪食盈涂。”“浆”，酒。唐张祜《题上饶亭》

诗："唯是壶中物，忧来且自斟。"河北中山王墓出土圆壶、扁壶，内有青绿色和黛色液体，经化验为乙醇、脂肪、糖等成分，是酒无疑。壶不可径接口而饮，故必与爵、杯等饮器配合。晋陶潜《归去来兮辞》："引壶觞以自酌，眄庭柯以怡颜。""觞"是盛着酒的酒杯之泛称。有时壶顶盖倒置也可作杯（郭沫若《殷周青铜器铭文研究》200 页附录三），但此非常式。壶还可盛别的流质、半流质食物，常作外出携带的储食器。《左传·僖公二十五年》："昔赵衰以壶飧从径，馁而弗食。""飧"，水泡饭。又作"壶餐"。《列子·说符》："东方有人焉……而饿于道。狐父之盗曰丘，见而上壶餐以餔之。"又作"壶餕"，《淮南子·道应》："釐负羁遗之壶餕而加璧焉，重耳受其餕而还其璧。"无论是盛劳军之馈物或出行之备粮，壶经常要用手提挈，初之贯耳、后之纽耳环纽、提梁，皆是对提挈形制的改进。壶不仅是实用的盛器，也用作祭祀的礼器，盛酒备酌。《仪礼·燕礼》："司宫尊于东楹之西，两方壶。……尊士旅食于门西，两圆壶。"此种用作礼器的青铜壶颇为讲究，华饰甚美。如河南新郑莲鹤方壶，鹤顶、龙耳、兽足，华饰满壶，高三尺七寸余，重达 1900 余两，显然用于宗庙之祭祀，他如淮南寿县蔡侯墓，河南辉县甲乙墓、55 号墓、60 号墓等皆曾出土较华美之礼壶。

"钟"是圆壶之专称，行于汉。《说文·金部》："钟，酒器也。"段玉裁注："古者此器盖用以宁（贮）酒，故大其下，小其颈。"《孔丛子·儒服》："尧舜千钟。"但即在汉代，"钟"主要仍用作量名，唯古制不一，量多者，一钟十斛（《淮南子》高诱注），少者以四釜为钟（《后汉书·郎顗传》李贤注）。"鈁"则是汉代方壶之专称。《说文·金部》："鈁，方钟也。"朱骏声《说文通训定声·壮部》"鈁"按："酒器之方者。"通常是四面呈正方，四角有廉隅，其文饰多用菱形或三角形图案。清端方《陶斋吉金录》卷六所载汉鈁有七。如汉赵常乐鈁，鼓腹，腹上有两纽环；方口、高方底，有盖；大小或容六升，或容四升。"钟、鈁"作壶之专称，汉以后皆未流行。

汉代云纹漆钟

汉绘陶鈁

比较复杂的是"椑、榼"。二字也常连用。说者或谓饮器，或谓盛器，或浑释为酒杯。均语焉不详。

"椑"本指椭圆形木柄。《周礼·考工记·庐人》"句兵椑"郑玄注引郑司农曰："齐人谓柯斧柄为椑，则椑椭圆也。"之所以椭圆，盖卑与扁同源。《说文·瓦部》："甂，似小瓿，大口而卑。"王念孙曰："匾匮与錍匮一声之转，大口而卑者谓之甂。"（《广雅·释器》"瓺、瓯，甂也"疏证）黄盛璋曰："凡扁则上下必变卑短，而左右变长阔，故扁圆者谓之椑。此'椑'从'卑'声在字义上所以具有卑、短、圆之义的来源。"（黄文）故"椑"得借作扁圆壶之称。《说文·木部》："椑，圆榼也。"浑称为扁壶。从木，则是木制品。也有金属制，字或作"鉀"。山西出土战国赵器军扁壶："土匀（军）廪四斗鉀。""土军"，赵地。或作"鈚"。战国燕器襄安君扁壶："襄安君其鈚式孛（觳）。"（马王堆帛书《战国纵横家书》四）其器正为扁壶。云梦大坟头汉初墓出土铜蒜头扁壶，其遗册云："二斗鈚一。"早期也近于方壶、圆壶之壶，见于《博古图》、《三代吉金文存》等书著录，也出于新中国成立后之出土物，皆是战国前之器，如安徽寿县蔡侯墓出土一铜壶，铭曰："蔡侯陈之鑑膾（钍）"，其壶口方，下扁圆，此正是方壶至扁壶过渡形态。要之，"椑"用作盛酒壶之称，战国以来，是指扁圆壶。

"榼"或作"柙"、"钾"、"硙"。或谓"柙"形音义近"椑"，或谓"柙"是汉代因书写简易而出现的"榼"字异体。前说显误，上古音"柙"叶部，为［P］收尾之入声韵，"椑"佳部，相去甚远，形也不近，义也有异（见下）。后说谓"榼、柙"为一词，不误，然非汉代因书写从简而出之异体。按，"柙"是"榼"之正体，"柙、榼"当为古今字。"榼"字全见于战国以来书面文献，而秦汉出土之铜器几乎皆作"柙"（或"钾"），按照一般规律，青铜铭文多用古字，书面文献多用后出流行字，尽管今所见"柙"皆为秦汉铜器，但可承古而用，故"柙"当为其古体、正体。此其一。其二，"榼"之盍声于义无取，而"柙"之甲声有义。"甲"有（以坚壳）容受义。甲虫、龟甲为有坚壳之小动物，甲胄是包裹人体之革衣，匣是容受物体之小盒，柙是容受猛兽之槛牢，闸是启闭所受潴水之门，呷是以口吸容受所饮之物。然则可断：作为器皿之"柙"当为从木从呷省，谓木制而可以吸饮之器皿。"甲、盍"皆叶部匣母，故得通用。《释名·释形体》："甲，阖也，与胸胁皆相会阖也。"遂成其异体"榼"以专作器皿之称。

"榼"为木制饮酒器。证之文献甚合。《左传·成公十六年》记晋楚鄢陵大战中晋栾鍼请晋君对楚方主帅修军礼，文曰："公许之，使行人指榼承饮，造于子重，曰：'寡君乏使，使鍼御持矛，是以不得犒从者，使某摄饮。'……（子重）受而饮之。"此榼径可受而饮。与《成公二年》所言对比则更明。《成公二年》记齐晋搴之战中晋韩厥俘获齐方主帅（齐顷公）前，以臣向对方修军礼，文曰："（韩厥）再拜稽首，奉觞加璧以进，曰：'……敢高不敏，摄官承乏。'"觞是盛有酒的酒杯。两处进酒之情景，礼仪性质，甚至所用外交辞令均相似，从而可见，"榼"必与觞相同，皆为饮酒器。但榼又不是小酒杯。唐白居易《效陶潜体诗》之六："床头残酒榼，欲尽味弥淳。"皎然《酬秦山人出山见呈》诗："手携酒榼共书帏，迴语长松我即归。"同时，榼又多作中型盛酒器。《淮南子·氾论》："今夫霤水足以溢壶榼，而江河不能实漏卮。"从大小对比之句意看，榼当是壶类，大于卮。《史记·伍子胥列传》："盛以鸱夷革，浮之江中。"裴骃集解引应劭曰："鸱夷，榼形。"而汉扬雄《酒赋》曰："鸱夷滑稽，腹大如壶。"《太平御览》卷七六一引王隐《晋书》曰："宣帝既灭公孙渊，还，作榼两口，二种酒，持着马上先饮。佳酒塞口，而开毒酒，与牛金，金饮而死。"《列异传》曰："车上有壶榼青白流璃五具。"晋刘伶《酒德颂》："止则操卮执觚，动则絜榼提壶。"（"絜"，通"挈"，提。）晋祖台之《与王荆州忱书》："古人屏爵弃邑，焚罍毁榼。”《北齐书·元韶传》:“魏室奇宝,多随后入韶家……玛瑙榼容三升,玉缝之,皆称西域鬼作也。”由上诸例可见,榼也是壶类盛酒器,且有盖或塞子,可提握、运载,小至三升,又有以琉璃、玛瑙制之者。再从考古出土遗物看。湖北江陵凤凰山 167 号汉墓遗册“大柙一斗”即为漆扁壶;10 号汉墓遗册有“酒柙二斗”,8 号汉墓遗册“二斗榼一”,出土物皆漆扁壶。1956 年江西博物馆收集有西汉一扁壶,铭曰:“于兰家铜钾一,容器斗三升,重二十斤八两。”也有陶壶。1970 年江苏金坛出土六朝浙江上虞窑制青瓷陶壶,刻文曰:“紫(此)是会稽上虞范体可作瓬者也。”“瓬”即“柙”。云梦大坟头秦墓出土之扁壶,小口有木塞封口。综观上引文献材料与出土实物可见,榼可口饮,可贮藏,可大(二斗、鸱夷),可小(三升),非壶似壶,鼓腹扁腹,小口有塞,提运皆可;木漆铜铸,琉璃玛瑙……盖圆、方、扁、横四种壶为汉代通行器皿,官府所制,用之铜器,圆、方壶较多,扁、横二种似为民间制用之器,故形制、质料、大小可各异。黄盛璋曰:“榼自来源于木器,则举凡形制不很规则的圆、椭圆、扁圆以及介于方圆之间而又与木器制造有关,或来源于木器的一些异形壶都可统名为榼,至于圆、方壶,来源于铜壶,早有定名,似不在榼名之内。”(见黄盛璋文)良确。然则榼也包括椑。“椑”则是“圆榼”,即特指榼中扁圆者。唯是范围大小之别,故浑圆椑即榼,如文首引谢承《后汉书》例。要之,榼本是木制饮酒器,后常作盛酒器,是上古至中古期间对小口有塞子的各种形制、原料、大小不同的杂制酒壶的通称。凡木、漆制作“柙”、“榼”,铜器作“钾”,是壶类酒器中仅次于“壶”的大名。

“椑榼”连用则指横壶。横壶更粗陋,今唯见陶器。晋郭义恭《广志》:“汉竹大者一节受一斛,小者受数升为椑榼。”既截竹为之,则当是横形壶。扁者一般上下不高,横里长,横形是扁形(椑)的发展,“榼”是杂制酒壶的通称,故“椑榼”连用为偏正结构,意似扁形,即横圆而扁之杂酒壶,也即榼类横壶。《淮南子·道应》:“襄子疏队而击之,大败知伯,破其首以为饮器。”高诱注:“饮溺器,椑榼也。”《史记·大宛列传》:“以其头为饮器。”裴骃集解引韦昭曰:“饮器,椑榼也。”《汉书·张骞传》之上引《史记》同句,颜师古曰:“椑榼,即今之偏榼,所以盛酒耳,非用饮者也。”盖以人站立为直,则死者仰身,头乃横置。所为饮器故喻为椑榼。至于作用也当是饮盛兼之,师古强生分别无谓也。今出土物无有标明“椑榼”者。日人林巳奈夫《汉代の文物》之附图以临沂银雀山出土与临沂画像石之横形壶当之。

参考文献

[1] 郭宝钧:《商周铜器群综合研究》,文物出版社,1981 年 12 月。
[2] 侯云章、王鸿宾:《中华酒典》,黑龙江人民出版社,1990 年 10 月。
[3] 黄盛璋:《关于壶的形制发展与名称演变考略》,《中原文物》1985 年第 2 期。
[4] 孙机:《说柙》,《文物》1980 年第 10 期。

182. 尊(樽、罇)·彝·盉·罍(櫑)·瓿(錇)·卣(脩)○敦

“尊”，侈口、鼓腹、圈足的盛酒器；也作盛酒器通称，祭祀礼器总称。“彝”，长方高身、有顶盖的华美盛酒器；常作祭祀礼器总称。圆球形食器是“敦”而非“彝”。“盉”，茶壶形宴享调酒器(厚变薄)。“罍”，云雷纹大型储酒器。“瓿”，大口扁矮小盛酒器。“卣”，有弯曲提梁的中型盛酒器，为祭祀礼器。

【同义】

《尔雅·释器》：“彝、卣、罍，器也。”郭璞注：“皆盛酒尊。”《说文·酉部》：“尊，酒器也。”《缶部》：“錇，小缶也。”“缶，瓦器，所以盛酒浆。”则瓿也是盛酒器。《国语·周语中》：“出其樽彝，陈其鼎俎。”《周礼·春官·司尊彝》郑玄注：“彝亦尊也。”贾公彦疏：“尊彝是祭祀之事，列职于此也。”则“尊彝”可同义连用，泛指祭祀之器。金文中连用更多。作祖乙尊，内铭有“作祖乙宝尊彝”两行六字，郊尊腹内铭有“用作宝尊彝”之句。“盉”也是酒器。

【辨释】

“尊”或作“樽”、“罇”。甲骨文与金文、小篆相近，均象双手捧酒器之形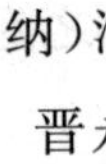(《前五·四·七》)。青铜时代的尊，是盛酒备酌之器，其形制通常是侈口、鼓腹、圈足：侈口为挹注，鼓腹为多容，圈足为平置。整体近于觯、觚而大，像今之高脚痰盂。此外，还有圆口方足尊、大口錾尊、方形尊、多棱尊、有盖尊等。有一类铸为鸟兽形的盛酒器，或归为尊，或归为彝，似归为尊较妥。《梁书·文学传下·刘杳》：“按古者樽彝皆刻木为鸟兽，凿顶及背，以出内(纳)酒。顷魏世鲁郡地中得齐大夫子尾送女器，有牺尊作牺牛形。晋永嘉贼曹嶷于青州发齐景公冢，又得二樽，形亦为牛象，二处皆古之遗器，知非虚也。”出土之鸟兽尊，据容庚《殷周青铜器通论》，可分七类，即：鸱鸮尊、象尊、羊尊、鸟尊、虎尊、牛尊、鸟首兽尊，大都凿背安盖。以上用作专称之尊器，主要见于商代至春秋。

晚商兽面纹尊

由于尊常用于宗庙祭祀，并且本是两手捧献酒器之形，尊敬之意最深，后世有尊贵、敬重、尊长之义以及用为对人敬称，也是明证。唯此，“尊”成为祭祀礼器之称，并产生多种指称用法。王国维《说彝》曰：“尊有大共名之尊。(自注：‘礼器全部。’)有小共名之尊(壶、卣、罍等总称)，又有专名之尊(盛酒器之侈口)者。”(《观堂集林》153页)王说是。作大共名者，即

作祭祀礼器的总称。文首举“尊彝”连用例即然。作专名者,已见上。作小共名者,即作祭祀酒器的通称。《礼记·乐记》:“铺筵席、陈尊俎。”又《明堂位》:“尊用牺、象、山、罍。”郑玄注:“尊,酒器也。”《易·坎》:“樽酒簋贰,刚柔际也。”《后汉书·肃宗孝章帝纪》:“岐山得铜器,形似酒罇,献之。”唐李白《前有樽酒行》之一:“春风东来忽相过,金樽渌酒生微波。”以上诸“樽”皆泛指盛酒器。就“共名”而言,为小共名,即用作盛酒器(包括祭祀与日用)的通称是其主要用法。

“彝”,《说文》作数体会意,其说形不确,甲骨文象双手捧鸟形,表示以鸟献祭。后取鸟形及其他动物形为宗庙祭器(见上)。“彝”非某一礼器象形,故王国维曰:“尊彝皆礼器之总名也,古人作器,皆云作宝尊彝,或云作宝尊,或云作宝彝……彝则为共名而非专名。”(《观堂集林·说彝》)即与“尊”一样,本是宗庙祭祀礼器总称。王说是。《说文·糸部》:“彝,宗庙常器也。”文首引《尔雅·释器》:“彝、卣、罍,器也。”郭璞注:“皆盛酒尊,彝其总名。”又文首引与“尊”连用之例即取其总称用法。但二者犹有微异。“彝”,唯一的引申义是常义:常道、经常。《尔雅·释诂上》:“彝,常也。”《诗·大雅·烝民》:“民之秉彝,好是懿德。”毛传:“彝,常。”《书·君奭》:“兹迪彝教。”孔颖达疏:“彝,法也。”“彝准”,经常的法则。“彝宪”,常法。若“彝器”一语,则难分其取本义抑或引申义。《左传·襄公十九年》:“取其所得以作彝器。”杜预注:“彝,常也。”谓钟鼎为宗庙之常器。《国语·楚语下》:“采服之仪,彝器之量。”韦昭注:“彝,六彝。器,俎豆。”则解为本义。凡此,表明“彝”本指祭礼常器,是宗庙祭祀礼器的总称,故侧重面与“尊”不同,祭祀色彩重于“尊”。

晚商妇好方彝

“彝”,还作为一种祭祀铜器的专称,与“敦”相通别。敦,商代较小,周代较大,盛行于春秋战国时期。一般为三短足,圆腹,二环耳,有盖,盖有三纽。盖有器身相合则为圆球形,分开为两个半球,若盖反立,其三纽即可作三足。敦是食器,盛黍、稷、稻、粱等。《礼记·明堂位》:“有虞氏之两敦。”《周礼·天官·玉府》:“若合诸侯,则共珠槃、玉敦。”郑玄注:“古者以槃盛血,以敦盛食。合诸侯者,必割牛耳取其血,歃之以盟。珠槃以盛牛耳,尸盟者执之。……玉敦、歃血玉器。”敦,从宋王黼《宣和博古图》以来的一些金石家,往往称“彝”或簋,前人已辨其误。今则将圆形者谓之“敦”,作食器;此类之方形者谓之“彝”,称“方彝”,作盛酒器。彝长方高身,带盖,盖似屋顶,盖上有纽,腹或直或曲,也有腹旁上出两扁耳者,全形似两只斗相合,纹饰极为华美。此种方彝,自名多作“宝尊彝”,自名为“彝”的唯己酉方彝一器,著于《博古图》卷上。安阳殷墟五号墓出土一件似两方尊联为一体的长方形器物,底铭“妇好”二字,今人即称“偶方彝”。

“盉”,由石器时代的陶鬶演变而来,故早期是陶制品,椭圆形,深腹,顶部有流(可流水之管、槽),口在旁,鋬在背,三款(空心)足。初期的铜盉仍沿其形,后才规范定型:一般是深腹,圆口,前有流斜上,后有鋬,上有盖,下有低矮的三足或四足。到春秋战国时,款足少,且多四足，并出现了圆腹有提梁的盉。若不计足，则甚似今之茶水壶。盉之名罕见于书面文献。但铜器铭文中有。宋王黼《宣和博古图》所载，商有皐父丁盉、子父乙盉，周有臣辰盉，战国末有圈足的邵宫盉等。盉不是尊彝那样重要的礼器，“然它自早商到战国末，未曾中绝，使用的长久，堪和鼎鬲比寿。即今天的茶壶，仍是古盉的苗裔”。（郭宝钧书151页）盉的用途，旧说不一。《说文·皿部》：“盉，调味也。”则为动词义。许慎恐未见其物。《广韵·平戈》：“盉，调五味器。”今或以为温酒器、盛酒器。按，盉有足，下自可加热，除战国的圈足盉以外，一般当然皆可有温酒之用。但字从皿禾声，声兼义。禾者和也。故究其本用，当是调和为主，但并非调五味。出土铜器盉，一般不与鼎鬲之属合组，故分明不是食器；且若调食味，则成羹，小流口不得出。盖盉是酒水调和器，用来调节酒的厚薄。周制礼酒有玄酒、醴酒，醴酒唯行冠礼时父于子、婚礼赞（助礼者）于妇，聘礼主于宾才用，而其余嘉礼、宾礼、吉礼等皆用“玄酒”。玄酒者，祭先祖时常用水当之。《礼记·礼运》：“故玄酒在室，礼醆（同“盏”）在户。”孔颖达疏：“玄酒，谓水也。……而太古无酒，此水当酒所用，故谓之玄酒。”而用于宴享之礼者多是薄酒。《晋书·祖逖传》：“尝置酒大会，耆老中坐流涕……乃歌曰：‘……玄酒忘劳甘瓠脯，何以咏恩歌且舞？’”因古代宾主献酢必求干杯，即“卒爵”，此为礼之需要；大的酒杯有数升，而人的酒量则有大小，故一定要有和水的淡酒、薄酒，使人人都能尽饮酒之礼。盉，正适此用。其器之用，盛水，开顶盖以受樽中之酒，合盖而握鋬荡涤，盖及细长斜上之流可使荡时不溢，最后握鋬将薄酒从流注于爵而饮（《观堂集林·说盉》）。故盉是用于宴享之礼的调酒器。

“罍”或作“櫑”。《说文·木部》：“櫑，龟目酒尊，刻木作云雷象。罍，櫑或从缶。”文首引《尔雅·释器》：“彝、卣、罍，器也。”郭璞注：“罍，形似壶，大者受一斛。”邢昺疏：“罍者，尊之大者也……虽尊卑饰异，皆得画云雷之形，以其名罍，取于云雷故也。”《诗·小雅·蓼莪》：“缾（瓶）之罄矣，维罍之耻。”毛传：“缾小而罍大。罄，尽也。”然则罍是从缶、雷（靁），指有云雷纹的大型容器。它可以储酒，也可用于盛水。《仪礼·少牢馈食礼》：“司宫设罍水于洗东。”罍，初为陶制，晚商时出现铜罍。有方、圆二形。圆形者，小口，为储酒而防蒸发；广肩，肩生两耳，便于挈持；面前突出一鼻，便于搭手倾倒；大腹，下腹瘦，小平底，或圈足。方形者，宽肩，两耳，加盖。以圆形者居多。铜罍唯大，盛酒必多，多而存久，则为储酒。但储久变酸蚀铜，食易中毒，故古人储酒，多用陶罍。殷墟出土之陶罍远多于铜罍。然而用于庙堂宴享，陶罍甚为粗陋，故礼仪场合，仍用铜罍。于是，陶罍以实用，铜罍以礼观，相得益彰。铜罍既为礼观而设，故外饰尤为精美。《诗·周南·卷耳》：“我姑酌彼金罍，维以不永怀。”毛传：“人君黄金罍。”即刻为云雷之象，以黄金饰之。云雷取像人君恩泽，博施于下臣（据孔颖达疏），寓意十分深刻。秦以后仍有其物其称。汉桓宽《盐铁论·散不足》：“金罍玉钟。”《史记·梁孝王世家》：“初，孝王在时，有罍樽，直（值）千金。”司马贞索隐引应劭曰：“罍

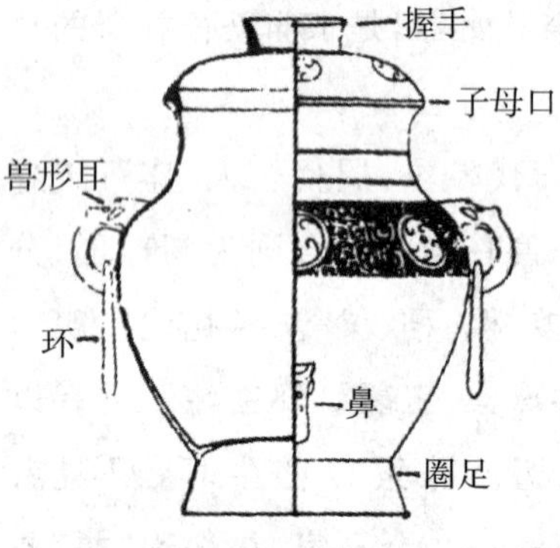

商末周初青铜罍

者，画云雷之象，以金饰之。”汉班固《东都赋》：“列金罍，班玉觞。”唐柳宗元《献平淮夷雅表》诗：“天子饯之，罍斝(jiǎ)是崇。”王昌龄《何九于客舍集》诗：“罍觞且终宴，功业曾未了。”至唐代罍斝早已不用，一般人更不会用“罍”。若此，已成为精美酒器之泛称。

瓿

“瓿”，从瓦音声。音声有小义。“剖”分，分则小。箁，竹箁，即笋壳，薄物。“掊”，手掬物。瓿，《说文·瓦部》训“甂也”。而“甂，似小瓿，大口而卑”。瓿，也即瓿甊。《玉篇·瓦部》：“瓿，瓿甊，小甖(罂)也。”小罂谓之瓿甊，犹小阜谓之培娄。《说文·缶部》：“䍌，小缶也。”为瓿之或体。综上可知，瓿为大口而扁矮的小盛酒器。瓿原为陶制，后有铜铸，一般是身不高，口大而不侈，容量较小，但器外也有文饰似罍。西周后之小罍，常被一些学者罍、瓿互名。瓿应当与罍有别，专列一类。一则容积大小，高低有异，罍是大器，瓿较为扁小。二则罍一般是小口，便于长久储酒，而瓿是暂时盛酒之器，故大口。如郑州白家庄出土之瓿，长颈折肩，大口，口不侈，高圈足，三孔。小屯出土瓿短颈、鼓腹。口更大，也不侈，像扁灯笼。三则“瓿”其名其物，后世一直使用。《汉书·扬雄传下》：“吾恐后人用覆酱瓿也。”颜师古注：“瓿，小甖也。”北齐颜之推《颜氏家训·文章》：“安敢望大圣之清尘，且《太玄》今竟何用乎？不啻覆酱瓿而已。”《晋书·孔群传》：“性嗜酒，导(王导)尝戒之曰：‘卿恒饮，不见酒家覆瓿布，日月久糜烂邪？’答曰：‘公不见肉糟淹(腌)更堪久邪？’”

“卣”，《尔雅·释器》训为“盛酒尊”(见文首引)，郝懿行义疏：“卣，中尊也。”即是中型盛酒器。卣与壶一样肇仿于瓠瓜，后变为铜制，壶仍贯耳、环纽以系绳，卣则改用提梁，口有盖，盖也有纽，下有高圈足以立，浑体椭圆形。也可作圆形或方形，更有作鸱鸮、虎吃人形等鸟兽形者。有提梁，具中等容积，是其最明显特征。故卣俗称“提梁卣”。然西周也见无梁卣，如伯矩卣、驛卣等。卣盛行于商代和西周。考古出土较多，全是西周和西周前的遗物。卣的用途十分狭窄，专用以盛祭祀用的郁鬯香酒，即用郁金香草与黑黍合酿之香草酒，色黄而香味芬芳。《书·文侯之命》：“用赉尔秬鬯一卣。”《诗·大雅·江汉》：“秬鬯一卣。”《周礼·春官·鬯人》“庙用脩”郑玄注：“脩，读曰卣。卣，中尊。”“秬鬯”，“秬”，黑黍；“鬯”，郁金香草。可见，卣也是宗庙祭祀的重要礼器。

晚商祀邲其卣

参考文献

[1] 王国维：《观堂集林》，中华书局，1959 年 6 月。
[2] 郭宝钧：《商周铜器群综合研究》，文物出版社，1981 年 12 月。
[3] 容庚、张维持：《殷周青铜器通论》，文物出版社，1984 年 10 月。
[4] 朱剑心：《金石学》，文物出版社，1981 年 9 月。

183. 爵·角·斝(散)·觚·觯·觥(觵)

青铜饮酒器，一升曰"爵"，"爵"也可作通称。二升曰"觚"。三升曰"觯"。四升曰"角"。五升曰"斝"。六七升曰"觥"，"觥"又作大饮酒器泛称。

【同义】

《左传·桓公二年》："舍爵策勋焉，礼也。"杜预注："爵，饮酒器也。"《诗·大雅·行苇》："洗爵奠斝(jiǎ)。"毛传："斝，爵也。"《礼记·郊特牲》："举斝、角。"孔颖达疏："斝、角，爵名也。"《说文·角部》："觚，乡饮酒之爵也。""觯，乡饮酒也。"《诗·周南·卷耳》："我姑酌彼兕觥。"毛传："兕觥，角爵也。"

【辨释】

在甲金文中，爵皆是整体象形，像伸颈翘尾垂足的雀形(《乙三九〇》)。《广雅·释器》："一升曰爵。"容量甚少。用作小的饮酒器兼温酒器。今出土所见爵均是细腰圆腹，前有长流以倾酒，后有尖凹之尾，以与长流均衡；侧有鋬，以供人右手执饮；爵口有两短柱，或一柱、无柱，柱以挈持(较高不烫手)，作用同鼎之两耳；爵底有三高锥足，足下可加温。容庚所藏父乙爵腹下即有烟炙痕迹，可见也用于温酒(旧说唯作饮器)。爵，先有陶制品，后有青铜铸，青铜爵盛行于商和西周。迄今发现最早的青铜器就是爵，河南偃师二里头出土，相当于商初，其爵束腰、平底，流和尾特长，下细三足。至晚商后期，爵底凸出，呈半圆体，亦瘦长。然无论如何变化，基本形总是三足、两柱、长流、尖尾、细腰、右鋬。铭文中"爵"已作酒器名。《史兽鼎》："锡(赐)女(汝)鼎一爵一。"上古文献习见。《礼记·礼器》："宗庙之祭，贵者献以爵。"《诗·小雅·宾之初筵》："发彼有的，以祈尔爵。""爵"，射爵，射胜者可饮酒。《诗·邶风·简兮》："赫如渥赭，公言锡爵。"容色赭然红如厚丹，但"礼有以小者为贵者，贵者献以爵"(孔颖达疏)。"爵"又可指称各种饮酒器，如文首引《左传·桓公二年》句。又，《礼记·投壶》："当饮者皆跪奉觞曰：'赐灌。'……正爵既行，请立马。""马"即"码"，筹码，礼射胜者立马。先言"奉觞"，觞是泛称有酒之酒

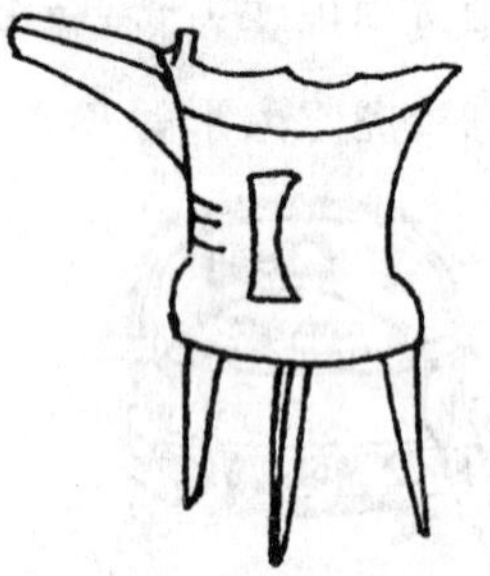

商代兽面爵

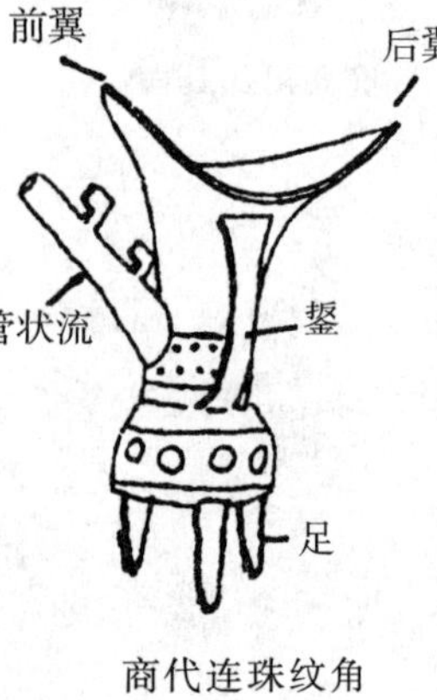

商代连珠纹角

杯，后却称“爵”。《礼记·檀弓下》：“杜蒉洗而扬觯，公谓以侍者曰：‘如我死，则必无废斯爵也。’”则“爵”又指“觯”。“爵”也可指“斝”，见文首引《诗·大雅·行苇》句。可见，“爵”可作饮酒器的通称。

“角”，原是兽角所制饮酒器。晚商时仿兽角铸为青铜饮器，以形似角，故名。“角”与“爵”形制大同，唯角无两柱；不是一流一尾，而是前后皆尾，呈元宝形，似兽之两角。或可有盖。《礼记·礼器》：“宗庙之祭……尊者举觯，卑者举角。”郑玄注：“凡觞，一升曰爵……四升曰角。”则角大于爵。故青铜器之角与爵功用相同，也是饮酒器兼温酒器。1934 年至 1935 年，安阳侯家庄发掘出一组酒器，内有一角，像牛角形，有盖，器口有一耳，可系绳出行携带。1954 年江苏丹徒烟墩山西周墓出土二铜角。今发现的角，多数是商器，少数是西周器，故周秦以来书面文献中少见。《仪礼·大射礼》：“司正适洗，洗角觯南面坐奠于中庭。”

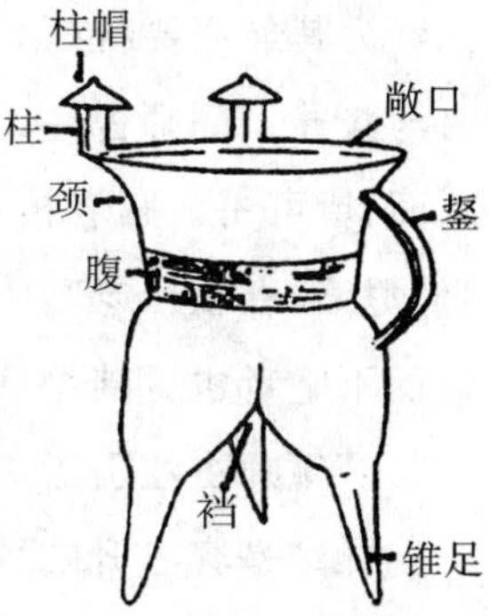

商代兽面纹斝

“斝”者，《说文·斗部》训：“玉爵也……或说，斝受六升。”甲骨文作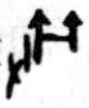（《存下六〇》）《诗·大雅·行苇》：“或献或酢，洗爵奠斝。”毛传：“斝，爵也。夏曰醆（同‘盏’），殷曰斝，周曰爵。”按，爵并非周器（见上），斝亦非始于饮。从出土实物看，它起于二里头晚期，其时唯陶斝。陶斝圆口无柱，三袋足。中商起，始有铜斝，仿陶斝，口加二柱。青铜斝的基本形制，似爵而大，三足、两柱、一鋬，圆口、圆腹、平底（后为加大容量，凸底），无流无尾。青铜斝，盛行于整个商代，至商末而衰，今所见实物也多是商器，故上引《诗·大雅·行苇》毛传言“殷曰斝”，不为无据。斝之用，应与爵同，用作饮酒兼温酒器，但斝容量大，圆口无流尾，恐不甚便于饮用，故应以温酒为主。此外，斝还有更重要的作用：用作祭祀时盛酒灌地降神的灌器。《礼记·明堂位》：“灌尊，夏后氏以鸡夷，殷以斝，周以黄目。”《左传·昭公十七年》：“若我用瓘斝玉瓒。”王国维曰：“瓘当作灌，灌斝即灌尊，斝所以盛鬯，瓒所以用灌也，是古之灌尊亦以斝为之。”（《观堂集林·说斝》）斝之器物与文献中称名曾不能对应：出土遗物斝器甚多，但无自名为斝者；而礼俗中说及酒器，常将“散”与其他酒器并出，但出土实物不见“散”器。于此疑案，由罗振玉《殷墟书契考释》发其端，王国维《说斝》举五证申论，遂以定案：礼经中“散”即是“斝”，斝器又名“散”。盖甲金文“斝”与金文“散”二字形近而讹，故《韩诗说》中述饮器有散无斝，三《礼》中凡称酒器大者或“散角”或“斝角”连文，如文首引《礼记·郊特牲》“举斝、角”，而《明堂位》云“加以璧散璧角”。其“散”即是“斝”。《仪礼·特牲馈食礼》：“实二爵二觚四觯一角一散。”郑玄注：“旧说云爵一升，觚二升，觯三升，角四升，散五升。”《广雅·释器》：“五升曰散。”诸“散”皆为“斝”，斝是盛五升的饮酒器。

“觚”是盛二升（或说三升）的饮酒器。《广雅·释器》：“二升曰觚。”《礼记·礼器》“贱者献以散”孔颖达疏引《五经异义》：“古《周礼》说：爵一升，觚二升，献以爵而酬以觚。”考古发现觚时常与五爵之器及卣、尊等同出，与文献合。觚，最初也是陶制品，长身、侈口，平底无圈

商代兽面纹觚

足。商中期出现铜铸,始加一段微侈之圈足,而上口大张。觚的基本形制是细长身、大侈口、圈足,长身及底部都有凸出的四条棱,口部与底部均呈喇叭状。盛行于商和西周。《论语·雍也》:"觚不觚,觚哉觚哉!"何晏集解引马融曰:"觚,礼器。……二升曰觚。"孔子感叹觚不像个觚,可能孔子所见觚是圆形无棱,以此触景生情,感叹世道的衰颓。《大戴礼记·曾子事父母》:"热觞觚杯豆而不醉。""觚"之异于其他酒器最显著者是有棱。虽然现所见觚不尽是有棱,尊、卣、斝等酒器也或有棱,但觚之长身及底部凸棱十分显眼,且是利用铸范的自然接榫而作的装饰;文字构意亦然。《说文·木部》:"柧,棱也。"凡木四方有角为棱。"柧、觚"二字常通用。故"觚"字从角、柧会意,柧省声,指有棱的酒器。有棱无疑为其最主要特征。引申指其他多角棱形的器物。如木简。《急就篇》卷一首句:"急就奇觚与众异。"颜师古注:"觚者,学书之牍,或以记事,削木为之,盖简之属……其形或六面,或八面,皆可书。觚者棱也,以有棱角,故谓之觚。"如灶角。《太平御览》卷一八六引《庄子》曰:"仲尼读《春秋》,老聃踞灶觚而听。觚,灶额也。""觚"径为棱方义。《庄子·大宗师》:"与其觚而不坚者也。"陆德明释文引崔譔云:"觚,棱也。"《汉书·酷吏传序》:"汉兴,破觚而为圜(圆)。"颜师古注引孟康曰:"觚,方也。"从上述引申用法也可证"觚"之特征在于具棱。

"觯"是容三升的饮酒器。《礼记·礼器》:"宗庙之祭……尊者举觯,卑者举角。"郑玄注:"凡觞,一升曰爵……三升曰觯。"《仪礼·特牲馈食礼》:"实二爵、二觚、四觯、一角、一散。"郑玄注:"觯三升。"其形似尊:侈口、束颈、圆腹、圈足,但侈张度不及尊大,颈的收缩度较大,身腹总是椭圆、圆形而无方形、鸟兽形;圈足较低,而且大都有盖。总之,从盖口至底部,除颈部略凹进外,上下凹凸不太大。春秋时更长其身似觚。无论何种变形,凡觯者,皆无流尾柱鋬之饰,其得名亦缘此。觯从角单声,单声有圆滑义。"箪",圆形盛饭食器。"鳣",即"鳝",鳝鱼,细长圆滑之鱼。"弹",行丸,即弹丸。"蝉",知了,椭圆形身。"鼍",似蜥蜴身圆滑之水虫。"觯"亦属此义系,其器通体椭圆而光滑无突出物。其形制与其礼用酬客有关。《仪礼·乡饮酒礼》:"主人实觯酬宾。"《乡射礼》:"主人实觯酬之。"盖礼宴之中,主人先进酒于客曰献,客答谢曰酢,之后主人自饮,再将酒敬客曰酬。客继而向主人敬酒也曰酬。《乡饮酒礼》:"宾北面坐,取俎西之觯,阼阶土北面酬主人。"在《仪礼》此二篇中,凡言主宾互酬皆用"觯",他处则常用"爵"。显然,酬者必双手捧觯,恭敬之至,觯之不大不小、椭圆腹身,正宜双手相捧。《仪礼·乡射礼》:"不胜者进,北面,坐取丰上之觯。"("丰",承置酒器者。)此是乡射礼中对不胜者罚酒。《聘礼》:"宰夫实觯以醴。"此用于聘礼。由上可断,觯是用于各种吉礼向人敬酒的饮酒器。

晚商兽面纹觯

"觥"又作"觵"。黄即廣,有大义。《说文·角部》:"觵,兕牛角可以饮者也。"盖是最大的饮酒器。也可作盛酒器。本是兕牛角制，呈牛角形，故常称“兕觥”。兕牛角大，故酒器容量大，宜于礼宴中供海量者畅饮。《诗·周南·卷耳》：“我姑酌彼兕觥，维以不永伤。”陆德明释文：“《韩诗》云‘容五升’，《礼图》云‘容七升’。”后说较确。其实是五升以上，容六七升。《诗·豳风·七月》：“称彼兕觥。”又《小雅·桑扈》：“兕觥其觩，旨酒思柔。”“觩”，弯曲貌，谓形如牛角而曲。后也以铜或木制。铜制者，形似匜，椭圆形，或方形大腹，圈足或四足（多圈足）；有盖有流，流口作成小而深的兽口；盖有兽背，作成有角的兽头形，或长鼻上卷的象头形。容庚归为兽形而四足，器腹椭圆而圈足，器腹方形三种。（《殷周青铜器通论》第51页）今兕牛角觥之实物未见，铜觥则少有出土。山西石楼桃花庄出土一觥，整体牛角形，以龙蛇夔鳄等水族动物为饰。觥盛于商代和西周前期。觥之器最大，故在西周以后其物虽无，但其名可作大饮酒器的泛称。宋欧阳修《醉翁亭记》：“觥筹交错，起坐而喧哗者，众宾欣也。”“觥筹”，大酒杯和酒令筹。又引申为大。《国语·越语下》：“谚有之曰：‘觥饭不及壶飧（飨）。’”韦昭注：“觥，大也。大饭谓盛馔。盛馔未具，不能以虚待之，不及壶飧之救饥疾。”汉扬雄《太玄经·毅》：“觥羊之毅鸣不类。”范望注：“觥羊，大羊也。”由其引申之用也可见觥器硕大的基本特点。

晚商龙纹觥

参考文献

[1] 容庚、张维持：《殷周青铜器通论》，文物出版社，1984年10月。
[2] 郭宝钧：《商周铜器群综合研究》，文物出版社，1981年12月。
[3] 王国维：《观堂集林》，中华书局，1959年6月。
[4]〔美〕张光直：《中国古代的饮食与饮食具》，载《中国青铜时代》，三联书店，1983年9月。

184. 杯(桮、柸)·盏·卮(巵)·觞

“杯”，大口深腹饮酒器，椭圆浅腹盛羹器，后者盛于战国至唐。“盏”，小酒杯，口语词。“卮”，圆筒形大于杯的饮酒器。“觞”，盛了酒的饮酒器通称。

【同义】

《集韵·平灰》：“桮……盖今饮器，或作𨢡、杯、盃。”《广雅·释器》：“盏，杯也。”《玉篇·卮部》：“卮，酒浆饮器也。”《吕氏春秋·义赏》：“断其头以为觞。”高诱注：“觞，酒器也。”诸名皆为饮酒器。

【辨释】

“杯”字古今熟见，然解者多歧。《辞源》：“盛饮料的器皿。”《辞海》：“盛饮料器，古亦指盛羹器。”王力则谓上古“杯不是指的茶杯的‘杯’，而是盘子之类的东西叫‘杯’”（《古代汉语的学习与教学》181页）。又有人修正曰：“‘杯’在上古时常指盛放饮料及羹的器皿，在汉魏六朝时可作为盛放各种饮料、食物的器皿的总称。”唐宋前，“杯似乎相当于现在所说的盆子”。（《蔡镜浩文》）中心问题是：在上古或延至南北朝期间，“杯”是一器还是二器？《辞海》作二器，其余三说，皆断为一器。究竟是几器、功用如何？

所谓饮酒器，明言之，就是今用的各种大口深腹杯。属于新石器龙山文化庙底沟二期的河南郑州大河村出土陶器中即有其物：圆身、圈足，高约10厘米，直径约8厘米。而同期的庙底沟出土陶器有单耳杯，高约15厘米，宽约10厘米，中腹微鼓，有一耳鋬，一似今之刷牙杯（下所举皆深腹杯，尺寸从略）。河南孟津小潘沟的单耳杯，径长于高，呈微扁形，耳鋬部分筒腹，鋬下斜收结底。河南淅川下王岗的高脚杯，足部高于杯身，整体似今之高脚玻璃杯而长足粗圆。山东诸城呈子遗址出土的高柄杯，像一支纺锭而侈口，中收（便握）。下至商代，中原地区是青铜盛世，铜杯较为少见，但西北地区辛店文化的甘肃永靖姬家川、张家嘴均出土有鋬和无鋬铜杯数只。下至周代，陕西沣西张家坡村东西周铜器窖藏坑所埋53件铜器中即有铜杯。安徽固始侯固堆战国初期大墓有釉陶杯，湖北曾侯乙墓有髹漆木杯。在战国后期至西汉前期滇文化的一些大墓中，铜杯也是常见的随葬品之一。战国以下杯更多，兹不烦举。以上所举仅是出土陶杯、铜杯、木杯之一部分，考古工作者均称为“杯”。杯之形制多样，一般都比较小，容积在三、四升以下，无多纹饰，与爵之类礼器不能比列，属于常用的简陋饮器。

但是，从战国而下，还流行一种耳杯。《辞海》释：“耳杯，亦称‘羽觞’。中国古代饮器。

椭圆形，木胎涂漆，两侧各有一耳，有的在耳上装镏金铜饰。也有全部铜制的。陶制的为明器。盛行于战国、汉至晋时。"大抵如是。此即诸家所言盆子一类器皿，深于菜盆，浅于汤碗。耳杯往往与深腹杯同出。最早见于战国墓。上举曾侯乙墓，既有漆杯，又有耳杯，在中室的矩形髹漆酒具箱中竟装有漆耳杯 16 件。云梦大坟头秦汉墓有髹漆耳杯和耳杯盒，其中一号汉墓出土的木牍上记随葬物有"桮"，而其物是木胎挖制、两侧有对称新月形双耳、椭圆平底的耳杯。安徽阜阳双古堆西汉汝阴侯墓的漆耳杯，自铭为"杯"，形制同上。山东诸城出土画像石中有一幅数人跪坐宴饮图，地上案盘内置有众多的耳杯。据对洛阳数百座汉墓随葬品的综合研究，其晚期（王莽前后）比前期（汉初）新增的一些奠品中即有耳杯（参容庚等书第 61 页）。河西走廊武威磨咀子汉代墓葬群（已发掘 72 座）发掘所见，案上陈放盘、耳杯等饮食具，已成为随葬品放置的一个通例。在长沙数百座西汉和东汉各期墓葬中，漆器耳杯是最多的出土物之一。至魏晋南北朝耳杯仍盛。在武昌任家湾黄武六年（227 年）东吴墓前室中出现与盘、唾盂等一起的铅耳杯。南京象山东晋王氏 7 号墓玻璃杯、耳杯并出。嘉峪关魏晋墓壁画的许多《宴乐》《宴饮》图，几乎每图均见耳杯。下至唐代还有余波。陕西耀县柳林背阴村发现唐代窖藏金银器，中并有"银杯二、银羽觞三"（《文物》1966 年第 1 期）。西安南郊何家村发掘出两瓮唐代窖藏文物，其中有"狩猎纹高足银杯一、蔓草鸳鸯纹银羽觞二"（同上）。由上可知，此种耳杯，今所见战国以来实物甚多，铜、陶、木（髹漆）、银、玉、铅等质皆有。可以说，耳杯行于战国至隋唐间，盛于战国至汉魏；而从新石器时代以来，深腹杯更是代代不绝。

有其物必有其名。当然，对于出土的大量深腹杯，文献中可能会有别的称名，惜至今未见。"耳杯"，此称名中古前也未见。文献唯见"杯"之称，"杯"或作"桮"、"柸"。则自然可以认为：文献之"杯"应兼指此二器。事实亦然。文献不仅与实物吻合，而且对二器的不同用途作了极好说明。

一类，为深腹杯。

《晏子春秋·内杂上》："晏子奉桮血，仰天叹曰。"《韩非子·难三》："知伯无度……此知伯之所以国亡而身死、头为饮杯之故也。"头为饮杯，必是深腹容器。《孟子·告子上》："今之为仁者，犹以一杯水，救一车之火也。"此用古谚。《文子》有"一勺不能救一车之薪"之语，洪迈以为《孟子》语出自平王时之文子（《容斋三笔》卷十五），虽不尽然，但可知其所指"杯"，当类于挹酒之勺，即小酒杯。《史记·项羽本纪》："张良入谢，曰：'沛公不胜桮杓，不能辞。'"杓即酒勺，舀酒入杯而饮。《太平御览》卷五七四引《搜神记》："其舞（指《晋世宁舞》）抑手以执杯盘而反覆之。……杯盘，酒食器也。"《宋书·乐志》据此而言："此则汉世唯有《盘舞》，而晋加之以杯，反覆之也。"杯、盘为二物，盘是食器，杯当是酒器，必非盘状物。《艺文类聚》卷七三引《南州异物志》曰："鹦鹉螺，状似霞，杯形如鸟，头向其腹，视似鹦鹉。"此亦非浅底之盘状。南朝梁陆倕《蠡杯铭》曰："用迈羽杯，珍逾渠椀，实同蠡测，形均朴满。"蠡是挹水小瓢，此当指深腹小杯。《永嘉郡记》曰："君（郡）鄣山袁君庙神降于祝史，以神前杯灌地，以大羹杯覆之。”此明言两种杯，前者不同于大羹杯，当是深腹酒杯。南朝陈后主《枣赋》：“羞含盘于冰水，荐玉案于深杯。”也明谓酒杯深腹。上所引举诸深腹杯，大都从文例可见，其容量较少。又《续汉书·礼仪志》曰：“天子明器有瓦大杯十六，容三升。瓦小杯二十，容二升。”《太平御览》卷七五九引《十洲记》曰：“周穆王时，西胡献夜光常满杯，杯容二升。”盖通常在三升以下，与出土实物相吻。

另一类是浅腹杯，即耳杯。

《韩非子·说林上》：“纣为象箸而箕子怖，以为象箸必不盛羹于土铏，则必犀玉之杯；玉杯象箸，必不盛菽藿，则必旄象豹胎。”（亦见《喻老》）“中山之君，烹其（指乐羊）子而遗之羹，乐羊坐于幕下而啜之，尽一杯。文侯谓堵师赞曰：‘乐羊以我故而食其子之肉。’”杯用于盛羹，羹是有肉或调米、菜的浓汤或糊状物（参第170条）。《庄子·逍遥游》：“覆杯水于坳堂之上，则芥为之舟。置杯焉则胶，水浅而舟大也。”此指扁平而凹、敞口而大之耳杯，可如船而浮，今水浅则粘而不得行。《孟子·告子上》：“孟子曰：‘子能顺杞柳之性，而以为桮棬乎？将戕贼杞柳，而后以为桮棬也？’”“桮棬”或作“杯圈”，是用枝条编成耳杯形，再涂以漆。《说文·木部》“桮”下段玉裁曰：“古以桮盛羹，桮圈是也。”《淮南子·齐俗》：“窥面于盘水则员（圆），于杯则隋（椭）。”此是椭圆形杯，即耳杯。《史记·项羽本纪》：“吾翁即若翁，必欲烹而翁，则幸分我一杯羹。”此指一耳杯羹，与《韩非子》例同。《大戴礼记·曾子事父母》：“执觞觚杯豆而不醉。”句中“觞觚”指酒器，“杯豆”指食器。《汉书·朱博传》：“博为人廉俭，不好酒色游宴，自微贱至富贵，食不重味，案上不过三桮。”杯中盛羹菜。《太平御览》卷七五九引晋束皙《贫家赋》曰：“持缺耳之破杯。”可见，此杯原有两耳即为耳杯。《新唐书·卢怀慎传》：“卢怀慎……日晏设食，蒸豆两器，菜数柸而已。”《东夷传·新罗》：“新罗居汉乐浪地……食用柳桮。”盖类于《孟子》之“桮棬”。

由上可知，从上古到隋唐，尤其战国至汉晋间，杯分两类：一是深腹杯用于盛酒、血、水等流质物，是饮器；一是浅腹的耳杯，用以盛羹和其他菜肴，是小型食器。文献中二物并载，共称为“杯”。考古发掘中，许多遗址的出土物亦二物并见（见上）。在成都等地出土的不少汉画像砖《宴饮图》中更能见到耳杯与深腹杯并用的景象，文献与实物完全吻合，则杯分两类，绝无可疑。其实，前人也不乏有识之士。朱骏声《说文通训定声·颐部》“桮”下曰：“古盛羹若注酒之器，通名曰杯也。”上引南朝梁陆倕《蠡杯铭》“用迈羽杯”，谓蠡杯之用超过羽杯。羽杯即羽觞一种。《西清续鉴·羽觞·汉羽觞》：“此器长圆，左右如傅翼，盖取飞觞之义。”即耳杯类。杯旁两耳既可当把手，又可饰为飞鸟的两翼，故谓“羽觞”。而蠡杯即深腹杯，可见陆氏以杯为二类。《永嘉郡记》也分出神前杯即深腹酒杯、大羹杯两类。又，《大戴礼记·曾子事父母》句，北周卢辩注：“杯，盘盂盆盏之总名也。”因此有学者据此论断：杯在汉魏六朝时可作为“盛放各种饮料、食物的器皿的总称”（蔡镜浩文）。此乃误解。若然，壶、碗、盎、瓮、罐等岂非均成了“杯”？此既有违卢氏意，文献也无旁证。按，卢注乃谓杯有深浅大小的不同，深腹可盛饮料者，是盂盏，大者为盂，小者为盏；浅腹而盛羹菜者，大者为盘，小者为盆，总称（泛指）为“杯”。当时未有“耳杯”之称，盘盆即是耳杯类器皿，因此，卢氏实也正谓杯有两类。总之，对于从上古到隋唐之“杯”，不能偏执一端，应据其形制、用途随文而定，但二者必居其一。

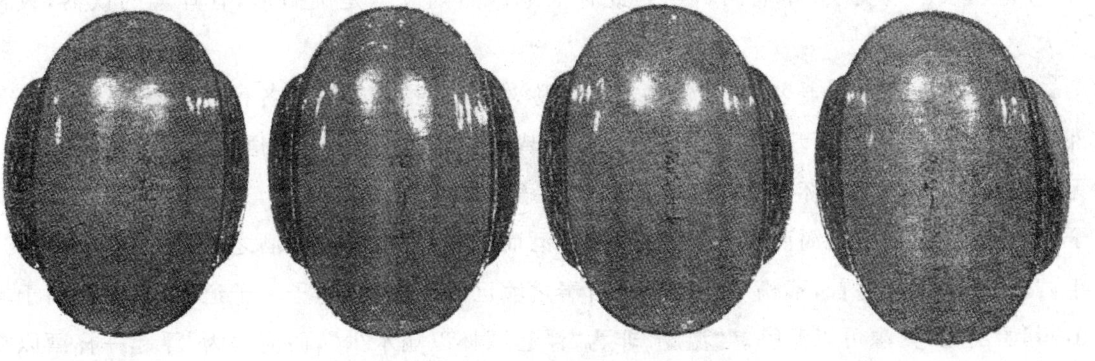

长沙马王堆出土汉代漆耳杯

“盏”指小酒杯。《方言》第五：“盏，杯也。……自关而东赵魏之间曰槭，或曰盏。”郭璞注：“最小桮也。”盏从戋皿，戋亦声，戋声字多有小义。宋苏轼《司马君实独乐园》诗：“花香袭杖履，竹色侵盏斝。”明李时珍《本草纲目·介部一·蟹》“螃蟹”集解引苏颂曰：“蝤蛑……其大者如升，小者如盏楪。”“盏”字在文言中少用，是古代的口语词。

长沙马王堆出土汉代漆卮

“卮”本作“巵”，是主要行于秦汉的一种饮酒器，下至魏晋也有。《礼记·内则》“敦、牟、卮、匜，非莫敢用。”郑玄注：“卮匜，酒浆器。”古人“觗”常误为“匜”，此匜也当为觗，觗大卮小而并举。“敦、牟”，盛黍稷器。《战国策·齐策二》记“画蛇添足”故事云：“一人蛇先成，引酒且饮之，乃左手持卮，右手画蛇曰：‘吾能为之足。’未成，一人之蛇成，夺其卮曰：‘蛇固无足，子安能为之足？’遂饮其酒。”此用卮饮酒。在著名的鸿门宴中用的也有“卮”。《史记·项羽本纪》：“项伯即入见沛公。沛公奉卮酒为寿，约为婚姻。”“项王曰：‘壮士，赐之卮酒。’则与斗卮酒。……项王曰：‘壮士能复饮乎？’樊哙曰：‘臣死且不避，卮酒安足辞！’”《史记·高祖本纪》：“高祖奉玉卮，起为太上皇寿。”三国魏文帝《答杨修书》：“重惠流离，卮朝厚意。”晋傅咸《污卮赋》：“人有遗余琉璃卮者，小儿窃弄堕之不絜。”卮的形制，《说文·卮部》云：“圆器也。”《庄子·寓言》：“卮言日出，和以天倪。”“日出”，日新。陆德明释文：“《字略》云：‘卮，圆酒器也。’……王云：‘夫卮器满则倾，空则仰，随物而变。’”按，所谓“圆器”，不具体，陆德明所释更不着边际。出土实物可纠补文献之不足。前引安徽阜阳双古堆汉汝阴侯墓还出土自铭“卮”的二器：木胎，圆筒状，直壁平底，单环形鋬，髹漆，饰几何纹，通高 11 厘米，口径 12 厘米，均烙有“女阴侯卮容五升”之字。1975 年，湖北云梦睡虎地第十一号秦墓出土的卮高 12 厘米，口径 12.5 厘米，木胎，里红漆，外黑漆，并饰凤纹、几何纹。睡虎地第三十四号、二号秦墓所出卮则有盖，盖上都有绘饰。其他还有一些卮容量相近。但 1975 年，湖北江陵凤凰山一百六十八号汉墓出土大漆卮高22厘米，口径20厘米，可容一斗（《文物》1975年第9期）。可见，卮一般容五升，字书解为"四升"差近，所谓"圆器"是指圆筒形，或盖或否，一似今之搪瓷杯。而大者可有一斗，称"斗卮"，项羽赐樊哙"斗卮酒"，当是此种大卮。然则卮当是圆筒形，有耳鋬的饮器，较杯为大。

"觞"，不主指某一器名，而是饮酒器的通称，但只通指盛了酒的各种饮酒器。《说文·角部》："觞，实曰觞。"段玉裁注："凡礼经曰实者，皆得曰觞。"《国语·越语下》："肆与大夫觞饮，无忘国常。""觞饮"，执杯而饮，觞内有酒。《吴语》："觞酒、豆肉、箪食，未尝敢不分也。"《韩非子·十过》："司马子反渴而求饮，竖谷阳操觞酒而进之。""觞酒"，有酒之觞。《左传·成公二年》："（韩厥）再拜稽首，奉觞加璧以进。"所奉之觞已酌入酒。《荀子·子道》："昔者江出于岷山，其始出也，其源可以滥觞。""滥觞"非为"浮起酒杯以喻水少"，而应解为"浮起一杯酒以喻水少"。《大戴礼记·曾子事父母》："执觞觚豆而不醉。"卢辩注："实之曰觞。"《文选·张衡〈东京赋〉》："执銮刀以袒割，奉觞豆于国叟。"谓天子亲自肉袒操刀割牲，奉酒及牲肉敬三老五更。《文选·颜延之〈三月三日曲水诗序〉》："肴蔌芬藉，觞醳泛浮。""觞醳"，指酒。南朝梁沈约《齐故安陆昭王碑》："奉觞奠以望灵。"唐韦应物《答长宁令杨辙》诗："嘉宾自远至，觞饮夜何其！"皆其例。唯是有实，故"觞"多用为动词，进酒饮或自饮。《左传·襄公二十三年》："伏之，而觞曲沃人。"《吕氏春秋·达郁》："管仲觞桓公。"高诱注："觞，飨也。"晋王羲之《三月三日兰亭诗序》："一觞一咏，亦足以畅叙幽情。"此指饮酒赋诗自娱。当然，浑言之，有时"觞"也可泛指一般酒器，无论虚实，与"杯"同。汉刘向《说苑·反质》："绘帛为茵褥，觞勺有彩。"《大戴礼记·武王践阼》："觞豆之铭曰。"诸"觞"皆泛指酒杯。但"觞"主要用作有酒的饮酒器通称。

参考文献

[1] 容庚、张维持：《殷周青铜器通论》，文物出版社，1984年10月。
[2] 中国社会科学院考古所：《新中国的考古发现和研究》，文物出版社，1984年5月。
[3]《随县曾侯乙墓》(发掘简报与论文汇编)，湖北省博物馆编印，1979年7月。
[4] 王力：《古代汉语的学习和教学》，载《谈谈学习古代汉语》，山东教育出版社，1984年5月。
[5] 高文：《四川汉代画像砖》，上海人民出版社，1987年2月。
[6] 吕林：《四川汉代画象艺术选》，四川美术出版社，1988年3月。
[7] 蔡镜浩：《说"杯"》，《中国语文》1986年第4期。

六、建　筑

185. 城·郭(廓)·郛

“城”，城墙通称，特指内城墙、内城。“郭”，外城墙、外城。“郛”，大郭，汉后不常用。最早有城墙的城邑见于新石器时代晚期。西周奠定了后世城邑体制，后虽有两次大的城建变革，但以宫城为中心立南北主轴线等原则均被继承。

【同义】

《说文·邑部》：“郛，郭也。”《广韵·平清》：“城，城郭。”汉蔡琰《悲愤诗》之一：“城郭为山林，庭宇生荆艾。”汉贾谊《新书·阶级》：“守卫捍敌之人，诚死城廓封境。”“廓”即“郭”。唐韩愈《别知赋》：“倚郭郛而掩涕，空尽日以迟留。”“城郭”、“郭郛”皆泛指城邑。

【辨释】

《说文·土部》：“城，以盛民也。从土从成，成亦声。”用声训释义。按，“城”，西周金文从郭成声，春秋已同小篆，其字当指以土所成，即城墙。盖古代城皆垒土、夯筑而成，至明代才做砖墙。《左传·襄公八年》：“寡君将帅诸侯以见于城下。”“城下”谓城墙之下。《孟子·公孙丑下》：“城非不高也，池非不深也。”“城”、“池”，指城墙、护城河。“城”是城墙的通称。但与“郭”相对，“城”指内城墙。内城墙构成内城，又称子城。“郭”，又作“廓”，声源亦“廓”。《释名·释宫室》：“郭，廓也，廓落在城外也。”外棺为“椁”(或“槨”)，去毛之皮为“鞹”，皆取义于廓意。“郭”为外城墙。外城墙构成外城，又称罗城。《管子·度地》：“内为之城，城外为之郭。”

“郛”也指外城。《国语·吴语》：“越王勾践乃率中军，泝江以袭吴，入其郛，焚其姑苏。”姑苏是吴都城，郛在姑苏城外。《左传·隐公五年》：“郑人以王师会之，伐宋，入其郛，以报东门之役。……公闻其入郛也，将救之。问于使者曰：‘师何及?’对曰：‘未及国。’”杜预注：“郛，廓也。”此明谓入郛而未至国城，更可见郛必在内城之外。同为外墙，相对而言，郛大于郭。《公羊传·文公十五年》：“齐侯侵我西鄙，遂伐曹，入其郛。郛者何？恢郭也。”何休注：“恢，大也。”“恢郭”谓城外大郭。《文选·张衡〈西京赋〉》：“经城洫，营郭郛。”李善注引《公羊传》曰：“郛者何？域外大郭也。”但“郛”多用于汉以前，使用不广。

城、郭之设，是为围构而成城邑。

关于我国城市的源头，考古、历史界正在探究。20世纪70年代末开始发掘的河南淮阳平粮台和登封王城岗遗址，都发现了外围的夯土墙，但是否为城墙，尚有争议。河南偃师二里头遗址，盖是已见的较早城邑，但不见城墙。然而1989—1990年山东著名的城子崖旧遗址(龙山文化即以此地命名)的新勘探,却有了新突破,发现了龙山文化城址、岳石文化(即夏代)城址、周代城址。其中龙山文化城址,南北长530、东西宽430米,残存城墙埋地表下2.5—5米,残宽8—13米,总面积为20万平方米。此可谓至今所见最大、最早有城墙的城邑。这确凿表明我国新石器时代晚期已有了城邑。其后,郑州商城、湖北黄陂盘龙城,均见夯土城圈。但是,有完整体制的城邑周代才出现,最能代表城邑水平的当是周代天子的王城和诸侯的都城。事实表明,实行大规模"封建"的西周之初,周公营建洛邑,各受封诸侯国大批营建国城,是我国历史上第一次空前的建城高潮,奠定了我国后世城邑的基本体制。其城建制度主要见于《周礼·考工记·匠人》,还散见于其他上古文献与西周金文。

按照西周城制,城邑分为三级:一级是天子王城,二级是诸侯国城,三级是卿大夫封邑。三级城邑以九、七、五的等差递降。王城城墙方九里,故侯伯方七里,子男方五里。一国之内,卿大夫采邑又以国城为基准而递降。"先王之制,大都不过参国之一,中五之一,小九之一"(《左传·隐公元年》)。即谓大的封邑城墙不超过国都城墙的三分之一,下仿此。所谓"方九里",指城墙每边长9里。据文献和中原一些春秋城邑的考古探测,其墙一般高7丈(周尺,下同),剖面呈梯形,宽度顶部为5.83丈,底部为7丈。而四川广汉三星堆蜀国古都城墙断面基部宽40余米,顶部宽20余米。墙上有凸形的女墙,又称逆墙、城堞,其高为1.17丈。城墙四角为隅,当高出2丈,并有突出面,筑成呈方形的夯土台,与城墙同高,台上筑角楼,高2丈(参贺业钜书第二章)。城墙每边有三门,皆筑有门台,台上有城楼,称"台门"。《诗·郑风·出其东门》:"出其闉阇。"毛传:"阇,城台也。"("闉",瓮城。)齐临淄故城小城东门即此。当城邑发展,城外再加一城圈,便成了外郭内城。郭城与内城相配,文献或称"三里之城,七里之廓"(《孟子·公孙丑上》),或谓"五里之城,七里之廊"(《战国策·齐策六》)。据对春秋城的实测分析,一般城与郭周长之比大多不超过1∶2.3,而天子的王城应为1∶3,则郭城一边应27里,周长108里。今探测上古城邑遗址,如齐临淄,郭城为不规则方形,周长14公里。内城在西南部,为宫殿区,以桓公台为主体,南北长1.8公里,东西1.23公里。内外城平面均作纵向的长方形。淹国(今江苏常州市南)有三道城墙,二道城壕。内城为不规则圆形,周长1.5公里,外城周长3公里。燕下都东西8300米,南北4000米,内城在东部,面积为全城之半。城郭相重,一般是一城一郭,外郭包内城。但后世京城往往三重:最内宫城,也称紫禁城,其次皇城,最外是郭城。明代的北京、南京,则是四重城郭。

城郭之所以成为城墙,在于围而成城,城即为国(指都城)。其城完全是井田制的模式。在九里见方范围内,经(南北)纬(东西)各三大道,通过三个城门,每道三涂,宽九轨,七十二周尺。一般用两个门墩分隔成三道,中宽为车道,左右为人行道,道分男女。《礼记·王制》:"道路男子由右,女子由左,车从中央。"湖北江陵楚都纪南城的西垣北门遗址,即为此实例:两门垛分为三道,中道宽7.8米,两侧各宽3.8—4米。城四周有"环涂",即环城道,城外还有"野涂",直通王畿。全城像切成井字的块域。《周礼·考工记·匠人》曰:"左祖右社,面朝后市。"即宫城位其中,是全城的核心。外朝在宫城外(南)的宫前区,治朝燕朝(合为内朝)在宫城区内，宫外周以垣，宫则分前(南)朝后(北)寝(参第187条)。在外朝之外，左设宗庙小区，右置社稷小区，官署及其他官府次舍均在宫前区南之中轴线两旁。宫城之北设市，或在中轴线上或在两旁，紧连正北门，是朝廷控制、定时开闭的集市。无铺肆作坊(参第47条)。从王城正南门经外朝，穿过宫城区，过市，直抵正北门，此即为宫南北中轴线，也即全城规划的主轴线，以王宫为代表的重要建筑皆处其上，奴隶主统治者亦活动于此，而一切低下的人等、行业，皆远离此线。故城邑内居民按不同职业、等级定居，不可杂处。大致是贵族、卿大夫宅区近宫，一般庶民分处城四隅。而在城之外郭之内的宽广地带，则设置为王室服务的手工业作坊。今所见郑、韩故城即为此布局。陕西扶风云塘南地发现西周中期大型制骨作坊遗址，范围有5万平方米，皆距西周宫殿、宗庙遗址一段距离。郭内还有大量场圃地，种植瓜果蔬菜，以供王室人员和其他居民食用。很清楚，如此城郭完全不同于西方中古时独立于封建领主之外的商业城市，而是奴隶制的大型政治、军事城堡，正如有的专家所论断：它“不是经济起飞的产物，而是政治领域中的工具……是统治阶级用以获取和维护政治权力的工具”(张光直文)。像众星拱月，城、郭、各类民居、官署、市、街道等，所有一切都是王宫的卫屏，而王宫的中心人物是天子。诸侯国城、卿大夫采邑亦类此。

奴隶制城邑的体制，当然不能适应封建制的要求。在我国城规史上，战国时期出现了第一次大的变革。其时，周王朝衰落，三级城邑体制被冲破，许多城邑已不是分级的国城，而是京都和郡县的治所；商业经济的发展，使商业区、手工业区扩大，市民增多，终由“城”邑而变为真正的“城市”。总之，城市的形制、规模、结构等方面都冲破了井田制、礼制的一些框框，使其经济因素大为增强。当时，不仅有冲破旧制的临淄、燕下都、邯郸等城市，还涌现出如陶邑、宛(楚)等新兴商业都会。第二次大的变革，则是北宋末期。其时，北都汴京，南都临安(杭州)，皆使原集中的市制变为密布全城的商业网，封闭式的里坊变为开放式的坊巷，居民按街巷聚居；商店铺肆分布各街道，并出现许多新兴的茶楼、瓦子(剧场)、菜馆等服务行业点。此基本上已是现代城市的格局(参第47条)。

但是，西周传统体制的一些基本方面仍被许多都城继承。主要是：一、宫城南北中轴线为全城的主轴线，宫城是全城的中心。二、左祖右社、面朝后市、前朝后寝的序列。三、城郭的按规格设置。四、街道、巷坊、建筑布局的井田方格网系统规划法。曹魏邺城、北魏洛阳皆是早期继承传统的范例。北魏洛阳城，郭墙东西二十里，南北十五里，周围七十里，郭城内设置有商市、手工业作坊，以及专供工商业者、南朝降服者、外国商人居住的里。宫城在城中部偏北，中轴线即过宫城的南北主干道铜驼街，街出宣阳门直到南郭门圜丘。南半部沿主干道两侧设置官署、贵族宅第、寺院。城内“分别士庶，不令杂居，伎作屠沽，各有攸处”(《魏书·韩显宗传》)。五朝大都北京城则是中后期继承传统的范例。明清北京城在辽、金、元建制的基础上发展。今故宫博物院即宫城，宫殿按三朝五门、前朝后寝之制设置。外围皇城。皇城南区，即宫城正南门午门之外、皇城正南门天安门以北，左(东)为太庙，右(西)为社稷坛。其北区是景山建筑群、鼓楼。原设有市，后废。皇城之外是外城，有郭墙。中轴线通过宫城，北出神武门，直抵景山、鼓楼；南出午门、端门、天安门，而南大明门（大清门）、正阳门，直至外城的永定门。棋盘式道路网，居民里巷，均由中轴向两边辐射。由此可见，北京城基本体制完全体现了《考工记·匠人》总结的西周城制。影响所至，即少数民族地区的都城也一遵周制。如渤海国上京龙泉府址郭城东西长4500、南北长3300米，正中（南北）为大街，街两旁为东西市，大街尽处为皇城，即内城，东西1060、南北1180米。皇城内为宫城，东西620、南北720米。宫城是五进的宫殿基址。西周的体制，还渗透到中古以来的地方府城。宋代平江府（苏州）即为一例。其城制清楚地保留在我国最早的城市地图《平江图》中。平江城是南北四公里余、东西三公里余郭城构成的长方形。城中道路，东西向有三条，南北向有四条较大的河道，俗称"三横四直"，是城的主干道，直对城门，故城门旁有水城门，许多纵横的小河与小巷相并行。全城平面一似方格棋盘。其核心府治在城中央，略偏南，分府院、厅司、兵营等六区，主要建筑物明显设置在中轴线上，四周有城墙，构成子城。此是京城城制的一个缩影。但由于是宋代的府城，故全城已密布稠密的工商业网点，如米行、果子行、米市、鱼市、花市等，皆有固定的地段。城市民坊毗连，寺观林立，园林宅第，交相辉映。平江府城，可谓地方府城继承与创新的范例。

纵观我国几千年城制，可知"城、郭"本指内外城墙；早期的城墙构成奴隶主的政治、军事城堡，即城邑；战国以来，则构成有不断增长的经济因素的封建制城市。

参考文献

[1] 刘敦桢：《中国古代建筑史》，中国建筑工业出版社，1980年10月。
[2] 同济大学城市规划教研室：《中国城市建设史》，中国建筑工业出版社，1982年12月。
[3] 贺业钜：《考工记营国制度研究》，中国建筑工业出版社，1985年3月。
[4] 俞伟超：《中国古代都城规划的发展阶段性》，《文物》1985年第2期。
[5]《楚都纪南城的勘查与发掘》（上），《考古学报》1982年第3期。
[6] 张光直：《关于中国初期"城市"这个概念》，《文物》1985年第2期。
[7]《城子崖遗址又有重大发现，龙山岳石周代城址重见天日》，《中国文物报》1990年第29期。

186. 池·壕(濠、隊、豪)·堑(壍)·隍

我国从上古至宋代的城墙都是夯土墙，泥土就地挖取，故有城墙必有护城河。护城河中古前常称“池”，与“城”并用。魏晋后，常称“壕”，范围大于“池”，有更明确的军事防御性质。也称“堑”，指深险难越的护城河。“隍”，水干涸的护城河。

【同义】

《诗·陈风·东门之池》：“东门之池，可以沤麻。”毛传：“池，城池也。”《集韵·平豪》：“壕，城下池，通作濠。”《广韵·去艳》：“隊，坑也，绕城水也。”宋陆游《观长安城图》诗：“横戈上马嗟心在，穿堑环城笑虏孱。”“堑”指护城河。《说文·自部》：“隍，城池也。”《墨子·备城门》：“城厚以高，壕池深以广。”北魏郦道元《水经注·淮水》：“陂水……北注汝阴，四周隍堑。”“壕池”、“隍堑”皆同义连用，指护城河。

【辨释】

我国古代的城，从现今所发掘较早而完整的郑州古城（盖商之亳都）起，直到宋代之城，皆是夯土城墙。北魏郦道元《水经注·浊漳水》言“其城（指邺城）东西七里，南北五里，饰表以砖”。此尚不同于后代的砖墙。唐代繁华的长安城，也是夯土的厚墙。从《清明上河图》和元刊《事林广记》所载《汴京图》可清楚看到，当时都城汴京仍是夯土城，仅门墩与城角包砖。盖古代筑城常就地取料，在规定的界畔，将土挖出堆夯，即成城墙；被挖阙之地，遂成城沟，即护城河。城墙与城沟均成为两道防御设施，真是相辅而相成，一举而两得。因此，有城必有沟。古代有城郭之制，即分内城与外城，无论内城外城均有城沟。在湖北黄陂滠口乡，发现早商时期的盘龙城，属于二里岗同期的上层（比郑州古城稍后），就是一座夯筑土城，城垣之外有宽约 10 米的壕沟。洛阳涧滨东周城遗址，护城壕几乎与城墙平行，深度在 5 米左右。属于战国时期的淹城遗址（今江苏常州市南）有王城、内城、外城三道，城墙皆土夯筑，每道城墙外均有护城河，外城的护城河最宽。宋开封有三套城墙，也有三套护城河。

“池”，是中古以前最常见的护城河之称。

“池”，从水也声，声兼义。“也”与“它”、“㐌（yí）”实为一体，有斜义。“迆（yǐ）”是“衺（xié）行”。“拕（tuō）”是“曳也”，斜引义。“施”，斜。《史记·屈原贾生列传》：“庚子日施兮。”司马贞索隐：“施，犹西斜也”。“沱”是“江别流”，即斜出水道。“阤（yǐ）”，有斜坡的小山（以上取义多据《说文》）。“池”亦具斜意：凡池者，人工开掘，必斜而下伸，两边皆是斜坡，形成凹地。故“池”的本义当为人工蓄水处。《礼记·月令》：“（仲春之月）毋漉陂池。”（“漉”，

使干涸。)郑玄注:“穿地通水曰池。”若筑城而挖成环带形城河,便为护城河;若挖成方或圆形,则成池塘。今一些专书将二者分为互不相关的两义,甚至以护城河为本义,并云“上古汉语里,一般多作‘护城河’讲”,实非确论。上古文献中,“池”既指池塘(参第70条),又称护城河,二者难分伯仲。“池”指称护城河,多与“城”并用。《左传·僖公四年》:“楚国方城以为城,汉水以为池。”《孟子·公孙丑下》:“城非不高也,池非不深也。”《礼记·礼运》:“城郭沟池以为固。”秦以后,“池”的池塘义更多,但指称护城河仍然常见,且也多与“城”并用。《文选·班固〈西都赋〉》:“建金城之万雉,呀周池而成渊。”(“呀”,大空貌。)李善注引《说文》曰:“城有水曰池。”《汉书·王莽传赞》:“城池不守,支(肢)体分裂,遂令天下城邑为虚(墟)。”《文苑英华》卷六四五引北齐杜弼《为东魏檄梁文》:“但恐楚国亡猨,祸延林木;城门失火,殃及池鱼。”(“猨”,通“援”。)“池”,主要用于中古以前。

“壕”,亦作“濠”。“濠”原为水名。《庄子·秋水》:“庄子与惠子游于濠梁之上。”陆德明释文:“濠,水名也。石绝水曰梁。”按,“濠”即淮河支流,在今安徽凤阳境内。作护城河之称,用于魏晋以后,属另一义系。《集韵·平豪》:“壕,城下池。通作濠。”南朝梁江淹《杂体诗》之十五:“饮马出城濠,北望沙漠路。”唐刘禹锡《浙西李大夫述梦四十韵》:“山是千重障,江为四面濠。”杜甫《新安吏》诗:“掘壕不到水,牧马役亦轻。”许浑《登故洛阳城》诗:“雁迷寒雨下空濠。”《金史·(内族)宗浩传》:“时惩北边不宁,议筑壕垒以备守戍。”“壕”从豪声,当与“道”同声源。《释名·释道》:“城下道曰隊。隊,翱也,言都邑之内人所翱翔祖驾之处也。”按,“隊”是“濠”的俗字,上引《释名·释道》所释“隊,翱也”不可取,然其余大致不误。《文选·左思〈魏都赋〉》:“豪徼互经。”刘良注:“豪徼,道也。”王先谦曰:“豪当为城下道,如《释名》所说也。汉、晋冠盖于都邑,饯送多于城门,汉二疏(按,指疏广及兄子疏受)致仕,群公送于东都门。庞统还南,顾、陆等(按,指陆勣、顾劭、全琮)并会昌门。古人行必祖道,故饯送期于城下。”(《释名·释道》条王氏疏证补)盖“祖”,送行之祭,祭兼设宴,尽饯行之礼。当时习俗,人们祖饯之处在城门外护城河以内沿墙道上。由此可见,“壕”本作“豪”。“豪”、“道”二字属宵幽部,秦汉韵都得相通。故“豪”以指道。指城墙下的绕墙之道。其道下即是护城河,遂又可指护城河。唯此,作为护城河,也可连城下道而称,范围较大,且较“池”有更明确的军事防御性质。王国维《金界壕考》曰:“界壕者,掘地为沟堑,以限戎马之足。”(见《观堂集林》卷十七)根据军事需要,不仅在城郭之下,而且长城边、军垒外、亭障前,均可掘壕。后遂称战时的壕沟,即战壕。清孔尚任《桃花扇·余韵》:“残军留废垒,瘦马卧空壕。”战壕,皆是无水而隐蔽的通道,完全属于军事防御工事。后世此用也是豪声含道义的一个证明。

“堑”,或作“壍”。《说文·土部》训为“阬也”。《尔雅·释诂上》:“阬,虚也。”按,“堑”本当为动词,深掘义。《左传·昭公十七年》:“环而堑之,及泉。”楚人为守护夺获的吴军大船余皇(又作“艅艎”),竟环船挖沟,云“及泉”,可见其深。沈玉成《左传译文》译:“环绕这条船挖深沟,一直见到泉水。”诚确。《庄子·外物》:“然则厕足而垫之,致黄泉,人尚有用乎?”陆德明释文云:“本又作堑,掘也。”也指对高地削斫。《史记·蒙恬列传》:“堑山堙(yīn)谷。”又

《秦本纪》:“壍洛,城重泉。”指削掘洛河岸边山崖,以筑长城。引申作名词,指深坑、深沟,常用于军事防御工事。汉王充《论衡·顺鼓》:“蝗虫时至……吏卒部民,堑道作坎,榜驱内(纳)于堑坎,杷蝗积聚以千斛数。”前“堑”动词,深挖义。后“堑”名词,深坑。《史记·高祖本纪》:“郎中郑忠乃说止汉王,使高垒深堑,勿与战。”“堑”正是沟,指军营外的护沟,盖垒是围障,挖土起垒,必同时成沟。“深堑”,深挖沟,即挖深沟。护城河是城的防沟,当然也可称“堑”。《艺文类聚》卷五九引曹植《与司马仲达书》:“故其俗盖以洲渚为营壁,江淮为城壍而已。”《南史·恩倖传·孔范》:“长江天壍,古来限隔。”“堑”之称护城河,侧重其深险难越,如“天壍”即指天险;并含有军事防御的性质。唯此,“城壍”,“天壍”之“壍”均不可等同“池”、“壕”。今一些专书、辞书浑然以“护城河”作为“堑”的本义,并把《史记·高祖本纪》“高垒深堑”例作为书证,实疏于究考。

《尔雅·释言》:“隍,壑也。”“隍”与“池”义最近。二者的区别在于水之有无。《说文·𨸏部》:“隍,城池也。有水曰池,无水曰隍。”《易·泰》:“城复于隍。”《说文》“隍”字下段玉裁注引虞翻曰:“隍,城下沟。无水称隍,有水称池。”故“隍”指干涸的护城河。汉班固《〈两都赋〉序》:“京师修宫室,浚城隍,而起苑囿,以备制度。”《梁书·陆襄传》:“襄(陆襄)先已帅民吏修城隍,为备御。”后“城隍”成为道教所传守护城池的神,设庙祭祀,叫城隍庙。最早见于记载的是建于三国吴赤乌二年(239年)的芜湖城隍。唐代以来郡县遍设此种庙。

187. 朝·廷(庭)·寝·堂·庙

朝廷，"朝"是泛称，"廷"是通称。战国前实行五门三朝制：皋、库、雉、应、路五门，外、治、燕三朝。三朝后的宫室区，称"寝"，又称"路寝"，春秋战国之际，渐有听政、治政之用；"堂"又集中反映此作用，故"寝"、"堂"与他词连用，均可指称朝廷。"庙"可作君王殿堂的雅称。故单用或与他词连用，也可代称朝廷。

【同义】

《礼记·曲礼下》："在朝言朝。"郑玄注："朝，谓君臣谋政事之处也。"《国语·鲁语下》："合家事于内朝。"韦昭注："家，大夫。内朝，家庙也。"则"朝"即指"庙"。唐张参《五经文字》："寝，庙也。"《礼记·月令》："寝庙毕备。"汉王逸《九思·逢尤》："虎兕争兮于廷中。"王逸注："廷，朝廷也。"王充《论衡·量知》："默坐朝庭，不能言事。"《后汉书·明帝纪》："公卿百官，以帝威德怀远……乃并集朝堂，奉觞上寿。"《三国志·吴志·步骘传》："故舜命九贤……不下堂庙而天下治也。"《吴子·励士》："于是武侯设坐庙庭。"唐韩愈《送李愿归盘谷序》："坐于庙朝，进退百官而佐天子出令。"宋范仲淹《岳阳楼记》："居庙堂之高，则忧其民；处江湖之远，则忧其君。"以上"朝庭"、"堂庙"、"朝廷"、"寝庙"、"庙堂"、"朝堂"、"庙庭"、"庙朝"等连用，皆浑指朝廷。

【辨释】

《说文·日部》："朝，旦也，从倝、舟声。"其析形与古文字不合。甲骨文字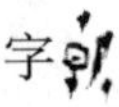(《後下三、八》)从日、月、茻三体组合，像日已出草莽（茻，"莽"初文）中而月犹未落。小篆"月"讹为"舟"，但其义当如许言。古时，子向父母请安、百官进宫见君均在晨旦。《礼记·内则》："昧爽而朝。"此指子见父母。《左传·成公十二年》："百官承事，朝而不夕。"孔颖达疏："旦见君，谓之朝。"《正字通·月部》："朝，古者朝而听政，百官咸见，故朝见曰朝。"故由朝时引申为朝见。在西周、春秋，诸侯见天子、臣下见国君曰朝，诸侯相见亦曰朝，故又引申为朝见之处，即朝廷。《礼记·月令》："赏公卿诸大夫于朝。"文首引《礼记·曲礼下》"在朝言朝"之"朝"亦然，实是聚会议事之场所。天子有朝，卿大夫及后世郡、府亦皆有朝。《后汉书·循吏传·刘宠》："山谷鄙生，未尝识郡朝。"王先谦集解引《通鉴》胡（胡三省）注："郡听事曰郡朝，府听事曰府朝。""朝"多为修饰语。《左传·僖公十八年》："卫侯以国让父兄子弟及朝众。""朝众"，朝廷众臣。《汉书·元后传》："内怀奸邪，欲筦朝政。"《晋书·谢安传》："安（谢安）虽受朝寄，然东山之志，始末不渝。""朝寄"，朝廷之委任。《隋书·韩擒传》："申国威于万里，宜朝化于一隅。”“朝化”,朝廷之教化。上古与后世的朝廷,其政体与建构不同,后世中央与地方也有别,但均可称“朝”;而其义可实可虚,故“朝”是朝廷的泛称。

《说文·廴部》:“廷,朝中也。”《释名·释宫室》:“廷,停也,人所停集之处也。”“廷”或作“庭”。《左传·定公十四年》:“夫差使人立于庭。”陆德明释文:“庭,本又作廷。”“朝廷”又作“朝庭”,如文首引例。又,《汉书·赵充国传》:“朝庭每有四夷大议,常与参兵谋,问筹策焉。”王先谦补注引周寿昌曰:“庭、廷古通用。”按,“庭”当为后起字。《正字通·廴部》:“廷,古者廷不屋,诸侯相朝,雨沾衣失容则废,后世始屋之,故加广,廷、庭实一字也。”《韩非子·八奸》:“大臣廷吏,人主之所与度计也。”《史记·万石张叔列传》:“屏人恣言,极切;至廷见,如不能言者。”《新唐书·柳范传》:“帝怒,拂衣起。顷之,召谓曰:‘何廷折我?’”《明史·选举志二》:“会试中式者,天子亲策于廷,曰廷试,亦曰殿试。”“廷”是唯实无虚,故是朝廷通称。

早期的朝廷是前朝后寝、五门三朝制,此不仅有礼制的规定,而且陕西凤翔(秦雍城)马家庄三号建筑即秦公朝寝钻探遗址提供了迄今最早的实例。

马家庄三号建筑正处雍城中心,长326.5、北端宽86、南端宽59.5米,周长754米,面积为21 849平方米,略呈长方形,与文献所载周制侯伯宫城方七百步相比则稍小。整个朝寝建筑在全城南北中轴线上。文献所载宫城之门数,《礼记·明堂位》“大庙,天子明堂”郑玄注:“天子五门,皋、库、雉、应、路。鲁有库、雉、路,则诸侯三门。”(郑众则雉、库易序)戴震等却主天子、诸侯皆三门三朝(《戴东原集·三门三朝考》)。今秦公朝寝恰是五门,表明春秋时秦公已僭越天子之制,也可见天子王城确是五门。秦公朝寝有五个曲城(即墙垣隔成五个院落),每一曲城南墙正中设门,五门同处南北中轴线。由外而内,首见外屏遗迹,故知外屏之后必是正门。第一是皋门。《诗·大雅·緜》:“迺立皋门,皋门有伉。”毛传:“王之郭门曰皋门。”盖“皋”之为言郊也,国城之郭门外为郊;此门为宫城(宫廷区)前区正南门,城最外之门,故称“皋门”。秦公朝寝此门南北宽8米。皋门之内,按周制应是左宗庙、右社稷。今秦公宗庙也已发掘,是马家庄一号建筑遗址,距此500米。社稷区也在他处。此是秦制与周制之异。第二是库门。宋陈祥道《礼书》卷三七《库门》曰:“《汉书》于府言财物之府,于库言武库,则库门兵库在焉。”秦公朝寝此门在第二曲城南墙正中,宽6米。库门以内,今发现两处长16米、宽12.5米、面积为200平方米之建筑遗址,夯土墙垣较薄。此当为武库、马厩之地。第三是雉门。“雉”取治理义,《方言》第六:“雉,理也。”盖“雉”即“薙”,“薙,除草也”(《说文》),故有治义。秦公朝寝在第三曲城南墙正中,宽4米。第四是应门,又称朝门。《诗·大雅·緜》:“迺立应门,应门将将。”毛传:“王之正门曰应门。”“应”取应对意。按周制,此门设塾(夹门)以代堂屋。秦公寝庙在第四曲城南墙正中,探其宽度为10米,与文献“二辙三个”(一辙八尺)之距差近,此门在五门中确实最宽,可能设塾。最后是路门,又称毕门、寝门。路者,大也。《左传·桓公二年》“大路越席”孔颖达疏:“路训大也。君之所在,以大为号,门曰路门。”今秦公朝寝在第五曲城南墙正中。探知宽7.6米,与文献三丈三稍弱之数亦近。

五门中设三朝，由外而内，先是外朝。诸侯在皋门与雉门间，天子在皋门与应门间，均为大块宽阔空地，是露天的廷院（两旁均有围墙），故又称外廷、大廷。其中，诸侯在雉门外、天子在应门与雉门间设一观，布悬朝廷政令，使万民观知。春秋时诸侯已僭制。《左传·定公二年》："夏五月壬辰，雉门及两观灾。……冬十月，新作雉门及两观。"今秦公朝寝之观设于何门，尚待探测。整个外廷、外朝"国人"（奴隶主贵族）均可自由出入。此是君臣询民、公布法令、处理狱讼之地。国人有事上诉、有罪过者受责罚，甚至招领失物与逃奴亦在此（详参《周礼·秋官》之《大司寇》、《朝士》等篇）。值得注意的是遇国之大事，君王将在此召民而询讨（据《周礼·秋官·小司寇》），主要是询国迁、询国危、询立君，《尚书》《左传》均有其例（参刘家和文）。此是封建君主政体出现前朝廷的民主气息，为后世所无。继外朝之后是中朝，又称治朝，天子在路门与应门、诸侯在路门与雉门间。其称名在文献中往往与"内""外"淆乱，盖因"对燕朝而言，则治朝在外；对外朝而言，则治朝在内；合三朝而言，则治朝在中。故治朝或谓之内，或谓之中，或谓之外也"（清任启运《朝庙宫室考》）。此朝是君王每日上朝、公卿大夫每日协助理事之地。周代也是露天之廷，为便君臣聚议，故设两塾（见前）。《周礼·天官·大宰》："大宰，王眡（视）治朝，则赞听治。"郑玄注："治朝在路门外，群臣治事之朝。王视之，则助王平断。"此是周代朝廷的核心、国家大事议决之所在。故其门称为"应门"，谓君臣在此朝议应对。诸侯在雉门内，称"雉"者治理（见前），取意也同。又称"朝门"。上引《诗·大雅·緜》句孔颖达疏："其君日出所视、与群臣决事之朝在应门之内，故以应门为朝门也。"君臣每日在此朝会。《书·康王之诰》："王出在应门之内，太保率西方诸侯，入应门左；毕公率东方诸侯，入应门右。"盖王自路门出经廷而入门塾中，东西方诸侯则从应门外而入，伫门之左右两塾。宾主在两塾施礼，然后议事。《书·顾命》对周康王在治朝与诸侯群臣朝会有更详的载录，可以窥见周代朝政议事之一斑。最后是内朝，又称燕朝，在路门之内。即入路门，也是露天之廷。金文作"中廷"。《小盂鼎》："□，入三门，即立（位）中廷。"此"中廷"之"中"为君主之称（参第55条），"中廷"犹言君王之廷。文献中称"寝庭"，谓寝前的庭院。《左传·成公六年》："献子从公立于寝庭。"今秦公朝寝第五曲城是面积最大的一处院落，此即内朝。内朝，就在此中廷、寝庭中进行。此朝非议政之地，而是带礼仪与宗法性的议事处，朝者是宗族亲朋、异姓诸侯（甥舅），处理祭祀、饮食、婚冠、飨燕、庆贺等嘉礼（见《周礼·春官·大宗伯》），即是聚议家事、宗族事务和其他种种非政治性之事。至春秋时国人犹识之。《国语·鲁语下》记公父文伯之母与季康子（鲁卿）相见之礼，内外有别。"康子在其朝"，公父文伯母不语，待"康子辞于朝而入见"，方应之并释曰："天子及诸侯合民事于外朝（按，指治朝），合神事于内朝；自卿以下，合官职于外朝（按，同上），合家事于内朝；寝门之内，妇人治其业焉。上下同之，夫外朝，子将业君之官职焉；内朝，子将庀季氏之政焉，皆非吾所敢言也。"（"庀"，治。"政"，事，指氏族之事。）此节明确表述了内朝与外朝的不同性质、作用。

以上即是早期的朝廷：天子是五门三朝，由外及内为皋、库、雉、应、路五门，外、治（中）、燕(内)三朝。诸侯则是三门三朝,由外及内是库、雉、路三门,三朝同。但是朝廷离不开君王寝宫,朝与寝合之方为宫城。

廷后是寝,即路寝,又称大寝、大宫、大室。整个宫城,至此才建宫室。《左传·宣公二年》记晋大夫士会谏无道之君灵公,文曰:“三进及溜,而后视之。”“溜”,通“霤”,即谓士会过了三朝而至路寝之屋檐下。路寝建于高台,由阶而上。《晏子春秋·谏下》:“景公登路寝之台,不能终,而息乎陛。”“陛”,阶。“路寝”是总称,指君王燕息的正寝(非离宫)。细分之,天子、诸侯均有三寝:高寝、路寝、小寝(见《公羊传·庄公三十二年》)。高寝是君王父母居室,小寝是君王燕息处,则路寝当是君王燕息兼聚议(包括政事之外的聚会、议事)、斋戒之处,等于内朝之延伸。整个寝宫也是堂室制:中央前是正堂,两旁东西序,与外墙垣构成东西夹室;正堂后是室,室后是北堂,两旁是东西房。则后半部设置高寝,前正堂即为君王聚会、议事的路寝。今秦公朝寝第五曲城廷后正中偏北及东西前侧方,各有一组大小相等的建筑。其布局可证实上古君王三寝之说。此曲城墙厚3.2米,厚于其他曲城之城墙,正表明是建置寝宫之区。

对内朝、路寝的性质、作用,文献也有相左之说。大都主内朝、路寝不预政。而《礼记·玉藻》曰:“(诸侯)朝服以日视朝于内朝。朝,辨色始入,君日出而视之,退适路寝听政,使人视大夫,大夫退,然后适小寝,释服。”此内朝指治朝。即谓日出后君臣相入治朝朝见,礼毕君王返路寝听政,臣则奏事;群臣毕退,君王方脱朝服、易便服燕息。或据此不信古三朝说,或谓《礼记》之说不可信,至今犹持论不一。其实,对三朝制无需怀疑,上引《国语·鲁语下》事已可说明。而最有力的证据是语词的使用;战国以前,“堂”不指称君王听政、治政之地(参第188条)。如前所述,作为五门三朝之制,其宫室唯在内朝后之路寝,若路寝听政必在堂。今战国前之“堂”不作此用,正是路寝不听政的标志。此外,也无“寝”、“路寝”听政议事的载录。然而,同时也应当看到,正是在春秋之时,奴隶制政治的三朝制已遭冲击,内朝之内外、“公私”不分现象,已屡屡可见。《晏子春秋·谏上》:“公(齐景公)被狐白之裘,坐于堂侧阶。晏子入见,立有间。”又《谏下》:“景公与晏子登[路]寝之台而望国。”《左传·昭公二十六年》:“齐侯(景公)与晏子坐于路寝。”(或以为是在景公离宫之柏寝,但性质亦同。)《公羊传·宣公元年》记:“晋灵公无道,使诸大夫皆内朝,然后处乎台上,引弹而弹之。……赵盾已朝而出,与诸大夫立于朝。”末“朝”指治朝。君臣共聚内朝,也是晋灵公的违礼。赵盾知礼,朝后与诸大夫退至治朝。上引《左传·宣公二年》记士会之谏,晋灵公也处路寝之台,士会也上路寝而谏。汉王充《论衡·率性》追记勾践“亦试其士于寝宫之庭,赴火死者,不可胜数”。凡此,虽不是听政决事的记载,但均是内外无别或与治政有关的表现。而至战国,各诸侯国已普遍路寝听政,君权更趋集中,实际上,三朝制已告消亡,内朝、路寝即君王决定一切。表现在语言上,“路寝”之“堂”已多用于指称君王治事殿堂(参第188条)。“堂”之此用,正是路寝听政的标志。故《礼记·玉藻》所述正反映了战国开始的朝廷政体新变化。

由于此种变化,“寝”有时也可指称朝廷,但多要与他词连用,如“寝庙”、“寝庭”(见前引)

等;若单用,仍指燕息之地。“堂”既集中反映了路寝听政新变化,自也可指称朝廷,但一般也要与他词连用(例见后);若单用,则已成君王治事殿堂的专称。

前朝后寝、五门三朝虽是上古(战国前)之制,但后世历代都城的宫廷结构大体循之。最典型的是明清北京城。皇城区在北京内城中偏南,东西2500、南北2750米,接近正方,周以砖墙。其内是宫城,即紫禁城,南北960、东西760米,为矩形,也周以砖墙,南北中轴线贯穿其中。皇城最南之中轴线上是天安门,沿中轴线向北是端门、午门。此三门相当于上古皋、库、雉三门。向北过金水桥为太和门(奉天门),相当于上古应门。应门之外为外朝。其内为太和(奉天)、中和(华盖)、保和(谨身)一组三殿,皆以廊庑相绕,两侧插入文楼(体仁阁)、武楼(弘义阁)等建筑,三殿间之廷为治朝,而殿为上古所无。再向北是乾清门,相当于上古路门。内位于中轴线,有乾清宫、交泰殿、坤宁宫三主宫,东西两侧有妃嫔所属的东六宫、西六宫等。此区即为燕朝。

“庙”用作朝廷之称是另一种格局。

“庙”,指宗庙。立宗庙是周代宗法制度的一个特征,是宗法血缘政治的标志。《战国策·齐策四》记冯谖为孟尝君营安身之“窟”:“冯谖诫孟尝君曰:‘愿请先王之祭器,立宗庙于薛。’庙成,还报孟尝君曰:‘三窟已就,君姑高枕为乐矣!’”宗庙与社稷同是国家存在的标志。按《周礼》的王城规划,宗庙区设置在宫城区南前区左方,与右方之社稷区两两相对。每个庙相当于宫廷区最重要的“路寝”,分前庙后寝,即前堂后室(两祧庙只有庙而无寝)。庙堂藏祖先神主,像君主生前居此治事。故祭祖和行宗族礼仪外,其他军国大事,如朝聘、命官、征战誓师、献俘、庆功等庄重典礼也在此举行。寝室则陈列祖先的衣冠、几杖和其他生活用具。庙、寝皆有廷(参第39条)。总之,宗庙区是朝廷的缩影,“庙”也就可引申为朝廷之称。字也由古文“庿”变作“廟”。《说文·广部》:“廟,尊先祖皃也,从广,朝声。”段玉裁注:“声字盖衍。古文从苗为形声,小篆从广朝,谓居之与朝廷同尊者,为会意。”据此可知,“庙”,既指宗庙,又可指朝廷。后者实是指君王治事的殿堂。唯此,与“堂”“殿”最为义近,“庙”除了单用,多与“堂”“殿”同义连用。《庄子·在宥》:“故贤者……而万乘之君,忧慄乎庙堂之上。”北齐颜之推《颜氏家训·涉务》:“处庙堂之下,不知有战阵之急。”文首引范仲淹《岳阳楼记》亦其例。三国魏曹植《封二子为乡公谢恩章》:“文无升堂庙胜之功,武无摧锋接刃之效。”《魏书·崔光传》:“自比鸥鹊巢于庙殿,枭鹏鸣于宫寝。”唐杜甫《白水崔少府十九翁高斋三十韵》:“猛将纷填委,庙谋蓄长策。”宋欧阳修《谢参知政事表》:“赞贰国钧,参闻庙论。”古今训者于上述“庙”所构合之词语,往往将“庙”训为祖庙,或谓古代宗庙设于朝廷内,皆未得其旨:诸“庙”实已是君王殿堂的雅称,并以此代称朝廷,故不必拘于祖庙而解。

参考文献

[1] 贺业钜:《考工记营国制度研究》,中国建筑工业出版社,1985年3月。

[2] 杨宽:《中国古代陵寝制度史研究》,上海古籍出版社,1985 年 2 月。
[3] 本书编写组:《中国建筑史》,中国建筑工业出版社,1982 年 7 月。
[4] 韩伟:《秦公朝寝钻探图考释》,《考古与文物》1985 年第 2 期。
[5] 刘家和:《三朝制新探》,载《先秦史论集》,中州古籍出版社,1989 年 4 月。

188. 宫·殿·堂

“堂”，上古主要称君王宫室的厅堂；战国起才可指君王治政的殿堂；汉以后降作中央到地方各级官府治事厅堂。“殿”，从战国起专称宫中较高大的主体建筑，相当于上古的“堂”。“宫”，秦以后才成宫殿总称；明清时，可专称帝王居处。

【同义】

《说文·土部》：“堂，殿也。”《三国志·魏志·钟毓传》：“不下殿堂之上，而决胜千里之外。”唐杜甫《早朝大明宫》诗：“宫殿风微燕雀高。”皆泛指中央官府的治政处。今“殿堂”、“宫殿”成为复词。

【辨释】

《说文·土部》：“堂，殿也。”段玉裁注：“许以殿释堂者，以今释古也。古曰堂，汉以后曰殿。古上下皆称堂，汉上下皆称殿，至唐以后，人臣无有称殿者矣。”今有关专书析“殿、堂”二字，几乎全承段氏此说。然段说未精。

《释名·释宫室》：“堂犹堂堂，高显貌也。”《文选·何晏〈景福殿赋〉》：“建高基之堂堂。”张铣注：“堂堂，高敞貌。”其称盖取义于敞亮。堂的位置，在宫室的前半部。《仪礼·士丧礼》“皆馔于西序下南上”郑玄注：“中以南，谓之堂。”《汉书·晁错传》：“臣闻古之徙远方以实广虚也……先为筑室，家有一堂二内。”“内”，内室。前堂后室是古代宫室建筑的基本形制。凡堂，皆在宫室前半部，南向，建于高台基上。其两侧为序墙，称东、西序。序外之南北狭长条，前曰厢，后曰夹室，亦分东西。堂之后，有墙，东辟户，西凿牖。户牖之后是室，其两边是东西房。室后或有北堂，左右有东西堂。堂之侧边称廉。堂前有东西阶。堂之南面中有二楹柱，但无门墙，故很敞亮。堂前阶下为廷。新石器时代，一些宫室遗址，已具此雏形。如甘肃秦安大地湾遗址，20 世纪 80 年代初曾发掘出总面积为 420 平方米的大型建筑遗址，是我国考古发掘至今所见新石器时代的最大建筑物。它分正堂、左右侧室、后室、前门附属建筑四部分，正堂在前大门，南向，是一个长方形大厅，内部面积为 131 平方米(据新华社 1986 年 8 月 6 日电讯)。西安半坡的“大房子”、河南偃师二里头商初殿堂均为前堂后室之制。著名的陕西岐山凤雏村早周遗址，是一座严整的二进四合院，中轴线上自南而北依次为影壁、大门、庭院、前堂、后室，堂室间有主廊构通，廊两边是二进小院，堂两边是东西厢。整个建筑群平面成矩形，周以檐廊，形成密闭的空间。秦以后的住宅也大致如此。一些大型宅第正门内为大院，然后是堂。如四川成都汉画像砖中有二人席地对饮的住宅，就位于有双鹤的大院之后。

也有前后堂，前堂礼宾，后堂饮食歌乐。

虽然前堂后室是我国宫室建筑的基本形制，但由于庶民的居室往往偪仄而有室无堂，故上古文献中“堂”大都指君王（包括国卿）宫室的厅堂或治政的殿堂（当时不称“殿”，见下）。《论语·先进》：“由也升堂矣，未入于室也。”皇侃疏：“窗户之外曰堂，窗户之内曰室。”此泛指居室之堂，实也从奴隶主贵族宫室而言。《八佾》：“天子穆穆，奚取于三家之堂?”指鲁仲孙、叔孙、季孙三卿祭祖的厅堂。《左传·昭公二十八年》：“及堂，闻其声而还。”《哀公二年》：“君夫人在堂，三揖在下。”此二“堂”实指春秋三朝中的路寝之堂，但尚非治政之堂。用作治政的殿堂，大量见于战国文献。可以注意，《论语》之“堂”三例，《左传》之堂二例，均不指治政之堂，但《孟子》“堂”四见，已全指诸侯治政之堂。《梁惠王上》：“王坐于堂上，有牵牛而过堂下者。”《管子·法法》：“堂下有事，一月而君不闻，此所谓远于千里也。”《晏子春秋·谏上》：“公（齐景公）被狐白之裘，坐堂侧阶。晏子入见，立有间。”《吕氏春秋·骄恣》：“堂上三百户，以齐国之大，具之三年而弗能成。”谓殿堂之大可容三百户。《礼记·曲礼上》：“帷薄之外不趋，堂上不趋。”以上诸“堂”，皆指称诸侯治政之殿堂。汉代犹承古而用，“堂”也多指殿堂。《汉书·贾谊传》：“人主之尊譬如堂，群臣如陛，众庶如地。故陛九级上，廉远地，则堂高；陛亡级，廉近地，则堂卑。”汉东方朔《七谏》：“乱曰：……鸡鹜满堂坛兮。”王逸注：“高殿敞扬为堂。”《后汉书·陶谦传》：“又堂阁周回，可容三千许人。”汉宫许多殿堂皆“堂”、“殿”并称。有名的玉堂，又称玉堂殿。《汉书·李寻传》：“久汙玉堂之署。”颜师古注：“玉堂殿在未央宫。”《初学记》卷二四引《汉宫阁名》曰：“长安有玉堂殿、铜柱殿。”《汉宫阙疏》：“未央宫有……朱鸟堂。”《文选·张衡〈西京赋〉》“麒麟朱鸟”李善注引《汉宫阙名》有麒麟殿、朱鸟殿。汉以后，“堂”才多用于下，指一般居室的堂。《晋书·艺术传·淳于智》：“家人既集，堂屋五间，拉然而崩。”唐杜甫《江南逢李龟年》诗：“岐王宅里寻常见，崔九堂前几度闻。”韩愈《祭湘君夫人文》：“堂陛颓落，牛羊入室。”然则可知，段氏称“古上下皆称堂”乃是浑沌之言。

“堂”之称名自上而下的“降落”，乃缘堂在宫殿中地位之“降落”。盖西汉之朝廷彻底改变上古三朝纵列之制，将第三朝后之路寝始有的殿室扩大为各自独立、各有城垣的几个宫殿区，有未央宫、长乐宫、建章宫、北宫、桂宫、甘泉宫等，而数未央宫最大，宫墙周长 8900 米，其主殿称前殿、太极殿，中央用于大朝，两侧（两厢）用于常朝，其时两侧尚无专称。但已开了后世东西堂制的先声。至三国，魏文帝由邺城迁都洛阳，在原东汉宫址营建新宫，参照汉殿内设东西厢之法，而创制在大朝太极殿左右构筑处理日常政务的东西堂。晋、南北朝也沿袭以太极殿为大朝正殿，殿侧建东西堂为常朝及宴会、居住之用。从此，堂的规格就降于殿。尽管隋唐又废东西堂制而恢复三朝制，“堂”也不再用作殿之称。故从汉以后，“堂”可指称一般民居的厅堂。同时，地方级官府治事的厅堂，规格也低于朝廷的殿，故也可称“堂”。《太平御览》卷一七六引《三十国春秋·西凉传》：“李暠于南门外临水起堂名曰靖恭堂，以议朝政，阅武事。”《郡国志》：“鸡陂之侧，即春申君子假居之殿也，后太守居之，以数失火，故涂以雌黄，遂名黄堂。”要之，“堂”用于上，指称朝廷到地方各级官府治事厅堂；也可用于下，指称一般民居的厅堂。

如前所说,上古之宫殿称“堂”,不称“殿”。“殿”字,在上古主要用为臀义,指行军的尾部。《广雅·释诂四》:“殿,后也。”《论语·雍也》:“孟子反不伐,奔而殿。”何晏集解:“殿在军后,前曰启,后曰殿。”引申为镇守。《左传·成公二年》:“此车一人殿之,可以集事。”“殿”之殿后、镇守义,用于整个文言时代,此为“殿”之另一义系,此不详论。而“殿”宫殿义,并非如段氏说“汉以后曰殿”。在战国时,“殿”已可用为宫殿义。《战国策·魏策四》:“要离之刺庆忌也,仓鹰击于殿上。”《燕策三》:“而秦法,群臣侍殿上者,不得持尺兵。诸郎中执兵,皆陈殿下,非有诏不得上。”《庄子·说剑》:“庄子入殿门不趋。”“使奉剑于殿下,乃召庄子。”战国而下,则成为常用义。然段氏云“汉上下皆称殿”,又误。此论盖源自唐代注家。《汉书·循吏传·黄霸》:“先上殿。”颜师古注:“古者屋之高严,通呼为殿。”《后汉书·蔡茂传》:“梦坐大殿。”李贤注:“屋之大者,古通呼为殿也。”从汉而来,唯见宫廷、寺庙有殿,而达官贵族之第宅,即甚铺张豪奢,也未见以“殿”名者。在诗文中,“殿”用于民宅,也极为罕见。即以持此论者常举之乐府诗《鸡鸣》而观,诗曰:“鸳鸯七十二,罗列自成行,鸣声何啾啾,闻我殿东厢。”此诗与《相逢行》文句多同。下二句作:“音声何噰噰,鹤鸣东西厢。”合两诗可见,此有厢房之殿实指“高堂”,主人是有财势的显宦之家。诗中多用夸张,如云“黄金为门”、“白玉为轩”、“七十二鸳鸯”等,因而用“殿”也无非夸张厅堂之大而已,并非是用作此类厅堂之通称。用作通称者是“堂”(见上)。此犹今也偶将古雅堂皇的别墅形容为“宫殿”。何况如《鸡鸣》诗之以“殿”喻称一般民居之厅堂之例,于整个汉代,甚至后世皆罕见,实乃偶用之孤证。总之,可以断言:“殿”,从战国,尤其汉代以来,是宫殿的专称,不指称一般民居的厅堂。

由堂而殿,称名的变易,标志着宫殿构筑水平的发展。如前所说堂的特征是敞亮,而殿的特征是高大。《太平御览》卷一七五引《说文》曰:“殿,堂之高大者也。”《初学记》卷二四引《苍颉篇》曰:“殿,大堂也。”上引《汉书·循吏传·黄霸》颜师古注、《后汉书·蔡茂传》李贤注,也以大义释殿。秦始皇首创大殿的规格。《史记·秦始皇本纪》:“乃营作朝宫渭南上林苑中。先作前殿阿房,东西五百步,南北五十丈,上可以坐万人,下可以建五丈旗。周驰为阁道,自殿下直抵南山。表南山之颠以为阙。”此规划,虽由于秦王朝的覆灭而中断,但从今所见其遗址的夯土台基,规模也很可观:东西长 1 公里余,南北长 0.5 公里,后部残高 7—8 米。汉之未央宫的前殿平面呈宽大狭长之形,又有东西厢,为举行大朝和常朝之处。东汉的洛阳宫用于大朝的是主殿阳德殿。唐代的宫廷称大明宫,继承上古五门三朝制,纵列的三朝全由廷而变为殿:外朝为含元殿,用于大朝;中朝为宣政殿,用于日朝;内朝为紫宸殿,用于常朝。含元殿宽 11 间,前有长 75 米的龙屋道,气魄宏大之极。大明宫的另一组雄伟的宫殿麟德殿,是供饮宴群臣、观杂戏伎乐、进行佛事之处,由前、中、后三殿阁组成,面阔 11 间,进深 17 间。清代外廷主殿奉天殿为 11 间重檐的宏伟殿宇,是我国现存最大的木构建筑。太和殿面阔 63.93、进深 37.17、高 26.92、台基高 8.13 米,气象雄伟、庄严。用于最高级礼仪:皇帝登基、元日冬至朝会、庆寿、颁诏等。由上可见,殿是宫廷中的主体建筑,比较高大,用于朝政和供奉神佛等各种重大礼仪。如此之殿，自然不能以“堂”称；“殿”当然也不可称一般民居的厅堂，则安有“上下皆称殿”之事？

“宫”，在上古本指有围墙的居舍（见第190条），并非君王宫殿的专称。秦以后才成为宫殿的总称，所指包括殿，主要作修饰语。如“宫人、宫女、宫刑、宫墙”等，不胜枚举。也可用于某一宫殿的专名之后。如阿房宫、未央宫、大明宫。但此种“宫”在相当长历史时期不得视为“帝王所居”。像唐之大明宫，分三朝大殿、游晏组殿和省（官署）三部分，而帝王生活、居住区却在宫城之北，以太液池为中心环列。到明清时期，“宫”才可多指称宫殿中的“帝王所居”。明清宫殿分两部分：前称殿，后称宫，如清宫的外朝以奉天（太和）、华盖（中和）、谨身（保和）三殿为主，又有文华殿、武英殿，皆称“殿”，内廷有乾清宫、坤宁宫、宁寿宫、慈宁宫等，皆称“宫”。盖由于汉代已形成的“宫殿”一词，后世广用，故“宫”可多用指“帝王所居”。

参考文献

[1] 刘敦桢：《中国古代建筑史》，中国建筑工业出版社，1980年10月。
[2] 本书编写组：《中国建筑史》，中国建筑工业出版社，1982年7月。
[3] 陈直：《三辅黄图校证》，陕西人民出版社，1980年5月。

189. 观·象魏·阙

"观"，上古朝廷门前建于高台的独立建筑物，可登观或悬布文告。"阙"，汉代建于高台的独立建筑物，使用对象、范围广于观，设置地点异于观，形制多于观，主要起礼仪装饰和标志(高官等第)作用。阙至唐以后消亡，但"阙"常作皇帝、朝廷的代称。"象魏"，上古用作观的别称；秦以后单用或分别以词素与他词连用作阙的别称。

【同义】

《说文·門部》："阙，门观也。"《尔雅·释宫》："观谓之阙。"《太平御览》卷一七九引《魏志》曰："明帝作凌霄观，始构有鹊巢其上，侍中高堂隆曰：'起阙而鹊巢，不得居之象。'"二词并称一物。《广雅·释宫》："象魏，阙也。"《汉书·王尊传》："尊乃当伏观阙之诛。""观阙"为同义连用，此以代称君主。《文选·班固〈典引〉》："集羽族于观魏。"张铣曰："观魏，皆阙也。"《庄子·让王》："身在江海之上，心居乎魏阙之下。"陆德明释文："象魏，观阙，人君门也。"也均是同义连用。古今皆以为三者等义无别。钱玄《三礼名物通释》亦曰："是象魏、阙、观，三者异名同物。"

【辨释】

作为门阙之观，是上古朝廷门前高台上起屋的独立建筑物。"观"是上古宫廷门阙的专称。周制，天子、诸侯宫门皆筑台，台上起屋，谓之台门。《礼记·郊特牲》："台门而旅树。"孔颖达疏："台门者，两边起土为台，台上架屋曰台门。"《周礼·考工记·匠人》："王宫门阿之制五雉。"谓王宫台门上有屋，高五雉(长三、高一、宽一丈为一雉)。观亦类此，设在朝廷应门或雉门外的高台，上作楼观，上圆下方，当高于台门，似与宫宇等高，即高七雉(参贺业钜书)。天子有两观，两观间为入门通道。诸侯一观，且须低于天子之观(但往往僭制)。"观"者，盖从其功用而名。《尔雅·释宫》"观谓之阙"郭璞注："宫门双阙。"《诗·郑风·子衿》正义引孙炎曰："宫门双阙，旧章悬焉，使民观之，因谓之观。"可见其主要用于物之悬观。以此，观又别称为"象魏"。《周礼·天官·大宰》："正月之吉，始和，布治于邦国都鄙，乃县(悬)治象之法于象魏，使万民观治象，挟日而敛之。"贾公彦疏："周公谓之象魏，雉门之外两观阙高魏魏然。孔子谓之观，《春秋左氏·定二年》夏五月'雉门灾及两观'是也，云'观'者，以其有教象可观望。"按，象，表象，此指文字，太宰悬治象，司徒悬教象，司马悬政象，司寇悬刑象，即书文字于版，而悬于高巍之门阙，故布文与门阙皆可谓之"象魏"；也以有朝廷文告可观望，故谓之观。《左传·哀公三年》："季桓子至，御公(哀公)立于象魏之外，命救火者伤人则止，财可为也。

命藏《象魏》，曰：'旧章不可亡也。'"杜预注："象魏，门阙。"但"观"是正称，"象魏"是别称。观还可登观。《释名·释宫室》："观，观也，于上观望也。"即登临而游观。《左传·哀公十七年》："卫侯梦于北宫，见人登昆吾之观。"杜预注："卫有观在古昆吾氏之虚（墟），今濮阳城中。"《礼记·礼运》："昔者仲尼……出游于观之上。"郑玄注："观，阙也。……又睹《象魏》旧章之处，感而叹之。""观"不仅表示门阙，还可表示台榭、观台之类用于观览的建筑。《左传·哀公元年》："宫室不观，舟车不饰。"杜预注："观，台榭。"《僖公五年》："公既视朝，遂登观台以望。"杜预注："观台，台上构屋可以远观者也。"《楚辞·六招》："观绝霤只。"王逸注："观，犹楼也。"此亦可见：凡观，必可登临游观。要之，观用于物之悬观与人之登观。

秦以后，"观"除了与"阙"、"魏"同义连用外，一般不用作门阙之称，常指称台榭、楼屋、宫馆。如白虎观、东观、射熊观、酆明观、怀德观、鳷鹊观、神明观等。但"象魏"却承古而用。《后汉书·〈皇后纪上〉论》："（邓后）直生怀懑，悬书于象魏。"唐元稹《代曲江老人百韵》："徽章悬象魏，貔虎画麒麟。"也可以词素"象"、"魏"与"阙"连用。如"象阙"。南朝齐王融《策秀才文》之一："审听高居，载怀祇惧，虽言事必史，而象阙未箴。"南朝梁陆倕《石阙铭》："居以业盛，文因化光，爰有象阙，是惟旧章。"唐杜甫《奉送严公入朝十韵》："鼎湖瞻望远，象阙宪章新。"如"魏阙"。《淮南子·俶真》："是故身处江海之上，而神游魏阙之下。"高诱注："魏阙，王者门外阙，所以悬教象之书于象魏也，巍巍高大，故曰魏阙。言真人虽在远方，心存王也。"《文选·左思〈魏都赋〉》："敛衽魏阙。"张铣曰："魏阙，帝阙也。"《文选·陆机〈吊魏武帝文〉》："济世夷难之智，而受困魏阙之下。"李善引许慎《淮南子注》曰："魏阙，王之阙也。"然须指出：秦以后之"象魏"或连用之"魏"、"象"均为述古之用，所表之物已不是上古悬挂朝廷文告之观，而是"与时俱进"，指称汉代之阙，"象魏"成为阙的别称，并在句中常代称朝廷。上述诸例即然。

"阙"本指城门两边的高台和角楼，见于先秦。《诗·郑风·子衿》："挑兮达兮，在城阙兮。"（"挑达"，往来相见貌。）也用于后。唐王勃《送杜少府之任蜀州》诗："城阙辅三秦。"作为门阙义，先秦偶见。《左传·庄公二十一年》："郑伯享王于阙而辟。"孔颖达疏："当谓两观之内，道之西也。"可见，"观"为正称，"阙"为偶称。而从秦汉起，"阙"成为门阙和各种阙的正称。《释名·释宫室》："阙，阙也。在门两旁，中央阙然为道也。"则阙通常也如同上古的观在朝廷门前左右，两阙之间为进门之道，故名。然而不能因其有相同处并囿于《尔雅》"观谓之阙"，而谓二者等义无别。汉阙大迥于上古之观。其一，阙使用对象、范围广于观，设地异于观。上古之观，唯天子、诸侯可设用：天子两观，诸侯一观，分别在宫廷的应门、雉门之前。但汉代立阙，不限于皇帝、诸侯王，一般大臣官僚皆可设用；不限于朝廷，凡住宅、陵墓、庙堂等主体建筑前面皆可立阙。即使用于宫殿，汉代早已不实行五门三朝制，也就不必专立于宫殿大门之前。其二，阙比观高大，且形制丰富多样。汉代是阙的盛世，但今残留的汉阙唯石阙，最著名的是四川雅安高颐墓阙。而从文献记载看，大都是砖木结构，且画有神灵、珍禽异兽和各种文饰。汉阙皆高大巍峨。秦始皇首开其例。所拟造阿房宫，"自殿下直抵南山，表南山之颠以为阙”(《史记·秦始皇本纪》)。虽未遂其事(今已探明,此宫未成)。但已开风气之先。汉承秦制。汉武帝筑建章宫,东有凤阙,北有圆阙,皆高二十五丈(汉尺,下同)。《古诗十九首·青青陵上柏》:“两宫遥相望,双阙百余尺。”今所见四川、山东、河南等地汉画像砖、石,所画汉阙皆甚高耸,与有重檐的宫室门等高甚至超出其高,远高于上古之观。上古之观形式单调,无非是台上建小亭楼或盖屋。汉阙虽也由阙基(台)、阙身和屋顶三部分构成,但有单体阙、双体阙、三体阙多种形式,且精美绝伦,显示出非凡的艺术构思才能和构筑技艺。就最习见的单体阙看,或阙基方形,阙身为方柱形,叠砌数层。或为下大上小的梯形,顶部是一层屋顶或庑殿式双层屋顶。也有阙身为直柱形,顶部是重檐,两层檐之间用交叉的斜线组成菱形格卧棂。有的重檐有三层、四层。双体、三体阙者,其一尤高而大,称为“正阙”,位于内侧;旁侧的小而矮,称“子阙”或“副阙”,也有盖屋。其三,阙具有礼仪和标志作用。汉阙不是为了登高观望和悬挂朝廷政令,而纯是一种装饰性建筑,用以衬托主体建筑物的威武庄重,也用以显示建筑物主人的身份、地位。北魏郦道元《水经注·谷水》引《白虎通》曰:“门必有阙者何?阙者所以饰门,别尊卑也。”晋崔豹《古今注》:“阙,观也。古者每门树两观于其前,所以标表宫门也。其上可居,登之可远观,故谓之观。”崔豹之说正误参半:谓之“标表宫门”,诚是,而“其上可居”云云,只合于观,而不合于阙。大量的汉画像砖、石所绘的门阙中,无论哪一种形制,从比例和常理推断,不宜登望与室居,汉画像石中均不见有人物登临其上的画面,更无悬挂政令的象魏图景。在文献中也未见汉代有“游阙”、“登阙”、“悬象于阙”之类的记述。汉阙的这种状况本来不难察知,可有些研究论著却囿于传统训诂“观、阙”互训与等义无别的陈见,推断有的阙也用于登高观望,而疏忽其礼仪装饰与标志作用。须知,此是汉阙最大功用。汉代以阙的结构来区别等级身份:皇帝三出阙,太守以上二千石大官可用一对二出阙。不同等级的人,其阙的形制、高度都有区别。霍光妻在霍光墓地造三出阙,就是僭越的行为,被茂陵徐生卜为“霍氏必亡”(《汉书·霍光传》)。今所见汉代画像砖、石之阙可谓多矣,甚至有单阙三重檐(如南阳汉画像石),却无有一幅是三出阙。就是因为三出阙非皇帝不能有。今传世石阙四川雅安高颐墓阙,是二出阙,即属于益州太守。上所举秦始皇、汉武帝所为高阙,也是为突出皇帝至高无上的威仪。人们来到帝王宫阙前,必须下车或下马,以示礼敬。当然,若来到别的宫室阙前,也必如此。若然,自然不需要像先秦之观那样用于登临与张挂朝廷布告了。

阙,主要行于汉,而下至唐代犹存。如乾陵南门土阙下残存石基为三出阙式。陪葬的懿德太子墓、永泰公主墓,其墓垣南门有一对土阙。唯不普遍。唐以后阙乃消失。

由于唐以前阙很流行,而最盛美之阙在皇帝,故“阙”常代称皇帝和朝廷。《汉书·朱买臣传》:“诣阙上书,书久不报。”《汉书·淮南厉王长传》:“驰诣阙下,肉袒而谢。”《后汉书·冯异传》:“异自以久在外,不自安,上书思慕阙廷。”《三国志·魏志·管宁传》:“望慕闾阖,徘徊阙庭。”“阙庭”,犹朝廷。

总之,“观”与“阙”绝不是异名同物、等义无别,而“象魏”(包括“象”、“魏”)则一分为二:

上古是观的别称，秦以后是阙的别称。

参考文献

[1] 吴曾德:《汉代画像石》,文物出版社,1984 年 6 月。
[2] 高文:《四川汉代画像石》,巴蜀书社,1987 年 2 月。
[3] 刘敦桢:《中国古代建筑史》,中国建筑工业出版社,1980 年 10 月。
[4] 贺业钜:《考工记营国制度研究》,中国建筑工业出版社,1985 年 3 月。
[5] 陈直:《三辅黄图校证》,陕西人民出版社,1980 年 5 月。

190. 宫·室·房·屋

"宫",有围墙的居舍,上古常称王者、贵者所居,秦以后专称帝王宫殿。"室",小于宫、可居人贮物的居舍。"房",正室两旁的居舍,秦以后用作富贵者居舍通称。"屋",汉代起为一般居舍的通称。

【同义】

《尔雅·释宫》:"宫谓之室,室谓之宫。"《说文·宫部》:"宫,室也。"《诗·鄘风·定之方中》:"揆之以日,作于楚室。"毛传:"室犹宫也。"《广韵·入质》:"室,房也。"《楚辞·招魂》:"緸洞房些。"王逸注:"房,室也。"《战国策·赵策一》:"愿大夫之往也,毋伐树木,毋发屋室。"《汉书·晁错传》:"先为室屋,具田器。"三国魏曹植《美女篇》:"盛年处房室,中夜起长叹。""屋室"、"室屋"、"房室"皆同义连用,泛指房屋、居舍。

【辨释】

"宫",甲骨文作二形(《前四、一五、三》)、(《乙三三四四反》),象半出地面的穴室之状:象洞穴之门,由二方块象相通或不相通的两间地下穴室。此字正反映出古代黄河流域先民已脱离了穴居时代,发展到在地面构筑栋宇版筑的房屋。唯此,甲骨文、上古文献中,"宫",皆未见穴室义,而常作居舍之称。其特点,诚如杨鸿勋所言,是"体形的概念",即所指是围墙以内的整个居住建筑。此可由下证知。其一,声源证。"宫",《说文·宫部》析作"从宀,躳省声"。由古文字可知,许说实误;但"宫"与"躳"确同声源。躳,即"躬",是曲身,故"宫"也含曲意。《释名·释宫室》:"宫,穹也,屋见于垣上,穹隆然也。"《礼记·曲礼上》:"三十曰壮,有室。"孔颖达疏:"若通而言之,则宫室通名。……别而言之,论其四面穹隆则宫。""四面穹隆",即曲包形之内,亦即围墙以内皆是宫。其二,引申证。《礼记·儒行》:"儒有一亩之宫,环堵之室。"郑玄注:"宫,垣墙也。"《礼记·丧大记》:"君为庐宫之。"郑玄注:"宫,谓围障之也。"即用帷帐遮围居丧的庐室。《尔雅·释山》:"大山宫,小山霍。"郭璞注:"宫谓围绕之。"其垣墙、围绕义正取本义之一端。其三,文献证。《周礼·考工记·匠人》:"室中度以几,堂上度以筵,宫中度以寻。"("筵",席。)贾公彦疏:"谓室中坐时凭几,堂上行礼用筵,宫中合院之内,无几无筵,故用手之寻也。""寻",两手左右伸开的长度,也指大于筵的围墙。《墨子·号令》:"葆宫之墙必三重。墙之垣,守者皆累瓦釜墙上。"此"墙"也指围墙。然则"宫"者,必指有围墙的居住建筑,即有较大面积的封闭型宅院,此当非贱者所能有,故"宫"上古文献中一般都指王者、贵者居舍,而不称贱者居舍,故上古之"宫"并非居舍的通称。《左传·僖公二十八年》记晋文公语:"令无入僖负羁之宫而免其族,报施也。"《墨子·亲士》:"王者淳泽,不出宫中,则不能流国矣。”《周礼·天官·宫正》:“以时比宫中之官府。”《荀子·礼论》:“是君子之坛宇宫廷也。”《战国策·齐策一》:“宫妇左右,莫不私王。”《孟子·滕文公上》:“且许子何不为陶冶,舍皆取诸其宫中而用之?”其中末例,许多辞书、词汇论著都作为上古“宫”也称贱者居舍之显证。其实不然。从文意看,追求原始古朴生活的许行当然居贱者之陋舍,岂能有设围墙之“宫”?按理应称“蓬室”、“室”“舍”之类。今孟子用“宫”,明含讥谑之意,显出许子唯有陋舍当宫,如此“宫”中岂能取用不尽?故不能以修辞之用的孤例来决断词义。正唯上古“宫”是较讲究的有围墙居舍之称,秦以后才发展为帝王宫殿的专称。然则今几乎众口一词将“宫”作为上古不分贵贱之居舍通称,诚悖理乖情矣。

“室”,从宀从至,至是人之至,人所止息之处,即是居舍。“室”的居舍义,杨鸿勋谓是“空间的概念”,指可居人贮物的房屋。杨说是。《礼记·曲礼上》:“三十曰壮,有室。”孔颖达疏:“因其贮物充实则曰室,室之言实也。”《释名·释宫室》:“室,实也,人物实满其中也。”可见,“室”与“实”同声源。《管子·八观》:“宫营大而室屋寡者,其室不足以实其宫。”“宫营”,宫中之兆域。可见室小于宫。《庄子·胠箧》:“夫妄意室中之藏,圣也。”但“室”常缩指堂之后的内室。前堂后室,是我国宫室建筑的基本形制。《论语·先进》:“由也升堂矣,未入于室也。”其实,二者实是一事:穴居时代,室就是穴居之居舍。升到地面,前加堂,成“一堂二内”(二内室),合堂而言,则为整个居舍;若去堂而言,则成内室之称。无论连堂与否,皆侧重在可以居人贮物,所谓“实”。居舍连人物而言,即是一家,故可引申为家庭。《孟子·离娄上》:“不得罪于巨室。”赵岐注:“巨室,大家也。”汉班固《白虎通·爵》:“一夫一妇成一室。”《论语·公冶长》:“十室之邑,必有忠信如丘者焉。”唐杜甫《石壕吏》诗:“室中更无人。”诸“室”,皆指一家一户。进而指人,若偏指男,则成家主(即一家之主)之称。如《诗·小雅·宾之初筵》:“宾载手仇,室人入又。”(“手”,取。“又”,复射。)毛传:“室人,主人也。”若偏指女性,乃成“妻子”之称(包括妾)。《礼记·曲礼上》:“三十曰壮,有室。”郑玄注:“有室,有妻也,妻称室。”《左传·桓公十八年》:“女有家,男有室。”作动词,娶妻。《国语·鲁语下》:“公父文后之母欲室文伯。”韦昭注:“室,妻也。”《韩非子·外储说右下》:“丈夫三十而室,妇女十五而嫁。”“嫁、室”相反成义,指娶妻。从诸引申之用,也可以看出,“室”指居舍,所指范围小于宫,要连人、物之实体而称。

《说文·尸部》:“房,室在旁也。从户方声。”段玉裁注:“凡堂之内,中为正室,左右为房,所谓东房西房也。”《释名·释宫室》:“房,旁也,室之两旁也。”王先谦疏证补:“古者宫室之制,前堂后室,堂之两旁曰夹室,室之两旁,乃谓之房,房不在堂两旁也。”但朱骏声曰:“室左右为东西房,房左右为东西夹室”(《说文通训定声·壮部》“房”字)。其实,夹室也可称“房”。《书·顾命》:“在东房。”孔传:“东房,东厢夹室。”二者皆是。若厢之外纵列之夹室,直通而北,则夹室可属堂,也可属房。若厢后接夹室,则夹室必在房侧,广义也可属房。“房”与“方、广”诸字同源,取放散之意。如秦时之阿房宫,《史记·秦始皇本纪》:“先作前殿阿房。”司马贞索隐:“此以其形名宫也,言其宫四阿旁广也。”唯此,“房”本乃指正室两旁之房屋。上引

《书·顾命》句是其例。又如,《仪礼·公食大夫礼》:“宰夫筵出自东房。”郑玄注:“天子诸侯左右房。”秦以后,“房”可作居舍之通称,但有房之居舍必非贫者所居,故作居舍之称,也多用于富贵者,相当于上古之“宫”。《史记·吕太后本纪赞》:“高后女主称制,政不出房户,天下晏然。”《汉书·郊祀志下》:“夏,有芝生甘泉殿房内中。”《后汉书·安帝纪》:“然令自房帷,威不逮远。”“房帷”,房屋帷帘。《魏书·郑道昭传》:“敦营学馆,房宇既修。”南朝梁元帝《游七山寺赋》:“映檐牖而交加,绕房廊而郁毓。”“房廊”,房屋之走廊。

“屋”,其音义有圆曲貌一系,王力拟音作[ɔ],为后低圆唇元音。喔为鸡叫声,圆其口而呼;握,圆曲其手而持。《庄子·庚桑楚》:“终日握而手不捝。”(“捝”,拳曲。)郭庆藩集释引李轨云:“捲手曰握。”“幄”、“楃”,皆为圆曲形帐幕。其实,“屋”之本义即为“帷幄。”“幄”、“楃”为后出专字。《说文·尸部》“屋”徐灏笺:“古宫室无屋名。古之所谓屋,非今之所谓屋也。”《诗·大雅·抑》:“尚不愧于屋漏。”毛传:“屋,小帐也。”《周礼·天官·幕人》:“幕人掌帷、幕、幄、帟、绶之事。”郑玄注:“帷、幕皆以布为之,四合象宫室曰幄,王所居之帷也。盖屋即古幄字,相承增巾旁。”引申之,“屋”,指称屋面,盖缘覆盖之屋面似帷幄而称。“屋者,以宫室上覆言之。”(见《说文·宀部》“宸”段玉裁注)“屋者,室之覆也。”(见《说文·尸部》“屋”段玉裁注)《诗·豳风·七月》:“亟其乘屋。”谓升踏至屋顶。《召南·行露》:“谁谓雀无角,何以穿我屋?”《楚辞·九歌·湘君》:“鸟次兮屋上,水周兮堂下。”秦后继其用。北齐颜之推《颜氏家训·序致》:“魏晋已来,所著诸子,理重事复……犹屋下架屋,床上施床耳。”唐韩愈《韦侍讲盛山十二诗序》:“若筑河隄以障屋霤。”宋苏轼《司马君实独乐园》诗:“青山在屋上,流水在屋下。”但“屋”,从汉代起,可引申为房屋、居舍的通称,主要用于一般民居。《汉书·景十三王传·中山靖王刘胜》:“臣闻社鼷不灌,屋鼠不熏,何则?所托者然也。”汉孔安国《古文尚书序》:“我先人用藏其家书于屋壁。”晋陶潜《归园田居》诗之一:“方宅十余亩,草屋八九间。”《晋书·张华传》:“焕到县,掘狱屋基,入地四丈余,得一石函。”《北史·源贺传》:“如为屋,但外望高显,楹栋平正足矣,斧斤不平,非屋病也。”《宋书·隐逸传·沈通虔》:“人拔其屋后笱,令人止之曰:‘惜此笱欲令成林。’”唐杜甫《茅屋为秋风所破歌》:“呜呼!何时眼前突兀见此屋?”《宋史·李处耘传》:“奏减城中居民屋税,民皆悦服。”用作居舍之称,“房”多用于贵者,“屋”多用于一般民居,相辅而用。

参考文献

[1] 刘敦桢:《中国古代建筑史》,中国建筑工业出版社,1980年10月。
[2] 杨鸿勋:《仰韶文化居住建筑发展问题的探讨》,载《建筑考古学论文集》,文物出版社,1987年4月。

191. 宅·第(弟)·府·邸

佳美的居舍，称“宅”，唐代起指在京朝臣的官宅。“第”，皇帝、朝廷所赐有不同级别的官宅。“府”，对人宅舍的敬美之称。“邸”，达官王侯在外地的副宅。营建宅舍，须先卜居、相宅。

【同义】

《史记·荆燕世家》：“臣观诸侯王邸弟百余，皆高祖一切功臣。”《汉书·王莽传上》：“自四辅三公，有事府第皆用传。”（“传”，传符，通行凭证。）《后汉书·朱穆传》：“减省第宅园池之费。”《宋史·毕士安传》：“王请对愿留府邸，不许。”“邸弟”、“府第”、“第宅”、“府邸”皆同义连用，泛指佳美的居舍。

【辨释】

“宅”本不指住屋，而指经过择选的宅基地，包括阳宅（活人居处）和阴宅（墓地）。《释名·释宫室》：“宅，择也，择吉处而营之也。”“择吉处”，即所谓“卜居”、“相宅”。在甲骨文中有不少武丁卜居的卜辞，占卜城邑的选址与建造，此是相宅风水活动的最早记载。盘庚迁殷时也声称“天其永我命于兹新邑”（《书·盘庚》）。假托天意，实是对该地气候、环境形势综合考察的结果。西周王室大的迁邑凡三：公刘迁豳，古公亶父迁岐山，成王营洛邑。《诗·大雅·公刘》记公刘的相宅活动：“笃公刘，逝彼百泉，瞻彼溥原，乃陟南冈，乃觏于京。”谓公刘审察很多水源、平原，又登上南面高冈，相察京地。“笃公刘……既景乃冈，相其阴阳，观其流泉。……度其隰原，彻田为粮。度其夕阳，豳居允荒。”谓公刘又登上南面山冈，察看日光向背和各种水源流向；测度低地，以垦田种粮；又测山的西面，感到豳地之广大辽阔。《书·召诰》记周成王使召公营洛邑，文曰：“惟太保先周公相宅”，“越三日戊申，太保朝至于洛，卜宅。厥既得卜，则经营。”《周礼·夏官·土方氏》：“掌土圭之法，以致日景（影），以土地相宅，而建邦国都鄙。”土圭即度圭，以圭表通过日影来测定地理纬度、形势。总之，上古凡营居必先相宅，是商周的一个习俗。虽有迷信成分，掺入天神因素，但基本上是一种地理环境的综合考察活动。主要是考察山水土壤等自然环境，量地确定基址范围，测日影以定营建的朝向、形势。

到汉代，发展为影响后世的一整套风水理论与活动，称为“堪舆”。“堪”谓“土之坟起者”，故指天道；“舆”，车箱，喻指地（参朱骏声《说文通训定声·临部》“堪”字）。堪舆术即是探求天、地、人相协之道，其中有六壬术，术者用六壬栻盘。1977 年安徽阜阳双古堆西汉汝阴侯墓即出土西汉六壬栻盘，天盘圆形在上，周列二十八宿，中刻北斗；下是重叠的方形地盘,内层为八干四维,中层为十二支,外层也为二十八宿。二盘象征天圆地方。转动天盘,观其所指何方,以定吉凶。堪舆中又有图宅术,据五行之气相生相克原理,将宅与主人姓氏联系以定吉凶。汉代还有营宅的种种禁忌。如王充《论衡·讳篇》:“俗有大讳四。一曰讳西益宅。西益宅谓之不祥,不祥必有死亡。”又《譋时》述世俗“太岁头上不宜动土”事曰:“假令太岁在子,岁食于酉,正月建寅,月食于巳,子、寅地兴功,则酉、巳之家见食矣。”云云。汉以后的相宅风水活动全是阴阳五行一套,讲究气、势、形,俗称“看风水”,一直行至今世。在上述关于卜居、相宅的引例中,“宅”指宅基地。如“相宅”是相地,非相房屋。《论衡·譋时》述相宅,所称则是“子、寅地”,此“地”即为“宅地”,与“宅”义同。汉《讳篇》之“西益宅”,其“宅”也包括宅基地,谓在增益西边宅基地上之居舍。

“宅”字不仅在述及“相宅”、“卜居”的习俗时表示宅基地,而且单用时,上古、秦汉文献也多作此义。《荀子·大略》:“故家五亩宅。”杨倞注:“宅,居处也。”《孟子·梁惠王上》:“五亩之宅,树之以桑。”今人常将此例作为居舍义的书证,但细察之,仍指宅基地。盖无论亩制古今有何不同,其桑树总不得种于居舍之内。《商君书·境内》:“能得甲首一者,赏爵一级,益田一顷,益宅九亩。”(从高亨《商君书注释》)《左传·昭公三年》:“子之宅近市,湫溢嚣尘,不可以居。”《辞源》作“宅,居屋”之例。(“湫”,下;“隘”,狭小。)此是齐景公对晏婴之语。其上文是:“景公欲更晏子宅。”下文是:“请更诸爽垲者。”“爽垲者”,指明亮高燥之地,分明不指居舍。孔颖达疏引《晏子春秋》曰:“将更于豫章之圃。豫章之圃,高燥之地也。”然则“子之宅”、“晏子宅”也不指居屋,而指地段、地基;其“宅”不当释为“居屋”,而应作“居地”、“宅地”。何晏《论语集解序》:“鲁共王时尝欲以孔子宅为宫。”(《辞海》引)按,此句“为宫”下是:“坏,得《古文论语》。”其“坏”的是宅上之屋(宾语省),新建宫室要利用的正是孔子原宫室的地基,而《辞海》亦误为居屋。秦以后仍有其义。晋陶潜《归田园居》诗之一:“方宅十余亩,草屋八九间。”《宋书》曰:“太社西空地一区……频遇丧祸,故世称为凶地,僧绰常以正达自居,谓宅无吉凶,请为第,始就筑,未及居而败。”三国魏刘桢《京口记》曰:“得郗鉴故宅五十余亩。”(以上见《太平御览》卷一八〇)凡此足可表明:“宅”是指经过选择可以营筑屋舍之地,即宅基地;有时也指宅上之居屋,但必连宅基地而言。

大约从唐代起,“宅”用作宅基地之义渐失,才多用指私宅,常指在京朝臣的官宅。此当然是具有一定格局的佳美院落。唐封演《封氏闻见记·谆信》:“陆少保字元方,曾于东都置小宅,家人将受直矣。买者求见,元方告其人曰:‘此宅子甚好,但无出水处。’”唐杜甫《江南逢李龟年》诗:“岐王宅里寻常见,崔九堂前几度闻。”段成式《酉阳杂俎·喜兆》:“郑絪相公宅在昭国坊南门。”韦述《两京记》所记东京洛阳西京长安诸坊官宅均称“宅”,如“崇仁坊西南隅,长宁公主宅”,“延寿坊东隅,驸马裴巽宅”,其“北门之西有中书令阎立本宅”(见《太平御览》卷一八〇)。凡朝官的私居,一般均称“宅”。由于唐代起“宅”用为官居,故“宅家”为对皇帝的敬称。唐李匡义《资暇集卷下·阿茶》:“公郡县主,宫禁呼为宅家子,盖以至尊以天下为宅,四海为家,不敢斥呼,故曰宅家,亦犹陛下之义。”朝官家属暱称“宅眷”。宋何薳《春渚纪闻·陇州鹦歌》:"你到京师,切记为我传语通判宅眷。"至今"宅"所指一般仍是较华美宽敞的居所。此正见出中古的在京朝臣私居之称的衍变之迹。

"第",本义是"以韦束物",常作次第义。引申为佳美的居舍,字或作"弟"。《正字通·竹部》:"第,宅有甲乙次第,故曰第。"《汉书·高帝纪》:"为列侯食邑者,皆佩之印,赐大第室。吏二千石,徙之长安,受小第室。"颜师古注引孟康曰:"有甲乙次第,故曰第也。"《魏书·北海王详传》:"建饰第宇,开起山池,所费巨万矣。"晋左思《蜀都赋》:"亦有甲第,当衢向术。"("术",大路泛称。)《太平御览》卷一八一引《魏王奏事》曰:"爵虽列侯,食邑不满万户,不得作第。"《新唐书·后妃传上·杨贵妃》:"国忠诸姨五家第舍联亘……费缗千万。见它第有胜者辄坏复造。"诸引例都重在"第"为朝廷所赐。要之,"第"者,专指封建社会中皇帝、朝廷所赐的官宅,侧重于按等第之赐。

"府",本是国家储藏财物和文书资料之处。《说文·广部》:"府,文书藏也。"《礼记·曲礼下》:"在官言官,在府言府。"郑玄注:"府,谓宝藏货贿之处也。"引申为官府。《周礼·天官·大宰》:"以八法治官府。"郑玄注:"百官所居曰府。"再引申,秦以后可指佳美的居舍,此非表实,乃是敬美之称。北周庾信《哀江南赋》:"诛茅宋玉之宅,穿径临江之府。"下句指开辟道路,构筑临江王(共敖)的旧宅。《晋书·会稽王道子传》:"帝尝幸其宅,谓道子曰:'府内有山,因得游瞩,甚善也。然修饰太过,非示天下以俭。'道子无以对。"唐高适《玉真公主歌》:"仙宫仙府有真仙,天宝天仙祕莫传。"清孔尚任《桃花扇·侦戏》:"这不难,就送三百金,到尊府,凭君区处便了。"以上诸例,《晋书》叙语名"宅",帝语称"府"。末例对话又称"尊府",最能见"府"之敬美色彩。称"府"者,不问是官宅贵第,还是茅舍陋屋。今犹有"尊府"、"贵府"、"府上"之类敬辞。

"邸"一直有"外居"的性质。《说文·邑部》:"邸,属国舍也。"起于战国,为各诸侯国设在国城接待外宾的高级宾馆。汉时为设在京城供诸郡王侯朝见时住宿的客馆。由此可分两途引申。一是从接待宾客而引申为一般的客舍、店肆(参第229、230条)。另外一途乃从宾客之位高而引申指达官、王侯在外栖止的佳美居舍,即副宅。汉刘向《说苑·尊贤》:"史鳍去卫灵公邸舍三月,琴瑟不御。"《宋书·蔡兴宗传》:"王公妃主,多立邸舍,挠乱在所,大为民患。"《魏书·萧宝夤传》:"其资生所须之物,及衣冠、车马、在京邸馆,付尚书悉令豫备。"《南齐书·竟陵王子良传》:"又与文惠太子同好释氏,甚相友悌,子良敬信尤笃,数于邸园营斋戒,大集朝臣众僧。"

由"邸"的本义和诸引申义观,"邸"皆有暂居之意。其字从邑氐声,声兼义。"氐",即抵,至义,会其意是往至之所居。作为府第义,就指达官、王侯往至暂居之"副宅"。如上引"卫灵公邸舍",盖春秋时行庙寝之制,诸侯君主都住宫中寝内,何来"邸舍"?分明是其副宅别居。南北朝时,"王公妃主"也都居于宫中,彼私立"邸舍",完全是营私之举,故下称"大为民患"。竟陵王子良按例宫中也自有其居,其"邸园"乃是私邸。《魏书》例称"在京邸馆",更为明白。文献的使用情况表明:"邸"字单用,一般皆指达官、王侯的副宅。只有与"府、第"等连用时,才泛指一般的府第。

参考文献

[1] 刘敦桢:《中国古代建筑史》,中国建筑工业出版社,1980 年 10 月。
[2] [清]赵翼:《陔余丛考》(校点本),栾保群等校点,河北人民出版社,1990 年 1 月。
[3] 詹鄞鑫:《古代相地术》,《文史知识》1988 年第 3 期。
[4] 何晓昕:《风水探源》,东南大学出版社,1990 年 6 月。

192. 廊(郎)·庑

廊庑是不可少的附属建筑,源远流长。"廊",庑屋和各种独立廊的总称。"庑",殿堂、楼阁前面或周围的檐屋,即正屋延伸的旁舍。

【同义】

《广韵·平唐》:"廊,庑也。"《广雅·释宫》:"庑、廊,舍也。"唐柳宗元《南岳般舟和尚第二碑》:"殿舍宏大,廊庑修直。""廊庑"同义连用。

【辨释】

汉字中关于宫室的名物词主要集中在宀(mián)、广(yǎn)两部。"宀"是"交覆深屋",即有堂有室,有四柱。古文字中作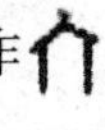(乙五〇六一),是圆锥屋顶和两坡顶屋舍的象形,"家、宇、宫、室"等属之。"广"是半边屋顶的象形,即一边为壁,一边立柱,上有屋顶,屋下是通道,"廊、庇、厢、庑"等归之。凡从"广"者都不是宫室的主体,而是主体建筑的附属部分,廊庑就是如此。但它在传统建筑中有独特的艺术、结构作用。日本学者伊东忠太指出:"要之,中国建筑之图样,皆为长方形之屋宇,连之以廊,作左右均齐之配合。……中国建筑规模之大者,即许多堂宇与廊互相连络而联成一群之谓也。……惟中国建筑之美,为群屋之连络美,非一屋之形状美也。"(《中国建筑史》47页)确实,我国古代建筑的庭院与组群的布局,大都采用以纵轴线为主参合横轴线的均衡对称方式。在一个庭院单元中,其纵轴线上的主要建筑与对面或两旁的次要建筑之间,一般都有回廊相连。"这种以回廊与建筑相配合的方法,可收到艺术上大小、高低与虚实、明暗的对比效果,同时回廊各间装有直棂窗,可向外眺望,扩大空间"(《中国古代建筑史·结论》)。廊庑,古已有之。在浙江余姚河姆渡遗址有长屋遗迹,进深约7米,长屋前有1.3米宽的廊庑遗迹。河南偃师二里头商代早期宫殿遗址,湖北黄陂盘龙城商代中期宫殿遗址,陕西岐山凤雏和扶风召陈的西周早期宫殿遗址,其宫殿外也都有宽大的廊庑遗迹。以后,凡是宫殿、寺庙等较高级的建筑都有廊、庑。唯"廊、庑"都指上有屋盖、下可供人穿行、一边有柱无墙的通道,故常同义连用。《史记·魏其武安侯列传》记窦婴事:"所赐金,陈之廊庑下。军吏过,辄令财(裁)取为用。"文首引柳宗元所撰碑文亦其例。

"廊"本作"郎",河北廊坊又作"郎坊"。"廊庑",也作"郎庑"。"廊、郎"皆得义于良声。良声有空明义。"筤"是仪仗中的曲柄伞。"朗"是明朗。"阆阆",明大貌(见《后汉书·张衡传注》)。"廊"者,侧重于敞亮空明而宜人穿行,其实乃是一种过道。常见的廊有以下数种。一、宫殿、寺庙廊,实是庑。有前檐廊、前后廊、三面廊、周围廊等,北京故宫太和殿、保和殿等皆有前檐廊。故宫中坤宁宫、碧云寺中菩萨殿、杭州灵隐云林寺皆有前后廊。颐和园佛香阁、杭州六和塔、山西应县佛宫寺释迦塔皆有周围廊。二、庭院廊。前引一些建筑史所论，即属此种。最典型者，河南偃师二里头商代早期宫殿遗址：不仅主要宫殿有围廊，且其整个宽广的长方形外围都用巨大的廊围成广场，构成中国几千年传统庭院布局的雏形。北京故宫从天安门直到御花园的每一进庭院两侧皆有长大的边廊。三、长廊。连接相距较远的两处大建筑群、区。《太平御览》卷一八五引郑缉之《东阳记》曰："石步廊去歌山十里，临流虚构，高可数丈，长三十丈，可容百人坐。"从宋汴梁和金中都宫城起，各代的宫城御街两侧往往建长廊，称"千步廊"。现保存下来的首推颐和园长廊，东起邀月门，西抵石丈亭，全长728米，共273间，像一条彩练铺落万寿山与昆明湖之间，廊中随势曲折，两侧全为全国名胜集锦彩画，堪称一别开生面的艺术画廊。四、覆道飞廊。如唐杜牧《阿房宫赋》的"廊腰缦迴"，即是连接"五步一楼，十步一阁"的飞廊(今知此系作者构想，阿房宫未建成。)现存的代表可推北京雍和宫飞廊，它悬跨空中，将三座高阁相连。五、桥廊。现存最佳者是广西三江的程阳桥，为著名的五亭廊桥，全长76米，在五个石桥墩上建起桥廊，中为走道。全廊有五个不同形制的亭阁。六、其他廊。如凌空廊、两面廊、半面廊等，不胜枚举，大致为依附性的屋廊和各种独立的廊。

以上六种，唯第一种也可称"庑"，余者只可称"廊"。文献中作廊庑义之"廊"亦常见。《国语·越语下》："范蠡进谏曰：'夫谋之廊庙，失之中原，其可乎？王姑勿许也。'"《史记·乐书》："平公恐惧，伏于廊屋之间。"唐张籍《寒食内宴》诗之一："廊下御厨分冷食，殿前香骑逐飞毬。"杜牧《阿房宫赋》："廊腰缦迴，簷牙高啄。"诸"廊"皆指庑屋。可见"廊"是庑屋和各种独立廊的总称。其中与"庙"连用，用作朝廷的代称。盖"廊"指庑屋，"庙"即殿堂，二者均为帝王和大臣所出入、议政之处，故可代称朝廷。上引《国语·越语下》即其例。又，《南史·张充传》："既谢廊庙之华……终愧衣冠之秀。"指朝廷之位。"廊庙才"、"廊庙器"之类指能担朝廷重任的宰相之才。《宋书·裴松之传》："高祖敕曰：'裴松之廊庙之才，不宜久尸边务，今召为世子洗马。'"("尸"，主。)唐杜甫《自京赴奉先咏怀五百字》："当今廊庙具，构厦岂云缺。"指廊庙之才具。

"庑(廡)"，从广、無声，声兼义。"無"有大义。"膴"，可指大肉。《尔雅·释诂上》："幠，大也。""庑"，会其意即是大屋。《释名·释宫室》："大屋曰庑。庑，幠也，幠覆也。""大屋"者，谓大屋顶。《说文·广部》："庑，堂周屋也。"朱骏声曰："谓屋于堂之四周者。"(《说文通训定声·豫部》"庑"字)然则可知，庑者，是殿堂、楼阁前面或周围的檐屋。此是真正的半边屋：一边是墙，一边为立柱，是正屋的延伸、广大。实质上是大的旁舍。正屋面加上延伸之半边屋，其屋必大。称"庑"，侧重于有大屋面和空间。唯"庑"是屋舍，故一直可单用表义。《史记·李斯列传》："居大庑之下，不见人犬之忧。"《后汉书·宦者传·侯览》："石椁双阙，高庑百尺。"又《顺帝纪》："庚子，恭陵百丈庑灾。"李贤注："庑，廊屋也。"《文选·潘岳〈怀旧赋〉》："步庭庑以徘徊，涕泫流而沾巾。"唐段成式《酉阳杂俎·玉格》："至一庄，竹落草舍，庭庑狼藉。"《宋史·选举志一》："凡策士，即殿两庑张帟，列几席，标姓名其上。"两庑即东西庑屋。《元史·百官志六》:"殿庑供帐,内苑花木。"

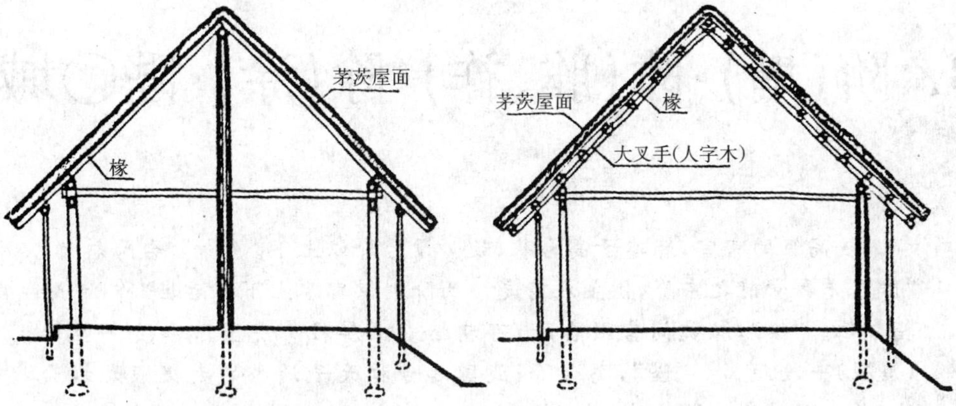

有中间隔墙之庑屋　　　　无中间隔墙之庑屋

(杨鸿勋,1987)

参考文献

[1] 刘敦桢:《中国古代建筑史》,中国建筑工业出版社,1980 年 10 月。

[2]〔日〕伊东忠太:《中国建筑史》,陈清泉译补,上海书店影印本,1984 年 2 月。

[3] 罗哲文:《中国古建筑中的廊(庑、副阶)》,《文史知识》1985 年第 5 期。

[4] 清华大学建筑系:《建筑史论文集》第六辑,清华大学出版社,1984 年 8 月。

[5] 傅熹年:《陕西岐山凤雏西周建筑遗址初探》,《文物》1981 年第 1 期。

193. 阶(堦)·阼(胙、祚)·除(涂)·陛○堿、平

较高级的宫室，皆建于高台基，故必设台阶以上下。“阶”，台阶总称。“阼”，先秦堂前之东阶，供主人行走。西阶则供宾客上下。后世“阼阶”喻指帝位。“除”，汉魏间宫殿台阶，可包括堂上屏柱廊庑至阶和阶下至门(庭径)一段距离。“陛”，高台阶；战国起专称天子治事的太极殿九级台阶，并出现对帝王敬称的“陛下”一词。“堿(cè)”，汉代对帝殿陛阶踏道的别称。“平”指陛阶供帝辇上下的漫道。

【同义】

《说文·𨸏部》：“阶，陛也。”“除，殿陛也。”《文选·潘岳〈怀旧赋〉》：“陈荄被于堂除。”李善注引《说文》曰：“除，殿堦也。”《文选·班固〈西都赋〉》：“修除飞阁。”(“除”一作“涂”。)李善注引司马彪《上林赋注》曰：“除，楼陛也。”“阼”也指阶。《史记·刺客列传》：“门户阶陛左右，皆王僚之亲戚也。”三国魏何晏《景福殿赋》：“若乃阶除连延，萧曼云征。”“阶陛、阶除”皆同义连用，泛指台阶。

【辨释】

我国古代的宫室均建于高台基上。今考古发掘所见河南偃师二里头商代早期宫殿，湖北黄陂盘龙城商代中期宫殿，乃至安阳小屯的宫殿，皆有大面积的夯土台基。盘龙城宫殿，台基高约70厘米(据杨鸿勋考)。偃师二里头的汤都西亳宫殿，夯土台残高80厘米，东西约108米，南北约100米，与《周礼·考工记》所记“夏后氏世室”即夏代的太室(犹后世的宫廷)“堂崇三尺”之说大致相合。商初离夏时不远，当有直接继承关系。《墨子·辞过》：“为宫室之法，曰：‘室高足以辟(避)润湿，边足以圉风寒，上足以待雪霜雨露。’”高台基利于防潮、通风，可使建筑物高爽、坚固，又便于瞭望、守卫。从建筑美学看，更可造成高耸巍峨的气势，适应奴隶主统治者居高临下统治万民的需要。有高台，必设台阶。文献称夏后氏之室已是九阶，即其太室有九层台阶。此是据后世之制推想。按照有的学者对偃师二里头商代早期宫殿复原的构想：堂前东西阶，两夹室有两阶，其余五室各有一阶。台阶的高度，据复原，二里头宫殿台阶踏道两级，盘龙城宫殿有三级，而到周代，陕西岐山凤雏甲组遗址夯土台基高出地面南边约1米，北边约0.2米(《周原考古》简讯第9期)，整个甲组建筑有十五个台阶。堂前台阶有左中右三阶，右漫道，左踏道有五级。战国中山王陵之陵寝，其底层回廊台基高130厘米。秦汉是高台建筑发展的顶峰，其台阶当然更高。台阶，早期是夯土阶，所谓尧舜夏后之时“茅茨土阶”，后世多是砖阶或石阶。台阶，一种是筑成一级级的踏道，便于人行；若筑成斜面，称为漫道，利于车之上下。

"阶"或作"堦",本指堂前的台阶。《玉篇·阜部》:"阶,登堂道也。"《书·大禹谟》:"舞干羽于两阶。"《汉书·霍光传赞》:"霍光以结发内侍,起于阶闼之间。""阶闼",台阶与宫中小门,喻宫中侍卫。《后汉书·党锢传·范滂》:"桓帝使中常侍王甫以次辨诘,滂等皆三木囊头,暴于阶下。"以上见于朝廷的殿堂。也用于一般民居宫室。《南史·隐逸传下·徐伯珍》:"阶户之间,木生皆连理。""阶户",由阶至门。唐杜甫《少年行》:"马上谁家白面郎,临堦下马据人床。"白居易《偶作》诗:"簟冷秋生早,阶闲日上多。""阶"引申之,为可移动的木梯。《孟子·万章上》:"父母使舜完廪,捐阶,瞽瞍焚廪。""阶"作动词,为设阶。《论语·子张》:"夫子之不可及也,犹天之不可阶而升也。""阶"又引申为许多抽象义,如途径、由来、凭借、官阶等。"阶"是台阶的总称。

《说文·𨸏部》:"阼,主阶也。"《广韵·去暮》:"阼,阼阶,东阶。"或假"胙"、"祚"。宫殿皆南向,殿前设东西两阶,临朝觐,揖宾客,承祭祀,主宾之阶至赜而不乱:宾客升降在西阶,面东;主人升降在东阶,面西。迎客时,在阶下之庭中,互让再三,然后主人先登东阶,客人从之登西阶,主宾相向"拾级聚足,连步以上"(一级一聚足,逐级而上),主人尽东阶先右足上,客人尽西阶先左足上(据《太平御览》卷一八五所引《尚书大传》)。作主阶之东阶名"阼",乃取酬酢义。《仪礼·士冠礼》:"立于阼阶下,直东序西面。"郑玄注:"阼犹酢也,东阶所以答酢宾客也。"《荀子·哀公》:"孔子曰:'君入庙门而右,登自胙阶,仰视榱栋,俛见几筵。'"杨倞注:"谓祭祀时也,胙与阼同。"《孔子家语·儒行解》:"孔子既至舍,哀公馆焉,公自阼阶,孔子宾阶,升堂立侍。"主位酬宾之礼,不只用于天子,凡诸侯、大夫、士揖宾客皆类此。继君位必先祭祀,首次从阼阶上下,"践阼"、"涖阼"遂得代称(太子)即君主之位。《礼记·文王世子》:"成王幼,不能涖阼。"《史记·燕召公世家》:"成王既幼,周公摄政,当国践祚。"《三国志·魏志·管宁传》:"陛下践阼,纂承洪绪。"

"除"是汉魏间宫殿台阶之称。《文选·张衡〈东京赋〉》:"乃羡公侯卿士,登自东除。"("羡",延请。)薛综注:"谓命之上殿也。天子从中阶,诸侯从东西阶。"盖汉代的宫殿台阶已不分阼宾两阶,而是连为一长条,天子从中间上下,诸侯、群臣走两旁(东西阶)。并且"除"所指的区域较大。《文选·班固〈西都赋〉》:"修除飞阁。"《文选·曹植〈赠丁仪〉诗》:"凝霜依玉除,清风飘飞阁。"李善注:"玉除,阶也。"诸"除"皆指台阶本身。但常常可包括台阶上(即堂)与下(庭径)延伸的一小段。《汉书·苏武传》:"前长君为奉车,从至雍棫阳宫,扶辇下除,触柱折辕。"("长君",指武兄苏嘉。)颜师古注引张晏曰:"主扶辇下除道也。"颜师古注:"除谓门屏之间。"《汉书·王莽传下》:"晨旦明,群臣扶掖莽,自前殿南下椒除,西出白虎门。"颜师古注引服虔曰:"邪行阁道下者也。"颜师古注:"除,殿陛之道也。椒,取芬香之名也。"《文选·潘岳〈怀旧赋〉》:"陈荄被于堂除……步庭庑以徘徊。"("陈荄",宿草陈根。)上例,《苏武传》句当指从屏(内屏)过楹柱廊庑而至台阶整段路,可译为"扶持武帝的专车从门道下台阶时不慎"云云。中例,也应兼从屏柱至下台阶整段而言,颜注是。末例,言诗人自堂除升降,在庭庑之间徘徊。"除"的这一特点与声源有关。

"除"从余声，余声有长义。"余"是"语之舒"，"舒"是伸，"捈"是"卧引"（据《说文》），"引"是拉弓之长，则"除"也自可蕴延长之意，故"除"通作"涂"。上举班固《西都赋》"修除飞阁"句，《文选·曹植〈赠丁仪〉诗》李善注即引为"修涂飞阁"。盖堂下之路为"涂"。《尔雅·释宫》"堂途谓之除"郭璞注："堂下至门径也。"所谓"堂下"，当可兼赅涂之斜升堂一段。故"除"是堂下涂的延伸，从阜者，示有山石一样高下阶级之道，即台阶。因此，"除"之为台阶，当可延伸包容堂上一段与堂下一段（庭径）。

"除"汉魏后用作台阶的泛称。唐杜甫《送孔巢父谢病归游江东兼呈李白》诗："清夜置酒临前除。"宋朱柏庐《治家格言》："黎明即起，洒扫庭除。"

《说文·𨸏部》："陛，升高陛也。"即高台阶。按，"陛"从坒声，声兼义。《说文·土部》："坒，地相次坒也。……从土比声。"则"比、坒、陛"皆有毗连、益多之义，故"陛"本指阶级甚多的高台阶。《吕氏春秋·贵信》："庄公与曹刿皆怀剑至于坛上……管仲、鲍叔进，曹刿按剑当两陛之间曰……"此是升坛之阶，必多级而高。《墨子·备城门》："城上五十步一道陛。"城墙上的阶级自当是高者，故可称"陛"。《楚辞·大招》："举杰压陛，诛讥罢只。""陛"，一作"阶"。王逸注："陛，阶次也。……言楚国选举，必先升用杰俊之士，压抑无德，不由阶次之人，非恶罢驽，诛而去之。"此"陛"犹阶，是台阶之泛称。由上可见，上古之"陛"不专用于天子或诸侯国之君主。但因是高阶，如前所言，宫庭之台基从商代而下，越来越高，天子台阶最高，故可引申为天子所践之阶。《玉篇·阜部》："陛，天子阶也。"秦始皇时有官名"陛楯郎"。在陛侧皆有"陛戟"，即持戟卫护之卒吏。陛戟之士不得诏命，不能任意上殿堂。荆轲刺秦王时，一些郎中执兵器皆守卫殿陛下，秦王慌乱时未召令上，故一段时间陛下之人只得睁眼旁观荆轲追逐秦王。汉代也有"陛戟"。《汉书·霍光传》："太后被珠襦，盛服坐武帐中……期门武士陛戟，陈列殿下。"东汉有"陛长"，秩六百石，墨绶铜印，朝会时立殿中（《后汉书·百官志二》）。又《汉书·贾谊传》："人主之尊譬如堂，群臣如陛。"诸"陛"，皆指天子临朝治事之殿（即太极殿）的台阶。由此产生了对帝王的敬称"陛下"一词。宋高承《事物纪原·朝廷注措部·陛下》云："唐以前，天子无陛下之呼。"此上限似太迟。最早战国已见，战国而下习见。《韩非子·存韩》："陛下虽以金石相弊，则兼天下之日未也。"《史记·秦始皇本纪》："淳于越进曰：'……今陛下有海内，而子弟为匹夫。'"三国魏曹植《上责躬应诏诗表》："伏惟陛下德象天地，恩隆父母。"凡此皆唐以前之例。"陛下"一词在"陛"用为天子之阶之后即形成。汉蔡邕《独断》卷上："陛下者，陛，阶也，所由升堂也；天子必有近臣，执兵陈于陛侧，以戒不虞。谓之陛下者，群臣与天子言，不敢指斥天子，故呼在陛下者而告之，因卑达尊之意也。上书亦如之。"清顾炎武也言："陛下犹言执事，后人相沿，遂以为至尊之称。"（《日知录·陛下》）

"城"是汉代对天子治事的太极殿陛阶踏道的别称。《文选·班固〈西都赋〉》："于是左城右平，重轩三阶。"李善注引挚虞《决疑要注》曰："凡太极乃有陛，堂则有阶无陛也。"（按，此指汉代之"堂"，次于正殿。）天子的殿陛在左边，有陛级，称"城"，是踏道。右边用花纹的砖砌为缓坡，是漫道，便于帝辇上下。此即所谓"左城右平"。其陛城有九级。《汉书·贾谊传》："人主之尊譬如堂……故陛九级上，廉远地，则堂高。”（“廉”，侧隅。）《太平御览》卷一八五引挚虞《决疑要注》曰：“其制有陛，右墄左平。平以文塼（砖）相亚次，墄者为陛级也，九锡之礼纳陛以登。”大臣受九锡之礼，一级一受赐。（“九锡”，帝王礼尊有功大臣所赐九种器物，为最高赏赐。）

194. 门·户·扇·扉·阖

在穴居、半穴居时代，居处无门，只有掩蔽物。升到地面，才先后有单扇、双扇的门，常见板门、槅扇门，使用甚广。“门”，指两扇的外门；又作门户总称。“户”，单扇门、内门；可作门的泛称。“扇”，内外门扇泛称。“扉”，独扇外门。“阖”，木制外门门扇，泛指外门。

【同义】

《庄子·人间世》：“以为门户则液樠，以为柱则蠹，是不材之木也。”《孟子·尽心上》：“昏暮叩人之门户，求水火，无弗与者至足矣。”“门、户”皆泛指门。《说文·户部》：“扉，户扇也。”“扇，扉也。”《門部》：“阖，门扉也。”《尔雅·释宫》：“阖谓之扉。”邢昺疏：“阖，门扇也。一名扉。”唐陈鸿《长恨传》：“方士抽簪扣扉，有双鬟童女，出应其门。”“扣扉”，即敲门，“扉”、“门”同称一物。

【辨释】

《说文》部首：“門，闻也。从二户象形。”但此是后世之门。在仰韶文化早期的半坡、庙底沟、芮城东庄等穴居、半穴居的建筑遗址中，均无双扇、单扇的门。如陕西武功出土的圆形陶制房屋模型，其墙体高度大致是半穴居竖穴的深度，门口开在屋盖上，尚无门扇。半坡 F24 遗址已有“间”的雏形，入口宽敞，也无门扇，门口可能已采用不固定的掩蔽设施，如苇席、枝条篱笆之类挡口。但是甲骨文已有“門”（前四一六、一），为门的象形，则商代已无疑有了两扇的门。河南偃师二里头商代早期宫殿遗址的大门是较早的门例。据称：“可复原为八间没有屋盖的牌坊门形式，其门扇可能是木条直棂或与木板混用的。甲骨文的‘門’字正是画的这个形象。这种门因其形制像车衡，所以古称‘衡（或横）门’。这是最古老的一种宫廷大门的式样，后世历代封建统治阶级以其为‘古制’而倍加推崇。宫苑、陵寝、坛庙等重地所采用的‘棂星门’或‘乌头门’便是模仿这种古老‘衡门’的。”（杨鸿勋文）双扇相合的门肇自商代，当成定论。其后，门的设用极广，宫门、宅门、庙门、里门、市门、国门（国城门）……凡是各种建筑物、建筑区的出入口往往设门。其中最普遍的是从宫廷到民居的各种宫室之门。从一个完整的宫室言，堂前下台阶是中庭，其道谓之“涂”。庭之前中处即为外门。此双扇的外门上有盖屋，为门屋，两边有夹门之堂，为塾。《尔雅·释宫》：“门侧之堂谓之塾。”左为东塾，右为西塾。门之内，两塾之间谓之宁。其中门道谓之隧。偃师二里头大夯土台遗址已是由廊庑周绕的庭院，院内有大型殿堂，庭院之前中即为大门，两边是东西塾。西周之陕西岐山凤雏甲组建筑遗址亦门屋居庭院前中，两边是塾。有的大门之上有楼，称“门楼”、“门阁”。《晋书·贾充传》:“其门阁严峻,不知所由得入。”江苏睢宁双沟出土的晋代住宅明器,中间大门上即有庑殿式屋顶的门楼。门之上有梁木,谓之楣。《资治通鉴·唐纪·天宝五年》:“杨贵妃方有宠……民间歌之曰:‘生男勿喜女勿悲,君今看女作门楣。’”胡三省注:“门以楣而撑拄,言生女能撑拄门户也。”门有左右两扇,两边靠墙的门枢在上下门臼中转动,使门扇开闭。乐府民歌《陇西行》:“送客亦不远,足不过门枢。”此“枢”已代称门。整个宫室的大门最为高大,常可出入车骑。《史记·万石张叔列传》:“内史庆醉归,入外门不下车。”为了容车骑出入,门道常实行“断砌造”,即将大门中间的台基垂直切断,岐山凤雏甲组建筑遗址的大门就是将门中的台基断开,今存东西塾台基高于门道80—100厘米。在门扇之下贴地,一般有横木,称“门限”、“门阈”、“门阃”。《后汉书·臧宫传》:“车者不绝而门限断。”唐贾至《虎牢关铭序》:“宜其咽喉九州,阃阈中夏。”横木可以固定,俗谓之门槛,可以起落,以便车马出入。也可不设门限,代以直立的止门短木橛,设于门下部中间,谓之门阑。《尔雅·释宫》:“橛谓之阑。”郝懿行义疏:“盖门中间竖一短木,东曰阑东,西曰阑西。”《礼记·玉藻》:“君入门,介拂阑。”孔颖达疏:“阑,谓门之中央所竖短木也。”“阑”或称为“阁”。《说文·門部》:“阁,所以止扉者。”段玉裁注:“《左传》之‘阁’,即他经之‘阑’,两扉中之橛也,是二者皆所以止扉,皆谓之阁。”按上引孔疏、段注等说是一门一阑,设于门中。但也有主一门设二阑者。朱骏声曰:“古者门有二阑,二阑之中曰中门,二阑之旁皆曰枨,必设此者,所以为尊卑出入之节也。”(《说文通训定声·泰部》“阑”字)盖设二阑者,中间国君出入,阑之东西为大夫、士所出入,等于设三个门道。可能后说近是。门扇上下之中,关门可以上键,有锁钥装置(参第196条)。古代木门常见的主要是板门、槅扇门。宋以前,基本使用板门。已发现的唐代建筑全用板门。板门用于城门、宫殿、官衙、庙宇、住宅的大门,一般是两扇。板门的门饰主要是门簪、门钉、铺首。门簪,汉代已见,一扇门二至三枚,多方形,唐代更有矩形、菱形等。门簪上施雕刻纹饰。门钉,魏晋时已有。不过,长期无定制,一般是纵横三至七路,每路三至七枚。至清代,才规定最高级建筑物纵横各九路。铺首,上有衔环,一扇门一只,首见于汉代。《汉书·哀帝纪》:“孝元庙殿门铜龟蛇铺首鸣。”颜师古注:“门之铺首,所以衔环者也。”山东沂南北寨村出土的“日”字形住宅(或谓之祠堂),其前、中二进大门,门扉上均饰有铺首衔环。铺首往往“古青绿蝴蝶兽面,或天鸡饕餮之属”,门一般漆朱、紫、黑三色(明文震亨《长物志》卷一)。木板门一直行于后世。槅扇门分上花心(棂格)与下裙板(平板)两部分,一般作建筑物的外门或内部隔断。首见于北宋初,现存最完好的是金代所建崇福寺弥陀殿门,每间四扇,上棂格,下裙板(平板),棂格式样有十多种。宋李诫《营造法式》规定棂格与裙板两部分高度之比为2∶1。清代则约6∶4。格心式样更多,框格间可糊纸、薄纱或贴贝壳。裙板多有花卉或人物的雕刻。从秦汉起,下至唐、宋,凡宫殿之门、府州衙门,除了形制之高大,朱漆、豪华的雕饰外,皆设门戟,以壮威仪,即在大门左右列二执戟之士,长戟交叉。有时达官显宦亦可受赐而设门戟,以显贵宠。《河南汉代画像砖》所载四六、四七《宫阙》图中宫大门左右即列二执戟之士,长戟交叉。《新唐书·杨汝士传》:“杨氏……所居静恭里,兄弟并列门戟。”出入宫廷之门有门籍制度。《汉书·元帝纪》:"父母兄弟通籍。"颜师古注引应劭曰:"籍者为二尺(当为'尺二')竹牒,记其年纪名字物色,悬之宫门,按省相应,乃得入也。"即入宫者也须持尺二竹牒,进门时与悬于宫门的竹牒相核验,二者相吻,方可入内。无籍者,不得入。《三辅黄图》卷六《杂录》:"汉宫中谓之禁中,谓宫中门阁有禁,非侍卫通籍之臣,不得妄入。"《汉书·窦婴传》:"太后除婴门籍,不得朝请。"《明律》规定,应入宫殿之人,未持带门籍而入者,笞四十。

"门",《玉篇》部首解:"人所出入也。在堂房曰户,在区域曰门。"朱骏声曰:"一扇曰户,两扇曰门;又,在堂室曰户,在宅区域曰门。"(《说文通训定声·屯部》"门"字)主要指称两扇的外门。有时也可指称户。《礼记·内则》:"夫齐(斋),则不入侧室之门。""侧室",内室。内室设户,今称"门"。"门"是整个宫室,即一个居宅的出入口,故引申为家、家族。《史记·孟尝君列传》:"文闻将门必有将,相门必有相。"《龟策列传》:"素有眦睚不快,因公行诛,恣意所伤,以破族灭门者,不可胜数。"弟子常至师宅的门塾受业,故可指师门。《孟子·告子下》:"愿留而受业于门。"可喻指一个地域的关塞要隘。如"玉门"、"江门"、"雁门"等。"门"可用于抽象义,喻指途径、关键。《孟子·万章下》:"夫义,路也;礼,门也。惟君子能由是路,出入是门也。"可活用为动词,指攻门。《左传·襄公二十五年》:"吴子诸樊伐楚,以报舟师之役,门于巢。"杜预注:"攻巢门。"也可反之,指守门。《公羊传·宣公六年》:"勇士入其大门,则无人门焉者。"后一"门"指守门。"门"的上述许多引申用法与活用义均可从其本是两扇的外门得到说明。故"门"是门户的总称。

《说文》部首:"户,护也,半门曰户,象形。"户是单扇的门,是内室的出入口,与门有大小内外单双之别:门在外而大,户在内而小;门二扇,户一扇。《礼记·礼器》:"未有入室而不由户者。"《诗·豳风·七月》:"八月在宇,九月在户。"指蟋蟀九月避寒而进内。北朝乐府民歌《木兰诗》:"唧唧复唧唧,木兰当户织。""当户",对户,对着室门。唯"户"是宫室内门,故常与宫室内壁窗之"牖"相连言。《仪礼·觐礼》:"天子设斧依于户牖之间。"《三国志·吴志·赵达传》:"不出户牖,以知天道。"宫室之制是前堂后室,一堂二内,户一般在室之前,即室之南;而室前所设是牖东户西(参第197条)。《说苑·修文》:"女拜,乃亲引其手,授夫乎户。夫引手出户,夫行,女从。拜辞父于堂,拜诸母于大门。"此言从室经户、堂而至大门,由北向南之行走路线。户也可在室之后。《诗·豳风·七月》:"穹窒熏鼠,塞向墐户。"言冬天将室后面(北面)的门和窗堵塞,以便保暖。户虽单扇,也有门槛。《淮南子·说林》:"虽欲谨亡马,不发户辚。"高诱注:"辚,户限也。"《晋书·谢安传》记破苻坚,有驿书至,安方对客围棋,"既罢,还内,过户限,心喜甚,不觉屐齿之折"。户扇上也有止闭的门闩,称为"扃"。《礼记·曲礼上》:"将入户,视必下,入户奉扃……户开亦开,户阖亦阖。"

"户"有时也可作门的泛称。《吕氏春秋·尽数》:"流水不腐,户枢不蝼,动也。"("蝼",蚁虫。)《新唐书·魏徵传》:"户阖不闭,行旅不赍粮。""户阖",泛指门户之键。然"户"不可单指外门,"门、户"犹有严限。

"扇"本指用细竹、芦苇编织的门帘。其特点是不以户枢开阖,而是挂而可掀扬。

《礼记·月令》："（仲春之月）耕者少舍，乃修阖扇。"郑玄注："用木曰阖，用竹苇曰扇。"此"扇"即指门帘。《吕氏春秋·知接》："蒙衣袂而绝乎寿宫，虫流出于户，上盖以杨门之扇。"高诱注："杨门，门名。扇，屏也。"即指帘屏。若固定之即为门，故引申为门扇。唐李白《梦游天姥吟留别》诗："洞天石扇，訇然中开。"《资治通鉴·梁武帝太清二年》："贼又以长柯斧斫东掖门，门将开，羊侃凿扇为孔，以槊刺杀二人，斫者乃退。"胡三省注："扇，门扇也。""扇"是内外门扇的泛称。今言"门扇"亦然。

"扉"从户非声，非声有外义。《说文·食部》："餥，餱也。"指出外所持干粮。"斐"，文彩貌，色之灿然见于外者。"騑"，驾车之旁马。《续汉书·舆服志上》"在左騑马轭上"李贤注引徐广曰："马在中曰服，在外曰騑。""篚"，车笭，即车舆前后之遮蔽物。故"扉"指独扇外门。《左传·襄公二十八年》："子尾抽桷击扉三。"晋陶潜《归园田居》诗之二："白日掩荆扉，虚室绝尘想。"文首引《长恨传》之"扣扉"亦其例。又，《隋书·食货志》："长吏扣扉而达曙，猛犬迎吠而终夕。""扉"皆指独扇外门。后世称"扉页"，指书籍正文和目录前的白页，犹文外之首页。此引申之用也可证本为独扉外门。

"阖"，据上引《礼记·月令》郑注，"阖"以木为之，与"扇"仅质料之别，故可知"阖"也当是门扇的泛称。"阖"又与扉同，《尔雅·释宫》："阖谓之扉。"阖也当是外门。《礼记·少仪》："排阖脱屦于户内者。"《管子·八观》："闾闬不可以毋阖。"尹知章注："阖，扉也。"《荀子·儒效》："外阖不闭。"《公羊传·庄公十三年》："齿著乎门阖。"何休注："阖，扇。"陆德明释文："阖，门扇也。"诸"阖"皆指木制外门门扇，实即泛指外门。

参考文献

[1] 祈英涛：《怎样鉴定古建筑》，文物出版社，1981 年 6 月。
[2] 周到、吕品、汤文兴：《河南汉代画像砖》，上海美术出版社，1985 年 4 月。
[3] 吴曾德：《汉代画像石》，文物出版社，1984 年 6 月。
[4] 杨鸿勋：《仰韶文化居住建筑发展问题的探讨》，载《建筑考古学论文集》，文物出版社，1987 年 4 月。
[5] 杨鸿勋：《初论二里头宫室的复原问题》，载同上书。
[6] 祁英涛：《中国早期木结构建筑的时代特征》，《文物》1983 年第 4 期。

195. 闾·閈(幹)·阁·闳·闱·闺(圭)·閤(阁)·闼

"闾",里门。"閈",秦汉时楚方言中里门之称。"阁",里中内门,小于闾。"闳",宫中巷头门,大于阁;可指称宫庙大门、城郭门。"闱",宫中小门、侧门泛称;特指内室门。"闺",小于闱、形如圭玉的内室小门,上下通用,多用于女室。"閤",常作"阁",在大门旁侧、小于闺的独扇小门;也可泛指宫中最小的内门。"闼",禁中小门。

【同义】

《说文·門部》:"閈,闾也。"《左传·襄公三十一年》:"高其閈闳。"杜预注:"闳,门也。"杨伯峻注:"閈闳皆门义。"《后汉书·桓帝纪》:"己未,南宫承善闼火。"李贤注引《广雅》曰:"闱谓之闼。"《广韵·平微》:"闱,宫中门也。"《广雅·释宫》:"闼谓之门。"《史记·李斯列传》:"李斯以闾阁历诸侯,入事秦。""闾阁"同义连用,泛指民家。《汲黯列传》:"黯多病,卧闺閤内不出。""闺閤"同义连用,泛指内室。南朝宋鲍照《河清颂序》:"闾閈有盈,歌吹无绝。""闾閈"同义连用,泛指里门。

【辨释】

《说文·門部》:"闾,里门也。"里本是上古乡野按井田制模式建立的居民编户单位,二十五家为一里。《汉书·食货志上》对上古乡野居处制度描述曰:"春将出民,里胥平旦坐于左塾(从王先谦《补注》),邻长坐于右塾,毕出然后归。夕亦如之。"里有里门。《管子·立政》:"置闾有司,以时开闭。"《墨子·公输》:"子墨子归,过宋,天雨,庇其闾中,守闾者不内(纳)也。"上例"闾"与下例后"闾"皆指里门。里既可言"守",则必周以垣墙,里端设左右塾,中有门屋,下为里门。里门是一里的总出入口,如通常的宫室大门,有二扇。《公羊传·成公二年》:"二大夫出,相与踦(同'骑')闾而语。"何休注:"闾,当道门。闭一扇,开一扇,一人在外,一人在内,曰踦闾。"里门有守备设置,谓之"闾互"。《周礼·秋官·修闾氏》:"邦有故,则令守其闾互。"孙诒让正义:"闾互,谓国中闾里之门,亦各有障互,有祸灾,则须置守也。"里中有街巷,即大小通道。但住户不得径对大道开门。管理制度十分严格,平时里门有专吏守管,朝启夕闭,居民出入必由里门。国中出现"大故"时,制度更严。《周礼·地官·乡大夫》:"国有大故,则令民各守其闾,以待政令。"《墨子·号令》曰:"里正与父老皆守宿里门,吏行其部,至里门,正与开门内(纳)吏。""吏、卒、民无符节而擅入里巷,官府吏、三老、守闾者失苛止,皆断。"

"闾"本指里门,又常用为闾里之称,以至常被人误识为城中的居民编户单位,与乡野之"里"相对。其实,"里"才是正式的城乡居民编户单位之称(参第 3 条),并行于后世。由于有里必有里门,"闾"遂用作里的泛称。唯其是从里门角度而称里,更能显示里的行止管理严格的特征,故其使用反广于"里"。《史记·司马穰苴列传》:"臣素卑贱,君擢之闾伍之中,加之大夫之上。""闾伍",闾里之平民。《李斯列传》:"夫斯乃上蔡布衣,闾巷之黔首。""闾巷",即里巷。《汉书·于定国传》:"始定国父于公,其闾门坏,父老方共治之,于公谓曰:'少高大门闾,令容驷马高盖车。'"前"闾"谓里,后"闾"仍指里门。"闾"是一里之总门,居里的标志,故作闾里之称乃是其以局部代整体的代称用法。

"閈"是楚方言的里门专称。《说文·門部》"閈"说解云:"汝南平舆里门曰閈。"《左传·襄公三十一年》:"高其閈闳,厚其墙垣。"陆德明释文:"里门曰閈。"《汉书·叙传下》:"绾自同閈,镇我北疆。"颜师古注引应劭曰:"卢绾与高祖同里,楚名里门为閈。"常与作为里门通语之"闾"同义连用。《管子·八观》:"闾闬不可以毋阖。"《南史·齐高帝诸子传上·齐豫章王嶷》:"闾閈鄙人,名不入第。"文首引南朝宋鲍照《河清颂序》句亦其例。也与"闾"一样,可由代称引申为闾里之称。《广雅·释宫》:"閈,里也。"《楚辞·招魂》:"去君之恒幹,何为乎四方些?"王逸注:"去君之恒閈,閈,里也,楚人名里曰閈也。""閈"主要在秦汉时使用。

《说文·門部》:"阎,里中门也。"段玉裁注:"别于闾、閈为里外门也。"《汉书·异姓诸侯王表》:"闾阎偪于戎狄。"颜师古注:"闾,里门也。阎,里中门也。陈胜、吴广本起闾佐之戍,故总言闾阎。"可见,"阎"不同于用作一里出入大门之"闾、閈",乃是里内之门,故其门当小于闾、閈。《荀子·儒效》:"虽隐于穷阎漏屋,人莫不贵之。"杨倞注:"穷阎,穷僻之处;阎,里门也。"此浑言。《广雅·释宫》:"阎谓之衖。""衖"与"巷"同。《荀子·儒效》此句,《韩诗外传》作"隐居穷巷陋室",则"阎即巷"(见王念孙《广雅疏证》)。巷是里闾中的小路,故"阎"当指里内小巷之门。谓之"穷阎",明显是陋小之门。

《尔雅·释宫》:"衖门谓之闳。""闳"本指宫中巷门。宫中为君王所居。《左传·成公十七年》:"(庆克)与妇人蒙衣乘辇,而入于闳。"杜预注:"闳,巷门。"指宫中巷门。"闳"从厷声,有宏大意。《韩非子·难言》:"闳大广博,妙远不测。"汉扬雄《解难》有"闳言崇议"之句。汉刘向《九叹·远逝》:"山峻高以无垠兮,遂曾闳而迫身。"王逸注:"闳,大也。""闳"用作门义,指宫中的巷头门,则当比一般民居之闾门要高大而尊显。唯此,"闳"也可以指高大的门,如庙殿门。《左传·襄公十一年》:"乃盟诸僖闳。"杜预注:"僖宫之门。"《逸周书·皇门》:"周公格左闳门。"孔晁注:"路寝左门曰皇门。闳音皇也。"("格",至。)又可指城郭门。《左传·昭公二十年》:"及闳中。"杜预注:"闳,曲门中。"

《尔雅·释宫》:"宫中之门谓之闱。"郭璞注:"谓相通小门也。"《左传·哀公十四年》:"子我归,属徒攻闱与大门,皆不胜,乃出。"与大门相对,故知"闱"为小门。《周礼·地官·保氏》:"使其属守王闱。"郑玄注:"闱,宫中之巷门。"其说未确。孙诒让正义引金鹗曰:"闱者,门之小者也。凡在南者皆称门,其余称闱。"记为宫中侧门,此保氏所守之王闱,即王宫之侧门、小门。《礼记·杂记下》:“夫人至,入自闱门。”孔颖达疏:“闱门,是旁侧之门。”因此,“闱”是宫中由外达内诸侧门、小门的泛称。唯其小,可特指内室门,并代称内室、眷属居所。晋束晳《补亡诗·南陔》:“眷恋庭闱,心不遑安。”《宋书·后妃传·孝武穆王皇后》:“庶仪发椒闱。”内室隐蔽,故又引申指防严森秘的场所,如科场以棘相围,严加防范,故称“棘闱”。乡试(地方之试)于秋季进行,曰“秋闱”。会试于来年春季进行,曰“春闱”。

“闺”或作“圭”。《说文·門部》:“闺,特立之户,上圆下方,有似圭。”则“闺”字从门从圭,会意,圭亦声。《尔雅·释宫》:“宫中之门谓之闱,其小者谓之闺。”故“闺”指小于闱的圭形小门,多用于内室。《楚辞·离骚》:“闺中既邃远兮,哲王又不寤。”王逸注:“小门谓之闺。”《公羊传·宣公六年》:“有人荷畚,自闺而出者。”又曰:“勇士入其大门。”“闺”与宫中之“大门”相对,当指宫中内室的小门。此种小门多是内室门,但与“闱”有别。一、“闱”泛指内寝,而“闺”是专称,更突出深,多偏用于妇女居室,如“闺秀”、“闺房”、“闺范”等,皆用指女子。《汉书·张敞传》:“又为妇画眉……里司以奏敞,上问之,对曰:‘臣闻闺房之内,夫妇之私,有过于画眉者。’”唐王昌龄《闺怨》诗:“闺中少妇不曾(《唐诗品汇》作‘知’)愁,春日凝妆上翠楼。”二、“闱”唯用于宫廷之内寝,有礼尊色彩,而“闺”上下通用。上引《楚辞·离骚》“闺中”句,即用于宫殿例。《后汉书·邓禹传》:“修整闺门,教养子孙,皆可以为后世法。”此用于达官之家。《左传·襄公十年》:“筚门闺窦之人,而皆陵其上。”(“筚门”,柴门。)杜预注:“闺窦,小户。穿壁为户,上锐下方,状如圭也。言伯舆微贱之家。”《礼记·儒行》作“筚门圭窬”。“窬”,窦。郑玄注:“圭窬,门旁窬也,穿墙为之如圭矣。”《宋书·文帝纪》:“宰守称职之良,闺筚一介之善,详悉列奏,勿或有遗。”此皆用于贫贱者。

小于“闺”的门是“閤”。《尔雅·释宫》:“小闺谓之阁(閤)。”《说文·門部》训为“门旁户”,即设在大门旁侧的独扇小门,今吴语区所谓“脚门”(参朱骏声《说文通训定声·临部》“閤”字)。其门东西向而开。《汉书·公孙弘传》:“开东閤以延贤人。”颜师古注:“閤者,小门也,东向开之。”也可泛指宫内最小之内门。《汉书·韩延寿传》:“因入卧传舍,闭閤思过。”《汉书·酷吏传·严延年》:“延年出至都亭谒母,母闭閤不见。”《后汉书·党锢传·巴肃》:“县令见肃入閤,解印绶与俱去。”此以内门代称朝廷。至唐代“入閤”有了特定含义。唐制,天子朝见群臣不临前殿(宣政殿),而在后面便殿(紫宸殿)延见,立仪仗于前殿,唤仗,则臣自东西二閤入,曰“入閤”(参《五代史·李琪传》)。《新唐书·裴寂传》:“视朝必引与同坐,入閤则延卧内。”后以此喻指辅臣被延登擢用。“閤”还用为“閤下”,为书信中对人之敬称。盖不敢称正门之下,而谓旁小门之下,犹言足下、执事,以此示谦。此汉代已见。《汉书·高帝纪下》“大王陛下”颜师古注引应劭曰:“因卑以达尊之意也,若今称殿下、阁下、侍者、执事,皆此类也。”《汉书·朱博传》:“閤下书佐入,博口占檄文。”唐韩愈《与于襄阳书》:“谨奉书尚书閤下……侧闻閤下抱不世之才。”后世将此二词作“阁下”、“入阁”,盖乖原义。阁是夹室,与“閤”无涉,以二字形似,致误。后世袭误既久,积非成是,不可更矣。

“闼”指禁中小门。字从达声,达声通舄声,有小义,故“闼”诸义皆有小意。本指门屏之间，即门内。《诗·齐风·东方之日》："彼姝者子，在我闼兮。"毛传："闼，门内也。"陆德明释文引《韩诗》曰："门屏之间曰闼。"（"屏"，内屏。）引申为帝王所处的禁中小门（内门）。《史记·樊郦滕灌列传》："（高祖）卧禁中……哙乃排闼直入，大臣随之。"张守节正义："闼，宫中小门。"《汉书·霍光传》："出入禁闼二十余年，小心谨慎。"可泛称一般宫殿、楼阁的小门。《文选·张衡〈西京赋〉》："重闺幽闼。"薛综注："宫中之门小者曰闼。"唐王勃《滕王阁序》："披绣闼，俯雕甍。"

参考文献

[1] 贺业钜：《考工记营国制度研究》，中国建筑工业出版社，1985 年 3 月。
[2] 刘敦桢：《中国古代建筑史》，中国建筑工业出版社，1980 年 10 月。

196. 扃·关·键(楗)·牡·闭·管(筦、关)·鐍·籥(钥)

门户的安全装置,有门闩。“扃”(jiōng),从外关的门闩,多用于内门。“关”,从里关的大门闩,常用于城门。“键”,直插于关的短木橛。键常喻称为“牡”。左右受关、上下受键的有孔短木称“闭”。有锁钥类,始于春秋晚期。“管”,设有制栓器的门栓。“鐍”,器物上的有舌环纽,相当于门栓的制栓器。“籥”,早期有制栓器的键,键的代称;也指起搏器,即钥匙;魏晋后,指称有弹簧之锁。

【同义】

《玉篇·門部》:“关,扃也。”《左传·僖公三十二年》:“郑人使我掌其北门之管。”杜预注:“管,籥。”《方言》第五:“户钥,自关而东陈楚之间谓之键。”《礼记·檀弓下》:“管库之士。”郑玄注:“管,键也。”《小尔雅·广服》:“键谓之钥。”《康熙字典·金部》:“鐍,扃鐍,箱箧前锁处也。”唐柳宗元《祭外甥崔骈文》:“盗其管籥,褰其箧匮。”清方苞《狱中杂记》:“每薄暮下管键,矢溺皆闭其中。”“管籥”、“管键”皆指锁钥。《汉书·五行志中之上》:“长安章城门门牡自亡。”颜师古注:“牡,所以下闭者也。”所指为键。

【辨释】

古代门户开闭的安全装置可分两类:一是用门闩,通常里关;一是用锁钥,多为外关。前者有“扃”、“关”、“键”、“牡”、“闭”诸名。

“扃”,从户冋声,冋声有外义。《说文·冂部》:“邑外谓之郊,郊外谓之野,野外谓之林,林外谓之冂(冋),象远界也。”《辵部》:“迥,远也。”远也有外意。故《说文·户部》训:“扃,外闭之关也。”“扃”也指称贯穿鼎上两耳的横杠。《仪礼·公食大夫礼》:“设扃鼏。”郑玄注:“扃,鼎杠,所以举之者也。”《礼记·曲礼上》“奉扃”句孔颖达疏:“……鼎扃,所以关鼎。今关户之木,与关鼎相似,亦得称扃。”周制鼎之大杠长三尺,小杠长二尺(《周礼·考工记·匠人》)。又可作车上横木。《左传·宣公十二年》:“楚人惎之脱扃。”(“惎”,教。)孔颖达疏引服虔曰:“扃,横木,有横木投于轮间。一曰扃,车前横木。”门扃之形制也当类此。扃既是从门外关门的门闩,以其从户,则多用于宫室内门。《礼记·曲礼上》:“入户奉扃。”郑玄注:“奉扃,敬也。”可知扃设在人胸腰之间的高度,人近门,以手对户,正可奉扃;故“奉扃”成为一种礼敬姿式。唐白居易《游悟真寺诗一百三十韵》:“龛间长丈余,门户无扃关。”下句:关用于门,扃用于户。扃可活用为动词,关锁义,所施不限于内户,也用于外门。《汉书·外戚传下》:“应门闭兮禁闼扃。”《文选·颜延之〈阳给事诔〉》:“金柝夜击,和门昼扃。”又可用于物。

唐段成式《酉阳杂俎・语资》："忽见草中一柜，扃锁甚固。"也可代称门，是门的泛称。《文选・刘伶〈酒德颂〉》："日月为扃牖，八荒为庭衢。""扃牖"，门窗。南朝齐孔稚珪《北山移文》："虽情投于魏阙，或假步于山扃。""山扃"，山门。诸引申之用均含外意，也可证扃本必是"外闭之关"。

《说文・門部》："关，以木横持门户也。"关，与扃同是横贯的门闩，但用于从门内关，上有牝孔可以受键，故"关键"常连言。《老子》第二十七章："善闭无关键而不可开。"河上公注："善以道闭情欲守精神者，不如门户有关键，可得开。""关"之门闩义，中古前文献中常见。《左传・襄公二十三年》："臧纥斩鹿门之关，以出奔邾。"《管子・八观》："宫垣关闭，不可以不脩。"《吕氏春秋・慎大》："孔子之劲，举国门之关，而不肯以力闻。"《史记・魏公子列传》："嬴乃夷门抱关者也。"《汉书・杨恽传》："闻前曾有犇(奔)车抵殿门，门关折，马死。"《宋书・王镇恶传》："军人缘城得入，门犹未及下关，因得开大城东门。"由上可见，"关"是从里关门的大门闩，常用于城门。不过，中古起，门闩义几废，而全用其引申的关闭(动词)、门、关卡等义。

"键"、"楗"应为一字，盖其物先以木，后以金属，故变其形旁。键是垂直插进关中的木橛，故《广雅・释宫》："键，户牡也。"汉蔡邕《月令章句》："键，关牡也。"牡本为雄性动物的生殖器，经注皆以此为喻训(见下)。键物虽小，作用极大。《淮南子・主术》："五寸之键，制开阖之门。"又《缪称》："匠人斫户，无一尺之楗，不可以闭藏。"汉扬雄《太玄经・闲》："关无楗，盗入门也。"可见一般是半尺(汉尺，下同)至一尺左右的短木橛。键与关相配。段玉裁曰："以直木上贯关，下插地。"(《说文・門部》"闑"注)按，此是其一式。其常式当是关横门之中，键遂插于其上。键上可以设置籥，此是环纽、插锁之类的固键物件(详下)。

"牡"本指雄性禽兽。引申指凡凸出的入孔之物。可喻指键。《淮南子・说林》："柳下惠见饴，曰：'可以养老。'盗跖见饴，曰：'可以粘牡。'见物同而用之异。"文首引《汉书・五行志中之上》"门牡"句也同例，皆指键。《淮南子・说林》此"粘牡"句，在记同一事的《吕氏春秋・异用》作"开闭取楗"，更证"牡"即指键。《异用》此句高诱注："以饴取人楗牡，开人府藏、窃人财物者也。"即"楗牡"连言。"牡"虽有键义，但"键"等是专称，"牡"则是喻称，必须在特定的语境中方可指键，像《淮南子・说林》句中的"粘牡"看来无"门"、"关"之类词，但恶行之盗跖与端行之柳下惠的对比，即确定了此"牡"的喻指性。

《说文・門部》："闭，阖门也，从门，才所以歫门也。"("歫"同"拒"，止。)说解作动词或名词不明。段玉裁以为会意，作名词，曰："当云才象所以歫门之形乃合"，"歫门用直木如杵然"。段氏亦误。如按段解，"闭"是如杵的直木，岂非等于键？或以为关与闭是大小之别：前者用于城门，后者用于一般门户，亦非。按，"闭"之物用，可从三方面考察。一、与键之配合。《礼记・月令》："修键闭。"郑玄注："键，牡；闭，牝也。"历法中，"闭"指秋冬，主阴。《左传・僖公五年》："凡分、至、启、闭，必书云物为备。"杜预注："闭，立秋立冬。"又，《吕氏春秋・孟冬》："命司徒……修楗闭，慎关籥。"《异用》："仁人之得饴，以养疾侍老也，跖与企足得饴，以开闭取楗也。"("跖"，盗跖；"企足"，庄跻，皆为大盗之名。)可见，闭应是牝物，闭中纳键；闭可开合,合之受键,开之取键。二、与关之配合。《管子·八观》:“宫垣不备,关闭不固,虽有良货,不能守也。”“宫垣关闭,不可以不修。”二例“关闭”皆为并列结构。《吕氏春秋·当务》:“夫妄意关内中藏,圣也。”高诱注:“关,闭也。”《易·复》:“先王以至日闭关,商旅不行。”孔颖达疏:“以二至(冬至、夏至)之日,闭塞其关也,使商旅不行于道路也。”此“闭关”为动宾结构。反之,“关闭”却不得为动宾结构。可见,“闭”之为用,乃以之控制“关”。三、其动词义特点是合而受物。《左传·襄公二十年》:“闭府库,慎闭藏。”《素问·举痛论》:“寒则腠理闭。”王冰注:“闭谓密闭。”所成动宾结构,如“闭户”、“闭口”、“闭目”、“闭器”、“闭气”等,无不显示“闭”之关闭义合而受物特点。上述诸“闭”皆不可易为“关”。综上可见,闭当是中空受物、可开合之物,既受键,又与关相辅相成。键既是直插的短木,关是横架的门闩,则闭必当是兼受关、键的开孔短木(上古尚未用如后世之铁环圈)。《左传·僖公二十年》“凡启塞”句,杨伯峻注引李贻德《春秋左传贾服注辑述》曰:“键闭者,门有两扇,每扇各直钉一短木,其上有孔,两扇既合,然后用一横木贯于两孔中,加管钥焉,所以闭之也。其贯门扇之横木曰键,其受横木者曰闭。键闭所以塞,故曰塞。键闭非锁钥。”按,李说以闭非锁钥,而是受横木者,颇有见地,然以此横木为键,又云“加管钥”,则可商。

锁钥是用于门外启闭的安全装置,在中国科技史上是对弹簧利用的最普遍实例。在“外户而不闭”(《礼记·礼运》)的原始“大同”社会,没有且不需有门外的锁钥装置。从文献用词和出土实物推知,它最早发明当在春秋晚期。据研究,最初的外锁,仅是一根附着在门上,并在另一个木块上可滑动的门栓。它的发展经历了两大突破,先是制栓器的发明,后是弹簧的利用。前者是用木制或金属制的移动部件,能利用自重落入门栓的卯眼,使锁紧闭;再用在适当部位有突起的钥匙,插入制栓器旁边的榫眼,顶起制栓器,让锁开启。新疆柏孜克里千佛洞遗址出土的木钥匙有三四个突出,其启闭原理即此。魏晋后发展出使用簧片之金属锁。

“管”或作“筦”。“管、关”声义相近:上古音均是见母元部,文献中二词常互用。《吕氏春秋·孟冬》:“修楗闭,慎关籥。”而《礼记·月令》和《淮南子·时则》皆作“修楗闭,慎管籥”(《礼记·月令》上句“楗”作“键”)。战国魏石申《石氏星经》:“键闭一星,在房东北,掌管籥也。”至《汉书·天文志》《晋书·天文志上》末句作:“主关籥。”“管叔”,《墨子》作“关叔”。《释名·释丧制》:“棺,关也,关闭也。”此为声训。可见,管之为物当类于关。朱骏声曰:“锁籥,其牡曰楗,其牝曰管。”(《说文通训定声·乾部》“管”字)《礼记·月令》“(孟冬之月)慎管籥”孔颖达疏引熊氏曰:“管是键之伴类。”故管与键相配,以内闭锁门。《管子·立政》:“筦藏于里尉,置闾有司,以时开闭。”《周礼·地官·司门》:“司门掌授管键,以启闭国门。”孔颖达疏谓管以启门,键以闭门,实非,当是管键相合以闭门,去管键以开门。《国语·越语下》:“请委管籥属国家。”《晋书·石季龙载记上》:“邃自总百揆之后……或盘游于田,悬管而入。”清蒲松龄《聊斋志异·辛十四娘》:“生累足鹄俟。忽闻振管辟扉,一健仆出,代客捉驴。”(“鹄俟”,似鹄伸颈而待。)谓振动门管而使门开。由上而知,管能受键;但可“悬”、“藏”、“委”、“掌”(如文首引《左传·僖公三十二年》“掌其北门之管”)、“掌授”,足见其为物非数尺长的门闩,亦非须抱持之关。就其作用说，实是早期的锁，即是有制栓器的门栓，虽非后代有搏键器的锁，但以受键闭门，即是制栓器落入管中卯孔。至于《聊斋志异》中可以"振"之管，当是后世有弹簧片之锁，唯蒲氏承古而谓之"管"耳。

此种锁，在《四川汉代画像砖》二八之《养老图》上即有一早期实例。图正面为建于台基上的仓房，仓房左右两门，每门两扇，门中间以艹形连合有门关闭。此不当是用作门闩之扃，因未抵门框。其横者当称"管"，二短直者当是制栓器，也称楗，左右上下必有闭，否则不能固于门扇（图中不显）。

"鐍"，是用来佩璲（瑞玉）的有舌套环，似今裤皮带头，用舌插入带孔而使之紧束。《后汉书·舆服志下》："紫绶以上，縌绶之间得施玉环鐍云。"二是锁环。《庄子·胠箧》："将为胠箧、探囊、发匮之盗而为守备，则必摄缄縢，固扃鐍，此世俗之所谓知（智）也。"（"摄"，勒紧。"缄縢"，绳子。）成玄英疏："鐍，锁钥也。"陆德明释文引崔譔云："（鐍），环舌也。"按，当是固定他物的有舌环纽，也是牡状物，相当于门栓的制栓器，扃插入鐍后，有活动的舌使扃紧固不动。器物如此，门户也是如此。简言之，鐍是固设于器物、门户外面的有舌环纽，与扃相配，是早期锁的缩构，也是庄子时代已有门锁的一个力证。

"籥"，也作"钥(鑰)"。后者（繁体）分明是后起字，与"楗"、"键"的情况相似。《说文·門部》作"闟"，训"关下牡也。"一些旧注又作"鐍"的假借字。另一些注家如郑玄、孔颖达则称为搏取其键的"搏键器"（见《礼记·月令》郑玄注、孔颖达疏），今不少辞书、专书也往往据此释为开锁的钥匙。近也有人认为，旧注全误，"籥"就是"楗"的异称，等等，异说纷呈，是非纠结。今按，段玉裁曰："关下牡谓之键，亦谓之籥。"（《说文·門部》"楗"字段注）《方言》第五、《小尔雅·广服》也皆以楗为钥（见文首引）。从文献使用看，马王堆帛书《老子》："善闭者无关籥而不可启也。"今《老子》第二十七章作"善闭无关楗而不可开。"《淮南子·道应》"关籥"作"关键"。《战国策·赵策三》："纳于管键。"《史记·鲁仲连邹阳列传》作"纳管籥"。诸例皆是"籥"、"键"同义互易。《书·金縢》："启籥见书，乃并是吉。"《史记·鲁仲连邹阳列传》："鲁人投其籥，不果纳。"（《史记》录《赵策》）盖"启籥"方可"见书"，即挪开籥方可开门见到占兆书。"投其籥"，表示鲁国人不欲接待齐湣王，故予城门上了关，还投进籥。凡此，"籥"皆起关闭作用，关后不取下，作用近于键，是键上的一个部件，或是制栓器。但是另一些句例却不同。《墨子·号令》："诸城门吏，各入请籥；开门已，辄复上籥。"《汉书·景十三王传·广川惠王越》："尽封闭诸舍，上籥于后。"谓仆射将诸姬舍门全封闭，然后将籥呈于昭信后。《北史·僭伪附庸传·乞伏国仁》："殊罗……使秃发氏盗门籥，籥误，门不开。"诸"籥"皆指可按上又可取下的开闭门锁的工具。即相当于后世的钥匙。下面的文例更明显是钥匙之称。《宋书·恩倖传·戴法兴》："法兴临死，封闭库藏，使家人仅录钥牡。"唐郑虔《闺情》诗："银钥开香阁，金台照夜灯。"《史记·鲁仲连邹阳列传》"鲁人投其籥"句张守节正义："籥，钥匙也。"张训虽误，却见出唐代已有"钥匙"之称。还有所称既非键，也非钥匙者。《正字通·金部》："鍉，俗作匙，钥以闭户，鍉以启钥。"晋陆云《移书太常荐同郡张赡》："方今太清辟宇，四门启籥。"南朝宋鲍照《代升天行》:“五图发金记,九籥隐丹经。”宋何薳《春渚纪闻》卷六《坡仙之终》:“三十年后,会有知者因取藏箧,欲开而钥失匙。”诸“钥”无疑指称锁。《资治通鉴·齐纪·武帝永明十一年》:“齐郁林王……别作钥钩,夜开西州后閤。”胡三省注:“钩,所以启钥,今谓之钥匙。”按,此正文与注文之“钥”皆当为锁之称。综上可知,最早,籥近于键,当是键上的一个物件,其作用是使插入关之键固于闭;卸开,可使键脱出。盖是设制栓器的键,作为键的代称。因此,以为键籥相同,浑言犹可,而析言当分为二物。然后,籥发展为钥匙。从籥的作用,人们必然会联想:如果使籥既起开合键的作用,又能取下保存,岂不更方便与安全? 于是通过键的结构变化,渐渐使籥有了钥匙的作用。此早期的钥匙,《墨子》已见,并非始于汉。缘此,郑玄、孔颖达等解“籥”为“搏键器”,也部分合情。然则可以说,早期的籥有二义:指设制栓器键上的小物件与钥匙。后来,又可指称有锁簧的锁。

参考文献

[1] 李人鉴:《管、楗、籥、关》,《扬州师范学院学报》1984 年第 4 期。
[2] 富金璧:《锁,还是钥匙?》,《北方论丛》1986 年第 1 期。
[3] 高文:《四川汉代画像砖》,上海人民美术出版社,1987 年 2 月。

197. 窗(囱、牕、窻、牎、窓、窗)·牖·向(鄉、嚮)

最早仅有天窗，后来有了壁窗，宋以前是无扉直棂壁窗，后才有各种可开合壁窗。“窗”，天窗、外壁窗；口语中窗总称。“牖”，内壁窗；可作壁窗通称。“向”，上古外壁北窗；也作窗的泛称。

【同义】

《广韵·去宥》：“牖，向。”《说文·片部》：“牖，穿壁以木为交窗也。”段玉裁注：“交窗者，以木横直为之，即今之窗也。”《书·顾命》：“牖间南鄉。”孔颖达疏：“牖，谓窻也。间者，窻东户西，户牖之间也。”“窻”同“窗”，同句“窗”、“牖”互用。《礼记·儒行》“蓬户瓮牖”孔颖达疏：“瓮牖者，谓牖窗圆口如瓮口也。”《后汉书·梁冀传》：“窗牖皆有绮疎青琐。”“牖窗”、“窗牖”皆同义连用。泛指窗。

【辨释】

旧式的砖瓦民居之窗，开在屋顶者，为“天窗”。原始社会穴居、半穴居时代居室的窗皆设于屋顶，“窗”的古字“囱”，正如其物：囱形，四周为方（也可圆）的凸棱框，敷泥砌成，设于屋顶或屋面斜坡，平时下雨落雪，所进不多；中间有斜条，便于大雨雪时加盖遮蔽物。其作用，一是作为通风口（与门对流）而排火塘燃烟，一是采光。以西安半坡新石器文化遗址为例，早期的半穴居，方形 F37：其顶部节点附近（地面上），设有排烟通风口。中期居室已完全升至地面，其方形 F39、F25、F24 于山尖（两坡顶）或屋南坡皆设有烟孔，圆形 F6、F22 等在入口上方屋面或屋南坡皆设烟孔。圆形 F31 遗址中部还存有草筋泥凸棱残段，似是屋盖南坡上排烟口的防水边缘。即使晚期的 F1，其窗也开在屋南坡（以上据杨鸿勋《复原图》）。武功出土的房屋形陶器钮似蘑菇一朵，下为圆形入口，即门。屋盖大于壁体，在门上方斜面有椭圆形排烟口，与半坡圆形穹庐似居室可相印证。凡此，设于屋顶、坡面的排烟口与后世天窗相类。其所以必设此排烟天窗，因在穴居、半穴居的原始居室中，均设有火塘，而火塘无烟道，若无排烟口，屋内烟呛甚烈。我国西南地区少数民族一些使用无烟道火塘的住房，皆设排烟通风口。半坡的天窗几乎皆在屋面南坡，此是背风处，也可证明当时天窗主要为了排烟。一般都有草筋泥防水凸棱，可见已能考虑到防水、散水。从后出的“囱”字看，商周时期屋上的窗，也与穴居、半穴居时代半坡式天窗相似。直到《说文》中还训为“囱，在墙曰牖，在屋曰囱”（《说文》部首）。不过商周时已有了壁窗义之“牖”字（详下），故天窗的作用已与往昔不同。《诗·大雅·抑》：“相在尔室，尚不愧于屋漏。”孔颖达疏：“屋漏者，室内处所之名，可以施小帐而漏隐之处，正谓西北隅也。”室之西北隅设寝床，日光由“屋漏”（天窗）入室。显然，主要已用作采光、通气。其后，虽有壁窗，天窗仍不废。南阳唐河出土汉画像石中，就绘有一幢开天窗建筑：两个一斗三升方柱屋面顶上的两个小屋顶下，即是天窗。《四川汉代画像砖》第二八之《借贷图》，其粮仓顶上各以六根短柱撑起两个小屋顶，此为利于空气对流而开的天窗。此类加小屋的天窗蔽雨雪的效果甚好，是纸、绢、玻璃等用于窗之前的最佳选择。

要全面发挥窗的排烟、采光、通气功能，免遭雨雪之袭，必须将窗从顶部移至壁体。这一历史性转变商周时业已完成。今所见最早的壁窗是西周兽足方鬲下部的宫室造型：正面是两扇板门，各分上下格，一关一半开；门两侧各有一段卧棂造栏杆；其左、右、背三面开窗，窗中施粗十字棂格。西周后，壁窗的样式不断丰富。在汉明器中窗格已有直棂、卧棂、斜格、正方格、百叶、锁纹、套环等式样。宋以前，窗一般均无扉，固定而不可开启，内糊纱纸。宋代起能开合的扉窗渐多。有设于殿堂门两侧槛墙的槛窗，有支、摘窗。支窗可支撑而开，摘窗可放上取下。广州出土的汉陶楼明器，其日字形平面住宅最上楼屋中即是一扇半支的支窗。后来支、摘窗常合用：上部为支窗，下部为摘窗，上下等积。清代支摘窗也用于槛墙。此外，尚有横披窗，即在高大建筑物的门、窗之上另设横披窗，有类今之气窗，可增大通风采光面积。在园林的亭、廊、围墙等处，常用漏窗、洞窗，窗孔为方、圆、六角、八角、扇面等形式，无论在位置、大小、框式、材料、纹饰等方面均注意与整体的关系，有很高的艺术、审美功用。

如前所说，最早的窗乃是开在屋顶的天窗，“囱”为其象形，然周秦之时，中原一带早已脱离穴居而进入宫室，天窗之物用已降至次位，故文献中“囱”作窗义罕见，仅在一些文字中还留下痕迹。如“黑、熏”二字。“黑”是从炎上出㓁，㓁亦古囱字变形，《说文》列为古文，此当音cōng。“烟，灶突也。”《说文·屮部》：“熏，火烟上出也。”字从黑从屮，谓火烟从屋顶之窗而上出（参清王筠《文字蒙求》卷三），二字构意反映了“囱”的古字古义。秦以后有了后起字“窗”，字也作“牎”、“牕”、“窓”、“窻”、“窗”，与“牖”相对，特指外窗（天窗，外壁窗）；也作口语中窗总称。《礼记·月令》“（孟冬之月）命有司曰”句下郑玄注：“使有司助闭藏之气，门户可闭闭之，窗牖可塞塞之。”“门户”指外门内门，“窗牖”当指天窗、外壁窗与内壁窗。《文选·王延寿〈鲁灵光殿赋〉》：“天窗绮疏。”李善注：“天窗，高窗也。”《汉官仪》：“泰山下直上七十里至天门，如从穴中窥天窗矣。”《后汉书·何进传》：“尚书卢植执戈，于阁道窗下仰数段珪。”《三国志·魏志·卢毓传》：“前此诸葛诞、邓飏等，驰名誉，有四窗八达之诮，帝疾之。”北朝乐府民歌《木兰诗》：“当窗理云鬓，对镜贴花黄。”南朝宋鲍照《拟行路难》诗之三：“璇闺玉墀上椒阁，文窗绣户垂罗幕。”清方苞《狱中杂记》：“屋极有窗以达气。”“屋极”，屋栋，此指天窗。由上可见，“窗”多指宫室外墙四向壁窗；也可指天窗，一般以“天”修饰，或依靠一定语境，如方苞《狱中杂记》之“屋极”；有时则浑指，不分内外，如“文窗”、“当窗”之类。其“窗”，多作总称，多用于语体作品，故有口语色彩。

“牖”与“窗”相对，特指内壁窗。上引《说文》之训：“在墙曰牖。”其字从片、户、甫会意。“片”即“爿”，表示墙。“甫”有旁义。水旁曰“浦”，面旁曰“酺”，“牖”也属此。“户”是室内小门,故牖者,本是室内门旁的小窗。初仅“穿壁”,即凿洞于内壁、室户之旁侧,后“以木为交”,即周以木框,或交互木为棂格。牖南向,设于室东。段玉裁曰:“古者室必有户有牖,牖东户西,皆南向。”(《说文·片部》“牖”注)古代宫室面南而筑,牖南向,以利采光。《论语·雍也》:“伯牛有疾,子问之,自牖执其手,曰……”朱熹注:“牖,南牖也。”谓孔子于外室从壁牖伸手至伯牛床,握其手以存问。若施于宫室四面墙壁,则成外牖,外牖一般称“窗”,但在文言中,“牖”也可扩大而兼赅外窗,遂成为壁窗通称。《老子》第四十七章:“不出户以知天下,不窥牖以见天下。”《荀子·君道》:“便嬖左右者,人主之所以窥远收众之门户牖嚮也。”诸“牖”皆赅外窗,泛指窗牖。但“牖”不可称天窗。“牖”可作动词,也取其通称义。清方苞《狱中杂记》:“牖其前以通明。”即谓为了明亮通气,在前面开设外窗。

“向”或作“嚮”、“鄉”。《说文·宀部》:“向,北出牖也。”其字是北窗的象形,用作上古宫室外壁北窗的专称。《诗·豳风·七月》:“塞向墐户。”毛传:“向,北出牖也。”“户”,此指内室之北壁小门,“墐”亦塞义。意谓将北面的门窗用泥巴堵塞以防寒。湖北黄陂盘龙城商代宫殿遗址,其四室门皆南向,即是“牖”;两侧二小室有后窗,即是“向”。江苏邳州大墩子遗址出土商代陶屋模型也有北出之“向”。“向”在上古有时也可作窗的泛称。《礼记·名堂位》:“复庙重檐,刮楹达鄉。”窗牖通气,故称“达鄉”,即“达向”。孔颖达疏:“达,通也;鄉,窻牖也。每室四户八窻,窻户皆相对,以牖户通达,故曰达鄉也。”上举《荀子·君道》之“门户牖嚮”,“嚮”也是窗的泛称。“向”之本义主要用于上古。

参考文献

[1] 本书编写组:《中国建筑史》,中国建筑工业出版社,1982年7月。
[2] 杨鸿勋:《建筑考古学论文集》,文物出版社,1987年4月。
[3] 祁英涛:《怎样鉴定古建筑》,文物出版社,1981年6月。
[4] 刘敦桢:《中国古代建筑史》,中国建筑工业出版社,1980年10月。
[5] [清]李渔:《一家言居室器玩部》,上海科技出版社,1984年3月。
[6] 吴曾德:《汉代画像石》,文物出版社,1984年6月。
[7] 高文:《四川汉代画像砖》,上海人民美术出版社,1987年2月。
[8] 王建中、闪修山:《南阳两汉画像石》,文物出版社,1990年6月。

198. 柱·楹·棁(棳)○础

柱是房屋的重要构件。“柱”，柱的总称。“楹”，堂前大柱；又作柱的泛称。“棁”，梁上短柱，是梁与梁间的连接构件。

【同义】

《说文·木部》：“柱，楹也。”“楹，柱也。”《广雅·释宫》：“楹谓之柱。”《广韵·入薛》：“棁，梁上楹。”

【辨释】

古代的木构建筑有抬梁、穿斗、干栏三种形式。抬梁式是沿房屋进深方向(东西向)的石础上立柱，柱上架梁，再通过小柱向上叠梁，构成一木构架，在一定间距的两个木构架形成了空间“间”。穿斗式也沿进深方向立柱，但每个构架的柱较细而密，最高的柱直顶、极栋，梁枋皆穿过各柱，柱头直接承受诸檩栋。干栏式是以许多短柱作层面，层层累叠，构成壁体。无论哪一式，柱都是垂直承重的主要构件。

在考古发掘中，主要也是根据柱洞的分布方式来探知、复原建筑平面。半坡早期是直壁浅竖穴的半穴居，据 F37 遗址的复原图，地面是由树木搭成的方锥形屋顶，其前部中间有厚木二根支撑，此相当于柱，柱间有一通地穴的口子，有斜道下伸至穴。F6 则有对称的四中柱，柱用整段原木，柱间有防拦护坎墙。半坡晚期住房已发展为长方形，如 F24 遗址，原是面阔三间、进深两间的木构建筑，盖由其四周有 10 个柱洞，中间有 2 个柱洞而得知。河南偃师二里头发现的商初成汤都城西亳的王宫遗址，是早期封闭庭院的一个实例，建在东西约 108、南北约 100 米的方形夯土台上，前部是南大门，庭院后是殿堂一座，由两排整齐的柱洞，可知原为八开间；四周由回廊环绕，也由整齐等距的柱列得知。在木构建筑中，柱子的质料主要是木。有圆柱、方柱、八角柱、雕花柱等样式，以圆柱最常用。凡柱，必有下垫部件。《战国策·赵策一》：“臣闻董子之治晋阳也，公宫之室，皆以炼铜为柱质。”鲍彪注：“质，础也。”《文选·张衡〈西京赋〉》：“雕楹玉碣，绣栭云楣。”李善注：“碣，碛也。”盖金属垫为锧，同“质”，也可称石垫，故字又作“碛”。石垫正称为“碣”、“础”。《广韵·入昔》：“碣，柱下石。”《广韵·上语》：“础，柱下石也。”《正字通·石部》：“础，柱下石，础与碛异名同实，其为楹石则一，无二义。”但“础”是通称，无论金属、石，甚至是木，皆可称“础”。柱下设础，可以防潮、防蚁蛀，乃古代先民的一大创造。稍迟于半坡的陕县庙底沟遗址，已发现其房屋中四个柱洞下，用扁平的砾石作础。在河南安阳商代遗址，很多宫室基址上残留着直线等距的石柱础。础石用大小相近的天然卵石，较平一面朝上，有的上面还有铜锧。柱础下部埋在阶基或室内地面以下，上部露明部分则可饰以各种雕饰。常作成素覆盆、铺地莲花、宝装莲花、仰覆莲花等形式。

柱（包括础）于房屋很重要。“柱”是各种柱的总称，常喻称国家重臣。《汉书·霍光传》：“将军为国柱石。”颜师古注：“柱者，梁下之柱；石者，承柱之础也。言大臣负国重任，如屋之柱及其石也。”《三国志·魏志·徐宣传》：“有托孤寄命之节，可谓柱石臣也。”《后汉书·杨震传赞》：“杨氏载德，仍世柱国。”

“楹”指堂前的大柱。《释名·释宫室》：“楹，亭也，亭亭然孤立，旁无所依也……孤立独处能胜任上重也。”《仪礼·士昏礼》：“主人以宾升西面，宾升西阶……授于楹间，南面。”“楹间”，两楹之间，即堂东西之中。楹常用丹饰。《公羊传·庄公二十三年》：“秋，丹桓宫楹。”上引张衡《西京赋》“雕楹玉碣”句称“雕楹”，即指楹上作丹饰。《诗·小雅·斯干》：“有觉其楹。”孔颖达疏：“有觉然高大者，其宫寝之楹柱也。”《汉书·杜邺传》：“所接虽在楹阶俎豆之间，其于为国折冲厌难，岂不远哉！”“楹阶”，堂前立柱、台阶，谓堂上。古时对联常悬于堂前楹柱，故称楹联。《大戴礼记·武王践阼》：“于楹为铭焉。”据说周武王践阼，作席几楹杖之铭十有八章。引申为柱的泛称。《魏书·源怀传》：“楹栋平正，基壁完牢，风雨不入，足矣。”再引申为计屋数的量词，屋一间为一楹。《新唐书·隐逸传·陆龟蒙》：“有田数百亩，屋三十楹。”此也是由作柱的泛称而引申：建筑上计算房屋的间是指两个木构架中的空间，其标志便是柱。

“棁”本指木杖，见《说文》，音 tuō。《淮南子·说山》：“执弹而招鸟，挥棁而呼狗，欲致之，顾反走。”《后汉书·祢衡传》：“手持三尺棁杖。”李贤注引《说文》：“棁，大杖也。”用作梁上短柱义乃是其引申，变其音，读 zhuó，字或作“棳”。《尔雅·释宫》：“宊廇谓之梁，其上楹谓之棁。”郭璞注：“（棁），侏儒柱也。”《论语·公冶长》：“臧文仲居蔡，山节藻棁。”何晏集解引包咸曰：“棁者，梁上楹。”“藻棁”，梁上短柱，加以藻饰。又称“侏儒”、“棳儒”。《礼记·杂记》：“山节而藻棁。”郑玄注：“侏儒柱，画之为藻文。”所谓梁上短柱，是连接两道纵梁之间的短柱，以其短，故称侏儒柱。《释名·释宫室》：“棳儒，梁上短柱也。棳儒犹侏儒，短，故以名之也。”唐韩愈《进学解》：“欂栌侏儒。”“欂栌”，斗拱。“侏儒”，指梁上短柱即“棁”者。“棁”，浑言之是柱，但它与一般的柱不同：不立于地，下无础石。严格说，只是梁与梁的连接构件。但由于是像柱一样的直立物，故注家喻称为“梁上短柱”。

参考文献

[1] 本书编写组：《中国建筑史》，中国建筑工业出版社，1982 年 7 月。
[2] 喻维国等：《建筑史话》，上海科技出版社，1987 年 3 月。
[3] 祁英涛：《怎样鉴定古建筑》，文物出版社，1981 年 6 月。
[4] 杨鸿勋：《建筑考古学论文集》，文物出版社，1987 年 4 月。
[5] 祁英涛：《中国早期木结构建筑的时代特征》，《文物》1983 年第 4 期。

199. 梁·宎·栋·极·楣·桴·庪·檼·棼(焚)·欐○桁

“梁”，柱上南北向大木通称；也可作栋梁泛称。梁也称“宎(máng)”、“宎廇”。“栋”，专指屋脊最高的东西向长横木，上古、秦汉时方言也称之为“极”；又作屋栋通称。“楣”、“桴”，中栋以下第二栋；“楣”又常称门框上横梁。“庪(guǐ)”，近檐的栋木。“檼(yǐn)”、“棼”，复屋的最高栋；棼，范围大，也可指重屋(楼)的栋。“欐(lì)”，曾作栋梁泛称。在专业文献中，栋称“桁、檩、榑”，梁称“栿”。

【同义】

《说文·木部》：“栋，极也。”“极，栋也。”“宎，栋也。”“檼，棼也。”《尔雅·释宫》：“栋谓之桴。”郭璞注：“栋，屋檼。”又：“楣谓之梁。”“宎廇谓之梁。”《广雅·释宫》：“檼，栋也。”《广韵·去霁》：“欐，梁栋之名也。”

【辨释】

“梁”是大梁，又称“宎”、“宎廇”。《说文·木部》释“宎”为“栋”，是浑言。《尔雅·释宫》：“宎廇谓之梁。”郭璞注：“屋大梁也。”唐韩愈《进学解》：“夫大木为宎，细木为桷……各得其宜，施以成室者，匠氏之工也。”大梁指柱上南北向的大木(一般宫室南向而建)，梁上受短柱以载栋。梁的断面大都为矩形。宋代，木梁的高宽之比为 3∶2，明清近于方形。也有圆木为梁者，南方多见。“梁”是各种屋梁的通称。引申之，“梁”也可作栋梁泛称。《礼记·檀弓上》：“歌曰：‘泰山其颓乎！梁木其坏乎！哲人其萎乎！’”此“梁”当包括栋。《后汉书·陈寔传》：“有盗夜入其室，止于梁上。”陈寔觉知而训子不可学“梁上君子”，盗遂知愧而下。此“梁”也赅栋。《文选·沈约〈齐故安陆昭王碑文〉》：“盖百代之仪表，千年之领袖……梁摧奄及。”刘良注：“梁摧，谓如屋之梁栋摧折也。”

《释名·释宫室》：“栋，中也，居室之中也。”《仪礼·乡射礼》：“序则物当栋。”郑玄注：“正中曰栋。”栋本是屋脊下最高的一根东西向大木，通常居于屋之正中，故称。最原始的木构建筑仅一栋，后世构筑技艺转精，屋宇高大，栋亦增多，“栋”遂为架于梁上、东西向承重大木的通称。“栋”的喻称义比“梁”更常见。“梁”不能单用，一般是与“栋”连用，而“栋”可单用。盖缘“栋”所处位高，其材粗大，取材比梁更难，因而比梁更贵重。《国语·晋语一》：“太子，国之栋也。”《左传·襄公三十一年》：“子产曰：‘……子(指子皮)于郑国，栋也，栋折榱崩，侨(子产名)将厌(压)焉，敢不尽言。’”《吴越春秋·勾践入臣外传》：“大夫文种者，国之栋梁，君之爪牙。”《汉书·佞幸传赞》：“鼎足不强，栋干微挠。”“栋干”，任重之栋材，指国家要臣。

“极”的本义就是指正中的栋，即屋脊下最高的栋。《庄子·则阳》：“其邻有夫妻臣妾登极者。”陆德明释文：“极，屋栋也。”《汉书·天文志》：“后，流星下燕万载宫极东去。”颜师古注引李奇曰：“极，屋梁也，三辅间名栋为极。”《文选·张衡〈西京赋〉》：“跱游极于浮柱，结重栾以相承。”（“跱”，同“峙”，置放。“栾”，斗拱。）薛综注：“三辅名梁为极。”以上注家多从浑言而训。从析言看，“极”不同“栋”者有二：一、只指最高的栋梁，不是栋的通称；二、其义只用于先秦、秦汉时，是个方言词。

“楣”、“桴”是一物异称。皆指次于中栋的第二栋，即五架屋的第二道横梁。《说文·木部》：“桴，眉栋也。”汉班固《西都赋》：“荷栋桴而高骧。”（“骧”，高举。）《仪礼·乡射礼》：“序则物当栋，堂则物当楣。”郑玄注：“是制五架之屋也。正中曰栋，次曰楣，前曰庪。”《文选·司马相如〈长门赋〉》：“抚柱楣以从容兮。”李善注引《尔雅》曰：“楣谓之梁。”此泛指栋梁。后“楣”更多用作门楣义，指门框上的横木。《释名·释宫室》：“楣，眉也，近前各两若面之有眉也。”文首引《尔雅·释宫》：“楣谓之梁。”郭璞注：“门户上横梁。”《楚辞·九歌·湘夫人》：“桂栋兮兰橑，辛夷楣兮药房。”（“药”，白芷，香草名。）唐陈鸿《长恨传》记当时谣谚：“男不封侯女作妃，看女却为门上楣。”此乃以门楣在房屋地位之显要喻杨玉环得宠后的权势。

“庪”是五架房屋南北两架楣之下接檐的大横木，即上引《仪礼·乡射礼》郑玄注所称“前曰庪”。

“檼”、“棼”概指有复屋（双层屋面）的宫室之最高栋。二字唯得名角度不同。《释名·释宫室》：“檼，隐也，所以隐桷也。”（“桷”，椽。）《增韵》：“檼，即今复屋栋，复屋之栋，不可见，故从隐省。”《说文·木部》释“檼”为“棼”（文首引），而《林部》：“棼，复屋栋也。”朱骏声曰：“从林者，从二木也，复屋故从二木为意。”（《说文通训定声·屯部》“棼”字）“棼”或作“棼”。《后汉书·班固传上》引《西都赋》：“列棼橑以布翼。”李贤注引《说文》曰：“棼，复屋栋也。……橑，椽也。”又，“虹霓迴带于棼楣。”“楣”，梁。汉张衡《西京赋》：“结棼橑以相接。”“棼”范围大于“檼”，也可指重屋（楼屋）之栋。《三国志·吴志·太史慈传》：“贼……以手持楼棼，慈引弓射之，矢贯手著棼。”

“欐”，从木麗，声兼义。麗者，附丽、比次。“欐欐”、“欐佹”，多貌。《文选·司马相如〈上林赋〉》：“连卷欐佹。”李善注引司马彪曰：“欐佹，支重累也。”字从木，当指众多的栋梁。故《广韵·去霁》释为“梁栋”（文首引）。可作栋梁的泛称。《列子·汤问》：“既去而余音绕梁欐，三日不绝。”又《力命》：“居则连欐，出则结驷。”《释文》皆曰：“欐，音麗，屋栋也。”后世偶用。唐柳宗元《小石城山记》：“其上为睥睨梁欐之形，其旁出堡坞。”

在专业文献中，栋、梁各有若干专称。“桁、檩、槫”是横栋的专称。“栿”是纵梁的专称。《集韵·入屋》：“栿，梁也。”均见于唐以后的一些建筑专书。如宋李诫《营造法式》中大木作（指殿堂），中栋称“脊槫”，近檐枋者称“牛脊槫”，其他称“平槫”。清代的七檩屋，从高而下依次是脊檩、上金檩、老檐檩、檐檩。专业中称名，一般不出现于常见古籍；即偶见，也往往同形异义。如“桁”字。《文选·何晏〈景福殿赋〉》：“桁梧复叠，势合形离。”李善注：“桁，梁上所施也，桁与横同。”李注很含混。按，“桁”当取横义，此是形容词。“梧”，牾。句意谓：屋室上部木构纵横交叠。故此“桁”非栋梁之称。今有些辞书以为即今之桁条，误。

参考文献

[1] 清华大学建筑系：《建筑史论文集》（第六辑），清华大学出版社，1984 年 8 月。
[2] 刘敦桢：《中国古代建筑史》，中国建筑工业出版社，1980 年 10 月。
[3] 祁英涛：《怎样鉴定古建筑》，文物出版社，1981 年 6 月。
[4] 罗哲文主编：《中国古代建筑》，上海古籍出版社，1990 年 8 月。

200. 栾·节(楶、榕)·栭·栌·枅·欂栌〇昂(枊)、櫼

斗拱是我国传统木构架建筑的一个独特构件,有结构、礼饰和量度作用,至唐宋成熟。唐宋前,斗拱之拱,称"栾",又称"曲枅"、"曲撑",指早期插拱、横拱。斗拱之斗,上古秦汉称"节"。"栭(ér)",斗的别称。立柱顶长方形垫木为"枅(jī)",正方形者称"栌"。"欂栌",枅、栌的浑称。"昂",又称"櫼(jiān)",斗拱之上扬出挑的附件。

【同义】

《说文·木部》:"栌,薄栌也。""榕,欂栌也。""欂,欂栌,柱下枅也。"("枅",俗作"树",误。《鲁灵光殿赋》《甘泉赋》等引《说文》作"枅"。)"枅,屋欂栌也。"《玉篇·木部》:"欂,栌,枅也。"《尔雅·释宫》:"栭谓之楶。"《文选·张衡〈西京赋〉》:"结重栾以相承。"薛综注:"栾,柱上曲木,两头受栌者。"亦是枅之类。以上皆斗拱之称。

【辨释】

"斗"或作"枓","拱"或作"栱"。一般所称斗拱,是指唐、宋以后发展并定型,见于后世建筑物的一种悬挑构件,即立柱与横梁间由一定规格的小木枋(拱)和木块(斗)装配成组的构件,常使用在檐部、楼层平座、天花藻井等处。斗拱是我国传统木构架建筑的一个独特构件和重要特征。其作用有三:一、结构作用。它是柱顶、额枋与屋顶之间的支承构件,立柱与梁架之间的过渡构件,将屋面的大面积荷载传递到柱上,缩短了梁枋的跨度,分散了节点处承受的剪力;层叠的斗拱,使屋檐大幅度出挑,形成宽敞的廊庑。二、礼饰作用。不仅可支撑大屋顶、设置廊庑而表现建筑的整体美,而且本身是有规律、有层次交叠,又可华饰,因而具有强烈的庄重、肃穆感,是森严的封建等级制度的象征。唯此,在历代封建社会,只有宫殿、寺殿和其他高级的宫式建筑才能安置斗拱。三、量度作用。唐代以降,斗拱成了制定建筑等级规格的重要标准。此即是宋李诫《营造法式》所称之"枋",乃是以斗拱的高度作为梁枋比例的基本尺度而形成一套模数制,各种建筑木构件的大小、长短和屋顶的举折皆按"枋"的等级决定。到清代又以斗口为标准,分斗口为十等,作为建筑模数。一座宫室的主要尺寸,可由斗口大小推算出来。这就简化了设计手续,便于预制加工,提高了工效,在当时世界上属先进的创举。

斗拱主要由斗与拱两部分构成。斗本是小底大口的方形量器,斗拱之斗在下,是形似斗状的方形木块,故谓之斗,径座在柱顶的平板枋之上。斗由斗耳、斗腰(即"平")、斗底(即

“欹”)组成,耳、欹各占斗高五分之二,中间之平占五分之一。斗口上托拱。拱是上曲出挑的弓形木,以其似人之臂拱而名。清代又谓之“翘”。在拱的两个顶端往往又设置斗,以其小于座斗,故谓之升。有一斗二升、一斗三升、一斗四升、一斗五升,还有曲拱、实拍拱等式。在升的矩形平面上托着枋的构件,此是单层拱。若在升上再设置高一层的斗拱,如此使斗拱级级重叠,谓之多层拱。在层叠的斗拱中往往有斜置的构件“昂”,与斗拱配合承托梁、枋宽大的屋檐。唐佛光寺大殿柱头铺作中的批竹昂,是今知最早的实例。我国古代木结构建筑所以有超常的坚固性,斗拱的使用盖是关键。山西应县佛宫寺木塔,建于1056年,至今已九百多年,曾历七次强地震,抗战时受过二百多发炮弹的轰击,至今仍巍然屹立。河北蓟县独乐寺观音阁,其斗拱上下檐,各出四挑(四层),高度超过柱之半。此阁从辽代(984年)重修起,已逾千年,周围建筑物均毁,唯它完好如初。这些木构建筑如此之坚固,是因为其构架中的斗拱将承重节点处的剪力均匀地分散到了梁、柱间,使建筑物具有极高的承重稳定性。

“斗拱”一词,只见于唐以后的建筑专著和一些注家的注文,而不见于唐以前的古籍。这不仅说明“斗拱”一词是个后起的口语词(有人以为是清代北京的方言之称,则非),而且正表明我国的斗拱构架的工艺到唐宋才发展成熟。而唐宋前虽无“斗拱”一词,但古籍中曾使用许多单音或双音词,表示斗、拱或斗拱。明辨这些称名可以窥见斗拱产生、发展的历史轨迹。

《释名·释宫室》:“栾(即‘欒’),挛也,其体上曲挛拳然也。”䜌声有曲义,故“栾”得为拱之称。“栾”可指垂直于梁枋的插拱(弯曲斜撑)。其词可见斗拱渊源所自。盖高大的土木结构宫室,为使夯土台基和外墙木柱免遭风雨剥蚀,必致屋盖出檐较深,檐下形成廊庑。据杨鸿勋考察,最早是用擎柱支撑宽大的出檐,偃师二里头和湖北盘龙城的早商殿堂一檐柱外设二擎檐柱。之后,为防潮蚀,擎檐柱下填质石,安阳小屯殷墟宫室所发现的石础之上散铺的铜质,正是擎檐柱的防腐下填物。之后,擎檐柱脚又内缩,变为落地长斜撑。进而支点离地而变为悬挑的短斜撑。斜撑变为曲木,则成曲撑,遂形成最早的插拱——栾。《诗·小雅·斯干》盛赞西周统治者的宫室建筑:“如跂斯翼,如矢斯棘,如鸟斯革,如翚斯飞。”文学、语言学界释者皆以为此是赞颂宫室高高上翘的屋角,但今有论者以为是赞颂“屋檐的结构由落地支承到悬挑的变革以及屋面由茅茨到敷瓦的变革”(杨鸿勋文)。并由此推断插拱的出现当在《小雅·斯干》诗之西周晚期。杨说可信。“栾”也可指横拱,即常见的在柱头向左右伸出的曲拱。主要在于扩大柱头支承面,加强木构架之上下与横向的联系,故“栾”或称“曲枅”。《广雅·释宫》:“曲枅谓之栾。”作横拱之栾出现在插拱之后,也可能与插拱同时产生,迟至战国也已见。山东临淄郎家庄战国墓出土漆盘上所画宫室图像,其中极与

画像石上的一斗二升斗拱

柱交接即用二栾。此近于一斗二升的斗拱，但有拱无斗，只能是早期的栾拱。若在栾拱两端点设置散斗，即所谓“升”，使上承构件与栾拱间增加了扩大承托面的垫木，遂成了真正一斗二升的斗拱。若中间加斗子、蜀柱，则成“一斗三升”斗拱，灵宝出土东汉陶楼即其例。此类横拱均称为“栾”。如文首引《文选·张衡〈西京赋〉》薛综注句，即谓“栾，柱上曲木，两头受栌者”。《文选·何晏〈景福殿赋〉》：“栾拱夭蟜而交结。”与“拱”同义连用。“夭蟜”，长壮弯曲貌。《文选·左思〈魏都赋〉》：“栾栌迭施。”李善注：“栾、栌，一也，有曲直之殊耳。”即谓栌是平直的替木，栾是弯曲的替木。以上所述栾的两种形式——插拱与横拱，即曲撑与曲枅，可以在一个建筑物中同时出现，出土的一些汉代陶明器提供了可贵的实例。

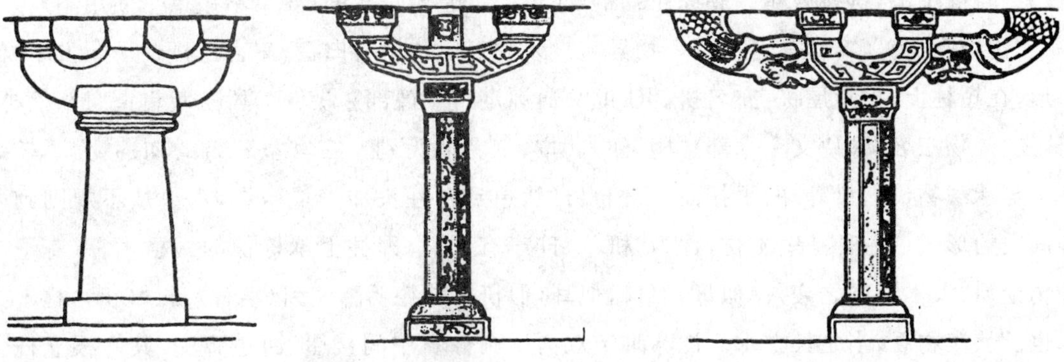

沂南画像石墓石柱上仿木斗拱

“节”是早期的斗之称，多见于上古文献。《论语·公冶长》：“臧文仲居蔡，山节藻棁，何如其知也？”（“蔡”，大龟名。）杨伯峻注：“节，柱上斗拱。”《礼记·礼器》：“管仲镂簋、朱纮、山节藻棁。”（“朱纮”，天子的红冕带。大夫应为缁色带。）孔颖达疏：“山节，谓刻柱头为斗拱，形如山也。”“藻棁”，梁上短柱（即蜀柱）作藻文之饰。山形之节必与“藻棁”连称，可见当时的斗座落在棁柱上，与后世斗拱不同。河北中山王陵一号墓出土的铜鹿、龙、凤方形案座，提供了“山节藻棁”的实例。在此青铜方案座四角，按照建筑上转角斗拱的方式设计，在龙头上立小蜀柱，柱头置栌斗，上再承接一斗二升斗拱，在平枅（相当于拱）的左右两端再立二小蜀柱，柱上安置凹形节斗，整个龙头蜀柱之承载几案的边框，就通过两个节斗对边框的嵌接。承接了此种斗的构材，观之似物之生节结（如竹节），故古人称为“节”；而剖视之，凹之斗形中间嵌物，其形亦一似山，故古人谓之“山节”。

早期的斗，除了座落在蜀柱上，还应有座落在正柱上的栌斗。西周早期青铜器令毁（距周武王灭商仅二十年）四足铸成方柱，柱上即置栌斗。两柱的栌斗，斗口内插横枋，枋上置二方块，似拱端之上的升（即散斗），四个栌斗与每边两个散斗共同承载上部方板形底座。凡此栌斗、散斗也当称为“节”。令毁的栌斗形象，可以表明：“至迟在周朝初期已有在柱上安置坐斗、承载横枋的方法。”（《中国古代建筑史·绪论》）不过，早期当以立于蜀柱上的“山节”为常式；如令毁之栌斗，文献未见记载。另外，上古时尚无后世对斗拱的等级制规定，以至臧文仲可以为一大龟盖有斗拱之屋。

"节",汉代作"楶",《说文》作"榕"。汉扬雄《法言·学行》:"吾未见好斧藻其德若斧藻其楶者也。"("斧藻",文饰。)《汉书·叙传上》:"楶棁之材,不荷栋梁之任。"颜师古注:"楶,即欂栌,所谓枅也。棁,梁上短柱也。楶,音节,字亦或作节。"晋左思《吴都赋》:"雕梁镂楶,青琐丹楹。"《文选·王延寿〈鲁灵光殿赋〉》:"云楶藻棁,龙桷雕镂。"张载注:"云节,画云气为山节也。"李善引郭璞曰:"楶与节同。"可见,汉魏此种山节式斗拱已比先秦更普遍。

在"节"后,称斗类者,有"栭"、"欂栌"、"栌"、"枅"等。

《尔雅·释宫》:"栭谓之楶。"郝懿行义疏:"《礼器》及《明堂位》正义引李巡云:'栭,谓欂栌也,一名楶,皆谓斗拱也。'谓之斗拱者,言方木似斗形而拱承屋栋。"《文选·张衡〈西京赋〉》:"雕楹玉碣,绣栭云楣。"薛综注:"栭,斗也。""栭"当是斗的别称,不赅拱。使用不广。

"欂栌"、"栌"、"枅"三者似是一物异名。朱骏声曰:"单言曰栌,累言曰欂栌……方木,似斗形,在短柱上,拱承屋栋,亦名枅。"(《说文通训定声·豫部》"栌"字)段玉裁也谓"栌、欂栌、枅"是"一物三名"(《说文·木部》"欂"注)。按,三者非无别。在宫室建筑的初期,为了扩大柱头与承载物(枋、梁等)的承托面,人们很自然想到在柱头加一块木垫,木垫从不规则到两种固定的形式。一种是短木枋,称为"枅"。幵声有平义,即柱上承栋檩的短横木。《庄子·齐物论》:"大木百围之窾穴,似鼻,似口,似耳,似枅。"陆德明释文引《字林》云:"(枅),柱上方木也。"从实物看,当是长方木。江苏睢宁双沟汉画像石中间楼屋,西边廊庑,其六根立柱上端即垫置枅木,再接檐部。广州汉墓明器"曲尺形住宅"中枅木,亦其例。另一种是方形似斗状的垫木,称为"栌"。《释名·释宫室》:"栌,在柱端,如都卢,负屋之重也。"即是栌斗。前所举西周之令毁,中山王陵青铜方案座诸例,即有栌斗。《文选·何晏〈景福殿赋〉》:"櫼栌各落以相承。"李善注引《说文》曰:"栌,柱上枅也。"此是浑言,实是方形枅,即栌斗。《文选·王延寿〈鲁灵光殿赋〉》:"层栌磥佹以岌峩,曲枅要绍而环句。"("磥佹、岌峩",高耸貌。"要绍、环句",弯曲貌。)"曲枅",即是曲拱;"层栌",指高处在柱上的栌斗。南朝梁沈约《郊居赋》(载《梁书·沈约传》):"千栌峣嶫,百拱相持。"("峣嶫",高峻貌。)"千栌"与"百拱"相对,"栌"即栌斗。《淮南子·主术》:"短者以为朱儒枅栌。""朱(侏)儒"即蜀柱,梁上短柱;枅、栌是立柱上长方形、方形的垫木,皆是各种规格的短材。至于"欂栌","欂"不单用,"欂栌"总是连言,可见是个双音单纯词,即联绵词,朱骏声称"欂栌"是"栌"的"累言",诚确。《淮南子·本经》:"标抹欂栌。"《文选·司马相如〈长门赋〉》:"施瑰木之欂栌兮。"唐韩愈《进学解》:"欂栌侏儒。"诸"欂栌"是枅、栌浑称,韩愈句例,最为明显。此句与上引《淮南子·主术》"短者以为朱儒枅栌"句意全同,唯后者用"枅栌"是个并列词组,取其析言,而前者用"欂栌"是个单纯词,浑称"枅栌",故二者是"殊途同归"。

"昂"同"枊"。"飞昂"同"飞枊"。"櫼"是木楔。段玉裁曰:"木工于凿枘相入处,有不固,则斫木札楔入固之,谓之櫼。"(《说文·木部》"櫼"注)昂之状类大櫼,故昂也称"櫼"。宋李诫《营造法式·序目》:"飞昂,其名有五:一曰櫼……""枊、櫼"一物异名。《文选·何晏〈景福殿赋〉》:"飞枊鸟踊,双辕是荷。"李善注:"飞枊之形,类鸟之飞。又有双辕任承檐以荷众材。"

"双辕",指双柱。又"欂栌各落以相承"李善注:"欂即枊也。"昂是从商、周大叉手屋架的原始长椽演变而来。从上引《景福殿赋》句看,东汉已有"昂"之称名。昂者,上扬意,其物在檐下,与额枋垂直,一头斜下,在额枋外;一头上翘,在额枋内,形成由里向外出挑。其作用如杠杆,承托梁、枋,可使檐口标高,在保持原位的条件下加大出檐。早期的昂是一条较细长的圆木或枋木,上端压在脊檩之下,而在斜下的前部下加垫块,以高抬檐口。也有在昂上加置栾拱,如湖北当阳刘家塚子 M2 出土陶楼,即以上栾承托檐口。而当斗拱大量出现后,又加到斗拱的组合体之中,成为斗拱的一个构件,昂就变得粗短,斜下的昂一似伸颈尖嘴的飞鸟,上引《景福殿赋》中的昂已是飞鸟式。可见,东汉的昂已与斗拱相组合。

昂分真昂与假昂。唐、宋、辽、金时期,斗拱多用真昂。元代,真、假昂并用。到了清代,全用假昂,昂只留下昂嘴,且雕成龙头、象鼻等形,已完全失去其杠杆作用,成为徒具形式的华饰。

参考文献

[1] 刘敦桢:《中国古代建筑史》,中国建筑工业出版社,1980 年 10 月。
[2] 本书编写组:《中国建筑史》,中国建筑工业出版社,1982 年 7 月。
[3] 杨鸿勋:《斗栱起源考察》,载《建筑考古学论文集》,文物出版社,1987 年 4 月。

201. 椽·桷·榱·橑

"椽",椽子总称;特指圆椽。"桷",方椽;椽的泛称。"榱(cuī)",唐以前粗大而有华饰的椽子。"橑(lǎo)",复屋的椽子。

【同义】

《说文·木部》:"椽,榱也。""榱,椽也,秦名屋椽也,周谓之榱,齐鲁谓之桷。""橑,椽也。""桷,榱也。"《尔雅·释宫》:"桷谓之榱。"《晋书·褚裒传》:"物各有所施,榱椽之材不合以为藩落也。"《孔子家语·五仪解》:"仰视榱桷,俯察几筵。""榱桷"、"榱椽"皆同义连用,泛指椽子。

【辨释】

椽是垂直搁置于檩(栋)以供铺瓦、直接承受屋面荷载的细木杆件,今称"椽条"、"椽子"。椽子早于瓦。《韩非子·五蠹》:"尧之王天下也,茅茨不翦,采椽不斫。""采"即"棌",柞木。谓柞木为椽,不加削饰。传说中的尧舜之时已出现陶器,但还没有屋瓦。何谓"椽"?《释名·释宫室》:"椽,传也,相传次而布列也。"故"椽"是从椽子东西横向的平行排列而称其物。在传统木构建筑中,椽子中最为显目的是屋角的飞檐椽,它构成飞檐,上古称为"荣"。清李斗《工段营造录·裹角法》论曰:"东荣、西荣、北荣、南荣,皆见之《礼》及司马相如《上林赋》。……飞檐法于飞鸟……飞檐难于椽。……椽若梳栉之斜者则飞。"凡宏大的宫室殿堂必作飞檐翼角,此乃我国古代建筑形式的重要特点之一。椽子的质料通常是木,也可用竹。《后汉书·蔡邕传》:"亡命江海,远迹吴会。"李贤注引张骘《文士传》曰:"吾昔常经会稽高迁亭见屋椽竹。"又引伏滔《长笛赋序》:"柯亭之观,以竹为椽,邕取为笛,奇声独绝也。"椽子的铺法,是在檩栋上从东而西平行置列,一般是一层。也有作上方下圆两层椽者,如河北定兴北齐义慈惠石柱上小屋。椽上要盖一层"笮(zé)",即是竹篾,篾上仰铺板瓦,上覆盖筒瓦。豪华的宫室,如宫殿的椽常常要加以雕饰。《西京杂记》卷一:"赵飞燕女弟居昭阳殿,椽桷皆刻作龙蛇。"《三辅黄图》卷二:"椽首薄以璧玉,因曰璧门。"《太平御览》卷一八八引汉张竣《汉记》曰:"梁冀起台殿,梁柱、椽桷镂为青龙白虎,画以丹青云气。"

"椽"是椽子总称,特指圆椽。《左传·桓公十四年》:"冬,宋人以诸侯伐郑……以大宫之椽归,为卢门之椽。"指取郑国大宫的椽为己所用。陆德明释文:"椽,榱也。圆曰椽,方曰桷。"今所见汉代石阙及崖墓、石室很多已在檐下使用一层圆断面的檐椽,有的端部还有卷杀,如四川雅安高颐墓阙的屋椽。唯椽是长圆物,故可喻指其他圆柱形物,如粗大的烛。宋杨万里《梅露堂燕客夜归》诗:"梅堂客散人初醉,椽烛烧残一尺红。"有劲力的大笔。《晋书·

王珣传》："珣梦人以大笔如椽与之，既觉，语人曰：'此当有大手笔事。'俄而帝崩，哀册谥议，皆珣所草。"后以"如椽之笔"、"椽笔"喻称人的写作才能。清蒲松龄《聊斋志异·罗刹海市》："先生文学士，必能衙官屈、宋。欲烦椽笔赋'海市'，幸无吝珠玉。"（"衙官"，唐刺史属官，此作意动动词。）笔、烛皆是圆形之物，故也证明椽本指圆形的椽。"椽"也引申为量词，指计算梁栿长度的单位，如三椽栿、五椽栿等，此"椽"乃表示两槫间椽的水平投影长度，以表示房屋的宽度。宋陆游《夜雨》诗之二："寒雨连三夕，幽居只数椽。"

"桷"指方椽。《说文·木部》："桷，榱也，椽方曰桷。《春秋传》曰：'刻桓宫桷。'"按，所引系《左传·庄公二十四年》经文。段玉裁注："桷之言棱角也。"有棱角则必非圆者。《穀梁传·庄公二十四年》："刻桓宫桷。"陆德明释文："桷，榱也。方曰桷，圆曰椽。"《易·渐》："鸿渐于木，或得其桷，无咎。"孔颖达疏："……无咎者，桷，榱也。之木而遇，堪为桷之枝，取其易直可安也。"《诗·鲁颂·閟宫》："松桷有舄，路寝孔硕。"毛传："桷，榱也。舄，大貌。"上述文句或于"桷"有析言，但据文意实皆作椽的泛称，不专指方者。椽多是圆者，且后世"椽"多用为总称，故"桷"单用而专指方椽的用法十分罕见。往往强调圆者，谓之"圆椽"，称方者，则谓之"方椽"，而不称"桷"。

"榱"也指椽。《荀子·哀公》："君入庙门而右，登自胙阶，仰视榱栋，俛见几筵。"《孟子·尽心下》："堂高数仞，榱题数尺，我得志弗为也。""题"，头。"榱题"，今俗称出檐。《韩诗外传》卷七："堂高九仞，榱题三围。"《汉书·司马相如传上》："华榱璧珰。"颜师古注："榱，椽也。""璧珰"，即榱题。汉张衡《西京赋》："饰华榱与璧珰。""榱"与"椽"所指实同。故《说文·木部》将"榱、椽"互训，《急就篇》卷三："榱椽欂栌瓦屋梁。"颜师古注："榱即椽也，亦名为桷。"《左传·襄公三十一年》："栋折榱崩。"陆德明释文："榱，椽也。"但析言之，"榱"仍有其别。《释名·释宫室》："（椽）或谓之榱，在檼（yǐn）旁下列衰衰然垂也。"《说文·木部》"榱"字段玉裁注："榱之言差次也，自高而下，层次排列，如有等衰也。"然则"榱"是从脊栋至檐栋南北纵向高下而言。而既有明显的高下等差，故榱之为椽，必用于大的宫室，一般是天子、诸侯豪华的殿堂；不仅粗大，且常加以华饰。上引诸例即其证。唯此，古籍中常见"华榱"，却罕见"华椽"、"华桷"之类。不过，这主要用在唐以前。唐以后"榱"逐渐少见。

"橑"指复屋（双层屋面）之椽。《说文·木部》"橑"字段玉裁注："橑必与棼连言，而别于榱桷，则榱桷为屋椽，橑为复屋之椽可知，簷霤在复屋。故《广韵》曰：'屋橑，簷前木。'"段说是。汉班固《西都赋》："列棼橑以布翼。"汉张衡《西京赋》："结棼橑以相接。""棼"是复屋之栋（参第199条），诸"橑"皆指复屋之椽。单用也当如此。《楚辞·九歌·湘夫人》："桂栋兮兰橑，辛夷楣兮药房。"王逸注："以木兰为榱也。"此种复屋之橑，即俗所谓"木顶格"，其下见于宫室之内者即是藻井（参清李斗《工段营造录》）。以其形似，"橑"又引申为弓形的车盖骨。《周礼·考工记》："盖弓二十有八，以象星也。"郑玄注："弓，盖橑也。"汉王充《论衡·说日》："系明月之珠于车盖之橑，转而旋之。"后有"轑"字专示其义。

参考文献

[1] 本书编写组:《中国建筑史》,中国建筑工业出版社,1982 年 7 月。
[2] [清]李斗:《工段营造录》,上海科技出版社,1984 年 3 月。
[3] 清华大学建筑系:《建筑史论文集》(第六辑),清华大学出版社,1984 年 8 月。

202. 墙·壁·垣·埒·墉·垝

明代以前，普遍用土墙。土墙，主要是夯土墙、土坯墙。“墙”，起障蔽作用的独立外墙，也作墙壁的总称。“壁”，房屋的墙壁。“垣(yuán)”，矮墙。“埒(liè)”，低垣，实是垒土的界标。“墉”，高墙，常指城墙。“垝(guǐ)”，毁败的墙。

【同义】

《尔雅·释宫》：“墙谓之墉。”《诗·召南·行露》：“何以穿我墉。”毛传：“墉，墙也。”又《郑风·将仲子》：“无踰我墙。”毛传：“墙，垣也。”《说文·土部》：“垣，墙也。”“壁，垣也。”《书·费誓》：“踰垣墙，窃马牛。”又《梓材》：“既勤垣墉。”“垣墙”、“垣墉”皆同义连用，泛指墙。

【辨释】

墙，从作用和部位分，有檐墙、坎墙、围墙、照壁等。从使用材料分有土墙、砖墙、石墙、木墙等。最早和最常见的是土墙。土墙主要是夯土墙、土坯墙。夯土墙的基本方法是：两边木板相夹作模子，中实黏土或灰土，夹以碎陶片、碎砖瓦片，两人相对以夯锤夯实。夯实一板，将板松开，再往上夯第二板，如此逐板提升，至最上层，铺土坯作墙帽子，上盖人字形狭屋，或铺黍秸稻草和泥，以防雨淋、风蚀。为了防水浸蚀，或在土墙下砌一层砖石墙，或在夯土内增插木柱，如西周岐山凤雏甲组的版筑墙。我国早在新石器时代就使用了夯筑技术，先是用在柱洞，进而用在台基，又发展为夯土墙。陕西半坡住室遗址柱洞夯层，偃师二里头大夯土台，殷墟小屯宫殿群的夯土台基，郑州商城遗址的版筑夯土墙，皆是早期夯筑的实例。宋李诫《营造法式》卷三《筑基》和清代《工程做法·歇山硬夯土》，对夯土技术曾进行了具体总结。夯土的工具是夯锤，也称“杵”或“筑”。《左传·宣公十一年》：“称畚筑，程土物。”其物一般上细下粗，下夯头粗而圆。最早是木夯，后夯头用石，战国时出现铁夯。秦始皇时已使用铁夯。《汉书·贾山传》中有所谓“隐以金锥”。（“隐”，筑。）金锥即是铁的夯土工具。1956 年，长沙曾发掘出战国时期三件铁夯，似笔筒，口径下底径 5.4 厘米，上端有圆孔以装木柄（《考古通讯》1956 年第 1 期）。夯土墙往往外刷石灰水或涂石灰面，这在新石器时代许多遗址已广泛发现，一些发掘报告称“白灰面”，据研究，其物确是人工煅烧的石灰制成，用石抹子（类于今泥水匠用的泥壁）涂抹。土坯墙由夯土墙发展而来，是砖墙的前身，上古已见。四川广汉三星堆遗址（相当于早商期）蜀国早期都城的主城墙局部已使用土坯砖墙，此是最早的用例。秦咸阳宫一号遗址的承重墙即是夯土墙与土坯墙的混用。汉代土坯墙更为习见。在甘肃弱水沿岸的亭障墙壁，除小部分是版筑，大多为垒上坯而成。据大湾出土一汉简（甲 1066）记载可知，一个土坯长 41.94、广 18.64、厚 13.98 厘米。其构筑方法是：先用模型制成土坯，待其干燥，将此种未烧过的土坯垒砌，每层或每三层间夹一层芦苇或柴木树枝。夯土墙、土坯墙，后世于农村简陋的民居犹可见。砖墙出现在土坯墙之后。其中空心砖墙，战国已见，但限用于战国至东汉的墓葬。空心砖，断面一般为方形、矩形，如河南郑州二里岗战国墓墓壁的空心砖约长 1.1、宽 0.4、厚 0.15 米。河南洛阳一带的汉墓，空心砖模数相近，并压印了各种花纹。其砖，垒置为墓壁，平置为墓底。虽然河南新郑战国冶铁场的井壁，及临潼秦俑坑一段壁面已见使用砖，北魏嵩岳寺建有 40 米高的砖塔，但战国到后世相当长时期，条砖等主要用于地下墓室，或仓、井、窑等处，而不用于宫室墙垣。至于唐宋绘画中所见砖砌城台、宫室的砖台基，均是内作夯土，外包砖皮，非纯砖墙砌就。而条砖大量用于地面建筑，用纯条砖砌成宫室墙、城墙等，则自明代始。砖间的黏合物，宋代起渐多用石灰砂浆，也有加糯米浆。石墙、木墙，也古已有之。石墙，在新石器时代，多用天然石块垒砌，至东汉的墓葬的石室墙壁，石料加工技术已成熟，石墙也多用于墓室。至于木墙，最早在浙江余姚河姆渡干阑式木构建筑中已能利用原始工具建造长 25 米以上进深约 7 米的木屋，其榫卯相接技术已较为成熟。其后，板墙在商代至西汉木椁墓室中也多见。

《说文·嗇部》："墙，垣蔽也。"《释名·释宫室》："墙，障也，所以自障蔽也。"障蔽者在外，故"墙"一般不指宫室四壁，而是指外部的障墙（不论高矮），相当于今称的围墙。墙不仅功能与壁不同，而且形制也有别：墙较宽厚，且墙身上窄下宽。今已发掘的郑州商城，其城墙剖面即呈梯形。宫室的围墙当也与城墙相仿。

"墙"之称外墙，文首引《诗·郑风·将仲子》"无踰我墙"即其例。又，《鄘风·墙有茨》："墙有茨，不可埽也。"《论语·子张》："譬之宫墙，赐（子贡）之墙也及肩，窥见室家之好；夫子之墙数仞，不得其门而入，不见宗庙之美。"《左传·宣公二年》："晋灵公不君，厚敛以彫墙。"诸"墙"所指或有高低，但皆指宫室外的围墙。后世"墙"也承古而用。汉桓宽《盐铁论·险固》："奋空拳而破百万之师，无墙篱之难。"《太平御览》卷一八七引孟奥《北征记》曰："华林墙，墙高九丈，方圆一里也。"《乐府诗集·横吹曲辞五·慕容垂歌辞》："慕容攀墙视，吴军无边岸。"唐元稹《压墙花》诗："春来偏认平阳宅，为见墙头佛面花。"诸"墙"也皆不指室壁，而指外墙。由上可见，"墙"不论高矮或成围与否，是各种独立外墙的总称。

汉代起，"墙"偶也可指称室壁。《方言》第五："篝，陈、楚、宋、魏之间谓之墙居。""篝"是薰笼，衣挂壁上，篝置壁下而薰，不言"壁居"而称为"墙居"，此种用法，仅属偶见。

《释名·释宫室》："壁，辟也，所以辟御风寒也。"可见壁主于内，指宫室的墙壁。与"墙"相较，壁较薄，上下等厚。《史记·司马相如列传》："家居徒四壁立。"唐柳宗元《永州韦使君新堂记》："宗元请志诸石，措诸壁，编以为二千石楷法。""措诸壁"，写于厅堂的墙壁。柳宗元撰有《武功县丞壁记》一文，原题于视事厅之壁，故称"壁"，不称"墙"。"壁"引申指陡峭的山崖。唐李白《梦游天姥吟留别》诗："半壁见海日，空中闻天鸡。"宋苏轼《石钟山记》："独与迈乘小舟，至绝壁下。"盖取喻于宫室之壁的高而峭直。指军垒，即军营的障壁。《汉书·高帝纪上》："自称使者，晨驰入张耳、韩信壁，而夺之军。"《史记·淮阴侯列传》："赵见我走，必空壁逐我。"凡此，皆取喻于宫室墙壁之直立与障蔽严密。今犹承古而用，如"壁虎"、"炉壁"等，"壁"皆不可作"墙"。

"垣"，指低矮的墙。朱骏声以为"垣"者，取其"上下必攀援"之意(《说文通训定声·乾部》"垣"字)。文首引《书·梓材》"既勤垣墉"孔传引马融曰："卑曰垣，高曰墉。"《左传·僖公五年》："重耳……踰垣而走，披(寺人披)斩其袪。"《孟子·滕文公下》："段干木踰垣而辟(避)之。"能够以身逾越者必是矮墙。

"埒"指低于垣的墙。《急就篇》卷三："顷町界亩畦埒封。"颜师古注："埒者，田间堳道也。……今之圃，或为短墙，盖埒之谓也。"埒当更矮于垣，实是土界标，近乎蔽体工事。《三国志·魏志·鲍勋传》："时营垒未成，但立标埒。"《尔雅·释丘》："水潦所还，埒丘。"("还"，通"环"。)郭璞注："谓丘边有界埒，水绕环之。"邢昺疏："埒，小隄也。"

"墉"，指高大的墙。庸声有大义。"鏞"，似牛的大猛兽；"镛"，大钟；"墉"则是高墙。上引《书·梓材》马融注："高曰墉。"《易·解》："公用射隼于高墉之上。"孔颖达疏："墉，墙也。……隼之为鸟宜在山林，隼于人家高墉必为人所缴射。"盖隼是鸷鸟，亦称鹗，隼鹗所集当在高墙(参高亨《周易古经注》卷三)。冠以"高"，更强调墉之高。《诗·召南·行露》："谁谓鼠无牙，何以穿我墉?"《尔雅·释宫》："墙谓之墉。"当亦指高墙。唯其高大，故常用指城墙。《说文·土部》："墉，城垣也。"《左传·襄公九年》："祝宗用马于四墉。"杜预注："墉，城也。"《诗·大雅·皇矣》："以代崇墉。"毛传："墉，城也。"

"垝"，指坏墙。《说文·土部》："垝，毁垣也。《诗》曰：'乘彼垝垣。'"此为《氓》中一句。《管子·霸形》："东山之西，水深灭垝。"尹知章注："垝，败墙也。"

参考文献

[1] 陈梦家：《汉简缀述》，中华书局，1980 年 12 月。
[2] 卢连成：《关于我国新石器时代"白灰面"建筑性质的探讨》，《科技史文集》第 14 辑，上海科技出版社，1985 年 11 月。
[3] 单士元：《夯土技术浅谈》，《科技史文集》第 7 辑，上海科技出版社，1981 年 6 月。
[4] 赵继柱：《简谈中国古代建筑施工工具》，《科技史文集》第 11 辑，上海科技出版社，1984 年 3 月。
[5] 杨鸿勋：《秦咸阳宫第一号遗址复原问题的初步探讨》，载《建筑考古学论文集》，文物出版社，1987 年 4 月。

203. 隅·宧(颐)·窔(穾)·奥(隩)·屋漏

"隅",一切角落的泛称。堂室的四角:"宧(yí)",东北角,炊灶食厨设于此;"屋漏",西北角,屋下置神主,室内置眠床;"窔(yào)",东南角,较幽暗;"奥",西南角,虽也幽暗,但为尊者之位,祭祀之地,有浓厚礼尊色彩。

【同义】

"隅、宧、窔、奥、屋漏"皆指堂室内的角落。

【辨释】

《说文·𨸏部》:"隅,陬也。""陬(zōu)",角落。《广韵·平虞》:"隅,角也。"从阜,本义为山角,可泛指角落。《书·益稷》:"至于海隅苍生。"指海角,极远的边角。《淮南子·原道》:"经营四隅。"高诱注:"隅犹方也。"地的四方,即四角。《诗·邶风·静女》:"静女其姝,俟我于城隅。"指城角。当然可泛指室内之角。《礼记·曲礼上》:"抠衣趋隅。"孔颖达疏:"隅犹角也。"《论语·述而》:"举一隅不以三隅反,则不复也。"皇侃义疏:"隅,角也。"谓先生教述室内一角而学生不能类推其余三角,就不再重复教授。《礼记·檀弓上》:"童子隅坐而执烛。"郑玄注:"隅坐,不与成人并。"指坐在席角旁。室内布席共坐,尊者正席,卑者坐于席角。《晋书·刘颂传》:"害法在犯尤,而谨搜微过,何异放兕豹于公路,而禁鼠盗于隅隙?"概言之:"隅"可泛指一切角落。

"宧"是"颐"的初文。《说文·宀部》:"宧,养也,室之东北隅,食所居。"段玉裁注引邵晋涵曰:"君子之居恒当户,户在东南,则东北隅为当户,饮食之处在焉。"《释名·释宫室》:"东北隅曰宧。宧,养也,东北阳气始出布养物也。"日光斜射,此角能见阳,故古人庖厨食阁之类所以养育人者,均在房屋东北角,此角遂称为"宧",但文献罕用。文献中"宧"主要用作养义,字作"颐"。《易·颐》:"观颐,观其所养也。自求口实,观其自养也。"《后汉书·马融传上》:"颐养精神,致之无疆。"

"窔"或作"穾"。本义指幽暗。《广韵·去啸》:"窔,隐暗处。"《楚辞·招魂》:"冬有穾厦,夏室寒些。"王逸注:"穾,复室也。"("厦",大屋。)复室较暗。《文选·司马相如〈上林赋〉》:"累台增成,岩窔洞房。"李善注:"言于岩窔底为室,潜通台上也。"引申指屋室的东南角。《尔雅·释宫》:"东南隅谓之窔。"盖日光斜射,屋室的北二角均可见阳,而南二角(另一角为"奥",见下)少阳,较幽暗。《仪礼·既夕礼》:"比奠,举席扫室聚诸窔,布席如初。"郑玄注:"室东南隅谓之窔。""窔奥"常连言,指幽暗处,事物之深奥所在(抽象义)。《汉书·叙传上》:

"守窔奥之荧烛，未印天庭而睹白日也。"颜师古注："窔、奥，室中之二隅也。"《文选·班固〈答宾戏〉》所引同句，张铣注："言其见幽深之小光。"《淮南子·道应》："此犹光乎日月而载列星……其比夫不名之地，犹突奥也。"高诱注："则如突奥中也。"代称整个堂室。《荀子·非十二子》："奥窔之间，簟席之上，敛然圣王之文章具焉。"杨倞注："西南隅谓之'奥'，东南隅谓之'窔'，言不出堂室之内也。"

屋室的西北角谓之"屋漏"。《尔雅·释宫》："西北隅谓之屋漏。"《释名·释宫室》："西北隅曰屋漏，礼每有亲死者，辄彻屋之西北隅，薪以爨灶煮沐，供诸丧用。时若直(值)雨则漏，遂以名之也。"所言未确。按，古代居室北面开之窗为"向"。睡床多设在西北角，屋顶开天窗，日光从此照射入室，故称屋漏(此"屋"指屋面)，遂为居室西北角之名。《诗·大雅·抑》："相在尔室，尚不愧于屋漏。"孔颖达疏："屋漏者，室内处所之名，可以施小帐而漏隐之处，正谓西北隅也。"上古在屋内西北角的上部(屋顶之下)安藏神主(后世置于祠堂)，屋顶天窗光照不逮，故"屋漏"也有暗室之义。《礼记·中庸》："尚不愧于屋漏。"孔颖达疏："言无人之处尚不愧之，况有人之处，不愧之可知也。言君子无问有人无人，恒能畏惧也。"

"奥"是屋室西南角。《说文·宀部》："奥，宛也，室之西南隅。"段玉裁注："宛、奥双声，宛者，委曲也，室之西南隅，宛然深藏，室之尊处也。"《尔雅·释宫》："西南隅谓之奥。"郭璞注："室中隐奥之处。"《释名·释宫室》："室中西南隅曰奥，不见尸明，所在秘奥也。"《楚辞·招魂》："经堂入奥。"王逸注："西南隅谓之奥。""奥"与"窔"一样，皆是室中少阳而幽暗之角，故最为义近，常连用而泛指(见上)。"奥"，有时也可指东南角。《后汉书·周磐传》："讲于阴堂之奥。"李贤注："东南隅谓之奥。"但此是偶用，主要是指西南角。在堂室之四角中，此角最为重要，为尊者所居，有礼敬色彩。《礼记·曲礼上》："为人子者，居不主奥。"郑玄注："谓与父同宫者也。不敢当其尊处，室中西南隅谓之奥。"父母健在，作为人子，不能处于奥隅。《礼记·仲尼燕居》："室而无奥阼，则乱于堂室也。"阼为堂东阶，主人升降之阶；奥为室西南隅，尊者所居，表明凡堂室必遵此礼制。奥也是室内祭祀之处，故可代称神。《论语·八佾》："王孙贾问曰：'与其媚于奥，宁媚于灶，何谓也？'子曰：'不然。获罪于天，无所祷也。'"邢昺疏："奥，内也，谓室内西南隅也。"盖炊灶是实物，奥神为虚物，卫大夫王孙满以为宁实毋虚，而孔子认为敬天神最重要，若得罪上天，则任何祈祷将无济于事。由于奥隅有浓厚的礼尊色彩，故引申为主宰。《左传·昭公十三年》："国有奥主。"孔颖达疏："奥是内之义，奥主，国内之主。"《文选·陆机〈五等诸侯论〉》："然上非奥主，下皆市人。"为宫禁、枢要之地。《三国志·魏志·董昭传》："冒之出入，往来禁奥。"为隐深义。《后汉书·梁冀传》："堂寝皆有阴阳奥室。"此指深室。《三国志·魏志·王郎传》："子发未举于椒兰之奥房，藩王未繁于掖庭之众室。"此指深房，女官所居。《国语·郑语》："申吕方强，其隩爱太子，亦必可知也。""隩"通"奥"。"隩爱"，深爱。《陈书·袁宪传》："二贤虽穷奥赜，得无惮此后生耶！""奥赜"，深密。唐柳宗元《永州龙兴寺东丘记》："水亭狭室，曲有奥趣。"他如"奥旨"、"奥略"、"奥博"等表隐深义不胜枚举。今犹多用为此义。种种引申之用，足可表明奥是屋室中最重要的一角。

文献中所称屋室四角之用，并非出于虚构。而是黄河流域中华民族传统室内配置的真实反映。仰韶文化前期的一些对偶家庭屋室已基本如此：室中间设火塘，其东南角储放炊具杂物；东北角，阳光充足，是举炊、进食之处；西南角卧寝（据杨鸿勋说）。末者与文献所载不同，此毕竟由于当时尚无周代那种尊卑严限的礼制，故奥隅的重要尚不突出。但整体上可证明文献所载室内四角的配置是对古老传统的继承与发展。

参考文献

[1] 吕思勉：《中国制度史》，上海教育出版社，1985 年 5 月。
[2] 杨鸿勋：《中国早期建筑的发展》，载《中国古建筑学术讲座文集》，中国展望出版社，1986 年 10 月。

204. 屏·树·萧墙·罘(桴、浮、罦、复)罳(思)·扆(依)·屏风

宫室地面障蔽物,有门屏与屏风。“屏”,上古是门屏,即门内外土墙垣总称。屏或称“树”。外屏又称“萧墙”。上古“屏”也指扆。“扆”,人君专用的礼仪性小型木屏。“罘罳”,汉代小型建筑物木构部分雕刻的华饰,见于外屏、双阙及其连阁、城墙或宫殿四角小楼;“罘罳”也可代称外屏。“屏风”,有实用性、灵活性、装饰性等特点,战国起流行,汉代替代了内屏,以后久盛不衰。汉魏后屏风或称“屏”。

【同义】

《尔雅·释宫》:“屏谓之树。”郝懿行义疏:“萧墙即屏。”《书·顾命》:“狄设黼扆缀衣。”孔传:“扆,屏风。”《礼记·明堂位》“疏屏”郑玄注:“屏谓之树,今浮思也。”“浮思”即“罘罳”。

【辨释】

《说文·尸部》:“屏,蔽也。”《释名·释宫室》:“屏,自障屏也。”“屏”从尸,“尸”是从屋省。古代居所内外的地面障蔽物皆以“屏”为中心,包括门屏与屏风两大类。

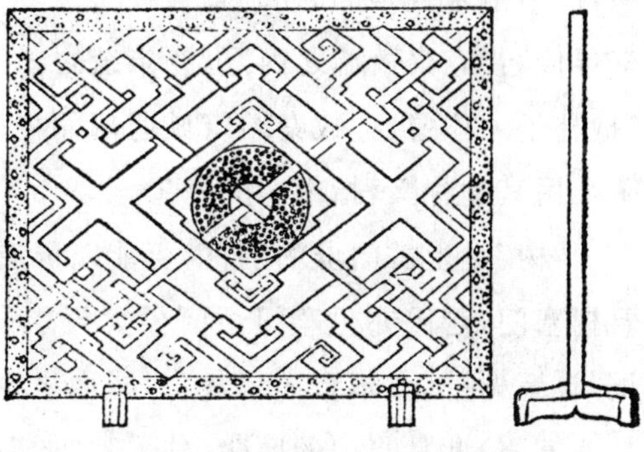

汉代屏风

先是指称门屏,是一堵独立的短土墙。上引《尔雅·释宫》“屏谓之树”郭璞注:“小墙当门中。”《吕氏春秋·季秋》:“受车以级,整设于屏外。”谓天子按级别授以田车,遂各陈于屏外。屏分内外。《荀子·大略》:“天子外屏,诸侯内屏。”即谓诸侯不得有外屏,天子则可内外兼有。《淮南子·主术》:“天子外屏所以自障。”高诱注:“屏,树垣也。”《国语·吴语》:“王背屏而立,夫人向屏。”韦昭注:“屏,寝门内屏。”又《楚语上》:“位宁(zhù)有官师之典。”韦昭注:“门屏之间谓之宁。”此乃君王视朝时站立之处。上述诸“屏”皆非屏风,而是指用作障蔽的短墙垣。外屏者,在宫室大门外;内屏者,在宫室大门内。外屏,后代北方民居一直沿用,俗称照壁、影壁。此是从古而来黄河流域宫室建筑的一项民俗。上引《荀子·大略》所言乃礼家旧说,事实上天子、诸侯、大夫皆能有内外屏。若仅天子可设外屏,则九州大地唯一影壁,岂合情理?西周岐山凤雏甲组遗址,并非周王宫廷,主人是王室、诸侯或采邑主身份,此遗址大门前 4 米处,就有影壁遗迹,东西长 480、厚 120,残高 20 厘米,上部有屋盖。郝懿行早就指出:“屏取屏蔽之义,但令门必有屏,天子、诸侯似不必琐琐分

别外内也。”(《荀子·大略》王先谦集解引)“屏”称门屏,主要见于上古。“屏”是内外屏总称。

上古的“屏”还可指扆。《国语·楚语下》:“使名姓之后,能知……屏摄之位。”韦昭注:“屏,屏风也。”未确。此“屏”指扆——天子专用的木屏。“摄”通“翣”,雉羽或尾作的大扇,朝会时所用。“屏摄”代称天子。

秦以后,内屏渐渐淘汰,故“屏”很少用作门屏之称;即有,也承古而用,指外屏。北魏郦道元《水经注·睢水》:“大治宫观台苑屏榭,势并皇居。”唐白居易《冷泉亭记》:“山树为盖,岩石为屏。”此“屏”即指宫室外屏墙。但其用甚寥。“屏”在汉魏后主要用作屏风之称。《乐府诗集·晋子夜四时歌·夏歌二十首之二》:“反覆华簟上,屏帐了不施。”《晋书·阮籍传》:“拜东平相,籍乘驴到郡,坏府舍屏障,使内外相望,法令清简。”唐杜甫《李监宅》诗之一:“屏开金孔雀,褥隐绣芙蓉。”《宋史·公主传·周汉国公主》:“公主适从屏内窥见,意颇不怿,帝微知之。”以上诸“屏”皆指屏风。

上古门屏之外屏又称“萧墙”。文首引郝懿行疏语:“萧墙即屏。”“萧墙”最早见于《论语·季氏》:“吾恐季孙之忧,不在颛臾,而在萧墙之内也。”郑玄注:“萧之言肃也,墙谓屏也,君臣相见之礼,至屏而加肃敬焉,是以谓之萧墙。”此“萧墙”指季孙自己宫室的外屏,谓季孙之患不在外部而在内部。后季孙果然为其家臣阳虎所拘。然而古今有些注家囿于“天子外屏”之礼纬误说,遂以“萧墙”为鲁哀公之门屏,谓季孙之患在于来自鲁哀公处的暗算。此既与文意扞格,且与礼说也矛盾:若以外屏天子专有,则鲁哀公也不得有。前已说明,外屏天子、诸侯、大夫皆可以有。再从“萧墙”一词后世之用看。文献中“萧墙”皆指来自内部的隐患,而不指来自外部的潜祸。《韩非子·用人》:“不谨萧墙之患,而固金城于远境。”《汉书·李寻传》:“宜察萧墙之内,毋忽亲疏之微。”谓宜察君主身边亲近者中的隐患、内乱。晋葛洪《抱朴子·广譬》:“故秦始筑城遏胡而祸发帏幄,汉武悬旌万里而变起萧墙。”后世“萧墙”似乎唯用其喻称义,指内部的隐患。

“树”是上古门屏的别称,可能以屏有树的障蔽作用而借称(详下)。《论语·八佾》:“邦君树塞门,管氏亦树塞门。”何晏集解引郑玄曰:“人君别内外,于门树屏以蔽之。”此用为动词,设置树屏。《尔雅·释宫》:“屏谓之树。”犍为舍人曰:“以垣当门蔽为树。”(《太平御览》卷一八五引)此是当门的照壁、外屏。“树”也可指内屏,上举《淮南子·主术》高诱注引《尔雅》:“门内之垣谓之树。”即其证。凡称“树”,皆兼指内外。然其用(名词义)仅见于注家之语。

“罘罳”,或作“罦思”、“桴思”、“浮思”,“复思”。《水经注·谷水》、《太平御览》引《广雅》并作“复思”。今一些辞书或解为门屏,或释为屋檐下防鸟雀来往的金属网,或以为守望用的小型建筑,皆未达其奥区。罘罳是汉代的名和物。主要出现在以下三个方面:

一、外屏。

《广雅·释宫》:“罦罳谓之屏。”《玉篇·网部》:“罘罳,屏树门外也。”谓设于门外的屏墙,即外屏。《礼记·明堂位》:“疏屏,天子之庙饰也。”郑玄注:“屏谓之树,今桴思也,刻之为云气虫兽,如今阙上为之矣。”清顾炎武曰:“罘罳字虽从网,其实屏也。……汉西京罘罳合板为之，亦筑土为之，每门阙殿舍前皆有焉，于今郡国厅前亦树之。”原注：“今人谓之影壁。”“然则屏上亦为屋以覆屏墙，故称屏曰桴思。”（《日知录》卷三二《罘罳》）顾氏所言盖据崔豹《古今注》：“罘罳，屏之遗象也。汉西京罘罳合板为之……”顾氏所引，系崔书原文。诸家皆以罘罳为外屏，即宫室前之影壁、照壁，然《日知录》原注以屏上有覆屋而称“罘罳”，则误。盖凡夯筑土墙上必覆屋，以免雨水侵蚀，若无屋则土屏将不能坚固耐久，故上古之外屏当已有屋。汉之外屏异于上古者乃是：或土木相合，屋下有木构层，外置木板，上雕镂云气虫兽以及网格形空洞（见下）；或为纯木构短墙，则更利于镂刻华饰。此可以实物为证。杨宽以为门屏可能源自门前种的大树，树有障蔽作用，故“屏”又名为“树”，而汉代一些画像砖、石往往以常青树象征门屏；并指出王振铎《汉代圹砖集录》“楼树”类中有些图像，双阙间一大树前之网形图案之墙即是门阙前的罘罳（参杨书142页）。杨说可从。汉画像砖、石于表现多层次画面时多以平面透视，杨氏所识几幅即然，以中央大树表示屏墙在双阙之前。从今河南等地出土的许多画像砖、石，可见到更明显的树、屏同出之图。《河南汉代画像砖》四八《宫阙》上有常青树三株，中为门楼，下（即其前）有单檐双阙，阙间有建筑物，上层盖屋，瓦楞清晰，下是门形框架，上有网格斜纹，或还雕有云气虫兽，盖小而不显，此当即外屏，有雕饰者为屏的木构部分，有二人行至屏前。从屏墙脚略低于阙柱底，可见屏在阙前。不过，多数往往画树而省屏。如《河南汉代画像砖》四五《宫阙》有树一株，阙间无屏。一〇三《双凤阙》两边四重檐凤阙，中一株大常青树，其顶竟达阙之三重檐。一四四《门亭长等》，中层为双阙与三门吏，上下层为十株常青树（还有一间层）。也有无树而画屏者，如四七《宫阙》。要之，汉代的外屏已有木构部分或纯木构，上雕刻罘罳。

二、双阙曲阁。

《汉书·文帝纪》：“未央宫东阙罘罳灾。”颜师古注：“罘罳谓连阙曲阁也，似覆重刻垣墉之处，其形罘罳然。一曰屏也。”《三辅黄图》卷二记汉武帝时建章宫正门阊阖门前有“左凤阙，高二十五丈。右神明台，门内北起别风阙，高五十丈，对峙井干楼，高五十丈，辇道相属焉，连阁皆有罘罳。”其注云：“连阁，曲阁也。以覆重刻垣墉屏翳之处，画以云气鸟兽，其形罘罳然。”此为颜氏所本。《汉书·佞幸传·董贤》：“外为徼道，周垣数里，门阙罘罳甚盛。”汉桓宽《盐铁论·散不足》：“今富者，积土成山……中者祠堂屏阁，垣阙罘罳。”汉阙用于宫殿、城门、墓葬等建筑区群，基本形制似柱状高台上的重檐亭楼，人不可登（参第189条），是体现封建礼仪的装饰性独立建筑物，因而饰以罘罳最宜。一般见于两种部位。一是在曲阁，即连接阙、楼等建筑物的楣梁。上举未央宫东阙的连阁，凤阙、神明台、井幹楼等的连阁均有罘罳。又，《河南汉代画像砖》一五〇《宫阙》也属此。图中，一对直柱形单檐高阙巍峨挺立，阙间有长衣卫士交戟伫立。阙之屋檐下有宽阔梁墙相连，此即连阁，其墙上网格形雕饰灼然可睹。《四川汉代画像砖》九〇、九一两《凤阙》图，阙间皆有连阁：其屋盖下有斜格形罘罳，上栖一凤。另一种是在阙上，郑玄注所谓“如今阙上为之”，多在阙楼的重檐之间作网格形窗棂。上举《汉书·佞幸传·董贤》、《盐铁论·散不足》句皆为阙罘罳。又，《河南汉代画像砖》中二二一至二二三图诸凤阙、二四九《轺车·门吏·对饮阙》，皆属此，后者底檐下也有之。而一〇三《双凤阙》，双阙有四层重檐，重檐间有栏杆回护，上刻鸣叫的双鸟，更可证郑玄"刻之为云气虫兽"之说。《四川汉代画像石》中荥经《石棺双阙》，两檐下做两种罘罳：下为网格形，上为连环形。虽然画图不能表现罘罳制作质料，但从屏之罘罳是木构、阙罘罳易发生火灾、上可刻镂云气虫兽、凡阁必是木构等方面看，双阙、连阁之罘罳也必是木构部分。

三、角楼。

上古至秦汉，城墙与宫殿的四角设角楼，用于瞭望、戒备。《周礼·考工记·匠人》："宫隅之制七雉，城隅之制九雉。"郑玄注："宫隅、城隅谓角浮思也。"朱骏声曰："屏上覆屏之屋为罘罳，故城隅及阙上之小楼亦曰浮思。"(《说文通训定声·鼎部》"屏"字)小楼是木构建筑，上雕刻罘罳当更为方便。实例可据山东沂南北寨村汉画像石著名的"日"字形住宅图。杨宽云："在整座祠堂北面墙垣的两端有两座高起的小角楼，小角楼的一面有网形图案，当即汉代的角罘罳。按例南面墙垣的两端也该有角罘罳，图上画漏了。"(杨书 143 页)

由上可见，汉代"罘罳"，皆指在小型建筑物的木构部分所雕镂网格纹为主的华饰，是这种华饰的通称。其中于外屏，不仅是用作屏上华饰之称，而且可径作屏称。这在语言上是代称之用；在名物上，正体现汉屏的特点，故自必成为汉屏的专称。然则汉、唐注家将"罘罳"径训作屏，并不误。

"罘罳"之名，并不玄奥。《释名·释宫室》："罘罳在门外。罘，复也；罳，思也。臣将入请事，于此复重思之也。"宋程大昌《雍录·罘罳》："罘罳者，镂木为之，其中疏通，可以透明，或为方空，或为连琐，其状扶疏，故曰罘罳。"按，二说合之方确。盖"罘"本指捕兔网。《晏子春秋·杂上》："结罘罔(网)，捆蒲苇。""罘"或作"罦"。宫阙上的假窗棂似罘之孔；而宫阙轰立于宫门前，使人至此肃然敬思，故称为"罘罳"，"思"连类而及加形旁(网)作"罳"。而所施对象，外屏、阙均是礼仪性独立建筑物，隅楼则高而显，也是使人敬畏的小型建筑物。故称"罘罳"者，正是雕饰的特点("罘")与礼仪特点("罳")准确、巧妙的结合。

"扆"得名于依。《释名·释床帐》："扆，倚也，在后所依倚也。"故或作"依"。扆是上古天子专用的礼仪性木屏，近于后世的屏风。其物通常高八尺，屏面绛色底，正方形，上绣十二(或九)斧头之形，象征帝王的威权，故又称"斧扆"、"黼扆"。屏下置两个托座，放置在户牖之间君座的背后。《说文·户部》："扆，户牖之中间谓之扆。"段玉裁注："凡室，户东牖西，户牖之中间是曰扆。"(按，段氏于"牖"下曰"牖东户西"。彼注是。)《仪礼·觐礼》："天子设斧依于户牖之间。"郑玄注："依，如今绨素屏风也。"《礼记·明堂位》："天子负斧依南鄉而立。"陆德明释文："依，本又作扆。"《荀子·儒效》："周公屏成王而及武王，履天子之籍，负扆而坐，诸侯趋走堂下。"汉王充《论衡·书虚》："户牖之间曰扆，南面之坐位也。负扆南面乡坐，扆在后也。"人臣由南而北趋进，一眼望见君王及其背后之扆，肃穆端敬之情油然而生，扆，实质上是显示帝王身份与威势的仪物。其制其名延于后世。南朝陈徐陵《又为梁贞阳侯答王太尉书》："未有居称扆座，行曰乘舆，遂无五尺之童，高谢千人之长。""扆座"、"乘舆"皆代称帝王。

《宋史·后妃传上·曹皇后》："或退朝稍晚，必自至屏扆候嘱。""屏扆"，画有斧形的木屏。

《释名·释床帐》："屏风，言可以屏障风也。"上古尚未有其物，唯天子专用的扆类此。但到战国时，屏风已见用于诸侯、大夫。《史记·孟尝君列传》："孟尝君待客坐语，而屏风后常有侍史，主记君所与客语。"据说荆轲刺秦王时，揪住秦王衣袖，秦王不知所措，其美人弹琴唱曰："三尺罗衣何不掣？四面屏风何不越？"遂使秦王悟逃（《太平御览》卷七〇一引《三秦记》）。从汉代起，墙垣式的内屏渐渐消失，轻巧而阻隔性能更好的屏风取而代之，文献中"屏风"、"屏障"、"屏帐"、"屏"遂频见。汉以后屏风更广泛进入宫殿、民居，不分尊卑上下皆可使用，逐渐取代了室内的土屏。之所以如此，盖以其具有超乎土屏的优点：

其一，实用性。

内屏设于门内近门处，仅是有限的障蔽作用（不能太高大），而且因是墙垣，颇占地。而屏风不仅可按需要起各种障蔽作用，而且可挡风、断隔，又不占室内面积。《艺文类聚》卷六九引东汉李尤《屏风铭》曰："雍阏风雅，雾露是抗。"谢承《后汉书》曰："郑弘为太尉时，举第五伦为司空，班次在下，每正朔朝见，弘曲躬自卑。上问，知其故，遂听置云母屏风，分隔其间。"《吴录》："景帝时，纪亮为尚书令，子骘为中书令，每朝会，诏以御屏风隔其座焉。"《太平御览》卷七〇一引《续晋阳秋》曰："何无忌母，刘牢之姊。无忌与宋高祖谋夜于屏风中判檄文，母登屏风窥之，大喜曰：'汝能如此，吾雠雪矣。'"屏风上可书文作画。《太平御览》卷七〇一引《邺中记》曰："石虎作金银钮屈膝屏风，衣以白缣，画义士仙人禽兽之像，赞者皆三十二言。"又，《艺文类聚》卷六九引《三辅决录》曰："何敞为汝南太守，章帝南巡过郡，有雕镂屏风为帝设之。"还可挂置什物。《太平御览》卷七〇一引《宋书》曰："王琨俭于财用……盐豉姜菜之属并挂屏风。"

其二，灵活性。

内屏是近门处固定的墙垣，形制单调。屏风则极为自由、灵活，可大可小，可高可低，可张可闭。《艺文类聚》卷六九引东汉李尤《屏风铭》曰："舍则潜避，用则设张，立必端直，处必廉方。"正是对此灵活性的描写。屏风通常可分插屏、围屏两种。前者是单扇。马王堆一号汉墓出土有木胎彩绘漆插屏，呈矩形，高 62 厘米，屏髹漆，红漆底色上有几何形、菱形图案，红绿灰三色油彩绘云纹龙纹，游龙飞舞，瑰奇生动。后者是多扇，一般二至十二扇。《太平御览》卷七〇一引《东宫旧事》记皇太子纳妃有"织成连地屏风十四牒，铜环钮"。1966 年山西大同石家寨司马金龙墓出土漆画屏风，是后魏太和八年前的制品，五块屏架尚完好，还有柱础，经复原，是设于床头的四尺围屏。多扇之屏风可随意折叠。《太平御览》卷七〇一引《俗说》曰："荀妇大妒，恒在介子斋中，客来，便闭屏风。"因此，屏风可按需要施于宫室中任何部位。如座处。《太平御览》同上卷引《桓任别传》曰："任子亡，愍念之，为作象著屏风，置座边。"床头。《汉书·陈万年传》："咸（万年之子）睡，头触屏风。"上引《东宫旧事》曰："皇太子纳妃有床上屏风十二牒。"司马金龙墓出土屏风即用于床头。其置所适心随意，不能遍举。

其三，装饰性。

古之屏风通常用木板，或木架以蒙绢帛等高级丝织物为屏面，上饰彩绘，石、金属等坚硬物作为屏基。明文震亨以为“以大理石镶下座精细者为贵，次则祁阳石，又次则花蕊石”(《长物志》卷六)。围屏则有金属钮、屈戌(屈膝)，使之折合相连。从文献记载看，屏面，除木板、绢帛外，还有云母、琉璃、龟甲、石板等，白琉璃屏可“光冶洞沏”(《汉武旧事》)，紫琉璃屏使“户外视屏风若无”(《拾遗录》)。(以上皆见《太平御览》卷七〇一引。)屏之绘饰，上所举马王堆汉墓、北魏司马金龙墓皆是有较高水平的彩屏实物。1983年广州象岗山西汉南越王墓出土的一架铜柜架漆屏风，三尺余长，是今所见古代最大的髹漆插屏。传世的屏风，如清代紫禁城太和殿正中宝座上有雕龙髹金大椅，椅后即置雕龙髹金屏风。考究的屏风可谓价值连城。汉桓宽《盐铁论・散不足》:“故一杯棬用百人之力，一屏风就万人之功。”(“杯棬”，也作“桮棬”，一种木制的耳杯。)如此豪华的屏风置于宫室内当然主要起装饰作用，也可显示主人的崇高地位。

其四，适应性。

屏风虽大多是高雅、精巧之品，多为皇帝御用、达官享受，但也可制作简陋。《太平御览》卷七〇一引《魏书》曰:“太祖雅性节俭，帷帐屏风，坏则补纳。”《晋书》曰:“吴隐之字处默，清贫，刘裕拜太常卿，以竹蓬为屏风，坐无毡席。”《魏志》曰:“太祖平柳城，班所获器物，特以素屏风、素凭几赐毛玠。”可见屏风也可适应贫贱俭朴者的需要。于是屏风从汉代起进入千家万户，成为古代宫室内主要家具之一。今犹流行。

参考文献

[1] 杨宽:《中国古代陵寝制度史研究》，上海古籍出版社，1985年2月。
[2] 刘志远等:《四川汉代画像砖与汉代社会》，文物出版社，1983年12月。
[3] [明]文震亨撰、陈植校注:《长物志校注》，江苏科技出版社，1984年3月。
[4] 周到、吕品、汤文兴:《河南汉代画像砖》，上海人民美术出版社，1985年4月。
[5] 高文:《四川汉代画像石》，巴蜀书社，1987年2月。
[6] 高文:《四川汉代画像砖》，上海人民美术出版社，1987年2月。
[7] 汪莱茵:《古代的屏风》，载《古代礼制风俗漫谈》(二集)，中华书局，1986年4月。
[8] 杨鸿勋:《西周岐邑建筑遗址初步考察》，载《建筑考古学论文集》，文物出版社，1987年4月。
[9] 傅熹年:《陕西岐山凤雏西周建筑遗址初探》，《文物》1981年第1期。

205. 帷(帏)·幕·幔·幄(屋)·帐(张)

“帷”，室无顶帐，或由上悬垂，或立支架铺展，也可用于野外。“幕”，由上垂下的有顶大帐，多用于野外暂居，也可用于室内。“幔”，连续设置或地面容积较大、专为掩覆某物的帷帐。“幄”，房屋形小帷帐。“帐”，秦以后各种有顶帷帐的通称，常用为军帐、堂帐、坐帐、宴帐、寝帐、神帐、丧帐等。

【同义】

《广雅·释器》：“帷，帐也。”“幕，帐也。”“幔，帐也。”《说文·巾部》(大徐本)：“幔，幕也。”《玉篇·巾部》：“幄，帐也。”《史记·文帝本纪》：“令衣不得曳地，帏帐不得文绣。”“帏”同“帷”。《东观汉记》卷八：“更始至长安，居东宫，钟鼓帷帐，宫人数千。”《史记·主父偃列传》：“女子纺绩，不足于帷幕。”《太史公自序》：“运筹帷幄之中。”《后汉书·董卓传》：“公卿以下祖道于横门外，卓施帐幔饮设。”《臧洪传》：“绍(袁绍)盛帷幔，大会诸将见洪。”《宣秉传》：“帝常幸其府舍……即赐布帛帐帷什物。”《宋史·宦者传一·窦神宝》：“破其堡砦，焚帐幕，获人畜数万计。”“帏帐、帷帐、帷幕、帷幄、帐幔、帷幔、帐帷、帐幕”等皆同义连用，泛指帷帐、帐幕之类室内装饰物。

【辨释】

从春秋至唐以前，帷帐、帷幕一直是宫室内的主要实用性装饰。室内帷帐的盛行，莫过于此历史阶段，乃是适应当时宫室建筑特点与水平的结果。盖宫室，尤其帝王、豪门的宫室，前半是高大的殿堂，后半是居室。堂下是露天的中庭，堂前是楹柱，虽一般有廊庑，也是有柱而无墙壁门窗。殿堂两侧墙壁皆有小门、窗棂，室后也有北门、北窗，窗无扇而不可开闭。于是，需要一种灵便的装饰物，既不妨碍宫室的采光、通风，又可防雨雪、御风寒、挡蚊蝇。唯帷帐才能足其用。同时，堂室内为各种临时性分隔也需要利用帷帐。因此，帷帐应运而起，久为盛行。唐后，随着宫室建筑，包括门窗水平的进一步提高，帷帐的设置才渐趋减少。但犹不绝于世。

“帷”或作“帏”，如上引《史记·文帝本纪》句中的“帏帐”，《汉书·文帝纪赞》正作“帷帐”。“帏”与“围”同声源。《释名·释床帐》：“帷，围也，所以自障围也。”本指座车两旁可围蔽的帷幔。《说文·巾部》：“在旁曰帷。”《诗·卫风·氓》：“淇水汤汤，渐车帷裳。”《三国志·魏志·庞淯传》：“淯母娥自伤父雠不报，乃帏车袖剑，白日刺寿于都亭前。”进而指宫室的帷帐。帷的作用是：一面隔开或四面围蔽。早在西周已流行。《周礼·天官·掌舍》：“为帷宫，设旌门。”郑玄注：“谓王行昼止有所展肆，若食、息，张帷为宫。”即天子外行时用帷围隔成便于就食与休息的临时宫室，此谓“帷宫”。主要用于室内。有两种用法。一种是悬挂式。从洛阳出土北魏画像石的一些图像看，帷是挂于楹柱之内、额（楣）之后。辽宁辽阳汉墓壁画，有一幅就餐图，其中褒衣宽袖者二人坐于设屏风之榻，其穿礼服者前列有五只耳杯之食案，三人进食，一人打扇，屏榻之上、梁栋下所垂，也是悬挂式的帷，图中已打结收起，大约为进食出入之便。《河南汉代画像砖》二五〇《对饮》图中之帷亦此式。另一种是铺展式，在地上用支架，按需要铺展，一如活动的内壁，将室内空间临时分隔。山东沂南汉墓室画像石中的帷即属此式，帷中有人切菜、取酒、送菜。文献中后一式较多。《史记·项羽本纪》：“遂入，披帷西向立，瞋目视项王。”项王设宴于围帷之内。《汉书·董仲舒传》：“董仲舒为博士，下帷讲诵，弟子以次相授，或莫见其面，三年不窥舍园。”《后汉书·刘玄传》：“更始……遂委政于萌（赵萌），日夜与妇人饮宴后庭，群臣欲言事，辄醉不能见，时不得已，乃令侍中坐帷内与语。”《东观汉记》卷十七：“兵众大恐，各欲亡去，奂（张奂）安坐帷中，与弟子诵书自若。”《太平御览》卷七〇〇引《晋阳春秋》曰：“武帝令曰：‘殿前织成帷，不须施也。’”晋潘岳《悼亡赋》：“入空室兮望灵座，帷飘飘兮灯荧荧。”

有一种流行之说：“帷、帏”虽本为一字，但后来床上的帐子称“帏”，于是与“帷”分了工，床上帐子就不可作“帷”。按，此说乃非。《古诗十九首·明月何皎皎》：“明月何皎皎，照我罗床帏。”用“帏”。但唐李白《春思》诗：“春风不相识，何事入罗帷。”却用“帷”（据瞿兑园、朱金城《李白集校注》）。此处并无异文。故应如此说明二字的关系：“帷”是帷帐义的正字，通贯古今；魏晋前，有时作“帏”，魏晋后“帏”专指床帐，不指帷帐，而有时也用“帷”表示床帐。

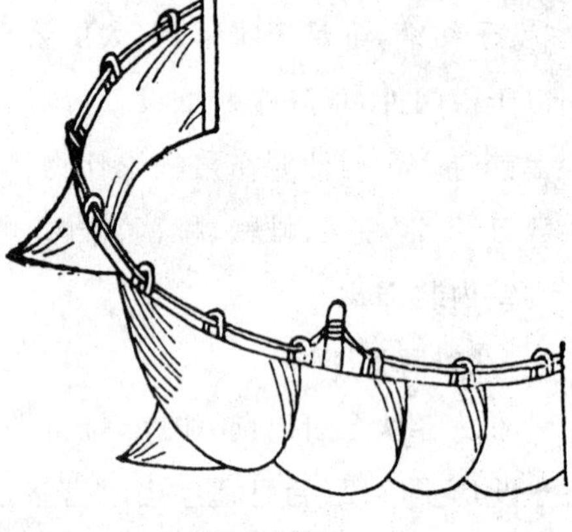

汉代围帷

《周礼·天官·幕人》：“幕人掌帷、幕、幄……之事。”郑玄注：“在旁曰帷，在上曰幕。幕或在地，展陈于上。”《说文》训同。故幕实是张在上面而下垂的有顶帷，大都用于室外，特别是野战、田猎。《左传·成公十六年》：“楚子登巢车以望晋军……张幕矣……彻幕矣，曰：‘将发命也。’”《庄公二十八年》：“楚幕有乌，乃止。”其“幕”也指张设的营幕。《周礼·天官·掌次》：“师田，则张幕。”贾公彦疏：“言师田者，谓出师征伐及田猎。”《左传·哀公二年》：“宵攻郑师，取蠭旗于子姚之幕下。”《战国策·魏策一》：“乐羊为魏将而攻中山。其子在中山，中山之君烹其子而遗之羹，乐羊坐于幕下而啜之，尽一盃（杯）。”唐韩愈《送温处士赴河阳军序》：“大夫乌公以铁钺镇河阳之三月，以石生为才，以礼为罗，罗而致之幕下。”皆是军幕。幕也用于室内，君王的御座前往往垂幕。《穀梁传·定公十年》：“齐人使优施舞于鲁君之幕下。”堂前也垂幕。《左传·襄公二十九年》：“夫子之在此也，犹燕之巢于幕上，君又在殡，而可以乐乎？”其时堂前垂幕，故有此喻。室内幕与帷的悬挂式相似，但幕皆有顶。《楚辞·招魂》："离榭脩幕。"王逸注："幕，大帐也。"可作室内分隔之用。《晋书·郗超传》："谢安与王坦之尝诣温论事，温令超帐中卧听之，风动帐开，安笑曰：'郗生可谓入幕之宾矣。'"可张幕为殿堂。《宋史·舆服志六》："郊坛不得建，斋宫惟设幕屋而已，其制架木而以苇为障，上下四旁，周以幄帟，以象宫室，谓之幕殿。""幕"，后世常构用为一些称谓词。将帅的营帐或衙署，总称"幕府"。《史记·李将军列传》："大将军使长史急责广（李广）之幕府对簿。"唐杜甫《宿府》诗："清秋幕府井梧寒。"也径称"幕"。唐岑参《登北庭北楼呈幕中诸公》诗："幸得趋幕中，托身厕群才。"上举《晋书·郗超传》"入幕之宾"之"幕"是双关，也指称幕府。幕府中的僚属称"幕僚"。《宋史·颜衎传》："藩镇幕僚，勿得任台官。"幕的实物，今也有发现。1965年四川成都百花潭战国铜壶的嵌错纹饰，有一图，中有半圆形大帐，帐中有一细柱撑顶，顶有柱头，帐中六人，持弓、饮酒。下部有雁五只。此正是野外田猎之幕。1974年河北中山王墓出土一圆形帐顶，呈蘑菇状，四周约有十六只圆环，与百花潭铜壶柱顶相似。以上皆可称"幕"。

由此可见，幕之特征，一是由上垂下。今所称幕，亦然。二是巍巍而大。一些旧注已明训"幕，大帐"（上引王逸注），"幕大而幄小"（《左传·昭公十三年》孔颖达疏）。三是有顶，即由幕构成封闭的空间。以此三点可与帷等相别。若堂前幕，近于帷，但异于帷者，有顶而大。君王御座之幕、军帅之营幕等必是大帐，出土的图与遗物也表明野外田猎帐幕皆是大物。唯此，有"幕府"、"幕僚"等称，而"帷、幄、帐"等却无此用法。要之，"幕"指由上垂下的有顶大帐，多用于野外，也可用于室内。

"幔"与"幕"声义最为相近。《说文》以"幕"训"幔"（文首引），《集韵·去翰》亦同。"曼"、"幕"一声之转。《汉书·西域传上·罽宾国》："以金银为钱，文为骑马，幕为人面。"幕即钱背。颜师古注："幕即漫耳……亦谓其平面而无文也。"《文选·左思〈魏都赋〉》："茸墙幕室。"刘良注："幕，墁也。"但"幔"与"幕"也有微别。《释名·释床帐》："幔，漫也，漫漫相连缀之言也。"漫有连缀意，则幔者，突出帐幕之连续而多，所围之地面容积较大（幕是空间大）。《后汉书·皇甫嵩传》："嵩温卹（恤）士卒，甚得众情，每军行顿止，须营幔修立，然后就舍帐。军士皆食，己乃尝饭。""营幔"，指众多的营帐。下句指自己之"舍帐"，遂不称"幔"。《太平御览》卷六九九引《秦记》曰："苻坚……得《周官音义》，乃就家立讲堂，书生百余人，隔绛纱幔而授业焉。""幔"者漫也，漫有掩覆义。《广雅·释诂二》："幔，覆也。"故幔的另一特点是必有意掩覆某物。上举营幔、纱幔专为掩容士卒、书生。常用指车幔、船幔。《太平御览》卷六九九引《军令》曰："战时皆取舡（船）上布幔、布衣渍水中，积聚之贼有炬火、火箭以掩灭之。"《陆机别传》曰："机梦黑幔绕车，手决不开，至明见诛。"皆可见幔之紧掩特点。由此可见，"幔"指连续设置或地面容积较大、专为掩覆某物的帷帐。

"幄"，字从屋声，声兼义。《释名·释床帐》："幄，屋也，以帛衣板施之，形如屋也。"《周礼·天官·幕人》："掌帷、幕、幄……之事。"郑玄注："四合象宫室曰幄，王所居之帷也。"《左传·昭公十三年》："子产以幄幕九张行。"孔颖达疏："然则幕与幄异，幕大而幄小，幄在幕下张之。幄幕九张，盖九幄九幕也。”故幄是张于房屋形构架的小帷帐。先秦文献中，“幄幕”甚多，皆非同义连用。幄的形制，也可以从出土实物中索其初形。1975年山东长清岗战国墓出土帐钩37件，帐架的铜钩件，有12种27件，帐杆木制髹漆并施彩绘，所列两种复原方案皆是四坡顶的矩形帐架，就如同缩小的平屋（详见《山东长清岗战国墓》）。先秦贵族宫室中，幄极为普遍。《左传·哀公十四年》：“子我在幄，出逆之。”杜预注：“幄，帐也，听政之处。”又《昭公二十五年》：“公与昭子言于幄内。”《韩非子·十过》：“司马子反辞以心疾，共王驾而自往，入其幄中，闻酒臭而还。”秦后也有。汉王充《论衡·顺鼓》：“欲令人君高枕幄卧，以俟其时，无恻怛忧民之心。”《汉书·王莽传上》：“内者令为傅太后张幄，坐于太皇太后坐旁。”《后汉书·刘隆传》：“时显宗为东海公，年十二，在幄后。”《宋书·礼志一》：“致斋之朝，御太极殿幄坐。”《太平御览》卷七〇〇引杨泉《物理论》曰：“汉末黄门张让、段珪等于灵帝幄后相对泣，帝惊问：‘尚复几时哉？’于是大收诸党。”飨神、丧祭的帐也称“幄”（见下）。在某些引申用法中也可见其形迹。如称盖棺的小帐。《礼记·杂记》：“缁布裳帷，素锦以为屋而行。”车盖。《史记·项羽本纪》：“纪信乘黄屋车。”“屋”即“幄”。其共同形制皆是矩形，似小屋室。幄是房屋形小帷帐。

“帐”，也作“张”。《史记·高帝本纪》：“高祖复留止，张饮三日。”裴骃集解引张晏曰：“张，帷帐。”从声源看，“帐”应得义于“张”。《说文·巾部》：“帐，张也。”《释名·释床帐》训同。“帐”，先秦尚罕见。秦以后，“帐”（张）才逐渐盛行。其狭义指床帐（寝帐）。《释名·释床帐》：“帐，张也，张施于床上也。”广义则包括幄、幕。劳榦曰：“帐不限于床上，凡有顶的帷幕都可称为帐。”（卢兆荫文转引）要之，帐是各种有顶帷帐的通称。于是与无顶平展的“帷”对文而异，与作大帐的幕也可“区以别矣”。

帐的用途、类别很多。一、军帐。《史记·项羽本纪》：“项王则夜起饮帐中。”《汉书·周亚夫传》：“夜军中惊，内相攻击，扰乱至于帐下，亚夫坚卧不起，顷之复定。”《后汉书·申屠蟠传》：“及琼（黄琼）卒，归葬江夏，四方名豪会帐下者六七千人。”唐高适《燕歌行》：“战士军前半死生，美人帐下犹歌舞。”军帐多为半圆形。如甘肃嘉峪关三号墓所绘营垒军帐。二、堂帐。如帝、后治政的武帐（以置五兵之阑架而得名）。《史记·汲郑列传》：“上尝坐武帐中，黯前奏事，上不冠，望见黯，避帐中，使人可其奏。”《汉书·霍光传》：“太后被珠襦盛服坐武帐中。”《太平御览》卷六九九引《晋令》曰：“元帝时有奏太极殿施绛帐，帝诏曰：‘汉文以上书皂囊为帷。……’”堂帐常作讲学之所。《太平御览》卷六九九引《马融别传》曰：“融为通儒……常坐高堂施绛纱帐，前授生徒，后列女乐。”三、宴帐。一般也呈矩形。河南打虎亭二号汉墓的壁画《百戏图》，就有红地黑花的长方形帐，帐前有大案，上置杯盘，案旁坐二人。案前绘百戏图像，两边各绘一排跽坐席上之人，席前也有杯盘。四川新津出土《宴饮》汉画像砖，所设也是宴帐。文献中更习见。《史记·魏其武安侯列传》：“夜洒埽，早帐具至旦。”“帐具”，设帷帐与膳具。《晋书·石崇传》：“崇有别馆，在河阳之金谷……送者倾都，帐饮于此焉。”南朝梁江淹《别赋》：“帐饮东都，送客金谷。”谓设帐于城门外饯行。四、坐帐。一般“形如覆斗”。内蒙古和林格尔汉墓、河南打虎亭一号汉墓、辽宁上王家村晋墓等壁画像中，均能见到这种平时家居用的简朴斗帐。《后汉书·列女传·袁隗妻》记其妻初嫁，袁隗多番问难，新妇应答如流，富有才辩，“隗默然，不能屈。帐外听者为惭”。《太平御览》卷六九九引《拾遗录》曰：“蜀先主甘后坐于白绡帐中，于外望之，如月下聚雪。”《幽明录》曰：“翁坐斗帐，裹四角及顶上各有一大珠。”《宋史·范纯仁传》：“昼夜肄业，至夜分不寝，置灯帐中，帐顶如墨色。”皆为坐帐。五、寝帐。《太平御览》卷六九九引《语林》曰：“刘植诣石崇，如厕，见有绛文帐大床，茵褥甚丽。”唐元稹《秋相望》诗：“炉暗灯光短，床空帐影深。”贺知章《奉和圣制送张说巡边》诗：“帐宿伊川右，钲传晋苑东。”六、飨神帐、丧帐。据说合祭先祖时，高祖所用飨神之帐以绣帛为之，“帐中坐，长一丈，广六尺，绣裀厚一尺，著之以絮重四百斤”（见孙星衍辑《汉官六种·（汉）卫宏〈汉旧仪补遗〉》卷下）。《太平御览》卷六九九引《汉武故事》曰：“上以琉璃珠玉、明月夜光杂错，天下珍宝为甲帐，其次为乙帐，甲以居神，乙以自居。”丧帐是内用竹席而不用床。《后汉书·礼仪志下》：“巾门，丧帐皆以簟。”

“帐”之称室内装饰，其用广于“帷、幄、幕、幔”，表明其物其名最有生命力。即便隋唐后，宫室的挡风防雨能力提高，幕幄等日趋减少，但帐却有增无减，直至今日。

参考文献

[1] [东汉]刘珍等撰、吴树平校注：《东观汉记校注》，中州古籍出版社，1987 年 3 月。
[2] 林剑鸣等：《秦汉社会文明》，西北大学出版社，1985 年 9 月。
[3] 卢兆荫：《汉魏时期的帷帐》，《考古》1984 年第 5 期。
[4]《山东长清岗战国墓》，《考古》1980 年第 4 期。

206．薄（箔）·簾·幌（榥）

“薄”，上古、秦汉门窗帘通称。“簾”，秦以后竹、布帛所制、用在堂内门、侧门的门帘；后也作窗帘，遂成帘子总称。“幌”，布帛制的窗帘；可代称窗。

【同义】

《集韵·入铎》：“箔，簾也。”《梁书·儒林传·范缜》：“随风而坠，自有拂簾幌坠于茵席之上。”“簾幌”，门窗遮蔽物。唐李商隐《碧城》诗之三：“七夕来时先有期，洞房簾箔至今垂。”“簾箔”，指门帘。皆为同义连用。

【辨释】

宫室的内门、侧门，平时要经常出入；宋以前相当长一个历史时期，外窗没有扉，固定而不可开合，窗棂格也不贴绢、纸而内外相通，因此室内安设门窗帘比现在更为需要。

“薄”，后多作“箔”。朱骏声曰：“（簾）亦曰薄，今作箔。”（《说文通训定声·谦部》“簾”字）“薄”，本指草木错杂。《楚辞·九章·涉江》：“露申辛夷，死林薄兮。”王逸注：“丛木曰林，草木交错曰薄。”引申为不厚，多指金属薄片，如金箔、锡箔。《南齐书·高帝纪上》：“不得以金银为箔，马乘具不得金银度。”又引申为门窗帘，是上古、秦汉门窗帘的通称。《庄子·达生》：“有张毅者，高门悬薄，无不走也。”成玄英疏：“高门，富贵之家也；悬薄，垂簾也。”《左传·僖公二十三年》：“（重耳）及曹，曹共公闻其骈胁，欲观其裸。浴，薄而观之。”谓设帘以窥。《礼记·曲礼上》：“帷薄之外不趋。”陆德明释文：“帷，帷幔也。薄，簾也。”“帷、薄”皆作隔内外之用，故后婉称淫乱无度者为“帷薄不修”。《汉书·贾谊传》：“古者大臣……坐污秽淫乱、男女亡（无）别者，不曰污秽，曰‘帷薄不修’。”汉后亦或承古而用。《文选·任昉〈奏弹刘整刘寅妻范诉状〉》：“（刘整）忽至户前，隔箔攘拳大骂。”唐白居易《长恨歌》：“揽衣推枕起徘徊，珠箔银屏迤逦开。”“珠箔”，珠饰之帘。但“薄”之门窗帘义主要用于上古、秦汉。秦汉后，主要专用指蚕薄，即蚕帘，用细竹苇编成方四丈的养蚕帘席，可卷舒。北魏贾思勰《齐民要术五·种桑柘》：“比至再眠，常须三箔，中箔上安蚕。上下空置。”常与“曲”连用。《史记·绛侯周勃世家》：“勃以织薄曲为生。”司马贞索隐引韦昭云“北方谓薄为曲”，引许慎注《淮南子》曰：“曲，苇薄也。”

“簾”，用于秦以后，字从竹、廉，廉亦声。“廉”本义是指堂的侧边。《汉书·贾谊传》：“廉远地，则堂高。”颜师古注：“廉，侧隅也。”代称堂。从竹，析竹而编。故“簾”是堂上遮掩门户的竹帘。古代宫室的建制是前堂后室。从中庭经涂道上台阶，即是“升堂”。堂前只有楹柱，而无墙壁，当然无窗无门，楹柱后欲遮挡风雨，通常是挂帷幕。于是，堂上竹帘只能用于堂上的小门、侧门，包括通各后室之门，诸门皆是单扇的“户”。故精确而言，簾是堂室内门、侧门（即户）用的遮掩物。《太平御览》卷七〇〇引《声类》曰：“簾，户蔽也。”《通俗文》曰：“户帏曰簾。”《说文·竹部》：“簾，堂簾也。”朱骏声云：“缕竹为之，施于堂户，所以隔风日而通明者也。”（《说文通训定声·谦部》“簾”字）也可用布帛为之。秦以后文献，“簾”字习见。《汉书·外戚传下·孝成赵皇后》：“严持篋书，置饰室簾南去。”《太平御览》卷七〇〇引《齐书》曰：“沈麟士字云祯，有高尚之心，居贫织簾、诵书，号为织簾先生。”唐张若虚《春江花月夜》诗：“玉户簾中卷不去，捣衣砧上拂还来。”李商隐《烧香曲》：“玉珮呵光铜照昏，簾波日暮冲斜门。”盖簾以细竹丝编连，迎风摇曳，宛似波纹。旧所谓“垂簾听政”，乃指女主临朝秉政，座前悬簾以别内外。《旧唐书·高宗纪下》：“自诛上官仪后，上每视朝，天后垂簾于御座后，政事大小皆预闻之。”故归政叫“撤簾”。

“簾”本用于门，但后也用作窗帘。唐卢仝《楼上女儿曲》：“谁家女儿楼上去，指挥婢子挂簾钩。”南朝梁刘孝绰《望月有所思》诗：“幢胧入床簟，髣髴鉴窗簾。簾萤隐光息，簾虫映光织。”唐白居易《葺池上旧亭》诗：“向暖窗户开，迎寒簾幕合。”还可用于他处。如宋孟元老《东京梦华录·公主出降》记公主乘的“担子（轿子）”：“约高五尺许，深八尺，阔四尺许，内容六人，四维垂绣额珠簾，白藤间花。”“簾”（今简作“帘”），是帘子的总称。

“幌”专指布帛制作的窗帘，不指门帘。《玉篇·巾部》：“幌，帷幔也。”《文选·张协〈七命〉》：“重殿迭起，交绮对幌。”李善注引《文字集略》曰：“幌，以帛明牕（窗）也。”《太平御览》卷六九九引《邺中记》曰：“石虎太武殿西有崑华殿，阁上辄开大牕，皆绛纱幌。”《晋书·张协传》作“榥”。南朝梁简文帝《初秋》诗：“卷幌通河色，开窗引月辉。”南朝齐孔稚珪《北山移文》：“宜扃岫幌，掩云关，敛轻雾，藏鸣湍。”（“扃”，关闭。“岫”，岍。）“幌”，由窗帘而代称窗。首句指关上山窗。唐杜甫《月夜》诗：“何时倚虚幌，双照泪痕干？”元稹《景申秋》诗之二：“蚊幌雨来卷，烛蛾灯上稀。”引申为挂在店门前招徕顾客的酒旗（参第48条）。

207. 几(机)·案·阁

在席地而坐时期，有几种形制相似、置于座旁的生活用具。“几”，凭几，人凭倚以省疲劳；又作狭长板面、矮足支撑的小型家具总称，可称俎、书阁等。“案”，置于人前、高长于凭依之几，供人披览、书写或劳作；当有了桌后，又可指称桌。“案”还可指放食器的托盘。“阁”，上古、秦汉席间用作暂贮食物的小食柜；至唐代，食阁淘汰，遂常指书架。

【同义】

《说文·木部》：“案，几属。”《玉篇·几部》：“几，案也。”《南齐书·刘善明传》：“床榻几案，不加划削。”“几案”泛指小桌。《魏书·朱元旭传》：“元旭颇涉子史，开解几案。”几案用以放文牍。此同义连用，唐韦应物《燕居即事》诗：“几阁积群书，时来北窗阅。”几阁皆用以置书。

【辨释】

隋唐以前，席地而坐，姿式如跪，臀部落于脚跟，谓之“坐”；伸腰及股，挺直膝盖以上之身，谓之“跪”；长跪肃恭之姿，谓之“跽”；臀部着于地，弯伸下肢，谓之“箕踞”，此是不敬侮慢姿式。无论何式，持久必疲，故为减省疲劳，往往于席位后设置低矮的依凭之具，谓之“几”。“几”或作“机”。《玉篇》于“几”字曰：“或作机。”《左传·襄公十年》：“知伯怒，投之以机。”陆德明释文：“机，本又作几，同。”《仪礼·有司》：“主人降受宰几。”郑玄注：“几，所以坐安体。”《书·顾介》：“王……凭玉几。”成王病笃，顾命时须凭几方能安坐。《庄子·徐无鬼》：“南伯子綦隐几而坐。”陆德明释文：“隐，凭也。”谓南伯凭几凝思如假寐。《史记·礼书》：“疏房床第几席，所以养体也。”《宋书·庾登之传》：“备持箱囊几席之属，一物不具不坐。”

几的形制通常一如“几”字所示：面狭长、两端下承四足，整体似∏形。几的大小高度，据阮谌《三礼图》云：长五尺、高三尺、广二尺。孙诒让也以为近于轼高，约三尺（《周礼·春官·司几筵》正义）。《礼记·曾子问》孔疏及聂崇义《三礼图》引阮图并云高尺二寸。按，凭几适用之关键在于高度。几者，长短、宽狭可以各异，但高度必须适人凭倚。1956 年河南信阳长台关一号楚墓出土有木雕花几高 48 厘米。1958 年常德德山镇楚墓出土黑漆木几，高 34 厘米，约合周尺一尺半。1971 年长沙浏城桥一号墓出土黑漆几，通高 47 厘米，约合周尺二尺。1984 年江苏邗江姚庄 101 号西汉墓漆几，髹褐漆，细蹄足，几面长 74、宽

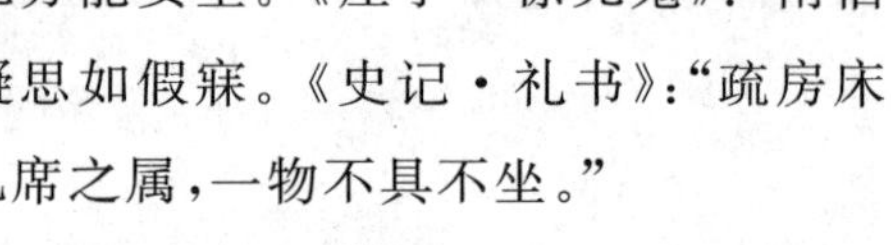

汉几

16、通高25厘米，约合周尺一尺二。从身验看，尺半至二尺是坐者凭倚适宜的高度。几一般设在人身后左侧，也可在身前。如阎立本画陈宣帝像，宣帝双手凭搁于胸前细长如车轼的短几。汉魏起，往往床榻上设长条形或几面窄曲、有三蹄形足的凭几，如南京象山七号晋墓出土的坐床和上置的曲几，几面呈曲磬形，下三短足。即使南北朝后，已遍用桌椅，几还是低矮的家具，如置茶具者为"茶几"。在席地而坐时期，设几须按礼制。《西京杂记》称汉制："天子玉几，冬加绨锦其上，谓之'绨几'。凡公侯皆竹木几，冬则细罽为囊以凭之。"设几又是一种敬老之礼。《礼记·曲礼上》："谋于长者，必操几杖以从之。"孔颖达疏："杖可以策身，几可以扶己，俱是养尊者之物。"《史记·孝文本纪》："吴王诈病不朝，就赐几杖。"《后汉书·郭伋传》："聘求耆德雄俊，设几杖之礼，朝夕与参政事。"在接待宾客时，常为老人设几座。《后汉书·申屠蟠传》："设几杖之坐。"

"几"不仅指称凭几，而且是狭长板面、矮足支撑的小型家具总称。可指载牲之俎。《说文》部首："且，所以荐也，从几，足有二横，一，其下地也……古文以为且，又以为几字。"《文选·张衡〈东京赋〉》："度室以几。"薛综注："几，俎也。"指放书的几阁。《释名·释床帐》："几，庪也，所以庪物也。"《文选·王僧达〈祭颜光禄文〉》："几牍谁炤。"李周翰注："几牍，谓平生披读典籍之处也。"即指置牍的书阁。文首引唐韦应物《燕居即事》诗"几阁"亦其例。

"案"，置于胸前，比凭几长而高，便于人伏于其上披览、书写或劳作。其物其名始见于汉代。山东沂南汉画像石中有类于今之炕桌的四足大案，还有上置四足长方形几的曲足方案。《汉书·郑崇传》："崇因执诏书案起。"颜师古注引李奇曰："持当受诏书案起也。"谓托案而起，恭承诏书。《资治通鉴·汉献帝建安十三年》："因拔刀斫前奏案，曰：'诸将吏敢复有言当迎操者，与此案同！'"《东观汉记·刘玄载记》："更始韩夫人尤嗜酒，每侍饮，见常侍奏事，辄怒曰：'帝方对我饮，正用此时持事来乎？'起抵破书案。"《北史·阳昭传》："（昭）学涉史传，尤闲案牍。""案牍"，案上之文牍。唐杜甫《题郑十八著作丈》诗："穷巷悄然车马绝，案头干死读书萤。"宋欧阳修《读书》诗："至哉天下乐，终日在书案。"由上可见，无论席地而坐或出现桌椅之后，凡"案"均主要指办公桌、书桌。唯后时桌板加宽、四足放长，且已有俗称"桌"。桌是伸长四足的案，故有了桌以后，"案"也可指称桌。清蒲松龄《聊斋志异·促织》："成妻纳钱案上，焚拜如前人。"此"案"即是供佛之桌。要之，南北朝前的"案"是几属，后世的"案"是桌，形制有异，而主要用途相同。

"案"还可指食案，一种盘盂之类食器，内盛碗盏，用来盛食、进食，以其与书案类似，故也称"案"。二者常易相混。按，食案有长方形四足和圆形三足两种，案四周有略高的拦水边沿，中间案面微低凹，足极细短，是一种有足浅腹的托盘。北京大葆台汉墓出土的卧鹿草叶纹鎏金髹漆食案，长二米、宽一米，是少见的大案。通常的食案长一米、宽半米，故可以挪放托举。《急就篇》卷三："椭杅槃（盘）案桮問盌。"颜师古注："无足曰盘，有足曰案，所以陈举食也。"《后汉书·逸民传·梁鸿》："每归，妻为具食，不敢于鸿前仰视，举案齐眉。"上古，有一种低矮而比眠床小的憩坐用具，类似榻床，也称"案"（参第208条）。食案、床案皆可称"案"，但不可称“几”。

“阁”,本指止门扉的长木橛。《说文·門部》训“所以止扉者”,古又称为“剡移”,其作用是防止门自阖和安全防卫。以其可使门止,引申之,“凡止而不行皆得谓之阁”,“横者可以庋物亦曰阁”(《说文·門部》“阁”段注)。若用于席间暂贮食物,便是食阁。《礼记·内则》:“大夫无秩膳,大夫七十而有阁。天子之阁,左达五,右达五。”郑玄注:“阁以板为之,庋食物也。”即用几块板合成 H 形木架,以暂搁食物。盖未使用桌椅前,用膳时盛食物的器皿集于食案,案置人前(就秦汉言)。而为优礼尊者或老人,往往特设常膳,以使耆尊者能随时取食,故需要阁,不食时器皿入阁,搁于一边。有时,二三宾友,对坐长饮,酒菜不必时时置于席前,需用时随手可取,则也需要庋藏之阁。食阁与食案皆有板面与足,用以盛放食物器皿,可自由挪动。其不同是:案低,阁高;案中食物是即时食用,阁是暂贮待用。尤当辨识者乃是阁与凭几之别。阁作“)-(”形,则形制似几,所别于几者:其兼作足的旁板高出于台面,且台面较几为短,故不可作凭倚用。如 1956 年河南信阳长台关一号楚墓与几同时出土有)-(形之食阁,台板长 45 厘米。长沙浏城桥一号墓也与几同时出土漆阁,长 36 厘米,高 37.5 厘米,台板长度 45 或 36 厘米,不能容两肱,人无法凭倚。此二形器具均是用于席间庋藏食物之食阁。但此两份发掘报告皆误“阁”为“几”,不妥(参沈文倬文)。今有关专书、辞书或以为“阁”指庖厨中的壁橱,或径解为“橱框”,或称为 H 形几,均欠妥。

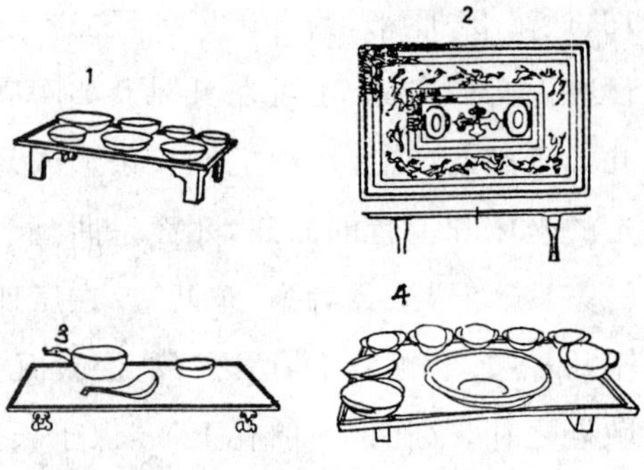

汉代食案

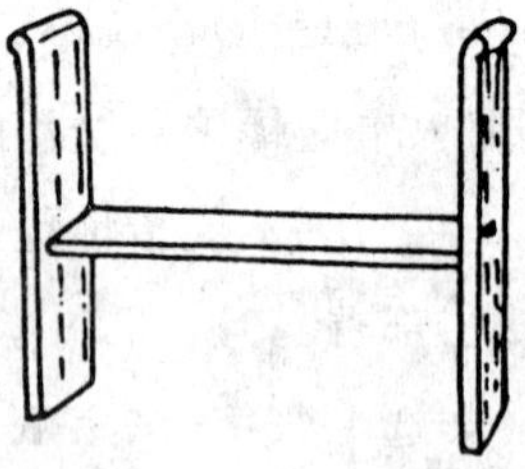
上古 H 形食阁

食阁随着桌椅的出现,即被淘汰。至唐代,“阁”常指称书阁,即庋藏书籍的书架。唐杜审言《和韦承庆过义阳公主山池》诗之一:“海燕巢书阁,山鸡舞画楼。”张说《送乔安邑备》诗:“书阁移年岁,文明难复辞。”文首引唐韦应物诗“几阁积群书”句,“阁”也指藏书之书架。

参考文献

[1] 林剑鸣等:《秦汉社会文明》,西北大学出版社,1985 年 9 月。
[2] [明]文震亨撰、陈植校注:《长物志校注》,江苏科技出版社,1984 年 3 月。
[3] 吕思勉:《中国制度史》,上海教育出版社,1985 年 5 月。
[4] 沈文倬:《几阁考》,载《中华文史论丛》1981 年第 3 辑,上海古籍出版社,1981 年 8 月。
[5]《长沙浏城桥一号墓》,《考古学报》1972 年第 1 期。
[6]《江苏邗江姚庄 101 号西汉墓》,《文物》1988 年第 2 期。

208. 床·枰·榻·案

在席地而坐时期,也有一些坐具。"案",上古坐床之称。"床",眠床;汉唐间除称眠床,又作坐床的通称。"枰",供一人独坐的方形短足小坐床,文献中却多称为"床"、"榻"。"榻",狭长低平的坐床兼眠床。"案",上古坐床专称。

【同义】

《说文·木部》:"牀,安身之几坐也。"《说文新附》:"榻,床也。"《广雅·释器》:"榻,枰也。"《周礼·天官·掌次》:"张幕设重帟、重案。"贾公彦疏:"案,谓床也。"

【辨释】

《初学记》卷二五引《通俗文》曰:"床三尺五曰榻,板独坐曰枰,八尺曰床。"床是较早出现的家具之一。河南信阳长台关战国楚墓曾出土一张漆木床,长2.18、宽1.99米,床足有六,高仅19厘米,四周有棂格形栏杆,床体施黑色髹漆。此为今所见最早的床。《诗·小雅·斯干》:"乃生男子,载寝之床。"《豳风·七月》:"十月,蟋蟀入我床下。"《史记·滑稽列传》:"共粉饰之,如嫁女床席,令女居其上,浮之河中。"唐杜甫《茅屋为秋风所破歌》:"床头屋漏无干处,雨脚如麻未断绝。"以上诸"床"与今无异,皆指眠床。但是,在使用椅子前的席地而坐时期,还有一种坐床。《孟子·万章上》:"舜在床琴。"("琴",弹琴。)《史记·郦生陆贾列传》:"郦生至,入谒,沛公方倨床使两女子洗足,而见郦生。"司马贞索隐引乐产云:"边床曰倨。"《后汉书·向栩传》:"(栩)常于灶北坐板床上,如是积久,板乃有膝踝足指之迹。"《太平御览》卷七〇六引《后汉书》曰:"薛淳为汉中太守,夏,但坐板床,不设席。"又引《晋书》曰:"齐献王攸特为文帝所宠爱,母见攸,辄抚床呼其小字曰:'此桃符坐也。'"乐府长诗《孔雀东南飞》:"堂上启阿母……阿母得闻之,椎床便大怒。"《宋书·庾炳之传》:"(炳之)性好洁,士大夫造之者去,未出户,辄令人拭席洗床。"上述诸例,从文意看,分明皆是坐床。如《孔雀东南飞》句,既是在堂上禀告阿母,则阿母理当坐听其言,听而致怒,堂上所陈断非眠床,所椎必是坐床。《宋书》例分明是叙与客交往之事,"拭席洗床",当也指坐床。席是坐席。其他诸例甚明显,不烦赘析。此种坐床,其足一般比榻高,其长度如《通俗文》所言有八尺长。东汉一尺约合今24厘米,则八尺为1.92米,足供一人之寝,上举长台关楚墓出土大床亦差近。可见,

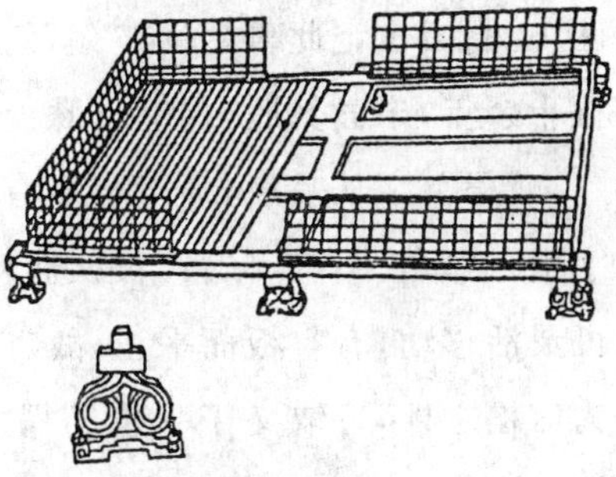

战国彩绘漆床

上古、汉唐期间，“床”是坐床与眠床之共称。《释名·释床帐》：“人所坐卧曰床，床，装也，所以自装载也。”床是坐卧兼用：置于内室可作眠床，陈于堂上可作坐床。而从坐床言，床还赅枰，故“床”是汉唐间坐床的通称。

《方言》第五：“所以投簙谓之枰，或谓之广平。”则“枰”本指方正的棋盘。《晋书·杜预传》：“时帝与中书令张华围棋，而预表适至。华推枰敛手。”喻指方形小坐具。《通俗文》称“床三尺五曰榻”。按东汉每尺约合今24厘米，可折合今84厘米，只可容一人之身，故析言当云“三尺五曰枰”。此是只能供一人独坐的方形短足小坐床。为人设枰，尤表礼敬。其物在汉代壁画、画像砖中习见。望都汉墓壁画中，一主簿、一主记史相对安坐，所坐即是容一人、正方形之枰。枰足甚短，呈矩尺形。大同北魏司马金龙墓木板漆画上的独坐枰也类此。此外，在辽宁辽阳棒台子汉墓壁画、山东嘉祥武梁祠画像石、甘肃嘉峪关东汉画像砖等处皆可见到类此之枰。但是，文献中，其物称“枰”者少见。或称“床”。《太平御览》卷七〇六引《晋书》曰：“（陶淡）年十五六，便绝谷，不婚娶。设小床常独坐，不与人共。”盛弘之《荆州记》曰：“长沙郡有贾谊所穿井旁扃脚石床，一床可容一人坐，其形古制。”（《水经注·湘水》也记此事）又称“榻”。《太平御览》同上卷引唐《高士传》曰：“管宁常坐一木榻，积五十余年，未尝箕股，榻上当膝处皆穿。”此实是独坐之枰，却以“榻”称。

独坐枰（望都汉墓）

“榻”，字从𦐇声，𦐇声字多有下低义，训诂家多训为“下”（参《说文通训定声·谦部》“榻”字引）《释名·释床帐》：“长狭而卑曰榻，言其榻然近地也。”可见榻低于大床。榻与枰一样，可灵活移动，有整板而平正，故《广雅·释器》：“榻，枰也。”王念孙疏证：“广平为博局之枰，榻为床榻之枰，皆取义于平也。”榻之小者为坐枰。《释名·释床帐》称：“小者曰独坐，主人无二，独所坐也。”榻通常是狭长低平的坐床兼眠床。《后汉书·徐稺传》：“蕃（陈蕃）在郡不接宾客，唯稺来特设一榻，去则悬之。”后“陈蕃下榻”成为尊礼贤者之典。《三国志·蜀志·简雍传》：“在先主坐席，犹箕踞倾倚，威仪不肃，自纵适，诸葛亮已下则独擅一榻，项枕卧语，无所为屈。”《太平御览》卷七〇六引《列仙传》曰：“脩羊公者，魏人也，止华阴山石室，有悬石榻，卧其上，石尽穿陷。”引《郭子》曰：“杜预拜镇南将军，朝士悉至，客皆在连榻，于稚舒后至曰：‘杜元凯复以连榻坐客，不坐便去。’”连榻或称“合榻”。《三国志·吴志·鲁肃传》：“（孙权）乃独引肃还，合榻对饮。”有论者谓此“榻”指案几，误。此是两榻相连无间，示孙权对鲁肃格外器重、亲密，故下文有“因密议”云云。无论供坐或供卧，皆低而近地，此是别于床的主要特征。后世称“榻”者，主要作睡榻，且稍高于汉魏之榻。

《说文·木部》：“案，几属。”此乃常称，然非其朔义。“案”，从木安声，声兼义，指安身之木座，即坐床。《周礼·天官·掌次》：“王大旅上帝，则张毡案，设皇邸。朝日、祀五帝，则张大次、小次，设重帟、重案。合诸侯亦如之。师田，则张幕，设重帟、重案。”（“大旅”，祭祀五帝：东方青帝，南方赤帝，中央黄帝，西方白帝，北方黑帝。“重帟”，幄中设承尘之类。“邸”，床后板。“朝日”，春分时拜日于东门外。）郑玄注：“以毡为床于幄中。”贾公彦疏：“案，谓床也。”孙诒让正义：“木部云：‘案，几属。’‘床，安身之几坐也。’按，对文则案与床异，散文则通。凡床以木为之，此注云‘以毡为床’者，言以毡覆床上为之，犹后床上覆重席，谓之重案也。”按，孙说有误。《说文》乃据汉俗而训。盖上古仰倚凭靠之几，至汉代而派生胸前之案，用作办公桌；汉代又盛行堂上之坐床，《说文》于“床”乃作为坐床而训。故即在汉代“案、床”也非属一对通别词。上古尚无胸前之案，床多作眠床，故二者更无散文、对文可言。此“案”确乎是上古坐床之称。盖凡祭祀朝覲之处必张大幄小幄，谓之“大次、小次”。天子侵晨至祭所而祭，必先时而往，故在祭坛之稍远处设大幄，以供止居。天子与群臣相接祭，宜在附近设小幄，供退俟宴息。合诸侯于坛亦如之。此系临时所设，分明为坐床。“设皇邸”，在床之后设置华饰之护板，犹如汉晋坐床之床头屏风。“案”用坐床之称，在上古文献不多见。盖彼时坐床尚为罕见之故。

“案”用作坐床之称仅见于上古。至汉代，由于出现了胸前之案、食案，“案”反而不可指称坐床。

参考文献

[1] 林剑鸣等：《秦汉社会文明》，西北大学出版社，1985 年 9 月。
[2] 瞿宣颖纂辑：《中国社会史料丛钞》，上海书店，1985 年 11 月。

209. 席(蓆)·筵·茵(鞇、絪)

“席”，各种席的总称，坐卧垫席通称；特指筵席上临时加铺的较短小坐席。“筵”，居室内直接铺于地面的较宽大垫席。设席、坐席有互相谦敬的一套礼节。“茵”，车中用草编或皮革、纺织物所作的坐席；扩大可称室内坐席、床褥、垫被等。

【同义】

《说文·竹部》：“筵，竹席也。”《诗·小雅·宾之初筵》：“宾之初筵，左右秩秩。”郑玄笺：“筵，席也。”《仪礼·士冠礼》：“主人之赞者，筵于东序。”郑玄注：“筵，布席也。”此作动词。《诗·大雅·行苇》：“肆筵设席。”“筵席”同义并举，泛指坐席。《韩非子·十过》：“四壁恶墀，茵席雕文。”“茵席”同义连用，泛指席垫，茵也指垫席。

【辨释】

“席”，也作“蓆”，是各种席的总称。其字，《说文》古文作𠩄，是直置矩形、中有曲纹之席的象形。更早，在仰韶文化一些遗址，如半坡、庙底沟等地出土的陶器上已见席纹，属于良渚文化的吴兴钱山漾遗址出土二百多件的竹编遗物中，也有竹席，篾条多经刮光加工，边缘用“辫子口”。可见，各种席子在原始社会就已是习见的日常生活用具。席通常用草、竹篾编织，也有毛皮制者。其用甚广。如用作门，贫者所居。《史记·陈丞相世家》：“(平)家乃负郭穷巷，以弊席为门。”用作帆。南朝宋谢灵运《游赤石进帆海》诗：“挂席拾海月。”用作车垫。《太平御览》卷七〇九引南朝梁吴均《齐春秋》曰：“刘琎……与故人共车于津阳，内见一女子容质甚丽，盻睐之，琎因抽坐席悬车中以隔绝之。”主要用作宫室坐卧垫物。是坐卧垫席通称。《玉篇·巾部》：“席，床席也。”《正字通·巾部》：“席，坐卧所藉也。”《太平御览》同上卷引《六韬》曰：“桀纣之时，妇人坐文绮之席，衣以纨绮之衣。”《西京杂记》曰：“昭阳殿设缘熊席，毛皆长一尺余，眠而奄毛自弊，望之者不能见也，坐则没膝其中。杂薰诸香，一坐此席，余香百日不歇也。”用作坐卧之席，常与簟按季节轮用。《艺文类聚》卷六九引《杂记》曰：“席为冬设，簟为夏施，揖让而坐，君子攸宜。”

席之为坐垫物，具有重要的礼仪特征。据礼经所载，上古坐席是长方形，长三尺三又三分之一寸。平居多人相聚，一席限容四人，即四个座位，称“席次”。不过，坐四人过于偪仄。到汉代，席已可大可小，正方、矩形，随心适意。长者居席的首位，称“席端”。若五人，则长者、尊者必居另一席，即为其设一专席。《艺文类聚》卷六九引《东观汉记》曰：“宣帝(当为‘秉’)建武元年拜御史中丞，上特诏御史中丞与司隶校尉、尚书令会同并专席而坐，故京师号曰三独坐。”合坐之席的首尊之位按席的置向而定。若东西设席（即席长边处于东西，下仿此），坐者南北相向，则西方为上。《史记·淮阴侯列传》记韩信俘获广武君后，“解其缚，东乡坐，西乡对，师事之”。“东乡”是坐西向东，“西乡”是坐东向西，可见，西方是尊位。若南北设席，坐者东西相向，则南方为上。东西设席居多（参《礼记·曲礼上》）。礼席则不同，如乡饮酒礼，宾席在牖前坐西北，介（陪宾者）则坐于西南，主人席在阼阶之上，坐东南，僎（辅主人者）则坐于东北（参《礼记·乡饮酒礼》）。若此，则以东为上，西为下。《仪礼·燕礼》：“降席下奠爵，再拜稽首。”郑玄注：“席下，席西也。”贾公彦疏：“宾与卿大夫席皆南面统于君，皆以东为上，故知席下为席西也。”接待宾客，按来客级别，而决定设几重席。天子五重，诸侯三重，大夫两重，此外皆单席。席上还有加席。客上阶升堂后，主人跪而正席，客跪而用手止重席辞谢，示谦欲去席，主人不从而固设，然后客入座，主人问客一路安否。若延请人来讲说，来听讲之客甚多，席与席间相隔一丈，即三席之地，以便讲说者指画。不过，汉代也已不拘此制，讲学之席按需而设。如《四川汉代画像砖》之《讲学》图，就有大小三席，各坐一、二、三学生，手捧竹简（书本），环坐恭听师者讲学，而师者尊坐榻上，上有挡灰的方格形承尘。若饮食、燕飨，则在室外牖（户西牖东）前南向坐客，相对布席。凡入席，长者在堂，侍者先脱屦于阶下；若长者在室，侍者方可着屦上堂。故一般皆要先脱屦而入席。脱时，要在阶边解屦头綦绳，以免妨碍他人升堂。入席时，两手提挈下裳，使下缉距地一尺，由下位而升至己位，即“毋踖席”（以上参《礼记·曲礼上》等篇）。此外，对于布席、坐席，古人还有许多严格的要求，如“父母舅姑将坐，奉席请何乡”（《礼记·内则》），即要请问父母公婆席将布于何向。而“奉席如桥衡”（《礼记·曲礼上》），即两手将席舒张时要左高右低（体现左尊右卑）。嫁出的女子归宁，兄弟不可与她同席而坐。孔子坚持“席不正，不坐”（《论语·乡党》）。即同席者应身份、情趣相近，否则离席、断席。南朝宋刘义庆《世说新语·德行》：“管宁、华歆……又尝同席读书，有乘轩冕过门者，宁读如故，歆废书出看，宁割席分坐，曰：‘子非吾友也。’”

席与席镇（《竹林七贤图》）

作为宫室内的坐席，析言之，与“筵”相对而别，此是“席”的狭义用法。《周礼·春官·序官》：“司几筵。”郑玄注：“筵亦席也。铺陈曰筵，藉之曰席。”贾公彦疏：“设席之法，先设者，皆言筵，后加者为席。”孙诒让正义：“筵长席短，筵铺陈于下，席在上，为人所坐藉。”谓古人席地而坐，径接身者为席。席下又有贴地之席，专称“筵”。“筵”从竹延声，延有引长义，则筵是贴地而铺较宽大的垫席。按周制筵长一丈六尺，席等于是筵上再加的短小坐垫。下铺之筵，有单层，有多层，多层称“重”，所谓天子席五重，诸侯席三重之类，皆指重筵而言；上铺的坐席称“加”，不称“重”。《周礼·春官·司几筵》曰：“凡大朝觐、大飨射，凡封国命诸侯，王位设黼依，依前南乡，设莞筵纷纯，加缫席画纯，加次席黼纯。”（“纯”，缘。“缫”通“藻”。）“大朝觐”，诸侯“会同”而向天子行朝觐之礼。“大飨射”，王将祭祀择士而射，并行宴飨，与策命诸侯于庙堂，此三者皆是大礼。是时，在庙室之堂前户牖间设绣有斧形的白黑屏扆（相当于后世小屏风），在屏扆前横设天子之席：用小蒲草编、组带为饰边之筵（数重）铺地，其上加五彩编纤细蒲蒻草、画云气纹饰边之席，再上加桃枝竹。（削竹按次第编成天然文线，故谓“次”。）编黑白斧形饰边之席（据孙诒让正义）。此“筵、席”对文而别。“筵”，也通称“席”，故“筵、席”常同义互用，如文首引《诗·大雅·行苇》句是单句中同义对举。又，南朝齐孔稚珪《北山移文》：“尔乃眉轩席次，袂耸筵上。”“席次”，即指“筵上”，此骈句对文同义，筵也泛指席。此为二词浑言而通。

唐代舞筵

“茵”，本作“因”，也是席的象形，以其草编，加“艸”，也作“絪、鞇”，显然以其用“糸”、“革”的不同（纺织物、皮革所制）而构新字。主要用作车中坐席。《诗·秦风·小戎》：“文茵畅毂。”毛传：“文茵，虎皮也。”陆德明释文：“文茵以虎皮为茵。茵，车席也。”《汉书·丙吉传》：“西曹地忍之，此不过汙丞相车茵耳。”《文选·潘岳〈西征赋〉》：“尔乃端策拂茵。”李善注：“茵，车中蓐也。”《史记·酷吏列传》：“（周阳由）俱在二千石列，同车未尝敢均茵伏。”裴骃集解引司马贞索隐：“茵，车蓐也。”（“伏”，代称车轼。）谓同级二千石大官与周同车，均畏慑而不敢与他并坐或握轼上下。可代称车。《文选·班固〈西都赋〉》：“乘茵步辇。”李善注引应劭《汉官仪》曰：“皇后婕妤乘辇，余皆以茵，四人舆以行。”扩大可指室内坐席。《韩诗外传》卷六：“遭齐君重鞇而坐，吾君单鞇而坐。”《晏子春秋·杂上》：“对曰：‘婴非君茵席之臣也，敢辞。’”汉傅毅《舞赋》：“陈茵席而设坐兮，溢金罍而列玉觞。”又可用为床褥、垫被。一般要与有关的词连用。《三国志·魏志·王烈传》：“更赐安车、衣被、茵蓐，以礼发遣。”晋葛洪《抱朴子·释滞》：“翠兰为絪床，绿叶为帏幙。”潘岳《悼亡诗》之三：“茵帱张故房。”“帱”，床帐。宋苏轼《赠章默》诗：“朝吟噎邻里，夜泪腐茵蓐。”此“蓐”即为褥，二字同义连用，泛指床褥。还可作为棺饰，遮棺的帷帐。《仪礼·既夕礼》：“加茵，用疏布。”郑玄注：“茵，所以藉棺者。”此类茵席较多以各种纺织物制成。

参考文献

[1] [清]孙诒让：《周礼正义》(第九册)，四部备要本。
[2] [汉]郑玄注、[唐]孔颖达疏：《礼记》，中华书局影印《十三经注疏》本上册。
[3] 高文：《四川汉代画像砖》，上海人民美术出版社，1987 年 2 月。
[4] [清]孙希旦：《礼记集解》(下册)，中华书局，1989 年 2 月。

210. 簟·箦·笫·衽(衽)

"簟",供睡寝的竹席通称,簟也可用芦苇等坚硬物编成,是床褥最上层的铺垫物。"箦(zé)",竹片编成的床板,也可指称竹席。"笫(zǐ)",床上各种铺垫物总称,常与"床"连用;也可单指一种铺垫物。"衽",泛指贴身的各种卧席(竹、草等席),也要与"席"连用。

【同义】

《说文·竹部》:"簟,竹席也。"《尔雅·释器》:"箦谓之笫。"《说文·竹部》:"笫,箦也。"《周礼·天官·玉府》:"掌王之燕衣服、衽席、床笫。""衽席"连言,"衽"也是席义。

【辨释】

《诗·小雅·斯干》:"下莞上簟,乃安斯寝。"郑玄笺:"竹苇曰簟。"孔颖达疏:"簟者以常铺在上,宜用坚物,故知竹簟也。""此下莞上簟,虽是与群臣燕乐之席,其室内寝卧衽席……亦当然也。"《礼记·内则》:"凡内外,鸡初鸣,咸盥漱,衣服,敛枕簟。"郑玄注:"簟,席之亲身也。"又《丧大记》:"君以簟席。"郑玄注:"簟,细苇席也。"《艺文类聚》卷六九引《东宫旧事》曰:"太子纳妃,有乌韬赤花双文簟。"《太平御览》卷七〇八引《西京杂记》曰:"武帝以象牙为簟,赐李大夫。"萧子显《齐书》曰:"林邑王永明九年遣使贡献金簟等物。"宋苏轼《玉堂栽花,周正孺有诗次韵》:"竹簟暑风招我老,玉堂花蕊为谁春?"("玉堂",宋时称翰林院,为学士草拟制诰的官署。)可见簟通常用竹篾编织,也可由芦苇、象牙、金丝等坚硬之物编成,是床上最贴身的垫物。"簟"是供睡寝的竹席通称。簟之粗者可用作车上席篷。《诗·齐风·载驱》:"载驱薄薄,簟茀朱鞹。"("茀",车蔽物。)毛传:"簟,方文席也。"

《说文·竹部》:"箦,床栈也。"《小尔雅·广服》:"箦,床笫也。"《左传·襄公二十七年》:"赵孟曰:'床笫之言,不踰阈。'"("阈",yù,门槛。)孔颖达疏引《尔雅·释器》云:"箦谓之笫。"《仪礼·士丧礼》:"床笫夷衾。"郑玄注:"笫,箦也。"《荀子·礼论》:"床笫几筵,所以养体也。"杨倞注:"笫,床栈也。""箦、笫"在旧注中几乎是一物异名,均指竹片编成的床板。而"箦床"、"床笫",一般指但有床板而无席之竹床。《礼记·丧大记》:"设床襢笫。"郑玄注:"襢笫,袒箦也,谓无席如浴时床也。"《后汉书·袁术传》:"六月,至江亭,坐箦床而叹曰:'袁术乃至是乎?'"李贤注:"箦,笫也,谓无茵蓐也。""箦、笫"之所以义同,在于声源相近。王念孙曰:"笫之言齐也,编竹木为之,均齐平正,故谓之笫。声转为箦,箦之言嫧也,凡言嫧者皆齐平之意。……声转为栈,栈亦齐平之意,犹编木为马床,谓之马栈也。"(《广雅疏证·释器》"箦笫"条)按,"笫"当是齐聚义(见下)。

但“箦、笫”非无别。朱骏声曰:“箦如今北道以稾秫荐床,古人质素如此,后加以席,其席亦谓之箦,床亦谓之箦,杠亦谓之箦者,皆所谓转注也。”(《说文通训定声·解部》“箦”字)按,杠是床前横木,但文献中甚少见。此可不论。《方言》第五:“床,齐鲁之间谓之箦。”郭璞注:“(箦)床板也。”可见“箦”本为床板之称。“箦床”,即床板(无席)之床。单称床,仅是代称之用。而编竹为床板与编竹为席,其用相近,故又引申作床席之称。《礼记·檀弓上》:“童子曰:‘华而睆,大夫之箦与?’……曾子曰:‘……元(曾元)起易箦!’”(“睆”,光泽貌。)下文又谓:“举扶而易之,反席未安而没。”可见,所易之箦,即是寝席。《史记·范睢蔡泽列传》:“睢详(佯)死,即卷以箦,置厕中。”司马贞索隐:“箦,谓苇荻之薄也,用以裹尸也。”清钱绎曰:“盖编苇为薄,嫧然齐平,故谓之箦。”(《方言》第五“床”条疏语)而“笫”,从竹𠂔声,𠂔声不源于齐义,乃是通次声。《仪礼·既夕礼》:“乃卒,主人啼,兄弟哭,设床笫,当牖衽,下莞上簟。”郑玄注:“古文笫为茨。”次声有齐聚义。盖次,《说文》之古文象出外临时所盖帐篷之形,故有聚居之义。“茨”,以茅苇按序编列盖屋。“髶,用梳比也。”(《说文·髟部》)。《广雅·释诂一》:“積,积也。”《说文·禾部》引《诗·周颂·良耜》“積之秩秩。”“積”即是禾的齐积。故合形、声而观,“笫”本义当是床上各种铺垫物总称,但须与“床”连用而见义。如上举《仪礼·既夕礼》“设床笫”句,即兼赅“下莞上簟”而言。又如《吕氏春秋·孝行览》:“修宫室,安床笫。”汉东方朔《七谏·怨世》:“蓬艾亲入御于床笫兮。”《后汉书·安帝纪》:“又有赤蛇盘于床笫之间。”诸“床笫”之“笫”皆指床上各种铺垫物,而与“床”相合乃指整个床。“笫”若单指某一种铺垫物,如指床板,遂义同箦,如上举《周礼·天官·玉府》、《荀子·礼论》之“床笫”,指有床板(无席)之竹床,即义同于“箦床”。

“衽”或作“袵”,本义为衣襟之角;引申为衣襟、衣袖。又引申为卧席。《仪礼·士昏礼》:“御衽于奥。”郑玄注:“衽,卧席也。”首引《周礼·天官·玉府》“掌王之燕衣服、衽席、床笫”句郑玄注引郑司农云:“衽席,单席也。”《礼记·曲礼上》:“请席何乡? 请衽何趾?”谓尊者所安。郑玄注:“衽,卧席也。”《韩诗外传》卷二:“姬(樊姬)曰:‘妾得侍于王,尚汤沐,执巾栉,振衽席,十有一年矣。’”盖“衽”之为卧席,乃泛指贴身之席,不专指竹席或草席,且常与“席”连用表义。

211. 蓐（缛、褥）·薦（荐）·稾（藁、藳）·莞·蒻（弱）·蒲·苇·萑

睡床板上要铺垫席褥。“蓐”，布帛所制较厚的床褥。“薦”，细美的草席。“稾（gǎo）”，禾秆编的粗席。“莞（guān）”，小蒲草席。“蒻”，嫩香蒲草编的细席。“蒲”，蒲席泛称。“苇”，芦苇作的粗席。“萑（huán）”，芦荻作的细席。

【同义】

《玉篇·蓐部》：“蓐，薦也。”汉应劭《风俗通义·穷通》：“伯休辞让，融遂不听，归取衣车，厚其薦蓐。”“薦蓐”同义连用，泛指卧席。《汉书·郊祀志下》：“其席稾稭。”唐王维《苦热》诗：“莞簟不可近，絺绤再三濯。”《汉书·东方朔传》：“莞、蒲为席。”“莞、蒲”皆指草席。《楚辞·招魂》：“蒻阿拂壁，罗帐张些。”王逸注：“蒻，蒻席也。”汉桓宽《盐铁论·散不足》：“古者……大夫苇莞而已，今富者黼绣帏幄。”“苇、莞”皆为草席。“萑”也指草席。

【辨释】

《说文·艸部》：“蓐，陈艸复生也。”徐锴注：“陈根更生繁褥也。”即新生茂草。引申为休卧之草。《左传·宣公十二年》：“军行，右辕，左追蓐。”杜预注：“在左者，追求草蓐，为宿备。”孔颖达疏：“蓐，谓卧止之草。”再引申为床褥，床上的铺垫物。后因寝卧所垫多为绵帛，字或作“缛”、“褥”。《后汉书·段颎传》：“在边十余年，未尝一日蓐寝。”《太平御览》卷七〇八引《会稽后贤传》曰：“丁潭以光禄大夫还第，诏赐床帐席褥。”《魏略》曰：“焦先……自作蜗牛庐，净扫其中，荣木为床，布蓐其上。”“蓐”是茂草，即厚草，遂引申为厚义。褥义、厚义有时难别。《左传·文公七年》：“训卒利兵，秣马蓐食，潜师夜起。”杜预释为在寝蓐中早食。清王引之《经义述闻·秣马蓐食》非之：“训卒利兵秣马，非寝之时矣。……云未起而床蓐中食，义无取也。《方言》曰：‘蓐，厚也。’食之丰厚于常，因谓之蓐食。训卒利兵秣马蓐食者，《商子·兵守篇》曰：‘壮男之军，使盛食负垒，陈而待敌；壮女之军，使盛食负垒，陈而待令。’是其类也。两军相攻，或竟日未已，故必厚食，乃不饥。……《成公十六年传》：‘蓐食申祷’，又《襄公二十六年传》（按，应为《成公七年传》，王引误）‘秣马蓐食’，并与此同。”按，王辨有理，但只其一端。若《史记·淮阴侯列传》：“亭长妻患之，乃晨炊蓐食。食时信往，不为具食。”此作厚食义则无取。句谓当晨褥之时，亭长妻等炊而食之，待“食时”，韩信来则不具食。此突出其食之早，非突出其食之厚。故“蓐食”犹言人们尚在蓐中寝时而食；“蓐”，被褥。今有解者辄持王“厚食”说律此，盖失之偏矣。“蓐”又特作妇女做产的厚垫褥，故引申为做产。用于业称，“蓐母”，指

接生婆。《宋史·五行志一下》:“宣和六年,都城有卖青果男子,孕而生子,蓐母不能收。”宋沈括《梦溪笔谈·讥谑》:“有一蓐医,适在其家。”另外,“蓐”也可指坐褥。南朝宋谢惠连《雪赋》:“援绮衾兮坐芳缛。”《太平御览》卷七〇八引《后魏书》曰:“自东掖门始觉车上无褥。”从“蓐”的本义、引申义看,“蓐”之为寝垫,侧重于厚实。要之,“蓐”指绵帛所制较厚的床褥。

《说文·廌部》:“薦,兽之所食草。”或作“荐”。又《艸部》:“荐,薦蓆也。”《庄子·齐物论》:“麋鹿食薦。”陆德明释文引《三苍》云:“六畜所食曰薦。”禽畜所食草即牧草,必是草之佳美者。《后汉书·马融传》:“其土毛则搉牧薦草。”李贤注:“草稠曰薦。”《素问·异法方宜论》:“其民不衣而褐薦。”王冰注:“薦,谓细草也。”引申为寝卧的草席。汉刘向《九叹·逢纷》:“薜荔饰而陆离薦兮,鱼鳞衣而白蜺裳。”王逸注:“薦,卧席也。”“陆离”,美玉。三国魏曹植《九咏》:“茵薦兮兰席。”北齐颜之推《颜氏家训·风操》:“家人怪其不起,乃往抱持,薦席淹渍,精神伤怛。”“薦”还引申为进献义。《礼记·檀弓上》:“有薦新如朔奠。”“薦新”,用新登场的五谷和时新食物祭祀祖考。《梁书·袁昂传》:“所以踌躇,未遑薦璧。”为推荐义,也必荐佳美人才。《后汉书·王符传》:“当涂者更相薦引。”他如“薦举”、“薦延”等今犹用之。从本义和引申义看,“薦”之为卧席,必是席之细佳者。上所举诸薦席都应指细美的草席。“薦”今简作“荐”。

“稾”,或作“藁”、“蒿”。《说文·禾部》:“稾,稈也。”本义为禾秆。《汉书·贡禹传》:“已奉谷租,又出稾税。”引申指用禾秆编的粗席。《荀子·正名》:“屋室庐庾,葭蒿蓐。”杨倞注:“葭稾为席蓐。”《礼记·礼器》:“莞簟之安,而稾鞂之设。”孔颖达疏:“藁鞂,除穗粒,取秆藁为席。”稾席用作祭祀时薦牲的垫席。《汉书·郊祀志下》:“其牲用犊,其席藁秸。”罪人请罪跪足的垫席。《史记·范雎蔡泽列传》:“应侯席藁请罪。”又《史记·吴王濞列传》:“膠西王乃袒跣,席藁,饮水,谢太后。”坐卧藁上谢过是古人请罪的一种方式。也作死囚的伏身垫席。《玉台新咏·古绝句四首之一》:“藁砧今何在?山上复有山。何当大刀头,破镜飞上天。”古人腰斩用铁砧,砧上铺藁,人伏藁上受铁斩。“藁砧”受“铁”,此隐语谐“夫”,后遂以“藁砧”为夫的代称。

“莞”,作席草者本作“萖”。《说文·艸部》:“萖,夫蓠也。”孙诒让曰:“凡《诗》、《礼》之言莞筵、莞席者,莞并萖之叚字,乃小蒲之席。”(《周礼·春官·司几筵》正义)《尔雅·释草》:“莞,苻蓠。”郝懿行义疏:“莞与蔺相似,茎圆而中空,可为席,蒲叶阔而不圆,其细小者亦可为席,所谓蒲苹者也,是蒲莞非一物。《尔雅》之莞乃蒲属,非蔺属,故《说文》‘莞’训‘艸’,与‘蔺’相属,又别出萖与蒲为类。《尔雅》借‘莞’为‘萖’,旧注及郭俱云莞蒲。可知,此乃蒲之别种,细小于蒲……郑笺以莞为‘小蒲之席’,是矣。”孙诒让曰:“知莞用小蒲者,以《司几筵》设席皆粗者在下,善者在上,其职云:‘诸侯祭祀之席,蒲筵缋纯加莞席纷纯’,以莞加蒲,明莞细而用小蒲,故知莞,小蒲之席也。”(《周礼·春官·司几筵》正义)郝、孙辨说诚当。“莞”一名而二物,一为蔺类;一为蒲类,是用于编席的小蒲草。《诗·小雅·斯干》:“下莞上簟,乃安斯寝。”郑玄笺:“莞,小蒲之席也。”陆德明释文:“莞草丛生水中,茎圆,江南以为席。”汉张衡

《同声歌》:“思为莞蒻席,在下蔽匡床。”(“匡床”,方正安适之床。)《梁书·良吏传·孙谦》:“冬则布被莞席,夏日无帱帐,而夜卧未尝有蚊蚋,人多异焉。”唐韩愈《题秀禅师房》诗:“桥夹水松行百步,竹床莞席到僧家。”莞席实物今有见。长沙马王堆汉墓出土四领莞席,两件完好,其一长219、宽81厘米,一件长222、宽82厘米,席边缝有20厘米的黄绢。莞席加纯(席边)饰,与礼经文献记载相合。

《说文·艸部》:“蒻,蒲子,可以为平席,世谓蒲蒻。”段玉裁注:“蒲子者,蒲之少者也。”朱骏声曰:“蒻,谓纤蒲嫇细,在水中者。平席,《书》之篾席、底席是也。”(《说文通训定声·小部》“蒻”字)《周礼·考工记·轮人》:“故竑其辐广以为之弱。”“竑”,通“纮”,量度。孙诒让正义:“弱与蒻通。”《诗·大雅·韩奕》:“维笋及蒲。”孔颖达疏引陆机疏云:“蒲始生,取其中心,入地蒻。”故“蒻”者从艸从弱,会意兼形声。“蒻”,是嫩香蒲草,蒲草之一种,较细柔者。《急就篇》卷三:“蒲蒻蔺席帐帷幢。”颜师古注:“蒻,谓蒲之柔弱者也。……蒲蒻可以为薦。”《淮南子·主术》:“匡床蒻席,非不宁也。”高诱注:“蒻,细也。”指细软之席。汉桓宽《盐铁论·散不足》:“古者皮毛草蓐,无茵席之加,旃(毡)蒻之美。”“蒻”是嫩的香蒲草编制的较细柔的卧席。

《说文·艸部》:“蒲,水草也,或以作席。”《诗·王风·扬之水》:“不流束蒲。”毛传:“蒲,草名也。”“蒲”是蒲草的总称。蒲有多种。用以制席的是香蒲。明李时珍曰:“蒲丛生水际,似莞而褊,有脊而柔,二、三月苗……八、九月收叶以为席,亦可作扇,软滑而温。”(《本草纲目·草之八·香蒲》)“蒲”用作蒲席的泛称。《礼记·杂记上》:“苇席以为屋,蒲席以为裳帷。”《周礼·春官·司几筵》:“诸侯祭祀席,蒲筵缋纯加莞席。”汉桓宽《盐铁论·散不足》:“木軨不衣,长毂数幅(通‘辐’),蒲薦立盖,盖无漆丝之饰。”《孔子家语·颜回》:“妾织蒲。”谓织蒲席。《南史·梁宗室上·萧藻》:“自遭家祸,恒布衣蒲席,不食鲜禽。”蒲草又用为仪物:用蒲草裹轮,以征召贤者出仕。《汉书·武帝纪》:“遣使者,安车蒲轮,束帛加璧,征鲁申公。”颜师古注:“以蒲裹轮,取其安也。”《后汉书·郎襄楷传赞》:“仲桓术深,蒲车屡寻。”或单称以“蒲”。《三国志·蜀志·谯秀传》裴松之注引《晋阳秋》曰:“若秀蒙蒲帛之征,足以镇静颓风,轨训嚣俗,幽遐仰流,九服知化矣。”“蒲帛”,蒲车与束帛,皆征贤之礼。

《说文·艸部》:“苇,大葭也。”《诗·豳风·七月》:“八月萑苇。”孔颖达疏:“初生为葭,长大为芦,成则名为苇。”浑称则一物三名。《诗·召南·驺虞》:“彼茁者葭。”毛传:“葭,芦也。”陆德明释文:“葭,芦草也。”芦苇可以作粗席。《周礼·春官·司几筵》:“凡丧事设苇席。”《宋书·孝义传·吴逵》:“邻里以苇裹之,埋于村侧。”

“萑”,是荻,形似芦苇而细。上引《诗·豳风·七月》“八月萑苇”孔颖达疏:“初生者为菼,长大为薍,则名为萑。”《周礼·春官·司几筵》:“其柏席用萑。”(柏,通“箔”,指苇席。)郑玄注:“萑,如苇而细者。”萑是芦荻作的细席。

参考文献

[1] [明]李时珍:《本草纲目》(校点本)(上册),人民卫生出版社,1982 年 11 月。
[2] [清]孙诒让:《周礼正义》(第九册),四部备要本。
[3] 林剑鸣等:《秦汉社会文明》,西北大学出版社,1985 年 9 月。
[4]《长沙马王堆一号汉墓发掘简报》,文物出版社,1972 年 7 月。

212. 楼·橹·阁○谯

“楼”，楼房和一切楼状物的总称。“橹”，无屋顶的望楼，可建于城墙、车、烽火台等处，多用于军事侦察活动。“阁”，供远眺、游憩、藏书、供佛等用的独立小楼，一般是木结构。“谯”是形容词，高义，后世多用以修饰“楼、门”，专指城门楼；径指高楼是偶用的代称用法。

【同义】

《玉篇·門部》：“阁，楼也。”《后汉书·吕强传》：“造起馆舍，凡有万数，楼阁连接。”“楼阁”同义连用，泛指楼屋。《后汉书·南匈奴传》：“初，帝造战车，可驾数牛，上作楼橹，置于塞上，以拒匈奴。”李贤注：“橹即楼也。”《汉书·陈胜传》：“陈守、令皆不在，独守丞与战谯门中。”颜师古注：“谯门，谓门上为高楼以望者耳。楼一名谯。”

【辨释】

《说文·木部》：“楼，重屋也。”重屋有两层屋檐。覆屋，也有两层屋檐，但两屋间不可居人，而重屋则可居人。盖“楼”，从娄得声义。娄声有空明义。《释名·释宫室》：“楼，言牖户诸射孔娄娄然也。”《尔雅·释言》：“陕从而脩曲曰楼。”郝懿行义疏：“门户洞达，窗牖交通，足资登眺。”可见楼之为“楼”，正由于窗棂之离娄通明见阳比平房更为显著，遂成为楼的重要特征。但由于我国古代宫室都建于高台基上，且是木结构为主，故楼的出现较迟，也不兴高楼。我国的楼至战国时方出现。《孟子·尽心下》：“孟子之滕，馆于上宫。”赵岐注：“上宫，楼也，孟子舍止宾客所馆之楼上也。”《史记·平原君列传》：“平原君家楼临民家。民家有躄者，槃散行汲。平原君美人居楼上，临见，大笑之。”从汉代起，楼已普遍流行。有四边立柱撑托的一般层楼。江苏徐州茅村出土汉画像石《住宅》图，绘有纵深发展的三列建筑物，每一列是二层楼阁，一斗二升的斗拱承托腰檐，上置平坐。有凿通屋顶升出的小阁楼。四川彭县出土汉画像砖《市井》图所绘即其例，其楼仅一窗，下有斜梯，一人正举步欲上。成都市郊汉墓石刻《养老》画像则是一图而兼有两种楼式：左为两个一窗小阁楼；右为正规的平楼，四阿式屋顶，四角有一斗二升斗拱之屋柱，楼中有二人。还有一种是在别的建筑物上构筑的楼屋，如城楼、门楼。江苏睢宁双沟出土《住宅》汉画像石，其中大门上即设门楼，由一斗二升斗拱之两柱撑托，楼中有三人。一些楼的构建充分表现了我国独特的易学思想与艺术匠心，如坐落在武昌蛇山黄鹄矶上、始建于三国吴黄武二年的长方形黄鹤楼，是一组巍峨、雄伟的组群建筑。以清代此楼为例，它全面反映出楼阁建造中法天象地的思想。楼明为三层实为六层，三喻三才天地人，六喻六爻之数。每层十二角，象十二纪、月、辰。檐柱每层二十八根，象二十八宿。

三层平座做斗拱三百六十，合周天三百六十度。大小屋脊七十二条，合全年七十二候。楼高九丈七尺五寸，宽四丈八尺，一取九、七、五阳数，一取四、八阴数（参程建军书三章）文献中“楼”字亦遍见。汉王充《论衡·说日》：“孔子之意以为地有山陵楼台。”《史记·封禅书》：“方士有言：‘黄帝时为五城十二楼，以候神人。’”“乃立神明台，井幹楼，度五十丈，辇道相属焉。”《后汉书·邓禹传》：“光武舍城楼上，披舆地图。”三国魏王粲《登楼赋》：“登兹楼以四望，聊暇日以销忧。”南朝宋文帝《登景阳楼》诗：“崇堂临万雉，曾（层）楼跨九成。”车上设望楼者名楼车。《左传·宣公十五年》：“登诸楼车。”杜预注：“楼车，车上望橹。”“橹”，车上的瞭望台。船上设层楼者叫楼船。汉武帝《秋风辞》：“汎楼船兮济汾河，横中流兮扬素波。”此为游观船。大多作战船。唐刘禹锡《西塞山怀古》诗：“王濬楼船下益州，金陵王气黯然收。”“榭”、“观”也可高耸而处人，故也得浑称以“楼”。唐杜牧《江南春绝句》：“南朝四百八十寺，多少楼台烟雨中。”指台榭。《世说新语·巧艺》：“陵云台楼观精巧，先称平众木轻重，然后造构，乃无锱铢相负。”实是观而兼称“楼”。由上可知，“楼”是楼房和一切楼状物的总称。

“橹”本义指大盾。《说文·木部》：“橹，大盾也。”《礼记·儒行》：“礼义以为干橹。”郑玄注：“干橹，小楯、大楯也。”作为楼之称，朱骏声以为当是“橧字之沿讹形近致淆”（《说文通训定声·豫部》“橹”字）。“橧”，指聚薪柴以居，即所谓构木为巢。《礼记·礼运》：“昔者先王，未有宫室，冬则居营窟，夏则居橧巢。”郑玄注：“暑则聚薪柴居其上。”而《释名·释宫室》“橹，露也，露上无屋覆也”则据字声训。或朱说为优。《孔子家语·问孔》载上引《礼运》句，“橧巢”作“橹巢”。“橹车”也称“巢车”（见下）。但橹楼之特征确如《释名》所言，乃指无屋的望楼，多作军事侦伺之用。可建于城墙。《玉篇·木部》：“橹，城上守御望楼也。”也可以在车。《左传·成公十六年》“楚子登巢车以望晋军”杜预注：“车上为橹。”即车上有望楼。《汉书·刘屈氂传》：“以牛车为橹，毋接短兵，多杀伤士众。”颜师古注：“（橹），望敌之楼也。”文首引《后汉书·南匈奴传》句，亦其例。还可在烽火台，台上挑出的望楼即是橹（参第 35 条）。

“阁”，浑称也是楼。《古诗十九首·西北有高楼》：“西北有高楼，上与浮云齐，交疏结绮窗，阿阁三重阶。”按其描写，实是阁的样式，却称为“楼”。但阁非一般之楼。盖“阁”从门各声，“各”是从口、夂（zhī）。夂有行而止之不相听从之意（《说文》），故各声字有暂止义。“客”就是客人至此而止，留作宾客。“格”，临时抵拒。《公羊传·庄公三十一年注》“诸侯交格而战者”徐彦疏：“格犹拒也。”“格斗”犹击斗，以武力拒止。“阁”也有暂止意。故《广雅·释诂三下》：“阁，止也。”《说文·門部》训“阁”为“所以止扉者”。其本义是止门关阖的木橛。引申之，凡暂止物皆可称“阁”。木板上贮食物曰阁，后出字为“搁”；作名词，贮食物之木板也曰“阁”（参第 207 条）。庋藏食物之所亦曰阁。《广雅·释宫》：“阁，厨也。”凡此，皆有暂时止物不动之意，且是指在高悬地面的木板上止物。故“阁”者，指用于远眺、游憩、藏书、供佛的独立小楼，均是“暂时”止人止物之处。细言之，楼阁之“阁”有以下特征：一、平面呈近圆形，故多作方形、小矩形、六角形、八角形，使立面雄浑、玲珑。屋顶一般是直刺青天的攒尖顶，或覆以陡坡的歇山顶，多作四阿屋檐，如上举《古诗十九首》“阿阁三重阶”即然。通体木结构，不可以铺砖。二、基址或平地筑台，台上建阁，但更多是建于山坡，或建于江湖水渚之边，使楼阁之高度超过四周低平建筑，登阁一眺，胜景尽收眼底。三、四面开窗，但窗一般用槅扇；正面一般不设阳台，翻轩，而余三面周以回廊曲栏（参陈植《长物志校注》卷一"楼阁"）。现存之阁，供观赏用者，乾隆花园的符望阁；供佛用者，颐和园的佛香阁、蓟县独乐寺的观音阁；用作藏书用者，故宫文渊阁、宁波天一阁、杭州文澜阁，均符合上述特征。

"谯"，似也可指高楼。《庄子·徐无鬼》："君必无盛鹤列于丽谯之间。"（"鹤列"，谓陈兵如鹤之行列。）郭象注："丽谯，高楼也。"后世"谯"并不用指一般的高楼，而是专修饰"楼"，指城门楼，俗称鼓楼。《三国志·吴志·孙权传》："诏诸郡县治城郭，起谯楼，穿堑发渠，以备盗贼。"建有谯楼的城门称"谯门"。《汉书·陈胜传》："攻陈，陈守、令皆不在，独守丞与战谯门中。"颜师古注："谯门，谓门上为高楼以望者耳。楼一名谯，故谓美丽之楼为丽谯。谯亦呼为巢。所谓巢车者，亦于兵〔车〕之上为楼以望敌也。谯、巢，声相近，本一物也。"颜氏以为"谯、巢"声近而相通，故"谯"可作"巢"。而朱骏声《说文通训定声》则以为"谯"之有楼义，是假借为"巢"。其实，"谯、巢"各自为义，不必以假借绳之。上引《庄子·徐无鬼》句陆德明释文："本亦作嶕，在逍反。……案谓华丽而嶕峣。"可见"谯"犹"嶕"，嶕峣之急言。"嶕峣"，高貌，故"谯"得指高楼。而"巢"亦是于高处为栖身之所，故自也可引申为高处楼屋之称。今有辞书以为"谯"通"瞧"，故有望楼之义，则更误，盖"瞧"字后出，不可谓"通"。"谯"取义于嶕峣，本唯高义，并非楼之称。《庄子·徐无鬼》例称高楼乃是偶用，并非常式，属修辞上代称用法，以物之状态代其物，故不可谓"楼一名谯"。"谯"，是形容词，一般也不能单用，只作修饰语。即只可称"谯楼"、"谯门"，意城上高楼、有高楼的城门。

参考文献

[1] 刘策：《中国古代苑囿》，宁夏人民出版社，1983 年 5 月。
[2] [明]文震亨撰、陈植校注：《长物志校注》，江苏科技出版社，1984 年 3 月。
[3] 吴曾德：《汉代画像石》，文物出版社，1984 年 6 月。
[4] 刘志远等：《四川汉代画像砖与汉代社会》，文物出版社，1983 年 12 月。
[5] 周到、吕品、汤文兴：《河南汉代画像砖》，上海人民美术出版社，1985 年 4 月。
[6] 程建军：《中国古代建筑与周易哲学》，吉林教育出版社，1991 年 6 月。

213. 台·亭·榭(谢)·观

可登临的小型独立建筑。“台”，早期用土垒成，方形、无屋有栏；园林中也作不起屋的平台。“亭”，建于台或高物上，有屋有柱无墙；园林中形制多样。“榭”，建于台上，有屋无墙的木构观望建筑或长方形殿堂；园林中指有屋无墙的长方形临水观景建筑。“观”，建于高台或高处、筑楼屋廊栏的高层游观建筑；园林中指楼馆类主景建筑。

【同义】

《国语·楚语上》：“夫为台榭，将以教民利也。”唐李白《江上吟》：“屈平词赋悬日月，楚王台榭空山丘。”《三国志·魏志·高堂隆传》：“台观是崇，淫乐是好。”南朝齐谢朓《三日侍宴曲水代人应诏》诗之七：“极望天渊，曲阻亭榭。”唐高适《陪窦侍御灵云南亭宴》诗：“人幽宜眺听，目极喜亭台。”“台榭”、“台观”、“亭榭”、“亭台”皆同义连用，指有一定高度、可登临观望的小型独立建筑物。

【辨释】

《说文·至部》：“臺(台)，观四方而高者也。”《尔雅·释宫》：“四方而高曰台。”《书·泰誓上》：“惟宫室台榭。”孔传：“土高曰台。”《左传·宣公二年》：“晋灵公不君，厚敛以彫墙，从台上弹人，而观其辟(避)丸也。”《后汉书·梁冀传》：“台阁周通，更相临望飞梁石磴。”《宋书·夷蛮传·诃罗陁国》：“台殿罗列，状若众山。”唐杜牧《阿房宫赋》：“歌台暖响，春光融融。”台在上古是建筑物的基础，各种宫室，均建于高台基上。台也作独立的建筑物，如上举诸例。早期的台，一般平地垒土成方形，高一丈以上，台上无顶，即不起屋，唯四周围以栏杆。其用极广。按其不同用途而有各种名称，如：观天文星象的观星台，拜相礼贤、军帅点将的点将台，其他如灵台、园台、楼台……像纣王的鹿台、吴王夫差的姑苏台、楚王的章华之台，皆为有名的观赏台。《诗·大雅·灵台》：“经始灵台，经之营之。”周文王灵台高二丈，周围百二步(《三辅黄图》卷五)。至于后世园林中的台，多为观赏、娱乐、休憩、纳凉之用的独立平台，四周也有精巧栏杆，上不起屋，且避六角形。明文震亨曰：“筑台忌六角，随地大小为之。若筑于土冈之上，四周用粗木，作朱阑亦佳。”(《长物志》卷一)不过，也有不少是一组宫苑的附属建筑，如一些主体建筑殿堂之前有平台。

《说文·高部》：“亭，民所安定也。亭有楼，从高省，丁声。”所谓“民所安定”者，“居民于是备盗贼，行旅于是止宿也”(段玉裁注语)。此正是亭的性质与作用，故其初义指小驿站。《汉书·百官公卿表上》：“大率十里一亭，亭有长。”从高省者，《说文》部首：“高，崇也，象台观高之形。"甲骨文"高"与篆文差近，皆象楼台层叠之形。然则小驿站之所以名曰"亭"，因其处有高的楼台，以利瞭望戒卫。唯此，"亭亭"也有高意。《文选·孔稚珪〈北山移文〉》："若其亭亭物表，皎皎霞外。"张铣注："亭亭，高耸貌。"扩大之，建于台或高物上，有屋有柱无墙便于人们停息眺望者，皆可称为"亭"。《释名·释宫室》："亭，停也，亦人所停集也。凡驿亭、邮亭、园亭，并取此义为名。"宋苏轼《喜雨亭记》："为亭于堂之北，以为休息之所。"亭的种类特多，常见者除《释名》所举外，还有烽亭、候亭、山亭、江亭、街亭、路亭、廊亭、凉亭等。如邮亭之所以得名，以其有亭。《墨子·杂守》："盖邮亭者圜(环)之，高三丈以上。"《汉书·薛宣传》："过其县，桥梁邮亭不修。"颜师古注："邮，行书之舍，亦如今之驿及行道馆舍也。"至于烽燧，其中心的建筑物烽火台就是一个亭(参第35条)。"候亭"，又称"亭候"。《后汉书·光武帝纪下》："筑亭候。"李贤注："亭候，伺候望敌之所。"唯登高方可伺望，则必有亭。在后世园林中，更作为融汇一区景色不可缺少的建筑，其屋盖平面呈方形、圆形、六角形、八角形、折扇形等，灵巧雅致，专供人观览、休憩、友聚之用。亭之所设位置十分灵活，可在廊中或廊尽处，也可在山(包括假山)坡或山转角，或水畔，甚至依亭而转角，或门洞而成半亭，不胜枚举。但无论体式、位置等怎么不同，其共同特征是：大都筑于台或高物之上，也可建于平地；都是上盖屋、中有柱、周无墙。

"榭"本假用"谢"。《左传·宣公十六年》："成周宣谢火。"《荀子·王霸》："台谢甚高。"皆作"谢"。而《礼记·礼运》"以为台榭"，《穀梁传·宣公十六年》"宣榭"等陆德明释文并云"本或作谢"。后出正字从木。《尔雅·释宫》："阇谓之台，有木者谓之榭。"郭璞注："台上起屋。"《左传·襄公三十一年》："宫室卑庳，无观台榭。"("庳"，低下。)孔颖达疏："李巡曰：'台上有屋谓之榭。'然则台榭皆高可升之以观望。言无观望之台榭也。"故榭者，本指台上所建有屋盖而无墙壁的木构观望建筑。《楚辞·招魂》："层台累榭，临高山些。"《淮南子·精神》："今高台层榭，人之所丽也。"榭还指称无室壁的殿堂，其平面通常是长方形。《公羊传·宣公十六年》："宣榭者何？宣宫之榭也。"徐彦疏引《尔雅·释宫》郭璞注："云无室曰榭者，但有大殿无室内，名曰榭。"按，今本《尔雅·释宫》"无室曰榭"郭璞注："榭即今堂堭。"《汉书·胡建传》："列坐堂皇上。"颜师古注："室无四壁曰皇。""无四壁"即是无室。《国语·楚语上》："故先王之为台榭也，榭不过讲军实，台不过望氛祥。"《左传·成公十七年》："三郤将谋于榭。"杜预注："榭，讲武堂。"《礼记·礼运》："以为台榭。"郑玄注："榭，器之所藏也。"上引讲武堂，即讲武之坐屋，又可盛放兵器、乐器，皆是此种无室壁的殿堂。"台榭"、"堂榭"虽是形制、功用不同的二物，但无室壁则同。中古后的榭主要出现于园林临水处，园林之榭正是取台榭的功用、堂榭的形制，将两种榭相糅合而创新，成为一种新型的观景休憩的临水建筑。榭呈长方形，上有屋面覆盖，四周木柱支撑，无墙无壁，通体一间。明文震亨《长物志》卷十《亭榭》曰："亭榭(此主要指榭)不蔽风雨，故不可用佳器，俗者又不可耐。须得旧漆、方面、粗足、古朴自然者置之。……其石墩、瓦墩之属，俱置不用，尤不可用朱架架官砖于上。"("官砖"，明代官窑之砖。)榭必傍水，故必须建在景区的水边，或在溪边湖畔，或在塘堤桥上，半水半岸，结构轻巧，立面开敞，跨水部分由石柱支撑，坚固古朴，故又称"水榭"，很像南方水边的干栏式房屋。可供游人休憩，于恬静、悠然之态中观赏水景、园景，与供远眺之亭阁台各有千秋。榭，在南方园林尤多。但北方也有。北京西苑中海的水云榭和承德避暑山庄的水沁榭皆著称于世。

"观"是供登高望远的高层建筑。先秦，可以指悬布文告的观阙(参第189条)，也可以指造在宫殿庭院内用于登高观望游乐的建筑。《左传·哀公元年》:"宫室不观，舟车不饰。"可见，观起于宫室之中。但是作为独立的游观建筑，则至汉而集其成。《三辅黄图·观》记述了汉代大量的池观、苑观、山观、宫观，如武帝时昆明池豫章观，上林苑飞廉观、涿沐观，云阳宫东北石门山甘泉观，东汉有仙人观、霜昌观、董贤观等。汉观之盛在一些文学作品中有生动的描述。《华山记》:"一山石孤崖特秀，上有客观，涉之，远者眺十里。"晋陆机《洛阳记》:"宫中……凡九观，皆高十六七丈，以云母著窗里。"汉李尤《东观赋》:"上承重阁，下属周廊。……前望云台，后匝德阳。"("德阳"，洛阳北宫主殿。)《东观铭》曰:"房闼内布，疏绮外陈，升降三除，贯启七门。"(以上引自《艺文类聚》卷六三)从中可见，观或筑于高台之上，或利用山势，位置必在景色佳丽之处，有楼屋、窗棂，外围廊栏，可凭眺。这种单体高层建筑，到明清园林中就成为楼馆一类主景建筑。

参考文献

[1] 阎长城、晓鹏:《中国古建筑园林观赏》，知识出版社，1986年7月。
[2] 刘策:《中国古代苑囿》，宁夏人民出版社，1983年5月。
[3] 本书编写组:《中国建筑史》，中国建筑工业出版社，1982年7月。
[4] 金学智:《中国园林美学》，江苏文艺出版社，1990年3月。

214. 囿·苑·园

“囿(yòu)”,奴隶主帝王和各级贵族首领观游、田猎、休憩的园林。“苑”,封建帝王和王公大臣享用的园林,蕴积草木禽兽更多,规模更大,还有离宫别馆等建筑,至明清更可满足帝王的全部生活需要。“园”,达官贵族和富人所营筑的私人府宅园林,起于汉,早期仿帝苑,唐宋独具规模,明清遍及全国。“园”还包括宗教、祭祀和公共游豫园林;至清代,更以称帝王御苑。于是,“园”成为所有园林的总称。

【同义】

汉张衡《周天大象赋》:“豢驯兽于囿苑,隶封豕于沟渎。”《北史·隋炀帝纪》:“採海内奇禽异兽草木之类,以实园苑。”汉班固《两都赋序》:“浚城隍而起苑囿,以备制度。”《荀子·王霸》:“其于声色台谢(榭)园囿也,愈厌而好新。”“囿苑”、“园苑”、“苑囿”、“园圃”皆同义连用,泛指种植草木、畜养禽兽的园林。晋张协《七命》:“苑戏九尾之禽,囿栖三足之鸟。”“苑”、“囿”对文同义。

【辨释】

“苑”、“囿”之异,古代注家已多为探究,但结论却歧而又歧。或主有无墙之别。《淮南子·本经》:“侈苑囿之大。”高诱注:“侈,广也。有墙曰苑,无墙曰囿。”《初学记》卷二四引《字林》:“有垣曰苑,无垣曰囿。”《汉书·高帝纪上》“收秦苑囿园池令民得田之”颜师古注:“养鸟兽曰苑,苑有垣曰囿。”则颜氏之解相反:以“苑”是无垣者。《说文·囗部》:“囿,苑有垣也。”段玉裁注:“高注《淮南》曰:‘有墙曰苑,无墙曰囿’,与许互异,盖有无互讹耳。”盖许、段亦谓“无墙曰苑,有墙曰囿”。或主大小之异。《吕氏春秋·重己》:“昔先王之为苑囿园池也,足以观望劳形而已矣。”高诱注:“畜禽兽所,大曰苑,小曰囿。”或主畜兽与树果之分。《文选·班固〈两都赋序〉》“浚城隍而起苑囿”句,吕向注:“树果曰苑,畜兽曰囿。”但《汉书·张良传》“北有胡苑之利”颜师古注:“养禽兽谓之苑。”或主古今不同。《周礼·地官·囿人》“囿人”贾公彦疏:“古谓之囿,汉谓之苑。”《说文·艸部》:“苑,所以养禽兽。”段玉裁注:“古谓之囿,汉谓之苑也。”

传统训诂家辨义好以偏赅全,“囿、苑”之龂龂而争即是典型一例。惜乎今大型辞书、有关专书于本组词持论也不脱传统巢穴,故至今犹辨而无果,不能正本清源。

我国园林史的最早源头是“囿”。《说文·囗部》“囿”字列籀文与石鼓文同,作囗中四木。甲骨文作(《前七、二〇、一》)、(《京都三一四六》)。罗振玉曰:“石鼓文囿字亦作圝,与卜辞同。或从艸,与森同意。”(《增订殷虚书契考释》)高鸿缙曰:“字原倚四中或四木,画其囿垣之形。由物形(非田字)生意,故为畜禽兽有垣之囿,名词。战国时或改为形声字,作囿,从口(围本字)有声。”(《中国字例》)按,古文字当从田、艸,田是田猎,茻是草莽(“茻、莽”古今字),会其意是草木丛生可牧养禽兽的场地。盖初民之社会是“焚林而田,竭泽而渔”(《淮南子·本经》)。而当进入奴隶社会后,人们已懂得刍秣种植和人工畜养禽兽,古文字“囿”便是其形象表现。这种“囿”属奴隶主贵族首领所有,范围一般方圆几十里至百里。所谓“天子百里,诸侯四十里”(《诗·大雅·灵台》“王在灵囿”毛传)。也有分“有百里,有七十里,有五十里”三等之说(见《白虎通》卷一)。传说上古有文王之囿。《孟子·梁惠王下》:“文王之囿,方七十里,刍荛者往焉,雉兔者往焉,与民同之。”谓文王之囿,打柴、割草和打猎的庶民皆可入内。《诗·大雅·灵台》又称:“王在灵囿,麀鹿攸伏。”(“麀鹿”,牝鹿。“伏”,孵伏。)此极状周文王之囿禽兽繁殖庶盛。囿至广,除了畜养禽兽,当然还可经营园圃,兼植果木。《大戴礼记·夏小正》曰“囿有见韭”、“囿有见杏”。囿四周有界垣,囿中或构筑宫室、亭台,“囿也者,园之燕者也”(《夏小正》)。(“燕”,安居之地。)故囿是奴隶主帝王和各级贵族首领观游、田猎、休憩的胜地。庶民自然被拒之于外,像“文王之囿”乃是掺带理想成分的传说,即实有其事,也属个别之例。殷纣王的沙丘之囿,是见于史书记载的我国第一个帝王园林。《史记·殷本纪》记纣王“益收狗马奇物,充仞宫室。益广沙丘苑台,多取野兽蜚鸟置其中。慢于鬼神,大聚乐戏于沙丘,以酒为池,县(悬)肉为林,使男女倮(裸)相逐其间,为长夜之饮”。汉刘向《说苑·反质》:“鲁筑郎囿,季平子欲速成,叔孙昭子曰:‘安用其速成也?以虐其民,其可乎?无囿尚可乎?’”可见君王筑囿,要耗费大量民力、财力。凡囿皆设官管理,周时有“囿人”,“掌囿游之兽禁,牧百兽”(《周礼·地官·囿人》)。囿是我国古代园林的滥觞。

“囿”之后乃“苑”,苑是封建帝王和王公大臣享用的园林。第一个称其名者乃“上林苑”。此苑囿秦惠文王时已有,秦始皇以为周文王都丰,武王都镐,丰镐之间乃帝王之都,遂效之于渭水之南,扩建上林苑,苑中建造离宫。在咸阳,作长池,引渭水,筑土为蓬莱山。《史记·李斯列传》:“于是乃入上林斋戒,日游弋猎。”此可证秦时已有上林旧苑,但秦时尚未称“苑”,汉代才有“上林苑”之称。至汉武帝整建、扩建上林苑,范围更大,周围数百里。张衡《西京赋》曰:“上林禁苑,跨谷弥阜,东至鼎湖……缭亘绵联四百余里。”并建离宫数十。《汉旧仪》:“上林苑中,广长三百里,置令丞左右尉。苑中养百兽。天子遇秋冬猎射,苑中取禽无数,其中离宫七十所,皆容千乘万骑。”(《太平御览》卷一九六引)又,《长安志》引《关中记》:“上林苑门十二,中有苑三十六,宫十二,观二十五。”武帝后,又有续建。上林苑著名的离宫有宜春宫、鼎湖宫、长杨宫、五柞宫、集灵宫、万岁宫等(清顾炎武《历代宅京记》卷四《关中二》)。除了上林苑,还有武帝所建“周回五百四十里,苑中起宫殿台阁百余所”的甘泉苑,专供武帝“往来游观,止宿其中”的御宿苑,为太子“通宾客”的博望苑,文帝为太子所立“客馆皆广庑高轩、屏风帏褥甚丽”的思贤苑等(以上据《三辅黄图》卷四)。此外,宣帝起乐游苑、东汉顺帝起西苑、桓帝起鸿德苑、显阳苑,东都洛阳有平乐苑等不下十处。其后,南朝宋建乐游苑、园圃苑等,皆名为“苑”，无一称“囿”。唐代，除豪奢无比的宫城“三内”外，又在长安城北构筑三苑：西内苑、东内苑、禁苑，方圆都在数十至百余里，苑内都有亭台楼阁、宫观园池。到明清时期，苑几乎可满足封建帝王的全部生活需要，听政、燕飨、观戏、读书、游观、田猎、祈祷、佛事、寝息，等等，均可在苑内进行。清代皇帝每年三分之二的时间在苑内度过。从康熙至咸丰诸帝，除乾隆外，全终寝于帝苑中。

帝王的园林由“囿”而称“苑”，名之易乃因物之变。盖“苑”者，从艸夗声，苑声即宛声，通𥁕声，有蕴积义。汉应劭《风俗通义》曰：“苑，蕴也，言薪蒸所蕴积也。”（《初学记》卷二四引）《方言》第十三：“宛，蓄也。”《广雅·释训》：“蜿蜿，蝹蝹也。”《荀子·富国》：“使民夏不宛暍。”杨倞注：“宛读为蕴。”《广雅·释器下》：“轒輐，车也。”即兵车。《墨子·备城》、《孙子·谋攻》皆作“轒辒”。“怨”是心中恨之积。《荀子·哀公》：“富有天下而无怨财。”“怨财”，积财。故苑也有蕴积之意。再从引申义看，“囿、苑”皆有汇聚义，即人或物的渊薮，多用于学术、文艺。南朝梁萧统《文选序》：“历观文囿，泛览辞林。”唐韩愈《复志赋》：“朝骋骛乎书林兮，夕翱翔乎艺苑。”但后多用“苑”而废“囿”。历代史书多有“文苑传”，记载文士的事迹，却无“文囿传”。“苑”亦用于今。此存汰的结果似也表明：“苑”更侧重于汇聚、蕴积。然则苑者，虽同于囿，皆是草木丛生可牧养禽兽的场地，但更具蕴积之状貌。据前所述，从秦汉开始的帝王之苑，广袤千百里，奇草名木、珍禽异兽、山珍海宝，聚积之盛，史无前例，非往昔之囿能比，唯有别出新意，易为新名“苑（蕴）”方可概其物、合其情。苑中的宫观楼阁，更是囿所未有。在自然与人工的奇景异观之中构筑大量奢华富丽之离宫别馆、亭台楼阁，正是封建帝苑的最显著特色。无疑的，从“囿”到“苑”，标志着帝王园林已从早期的圈划自然林薄以游观射猎的阶段进入到以广建离宫别馆、亭台楼阁为主体的人工园林的历史时期。

“囿”“苑”皆是帝王所用，带有宫禁色彩。“园”与之不同，乃私家园林之称。我国第一个私人园林是西汉梁孝王刘武（武帝弟）筑的“兔园”，据说此园方三百里，园中“有落猿岩、栖龙岫、雁池、鹤洲、凫渚、宫观”（据《太平御览》卷一九七）。“宫观相连，奇果异树、瑰禽怪兽毕备，王日与宫人、宾客弋钓其中。”（《西京杂记》卷三）宰相曹参、大将军霍光等均有私园。不过，上述均为达官贵族所为，真正民间的私人名园，最早可推汉时茂陵富人袁广汉的北邙园。此园以家童八九百人营筑于北邙山下，东西四里，南北五里，园中构石为山，高十余丈，横延数里；聚沙为洲，激水为波潮，奇禽怪兽饲养其中，嘉木异草艺植于内，“屋皆徘徊连属，重阁脩廊，行之移晷不能徧（遍）”（《三辅黄图》卷四）。汉以后，商贾、士大夫建的私园更是普遍。北魏杨衒之《洛阳伽蓝记》卷四记汉以后洛阳造园之盛：“于是帝族王侯，外戚公主，擅山海之富，居川林之饶，争修园宅，互相夸竞。崇门丰室，洞户连房，飞馆生风，重楼起雾，高台芳榭，家家而筑；花林曲池，园园都有。”这些私人园林，一般是照搬帝苑的模式。到了唐宋，真正形成了私人园林的独特艺术。宋李格非《洛阳名园记》记有唐宋时二十个府宅的园林：有以栽种花树擅长的花园，有利用某一自然风景加工构筑的风景园林，有仿天然山水景物的纯人工园林。宋孟元老《东京梦华录》记北宋汴梁百姓可探春游观的名园有十几座。到了明清之时，私家园林几乎遍及全国。以南京、苏州、扬州、杭州诸地为代表的江南园林，广州地区的岭南园林，均著称于世。无锡寄畅园，苏州留园、拙政园，皆是其中佼佼者。私家的园，与帝王的苑一样，也是他们生活起居部分的延伸。大都设在城内或近郊。

"园"还包括宗教祭祀园林，指宗教、祭祀和陵寝建筑园林。一般选建在天然山林中，以利用自然环境，创造一种幽雅、肃穆的气氛。其祭祀建筑的布局采用传统的三进宫殿、衙署和宅院沿中轴线对称配置的形式，构成一所寺庙。寺庙中，营造一些园林及供人休憩、静思的场所。还有一种公共游豫园林。唐代泛舟游宴的曲江池，从中唐李泌挖六井、白居易筑湖堤为发端的杭州西湖，皆是著名的公共游豫园林。如曲江池，是历史上都城公共游豫园林的首创。平时居民皆可观赏，而逢进士登科，皇帝赐宴杏园，进士及第者游于曲江，题名大雁塔下；于中和（农历二月一日）、上巳（三月三日）、重阳（九月九日）三节日，皇帝也赐宴群臣，居民倾城而至，车水马龙，煞是壮观，颇有皇帝"与民同乐"的情味。诗圣杜甫诗中有多首曲江抒怀，讽喻皇室的名作。《同诸公登慈恩寺塔》诗："高标跨苍穹，烈风无时休。自非旷士怀，登兹翻百忧。"（"慈恩寺"即大雁塔。）《丽人行》："三月三日天气新，长安水边多丽人。"《曲江》诗之一："江上小堂巢翡翠，苑边高塚卧麒麟。"又诗之二："朝回日日典春衣，每日江头尽醉归。"曲江游胜，成为唐代许多诗人乐为咏题的内容。由上可见，在园林之域，"园"是私人府宅园林、宗教祭祀园林和公共游豫园林的总称，它与帝王的园林苑囿相对。但是，到了清代，"园"也可称帝王御苑，康熙的畅春园、静明园，雍正所创圆明园，乾隆建长春园、万春园、清漪园（即后之颐和园）等。这标志着帝苑发展到了能满足帝王朝政、游观、寝息等全部生活要求的综合型的宫苑。于是，"园"取代了"苑"，"园"字终于牢笼万园，成为所有园林的总称。

参考文献

[1] 陈直：《三辅黄图校证》，陕西人民出版社，1982 年 3 月。

[2] 刘策等：《中国古典名园》，上海文化出版社，1984 年 11 月。

[3] 本书编写组：《中国建筑史》，中国建筑工业出版社，1982 年 7 月。

[4] 刘策：《中国古代苑囿》，宁夏人民出版社，1983 年 5 月。

[5] 阎长城、晓鹏：《中国古建筑园林观赏》，知识出版社，1986 年 7 月。

[6] 金学智：《中国园林美学》，江苏文艺出版社，1990 年 3 月。

[7] 徐卫民：《秦汉上林苑》，《中国文物报》1991 年 5 月 19 日。

215. 赙·赗·禭

“赙(fù)”，送丧主治丧用的车马、布帛、财物的总称。“赗(fèng)”，送死者的随葬物品；也可泛指送丧主的衣被、车马、货财。“禭”，向丧主所赠给予死者的衣被；可作动词。

【同义】

《小尔雅·广名》：“馈死者谓之赗。”《广韵·去送》：“赗，赗赙。”又《去遇》：“赙，赠死也，助也。”《荀子·大略》：“赠禭所以送死也。”《礼记·文王世子》：“至于赗赙承含，皆有正焉。”汉班固《白虎通·崩薨》：“欲闻之加赗赙之礼。”《晋书·王导传》：“赗禭之礼，一依汉博陆侯及安献王故事。”“赗赙”、“赗禭”皆同义连用，泛指馈人助葬之财物。

【辨释】

《公羊传·隐公元年》称述送人治丧的财物曰：“车马曰赗，货财曰赙，衣被曰禭。”《穀梁传·隐公三年》：“归死者曰赗，归生者曰赙。”(“归”，通“馈”。)“赙”字旧注甚歧。《荀子·大略》：“货财曰赙。”与上引《公羊传》同。而《集韵·去遇》：“赙，助也，所以赠终，布帛曰赙。”又，《穀梁传·隐公元年》：“钱财曰赙。”《礼记·檀弓上》：“使子贡说骖而赙之。”(“说”，脱。)郑玄注：“赙，助丧用也。”则指车马。按，“赙”从贝尃声，尃声从甫声，声兼义。甫声字有附益义。“餔”是朝食之补。“俌”就是辅助。“辅”是“人颊车”，所谓颊辅，朱骏声等认为朔义为“木夹车”，防车倾倒，也有附益意。“傅”是辅相。“赙”也有附益即辅助之意。《太平御览》卷五五〇引《春秋说题辞》曰：“知生则赙，知死则赗。赙之为言助也。”《周礼·秋官·小行人》：“若国札丧，则令赙补之。”(“札”，遭瘟疫而死亡。)郑玄注引郑司农曰：“赙补之，谓赙丧家，补助其不足也。”综其声义与诸家训释可知：“赙”者，馈赠补助生者(丧主)供治丧所用的总称，车马、财物、布帛等均可包括在内，但主要指钱财。《礼记·檀弓上》：“既葬，子硕欲以赙布之余具祭器。子柳曰：‘不可。吾闻之也，君子不家于丧，请班诸兄弟之贫者。’”意为：将母葬后，长兄子硕欲将他人所赠资助治丧钱财之剩余者购置祭器，其弟以为不可，因君子不能以治丧之利长家财，即郑玄注所谓“恶因死者以为利”，故应分财于邻里乡党中贫困者。此节文意将“赙”的内容、作用表现得很清楚。《后汉书·皇后纪下·孝崇匽皇后》：“赙钱四千万。”《杜诗传》：“诏使治丧郡邸，赙绢千匹。”封建社会盛行厚葬，其赙费甚巨，尤其是朝廷对命官的官赙，即朝廷所赐的丧葬费。《后汉书·羊续传》记羊续将死，“遗言薄敛，不受赗遗。旧典，二千石卒官赙百万，府丞焦俭遵续先意，一无所受”。《太平御览》卷五五〇引《齐书》曰：“江敩卒，遗令不受赙，诏赙钱三万、布百匹，子蒨启遵敎命不受。诏嘉美之。”如此廉洁者当是少数。

《说文新附》："赗，赠死者，从贝从冒。冒者，衣衾覆冒之意。"《太平御览》卷五五〇引《春秋说题辞》曰："赗之为言覆也。"《公羊传·隐公元年》："赗者何？丧事有赗，赗者，盖以马，以乘马束帛。"束帛可作衾被等冒覆物。《左传·隐公元年》："天王使宰咺来归惠公仲子之赗。"《仪礼·既夕礼》："公赗，玄纁束马两。"（"纁"，浅红色。）《礼记·少仪》："赗马入庙门。"然则赗者，是赠送死者用来助葬冒覆之物，如衣被、盖巾、车马、珠玉玩好等。被衾等覆盖死者之身，车马、珠玉玩好是死者的陪葬物。今所见商周许多墓葬都有车马坑。河南安阳大司空村、殷墟西区等地发掘到多座商代车马坑，一般坑内埋一车二马，马置于独辀两侧，车轮卸下嵌入固定的槽内。在陕西沣西张家坡一带已发掘和清理了十余座西周时期的车马坑，一般一坑埋一车二马，多者埋四车，有的还有殉葬的御仆。这些陪葬的车马可能有当时他人赠送的赗物。扩大之，"赗"也可泛指赠送丧主的衣被、车马、货财，故与"赙、襚、赠"等可同义连用。《后汉书·羊续传》："遗言薄敛，不受赗遗。"又《皇后纪下·桓帝邓皇后》："宣卒，赗赠葬礼，皆依后母旧仪。"《新五代史·姚顗传》："（顗）卒，年七十五。卒之日，家无余赀（资），尸不能敛，官为赗赠，乃能敛。"与"赙、襚"连用例见文首引。

"襚"，从衣遂声，"遂"与"遗（wèi）"同声源。《太平御览》卷五五〇引《春秋说题辞》曰："衣被曰襚。……襚，遗也。"《公羊传·隐公元年》："衣被曰襚。"何休注："襚犹遗也，遗是助死之礼。"故"襚"专指向丧主所赠予死者的衣被。死者所穿的衣称为"襚服"。《后汉书·杨赐传》："其月薨。天子素服……赠东园梓器襚服，赐钱三百万，布五百匹。""襚"也可作动词，指向丧主赠送给予死者的衣被。《说文·衣部》："襚，衣死人也。……《春秋传》曰：'楚使公亲襚。'"《仪礼·士丧礼》："君使人襚……襚者左执领，右执要（腰），入升致命。""襚"还可泛指送活人的礼物。《西京杂记》卷一："赵飞燕为皇后，其女弟在昭阳殿遗飞燕书曰：'今日嘉辰，贵姊懋膺洪册，谨上襚三十五条，以陈踊跃之心。'"其"襚"包括帽、衣、裙、被、炉、香灯等衣着日用之物。

216. 棺·椁(槨)·榇·椑·槥·椟·柩

棺最早产生于奴隶社会，早商奴隶制大中型墓已有棺椁相配，至周代形成严格的棺椁等级制。天子的墓葬从棺椁结合的木椁墓发展为石椁墓，最后变为豪华的地宫。“棺”，奴隶主王室所用木制葬具；棺材总称；特指内棺。“椁”，外棺。“榇(chèn)”，贴身内棺。“椑(bì)”，天子用的贴身内棺。“槥”，小棺泛称。“椟”，仅能容身最陋薄的小棺。“柩”，已放尸体之棺。

【同义】

《说文·木部》：“榇，棺也。”“槥，棺椟也。”《广雅·释器》：“椟，棺也。”《墨子·节葬下》：“王公大人有丧者曰棺椁必重。”《史记·匈奴列传》：“其送死，有棺槨金银衣裘。”《汉书·成帝纪》：“其为水所流压死，不能自葬，令郡国给槥椟葬埋。”《太平御览》卷五五〇引《东观汉记》：“舡(船)触石破没，范(廉范)持棺柩遂俱沈溺。”宋沈括《梦溪笔谈·杂志二》：“侍御史知杂事章频使辽，死于虏中，虏中无棺榇。”“棺槨、棺柩、槥椟、棺榇”均同义连用，泛指棺材。

【辨释】

《说文·木部》：“棺，关也，所以掩尸。”《释名·释丧制》：“棺，关也，关闭也。”此以“关”为声训。汉班固《白虎通·崩薨》：“棺之为言皃(貌)，所以藏尸令皃全也。”以“皃”为声训。《广雅·释诂四下》：“棺，完也。”又谓得声义于“完”。按，诸训皆未得其朔义。从人类的文明史看，丧葬是鬼魂崇拜的主要形式。在原始社会初期，本无鬼魂观念，人之死与牲畜无异。《孟子·滕文公上》：“盖上世尝有不葬其亲者，其亲死，则举而委之于壑。他日过之，狐狸食之，蝇蚋姑嘬之。”尔后有了最初的鬼魂观念，以为尸体是鬼魂寄宿的本体，为取好于鬼神，遂产生了简单的瘗葬：挖一土穴将死者投入，用树枝遮掩，以泥土覆盖。《礼记·檀弓上》：“吾闻之，古不脩墓。”《易·系辞下》：“古之葬者，厚衣之以薪，葬之中野，不封不树。”“尧葬蛩山之阴，舜葬南己(纪)之市，禹葬会稽之山。”(《墨子·节葬下》)皆此。之后，又发展为集体墓葬。西安半坡村250个墓葬，按照不同年龄划分墓地。裴李岗的上百座墓葬更明显表现出按氏族集团集中埋葬的特色。初民们以为这样可使鬼魂也如活人一样过人间的社会生活。其时也无棺椁。而当原始社会末期进入父系制后，就产生了对男性生殖器和祖先的崇拜。陶祖和石祖的出现，标志着祖先崇拜的兴起。先是崇拜氏族和部落的共同祖先。当家庭制度确立后又产生了一个或几个家庭联合的祖先崇拜。此种崇拜有效地巩固发展了血缘关系内部的团结和私有制，促进了奴隶社会的诞生。而一进入奴隶社会，奴隶主便垄断了对氏族和部落共同祖先的祭祀权，于是产生了宗庙、棺椁、祭祀等一系列丧、祭之礼制，此成于商代。《礼记·檀弓上》:“有虞氏瓦棺,夏后氏塈周,殷人棺椁。”《太平御览》卷五五二引《古史考》亦曰:“汤作木椁易土塈。”按,“瓦棺”者,陶质容器,“棺”是后称,实是棺的雏形。“塈”,烧土。“塈周”者,“凿土为陶冶之形,大小得容棺”(孔颖达疏),据此,得谓椁的雏形。而“殷人棺椁”,孔颖达疏:“殷则梓棺替瓦棺,又有木为椁替塈周。”即谓至殷商正式形成棺椁之制。文中所谓“氏”,是原始部落首领之称,“人”,也是指称奴隶主首领及其代表的王室贵族(战国以前“人”与“民”有别)。今考古发掘与此若合符节。从发掘的早商时期墓葬看,凡大中型者,墓室面积大,陪葬礼器多,兼有人殉,都是有棺有椁。如湖北黄陂盘龙城的李家嘴 M2 中型墓,一棺一椁,椁是雕花木椁板,并刻饕餮纹、云雷纹。这表明商初中型墓已用雕花木椁。而早商的小型墓今发掘者数量甚多,均无殉人。其中墓室在 2—5 平方米者,16 座有棺无椁;在 2 平方米以下者已发现 61 座,均无棺无椁。前者“有起码的成套铜礼器,且约有三分之一以上的人是战士,他们的身份或已接近末流贵族,至少也应该是自由民中的上层人物”。而后者是极贫穷的自由民,“因而随时可能下降为奴隶”。至于奴隶,还不能正常的墓葬,只配做大型墓中的殉葬人(见《商周考古》第二章五节)。因此,民俗、宗教、文献与考古发掘都一致地表明:“棺”是以商代为标志的奴隶制的产物(夏末,或已发其端),是奴隶制葬礼的中心环节,棺专用于奴隶主首领及其家族。据此,“棺”当从木、官,官亦声。官本指官府即王室,故会其意:奴隶主王室所用木制葬具为“棺”。“椁”或作“槨”,是棺的延伸,为外棺。《释名·释丧制》:“椁,廓也,廓落在表之言也。”“郭”有外附义,椁之于棺,犹郭之于城。唯此,椁的性质与棺同,“棺椁”结合而行。

虽然最早的棺从奴隶主首领及贵族而起,但鬼魂观念不限于王室贵族,故即在商初,棺已不限用于王室之人。上举考古发掘所见一些有棺的小型商墓即其证。唯棺椁之施只限于上层的奴隶主贵族。到了周代,棺更为普及,平民都可以“衣衾三领,桐棺三寸”(《墨子·节葬下》)。但棺椁的等级制亦于此时而备。“王公大人……棺椁必重,葬埋必厚,衣衾必多,文绣必繁,丘陇必巨。”“此为辍民之事,靡民之财,不可胜计也。”(同上)《庄子·天下》:“天子棺椁七重,诸侯五重,大夫三重,士再重。”《礼记·檀弓上》:“天子之棺四重,水兕革棺被之,其厚三寸,杝棺一,梓棺二,四者皆周……柏椁以端长六尺。”《丧服大记》:“君大棺八寸,属六寸,椑四寸;上大夫大棺八寸,属六寸;下大夫大棺六寸,属四寸;士棺六寸。”综礼书所言,天子之棺,由内而外的各层(所谓“重”)分别为:最里是兕、革棺,即水牛皮、兕皮各厚三寸,此一重。其外杝棺厚八寸,“杝”或作“椸”,即白椵木,似白杨,此二重。其外,属棺厚四寸,此三重。最外,大棺厚六寸,此四重。属棺、大棺皆用梓木。总厚二尺四寸。诸侯、上公之棺去革皮,则总厚二尺一寸,凡三重;上大夫去兕革,则总厚一尺八寸,凡二重;下大夫唯属棺与大棺共厚一尺;士不重,唯一棺六寸。而卿大夫之犯罪者,与平民同,桐棺三寸、衣衾三领(见《左传·哀公二年》)。桐木易朽,故以为罚。《庄子》称天子棺七重,盖将水、兕革分为二,又连外椁而言。椁木必须粗大,天子用黄心之柏,每段长六尺、方一尺,两端连接的榫头用两头大中央小的“衽”排列紧凑,称为“黄肠题凑”。棺木必须上漆。棺木板的结合不用钉(其时无钉),

也用“衽”,汉代称“细要”,即是“榫头”。礼经对于漆色、衽的多少均有等差的规定。棺、椁的结合大致是:将粗大整齐的大木或厚板用榫卯制成扁平的大套箱,下有底,上有盖,套箱分格成厢,椁中盛进棺,左右上下各厢内放置殉葬品。

今考古发现提供了远比文献记载生动、丰富的实证。1986 年发掘的陕西凤翔秦公一号大墓,呈中字形倒金字塔,墓深 24 米,墓道长 270、宽 7 米,椁室有 90 多平方米。“主椁室共有三层,每层五十六根椁木,最长的椁木达六米,重约八百多斤,而且木头坚硬、黄亮。”(《人民日报》1986 年 5 月 2 日电讯)椁木为一色的优质松木,榫头即“衽”,长约七寸许,一眼望去,“横排椁木两端中心部位均有排列整齐的长木形榫头”,而且椁木凡节处皆剜去,浇注金属,至今犹有光泽。(《人民日报》1986 年 5 月 3 日电讯)此是今所见最早的“黄肠题凑”。秦公(据考是秦景公,距今约 2500 年)乃僭用天子之制。其用金属浇注木结更为文献所不载。湖北随县擂鼓墩战国曾侯乙墓,墓坑内置大木椁,椁内外空隙处铺木炭,总计 12 万斤以上,木炭上再铺青膏泥。椁分四室,上铺盖板共 94 块。底板铺法与盖同。全椁室用木 380 立方米。椁之东室中部置主棺,四周置陪棺 8 具,狗棺 1 具。主棺为二重,外棺长 3.2、宽 2.1、高 2.19 米,内棺长 2.49、宽 1.27、高 1.32 米。内外棺均饰以精美漆绘,并都用“衽”连接。1972 年发现的长沙马王堆轪侯墓,1 号墓三椁三棺,由大而小,层层套合。2 号墓为二棺一椁,3 号墓三棺一椁。1974 年北京丰台郭公庄发现的西汉燕王旦陵墓,五重棺两层椁,也是“黄肠题凑”。凡此,均是僭制的棺椁厚葬。

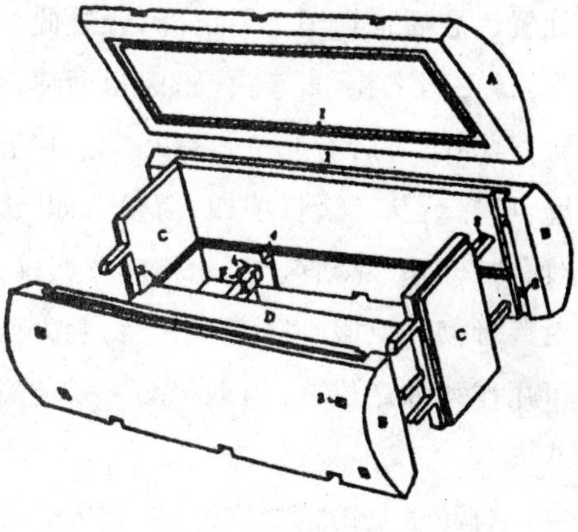

战国棺椁示意图

事实表明,从殷商开始至西汉时期以奴隶主和封建帝王陵墓为代表的墓葬,主要盛行多重棺椁组合的大型木椁墓。而从东汉起,由于砖石建筑技术的发展,帝王陵墓及一般贵族的厚葬,开始流行砖石墓,称为“石椁”。到明清时帝王的陵墓发展为构筑豪华的地宫,其布局完全仿照“前朝后寝”之制,在“后寝”即后殿中置帝王及皇后之棺,如已开放的明十三陵定陵地宫,清东、西陵地宫。砖石墓室、地宫是继上古秦汉木椁而更为奢豪的发展,不仅可以防火、防蚀、防潮、防盗,而且能将帝王生前的生活模式纳入这一大“椁”,将祖先崇拜与帝王的权威推向新的高峰。

棺葬是中华民族安葬死者的主要形式,唯帝王、贵族更为豪奢而已,故“棺”通贯古代,并延用于今,是棺材总称。而外棺“椁”之制,盛行于东汉以前,故“椁”之见于文献也主要在南北朝以前,尤其是上古、秦汉。《论语·先进》:“颜渊死,颜路请子之车,以为之椁。子曰:‘……鲤也死,有棺而无椁。吾不徒行,以为之椁。……’”《左传·成公二年》:“宋文公卒,始厚葬。……椁有四阿,棺有翰桧。”《太平御览》卷五五二引《东观汉记》曰:“明帝自制石椁,广丈二尺,长二丈五。”《魏志》曰:“东沃沮其葬作大木椁,长十余丈,开一头作户,举家皆共椁。”

《豫章记》曰:“艾县有一塚,凿青石以为椁。”从东汉起文献中常见“石椁”之称,由此也可见东汉起砖石墓已开始取代木椁墓。

“榇”,或以为古者以梧桐木为棺,梧桐也称“榇”,故棺可名“榇”(见《尔雅义疏·释木》)。此未达其堂奥。按,字从木亲声,声兼义。《左传·襄公二年》:“穆姜使择美槚,以自为榇与颂琴。”杜预注:“榇,棺也。”孔颖达疏:“榇,亲身棺也。以亲近其身,故以榇为名焉。”故“榇”是直接亲近身体之棺。常用于从上古至中古的一种降仪,实是一项仪物。《左传·僖公六年》:“许男面缚衔璧,大夫衰绖,士舆榇。”据楚大夫逢伯的解释:“昔武王克殷,微子启如是。武王亲释其缚,受其璧而祓之,焚其榇。”降君“舆榇”,即以丧车载棺柩,以示生死予夺,悉凭处置。故后世亡国之君出降,皆袭此“舆榇”仪式。《晋书·王浚传》记吴孙皓降王浚的情景:“乃备亡国之礼,素车白马,肉袒面缚,衔璧牵羊,大夫衰绖,士舆榇……造于垒门。”至唐五代犹存此礼。《册府元龟》卷四二七引《五代史》记前蜀王衍之降:“素衣牵羊,草索系首,肉袒衔璧,舆榇后从。”诸仪项如“衔璧”,即“饭含”,死者所含珠玉;“衰绖”是丧服;“牵羊”表示驯服;“面缚”即系颈缚首。与此相应,“舆榇”则是丧车载棺柩。诸仪项相合皆表示:愿亡国之身,对胜者彻底臣服。降者行礼后,胜方就“焚其榇”,表示愿意受降(参黄金贵文)。此种降仪也可用作死谏之仪。《周书·颜之仪传》记之仪子颜远见宣帝昏暴滋甚,“乃舆榇诣朝堂,陈帝八失”。

“椑”也是内棺之称。《礼记·曾子问》:“三年之戒,以椑从。”郑玄注:“亲身棺曰椑。”孔颖达疏:“椑虽亲身,天子椑内犹有水兕……诸侯以椑为亲身也。”按,孔疏未确。上古天子用椑,诸侯用榇。《檀弓上》:“君即位而为椑,岁壹漆之,藏焉。”郑玄注:“椑,谓杝棺亲尸者。椑者,坚著之言也。”《太平御览》卷五五一引《唐书》曰:“玄宗开元二十年自东都幸太原,至太行坂路隘,逢椑车,问左右曰:‘车中何物?’左右奏曰:‘礼,天子出,则载椑车,以从先王之制也。’上曰:‘焉用此?’命焚之。无椑,自此始也。”此事又见唐刘肃《大唐新语》卷十《釐革》。由上可知,古制,皇帝一即位即制内棺,每年上漆一次,示“存不忘亡”;外出时载此随行,称椑车,至玄宗一言而废此制。然则“椑”之称内棺,专指天子用的寿棺,且是水兕革之外的第二重棺。

“槥”从木彗声,彗声有小义。“嘒”,小声;“鏏”,小鼎;“繐”,蜀细布。“槥”亦指小棺(参《广雅疏证·释器》“轊,軎也”条)。《广韵·去祭》:“槥,小棺。”《汉书·高帝记下》:“令士卒从军死者为槥,归其县,县给衣衾棺葬具。”颜师古注引应劭曰:“(槥),小棺也。”《汉书·韩安国传》:“士卒伤死,中国槥车相望。”颜师古注:“槥,小棺也。从军死者,以槥送致其丧,载槥之车,相望于道,言其多也。”《续汉书·五行志》:“……李娥年六十余,物故,以其家杉木槥敛瘗于城外数里。”“槥”是小棺的泛称。

“椟”也是小棺。上引《汉书·高帝纪下》句应劭又曰:“(槥)今谓之椟。”“槥椟”常同义连用(例见文首引)。但其别也可究知。按,《说文·木部》:“椟,匮也。”而《匚部》:“匵,匮也。”朱骏声按:“当为椟之重文。”(《说文通训定声·需部》“匵”字)《论语·子罕》:“有美玉于斯,韫匵而藏诸？求善贾而沽诸?”陆德明释文:“匵,本又作椟。”《论语·季氏》:“龟玉毁于椟中。”又,《左传·昭公七年》:“赂以瑶罋玉椟斝耳。”故“椟”之义为匮,盛物器。常盛珠玉,则容积甚小。《左传·昭公二十九年》:“卫侯来献其乘马,曰启服。堑而死,公将为之椟。”杜预注:“为作棺也。”此所谓“椟”虽大于盛珠玉之匮,但亦为仅容一马之木匣,并非按葬人之棺的规格作棺,故文喻称“椟”,而不称“棺”。《汉书·杨王孙传》:“昔帝尧之葬也,窾木为匵,葛藟为缄。……故圣王生易尚,死易葬也。”颜师古注:“匵即椟字也。椟,小棺也。”盖尧之时尚无衽(榫接)之用,不能拼接木板,所葬之匵乃凿空原木而成,大小仅能容身,远不及后世棺椁之棺,故以“匵”称。《北史·源贺传》记贺病笃时遗令诸子曰:“吾终之后,所葬时服单椟,足申孝心,芻灵明器一无用也。”此“椟”当然也指仅足容身之陋棺。可见,“椟”所指乃是仅能容身的简陋小棺。

“柩”,特指有尸之棺。《释名·释丧制》:“尸已在棺曰柩。柩,究也。送终随身之制皆究备也。”《礼记·曲礼下》:“在床曰尸,在棺曰柩。”《礼记·檀弓下》:“君遇柩于路,必使人吊之。”汉应劭《风俗通义·正失》:“袁贺早失母,(父彭)不复继室。……及临病困,敕使:‘留葬,侍卫先公。慎无迎取汝母丧柩。’”

参考文献

[1]《长沙马王堆一号汉墓发掘简报》,文物出版社,1972 年 7 月。
[2]《随县曾侯乙墓》,湖北省博物馆编印,1979 年 7 月。
[3] 朱天顺:《中国古代宗教初探》,上海人民出版社,1982 年 7 月。
[4] 罗哲文、罗扬:《中国历代帝王陵寝》,上海文化出版社,1984 年 11 月。
[5] 邓子琴:《中国风俗史》,巴蜀书社,1988 年 3 月。
[6] 北大历史系考古教研室商周组:《商周考古》,文物出版社,1979 年 1 月。
[7] 黄金贵:《“面缚”考》,《文史》第 23 辑,中华书局,1987 年 5 月。

217. 墓·坟·茔(营)·垄(壠、陇)·丘·冢(塚)○祠堂

早在旧石器时代有了墓。春秋晚期有了坟。"墓",指地下的葬室;坟墓总称。"坟",指坟头,即地面上砌垒的土丘。"垄",坟出现后对坟墓的最早称名。"丘",山丘状坟墓;常与他词同义连用,为坟墓泛称。"冢","垄"之后对坟墓的通称。汉代盛行"上冢"墓祭之礼,故西汉中期在坟墓前出现祠堂建筑。"茔(yíng)",指墓地,即坟墓所在的地域。

【同义】

《广雅·释丘》:"墓,冢也。"《说文·土部》:"坟,墓也。""茔,墓地。"(从段注)《小尔雅·广名》:"垄,茔也。"《方言》第十三:"冢,秦晋之间谓之坟。"郭璞注:"冢或谓之壠。"《吕氏春秋·孟冬纪》:"营丘垄之小大高卑。"高诱注:"丘,坟;垄,塚也。"晋陆机《门有车马客行》:"坟垄日月多,松柏郁芒芒。"《三国志·吴志·孙奋传》:"扫除坟茔。""丘陇"、"坟垄"、"坟茔"皆同义连用,泛指墓葬地。

【辨释】

根据考古发掘资料,距今约一万八千年的北京房山周口店早期山顶洞人已有了公共墓地,他们在死者身边撒布赤铁矿的粉粒,随葬燧石、石器、石珠等在世所用的生产工具和生活用具。这种简易的公墓制延续了很长时期。在西安半坡村、陕西宝鸡北首岭等五千年前母系氏族公社后期的仰韶文化遗址中,均有大量合葬墓发现。至原始社会末期,随着氏族组织的解体和一夫一妻制的确立,出现了夫妇合葬墓、全家合葬墓、单人葬墓。到商周奴隶制盛世,盛行宗族为单位的墓葬制,其时有按贵族爵等和宗法关系而葬的"公墓",有集体安葬的"邦墓"。不论"公墓"或"邦墓",每个人的安葬都必须按礼制规定次序来排列。墓葬的等级差别主要体现在墓室中棺椁的重数和随葬品的多寡,如"天子棺椁七重,诸侯五重,大夫三重,士再重"(《庄子·天下》),而不是墓葬的地面表现。当时无论尊卑贵贱,其墓葬一无地面标志。殷墟,作为盘庚迁殷后的殷都,诸奴隶主帝王如此挥霍奢侈,但其墓葬在地面也无些许痕迹。西周时期,中原地区诸多土坑竖穴墓葬也是如此。长江以南的东南地区,如江苏金坛、安徽屯溪等地发现的一些西周墓葬,上有圆形封丘,乃是由于所处地势低下,不宜下挖土坑竖穴,故在平地铺卵石、木炭等作墓底,墓既在地上,遂掩覆封土而成坟丘。此是因地制宜,通例还是有墓无坟。故《礼记·檀弓上》曰:"古也墓而不坟。"郑玄注:"墓谓兆域。今之封茔也。"《方言》第十三:"凡葬而无坟谓之墓,所以墓谓之墲。"盖"墓"与"无"同声源。"墓"

者，无也，埋于地下，地面平平无物。以后“墓”虽然成了“坟”、“陵”等的总称，但狭义还是指地下的葬室。

商周的墓室，主要是木椁墓，墓室有羡道，即地面通向墓室的斜坡道，天子东、南、西、北四出羡道，诸侯只南、北两出羡道，再下则不能设羡道，是一般的竖穴土坑。河南信阳长台关，湖北随县（今随州）战国楚墓，均是保存较好的木椁墓。至西汉后期，凡豪富的墓穴已筑成像地上宅院式的砖室墓、石室墓，通常建几个墓穴，上是拱形券顶，墓道普遍是斜坡式或阶梯式。如20世纪60年代初发掘的弘农太守张伯雅墓即如此。其墓在河南打虎亭西，有两座大墓，均有墓门甬道，前室、中室、后室、南耳室、东耳室和北耳室。墓门是整凿的石门，墓室墙、券顶，均以石材大砖沉砌。西汉墓前已始有华表。东汉更有墓碑、石阙、石楼、石马、石羊、石狮等。至南北朝出现了放在墓室的墓志铭，墓穴之上有地面附属建筑。发展到后世，帝王的陵墓都是一座座地下宫殿（参第218条）。

“墳（即坟）”字从土賁声，声兼义。从賁声之字多有高、满义，如“愤”是气之满，“喷”是水之涌，“膹”是多汁的肉羹，“坟”，则是土之高。坟的本义是高地、堤岸。《楚辞·九章·哀郢》：“登大坟以望远兮。”王逸注：“水中高者为坟。”文首引《方言》第十三之语，郭璞注：“坟，取名于大防也。”防即是堤岸。引申为墓葬之上起封土，即是墓上之坟。墓上起坟意在有标志，以便识别。盖春秋以前，“死徙无出鄉”（《孟子·滕文公上》），耕者“下殇土周葬于园”（《礼记·曾子问》），不论尊卑，均就田埋葬。而至春秋中晚期，随着井田制的破坏，社会政治经济交往增多，人员流动频繁，葬地距居室始远，一些贵族“葬必于高陵之上，以避狐狸之患，水泉之湿”（《吕氏春秋·节丧》），即葬于高燥处以图安固。于是，有起坟以识别之必要。《礼记·檀弓上》：“孔子既得合葬于防，曰：‘吾闻之，古也墓而不坟；今丘也，东西南北之人也，不可以弗识也。’于是封之，崇四尺。”孔子三岁丧父，当长大后欲祭祀其父，却不见乃父之墓地；一俟寻见，遂在墓上起四尺高之封土以标识。据孔子所见，当时已有四种坟头：或四方而高，或狭长而高，或四方广阔而两旁尖削，或狭长而两旁尖削（说见《礼记·檀弓上》）。可见春秋晚期，坟已不罕见。今考古发现，亦得到印证。如河南固始侯古堆的春秋宋墓，坟丘高达7米，直径55米（见《文物》1981年第1期《河南固始侯古堆一号墓发掘简报》）。从战国起，古籍中“坟”字习见，侧重指高出地面的坟头，即地面上砌垒的土丘。《墨子·七患》：“生时治台榭，死又修坟墓。”汉张衡《思玄赋》：“睹有黎之圮坟。”“有黎”，祝融氏。“圮坟”，毁坏的坟头。坟的高度有等级差别。《太平御览》卷五五七引《礼统》曰：“天子坟高三仞，诸侯半之，卿大夫八尺，士四尺。”按，此东汉纬书之论，其高度与汉制不合。汉制天子陵墓坟高十二丈，诸侯王坟墓高五至八丈。实际测计，汉高祖长陵高十三丈，汉景帝阳陵高十四丈，汉武帝茂陵高二十丈（参杨宽书67页）。此外，据考，关内侯坟高三丈五，庶人坟高一丈五（参孔广森《礼学卮言》卷六）。坟之形，唐以前皆以方形为贵，皇族陵墓可使用方形，一般的达官贵族皆圆锥形。至明太祖营筑孝陵，改为圆形。此后，无论帝陵，还是庶民之坟，皆是圆锥形、馒头形。

《说文·土部》：“塋（茔），墓地，从土、营省，亦声。”（从段校）段玉裁曰：“茔之言营也。营者，帀居也，经营其地而葬之，故其字从营。"段说是。按，"茔"和"营"多通。《礼记·月令》："（孟冬之月）审棺椁之薄厚，茔丘垄之大小。"其"茔"，《吕氏春秋》《淮南子》皆作"营"。"茔"即"营"，度量。经营者，南北为经，东西为营，故"茔"着重指坟墓所在的地域。《广雅·释丘》："茔，葬地也。"《汉书·霍光传》："太夫人显改光时所自造茔制而侈大之。"颜师古注："茔，墓域也。"《后汉书·栾巴传》："茔域所极，裁二十顷。"《潜夫论·浮侈》："良田造茔，黄壤致藏，多埋珍宝偶人车马，造起大冢，广种松柏，庐舍祠堂。""造茔"，谓营建墓地，茔上造筑大冢。《汉书·张安世传》："（宣帝）赐茔杜东将作穿复土，起冢祠堂。"谓赐茔上起冢。"茔"，专指冢墓之地域。

"垄"，或作"壠"、"陇"。《集韵·上腫》："壠，亦书作垄，通作壠。"字从龙声，龙声通夆声，有高义，故其本义是丘垄，即田埂。《战国策·齐策三》："使曹沫……与农夫居垄亩之中，则不若农夫。""垄亩"或作"壠亩"。引申为坟墓之称。"垄"是当坟出现后，对坟墓最早的称名，指称高出地面的坟与墓，即坟头墓。《礼记·曲礼上》："适墓不登垄。"谓之"登垄"，可见墓上有坟。《吕氏春秋·安死》："今有人于此，为石铭置之垄上。"《史记·田单列传》："燕军尽掘垄墓。""垄"主要用于战国时期，秦以后偶或承古而用。《新唐书·后妃传上·长孙皇后》记其语："妾生无益于时，死不可以厚葬，愿因山为壠，无起坟，无用棺椁。"

《说文》部首："丘，土之高地，非人所为也。"即丘本义指天然的山丘。喻称坟墓。"丘者，积土高大象丘山之形。"（孙诒让《周礼·春官·冢人正义》）《方言》第十三："冢，自关而东谓之丘，小者谓之塿，大者谓之丘。"故可喻王者之墓。但用作王者之墓，"陵"胜于"丘"，于是"丘"多作一般坟墓之称，单用也少。《礼记·曲礼下》："为宫室，不斩于丘木。"郑玄注："丘，垄也。"《后汉书·崔骃传》："吴札结信于丘木。""丘"即垄、冢。《史记·吴太伯世家》作"系之徐君冢树而去"。此为少见的单用例。一般都要与他词连用而见义，为坟墓泛称。《吕氏春秋·安死》："世之为丘垄也，其高大若山，其树之若林。"《史记·范睢蔡泽列传》："今睢之先人丘墓亦在魏。"汉班昭《东征赋》："民亦尚其丘坟。"晋潘岳《杨荆州诔》："退守丘茔，杜门不出。"《宋史·韩综传》："民争操舟栰以救，已而丘冢多溃。"

《说文·勹部》："冢，高坟也。"后起字为"塚"。冢声之字，多有大义。《尔雅·释诂上》："冢，大也。""冢子"，长子。"冢君"，大君，周代敬称列国君主。"冢宰"，周代六卿之首。由大可引申为高，故"冢"可指山顶。《释名·释丧制》："冢，肿也，象山顶之高肿起也。"《诗·小雅·十月之交》："山冢崒崩。"毛传："山顶曰冢。"故墓上封土之高者亦得称"冢"。由于坟之高有典制规定（见上），最高之坟是帝陵，已专称"陵"，故实际上"冢"并不专指高坟，而是承接"垄"，用作各种坟墓的通称，起于战国，盛于汉，后世习用。《周礼·春官·序官》"冢人"郑玄注："冢，封土为丘垅，象冢而为之。"贾公彦疏："按《尔雅》，山顶曰冢，故云象冢而为之也。"《史记·淮阴侯列传赞》："然乃行营高敞地，令其旁可置万家，余视其母冢，良然。"《吴太伯世家》："徐君已死，于是乃解其宝剑，系之徐君冢树而去。"《潜夫论·浮侈》："明帝时，桑民摐阳侯坐塚过制髡削。"《三国志·蜀志·先主传》："孔融谓先主曰：'袁公路岂忧国忘家者邪？冢中枯骨，何足介意。’”唐杜甫《曲江》诗之一：“苑边高塚卧麒麟。”

汉代与“冢”同时，出现了“上冢”即墓祭的礼俗。墓祭，起于春秋战国之际。清赵翼《陔余丛考》卷三二“墓祭”条曰：“盖三代以上本无墓祭……《孟子》东郭墦间之际，虽属设词，然其时必已有此俗。《史记》：‘孔子没，鲁世世相传以岁时奉祠孔子冢。’是春秋、战国已开其端。”按，《孟子·离娄下》记齐国某“良人”（丈夫）之“餍足之道”，文曰：“（良人）卒之东郭墦间之祭者，乞其余，不足，又顾而之他。”“墦”，指坟墓。秦汉间，张良得黄石公《太公兵法》，后谷城山下得黄石，待张良即世，“并葬黄石冢。每上冢伏腊，祠黄石、留侯”（《史记·留侯世家》），表明此时已有夏伏祭、冬腊祭的礼俗。至汉代更为盛行。《汉书·朱买臣传》：“（买臣）独行歌道中，负薪墓间，故妻与夫家俱上冢，见买臣饥寒，呼饭饮之。”《汉书·萧望之传》：“天子追念望之不忘，每岁时遣使者祠祭望之冢，终元帝世。”从西汉末起，上冢已成为联络宗族、宾客的重要手段。《汉书·游侠传·原涉》：“会涉所与期上冢者车数十乘到，皆诸豪也。”又《何并传》：“侍中王林卿……后坐法免，宾客愈盛，归长陵上冢，因留饮连日。”上冢，东汉已成为朝廷的一种赏赐制度。《后汉书·宋均传》：“光武嘉其功，迎赐以金帛，令过家上冢。”《冯异传》：“引击阳翟贼严终、赵根，破之。诏异归家上冢，使太中大夫赍牛酒。令二百里内太守、都尉已（以）下及宗族会焉。”

日益盛大、频繁的上冢祭礼，需要一个固定的场所，于是出现了坟墓前的祠堂建筑。祠堂始于西汉中期。至宣帝时，建祠堂还作为朝廷对有功大臣的荣赐。张汤之子张安世、大臣霍光去世时，宣帝均诏赐“穿复土，起冢祠堂”（皆见《汉书》本传）。彼时官宦、豪富修祠堂亦蔚然成风。汉桓宽《盐铁论·散不足》：“今富者积土成山，列树成林，台榭连阁，集观增楼；中者祠堂屏阁（阁），垣阙罘罳。”《汉书·龚胜传》记龚临终诫告：“勿随俗动吾冢、种柏、作祠堂。”为了坚固，石祠代替了豪华的木结构祠堂。《水经注·济水二》：“（李刚墓）有石阙祠堂，石室三间，椽架高丈余。”祠堂多在墓地。也有将祠堂筑至都城。《汉书·循吏传·文翁》记蜀郡太守文翁死后，“吏民为立祠堂，岁时祭祀不绝”。此种祠堂近于庙。其实祠堂性质确似帝王的祭庙，唯法不容民间立庙而立祠堂以代。唐杜甫《蜀相》诗：“丞相祠堂何处寻？锦官城外柏森森。”即指诸葛亮庙，在成都城西北。宋司马光《文潞公家庙碑》：“先王之制，天子至官师皆有庙，秦尊君卑臣，无敢营宗庙者，汉世家建祠堂于墓所。”汉代祠堂皆有实物可见。山东沂南北寨村石墓东室中壁横额即有一祠堂建筑像。整体是日字形三进封闭院落，两侧以庑廊连接。一进左侧是庖厨。一、二进之间庭院，左侧有水井，上置辘轳。第三进屋较深，大门有门柱而无门扇，上有一斗二升大拱。此屋当是安置神坐拜祭之堂，门前庭院还有酒壶等饮食器具。整个建筑有双阙。北阙侧伫一驾马车一辆，南阙前华表旁，拴二马。阙后祠屋间，北侧有木架，悬挂已宰割之肉食，其侧有二人正跪坐操庖厨之事。南侧是虡架，挂有大鼓。当是祭仪击鼓作信号。现存的山东孝堂山石祠、嘉祥武氏祠等，皆可与上画像石相印证。后世建祠堂成为民间普遍的礼俗，但一般宗族聚居之地，不一定近坟墓。一般家族祠堂是一间正厅，内设四龛，内藏祖宗神主牌，依次是：高祖考妣、曾祖考妣、祖考妣、父考妣，前设

汉代祠堂

香案，上置放各种祭器、祭物，作为常祭。逢每年正月初一、冬至及每月朔望，家族成员进祠参祖祭祀。遇到朝廷追赠、生子等重大喜事，也到祠堂告祖。

参考文献

[1] 杨宽:《中国古代陵寝制度史研究》，上海古籍出版社，1985 年 2 月。
[2] 瞿宣颖纂辑:《中国社会史料丛钞》(下)，上海书店，1985 年 11 月。
[3] 李晓东:《中国古代家礼》，陕西人民出版社，1986 年 12 月。
[4] 吕思勉:《先秦史》，上海古籍出版社，1982 年 9 月。
[5] 徐吉军、贺云翱:《中国丧葬礼俗》，浙江人民出版社，1991 年 10 月。

218. 丘·山·陵

坟出现后，帝王、君王的坟墓有了专名。第一是“丘”，有几个诸侯国君用之。第二是“山”，秦始皇、汉高祖曾用之。第三是“陵”，汉代起成为历朝封建皇帝坟墓的通称。帝陵有不同于一般坟墓的特征、规格：起高坟、设陵园、筑地宫、建陵区。

【同义】

《周礼·春官·冢人》：“以爵等为丘封之度，与其树数。”谓按官爵等级决定坟头封土的规模。郑玄注：“王公曰丘，诸臣曰封。”“丘”即指诸侯、爵高者之大坟墓。《旧唐书·后妃传·长孙皇后》：“自古圣贤，皆崇俭薄，惟无道之世，大起山陵，劳费天下。”“山陵”同义连用，指帝王的大坟墓。唐李华《含元殿赋》：“靡迤秦山，陂陀汉陵。”“山、陵”对文同义，皆指帝王坟墓。

【辨释】

“丘”，山丘，喻指坟墓。此类山丘状坟墓，仅一些帝王、君王能有，故可喻指王者之墓。“丘”是王者陵墓的第一个称名。清顾炎武曰：“古王者之葬称墓而已。《左传》曰：‘殽有二陵，其南陵夏后皋之墓也。’《书》传亦言‘桐宫汤墓’，《周官·冢人》‘掌公墓之地’，并言墓不言陵。及春秋以降，乃有称丘者，楚昭王墓谓之昭丘，赵武灵王墓谓之灵丘，而吴王阖闾之墓亦名虎丘，盖必其因山而高大者，故二三君之外无闻焉。”（《日知录》卷十五《陵》条）顾说是。盖春秋以降，墓上始起坟，坟之似高突之山冢可称“冢”，则当也可以似高突之土丘而称“丘”。或谓赵武灵王前已有灵丘，故非王者墓之称。诚然，《史记·赵世家》载赵敬侯二年“败齐于灵丘”，裴骃集解引《地理志》曰：“代郡有灵丘县。”但“丘”本可兼指山丘与坟墓，故赵武灵王墓何尝不可与地望同名而也称为“灵丘”？如秦始皇墓骊山也是墓名与地名兼称。且又有昭丘、虎丘等同类之称，表明彼时“丘”已有用作王者陵墓之称的趋势。不过，其用不广，“二三君之外无闻焉”。其原因盖由于当时已出现“陵”之称，以“陵”称王者之墓，更为恰当（见下）。

“山”是对王者之墓的又一个称名。此是“山”的喻称用法。由“山陵”衍变而来。《战国策·秦策五》载吕不韦说秦皇后之弟阳泉君之语：“王一日山陵崩，子傒立，士仓用事，王后之门必生蓬蒿。”高诱注：“山陵，喻尊高也。崩，死也。”《吕氏春秋·安死》：“世之为丘垄也，其高大若山。”“若山”，《续汉书·礼仪志下》刘昭注引作“若山陵”。《墨子·节葬下》斥责其时王公大人之墓葬，“差通垄虽凡山陵”，孙诒让閒诂：“大意盖为丘垄之高如山陵耳，然‘虽凡’二字必误。”以上可见，战国时，人们以“山陵”喻王公大人之坟墓，从而将君王之死婉言为“山陵崩”，再进而用“山、陵”分别用作帝王陵墓之称。山，首用于秦。《水经注·渭水下》：“秦名天子冢曰山，汉曰陵，故通曰山陵矣。”《史记·秦始皇本纪》：“乃分作阿房宫，或作丽山。发北山石椁，乃写蜀、荆地材，皆至。”所谓“穿治郦山”，“穿治”者，非一般开凿原有的郦山，而是于原有的郦山之中构筑郦山墓。《水经注·渭水下》：“秦始皇大兴厚葬，营建冢圹于丽戎之山，一名蓝田，其阴多金，其阳多玉，始皇贪其美名，因而葬焉。”在秦始皇陵西侧出土陶壶盖，陶文有作“丽山飤宫”者，“飤”，同“饲”。饲宫是陵寝中供饮食之宫。这里出土铜钟铭文有作“丽山园”者。可见，秦始皇不以“丘、陵”称自己陵墓，而以“山”称。“丽山”，后作“郦山”、“骊山”。然则郦山既是山丘名，又是陵墓名。其所以自名为“郦（丽）山”，而不从俗称“丘、陵”，不仅由于其名丽美，其山蕴藏丰富，形姿巍然，而且以“山”为称，更显出秦始皇自视为胜过称“丘、陵”的先代秦王（见下）和战国各诸侯国君主，乃是无与伦比的始皇帝。据今探知，其皇陵规模确是历史上帝陵之最。继秦始皇而称“山”者，是汉高祖陵。《史记·高祖本纪》：“葬长陵。”裴骃集解引皇甫谧语及《三辅黄图》卷之六皆称“长陵山”。又径称“长山”。《水经注·渭水下》：“又东迳长陵南，亦曰长山也。”《文选·潘安仁〈西征赋〉》：“造长山而慷慨。”在长陵后，帝陵无有称“山”者。

帝陵最通行的称名是“陵”。

《说文·自部》：“陵，大阜也。”《诗·小雅·天保》：“如冈如陵。”毛传：“大阜曰陵。”可喻称坟墓。《广雅·释丘》：“陵，冢也。”按，陵不指一般的坟墓，而专指帝王的坟墓。但传说时代的帝王无“陵”之称。今所称黄帝陵、太皞陵、大禹陵之类，皆是后人追称。《国语·齐语》记管子言昔圣王之治天下：“定民之居，成民之事，陵为之终。”韦昭注：“（陵）以为葬地。”谓于山丘中选取葬地，其“陵”尚非坟墓义。据考，“陵”最早用作王者之墓，是战国中叶赵肃侯生前为己预筑的寿陵。清顾炎武曰：“《史记·赵世家》，肃侯十五年起寿陵……始有称陵者，至汉则无帝不称陵矣。”（《日知录》卷十五《陵》）按，南宋吕祖谦《大事记解题》卷三“赵起寿陵”条早有此说。此后，秦孝文王“葬公陵”，悼武王“葬永陵”，孝文王“葬寿陵”，楚先王墓有“夷陵”（以上皆据《史记》），但除了这些见于秦以后文献的诸侯王陵之称，在战国文献中“陵”通称帝王坟墓仍为罕见。汉高祖之后，“陵”遂成为整个古代封建帝陵的通称。西汉有十一陵，如高祖长陵、惠帝安陵、文帝霸陵、景帝阳陵，武帝茂陵等。东汉也有十一陵，如光武帝原陵、明帝显节陵等。最后清代十一陵，如清太祖努尔哈赤福陵、太宗昭陵等。自汉以后，凡帝墓历代皆称“陵”，绝无例外。唯此，文献中“陵”用作帝陵习见。《史记·万石君张叔列传》：“万石君徙居陵里。”司马贞索隐引小颜曰：“陵里，里名，在茂陵，非长安之戚里也。”《后汉书·虞延传》：“其陵树株蘖，皆谙其数。”《晋书·刑法志》：“虽陵兆尊严，唯毁发然后族之，此古典也。”《文选·颜延之〈拜陵庙作〉诗》：“衣冠终冥漠，陵邑转葱青。”《宋书·符瑞志中》：“陵树叶有甘露，帝令百官采甘露。”唐杜甫《重经昭陵》诗：“陵寝盘空曲，熊罴守翠微。”以上诸“陵”，皆不指一般坟墓，而泛称帝王坟墓。

两千多年封建社会的帝王之陵，不仅高崇于一般的坟墓、山丘，而且有独特的内涵。陵通常有如下的特征：

一、起高坟。

早期，秦汉时流行“方上”式，在帝墓的地宫之上，垒土夯筑成上小下大的方锥体，上部是收小的方形（或矩形）平顶，故称“方上”。也像覆斗之形。如：汉高祖长陵，底部东西162、南北132.3、高31.94米，顶部东西40.5、南北15.3米。武帝茂陵底部每边长240、高46.5米，顶部东西39.5、南北35.5米。宣帝杜陵底部边长150、顶部边长50、高26米，其王皇后陵底部边长120、顶部边长20、高21米。此可谓标准覆斗方锥形（以上据杨宽书附表一）。“方上”或延用至宋代，但宋陵规模小，且变为石块垒砌的重层方上，一似埃及金字塔。唐代盛行的是以山为陵式，即利用天然的山峰当作坟头。魏晋南北朝时鉴于人工夯筑方锥形坟耗费甚巨，且容易被盗，遂兴以山为陵式，但多是潜葬，不为人知，故也无所谓陵。到唐代李世民的昭陵和高宗武后合葬的乾陵，可谓真正以山为陵的范例。如昭陵建于长安西北、高1188米的九嵕山之上。其耸天雄伟气势远过于秦始皇陵。明清时发展为宝城宝顶式。早在五代就出现圆形封土坟头，如南京南唐二陵、成都王建永陵等，而正式形成是在明代。其方法是在地宫之上砌高大砖城，砖城内填土高出圆顶，称为宝顶，明代多圆形，清代多长圆形。砖城四周设垛口、女墙，似一小城，称为宝城。在宝城前方有突出的方形城台，上建明楼。明孝陵首开其制，其宝顶直径400米，宝城在棱恩殿之上，高20米。沿城墙有石级小道可上明楼。

二、设陵园。

凡帝陵，必有庞大的地面祭祀建筑群，称为陵园、陵寝。有正殿、便殿，周以围墙，宛如一座宫城（参第39条）。有神道，即通向祭殿和陵墓的大道，一个陵区内有数陵，则以第一个皇帝设主神道，其余的是次神道，如十三陵以明成祖朱棣之长陵、清西陵以雍正之泰陵设主神道。道口设阙（但唐后无），道两旁列石象生，即石雕的文武官员和猛兽组成的仪仗队。唐乾陵神道已长一公里余，以梁山双峰为天然陵阙，道口望柱一对，进而是天马一对、朱雀一对，引马石人、石人像共十五对，石狮一对。明十三陵神道长七公里。清东陵（顺治帝孝陵为主）神道，其入口处矗立高13、宽32米的石牌坊一座，其后是大红门，为陵之入口，前有“官员人等到此下马”石碑。接着是重檐飞翘的碑楼，中立巨石雕刻的顺治帝功绩碑。进而是作屏障的影壁山、石望柱，进而便是神道石象生：獬豸、马、象、狻猊、麒麟、文臣、武将十八对。神道中部有三门六柱三楼的龙凤门。再过长百米的七孔桥，穿过小碑亭，入隆恩门，便可见巍峨的隆恩殿。主神道全长五公里。

三、筑地宫。

地宫是帝陵的墓区。前期木椁墓室，前半是仿死者生前燕飨之处，后半是梓木棺椁，并用黄肠题凑，称为梓宫。东汉起发展为砖石墓，遂使地宫的建造越趋豪奢。以明十三陵定陵为例。定陵是明神宗朱翊和孝端、孝靖二皇后的合葬陵。地宫总面积1195平方米，距宝顶27米，由一条宽广的隧道导入。内分前、中、后三殿及左右两配殿。各殿均有两扇由整块汉白玉雕成、高3.3米、各重约四吨的石门。殿室仿前朝后寝的模制。前殿高7.2、宽6、长58

米，殿前面有一方形券室为前庭。由甬道通入中殿，才是“前朝”主殿，按品字形列三个汉白玉雕成的“宝座”，正中是万历帝御座，其他两个是盛满香油的大龙缸，供点长明灯。中殿与前殿，长、宽、高相等。后殿空间尤大，高 9.5、长 30.1、宽 9.1 米，为后寝大殿。汉白玉石垒成的棺床，正中放万历帝棺椁，两旁为孝端、孝靖皇后。三具尸体旁堆放着大量金银、玉器、织锦等殉葬物。椁外有红漆大木箱 26 只，内藏随葬金银、玉器 300 多件。

四、建陵区。

帝陵往往由数个陵墓组合为一个陵区，并有一套陵区管理机构，以便于护陵、管陵。最早，秦惠文王公陵、秦武王永陵，在今陕西咸阳北形成一个陵区。西汉十一陵，有九陵横布于渭水北的咸阳五陵原，成为一个大陵区。西汉还设置许多陵邑，迁移东方豪富于此定居。唐代陵区设在关中盆地北部。北宋八陵在今巩县(今巩义)伊洛河东南构成陵区，内设寺院。明、清两朝更是有统一规划的陵区。陵区的管理建制，以西汉为例，其陵邑是直属太常的大县建制，陵邑县令秩二千石(一般县令在六百石至千石)，县令下设丞，尉。陵园设园令，下设园丞和校长，前为文臣，后为武官。其下还有郎、门吏、候等司役。西汉帝陵每一陵园有门吏 33 人，候 4 人，加上守卫、种植、清洁等杂役，总计 5000 人(《长安志》引《关中记》)。皇帝入陵后，不少生前的后宫妃嫔也入陵园守陵侍奉。后世历朝陵区均有完整的管陵制度和庞大的护陵机构。如明清时设护陵监，外有围城，内有衙门、街市、住宅，宛然一座护陵城。

要之，有高坟、陵园、地宫、陵区的坟墓才是陵；陵只供封建皇帝享用。“陵”是帝墓的通称。

“陵”曾经也指称分封的藩王和三公大臣的坟墓。东汉有东海恭王陵，东平宪王陵(《后汉书·明帝纪》、《章帝纪》)，《西京杂记》称董仲舒墓为下马陵等。但这是早期出现的少数用例。总体上说，“陵”只能用于封建社会最高统治者——皇帝(包括皇后、皇子等家族人员)。

参考文献

[1] 罗哲文、罗扬:《中国历代帝王陵寝》，上海文化出版社，1984 年 11 月。
[2] 杨宽:《中国古代陵寝制度史研究》，上海古籍出版社，1985 年 2 月。
[3] 杜黎明、孙忠家:《中国历代陵寝纪略》，黑龙江人民出版社，1984 年 8 月。
[4] 刘庆柱、李毓芳:《西汉十一陵》，陕西人民出版社，1987 年 7 月。
[5] 赵康民:《秦始皇陵原名丽山》，《考古与文物》1980 年第 3 期。

219. 茅(茆)·苫·茨

"茅",茅草总称。盖屋者为白茅,在使用屋瓦前皆用白茅盖屋。"苫(shān)",茅草编成的草扇,用以盖屋。"茨",用草盖屋,动词;作名词,指覆盖在屋上的草、草苫,皆含覆盖之意。

【同义】

《汉书·艺文志》:"墨家者流……茅屋采椽。"颜师古注:"以茅覆屋,以棌为缘(通'椽'),言其质素也。"《广韵·平盐》:"苫,草覆屋。"《集韵·去艳》:"苫,茨屋也。"《韩非子·五蠹》:"尧之王天下也,茅茨不翦,采椽不斲(斫)。"《陈书·马枢传》:"枢恶其崇丽,乃于竹林间自营茨茅而居焉。""茨茅"犹"茅茨",皆谓以茅覆屋。

【辨释】

"茅"或作"茆"。《韩非子·外储说右上》:"楚国之法,车不得至于茆门。"《说苑·至公》同句作"茅门"。茅是一种野草。明李时珍曰:"茅有白茅、菅茅、黄茅、香茅、芭茅数种,叶皆相似。""茅叶如矛,故谓之茅。"(《本草纲目·草之二·白茅》)故"茅"是茅草的总称。盖屋者是用其中的白茅。

白茅短小,根长而白软,有节而味甘,周天子用以包裹封土,以分诸侯。《书·禹贡》:"厥贡惟土五色。"按,天子社坛有五色土:东方青,南方赤,西方白,北方黑;上覆以中央的黄土。孔传:"王者封五色土为社,建诸侯,则各割其方色土与之,使立社,焘以黄土,苴以白茅,茅取其洁,黄取王者覆四方。"此谓分封诸侯时,按封地所在方向取社坛一色土,覆以黄土,用白茅包裹,交受封者,抵封国中建社。此是周代封建之仪。于是,茅成为社稷的象征。周武王推翻殷纣时,微子启即"肉袒面缚(缚首),左牵羊,右把茅"(《史记·宋微子世家》),膝行至武王军门投降。牵羊示臣服,握茅表交出社稷,甘愿亡国。也表请罪。《艺文类聚》卷八二引《尸子》曰:"殷汤救旱,素车白马,身婴白茅,以身为牲。"《文选·李陵〈答苏武书〉》:"陵谓足下当享茅土之荐,受千乘之赏。"北周庾信《为阎大将军乞致仕表》:"山河茅社,一反司勋;公侯珪璧,还封典瑞。""茅土"、"茅社"成为分封的代称。一种普通习见的野草,居然成为分封的仪物、国家的象征,为奴隶主贵族顶礼膜拜,这无疑显示了我国上古建筑中,白茅使用历史的悠久与地位的重要,是用物崇拜在政治礼制中的表现。

在有屋瓦以前,盖屋都用茅。远古之时,人们脱离穴居后首先是盖建茅屋。"茅茨不翦"成了文献中用来追述远古尧舜居况的常见用语。谓以茅草盖屋也不加修剪,示其俭朴。其实,是当时生产力水平使然。即便商代、西周奴隶主宫室也还是茅茨为屋。就是在发明和普遍使用屋瓦后，茅屋尚持续不绝，不过已成为贫贱者所居。《诗·豳风·七月》："昼尔于茅，宵尔索绹。亟其乘屋，其始播百谷。"意为：白日采茅，夜间作绳，于播种农忙前快快修屋。《南史·孔淳之传》："茅室蓬户，庭草芜径，唯床上有数帙书。"唐杜甫《茅屋为秋风所破歌》："八月秋高风怒号，卷我屋上三重茅。"唐温庭筠《商山早行》诗："鸡声茅店月，人迹板桥霜。""茅店"，客店陋舍。

茅草盖屋，必须将草先编成扇形茅盖，然后一一铺盖于屋面。此茅盖谓"苫"。《说文·艸部》："苫，盖也。"《尔雅·释器》："白盖谓之苫。"郭璞注："白茅苫也，今江东呼为盖。"《文选·刘孝标〈广绝交论〉》："断金由于湫隘，刎颈起于苫盖。"刘良注："湫隘、苫盖谓贫贱，言结交之重在贫贱也。"《晋书·郭文传》："洛阳陷，乃步担入吴兴余杭大辟山中穷谷无人之地，倚木于树，苫覆其上而居焉。"唐元稹《茅舍》诗："茅苫竹梁栋，茅疏竹仍罅。""苫"又不限于屋苫。章太炎《新方言·释器》云："凡张蓋皆得称苫，非止编茅覆屋而已，今人华盖、雨盖皆谓之苫。"按，苫可用作披身遮雨的苫蓑。《左传·襄公十四年》："乃祖吾离被苫盖，蒙荆棘，以来归我先君。"（"吾离"，姜戎氏之祖。）杜预注："盖，苫之别名。"孔颖达疏："被苫盖，言无布帛可衣，唯衣草也。"又用作垫席，特用于居丧。《仪礼·既夕礼》："居倚庐，寝苫枕块。"（"倚庐"，东墙下倚木为庐，居丧时的临时房舍。）汉应劭《风俗通义·愆礼》："孝子寝伏苫块。"指居丧时用草垫为席，土块为枕。后"苫块"、"苫壤"、"苫次"成为居父母之丧的代称。《陈书·姚察传》："将毕苫壤。"《新唐书·郑元璹传》："会突厥提精骑数十万，身自将攻太原，诏即苫次起元璹持节往劳。"时元璹正居母丧。宋司马光《谢检讨启》："旋属家艰，零丁苫块。比还官次，汩没道涂。"

"茅茨"之"茨"，从艸次声，声兼义。次有屯聚义，故《广雅·释诂一》："茨，积也。"《释诂三》："茨，聚也。"《说文·艸部》："茨，以茅苇盖屋也。"《释名·释宫室》："屋以草盖曰茨。茨，次也，次比草为之也。"《周礼·夏官·圉师》："茨墙则翦阖。"郑玄注："茨，盖也。"典籍中"茨"字习见，多作动词，以草盖屋。《庄子·让王》："原宪居鲁，环堵之室，茨以生草。"也可盖以他物。宋陈造《再次韵谢高几宜惠》诗："小家茨竹即为堂，暇访深林索豫章。""茨竹"，编竹架。唐柳宗元《送仲弟谋归江陵序》："筑室茨草，为圃乎湘之西。"又作名词，为所盖覆之草、草苫。《诗·小雅·甫田》："曾孙之稼，如茨如梁。"郑玄笺："茨，屋盖也。"南朝梁任昉《求为刘瓛立馆启》："薄艺桑麻，粗创茨宇。"《晋书·忠义传·韦忠》："吾茨檐贱士，本无宦情。"南朝梁简文帝《大法颂序》："卑宫菲食，茨堂土阶。"其"茨"虽是名词，但细味之，均含覆盖意，皆指草盖之宇屋、檐舍。盖屋即是筑屋，故引申为构筑义。《慎子·君人五》："治水者，茨防决塞，虽在夷狄，相似如一。"盖屋即是聚草，故又有堆积义。《淮南子·泰族》："掘其所流而深之，茨其所决而高之。"高诱注："茨，积土填满之也。"朱骏声以为通"垐"，亦通（见《说文通训定声·履部》"茨"字）。凡此引申用法也可见其名词之用，必含覆盖意。

220. 坯(坏、胚、抔)·墼·胎

“坯”，未经烧制的土器。“墼(jī)”，将土放在型模捶击令坚，可直接垒砌墙垣的未烧土坯砖。“胎”，凡有外涂、外包物的内坯或内衬物，多用于瓷器和外饰上釉的陶器。

【同义】

《说文·土部》：“坏，丘再成者也。一曰瓦未烧。”《后汉书·崔骃传》：“坏冶一陶，群生得理。”李贤注：“坏，土器之未烧者。郭璞注《尔雅》曰：‘坏胎，物之始也。’”“坏、胎”皆指未烧的土器。《字林》：“砖未烧曰墼。”

【辨释】

“坯”，或作“坏、抔、胚”。“不、丕”，常通用。《左传·襄公十年》：“生秦丕兹。”陆德明释文：“一本作不。”“胚胎”之“胚”，亦作“肧”。《说文·肉部》：“肧，妇孕一月也。”“坯”，今本《说文》，字作“坏”，而北魏郦道元《水经注·河水》引《说文》字作“坯”。皆“不”、“丕”相通用之证。其音读，今有的辞书列有二音(péi，pī)，但《广韵》、《集韵》、《正韵》皆入平声灰韵，应以péi读为正。其义则取于丕声。丕声常有大义。《尔雅·释诂》、《说文》均作“丕，大也”。又有凝聚义。以《说文》所解：“衃”是“凝血”；“駓”是“黄马白毛”，亦即“黄白杂毛”(《尔雅·释畜》)。“坏”的正解“丘再成者也”，即二叠的土丘，正取“丕”的凝聚义。宋范成大《长安闸》诗：“千车拥孤隧，万马盘一坏。”可指垒土的泥墙。汉扬雄《解嘲》：“故士或自盛以橐，或凿坏以遁。”颜师古注：“坏，壁也。”引苏林曰：“坏，音陪。”作动词，捏土塞隙。《正字通·土部》：“坏，以土封罅隙也。”《礼记·月令》：“(孟秋之月)脩宫室，坏墙垣，补城郭。”凡此，均含凝聚意。作为未入窑烧制前的陶瓷土坯，即凝聚而待烧之土器。《太玄经·干》：“或锡之坏。”范望注：“坏，未烧瓦。”文首引《后汉书·崔骃传》“坏冶一陶”句亦其例。以“坯”取“丕”的凝聚义，不仅与其他诸义一脉相承，而且也完全合其物理。盖黏土是一种陶瓷制品的母亲。陶瓷土坯的用土，不是一般的泥土，而是一切纯度较高、质量较佳的黏土，主要是高岭土、长石(即铝硅酸盐)，再掺以石英的三位一体之物，此种黏土加入一定量的水膨润后可捏练成泥团，可制成各种器物的形状，并且经加热后产生相当的强度和耐火性。此种可塑性、耐火性、坚固性汇成一点：凝聚性。

“坯”，若作“抔”，或生歧解。常见“一抔土”之语，或作“长陵一抔土”，今一般解为一捧土。《文选·张载〈七哀诗〉》：“毁壤过一抔，便房启幽户。”李周翰注：“抔，谓一掬矣。”唐骆宾王著名的《为徐敬业讨武曌檄》：“一抔之土未干，六尺之孤安在(或作‘何托’)？”也用其语。

语出《史记·张释之冯唐列传》,文帝时捕得偷盗高帝寝庙座前玉环者,张释之据刑律奏判弃市。文帝大怒,谓当判族诛(满门抄斩)。释之驳议曰:"法如是足也。……今盗宗庙器而族之,有如万分之一,假令愚民取长陵一抔土,陛下何以加其法乎?"《汉书》也录其事。颜师古注:"抔,音步侯反,谓手掬之也。其字从手,不忍言毁彻,故止云取土耳。今学者读为杯勺之杯,非也。"此是今诂解之据。按,颜解未洽。此"抔"固非杯勺之"杯",然亦非手掬之"抔"。《礼记·礼运》:"汙尊而抔饮。"郑玄注:"抔饮,手掬之也。"此作动词、状语,实通"掊"。本句是作量词,当有别异。从文意看,张释之虽不同意文帝的族诛之判,但也以为盗长陵"一抔土"之罪重于盗宗庙玉器。若解为一捧土、一把土,其量撮微,自不会比一个宗庙玉器更珍贵,取者既不能图利,也无损陵之一毛,何能显其重罪?作为严正执法循吏的张释之,居然也如此以轻小为重大,实乖情理。而且,一捧土,非器非物,与宗庙玉器岂得对比而见轻重?综观古代历朝刑法,也从未见以取一掬土而获罪之事。其实,此"抔"字,当如司马贞索隐:"音普迴反。坯者,塼(砖)之未烧之名也。""不"、"丕"相通(见上)。制坯之土需将原土筛选、淘拣,则所挖原土当有一定之量,且盗陵土以制物,则确乎已构成破坏罪。若此,二者就可较量轻重:宗庙玉器虽贵重,但毕竟是所陈之物,对帝陵不敬有之,毁损则间接而小;而土与土坯虽是廉物,但自帝陵私挖,且有一定的量,非惟不敬之甚,其毁损亦直接而大,故性质、后果当严重于前者。然则"一抔土"当解为"一坯土","抔"通"坯",即构制一器物土坏之土,方顺理成章。上引张载诗、骆宾王文之"一抔",也当解为"一坯"土。

"墼"当是从土、毄,会意兼形声。"墼"者椎击。《说文·手部》解"擊"为"支也"。《周礼·考工记·庐人》:"毄兵同强",谓打击人的兵器,其末端及中央同样坚劲。则椎击土令坚即为"墼"。《急就篇》卷三:"墼垒廥厩库东箱。"颜师古注:"墼者,抑泥土为之,令其坚激也。"即以"坚激"声训"墼"。《说文·土部》:"墼,令適也。一曰未烧者。"段玉裁以为"令適(瓴甋)"指已烧之砖。则别义是未烧土坯的泛称。按,许解当乙正:其本义、别义应互易之,即"墼"本义是未烧的砖坯。文首引《字林》:"砖未烧曰墼。"《埤苍》:"刑(型)土为方曰墼。"但墼均有一定规格,乃是一种建筑材料,本就不必入窑烧炼,故与一般待烧而用之器坯不同。今所见最早的墼与墼墙,是四川广汉三星堆遗址蜀国早期都城,其主城墙局部已使用墼,即土坯砖,此是至今所见我国城墙建筑史上最早使用墼砖垒砌城墙的实例。在河北藁城台西村、辽宁北票丰下、内蒙古宁城小榆树林子等遗址均见墼的出土物,规格大致是长 40、宽 20、厚 8 厘米,与今乡间所用大土坯相近。其物用于砌墙,当时已掌握平铺错缝的砌墙技术,墼坯间用草拌泥嵌粘。墼砖筑墙垣,汉代起更普遍。"墼"之名亦始见于汉。《后汉书·酷吏传·周纡》:"纡廉洁无资,常筑墼以自给。""筑墼",以墼筑成垣。宋洪适(kuò)《隶释》卷十五著录东汉安帝之"永初七年作官墼",一墼重十八斤。今见汉代额济纳河流域的城障和烽台坞壁遗址,除石版垒砌外,主要用版筑和墼作。大湾出土汉简《甲 1066》曰:"墼广八寸,厚六寸,长尺八寸,枚用土八斗,水一斗二升。"汉尺折合厘米(一汉尺 23.3 厘米),其墼长 41.94、广 18.64、厚 13.98 厘米。其他汉简所录尺寸大体相近。"墼"坯垒砌时,每一层或三层之间夹一层芦苇或柴木树枝以加固。后代土墼筑墙仍有。明杨慎《丹铅续录》卷七云:“今之土砖也以木为模,实其中。”要之,“墼”者,是将土实于一定规格的型模中捶击令坚,可用作垒砌墙垣的未烧土坯砖。

《淮南子·精神》:“三月而胎。”妇孕一月有膏,三月有胎。也可指一般哺乳动物。《礼记·月令》:“毋杀孩虫、胎夭、飞鸟。”后者指人或哺乳动物孕于母体的幼体、胚胎,是腹中未出之物,故引申为一物的坯子或在内的衬垫者。《新五代史·慕容彦超传》:“皆铁为质而包以银,号‘铁胎银’。”《金石萃编》卷一二三载宋释惠演《正定府龙兴寺铸铜像记》:“用大木于铁柱,于胎上塑立大悲菩萨形象。”佛像常见以木架或芦苇涂草泥为胎,也有用铁丝为骨架和泥作内胎。“胎”,较多用于陶瓷器。清朱琰《陶说》中凡瓷器之未烧者称“坯”或“胚胎”。其卷一《陶冶图说》列“其十六曰烧坯,开窑”。又云:“瓷器入窑,必详视胚堪否,然后盖匣,封固起火。”文中“胚”,通“坯”,“胚胎”同义连用。“胎”与“坏、墼”,均可以是未烧化的物态原型。因此,陶瓷坯,若泛指也可称“胎”。但析言之,“坯、墼”是从已烧与未烧言,不论其内外,故无论素面或上釉,凡未烧者皆可称“坯”。而“胎”从内外言,不论其已烧或未烧,凡有外涂、外包者,其内物皆可称“胎”。因此,只有当指未烧、有外涂、外包之坯时,才可以又称“胎”。唯此,“胎”通常用于瓷器和必须上釉的陶器,而不用于砖瓦、不上釉的陶器。上举《陶说》“胚胎”就用于瓷器,其书称一般的陶器,则为“坯”、为“骨”。从文献使用看,“胎”之用为陶瓷坯,是在瓷器普遍使用的南北朝之后。今犹将“胎”字多用于瓷器。

参考文献

[1] 傅振伦:《〈陶说〉译注》,轻工业出版社,1984 年 8 月。
[2] 轻工业部陶瓷工业科学研究所:《中国的瓷器》(修订版),轻工业出版社,1983 年 7 月。
[3] 陈梦家:《汉简缀述》,中华书局,1980 年 12 月。
[4] 史纪:《一九八九年我国考古重大发现》,《文物天地》1990 年第 1 期。
[5] 孙淼:《夏商史稿》,文物出版社,1987 年 12 月。

221. 桢·干(榦)○版(板)筑

版筑是夯筑技术在筑墙中的运用,商代已有一定水平。版筑需要作模子的木板(版)和夯锤(筑),还有夹板的立柱。其树立于两端者称“桢”,树立于两边者称“干”;“干”大名,可包括“桢”。“桢、干”可喻指起支柱、根本作用的人才。

【同义】

《尔雅·释诂下》:“桢,榦也。”《说文·木部》:“榦,筑墙耑木也。”《左传·宣公十一年》:“平板榦。”杜预注:“榦,桢也。”“榦”同“干(幹)”。《急就篇》卷三:“榦桢筑板度圆方。”颜师古注:“榦桢,筑墙之植木,谓竖立者也。”

【辨释】

“桢、干”,是版(或作板)筑中不可或缺的用具。版筑是夯土技术的发展。早在五千年前的新石器时代,黄河流域的先民就谙知如何使用工具将土捶击令坚,此谓夯土、夯筑。夯土最初用于柱础。陕西半坡村遗址穴居或半穴居的居室立柱齐整。立柱前,先挖柱坑,坑内垫土,杂以碎陶片、石片,或卵石,夯打使实;然后又铺一层土、杂以陶片等,再夯打使实。遂开以后分层夯筑的先河。由夯柱洞发展到夯筑台基。河南偃师二里头的早商宫殿遗址,落于百米见方的厚约2—3米的大夯土台基之上,夯层薄匀,夯窝细密。殷墟小屯的宫殿遗址,其夯土台基水平更高:夯层多,有至十层者,每层厚度在7—10厘米间;还有子母扣式,即夯层面留出小洞,上层中按进小土柱插入此下层之洞。由夯筑台基发展为夯筑墙垣,即是版筑。版筑技术在殷商已有一定水平。《孟子·告子下》曰:“傅说举于版筑之间。”《墨子·尚贤中》亦曰:“傅说被褐带索,庸筑乎傅岩。武丁得之,举以为三公。”今所见保存最好的是河北藁城台西村商朝中期遗址。其地面居室,有长方、椭方、凹字等形,皆以内壁分间室。所有的外墙内壁,均在台基上筑夯土墙,上半墙则以墼坯垒砌。坯间嵌粘草泥,墙面也抹薄匀草泥。现可见最高的土墙有2.5米。郑州商城城墙则更可代表当时的版筑水平。其城近正方形,城墙周长6960米,近7000米,全是分段版筑,每段长3.3米。墙之横断面是等腰梯形,大致是:底宽20、顶宽5、高10米。筑法如此:中部梯形主城墙,逐板平筑而上,其木板遗迹,长约3米,宽0.15—0.30米,两腰是护城坡。同时斜筑,以利继续加高并护固主城墙。据统计,此城用夯土量87万立方米,设每日上万奴隶营筑,也需四五年方可告竣。可见当时版筑的水平与规模。至周代,版筑技术更为提高。陕西西周岐山凤雏村甲组版筑墙,底宽58—75厘米,顶宽51厘米,略有收分。其墙基内先立柱,然后夯筑,将柱打入墙内,此是承仰韶文化木骨泥墙做法而来,目的为加固版筑承重墙。到东周,更为改进:先夯筑墙体,再墙面制槽、嵌立壁柱,使壁柱、壁带加固版筑承重墙。后世版筑墙一直盛行,至今各地乡间犹往往可见。

版筑的一般技术过程古今相同。先营度,画定基址,然后分段版筑。每段按 10—20 厘米的厚度,以 2—3 米的长度,两侧两端竖起 2—3 米的木板,四周立木杆作夹杆,夹住木板。之后实潮土于板内,或为增加坚硬度夹以碎陶片、石片,两人相对用夯锤来回夯实。一板夯完就松开夹板,再上叠第二层夹板,夯筑第二层……直到预定的高度。一般墙以六七板为适度。《诗·大雅·緜》最早描述周部族发祥时,太王邑于岐山版筑之状:"其绳则直,缩版以载,作庙翼翼。捄之陾陾,度之薨薨,筑之登登,削屡冯冯,百堵皆兴。"("缩",直。"载",通"栽"。"捄",土笼。"陾陾"通"仍仍"。"屡",高突。"度",填。"登登"、"冯冯",众义。)句意:墙基的线要直,两边的直板因而树立,造作宗庙时真小心翼翼!盛土入筐的人众多,向模板内填土的人也不少,用夯锤用力地来回夯捣,拆模后削去突棱壁面整修的声音嘭嘭不停,高墙百堵都同时开始版筑。诗句将版筑的拉线、立板、送土、填土、夯捣、拆模、整修等工艺环节生动展现。

版筑时须用墙模。《汉书·英布传》:"项王伐齐,身负版筑。"颜师古注引李奇曰:"版,墙版也。"《文选·鲍照〈芜城赋〉》:"板筑雉堞之殷。"李善注引《三苍解诂》曰:"版,筑墙上下板。"板每层共四块:立于两端的短板称横板,立于两边的长板称直板、缩板(见上引《诗·大雅·緜》)。还有几种木杆:直插板外固定横直板的立柱与插杆,上面绑扎横杆,即成施工的增高设备——脚手架。此外,还要条筐、扁担、簸箕之类。关键的工具是夯锤,称为"筑"、"杵"。《说文·木部》:"築,所以擣也。"段玉裁注:"其器名筑,因之人用之亦曰筑。……筑者,直舂之器。"《左传·宣公十一年》:"称畚筑。"孔颖达疏:"畚者,盛土之器;筑者,筑土之杵。"《史记·秦始皇本纪》:"身自持筑臿。"张守节正义:"筑,墙杵也。臿,锹也。"上引《汉书·英布传》句李奇又曰:"筑,杵也。"夯锤上细下粗,下面夯头粗圆。最初是木夯。殷墟小屯所用的夯锤,据有的专家推测,是用圆木棍,直径约 5 厘米。后夯头以石。陕西秦都栎阳遗址即出土三个石夯头。战国时已有铁夯锤,长沙战国楚墓出土三个铁夯锤,形如笔筒,口大底小,然则"版筑"一词本为版筑中最重要的二物:夹土木版与捣土夯锤,是两个名词,故文献中有"身负版筑"、"举于版筑之间"之句(见上引)。

版筑用物中的立柱,则专称为"桢干"。

"桢、干"是二物,其位置亦不同。桢是树立在两头的长木柱,干是树立在两旁的长木柱,相辅相成,缺一不可,故常并举连用。《书·费誓》:"峙乃桢榦,甲戌,我惟筑。"("峙",具。)孔传:"题曰桢,旁曰榦。"孔颖达疏:"题曰桢,谓当墙两端者也。旁曰榦,谓在墙两边者也。"三国魏刘劭《人物志·体别》:"彊楷坚劲,用在桢榦。"("楷",楷木,黄连木。)谓楷木宜用在筑墙的立柱。以上皆作浑言,泛指版筑用的支柱。又喻指起支柱、根本作用的事或人才。汉王充《论衡·语增》:"夫三公鼎足之臣,王者之桢干也。"《三国志·吴志·陆凯传》:"姚信、楼玄……皆社稷之桢干,国家之良辅。"作动词,支撑、支持义。《后汉书·光武十王传·阜陵质王延》:“昔周之爵封千有八百,而姬姓居半者,所以桢干王室也。”

桢与干都很重要,但相比较而言,用于两旁的干(表示版筑之长度)数量更多,更为重要,于是“干”作大名,“桢”作小名。“干”可单用,泛指版筑立柱。《诗·大雅·韩奕》:“榦不庭方,以佐戎辟。”(“庭”,直。)郑玄笺:“当为不直,违失法度之方作桢榦而正之,以佐助女(汝)君。”《左传·庄公二十九年》“水昏正而栽”杜预注:“谓今十月,定星昏而中,于是树板榦而兴作。”(“定星昏而中”,指二十八宿之营室星黄昏在南中天。)其“干”皆泛指筑墙木柱,即兼干、桢而言。“桢”则一般不单用,须与他词连用。上举“桢干”即其例。又“基桢”。《汉书·匡衡传》:“使群下得望,盛德休光,以立基桢。”“桢固”。汉蔡邕《荐皇甫规表》:“忠臣贤士,国家之元龟,社稷之桢固也。”皆同义连用,是支柱、骨干义。偶有单用,如《诗·大雅·文王》:“王国克生,维周之桢。”毛传:“桢,干也。”后世更为罕见。

参考文献

[1] 杨鸿勋:《建筑考古学论文集》,文物出版社,1987 年 4 月。
[2] 中国社会科学院考古研究所:《新中国的考古发现和研究》,文物出版社,1984 年 5 月。
[3] 北大历史系考古教研室商周组:《商周考古》,文物出版社,1979 年 1 月。
[4] 殷涤非:《商周考古简编》,黄山书社,1986 年 8 月。
[5] 刘昭豪:《半坡村遗址》,中华书局,1981 年 8 月第 2 版。
[6] 赵继柱:《简谈中国古代建筑施工工具》,载《科技史文集》第 11 辑,上海科技出版社,1984 年 3 月。
[7] 单士元:《夯土技术浅谈》,载《科技史文集》第 7 辑,上海科技出版社,1981 年 6 月。

222. 瓦·脊·甍○鸱尾、鸱吻

屋瓦，西周早期已始用于茅屋之脊，西周中期已有铺瓦的瓦屋。但汉代起，"瓦"才兼作屋瓦专称。屋脊，早期称"甍(méng)"，指茅屋之脊；后世有时也可称瓦屋脊，见古雅色彩。"脊"，秦以后的屋脊正称，有口语色彩。脊有脊饰，正脊两端鱼尾状构件是"鸱尾"，后变为"鸱吻"、"龙吻"；垂脊上饰小兽。龙吻与小兽合称"吻兽"。

【同义】

《左传·昭公二十六年》："齐子渊捷从洩声子，射之，中楯瓦。"杜预注："瓦，楯脊。"盾背拱起似覆瓦，故也称为"瓦"。凡屋之脊，皆是瓦。"脊"又称"甍"。《释名·释宫室》："屋脊曰甍。"

【辨释】

远在"瓦"字产生之前，就已有了瓦，即陶制品。"瓦"是陶制品的总称。盖屋之瓦是陶制品的一种，其产生远迟于瓦鬲、瓦釜等饮食瓦品，但也早于"瓦"字的屋瓦之用。对于屋瓦之始，早有传说。《世本》卷一："桀作瓦屋。"《广韵·上马》："夏时昆吾氏作瓦也。"传说中的昆吾氏是己姓，夏的同盟部落。谓肇于夏代，似不太可信。从考古发掘看，小屯殷墟和其他的商代文化遗存，均未发现陶屋瓦。故可以说，夏代当是"茅茨不翦"之时，商代犹为茅茨盖屋之世。屋瓦首见于陕西沣西遗址灰坑，其用不详。今所见较明确的最早用例是陕西岐山凤雏村西周遗址。瓦全是弯弧(约圆周的四分之一)形。一种是弯弧内有环耳，一种是弯弧外有两颗帽钉，显然二者相合而用；前者用作凸面覆瓦，后者用作凹面仰瓦，环耳、帽钉均在下。相合为脊瓦，用于人字形屋顶作为屋脊，环耳、帽钉均便于将瓦结扎在茅苫上。另一种弯弧形瓦，在瓦两侧开二小孔，此显然为毗连排列以绳系结，用于檐部作檐瓦，以免回水的潮腐。直至今日，还能见到一些乡间在草屋的顶部以瓦为屋脊，檐部用檐瓦的做法。以上的形制用于早期。还有一类瓦有柱钉或锥钉，乃用于晚期。此时，竹木构架的屋面已铺泥背、抹砂子灰防水面层，有柱钉、锥钉之瓦，便用于天沟，粘结于泥背，瓦上再盖茅苫。凤雏村遗址屋瓦的形制与使用情况反映了由茅茨屋面至瓦屋面的过渡形式。另外，在陕西沣西客省庄遗址曾出土 V 形截面的脊瓦。故可以认为，瓦最早是从茅草屋的屋脊开始进入建筑领域。其时间约在西周早期。当然，此"并不是屋瓦的始发形态。屋瓦约是在压盖茅茨的碎陶片的启示下发明的。最初的瓦应无环、钉，屋瓦下滑伤人的教训(时至战国，还有'千金之子坐不垂堂'之说)，才使其变革，加上环耳，以便扎结固定"(杨鸿勋文)，于是出现了脊瓦的固定形式。

陕西扶风召陈西周中晚期建筑群遗址则提供了屋盖全面铺瓦的信息。这里，除了半圆弧的脊瓦，还有半圆弧各种规格的筒瓦、板瓦，晚期遗存则有带花纹筒瓦、瓦当。此外，在西安、洛阳、北京琉璃河等地周代遗址，都发现西周中、晚期的筒瓦、板瓦。据此，可认为西周中期已出现了后世的瓦屋。但大量出现，要到战国。当时及以后相当一个时期的屋瓦全用泥条盘筑法制造，火候较低。其方法是：先从地下挖出无沙黏土，踩炼成熟泥，堆成“高长方条”，即矩形泥墩，然后用弦弓等按一定厚度向泥墩平拉出泥片。包于外有棱界的圆桶外壁，待稍干脱模，成坯筒，自然“瓦解”，干后入窑烧造。其中四剖、六剖者成板瓦，仰铺于屋斜面的泥层上；对剖者成筒瓦，覆盖于两行板瓦间。早期筒瓦上出圆柱形瓦钉，有止滑固位作用。两种瓦仰覆相成。伸至屋檐的筒瓦之头就是瓦当，又称勾头瓦，可挡住瓦不下滑。秦以前瓦当多为半圆形，也出现了圆形。秦以后，多为圆形，上有文字和纹饰，一般是“长乐未央”、“永寿无疆”、“延年益寿”之类构成图案的文字，花纹以莲花纹为主，又有龙纹、涡纹、卷方纹、铺首纹等。到西汉武帝前后，轮制法逐渐替代了泥条盘筑法，使制瓦手工业发展更快。北魏时，出现了琉璃瓦，但宋以前仅用于檐、脊，高级的殿堂屋面主要还用灰瓦。至宋代的绘画如《清明上河图》中才见到全部由琉璃瓦覆盖的殿屋。在唐代，瓦又有改进：屋檐前的第一块板瓦有了“滴水”，即滴瓦。早期的滴水与瓦身夹角是 90°—95°，晚期是 100°—110°，与瓦当相配，可防雨雪侵蚀屋檐与屋壁。瓦，除了瓦片、瓦当，还包括各种瓦饰，后世瓦饰越趋复杂（见下），其制造方法与瓦片同，“皆人工逐一做成。载于窑内，受水火而成器则一也”（见明宋应星《天工开物》卷七《瓦》）。

《说文·瓦部》：“瓦，土器已烧之总名。”段玉裁注：“土，凡器未烧之素皆谓之坯，已烧皆谓之瓦。”诚确。但段玉裁、王筠、徐灏等《说文》大家谓“瓦”象屋瓦卷曲之形，先有屋瓦，再扩大用作陶品通称，今学界也多以为古“瓦”字之形象屋瓦仰覆相合之形，即以为屋瓦是“瓦”的本义，盖非信说。如前所说，至今才见西周的屋瓦实物。文献中“瓦”指屋瓦杳然不见。屋瓦至战国开始流行，战国文献才有指屋瓦者。《韩非子·十过》：“裂帷幕，破俎豆，隳廊瓦，坐者散走。”《周礼·考工记·匠人》：“葺屋三分，瓦屋四分。”谓屋顶坡度草屋顶为 1∶3，瓦屋顶为 1∶4。《墨子·备突》：“为其门上瓦屋。”但诸例均与他词连用，“瓦”单用而专指屋瓦者犹为罕见。上诸“瓦”例，泛解为陶制品，也未尝不可。故文献与实物均证明屋瓦绝不会是“瓦”的本义，因而古“瓦”字非屋瓦象形。按，“瓦”的本义本形当为纺坠。在上古，“瓦”早期可作纺坠（即纺塼）之称。《诗·小雅·斯干》：“载弄之瓦。”毛传：“瓦，纺塼也。”后世以“弄瓦”为生女之雅称，盖象征女子长大后必习于女功纺绩之事。据考古发掘，旧石器时代晚期已见原始纺轮——纺坠的主要部分。在全国新石器时代的居民遗址中，几乎都能见到纺轮，其物用石片或陶片打磨成，大都是陶制品。将捻杆插进纺轮，便成纺坠，可以是单面插杆成形，大都是串心插杆成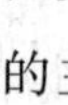形。手工操作有吊捻与斜捻两种，无论哪一种，捻杆总是捻旋，“瓦”的古字形颇象串心插杆纺坠捻旋之形，故“瓦”本或是纺坠的象形。因纺轮多是陶制品，遂扩大为各种陶制品的通称（参第 49 条）。而秦以后，由于屋瓦的流行，“瓦”才兼作屋瓦专称。《史记·廉颇蔺相如列传》:“秦军军武安西,秦军鼓噪勒兵,武安屋瓦尽振。”《太平御览》卷一八八引《魏志》曰:“魏文帝谓周宣曰:‘朕梦殿上双瓦落地,化为鸳鸯。’”《汉武故事》曰:“上起神屋,以铜为瓦。”《燕丹子》曰:“荆轲之东宫,临池拾瓦投鼃(蛙),太子进金瓦。”以上诸“瓦”已与上举与他词连用作屋瓦的战国文献之“瓦”不同,全是单用称屋瓦,故可视为屋瓦专称。

屋脊是屋瓦的构成部分和最早的使用面,其本体是瓦片组列为瓦条,或专制的脊筒子。文献中,屋脊,最初称“甍”。《释名·释宫室》:“屋脊曰甍。甍,蒙也,在上覆蒙屋也。”《说文·瓦部》:“甍,屋栋也。”段玉裁注:“栋者,极也,屋之高处也。栋自屋中言之,故从木;甍自屋表言之,故从瓦。”杨鸿勋则进一步指出:“此字从草从瓦,正反映草顶上的瓦脊。”(杨书第109页)按,“甍”字《说文·瓦部》作从瓦,夢省声;《夕部》“夢”则从夕,瞢省声;而《苜部》“瞢”是从苜从丫,会意;又《苜部》“苜”是从丫从目,会意,义为目不正;丫,《说文·丫部》训“羊角也,象形,读若菲(乖)”,故“甍”上不从草。但杨氏解为“草顶上的瓦脊”作为物制,甚确,此正是草屋向瓦屋的过渡形式,在茅茨之顶铺列瓦脊。《左传·襄公二十八年》:“犹援庙桷动于甍。”谓抽庙桷而牵动屋脊之瓦。《国语·晋语二》:“譬之如室,既镇其甍矣,又何加焉?”但秦以后大都用作屋栋之称。《文选·张衡〈西京赋〉》:“廛里端正,甍宇齐平。”“凤骞翥于甍标,咸遡风而欲翔。”薛综注:“甍,栋也。标,末也。”汉班固《为第五伦荐谢夷吾疏》:“诚社稷之蓍龟,大汉之栋甍。”南朝梁刘孝绰《酬陆长史倕》诗:“朝猿响甍栋,夜水声帷薄。”但也有从外而称屋脊者,则见出古雅色彩。晋张载《登成都白菟楼》诗:“街术纷绮错,高甍夹长衢。”宋黄休复《茅亭客话》卷五《避雷》:“世传乖龙者……或在古木楹柱之内及楼阁鸱甍中。”明李东阳《题清明上河图》诗:“城中万屋翚甍起,百货千商集成蚁。”

秦以后,作屋脊正称者主要是“脊”,有口语色彩。《北史·齐宣帝纪》:“两栋相距百余尺……帝登脊疾走,都无怖畏。”也作“屋脊”。《南史·王琳传》:“所居屋脊,无故剥破,出赤蛆数升。”在传统建筑中,“脊”是屋瓦构件之一。宋李诫《营造法式》对脊有专节论列。

早期的屋脊上尚无华饰。至汉代的重要建筑物上已开始有脊饰。此既是起防水作用的建筑构件,又是建筑的造型艺术。汉代的脊饰较简单,正脊上有凤凰、朱雀等饰物,脊端垒叠筒瓦或作成⊿形卷瓣而无鸱尾。从晋代起,由于受印度传来的能灭火有足的摩竭鱼(鲸鱼)的影响,遂在重要的木构建筑物正脊两端使用瓦兽——鸱尾,整体似鱼尾,卷曲向内,与正脊齐平衔接,以祈避火。《北史·高恭之传》:“李世哲……多有非法逼卖人宅,广兴屋宇,皆置鸱尾。”《太平御览》卷一八八引《晋中兴书》曰:“泰元十年,鹳巢太极殿东鸱尾。”然后发展为鸱吻,即改为以整体为兽头带粗短之尾,尾之前端作张口吞脊状与脊端衔接。《太平御览》同上卷引《陈书》曰:“高祖二年戊辰,重云殿东鸱吻有紫烟出属天。”《唐会要》曰:“汉柏梁殿灾后,越巫言海中有鱼虬尾似鸱,激浪即降雨,遂作其象于屋以厌火祥,时人或谓鸱吻,非也。”“火祥”,火灾。《旧唐书·玄宗纪下》:“开元十四年六月戊午大风,拔木发屋,毁端门鸱吻。”据此,鸱吻起于南北朝。但从实物看,其名称最迟见于五代,形象则在中晚唐(从祁英涛考),

下至宋、辽、金、元多用此式。接着发展为“龙吻”,俗称大吻、吻兽,鸱身雕为蟠曲上弯之龙,龙背插有剑把,龙尾外卷。北京故宫太和殿屋脊龙吻是登峰造极之作。每一龙吻高 340、宽 268、厚 32 厘米,重 4.3 吨,由十三个琉璃瓦件构成,下设吻座,南北有五尺铁链紧锁于正脊之端。正脊大龙吻与八条垂脊之小龙吻结合,遂起“九脊封十龙”的景象,以起护殿袪除火灾的作用,更增大殿的巍然壮观之势,象征封建王朝的崇高威仪。脊端的鸱尾、鸱吻、龙吻,除了华饰之美,还有建筑上的实用价值:位处殿顶前后两坡与山面一坡琉璃瓦交汇处,雨水最易渗透,今脊饰可严实封固,以收防水之效。殿室屋面,除了正脊,一般还有四条垂脊,通四翼翘角,垂脊前端往往也设一排小兽,宋元尚无定则,明清则有了严格等级规定。如清代规定只可用单数,顶端先是骑凤仙人,再后接走兽,走兽数量按建筑级别而定。正脊的鸱吻与垂脊的小兽,合称为“吻兽”。此是传统建筑瓦屋面上最显著、最重要的华饰,也是民族建筑形式特点的一个表现。

参考文献

[1] 杨维增:《天工开物新注研究》,江西科技出版社,1987 年 3 月。
[2] 陈维稷主编:《中国纺织科学技术史·古代部分》,科学出版社,1984 年 4 月。
[3] 中国社会科学院考古研究所:《新中国的考古发现和研究》,文物出版社,1984 年 5 月。
[4] 杨鸿勋:《西周岐邑建筑遗址的初步考察》,载《建筑考古学论文集》,文物出版社,1987 年 4 月。
[5] 杜石然等:《中国科学技术史稿》(上册),科学出版社,1982 年 8 月。
[6] 李松龄:《古代建筑上的吻兽》,《文史知识》1987 年 4 月号。
[7]《陕西扶风召陈西周建筑群基址发掘简报》,《文物》1981 年第 3 期。
[8] 祁英涛:《中国早期木结构建筑的时代特征》,《文物》1983 年第 4 期。
[9] 祁英涛:《中国古代建筑的脊饰》,《文物》1978 年第 3 期。

223. 甓·瓴(聆、领、令)甋(適)·甃·瓺·砖(塼、甎)·瓳甎○函管

最早用作建筑材料的陶制品，是埋于地下的排水管，商代已很常见。砖，西周稀见。战国起多用于墓室，东汉用于井壁，明代才普遍用条砖砌墙。水井，早期木井、土井、石井；战国起瓦井；东汉起砖井。“甓(bì)”，陶水管古称。后作井壁之称，东汉变为砖的通称。陶水管后世称“函管”。“瓴甋”，本指圆弧形屋瓦；西汉指圆弧形相合的陶水管，可泛指陶水管；东汉起成为“甓”的别称。“甃(zhòu)”，陶井井壁，东汉用作井砖专称，也可泛称砖。“瓺”也曾为井壁、井砖之称，文献少用。“砖”，东汉始见。随着砖砌的普及，遂成为砖的常称，有口语色彩。“瓳甎”是东汉条砖之称。

【同义】

《文选·谢惠连〈祭古冢文〉》：“得古冢，上无封域，不用塼甓。”“塼甓”同义连用，指砖。《尔雅·释宫》：“瓴甋谓之甓。”《广雅·释宫》：“瓴甋、甓，瓳、甎也。”《韵会》：“甎，甓也。”《广韵·入锡》：“甓，瓴甓，瓳甎。”皆指砖。“瓺”、“甃”亦砖之称。

【辨释】

砖，无论称名或实物，均迟于屋瓦。现所见最早的砖是陕西扶风云塘出土的乳钉铺地砖，底面四角有突起的乳钉；还有陕西岐山赵家台发现西周时的空心砖和条砖，均非用于铺地、砌墙。到了战国时期，制砖技术提高，砖的形制多样，装饰性、实用性加强。洛阳东周城出土的战国薄砖，其形与瓦片相似。战国晚期河北易县燕下都遗址也出土薄砖。此外，还有见兽面纹饰多种形状的栏杆砖；呈扁平长方形、有鸟兽纺织物纹饰的空心砖，用于垒砌墓室。今发掘的战国至西汉墓葬，空心砖墓甚多。汉代出现了方砖，平铺室内地面，包镶版筑屋壁的四周下部，一似今瓷砖之用；曲形砖，呈⺁形，用于包砌台阶。长方形的条砖(小砖)，用于砌墙，最早见于秦始皇陵：秦俑一号坑，发现一段条砖砌的边墙。此是最早的砖墙，但属孤例。至武帝时条砖砌才规范化，长、宽、厚之比为4∶2∶1，于是，东汉起，大小实心条砖才逐渐多见，但一般也用于墓葬，用作墓室顶部的拱券，小条砖还宜作穹窿顶墓室。此外，也开始用于水井。砌作拱券的还有楔形砖、企口砖、楔形企口砖。从战国至东汉，墓室由空心砖砌的粗板梁式变为以条砖为主砌作拱券和穹窿顶式，终于解决了商代以来木椁墓不能防腐、耐压的弊病。在汉代墓室的墓壁常砌有一种较大的、有浅浮雕图像(阴刻、阳刻)的模制实心砖，称为画像砖，其图像多是墓主生前生活的断面，涉及汉代社会生活的各个方面，具有较高的历史价值，是了解汉代社会政治、经济、习俗的生动真实的材料。画像石多见于四川、河

南、山东、陕西、江苏、辽宁等地的汉墓。要之，整个汉魏之世，砖形丰富，主要用于墓葬，地面宫室只用于墁地、墙底、阶角，内外墙壁一般仍是版筑墙或土坯墙。

从晋、南北朝起，砖的质量、数量大大提高，并开始普遍用到地面的各种建筑物、宫室、佛塔、仓库等。塔最早就见于南北朝，现知全国二千多座塔，大都是砖石结构，最早使用砖的是河南登封北魏时所建嵩岳寺塔，高40米，有15层，至今完好无损，可见砌砖技术之高。在晚唐、五代，江南一些大城市如成都、苏州、福州等开始用砖砌于城墙，敦煌壁画中的一些阙可能有贴面砖。但是文献或绘画中所见的砖砌城墙、城台或建筑物台基，均是内为夯土版筑，外贴砖皮或包角，像宋张择端《清明上河图》中的汴京城即是如此，并非里外砖墙。明代起，才广泛用条砖垒砌砖墙，一如今式。今所见万里长城的砌墙，大多是明代遗物。明宋应星《天工开物》卷七曾专节总结："凡郡邑城雉、民居垣墙所用者，有眠砖、侧砖两色，眠砖方长条砌。城郭与民人饶富家不惜工费，直叠而上。民居筭（通'算'）计者，则一眠之上，施侧砖一路，填土砾其中以实之，盖省啬之义也。凡墙砖之外，甃（zhòu，砌）地者曰方墁砖；榱桷上用以承瓦者曰榥板砖；圆鞠小桥梁与圭门与窀穸墓穴者曰刀砖，又曰鞠砖。""若皇居所用砖……有副砖、券砖、平身砖、望板砖、斧刃砖、方砖之类。"此节还记述了造砖、用砖之法。由此可见明代砖砌普及之一斑。

《说文·瓦部》："甓，令適（dí）也。"大徐本"適"作"甓"。王念孙曰："令適与瓴甋同，江东呼瓴甓，语之转也。"（文首引《广雅·释宫》条疏证）《诗·陈风·防有鹊巢》："中唐有甓。"（"中唐"，中庭之路。）毛传："甓，瓴甋也。"《庄子·知北游》："在瓦甓。"今所有词典、有关专著皆承汉晋古训，以"甓"为"砖的古称"，并用以训解上述文例。有的训诂学者还据此论断砖已是西周常用的建筑材料。但考古、建筑史学者不无遗憾："周代虽有砖的记载，但尚缺乏实物例证。"（《怎样鉴定古建筑》54页）确实，事物的专名是该事物大量存在的结晶。据上述文例，似乎可以作出砖已是西周常用建材的推断。但今虽发现了西周的砖，毕竟是稀物，且要到汉代才用于铺地（见上），故与《诗》句仍不能相合。而且以砖称解《庄子·知北游》句，亦乖文义（见下）。无疑的，对"甓"为砖称之千古定训理当重审。

建筑考古的大量事实表明，我国古代最早普遍使用的陶制建筑材料，非瓦非砖，而是排水管。今所见河南淮阳属龙山文化的平粮台古城遗址中，就发现了陶制排水管，管端有榫口，用以套接，可谓世界上最早的城市排污设施。下至偃师二里头早商遗址灰坑中也见陶制排水管。每节长42厘米，一端稍细以作衔插。在殷墟考古发掘中，更多处出土陶制排水管道。1972年小屯白家坟发现大批陶水管，每节管长40—50、直径20、壁厚1.3厘米。管道呈T形。南北向的管道残长9.7米，有17个水管；东西向残长4.62米，有11个水管，交叉处与现代相似，有三通水管连接。其北还有一段排水管道，有8个水管，管中还有淤泥，管间连接有平口和插口两种。诸管排列高低有序。这表明在建筑基址下设陶制排水管夏代已有，至商代已成定式。下至周代，更为发展。在岐山凤雏西周建筑基址，1500平方米的封闭性院落中，发现两条排水管道：一条从中庭经东塾台基下流至院外，一条由后庭西天井过廊、东天井、东厢房台基下流至院外，陶水管相互套接。河南三门峡虢国墓地近年新发现地下陶水管遗迹。洛阳东周王城亦见陶水管遗迹。战国时代地下陶水管应用更为普遍。秦都咸阳、燕下都均已发掘出陶制地下水管。汉长安城，城内伸出的每条大街，由两条明的排水沟将一街分为三道；每个城门下埋筑大涵洞，城墙基下皆埋有陶制排水管。

以上事实足以表明：陶水管是最早和相当时期内主要利用的陶制建筑材料。陶水管后，继之是瓦，最后才是砖。按名实结合的常例，陶水管的专称应远早于砖；砖的专称当在瓦之后。而至今陶水管的专称犹付阙如，瓦的专称成于秦汉（参第222条），而砖之专称竟在西周出现！奇哉怪也。今按，古称"甓"正是陶水管之名，而非砖称。此可从声源、文献得到充分说明。

"甓"，从瓦辟声。辟声有旋转意。《礼记·投壶》："主人般（盘）还曰辟。"郑玄注："还，音旋。"《孟子·滕文公下》："妻辟纑。"赵岐注："缉绩其麻曰辟。练其麻曰纑，故云辟纑。""辟"，纺麻，转动纺坠并合麻纤维。"璧"，环形瑞玉，甓也属旋转之义源。故合形声而知，其物不当是陶制（瓦类）扁平之砖，而必是陶制圆状物，则此非陶水管莫属！以此训释上引文献例，顺理成章。《诗·陈风·防有鹊巢》之"中唐有甓"句，谓中庭道涂下有排水管，此正与凤雏院落设管部位吻合；且与首章"防有鹊巢"（"防"，堤。）两章首句，一上一下正相对举（诗解甚烦，略）。《庄子·知北游》"在瓦甓"句，整节记庄子答东郭子关于道在何处之问："庄子曰：'在蝼蚁。'曰：'何其下邪？'曰：'在稊稗。'曰：'何其愈下邪？'曰：'在瓦甓。'曰：'何其愈下邪？'曰：'在屎溺。'"庄子的回答"每况愈下"，即所况事物越来越低贱。其"瓦甓"，"瓦"是陶制品通称，"甓"指排水管，合指陶制排水管。其物铺埋于道涂之下。排泄汙积水，较之"稊稗"自然更低贱。若如俗训以"瓦"为屋瓦，"甓"为砖，则一在屋上，一在地上，何低贱之有？且当时砖尚是罕物，更不以铺地，故以砖义解甓，于《庄子》文意实扞格难通。然则可明确作断："甓"之本义，即上古之"甓"，不是砖，而是陶水管。

然而，汉晋注家训"甓"为砖，也非全误。此盖关涉"甓"的词义演变与水井的变化。

井的产生，历来有"黄帝穿井"和"伯益作井"之说。伯益曾帮助大禹治水。今考古发现，倒接近于前者。许多新石器时代遗址均发现古井。最早首推浙江余姚河姆渡的大形木构井。综观古井，有几个不同的发展阶段、类型。一、木构井，土井，石砌井。盛行于新石器时代至西周。早期有方形、长方形、椭圆形、圆形，逐渐以圆形为主。从构体说，木构井最多。河姆渡的木构井由二百余根桩木、长圆木构成，外围成一圆形栅栏桩，内是边长约2米的方形竖井，大体由排列的桩木、圆木套接成方框。属于龙山文化的河南汤阴白营木构井则是用圆棍自下而上一层层垒筑而成。河北藁城台西村商代木构井是底部作方木井壁，此显然为便于澄清、存贮井水。土井则不用木构作壁，如江西德安石灰山遗址、九江神墩遗址发现的三口商周圆形土井，井体直接打入生土，但井底用鹅卵石铺底，上面用木棍、竹席、藤条等构成两层方台架，此亦为滤水，使水纯净度高。石砌井是用石块垒起，如江苏东海焦庄的圆形井，此类甚少。上述三类井皆离不开木，故《易·井》曰："木上有水，井。"至今属于这一历史时期的古井已发现20多口，均无一瓦井。二、陶管井，即瓦井。文献于战国始见。《墨子·备水》："置则瓦井中。"而实物春秋已见。如河南潢川黄国古城、湖北李家岗、湖北欧庙等遗址均发现陶管井或陶井圈。瓦井的建造方法是：先预制成一节节陶管，边有子母榫扣。凿井时随井圈加深，陶管一节节放下，直至成一井筒。此很像今桥墩沉井法。然后在井圈与瓦井壁间填土夯实。陶管井较坚固，可减少泥沙入井，是凿井技术的重大革新。至战国陶管井盛行。北京宣武门至和平门一线，发现数十座战国陶管井。陶管直径0.64—0.92米。河北邢台曹寅庄战国层遗址发现一座陶管井，每段井圈高0.34、厚0.03米。河北易县燕下都故城陶管井直径在0.5—0.8米。河南新郑李唐庄陶管井有管圈七节，每节高31、厚2—3厘米。下至西汉，如西安西郊两汉建筑遗址发现之水井，井底用陶井圈两个叠砌，每圈直径1.2、高0.34、厚0.04米。安徽寿县东西门外在不到140米的狭长地带发现西汉前期古井：土井二座；陶管井七座，一井用十四层陶圈叠接，每管高40、直径80、厚1.5—2厘米。管沿有五道凹槽，使管间吻合。今考古所见从战国至西汉水井，几乎全是陶管井。三、砖井。东汉始见。至东汉，凿井技术又发生飞跃，深的砖井逐渐盛行。洛阳发现汉河南县城有一水井，深20米，六角形井口砖砌，下砌六层平卧砖、八层侧卧砖，再下砌顶头侧卧砖一周。井口两边还有用于灌溉的砖砌水道。附近另有一座西汉水井，却不用砖砌。河南泌阳板桥发现十一座东汉砖井，皆深不见底。除个别是陶管井，大都是用小砖叠砌、结构多样、有弧形子母榫砖券井、弧形砖券井、竖立子母砖井、五角砖井、碎砖券井、八角形砖井等。

陶水管

与古井的流变相应，"甓"也随之产生义变。盖"甓"本指地下陶制排水管即瓦管，此其横者。若竖其管，即成了陶管井的井圈，相叠接成井壁。战国，是瓦井时代，故从战国起，"井壁"实是"井甓"。王先谦曾曰："甓，又通作壁。……古人谓瓦为'储胥'。郑（玄）注以为'壁'者，壁即甓也。甓为砖，亦得为瓦称。"（《诗三家义集疏》卷十）按，王氏谓"壁"与"甓"通，诚确。但"甓"初并非指砖，而正是"为瓦称"，且早于屋瓦。陶水管是制成圆筒形土坯，烧而不剖。而屋瓦是缩小剖分之甓。"甓"早"瓦"（屋瓦之称）迟。横置的陶水管既称"甓"，则竖置的陶制井圈自亦可称"甓"；而陶井圈相接乃成井壁，"甓"遂有井壁义，与"甃、甋"同义。《说文·瓦部》："甃，井壁也。"《韵会》引徐锴本作"井甓也"，桂馥《义证》引虞翻云："以瓦甓垒井称甃。"《广雅·释宫》："甋，甃也。"《广韵·平东》："甋，井甓也，一云甃也。"盖秋声亦有圆意。"揫"，束也（《说文·手部》）；"湫"，回水之窪，齐公子湫，字子渊（《世本》）；"甃壶"即圆壶（鲍照《圆葵赋》）。而"童"也与"甬"、"桶"等圆物之称同源。故"甃"、"甋"自然也可为陶井圈与井壁之称。《庄子·秋水》："吾乐与，出跳梁乎井幹（榦）之上，入休乎缺甃之崖。""甃"即指陶井圈所垒井壁。《易·井》:"井甃,无咎。"马融注:"甃为瓦里下达上也。"马注深得古义:谓陶井圈内由下而上叠接为井壁。此"瓦"犹言"甓"。因此,从陶水管与陶井圈的同物异用关系,以及与"甓"同义的"甃、甑"二词之义解,可确然而知:当战国秦汉之时,陶管井即瓦井盛行,"甓"可由"横管"指"直管",即指陶井圈,并为井壁之称。

然而,到东汉砖井开始盛行,故"甃"等自然进而又有砖义。《易·井》:"井甃,无咎。"孔颖达疏:"以塼垒井,修井之坏,谓之为甃。"《五经文字》:"甃,甎垒井。"上引《庄子·秋水》句成玄英疏:"甃,井中累塼也。"此虽以西汉后砖井对上古"甃"误训,但也表明西汉后"甃"已有砖义。"甃"成为井砖的专称。也可泛称砖。《资治通鉴·唐僖宗广明元年》:"(郑)畋……因闷绝仆地,甃伤其面。"胡三省注:"甃,甓也。"明方以智《物理小识·天类》:"乃以甕为甓,累而墙之。"此指墙砖。而"甓",亦变为砖义者;东汉及其后,皆训为砖义。如《尔雅》、毛传仅训"甓,瓴甋",而西汉瓴甋尚不是砖之称(见下)。至《广雅》、郑玄、郭璞及唐代贾公彦、孔颖达等,凡"甓"皆明训为砖。又如《文选·司马相如〈长门赋〉》:"缀(致)错石之瓴甓兮,象瑇瑁之文章。"此是西汉晚期(武帝时)之例。"瓴甓",李善注引《尔雅》郭璞注解为甗甎(即条砖)。李周翰注:"错石,众石也;瓴甓,甎也,言累甎石似瑇瑁之文。"《汉书·酷吏传·尹赏》:"赏(尹赏)至。修治长安狱,穿地方深各数丈,致令辟为郭。"颜师古注:"致谓积累之也。令辟,甎也,郭谓四周之内也。"颜、李(二李)训确。汉以后,如《晋书·孝友传·吴逵》:"家极贫窘……昼则佣赁,夜烧砖甓。"《陶侃传》:"侃在州无事,辄朝运百甓于斋外,暮运于斋内。人问其故,答曰:'吾方致力中原……恐不堪事。'"唐柳餗《隋唐嘉话》上:"初筑外垣之时,掘得一塚,无甎甓。"宋岳珂《桯史》卷十一曰:"后有窣堵波,高入云表……环以甓,为大址,累而增之。"清吕履恒《山海关》诗:"汉塞烽烟亭甓坏,秦城膏血土花腥。"诸"甓"皆为砖之称。总之,"甓"成了砖的通称。准此可知,凡西汉晚期、东汉及尔后文献之"甓"均当训砖义。

至此,"甓"的义变怡然理顺:本为陶水管;以用于陶井而为井壁之称;以井壁发展为砖砌又变作砖义。汉唐有些注家以所见砖井之砖甓比同上古陶水管之甓,自然致误;但若施之西汉以后,并不误。今人将东汉前之"甓"一概当作"砖的古称",其误乃与汉唐有些注家同。

或质之曰:毛传、《尔雅》皆训"甓"为"瓴甋",而"瓴甋"是联绵词,无疑是砖之称,则又何说?今按,若谓"瓴甋"是联绵词,从来是砖之称,当有疑焉。从字形看,有"瓴甋",也有"令適"、"瓴甓"、"令辟"(见上引文例),还有"令甓",等等,均非联绵词,而是同义复词。上引《诗·陈风·防有鹊巢》毛传之"瓴甋"是今所见最早的用例,则此称不始于东汉,当迟于"甓",肇于战国、秦,理不当为砖之称。《六书故·瓦部》:"瓴,牝瓦仰盖者也。仰受覆瓦之流,所谓瓦沟也。"则瓴是凹面圆弧形屋瓦。《墨子·三辩》:"农夫春耕夏耘,秋敛冬藏,息于聆缶之乐。""聆"通"瓴","聆缶"即瓦缶。大其形,即为圆弧形陶水管。《管子·度地》:"故高其上领(瓴)之尺十分之三,里满四十九者,水可走也。"戴望注:"瓴,谓瓴甋也。言欲令水上高，必大为瓴甋，私空其中，使前后相受。”按，谓使水有下流激势，必在水上流处抬高陶水管之位。“甋”从啇声，《说文·木部》：“樀，户樀也。从木啻声，读若滴。”此“读若”示通假关系。又《水部》：“滴，水注也。”《尔雅·释宫》：“檐谓之樀。”檐是屋檐滴水处，故又谓之“樀”。此实也指屋檐处之牝瓦。“甋”之言“滴”，“樀”也。然则，“瓴、甋”本皆指供流水的圆弧形屋瓦。今同义连用乃指由圆弧形管瓦相合的陶水管。有的水文地质学者经研究指出：“陶管井的出现是打井史上的一大进步，陶管本身体积较大，运输比较不方便，所以汉代的陶管（按，当指西汉）进一步改成几块管瓦相拼就方便多了。”（参沈树荣文）名与物若合符节！“瓴甋”正是指西汉时拼合之陶水管，泛指则也是陶水管，毛传以“瓴甋”训上古之“甓”，正取其泛指义。故毛传、《尔雅》的训诂并不误，而且还透露了西汉陶水管制作改革的信息。

但从东汉起，“瓴甋”也与“甓”一样，同步变作砖之称，如文首引《尔雅·释宫》句，上引《汉书·酷吏传·尹赏》“令辟”句。又如，《周礼·考工记·匠人》：“堂涂十有二分。”郑玄注：“谓阶前，若今令甓裓也。”“裓”通“阶”，指有砖包口之台阶。可见郑玄时“令甓”已为砖称。后世更然。《文选·张协〈杂诗〉之五》：“瓴甋夸玙璠，鱼目笑明月。”宋晁补之《坐进庵赋》：“上蒙藁秸，下履瓴甋。”周邦彦《汴都赋》：“瓴甋岁久而苔苍。”

或又质曰：“甓”既变作砖之称，陶水管义何归？按，由于“甓”用作砖之通称，其陶水管义已“卸任”。但建设城市、大的宫室时地下铺设陶水管，已成为古代环保排污的优良传统，历代不废，惜乎今大型词典均未列古代陶水管之一名。但据笔者所考，至少有“函管”一词。《宋史·王琪传》：“琪知润州，转运史欲浚常润漕河……废古城埭，破古函管而浚之，河反狭。”宋刘宰《运河行》：“运河岸，丁夫荷锸声缭乱。红连幕府谁献言？运河泄水由函管。函管掘开须到底，运材归府供薪爨。”（见《漫塘诗集》）然则可曰：陶水管，上古称“甓”，西汉称“瓴甋”，后世称“函管”。

“砖”之称，最早也见于东汉。汉应劭《风俗通义》中有“甃，聚塼修井也”之语。（《太平御览》卷一八九引）江苏宜兴西晋周处墓砖上，有“元康七年九月三十日，阳羡所造周前将军甎”的文句。晋以后随着砖的普及，其称更为习见。《太平御览》卷一八八引《宋书》曰：“范晔母如厕而产，额为塼所伤，故以塼为小字。”《宋书·王彭传》：“父又丧土，家贫力弱……乡里并哀之，乃各出夫力助作塼。”北齐颜之推《颜氏家训·终制》：“蒙诏赐银百两，已于扬州小郊北地烧砖。”唐柳宗元《井铭序》：“凡用……大甎千七百，其深入寻有二尺。”元秦简夫《东堂老》第一折：“只守着那奈风霜破顶的甎窑。”“砖”之称，其字先作“甎”。甎者转也，首先用于建筑物转角，如台阶之包口、墙角等，以起加固作用（见上），而汉代建筑物大都是夯土版筑，故从土起“塼”之名。以砖是瓦之一种，故又作“甎”。从石者，后出俗字。《篇海类编·器用类·瓦部》：“甎，俗作砖。”由于“甓”源于瓦管，用于地下、井壁，而砖的普及主要见于地面建筑，故自然“砖（塼、甎）”之称逐渐独占鳌头，成为砖的常称，并有口语色彩。

“甂甎”是东汉对条形小砖之称。《尔雅·释宫》：“瓴甋谓之甓。”晋郭璞注：“甂甎也，今江东呼瓴甓。”唐玄应《一切经音义》卷十五引《通俗文》曰：“狭长者谓之甂甎。”《三国志·魏志·胡昭传》"动见模楷焉"裴松之注引《魏略》曰："独居道侧，以甗甎为障施一厨床，食宿其中。"今吴方言还用此名作为砌墙小砖之称。

最后，将"甓"为中心的本组词的词义演变与水井等和陶制建材变化的关系列为简表（见下）。

物、词 \ 时代		夏	商	西周	东周、秦、西汉		东汉	汉以后
物	木井	木井	石井	土井	瓦井		砖井	砖井
	陶管	有	有	有	有	有	有	有
	砖	/	/	少见	有	有	有	有
	屋瓦	/	/	有	有	有	有	有
词	甓	/	/	陶管	陶管（瓦）井壁	陶管（瓦）井壁	砖	砖
	瓴（令）甋（適） 瓴（令）甓（辟）	/	/	/	（圆弧形） 陶管牝瓦	（圆弧形） 陶管牝瓦	条砖	条砖
	瓦	/	/	/	屋瓦	屋瓦	屋瓦	屋瓦
	砖	/	/	/	/	/	（白）砖	（白）砖
	甃	/	/	/	（瓦）井壁	（瓦）井壁	（砖）井壁	（砖）井壁
	函管	/	/	/	/	/	/	陶管

参考文献

[1] 中国社会科学院考古研究所：《新中国的考古发现和研究》，文物出版社，1984年5月。

[2] 武汉水利电力学院、水利水电科学研究院本书编写组：《中国水利史稿》（上册），水利电力出版社，1979年8月。

[3] 祁英涛：《怎样鉴定古建筑》，文物出版社，1981年6月。

[4] 中国硅酸盐学会主编：《中国陶瓷史》，文物出版社，1982年9月。

[5] 杨鸿勋：《建筑考古学论文集》，文物出版社，1987年4月。

[6] 袁清林：《中国环境保护史话》，中国环境科学出版社，1990年3月。

[7] 沈树荣：《我国上古时代对地下水的认识和利用》，载《水文地质史话·札记》，地质出版社，1985年4月。

[8] 黄展岳：《水井起源初探》，《农业考古》1982年第2期。

[9] 唐嘉弘：《井渠法和古井技术》，《农业考古》1984年第1期。

[10] 诗家：《记江西近年发现的商周水井》，《农业考古》1987年第2期。

[11] 杨鸿勋：《中国早期建筑的发展》，载《中国古建筑学术讲座文集》，中国展望出版社，1986年10月。

[12]《殷墟出土的陶水管与石磬》，《考古》1976年第1期。

[13] 安志敏：《虢国墓地和三门峡考古》，《中国文物报》1991年第6期。

[14] 陈文华等：《中国古代农业考古资料索引》第三篇《农田水利·水井》，载《农业考古》1984年第1期、1989年第2期。

[15] 黄金贵：《"甓"义考》，《考古》1993年第5期。

224. 圬(杇)·墐(谨)·镘(墁、槾、慢)·塓(撊、摸、揞、幔、幔、獿、郢)·涂(塗)·垩

在史前期,半穴居的先民已知为防火、防潮、保暖等需要,在墙壁、屋顶、地面涂泥;后又在涂泥外刷抹石灰面。"圬",早期涂刷之称,多作名词修饰语。"墐",涂抹掺入麦秸等物的厚泥。"塓(mì)",较早涂刷的通称;"镘(màn)",涂刷工具;后世涂刷的通称。"涂",重在面饰的涂刷,用颜料、油漆、石灰粉饰建筑物或器物的表层。"垩(è)",用白土、白灰粉抹刷建筑物或他物的表层。

【同义】

《说文·土部》:"墐,涂也。"《尔雅·释宫》:"镘谓之杇。"郭璞注:"泥涂。"郝懿行义疏引李巡曰:"泥镘一名杇,涂土之作具是也。"《说文新附》:"塓,涂也。"《广雅·释宫》:"垩,涂也。"《论语·公冶长》:"粪土之墙不可杇也。"何晏集解引王肃曰:"杇,镘也。"邢昺疏:"粪土之墙易为垝坏,不可杇镘涂塓以成华美。"《三国志·魏志·司马芝传》:"墐涂室屋。"《宋史·陆万友传》:"万友始业圬镘……以银为圬镘器数十事示子孙。""杇镘涂塓"、"墐涂"、"圬镘"皆为同义连用,泛指涂刷墙壁、屋顶、地面。

【辨释】

涂刷墙壁、屋顶、地面是上古宫室建筑中最后不可缺少的一道工序。早在仰韶文化时期,西安半坡的半穴居宫室,其壁体与屋面均是枝干纵横扎结成骨架,两面涂泥,成为木骨泥体。屋盖内部涂泥,可以防火,避免室内火塘上窜的烟火引燃屋盖的椽木;四面墙壁涂泥,是为防潮、保暖;为防潮、保暖,地面也涂泥,且厚于穴壁,一般在1—4厘米,厚者有5—10厘米。为了牢固,涂泥的面层都经过烧烤,而呈现坚硬光滑的青灰色或红褐色的低度陶质。半坡中期开始,为了防潮,也有以木板、芦苇之类为防潮层,但其外仍涂泥并烧烤之,如T24,用15厘米的木板铺盖居住面,上面再有几层烧烤的涂泥,最厚处达20厘米。到仰韶文化晚期,已出现"白灰面"的技术,即抹上薄而光坚的石灰质,成为白垩面层,既防潮,且更坚固、美观。龙山文化的一些宫室建筑已广泛使用此种技术。至进入完全的宫室时代,已是奴隶社会,泥涂的做法更踵事增华。秦咸阳宫第一号遗址的承重墙体是土木混合结构:土墼、夯土与加固的木柱连为一体,其墙体面上涂抹较厚的掺有黍茎的泥层,再抹细的谷糠麦壳泥,最外刷白灰面。即里涂粗泥,中涂细泥,外刷白垩粉。底室楼层的壁体,由承重木柱与竹笆、荆笆构合,内外也如此涂泥。下至汉长安南郊的明堂遗址,已多用方砖铺地,但地面还多作泥涂。其北部堂室阴湿,故在150厘米以上的夯土台基上叠砌六层土坯,末层的土坯,地面涂

2—2.5厘米麦秸泥打底，再涂同样厚的麦糠泥，然后又涂0.1—0.2厘米细泥面层，最后还抹一层红色细泥。室内的墙壁，面上涂4—4.5厘米麦秸泥打底，再涂1厘米麦糠泥，表面石灰粉刷，或白色，或淡红色，显然加进了颜料。汉以后犹然。由于砖的普遍使用要迟至明代，明以前盛行土墙、版筑墙，一般室内也是泥土地面，较讲究的宫室地面才用砖，故四壁、地面，甚至屋顶，都须抹泥、涂刷，讲究的再在上面加各种绘画雕饰。

“圬”亦作“杇”。亏声之字或有污下义。如凹下的平底饮器为盂，小水池为污，中低而四旁高的土丘为汙。但也有张大义。“芋”是“大叶实根骇人，故谓之芋也”(《说文·艸部》)。“吁”是大声惊呼。“盱”是张大其目。“竽”是笙之大者(《吕氏春秋·仲夏纪》高诱注)。“夸”是“张布”意(《汉书·司马相如传》颜师古注)。“玗”是张满弓。“圬”正取亏的大义，会其意是铺张泥土，即“泥墙屋”，用泥涂抹墙壁、屋顶、地面，是早期的涂刷之称，一般作名词修饰语。从事此种劳动者，称为圬人、圬者，即今所称泥水匠。《左传·襄公三十一年》：“圬人以时塓馆宫室。”杜预注：“圬人，涂者。”孔颖达疏：“圬是涂之所用，因谓泥墙屋之人为圬人。”唐韩愈《圬者王承福传》：“圬之为技，贱且劳者也。”偶单用作动词，文首引《论语·公冶长》“粪土之墙不可杇也”。

《说文》部首：“堇，黏土也。”“墐”是涂抹厚泥。《诗·豳风·七月》：“塞向墐户。”毛传：“墐，涂也。”《礼记·月令》：“蛰虫咸俯在内，皆墐其户。”郑玄注：“墐谓涂闭之，辟杀气。”《管子·轻重己》：“教民樵室钻燧，墐灶泄井，所以寿民也。”“墐灶”，灶上涂抹厚泥。《礼记·内则》：“涂之以谨涂，炮之。”郑玄注：“谨当为墐，声之误也。墐涂，涂有穰草也。”可见“墐”之作名词为厚泥，即是一些新石器后期以来遗址所见加入麦秸、黍茎、谷壳的粗泥，涂后必烧烤。作动词，专指涂抹厚泥。

《说文·金部》：“镘，铁杇也。槾，或从木。”《木部》：“槾，杇也。”文首引《尔雅·释宫》“镘谓之杇”句郝懿行义疏：“按镘，古盖用木，后世以铁。”朱骏声亦曰：“今圬者涂器有铁者形如刀，有木者形如半月，有柄。二器相需为用。”(《说文通训定声·乾部》“槾”字)然则“镘”本为名词，涂刷的工具，其器用木为“槾”，用铁为“镘”。秦汉间已有用铁者。镘者用泥土为涂料，故亦作“墁”。亦假借“慢”。“镘”，从曼声。曼声初文为冃。《说文》部首：“冃，重覆也。”故曼声之字多有蒙覆义。蒙覆的葛草为“蔓”，以虚假之言蒙蔽真相为“谩”，由上而下蔽覆的帐幕为“幔”，遮蔽车窗的布为“鞔”。“镘”之为涂刷，也取义于蒙覆。所谓涂刷，其实质就是以泥蒙覆墙屋、地面，因而比“圬”更具代表性，故“镘”成为通贯古代、使用时间最长之涂刷墙壁、屋顶、地面的通称。《庄子·徐无鬼》：“郢人垩慢其鼻端，若蝇翼。”此偏于粉刷。唐韩愈《杇者王承福传》，除作标题外，文中“圬”字仅一见：“视时屋食之贵贱，而上下其圬之傭以偿之。”用为修饰语。其余均作“镘”：“手镘衣食”，“故吾不敢一日捨镘以嬉，夫镘易能可力焉”，“吾操镘以入富贵之家有年矣”。宋苏轼《新渡寺席上……送欧阳叔弼》诗：“平生魏公筹，忽斫郢人墁。”“镘”又可指称涂刷的工具，此举韩愈文中已见。又，韩愈《蓝田县丞厅壁记》：“斯立易桷与瓦墁治壁，悉书前任人名氏。”(“斯立”，崔斯立。)“镘”还可指涂成之物。《孟子·滕文公下》："有人于此，毁瓦画墁。"朱熹注："墁，墙壁之饰也。"杨伯峻《孟子译注》亦以为指新粉刷的墙壁。

"塓"，首见于上引《左传·襄公三十一年》"塓馆宫室"句，孔颖达疏："塓亦泥也，使此泥屋之人，以时泥涂客馆之宫室也。"其用字甚多。又作"摸"。《广雅·释宫》："摸，涂也。"作"撋"（即"撍"）。《说文·手部》："撍，一曰摩也。"作"幔"。《广雅·释宫》："幔，涂也。"讹作"獿"。《汉书·扬雄传下》："獿人亡，则匠石辍斤而不敢妄斫。"颜师古注："獿，拉拭也。"又引服虔曰："獿，古之善涂塈者也，施广领大袖以仰涂，而领袖不汙。有小飞泥误著其鼻，因令匠石挥斤而斫。"声近假借作"郢"。《庄子·徐无鬼》"郢人"句成玄英疏："郢人，谓泥画之人也。""塓"即"幔"。《说文·巾部》："幔，墀地以巾撋之。""撋"本是涂地，当然也可以用于涂墙壁、屋顶。然则"塓"即"撋、撍、摸、獿、幔、幔、郢"。"塓"与"墁"义同，均明母双声，一声之转。"塓"是"墁"的前称，是早期涂饰墙壁、屋顶、地面的通称，后"塓"废而"墁"行。

"涂"是"塗、途"的古字（见郑珍《说文新附考·塗》），今简化又作"涂"。余声之字多有黏附义。"稌"，黏稻；"叙"，比次（《周礼·天官·司书》注），相黏接意；"舍"，人所止居处，也有黏附意。故"涂"可指泥土。《广雅·释诂三下》："涂，泥也。"《庄子·秋水》："此龟者宁其死为留骨而贵乎？宁其生而曳尾于涂中乎？"引申指道路，也指泥路。作动词，即是用泥黏附墙壁。扩大之，用他物黏附也称"涂"。凡类黏附者也得称"涂"。但文献中使用，或许由于泥涂已有几个专称，故"涂"通常倒不指泥涂，而是指用颜料、油漆、石灰涂饰墙壁、屋顶、地面或器物的表层，即粉饰义。《书·梓材》"若作梓材，既勤朴斫，惟其涂丹雘"句，孔传："当涂以漆，丹以朱而后成。"《穀梁传·襄公二十四年》："台谢不涂。"范宁注："涂，涂饰。"《晋书·石崇传》："与贵戚王恺、羊琇之徒，以奢靡相尚……崇涂屋以椒，恺用赤石脂。"唯此，可指称画饰。《礼记·檀弓上》："天子之殡也，菆（同'聚'）涂龙輴以椁。"郑玄注："天子殡以輴车，画辕为龙。"唐卢仝《示添丁》诗："忽来案上翻墨汁，涂抹诗书如老鸦。"貌饰。《新唐书·后妃传上·则天武皇后》："太后虽春秋高，善自涂泽，虽左右不悟其衰。"画饰、貌饰，都是用色彩物画涂，故也可反映"涂"作为涂刷建筑物有"饰"的特点。

《说文·土部》："垩，白涂也。"犹白泥。《仓颉篇》（孙星衍辑）卷下："垩，白土也。"则"垩"本指白土，名词。《韩非子·十过》："四壁垩墀，茵席彫文。"汉司马相如《子虚赋》："其土则丹、青、赭、垩。"《后汉书·西域传·大秦国（犁鞬）》："以石为城郭，列置邮亭，皆垩塈之。"李贤注引郭璞曰："垩，白土也。"引申为用白土、白灰（用石灰水）粉刷墙壁、屋顶。《韩非子·说林下》："宫有垩器，有涤则洁矣。"《管子·轻重丁》："表称贷之家，皆垩白其门，而高其闾。"《尔雅·释宫》："墙谓之垩。"郭璞注："白饰墙也。"郝懿行义疏："饰墙古用白土，或用白灰，宗庙用蜃灰。"《礼记·丧大记》："既练，居垩室。"孔颖达疏："垩，白也，新涂垩于墙壁令白，稍饰故也。""垩室"，孝子练祭后所居的白色屋子。白土刷于泥涂的外面。《释名·释宫室》："垩，亚也，次也，先泥之，次以白灰饰之也。"也可指用白土抹刷他物的表层。上举《庄子·徐无鬼》："郢人垩慢其鼻端若蝇翼。""垩慢"，以白土墁涂。引申之，也作有色土，泛称。《山海经·北山经》:“(天池之山)其中多黄垩。”郭璞注:“垩,土也。”

参考文献

[1] 杨树达:《积微居小学金石论丛》,中华书局,1983 年 7 月。
[2] 祁英涛:《怎样鉴定古建筑》,文物出版社,1986 年 8 月。
[3] 杨鸿勋:《中国早期建筑的发展》,载《中国古建筑学术讲座文集》,中国展望出版社,1986 年 10 月。
[4] 杨鸿勋:《仰韶文化居住建筑发展问题的探讨》,载《建筑考古学论文集》,文物出版社,1987 年 4 月。
[5] 杨鸿勋:《秦咸阳宫第一号遗址复原问题的初步探讨》,载同上。

七、交　通

225. 道·路·涂(塗、途)·巷(衖)·曲·术·街·衢

“道”,道路总称。“路”,道路总称,有口语色彩。“涂”,乡间小路;上古城中大路分道;偶可泛称城中大路。“术”,南北朝前可作大路泛称。“街”,汉代起城中大路通称,还可用于大路名。“衢”,有分岔之路;汉代起指城乡四通八达的大路。“巷”,闾里中通路,又可称宫廷中小路。“曲”,通于巷的弯曲小路。

【同义】

《说文·足部》:“路,道也。”《玉篇·辵部》:“途,路也。”《广雅·释宫》:“衖(巷)、街、术……道也。”汉王逸《九思·遭厄》:“蹑天衢兮长驱。”王逸注:“衢,路也。”《荀子·劝学》:“一出焉,一入焉,涂巷之人也。”《礼记·月令》:“(季春之月)开通道路。”《儒行》:“通涂不争险易之利。”汉王充《论衡·论死》:“人且死见鬼,宜见数百千万,满堂盈庭,填塞巷路。”三国魏曹植《赠白马王彪》诗七章之三:“鸱枭鸣衡轭,豺狼当路衢。”“涂巷”、“路衢”等皆同义连用,泛指道路。《史记·孙子吴起列传》:“据其街路,冲其方虚。”汉班固《西都赋》:“内则街衢洞达。”《宋书·臧质传》:“重关自开……质犹盘桓衢巷。”《南史·孝义传下·吉翂》:“翂年十五,号泣衢路祈请。”唐韩愈《柳州罗池庙碑》:“城郭巷道,皆治使端正。”“街路”、“巷道”等皆同义连用,泛指城中道路。“曲”也是道路之称。

【辨释】

《说文·辵部》:“道,所行道也。从辵首。一达谓之道。䢾,古文道,从首寸。”“所行道”者,即所行(之时、之处)的引导。从辵首,辵示行走,首指领头;从首寸,寸表手持之,二形皆会其意为引导。故“道、导”为古今字。《释名·释言语》:“道,导也,所以通导万物也。”《论语·学而》:“道千乘之国。”“道”,即“导”,治。《汉书·沟洫志》:“故道河自积石。”颜师古注:“从积石山而治引之,令通流也。道读曰导。”唯此,引申指道路,就带有庄重、专指(规定之行道)的意味。《左传·襄公十一年》:“诸侯道敝而无成,能无贰乎?”杜预注:“皆罝于道路也。”按,此“道”指规定的伐郑路途。《史记·高祖本纪》:“高祖以亭长为县送徒郦山,徒多道亡。”此“道”指特定的往郦山之路途。汉赵晔《吴越春秋·勾践归国外传》记勾践归越:“百姓拜之于道……王曰:‘寡人不慎天教,无德于民。今劳万姓拥于岐路,将何德化以报国人?’”前“道”显示庄重,后“路”见口语色彩。文献有“歧路”之称,无“歧道”之语。《汉书·成帝纪》:“帝为太子……不敢绝驰道。”皇帝专用的道路,连太子也不可随便使用,威严之甚,故称

“道”，而从不称“路”等。唐杜甫《兵车行》：“道傍过者问行人，行人但云点行频。”“道傍”指特定的车辚马啸之行军道。宋陆游《大雪歌》：“长安城中三日雪，潼关道上行人绝。”指固定的潼关古道。“道”是道路的总称。

《尔雅·释诂上》：“路，大也。”《广韵·去暮》训同。路寝，大寝，人君所居。路门，路寝之大门。《周礼·地官·遂人》以洫、涂、浍、道、川、路作为等差，“川上有路”，路最大。郑玄注：“涂容乘车一轨，道容二轨，路容三轨。”然文献中却不专指大路。《司险》：“国有故则藩塞阻路而止。”《史记·淮阴侯列传》：“北首燕路。”汉李尤《洛铭》：“帝都通路，建国南乡。”《北史·高道悦传》：“车驾将水路幸邺……道悦表谏……于是帝遂从陆路。”又多用于抽象义、喻称义。如仕路。《孟子·公孙丑上》：“夫子当路于齐。”正义之路。《楚辞·离骚》：“尧舜之耿介兮，既遵道而得路。”今亦承其用。从其实义虚义，可知“路”也是道路总称，有口语色彩。

“涂”，又作“塗”、“途”。《广雅·释诂三下》：“涂，泥也。”《孟子·公孙丑上》：“坐于涂炭。”赵岐注：“涂，泥。”上引《周礼·地官·遂人》郑玄注：“涂只容一轨。”故“涂”指小的泥路，多指乡间小路。《晏子春秋·杂上》：“睹弊冠，反裘负刍，息于涂侧者。”《文选·沈约〈齐故安陆昭王碑文〉》：“老安少怀，涂歌里咏。”“涂歌”，在乡里之小路歌咏。上古“涂”也可指城中大路的分道。《礼记·王制》言“一门三涂”，曰：“道路：男子由右，妇人由左，车从中央。”郑玄注：“道中三途远别也。”今考古发掘勘探所知，如湖北江陵战国楚郢都纪南城西垣北门有两门垛三门道。两侧门道各宽近 4 米，中间近 8 米，南垣水门也有三条航道。汉长安城皆是“一道三涂”之制(见下)。“涂”偶可泛称城中大路。《周礼·考工记·匠人》：“经涂九轨。”“环涂七轨，野涂五轨。”此指天子王城南北的大路九轨(周制八尺一轨)，顺城的环行路七轨，城廓外的路五轨。上古之“涂”至汉代，或作“路”。汉班固《西都赋》：“披三条之广路，立十二之通门。”或作“道”。《太平御览》卷一九五引陆机《洛阳记》曰：“宫门及城中大道皆分作三，中央御道，两边筑土墙……此三道，四通五达也。”一般不作“三涂”之称。

“巷”或作“衖”。《易·暌》：“九二，遇主于巷，无咎。”陆德明释文：“《字书》作衖。”《玉篇·行部》：“衖亦作巷。”《说文》训为“里中道”。浑言“邑、里”可通，析言“邑”大“里”小。如刘邦故籍是沛丰邑中阳里。《诗·郑风·叔于田》：“叔于田，巷无居人。”毛传：“巷，里涂也。”《诗·郑风·丰》：“子之丰兮，俟我乎巷兮。”毛传：“巷，门外也。”孔颖达疏：“巷是门外之道，与里涂一也。”《礼记·曲礼上》：“里有殡，不巷歌。”“里”之为居民编户单位，可以在农村，也可以在城中。规模大小因时因地不一(参第 3 条)，则凡里中道必因里规模不同而有大小之别。但不论里中道大小有何不同，凡巷者皆可通车。《左传·宣公十二年》：“且巷出车，吉。”据有的学者研究，一般宽二至三轨(参贺业钜书第五章二节)。“巷”之称古代通用，上古例见上引。秦以后者，《史记·秦始皇本纪》：“入则心非，出则巷议。”《大戴礼记·曾子立事》：“嗜酤酒。好讴歌，巷游而乡居者乎?”唐韩愈《送温处士赴河阳军序》：“士大夫之去位而巷处者，谁与嬉游?”宋苏轼《司马温公神道碑》：“巷哭以过车者，盖以千万数。”由于整个宫廷往往是一座城，宫中道也称“巷”。宫内门巷之长为“巷伯”。《左传·襄公九年》：“令司宫巷伯儆宫。”杜预注：“司宫，奄臣；巷伯，寺人。”孔颖达疏引王肃曰：“是巷者，宫内道名。伯，长也，是宫内门巷之长也。”汉有“永巷”，指宫中长巷，专幽闭宫女之有罪者。武帝时改为掖庭，置监狱。“巷”，可缩称居庐。《论语·雍也》：“一箪食，一瓢饮，在陋巷。”“陋巷”，犹陋居，陋庐。

“曲”是支巷，小于巷之路，即从居宅通于巷的弯曲小路。据有的学者研究，周代的城里中就有支巷，宽度为一至二轨，即至少一辆车可单行（参贺业钜书第五章二节），然彼时无“曲”之称。支巷称“曲”，在汉以后。南朝梁萧统《相逢狭路间》诗：“京华有曲巷，巷曲不通舆。”唐李白《宴陶家亭子》诗：“曲巷幽人宅，高门大士家。”一般辞书解“曲巷”为偏正词组，犹狭巷，失之。“曲巷”、“巷曲”是并列词组，同义连用，泛指里中小道、里中道。“巷曲不通舆”句最明显。有时也作通名用于专名后，如唐长安平康里有鸣珂曲。后代又引申为妓院。清蒲松龄《聊斋志异·林氏》：“戚不以为丑，爱恋逾于平昔。曲巷之游，从此绝迹。”究其因，也以“曲、巷”是里坊中小路，妓院多设于此，故称。“曲”之所以作为支巷小路之称，盖“曲”有弯曲义，可指弯曲处。“河曲”，河道曲折处。三国魏曹丕《与吴质书》：“时驾而游，北遵河曲。”“乡曲”，乡中角落。汉司马迁《报任安书》：“仆少负不羁之才，长无乡曲之誉。”故里巷之弯曲小路也得称“曲”。

《说文·行部》：“術，邑中道也。”邑大于里，则其路当大于巷。《墨子·号令》：“置署术街。”此与“街”连用。《礼记·月令》：“田舍东郊，皆修封疆，审端经术。”《汉书·刑法志》：“城池邑居，园囿术路。”颜师古注引如淳曰：“术，大道也。”《后汉书·冯衍传下》：“播兰芷于中庭兮，列杜衡于外术。”也是大路。晋左思《蜀都赋》：“亦有甲第，当衢向术。”与“衢”并举，可见其大。但它只是里闾外较大之路的泛称。且从先秦起，就较少用作道路义，而多用作引申的抽象义。如方法。《广雅·释诂一上》：“术，法也。”《礼记·文王世子》：“公族之罪，虽亲不以犯有司，正术也。”学术。唐韩愈《师说》：“闻道有先后，术业有专攻。”技艺。《史记·张仪列传》：“始尝与苏秦俱事鬼谷先生学术。”等等。大约在南北朝后，“术”的道路义业已消亡。

“街”，最早盖见于上引《墨子·号令》：“置署术街，衢阶若门。”“城上道路，里中巷街，皆无得行。”但到汉代，此称才流行。《说文·行部》、《玉篇》皆训“四通道也”。其字从行、圭，行是路，圭有大义，合其意为大路。《文选·张衡〈西京赋〉》：“街衢相经。”薛综注：“街，大道也。”是城中大路的通称。从汉而下，通贯古代。《汉书·游侠传·万章》：“长安炽盛，街闾各有豪侠。”《后汉书·桓荣传》：“帝幸其家，问起居，入街下车。”晋潘岳《马汧督诔》：“扶老携幼，街号巷哭。”南朝梁刘勰《文心雕龙·诸子》：“青史曲缀以街谈。”唐杜甫《偪侧行》：“街头酒价常苦贵，方外酒徒稀醉眠。”《宋史·欧阳修传》：“聚噪于马首，街逻不能制。”“街逻”，巡街之兵卒。以上诸“街”皆指城中大路。“街”还可用于道路名。汉长安城有代表性。据《三辅决录》载：“长安城，面三门，四面十二门，皆通达九逵，以相经纬，衢路平正，可并列车轨十二，门三涂洞辟。”汉张衡《西京赋》也称：“城郭之制，则旁开三门，参涂夷庭，方轨十二，街衢相经。”（“夷庭”，平直。“方”，并。）探测发掘结果与文献相合。汉长安城确有城门十二，其中八门各有一条直贯城中的大道。此经纬相交的八大道，即是全城的主干道。每道宽 45 米，中以两条宽 90、深 45 厘米的排水沟，将大道一分为三，中道宽 20 米，为皇帝的驰道，两侧各宽 12 米。最长的安门大道有 5500 米，最短的洛城门大道是 850 米，其他长度大都约 3300 米。纵横主干道和大的次干道，即称为“街”。《三辅黄图》卷二所谓“长安八街（九陌）”。文献著其名者，如“《汉书》刘屈氂妻枭首华阳街，京兆尹张敞走马章台街，陈汤斩郅支王首悬藁街”（《三辅黄图》卷二）。此外还有香室街、夕阳街、尚冠前街（《长安志》）、城门街、太常街（《太平御览》卷一九五引《三辅故事》）。东汉东都洛阳大道也以“街”名。《太平御览》同上卷引《汉官典职》曰：“洛阳有二十四街，街一亭。”有其名者，如长寿街、万岁街、土马街、铜駞（驼）街、香街等（见《太平御览》卷一九五）。汉代的街，均是泥路，无专筑的路面，街两旁植槐、榆、松柏之木。地下铺设砖砌排水阴沟，地上有排水沟。《汉书·刘屈氂传》：“血流入沟中。”颜师古注：“沟，街衢之旁通水者。”每街设街亭，用于瞭望、治安。设弹室。《周礼·地官·里宰》“以治稼穑”贾公彦疏：“汉时在街置室，检弹一里之民。”还有街卒，操扫除等杂事。《后汉书·独行传·范式》：“孔嵩家贫亲老，乃变姓名，佣为新野县阿里街卒。”汉以后，“街”一直用作城中大路通称，并用于道路名。汉以后城中的街道，不再一门分三道，但街道的市政建设发展缓慢，著名的唐长安城有南北十四条大街和东西的十一条大街，街都宽阔，如南北中轴线的朱雀大街，即韩愈诗“天街小雨润如酥”中的“天街”，宽 150 米，安上门大街宽 134 米。不通城门的次干街，也有 42—68 米宽，但仍都是泥路。为排水，路面中间较高，两侧开排水沟。雨雪一来，泥泞不堪。大致北宋起，一些城市大街才有砖或砖石路面（参宋朱长文《吴郡图经续记》）。

“衢”，《说文》、《尔雅》、《释名·释道》皆以为四达之路。按，“衢”字从行瞿声。瞿从䀠声。“䀠”是左右视，即两视、歧视。从䀠声之字，多有歧出义。《说文》“趯”，走顾貌。《释名》，“欋”，四齿耙。等等。“衢”，唯引申为分叉义。《山海经·中山经》：“其上有木焉……其枝五衢。”“五衢”是五个分叉。可见“衢”本义当指歧路，通常是分岔两出之路，也可三出、五出、九出。《楚辞·天问》：“靡萍九衢。”王逸注：“九交道曰衢。言宁有萍草，生于水上无根，乃蔓衍于九交之道。”唐柳宗元《天对》作“有萍九歧”。《荀子·劝学》：“行衢道者不至，事两君者不容。”“衢道”，两出之道。王念孙曰：“荀子书皆谓两为衢。”杨倞曰：“（唐代）秦俗，犹以两为衢。”（参王先谦《荀子集解》）《王霸》：“杨朱哭衢涂。”此句《淮南子·说林》作“杨子见歧路而哭之”。《列子·说符》亦称“歧路”。可知“衢涂”，即衢路，歧路。两歧、多歧之衢，未必是大路。《礼记·檀弓上》：“殡于五父之衢。”郑玄注：“五父，衢名，盖郰曼父之邻。”古代里闾每以人而称之，如“商容之闾”。此亦相类。“衢”，就是邻里（编户单位）分岔之路，充其量是里中道。《左传·昭公二年》：“七月壬寅，缢，尸诸周氏之衢。”此亦指居处附近有岔道之歧路。《管子·轻重甲》：“然而有饿馁于衢闾者，何也？”此“衢”也不当训大街，而是泛指里巷之路。从汉代起，“衢”才引申为大路，但由歧路引申，故侧重于四通八达。《淮南子·缪称》：“圣人之道，犹中衢而致尊邪？”（“尊”，酒器。）高诱注：“道六通谓之衢。”《古诗十九首·青青陵上柏》:“长衢罗夹巷,王侯多第宅。”今犹有“通衢”、“衢冲”之称,皆涵四通八达之意。“衢”之义变在于事物之变:先秦,城中稍大之路称“涂”、“道”,而野外无可观的人为大路可言,故“衢”所指只能是一般分岔的道路;即使有时用于相对的大路,所谓“大道多歧”(《庄子》),“衢”也指大道中的歧道,即岔路口。从战国起,大城市兴起,“今千丈之城,万家之邑相望也”(《战国策·赵策三》),城中道路更宽大。从秦始皇全国筑驰道,遂有了野外的大道,“衢”自然可转而指城乡有歧岔之道,即四通八达的大路。

参考文献

[1] 中国社会科学院考古研究所:《新中国的考古发现和研究》,文物出版社,1984 年 5 月。
[2] 刘敦桢:《中国古代建筑史》,中国建筑工业出版社,1980 年 10 月。
[3] 陈直:《三辅黄图校证》,陕西人民出版社,1981 年 5 月。
[4] 贺业钜:《考工记营国制度研究》,中国建筑工业出版社,1985 年 3 月。
[5]《楚国纪南城的勘查与发掘》(上),《考古学报》1982 年第 3 期。
[6]《汉长安宣平城门的发掘》,《考古通讯》1985 年第 4 期。

226. 津·渡·浦·港○市舶

江河湖海之滨都有渡口、港口。“津”，渡口通称。“渡”，汉代以后口语中渡口通称。“浦”，大江河的渡口，包括滨江之地与浦中水域。“港”，通江海的人工河渠；宋代起可泛称港口，即可以停泊的江、湖、海湾，未必是贸易港。“市舶”，市舶司，具海关与外贸职能的政府机构，从唐代起历代均设置；凡设置此种机构之地是正式的贸易港口。

【同义】

《说文·水部》：“津，水渡也。”《汉书·赵充国传》：“通转道津渡。”“津渡”同义连用。北周庾信《咏画屏风》诗之十三：“平沙临浦口，高柳对楼前。”“浦口”，渡口。元达观《真腊风土记》：“二十日自温州港口开洋。”“港口”，渡口。

【辨释】

“津”是渡口的通称。《论语·微子》：“孔子过之，使子路问津焉。”何晏集解引郑玄曰：“津，济渡处。”《书·禹贡》：“又东至于孟津。”孔颖达疏：“孟是地名，津是渡处。”按，孟津，今河南孟州，周武王与八百诸侯在此会盟伐纣，遂以其是渡口而有“津”名。《吴越春秋·勾践入臣外传》：“（越王）至三津之上，仰天叹曰：‘嗟乎！孤之屯厄，谁念复生渡此津也？’”晋陶潜《桃花源记》：“后遂无问津者。”唐王勃《滕王阁序》：“舸舰迷津，青雀黄龙之舳（zhú）。”“迷津”，迷乱了渡口，指塞满渡口。《旧唐书·崔融传》：“且如天下诸津，舟航所聚，旁通巴汉，前指闽越。”“津”可活用为动词义，摆渡。《三国志·魏志·贾逵传》：“从至黎阳，津渡者乱行，逵斩之，乃整。”“津渡”同义连用，指渡河。《庄子·达生》：“吾尝济乎觞（shāng）深之渊，津人操舟若神。”唐王昌龄《沙苑南渡头》诗：“津人空守缆，村馆复临川。”“津人”，摆渡的船夫。韩愈《送文畅师北游》诗：“开张箧中宝，自可得津筏。”“津筏”，渡河之筏，喻指导引的门径。“津”活用为动词，单用时一般作名词修饰语，不能径作动词谓语。

“渡”本为动词，过江河。《史记·淮阴侯列传》：“信引兵东，未渡平原。”可省作“度”。《汉书·贾谊传》：“若夫经制不定，是犹度江河亡（无）维楫。”颜师古注：“维所以系船，楫所以刺船也。”用为名词，指过江河之处，即摆渡口，一般只作“渡”，而不作“度”。此名词义，汉后才逐渐出现。南朝梁简文帝《乌栖曲》之一：“采桑渡头碍黄河，郎今欲渡畏风波。”唐韦应物《滁州西涧》诗：“春潮带雨晚来急，野渡无人舟自横。”罗隐《忆夏口》诗：“汉阳渡口兰为舟，汉阳城下多酒楼。”“渡”所指渡口，可大可小，像“汉阳渡口”是大者，“无人”的“野渡”则不会是大渡口，而“采桑渡头”虽是近黄河却未必是正式渡口。显然，“渡”是汉以后口语中渡口的通称。

“浦”的本义为水边、水滨(参第11条)。引申指大河交汇处,或河流入海处。《玉篇·水部》:“浦,水源枝注江海边曰浦。”此种处所一般是渡口、港口,故引申为渡口之称。“浦”指大江之滨,当然也引申指大江河的渡口。如浦口,是长江下游南北交通要冲。夏浦(战国),长江、汉水交汇处,为长江中游水陆要冲,即今武汉市。青浦,是黄浦江上游的重镇。“浦”之为渡口,不仅可包括滨江之地,且可包括渡口附近的水域。南朝宋刘义庆《世说新语·赏誉》“庾公为护军”刘孝标注引《徐江州本事》曰:“(桓彝)至广陵寻亲旧,遇风停浦中累日。”《宋书·武帝纪上》:“玄(元)从子振,逃于华容之浦中,招聚逆党数千人。”唐杜甫《朝》诗之二:“浦帆晨初发,郊扉冷未开。”首例明谓浦中可休舟船,中例云浦中聚数千人,末例“浦帆”与下“郊扉”相对偶,指浦中之帆。

“港”字,《说文》无。其字当从水、巷,会意。巷者,里中道、小路,可通大街、大路。港是水之“巷”,故《说文新附》曰:“港,水派也。”《集韵·上讲》:“港,水分流也。”其本义即指江河的分流,即与大的江湖相通的小河。唐韩愈《送王秀才序》:“道于杨、墨、老、庄、佛之学,而欲之圣人之道,犹航断港绝潢以望至于海也。”《水浒传》第十九回:“原来这石碣村湖泊,正傍着梁山水泊,周围尽是深港水汊。”深港,犹深河。引申为人工开凿的通江海河道。此义常被误解为港口之称。宋杨万里《舟中买双鳜鱼》诗:“小港阻风泊乌舫,舫前渔艇晨收网。”有的辞书以此断宋代有港口义。其实,此“小港”乃指可通江海的人工小河,一般河床较低,两岸苇蒲夹挡,可以避风。同一作者的《圩丁词》:“河水还高港水低,千枝万派曲穿畦。”此“港水”即指灌溉圩田的人工渠水,较河为小,与前诗用法同。宋王安石《咏江阴军》诗:“黄田港北水如天,万道风樯看贾船。海外殊犀常入市,人间鱼蟹不论钱。”全诗确是咏赞江阴港,但诗中“港”乃指人工灌渠。《宋史·河渠志七》:“常州东北曰深港、利港、黄田港、夏港、五斗港……皆古人开导,以为溉田无穷利者也。”宋以后,此义犹存。如明夏原吉上奏《治苏松水利疏》:“臣等相视,得刘家港,径通大海;常熟之白茆港,径入大江。皆系大川,水流迅疾。”(见明徐光启《农政全书》卷十四)疏中刘家、白茆二港均非地名,也是人工所凿大河名。即有时“港口”连言,也未必是今港口之称,而是指人工河渠之至江海的入口。《农政全书》卷十五引郏侨言:“自今考之,惟白茆港口,福山港口,七浦之斜堰,仅有闸迹,其他更不多见,何也?盖有闸必有守闸者。寇盗豪强,不利于大闸者十九,而江海口,地多旷廓,守之为难。况波涛冲蚀,水道又有迁徙之患,势必难存者。”此言白茆港之口、福山港之口“地多旷廓”云云,显然与今所称港口迥别。今上海川沙、南汇海涂围垦地带入海的人工河道犹有六灶港、小窪港、新开港等名(参《江苏海塘新志》)。

然而,“港”的港口义宋代确已出现,唯作泛称,指可以停船、抛锚的江湾、湖湾、海湾,由港前的水域、水道可通向前方的大江、大湖、大海。盖“港”既可以引申为人工河渠,当可进而引申转指其入江湖海之口,即港口。宋赵汝适《诸蕃志》卷上《麻逸国》条:“商舶入港,驻于官场前。”《渤泥国》条:“舶舟虽贸易迄事,必候六月望日排辨佛节然后出港。”元达观《真腊风土记》:“自温州开洋……过昆仑洋入港。港凡数十……仓卒未易辨认,故舟人以寻港为难事。”明郑舜功《日本一鉴》卷六《海市》条:“私市浙海双屿港。……亦市双屿、大茅等港。”明朱执《甓余杂集》卷二《捷报擒斩元凶荡平巢穴以靖海道事》:“入港投逻,将双屿贼建天妃宫十余间,寮屋二十余间……俱各焚烧尽绝。”上述诸“港”用法均是泛称,可以称大小的贸易港口,如温州双屿等港;也可称荒僻的海湾,相当于今称“避风港”。可见,非贸易海港的专称,因此,不能将连“港”而称的地名皆作为贸易港口。

真正同于今港口义,作为贸易港标志的却不是“港”,而是“市舶”,即市舶司。此是海关与外贸双重职能的政府机构,主管为市舶使。其名首见于《新唐书·柳泽传》,述开元中周庆立任“市舶使右威卫中郎将”,故市舶之制当创设于唐开元(713—741年)之前,唐宋元明各代皆承之。其职责是检查入港海舶货物并征税,收售管理各种船货,发放卖货券契及出国贸易之公券,构通与外商的贸易关系,为往来商舶祈风。设置市舶之地,才是正式的贸易港。而其地往往不以“港”称。据史载,唐代唯广州一港,宋代有广州、泉州、温州、明州(宁波)、杭州、上海等十一港,至明代唯广州、泉州、宁波、太仓黄渡四港。但是,市舶制度至明代,由于腐朽的封建朝廷实行封建大国主义的统治而衰落。直至清代,西方列强用炮舰轰开中国大门,被迫划定一些新的贸易港。

参考文献

[1] 方豪:《中西交通史》,岳麓书社,1987年12月。
[2] 沈光耀:《中国古代对外贸易史》,广东人民出版社,1985年6月。
[3] [明]徐光启撰、石声汉校注:《农政全书校注》(上册),上海古籍出版社,1979年9月。

227. 传·遽·置·亭·驲·驿

驿传，有“传”，上古、秦汉驿车通称。“遽”，上古驿站泛称；专指传告急事的驿车。“置”，秦汉快速传递紧急文书的车递或马递；也可用于驿站名。“驲(rì)”，战国前君主或大臣乘坐的快速传车。“亭”，秦汉时县以下的基层邮驿点；后常与“驿”连用，驿站之称。“驿”，单骑马递；东汉起成驿站总称。除了“亭”，一般都可指称驿站和驿车。

【同义】

《广雅·释诂四下》：“邮、置，驿也。”《说文·人部》：“传，遽也。”《尔雅·释言》：“驲、遽，传也。”郭璞注：“皆传车驲马之名。”《说文·马部》：“驲，传也。”(从段注)《辵部》：“遽，传也，驿车也。”《左传·成公五年》：“晋侯以传召伯宗。”杜预注：“传，驿。”《周礼·秋官·行夫》：“行夫掌邦国传遽之小事。”郑玄注：“传遽，若今时乘传骑驿而使者也。”“传遽”、“骑驿”皆同义连用。前指传车，后指驿骑。

【辨释】

“传”，最早商代已有。甲骨文中，《后下七·一三》：“传氏(致)孟伯。”“传”谓传车。周代、秦汉更为习见。周器洹子孟姜壶有“齐侯命大子乘遽(传)来自宗伯”之语，师田父尊、散氏盘也有“传”称。诸“传”皆指驿站的传车。但先有驿站后有传车。甲骨文中与驿传称名有关者，还有“迍”、“遷”(前者为初文)。二者相较，最可用作驿站之称者，当为“传”。“传(傳)”从人專声，專者，转也(详黄金贵文)。《释名·释宫室》：“传，传也，人所止息而去，后人复来，辗转相传无常主也。”即声训为驿站。故“传”的本义很可能是驿站之称。但文献中主要用作驿站的传车通称。《战国策·齐策五》：“昔者赵氏袭卫，车舍人不休传。”(“传”，或作“转”，误。)《韩非子·外储说右上》记太公望封齐时杀二居士，上文曰：“周公旦从鲁闻之，发急传而问之。”下文曰：“当是时也，周公旦在鲁，驰往止之。”可见“急传”指传车疾驰。至西汉，传分数等：四马高足(上等马)为置传，四马中足(中等马)为驰传，四马下足(下等马)为乘传(见《汉书·高帝纪下》颜师古注)。还有一马、二马的轺传。据考，传车，一般可日行七十里，最快的传车日行有二三百里(参刘广生书68页)。发传时，授以盖御史大夫印章的尺五之木传信，以封泥多少区分公务的缓急，从而定马匹的数量和等级，最高五封(一马一封)，最低一封。《史记·扁鹊仓公列传》：“以刑罪当传西之长安。”司马贞索隐：“传，乘传送之。”《汉书·高帝纪下》：“(田横)乘传诣雒(洛)阳。”《汉旧仪》：“丞相刺史常以秋分行部，御史为驾四封乘传。”“丞相司直……其以诏使案事，御史为驾一封，行赦令驾二封。”《汉书·平帝纪》：“(元始五年)征天下通知逸经……《论语》、《孝经》、《尔雅》教授者,在所为驾一封轺传。"由上可知,"传"是上古、秦汉驿车的通称。

"遽"是上古驿站泛称。《管子·大匡》:"三十里置遽委焉,有司职之。从诸侯欲通,吏从行者,令一人为负以车;若宿者,令人养其马,食其委;客与有司别契。"("委",贮备。)此齐国之遽。意:大道每三十里设一驿站,准备食物,供给来往使者,设专门官员负责,凡诸侯各国与齐国交往办事,对从行官吏,派一人用车为之负载行装;若是住宿,遣人为之喂马,并以贮备的食物招待;来客与管理官员各执契券。有时也可指传车。《国语·吴语》:"吴王夫差……以会晋公午(晋定公名午)于黄池。……越王勾践乃率中军泝江以袭吴……吴、晋争长未成,边遽乃至,以越乱告。"此吴国边境驿站之传车。《左传·僖公三十三年》:"(弦高)且使遽告于郑。"杜预注:"遽,传车。"《昭公二年》:"子产在鄙闻之,惧弗及,乘遽而至。"此遽是传车,而非指乘单骑。"遽"有急骤义,文献中多用于边境传告紧急之事,故"遽"专指传告急事之驿车,用于上古。秦以后,"遽"为"置"所取代。

"置",有安置义。车传所停之处,遂为"置",即是驿站之称。置必有厩,或称"厩置",三十里一置。《史记·田儋列传》:"未至三十里,至尸鄉厩置。"裴骃集解引臣瓒曰:"厩置,置马以传驿也。"置是侧重于紧急文书的快速传递。或车递,即"置传"(见上)。或单骑马递。《汉书·李陵传》:"(李陵)抵受降城,休士,因骑置以闻。"颜师古注:"骑置,谓驿骑也。""置"又可用于驿站名。《汉书·曹参传》:"取狐父、祁善置。"颜师古注:"置若今之驿也。"言取狐父及祁善二传置(参王先谦《汉书补注》)。居延汉简有"到第三置,为业籴大麦二石"之语(见《文物》1978 年第 1 期)。"置"之异于"遽"者,不仅可用于驿站名,而且指称驿传工具,不仅有车,还有骑,此无疑显示了驿传从全部车递至车马递并举的发展。"置"之称主要行于秦汉。

"亭",起于秦,盛于汉。其性质一般皆据《汉书·百官公卿表上》:"大率十里一亭,亭有长;十亭一乡。"以亭为秦汉时大于里、小于乡的基层行政单位。其实,无论从亭的统属、设置地区、官吏的配备、亭长的职权范围诸方面看,亭与乡、里不同性质、不同系统。在乡村,亭设置于水陆交通要道处,直接统属于县。不过,"大率十里一亭"倒合乎事实。亭的职能很多。《太平御览》卷一九四引《风俗通》曰:"亭,有楼,从高省,丁声也。汉家因秦大率十里一亭。亭,留也,今语有亭留、亭待,盖行旅宿食之所馆也。亭亦平也,民有讼诤,吏留辩处,勿失其正也。"综而观之,亭的功用,一、"司奸盗",维持治安。二、供来往官吏屯留食宿。三、告警,此主要为边亭的任务。四、邮传。传递官方文书、信件。末项职能,为诸亭所共有,并非部分亭所具。其实,亭既有第二项职能,必会带来邮传之任。我国古代官方的旅馆与邮驿有着至为密切的关系(参第 228 条)。要之,亭是秦汉时县以下的基层邮驿点。汉以后,已无有起驿站作用的亭的建置,但"亭"犹常与"驿"同义连用,用作驿站之称。唐杜甫《秦州杂诗》之九:"今日明人眼,临池好驿亭。"白居易《蓝桥驿见元九》诗:"每到驿亭先下马,循墙绕柱觅君诗。"宋苏洵《送石昌言使北引》:"既出境,宿驿亭。"

"驲",在甲骨文作"逸"。于省吾曰:"逸孳乳为遷,逸与遽为本字,驲为后起的代字。"甲骨文中有“逐来归”、“遷入”、“遷往”之语，“是说乘遷传以归以入以往”（于省吾书 279 页）。“驲”在商代之实难知，但在周代之情可明：注家训为传车，但非使者所乘坐者，而是君主或等级高的大臣乘坐的疾速传车。以《春秋》内外传为例，内传有六见。《左传·襄公二十一年》：“晋侯问叔向之罪于乐王鲋。……于是祁奚老矣，闻之，乘驲而见宣子。”祁奚是国老，乘驲以“取其快速”（杨伯峻注）。《文公十六年》：“楚子乘驲会师于临品。”《昭公五年》：“楚子以驲至于罗汭。”《襄公二十七年》：“子木使驲谒诸王。”子木为楚令尹。《襄公二十八年》：“吾将使驲奔问诸晋而以告。”此是以楚君口吻而言；使驲而“奔”，是疾驰。外传用法同。《国语·晋语四》：“公惧，乘驲自下，脱会秦伯于王城，告之乱故。”晋文公获知吕、郤之政变阴谋，遂自乘驲，速潜逃而私会秦伯求救。“驲”用于战国前。

《说文·马部》：“驿，置骑也。”段玉裁注：“言骑，以别于车也，驲为传车，驿为置骑，二字之别也。”朱骏声亦曰：“驲为传车，驿为马骑。”（《说文通训定声·豫部》“驿”字）“驿”为马递专称，文献中首见于汉武帝前后。《史记·汲郑列传》：“每五日洗沐，常置驿马长安诸郊……请谢宾客。”《汉书·陈汤传》：“西域都护段会宗为乌孙兵所围，驿骑上书。”《后汉书·西域传论》：“驰命走驿，不绝于时月。”《三国志·魏志·明帝纪》：“帝驿马召到，引入卧内。”《宋书·沈攸之传》：“摄文书，千里驿行。”唐崔颢《渭城少年行》：“扬鞭走马城南陌，朝逢驿使秦川客。”《宋史·宦者传三·童贯》：“帝下手札驿止贯毋西兵。”明王守仁《瘗旅文》：“吾龙场驿丞余姚王守仁也。”驿丞，明置，典一驿邮传迎送主事。盖汉武帝以前，是车递为主的传置时期，西汉晚期、东汉初期，“传、驿”并用，即车递、马递并举；从东汉起，“驿”成了驿站的总称，其他名称渐渐淘汰。此表明：马骑之驿大为发展，遂取代、并合了传，这是东汉经济衰颓（财政收入不及西汉一半），骑兵的日益普及，以及马骑的优越所致的必然结果。

驿之马递优于车递。《汉书·酷吏传·王温舒》记其迁河内太守时，“令郡县私马五十匹，为驿自河内至长安……奏行不过两日”。河内距洛阳 120 里，洛阳距长安 950 里，共 1070 里，则日行近 550 里。《汉书·赵充国传》记赵充国与西羌作战，从金城至长安送急文七日可来回。按，两地相去 1450 里，平均日行 414 里。此充分显示了骑马走驿的优越，故唐岑参《初过陇山途中呈宇文判官》诗曰：“一驿过一驿，驿骑如星流，平明发咸阳，暮及陇山头。”到魏晋南北朝，南部中国的邮驿也飞快发展，出现了水驿。纸的广泛应用和马镫的发明，进一步提高了骑马走驿的功效。隋唐的邮驿大为发展，从唐太宗起，将以往驿主要递送紧急文书发展为多种功能，其驿马可供：官员赴任，镇抚蛮夷，司捕罪犯，抚慰灾区，礼召贤士，运输贡品等。驿站由尚书省的兵部主管，政事堂负责通信业务，以前的传皆改作驿。县以下的亭或升为驿或撤销，也制定了完备的邮驿法令，以保证迅速、准确、安全的传递。其传递方式通常是专使专送，除了马递，还有驴递、驼递、舟递。唐王建《水夫谣》：“苦哉生长当驿边，官家使我牵驿船。”驿通常三十里一程，设于城外的驿路，如传一样，兼通信与迎送过往专使和官员。用驿者，必凭持上级官府（中央发，门下省署、印；地方发，道府州署、印）签署和盖印的“驿券”。唐代有驿 1587 个。盛唐时，驿站员工约二万，其中驿丁（卒）约一万七千余人。

唐代的驿路广阔，有以长安为中心的水陆辐射驿路网。宋代的邮驿，进入改革的新阶段。宋代六十里一驿，从国家迎宾馆到地方的馆驿，仅负责接待过往使客，供应食宿及交通工具，而由递铺作专传官方文书的通信组织(参第 228 条)。元代也承宋制，有以驿站为主体的马递邮驿网和急递铺为主体的步递邮驿网，但驿路更为四通八达，尤其与四周邻国广建驿路，"驿站"之称，即肇于元。"站"即蒙古语站赤 jamcì 的音译，指掌管驿站的人，与"驿"连用，则指此种机构。各驿站设站官数名专司之。驿站间距六十里至百里不等，其任务与宋代馆驿相同。据记载，元代全国驿站有 1519 处，各有驿马 45000 匹，牛 8583 头，驴 6007 头，狗 3000 只，车 3967 辆。水路驿站 424 处，占驿站总数 28%，拥船 5921 只，其数量均超过前代。明清两代，驿站一再整顿、改革，进一步强化其通信的职能，规模也进一步扩大，清代边疆地区邮驿发展更大。清代已有驿站二千，驿夫七万多，递铺一万四千个，铺兵四万多，其深度、广度居历代之冠。

参考文献

[1] 刘广生主编:《中国古代邮驿史》，人民邮电出版社，1986 年 6 月。
[2] 王仁兴:《中国旅馆史话》，中国旅游出版社，1984 年 5 月。
[3] [清]顾炎武:《日知录》(上册)，上海古籍出版社，1985 年 6 月。
[4] 于省吾:《甲骨文字释林》，中华书局，1979 年 6 月。
[5] 林剑鸣等:《秦汉社会文明》，西北大学出版社，1985 年 9 月。
[6] 本书整理小组:《睡虎地秦墓竹简》，文物出版社，1978 年 11 月。
[7] 王毓铨:《汉代"亭"与"乡"、"里"不同性质、不同系统说》，《历史研究》1954 年第 2 期。
[8] 高敏:《秦汉邮传制度考略》，《历史研究》1985 年第 3 期。
[9] 黄金贵:《从"传"探索古代中国传播的类别与特征》，载《从零开始》，厦门大学出版社，1994 年 7 月。

228. 邮·递铺·急递铺·驿○邮亭

“邮”，上古指驿车；秦汉起，才可指邮递。汉代边塞地区已有邮递网络和通信制度；邮递有步递、车递、马递。“递铺”，宋代独立的邮递系统，有步递、马递、急脚递等。“急递铺”，元明独立的邮递系统，全是步递。“驿”，除宋元明三代，一般是邮寓于驿，驿站有间接的通信功能；清代建立新的邮驿结合体制，使驿站具有传送公文尤其是紧急公文的职能。“邮、递铺、急递铺、驿”皆可称以“邮亭”。

【同义】

《广雅·释诂四下》：“邮，驿也。”《后汉书·袁安传》：“公事自有邮驿。”“邮驿”同义连用。清孔尚仁《桃花扇·草檄》：“只怕递铺误事。”《元史·世祖纪》：“（中统元年夏四月）各路诸色工匠置急递铺。”“递铺”、“急递铺”，皆指有邮递作用的邮驿。

【辨释】

《说文·邑部》：“邮，竟上行书舍，从邑垂。垂，边也。”按，“竟（境）上行书舍”是后出义，字从邑、垂，其初义当指表道路疆界的庐舍。《礼记·郊特牲》：“飨农，及邮表畷。”孙希旦释：“邮，田间庐舍也。表，田间道路，《国语》所谓‘列树以表道’也。畷，疆界相连畷也。邮表畷，谓始创庐舍，可表道路，分疆界，以利人者也。”（《礼记集解》）以可表道路疆界，遂引申为经过义。《尔雅·释言》：“邮，过也。”郭璞注：“道路所经过。”再引申为所经道路之传书舍，最早可能先设于边境线。《墨子·杂守》：“筑邮亭者圜（圆）之，高三丈以上，令倚杀。”（“倚杀”，由下而上，径略收小。）岑仲勉注：“邮亭即亭燧守望之所。”此边境之邮亭与烽燧合一。但古代邮驿史表明，从商代以来就有兼行通信职能的驿传，多称为“传”，有时也称“遽”（参第227条），却很少称“邮”。可见，在上古，专作邮递的邮舍、邮亭尚为少见，更无完整的通信网络。“行书舍”由传遽兼之，即如上举边境之邮、《墨子》的“邮亭”，实也是烽火台性质。《孟子·公孙丑上》引孔子语：“德之流行，速于置邮而传命。”从朱熹以来皆将“置邮”作为并列的驿传之称，谓“邮”是步递，或车递，皆误。战国前尚无驿置之称，“置邮”应是动宾结构，“置”犹设，“邮”乃指称传车，非邮舍。《吕氏春秋·上德》引孔子语作“德之速，疾乎以邮传命”。而汉桓宽《盐铁论·论勇》记“文学”之言：“故义之服无义，疾于原（騵）马良弓；以之召远，疾于驰传重驿。”正承孔子语而来。足见孔子语之“邮”，即代称传，实指传车，也即驿车。

“邮”专作通信机构，始于秦汉。其时，不少地名有“邮”之称。秦将白起被赐死杜邮，即北魏郦道元《水经注·渭水》所称杜邮亭。《史记·留侯世家》有曲邮，即曲邮聚。蜀郡有邛邮（《史记·淮南厉王长列传》），当是得名于交通在线设置的邮亭。《睡虎地秦墓竹简·语书》:"(文书)以次传;别书江陵布,以邮行。"前者指顺次传阅,后者当指通过邮递系统公布。《田律》:"近县令轻足行其书,远县令邮行之。"前者指步递文书,实也是邮递一种。后者相对称以"邮"行,且行于远县,可见专指车递、马递。既是固定之邮,必有起讫以及中转点的"行书舍"。此显然与兼接待使客的驿传系统有别。汉承秦制。汉邮亭遍设,故文献中"邮亭"多见。《史记·留侯世家》:"自疆起,至曲邮。"司马贞索隐引《汉旧仪》云:"五里一邮,邮人居间,相去二里半。"《续汉书·百官志五》"亭长"刘昭注引《汉官仪》同。"邮人",传递公文、书信之差吏,负责左右二里半区间内的邮务。邮之"行书舍",即是"邮亭"。陆贾《新语·至德》:"邮亭无夜行之吏,乡闾无夜召(现本作'名')之征。"《汉书·薛宣传》:"过其县,桥梁邮亭不修。"颜师古注:"邮,行书之舍,亦如今之驿及行道馆舍也。"《京房传》:"上令阳平侯凤承制诏房止无乘传奏事。房意愈恐,去至新丰,因邮上封事。"颜师古注:"邮,行书者也,若今传送文书矣。"京房离京时曾请"乘传奏事",因失宠未准,遂借邮递上送奏章。《赵充国传》:"羌虏故田及公田,民所未垦,可二千顷以上,其间邮亭多坏败者。"《循吏传·黄霸》:"吏出,(霸)不敢舍邮亭,食于道旁,乌攫其肉。"《后汉书·赵孝传》:"(孝)尝从长安还,欲止邮亭,亭长先时闻孝当过,以有长者客,扫洒待之。"上引"邮亭"不可一概而论。后二例似乎指驿传之亭。驿亭是基层官方招待所,也有通信传书职能(参第227条),但前数例显然指专作邮递之亭。邮亭不接待使客,唯有通信传书的职能,且自成系统。其传递方式按五里一邮,当是步递。若由秦制而观,当也可有马递、车递。但据现有的文献数据,还看不出汉代已有了完整的邮递网络。

不过,从丰富的出土汉简中,我们可以看到边塞已有较严密的邮递网络。王国维曾断言:"汉时邮递之制,即寓于亭燧中。"(《敦煌汉简跋十一》)今多承此说。其实不然。已发表的居延汉简中称"邮亭"者有二简,其一是74·E.J.T1简:"得者书言白报以邮亭行诣长安传舍。"此是泛称。具体称名,或作"亭"、"燧",如收降亭、骍北亭、临木隧、武贤燧等,大都设于专门的主干邮路,少数也有烽塞结合的邮路。故部候长的驻地、重要关卡的亭燧,往往设有邮亭,且多靠近驿站。173.2:"驿南头临木隧南。"286.63:"三月己丑□□士吏广宗给城北驿马。"可见设邮亭者是亭燧一部分。通过邮亭传递文书,谓之"以邮行",或"以邮亭行",与云梦秦简同。81.8:"居延都尉府以邮行。"137.9:"甲渠候官以邮行。"62.2:"□府以邮行。"另一简《丞相御吏律令》:"以邮亭行诣长安。""邮亭"也作泛称。"以邮行"者,并非都是普通文书,如末简是1973年金关发现的甘露二年简册,乃是汉宣帝究查广陵王刘胥一党的阴谋篡权活动,通缉叛党逃犯而通报全国的重要文件,兹简责令张掖太守将追查结果上报。"以邮行"的方式,多是马递,其马或自设厩,或动用驿传之马。81.8B:"马一匹高六尺,居延都尉府以邮行。"212.69:"传马十二匹。"(邮亭金关所出简)20.1:"肩水候官吏马驰行。"《流沙坠简》簿书类六十一:"入西蒲书一,吏马行。"若是步递,则谓之"以次行"、"隧次行"、"以亭行"。"次",屯聚处。前两种,是以候官或候长所居间互相传递,各燧亭不必停留,后一种是都尉、候官等通告各亭之文书,故逐亭传递。401.2:"卅井官以亭行。"458.1:"卅井候官隧次行。"39.12:"甲渠官亭次走行。"74.18:"肩水候官行者走。"在居延汉简中,还有不少专门记载邮书往来的簿录,即"邮书课",有对邮程的规定,即按照里程、地形、递的方式不同而定出时间要求。据考,此边塞地区有居延甲渠河南道和肩水金关南路北南两条主干邮路(参徐乐尧文)。事实表明:汉代的居延边塞已有了独立于驿传之外的严密的邮递网络和通信制度。

"递铺"之制,是北宋对秦汉以来邮驿体制的重大变革。宋代的邮与驿开始分立。驿,一般六十里一置,设于交通干线,驿夫取自地方上"衙前"的差役,主要职能是接待使客、供给食宿及交通工具。南宋范成大《晓行·官塘驿》诗:"篝灯驿吏唤人行,寥落星河向五更。马上谁惊千里梦,百头冈下小车行。"而邮,称为递铺,一般二十里一置,有时设于驿路,有时在无驿之僻地,铺兵由厢军士兵充任,一铺五名至十二名不等。此种递铺或称为"邮亭"。宋林景熙《宿台州城外》诗:"荒驿丹丘路……哀猿不可听。到家追此夕,三十五邮亭。"洪迈《夷坚支志》曰:"自鄂渚至襄阳七百里……每二十里置流星马铺,转达文书。七八十里间则置驿舍,以为兵帅往来顿宿处,士大夫过之者,交寓托焉。"递铺有步递、马递、急脚递三种。步递是步行接力传递,主要送递普通公文,程限日行二百里。此外,又兼送官员、官物,"诸递铺承传上供物样"(《永乐大典》卷一四五七四),即担负一些物资运输任务。马递是传送紧急文书,按不同类别,日行三百里或五百里。急脚递是传送加急公文、诏令,日行四百里。急脚递创于宋神宗时,其中金字牌急脚递最为火急,上书"御前文字,不得入铺",由皇帝赐御前直发,沿途由急脚递昼夜接力传送。宋沈括《梦溪笔谈·官政一》记述曰:"以木牌朱漆黄金字,光明眩目,过如飞电,望之者无不避路,日行五百余里。"岳飞,即由秦桧以高宗名义发的十二道金字牌召回而被害。除上述三种,南宋时还有斥堠铺、摆铺,九、十里一设,可加快递速。入铺的文书,范围很广,政治、经济、军事、文化诸方面皆有。发递文书,主要是门下省的通进司和进奏院,它们也接收各地官员的奏疏;其次,是御前直发,如金字牌文书。《武林旧事》卷一曾记南宋临安文书接发状:"诸州进奏各院,有递铺腰铃黄旗者数人,俟宣赦讫,即先发太平州、万州、寿春府,取'太平万寿'之语。以次俱发,铃声满道,都人竞观。"除了公文,朝臣的私人信件也可由递铺递送,此也是邮驿史上的一大变革。整个宋代,递铺总数,尚不可知。有人推算,北宋至少有六千余,南宋也当有三千五。递铺,扩大了通信面,提高了通信效率,有效地沟通了中央与地方、州县与州县间的联系,在历史上第一次形成了全国性的通信网络,建立了一支"专业化"的通信队伍。

"急递铺"是元代与站赤(驿站)相并列的、专司传递官方文书的通信组织。也可称为"邮亭"。元高明《琵琶记》第三十八出:"把音书写,但频频寄邮亭。"忽必烈于公元1260年4月,"至京兆始验地理远近,人数多寡,立急递站铺"(《元史·兵志四》)。此是对宋代递铺的继承与发展。急递铺每十里至二十五里一置,铺卒由贫苦的"佃户下民"充当,全作步递,铺无馆舍、车马,不接待住宿使客,铺兵也不传送物品,唯送文书,"元制,设急递铺以达四方文书之往来"(《元史·兵志四》)。步递时,"凡铺卒皆腰革带,悬铃,持枪,挟雨衣,赍文书以行,夜则持炬火,道狭则车马者、负荷者,闻铃避诸旁,夜亦以惊虎狼也。响及所之铺,则铺人出以俟其至。囊板以护文书不破碎，不襞积，折小漆绢以御雨雪，不使濡湿之，及各铺得之，则又辗转递去”（《元史·兵志四》）。急递铺程限是一昼夜四百里。铺卒传递十分艰苦。元无名氏《塞鸿秋·山行警》小令：“东边路，西边路，南边路。五里铺，七里铺，十里铺。行一步，盼一步，懒一步。”此是铺卒生活情绪的真实写照。在公文封发、管理制度上也颇有改革。主要是每十铺设一邮长，加强检察管理，公文要“重封”（双层封）包装，绢带封记，木匣函装，汇总发送，印贴“长引隔眼”——写明件数、时间、程限、铺卒名字等。元代的急递铺也形成以大都为中心的全国通信网络，盛于宋代递铺。明承元制，明代急递铺与元制相仿，也由贫苦农民充当的铺卒昼夜步递传送公文，但程限一昼夜行三百里。与此同时，在水陆交通要道，创设了递运所。专运送军需物资与贡物，也有水路陆路，往往与水陆驿邻近，但递运所与驿站不同，它专司递送物品，不接待来往使客，于是形成驿、递、铺三个组织并列的局面，“邮”的功能通过三者并列进一步强化。

训诂家每言：步递曰邮，马递曰驿，其实，“邮”在任何时候并非步递的专称；并且“邮驿”早就同义连用，表示二者合一，泛指具有官方的招待所与通信职能的驿站、驿路。《后汉书·袁安传》：“安曰：‘公事自有邮驿，私请则非公曹所持。’”又《舆服志上》：“驿马三十里一置。”刘昭补志：“案，东晋犹有邮驿共置，承受傍郡县文书，有邮有驿，行传以相付。”驿也可称“邮亭”。唐杜甫《春陵行》：“邮亭传急符，来往急相追。”但是在宋代前，其结合特点是：邮寓于驿，以驿为主。盖驿本质上是官方招待所，而非专门传递公文的通信组织，它只给通信的使臣提供食宿和通信工具，而文书信件均由中央、地方官府派遣的专使直接传送，故驿站只有间接的通信功能。从宋代起出现的递铺、急递铺，使邮驿分立，提高了邮送的功效，此是一大变革。但也带来不少新的矛盾。而至清代，继往开来，总结了历代驿传和递铺的经验教训，建立了新的邮驿结合体制，此又是一大变革。

清代急递铺与驿站并存，使二者构成崭新的、紧密结合的邮递系统。急递铺系统更广于前代的步递网络，主要传递官府衙门的普通公文。更重要的是对驿站的改革。从古而来，驿站从不直接传送信件文书，而明代卫所（军队）建制的辽东地区以无州县之制和递铺之设，故卫所直辖的驿站，除了接待过往官员、信使、运送官员外，还直接传送各种公文，遇紧急公文则以接力“马拨飞递”。清代推而广之，使全国的大小驿站不仅是招待所和官方的交通组织，而且是通信组织，即驿站直接承办通信事务，由专职的驿夫用船、车、马等工具递送公文。主要接收传送紧急公文。因此，清代出现相辅相成的步递网络和水陆驿网络。同时，在县以下和少数民族、边疆地区遍设递铺和驿站。截至光绪年间，全国已有驿站两千，驿夫七万余名，急递铺一万四千，铺兵四万余名，规模空前。清代出现了空前的邮递效率，扩大了传递面，有效地沟通了中央与地方、内地与边疆的联系。但是，到了清代晚期，为封建特权阶级和封建朝廷服务的驿传仍然弊病丛生，成为耗费国家财力和民力的一大赘瘤，许多驿站衰败。资产阶级改良派先驱冯桂芬在《裁驿站议》中曰：“国家以有限之帑项，既饱县官私囊，复递无足轻重之例信，亦何贵此驿站为乎！”有识之士群呼去驿办邮。1896 年，大清邮政开办，1913 年，驿站全部撤销,“邮”终于完全取代了“驿”。由上可知,有清一代的“驿”一词,与往代不同,已全入“邮”的范畴(例略)。

以上所论,从上古到清代,均是官方通信组织。古代几乎没有民间的通信组织,民间通信主要是私人捎带。至唐代有了私办“驿驴”,往返长安与洛阳间,兼送信函又代运货物。《册府元龟·帝王部·革弊节》曰:“唐开元二十九年,京兆府奏:‘两京之间,多有百姓僦驴……俗谓之驿驴,往来甚速,有同驿骑。’”宋代,一些在朝官员的私信可以入递传送。到明末清初,出现了民间私营的专营民信业的民信局,专营侨民信业的侨批局,办理通信、包裹、汇款等邮务。至民国后为国家邮政局所取代(参第232条)。

参考文献

[1] 陈梦家:《汉简缀述》,中华书局,1980年12月。
[2] 本书整理小组:《睡虎地秦墓竹简》,文物出版社,1978年11月。
[3] 徐乐尧:《居延汉简所见的边亭》,载《汉简研究文集》,甘肃人民出版社,1984年9月。
[4] 刘广生主编:《中国古代邮驿史》,人民邮电出版社,1986年6月。
[5] 汪圣铎:《宋代的递铺》,《文史知识》1988年第5期。
[6] 沈定平:《明代驿递的设置、管辖和作用》,载《古代礼制风俗漫谈》(二集),中华书局,1986年4月。

229. 亭·舍·传舍·驿·馆(舘、官)·邸

“亭”,秦汉时县以下的基层招待所。“舍”,上古官方招待所泛称。“传舍”,战国至东汉比亭高一级的招待所,其食宿供应有等级之别。“驿”,或称“驿舍”、“驿楼”,汉以后相当于“传舍”的招待所。“馆”,国家级迎宾馆,主要接待外宾。“邸”,汉代接待各诸侯王、国和少数民族使者的宾馆。

【同义】

《汉书·高帝纪上》:“为泗上亭长。”颜师古注:“亭谓停留行旅宿食之馆。”《增韵》:“驿,传舍也。”《广雅·释宫》:“馆,舍也。”《广韵·上荠》:“邸,舍也。”《仪礼·觐礼》:“天子赐舍。”郑玄注:“赐舍,犹致馆也。”《周礼·夏官·怀方氏》:“治其委积馆舍饮食。”《孟子·离娄上》:“舍馆未定。”唐柳宗元《兴州江运记》:“传馆是饰,旅忘其归。”又《馆驿使壁记》:“故馆驿之制,于千里之内尤重。”杜甫《巴西驿亭观江涨又呈窦使君》诗:“漂泊犹杯酒,踌躇此驿亭。”“馆舍、舍馆、馆驿、驿亭”皆同义连用,泛指供人食宿的旅次居舍。

【辨释】

秦汉的亭,是径辖于县的基层行政单位,又是邮驿系统的基层单位,其职能之一就是接待信使、邮卒以及过往官员行旅停留宿食。秦末时,少年韩信贫而不能自立,“常数从其下乡南昌亭长寄食”(《史记·淮阴侯列传》)。《汉书·息夫躬传》:“躬归国,未有第宅,寄居丘亭。”李广削职家居时,一次尝夜从一骑出,还至霸陵亭,霸陵尉强“止广(李广)宿亭下”(《史记·李将军列传》)。“亭”,或称“亭舍”。《后汉书·第五伦传》:“伦乃伪止亭舍,阴乘船去。”《魏书·甄琛传》:“夜宿洛水亭舍,尝出京师,欲息亭舍。”《后汉书·循吏传·刘宠》:“(刘宠)累登卿相。……尝出京师,欲息亭舍。”亭是秦汉时官方所办只接待来往官员、县以下的基层招待所。

“舍”在上古可作官方招待所泛称。《周礼·天官·掌舍》:“掌舍掌王之会同之舍。”(“会同”,诸侯盟会。)《天官·序官》“掌舍”郑玄注:“舍,行所解止之处。”《庄子·说剑》:“夫子休,就舍待命,令设戏请夫子。”文首引《孟子》“舍馆”亦用此义。但秦以后作此义者皆得附“亭、传、驿”诸词之后。“亭舍”,已见上。“驿舍”、“传舍”见下。

“传舍”,可认为是一个专词。传舍为过往官员、使者和传送公文者提供食宿和交通工具,是比亭高一级的官方招待所,行于战国至东汉。《战国策·魏策四》:“令鼻(管鼻)之入秦之传舍,不足以舍之。”《史记·廉颇蔺相如列传》:“遂许斋五日,舍相如广成传。”司马贞索

隐:“广成是传舍之名。”《汉书·郦食其传》:“沛公至高阳传舍。”颜师古注:“传舍者人所止息。前人已去,后人复来,转相传也。”《史记·淮阴侯列传》:“汉王……至,宿传舍,晨自称汉使,驰入赵壁。”《汉书·韩延寿传》:“是日移病,不听事,因入卧传舍,闭閤思过。”传舍之长称舍长。《史记·扁鹊仓公列传》:“少时为舍长。”司马贞索隐引刘氏曰:“守客馆之师,故号云舍长。”传舍多建于交通线之县以上城邑,其附近还设厨、厩。《汉书·朱买臣传》记朱买臣任会稽太守后,“有顷,长安厩吏乘驷马车来迎,买臣遂乘传去”。又,《宣帝纪》:“或擅兴徭役,饰厨传,称过使客,越职逾法,以取名誉。”此宣帝诏指斥一些地方官对传舍之供应食饮(即“厨传”)的营私铺张。1958年,贵州赫章可乐镇曾出土一件铭有传舍名的汉代铁炉,炉身圆筒形,四周有竖托盘形镂孔十二,两侧有一对大环耳。方膛底有曲尺形镂孔四个,作为炉箅,下有三足,立于长炉内。托盘也有三足。炉内铭刻“武阳传舍比二”之语,武阳是汉犍为郡治首府(今四川彭山),谓此种炉有两个。此乃适于外带炊煮温烤食物之具,是汉代传舍供应食物设有厨传的实证。传舍供应食宿均有等级差别。1975年12月湖北云梦睡虎地战国秦墓出土秦简,其中有《传食律》载录当时传舍供应饭食与马的精粗饲料之法律规定。简之一:“御史卒人使者,食粺米半斗,酱驷(四)分升一,采(菜)羹,给之韭葱。其有爵者,自官士大夫以上,爵食之。使者之从者,食㶼(粝)米半斗,仆,少半斗。”此言监郡的御史属官到传舍,每餐供应精米半斗,豆瓣酱四分之一升,有菜羹,外加韭葱。若是有爵位,爵为大夫、官大夫(秦爵第五、六级)以上者,按其爵级规定供应饭食。其随从每餐供应粗米半斗;驾车的仆人,供应粗米三分之一斗。简之二:“不更以下到谋人,粺米一斗,酱半升,采(菜)羹,刍稾各半石,宦奄如不更。”此言爵为不更、谋人之间(秦爵第四、三级)的官员到传舍,每餐供应精米一斗,豆瓣酱半升,有菜羹,并供应马的草和禾秆各半石,宦官与不更的饮食待遇相同。简之三:“上造以下到官佐、史毋(无)爵者,及卜、史、司御、寺、府,㶼(粝)米一斗,有采(菜)羹,盐廿二分升二。”此言爵为上造(秦爵第二级)以下到官府中无爵者(左吏、筮人、管车辆者、侍人、管府藏者),到传舍,每餐供应粗米一斗,有菜羹,盐二十二分之二升(以上见《睡虎地秦墓竹简·秦律十八种·传食律》)。此可见古代传舍封建等级供应制之一斑。

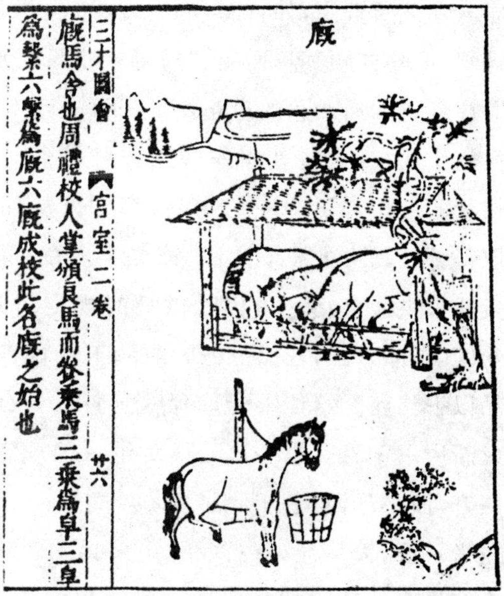

传舍马厩图(《三才图会》)

汉以后,“驿”成为驿站正称。驿站,既是传递公文的通信机构之名,又是官方招待所之称,相当于秦汉的“传舍”。指称招待所,或曰“驿舍”。五代陶穀《清异录·馔羞门·五福饼》:“汤悦逢士人于驿舍。士人揖食,其中一物是炉饼。”《宋史·李迪传》:“陛下东封时,勅所过毋伐木除道，即驿舍或州治为行宫。”或曰“驿楼”。唐杜甫《舟中》诗：“风餐江柳下，雨卧驿楼边。”元稹《嘉陵江》诗之一：“今日嘉川驿楼下，可怜如练绕明窗。”也常单以“驿”称。张籍《宿临江驿》诗：“楚驿南渡口，夜深来客稀。……旅宿今已远，此行殊未归。”白居易《邯郸冬至夜思家》诗：“邯郸驿里逢冬至，抱膝灯前影伴身。想得家中夜深坐，还应说着远行人。”宋吴自牧《梦粱录》卷十《馆驿》：“樟亭驿……凡宰执辞免名，出居此驿待报矣。……都亭驿在候潮门里泥路西侍从宅侧次，为馆伴外国使人之地也。”《宋史·张方平传》：“契丹泛使萧禧来议疆事，临当辞，卧驿中不起。”由上可见，从汉以后，驿的接待范围不断扩大。唐代已广泛接待过往官员和文人雅士。到宋代还可接待使者。再下，甚至可接待一般旅客。如明代胥门外之姑苏驿，其大门石柱有楹联：“客到烹茶旅客权当东道，悬灯待月邮亭远映胥江。”驿的接待水平胜于往昔传舍。驿一般在城外，或倚大道，或濒大江，交通方便，并有亭台楼馆、池舟轩榭。驿舍的结构皆有厅堂、仪门、鼓楼、厢房、耳房、仓库、厨房、马房。驿内生活设施完备。清顾炎武曰：“读孙樵《书褒城驿壁》，乃知其有沼、有鱼、有舟。读杜子美《秦州杂诗》，又知其驿之有池、有林、有竹。”（《日知录》卷十二）当然，吟岑参“玉瓶素蚁腊油香，金鞭白马紫游缰”（《送张献心充副使归河西杂句》）之句，更知驿居生活之舒美。唐刘禹锡《管城新驿记》所记：“门衔周道，墙阴行桑，境胜于外也。远购名材，旁延世工，既涂宣皙，瓴甓刚滑，术精于内也。蘧庐有甲乙，床帐有冬夏……内庖外厩，高仓邃库，积薪就阳……主史有第，役夫有区，师行者有飨亭，孥行者有别邸，周以高墉，乃楼其门。”宋苏轼《凤鸣驿记》曾颂：“视客所居与其凡所资用，如官府，如庙观，如数世富人之宅，四方之至者如归其家，皆乐而忘去，将去既驾，虽马亦顾其皁而嘶。”马可·波罗记元代驿站曰：“从汗八里城（即元大都，今北京），有通往各省四通八达的道路。……每隔四十或五十公里之间，都设有驿站，筑有旅馆，接待过往商旅住宿，这些就叫作驿站或邮传所。这些建筑物宏伟壮丽……需要的一切物品，都可以从邻近的城镇要塞取得。”（《马可·波罗游记》第二十六章）驿也按宿客尊卑贵贱来供应食宿。唐代时供马的规定：“凡给马者：一品八匹，二品六匹，三品五匹，四品、五品四匹，六品三匹，七品以下二匹。给传乘者，一品十马……八品、九品一马。”（《新唐书·百官志一》）元代对供食的规定：“正使臣白米一升，面一斤，酒一升，油、盐、杂文钞一十文。……从人白米一升，面一斤……”（《元史·兵志四》）驿舍是以接待内宾为主的高级招待所。一般说规格不及“馆”，但有些豪华的驿也与馆差近，故有时馆也以“驿”称。如宋代泉州有专接待各国客商的“来远驿”，北宋都城汴梁城有专接待辽使的“都亭驿”，接待西夏使者的“都亭西驿”，南宋临安接待各国使者的“都亭驿”，都是对外的迎宾馆，却以

明代文学作品插画《宿驿图》

“驿”称。不过,此种用法并不多见。

级别最高,独立于邮驿系统之外的官方招待所是“馆”。“馆”,或作“舘”,初文作“官”。《易·随》:“初九,官有渝……出门交有功。”陆德明释文:“官,蜀本作馆。”(“渝”,隳败。)此卦说馆舍毁败,若遇此爻则吉,出门皆有功(参高亨《周易古经注》二)。官指朝廷治事处,即官府。然则“馆”字会其意专指由官府所设主要接待高级宾客供应其食宿(故其字或从食或从舍)的高级客舍,即迎宾馆。馆不属于邮驿系统,是官府的一个组成部分。上古的馆有两种。一种是设于交通要道者,接待内外聘使。《说文·食部》释“馆”引《周礼》曰:“五十里有市,市有馆,馆有积,以待朝聘之客。”“积”,积粮食。五十里是取使者一日之行距。又一种是设于国城者,专接待外宾,比较讲究。《左传·昭公元年》:“楚公子围聘于郑……将入馆。”又《庄公元年》:“筑王姬之馆于外。”《诗·郑风·缁衣》:“适子之馆兮,还,予授子之粲(餐)兮。”馆中招待员称“馆人”。《国语·鲁语上》:“重馆人告曰:‘晋始伯(霸)而欲固诸侯……’”(“重”,鲁地名。“固”,安。)春秋时期的君主十分重视宾馆的营建,晋文公一称霸,“宫室卑庳,无观台榭,以崇大诸侯之馆,馆如公寝”。而后代的晋君未承其事,引起各诸侯国不满。一次郑子产如晋,“子产使坏其馆之垣而纳车马焉”。晋国只得重修了宾馆(皆见《左传·襄公三十一年》)。当时,国家的迎宾礼节十分繁缛。“敌国宾至,关尹以告,行理以节逆之,候人为导,卿出郊劳。门尹除门,宗祝执祀,司里授馆。”授馆后还有许多接待工作,最终达到“宾至如归”的境地。若来者不善,则不纳馆。《左传·昭公元年》:“楚公子围聘于郑,且娶于公孙段氏……将入馆,郑人恶之,使行人子羽与之言,乃馆于外。”杜预注:“舍城外。”即郑人知楚怀诈,遂不接待入馆,而打发至城外的普通居舍。鲁国叔孙婼使晋,借口不接入宾馆,而安置到箕邑的破舍,使之居而“必葺其墙屋”,以示羞辱(《左传·昭公二十三年》)。春秋以后,迎宾制度在历朝典制中是重要的一项,而宾馆皆承古称“馆”。北魏,在都城洛阳设接待国内外贡使和商客的“四夷馆”。其中“金陵馆”接待南朝的宾客,“崦嵫馆”接待波斯和东罗马等国的来宾,“燕然馆”接待柔然、敕勒等部族的使者,“扶桑馆”接待日本的来宾。南朝都城建康设有专迎高丽使者的“显仁馆”。隋在洛阳,唐在长安,宋在汴梁(开封)、临安(杭州)均设“四方馆”。宋的汴梁城内还有接待高丽使者的“同文馆”,接待南蕃、西蕃、大食等国使者的“瞻云馆”,南宋临安接待各国使者的“班荆馆”,以及前所举“都亭驿”,等等(参《东京梦华录》卷六)。元在大都(北京)建“会同馆”。明朝又分为南北二馆,南馆有馆房屋三百八十七间,北馆有房屋三百七十六间(据《京师坊巷志稿》),其中分国设专馆,如蒙古、女真、西番、百夷、缅甸、暹逻等皆有专馆。清代国宾馆更多,兵部、礼部皆分设各国专馆,如“俄罗斯馆”、“高丽馆”、“越南馆”,等等。宣统年间,外交官署正式建“迎宾馆”,是中西结合的宏伟建筑区。宾馆通常是朝廷设在京城。而唐代起,地方上也遍设宾馆,如唐代楚州(淮安)有接待新罗国宾客的“新罗馆”、扬州有接待日本宾客的“扶桑馆”,明代宁波也有接待日本商客的“来宾馆”。历朝从中央到地方的宾馆在促进中外交流、加强民族融合、国家联系合作上起了重要作用。

由上可见,整个古代,“馆”的本义及主要用义是用作接待外宾的宾馆的专称。今也或承古而用，如“宾馆”、“大使馆”、“领事馆”等称。

“馆”既可接待外宾，当也可接待内宾。天子是第一号内宾。故引申之，可指封建皇帝的离宫、行宫。司马相如《上林赋》：“于是乎离宫别馆，弥山跨谷，高廊四注，重坐曲阁。”称官僚或豪富的华美居宅。《后汉书・宦者传序》：“府署第馆，棋列于都鄙。”《文选・王粲〈从军诗〉之五》：“馆宅充廛里，士女满庄馗。”《后汉书・仲长统传》：“井田之变，豪人货殖，馆舍布于州郡，田亩连于方国。”后世称“公馆”、“客馆”也承其义。再扩展之，成为接待宾客处所的尊美之称。《西京杂记》云：“公孙弘自以布衣为宰相，乃开东阁，营客馆，以招天下之士；其外曰钦贤馆，以待大贤；翘材馆，以待大材；接士馆，以待国士。”（《太平御览》卷一九四引）唐韩愈《进学解》：“国子先生晨入太学，招诸生立馆下。”此指学馆。凡此称“馆”者，均接待临时而至的宾客，带有礼尊、美善的色彩。今语“菜馆”、“图书馆”、“照相馆”等亦承古而用。以上作宫馆、宅馆、迎宾处所的尊美之称，均表明“馆”的本义，必是（官办）迎宾馆。惜乎今一般辞书于此皆未明言。

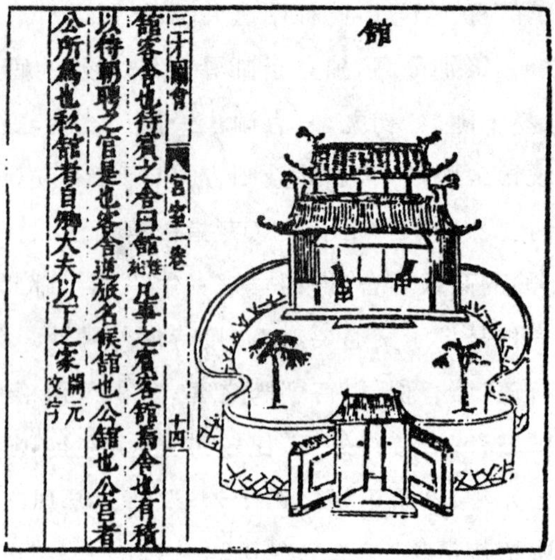

馆舍图（《三才图会》）

《说文・邑部》：“邸，属国舍也，从邑氐声。”按“氐”即“抵”，至。诸侯抵至而居之舍，即“属国舍”。始于战国。《史记・范雎蔡泽列传》：“魏使须贾于秦，范雎闻之，为微行，敝衣闲步之邸，见须贾。”主要行于汉。《汉书・文帝纪》：“至邸而议之。”颜师古注：“郡国朝宿之舍在京师者，率名邸。”《史记・荆燕世家》：“臣观诸侯王邸弟（第）百余，皆高祖一切功臣。”《汉书・陈汤传》：“宜县头槀街蛮夷邸间。”颜师古注：“槀街，街名，蛮夷邸在此街也，邸若今鸿胪客馆也。”即谓蛮夷邸是供各国使者和商人食宿的迎宾馆。“邸”是汉代的宾馆通称。“邸”可称接待外宾之馆，蛮夷邸即是；也可称供内宾诸侯王、国之来京师者暂居的客馆。不过，汉代实行郡国制，则各诸侯国也有一定“外”的因素。唯此，“邸”所称接待对象似乎内外难别。

参考文献

[1] 刘广生主编：《中国古代邮驿史》，人民邮电出版社，1986 年 6 月。
[2] 王仁兴：《中国旅馆史话》，中国旅游出版社，1984 年 5 月。
[3] [宋]孟元老等：《东京梦华录》等五种，中国商业出版社，1982 年 3 月。
[4] 本书整理小组：《睡虎地秦墓竹简》，文物出版社，1978 年 11 月。

230. 逆旅·客舍·邸·店·旅馆

"逆旅",最早的民间旅店;旅店和旅店业的通称,有庄重、古雅色彩。"客舍",战国始见的旅店通称,有口语色彩。"邸",南北朝始见的兼营批发货物的旅店。"店",又作"客店",南北朝始见的兼作零售买卖的旅店。"旅馆",明清时对旅店通行的新称。

【同义】

《左传·僖公二年》:"保于逆旅。"杜预注:"逆旅,客舍也。"《古今韵会举要·上荠》:"邸,今人谓逆旅为邸。"《正字通·广部》:"店,旅舍曰店。""客舍、旅舍"即指旅店。"旅馆"亦旅店。

【辨释】

我国古代旅馆主要有官方驿站、民间旅店和寺院旅舍三种类型。本篇各词皆是民间旅店之称。

《说文·辵部》:"逆,迎也,从辵屰声。关东曰逆,关西曰迎。"段玉裁注:"逆、迎双声,二字通用。"《国语·周语上》:"上卿逆于境。"韦昭注:"逆,迎也。"《广雅·释诂四下》:"旅,客也。"《易·旅》孔颖达疏:"旅者,客寄之名,羁旅之称,失其本居而寄他方。"《左传·庄公二十二年》:"羁旅之臣。"杜预注:"旅,客也。"故"逆旅"者,谓迎纳客人寄宿之处,即是旅店。"逆旅"是对民间旅店的最早称名。《国语·晋语五》:"阳处父如卫,反,过宁,舍于逆旅宁嬴氏。"《庄子·山木》:"阳子之宋,宿于逆旅。"《商君书·垦令》:"废逆旅……逆旅之民无所于食,则必农。""逆旅之民"指旅舍主人及勤杂人员。《韩非子·说林上》:"田成子因负传而随之,至逆旅,逆旅之君待之甚敬,因献酒肉。"("传",出入关之信符。)秦以后,旅店之他称日多,"逆旅"成为旅店和旅店业的通称,凡是述古、庄重或以行业相称的场合,即用"逆旅"。《史记·齐太公世家》:"于是武王已平商而王天下,封师尚父于齐营丘,东就国,道宿行迟,逆旅之人曰:'吾闻时难得而易失。客寝甚安,殆非就国者也。'太公闻之,夜衣而行,犂(通'黎')明至国。"此用于述古。《尸子·劝学》:"是故监门逆旅,农夫陶人,皆得与焉。"此从行业称。《太平御览》卷一九五引《汉武帝故事》曰:"上尝至柏谷,夜投亭宿,亭长不内(纳),乃宿于逆旅。逆旅翁谓上曰:'……此不欲为盗则淫耳!'上默然不应,因乞浆饮。"此叙皇上事,颇为肃重。《后汉书·儒林传·周防》:"父扬,少孤微,尝修逆旅,以供过客,而不受其报。"此亦从行业称。《晋书·潘岳传》引俗语:"许由辞帝尧之命,而舍于逆旅。"此亦述古。《魏书·崔敬友传》:"光(崔光)弟敬友……又置逆旅于肃然山南大路之北,设食以供行者。"此亦从行业称。

唐李白《春夜宴桃李园序》："夫天地者万物之逆旅，光阴者百代之过客。"此是哲理性喻称。总之，"逆旅"是民间旅店通称，有庄重、古雅色彩。

逆旅的起源，今流行说法都以为是商业经济发展的结果。此非确论。从文献材料难以见到早期逆旅与商业的关系，也没有发现逆旅以商贾为主要接待对象。事实表明，早期逆旅也皆供应食宿。上举《太平御览》卷一九五引《汉武帝故事》最为明显。而其起源，当是在形成一定的交通网络、产生了邮驿系统以后。逆旅主要接待各种非官方人员，当然也包括商贾。唯此，把旅店的产生定在西周中期至春秋之间，可能比较合理。即自西周中期后，当交通、邮驿形成一定网络，旅店才作为官方招待所的补充普遍出现，并成为一个行业。

接着是"客舍"。"客舍"才是商业经济发展的产物，也即是说，逆旅在后来的发展，与商业经济有密切关系。

战国时期，士农工商成为国家的四民，工商业都会大量涌现。商业经济的空前发展，促使旅馆业的数量由少而多，接待对象也以商贾为主，古老的"逆旅"之称已不能表现旅店的新特点，遂出现新词"客舍"。《管子·轻重乙》记管子语："请以令为诸侯之商贾立客舍，一乘者有食，三乘者有刍菽，五乘者有伍养，天下之商贾归齐若流水。"（"养"，役卒通称。）大意是：齐君应下令为各诸侯国的商人建"客舍"，规定对有四马驾一车的商人，供应吃饭；有三辆车的商人，外加供应牲口草料豆食；有五辆车的商人还要配五个照料的杂工。可见"客舍"为商人而建，供应食宿。《史记·商君列传》："发吏捕商君，商君亡至关下，欲舍客舍。客人不知其是商君也，曰：'商君之法，舍人无验者坐之。'商君喟然叹曰：'嗟乎，为法之敝一至此哉！'"此颇有戏剧性：大肆宣扬抑商、废逆旅的商鞅，但逆旅未废，客舍又添，而生死之际，求生客舍也不可得，连坐之法又使其自食苦果。

秦以后，"客舍"更为频见。《太平御览》卷一九五引《续汉书·五行传》："灵帝数游戏于西园中，令后宫采女为客舍主，身为商贾服，行至舍，采女下酒食，因共饮食，以为戏乐。"《东观汉记》卷十六："第五伦……变易姓名，自称王伯齐，常与奴载盐北至太原贩卖，每所止客舍，去，辄为粪除。"唐王维《渭城曲》："渭城朝雨浥轻尘，客舍青青柳色新。"后世更不绝其用。以上数例，可窥见客舍与商业、商贾的关系。在《晋书·潘岳传》中"客舍"、"逆旅"并用，更可见出二者别异："以逆旅逐末废农……败乱法度，勑当除之，十里一官櫛，使老小贫户守之，又差吏掌主依客舍收钱。"（櫛，lí，客舍。）谓用官办客舍取代民办客舍。又记潘岳议曰："谨案，逆旅久矣……语曰：'许由辞帝尧之命，而舍于逆旅。'然则自尧到今，未有不得客舍之法。……凡此皆客舍之益，而官攡之所乏也。"此文用"逆旅"处，或是述古，或从行业称；用"客舍"，则指称当时旅店。要之，客舍，主要接待商贾，也接待一般旅客；是旅店通称，有口语色彩。"客舍"既见出商业发展的新气息，故我们可以看到，战国以来称为"客舍"的旅店，为便于商、旅，更明确设在交通要道、邮驿网点，上所举商鞅所亡之"关下"，《渭城曲》之渭城，《行路难》之长安，皆此。至魏晋时，已出现"八方翼翼，公私满路，近畿辐凑，客舍亦稠"（晋潘岳《上客舍议》）的盛景。

《正字通·邑部》:“邸,今逆旅皆曰邸舍。”“邸”用作旅店之称,始见于南北朝。南朝齐陆厥《奉答内兄希叔》诗之一:“出入平津邸,一见孟尝尊。”唐沈既济《枕中记》:“行邯郸道中,息邸舍。”《宋史·道学传四·黄干》:“时大雪,既至而熹(朱熹)它出,干因留客邸。”“邸”之此用源于“市舍”。唐慧琳《一切经音义》卷三九引《仓颉篇》曰:“邸,市中舍也。”相当于上古之“廛”。《礼记·王制》:“市廛而不税。”郑玄注:“廛,市物邸舍。”犹今之批发商行。《南史·邵陵携王纶传》:“纶素骄纵,欲盛器服,遣人就市赊买锦采丝布数百疋……百姓并关闭邸店不出。”此与“店”同义连用。《新唐书·德宗纪上》:“禁百官置邸贩鬻。”《裴休传》:“时方镇设邸阁居茶取直(值)。”邸是批发堆栈,为便顾客食宿,遂兼办旅店业务。故“邸”之为旅店,往往兼营批发货物,是商业性的旅店。

《玉篇·广部》:“店,反爵之处。或作坫。”即谓室内东北隅用于放酒樽的土台。其实,“凡垒土甓成台可阁物者皆谓之坫。”(明方以智《通雅·宫室》)故坫是庋食的土台,用于上古(汉室内无坫)。引申之,为置放货物之台。晋崔豹《古今注上·都邑》:“店,置也,所以置货鬻之物也。”再引申为旅店之称,见于南北朝。《南齐书·刘休传》:“明帝令休于宅后开小店,使王氏亲卖扫箒皂荚以辱之。”《魏书·食货志》:“其店舍,又为五等,收税有差。”《隋书·食货志》:“黄门侍郎颜之推,奏请立关市、邸店之税。”唐岑参《汉川山行呈成少尹》诗:“山店云迎客,江村犬吠船。”元稹《连昌宫词》:“初过寒食一百六,店舍无烟宫树绿。”张籍《宿江店》诗:“野店临江浦,门前有橘花。停灯得贾客,卖酒与渔家。”以上诸“店”,均指旅店,与“邸”一样,也是商业性旅店,但此是兼营零售买卖。张籍诗之“野店”兼食宿与买卖,最为明显。此涉及“店”的本义。有专文单从语言论“店”,谓本当指商店,后引申为旅店(见《词汇学论文汇编》340页)。所据上引崔豹《古今注》,又《集韵·去艳》:“店,停物舍也。”《正字通·广部》:“店,肆也。”较早的“店”例,《世说新语·任诞》:“阮宣子常步行,以百钱挂杖头,至酒店,便独酣畅,虽当世贵盛,不肯诣也。”按,此说可商。《世说新语》之“酒店”,从语境看不出单是沽酒之肆;从后世看,酒店、酒肆往往食宿结合。即便此“酒店”是食而不宿,乃是语义,亦非“店”之词义,不可表明早期之店皆食而不宿。《古今注》所言亦不表明不可用作旅店。文首引《正字通》即曰:“旅舍曰店。”从我国商业史、旅馆史看,逆旅在前,商店在后;特别在唐以前,自由开设纯商店有很多限制,故很不发达,一般店肆都设在城中固定的市场(参第47条),唯有旅店是自由地“遍地开花”,而旅店可兼营买卖。即便至唐宋时,很多以买卖为主的酒店、食店,犹兼营住宿。唐汴州城西有寡妇三娘子开的“板桥店”,“有舍数间,以鬻餐为业”,因经营有方,“远近行旅多归之”,“客有先至者六七人,皆据便榻”(《太平广记》卷二八六《板桥三娘子》)。宋元祐时达官姜殿直在青州蔡市桥所开的四家“酒店”,除售饮食品,还揽住宿(《续资治通鉴长编》卷四九九)。直到近古,“江南地区的旅馆往往底层或前面为店(饭店、酒店、货栈等),楼上或后进部分为客房。四川的客店往往与茶馆结合,围绕小天井布置”(王仁兴书72页)。故从后世也可以推知,最初“店”更必是旅店(但兼营买卖),而不可能专指商店。上引示旅店的文例已可说明。将最初的“店”作为商店专称,由商店发展出旅店,既没有文献材料的有力佐证，而且完全颠倒了文化史的事实。

不过，从唐代起，由于商业进一步发展，商店渐多，“店”也可或指纯商店。唐李白《金陵酒肆留别》诗：“风吹柳花满店香，吴姬压酒唤客尝。”此“店”指“肆”，而“肆”是商店通称。封演《封氏闻见记·饮茶》：“自邹、齐、沧、棣，渐至京邑城市，多开店铺，煎茶卖之。”宋孟元老《东京梦华录》卷二《酒楼》：“在京正店七十二户，此外不能遍数，其余皆谓之‘脚店’。”在《梦粱录》、《都城纪胜》等书中“店”指称各种商店频频可见。但是，“店”仍常指称旅店(或经商，也为副)。如《西厢记》中有“状元店”，《东京梦华录》中有“只下贩鹰鹘客”的“鹰店”，皆为旅店。宋陆游《双流旅舍》诗：“孤市人稀冷饮冰，昏昏一盏店家灯。”也作“客店”。唐白居易《闲夜咏怀因招周协律刘薛二秀才》诗：“高置寒灯如客店，深藏夜火似僧炉。”宋代汴梁城内有“清风楼客店”、“熙熙楼客店”(《东京梦华录》)。明话本小说《简帖和尚》：“当日天色晚，客店中无甚底事，便去睡。”张岱《陶庵梦忆》卷四记山东泰安旅店：“客店至泰安川，不复敢以客店目之。……妓女妖冶其中。余谓是一州之事，不知其为一店之事也。”下文皆称“店”。则一文中“客店”、“店”并称。由上可见，“店”、“客店”是南北朝起对兼作零售买卖的旅店之称。“店”称的使用，是商业经济进一步发展的表现。

“旅馆”二字在文献出现并不太迟。《文选·谢灵运〈游南亭〉诗》：“久痗昏垫苦，旅馆眺郊歧。”唐高适《除夜作》诗：“旅馆寒灯独不眠，客心何事转凄然。”旅馆，泛指外出所居之处。但此是不固定的组合，故文献中并不多见。“馆”之用于旅店之称，并出现“旅馆”一词，乃是通过明清的“会馆”。会馆是城市商品经济和科举制度发展的产物。盖每逢大比之年，应试之举子蜂拥至京，食宿开支甚大，故宋元时有“状元店”，专接待举子。另外，商业经济的发展，使商人往返京师更多，居宿之费也负担沉重。至明代，各省为了敦乡谊，先后在帝京开设“会馆”，明嘉靖三十九年，安徽歙县首设会馆。嘉靖四十五年，广东同乡建岭南会馆。至清代乾隆年间，据清人吴长元《宸垣识略》所录，北京的会馆有一百八十二处，至光绪年间，已有近四百所。并且在其他各省、府也建有会馆。如明代万历年间苏州会馆已有九十余所。诸会馆往往是集资买下旧宅，再予整修、改建，比一般民间旅店要宏大、善美。显然，“会馆”之“馆”，即取其豪华的居舍之义。会馆性质既是供应食宿的旅店，于是“旅馆”二字渐渐用以称一般的旅店。“馆”字比“舍”、“店”字，无疑更有美饰作用。因此，“旅馆”渐渐成了近现代对旅店的最通行称名。(不过，现今“饭店”、“宾馆”已压汰“旅馆”矣。)

参考文献

[1] 王仁兴：《中国旅馆史话》，中国旅游出版社，1984 年 5 月。
[2] 刘广生主编：《中国古代邮驿史》，人民邮电出版社，1986 年 6 月。
[3] 殷正林：《〈世说新语〉中所反映的魏晋时期的新词和新义》，载《词汇学论文汇编》，商务印书馆，1989 年 12 月。

231. 书·尺牍·信·牋(笺)·札·函○检

公文类书信，西周已有；个人政治性交往的信件，春秋已多；典型的家信，战国始见。“书”，书信总称。“尺牍”，书信通称。“信”，口语中书信通称。“牋”，给郡守武将以上或皇后太子的书信；泛称给上级或友人之信，有礼敬色彩。“札”，短小书信，有随便或亲昵的色彩。“函”，函封的书信，有庄重色彩。

【同义】

《汉书·游侠传·陈遵》：“陈遵赡于文辞，性善书，与人尺牍，主皆臧去以为荣。”（“去”通“弆”，藏。）“尺牍”为信之称。《宋书·刘穆之传》：“自旦至中（日中），穆之得百函，龄石得八十函。”此述二人写信作赛。《文选·〈古诗十九首〉之十七》：“客从远方来，遗我一书札。”北齐颜之推《颜氏家训·风操》：“郡县民庶，竞修笺书。”唐元稹《酬乐天叹穷愁见寄》诗：“老去心情随日减，远来书信来年闻。”“书札、笺书、书信”均同义连用，泛称私人交往的书信。

【辨释】

《说文解字·叙》：“著于竹帛谓之书。”《易·系辞下》：“上古结绳而治，后世圣人易之以书契。”“契”，最早的契约，刻木两半，双方各持一半为凭。作为信函的书，也写在竹木、帛上，有可能与书契同时产生。最早的书信，清代姚鼐曾上溯至《尚书》的《君奭》篇。但此是史官记载的周公对召公告诫之辞，还不算书信。《诗·小雅·出车》：“王事多难，不遑启居。岂不怀归？畏此简书。”南仲率师伐玁狁胜利而归，途中担心周王再下告急的文书。此“简书”是上发的军书，也是公文。今所见最早的个人政治性交往的书信记载是《左传》。《左传·昭公六年》：“叔向使诒（同‘贻’）子产书。”此外，有《郑子家与赵宣子书》（《文公十七年》），《巫臣自晋遗子反书》（《成公七年》）。下至战国，《战国策·齐策四》：“齐王使使者问赵威后，书未发，威后问使者曰：‘岁亦无恙耶？民亦无恙耶？王亦无恙耶？’”《赵策四》：“秦王使使者报曰：‘吾所使赵国者，小大皆听吾言，则受书币。若不从吾言，则使者归矣。’”“书币”，书札、礼物。《韩非子·外储说左上》：“郢人有遗燕相国书者。”然以上诸“书”，也带有一定的公牍文性质，是一些“国书”、“政书”，且也是由使者专送。1976年初在湖北云梦睡虎地四号墓中发现属战国时的两封写在木牍上的家信，提供了上古民间私信的最早实物。第一封是黑夫和惊从淮阳（今河南淮阳）写给安陆（今湖北安陆、云梦）家里的中，第二封是惊独写。黑夫、惊、中是三兄弟。信中叙述从军至淮阳情况，并向母亲要綌（“綌”，绵）布二丈五尺、襌裙襦（夏衣）、钱五六百。据考证，第一封信写于公元前223年（秦始皇二十四年）二月十九日，第二封信从内容看，是写于秦灭楚战争之攻下淮阳后。此二信并非邮寄，大约是通过服役期满的同乡士卒代为捎转。二信均用毛笔蘸墨写于木牍正反面，牍厚0.3、长23.1厘米，是名副其实的尺牍。到了汉代，全国有了粗具规模的邮驿系统，信件的往返遂日益增多，并有了严格的封泥、签发制度（见下）。文献中记载的如司马迁《报任安书》、杨恽《报孙会宗书》、马援《诫兄子严敦书》等，都是一些富有感情、文采斐然的书信。以后，书信的种类，方式更为丰富多样。

"书"可指国书、政书、公函、家信等，是古代书信的总称。秦汉以后，尽管书信之称甚多，但以"书"最为惯用。《古诗十九首》之十七："置书怀袖中，三岁字不灭。"唐元稹《西归绝句》之二："两纸京书临水读，小桃花树满商山。"宋陆游《钗头凤》词："山盟虽在，锦书难托。莫！莫！莫！"清王鸿绪《夜》诗："霜风瑟瑟动窗纱，故国音书旅雁赊。"

"尺牍"，犹"尺书"、"尺素"、"尺翰"，皆为书信之称。《文选·陆机〈文赋〉》："函绵邈于尺素，吐滂沛乎寸心。""绵邈"，辽远，指众事物。刘良注："素，帛也，古人用以书也。"《陈书·蔡景历传》："尺翰驰而聊城下。"唐岑参《虢州酬辛侍御见赠》诗："相思难见面，时展尺书看。"但唯"尺牍"独得书信专称，用贯古代，其他诸词皆有别义。此盖缘其本源所致。《说文·片部》："牍，书版也。"其长一尺，汉代用以写诏书。《史记·匈奴列传》："汉遗单于书，牍以尺一寸，辞曰'皇帝敬问匈奴大单于无恙'，所遗物及言语云云。中行说令单于遗汉书以尺二寸牍。"此官方书信。私人书信以一尺之牍。《史记·扁鹊仓公列传赞》："缇萦通尺牍，父得以后宁。"淳于意获罪，其女缇萦上书文帝，请求替父赎刑，文帝悯之，遂除肉刑。北齐颜之推《颜氏家训·杂艺》："江南谚云：'尺牍书疏，千里面目也。'"谓千里外通书信犹如面晤。《新唐书·儒学传上·欧阳询》："询初仿王羲之书，后险劲过之，因自名其体尺牍，所传人以为法。"后世"尺牍"一直用作书面语中私人交往的书信通称。

"信"，今是书信的总称，但上古、汉魏，并无书信义。《史记·韩世家》："发信臣，多其车、重其币。"汉司马相如《喻巴蜀檄》："故遣信使，晓谕百姓。"此"信"不仅不指书信，且还不指信使。有的辞书谓通"讯"（如《正字通》）。王力作符信义，指持着信物的人（见《汉语史稿》下册547页）。按，王说是。汉以后才可单独作信使。三国魏吴质《答东阿王书》："信到，奉所惠贶。"南朝宋刘义庆《世说新语·雅量》："外启信至，而无儿书，虽神气不变，而心了其故。""谢公与人围棋。俄而谢玄淮上信至。看书竟，默然无言。"又《捷悟》："世子嘉宾出行，于道上闻信至，急取笺，视竟，寸寸毁裂。""信"指信使，"笺"才是信。但是作为书信之称，晋代已见端倪。晋杜预书："有信数附书信，以慰吾心也。"（《淳化阁帖》三）鲁迅《古小说钩沈》录南朝齐祖冲之《述异记》："机羁旅京师，久无家问，因戏语犬曰：'我家绝无书信，汝能赍书驰取消息不？'"（又见《晋书·陆机传》）诸"信"与"书"同义连用，已是书信义，但其时文献中仍少见。从唐代起才较为多见。贾岛《题朱庆余所居》诗："寄信船一只，隔乡山万重。"许浑《塞下曲》："朝来有乡信，犹自寄寒衣。"白居易《谢李六郎中寄新蜀茶》诗："红纸一封书后信，绿芽十片火前春。"以上唐代例。唐以下，宋晏几道《蝶恋花·卷絮风头》："蝶去莺飞无处问，隔山高楼，望断双鱼信。"金元好问《永宁南原秋望》诗："烽火苦教乡信断，砧声偏与客心期。"元张可久《清江引·秋怀》:“西风信来家万里,问我归未?”清高鹗《荷叶杯·闻挹波谈隽事戏书》:“盼断嫦娥佳信。……门外传来一纸新。”显然,“信”是口语词。但即使在语体作品诗词中,大都仍用“书”,如“素书”、“尺书”、“乡书”、“家书”等比比皆是。故“信”是古时口语中书信的通称,远不如“书”之惯用。

“牋”,或作“笺”,一种书信文体,起于东汉。南朝梁刘勰《文心雕龙·书记》曰:“迄至后汉,稍有品名。公府奏记,而郡将(奏)奉笺。”郡守是武将。则初是专称写给郡守武将的信。《三国志·魏志·崔林传》:“杖节统事,州郡莫不奉笺致敬。”《文心雕龙·书记》:“黄香奏笺于江夏,亦肃恭之遗式矣。”按,指江夏人黄香向郡守刘护上奏笺,原文已佚(事见《后汉书》本传)。《晋书·石勒载记上》:“遣张虑奉笺牋于刘琨。”刘为西晋大将军、侍中太尉。南朝宋刘义庆《世说新语·排调》:“明日,(陆玩)与王(导)牋云:‘昨食酪小过,通夜委顿。’”王导是东晋大臣,元帝时任丞相,历仕元、明、成三帝。上二者皆高于郡守。也可用于给皇后、太子的信。《文选》专设“牋”一体,收有吴质《答魏太子牋》、《陈孔璋答东阿王牋》(“东阿王”,曹植)等,其中南朝梁任昉《百辟劝进今上牋》,“今上”指梁高祖武皇帝。以其未接帝位时所呈,故称“牋”。李善注引刘璠《梁典》曰:“帝诏授公梁公,加公九锡(赐),公辞,于是左长史王莹等劝进。公犹谦让,未之许,莹等又牋,并任昉之辞也。”后来,作为一种文体,专用于给皇后、太子的信。明徐师曾《文体明辨序说·牋》曰:“后世……皇后太子称牋。”但可以泛称写给上级或友人的信,有礼敬色彩。唐鱼玄机《和友人次韵》:“何事能销旅馆愁?红笺开处见银钩。”宋晏殊《蝶恋花》词:“欲寄彩笺兼尺素,山长水阔知何处?”“彩笺、尺素”,皆为书信,复语以示思情之切。宋尤袤《全唐诗话·褚载》曰:“陆威为郎官,(褚)载以文投献,数字犯其家讳。威因矍然,载寻以牋致谢。”

“札”是供书写的小木片。《汉书·司马相如传上》:“上令尚书给笔札。”颜师古注:“札,木简之薄小者也,时未多用纸,故给札以书。”引申指短小的书信,有习狎或亲昵的感情色彩。《后汉书·逸民传·严光》:“司徒侯霸与光素旧,遣使奉书,使人因谓光曰……光不答,乃投札与之……霸得书,封奏之。”前称“札”,后称“书”,所指皆为一信。但“札”从严光而称,较轻慢;而“书”从侯霸接阅而称,较郑重。《南史·文学传·钟嵘》:“嵘上言曰:‘……挥一金而取九列,寄片札以招六校。’”“片札”,极言其小。南朝梁元帝《与刘孝绰书》:“新有所制,想能示之……遣此代怀,数路计行,迟还芳札。”唐贾岛《送刘式洛中觐省》诗:“便寄相思札,缄封花下开。”相思之书信以“札”称,亲昵色彩益浓。《宋史·岳飞传》:“时飞方苦寒嗽,力疾而行……帝得奏大喜,赐札曰:‘卿苦寒疾,乃为朕行国尔,忘身谁如卿者。’”此谓皇帝写的便信(非正式诏令),出语亲切。

“函”,今常作书信之称,如“发函”、“函件”、“函授”,其“函”均是邮寄的信件、文件,一般不指私信。古代“函”则作私人信件之称,有庄重的感情色彩。《文选·吴质〈答东阿王书〉》:“信到,奉所惠贶,发函伸纸,是何文采之巨丽而慰喻之绸缪乎!”“绸缪”,情意绵深。吕延济注:“惠贶,赐也,所奉恩赐谓得前书也。”《三国志·魏志·刘晔传》“辟晔为司空仓曹掾”裴松之注引晋傅玄《傅子》曰："(曹操)每有疑事，辄以函问晔，至一夜数十至耳。"《北齐书·神武纪上》："神武(高欢)自队主转为函使，尝乘驿过建兴。""函使"，信使。其所以有庄重的色彩，盖缘实指信封、信函，作书信之称，是代称函中物。因为突出函封，就显得庄重。

此涉及古代早期的信封。"函"甲骨文、金文象箭矢倒盛在皮囊之中，引申为包容。《礼记·曲礼上》："若非饮食之客，则布席，席间函丈。"郑玄注："函犹容也。讲问宜相对，容丈足以指画也。"后对师长称"函丈"，犹称讲席。为函匣。《战国策·燕策三》："乃遂收盛樊於期之首，函封之。"再引申为装信之函匣，即信封。宋高承《事物纪原·布帛杂事部·书函》云："吴张温使蜀，谓先主曰：'谨奉所赍函书。'书之有函，不前见，疑自汉有也。"其实，上古即有。盖有信必有封，像上举《战国策·齐策四》句云"书未发"即先发问，谓书必"发"之，可见其书必有封函。其制由汉时之"检"可明其大概。《说文·木部》："检，书署也。"徐铉注："书函之盖三刻其上绳缄之，然后填以泥，题书其上而印之也。"此与今出土实物相合。其封信过程大致为：以最后一简为轴，反转而卷，首简的白面即露于外，然后在信件表面覆上一片简或牍，此即是"检"；再以编绳系结，结处封泥，泥上盖印，印一般是阴文，盖在泥上很显。其覆盖在信上的检，宽于一般的简；检上都有一凹处，用以绑绳，盖封泥。中间写上收信人姓名、地址，右侧写封信人名字，左侧写何时到达。如居延汉简"甲渠候官"检即如此：中写收信人"甲渠官"，右侧是封信人"高弘"，左侧有小字写何时到。有的重要公文，其检上有详细的邮驿递送记录，可见当时邮驿已有严格的收发制度。以上是竹木简的函。此外，早期还有放帛书的信函，一般是作成双鱼状的木盒(参第232条)。古代信函之庄重程度远甚于今。

参考文献

[1] 褚斌杰：《中国古代文体概论》，北京大学出版社，1984年6月。

[2] 林剑鸣：《简牍概述》，陕西人民出版社，1984年9月。

[3] 郭在贻：《信的书信义究竟起于何时》，《中国语文》1984年第4期。

[4] 刘广生主编：《中国古代邮驿史》，人民邮电出版社，1986年6月。

232. 鲤鱼·鸿雁(鴈)·青鸟·黄耳

“鲤鱼”，秦汉书信往往用此形木匣函封，以此(或分用)代称书信，喻称信使，有神秘色彩。“鸿雁”，有美好德性的候鸟，以此(或单用)喻称信使，代称书信，有思美色彩。“青鸟”，又称“青鸾”，神话中西王母的使者，喻称信使，有浪漫色彩。“黄耳”，陆机所养犬名，能为主人远送家信，以此或“黄犬”喻称信使，有恋乡色彩。动物“信使”的活跃，反映了庶民通信之难。

【同义】

“鲤鱼”、“鸿雁”、“青鸟”、“黄耳”皆可喻指信使，即送信者。

【辨释】

“鲤鱼”，或称“鲤”、“鱼”、“双鲤”、“双鱼”等。首见于汉诗。《文选·〈古乐府诗〉之一》：“客从远方来，遗我双鲤鱼。呼儿烹鲤鱼，中有尺素书。”尺素书是写于一尺白绢的书信。吕向注：“鱼者，深隐之物，不令漏泄之意耳。命家童杀而开之，中遂得夫书也。”则以为帛书置于活鱼肚中。明杨慎据古诗“尺素如霜雪，叠成双鲤鱼。要知心里事，看取腹中书”，遂谓汉乐府诗之“双鲤鱼”即是叠成双鱼形的书信(参《丹铅总录·物用类·简牍》)。按，吕解以为真鱼固误，然杨说亦无当。所据“古诗”乃是唐女诗人李冶的《结素鱼贻友人》诗。从李诗看，其意乃谓将一尺白绢折叠成双鱼形，以作包封的信函，当然还须缝紩成囊袋，但非谓将书绢本身叠成双鱼，故下句云“看取腹中书”，鱼腹内即是折叠之绢。而汉诗是云作书信之尺绢置于“双鲤鱼”中。据情理，似为以木盒作函。杨氏以流变为其源，其误也必。闻一多《乐府诗笺》曰：“双鲤鱼，藏书之函也。其物以两木板为之，一底一盖，刻线三道，凿方孔一，线所以通绳，孔所以受封泥。……此或刻为鱼形，一孔以当鱼目，一底一盖，分之则为二鱼，故曰双鲤鱼也。”(《诗选与校笺》124页)此解颇为合情。然则无论唐诗之折叠双鲤，还是汉诗之双鲤，其为信函则一，只是一用绢、一用木板而已。至于信函之所以作成鱼形，诚如吕向所言，以鱼是深隐之物，取其形示有所秘，不使泄漏之意。而推其源，与活鱼倒也非截然无缘。盖将书信置于活鱼，曾是秦汉时的一种民俗。秦二世时，陈胜吴广屯大泽乡举事前夕，为增强感召力，即曾用朱丹书“陈胜王”于帛书，放进渔者所网大鱼之腹中，“卒买鱼烹食，得鱼腹中书，固以怪之矣”(《史记·陈涉世家》)。由此，不难发展成鱼儿送信的想象，以至作成鱼形的信函。由上可见，封信之鱼函，最先用木板为之。至唐代，如李冶诗所言，又有绢帛为囊函。此外，还有用纸为之，贞观年间即有人“以朝鲜厚茧纸作鲤鱼函，两面俱画鳞甲，腹下令可藏书”(据元尹士珍《琅嬛记》)。

唯“鲤鱼”指信函，汉以后文献中遂常代称书信。唐李商隐《寄令狐郎中》诗：“嵩云秦树久离居，双鲤迢迢一纸书。”唐独孤及《为吏部李侍郎祭苏州李中丞文》：“白马龙輀，鲤书遂绝。”宋晏几道《蝶恋花·卷絮风头》词：“蝶去莺飞无处问，隔水高楼，望断双鱼信。”宋刘才邵《清夜曲》：“门前溪水空粼粼，鲤素不传娇翠颦。”清宋凌云《偶成》诗：“天外鱼书绝，征人岂念家？”又进而喻称信使。宋秦观《踏莎行》：“驿寄梅花，鱼传尺素，砌成此恨无重数。”宋康与之《风入松》词：“玉人应是数归期，翠敛愁眉。塞鸿不到双鱼远，叹楼前流水难西。”谓意中人应归之时，使我紧锁愁眉，边塞鸿雁不捎信来，水中的双鱼也不曾游来，叹息楼前流水为何不西流。“鲤鱼”称书信和信使，均有神秘色彩，示书信之神秘难得。上引诸例皆可味之。

《说文·隹部》：“雁，雁鸟也，从隹从人，厂声。”徐铉注：“雁知时鸟，大夫以为挚，昏（婚）礼用之，故从人。”段玉裁注：“雁有人道，人以为挚，故从人。”均是。“雁”是“鸿雁”，但文献中常与鹅类之“鴈”通用，故“鸿雁”或作“鴈”，又称为“鸿”。鸿雁是候鸟，每年秋分后飞往南方，春分后返回北方。《礼记·月令》：“（孟春之月）东风解冻……鸿雁来。”郑玄注：“皆记时候也。……雁自南方来，将北反（返）其居。”作为信使之称，源出《汉书·苏武传》。传中记苏武出使匈奴被困拘十九年，后匈奴与汉和亲，汉求武等，匈奴诡言武已死。武属吏常惠设法夜见汉使，“教使者谓单于，言‘天子射上林中，得雁，足有系帛书，言武等在某泽中’。使者大喜，如惠语以让单于，单于视左右而惊，谢汉使曰：‘武等实在。’”此本为求得苏武而给单于的诈术，实为子虚之事；雁非信鸽，不能如愿传信，古代也无饲雁而传信的可靠载录。明张鼎思《琅琊代醉编·雁足书》记宋末时元使郝经被扣留真州，南北隔绝十五年，郝遂利用一次得雁之机，作诗于帛书，抒表拘累之悲愤，并署年月姓名，系于雁足纵之，雁果为元主所得，遂大举南伐而灭宋，云云。此事即便属实，也正如作者所云“是可异也”，为“偶然”之事。鸿雁之为信使，并非真能传信，而是出于民族的传统心理。古人以为其有美好德性：能“随时南北，不失其节”，“飞成行，止有列”（《白虎通·嫁娶》），故雁不仅在先秦两汉常作礼贽用于婚礼，且自然会产生鸿雁系足传书的联想，苏武等之绐谋正透露出此种心态。而发展到南北朝就常用作信使之称。南朝梁范云《赠张徐州稷》诗：“寄书云间雁，为我西北飞。”南朝陈江总《闺怨篇》：“屏风有意障明月，灯火无情照独眠。辽西水冻春应少，蓟北鸿来路几千。”唐王维《寄荆州张丞相》诗：“目尽南飞雁，何由寄一言。”杜牧《赠猎骑》诗：“凭君莫射南来雁，恐有家书寄远人。”五代南唐后主李煜《清平乐》词：“雁来音信无凭，路遥归梦难成。”宋王安石《明妃曲》：“寄声欲问塞南事，只有年年鸿雁飞。”宋张元幹《贺新郎·送胡邦衡待制赴新州》词：“雁不到，书成谁与？”明居节《晚坐》诗：“年年楚江上，不见雁将书。”“将”，持带。清孙原湘《征妇怨》诗：“经年不睹云中雁，夜夜空闺恶梦多。”“鸿雁”既喻称信使，故又可径代称书信，但常作“雁”。南朝梁刘孝威《怨》诗：“雁书犹未返，角马无归年。”唐温庭筠《苏武庙》诗：“云边雁断胡天月，陇上羊归塞草烟。”“雁断”，犹信断。宋周邦彦《四园竹》词：“肠断萧娘，旧日书辞，犹在纸，雁信绝，清宵梦又稀。”元柳贯《舟中睡起》诗：“江驿比来无雁帛，水乡随处有鱼罾。”“鸿雁”之称书信和信使，均有思美色彩，示对书信之美好思念。上引诸例即然。

"雁"与"鱼"正可互补：前者主要作信使，也可代称书信；后者主要代称书信，也可喻称信使。唯此，"雁、鱼"常同义连用。宋晏几道《生查子》词："关心魂梦长，鱼雁音尘少。两鬓可怜青，只为相思老。"

"青鸟"，首见于《山海经》。其《大荒西经》曰："有西王母之山（从郝校），有三青鸟，赤首黑目，一名曰大鵹，一名曰少鵹，一名曰青鸟。"郭璞注："皆西王母所使也。"《海内北经》曰："西王母……其南有三青鸟，为西王母取食，在昆仑虚北。"今人袁珂注："此三青鸟者，非宛转依人之小鸟，乃多力善飞之猛禽也。"据《续谈助》卷三引班固《汉武故事》曰："七月七日，上于承华殿斋。日正中，忽见有青鸟从西来。上问东方朔。朔对曰：'西王母暮必降尊像。'……有顷，王母至，乘紫车，玉女夹驭，戴七胜，青气如云，有二青鸟如鸾，夹持王母旁。"今见新郑出土汉画像砖《周穆王会晤西王母图》，右端山穴中坐持不死树之西王母，其侧山上有长颈长尾一鸟，上飞二鸟，即画其事（见李书楷文）。神话中青鸟乃是西王母的使者，故被诗人用作信使之称。隋薛道衡《豫章行》："愿作王母三青鸟，飞来飞去传消息。"唐李贺《恼公》诗："符因青鸟送，囊用绛纱缝。"唐李商隐《无题》诗："蓬山此去无多路，青鸟殷勤为探看。"诸"青鸟"均指信使。又作"青鸾"。元王实甫《西厢记》第四本第三折："你休要'一春鱼雁无消息'，我这里青鸾有信频须寄。""青鸟"（青鸾）本为神话中信鸟，故作为信使之称，含有夸张浪漫成分，多用于抒情表志。上引皆其例。

"黄耳"，是晋陆机所豢黄犬名，能赍书信远送其家。事见《晋书》本传："初机有骏犬，名曰黄耳，甚爱之。既而羁寓京师，久无家问，笑语犬曰：'我家绝无书信，汝能赍书取消息不？'犬摇尾作声。机乃为书以竹筩盛之而系其颈。犬寻路南走，遂至其家，得报还洛。其后因以为常。"事又见《艺文类聚》卷九四引南朝梁任昉《述异记》。后"黄耳"遂作信使之称。又作"黄犬"。宋尤袤《全唐诗话·僧灵澈》："青蝇为吊客，黄犬寄家书。"宋苏轼《过新息留示乡人任师中》诗："寄食方将依白足，附书未免烦黄耳。"元王实甫《西厢记》第五本第二折："不闻黄犬音，难传红叶诗，驿长不遇梅花使。"第四本第一折："青鸾信杳，黄犬音乖。""乖"，背，即杳无。两句同义正对。"黄耳"之称信使，多用于传递家信，有恋乡色彩。

鲤鱼、鸿雁、青鸟、黄犬，为信使或书信之称，多见于思乡怀人的文学作品，实也反映出古时庶民通信之难。先秦时代尚无邮驿系统，官方通信可遣使传送，民间通信只有托私人捎带。《诗·桧风·匪风》："谁将西归？怀之好音。"《小雅·采薇》："我戍未定，靡使归聘。"思乡怀土的记述遍见上古文献。今所见战国时期的两封木牍家信，据考也是通过服役期满的同乡士卒代为捎带（参第 231 条）。到汉魏晋南北朝，有了不断完善的邮驿系统，但与民间通信无缘，故游子思乡，是不少诗歌的"永恒主题"。游子只能翘首希冀"客从远方来，遗我一书札"。晋时有殷羡者，出任豫章太守，临走，"都下人士因其致书者百余函"（《晋书·殷浩传》）。当游子见远方来客"遗我双鲤鱼"，见到"尺素书"时，不禁会"长跪读素书"，"置书怀袖中，三岁字不灭"（《古诗十九首》）。当然，像在北海（今贝加尔湖）上无人处牧羝的苏武绝不能指望远方来客，故汉使雁足系书的神话，会使单于相信。到中古时期，尤其大唐盛世，交通发达,逆旅兴盛,"一驿过一驿,驿骑如星流"(岑参《初过陇山途中呈宇文判官》诗)。对于一般庶民,通信条件虽略有改善,如有了私办的驿驴,但通信之难仍未根本改观。平时,游子往往"无事向边外……三年绝乡信"(岑参《临洮客舍留别祁四》诗)。有时"烽火连三月,家书抵万金"(杜甫《春望》诗)。经历十年战乱,老杜"九度附书向洛阳,十年骨肉无消息"(《天边行》)。到了北宋,邮递才出现一个历史性转机。据王栐《燕翼诒谋录》卷五:"景祐三年(1036年)五月,诏中外臣僚,许以家书附递。……其能专人驰书,必达官贵人而后可。此制一颁,则小官下位受赐者多。今所在士大夫私书多入递者,循旧制也。"此书辑宋太祖至仁宗间政事,评析利弊得失,所载多属可信。受此诏之惠,一些臣僚私信多可入递,递铺扩大了通信范围,可称今邮政的滥觞。当时出现了邮吏,苏轼《太白山下早行至横渠镇书崇寿院壁》诗:"奔走烦邮吏,安闲愧老僧。"陆游《得子虡濠上书》诗:"铃声从西来,忽得濠州书。开缄读未半,喜极涕泗俱。"此是经递铺传递的家书,可见南宋时犹行其制。但是此种通信优惠只是一些在朝官员、臣僚可享受,庶民仍不能染指,而且由于动乱、弊政,递铺组织也常常不健全,竟使"乡书十寄九不达,天北天南雁自飞"(戴复古《夜宿田家》诗);"写得家书空满纸,流清泪,书回已是明年事"(陆游《渔家傲·寄仲高》词)。只得仍托人捎带,但又时常"钟唤梦回空怅望,人传书至竟沉浮"(吕本中《柳州开元寺夏雨》诗)。谓托人捎信时有散失。至元明两代,虽邮驿更为发展,"五里铺,七里铺,十里铺"(元无名氏《塞鸿秋·山行警小令》),驿站密布,常可以"把音书写,频频寄邮亭"(元高明《琵琶记》第三十八出)。但还不是人人书信均可入邮。直到明末清初,随着工商业的发展,出现了专营民信业的民信局,民众的书信才有了统一接受的机构,逐渐结束了通信难的历史。

参考文献

[1] 刘广生主编:《中国古代邮驿史》,人民邮电出版社,1986年6月。
[2] 麻守中:《"双鲤鱼"和古代的信封》,载《古代礼制风俗漫谈》(二集),中华书局,1986年4月。
[3] 李书楷:《两幅罕见的汉画像砖图》,《中国文物报》1991年第28期。

233. 辁·椎轮·轮·轨○辚

最早的车轮称"辁（quán）"，没有辐条，轮径较短。上古丧柩车、行泥泽车即用此轮。又称"椎轮"，有古朴色彩。"轮"，有辐条之轮；车轮总称。上古、秦汉车轮一般较高大。"轨"，两轮间空间；也称转动的轮。"辚"，行车声；也可代称车轮，多作动词，为轮压义。

【同义】

《广雅·释器》："辁，轮也。"《汉书·刘向传》："夫遵衰周之轨迹，循诗人之所刺。""轨迹"，轮迹。《仪礼·既夕礼》"迁于祖，用轴"郑玄注："轴状如转辚。"孔颖达疏："辚，轮也。"

【辨释】

车子是陆上最重要的交通运输工具。我国造车的历史悠久。《左传·定公元年》："薛之皇祖奚仲，居薛，以为夏车正。"《山海经·海内经》曰："奚仲生吉光，吉光是始以木为车。"而又一说谓黄帝造车。《易·系辞下》："黄帝、尧、舜……服牛乘马，以利天下，引重致远。"《荀子·解蔽》："奚仲作车，乘杜作乘马。"杨倞注："奚仲，夏禹时车正。黄帝时已有车服，故谓之轩辕。"二说所指，时间相距三百年。似以前说近真。盖车子诞生的关键在于车轮。车轮是陶轮的直接衍生物。陶器在我国新石器时代诸遗址已是常见的遗物。制陶，最早是手捏泥条盘筑，后来，发展为轮制(参第49条)。在20世纪50年代后期，陕西华县泉护村仰韶文化遗址发现了全部轮制的小陶碟，口底十分规整。可见仰韶文化晚期已有了成熟的陶轮。但普遍使用陶轮，要到大汶口文化晚期和龙山文化时期。在大汶口的中后期，使用了陶车，制陶业从农业中分离出来成为独立的手工业。继大汶口文化而发展成的龙山文化，产生了龙山黑陶。它整体圆滑规整，器壁匀薄如蛋壳，故称"蛋壳陶"。从器物内外留存的齐整同心轮纹看，显然是用活动的小木棒转动快速陶轮而成型。此木棒插入陶轮可带动泥坯做原地回旋运动，再加上早已掌握的用圆木下垫搬运巨石等重物的经验，必然使人们得到制车轮的启示。因此，从陶轮之后产生车轮以推测，谓车子到夏代才出现，比较合理。

原始车的轮子是无辐、不辏的圆木片，轮径较短，即将圆形全木裁削成没有辐条的浑圆木片，中间设孔穿圆木棍成轴，人力拉推牵引轴，使轮滚动。此原始木轮，后世称为"辁"。《说文·车部》："辁，一曰无辐也。""轮"下说解："无辐曰辁。""辁"者，从车全声，声兼义，指全木为车轮。上古，辁轮尚有使用。主要是丧车。《说文·车部》："辁，蕃车下庳轮也。""蕃"，同"藩"，设藩蔽、幄帟之丧柩车，即《周礼》之"蜃车"，《礼记》之"輴车"。清桂馥《说文解字义证》"辁"下曰："《周礼·遂师》'蜃车'，人挽之以行，凡挽车皆用辁。"蜃车舆状如床，中央有辕，前后出，设前后辂，下设前后轴，以辁为轮（参孙诒让《周礼·地官·遂师正义》）。《吕氏春秋·节丧》："世俗之行丧，载之以大輴。"輴即载柩之辁车。又，行于泥泽之"楯"、"橇"也用无辐之辁轮。《正字通·车部》："輴……《尸子》云'行涂以楯'，《史记》'泥行乘橇'……毳橇与楯，声相近，作輴者……輴不设辐，利以行泥，故泽行用辅也。"丧柩车、泥行车之辁轮不同于上古高大的有辐轮，其直径皆短，不足今二尺，又无条辐，故行速慢，且都用人力挽拉。由此可见远古辁轮之一斑。原始辁轮又称"椎轮"，即朴质之轮。"椎轮"指称辁轮，有古朴色彩。南朝梁萧统《文选序》："若夫椎轮为大辂之始，大辂宁有椎轮之质？""大辂"，后代皇帝所乘豪华之车。语喻事物之草创。唐白居易《白苹州五亭记》："盖是境也，实柳守（柳恽）滥觞之，颜公（颜真卿）椎轮之，杨君（汉公）缋素之。"（"缋"，huì，通"绘"，画。）

"轮"，从车仑声，声兼义。仑声有条理义，则轮是有条理地聚合辐条之轮。《说文·车部》"轮"字解为"有辐曰轮"。轮是造车发展到相当水平的产物，从辁到轮，是车子发展的重大飞跃。商代已是有辐之轮的时代，甲骨文的"车"字（佚九八〇），不论字形作何变化，都从不同角度反映了其时车轮有辐的特征。此种有辐的车轮，中心是圆孔，内周置毂，轴贯毂中。每辐上插毂孔，下接轮牙。轮的外周，即接触地面的轮圈称"牙"，亦谓之"辋"。《释名·释车》："辋，罔也，罔罗周轮之外也。"辋牙是将直木用火烤后揉为弧形直木，故亦谓之"輮"。整个轮的外圈不是一木揉成，必须拼接，或合二木，如辛村出土的西周车轮。或合三木而成，如山东嘉祥洪山汉画像石制轮图，每段近于圆周的三分之一。《韩诗外传》卷五记制车轮工匠轮扁语："若夫合三木而为一，应乎心，动乎体，其不可得而传者也。"衔接处有榫眼，外用铜箍设孔以皮条系缚。在毂、辋之间插入辐条，辐条近毂段称"股"，近辋段称"骹"。据已发掘剥剔的商周二十一辆车子的资料统计，商车一般牙高 8 厘米，剖面呈长方或梯形，辐条为 18 根，长约 55 厘米。西周车一般牙高在 6—7 厘米，剖面呈梯形，触地一面短，置辐一面长。辐条平均数为 20—21 根。不过，总的趋势是商周而后，轮辐逐渐增多。战国的一些车子，一般轮辐为 26—30 根。秦始皇陵一、二号铜车马轮辐皆 30 根。故《老子》第十一章曰："三十辐共一毂。"当然，以后辐条数也有参差。商代以来的车子，车箱特小，只容二、三人，而轮径特大。商车轮径平均 136 厘米、西周车平均 137 厘米、战国车平均 136 厘米，此与《周礼·考工记》所定兵车、乘车之轮皆六尺六寸（折合今约 1.31 米）之数相合。与同时期古希腊、波斯、罗马之车相比，更显其硕大，此是为适应马的高度而做的相应设计。盖我国古代黄河流域的马不宜于骑乘而适宜于驾车，一般较高大，据有的学者对安阳大司空村 175 号车马坑所出马骨架测算，马鬐高达 1.45 厘米，且彼时采用胸式系驾法，故增大了轮径。《周礼·考工记》曰："轮已崇，则人不能登也；轮已庳，则于马终古登阤也。"（"终古"，齐方言，常常意。"阤"，阪。）谓轮太高，不便于人登车；轮太低，马就像一直上斜坡，感到吃力。所以上古造车工匠根据我国马的特点，让轮径接近于马鬐之高（加轭处），加上辀辕自身平而斜上的弯曲度，则辀辕虽加于轮半径之轴上，也能使辀辕在平地转动时，大体保持水平状态，马拉车就较为省力，使车速较快；且轮高，也可增加车的稳定性，减少倾覆之虞。如若轮低，就要增加辕的弯曲度，此在制造上增加了煣木的难度，且容易折断。因此，相当一个时期，马车都是高轮。即便汉代的马车虽大都作双辕，但从出土汉画像石、砖的车马图看，一般也是高轮居多。而牛车，可以平辕，轮径较短，但一般也多作高轮，如甘肃嘉峪关壁画墓所见的独牛驾犊车（M5：011）、露车（M5：041），皆如此。到宋代，开始了向鞍套式系驾法过渡。在张择端《清明上河图》中有四驴驾，伸后辕，载两人（一是驾者）的货车，驴颈皆套圆环形肩套，取消了衡轭，此是鞍套式的雏形，但其轮犹高出车槛板。到元代已出现了真正的鞍套式马车。今所见最早的实例是西安曲江池西村至元二年（1265年）段继荣墓出土的陶马车——有后辕的亭子车，此车之马因有肩套、鞍套，故双直辕较低，车轮也变小。自从元代起，马车全采用了鞍套式系驾法，降低了支点。增强了马的曳拉能力，同时缩短了轮径，提高了轮子的坚固度。

轮是车的最重要构件，故"轮"可代称"车"。晋陶潜《归园田居诗》之二："野外罕人事，穷苍寡轮鞅。""轮鞅"，车马。晋王嘉《拾遗记·周穆王》："又副以瑶华之轮十乘，随王之后，以载其书也。"南朝梁刘孝标《广绝交论》："故轮盖所游，必非夷惠之室。""轮盖"，车盖，借称作官者。轮的特征是转，故引申为转。《吕氏春秋·大乐》："天地车轮。"高诱注："轮，转。"凡轮皆圆，故又引申为一切如轮圆形之物，如月亮。唐刘禹锡《八月十五日夜桃源玩月》诗："金霞昕昕渐东上，轮欹影促犹频望。"（"昕昕"，明亮。"欹"，倾斜。）钓轮，收卷钓丝的转轮。《文选·潘岳〈西征赋〉》："徙观其鼓枻回轮。"（"枻"，yì，船旁板。）李善注："轮，钓轮也，谓为车以收钓缗也。"综此可知，"轮"是总称。

《说文·车部》："轨，车辙也。"段玉裁注："车辙者谓舆之下两轮之间，空中可通，故曰车辙，是谓车轨。……上距舆，下距地，两旁距轮，此之谓轨。"指车箱下至地、两轮间整个空间。《吕氏春秋·勿躬》："车不结轨。"高诱注："车两轮间曰轨。"据周制，车箱，横六尺，两边至轮各一尺，故车辙之距即一轨，当为八尺（据戴震《考工记图补注》）。引申为轮迹。《广雅·释诂三》："轨，迹也。"《孟子·尽心下》："城门之轨。"引申为轮，侧重指转动的轮。汉张衡《东京赋》："轨尘掩迹，匪疾匪徐。""轨尘"，轮尘。晋左思《魏都赋》："不睹皇舆之轨躅。""轨躅"，轮迹。唐萧颖士《伐樱桃树赋》："乃终古覆车之轨辙，岂寻常散木之足议。""轨辙"，轮迹。文首引《汉书·刘向传》"轨迹"亦其例。

《集韵·平真》："辚，辚辚，众车声。"《楚辞·九歌·大司命》："乘龙兮辚辚。"王逸注："辚辚，车声。"晋潘岳《藉田赋》："接游车之辚辚。"唐杜甫《兵车行》："车辚辚，马萧萧。"可见，辚本指许多车行进所发之声。发其声者为车轮，故以声音代称发其声的整个物体——车轮。文首引《仪礼·既夕礼》孔疏即其例。但"辚"之称轮，多用为动词，指轮碾，变其音为去声。《史记·司马相如列传》："揜兔辚鹿。""辚鹿"，轮子碾轹鹿。汉司马相如《上林赋》："徒车之所辚轹（lì），乘骑之所蹂若。"上句中，前已言"徒车"，后"辚"当指轮压、碾压。《后汉书·廉范传》："虏自相辚藉，死者千余人。"李贤注："辚，轹也。藉，相蹈藉也。"

参考文献

[1] 袁庭栋、温少峰：《殷墟卜辞研究——科学技术篇》，四川省社科院出版社，1983 年 12 月。
[2] 袁运开、蔡宾牟主编：《物理学史讲义》（中国古代部分），高等教育出版社，1985 年 5 月。
[3] 甘肃省文物队等：《嘉峪关壁画墓发掘报告》，文物出版社，1985 年 10 月。
[4] 杨泓：《战车与车战》，载《中国古兵器论丛》（增订本），文物出版社，1985 年 10 月。
[5] 孙机：《从胸式系驾法到鞍套式系驾法》，《考古》1980 年第 5 期。
[6]《西安老牛坡商代墓地的发掘》，《文物》1988 年第 6 期。
[7]《山西侯马上马墓地 3 号车马坑发掘简报》，《文物》1988 年第 3 期。
[8] 张长寿等：《殷周车制略说》，载《中国考古学研究》，文物出版社，1986 年 8 月。
[9]《秦始皇陵一号铜车马清理简报》，《文物》1991 年第 1 期。
[10] 孙机：《中国古代独辀马车的结构》，《文物》1985 年第 8 期。

234. 毂·軎（轊、䡣）·軝·轵·輨（錧）·軑（釱）·釭·锏〇輠、贤

“毂”，套在轮轴之间、中间粗两头稍细的坚固圆木。毂孔受轴的内端，较大，称“贤”；外端较小，称“轵（zhǐ）”。毂内往往有紧贴孔壁的金属管“釭”以受轴，内轴也套金属圈“锏”，皆用以加固保护毂、轴。在毂轴间须经常加膏油滑润，故车上有盛膏器“輠（guǒ）”。在毂口外套一段金属帽“輨（guǎn）”，楚方言称“軑（dài）”，有时毂末端用皮革缠束，此饰称“軝（qí）”。毂外伸出一段有金属套筒的车轴头，称“軎（wèi）”。车毂常涂漆，君主、大官用朱毂。

【同义】

《说文·车部》：“軝，长毂之軝也。”《广雅·释器》：“毂谓之軝。”《周礼·考工记》：“轵，崇三尺有三寸也。”郑玄注引郑司农曰：“轵，軎也。”《文选·刘孝标〈广绝交论〉》：“辎軿击轊，坐客恒满。”“轊”，同“軎”。“击轊”犹击毂。汉赵岐《孟子题辞》：“《论语》者，五经之錧辖，六艺之喉衿（襟）也。”“錧辖”同“輨辖”，指车毂车辖，合喻事物的关键。《说文·车部》：“軑，车輨也。”《方言》第九：“輨，軑也……关之东西曰輨，南楚曰軑。”《释名·释车》：“釭，空也，其中空也。”毕沅注：“釭中空以受轴也。”则与毂同。锏性质、作用与釭同。

【辨释】

上古的车，车轴一般3米长，中间粗两端细。中段按伏兔、当兔，放置车箱、辕。在轴上的轸木（即车箱底侧边木）之外，裹以管状铜轴饰，左右各一，其一端是断面为杏仁状铜管，一端是一方形平板，加木楔固于轴，其作用是固定伏兔。从今发掘的实物看，轴饰长者50厘米（即车箱与轮之间距），如河南安阳大司空村175号车马坑之商车；短者也有25厘米，如北京房山琉璃河1号车马坑之西周车。轴饰之外，便通过毂套接车轮。毂是一段圆形木筒，既是车轮的中心圆孔，又作车轴的外套构件，中部（受辐处）粗，两端细，收杀成腰鼓状，如山西侯马上马墓地3号车马坑之2号车，其毂通长54、端径8、中部径20厘米。毂木之中部外圈凿榫眼以纳辐（辐之另一端，入轮之牙），《老子》第十一章：“三十辐共一毂。”《说文·车部》：“毂，辐所凑也。”（“凑”，聚。）毂之内孔贯轴。毂孔并不是直径如一的普通圆柱形，而是作成锥形，轴头（毂孔与轴套合的部分）也作成同样锥形的锥体，使轮子转动时不会内滑，起了止推作用。在毂的外面轴头上钻孔置辖以固毂，使车轮运转时不外脱。简言之，毂是使轮子与轴固接的重要构件。它从轴饰之外贯轴置轮又延伸至轮孔外一长段。由于古代车子轮径大，车箱宽，而进深短，又是独辀，故车毂必须特别长，以扩大对车箱的支撑面，提高车子的稳

定性。以山东胶县(今胶州)西庵出土的西周战车为例：车毂全长 40 厘米，加轴头铜包饰(軎)，长 13.5 厘米，总长达 53.5 厘米。据此，两车的车轮要相距 107 厘米以上才不致相撞。以其毂长，两军交战，总会“错毂”，即车轴头错杂交插，影响了作战的灵活性。《楚辞·国殇》：“操吴戈兮被犀甲，车错毂兮短兵接。”繁华的城市常常车毂撞击。《战国策·齐策一》：“临淄之途，车毂击，人肩摩，连衽成帷，举袂成幕，挥汗成雨。”诸句都形容齐都市民的稠密。齐俗甚至以毂击为乐。《晏子春秋·杂下》：“齐人甚好毂击，相犯以为乐。”长途远行，“毂击”殆不可免。《汉书·严安传》：“合从(纵)连衡，驰车毂击。”以上均可说明上古车长毂情景之一斑。非惟上古为然，即秦以后相当长时期内也还盛行长毂。如从四川扬子山出土汉画像石之《小车》、《骈车》，山东沂南出土汉画像石《戏车》等观之，其长毂灼然可见。宁夏彭阳新集北魏墓出土陶牛车更为清晰。此车为敞棚，轴宽 41 厘米，车箱宽 19 厘米，毂长 11 厘米，最大径 8 厘米。若二毂合计，则超过车箱宽度。可见至南北朝时，无论马车、牛车，长毂犹不罕见。

车毂是体积小而受力大的构件，行车时，轮与毂不停转动。《淮南子·原道》：“钧旋毂转，周而复帀。”(“帀”，同“匝”。)作为转轮中心的毂既要承受整个车箱和轴的重量，又要经受车辐转动时的张力，故毂木必须十分坚固。《释名·释车》曰：“毂，埆也，体坚埆也。”由于没有滚珠，行车时连续地转动，毂壁与轴容易摩擦受损，为了增加毂轴的润滑度，车上设有盛膏器“輠”。《史记·孟子荀卿列传》：“谈天衍，雕龙奭(shì)，炙毂过髡。”裴骃集解引《别录》曰：“‘过’字作‘輠’。輠者，车之盛膏器也。炙之虽尽，犹有余流者，言淳于髡智不尽如炙輠也。”毂，连同整个轮，常常涂漆，以予保护。漆的颜色，体现等级不同。汉制，公、列侯及二千石以上的大官，皆需用朱毂。《太平御览》卷七七六引张衡《公宴》诗：“神飙接丹毂，轻辇随风移。”汉扬雄《解嘲》：“纡青拖紫，朱丹其毂。”(“纡”，yū，缠。)汉制，公侯紫色绶带，九卿青色绶带，此皆代称高官。高官之车必朱轮朱毂。

“毂”，广义可包括所套接的车轴头，故引申之，可代称整个车。《汉书·食货志下》：“转毂百数。”颜师古注引李奇曰：“毂，车也。”《太平御览》卷七七六引《春秋考异邮》曰：“黄池之会，滕、薛扶毂，鲁、卫参乘。”南朝梁沈约《饯吕僧珍》诗：“持毂二崤道，扬旆九河阴。”(“旆”，同“旆”，军旗上的飘带。)并可产生比喻义。《汉书·王尊传》：“贼数百人在毂下。”颜师古注：“在天子辇毂之下，明其逼近也。”“毂下”，犹车下，指天子身边。又指京城。汉司马迁《报任安书》：“仆赖先人绪业，得待罪毂下。”《文选·任昉〈齐竟陵文宣王行状〉》：“神皋载穆，毂下以清。”李善注：“毂下，喻在辇毂之下，

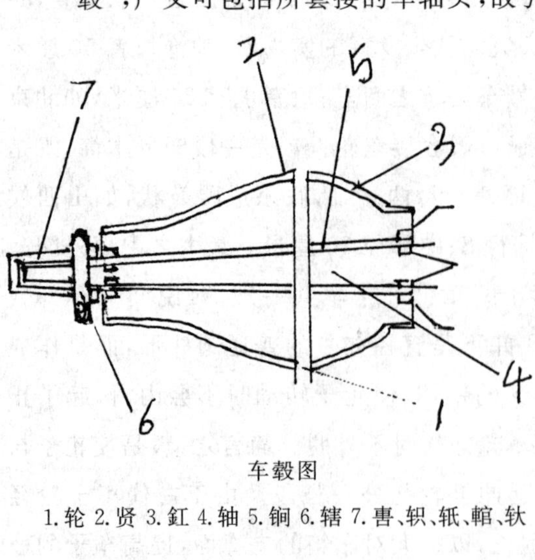

车毂图

1.轮 2.贤 3.釭 4.轴 5.锏 6.辖 7.軎、轵、軝、輨、轪

京城之中也。"作为敬称,犹阁下。《晋书·慕容廆载记》:"(廆)遣使与太尉陶侃笺曰:'明公使君毂下。'"

《说文·車部》:"軎,车轴端也。"或作"轊"、"轉"。《史记·田单列传》记燕军长驱入齐时,田单独出高招:"令其宗人尽断其车轴末而傅铁笼。已而燕军攻安平,城坏,齐人走,争涂(途),以轊折车败,为燕所虏。"《汉书·司马相如传》"轉騊駼"颜师古注引郭璞曰:"轊,车轴头也。"《后汉书·马融传》:"发作梧轊。"李贤注同。南朝宋鲍照《芜城赋》:"当昔全盛之时,车挂轊,人驾肩。"诸"軎"皆指毂。文首引《文选·刘孝标〈广绝交论〉》句亦其例。若析言之,軎与毂非同物。按,"槥"从彗声,彗声有小义。《广雅·释器》"轊,轊也。"王念孙疏证:"《昭十六年左传》注云:'锐,细小也,轴两端出毂外细小也。'小声谓之嘒,小鼎谓之鏏,小棺谓之槥,小星貌谓之嘒,蜀细布谓之繐,鸟翮末谓之翽,车轴两端谓之轊,义并同也。"其称之"軎"字,《说文》谓象形。段玉裁注:"谓以口象毂端之孔,而以车之中直象轴之出于外。"上引《史记·田单列传》司马贞索隐:"断其轴,恐其长拨也。以铁裹轴头,坚而易进也。""截其轴与毂齐,以铁鍱附轴末,施辖于铁中以制毂也。"又《方言》曰:"车轊,齐谓之笼。"据此可知,軎是套在毂之外轴头上用以阻毂和保护轴头的金属构件,即是车轴最外端的金属套筒。故注家皆训"车轴头"。軎及其内轴头,有孔以插辖。辖端也有孔,以穿皮条绑于軎,使不脱。商代的軎都是铜制直筒形长軎,其长 14 厘米以上。内端(近毂端)粗,径插入毂内;外端较细、有底,上或有纹饰,套于车轴顶端。西安老牛坡商代墓地出土商车有二件车軎,均长 22.1 厘米,内端直径 4.8 厘米,外端直径 3.5 厘米,并有对称的二小孔以穿钉固于轴。西周的軎有长短二型,长者同于商軎,短者 10 厘米左右。西安张家坡 M168 之二车,一长軎,一短軎。西周中期后,车軎上更作蟠螭纹、蝉纹等复杂华饰,并且軎的内端逐渐作有折沿,辖插于折沿之外,辖之外的部分作成多边形,顶端无当。軎的末端或设飞軨。秦始皇陵一号铜车马提供了实例:在端鼻纽各悬一飞軨,通长 17.6 厘米,上节圆柱形长 3.8 厘米,下节由 3 页铜片叠成,长 13.8 厘米。二号铜车也有飞軨。在东周,曾出现一种特别的戎车之軎,即在軎外端轴中插入有刃矛状物,此即"销车"。《淮南子·氾论》:"连弩以射,销车以斗。"销车带有刃軎,便于车战时对敌方步卒构成威胁。从汉代起,軎趋于简化,多作直径相同的短圆筒形,两端开供缚结的小孔;往往在辖孔四周铸就突起的辖座,辖插入可没而不露;一般都铁制,以增加坚固度。无论其形制作何变化,軎都套在车毂外的轴端,毂、軎相紧接,有的还直接插入毂内,故浑言之,"軎"可指称毂。

"軝",或作"軧",误字。此指车毂末端用革缠束的部分。主要是作装饰,又在碰击时保护轴头不受损害。《诗·小雅·采芑》:"方叔率止,约軝错衡,八鸾玱玱。"又见《诗·商颂·烈祖》:"约軝错衡。"郑玄笺:"约軝,毂饰也。"孔颖达疏:"谓以朱色缠束车毂以为饰。"具体说来,可分两种。一种称"帱革",无大小贵贱之别,除置辐外,皆用皮革挽裹,革上涂漆以保护毂头。另一种是旧注称"约毂"、"钟带"者,先在毂头刻镂,使起兆瑑,再浑体上厚胶,用革筋扎裹;又上胶一层,用革紧裹,使兆瑑容突分明;然后,整个上底漆,干后,瑑起之上周画五采,并上朱漆，所谓"朱丹其毂"即此。这是汉代二千石以上之高官才可有的毂饰。毂饰后世虽都有，但"軧"之称主要用于上古(参清郑珍《轮舆私笺》)。

《说文·车部》："轵，车轮小穿也。"段玉裁注："轮当作毂。"《释名·释车》："轵，指也，如指而见于毂头也。"盖车轴在两个轮毂之间是粗的平圆木，从轮毂向外，逐渐收小，伸出圆锥形细段。故受轴的毂孔粗细不一。当轴伸进毂孔，轴、毂上圆锥大的一头在里，称为"贤"，"贤"有胜义，此端大而胜，故名。小的一端就在外，称为"轵"。"凡语止词曰只，毂孔至末而止，即呼为只，后因加车作轵。"(清郑珍《轮舆私笺》)《周礼·考工记·轮人》："五分其毂之长，去一以为贤，去三以为轵。"郑玄注引郑司农曰："贤，大穿也；轵，小穿也。"(郑玄以为大穿实五分毂长去二。)从出土实物看，贤轵粗细之比约2∶1，与文献近合。如秦始皇陵一号铜车毂长24厘米，贤端外径8.2、内径4.1厘米；受辐处最大径9.6厘米，轵端外径4.2、内径2.1厘米。要之，轵指车毂的外端即小端之口，亦即所谓毂之"小穿"，其外紧接軎，或即插入此"小穿"，故桂馥曰："毂末之小穿容轊者名为轵。"(《说文解字义证·車部》"轵"注)唯此，"轵"本属于毂。《周礼·考工记·轮人》："弓长六尺谓之庇轵。"郑玄注："(轵)，毂末也。"又可赅軎。《周礼·夏官·大驭》："仆左执辔，右祭两轵。"郑玄注："轵，谓两轊也。"孙诒让正义："盖车轮(毂)小穿乃轵之本义，两轊亦叚称之。"

《说文·車部》："輨，毂端錔也。"段玉裁注："錔者，以金有所冒也……毂孔之外，以金表之曰輨，輨之言管也。"朱骏声曰："字亦作輨，銕(铁)之……包毂外者曰輨。"(《说文通训定声·乾部》"輨"字)《广韵·上缓》："輨，车毂端铁。"輨是装在车毂两端外部的一段金属帽，此是早在西周就出现的对木毂的加固措施。在陕西长安张家坡、河南浚县辛村等遗址的西周车马坑中均有发现。輨通常是铁制，也可用铜或木。《仪礼·既夕礼》："木輨，约绥约辔。"("约"，绳，"绥"，升车绳。)贾公彦疏："其车輨常用金，丧用木。"扩大之，自可代称整个毂，并产生喻称义。如文首引汉赵岐《孟子题辞》句。

"轪"字，历来注家、辞书于其形、音、义训释纷如，今一些辞书也往往以"轪"为"輨"之异体。按，二字同义，但非异体。文首引《方言》第九谓輨在"南楚曰轪"。汉有轪县。《史记·惠景间侯者年表》记利仓以长沙相封轪侯，其家的墓葬在长沙马王堆一号汉墓发现。可见历史上的轪侯仕官于长沙，汉帝以"轪"字授爵封邑为轪县，当是可信，也证明"轪"字确为楚方言。字也作"釱"。《楚辞·离骚》："屯余车其千乘兮，齐玉釱而并驰。"("屯"，聚。)王逸注："釱，錮也。一云车辖也。言乃屯陈我车，前后千乘，齐以玉为车辖，并驰左右。言从己者众，皆以玉德，宜辅千乘之君也。"《汉书·扬雄传上》载《甘泉赋》："陈众车于东坑兮，肆玉釱而下驰。"("东坑"，东海。)颜师古注引晋灼曰："釱，车辖也。"按，此"车辖"实指车輨，是"车輨"的方言又称，均指车毂端铁。又可代称车轮。《方言》第九："轮，韩楚之间谓之轪。"又用作刑具。《史记·平准书》："敢私铸铁器煮盐者，釱左趾，没入其器物。"裴骃集解引韦昭曰："釱，以铁为之，着左趾以代刖也。"可见，此刑具也是似车輨之物。"轪"字以从车大声为正，今或作"軑"，是误字，其音为 dài，不读 tài。

《说文·金部》:“釭,车毂中铁也。”朱骏声曰:“銕(铁)之裹毂内者曰釭。”(《说文通训定声·乾部》“輨”字)釭断面呈圆形,一端尖齿状。汉刘向《新序·杂事二》:“淳于髡曰:‘方内而员(圆)釭,何如?’”釭是车毂内孔紧贴孔壁的金属管,大都铁制。《释名》以为“釭”与“空”同源(文首引),可从。《广雅·释器》:“鍋、锟,釭也。”王念孙疏证:“凡铁之空中而受枘者,谓之釭。”盖釭从工声,工声字或有横意,或有空意。“肛”,中空受排泄物。“缸”,同“瓨”,长颈罂。“銎”,斤斧孔之所以受柄者。车釭则是中空而受车轴。它是战国时产生的对毂孔的加固设施。已发现最早的是河北易县燕下都23号战国遗址的铁车釭,此为直径8.8厘米的圆筒形,两侧有凸榫,以卡入外面的毂木。此较粗,当置于毂贤端;应另有小径之釭,置于轵端。河南信阳战国楚墓出土青铜釭,有鼻环、辖孔、凸榫一端作齿饰。汉代铁车釭凸榫更多,内壁光洁。“釭”常称“车釭”。《太平御览》卷七七六引《续搜神记》曰:“烧车釭以熨顶头。”

《说文·金部》:“锏,车轴铁也。”段玉裁注:“若车轴之在釭中者,以铁鍱裹之,谓之锏,名铁之在轴者曰锏,在毂者曰釭。”《释名·释车》:“锏,间也,间釭轴之间,使不相摩也。”此是对车轴的加固保护措施,以减少对木轴的磨损。也是铁器使用后所出现,故一般也是铁制的金属圈,或半圆状,如洛阳中州路出土战国车铁锏若此,内有铁钉以固于轴;或圆管状,如满城1号墓出土西汉铁锏,经金相鉴定是有较高耐磨性和润滑性的灰口铸铁,此是已发现的我国最早的灰口铁铸件。(按,生铁中部分碳成为片状石墨于凝固时析出,断口呈灰色者,是灰口铁。)

参考文献

[1] 蔡宾牟、袁运开主编:《物理学史讲义》(中国古代部分),高等教育出版社,1985年5月。
[2] 中国社会科学院考古所等:《满城汉墓》,文物出版社,1978年2月。
[3] 孙机:《中国古独辀马车的结构》,《文物》1985年第8期。
[4]《西安老牛坡商代墓地的发掘》,《文物》1988年第6期。
[5]《彭阳新集北魏墓》,《文物》1988年第9期。
[6]《山西侯马上马墓地3号车马坑发掘简报》,《文物》1988年第3期。
[7] 李新魁:《“驮”字考述》,《中国语文》1983年第1期。
[8] 杨鸿勋:《风翔出土春秋秦宫铜物——金釭》,载《建筑考古学论文集》,文物出版社,1987年4月。
[9] 杨泓:《战车与车战》,载《中国古兵器论丛》(增订本),文物出版社,1985年10月。
[10] 张长寿等:《殷周车制略说》,载《中国考古学研究》,文物出版社,1986年8月。
[11]《秦始皇陵一号铜车马清理简报》,《文物》1991年第1期。
[12] 张万夫:《汉画选》,天津人民美术出版社,1983年9月。

235. 輗·軏·辖（鎋、舝）○辕、辀、軥·軜、衡、軓、銮（鸾）、轡（韅）、踵

车杠称“辕”，大都双辕。战国前马车多单辕，称“辀”。辀伸进车箱下面，其与前轸木相交处有固辀辕的半圆形铜饰称“軓（fán）”。后轸下则有尾饰称“踵”。从车箱前伸出较平直一段也称“軓”，逐渐上翘的顶端称“軜”；辀顶部横交“衡”，衡上设响铃称“銮”，两边置人字形钩状物“軥（qú）”，即轭头。在衡、辀的交处凿圆孔，插入半尺长木楔，称“軏（yuè）”；若双辕端部则与弧曲形衡轭相连，其交处圆孔所插木楔称“輗（ní）”。也有交处设U形铜纽。二者均用“轡”带缚结。另一重要插销是插在车軎的三寸之辖。

【同义】

《说文·车部》：“軏，车辕耑（端）持衡者。”“輗，大车辕端持衡者也。”均为辕端持衡的关键部件。唐韩愈《送文畅师北游》诗：“已穷佛根源，粗识事輗軏。”“輗軏”同义连用，喻指事物关键。《释名·释车》：“辖，害也，车之禁害也。”《说文·舛部》：“舝，车轴端键也。”三者皆是车上主要部件端部的插销。清凌焕《古今车制图考》曰：“軏之用与辖同，辖为键，軏亦为键。”

【辨释】

古代车子中三个小而重要的插销：輗、軏、辖。但要辨知此三物，必先明辀辕、衡轭诸物。

古代车的动力是马牛等牲口。牲口的力通过辀辕而带动车轮前进。辀辕俗称车杠。俗谓辕直而辀曲，辕两而辀一，辕施之大车以驾牛，辀施之小车以驾马。此是囫囵之言。文献与今出土实物表明，战国以前，虽有双辕的安车（参第241条）和牛车，但无有“辕”称。马车常见者独辕，称“辀”。《释名·释车》：“辀，句也，辕上句也。”句为曲义。辀由车轴中央前伸上曲。唯用马牵引，称为小车。独辀车到西汉后期才衰落。用牛牵引者，称为大车。《易·大有》：“大车以载。”孔颖达疏：“大车，谓牛车也。”牛车之辕直而有二，即直木从车舆两边前伸，牛夹于两辕之间。牛车战国前已有，而到魏晋方盛。《晋书·舆服志》：“古之贵者不乘牛车，汉武帝推恩之末，诸侯寡弱，贫者至乘牛车，其后稍见贵之。自灵、献以来，天子至士，遂以为常乘。”战国时已有“辕”之称。《左传·宣公十二年》：“军行，右辕，左追蓐。”杜预注：“在车之右者，挟辕为战备；在左者，追求草蓐为宿备。”此辕代指车。《周礼·考工记·辀人》：“凡揉辀，欲其孙而无弧深。今夫大车之辕挚，其登又难。”（“孙”，顺，谓顺木之理。“弧深”，谓小车之辕木弯曲度太大。“挚”，通“轾”，低。）小车称“辀”，大车称“辕”，二者并出。而从汉代起，“辕”成为车杠的通称。汉代的马车大都双辕，这是马车的一大进步。由于马颈背高，

车舆低，故车杠仍是延伸而上曲，上轭更是半弧形。双辕马车都称“辕”，而不称“辀”。汉蔡邕《独断》：“永安七年，建金根、耕根诸御车，皆一辕，或四马或六马。”唯典雅色彩之文句或承古而用“辀”。汉张衡《思玄赋》：“魂眷眷而屡顾兮，马倚辀而徘徊。”后世一般均用“辕”。要之，“辀”是战国前马车车杠之称，都是单杠上曲；“辕”是战国以来各种车辆车杠的通称，大都双杠，也有单杠。若用马驴，杠仍然上曲；若用牛，杠就相对平直。

上古独辀马车之辀，由粗大的圆木煣制而成。辀伸进车舆下，辀与车箱之底部轸木相交，辀上前有軓饰，后有尾饰。

辀垂直伸进车箱的底部。辀尾部上平，两侧、下部圆形，有称为“踵”的金属管套箍，此尾饰，一般与后轸齐平。而车箱前部下面之辀则有軓饰。《说文·車部》：“軓，车轼前也。”段玉裁注引戴震曰：“车旁曰輢，式(轼)前曰軓，皆揜舆板也，軓以揜式(轼)前，故汉人亦呼曰揜軓。”清戴震《考工记图·释车》曰：“軓与輢皆舆揜版。輢之言倚也，两旁人所倚也。軓之言范也，范围舆前也。”此说恐未确。舆前之掩版应为軨，谓“范围舆前”也属牵强。按，徐灏《说文解字注笺》引阮元《车制图解》曰：“軓在舆之前轸下正中，略如伏兔，为半规形以围辀身，故左右转戾，不致败折。”阮说可从。軓者，范也，当是规范辕辀，不使左右滑动的前轸下中央的半规形垫物。最早小屯 M40 即发现軓饰，由一长条形中凹的铜饰联结一长方形弧形铜板而成，前者贴于前轸，后者覆于辀。西安老牛坡商墓出土有二服马的商车亦见此物。其前轸中部与辀交处有一铜片，中设凹槽以纳辀，槽后有翼，但无孔无纽，使用时嵌于前轸木中央。发掘报告称为“轸饰”，其实，此非一般轸饰，当称“軓”。軓饰与踵饰轸前轸后相配。老牛坡商车之后轸中央，也有一长方形铜片，沿中间垂有圆形窝状饰，以纳辀尾，背面有四个鼻纽起固定作用。报告者称“踵饰”，诚确。

从车舆下前伸出的辀，不立即上翘，而是有较平直一段，此也称“軓”。过軓，就逐渐上翘，至端部又变细而平。如辛村 M1 商车，辀长 320、舆下伸入 110、舆前平直 105、上曲 105 厘米，上曲距下軓 60 厘米。也有出舆前即渐上曲。秦始皇陵一号铜车辀出舆即以 20°仰角缓缓上翘。上翘之辀端有圆管形、凿圆孔的铜饰，

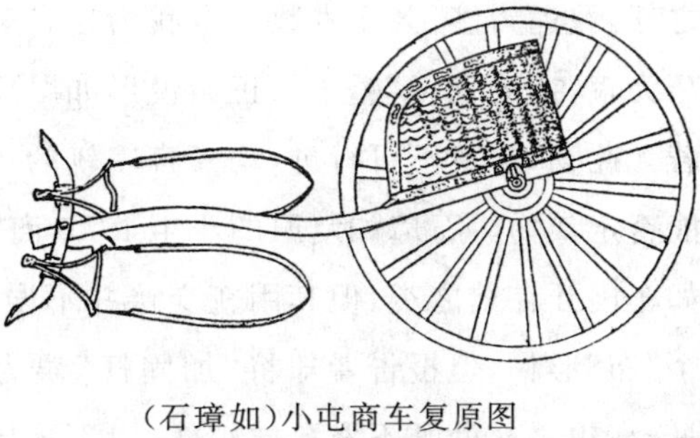

(石璋如)小屯商车复原图

有的上古车子复原专文称为“軏”，误。当为“輈”。《广韵·上姥》：“輈，车头中骨也。”《集韵》同韵训“车头”，即露出衡外的车头；也可指头饰。由輈可知衡前之辀头或平伸一段，或略上弯，或后弯如钩。辀头之下的颈部，是重要的交衡处。衡加辀上。出土的商车衡木大都是长约 1—1.5 米的圆木棒，是谓“直衡”。也有“曲衡”，两端高仰，插上铜矛，故衡较长。长安张家坡 2 号西周车马坑 2 号车之衡，长达 210 厘米。衡末加弯曲的金属饰，或作矛状，或作兽状。衡上装置銮，字也作“鸾”，车行时发出和谐的响声。《诗·大雅·烝民》：“四牡骙骙，八鸾喈喈。”(“骙骙”，马强壮貌。)从出土实物所见，一般四銮、二銮，也有六銮。衡木最重要的

作用是用以系轭驾马，使辀车获得载行的动力。此通过衡木下左右以革带系结人字形钩状物，此即轭头，名“軥”。木軥是两根圆木，顶端削平相贴插入铜轭首，楔孔固之；下端向外锞成曲脚两軥，系结宽厚革带以夹住两匹服马之颈。《左传·襄公十四年》：“射两軥而还。”杜预注：“軥，车轭卷者。”陆德明释文引服虔曰：“车轭两边叉马颈者。”商周的马车，轭的主要部位皆包铜外壳，甚至通体木骨铜壳。

横衡与直辀如何连接一体呢？在上面的横衡与其下的独辀的相交处，则穿以圆孔，以半尺木橛（或金属物）贯通，此即小车之軏；若是大车，则弧曲形衡轭连两侧之辕端，其交处同样凿圆孔，以半尺木橛贯通，此即大车之輗。当然，用于双辕马车者也可称“輗”。可见，輗軏是联结牲口与辀辕的关键插销。清凌焕《古今车制图考》曰：“今之舁棺用独龙杠，杠端凿孔，横木为小杠凿孔，相对以长钉贯而缚之，其横木，可随舁夫左右转折，窃意衡轙亦当如此。《说文·革部》：‘轙，车衡三束也。’徐锴曰：‘乘车曲辕木为衡，别钻孔缚之。’……今定辕端与横木之中俱凿圆孔，相对以軏直贯而缚之，是为一束，横木下左右缚轭，是为衡，三束。”据《说文》与凌说，则輗軏插入圆孔后，尚须用䩛（同“轙”）带缚结；并且輗軏不仅是用于辀辕与衡的交接，同时还用于軥轭与衡的交接，因之一个独辀马车也可有“三束”。今秦始皇陵一、二号铜车即有此三束之交接。“輗”、“軏”因性质、形体相同，故常同义连用。《论语·为政》：“大车无輗，小车无軏，其何以行之哉？”汉扬雄《太玄经一·闲》：“拔我輗軏，贵以信也。”范望注：“輗軏，喻信也。治民以道，信行于下也。”扬文称“拔”，可见，輗軏都是插孔之物。“輗”、“軏”偶也可单用。汉王逸《九思·逢尤》：“车軏折兮马虺颓。”洪兴祖补注：“軏，车辕耑（端）持衡者。”《韩非子·外储说右上》：“墨子为木鸢，三年而成，蜚（飞）一日而败。弟子曰：‘先生之巧，至能使木鸢飞。’墨子曰：‘不如为车輗者巧也。用咫尺之木，不费一朝之事，而引三十石之任，致远力多，久于岁数。今我为鸢，三年成，蜚（飞）一日而败。’惠子闻之曰：‘墨子大巧，巧为輗，拙为鸢。’”墨子从正面说形如咫尺木橛的车輗可牵引三十石的负载。孔子从反面说若无此物，车就不可行进，均极言輗軏的小而重要。虽然迄今出土实物輗軏并不多见，但不能否定其物。石璋如复原的小屯 M40 商车，其辀衡之交接用軏，虽然此图有一些明显错误，如车门开在前之类，但其用軏交接并不误。贵州兴义、兴仁东汉墓出土双辕辎车的輗变成一个“布”形物，但报告者却将“加固杆”误为輗（见《文物》1979 年第 5 期）。今许多出土物所见，衡辀之交处既不凿孔插輗軏，也不采用榫卯结构，而是设䩛带与䩛纽相缚结，缚衡的䩛带穿过䩛纽将衡木绑固。最早的䩛纽见于陕西凤翔马家庄车坑遗址出土的山形铜纽，秦始皇陵二号铜车与满城二号西汉墓出土䩛纽均 U 形。可见，上古马车缚衡于辀的方法可大别为设輗軏或设金属纽两种，两种皆需䩛带缠缚以固之。

“辖”或作“鎋”、“舝”。《说文·车部》：“一曰辖，键也。”《舛部》：“舝，车轴端键也。”段玉裁注：“许意谓舝辖同也。”《左传·昭公二十五年》：“昭子赋《车辖》。”陆德明释文：“本又作舝。”此是设于车轴头上的重要插销。盖车轮的中心是圆毂，车轴穿入毂中，露出一小段，外装軎以护轴，軎内端有键孔，孔内置辖。辖一般三寸之长，可灵活插拔，其端有小孔，插入軎孔后，穿进革带系缚于軎。辖在商代多用木质或木质铜头。安阳孝民屯第2号车马坑出一辖，身为木质，其首端铜质。其顶部粗端往往饰以兽头。西周中期起多用铜辖，且粗端常饰以人像。从战国起，多用铁辖。軎之辖孔四周往往浇铸凸起的辖座，辖插入后，顶部没入辖座而不外露。段玉裁所谓"以铁竖贯轴头而制毂如键闭然"(《说文·舛部》"舝"注)，即从汉制而言。"辖"之称，古代文献习见。《诗·小雅·车舝》："间关车之舝兮，思娈季女逝兮。"孔颖达疏："间关，设舝貌。舝无事则脱，行乃设之，故言设舝也。"《邶风·泉水》："载脂载舝，还车言迈。"孔颖达疏："今将行，既脂其车，又设其舝，故云脂舝其车。"谓嫁时乘车来，今当还归。《淮南子·人间》："夫车之所以能转千里者，以其要在三寸之辖。"《缪称》："故终年为车，无三寸之辖，不可以驱驰。"《孔丛子·嘉言》："譬若载无辖之车以临千仞之谷，其不颠覆亦难冀也。"汉张衡《东京赋》："重轮贰辖，疏毂飞转。"《汉书·陈遵传》："每大饮，宾客满堂，辄关门，取客车辖投井中，虽有急，终不得去。"从以上文例可以了解辖对车所起的关键作用。

辖与輗軏皆是关键部位的插销，性质、作用基本相同。上引《韩非子》一节在《墨子·鲁问》中作："公输子削竹木以为䧿(鹊)，成而飞之，三日不下。公输子自以为至巧。子墨子谓公输子曰：'子之为䧿(鹊)也，不如匠之为车辖，须臾刘(浏)三寸之木，而任五十石之重。'"("刘"，砍削。)两节文意相同，一用"车輗"，一用"车辖"，彼文以"輗"，此文以"辖"，可见均是车上小而重要的部件。若必较其高下，则辖的作用更为直接与重要，无輗軏，尚可人拉。《左传·隐公十一年》："公孙阏与颍考叔争车，颍考叔挟辀以走。"若是辇车，辕端前靠辂，横遮车前，人可挽辂而挽车。《汉书·娄敬传》："敬脱挽辂。"颜师古注引苏林曰："(辂)，一木横遮车前，二人挽之，一人推之。"故可无輗軏而行。但无辖，则轮子外脱，完全不能行。因此车辖其物直用至现代，北方农村的胶皮"大车"，仍用此种灵活插拔的辖，且今任何车皆必须有辖或类辖的装置而后世的辕衡结合不用"輗、軏"之物，唯此。"辖"字也最有生命力。它孳生出管理、管辖义。《晋书·凉武昭王李玄盛传》："又敦煌郡大众殷，制御西域，管辖万里，为军国之本。"今有"直辖、管辖、辖治"等复词。

参考文献

[1] 孙机：《中国古独辀马车的结构》，《文物》1985年第8期。
[2] 孙机：《中国古代马车的系驾法》，《自然科学史研究》1984年第2期。
[3] 杨宝成：《殷代车子的发现与复原》，《考古》1984年第6期。
[4] 张长寿等：《殷周车制略说》，载《中国考古学研究》，文物出版社，1986年8月。
[5]《秦始皇陵一号铜车马清理简报》，《文物》1991年第1期。

236. 舆·轸·轛·輢(椅)·较(較)·轼(式)·軨(轜)·轵·轖(轖)·轐·輹

车箱称“舆”。“舆”可代称车。舆底部四周横木是“轸”。“轸”可代称车箱、车。舆前后有栏板“轛(zhuì)”,两旁有栏板“輢(yǐ)”;輢本指车箱四角的立柱,輢上加横木。“较”作把手,有时再加边缘翻出的铜饰,成为“重较”。若舆四周用木格为栏挡,则都称为“軨”,又称“轵”。軨外用皮革蒙覆障蔽,谓之“轖(sè)”。舆前可扶凭的横木是“轼”。舆下有一当兔、二伏兔,即“轐(bú)”、“輹(fù)”,使舆稳置于轴、辕之上。

【同义】

“輢、轛、軨、轵、轖、较、轼”等皆是车箱构件之称。

【辨释】

车之载物乘人必以车箱,谓之“舆”。《说文·車部》:“舆,车舆也。”上古的大车(牛车)车箱平面,训诂家以为近正方形(《周礼·春官·巾车》孔疏),但今无实物佐证。小车(马车)车箱平面则为矩形,左右宽,进深短,容积小。朱骏声曰:“舆,车中受物之处,广六尺六寸,深四尺四寸。”(《说文通训定声·豫部》“舆”字)今考古发掘所见商周马车,却有两类。一类是大者,可容三人,容积与文献基本相合。安阳孝民屯1号商车,车箱宽134、进深83厘米;西安老牛坡商车宽160、进深72厘米。但还有一类,车箱更小,只可容二人,如安阳大司空村175号商车,宽94、进深75厘米;长安张家坡1号车马坑西周车,宽107、进深86厘米。秦始皇陵一号铜车更小,宽74、进深48.5厘米,可知不是载三人的典型兵车。车箱后面栏板中央开设缺口,作为车门。有的开口很大,如一号铜车后栏板是两个三角形片,间距56.5厘米。后栏板系绳带,名曰“绥”,有的绥带系于轼,如一号铜车。绥带供乘者上下。《论语·乡党》:“升车必正立执绥。”甲士勇者可径从车门跃上,谓之“超乘”。(“超”,跳。)《左传·僖公三十三年》记秦师过周北门时,“超乘者三百乘”。但天子登车要垫乘石。《周礼·夏官·隶仆》:“王行,洗乘石。”郑玄注引郑司农曰:“乘石,王所登上车之石也。”贵妇人则垫几。《仪礼·士昏礼》:“妇乘以几。”

“舆”除作为车箱之称,又可代称车。《汉书·梁孝王武传》:“景帝使使持乘舆驷。”颜师古注:“舆,即车也。”《后汉书·朱穆传》:“共舆而驰,同舟而济。舆倾舟覆,患实共之。”唐韩愈《送穷文》:“载糗舆粻,牛系轭下。”“舆粻”,以车运粮。清孔尚任《桃花扇·余韵》:“迎神来,送神去,舆马风驰。”“舆”成车的通称。

《说文·車部》:“轸,车后横木也。”《周礼·考工记》:“车轸四尺。”郑玄注:“轸,舆后横木。”孙诒让正义引徐养原曰：“轸之本义，专指车后横木，以其为舆之本，言舆者多举以言之，故舆床及两旁，通谓之轸矣。”即引申之指称车箱底部四周的横木。四轸木以构车舆框架，中间再置纵横交木，上铺底板，即成车箱。故又代称车箱，并用作车的通称。《国语·晋语四》：“若资穷困，亡在长幼，还轸诸侯，可谓穷困。”韦昭注：“还轸，犹回车。”《后汉书·左周黄列传论》：“往车虽折，而来轸方遒。”（“遒”，强劲。）四轸木方正，故又引申为方义。《楚辞·九章·抽思》：“轸石崴嵬，蹇吾愿兮。”（“崴嵬”，崔巍，高貌。“蹇”，jiǎn，通“謇”，发语词。）王逸注：“轸，方也。……志如方石，终不可转。”洪兴祖补注：“轸石，谓石之方者如车轸耳。”

《说文·車部》：“轛，车横軨也。”“輢，车旁也。”段玉裁注：“谓车两旁，式（轼）之后，較（较）之下也，注家谓之輢。按輢者，言人所倚也。前者对之，故曰轛；旁者倚之，故曰輢，兵车、戈殳戟矛皆臿（插）于车輢。”段说是。《周礼·考工记·舆人》：“参分轵围，去一以为轛围。”郑玄注：“轛，式（轼）之植者衡者也……以其乡（向）人为名。”即车前向对人的栏板；也可扩指车箱后栏板。而在车箱两旁的栏板（包括固板的立柱），人可倚靠而称为“輢”，兵车于此可插戈殳等长兵器。若无栏板而作軨格，则可指固定軨格木的立柱。《战国策·赵策三》：“今王憧憧，乃辇建信以与强秦角逐，臣恐秦折王之椅也。”（“憧憧”，往来不绝貌。“建信”，赵建信君。）“椅”，通“輢”，鲍本作“輢”。鲍彪注：“輢，车旁也。”今考古发掘所见，大都是兵车之舆。兵车，须载“五兵”即弓戟矛剑盾（《通典》）。今秦始皇陵一号铜车提供了新的信息：在舆前栏板外方还设置金属张弓器，孙机命为“弩輒”。兵车的旌旗插于车后，故后栏板处往往设直筒或圆形角柱。

《说文·車部》：“轼，车前也。”即车前可扶凭的横木。初文为“式”。轼木可以是一根直的圆棍，横于车前，也可前直而延曲于车两旁。《左传·僖公二十八年》：“君凭轼而观之，得臣与寓目焉。”于兵车远望，可一足立轼中，一足立轼旁。《庄公十年》：“登轼而望之。”轼高只三尺三寸，不及人半腰，故御者可凭轼而执辔，射者可凭靠而引弓。秦始皇陵一号铜车之轼正中即铸缚结辔绳的軜爪和一卵形铜环，其弩前端在軨外张弓器上，后端即靠轼上。乘者可小俯凭扶而对有德者表敬。《释名·释车》：“轼，式也，所伏以式敬者也。”《吕氏春秋·期贤》：“魏文侯过段干木之闾而轼之。”《礼记·檀弓下》：“孔子过泰山侧，有妇人哭于墓者而哀。夫子式而听之。”

“较”，《说文·車部》作“較”，训“车骑上曲钩也”。即设于车箱两旁軨上之横木，高于轼，用作供人倚凭的横把手。《论语·乡党》皇侃疏：“（人）皆于车中倚立，倚立难久，故于车箱上安一横木，以手隐凭之，谓之为较。”但从今考古发掘看，商车无较。周代始设较，并体现奴隶制的等级：庶人乘的役车，因实板无軨，故无较。士乘栈车以上皆有一较，卿以上有重较。《诗·卫风·淇奥》：“宽兮绰兮，倚重较兮。”毛传：“重较，卿士之车。”陆德明释文：“车两旁上出轼也。”较之形制，段玉裁曰：“盖汉与周异，周时較高于轼，高处正方有隅，故谓之較。較之言角也，至汉乃圜（环）之如半月然，故许云车上曲钩。”（《说文·车部》“較”注）按，段氏以“半月然”解，未是。盖周士车两较高于轼而无饰，边棱似角。若较上再加铜饰，必曲边翻出向外，是谓重较。故许云“车上曲钩”，也合周制。反出之较，从旁而视，似轼之两耳，故也称车耳；重较是重耳。较又称“辄”，耴，耳垂（参孙诒让《周礼·考工记·舆人正义》）今考古发掘所见，与《说文》所称“曲钩”状物甚合。河南浚县辛村西周车马坑出土铜较即曲钩状，一端有銎（qióng）可插于輢之直柱。秦始皇陵二号兵马俑坑出土铜较，河北满城1号西汉墓出土金银相错云雷纹铜较等皆与西周铜较相仿。较主要见于上古。至汉，较发展为车轓，但文献或仍称“较”。三国魏曹植《七启》：“俯倚金较，仰抚翠盖。”

若车箱四周的护栏不用木板而用横直交接的木格，即称“軨”。“軨”或作“轜（líng）”。当从车、棂，棂省声，会其意为车之有木格者。《说文·车部》：“軨，车轖（sè）间横木。”段玉裁注：“谓车輢之直者衡者也。……戴先生曰：‘軨者，轼、较下纵横木总名。’”凡是车箱四周所围木格，无论前后左右总称为“軨”。车轮靠立柱支撑，立柱下端有榫，插入车箱底部之轸木所凿孔内。有軨之车均是士以上所乘较高级的乘车。《楚辞·九辩》：“倚结軨兮长太息，涕潺湲兮下沾轼。”《汉书·宣帝纪》：“太仆以軨猎车奉迎曾孙。”颜师古注引李奇曰：“兰（通‘阑’）舆轻车也。”即谓四周有交叉栏木的轻便猎车。秦始皇陵一号铜车四面栏板均是纵横棂格形，故可谓之“軨”。

“轵”指车箱左右的小木格，即軨的别称。《周礼·考工记·舆人》：“参分较围，去一以为轵围。”郑玄注：“轵，輢之植者衡者也。”即指小木格。《释名·释车》：“轵，指也，如指而见于毂头也。”显然，车轴小孔与“軨”的木格孔相似，故得兼称。

《说文·车部》：“轖，车箱交革也。”段玉裁注：“凡车之与，皆得名箱。……交革者，交犹遮也，谓以去毛兽皮鞔其外。……凡革鞔谓之轖。”即蒙盖车箱外部作为障蔽、挡风寒的皮革。故字也作“䡖”。《急就篇》卷三；“革䡖（髹）漆油黑苍。”可代指车。《陈书·儒林传·沈不害》：“轖驾列庭，青紫拾地。”唯“轖”有遮蔽作用，又引申为结塞义。《文选·枚乘〈七发〉》：“意者久耽安乐，日夜无极，邪气袭逆，中若结轖。”李善注引《说文》并解曰：“言邪气入内而为逆，其坚若结也。”至汉代发展为坐乘车以革带交叉编结铺设箱底。如湖南长沙西汉晚期墓出土的木车模型，其车箱底即以髹漆革带交叉编成。但坐时，上面还得铺茵席。

以上所言是车箱本身的各种主要构件。如此车箱必须牢固地横置于轴上。为使车箱稳固于轴，车箱底的轸木与轴之间设半圆形垫木，称“轐”“輹”，俗称“伏兔”，又称“钩心木”。《说文·車部》：“轐，车伏兔也。”伏兔以其状而名。《周礼·考工记》：“加轸与轐焉。”贾公彦疏：“四马车一辕，车轴上有伏兔。伏兔尾后上载车轸，轸始有车舆。”《易·大畜》：“舆说（脱）輹。”凡车皆有三“兔”。中央者当兔。《周礼·考工记·辀人》：“十分其辀之长，以其一为之当兔之围。”当兔凹在辀上，辀末端与车箱后轸齐平。两旁者伏兔。戴震曰：“按輹 、輹实一字，其（指‘轐’）下有革以缚于轴……轐之言仆也。毛传曰：‘仆，附也。’为伏兔之形，附于轴上，以络固之。”（《说文·車部》“轐”下段玉裁注引）简言之，轸下轴上，两旁为伏兔，中间为当兔。当兔者，下凹嵌入辀，而辀下轴上均凿数厘米深的凹槽，上下嵌合，再以绳索缠缚；当兔下的辀前后与舆前后轸相应部位也通过前帆饰与后踵饰以嵌入前后轸（参第235条），于是整个车箱前后左右均平稳地安置在车轴上。

参考文献

[1] 孙机:《中国古独辀马车的结构》,《文物》1985 年第 8 期。
[2]《西安老牛坡商代墓地的发掘》,《文物》1988 年第 6 期。
[3] 杨泓:《战车与车战》,载《中国古兵器论丛》(增订本),文物出版社,1985 年 10 月。

237. 盖·轓(軬)·屏泥·幨(襜)·帷·幔·幰

车上的障蔽物，有“盖”，建于舆中、可装卸的伞形物。汉代坐车两侧轮上用竹席或皮革制成、向外翻出的车耳，称“轓”。在车前轼下挡泥的构件是“屏泥”。更多的坐车施用帷幔。垂挂车舆四周者为“幨”。垂挂舆两旁者为帷，“帷”也可作帷幔泛称。合顶部与四周者称“幔”。轩车之张挂于舆前者，称“幰（xiǎn）”。有些障蔽物的用色、质料按乘者官职大小区别，有礼仪色彩。

【同义】

“盖、轓、屏泥、幨、帷、幔、幰”皆是车上障蔽的构件、用物。

【辨释】

《广韵·去泰》：“盖，《通俗文》曰：‘张帛也。’”盖是车箱之中遮雨蔽日的伞形物，竖于车箱之中。盖下部的粗柄，称“桯（yíng）”，桯有孔，以纳盖上部较细的直柄“达常”。《周礼·考工记·轮人》：“轮人为盖，达常围三寸。桯围倍之，六寸。”贾公彦疏：“盖柄有两节，此达常是上节。”桯是“盖柄下节”。达常的顶部较膨大，称“部”，或称“保斗”、“盖斗”。《考工记·轮人》“部广六寸”郑玄注引郑司农曰：“部，盖斗也。”部之周围凿榫眼，以插辐条。也有采用节点铜钩以加固。河南信阳楚墓出土四阿车盖脊即用节点铜钩。诸节孔插入辐条，构成伞骨状的辐条称“橑”或“弓”。《说文·車部》：“橑，盖弓也。”一盖之橑辐数，文献称周制28根。《大戴礼记·保傅》：“古之为路车也，盖圆以象天，二十八橑（通‘橑’）以象列星。”实际却并非如此。北京琉璃河所出土的西周有盖车之橑轴有26根，而从东周至汉所见皆少于此数，如山东莒南大店春秋墓所出土车盖橑辐仅14根。一般是20根，如长沙浏城桥、湖北江陵天星观等地战国楚墓所出土者。唯河北满城2号西汉墓的3号车，盖弓为28根，与文献吻合。橑辐之上张挂缯帷，故盖弓顶端还须设盖弓帽，帽上有突出的棘爪，用以钩住盖帷。车盖不固设于车，而是可装上和取下，盖柄之分上下两段也正为便于装拆。《汉书·外戚传上》：“（上官桀）从武帝上甘泉，天大风，车不得行，解盖授桀。”今所见最早的车盖是北京琉璃河1100号西周燕国墓地的车马坑，其盖圆形，径150厘米。而秦始皇陵一号铜车提供了有盖车更生动的实例。此车之盖连盖座高114厘米。盖座为十字形交木，横直各长36、高10厘米。正中挖长12、宽1.8、深2.8厘米的凹槽。槽旁固置一高56厘米的座杆，其上端铸一内径2.8厘米的圆环，盖杠通过圆环由销钉即“扃”箝合，下端落进凹槽，盖杠遂以固定。此杠高106厘米，不分节，顶端置盖。其盖是直径122厘米、略成拱形的圆铜板，中心为喇叭形盖斗，四周有22孔插橑。盖橑22，银质盖弓帽亦22件，上口一侧铸倒钩状弓爪以钩住盖缘。

上古,有盖车尚少。商周的戎车无盖,老臣与贵族妇女乘的安车,通常是张帷幔而不立盖。到汉代,官吏所乘的轺(yáo)车普遍张盖。文献中车盖频见。《孔子家语·致思》:“孔子将行,雨而无盖。”《史记·商君列传》:“劳不坐乘,暑不张盖。”《列子·汤问》:“一儿曰:‘日初出大如车盖,及日中则如盘盂。’”车盖要上遮车舆,其边缘往往出舆;尤其汉代的骈车、轺车,常常盖周置撑杆张帷,其盖更大,若两车相依,就会车盖碰叠。汉邹阳《狱中上梁王书》:“语曰:‘白头如新,倾盖如故。’”“倾盖”句,谓陌路相逢,竟如故交,感情亲切,两车紧靠,以致将车盖挤歪。车盖的设置,有严格的礼制等级规定。周代礼制规定,天子乘路车出行必建盖,下车陪乘者必将盖取下。《周礼·夏官·道右》:“王下,则以盖从。”谓持盖而从。到汉代,使臣与一般官员也可坐张盖之车,但不同等级的官员车盖的颜色、质料均有区别。汉制:二百石以下小吏白布盖,三百石(县长)以上皂布盖,千石以上皂缯(帛)盖(据《后汉书·舆服志上》)。天子则黄盖,所谓黄屋(幄)左纛者。汉蔡邕《独断》:“凡乘舆车皆黄屋者,盖以黄为里也。”唯此,“盖”常与“冠”连用,成为官吏的代称。汉班固《西都赋》:“冠盖如云,七相五公。”唐杜甫《梦李白》诗之二:“冠盖满京华,斯人独憔悴。”

《广雅·释器》:“轓谓之輒。”王念孙疏证:“《说文》:‘輒,车耳反出也。’輒、轓声近义同。”轓是上古车较的发展,汉代始见。《汉书·景帝纪》:“(中元六年)令长吏二千石车朱两轓,千石至六百石朱左轓。”“轓”从车番声,番者,藩也。颜师古注引应劭曰:“车耳反出,所以为之藩屏翳尘泥也。二千石双朱,其次乃偏其左。以簟为之,或用革。”《后汉书·董卓传》:“爪画两轓。”李贤注引《续汉志》曰:“轓长六尺,下屈,广八寸。”可见,轓是用竹席或皮革所制、宽近半尺、长约三四尺的构件,一般从车较外翻出若耳,若是无軨之车,因无较,则径在輢上翻出。车轓可障车轮滚动溅起尘泥;当然,车两侧正是乘者之身侧,故若坐乘,可兼作靠手。轓多用于有盖而四敞的轺车。今考古发掘所见最早的实例是秦始皇陵一号铜车之双轓。轓上绘精细花纹,是皇帝用车标志之一,唯未用金轓。

车轓又称“輒”。段玉裁曰:“车必有两輢,如人必有两耳,故从耴。耴,耳垂也。”(《说文解字·車部》“輒”注)又称“车耳”。汉扬雄《太玄经·积》:“次四……测曰:‘君子积善,至于蕃也。’”范望注:“蕃,车耳也。”前者文献罕用,后者俗称,不多用。

在车前轼下挡泥的构件名“屏泥”。《汉书·循吏传·黄霸》:“别驾主簿车,缇油屏泥于轼前,以章(彰)有德。”(“缇”,tí,橘红色。)《后汉书·刘盆子传》:“乘轩车大马,赤屏泥。”

“幨”或作“襜”。《说文·衣部》:“襜,衣蔽前。”谓衣襟。《诗·小雅·采绿》:“终朝采蓝,不盈一襜。”毛传:“衣蔽前谓之襜。”实前后不可分。《论语·乡党》:“衣前后,襜如也。”(“襜如”,整齐貌。)引申为车帷。《后汉书·刘盆子传》:“乘轩车大马……绛襜络。”李贤注:“襜,帷也;车上施帷以屏蔽者。”元熊忠《古今韵会举要·平声下十四》:“以帷障车旁如裳,为容饰,其上有盖,四旁垂而下,谓之幨。”则“幨”是专指车上四周障蔽的帷幔。但一般不单用,常与“帷”等连用示义。《后汉书·蔡茂传》:“敕行部去幨帷,使百姓见其容服,以章有德。”代称车。唐王勃《滕王阁序》:“宇文新州之懿范,幨帷暂驻。”

“帷”，本指无顶的帷帐。《周礼·天官·幕人》：“掌帷幕幄帟绶之事。”郑玄注：“在旁曰帷，在上曰幕。”作为车帷，乃其一用，专指车箱两旁的帷幔。《诗·卫风·氓》：“淇水汤汤，渐车帷裳。”孔颖达疏：“以帷障车之傍如裳，以为容饰。故或谓之帏（即‘帷’）裳，或谓之童容。”扩大之，“帷”是车上一切帷幔的泛称。或垂四旁者。《后汉书·列女传·庞涓母》：“潜备刀兵，常帷车以候雠家。”《文中子·事君》：“帷车而戴（载）。”“帷车”，张设帷幔之车。或指张设于车盖者。《文选·枚乘〈七发〉》：“如素车白马，帷盖之张。”李善注：“帷或为帏，帏，帐也。”

《礼记·曲礼上》：“帷薄之外不趋。”陆德明释文：“帷，幔也。”《后汉书·臧洪传》：“绍（袁绍）盛帷幔，大会诸将见洪。”《太平御览》卷六九九引《梁书》曰：“曹景宗……出行常欲褰车帷幔。”汉司马相如《长门赋》：“张罗绮之幔帷兮。”“帷幔”、“幔帷”同义连用。“幔”，从曼声，盖与“蒙”同源，故有蒙覆意。《广雅·释诂二》：“幔，覆也。”凡称幔者，大都指兼有上顶和四周之帷帐。《太平御览》卷六九九引《陆机别传》曰：“机梦黑幔绕车，故手决不开，至明见诛。”引《宋书》曰：“晋安王子勋叛逆，取所乘车……其夕有鹗集其幔。”鸟所栖集，必为车箱顶部之幔。

《说文新附》：“幰，车幔也。”“憲”通“轩”，此取轩之义，字义为轩车之帷幔，“巾”旁后加。轩车前高后低，顶部与三面都有固定的卷篷藩蔽，唯车箱前面可挂帷幔。此种帷幔称“幰”，则“幰”遂专指车前的帷幔。《太平御览》卷七七六引《通俗文》曰：“张布曰幰。”幰上与车顶齐，故显得较高。《南史·鲍泉传》：“后为通直侍郎，常乘高幰车，从数十左右，繖（伞）盖服玩甚精。”《文选·潘岳〈藉田赋〉》：“微风生于轻幰，纤埃起于朱轮。”李善注：“幰，车幰。”唯是车前张挂的布幔，故易飘拂。张幰之轩车，乃高官所乘。《隋书·礼仪志五》、《太平御览》卷七七六引《仪制令》皆曰：“六品以下皆不得用幰。”而可用幰者，幰的用色、质料按官职大小也有不同。《仪制令》曰：“一品青油纁道幰，朱里朱丝络网，三品以上青道幰朱，五品以上青褊幰碧里，六品以下皆不得用幰。”故幰也有封建礼仪色彩。

参考文献

[1] 孙机：《中国古独辀马车的结构》，《文物》1985 年第 8 期。
[2]《秦始皇陵一号铜车马清理简报》，《文物》1991 年第 1 期。
[3] 孙机：《略论始皇陵一号铜车》，《文物》1991 年第 1 期。
[4]《周礼·考工记》，《十三经注疏》，中华书局，1980 年 10 月。

238. 骈·骖·驷·騑·服

驾车用马。“骈”，两马驾。“骖(cān)”，三马驾；又指四马驾之两旁马，特指左边旁马。“驷”，四马驾。“騑”，三马或四马驾时两旁马专称，特指右边旁马。“服”，中央夹辀辕之马。

【同义】

《说文·马部》：“騑，骖也，旁马也。”《集韵·去勘》：“骖，騑也。”《礼记·三年问》：“若驷之过隙。”陆德明释文：“驷，马也。”指驾车的马。汉桓宽《盐铁论·结和》：“骖服以罢，而鞭策愈加。”唐王勃《滕王阁序》：“俨骖騑于上路，访风景于崇阿。”魏文帝《出妇赋》：“抚騑服而展节，即临沂之旧城。”三国魏曹植《应诏》诗：“騑骖倦路，载寝载兴。”“骖服”、“騑服”、“騑骖”皆同义连用，泛指驾车的马。

【辨释】

古代“车、马”二词常连用。《诗·唐风·山有枢》：“子有车马，弗驰弗驱。”《论语·公冶长》：“愿车马衣轻裘。”(“轻”，衍文。)甚至单指车，也要及“马”。《礼记·玉藻》：“大夫不得造车马。”俞樾称为“连类而及”。类书中“车马”常作同一门类。皆表明此二物常合用而不可分。战国以前，马主要用来拉车，而不是单骑，即曰“乘马”一般也指乘车。《论语·雍也》：“乘肥马，衣轻裘。”指乘肥马拉的车。战国时，赵武灵王胡服骑射，从匈奴学来了骑马。马用来跨骑后，其驾车的功能仍然继续。所谓“驾”，《说文·馬部》曰：“马在轭中”，字从加、马，会其意是加马于车。

驾马少则一匹，如汉代的双辕单马轺车，多则六匹。《荀子·议兵》：“六马不和，则造父不能以致远。”《诗·鄘风·干旄》：“良马五之。”孔颖达疏引王肃云：“古者一辕之车，驾三马则五辔。”又引《王度记》曰：“天子驾六，诸侯与卿同驾四，大夫驾三，士驾二，庶人驾一。”车驾常见的是二马、三马、四马。

《说文·馬部》：“骈，驾二马也。”段玉裁注：“并马谓之俪驾，亦谓之骈。”即二马驾。《尚书大传·唐传》：“然后得乘饰车、骈马，衣文锦。”《说苑·脩文》：“命然后得乘饬(饰)舆骈马。”《汉书·平帝纪》：“四辅、公卿、大夫、博士、郎、吏家属皆以礼娶亲迎立轺(yáo)，并马。”“并马”，即骈马。引申为对偶、并列之常用义。《文选·张协〈七命〉》：“骈武齐辙。”吕延济曰：“骈，并也。”《史记·管蔡世家》：“欲观其骈胁。”裴骃集解引韦昭曰：“骈者，并干也。”

三马驾，称为“骖”。字从马、参(三)，会意。《说文·馬部》：“骖，驾三马也。”骖有五条辔绳。《诗·鄘风·干旄》“良马五之”孔颖达疏引王肃曰：“古者一辕之车，驾三马则五辔。”

“骖”，又指四驾马之在两侧者。《诗·郑风·大叔于田》：“两骖雁行”，“执辔如组，两骖如舞。”郑玄笺：“在旁曰骖。”《荀子·哀公》：“两骖列(裂)，两服入厩。”杨倞注：“两服马在中。两骖，两服之外马。”由于骖马在外，较难掌握，故往往触物而碍驾。《左传·成公二年》所记鞌之战中，晋韩厥紧追齐顷公，顷公车“将及华泉，骖絓(挂)于木而止”，方为韩厥追及。“骖”也可作动词，是名词活用为动词的使动用法。《战国策·魏策一》：“季子为衍谓梁王曰：‘王独不见夫服牛骖骥乎？不可以行百步。’”“骖骥”，将千里马用作两旁之骖马，谓大材不得其用。“骖”又可用于人，特指车上的参乘，即车右。盖兵车一车三人，称居右护卫尊者的人为“车右”。又称“骖乘”。《礼记·服问》：“唯近臣及仆骖乘从服。”孔颖达疏：“骖，车右也。”《汉书·文帝纪》：“乃令宋昌骖乘。”颜师古注：“乘车之法，尊者居左，御者居中，又有一人处车之右……其余则曰骖乘。骖者，三也，盖取三人为名义耳。”

四马驾，称为“驷”。《玉篇·马部》：“驷，四马一乘也。”上古一车套四马为兵车常式。《诗·小雅·采薇》：“戎车既驾，四牡业业。”《大雅·烝民》：“四牡彭彭，八鸾锵锵。”“牡”，雄马。《郑风·清人》：“清人在彭，驷介旁旁。”(“彭”，邑名。“介”，披甲。)郑玄笺：“驷，四马也。”《秦风·驷驖》：“驷驖孔阜，六辔在手。”(“孔阜”，盛大，肥大。驖，言其色黑如铁。)秦以后，四驾马车已较上古少。通常，一马二辔、三马五辔(见上)。但四驾马只有“六辔在手”，其中两旁骖马的内辔称“軜(nà)”，乃系于轼(参第239条)。由于“驷”为一乘，故也代称车，上古用以计算国家的兵力，示国力强。《论语·季氏》：“齐景公有马千驷。”此不仅称景公有马四千，且重在表明有千辆兵车。“驷”引申为四。《左传·文公十一年》：“侯叔夏御庄叔，绵房甥为右，富父终甥驷乘。”杜预注：“驷乘，四人共车。”《汉书·朱买臣传》：“长安厩吏，乘驷马车来迎，买臣遂乘传去。”成语有“一言既出，驷马难追”(语出《论语·颜渊》)。

“騑”与“骖”最为义近，故二词往往互训、同义连用(例见文首引)。“騑”是旁马的专称。若驾四马，左右外马为騑。若驾三马是为骖驾，而细分之，中一马曰服，两旁马为騑。故《后汉书·舆服志上》：“在左騑马轭上。”李贤注引徐广曰：“马在中曰服，在外曰騑，騑亦名骖。”可说解之旁马正称为“騑马”。《后汉书·章帝纪》(元和三年)：“车可以引避，引避之；騑马可辍解，辍解之。”作为旁马，相对而言，“骖”指左边的旁马，“騑”则指右边的旁马。《文选·颜延之〈阳给事诔〉》：“如彼竹柏负雪怀霜，如彼騑驷配服骖衡。”李善注：“服谓中央两马夹辕者，在服之左曰骖，右曰騑。”“騑”可泛称驾车之马。《史记·袁盎列传》：“今陛下骋六騑，驰下峻山，如有马惊车败，陛下纵自轻，奈高庙、太后何？”三国魏曹植《洛神赋》：“揽騑辔以抗策，怅盘桓而不能去。”唐柳宗元《朗州窦常员外……见促行骑走笔酬赠》诗：“赐环留逸响，五马助征騑。”诸“騑”皆泛指驾车的马。其所以能作泛称，盖以“騑”可作重言，表示马行不止。《诗·小雅·四牡》：“四牡騑騑，周道倭迟。”毛传：“騑騑，行不止之貌。”此状四驾马有騑騑之容，并不专指两侧之马，故“騑”可扩大为驾马的泛称。

“服”，可称船两旁夹木，引申之，指四驾马车于中央夹辀辕之马。《诗·郑风·大叔于田》：“两服上襄，两骖雁行。”郑玄笺：“两服，中央夹辕者。襄，驾也。”《战国策·卫策》：“拊骖，无笞服。”高诱注：“辕中曰服。”也指骖驾之中马（见上）。扩大之，用作驾车之马的泛称。《诗·郑风·叔于田》：“叔适野，巷无服马。”郑玄笺：“服马，犹乘马也。”隋炀帝《秦孝王诔》：“服马顾而不能行，挽夫悲而不成曲。”南朝宋颜延之《宋文皇帝元皇后哀策文》：“仆人按节，服马顾辕。”服马常驾车，故又引申为驾、拉。《诗·小雅·大东》：“睆彼牵牛，不以服箱。”“箱”，车箱。汉张衡《思玄赋》：“斥西施而弗御兮，羁要裹（niǎo）以服箱。”（“要裹”，即“腰裹”，古良马名。）李贤注：“服，驾也；箱，车也。”

239. 辔·缰(韁)·羁·靶○靮、绁(緤、紲)

御者通过缰绳，控制马行进方向和速度。缰绳常称“辔”，汉代起口语中称“缰”。还称“羁(jī)”，侧重于被系缚，多用作动词。称“靶”，由勒衔而代称缰绳。“靮(dí)”，则是各种系马绳的泛称。“绁(xiè)”，专指系犬绳；又泛称可拴系之绳。

【同义】

《说文·糸部》：“缰，马绁也。”《广雅·释器》：“靮谓之缰。”《辞源·车部》：“辔，马缰。”《玉篇·革部》：“羁，缰在口。”也指马缰绳。《辞源·革部》：“靶，辔革，缰绳。”《糸部》：“绁，缰绳，绳索。”

【辨释】

在驾车的马上有各种绳带。围贴服马颈项、上系于轭軥的绳带是鞅，鞅带使服马被约束于衡轭。斜围骖马颈胸的绳带是靳，靳带于马背合为一根，曳系于车。横置于服马腹腋下、两端系于衡之軥上的革带是韅，俗称马肚带，韅带使服马与衡连为一体，即使独辀上翘时也不会让鞅带勒喉。围绕骖马背、肚的环带是鞶，即马的大带，鞶带便于固定靳辔的部位，不随便滑动。系缚马尾、在腹下接于鞶带的是紒，紒带可束敛马尾，不使上翘(马奔驰时，尾易上翘)，以利奔驰。在骖马腹下连接车轴与衡轭的皮绳是纼，纼绳也以规骖马正行而前。此外，还有绊马足的绳索，由绳带等组成的马头衔勒，供御者掌握的马缰绳等。其中，直接用于驾驭、最重要的是缰绳。

《广韵·去至》：“辔，马辔。《说文》作‘轡’。”《说文·丝部》：“轡，马轡也。从丝车，与连同意。《诗》曰：‘六轡如丝。’”段玉裁注：“以丝运车，犹以扶挽车，故曰，与连同意，只应从车，不烦从軎也。”按，从丝者，绳以丝编结(后也用皮革)，藉以运车，则其物必是御马之绳索。引《诗·小雅·皇皇者华》文，乃以证从丝之意。《释名·释车》：“辔，拂也，牵引拂戾以制马也。”《礼记·曲礼上》：“执策分辔。”孔颖达疏：“辔，御马索也。”辔之一端系于马口外侧的衔环，一端握于御者之手。御者牵辔，使马左右行止以御，即控制马的行进方向与速度。一马两辔，三马五辔，四马则六辔，两旁骖马之内辔称“軜(nà)”，系于轼前。故《说文》引《诗》曰：“六轡如丝。”又，《诗·秦风·驷驖》：“驷驖孔阜，六辔在手。”六辔如此分握：右手握右骖外辔、右服右辔与左服右辔，左手握左骖外辔、左服左辔与右服左辔。若二马驾，也交错掌握：右马内辔左握，左马内辔右握。御马离不开执辔。《大戴礼记·盛德》：“御马弃辔勒而专以筴御马，马必伤，车必败。”(筴，通“策”，击马之杖。)《孔子家语·执辔》记孔子语：“善御马者，正衔勒，齐辔策，均马力，和马心，故口无声而马应辔，策不举而极千里。”《诗经》中不乏对执辔善御者之描写，如“执辔如组，两骖如舞”（《郑风·大叔于田》）；“两骖不猗”（《小雅·车攻》）；“两服上襄，两骖雁行”，“两服齐首，两骖如手”（《大叔于田》）。（“襄”通“骧”。“上襄”，前驾。）其中对骖马的描述甚多。盖四马中最难控制的是骖马。辔驾精熟，使骖马与服马和谐并行，竟至“如舞”、“如手”、“雁行”，真微妙入神。《左传·成公二年》记齐晋鞌之战一交合，晋军主帅车之主帅郄克与御者解张皆受重伤，此时解张“左并辔，右援枹（fú）而鼓”，即将六条辔绳全握于左手，于是四马失控，“马逸不能止”，泼蹄狂奔。最后齐军主帅车被晋军追获，乃由于其车“骖絓（挂）于木而止”，即骖马被野树绊住而使车不可行。此两个细节很可说明调辔的重要和骖马的难御。

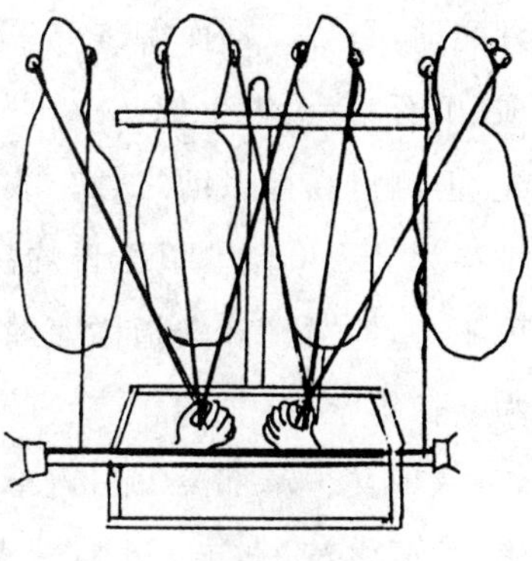

驷车执辔示意图

“缰”，或作“韁”。畺声兼义。畺是田界，为“疆”的初文。《释名·释车》：“缰，强也，系之使不得出强限也。”故缰是规马于一定界域内行进的丝绳或皮绳，即系于马颈、控制骖马外逸的绳带（服马有衡轭，不会外逸）。秦始皇陵二号铜车马之两骖马颈各系围一条绳带，其一端系于服马与衡的交点，此即为作本用的缰绳。但是，引申之，可指御马的辔绳，文献所用，主要作辔绳之称。汉班固《白虎通·诛伐》：“人衔枚，马缰勒，昼伏夜行为袭也。”《太平御览》卷八九五引《三国典略》曰：“齐冯子琮被执于省内，以弓弦绞杀之……子琮所乘之马曳缰走，以头扣车。”《乐府诗集·清商曲辞六·青骢白马》：“青骢白马紫丝韁，可怜石桥根柏梁。”以上诸“缰”绝非指围束骖马颈项之绳带，而是指马辔。如《三国典略》之“马曳缰”其绳必长，《白虎通》之“缰勒”，即前引《大戴礼记》之“辔勒”，其“缰”指马缰绳最为明显。“缰、辔”之异：“辔”，上古即见，是马缰绳正称；“缰”是汉代出现的新词，有口语色彩。

《玉篇·革部》：“靮，缰也，所以系制马。”文首引《广雅·释器》也以靮为缰绳。其实不然。《礼记·少仪》既有“辔”之称：“执辔然后步。”又有“靮”之名：“犬则执绁……牛则执纼，马则执靮。”郑玄注：“绁、纼、靮，皆所以系制之者。”孔颖达疏：“绁，牵犬绳也。……纼、靮俱牵牛马之物，故执之。”皆不训为辔义。《礼记·檀弓下》：“柳庄曰：‘如皆守社稷，则孰执羁靮而从？’”郑玄注：“靮，纼也。”“羁”，马络头。“纼”通“靷”，是连接车轴与衡轭的皮绳，可系可脱。《三国志·魏志·三少帝纪》：“恪（诸葛恪）遣马骑寻围迹索，得像（郑像）还。四五人的〔靮〕头面缚，将绕城表。”“面缚”，颈缚。“靮”，活用为动词，用绳带系缚之意。“靮头”即是面缚。可见，靮绳必是像紷一样可离马而持，也可拴于马。然则“靮”当是泛指各种系马绳，也包括缰绳。

“鞿”，注家训为马缰绳。《玉篇·革部》：“鞿，缰在口。”《广韵·平微》则解为“系马”，动词。《楚辞·离骚》：“余虽好修姱以鞿羁兮，謇朝谇而夕替。”王逸注：“鞿羁，以马自喻。缰在口曰鞿，革络头曰羁，言为人所系累也。”《汉书·刑法志》：“今汉……俗已薄于三代，而行尧舜之刑，是犹以鞿而御駻突。”“駻突”，恶马。颜师古注引孟康曰：“以绳缚马口之谓鞿。”唐韩愈《山石》诗：“人生如此自可乐，岂必局束为人鞿？”从文献使用和训诂来看，“鞿”虽指马缰绳，但侧重在被系缚之意。故《玉篇》、王逸注皆强调缰之“在口”，《离骚》，唐韩愈《山石》诗均喻指为受人牵制。以至晋灼注为：“鞿，古羁字。”（上引《汉书·刑法志》句颜注引）视为一字可不必，但“鞿”确实指称缰绳而侧重于被系缚，且多作动词。故上述文例，“鞿”字绝不可解为“辔”等字。

《说文·革部》：“靶，辔革也。”《尔雅·释器》：“辔首谓之革。”此“革”即指勒，勒是皮革绳索，故谓之革。《诗·小雅·蓼萧》：“鞗革冲冲，和鸾雝雝。”“鞗”，指辔，“革”指勒衔。而勒与辔也不可分：勒衔之环以系辔，辔无勒，将失其用。故“辔勒”、“辔衔”常连用，如上举《大戴礼记》句。又《太平御览》卷三五八引东汉李尤《辔铭》曰：“辔衔在手，急缓必时。”《孔丛子》曰：“夫政令者，人君之衔辔，所以制下也。”因此，勒也可扩大指整个辔。《汉书·王褒传》：“王良执靶，韩哀附舆。”颜师古注引晋灼曰：“靶音霸，谓辔也。”《文选·左思〈吴都赋〉》：“回靶乎行睨。”刘渊林注：“靶，辔革也。”诸“靶”，本指辔首，即勒衔，但为动词“执”、“回”所属，则当然可代指整个辔。因此，“靶”的辔义是由修辞的代称用法而致。此种用法前无承，后无继，实不多见。

“绁”或作“緤”、“絏”。今辞书或解为马缰绳，或释为拴牲畜的绳子。主前解者，举证《左传·僖公二十四年》：“臣负羁、绁从君巡于天下。”杜预注：“绁，马缰。”按，《说文·糸部》：“绁，犬系也，从糸、世声。《春秋传》曰：‘臣负羁绁。’”（据段注）上引《礼记·少仪》也云：“犬则执绁。”故“绁”本是系犬之绳，遂引申为拴牲畜之绳，甚而泛称拴缚之绳。如《三国志·吴志·董袭传》：“祖（黄祖）横两蒙冲挟守沔口，以栟闾大绁系石为矴。”（“矴”，碇。）又常作动词，拴缚义，对象可以是人或物。《论语·公冶长》：“子谓公冶长，可妻也。虽在缧绁之中，非其罪也。”“缧绁”，以绳索拘系罪人，此代指监狱。《楚辞·离骚》：“登阆风而绁马。”王逸注：“绁，系也。”汉张衡《东京赋》：“绁子婴于轵涂。”由上可见，马缰既非其本义，亦非其近引申义。《左传》的“负羁绁”句，据文意是指驾车马随行，又“羁绁”连言，故“绁”可浑指系马绳，马缰及其他驾马所用绳皆包括在内。杜注“马缰”，是随文释义，未可作为“绁”之用义。

参考文献

[1] 杨英杰：《先秦古车挽马部分鞁具与马饰考辨》，《文物》1988 年第 2 期。
[2] 孙机：《从胸式系驾法到鞍套式系驾法》，《考古》1980 年第 5 期。
[3]《秦始皇陵二号铜车马清理简报》，《文物》1983 年第 7 期。

240. 絷(馽、𫘛)·绊(靽)·勒·羁○衔、镳

“絷”，缚马足；缚马足的绳索。引申为拘絷，多实指。“绊”，泛指缚马足的绳索，多与“羁”连用，是喻指性词语；引申为拘缚，也用于喻指。“羁”，以皮条编结用来网络马头部的络头；作动词，拘缚等义，用于各种事物，唯不用于马。“勒”，口中置衔镳并连络头。

【同义】

《说文·糸部》：“绊，马𫘛也。”《马部》：“𫘛，绊马足也。”“𫘛、絷”古今字。《广韵·平支》：“羁，马绊也。”《诗·小雅·白驹》毛传：“絷，绊也。”《太平御览》卷三五八引王隐《晋书》曰：“愍怀太子好卑鸡、小马、小牛，令左右骑断羁勒，使堕地。”“羁勒”同义连用，指马络头。

【辨释】

制约马的器具，除了缰绳，还有絷、绊、勒、羁等。“絷”是后起形声兼会意字，从系执，执亦声，意指执绳缚马足。其本字作“馽”，亦作“𫘛”，见于《说文·馬部》，是个指事字，从马、○，○表示圈缚马足。《诗·小雅·白驹》：“皎皎白驹，食我场苗；絷之维之，以永今朝。”毛传：“絷，绊也。”《楚辞·九歌·国殇》：“霾(同‘埋’)两轮兮絷四马，援玉枹兮击鸣鼓。”王逸注同。上古盛行车战。埋轮絷马，是上古扎营舍次时，为保持军阵严整、防马惊扰之法。《孙子·九地》：“是故方马埋轮，未足恃也。”曹操注：“方，缚马也。埋轮，示不动也。”杜牧注：“缚马埋轮，使为方陈(阵)，使为不动，虽如此，未足称为专固。”作名词，为拘缚马足的绳索。《诗·周颂·有客》：“言授之絷，以絷其马。”下“絷”为动词，上“絷”为名词。《左传·成公二年》：“韩厥执絷马前。”(“马”字衍。)《公羊传·襄公二十七年》：“公子鱄辞曰：‘夫负羁絷，执铁锧，从君东西南北，则是臣仆庶孽之事也。’”何休注：“絷，马绊也。”陆德明释文同。《庄子·马蹄》：“连之以羁𫘛，编之以皁栈。”(“皁栈”，槽枥、马床。)成玄英疏：“𫘛，谓约前两脚也。”陆德明释文引徐邈曰：“绊也。”引崔譔曰：“绊前两足也。”按，文献中，泛指拘缚马足，不论其前后。此作名词，拘缚马足的绳索。引申之，可为御马。汉张衡《思玄赋》：“絷腰褭以服箱。”(“腰褭”，古骏马名。“服箱”，拉车。)御马是系勒马驾车，犹是以绳索系马。又可为拘缚义。《左传·成公九年》：“晋侯观于军府，见钟仪，问之曰：‘南冠而絷者，谁也？’”杜预注：“絷，拘执。”《庄子·秋水》：“东海之鳖左足未入，而右膝已絷矣。”成玄英疏：“絷，拘也。”陆德明释文引《三苍》曰：“绊也。”唐韩愈《与张十八同效阮步兵一日复一夕》诗：“富贵自絷拘，贫贱亦煎焦。”无论其本用或引申，“絷”多用于实执，絷的对象皆是受动的人或物。

“绊”，或作“靽”。今注家对“绊”字有两解，或谓系拘马足的绳子，名词；或谓系拘马足，

动词。按，其本义当是名词，泛指系拘马足的绳索。上引《说文》予“绊、馽”互训。《左传·僖公二十八年》：“晋军七百乘，韅、靷、鞅、靽。”杜预注：“在后曰靽。”即拘缚马后足之绳。但可以不必分前后足。故孔颖达疏：“有絷其足者。”杨伯峻注：“靽同绊，音半，絷马足之绳。”但“绊”很少单用实指，而多用于“羁”连用的喻指性词语。引申为拘缚义，一般也用于喻指。《汉书·叙传上》：“今吾子已贯仁谊之羁绊，系名声之缰锁。”“羁绊”以喻指“仁谊”。《淮南子·俶真》：“身蹈于浊世之中，而责道之不行也，是犹两绊骐骥而求其致千里也。”北周庾信《谨赠司寇淮南公》诗：“绊骥还千里，垂鹏更九飞。”喻人受拘束，不能自由发挥特长。又引申为制约义。汉扬雄《交州箴》：“爰是开辟，不羁不绊。”《晋书·文帝纪》：“（景元三年）今绊姜维于沓中，使不得东顾。”“绊”的拘缚义、制约义与“絷”的拘缚义不同：被絷者皆是被动，非主观意愿，而“绊”未必是被动，如“一官羁绊”、“仁谊之羁绊”，其“官”、“仁谊”皆是被“绊”者所追逐、冀求之事物。

《释名·释车》：“勒，络也，络其头而引之也。”此浑言。《说文·革部》：“勒，马头落衔也。”此析言。段玉裁注：“落、络，古今字。……按（网部）：‘馽，马落头也。’《金部》：‘衔，马勒口中。’此云落衔者，谓落其头而衔其口，可控制也。”盖马络者，网络马首以控制马，用皮条编结而成，其形似笼，故俗称马笼头。勒者，马笼头并嚼口，即络头近口处加御马器衔镳，以加强控制。衔镳又称衔橛，细分是二物。衔是横勒马口的马嚼子，由端首置圆环的两根铜条组成。其一端在口中勾连，另一端在口边与镳相接。镳在马颊口边，作圆形或方形，中有孔。秦始皇陵二号铜车马之挽马所服即是衔镳勒口之马络头，当名为“勒”。《韩非子·奸劫弑臣》：“无捶策之威，衔橛之备，虽造父不能以服马。”《仪礼·既夕礼》：“缨辔贝勒。”《后汉书·乌桓鲜卑传》：“男子能作弓矢鞍勒。”李贤注：“勒，马衔也。”《太平御览》卷三五八引《永昌记》曰：“哀牢王出入射猎骑马，金银鞍勒，加翠毛之饰。”应玚《驰射赋》：“拢修勒而容与，并轩翥而厉怒。”“修”通“攸”，长，代称辔绳。“修勒”，犹辔勒。辔之一端系于马口勒衔之环。辔勒相配合使用，故二物常连称（参第 239 条）。勒完全是积极性的御马对象，故不能引申为拘缚义。

“羁”，《广韵·平支》训为“马绊”（文首引），《集韵》亦同。《广韵·平支》还训“又马络也”。羁是没有嚼口的马勒。长安张家坡二号车马坑二号车，其挽车之马的马头，有以皮条制成的饰贝络头，马口无衔勒，此即为羁。《左传·僖公二十四年》：“子犯以璧授公子曰：‘臣负羁绁，从君巡于天下。’”“绁”或作“绁”。《国语·晋语四》：“从者为羁绁之仆，居者为社稷之守。”韦昭注：“马曰羁，犬曰绁。”上引《庄子·马蹄》：“连之以羁。”“羁”，诸注家皆解为“马笼头”（见郭庆藩《庄子集释》所引）。三国魏曹植《白马篇》：“白马饰金羁，连翩西北驰。”《太平御览》卷三五九引晋傅玄《难良马赋》曰：“饰以金羁，申以玉缨，结以轻轩，节以和铃。”释智匠《古今乐录》曰：“龙马紫金鞍，翠毛但在白玉羁。”其本义既是指牵缚络马首之物，则自当与“绊、絷”有别。故古代有些字书将“羁”训为“马绊”，失当。

“羁”常用作动词，可单用或与“绊、絷”连用，表示拘缚等义，但此动词义，“羁”也有别于他词。其一,“绊、絷”活用为拘缚义,可用于拘缚马,但“羁”均不用于马,而扩大用于各种事物(见下)。或以贾谊《吊屈原赋》“使骐骥可得系而羁兮,岂云异夫犬羊”为例,立“羁”首义为“用笼头套在马头上。”未确。句中“羁”已用同“绊、絷”为拘缚义,故下句“般纷纷其离此尤兮”视为灾祸,若谓指笼头套在马头上,此乃驾马例程,岂是灾祸?盖“羁”是马笼头,若作动词,用于马,当是络马,即是驾马,与“绊、絷”马使马不得行恰恰相反,故只有“绊马”、“絷马”,而通常没有“羁马”之言。其二,“绊、絷”比较单纯,作动词,唯拘缚之意,而“羁”的角度多样。可从马笼头约束作用引申为拘缚。《淮南子·氾论》:“乌鹊之巢可俯而探也,禽兽可羁而从也。”汉杜笃《论都赋》:“南羁钩町,水剑强越。”(《后汉书》本传)可从马笼头笼络的作用引申为诱制。《吕氏春秋·决胜》:“幸也者审于战期,而有以羁诱之也。”“羁诱”,皆引诱制服义。还可进一步弱其义为拘束,与“不”连用,形容才质高远、不受拘束之士,“不羁”成为惯用的褒语。汉邹阳《狱中上梁王书》:“使不羁之士与牛骥同皁,此鲍焦所以忿于世也。”(“与”,如。“皁”,槽。)司马迁《报任安书》:“仆少负不羁之才,长无乡曲之誉。”“不羁”,从不说“不绊”、“不絷”。

参考文献

[1] 孙机:《中国古独辀马车的结构》,《文物》1985年第8期。
[2] 杨英杰:《先秦古车挽马部分鞁具与马饰考辨》,《文物》1988年第2期。
[3] 曹操等:《宋本十一家注孙子》,上海古籍出版社,1987年10月。

241. 路(辂)·安·輶·轩·轺

"路",路车,上古天子所乘的华美坐车,诸侯、卿大夫受赐也可乘坐。"安",安车,妇人、老臣所乘一马驾的小型坐车,战国起还多用于朝廷礼聘贤者,用四马驾。"輶(yóu)",輶车,使者所乘轻快坐车。"轩",轩车,卿大夫所乘、车辕上翘、设置轓蔽的坐车。"轺(yáo)",轺车,张车盖、可四面远望的坐车,式样很多。凡此都是各级官员专用车,有等级差别。

【同义】

《说文·车部》:"輶,轻车也。"《文选·左思〈吴都赋〉》:"輶轩蓼扰。"李周翰注:"輶轩,轻车也。"唐慧琳《一切经音义》卷十五:"轩,安车也。"《文选·陆机〈汉高祖功臣颂〉》:"纪信诳项,轺轩是乘。"李周翰注:"轺轩,轻车也。"诸轻车皆是坐车,路车一般也是坐乘。"路、安、輶、轩、轺"之为坐车专称,一般都连"车"而用。

【辨释】

周代,作战用的戎车最多,均是立乘。《诗·小雅·采芑》:"方叔莅止,其车三千。"方叔为周宣王时上公,其率师南征荆蛮,戎车三千,可见其盛势。而坐乘最佳美者为路车。路车之"路",或借"辂"。《释名·释车》:"天子所乘曰路,路亦车也。谓之路者,言行于道路也。"按,"路"有大义。《尔雅·释诂上》:"路,大也。"《史记·封禅书》:"路弓乘矢。"裴骃集解引韦昭曰:"路,大也。"《左传·桓公二年》"大路"孔颖达疏:"路训大也,君之所在,以大为号,门曰路门。"《后汉书·张湛传》:"礼,下公门,轼辂马。"李贤注:"辂,大也,君所居曰路寝,车曰辂车,马曰辂马。"《周礼·春官·巾车》"五路"句贾公彦疏:"王之所在,故以大为名。诸侯亦然。"故路车之义当取于大。《周礼·春官·巾车》谓天子有玉路、金路等五路。或以为与"大路"相对,"大路"专指天子车,"路车"多指诸侯之车。《诗·秦风·渭阳》:"何以赠之?路车乘黄。"朱熹注:"路车,诸侯之车也。"指天子赐诸侯之车。《公羊传·昭公二十五年》:"乘大路。"何休注:"礼,天子大路,诸侯路车。"其实不必强生分别。《左传》中,"大路"亦可用于诸侯和再命以上的诸侯国卿。如《襄公十九年》:"郑公孙虿卒……晋侯请于王,王追赐之大路。"《襄公二十四年》:"穆叔如周聘……王嘉其有礼也,赐之大路。"杜预注:"大路,天子所赐车之总名。"《襄公二十六年》:"郑伯赏入陈之功……享子展,赐之先路三命之服,先八邑;赐子产次路再命之服,先六邑。"此是诸侯赐本国之命卿。《成公二年》:"公会晋师于上鄍,赐三帅先路三命之服。"("三帅":郤克、士燮、栾书。)则是诸侯赐邻国之大夫。对此,杨伯峻之论最为精核:"古代天子、诸侯乘车曰路,卿大夫接受天子、诸侯所赐予之车亦曰路。故《诗·小雅·采薇》谓'彼路斯何？君子之车'。"(《春秋左传注》)据《尚书·顾命》及《礼记·郊特牲》，路有三等：大路、先路及次路。据《周礼·春官·巾车》，路有五种：玉路、金路、象路、革路、木路。按，木路为最朴素之车，木上无覆革，加漆黑色。革路是木上有覆革并加漆，但无他饰。其他三种，则是在革路基础上再分别用玉石、青铜、象牙装饰车上诸部件的末端，均是华贵之车，而以玉路最尊。上古于卿大夫有一命、再命、三命之等差，命多则益尊，赐物也更华贵。另外，卿大夫之为将帅者所乘之戎车，也可称路车。《诗·小雅·采芑》描述路车之盛美曰："师干之试，方叔率止，乘其四骐，四骐翼翼。路车有奭，簟茀鱼服，钩膺鞗革。""旂旐央央……约軧错衡，八鸾玱玱。"诸句意是：士卒都有捍敌之用，方叔统率，驾着他的四匹骐骥，此四匹骐骥多么健壮。路车漆得如此深红，纹簟车篷、鱼皮车箱，马胸带钩，马头金勒。又，交龙旗，鱼蛇旗，都很鲜明飘扬……长车轴包皮，又漆朱红，辕上横木又饰花样，前后八个鸾铃都锵锵作响(译文据陈子展《诗经直解》酌改)。上古路车之盛美，由此可见一斑。今出土实物中，秦始皇陵二号铜车马，长 317 厘米，有硕大而顶部与四面连为一体的车箱，富丽典雅，是安车型的"路车"。

安车，上古是妇人及老臣所乘，比较安适，一马驾的小型坐车。《礼记·曲礼上》："大夫七十而致仕，若不得谢，则必赐之几杖，行役以妇人，适四方，乘安车。"郑玄注："安车，坐乘，若今小车也。"孔颖达疏："古者乘四马之车，立乘。此臣既老，故乘一马小车，坐乘也。"谓告老而不获准，则赐以几杖，役事外出许带妇人相随照顾，赐乘安车。郑玄所比称汉代的"小车"，如《汉书·车千秋传》："初，千秋年老，上优之，朝见得乘小车入宫殿中。"此种"小车"，即相当于先秦的安车。《周礼·春官·巾车》："安车……皆有容盖。"郑玄注："安车，坐乘车，凡妇人车皆坐乘。"从战国起，坐车种类增多，于是，"安车"也多用于礼召尊贤者，且常以四马驾之。秦始皇陵二号铜车马即是四马驾的安车，其一条辔绳末端朱书"安车第一"数字，特非用于召贤。《史记·孟子荀卿列传》："惠王欲以卿相位待之，髡(淳于髡)因谢去，于是送以安车驾驷，束帛加璧，黄金百镒。"《三国志·魏志·华歆传》："歆举管宁，帝以安车征之。"有时还在轮上裹上蒲草，更显礼贤之意。《汉书·儒林传·申公》："于是上使使束帛加璧，安车以蒲裹轮，驾驷迎申公。"

东汉安车

輶车为轻车。《诗·秦风·驷驖》："輶车鸾镳。"毛传："輶，轻也。"汉班固《东都赋》："輶车霆击，骁骑电骛。"与"轩"连用，专指使臣乘的轻车、快车。《文选·颜延之〈赭白马赋〉》："飞輶轩以戒道。"汉应劭《〈风俗通〉序》："周秦常以岁八月遣輶轩之使求异代方言。"扬雄《方言》全称即是《輶轩使者绝代语释别国方言》。"輶轩使"是指采风的使者。《隋书·高祖纪》：

“珪璪入朝，輶轩出使。”此称受命出使他国的使臣。

《说文·车部》：“轩，曲辀藩车也。”段玉裁注：“谓曲辀而有藩蔽之车也……以辀穹曲而上，而后得言轩，凡轩举之义引申于此。”按，辀是单辕，用于马驾的兵车、田车、乘车，本就曲翘，称之“曲辀”，则显然比一般辀更有弯度。到汉代，驾马的车大都由单辕变为双辕，双辕也上曲。“藩”通“轓”，即是在坐车的两轮之上、车厢两旁伸出的约半尺宽(汉制为八寸)的靠手兼挡泥板。轩车，上古就有。《左传·闵公二年》：“卫懿公好鹤，鹤有乘轩者。”杜预注：“轩，大夫车。”孔颖达疏引服虔曰：“车有轓曰轩。”《庄子·让王》：“子贡乘大马……轩车不容巷，往见原宪。”《墨子·公输》：“荆之地，方五千里；宋之地，方五百里。此犹文轩之与敝轝(舆)也。”综此，轩当是卿大夫所乘、有上曲的辕、两边设置轓蔽的坐车。凡出使他国或兼采方言的使者，均是大夫级，故得乘轩车。“轩”是前高后低，即前轻后重，常与“轾”对举，“轾”是前低后高，即前重后轻。“轩轾”，喻示高低。《诗·小雅·六月》：“戎车既安，如轾如轩。”“轩”也引申为车的通称。《尚书大传·帝告》：“未命为士者，不得乘牛轩。”郑玄注：“轩，车通称也。”《文选·江淹〈别赋〉》：“朱轩绣轴。”李善注同。《文选·范晔〈乐游应诏诗〉》：“轩驾时未肃，文囿降照临。”“轩驾”，犹车驾。《南史·孙玚传》：“宾客填门，轩盖不绝。”“轩盖”，车盖。

“轺”，取“迢”的远义。《释名·释车》：“轺车，轺，遥也。遥，远也。四向远望之车也。”轺车由古时兵车发展而来，故一般四面无帷遮拦，便于四向远望。最早是立乘，到汉代，主要用作坐乘，中立车盖，即撑一把大伞。作一般官员用车，分两种。一马驾者是“轺车”。《史记·季布栾布列传》：“朱家乃乘轺车之洛阳，见汝阴侯滕公。”司马贞索隐：“谓轻车，一马车也。”二马驾者是“轺传”。《汉书·高帝纪下》：“(五年)乘传诣洛阳。”颜师古注引如淳曰：“律：四马高足为置传，四马中足为驰传，四马下足为乘传，一马二马为轺传。”此是驿车。《汉书·儒林传·申公》：“上……安车以蒲裹轮，驾驷迎申公，弟子二人乘轺传从。”从许多绘有轺车的汉画像砖看，轺车形制极为多样，有三马驾者，有车盖下增四维者，有车輢外加车轓者。轺车的伞盖车色均体现等级之别。汉制：二百石以下低级官吏“白布盖”，三百石(县长)以上“皂布盖”，六百石至一千石可“朱左轓”，千石以上“皂缯覆盖”，二千石可“朱其两轓”。至于凡人，则不能乘用轺车。据居延汉简，一乘轺车值万钱，与一区住宅价等，牛车一辆只二千钱(参《居延汉简考释·释文》名籍简455页)。坐车还有軿车，但常与“辎”连言，另有专辨，在此不赘。

参考文献

[1] 白寿彝：《中国交通史》，上海书店重印本。
[2] 谢国桢：《西汉社会生活概述》，陕西人民出版社，1985年6月。
[3] 陈子展：《诗经直解》(下册)，复旦大学出版社，1983年10月。
[4] 高文：《四川汉画像砖》，上海人民美术出版社，1987年2月。
[5]《秦始皇陵二号铜车马清理简报》，《文物》1983年第7期。
[6]《秦始皇陵一号铜车马清理简报》，《文物》1991年第1期。

242. 栈(轏、䡮)·辒·辒辌(凉)·辎·軿

卧车,有"栈"车,一种是士人所乘简易车,不可卧;另一种是役车,装载杂物的简易卧车。"辒"车,西周后期已出现,上古是华美的辎车,也可用作丧车。汉代起主要用作帝王或重要柱臣的高级丧车,遂易其名为"辒辌"。两种车均可卧死人,基本形制是:多轮,人牵挽,舆箱方而大,顶盖及四周封闭,但有门窗可开合调温;其式样也多。"辎"车,顶部有卷篷,还有后辕以延伸堆物,可以载物与卧人。"軿"车,顶部与四周都障蔽,只留前面供上下车,无后辕,是供贵妇人坐卧的专车。

【同义】

《集韵·去谏》:"轏,卧车也。"《说文·车部》:"辒,卧车也。""辌,卧车也。""軿,辎軿也。""辎,辎軿,衣车也。"段玉裁曰:"軿之言屏也,辎之言载也,二篆互文见义。辎亦有蔽,軿亦可载,故每浑言不别。"(《说文·车部》"辎"注)《释名·释车》:"辎车,载辎重,卧息其中之车也。"则"辎、軿"皆得称为卧车。

【辨释】

"栈",或作"轏、䡮"。"轏、䡮、栈声并相近"(《周礼·春官·巾车》孙诒让正义)。栈车有两种。《周礼·春官·巾车》:"士乘栈车,庶人乘役车。"贾公彦疏:"栈车,不革挽而漆之。"士乘之栈车,在于不革挽,即车箱横直诸材不蒙覆皮革,故露于外,但尚有漆饰,故有别于大夫车。此非卧车。另一种栈车,即是役车。《说文·木部》:"栈,棚也,竹木之车曰栈。"段玉裁注:"谓以竹若木散材编之为箱,如栅然,是曰栈车。"《释名·释车》:"栈车,栈,靖也,麻靖物之车也,皆庶人所乘也。"可见,栈车是竹木散材制作、可以装载杂物的简易卧车,竹木诸材上无皮革挽覆,也无漆饰,但一般有卷篷。常用于军戎、役事。《诗·小雅·何草不黄》:"有栈之车,行彼周道。"毛传:"栈车,役车也。"孔颖达疏:"士卒供役之车。"《韩非子·外储说左下》:"孙叔敖相楚,栈车牝马,粝饼菜羹……面有饥色。"力役之栈车又作"柴车"。《左传·宣公十二年》述楚若敖蚡冒"筚路蓝缕,以启山林",杜预注:"筚路,柴车。"孔颖达疏:"以荆竹编车。"则也是竹木散材为之。《成公二年》:"丑父寝于䡮中,蛇出于其下,以肱击之,伤而匿之。"此用于军戎。出土的汉代画像砖中常可见到栈车。"栈"也引申为卧车通称。《文选·班固〈西都

东汉牛栈车(复原模型)

赋〉》："于是后宫乘輚辂，登龙舟，张凤盖，建华旗。"李善注引《埤苍》曰："輚，卧车也。"后宫所乘的輚辂显然不可与一般的栈车等量齐观。

"辒辌"车，或称"辒"车，战国已见。《韩非子·内储说上》："是以庞敬还公大夫，而戴驩诏视辒车。"汉代文献习见，都作帝王或个别大臣的丧车。《文选·任昉〈齐竟陵文宣王行状〉》"黄屋左纛辒辌车"刘良注："辒辌车，天子丧车名也。"《史记·秦始皇本纪》："秘之不发丧，棺载辒凉车中。""凉"通"辌"。"会暑，上辒车臭。"《汉书·霍光传》："皆如乘舆制度，载光尸柩以辒辌车。"《汉书·孔光传》："公卿百官会吊送葬，载以乘舆辒辌及副各一乘。"汉代享受辒辌车殊遇的大臣唯霍光与孔光。《魏书·元孚传》："阿那瑰众号三十万，阴有异意，遂拘留孚，载以辒车，日给酪一升，肉一段。""辒辌"，或以为一种车。《史记·李斯列传》："李斯以为上(秦始皇)在外崩，无真太子，故闭之，置始皇居辒辌车中。"裴骃解引孟康曰："如衣车，有窗牖，闭之则温，升之则凉，故名之辒辌车也。"或以为两种车。颜师古曰："辒辌，本安车也。可以卧息，后因载丧，饰以柳翣，故遂为丧车耳。辒者密闭，辌者旁开窗牖，各别一乘，随事为名，后人既专以载丧，又去其一，总为藩饰，而合二名呼之耳。"(上引《汉书·霍光传》句注)段玉裁等皆主颜说。段氏曰："颜说是也。本是二车可偃息者，故许分解曰卧车。《始皇本纪》上浑言曰'辒辌'车，下言'上辒车臭'，以尸实在辒车，不在辌车也。古二车随行，惟意所适。"(《说文·车部》"辒"注)二说相较，颜、段之说其不可通者有四：一、谓"古二车随行"，于文献无证。二、文献有"辒车"之称，却无"辌车"之名。三、谓作丧车是"去其一"而"合二名呼之"，则"辒辌"似偏义复词，也属无据。四、若本是可卧息之安车，当是兼可开闭，岂可单是密闭？故辒辌车并非是两种车，当以前解近是。然尚须进一步辨识。

按，"辒辌"连称肇于汉，在战国之时，只作"辒车"。"辌"不单用。《楚辞·招魂》："轩辌既低，步骑罗些。"王逸注："轩辌，皆轻车名也。"此是与"轩"同义连用，已非"辒辌"原义。至于辒车，本非丧车。上举《韩非子·内储说上》"戴驩诏视辒车"句，旧注："戴驩欲知奉笥者，更使视辒车。"则此既可载笥箱，似近乎辎车。同书《内储说上·说五》一段，述其用更明。文曰："戴驩、宋太宰，夜使人曰：'吾闻数夜有乘辒车至李史门者，谨为我伺之。'使人报曰：'不见辒车，见有奉笥而与李史语者，有间，李史受笥。'"日本人松皋圆注："辒车，车之有衣蔽者。"《荀子·解蔽》"唐鞅蔽于欲权而逐载子"句杨倞注引录《韩非子》此节"辒车"即作"辎车"。再从"辒"字看。辒从𥁕声，𥁕声有久积义。"煴"，郁烟。《汉书·苏武传》"置煴火"颜师古注"谓聚火无焱者也"。"愠"，心中怨气之积。"媪"，老女人之称，年岁所积。"缊"，也有藏义。《易·系辞上》："乾坤其易之缊耶？"虞翻注："(缊)，藏也。""薀"(蕴)，积聚。"韫"，藏积。《论语·子罕》："韫匵而藏诸？"马融注："韫，藏也。"诸"𥁕"声字皆有藏义，皆谓藏有一定时日。"辒"亦此义源，故也得为藏物之车。可见，辒车的特征主要不在密闭，而在于能久积物，唯此，可以寝人，故注家断为卧车；可以开设窗门，以利调温久积，故颜氏等偏定其为密闭之车。然则辒车者，当是有较大容积、开设门窗，可调温密闭、可载物寝人的华贵辎车。从汉代画像砖、石看，凡主人身份较高者可乘辎车、轩车，一般都前敞无门，两旁或无窗，偶有窗张帷幔，亦非上述之辒车。从文献记载看，即便张帷幔之车到魏晋犹未习见。《梁书·曹景宗传》："出行常欲褰车帷幔，左右辄谏以位望隆重，人所具瞻，不宜然。"可见，辒车是十分罕见的高级车种。唯此，到秦汉，辒车遂可用作帝王或重要柱臣的丧车；原名"辒车"，"辒"取久积义，但以其有窗门可开可合，可"温"可"凉"，为别于上古作辎车之"辒"，故又取"辒"的温义，又辅以"辌(凉)"，别出新名曰"辒辌"。辒辌车不仅盛行于汉，后世亦有。清毛其龄《丧礼吾说篇·启殡行匶说》："唐制，挽郎二百人，列辒辌车前。"要之，辒辌车与辒车当是同种车，而其用有别；上古之"辒车"，其"辒"应为于云切，读 yūn，汉起"辒辌车"及省称"辒"，其"辒"应为乌浑切，读 wēn。至于"辌车"，既无其物，也无其称。

但是，辒辌车，即辒车，究竟形制如何？始于何时？因长期以来，未见一件实物与图录，皆难以了知。在此，可以略加钩稽。如前所引，秦以后，辒辌车几乎都作高级丧车。其实，上古辒车虽主要是辎车，但也可有丧车之用。《史记·齐太公世家》："桓公之中钩，详(佯)死以误管仲，已而载辒车中驰行。"此可见其车春秋亦已出现(详下)：辒车、辒辌车的基本形制应似丧车。丧车，亦称柳车、蜃车，与一般的车不同：舆箱方形而大如床，有门、盖而四周封闭，棺在舆中；四轮二轴，设辂而人挽缓行(参聂崇义《三礼图》卷十九文与图)。又，朱骏声以为，辒车，类于轒辒车(参《说文通训定声·屯部》)，亦是。轒辒车是一种攻城兵车，也是人挽车。《墨子·备城门》："今之世常所以攻者……轒辒。"岑仲勉注引《通典》曰："攻城战具，作四轮车，上以绳为脊，生牛皮蒙之，下可藏十人。填隍推之，直抵城下，可以攻掘，金、火、木、石所不能败，谓之轒辒车。"《孙子·谋攻》："修橹轒辒。"杜牧注大同。综此可知，辒车大体类于丧车、轒辒车而自有特征，则必是大舆箱、有盖而四周封闭、有门窗可调温、四轮人挽之车。所幸者，此种车今已有实物可印证。1989年，文物考古工作者在山西闻喜上郭村西周晚期至春秋早期墓葬中，发现一件举世罕见的国宝——刖人守囿六轮车，此是一件奇绝华美的青铜工艺品。车长13.7、宽11.3、通高9.1厘米；轮六，二大四小，大轮约为车高之半，小轮不及大轮之半。车无辀辕，后部有兽头衔环一，环可活动，显然为系绳于环，供人牵挽之用。其主体是近乎正方形的硕大车箱。舆箱上有两扇车盖，可以开合，盖纽以一猴当作提手。前后均设可开闭之门，其一扇门嵌接一守门"刖人"，腋下挟一门栓，可来回穿插以控制车门开闭。全车如此可活动的部件达15处。挽车通过全车的有底纹图案、绘雕图案和立体雕塑，呈现动物形象30余个，车盖部分尤多。挽车与《周礼》"刖者守囿"记载若合符节。此工艺品将帝王园囿与挽车结合浇铸，融成一体。而单就车型看，人牵挽、多轮、方舆有盖而体大，四周密闭，类于丧车、轒辒车；无窗，但顶盖与多门均可开合，更似可调节"温凉"的

西周刖人守囿六轮辒车

辒輬车、辒车。今有关方面将此车定名为"刖人守囿六轮挽车"。其实"挽车"是今意今称。古代挽车有帝王坐的辇车,二人挽一人推的辂车,还有上所称丧车、轒辒车、辒车,数者必具其一。根据此车整体情况,毫无疑问,此就是人们久待未见的辒车造型,即是上古一种华美高级的辎车。据此,似可改称为"刖人守囿六轮辒车"。如果以上的辨识不误,则可以进而断言:辒輬车即辒车,西周后期已出现,形制多样:可以四轮、六轮;可以无窗而多门,盖与门均可开合调节"温凉";有种种活动部件,等等。

"辎、軿"也是一类,指有障蔽的坐卧车,多为贵妇人所乘。汉制,三公、列侯、中二千石、二千石的夫人出行时可乘辎軿车。《续汉书·舆服志》:"公、列侯、中二千石、二千石夫人会朝若蚕,各乘其夫之安车,右骈,加交路帷裳,皆皁。非公会,不得乘朝车,得乘漆布辎軿车。"《汉书·张敞传》:"礼,君母出门则乘辎軿。"汉刘向《列女传·齐孝孟姬》:"妾闻妃后踰阈,必乘安车、辎軿。"("阈",yù,门槛。)《后汉书·列女传·皇甫规妻》:"董卓为相国,承其名,聘以軿辎百乘,马二十匹,奴婢钱帛充路。"汉桓宽《盐铁论·散不足》:"今富者连车列骑,骖贰辎軿。"《三国志·吴志·士燮传》记交趾太守士燮的出行盛况:"雄长一州,偏在万里,威尊无上。出入鸣钟磬,备具威仪,笳箫鼓吹,车骑满道……妻妾乘辎軿,子弟从兵骑。""辎軿"连称,也可指载重之车。《梁书·元帝纪》:"舳舻泛水,以掎其南;辎軿委输,以重其北。"("舳舻",zhúlú,船后舵、船头,代称船。)

"辎",从车甾声,甾声有积塞义,其初文象川流壅塞为灾。"菑"是不耕田,即未耕而草丛壅之田。"辎"也指车上物丛聚,故"辎"的本义当指载重之车。唯可载重,车必大,旁有帷幔遮障,也必有人守护,故《释名·释车》以为"载辎重",可"卧息"之车(文首引)。《史记·孙子吴起列传》:"于是乃以田忌为将,而孙子为师,居辎车中,坐为计谋。"孙膑受过膑刑,请入辎车便于卧休,也可不引人注目。《汉书·张良传》:"上虽疾,强载辎车,卧而护之。"《后汉书·桓荣传》:"以荣为少傅,赐以辎车。"辎车特点是车箱上置卷篷,只蒙覆两旁和顶部;有后辕,便于延伸堆物。《宋书·礼志》引《字林》谓軿车"有后辕者谓之辎"。《释名·释车》称"有邸曰辎"。"邸"通"軧",本指大车后栏板,引申也指后辕。山东沂南北寨出土辎车即此形制。辎车可以载人为主,也可以载物为主。载物,常与"重"连言,指行者携带的物资。《老子》第二十六章:"是以君子终日行,不离其辎重。"(从帛书甲本)常用于军用物资。《孙子·军争》:"是故军无辎重则亡。"《汉书·韩安国传》:"王恢、李息别从代主击辎重。"颜师古注:"辎,衣车也。重谓载重物车也。故行者之资,总曰辎重。"

《释名·释车》:"軿车,軿,屏也,四面屏蔽,妇人所乘牛车也。"按,其主要特点是:四面即两旁、顶部、后部皆障蔽,只留前部出入,无后辕。《宋书·礼志》引《字林》曰:"軿车有衣蔽无后辕。"《释名·释车》谓"无邸曰軿"。此是贵妇人坐卧的专车。《后汉书·舆服志上》:"太皇太后,皇太后法驾。……非法驾,则乘紫罽軿车。"(罽,jì,毛纺织品。)上引汉刘向《列女传》文下句是:"今立车无軿,非所敢受命。"《三国志·吴志·贺齐传》:"赐齐軿车骏马。"《文选·谢庄〈孝武宣贵妃诔〉》:"帷轩夕改,軿辂晨迁。"此后妃所乘。

参考文献

[1] 白寿彝:《中国交通史》,上海书店重印本。
[2] 吴曾德:《汉代画像石》,文物出版社,1984 年 6 月。
[3] 谢国桢:《两汉社会生活概述》,陕西人民出版社,1985 年 6 月。
[4] 高文:《四川汉画像砖》,上海人民美术出版社,1987 年 2 月。
[5]《山西闻喜出土刖人守圃六轮青铜挽车》,《中国文物报》1989 年第 35 期。

243. 桴(泭)·筏(栰)·箄(簰、椑)·槎(查)〇方

筏是最早的航运工具。最初称“方”,但上古文献只作动词,指用筏济渡。秦以后不用。常用“桴”、“筏”,分别是书面语与口语中竹木筏的通称。“箄(pái)”,专指筏船,主要用于汉代,作军用简易运输船。“槎(chá)”,道家入深远仙境的竹木筏;也可作筏的泛称。

【同义】

《诗·周南·汉广》:“江之永矣,不可方思。”毛传:“方,泭也。”朱熹注:“方,桴也。”《方言》第九:“泭谓之簰,谓之筏。筏,秦晋之通语也。”《玉篇·竹部》:“筏,箄也。”《尔雅·释言》:“舫,泭也。”孙炎注:“方,水中为泭筏也。”《北史·李崇传》:“可桴筏随高,人规自脱,吾必守死此城。”“泭筏”、“桴筏”皆同义连用。

【辨释】

筏是最古老的航运工具。常见的是竹筏、木筏。畜牧区有皮筏:将羊皮晒干油浸,制成皮袋充气,数十只纵横排列,上以木架绑札,即可载运人或物。皮筏多用于水急弯多、礁石嶙峋的溪河。军戎用罂筏:以鼓腹小口的大陶瓮纵横排列,用绳勾连,上设铺面,后设梢,侧设棹,一般多作行军的渡具,他如萑苇(芦苇)筏、蒲束筏、芦荻筏,种类甚多。筏,尽管是最原始、最简单的航运工具,但今天仍然有它独特的作用,可作为舟船航运的辅助物。在落差较大的溪流、水浅滩多的江河,尤能起到舟船所不能起的作用。

《说文》部首:“方,併船也。象两舟省总头形。”“併船”者,乃是动宾结构,许氏实训“方”为“并”,作为动词义。许以“併船”作为“方”之本义,未善。今按,人类的航运史表明,泭筏乃在舟船之先。今甲骨文所见“方”多作(京津五二八一)一形,此正是泭筏的形制,盖下部即是捆扎的竹木筏象形,一横表示捆扎,出头一直表示竹木筏之首端。头尖后宽,今山区顺流而下的竹木筏犹如此。故“方”的本义当为泭筏。但是,上古文献中,“方”已不作名词,只作动词。如文首引《诗·周南·汉广》“不可方思”句。又,《邶风·谷风》:“就其深矣,方之舟之。”郑玄笺同。毛、郑皆训为名词义,而句中“方”皆活用作动词,指用泭筏济渡。其动词义也主要用于上古。秦以后,“方”无论作名词,抑或动词,其泭筏义已不存。

《说文·水部》:“泭,编木以渡也。”《尔雅·释水》:“庶人乘泭。”郭璞注:“并木以渡。”《国语·齐语》:“方舟设泭,乘桴济河。”韦昭注:“编木曰泭,小泭曰桴。”按,《集韵·平虞》:“泭,或作澓、柎、坿,通作桴。”《方言》第九:“泭谓之簰。”清钱绎笺疏:“澓、桴、柎并与泭同。”“桴”,

本义为屋栋。《尔雅·释宫》:"栋谓之桴。""桴假借为泭"(《说文通训定声·孚部》)。故作为筏,"泭、桴"当为一词,无大小之别。唯上古"泭"等与"桴"共享,秦以后唯用"桴"。或谓"桴(泭)"与"筏"相比。乃指小者。如上引《国语·齐语》韦昭注。又,《论语·公冶长》"乘桴浮于海"句何晏集解引马融注:"桴,编竹木也,大者曰筏,小者曰桴。"《诗·周南·汉广》陆德明释文引郭璞《方言音义》云:"小筏曰泭。"此亦误。即此句,小筏岂可"浮于海"?能航行于海之筏,必设置长棹和帆,绝非小竹木筏。或谓雅言与方言之别。《楚辞·九章·惜往日》:"乘泛泭以下流兮,无舟楫而自备。"王逸注:"编竹木曰泭,楚人曰柎。"按,"桴"实是竹木筏的通称。《太平御览》卷七七一引《越绝书》曰:"使楼船卒二千八百人,松柏以为桴。"《后汉书·吴汉传》:"围成都,百余日城破……汉(吴汉)乃乘桴沿江下巴郡。"《三国志·吴志·徐夫人传》:"宜伐芦苇以为泭,佐船渡军。"晋左思《吴都赋》:"陆鲤若兽,浮石若桴。"《新唐书·伊慎传》:"乃为桴,寘薪焉,乘风纵火,贼焚且溺不可计。"

"筏",或作"栰"。"筏"者,上引《论语·公冶长》"乘桴浮于海"句马融注:"大者曰筏。"《一切经音义》卷二训同。《诗·周南·汉广》陆德明释文引郭璞《方言音义》曰:"竹曰筏。"按,字从竹,其本义当是竹筏之称。竹筏通常以粗大毛竹编扎,自然较木筏、苇筏等为大,故马融之说也是。不过,从一开始并非大筏、竹筏之专称,而是见出口语色彩。

汉画像砖上的行筏图,一人撑篙,一人垂钓

"筏"当是古代口语中对竹木筏的通称。《北堂书钞》卷一三五引《东观汉记》:"吴汉平成都,乘筏从江下。"《三国志·吴志·潘璋传》:"魏将夏侯尚等围南郡,璋……到魏上流五十里,伐苇数百万束,缚作大筏。"《晋书·石勒载记上》:"(石勒)使支雄、孔苌等从文石津缚筏潜渡。"《北史·魏太武帝纪》:"车驾至淮,诏刈萑苇作筏数万而济。"唐柳宗元《送浚上人归淮南觐省序》:"是将心归空无,舍筏登地,固何从而识之乎?"《新五代史·李周传》:"庄宗以巨栰积薪沃油,顺流纵火焚梁舰。"《宋史·薛弼传》记薛弼向岳飞献退杨幺之策,曰:"筏断江路,藁(槁)其上流。"上述诸例,"筏"显然是各种泭筏的通称,小大皆可指称,但有口语色彩,故而延用于今。

《方言》第九之"簰",《一切经音义》卷十四、十五、十九引《方言》并作"簿"。《玉篇》作"箄",又作"椑"。"簿、箄,椑并与簰同。"(《方言》第九"泭谓之簰"钱绎笺疏)常作"箄"。"箄",本是捕鱼的小竹笼。《方言》第十三:"篆小者,南楚谓之篓,自关而西、秦晋之间谓之箄。"唐陆龟蒙《渔具并序》:"矢鱼之具……编而沉之曰箄。"又作铺于甑底供放置食物的竹席。又指称筏,由平声支韵变其音转入平声佳韵,读为 pái。《集韵·平佳》:"大桴曰簰。"《诗·周南·汉广》陆德明释文引郭璞《方言音义》曰:"木曰簰。"按,此皆非其特征。从卑声符之义蕴看，皆是小义、下义、旁义等，却无大义。箄之为筏，亦取“卑”的下义。此种筏，乃是一种船的式样，一般用竹，即在所编竹筏上再置皮革类囊袋，人与物均载于囊袋之中，竹筏遂处于最下，成了没于水的船式物的不沉之底，俨然如一只用筏作底的皮船。唯其如此，文献中每每将“箄”视为船，其底为编竹(或编木)。《后汉书·邓训传》：“缝革为船，置于箄上以渡河，掩击迷唐。”李贤注：“箄，木筏也。”又《西南夷传·哀牢夷》：“建武二十三年，其王贤栗遣兵乘箄船，南下江汉。”《岑彭传》：“公孙述遣其将任满、田戎、程泛将数万人乘枋、箄下江关。”李贤注：“枋箄，以木竹为之，浮于水上。”按，“枋”通“舫”，即方舟。箄是筏，此指箄船。《北堂书钞》卷一三八引《东观汉记》曰：“张堪……乃选习水军三百人，遂斩竹为箄渡水，余人击蜀，遂免大难。”《太平御览》卷七七一引《英雄记》曰：“曹操……欲从赤壁渡江，无船，作竹椑，使部曲乘之。”首例明确言箄上置革船，且是竹筏。二例径称“箄船”，乃同上例。三例，“枋箄”连言，“枋”通“方”，指编木，则“箄”为竹筏。四例、末例也言竹筏。由上诸例也可见，“箄”主要用于汉代，常作为军用的简易运输船。“箄”是此种筏船的专称。

“槎”，或作“查”，指道家人深远仙境的竹木筏。魏晋而下，一直使用。《正字通》：“槎，仙查，俗作仙槎。”则其字本作“查”。晋张华《博物志》卷三：“年年八月，有浮槎去来不失期。”北周庾信《杨柳歌》：“疏槎一去上天池。”唐杜甫《秋兴》诗之二：“听猿实下三声泪，奉使虚随八月槎。”引申也可指一般的筏。汉水中产一种鱼，缩头，弓背，大腹，味美，因人常用槎拦截禁捕，故称槎头鳊。唐孟浩然《岘潭作》诗：“试垂竹竿钓，果得槎头鳊。”“槎”，《四部丛刊》中或本作“查”。宋梅尧臣《黄河》诗：“槎沫夜浮光，舟人朝发唱。”“槎沫”，附于筏上的泡沫。不过，通常还是用为仙槎或带仙游色彩居多。如清纪昀《阅微草堂笔记》卷十九录友人赠诗：“乘槎万里渡沧溟，风雨鱼龙会百灵。……记取白云飘缈处，有人同望蜀山青。”此“槎”虽非仙槎，但远途渺茫，仍可显见从仙槎而移用的痕迹。

参考文献

[1] 上海交通大学、上海市造船工业局本书编写组：《造船史话》，上海科技出版社，1979 年 9 月。
[2] 本书编委会：《水运技术词典》(古代水运与木帆船分册)，人民交通出版社，1980 年 10 月。

244. 窬(俞)·舟·船(舩、舡)

最早的船，是渔猎时代的独木舟，属生产工具，最早称“窬”。夏商时期，盛行小型木板船，主要也作生产工具，称“舟”。大约商周之际，舟船已有运输之用，到战国时出现“船”。之后文献中“舟、船”都是航运船总称。“舟”，文言词，多称小船；“船”，口语词，多称大船。

【同义】

《说文》部首：“舟，船也。”《舟部》：“船，舟也。”《方言》第九：“舟，自关而西谓之船，自关而东或谓之舟。”《尔雅·释水》引佚《礼》，郭璞注于“造舟”、“维舟”、“方舟”、“特舟”之“舟”，全释为“船”。《吕氏春秋·必己》：“孟贲瞋目而视船人，发植、目裂、鬓指。舟中之人尽扬播于河。”(“扬播”，动摇。)“舟”、“船”，同义互用。《说文·舟部》：“俞，空中木为舟也。”

【辨释】

《诗·邶风·谷风》：“方之舟之。”毛传：“舟，船也。”孔颖达疏：“舟者，古名也，今名船。”段玉裁释毛传曰：“古人言舟，汉人言船，毛以今语释古，故云舟，即今之船也。”(《说文·舟部》注)于《舟部》“船”字，段玉裁注：“古言舟，今言船，如古言屦，今言鞋。”今辞书也持“古言舟，今言船”之论，或径以为二词是一物异称。其实，以为等同无别，固非，而如孔颖达、段玉裁纯基于书面文献的“古今”说，也未能揭示二者的不同特点。今传世的书面文献中二者完全共用，实难见“古今”之别。但以往的诂训中也偶见精到之论。朱骏声曰：“按舟之始，古以自空大木为之曰俞，后因集板为之曰舟，又以其沿水而行曰船也。”(《说文通训定声·孚部》“舟”字)此论得其奥微。

独木舟(距今 8000—7500 年)

人所共识，最早的船是独木舟。《说文》于“舟”说解曰：“船也，古者共鼓、货狄刳木为舟，剡木为楫，以济不通。”“刳”，剖挖。共鼓、货狄为黄帝臣。《易·系辞下》则称伏羲氏“刳木为舟”。《蜀王本纪》也说大禹治水至四川梓潼尼阵山砍斫大梓树造独木舟。独木舟是人类远古文明的一朵火花。20 世纪 50 年代至 80 年代，我国已发掘出 20 多艘独木舟，如江苏扬州的宋代遗物，浙江宁波的唐代遗物，江苏武进淹城的春秋战国遗物。而今所见较早的独木舟当是 1982 年山东荣成毛子沟的商代遗物，全长 3.9 米，头宽 0.6、中宽 0.74、尾宽 0.7 米，其平面呈长方形，横断面、纵剖面皆呈弧线形，分三舱，未发现火灼痕迹，可见用金属工具凿削而成。显然此独木舟也已有了相当长的发展过程。而21世纪初，浙江杭州萧山跨湖桥新石器时代遗址，出土一艘独木舟，距今8000—7500年，在世界范围内亦属罕见。船身最宽处70厘米，舱深约15厘米，船体多有烧灼火烤印迹，亦与石锛等石器同出。足见我国独木舟在7500年前已出现（参《中国造船史始于7500年前》）。初期的粗陋独木舟必然是短身一舱，首尾平齐，即在一段原木上挖出一洞穴，其时，“火与石斧通常已经使人能够制造独木舟”（《马克思恩格斯选集》第四卷）。从民俗学推测，其制造方法大致如此：截下一根粗的树干，留出剖挖部分，其余的表面均涂一层厚泥，再用火烧炙剖挖部分；然后以石斧将烧焦似炭之处砍挖成空穴，即成船舱。此剖挖成舟之事，称为“俞”。《说文・舟部》：“俞，空中木为舟也。从亼从舟从巜。巜，水也。”按，“巜”即“浍”之古字，“亼”非三合之义，而是作中空之形。当为指事，义如说解。“俞”后作“窬”。《淮南子・氾论》：“古者大川名谷，冲绝道路，不通往来也，乃为窬木方版，以为舟航。”高诱注：“窬，空也。”（“方版”，并木。）从语源说，“窬（俞）”与洞穴之“窦”同源。《正字通・穴部》：“窬与窦通。”《礼记・儒行》：“筚门圭窬。”“圭窬”，如圭状之门旁小洞。《左传・襄公十年》作“筚门闺窦”。盖“窬（俞）”是喻母四等字，上古归定母，与“窦”同母。“窬（俞）”侯部，“窦”屋部，侯、屋可阴入对转。故从语源而观，所谓独木舟者也即将原木开挖洞穴，最初当然是一穴。今河姆渡出土的陶舟，辽东出土的陶舟，正是原木挖洞成舟的缩构，是形象的窬。跨湖桥出土的独木舟，更是窬的实物。此这种原始的舟，与当时渔猎社会的生产水平相适应，用于捕捞、采摘等水面作业，用于摆渡。其时，窬舟不是航运工具，而是生产工具。

“窬”之后是“舟”，迟至商代已见。《释名・释船》曰：“舟，言周流也。”段玉裁解：“舟之言周旋也。”（《说文・舟部》“船”注）未洽。表示周旋义的，自有“般”字。《说文・舟部》：“般，辟也，象舟之旋，从舟从殳。殳，令舟旋者也。”故文献中从“般”、“辟”之字多有旋义。按：“舟”是个象形字。甲骨文有大量的“舟”字，作（《前七、二一、三》）诸形。由字形观，其船均是方头方尾，矩形而首尾略上翘，两边有出角，中间有隔舱。此是成熟的木板船之象形。木板船是独木船的发展。将独木舟作为船底，两侧加接舷侧板，并设面梁，此种独木舟便是木板船的滥觞。上海郊区川扬河发现的古船提供了一个宝贵实例（参王正书文）。再进一步发展便是全以木板并接。“舟”较“窬”大为进步：“窬”船仅一舱，整木为船；“舟”是多舱，分木又并木，即用木板并接为船。但是，“舟”与“窬”尚无本质之异。其一，从声韵看，“舟”也是定母，韵则是幽部，故实是“窬”的声转，也与“窦”同源。其二，从形制看，甲骨文中所出现的大量“舟”字几乎全是平头小木板船格局，而无大航船迹象，未有“船”字；这种小小木板船仍不能抗搏大风大浪，因而不能出没于大江大海。甲骨文是商代中晚期的文字。可见，商代的“舟”，本质上还不是航运工具，而主要还是作临水生产之用。彼时载人运货，陆上靠车马，水中靠竹木筏，而不是主要用“舟”。直到春秋时代的孔子，犹言“乘桴浮于海”（《论语・公冶长》）。“桴”是竹木筏。孔子与同时代的人均未言“乘舟浮于海”，则商代自然更不会有远航、航海之舟。中外有些学者，如美国学者曾于加利福尼亚州海岸边发现石锚，据说经鉴定为中国东南沿海所产，从而推定三千年前中国人曾乘船抵达美洲。但根据以上辨析则可知，此推断不甚合理。即便鉴定无误，也可断言所乘绝不会是舟船。

生产力的发展，提高了木板并接和捻缝技术，尤其使用了铁钉，使人们能制造有较大容积、抗御江湖风浪的舟，遂便进入了“船”的时代。何谓“船”？《说文》中“舟”“船”互训，各本作从舟铅省声。段玉裁非之，以为是从舟㕣声（《说文·舟部》“船”注）按《释名·释船》：“船，循也，循水而行也。”前引朱骏声言“以其沿水而行曰船”。段玉裁亦曰：“船之言泝沿也。”（同上段注）故“船”当是从舟从沿、沿省声的会意兼形声字，则船者，是循沿江河而行之舟。船既有周流不息、循流长行的特点，无疑表明它已成为航行运输工具（当然也不废作生产工具之用）。“船”字最早见于战国时期的文献。《墨子·小取》：“船，木也。”《庄子·山木》：“有虚船来触舟。”《韩非子·功名》：“千钧得船则浮，锱铢失船则沉。”《吕氏春秋·知度》：“绝江者托于船，致远者托于骥。”名物的产生必在文字之前。上溯西周时，有周昭王巡狩南方从汉水乘船返归，船至江心解体的悲剧，可谓已有了“船”。春秋时，有著名的“泛舟之役”：秦国为了解救晋国饥荒，派出运粮船队从都城雍（今陕西凤翔）顺渭水东入黄河，再溯汾水而上至晋都，全程七百余里，开创了我国的漕运史。南方的吴国更有了大型战船“艅艎”和“三翼”，皆是“涉川之良器”（《抱朴子》语）。因此，尽管记载上述史事的上古文献大都还称“舟”，然而我们可以说，西周已是“船”的时代；再上溯，“舟、船”之交，即由生产工具开始转变为航运工具，当在商周之际；而全面进入“船”的时代，当是战国。

今传世的书面文献起自春秋，此早已是“船”的时代，但在《论语》、《左传》、《国语》中唯见“舟”字而无“船”字。则其“舟”总体上已是航运工具，与甲骨文中主要作生产工具的“舟”功能不同。故此“舟”非昔“舟”。从战国起，出现了“船”字，进入“今曰船”的时代，而“舟”也并用，于是书面文献中“舟、船”二字均用作航运船的总称，成为同义词。

与所有的同义词一样，“舟、船”析言有别。或许有方言之别，如文首引《方言》第九之语，但无书证。明显的，一是有文白之异：“舟”是历史悠久的正统文言词，而“船”后起并带有口语色彩。故书面文献中，一般多用“舟”，而语体的文学作品则多“船”。晋陶潜《桃花源记》：“便舍船，从口入。”唐白居易《琵琶行》全部用“船”：“主人下马客在船”，“去来江口守空船”等。杜甫《绝句四首》之三：“门泊东吴万里船。”宋陆游《风顺舟行甚疾戏书》诗：“可怜使气尚未减，打鼓顺流千斛船。”题名用“舟”，诗句用“船”，文白之异甚明显。在文言作品中，有时带语体色彩，也可用“船”。如既有“舟楫（檝）”之称，《易·系辞下》：“舟楫之利，以济不通。”《荀子·劝学》：“假舟檝者，非能水也，而绝江河。”但又有“船檝”之语。《论衡·非韩》：“不塞沟渠，而缮船檝者。”又，《越绝书·越绝外传记地传》：“舟室者，勾践船宫也。”此是用口语词释文言词。《太平御览》卷七七〇引《吴书》曰：“陆孙破曹休，当还西陵，公卿并为祖道，上赐御船一舫，缯彩舟也。”舫是双体船，称“船”是从口语，下句解释性，遂称“舟”以显雅正。故对于战国而下的“舟、船”二字，可以仿训诂家语式，称：文曰舟，白曰船。二是有大小的微别。《太平御览》卷七七〇引周处《风土记》曰：“小曰舟，大曰船。”大船，或侧重于宽大，常用“船”；小船，或侧重于轻小，多用“舟”。上引《庄子·山木》“有虚船来触舟”之句，就显示了大小之异。来触舟之船，即是大船，以其

“虚”，故“虽有惼心之人不怒”。（“惼心”，狭急之心。）又如“轻舟”、“扁舟”，称轻小之船。《国语·越语下》：“遂乘轻舟，以浮于五湖。”《韩非子·奸劫弑臣》：“水行之有轻舟便檝也。”唐李白《早发白帝城》诗：“两岸猿声啼不尽，轻舟已过万重山。”唐李公佐《谢小娥传》：“扁舟泛淮，云游南国。”宋苏轼《前赤壁赋》：“驾一叶之扁舟。”文献中不见作“扁船”、“轻船”者。与此相反，像“航船”、“楼船”，皆是大船。航船是运载客货长途远行、定期往返的大船。唐李肇《国史补》下：“大历贞元间，有俞大娘航船最大……南至江西，北至淮南。”楼船是有叠层的大型战船。汉代楼船有高四十余丈。唐刘禹锡《西塞山怀古》诗：“王浚楼船下益州，金陵王气黯然收。”文献中皆以“船”称，而从不言“楼舟”、“航舟”。凡此，是“舟、船”对文的大小之别。以上两点对文之别，均缘二者各有不同的历史文化背景：凡是源远流长的词，都是文言词，后出的同义词则往往有口语色彩；作为航运工具的船自必大于生产工具之舟。

此外，从字体说：“舟”只此一体，而“船”，有两个常见异体。一是“舩”。《广韵·平先》：“舩，与船同。”一是“舡”。《玉篇·舟部》：“舡，船也。”《商君书·弱民》：“背法而治，此任重道远而无马牛，济大川而无舡楫也。”在《太平御览·舟部》、《艺文类聚·舟车部》中引许多秦汉文献有“舡”，而传世同一文献作“船”。如上引《吕氏春秋·知度》、《韩非子·功名》诸句“船”字，在《太平御览》卷七六九、《艺文类聚》卷七一中皆作“舡”。传世文献有时也并用。《汉书·项籍传》：“已渡，皆湛舡。”《史记·项羽本纪》作“皆沉船”。今大型辞书都据《广韵·平江》列为一词，表音为 xiāng，释为“船”义，未妥。按，“舡”实是二音二词，一是作联绵词的一个音素，俗所据《广韵·平江》并未释为“船”，而是作：“舡：𦨴(páng)舡，船皃。”“𦨴：𦨴舡，船皃。”《增韵》则释：“舡，𦨴舡，吴船名。”作为方言词。均将“𦨴舡”作为一词，此与“船”无涉。二是“船”的异体字。《太平御览》卷七六八引《说文》曰：“舡，从舟从舩省声，艘舡总名也。”（今本《说文》无）按，此说解颇为不词，显为浅人窜加，令人费解。然可见俗已将“舡、舩”皆作为“船”之异体。其讹变过程可能如此：“船”字“㕣”旁讹作“公”，遂有异体“舩”，常见于文献；而“公、工”声同韵近，遂又将讹体“舩”拉入江韵，作为“舡”的异体，音读、字体作“舡”，其义则取“舩”的船义（作总称），遂致文献中“船”往往作“舡”。今一些辞书又误标以江韵音读。其实，古代韵书于此也有正确识断者，如《集韵·平先》曰：“船，俗作舡。”诚确。要之，江韵的“舡”，非独立之词，也非作为总称的船义，与本组词无涉；作为总称船义者，实就是“船”的又一异体俗讹，断不可读作 xiāng。

参考文献

[1] 本书编委会：《水运技术词典》（古代水运与木帆船分册），人民交通出版社，1980 年 10 月。
[2] 王永波：《胶东半岛上发现的古代独木舟》，《考古与文物》1987 年第 5 期。
[3] 王正书：《川扬河古船结构的特征及历史意义》，《文物》1984 年第 7 期。
[4] 金秋鹏：《中国古代的造船和航海》，中国青年出版社，1985 年 11 月。
[5] 新华社杭州电：《中国造船史始于 7500 年前》，《人民日报》（海外版）2002 年 11 月 20 日。
[6] 常龙飞等：《中国科学技术史》（交通卷），科学出版社，2004 年 1 月。

245. 航(杭、斻)·艘(榺)·舶〇潢(横、潢)

“航”，渡船通称；也用作船的通称，多指行驶的船。汉魏以后多作动词义：济渡和远行。“艘”，汉唐间常从计量角度作船的通称。“舶”，东南沿海对外来海船的通称，又作各种海船、大船的通称。

【同义】

《方言》第九：“(舟)自关而东，或谓之舟，或谓之航。”《文选·左思〈吴都赋〉》：“泛舟航于彭蠡，浑万艘而既同。”李周翰注：“舟、航、艘，船之总名。”《水经注·江水三》：“昔孙权装大船，名之曰长安，亦曰大舶。”大舶犹大船，“舶”犹“船”。《说文·木部》作“椶(榺)”，训“船总名”。《广韵·平萧》“艘”训同。

【辨释】

“航”，本作“杭”。先秦有“杭”而无“航”，偶见“航”，是后人擅改。有人以为甲骨文中郭沫若等释“般”之字，像人(大)持楫操舟渡河，故当是“航”的初文(《释航》)。此尚无力证，且据《说文》析“亢”为“从大省”而将“亢”等同甲骨文的“大”，亦欠妥。先秦书面文献中的“杭”，本为名词，是渡船的通称。《楚辞·九章·惜诵》：“昔余梦登天兮，魂中道而无杭。”王逸注：“杭，度也。”按，此指渡船，名词。杭州，是隋代所置，本名钱塘。“杭”得之于毗邻之余杭县名。余杭之得名据说与秦始皇南巡有关，始皇偕左丞相李斯、少子胡亥为南巡会稽，祭大禹，过丹阳而至钱塘，遇钱塘江水波险恶，不可渡，遂西行百二十里，见江狭波平，即横渡钱塘江，待至彼岸，将渡船留下，故命其地为“余杭”，谓留下“杭”之地。引申作动词，为济渡江河。《诗·卫风·河广》：“谁谓河广？一苇杭之。”毛传：“杭，渡也。”意：谁说黄河宽广？一束苇作筏也可济渡。“杭”之义见于构字。“杭”从木、亢声，声兼义。亢是人颈象形，颈是接身与体(古代头属于五体之一)者。“木”旁，指并木为船，故“木、亢”会其意喻指构通此岸与彼岸之渡船；作动词，用渡船过河，即济渡。

“杭”字到汉代产生三个分别文。一是“潢”，或作“横”、“潢”。《说文·水部》：“潢，小津也。一曰以船渡也。”《方言》第九：“方舟谓之潢。”郭璞注：“扬州人呼渡津舫为杭，荆州人呼潢。”《广雅·释水》：“潢，筏也。”大致是“潢”指横水而渡，可指竹木筏渡，也可指双体船渡。可视为别一词。二是“斻”，特指用方舟作渡具。《说文·方部》：“斻，方舟也，从方亢声。”“方舟”是古代的双体船，因载积大、稳性佳，最适宜作渡具(参第246条)。三是“航”，指以一般的船济渡。《说文》无“航”。无论哪一体，都是“杭”在汉代的后出分别文。段玉裁以为上古的“杭”，如“一苇杭之”，地名“余杭”，其本字皆为“斻”，章怀太子注《后汉书》务将“杭”全改作

“斻”，实是本末颠倒。在今传世文献中，“斻、㶿”甚为少用，“航”较为通行。于是“航”兼“斻、㶿”之义，成为包括方舟在内的各种渡船的通称，与上古的“杭”同，遂使“杭、斻”与“航”成为古今字（但“杭”不废，也自为一词）。《淮南子·氾论》：“乃为窬木方版，以为舟航。”高诱注：“舟相连为航。”《主术》：“贤主之用人也，犹巧工之制木也，木者以为舟航柱梁。”高诱注：“方两小船，并与共济为航也。”显然，高注于此将“航”作为由方舟充当的渡船，以与作为循行之船的“舟”相对举。汉张衡《思玄赋》：“不抑操而苟容兮，譬临河而无航。”汉刘向《九叹·离世》：“棹舟杭以横沥兮，济湘流而南极。”王逸注：“沥，渡也。……杭，一作航。”诸“航（杭）”皆泛指渡船。后世在一些佛教语中犹存此义。南朝梁萧统《开善寺法会》诗：“法轮明暗室，慧海度慈航。”唐白居易《渭村退居寄礼部崔侍郎……诗一百韵》：“断痴求慧剑，济苦得慈航。”“慈”是佛门的标识。“慈航”，指慈惠的渡船，谓用慈善心肠去济渡凡人，使脱苦海。扩大之，作为各种船（不限于渡船）的通称，多指行驶的船。《史记·司马相如列传》：“盖周跃鱼陨杭。”司马贞索隐：“杭，舟也。”《艺文类聚》卷七一引扬雄《法言》曰：“乘国者其如乘航乎？航安，则民斯安矣。”《文选·左思〈吴都赋〉》：“于是乎长鲸吞航，修鲵吐浪。”南朝宋颜延之《应诏设䜩曲水作诗》之三：“航琛越水，辇赆踰嶂（障）。”诸“航（杭）”皆泛指行驶的舟船。文首引《文选·左思〈吴都赋〉》“泛舟航于彭蠡”句亦其例。但以上两种通称用法主要用于汉魏，下至南北朝。后世基本不用。从东汉起，“航”已主要用作动词。《后汉书·方术传·李南》：“向度宛陵浦里航。”李贤注：“航，以舟济水也。”汉杜笃《论都赋》：“造舟于渭，北斻泾流。”《三国志·吴志·贺邵传》：“长江之限，不可久持，苟我不守，一苇可航也。”《古文苑·扬雄〈交州箴〉》：“杭海三万，来牵其犀。”（《文选·颜延年〈三月三日曲水诗序〉》“栈山航海”李善注引扬文作“航”。）其动词义，细分有二：一是济渡，如“一苇可航”；一是远行，如“杭（航）海”。显然，前者是做渡船通称的名词义之活用，后者是作各种船通称的名词义之活用。“航”的动词用法反映了其作名词通称用法的历史存在。

“艘”或作“樉”，也可用作各种船的通称，主要用在汉唐之间。《说苑·杂言》：“惠子曰：‘居艘楫之间，则吾不如子。’”《艺文类聚》卷七一引《晋中兴书》曰：“蜀贼以桔槔打没侃二十余艘，人皆投水。”晋葛洪《抱朴子·博喻》：“琼艘瑶楫，无涉川之用；金弧玉弦，无激矢之能。”又《勖学》：“欲凌洪波而遐济，必因艘楫之器。”南朝齐张融《海赋》：“浮舻杂舳，游舶交艘。”（“舻”，船头。“轴”，zhú，船尾舵。皆代称船。）而与此同时，“艘”已常用作计船数的量词。《汉书·沟洫志》：“谒者二人发河南以东漕船五百樉，徙民避水居丘陵。”颜师古注：“一船为一樉。”三国魏王粲《从军行》之四：“连舫踰万艘，带甲万余人。”《三国志·吴志·周瑜传》：“乃取蒙冲斗舰数十艘。”《文选·左思〈吴都赋〉》：“浑万艘而既同。”用作船的计量与通称用法实是一事，如上引《汉书·沟洫志》句颜师古注既然“一船”可以称为“一樉”，则自然“一樉”也可以表示“一船”。《晋中兴书》“二十余艘”更在名词与量词之间。因此，“艘”是从计量角度代称船，作为船的通称。

“舶”本是东南沿海之地对外来海船的通称。《集韵·入陌》：“舶，蛮夷泛海舟曰舶。”《太平御览》卷七六九引公元三世纪万震《南州异物志》曰:“外域人名船曰船(按,‘舶’之误),大者长二十余丈,高去水三、二丈,望之如阁道,载六七百人,物出万斛。”《南史·王僧孺传》:“又外国舶物,高凉生口岁数至,皆外国贾人以通货易。”《旧唐书·王方庆传》:“广州地际南海,每岁有昆仑乘舶,以珍物与中国交市。”唐元稹《送岭南崔侍御》诗:“蛟老多为妖妇女,舶来多卖假珠玑。”又《和乐天送客游岭南二十韵》:“舶主腰藏宝,黄家砦起尘。”自注:“南方呼波斯为舶主。胡人异宝,多自怀藏,以避强丐。”后称海运进口的外来货为舶来品,盖取诸古义。引申为各种海船、大船(前者主要)的通称。《广韵·入陌》:“舶,海中大船。”唐慧琳《一切经音义》卷四七引《字林》:“舶,大船也,今江南泛海船谓之舶,昆仑及高丽皆乘之大者,受盛之,可万斛也。”文首引《水经注·江水三》“大船”又名“大舶”即其例。又晋常璩《华阳国志·蜀志》:“司马错率巴蜀众十万,大舶船万艘,米六百万斛,浮江伐楚。”《太平御览》卷七六九引《蜀王本纪》曰:“秦为舶船万艘欲攻楚。”《续搜神记》曰:“合肥口有大舶船,云是曹公舶船,常有渔人夜宿。”《宋书·夷蛮传论》:“故舟舶继路,商使交属。”唐杜荀鹤《赠友人罢举赴交趾辟命》诗:“舶载海奴镮锤耳,象驼蛮女彩缠身。”宋苏轼《舶趠风》诗:“三旬已过黄梅雨,万里初来舶趠风。”其《引》云:“吴中梅雨既过,飒然清风弥旬,岁岁如此,湖人谓之舶趠风。是时,海舶初回,云此风自海上与舶俱至云尔。”则此“舶”也用为海船通称。唯“舶”是海船、大船通称,故常与有口语色彩的船的总称“船”同义连用,构成今“船舶”一词,作为各种船的总称。

参考文献

[1] 方豪:《中西交通史》,岳麓书社,1987年12月。
[2] 刘以刚:《释航》,《语言研究》1986年第1期。

246. 舫·方舟

早在独木舟时代，就出现双体船，至晋代极盛，唐以后基本消亡。“方舟”是动宾结构复词。“舫”是战国以来产生的专表方舟的单音词，范围大，包括固定组合与临时组合的双体船；隋以后，专指平头平尾、有雕栏楼屋的游船和平头宽身的运粮船。

【同义】

唐慧琳《一切经音义》卷二六引《通俗文》曰：“连舟曰舫，谓并两舟也。”《文选·王粲〈赠蔡子笃〉诗》：“舫舟翩翩，以泝大江。”李善注：“舫与方同。”《尔雅·释水》：“天子造舟，诸侯维舟，大夫方舟，士特舟。”郭璞注：“（方舟），并两船。”

【辨释】

“方舟”，历来训为“并两船”，但缺少具体的描写。今有学者对此更予怀疑。或谓《说文》“方，并船”之训“疑是并木为舟之误”，谓《说文》、《尔雅》所引录的古《礼》文“大夫方舟”的诸语，则是指单体船的“等级”，不存在一种并合之船。或谓“方舟”是并列结构，指“簰筏与舟船两种不同的渡具”，而“至魏晋六朝演变为轻舟快船的意蕴”，云云（见黄灵庚文）。凡此，皆多舛误。

《尔雅·释言》、《毛传》（见下）皆曰：“方，泭也。”“泭”同“簰”，筏。《说文》则异：“方，并船也，象两舟省、总头形。”许意“方”字下部象小篆两舟身并为一，上象舟之两头并合而总于一。段玉裁调停曰：“何以毛公释‘方’不曰‘并船’而曰‘泭也’？曰：并船、编木其用略同，故俱得名‘方’，方舟为大夫之礼，《诗》所言不必大夫，则释以泭可矣。若许说字，则见下从舟省，上有并头之象，故知‘并船’为本义，‘编木’为引申之义。”（《说文·方部》“方”注）王筠曰：“毛言‘泭’，泛言之。”（《说文句读·方部》）亦以“并船”为“方”之本义。按，许说定形“两舟省”云云，盖穿凿，但说解未全误。许意“方”的本义是并义，专用于船，是动词；“并船”者，谓并合两船。段、王等（今俗解亦然）误“并船”为并合之船，作名词，又曲护许，则谬矣。不过，“方”的真正本义今无定论。古文字学家或解为刀柄，即“枋”的初文（朱芳圃说），或解为起土的耒坺（徐中舒说），于形义皆扞格，且不可解释《毛传》等“方，泭也”之训。人类的航运史表明，泭筏诞生于舟船之先，是最原始的水上交通工具。“方”字甲骨文全作一形，此正是泭筏之形。但“方”在上古文献中，已不作名词，只用为动词，指用泭筏济渡（参第 243 条）。若作及物动词后附名词宾语时，从不作泭筏义，而只用为并义：泭筏乃并竹木而成，故可引申为并义。“方轨”、“方版”、“方足”、“方辕”、“方辔”等，其“方”皆并义。“方舟”亦即并舟（“方船”同），

《说文·方部》所释"并船"正是"方"之此引申义。《国语·齐语》:"方舟设泭,乘桴济河。"韦昭注:"方,并也。"《庄子·山木》:"方舟而济于河。"成玄英疏:"两舟相并曰方舟。"《荀子·子道》:"及其至江之津也,不放舟,不避风,则不可涉也。"杨倞注:"放读为方。"并引韦昭注:"方,并也。"《韩诗外传》卷三、《说苑·杂言》皆作"方舟"。上述诸"方舟"皆是动宾词组,尚不是一个复词。到秦以后,随着这种船的进一步发展,则更进而凝固为动宾结构的复词。《史记·郦生陆贾列传》:"蜀汉之粟,方船而下。"司马贞索隐:"方船谓并舟也。"汉东方朔《七谏·沈江》:"将方舟而下流兮,冀幸君之发蒙。"三国魏王粲《七哀诗》之二:"方舟泝(溯)大江,日暮愁我心。"《三国志·吴志·朱然传》:"方舟塞江,使足可观。""方舟"也见于南北朝以后。唐薛逢《伏闻令公疾愈……远封投献》诗:"陪臣自讶迷津久,愿识方舟济巨川。"王瓒《冬日与群公泛舟焦山》诗:"方舟大川上,环酌对落晖。"综观上古及后世文献中的"方舟","方"唯用作并义,从来不当并列词组,从不表示泭筏与舟船二物;谓至魏晋六朝变为轻舟快船,更是凭空臆想。

"方舟"不仅有其词(动宾结构复词),也确有其物。此是我国古代在独木舟产生后到能制造江海大船之间的过渡性船种。盖泭筏载积大,稳性好,且取材方便,但无舱易浸水;独木舟虽有了舱,但容积小,取材难,费工时,不能抗搏风浪。编木为泭必能导致并舟的联想:一时无法建造大船,就合两船为一。此种联想,远在渔猎社会"窬"船的时代就产生。我国独木舟的发展有三种途径,其第一种就是"以两只或多只单体独木舟并排连接",此"在中国屡见不鲜"(常龙飞等文第 19 页)。1975 年山东平度胶莱河岸挖掘出一艘隋代双体独木舟,长约 23 米,宽 2.82 米,载重约 23 吨。此二舟,各用三段原木刳制、衔接,通过并列的二十根横梁及横向木板固定联结;从上凿的许多榫孔与凹槽可推知,船面上必有蓬帆、后舵、舱房等上层建筑。此可表明远古窬(独木舟)的时代方舟即已诞生。1976 年广西贵县(今贵港)罗泊湾西汉墓出土一铜鼓,上刻六组船纹,每船有五个划桨手,一个操橹手,均是"并两船"的方舟。在晋代顾恺之《洛神赋》中则可见到晋代的游观方舟(详下)。凡此,均是古方舟存在的力证。

隋代双体船(复原图)

其实,方舟并不稀罕。它就是古代的双体船。由上引实物可见,所谓并合两船,并非是临时性的绑连,而是"比并于船,加板于上"(郝懿行《尔雅义疏·释水》),即用板、连接杆等构件,横搭两船并紧固之。早期用竹木楔合、藤条固接,后用铁钉钉接,使之"合二而一"。当然,也可以超过两船,如《尔雅》所引佚《礼》,其"维舟"是"四船相并","造舟"是更多的单体船相连如浮桥。但基本形制是并两船。隋代双体独木舟即是生动实证。方舟,比之同样的单体船，扩大了载积，提高了稳性，增强了抗击风浪的能力，汇筏、舟之长于一体，在一个相当长的时期内起了优于单体船、泭筏的作用。其一，济渡江河。上引《荀子·子道》就指出至风大浪急的长江渡口，不用方舟就不得涉渡。《后汉书·袁绍传》："引兵造河，方舟北济。"三国魏曹植《杂诗》之五："愿欲一轻济，惜哉无方舟。"可见，方舟是最好的渡具。其二，网鱼捕鲜。原始社会的泭筏与独木舟主要不是航运工具，而是捕捉鱼鳖虾蟹的生产工具。方舟亦然。且前者只宜于小河浅江，后者可谓小大由之。由于它有极佳的稳定性，宽阔的作业面，便于撒收网兜和多人共同操作，故甚宜于波涌水深的大江捕捞。晋郭璞《江赋》描写采芦捕鱼之子的活动，即有"罾罶比船"之句，罾罶是两种别致的大网，"比船"即方舟。其三，长途运载。方舟载积大，又能抗搏风浪，甚宜长途运载人与货物，故是漕运、军输的重要工具。三国魏曹植《杂诗》之一："之子在万里，江湖迥且深。方舟安可极？离思故难任。"谓水深途遥，连乘方舟都难于抵达，故对远方的异母弟曹彪的怀思真不堪受。此用于客运。更多的用于货运、军输。平度的隋代双体独木舟即是可驶于内河和近海的河海两用运输船。前引《史记·郦生陆贾列传》"蜀汉之粟"句、《后汉书·袁绍传》"引兵造河"句亦其例。又《三国志·吴志·吕蒙传》："获马三百匹，方船载还。"《梁书·元帝纪》："江湘委输，方船连舳。"朝廷运公粮，称为漕运，唐以前都用方舟。明宋应星《天工开物·舟车》："凡京师为军民集区，万国水运以供储，漕舫所由兴也。""舫"，方舟。（唐以后"漕舫"指平头平底宽身的运粮船。）至唐代，方舟已衰，但还可见大历年间方舟漕运的记载。《新唐书·食货志三》："疏通鸡鸣冈首尾，可以通舟。江湖、黔中、岭南、蜀汉之粟，可方舟而下。"其四，军用攻战。方舟是军事进攻的巨舰，有巨大的运载量和攻击力。据《晋书·王濬传》，在西晋灭吴统一中国的战争中，为了击败东吴强大的水师，王濬在四川造了"方一百二十步（合今 170 多米）、受二千人"的大方舟，船上起城墙、城橹，甲板可以骋马，顺江而下，太康元年一举攻入石头城。此是方舟攻战的成功之例。其五，游览观胜。方舟宽敞平稳，上可砌雕楼画栋，故其游览观胜的功能远胜于单体船。南朝宋谢灵运《拟魏太子邺中集》诗之二："并载游邺京，方舟泛河广。"从晋顾恺之《洛神赋图》中可看到一艘正破浪前进的华丽游船，船头平阔，船尾弯翘，船周置以雕栏，甲板上建宽敞的华屋重楼。楼下层有坐、立者四人，上屋为四角方亭。船左侧甲板下伸出四长桨正刺波劲划，船头有两个□形鹢首。船尾亦是双翅尾。此正是游观方舟的形象展现。南北朝时，南朝陈的孙玚在郢州合十多艘船为大方舟，上设亭台陂池，植栽荷芰，逢良辰美景，宾客僚属欢聚泛游长江，置酒观览，一时传为佳话（《南史·孙玚传》）。

方舟虽有诸长，但也有数短：其浸水部分表面积大于两艘单船，摩擦力大，故速度慢；船体宽大，进退转向的灵活性差。解决的根本办法是提高单体船的制造能力。秦以后，造船能力提高很快。汉武帝时，为征南粤造十余丈高的楼船，上加旌旗，十分壮观。晋代已能制造可容数百人的大海船。增大的单体船也逐渐兼备了方舟的长处。于是方舟由盛而衰。上举晋代的王濬造的方舟，达到"舟檝之盛，亘古未有"（《晋书·王濬传》）的地步。晋以后方舟盛极而衰，到唐以后只有余波。故"方舟"之称，也是晋后趋少，唐以后文献更为罕见。

“舫”之诂训亦纷呈不一。《说文·舟部》“舫”字说解，段玉裁厘校为“船也”，朱骏声等皆从大徐本作“船师也”，但又以为“从舟从方会意，方亦声”，则义同方舟（《说文通训定声·壮部》“舫”字）。《尔雅·释言》曰：“舫，泭也。”“舫，舟也。”《广雅·释水》则是：“舫，船也。”今也承古而歧。《辞源》释：“①竹木筏。后来通指船。”“②两船相并。”“③有舱室的船。”《辞海》则释为：“船。一说两船相并。……后多指小船。”皆游移支离。

按，《说文》今本“舟师也”，段作“船也”，皆属夺误。《艺文类聚》卷七一舟车部、《太平御览》卷七七〇舟部皆引《说文》：“舫，并船也。”（《御览》无“也”字）《文选·王粲〈从军行〉》：“连舫踰万艘。”李善注引《说文》也同。文首引《一切经音义》训“舫”也与《说文》此训契合。故此当为《说文》原本正训。然则，“舫”者，并合之船，即方舟，名词。《战国策·楚策一》：“秦西有巴蜀，方船积粟，起于汶山，循江而下，至郢二千余里。舫船载卒，一舫载五十人与三月之粮，下水而浮，一日行三百余里，不费汗马之劳，不至十日而距扞关（今重庆奉节东北）。”从汶山循江至江陵，是古代巴蜀的重要水运线。方舟，又或称“舫”、“舫船”。鲍彪注：“舫，并舟也。”《史记·张仪列传》引此节司马贞索隐：“（舫）谓并两船也。”上引王粲《赠蔡子笃》诗“舫舟翩翩，以泝大江”句，与其《七哀诗》之二“方舟泝大江”句两相比照，可知此“舫舟”，即指并两船之舟，即方舟。《太平御览》卷七七〇引王隐《晋书》记顾荣弃官归故里，为了加快船速，“遂解舫为单舸。”可见舫由双舸并合。《元和郡县志·后魏刁雍上表》：“欲造船二百艘，二船为一舫，方舟顺流，五日而至。”此不仅道出了“舫”的并船义，且一作“舫”，一作“方舟”，清楚地表明了二者的同义。大量的事实表明，无论单用或与“舟”、“船”连用，均不是单船的泛称。朱骏声以为“舫”字是形声兼会意（前引），诚确。今更可申言：“舫”正是“方舟”二字的合文，无疑是战国以来产生的专表方舟的单音词。明乎此，则其他歧训也从而可解。《尔雅》训“舫，泭也”，此训是假借义。“舫”是“方”之借，故犹言“方，泭也”（参郝懿行《尔雅义疏》），训“舟”、“船”，乃是浑言。唯文献一般不用为浑言，故郭璞在《尔雅·释言》“舫，舟也”下即注：“舫，并两船。”至于今本《说文》“舫，船师也”之训，则当与下“《明堂月令》曰舫人。舫人，习水者”相合，分明属又义，因正解“并船也”佚脱，遂使又义充作正解。今若将正解补入，再接“一曰舟师也”云云，则许书说解豁然洽通矣。

“方舟”与“舫”同为“并两船”即双体船之称，二者之别有三。一是词形不同。“方舟”是动宾结构的复词，“舫”则是后出单音词。二是使用时代有先后承接关系：“方舟”广见于上古、秦汉，“舫”则汉以后。三指物有范围与时代的不同。“方舟”无论在何时，都指称固定连接的双体船。即便晋以后，方舟逐渐衰落，“方舟”之称少见，但也有（见上），其词结构与所指皆不变。而“舫”，范围大，虽大都指称固定连接的双体船，但也可指称临时组合的双体船。《艺文类聚》卷七一引王隐《晋书》曰：“顾荣征侍中，见王路塞绝，便乘舡而还，过下邳，遂解舫为单舸，一日一夜，行五六百里，遂得免。”既可解开，表明原两舸并为一舟是临时性的组合。至方舟衰落的隋代以后，“舫”更变而指称平头平尾平底，甲板宽阔、上构雕栏楼屋的单体小船，即后称画舫、游舫、漕舫者。此种船之所以专以“舫”称，盖也与母体有关。如双体的游舫，头尾均宽阔，甲板平广，今舫虽为单体，但方头方尾之类的形制，一似双体之舫。大致隋代以后文献中的“舫”，一般应作为单体游舫之类。据此《辞海》、《辞源》之误当可识而乙正。

参考文献

[1] 上海交通大学、上海市造船工业局本书编写组：《造船史话》，上海科技出版社，1979年9月。
[2] 黄金贵：《古汉语词义辨正·辨方舟》，《杭州大学学报》1986年第2期。
[3] 王冠倬：《从隋炀帝龙舟到李皋车船》，《文物天地》1987年第5期。
[4] 黄灵庚：《古汉语词义琐记·方舟》，《中国语文》1983年第4期。
[5] 本书编委会：《水运技术词典》（古代水运与木帆船分册），人民交通出版社，1980年10月。
[6] 常龙飞等：《中国科学技术史》（交通卷）科学出版社，2004年1月。

247. 舸·艑·艒(艌)·艚

"舸",又大又快的船。"艑",宜于运货载人,又扁又大的内船,流行于长江中下游地区。"艒",南北朝至唐代流行的对大船的浑称。"艚",漕运船,开始是双体船,唐代起是较大的单体船。

【同义】

《方言》第九:"南楚、江、湘,凡船大者谓之舸。"《文选·左思〈吴都赋〉》:"弘舸连舳。"刘良注引扬雄《方言》曰:"江湖(湘之讹),凡大船曰舸。"《太平御览》卷七七〇引《荆州土地记》曰:"湘州七郡大艑之所出,皆受万斛。"《集韵·入盍》:"(艌),大船曰艌,或作艒。""艚",漕运船,也是容积较大之船。

【辨释】

《广雅·释水》:"舸,舟也。"王念孙疏证:"舸者,洪大之称。门大开谓之閜,大杯谓之柯,大船谓之舸,义相近也。"按,大义者,除王氏所举,又有"阿",大陵;"诃",大言而怒,皆其例。从文献使用看,舸是指大而快的船。如一种"走舸",是可载一定兵员、用于突袭的轻捷战船。据《洴澼百金方》,走舸共设有十四桨,唐李鉴《太白阴经》称此种船"舷上安重墙,棹夫多,战卒少,皆选勇士精锐者充之,往返如飞鹏"。不加"走",也指大而快者。《宋书·垣护之传》:"护之百舸为前锋,进据石济。……虏不能禁,唯失一舸,余舸并全。"(《艺文类聚》、《太平御览》引作"三百舸"。)舸作前锋而可攻克一地,必是可容一定将卒的大而轻快之船。《太平御览》卷七七〇引《江表传》曰:"刘备进住鄂县之樊口,闻曹公军下,恐惧,俄周瑜船军至,备乃乘单舸往见瑜。"刘备欲速晤周瑜,故乘单舸,足见舸船驶行之疾速。此传又曰:"孙权名舸为马,言飞驰如马之走陆地也。"《艺文类聚》卷七一引王隐《晋书》曰:"顾荣征侍中,见王路塞绝,便乘舡而还,过下邳,遂解舫为单舸,一日一夜,行五六百里,遂得免。"原两舸并为一舟,影响了速度,解为单舸,又恢复了原先的快速。毛泽东《沁园春·长沙》词中有"百舸争流"之句,用"舸"意趣盎然:唯"舸"指大而快的船,则数十百之舸船在争流竞驶,正显出万弩齐发、浩荡奔腾的壮观奇景。若作"船",如不计诗韵,从意义说也显得平淡无味。

《广韵·上铣》:"艑,吴船。"唐玄应《一切经音义》卷一引《通俗文》曰:"吴船曰艑,晋船曰舶,长二十丈,载六七百人者。"但明方以智《通雅·杂用》却解为"浅船"。按,方说未妥。《宋书·吴喜传》:"从西还,大艑小艒,爰及草舫,钱米布绢,无船不满。"宋代臧质《石城乐》曰:"大艑载三千,渐水(吃水)丈五余。"文首引《荆州土地记》"大艑"句亦其例。由上诸例可见,艑是流行于长江中下游的一种大船,强调大,故称为"大艑"。其字从舟从扁,是扁形大船,宜于运货载人、较大的内河船。今长江中下游一带还有称为“艑子”的较大木帆船。

“艒”或作“艙”，大约是南北朝至唐代间对大船的浑称。明方以智《通雅·杂用》：“艒即艙也。大船曰艙，见《隋纪》……取宽容平榻，王浚造连舫，四出门驰马，即艒类也。”王浚所造的艒是历史上最大的方舟，但《隋纪》所载未必是方舟。按《北史·隋纪下》：“遣黄门侍郎王弘……往江南采木，造龙舟、凤 、黄龙赤舰楼船等数万艘。”又南朝梁元帝《吴趋行》：“莲花逐床返，何时乘艒归。”可见，“艒”只是对大船的浑称。后世不常见。

“艚”，从舟、漕会意，漕省声，指用于漕运的舟船。漕运，我国历史上一项重要的经济制度，是利用河海交通调运公粮的朝廷官运，其用途：一则是供应朝廷和京城人口的用粮，由于历代封建王朝都城多在西北和北方，而盛产粮食的地区在南方，尤其江浙一带，故需要南粮北调；二则是供应驻军的口粮；三则是救济灾区饥民。封建社会的漕运，靠河运和海运，河运主要是依靠流贯冀、鲁、苏、浙四省，一千七百多公里长的南北大运河，海运是由长江口沿海北上至天津海口的航道。漕运成为定制，是在使用大型单体船为主的唐朝。大致是唐、宋、明以河运为主，元、清以海运为主。用于漕运的舟船就是漕舟、漕船，又称“艚”。“曹”声有两义。《小尔雅·广言》：“曹，偶也。”《楚辞·招魂》：“分曹并进。”王逸注亦同。“曹”还作“狱之两曹”(《说文》)，故漕船初即是双体船。在南北朝前，方舟即舫船盛行，长途运输常用此种船担任。《史记·张仪列传》：“舫船载卒，一舫载五百人与三月之食，下水而浮。”盖“两舟并联”，可提高稳性和增加承载能力，在一时还不能大量建造大型运输船的情况下，它们自然成了当时漕运、军输的重要船种(参第 246 条)。但当时还无“艚”之称。到了南北朝，此种专用的方舟遂或称“艚”。《宋书·恩倖传》：“南金北毳，来悉方艚；素缣丹魄，至皆兼两。”(“毳”，cuì，毛纺织品。“丹魄”，琥珀别称，其色赤，故称。)“方艚”即“兼两”，并两船为一。《宋书·垣护之传》：“钟离太守随王玄谟入河，玄谟攻滑台，护之百舸为前锋，进据石济。……玄谟败退，不暇报护之。护之闻知，而虏悉已牵玄谟水军大艚，连以铁鏁(锁)三重断河，欲以绝护之路。河水迅急，护之中流而下，每至铁鏁，以长柯斧断之，虏不能禁，唯失一舸，余舸并全。”舸船大而快，故作为前锋，是战船；艚船大而慢，故作为辎重，运军粮与士兵，是运输船，故魏军企图以此挡护之还路。“舸、艚”之别由此也可见。当方舟衰落以后，有时也偶会见到并联的艚。唐刘方平《乌栖曲》：“画舸双艚锦为缆，芙蓉花发莲叶暗。门前月色映横塘，感郎中夜渡潇湘。”方舟本就是理想的渡具，此“双艚”正是渡船。但是，“艚”主要还是指用于漕运的较大单体船。由于航道的不同，艚船形制也有别。用于河运者，一般是平头、平底、翘尾的沙船型的漕舫，一船载五百石。虽是单体船，但因采用舫的船型，故沿用旧名称为“漕舫”。宋代的艚船曾在扬州施桥出土，还可见于张择端《清明上河图》。明宋应星的《天工开物·舟车》于其形制、结构、制造方法作了专门总结。用于海运者，一为沙船，平底、小平头，尾部有出艄，扁长身，吃水浅，稳性好，其动力有二至五桅，橹二至八支。一为遮洋船，也是平底、平头，但较深，大者载粮万斛，中者有千余石，小者五百石。山东梁山贾庄曾出土明洪武五年(1372年)所制之楠木遮洋船，长五丈一尺，宽一丈，高约五尺，分十三舱。各种漕运之船，广义上，均可以泛称为“艚”。狭义说，则主要指用于河运的漕舫。“艚”除称漕运之船，还可称一种小船。《玉篇·舟部》：“艚，小船。”可能是一身短舱深的小船，明方以智《通雅·器用·杂用》：“今皖之太湖，呼舟之小而深者曰(艈)艚。”(“艈”，qióng，小船。)此见于个别方言区。

参考文献

[1] 本书编委会：《水运技术词典》(古代水运与木帆船分册)，人民交通出版社，1980年10月。
[2] 于耀文：《漕运史话》，载《古代经济专题史话》，中华书局，1983年10月。
[3] 杨维增：《天工开物新注研究》，江西科技出版社，1987年3月。

248. 舲·舠(刀、舠、船)·艒(艒)縮·艖·艇·艀(艀)·舼(艭、㮴)·欐(丽、艬、艬)·艓·艀艋·鸼舠

“舲”，先秦吴越一带有窗棂和屋面的华丽小客船。“舠”，体型短宽、稳性较好的小运输船。“艒(mò)縮”、“艖”，都是细长、狭底的轻薄小船。“艇”，小于艒縮的小船。“艀”，身短腹深的小船。“舼(qióng)”，浙越一带深腹的小船。“欐”，小船泛称。“艓”，轻便小船泛称。“艀艋”，蚱蜢形小船。“鸼舠”，细长而快的小船。

【同义】

《集韵·平豪》：“舠，小船也。”又《入沃》：“艒，南楚谓小船曰艒縮。”《玉篇·舟部》：“艖，小船。”《字汇》：“艓，小舟。”《说文新附》：“艇，小舟也。”《集韵·入陌》：“艀，艀艋，小舟。”《淮南子·俶真》：“越舲蜀艇，不能无水而浮。”高诱注：“舲，小船也。”“舲、艇”对文同义。《方言》第九：“艖谓之艒縮。……东南丹阳、会稽之间谓艖为欚。”《玉篇·舟部》：“舼，小船也。”《广韵·平虞》：“艀，艇船。”《玉篇·舟部》：“艀艋，小舟。”“舠，小船也。”“舠”，即“鸼舠”。

【辨释】

“舲”，或以零、霝为声符(见《集韵·平青》)，应是从舟霝，会意兼形声，即有窗棂的小船。既设窗棂，当还应有盖屋。《玉篇·舟部》：“舲，小船屋也。”《楚辞·九章·涉江》：“乘舲船余上沅兮，齐吴榜以击汰。”(“榜”，船桨。“汰”，水波。)王逸注：“舲船，船有牕(窗)牖者。”《太平御览》卷七六九引《淮南子》曰：“汤武，圣主也，而不能与越人乘舲舟而浮于江湖。”高诱注：“舲舟，小船者也。”然则舲者，当是先秦吴越一带有窗棂、屋面，较华丽的小客船。

“舠”，本作“刀”，也作“舠、船”。《诗·卫风·河广》：“谁谓河广？曾不容刀。”毛传：“小船曰刀。”陆德明释文：“《字书》作舠，《说文》作舠，并音刀。”南朝梁宣帝《游七山寺》：“尔乃傍林横出，轻舠上泝，历秦王之旧陌，缘越地之昔路。”按《说文·舟部》：“舠，小船也。”《集韵》有“舠”，训同，见文首引。朱骏声以为《诗》之“刀”是“舟”之形讹。朱氏曰：“或谓借为舠，为舠，按，舠、舠皆因《诗》制字，刀实舟之误字也，篆文相似，中阙画耳。”(《说文通训定声·小部》“刀”字)此说未允。周代之《诗》，岂可以小篆之形绳之而率意定夺正文？苇华之“芀”，《诗·豳风·鸱鸮》毛传作“苕”，《韩诗》作“萵”，与“舠”之异文相同，其“刀”岂“舟”之误？从《河广》而观，上章是“谁渭河广？一苇杭之”，以一束苇可济渡，喻黄河之狭；下章是“谁谓河广？曾不容刀”，以小船之不可容，喻黄河之狭，“上言一苇，桴栰之小，此刀宜为舟船之小”

(孔颖达疏),上下对称。若下章“刀”改作总称“舟”,则上下章不相应矣。故当以“舠、舸、船、刀”为一物。《释名·释船》:“三百斛曰舸。舸,貂也。貂,短也。江南所名,短而广安,不倾危者也。”《广韵·平萧》:“船,吴船。”可见,此是一种体形短宽、稳性较好的小运输船,本也是吴越一带的船型,《诗经》时代盖已流传到中原黄河流域。

《方言》第九:“南楚江、湘,凡船大者谓之舸,小舸渭之艖,艖谓之艒艏……艇长而薄者谓之艖。”“艒”也作“艄”。郭璞注:“今江东呼艖,小底者也。”则“艒艏”、“艖”异名同实,指一种细长狭底的轻薄小船。《宋书·吴喜传》:“从西还,大艑小艒,爰及草舫,钱米布绢,无船不满。”唐皮日休《酒箴序》:“以艄艏载醇酎一甔,往来湖上。”(“甔”,dān,口小腹大的瓦器。)

《方言》第九:“小艒谓之艇。”《释名·释船》:“二百斛以下曰艇。艇,挺也,其形径挺,一人、二人所乘行者也。”故艇是只乘一二人的轻便小船,小于艒艏。上引《淮南子·俶真》“越舲蜀艇”句高诱注:“蜀艇,一版之舟。”按,“蜀”当以地称,为蜀地小舟。《太平御览》卷七七一引晋陆机《思归赋》曰:“棹河渊之轻艇。”唐温庭筠《酬曲》:“艇子摇两桨,催过石头城。”唐代民歌《莫愁乐》:“莫愁在何处,莫愁石城西。艇子打两桨,催送莫愁来。”

《小尔雅·广器》:“艇之小者曰艄。”《玉篇·舟部》:“艄,艇而深也。”《方言》第九:“(艇)短而深者谓之艄。”郭璞注:“今江东呼艖艄者。”钱绎笺疏:“艄以短得名也。”字或作“艄”。《集韵·去莫(暮)》:“艄,舟也,《方言》:‘艇短而深,谓之艄。’或从符。”则“艄(艄)”是身短腹深的小船。《陈书·高祖纪上》:“(侯景)乃以舣艄贮石,沉塞淮口。”“舣”也是小船之称。“艄”,即指此种小船,唯腹深,故可贮石。《南史·羊侃传》:“羊侃初赴衡州,于两艖艄起三间通梁水斋,饰以珠玉,加之锦缋。”“艖艄”同义连用,泛指小船。

“艆”,或作“艓”、“楪”。《玉篇·舟部》:“艓,同艆。”《集韵·平钟》:“楪,《方言》:‘南楚、江、湘,凡船小而深者谓之楪。’或作艓。”今《方言》第九作:“(艇)小而深者谓之楪。”钱绎笺疏:“凡言傑者皆小之义也。”《太平御览》卷七七一引《淮南子》曰:“越艆蜀艇,不能无水而行。”(今《淮南子·俶真》“艆”作“舲”。)《后汉书·马融传》:“然后方余皇,连艆舟。”李贤注:“艆,小舟也。”然则艆是古浙越一带深腹的小船。

《说文·木部》:“欚,江中大船也。”段玉裁注:“盖欐与欚,古通用。”《玉篇·舟部》:“艬,大舟。”《广雅·释水》:“欚,舟也。”王念孙疏证:“《玉篇》、《广韵》欚、欐,并力底切,《方言》欚为小舸,则欚与欐 、丽并通。”按,“欚、艬”当为古今字,“丽、欐”也当为一词。“欚、欐”声近而相通。但今文献“欚”作大船之称,尚无书证,而“欐(丽)”作小船之称,却不乏其证。《庄子·人间世》:“宋有荆氏者,宜楸柏桑。……三围四围,求高名之丽者斩之。”司马彪注:“丽,小船也。”又《秋水》:“梁丽可以冲城而不可以窒穴。”司马彪注:“梁丽,小船也。”《列子·汤问》作“梁欐”。《三国志·魏志·王朗传》裴松之注引《献帝春秋》曰:“(朗)对使者云:‘独与老母共乘一欐。流矢始交,便弃欐就桴。’”此“欐”分明也为小舟。可见“欐”即“丽、欚、艬”,均作小船泛称。

“艓”,从舟枼声。枼声有薄小义。“堞”,城上女墙;“牒”,小札、薄札;“腜”,薄切肉。艓是舟之薄小者，故泛指轻便小船。《宋书·沈攸之传》："轻艓一万，截其津要。"唐杜甫《最能行》："富豪有钱驾大舸，贫穷取给行艓子。"杨伦注："艓，小舟也，言轻如叶也。"韩偓《阻风》诗："肥鳜香秔小艛艓，断肠滋味阻风时。""艛(lóu)"，楼船。"艛艓"，楼船、小船，泛称船。

"舴艋"是蚱蜢形的小船。《广雅·释水》："舴艋，舟也。"王念孙疏证："《玉篇》：'舴艋，小舟也。'小舟谓之舴艋，小蝗谓之蚱蜢，义相近也。"《艺文类聚》卷七一引南朝宋《元嘉起居注》曰："余姚令何玢之，造作平床一乘，船舴艋一艘，精丽过常。"又引《异苑》曰："檀道济……得大船，孔凿若新，使匠作舴艋。"截大船料而作舴艋，可见其为小船。《南齐书·张敬儿传》："部伍泊沔口，敬儿乘舴艋过江，诣晋熙、王燮。"唐李贺《南园》诗之九："泉沙耎(软)卧鸳鸯暖，曲岸回篙舴艋迟。"宋李清照《武陵春》词："只恐双溪舴艋舟，载不动、许多愁。"

《集韵·上筱》："䑿，䑿舠，船长貌。"或以为"小船"(文首引《玉篇》)。按，"䑿舠"，为联绵词，犹"窈窕"。《文选·孙绰〈游天台山赋〉》："邈彼绝域，幽邃窈窕。"为深曲貌。深曲者，径途必长，用于船为䑿舠，作形容词则为"船长貌"，作名词则为细长之船。二义本为一事。《梁书·王僧辩传》："(贼)又以䑿舠千艘，并载土(按，当为'士')，两边悉八、十棹，棹手皆越人，去来辄袭，捷过风电。僧辩乃麾细船，皆令退缩。"上称"䑿舠"，下称"细船"，可见其船细长。《资治通鉴·梁纪·孝元帝承圣元年》："又以䑿舠千艘载战士。"胡三省注引《玉篇》等，并断曰："(䑿舠)盖今之水哨马即其类。"水哨马是长江巡哨船。据明沈岱《南船记》，此种哨船以航速快的细长船型充当。其中如九江式哨船长四丈二尺，宽七尺九寸，分十舱，单桅，一橹，四桨。安庆式哨船略短，宽同，分九舱，一橹，八桨。䑿舠与此相近。故《正字通·舟部》曰："船小而长者曰䑿舠。"即是细长而快的小船。

参考文献

[1] 本书编委会：《水运技术词典》(古代水运与木帆船分册)，人民交通出版社，1980 年 10 月。
[2] 王冠倬：《中国古船》，海洋出版社，1991 年 8 月。

249. 三翼·艅（余）艎（皇、艎）·冒突·楼船·戈船·艨艟（蒙童）·蒙（艨）冲·舰（槛）·车船

战船，主要用于内河水战。春秋时吴、越国有船体长大、速度极快的"三翼"，吴国有君王乘坐的指挥船"艅艎"。汉代有冲击战船"冒突"。春秋至南北朝流行宜于快速攻击的大战船"戈船"。春秋至明代流行可作运输舰的多层大战船"楼船"。东汉至宋流行轻型攻击舰"艨艟"，又称"蒙冲"。始于三国的"舰"，本是上下四方设板槛的主力攻击舰，故又称"斗舰"，尔后涌现不少著名舰种。"车船"是装轮形桨、脚踏转轮激水行船的快速战舰，唐代已见，宋代攻击力更大。

【同义】

《太平御览》卷七七〇引《越绝书》（佚文）曰："阖闾见子胥：'敢问船运之备何如？'对曰：'船名大翼、小翼、突冒、楼船、桥船，今船军之教比陵军之法。'"所称皆是战船。南朝梁元帝《驰檄告四方》："戈船夜动，若沧海之奔流。""戈船"，战船。《广韵·平东》："艨，艨艟，战船。"《文选·陆机〈辨亡论〉下》："舳舻千里，前驱不过百舰。"李周翰曰："舰，战船也。"宋陆游《老学庵笔记》卷一："战船有车船……官军战船亦仿贼军车船而增大。"

【辨释】

我国古代的战船用于内河的水战和沿海的海战。最早，周武王为灭殷纣，组织各诸侯之师渡黄河演习，然所乘并非专用的战船（《史记·齐太公世家》）。真正的水军、战船则从春秋伊始，主要集中在渤海湾的齐国，长江流域的吴、越、楚诸国。《左传·襄公二十四年》："夏，楚子为舟师以伐吴。"此公元前459年长江水面的春秋吴楚之战，是我国历史上最早见于载录的水战。《哀公十年》："徐承帅舟师，将自海入齐，齐人败之，吴师乃还。"此公元前485年的吴齐黄海之战，乃是历史上最早的海战。但当时尚不能产生专用于海战的战舰。从宋代起，能制造多帆的海船，火器开始装备战舰，才出现正规的海战。然而都是防御性的御寇、驱寇之战。综观几千年封建社会，历代的战船、战舰主要用于内河水战。

"三翼"，指大翼、中翼、小翼，是春秋时期吴、越国的主要战船。"翼"有宽放与疾速意。《文选·宋玉〈神女赋〉》："翼放纵而绰宽。"李善注："翼，放纵貌，如鸟之翼，随意放纵。"《文选·嵇康〈琴赋〉》："骈驰翼驱。"李善注："翼，疾貌。"翼船宽大、疾速，故也以"翼"名。《文选·张协〈七命〉》："尔乃浮三翼，戏中沚。"南朝宋谢灵运《撰征赋》："迅三翼以鱼丽，襄两服以雁逝。"（"鱼丽"，上古的一种战阵。"襄"，驾。）翼船的形制，上举《文选·张协〈七命〉》句李

善注引《越绝书·伍子胥水战兵法内经》曰："大翼一艘长十丈，中翼一艘长九丈六尺，小翼一艘长九丈。"据别的有关资料而知，大翼宽一丈五尺，中、小翼宽一丈三、二尺。船身较细长。大翼可乘士卒九十一人，其中划桨手五十人，兵士二十六人，掌管停泊和航向者三人，专管长短武器者四人，长官二人，还有大量的弓弩、矢、头盔、铠甲、钩、矛、斧等兵器(参《太平御览》卷三一五所引《越绝书》佚文)。中、小翼当稍减。可见翼船容积大，但体型狭长，划手众多，故行速甚快。《太平御览》卷七七〇引东汉袁康《越绝书》(佚文)记伍子胥对吴主阖闾问战："大翼者当陵军之重车，小翼者当陵军之轻车。"后世"三翼"、"翼"即代称战船。南朝宋谢灵运《从军行》："赵骑驰四牡，吴舟浮三翼。"又引申为快船的泛称。《文选·颜延之〈车驾幸京口三月三日侍游曲阿后湖作〉诗》："千翼泛飞浮。"李善注："千翼，谓舟也。"唐骆宾王《晚泊江镇》诗："四运移阴律，三翼泛阳侯。"("阳侯"，传说中的波神，此指江河。)元稹也曾用"光阴三翼过"的诗句形容时间消逝之速。

以三翼为代表的春秋战国战船如何进行水战，不得其详。但从战国铜器上的水战图或可见其概况。1935年河南山彪镇出土水陆攻战铜鉴两件，其鉴图中层首尾起翘的狭长船，不设樯帆，分上下两层，下层四个腰挂短剑的划桨手(两边则八人)正倾身劲划，上层之船首竖旌旗，旁一人正大弯腰劈刺欲上船之敌。船中二人正挥动长戟。船尾立一建鼓、一钲，一人正援桴而击。1965年成都百花潭出土镶嵌宴乐水陆攻战纹壶，壶图的第三层画双方战船相对驶近，战船与上引鉴图相似，唯其上层各有五人，以戈与剑相互格斗，交战气氛更烈。翼船盖亦此类。从《越绝书》记载与出土铜器上三幅水战图看，当时的战船无帆与舵，动力靠人站立击棹，故划桨手是戎士的一倍以上。划桨手在下层，士卒在上层进行攻战。使用的武器有远射的弓弩，隔船格斗的戟矛，其柄尤长于车战所用。另外还有各种长钩，如钩镰、撩钩。交战方法主要是接舷战，即两船靠近拼杀。故大翼专设四人负责接舷时钩推敌船。指挥系统与车战一样，凭借旌旗与金鼓。总之，当时的水战，一似陆上的车战格局，是车战模式在江河上的运用。故伍子胥会对各种战船皆以各种战车相喻说。

"艅艎"或作"余皇"、"艅艎"。最初是春秋吴国君王所乘的大型战船，作战时的指挥船。《广韵·平鱼》："艅，艅艎，吴王船名。"作战时船上必设旗鼓之属。《左传·昭公十七年》："楚师继之，大败吴师，获其乘舟余皇。"杜预注："余皇，舟名。"《抱朴子·博喻》："艅艎、鹢首，涉川之良器也。"("鹢首"，天子所乘舟，画鹢鸟于船首而名。)《文选·左思〈吴都赋〉》："比鹢首之有裕，迈艅艎于往初。"张铣注："鹢首、艅艎，皆船之极丽者。"后成为巨舰的泛称。晋郭璞《江赋》："漂飞云，运艅艎，舳舻相属，万里连樯。"由"艅艎"之设而可知春秋战国之水战战船编队必设旗舰。

"冒突"或作"突冒"，是一种冲击战船，作用如伍子胥所称是"陵军之冲车"(《太平御览》卷七七〇引《越绝书》佚文)。最早也源于吴国，下行于汉。《后汉书·岑彭传》："于是装直进楼船、冒突、露桡数千艘。"李贤注："冒突，取其触冒而唐突也。"在火器使用前的水战，水军攻击的基本战术是接舷战、火攻、顺流冲角，后者是让坚利的舰首借助于顺流、顺风之势，快速冲击敌舰尤其是旗舰的战术。“冒突”，就是东汉时出现专作冲角之用的利舰。至南宋制造了“铁壁铧觜（嘴）”海鹘船，铁包尖利的船首，成为新型威猛的冲角舰，是冒突的发展。

“楼船”是行于春秋至明代的楼式大型战船，内河及海上均可使用。最初是春秋吴国的战船。伍子胥曰：“楼船者当陵军之行楼车也。”（《太平御览》卷七七○引《越绝书》佚文）“行楼车”是车上设望楼、多匹马拉的一种兵车。秦始皇也曾使尉屠睢将楼船之士攻越（《汉书·严安传》）。秦以后，楼船更为发展。《史记·平准书》载汉武帝为征闽广之越，扩建水军：“乃大修昆明池……治楼船，高十余丈，旗帜加其上，甚壮。”《三辅黄图》卷四引《三辅旧事》所记：“昆明池……中有戈船各数十，楼船百艘，船上建戈矛，四角悉垂幡旄葆麾，盖照烛涯涘。”东汉马援伐交趾，率楼船大小二千余艘（见《后汉书》本传）。晋左思《吴都赋》：“楼船举颿（帆）而过肆。”晋王浚攻克金陵灭吴所造可容二千余人、上可驰马的大连舫，即是将两大楼船相并联。唐刘禹锡《西塞山怀古》诗：“王浚楼船下益州，金陵王气黯然收。”《玉海》卷一四七引《兵制·水战建炎楼船凌波军》曰：“（宋高宗）建炎元年六月二十一日置水军以习水战，号楼船军，从李纲之请也。”楼船的大小、层数设施皆不一，然而有楼、大于一般战船则一。据唐李筌《太白阴经》和明李盘《金汤借箸十二筹》称，后世楼船上建楼三重，列女墙战格，状如城垒；树幡帜，开弩窗矛穴，置抛车、垒石、铁屑，外覆毡革，以御敌火攻，则楼船有居高临下攻击的优势，应是攻击性主力舰。但文献中不见以楼船进行水战的记录，唯见以楼船在内河、近海运载军队的记载，楼船甚至到过朝鲜、中南半岛（《汉书·朝鲜传》、《后汉书·马援传》）。可见，它实际上是种大型运输舰。从春秋至宋代，凡水军战舰，必有楼船。“……然施之水军，不可以不设，足张形势也。”（《武经总要》）故“楼船”成了战舰的代称。负责造船的官称楼船官，《汉书·地理志》中庐江郡即有楼船官。水军将领称楼船将军，汉武帝时杨仆（《汉书·武帝纪》）、东汉段志（《后汉书·南蛮传》）皆是。水军称“楼船军”，上引《玉海》卷一四七即其例。水兵称“楼船士”。《汉书·食货志上》：“因南方楼船士二十余万人击粤。”

楼船（《武经总要》）

“戈船”是行于春秋至南北朝的大型战船，因上建戈矛而得名。或谓“戈”为“弋”之讹，而“弋”即“翼”，故戈船即三翼。此说疑点颇多，未可从。戈船实与楼船相类，唯无楼，更宜快速攻击。上引《三辅旧事》即将此二船并称以述（又见于《西京杂记》卷六）。《越绝书·越绝外传记越地传》：“勾践伐吴，霸关东，徙琅琊，起观台，台周七里以望东海，死士八千人，戈船三百艘。”《汉书·武帝纪》：“遣……归义越侯严为戈船将军，出零陵，下离水。”晋左思《吴都赋》：“戎车盈于石城，戈船掩乎江湖。”《宋书·谢晦传》：“檀道济统劲锐武卒三万，戈船蔽江，星言继发，千帆俱举，万棹遄征。”戈船帆与棹并用，故行速甚快。北周庾信《哀江南赋》：“戎车屯于石城，戈船掩乎淮泗。”

“艨艟”又称“艨冲”，又作“蒙童”、“蒙冲”。《释名·释船》：“外狭而长曰蒙冲，以冲突敌船也。”《集韵·平钟》：“艟，艨艟，战船，所以突敌。”因船身和顶舱皆蒙以生牛皮，故称“艨艟”，联绵词；以其蒙覆而可冲击敌船，故名“蒙冲”。其船面分两层：下层两边居划桨手，长桨从两舷的掣棹孔中伸出；上层是强弩手，设有发射箭镞的窗口和矛穴。船体不大，故能快速攻击。显然，这是航速较快的轻型攻击舰。《后汉书·文苑传·祢衡》：“黄祖在蒙冲船上，大会宾客。”《太平御览》卷七七〇引《吴志》曰：“孙权讨黄祖，祖横两艨冲，挟守沔口。”《三国志·吴志·周瑜传》：“刘表治水军，蒙冲斗舰乃以千数。”《旧五代史·贺瓌传》：“以艨艟战舰，阨其中流，晋人断我艨艟，济军以援南栅，瓌退军于行台。”

蒙冲（《武经总要》）

“舰”，或作“槛”，或称“斗舰”。《释名·释船》：“上下重版曰槛，四方施版以御矢石，其内如牢槛也。”据唐李筌《太白阴经》记载，其船舷上装设半身高的女墙作为掩体，两舷墙下开有掣棹孔，手桨从孔中伸出。船面五尺之内建楼棚，高与女墙齐，棚上四周又设女墙，上无覆盖，以树幡帜、牙旗，置放指挥攻击进退用的钲鼓。显然，这是有“牢槛”式掩蔽设施、稍大于蒙冲的主力攻击舰，常作为旗舰。“舰”本是这种战船的专称，始见于三国。《三国志·吴志·周瑜传》：“今寇众我寡，难与持久。然观操（曹操）军船舰首尾相接，可烧而走也。”上举同篇“蒙冲战舰”句亦其例。但由于战船的发展，不久即成为各种有“牢槛”式掩蔽设施的主力攻击舰通称。《宋书·刘钟传》：“钟自行觇贼，天雾，贼钩得其舸，钟因率左右舰攻户，贼遽闭户距之，钟乃徐还。”“户”，舰的室门，俗称马门。《南齐书·柳世隆传》：“平西将军黄回军至西阳，乘三层舰，作羌胡伎，泝流而进。”唐李白《永王东巡歌》之七：“战舰森森罗虎士，征帆一一引龙驹。”宋吴自牧《梦粱录》卷十二：“且如海商之舰，大小不等。”从三国以后，历代涌现的舰种很多。魏晋时，有一种“油船”，船体裹以牛皮，上涂桐油，防护性能优于蒙冲。东晋有“桔槔”舰，即利用杠杆，装以重物，在接弦战时毁伤敌船，是拍竿的前身。《太平御览》卷七七〇引《晋中兴书》记晋陶侃等征蜀，镇压杜弢起义，曰：“大战，蜀贼

斗舰（《武经总要》）

以桔槔打没侃舰二十余艘，人皆投水。”南北朝时，南朝卢循的起义军造八槽舰。《太平御览》同上卷引《义熙起居注》曰：“卢循新作八槽舰九枚，起四层，高十余丈。”(亦见于《宋书·武帝纪》)八槽，可能指八个密隔舱。最著名的要算隋代楼船式的五牙舰。《隋书·杨素传》：“素居永安，造大舰，名曰五牙，上起楼五层，高百余尺，左右前后置六拍竿，并高五十尺；容战士八百人。”拍竿是利用杠杆原理，新创的有威力的水战攻击武器。“其制如大桅，上置巨石，下作辘轳……敌船迫逼，则发拍竿击之，当者立碎。”此武器在南朝陈光大元年已出现(参《陈书·华皎传》、《侯瑱传》等)。隋杨素在灭陈的长江三峡水战中，以四艘五牙舰，利用拍竿，一举击碎陈军十余艘主力战船，俘陈军二千余(《隋书·杨素传》)。

“车船”，即是“轮船”，船上装置轮形桨，人脚踏转轮激水，使船前进。“脚踏而行，其速如飞”(宋吴自牧《梦粱录》卷十二)。装备战舰，是在唐代。《旧唐书·李皋传》：“(皋)常运心巧思为战舰，挟二轮蹈之，翔风鼓疾，若挂帆席。”即谓一船两舷各设一轮，水兵足踏带动轮桨，其船疾与挂帆同。到宋代，车船更向多轮发展，并装上拍竿，其攻击力更大。杨么起义军的大型战舰设有数对轮形桨，多则二十四组，“踏车前进。每舟载兵千余人。又设拍竿长十余丈，上置巨石，下作辘轳，遇官军船近，即倒拍竿击碎之，官军以此辄败”(《宋会要辑稿·兵一〇·讨叛》)。在南宋阻金兵南下的长江水战中，车船重创金舰，屡建奇功。

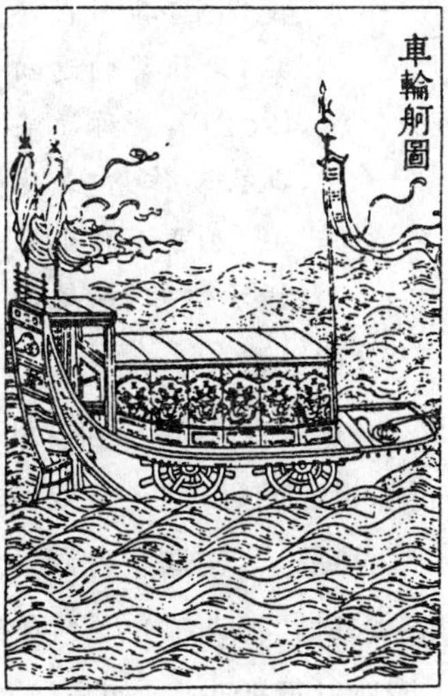

车船(《古今图书集成》)

从上古至宋代，战船还有很多。如汉代的冲锋战船先登，轻疾战船赤马，侦探战船斥候，唐代的稳性极高的海鹘，等等。都是不张樯帆、设置左右长棹，以人力为动力；作战主要方式是接舷战；使用武器是刀剑弓弩等中近距冷兵器。从宋代起，始向火器时代过渡。至元代已创建了火器装备的舰队。至明代战舰的火器装备发展到顶峰。

参考文献

[1] 金秋鹏：《中国古代的造船和航海》，中国青年出版社，1985年11月。
[2] 张墨：《中国古代海战水战史话》，海洋出版社，1984年4月第2版。
[3] 本书编委会：《水运技术词典》(古代水运与木帆船分册)，人民交通出版社，1980年10月。
[4] 刘旭：《中国古代兵器图册》，书目文献出版社，1986年11月。
[5] 方豪：《中西交通史》，岳麓书社，1987年12月。
[6] 王冠倬：《中国古船》，海洋出版社，1991年8月。
[7] 杨泓：《水军和战船》，载《中国古兵器论丛》(增订本)，文物出版社，1985年10月。

250. 篙(橋、槹、槁)·桨·楫(檝、辑)·櫂(棹、濯)·桡·榜·枻(栧、拽)·橹(艣)

船上的推进工具,用人力者,常见有篙、桨、橹三种。篙是手撑者,与筏俱生,其名在秦以后始见。桨是手横划者,也历史悠久。"楫(jí)",短桨,又作桨的通称。"櫂(zhào)",吊置于船舷的长桨,常含动作意。"桡(ráo)",兼称短桨、长桨;本是吴越方言词,遂作口语中桨的通称。"榜",也含动作意,是唐代及唐以前吴越一带的方言词。"枻(yì)",多指渔舟之桨,也可泛称小桨。"桨",中古才见的吴方言口语词。橹是纵向划行者,置于船舷、船尾的支钮,是桨的发展,其名汉代始见。

【同义】

《说文·木部》:"楫,舟棹也。"(大徐本)《说文新附》:"棹,所以进船也。"《玉篇·木部》:"枻,楫也。"《广韵·去效》:"棹,檝也。"《方言》第九:"楫谓之桡,或谓之棹。"《广韵·上养》:"桨,檝属。"《文选·曹冏〈六代论〉》:"浮舟江海,捐弃楫棹。""楫棹"同义连用。李善注引《通俗文》曰:"棹谓檝也。"《汉书·百官公卿表》中水衡都尉属官有辑濯令丞,颜师古注谓辑濯"皆所以行船也"。如淳曰:"辑濯,船官也。"《楚辞·九章·涉江》:"齐吴榜以击汰。"("汰",水波。)王逸注:"吴榜,船棹也。"《说文新附》:"篙,所以进船也。"《淮南子·主术》"七尺之桡"句高诱注:"桡,刺船槹也。""槹"即篙。《释名·释船》:"橹,膂也,用膂力然后舟行也。"《玉篇·舟部》:"橹,所以进船也。"则篙、橹,作用与桨同。以上均是船的推进工具。

【辨释】

"篙",或作"橋"、"槁"、"槹"。《玉篇·竹部》:"篙,竹刺船行也。"唐玄应《一切经音义》卷十五"篙",引《方言》作"槁"。《广韵·平豪》:"篙,进船竿。"《方言》第九:"所以刺船谓之橋。""刺船",即推进船。篙是最早出现、用手撑的推进工具,与舟筏同步诞生。由于制作和使用十分简便,并可以有钩、推、拉的作用,即便在其他推进工具普遍发展之后,篙还是不废其用。后世所见的篙,一般在下端包套铁制篙钻。唐玄应《一切经音义》卷十五引《淮南子·说林》"以篙测江"许慎注:"刺船竹长二丈,以铁为镞者也。"常见的篙有多种。独钻篙,竿头套一个三角体或刀形钻尖,有时在钻尖上垂直置一方形小木板,称为篙牌,以使篙插入水底淤泥后,不致深陷难拔。挽篙,其篙钻有构成直角的一横一直两个,它能撑入航道水底泥层,又可钩住邻船或他物使船拢移。叉篙,篙钻呈叉形,一似鱼叉,撑进水底泥层,不会深陷。也可叉住他船或他物而推拉己船。钩篙,其篙钻为半圆钩形,多用于山区航道逆行之船,通过钩拉岸边之物使船前进。在一些大船的舷边或尾部一般建有可撑篙的走廊,此是中国船只的一个传统特色。

篙虽然历史悠长，但“篙”名在秦以后始见于文献。晋左思《吴都赋》：“槁工檝师，选自闽禺。”《太平御览》卷七七一引喻益期《与韩豫章笺》曰：“马伏波昔开道篙迹，凿石犹存。”《南史·王敬则传》：“百姓担篙荷锸随逐之。”唐杜甫《水会渡》诗：“篙师暗理楫，歌笑轻波澜。”宋苏轼《百步洪》诗之一：“君看岸边苍石上，古来篙眼如蜂窝。”

桨是篙以后出现的手划推进工具。1960年，浙江吴兴钱山漾和杭州水田畈新石器时代遗址出土了数支五千年前的船桨，均一米左右，桨板有宽窄两种。窄者宽仅10—14厘米，稍宽于柄，由整段树枝砍斫而成。宽者为19—26厘米，其中有的桨已分桨板与桨柄两部分，用绳绑札而成。1977年，浙江余姚河姆渡遗址出土一支七千年前的船桨，柄上还雕有花纹。早期的桨用于独木舟和竹木筏，是两手持握离开船舷划水的短桨。以后划子、舢板等小船也多设此种短桨。当造船技术提高，能制造大船后，船舷增高，于是长桨应运而起。桨的加长，使坐划变成站划，并且利用杠杆原理，在船舷上设置桨桩、桨座，长桨通过桨扣架在船舷的桨座上。要提高船速，就得增加桨和划桨手。长沙203号墓木船模型长1.54米，有八对十六支桨和一支尾舵桨。桨不仅通过划动使船行进，而且在舵出现以前，同时也可起舵的作用，控制船的方向，后世小船往往在尾部设左右对桨，并以桨代舵。

桨虽然出现甚早，但“桨”其名，文献中大约中古才见，而且是吴方言口语词。《乐府诗集·清商曲辞四·黄竹子歌》：“一船使两桨，得娘还故乡。”唐李康成谓此歌为“今时吴歌”。在古文献中常作船桨之称的是“楫、棹、桡、榜、枻”诸词。

“楫”或作“檝”、“辑”。《释名·释船》：“楫，捷也，拨水使舟捷疾也。”《易·系辞下》：“刳木为舟，剡木为楫。”（“刳”，kū，剖挖。“剡”，yǎn，削。）《诗·卫风·竹竿》：“淇水悠悠，桧楫松舟。”毛传：“楫，所以棹舟也。”《荀子·劝学》：“假舟檝者，非能水也，而绝江河。”《艺文类聚》卷七一引汉李尤《舟楫铭》曰：“舟楫之利，譬犹舆马。”唐李峤《汾阴行》：“木兰为檝桂为舟，棹歌微吟彩鹢浮。”（“鹢”，yì，画鹢于船头，故代称船。）“楫”，又可作动词，划船，先秦偶见。《诗·大雅·棫朴》：“淠彼泾舟，烝徒楫之。”（“淠”，pì，船行貌。“烝”，众。）或引申为船，是修辞上的代称用法。唐贾岛《送董正字常州觐省》诗：“轻檝浮吴国，繁霜下楚空。”由上可知，“楫”，用以指最早的桨，故后来成为船桨的通称，特指短桨（最早的桨均是短桨）。

《说文新附》：“櫂，或从卓。”《集韵·去效》：“櫂或作棹。”翟声有长意。《说文·羽部》：“翟，山雉也，尾长。”《尔雅》列雉十四种，翟者长毛之雉。又《说文·手部》：“擢，引也。”引申即含长义。卓声是高远义。卓声字如趠、踔皆有远义，远也含长义。故“櫂（棹）”特指吊置于船舷上的长桨。《释名·释船》：“在旁拨水曰櫂。櫂，濯也，濯于水中也，且言使舟擢进也。”《史记·佞幸列传》：“邓通……以濯船为黄头郎。”裴骃集解引《汉书音义》谓“能持濯行船也”。“濯”，通“櫂”。《汉书·刘屈氂传》：“发辑濯士。”颜师古注：“短曰辑，长曰濯。”《文选·江淹〈杂体诗·王侍中〉》：“倚棹汎泾渭。”李善注：“棹与櫂同。”指长桨。古代相当长时期内，大船不以张帆为主，而以长桨作为主要的推进工具，因而“棹”之称，多含动作之意。《文选·

张衡〈西京赋〉》："纵櫂歌，发引知。"李善注："櫂歌，引櫂而歌也。""引櫂"，犹言划桨。《文选·汉武帝〈秋风辞〉》："箫鼓鸣兮发棹歌，欢乐极兮哀情多。"《乐府诗集》"棹"作"櫂"。李善注："棹歌，发棹而歌。"《后汉书·岑彭传》："又发桂阳、零陵、长沙委输棹卒，凡六万余人。"李贤注："棹卒，持棹行船也。"《东观汉记》"棹"作"濯"。"棹卒"，谓划桨行船的士卒。南朝梁庾肩吾《山池应令》诗："逆湍流櫂唱，带谷聚笳声。""櫂唱"，划桨而唱。唐李绅《欲到西陵寄王行周》诗："驿吏递呼催下缆，棹郎閒立道齐桡。""棹郎"，划桨的男子，即船夫。

"桡"，从木尧声。尧声字相反相成，有高长与短小二义。"垚"，土之高。"尧"，高。"頝"，高长头。"翘"，尾长毛。"峣"，焦峣，山高貌。又，"荛"，小薪。《管子·轻重甲》："卖其薪荛。"尹知章注："大曰薪，小曰荛。""侥"，焦侥，古代传说中的矮人，人长三尺，乃极短者。"蛲"，腹中短虫。"铙"，小钲（以上皆《说文》说解）。"桡"作船桨之称，遂也得指长、短桨。《玉篇·木部》："桡，小楫也。"《楚辞·九歌·湘君》："薜荔柏兮蕙绸，荪桡兮兰旌。"（"薜荔"、"蕙"、"荪"，皆香草名。"绸"，缠绕。"柏"通"拍"，缚。）王逸注："桡，船小楫也。"《汉书·元后传》"辑濯越歌"颜师古注："辑，谓棹之短者也，今吴越之人呼为桡。"也以为短桨。"桡"又可称长桨。《后汉书·吴汉传》："装露桡船。"又《岑彭传》："（彭）于是装直进楼船、冒突、露桡数千艘。"李贤注："露桡，谓露檝在外，人在船中。"按，露桡是一种两侧有防护板的战船，或用于进击，或用于运载。击棹行船的桨手，只把长长的船棹从两舷侧的护板中伸露出来，故称此类战船为"露桡"。又，南朝梁元帝《鸟名》诗："晨凫移去舸，飞燕动归桡。"舸是大而快之船，舸中之桡，当也是长桨。"桡"是个吴越方言词，上引《汉书·元后传》颜注已及。又，汉赵晔《吴越春秋·阖闾内传》记子胥引军击郑，郑定公求退兵之计，"渔者之子应募曰：'臣能还之，不用尺兵斗粮，得一桡而行歌道中，即还矣。'公乃与渔者之子桡。子胥军将至，当道扣桡而歌。"南朝梁诸帝诗赋用"桡"甚多。除上举南朝梁元帝诗外，又如，南朝梁元帝《采莲赋》："水溅兰桡。"梁简文帝《采莲曲》："桂檝兰桡浮碧水，江花玉面两相似。"《太平御览》卷七六九引《吴时外国传》曰："扶南国伐木为船……大者载百人，人有长短桡及篙。"唯此，后世多用于语体作品，表现口语色彩。唐皮日休《舴艋》诗："只好携桡坐，唯堪盖蓑睡。"要之，"桡"本是吴越方言词，遂成口语中船桨的通称。今长江流域有些方言区仍有此用。

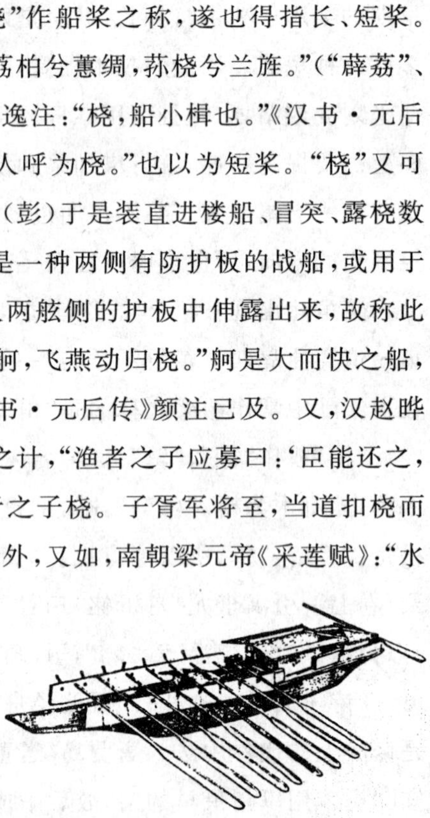

西汉露桡

段玉裁、朱骏声皆谓"榜"假借为"舫"，而有船义。《文选·郭璞〈江赋〉》："舟子于是搦棹，涉人于是檥榜。"（"搦"，提握。"檥"，止。）李善注："榜，并船也。"引申为船桨，也往往带动作意，指划桨，是吴越一带的方言用法。文首引《楚辞·九章·涉江》王逸注于"榜"径以"船棹"为训。《说苑·善说》："榜枻越人拥楫而歌。"南朝梁虞骞《寻沈剡夕至嵊亭》诗："榜歌唱将夕，商子处方昏。"《南史·隐逸传·朱百年》："辄自榜船送妻，还孔氏。""榜船"，用桨划船。唐刘长卿《七星滩重送》诗："秋江渺渺水空波，越客孤舟欲榜歌。""榜歌"，犹棹歌，划桨而歌。

元贡师泰《吴中曲》:“榜声催晓渡江心,蓦听吴娃旧时曲。”“榜声”,划桨声。“榜”之方言性用法,主要行于唐代和唐以前。

“枻”,或作“栧”,本指船舷。《楚辞·九歌·湘君》:“桂棹兮兰枻。”王逸注:“枻,船旁板也。”《楚辞·渔父》:“渔父莞尔而笑,鼓枻而去。”王逸注:“叩船舷也。枻,一作栧。”《文选·司马相如〈子虚赋〉》:“浮文鹢,扬旌栧。”李善注引郭璞曰:“栧,船舷,树旌于上。”可作动词击船舷。南朝齐孔稚珪《北山移文》:“今又促装下邑,浪拽上京。”“拽”通“栧”。“浪拽”,浪击船舷,即使船破浪行进。汉后,可引申为船桨之称。《艺文类聚》卷七一引晋王叔之《舟赞》曰:“缅彼渔人,鼓枻清讴。”晋陶潜《辛丑岁七月……还江陵夜行涂中》诗:“叩枻新秋月,临流别友生。”南朝宋谢灵运《撰征赋》:“迄沂上而停枻,登高圯而不进。”《南史·隐逸传上·渔父》:“渔父至……(孙缅)谓曰:‘窃观先生有道者也,终朝鼓枻,良亦劳止’……,渔父……于是悠然鼓棹而去。”唐无名氏《述圣赋》:“鼓轻枻,漾仙舟,荫乔木,境清流。”宋王令《太湖》诗:“沧浪未容濯,鱼枻夜停敲。”以上诸“枻”皆指称船桨。《南史》例同一事,前作“鼓枻”,后作“鼓棹”,最为明白。“枻”之为船桨,多用指渔舟之桨,渔桨常敲击船舷以捕鱼,故与其船舷的本义一脉相承。上举《南史》例作“渔父……鼓棹而去”。而《楚辞·渔父》作“鼓枻而去”,王逸注为“叩船舷”,尤是明证。“枻”的此种持续性用法提供了古代长期用音响捕鱼,即使用“罧(shēn)业”法捕鱼的实证。《说文·网部》:“罧,积柴水中以聚鱼也。”《淮南子·说林》:“罧者扣舟。”高诱注:“罧者,以柴积水中以取鱼。……鱼闻击舟声,藏柴下,壅而取之。”今湖北一带“罧业”法犹为盛行。由于此种渔舟乃是小舟,击舷之桨必是小桨,故“枻”又常指称小桨,上述引例中也可明见。

橹,是桨之后出现的手摇推进工具,较桨先进。盖以桨划水,仅划水时有实功,而从拔出水面到第二划下水之间的水上过程全为虚功,故浪费人力。人们终于从鱼儿摇尾中找到了既省一样力又连续做功的方法——以橹代桨。橹是长桨的改进。橹也如桨分两部分:上部为橹柄,系绳于舷;下部为橹叶,入水部分渐宽而薄。在橹斜接的船口装蘑菇状粗钉构件作为支钮,橹膛落进支钮,成为杠杆的支点,人一手握橹柄控制方向与速度,一手来回摇动橹担绳,橹叶就呈8字形运动连续划水。如此利用杠杆原理,纵向划动,既省力而功数倍于桨。出土的橹今已见公元前一世纪西汉时的实物:长沙出土西汉船模,有一支两倍于桨的尾橹。广州西汉南越王墓出土提筒纹饰上有船尾橹。广州出土的东汉木船模,也有十桨一橹。云南晋宁、广西等地出土铜鼓上船纹饰,船尾的划水器也近于橹。橹,秦以前当已有其物。据《释名·释船》:“在旁曰橹。”橹既从长桨发展而来,故最早的橹大约设在船两舷,以后才用到船尾。置于船的主桅前方舷侧者称“腰橹”,船首甲板舷侧者为“头橹”,常见在船尾者称“艄橹”。船尾的橹可以兼作舵。随着船的增大,一般可有数橹,多的有十六橹。橹形制可增大,由一人摇而发展为数人甚至数十人摇动。多橹、大橹见于宋元时的海船。但无论橹怎么变化,基本特点都是纵向划动,大于船桨,故《正字通·舟部》曰:“长大曰橹,短小曰桨;纵曰橹,横曰桨。”“橹”或作“艣”,其称名首见于汉代文献,后世常见。《吴子·论将》:“舟利橹檝。”

《三国志·吴志·吕蒙传》:“蒙至寻阳,尽优其精兵……使白衣摇橹。”《晋书·隐逸传·夏统》:“统乃操施正橹,折旋中流。”唐刘禹锡《步出武陵东亭临江寓望》诗:“戍摇旗影动,津晚橹声促。”宋梅尧臣《发长芦江口》诗:“长江无风平似削,两橹夹舸行将归。”陆游《舟中有赋》诗:“一枝柔橹听咿哑,炊稻来依野老家。”

参考文献

[1] 本书编委会:《水运技术词典》(古代水运和木帆船分册),人民交通出版社,1980 年 10 月。
[2] 王冠倬:《从文物资料看中国古代造船技术的发展》,《中国历史博物馆馆刊》1983 年总第 5 期。
[3] 杨泓:《水军和战船》,载《中国古兵器论丛》(增订本),文物出版社,1985 年 10 月。
[4] 周苏严:《先秦时期的渔业》,《农业考古》1985 年第 2 期。
[5] 周世德:《中国桨系的演变》,《文史知识》1989 年第 11 期。
[6] 王冠倬:《中国古船》,海洋出版社,1991 年 8 月。

八、什　物

251. 燋(焦)·茹·燧(遂)○枉矢、寀矢、火箭

“燧”,取火具。最早是钻燧,钻木取火具,周代起已流行;到春秋时,出现了阳燧,依靠阳光的取火具。“茹”,引火物。“燋(jiāo)”,将火种引到别处的火把。用于箭头,从上古而后,就有“枉矢、寀矢、茹矢、火箭”等称名。

【同义】

“燃、茹、燧”皆为火源之称,指引火、取火之物。

【辨释】

《说文·火部》:“燋,所以然(燃)持火也。”谓手持以燃物之火,即引火的火把。《礼记·少仪》:“凡饮酒为献,主者执烛抱燋。”孔颖达疏:“燋,谓未爇(ruò)之炬。”“爇”,烧灼。也常作灼龟的引火把。《仪礼·士丧礼》:“楚焞(tūn)置于燋,在龟东。”郑玄注:“楚,荆也,荆焞,所以钻灼龟者。燋,炬也,所以然(燃)火者也。”《周礼·春官·菙氏》:“凡卜,以明火爇燋。”“明火”,用阳燧之火。谓用阳燧取火,再点燃引火的燃柴。按,此殆春秋以后之制,商时尚无阳燧(说见下)。占卜时,先取得火种(一般用钻燧),燃着引火的燋柴;然后用燋柴点燃“楚焞”,又称“契”;再用楚焞灼龟而见其兆,定吉凶(参段玉裁《说文·火部》“燋”注)。故《春官·菙氏》又曰:“掌共燋契,以待卜事。”作动词,指集中持久地烧灼。《文选·刘孝标〈辨命论〉》:“天乙之时,焦(燋)金流石。”指成汤时大旱七年之事。

“茹”本是食之称。《说文·艸部》:“茹,饮马也。”《玉篇·艸部》:“茹,饭牛也。”《礼记·礼运》:“饮其血,茹其毛。”又作引火物之称。此义传世文献罕见,却数见于居延汉简,在《莫当隧守御器簿》、《大湾守御器簿》等的登记簿册中,往往作为守御装备,与火燧并列,简文有“茹十斤”之语。又,EPT50.8:“匈奴人攻亭不得下,煤茹矢射积薪。”EPT21.56A:“茹尖稾寀矢☒。”EPT16.2:“第廿三隧长董放诣官输茹。”其“茹”,旧译为“酒”。今有学者认为应是取火时所用火信,用艾蒲、絮麻细末掺合制成的团状物。它由专门部门制作,再分配给各烽燧使用,簿册登记均作十斤,当是王莽时期每个烽燧每次放火的基本用量,合今五斤。“茹矢”即“茹尖稾寀矢”,是一种火箭,箭头安置茹球,当亭燧万一被侵扰围攻,不能燃亭外场上积薪时,就施放点燃的茹箭于积薪,使之及时燃烧(参初师宾文)。今可从训诂与兵器史补充申论之。《广雅·释诂四下》:“茹,柔也。”“茹、柔”日母,双声为训。《楚辞·离骚》:“揽茹蕙以掩涕兮。”王逸注:“茹,柔耎(软)也。”“茹”,从如声,如从女声,“女”本作曲膝跪坐之形,女

声有柔曲义。《荀子·赋篇》:“此夫身女好而头马首者与?”杨倞注:“女好,柔婉也。”《说文·女部》:“如,从随也。”《说文·心部》:“恕,仁也。”均含柔从意。絮,纳衣之麻绵,亦是柔物。“茹”,从草,故是柔曲可食之草,可用于饲牛马。扩大至人,则是食之称,专指食柔软之物,《方言》第七:“茹,食也。”此浑言。《尔雅·释言》:“啜,茹也。”“啜”专称饮流汁,茹亦当之,可见茹物必柔。“茹毛”,毛亦柔物。故《诗·大雅·烝民》曰:“柔则茹之,刚则吐之。”毛传:“柔犹濡毳也。”自然,用于发火的绒团毛细柔物,也可称“茹”。茹之置于矢箭,即射火种于他物之茹箭,古称“枉矢”、“茧矢”。《周礼·夏官·司弓矢》:“凡矢,枉矢、絜矢利火射,用诸守城、车战。”郑玄注:“枉矢者,取名变星,飞行有光,今之飞矛是也。或谓之兵矢,絜矢象焉。二者皆可结火以射敌、守城、车战。”孙诒让正义:“八矢之枉矢,以结火射远,与妖星飞行有光相似,故取彼为名。”郑注之“今之飞矛”,即《墨子·备穴》的“短弩茧矢”。汉之“飞茧”或作“茧飞”,以弩发射。《广雅·释器》:“飞茧,箭也。”《文选·潘岳〈闲居赋〉》:“激矢茧飞。”李善注引《东观汉记》:“光武作飞茧箭以攻赤眉。”汉简之“茧矢”即此。茧矢即茹矢(箭),以弩发射。盖强弩射程一二百步,正是从燧之亭坞至亭坞外积薪堆垛之间距,故从亭坞弩孔射于坞外薪堆,无疑可致燃报警。

非唯汉代为然。茹箭延用于后世,但径称为“火箭”。有些兵器研究者称为“古典纵火箭”,其主要引燃物是松香、草艾、油脂、硫黄、沥青等。《三国志·魏志·诸葛诞传》记司马昭之围诞于寿春,诞“临高以发石车火箭逆烧,破其攻具”。《南齐书·崔慧景传》:“恭祖劝慧景,射火箭烧北掖楼。”《北史·王思政传》记东魏太尉高岳等攻西魏之颍川,筑土山以临城,守城之思政“又射以火箭,烧其攻具”。在北宋出现火药纵火箭前,文献中“火箭”均指上古以来的枉矢、茹矢、茹箭。

“燧”,从火遂声,声兼义。“遂”字,朱骏声以为《说文》训作“亡也”,于经传无证,当云:“遂,道也,与‘术’略同。”(《说文通训定声·履部》“遂”字)朱说可从。《史记·苏秦列传》:“禽(擒)夫差于干遂。”司马贞索隐:“遂者,道也。於干有道,因为地名。”上古郊外之道、田间小沟皆可称“遂”。地下或其他暗中通道也得称“遂”,后出字为“隧”。《左传·隐公元年》:“若阙地及泉,隧而相见,其谁曰不然?”《庄子·天地》:“凿隧而入井,抱瓮而出灌。”现有复词“隧道”。“燧”也从“遂”得声义,犹言火道,即取火之道。故取火之“燧”也取“遂”声。用火,是人类文明的重要标志。在旧石器时代早期,人类已用火,但全靠自然火,如电闪击物起火、森林起火,人们取得火种使之留于火塘而不灭,但毕竟不甚方便。到发明、掌握了燧火,才获得了用火的真正自由。

我国古代的燧有两种:阳燧和钻燧。

阳燧,《周礼·考工记》称为“鉴燧”,《礼记·内则》称为“金燧”,也有称“阳符”、“火镜”等,是利用阳光而成的取火具。《周礼·秋官·司烜氏》:“掌以夫遂取明火于日。”郑玄注:“夫遂,阳遂也。”南朝梁简文帝《艳歌篇》:“灯生阳燧火,尘散鲤鱼风。”阳燧是曲率很大的圆形凹铜镜,凹面镜的一种,反射时聚日光于焦点,照灼置于焦点的艾蓬蒲絮之类易燃物而起火。《墨子·经下》已记述了凹面镜与凸面镜成像的规律，表明战国时早已有了凹面镜。《太平御览》卷三引《庄子》曰："阳燧见日则燃为火。"注曰："金也，摩拭令热，便置日中，以艾就之火生。"此条未见今本《庄子》，而见于《淮南子·天文》，很可能是《太平御览》引据有误。但《淮南子·说林》曰："若以燧取火，疏之则弗得，数之则弗中，正在疏、数之间。""疏、数"指远近，谓火媒离镜不可过近过远，其中实已隐含焦点、焦距的概念。可见在西汉时阳燧已非肇始物。至今的出土实物表明，阳燧可上溯至春秋。1983年浙江绍兴306号战国墓出土有"小阳燧"一面，其《发掘简报》云："出土时侧立于小铜壶之旁，曾被误认为壶盖。径3.6厘米，呈黑色。燧面内凹，光可鉴人。背有小纽，以细密小点为地纹，环布昂首舞爪的奔龙四条。"其先，20世纪50年代在河南上村岭1052号春秋早期虢国墓也曾出土一面阳燧，与绍兴小阳燧十分相似：背面也有鼻纽，纽旁作两虎缠虺和双鸟缠虺纹饰，正面是白色光洁的凹球面。随燧出土还有一只盘螭纹扁圆形小铜罐，据研究"可能就是随身携带，用以盛装艾绒，以作阳燧取火用的"(《中国光学史》第二章)。正唯阳燧出现甚早，故在《淮南子》时代已开始理论与实践的探索。至东汉，对其认识更为深刻、具体。汉王充《论衡·率性》："阳遂取火于天，五月丙午日中之时，消炼五石铸以为器，磨砺生光，仰以向日，则火来至，此真取火之道也。今妄以刀剑之钩月，摩拭朗白，仰以向日，亦得火焉。夫钩月非阳遂也，所以耐取火者，摩拭之所致也。"("耐"通"能"。"丙午"，按阴阳五行说，均属火。)王充针对当时对阳燧取火的神秘色彩，唯物地指出在一年中阳气、火气最盛之日中午以阳燧可以取火。若将金属之刀剑弯成月牙形凹面摩拭光亮，即使之有良好的反射性能，也可向日取火。《艺文类聚》卷八〇引《淮南子》"阳遂见日"句高诱注语："取金（'盃'之讹，即杯）无缘者，执日高三四丈时以向，持燥艾承之寸余，有顷焦之，吹之则然(燃)，得火。"当时凹面镜焦距仅2—3厘米，日高三四丈，正值朝阳，此时也能取火，"可见其球面镜的反射性能与聚焦性能都相当好，反映了当时磨镜技术之高超"(引同上)。

春秋阳燧

钻燧，即钻木取火。钻木而成的取火具，又称"木燧"、"阴燧"。《礼记·内则》"木燧"郑玄注："木燧，钻火也。"《淮南子·本经》："钻燧取火。"钻燧早于阳燧。《韩非子·五蠹》谓远古之时，"民多疾病，有圣人作，钻燧取火以化腥臊，而民说(即'悦')之，使王天下，号之曰燧人氏"。燧人氏的时期相当于旧石器时代晚期的峙峪文化时期。彼时已出现钻燧，当属可能。至周代，已是普遍使用的取火方法。上古取火钻木一年中有所不同，称为"改火"、"易火"。《论语·阳货》："钻燧改火。"《管子·禁藏》："钻燧易火。"一般是春取榆柳之火，夏取枣杏之火，秋取柞楢之火，冬取槐檀之火。今有论者否认钻燧起火的可能性，谓此是儒家的虚构和无稽的传说。但现在我国甘肃、新疆和世界各地大量遗迹、遗物的发现和文化人类学的调查乃至文献的记载完全可以证实其事。盖钻燧较方便实用，故汉亭燧遍用之。据居延汉简，居延亭燧苣火、积薪之燃，除灶内留存火种外，每处尚须配备二具钻燧，甲 1991、甲 977 均有“出火遂二具”之句。居延简甲 91、92 载录宣帝元康五年诏书：“先夏至一日，以阴燧取火。”阴燧与阳燧相对，即木燧。木燧不仅见于汉简记载，且居延实地业已发现不少实物。20 世纪 30 年代，瑞典学者于此发掘得燧牝木 6 件，钻杆 2 件。70 年代以来，我国考古人员又续有发现，至 80 年代共出土 10 余件木燧和不少钻杆遗物，布于 9 个点。此外，在新疆一些遗址也有钻木取火器发现。其形体大同：一块木板，边缘钻出许多圆形孔穴，穴边有刻槽，穴槽及周围都被灼焦；钻杆是圆形木棍，有旋钻痕迹。有些学者对国内一些少数民族进行文化人类学的调查，发现在其日常生活和宗教活动中仍保留许多原始取火方法，并现场表演了不少原始钻燧的过程(参汪宁生文)。根据大量出土遗物，结合这些科学的调查可以推知其方法如此：将有洞孔的牝木平放于地，然后将引火物放在洞边，洞中插进钻杆，用拉弓旋拉钻杆，因急速旋转而摩擦生热，钻下的木屑变成火星迸射出来，使引火物达燃点而燃。也可以将易燃的引火物放入洞孔，双手对搓钻杆，摩擦生热而燃。文献中对钻燧记载不胜枚举。《史记·吴起列传》记马陵之战前夕，庞涓中孙膑埋伏之计，“庞涓果夜至斫木下，见白书，乃钻火烛之。读其书未毕”云云。“钻火”，即用木燧起火。《礼记·内则》：“左佩……金燧，右佩……木燧。”起火具已是上古、秦汉之人的外出随带物。

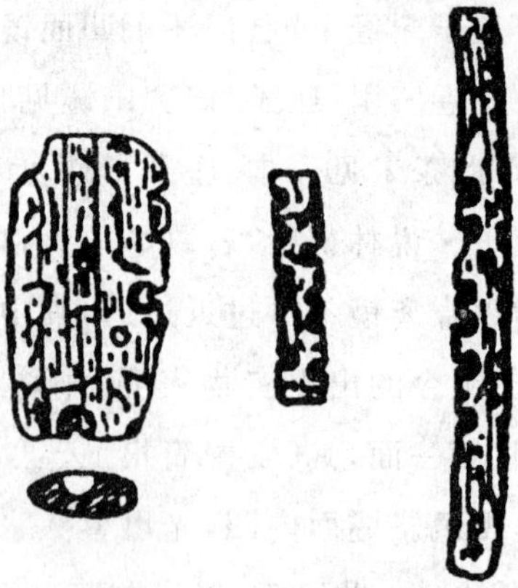

东周墓葬出土木燧钻孔木片和木棒

由上可知，“燧”的本义乃指取火之道，即取火具，“燧人氏”、“钻燧”、“阳燧”之“燧”均用其本义。唯此，“燧”之所有引申义均与火有关。

参考文献

[1] 潘吉星：《中国火箭技术史稿》，科学出版社，1987 年 8 月。
[2] 王锦光、洪震寰：《中国光学史》，湖南教育出版社，1986 年 4 月。
[3] 金永林：《金属文物欣赏》，陕西科技出版社，1984 年 6 月。
[4] [清]孙诒让：《周礼正义》(第十册)，中华书局，1987 年 12 月。
[5] 初师宾：《汉边塞守御器备考略》，载《汉简研究文集》，甘肃人民出版社，1984 年 9 月。
[6] 浙江省文物管理委员会等：《绍兴 306 号战国墓发掘简报》，《文物》1984 年 1 期。
[7] 汪宁生：《我国古代取火方法的研究》，《考古与文物》1980 年第 4 期。
[8] 陈戈少：《新疆出土的钻木取火工具》，《考古与文物》1982 年第 2 期。
[9] 汪宁生：《云南少数民族的取火方法》，载《民族考古学论集》，文物出版社，1989 年 1 月。

252. 炬(苣)·爝·爟(权)·燎·烛·灯(镫)○庭燎、蜡(蠟、腊)烛、蜡炬、炷(主)

照明用具最早用火炬。"烛",上古至魏晋为火炬通称。"炬",秦以后野外火炬之称。"燎",大火炬,君主、大臣的庭院中树于地的众多火炬称"庭燎"。野外小炬火是"爝火",设于桔槔能上举远照的炬火为"爟(guàn)火"。"灯",灯盏,春秋战国之际已有较高工艺水平,汉代种类更多,大别为二:或使用灯芯即"炷"的膏油灯,或插烛的烛灯。烛灯仍是火炬灯。蜡烛,要到南北朝出现,而到唐代才取代炬烛,"烛"成为蜡烛的通称。

【同义】

《玉篇·火部》:"炬,火炬。"《庄子·逍遥游》:"而爝火不息。"陆德明释文引《字林》曰:"爝,炬火也。"《广韵·入烛》:"烛,灯烛也。"《广雅·释器》:"爟,炬也。"《玉篇·火部》:"灯,灯火也。"《宋书·武帝纪下》:"壁上挂葛灯笼、麻绳拂。"唐张籍《楚宫行》:"千门万户开相当,烛笼左右列成行。""烛笼",也指灯笼。《南史·张畅传》:"义恭又饷炬烛十挺。""炬烛"同义连用,指火把。《汉书·外戚传上》:"乃夜张灯烛,设帷帐,陈酒肉。"《隋书·柳彧传》:"鸣鼓聒天,燎炬照地。"宋孟元老《东京梦华录》卷六:"九子母殿及东西塔院……竞陈灯烛,光彩争华,直至达旦。""燎炬"、"灯烛"皆为同义连用,指照明的火。

【辨释】

"炬"或作"苣"。《说文·艸部》:"苣,束苇烧也。"火炬虽然是最古老、简单的照明用具,但上古不称"炬"。"炬"是秦以后对野外照明用具的专称。汉王充《论衡·说日》:"试使一人把大炬火夜行于道,平易无险,去人十里,火光灭矣。非灭也,远也。"《太平御览》卷八七〇引《汝南先贤传》曰:"许嘉字德珍,事郡功曹,为小吏,常持剑侍功曹,月日朝并持炬。"《神仙传》曰:"王遥字伯辽,夜大雨晦冥,遥出行不露雨,有炬火常在于前。"多用于军事。《史记·田单列传》:"牛尾炬火,光明炫耀。"《后汉书·任光传》:"使骑各持炬火,弥满泽中,光炎烛天地。"《太平御览》卷八七〇引《魏志》曰:"(满宠)募壮士十数人,折松为炬,灌以麻油,从上风放火烧贼。"《晋书·王濬传》:"又作火炬,长十余丈,大数十围,灌以麻油,在船前,遇锁,然炬烧之。"

《说文·火部》:"爝,苣火祓也。……吕不韦曰:'汤得伊尹,爝以爟火,衅以牺豭。'""爝以爟火",说解谓"爝"作动词,用炬火祓除不祥意。按,此仅为用之一端。"爝"字从火爵会意。"爵",本为雀的象形,与"雀"一样,都有小义,如作饮酒器,实一升最小。"灂",水小声。

“釂”，饮酒尽（皆见《说文》）。“爝”则是小火。故《庄子·逍遥游》：“日月出矣，而爝火不息。”成玄英疏：“爝火，犹炬火也，亦小火也。”《后汉书·酷吏传·周纡》：“爝火虽微，卒能燎野。”《淮南子·人间》：“夫爝火在缥烟之中也，一指之所能息也。”诸“爝火”皆指野外小火、小炬火。浑言之，才泛指炬火。

“爟”或作“权（權）”。从火雚声，雚声有举义。故《说文·火部》云：“爟……举火曰爟。”即上举的炬火，主要用于祭祀照明。《吕氏春秋·本味》：“爝以爟火。”高诱注：“火者（指权火）所以袯除其不祥，置火于桔槔，烛以照之。”又《赞能》：“至齐境，桓公使人以朝车迎之，祓以爟火，衅以牺猳焉。”《淮南子·氾论》：“洗之以汤沐，祓之以爟火。”《史记·封禅书》：“通权火，拜于咸阳之旁。”裴骃集解引张晏曰：“权火，烽火也。……欲令光明远照通祀所也。汉祠五畤于雍，五里一烽火。”北周庾信《周上柱国齐王宪神道碑》：“匈奴突于武川，爟火通于灞上。”由上可见，所谓举火之“爟”，是置于桔槔（杠杆）可上举的一端，燃以薪苇，使黑夜中光明远照。古人常用于祭祀时照明，以寓祓除不祥之意。以其与烽火相似，故也可指称报警的烽火，但此是浑指，二者实非同物：烽是烟，上举而使燃草之烟上腾，其火乃是地上燃薪柴而起；“爟”却是上举的火，可烛照远近。唯此，一般只称祭祀时上举的火炬，而不指烽火。

“燎”从尞得声义。《说文·火部》：“尞，柴祭天也。”即谓聚柴而盛烧祭天，此是后世尞祭之制（后世作“燎”）。甲骨文有其初文（後一、二四、七）。上或下，有数点示火焰上腾之状；另一类仅从木加数点。二式均表示火烧木柴之意。商代的尞祭范围广于后世，向上帝、自然诸神、先妣、旧臣乃至其他有关的神灵祈求保护，均可尞祭。尞声有大义。“潦”是雨水之大。“橑”是重屋大椽。“獠”是大火烧田行猎。则“燎”也得指大火。《说文·火部》：“燎，放火也。”此即指大火烧荒，动词。《诗·小雅·正月》：“燎之方扬，宁或灭之！”郑玄笺：“火田为燎。”这是原始农业的经营方式，即所谓“刀耕火种”。正如孟子所追述，其时“草木畅茂，禽兽繁殖”，而“舜使益掌火，益烈山泽而焚之”（见《孟子·滕文公上》），谓舜使益任主火之官，益在山泽燃起烈火焚烧。此所谓“燎原”。《书·盘庚上》：“若火之燎于原，不可向迩，其犹可扑灭！”《三国志·魏志·陈琳传》：“以此行事，无异于鼓洪炉以燎毛发。”句以小与大对比，见出“燎”是大火焚烧。因此，引申作名词，指大的火炬。古人称“庭燎”，是置于门内庭中照明的大烛、大火炬。以布缠绕苇束，灌以饴蜜（蜂蜡）而成（参《周礼·秋官·司烜氏》“庭燎”贾公彦疏）。《艺文类聚》卷八十引《说文》曰：“庭燎，大烛也。”《玉篇·火部》：“燎，火在门外曰烛，于门内曰庭燎。”《诗·小雅·庭燎》：“夜未央，庭燎之光。君子至止，鸾声将将。”此诗述周宣王时诸侯来朝之事。孔颖达疏：“庭燎者，树之于庭，燎之为明，是烛之大者。”《礼记·郊特牲》：“庭燎之百，由齐桓公始也。”孔颖达疏：“谓于庭中设火以照燎来朝之臣夜入者。……《礼》，天子百燎，主公五十，侯伯子男三十，齐桓公是诸侯而僭用百，后世袭之，是失礼，从齐桓公为始。”又引皇侃曰：“（百），作百炬列于庭也，或云百炬共一束也。”《韩诗外传》卷三：“齐桓公设庭燎，为士之欲造见者。”《艺文类聚》卷八十引《晋中兴书》曰：“哀帝兴宁元年诏庭燎树端门内。”《邺中记》曰：“石虎正会，殿庭中、端门外、阊阖前，设庭燎，皆二合，六处皆六丈。”晋傅玄《庭燎》诗：“元正始朝享，万国执珪璋。枝灯若火树，庭燎继天光。”据上可知，中古以前君主公侯的庭燎是一项宫室照明的礼制，属于迎宾之礼。君主所设，在宫廷的端门内外。庭燎者，均是灌蜂蜡的大火炬。按周制，五等爵用炬数有差等，不过后世并不遵行。火炬的放置法似不是数十支聚束，而是分列于地。上引傅玄诗句“枝灯”与“庭燎”相对，也可见庭燎非同于“火树”之聚束。庭燎既是树地之炬火，于是扩大之，凡是家中置近地面的炬火，甚至灯火，均可称“燎”。上引《诗·小雅·庭燎》“庭燎”句陆德明释文：“在地曰燎，执之曰烛。”此语盖本《仪礼·士丧礼》郑玄注。《汉书·食货志上》：“冬，民既入，妇人同巷，相从夜绩……必相从者，所以省费燎火。”颜师古注：“燎所以为明，火所以为温也。”唐张说《幽州新岁作》诗：“边镇戍歌连夜动，京城燎火彻明开。”此已指灯火。

“烛”是照明火炬的通称。上古常指室内手执之火炬。《周礼·秋官·司烜氏》：“凡邦之大事，共(供)墳烛庭燎。”郑玄注：“故书墳为蕡。郑司农云：‘蕡烛，麻烛也。’”按，“蕡”即蓖麖字，麻烛者，指麻秆捆扎之烛。上古时无论手执之小烛，庭燎之大烛，乃至野外之火炬，常用荆条、芦苇、麻秆三种材料，灌以蜂蜜，故所成之物实都是火炬。“烛”亦然。烛之异于燎者，在于有把手，用于手执，小于庭燎。《礼记·曲礼上》：“烛不见跋。”孔颖达疏：“《小尔雅》云：‘跋，本也。本，把处也。’古来未有（蜡）烛，唯呼火炬为烛也。”《仪礼·燕礼》：“宵则庶子执烛于阼阶上，司宫执烛于西阶上，甸人执大烛于庭，阍人为大烛于门外。”《礼记·檀弓上》：“曾子寝疾，病。乐正子春坐于床下，曾元、曾申坐于足。童子隅坐而执烛。”“隅坐”，坐于室角，不与成人并坐。《艺文类聚》卷八十引《尚书大传》曰：“晋平公问师旷曰：‘吾年七十，欲学，恐已暮。’师旷曰：‘臣闻老而学者，如执烛之明。执烛之明，孰与昧行？’”《韩非子·外储说左上》：“郢人有遗燕相国书者，夜书，火不明，因谓持烛者曰：‘举烛。’”因误书“举烛”，但燕相却因误而悟，此为“郢书燕说”之典。烛既是火炬，故“庭燎”也可称“大烛”。孙诒让曰：“烛、燎本以树地与手执异称”，但“通言之，庭燎亦为大烛，故《燕礼》凡庭阶执与不执并曰大烛”（语见上引《周礼》句正义）。

“烛”不仅在灯出现前都指火炬，而且当春秋战国之际出现了灯后，烛亦可用于灯内，仍指火炬。《楚辞·招魂》：“兰膏明烛，华镫错些。”《太平御览》卷八七〇引《孙子》曰：“火光明于天者，灯烛何施焉？”“灯烛”连用显示了二者的结合。其“烛”均称火炬。然有些论者辄谓此种灯烛已是蜡烛，似乎蜡烛是灯的孪生物，如上举《楚辞·招魂》句称为“最早描写蜡烛的辞句”，于魏晋一些诗文中的“烛”、“蠟烛”，径解为今之蜡烛。此关涉蜡烛之源始，不可不辨。

今所见汉以前包括战国时期的灯具，其盛烛的底盘都比较大，如河南三门峡上村岭春秋战国墓出土的擎灯铜人，其双手所持Y柱上的灯盘，有内外圈，直径大于人首数倍。河北平山三汲战国早期墓葬出土一件银首人俑铜灯，其上下三个灯盘，也都有内外圈，直径也大于人首数倍。类此者甚多，此种灯盘显然不宜施用今之蜡烛，而插束炬甚宜。汉代有一类烟道灯，至今已见十四件。如"双烟道闆翁主釭鐖"，其灯有盘、罩、管道、鼎等部件，灯盘的燃烟通过顶盖双臂管道，迂曲而降沉入鼎，鼎中盛凉水，可降温并溶烟炱（参《文物》1979 年第 1 期之介绍）。如此讲究的排烟装置，显然适合于使用烟炱较多的炬烛。俞樾曰："古人之烛或用麻，或用木蓼，或用胡麻，或用脂膏，并无所谓蜡烛。《潜夫论·遏利篇》始有'脂腊（蜡）明镫'之语，腊（蜡）烛容起于东汉以后。……《西京杂记》虽有闽越王献高帝蜜烛事，然《杂记》所言本非可据。"（《茶香室续钞》卷十四）按，王符《遏利》文原句："知脂蜡之可明镫也，而不知其甚多则冥之。"此并非言蜡烛，连下句而观，当指其液态，意灯内脂蜡之油太多会适得其反，使灯炷掩没而冥。但俞氏云蜡烛起于东汉后，诚是。其实，就是魏晋，灯已普遍用蜡为燃料，但蜡与烛尚未结合。《艺文类聚》卷八〇引范坚《蠟（蜡）灯赋》："列华槃，铄凝蠟，浮炷颖其始燃。"谓凝蜡光铄融为液状，炷浮于脂液而燃。《太平御览》卷八七〇引傅玄《烛铭》："煌煌丹烛，焰焰飞光，取则龙景，拟象扶桑。"王子年《拾遗记》记汉董偃豪华卧室有"麻油烛如屈龙形"。诸"烛"皆不指蜡烛。综观实物与文献则可知，当烛用于灯后，其形制已趋精致多样：可聚束、粗短插于钎，也可为细长条，弯成龙凤交枝等艺术形象，甚至还有先进的排烟装置。制烛者往往将荆条等炬料切碎以脂油拌和，包以布帛（如耐火的火浣布），作成弯带状，上作色饰，傅玄《烛铭》的"煌煌丹烛"即其例。今往往解为蜡烛，殊误。古今蜡烛从未有揉曲蟠绕成种种艺术形象者；且早期蜡烛是"银烛"，而非红烛。毫无疑问，"蜡烛"之出现，当在南北朝。南朝宋刘义庆《世说新语·雅量》："（周仲智）须臾举蜡烛掷伯仁，伯仁笑曰：'阿奴火攻，固出下策耳！'"其时诗文均见对蜡烛的描写。南朝梁元帝《对烛赋》："烛火灯光一双炷，讵照谁人两处情？"北周庾信《对烛赋》："刺取灯花持炷烛，还却灯檠下烛槃。"二赋所指为有灯芯之烛，与上引汉晋诗文作种种艺术造型之"烛"大异其趣，必为蜡烛。当然，南北朝时，蜡烛尚是豪奢之物，非人人皆能用，故也还盛行火炬为烛。《北史·吕思礼传》："昼理政事，夜即读书，令苍头执烛，烛烬夜有数升。"以理律之，所指当是炬烛，而不会是蜡烛。到唐代才普及了蜡烛。唐河东道晋州的贡物有蜡烛。以其色白，常称"银烛"。以其从火炬变来，故又承古而称"蜡炬"。白居易《房家夜宴喜雪赠主人》诗："烛泪粘盘垒葡萄。"唯用蜡方可流如泪。杜牧《秋夕》诗："银烛秋光冷画屏，轻罗小扇扑流萤。"杜甫《宿府》诗："清秋幕府井梧寒，独宿江城蜡炬残。"李商隐《无题》诗："春蚕到死丝方尽，蜡炬成灰泪始干。"从唐代起，"烛"成为蜡烛的通称。从此蜡烛成为主要的照明用具之一。当然，蜡烛本身也有发展过程。至宋代，用的还是蜂蜡。宋以后，才掌握提取虫蜡、石蜡的工艺，出现今所见的蜡烛。

"灯"本作"镫"。《说文·金部》："镫，锭也。"按，《急就篇》卷三："锻铸铅锡镫锭鐎。"颜师古注："镫所以盛膏夜然（燃）燎者也。……有柎者曰镫，无柎者曰锭。柎谓下施足也。"则灯（镫）是有足的膏油灯。通言之，"灯"也可赅锭，遂为灯盏的通称。灯之所以名"镫"，盖得声义于"登"，本也作"登"。"登"是瓦豆，高脚下有底座的盛食器（参第 180 条）。照明的灯盏，以其形似瓦豆而名，并以金属范铸，故加"金"，成"镫"；以其燃火照明，俗则作"燈"。

灯的出现，是照明史上的新飞跃，它比手执或树于地的火炬省便、卫生，并且给使用膏油、产生蜡烛，提供了最有利的条件。今所见最早的灯盏实物是河北平山三汲出土的战国早期银首人俑铜灯，这是一件相当精湛的工艺品：在一个饰兽纹的方形座上端立一右衽博袖绘花大袍的男子，平张双臂，手握双螭，螭为灯盏长足（即灯杆），一螭升一高盏，通高66.4厘米，一螭连上下二盏，一盏无足平放于地。灯杆除饰错银蟠螭纹，还有夔龙戏猴之造型。此为公元前四世纪的遗物，表明当时银的冶炼加工技术、灯具的铸造已达到相当高的水平。可见在此以前灯的使用已有一段相当长的历程。战国后期的铜灯已出土甚多，湖北江陵楚墓的“铜人骑驼灯”，河南三门峡上村岭的“跽坐人漆绘灯”，甘肃平凉庙庄的“鼎形灯”，都是结构造型、镂错华饰相当精美的工艺品。汉代，灯更为盛行。其时之灯，就质料说，有铜、铁、陶、漆器等。“就形制说，有豆形灯、雁足灯、杯形灯、盒形灯、盘形带柄灯、多支灯（五支、七支）、兽形灯（牛、羊、凤、朱雀、龟凫、龟鹤、蛟龙）、人俑灯（七人乐舞、人物顶盘、人物饰吊灯、人形吊灯）、辘轳灯（舟形、罐形）、烟道灯（双道、单道）等等。就用途说，有吊灯、座灯、行灯。就外表装饰看，有鎏金、鎏银和错银等。”（查瑞珍文）

长信灯（河北满城汉墓）

战国、秦汉乃至蜡烛产生以前的灯盏，可以大别为有钎、无钎两种类型。有钎者，使用烛，即是精小的火炬（见上），火炬上当然浇灌脂蜜之类，成为烛灯。无钎者，用灯炷和灯油，即膏油灯，后世也常见。《说文·丶部》：“主，镫（灯）中火主（炷）也。”许谓下部是灯架。架下一画是灯座，中为握手处，上弧为盛油膏之盏，弧之上一点象上腾的火苗，即灯炷。此字甲骨文下为柴，上为火焰，指燃烧的火炬。许慎以汉制析字，竟也妙得其真。《太平御览》卷八七〇引桓谭《新论》：“余与刘伯师夜坐，灯中脂炷燋秃将灭。”将“主”字甲骨文与小篆对比，已可窥见古代照明从上古的火炬到战国以来灯盏燃炷的发展。当时使用的灯炷一般是用耐火的火浣布捻线，或丝麻缠束的麦秆制成。也可能已有灯芯草。明李时珍《本草纲目·草之四·灯心草》：“吴人栽莳之，取瓤为灯炷，以草织席及蓑。”满城汉墓出土的羊尊灯，考古工作者以为“用捻线或灯心草点油”（《满城汉墓》48页）。燃料主要是动物脂膏和蜂蜡。《楚辞·招魂》：“兰膏明烛，华容备些。”王逸注：“兰膏，以兰香炼膏也。”膏中掺兰草，以消燃时烟杂气。《史记·秦始皇本纪》所言秦皇冢中长明灯乃用人鱼膏。《太平御览》卷八七〇引《淮南万毕术》：“取蚖脂为灯，置火中即见诸物。”《秦子》曰：“炷大而朗朗，则膏消；炷小而闇闇，则息膏至久也。”凡此，皆是动物脂膏。甘肃平凉庙庄战国鼎形铜灯的鼎内有残存泥状油脂，河北满城汉墓出土卮灯中有残存蜡块，羊尊灯腹腔中有白色沉积物，经化验含油脂成分，均为实证。《艺文类聚》卷八十引《东宫旧事》曰：“宫有铜鸭头灯二，铜侍灯三，供户外用，夕供油七合。”“油”与“膏”相对，当指植物油。《太平御览》卷八七〇引《洞冥记》记武帝时灯“丹豹髓，白凤膏，磨青锡为屑，以淳苏油和之，照于神坛”。上引王子年《拾遗记》所言“麻油烛”，则似乎汉时已用植物油。但这些全是后人对汉事的追述，且载录文献的真实性也从来被人怀疑。迄今可靠的汉代文献既无植物油灯和榨油技术的记载，又无出土实物可证，故尚不宜率尔断定汉代已用植物油照明。当然，这并不排斥民间通过捣、压、熬等方法得到植物油，再用于照明的可能性。

参考文献

[1] 中国社会科学院考古所等:《满城汉墓》,文物出版社,1978 年 2 月。
[2] 金永林:《金属文物鉴赏》,陕西科技出版社,1984 年 6 月。
[3] 杨荫深:《事物掌故丛谈》,上海书店,1986 年 6 月。
[4] 尚秉和:《历代社会风俗事物考》,上海文艺出版社,1989 年 6 月影印本。
[5] 查瑞珍:《我国古代的烛、灯及其他》,《南京大学学报》1986 年 4 期。
[6] 夏桂苏等:《蜡烛琐言》,《文史知识》1990 年第 3 期。

253. 缶（缻）·缾（瓶）·甕（瓮、罋）·甀（錘）·罂（罌）

“瓶”，小口大腹无盖的小汲水器，又可当僧人盛水的食具，常用作酒瓶通称。“缶”，小口大腹有盖的大汲水器，可盛酒。“甕”，小口大腹无盖、大于缶的汲水器，又作盛水器，“甀（chuí）”、“罂”皆似大口鼓腹之缶，而甀小罂大，罂之口、腹大于甀。甀可汲水、盛酱等。罂可作腰舟浮器，主要作盛水器，到宋代多作盛酒器。

【同义】

《易·比》："有孚盈缶。"陆德明释文引郑玄云："汲器也。"《广韵·平青》："瓶，汲水器也。缾、瓶同。"《说文·缶部》："缾，罋也。"《说文·瓦部》："瓮，罂也。""瓮"即"甕"。《说文·缶部》："錘，汲瓶也，或作罋。"《广雅·释器》："甀，瓶也。"

【辨释】

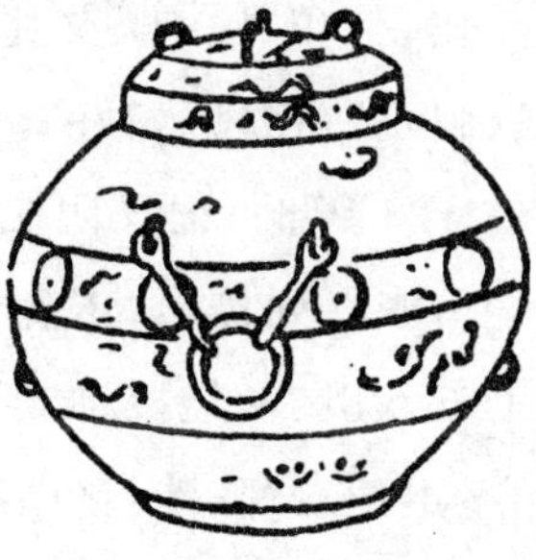

浴缶

尊缶

《说文》部首："缶，瓦器。"徐灏笺："缶，象形，下器体，上其盖也。"缶，圆腹，上有颈，肩上有环耳，颈口有盖。主要特征是小口大腹，有盖。王筠曰："凡器皿字惟缶壶有盖。"（《说文句读·缶部》）今考古界或将缶分为盛酒的尊缶和盛水的浴缶两类，后者分为圆体平底双耳、圆体圈足链耳、甕形三足共三式。上古盛行陶缶，也有青铜器，有名的如春秋中期晋国执政者栾书所铸"栾书缶"，有盖，器与盖各四环纽，腹外有错金字四十，此是当时兴起的金银错工艺较早的一件作品。此外，安徽寿县、湖北宜城出土春秋晚期的蔡侯缶，形制相近，均自铭为"缶"。秦后缶都是陶器。《易·比》"盈缶"陆德明释文："缶，瓦器也。"缶是大汲水器。《左传·襄公九年》："具绠缶，备水器。"杜预注："绠，汲索；缶，汲器。"缶也可用以盛酒，秦和其他一些地区又常作为一种打击乐器。《说文》部首"缶"又曰："（缶）所以盛酒浆，秦人鼓之以节歌。"《易·离》："不鼓缶而歌。"《诗·陈风·宛丘》："坎其击缶，宛丘之道。"《史记·李斯列传》载汉李斯《谏逐客书》："夫击甕叩缶，弹筝搏髀，而歌呼呜呜快耳（目）者，真秦之声也。"司马贞索隐本作"缻"，音"甫有反"。汉杨恽《报孙会宗书》："家本秦也，能为秦声。……仰天抚缶而呼呜呜。"缶还可以盛放他物。唐柳宗元《捕蛇者说》："吾恂恂而起，视其缶，而吾蛇尚存，则弛然而卧。”缶有盖，故蛇放在缶中，但捕蛇者犹惴慄，惧蛇掀盖而逃。

“缾”，或作“瓶”，是小汲水器。小口大腹，无盖，小于缶。今所见较早的瓶是西安半坡新石器遗址出土著名的小口尖底陶瓶，腹有两耳，重心很稳，是很合乎科学原理的汲水用具。《左传·定公三年》：“邾子在门台，临廷，阍以缾水沃廷。”（“阍”，看门人。“沃”，浇。）瓶常用于井汲。汉扬雄《酒箴》：“子犹瓶矣。观瓶之居，居井之湄。”《太平御览》卷七五八引《鲁子》曰：“一井五缾，泄之可待，监（滥）流者众也。”南朝宋刘义庆《世说新语·尤悔》：“（曹彰）既中毒，太后索水救之。帝（曹丕）预敕左右毁缾、罐，太后徒跣趋井，无以汲，须臾遂卒。”又作僧人盛水的食具。南朝梁范缜《神灭论》：“废俎豆，列缾钵，家家弃其亲爱，人人绝其嗣续。”（钵，盛饭器。）唐蒋吉《题商山修路僧院》诗：“此地修行山几枯，草堂生计只缾盂。”（“盂”，僧人盛饭器。）宋苏轼《送小本禅师赴法云》诗：“珠泉有旧约，何年挂缾锡？”（“锡”，僧人随带的锡杖。）“瓶”常用作小型盛酒器即酒瓶的通称。《文选·沈约〈三月三日率尔成篇〉诗》：“象筵鸣宝瑟，金瓶泛羽卮。”李善注：“瓶，酒器也。”唐白居易《琵琶行》：“银瓶乍破水浆迸，铁骑突出刀枪鸣。”杜甫《少年行》：“马上谁家白面郎，临阶下马坐人床。不通姓氏粗豪甚，指点银瓶索酒尝。”

商代兽面纹瓮

“甕”，《说文·瓦部》作“瓮”，又作“罋”。雍声有大义（参第157条）。甕是小口大腹无盖的汲水器，早期也有大口者，如西安半坡出土之甕；不仅大于瓶，也大于缶。《仪礼·既夕礼》“罋三醯醢屑”郑玄注：“罋，瓦器，其容亦盖一觳（斛）。”在殷墟妇好墓中，甕与罍并出。甕下腹小于上腹，利于抱持。《庄子·天地》记汉阴丈人“方将为圃畦，凿隧而入井，抱甕而出灌。”《史记·李斯列传》：“击甕叩缶。”司马贞索隐：“甕，汲缾也。”《太平御览》卷七五八引《孝经援神契》曰：“银甕也，不汲自随，不盛自盈。”《史记·秦始皇本纪》：“陈涉，罋牖绳枢之子。”以罋为窗牖、以绳为门枢，喻贫穷之甚。破甕之圈可作窗洞，可见其大。“甕”还可作盛酒器，相当于今之酒坛。北魏贾思勰《齐民要术·法酒》：“《食经》七月七日作酒法方：‘一石麴作燠饼，编竹甕下，罗饼竹上，密泥甕头。’”南朝宋刘义庆《世说新语·任诞》：“诸阮皆能饮酒，仲容（阮咸）至，宗人闲共集，不复用常桮斟酌，以大罋盛酒，围坐相向大酌。”“甕”还可喻指他物。如大城外有遮附的小城，似甕，一边开门，故称“罋城”，也叫“月城”。《新五代史·朱珍传》：“夜率其兵叩郓城门，朱裕登陴，开门内珍军，珍军已入甕城而垂门发，郓人从城上礫石以投之，珍军皆死甕城中。”

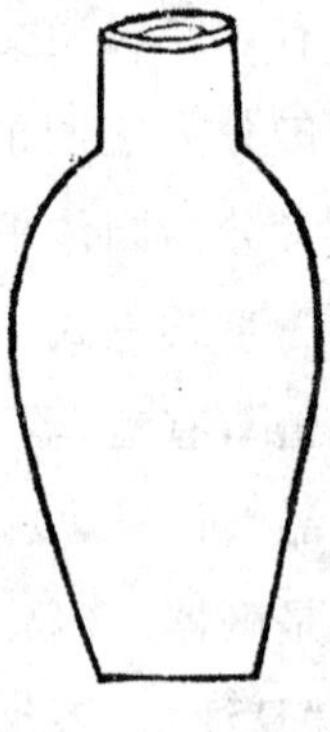
罋

“甀”或作“䍋”，“罌”或作“甖”。《集韵·平支》：“䍋，《广雅》：‘瓶也。’或作甀。”《急就篇》卷三：“甑瓽甂瓯瓨甖卢。”颜师古注：“甖，甀之大腹者也。”《说文·瓦部》“瓮”段玉裁注：“罌者，䍋也；䍋者，小口罌也。”《周礼·天官·凌人》：“春始治鉴。”郑玄注：“鉴如甀，大口，以盛冰。”孔颖达疏：“汉时各为甀，即今之罋是也。”综而观之，甀、罌似缶、瓶、罋之状，但小于罋，而与壶的大小相仿；口则大于瓶、缶。又近于盘，则必鼓腹。从其用途看，当也有盖。简言之，似大口鼓腹之缶。甀、罂之别在于：甀口小于罂，罂腹大于甀，甀小罂大。文献中"甀"较为少见，其器用于汲水、盛酱等。《战国策·东周策》："夫鼎者，非效醯壶酱甀耳，可怀挟提挈以至齐者。"《淮南子·氾论》："木钩而樵，抱甀而汲。""罂"则文献常见。大者可容十升以上，见《墨子·守备》。小者也可容二升以上。《太平御览》卷七五八引《幽明录》曰："（崔茂伯女）提一金罂受二升许，径到裴床前立。"罂由于容积大，往往作腰舟、浮器。《史记·淮阴侯列传》："陈船欲度临晋，而伏兵从夏阳以木罂缻渡军。"裴骃集解引徐广曰："缻，一作缶。"罂缻不可用木制，尤其数量甚多，故当是绑置木，使这些汲水器口向上，以增浮力，似远古的腰舟。宋曾巩《政要策·水灾》曾记淳化时夏秋暴雨弥水，"崇明门外皆浮罂栰以济"，即编连罂器成筏。但罂主要用作盛水器。《三国志·吴志·孙静传》："顷连雨水浊，兵饮之，多腹痛，令促具甖缶数百口澄水。"《太平御览》卷七五八引《甄异传》曰："忽有鬼来令才（张君才）取一白甖盛水半。"也常用作盛酒器。汉王充《论衡·谴告》："酿酒于罂，烹肉于鼎，皆欲其气味调得也。"唐韩愈《病中赠张十八》诗："顷樽与斟酌，四壁堆罂缸。"宋苏轼《钱塘六井记》："而岁适大旱，自江淮至浙右，井皆竭，民至以罂缶贮水，相饷如酒醴。"欧阳修《送刘学士知衔州》诗："行当考官绩，勿复困甖缶。""甖缶"，径代称酒，表明到宋代罂缶已久不用作盛水器，而常用作盛酒器。

254. 盘(槃、柈)·洗·鉴(滥)·盂(杅)·椀(盌、碗、瓮)○匜

受水器有"盘",上古用于洗脸、洁手。相配合的"匜(yí)",是流行于西周晚期和春秋的沃器。盘之浅小者作盛物器、食器,深大者做沐浴器。"洗"是流行于汉魏的深腹盥洗受水器。"鉴"是流行于春秋至西汉、大于盘的受水器,可供沐浴、盛冰、照容等。"盂"似簋器而稍大,流行于西周和春秋的大盛饭器,也用以受热水;秦以后趋小,铁质或陶质,盛饭、水、酒,实已成大碗。"椀"是小盂,秦以后出现,初有各种质料,东汉起有了瓷碗。

【同义】

"盘、匜、洗、鉴、盂、椀"都是专用于受水或可以受水的日用、饮食器具。

【辨释】

古之水器,通常有盛水(积存)器、注水器、挹水器、受水(暂时盛放)器四种。本组词主要用作受水器之称。

其中与盘相配的匜比较特别。匜是兼挹、注之用的盥手沃器。"匜"的初文当是"也",象其器形。(于仲匜),其形似瓢,深腹或浅腹,小头有注水的流,大头有鋬。下或四足、三足,或无足。匜出现于西周中期,流行于西周晚期和春秋。"盘",《说文·木部》作"槃",俗作"柈"。般声有旋义。《说文·舟部》:"般,辟也,象舟之旋,从舟从殳,殳所以旋也。"故盘者,大都是圆形。西周中期恭王时代的史墙盘、西周后期的夨(仄)人盘,均是圆腹的青铜器。偶也有方形。迄今所见的最大铜盘,西周中期青铜器虢季子白盘,就是长方形器。商代以前是陶盘,商代出现青铜盘。盘的形制,通常都是浅腹或鼓腹,无耳或二耳,圈足或三足。盘是受水器,故《说文·木部》作:"槃,承槃也。"主要用于洗脸、洁手的盥洗受水。在文献和金文器铭中常"盘匜"连用,商周墓葬中常盘、匜共出,匜置于盘内。传世和出土器如宗仲匜、史颂匜等均与盘同出。盖与商周宴飨礼制有关。宴飨前后得行沃盥之礼,以匜浇注水,以盘承接弃水。《礼记·内则》:"进盥,少者奉槃,长者奉水,请沃盥,盥卒,授巾。"郑玄注:"槃,承盥水者。""长者奉水"谓用匜将水浇到洗者之手,"奉槃"是捧着盘受水。此即是盥洗礼。《仪礼·公食大夫礼》:"小臣具槃匜,在东堂下。"《国语·吴语》:"一介嫡男,奉槃匜以随诸御。"《左传·僖公二十三年》记晋公子重耳盥

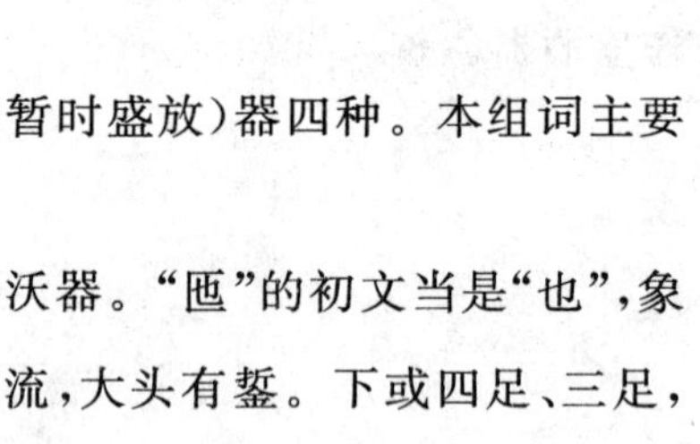

西周匜

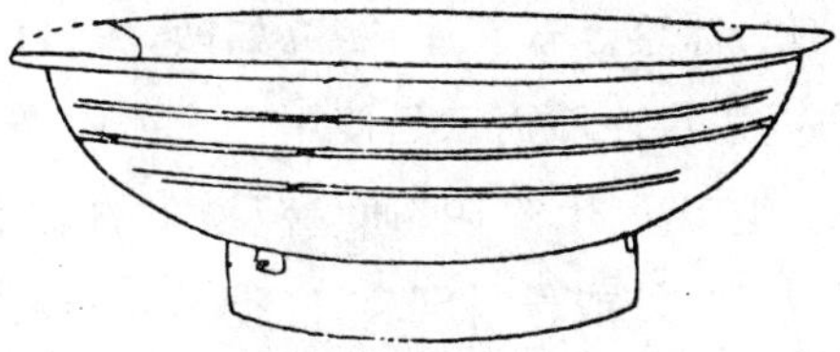
商代弦纹盘

洗过程最为生动。其媵妾怀嬴(秦穆公之女)“奉匜沃盥”,怀嬴捧匜从流中浇水,供重耳洗手,其下当然有盘。重耳“既而挥之”,洗毕一挥手,颇为无礼,故怀嬴怒责:“秦晋匹也,何以卑我?”盘匜沃盥之礼行于上古,秦以后乃废。

盘不仅当洗盘,若大其形、深其腹,就成沐浴器,也行于商周。《礼记·大学》:“汤之盘铭曰:‘苟日新,日日新,又日新。’”孔颖达疏:“汤之盘铭者,汤沐浴之盘而刻铭为戒。”若小其形、浅其腹,就作敞口的盛物器、食器。《左传·僖公二十三年》:“(僖负羁妻)乃馈盘飧,寘璧焉。公子受飧反璧。”“公子”,指重耳。加璧是特别敬重的礼节。上古歃血盟仪,珠盘盛牛耳,敦盛牛血。《史记·平原君列传》:“毛遂左手持槃血而右手招十九人曰。”食盘行于后世。《西京杂记》卷四:“俎上蒸(豚)一头,厨中荔枝一柈,皆可为设。”汉李尤《槃铭》曰:“或以承觞,或以受物,既与清觞,又盛口食。”“觞”,盛着酒的酒杯。南朝梁江淹《学梁王兔园赋》:“碧玉作椀,银为盘。”看来,秦以后的盘多用作盛物器、食器。

汉洗

洗也是盥洗受水器。《仪礼·士冠礼》:“夙兴,设洗直(置)于东荣。”(“荣”,屋翼。)郑玄注:“洗,承盥洗者,弃水器也,士用铁。”贾公彦疏:“恐水秽地,以洗承盥洗水而弃之。”《太平御览》卷七六一引三国魏武帝令曰:“临祭强洗,以手拟水……吾亲受水而盥。”洗的出土物以汉器为多,其制大小不一,或深如罂,或浅如盂。不过大都是深而鼓腹,侈口,折颈,很像今用的扁痰盂;有的侈口,不折颈,很像今用的小面盆。鼓腹处常有穿环的二兽耳,器内底常用双鱼作饰或铸吉祥语。《金石索》归为“杂器之属”,不登于郊庙礼祭。战国以后,沃盥之礼渐废,盘亦被洗替代。洗是上古出现、流行于汉魏的深腹盥洗受水器。

《说文·金部》:“鉴,大盆也。”鉴最早是陶质。青铜鉴要到春秋中期出现,流行于春秋战国至西汉。今所见青铜鉴,多为圆形,有双耳平底式、四耳平底式、四耳圈足式,也有少数作方形四耳圈足。要之,大口深腹,有二耳或四耳,均大于一般的盘。传世的吴王夫差鉴和智君子鉴,皆为圆形。前者自称“御鉴”,后者自称“弄鉴”。河南山彪镇出土水陆攻战纹鉴,也是圆器。少数有方形者,如三门峡上村岭5号墓出土镶嵌龙耳鉴。古人有时或以方言不同,与“盘”混而不分。如西周虢季子白盘高41.3、长130.2、宽82.7厘米。如此大的长方形体,应称“鉴”,但铭文自称“作宝盘”。西周袓伯盘(河南省博物馆藏),铭文却自称“袓作墉自作宝鉴”。不过也表明盘、鉴之相近。鉴之用甚多。最早的鉴作水镜,用以盛水照容。“鉴”的初文是“监”。甲骨文“监”即作一人俯首睁眼就器皿照容之形。此是铜镜的滥觞。但即使铜镜产生后,犹可作水镜之用(参第256条)。鉴主要用作受水沐浴,作沐浴器。《庄子·则阳》:“夫灵公有妻三人,同滥而浴。”陆德明释文引奚侗谓“滥”借为“鉴”。此外,还作盛冰器。《周礼·天官·凌人》:“春始治鉴。凡外内饔之膳羞,鉴焉,凡酒浆之酒醴亦如之。祭祀共

（供）冰鉴。”郑玄注：“鉴，如甀，大口以盛冰，置食物于中，以御温气。”按，凌人掌管储藏天然冰，以供冷藏而宫廷使用。大冰库谓之“凌阴”，《诗·豳风·七月》：“二之日凿冰冲冲，三之日纳于凌阴。”“阴”通“窨”。小的盛冰器则称“鉴”。“鉴”于周代最为盛行。

“盂”或作“杅”。《广雅·释器》：“盂谓之槃。”此浑言。从文献中看，盂似是方形器。《荀子·君道》：“君者槃也，槃圆而水圆；君者盂也，盂方而水方。”但《韩非子·外储说左上》：“为人君者犹盂也，民犹水也，盂方水方，盂圆水圆。”则盂也可为圆器。若从出土物看，盂圆形居多，侈口深腹圈足，有二耳，似簋而大。有的自名为“飤（饲）盂”、“餴盂”，“餴”疑即“饙”，是蒸饭。故主要当作大型盛饭器，也用以受热水。盂最早见于商代晚期，著名殷墟妇好墓即出土一盂。盂流行于西周、春秋。秦以后仍有见，但已变其用。《说文·皿部》：“盂，饮器也。”《方言》第五：“盌谓之盂。”“盌”同“碗”。《仪礼·既夕礼》：“两敦两杅盘匜。”郑玄注：“杅，盛汤浆。”《礼记·丧大记》：“食粥于盛不盥。”郑玄注：“盛谓今时杯杅也。”《公羊传·宣公十二年》：“古者杅不穿，皮不蠹，则不出于四方。”何休注：“杅，饮水器。穿，败也。”《史记·滑稽列传》：“操一豚蹄，酒一盂。”《汉书·东方朔传》：“置守宫盂下。”（“守宫”，蜥蜴。）汉东方朔《答客难》：“安于覆盂。”《后汉书·显宗孝明帝纪》：“万年之后，埽地而祭，杅水脯糒而已。”“杅水”，犹碗水。《后汉书·吕强传》：“君如杅，民如水。”李贤注：“杅，椀属也。字亦作盂。”唐蒋吉《题商山修路僧院》诗：“此地修行山几枯，草堂生计只缾盂。”“缾盂”，指僧人随身带的汲水器和食具。由上可见，秦以后的盂当是铁或陶质器，且趋于小型，可盛饭、盛酒、盛水，径接口饮食，实是一种吃饭的大碗，故《方言》有“盌谓之盂”之训。

齐侯铜盂

“椀”或作“盌”、“碗”、“瓮”，见于秦以后。《广雅·释器》：“椀，盂也。”此浑言。《说文·皿部》：“盌，小盂也。”按，宛声有圆小义。《周礼·考工记·函人》：“凡察革之道……欲其窓也。”郑玄注引郑司农曰：“窓，小孔貌。”《诗·小雅·小宛》：“宛彼鸣鸠。”毛传：“（宛），小貌。”《庄子·天地》：“适遇苑风于东海之滨。”成玄英疏：“苑，小风也。”钱绎释曰：“小鸠谓之宛，小孔谓之窓，小风谓之苑，小盂谓之盌，亦谓之瓮，其义一也。”（《方言》第五“盌谓之盂”笺疏）。最早是陶碗，新石器时代已有。但其他质料之碗，秦以后方多见。《三国志·吴志·甘宁传》：“权（孙权）特赐米酒众殽……宁先以银盌酌酒，自饮两盌。”《晋书·周访传》：“敦（王敦）……并遗玉环、玉椀，以申厚意。”《北齐书·卢叔武传》：“食至，但有粟飧葵菜，木椀盛之。”南朝宋刘义庆《世说新语·排调》：“王公与朝士共饮酒，举琉璃盌，谓伯仁曰：‘此盌腹殊空，谓之宝器，何邪？’”上引文例表明，碗有木质、玉质、银质、琉璃质、瓷质等，而瓷碗越州所产为佳。唐陆羽《茶经·四之器》曰：“盌，越州上，鼎州次，婺州次，岳州次。”（见《说郛》卷八三）唐施肩吾《蜀茗词》：“越椀初盛蜀茗新，薄烟轻处搅来匀。”而越窑最早的窑址在浙江余姚上林湖已发现。有关部门在浙江沿曹娥江两岸山坡上发现古窑场278处，其中22处属东汉中期，15处属东汉晚期。然则东汉当已有瓷碗。

255. 瓢·蠡·斗(枓)·勺(杓)·瓒·匙(鍉)〇匕(朼、枇)、柶

挹器有"瓢",主要舀水,也可舀酒。"蠡",小瓢。"斗",容量大,短柄,主要舀水。"勺",容量少,柄长于斗,专舀酒,从酒樽舀酒入饮者杯爵中。其专用于祭祀、容量稍大、形制别致的玉勺,称"瓒",上古、秦汉祭祀时用它从盛酒器舀郁鬯酒灌入尸者酒器。上古还有尖心形短柄的"匕",是饭勺;又是载牲具:截取大块牲肉,取放于鼎、镬、俎之间。其中兽骨制、专用于丧礼者称"柶(sì)"。秦以后,匕除了本用,还发展为舀羹汤的汤匙。汤匙称"匙",也或称"匕"。

【同义】

《集韵·平齐》:"蠡,瓢也。"《太平御览》卷七六二引汉服虔《通俗文》曰:"木瓢为斗。""瓠瓢为蠡。"《庄子·逍遥游》:"剖之以为瓢。"成玄英疏:"瓢,勺也。"《说文·木部》:"枓,勺也。"《左传·昭公十七年》:"若我用瓘斝玉瓒。"杜预注:"瓒,勺也。""勺"、"匙"均为小型挹器。《太平御览》卷七六〇引王隐《晋书》记石勒时谣云:"一杯食,有两匙。"而《说文·匕部》:"匙,匕也。"《木部》:"柶,匕也。"《广雅·释器》:"柶,匕也。"《说文》部首:"匕……一名柶。"唐玄应《一切经音义》卷十五引《通俗文》曰:"匕或谓之匙。"

【辨释】

《玉篇·瓜部》:"瓢,瓠瓜也。"《庄子·逍遥游》:"魏王贻我大瓠之种……剖之以为瓢。""瓠",葫芦,分剖即成两瓢。瓢也可用水生动物壳为之。《说文·瓠部》"瓢"字,桂馥《说文解字义证》引杨慎曰:"今闽广之地以鬣鱼壳为瓢,江淮之间或用螺之大者为瓢,是以虫壳代瓜瓠用也。"瓢是挹水器,古今皆然。《论语·雍也》:"一箪食,一瓢饮,在陋巷,人不堪其忧,回也不改其乐。""瓢饮",谓渴而舀一瓢水喝,极状其生活的简朴清贫。后"箪食瓢饮"、"瓢箪"成为状清贫生活之典故。晋陶潜《祭从弟敬远文》:"冬无缊褐,夏渴瓢箪。"瓢也可挹酒。《南史·陈暄传》:"何水曹(何逊)眼不识盃铛,吾口不离瓢杓,汝宁与何同月而醒,与吾同日而醉乎?""瓢杓"同义连用,皆指挹酒器。唐李白《春日陪阳江宁及诸官宴北湖感古作》诗:"感此劝一觞,愿君覆瓢壶。"

《说文·䖵部》:"蠡,虫齧木中也。"作瓢瓠之称,一般以为通"劙"。即"剺",取其分义。《方言》第六:"蠡,分也。"瓢者剺瓠为二,故曰"蠡(剺)"。此不能别二者之异。按,彖声有小义。欚、艣,也作丽(麗)、欐,为小船之称。《方言》第九:"东南丹阳、会稽之间谓艖为欚。"朱骏声曰:"《庄子·秋水》'梁欐可以冲城'司马注'小船也',《三国·王郎传注》'独与老母共乘

一欚'，皆与《方言》之欚为小舸同。"（《说文通训定声·履部》"蠡"字）此也可证，挹水器之"蠡"必为瓢之小者。《急就篇》卷三："蠡升参升半卮觛。"颜师古注："蠡升，瓢蠡之受一升者，因以为名，犹今人言勺升耳。"仅盛一升，当是小瓢。《汉书·东方朔传》："语曰：'以筦窥天，以蠡测海。'""筦"同"管"。颜师古注："蠡，瓠瓢也。"此浑训。句中"筦（管）天"、"蠡海"均是极大与极小的对比，文献中从不作"以瓢测海"，则也可见蠡必是瓢之小者。《南齐书·东昏侯本纪》："帝骑马……不避坑阱。驰骋渴之，辄下马解取腰边蠡器，酌水饮之，复上马驰去。"骑马随挂腰边，宜用小瓢。

"斗""枓"二字现或作一词，或作二词，谓"枓"是舀水用具，"斗"是舀酒用具。其实应作为一词。盖二字上古都属侯部，端母，声韵全同，读"zhǔ"者是中古音的变读。犹"句读"之"读"念 dòu，而其本字是《说文》训为"有所绝止而识之"之"丶"，念 zhǔ，但古音全同。"斗、枓"又常通用不分，如《诗·大雅·行苇》"酌以大斗"，陆德明释文："斗，字又作枓。"又如"斗拱"或作"枓拱"。"枓"当是为别于量器之斗而出的后起专字，"斗、枓"古今字。斗（枓）用以从盛水器中将水舀出注入沃盥的器皿。《仪礼·少牢馈食礼》："司宫设罍水于洗东，有枓设篚于洗西南肆。"郑玄注："枓，斟水器也。凡设水用罍，沃盥用枓。"《礼记·丧大记》："浴水用盆，沃水用枓。"孔颖达疏："用枓酌盆水沃尸。"《穆天子传》卷六："佐者承斗而哭。"郭璞注："斗，酌水杓也。"也可用作挹酒。《诗·大雅·行苇》："酌以大斗，以祈黄耇。"（"耇"，gǒu，老人。）《小雅·大东》："维北有斗，不可以挹酒浆。"喻称似斗形的星座，此指二十八宿北宿的斗宿。汉卓文君《白头吟》："今日斗酒会，明旦沟水头。"杨恽《报孙会宗书》："烹羊炰羔，斗酒自劳。""斗酒"指盛于酒斗中之酒。其盛量有满浅，故"斗酒"一语可喻多，如卓文君诗；或可喻少，如杨恽文。斗也可以挹羹。《公羊传·宣公六年》："熊蹯不熟，公怒，以斗摮而杀之。"（摮，áo，旁击。）

斗之形制与其称名、用途有关。以其挹取液态物，故必有柄。《说文》部首"斗"字，段玉裁注："上象斗形，下象其柄也。"按，"斗"甲金文均作[illegible]（《秦公簋》）之形，较小篆更像斗之形。斗之形制，有些旧注作为方形。《史记·张仪列传》："乃令工人作为金斗，长其尾。"司马贞索隐："凡方者为斗，若安长柄，则名为枓，音主。"《史记·赵世家》："使厨人操铜枓。"张守节正义："其形方，有柄，取斟水器。"均以斗（枓）为柄的方形器，未当。《西清续鉴》所列"汉素斗"就是有柄的圆形器。今所见出土物均是圆形（包括椭圆形），故可以认为斗一般多作圆形。至于大小，斗应有别于勺。今有说者以为"枓、勺皆有小杯，枓柄曲，则直柄有小杯者当是勺"。以曲柄为斗，斗、勺同量，恐不恰当。《说文》部首："斗，十升也，象形，有柄。"挹斗既以"斗"名，容量当亦近之，至少容量大于勺。此当为二者重要区别之一。容量既大，则宜于挹水，故可以认为斗主要用于挹水。《说文·木部》"枓"，徐锴《系传》曰："斗有柄，

春秋晚期交龙纹铜斗

所以斟水。"诚确。而挹水量较多,柄就不宜过长。故斗当是短柄器。上引《诗·大雅·行苇》"酌以大斗",孔颖达疏:"大斗,长三尺,谓其柄也,盖从大器挹之于樽用此勺耳。"此条疏语已隐约将短柄者当作斗,今长其柄,故孔氏易称为"勺"。因此,高鸿缙《字例》曰:"(斗)似杓而深。"凌廷堪《礼经释例》曰:"斟水之器曰斗。"杜迺松《青铜器小辞典》曰:"斗,古代舀水的器具。"上引《仪礼·少牢馈食礼》:"司宫设罍水于洗东,有枓。""枓"即"斗"字。"斗体一般呈椭圆形,腹较深,有短柄,柄端有銎,可安木把。迄今发现的数量很少,多见于春秋战国。"均为确论。据此,在考古出土物中,应将短柄、容量较大(容数升)的挹器命为"斗"。如湖北云梦睡虎地九号秦墓出土兽首凤形舀水器,很像今乡间用的鹅头形长曲柄容器,报告者名为"勺"。此器当改称为"斗"。

"勺"或作"杓"。《说文》部首:"勺,挹取也,象形,中有实,与包同意。"当是"所以挹取也"(段玉裁语)。为挹具。《周礼·考工记·梓人》:"梓人为饮器,勺一升。"《考工记·玉人》"黄金勺"郑玄注引杜子春曰:"谓酒尊中勺也。"盖上古、秦汉正规的饮酒,与后世将壶中酒注入杯不同,共列三档酒器:最大者壶,壶无柄无流而有耳环,用以贮酒;又有樽一类,中型盛酒器;最后是直接口饮的杯爵。勺是重要的纽带:饮时先将壶中酒倒入中型盛酒器,然后用勺从大口的酒樽舀入杯爵,若要加热,就用勺舀入温酒器。据此礼制,酒勺必容量甚小,且宜长柄,才便于舀取与分送到共席宴飨的饮者的杯爵中。若容积大,就不便舀取与注杯爵,故勺当是长柄、如爵大小(爵容一升)的挹酒器。其形制,《中国青铜器》分为三式:一、方口圆底杯加直柄尖尾;二、圆口圆底杯加直杯尖尾;三、圆口圆底杯直柄羊头式。该书又将圆底杯、平腹杯等加上长曲柄的六式列为斗器,其实,此类与一般斗器形制不同,都应作勺。然则,勺者,无非是如爵大小的各种小杯装上各种长的直柄、曲柄而已。验之出土实物与文献材料完全吻合。如长沙马王堆一号汉墓出土的长柄木胎漆勺,大致只有小半碗的容量。河南三门峡上村岭5号战国墓出土镶嵌蟠螭蚊方罍附一提勺。陕西扶风云塘西周窖藏铜器出土一对勺,自名为"白(伯)公文乍(作)金爵",此最可表明勺是酒爵的附器,其大小近于爵。四川出土多块绘有宴食图像的画像砖,其一(《四川汉画像砖选集》第十二砖图)画多人席地而坐,座前各有长案、耳杯,席中有一酒樽,其口搁有一曲柄小勺,一人正伸手取勺,舀酒入耳杯。在秦以后的文献中,"勺"、"杯杓"、"桮杓"之语习见。《史记·项羽本纪》:"沛公不胜桮杓。"《汉书·息夫躬传》:"霍显之谋将行于杯杓,荆轲之变必起于帷幄。"《太平御览》卷七六二引《汉书》作"杯勺"。引《语林》曰:"诸阮以大盆盛酒,木勺数枚也。"金元好问《饮酒》诗之一:"比得酒中趣,日与杯杓俱。"凡此均表明酒勺是酒杯的附器,相当于上古作酒爵的附器。

勺

"瓒",今有的专书与辞书解为勺的古称。不然。古二名同见。《说文·玉部》:"瓒,三玉二石也。"徐锴《系传》曰:"瓒亦圭也。圭之状,剡上邪锐之,于其首为勺形,谓之瓒。于其柄中为注水道，所以灌鬯酒。……瓒之言赞也；赞，进也，以进于神也。”《书·〈文侯之命〉序》：“平王锡晋文侯秬鬯圭瓒。”孔传：“以圭为杓柄，谓之圭瓒。”孔颖达疏：“祭之初，酌郁鬯之酒以灌尸。圭瓒者，酌郁鬯之杓，杓下有槃。”《诗·大雅·旱麓》：“瑟彼玉瓒，黄流在中。”毛传：“玉瓒，圭瓒也。”孔颖达疏：“瓒者器名，以圭为柄；圭以玉为之，指其体谓之玉瓒；其成器谓之圭瓒。……汉礼，瓒槃大五升，口径八寸，下有槃，口径一尺，则瓒如勺，为槃以承之也。天子之瓒，其柄之圭长尺有二寸，其赐诸侯，盖九寸以下。”据诸家所释，瓒者，是上古、秦汉用于盛灌鬯酒的祭祀礼器，其玉柄扁平似圭玉、璋玉状，似圭柄者称圭瓒，似璋瓒者称璋瓒。柄长度从天子以下有差等，其器似可容五升之盘，下还有承托的大盘。上盘有鼻口，以流注鬯酒，祭祀时，用瓒从盛酒器中酌取用于享神的郁鬯酒，灌入尸（活人代祭者）食的酒器中，以其也是挹酒器，故注家或谓之“勺”，其实非一般之勺，而是专用于祭祀、容量较大、形制别致的玉勺。

《说文》部首：“匕，亦所以用比取饭，一名柶。”段玉裁注：“以者用也，用字衍，比当作匕，汉人曰匕黍稷，匕牲体……匕即今之饭匙也，《少牢馈食礼注》所谓饭橾也。”亦作“枇”、“朼”。按，“匕黍稷”者，谓盛黍稷入食器，即是饭勺之用。“匕牲体”者，谓载取牲肉。古人祭祀、享食用的牺牲，先在镬中分为七块：脊、两肩、两柏、两髀，煮熟后用匕戳取升于鼎，调以五味，然后用匕载入俎，再切为二十一档（详《礼记·礼运》）。若是讲究的常馔，基本过程也相仿，总称为“载鼎实”。《仪礼·士昏礼》：“匕俎从设，北面载，执而俟。”郑玄注：“匕，所以别出牲体也。”《少牢馈食礼》：“廪人摡甑甗匕与敦于廪爨。”郑玄注：“（匕），所以匕黍稷者也。”《易·震》：“震惊百里，不丧匕鬯。”王弼注：“匕，所以载鼎实。鬯，香酒，奉宗庙之盛也。”匕，丧礼用桑木（“丧”的谐音）。《礼记·杂记上》：“枇以桑，长三尺或曰五尺。”郑玄注：“枇，所以载牲体者，此谓丧祭也。”吉礼用棘木（“吉”的谐音）。《诗·小雅·大东》：“有饛簋飧，有捄棘匕。”（“饛”，méng，满簋貌。“飧”，熟食，黍稷。捄，长貌。）柶则是用于丧礼的角制匕。《说文·木部》：“柶，礼有柶。柶，匕也。”段玉裁注：“盖常用器曰匕，礼器曰柶。”《广韵·去至》：“柶，角匕，大丧用之。”《仪礼·士冠礼》：“有篚实，勺觯、角柶。”《礼记·丧大记》：“小臣楔齿用角柶。”孔颖达疏：“柶，以角为之，长六寸，两头曲屈。”匕是羹食的附件，故考古发现中常与鼎、鬲等共出。如安徽寿县蔡侯墓出土有通高69、直径62厘米的鼾鼎，即是镬，底有黑烟痕；另有列鼎七件，各附有匕（参《寿县蔡侯墓出土遗物》）。从出土实物看，商代的匕，体呈凹陷的尖心形，后有銎装短木柄；西周的匕，也是凹陷的尖心形，后伸出短扁条柄，中磬折作握手，总说是短柄、头部略凹的尖状物。若展平，一似矛头、匕首。故引申称匕首。《汉书·邹阳传》：“以信荆轲而匕首窃发。”颜师古注：“匕首，短剑也，其首类匕，便于用也。”秦以后，匕亦作饭勺和载牲具使用。此外，又逐渐发展成匙，即调羹。《三国志·蜀志·先主

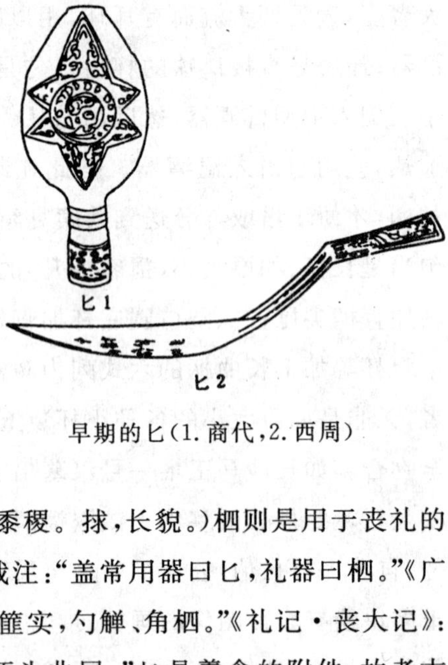

早期的匕（1. 商代，2. 西周）

传》:“先主方食,失匕箸。”《太平御览》卷七六〇引《英雄记》:“董(董卓)常大会宾客,诱降反者以镬之,会者战慄,亡失匕箸。”《续齐谐记》曰:“赵文诏……夜与神女讌寝,脱金簪与扶侍,亦赠以银椀及流离(琉璃)匕。”《北齐书·雀瞻传》:“裴自携匕筯,恣情饮啾。”(筯,同“箸”。)唐韩愈《与鄂州柳中丞书》:“愚初闻时方食,不觉弃匕箸起立。”诸匕,一人操持而用食,已非上古的匕,实指短小的匙。故秦以后之“匕”,或指饭勺,或指汤匙。

《说文·匕部》“匙”段玉裁注:“今江苏所谓搽匙、汤匙也,亦谓之调羹。”也作“鍉”。《后汉书·隗嚣传》:“有司……奉盘错鍉,遂割牲而盟。”李贤注:“今亦奉盘措鍉而歃也。”《太平御览》卷七六〇引王隐《晋书》曰:“石勒时有谣云:‘一杯食,有两匙;石勒死,人不知。’”匙之称名用于今。匙是由上古用于“载鼎实”的匕演变而来,早期的称名是“匕”。

参考文献

[1] 马承源主编:《中国青铜器》,上海古籍出版社,1988 年 7 月。
[2] 杜迺松:《中国古代青铜器小辞典》,文物出版社,1980 年 8 月。
[3] 杜迺松:《中国古代青铜器简说》,书目文献出版社,1984 年 5 月。
[4] 郭宝钧:《中国青铜器时代》,三联书店,1963 年 7 月。
[5] 高文:《四川汉代画像砖》,上海人民美术出版社,1987 年 2 月。

256. 鉴（鑑、鑒）·镜

最早以盆盛水照容，即为水镜。其后，出现铜镜。“鉴”，上古水镜、铜镜总称；战国以后，用“鉴”有古雅、庄重或神秘色彩。“镜”，战国出现的铜镜总称，可包括平面镜、凹面镜、凸面镜、透光镜等。

【同义】

《左传·庄公二十一年》：“王以后之鞶鉴予之。”（“鞶”，pán，束衣的大带。）陆德明释文：“鉴，镜也。”《广雅·释器》：“鉴谓之镜。”浙江绍兴的鉴湖，一名镜湖。

【辨释】

初民从俯身水面见到自己的身影受到启发，遂盛盘水以自照而成水镜。郭沫若曰：“古人以水为监，即以盆盛水而照容，此种水盆即称为监，以铜为之则作鉴，监字即象一人立于水盆旁俯视之形。……铜器如打磨得很洁净，即无水也可以鉴容。”（《三门峡出土铜器二三事》）郭说是。甲骨文“监”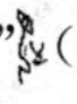（《宁沪一、五〇〇》），即作一人俯首睁眼就器皿照容之形，为显示照容突出一大眼珠。《书·酒诰》：“古人有言曰：‘人无于水监（鉴），当于民监（鉴）。’”《国语·吴语》：“王其盍亦鉴于人，无鉴于水？”当进入青铜时代，早已有了铜镜后，铜质盛水器还常作水镜。青铜器之鉴的一个用途就是作镜照容（参第 254 条）。

唯此，“监”当是“鉴”的初文。本作“鑑”，或作“鑒”。“鉴”不仅称水镜，而且还可称业已问世的铜镜，于是，“鉴”成了上古水镜、铜镜的总称。《左传·定公六年》：“定之鞶鉴。”杜预注：“鞶带而以镜为饰也，今西方羌胡犹然，古之遗服。”杜注以“镜”释“鉴”。鞶鉴是挂在腰间鞶囊中的小镜。文首引《左传·庄公二十一年》句亦其例。《诗·邶风·柏舟》：“我心匪鉴，不可以茹。”陆德明释文作“监”，云：“本又作鉴，甲暂反，镜也。”毛传：“鉴，所以察形也。”《大雅·荡》：“殷鉴不远，在夏后之世。”郑玄笺：“此言殷之明镜不远也。”诸注家均以今言释古言。

从战国起，有了“镜”字，但“鉴”本义犹存。《庄子·天道》：“水静犹明，而况精神！圣人之心静乎！天地之鉴也，万物之镜也。”成玄英疏：“圣人之心静乎！是以鉴天地之精微，镜万物之玄赜者，固其宜矣。”《庄子》此句“鉴、镜”并出，用于动词抽象义。《墨经》中论述平、凸、凹面的铜镜全用“鑑”。三国魏曹植《宝刀赋》：“扇景风以激气，飞光鉴于天庭。”汉李尤《镜铭》：“铸铜为鉴，整饬容颜。”《新唐书·魏徵传》：“以铜为鉴，可正衣冠；以古为鉴，可知兴替；以人为鉴，可明得失。”《宋史·舆服志一》：“平盘上布黄褥，四角勾阑设圆鑑。”《方伎传上·王处讷》：“又尝梦人持巨鑑，星宿灿然满中。”宋沈括《梦溪笔谈·异事》：“嘉祐中，伯兄为卫尉丞，吴僧持一宝鑑来，云：'斋戒照之，当见前途吉凶。'"下至近世，如《红楼梦》中"风月宝鑑"，清宫所藏古代铜器的汇集《西清古鑑》，亦其例。上引秦以后诸"鑑"，其义为镜，但显然带有古雅、庄重或神秘的色彩。

"镜"字，最早见于战国文献。上举《庄子·天道》已及。又，《庄子·应帝王》："至人之用心若镜，不将不迎，应而不藏，故能胜物而不伤。"《韩非子·观行》："古之人目短于自见，故以镜观面。"《饰邪》："夫摇镜则不得为明……法之谓也。"《楚辞·九辩》："今修饰而窥镜兮。"《战国策·齐策一》记邹忌"朝服衣冠，窥镜自美"。最后"窥镜而自视，又弗如远甚"。以前后两次自窥镜，得出截然相反的结论，悟出凡事要客观审视，从而劝谏齐威王虚心纳谏。下至秦以后，更为习见。《后汉书·皇后纪上·光烈阴皇后》："视太后镜奁中物，感动悲涕。"李贤注："奁，镜匣也。"北周庾信《镜赋》："镜台银带，本出魏宫。"北朝乐府民歌《木兰诗》："当窗理云鬓，对镜贴花黄。"唐杜牧《盆池》诗："白云生镜里，明月落阶前。"宋沈括《梦溪笔谈·异事》："予于谯亳得一古镜，以手循之，当其中心，则摘然如灼龟之声。人或曰：'此夹镜也。'"例不烦举。"镜"是战国以来铜镜的总称。

"镜"之称始见于战国，但铜镜是否也起于战国？由"监（鑑）"而"镜"，清儒辄解以"一声之转"，今人或从之，但此种变化是否仅仅由于语言的声转？为何声转？古之镜与今之镜是否同物？凡此，训诂家未有言者，然今辨"镜"所不能不求也。

古代的镜主要是铜镜。铜镜的出现远在"镜"之称以前，乃由水镜演变而来。上引郭沫若一文在述水镜后，又曰："故进一步，即由铜水盆扁平化而成镜。铜镜背面有花纹，背心有纽乳，即是盛水铜器扁平化的遗痕，盛水铜器的花纹是在表面的，扁平化后，则变成背面了。纽乳是器足的根蒂。"然则铜镜就是铜质水镜的宿构。今所见最早的铜镜有：1975 年甘肃广河齐家坪墓出土一面，直径 6、厚度 0.3 厘米，镜背素面有拱形环纽，镜面有光泽；1977 年青海贵南尕马台 25 号墓出土一面，直径 8.9、厚度 0.3 厘米，镜背饰大小两圆，间有七角星、斜线纹，也有镜纽。二镜距今约 3600 年，为商以前之物。著名的殷墟妇好墓发现四面铜镜，安阳侯家庄 1005 墓也出土一面，共五面，均属商代晚期。甲骨文唯有"监（鑑）"而无"镜"，可见铜镜在商代还是稀见之物。至西周，迄今已发现十六面铜镜，其中十四面为素镜，两面有纹饰，布于陕西、河南、北京、内蒙古等地。显然，使用面已超过商代，但还不普遍。全面使用铜镜是在战国。前引《战国策·齐策一》邹忌用照镜来喻生活中的哲理，可见其时铜镜已是习见之物。我国迄今为止已出土了不下于千计的战国至汉代的铜镜。新中国成立前出土的，不少已流失海外，其中很多是战国遗物，国外称为秦式镜、淮式镜、楚式镜，日本人梅原末治《汉以前古镜的研究》一书所著录的"秦式镜"有一百四十余面。镜至战国已有定制：正面磨光，用以照容，镜背中央

西周鸟兽纹镜

有凸形小柄，称“纽”，有孔而系带，以手持或系于镜台；纽的四周称“纽座”，镂饰各种几何纹、花瓣鸟兽图案。更有论者将战国铜镜分为花叶镜、禽兽纹镜、彩绘镜等十三类。大量精巧铜镜的出现，是由于当时已有了一套成熟的合金配方、金属熔炼技术与磨制工艺。如《考工记·辀人》曰：“金，锡半，谓之鉴燧之齐（剂）。”即内含铜一份，锡为铜之半。此与汉唐铜镜配方比例已基本相同。《淮南子·脩务》曰：“明镜之始矇然，未见形容也，及拭之以玄锡，磨之以白毡，则须眉微毛，可得而察。”谓镜面敷一层反光剂氧化锡（或谓水银），再用白毡打磨，可光洁明亮。此即是抛光工艺。而先进的工艺水平又表明当时对铜镜反射成像、成影的规律，已有科学的认识。《墨经》中专论光与景（影）的八条，正是对光的反射成影成像理论研究的卓越成果。（参《中国光学史》第二章。）正是此铜镜文化新形势使古老的水镜专称不能继续作为铜镜的主称，于是，需要“一声之转”（“监、镜”皆见母双声），通过音变表示物变，遂产生“镜”之称。《说文·日部》：“景，日光也，从日京声。”《释名·释天》：“景，竟也，所照处有竟限也。”《说文·金部》：“镜，景也。”段玉裁注：“金有光，可照物谓之镜。”《释名·释首饰》：“镜，景也，言有光景也。”然则“镜”从“景（影）”得声义，乃指反射成影的金属物。故“镜”的出现，表明人们已自觉利用光的反射成影成像原理去制造、发展铜镜。“镜”之称正是我国铜镜文化正式形成的产物和标志。

以“镜”为标志的我国铜镜文化，在汉代继续发展。铜镜是汉代铜铸品中最多者，有蟠螭纹镜类、草叶纹镜类、四乳禽兽纹镜类等十五类（参孔祥星等书第三章），并出现铭文。如“见日之光，长毋相忘”、“与天无极长未央”、“家常富贵”等，都是颂赞祈祝之语。镜至三国魏晋南北朝一度中衰，至隋唐又中兴繁荣。唐镜一反汉代铜镜的拘谨，大唐帝国的宏大气魄与升平盛世，通过铜镜新的造型与鸾翔凤舞、花鲜兽跃的图纹，生动地反映出来。但是唐以后，铜镜无可观发展，至明而衰，终为玻璃镜代替。

我国铜镜以历史久、数量多、纹饰美、工艺优、种类多而举世瞩目。除常见照形貌的平面镜，还有光线会聚的凹面镜。主要用作阳燧。《周礼·考工记》的“鉴燧”、《礼记·内则》的“金燧”即指此。今所见最早的凹面镜阳燧是属于春秋战国之交的河南上村岭 1052 号虢国墓的出土物（参第 251 条）。凸面镜，可以小照大，河南安阳侯家庄 1005 号商墓出土的一面，妇好墓出土四面中的一面，均为凸面镜。《说郛》卷四引苏轼《仇池笔记》曰：“元丰中，余自齐安过黄州获一镜……照人微小，古镜皆然，此道家聚形之法也。”五代谭峭《谭子化书》卷六《四镜》曰：“小人常有四镜：一名圭，一名珠，一名砥，一名盂。圭，视者大；珠，视者小；砥，视者正；盂，视者倒。观彼之器，察我之形，由是无大小，无短长，无妍丑，无美恶。”圭有略呈凹形，“圭”，遂可指凹面柱状镜，放大率大于 1，故“视者大”。“珠”指凸面镜，放大率小于 1，获缩小的虚像，故“视者小”。“砥”，本为磨刀石，有平义，故“砥”指平面镜，得正像。“盂”，圆形盛酒、食器，底呈凹球面形，由于盂深腹，壁较高，人面总在球心外，故成倒像。在古代铜镜中，更有一类神秘奇妙的透光镜，表面看去与一般铜镜无异，但当正对屏壁时，其反射光竟将镜背的花纹字迹映到屏壁上。隋王度《古镜记》记此镜：“承日照之，则背上文画，墨（尽）入影内，纤毫无失。”宋沈括《梦溪笔谈》也记有此种镜：“以鉴承日光，则背文及二十字皆透在屋壁上，了了分明。”其后历代均有记载，清郑复光《镜镜詅痴》所称双喜镜，张眉大《海南日钞》所称双鱼镜，皆为透光镜。今上海博物馆藏有四面西汉透光镜。1988 年，湖南攸县坳乡出土一面战国透光镜，直径 21.8、厚 0.2 厘米，背面云雷纹为地，上饰蟠螭纹(参《文物》1989 年第 3 期)。从宋代以来人们一直在探索透光镜透光的奥秘，现经上海有关科研单位合作，终于揭开了这一千古之谜，并制出了仿制品。原来，透光镜的镜面曲率有异：对应镜背纹饰处曲率小，其余则大，由于曲率大者反射光发散度大，反射影像则暗，曲率小者反射光发散度小，反射影像较明亮，于是在屏壁上出现与镜背纹饰、文字完全相同的图像(阮崇武等文)。

由上可见，我国的铜镜是民族文化的瑰宝，在世界上大放异彩。因而从战国起作为铜器总称的“镜”，内涵极其丰富，远非早期铜器总称的“鉴”所能比拟。实际上，“镜”是平面镜、凹面镜、凸面镜、凹透镜、透光镜等各种铜镜的总称，甚至还可指称其他一切反射成像的器物(如盂、水晶)，凡是金属的、非金属的可以反射成像之物均可称“镜”。不过，在使用时，若为显示古雅、庄重、神秘的色彩，往往仍用古称“鉴”。对比、揣摩前引“鉴、镜”的文献用例即可了然。

参考文献

[1] 王锦光、洪震寰：《中国光学史》，湖南教育出版社，1986 年 4 月。
[2] 孔祥星、刘一曼：《中国古代铜镜》，文物出版社，1984 年 12 月。
[3] 阮崇武、毛增滇：《中国“透光”古铜镜的奥秘》，上海科技出版社，1982 年 10 月。
[4] 郭沫若：《三门峡出土铜器二三事》，《文物》1959 年第 1 期。

257. 璧·琮·圭(珪)·璋·璜·琥○玉

玉使用极广，有礼仪、陪葬、饰身、实用装饰等类。礼仪玉器常见有“璧”，扁圆形、中心有圆孔者，为礼玉之首。“琮”，外方内圆、有兽面纹饰、呈粗管形者，早期是巫师用的法器；用以陪葬，示死者为有特殊权力的人物。“圭”，上端为等边三角形、身为长方形者，主要用于祭祀与朝聘。“璋”，半圭，专用于祭祀、朝会、发兵等。“璜”是弯弧形小于半璧者。“琥”，雕为虎形者。璜、琥都用于朝聘、丧葬等。

【同义】

《易林·需之井》：“珪璧琮璋，执贽见王，百里、宁戚。”（“百里”，百里奚，秦穆公相。“宁戚”，齐桓公时大夫。）“珪璧琮璋”均指用于礼仪的玉器。《周礼·春官·典瑞》：“驵圭璋璧琮琥璜之渠眉。”（“驵”，通“组”，丝带连缀。“渠眉”，刻玉有界画，凹沟。）此均是礼神之玉，也用于其他重要礼仪。

【辨释】

世界上以玉器工艺著称的有中国、墨西哥和新西兰，尤数中国历史最为悠久。我国新石器时代晚期一些遗址出土的玉器，琢磨光滑，其上雕饰花纹，已是工艺精品。所谓“玉”，古籍中统称一切温润而有光泽的美石，主要指软玉和硬玉，以前者为主。软玉，由透闪石或阳起石组成纤维状结构，透明或半透明，经琢磨，具有璀璨的蜡状光泽和细腻、坚韧的品质，硬度为6—6.5度，比重为2.55—2.65。我国的软玉品种甚多，常见的有白玉、青玉、碧玉、黄玉、墨玉、蓝田玉等。1975年于安阳小屯的一座商代玉器作坊遗址所见的玉器半成品，即见这些品种。在殷墟五号墓，即妇好墓出土的七百多件玉器，其质料大都为青玉、白玉。迄今殷商墓葬所出土的玉石品种已近二十种。软玉的主要产地是新疆昆仑山山脉、天山山脉和陕西蓝田。硬玉，即俗称为“翡翠”者，由钠和铝的硅酸盐矿物组成，纯净者无色或白色，常见者翠绿色，也有淡褐、红、黄、绿等色彩，大都不透明，少数半透明，有珍珠或玻璃光泽。也具有细腻和坚韧的品质，硬度为6.75—7度，比重为3.2—3.3（据夏鼐文）。硬玉，至今发现最早的是明定陵中的翡翠如意。汉张衡《西京赋》、班固《西都赋》及南朝陈徐陵《玉台新咏序》所言翡翠均指软玉中的碧玉。我国基本上不产硬玉，其主要产地是缅甸。一般认为硬玉是18世纪（乾隆时）才由国外输入京城供制造玉器。玉，除硬玉、软玉，还有玛瑙、青金石、绿松石等，均是我国传统的玉石。由于玉的产量较少，质地、形观尤为美好，古人遂以为玉是美的化身，君子道德品质的象征，神灵的效应，即《说文》部首指称“玉石之美有五德者”。因此，古代玉的使用极广。赵汝珍曰：“（古代）用玉之广亦无物可以比拟，举凡国家重要典信无不以玉为之，重要典礼无不以玉成之，社会人文庶民活动在以玉为中心。”（赵汝珍书第八章第二节）玉之器，可大别为礼仪玉器，陪葬玉器，如玉衣、玉塞、含玉、握玉等，饰身玉器（见第153、139条），实用装饰玉器，凡“文房用器、酒器、食器、饮器……甚至房屋、几案、车马伞盖亦无一不用玉为饰”（引同上）。而其中地位最高者当推礼仪玉器。

礼仪玉器是用于祭礼、朝享、盟会、交聘、发兵等礼仪场合的玉器，常见的有六种。《周礼·春官·大宗伯》：“以玉作六器，以礼天地四方。以苍璧礼天，以黄琮礼地，以青圭礼东方，以赤璋礼南方，以白琥礼西方，以玄璜礼北方。”

“璧”从辟声，辟声字多有圆转义（参第119条）。璧是扁圆形、中心有孔的玉器。新石器时代墓葬出土的璧环类玉器，多素面，无纹饰，形制简单。殷商时的璧，厚薄不匀，内外不甚圆。到了周代，特别是春秋战国时，璧形规整，并有蚕纹、谷纹、蒲纹、兽纹等雕饰。其时，璧用为礼器，并是六种瑞玉之首，礼敬色彩最浓，使用最广，文献中最为常见。用于聘享。《周礼·春官·小行人》：“合六币……璧以帛。”郑玄注：“六币所以享也，五等诸侯享天子用璧。”

战国玉瑗

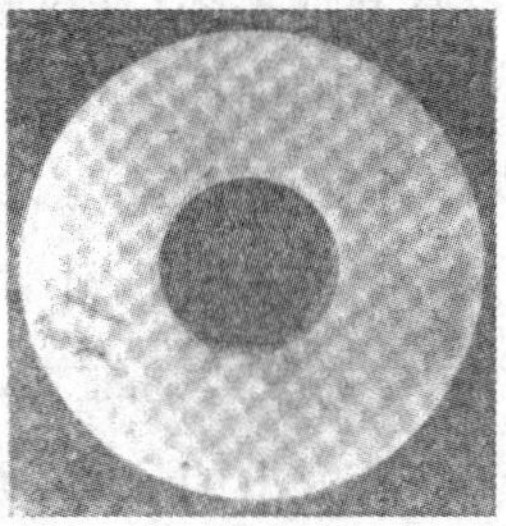
玉璧

玉琮

诸侯、大夫间也用璧。《左传·襄公十九年》：“（公）贿荀偃束锦，加璧乘马，先吴寿梦之鼎。”用于祭祀。《三国志·魏志·陈留王奂》：“使使者以璧币祀华山。”祭天之璧必用苍色，盖形圆象天，苍者其色。故《周礼·春官·大宗伯》云“以苍璧礼天”。天子礼天、诸侯礼享天子均用一尺二寸的大璧。用于祭祖配天者，还有饰以谷形的谷璧（谷可以养人），瑑饰为蒲形的蒲璧（蒲席可以安人），此三者皆用双手拱执，故又称为“拱璧”。用于墓葬。《墨子·节葬下》：“璧玉即（当为‘既’）具。”江苏常州寺墩遗址三号墓，推测原葬时曾举行某种宗教仪式，“先于死者葬地的头前和脚后铺上各十余件玉璧，然后放火燃烧”，以后“将最好的两件玉璧摆在死者的胸腹之上，最后覆土掩埋”（《1982年江苏常州武进寺墩遗址的发掘》）。汉墓中，璧多置于死者胸部或背部。璧常作装饰物。《文选·班固〈西都赋〉》：“裁金璧以饰珰。”李善注引韦昭曰：“裁金为璧，以当椽头。”馈遗礼物，加璧是表示特别的礼敬。晋公子重耳出亡途中，曹国大夫僖负羁夫妇“乃馈盘飧、寘璧焉”（《左传·僖公二十三年》）。璧于上古最盛，汉以后至宋元间，则较为少见，至明清又多制作仿古之玉璧。凡璧者，中心有圆孔。关于璧的称名，历来有成说。《尔雅·释器》：“肉倍好谓之璧，好倍肉谓之瑗，肉好若一谓之环。”“肉”，指玉体。“好”，指其孔。但从出土实物看，“肉、好”的比例并不如此规则，故夏鼐曰：“环和瑗，实际上也是璧。”“把三者总称为璧环类；或简称为璧。其中器身作细条圆圈而孔径大于全器的二分之一者，或可特称为环”（见夏鼐文）。夏说似较旧训科学。

《说文·玉部》：“琮，瑞玉，大八寸，似车釭。”汉班固《白虎通·文质》：“圆中牙身方外曰琮。”即是外方内圆、上下贯通、有兽面纹饰、像车釭一样的粗管形玉器。关于琮的含义、功用异说纷呈。或谓象征地母的女阴，或谓是宗庙中盛“且”（男性生殖器）的石函，或谓象灶屋的烟筒，或谓源于织机上持综物，或谓源于手镯，或谓典礼中圆形木柱上的上冒物，象征神祇或祖先。而《周礼》和汉儒则谓是黄色（地色）玉以祀地的礼器。诸说皆未允当。琮在不同的历史文化层的作用有所变化。据考古发掘，新石器时代晚期的一些遗址已见不少玉琮。出土最多的是浙北、苏南的良渚文化遗址。江苏常州寺墩三号墓葬见玉制璧琮五十余件，其中玉琮三十二件，除一件手镯形，其余均为方柱体圆管形，外方内圆，表面有兽面纹，上大下小。报告称：玉琮除置于头部正前方的一件和脚后的四件外，其余都围绕人骨架四周，并推断在葬地曾举行某种殓葬的宗教仪式。江苏草鞋山遗址，属于良渚文化层的M198男性墓葬，有玉琮三件置于头部。其最大玉琮长18.4厘米，四面雕刻有八组精致的兽面纹图案。上海青浦福泉山遗址M6发现人胸前与身旁置五件玉琮，分短筒、长筒形两种，均上大下小、内圆外方，兽面纹有的四角各有一只飞鸟。浙江余杭不少良渚文化遗址发现两端圆、中段方的玉琮，表面也多有兽面纹饰。所有发现的玉琮（包括石琮）共同特征都是内圆外方，上下贯通。按照上古流行的“天圆地方”的宇宙观，其内圆象天，外方象地，内外套合，上下相通，示贯通天地。在新石器时代是巫师的用物，有兽面纹或鸟饰者，则显示巫师贯通天地，神明往往要受动物之助；以玉为质，乃因玉出于山，作为山的象征，而山高于地，犹如沟通天地的阶梯。由此可见，玉琮是巫师贯通天地的法器，是其通天能力和权力的象征，而非《周礼》所称仅仅“礼地”。入葬放置玉琮必是有特殊权力的人物，当时大都是巫师。故有的学者将新石器时代以来文化分为石器、玉琮、青铜、铁器四个时代，玉琮时代代表巫政结合、产生特权阶级的时代，也即传说中的五帝之世。到了商代，虽然巫风犹盛，但由于各种青铜礼器承担了昔日玉琮的功能，因而玉琮使用减少，兽面纹也多消失（参张光直文）。代表商代后期制玉水平的殷墟“妇好”墓出土的近七百件玉器，礼玉琮、璜、璧尤多，而在殷墟西区已发掘的九百多座殷墓中，仅见石琮二件、石圭十四件、玉璧四件。可见商代仍然承玉琮时代，玉琮只用于少数有特权者，而一般平民均不得用；但其用势已是强弩之末。下至周代更成为古器。显然，《周礼》中关于玉琮的记述，盖多是汉儒的设想，并且当时自然缺少考古的依据。汉代墓葬中，至今琮只出土两件，且是旧玉改制，属于陈设、装饰玉器，完全失去原义。当然，关于玉琮在不同文化层中的意义、作用还在深入探讨中。

“圭”，或作“珪”，是上端尖锐并作等边三角形、身为长方形的玉器。圭主要用于祭祀与朝聘。《周礼·春官·大宗伯》所谓“青圭礼东方”（见上引）。《考工记·玉人》曰：“圭璧五寸，以祀日月星辰。”《诗·大雅·云汉》：“靡神不举，靡爱斯牲，圭璧既卒，宁莫我听。”言王为求雨无神不祭，不惜花费牺牲，但“礼神之圭璧又已尽矣”（郑玄笺），却不听我精诚不兴云雨。供祭祀的田谓之“圭田”。《孟子·滕文公上》：“卿以下必有圭田，圭田五十亩。”赵岐注：“古者卿以下至于士，皆受圭田五十亩，所以供祭祀也。”圭又用作朝聘者所执玉版，又称命圭，是受封者的符信凭证，上对下最重要的赏赐。《左传·昭公五年》：“朝聘有珪。”杜预注：“珪以为信。”《诗·大雅·崧高》：“锡尔介圭，以作尔宝。”《周礼·春官·典瑞》：“王晋大圭，执镇圭……公执桓圭，侯执信圭，伯执躬圭……子执谷璧，男执蒲璧，以朝觐宗遇会同于王。诸侯相见，亦如之。”“晋”，通“搢”，插。“大圭”，即笏，长三尺。“镇圭”，即“瑱圭”，长尺二寸，是瑞信物。“朝日”，指春分朝日，也以概内外大小祭祀。桓圭长九寸，信圭、躬圭，皆长七寸。见天子之礼，郑司农云：“春曰朝，夏曰宗，秋曰觐，冬曰遇，时见曰会，殷见曰同。”诸侯朝见天子，必执其命圭。《诗·大雅·韩奕》：“韩侯入觐，以其介圭。”诸侯相见也如此。《尚书大传》卷一曰：“故圭冒（瑁）者，天子所以与诸侯为瑞也。诸侯执所受圭以朝天子。瑞也者，属也。无过行者，得复其圭，以归其国；有过行者留其圭；能改过者复其圭。三年圭不复，少绌以爵；六年圭不复，绌以地；九年圭不复而地毕。”此夹杂汉儒的理想成分，但反映命圭具有极重要的符信作用，完全符合古制。“圭”可喻指其他圭状名物。如测日影的土（度）圭（量度日影），与表杆结合称“圭表”。屋墙像圭形的门称“圭窬”、“圭窦”，此为贫者之居。南朝梁江淹《四时赋》：“空床连流，圭窬淹滞。”萧统《七契》：“荜门鸟宿，圭窦狐潜。”从其比喻用法可知儒经中所说圭的形制诚为可信。不过，至今还没有为出土文物所证实。清代收藏家吴大澂的六种古圭，实是有锋刃的玉制武器，殷墟妇好墓出土的武器、工具，一度也被误认为是“玉圭”。真正上古的礼圭有待于地下发掘。

战国玉圭

《说文·玉部》：“璋，剡（yǎn）上为圭，半圭为璋。”“剡”，锐尖。即像圭的三角形上端削去一角。朝聘、祭祀、丧葬、发兵，用以表瑞信，而形制大小、厚薄、长短，因事而异。如大璋、中璋、边璋七寸，天子巡守祭祀山川所用；诸侯聘女，也用大璋；牙璋、中璋七寸，以起军旅、治兵守（参《周礼·考工记·玉人》）。《书·顾命》：“秉璋以酢。”孔传：“半圭曰璋。”《诗·大雅·棫朴》：“济济辟王，左右奉璋。”毛传同。《礼记·祭统》：“大宗执璋瓒亚祼。”“璋瓒”，用璋为柄的酒勺，用于祼（灌）祭，专用于祭宗庙山川。但不用于天地大神（取孙诒让说）。《诗·小雅·斯干》：“乃生男子，载寝之床，载衣之裳，载弄之璋。”此祝男子将来必成器，为王侯执玉璋，参与朝会、祭祀、发兵等大事，后称生男为“弄璋之喜”。今真正的玉璋也尚无发现。殷墟西区九百多座小墓，其中 41 座墓出土 183 件石璋。郑州二里岗、偃师二里头出土两件璋形玉器，实是“刀形端刃器”。

春秋晚期秦式龙纹璋形玉器

《说文·玉部》：“璜，半璧也。”《周礼·春官·大宗伯》“以玉作六器”句郑玄注：“半璧曰璜，象冬闭藏，地上无物，惟天半见。”此亦汉儒理想化的解释。玉璜是用以朝聘、祭祀、丧葬、征召的礼器，也作佩饰，称为佩璜。玉璜的历史很悠久。据文献记载，夏代玉器制造已达到较高的水平，其中最著者即是玉璜。《淮南子·说山》：“咼（古‘和’字）氏之璧，夏后之璜，揖让而进之以合欢。”《氾论》：“夫夏后氏之璜，不能无考。”高诱注：“半璧曰璜……考，瑕衅也。”周天子分封鲁公伯禽时，除赐以“大路”、“大旗”等物，还分以“夏后氏之璜”（《左传·定公四年》）。可见夏代玉璜之珍贵。今属于夏遗址的出土物已见到玉刀、玉圭、玉琮、玉柄形器两端生孔的佩璜等，但未见专用于礼仪的玉璜。今所见商代出土玉璜，通常是玉璧的三分之一，妇好墓出土玉璜，要三四件并合一个玉璧（《殷墟妇好墓》），即都是弯弧形小于半璧之玉，也都作佩璜。清吴大澂《古玉图考》认为中小型是佩璜，大型者是祭祀北方的礼玉，但出土的大型玉璜也有细孔，仍是佩饰。关于礼璜尚待进一步发掘实物，深入研究。

西周中期龙纹玉璜

“琥”本作“虎”，指雕为虎形的玉器。《左传·昭公三十二年》：“公疾，遍赐大夫，大夫不受。赐子家子双琥、一环、一璧。”杜预注：“琥，玉器。”孔颖达疏：“盖刻玉为虎形也。”前文引《周礼·春官·大宗伯》“以白虎礼西方”句，贾公彦疏：“谓以玉为琥形，猛属西方，是象秋严也。”琥的礼仪作用与璜同，但琥劣于圭璋而贵于璜。《礼记·礼器》“琥璜爵”句孔颖达疏：“琥璜是玉，劣于圭璋者也。天子飨诸侯，或诸侯自相飨，行礼至酬时，则有币，将送酬爵，又有琥璜之玉将币，故云琥璜爵也。琥璜既贱，不能特达，故附爵乃通也。”又引崔氏曰：“诸侯贵者以琥，贱者以璜，则公侯以琥，伯子男以璜也。”今所见殷墟妇好墓出土四件圆雕和浮雕的玉虎，上有细孔，分明是虎形玉佩；汉墓也出土有玉虎，则属于玉玩。作为礼仪玉器之琥，今也未见。

参考文献

[1] 栾秉璈：《怎样鉴定古玉器》，文物出版社，1984 年 10 月。
[2] 中国社会科学院考古所：《殷墟玉器》，文物出版社，1982 年 3 月。
[3] 赵汝珍：《古玩指南》，中国书店，1984 年 3 月。
[4] 曲石：《中国玉器时代》，山西人民出版社，1991 年 8 月。
[5] 姚士奇：《玉宝和中国文化》，江苏古籍出版社，1990 年 7 月。
[6] [清]孙诒让：《周礼正义》（第五、六、十四册），中华书局，1987 年 12 月。
[7] 李学勤：《东周与秦代文明》，文物出版社，1984 年 6 月。
[8] 夏鼐：《商代玉器的分类、定名和用途》，《考古》1983 年第 5 期。
[9]〔美〕张光直：《谈“琮”及其在中国古史上的意义》，载《文物与考古论集》，中华书局，1986 年 12 月。
[10]《1982 年江苏常州武进寺墩遗址的发掘》，《考古》1984 年第 2 期。
[11] 齐思和：《周代锡命礼考》，载《中国史探研》，中华书局，1981 年 4 月。
[12] 曲石：《关于我国古代玉器材料问题》，《文物》1987 年第 4 期。

258. 筐(匡)·筥(篆)·笥·箪(单)

上古普通人用竹制盛饭器,无盖者,方形是"筐",圆形是"筥",受五升左右。其大者均可作杂器。秦以后,"筐"成为竹编盛物器通称,筥逐渐包括在筐之中。有盖者,长方形或方形是"笥",圆形是"箪",笥大箪小。但笥常用作盛衣服和他物的盒箱;箪主要盛饭,供一人食,也可盛其他小物。

【同义】

《说文·匚部》:"匡,饭器,筥也,或作筐。"《集韵·上语》:"篆,饭器,或作筥。"《广雅·释器》:"箪,筐也。"《说文·竹部》:"箪,笥也。"《太平御览》卷七六〇引《说文》曰:"箪,饭器也。"《左传·宣公二年》:"而为之箪食与肉。"杜预注:"箪,笥也。"诸物皆作上古普通人使用的盛饭器具。

【辨释】

"筐"本作"匡",是方形(包括矩形)的无盖盛饭竹器;"筥"或作"篆",是圆形的无盖盛饭竹器,均可受五升左右。《诗·周颂·良耜》:"或来瞻女(汝),载筐及筥。"毛传:"筐、筥,所以盛黍也。"谓持带盛黍的筐、筥到田头饷馈农人食。二器之大者,皆可作为他用,成为杂器。《召南·采苹》:"于以盛之,维筐及筥。"毛传:"方曰筐,圆曰筥。"此是盛所采苹藻。《左传·隐公三年》:"筐筥锜釜之器,潢汙行潦之水。"《淮南子·时则》:"具扑曲筥筐。"高诱注:"员(圆)底曰筥,方底曰筐,皆受桑器。"二者相比,筐的用处广于筥。《诗·周南·卷耳》:"采采卷耳,不盈顷筐。""顷筐",方筐而倾斜者,便于采撷盛放。此用于农事。《庄子·人间世》:"夫爱马者以筐盛矢。""矢",粪,此用于牧事。《诗·小雅·鹿鸣序》:"《鹿鸣》燕群臣嘉宾也,既饮食之,又实币帛筐篚。"此实布帛。《荀子·荣辱》:"约者有筐箧之藏,然而行不敢有舆马。"泛指藏物器。秦以后,"筐"更成为竹编盛物器的通称。如汉律令:"箪,小筐也。"《说文·竹部》"箪"字说解以"筐"训"箪",皆以通名为训。《后汉书·逸民传·梁鸿》:"女求作布衣麻屦织作筐、缉绩之具。"南朝梁简文帝《江南思》诗之二:"紫荷擎钓鲤,银筐插短莲。"南朝宋鲍照《拟行路难》诗之十二:"徙飞轻埃舞空帷,粉筐黛器靡复遗。"其用不烦赘举。

"筥"亦沿用,或作"篆"。《太平御览》卷七六〇引《东宫旧事》曰:"漆注绮织篆二十枚。"又《陶侃故事》曰:"侃上成帝漆复篆五十枚。"秦以后"筥"名已少见,渐渐赅于"筐"中。

"笥"是用竹或芦苇编的长方形、方形有盖盛饭器,也常用来盛衣,犹如后代称盒、箱。《说文·竹部》:"笥,饭及衣之器也。"《礼记·曲礼上》:"凡以弓剑,苞苴、箪笥问人者,操以受命如使之容。"("苞苴",bāojū,用苇或茅裹鱼肉。)郑玄注:"箪、笥,盛饭食者。圜(圆)曰箪,方曰笥。"《书·说命中》:"惟衣裳在笥。"《汉书·贡禹传》:"故时齐三服官输物,不过十笥。"颜师古注:"笥,盛衣竹器。"晋张载《拟四愁诗》之一:"佳人遗我笥中布,何以赠之流黄素?"也可盛他物。《吕氏春秋·士节》:"盛吾头于笥中,奉以託,退而自刎也。"《后汉书·刘盆子传》:"又以两空札置笥中。"李贤注:"笥,箧也。"

"箪",本作"单",不仅与笥有圆方之异,更有大小之别。《说文·竹部》:"箪,笥也,从竹单声。汉律令:'箪,小匡也。'"《左传·哀公二十年》:"与之一箪珠。"杜预注:"箪,小笥。"箪是竹编、小于笥筐、圆形有盖的盛饭常器。唯是常用以盛饭,自不必如笥之大。《论语·雍也》:"一箪食,一瓢饮,在陋巷,人不堪其忧,回也不改其乐。"一箪一瓢供一人食,以示生活清苦,其箪必小。后简作"箪瓢",用作安贫乐道之称。晋陶潜《五柳先生传》:"箪瓢屡空,晏如也。"《左传·宣公二年》记赵盾馈翳桑饿人灵辄食曰:"而为之箪食与肉,寘诸橐以与之。"杜预注:"箪,笥也。"按,橐是囊袋,其一种中开口、搭于两肩、最宜于出家远行者(参第259条)。唯箪有盖,将饭置于箪,盖紧,再纳入橐中而便于携带。《孟子·梁惠王下》:"箪食壶浆以迎王师。"朱熹注:"箪,竹器。食,饭也。"后简作"箪壶",表示犒军。宋苏轼《西新桥》诗:"父老喜云集,箪壶无空携。"箪也可用苇秆编织。《公羊传·昭公二十五年》:"高于执箪食,与四脡脯。"何休注:"箪,苇器也。圆曰箪,方曰笥。"汉袁康《越绝书·越绝荆平王内传》:"乃发其箪饭,清其壶浆而食。"可见,"箪"与"壶"相并称,一盛固体,一盛液体,均是大名。箪用于盛饭,多于其他诸器。

箪,也可用于盛其他小物。《左传·哀公二十五年》:"拜命之辱,与之一箪珠。"盖盛小物与盛饭无异。但一般不可盛液体。《文选·张协〈七命〉》:"单(箪)醪投川,可使三军告捷。"李善注:"《黄石公记》:'昔良将之用兵也,人有馈一箪之醪投河,令迎流而饮之。'"李周翰曰:"醪,酒也,箪谓一樽也。"按,"箪"非作樽之代称。竹编之器本不可盛酒,盖此正取其可漏,而持箪使酒漏入江河,使士卒乐饮,象征将帅与士兵同甘共苦。此是权宜之用。故不得以此谓"箪"可作酒樽之称。

259. 囊·橐

"囊"，上有口、下有底、由上而下盛物之袋，一般以布帛等柔软物缝制而成，宜于车载、贮置。"橐"，有两种：一是无底橐，用皮革、布帛等，张而置物，卷转而两端扎口，也只宜车载、贮置；一是有底橐，用布帛等柔软物缝制，两端封底，口开中间，两头可放干粮、簿册、食具等，宜于远行肩担、畜载，也可车载。

【同义】

《说文·橐部》："囊，橐也。""橐，囊也。"《广雅·释器》训"橐"同。二词常同义连用。明马中锡《中山狼传》："乃出图书，空囊橐，徐徐焉实狼其中。"此作名词，泛指袋子。《汉书·刑法志》："饥寒并至，穷斯滥溢，豪桀擅私，为之囊橐。"颜师古注："言容隐奸邪，若囊橐之盛物。"此作动词，指藏匿。

【辨释】

《诗·大雅·公刘》："乃裹糇粮，于橐于囊。"毛传："小曰橐，大曰囊。"陆德明释文引《说文》云："无底曰囊，有底曰橐。"宋朱熹《诗集传》则反之："无底曰橐，有底曰囊。"《战国策·秦策一》："负书担橐。"高诱注："橐，囊也。无底曰囊，有底曰橐。"与陆德明释文同。而文首引《汉书·刑法志》"为之囊橐"句颜师古注："有底曰囊，无底曰橐。"又与朱注同。而无论持何说，均在大小、有底无底间游移，且未有申论。今犹未决，诸辞书往往并出歧说无断，或主一旧说以解。

"囊"是囊袋之称。《庄子·胠箧》："将为胠箧、探囊、发匮之盗而为守备，则必摄缄縢，固扃鐍。"（"胠箧"，旁开箱子。"摄缄縢"，束结箱囊之绳。）《史记·平原君列传》："夫贤士之处世也，譬若锥之处囊中，其末立见。"《淮阴侯列传》："韩信乃夜令人为万余囊，盛满沙……信使人决壅囊，水大至。"《后汉书·彭宠传》："书成，即斩宠及妻头，置囊中。"《晋书·车胤传》："（胤）家贫不常得油，夏月则练囊盛数十萤火以照书，以夜继日焉。"《宋书·沈攸之传》："遣人取船及流查，大得囊米。"唐杜甫《空囊》诗："囊空恐羞涩，留得一钱看。"《宋史·冯瓒传》："普遣人至潼关，阅其囊装，得金带珍玩之物，皆封题将以赂刘嶅。""囊"也可作动词，敛藏义。《管子·任法》："皆囊于法以事其主。"尹知章注："囊者，所以敛藏也。"《文选·贾谊〈过秦论〉》："囊括四海之意，并吞八荒之心。"刘良注："括，盛也，犹囊盛而结之。"汉刘向《说苑·正谏》："始皇乃取毐四肢车裂之，取其两弟囊扑杀之。"（"毐"，嫪毐，吕不韦舍人。）谓塞于囊中扑打致死。蒙裹义。将囊自上而下蒙罩一物。《后汉书·范滂传》："滂等皆三木囊头，暴于阶下。”李贤注：“三木，项及手足皆有械，更以物蒙覆其头也。”从上述名词和诸动词义，不难看出囊是整体包裹、直长形的口袋，有大有小，口在上，自上而下盛物；倒置之，也是自上而下从一口蒙覆其物。其形制与其称名相吻。《说文・ 橐部》“橐”下段玉裁注：“囊者，言实其中如瓜瓤也。”囊从襄声，“襄”、“瓤”当同源，则囊必是瓤状之物。因此，可以说，有底曰囊，即下有底、上有一出入口，通常以布帛等柔软物缝制；可由上而下装衣服、米粮、钱币、杂物等，口可束结、加锁钥，与今天口袋子相类。宜于车载、贮置。

橐是特殊的囊袋。“橐”字甲骨文已见，均作形（《燕四〇三》）：两端象用绳约束，中间鼓凸的菱形袋身。段玉裁曰：“橐者，言虚其中以待，如木橐也。”（《说文》“橐”注）盖也有理。“橐”可作状声词。《诗・小雅・斯干》：“椓之橐橐。”毛传：“橐橐，用力也。”橐之声，正是击中空坚物（如皮、竹）的状声，此合于其初形：袋身鼓凸，中空可盛物，击之而呈橐声。橐，常用皮革等较硬的质料所制，当然也可用其他质料，如麻、草之类，甚至可用布帛；两端均开口，所谓无底者，待置物后再予扎结。此即是“无底曰橐”，可称为“无底橐”。

无底橐，制作简易：一张皮革（或用布帛等其他材料）置物而席卷之，两端一扎即成。但与囊一样，难于一人提、背或两人扛，故不便携带，也只宜车载、贮置。长期的实践使人们发现：若两端封底，中间开口，盛物两头，小者正便于折其中而肩担，大者也便于车载、徙运。于是产生了第二种橐，即一些注家所谓“有底曰橐”，可称为“有底橐”。骆驼之名“橐驼”（“驼”又作“它”、“佗”、“駞”）是其证。《史记・匈奴列传》：“其奇畜则橐駞、驴……驒騱。”司马贞索隐引韦昭曰：“（橐驼）背肉似橐，故云橐也。”《汉书・司马相如传上》：“其兽则麒麟角端，騊駼橐驼。”颜师古注云：“橐驼者，言其可负橐囊而驼物，故以名云。”《本草纲目・兽之一・驼》中说：“驼……背有两肉峰如鞍形。”“驼能负囊橐，故名。方言讹为骆驼也。”清黄以周《释囊橐》曰：“卧其橐如驼峰，故谓之橐驼。”（《儆季杂著・史说略》四）按，“骆”本指黑鬣白马，“骆驼”是后称，其初只作“橐驼”，而此是西域译音词，不可分解，以称“沙漠之舟”。但译音词选字往往音义结合，力求“汉化”，使人见字明义，“橐驼”即然。以此审视上引诸训诂，知皆有当。“驼”者，即“驮”，牲口负物。“橐”者，盖取二：一是驼有二峰，呈两头鼓、中间凹之状。此正似有底橐。二是驼载物均置于背而垂挂两旁，所载即为橐袋（或将囊袋分挂两边，也呈有底橐状）。故从橐驼之命名可知有底橐之物状。从民俗学材料也可证其形制。旧时上海南汇乡间整月离家外出求施舍之贫乞者，其肩上即甩搭“舍〔so〕麻袋”（乞舍），袋用粗麻缝合，狭长形，中开口，物纳两头，凡食器、随行杂物衣服皆实内，甚便携带。此正古橐袋之遗制。另外，从鼓风橐其物也可见橐的特点（见下）。然则可知，有底橐，当用布帛缝制，大者车、驼、马等运载，小者肩担而行，宜于远行。

橐的两种形制，完全可验之文献和史事。《左传・宣公二年》：“（赵盾）而为之箪食与肉，寘诸橐以与之。”赵盾怜翳桑饿人，在其竹饭筐中盛饭与肉，又将筐置于橐送予饿人，正为使饿人路上携带方便：有底橐可肩担。《战国策・秦策一》：“（苏秦）羸縢履蹻，负书担橐，形容枯槁。”（“羸”，léi，缠困。“縢”，裹腿。）“担橐”，为长途远行之需。此“负、担”同义，“负书”与

"担橐"互文，谓书盛橐中，橐担肩上，前后均衡，长行轻便。若用囊，则提挈肩扛皆不能持久。《汉书·赵充国传》："安世本持橐簪笔，事孝武帝数十年。"颜师古注引张晏曰："橐，契囊也。近臣负橐簪笔，从备顾问，或有所纪也。"颜氏注："橐，所以盛书也。……簪笔者，插笔于首。"（"契"，扎结。）入朝备顾问，且盛竹简也无多，取用持带又便，当为有底橐。南朝梁沈约《内典序》："既负橐以从师，亦栖林以综业。"此也用于远行。《宋史·宋昌言传》："县吏与市井少年共为胠橐，昌言穷治其渊薮。""胠"，旁开，有底橐之口开于旁侧。与此同时，文献中无底橐亦有见。《史记·田敬仲完世家》："田乞盛阳生橐中，置坐中央。发橐，出阳生，曰：'此乃齐君矣。'"司马贞索隐："橐音託。橐中谓皮橐之中。"皮革宜作橐；橐中装人，宜是无底橐，将人包卷而两端扎结，盛之、发之均便。《范睢蔡泽列传》："伍子胥橐载而出昭关，夜行昼伏，至于陵水，无以餬其口。"《辽史·方伎传·直鲁古》："初，太祖破吐谷浑，一骑士弃橐……及追兵开橐视之，中得一婴儿，即直鲁古也。"

可以进一步说明橐袋形体、用途的，是汉代橐在邮驿、军队中的广泛使用。汉代公文交邮发寄时，根据竹简的大小、多少分别装入函、箧、橐。橐是其大者。"如装公文，则二端对折，缝藏于内不可见，再于上面封检。如装物品，开口于上，于两边口处封检，封装的简上宽下狭，正面中部加封泥。"（《中国古代邮驿史》第四章）盖如此而便于车递、步递。其橐，装公文者当是有底橐，装物品者是无底橐。汉代边塞亭燧均有糒粮（炒米）供应。居延汉简莫当隧守御器簿，记有："布纬三，糒九斗。"（15.52）王莽建武时简 EPT59.7："三石布囊一。"EPT68.22："橐一，盛糒三斗，米五斗。"汉卒日食糒一斗，布纬是横围于身的布袋，相当于后世士兵斜背的"干粮袋"。一布纬盛三斗，是一卒三日之粮。布囊盛三石，最大，宜室内储存。而橐可盛八斗，大于布纬，小于三石囊，约一卒五六日之粮，正是对折担在肩前后的有底橐袋，也为士卒行军而用。可知橐袋（有底橐）宜于随身携带远行，当是汉代军士不可少的肩担干粮袋。

"橐"还是古代冶铁鼓风设备中风箱之称。此是特制的大皮袋，两端收紧，中间鼓起。《墨子·备穴》："具炉橐，橐以牛皮。"橐上有把手，来回拉动，鼓风。《墨子·备穴》："盆盖其口，毋令烟上泄，旁立橐，疾鼓之。"风通过橐上另一口所装管子称"籥（yuè）"者压入冶铁炉，促进炉中木炭燃烧，提高炉温。因此，冶铁称"鼓铁"。《左传·昭公二十九年》："遂赋晋国一鼓铁，以铸刑鼎。"孔颖达疏："冶石为铁，用橐扇火，动橐谓之鼓，今时俗语犹然。"《淮南子·本经》："鼓橐吹埵，以销铜铁。""埵"即籥管。高诱注："橐，冶炉排橐也。"《文选·陆机〈文赋〉》："同橐籥之罔穷。"李善注："橐，冶铸者用以吹火，使炎炽。"山东滕县（今滕州）宏道院汉画像冶铁图，上所画悬吊的皮橐，正呈球鼓（略扁）形，两端设排气管、进气门。图上一人站立而拉动皮橐，橐下仰躺一人将皮橐推回原位。此鼓风皮袋就是特大的中开口的有底橐，故称为"橐"。为了提高风力，可以用多个风橐。汉赵晔《吴越春秋·阖闾内传》述吴王阖闾时铸干将、干邪二剑，曾使"童女童男三百人鼓橐装炭"，可见当时冶炼规模，其必用多个风橐无疑。多风橐需并列安装，专称"排囊"。《说文·瓦部》："瓵，冶橐榦也。"字误作"朌"。《广韵·平侵》:“肣,排囊柄也。”此“柄”“鞈”均指吹出空气的管道,即指“籥”、“埵”。《后汉书·杨琁传》:“琁乃特制马车数十乘,以排囊盛石灰于车上……顺风鼓灰,贼不得视。”李贤注:“排囊,即今囊袋也。”文献中,凡“鼓橐”之类皆称“橐”,而成排风箱多称“排囊”,此非误用。排囊之称见于东汉。由于冶炼技术的进步,必然使成排的皮袋风箱其形更近于囊,并不如单橐之明显鼓凸。今排囊的装置尚无出土实物证验。唯郑州古荥镇遗址出土一完整陶风管,粗端内径320毫米,细端内径100毫米。这种陶风管,很可能使用在排囊之中。从冶铁鼓风皮袋之称,也可察识囊橐之制。

参考文献

[1] 刘广生:《中国古代邮驿史》,人民邮电出版社,1986年6月。
[2] 岑仲勉:《墨子城守各篇简注》,中华书局,1987年8月。
[3] 初师宾:《汉边塞守御器备考略》,载《汉简研究文集》,甘肃人民出版社,1984年9月。
[4] 王振铎:《汉代冶铁鼓风机的复原》,《文物》1959年5期。
[5] 杨宽:《中国古代冶铁技术发展史》,上海人民出版社,1982年10月。

260. 绳·索·纠·纆(墨、纆)·徽·缧(纍、累)

绳索,最早是草、木、竹料编的粗绳。"索",粗绳的通称。"绳"用丝麻线编织的细绳;但秦以后为绳索总称。"纠",多与他词连用,喻指抽象事物。"纆(mò)",坚精的粗绳。"徽",拘缚罪人的粗绳。"缧(léi)",拘缚罪人的大绳索。

【同义】

《说文·糸部》:"绳,索也。"《宋(pó)部》:"索,草有茎叶,可作绳索。""纆,索也。"《广雅·释器》:"徽、纆、累、绳,索也。"《汉书·李广传》:"以剑斫绝累。"颜师古注:"累,索也。"《汉书·扬雄传》:"徽以纠墨。"颜师古注:"徽、纠、墨,皆绳也。"《汉书·西域传上》:"行者骑步相持,绳索相引,二千余里乃到县度。"《文选·孙楚〈征西官属送于陟阳侯作〉诗》:"吉凶如纠纆,忧喜相纷绕。"李善注:"纠纆,索也……言祸福之相纠如此。""绳索"、"纠纆"皆同义连用,泛指绳索。

【辨释】

《说文》将"绳"作为从糸、蝇省声。按,蝇声亦兼义。蝇为小虫,故有小义。小可引申为细。《小尔雅·广器》:"大者谓之索,小者谓之绳。"此"大"、"小"当理解为粗细,"绳"当指丝麻线编织的细绳。此可从其引申义和文献使用二端辨之。盖"绳"可称木工用的墨线,墨线甚细。《荀子·劝学》:"木直中绳,輮以为轮,其曲中规。"唐柳宗元《梓人传》:"齐其法制而整顿焉,犹梓人之有规矩绳墨以定制也。"唯其细,可以为准,引申为标准。《汉书·律历志上》:"规圜(圆)生矩,矩方生绳,绳直生准。"可喻指衣缝。《礼记·深衣》:"负绳及踝以应直。"郑玄注:"绳谓裻与后幅相当之缝也。""裻",dū,衣背缝。指衣之后背缝要挺直至踵,以适应直的要求。绳以喻衣缝,也可见其细。由引申而推其本,必是指细绳。再看早期文献的使用。《易·系辞下》:"古者包牺氏之王天下也……作结绳而为罔(网)罟,以佃以渔。"结网之绳必细韧。《诗·大雅·緜》:"其绳则直,缩版以载,作庙翼翼。"郑玄笺:"绳者,营其广轮方制之正也,既正,则以索缩其筑版,上下相承而起庙,成则严显翼翼然。"句中"绳"、"索"对比十分鲜明:量度以绳,扎板以索。秦以后,绳不论粗细大小均可称"绳"。《后汉书·西域传论》:"梯山栈谷,绳行沙度之道。"《北史·流求国传》:"狱无枷鏁(锁),惟用绳缚。"唐杜甫《入奏行赠西山检察使窦侍御》诗:"运粮绳桥壮士喜,斩木火井穷猿呼。"《宋史·赵遹传》:"暮夜复遣士丁负绳梯登崖。"诸"绳"皆称粗绳。于是,"绳"成为绳子的总称。

"索",《说文·宋部》作从宋、糸会意。"宋"是草木盛。段玉裁曰:"宋糸者,谓以草茎叶纠缭如丝也。”朱骏声曰:“草如蒯秆茅麻之属,木如棕檿之属,竹如筊,皆可为绳。”(《说文通训定声·豫部》“索”字)以其不用丝麻线而用草、木、竹料,所编之绳当然是粗绳。从出现时间说,索应该早于绳。我国迄今所见最早之绳是距今六千多年的浙江河姆渡文化遗址所发现一些植物茎皮捻成的线和一段草绳。草绳直径约1厘米,两股合成,单股的捻向是S形,整体的捻向是Z形,用手工搓合法制成。严格地说,此草绳应称为“索”。以后也用麻(皮、纤维),但称“索”者也是粗麻绳。文献使用,“索”与“绳”判然有别。《书·五子之歌》:“予临兆民,懔乎若朽索之驭六马。”驭马应以“缰”“靮(dí)”,今用粗且朽之索,当然使人心惧。汉司马迁《报任安书》:“其次关木索,被垂(箠)楚受辱。”“今交手足,受木索。”捆绑狱囚当用粗绳。用为动词,绞紧义。《诗·豳风·七月》:“昼尔于茅,宵尔索绹。”郑玄笺:“女(汝)当昼日往取茅归,夜作绞索,以待时用。”《楚辞·离骚》:“矫菌桂以纫蕙兮,索胡绳之纚纚”。(“纚纚”,shǐshǐ,绳索长而下垂。)洪兴祖补注引《说文》:“草有茎叶,可作绳索。”《淮南子·主术》:“桀之力……索铁歙金。”(“歙”,合。)盖用草茎等硬物编绳,当然更为费力,必须绞拧。故“索”的此动词义,也反映了“索”作为粗绳的特点。“索”是粗绳的通称。

《说文·丩部》:“纠,绳三合也。从系、丩,会意。”盖“丩”是“相纠缭也”。“丩”是表示二物相纠绞的指事字,故其本义是绞合的绳子。凡绳子皆由两股以上绞合,而称“纠”者,乃突出其绞合。但一般要与他词连用,并多为动词、形容词,用于抽象事物。即便与他词连用而为名词,也多喻指抽象事物。文首引《汉书·扬雄传》,盖“纠墨”指犯罪者所系绳索,此喻指刑法。《史记·屈原贾生列传》:“夫祸之与福兮,何异纠纆。”裴骃集解引应劭曰:“祸福相为表里,如纠纆绳索相附会也。”

“纆”,《说文》作“纆”,或作“墨”(文首引)。《易·坎》:“系用徽纆。”陆德明释文引刘表曰:“三股曰徽,两股曰纆。皆索名。”上引《史记·屈原贾生列传》“何异纠纆”句司马贞索隐:“纆,三合绳也。”即三股绳。《说文》“纆”浑训为“索”(文首引),“徽”则训为“三纠绳也”,则是九股之绳。其实,以相合的股数多少不能揭示诸绳的特点。按,“纆”、“徽”皆是粗绳,故与“索”差近,一般都不单用,常与“索”等同义连用。但“徽”有较浓的刑罚色彩,常作拘缚罪人的粗绳。《庄子·骈拇》:“附离不以胶漆,约束不以纆索。”陆德明释文引《广雅》云:“纆,索也。”《文选·扬雄〈解嘲〉》:“范睢,魏之亡命也,折胁拉髂,免于徽索。”李周翰曰:“徽索,刑具也。”唐韩愈《征蜀联句》:“逆颈尽徽索。”“纆索”,绳索,而“徽索”,皆指囚绳。“绳”是绳子总称,故也或与之同义连用。汉王充《论衡·订鬼》:“若见鬼把椎锁绳纆,立守其旁。”《梁书·王僧孺传》:“既贻疵辱,方致徽绳。”“绳纆”,绳索;“徽绳”,囚绳。即便“徽纆”之相互同义连用,也往往侧重于徽,故每有刑罚色彩。《后汉书·西羌传论》:“女妇则徽纆而为虏。”《南史·孝义传下·吉翂》:“敕廷尉蔡法度严加胁诱……盛陈徽纆,厉色问曰。”“徽”的刑罚色彩还表现于可用作动词,系拘义。《广雅·释诂三上》:“徽,束也。”如文首引《文选》中扬雄《解嘲》“徽以纠墨”刘良注:“徽,系也。”“纆”的特点较不明显。段玉裁曰:“(纆)从黑者,所谓黑索拘挛罪人,今字从墨。”此无文献书证。按,纆可以作马缰绳。《战国策·韩策三》:“造父之弟子曰：'马不千里。'王良弟子曰：'马，千里之马也，服，千里之服也，而不能取千里，何也？'曰：'子缰牵长。'"南朝梁刘勰《文心雕龙·总术》："夫骥足虽骏，缰牵忌长。"用作马缰绳者必较坚精。故"缰"或可认为是坚精的粗绳，当然也可用作系拘罪人的绳索。

"缧"或作"纍"、"累"。《说文·糸部》："纍，一曰大索也。"《急就篇》卷三颜师古注同。亦作"黑索"。《论语·公冶长》："虽在缧絏之中，非其罪也。"何晏集解引孔注："缧，黑索；絏，挛也，所以拘罪人。""缧"字，《史记·仲尼弟子列传》作"累"。《史记·管晏列传》："越石父贤，在缧绁中。"张守节正义："缧，黑索也。绁，系也。"《文选·司马迁〈报任少卿书〉》："何至自沈溺缧绁之辱哉？"李善注引孔安国说同。按，"绁"或作"絏"、"緤"，为拴系之绳。孔注等训为"挛"，为动词，即系拘义。孔注训"缧"为黑索，朱骏声曰："按孔本当作纆字。"但"缧"与"纆"声不近，不得相通，也非形讹，且纆亦非黑索。累有积、重之义，即含多、大意，故"缧"当以大索为正解。然则"缧绁"义本各异。而《论语》、《管晏列传》之"缧绁"，又引申为牢狱。"缧"常作为动词，系拘义，字多写作"纍"。桂馥曰："纍所以系囚，因谓纍为系。"（《说文·糸部》"纍"字义证）《广雅·释言》："纍，拘也。"《左传·僖公三十三年》："不以纍臣釁鼓。"杜预注："纍，囚系也。"《列子·杨朱》："重囚纍梏。"绳拘梏锁。"古者拘系罪人并以绳索，索、徽、缰、纍皆是其名，皆从糸。后也有用金属，则是铁索，观《西域》《王莽》二传，知汉时已有用铁索者。"

261. 纲·维·纮(紘)·緪(緪、絙)

“纲”，网口可张可收的总绳。“维”，结缚物件的大绳。“纮”，原是将冕冠固首的系绳，引申为粗长无比、无远不及的大绳。“緪(gēng)”，用于渡河的粗大坚固之绳，可泛指一般的粗绳。

【同义】

《说文·糸部》：“纲，网纮也。”《楚辞·天问》：“斡维焉系？”王逸注：“维，纲也。”《文选·班固〈答宾戏〉》：“廓帝纮，恢皇纲。”李善引《淮南子》注曰：“纮，维也。”“纮”、“纲”对文同义，皆指称大绳索。《说文·糸部》：“緪，大索也。”《管子·禁藏》：“法令为维纲，吏为网罟。”《三国志·魏志·刘放传》：“又深陈宜速召太尉司马宣王，以纲维皇室。”《艺文类聚》卷十四引南朝梁沈约《齐明帝谥议》曰：“万目备张，纮纲靡漏。”“维纲”、“纲维”、“纮纲”均同义连用，其义或为法度，或为扶持(动词)。

【辨释】

“纲”，从糸冈声，声兼义。“冈”是平的山脊，有上意。《释名·释山》：“冈，亢也，在上之言也。”网之纲也是在上者，即是在网口可张可收的总绳，较为粗大。《书·盘庚上》：“若网在纲，有条而不紊。”《韩非子·外储说右下》：“善张网者引其纲，不一一摄万目而后得。……引其纲而鱼已入囊矣。”汉郑玄《诗谱序》：“举一纲而万目张。”意即拉动网上大绳，全部网眼均可张开。后有成语“纲举目张”。纲是总绳，故比“维”重要。《魏书·源怀传》：“为贵人，理世务，当举纲维，何必须太子(仔)细也。”此为喻指，“举纲维”非同义连用，宜解为：把握总的和主要的。“纲”的本义使用较少，多用其引申义。其引申义包括用于抽象事物，与他词连用，如“纲要、纲纪、纲领”等，均体现总、大之意。

《说文·糸部》：“维，车盖维也。”即系车盖之绳。按，其本义当为结缚物件的大绳，不限于系车盖。《庄子·大宗师》：“维斗得之，终古不忒。”(“忒”，tè，变更。)成玄英疏：“维斗，北斗也，为众星纲维，故谓之维斗。”此为喻用。《汉书·贾谊传》：“若夫经制不定，是犹度江河亡(无)维楫，中流而遇风波，船必覆矣。”颜师古注：“维所以系船。”系船绳较粗大。文首引《楚辞·天问》“斡维焉系”句，其“维”是指地上系天的大绳，即“地维”。《列子·汤问》：“怒而触不周之山，折天柱，绝地维。”地维是传说中地上系住八根擎天柱(即八座山)的大绳。“维”单用作名词较少，常用作动词，总的是系束义。可用于具体事物。《诗·小雅·白驹》：“皎皎白驹，食我场苗，縶以维之，以永今朝。”《公羊传·昭公二十五年》：“且夫牛马维娄，委己者也。”何休注：“系马曰维，系牛曰娄。”也可用于抽象事物。《周礼·夏官·职方氏》：“凡邦国，小大相维。”又《夏官·大司马》：“建牧立监，以维邦国。”郑玄注：“维，犹连结也。”《逸周书·职方》：“凡邦国大小相维。”孔晁注：“维，持也。”汉徐幹《中论下·民数》：“是以先王制六卿六遂之法，所以维持其民而为之纲目也。”唐韩愈《送李愿归盘谷序》：“车服不维，刀锯不加。”此“维”为束缚之意。

“纮”或作“紭”。《说文·糸部》：“纮，冠卷维也。”《礼记·杂记下》：“管仲镂簋而朱纮。”《周礼·夏官·弁师》：“玉笄朱纮。”“冠卷维”者，是将冕冠之带绕过颔下，两头系于左右笄，所谓无緌之“缨”。（缨自上而下，结于颔下，结余部分称“緌”。）“纮”即系冕冠之绳带。引申为大绳。《文选·班固〈西都赋〉》：“罘网连纮，笼山络野。”李善注：“纮，罘之纲也。”《淮南子·墬形》：“八殥之外，而有八纮。”高诱注：“纮，维也。维落天地而为之表，故曰纮也。”（“殥”，远界。）“八纮”是传说中维系地之四方边极的八根巨绳，常喻指天涯地极。《列子·汤问》：“八纮九野之水。”张湛注：“八纮，八极也。”唯此，古人意念中纮可包绕无法言喻的大物。《淮南子·原道》：“纮宇宙而章（彰）三光。”（“三光”，日、月、星。）可见，纮绳远大于维绳。此盖与声源有关。“纮”可通“宏”。《淮南子·精神》：“夫天地之道，至纮以大。”故可谓“纮”是从糸宏省声。“纮”之大义，也与本义有关。如前所说，“纮”本指冕冠上的大带，本并不粗大，然此是绕首之绳，且冕冠是帝王所戴，帝王运掌天道，故自然可以有“八纮”、“纮宇宙”之类的喻指用法。但后世之“纮”并不盛行，无“纲”、“维”之组词活力。

“緪”，或作“縆”，《说文·系部》作“緪”，训“大索也”。按，字以“緪”为正体，从糸、亘，会意。亘，字从二、舟（中间之形）会意。北齐颜之推《颜氏家训·书证》：“弥亘字从二间舟……今之隶书转舟为曰。”故“亘”义为竞渡。汉张衡《西京赋》：“亘雄虹之长梁。”则“緪”字会其意为用于渡河的粗大坚固之绳。《三国志·魏志·王昶传》：“昶（王昶）诣江陵，两岸引竹緪为桥，渡水击之。”北魏郦道元《水经注·河水一》：“有盘石之磴，道狭尺余，行者骑步相持，緪桥相引。”（“磴”，dèng，石阶。）可泛指一般的粗绳索。《隋书·音乐志上》：“设缘高緪伎。”谓设爬高绳的杂技项目，其“緪”还是指粗绳索。

262. 蹋(踏、蹹)鞠·蹴(蹵、蹙)鞠

"蹋鞠",战国时在球上轻快踩踏的娱乐游戏。"蹴鞠",汉代盛行的音乐、舞蹈、杂技综合型娱乐游戏,也作一项类于足球的体育竞赛活动。因在蹋鞠基础上发展,故有时也称"蹋鞠"。汉以后进一步足球化,故后世一般只称"蹴鞠"。

【同义】

"蹴鞠",又称"蹋鞠"。《史记·苏秦列传》"六博蹋鞠"句,司马贞索隐引《别录注》曰:"蹴蹋,促六反,蹴亦蹋也。"

【辨释】

文献中,"蹴鞠"、"蹋鞠"互用、同用之例甚多,故古今注家,包括今之体育史有关专著皆以为二者是一物异称。于是,上古的蹋鞠,遂与汉代的蹴鞠无别,从而或得出"足球起于战国"、"战国已盛行足球"的史论。

确实,"蹴鞠"渊源甚古。汉刘向《别录》曰:"蹴鞠者,传言黄帝所作,或曰起战国之时。蹋鞠,兵势也,所以练武士,知有材也,皆因嬉戏而讲练之。"(《史记·苏秦列传》裴骃集解引)此非究其名,而是述其事。从文献的追记看,远古先民似乎用手多于用足。如弹丸、击壤的游戏,皆用手。但用足的游戏并非不能产生。今从新石器时代晚期,距今约五千年的黄帝所在部落一带,即山西、陕西的一些新石器时代遗址,已发掘出不少磨制光滑的石球。用足踢石球的游戏,或许彼时已出现。不过,此只能视作蹴鞠的远古渊源,与汉代的蹴鞠当不可同日而语。彼时,更不会有"蹴鞠"之称。从上古文献看,至今所见最早和主要的材料是《战国策·齐策一》载苏秦为赵合纵说齐宣王所形容临淄之盛一节:"临淄之中七万户……临淄甚富而实,其民无不吹竽鼓瑟、击筑弹琴、斗鸡走犬、六博蹋鞠者。"所列诸物,皆为乐戏诸事,无有习武"讲练"色彩。又据《西京杂记》,刘邦定鼎后,将其父母二老接至长安,居深宫,但其父却郁郁不乐,问之,乃是"生平所好皆屠贩少年斗鸡、蹴鞠以为忻(欣),今皆无此,故不乐也"(《太平御览》卷七五四引),也纯为娱乐之事。可知,蹴鞠伊始,原是盛行于齐楚民间的一种娱乐游戏。而其称,《齐策一》"原作蹹踘"(参《战国策集注汇考》)。今本作"蹋鞠",却无作"蹴鞠"者。(《西京杂记》所记是于汉代追溯往事,故用汉代后出名"蹴鞠"。)吴师道注:"蹹,《史》作蹋。《说文》徒盍反,即蹹字。"《说文·足部》:"蹋,践也。"朱骏声曰:"字亦作踏,作蹹,或作𨂝。"(《说文通训定声·谦部》"蹋"字)按,"𨂝"是后出字,见于《广韵·入合》,殆不足论。"蹋",《说文·足部》训"践"是浑言;析言之,字从沓声得义,其特点是原地轻快踩踏,故大都

施于乐舞的场合(参第108条)。再从其他诸异体声义看。“蹹”从翕声,翕声之声义为“合”。《书·皋陶谟》:“翕受敷施。”孔传:“翕,合也。”《诗·周颂·般》:“允犹翕河。”毛传:“翕,合也。”《小雅·常棣》:“兄弟既翕。”毛传同。《大戴礼记·夏小正》:“匽(通‘蝘’)之兴五日翕。……翕也者,合也。”“合”字,甲骨文、金文与今字大同。林义光曰:“ㅂ象物形,倒之为Ａ。”(《文源》)朱芳圃曰:“字象器盖相合之形。會倉二字皆从此作。”(《甲骨文字释丛》)故“合”者,是二体上下相合。然则“蹹”与“蹋”之原地踩踏也相类。“蹋”又作“踏”,荅也从合声。《方言》第一:“踏……跳也。……自关而西秦晋之间曰跳,或曰踏。”郭璞注:“(踏)古蹋字。”既与“蹋”是一词,则此必非纵身前跳,而是上下跳踏。从以上“蹋”及诸异体的声义看,皆与踢义无涉,而当是上下踩踏。“蹋鞠”当是“踏鞠”。“鞠”,或作“踘”,是皮革所制的实心球。则“蹋鞠”之运动方式应是人跳登球上并在球上做轻快踩踏的动作。唐封演《封氏闻见记·打毬》曰:“今乐人又有蹑毬之戏,綵画木毬,高一二丈(疑为‘尺’),女妓登榻,毬转而行,萦回去来,无不如意。古蹴鞠之遗事也。”此虽是述唐事,但最初蹋鞠的基本方式大率亦当如此。《文献通考·乐考二十·踏球戏》亦曰:“踏球用木球,高尺余,伎者立其上,圆转而行也。”用木球者为变式。战国时,齐、楚盛行的蹋鞠,就是此种纯娱乐的游戏。汉刘向《别录》所言,乃以汉制述古,不足为训。由此可知,可以将战国的蹋鞠,作为蹴鞠的滥觞,即后世的足球当源端于战国时的踏球,但踩踏球与踢球不能混为一谈,故绝不可以为战国已盛行足球。当时的蹋鞠只是一种踏球的游艺。

蹋鞠行于战国。至汉代,发展出蹴鞠的游戏。

“蹴鞠”之“蹴”,亦作“蹵”。《汉书·枚乘传》:“蹵鞠刻镂。”“蹴”或作“蹵”。上引《战国策·齐策一》句鲍彪注引汉刘向《别录》所称即“蹵鞠”。蹵、蹴音同,皆清母、屋部,故可通假。汉时,“蹴鞠”、“蹋鞠”并用,尤以“蹴鞠”多见,“蹋鞠”乃承袭古称。后世更以用“蹴鞠”为常。

汉代之所以别出“蹴鞠”,并以此称为主,正表明原蹋鞠之事已发生新的质变:

其一,性质变。蹋鞠本是娱乐游戏,近乎杂技。而汉代的蹴鞠虽也可作为娱乐之用,但已寓军事训练意味。上引汉刘向《别录》所言即明此性质。《别录》又曰:“今军士无事,得使蹴鞠。”崔豹曰:“(蹴鞠)起黄帝时,习兵之埶(艺)。”(《史记·苏秦列传》司马贞索隐引)《史记·卫将军骠骑列传》与《汉书·霍去病传》均记载军队在塞外宿营时,兵帅“穿域蹋鞠”以振士气之事。三国魏何晏《景福殿赋》言蹴鞠“将以行令,岂唯娱情”。《汉书·艺文志》有《蹴鞠》二十五篇,是一部兵书,附于“兵伎巧十三家”类(今佚)。其性质之变,盖由于战国以后步骑兵联合作战方式取代了车战。于是对参战每个士兵速度、耐力、灵巧等身体素质要求更高。蹴鞠正是顺应这一军事形势而诞生。

其二,地位变。战国时蹋鞠,无论齐临淄城内,或者刘太公的邑里,都是行于庶民之校力游戏,不登大雅之堂。但到了汉代,或许是从刘邦为使太上皇“斗鸡、蹴鞠以为忻”而在长安附近建新丰城(今陕西临潼新丰)起,东方的蹋鞠风传至关中;以后随着性质、方式之改变,又传遍全国。不仅盛行于民间，也进入军营、宫廷；不仅庶民、富者习之，且皇帝、将军亦好之。《史记·扁鹊仓公列传》记仓公为阪里公乘（官名）项处诊脉，嘱其“慎毋为劳力事”，然“处后蹴鞠”，因汗出多呕血而死。可见其吸引力之大。《汉书·东方朔传》记董偃受武帝姑母窦太后宠幸后，“郡国狗马、蹴鞠、剑客辐凑董氏”。可见达官显贵所养每有蹴鞠好手。吕后将戚夫人残害为“人彘”，就置于蹴鞠场（据《汉书·外戚传上》）。可见，西汉初，蹴鞠已进入宫内。以后汉室离宫别馆，多设蹴鞠场，主要用作军内习武校场（《汉书·枚乘传》），武帝、成帝均爱好蹴鞠。《西京杂记》曾记群臣谏事：“成帝好蹴鞠，群臣以蹴鞠劳体，非至尊所宜。”汉末，曹操也嗜蹴鞠，有蹴鞠好手孔桂曾随侍左右（皆见《太平御览》卷七五四引）。故汉代的蹴鞠风靡上下。

其三，规制变。战国时的蹋鞠，其制不见文献载录，若有，因是踏球，也必异于踢球。汉代所发展成的蹴鞠，既已出现专著，自必形成规矩定制。今专著亡佚，故难知全貌。幸有出土的不少画像砖、石及文献的零星载录，从中尚可钩稽、推断其大概。

首先，球制。《汉书·枚乘传》：“蹵鞠刻镂。”颜师古注：“鞠以韦为之，中实以物，蹵蹋为戏乐也。”《太平御览》卷七五四引郭璞《三苍解诂》：“鞠，毛丸，可蹋戏。”可见，仍是实心皮球。其大小，从画像石可见，大致近乎或稍大于人头。球不止一个。如陕西绥德东汉墓画像石，湖阳新店汉墓画像石之《蹴鞠图》，均有二蹴鞠者，身旁共有四球。

其次，蹴法。“蹴”，不同于蹋，是顿、踢相结合的踩踏（参第108条）。此自然与蹴的对象有关。所蹴者是充毛的实心皮球。陕西绥德东汉画像石《蹴鞠图》，两蹴鞠者各用脚从上踩踏一球，旁又有二球。南阳汉画像石《蹴鞠图》中一高髻女子似在踏弄双鞠。南阳的另一幅《蹴鞠图》中建鼓左侧男子，头身后倾，举起的右膝上方有一球被顶起，右侧一男子跃身跨步，边手执桴击鼓，边将球顶起。绥德汉墓那幅《蹴鞠图》中两相对抗的蹴鞠者的一手弯肘前举，一手弯肘后扬，在两人对抗的空间有一大球，据称：“两肘拱抵一大球。”（《陕北东汉画像石》）河南登封少室石阙蹴鞠画像石更为奇特：右一人坐（跪）案床上斜举一竿，左一人背向坐者凌空鱼跃呈剪刀式，其悬空的左脚尖有一球正倒踢越竿。《古今图书集成》博物汇编艺术典第八〇一卷引徐广《弹棋经序》曰：“昔汉武帝平西域，胡人善蹴鞠者，尽衒其便捷跳跃，帝好而为之。”此可说明蹴鞠者必具腾跃功夫。今所见画像石所绘蹴鞠者都长袖垂袪，飘曳似舞。蹴鞠，男女皆可参加，基本动作为踢、踏，然方式可多样：前挑、后踢、平踏、跃踢；不仅用足，还可用膝盖、臂肘或其他部位顶。可见蹴鞠当是音乐、舞蹈、杂技的综合型娱乐游戏。但是，也不能否认可作为一项类于足球的体育竞赛活动。此主要从《艺文类聚》卷五四所引（又见《文选·何晏〈景福殿赋〉》注引）东汉李尤《鞠城铭》而知。其铭曰：“员（圆）鞠方墙，仿象阴阳；法月衡对，二六相当；建长立平，其列（例）有常。不以亲疏，不有阿私；端心平意，莫怨其非。鞠政由（犹）然，况乎执机！”按，篇名之“鞠城”，指球场，球场似一小城。还有球门。《汉书·外戚传上》：“太后遂断戚夫人手足……使居鞠域中。”颜师古注：“鞠域，如蹋鞠之域，谓窟室也。”《霍去病传》：“而去病尚穿域蹋鞠也。”颜师古注引服虔曰：“穿地作鞠室也。”“鞠室”，即是球门。可见鞠场必有球门，且既可以居人，盖是屋室，由铭而知是呈月状的屋室。所费解的是关键词语“二六”。今各专书持解不一：或以为两队各六个球门，十二名队员；或谓各一个球门，六名队员；或谓各一个球门，十二名队员。今观此铭前半六句，全是写实，二句为一组。其上句，首组指球与墙，三组指队长与裁判，皆指二事，则第二组无疑当指球门与球员二事。下句每与上句相应。从语言使用看，“二六”当用于相乘数。三国魏曹植《驱车篇》：“周流二六候，间置十二亭。”晋陶潜《祭程氏妹文》：“我年二六，尔才九龄。”皆指十二之数。从阴阳五行看，铭中明以阴阳论其事，以球归属阳，象天（球可离地凌空），而天道十二。此也可见铭中“二六”必为十二之数。唯此，方与上组以鞠球为阳相合。后世也或以“二六”代称蹴鞠。三国魏何晏《景福殿赋》：“讲肄之场，二六对阵。”（“肄”，习。）南朝齐谢朓《酬德赋》：“惟敦牂之旅岁，实兴齐之二六。”（“敦牂”，太岁在午之年。）此十二之数乃合指上句之球门、球员。既是两两“相当”，则各有十二球员。但门，鞠场既仿称“城”，当依城制。若各十二门，总凡二十四门，显然与城制大乖，与“鞠城”之称不符。《周礼·考工记·匠人》：“匠人营国，方九里，旁三门。”汉班固《西都赋》：“披三条之广路，立十二之通门。”按，古制王城皆三四十二门，故门之十二当指总数，则一队各六门。然则全铭之意是：圆的鞠球象天，属阳，球场四面方（长方形）的围墙象地，属阴；球场两端月状球门相对称，各有六个，双方各有十二名队员，各有一名队长，共推一名裁判员；按照比赛规则，执法公平，不偏私一方，运动员则服从裁判。

从李尤此铭可见，汉代的蹴鞠既是一种一二人表演的音乐、舞蹈、杂技综合艺术节目，又确实是一项有阔广场地、分队对阵的体育竞赛活动。唯此，才宜用作军中士卒训练的游戏，为皇帝、将军所重视。当然，根据现有材料，对于当时蹴鞠的比赛规则、胜负裁决究竟如何，尚不能了了，期待新的出土文物资料以进一步探索。

汉代的“蹴鞠”既从原先的踏球变来，而又是一种新的“戏”，于是原先只表示原地轻快踩踏的“蹋”自然不能适应，遂易作与“蹋”义近而表示顿踢结合之“蹴”以称自最为恰当。但是，“蹴鞠”既从“蹋鞠”发展而来，且语词使用有延续性，故汉代“蹋鞠”也或续用，不过已是旧瓶装新酒，所指即是蹴鞠矣。

汉代的蹴鞠，后世久盛不衰。《太平御览》卷七五四引《会稽典录》言三国时“士以弓马为务，家以蹴鞠为学”。到唐代又进一步改革，并发展出女子足球。唐代的鞠变成了真正的空心圆球。用八片尖皮缝成圆皮壳，球体更圆，且内置动物尿泡而成吹气的球。其球，因内有气，富有弹性，轻而可踢高，遂变成纯脚踢之足球，并引起球门及规则的变化：球门设于几丈高的竹竿之上，门上张网，双方各在球门一边，以踢射进球门多者胜（参胡震亨《唐音癸签》）。显然，由汉代直接对抗变为间接对抗，减少了体力消耗，失去了原先的军事训练性质。（彼时具有军事

花瓷碗上的蹴鞠图

训练性质的是马毬，又称击毬，即骑马击球比赛。）但犹不失为一种强身、娱乐的活动。由于不需要强力角逐，故蹴鞠能扩展到女子之中。女子踢球不用球门，只求踢高、踢花式，谓之“白打”。唐王维《寒食城东即事》诗：“蹴鞠屡过飞鸟上，秋韆竞出垂杨里。”杜甫《清明》诗之二：“十年蹴鞠将雏远，万里秋韆习俗同。”到宋代，蹴鞠更为普及，涌现出许多技艺精湛的高手，并且集结成全国性的社团，称“圆社”，此为我国最早的单项运动协会。宋太祖、徽宗等许多皇帝亦嗜爱此项运动。宋代也出现了汪云程《蹴鞠图谱》、陈元靓《事林广记·戊集》等专著。当时的运动方式与唐代一样也有用球门的间接比赛和不用球门的白打，但是后者更为重视，即用头、背、胸、膝、腿、脚等表现丰富多采的花样动作和娴熟的空中控球技术。《水浒传》中的高俅，即是一位高手，并因此发迹为太尉。当时的足球已发展为由十二片黄皮细密缝制，规定正重十二两，要十分圆，故制球技术比唐代更高。但到了元代，蹴鞠已发展为妓女博欢的娱乐。因而到明太祖已禁止军内蹴鞠。清代更衰，但犹不绝如缕。清蒲松龄的《聊斋志异·汪士秀》记汪氏“父子善蹴鞠”，文中写汪士秀见一球飞来，“技痒，极力踏去，觉异常轻耎。踏猛似破，腾寻丈；中有漏光，下射如虹，蚩然疾落；又如经天之彗，直投水中，滚滚作沸泡声而灭”。此是对“流星拐”踢法的生动描写。不过，到清代中叶以后，蹴鞠作为一项运动，几乎已绝迹。

由于从汉代以后蹴鞠之鞠变为更圆的气球，运动方式也全用踢，而不是踢踏结合，故通常都用“蹴鞠”，而不用“蹋鞠”。“蹴鞠”的进一步足球化，终于逐渐淘汰了古称“蹋鞠”。

参考文献

[1] 李季芳等：《中国古代体育史简编》，人民体育出版社，1984 年 8 月。
[2] 毕世明主编：《中国古代体育史》，北京体育学院出版社，1990 年 6 月。
[3] 刘秉果编：《中国古代足球史料专集》，华夏出版社，1987 年 12 月。
[4] 陕西省博物馆：《陕北东汉画像石》，陕西人民美术出版社，1985 年 7 月。
[5] 吴曾德：《汉代画像石》，文物出版社，1984 年 6 月。
[6] 刘秉果：《汉代足球的球门和人数》，《体育文史》1988 年第 3 期。
[7] 翁士勋：《试论汉代足球》，《体育文史》1989 年第 1 期。
[8] 陈昌怡等：《古代体育寻踪》，人民体育出版社，1990 年 9 月。
[9] 王建中、闪修山：《南阳两汉画像石》，文物出版社，1990 年 6 月。

263. 弈·棋(棊、碁)·围棋

围棋春秋时已流行，久盛不衰。至唐代已定型为今之纵横十九道、三百六十一个点。文献中，最初称“弈”，带动作之意。汉代起又称“棋”，从棋子而称；“围棋”，从棋行法而名。

【同义】

《说文·収部》：“弈，围棊也。”《方言》第五：“围棋谓之弈，自关而东，齐鲁之间皆谓之弈。”唐韩愈《示儿》诗：“酒食罢无为，棋槊以相娱。”旧注：“棋，弈也。槊，博也。”

【辨释】

“弈”，《说文》作从収亦声。当为声兼义。“亦”，指事字，两点指人之两腋，是“腋”的本字。腋在人两旁，故有旁侧义。以手持人臂腋为“掖”（《说文·手部》）。《汉书·成帝纪》：“阑入尚方掖门。”颜师古注：“掖门在两旁，如人臂掖（腋）也。”収即“拱”初文。“収者两手捧物”（《说文通训定声·丰部》）。故“弈”者，会其意示旁侧两人捧物对举，即两人对局下棋。《小尔雅·广服》：“棋局谓之弈。”“局”者，梮也。《汉书·沟洫志》：“山行则梮。”颜师古注引韦昭曰：“梮，木器，如今舆床，人举以行也。”《方言》第五“所以行棊谓之局”钱绎笺疏：“两人对局以行棊谓之局，犹二人对举与舆人及物谓之梮也，梮与局通。”“弈”是最早的围棋之称，带有动作之意，表示下围棋。《论语·阳货》：“饱食终日，无所用心，难矣哉！不有博弈者乎？为之，犹贤乎已。”邢昺疏：“围棋谓之弈。”《左传·襄公二十五年》：“弈者举棋不定，不胜其耦。”“耦”，指弈棋之对方。杜预注：“弈，围棋也。”《孟子·告子上》：“弈秋，通国之善弈者也。”赵岐注：“弈秋，善弈者，名秋也。”“弈”之称，能反映两人共枰对阵的棋制特点，故此称后世也常承古而用。《汉书·游侠传·陈遵》：“宣帝微时与有故，相随博弈。”颜师古注：“博，六博。弈，围碁（棋）也。”汉班固《弈旨》：“北方之人谓棋为弈。”《太平御览》卷七五三引《尹文子》曰：“以智力求者，喻如弈棋，进退取与、攻劫放捨在我者也。”（“攻劫放捨”是围棋术语。）《新唐书·高祖诸子传》：“楚哀王智云，初名稚诠。善射，工书、弈。”明王世贞《弈问》《弈旨》、冯元仲《弈旦评》、清黄龙士《弈括》等，全是围棋专著。明高启《观弈图》、陈洪绶《题仙弈图》、清邓元鑣《咏弈诗》等，全是咏围棋诗。

“棋”常作“棊”、“碁”，本指围棋之子，遂可代称围棋。《后汉书·张衡传》：“弈秋以棋局取誉。”李贤注：“弈，围局也，棋即所执之子。”《太平御览》卷七五三引《淮南子》曰：“行一碁不足以见智，弹一弦不足以见悲。”（按，见《说林》）《魏氏春秋》：“孔融被诛，二子碁而不起。”唐杜甫《秋兴》诗之四：“闻道长安似弈棋，百年世事不胜悲。”杜荀鹤《观棋》诗：“有时逢敌手，当局到深更。”《资治通鉴·宋纪一·高祖武帝永初三年》:“徐羡之起自布衣……沈密寡言,不以忧喜见色;颇工弈棋,观戏常若未解,当世倍以此推之。”唐五代《棋图》、《棋势图》、《棋要诀》(皆已佚),宋代《棋经十三篇》、清邓元鏸编《黄龙士先生棋谱》,诸书也都是围棋专著。可见,古文献中,“棋”非棋类总称,凡单称“棋”,或“弈棋”,一般均指围棋。俗语“琴棋书画”,成语“星罗棋布”、“棋逢敌手”等,其本始均指围棋。

“围棋”,以棋之行法而名。《左传·襄公二十五年》:“今宁子视君,不如弈棋。”孔颖达疏:“棋者,所执之子……以子围而相杀,故谓之围棋。”汉桓谭《新论·专学》:“将围未围之际,问以弈道,则不知也。”“围棋”之称,西汉已见。汉扬雄《法言·问道》:“围棋击剑,反目眩形,亦皆自然也。”《太平御览》卷七五三引陆贾《新语》曰:“世言围棋或言兵法之类。”文首引《方言》第五亦其例。汉以后更为习见。《三国志·魏志·王粲传》:“(王粲)观人围棋,局坏,粲为覆之,棋者不信,以帊盖局,使更以他局为之。用相比较,不误一道。”《晋书·阮籍传》:“母终,(籍)正与人围棋,对者求止,籍留与决赌。”《太平御览》卷七五三引《语林》曰:“王中郎以围碁是坐隐,亦以围碁为手谈。”宋王禹偁《黄冈竹楼记》:“因作小楼二间……宜围棋,子声丁丁然。”

围棋之创甚古,或谓起源于唐尧。《艺文类聚》卷七四引张华《博物志》曰:“尧造围棋,丹朱善棋。”丹朱是尧之子。也有以为战国发其端:“弈之始作,必起自战国。有害诈争伪之道,当纵横者流之作矣。”(唐皮日休《原弈》)谓起于尧舜之时,并非无稽之谈。甘肃永昌鸳鸯池出土的原始社会末期陶罐已有棋盘纹图案,纵横线条十至十三道。最早竟在何时,有待考古事实的进一步说明,但是前引“弈”的文献材料表明,至少春秋时期已甚为流行(如前引《左传·襄公二十五年》例)。战国之初的弈秋是第一位围棋大师,他提供了“专心致志”学棋的经验。西汉杜陵杜夫子发表了围棋可“大裨圣教”的高论(见《西京杂记》)。河北望都等地也有汉代的石制棋盘出土。东汉、魏晋时,班固《弈旨》、马融《围棋赋》、李尤《围棋铭》、应玚《弈势》均总结了下围棋的经验、理论。至魏晋南北朝时,围棋风靡一时,成为“忘忧清乐”之戏。一些名士、达贵,甚至皇帝都嗜弈棋,高手辈出。当时还实行了品级制。《说郛》所引魏邯郸淳《艺经》已有九品制:“夫围棋之品有九:一曰入神,二曰坐照,三曰具体……”此是今九段级制的滥觞。《南齐书·萧惠基传》:“当时能棋人琅邪王抗第一品,吴郡褚思庄、会稽夏赤松并第二品。赤松思速,善于大行;思庄思迟,巧于斗棋。……抗、思庄并至给事中。”《南史·柳恽传》:“梁武帝好弈棋,使恽品定棋谱,登格者二百七十八人,第其优劣。”此为在一次全国性围棋比赛后所评定的棋手。晋时开始出现了棋谱。《隋书·艺文志》载司马伦、马朗曾合撰《围棋势》二十九卷。南北朝时各种棋谱更多,大都亡佚,今所见仅敦煌石窟写本《碁经》七篇,为我国现存最古棋经,据成恩元考,约在梁武帝后,北周时作品。唐代围棋发展更快。玄宗时为棋手设“棋待诏”一官,属归翰林院,于是棋手有了一定的政治地位。此制为两宋所继承。开元时,著名棋手王积薪便是棋待诏。唐五代时,南唐徐铉写下了《棋图义例》、《金谷园九局谱》、《棋势》等许多围棋专著,今所存的《棋图义例》解释了围棋的“立、行、飞、劫、聚、冲”等三十三种术语，是我国围棋史上第一本全面研究围棋战术的专著。新疆吐鲁番阿斯塔那墓出土的唐代《仕女围棋》绢片，五代周文矩所画《重屏会棋图卷》，均反映了此时期围棋发展的盛势。宋代，虽国势不如唐，但棋势犹盛而不衰，国手林立，并在理论上更多建树。宋代刘仲甫的《棋诀》在王积薪的《十诀》基础上进一步从战略上总结了围棋的规律。此外，宋代张拟《棋经十三篇》、李逸民编《忘忧清乐集》，以及元代严德甫编的《玄玄集》均是在国内外影响很大的围棋理论、图谱。至明代，更形成围棋的不同流派，明武宗时有永嘉派、新安派、京师派，各有一批高手，至无锡过百龄而达到新的高峰，为钱谦益颂为“八岁童牙上弈坛，白头旗纛许谁干”(《京日观棋六绝》)。过氏所著《官子谱》、《三子谱》、《四子谱》影响极大，至今仍是重要的围棋理论和教学专著。但是，到清代的前期、中期，已是强弩之末，至晚清而衰。从此，一蹶不振。直到新中国成立，才又枯木逢春，并真正成为普及的体育项目。

历史上流行了两千多年的围棋，在棋制上也有发展演变过程。汉代起，棋盘为三尺左右的方形，上画纵横直线为道、路，两人用黑白子对弈。汉马融《围棋赋》曰：“法用兵三尺之局兮，为战斗场；陈聚士卒兮，两敌相当。”班固《弈旨》曰：“棋有白黑，阴阳分也；骈罗列布，效天文也。”南朝梁武帝《围棋赋》曰：“枰则广羊文犀，子则白瑶玄玉，方目无斜，直道不曲。”一般认为，早期的棋盘是纵横十七道制。《文选·韦曜〈博弈论〉》：“枯棋三百，孰与万人之将?”李善注引邯郸淳《艺经》曰：“棋局纵横各十七道，合二百八十九道，白黑棋子各一百五十枚。”(前“道”指线，后“道”指点。)晋蔡洪《围棋赋》：“曲直有正，方而不圆；算涂授卒，三百惟群。”河北望都汉墓出土石制棋盘也是纵横十七道，皆与《艺经》合。《乐府诗集·清商曲辞三·吴声歌曲》引无名氏诗：“坐倚无精魂，怪我生百虑。方局十七道，期会是何处?”据考，此诗为南齐作品，可见南北朝时犹行十七道制。迟至唐初已变为纵横十九道，三百六十一路。北周甄鸾《孙子算经》曰：“今有棋局方一十九道，问用棋几何？答曰：三百六十一。术曰：置十九道，自相乘之，即得。”(见《算经十书》)成书于北周时的敦煌写本《碁经》，也已有“碁有三百六十一道”之语。然则谓唐时已行十九道棋制，当无可疑。唐裴说《棋》诗：“十九条平路，言平又崄巇。人心无算处，国手有输时。”但十七道等制亦同时并行。新疆吐鲁番阿斯塔那古墓所出土的唐《仕女围棋》图，上画棋盘乃十七道。湖南湘阴的一座唐代古墓，出土棋盘纵横仅十五道。又有十八道者。唐柳宗元《柳州山水近治可游者记》：“又西曰仙弈之山……其始登者，得石枰于上，黑肌而赤脉，十有八道可弈，故以云。”唐代围棋传入日本、朝鲜，均是十九道，但传入锡金(今属印度)，却是十七道(参朱南铣书73页)。凡此表明，棋道与子的定制必有一过程。唐代前期尚未“定于一”，但若柳氏所云十八道，实也正是十九道，因围棋交叉点必有奇数方可分胜负。所称“道”实指格，十九线正十八格。从文献而观，大约中晚唐起，十九道已为定制。其后，文献中鲜言十七道者。到宋仁宗时张拟《棋经十三篇》首篇专述宋行围棋，已确言十九道，三百六十一子。宋程大昌《演繁露》卷十《棋道》曰：“今棋方十九道，合枰为棋子三百六十一。”

参考文献

[1] 朱南铣:《中国象棋史丛考》,中华书局,1987 年 7 月。
[2] 见闻:《中国围棋史话》,人民体育出版社,1987 年 2 月。
[3] [宋]沈括著、胡道静校证:《梦溪笔谈校证》(下册),上海古籍出版社,1987 年 9 月。
[5] 成恩元:《敦煌碁经笺证》,蜀蓉棋艺出版社,1990 年 4 月。
[6] 徐永昌:《中国古代体育》,北京师范大学出版社,1983 年 4 月。
[7] 蔡中民:《围棋文化诗词选》,蜀蓉棋艺出版社,1989 年 10 月。

264. 博(簙)·塞(簺)·格五·象戏·象棋(棊)

“博”，主要斗巧的棋戏，靠箸琼掷采而走棋，上古就流行，汉代又分大小博。“塞”是不掷采的博，全凭斗智。至汉代又称“格五”。此为象棋的雏形。南北朝的北周时又从塞发展出“象戏”，唐五代流行，进一步象棋化。大约北宋末，象戏已定型为今日的象棋。从此，“象戏”成为象棋的主要通称，而“象棋”是南宋产生的俗称。大约明清之际，“象棋”才成为主要通称。

【同义】

《楚辞·招魂》：“菎蔽象棋，有六簙些。”“象棋”即指“六簙”。六簙即博。“博塞”常同义连用。《管子·四时》：“一政曰禁博塞。”“格五”戏也指“塞”戏（见下），“象棋”、“象戏”亦同。宋司马光《七国象戏》又名《七国象棋》。

【辨释】

《说文·竹部》：“簙，局戏也，六箸十二棊也。”字常作“博”。据记载，商朝帝武乙曾“为偶人”而“与之博”（《史记·殷本纪》），则博之起，可溯至商末。至春秋战国已大行。《论语·阳货》：“饱食终日，无所用心，难矣哉！不有博弈者乎？为之，犹贤乎已。”《史记·宋微子世家》记春秋博事：“湣公与南宫万猎，因博争行，湣公怒，辱之……万有力，病此言，遂以局杀湣公于蒙泽。”《魏公子列传》记战国博事：“公子与魏王博，而北境传举烽，言‘赵寇至，且入界’。魏王释博，欲召大臣谋。公子止王曰：‘赵王田猎耳，非为寇也。’复博如故。王恐，心不在博。”至汉代从帝王将相到村野匹夫，好之者众。汉后渐衰。

博者，乃二人对局争胜的游戏，由四种棋具组成。一是棋子，《方言》第五谓棋圆形，而出土实物多方形（见下）。每一方六枚，故又称“六博”。博戏是大小战争的衍生物。仿兵制五人为伍，设伍长一人，故其六枚棋子，也一枭五散：枭，骁勇的将帅，相当于后世象棋之“将”；散，散卒。二是枰，即方形的棋盘，分十二道，以供两人对局。《方言》第五：“簙……或谓之棊。所以投簙谓之枰，或谓之广平。所以行棋谓之局，或谓之曲道。”三是箸，又称“琼”、“茕”。相当于后世的骰子。每方各六箸。箸用于大博，断竹管长六分，剖开，凹处填实，六箸上分别刻以“枭、卢、雉、犊、塞”，谓之“采”、“博齿”。秦汉之际变为“五木”，即制杏仁形小木五枚，尖可转跃，平处刻采，每枚有两面。一面刻采，一面涂白或黑色。五采依上引序列，枭最上，塞最下（明彭大翼《山堂肆考·技艺·博塞·五木》）。《南史·颜师伯传》：“孝武尝与师伯樗蒲，帝掷得雉，大悦，谓必胜；师伯后得卢，帝失色。”则卢优于雉。琼用于小博，为橄榄形,四周匀作五面,刻为五彩:一画为塞,二画为白,三画为黑,交叉为五,不刻为绳(见《后汉书·梁冀传》李贤注引鲍宏《博经》)。其由上而下序列是五、白、黑、绳、塞。但是,上古尚未分大小博。箸琼掷采是博戏的最主要特征。《荀子·大略》:"六六之博。"杨倞注:"六六即六博也。今之博局亦二六相对也。"按,当以投六箸琼行六棋,故为六博。四是筹,用以计数示胜负。1976年湖北云梦睡虎地11号秦墓出土六博具一套,棋盘木制,长38.5、宽35厘米,盘正面阴刻规矩纹,是为棋局,盘中红漆绘四个圆点,棋子骨质,有十二枚(方形、长方形各六),其中每方有一颗红色者较大,长3、宽1.4、高1.8厘米,即为枭。其余五颗涂黑,略小,长2.5、宽1.2、高1.7厘米,即为散卒。漆绘算筹六根,小竹管对剖而成一筹,长19.5厘米。至于博戏的方法,早已失传,但可从文献稽索一二。

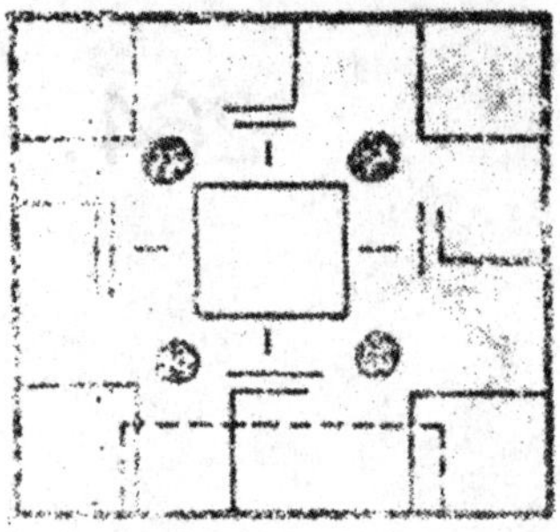

战国古墓出土的六博棋局

博骰

《论语·阳货》"不有博弈者乎"皇侃疏:"博者,十二棋而掷采者也。""掷采",掷箸琼而见采。《韩非子·外储说左下》:"齐宣王问匡倩曰:'儒者博乎!'曰:'不也。'王曰:'何也?'匡倩对曰:'博者贵枭,胜者必杀枭,杀枭者,是杀所贵也,儒者以为害义,故不博也。'"可见博时以杀去对方枭为胜,以失枭为败。《史记·范雎蔡泽列传》记蔡泽说范功成身退之语:"君独不观夫博者乎?或欲大投,或欲分功,此皆君之所明知也。……君之功极矣,此亦秦之分功之时也。"裴骃集解:"班固《弈指》曰:'博县于投,不必在行。'骃谓投,投琼也。"司马贞索隐:"或欲大投其琼以致胜,或欲分功者,谓观其势弱,则投地而分功以远救也。"大投,冒险而徼大功,获大利,分功是保守、退避而最终不失功利。则博戏掷采有大投、小投之分。可能是:若六箸、数箸而投得头采,则大胜而毕其功;但若无采,则全功尽弃;若一箸而投,得也小,失也小,此在劣势时尤需如此。然则博者,确"县于投",即决定于投:棋子走得好,不如箸琼投得巧。《楚辞·招魂》有一节写上古博戏:"菎蔽象棋,有六簙些。分曹并进,遒相迫些。成枭而牟,呼五白些。"("菎",玉。"蔽",著以玉饰。"曹",偶。"遒",急。"牟",倍胜。"五、白",博齿。)旧注以《列子·说符》张湛注引古《博经》为解。今说者多从之。其实古《博经》可以说明东汉之博,而与此节乖合(辨见《楚辞直解·招魂》)。按,此节所写相当于后世小博。一、二句说明六博道具。谓玉饰的箸琼,象牙雕刻的棋,各有六枚,即为六博。三、四句叙述比赛进行。分为对等两方,先投箸后行棋,相互进攻逼迫,使自己行进而对方棋不得行,如宋湣公与南宫万争道而行。五、六句,描述比赛结束。唐杜甫《今夕行》用此典曰:"咸阳客舍一事无,相与博塞为欢娱。冯陵大叫呼五白,袒跣不肯成枭卢。"杨伦《杜诗镜诠》曰:"枭卢,贵采。"五白即谓成枭卢,是箸琼中的贵采。盖本来博尚平稳进行,难见胜负,突然一方一掷,正巧二琼皆成五、白,遂见大采,于是一下可将对方枭杀死而获全胜,所谓"牟"。真乃一掷而定全局,遂狂喜而不禁大呼"五、白"。综上而可知,博戏是斗智又斗巧，而主要是斗巧的棋戏；其进行方式是先投箸，再见采，后据采的规定步数行棋；双方轮流而行，直至将对方枭杀死而终局。

博戏至东汉分为大博、小博。北齐颜之推《颜氏家训·杂艺》："古为大博则六箸，小博则二茕，今无晓者。"《西京杂记》卷四："许博昌，安陵人也。善六博……法用六箸，或谓之究〔茕〕，以竹为之，长六分。或用二箸。"汉代小博之法未必与战国的小博雷同，然可用古《博经》获解。《列子·说符》："击博楼上"张湛注引古《博经》曰："博法，二人相对，坐向局，局分为十二道，两头当中名为水。用碁十二枚，故法六白六黑；又用鱼二枚，置于水中，其掷采以琼为之。琼畟方寸三分，长寸五分，锐其头，钻刻琼四面为眼，亦名为齿。二人互掷采行碁。碁行到处即竖之，名为骁碁，即入水食鱼，亦名牵鱼。每牵一鱼，获二筹；翻一鱼，获三筹。若已牵两鱼而不胜者，名曰被翻双鱼。彼家获六筹为大胜也。"1972年河南灵宝张家湾东汉墓出土一套绿釉博棋俑：一人坐榻，两人相对跪坐对博，中摆矩形盘，一则列六条算筹，一则为正方博局，枰上各有方形棋一排，中间有圆"鱼"二。此与古《博经》所言相合，可视为汉代小博的实证。在四川汉画像砖、石中，也有几幅生动的《六博图》，如新津宝子山石函一幅，两神人肩披羽饰，相对而博，侧为食案，大小二盂有勺，枰中六枚算筹，一神人跽身扬臂惊呼。此亦小博之一景。

汉画像砖上的六博图

《说文·竹部》："簺，行棋相塞谓之簺。"或作"塞"，上古已见。《庄子·骈拇》"问谷奚事？则博塞以游"成玄英疏："投琼曰博，不投琼曰塞。"（"谷"，人名。）汉代称为"格五"。《汉书·吾丘寿王传》："年少，以善格五召待诏。"颜师古注引《簺法》曰："簺白乘五，至五格不得行，故云格五。"《后汉书·梁冀传》称梁冀"能挽满、弹棋、格五、六博"。汉边韶《塞赋》："制作有式：四道交正，时之则也；棋有十二，吕律极也；人操厥半，六爻列也；赤白色者，分阴阳也；乍亡乍存，象日月也；行必正直，合道中也。"从实物看，广西西林西汉墓出土塞戏棋盘与博局完全相同。在甘肃武威磨嘴子汉墓出土的木俑塞戏对局图，棋盘黑彩底，棋局是白色矩形图案，二跪俑相对，左俑之右臂下伸，指夹矩形木棋，正欲投棋，右俑正凝视对方。西汉墓出土的塞戏棋或画龙或画虎，多为矩形。综文献与实物可见，塞戏与博一样，各执六棋，以杀死对方枭为定局，但不用箸琼，故全是斗智。盘上有四道，直线前行，有行与止的一些规则，棋子上有动物图画。这无疑正是象棋的雏形。

塞戏进一步发展，便为"象戏"。

"博塞"，至魏晋南北朝而分化：强化掷采之"博"的斗巧因素，变为纯粹的赌具，其最庸劣者即是在西方传入的基础上而发展的"樗蒲"，"蒲"即"博"，指用樗树（臭椿树）木制的博具，今之赌博之具；强化"塞"的斗智因素，再予改革，就产生"象戏"，始于周武帝。周武帝撰《象经》,著录于《隋书·经籍志三》。唐时犹存,并传入日本,但唐后已佚。今《艺文类聚》卷七四有汉王褒《象经序》、北周庾信《象戏经赋》。庾信在此赋之《上表》中曰:"臣伏读《象经》,并观象戏,私心踊跃,不胜忭舞。"王褒《序》以天文、地理、阴阳、时令、算数、律令、八卦等十二项赞其事,其写法与汉边韶《塞赋》大同,此也可看出象戏与塞戏的渊源关系。其称名之"象",并不是宋罗愿《尔雅翼》所谓"军旅有象"之燧象(系燧于象尾),而是取《周易》卦象之意,即从一枚棋子到整体布局,下法均合乎《易》的卦象。故相当长时期内象棋无动物象。"戏"是古代体育、杂技、歌舞、娱乐活动的总称。"棋"既为围棋独占(参第 263 条),遂以"象戏"而名其物,固当。分析《序》和《赋》可知,象戏盖用八八小方格构成的棋盘,以象《易》的八八六十四卦,有黑、黄二色以象天玄地黄,所谓"局取诸乾"、"坤以为舆"。有"千金之马",即棋子有马;也有"六甲之符",即有兵卒。还有日月星辰之棋(参《事物纪原》卷九《象戏》)。此外,在被考定为北周时的敦煌《碁经》中,多次提及"悬砲"、"赌马"、"将军"之语,在考察象戏渊源时很值得注意。这也表明周武帝《象经》之产生绝非偶然。由此可见,象戏是周武帝在塞戏基础上按《周易》卦象变化思想设计而成,其性质是一种可以操练战略战术的军事游戏。

象戏到唐五代已广为流行,唐太宗、武则天,诗人白居易、元稹等,均是象戏好手。唐代象戏的兵象较周武帝时更丰富。白居易《和〈春深〉》诗之十七:"鼓应投壶马,兵冲象戏车。"可见已有了车。唐牛僧孺的《玄怪录·岑顺》对当时象戏更作了具体入微的描写,"唐人象戏之制,赖此可考"(明胡应麟《少室山房笔丛》之《庄岳委谈》卷四十)。牛文中已有上将、辎车、天马、兵卒等兵棋,其步法是:将可"横行系四方";车"直入无迴翔",只可直进不可横行后退;马"斜飞度三止",与今马行同;卒"次第不乖行",只可进一步。开局前棋子排列与今国际象棋相似。开局,先跳马,再进卒,后挺车。牛文又明确说明了象戏的性质:"其干戈之事备矣。乃悟军师之词,乃象戏行马之势也。"今存唐五代《琴棋书画》锦,锦上所织之象戏棋盘横纵各为八道,与今国际象棋盘相同(王端编《古锦图案集》第 43 页)。

象戏变为今日之象棋形制,是在宋代。宋梅尧臣《象戏》诗:"象戏本从棋局争……直驱猛兽如寻、邑。"("寻"、"邑",莽将士寻、王邑。)用汉刘秀与王莽的昆阳之战一事,"时有长人巨无霸……又驱诸猛兽虎豹、犀象之属,以助威武。"(《后汉书·光武帝纪上》)可见其时棋子已有"象"之类。宋程颢《象戏》诗:"大都博弈皆戏剧,象戏翻能学用兵。车马尚存周战法,偏里〔裨〕兼备汉官名。中军八面将军重,河外尖斜步卒轻。"从中可见其时已"有将、偏、裨、车、马、卒等子;有河界,卒过河可斜行一尖角;很可能有九宫,将在九宫内不但可以八方行一格,而且开局前放在九宫中央"(朱南铣书 53 页)。宋司马光撰《七国象戏》以围棋局行象戏,七人对阵,虽然很快淘汰,但从中可反映北宋时一般象戏已有炮、象、将、马、车、卒等子。其中火炮是北宋王朝的新式武器,自然也会进入象戏。宋王明清记绍熙四年(1193 年)随宋徽宗夫妇被掳北去的曹勋对作者语:"后未知上即位,尝用象戏局子,裹以黄罗,书康王字,贴于将上,焚香祷曰:'今三十二子俱掷于局,若康王入九宫者,必得天位。'一掷,其将子果入九宫,他子皆不近。"(《挥麈后录》卷二《高宗兴王符瑞》条)此节又见《三朝北盟会编》引曹勋《北狩见闻录》,《永乐大典》卷一九七八二局字韵引《北盟录》,言“三十二子”皆无异。宋徽宗是个象戏迷,不仅与宫女们“辉绛蜡”而长夜下棋,且还以其瘦金体给棋子写字。开封曾出土一批黄铜质象棋子,据鉴定是北宋末年宋徽宗时的遗物,均圆形,最大直径 31 厘米,最小 11 厘米。有些棋一面为文字,一面为图案。棋子分将、士、象、车、马、炮、卒等七种。1973 年,在福建泉州沉没的宋代古船中发现二十枚木制圆形象棋,分红黑两种,其中阴刻楷书填红马一枚,墨书将、士、车、象、炮等十枚。种种事实表明,北宋末年的象戏棋盘已是纵十路、横九路,有河界,棋子每方十六,共三十二枚,将居于“九宫”中。换言之,即今之象棋的格式,至迟在北宋末年即已定型。

从南宋起,象棋更为盛行,并与围棋并列。南宋洪遵《谱双》曰:“弈棋、象戏,家澈户晓。”棋待诏中不少是象棋高手。《武林旧事》卷六记有十五名棋待诏,注明“象”即象棋者,有十名,其中有沈姑姑之类的女棋手。明杨慎《丹铅杂录》曰:“今之象戏,芸夫牧竖,俄顷可解。”(《升庵全集》卷四十八)明代的象棋谱更多,此是象棋兴盛的标志,如王思义辑《象戏图》、徐中行《象戏谱》、佚名《江行象戏谱》、佚名《桃溪象戏谱》等(后两种已亡佚)。

象戏,无论是创始之初,还是变成现代象棋之后,即从南北朝到明清,在书面文献中,“象戏”是象棋的主要通称。偶尔有称“象弈”者,如刘克庄有全面描述象棋形制和弈法的《象弈一首,呈叶潜仲》五古诗。有时可浑称“棋”,如宋陈元靓《事林广记》所录洪迈《棋经论》,但较为少见。

“象棋”二字,最早见于战国文献,即上引《楚辞·招魂》的“菎蔽象棋”句。下至汉刘向《说苑·善说》:“(孟尝君)燕则斗象棋而舞郑女。”蔡邕《弹棋赋》:“于是列象棋,雕华丽,丰腹敛边。”然此全是称象牙雕制之棋。《招魂》句王逸注:“象牙为棋,丽而且好也。”南北朝时,出现“象戏”,其“象”乃指《周易》的卦爻之象,但无与“棋”连称者。宋僧与咸《梵网经菩萨心地品戒疏》卷八于“波罗塞戏”词条下释曰:“即今以板画路,中间界之以河,各设十六子,卒、炮、车、马、象等,俗谓象基者是也。”(“基”通“棋”)。与咸,宋高宗时人,《戒疏》写在绍兴年间(1131 年—1162 年)。历史上第一个象棋理论家北宋的尹洙,著《象戏格》,宋《秘书省续编到四库阙书目》:“尹朱(洙)《象戏格》一卷。”而至南宋晁公武《郡斋读书志》却说《象棋》一卷,并说明“皇朝尹洙撰”。北宋司马光撰《七国象戏图》(收录于陶宗仪《说郛》),创“七国象戏”而晁《志》衢本卷十五作“温公《七国象棋》”。明清诸家藏书目录则常作《司马温公象棋谱》、《古局象棋图》(明沈津辑《欣赏编》辛集),后者正文说明则称“七国象戏”云云,南宋叶茂卿象棋谱《象棋神机集》(已佚),也以“象棋”称。事实表明,“象棋”是 12 世纪上半叶,即南宋初先起于民间,后用于书面文献的俗称,是象棋定型时出现的称名。于是,“象戏”、“象棋”并用,遂有正俗之别。大约到明清之际,“象棋”之称才取代“象戏”,成为象棋的主要通称,而偶尔使用的“象戏”一名显然带有浓厚的古雅色彩。

参考文献

[1] 朱南铣:《中国象棋史丛考》,中华书局,1987年7月。
[2] 李松福:《象棋史话》,人民体育出版社,1981年7月。
[3] 陈子展:《楚辞直解》,江苏古籍出版社,1983年2月。
[4] [宋]高承:《事物纪原》,中华书局,1989年4月。
[5] 成恩元:《敦煌碁经笺证》,蜀蓉棋艺出版社,1990年4月。
[6] 麻国钧:《中华传统游戏大全》,农村读物出版社,1990年11月。
[7] 吕林:《四川汉代画象艺术选》,四川美术出版社,1988年3月。
[8] 王建中、闪修山:《南阳两汉画像石》,文物出版社,1990年6月。

附录一　论古代文化词语及其训释[1]

当今，举世瞩目的中国文化语言学，经过短短几年的实践，已在方言、对外汉语教学与跨文化研究、语言理论、现代汉语修辞语法诸领域，取得了可喜的进展，显示了强大的生命力，给我国语言学界的"纯语言"封闭型研究以前所未有的猛烈冲击。但是，文化语言学要真正成为一门新兴学科，必须使它在语言学各个领域、部门乃至在文化学、文化史领域都全面开花，用文化学和语言学相结合的总原则、总方法去解决这些领域、部门中以往用单一学科的传统方法所不能解决的疑难问题；并且从成功的实践总结、研究一些新的理论问题，以促进这些领域、部门子学科的发展，也给文化语言学提供新的理论成果。这种成功的实践和理论成果越多，文化语言学的建设就越快。舍此莫由。而语言学各个领域、部门对文化语言学的期望也是这样。古代文化词语及其训释，就是笔者用文化语言学的原则、方法在语义训诂领域进行训诂实践的基础上提出的一个理论问题。它关系着训诂学旧质的终结和在当代的发展，关系着汉语词汇研究、语文词典编纂、文化史诸多学科的发展，也关系到文化语言学性质、对象和发展方向。本文就此初陈管见，以求教于学界同仁和广大读者。

壹　必须区分文化词语和通义词语

要论古代文化词语，首先要识知什么是文化词语。其实质就是提出对词汇新的二分法。

"词汇是一种语言系统的全部词语的总和。"[2]词，可分基本词汇和一般词汇、实词和虚词、书面词和口语词等。语，可分成语、熟语、谚语、行业语等。现在，很有必要按体现文化意义的强弱有无之状况，将词汇分为两部分：有不同程度文化意义者，为文化义词语，即文化词语；弱而至无者，为通用义词语，即通义词语。

分类，实际上是通过比较揭示事物之间的共同点和差异点。这不仅是科学研究的基本方法，也是科学研究的结果。没有分类便没有科学；分类的准确、深入，也是研究深入、学科发展的一个标志。语言学的发展就是明证。如虚词，先秦《墨子》中已有对它的训释。[3]宋代有词的动静虚实之论。[4]清代有了明确的实词虚词的对立。但真正按科学观区分实词与虚词，要到《马氏文通》，于是开始了现代语法的新纪元。当人们发现词汇中有相当数量的词具有历史稳固性、全民性、构词的广泛性，是稳固的核心部分，于是形成了基本词汇的概念，并产生了基本词汇和一般词汇的二分法，科学的现代词汇学随之确立。同理，现在提出将词汇分为文化词语和通义词语，这正是新兴学科——文化语言学兴起、建立的必然伴生物。

语言,广义上也是一种文化,因为"语言是从劳动当中并和劳动一起产生出来的",[⑤]而且进入文明时代后,任何语言都是民族的,是民族文化不可分割的组成部分。但是,语言是一种特殊的文化形态:它是文化的载体,在文化的共时与历时传承中,是最得力的工具。于是语言与文化成为一个对立的范畴,各有其内部发展规律。萨丕尔曾说:"语言也不脱离文化而存在,就是说不脱离社会流传下来的,决定我们生活面貌的风俗和信仰的总体。"但同时他又指出:"语言史和文化史沿着平行的路线前进,是完全正确的。"[⑥]我国学者也认为:"词语的产生、发展和消亡,固然与社会生活有密切关系,但也有其自身规律和相对的独立性。"[⑦]因之,从语言来说,其反映文化就有两个特点。一、中介性。即无论宏观与微观,都要以语言诸手段为中介而作用于文化。语音通过声、韵、调、韵律等,文字通过形体与用构、语法通过词句的结构与功能,词汇主要通过语义。离开这些手段,文化现象不能触及与进入语言。二、不平衡性。在语言的诸部门间与一个部门内,受文化的影响与对文化的作用并不等同。同时,不同的时间与地域也会产生不平衡性。

汉语的情况正是这样。反映文化最薄弱的部门是语音。从原始汉语音(正在探索)到现代汉语音,其间复辅音的脱落、入声的消失、一些音位的增减,等等,很难一一从文化史中找到根据。反映社会文化最深广的是词汇。其中,与文化关系最密切的是名词,最疏淡的是虚词(不是整个语法),因为虚词没有词汇意义。副词虽有词汇义,但无论表示时间、程度、状态、语气,都是通过对动词、形容词的修饰作用而见,故文化意义自然也很弱。必欲百里挑一,似乎代词中如秦以后用作皇帝自称的"朕",还有民族心理、社会特征的一些信息,但这非关词的理性义,只是使用中的文化色彩。至于"孤"、"寡"和其他一些谦称、尊称、蔑称等,颇有文化色彩,但它们都是实词。总之,毋庸讳言,虚词(指虚词义)大都无具体的文化意义可言。

因此,将词汇分为文化词语和通义词语,不仅符合语言反映文化的规律、特点,而且完全符合汉语词汇的实际。

这种二分法,也反映了汉语词汇语义研究的历史传统与现行研究的正确方向。众所周知,《尔雅》是我国义系辞书的不祧之祖,它的出现标志着汉语文学语言的形成和发展已臻于相当成熟的阶段。它将历史和现实的古汉语词语类聚群分,勒为一书,开创了我国独立的词汇学研究。全书分《释诂》、《释言》、《释训》和《释亲》、《释宫》等凡十九篇,诚如殷孟伦所论,它"实具有了通用词词典和百科名词辞典的规模"。[⑧]其前三篇释一般词语,殷氏称"通用词",相当于我们所称"通义词语"(其中也有些文化词,见下);后十六篇释百科词语,涉及伦理、建筑、天文、地理、音乐、植物、动物等多种文化领域,相当于我们所称"文化词语"。《尔雅》奠定了古代词汇二分法的格局,不仅以后形成雅系辞书系统,而且早期的其他类型辞书都受《尔雅》影响。如《方言》前三卷相当于《尔雅》前三篇,卷四可称"释衣",卷五、九相当于《释器》,卷八相当于《释鸟》、《释兽》、《释畜》,卷十一相当于《释虫》,其余诸卷则是两种词语混列。《释名》分八卷二十七类,其中《释言语》、《释姿容》两类释通义词语,其余全是文化义类。《说文》9353字(词)也释两类词,是"分部别居"的雅书,朱骏声即将它重编成《说雅》。就现实的情况看,反映古今词汇研究成果的大型辞书,如《辞海》,就分语词分册和百科分册。[9]吕叔湘先生也强调:"词汇不仅指一般用词,也包括专名。"[10]诚然,在当今词汇语义研究中,由于"纯语言"研究的影响,不少成果主要反映通义词语,故看不出这种二分的词汇结构,但是许多语义训诂的优秀成果,不仅兼训两类词语,而且颇具功力,富有文化语言学的特色,如姜亮夫的《楚辞通故》,顾学颉、王学奇的《元曲释词》,龙潜庵的《宋元语言词典》等。姜著仿《尔雅》之例,分"词部"释通义词语,分"天、地、人、史、意识、制度、文物、博物、书篇"等九部释文化词语。还有一些质量较高的专类、专书词典,如袁珂的《中国神话传说词典》、王利器主编的《金瓶梅词典》、史式的《太平天国词语汇释》等,都是两类词语并重。后一种被誉为"攀上了研究太平天国词语的高峰"(罗尔纲《序》),释太平天国文书及近代史料中有关太平天国之词语凡1664条,百分之九十五以上属文化词语。现代一些认真的方言词汇的、新词新语的专书,也都是两类词语兼列,并且有的还是文化词语超过通义词语。[12]以上种种词汇语义研究的成果,可以鲜明地反映出汉语词汇的这种二分结构。因此,区分两类词语,可有利于继承我国词汇研究的优良传统,坚持语义词汇研究的正确方向。

总之,从建立新兴学科的需要看,从语言反映文化的特点与汉语反映文化的实际情况看,从汉语词汇研究的历史传统与现行词汇研究的正确方向看,都可以说明必须将汉语词汇分为文化词语与通义词语两类。

由此,文化语言学的性质与研究对象随之也可以确定。盖词汇可分两类,那么词汇之外的语言现象,当也可按体现文化意义的强弱有无而分为两类:文化语言现象和一般语言现象。在当今对语言与文化关系的许多学者的识断中,吕叔湘先生的看法很值得注意。他说:"我所了解的文化语言学是说某一民族的某种文化现象在这个民族的语言里有所表现,或者倒过来说,某一民族的语言里有某种现象可以表示这个民族的文化的某一方面。"[12]这段话实际上也是将语言现象分为体现文化与不体现文化两类,并以为文化语言学的性质是研究文化与语言的交叉学科。这非常正确。文化语言学,顾名思义,当是研究有文化意义的语言学,也即是以有文化意义的语言现象为研究对象。就词汇语义而言,一般语言学(如词汇学、语义学)也应研究文化词语,而文化语言学应专门研究文化词语。但是,现今的文化语言学论者,往往没有或不敢将词汇和其他语言现象采取明确的二分法(担心有损语言反映文化的作用),有的更将语言反映文化夸大到绝对的程度,从而推导出文化语言学就是语言学总体。这不仅理论上站不住,而且实践上也是行不通的。

贰 古代文化词语的特征、类别和在词汇中的地位

文化词语有古有今。由于我国民族文化历史悠久,文化积淀最为丰富,则所谓文化,当以历史、传统为重点;文化词语,古代的数量甚多也最复杂。因此,从理论上集中地研讨古代

文化词语，可有助于我们从整体上识知文化词语。

下面，我们分别考察古代文化词语的特征、类别和在词汇中的地位。

古代文化词语的特征有三：

一、名物性。

文化，是人类的生存、享受和创造的需要，也是人类劳动创造的物质和精神成果，即各种形态之物。[13]有其物必有其名。故名物性成了文化词语外在的语义类属特征。大多数的名物词能直接体现名物性。常见的人名、地名、国名、朝代名等专名固然如此，就是通名、大名、类名，如《尔雅》后十六篇"亲"、"宫"、"器"、"乐"诸篇称名，也具有名物性。有的具间接名物性，见于动词、形容词。如反映物质生产活动的行为，切、磋、琢、磨，与玉有关；种、艺、栽、耨，与作物、农具相涉；反映社会生活的行为，挑、抹、弹、鼓，与乐器结合；燔、炙、炮、汆，与食物生缘；反映事物的色彩，玄、缁、赤、朱等色彩词，常用于服饰、建筑；反映味觉的五味，甘、辛、酸、苦、咸，来自食物与饮食。可以对比动词如依、拾、拔、行、走、兴、起、增、损等，形容词如谬、寒、缓、急、轻、重、忆等，这些都不依附于某个文化类的特定名物，故是无名物性的通义词。由此可感知文化词语显著的名物性特征。

二、系统性。

关于词汇的系统性，即有否体系问题，一直争论不休：或谓有，或谓无，或谓有而今未知，等等。[14]今若从两种词语看，即可发现：通义词语确实难于勾勒较完整的系统，[15]但文化词语却可以按义类构成一个一个子系统。盖每一个文化门类都不能否认是个系统；而"名者实之宾"，故反映该文化类的全部词语，当也是个系统。笔者在对1500多个文化词作文化语言学的辨考中，就顺利地把词分为国家、经济、人体、服饰、饮食等八个义类，至赜不乱。每类还可逐级下分。如服饰类内有衣料、头衣、身衣、足衣、寝衣、衣着方式等，封建礼制则贯穿其中。衣料可分葛、麻、毛、丝等，各小类也都是系统（参本书）。以此推之，每一个文化门类都可以列出一个基本词语系统，而每一个文化词语都是某个文化门类系统网络中的一个点。因此，系统性是文化词语内在的语义结构特征。

三、民族性。

语言是民族文化的表现形式，故民族性是文化词语最本质的特征。通义词语，尽管总体上也是民族的，但没有特定的文化色彩和文化意义，因而显不出具体的民族特点。民族性的表现有多种形式。就单词说，有的是整个语义（包括概念），如亲属和人际称谓词，人名、地名、族名之类专名，本民族特有的名物如丝、瓷、茶之类。有的是渗透于语义，如涂、圬（粉刷）、漂、捣（漂练）、田、狩、猎（打猎）之类，都蕴含着我国建筑、纺织、农业、军事方面的特征、状貌。有的见于语用。如某些自然物象词，山、日、月、白虹、朝（早）之类，其物象本非汉族独具，但山与祭祀有关（诸侯祭境内山川），日、月、白虹皆入占星术，朝因礼制而得义（臣朝君、子女朝父母之时）。语用中，因用典和民族的影响而产生的语用义大都体现了民族文化色彩。如鸣榔（民间击木捕鱼），结丝萝（结亲义），五陵（豪富子弟居处），云阳（监狱），阳台（男女欢会处)，[16]皆其例。还有的比较抽象，合寓民族的某种心态、意识(见下)。“语”的民族性也很丰富。广而言之，凡是文献篇章中的语或句，蕴含一定文化意义者，均体现民族性。《论语》首篇《学而》首句“学而时习之”，反映了孔子教学方法、课程设置特点。邹阳《狱中上梁王书》中“荆轲之刺秦王也，白虹贯日”，表现了秦汉天人感应思想。语句的文化色彩或许比词更浓更广。其中最为凝炼、集中的是成语。有示民族独特名物者，如残编断简、钟鸣鼎食、莼羹鲈脍；有示民族心态、意识者，如当仁不让、管鲍之交、祸过灾生；有示政治典制者，如垂帘听政、执牛耳、称孤道寡；有示民族审美心理者，如沉鱼落雁、东施效颦、长袖善舞；有示生产经验者，如方枘圆凿、刀耕火种、月晕知风；有示民族习俗者，如指天誓日、弄璋之喜、螽斯之庆。而且成语的民族性往往是多侧面：一语可见多种文化意义。如从“长袖善舞”，当可窥见服饰、舞蹈之状；从“钟鸣鼎食”也可察知冶金、音乐和饮食礼俗之一斑。成语的民族文化意义，很值得探究。

这三个特征在每个词语中强弱多少程度可以不一，但民族性必不可少。

文化词语的类型，可以有各种分法，如可分名词与非名词，直接与间接体现文化等。但对于识别、考察比较重要的是以下两种分法：

一、从语义观，可分体物词语和抽象词语。

此从虚实而论。无论直接体物的名词还是间接体物的动词、形容词(见上)，均属体物词语。抽象词语一般表“事”，体现民族的精神文化，其词语也是见于名、形、动三类，也有直接与间接之分。直接者，都表示特定的心态、意识观念。以我国古典哲学范畴为例。张岱年先生曾勾勒了系统。其单一范畴有最高类天、道、气(元气)、太极等10个；虚位类德、善、本(本原)等10个；定名类命(天命)、五行(金木水火土)、阴阳等58个。对偶范畴有天道类天人、本末、有无等22对；人道类仁义、义利等17对；知言类学思、名实、智愚等9对。[17]间接者，孤立观之是通义词语，置于系统合而观之则见一种民族文化心态、意识。如表示美的形容词和名词肤、都、令、洪、长、大、高、厚、浓、肥、艳、纯等近百个词，置于美(意识)类系统，就可发现它们分别属于官能性美、物质性美、精神性美的三类意象。[18]抽象词语还可有一般与个别之分。上举均是适用于广泛层面的一般词语。还有社会意识形态中个人独家之言，如各个哲学家、思想家、策士谋臣、举子学人等所表自己学说的独特概念、观念之词语。

二、从词汇观，可分纯文化词语和交叉词语。

论语义(词义)，都是以一项语义(义位)为基本单位。而一词多义是汉语词语尤其是古代单音词的普遍现象。因而从词汇(以词为单位)观之，就可分纯文化词语和文化、通义交叉词两类。前者，纯文化义，无通义。人名、地名等专名不必说，即使沿用至今的很多名物词，如姓、氏、陶、瓦、土、门、户等，皆为此类。其中有些古今义有别，如“陶”，古为制造陶器(今辞书训无“制造”，误)，今为陶器通称。“瓦”，古为陶器通称，战国起兼屋瓦专称，今则全作屋瓦专称。而它们为纯文化词，古今一致。“土”有土壤、早期陶器(史前期)之称、乡土等七八种文化义。但很多的文化词属交叉型。如漂、捣，既有通用义漂洗、捶击，又引申有文化义，指纺织工艺上的漂练。丘、陵，既有表示丘陵的通用义，又引申为称诸侯、帝王坟墓的文化义。也可以由文化义引申出通用义。"方"，本为筏称，《尔雅·释言》："方，泭也。"泭即筏。筏是竹木相并合，故引申为并义，此引申义属通用义。又构成复词"方舟"，指双体船，成为文化词的词素。总之，在历时与共时的词义运动中，词语的文化义、通用义增减、互孳、交变的情况十分普遍。

了解以上种种类型，有利于我们透过语言形式、结合文化特征去识别词语的文化义。识别时，不仅要看到那些体物词语、纯文化词语，更要注意那些抽象或交叉型的文化词语，不要被通用义的表象迷惑，认真从各种文化背景去探索、抉发蕴藏的文化意义。

那么，文化词语在整个词汇中的地位又如何呢？这又是关系到对文化词语认识的一个重要问题。

古代词汇以甲骨文为起点。王力说："在甲骨文里，动词和形容词的数目比起名词来是不多的，这可能是受了卜辞的性质的限制。"[19]最后一句是蛇足。我们可以说：古往今来都是如此(详下)。古人也早有明识："大抵古人制字，皆从事物上起。"(周伯琦《六书正讹》)先秦许多哲学著作都把名实(即物)作为一对范畴。《庄子·逍遥游》："名者，实之宾也。"《管子·心术》："物固有形，形固有名。"《墨经》又将名分为"达、类、私"三种(《墨经上》)："达"是普遍性名称，"类"是一类事物的名称，"私"是个别人的名字。[20]先秦的"名"指字，大都指名物词，内容则为概念(概念从思维言)，多属文化词语。可见先秦学者以此为主体。

这一传统在汉代肇始的训诂学中得到了继承。我们可以对一些有代表性的词汇专书和训诂作一番客观的调查：

《尔雅》总词数 4300 余，其中文化词 2300。通义词条目 623，词约 2000，[21]但其中有明显的文化词 70 余条，约 198 词。[22]剔除后，通义词为 1802。

《说文》9353 字，据朱骏声编《说雅》，其中联绵词 104，折其半，全书乃有 9301 词。其《释诂》2137，《释言》778，《释训》191，合计 3106 词。同样，其中有不少是明显的文化词，如孝、取、驿、示、卜、筮、鸳鸯等，《释诂》261，《释言》314，《释训》55，合计 630。剔除后，通义词为 2476。后十六篇为 6825。[23]

上古、秦汉文学语言比较丰富的是《楚辞》，至今有对此语言训诂最全面的总结性巨著姜亮夫的《楚辞通故》，系统训释了全部的《楚辞》词汇，是一部当代科学的"楚雅"。其"天、地、人"三部训词 886，"史、意识、制度"三部训词 622，"文物、博物、书篇"三部训词 794，合计 2302(少数是语)，全属文化词语。"词部"训词 1163(少数是语)，全是通义词语。[24]

汉代经学大师郑玄的注，张舜徽集为《郑雅》，前三篇注词 1916，其中明显为文化词者约 100 条。剔除后，通义词语 1816。后十六篇训文化词，总数为 3300。[25]

今列成简表如下：

类别 \ 词语数 \ 雅书	《尔雅》			《说雅》		
	前三篇	后十六篇	总计	前三篇	后十六篇	总计
通义词语	1802		1802	2476		2476
文化词语	198	2300	2498	630	6195	6825

类别 \ 词语数 \ 雅书	《楚辞通故》			《郑雅》		
	词部	九部	总计	前三篇	后十六篇	总计
通义词语	1163		1163	1816		1816
文化词语		2302	2302	100	3300	3400

由上表，综观文化词语与通义词语之比为：《尔雅》1.4:1，《说雅》2.7:1，《楚辞通故》2:1，《郑雅》1.8:1。

需要说明的是：对于三种雅书前三篇的文化词是最保守的辨识，像竺原仲二所揭示表示美意识之类的抽象词一律不计，其他有很多可资探索文化义的也不计在内。因此，上述文化词语的比数是最低数。其中《尔雅》、《郑雅》比数稍低，盖缘二者都是注经的汇集，当会影响词汇面。词汇面和量最有代表性的是《说雅》、《楚辞通故》二书，其比数都超过2:1。即便取四书的平均比数也是2:1。由此，推断古汉语词汇中文化词语与通义词语的数量是2:1，当符合实际。

有趣的是，现代汉语的词汇结构有人据《现代汉语词典》统计，大率也是这个比数。[26]

由上所论可以明断：文化词语尤其是古代文化词语，在词汇语义研究中应占重要地位，在其他社会科学和文化史研究中应占相当地位。它是语义训诂的主要对象，文化语言学在词汇语义领域研究的唯一对象。

叁 必须大力进行古代文化词语的训释

任何词语的研究，一是对其语义的探求，二是系类综合或宏观的研究。由于社会、历史的变异，时间的悠隔，对于古代文化词语，首要和基础的，并不是大量的宏观综合研究（虽也需要），而是宏观指导下的语义训诂；语义未解，任何综合系类研究，都会失去扎实的基础。当前，克服"纯语言"研究倾向，重视并大力进行古代文化词语的训释，创造大量优秀的训诂成果，十分必要，非常迫切，这是历史和现状提出的艰巨任务。

从历史看，就涉及如何认识传统训诂及如何继承与发展传统训诂学这个老、大、难问题。早在二十世纪四十年代，王力在《新训诂学》中就提出传统训诂学应变为科学的语义学，今当易其名与实。[27]新中国成立后，语言界强调要用马列主义思想、观点、方法批判地继承传统训诂的成果，实重在批判。八十年代以来，人们都是强调要用现代科学的语言理论去总结传统训诂的方法、规律，以为今用，实重在继承。在这种召唤下，对于传统训诂专著、专人，从毛传到清儒注疏，从郑玄到清代段（玉裁）、王（念孙父子）的研究论著，频频问世，它们多是立足继承而总结成绩。与此同时，对当今训诂学的趋向也探讨热烈。各自按照自己的精心设计，或主张变为文献或古汉语词义学，或论证应成为“一门与语音、语法学并立的历史语义学”，或提出当演化为中国文献注释学，更有的认为要发展成一门不囿于词义的客观性、确定性、追求“价值”的训诂学，[28]等等。凡此，都是今日探索如何改造古老学科的成绩，每一个“总结”与“设计”都有其是与功。然而在这兴旺盛景背后却见到迷惘与危机。其一，传统的音韵、文字、语法、修辞都有其成绩，为什么在那些部门都未曾强调“总结”，而唯独在词汇训诂方面如此强调，竟至到“年年讲、月月讲”的地步？而为什么不同时强调要创造许多超过清代“高峰”的训诂成果？其二，种种“改造”、“发展”的设计，为什么仅仅提出目标，却都提不出一条如何发展的途径，无有成功实践的验证？其三，为什么年复一年，古老学科依然是“马拉松”式的如何“总结”、“发展”的古老话题，而没有使人一致满意的探索结论？毋庸讳言，长期以来，在不少人包括一些有影响的训诂学者心目中，似乎传统训诂已硕果累累，方法精湛，又有清代的“高峰”，可以“全盘继承”，于是，言必称段、王，训必征毛、郑，以“故训”为训诂正宗。影响所至，“文革”前，极“左”路线的棍棒无情地敲打历史，唯对传统训诂也无可奈何。当今比较偏激的文化语言学论者，对传统训诂也是赞颂备至，无有半句微词。既然如此，今日研究古代词汇，自然只需作理论研究或“总结”已足；至于训释，只要将前人的经验与成果“拿来”利用就得。这不能不说是极大的误解。

现在，我们用文化语言学的训释实践与词汇新的二分法，可以清楚地窥见传统训诂的许多重大缺陷。[29]在此提出两大弊病：一是重书面语言，轻口语俗词；二是文化词语训释很不完善。对于前一弊病，人们业已认识，并正在进行创新的实践（详下）；而后一弊病，却尚未为人鉴识。诚然，传统训诂并不作“纯语言”研究，为了通经致用，对通义词语和文化词语都兼训并诂，而且出现了方以智、程瑶田、郝懿行、阮元等长于名物训诂的大家，《通雅》、《九谷考》、《尔雅义疏》等以名物辨考取胜的佳作，《周礼正义》这样融汇了丰富的文化史研究成果、博大精深的经注。但是，从两种词语的总体来看，与一般人的感觉相反，其文化词语训释的成绩远逊于通义词语，其中未训、误训、存疑者尤多；即便是正诂，也往往一鳞半爪、语焉不详、道其然而不解其所以然。因而无论未训或已训的文化词语，都需要今人重新验证、订补、匡正。这只要接触一些当今古文字、历史和诸文化史的研究便可明白：在那些领域的优秀学术成果中，无论在文化史或词语训诂上，都有不少突破传统训诂的建树（参下）。笔者小小的实践也可证明。几年来，曾系统辨考过1500余个通义词，结果是对传统训诂利用多，补正者少；也曾系统辨考过1500余个文化词，结果是需要重究者多，最后考证出新解达三分之一！旧训不误而需要揭示文化内容、进一步溯源补诠者比比皆是。至于传统训诂对文化词语有什么可现成利用的科学训释方法，则难以发现。[30]这完全可以理解。一、文化词语比通义词语数量多、涉及文化面广，而古代文化学和文化史的专门研究甚少，只有农史、星历、数学、医学等少数几门，大部分文化和文化词语研究的重担落在训诂家的身上，自然难于完美。二、没有古文字、考古文物的成果可资依凭。虽然古代也有引用彝器铭文证义，自朱熹发其端，至清代训诂使用更多。[31]清末殿军孙诒让又用卜辞证义。但在训诂中无足轻重，远非今日可比。三、传统训诂者的主要思维方法是以经验为基础的直观思维，“把握住的往往是事物的表象”，“带有明显的模糊性”，[32]属于经验科学的范畴。这种思维方法在进行事物内部单线研究时尚可适应，故在反映语言内部规律的通义词语训释中，可以创造出许多精彩的成果，但施之于需作语言与文化多学科内外发展规律的复线交叉研究，就弊端横生。[33]由此可见，传统训诂没有、也不可能在文化词语训释上，达到今天的学术高度和要求。

至此，多少年的迷惘可以豁然而明：原来这还是“纯语言”研究所导致的后果。这种研究无视语言的人文性，割断语言与文化的关系、与诸社会科学的联系，只进行纯语言的内部规律的封闭性探讨。最集中反映文化的词汇，自然是“纯语言”研究的“重灾区”。从“纯语言”的偏仄视角审视传统训诂，当然看不到古代文化词语训释的功过，而只能看到通义词语训释的精彩纷呈的成果，于是“一叶障目”，导致对传统训诂一系列片面的识断和收效甚少的改革设想，遂使古老训诂学的继承与发展一直成为不能解决的难题。因此，现在理当克服“纯语言”研究倾向，真正看到传统训诂的长处与历史性缺陷，认识大力进行古代文化词语的训释，是历史留给我们责无旁贷的艰巨任务。

不仅如此，现实的训诂实践更可以说明大力进行古代文化词语训释的必要性与迫切性。现实的训诂实践主要指语言界的古代词语训释、古代口俗词语训释和历史、文化史界的文化词语训释三类。以下从训释对象方面作初浅的检讨。

一、语言界的古代词语训释。

主要表现在古汉语中词语训释的笔札，汉语史中的词语考索，各类文献作品的词语注释，大型语文词典和一部分专类、专书词典的编纂。应该说总体上是通义词语与文化词语兼训并诂，尤其如专书词典和大型语文词典，并且也出现了如姜亮夫《楚辞通故》之类少数体大思精的训诂专著（见上）。但是应该看到，“纯语言”研究的倾向相当严重，不少古代词语训释的论著，只抓那个“1”（通义词语），而有意无意排除那个“2”（文化词语），即如影响最大的王力主编《古代汉语》其所收常用词 1086 个，词义凡 2500 条，其中文化义不及十分之一。其他古汉语教材所收常用词大致也是这个比数。不少单篇的词语训释笔记几乎不见一条文化词语。然而，词汇是个整体，“2”与“1”总是“剪不断，理还乱”。由于文化词语识别与训释上的阙失给词汇学、训诂学、语义学、辞书编纂等造成的影响已不可一二计。这些阙失集中地反映到大型语文词典和一些文献作品词语的释义中，大率有以下数端：

1. 失训文化义。

文化“无孔不入”，使不少通用义居多的词常常也渗透某种文化义；也有的已列常见的文化义，而其实还蕴有另一项文化义；还有的在文化史界已是常知的文化义，而训诂者无知，这些都是造成失训的常见情况。如“主”，其通用义、文化义已不少，但今天大型词典均未列“主祭者，主祭”之义。《论语·季氏》：“夫颛臾，昔者先王以为东蒙主。”《国语·晋语五》：“夫国主山川。”韦昭注：“（主）为山川主。”即主祭山川，将玉器等祭物或投山谷，或悬之享神。这是上古君主对山川之祭，十分普遍。“幸”，一般词典都列“帝王驾临”这文化义，而均不知它还是君王、帝王与正后外女子性活动的婉曲词。《战国策》已多见：“王必幸妾。”“楚王召入，幸之，遂生子男。”（《楚策四》）《史记》承用：“（汉王）怜薄姬，是日召而幸之……一幸生男。”（《外戚世家》）[34]《论语·微子》：“（荷蓧丈人）植其杖而芸。”一些训释专文和注本在“植”究竟是放置还是拄撑之义上争执不休，但没有一家释关键的“杖”，其实这里文化义是芸杖，非手杖。[35]他如：“方”，商代作国家通称；“当”，汉代指定罪量刑的判决；“亭”，边防哨所；“耒”，秦后作耕犁通称；“扈”，江南海边的捕鱼竹箔。以上，在历史、刑法史、军事史、农业史诸界均属常识，而辞书皆阙。在笔者所辨考的1500个文化词中，大型辞书阙载的文化义不下百条。

2. 文化义与通用义互误。

如前所论，大多数的词都是文化义与通用义交叉，故不辨文化词语必然造成二者互误。其中，最多是文化义误作通用义。“漂”，漂练，纺织中纺前工序，专指水练，椎击练。成语“漂母饭信”（出《史记·淮阴侯列传》）之“漂”即此。今一般都注为“漂洗”。“捣”，汉代产生的练丝新工艺，最早描述见于汉班婕妤《捣素赋》，汉后盛行，庾信、李白、杜甫等皆有“捣衣”诗。词牌有“捣练子”。今辞书或有关注本多含糊其词，或径谓“浣洗”，释作通用义。“毙”，经王力等学者反复申辨，皆知本义是“倒下”，非指死，并成为诸训诂书述古今词义不同的范例。但均忽视其为军事用词，非通义词。《左传》用“毙”23次，均用于征战。故本义应训为：受伤害倒下。若此，至魏晋引申为死义就更为可解。也有通用义误作文化义。“糯”，今辞书唯释为“糯稻”，作文化词。然其本义为柔软、黏性义，形容词，秦以后常用。糯稻始于南宋。吴自牧《梦粱录》始见“光头糯、蛮糯”诸名（卷十八《物产》）。《尚书》等儒经之“小子”，如《书·顾命》“眇眇予末小子”，旧注谓是谦词，今辞书谓“帝王对先王或神的自称”，皆非。“小”原为“少”字的别构，被分开误作“小子”，故为通用义。[36]《吕氏春秋·任地》：“六尺之耜，所以成亩也。其博八寸，所以成甽（畎）也。”或训“博”为“镈”，掘土农具，可除草翻沟。非是。此“博”为广意，是通用义。句谓：耜之柄六尺，可作长条形亩之短边；其刃宽（广）八寸，可当作一畎（垄沟）之广。[37]这两种失误都是因无两类词语观念，因而不作文化史的验证，率尔望文生义。

3. 不别文化特点。

许多明显的文化词语，当然不会失训或与通用义词语混淆，但往往释而未能揭明其文化特点，甚至还会误训。《战国策·魏策四》：“聂政之刺韩傀也，白虹贯日。”汉邹阳《狱中上梁王书》：“昔荆轲慕燕丹之义，白虹贯日。”或注：“一道白气直冲上太阳。”辞书或释“虹的一种”。按，白虹不是虹，而是在日晕时并见几个幻日，有白色光带相切连的大气光学现象，古代又称“弥”，今科学上称“幻日环”。[38]不过，这种类同小儿之见的失误还不是俯拾皆是。不别文化特点的“常见病”，则是类义浑训。同义词辨析，是从传统训诂学至今日古汉语词汇研究都没有解决的问题，注释或一般的训释词义也都没有把系统辨析作为训诂的基本方法（详后)。因此,今各种语文词典的单复词释义大都没有经过按同义系统的辨析,故同义、类义浑训之弊十分严重。但通义词语本有"通用"面,通多于别,故浑训之弊往往不显,而文化词语大都有具体的名物性,别多于通,故浑训之弊尤显。下随举本书辨考过的几个词与现解(一般辞书)参比,以见一斑:

词	现解	正　解
防	堤坝	低陷地四周所筑护堤
塘	堤坝	大堤坝
堰	堤坝	横截江河、抬高水位以蓄水的较低长堤
坝	堤坝	唐以后称短而高的堤坝
堤	堤坝	堤坝通称
货	财物	流通的财物,即商品、钱币
资	财物	为一定需要而积聚的财物或他物
贿	财物	私财
赂	财物	为求人或酬谢人送的财物
节	斗拱	上古、秦汉斗之称
栾	斗拱	早期插拱、横拱,即曲枅、曲撑
栌	斗拱	斗,即立柱上方形垫木
欂	斗拱	即昂,斗拱间起杠杆作用的下斜构件
欂栌	斗拱	枅栌的浑称
螽	虫名	上古蝗虫之称

这些浑训词都不见其文化特点。笔者按同义词系统辨考1500个文化词时,都曾逐个查检过《辞源》等大型辞书,结果发现有半数以上被类义浑训。按此比例,整个辞书中文化词的浑训状况当十分惊人了。

4. 食而不化用旧注。

如前所说,传统训诂对文化词语都兼训并诂,故很多文化词语在旧注中都能找到答案;而"纯语言"训者对文化词语既未下功夫谙其义,又迷信传统旧注,于是在训释时常常食而不化袭用旧注。或旧注误而仍误袭。《孟子·滕文公下》:"(许子)衣褐,捆屦织席以为食。"赵岐注:"捆犹叩椓也。织屦欲坚,故叩椓也。"王力《古代汉语》解"捆"为"边编边砸",并全译赵注语。按,"捆"即"梱",为原始织梭之称。汉刘向《列女传·鲁季敬姜传》:"持交而不失,出入而不绝者,捆也。"此用本义。《孟子·滕文公下》中作动词,织义。赵注以投纬打纬合言,增字为训,又以汉制律古,殆不可取。[39]或旧注不误而用者误用。"菹醢",旧注一概训为"肉酱"。今辞书、注本照抄,无增一字;于刑法词语"醢"又化为"把人剁成肉酱"。殊不知古注"肉酱"乃指酱肉。菹、醢本是腌制菜类、肉类的两种方法,故用于刑罚应是将人肉切为小块,并非剁为肉糜。或支离撮合而移用。"钥",经考知其义有三:本是固键物,可代称键。《史记·鲁仲连邹阳列传》："鲁人投其钥，不果纳。"又指可取下的钥匙，战国已有。《墨子·号令》："诸城门吏，各入请钥；开门已，辄复上钥。"魏晋时发展为后世之锁。晋陆云《移书太常荐同郡张赡》："方今太清辟宇，四门启钥。"故旧注有此三解。而到今辞书辄释"钥匙、锁钥"，支离不明。释"豚"为"小猪"，以"观、阙"互训，以"肱"为上臂或下臂，皆是因照抄旧注而误训之例。

5. 脱离历时变异。

在时间观上，通义词语与文化词语有很大的不同。前者一般只需粗略的古今观，将"古"作为一个历史平面，今古汉语教材大多列"古今词义不同"一节；而后者却要有"历变"观，即必须揭明具体的历时变异。但是现今有些训释者在训释文化词语时，往往囿于"纯语言"的研究，以通义词语的古今观来取代历时变异，结果不能得其三昧。"杼"，辞书皆训为织梭。按，此是投纬打纬合一之梭，是织梭的前身。《战国策·秦策二》："其母惧，投杼逾墙而走。"是其例。但到杼、梭更替的汉魏六朝，可有三称。一称投纬打纬之旧梭。《淮南子·氾论训》："后世为之机杼胜复，以便其用。"二称专司打纬的新式梭之筘。《释名·释采帛》："辟，经丝贯杼中，一间并，一间梳……"南朝梁刘孝威《都县遇见人织率尔寄妇》诗："经稀疑杼涩，纬断恨丝轻。"上句意：纬线稀疏怀疑筘是否畅通。三称新式梭。《古诗十九首·迢迢牵牛星》："纤纤擢素手，札札弄机杼。"凡此，辞书均当揭示。又如国家是个严格的历史概念，古代"方"是商代对国家通称，"邦"是西周、春秋时对国家通称，"国"是春秋战国以来对国家的主要通称。方、邦、国正是我国国家形成、发展三个阶段的标志，而今辞书于"方"之此义未列，"邦、国"皆作同一历史平面的国家之称。[41]"舟、船"，今辞书都作互训，至多兼引段玉裁语："古曰舟，今曰船。"其实，从古文字与造船、航运史可知："舟"，本是生产工具，主要用于水上捕捞、采摘和摆渡，而"船"始见于战国文献，它才是交通航运工具之称。"舟、船"先后出现是我国交通史上两个里程碑。[42]上举"糯"、"捣"、"钥"等也都有脱离"历变"之弊。

以上五端是"纯语言"研究在当今语义训诂领域造成的五种弊病，堪谓"严重"的了。然而遗憾的是，对古今训诂众多的评论和反思文章却鲜及这些本质的弊端。这自然是由于评论和反思者，也往往从"纯语言"的视角观察之故。

二、语言界的古代口俗词语训释。[43]

这是当今训诂的一个新领域。它针对传统训诂重书面语言、轻口语俗词的弊病，专以古代口俗词语为训释对象，是建立、发展现代训诂学的又一重要途径。从张相《诗词曲语词汇释》发其端，至今已蔚为大观：时代跨度，已从唐宋上推至魏晋南北朝（也有人求索至先秦），下伸至元明清，初步形成了可与文言书面语相并行，下接现代汉语的口语词汇序列；研究论著，不仅已出现一批有影响的佳作，而且各种语文杂志、学刊都经常发表这方面的新作；训释者，全国已形成一支老中青队伍。而从文化语言学角度看，也可以欣喜地指出：其中也有不少语言与文化结合、正确训释文化词语的珍品，如王季思的《〈西厢记〉注释》，龙潜庵的《宋元语言词典》，〔捷克〕朱列娜·维林格罗娃《"乳口"和钩窗》（《中国语文》1959.4），薛瑞兆《元杂剧语辞考释》(《北方论丛》1983.6),方龄贵《读曲札记》(《文学遗产》1984.3)等。特别值得提出的是蒋礼鸿的《敦煌变文字义通释》和王学奇的《元曲释词》(四册)。前者早已蜚声学坛,在此不必絮论。但有一点论者均未涉及:蒋著全书分六篇,前三篇《释称谓》《释容体》《释名物》就是专释文化词(《释容体》中含少数通义词),分类上两类词是1:1。这是在训释对象上对张相、朱居易等不分类、主要释“语辞”(相当于我们称的“通义词语”)的重要拓展。而后者在这方面更有发展。二十世纪八十年代陆续出齐的全部四大册《元曲释词》训释的两类词语是:

册数 类别	一册	二册	三册	四册	合计
通义词语	534	359	338	329	1560
文化词语	396	380	423	314	1513
总　计	930	739	761	643	3073

总计四册训释词语3073条,其中文化词语1513条,两类词语之比是1:1。虽然两类词语平均比是2:1(见前),但由于训释重在解疑难词语,有许多易知的文化词语不必列目。而其涉及的文化内容已相当广泛、深入,外来语有大量的蒙古、女真、契丹、梵语等;词语所涉汉族文化举凡天文、地理、服饰、饮食、建筑、交通、农业、民族、戏剧、动物、植物、宗教等。因此,这个比数大致可以认为是两类词语并重、符合元代词语全貌的。而这部巨著对两类词语训释能从历时与共时两方面纵横贯通,又能文化与语言结合,考古出土物、文化史研究与文献合证,故大都凿凿可信,为学术界公认是一部元曲词语的集大成训诂巨著。因此,这个比数可以作为当今口俗词语训释对象的一个参照系数。然而,这样的专著实在太少,以此参比、环视整个古代口俗词语的训诂,就会惊讶地发现恰恰在这方面,这个领域的“纯语言”研究倾向十分严重。下举三部专书的统计以示:

专书 类别	《诗词曲语词集释》		《魏晋南北朝词语集释》		《唐宋笔记语辞汇释》	
	词语数	占总数	词语数	占总数	词语数	占总数
通义词语	462	82%	384	83%	305	91%
文化词语	98	18%	80	17%	33	9%

第一种(1991.10.语文出版社)是上自五十年代至八十年代(主要取八十年代)国内口俗词语训释散见于报刊主要文章的精选汇编,编者比较认真、客观、全面,因而从中可窥见语言界在这类训诂领域之训释对象的概貌。

第二种(1990.11.江苏古籍出版社)也带有综编性质,故也能大体反映对魏晋南北朝口俗词语训释对象的大势。

第三种(1990.5.中华书局)是较有质量、有代表性的个人专著。

由上表可见,其通义词语与文化词语,第一种近5:1,第二种近5:1,第三种近10:1。这些比数与《元曲释词》两类词语比数实在差距太大。如果承认《元曲释词》的比数比较符合汉语词汇实际，那么，这些比数无疑表明：在口俗词语训释方面，整体上还是通义词语主宰，各个历史时期的大量文化词语被冷落，排除在训诂之外。训释对象是事关全局的大问题。如果让这种严重偏失趋势发展下去，则全面研究口俗语词汇、建立近代汉语子学科和衔接成整个古代口俗语词汇史的目标，将是难于实现的。

值得注意的，更在于：这种训释对象的偏失还与训释方法相联系。有些训释者不仅有意排斥文化词语，唯训张相所谓的“语辞”，而且在方法上也仅奉张相的“材料排比法”，连《敦煌变文字义通释》所发展的纵横贯通法（参蒋书《序目》）也或弃之不顾。于是往往造成训释方法上的排比化、表面化、标新化，即对训释的词语，搜集、排比使用此词语的二三个以上文例，不作纵横、源流的推勘，仅以“说得通”为原则，悟得“公约数”，或换例而移植他人或一些词书的释义，即成“新解”；甚者还特意无中生有，标新立异。结果往往使释义缺乏难度、深度、精确度（浑义），乃至穿凿臆断。这种状况常见于不少的通义词语训释。有些专书词典将已经在大型辞书列目而无新义的词语也大量训释。一本为“阅读者解烦释难”的《水浒传》专书词典大量训释了“一似、一表、一派、一彪、一歇、一言难尽、八字脚、人山人海、人众、大吹大擂、大户、大惊小怪、大奔、乡中、天罗地网、无措”之类古今无异义、异用的词语，似乎没有多大必要。我曾粗粗比较过两种《金瓶梅》语言词典，发现一本篇幅较少，但不少疑难词语尤其是文化词语倒能查到；而另一本篇幅较大，一些疑难词语反而查不到，而不训自明或辞书已见的词语却列目甚多。有的断代口俗词语训释专著，将这一时期使用的文言词或已有定论或不训自明的词语也收罗以训，使人阅之乏味。有本训释魏晋南北朝口俗词语之书，列“将”（将无），训：表测度、反诘；“不翅”，训：同“不啻”，不仅；“自非”，训：如果不是；“以……为”，训：“用……为”；“脱”，训：“假如”。凡此，均是古汉语语法常识。“何人”，训：某人，什么人；“何等”，训：什么；“前载”，训：以往书籍记载；“作贼”，训：造反，非指偷盗；“要人”，训：指皇帝左右的亲信。凡此，稍懂古文者，在文句中不训自明。“特”，训：独、独独；“可怜”，训：可爱；“乞”，训：乞讨之反；“一二”，训：详尽，犹今“一一”。凡此，已遍见于辞书与古汉语专书。在为数很少的文化词语训释中，更会见到明显的失误、阙漏。如“杯”，训：碗、盘、盆、盏之总名，可盛放饮料或饭菜。此袭取《大戴礼记》卢辩注立论。按，从考古实物与文献使用看，“杯”与碗、盘、盆、盏各有其物，并未形成上下位称名。当云：“杯”，一种为深腹杯，宜盛流汁物；一种为浅腹耳杯，宜盛羹菜。卢注本意亦此。[44]“拍”，训：当时（魏晋南北朝）指重击，与今“拍手”之类轻击异；并以“打拍”“捶拍”文例索义。按，即今语“拍”也可轻可重，如“拍苍蝇”、“拍乒乓”（后者方言词）均是重者。古代亦早有指重者。今《汉语大词典》“拍”之首义即为“用手掌拍打”，次义即为“击，搏击”，皆引证先秦诸子。“拍”在魏晋南北朝之最突出的文化义当是指拍竿，为当时战舰立过奇功、后世承用不衰的新式武器，[45]然训者却未及。汉辛延年《羽林郎》诗：“私爱徒区区。”“私爱”之“私”，训者引旧注解为爱义，并推至唐人习用语“恩私”，可谓正诂。[46]但憾于未及“私”在唐代的文化义。“私”本即指男性生殖器，[47]在唐代还有习语“私白”、“私白身”，指阉人。[48]《新唐书·吐突豖璀传》：“诸道岁进阉儿，号私白。”《册府元龟》卷一六八《却贡献》：“尚书左丞王起进亡兄播……私白身三人。”“瞎”，一般都知为两眼失明，近年出的一些大型辞书与有的专文却又据有的旧训解为“一目盲”义。而于“瞎”之疾状若何以及与盲、眇等区别均不在意。其实有的旧训“一目盲”本即误说，[50]“瞎”之要害在于训明其病态特征。“方舟”，古今皆训“并两船”，基本是正诂，若解为“古代的双体船”，则更科学。但有人仅凭《辞通》“方舟”条所引王粲、曹植诗等八条诗文例，谓本是“方十舟”，即“指筏与舟船两种不同渡具”，至魏晋六朝就“演变为轻舟快船”的口语义。[51]其实，方舟在独木舟时代已有，在晋代顾恺之《洛神赋图》和今出土实物中，都能见到它。《辞通》所举八条，无一例外，都是并两船的力证。方舟到魏晋时正发展到高峰。[52]上述新解在造船、航运史学者看来，殊成笑话。例不烦举，以上足以看出，那种简单的“材料排比法”在训释文化词语时，更会碰壁。由此也可知，训释中两类词语比数悬殊、通义词语主宰的状况，这不仅是训释对象上的一种“纯语言”研究的倾向，而且也反映了训释方法的问题和某种不良的研究倾向。

事实表明，不训、少训文化词语（还有回避难的通义词语），通过简单的训释方法来多出成果，是一种近视观，其结果就会酿成平庸、杂糅、失误。口俗词语训诂，没有捷径，同样有个对传统训诂继承与发展的问题。那些奠基的老一辈学者张相、蒋礼鸿、王学奇等先生，继踵的中年学者刘坚、项楚、蒋绍愚等先生，无论训释通义词语还是文化词语，多有难度、深度、准确度，就因为他们都有深厚的传统训诂根基。因而当前的口俗词语领域必须继承传统训诂和老一辈学者两类词语并重的传统和严谨务实、不图虚华的学风，而不是以多取胜，唯新是求。同时，如前所说，口俗词语训诂的目标同样是对汉语历史词汇断代、通代的全面研究，也有助于各种古文献的整理与研究。因此，当前就必须克服“纯语言”研究倾向，注重文化词语的训释，改变通义词语主宰的局面。这样才有可能使训释方法很好地继承和发展，从而创造出更多、更有质量的训诂成果，使口俗词语的训诂跃上一个新台阶。

三、历史、文化史界的文化词语训释。

在史学（中国古代史），特别在上古、秦汉史领域，自王国维“二重证据法”导夫前路，郭沫若在马克思主义理论指导下，继承又发展，开创了全面用甲骨金文和考古出土实物证史、论史的新时代。[53]直到现在，用地下出土实物与文献结合研究历史，已成为历史学者研究的基本方法。从文化词语看，这也是训考文化词语的基本方法（详后）。因此，在上古、秦汉史（包括古文字学），乃至中国古代史领域，不少研究成果包含着对文化词语的精彩训考。用古文字研究上古史的成果，自不必说，即研究秦以后古代史者，如吕思勉《读史札记》、杨树达《汉书窥管》、陈直《文史考古论丛》、周一良《魏晋南北朝史札记》等，都可视为训释文化词语的佳作。许多优秀史学家也是杰出训诂学家。因此，史学领域（包括古文字）研究语言、尤其是训释文化词语的成果和经验，不仅对史学研究有重要作用，也是对语义训诂学的重大贡献，很值得训诂学者、文化语言学者去了解、总结。但这方面人所习睹，囿于篇幅，这里恕不予展开。

文化史领域，词语训释的状况如何呢？

文化史研究，在“文革”前甚为萧条，近十来年空前繁荣。现许多文化门类都有史、史话或各种研究论著。文化史研究的基本材料是文献和考古出土实物，而文献语言材料对这个领域最有直接关系者是文化词语，因此，一些务实、造诣较深的文化史研究者，特别是一些老、中辈学者，非常重视文化词语的训考。八十年代以来各个门类都有一些可观的成果。就笔者涉猎所及，感到三个门类，最为突出。一是农史。夏纬瑛有《〈周礼〉书中有关农业条文的解释》、《植物名释札记》等。前者对《周礼》中疑难的农业内容的语句加以训释，后者对文献中许多植物名称加以科学的诠释。石声汉《农政全书校注》、万国鼎《陈旉农书校注》、王毓瑚《王祯农书注》、缪启愉《齐民要术校释》等都可视为优秀的农业训诂专著。邹树文《中国昆虫学史》训名责实，考释了历代文献中许多昆虫称名。《中国农史》、《农业研究》等刊物经常刊载农业训诂之作。二是医史。综合性的专书与专门的词典甚多，气功、针灸、《内经》等均有校注和词典多种，其中《内经词典》堪称《内经》词语训诂佳作，将《内经》全部医学词列入，每词列出所有用义、出现频率并其他医学文献之证，收义完备，训义精审。《医古文知识》是发表医学训诂与文献研究之作的专门杂志。三是民族史。今已有通史、综合性词典多种。也有匈奴、楚、百越、吴越等个别或区域群体民族的专史，在民族史词典、论著中都有关涉外来语、少数民族语、方言的族源、地理、传说人物、民俗等词语的考释。其中，从语言上最可注意的是何光岳《南蛮源流史》、《百越源流史》、《东夷源流史》等十多部总题为“中华民族源流史”的研究，这位农民学者充分掌握文献和考古实物及有关各种研究的材料，文化上涉及古生物学、地名学等十多门学科，语言上贯通文字、音韵、训诂、考据，集中考释了历来歧说纷呈或疑难不解的大量称名，在学术界已引起极大反响，他的专著完全可视为一个成熟的训诂学家的训诂硕著。《民族语文》以及各民院的学报，也是考释民族史词语的阵地。此外，军事、刑法、饮食、民族、宗教、称谓、体育、方术等类也都有词典及专业文献的注译。所有文化史研究中对文化词语的正确训释，都有一个共同点：不搞“纯语言”研究，总是将文献与考古出土实物相结合，训释成果能解决文化问题。他们的成果和经验，也显示了文化词语训释对文化史研究和语言训诂之学的重要作用，同样值得我们去了解、总结。

但是，从总体看，文化史领域的文化词语训释，远不如史学领域。除了传统医学、称谓外，都还不能理出各门的词汇系统。这说明各门内有许多文化词语有待于训释，有些研究者不知或不熟悉在解决文化问题时如何利用语言手段。试举一例。在饮食史界，《中国烹饪》上曾发表过不少探讨豆腐起源的专文。旧说是汉代淮南王发明，现代中外学者据文献断为始于唐五代，最后凭考古出土实物一锤定音：河北满城中山王墓出土水磨，河南打虎亭 1 号汉墓出土画像石《豆腐作坊图》，故豆腐至少始于汉。于是，其后的烹饪、食品史论著，在评述豆腐时均谓始于汉。然而，无人发疑：汉代实物既有豆腐，为何文献中直到五代还未见其名？原来宋以前，豆腐无其正名，或借“酪”、“啜菽”等词语以表。如此，足见豆腐尚未普及。由此，可进一步探索汉唐豆腐未能普及的种种原因。豆腐称名的稽索加深了文化史研究。[54] 又如，乐戏方面，对于“优”的定性各异：倡、俳，杂戏艺人，谏臣。诸说各有其理，而若从语源考察，则可知“憂”(声旁)通“柔”，“優”者，必是以戏谑活动悦媚主子者。

应该说，文化史研究者对很多文化词语还是作不同程度训释的。而训释中的阙失，比较普遍的有三条：

1. 解物而不解名。

训释文化词语要达到这些要求：一、明文化形态，二、揭文化来源，三、示使用中的文化色彩，四、索文化依据，五、析语言因素。前四项可以各有多、少、轻、重，第五项则绝不可少。即既训其文化，又训其词语。许多文化词语是名物词，它们是名与物的统一体，文化史研究者训释的对象大多属此，但有些研究者往往解物而不解名。如职官名，一些官制研究者只释考某一官职的职掌、地位之类、很少释考其称名。如“侍中”、“中常侍”、“中涓”、“中贵人”等，其“中”，研究者辄谓“宫中”。这是未经考索的望文生义。“中”的本义是测日仪。可引申为掌握天道的人，即天子。职官中的许多“中”即此(还有方位之用)，可以说职官中今解为“宫中”之“中”全指皇帝(或禁中)，故这类官名无论大小，必是可朝夕近帝君者。这正显示了这类职官职掌地位的特点。建筑史研究斗拱，既究其物，也解“斗拱”之名，但此名倒是后出，多见于建筑专书如《营造法式》之类；在一般文献中则有很多异称、分称词(见前)，搜集并训释这些词，可以更明斗拱的源流演变。而不少研究者却疏于此。沙糖，从陆游提出中国在唐太宗时从外国贡入后，今饮食史研究者或从之。其实，“沙糖”一名唐以前典籍已见。乐府民歌《吴声歌曲·神弦歌·圣郎曲》已有“酒无沙糖味”之句，南朝梁陶宏景《本草集注》已有甘蔗汁作沙糖的载录。而且诗文中还有“甜盐”、“吴盐”之名，也表沙糖，[55]饮食史研究者未考知。可见解物而不解名，一定程度上影响了文化史研究的完善、深入，甚至会造成失误。

2. 解名物而不清理训诂。

文化史研究者也常常对文化词语作了正确的训释，诂解了某一名物，但一般不对文献训诂作全面的清理，因此，语言上的问题未必因此而解决。“躄”，在《内经》等医学文献中都被训释为两足不能行的痿病，此为确诂，但《史记·平原君列传》张守节正义训“躄”为跛，今大型辞书多取此误训为释，[56]而传统医史训诂和今医史研究者均未予辨正。“囿、苑”，旧注歧甚，或主“有墙曰苑，无墙曰囿”，或称“树果曰苑，畜兽曰囿”，或谓“大曰苑，小曰囿”，或曰“古谓之囿，汉家谓之苑”。今园林史有的论著正确地解囿是奴隶主贵族园林，规模小，苑是起于汉代的封建帝王园林，蕴积草木禽兽更多，还有离宫别馆与墙垣，规模大，但对歧训不予辨正。于是今辞书、古汉语实词研究者未能汲取园林研究的成果，往往还在旧注中兜圈儿。有时，对训诂材料不明辨；还会影响正确的训释成果。麻，上古、秦汉作为五谷之一。作为粮食麻实指什么？古今训诂家多谓是麻子，不是芝麻，因后者又称“胡麻”，是张骞从西域传入。农史家则多谓是脂麻，即芝麻，因麻子有毒，不可食。各持其理据，对峙至今。按，张骞从大宛引进汗血马、苜蓿，却从未见有胡麻的记载；今许多文化遗址出土物表明，脂麻是我国古老的原产油料作物，而麻子确有毒不可食。后说至确。至于“胡麻”，其“胡”与西域无关，乃取喻于戈戟。《广雅·释器》:“胡,戟也。”戟有横出之胡,脂麻茎秆节节结果,有四棱至八棱不等,状如一支多联戟。若农史学者能兼从语言上全面清理“麻子”说,则纷争早可顺畅解决。

3. 利用传统训诂而回避、调和矛盾。

由于现代语言界的训诂对文化词语少训,这方面精彩成果甚少,故文化史研究者一般是利用前人的传统训诂。如果结论正确,传统训诂语焉不详的略训之弊会得到研究者弥补;但若是误训、偏训,与研究者结论相左,一般是回避、调和矛盾;或者也被引入误区。要之,受传统训诂束缚较大。“豚”,古代都训为“小猪”,但常见文句中已不可通。《孟子·梁惠王上》:“鸡豚狗彘之畜,无失其时。”《墨子·非攻》:“至攘人犬豕鸡豚者。”二句之“豚”当为一种、一类畜名。从我国家禽家畜史看,当指阉猪,[57]但竟无人去怀疑传统训诂。有的研究者在同文中,前说:“阉割后之猪,长得膘满臀圆,叫做豚。”后又道:“豚和彘都是猪,因为方言不同,各地叫法不一样。”[58]游移不定,不敢坚决推翻“小猪”说。观阙,从文献与河南、四川等地出土的许多汉代画像砖石参比可见,分明是二物:观是上古朝廷门前建于高台的小型独立建筑物,可登观或悬布文告;阙是汉代建于高台上的小型独立建筑物,使用对象、范围广于观,设置地点异于观,主要起装饰和标志(高官等第)作用。但《尔雅·释宫》:“观谓之阙。”古今训诂皆谓一物异称。于是有关画像砖石专书作者也竟不顾事实,以观阙为一物。[59]“甓”,《说文》等早期辞书与汉唐训诂比较一致地训为砖,今所有词典、专书凡解此词者,均作砖的古称。此词先秦见于《诗·陈风·防有鹊巢》、《庄子·知北游》。据此,“甓”早于屋瓦。(屋瓦,文献始见于战国。)但出土实物在相当一个时期,唯见屋瓦,却不见砖。于是有的研究者不得不惊怪:“周代虽有砖的记载,但尚缺乏实物例证。”[60]所谓“砖的记载”就指上引“甓”之二例。可见,对“甓”的训诂丝毫不疑。同时,建筑史学者都知道最早的陶质建筑材料不是砖与瓦,而是陶水管,陶水管的考古出土物已多次有见。但研究者囿于“甓”的训诂,谁也不把陶水管与“甓”联系,致使今博物馆所列其物,无文献之称,只得标以今名。现经考知,“甓”最早即为陶水管之称,东汉起才作砖(条砖)之称。建筑史、考古界于“甓”词,真所谓利用训诂反被训诂误。[61]

文化史领域训释文化词语中之三种“常见病”有个共同点:都把语言作“分外事”。唯此,或者不知如何积极利用语言手段解决文化史问题,对很多文化词语未作训释;或者虽作不同程度训释,但主要是接受、引进语言研究成果,目的仅有助于解决文化史问题,而不想同时彻底解决语言问题,以为后者是语言学家的事。这实际上也是“纯语言”研究倾向的一种投影,在他们身上则表现为“纯文化”研究的倾向。于是,必然会造成文化词语训释的不完善。这给文化史研究带来了不小的损害。

以上着重从传统训诂和当今(文言)词语训诂、口俗词语训诂、历史文化史领域文化词语训诂诸方面存在的阙失,论证了大力进行古代文化词语训释的必要性、迫切性。从中不难进一步看出古代文化词语训释的重要性——它是促使汉语词汇、训诂等学科和文化史领域诸多学科发展的重要途径:

传统训诂学在当代如何发展？可以仁智各异，但与古代一样的语义训释的实践总会存在并更广大、丰富，为标明其继承关系，姑名为“现代训诂学”也未尝不可。传统训诂学是传统训诂实践的理论总结与提高（尽管很多理论还要今人去揭示），现代训诂学自然是现代训诂实践的理论总结与提高。现代训诂实践包括一般（文言）词语训诂、口俗语词训诂和历史文化史等领域的文化词语训诂这三类。所谓“发展”者，乃超过前人、前代之谓也。因此，要实现对传统训诂学的继承与发展，建立真正的现代训诂学，关键要使这三类训诂实践在方法和成果上超过前人、前代包括清代的“高峰”。如果舍此不为，单凭对传统的“总结”、利用，是实现不了“发展”的美愿的，几十年对如何继承发展久无正果的探索实践本身就是证明。而要使今日的训诂实践全面超过传统，根据对传统训诂与现实训诂的评析，关键又是克服“纯语言”研究倾向，重视并大力进行文化词语的训释。古代文化词语的训释，是从方法到成果可以全面超过前人的广阔天地，正是多年来“众里寻他千百度”，今终被寻获的继承与发展传统训诂学的重要途径和突破口。

有了丰富的文化词语训释的实践（从整体言），又不废通义词语的训释，那么，古汉语的词汇学、语义学就有了全面、丰富的养料，理论上就可能有新的突破。

有了丰富的文化词语训释的实践（从整体言），就可以从宏观和微观正确全面鉴别传统训诂中的成败得失优劣。那么对传统训诂的总结、研究才能真正登上新台阶。否则，就会因袭（他人成果）、偏拘、标新立异、皂白相淆，而不能臻于新水平。

作为现代训诂学的一个分支的口俗词语训诂，其训释方法应当与一般词语训诂相同。排比材料求“公约数”，只是方法的一种，而非全部。祛除这个领域一定程度上存在的成果平庸和方法简单的弊病的关键是发扬前辈的优秀传统，特别要加强文化词语的训释。唯此，建于这一训诂基础上的近代汉语词汇研究、口俗词研究才会有更高的价值。

文化词语训释对于文化史诸多领域的重要性是不言而喻的。现在的问题：一是要加强研究者的语言素养，明确这种训释必须同时解决文化与语言的问题。二是一些新兴的文化史研究领域尤要加强文化词语的训释。于此，可以提倡文化史家与训诂学者的互补合作。

文化词语的训释是连接语言与历史、文化史等领域的纽带、桥梁。文化语言学的目的就要改变“纯语言”研究的狭路，使语言实现多学科交叉，在人文科学和社会科学诸学科发挥其功能，因此，文化词语的训释，不仅关系着文化语言学的性质、对象，也关系着它的发展方向。

文化词语的训释，一发动全身，大可有作为！

肆　古代文化词语训释的正确方法

要训释古代文化词语，并求取得超过前人的成果，关键是解决方法问题。

古代文化词语的训释方法，没有传统训诂的直接经验可“全盘继承”（见前）。科学的训释方法，也不能单凭理论推导和西方人的金玉良言。洪堡特、萨丕尔等都没有训释汉语文化词语的实践,因而他们之“矢”不能射中训释古代文化词语之“的”。当今方兴未艾的文化语言学,不乏语言观、方法论方面的佳作,然而竟不见一篇提出文化词语的训释,更无谈训释的方法。事实表明,正确的方法和方法论只能从实践中产生。古代文化词语的训释方法亦然。我们应当用科学的语言学理论总结两千年传统训诂特别是近当代古文字、文化史、历史,乃至语言领域训释文化词语的正反两方面经验,作为今日训释的借鉴;但更重要的,是今日大力训释文化词语的新实践。而当这种实践在语言界尚未蔚为壮观之时,这里只能主要据于自己多年来的实践和初步的研究,提出方法论方面的几个重要问题,供有心者在实践中鉴正、提高、补充。

一、坚持语言环境与文化环境的统一。

所谓语言环境,小至一个词的语言色彩或文字构意,大至一个历史时期的某种语言词汇状况。通义词语,唯有语言环境内部的统一:当贮存状态时,是词语的个体(如文字构意、义系)环境与时代的语言环境的统一;当语义状态时(即在语句中),是词语的个体环境与语句的语言环境的统一。而文化词语,无论什么状态,都是词语的个体环境与所属的某一文化环境的统一体。坚持这种统一观,是训释文化词语的总原则。统一观的运用,可以有如下三方面:

1. 语言不明,可求诸文化。

有时,语言上数解皆可通,则文化环境成了决定因素。《左传·庄公十年》:“小大之狱,虽不能察,必以情。”对“必以情”,向来二说对峙:或谓“情”,取实情义,句中指案情;或谓“情”,取诚义,句中指鲁庄公的诚心。单从语言,难断是非。按,此句讲断狱,既为曹刿所赞许,则必是断狱正式。而从《周礼》和二十四史的刑法志可知,凡断狱确有察情、求情的程式,其意均指察求实情,无有凭法吏的“诚心”而断者。故由文化环境可明断:此“情”必指案情,“诚心”说纯系误解。[62]有时,一种义解在一些文献中出现扞格,则求诸文化每可得其正诂。“豚”,古今都训为“小猪”,但有时文献不能通(见前)。疑而审察我国畜牧史,知家禽阉割术殷商已见。猪仔生下一二月便阉,大都要阉,故阉猪是猪中最大一类;阉的目的是使其膘肥体壮,以供肉食。阉猪如此量多而重要,则语言中必有相应的语称。于是审察“豚”与“腯”(肥义)的一词分化关系,“豚”在文献中作肥猪、用于祭祀的种种描写,完全可以确诂“豚”即指阉猪,俗谓肉猪。若此,《孟子》、《墨子》句亦得通。[63]

2. 文化不明,可求诸语言。

作为文化载体的语言,虽然受文化的影响与制约,但它不是消极的受载,而是通过自己的内部规律对所载物有所“取去”,因而如果文化环境因“文献不足证”而不明或多歧,则从语言也往往可摄文化之真谛。“蹋鞠”、“蹴鞠”,足球古称,文献多见而未言其详。汉画像砖石有许多这类图像,但与今日足球似不尽相同。论其肇始,一些考古文物专家以为是汉代,而一些体育史论著则定为战国。后者所据唯《战国策》有“六博蹋鞠”一语。[64]究竟始于何时?最早足球与今异同如何?单凭文献与考古文物实不能决。按,“蹋”或作“蹹”,即是“踏”。无论从昜声、翕声、沓声看，均无踢义，也不示纵身前跳，而只是上下原地跳动；无论秦以前或以后，文献中“蹋”也从不示踢的动作。然则最早的“蹋鞠”只能是上下踩踏的游戏，相当于以后的踏球。到汉代称为“蹴鞠”，而“蹴”之义是顿、踢结合的踩踏，故汉代足球的基本动作当是顿、踢结合。这与汉画像砖石的“蹴鞠图”每每作为音乐、舞蹈、杂技综合艺术表演的图像也完全吻合。于是，汉代始有足球说尚可成立，而始于战国说完全戾于“蹋”义，当为误说。这可谓是语言环境起“决定因素”之一例。

3. 寻找语言与文化的“矛盾”而二者互求。

训释文化词语，准确地寻找突破口，可收事半功倍之效。其突破口就是语言与文化的“矛盾”。因为正确的义解一定是语言环境与文化环境的统一体，则若二者不能榫合，其义解必误。由此而从语言与文化的统一观分别研究二者各自的内部规律及相互的会通，则必能纠乱解纷。“面缚”，始见于《左传·僖公六年》：“许男面缚衔璧。”下见《史记·宋微子世家》：“微子……肉袒面缚，左牵羊，右把茅，膝行而前以告。”杜预注、司马贞索隐都训为“缚手于背而面向前”，至颜师古更明确以“面”的反训为解，后人多从之，至今辞书一概作“两手反绑”。但也有正缚说：既是自降，不为防逃，故当为正面缚手。按，由文化环境昭示：面缚者必须同时可牵羊、把茅、膝行，正缚、反缚说皆与此乖合。也从而可知，所缚者可在身之各处，唯不可在手。于是从“面”的引申义与一些骈文与“系颈”、“头悬”对文而知，“面缚”即首缚，实是缚颈。[65]以此可通解所有的文献例。然后，又进一步稽索文化环境，即发现了三《礼》所未载、从春秋至唐五代流行的军事上战败出降的佚礼，其每一仪物皆与死有关。从而又揭示了缚首之文化内涵：表示降者愿亡国亡身。至此，语言和文化环境和谐统一。[66]

二、掌握名与物的对应规律。

文化词语特点之一是名物性，故语言与文化的关系在词语上往往反映为名与物的对应关系。掌握名与物的对应规律及其种种表现形式，是训释文化词语的基本方法。

名与物的对应规律大率有以下三律：

1. 名与物双向对应律。

“双向”者，首先指有物必有其名。此为从文化而求证语言。陶器，很早发明与使用，考古上成为新石器时代文化类型的主要标志。检文献中描述远古帝王食器悉称“土铏”、“土簋”，则“土”必指陶器。“土”是最早的陶器之称。原始织机早已出现，云南晋宁石寨山发掘的贮贝铜盖上已展示了奴隶们织布劳动的系列过程。但“杼”始于汉，“梭”更在后，则“杼”前必有称原始梭的专词。从出土图录中梭的形象，文献中有关用词等遂考知是“梱（捆、綑）”。[67]但物与名，总是先物后名，名迟于物。因此，一般要将物的出现提至名出现之前。如“船”字战国文献始见。《庄子·山木》：“有虚船来触舟。”《墨子》、《韩非子》等皆有“船”，则交通工具的船必早于战国。上溯至春秋有著名的秦输粮于晋的“泛舟之役”，西周有周昭王巡狩南方从汉水乘船返归，船至江心解体的悲剧，可谓有了“船”。故大致可以定为甲骨文之后、战国以前之“舟”，实已有交通工具性质。[68]物与名虽有时间差，但不会有很长的脱节。有时看来见其物而未见其名，其实是无正名而可能有借名、代名。豆腐，今据考古出土物可确知始于汉，但五代前文献中一直未见“豆腐”，盖或借“酪”、“啜菽”等词语表之(见前)。当然，若谓某时出现某物，但长时间未见借代之称和正名，则必反证所谓某物必是子虚乌有。关于我国食制，一般都以为上古秦汉皆每日两餐，也有人提出商周就已是一日三餐，即商周已有中餐。[69]但是文献中从先秦起已有定时熟食总称“餐”，早晚饭专称“饔、飧、朝食、夕食、餔”，唯独无中餐词。《说文》有“餯，昼食也”，此乃指中午前冷食、小食(见陈梦家《殷虚卜辞综述》)。中饭之称唐代才见。“一日三餐”的观念和词语则至元代始见。故别的不论，单就名物对应规律也可窥知这三餐新说必是误说。长期无中餐之名正是长期两餐制的标志。[70]

“双向”者，也指有名必有其物，此为从语言求证文化。“稻粱”常见，“稻粱谋”已是熟语。但后世无“粱”之名与物。古当有之，且与“稻”相并称，必是一种精美的粮食，故不指高粱，而是粟的一个良种，后世失传。[71]必须注意：事物即文化的变化多而快，称名即语言的变化少而慢，故常出现旧名称新物，即“旧瓶装新酒”。“舫”，隋唐前是双体船，即方舟之称；从隋唐起双体船式微，而“舫”继续使用，乃指平头雕栏的单体船。[72]上举“蹋鞠”，战国前指踏球，汉代沿用也可指蹴鞠，亦其例。当然，凡新名，则必称新物、物的新貌。先秦已有“沟、洫、畎、遂、浍”诸词，汉初又出“渠”。今辞书皆不鉴其别。其实，“沟”等与“渠”大异。“沟”，上古主要作人工河通称，如“邗沟”、“鸿沟”。其他诸词是指各种田间水沟。田沟主要用于排水。而渠，始于战国(物先于名)，是用于灌溉的整套水沟。汉代起，渠更发展。“渠”遂成溉渠的通称。[73]铜镜，商代前已有，“鉴”为上古水镜、铜镜总称。但战国时又出“镜”字，虽其义、其物未变，但有新貌：战国铜镜数量大增，工艺水平飞跃，是我国铜镜文化正式形成的产物和标志。[74]由此，在训释中应注意一个称名的所指物在不同历史时期的变异。

2. 多名与多物对应律。

此指一物可以多名和一名可以多物。一物多名，即异称，乃共时多名，所成是一组等义异称词(若历时，绝不会等义)，但必有一个主称。文献中“方、邦、国”并用，均为国家之称，“国”是主要通称，“方”专用于追述远古史事或比附物。《左传·宣公三年》：“昔夏之方有德也，远方图物，贡金九牧。”“远方”，边远的方国。“邦”则见古雅、庄重色彩。曹植《王仲宣诔》：“爵同齐鲁，邦祀绝亡。”一名多物，在历时态，即是前所言“旧瓶装新酒”，人所易晓。在共时态，也可以有。一种是一名称异类异物。如“土”可称土地、陶器、土地神、乐音(八音之一)等。此种常见。另一种是一名称同类或同种异物。原则上不可，但在较短时区内，偶也可灵活兼称。如上举“杼”，在杼(旧式梭)、梭交替之际，可称投纬、打纬合一之梭；又可称专司投纬之梭，即新式梭；还可称专司打纬之筘。这三物本是一物和相近物，今在较少的特定语境中一名兼称之。但作为“杼”的本称还是第一项；从唐代起就只在“机杼”之类结构中或称新式梭，而不可称筘。在训释文化词语时，对此种一名多物尤当谨慎处之。

3. 名与物同步异步交变对应律。

文化与语言总体都处于运动变易之中。从变而观，二者或同步变易，即物变名变，如商代方国态的国家称“方”；至西周变为分封态国家，名也易为“邦”；至春秋、战国变为独立态的诸侯国，又易为“国”。[75]或异步变易，即物变名不变，如上举“舫”之属。凡此单一的变易可以用以上两条名物对应律处理。此外，还有一种更为复杂的同步异步交叉变易的词语，乃以系统互补的方法对应。“麻”，上古、秦汉指食用麻，五谷之一；其时纤维麻类总称是“枲”。汉魏起，“麻”成为纤维类总称，“枲”则为大麻专称，而食用麻已有正名“脂麻”、“胡麻”。食用麻从主粮变为油料，其名也从“麻”变为“脂麻”等，此是同步变易。“麻”从指主粮食用麻变为纤维麻类总称，此是异步变易。它们都系统互补，以臻名物对应，至赜不乱。前举“甓”，今皆作“砖的古称”，乃是严重的名物错位：我国陶质建筑材料的先后出现序列是陶水管、屋瓦、砖，但语言上称名的先后序列是甓、瓦(屋瓦)，陶水管无其称。经辨考而知，“甓”正是陶水管之称；至战国时陶水管竖立套接地下，即为瓦井，甓又为井壁之称；东汉起出现砖井，甓才作砖称，而其陶水管之称消失，由“函管”一词承之。陶水管的发展与“甓”称的义变可谓同步，而“甓”称之同名异实又是名实异步。二者交叉而以系统互补调节，最后语言称名的先后序列是甓(陶水管)、屋瓦、甓(砖)、函管，与文化上陶质建筑材料的序列，两个系统完全对应。(期间还涉及“瓴甋”等几个词，略。)[76]因此，无论名与物之间同步异步多么复杂，只要紧紧抓住名与物变易中的系统互补之规律，可以理清一群名与物的对应关系，使名与物一一“对号入座”。

三、进行同义、类义的系统辨考。

凡是正确的释义，纵向观，必是该词本义引申系列中的一点；横向观，必是该义的同义、类义词群体中的一员。因此，训释词义时，不仅要把握一个词的义系，而且必须将被训释的词(词义)置于系统构组的同义、类义词群中比较异同，方可求得准确词义。同义词的系统辨析应当成为训诂的一项基本方法，对于文化词语的训释，更为必要。但是与现代汉语双音词为主的辨析不同，古汉语单音词为主的同义词辨析又是个难题。迄今，古汉语中超过50万字的辨析成果都难以出现。这不奇怪，什么是同义词？怎样构组？辨析的对象、要求和方法如何？对语义训诂的关系又如何？这些都是没有解决的问题。唯此，所见流行的古汉语同义词辨析都是二三词一组，以词为单位，先引辞书互训等证其同，然后说明“本义不同、引申义不同、语法功能不同、语源不同，感情色彩不同”等，所辨都是“同外之异”，真正在一个义项上的不同，即“同中之异”，几乎是零；并且所辨对象多数是通义词，极少文化词；各条之间没有有机联系，全书是按笔画或音序的数量组合。这方面将另文作全面评述与探讨。这里，只提出最起码的几项原则：1.确认凡是同义词包括习惯认可的等义词(异称词)，都可以析异。2.坚持“以词义而不是以词为辨析单位”。[77]即以一个相同义(义位)作为构组与辨析基准，力辨一义的“同中之异”。3.构组必须坚持系统性，即应将某个词义的主要同义词列入一组之中。不避难就易，有疑必考。

笔者遵循这些原则，对1500余个文化义同义词作了辨析考释，实践证明切实可行。从构组说，每组少则二词，多则十余个，构成一个小系统。然后综合运用语言与文化的各种手段，力辨其异。经过辨考，一直被视为等义词的一些文化词，发现都不等义。如“翅”、“翼”：“翅”，鸟虫翅膀的通称；“翼”，鸟虫张开的翅膀。上举“舟船”、“观阙”亦其例。经过辨考，一些历来误训、未训的词，也都能得其奥义，如上举“鼗”、“蹋鞠”、“梱”等词都是经同义、类义的系统辨考而得诂正。

四、运用多种求义法。

凡训释词语，必须遵循语言研究和训诂学的基本方法，如音训、形训、义训之类，都要运用。但是，训释文化词语一般都比通义词语难度大，因而要调动尽可能多的语言手段求义。根据自己辨考1500余个文化词的情况，感知下面三种求义法最为常用和重要：

1. 本义与引申义互求法。

通常是从本义求引申义，此不烦言。也可从引申义推求本义。《史记·淮阴侯列传》：“吾为公从中起，天下可图也。”注者谓“京城中”。杜甫《北征》诗：“不闻夏殷衰，中自诛褒妲。”注家释句意：指由于唐明皇亲自诛贵妃，故唐王朝没有像夏殷一样败亡。语意不误，但“中”未得确诂。今汇察“中”所有引申义显分两类：一是中间义系，二是京城、君王、身。后类全不可解。但其本义必是可统两类诸义者。检甲骨文“中”甚多，且有作名词的“立中”词例20余。解者纷如：旌旗、箭靶、钱贯、建鼓、测日仪等。从引申义推之，唯测日仪（即后世之表）最洽。[78]盖中之测日必在一日之中，故得中间义，由此衍生今所有用义。另一系则用于古代：中为测太阳周年视运动，故生天道义。《论语·尧曰》：“尧曰：咨，尔舜！天之历数在尔躬，允执其中。……”尧语意：认真掌握你的测日之表，天道的变化规律就在你身上。再生掌握天道的人——天子之称，如“侍中”、“中常侍”等官名之“中”。杜诗之“中”亦此。帝王所居，则为京城，《淮阴侯列传》之“中”即此。中以中人八尺身长为度，故有身义。如此训释，不仅确诂了两个句例，而且将训诂与古文字研究结合，从而可解决至今聚讼不已的“中”的本义与全部义解的贯通。

2. 异文求义法。

“异文”是训义、尤其训文化义中大可利用的材料。“馆”或从舍旁，可知古代馆（宾馆）兼管食宿。“纩”或作“絖”，后者见义：光亮之“絖”即为新丝绵。“镘”，涂刷（墙），或作“墁、槾”。盖涂器有木制，故从木；有金属制，故从金；涂刷以泥，故从土。“纱”本作“沙”，指仅能透沙粒的薄绸。“贿”，构意不明；或作“賄”，每声有暗义，故本义为暗藏之财，即私财。

3. 声符求义法。

即利用词族常常表现在相同声符的特点探求一词隐含的深层义蕴。最早是所谓“右文”说，清代段、王及近代刘师培、沈兼士、杨树达等人善用此法。声符有义的数量多少，无人作过穷尽稽索。笔者在系统辨考1500余个文化词中，声符知义者近500字，占三分之一（见本书“附录”二）。由于释词大都是形声字。而名物词很需训其“得名之由”，故在文化词语训释中，声符求义之法尤不可少，正确运用，可收奇效。

“馒头”、“镘”，曼声均取蒙覆义，故前者必是上不开口的圆状物，后者可为涂饰义，“经”，巠声为直义，可知今辞书释“吊死、勒死”未确，其义必是“吊死”。“饔飧”，早餐晚餐。“饔”是会意。雍声有聚大义，故“饔”之早餐相当于卜辞之“大食”，可知古人一日两餐以早餐为主；秦汉与商代同。声符可有假借(杨树达说)。“瞽、瞍、矇、盲、瞎、眇”，至今学界、辞书只有浑解，还有误解(以“瞎、眇”为一目盲)。以声符求义即可了然。“瞽”，鼓，喻鼓凸，故为有目而闭合。“瞍”，叟声，有空尽义，故为无目而闭合。“矇”，蒙目，眼瞳蒙障翳而失明。此是上古之称。汉代起，“眇”，少声，为小义(非少义)，故本是双目仅能微视，俗谓一目瞎，殊误；引申也可称瞎，但必指双目。“盲”，亡即茫，古今皆为双目失明总称。“瞎”，或作“瞷”，曷声有尽义(害即割，也得尽义，同例有“犗”)，故相当于“瞍”，后为双目闭合而失明的通称(包括“瞽”)。[79]

五、审鉴传统训诂的是非得失。

任何创新必须以继承为基础。今天训释古代文化词语，必须充分利用前人的训释成果。由于古代综合性和专科性的文化史研究，远没有今天这样系统、广泛、深入，而且缺乏专门著作，一般都融在经、史、子、集诸重要典籍的文化词语的训释中，因此，对传统训诂中文化词语训释成果的利用比通义词语的训释成果更为重要。在这方面，全盘袭取或一概扬弃的倾向都应避免。关键是正确审鉴传统训诂成果的是非得失。这就必须用现代文化史研究和现代语言手段、知识，来正确检验、辨正，从而定其取舍。但是，从实践而知，其中也有些普遍规律。把握它们，可以使审鉴更有方向，少走弯路。这些规律是：

1. 众口一词者，多数是确诂，极少是误诂；即便误诂，也或有局部的真理性。

众口一词者，经过漫长历史的检验，故多数是正确或基本正确的结论，只是常常未知、未言其详。如“躄”之为“足不能行”(见前)，确不可易。众口一词的旧训，若有其误，非经超过前贤的精审考辨不能发现。故若是轻而易举地否定一项旧训而别出新解，此新解一般多是谬说。如“方舟”，古代无一异说，皆训“并两船”，今辞书皆承此解。但有人竟仅凭《辞通》“方舟”条所引八条文例，以七百余字别出新解：“方舟”是“方＋舟”，后“演变为轻舟快船”云云，这种新解必有问题。事实证明是谬说。[80]众口一词者，有时也有误，但程度和表现不同，要具体分析。如“甓”作“砖的古称”，经考辨而知当是陶水管的古称，似乎古训全误。但检诸家训诂，《毛传》、《尔雅》以“瓴甋”解“甓”，实未误，瓴甋也是陶水管，东汉起注家才以砖训“甓”，而施之东汉以来文献也不误，因“甓”已变为砖之称；问题是后人、今人将东汉以来的训诂“全盘接受”并推而广之，误解《毛传》、《尔雅》等，将上古、秦汉文献及训诂之“甓”一概训为砖。故误在今而不在古。[81]有的众口一词者，可谓古人全误，此极少见，但往往也有局部真理性。如上所举“面缚”，古人虽解为反缚或正缚手，都是误解，惟古注也指出此是一种自降的礼仪，乃给后人新训以重要启迪。“豚”，古今皆训为小猪，当予诂正(见上)，但旧训也反映出古人多以被阉的小猪作为美食的饮食习俗，和阉猪多施于小猪的畜养特点，故在有些文句中解为小猪也可通，因而旧训也非向壁虚造。

2. 有异说者，凡能结合文化而训解者多近是，纯语言的训释多可疑。

《说文·网部》:“罶,曲梁,寡妇之笱,鱼所留也。”《尔雅·释器》亦曰:“嫠妇之笱谓之罶。”何谓“寡妇之笱”?段玉裁解“笱之蔽者”。郝懿行谓“寡妇之字合声为笱,嫠妇二字合声为罶,正如不来为貍,终葵为椎,古人反语往往如此”。也有以为“其功易”,故有此称。朱骏声曰:“以土若石堰水为关空曰梁,曲薄为器,其口可入而不可出,以承梁空捕鱼者曰笱。而以曲薄为梁,令鱼可入而不可出谓之罶,罶非笱而其用如笱,故曰嫠妇之笱,如吾苏(江苏)蟹簖之类是也。”朱说大体得之。由此启发而知:捕鱼之梁有凹缺口置笱,故梁喻为妇,笱喻为夫;今唯有曲箔如蟹簖,则似无夫之寡妇,而又有笱之功用,故称“寡妇之笱”。郝氏等从“纯语言”而解或离词语而意诂,均无足观。

3. 凡二说或数说相对峙者,若非名物词语,往往一是他非;若名物词语,一般合之则全。

一些重要、难解的词语,常常是二说或数说对峙,使后人迷惘不已。今一些大型辞书遇此往往束手无策,照录以陈。实践表明,若是非名物词语,必有一是,余者皆非,故可是是非非。如上举“必以情”、“面缚”之类,是非泾渭,当需明断。而若名物词语,由于古人之直观思维,往往是各据一端,各有其是,故分之则偏,合之则全。知于此,今人若多从系统出发,使诸说互补,则多可得其全璧。当然,此仅从辨考的思路言,实际并非简单的加法,也必经精心辨考,但据此可使训释有了正确的导向。“囊、橐”,或谓“无底曰囊,有底曰橐”(《诗·大雅·公刘释文》)。或谓“无底曰橐,有底曰囊”(朱熹《诗集传》)。今《辞源》等罗列旧说而莫衷一是。按,一般于囊都释为袋,当是有底者,则问题是橐的形制。据旧训,橐似当有两种。事实果然。经考,橐确有有底与无底两种:“无底”者,常用皮革等较硬质料,盛物后捆卷,两端扎束,甲骨文之[illegible]即其制。《史记·田敬仲完世家》:“田乞盛阳生橐中。”汉代邮驿装运文书之大邮包,亦此。[8]有底者,中开口,盛物两头,小者折其中而肩担,大者可车载畜驮。《左传·宣公二年》:“(赵盾)而为之箪食与肉,置诸橐以与之。”《战国策·秦策一》:“(苏秦)负书担橐,形容枯槁。”皆此。“囿、苑”,旧注各从墙垣有无、功能、大小、出现时间诸方面辨异,诸说各有其是与偏。合之则近是(见前)。

由上三种情况也可知,传统训诂的大多数成果应为我们充分利用,尽管古人的思维和训释方法有很大的缺陷。故在训释文化词语时,首先要对传统训诂(当然也包括今人)的成果作一番调查与审鉴,知其是非得失,以利在继承中创新。

六、广求文献证、文化史证、考古文物证、今语证、方言证等相合证。

训诂要论而有证,传统训诂最讲实事求是,故训必有证。文献证,即书证,是传统训诂的基本证。今亦如是。无证之训,断不可信。“甓”作砖称于上古文献用例之不可通,此训已足可怀疑。“衷”为内衣,今辞书均释而无证,此解已不可信(按,当为穿内衣,动词)。可见无证之训不立、不信。今语证,方言证皆是活证。“货”,流通的财物,指商品和钱币。今“百货”、“南北货”、“通货膨胀”仍用其义。“纪、记”皆可作记载,王力《古代汉语》谓“纪”通“记”,习惯上二词无别。按,“记”是总称,“纪”,考知为纵贯、综理的记载,故史书纵贯而记的“本纪”、“纪事本末”从不作“记”。今语“纪录、纪元、纪年、纪录片”等,也属纵贯之记,“纪要”则是综理之记，皆唯作“纪”。方言证也大有可用。[83]“衵”，女子贴身内衣，今山西平遥话把出嫁女子穿的内衣称“衵衵袄”。[84]“港”古指通江海的人工河，今上海南汇一带围垦海涂开的人工河犹称“港”，如“六灶港”、“小窪港”等河名。

以上是与训释通义词语所同者，传统训诂皆已为之。但是，训释文化词语还需要文化史证、考古文物证，此乃传统训诂所不能为、现代“纯语言”训诂所不知为者。所谓文化史证，不是简单地从文化史著作中摘取片言只语，而是在熟悉、利用文化史研究成果基础上的取证。训释文化词语，实质上是同时解决词汇史与文化史上的问题；其方法上要做到上述的文化环境与语言环境的统一，名与物对应等等，都离不开对词语所涉文化史的学习、了解，并且要把文化史的知识有机地融入训释的每一环节，这样，取证就得心应手。畜牧阉割史之于“豚”，苑囿史之于“苑、囿”，刑法史之于“必以情”，建筑史、陶瓷史、水井史之于“甓”，皆其例。在许多优秀的文化史研究中还常常直接蕴含着文化词语的训释成果。“躄”，只要一翻《内经·素问》即可豁然而知。“白虹贯日”，李约瑟《中国科技史·气象卷》已从科学上予以详解，并附明代皇帝的《白虹贯日图》。《论语·微子》中“(丈人)以杖荷蓧”之“蓧”，今多注为“锄草工具”、“锄头”(近年新编中学语文课本已改正)。其实，明代徐光启《农政全书·农器》专列“蓧”一器，并图其形，是草编田器。[85]像对“方舟”的谬说，只需稍看一本《造船史话》之类，即可避免。

考古文物证对训释文化词语也至关重要。当今考古文物资料和研究成果空前丰富，在几乎所有的人文科学、社会科学中都利用考古文物，唯独在训诂界颇为陌生。而今在文化词语训释中，应当大量引入。有的可印证文献。河南方城东关汉画像石两幅《犍牛图》，可证“犍”为何事。有的可补文献之阙。尸祭，因云南晋宁石寨山12号墓贮贝器上大型祭祀人物雕像而知尸者独坐于几(如今坐)，进献者皆跪。此可感知“尸”的形态、地位、作用。豆腐，因东汉画像石的《豆腐作坊图》而一下将其起始年代从唐五代提到汉代，使考索豆腐在文献中早期的异称借名有了物质依据。有的可纠正误训。“杯”，有人全从文献论定唐代以前相当于今盆子(见前)，但许多新石器时期遗址已出土许多深腹杯，许多上古文化遗址深腹杯与盆子状耳杯同出。据名与物对应规律，“杯”必指耳杯和深腹杯两种。此与文献若合符节。《史记·项羽本纪》：“沛公不胜桮杓。”此乃深腹酒杯。《艺文类聚》卷七三引《永嘉郡记》：“以神前杯灌地，以大瓮杯覆之。”明称两种。[86]至于车制，古代训诂家的训释大都不可凭信，几乎全凭上古一些遗址灰坑剥剔的车子和秦陵铜车马与文献对照以解决车制及其称名问题。

文化史证和考古文物证，体现了时代的优势，因而是今日文化词语的训释超过传统训诂的重要保证。如若离开了它们，就是用“纯语言”的方法去训释文化词语，结果不是“隔靴搔痒”，就是承谬增误。目前语义训诂领域存在之一弊即此。

本文提出了对词汇新的二分法；探讨了古代文化词语的特征、类别、词汇中的地位；进而通过对传统训诂与现代训诂三类的评析，论证了大力进行文化词语训释的必要性、迫切性，对于语言、文化各学科发展的重要性；然后论述了训释古代文化词语的方法。这一切表明：

古代文化词语应当训释,也完全能够训释。让我们大力进行古代文化词语的训释,用丰富、生动、创新的实践,让古老的训诂学和新兴的文化语言学迸放出新时代的灿烂光辉!

1992.3.完稿

1992.11—12 又改稿

附记:本文第壹、贰、叁部分刊于《北方论丛》1993 年第 5 期,第肆部分刊于《天津师大学报》1993 年第 3 期。对于二刊的谬爱,笔者不胜感激,特此志谢。

1993.9.二校

注:

① 本文原是提交第三届全国社会语言学学术讨论会(1992.4.西安)的论文,曾在大会宣读,并收入会议论文集《语言与文化多学科研究》。同时,经修改分为两篇,分别交《天津师大学报》和《北方论丛》发表。今合璧收入本书附录,权作对本书初步的理论总结。

② 见刘叔新《词目的确定和词汇的范围》。关于词汇的分类可参此文,载作者论文集《词汇学和词典学问题研究》,天津人民出版社,1984 年 6 月。

③《墨子·小取》:"或也者,不尽然也。"《经说上》:"且,自前曰且,自后曰已,方然亦且。"

④ 如黄震《黄氏日钞》:"愚意诸侯之长为伯,指定其名位而言;王政不纲,而诸侯之长自整齐其诸侯,则伯声转而为霸,乃有为之称也。正音为静字,转音为动字。"陆九渊《与朱元晦书》:"字之指归又有虚实,虚字但当论字义,实字当论所指之实。"

⑤ 见恩格斯《自然辩证法》,人民出版社,1957 年,第 139—140 页。

⑥ 见萨丕尔《语言论》,引自《西方语言学名著选读》,201 页,中国人民大学出版社,1988 年 12 月。

⑦ 见王学奇《元曲释词·凡例》,中国社会科学出版社,1983 年 11 月。

⑧ 见殷孟伦《从〈尔雅〉看古汉语词汇研究》,载《子云乡人类稿》,齐鲁书社,1985 年 2 月。

⑨ 不过《辞海》是按现代文化学科的分法,其"百科"多是现代百科,其"语词"实包括古汉语中的通义词语和颇多的文化词语。

⑩⑫ 见吕叔湘《南北朝人名与佛教》,刊《中国语文》1988 年第 3 期。

⑪ 参《新时期汉语新词的出现与新时期社会心态》,载《人大复印资料·语言文字学》,1992 年第 4 期。方言词汇的专书,如姜亮夫《昭通方言疏证》(上海古籍出版社,1988)解词 2041 条,其中文化词 1248 条。朱彰年等《阿拉宁波话》(华东师大出版社,1991)录方言词近 4000 条,各种语 2453 条,无论列目和词数都是文化类和文化词语占绝大多数。

⑬ 关于文化的概念,从五十年代以来中外不下 200 种。今取庞朴的文化三种结构层次和人为主体说,见庞朴《文化概念及其他》,载《稂莠集》,上海人民出版社,1988 年 3 月。

⑭ 争论的概况可参张素英《对词汇是否成体系问题的刍议》,载《人大复印资料·语言文字学》,1991 年第 8 期。

⑮ 笔者曾辨释过 1500 多个通义词,试图从词义将动词分为:一、人体,内分身躯、五官、手足、意念;二、关系,内分主从、友善、对立;三、变动。形容词分为人情、物态。但自感交叉未晰,系统性不强。

⑯ 诸词可参《元曲释词》二册 184、473 页,三册 582 页,四册 179 页;王锳等编《诗词曲语辞集释》125 页。关于民俗词语的文化特征问题,曲彦斌《民俗语言学》作了全面论述,是书辽宁教育出版社,1989 年 2 月出版。

⑰ 参张岱年《论中国古代哲学的范畴体系》,刊《中国社会科学》1985 年第 2 期。

⑱ 参〔日〕笠原仲二《古代中国人的美意识》,杨若微译,三联书店,1988年2月。

⑲ 见王力《汉语史稿》下册493页,中华书局,1980年6月。

⑳ 参张岱年《中国古典哲学概念范畴要论》222页,中国社会科学出版社,1989年2月。

㉑ 据殷孟伦统计,见《子云乡人类稿》262页,齐鲁书社,1985年2月。

㉒ 前三篇都有明显的文化词。《释诂》中如"桢,榦也","禋、祀……祭也"等,约15条,120词。《释言》中如"舫"、"馀"、"驲"、"媵"等28条,48词。《释训》中如"祖"、"张仲孝友"、"履帝武敏"等18条,30词。有的一条多词,如《释诂》"死也"条类聚"崩、薨、无禄"等六个词都有文化含义。

㉓ 朱骏声《说文通训定声·说雅》,武汉古籍书店影印本,1983年6月。

㉔ 姜亮夫《楚辞通故》(1—4辑),齐鲁书社,1984年6月。

㉕ 张舜徽《郑学丛书》,齐鲁书社,1984年6月。

㉖ 据尹斌庸的定量研究,《现代汉语词典》中,名词56%,动词28%,形容词8%,名词与动词恰是2:1。名词大都是文化词,若名词之大部再加动、形等词类中的文化词,那么现代词汇的文化词语与通义词语至少也当是2:1。参尹文《汉语词类的定量研究》,刊《中国语文》1986年第6期。

㉗ 王力《新训诂学》:"我们所谓语义学的范围,大致也和旧说的训诂学相当。但是,在治学方法上,二者之间有很大的差异,所以我们向来不大喜欢沿用训诂学的旧名称。这里……把语义学称为新训诂学。"文载《龙虫并雕斋文集》第一册,315页,中华书局,1980年1月。

㉘ 陆宗达、王宁《训诂学的复生、发展与训诂方法的科学化》:"对象:古代文献语言(即古代书面汉语)的词义……所以,它实际上就是古汉语词义学。"文载《训诂方法论》,中国社会科学出版社,1983年12月。王宁《试论训诂学在当代的发展及其旧质的终结》:"训诂学的生命力,维系在建立汉语语义学的需要上。不运用已有用的材料总结语义现象,发展一门与语音、语法并立的历史语义学,而是固守释读技艺或经验的原貌,便无生命力。"文刊《中国社会科学》1988年第2期。韩格平《训诂学能否演进为中国古籍注释学》,刊《古籍整理与研究》,1989年第2期。李亚明《价值:由训诂意义再构造想到的》提出要打破语义训诂的"客观性和确定性",发现"表达个人内心世界的价值命题",并要将它"提到与意义相平比的地位"。文载申小龙等主编《文化的语言视界——中国文化语言学论集》,上海三联书店,1991年2月。

㉙ 传统训诂的缺陷,他如:重于表象,疏于发掘意蕴;长于求同,疏于辨异;长于归纳,疏于演绎;等等。这方面,陆宗达、许嘉璐、王宁诸先生都曾作过不少正确的论述。限于论题,本文不予展开。

㉚ 关于文化词的新解,可参本书"附录"三《主要辨义与现解参比简表》。

㉛ 参洪诚《训诂学》第一章第三节,14页,江苏古籍出版社,1984年7月。

㉜ 见李宗桂《中国文化概论》,转引自程克江《中国文化语言学的兴起及其导向预测》,刊《新疆大学学报》1990年第2期。

㉝ 可参阅本文第四节论训释方法部分。

㉞ 详参本书第40、112篇。下凡未注之引例,皆参阅本书有关篇目,不再说明。

㉟ 详参拙文《古代文化词语通释》,刊《杭州大学学报》1989年第2期。

㊱ 见夏渌《"小子"释义辨正》,刊《中国语文》1986年第3期。

㊲ 参洪诚《训诂杂议》,刊《中国语文》1979年第5期。误训见王毓铨《我国古代货币起源和发展》27页。

㊳ 参拙文《释"彗星袭月""白虹贯日"》,刊《学语文》1985年第2期。

㊴㊿ 参拙文《古代文化词语通释·捆屦》,刊《杭州大学学报》1989年第2期。

㊵ 参拙文《古汉语同义词辨析》(两篇),刊《天津师大学报》1988年第2期;也见本书。

㊶⑺ 参拙文《方·邦·国》,载《语言论丛》,杭州大学出版社,1990年12月;也见本书。

㊷⑹ 参拙文《古汉语同义词辨析》的《窬·舟·船》条,刊《杭州大学学报》1987年第2期;也见本书。

㊸ 关于这类训诂的定名至今尚未统一。张相称"语辞"。后又称"口语词"、"白话词"、"俗语词"(或"俗词语"),"近代汉语词"。前三者与后者又有别,一般以为近代汉语词汇上限在晚唐五代,而口俗词语是与文言词语相对而称。可参黄征《汉语俗语词研究的几个理论问题》,刊《杭州大学学报》1992年第2期。这

里从俗，将训释文言词义之外的古代词汇史各时期口语中的新词新义和方言俗语都归属此类。

㊹㊱ 参《说"杯"》，刊《中国语文》1986年第4期。拙文《杯·盏·卮·觞》，刊《天津师大学报》1993年第1期；也见本书。

㊺ 参杨泓《水军和战船》之考释，文载杨氏文集《中国古兵器论丛》（修订本），文物出版社，1986年5月。

㊻ 参蒋礼鸿《敦煌变文字义通释》"恩私"条，上海古籍出版社，1988年9月。

㊼ 参刘伯鉴《关于古汉语中亲属称谓"私"的研究》，刊《西北大学学报》，1983年第3期。

㊽ 参《新版〈辞源〉释义补正》，刊《徐州师院学报》1992年第3期。

㊾ 如《汉语大字典》、《汉语大词典》于"瞎"字均列"一目盲"义。

㊿ 参拙文《释"眇·盲·瞎"》，刊《文史知识》1992年第7期。

51 见黄灵庚《古汉语词义琐记·方舟》，刊《中国语文》1983年第4期。

52 80 参拙文《古汉语词义辨正·辨方舟》，刊《杭州大学学报》1985年第3期。

53 王国维《古史新证·总论》："吾辈生于今日，幸于纸上材料之外，更得地下之材料。由此种材料，我辈因得以补正纸上之材料，亦得证明古书之某部分全为实录。……此'二重证据法'，唯在今日始得为之。"简言之，即用地下出土物与文献结合研究古史。关于这种方法，可参桂遵义等《王国维与郭沫若》、沃兴华《论王国维的二重证据法》，载《王国维学术研究论集》第二册，华东师大出版社，1987年5月。

54 参拙文《饮食园圃中的国色天香——豆腐》，原刊《文史知识》1991年第2期，《中国烹饪》1991年第6期转载。

55 参樊维纲《沙糖小考》，刊《农业考古》1991年第3期。

56 参拙文《"躄"不是跛足》，载《疑难字词辨析集》，上海辞书出版社，1987年4月；也见本书。

57 63 参拙文《古代阉畜词辨释》，刊《中国农史》1993年第1期；也见本书第78篇。

58 见张仲葛《畜牧史话》，载《中国畜牧史料集》，科学出版社，1986年5月。

59 如吴曾德《汉代画像石》（文物出版社，1984.6），刘志远等《四川汉代画像砖与汉代社会》（文物出版社，1983.12）。

60 见祁英涛《怎样鉴定古建筑》64页，文物出版社，1981年6月。

60 76 81 参拙文《"甓"义考》，刊《考古》1993年第5期；也见本书第223篇。

63 影响此句确诂者还有"能"，当为动词，善、胜义，说见王引之《经义述闻》"柔远能迩"条。全句意：对于轻重不同的案件，我虽不善于明审详察，但一定凭实情（来断案）。详见拙文《"必以情"句解诂》，刊《中学语文教学》1980年第10期。

64 见《战国策·齐策一》载苏秦形容临淄之盛一节："临淄甚富而实，其民无不吹竽鼓瑟、击筑弹琴、斗鸡走犬、六博蹋鞠者。"

65 参拙文《"面缚"新解》，刊《中国语文》1981年第3期。

66 参拙文《"面缚"考》，刊《文史》第23辑（1986年）。

69 见胡新生《谈古代日常生活中的"三食"习惯》，刊《文史知识》1990年第10期；乌丙安《中国民族学》112—113页，辽宁大学出版社，1985年8月。

70 参拙文《试说我国古代食制的演变》，连载于《中国烹饪》1993年第1、2期；也见本书第157篇。

71 参缪启愉《粱是什么》，刊《农业考古》，1984年第2期。

72 参拙文《话说"方舟"》，刊《文史知识》1987年第2期；也见本书。

73 参周魁一《农田水利史略》，水利电力出版社，1986年9月。王克林《略论我国沟洫的起源和用途》，刊《农业考古》1983年第2期。

74 参孔祥星、刘一曼《中国古代铜镜》，文物出版社，1984年12月；也见本书。

77 见吕叔湘《简明同义词典·序》，上海辞书出版社，1981年12月。

78 主测日仪者，见萧良琼《卜辞中的"立中"与商代圭表测量》，载《科技史文集》第10辑，上海科技出版社，1983年9月。

⑲ 参拙文《瞽·瞍·矇·眇·盲·瞎》，刊《医古文知识》1992年第4期，也见本书第118篇。

⑳ 参刘广生《中国古代邮驿史》，人民邮电出版社，1986年6月；初师宾《汉边塞守御器备考略》，载《汉简研究文集》，甘肃人民出版社，1984年9月。

㉓ 参李行健等《现代汉语方言词语的研究与近代汉语词语的考释》，刊《中国语文》1987年第3期。

㉔ 参郭城《丰富的语言》，刊《中国语文》1990年第6期。

㉕ 参拙文《古代文化词语通释》，刊《杭州大学学报》1989年第2期。

附录二　主要辨义与现解参比简表

序目	词	现　解	辨　正
1	方	○	商代对国家的通称
	邦	国家	西周、春秋对国家的通称
	国	国家	春秋战国以来对国家的主要通称
	邑	○	周秦间称小的诸侯国或谦称自己国家
	塞	○	对华夏周边的方国之称
2	邑	国都	西周国都专称
	京	国都,上古已有	秦以后国都专称
3	里	民户居处	周代乡村基层编户单位,上古至隋多作城邑居民区
	坊	街市里巷通称	魏晋起城邑中方正居民区
	乡	周代行政区域单位	周代城邑中最大居民区,又作地方泛称
5	固	本指坚固(形)	本指四围的天然险阻(名)
	险	本指险要,地势不平	本指高山之阻
6	阿	大丘陵	有弯曲余脉的大山
7	渎	沟渠,河川	上古专称江、淮、河、济;泛称人工河;后多称入湖的小渠、河
	江	大河流	南方河流通称
	河	河流	北方河流通称
	川	大河 ○○	古代河流总称,犹今之"河" 中古口语有平原义,一片义
8	湖	湖泊	上古吴越一带人工湖之称,东汉起作湖泊通称
	泽	沼泽地带	上古湖泊通称,汉后泛称湖沼地带
	薮	大沼泽	上古变化无常的大湖泊
9	浪	○ 波浪	本放散义 魏晋起,口语中波浪之称
11	浦	水边	包括近岸地域与岸前水域的江海之滨
12	民	初指奴隶	初指农业生产为主的人群
15	弼	辅助	直谏匡过的辅助
	佑	帮助	出于个人喜好仰慕的辅助

（续表）

序目	词	现　解	辨　正
15	佐	辅助	具体工作的辅助
	贰	协助	以副职身份的辅助
	赞	帮助	出于礼敬或持财物帮助
20	伎	通“妓”，歌舞女	或作“妓”，魏晋起作歌舞女艺人之称
	优	扮演杂戏者	以谈笑等戏谑活动悦人的艺人
25	赇	赠人财物	私下赠物于人
	赂	唐代有贿赂义	上古已有贿赂义
		赠人财物	求人助事而赠人财物
26	论	判罪 ○	按法律条文定罪量刑 汉代特指判极刑，无赦
	当	○	汉代定罪定刑的判决，若死罪可赎、减或赦
27	经	吊死、勒死	自己吊死
28	箭	○ 以弓发射之矢	本指箭杆 魏晋起作口语中箭矢通称
29	镞	箭头	用于弩射的箭镞
	镝	箭头 ○	铁镞 后为短小锋利之箭镞的通称
30	櫜	藏甲衣弓箭之袋	上古藏弓矢兵甲的大皮口袋
	鞬	弓箭袋	用于骑射者的较大盛弓皮袋
	籣	盛矢筒	上古秦汉随身负携的竹或皮质盛矢器
31	侯	箭靶	射礼的靶子
	的	箭靶中心	射礼外的靶子通称
32	旌	用旄牛尾或彩羽为竿饰之旗	征战、田猎将帅的指挥旗
	旗	将帅用旗	战旗
34	垒	军垒	临时构筑有围墙的防御性营垒
	壁	军垒	有较高而陡峭垒墙的营垒
	壁垒	军垒	战国起出现的野战营垒
35	烽	报警的烟火	汉边防升举的报警信号，白昼有草烽、布烽，表，烟。 南北朝起也可指升苣火
	燧	报警的烽火	夜间所燔报警的积薪、苣火
36	亭	○	施放烽火的亭台，为边防哨所
37	堡	土筑小城	边防军营、营垒通称
	城	○	汉代长城、边塞每边有一至二百米围墙的大军营
	障	边防营寨	围墙百米以下的军营、营垒，汉边防候的治所

（续表）

序目	词	现解	辨正
37	坞	土堡 〇	东汉至南北朝非国家所建、耕战结合的营垒 汉亭隧附属建筑
39	庙寝	古宗庙制，前庙后寝……	商庙内无寝，周庙寝结合，汉形成新陵寝制，明清取消寝宫……
40	封禅	帝王至泰山祭祀天地	不限帝王，不限泰山……
	岱宗	“岱”通“太”，大山	“岱”，帝王告知改朝换代之山；宗，群山之首
41	主	〇	主祭者，多用于对山川之祭
42	斋戒	古人祭祀前整洁心身以示虔诚	有儒、佛、道三种…… 三教之“斋”与“戒”各有别……
43	纪	通“记”，记载	纵贯、综理的记载
	志	记载	集类而标识其事的记载
	载	记载	郑重载录
44	牒	书札	官府文书和谱牒的通称
45	论	〇	编纂
46	货	财物	流通的财物，指商品或钱币
	贿	财物	私财
	赂	财物	为求助或酬谢而送的财物
47	市	城市	城中划定的交易市场
	镇	城镇，集镇	工商业发达的无城的小城市
49	土	〇	原始陶器
	瓦	本指屋瓦 已烧的土坯	〇 古代陶器通称
	陶	陶器通称（名）	烧制陶器（动）
51	纑	麻线	经纺练、可供上机织布的麻线
52	捣	〇	汉代漂练生丝帛的新工艺
	漂	漂洗衣服	水练、椎击练
53	梱	〇	原始织梭
		〇	织
	杼	织梭	投纬、打纬合一之梭，织梭的前身。又可称司投纬之梭和打纬之箝
54	织	制布帛	制丝帛；也可用于编织细兽毛等精细物
	纴	织布帛的线	织麻；泛指织作
55	表	衣的外层 上衣	裘皮上的毛 外衣

（续表）

序目	词	现　解	辨　正
55	中	中间。鼓。箭靶…… 〇 〇 〇	测日仪 引申指天道 帝王 宫禁 京城
57	夕	傍晚	西；日西斜时
58	白虹	虹的一种 一道白气冲天	日晕时并见数个幻日、有白色光带相切连的大气光学现象
59	土	〇	乡土
60	壤	泥土	经改造的耕土、肥土
61	艺	种植	精细培育
	栽	种植	种植苗株
	种	种植	种植谷物、瓜果之类（撒种）
	树	种植	草木成株或整株移载
62	本	草木根	草木的地上地下根合称
	根	草木根	草木四方伸张的须根，即曼根
	柢	草木根	草木垂直下伸的主根
	株	草木根	露出地面的断木根
64	耒	原始翻土农具 〇	原始曲柄尖头翻土农具 秦后作耕犁通称
	耜	原始农具，耒下端 〇	直柄、宽刃，用于耦耕的翻土农具 上古为耒与耜总称，秦后作耕具泛称
	耒耜	上古翻土农具	战国始见，耒指柄，耜指入土金属头，为耜的又称
65	镈	锄草农具	西周、春秋的短柄青铜锄
	耨	锄头；锸	战国起的铁制短柄锄
	钱	铁铲	西周、春秋的青铜铲
	铫	大锄头	战国时的铁铲
	铲	铲削的铁器	秦后铁铲通称
	镬	大锄头	坚土上除草松土的深耕农具
	镃基	锄头	上古镬的方言称名
66	南亩	南面向阳之田	南北向的田垄
	亩	田埂	上古狭长条田垄
	垄	田埂	战国起指狭长条田垄
	畦	田垄	四周田埂、中低平、宜种蔬菜的田区

（续表）

序目	词	现　解	辨　正
67	阡陌	田间小路	战国起新田制(大亩)的田埂，代称田亩
	陌	南北曰陌 东西曰陌 百亩田之道	田亩长边的田埂
	阡	南北曰阡 东西曰阡 千亩田之道	一顷田亩垂直于陌道的田埂
	畛	田间之路	战国起新田制(大亩)称长条形田亩两端短狭的田埂
69	遂	田间小水沟	田间起分流作用的水沟
	沟	田间水道	上古主要作人工河通称。秦以后才泛称田间水道
	洫	田间灌渠	上古田间水沟通称，主要用于排水
	渠	田间灌渠	战国起出现用于灌溉的整套水沟。汉代起成为农田溉渠通称
70	陂	堤岸	北方利用洼地、坡谷筑堤围成的大水库
	池	陂塘，库塘	人工开挖、养鱼兼灌溉、小于陂湖的池塘
	潴	积水处	上古水库之称
	塘	○	水库的堤坝，也可称水库
	湖	湖泊	本指南方的大水库
71	防	堤坝	低陷地四周所筑护堤
	塘	堤坝	大堤坝
	堰	堤坝	横截江河、抬高水位以蓄水的较低长堤
72	螽	虫名	蝗虫古称
	蜮	传说含沙射人的动物	蚜蚄虫(黏虫)别称
	螣	食苗害虫	上古蝗虫别称
73	蝼	○	可称白蚁
78	豚	小猪	肥壮的阉猪；阉猪通称
79	翼	鸟虫翅膀	动物张展的翅膀
80	田	打猎	辅以火攻的大规模围猎
	狩	打猎	上古综合性围猎通称
	猎	打猎	小规模出猎
81	罗	捕鸟网	细密的捕鸟网
	罘	捕兔或兽之网	鸟兽经路所设装机关的大网
	罝	捕兔或兽之网	小于罘的捕兔暗网
	毕	捕兽长柄网	手握的捕鸟兔小网

（续表）

序目	词	现　解	辨　正
85	荃	捕鱼器，通"筌"	用罧渔法捕鱼的诱鱼香草
	筌	捕鱼器	汉以后对鱼笱的古雅别称
	罶	捕鱼竹篓	曲梁，无笱配合的曲围捕鱼竹箔
	扈	○	江南海边的捕鱼竹箔
	箯	鱼梁	晋代出现的竹编大鱼梁
87	躬	身体	弯曲的身体
91	髢	假发（名）	加束假发（动）
94	识	本指知道、认识	本指记识、记忆
	记	上古可指记忆	魏晋后口语中有记忆义
95	眼	本专指眼珠，唐后才可泛称眼睛	始见于战国，可泛称眼睛；也可专指眼珠，口语词
96	睛	眼珠	本指眼的精光、视力，汉代起作眼瞳之称
	眹（朕）	眼珠	眼缝
97	辅	颊腮	脸颊的中心部位，从内骨称
98	觜	鸟嘴	尖突的鸟口；宋代起用于人，侧重口的外突
99	谓	本指告诉	本指评论、评说
104	肱	上臂，下臂	弯曲的手臂
105	偻	驼背。伛偻	颈曲
	伛	伛偻	背曲
	伛偻	联绵词，弯曲貌	同义复词，曲身
106	髀	大腿骨	大腿外侧
107	脚	人和动物行走的器官	本指小腿，汉末起作口语中脚掌通称
108	蹴	踢	顿踢结合地踩踏
	践	踩踏	踩踏向前
	蹈	踩踏	着力踩踏
	蹋	踩踏	原地轻快踩踏
	蹑	踩踏	紧随一物有意踩踏
110	私	小便	男子小便，出现早
	旋	小便	男子小便
111	恶	大便（汉代已见）	东汉起方言中大便之称
	粪	大便（汉代已见）	南北朝起口语中大便之称
	溲	大小便	小便专称
112	婚	结婚	男子昏夜娶女
	姻	○ 婚姻之亲 ○	泛称男女亲家 女系亲属 泛称亲属关系
	婚姻	男女结合	成婚成妇的嫁娶之礼

（续表）

序目	词	现　解	辨　正
113	御	○	男子主动与女子交合
	野合	野外性交	不合礼仪的男女结合
	合		男女婚配
	私	○ ○	男子生殖器 男女情爱
	通	私通	通奸
	幸	○	婉称封建帝王与正后外的女子发生性关系
	烝	通奸淫行	子侄、弟辈与父兄的妻妾发生为礼俗许可的性关系
	报	通奸淫行	祖父辈与儿孙的妻妾、或弟侄辈与叔的妻妾发生为礼俗许可的性关系
	烝报	通奸淫行	上古贵族男子在不同辈次亲属间为礼俗许可的交合
114	身	怀孕	怀胎八九月，口语婉称女子有孕
	娠	怀孕	怀胎八九月
117	疾	轻病；疾病 ○	战国前，疾病通称 战国起，多指急病、重病、内病
	病	本为重病；疾病（名） ○ ○	本为困苦义（形） 危重（动） 战国起有重病义，后作疾病通称
	疾病	疾病泛称	上古指病重（非复词）
118	瞎	○ 盲瞎	无目而闭合，相当上古之瞍 双目闭合而失明的通称
	眇	一目盲瞎	双眼眯细能微视；不能视 晋以后多指因青光眼等而失明
	盲	瞎	眼瞳失明而不能辨色 秦以后，为双目失明的总称
	瞽	瞎	上古指有目而闭合
	瞍	瞎	上古指无目而闭合
	矇	瞎	眼瞳蒙障翳而失明
119	躄	跛	痿躄，双足不能行
	蹇	跛	泛指人行走困难的足病
121	毙	倒下；死 倒下；死	受伤害而倒下 魏晋起皆死义
	僵	向后倒 僵硬、晚起义	硬直而倒 僵硬态，上古已见

（续表）

序目	词	现　解	辨　正
124	枲	麻	上古秦汉是纤维麻类总称，汉后成大麻专称
127	缯	丝织物总称	汉至元代作丝织物总称，多指各种“杂帛”
	绢	丝织品	轻薄的丝织物总称
128	纨	丝织品	洁白而有光泽的丝织物
130	缣	双丝织细绢	汉代始有的淡黄色粗绸
132	絮	丝绵；旧绵	纳入袍衣的丝绵
133	冠	帽	头衣中礼帽总称
136	笄	簪的古称	平匀的细长物，用于固发固冠
	簪	即笄	一端有华饰物的妇女头饰，短于笄；东汉起也作固冠的簪导
139	瑱	一种头饰；耳饰	礼仪性头饰，上古以丝带从冕顶垂挂至耳边、蚕豆大小的玉石
	珥	耳饰；瑱	从发髻与簪边垂下，挂于耳旁，可随时脱戴的耳饰
	珰	珥珰；耳珠；瑱	或为系以珠或耳坠子的玉器耳饰，或为穿耳垂下的珠或耳坠子
140	服	○	衣裳及各种饰物总称，深衣类袍服通称
141	服	○	上古礼服、官服通称
142	袷	○	交领
	襟	本指交领	衣襟通称；引申指交领
	衽	衣襟	衣襟端首尖角，从动态称衣襟
	裾	衣襟 ○	宽大的衣襟 又指宽长下摆
143	袖	衣袖	宽大的衣袖，口语中泛称袖子
144	裳	裙的古称	男女皆用的短围裙
	裙	裳	垂至脚跟的长围裙，汉代起流行，主要用于妇女
145	绔	古代无裆套裤	无裆套裤；汉代起可有裆外穿
	裈	有裆裤，汉代才有	贴身有裆内裤，上古人已穿
146	衷	内衣（名）	穿内衣（动）
148	裋	粗布衣	较长的粗布上衣
	褐	粗布短衣	本指粗葛布；后指麻、毛、葛的粗布、粗布上衣
149	裼	裘上加外衣	裘外罩衣露裘毛；敞正服露裘衣
	袒	解上衣露左臂	挽外衣袖露里衣；挽臂衣露肩臂肉体
	肉袒	脱衣露体	露出肩臂肉体
	徒跣	赤脚步行；徒，步	或脱鞋存袜；或鞋袜全脱。“徒”，空

（续表）

序目	词	现解	辨正
150	屦	履	战国前鞋子总称；秦后少用
	履	鞋	战国起作鞋子通称
151	屣	鞋	草拖鞋
	屩	麻草制鞋	轻便的远行草鞋
155	伞	雨具	可张散收合的雨具，魏晋已见
156	膳	食物，饮食	供应的佳美饭食
157	餐	熟食	一日内定时的熟食
	饔	古人早饭	早饭，上古、秦汉一天的主餐
	三食	三餐，日三餐	一日进食三次。元代前一般日食二餐
	馌	昼食；中饭	带到田头吃的冷食
158	筵	上古已称酒筵	南北朝起可作酒筵之称
	飨	乡人共叙饮酒	南北朝前有一定规模、礼仪性的宴饮
159	禾	谷类	粟（小米）的最早专称，秦以后可作谷类通称
	稷	即麋、穄，汉后指谷，唐后称黍	粟的古称
	粟	黍稷粱等总称	小米通称
160	黍	黏性稷	黄米，有黏与不黏两种
	穄	稷；谷；黍	不黏之黍
161	粱	高粱；精美的饭食	古代粟的一个良种
162	䆃	○	金文已见，是我国原产粮食栽培作物高粱的古名，行于西周与西周以前
	秬	上古黍的一个良种	周秦时高粱的通称
	秠	秬黍中一谷二米者	高粱中一谷二米者
	黑黍	○	起于汉代的高粱俗称
	蜀黍	高粱的古称	中古起高粱的通称
	高粱	即膏粱、粱，汉后非洲传入	明代出现的高粱俗称
163	稌	宋以前皆糯稻，宋以后兼指粳稻；糯稻	上古稻的方言之称，即粳稻
	糯	糯稻	南宋始有糯稻，其前为柔软、黏性（形）
164	麻	上古五谷之一，大麻子可食	上古、秦汉五谷之一，即脂麻
	苴	麻之子，即指麻	黑脂麻子
	黂	乱麻；麻子	本指大麻雄株放勃，引申指大麻
165	粒	谷米颗粒	上古米粮、米饭总称
	粻	粮食	储备粮
167	糜	薄粥	烂粥

（续表）

序目	词	现　解	辨　正
169	羞	美味之食	滋味、品种多样的佳肴
170	羹	和味的汤；带汁的肉	熬煮调味的浓汤状或薄糊状主菜，至元代浓汤类归入“汤”。“羹”是羹类总称
	羹汤	羹与菜汤	热水熬成的羹
	汤	唐代有菜汤义	元代有菜汤义，明代成为菜肴之一类
171	菹	腌菜，肉酱	腌菜，也可腌制切成小块之肉
	醢	肉酱	小块酱肉
	菹醢	把人剁成肉酱	切割人肉成块、片
172	腊	干肉	整体干缩之肉
	脩	干肉	上古秦汉指的条状干肉
	脯	干肉	作酒肴的薄片状干肉
173	菜	蔬菜总称	上古为可食野菜总称，秦以后是蔬菜和可食野菜总称
	蔬	可食草、菜总称	人工艺植的蔬菜
	疏食	食蔬菜	粗食；汉代以后或可指食蔬菜
	素食	吃素	南北朝前指丧制食蔬菜，断鱼肉；南北朝起，指佛教的素食
174	葵	五菜之一，至明代已绝种不食	五菜之一，久食久种不衰
175	醴	甜酒	用于礼仪的甜酒
176	餈	稻饼；蒸饼	粒米蒸制的米饼、米团
	饵	糕饼；点心	上古以米粉合多种粉或肉蒸制的精美粉糕
	饼	面饼	汉代出现的面食总称，有烧饼、汤饼、蒸饼等类
	馒头	面食品	浑圆皮厚、包馅的面食，后也有实心无馅者
	包子	有馅的馒头	皮薄包馅有叠裥收口，精美于馒头的面食
177	鼎	烹饪器	陶鼎是烹饪器，青铜鼎为调味盛食器
181	榼	盛酒贮水器	木制饮酒器，后常用作盛酒器；上古至中古为杂壶通称
	椑	盛酒器	战国以来扁圆形酒壶
	椑榼	盛酒器	陶质横壶，饮酒兼盛酒器
182	瓿	盛醯酱的瓦器	大口扁矮陶质小盛酒器
183	觯	酒器	椭圆光滑、手捧向人敬酒的饮酒器
184	杯	上古至六朝指椭圆形耳杯	上古至六朝兼指深腹酒杯与盛羹耳杯
	觞	酒杯	盛了酒的饮酒器通称

（续表）

序目	词	现　解	辨　正
187	路寝	天子诸侯的居室	战国前天子诸侯三朝后的宫室区，春秋战国时渐有听政、治政之用
	庙	宗庙	君王殿堂的雅称
	堂	客堂，宫室前半部分	战国前指称贵族宫室厅堂 战国起称君王治政的殿堂
188	殿	古代高大房屋通称	战国起专称宫廷中高大的主体建筑，犹上古之“堂”
189	观	门阙	上古朝廷门前建于高台的独立建筑物，可登观或悬布文告
	阙	观	汉代起建于高台的独立建筑物，使用对象、范围、作用、形制均异于观
190	宫	上古房屋通称	上古有围墙的居舍，王者、贵者所居
191	宅	居所	唐以前主要指经选择的宅基地；唐起指在京朝臣的官宅
	邸	王侯府第	达官、王侯的副宅
194	扉	门扇	独扇外门
	阖	门扇	木制外门门扇，泛指外门
196	闭	门闩孔	左右受关、上下受键的有孔短木
	关	门栓	由里关的门闩，多用于城门
	管	管钥	设制栓器的门栓
	键	门闩	直插于关的短木橛
	籥	钥匙	本是固键物，可代称键 指可取下的钥匙，战国已有，后又指有锁簧的锁
	鐍	锁钥	器物上的有舌环纽，相当于门栓的制栓器
200	节	斗拱	上古秦汉斗之称
	栾	斗拱	早期插拱、横拱，即曲枅、曲撑
	栌	斗拱	斗，即立柱上方形垫木
	欂	斗拱	昂，斗拱之上扬出挑的附件
	欂栌	斗拱	枅、栌的浑称
	枅	立柱上方形垫木	立柱上长方形垫木
204	屏	宫门前小墙	上古宫室门内外土墙垣总称
	罘罳	外屏 外屏上可瞭望、守御的窗棂 屋檐下捕鸟雀的金属网	汉代外屏木构部分、阙间连阁、角楼所雕网格形为主的华饰
205	帷	帐幕	室内无顶帐，可悬垂、铺展
	幕	帐幕	上垂下的有顶大帐
	幔	帐幕	连续设置或地面容积较大、专蔽某物的帷帐
	幄	帐幕	房屋形小帷帐

（续表）

序目	词	现　解	辨　正
207	阁		上古、秦汉间用于暂贮食物的食柜，唐代起指书架
210	第	竹床床板	床上铺床垫物总称
214	囿	有围墙的园地	奴隶主贵族的园林
	苑	养禽兽的园林	封建帝王的园林，蕴积草木禽兽更多，还有离宫别馆等建筑
	园	别墅和休息处	达官贵族和富人营筑的府宅园林，始于汉。清代还称帝王御苑
216	椓	棺材	贴身内棺
	椑	棺材	天子用的贴身内棺
	椟	棺材	仅能容身的简陋小棺
218	丘	○	王者陵的第一个专称
	山	○	曾作封建帝陵的专称
	陵	帝王坟墓	封建皇帝坟墓通称，有高坟、陵园、地宫、陵区诸部分构成
220	一抔土	一捧土	一坯土
222	瓦	本指屋瓦	本指纺轮。战国起才可称屋瓦
	甍	屋脊	本指茅草屋之脊，后也可指瓦屋之脊，有古雅色彩
223	甓	砖古称	本指地下陶水管；东汉起为砖通称
	甃	砖	陶管井壁；东汉为井砖专称
	瓴甋	砖	圆弧形屋瓦；西汉指圆弧形相合的陶水管；东汉起为甓砖别称
	函管	○	陶水管
224	涂	粉饰	用颜料、油漆、石灰粉饰建筑物或器物表层
225	街	大路	城中大路通称
	衢	大路	歧路；汉代起可称四通八达的大路
	巷	小路	闾里中通路，又可称宫廷中小路
	曲	小路	通于巷的弯曲小路
226	港	港口	通江海的人工河；宋代起可泛称港口
227	亭	行人食宿处	秦汉时基层邮驿点
	驲	驿传	上古君主大臣乘的快速传车
	传	驿传	上古、秦汉驿车通称
	驿	传递文书的马、车	官府文书单骑马递
228	邮	步递	驿站、递铺等步、车、马递
229	馆	旅馆	官府所设迎宾馆

（续表）

序目	词	现 解	辨 正
230	邸	旅馆	兼营批发货物的旅店
	店	商店	兼作零售买卖的旅店
242	辒车	卧车	上古华美的辎车，也可用作丧车
	辒輬车	卧车 辒、輬为两种车	汉代用作帝王、柱臣的高级丧车
	軿车	即辎车	顶部四周障蔽、无后辕，供贵妇人坐卧的专车
243	箄	大筏	汉代筏船
	桴	小筏	竹木筏通称
244	舟	船	本为水上生产工具
	船	舟船	起于商周之际的航运工具，战国来成为口语中舟船总称
246	方舟	两船相并。轻舟快船 竹木筏加舟船	双体船，晋后衰落
	舫	船	双体船即方舟的专称
247	舸	船	又大又快的船
248	欐	大船	小船泛称
251	茹	○	艾蒲等掺制的引火物
252	烛	火炬	本室内手执火炬；春秋后可置于灯；南北朝可指蜡烛，唐代为蜡烛通称
	爝	炬火	野外小火
255	蠡	瓢	小瓢
	斗	酒器 曲柄勺	圆形短柄，容量较大的舀水器
	勺	舀东西器物	圆形长柄、容量较小的舀酒器
	瓒	勺的古称	容量较大、用于祭祀的玉勺
257	璧	中心孔小于玉身的圆形玉器	扁圆形、中心有大小不一圆孔的玉器
259	橐	盛物袋 有底之袋 无底之袋	两种：置物卷转、两端扎口的无底橐；两端封底、口开中间宜肩担、畜载的有底橐
262	蹋鞠	即蹴鞠，起于战国	战国时在球上轻快踩踏的游戏；汉代也可称蹴鞠
	蹴鞠	蹋鞠，古代足球	汉代盛行的音乐、舞蹈、杂技综合游戏，也作类于足球的体育竞赛活动
263	棋	○	汉代起作围棋通称
	弈	下棋	围棋的最早称名，含动作意

（续表）

序目	词	现 解	辨 正
264	博	局戏	上古、秦汉流行的掷采、斗巧棋戏，又称“六博”
	塞	围棋一种	汉代“格五”，是不掷采主斗智的博戏
	象戏	博戏一种	南北朝后期改革塞戏而成的象棋；后成为象棋主要通称
	象棋	博戏	南宋时象戏的俗称，明清之际成为象棋的主要通称

附录三　形声字声符求义集表

序目	字	声符	含义	字义
1	国(國)	或,域	地域	有一定地域的封地
2	都	者,通“宁”	聚多	聚居之邑
3	坊	方	方正	城中规划的方正居民区
4	境	竟	止	国土所止地
5	险	佥,通“严”	高峻	高峻的山阻
	阻	且,沮	阻止	拦止的山川
	隘	益,嗌	咽嗌	细长的通道
6	峦(巒)	䜌	多连	连绵不断的山
	岭(嶺)	领	颈领	坡或顶可翻行的大山
	巖	严	高峻	高峻的山
	阿	可	大	有余脉的大山
7	渎	卖,窦	孔	从孔源汇流的大河
	江	工,通“公”	丰多	水量丰多的河
	河	可	弯曲	一条多弯曲的河
8	薮	娄	聚	大湖泽
9	波	皮	不正	水自身涌动
10	沚	止	止息	可止息的小渚
11	𬇙	贲	高满	形似堤防的高岸
	岸	干	挡身而大	高耸峻直的水岸
	浔(潭)	覃	深长	深水边岸
	漘	脣	边平内深	上平下深的边岸
	浦	甫	大、附着	江湖海边
	澨	筮,噬	咬	河曲水侵蚀岸
	汭	内,内	内	弯曲河流的低地所成堆积岸
12	氓	亡	出外	外来居民
13	姓	生	生育	女姓祖先的标志
15	辅	甫	附着	平缚车毂的直木
	贰	弍	增益	副手、副职
	赞	兟	进	进财物襄助

（续表）

序目	字	声符	含义	字义
19	俊	夋	高	才能、内质超人者
20	伎	支，技	技能	有歌舞技能的艺人
	倡	昌，唱	演唱	演唱为主的艺人
	优（優）	憂，通“柔”	媚顺	以谈笑戏谑取欢的艺人
21	婢	卑	低下	女奴
22	仇（逑）	九，通“求”	思求	所求的配偶
23	盟	明	明示	歃血告神示信
	誓	折，通“制”	拘	以言制约
24	贶	兄	滋益	加惠之赠
	餽	鬼	鬼神	祭享鬼神
	馈	贵	尊贵	赠送食物于尊贵者
	饟	襄	解	分食物予人
	赠	曾，赠	加	送予死者的用物
25	赇	求	企求	以财物求免罪
	贿（賄）	每	阴暗	私下送人财物
	赂	各，路	道路	为行事以财物开路
26	论（論）	侖	条理	按律条判决
27	经（經）	巠	直	吊死
	缢	益，嗌	咽喉	以绳带加力于颈
	绞	交	交合	多股线编织的绳带
29	镝	啇，滴	小	短小锋利的箭头
	鍭	侯，候	伺候	以弩候射的箭头
30	櫜	咎	大	藏弓矢兵甲的大皮口袋
31	的	勺	小	靶心
32	旗	其，期	约	众人期会之帜
	旐	兆	征兆	画龟蛇可兆知吉凶之旗
	旟	與	众	画鹰鸟可勉进士众之旗
	旌	生	精	精进士卒之旗
33	铠	岂，垲	坚石	铁甲衣
34	垒（壘）	畾	垒土	堆土成营垒
35	烽	丰	盛扬	烽火台上举的各种信号
37	堡	保	卫	筑垣墙自卫的军营
	砦（柴）	此，柴	木柴	以木柴、石筑栅栏的营垒
38	觋	见	见	能见神之巫

（续表）

序目	字	声符	含义	字义
39	庙(廟)	朝，通“皃”	容貌	仿死者生前状貌供祭祀之地
40	岱	代	朝代	帝王告神易代之山
42	斋(齋)	齐	齐正	清齐心志的活动
43	纪	己	记事绳	纵贯、综理的记载
	誌	志	聚标	作标记而集中的记载
44	牒	枼，叶	薄叶	记文书、谱牒的薄木板
	笺	戋	小	加于简牍的小竹片
	槧	斩	断	断木供书写之板
45	论(論)	侖	集简册	编纂
46	货	化	变化	流通的财物
	资	次	聚多	资本
	贿(賄)	每	暗	私财；暗送之财
	赂	各，路	道路	为求人而送之财
47	市	之	往	人所往交易之地，即市场
49	陶	匋	窑	窑一样重叠的山丘
	匋	勹，包	包裹	窑
50	緂	炎，然	锐细	手撚搓、并合麻线
	绩	责	齐等	麻整齐捻合，即纺麻
	缉	咠	聚合	纺麻
51	缕	娄	聚多	粗于丝的线，即麻线
	线	戋	小	线缕
52	练(湅)	柬，湅	漂	水浸为主的丝脱胶
53	梱	困，通“昆”	棍	原始梭
	杼	予	舒和	投纬、打纬合一之梭
54	织(絉)	式	法式	用织机按一定结构组合丝织品
55	表	毛	裘毛	裘衣上的毛
58	晕	军	围	包围日、月的彩色光环
	珥	耳	耳	两旁似耳的日、月傍气
60	壤	襄	内	从内质称土
61	艺(藝)	埶	摩擦	农具泥土反复摩擦，即艺植
62	根	艮	横	地下四伸的须根
	柢	氏	直	地下直根
63	茎	巠	直	连根的植物直干
64	耜	目，刺	刺土	用于耦耕的翻土农具

（续表）

序目	字	声符	含义	字义
65	钱	戋	残灭	铲除杂草的农具
	铲(刬)	产,戋	残灭	铲除杂草的农具
	锸	臿	插	插地翻土的农具
66	垄	龙,通“隆”	高	田垄
69	沟(溝)	冓	交互	交叉沟通的水道,即人工河
	涓(甽)	肙	小	田间小水沟
	甽	犬,通“く”	小水流	田间小水沟
	浍	会	会聚	大于甽的田沟
	洫(淢)	或,域	界域	盛水有界域,即田沟
	渠	巨	弯曲	弯曲导水的溉田水沟
70	潴	者	聚	水库
	陂	皮	斜	障围斜坡地以成水库
	湖	胡	大	南方称大水库
71	防	方,通“当”	阻挡	低地周障挡水的护堤
	塘	唐	大	大堤
72	螟	冥	暗	暗食苗心人不知的害虫
74	雄	厷	大	雄鸟
75	雌	此	柔小	雌鸟
	牸	字	乳育	雌性家畜
77	家	豕,豭	公猪	家族
78	豮	贲	大满	肥壮硕大之猪,即阉猪
	羯	曷,褐	黑色	阉割的黑牡羊
	騬	乘	陵	强力去势(生殖器)之马
	犍	建,通“劆”	割	去势之牛
	豚(豘、肫)	屯	积聚	肥猪,阉猪
	骟	扇,通“剾”	去势	阉马
	犗	害,割	去势	阉牛
	羠	夷	平	去势之羊
79	翼	異	戴覆	动物张开的翅膀
	翅	支	小	动物收闭的翅膀
80	狩	守	围守	焚田围守的田猎
	猎(獵)	巤	践历	小型出猎
81	罘	不,丕	大	装机关的捕鸟兽大网
	肧	不,丕	小	妇孕一月之胎

（续表）

序目	字	声符	含义	字义
82	缴	敫	遮行	遮拦飞鸟的生丝绳
	矰	曾,层	高	仰高射鸟的短箭
84	罨	奄,掩	覆	撒网
	罾	曾,层	高	高张的鱼网,即扳罾
	罖(罯)	衔	夹	夹捕的鱼网
85	梁	刅	横	横于水流的低堰或帘箔
	笱	句	曲	曲竹捕鱼器
	罶	留	留止	使鱼留而不出的捕鱼曲梁
	箕	洪	大	大鱼梁
86	纶(綸)	侖	条理	精织的丝钓鱼绳
87	体(體)	豊	文表	身子体态
	躯	区	域	身子肉体
	躬	弓	弓形	弯曲的身体
88	肪	方	旁	腰侧的脂肪
89	胖	半	半	祭祀用的半体牲肉
	脓	农,浓	厚	肥厚
90	臞	瞿	惊恐	心忧而见于面容
	瘠	脊	背脊	瘦而脊骨暴露
91	髲	皮,被	加	假发
	鬄	易,剔	剃	剃发
94	记	己	记事绳	记载
	识(識)	戠	黏着	记住不忘
96	瞳	童	童子	眼珠映出缩小的人影,即瞳孔
	睛	青	清亮	眼之精光,即视力
97	颊	夹	旁	头面两旁
	辅(酺)	甫	旁	脸颊
99	语	吾,五	交互	交谈
	说	兑	宣散	解释
100	诵	甬	跃动	抑扬顿挫念读
	咏(詠)	永	长	悠长地念读
	讽	风	流动无形	背诵
102	髯	冉	下垂貌	颊耳旁下垂之须
103	喉	侯	圆空	喉咙
104	腕	宛	曲	臂与掌相接常弯曲的关节
	肱	厷	曲	弯曲的手臂

（续表）

序目	字	声符	含义	字义
105	偻	娄，通“卯”	凹曲道	曲颈
	伛	区，呕	吐状	曲背
	癃	隆	高	背高突
106	髀	卑	旁外	大腿外侧
	胫	坙，茎	细撑物	小腿
108	践	戋	陈列	踩踏向前
	蹋（踏）	沓	重合	原地轻快踩踏
	蹑	聂	近附	紧随一物有意踩踏
112	婚	昏	黄昏	昏时娶女
	姻	因	依凭	外亲
113	构（構）	冓	交互	男女交合
	奸	干	犯	强奸
114	妊	壬，通“南”	蕃殖	怀孕
	娠	辰，振	动	怀孕腹动
115	孩	亥，咳	儿笑	刚会笑之孩
116	耇	句，通“垢”	垢黄	面色如垢的老人
117	疾	矢	箭	急病、重病
	病	丙	灾害	因灾害而困苦
118	眇	少	小	眼细小而视不明
	盲	亡，茫	茫茫	眼瞳茫然不能见
	瞎	害，割	去	无目而闭合
	瞎	害，通，曷	尽	无目而闭合
	瞽	鼓	鼓凸	有目而闭合
	瞍	叟	空尽	无目而闭合
	矇	蒙	障蔽	眼瞳蒙障翳
119	蹇	寒（寒省）	曲、直	脚曲而不直或直而不能曲
	跛	皮	不正	瘸腿
	躄	辟	旋曲	脚痿曲
120	痈（癰）	雍	盛聚	较大的含脓肿疮
	瘤	留	聚	肿块
	痤	坐	小	小恶疮
	癌	嵒，岩	山岩	坚硬不平如岩的肿瘤
	瘿	婴，缨	冠带	缨络状甲状腺肿瘤
	疔	丁，钉	钉子	坚硬根深如钉的小恶疮

（续表）

序目	字	声符	含义	字义
121	斃(獘)	敝	蒙覆	狗仆地
	僵	畺	坚硬	硬直倒下
	偃	匽	安	仰卧
	仆	卜	龟甲裂	直挺身前倒如卜声
	偾	贲	盛满	脱力而败倒
122	殍(莩、芰)	芰	落下	饿倒路上的死人
	殣	堇	黏土	埋于涂塚之人
127	绢	肙	细小	轻薄丝织物
	帛	白	洁白	纯丝织物
	缯	曾，增	增加	杂帛
128	缟	高，通“皓”	白	精白、轻薄的生丝织物
	纨	丸，通“焕”	亮	洁白有光泽的丝织物
129	纱	少、沙	沙粒	有细孔可通沙粒的丝织物
130	纺	方	并	纺丝
	缣	兼	并	汉代并合多丝的纺绸
131	绮	奇	斜曲	平纹地上起花纹的丝织物
	锦	金	黄金	似黄金之丝帛
	绫	夌，凌	冰纹	斜纹地上织斜花的彩绸
132	绵(緜)	系	连系	蚕丝连成的片或团
	纩(絖)	廣，光	亮	有光亮的新丝绵
	缊	昷	败乱	败乱的丝麻絮
	絮	如	往	纳入衣的丝绵
133	帽	冒，冃	覆	便帽
	冠	元	首	依一定制度蒙覆头之巾
135	髻	吉，结	束	束发作结
	鬟	睘，环	圆环	环形髻
136	笄(笲)	幵	平	整体平匀的插髻物
	钗	叉	分叉	分叉之笄
137	冕	免，俛	低下	前低后高示谦的高级礼冠
	衮	公	三公	三公以上大官所穿礼服
138	帻	责	齐等	齐整头发的头巾
139	珥	耳	耳朵	耳朵的玉饰
140	衫	彡，芟	芟除	芟去袖头的上衣

（续表）

序目	字	声符	含义	字义
142	袷	合	交	交领
	襘	会	交会	交领
	裾	居	贮	宽大的衣襟
	褛	娄,缕	线	露出线头的衣衽
143	袂	夬,缺	孔筒	衣袖
	袖	由,油	盛肥	宽大的衣袖
144	裳	尚,通"障"	蔽	障蔽身下部之衣
145	绔	夸,跨	跨步	用于跨步之衣,即套胫裤
	裈	军	围	贴身内裤
	袑	召	高大	大裤
146	亵(褻)	執	摩擦	内衣
	衵	日,通"尼"	黏	女人贴身内衣
	襗	睪,泽(澤)	汗	内长衣
	衷	中	身	衣加体,即穿内衣
147	袍	包	包裹	包絮、上下一统的寒衣
148	裋豎	豆	高脚盘	较长的粗布上衣
	褐	曷,葛	葛	粗葛布衣
149	裎	呈,逞	任意	任意露内衣露体
150	絇	句	止	拘止人行的鞋头饰
151	屩	乔	高	能使人双足高举的轻便远行草鞋
	屣(躧)	丽	附	附着人足的草拖鞋
152	绶	受,授	授予	君授臣受的丝大带
153	环(環)	睘,圜	圆	中有圆孔的圆形玉器
	玦	夬,缺	缺口	开缺口的玉环
	珩	行,通"衡"	横	杂佩中横置上方之玉
154	被	皮	加	覆盖身
	衾	今	多、大	大被
155	繖	散	张散	可卷舒张合之伞
	簦	登	陶豆	长柄笠
156	膳	善	美	供应的佳美饭食
157	飡(粲)	奴,通"参"	掺和	水泡饭
	饔	雍	聚大	大食,即早餐
	餔	甫	附益	吃第二顿饭
161	粱	刅,通"良"	优良	粟的优良品种

（续表）

序目	字	声符	含义	字义
162	秬	巨	大	植株高大者，即高粱
	秠	丕	大	含两颗米粒的高粱
163	稻	舀，臼	盛受	蓄水以溉之禾
	糯	需	柔软	糯性
	稌	余，涂	黏和	粳稻
164	蕡	贲	多满	大麻雄花放勃
165	粻	长，通"藏"	贮存	储备粮
	糁	参，三	聚多	调和羹的米屑
166	餱	侯，通"候"	候人	候人、行者所持干饭食
	糒	备	备用	多日外出所备干饭
167	糜	麻，靡	烂	烂粥
168	粢	次	屯聚	聚集祭祖的粗饭
	糈	胥	精	精米
169	羞	丑，通"柔"	杂糅	多味多品的菜肴
172	腊	昔，通"遣"	错绉	干缩发绉之肉
	脩	攸	长	条状干肉
	脯	甫	薄	片状干肉
173	蔬	疏	条理	分畦艺植之菜，即蔬菜
	菜	采，採	采摘	采摘的可食之草，即野菜
174	葵	癸，揆	度量	向日卫根之菜，古五菜之一
175	醴	豊，礼	礼仪	行礼的甜酒
	醲	农，浓	厚	浓酒
	醇(䤄)	屯，纯	纯粹	纯酒
176	餈	次	聚	蒸制的米团、米饼
	饵	耳	二	两种以上粉或肉合制之糕
	饼	并	合	将面粉并合而成面食
	馒头	曼	蒙覆	整体浑圆包馅的面食
177	锜	奇	单数	三足支撑的小釜
	镬	蒦	大	大炊锅
179	甑	曾，层	隔层	加有孔底作隔层的蒸锅
	箅	畀，通"蔽"	蔽盖	蔽甑底的竹席
	甗	鬳，獻	进	蒸气由下鬲进至上甑的蒸锅
181	椑	卑	扁	扁圆形酒壶
	榼(柙)	甲，呷	饮	木制中型饮酒器

（续表）

序目	字	声符	含义	字义
182	盉	禾,和	调和	调和酒的厚薄的盛酒器
	罍	畾,雷	雷	有云雷纹的大储酒器
	瓿(錇)	音	小	小盛酒器
183	觚	瓜,柧	凸棱	有凸棱的饮酒器
	觯	单	圆滑	通体圆滑的椭圆饮酒器
	觥(觵)	黄,廣	大	最大的饮酒器
184	盏	戋	小	小酒杯
185	城	成盛	盛受	用土所成以盛民物,即城墙
186	池	也	斜	人工开凿蓄水处
	壕	豪	通道,道	连城下道而称的护城河
190	房	方	旁	堂后正室两旁的房屋
191	邸	氐,抵	至	达官、王侯前往暂居的副宅
192	廊	良	空明	敞亮空明的过道
	庑	无	大	大的旁舍
193	除	余	长	廷涂的延伸,即台阶
	阼	乍,酢	酬宾	主人升降迎宾之东阶
	陛	比,坒	毗连	多级的高台阶
194	扉	非	外	独扇外门
195	闳	厷	大	宫中巷头门
	闺	圭	圭玉形	圭形小门
196	扃	冋,迥	外	从外关的门闩
199	檼	㥯,隐	隐蔽	复屋之栋
200	栾(欒)	䜌	曲	斗拱之拱
	枅	开	平	柱上承栋的短横木
	昂	卬	扬	头拱之上扬出挑的附件
201	榱	衰	等差	大宫室高低分明之椽
202	墉	庸	大	高墙
	墙	啬,通障	障蔽	起障蔽作用的外墙、围墙
204	扆	衣,依	依傍	置君王背后的木屏
	萧墙	肃	肃敬	人至当肃敬之墙垣
205	幔	曼	多、蒙	专蔽某物、容积大的帷帐
	幄	屋	房屋	屋形的帷帐
	帷(帏)	韦,围	围绕	室内可围蔽的帷帐
	帐	长,张	张开	有顶帷帐

（续表）

序目	字	声符	含义	字义
206	簾	廉	堂侧边	堂上遮掩门户的竹帘
207	阁	各	搁	庋间用作暂贮食物的食柜
208	榻	𦐇	下低	狭长而低、供坐卧的用具
	案	安	安身	坐床
209	筵	延	长，伸展	室内宽大的垫席
	茵	因	席	垫席
210	笫	乐，通“次”	齐聚	床上铺垫物总称
	箦	责	齐平	竹片编成的床板，垫席
211	蒻	弱	细柔	细软卧席
	蓐	辱	厚	床上厚垫物
212	楼	娄	空明	楼房
	阁	各	止	暂止人与物的小楼
214	苑	宛，通“昷”	蕴积	蕴物尤多的封建帝王园林
215	赙	甫	附益	补助丧主的治丧所有的总称
	赗	冒	冒覆	所赠冒覆死者之物
	襚	遂，通“遗”	赠	赠给死者的衣被
216	棺	官	官府	奴隶主王室所用木制葬具
	椁	郭	外	外棺
	榇	亲	贴近	贴身内棺
	槥	彗	小	小棺
217	坟（墳）	贲	高、满	墓上起封土
	垄	龙，通“夆”	高	田埂、坟墓
	茔	营	度量	墓域
	塚	冢	大	高坟
219	茨	次	屯聚	用草盖屋
220	坯	丕	凝聚	凝聚待烧之土
	墼	毄	椎击	将土捶坚的未烧土砖
223	甓	辟	旋转	陶制排水管
	甃	秋	圆束	陶井壁
	甋	童，通“桶”	圆	井壁
	砖	专，转	转角	建筑物转角加固的陶制品
	甋	啇，滴	滴水	供流水的圆弧形屋瓦
224	圬	亏	张大	以泥涂抹墙、屋、地
	污	亏	凹下	小水池

（续表）

序目	字	声符	含义	字义
224	镘	曼	蒙覆	用泥涂抹墙、屋、地面
	涂	余	黏附	涂刷
225	街	圭	大	大道
	衢	瞿	歧出	多歧之路
226	港	巷	里中道	江河的分流
229	馆（舘）	官	官府	官府所设供食宿的宾馆
233	辁	全	整	整块木做的车轮
	轮（輪）	侖	条理	有辐条的轮子
234	轵	只	止	毂孔的小端之口
	轊	彗	小	车轴之末端
	輨	官，管	管形	毂口外部套的金属帽
	釭	工，通“空”	空	毂内紧贴孔壁的金属管
	锏	间	隔	间釭轴使不相摩之物
235	軓	凡	平	辀末轸前辀之较平直一段
	軥	句	曲	车衡上的人字形钩状物，即轭头
236	輢	奇，倚	依	车箱两旁可倚靠的栏板
	軨（轜）	需	窗棂	车箱四周有木格的栏板
	轸	㐱，畛	界域	车箱底部四周的横木
237	幔	曼	蒙覆	障蔽车箱顶部与四周的帷帐
	幰	憲，通“轩”	轩车	轩车的帷幔（只挂前部）
	轓	番，藩	屏	藩屏尘泥的车耳
238	驾	加	加	加马于车
	骈	并	合二而一	驾二马
	骖	参，三	三	驾三马
	驷	四	四	驾四马
239	缰	畺，疆	界	控制马外逸的绳带
240	絷	执	执持	执绳缚马足
241	轺	召，迢	远	宜四面远望的坐车
242	辒车	昷	久积	高级的辎车
	辒輬车	昷，温	暖	窗门可开合调温的丧车
	辒輬车	京，凉	风凉	窗门可开合调温的丧车
	辎	甾	积塞	载重车
243	箄	卑	下	木竹筏为底之船

（续表）

序目	字	声符	含义	字义
244	窬	俞,通“窦”	孔洞	厚木挖洞所成之船,即独木舟
	船	㕣,沿	循	循沿江河而行之船
245	杭	亢	颈	渡船
246	舫	方	并	并两船,即方舟
247	舸	可	大	大而轻快之船
	艑	扁	扁	扁形大船
	艚	曹,漕	两	用于漕运的双体船
248	舲(䑲)	霝	窗棂	有窗棂的小船
	舠	刀	刀形	刀形的小船
	艓	枼	薄小	轻便小船
249	舰(艦)	监,槛	槛板	四方施槛板的攻击舰
250	櫂	翟	长	长桨
	桡	尧	长桨、短	长桨、短桨
251	茹	女	柔	食柔软物;发火绒团
	燋	焦	燃	引火的火把
	燧	遂	道	取火之道,即火源
252	爝	爵	小	小火
	爟	雚	举	上举的炬火
	燎	尞	大	野外大火
	灯(燈)	登	陶豆	高脚的照明盏
253	甕	雍	大	大汲水、盛水器
254	盘(盤)	般	旋	圆形受水器
	椀	宛	圆小	小型圆盛食器
255	蠡	彖	小	小瓢
	瓒	赞	进	进酒于神明的玉勺
256	镜	竟,通“景”	影	反射成影的金属物
257	璧	辟	圆	扁圆形、中有孔的玉器
259	囊	襄,瓤	瓜瓤	有底有口如瓤之袋
260	绳	黾,蝇	小	丝麻编的细绳
	纠	丩	纠绞	绞合之绳
261	纲	冈	山脊	网口可收可张的总绳
	緪	亘	渡	渡河的粗索
	纮	厷,通“宏”	大	宏大之绳
263	弈	亦(腋)	旁侧	两边对局之戏,即围棋

附录四　本书参引图录

序　目	图　录	来　源
3	1. 汉魏洛阳城复原示意图	《中国古代建筑史》79 页
	2. 唐长安城复原图	同上，106 页
7	1. 黄河源头地区植被略图	《黄河源头考察文集》
	2. 长江源区图	《长江水利史略》
	3. 长江源头区水系图	《水利史研究会成立大会论文集》152 页
20	1. 成都天迴山崖墓出土东汉击鼓陶俑	《中国美术名作鉴赏辞典》75 页
	2. 乐妓婆娑起舞	《郑州画像砖》134 页
	3. 画像石上的弹琴、吹笙者 山东沂南北寨汉墓出土	《画像石》36 页
27	1. 凌迟《金山县保甲章程》(《点石斋画报》)	《酷刑与中国社会》10 页
	2. 绞刑（同上）	同上，12 页
29	1.原始社会的石镞	《中国军事史・兵器》8 页
	2. 新石器时代的铜镞、骨镞	《中国古兵器论丛》198 页
	3. 安阳四区商代墓葬出土商代铜镞	同上，199 页
	4. 甘肃灵台白草坡西周墓、上村岭春秋虢国墓出土周代铜镞	200—202 页
	5. 战国铜镞	《中国古代兵器图集》94 页
	6. 满城汉墓、长安武库遗址出土汉代铁镞	《文物》1981(6)
	7. 辽代出土鸣镝	《中国古代兵器图集》208 页
30	1. 北魏背弓韬的武士俑	《中国古代服饰史》149 页
	2. 吴桥北朝墓出土武士俑	《文物》1984(9)
	3. 唐代仪卫图	《中国古代兵器图集》185 页
	4. 箭箙、弓韬	同上，184 页
31	1. 射侯	《新定三礼图》卷六
	2. 成都百花潭出土战国宴乐渔猎攻战纹铜壶竞射图	《考工记图说》128 页

（续表）

序 目	图 录	来 源
32	1. 大常 旂 旟 旜 旐 物 旌	《新定三礼图》卷九
	2. 成都百花潭出土战国宴乐渔猎攻战纹中的车战	《文物》1986(2)
	3. 山彪镇水陆攻战纹铜鉴纹饰	《文物集刊》第二辑 1980
	4. 张仪潮出行图(局部)	《中国古兵器论丛》52 页
33	1. 安阳殷墟出土商代青铜胄	《中国古兵器论丛》图版肆
	2. 北京昌平白浮出土西周青铜胄	同上
	3. 河北燕下都出土战国铁胄 ——兜鍪	《中国古兵器论丛》图版伍
	4. 西汉铁制鱼鳞甲和铁胄	《中国科学技术史·军事技术卷》73 页
35	居延汉址新出土之苣薪	《文物》1978(1)
36	1. T6. C 烽燧平面图	《疏勒河流域出土汉简》13 页
	2. 广州汉墓明器坞堡全图	《两汉魏晋南北朝坞壁》21 页
	3. 甲梁塞第四燧平面图	《汉简研究文集》482 页
	4. 山丹长城烽火台、阳关遗址的古烽燧	《中国邮驿史》(修订本)图版 7 页
37	1. 朝鲁库伦汉代古城平面图	《中国长城遗迹调查报告集》25 页
	2. T.24 汉障平面图	《疏勒河流域出土汉简》23 页
	3. 阿尔呼勒障城遗址平面图	《中国科学技术史·军事技术卷》82 页
38	河南信阳战国墓出土锦瑟上张弓欲射的男巫、张臂呼号的女巫	《中国古代服饰史》67 页
39	1. 王城宗庙区布局示意图	《考工记营国制度研究》105 页
	2. 秦公祖庙复原图	《文物》1985(2)
	3. 长沙楚国帛画《送魂图》	《巫与巫术》15 页
	4. 战国中山王陵墓上建筑鸟瞰图	《中国丧葬史》157 页
41	晋宁石寨山 12 号墓贮贝器上的尸祭图	《考古学报》1987(4)
43	江陵凤凰山 168 号汉墓出土无字木牍	《文物》1975(9)
44	居延出土(地皇三年)《劳边使者过界中费》	《文物》1978(1)
47	1. 十字街头的市肆	《四川汉代画像砖》图二七
	2. 集市	《四川汉代画像艺术选》17 页
48	1.《清明上河图》中挂“酒”字帘的酒店	《清明上河图》
	2. 酒店象征幌子	《中国起居图说 2000 例》图 1109
	3. 义春顺号假发铺招幌	《中国招幌与招幌市声》89 页

（续表）

序　目	图　录	来　源
49	1. 造瓦（初刻本插图，下同）	《天工开物校注及研究》2—72
	2. 瓦坯脱桶	同上，2—73
	3. 泥造砖坯	同上，2—74
	4. 煤炭烧砖窑	同上，2—75
	5. 砖瓦济水转釉窑	同上，2—76
	6. 魏晋《制陶图》	《嘉峪关壁画墓发掘报告》图版八八
50	1. 山东金雀山出土西汉帛画手摇纺车图	《文物》1977(11)
	2. 山东滕州汉画像石汉代手摇纺车	《中国古代机械文明史》140 页
	3.《列女传》中所画脚踏纺车	同上，187 页
52	1. 唐张萱《捣练图》	《中国美术名作鉴赏辞典》204 页
	2.《双坐双杵夜捣图》（王祯《农书》）	《东鲁王氏农书译注》图 268
	3. 华南农村妇女仍有以腰织机织布	《图说中国传统农具》图 8－34
53	1. 晋宁石寨山 12 号汉墓贮贝器上原始织布图	《考古》1961(9)
	2. 河北藁城台西村 14 号、24 号墓出土商代打纬工具	《文物》1974(8)
	3. 江苏泗洪县曹庄汉画像石《慈母投杼图》	《中国纺织技术史·古代部分》199、231 页
	4. 上图中杼和纡子	同上
	5. 安徽南陵县麻桥吴墓出土织梭和纺锭	《考古》1984(11)
	6. 筘、梭结合的织机（王祯《农书》）	《东鲁王氏农书译注》图 266
55	1. 江苏仪征出土东汉铜圭表	《中国天文考古学》200 页
	2. 内蒙古托克托日晷仪晷面	同上，205 页
	3. 河南登封观星台高表、景符及二至投景示意图	《文物》1976(9)
58	明仁宗《天元玉历祥异赋》中所画日晕和“白虹贯日”现象	〔英〕李约瑟原著、柯林·罗南改编《中华科学文明史》上册 407 页
61	1. 四川新都汉画像砖驱雀播种图	《四川汉代画像砖》图三
	2. 嘉峪关魏晋壁画墓出土魏晋耕播图	《嘉峪关壁画墓发掘报告》图版四四
64	1. 浙江余杭北湖、余姚上林湖、黄岩郑安新岙诸地出土原始石犁	《农业考古》1988(1) 《农业考古》1981(2)
	2. 四川甘洛藏族脚犁	《文物》1980(5)
	3. 河南裴李岗等地出土石耜	《农业考古》1984(2)
	4. 王静如所作《由耒至犁演变简图》	《文物》1979(11)
	5. 济南发现商代青铜犁铧	《文物》1977(8)
	6. 甘肃嘉峪关魏晋画砖墓《牛耕图》	《嘉峪关壁画墓发掘报告》图版四二
	7. 江苏吴县等地出土石犁	《中国古代农业科技史图谱》24 页

（续表）

序　目	图　录	来　源
64	8. 济南发现商代青铜犁铧	《文物》1979(11)
	9. 陕西绥德出土画像砖《牛耕图》	《陕北东汉画像石》13 页
65	1. 山东泰安出土东汉画像石《锄草图》	《文物》1985(8)
	2. 山东枣庄张子山等处出土汉代铁锄	《农业考古》1979(2)
	3. 四川洋子湾东汉崖墓执镈石刻图像	《农业考古》1981(1)
	4. 商、周青铜钱(今称“铲”)	《农业考古》1983(2)
	5. 汉代桨式锸	《农业考古》1985(1)
	6. 浙江绍兴出土青铜镬、铁镬	《农业考古》1984(2)
	7. 河北易县燕下都等地出土战国铁镬	《中国古代农业科技史图谱》图 11—27
	8. 辽宁辽阳三道壕出土西汉铁锄	《中国农业考古图录》图 2—511、2—535
	9. 河南南阳北关出土汉代铁镬	同上，2—600
	10. 河南洛阳伊川出土西汉铁耨锄	《东鲁王氏农书译注》624 页
	11. 耨(王祯《农书》)、镈、钱、锸、镬	《农政全书校注》中册 546—548 页
66	上田弃亩、下田弃畎横剖示意图	《先秦农家言四篇别释》15 页
69	1. 邗沟与江南运河图	《运河访古》22 页
	2. 浙东运河图	同上，35 页
	3. 坎儿井示意图	《农田水利史略》24 页
	4. 汉武帝时关中水利工程分布图	《中国水利史稿》上册 132 页
70	1. 四川峨眉出土东汉水塘水田石刻	《农业考古》1983(1)
	2. 四川宜宾出土汉代陶水田鱼塘模型	《农业考古》1984(1)
	3. 四川峨眉出土东汉水塘水田石刻模型	《中国农业考古图录》图 3—7
	4. 陕西勉县老道寺出土东汉陶池塘水田模型	同上，3—6
	5. 成都汉墓出土汉代稻田与池塘模型，中有鱼、蛙、船	《汉代农业》103 页
	6. 绍兴鉴湖水利略图	《中国水利史稿》上册 151 页
71	1. 五代钱氏竹笼木桩塘	《农业考古》1984(2)
	2. 北宋王安石斜坡式石塘	《农业考古》1984(2)
	3. 乾隆老盐仓鱼鳞大石塘断面	《农田水利史略》123 页
72	蝼蛄	《图经本草》465 页
76	1. 浙江余姚河姆渡陶猪	《农业考古》1986(2)
	2. 贵州黔西东汉陶猪	《中国畜牧史料集》192 页
	3. 合肥杏花村五里岗出土隋代陶母猪哺崽图	《中国美术名作鉴赏辞典》281 页
	4. 河南辉县出土汉代陶猪圈	《中国农业考古图录》图 4—84

（续表）

序　目	图　录	来　源
77	1. 济南东八里洼北朝壁画墓出土陶公猪、子母猪	《文物》1987(4)
	2. 湖南湘潭船形山出土商代晚期豕尊	《中国古代农业科技史图谱》图 8—21
78	1. 1807 年刊于某德文杂志的“中国阉猪器械”	《中国畜牧史料集》76 页
	2. 河南方城汉墓石刻《阉牛图》	《文物》1980(3)
80	1. 猎兽(甘肃嘉峪关魏晋墓壁画)	《嘉峪关壁画墓发掘报告》图版七八
	2. 鞲鹰(四川广汉出土画像砖)	《四川汉代画像砖》图十三
81	1. 内蒙古额济纳斯旗破城子出土东汉捕兽器	《文物》1978(1)
	2. 行猎持毕者(孝堂山石室西壁下层行猎图二猎者)	《中国古代服饰史》129 页
82	1. 成都扬子山 2 号墓出土《收获》画像砖上弋射图	《四川汉代画像砖》图四
	2. 成都百花潭出土战国铜壶上弋射图	《文物》1986(2)
	3. 居延遗址新出土弋射箭缴	《文物》1978(1)
	4. 江苏姚庄 101 号西汉墓出土箭缴	《文物》1988(2)
84	1. 河北武安磁山遗址出土新石器时代带倒钩的鱼镖	《图说中国传统农具》图 7—3
	2. 河南阎村遗址出土《鸬鹚叼鱼图》	《农业考古》1987(1)
	3. 陕西北首岭出土饰网纹舟形壶	《农业考古》1987(1)
	4. 山东大汶口出土骨制织网针	同上
	5. 磁山、半坡、大汶口诸遗址出土鱼钩	同上
	6. 金塔金关遗址出土汉代渔网	《文物》1978(1)
85	1. 山东微山两城出土东汉捕鱼画像石	《中国农业考古图录》图 3—67
	2. 扈	《图说中国传统农具》图 7—27
86	汉画像石钓鱼图 四川乐山麻浩崖墓	《四川汉代画像石》36 页
92	1. 河北平山三汲出土头生“角”、穿襦裙的中山国玉人	《中国风俗通史 · 两周卷》96 页
	2. 西周束发双角、戴冠垂芾带的拱手玉人	同上，67 页
123	草鞋山遗址出土葛组织复原图	《中国纺织科学技术史 · 古代部分》27 页
124	苎麻、苘麻、大麻	《中国纺织科学技术史 · 古代部分》8—9 页
125	粗毛纺车	《中国纺织科学技术史 · 古代部分》179 页
128	1. 湖北随县出土的缟	《中国纺织科学技术史 · 古代部分》93 页
	2. 湖北随县出土的纨	同上
129	1. 两经、四经、十经相绞汉罗组织	《文物》1983(9)
	2. 新疆出土绞缬四瓣花罗(唐代)	《中国染织史》彩版 11
	3. 马王堆汉墓出土的素纱禅衣	《中国美术名作鉴赏辞典》94 页
	4. 福州宋墓出土的纱	《中国衣冠服饰大辞典》486 页
	5. 西汉泥金银印花纱	《中国纺织科学技术史 · 古代部分》彩版九

（续表）

序　目	图　录	来　源
131	1. 安阳出土商代青铜钺上菱形花纹绮图案	《中国纺织科学技术史·古代部分》323页
	2. 宋代黄昇墓出土的绉纱	同上，295页
	3. 菊花绮纹样	同上，317页
	4. 工字绫纹样及组织结构图	同上，323页
	5. 香色地红茱萸锦纹样、几何纹锦纹样	同上，326页
133	1. 礼书中上古诸冠式	《新定三礼图》卷一
	2. 帢帽	《中国衣冠服饰大辞典》62页
	3. 明墓出土画中戴六合一统帽的明臣	同上，91页
	4. 三梁冠、四梁冠	同上，48页
	5. 戴高帽的战国铜武士俑	《中国风俗通史·两周卷》图8
	6. 戴乌纱帽的明代官吏	《中国古代衣冠服饰大辞典》64页
	7. 结发带小冠秦俑	《文物》1975(11)
	8.《荆轲刺秦王》中戴通天冠的秦始皇像	《中国古代服饰史》81页
	9. 戴高山冠之孔子及其弟子像	同上，83页
	10. 宝成铁路沿线出土画像砖之戴委貌冠讲学者	同上，84页
	11. 战国楚墓漆瑟上戴尖獬豸冠之彩绘人物	同上，67页
	12. 敦煌445窟戴五梁进贤冠之唐人像	同上，182页
	13. 洛阳出土空心砖画戴鹖冠之虎贲中郎将	同上，129页
	14. 山东济南画像石戴武弁大冠赤帻之人像	同上，89页
	15. 顾恺之《洛神赋图》中戴远游冠人像	同上，140页
	16. 戴獬豸冠的汉官	《中国古代人物服式与画法》76页
	17. 戴高山冠的曹子建像	同上，80页
	18. 戴进贤冠的汉官	同上，76页
135	1. 汉代妇女梳的堕马髻	《中国古代版服饰大观》彩版5
	2. 河南密县打虎亭东汉墓壁画之三鬟女子	《中国古代服饰史》116页
	3. 秦俑一种偏髻	《文物》1984(4)
	4. 对称式髻	《中国古代衣冠服饰大辞典》340页
	5. 盘叠式髻	《中国古代人物服式与画法》26页
	6. 反绾式髻	同上，24页
	7. 结椎式髻	同上，25页
	8. 拧旋式髻	同上，22页
	9. 结鬟式髻	同上，15页

（续表）

序 目	图 录	来 源
136	1. 广东曲江石硖墓葬出土玉笄	《文物》1978(7)
	2. 马王堆女尸盘髻上插笄二枚	《中国古代服饰史》115页
	3. 山东济南汉画像石之首插十二笄之贵妇	同上
	4. 山东沂南汉画像石《近臣簪笔图》	《中国衣冠服饰大观》268页
	5. 首插花钗的女子(顾恺之《女史箴图》)	《中国古代服饰史》140页
	6. 殷墟出土象牙簪、骨簪	《文物》1979(4)
	7. 北京市郊明武清侯李伟夫妇墓出土凤簪、花簪	《文物》1978(7)
	8. 蝶钗 安徽合肥西郊五代墓出土	《中国古代服饰大辞典》396页
137	1. 皇帝冕服图	《中国古代服饰史》34页
	2. 长沙战国楚墓漆瑟彩绘之戴皮冠猎者	同上，67页
	3.《五经图》中之十二章纹样	同上，45页
	4. 明朱檀墓出土实物冕旒	同上，43页
	5.《三才图会》中的皮弁 明朱檀墓出土皮弁实物	同上，55页
	6. 鷩冕、絺冕、毳冕、衮冕、玄冕、皮弁、爵弁	《新定三礼图》卷一
138	1. 缁撮、幅巾等巾式示意图	《中国古代人物服式与画法》10—13页
	2. 望都汉墓壁画中戴平上帻的门下游缴	《中国衣冠服饰大辞典》105页
	3. 唐李贤墓壁画东壁头裹帩头之仪卫	同上，102页
	4. 武库图中跪坐的戴帻卫士	《中国古代服饰史》94页
	5. 幞头系结法	同上
	6. 唐代幞头演变	《文物》1981(1)
	7. 软脚幞头 黑龙江阿城巨源金代齐国王墓出土	《文物》1980(3)
	8. 纶巾(明人《诸葛亮像》)	《文物》1978(1)
	9. 幞头	《文物》1989(10)
	10. 清改琦《李白醉酒图》中戴软脚幞头之李白	《中国衣冠服饰大辞典》102页
	11.《历代圣贤名臣像》中戴方顶直脚幞头之范仲淹	同上，98页
	12. 宋代长硬脚幞头	同上，125页
	13. 常见幞头示意图	《中国古代人物服式与画法》14页
139	1. 北京平谷刘家河商代中期墓出土金耳环	《金属文物鉴赏》78页
	2. 汉代耳珰 朝鲜乐浪汉墓出土	《中国衣冠服饰大辞典》411页
	3. 原始耳珰　七千年前的煤精工艺品	《考古学报》1978(1)
140	1. 穿各种上衫的唐舞女俑像	《文物》1975(7)
	2. 穿深衣制袍服的长沙马王堆帛画墓主人像	《中国古代服饰史》65页

（续表）

序　目	图　录	来　源
141	1. 望都出土壁画《进谒图》中着宽大皂袍的二千石以下官员	《中国古代服饰史》86 页
	2. 文官补子，清武官补子	同上，477—478 页
	3. 宋墓壁画中穿衫者	《中国衣冠服饰大辞典》207 页
	4. 戴乌纱帽、胸背饰补子的十一世临淮侯李邦镇像	《中国古代服饰史》392 页
142	1. 战国铜器刻绘燕乐画像中的长衽、长裾女子	《文物》1962(2)
	2. 江苏徐州北洞山西汉墓出土陶俑右衽正背面	《文物》1988(2)
143	1. 河南信阳长台关战国墓出土女俑，大袖小袪	《中国古代服饰史》71 页
	2. 四川成都汉墓画像砖中下垂三圈袪之舞女	同上，119 页
	3. 福建福州宋墓出土宋代上衣大袖	《中国衣冠服饰大辞典》251 页
144	1. 安阳殷墟墓出土商代垂芾带的玉人立像	《中国古代服饰史》6 页
	2. 着半袖上衣、系长裙的唐长安陶女俑	同上，206 页
	3. 汉画像石上穿裙者	《中国衣冠服饰大辞典》278 页
145	1. 宋金坛周瑀墓、福州黄昇墓出土男女开裆套裤	《中国古代服饰史》303 页
	2. 穿满裆内袴的西周裸体玉人（上海博物馆藏）	同上，11 页
	3. 汉代穿犊鼻裈者	同上，101 页
	4. 东汉墓壁画中穿满裆短裤的角抵者	《中国风俗通史・秦汉卷》680 页
	5. 黑龙江阿城巨源金代齐国王墓出土套裤	《文物》1989(10)
147	1. 临潼出土穿窄袖袍之汉女俑	《中国古代服饰史》126 页
	2. 阎立本作陈文帝坐像，其白狐裘大衣毛在外	同上，145 页
	3. 南宋黄昇墓出土直领对襟袄	同上，299 页
	4. 长沙战国墓出土漆卮彩绘之衣裘楚国男女	《文物》1957(7)
150	1. 舄	《新定三礼图》卷八
	2. 阎立本画陈文帝旁穿舄的二侍女	《中国古代服饰史》145 页
	3. 长沙马王堆汉墓出土双尖翘头丝鞋	同上，126 页
	4. 黑龙江阿城巨源出土驼色地朵花织金绢夹袜（男）	《文物》1989(10)
	5. 湖北江陵凤凰山汉墓出土汉代麻鞋	《文物》1975(9)
151	1. 屝	《农政全书校注》中册 599 页
	2. 穿木屐的宋代男子	《中国古代服饰大观》416 页
	3. 腰带插笏、穿黑靴的朝臣（陕西咸阳唐苏君墓壁画）	《中国古代服饰史》190 页

（续表）

序　目	图　录	来　源
152	1. 山东武氏祠画像石中《齐王绥于钟离春图》	《汉代画像石》146 页
	2. 山东嘉祥蔡氏园出土《周公辅成王图》	《中国古代服饰史》81 页
	3. 江苏邗江姚庄 101 号西汉墓出土汉铜印	《文物》1988(2)
153	1. 大葆台木椁墓出土镂空螭虎玉佩	《文物》1977(6)
	2. 河北平山中山国墓出土黄玉佩	《文物》1979(1)
	3. 自名"琥"、"珩"、"环"的玉佩	
	4. 江苏江阴大松墩出土大批玉玦	《文物》1983(11)
	5. 礼书之佩玉(杂佩)图： 1. 腰带 2. 珩 3. 琚 4. 蠙珠 5. 瑀 6. 璜 7. 冲牙	[宋]陈祥道《礼书》
	6. 西周杂佩人像 江苏丹徒大港西周铜器墓出土	《文物》1983(4)
	7. 传为洛阳金村出土之玉杂佩	《文物》1983(4)
	8. 湖北江陵武昌起义地战国中期楚墓出土饰杂佩的战国楚木俑	《文物》1989(3)
	9. 新石器时代的玉玦	《中国衣冠服饰大辞典》图版
	10. 秦咸阳城遗址出土战国镂空龙凤合体玉佩	《中国玉文化玉学论丛续编》图三二
	11. 信阳彩绘木俑佩戴的杂佩	《文物》1983(4)
155	1. 披蓑戴笠的劳者	[宋]陈祥道《礼书》
	2. 雨笠(甘肃安西榆林窟壁画)	《中国衣冠服饰大辞典》76 页
	3. 隋墓壁画仪仗中的伞、扇	《中国起居图说 2000 例》图 826
	4. 唐《步辇图》上的伞	同上，图 824
158	1. 山东诸城出土汉画像石《庖厨图》	《汉代画像石与画像砖》52 页
	2. 嘉峪关壁画墓之取食、进食、宴饮图	《嘉峪关壁画墓发掘报告》图版六
	3. 城都市郊出土画像砖《宴饮图》	《四川汉代画像砖》图四〇
	4. 成都市郊出土汉画像砖《宴乐图》	同上，图三九
	5. 唐代宴飨图《韩熙载夜宴图》(局部)	《饮食与中国文化》彩版
159	1. 粟、黍不同物　河南洛阳金谷园车站 11 号汉墓出土暑"粟"、"黍米"之囤粮陶器	《文物》1983(4)
	2. 甲骨文"禾"即粟（游修龄文）	《农业考古》1984(2)
160	1. 黍、粱植株对比图	《图经本草》533—534 页，
	2. 甲骨文黍非稷（游修龄文）	《农业考古》1984(2)
162	蜀黍(高粱)	《中国栽培植物发展史》65 页
163	1. 河南卢氏县汉墓、洛阳汉墓出土稻谷	《中国栽培植物发展史》22 页
	2. 浙江河姆渡遗址出土新石器时代稻谷遗存	《中国农业考古图录》14 页

（续表）

序　目	图　录	来　源
164	1. 湖北曾侯乙墓出土三戈联装戟	《文物》1979(7)
	2. 河北磁山遗址出土石磨盘和石磨棒	《中国科学技术史·图录卷》3 页
	3. 山东临沂银雀山西汉墓出土陶磨	《中国烹饪简编》100 页
	4. 西汉满城墓出土水磨复原图	《农业考古》1983(2)
174	薤　韭	《图经本草》512、513 页
175	1. 河北青龙县出土金代蒸馏器 明清来江北固醪塔式蒸馏器	《中国食品科技史稿》(上册)150 页
	2. 四川新都县出土画像砖《沽酒图》	《四川汉画像砖》图十六
177	1. 江苏吴县草鞋山遗址出土陶鼎	《新中国的考古发现和研究》150 页
	2. 布伦戴奇收藏之中国铜方鼎	《考古与文物》1982(2)
	3. 陕西宝鸡市斗鸡台出土瘪裆鬲	《考古与文物》1982(1)
	4. 河北平山中山国墓葬出土有盖铁足大鼎	《文物》1979(1)
	5. 湖北随州擂鼓墩二号墓出土青铜鬲	《文物》1985(1)
	6. 商代早期联珠纹鬲 陕西周原出土	《古文物称谓图典》2、11 页
	7. 商代中期兽面纹鬲 北京平谷出土	《考古与文物》1983(4)
	8. 浙江余姚河姆渡等遗址之陶釜	同上
	9. 陕西勉县红庙东汉墓出土铜釜	同上
	10. 咸阳马泉西汉墓出土铁釜	同上
	11. 汉画像石《庖厨图》中的灶鑊	《汉代画像石与画像砖》52 页
	12. 汉画像砖庖厨图，庖者釜前添火	《四川汉代画像砖》图一七
	13. 汉鍑	《金石学》137 页
178	1. 辽阳城东门里东汉墓出土雕大鱼陶俎	《文物》1985(6)
	2. 俎	《新定三礼图》卷十三
	3. 魏晋墓壁画《庖厨图》中二庖丁砧旁操作	《嘉峪关壁画墓发掘报告》图版六九
	4. 辽宁义县花儿楼窖藏出土西周早期双铃铜俎	《中国青铜器图录》下册 394 页
	5. 春秋禽兽纹俎	《中国风俗通史·两周卷》图 32
179	1. 甑箪 甘肃灵台桥村齐家文化陶器	《考古与文物》1980(3)图版三
	2. 湖北黄陂盘龙城出土商代早期兽面纹甗	《古文物称谓图典》3 页
	3. 陕西扶风法门刘家出土西周早期兽面纹甗	同上，37 页
	4. 湖北随州擂鼓墩二号墓出土战国铜甗	《文物》1985(1)
	5. 成都百花潭出十连釜铜甑	《文物》1976(3)
	6. 龙山文化陶寺类型陶甑	《新中国的考古发现和研究》77 页
	7. 江苏吴县草鞋山陶甗	同上，150 页
	8. 殷墟妇好墓出土三联甗	《文物》1981(9)

（续表）

序　目	图　录	来　源
180	1. 湖北黄陂盘龙城李家嘴出土商代早期兽面纹簋	《古文物称谓图典》1页
	2. 陕西扶风云塘村出土西周晚期青铜簠	同上,49页
	3. 湖北随州擂鼓墩二号墓出土簠	《文物》1985(1)
	4. 河南信阳出土战国鸟首木豆	《中国漆艺美术史》图版77
	5. 笾、登、豆	《新定三礼图》卷十三
181	1. 黄陂盘龙城李家嘴出土商代早期兽面纹壶	罗西章等《古文物称谓图典》6页
	2. 湖北擂鼓墩二号墓出土铜方壶	《文物》1985(1)
	3.《陶斋吉金录》中的汉钟和汉钫	《金石学》133页
	4. 河北平山中山国出土铜圆壶	《文物》1979(1)
	5. 甘肃庆阳野标汉墓出土铜蒜头壶	《文物》1984(4)
	6. 陕西安康里坡战国出土战国带陶柄壶	《文物》1980(1)
	7. 甘肃庆阳博物馆征集品战国铜扁壶	《文物》1987(6)
	8. 陕西绥德出土鸟盖瓠形壶	《中国饮食文化史》图3—35
	9. 汉代云纹漆钟	《珍馐玉馔》112页
182	1. 偃师二里头出土商代早期兽面纹尊	《古文物称谓图典》6页
	2. 安阳殷墟妇好墓出土晚商兽面纹尊	同上,16页
	3. 安阳殷墟妇好墓出土晚商妇好方彝	同上,24页
	4. 北京废铜中捡出商末周初青铜罍	同上,26页
	5. 北京故宫博物院藏品晚商祀邲其卣	同上,21页
	6. 江苏吴县何山出土春秋蟠龙纹盉	同上,68页
	7. 安阳殷墟妇好墓出土晚商兽面纹盉	同上,27页
	8. 江西樟树市临江镇出土战国早期蟠蛇纹铜盉	《中国青铜器图录》下册57页
	9. 河南安阳殷墟商代后期遗址出土几何纹白陶瓿	《中国美术名作鉴赏辞典》30页
	10. 河南信阳长台关出土战国末期敦	《文物参考资料》1958(1)
	11. 浙江绍兴305号战国墓出土青铜尊	《文物》1978(11)
	12. 北京拣选的28件商代带铭铜器之一——尊	《文物》1982(9)
	13. 北京拣选的28件商代带铭铜器之一——罍	同上
	14. 北京拣选的28件商代带铭铜器之一——提梁卣	同上
	15. 布伦戴奇收藏的圈足盉	《考古与文物》1982(2)
	16. 春秋早期黄君孟夫妇墓出土铜罍	《考古》1984(4)
	17. 瓿	《中国古代青铜器图说》83页
183	1. 偃师二里头早期出土夏代狭长流爵	《古文物称谓图典》1页
	2. 开封市博物馆藏品商代早期兽面纹觚	同上,4页
	3. 黄陂盘龙城李家嘴出土商代早期兽面纹斝	同上,4页

（续表）

序　目	图　录	来　源
183	4. 郑州白家庄、小屯出土斝	《文物》1982(9)
	5. 陕西扶风齐家十九号西周墓出土双柱爵	《文物》1979(11)
	6. 北京拣选的28件商代带铭铜器之一——角	《文物》1982(9)
	7. 商代父庚觚	《宋代著录商周青铜器铭文笺证》62页
	8. 陕西扶风窖藏出土西周折觥	《中国美术名作鉴赏辞典》37页
	9. 宝鸡地区发现的青铜觯	《考古与文物》1981(1)
	10. 河南安阳出土、美国旧金山亚洲艺术博物馆馆藏鸮纹觯	《中国青铜器图录》下册124页
184	1. 山东章丘龙山镇城子崖出土龙山文化的高脚黑陶杯	《中国美术名作鉴赏辞典》29页
	2. 陕西扶风法门镇出土晚商兽面纹高足杯	《古文物称谓图典》16页
	3. 成都市郊出土汉画像砖《宴饮图》，贮食器旁有耳杯一只	《四川汉代画像砖》图四〇
	4. 陕西耀县背阴村窖藏银耳杯	《考古》1978(5)
	5. 汉汝阴侯墓出土二卮	《文物》1966(1)
	6. 睡虎地第34号秦墓出土有盖卮	《文物》1976(9)
	7. 江陵凤凰168号汉墓出土大漆卮 内装一小卮四小盘	《文物》1975(9)
	8. 长沙咸家湖西汉墓出土耳杯	《文物》1979(3)
185	1. 河南郑州商城城址	《中国城市建筑史》6页
	2. 春秋淹城平面图	同上，14页
	3. 齐临淄故城小城东门遗址	《文物》1972(5)
	4. 宋汴梁城平面示意图	《文物》1977(9)
	5. 周代王城规划主轴线布置示意图	《考工记营国制度研究》52页
	6. 清北京成南北中轴线布置示意图	同上，53页
187	1. 明、清北京城平面图	《中国建筑史》50页
	2. 秦公雍城庙寝(宫室)定名图	《考古与文物》1985(2)
188	1. 河南偃师二里头早商殿堂遗址复原图	《文物》1976(2)
	2. 陕西凤雏西周甲组建筑基址平面图	《文物》1979(10)
189	1. 四川雅安县高颐墓阙立面	《四川汉代画像石》60页
	2. 汉代单阙(大邑县汉画像砖)	《四川汉代画像砖》图九二
	3. 南阳唐河新店出土汉代单体三重檐阙	《南阳汉代画像砖》图22—24
	4. 荥经石棺双阙	《四川汉代画像石》图3
	5. 重庆沙坪坝出土单体重檐双阙	《汉代画像石》34页

（续表）

序　目	图　录	来　源
191	1. 西汉汝阴侯墓出土六壬栻盘	《考古》1978(5)
	2. 四川德阳县出土画像砖《甲第》	《四川汉代画像砖》
	3. 陕西召陈 F_5 复原图 岐山凤雏村西周甲组建筑基址复原图	《文物》1981(3)
	4. 广州汉墓明器日字形平面住宅	《中国古代建筑史》51 页
192	1. 成都杨子山 2 号墓出土画像砖《庭院图》	《四川汉画像砖》图二四
	2. 安徽歙县唐模村水街街廊，歙县呈坎村廊桥	《建筑史论文集》第六辑 123 页
	3. 广西三江程阳桥，雍和宫飞廊	《文史知识》1985(5)
	4. 河南偃师二里头商初宫殿廊庑横剖面图	《建筑考古学论文集》75 页
194	1. 半坡 F_{24} 复原图	《建筑考古学论文集》13 页
	2. 河南唐河县出土汉画像石 门朱雀铺首衔环	《汉画选》图 164—166
196	1. 贷粮（粮仓大门有锁）	《四川汉代画像艺术选》19 页
	2. 陕西杨家湾汉墓出土铜锁和钥匙	《文物》1977(10)
	3. 苏州七子山五代墓出土铜锁和钥匙	《文物》1981(2)
	4. 新疆千佛洞出土木锁、木钥匙	《文物》1985(8)
	5. 新疆古戍堡出土木钥匙	《文物》1987(3)
	6. 门锁的汉代五脊重屋仓房（山东沂南北寨汉墓画像石）	《画像石》36 页
197	1. 坡 F_1 一堂三室复原图	《建筑考古学论文集》8 页
	2. 半坡 F_{24} 构架示意图	同上，13 页
	3. 武功出土房屋形陶器钮	《建筑考古学论文集》10 页
	4. 南阳唐河针织厂出土画像砖之开天窗的建筑	《考古》1984(1)
	5. 汉始见百叶窗（湖北云梦瘌痢墩一号墓出土明器）	《文物》1976(11)
	6. 宝县东汉墓出土绿釉陶楼，有斜棂格窗	《中国古代建筑史》71 页
	7. 窗门的兽足方鬲	同上，38 页
	8. 苏邳县大墩子遗址出土陶屋	《建筑考古学论文集》12 页
198	汉代各种建筑遗址立柱	《中国古代建筑史》73 页
199	1. 川成都汉画像砖中的抬梁式	《中国古代建筑史》68 页
	2. 州汉墓明器中的穿斗式	同上
	3. 浦西汉墓出土干栏式铜屋模型	同上
200	1. 周矢令簋上的栌斗	《中国古代建筑历史图说》16 页
	2. 斗拱之斗示意图	《建筑史论文集》第六集 11 页
	3. 河南登封少林寺初祖大殿的多层斗拱（宋）	同上，37 页
	4. 山东临淄战国墓出土漆盘所绘有早期斗拱的宫室	《文物》1981(3)

（续表）

序　目	图　录	来　源
200	5. 画像石上的一斗二升斗拱	《文物》1979(9)
	6. 一斗三升斗拱	《中国古代建筑历史图说》32 页
	7. 沂南画像石墓石柱仿木斗拱	同上
202	1. 有围墙的庭园	《四川汉代画像艺术选》93 页
	2. 陕西岐山凤雏村西周甲组建筑基址复原方案 2	《文物》1981(1)
204	1. 河南偃师县民居门外影壁	《文物》1981(3)
	2. 扆	《新定三礼图》卷八
	3. 汉代漆屏风 长沙马王堆	《文物》1979(11)
	4. 辽阳棒台子屯汉墓壁画中的屏风	《中国古代家具》53 页
205	1. 江苏徐州茅村汉画像石之悬挂式帷 山东沂南汉画像石之铺展式帷	《文物》1979(9) 同上
	2. 汉代围帷	《沂南古画像石墓发掘报告》图 48
	3. 帷下对饮图	《河南汉代画像砖》图二五〇
	4. 成都百花潭战国铜壶嵌错纹饰中圆形幕	《考古》1984(5)
	5. 山东长清岗战国墓幄帐架复原示意图	同上
	6. 甘肃嘉峪关三号墓壁画中军帐	《嘉峪关壁画墓发掘报告》图版七六
	7. 四川新津出土《宴集图》中的宴帐	《四川汉代画像砖》图三七
	8. 山东武氏祠《老莱子娱亲图》中的帷帐	《汉代画像石通论》420 页
207	1. 礼书中的几、案	《新定三礼图》卷八
	2. 木几式的 H 形食阁 河南信阳战国墓	《中国漆艺美术史》图版 78
	3. 庆相国寺送汉墓陶案	《中国起居图说 2000 例》163 页
	4. 上古 H 形食阁　刘城桥战国楚墓	《中国家具史图说》1 图二六
	5. 汉几　甘肃武威磨咀子 M2 出土	《中国起居图说 2000 例》165 页
	6. 南京象山七号晋墓出土坐床及所置曲形凭几	《文物》1979(9)
	7. 江苏邗江姚庄 101 号西汉墓出土漆木几	《文物》1988(2)
	8. 庖厨中重叠食案	《嘉峪关魏晋墓室壁画》图四一
	9. 持案进食图	同上，图版六六
208	1. 河南信阳长台关出土战国彩绘漆床	《中国起居图说 2000 例》图 506
	2. 大同北魏司马金龙墓出土独坐枰	同上，图 509
	3. 南京象山七号晋墓出土坐床及所置曲形凭几	《文物》1979(9)
	4. 望都汉墓壁画上的独坐之枰	同上
	5. 辽宁辽阳汉墓壁画中带屏风之榻	《文物》1985(6)
209	1.《竹林七贤图》中的席与席镇	《中国古代家具》39 页
	2. 唐代舞筵 西安东郊苏思勗墓壁画	《中国家具史图说》图 226
	3. 成都出土《讲学》画像砖	《四川汉代画像砖》图三三

（续表）

序　目	图　录	来　源
212	1. 河南灵宝汉墓出土东汉绿釉陶望楼	《中国美术名作鉴赏辞典》97 页
	2. 山东高唐东固河东汉墓出土东汉陶楼	《汉代物质文化资料图说》图版 47
213	避暑山庄水心榭	《中国建筑史》137 页
216	1. 曾侯乙墓内棺西侧彩绘图　战国棺椁示意图	《中国丧葬史》145 页、142 页
	2. 春秋越国王陵的木椁和独木棺	《中国风俗通史·两周卷》图 48
	3. 长沙马王堆一号墓棺椁结构图	《中国古代建筑史》69 页
217	汉代祠堂 山东沂南画像石	《画像石》36 页
218	1. 气势宏伟的春秋越国印山王陵 浙江绍兴印山王陵遗址	《中国风俗通史·两周卷》图 50
	2. 南京明孝陵神道石柱	《中国丧葬史》145 页
	3. 秦始皇陵西侧出土陶壶盖陶文	《考古与文物》1980(3)
	4. 陕西临潼秦始皇陵平面	《中国古代建筑史》53 页
220	泥制砖坯(《天工开物》插图)	《天工开物校注及研究》图 2—72 至图 2—84
222	1. 最早的屋瓦——西周双钉带当的筒瓦(陕西周原出土)	《古文物称谓图典》398 页
	2. 宋徽宗所绘《瑞鹤图》	《中国工程图学史》189 页
	3. 带瓦钉、瓦当的筒瓦	《中国古代建筑史》19 页
	4. 汉代以来古建筑的鸥尾、鸱吻、龙吻	《文物》1978(3)
	5. 宫室脊饰构件名称	同上
223	1. 最早的砖——西周四乳钉绳纹砖(陕西周原出土)	《古文物称谓图典》398 页
	2. 陕西扶风云塘出土西周砖	《考古与文物》1980(2)
	3. 洛阳博物馆藏汉代陶水管	《农业考古》1991(1)
	4. 中国历史博物馆(今中国国家博物馆)藏战国虎头形陶水管口	《中国美术名作鉴赏辞典》23 页
	5. 河北易县燕下都出土栏杆砖	《中国古代建筑史》66 页
	6. 战国、秦汉砖样	同上
	7. 洛阳博物馆藏汉代亭式水井	《农业考古》1991(1)
	8. 洛阳出土汶代瓦井	《文物参考资料》1954(9)
	9. 古代瓦管水井示意图	《中国水利史稿》上册 81 页
224	1. 内蒙古额济纳旗破城子出土木垘	《文物》1978(1)
	2. 居延汉址出土木泥馒	《文物》1978(1)
	3. 河南鹤壁出土铁馒	《考古》1963(10)
227	1. 王命传龙节(长沙出土战国后期通行证)	《中国风俗通史·两周卷》图 42
	2. 魏晋驿之马递	《嘉峪关壁画墓发掘报告》图版八七

（续表）

序　目	图　录	来　源
228	1. 安徽歙县急递铺遗址	《中国古代邮驿史》526 页
	2. 元代“昌平站印”(神山驿站)	同上,383 页
229	1. 汉代武阳传舍铁炉	《中国旅馆史话》图版
	2. 传舍马厩图(《三才图会》)	《中国古代邮驿史》165 页
	3. 汉代“传舍”封泥	同上
	4. 新疆喀什牙客鲁驿站遗址	同上,图版 11
	5. 馆舍图(《三才图会》)	同上,163 页
232	西王母等	《河南汉代画像砖》图八七
233	1. 秦陵二号铜车马止轮之轫	《文物》1983(7)
	2. 山东胶东西菴遗址出土西周早期车轮 18 辐 车轮示意图：1. 牙、辋、輮 2. 股 3. 骹 4. 轴 5. 轴、毂、轮	《文物》1977(4)
	3. 安阳孝民屯南地出土车轮 22 辐	《考古》1984(6)
	4. 秦陵一、二号铜车马轮皆 30 辐	《文物》1983(7)
	5.《清明上河图》中四驴驾大车	《考古》1980(5)
234	1. 彭阳新集北魏墓出土陶牛车	《文物》1988(9)
	2. 车毂与附件示意图:1. 轮 2. 贤 3. 釭 4. 轴 5. 鐦 6. 辖 7. 軎、轵、轪、軝	《汉代物质文化资料图说》图版 26
	3. 秦陵二号铜车马左轮侧视图	《文物》1983(7)
	4. 秦陵一号铜车银軎	《文物》1991(1)
	5. 西安老牛坡商代墓地出土车軎	《文物》1988(6)
	6. 淮阳出土车毂之輨,浚县出土西周铜輨	《文物》1985(8)
235	1. 石璋如小屯商车复原图	《文物》1984(6)
	2. 商车(孝民屯南地)复原图	《考古》1984(6)
	3. 秦陵一号铜车马全图	《文物》1991(1)
	4. 甘肃平凉庙庄战国墓出土二号车复原图	《考古与文物》1982(2)
	5. 西周铜辖 江苏丹徒大港西周墓出土	《文物》1984(5)
	6. 辀各部位示意图:1. 鹏 2. 颈 3. 衡 4. 軓 5. 踵 6. 軨辕 衡部:1. 軥 2. 銮 3. 衡	《汉代物质文化资料图说》图版 28
	7. 辉县、淮阳战国车六銮	《文物》1985(8)
	8. 满城汉墓出土之车衡轭	《文物》1985(8)
	9. 秦陵二号铜车马之衡轭	《文物》1983(7)
	9. 西周至秦出土辖诸式	《文物》1985(8)
	10. 西安老牛坡商代墓地出土商车踵饰、軓饰	《文物》1988(6)

（续表）

序　目	图　录	来　源
236	1. 车舆图：1. 轵、軨 2. 轼 3. 较 4. 輢 5. 轛 6. 轓	《汉代物质文化资料图说》图版 29
	2. 秦陵一号铜车舆部仰视、剖视图	《文物》1991(1)
	3. 河北满城汉墓出土错金铜较	《文物》1985(8)
	4. 浚县出土春秋铜较	同上
237	1. 车盖图：1. 桯 2. 达常 3. 部 4. 枓	《汉代物质文化资料图说》图版 27
	2. 汉画像石有幡的战车（山东沂南汉画像石）	《文物》1984(10)
	3. 河南淮阳马鞍冢楚墓出土铜盖弓帽	《中国古代车马》87 页
	4. 秦陵一号铜车车盖与盖座	《文物》1984(10)
	5. 河南信阳楚墓出土四阿车盖顶节点铜构	《文物》1991(1)
238	挽车服马、挽车骖马、骑兵鞍马比较	《农业考古》1985(2)
239	1. 秦陵二号铜车马挽马鞍具、马饰简图	《文物》1988(2)
	2. 秦陵二号铜车马左骖之辔	《文物》1983(7)
	3. 秦陵二号铜车马左骖之辔	《考古与文物》1981(3)
	4. 秦陵一号铜车马御官俑正侧视图	《文物》1991(1)
240	1. 秦陵二号铜车骖马络头与衔镳	《秦陵二号铜车马》图版十六
	2. 秦陵二号铜车马左侧视图	同上，20 页
	3. 河南洛阳西郊出土汉代铜衔镳	《考古学报》1963(2)
	4. 秦陵二号铜车马左骖之辔	《文物》1983(7)
	5. 秦陵二号铜车马挽马鞍具、马饰简图	《文物》1988(2)
	6. 江苏丹徒大港母子墩西周铜器墓出土衔、镳	《文物》1984(2)
	7. 秦陵二号铜车马左骖马络头、左服马络头	《秦陵二号铜车马》32 页
241	1. 东汉安车（山东长清孝堂山画像石）	《汉代物质文化资料图说》图版 30
	2. 施耳轺车	《四川汉代画像艺术选》72 页
	3. 轺车	同上，68 页
	4. 四川新都出土张帷盖之过桥轺车	同上，60 页
	5. 郑州出土一马驾轺车出行画像砖	《郑州画像砖》98 页
	6. 成都出土二马驾轺车过桥画像砖	《四川汉代画像砖》图八〇
	7. 成都出土三马驾施耳轺车出行画像砖	同上，图八二
	8. 四马驾轺车出行 山东孝堂山石祠画像石	《考古》1980(5)
	9. 秦陵一号铜车马全图	《文物》1991(1)
242	1. 贵州兴义、兴仁东汉墓出土辎车	《文物》1979(5)
	2. 汉代辎车（成都市郊汉画像砖）	《四川汉代画像砖》图八五
	3. 山东沂南北寨村出土加轓轺车画像石	《汉代画像石》

（续表）

序 目	图 录	来 源
242	4. 栈车画像砖	《四川汉代画像艺术选》图 81
	5. 軿车画像砖	同上，图 82
	6. 广州黄花岗烈士墓出土东汉栈车(复原模型)	《中国古代交通图典》158 页
	7. 山西闻喜出土西周前期刖人守囿六轮辒车	《中国风俗通史·两周卷》图 45
243	汉画像石放筏图　新都汉画像砖	《四川汉代画像砖》图十一
244	1. 杭州跨湖桥遗址出土距今 7500—8000 年的独木舟	《中国科技史·交通卷》18 页
	2. 山东出土商代独木舟	《考古与文物》1987(5)
	3. 广东化州出土东汉独木舟	《文物》1979(12)
	4. 河姆渡出土陶舟、辽东出土陶舟	《农业考古》1986(2)
	5. 上海郊区川扬河所发现古船之剖面图	《文物》1984(7)
	6. 四川新都县出土小舟采莲画像砖	《四川汉代画像砖》图六
246	1. 山东平度里泽河出土隋代双体独木舟	《中国古船图谱》94 页
	2.《洛神赋图》中的晋代游观双体船(故宫博物院藏画)	《中国科技史·交通卷》276 页
247	1. 走舸(《武经总要》)	《中国古代兵器图集》280 页
	2. 漕舫图（《古今图书集成》）	《中国古船图谱》203 页
248	《武经总要》中的游艇	《中国古船图谱》94 页
249	1. 嘉兴船文化博物馆藏吴国战船大翼复原模型	《中国科技史·交通卷》27 页
	2.《武经总要》中的艨冲	《中国古船图谱》94 页
	3. 车船示意图	《中国古代交通图典》160 页
	4. 斗舰（《武经总要》）	《中国古船图谱》114 页
	5. 楼船(《武经总要》)	同上
	6. 蒙冲(《武经总要》)	同上
	7. 山彪镇战国铜鉴的战船和武器装备分解示意图	《中国古兵器论丛》107 页
250	1. 小木板船(四川彭县汉画像砖)	《中国古代交通图典》158 页
	2. 湖南长沙伍家岭出土西汉木船露桡	《汉代物质文化资料图说》图版 31
	3. 篙子、篙牌	《水运技术词典·古代水运与木帆船分册》165 页
	4. 浙江钱山漾河姆渡出土木桨	《农业考古》1986(2)
	5. 橹结构示意图	《中国古代的造船和航海》27 页
	6.《清明上河图》中六人摇橹图	《清明上河图》
251	1. 燋、焞楚	《新定三礼图》卷八
	2. 河南三门峡上村岭出土春秋阳燧	《考工记图说》43 页
	3. 新疆发现的钻火器与钻孔木片	《文物》1982(2)

（续表）

序　目	图　录	来　源
251	4. 1908年斯坦因在罗布泊遗址发现的木燧钻孔木片和木棒	《考古与文物》1987(4)
	5. 绍兴306号战国墓出土小阳燧	《文物》1984(1)
	6. 春秋战国墓葬出土钻燧	《考古与文物》1982(2)
252	1. 河北满城汉墓出土长信宫灯	《中国美术名作鉴赏辞典》87页
	2. 河北平山北灵山下出土战国树形灯	同上，42页
	3. 西汉晚期雁鱼灯	《文物》1987(6)
	4. 上村岭虢国墓地出土跽坐人漆绘灯	《文物》1976(2)
	5. 战国银首人俑灯	《金属文物鉴赏》92页
253	1. 半坡出土的尖底陶瓶	《新中国的考古发现和研究》44页
	2. 商代白陶罍	《中国饮食文化史》图四
	3. 罋	《新定三礼图》卷十二
	4. 新石器时代旋涡纹彩陶瓮	《中国美术名作鉴赏辞典》27页
	5. 临安水邱氏墓出土唐代褐彩带盖罂	同上，296页
	6. 山东泰安出土旋涡纹彩陶瓮	同上，26页
	7. 尊缶	《中国青铜器》154页
	8. 河北潢川发现黄蔡国铜盥缶	《文物》1980(1)
	9. 湖北随州擂鼓墩二号墓出土方尊缶	《文物》1985(3)
	10. 甘肃平凉庙庄战国墓出土两种陶罋	《中国青铜器图录》下册361页
254	1. 商代青铜人面盂(传出土于殷墟，现藏美国弗利尔美术馆)	《中国美术名作鉴赏辞典》35页
	2. 山东胜县凤凰岭出土春秋早期鲁伯愈父铜盘	同上，26页
	3. 安阳小屯232号墓出土商代中期弦纹盘	《古文物称谓图典》9页
	4. 汉洗	《金石学》135页
	5. 礼书中的洗	《新定三礼图》卷十二
	6. 陕西岐山董家村出土西周晚期匜	《古文物称谓图典》82页
	7. 河南洛阳中州渠出土齐侯铜盂	《新中国的考古发现和研究》
	8. 湖北随州擂鼓墩二号墓出土铜盘(附匜)	《文物》1989(1)
	9. 长沙咸家湖西汉墓出土木制漆盘	《文物》1979(3)
	10. 湖北江陵凤凰山一六八号汉墓出土漆匜	《文物》1975(9)
	11. 三门峡市上村岭战国墓出土错金龙耳方鉴	《文物》1976(3)
	12. 商、周盂诸式	《中国青铜器》164页
	13. 江苏邗江姚庄101号西汉墓出土漆木碗	《文物》1988(2)
	14. 唐越窑海棠式大碗	《中国的瓷器》图版5页

（续表）

序　目	图　录	来　源
255	1. 礼书中的勺	《新定三礼图》卷十三
	2. 早期的匕	《中国青铜器》170 页
	3. 成都百花潭出土铜斗	《文物》1976(5)
	4. 浙江长兴发现唐代四曲莲瓣椭圆形长柄银汤勺	《文物》1982(11)
	5. 长沙马王堆一号汉墓出土漆勺	《中国漆艺美术史》图版 28
	6. 四川新都马家战国墓出土漆木匕	《文物》1981(6)
	7. 陕西耀县背阴村唐代窖藏物银匙	《文物》1966(1)
256	1. 铜镜各部位名称：1. 钮 2. 钮座 3. 内区 4. 外区 5. 边缘	《中国古代铜镜》10 页
	2. 商代多圈凸弦纹镜	同上，13 页
	3. 西周鸟兽纹镜	同上，19 页
	4. 元洛神赋镜	同上，209 页
	5. 长沙咸家湖西汉墓出土铜镜	《文物》1979(3)
257	1. 青海民和喇家遗址出土齐家文化青灰玉璧	《中国玉文化玉学论丛续编》图一
	2. 芦山峁村出土玉环	《文物》1984(2)
	3. 陕西旬阳战国墓出土战国玉瑗	《文物》1987(5)
	4. 陕西旬阳战国墓出土战国玉瑗	《文物》1987(5)
	5. 余杭反山良渚文化墓葬出土玉琮	《文物》1988(12)
	6. 西安市北郊秦祭祀坑出土战国玉圭	《中国玉文化玉学论丛续编》图三二
	7. 秦景公大墓出土春秋晚期秦式龙纹璋形玉器	同上，图十
	8. 璋形瑞玉器(从栾秉璈说)	《怎样鉴定古玉器》60 页
	9. 江苏武进寺墩新石器时代玉壁、玉琮	《文物》1984(1)
	10. 山西侯马上马 3 号墓地车马坑出土石圭	《文物》1988(3)
	11. 秦景公大墓出土春秋晚期秦式龙纹玉璜	《中国玉文化玉学论丛继编》图十
	12. 西周中期玉琮 陕西长安出土	《古文物称谓图典》300 页、305 页
	13. 西周中期龙纹玉璜　陕西宝鸡出土	同上，305 页
	14. 江苏江阴大松墩土墩墓出土玉璜	《文物》1983(11)
258	1. 礼书中的筥、筐	《新定三礼图》卷十二
	2. 长沙马王堆一号汉墓出土的竹筒	《长沙马王堆一号墓发掘简报》
	3. 江苏邗江胡场五号汉墓出土双层漆笥	《文物》1981(10)
	4. 藏什物之箪	《新定三礼图》卷一
	5. 筐(《农政全书》)	《农政全书校注》中册 602 页
259	1. 济南市东八里洼北朝壁画墓出土陶骆驼	《文物》1989(4)
	2. 山东滕县(今滕州)宏道院汉冶铁画像石之鼓风机复原图	《文物》1959(5)

（续表）

序　目	图　录	来　源
262	1. 汉画像石《蹴鞠图》	《中国古代足球史料集》16 页
	2. 南阳汉画像石之蹴鞠	《汉代画像石》103 页
	3. 河南方城汉墓画像石《蹴鞠图》	同上
263	1. 新疆吐鲁番阿斯塔那古墓出土木围棋盘	《文物》1975(7)
	2. 阿斯塔那村 187 号墓出土唐代弈棋仕女图(局部)	《中国美术名作鉴赏辞典》211 页
264	1. 四川新津崖墓《六博图》	《四川汉代画像石》81 页
	2. 江苏邗江姚庄 101 号西汉墓出土漆六博局	《文物》1988(2)
	3. 宋崇宁间开封出土铜质象棋子	《象棋史话》59 页
	4. 战国古墓出土的六博棋局　宋代铜质瘦金体棋子	同上，12 页

图录引书

（按引用先后）

刘敦桢主编:《中国古代建筑史》,中国建筑工业出版社,1980 年 10 月。

中国水利学会史研究会编:《水利史研究会成立大会论文集》,水利电力出版社,1987 年 7 月。

郭明荣主编:《黄河源头考察文集》,青海人民出版社,1982 年 1 月。

本书编写组:《长江水利史略》,水利电力出版社,1979 年 10 月。

潘耀昌主编:《中国美术名作鉴赏辞典》,浙江文艺出版社,1999 年 8 月。

周到编:《郑州画像砖》,河南美术出版社,1998 年 9 月。

欧阳摩一:《画像石》,辽宁画报出版社,2001 年 8 月。

金良年:《酷刑与中国社会》,浙江人民出版社,1991 年 6 月。

杨泓:《中国古兵器论丛》,文物出版社,1980 年 6 月。

田昭林等:《中国军事史・兵器》,解放军出版社,1983 年 5 月。

成东、钟少异:《中国古代兵器图集》,解放军出版社,1990 年 9 月。

周锡保:《中国古代服饰史》,中国戏剧出版社,1984 年 9 月。

[宋]聂崇义:《新定三礼图》,上海古籍出版社,1985 年 6 月。

戴吾三:《考工记图说》,山东画报出版社,2003 年 1 月。

王兆春主编:《中国科学技术史・军事技术卷》,科学出版社,1998 年 8 月。

林梅村、李均明:《疏勒河流域出土汉简》,文物出版社,1984 年 3 月。

〔韩〕具圣姬:《两汉魏晋南北朝坞壁》,民族出版社,2004 年 5 月。

甘肃省文物工作队、甘肃省博物馆编:《汉简研究文集》,甘肃人民出版社,1984 年 9 月。

刘广生等:《中国古代邮驿史》(修订本),人民邮电出版社,1999 年 12 月。

文物编辑委员会编:《中国长城遗迹调查报告集》,文物出版社,1981 年 2 月。

贺业钜:《考工记营国制度研究》,中国建筑工业出版社,1985 年 3 月。

〔英〕李约瑟原著、柯林・罗南改编:《中华科学文明史》,上海人民出版社,2012 年 12 月。

宋兆麟:《巫与巫术》,四川民族出版社,1989 年 5 月。

顾吉军:《中国丧葬史》,江西高校出版社,1998 年 1 月。

高文:《四川汉代画像砖》,上海人民美术出版社,1987 年 2 月。

吕林编:《四川汉代画像艺术选》,四川美术出版社,1988 年 3 月。
周作明:《中国起居图说 2000 例》,漓江出版社,1999 年 8 月。
曲彦斌:《中国招幌与招幌市声》,辽宁人民出版社,2000 年 3 月。
潘吉星:《天工开物校注及研究》,巴蜀书社,1989 年 1 月。
甘肃省文物队:《嘉峪关壁画墓发掘报告》,文物出版社,1985 年 10 月。
陆敬俨:《中国古代机械文明史》,同济大学出版社,2012 年 5 月。
张利军、胡泽学主编:《图说中国传统农具》,学苑出版社,2009 年 2 月。
缪启愉:《东鲁王氏农书译注》,上海古籍出版社,1994 年 12 月。
陈维稷:《中国纺织科学技术史·古代部分》,科学出版社,1984 年 4 月。
冯时:《中国天文考古学》,社会科学文献出版社,2001 年 11 月。
陈文华编:《中国古代农业科技史图谱》,农业出版社,1991 年 12 月。
陕西博物馆:《陕北东汉画像石》,陕西人民美术出版社,1985 年 7 月。
陈文华编:《中国农业考古图录》,江西科学技术出版社,1994 年 12 月。
石声汉:《农政全书校注》,农业出版社,1979 年 9 月。
王毓湖:《先秦农家言四篇别释》,农业出版社,1981 年 3 月。
唐宋运河考察队:《运河访古》,上海人民出版社,1986 年 10 月。
周魁一:《农田水利史略》,水利电力出版社,1986 年 9 月。
本书编写组:《中国水利史稿》上册,水利电力出版社,1979 年 8 月。
许倬云:《汉代农业》,广西师范大学出版社,2005 年 8 月。
[宋]苏颂《图经本草》,福建科学技术出版社,1991 年 10 月。
张仲葛、朱先煌主编:《中国畜牧史料集》,科学出版社,1986 年 6 月。
高文:《四川汉代画像石》,巴蜀书社,1987 年 2 月。
陈绍棣:《中国风俗通史·两周卷》,上海文艺出版社,2008 年 6 月。
周汛、高春明:《中国衣冠服饰大辞典》,上海辞书出版社,1996 年 12 月。
吴淑生、田自秉《中国染织史》,上海人民出版社,1986 年 9 月。
黄辉:《中国古代人物服式与画法》,上海人民美术出版社,1987 年 2 月。
周汛、高春明:《中国古代服饰大观》,重庆出版社,1995 年 3 月。
彭卫、杨振红:《中国风俗通史·秦汉卷》,上海文艺出版社,2002 年 3 月。
蒋英炬、杨爱国:《汉代画像石与画像砖》,文物出版社,2001 年 3 月。
王仁湘:《饮食与中国文化》,人民出版社,1994 年 8 月。
李璠:《中国栽培植物发展史》,科学出版社,1984 年 3 月。
金秋鹏:《中国科学技术史·图录卷》,科学出版社,2008 年 5 月。
周光武:《中国烹饪简编》,科学普及出版社,1984 年 5 月。
洪光住:《中国食品科技史稿》(上册),中国商业出版社,1984 年 4 月。

中国社科院考古研究所编:《新中国的考古发现和研究》,文物出版社,1984 年 5 月。

罗西章等:《古文物称谓图典》,三秦出版社,2001 年 6 月。

朱剑心:《金石学》,中国建筑工业出版社,1981 年 9 月。

李建伟、牛瑞红编:《中国青铜器图录》,中国商业出版社,2000 年 7 月。

刘昭瑞:《宋代著录商周青铜器铭文笺证》,中山大学出版社,2000 年 5 月。

沈福文:《中国漆艺美术史》,人民美术出版社,1992 年 5 月。

王学泰:《中国饮食文化史》,广西师范大学出版社,2006 年 9 月。

王仁湘:《珍馐玉馔》,江苏古籍出版社,2002 年 4 月。

杜迺松:《中国古代青铜器图说》,书目文献出版社,1984 年 5 月。

同济大学城市规划教研室:《中国城市建筑史》,中国建筑工业出版社,1982 年 2 月。

王建中、闪修山:《南阳汉代画像砖》,文物出版社,1990 年 6 月。

吴曾德:《汉代画像石》,文物出版社。1984 年 6 月。

张万夫编:《汉画选》,人民美术出版社,1982 年 3 月。

杨鸿勋:《建筑考古学论文集》,文物出版社,1987 年 4 月。

清华大学建筑系编:《建筑史论文集》第六集,清华大学出版社,1984 年 8 月。

侯幼彬、李婉贞:《中国古代建筑历史图说》,中国建筑工业出版社,2002 年 11 月。

胡德生:《中国古代家具》,上海文化出版社,1992 年 5 月。

周到:《河南汉代画像砖》,上海人民美术出版社,1988 年 9 月。

王建中:《汉代画像石通论》,紫禁城出版社,2001 年 6 月。

李宗山:《中国家具史图说》,湖北美术出版社,2001 年 6 月。

孙机:《汉代物质文化资料图说》,文物出版社,1991 年 9 月。

本书编写组:《中国建筑史》,中国建筑工业出版社,1982 年 7 月。

刘克明:《中国工程图学史》,华中科技大学出版社,2003 年 12 月。

王今栋:《中国古代车马》,河南人民出版社,1984 年 9 月。

王仁兴:《中国旅馆史话》,中国旅游出版社,1984 年 5 月。

秦始皇兵马俑博物馆等编:《秦陵二号铜车马》,《文物》编辑部,1983 年 11 月。

周成:《中国古代交通图典》,2005 年 10 月。

常龙飞等:《中国科技史 · 交通卷》,科学出版社,2004 年 1 月。

王冠倬:《中国古船图谱》,三联书店,2000 年 4 月。

本书编委会:《水运技术词典 · 古代水运与木帆船分册》,人民交通出版社,1980 年 10 月。

金秋鹏:《中国古代的造船和航海》,中国青年出版社,1985 年 11 月。

金永林:《金属文物鉴赏》,陕西科学技术出版社,1984 年 6 月。

马承源:《中国青铜器》,上海古籍出版社,1988 年 7 月。

轻工业部陶瓷工业研究所:《中国的瓷器》,轻工业出版社,1963 年 8 月。

孔祥星、刘一曼:《中国古代铜镜》,文物出版社,1984 年 12 月。

杨伯达:《中国玉文化玉学论丛续编》,紫禁城出版社,2004 年 4 月。

栾秉璈:《怎样鉴定古玉器》,文物出版社,1984 年 10 月。

刘秉果:《中国古代足球史料集》,华夏出版社,1988 年 12 月。

李松福:《象棋史话》,人民体育出版社,1984 年 11 月。

笔画索引

说　明

一、率表按词的笔画由少而多排列。每词分词(单、复)、类(篇目分类)、篇(篇目序号)、三栏列项,便于检索。

二、凡本书目录中的单词、复词一律收入。单词除列正字,也列括号中的副字。一般复词只出现一次;若后字也有单用,则一并入检,如"鲤鱼"就兼出"鲤鱼"、"鱼"二词。

三、起笔部位从习惯。

四、本书各类篇目分布简表如下:

类号	类名	篇目 起——讫	类号	类名	篇目 起——讫
一	国家	1——45	五	饮食	156——184
二	经济	46——86	六	建筑	185——224
三	人体	87——122	七	交通	225——250
四	服饰	123——155	八	什物	251——264

词 类 篇

六画

八画

九画

十画

十一画

十二画

十三画

十四画

十五画

十六画

十九画

二十画

第一版后记

岁月悠悠,弹指十年……

最初,为教学之需,遍觅古汉语同义词辨析专书而未得,遂决定自己动手,按照常规,二三词一条,千余字一篇,百篇成一书。当有了若干发表成果,于1984年11月,投稿上海教育出版社。同月,出版社表示接受此选题,责编亲来杭州我的斗室洽谈,提出系统辨析的要求。据此,拟目增至三四百篇。此是本书发展的首次契机。但正是系统性使撰写步履维艰:各条牵扯,矛盾重复;同中之异,难于捉摸;同外之异,连篇累牍;篇篇一式,不堪卒读。显然,出路只有两条:或循守流行的辨析模式与方法,必成劣质滥作;或摈弃流行的辨析模式与方法,也是成败未卜。但我坚信真理不见于有,唯存于无,"是"必须不懈而求得。于是,毅然选择了后者。教学之余,焚膏继晷,学习、研索、拟写、推倒、重写……经一个时期探究,终于摸索出以一个义位(词义)系统构组并多角度、多手段揭示一义"同中之异"的基本辨析方法,将若干互相联系的同义词组(篇)构成一个义类,再由若干义类构成名、形、动三大词类的多级系统结构。据此,逐条重写。1986年4月,上交第一稿。此稿显示了辨析文化词多和考释多(因难度增大)的特色,平均突破篇两千字。责编审后十分认可,并提出要进一步升格为篇章式的同义词辨析词典。是年金秋,开始全面修改。1987年4月,上交第二稿。此稿平均突破篇三千字。审理半年,责编以为尚需小改,又逢金秋时节,退回再改。但在此期间,为使书稿更上新阶,我与责编反复探讨,终于果断决定:全书专辨文化词义,并更增强考辨,真正从词典型转为学术型,此是本书发展的又一契机。据此,删汰了占一半篇幅约五十余万字、大都易辨易知的通义词辨析,分八个文化义类,重新按系统性要求拟列同义词条目;按新目对原稿全部重写、改写、补写。于是,书稿变为按同义词系统辨考文化词义的专著,实际上,是按所掌握的辨析同义词和辨考文化词义的新方法,以原稿为部分素材,另写了一部新型专著。1989年5月,上交第三稿。全稿百万言,平均突破篇四千字,另附考古文物图五六百幅,名为《古代文化词义类释》,此即今书的基本格局。1991年8月起对全稿又作增、删、改,复核书证,更易考古文物证,并再深化辨考。奋战半年,至1992年1月,第四稿即现稿全部交毕,正式定名为《古代文化词义集类辨考》。现稿不仅又一次加强了辨考深度广度,而且融入了新的理论成果。通过三审,不久发排。嗟乎! 春去秋来,风雨十年;四上四下,三易三变;殚精竭虑,乌可胜言!

我很幸运,遇到了上海教育出版社。当年,她大胆将一位素不相识的无名教师的选题很快列入出版计划;尔后,又十年培植;至今,虽逢学术著作空前难出的低谷,依然不要作者资助，不惜赔大钱、花大力，及时出版这本字数多、排印难的专著。这对于学术研究与教育事业，是何等超俗的胆识与魄力，多么感人的挚爱和奉献！

在整个成书过程中，曾得到不少个人和单位的支持、帮助：

《汉语大词典》主要编纂人员黄桂初先生以身许书，独任每一稿上百万字的誊抄与上万条文献引证的校核工作，并朝夕切磋，匡失补苴，厥功甚伟；

胞弟黄金强同志，倾囊垫资并十年坚持两天一顾书店，为我及时选购了已达万余元的图书资料，适应了每次修改的需要；

荟萃全国大量文史哲新书的上海南京东路新华书店学术书苑，供应了我需要的百分之九十的图书，具有学术素质的经营者给我提供了选购的诸多方便；

博士生导师、著名语言学家姜亮夫教授，常予励志祛疑，并以"九十朦翁"凭手感为本书两次题签；

博士生导师、著名训诂学家、业师蒋云从（礼鸿）教授，审阅了部分三稿，惠予题签、赐序（因书稿变化而未用，憾甚）；

博士生导师、著名经学家沈文倬教授，也是我问难受诲之师，审阅了部分三稿，鼓励有加，本书修改方向深受沈老影响；

博士生导师、中年训诂学家、学兄郭在贻教授，审阅过部分一、二稿，赐教良多，并为作长序（已收入《郭在贻语言文学论稿》），本拟对新改稿再赐新序，不幸罹疾永诀，弥留之际还与我切磋"甓"义，予我的遗书中喋喋叨念本书的出版，厚望殷切。每忆及此，悲恨何如；

《汉语大词典》编委王厚德先生也曾审阅过部分初稿，提了一些宝贵意见；

杭州大学校长沈善洪教授和博士生导师、中文系主任吴熊和教授，始终热情关注本书的出版，为之提供良好的科研条件与环境，吴师还经常鼓励、引导我文化与语言结合的研究方向；

我系汉语史专业研究生张爽、贾骏、严军、王向阳、钟胜利诸君不辞辛劳，主动参与本书的一、二校，济了燃眉之急；

对本书出过大力的，还有：管荣良、赵钦明、李显根、周清朋、尤钟麟、姜颂彭诸同志；十年来先后给予各种帮助的同志，还有很多，不一一备列。

本书在教学中验证、发展。每稿主要内容都曾在"古代文化知识"课中讲述，许多辨考成果在"古代汉语"、"训诂学新论"等课中应用，受到学生们的关注、欢迎。

本书前三稿不少篇章曾在《疑难字词辨析集》和《天津师范大学学报》、《杭州大学学报》、《文史知识》、《教学月刊》等十余家刊物发表。现稿选篇至今也已在十余家刊物发表：《考古》（1993 年 5 期）、《中国农史》（1993 年 1 期）、《中国烹饪》（1993 年 1—2 期）、《天津师范大学学报》（1999 年 1、3 期）、《北方论丛》（1993 年 5 期）、《宏观语言学》（1993 年 1 期），《杭州大学学报》（1993 年 2 期）、《医古文知识》（1992 年 4 期）、《文史知识》（1992 年 7 期）、《徐州师院学报》（1994 年 1 期）、《湖北大学学报》（1994 年 3 期）等。

对于以上鼎力支持、襄助的师长、学友、学生、亲人（包括负重劬劳的慈母与贤妻）和出版社、书店、刊物，请让我“再拜稽首”，表示诚挚的敬意和谢忱。没有这些助力，本书难以完成与问世。这些助力也表明，在“天下熙熙，皆为利来；天下攘攘，皆为利往”的时代，还有那么多支持莘莘学子的领导与群众，我们的国家和民族是大有希望的。随着物质财富的增加，大赏球星、影星、歌星、舞星的壮举已屡见不鲜，则小勉学术、学子的轻举还会远吗？

著者

一九九四年六月

新一版后记

本书有点“不伦不类”：既像工具书，又似论文集；既多文化，实是语言。在出版廿年后，竟能出新版，而且在荟萃语言学书刊的百年老字号“商务印书馆”出炉，也算有幸归“宗”了，令人欣慰、欣喜。但同时也很伤感：当年专司核对文献与誊抄的大伯黄桂初先生和包揽后勤的慈母，都先后谢世；贤妻顾兰萍为修订抱病将原书逐页剪贴后，在病榻与我永别；我自己也已是青白晚期的鳏叟，幸蒙浙江眼科医院德技双馨的潘伟华医生铤险以“神手郢斤”祛我青白盲疾，才得以修完新版最后几个部件。因此，我最终还是很欣慰、欣喜的。

本书是改出来的，十年先后四稿。新版可作第五稿。正式启动修订是2006年，但实际上从四稿完成之时(1992年末)就开始了。在原书定稿中，有些疑难条目已感到还有疑点或不完善；书出版后也特别留意语言界和文化史界于本书词条有关的研究，疑难条目则自作专题研究。开始修订后，这些工作都成为新版的资料准备。

新版原则上不新增词条，主要是词义辨考的完善和引用文献的校核。前者，是提高每组每词辨考的准度和深度。于是，在构组上组内增同义词，如第1条“方·邦·国”，增“邑、塞”二词。第7条增相关词“黄河、长江”。“辅弼”条有名词义与动词义，遂分为二条。很重要的“高粱”，原书作为“粱秫”条的相关词，今因考证出古代高粱的几个古名，就将高粱的古名系统构组，遂又增一条。故新版共增2条，成264条。而更大量的工作是每词辨考的修订。原书“汤”只是“羹汤”条的陪衬，按俗解谓唐代有了菜汤义，今作辨考，改成古代菜汤义出现、形成的小史。“江河”条中“江”的词源，新版否定了自己的原考，作了新考。多数篇章未大改，但也经否定之否定的思辨，或有酌改。引用文献的校核，是新版的又一要事。本书引用文献特多，初版虽经我大伯逐条校核并每条出记，但由于数易其稿多次誊抄，加之新版首次电脑输录(作底本)，均产生新的鲁鱼亥豕。这方面，敬业的责编把关最严，用力甚勤，并让作者也过两个校次。我相信新版比初版一定更少硬伤。

初版没有配图，成一大遗憾。今新版终于配了一些图。所用都是考古文物和传世文献图，不用创作图。因选用偏少，故以附录四作一定弥补。新版的《本书参引图录》，是将初版的附录四和2013年选图时编的引图目录比合而重编；且更加规范，其“来源”中引书都查证原书后一律加标页码，并在《参引图录》列表之后，按序列出每书的作者、出版社、出版年月。

其他，《目录》的字形、《提要》、篇后的《参考文献》、《笔画索引》等，都分别作了专项修订。

新版之成，也得到多人的帮助。我的胞弟黄金强同志继续为我买书。两次校看全稿。国家图书馆彭文芳博士校阅过一半书稿。杭州西泠印社洪华志编审代修《笔画索引》，九秩